Für Birgit Menzel
mit herzlichen Grüßen
und besten Wünschen

Passau, 7. Juni 2001

Dirk [signature]

BAUSTEINE ZUR SLAVISCHEN PHILOLOGIE
UND KULTURGESCHICHTE

NEUE FOLGE

Begründet von

HANS-BERND HARDER (†)
und
HANS ROTHE

Herausgegeben von

KARL GUTSCHMIDT, ROLAND MARTI,
PETER THIERGEN, LUDGER UDOLPH und BODO ZELINSKY

Reihe A:
SLAVISTISCHE FORSCHUNGEN

Begründet von

REINHOLD OLESCH (†)

Band 62

Der erniedrigte Christus

Metaphern und Metonymien
in der russischen Kultur und Literatur

von

Dirk Uffelmann

2010

BÖHLAU VERLAG KÖLN WEIMAR WIEN

Gedruckt mit freundlicher Unterstützung
der Universität Passau

Dirk Uffelmann ist Inhaber des Lehrstuhls für Slavische Literaturen und Kulturen an der Universität Passau.

Bibliographische Information der Deutschen Nationalbibliothek:
Die Deutsche Nationalbibliothek verzeichnet diese Publikation in der Deutschen Nationalbibliographie; detaillierte bibliographische Daten sind im Internet über http://dnb.d-nb.de abrufbar.

Umschlagabbildungen:

Links: Ikone der ersten russischen Nationalheiligen Boris und Gleb († 1015), aus WikipediaCommons. Rechts: Foto von Venedikt Erofeev, aus Svetlana Geisser-Schnittmann, Venedikt Erofeev „Moskva-Petuški" ili „The rest is silence", Bern 1989.

© 2010 by Böhlau Verlag GmbH & Cie, Köln Weimar Wien
Ursulaplatz 1, D-50668 Köln, www.boehlau.de

Alle Rechte vorbehalten. Dieses Werk ist urheberrechtlich geschützt. Jede Verwertung außerhalb der engen Grenzen des Urheberrechtsgesetzes ist unzulässig.

Druck und Bindung: Strauss GmbH, Mörlenbach
Gedruckt auf chlor- und säurefreiem Papier
Printed in Germany

ISBN 978-3-412-20214-9

Zum Gedenken an Prof. Dr. Uwe Uffelmann (1937–2008)

Inhalt

VORBEMERKUNG XI

1   HINFÜHRUNG: DIE KENOSE CHRISTI UND IHRE TRANSFORMATIONEN

1.1   Von Nikolaj II. zurück zu Boris und Gleb 1
1.2   Terminologische Abgrenzung 10
1.3   Methodische Positionierung 18
1.4   Brückenschlag über mehrere Transformationsschritte 23
1.5   Eine Gedächtnistheorie der Replikationsintention 30
1.6   Theologie, Rhetorik und Literaturtheorie 34
1.7   Aufbau der Arbeit 38
1.8   Zur Lektüre literarischer Texte 40

I. RHETORIK DER CHRISTOLOGIE

2   TROPE UND PARADOX, ODER CHRISTOLOGIE VS. RHETORIK

2.1   Religion als Zeichensystem 45
2.2   Die Christushymne Phil 2,5-11 54
2.3   ,Tropische' Häresien 68
2.4   Tropen-Apotrope, Katachrese und Unentscheidbarkeit 75
2.5   Zwei ,Weisen' im Syntagma 77
2.6   Betonung einzelner Vektoren 79
2.7   Betonungen einzelner Seiten 90
2.8   Paradoxe Christologie 117
2.9   Episteme und Endoxalisierung der christologischen Paradoxe 130
2.10 Eine Kognitionstheorie der christologischen Paradoxe.
     Zur These 140
2.11 Paradox-Apotropen und -Kontinuitäten 145

3   METONYMIE UND METAPHER, ODER GESTALTUNGEN DER KENOSE

3.0   Theologische Zweckangaben für die Kenose 155
3.1   Gestaltung in und nach Jesus Christus 163
3.2   Im Geiste/im Habitus 174
3.3   Am und im Leib 189
3.4   Im Bild 202
3.5   Im Wort 215

3.6	Entwurf einer Ästhetik der Unähnlichkeit	241
3.7	Die Produktivität von Unähnlichkeit	249

II. RUSSISCHE AUSGESTALTUNGEN

4	CHRISTUS IN RUSSLAND, ODER PRAKTIKEN UND GATTUNGEN DER *IMITATIO-PARÄNESE*	
4.0	Paränese	255
4.1	Tendenzen der russischen Kulturgeschichte	262
4.2	Sukzessive Christianisierung	266
4.3	Das sakrale Schrifttum und seine Transformationen	272
4.4	Russische Christologie	318
4.5	Die orthodoxe Liturgie und ihre Annexe im Alltag	354
4.6	Bilddarstellungen	408
4.7	Transmediale und multimediale Paränesen	450

5	CHRISTOFORMITÄT IN RUSSLAND – (POST-)CHRISTLICHE HABITUSMODELLE	
5.0	Christoformität	455
5.1	‚Christoformierung' durch Namensgebung	463
5.2	Opfer	467
5.3	Monastisches Leben	486
5.4	Inoffizielle und antioffizielle Christoformität	522
5.5	Opfer-Täter – von Soldatenmönchen zu Revolutionären	551
5.6	Säkular-sakrale Doppellesbarkeit	578

III. LITERARISCHE TRANSFORMATIONEN

6	RACHMETOV, ODER ČERNYŠEVSKIJS OPFER-HYSTERIE	
6.1	Černyševskij im politischen Umfeld der 1860er Jahre	595
6.2	Černyševskijs *Что делать?* – Relektüre der sowjetischen Traditionskonstrukte	596
6.3	Černyševskij und die Religion	601
6.4	Das unnötige Opfer	603
6.5	Das nötige Opfer	611
6.6	Das unterlaufene Opfer: Die Hysterie	633
6.7	Das erzwungene Opfer	639
6.8	Kunst als Paränese	644
6.9	Eine pragmatische Wende der kenotischen Tradition?	649

7	NILOVNA, ODER MARIANISCHE NACHFOLGE UND TAPEINOSIS BEI GOR'KIJ	
7.1	Maksim Gor'kij und das heroische Paradigma	653
7.2	Aufstieg statt Abstieg?	658
7.3	Konfliktfeld Religion im Roman	666
7.4	Pavel Vlasovs Helden- und Sklavenhaftigkeit	674
7.5	Pavels Jünger und Komplemente	685
7.6	Eine Mariologie Pelageja Vlasovas	689
7.7	Nachfolge und Iterationszwang	697
7.8	Techniken der Paränese	706
7.9	Die Kanonisierung der *Mutter* und ihres Autors	714
7.10	Frühsowjetische kenotische Habitusmuster	721
8	PAVKA KORČAGIN, ODER KENOSIS ALS SOZIALDISZIPLINIERUNG UND ANTIDISZIPLIN BEI OSTROVSKIJ	
8.0	Agon und Anverwandlung	725
8.1	Elemente stalinistischer Kultur als Kenosis. Kontinuität oder Bruch?	725
8.2	Ostrovskijs Roman *Как закалялась сталь* – ein weltanschaulicher Monolith?	729
8.3	Selbstwidersprüchlichkeit	736
8.4	Erniedrigungschiffren	744
8.5	Der Sinn heroischen Leidens	756
8.6	Paränese	763
8.7	Beschnittene Autorschaft – kenotische Nicht-Autorschaft?	772
8.8	Massenware Ostrovskij	778
8.9	Strapazierung und Abebben von Heroismus und Leidenspathos	788
9	VENIČKA, ODER KENOTISCHE INTERTEXTUALITÄT BEI EROFEEV	
9.1	Protest gegen sowjetische Verbürgerlichung	791
9.2	Die „fromme Trunksucht"	793
9.3	Venedikt Erofeevs *Москва-Петушки*	797
9.4	Bisherige Einschreibungen in religiöse Traditionen	814
9.5	Unähnlichkeit	818
9.6	Kenosis als Intertextualität	827
9.7	Trope oder Paradox?	832
9.8	Kenotischer Held – kenotischer Autor – kenotische Rezeption	844
9.9	Der Typ Venička: Mythos als Paränese	850

10 MARINA, ODER SOROKINS KONZEPTKENOSE

10.1	Abstoßung vom Kontext	853
10.2	Skandal und Exkulpierung	854
10.3	Para-christliche Sarkopoetik?	857
10.4	Psychoanalyse, Eros und Agape	862
10.5	Gender-Shift und Mariologie	873
10.6	Erniedrigung oder Erhöhung?	885
10.7	Sorokins Metadiskurse	900
10.8	Erniedrigung = Erhöhung	903
10.9	Konzeptkenose	912

11 KENOSE DER KENOSE UND KEIN SCHLUSS

11.1	Fortgesetzte Produktivität trotz neuer Widerstände	919
11.2	All-umarmendes Christentum?	921
11.3	Die „kenotische Maschine" läuft weiter	924

IV. APPARAT

12 BIBLIOGRAFIE

12.1	Abkürzungen	927
12.2	Literatur	929

13 BIBELSTELLENINDEX ... 1011

14 NAMENSINDEX ... 1017

Vorbemerkung

Die vorliegende Arbeit wurde 2005 als Habilitationsschrift an der Universität Bremen angenommen. Begonnen wurde sie 1999 am Lehrstuhl für Religionswissenschaft (Orthodoxes Christentum) der Universität Erfurt von Prof. Dr. Vasilios N. Makrides, dem ich für die hilfreiche Unterstützung in der Frühphase dankbar bin. Fortgesetzt werden konnte sie ab 2002 an der Professur für Kulturgeschichte Ost- und Ostmitteleuropas der Universität Bremen von Prof. Dr. Wolfgang S. Kissel, der mir dankenswerterweise große Freiräume zur Abfassung der Arbeit eingeräumt hat und sie zusammen mit Prof. Dr. Holt Meyer (Erfurt) und Prof. Dr. Dr. Christoph Auffarth (Bremen) auch begutachtet hat. Allen drei Gutachtern verdanke ich zahlreiche geduldige Gespräche und konstruktive Begleitung. Ein wichtiger Ratgeber und wohlwollend-kritischer Leser war zu jeder Zeit Prof. Dr. Klaus Städtke (Fischerhude).

Zu danken habe ich den Herausgebern der Schriftenreihe, namentlich Prof. Dr. Bodo Zelinsky (Köln), für die Aufnahme in die Reihe des Böhlau Verlags und der Universität Passau für die Unterstützung der Drucklegung.

Mit kompetentem Rat und genauem Korrektur-Lesen haben Werner Forneberg (Bremen), Dr. Jens-Martin Kruse (Rom) und Prof. Dr. Uwe Uffelmann (Heidelberg) sowie meine Passauer Sekretärin Monika Hilbert die Arbeit vorangebracht. Eine kaum hoch genug zu schätzende formale Perfektion bei der Typoskript-Gestaltung und der Index-Erstellung haben meine wissenschaftlichen Hilfskräfte Henning Horch (Bremen) und Theresa Vatter (Passau) in die Arbeit eingebracht.

Auf Abbildungen wurde – wegen der überbordenden Menge potenziell illustrierbaren Materials, vor allem in den Teilen 4. und 5. – generell verzichtet; die Fundorte der jeweils diskutierten Abbildungen sind in den Fußnoten nachgewiesen.

Einige Abschnitte der vorliegenden Untersuchung gehen auf bereits erschienene oder im Druck befindliche Zeitschriftenaufsätze zurück. Während die Unterkapitel zu einer Rhetorik der Tapeinosis (3.5.7–3.5.9, Uffelmann 2008c), zu Remizov (4.3.9.4; Uffelmann 2004), Viskovatyj (4.6.8.3; Uffelmann 2007a) und der Abschnitt zu Gogol' (5.3.7.1; Uffelmann 2008b) Überlegungen aus längeren Beiträgen kondensieren, stellen die ausführlichen Interpretationskapitel 6 bis 10 erweiterte Fassungen früherer Aufsätze dar: Černyševskij (6., Uffelmann 2003a), Gor'kij (7., Uffelmann 2003c und Uffelmann 2007b), Ostrovskij (8., Uffelmann 2005b und 2008a), Erofeev (9., Uffelmann 2002a), Sorokin (10., Uffelmann 2003b).

1 Hinführung: Die Kenose Christi und ihre Transformationen

> Le sujet de l'éternel retour n'est pas le même, mais le différent, ni le semblable, mais le dissimilaire [...]¹

1.1 Von Nikolaj II. zurück zu Boris und Gleb

1.1.1 Die Heiligsprechung Nikolajs II. im Jahre 2000

Am 14. August 2000 beschloss die Bischofssynode der Russischen Orthodoxen Kirche,² den letzten Zaren Nikolaj II., seine Frau Aleksandra und ihre fünf Kinder, die am 16. Juli 1918 in Ekaterinburg von Bol'ševiken erschossen worden waren, im Verbund von 1154 anderen neuen Heiligen³ zu kanonisieren. Die russische Auslandskirche hatte einen entsprechenden Schritt schon am 31. Oktober 1981 vollzogen, war damals aber auf den Widerspruch der Kirche in der Sowjetunion gestoßen.⁴ Ein erster Anlauf zur Heiligsprechung Nikolajs II. durch das Moskauer Patriarchat war 1997 gescheitert, weil der letzte Zar, wie die Synode damals ihre Ablehnung begründete, keine Wunder gewirkt hätte. Auch sprach aus seinem Leben wenig für eine Kanonisierung als Heiliger: Durch seine Frau Aleksandra unter dem Einfluss des mystischen Wanderpredigers Rasputin stehend, eine politisch reaktionäre Linie verfolgend, die in der Niederschlagung der ersten russischen Revolution von 1905, im sogenannten „Blutsonntag" gipfelte, schien Nikolaj durch seine ‚Werke' zu allem anderen als zum Heiligen prädestiniert.⁵ Nach 1997 wurden dann von den Verfechtern seiner Heiligsprechung Berichte, denen zufolge im Zusammenhang mit dem letzten Zaren Ikonen geweint hätten und Gebete erhört worden seien, gesammelt, um einen erneuten Antrag zu stützen.⁶ Die Bischofssynode vom August 2000 folgte jedoch weniger diesen zusammenge-

---

1 „Das Subjekt der ewigen Wiederkehr ist nicht das Selbe, sondern das Differente, nicht das Ähnliche, sondern das Unähnliche [...]" (Deleuze 1968:164; dt. v. Joseph Vogl, Deleuze 1997:165).
2 Im Weiteren abgekürzt ROK-MP.
3 Davon 1090 Neumärtyrer und Bekennern des 20. Jh.s. Auflistung in Dejanie 2000:57–67 u. Gubanov 2004:336–374. Die Zarenfamilie wird – anders als im Kanonisierungsprotokoll der Auslandskirche von 1981 (Stricker 1983:116) – von der ROK-MP nicht an herausgehobener erster Stelle genannt.
4 Seide 1983:115–117; Stricker 1983:133–136 – auch in anderen orthodoxen Kirchen regte sich Protest (vgl. ebd.:129–132).
5 Vgl. Stricker 1983:132; Pospelovskij et al. 1997:29; Krivulin 2000.
6 Stricker 2000:1193, Krivulin 2000. Gubanov führt eine über hundertseitige Liste von Wunderberichten an (2004:158–271). Bodin analysiert die dann allerdings in der Folge entstandene Vitenliteratur, in der das Leidensmoment dominiert (2007:238f), wobei die Täter ungenannt bleiben („nameless tormentors"; ebd.:235).

tragenen Indizien als einer singulären, unstrittigen Tatsache: dem gewaltsamen Tod, den Nikolaj und seine Familie gestorben waren (s. Osipov 1999:20). Dieser Aspekt steht auch im Mittelpunkt einer multimedialen Nachbereitung.[7]

1.1.2 Die Boris-und-Gleb-Genealogie

Heiligsprechungen, die allein auf einem gewaltsamen Tod fußen, bilden, wie Fedotov darlegt (1966:I 103), ein Spezifikum der russischen Kirche. Als prägendes Muster führt Fedotov die im Jahre 1015 gewaltsam umgekommenen Fürsten von Murom Boris und Gleb an, die bald kanonisiert wurden[8] und derer in diversen liturgischen (Heiligenmesse[9]) und außerliturgischen Gattungen (Vita, Chronik, *сказание*[10]) gedacht wurde und um deren Reliquien sich ein Kult entwickelte.[11] Die politischen Umstände des Fehde-Mords an den jüngeren Fürstenbrüdern, wie sie die so genannte *Nestorchronik* herausarbeitet (vgl. Kissel 2004a:6), interessieren im *Сказание [Legende]* und im *Чтение [Lesetext]* wenig; in diesen Texten geht es vielmehr um die Zuschreibung von Christoformität an die Ermordeten.[12]

Angesichts der Positivierung von Boris' und Glebs gewaltsamem Tod durch die Zuschreibung von Christoformität handelt es sich bei den Verehrungsgattun-

---

[7] Die publizistische Nachbereitung reicht von apologetischen Konzilsdokumentationen (Dejanie 2000; online waren diese teilweise sogleich am 16. August 2000 verfügbar; Opredelenie 2000, Proslavlenie 2000) über populäre Devotionalienliteratur (Boneckaja 2001) bis zu voluminösen Dokumentensammlungen über den Kanonisierungsprozess mit beigefügtem Akathistos-Hymnus auf den „Zaren-Märtyrer" und Gebeten (Gubanov 2004:381–407). Auch Vertreter der Auslandskirche, die zu einem früheren Zeitpunkt demgegenüber kritisch gewesen waren wie Gernot Seide (dazu Stricker 1983:116), stimmten 2000 in diesen Zaren-Kanon ein (Seide 2000). Neuerdings sind die Heiligenviten-Sammlungen ergänzt um die „Neumärtyrer" des 20. Jh.s; s. Filaret (Černigovskij) 2000 in zwölf Teilbänden. Bezeichnenderweise führt aber die sechsbändige Sammlung von Heiligenviten (Žitija 2000) Nikolaj noch nicht unter den frisch aufgenommenen Neumärtyrern.

[8] Das Jahr der Kanonisierung ist in der Forschung umstritten; es wird zwischen 1020 und 1072 veranschlagt (zum Spektrum der Versionen s. Lenhoff 1989:14.38; Chorošev 1986:15–17).

[9] Gesammelt in Abramovič 1916:122–150.

[10] Legende. Vgl. Maczko 1975, Lenhoff 1989:101–121. Zum Gattungssystem s. Ingham 1983, zur multimedialen Nachahmungsparänese 4.8.

[11] Vgl. Lenhoff 1989:48–54; Lidov 2006:336f

[12] Das Motiv des Gehorsams gegenüber dem älteren Bruder etwa lässt sich, wie es die *Nestorchronik* tat, als politische Pflicht ausdeuten und heroisch ausbeuten (Fedotov 1966:I 98), aber auch auf Christi Selbsterniedrigung (Phil 2,8, s. 2.2.3.4) beziehen (Fedotov 1966:I 97). Bei der vordergründigen Ignorierung des realpolitischen Kontextes handelt es sich jedoch um eine eminent religionspolitische Strategie – bei Boris und Gleb nicht weniger als (*mutatis mutandis*) bei Nikolaj II. Zur politischen Dimension der Heiligsprechung von Boris und Gleb s. Chorošev 1986:11–36.

gen und -praktiken um paradoxe Enkomia (s. 2.10.3). Die häufigsten Epitheta, mit denen Boris und Gleb darin belegt werden, sind *страстотерпцы* [Leidensdulder] und *святые мученики*.[13] Die Schlusspassage des *Чтение о житии и о погублении блаженную страстотерпца Бориса и ГлЂба [Lesetext vom Leben und Sterben der heiligen Leidensdulder Boris und Gleb]* fordert, ihr Beispiel ewig in Erinnerung zu behalten („[...] до вѣка память имуще [...]") und ihr demütiges Dulden („покорение") um Christi willen („Исуса ради Христа") nachzuahmen.[14]

Der russische Kirchenhistoriker und Emigrant Georgij P. Fedotov arbeitet – vor allem anhand des *Сказание [Legende]* – heraus, dass der einzig stichhaltige Grund für die Heiligsprechung von Boris und Gleb ihr „sanctifying suffering" (1966:I 110) gewesen sei. Damit werde ein spezifisch russisches Heiligenmodell des gewaltsamen Todes etabliert, für das es keine früheren hagiografischen Vorbilder gebe.[15] Im Mittelpunkt stehe „the ruin of the innocent and, at the same time, a religious interpretation of voluntary, sacrificial death" (ebd.:I 96), welche die Ermordeten als Opferlamm erscheinen ließen (ebd.:I 99). Mit dem christologischen Topos des Opferzwecks der Selbsterniedrigung Christi (s. 3.0.4) nicht genug – Fedotov zählt noch eine ganze Reihe anderer Momente auf, die an die Passion und wahre Menschennatur Jesu Christi (s. 2.7.1) gemahnten: Auf seinem Leidenswege sei Boris – wie Christus in Gethsemane (s. 2.7.1.2) – menschlich verzagt gewesen: „In him [Boris] the struggle is continuously waged between the two orders of emotions: pity for himself and the sublime participation in the sufferings of Christ."[16] Zur Bekräftigung seiner Einordnung weist Fedotov mehrfach auf den paradoxalen Charakter einer Heiligung durch Beschädigung (durch das Erdulden von Gewalt) hin; er sieht im „order of ‚sufferers', the most paradoxical

---

[13] Heilige Märtyrer (beides bspw. in Abramovič 1916:1).

[14] Abramovič 1916:25f; weiter zur Zuschreibung von Christus-*imitatio* an Boris und Gleb und in der russischen Hagiografie allgemein s. 4.3.7.2.

[15] Fedotov 1966:I 103. Der Fedotov-These wurde dahingehend widersprochen, dass das kenotische Modell bei den Fürsten Boris und Gleb kein neues und autochthon russisches sei, sondern tschechische (der heilige Václav) und andere westeuropäische Vorbilder habe (ebd.:1.11), ja christlicher Heiligkeit überhaupt zugrunde liege (ebd.:12 Anm. 2; zum neueren Forschungsstand s. Rančin 1994). Im Gegenzug konnte Boris Uspenskij nachweisen, dass Fedotovs Beschreibung der zeitgenössischen historiografischen Absicht entspricht, in Boris und Gleb die ersten *russischen* Heiligen zu schaffen (2000:42.47). Die spätere liturgische Praxis stellt eine Messe für den Hl. Václav am 28. September in den „geistigen Zusammenhang" der Leidensdulder Boris und Gleb und Andrej Bogoljubskij (Mineja Sentjabr' 1978:736); vgl. 5.2.2.

[16] Fedotov 1966:I 100. In der heroischen Interpretation des Fehde-Mords der Chronik tritt dieses von der Legende hervorgehobene Moment zurück (ebd.:I 102).

order of the Russian saints."[17] Heiligung bildet damit eine gegenläufige Bewegung zur (gewaltsamen) Erniedrigung, auf die sie allerdings paradox angewiesen bleibt.

1.1.3 „Leidensdulder" und „Blutzeugen"

Bei Boris und Gleb wie beim letzten Zaren Nikolaj, die seit 2000 auf Sammelikonen der Neumärtyrer des 20. Jh.s zusammen abgebildet werden,[18] spielt es für die Hagiografen eine untergeordnete Rolle, dass ihr gewaltsamer Tod kaum Folge eines radikalen Bekenntnisses zur Nachfolge Christi war, um dessentwillen sie bereit gewesen wären, bis zum Märtyrertod zu gehen und sich den Titel eines веротерпец [Glaubensdulder] zu verdienen, sondern ihnen diese Motive im Nachhinein zugeschrieben werden.[19] Für die in beiden Fällen offensichtliche religionspolitische Instrumentalisierung – in einer christentumsfernen Welt[20] – muss eine solche reduzierte Fassung von Martyrium,[21] eine Minimalversion von Christoformität genügen. Auch wird bei der Heiligung außer Acht gelassen, dass weder bei Boris und Gleb noch bei Nikolaj II. ein *freiwilliger* Gang in den Tod stattfand, dass sie kein *freiwilliges* Opfer brachten, wie es doch für die Selbsterniedrigung Christi und das Martyrium der Christusnachahmer konstitutiv sein soll.[22] Auch Fedotov spricht die Bedeutung der Zuschreibung von Freiwilligkeit an: „Volunta-

---

[17] Fedotov 1966:I 104. Und: „[…] the paradox that two princes killed in a feud were the first to be canonized by the new Church of a recently converted people." (ebd.:I 95). Ähnliches gilt für die Verehrung dieses Heiligentyps, das „Paradox des Blutzeugenkults" (Kapitančuk, zit. n. Krivulin 2000).

[18] Per-Arne Bodin macht auf diesen memorialen Brückenschlag durch Ikonen vom neuen Typus Собор святых новомучеников Российских *[Versammlung der russischen Neumärtyrer]* aufmerksam (2007:246). Ein illustratives Beispiel ist eine im Online-Kirchenkalender für 2006 unter dem 23. Januar reproduzierte Ikone der Auslandskirche, die Boris und Gleb in der rechten oberen Ecke und den Zaren Nikolaj mit Familie in der unteren Mitte platzieren (http://arh-gavriil.bsu.edu.ru/Calendar/Images/ im23.htm, Zugriff 30.08.2009).

[19] Siehe Rudi 2003:124; zur Nachträglichkeit 4.3.7.3.

[20] Vgl. 4.2.4–4.2.5 und 10.10.2.

[21] Obolenskij spricht von einer „somewhat unconventional view of martyrdom" (1975:47).

[22] Die klassische Definition, bei der die Freiwilligkeit der Erniedrigung im Vordergrund steht, liefert Kyrill von Alexandrien: '„ἐθελούσιον ὑπὲρ ἡμῶν ὑπομείνας κένωσιν" [für uns unterzog er sich freiwilliger Selbsterniedrigung] (PG 77,612A). Für Philoxenus von Mabbug ist die Freiwilligkeit („voluntarie"; CSCO 10,77,32) der Selbsterniedrigung Christi geradezu ein soteriologisches *sine qua non* (zur Soteriologie s. 3.0.2) Das Чтение о житии и о погублении блаженную страстотерпца Бориса и Глѣба *[Lesetext vom Leben und Sterben der heiligen Leidensdulder Boris und Gleb]* sagt von Christus: „[…] смерти вкуси волею страстию своею […]" [(…) er kostete den Tod durch seinen Leidenswillen (…)] (Abramovič 1916:2).

ry suffering is the imitation of Christ, the perfect fulfillment of the Gospel." (1966:I 99). Für eine „correct, orthodox form" von Opfertod brauche es eine „willing, self-offering non-resistance [...] to bring the victim into conformity with the suffering kenotic Christ."[23]

Was das noch offensichtlichere Fehlen von Freiwilligkeit des Leidensopfers bei Nikolaj II. anbetrifft (s. Stricker 1983:120), hielt Juvenalij, Metropolit von Kruticy und Kolomna, diesem Einwand gegen die Heiligsprechung Nikolajs auf der Bischofssynode der ROK-MP am 14. August 2000 entgegen:

> Одним из главных доводов противников канонизации Царской Семьи является утверждение о том, что гибель Императора Николая II и членов его Семьи не может быть признана мученической смертью за Христа. Комиссия на основе тщательного рассмотрения обстоятельств гибели Царской Семьи предлагает осуществить ее канонизацию в лике святых страстотерпцев.[24]

Aufschlussreich an dieser Begründung ist, dass Juvenalij kaum allgemein christliche Begründungsmuster heranzieht, sondern auf eine russische Sonderentwicklung von Heiligkeit abhebt, auf den spezifischen Wortgebrauch *страстотерпец*.[25]

> В богослужебной и житийной литературе Русской Православной Церкви слово «страстотерпец» стало употребляться применительно к тем русским святым, которые, подражая Христу, с терпением переносили физические, нравственные страдания и смерть от рук политических противников.[26]

Dafür dürfte nicht zuletzt Fedotovs Kenosis-These Pate gestanden haben. Es sei der gewaltsame Tod allein (s. Apk 5,9), die darin beschlossene Erniedrigung, die

---

[23] Fedotov 1966:I 110. Daran knüpft eine pazifistische Generalisierung des Nicht-Leistens von Widerstand zu einem russischen nationalen Zug an: „[...] the act of nonresistance is a national Russian feature, an authentic religious discovery of the newly-converted Russian Christians." (ebd.:I 104). So verfehlt diese Generalisierung auch ist – sie führt auf eine Spur, die Lev Tolstoj weltweit popularisierte (s. 4.2.4 u. 5.2.7.2).

[24] „Eines der Hauptargumente der Gegner der Heiligsprechung der Zarenfamilie ist die These, dass der Tod des Zaren Nikolajs II. und der Mitglieder seiner Familie nicht als Märtyrertod für Christus anerkannt werden könne. Auf Grundlage eingehender Untersuchung der Umstände des Todes der Zarenfamilie schlägt die Kommission vor, ihre Heiligsprechung als ‚Leidensdulder' vorzunehmen." (Juvenalij 2000). Zur Vorgeschichte des Kanonisierungsprozesses vgl. Kanonizacja 1999.

[25] ‚Leidensdulder' (s. Johannes [von Shanghai und San Francisco] 1998:1; Thon 2000:14) – was bezeichnenderweise ein Pleonasmus ist.

[26] „In der liturgischen und hagiografischen Literatur der Russischen Orthodoxen Kirche kam das Wort ‚Leidensdulder' für diejenigen russischen Heiligen in Gebrauch, die, indem sie Christus nachahmten, geduldig körperliche und moralische Leiden ertrugen und den Tod aus den Händen politischer Gegner empfingen." (Juvenalij 2000).

den Betreffenden als „Blutzeugen"[27] heiligungsfähig mache. Wie bei Boris und Gleb dient auch hier das Paradoxale der Einschreibung in die Tradition der Christusnachahmung, „[...] das schmachvolle Ende der Zarenfamilie [war] zugleich eine große Gnade Gottes [...], die Ermordeten [die Zarenfamilie] wurden zu Brüdern des ‚Erstgeborenen'" (Seide 2000:25).

1.1.4 Fedotovs These von Kenosis als russischem nationalkulturellem Proprium

Nikolaj II. wird so in eine spezifisch russische Tradition von Heiligkeit eingeschrieben: „Die heiligen Blutzeugen werden [...] von jeher in Rußland inniger verehrt als die Heiligen infolge geistlicher Vervollkommnung." (Krivulin 2000). Thon spricht vom Resultat einer „Russifizierung":

> Die massive ‚Russifizierung' des Heiligenkalendariums über Jahrhunderte hinweg bewirkte, dass sich im Bewusstsein der meisten Gläubigen aber auch Geistlichen neben den Heiligen der apostolischen Zeit fast ausschließlich die nationalen Glaubenshelden verankert haben, während die Festfeier der frühchristlichen Märtyrer, aber auch vieler Väter der alten Kirche demgegenüber zurückgetreten ist. (Thon 2000:10)

Diese Ersetzung griechischer Märtyrer durch russische Leidensdulder verhindert aber nicht, dass Nikolaj – wie Boris und Gleb – in semioffiziellen Dokumenten über den Titel *страстотерпец* hinaus auch das Märtyrer-Epitheton *Царь-мученик* [Märtyrer-Zaren] zugeschrieben wird.[28] Nikolaj II. wird damit – dieser ‚Beförderung' ungeachtet – in jenes Heiligenschema eingeschrieben, das Fedotov „kenotisch" nennt.

> It is, perhaps, no casual circumstance that the greatest among the ancient Russian saints and the first canonized by the Church, belong to a peculiar national type which can be designated by the name of „kenotic".[29]

Von Boris und Gleb hat sich, Fedotov zufolge, ein über Jahrhunderte wiederkehrendes russisches Habitusmodell hergeleitet. Die von ihnen vertretene Leidensfigur sei in besonderer Weise memorabel (Fedotov 1966:I 105). Das Muster von Boris und Gleb als „patrons of Russia" (ebd.) sei in der Kiever Rus' diversen

---

[27] Siehe Krivulin 2000; Stricker 2000:1193; zur von Juvenalij (2000) bestrittenen politischen Dimension dieses wie anderer Akte von Heiligsprechung vgl. 5.0.4. Unter den von Gubanov angeführten Gebeten findet sich auch eines mit antisemitischen Untertönen und der Bitte „о восстановлении православного и самодержавного царства русского" [um Wiederherstellung des orthodoxen und autokratischen russischen Reiches] (Gubanov 2000:407).

[28] Boneckaja 2001. Die Auslandskirche hatte das von Anfang an getan (Stricker 1983: 96).

[29] Fedotov 1966:I 94. Vgl. auch P. Evdokimov 1970:35.

gewaltsam Umgekommenen übergestülpt worden, etwa dem selbst blutrünstigen Andrej Bogoljubskij.[30]

1.1.5 Transformation und Metaphorisierung des Kenose-Modells

Mit Andrej Bogoljubskij wird schon 1702 ein Täter (und kein reines Opfer wie die Minderjährigen Boris und Gleb) durch den gewaltsamen Tod christoform gemacht: „It was his violent death alone [...] which started the posthumous veneration of him."[31] Das ursprüngliche Modell von Christi freiwilliger Selbsterniedrigung, dem die frühchristlichen Märtyrer folgen und das in Boris' und Glebs zweifelhaft freiwilligem Leiden schon eine erste Transformation erfahren hatte, wird damit weiter transformiert. Der Tatsache unbeschadet, dass dies als „degeneration of the idea of kenotic holiness" (Fedotov 1966:I 109) ausgelegt werden konnte, ist die Zuschreibung von Christoformität an gewaltsam Umgekommene weiter produktiv. Eine nicht weniger erhebliche „Degeneration" betrifft den Fall Nikolajs II. – trotzdem wurde das Boris-und-Gleb- bzw. Kenosis-Modell auch bei ihm in Anschlag gebracht. Übertragungen von Christi Selbsterniedrigung in Zusammenhänge, die dieser extrem unähnlich sind, schmälern die Produktivität der Zuschreibungstradition nicht. Im Gegenteil.

Fedotov selbst erlaubt sich eine Metaphorisierung seines Kenosis-Konzepts, wenn er es in säkularisierten, politischen Kontexten des 20. Jh.s wiederkehren sieht (vgl. dazu Kissel 2004a:276f). Indem den Christen in der Sowjetunion ein Leiden von außen gewaltsam aufgezwungen wurde, hätten sie ein „культурно-политический кенозис"[32] erlitten. In folgerichtig paradoxer Logik aber sieht Fedotov das Christentum durch die äußere Beeinträchtigung gerade gestärkt (ein Christusnachfolger kann offenbar, egal was er alles verliert, nur gewinnen – er scheint auf paradoxe Weise unbesiegbar):

> И все-же она [Россия] сохраняла подспудно свою верность – тому Христу, в которого она крестилась вместе с Борисом и Глебом – страстотерпцами, которому она молилась с кротким Сергием [Радонежским].[33]

---

[30] Fedotov 1966:I 108f. Vgl. 5.2.2. Konkurrierende Heiligkeitsmodelle wie gottgefälliger Lebenswandel, Asketismus, Jungfräulichkeit oder gar „engelsgleiches Leben", die weniger dem „heiligen Blutzeugen" als dem „heiligen Mönch" zukommen (Clasen 1970:49), treten damit in den Hintergrund (vgl. 3.3.3.4 u. 5.0.4).
[31] Fedotov 1966:I 109; vgl. 5.2.2.
[32] „Kulturell-politische Kenose" (Fedotov 1992:225).
[33] „Und dennoch bewahrte es [Russland] seine unterschwellige Treue – Treue gegenüber jenem Christus, auf den es zusammen mit Boris und Gleb getauft worden war – durch die Leidensdulder, zu dem es zusammen mit dem sanften Sergij [Radonežskij] betete." (Fedotov 1992:49, sic).

1.1.6 Modifizierung der Fedotov-These

Diese Untersuchung setzt sich zum Ziel, die von Fedotov gelegte Spur aufzunehmen und zu überprüfen, inwieweit die seine These von einer Kontinuität eines von paulinischen Zuschreibungen an Christus herkommenden (Phil 2,7) Erniedrigungsmusters in der russischen Kulturgeschichte aufrechtzuerhalten ist. Lassen sich mit einer ‚Urszene' wie der Kenose wirklich so rundweg unterschiedliche und in völlig unterschiedlich gearteten Kontexten situierte Erscheinungen erfassen?

Es ist klar, dass angesichts der Vielfalt des potenziell einschlägigen Materials und des dadurch ausgedrückten Wandels keine strenge Selektion oder gar Klassifikation nach ‚echt' und ‚unecht' am Platze ist, sondern einzig die Nachzeichnung der historischen Bewegung von der christologischen Konzeption Kenose Christi zu immer neuen und zunehmend unähnlichen Facetten von positiver Selbsterniedrigung hin angemessen sein kann. Während Fedotov panchrone Stabilität suggeriert, soll hier gerade der Wandel im Rahmen einer partiellen Kontinuität in den Mittelpunkt rücken. Die Provokation, die für eine orthodoxe Historiosophie von unähnlichen Fortschreibungen ausgeht (vgl. Slenczka 1980:500), ist für die Kultur- und Literaturwissenschaft gerade reizvoll. Den Pfaden des Unähnlich-Werdens nachzuspüren – diese Aufgabe wird in dieser Arbeit angenommen.

Diese Korrektur vorausgesetzt, wird hier in der Tat Fedotovs These verteidigt, dass von Boris und Gleb bis zu Nikolaj II. in der russischen Kulturgeschichte über nahezu 1000 Jahre hinweg immer neue Phänomene von einem Modell (mit) geprägt wurden, das Züge der Erniedrigung Christi zitiert[34] – allerdings nicht in Form einer Kontinuität von Anfang bis Ende, sondern einer durchaus wellenförmigen Bewegung. Davon unbeschadet, ist die von Fedotov beschriebene Tradition bis auf den heutigen Tag produktiv. Metropolit Juvenalij etwa fährt im direkten Anschluss an die Einordnung der Zarenfamilie als „Leidensdulder" fort: „В истории Русской Церкви такими страстотерпцами были святые благоверные

---

[34] Die (implizite) Gegenthese von Losskij (1961), Meyendorff (1981), Flogaus (1999) und Maceinas (2002), die besagt, dass der Christusbezug in der Orthodoxie resp. in Russland vor allem „mystisch", innerlich funktioniere (Vergöttlichung stehe im Zentrum; Losskij 1961:14.250 et passim), während „Nachahmung" praktisch keine Rolle spiele (vgl. 4.4.1.3), sondern ein westlich-äußerliches Konzept sei, wird hier vom kulturwissenschaftlichen Blilck auf dokumentierte Zeichen und Praktiken des Christusbezugs her widerlegt (s. 4.4.1.2).

князья Борис и Глеб [...]."³⁵ – eine Einordnung, die im Umkreis der Heiligsprechung Nikolajs topisch wird³⁶ und nur wenig Widerspruch erfährt.³⁷

Allerdings handelt es sich bei dieser Tradition weit mehr um eine Tradition des normativen Modells als um eine der Praxis. Wenn sich eine Kontinuität der Paränese zur Christusnachahmung in der russischen Kulturgeschichte nachweisen lässt, dann zieht das unweigerlich den Umkehrschluss nach sich, dass jenes, was da gepredigt wird, eben gerade *keine* allgemeine Praxis ist (4.0.2). Die Christianisierung der Ostslaven nahm Jahrhunderte in Anspruch (4.1.4), und seine breiteste mediale Präsenz erreicht der Appell zur Christusnachahmung erst nach ungefähr 900 Jahren, um die Wende vom 19. zum 20. Jh., also zu jener Zeit, in der Fedotov sozialisiert wurde, womit seine These von 1946 selbst historisierbar wird (und zu der die säkularen Gegenbewegungen zum Christentum bereits mächtig waren).³⁸

Dem kenotischen Modell selbst, seiner tausendjährigen Geschichte wie insbesondere seinen weit ausdifferenzierten Realisierungen in verschiedenen Bereichen – von dogmatischer Christologie zu kirchlicher Praxis,³⁹ von Habitusmodellen und

---

[35] „In der Geschichte der Russischen Kirche waren solche Leidensdulder die heiligen frommen Fürsten Boris und Gleb [...]" (Juvenalij 2000). Sicher nicht zufällig nach 2000 finden sich Boris und Gleb wieder verstärkt im Fokus wissenschaftlicher Publikationen (Miljutenko 2006, Bugoslavskij 2007).

[36] Siehe bspw. Johannes (von Shanghai und San Francisco) 1998:2.

[37] Pospelovskij allerdings erklärt 1997 das Dulder-Argument und die Boris-und-Gleb-Genealogie für abwegig: „Vollends unsinnig ist das Argument, man könnte doch Nikolaus II. als ‚Dulder' kanonisieren; schließlich seien doch auch früher Personen heiliggesprochen worden, die ein alles andere als heiligmäßiges Leben geführt hätten und ‚die im strengen Sinne keine Märtyrer für Christus waren'. Als Beispiel wird u.a. Fürst Andrej Bogoljubskij (12. Jh.) angeführt, der wegen seiner Grausamkeit und Blutrünstigkeit nur mit Iwan dem Schrecklichen vergleichbar ist. Andrej Bogoljubski war alles andere als ein Heiliger – und wurde doch kanonisiert: Im Jahre 1702 auf Anordnung von Zar Peter d. Gr. – das war damals eine rein politische Entscheidung, die man ja heute nicht unbedingt nachahmen muß. Anstatt heute die unheilvolle Tradition politisch motivierter Heiligsprechungen fortzuführen ([...]), sollte doch einmal überprüft werden, welche Heiligsprechungen der Vergangenheit eigentlich noch zu rechtfertigen sind – man denke nur an die sog. ‚Heiligen Krieger'." (Pospelovskij 1997:29). Boris und Gleb aber werden – obgleich jegliche verlässliche Daten fehlen – von dieser negativen Tradition ausgenommen: „Das persönliche Leben und Wirken der Fürsten Boris und Gleb war heilig und untadelig, was man vom letzten Herrscher nicht sagen kann." (Osipov 1999:20).

[38] Zur soziohistorischen Einbettung der Fedotov-These im Exil-Kontext s. 5.4.4.3.

[39] Flogaus' These (1999:307), dass die Orthodoxie insgesamt „triadozentrisch" sei und stärker die Gottheit Christi betone, gilt schon in den engen Mauern der Dogmengeschichte nur bedingt (s. 4.4.1.2), aber überhaupt nicht für die daran anknüpfenden kulturellen Praktiken. Ein Blick auf die Dogmatik allein könnte dazu verführen, die Kenotik als eine spezifische (deutsche, englische, auch russische) Entwicklung des 19. Jh.s

Figurenkonzepten über ikonografische Muster[40] zu Rhetoriken und Poetiken,[41] von der Rede von der Kenose von einem christologisch engeren bis zu einem metaphorisch weiteren Sinn – ist die folgende Arbeit gewidmet. Die Verbindung zweier Stränge, eines christologisch-engeren und eines praktisch-weiteren (in den auch außerchristliche Quellen, etwa aus der slavischen Folklore einfließen), schlägt sich terminologisch folgendermaßen nieder.

1.2 Terminologische Abgrenzung

1.2.1 Kenosis

Kenosis, ru. кенозис, geht zurück auf das vom Verb κενόω abgeleitete griechische Etymon ἡ κένωσις, -εως, wofür Estienne die Bedeutungen ‚Exinanitio' und ‚Evacuatio', also ‚Entleerung' anführt (1831/65:IV 1442). Während κενόω bzw. ionisch κεινόω auch transitiv gebraucht werden können (‚leer machen'), ist die Verwendung des Verbs im NT und in der Septuaginta sonst auf das Passiv ‚leer werden', ‚aussterben', ‚verschwinden' beschränkt. An der einschlägigen Stelle aus dem Philipper-Brief, wo von Christus „ἑαυτὸν ἐκένωσεν" ausgesagt wird (Phil 2,7), wird durch das Reflexivpronomen jedoch der aktive Vorgang, die Freiwilligkeit betont: „er leerte sich selbst aus". Entsprechend richten sich auch die geläufigen Übersetzungen des Substantivs κένωσις nach der aktiv-reflexiven Bedeutung von κενόω: Diese ‚Ausleerung' ist eine ‚Selbstausleerung', ‚Selbstentäußerung'.[42] Sie erscheint als intentionale Handlung, als gezielte *Selbst*entäußerung[43] von etwas und nicht als ungesteuerte Leerwerdung. Solch einem gezielten Abstieg von einem gefüllten Zustand A zu einem entleerten B wird ein positiver Wert zugeschrieben, der verschieden begründet wird (mit Opfer, Freikauf, Sichtbarmachung etc.; s.

(s. 1.2.4) einzustufen. Das wäre konträr zu Fedotovs Hypothese; eine Kontinuität seit der Patristik wird bei der Fokussierung auf die christologische Dogmatik des 19. Jh.s nämlich gerne bestritten. Dagegen wird in der vorliegenden Arbeit die These vertreten, dass dogmatische Reimporte des 19. Jh.s in Russland (s. 1.4.2) nicht mehr als einen Baustein bilden in einer wellenförmigen russischen *Geschichte von Aufforderungen* zur Christusnachahmung, die wesentlich jenseits des dogmatischen Diskurses stattfand (4).

[40] Etwa das Boris-und-Gleb-Sujet (Onasch/Schnieper 2001:198).

[41] Von der fortgesetzten Konjunktur der Ligatur Boris und Gleb zeugen etwa jüngere literarische Texte wie Bujda 1997; Čulaki 2004.

[42] Die kanonische Definition Cyrills von Alexandrien, die nicht mehr als eine vorläufige Orientierung erlaubt, lautet: „Σμικρὸν μὲν γὰρ ὁμολογουμένως αὐτῷ τὸ γενέσθαι καθ' ἡμᾶς καλεῖται· γὰρ κένωσις." [Anerkanntermaßen soll er gering geworden sein wie wir; dies wird Kenose genannt.] (PG 77,741A).

[43] An der *Selbst*erniedrigung Christi lässt sich auch die Differenz der paulinischen Aussage zu Erzählschemata der griechischen Antike, das Proprium und die Innovation des Paulus festmachen (Fisk 2006:65.73).

3.0–3.1), besonders aber durch die fast immer mitgedachte Rückkehr von B nach A (Erhöhung, Erlösung, Auferstehung, Vergöttlichung) motiviert wird (s. 2.6.2).

1.2.2 Synonyma und Übersetzungen

Neben dem Terminus κένωσις und seiner lateinischen Entsprechung *exinanitio* stehen in den christologisch einschlägigen Texten andere, bisweilen synonyme, bisweilen mit leichter Bedeutungsverschiebung versehene Lexeme: im Griechischen ταπείνωσις oder auch συγκατάβασις, im Lateinischen *evacuatio, miseratio, humiliatio*. Auch in russischen Zusammenhängen, in denen Selbsterniedrigung verhandelt wird, ist beileibe nicht durchgängig von *кенозис* oder der für den theologischen Diskurs spezifischen Entsprechung *самоуничижение* [Selbsterniedrigung] die Rede. Wenn ein Akt der Selbsterniedrigung begrifflich gefasst wird, scheint neben den konzis-christologischen Termini eine breite metaphorische Palette von *самоопустошение* [Selbstentleerung], über *самоуничтожение* [Selbstvernichtung], *самоупразднение* [Selbstentleerung], *саморазрушение* [Selbstzerstörung], *самоотвержение* [Selbstentsagung] über *истощение* [Auszehrung] und *обнищание* [Verarmung] bis *снисхождение* [Abstieg] auf.[44]

1.2.3 Ausweitungen des Begriffsgebrauchs

Kenosis ist ein christologisches Motiv unter anderen,[45] eines, das zunächst weniger an konkrete Ereignisse des Lebens Jesu gebunden ist, als dass es einen prinzipiellen Vektor Selbsterniedrigung der zweiten Hypostase der Trinität beschreibt – und das auf hoch abstrakte Weise (s. 2.2.5), was zweifellos dazu beitrug, dass der christologische Kenosis-Begriff so stark verallgemeinerbar und metaphorisierbar wurde (s. 1.1.5).

Kenosis kann 1) in engem Sinne für das metaphysische Geschehen der Inkarnation des göttlichen Logos verwendet werden. Oder aber *Kenosis* wird 2) zur Chiffre für alle Dimensionen einer Christus zugeschriebenen Selbsterniedrigung; dann werden, wie in Phil 2,8, auch die mundanen Fortschreibungen der metaphysischen Erniedrigung – von sozialer Demütigung bis zum Tod, ja bis zum Schandtod am Kreuz (s. 2.6.1) – zu Etappen einer vielstufigen Erniedrigungsbewegung.

---

[44] Siehe Portjannikov 2001:67.143f, Sedakova 2008:151f. Dieselbe Doppelung begegnet auch in anderen Sprachen: frz. neben den Termini *kénose* und *anéantissement* auch *abaissement, misération, humiliation, dépouillement,* engl. neben *kenosis* auch *self-limitation, diminution, humiliation, humbling* oder *condescension*.

[45] Die hier höchstens punktuell zur Sprache kommen; solche christologischen Fokussierungen wie das Lehr- und Priesteramt Christi (s. 3.0), die von ihm gestiftete Gemeinschaft oder die Wiederkunft des Messias interessieren im Folgenden genauso wie gewisse Verbindungen von Christologie und Pneumatologie oder anderen dogmatischen Teilgebieten nur am Rande.

An diese erweiterte Vorstellung von positiver Selbsterniedrigung Christi knüpfen 3) mit dem Postulat der Nachahmung Christi (Phil 2,5) normative moralische Kategorien wie *смирение* [Demut] oder *скромность* [Bescheidenheit] (vgl. 3.2.3) und Verhaltensmuster wie Verzicht, Askese, Opfer oder Leidensdulden an. Schließlich kann das Muster positivierter Selbsterniedrigung 4) auch jenseits des christlichen Bereichs weiterwirken. Kenose wäre dann Chiffre für eine Motorik der Verringerung, die axiologisch umgekehrt und als Gewinn gewertet wird. Indem auch nicht-christliche Praktiken vom Leidensmodell und dessen Positivierung her auf doppelte Weise verstehbar werden und gleichfalls als Transformationen der christlichen Konzeption der Kenose gelesen werden können (s. 5.6), wird sogar eine ‚säkulare Kenose' möglich. Die Grenze der Extension des Kenose-Begriffs wird erreicht, wenn 5) die axiologische Dimension gestrichen wird und Erniedrigung als bloßer Vektor konstatiert wird (s. 10.9).

1.2.4 Benachbarte Kategorien und Konkurrenzbegriffe
Durch die oben (1.2.2) angeführten Begriffe, die als freie Übersetzungen von Kenosis durchgehen können, tut sich ein Spektrum von Kategorien auf, durch die Selbsterniedrigung aufgerufen wird und die meist auch in irgendeiner Weise mit (teilweise) positiven Implikaten angereichert sind.[46] Es sind dies

1) Begriffe, die weitgehend synonym sind mit Kenosis oder metaphorisch dafür eintreten können – *Tapeinosis, (Syn-)Katabasis, Kondeszendenz, humiliatio, status exinanitionis,*[47]

2) Ausdrücke, die sich dazu metonymisch verhalten – *Lamm Gottes* und *Opferlamm, Gottesknecht* und *Menschensohn, Kreuz, Martyrium, Demut,*[48]

3) solche, die mit *Kenose* konkurrieren wie *Verwandlung* bzw. *Metamorphose*[49], sodann

4) theologische Termini auf einer Metaebene wie *kenotische Christologie, Kenosis-Christologie* oder *Kenotik,*[50]

---

[46] Anders etwa als bei der hermetischen Konzeption unfreiwilliger Selbsterniedrigung (*Poimandres* I 12–15; vgl. P. Henry 1957:9–42).

[47] Zu *Tapeinosis*: 2.2.3.4; zu *(Syn-)Katabasis*: 3.5.5.2, zu *Kondeszendenz, humiliatio, status exinanitionis*: 2.6.3.

[48] Zu *Lamm Gottes* und *Opferlamm*: 3.0.2.2, zu *Gottesknecht* und *Menschensohn*: 2.7.1.1, zu *Kreuz*: 2.7.1.4, zu *Martyrium*: 3.3.3.4, zu *Demut*: 3.2.3.

[49] Zu *Verwandlung* bzw. *Metamorphose*: 2.3.

[50] Die Beschränkung der Begriffe *kenotische Christologie* oder *Kenotik* auf die Hochkonjunktur des Kenose-Motivs in der deutschen, englischen und vielleicht auch russischen Dogmatik des 19. Jh.s (Dawe 1963; Breidert 1977) ist zu exklusiv. Im Gegensatz zu dogmengeschichtlichen Spezialstudien werden diese Metabegriffe hier nicht verwendet, um ein konkretes historisches Stratum als ‚eigentlich kenotisch' zu qualifizieren oder

5) wissenschaftliche Begriffe, die in verschiedenen sozial- und kulturwissenschaftlichen Disziplinen eingesetzt werden, darunter
   a. ethnologische und religionswissenschaftliche – *Askese*,[51] *Opfer*,[52] das *Heilige*,[53]
   b. soziologische wie *Verausgabung*[54] oder *Suizid*,[55]
   c. psychoanthropologische – *inhibierte Angriffslust*,[56] *Melancholie*[57], *Masochismus*[58] – oder
   d. philosophische wie *Dialektik* oder *(Auto-)Negation*,[59]
6) Termini, die mehr oder weniger vergleichbare Konzepte oder Praktiken aus anderen Kulturen und Religionen bezeichnen – buddhistische *Nichtung*, hinduistische *Entleerung*, rabbinisches *Zimzum* oder das schiitische Muharramfest,[60]
7) spezifische Chiffren der Forschung für die russische Kultur wie „Sklavenseele",[61] für einzelne Epochen der russischen Kulturgeschichte wie „kenotisch-apophatische Avantgarde"[62] oder „totalitärer Masochismus"[63] bzw. für soziale Praktiken wie Selbstmord.[64]

---

gar einen Gegensatz von ‚kenotisch' und ‚orthodox christologisch' (s. Davis 2006) zu etablieren. *Kenotik* oder *kenotische Christologie* heißen hier alle Teilaspekte christologischer Überlegungen, die auf die Kenosis Christi rekurrieren – sei das punktuell oder systematisch, orthodox oder häretisch (zu dieser typologischen Begriffsverwendung vgl. Moltmann 1972:190).

[51] 3.2.4.3, 4.4.3.1–4.4.3.2 u. 8.3.1.
[52] Zu *Opfer*: 3.0.2.2.
[53] Zur Ambivalenz des Heiligen s. Agamben 2002:87–90.
[54] Bataille (1985:28) macht ein Gegensatzverhältnis von christlicher Demütigung und adliger Verschwendung auf. Zur Ökonomie des positivierten Verlustes s. auch 3.0.1.
[55] Vgl. 3.3.3.4, 4.5.10.2 u. 6.4.6.
[56] Siehe 2.7.2.1 u. 5.2.7.4.
[57] Zu *Melancholie*: 9.5.3.
[58] Vgl. 8.3.2 und Haverkamp 2004.
[59] Siehe 2.11.6 u. 8.3.2.
[60] Zu diesen hier nicht weiter berührten Fragenkomplexen s. P. Kuhn 1968; Canetti 1982: 165–175; Abe 1995; Gorelov 1997:398; Münch 1998; Lounibos 2000; A. Hoffmann 2008:65–259.
[61] Rancour-Laferrieres *Slave Soul of Russia* (1995); vgl. zur Geschichte dieses Stereotyps Uffelmann 2005a.
[62] Èpštejns These von der kenotisch-apophatischen Strategie der Avantgarde (1989).
[63] Igor' Smirnovs Gleichsetzung „Тоталитарная культура, или мазохизм" [Die totalitäre Kultur oder der Masochismus] (I. Smirnov 1994a:231).
[64] Die These von Papernos Monografie *Самоубийство как культурный институт [Der Selbstmord als kulturelle Institution]* (1999); hier ist besonders eine Abgrenzung der emphatisch betonten Freiwilligkeit der christlichen Selbsterniedrigung von Emile Durkheims „*obligatorische[m] altruistische[m] Selbstmord*" (Durkheim 1983:248, Hervorh. i. Orig.) vorzunehmen, der sich, auch wenn Durkheim das suggeriert, nur schwer mit dem „Tod einer Reihe christlicher Märtyrer" (ebd.:255) kurzschließen lässt.

Eine der weiteren Darstellung vorgreifende definitorische Abgrenzung des Kenosis-Konzepts von diesen Kategorien ist deswegen nicht sinnvoll, weil es nachfolgend gerade auch um die Spannweite von Vorstellungen geht, die mit Kenosis einhergehen und sich mit den aufgezählten angrenzenden Kategorien in bestimmten Momenten berühren oder von ihnen abstoßen. Die Synopse mit verwandten Termini und Vorstellungen kann nur punktuell, historisch-spezifisch erfolgen.

1.2.5 Zur Begriffs- und Kulturgeschichte: Engere und weitere Bedeutung
Die Spannung zwischen engster, inkarnationschristologischer und weitester, vektorieller Bedeutung von *Kenosis realisiert* sich in der Geschichte der Applikationen von Kenose: Wenn Gorodetzky die unscharfe Facette betont – „It even seems to us that the main importance of Russian ‚kenoticism' lies precisely in the fact that there was no doctrine about it." (1938:VIII) –, so wird damit die breite Produktivität eines so wenig anschaulichen theologischen Konzepts wie der *Kenosis* zwar leichter verständlich; zugleich begibt sich die kulturwissenschaftliche und literaturgeschichtliche Forschung aber selbst auf jenen schwankenden Boden, den sie ihrem Objekt, der russischen Kultur- und Literaturgeschichte attestiert.

In Antwort auf den metaphorisch-weiten Gebrauch von *Kenosis* in der russischen Kulturgeschichte und Kulturgeschichtsschreibung könnte ein methodischer Ausweg in der Konzentration auf die theologisch-definitorischen Dokumente des Kenosis-Konzepts in russischen Diskursen liegen.[65] In dieser Arbeit soll jedoch versucht werden, das *Nebeneinander von einer christologisch-engen und einer kulturell-weiten Begriffsverwendung* als *konstitutiv* zu beschreiben. Zu diesem Zweck müssen einerseits die christologischen Definitionen von Kenosis – insbesondere die für das (russische) orthodoxe Christentum relevanten aus der griechischen Patristik – genau auf darin angelegte Facettierungen hin untersucht werden (2); zum anderen darf die Vielfalt der Applikationen einer positiven Wertung von Selbsterniedrigung in christlichen Praktiken (s. 4.), Personenmodellen, deren Säkularisaten und fiktionalen Reflexen (5.) nicht außer Acht gelassen werden.

Wenn mit *Kenosis* auch von einem Begriff ausgegangen wird, kann eine isolierte Begriffsgeschichte, wie sie trotz der sozialgeschichtlichen Öffnung (Koselleck 1972) meist auf die Verwendung in elitären Diskursen wie dogmatischen oder philosophischen konzentriert bleibt, hier nicht ausreichen. Ein von Begriffen allein ausgehender Problemaufriss à la Rothacker, für den Begriffsgeschichte

---

[65] Abgesehen von einigen Dogmatikern und Laientheologen vor allem des späten 19. und frühen 20. Jh.s finden sich nicht genügend Belege, die eine Überlieferungskontinuität allein im dogmatischen Diskurs plausibel machen würden (vgl. H.-J. Röhrig 2006:323–331).

Problemgeschichte einbinden muss (1995:5), greift hier noch zu kurz.[66] Anliegen einer kulturwissenschaftlichen Beschreibung muss es sein, die Diskursebene zu überschreiten und Darstellungsformen und Praktiken wie Bilder, Liturgie und Verhaltensmuster als Überlieferungsträger einzubeziehen (4.–5.). Unter dieser Maßgabe ist die Zusammenschau „diverser Schauplätze kultureller Produktion" und die Betrachtung ihrer Interaktion erforderlich,[67] müssen die „Verhandlungen über den Austausch" (Greenblatt 1995:55) zwischen den Gattungen und Praktiken nachgezeichnet werden.

Die Nachzeichnung der „negotiations" wird jedoch nicht zur Synthese eines Totums von Kultur führen (Kelly et al. 1998:12); der Blick auf das „komplexe Ganze" der Kultur (Greenblatt 1995:50) ist nur als Aufforderung zur Einbeziehung diverser Vektoren, nicht aber als Imperativ zur Synthetisierung eines totalen Funktionszusammenhangs zu verstehen. Diese Vorbehalte dürfen bei der russischen Kenosis-Geschichte andererseits auch nicht dazu verführen, im Sinne des New Historicism einem unsystematischen, allein synchronen Schnitt das Wort zu reden, in dem dann die Oszillationen zwischen den „Schauplätzen" nur noch als „surprising coincidences" und „bizarre overlappings" erscheinen würden (Veeser 1989:XII). Wo Staunen sich nur der Ahnungslosigkeit über Vorgeschichten verdankt, ist es in der Wissenschaft höchstens als Durchgangsstadium am Platze. Die Austreibung der Überraschung mag zwar als ästhetischer Verlust gelesen werden, bedeutet aber auch einen kulturwissenschaftlichen Gewinn.

1.2.6 imitationes exinanitionis
Sowohl die metaphorische Übersetzung des Christus-Modells in *imitationes* als auch dessen metonymische Ausweitungen, deren Verflechtungen diese Arbeit aufzeigen will, sind in der Belegstelle aus dem Philipperbrief, genauer in Vers 2,5 selbst angelegt. Die Aufforderung zu einer „Gesinnung wie Christus" ist vielfach ausdeutbar, und nicht jede *imitatio Christi* ist automatisch eine *imitatio exinanitionis Christi*.[68] Was in der Exegese von Phil 2,5 meist als Ermahnung zur Nachfol-

---

[66] Allerdings wird in Hinsicht auf den *Kenosis*-Begriff daran festgehalten, dass auch die Geschichte des Begriffes in Theologie, Philosophie, Kulturgeschichte einen Teil der Überlieferung darstellt, wenngleich sich diese von der Breitenwirkung her unzweifelhaft mehr in anderen Gattungen und Praktiken vollzieht. Die Berücksichtigung des Unbegrifflichen (vgl. Blumenberg 1993:75–93) und Vorbegrifflichen (Foucault 1994b:89–92) *neben* dem Begrifflichen genügt hier vollauf.
[67] „The analysis [...] considers various sites of cultural production [...] and numerous examples of cultural product [...], in order to establish links between aspects of Russian society that are not usually considered together." (Kelly/Shepherd 1998:4).
[68] So ist etwa das mönchische Koinobion begreifbar als Nachahmung des Zusammenlebens Christi mit der Gemeinschaft der Jünger (vgl. Smolič 1999:409). Wenn auch im

ge und Imitation gelesen wurde (vgl. 2.2.3.1), zeigt sich dem kulturhistorischen Blick als Fort- und Weiterschreibung, als stets neue und immer weiter gehende Übersetzung und Verschiebung, als *imitatio* der *imitatio* – bis zu Umkehrungen des Zwecks (soldatisches statt mönchisches Ideal; 5.5.3) oder bis zum Wechsel von Aktanten-Zuweisungen. Letzteres ist etwa der Fall, wenn der Christus Imitierende in die Rolle des Objekts von Christi Handeln gerät (z.B. seiner Wunderheilungen; 9.5.1), wenn der revolutionäre Attentäter und nicht sein Opfer als christoformer Leidender konzeptualisiert wird (5.5.5) oder wenn sich wie bei Stigmata an weiblichen Körpern Gender-Zuschreibungen ändern (3.2.4). Prekär wird die Transformation schließlich, wenn die Axiologie der positiv konnotierten Erniedrigung neutralisiert wird (10.9).

1.2.7 Mustersubjekt Jesus Christus?

> [...] [man] muss [...] nicht souverän sein, um moralisch zu handeln; vielmehr muss man seine Souveränität einbüßen, um menschlich zu werden. (Butler 2003:11)

Die Selbsterniedrigung, die der historischen Person Jesus von Nazareth attestiert wird, ist aus einsichtigen Gründen mehr als nur ein partikulares Motiv in der Kulturgeschichte: Jesus ist, auch wenn man die Zuschreibung der Gottessohnschaft einmal beiseite lässt, die – über Jahrtausende und europäische Kulturgrenzen hinweg – mit Abstand am häufigsten an- und aufgerufene Figur; sein Handeln und seine Lehre, seine Inkarnation und seine Passion werden bis heute als entscheidend und musterbildend aufgerufen.[69] Mit dem Titel *Christus*, der in den meisten europäischen Sprachen den Namen *Jesus* begleitet, wird dabei zugleich eine dogmatisch-metaphysische Aussage transportiert (vgl. 2.8.6.1), sodass der sich damit befassenden Christologie eine nicht zu unterschätzende identitätsprägende Rolle

---

Mönchtum *imitationes exinanitionis* gang und gäbe sind, so ist dieser Aspekt doch im Gemeinschaftsideal zumindest nicht vorrangig.

[69] Siehe Gogol's Randnotiz zu Phil 2,7 „Образец нам [...] в трудной [пробел для одного слова] к[рест] Христа" [Vorbild für uns (...) in schwerer (Leerstelle für ein Wort) ist das Kreuz Christi] (Vinogradov/Voropaev 1998:246) oder den Anfang von Il'ja Stogovs (Stogoffs) laientheologischem Essay *Страсти Христовы [Die Passion Christi]*: „Я хочу рассказать вам о главном событии своей жизни: о Страстях Господних. Не важно, что это событие имело место за тысячелетия до моего рождения. Оно важнее, чем любые подробности моей личной биографии. На самом деле оно и есть главное, что было в моей личной биографии." [Ich möchte vom wichtigsten Ereignis meines Lebens erzählen: von der Passion Christi. Es macht nichts, dass dieses Ereignis Jahrtausende vor meiner Geburt stattgefunden hat. Es ist bedeutsamer als alle Einzelheiten meiner persönlichen Biografie. Im Grunde ist es das Wichtigste, was in meiner persönlichen Biografie passiert ist.] (Stogov 2005:7).

für die christlichen Kulturen zukommt. Wie die europäische Philosophie ihre Kategorien aus der christologischen Dogmatik entwickelt, so bestimmt der Christusbezug die Praxis von Kirche und Glauben bis in die Moderne.
Wenn mit der Kenosis-Lehre in dieser Arbeit ein (zentraler[70]) Aspekt der Christologie herausgegriffen wird, so ist dessen kulturgeschichtliche Relevanz schon von seiner Verortung in der Christologie her nahe gelegt; die von der Kenosis aus verstehbaren Gesichtspunkte Inkarnation, Leiden und Kreuzestod sind beileibe keine Randgesichtspunkte. Der beschränkte *eine* Aspekt, der an *einer* Person festgemacht wird, die Kenosis Christi gewinnt aufgrund von Nachfolge-, Missions- (Mt 28,19f) und Imitationsaufforderungen (Phil 2,5) den Status des über Jahrhunderte am stärksten paradigmatischen Subjekt-Modells (oder, insofern man vor der Neuzeit kaum von Subjekt sprechen kann:[71] von dessen Vorstufen).

Weniger im neuzeitlichen Sinne von Subjekt als im etymologischen Sinne von lat. *sub-icere* bildet Christus mit seiner Erniedrigung (*conditio sine qua non*) so etwas wie ein Muster-*Subjekt*.[72] Dieses Subjektmodell impliziert das Ideologem,

---

[70] Vgl. Fedotovs Einschätzung: „Кенозис есть одна из существеннейших идей, или, точнее, один из основных фактов христианства. Может быть, главный – но не единственный." [Die Kenosis ist eine der wesentlichsten Ideen, oder genauer: eine der grundlegenden Tatsachen des Christentums. Vielleicht das Hauptmerkmal, aber nicht das einzige.] (1992:226).

[71] Vgl: „Dieses eine Subjekt [Jesus Christus] ist nicht das selbstbewusste Subjekt der Moderne, sondern die Subsistenz der Person Jesu Christi." (Hoping 2004:120).

[72] Wobei das Subjekt eben dadurch konstituiert wird, dass es unter-worfen (*sub-iectum*), zum „Sklaven der Sprache" (Lacan 1975:19) wird (vgl. Foucault 1994:246f; Borch-Jacobsen 1999:208–220). Ein solches „assujetissement" [Subjektivierung] hat durchaus konstitutive Bedeutung in der Kombination von „Unterwerfungstypen" und „Formen der Selbstausarbeitung" (Foucault 1983:II 44; dazu Bröckling 2003:81). Diesen Aspekt stützt auch die mediale bzw. Mittler-Funktion Christi zur Repräsentation des Göttlichen: „Indem der Bote als Mittler den Sender vertritt, zeigt sich in ihm die Voraussetzung jeder Vermittlung: er wird zu dem kommunikativen sub-iectum." (Bahr 1999: 277). Die Zusammenspannung ist allerdings nur im Lateinischen/Romanischen möglich; während nämlich die lateinische Wortgruppe *subicere, subiectio* den grammatischen Begriffsgebrauch und die Bedeutung von ‚unterdrücken' einschließt, zerfällt diese Ambiguität im Griechischen in mehrere Verben (καταστρέφω ‚unterjochen' vs. τὸ ὑποκείμενον ‚grammatisches Subjekt'). Unter einer nochmals anderen etymologischen Fahne fährt Giannaras, wenn er – existenzphilosophisch inspiriert – Kenose und Hypostase zusammendenkt. Auch Giannaras geht es um Subjekt-Konstitution durch Unterwerfung: „Der Sinn der christlichen *Askese* und Tugend, welcher in der Demut zusammengefaßt ist, ist nichts anderes als das Streben nach solcher *Kenose*, nach dem ‚Leerwerden' von den Elementen des individuellen Selbstgenügens, das Erringen der personalen Vollendung, der Verwirklichung der Hypostase ὑφ-ίσταμαι sich darunterstellen, sich als Individuum in eine umfassende Ek-stase der Gemeinschaft verbergen)." (1982: 242).

dass Erniedrigung und Unterwerfung positiv seien. Oder anders gesagt: Es schließt den dialektischen Automatismus von Erniedrigung und Wiederaufstieg ein, bildet ein Zwei-Vektoren-Modell (s. 2.6).

Darüber hinaus prägen christliche Praktiken auch noch Verhaltensmuster, die von ihren Trägern nicht mehr als christlich verstanden werden. Wenn sich die Fedotovsche These bestätigen sollte, dass das kenotische Habitusmodell in der russischen Kulturgeschichte einen besonderen Stellenwert besessen hätte und – zumindest in normativen Sprechakten – praktisch präsent gewesen wäre, dann müsste auch die *Frage* erlaubt sein, ob es im altrussischen impliziten (Proto-) Subjektverständnis Züge gab, die ein kenotisches Subjektmodell nahe legten, oder ob umgekehrt durch den Imperativ der Nachahmung des kenotischen Mustersubjekts Jesus Christus bewirkt wurde, dass Selbsterniedrigung (anstelle von Selbstbehauptung[73]) im russischen kulturellen Kontext tendenziell stärker als personenbildendes Moment verstanden wurde als in anderen europäischen Kulturen (und ob daraus möglicherweise bis zur Gegenwart eine gewisse Differenz im Subjektverständnis zum westeuropäischen Subjektbegriff resultiert[74]).

1.3 Methodische Positionierung

1.3.1 Bisherige Forschungsrichtungen

Die bisherige Forschung zur Kenosis zerfällt in zwei selten über mehr als das Lexem *Kenosis* verbundene Richtungen: Einmal gibt es da die hoch ausdifferenzierte, 1950 Jahre alte Tradition der Christologie, in der die Kenosis-Lehre eine prominente Rolle spielte und in eine Vielzahl der dogmatischen Streitigkeiten von der Frühkirche bis in die Gegenwart hineinspielt (s. 2.). Hierzu gibt es auch einige wenige wissenschaftlich tragfähige Arbeiten zur russischen kenotischen Christologie.[75] Auf der Seite der christologischen Untersuchungen besteht ein erhebliches

---

[73] Siehe Kissel 2004b und 2004c.

[74] Ulrich Schmid diagnostiziert in Russland das „Nachwirken heteronomer Ichmodelle bis ins 19. Jahrhundert" hinein (2000:37), Christa Ebert möchte „Klischeebilder" von russischer „,Selbst'-Losigkeit" wie Opferbereitschaft zwar nicht falsifiziert, aber differenziert sehen (2002:7f), und Kerstin Holm meint gar, an der philosophischen Abwehr des Individualismus den Ausdruck eines russischen Nicht-Subjekt-Verständnisses ablesen zu können („In Rußland erfährt sich der einzelne immer als Objekt."; 2003a:43) – was definitiv zu pauschal ist. Allerdings gelangt Holm zu dieser Pauschalthese über die Vermittlung des Habitus Demut (ebd.:41). Qua Unterwerfung funktioniert die ‚Subjektivierung' nicht nur im christlich-kenotischen Opfermodell, sondern auch im Stalinismus (Char'chordin 1999), besonders in der Reanimierung von Opferviten, die alles Autobiografisch-Individuelle überzeichnen (Thun-Hohenstein 2002).

[75] Hammerich 1976; Valliere 2000; H.-J. Röhrig 2000a; vgl. 4.4.4.

Hinführung 19

Desiderat im Bereich einer post-christlichen Christologie bzw. Kenosis-Lehre, die mit wenigen Ausnahmen[76] bislang eher in Enzyklopädie-Stichwörtern vorkam und auch dort lediglich angedeutet wurde.[77] Auf der anderen Seite steht die vereinzelte (häufig an bestimmte der oben [1.2.4.] aufgezählten Begriffe angeschlossene) Erörterung von Erscheinungen aus der russischen Kulturgeschichte, in denen neben anderen auch der *Kenosis*-Begriff in Anschlag gebracht wird. Diesen Untersuchungen fehlt fast ausnahmslos eine christologische Grundierung.[78] Dabei sind punktuelle, auf literatur- und kulturgeschichtliche Einzelphänomene bezogene Arbeiten[79] von globalistischen Ansätzen zu unterscheiden, in denen Kenosis, Askese, *imitatio Christi* o.Ä. zum Spezifikum russischer Kultur erhoben wird.[80] Die größere historische Tiefen auslotenden Arbeiten enden beim Symbolismus (Gorodetzky 1938) oder der totalitären Literatur.[81] Arbeiten zur russischen Gegenwart, in denen die kenotische Tradition breiter verfolgt würde als in Bezug auf Einzelphänomene, fehlen bislang.

1.3.2 Zur Theologie: Fächer von Auslegungen
Diese Arbeit ist eine diskursrhetorische, kulturwissenschaftliche und literaturgeschichtliche. Den Bezugspunkt Phil 2,5–11 teilt sie mit der Theologie. Die Fachgliederungen der christlichen Theologien aller Konfessionen sehen bei geringen terminologischen Abweichungen eine vergleichbare Unterteilung in Exegese und Systematik (als eher syn- oder panchron orientierte Teildisziplinen) einerseits und Dogmen- und Kirchengeschichte (als diachron ausgerichtete Forschungsgebiete) andererseits vor. Demgegenüber betrachtet der hier versuchte Zugang zum neutestamentlichen Text Phil 2,5–11 die Bandbreite historischer Auslegungen selbst als Exegese, als Fächer der vielfältigen Varianten des „Herausführens", welches die „unerschöpfliche Möglichkeit" bietet, eine „unendliche Welt von Beziehungen und Vernetzungen zu schaffen [...]".[82] Eine von der Interpretationen-

---

[76] Dawe 1963, Rupp 1974:85–158.
[77] An Enzyklopädie-Stichwörtern s. Jaeschke 1999; Link-Wieczorek 1999. Auffällig ist die Auslassung des Nicht-Christologischen und Post-Christlichen bei Kasack 2000. Das gilt weniger für Kuschels Sammlungen (1997, 1999).
[78] Gorodetzky allerdings hat ein viel rezipiertes (s. Dawe 1963; Nnamani 1995) Kapitel zur russischen kenotischen Christologie (Gorodetzky 1938:127–173).
[79] Grübel 1998; Kissel 2004a; I. Smirnov 1987, 1994a, 1996, 1999a.
[80] Fedotov 1966, Gorodetzky 1938, M. Ziolkowski 1988, Morris 1993, Rancour-Laferriere 1995, Kotel'nikov 1999, Rudi 2003.
[81] Morris 1993, Ausnahme Rancour-Laferriere 1995.
[82] Vgl. Didi-Huberman 1995:13, der die Exegese „weniger eine Methode als zuallererst eine *Poetik*" nennt (ebd., Hervorh. i. Orig.). Die Theologie hat meist eher die Gegenrichtung eingeklagt, nämlich Kulturgeschichte zurückzubinden an das vermeintliche *prius* Inkarnation: „Die Wirkungsgeschichte ist von der Leidensgeschichte Christ in e-

und Realisationengeschichte abtrennbare, immanente Exegese des Paulus-Briefes oder christologische Systematik kann es nach dieser methodischen Grundentscheidung nicht geben. Und auch eine Differenzierung in inhaltlich oder diskursiv abgrenzbare Teilgeschichten – etwa eine orthodoxe, katholische, protestantische Dogmengeschichte, abgesetzt von häretischen, nicht-christologischen Auslegungen und säkularen Anknüpfungen, neben einer isolierten Geschichte von Habitusmodellen, literarischen Figurenkonzepten und poetischen und bildkünstlerischen Repräsentationsstrategien – ist nach diesem *cultural turn* nicht am Platze. Eine integrierte Exegesegeschichte ist als konzept-, kultur- und literaturgeschichtlicher Parcours selbstredend keine theologische Exegese *sui generis* mehr, weil sie ohne Geltungsanspruch auskommt bzw. Geltungsansprüche durch die Beschreibung der Vielheit historischer Realisierungen ablöst. Die Dogmatik ist dann nur *ein* Diskurs, in dem sich die für eine Kultur spezifische Aneignung eines theologischen Konzepts vollzieht, – ein Teilsystem unter anderen. Erst die dichte (Geertz 1999:15) Zusammenschau mit anderen Diskursen und sozialen Systemen erlaubt es, sich ein Bild von den Amplitudenausschlägen des historischen Wandels eines Konzepts (wie Kenosis) in einer Kultur (wie hier der russischen, s. 4.–10.) zu machen. Theorie- und Applikationsgeschichte sind dabei stets im Zusammenhang zu sehen.

Wenn aber weite und enge Bedeutung ineinander greifen, Theorie und Applikation interagieren, so muss das Ansinnen einer gültigen Definition, wie es das unterschwellige Anliegen der meisten Dogmengeschichtler ist,[83] abgewiesen werden. Gegen das zentripetale Anliegen einer Leitdefinition sind Extremvarianten zu berücksichtigen, die belegen, wie wandel- und dehnbar das Motiv der Kenose trotz aller Sistierungen durch die paradoxen Formeln der ökumenischen Konzilien ist (vgl. 5.6.3.1). Als Kontrastfolie sind Häresien, Heterodoxien und Sekten (s. 2.3

---

ben derselben christlichen Kultur nicht zu trennen. Inkulturation ist Inkarnation, mit Passion versetzt, also durchsetzt von Verleugnung und Verrat, Mißverständnis und Mißhandlung." (Stock 1995/2001:II 9). Diese Verknüpfung gilt aber gerade auch umgekehrt: Die Leidensgeschichte Christi ist von ihrer Rezeptionsgeschichte nicht zu trennen und nur durch diese *für die Kulturwissenschaft* bedeutsam.

[83] Für die kulturgeschichtliche Perspektive gibt es keine „vraie kénose" [echte Kenose] (P. Henry 1957:139). Der Blick auf Kultur- als Exegesegeschichte verbietet die Unterscheidung einer „echten" von einer „unechten" Kenotik, wie sie besonders in konfessionell geprägten polemischen Arbeiten begegnet, die die Kenotik zu einem vorzugsweise lutherischen Phänomen erklären und in der Geschichte des Luthertums nochmals als Produkt des 19. Jh.s einstufen (Gaudel 1925:2339; Dawe 1963). Wo aber systematische Richtigkeit nicht als Selektionskriterium herhält, da ist die Menge des potenziell einbeziehbaren Materials bei Christologien wie Praktiken der Christus-Nachahmung unüberschaubar; jegliche Bemühung um etwas wie Vollständigkeit würde sich selbst *ad absurdum* führen.

und 5.4.3) relevant zur Abschattung der durch die ökumenischen Konzilien bestimmend gewordenen Variante der kenotischen Christologie – der paradoxen (2). Angesichts der Breite des einbezogenen Materials muss die vorliegende Arbeit also ohne eine Eingangsdefinition dessen auskommen, was ihr Gegenstand ist: mit Selbsterniedrigung, Kenosis verknüpfte Vorstellungen, die sich in einer Geschichte von Ausgestaltungen (s. 3.1.5) ausfalten. Der Platz systematischer *Auslegung* wird von historischer *Ausfaltung* angeeignet. Daher mündet diese ohne Definition einsetzende Arbeit auch nicht in eine Schlussdefinition, sondern eröffnet ein Panorama altostslavischer, russischer und sowjetischer Kenosis-Vorstellungen (4.–11.).

1.3.3 Zur Kulturwissenschaft: Eine Tradition unter anderen

Dieses Panorama stellt durchaus kein Panorama der russischen Kultur überhaupt dar, sondern bleibt auf den einen, wenngleich kulturgeschichtlich weithin wirksamen Fokus von Selbsterniedrigungsvorstellungen beschränkt. Hier wird der Blick auf *eine* Tradition in der russischen Kulturgeschichte neben anderen gerichtet, ohne damit zu präjudizieren, dass diese etwa die wichtigste sei (s. 4.0.5). Auch Fedotov räumt dies, wenngleich an wenig prominenter Stelle, ein:

> All this would seem to imply that kenoticism may justly be considered the dominant motif in Russian spirituality – one might almost venture to say, the specific Russian approach to Christianity. Yet this statement is correct only in a limited sense. For, actually, kenoticism was never the exclusive, nor even the quantitatively predominant, feature of Russian religion. It has always been moderated, diluted and supplemented by other currents: ritualistic, liturgical, mystical or culturally creative, some of them deriving from foreign sources – from Byzantium or, in modern times, from the Christian West. (Fedotov 1969:14)

Dass die kenotische Tradition sozial-, kultur- und literaturgeschichtlich relevant sei – das allerdings ist die These dieser Arbeit. Damit wird auch nicht ausgeschlossen, dass sie in anderen Kulturen nicht ebenfalls eine große Bedeutung haben könnte. Zudem ist die Kulturgeschichtsschreibung, welche sich des Kenosis-Begriffs bedient, bislang noch gar nicht selbst historisiert und auf ihre autokommunikativen Implikate hin befragt worden: Es gibt da Idealprojektionen (etwa des Emigranten Fedotov auf eine ideale altrussische Vergangenheit) und Heterostereotype (s. 5.2.5 u. 8.3.2), die selbst als Material in die Geschichte der Kenosis-Vorstellungen in Russland gehören.

Dem Russland-Fokus dieser Arbeit liegt die methodische Annahme zugrunde, dass auch christologische Modelle eine kulturelle Spezifik haben, wie es George Rupp herausgestellt hat: „My contention is that variables in Christology are correlative with differences in approaches to and interpretations of personal, social, and cultural life."[84] Besonders stark gilt der Interkonnex von Kultur und Christologie für den Bereich kenotischer *Praktiken*.

1.3.4 Zur Religionswissenschaft: Fokus russische Kultur

Auch von einer auf bestimmte, nämlich phänomenologische Weise betriebenen Religionswissenschaft hebt sich dieser spezifisch-kulturwissenschaftliche Ansatz ab: von der Heuristik einer allgemeinen und vergleichenden Religionsphänomenologie, die das Kulturspezifische „einebnet" und zu einem anthropologisch Allgemeinen hin strebt (s. Lanczkowski 1992:34). Was im Folgenden, gemäß dem *cultural turn* der Religionswissenschaft, interessiert, sind nicht alle möglichen, ethnologisch zu erhebenden Formen von Selbsterniedrigung, sondern die für die Christentumsgeschichte zentrale, auf Phil 2,7 zurückbeziehbare Kenosis-Lehre und ihre russische Karriere.[85]

---

[84] Rupp 1974:1. Allerdings bleibt Rupps Typologie zu stark auf die Dogmatik beschränkt – dabei auch noch auf den in angelsächsischen Christologien profilierten merkantilen Aspekt des „atonement" (vgl. 3.0.5.) – und blendet die abweichende Entwicklung im orthodoxen Ost- und Südosteuropa aus. Zur Notwendigkeit der Kontextualisierung der Exegesegeschichte von Phil 2,5–11 s. Stock 1995/2001:I 43.

[85] Wenn in dieser Arbeit im Überblick zumeist von „russisch" gesprochen wird, geschieht dies um einer ungefähren kulturell-sprachlichen und geografischen Zuordnung willen; eine Abgrenzung von russisch, ukrainisch und weißrussisch, von europäisch-russisch und asiatisch-russisch, von russisch und sowjetisch ist aus platzökonomischen Gründen nicht immer zu leisten. Wenn von „russisch" und „Russland" gesprochen wird, ist damit eine Einschlussdefinition gemeint (ein Phänomen bezieht sich – oft unter anderem – auf die russische Kulturgeschichte), kein Ausschluss (dass es sich damit nicht etwa auch auf andere ostslavische Kulturen, auf allgemein sowjetische Entwicklungen bezöge). Wie weit die Mehrfachzuordnung eines Phänomens gehen kann, illustriert die Tatsache, dass die Gegenstände des 2003 in zweiter Auflage vorgelegten Sammelbandes *Образ Христа в українській культурі [Das Bild Christi in der ukrainischen Kultur]* (Gors'kyj 2003) sich zu mehr als zwei Dritteln (von Boris und Gleb über das Höhlenkloster bis zu Petr Mogila und Gogol') mit den hier untersuchten Themen überschneiden. Ebenso wie ukrianische oder weißrussische Entwicklungen können auch vorchristliche slavische Muster bloß angedeutet werden, welche möglicherweise die kulturelle, praktische Aneignung des kenotischen Modells gefördert haben wie die von Moehsen geschilderte Bevorzugung eines gewaltsamen Todes bei den alten Slaven (1781:72f) S. dazu 4.2.3 u. 5.2.6.1.

Die zweifellos gegebenen – interkulturellen[86] wie allgemein-kulturanthropologischen – Ausweitungsmöglichkeiten[87] werden bewusst nicht genutzt. Das Zurückgehen auf die Dogmenentwicklung in der Väterzeit wie der interkonfessionelle Vergleich sind keine Ausweitungen, die zu einer universellen Kenotik führen würden, sondern Kontrastfolien, durch welche im Rahmen einer religionswissenschaftlichen Konfessionsethnologie die Spezifik der Kenosis-Fortschreibungen in der russisch-orthodox geprägten Kultur profiliert wird. Der Fokus gilt gerade den kulturellen Differenzen innerhalb der (in sich pluralen) Christentumsgeschichte (s. Gladigow 1995:25–28).

1.4 Brückenschlag über mehrere Transformationsschritte

1.4.1 Christologische (paulinische und griechisch-patristische) Basis

Anders als in den vorliegenden kultur- und literaturwissenschaftlichen Rekursen auf die Kenose, die mit einem mehr oder weniger metaphorischen, zur logischen bzw. vektoriellen Struktur reduzierten Verständnis von Kenose operieren, soll hier das Spektrum dogmatischer, christologischer Ausfaltungen berücksichtigt werden (2.). Beginnen muss eine Untersuchung, die die christologische Basis aller ‚kulturellen Kenotiken' ernst nimmt, bei der *sedes doctrinae* der Kenotik überhaupt, der Christus-Hymne aus dem (echten) Paulusbrief an die Philipper 2,5–11). Diese wird nicht für sich (immanent, systematisch) ausgelegt, sondern zunächst lediglich als Fächer von Fragen und verschiedenen Lesarten entfaltet (2.2.3), wie sie die spätere Konzeptgeschichte hervorbringt und wie sie in Figurenkonzepten und Poetiken bis in die postsowjetische Gegenwart hinein aufspürbar sind.

Der Blick auf eine *longue durée*, wie er schon durch den Fokus auf mnemonische Leistungen nahe liegt (vgl. Steindorff 1994:16), wobei dies im Fall der Kenose notwendigerweise ca. 1950 Jahre umfasst, unterbindet jeglichen Versuch, diese Zeitspanne voll auszufüllen. Auf ihn ganz zu verzichten, verbietet sich, weil damit die Christianisierung Russlands im 9. Jh. als ein autochthoner Uranfang gesetzt

---

[86] Selbstredend wäre es wünschenswert, die Geschichte ostslavisch-russischer Transformationen der Kenose Christi zu kontrastieren mit den Fortschreibungen in anderen europäischen und außereuropäischen Kulturen. Wollte man dies in solider Form tun und nicht lediglich zufällige Einzelfunde jenseits aller theologischer wie literarischer Genealogie präsentieren, wie das bspw. Otto von Schulz 1932 mit kursorischer Erwähnung von Hugo, Dickens und Balzac (O. von Schulz 1998:39.41) getan oder jüngst Christiane Schulz 2006 mit Schillers Gedicht *Resignation* und seiner russischen Rezeption offeriert hat, müsste sich der Umfang dieser Arbeit vervielfachen.

[87] Etwa in Richtung von van Genneps *rites de passage* (1999), einer allgemeinen Theorie religiösen Opfers (Janowski/Welker 2000) oder umgekehrt proportionaler Logiken in religiösen Diskursen (s. 2.5.2).

würde, was nicht der Fall ist,[88] und weil die russischen Konzepte und literarischen sowie habituellen Modelle ohne den weichenstellenden griechischen patristischen Vorlauf und ohne den späteren Einfluss westlicher kenotischer Lebensanweisungen oder kenotisch-christologischer Konzepte des 19. Jh.s nicht verstehbar wären (s. 1.4.2). So unsinnig ein Einsatz im 9. Jh. ist, so unhaltbar auch die in der Kulturgeschichtsschreibung verbreitete Handhabe, die insinuiert, das moderne Russland ließe sich hinreichend beschreiben, wenn bei Peter dem Großen eingesetzt werde. Beide Setzungen eines adamischen Anfangs berauben die kulturgeschichtliche Rekonstruktion eines erheblichen Teils ihres Kapitals.

1.4.2 Drei kenotische Einflüsse
Mit der Christianisierung von Byzanz aus wird auch das kenotische Modell nach Russland importiert bald danach „russifiziert" (Thon 2000:10; s. 1.1.4). In diversen Gattungen der altrussischen Literatur und Praktiken des christlich geprägten Alltags wird zunehmend zur Christusnachahmung aufgerufen (4.2.4). Diese multimediale Nachfolgeparänese erhält wiederholt zusätzliche Nahrung durch erneute Importe kenotischer Modelle. Auf der Ebene der Konzepte könnte man ab dem 15. Jh. von einem zweiten kenotischen Einfluss sprechen (Hesychasmus und Skiten-Bewegung; s. 5.3.5), der in der Folgezeit mit weiteren Inspirationen wie der russischen Rezeption von Thomas a Kempis *De imitatione Christi [Von der Nachahmung Christi]* und Paisij Veličkovskijs Erneuerung des Starcentums Ende des 18. Jh.s (5.3.6.3) angereichert wird. Die christliche Durchwirkung der russischen Gesellschaft ist nun weit fortgeschritten. Ein dritter kenotischer Einfluss ist für die zweite Hälfte des 19. und den Anfang des 20. Jh.s anzusetzen, als die deutsche und englische Neokenotik in Russland rezipiert wird.[89] Fedotovs Kenosis-These (1.1.4), die auf den ersten Einfluss als entscheidende Weichenstellung rekurriert und im Geiste des orthodoxen Traditionalismus – zusätzliche und spätere Inspirationen ausblendet, gehört selbst in das Kräftefeld jenes dritten kenotischen Einflusses.

1.4.3 Brücke von der Dogmatik zu kulturellen, auch säkularen Praktiken
Nimmt man den christologischen ‚Vorlauf' für kulturelle Kenotik ernst, so ergibt sich die Frage nach der Brücke, die von der dogmatischen (in späterer Zeit: akademischen) Diskussion über die Zuschreibung von göttlichen und menschlichen

---

[88] Neben vielen anderen Vorprägungen – etwa paganen – stellt das griechisch-byzantinische Christentum für die russische Kulturgeschichte bereits zu einer Zeit entscheidende Weichen, als von russischer Kultur noch nicht die Rede sein kann.

[89] Siehe etwa die Beeinflussung Solov'evs und S. Bulgakovs durch Hegel und Tareevs durch Bruce (Dawe 1963:151); vgl. 4.4.4.2 u. 4.4.4.5–4.4.4.6.

Attributen an Jesus Christus auf der einen Seite zu den davon oftmals durch mehrere Transformationsstufen entfernten kulturellen Praktiken von positivierter Selbsterniedrigung andererseits führt. Zumal diese Brücke über den christlichen Bereich hinausreicht; christologische Spuren wie kenotische Modelle finden sich auch in nicht mehr bewusst christlichen, ja oftmals gezielt gegen das Christentum gerichteten kulturellen Formationen. In der bisherigen Forschung wurde die *kulturgeschichtliche* Frage nach Transformationen und Transpositionen religiöser Muster in vermeintlich ‚rein säkulare' und nach außerchristlich-christlicher Doppellesbarkeit nicht nur längst nicht befriedigend ausgeleuchtet, sondern überhaupt kaum aufgeworfen (5.6). Die weit gespannte Brücke zwischen christologischem Dogma und kenotischen kulturellen Praktiken einschließlich literarischer Reflexe und säkular-christlicher Doppellesbarkeiten zu beschreiben, bildet die Grundaufgabe, die sich die vorliegende Untersuchung stellt.

Unter der Prämisse einer solchen ‚Brücken-Heuristik' gilt es, späte – säkulare und literarische – Stufen des Rekurses auf das kenotische Modell von der dogmatischen ‚Basis' her neu zu lesen – auch Romane wie Černyševskijs *Что делать? [Was tun?]* oder Nikolaj Ostrovskijs *Как закалялась сталь [Wie der Stahl gehärtet wurde]*, bei denen erst ansatzweise auf das Kenosis-Motiv abhebende Interpretationsangebote vorliegen.[90] Ein für die Kenosis-Thematik noch fast unbehandelter Bereich[91] ist die spät- und posttotalitäre Literatur wie Venedikt Erofeevs *Москва-Петушки [Moskau-Petuški]* oder Sorokins *Тридцатая любовь Марины [Marinas dreißigste Liebe]*, der abschließend (9.–10.) das Augenmerk gilt.

1.4.4 Vierfache ‚Materialisierung' der Kenose

> [...] gerade diese exzessive Betonung der *Materialität* der Malerei [konnte] in den Dienst des Mysteriums und seines theologisch-devotionalen Gedächtnisses gestellt werden [...] (Didi-Huberman 1995:15, Hervorh. i. Orig.)

Einen ersten Brückenschlag zwischen theologischem Diskurs einerseits (2) und Transpositionen der *imitatio Christi* in Habitus- und literarische Figurenmodelle andererseits erlaubt der Gesichtspunkt der ‚Materialisierung'. Als ‚Materialisierung' können – *mutatis mutandis* – 1) die Kenose Christi selbst, 2) deren christliche Ausgestaltungen und Repräsentationen, 3) deren Nachahmungen in christli-

---

[90] Wie bei Černyševskij Paperno 1996 (6.) oder bei Ostrovskij I. Smirnov 1987 (8.). Einen Annex der kenotischen Christologie bildet die paradoxe Mariologie, deren Reflexe die Forschung für Gor'kijs *Мать [Die Mutter]* bisher nur angedeutet hat (s. 7.6.).

[91] Dunaevs apologetische Zusammenschau von *Православие и русская литература [Orthodoxie und russische Literatur]* reduziert die Literatur der Sowjetperiode (Dunaev 2001/03:VI) auf einige wenige Autoren – die hier behandelten sind nicht dabei.

chen Verhaltensmodellen und 4) deren Übertragung in säkulare kulturelle Kontexte konzeptualisiert werden.

Erstens führt der christologische Diskurs unter den Zweckangaben für die Kenose Christi (3.0) auch das Moment der Veranschaulichung des unanschaubaren Göttlichen an (s. 3.1). Die mit der Kenose verbundene Inkarnation des göttlichen Logos stellt sich so als ein erstes Moment von ‚Materialisierung' dar (2.1.6).

Zweitens entfaltet das Christentum einen Fächer zeichenhafter, in Signifikanten materialisierter Verweise auf Christi Erniedrigung und Leiden – in Sakramenten wie der Eucharistie (3.2.3.1), in Metonymien wie Kreuzreliquien (3.2.2) oder Turiner Grabtuch (3.4.3.1.) oder der orthodoxiespezifischen Ikone (4.6).

Drittens binden die kenotische Christologie und die homiletische Praxis einen ethischen Modellstatus an die *Selbsterniedrigung Christi selbst*[92] und fordern die Gläubigen durch diverse Gattungen und Praktiken zur Nachfolge auf – zur Nachfolge qua analoger sozialer Selbsterniedrigung (4.). Die Substitution der eigenen Person des Christus-Nachfolgers in das kenotische Persönlichkeitsmuster Jesu Christi materialisiert dieses Modell zu immer neuer Habitus-Praxis (5.) – einer christoformen Selbsterniedrigung, die aber nicht an Christus selbst festgemacht wird, sondern in seinen Nachahmern manifest wird.

Viertens überschreiten die christlich inspirierten Formen von positivierter Selbsterniedrigung den eng christlichen Bereich kultureller Praktiken (ab 5.6). In einer Anleihe beim vulgärmarxistischen Materialismus-Begriff ließe sich auch dieses ‚Überborden' des christologischen Modells der Kenose über die Grenzen des Christentums hinaus *cum grano salis* als ‚Materialisierung' begreifen.

Auf allen vier Stufen erscheint Kenose – je anders gelagert und gewichtet – als „Gestaltung" (3.) und „Verweltlichung" (5.6.5). Insofern ist die Unterscheidung von vier Stufen von ‚Materialisierung' keine chronologische Abfolge; es ist kulturhistorisch keineswegs so, dass die Inkarnation den Uranfang darstellt und die Säkularisierung das *télos* (11.2). Vielmehr ist die vorliegende Untersuchung, will sie die kenotisch-christliche Logik der Gestaltung und Verweltlichung nachzeichnen, gezwungen, sich auf einige Ideologeme des Christentums einzulassen wie dasjenige, dass der Abstieg vom sich selbst präsenten Gott ausgehe und dann erst menschliche Re-präsentationen und Ausfaltungen erfahre (vgl. 3.1.6–3.1.7), während es umgekehrt oftmals gerade so ist, dass aus bestimmten liturgischen Praktiken oder Habitusmodellen Folgerungen für die Metaphysik der Inkarnation abgeleitet werden.

---

[92] Wie schon Paulus selbst; Phil 2,5, vgl. 2.2.3.1.

1.4.5 Schema von Transformationsschritten

Jenseits der heuristischen Chiffre der Materialisierung lässt sich jene Brücke, die diese Arbeit nachzeichnen will, durch eine Folge mehrerer Schritte von Übersetzung, Transformation und Transposition beschreiben, die die Gliederung dieser Arbeit ausmachen:

1) von dogmatischem Vokabular in dessen konstitutive Rhetorik (1.–2.),
2) von der Rhetorik der Christologie zur bildlichen bzw. sakramentalen (Aus-)Gestaltung des Kenose-Motivs (3.),
3) von der Gestaltung der Kenose zu Gattungen und Praktiken der Aufforderung zur Christusnachahmung (4.0),
4) vom byzantinischen Christentum in den russischen Kulturraum,[93]
5) von im weitesten Sinne rhetorisch beschreibbaren Gestaltungsmedien zur Übertragung in eine spezifische Gattung, nämlich mehr oder weniger christliche fiktionale Literatur (4.3.9 u. 5. passim),
6) von christlichen zu postchristlichen Praktiken der Christusnachahmung (5.5),
7) von christlichen literarischen Mustern zu vordergründig gegen das Christentum gerichteten (6. und 8.),
8) von polemischen Säkularisierungsintentionen zu antichristlich-christlicher Doppellesbarkeit, parasitärer Benutzung des kenotischen Modells (7.) und antiatheistischem Protest, der sich seinerseits der Kenose bedient (9.), und schließlich
9) von werthafter (positiv oder negativ gewerteter) zu wertneutralisierter Selbsterniedrigung (10).

1.4.6 „Entähnlichung".[94] Christus-Metaphern und Christusmetapher-Metaphern

Wie sich an der Einordnung Nikolajs II. in das Register der „Blutzeugen", also einer Abart von Christus-Nachahmern und an den vorgeschlagenen diversen Stufen von Transformation zeigt (1.1.5), sind religiöse Muster nicht nur einerseits besonders beharrungsfähig, sondern (ganz entgegen den Traditionalismen aller christlichen Konfessionen, besonders der Orthodoxie und des Katholizismus) auch besonders wandlungsfähig.[95] Eine nicht zu unterschätzende Basis für diesen steten

---

[93] 4.–5. Diese Untersuchung dreht sich nicht nur um literarische und säkulare Wandlungen der Christusnachahmung in der russischen Kulturgeschichte, sondern schon der Transfer des Modells der Christusnachahmung nach Russland stellt einen eigenen Transformationsschritt, eine spezifische Form der Inkulturation dar.

[94] Lachmann 2002:113.

[95] Religiöse Tradition realisiert sich neben bewusstem Konservativismus in Bezug auf Oberflächen (Boyer 1990:13f) auch in der Fortschreibung von Strukturen bei gleichzeitigem Oberflächenwandel.

28   Hinführung

Wandel bildet die im Konzept der Kenosis selbst beschlossene ‚Transformation', die Hervorbringung eines Unähnlichen und die Vertretung durch ein Unähnliches (s. 3.6.2): die Inkarnation des göttlichen Logos in Menschengestalt. Inkarnationsreligionen setzen eine „Entähnlichungs-"Dynamik in Gang, die – auch wenn sie schließlich den Rahmen der gegebenen Religion sprengt – dieser (der Unähnlichkeit und damit auch deren inkarnatorischem Anstoß) nie ganz entgehen kann. Selbst ihre säkularen Transformationen stellen sich dann lediglich als Fortschreibung und Überbietung der in der Inkarnation angelegten „Verweltlichung"[96] dar.

Geht man von einer solchen Dynamik des Unähnlich-Werdens aus, dann mag es wohl sein, dass die historischen Anfänge oder Urspuren unter all den späteren Spuren (Materialisierungen) nicht mehr zu rekonstruieren sind (Halbwachs 2003). Doch dieser Arbeit geht es nicht um einen vermeintlichen (göttlichen) Anfang, sondern um die (historische) Progression des Unähnlich-Werdens.

Primäre (oder als primär gesetzte) metonymische Spuren des irdischen Weges Christi wie Kreuzreliquien oder Leichentuch (3.4.3) generieren ihrerseits Metaphern wie Mandylion-Ikonen (4.5.3). Primäre Metaphern der Selbsterniedrigung Christi wie der Martyriumstod (3.3.3.4) werden weiter metaphorisiert zu dosierter Selbstabtötung in mönchischer Verzichtsaskese und durchlaufen säkulare Wandlungen wie den Opfertod des Revolutionärs (5.5.5). Die Metonymien und Metaphern Christi bilden Ketten von Metonymien-Metonymien und Metapher-Metaphern bzw. deren Verschränkungen über Kreuz – ein Geflecht christlich-postchristlicher Ausgestaltungen, das es mit den Mitteln einer Rhetorik der Unähnlichkeit zu beschreiben gilt (s. weiter 1.8.2 u. 3.6).

1.4.7 Überbrückung zweier Jahrtausende
Dass die Distanz etwa der christologischen Kapitel 2.2 oder 2.7.2 zu den Überlegungen zum Moskauer Konzeptualismus (Kap. 10) sich als enorm weit darstellt, ist unbestritten. Doch es ist das Ziel dieser Untersuchung, den weiten Brückenschlag plausibel zu machen. Diesen nachzuvollziehen, bedeutet zweifelsohne Mühe. Doch bleiben einfache Identifikationen von modernen, etwa auch säkularen Praktiken mit der Kenose Christi, wie sie in Analysen zum 20. Jh. bisweilen mit schneller Hand gemacht werden,[97] den Nachweis der Berechtigung dieses Brückenschlags schuldig; diese Schuld soll hier stellvertretend abgetragen werden.

Auch wird es nicht *eine* Brücke sein, die von der paulinischen Christologie (1.) zu Säkularisaten von positiver Selbsterniedrigung in spät- und postsowjetischer Literatur (10.) führt; will man sich mit einer geometrischen Figur behelfen, ist es

---

[96] Gogarten 1958:12. Zur Neuinterpretation von Säkularisierung als konsequenter Folgeerscheinung des Christentums s. 5.6.5 u. 11.2.
[97] Siehe I. Smirnov 1987:123, Derrida 1995b:50, dazu 3.5.6 u. 8.3.2.

wohl eher ein Fächer von diversen Vektoren, die von Phil 2,5–11 ausgehen und in der traditionellen christlichen Kultur Russlands eine große Bandbreite von christologisch einschlägigen Gattungen und Praktiken herstellen (4.), die dann wiederum in fiktionalen Texten der Moderne und Postmoderne – liest man sie durch das kenotische Prisma – gebündelt zusammengeführt werden.

Die mehrfachen Transformationen lassen sich diagrammatisch illustrieren durch Verzweigungen, die vom paulinischen Christusbild A ausgehen und über mehrere Fortsetzungs- und Transformationsstufen B_1 bis B_5 und C_1 bis C_5 bis zu postchristlichen Transformationen des 19. und 20. Jh.s (D_1 bis D_5) führen.

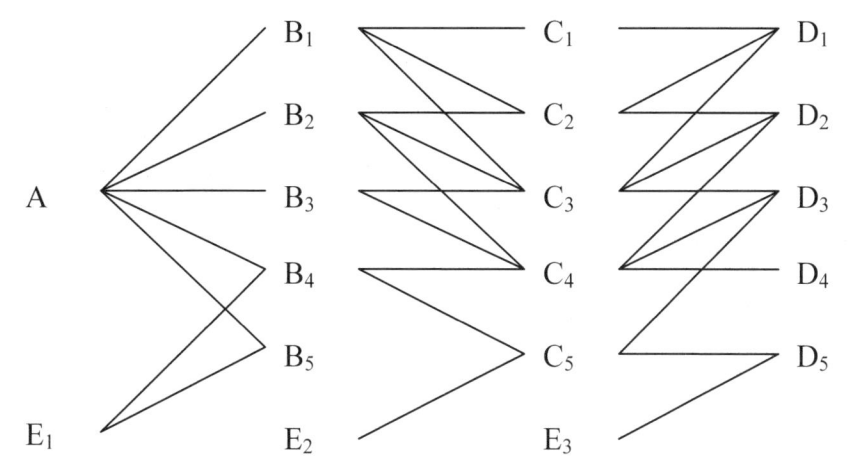

Dabei bezeichnet die x-Achse von A bis D den Zeitvektor, womit die Transformationsstufen B_1 bis B_5 frühchristliche wären (bspw. Martyrium, Taufritus, Wanderaskese), C_1 bis C_5 demgegenüber in späterer Zeit angesiedelt (z.B. Christus- oder Heiligenikonen,) und bereits Weitermetaphorisierungen und -metonymisierungen primärer Christusmetaphern und -metonymien darstellen (s. 0.4.6). Sämtliche russischen kulturgeschichtlichen Phänomene fielen damit automatisch unter C und D. Nicht alle von der paulinischen Christologie ausgehenden, in frühchristlichen Konstellationen reflektierten Linien erfahren in späterer Zeit eine Fortsetzung (B_5). Manche finden vor allem in *einem* bestimmten späteren Phänomen Widerhall (B_4; etwa die *forma-Dei*-Lehre in der orthodoxen Ikonentheologie), andere hingegen in mehreren (B_1 bis B_3; bspw. das Kreuz in Prostration, Taufe, Alltag etc.). Zu allen Zeiten der Christentumsgeschichte werden zudem außerchristliche Anregungen aufgenommen (E_1 bis E_3).[98] Die literarischen Texte aus dem russischen 19.

---

[98] Was bei Paulus schon außerjesuanisch ist, interessiert in dieser Arbeit nicht; daher ist ein E_0, das schon in die paulinische Christologie A Eingang gefunden hat, in diesem Diagramm nicht verzeichnet.

und 20. Jh., die sich teilweise gezielt antichristlich positionieren und am Ende dieser Arbeit stehen (D_1 bis D_5), rekurrieren ihrerseits auf diverse spät- und parachristliche Erscheinungen (die russische religionsphilosophische Kenotik [4.4.4] oder die Askese und das Opfer des Revolutionärs [5.5.4–5.5.5]).

1.5 Eine Gedächtnistheorie der Replikationsintention

> [...] das Frappierende, das sich durch all das [die christliche Dogmen- und Institutionengeschichte] hindurchzieht, ist eher, daß sich das Christentum wie ein Subjekt verhält. (Nancy 2002:80)

Mit dem weiten Bogen von der paulinischen Christologie zur spätsowjetischen Literatur wirft diese Arbeit die Frage des kulturellen Gedächtnisses auf. Weil es nicht hinreicht, Beschreibungen der russischen Kulturgeschichte etwa im 9. oder im 18. Jh. beginnen zu lassen, wird hier der Blickwinkel umgekehrt: Nicht vom späteren Phänomen zurück aufs frühere,[99] sondern von der ältesten sistierbaren Ausprägung ausgehend und sukzessive zu neueren Transformationen fortschreitend. Das kulturelle Gedächtnis wird somit zu heuristischen Zwecken von vorne und nicht von hinten aufgerollt, von einer kulturgeschichtlichen ‚Eltern-Kind-Perspektive' aus betrachtet.[100]

1.5.1 Die mnemonische Leistung von Gestalt und Habitus

Träger des veranschlagten kulturellen Gedächtnisses sind verschiedene Überlieferungsmedien wie Liturgie, Ikone, Verhaltensmodelle aus Alltag, Politik und Literatur (4.–5.). Die mnemische Speicherungs-, besser: Konstruktionsleistung dieser Medien ist unterschiedlich, und die Fetische des poststrukturalistischen Diskurses über die *memoria* – Archiv und Bibliothek (Derrida 1985) – sind für das kenotische Modell längst nicht die effektivsten „Medien der Erinnerung" (A. Assmann/ Harth 1991:11).

Die beste Auffrischung leistet das personale Vorbild, die stärkste soziale Durchsetzung die personenbezogene *imitatio*.[101] Ulrich Manz attestiert in seiner

---

[99] Wie es der gedächtnistheoretische Konstruktivismus zurecht tut (vgl. Rusch 1987).
[100] Siehe Boyd/Richerson 1985. Die Intention des Memorierens ist in den Auftakt-Vers der *sedes doctrinae* für die Kenose (Phil 2,5) hineingelesen worden (s. 2.2.3.1). Eine Rekonstruktion der Überlieferungsgeschichte dieser über 1950 Jahre moralistisch gelesenen Botschaft ist sicher nicht sonderlich modern; selbst moralistisch ist die Rekonstruktion damit aber nicht.
[101] Vgl. Muranova 1995:10. Diese methodische Entscheidung ist nicht losgelöst von Teilen der Objektebene zu sehen; die Verteidiger des Starcentums etwa beschwören denselben mnemonischen Vorzug der direkten Nachahmung eines personalen Vorbilds (s. 5.0.3).

von der Gestaltpsychologie inspirierten theologischen Ausfaltung des Gestalt-Begriffs, dass die „Prägnanz der Gestalt" für die Karriere Jesu Christi verantwortlich sei (1990:83). Wobei der direkte Beglaubigungseffekt, von dem der Apostel Thomas der Apostelgeschichte zufolge profitiert (s. 2.6.2.2), später nur noch mittelbar funktioniert; dennoch leiten sich von der fernen Gestalt Jesu immer neue Nachahmer-Gestalten ab – auch literarische.

Am nachhaltigsten wirkt es, wenn ein individuelles (hier: kenotisches) Modell für eine Gruppe verbindlich wird, wie es in den christlichen Kulturen der Fall ist, und ihren Gruppenhabitus bestimmt (s. 3.2.5). Wenn die Stufe des Gruppenhabitus erreicht ist, potenziert sich die mnemonische Wirkung: Es ist gerade der personale Habitus, welcher als individuelles wie kollektives Speichermedium fungiert: 1) ist Habitus für seinen individuellen Träger nicht nur „strukturierte", sondern immer auch „strukturierende Struktur" (Bourdieu 1999:98), 2) werden damit ältere Konditionierungen stabilisiert[102] und 3) werden innerhalb von synchronen Habitusklassen, also in einem Sozium, homologe Habitus erzeugt (ebd.:112f).

1.5.2 Die mnemonische Figur der Kenose

> Das Leiden selbst wird durch das Mitleiden ansteckend. (Nietzsche 1988:VI 173)

Diese herausgehobene Bedeutung direkt personenbezogener und durch Gruppenmechanismen bestärkter Imitation verwischt eine darwinistische Imitationstheorie, wie sie Susan Blackmore in *The Meme Machine* (2000) im Anschluss an Richard Dawkins' *The Selfish Gene* (1976) vertritt. Blackmore dehnt Imitation „im weitesten Sinne"[103] auch auf vieles andere, auf Erzählmuster, Theoreme etc. aus. In Absetzung davon gilt es zu unterscheiden, ob ein Gruppenhabitus, ein zunächst bloß von einer Person vertretenes Modell oder eine Information nur in sekundären kulturellen Medien vorliegt.

Wenn im Folgenden von Imitation gesprochen wird, wenn die besondere mnemotechnische Eignung von Personenmodellen behauptet wird (5), ist im Gegensatz zum darwinistischen Ballast von Dawkins' simplizistischer Theorie keine aktive Rolle (Blackmore 2000:34) von „Memen"[104] gemeint. Es war und ist vielmehr das Christentum als soziales System (vgl. Koschorke 2001:127), als Dispositiv im Foucaultschen Sinne, das seine Konzepte durchsetzt. Aus der kulturwissen-

---

[102] Der so genannte Hysteresis-Effekt (Bourdieu 1999:116).
[103] Cf. Blackmore 2000:32.
[104] Der Neologismus „Mem" ist, wie Dawkins darlegt, in Analogie zum einsilbigen „Gen" gewählt worden, während eigentlich „Mimem" korrekter wäre (1976:226f). Hull (1988:42) erinnert daran, dass von Semon bereits 1904 erstmals ein Begriff „Mnem" vorgeschlagen worden war.

schaftlichen Detailperspektive dieser Arbeit interessiert (anders als bei dem anthropologisch-evolutionistischen Rundumschlag von Dawkins und Blackmore) auch nicht die vermeintliche Kontinuität eines ‚Mems Kenosis' (so als behielte dieses seine Substanz[105] bei und würde sich identisch in verschiedenen Aktanten[106] fortpflanzen und gegenüber anderen Memen durchsetzen). Es geht vielmehr um die vielfältigen Transformationen, die dieses Konzept in der russischen Kulturgeschichte durchläuft.[107] Die Beharrung des Konzepts Kenose im Wandel wird denn auch nicht als evolutionärer Anpassungserfolg innerhalb eines „Memplexes Christentum" (Blackmore 2000:307) interpretiert,[108] der andere Meme verdrängt, sondern als spezifische Tradierungslinie innerhalb einer Kultur. Die Figur der Selbsterniedrigung, wie sie sich in der Sowjetkultur festmachen lässt, soll folglich nicht als dasselbe Geschichtssubjekt angesetzt werden wie das paulinische Motiv, sondern die dazwischen bestehende Differenz und Unähnlichkeit thematisiert werden.

Die Identifikation ähnlicher Einzelphänomene als Realisierungen eines „Mems" geschieht immer erst aus einer historischen Forschungsperspektive, d.h. *ex post*. Erst dieser Blick *ex post* synthetisiert mittels Feststellung einer Ähnlichkeit in der Unähnlichkeit die in jedem Kontext neuen Erinnerungskonstruktionen (Rusch 1987) zu einer Traditionslinie (hier: von Erniedrigungsfiguren). Mit Jan Assmann wäre dies als bewusst selektive Tätigkeit einer je schon *ex post* operierenden Gedächtnisgeschichte zu beschreiben: „Sie konzentriert sich auf jene Aspekte der Bedeutung oder Relevanz, die das Produkt der Erinnerung im Sinne einer Bezugnahme auf die Vergangenheit sind und die nur im Licht späterer Rückgriffe und Lektüren hervortreten." (J. Assmann 2001:27). In dieser Arbeit gilt die besondere Aufmerksamkeit, wie dies auch bei Eric Hobsbawms Konzept von *invented tradition* der Fall ist, *Kontinuitäten im Gebrauch* (Hosbawm: „custom"; 1983:2) kenotischer Motive und *Neuerfindungen* bestimmter Implikationen von Traditionalität[109] zu ideologischen Zwecken.[110] Es geht also um die Kontamination von äußerlicher Dauer und jeweiliger interpretativer Neuausrichtung.

---

[105] Zur Abgrenzung vom geschichtsphilosophischen oder -theologischen Substanzialismus s. 11.2.
[106] Begriffsimport aus Greimas 1972:222.
[107] Die Nachzeichnung dieser Transformationslinien innerhalb einer religiösen Überlieferung und über deren Grenzen hinaus versteht sich – ebenfalls im Unterschied zu Dawkins' memetischer Evolutionstheorie (der dies zumindest vielfach vorgeworfen wurde; s. Grayling 2006) – nicht als Angriff der Wissenschaft auf die Religion, sondern als Beitrag zu einer kulturwissenschaftlichen Religionsgeschichte.
[108] Z.B. durch den Link zum so genannten „Altruismustrick" (Blackmore 2000:250f).
[109] Anders als bei Hobsbawm geht es hier bei „Traditionalität" weniger um konstruierte Riten oder Formeln (Hobsbawm 1983:4) als um Ideologeme, um das Abheben auf Traditionalität, mit dem ideologische Ansprüche erhoben werden.

Aus diesen Erwägungen heraus wird hier für die Inhalte *rekonstruierbarer kultureller Überlieferungslinien*, ähnlich wie bei Jan Assmann (2001:29), die konventionelle Rede von einer „Figur"[111] vorgezogen. So geht es im Folgenden – jenseits evolutionistischer Totalhypothesen – lediglich um *Intentionen* auf Memorierung sowie um die mnemonische bzw. memotechnische Eignung bestimmter Praktiken oder Verfahren[112] und um deren kulturspezifische Ausprägungen.[113]

1.5.3 Die Selbsterniedrigungsfigur und ihr ‚Genotext' Phil 2,5–11

Eine weniger in den anthropologischen Annahmen als in den Verfahren liegende Verwandtschaft mit der darwinistischen Memetik besitzt der hier versuchte Ansatz aber unbestreitbar: Perspektivisch orientiert sich die nachfolgende Untersuchung an der ältesten eruierbaren Ausprägung (hier Phil 2,5–11) für ein Muster, das sich in bestimmten Traditionslinien fortpflanzt. Die Untersuchung übersetzt die traditionelle christliche Aufforderung zur *imitatio Christi* in ein kulturtheoretisches, genauer: kulturgedächtnistheoretisches Modell. Denn bei der Christusnachahmung handelt es sich nicht einfach um eine zu speichernde oder neu zu konstruierende „Idee", sondern um einen mnemonischen Imperativ, ein ‚Mem im Quadrat'. Mit dem mnemonisch erfolgreichsten Text der europäischen Kulturen, der Bibel,[114] wird die Selbsterniedrigungsparänese weitertransportiert. Phil 2,5–11 erhält die Rolle eines – durchaus metaphorisch zu nehmenden – „Genotextes",[115] dessen diskursive und kulturelle „Fortpflanzungen" nachvollzogen werden. Die Metapher von den kulturellen Eltern-Kind-Beziehungen, wie sie Boyd/Richerson in *Culture*

---

[110] Solche Behauptungen einer unveränderten kenotischen Tradition, die in Russland besonders im 19. Jh., im Exil und dann wieder am Ende des 20. Jh.s aufkommen, dienen zur Hypostasierung einer vermeintlich ungewandelten christlichen oder speziell orthodoxen Tradition („with a capital T"; P. Post 2001:57), zu nationaler oder kulturosophischer Abgrenzung von anderen (wie etwa von Gegnern kenotischer Praktiken oder Theologien bzw. des Christentums insgesamt).

[111] „Figur" im mnemonischen wie im motivischen und rhetorischen Sinne. Ein zusätzliches Argument für die Konzentration auf Figurenkonzepte (vgl. 1.8.2) besteht in dem Befund, dass aufgrund der schwachen Ausbildung von systematischer Theologie (s. 4.1.4) und der Verspätung von Philosophie und Biowissenschaften in der russischen Kulturgeschichte die Literatur einen privilegierten Diskurs für die Entwicklung anthropologischer Konzepte darstellt.

[112] Wie es etwa die gängige Lesart von Phil 2,5 (2.2.3.1) oder Verteidigungen des Jesusgebets vorsehen (4.5.8.3).

[113] Wie Ludwig Steindorff (1994:11) anmahnt, hat der damit aufgerufene „Themenbereich ‚Memoria'" in der Osteuropaforschung insgesamt noch zu wenig Beachtung erfahren.

[114] Pyper 1998. Dass die von Pyper suggerierte Erhebung der Bibel zum handelnden Subjekt nicht mitgemacht wird, versteht sich nach den vorangegangenen Einwänden gegen Dawkins/Blackmore von selbst.

[115] Kristevas „génotexte" (1970:72), s. dazu auch 9.6.2.

and the Evolutionary Process vorschlagen (1985:63) bildet insofern das – heuristische – Gerüst dieser Arbeit.

Dieses Vorgehen trägt nicht zuletzt dem metaphysischen Selbstentwurf des Christentums Rechnung. Die von der christlichen Dogmatik gesetzte Bewegung von oben nach unten, vom göttlichen Logos über dessen Inkarnation zu mundanen Erscheinungen erhält auch noch eine kulturgeschichtliche Rekonstruktion als Mitgift; sie muss generative, platonische Vorstellungen[116] von eigentlichem, metaphysischem Anfang (Logoschristologie; s. 2.2.5) und sukzessivem Abstieg in Niederungen des kulturgeschichtlich Realisierten nachzeichnen, will sie nicht gänzlich windschief zu ihrem Gegenstand stehen. Sie kann höchstens versuchen, immer wieder auf den Setzungs- und Konstruktcharakter der Bewegung von oben nach unten hinzuweisen.

1.5.4 Pflege und Verschiebungen der Selbsterniedrigungsfigur
Die von diversen Medien transportierte und von Institutionen der Text- und Sinnpflege[117] (dem häresiologischen Diskurs, der Schultheologie, Katechismen usw.[118]) gehegte Figur der Selbsterniedrigung verhilft ihrem privilegierten Akteur, Jesus Christus, zum Rang eines ‚Mustersubjekts' (1.2.7). Es genügt allein die quantitative Dominanz der Gestalt Jesu Christi in der europäischen Kulturgeschichte zur Erklärung seiner privilegierten Eignung für immer neue Imitationen, Transformationen, Interpretationen und auch literarische Fiktionen.[119]

1.6 Theologie, Rhetorik und Literaturtheorie

1.6.1 Rhetorisches Supplement der Theologie
Nicht erst die fiktionalen Texte lassen die Benutzung des ältesten literaturwissenschaftlichen Handwerkszeugs, der Rhetorik, die mit dem Christentum über weite Strecken verbunden ist (s. 2.1.4.2), angeraten erscheinen. Theologie benötigt als Rede von Gott, als Theo-logie immer schon das sprachliche Komplement (oder, im Sinne von Derridas Grammatologie [1990]: das prekäre Supplement). Theologie ist so gerade für neorhetorisch-dekonstruktive Lesarten einschlägig:

---

[116] Cassedy hat insofern Recht, dass Darstellung qua Kenose einen „eingebauten Idealismus" besitze (1990:103); dabei identifiziert er allerdings Christologie und Platonismus zu sehr; nicht alles, was russisch als воплощение [Verkörperung] daherkommt, ist automatisch christologisch (wie es Cassedy 1990:108 behauptet).

[117] Begriffe der Kanonisierungstheorie, eingeführt von A. Assmann/J. Assmann 1987.

[118] Siehe 2.7.2, 2.7.4–2.7.6 u. 4.4.3.

[119] So ist Kluges Feststellung in seiner Kasack-Rezension zu lesen: „Die Zentralgestalt des christlichen Glaubens steht [...] auch im Zentrum der russischen Literatur." (Kluge 2002:242).

Eine dekonstruktive Lektüre [...] würde sich mit der Frage beschäftigen, wie Gottesvorstellungen und das Verhältnis Gott-Mensch sprachlich produziert werden, nicht die Realität Gottes voraussetzen oder verneinen. (Dahlerup 1998:82)

Das sprachliche Komplement bzw. Supplement muss dann keineswegs, wie es etwa Alex Stock in seiner Poetischen Dogmatik macht, entschuldigend zurückgenommen werden, dahingehend, dass dieses „außerhalb und unterhalb des dogmatischen Hauptspielfeldes" läge (Stock 1995/2001:I 11). Nein, ohne Rhetorizität – im weiten Sinne vontropischer Verfasstheit jeglicher, auch nicht-künstlerischer menschlicher zeichenhafter Äußerung – gibt es kein Reden von Göttlichem.[120]

Wenn jedes Sprechen von Göttlichem in diesem Sinne unhintergehbar rhetorisch ist,[121] dann kann es keine *inventio* geben, die nicht schon von den Tropen der *elocutio* affiziert wäre; als Konstituens theo-logischen Sprechens sind die rhetorischen Tropen immer schon auf beiden Ebenen anzusiedeln, d.h. als *inventio* qua *elocutio* zu beschreiben (vgl. 2.9.1 u. 3.1.5). Von dieser *inventio-elocutio* lässt sich die Dimension der *memoria* heuristisch abheben, wenngleich auch die mnemonische Eignung bestimmter (paradoxer) christologischer Redeweisen nicht ohne die spezifische kognitive Dissonanz in der *inventio-elocutio* auskommt. Während die Koppelung von *inventio-elocutio* und *memoria* die gesamte Untersuchung durchzieht, sind Momente der *dispositio* vor allem in Liturgie (4.3) und literarischer Narration (4.3.9, 5.2 u. 6.–10.) wichtig, und die *pronuntiatio* ist punktuell bei Predigern (4.3.4) von Bedeutung.

1.6.2 Rhetorik als ‚Metatheologie'
Theologie und Rhetorik werden seit Paulus und Augustinus häufig in einem Spannungsverhältnis gesehen (Meyer/Uffelmann 2007). Während die christliche Häresiologie oft als Rhetorik-Kritik daherkommt (s. 2.3.2), benutzt Nietzsche umgekehrt Rhetorik als Metaphysik-Kritik (de Man 1988:152).

Eine disjunktive Trennung von Theologie und Rhetorik ist ausgeschlossen, benötigt doch auch die Theologie das Medium ihrer Mitteilung. So ist religiöse Antirhetorik selbst eine Rhetorik (cf. 2.10), und der Verweis auf die prinzipielle Unangemessenheit der menschlichen Rede konstituiert eine eigene negative Rhetorik (3.5.6 u. 3.6). Negative (oder kenotische) Rhetorik kann durch den apophatischen Verweis auf eine absente Präsenz zur Konstituierung einer Metaphysik beitragen.

---

[120] In dieser Arbeit werden theologische Argumentationen referiert, um deren Implikationen herauszuarbeiten. Die Darstellung theologischer Gedankengänge oder Implikate hat dabei selbst keinerlei bekenntnishaften noch polemischen Charakter. Der religions- und literaturwissenschaftliche Fokus auf Religion als Zeichensystem beschränkt sich darauf, die Funktionsweise des menschlichen Sprechens von Göttlichem auszuleuchten.

[121] Zur Setzung einer die Rhetorizität des menschlichen Wortes übersteigenden Wirkung wie „Geist" oder „Charisma" s. 3.2.1 u. 3.5.4.3.

Die Desillusionierung des Scheins beansprucht in diesem Fall, auf Wahrheit zu verweisen (de Man 1988:157). Auch hier ist der religiöse Effekt rhetorisch (weil antirhetorisch) gemacht, und die Beschreibungssprache der Rhetorik kann eingesetzt werden, um die für diese theologische Rede konstitutiven Elemente zu konzeptualisieren.

Wie im Sinne von Whites *Metahistory* (1991a) Tropen die Geschichtsschreibung bestimmen (White 1991b), versucht eine heuristische rhetorische ‚Metatheologie' zu zeigen, wie Redeweisen vom Göttlichen rhetorisch gemacht, durch Tropen konstituiert sind (wobei die Frage nach der Existenz einer etwaigen sprachunabhängigen göttlichen Substanz eingeklammert werden kann).

Dazu kommt, dass die kenotische Christologie dasjenige Feld der Theologie darstellt, dem in besonderer Weise[122] das In-Erscheinung-Treten des Göttlichen überantwortet ist, die Selbstrepräsentation des Göttlichen in seinem Anderen, ihm Unähnlichen, dem Menschlichen, das als Zeichen für Göttliches eintritt (s. 2.1.6). Zur Beschreibung dieser semiotischen Dimension des Inkarnationskonzeptes ist Rhetorik ein mögliches Mittel der Metatheologie.

Drittens werden die christologischen Häresien besser verstehbar, wenn man ihre rhetorischen Strategien anschaut; das Häretische stellt sich dann als Entscheidung für eine „falsche" (vom offiziellen Konsens abweichende) rhetorische Strategie heraus (s. 2.11.1). Rhetorik kann an dieser Stelle ‚Metahäresiologie' sein.

1.6.3 Theologie als ‚Metarhetorik'
Da unter theologischen Prämissen das Hineinwirken des Göttlichen in irdisch Zeichenhaftes angenommen wird, ist die Theologie ihrerseits immer auch Meßlatte für die rhetorische Beschreibung dieses zeichenhaften Handelns von Göttlichem. Folglich kann Theologie heuristisch als ‚Metarhetorik' dienen. Theologische Häresiologie und Rhetorik-Kritik greifen historisch am Begriff der Trope[123] ineinander. So werden in der Christologie nicht nur einzelne rhetorische Figuren wie das Paradox verhandelt,[124] sondern zeichenhafte Gestaltung als ganze (3.).

Rhetorik und Theologie sind in der gesamten Geschichte des Christentums aufeinander geworfen; Theologie ist ohne die Frage nach ihrer Rhetorik nur mit wesentlichen Ausblendungen zu betreiben, und die Theologie hält ihrerseits ein Beschreibungswerkzeug bereit für menschliches Sprechen, zumindest wo dieses sich als religiöses entwirft. Dass der Chiasmus von Rhetorik als heuristischer

---

[122] Noch vor und im Verein mit der Mariologie (s. Meyer 2001b), vgl. 3.6.4.
[123] Verstanden sowohl als Wandel in der Natur Christi wie als rhetorisches Mittel (2.3).
[124] Siehe 2. Auch Henning Schröer, einer der für Rhetorik sensibelsten Theologen, meint, dass gerade das Paradox geeignet sei, eine interdisziplinäre Brücke zwischen Theologie und Literaturwissenschaft zu schlagen (1992:68).

‚Metatheologie' und Theologie als heuristischer ‚Metarhetorik' methodisch fruchtbar ist, – dieser Nachweis soll nachfolgend erbracht werden.

1.6.4 Christologie als einer der Ursprünge des Repräsentationsproblems

Es ist dabei nicht so, dass die Repräsentation von Göttlichem durch Zeichen in Antike und Mittelalter noch unproblematisch gewesen wäre und erst in der Moderne, seit dem Barock, im Fahrwasser eines rein symbolischen Zeichenbegriffs problematisch würde – und das mehr oder weniger linear ansteigend.[125] Vielmehr ist die ‚Materialisierung' Gottes in Sklavengestalt seit jeher eine heikle Form von Darstellung; an ihr, an ihrer Umstrittenheit lässt sich die Krise der Repräsentation weit zurückverfolgen – zumindest bis ins frühe Christentum (s. 3.1.6).

1.6.5 Inspirationen zur Verbindung von Kenose und Unähnlichkeit

Bildet Fedotovs These von der russischen kenotischen Tradition (1966) die zentrale kulturgeschichtliche Inspiration dieser Arbeit (s. 1.1.4–1.1.6), so hat sie doch nichts zu der hier für notwendig gehaltenen Korrektur beizutragen, die darauf hinausläuft, dass in der Kenose Christi selbst eine Dynamik beschlossen liegt, die Signifikationsprozesse in Gang setzt und dabei tropische Repräsentationsformen begünstigt, die nicht über Linearität und Ähnlichkeit, sondern über „Entähnlichung" und Transformation zu beschreiben sind.

Für eine solche semiogene Sicht der Kenose gibt es Zeugen, wie sie unterschiedlicher kaum sein könnten (und auch wohl noch nie in einem Atemzug genannt wurden): Insofern die christologischen Paradoxe mit der Lehre von der *communicatio idiomatum* ihre eigene paradoxe Tropik erzeugen, kann dafür einmal die für die gesamte Orthodoxie zentrale Ἔκδοσις ἀκριβὴς τῆς ὀρθοδόξου πίστεως bzw. *De fide orthodoxa*[126] des Johannes von Damaskus und seine von Phil 2,6f herkommende Verteidigung der Bilder (3.4.4.2–3.4.4.3.) herhalten. Leonid Uspenskij gelangt dann auf dem Hintergrund der Ikonentheologie – eher zufällig – zur Begriffsbildung „kenotische Unähnlichkeit" (Uspenskij/Losskij 1952:69; vgl. 3.6.2). Was eine zeitgenössische Theorie von Signifikation qua Unähnlichkeit betrifft, ist die – nur am Rande christologische, eher neuplatonisch und mariologisch inspirierte – Arbeit von Georges Didi-Huberman *Fra Angelico. Dissemblance et figuration [Unähnlichkeit und Figuration]* (1995) als geistesverwandter Ansatz zu nennen (vgl. v.a. 3.6.4). Didi-Hubermans Zugang wird hier noch auf den Bereich fiktionaler Literatur und säkularer Transformationen ausgeweitet.

---

[125] Wie es Joseph Hillis Miller (1963:4.6f) behauptet.
[126] *Vom orthodoxen Glauben* (vor 749; eingehend dazu: 2.8.5.1).

1.7 Aufbau der Arbeit

Die vorliegende Arbeit zerfällt in drei – nach Methode wie Erkenntnisinteresse – klar geschiedene Teile: eine neorhetorisch inspirierte Lektüre der Tropen des Diskurses[127] der kenotischen Christologie (I.), eine kulturwissenschaftlich ausgerichtete Nachzeichnung der Karriere des Christusmodells in der russischen Geschichte (II.) und eine detaillierte Lektüre von ‚weltlicher', christentumsferner Literatur auf christologische Strukturen hin (III.). Während es im I. Teil, „Rhetorik der Christologie", um eine systematische Frage geht (welche Rolle spielen rhetorische Tropen für die Konstituierung, Stabilisierung und Ausgestaltung eines Dogmas?), interessieren im II. Teil, „Russische Transformationen", die diachronen Wandlungen, die das christologische Modell in Russland durchläuft, bevor im III. Teil literarische, ‚säkular-christologische' Transpositionen herausgearbeitet werden.

1.7.1 Rhetorische Analyse eines rekurrenten Diskurses

Die Verwendung des historisch zwar gewandelten, aber in einem Systemzusammenhang stehenden Vokabulars der Rhetorik zum Verständnis europäischen Christologie ist insofern kein Prokrustesbett für deren historische Entwicklung, als die nachchalcedonische Christologie ein konservativer, hochgradig rekurrenter Diskurs ist.[128] Selbst Christologen des 16. oder des 19. Jh.s messen sich weit weniger am Zeitkontext als am patristischen Maßstab; das gilt für die Orthodoxie in noch höherem Maße als für Katholizismus und Protestantismus. Argumente werden in diesem Diskurs unablässig neu gewichtet, aber kaum neue eingeführt. Das ‚dogmatische Gedächtnis' neutralisiert (konstruktivistischen Annahmen entsprechend) die historische Chronologie zu einem Systemzusammenhang. Insofern kann in den Kapiteln zur Rhetorik der Christologie (I.) zunächst weitgehend vom politik-, sozial- und kulturgeschichtlichen Zusammenhang der jeweiligen christologischen Akzentsetzungen abstrahiert werden (vgl. 2.2.6), bevor in der Nachzeichnung der – wiederum rhetorisch, nämlich über die Tropen Metonymie und Metapher, beschreibbaren – russischen Ausfaltung der kenotischen Christologie kulturelle Praktiken und dogmatische Figuren im Verbund miteinander und im

---

[127] Im Gegensatz zur Foucaultschen Diskursanalyse geht es bei dieser Diskursrhetorik weniger um den pragmatischen Rahmen der Diskurse (Foucault 1991) als um deren rhetorische Mikrostruktur; die neorhetorische Lektüre des christologischen Diskurses bildet damit ein Komplement zu einer pragmadiskursanalytischen Lesart.

[128] Ein Beispiel ist Vladimir Losskijs Versuch, die Christologie der orthodoxen Kirche noch Mitte des 20. Jh.s allein aus der Abweisung von Häresien aus der Zeit der alten Kirche zu definieren (1989:95–118) und die Kenose bei Cyrill von Alexandrien bereits erschöpfend definiert zu finden (1961:182 Anm. 19); s. auch 4.4.4.

Hinführung 39

diachronen Wandel betrachtet werden (II.), um anschließend wiederum eine Fokussierung auf das Medium literarischer Texte vorzunehmen (III.).

1.7.2 Kulturelle Wandlungen
Der kulturgeschichtliche Zusammenhang, der im I. Teil hintangestellt wird, steht im II. Teil im Mittelpunkt. Der Fokus liegt dort auf der Frage, mit welchen Gattungen und Praktiken das kenotische Modell in Russland verbreitet wurde und welche Wandlungen es dabei durchlief. Dies geschieht entlang der Frage, welche Metonymien und Metaphern vom Modell Christus generiert wurden. Dass derartige ‚Übersetzungen' bis zur Aushöhlung, bis zum ethos-entleerten Strukturzitat gehen, zeigt sich am deutlichsten bei der Kombination von Transpositionen in fiktionale Literatur und einer vom Christentum abgewandten, säkularen (im russischen Kontext meist sozialistischen) Ausrichtung.

1.7.3 Ab- und Aufstieg bzw. Materialisierung und Komplizierung
In den drei Teilen vollzieht sich dabei eine mehrfache Bewegung von Ab- und Aufstieg. Der I. Teil analysiert mit Mitteln der Rhetorik, der Zeichen- und Sprechakttheorie, wie der inkarnationschristologische Diskurs eine logozentrische Figur beschreibt (3.1.5), der zufolge sich der göttliche Logos präsentiert, indem er zur „Sklavengestalt" (Phil 2,7) herabsteigt, und wie diese menschliche Natur Christi in diversen metonymischen und metaphorischen Ausgestaltungen re-präsentiert wird. Von der onto-theologischen Anlage her ist das ein Abstieg vom Primären (Göttlichen) zu sekundären (gottmenschlichen) und tertiären (menschengemachten) Repräsentationen, aber auch ein nach oben gerichteter, anagogischer Verweis auf die göttliche Natur (s. 3.4.4.2).

Der zweite Hauptteil setzt ein an jenem Punkt, an dem von der Warte des orthodoxen Traditionalismus Russland in einem Akt der Plötzlichkeit angeblich vollständig christianisiert wird, wobei die Christlichkeit Russlands dann in der spätsowjetischen Zeit an einem Tiefpunkt ankommt. Im Zuge der kulturwissenschaftlichen Relektüre dieses traditionalistischen Konstrukts stellt sich der plötzliche Uranfang hingegen als Jahrhunderte dauernder Prozess der christlichen Durchwirkung Russlands dar, der seinen Höhepunkt erst um die Wende vom 19. zum 20. Jh. erreicht (4.2.4) – als die (sozialistischen) Gegenströmungen bereits erheblich waren, die, wie es der III: Teil zu zeigen versucht, allerdings weiter in einer nicht-offensichtlichen Weise am christologischen Modell partizipieren. Hier nimmt sich der moderne Prozess, der landläufig als Säkularisierung beschrieben wird (s. 5.6.1), als Abstieg aus, was jedoch von der literaturwissenschaftlichen Perspektive konterkariert wird, insofern symptomatologische und dekonstruktive Lektüren ihre eigene Ästhetik der Nicht-Offensichtlichkeit, der Doppellesbarkeit und Komplexität besitzen – und diese mit wachsender Entfernung vom christologischen Modell zunehmen.

1.8 Zur Lektüre literarischer Texte

1.8.1 Zur Literaturgeschichte: Textsorten

Die Texte, die in dieser christologisch-rhetorisch beginnenden und in kultur- und literaturgeschichtliche Fragen mündenden Studie gelesen werden, zerfallen, je nach ihrer Verortung in der Transformationstabelle (1.4.5) in verschiedene Untergruppen: Zunächst ist es Literatur im Sinne kirchlicher Gebrauchsliteratur (4.3), die das Gros des altrussischen Schrifttums ausmacht. Sodann geht es um fiktionale Texte der Neuzeit, meist zwischen dem späten 18. und dem frühen 20. Jh. entstanden, in denen das Modell der Kenose Christi unter mehr oder weniger christlichen Vorzeichen herangezitiert wird (4.3.9 u. 5. passim) – in expliziten Christus-Zitaten, in literarischen Transfigurationen (T. Ziolkowski 1972) wie in der Struktur der literarischen Darstellung. Ein ständiger Begleiter ist Dostoevskij (bes. 5.).

Sodann werden Texte in den Blick genommen, die sich gezielt von diesem christlichen Umfeld absetzen, bei denen christologische Figuren in polemischer Form auftreten,[129] aber nichtsdestotrotz wirksam sind – und das großteils entgegen der gegen das Christentum gerichteten Polemik auf der Textoberfläche.[130]

Schließlich benutzen bestimmte literarische Texte kenotische Muster zu Zwecken, die das Christentum hinter sich lassen sollen,[131] aber die Verfahren für einen anders gelagerten politischen Zweck (wie den Sozialismus) positiv zu instrumentalisieren suchen und so strukturell mit christologischen (und mariologischen) Schemata verbunden bleiben.

Zu diesen parasitären Instrumentalisierungsversuchen von Kenose wurden unter spätsowjetischen Bedingungen schließlich literarische Metabetrachtungen entwickelt, die selbst keine Wertaspekte mehr zu transportieren, sondern nur noch zu referieren und inszenieren scheinen. Die Kenose wird dann Ausstellungsstück in einem konzeptualistischen Diskursmuseum – und zwar als christliche und als parasitär-antichristliche Chiffre der Verhaltenskontrolle zugleich.[132]

---

[129] Černyševskij, Ostrovskij (6. u. 8.).
[130] Markanterweise ist ein nicht unwesentlicher Teil der christlichen Benutzungen der Kenose Christi in der fiktionalen Literatur des 19. und 20. Jh.s als resakralisierende Reaktion auf solche Polemiken zu verstehen. Gogol', Dostoevskij, Erofeev (4. u. 5. passim, 6.9 u. 9.).
[131] Das ist vor allem bei Gor'kij (7.) der Fall.
[132] Siehe Sorokin (10.).

Die fünf ausführlich gelesenen Texte bilden so etwas wie eine ungefähre Generationenfolge: Černyševskij 1863, Gor'kij 1906, Ostrovskij 1935, Erofeev 1969 und Sorokin 1984. Sie erfassen, insofern sie kanonischen Status erlangt haben (Erofeev), einst hatten (Černyševskij, Gor'kij, Ostrovskij) oder aktuell erlangen (Sorokin), stellvertretend einen *Ausschnitt* aus dem Spektrum literarischer Anknüpfungen an die Kenose Christi in den beschriebenen 120 Jahren russischer und sowjetischer Literaturgeschichte; erschöpfend ist diese exemplarische Lektüre natürlich nicht. Bei der Konzentration auf fünf exemplarische Prosatexte wurde *close reading* der Einbeziehung eines breiten Spektrums von Texten vorgezogen.

Während die eher pro-christlich inspirierten Texte des 19. Jh.s, insbesondere die Kenotik Dostoevskijs, in der Forschung weidlich Beachtung gefunden haben,[133] ist das bei den fünf ausführlich behandelten Texten, die aus dem Spektrum eines weitgehend unangefochtenen Christentums herausfallen, viel weniger geschehen. Daher wird diesen Phänomenen ausführlich Aufmerksamkeit zuteil, während bei Dostoevskij, Gogol' und anderen kanonischen Autoren des 19. und frühen 20. Jh.s eine neue Akzentsetzung genügen mag. Anstelle christlich (und kenotisch) markierter Werke wie Bulgakovs *Мастер и Маргарита [Der Meister und Margarita]* (1940). wird der Akzent in der eingehenden, dekonstruktiven Interpretation im III. Hauptteil auf Texte gelegt, in denen die christlich-kenotischen Signale weniger herausstechen.

1.8.2 Zur Literaturtheorie: Lesarten
An alle literarischen Texte wird hier einerseits von der christologischen Voraussetzung herangegangen und gefragt, wie das überkommene Schema der Kenose – selten explizit, häufig implizit – im jeweiligen kulturellen Kontext neu positioniert wird. Wenn dabei den literarischen Figuren eine gewisse Privilegierung zuteil wird, so liegt dies am mnemotechnischen Vorzug personaler Modelle (dazu 1.5.1 u. 5.0.3). Da die Christologie selbst eng mit dem Problem der Darstellung verknüpft war (vgl. 1.6.2, 3.1), ist die Form der rhetorischen/literarischen Darstellung immer schon konstitutiv. Die Selbsterniedrigung Christi ist damit nicht nur als literarisches Motiv allein, sondern – über Kasacks Motivgeschichte (2000) und Dunaevs sechsteilige Apologie des orthodoxen Christentums in der russischen

---

[133] Abgesehen von der kaum mehr überschaubaren Zahl von Einzeluntersuchungen zum *Идиот [Der Idiot]* und der *Легенда о Великом Инквизиторе [Legende vom Großinquisitor]* bieten Konrad Onasch (1976), Michael Holquist (1977:102–123) und Diane Thompson (1991:273–318) und weite Strecken des Megakapitels zu Dostoevskij bei Dunaev (2001/03:III 404–744) dezidiert christologische Lesarten Dostoevskijs an. Siehe dazu auch Uffelmann 2008c.

Literatur und gegen sie (2001/03) hinaus – auch als *Struktur* der literarischen Darstellung zu beschreiben.

Der Nachweis, dass ein Text vom kenotischen Modell geprägt ist, kann (zumindest bei den fünf ausführlichen Lektüren, die über den selbstverständlichen christlichen Rahmen hinausführen) nur glaubwürdig geführt werden, wenn festgestellt wird, dass kenotische Figurenkonzepte und kenotische Repräsentationsformen zusammen greifen. Erst diese Verknüpfung erlaubt die Rede von Kenose in säkularen Kontexten auch da, wo Rekurse auf christologische Dogmen fehlen. Angesichts der methodischen Grundannahme der Unähnlichkeit möglicher Signifikanten (1.6.5) muss jedoch der Kreis möglicher Verweiszeichen so weit wie möglich gefasst werden. Wie Didi-Huberman klar macht, können auch unscheinbarste, kleinste, armselig-materielle Zeichen weit mehr als bedeutungsloses „*Parergon*, kein bloßes Beiwerk" (1995:42, Hervorh. i. Orig.) sein, sondern einen anagogischen Verweis auf einen absenten, unähnlichen Referenten darstellen; das ist gerade für vordergründig von Christus nicht betroffene Texte wie dezidert atheistische, revolutionäre oder sowjetische Literatur zu berücksichtigen. Auch Christus-Entstellungen sind Christus-Metaphern (oder Christus-Metapher-Metaphern), und auch verwischte christliche Spuren können als Christus-Metonymien gelesen werden.

Ein nicht zu vernachlässigender Aspekt ist schließlich die Thematisierung von Memorierungstechniken des kulturellen Gedächtnisses in den fiktionalen Texten. Entscheidend ist dann nicht eine vermeintlich allein literarische Qualität der Texte (die außer bei Erofeev bei den vier anderen eingehend betrachteten Texten heute umstritten ist), sondern das Setzen mnemonische Replikation des christologischen (oder unterschwellig christologischen) Modells in den Texten.

Indem dem Christentum eher ferne Texte auf die Kenose zurückbezogen werden, kann keine dieser Lektüren auch nur im Entferntesten die Rekonstruktion einer – auf Christoformität hinauslaufenden – Autorintention sein (s. 6.8.4). Die dadurch in Anschlag kommenden dekonstruktiven Lesarten sind allerdings nicht die einzige methodische Inspiration; sie sind kombiniert mit strukturalistischen Erkenntnisinteressen wie der Herausarbeitung von wiederkehrenden Strukturen sowie von Analogien zwischen Motiven und Verfahren. Dazu kommt eine Art ‚post-autoreferenzialistisches' Vorgehen: Es ist für das Verständnis der kenotischen Aspekte dieser Texte zum einen hilfreich, den Autorenhabitus einzubeziehen (bes. bei Ostrovskij und Erofeev) und das Zusammengreifen von Text und Lebenstext zu einem paränetischen Komplex zu analysieren. Zum anderen sind im Sinne der *History of Books* Produktionsformen (vor allem bei Ostrovskij) und bisweilen gegenläufige, antidisziplinäre Rezeptionsformen im Sinne Certeaus (bei Černyševskij, Ostrovskij und Gor'kij) zu thematisieren.

I. RHETORIK DER CHRISTOLOGIE

> Hierumb wüß, das die figur, die alloeosis heißt (mag unns ‚gegenwechsel' zimmlich *vertütschet* werden) von Christo selbs unzalbarlich gebrucht wird, unnd ist die figur, sovil hiehar dient, ein abtuschen oder gegenwechßlen zweyer naturen, die in einer person sind. Da man aber die einen nennet unnd die andren verstat, oder das nennet, das sy bed sind, und doch nun die einen verstat. (Zwingli, CR V,925f)

2 Trope und Paradox, oder Christologie vs. Rhetorik

> „Descendite, ut ascendatis!"/ Bis in die Gegenwart wird oft mit dem christologischen Schlagwort implizit ein Rhetorikverdacht vorgebracht.[1]
>
> Our difficulties controlling tropes, their tendency to trespass over *our* signs, is a sign of our trespass of *God's* sign: even the scriptures can merely point to the truth and never incarnate it. (Hart 1989:6, Hervorh. i. Orig.)

2.1 Religion als Zeichensystem

Der hier unternommene literaturwissenschaftliche Zugriff auf Theologie ('Rede von Gott') kann auf zwei Wegen begründet werden: einem prinzipiellen, systematischen (2.1) und einem speziell auf das christologische Thema der Kenosis rekurrierenden (2.3). Letzteres ist erst nach einer Vorstellung des Bezugspunktes der christologischen Diskussion, der Christushymne aus dem (wohl echten, aber möglicherweise aus mehreren Briefen komponierten; Balz 1996:505.507) Paulusbrief an die Philipper, möglich (2.2). Dieser doppelte Durchgang beginnt daher mit dem systematischen Argument.

Religion ist ein Bedeutungssystem und als solches mit Literatur verschränkt.[2] Mit diesem denkbar allgemeinen Satz kann eine Vorentscheidung für das Herangehen an Religion als Zeichensystem motiviert werden.[3] Wenn im Folgenden auch phasenweise entlang den dogmatischen Aussagen der Christologie argumentiert wird, so gilt doch stets der Fokus der sprachlichen Gemachtheit.

Aus christentumsgeschichtlichen Gründen ist das privilegierte Werkzeug dafür die Rhetorik (s. Meyer/Uffelmann 2007). Dieser Fokus ist also nicht allein ein

---

[1] Magaß 1986:15 mit verkürztem Augustinus-Zitat („Descendite ut ascendatis. Descendite per humilitatem, ut ascendatis per Dei amorem ad Deum./Steigt ab, auf dass ihr aufsteiget! Steigt in Selbsterniedrigung herab, auf dass ihr durch Gottes Liebe zu Gott aufsteiget.", lautet eine ausführlichere Variante; Conf. IV,12,19; alle Übersetzungen, mit Ausnahme der revidierten Luther-Bibel und soweit nicht anders vermerkt, vom Vf.).

[2] Geertz 1999:49–54; s. auch Grözinger/Rüpke 1999:9.

[3] Wodurch die berechtigte, in religionswissenschaftlichem Sinne funktionalistische Frage nach der psychischen, sozialen, ökonomischen etc. Funktion von Religion lediglich in zweiter Linie gestellt wird, während die Frage nach einer eventuellen numinosen Substanz gänzlich ausgeklammert bleibt.

2.1.1 Die Rede vom Sakralen

Um den Gesichtspunkt der sprachlichen Gemachtheit in den Mittelpunkt zu rücken, wird im Folgenden vom „Sakralen" gesprochen, wie es Rappaport vorschlägt: "[...] ,Sacred' signifies the discursive aspect of religion, that which is or can be expressed in language, whereas 'numinous' denotes religion's non-discursive, affective, ineffable qualities." (Rappaport 1999:23). Damit wird nicht nur eine Unterscheidung ins Gesamtfeld des Religiösen eingeführt, sondern zugleich eine Aussage über Besonderheiten des sakralen Diskurses gemacht: Beim sakralen Zeichengebrauch wird das Selbst-gemacht-Haben durch Zeichen vergessen: „Ultimate Sacred Postulates thus appear as statements to those who give voice to them." (ebd.:279). Wo nach dieser – dem sakralen Diskurs inhärenten – Zeichenideologie eine Selbstrepräsentation des Heiligen stattfindet (s. 3.1.9), begreift die literaturwissenschaftliche Beschreibung die sakrale Repräsentation[4] als *Handlung menschlicher Subjekte*; die Geltungsdimension sakraler Aussagen muss in dieser Beschreibung außen vor bleiben. Hier interessiert allein, wie menschliche Sprecher durch sakrale Sprache Numinoses konstituieren und wie dieses dann seinerseits die soziale und diskursive Praxis der Sprecher prägt.

2.1.2 Die Spezifik sakraler Repräsentation

Die sakrale Repräsentation beschreitet einen Mittelweg zwischen Referenz und Autoreferentialität, weil auf den numinosen Referenten weder wirklich referiert werden kann (jede menschliche Aussage über ein Über-Menschliches bleibt unangemessen; 3.5.6), noch sakrale Repräsentation Autopräsentation des Mediums allein sein will.[5] Einerseits ist richtig, dass „[...] the Ultimate Sacred Postulate never wholly escapes from its performative grounding [...]" (Rappaport 1999:280), doch streicht der sakrale Repräsentationsakt diese Performativität, dieses Wissen um den eigenen Beitrag an der Konstitution des Numinosen andererseits wieder durch. Die sakrale Repräsentation leistet die performative ‚Anwesung' des Numinosen durch rhetorische Strategien. Im Sinne von de Mans Unentscheidbarkeit (1988) gibt sich das rhetorisch Gesagte als referenzielle Aussage zu lesen, während der Aussage die rhetorische Figuralität die Abwesenheit des Numinosen vorführt.[6]

---

[4] Zum Repräsentationsbegriff s. auch 3.1.7.
[5] Wie Rappaport das Ritual als „self-referential" definiert (1999:52).
[6] Damit kann – jedenfalls an diesem Punkt – eine prinzipielle Alternative überwunden, ein alter ideologischer Graben zwischen dem Pathos der Literarizität und dem Beharren auf Referenz zugeschüttet werden – eine Heilung der Literaturwissenschaft aus dem

2.1.3 Die Rhetorizität des Christentums

Die angesprochene historische Allianz von Theologie und Rhetorik war nie unproblematisch. Am prominentesten ist dies anhand von Augustinus' zwiespältiger Wertung der Rhetorik aus dem vierten Buch von *De doctrina christiana*[7] im theologischen Feld erforscht worden.[8]

Während bei Augustinus das Rhetorische konstitutiv wird für die christliche Botschaft, wenngleich in problematischer Zusammenspannung mit einer antirhetorischen christlichen Ideologie, sind in Theologiegeschichten rhetorische Gesichtspunkte selten in dem Maße als konstitutiv gewürdigt worden, wie es eine literaturwissenschaftliche Herangehensweise tun würde. ‚Technische' Rhetorikgeschichten wiederum gestatten sich umgekehrt zumeist die Ausblendung des eigentlich (missions-)theologischen Zwecks der Rhetoriken von Augustinus über Melanchthon bis zu den Jesuiten.

Erst in den letzten Jahren sind es vor allem Literaturwissenschaftler gewesen, die auf der kenotischen Christologie benachbarten Feldern semiotische[9] und in jüngster Zeit auch rhetorisch ausgerichtete Interpretationen sakraler Repräsentationsformen versucht haben.[10] An bestimmten Punkten treffen sich mit ihnen Theologen, die dekonstruktive Anregungen anzuwandeln suchen wie Taylor (1987) in skripturalistischer, Hoff (1999) in semiologischer und Huizing (2000/04) in ästhetizistischer Hinsicht. Stock legte 1995–2001 eine kompendiale „poetische Christologie" vor. Die *rhetorische* Erforschung der christlichen Tradition beschränkt sich im theologischen Rahmen jedoch weiterhin meist auf Arbeiten zur rhetorischen Mikroebene. Die christologischen Paradoxe wurden, wenn sie überhaupt als Paradoxe akzeptiert wurden (Nnamani 1995), dann im dogmatischen Kontext, aber kaum in ihrer rhetorischen Genese, ihrer Konstituiertheit qua Rhetorik reflektiert (s. 2.9).

Die kenotische Christologie stellt ein noch weitgehend unausgeschöpftes Reservoir für die rhetorisch-generative Betrachtung dar, etwa was den Tropenbegriff (2.3), das Paradox (2.9), die Gestaltwerdung bzw. Ausgestaltung, Metonymie, Prosopopöie oder die inszenierte Unähnlichkeit (3) betrifft. Der Tropenbegriff

---

Geiste der Religionswissenschaft (s. Victor Turners Ritualtheorie), die allerdings *mutatis mutandis* auch von der Literaturwissenschaft in ihrer performativen Wende (Judith Butlers) vorgenommen wird.

[7] *Christenlehre* (426).
[8] Siehe bes. Mainberger 1997:I 316–372; vgl. auch 3.5.5.4.
[9] Hörisch 1992 über das Abendmahl; Koschorke 2001 über die „Heilige Familie"; Menke/Vinken 2004 über Stigmata.
[10] Meyer 2001b über die Mariologie als Mariografie; Poppenberg 2003 über *auto sacramental* und Allegorie.

kann für die Rhetorik insgesamt stehen,[11] insofern er auch eine repräsentationstheoretisch allgemeine Ebene aufruft und die Frage nach dem paradoxen Verhältnis von Religion und Rhetorik neu zu stellen erlaubt.

2.1.4 Prekäre Materialität und Rhetorizität allgemein

Rhetorik soll dabei – trotz der Konzentration der klassischen Disziplin Rhetorik auf das Trägermedium Sprache – als Beschreibungswerkzeug für syntagmatische und paradigmatische Operationen (s. Jakobson 1983) überhaupt verstanden werden – in einem beliebigen materiellen Medium, sodass sich auch Verhaltensmodelle, Bildercodes etc. einer rhetorischen Konzeptualisierung nicht verschließen. Eine strikte Trennung von Rhetorizität und Materialität scheint hier nicht angemessen; beide beziehen sich auf die Operationen der Signifikantenebene: Rhetorizität meint dabei vorzugsweise die Motorik und Konnexe dieser Signifikanten, Materialität deren physikalische Ausdrucksseite, wobei beide Dimensionen – verschieden gelagerte – signifikative Auswirkungen haben. An der Stelle der materiellen Oberfläche und ihrer semantischen Effekte greifen rhetorisch-figürliches und materiales Moment ineinander; die semantischen Effekte addieren sich. Eben dieses Hineinspielen von Rhetorizität und Materialität aber bildet ein Problem für das theologische Signifikat, das normativ rein gehalten werden soll.

2.1.4.1 Das vertrackte Vehikel

Für eine kulturwissenschaftliche Untersuchung ist dabei – anders als in manchen älteren Medientheorien, z.B. Johann Gottfried Herders – die Instanz, die sich um diese Reinhaltung bemüht, nicht Gott als das „nicht weiter hintergehbare Haupt der Medienhierarchie",[12] sondern das christliche Dispositiv mit seinem Interesse, zum Zwecke der Gruppendisziplinierung über eine stabile Lehre zu verfügen. Zur Abwehr gegen ein Außen – zunächst gegen das Judentum und den römischen Polytheismus, später gegen von den Peripherien kommende Häresien – sollen die

---

[11] Wobei dafür eher der neuzeitliche (mit Vico beginnende), moderne und vor allem poststrukturalistische Tropenbegriff einschlägig ist, der keinen Dualismus eines vermeintlichen *verbum proprium* und tropischer *improprietas* annimmt, sondern von der unhintergehbaren Tropizität allen menschlichen Sprechens ausgeht (s. Abermann 2003). Die Trope konkurriert in dieser synekdochischen Stellvertreterfunktion mit dem anderen Oberbegriff innerhalb der *elocutio*, der Figur (s. de Man 1988), was insofern kein Problem darstellt, als die Abgrenzung zwischen beiden stets strittig war (vgl. Quintilian *Inst.* IX,1,1–3).

[12] S. Hoffmann 2002:88. In Dawkins' Terminologie entspräche das wieder einem autoaktiven „Mem" (vgl. 1.5.2). Zu vormodernen Medienkonzepten, denen zufolge Medien letztlich vom Göttlichen zeugen, vgl. auch Hörisch 1994:124f.

2. Trope und Paradox 49

dogmatischen Grundannahmen möglichst identisch repliziert werden.[13] Um dies zu erreichen, braucht es Schutzmäntel für die dogmatischen Lehrsätze, Medien bzw. „Vehikel" oder „Überlebensmaschinen".[14] Allerdings garantieren auch diese „Vehikel" keine identische Replikation, sondern sind gleichfalls fehleranfällig, erzeugen Varianten (s. Dawkins 1976:20). Insbesondere droht jegliches Replikationsvehikel, nicht den Replikator, sondern in erster Linie sich selbst zu replizieren.[15] Eine Medientheorie des Konservierungsinteresses, wie sie die Dawkinssche Memetik darstellt,[16] bedarf also der Ergänzung durch eine Theorie der Verselbstständigung der Medien à la McLuhan oder Baudrillard (s. Bahr 1999:275): Jedes Medium trägt unausweichlich eine Verstellung oder Veränderung hinein in das, was es vermitteln soll, und setzt das mediale Transportierte dem „Verdacht" der Fälschung gegenüber dem vermeintlich vormedialen ,Inhalt' aus (vgl. Groys 2000a:29).

2.1.4.2 Der istorische Primat der Rhetorik

Bei dogmatischen Lehrsätzen handelt es sich zunächst um das Medium des gesprochenen und geschriebenen Wortes, das sich ,homoiomedial' (s. 2.8) auf das göttliche „Wort" beruft. Die Binnenregeln des Vehikels Sprache also sind es, welche die identische Konservierung dogmatischer Sätze als erste bedrohen. Die Eigenbewegung des Mediums Sprache soll möglichst still gestellt werden. So entsteht die christliche antirhetorische Ideologie. Ja, die Antirhetorik der theologischen Sinnpflege (s. 1.5.4) avanciert für den dogmatischen Replikator nachgerade zu einer zweiten „Überlebensmaschine", die das Vehikel Sprache bändigen soll.

Über diese systematische Erwägung hinaus ist die historisch gewachsene und gewandelte rhetorische Beschreibungssprache insofern für die Konzeptualisierung

---

[13] Zum „Replikator"-Terminus s. Dawkins 1976:18. Auch der Vehikel-Begriff wird hier, wie oben das „Mem" (1.5.2), Dawkins' Theorie entlehnt, aber sozial- und kulturwissenschaftlich unterfüttert.

[14] „Die Replikatoren fingen an, nicht mehr einfach nur zu existieren, sondern für sich selbst Behälter zu konstruieren, Vehikel für den Fortbestand ihrer Existenz." (Dawkins 1976:23). Dieser Satz ist – streicht man wiederum die Setzung der Autoaktivität von „Memen" und ersetzt diese durch eine interessierte soziale Gruppe (die frühe Christenheit) – für eine kritische Revision der Konservierungsleistung von Medien einschlägig.

[15] Vgl. McLuhans berühmten „Spreng-Satz" „The medium is the message." (McLuhan 1997:112), der das „Verbot der Vermischung von Botschaft und Medium" (Hörisch 1994:126) aufhebt. Hörisch sieht dies bei Spinoza vorgeformt; die folgenden Lektüren Platons und der frühkirchlichen Christologie zeigen, wie vehement dieses Verbot schon weit früher verfochten wurde.

[16] Um die Spannung von ,Inhalt' und ,Gefäß' zu betonen, wird Dawkins' Dualismus von Replikator und Vehikel hier gezielt aufrechterhalten und Hulls Vorschlag *eines* Sammelbegriffs „interactor" (1988:31.36) ausgeschlagen.

dogmatischer Formeln heranzuziehen, als das Pseudosystem der Rhetorik sich (seit Paulus) zum Christentum koextensional verhält (Meyer/Uffelmann 2007:9). Allen Prozessen allmählicher „Zerstörung der schönen Rede" (Lachmann 1994) oder eines vermeintlich endgültigen „Todes der Rhetorik" (Barthes 1988:15) zum Trotz hat die „alte" Rhetorik allfällige Erneuerungen – etwa durch die „ganz verschiedenartigen Rezeptionsweisen" *New Rhetoric, Neue Rhetorik* und *nouvelle rhétorique* (s. Ueding/Steinbrink 1994:165) – erfahren. Zur Beschreibung des spannungsvollen Wechselverhältnisses zur Theologie hält die dekonstruktive Spielart der neuen Rhetorik-Konjunktur das am besten geeignete Werkzeug bereit, und zwar aus zweierlei Gründen: Zum einen bildet die dekonstruktive Rhetorik den vorläufigen Endpunkt einer mit Vico beginnenden Abwendung von der alten dualen Grundkonzeption der Rhetorik, die einem *verbum proprium* eine *improprietas* als Deformation gegenüberstellt, welche dann die Domäne der Rhetorik wäre, während das *verbum proprium* rhetorikfrei bliebe. Die Dekonstruktion erklärt dagegen jedes menschliche Sprechen für unhintergehbar rhetorisch. Zum anderen geht es der dekonstruktiven Neorhetorik zentral darum, wie das Rhetorische, Figurative, Tropische mit Referenzialität in Konkurrenz gerät.[17]

2.1.4.3 Die Rhetorikskepsis der Antike
Dass es sich bei der Skepsis gegenüber Materialität/Rhetorizität um eine bis vor das Christentum zurückgehende Tradition handelt, sei hier nur mit dem Verweis auf drei einschlägige Exempel aus der vor- bzw. nicht-christlichen Antike illustriert. Da ist einmal Platons Einspruch gegen bloße Schattenbilder (εἴδωλον; *Gorgias* 463d), der sich – medientheoretisch gelesen – als Protest gegen den Primat der rhetorisch-materialen Oberfläche darstellt, welche die Idee zu verdecken droht: Wo die Rede keine Erkenntnisfunktion erfülle, sondern zu Glauben-Machen (πιστευτική) und Schmeichelei (κολακεία) verkomme (455a, 467a), werde sie zu „ἄτεχνος τριβή".[18] Da ist zum Zweiten die rhetorische Diskussion um den Asia-

---

[17] Vgl.: „Die Disjunktion zwischen der ästhetisch empfänglichen und der rhetorisch aufmerksamen Lektüre, die beide gleichermaßen zwingend sind, löst die Pseudo-Synthese zwischen innen und außen [...] auf, die der Text aufgebaut hat. [...] Sie bezeichnet das unwiderrufliche Eintreten zumindest zweier sich einander gegenseitig ausschließender Lektüren und behauptet die Unmöglichkeit wirklichen Verstehens sowohl auf der Ebene der Figuration wie der der Themen." (de Man 1988:105).

[18] „Kunstloses Handwerk" (Phaidros 260e). Platonische Seinhierarchien und Abbildungsvorstellungen beeinflussen – meist über den neoplatonischen Umweg – die gesamte Kosmologie und Ästhetik des Christentums (s. auch 3.0.2; 3.1.3; 3.4.5; 3.5.6 et passim). Während die neuzeitliche Fixation auf die Antike-Rezeption der Renaissance und des Humanismus dazu neigt, den direkten Sprung von Platon über Ficino u.a. in die Moderne zu machen (so oftmals praktiziert in Begriffsstichworten aus *HWdPh* oder *ÄGB*), bemüht sich diese Arbeit um das Gegenteil: Die Inspiration durch Platon bleibt im Hin-

2. Trope und Paradox

nismus als negatives Zerrbild eines über Gebühr elaborierten Ornats (Cicero *Brut.* 95,325) sowie das Gegenideal einer sich in der Wahl ihrer Mittel selbst beschränkenden (damit strukturell kenotischen) attizistischen Rhetorik. Da ist drittens die Polemik gegen „τὸ οἰδεῖ" [Schwulst] in Pseudo-Longins Περὶ ὕψους.[19] Bezeichnenderweise verwahren sich mit Cicero und Pseudo-Longin auch zwei beim rhetorischen Mitteleinsatz unentschiedene bis offensive Rhetoriker gegen die Verselbstständigung der Oberfläche (vgl. Ueding/Steinbrink 1994:37–40).

2.1.5 Die Verschärfung der Rhetorik-Skepsis im Christentum

> [...] die Literatur, deren Funktion eine weltliche ist, [ist] mit der Geistlichkeit nicht vereinbar; die eine ist Umweg, Ornament, Schleier, die andere Unmittelbarkeit, Blöße. (Barthes 1974:49)

Eher Platon als Cicero und Pseudo-Longin kommt die Rhetorik-Kritik des Paulus nahe. In der Verwerfung von „Schmeichelei" geht die Platon-Nähe des Paulus bis in die Lexik (1Thess 2,5). Sich selbst beschreibt der Apostel als rhetorischen „Laien" („ἰδιώτης τῷ λόγῳ"[20]). Wie Platon unterscheidet Paulus zwei epistemische Grundpositionen; waren dies bei Platon Didaktik/Dialektik und Schein/Überredung, so kontrastiert Paulus irdische und göttliche Wahrheit (Kreuz Christi). Letztere erscheine der irdischen als Torheit, weil sie nicht mit Beredsamkeit daherkomme: „[17]Οὐ γὰρ ἀπέστειλέν με Χριστὸς βαπτίζειν, ἀλλὰ εὐαγγελίζεσθαι οὐκ ἐν σοφίᾳ λόγου, ἵνα μὴ κενωθῇ ὁ σταυρὸς τοῦ Χριστοῦ. [18]ὁ λόγος γὰρ ὁ τοῦ σταυροῦ τοῖς μὲν ἀπολλυμένοις μωρία ἐστίν, τοῖς δὲ σωζομένοις ἡμῖν δύναμις θεοῦ ἐστιν."[21] Das letzte und radikalste Emblem von Christi Kenose, der schändliche Kreuztod (s. 2.2.3.4 u. 2.6.1.3), drohe durch weltliche Rhetorik und Dialektik (Weisheit) entleert zu werden. Erst die umgekehrte Entleerung der Rhe-

---

tergrund, ist aber mittelbar oft präsent, wenn es darum geht, die – jedenfalls vor der Neuzeit, nicht selten auch noch in dieser kulturgeschichtlich wirklich prägenden Denkmodelle in den Mittelpunkt zu stellen die christlichen, und das heißt in wesentlichem Maße: kenotischen. Wenn auch bisweilen unbestritten eine antike philosophische Schablone im Hintergrund steht, so sollte doch zwischen philosophischem Hintergrund und theologischem und christlich-praktischem Vordergrund unterschieden werden.

[19] *Vom Erhabenen* 3,3. Bei Pseudo-Longin wie bei Cicero steht der öffentliche Funktionsverlust von *genius iudicale* und *deliberativum* in den hellenistischen Fürstentümern und dann auch der römischen Kaiserzeit mit der Folge einer *corrupta eloquentia* [verdorbene Beredsamkeit] im Hintergrund.

[20] 2Kor 11,6. Die revidierte Lutherübersetzung hat „ungeschickt in der Rede".

[21] „[17]Denn Christus hat mich nicht gesandt zu taufen, sondern das Evangelium zu predigen – nicht mit klugen Worten, damit nicht das Kreuz Christi zunichte werde. [18]Denn das Wort vom Kreuz ist eine Torheit denen, die verloren werden; uns aber, die wir selig werden, ist's eine Gotteskraft." (1Kor 1,17f)

torik erlaubt für Paulus, den Zeugniswert der Kenose in Reinform zu bewahren. In der paulinischen Verkündigung konkurrieren zwei Opfer: der Triumph des Selbstopfers Christi braucht die Opferung der Rhetorik. In diesem Sinne stößt Paulus eine mächtige antirhetorische Tradition des Christentums an, die sich immer wieder auf ihn beruft.[22] Was Paulus' Komposition seiner Texte und seine eigene Verkündigungspraxis aber nicht hindert, rhetorisch verfasst zu sein[23] – insbesondere antithetisch und paradox (vgl. 2.9.1.3).

Augustinus, der in seiner Jugend Rhetorik lehrte, hat nach seiner Konversion Mühe, die überkommene Grundeinschätzung der Rhetorik als ein für Wahres wie Falsches einsetzbares, moralisch neutrales Mittel (*doctr. chr.* IV 2) aufrechtzuerhalten; christlichen Nutzen bringt für ihn im vierten Buch von *De doctrina christiana [Christenlehre]* die Redekunst nämlich nur durch Weisheit (IV 5), während die Anmut der Fügungen außerchristlich schädlicherweise überbetont worden sei:

> Cui suavitati tantum operae impensum est ab hominibus, ut non solum non facienda, verum etiam fugienda ac detestanda tot et tanta mala atque turpia, quae malis et turpibus disertissime persuasa sunt, non ut eis consentiatur, sed sola delectationis gratia lectitentur.[24]

Selbst bei den alttestamentlichen Propheten gelte: „[...] per tropologiam multa obteguntur".[25] Trotzdem erkennt Augustinus die exegetische Notwendigkeit der Kenntnis von Tropen an (III 29) und demonstriert die rhetorische Verfasstheit von Paulus' Zweitem Korintherbrief.[26] Zudem gibt er Anweisungen für ein wenigstens nicht völlig unangemessenes Gotteslob im erhabenen Stil (IV 19) und führt in die rhetorischen *genera* und *officia* ein (IV, 17–26). Augustinus' *De doctrina christiana* belegt somit mustergültig das „gebrochene Verhältnis" (Mainberger 1997:I 362) der christlichen Tradition zur Rhetorik (vgl. Kennedy 1999:181f).

Bisweilen geht die Abwehr der Rhetorik bis zu einer ideologischen Disjunktion wie im prominentesten russischen Beispiel – beim altgläubigen Protopopen

---

[22] Zur antirhetorischen Auslegung der Korinther-Stelle s. J. Vos 2002:36, für die Mächtigkeit der Rezeptionsschablone in der russischen Orthodoxie vgl. Feofan Zatvornik/Rudinskij 2002:124.

[23] Vgl. etwa Anderson 1999:290; Kremendahl 2000:25f; J. Vos 2002:172.

[24] „Der Anmut der Redeweise ist von den Menschen viel Aufmerksamkeit gewidmet worden, damit so viele und so große Übel und Schändlichkeiten mit Eifer gelesen werden, die nicht allein nicht getan werden dürfen, sondern auch vermieden und verabscheut werden müssen, die von schlechten und schändlichen Menschen auf sehr beredte Weise überzeugend dargelegt wurden, nicht, damit ihnen zugestimmt werde, sondern allein, um sich daran zu ergötzen." (IV 14; dt. v. Karla Pollmann).

[25] „[...] vieles [wird] durch Tropologie verhüllt" (IV 7).

[26] Wo Paulus sein Wissen antirhetorisch als irdische „Dummheit" denunziert (2Kor 11,16–30; *doctr. chr.* IV 7).

2. Trope und Paradox

Avvakum: „Не ищите риторики и философии, ни красноречия, но здравым истинным глаголом последующе, поживите. Понеже ритор и философ не может быти християнин."[27] Avvakums nicht-offizielle Redeweise begründet jedoch selbst wieder eine (gegen-)rhetorische Tradition.[28]

Dass der apotreptische Befund nicht allein für die Rhetorizität sprachlicher Äußerungen gilt, zeigt etwa das Medium der orthodoxen Sakralmusik. Die Väter der Ostkirche verwarfen die Begleitung mit Instrumenten für den kirchlichen Hymnus, weil die Instrumentierung den unmittelbaren Lobpreis des Menschen an Gott durch nicht-christliche Assoziationen (Sexualität, Trinkgelage, heidnische Riten; s. McKinnon 1965) schmälere. Wie im Kultbild sollte in einer reinen „Wortmusik" die Unmittelbarkeit des (inkarnierten) Wortes gepflegt werden (s. Onasch/Schnieper 2001:103).

Die Gefahr der Selbstpräsentation des Zeichens, die kollateral als ‚Abwesung' der religiösen Botschaft wirkt, ist stets gegeben. Denn das materielle Medium rückt notgedrungen das in den Vordergrund, was nur Abglanz, Kanal sein darf. Um den Status seines numinosen Referenten nicht zu beschädigen, muss das Medium sich selbst durchstreichen. Der religiöse Mediengebrauch muss entweder die eigene (mediale Übersetzungs-)Bewegung dementieren oder in apophatischer Geste die Unangemessenheit jeder Darstellung stark machen.

Prekär ist die Medialität menschlichen Handelns vom Göttlichen also in dem Sinne, dass sie proto-häretisch oder ‚häresogen' erscheint (s. die letzten Endes auf einer medialen Ebene angesiedelten Häresien Doketismus oder Ikonen*anbetung*[29]). Wenn jedoch Häresie und Medialität nahe beieinander stehen, dann sind auch Orthodoxie und mediale Abrüstung verschwistert.[30] Medienskepsis und Antirhetorik sind entsprechende Mittel, mit denen sich christliche Konfessionen als religiös angemessen, also orthodox darzustellen suchen.

2.1.6 Primäre Materialisierung Inkarnation

Wie aber steht es konkret mit der Kenosis und ihrem Verhältnis zu materiellen Trägermedien? Zur Darstellung des Göttlichen (s. 3.3) schaltet die Inkarnation eine Materialisierung, ein materielles Trägermedium (das menschliche Fleisch und Sichtbarkeit) zwischen göttlichen Sender und menschlichen Empfänger; ohne eine Vermittlung, ohne eine mediale Brücke ist dem Menschen das Göttliche nicht

---

[27] „Strebt nicht nach Rhetorik und Philosophie, sondern lebt, indem ihr dem gesunden wahren Wort folgt. Denn ein Rhetor und Philosoph kann kein Christ sein." (Pamjatniki 1927:547).
[28] Lachmann 1994:21–50; zu Avvakum weiter 5.4.3.2.
[29] 2.3.2.1 u. 3.4.4.6.
[30] Groys (2000a:71) schreibt medialer Abrüstung einen Effekt der Authentisierung zu.

kommunizierbar. Von der primären Materialisierung der Inkarnation des Logos gehen sekundäre Materialisierungen wie Christusdarstellungen oder Sakramente aus (s. 3.3–3.4), die ihrerseits tertiäre Materialisierungen in Form menschlicher Christus-*imitationes* zeitigen (cf. 5.). Beim Abstieg vom Göttlichen zum Menschlichen geschieht eine ontologische Abrüstung. An die metaphysische Kenosis (Inkarnation) schließt sodann noch in einem zweiten, gleichgerichteten Schritt die soziale Kenosis an (s. 2.2.3.4), die sich ebenfalls als mediale Abrüstung (von göttlicher Herrlichkeit zu einfacher Sklavengestalt) qualifizieren lässt.

Nur konsequent ist angesichts dessen der Befund, dass auch die Mehrzahl aller menschlichen Nachahmungen der Kenosis Christi mit einer Abrüstung der Oberfläche einhergehen (s. Mönchsgewand, Mönchstonsur, Nacktheit des Gottesnarren; 5.3–5.4.1), dass auf der Ebene der menschlichen Nachahmung von Christi Selbsterniedrigung also der soziale und mediale Aspekt überwiegt – einfach weil kein Mensch den ontologischen Abstieg Gottes nachvollziehen kann. Wenn es sich um das Trägermedium der Sprache handelt (wie etwa bei der Beichte), dann läuft die mediale Abrüstung auf eine „Kenōsis of discourse" hinaus.[31] Erhebt man – wie in dieser Arbeit – den Rhetorik-Begriff zum Beschreibungsinstrument für Motoriken diverser Medien, dann ist jede irdische Kenosis-*imitatio* potenziell schon rhetorische Abrüstung. Daraus folgt dann ein notwendiges Spannungsverhältnis zwischen Rhetorizität (Tropizität) und Kenosis (vgl. 2.3.2).

Allerdings ist eine rhetorische Totalabrüstung nie zu erreichen, denn eine Null-Rhetorik wäre auch das Ende jeden Bezeichnens oder Repräsentierens (und man kann – Watzlawick periphrasierend – nicht nicht repräsentieren).[32] So können die Vertreter der christlichen Antirhetorik zwar versuchen, ein Stück Rhetorik auszutreiben (die Trope); anderseits geschieht dies um den Preis einer rhetorischen Aufrüstung an anderem Ort – in paradoxen Formeln, etwa der Christologie.

2.2 Die Christushymne Phil 2,5–11

2.2.1. Das Auslegungsspektrum
Das historische Spektrum solcher Ab- und Aufrüstungen des Rhetorischen zugunsten bzw. auf Kosten des Dogmas von der Selbsterniedrigung Christi ist breit. Eine europäisch vergleichende Darstellung wäre wünschenswert; hier kann nur ein Teil des russischen Beispiels und – für das Rhetorizitätsproblem besonders einschlägig – der russischen Literatur aufgerollt werden.

---

[31] Derrida 1995:50; siehe 3.5.5.4.
[32] Siehe weiter zur Apophatik und kenotischen Signifikation 3.5.6–3.6.3.

2. Trope und Paradox

Bevor die russische Kultur- und Literaturgeschichte selbst angegangen und auf rhetorische Realisierungen von eng christologischen wie von metaphorisch weiten Vorstellungen von (Para-)Kenosis hin betrachtet wird, sind drei durch die rhetorischen Begriffe Trope und Paradox (2.) sowie durch den Gestaltungsaspekt überhaupt (3.) geleitete Durchgänge durch die Vielfalt der verschiedenen Begriffe von Kenosis auch außerhalb Russlands nötig. Diese dienen dazu, das Streitpotenzial deutlich zu machen, das die Inkarnationslehre und die Rede von den zwei Naturen Christi bergen. Neben den als orthodox gesetzten Lehrmeinungen sind auch radikale christologische Positionen und Darstellungsformen herauszuarbeiten, um einsichtig zu machen, wie es in der europäischen und besonders russischen Kulturgeschichte bis zur Gegenwart zu immer neuen Übersetzungen und Transformationen der christologischen Erniedrigungsfigur und ihrer Rhetorik in andere (und schließlich auch nicht mehr christliche) Zusammenhänge kommen konnte. Über die Zeitspanne von gut 1950 Jahren Rezeption der paulinischen Christologie sammelte sich nicht nur eine „Vielfalt von Christentümern" und daraus folgend eine „Vielfalt von Christologien" (Karrer 1999:273) an, sondern auch eine Fülle von kenotischen Christologien bis hin zu nicht-mehr-christlichen und nicht-mehr-christologischen Kenotiken.[33] Die Rhetorik spielt die Rolle einer Stabilisierung von Orthodoxie (vor allem durch das Paradox), bringt die Christologen aber immer auch wieder an häretische Abgründe heran.

Es waren oft die prononciertesten Verfechter von Kenosis, die als Ketzer verurteilt wurden. Für die moderne Kenotik sind mitunter Traditionen entscheidend, die in der Väterzeit nur als „inferiore Neben- und Unterströmungen" (Loofs 1901:262) in Erscheinung getreten waren wie Arianer, Theopaschiten, Apollinaristen, Nestorianer. Das hat zwei Gründe: Die extremen Konzeptionen liegen zum einen an der rhetorisch produktiven Außengrenze der dogmatischen Christologie. Zweitens besitzen sie ein inhärentes Säkularisierungspotenzial, weil sie tendenziell außerhalb der „rechten Lehre" liegen, sodass von ihnen her eine säkulare Kenosis-Lehre und -Praxis bisweilen eher zu beleuchten ist, als vom dogmatischen Konsens der ökumenischen Konzilien ausgehend. Auf die besondere Berührung von heterodoxen Kenosis-Theorien der Väterzeit und modernen Spielarten wurde in der theologischen Forschung bereits hingewiesen: „[...] l'histoire des interprétations hétérodoxes du texte dans l'antiquité jette une singulière lumière

---

[33] In Teil I wird keine konfessionell Trennung gemacht; es werden abgelegene oder als häretisch gebrandmarkte Interpretationen einbezogen, d.h. (gegen Karrer 1999:275) prinzipiell nichts ausgeschlossen. Dabei ist mehr als die exemplarische Konzentration auf jeweils eine oder zwei Belegstellen für eine spezifische Interpretationsweise der Kenose Christi hier nicht zu leisten.

sur les hypothèses de bien des exégètes modernes."[34] Hier wird es darum gehen, den Blickwinkel über die Dogmatik hinaus zur Kulturgeschichte bis hin zu postchristlichen sozialen und literarischen Entwürfen zu weiten.

Am Brückenschlag von antiker Christologie zur Moderne wird deutlich, dass eine *longue durée* von knapp über 1950 Jahren (seit Paulus) für die Betrachtung des Themas Kenosis angebracht ist. Innerhalb der theologischen Diskussion bildet die von Karrer (1999:275) beschriebene Grenze des Nicht-mehr-Christlichen eine systematische Ausschlussmarge, die in dieser Arbeit auch noch fallen muss. Vom orthodoxen Mainstream, der sich selbst als Innenposition setzt, wurde eine Abwehrfront errichtet, in der die „moderne Kenosislehre" als vermessenste Sünde gegen die Apophatik präsentiert wurde (Loofs 1901:263). Von der christlichaufklärerischen Metaphysik- und Religionskritik her erschien umgekehrt die dogmatische christologische Tradition als metaphysisch und daher unbrauchbar (2.11.6); für den immanentistischen Materialismus belegte die Inkarnationstheologie nur noch den Anthropomorphismus jeglicher Gottesvorstellung (2.11.7). Alle diese Ausschließungen – überhaupt die Frage nach *richtig* oder *falsch* – sind für einen konzept- und kulturgeschichtlichen Parcours kontraproduktiv.

2.2.2 Sedes doctrinae

Die *sedes doctrinae* der christologischen Kenosis-Lehre sind die Verse 2,5–11 aus dem Brief des Paulus an die Philipper;[35] dies ist die einzige Bibelstelle, welche eine Form des Verbs κενόω im (reflexiv gebrauchten) Aktiv in Verbindung mit dem Subjekt Christus hat.[36] Die Tatsache, dass das Aktivum κενόω im Bezug auf Christus in Phil 2,7 im NT ein Hapax Legomenon ist, ist für die Begriffs- und Kulturgeschichte von Vorteil, da mit Fug und Recht an diesem Punkt eingesetzt werden kann.[37]

---

[34] „[...] die Geschichte der heterodoxen Interpretationen des Textes [Phil 2,5–11] in der Antike wirft ein ausgezeichnetes Licht auf einige der Hypothesen der modernen Exegeten." (P. Henry 1957:16).

[35] Der im Gefängnis (s. Bruce 1980:262f) geschriebene Ermahnungsbrief an die kleine christliche Gemeinde von Philippi wird meist auf das Jahr 55 datiert (Balz 1996:508).

[36] Oepke 1990:661. Die Septuaginta hat das Verb κενόω zweimal im Passiv; allerdings bei nicht auf Jesus Christus beziehbaren Subjekten (Jer 14, 2: „αἱ πύλαι [...] ἐκενώθησαν" [die Städte (von Juda) (...) sind verschmachtet]; 15,9: „ἐκενώθη ἡ τίκτουσα ἑπτά" [die sieben Kinder hatte, verschmachtete]). Im NT kommt neben der erwähnten Paulus-Stelle 1Kor 1,17 (s. 2.1.5.) eine Passivform vor im Funktionsverbgefüge mit καύχημα ‚Ruhm' in 2Kor 9,3 („ἵνα μὴ τὸ καύχημα ἡμῶν το ὑπὲρ ὑμῶν κενωθῇ" [damit nicht unser Rühmen über euch zunichte werde]), und eine analoge Aktiv-Verbindung in 1Kor 9,15.

[37] Hinzu kommt, dass die paulinischen Briefe deutlich älter sind als die synoptischen Evangelien, also die ältesten kanonischen Texte des NT bilden.

2. Trope und Paradox

⁵Τοῦτο φρονεῖτε, ἐν ὑμῖν ὃ καὶ ἐν Χριστῷ Ἰησοῦ,
⁶ὃς ἐν μορφῇ Θεοῦ ὑπάρχων, οὐχ ἁρπαγμὸν ἡγήσατο τὸ εἶναι ἴσα Θεῷ,
⁷ἀλλ' ἑαυτὸν ἐκένωσε, μορφὴν δούλου λαβών, ἐν ὁμοιώματι ἀνθρώπων γενόμενος
⁸καὶ σχήματι εὑρεθεὶς ὡς ἄνθρωπος, ἐταπείνωσεν ἑαυτὸν, γενόμενος ὑπήκοος μέχρι θανάτου, θανάτου δὲ σταυροῦ.
⁹διὸ καὶ ὁ Θεὸς αὐτὸν ὑπερύψωσε, καὶ ἐχαρίσατο αὐτῷ ὄνομα τὸ ὑπὲρ πᾶν ὄνομα
¹⁰ἵνα ἐν τῷ ὀνόματι Ἰησοῦ πᾶν γόνυ κάμψῃ ἐπουρανίων καὶ ἐπιγείων καὶ καταχθονίων.
¹¹καὶ πᾶσα γλῶσσα ἐχομολογήσηται ὅτι Κύριος Ἰησοῦς Χριστὸς εἰς δόξαν Θεοῦ πατρός.³⁸

⁵Ein jeglicher sei gesinnt, wie Jesus Christus auch war:
⁶welcher, ob er wohl in göttlicher Gestalt war, hielt er's nicht für einen Raub, Gott gleich sein,
⁷sondern entäußerte sich selbst und nahm Knechtsgestalt an, ward gleich wie ein anderer Mensch und an Gebärden also als Mensch erfunden.
⁸er erniedrigte sich selbst und ward gehorsam bis zum Tode, ja zum Tode am Kreuz.
⁹Darum hat ihn auch Gott erhöht und hat ihm einen Namen gegeben, der über alle Namen ist,
¹⁰dass in dem Namen Jesu sich beugen sollen aller derer Kniee, die im Himmel und auf Erden und unter der Erde sind,
¹¹und alle Zungen bekennen sollen, dass Jesus Christus der Herr ist, zur Ehre Gottes, des Vaters.³⁹

---

³⁸ Phil 2,5–11. Da für die weitere Arbeit der Text der Vulgata-Übersetzung sowie der kirchenslavischen und der neurussischen Bibel nicht weniger wichtig sind als der griechische Originaltext, seien diese Textfassungen hier ebenfalls angeführt:
Lateinisch: „⁵Hoc enim sentite in vobis, quod et in Christo Jesu: ⁶qui cum in forma Dei esset, non rapinam arbitratus est esse se aequalem Deo: ⁷sed semetipsum exinanivit formam servi accipiens, in similitudinem hominum factus est, et habitu inventus ut homo. ⁸Humiliavit semetipsum factus obediens usque ad mortem, mortem autem crucis. ⁹Propter quod et Deus exaltavit illum, et donavit illi nomen, quod est super omne nomen: ¹⁰ut in nomine Iesu omne genu flectatur caelestium, terrestrium, et infernorum, ¹¹et omni lingua confiteatur quia Dominus Iesus Christus in gloria est Dei Patris."
Kirchenslavisch: „⁵Сїе бо да мудрствуетсѧ въ васъ, еже о во хрстѣ іисѣ: ⁶иже, во ѡбразѣ бжїи сый, не восхищенїемъ непщева бытии равенъ бгу: ⁷но себе оумалилъ, зракъ раба прїимъ, въ подобїи человѣчестѣмъ бывъ, и ѡбразомъ ѡбрѣтсѧ якоже человѣкъ: ⁸смирилъ себе, послушливъ бывъ даже до смерти, смерти же кртныѧ. ⁹Тѣмже и бгъ его превознесе и дарова ему имѧ, еже паче всѧкагѡ имене, ¹⁰да ѡ имени іисовѣ всѧко колѣно поклонитсѧ нбныхъ и земныхъ и преисподнихъ, ¹¹и всѧкъ ѧзыкъ исповѣсть, якѡ гдь іисъ хртосъ в славу бга ѡца."
Neurussisch: „⁵Ибо в нас должны быть те же чувствования, какие и во Христе Иисусе: ⁶Он, будучи образом Божиим, не почитал хищением быть равным Богу; ⁷Но уничижил Себя Самого, приняв образ раба, сделавшись подобным человекам и по виду став как человек; ⁸Смирил себя, был послушным даже до смерти, и смерти крестной. ⁹Посему и Бог превознес Его и дал Ему имя выше всякого имени, ¹⁰Дабы пред именем Иисуса преклонилось всякое колено небесных, земных и

2.2.3 Fragen der Exegese

Bei kaum einem anderen Abschnitt des NT ist die Interpretation so umstritten wie bei der christologisch einschlägigen Stelle Phil 2,5–11 (vgl. Schoonenberg 1966a:25), der „crux interpretum" (Serežnikov 1939:144). Sie stand im Zentrum der meisten christologischen Streitigkeiten (P. Henry 1957:104) und bestimmte deren Richtung und zentralen Inhalte:

> Die christologische Tradition folgte bei der Erfassung dieses Christusgeschehens durchweg dem Christushymnus von Phil. 2. Sie hat darum die Menschwerdung des Gottessohnes als seinen Weg zur Erniedrigung am Kreuz verstanden. Die Inkarnation des Logos vollendet sich am Kreuz. Die Menschwerdung ist auf seine Passion ausgerichtet. Die Sendung Jesu vollendet sich in seiner Verlassenheit am Kreuz. (Moltmann 1972:190)

In 1950 Jahren Exegesegeschichte wurden so viele Varianten von Interpretationen präsentiert, dass die Richtigkeitsfrage schon aus diesem quantitativen Grund heraus als nicht mehr lösbar (s. ebd.:16), ja inadäquat erscheint.

Daher wird nachfolgend, statt erneut eine alternative, vorgeblich „richtige" Interpretation zu präsentieren, das Verfahren gewählt, den Paulus-Text als Repertoire von Fragen – insbesondere nach Rhetorizität, Paradoxalität und Repräsentierbarkeit der Kenose – zu lesen, welche die Interpreten, besonders in der russischen Kulturgeschichte, verschieden beantworteten.[40] Dieser Querschnitt durch die Exegesegeschichte dient nicht erneuter Exegese, sondern der Ausleuchtung des Problemkreises. Dabei kann eine Reihe wesentlicher Fragen[41] aufgeworfen werden. Selbst bei der Zahl der nachfolgend angedeuteten Probleme handelt es sich längst nicht um alle jemals versuchten Interpretationen. Es mag wenig befriedigend sein, dass hier zunächst nur Fragen vorgelegt, aber keine Antworten geliefert

---

преисподних, ¹¹И всякий язык исповедал, что Господь Иисус Христос в славу Бога Отца."

[39] Die Luther-Übersetzung, die naturgemäß Festlegungen bedeutet, welche interpretationsgeschichtlich umstritten sind (s. insbesondere 2.2.3.1), kann hier nur als provisorisches Hilfsmittel, eine erste Orientierung vor der Hinterfragung, Komplizierung und Differenzierung auf den restlichen Seiten dieser Arbeit dienen.

[40] Nicht alle nachfolgend angeführten theologischen Konzeptionen sind explizite Auslegungen von Phil 2,5–11. Es werden auch in anderen Kontexten stehende Dogmen und Theologumena aufgenommen, sofern sie einen engen Bezug zu den für die Kenosis-Lehre relevanten Fragen von den Naturen Christi, der Leidensfähigkeit Gottes etc. haben. Bei der Fokussierung auf die Selbsterniedrigung Christi hat die folgende Verwendung anderer Bibel- oder Väterstellen einen instrumentellen Zug; es geht eben nicht um eine – für andere Zwecke, seien es pastorale, systematische o.a. – angemessene Kontextualisierung der betreffenden Belege.

[41] Siehe dazu bspw. Bensow 1903:174–226; Schumacher 1921:62–283; Käsemann 1950; P. Henry 1957:12f.16–38; O'Brien 1994:186–271.

2. Trope und Paradox

werden, doch jedes noch so vorläufige Antworten wäre eine Festlegung, von der her vieles des in der Konzept- und Kulturgeschichte Realisierten nur noch als unangemessen erschiene. In späteren Kapiteln wird der Antwortsaufschub eingelöst – je historisch-punktuell.

2.2.3.1 Phil 2,5

1) Formuliert der Einleitungsvers dieses Sinnabschnitts mit „Τοῦτο φρονεῖτε" [Ein jeglicher sei gesinnt] die Aufforderung, den Appell bzw. die Paränese[42] an die von Paulus 49 n. Chr. bereiste[43] Gemeinde von Philippi, einmütig („τὸ αὐτὸ φρονῆτε"; Phil 2,2) Christi Beispiel zu imitieren? Wenn ja, worin soll diese Nachfolge bestehen? a) in der gelebten Demut („ταπεινοφροσύνη", 2,3) – also eher einer Haltung als einer Handlung (vgl. 3.2.3) –, b) darin, Gott nicht gleich sein zu wollen (2,6), c) im Gehorsam Christus nachzueifern (2,8) oder d) in der Erniedrigung (2,7)? Wenn Letzteres, dann e) bis zur Knechtsgestalt, f) bis zum Sklavendienst, g) bis zum Tod oder h) gar bis zum schändlichen (Kreuzes-)Tod? Diskutabel sind also Intension und Extension der *imitatio* (s. 3.2.6).

2) Oder bezeichnet das „ἐν Χριστῷ Ἰησοῦ" [in Christus Jesus] etwa gar keine konkrete Intension der Nachahmung (Christus), zu der aufgefordert wird, sondern einen ‚technischen Begriff', etwa „wie es in der Gemeinde Christi üblich ist"?[44]

2.2.3.2 Phil 2,6

1) Das Relativpronomen „ὅς" [welcher] bezieht sich grammatisch auf Jesus Christus aus 2,5, aber welcher Christus ist gemeint? Der präexistente Christus (der Logos-Christologie nach der λόγος ἄσαρκος) oder der historische, schon

---

[42] Siehe 3.5.4 u. 4.0.
[43] Zum Forschungsstand über die Paulusreisen Balz 1996:504.
[44] K. Barth 1928:53. Die revidierte Lutherübersetzung orientiert sich an Barth und formuliert: „wie es auch der Gemeinschaft in Christus Jesus entspricht". Im Haupttext wurde die Luther-Übersetzung angeführt, weil sie die traditionelle Auslegung wiedergibt, dass dem kenotischen Exempel Christi zu folgen sei, die eine enorme Wirkungsmacht entfaltet hatte (vgl. bspw. Johann Gerhard, 2.6.1.4), während es sich bei Barths Einwand um eine exegetische Einsicht des 20. Jh.s handelt, deren kulturbildende Wirkung ungleichlich geringer ist. In jüngster Zeit betonen Exegeten wieder den Bezug auf Christus: „[...] der Gedanke an eine Vorbild-Funktion des im Zitat [Phil 2,5–11] dargestellten Christusweges ist gar nicht fernzuhalten, auch wenn dabei Unvergleichliches in Analogie gesetzt wird." (Walter/Reinmuth/Lampe 1998:55). Zur Aufweichung des Nachahmungsgebots durch die moderne Exegese s. 3.2.6.3. – Den weitgehenden russischen Konsens, dass es sich um eine Aufforderung zur Nachahmung von Christi Selbsterniedrigung handle, illustriert etwa der Kommentar *Толкование Посланий св. Апостола Павла [Kommentar zu den Paulusbriefen]* (Feofan Zatvornik/Rudinskij 2002:529).

Mensch/Fleisch gewordene Christus (der λόγος ἔνσαρκος; vgl. 2.2.5)? Liegt die Erniedrigung also vor, in oder nach Inkarnation und Geburt?

2) „ἐν μορφῇ Θεοῦ" [in göttlicher Gestalt bzw. in Gestalt Gottes]: Handelt es sich bei Christi „Gottesgestalt" um ein inneres Sein (ein Synonym von οὐσία), eine äußere Erscheinung (im Sinne der eher negativ konnotierten σχῆμα oder ἐικών) oder eine veränderliche (und in 2,7 wirklich veränderte) Seinsweise (vgl. 2.3.1)? Oder ist „göttliche Gestalt" im Sinne von Herrlichkeit (δόξα, *gloria*) zu verstehen? Ja darf man den Dativ μορφῇ gar (nicht grammatisch, aber logisch) als Nominativ μορφή lesen – dahingehend, dass der Sohn die Form des ‚Inhalts' Vater wäre (s. 3.1.3)? Wie wäre dann das Fehlen eines Artikels zu deuten: Ist es der *eine* Gott, in dessen Form Christus ist, oder handelt es sich bei Christi Seinsstatus um die Form *eines* Gottes, eventuell geringer als Gott der Vater?

3) Bezeichnet „ὑπάρχων" [war bzw. seiend, existierend] eine Kontinuität oder einen vorübergehenden Zustand von ‚Gottesgestalthaftigkeit', der bei „μορφὴν δούλου λαβών" [nahm Knechtsgestalt an bzw. Gestalt eines Sklaven annehmend] endet? Lässt sich daraus die Präexistenz Christi ableiten? Und ist der Nebensinn des Partizips in einem Nebensatz konzessiv, kausal oder temporal? Verhält sich Selbsterniedrigung also widersprüchlich oder folgerichtig zur ‚Natur' Gottes?[45]

4) „οὐχ ἁρπαγμὸν ἡγήσατο" [hielt er's nicht für einen Raub] – eine dunkle, unübersetzbare Formulierung, daher sind Alternativlösungen wie „hielt er es nicht wie einen Raub fest" gebräuchlich. Handelt es sich aber bei ἁρπαγμόν um ein *nomen actionis* für den *actus rapiendi* (im Sinne von οὐχ ἥρπησε, „er raubte nicht") oder ein *nomen obiecti* für die *res rapienda*[46] (den ‚Gegenstand', das ‚Geraubte' oder – moralisch neutral – ein ‚teures Gut')? Verzichtet Christus also darauf, etwas zu beanspruchen, das er bereits *hat* – *weil* er es bereits hat („ἁρπαγμόν" also als positives *nomen obiecti*: ‚wertvolles Gut', nämlich „τὸ εἶναι ἴσα Θεῷ" [Gott gleich sein])? Oder unterlässt er es, etwas zu bekommen, was er *nicht hat*, steht also unter Gott Vater (vgl. 2.7.2.1)?

5) „τὸ εἶναι ἴσα Θεῷ" [Gott gleich sein]: Bezeichnet dies dasselbe oder weniger oder mehr als „ἐν μορφῇ Θεοῦ" [in göttlicher Gestalt bzw. in Gestalt Gottes]: Gott *gleich* oder bloß *ähnlich*?[47]

2.2.3.3 Phil 2,7

1) „ἑαυτὸν ἐκένωσε" [entäußerte sich selbst]: Wessen oder wie weit entäußert sich Christus? Aller Attribute der Göttlichkeit? Oder nur einiger wie Allmacht,

---

[45] Siehe Gorman 2009:20, der für ein – kontraintuitives – Kausalverhältnis optiert: Selbsterniedrigung *aufgrund* göttlicher Natur.
[46] Cf. dazu bes. Bensow 1903:192; Hammerich 1967:4.
[47] Siehe 2.8 u. 3.6.2.

Allwissen, behält aber andere wie Herrlichkeit? Geht es um eine bloß zeitweise Verbergung der göttlichen Attribute (Krypsis; s. 2.7.3.3), um deren Nicht-Nutzung oder um eine völlige Entkleidung (Kenosis)?

2) „μορφὴν δούλου δαβών" [nahm Knechtsgestalt an bzw. Gestalt eines Sklaven annehmend]: Wie bei „ἐν μορφῇ Θεου" [in göttlicher Gestalt] stellt sich auch hier die Frage, ob die „Sklavengestalt" als äußere Erscheinung oder als Wesen angenommen wird, ob sie das frühere Wesen ersetzt (2.3.3) oder zu diesem hinzukommt, während dies fortbesteht? Ist der menschliche Christus wahrer Mensch, oder ist die menschliche Hülle nur Schein (2.3.2)?

3) Ist Inkarnation gleich Erniedrigung, oder sind dies diskrete Schritte? Wenn letzteres, kommt dann erst die Erniedrigung und folgt darauf die Inkarnation oder umgekehrt?

4) „ἐν ὁμοιώματι ἀνθρώπων γενόμενος [8]καὶ σχήματι εὑρεθεὶς ὡς ἄνθρωπος" [ward gleich wie ein anderer Mensch und an Gebärden also als Mensch erfunden]: Wieder: Ist diese Reihe von vagen „Umschreibungsformeln" (Michel 1954:89) wie μορφή, ὁμοίωμα oder σχῆμα als Synonym und Amplifikation zu „μορφὴν δούλου δαβών" [nahm Knechtsgestalt an] anzusehen? Wird der inkarnierte Christus also als voller Mensch (2.7.1) oder nur eingeschränkt als solcher verstanden (2.7.4)? Zum Beispiel als Mensch, aber ohne Sünde oder als jungfrauengeborener? Wäre die Menschengestalt gar auf eine Erscheinung ohne Wesen reduziert (s. 2.3.2.1)? Oder ist der Inkarnierte womöglich bloß Mensch (2.7.2)? Gar so menschlich, dass er sündig würde? Oder ist zugleich, getrennt vom Menschen oder mit diesem verbunden, das Fortbestehen der göttlichen Natur anzunehmen (s. 2.7.5)?

5) Warum steht hier das Epitheton „δούλος" [Sklave], das im NT sonst nicht auf Christus angewandt wird (Rengstorf 1990:269)? Muss diese NT-Stelle vor der Folie von עֶבֶד [ʾæbæd; ‚Knecht', ‚Sklave' Gottes] aus Jes 42–53 gelesen werden? Ist „δούλος" hier bloß Metapher für das Mensch-Sein Christi? Oder bezieht es sich weitergehend auf eine soziale Erniedrigung des historischen Jesus (s. 2.6.1)?

2.2.3.4 Phil 2,8

1) Ist „ἐταπείνωσεν ἑαυτὸν" [erniedrigte sich selbst] synonym zu „ἑαυτον ἐκένωσεν" [entäußerte sich selbst] (2,7), oder bildet es eine Verstärkung oder Verschiebung auf eine andere Ebene? Sodass „ἑαυτον ἐκένωσεν" die metaphysische Erniedrigung, „ἐταπείνωσεν ἑαυτὸν" die ethische Selbsterniedrigung oder soziale Degradierung wäre?[48] Haben wir es also mit einer doppelten Erniedrigung[49] zu tun – erst Inkarnation, dann altruistischer Dienst?

---

[48] So will es – mit Michail Tareev – Hermann-Josef Röhrig (2006:320.329) sehen.

2) „ὑπήκοος" [gehorsam]: Wird Christus dauerhaft irdisch gehorsam? Oder entsagt er den göttlichen Eigenschaften nur zeitweilig?

3) Bezeichnet „μέχρι θανάτου" [bis zum Tode] eine dritte Stufe der Erniedrigung, oder ist sie in Knechtgestalt und Menschenerscheinung inbegriffen?

4) „μέχρι θανάτου σταυροῦ" [bis zum Tode am Kreuz]: Ist der schändliche Kreuzestod bereits eine vierte Erniedrigungsstufe?

5) Wie weit geht der angenommene Sinnabschnitt? Dass das Geschehen hier enden könnte, im Status der Erniedrigung bzw. des Kreuzestodes, ist – unter christlichen Vorgaben – ein unmittelbar ketzerischer Gedanke. Aber angedeutet wurde er,[50] und auch in der säkularen Rezeption kommt er zum Einsatz (s. 8.3.2).

2.2.3.5 Phil 2,9

1) „διὸ καὶ ὁ Θεὸς αὐτὸν ὑπερύψωσεν" [darum hat ihn auch Gott erhöht]: Die parataktisch-anaphorische Anknüpfung ist eine kausale: Das könnte heißen, dass der zeitliche Zusammenhang nicht so wesentlich wäre, die Erniedrigung weniger temporal und historisch betrachtet würde als logisch. Je nachdem, ob man in das Kausalverhältnis eine Temporalfolge hineinliest oder nicht, erscheint das Geschehen als metaphysisch-logische Kontinuität oder als historische Diskontinuität. Bildet die Erhöhung etwa eine Belohnung für den erniedrigten Christus? Das würde heißen, dass er zuvor oder wenigstens während des *status exinanitionis* nicht (oder nicht ganz) göttlich gewesen wäre, denn sonst wäre er kaum mit einem Wiederaufstieg zu belohnen (s. 2.6.2)? Erhält er am Ende mehr, als er hatte?

2) Subjekt der Erniedrigung war Christus selbst (Phil 2,6–8), Akteur der Erhöhung ist Gott. Markiert diese Distribution eine Seinshierarchie?[51] Gelangt Christus durch die passive Erhöhung genauso hoch oder höher als zuvor? Und welches ist der Zeitpunkt der Erhöhung (derselbe wie der der Inkarnation oder der der Auferstehung)? Oder ist die Frage nach dem Zeitpunkt für ein derart metaphysisches Geschehen von vornherein verfehlt?

3) „ὄνομα τὸ ὑπὲρ πᾶν ὄνομα" [Name, der über alle Namen ist]: Welches ist dieser „Name über alle Namen": Jesus, Christus, Θεός, υἱός, Κύριος oder – alttestamentlich – der Gottesname, vor dem nur apophatisches Verstummen bleibt, wie es an dieser Textstelle dann auch gleich praktiziert würde?

---

[49] 2.6.1.4. Der nur in theologischen Fachdiskursen und auch dort nur wenig eingebürgerte Begriff Tapeinosis wird hier im Weiteren nicht als Unterscheidungsmerkmal zur Kenose gebraucht, womit nicht präjudiziert werden soll, dass es nicht verschiedene Aspekte von Erniedrigung gäbe. Wenn Tapeinosis eher den irdischen Christus betrifft, kann im Gegensatz zur inkarnatorischen Kenose von sozialer Kenose die Rede sein. Zum rhetorischen Begriff Tapeinosis s. 3.5.5.5.2.

[50] Siehe 2.6.1.5, 2.7.1.

[51] Dazu weiter 2.6.2.1 u. 4.4.4.6.

2. Trope und Paradox

2.2.3.6 Phil 2,10f

1) „ἵνα [...] πᾶν γόνυ κάμψῃ ἐπουπανίων καὶ ἐπιγείων καὶ καταχθονίων" [dass (...) sich beugen sollen aller derer Kniee, die im Himmel und auf Erden und unter der Erde sind): Handelt es sich bei den drei Genitiv-Plural-Formen um Maskulina oder um Neutra? Sind es alle Lebewesen, die da anbeten sollen? Oder, als Maskulinum gelesen: alle Juden, alle Christen, alle Menschen aller Völker, alle Seelen im Hades etc.?

2) „πᾶσα γλῶσσα ἐξομολογήσηται" [alle Zungen sollen bekennen]: Wenn alle Zungen verkünden sollen, ist damit eine nationale (s. 5.1.3) oder konfessionelle Exklusivität ausgeschlossen?

3) „ὅτι Κύριος Ἰησοῦς Χριστὸς εἰς δόξαν Θεοῦ πατρός" [dass Jesus Christus der Herr ist, zur Ehre Gottes, des Vaters"]: Der Ehrentitel „Κύριος" soll Christus adeln, doch „zur Ehre Gottes des Vaters" – der damit noch eine Stufe darüber stünde? Oder ist die Titelwahl Κύριος und Θεός allein dem rhetorischen Gebot der *variatio* geschuldet?

2.2.4 Das Genre der Perikope

Möglicherweise handelt es sich bei den oben vorgestellten Versen Phil 2,5–11 um einen gesonderten, älteren Hymnus, eine Perikope.[52] Dafür sprechen die antithetische Struktur, die Parallelismen (besonders der von κένωσις [Kenosis] und ταπείνωσις [Tapeinosis] ist hier interessant) sowie die Wiederholungen derselben Kernwörter (s. P. Henry 1957:10). Entsprechend hat es verschiedene Versuche gegeben, einen hymnischen Rhythmus wiederherzustellen (s. ebd.:9f). Da es in Phil 2,5–11 außer dem auf Christus bezogenen Aktivum κενόω [leer machen, ausleeren] noch weitere Hapax Legomena gibt, könnte es sich um eine Übersetzung aus dem Hebräischen oder Aramäischen handeln (s. ebd.:11). Die Hymne würde dann ein „Enkomion auf Personen" (s. Walter/Reinmuth/Lampe 1998:56) bilden, und in dieser speziellen Form – als „Gedicht von einer ‚paradoxen Karriere'" (ebd.:59) – ein *enkomion paradoxon* (s. 2.10.56).

Die Prätext-Frage muss hier nicht gelöst werden. Für den hiesigen Zweck reicht der weitgehende Konsens der Forschung, die den Beginn der *Christologie*, der dogmatisch-metaphysischen Lehre von Christus in göttlicher Hinsicht frühestens mit dem Gemeindegründer Jakobus, ein Jahr nach Jesu Tod ansetzt.[53] Nach Martin und Dodd ist die Philipper-Perikope des Paulus exakt der Punkt, „where Christology began" (1998). Für eine auf die Rhetorik der Christologie, auf die russische Kulturgeschichte vom 9. bis ins 20. Jh. und die Literatur des 19. und 20.

---

[52] Lohmeyer 1928:8 spricht von einem von Paulus eingebauten „urchristlichen Choral"; für Lohmeyers Lesart votiert jüngst Balz 1996:510, dagegen Karrer 1999:274.
[53] Siehe Bousset 1965:VIII et passim; Karrer 1999:273.

Jh.s gerichtete Arbeit kann dies als Anfangspunkt durchgehen und die vorpaulinische Jesus-Tradition (etwa die Logienquelle) nicht weiter berücksichtigt werden.[54] Im Zuge der rhetorischen Lektüre theologischer Exegesen von Phil 2,5–11 wird jedoch in zweierlei Hinsicht Älteres mittelbar berücksichtigt werden: 1) typologisch auf die Philipper-Perikope beziehbare Stellen des AT (s. 2.2.7.1) und 2) griechische Philosopheme (besonders Philo und der Dualismus; s. 2.2.5).

2.2.5 Logoschristologischer Minimalkonsens und Abgründe

> Die christologische Frage kann wissenschaftlich nur […] gestellt werden […], wo der Anspruch Christi, der Logos Gottes zu sein, als zu Recht bestehend vorausgesetzt ist. (Bonhoeffer 1964:148)

Aller Probleme Anfang ist die Gleichsetzung Christi mit dem präexistenten Logos einerseits und mit der menschlichen Erscheinung Jesu andererseits, d.h. das Doppel der Logos-Sarx-Christologie (s. Hoping 2004:90). Grundlegend dafür ist die Interpretation, dass Phil 2,6 vom präexistenten Christus spreche, wie dies ab Justin dem Märtyrer geschieht.[55] In der Frühzeit findet sich die entsprechende Position etwa in Eusebius' *De Ecclesiastica theologia [Theologie der Kirche]* wiedergegeben: „Οὕτω Θεὸς ἦν ἐν Χριστῷ κόσμον καταλλάσσων ἑαυτῷ καὶ τὴν ἔνσαρκον ὑπέμεινεν οἰκονομίαν, προὼν μὲν αὐτῆς, καὶ προυπάρχων, θεότητι πατπρικῆς δόξης τετιμημένος […]"[56].

Zum Präexistenz-Postulat kommen die Identifikation des vorinkarnatorischen Status Christi mit dem Logos aus dem Johannesprolog und die Inspiration der philonischen Logos-Ontologie: Von Jh 1,1–18 geht eine metaphysische Identifikation des Sohns mit dem Logos aus – die Logos-Christologie. Das Wort, im Anfang bei Gott (1,1f), sagt Johannes, werde Fleisch: „καὶ ὁ λόγος σάρξ ἐγένετο, καὶ ἐσκήνωσεν ἐν ἡμῖν, καὶ ἐθεασάμεθα τὴν δόξαν αὐτοῦ […]"[57]

---

[54] Paulus ist es weniger um historische Einzelheiten des Lebens Jesu zu tun als um die metaphysische Aussage vom Gekreuzigten und Auferstandenen (Schrage 1961:239) – und eben in dieses metaphysische Register gehört die Kenosis (sofern man sie mit dem inkarnatorischen Geschehen kurzschließt).

[55] Justin, *apol.* 73,3 [2 *apol.* 6,3] (Munier 1995:130); vgl. Tarkatellis 1976:11–52.

[56] „Auf diese Weise war Gott in Christus, um die Welt mit sich zu versöhnen; er vollzog den Heilsplan im Fleische, obwohl er vor diesem war und präexistent und mit der Göttlichkeit der Herrlichkeit des Vaters geehrt […]" (PG 24,852C).

[57] „Und das Wort ward Fleisch und wohnte unter uns, und wir sahen seine Herrlichkeit,[…]." (Jh 1,14; ähnlich 1Jh 4,2; 2Jh 7). Paulus hatte das Wort nur als Medium der Verkündigung des Kreuzes beschrieben und ihm als solchem erlösende Wirkung attestiert (1Kor 1,17f). Auch das alttestamentliche דָּבָר (*dābār*) hat nicht den Rang einer tri-

2. Trope und Paradox

In Jh 1,18 wird das Epitheton μονογενής [einziggeboren] auf υἱός [Sohn] bezogen. Die Analogie von Wort und Sohn wird zur Identifikation. Diese zweite trinitarische Person Sohn/Logos ist es dann, die nach breitestem ökumenischem Konsens in Jesus Mensch geworden sei und so zu ihrer metaphysischen Natur eine zweite, menschliche hinzubekommen habe. Wenn nun logoschristologisch – und logozentrisch (s. 3.1.5) – vom Wort, das im Anfang bei Gott sei, ausgegangen wird, so ist die Menschlichkeit erst das Sekundäre. Wunder wäre dann gerade nicht das Göttliche, sondern dessen angenommene Menschlichkeit. Die Figur ist in allen orthodox kenotischen Modellen unhintergehbar: Von einem höheren, besseren, eigentlicheren Zustand aus wird zu einem niedrigeren abgestiegen.

Verstärkt wird die so folgenreiche johanneische Setzung durch die Ontologie des Philo von Alexandrien,[58] der den Logos als Mittlerinstanz in einem Dualismus von Gott und Welt entwirft. In einer für den Mittelplatonismus typischen doppelten Abbildung von Gott zu Logos und von Logos zu Kosmos wird der Dualismus überzeichnet (s. Früchtel 1968:14–18.111). Die Logostheologie „nehmen" die Apologeten und zuvorderst Justin, wie Bousset sagt, „herüber" (1965:317). An diese mächtigste aller christologischen Setzungen wird erst spät gerührt.[59]

Aus einer anthropozentrisch-religionskritischen Perspektive wie der Feuerbachs würde eben diese logoschristologisch-logozentrische Vorentscheidung den entscheidenden Trick der christlichen Plausibilisierungsstrategie darstellen. Wunder wäre von einer solchen Prämisse her nämlich, wie schon Leontius von Byzanz kritisch reflektiert, nicht mehr das Übernatürliche, sondern der Abstieg des als *prius* gesetzten Übernatürlichen zum Natürlichen: „Ἀφῄρηται δὲ καὶ τὸ εἶναι θαῦμα, τῷ ὑπὲρ φύσιν τῆς φύσεως μεταστάσης, καὶ γίνεται ὕβρις ἡ φιλοτιμία τυραννήσασα τὴν ἀλήθειαν."[60]

So zentral die metaphysischen Postulate Präexistenz und Verbindung mit der Gottheit durch den Logos für die Interpretation des irdischen Daseins Jesu sind –

---

nitarisch-metaphysischen Personifikation, der dem Johanneischen Logos in der Auslegungsgeschichte zugeschrieben wird.

[58] Ob damit eine „Hellenisirung" (von Harnack 1931:496, sic) des Christentums einhergeht, braucht hier nicht diskutiert zu werden.

[59] Siehe 2.11.6 u. 2.11.7. Während bei den Linkshegelianern daraus die Verabschiedung des Christentums folgt, gibt es im 20. Jh. gezielt untraditionelle innertheologische Erneuerungsversuche, von den a-priori-Setzungen der Ontologie wegzukommen und auf das biblische Zeugnis zurückzugreifen – und das von sehr verschiedenen konfessionellen Ausgangspunkten her (Dawe 1963:181f; Schoonenberg 1966a:28).

[60] „Das Wunder wird aufgehoben, wenn das, was über die Natur ist [die Einung in Christus], die Natur verändert; und die Wundersucht, welche die Wahrheit vergewaltigt, wird zur Hybris." (PG 86,1333D; dt. v. Alois Grillmeier; eingehender dazu Grillmeier 1990:II 2, 229–233).

dieses irdische Dasein darf im Gegenzug nicht geschmälert, etwa zum Schein erklärt werden. Das notwendige Komplement für die Logos-Christologie ist die Auslegung von Phil 2,7 als Aussage über echte Fleischwerdung (s. 2.6.1). Präexistenz in göttlicher Substanz und echte Menschlichkeit Jesu Christi zusammen zu denken, ist die große wissensorganisatorische Aufgabe der christologischen Diskussionen und des Dogmatisierungsprozesses der frühen Kirche (vgl. M. Henry 2002:17), die erst durch die Rhetorik des Paradoxes mehr oder weniger lösbar wird (s. 2.8–2.10). Bis diese Lehrnorm rhetorisch stabilisiert ist, tun sich vielerlei interpretatorische Abgründe auf; und auch nach der Formulierung der paradoxen Christologie des Konzils von Chalcedon ist kein beständiger Burgfrieden erreicht.

Gegenüber der dogmatischen Hauptlinie der Logos-Sarx-Christologie zeichnen sich die als häretisch klassifizierten Konzeptionen dadurch aus, dass sie entweder Christi Menschlichkeit auf einen (rhetorischen) Schein reduzieren (Doketismus; s. 2.3.2.1) oder gar des Vaters Göttlichkeit in Mitleidenschaft ziehen.[61] Was solche nicht-kanonisierten Positionen betrifft, besteht eine prinzipielle Schwierigkeit darin, dass sie meist nur durch das tendenziöse Referat ihrer Gegner überliefert sind. Allerdings geht es hier nicht um zurechenbare Autorschaft und historische Berechtigung bestimmter Häresievorwürfe,[62] sondern um die Virulenz von Konzepten im theologischen Archiv, und dafür ist gerade die polemische Verwerfung ein privilegierter ‚Speicherort'.[63]

Die diversen Bedrohungen für die Konsensformeln der Logos-Sarx-Christologie lassen sich an einem griechischen Begriff festmachen, der auf der philosophischen und der rhetorischen Ebene zugleich angesiedelt ist und das Verhältnis von göttlichem, präexistentem Logos und menschlicher Natur Christi in ein asymmetrisches Licht zu rücken droht, – der Begriff der *Trope* (2.3).

---

[61] Patripassianismus (vgl. 2.3.3.1); Modalismus (2.3.1.1). Zum Gesamt dieser häretischen Abgründe vgl. den kondensierten Überblick bei Hoping 2004:90–93.

[62] Die neuere Forschung hat hier in vielen Fällen gewichtige Korrekturen und Differenzierungen vornehmen müssen, etwa bei der Trennung von adoptianistischem und modalistischem Monarchianismus (s. Hoping 2004:92) oder der Unterscheidung von realem und verbalem Monophysitismus (Allen 1994:219). Auf solche triftigen Korrekturen kann in dieser Arbeit nicht eingegangen werden; hier interessiert allein der Überlieferungsbefund (auch dann, wenn dieser historisch falsch ist) und die Rhetorik der Argumentation.

[63] Die polemische Konservierung hat ihre Trägermedien in den Konzilsdokumenten, im dogmatischen Diskurs (etwa den *Catenae Graecorum Patrum in Novum Testamentum*; s. auch 4.4.2) und daneben auch in bestimmten Teilen der Liturgie (z.B. dem *Synodikon* zum Sonntag der Orthodoxie s. 4.4.3.3).

2. Trope und Paradox

2.2.6 Zu griechisch-christologischem Fokus und rhetorischer Aufschlüsselung
Julius Tyciak korrigiert in seiner Darstellung der *Theologischen Denkstile im Morgenland und Abendland* die dogmengeschichtliche Gewohnheit,

> [...] die Fragen der Christologie nicht als einen Differenzpunkt zwischen Osten und Westen aufzufassen. Um dieses Problem rang man ja, als die Kirche noch ungeteilt war. Das Dogma liegt seit dem siebenten allgemeinen Konzil vollendet vor uns. Dennoch würden wir uns täuschen, wenn wir nicht einen verschiedenen Klang in der Darlegung und Ausdeutung des Dogmas im Abendland und Morgenland heraushörten. Nicht so sehr in der Formulierung, sondern in der Zielrichtung, im Telos, in der Farbgebung des Ganzen. (1971:243)

Diese Nuancen bezieht er vor allem auf die „christologische Mitte" – auf Inkarnation, Theophanie, Kenosis (ebd.:247f).

Was die patristische Christologie und ganz besonders das Kenosis-Problem anbelangt, so sind die unter 2.2.3 ausgewiesenen Fragestellungen für die griechische Tradition in besonderer Weise charakteristisch. Einschlägigen Überblicksdarstellungen[64] zufolge gibt es zum einen weit mehr Belegstellen in der griechischen als in der lateinischen Patristik, zum anderen liegen die lateinischen Belege tendenziell eher im Mainstream (P. Henry 1957:110). Die Extrempositionen wurden in dieser Zeit mehrheitlich im griechischen Raum formuliert (erst ab dem Hochmittelalter und – nochmals verstärkt – nachreformatorisch wird die kenotische Christologie auch im Westen produktiv, werden auch dort pointierte Interpretationen vorgelegt, die allerdings ihrerseits unablässig auf die patristische Basis zurückbezogen werden).

Zudem ist es eine Auswahl aus den griechischen Vätern, welche die russische Rezeption der altkirchlichen Dogmatik dominieren,[65] allen voran Maximos Confessor und Johannes von Damaskus, die deshalb hier besondere Berücksichtigung erfahren. Die russische Theologie leistet vor dem 19. Jh. keinen eigenständigen Beitrag zur Christologie, sondern fährt auf den von den griechischen Vätern gebahnten Gleisen weiter (s. 4.4.2).

Aus diesen Gründen liegt es nahe, im folgenden Parcours durch die kenotische Christologie griechische Belegstellen in den Mittelpunkt zu stellen, aber keine ins sozial- und kulturhistorische Detail gehende Dogmengeschichte zu liefern, sondern den rekurrenten Diskurs mit dem rhetorischen Schlüssel aufzuschließen (s. 1.6.2–1.6.3).

---

[64] Seils 1976:814; Williams 1999:299.
[65] Vgl. Rothe 2000:53; 4.4.2.

2.3 ‚Tropische' Häresien

Die orthodoxe Christologie ist von der Trope bedroht. Diese These bezieht sich auf zwei griechische Lexeme zugleich: ἡ τροπή und ὁ τρόπος. Zwischen diesen beiden verläuft keine scharfe semantische Trennlinie; wenn das Femininum ἡ τροπή eher für ‚Verwandlung' und das Maskulinum ὁ τρόπος eher für ‚Richtung', ‚Gesinnung' und ‚rhetorische Wendung' gebraucht wird, so kann doch auch ἡ τροπή (im Ausdruck τροπὴ λέξεως) für ‚Redewendung' stehen.[66] Bisweilen sind die Grenzen zwischen den Bedeutungen nicht klar zu ziehen; wie im Deutschen die Wurzel *wechsel-* mal zu Auswechslung, mal zu Verwechslung, also zugleich zu Tausch und Täuschung neigt, so wird τρόπος lateinisch als ontologische *mutatio* ‚Veränderung' und rhetorische *immutatio* ‚Vertauschung'[67] wiedergegeben.

Bereits in einer der frühesten christologischen Aussagen zu Inkarnation und Logos findet sich – bei Justin dem Märtyrer – die Formulierung vom τρόπος der Fleischwerdung des Logos: „ὃς τίνα τρόπον σαρκοποιηυεὶς ἄνθρωπος γέγονεν […]".[68] Die Übersetzung von τρόπος ist heikel; τρόπος könnte nämlich bei Justin sowohl mit ‚Art und Weise'[69] als auch mit ‚Wandel', ‚Veränderung' übersetzt werden. An dieser Stelle liegt die dritte Übersetzung, ‚Redeweise' weniger nahe, kann aber gleichfalls nicht zur Gänze ausgeschlossen werden.

2.3.1 ‚Weise'

Am wenigsten prononciert ist die Bedeutung ‚Art und Weise', wie man sie etwa in der Aussage des Johannes von Damaskus finden kann, Jesus Christus habe einen besonderen Modus (τρόπος) des Menschseins: „Καὶ ἡ σάρκωσις δὲ τρόπος δευτέρας ὑπάρξεως πέφυκε, μόνῳ τῷ μονογενεῖ Υἱῷ καὶ Λόγῳ ἁρμόζουσα, ὡς ἂν

---

[66] Vgl. Estienne 1831/65:VII 2499–2501.2505–2510; Pape 1954:II 1151f.
[67] Weiterübersetzungen heben oftmals den etymologischen Zusammenhang hervor: „ornari orationem Graeci putant, si verborum immutationibus utantur, quos appellant τρόπους, et sententiarum orationisque formis, quae vocant σχήματα." [Die Griechen sind der Ansicht, es diene dem Schmuck der Rede, wenn man Veränderungen der Wörter verwendet, die sie ‚Tropen' nennen, und Figuren in den Gedanken und Ausdrücken, die bei ihnen ‚Schemata' heißen.] (s. Cicero, *Brut.* 17,69; dt. v. Bernhard Kytzler).
[68] „Auf welche Weise/durch welche Veränderung/welcher Redeweise gemäß er Fleisch annahm und Mensch wurde." (apol. 32,10; Munier 1995:76).
[69] Diese Entscheidung trifft die englische Übersetzung von John Kaye: „but how this Logos was incarnated and made man" (Justin 1912: 142). In der Tat ist „τίνα τρόπον" eine lexikalisierte Wendung mit der Bedeutung ‚quo modo', ‚auf welche Weise' (Estienne 1831/65:VII 2506; Pape 1854:II 1152).

2. Trope und Paradox

ἰδιότης μείνῃ ἀκίνητος."[70] Die Weise Menschsein aber reduziere nicht die Weise Gottsein; als zwei Naturen bestünden diese nebeneinander.

2.3.1.1 Modalismus

Auch ‚Weise' ist jedoch – allerdings eher in der lateinischen Entsprechung *modus* – zum Stein des Anstoßes einer Häresie geworden, einer primär auf die Trinitätslehre und erst sekundär auf die Christologie bezogenen. Angelastet wird sie insbesondere Praxeas, Sabellius und den Sabellianern; sie hätten eine einzige göttliche Hypostase Gottvater gelehrt, welche *nacheinander* in drei „modi" (vorübergehenden Erscheinungsweisen) aufträte: als Vater im Schöpfungsakt, als Sohn in Christus und als Geist nach Ostern (s. Hoping 2004:93). Statt drei Personen soll Sabellius drei „bloße Namen" gelehrt haben: „Σαβέλλιος γὰρ φησὶν, ὅτι ὁ Πατὴρ καὶ Υἱὸς καὶ Ἅγιον Πνεῦμα, ὀνόματα ἐστι ψιλά, καθ' ἑνὸς προσώπον κείμενα."[71] Als häretisch erscheint dies, insofern nicht Modi von Logos/Christus angenommen würden, was akzeptabel wäre (s. 2.4), sondern der dreifaltige Gott als drei Modi eines Gottes in temporaler Folge gedacht würde. Der irdische Leib Jesu wäre damit temporärer *modus* des einen, dreiphasigen Gottes. Dann aber würde Gott als ganzer in Christus leidend werden. So sehr die kenotische Christologie auf die Echtheit des Leidens des Inkarnierten abhebt – es soll doch nur das Leiden einer der drei göttlichen Personen sein, und nicht des Vaters. Insofern geht der Modalismus in den Patripassianismus über (s. 2.3.3.1). Es braucht zur Kompensation die trinitarische Drei-Personen-Lehre, um die Kenose – als partikulare – als echt zu akzeptieren; die Trinität eröffnet einen Ausweg aus einem radikal-kenotischen Theopaschitismus.[72]

2.3.2 ‚Schein' und ‚Redensart'

Noch heikler als die Bedeutung ‚Weise' ist *Trope* als Markierung von Uneigentlichkeit, von rhetorischem und ontischem Schein: In der Frühzeit der griechischen Patristik wird die Denkfigur des Nicht-Echten zunächst bevorzugt an der gnostischen Schein-Figur (δόκησις, ‚Schein',δοκεῖν ‚scheinen') und erst in zweiter Linie anhand des Wortfelds τρόπος/τροπή[73] bekämpft.

---

[70] „Die Fleischwerdung aber wurde ein zweiter Existenzmodus, der nur für den einziggeborenen Sohn und göttlichen Logos passt und dessen unveräußerliches Eigentum bleibt." (PG 94,1464A).

[71] „Sabellios aber sagte, dass der Vater und der Sohn und der Heilige Geist reine Namen seien, die ein und derselben Person zugeschrieben würden." (CGPNT VI,247,18–20).

[72] Später wird auch der Monophysitismus deswegen angegriffen, weil er tendenziell zum Theopaschitismus oder gar Patripassianismus verleiten könne (s. 2.7.4).

[73] Kaum ein Christologe ist so offensiv wie Zwingli, der seine Neudefinition von *communicatio idiomatum* zwischen göttlichen und menschlichen Attributen Christi als

2.3.2.1 Doketismus

Diese Schein-Figur wird der (insbesondere valentinianischen) Gnosis angelastet. Die ontologische Grundannahme der Gnosis ist ein radikaler Dualismus von Gott/Geist und Welt/Fleisch, der eine Brücken- oder Vermittlungsstufe wie Inkarnation ausschließt. Gerettet werden könne ohnehin nur das Pneuma in den Menschen, weshalb es ausreiche, wenn der göttliche Logos einen Scheinleib annähme (nach Hoping 2004:92).

Die Abwehr des gnostischen Schein-Theorems beginnt sehr früh: Schon Ignatius von Antiochien wehrt sich dagegen, mit der Inkarnation sei scheinbares Leiden Christi verbunden: „εἰ γὰρ τὸ δοκεῖν...".[74] Eingehender referiert Tertullian die Position Markions, der die Menschwerdung Christi als Scheinbild, „Phantasma" eingestuft habe:

> Plane de substantia Christi putant et hic Marconitae suffragari sibi apostolum, quod phantasma carnis fuerit in Christo, cum dicit quod *in effigie dei constitutus non rapinam existimavit pariari Deo, sed exhausit semetipsum, accepta effigie servi*, non veritate, *et in similitudine hominis*, non in homine; *et figura inventus homo*, non substantia, id est non carne.[75]

Mit der Polemik gegen den Doketismus ist in der Christologie – von den ignatianischen Anfängen an – ein Bekenntnis zu ‚realer Kenose' angelegt:

> Die theologische Christologie hat in ihrer Absetzung gegen Doketismen aller Art Stringenzen des Realismus erfunden, die bis dahin im Umgang mit Mythen und deren Allegoresen, mit Epiphanien und Metamorphosen beliebiger Unbestimmtheit ihres Ernstes, nicht bekannt, zumindest nicht rigoros formulierbar waren.[76]

Der orthodoxe ‚Realismus' der kenotischen Christologie hat Folgen für die Bewertung sprachlicher Darstellung: Johannes von Damaskus bringt den Doketismus negativ mit dem „Theater" in Verbindung,[77] was eine antikünstlerische Intention

---

ἀλλοίωσις, ohne zu zögern, eine Trope nennt: „Alleoisis [...] tropus est" (CR V,679; vgl. 2.8.5.2).

[74] „Wenn dieses nämlich nur zum Schein..." (IgnSm 4,2).

[75] „Auch an diesem Punkt denken die Anhänger Markions ausdrücklich vom Wesen Christi, dass Paulus sie darin unterstütze, dass es in Christus ein Fleisch-Phantasma gegeben habe, wenn er sagt dass, *ob er wohl in göttlicher Gestalt war, hielt er's nicht für einen Raub, Gott gleich sein, sondern entäußerte sich selbst und nahm Knechtsgestalt an*, aber nicht in Wahrheit, *und ward gleich wie ein anderer Mensch*, aber nicht Mensch, *und an Gebärden also als Mensch erfunden*, aber nicht dem Wesen nach, das heißt nicht im Fleische" (*adv. Marc.* 20; übers. v. Vf. unter partieller Verwendung der Lutherübersetzung von Phil 2,6f [kursiv]).

[76] Blumenberg 1993:86; vgl. auch Loofs 1910:317.

[77] „Εἰ δὲ δοκήσει γέγονε, φενακισμὸς καὶ σκηνὴ τὸ τῆς εἰκονομίας μυστήριον, καὶ δοκήσει, καὶ οὐκ ἀληθείᾳ γέγονεν ἄνθρωπος, καὶ δοκήσει, καὶ οὐκ ἀληθείᾳ σεσώ-

offenbart. Die Christologie rebelliert nicht nur gegen den Schein, sondern auch gegen den schönen Schein und gegen die Mittel, diesen zu erzeugen, also auch gegen tropische Uneigentlichkeit.

Der antirhetorische ‚Realismus' bleibt für die kenotische Christologie dauerhaft bestimmend – bis über die Grenzen des Christentums hinaus: Die Übersetzbarkeit strukturell kenotischer Modelle in säkulare Zusammenhänge wird eher durch den inkarnatorischen, irdischen Realismus möglich als durch eine vom Christentum irgendwie positiv übernommene Rhetorizität. Ja, der kenotische Realismus wird geradezu durch die Antirhetorik, wie sie von christlichen in postchristliche Kontexte weitergegeben wird, weitertransportiert. Als „Überlebensmaschine" für die christlichen Dogmata entstanden (s. 2.1.4.2), überlebt die antirhetorische Ideologie das Christentum, trägt aber ihrerseits zur fortgesetzten Produktivität von dessen Denkmustern (wie dem kenotischen) bei (s. 8.7.5).

2.3.2.2 Wider bloße Redensweise
In der christologischen Diskussion kommt der rhetorische Tropos-Begriff selbst in Anschlag, wenn etwa Arno von Reichersberg die Auffassung der Anhänger seines Gegners Folmar kritisiert, die Fleischwerdung des Wortes könnte als bloße Redeweise ohne seinshaftes Geschehen aufgefasst werden. Der Theologe des 12. Jh.s ist bemüht, gegen die tropische Auffassung, der Satz „Gott ist Mensch" oder „Das Wort ist Fleisch geworden" sei nur eine Redensweise, die Realität der Menschwerdung zu verteidigen. Das „et habitu inventus ut homo" von Phil 2,7 dürfe nicht dazu verleiten, im „habitus" einen „inhaltsleeren tropus" (von Bach 1873/75:II 600) zu sehen. Dialektiker wie Folmar aber würden behaupten:

> Apud quos ejusmodi locutiones: Deus est homo, et: Homo est Deus; Verbum caro factum est, et: Homo est filius Dei – non simpliciter, sed tropice verae sunt, vel secundum quandam determinationem eas veras, et non simpliciter veras dicunt.[78]

Die Lutherische Konkordienformel von 1577 verwirft unter den *Negativa* zum Artikel 8 *De persona Christi [Von der Person Christi]* die reformierte Lehre von der Alloeosis, einer lediglich sprachlichen Vertauschbarkeit der Attribute des Menschen und des Gottes anstelle voller *communicatio idiomatum*:[79]

σμεϑα" [Geschah es aber nur scheinbar, dann ist das Geheimnis der Heilsveranstaltung Täuschung und Theater, dann ist er scheinbar und nicht wirklich Mensch geworden, dann sind wir scheinbar und nicht wirklich gerettet.] (*De fide orth.* III 28; PG 94;1100B; dt. v. Dionys Stiefenhofer, Johannes von Damaskus 1923:185).

[78] „Bei ihnen [Folmars Anhängern] sind die Redeweisen ‚Gott ist Mensch' und ‚Mensch ist Gott', ‚das Wort ist Fleisch geworden' und ‚als Mensch ist er der Sohn Gottes' nicht einfach, sondern nur tropisch wahr." (*apol.* p. 30; Arno von Reichersberg 1888:30).

[79] Siehe 2.3.2 u. 2.8.4.

Daß es nur ein Phrasis und modus loquendi, das ist, nur Wort und eine Weise zu reden sei, wann man saget: Gott ist Mensch, Mensch ist Gott; dann die Gottheit habe nichts mit der Menschheit, wie auch die Menschheit nichts mit der Gottheit *realiter*, das ist, mit der That, gemein. (BSLK 809,42–810,7, Hervorh. i. Orig.).

Wenn hier spätere Quellen wie der hochmittelalterliche Theologe Arno von Reichersberg oder die Lutherische Konkordienformel auch die ausführlichsten Belege liefern, so kennt doch schon Hippolyt von Rom neben dem falschen Schein (φαντασία) den negativen Tropenbegriff: „Οὐ γὰρ κατὰ φαντασίαν ἢ τροπὴν, ἀλλ' ἀληθῶς γενόμενος ἄντρωπος."[80] Von der Nachbarschaft mit φαντασία her liegt hier „Redeweise" näher; die lateinische Übersetzung in der *Patrologia Graeca* disambiguiert aber „per fictionem et mutationem", Fiktion und Wandel.

2.3.3 ‚Wandlung'

Die dritte Schwierigkeit beim Tropenbegriff besteht darin, dass der (mono-)theistische Gottesbegriff aufgrund griechischer Inspirationen nicht mit Wandel vereinbar ist (Kreiner 1998:166f): Die Unwandelbarkeit von Gottvater beschwören etwa der Jakobusbrief („πᾶσα δόσις ἀγαθὴ, καὶ πᾶν δώρημα τέλειον ἄνωθέν ἐστι, καταβαῖνον ἀπὸ τοῦ πατρὸς τῶν φώτων, παρ' ᾧ οὐκ ἔνι παραλλαγὴ, ἢ τροπῆς ἀποσκίασμα"[81]) und Justin der Märtyrer („Ἄτρεπτος γάρ ἐστιν ὁ Θεὸς [...] τροπὴν δ' εἰς τὸ ποιεῖν τὰ μὴ πρέποντα αὐτῷ, οὐ δέχεταί ποτε"[82]).

Beim Menschenbegriff stellt sich dieses Problem nicht; Veränderung war für die christologische Tradition dann weitgehend akzeptabel, wenn sie im Leben des *Menschen* Jesus (etwa Wachsen, Verzweiflung, Schlaf) verortet wurde,[83] nicht aber, wenn sie *zwischen Gott und Mensch* angesetzt wurde. Insbesondere ein vollständiger Wandel vom allmächtigen Gott-Vater zum ohnmächtigen Menschen in Knechtsgestalt durfte nicht gedacht werden.[84]

---

[80] „Nicht nach Phantasie und Redeweise/Verwandlung, sondern wahrhaft Mensch geworden." (PG 10,828A).

[81] „Alle gute Gabe und alle vollkommene Gabe kommt von oben herab, von dem Vater des Lichts, bei dem keine Veränderung ist noch Verfinsterung." (Jak 1,17; Übers. korrigiert).

[82] „Unwandelbar nämlich ist Gott [...] eine Wandlung, Dinge zu tun, die sich für ihn nicht ziemen, hat er niemals auf sich genommen." (PG 6,1284A). Der Hauptvorwurf an die deutsche und britische kenotische Christologie zwischen 1840 und 1914 (Gottfried Thomasius, Hugh R. MacKintosh u.a.) lautete, dass hier das Unwandelbarkeitspostulat verletzt worden sei (T. Thompson 2006:97; Davis 2006:137).

[83] Siehe 2.7.1. Das einzige Problem stellte das ‚Wachsen' auch des Bewusstseins Jesu dar (2.7.2.3).

[84] Erst unter den Vorzeichen der radikalen „God's-Death-School" (s. 2.6.1.5.) wird offensiv von einer „Metamorphose" in Gott gesprochen (Altizer 1968:104), was dann be-

2.3.3.1 Patripaschianismus

Am gefährlichsten wird die Vorstellung von Wandel in der Gottheit, wenn sie nicht allein Jesus, sondern Gottvater mit einbezieht – wie es Anhänger des so genannten Patripassianismus vertreten haben sollen. So polemisiert Tertullian gegen die drohende Identifikation des Leidenssubjekts mit Gott Vater, welche er Praxeas vorwirft: „ipsum dicit patrem descendisse in virginem, ipsum ex ea natum, ipsum passum".[85] Bei diesem Patripassianismus zöge sich der Abstieg von Gott Vater bis zum leidenden Menschen Jesus durch. Der eine, nicht dreieinige, sondern dreiphasige Gott selbst wäre es demnach, der sich erniedrigt hätte, durch die Inkarnation leidensfähig geworden wäre – ein Skandalon, das enorme Theorie-Apotropen gezeigt hat.[86]

Für die Verknüpfung von Kenose und Wandeltheorem ist auch Apollinaris von Laodikeia einschlägig. Apollinaris, zeitweise Mitstreiter des Athanasios, dann aber dem Verdikt verfallen, und seine Anhänger (hier Veron) nehmen beim kenotischen Akt einen fast vollgültigen Wandel in der „Gottheit" an („[...] μεταβολῇ θεότητος γενόμενος ἄνθρωπος [...]"[87]). Für sie sei, so Hippolyts Referat, die Gottheit durch die Durchmischung (σύγκρασις) mit dem Menschlichen selbst Subjekt der Kenose, der Beschränkung, des Leidens: „τὴν θεότηνα δὲ γενέσθαι ταυτοπαθῆ τῇ σαρκὶ, διὰ κένωσιν τροπὴν ὁμοῦ, καὶ φύρσιν, καὶ σύγχυσιν, καὶ τὴν εἰς ἀλλήλους ἀμφοτέρων μεταβολὴν δογματίζοντες."[88] Die Position des Apollinaris ist damit die am radikalsten kenotische in der Patristik: „[...] wenn irgendwo in der alten Kirche eine ‚wirkliche' Kenosis-Theorie zu erwarten ist, so kann man sie hier in apollinaristischen Kreisen finden [...]" (Loofs 1901:256). Dieser Strang wird bald als häretisch unterbunden: „Seit der Verurteilung des Apollinarismus waren freilich solche Kenosis-Theorien nicht mehr möglich."[89]

---

zeichnenderweise hoch umstritten war (s. Altizer/Hamilton 1966) und mit Häresien in Verbindung gebracht wurde (s. Borné 1979).

[85] „Er sagt, dass der Vater selbst in die Jungfrau herabgestiegen, selbst von ihr geboren worden sei und selbst gelitten habe" (*adv. Prax.* 1,1).

[86] Siehe Hallman 1991; Koslowski/Hermanni 2001. Vjačeslav Iv. Ivanov hingegen setzt die Figur des leidenden Gottes zu einer Parallelisierung von Christus und Dionysos ein (1989:310f).

[87] „[...] durch Wandel der Gottheit Mensch geworden [...]" (PG 10,837A).

[88] „Sie lehrten, die Gottheit würde durch die Kenose selbst mit dem Fleisch mitleidend; zugleich lehrten sie Wandel, Vermengung, Vermischung und wechselseitige Vertauschung." (PG 10,836D).

[89] Loofs 1901:256; vgl. auch 2.7.4.1.

2.3.3.2 Orthodoxe Identität

Die normierte Ansicht dagegen lautet, dass Christi göttliche Natur bei der Inkarnation keinen Wandel erfahren habe, dass sie wie die des Vaters unveränderlich sei. Das bezeugt etwa Hippolyt:

Διὸ καὶ καθ᾽ ἡμᾶς ἀληθῶς γενόμενος ἄνθρωπος χωρὶς ἁμαρτίας ὁ τοῦ θεοῦ Λόγος, ἐνεπγήσας τε καὶ παθῶν ἀνθρωπίνως ὅσα τῆς φύσεώς ἐστιν ἀναμάρτητα, καὶ φυσικῆς σαρκὸς περιγραφῆς[90] ἀνασχόμενος δι᾽ ἡμᾶς, τροπὴν οὐχ ὑπέμεινεν, μηδ᾽ ἑνὶ παντελῶς ὃ ταυτόν ἐστι τῷ Πατρί, γενόμενος ταυτὸν τῇ σαρκὶ διὰ τὴν κένωσιν.[91]

Das menschliche Sprechen hat jedoch Schwierigkeiten, nacheinander zwei verschiedene ‚Weisen' zu nennen, ohne zu Begriffen von Verwandlung zu greifen (s. auch 3.1.4). Augustinus verordnet gegen diese menschlicher Sprache inhärente Tendenz und gegen ihm bekannte Abweichungen: „Nemo credat Dei Filium conversum et commutatum esse in hominis filium."[92] Alle vorkenotischen Attribute blieben auch in der Sklavengestalt kontinuierlich erhalten, sekundiert Hilarius: „non alius est in forma servi quam qui in forma Dei est...".[93] In der Chrysostomos-Liturgie wird dies auf die Kurzformel „ἀτρέπως ἐνανθρωπήσας"[94] gebracht. An diesen Belegen wird unmittelbar deutlich, dass die These von der Wandellosigkeit nur über paradoxe Formulierungen zu erreichen ist, die somit konstitutiv sind für dieses so dringend benötigte theistische Postulat.

2.3.4 ‚Schein' vs. ‚Wandel'

Schließlich treten die verschiedenen Abgründe des Tropenbegriffs in der Christologie auch noch in Konkurrenz zueinander: Theodor von Mopsuestia wehrt im Gefolge der Synode von Alexandrien 362 die Anmutung ab, es könne ein Wandel in der Gottheit stattfinden, nimmt dazu aber punktuell Schein-Formulierungen in Kauf; er kontrastiert die zwei Verbformen der Philipper-Perikope γενόμενος ‚geworden' (Phil 2,8) und λαβὼν ‚nehmend' (2,7): „Τὸ δὲ δοκεῖν οὐ κατὰ τὸ μὴ

---

[90] Wie am Begriff περιγραφή/circumscriptio, dessen sich Hippolyt bedient, deutlich wird, kommen Sprachlichkeit und Rhetorizität durch die Hintertür ständig wieder hinein. Im Zuge des Ikonoklasmus-Streits 787 wird diese Schreibmetapher gar zur Glaubenspflicht erhoben (s. 3.4.5.1).

[91] „Deshalb wurde der göttliche Logos unserer Ansicht nach wahrhaft Mensch ohne Sünde, wirkte und litt auf menschliche Weise ganz der Natur nach, aber ohne Sünde, wurde um unseretwillen durch natürliches Fleisch umschrieben, ohne sich überhaupt irgendeinem Wandel zu unterziehen, war dem Vater gleich und wurde durch die Kenose dem Fleisch gleich." (PG 10,832A).

[92] „Niemand soll glauben, dass der Sohn Gottes sich zum Menschensohn verwandelt und verändert habe." (PL 38,1002).

[93] „Er ist in Sklavengestalt kein anderer, als er in Gottesgestalt ist…" (PL 10,292B).

[94] „непреложно вочеловечивыйся" [Mensch geworden, ohne dich zu verändern] (Kallis 1989:56).

εἰληφέναι σάρκα ἀληθῆ, ἀλλὰ κατὰ τὸ μὴ γεγενῆσθαι. ὅταν μὲν γὰρ ἔλαβεν λέγῃ· οὐ κατὰ τὸ δοκεῖν, ἀλλὰ κατὰ τὸ ἀληθὲς λέγει· ὅταν δὲ ἐγένετο, τότε κατὰ τὸ δοκεῖν· οὐ γὰρ μετεποιήθη εἰς σάρκα."[95] Um die Unwandelbarkeit zu retten, opfert Theodor Inkarnation und Kenose dem Schein. *Tertium non datur*?

2.4 Tropen-Apotrope, Katachrese und Unentscheidbarkeit

Warum sind im Bedeutungsspektrum von *Trope* ‚Wandlung' und ‚Redeweise' so viel heikler als ‚Weise'? ‚Weise' ist deswegen am unproblematischsten, weil ein identisches Subjekt Christus/Logos als im Besitz mehrerer Erscheinungsweisen befindlich gedacht werden kann. ‚Wandel' hingegen stellt die Kontinuität des Subjekts durch eine disjunkte Folge von göttlichem Logos und Mensch Jesus in Frage.[96] ‚Redeweise' bedroht gar seine Identität als Gott oder Mensch, deren wahrhaftiges ‚So-Sein', durch Uneigentlichkeit und Schein, durch Fälschung und Trug. Wo ein Wandel von *A* (Gott) zu *B* (Mensch) oder die rhetorische Vertretung von *A* durch *B* nicht sein darf, stellt allein die Modusdoppelung Gott-Mensch (*A=B*) einen Ausweg dar. Der Tropen-Begriff liefert damit einen Schlüssel zur dogmengeschichtlichen Frage, warum die kenotische Christologie so umstritten, so schwer anzunehmen war.

Aus kultur- und nochmals stärker literaturwissenschaftlicher Sicht kann die Seinsfrage (welcher ontologischen Status kommt der Menschwerdung zu?) hingegen eingeklammert werden. Manifest beobachtbar sind die Tropen der christologischen Argumentation. Insofern ist von dieser Warte aus unentscheidbar, ob da *mehr* ist als eine Trope; es genügt zu diagnostizieren, dass bei der menschlichen, sprachlichen, theo-logischen Wiedergabe eine Trope *vorliegt*, dass die Trope of-

---

[95] „*Scheinen* nicht im Sinne von *nicht Fleisch angenommen haben*, sondern von *nicht geworden sein*. Wenn er [Paulus] nämlich sagt *angenommen hat*, dann nicht nach dem Schein, sondern wahrhaft; wenn er aber *wurde* sagt, dann nach dem Schein; denn er [der Logos] wurde nicht in Fleisch verwandelt." (PG 66,981CD).

[96] Kritik und Austreibung von Wandel-Figuren ist kein Proprium der christologischen Diskussion, sondern ein in vielen Diskursen auftretendes Anliegen, das in der Christologie lediglich eine der schärfsten häresiologischen Applikationen gefunden hat. Struktural-psychoanalytisch liefert Jacques Lacan eine Antwort sowohl auf die Frage, warum Veränderung so unannehmbar scheint – weil sie der Setzung eines stetigen Subjekts zuwiderlaufe –, als auch auf die Frage, warum rhetorische Uneigentlichkeit und Schein bedrohlich wirken – weil die Doppelung des Selbst in reales und imaginäres Ich die Einheit des Imaginären bedrohe (Pagel 1989:27; Interessanterweise parallelisiert Badiou die paulinische Erniedrigungsfigur mit der Lacanschen Therapie (2002:107). Göttliche Unveränderlichkeit hängt also mit dem Imaginären, Selbsterniedrigung mit dem anerkannten Realen zusammen.

fenbar *immer wieder ausgetrieben werden musste* und dass sie konzept- wie kulturgeschichtlich *hoch produktiv war*. Gerade die Austreibung der Rhetorik produziert riesigen rhetorischen Aufwand.

Die Tropizität tangiert jedes Reden über die Kenose Christi: Wenn christologisch so viel anhand des Tropenbegriffs von der Menschwerdung Christi gehandelt wurde, kann die Frage nicht abgewiesen werden, ob Jesus Christus als Repräsentation des undarstellbaren Gottes, dessen Katachrese ist; jene menschliche Natur, welche die göttliche repräsentieren soll, verstellt diese notwendigerweise, aber *ohne* die (unangemessene) menschliche Natur kann die göttliche nicht dargestellt werden. Der christologischen Trope ist also eine semantische Verfremdung, eine unangemessene Redeweise inhärent[97]. Wenn von Gott die (menschliche) Rede gehen soll, so ist stets schon die Trope (als *pars pro toto* für die Rhetorik) zur Stelle. Im nächsten Schritt geschieht die sprachliche *imitatio* der Kenosis Christi ihrerseits rhetorisch als tropische Rede, narrativ als Erzählung von einem Wandel.

Die rhetorische Trope ist eine Bewegung, die – auf der Signifikantenebene verortet – die Signifikate in Mitleidenschaft zieht und die es daher zu löschen gilt, wenn die Forderung erhoben wird, „Authentizität" zu erreichen. In Ermangelung einer empirischen Basis ist der religiöse Diskurs – mit den Ausnahmen einer gelassenen Apophatik oder selbstbewusst-unangemessenen (kenotischen) Kataphatik (s. 3.6.2) – verzweifelt um Authentizität bemüht. Um Referenz zu sichern, muss die signifikative Bewegung geregelt, gestoppt, fixiert werden. Der Gefahr der „Entwertung durch die Irrwege der Tropen" (de Man 1988:179) muss begegnet werden. Das Flottieren der Signifikanten, wie es Lacan beschreibt (s. Pagel 1989:48f), gerät zum Schreckbild.

Ob es sich ‚nur' um eine rhetorische Figur, ‚nur' um eine Redeweise oder aber um eine referentielle Aussage handelt, die zugleich die Existenz des Referenten beglaubigt, bleibt wie bei jeder rhetorischen Trope unentscheidbar.[98] So können und müssen beide Lesarten – die theologische und die rhetorische – nebeneinander stehen. In diesem ausschließenden Nebeneinander wird die Trope selbst zum Glied eines Paradoxes Trope/Nicht-Trope – und das Paradox seinerseits avanciert zur zentralen Trope der Christologie.

---

[97] Vgl.: „Der *tropus* (τρόπος) ist die ‚Wendung' (τρέπεσθαι) des semantischen Zeichen-Pfeiles eines Wortkörpers vom ursprünglichen Wortinhalt weg zu einem anderen Wortinhalt. Die Hauptfunktion der Tropen ist die dem *ornatus* funktionell zukommende Verfremdung." (Lausberg 1990:63, § 174).
[98] De Man 1988:83. Die Feststellung, dass und wie religiöse Aussagen rhetorisch sind, wird lediglich der Spezifik des religiösen Sprechens gerecht (s. Nygren 1972:338), ohne damit irgendetwas über ein Göttliches an sich zu sagen.

2.5 Zwei ‚Weisen' im Syntagma

Auch wo zwischen *A* (Gott) und *B* (Mensch) keine Trope stehen darf – sei dies ‚Wandel' oder bloße ‚Redeweise' –, sondern beide ‚Weisen' des Seins nebeneinander bestehen sollen, kann die sprachliche Darstellung nicht umhin, in einem Syntagma eines an erster und das andere an zweiter Stelle anzuführen. Im grammatischen Satz (jedenfalls indoeuropäischer Sprachen) ist ein Nacheinander unumgänglich. Das gilt nicht minder für die Philipper-Perikope.

Folgt man der These Lohmeyers von Phil 2,5–11 als einem gesonderten „urchristlichen Choral" (1928:8), dann ist der Versuch einer Binnenstrukturierung nach Zeilen und Strophen legitim (s. ebd.:5f). Als semantische Haupt-Zäsur bietet sich das „διό" zu Beginn von Phil 2,9 an:[99]

> Wie die Periode durch ein betontes „Derhalben" in zweimal drei Strophen zerlegt ist, so liegt hier auch eine gedankliche Wende. In drei Strophen wird der Gang Christi vom Himmel zur Erde in den Tod geschildert, in abermals drei Strophen seine Erhöhung über die Welt. (ebd.:7)

Inszenieren die Syntax und die Semantik der ersten Hälfte der Christus-Perikope eine Abwärtsbewegung von Gott zu Mensch, so die zweite Hälfte die umgekehrte Aufwärtsbewegung. Die beiden Vektoren müssten, wie Sergej Bulgakov argumentiert, diskret bleiben; ihre Zweiheit dürfe nicht auf *ein* ‚Sein', *eine* ‚Weise' reduziert werden:

> Соединение *неравных* природ может совершиться лишь так, чтобы одна какая-либо природа утверждала приоритет, так что установляется своего рода ассимметрия с наклоном вверх или вниз: от человечества к Божеству, или от Божества к человечеству, в направлении восходящем или нисходящем.[100]

Wenn auch erst das Doppel rechtgläubigen Sinn konstituiert – die Vektoren lassen sich, wie an Bulgakovs Einlassung deutlich wird, sehr wohl isoliert betrachten.[101]

---

[99] Diese Zäsur erkennt auch Fisk (2006:49), der an der Hymnen-Genese der Perikope zweifelt (ebd.:46 Anm. 3).

[100] „Die Verbindung der beiden ungleichen Naturen kann nur stattfinden, wenn eine davon ihren Vorrang behauptet, sodass sich eine Art von nach oben oder unten gerichteter Asymmetrie ergibt: von der Menschheit zur Gottheit oder von der Gottheit zur Menschheit, in auf- und absteigender Richtung." (Bulgakov 1933:245, Hervorh. i. Orig.).

[101] Vgl. auch Elerts Vergleich von Philipper-Perikope und lutherischer *communicatio*-Lehre: „[...] das Verhältnis der göttlichen und menschlichen Seite der Person Christi, das in der Zweinaturenlehre zunächst den Eindruck einer starren Statik macht, [gewinnt] den belebenden Zug einer geschichtlichen Bewegung. Der allgemeine Aufriß ist dabei derselbe wie im 2. Kapitel des Philipperbriefes: von oben nach unten und von unten nach oben." (Elert 1931:210).

2.5.1 Die Umwertungslogik des NT

Ist der grammatische Satz auch nur als Inszenierung einer Bewegung von oben nach unten oder von unten nach oben möglich, so ist den Autoren der im NT zusammengefassten Texte doch an einer Neutralisierung dieses grammatischen Zwangs gelegen. Die Texte insinuieren, dass – *sub specie aeternitatis* – je schon eine Umkehrung stattgefunden habe. Insbesondere in den Seligpreisungen (Mt 5,3–10) ist ein Paradox von oben und unten angelegt, welches eine eindeutige Zuordnung von Zeitabläufen unmöglich macht: Was innerweltlich als oben gelte, sei *sub specie aeternitatis* je schon unten anzusiedeln und umgekehrt. Von der Umkehrungsfigur her sind besonders die Verse 3 bis 5 und 10 einschlägig:

³Μακάριοι οἱ πτωχοὶ τῷ πνεύματι· ὅτι αὐτῶν ἐστιν ἡ βασιλεία τῶν οὐρανῶν. ⁴μακάριοι οἱ πενθοῦντες· ὅτι αὐτοὶ παρακληθήσονται. ⁵μακάριοι οἱ πραεῖς· ὅτι αὐτοὶ κληρονομήσουσι τὴν γῆν. [...] ¹⁰μακάριοι οἱ δεδιωγμένοι ἕνεκεν δικαιοσύνης· ὅτι αὐτῶν ἐστιν ἡ βασιλεία τῶν οὐρανῶν.¹⁰²

Auch sonst durchzieht die Umwertung der bestehenden Werte das NT; in der johanneischen Literatur etwa ist die Figur von Erniedrigung als Positivum im Korngleichnis präsent: „ἀμὴν ἀμὴν λέγω ὑμῖν, ἐὰν μὴ ὁ κόκκος τοῦ σίτου πεσὼν εἰς τὴν γῆν ἀποθάνῃ, αὐτὸς μόνος μένει· ἐὰν δὲ ἀποθάνῃ, πολὺν καρπὸν φέρει."¹⁰³ Das Herab wäre demnach je schon ein Herauf. Die Denkfigur begegnet schließlich schon bei Paulus, der z.B. eine Umwertung¹⁰⁴ von Schwäche entwirft: „διὸ εὐδοκῶ ἐν ἀσθενείαις, ἐν ὕβρεσιν, ἐν ἀνάγκαις, ἐν διωγμοῖς, ἐν στενοχωρίαις, ὑπὲρ Χριστοῦ· ὅταν γὰρ ἀσθενῶ, τότε δυνατός εἰμι."¹⁰⁵

---

[102] „³Selig sind, die da geistlich arm sind; denn ihrer ist das Himmelreich. ⁴Selig sind, die da Leid tragen; denn sie sollen getröstet werden. ⁵Selig sind die Sanftmütigen; denn sie werden das Erdreich besitzen. [...] ¹⁰Selig sind, die um der Gerechtigkeit willen verfolgt werden; denn ihrer ist das Himmelreich." (Mt 5,3–5.10).

[103] „Wahrlich, wahrlich, ich sage euch: Wenn das Weizenkorn nicht in die Erde fällt und erstirbt, bleibt es allein; wenn es aber erstirbt, bringt es viel Frucht." (Jh 12,24; s. dazu auch 5.3.7.2).

[104] Alain Badious Gegenthese gegen alle traditionelle christliche Dogmatik, Paulus sei „Antidialektiker" (2002:124–140), insofern er auf das reine Ereignis der Auferstehung abhebe, ist eher Nietzsche (Bejahung) und Luther (Gnade) angemessen als Paulus. Insofern Paulus in dieser Arbeit von der Dogmatik und Kulturgeschichte des Christentums her gelesen wird und nicht – wie bei Badiou – gegen diese ausgespielt wird, ist Badious Einspruch nur insoweit zu berücksichtigen, als – wie bei Hegel deutlich wird (2.11.7) – zwischen statischem kenotischem Paradox und prozessualer Dialektik in der Tat ein Unterschied zu machen ist.

[105] „Darum bin ich guten Mutes in Schwachheit, in Misshandlungen, in Nöten, in Verfolgungen und Ängsten, um Christi willen; denn wenn ich schwach bin, so bin ich stark." (2Kor 12,10).

2.5.2 Außerchristliche Umwertungsmodelle

Von einer spezifischen Lektüre des NT vom AT her abgesehen (s. 2.7.1), lassen sich weitere vorpaulinische Quellen angeben, in denen – bisweilen bis in die Lexik hinein – strukturell verwandte Vorstellungen einer positiven Erniedrigung begegnen. Solche finden sich bei der Alexander-Gestalt (Plutarch), im Herakles-Mythos, bei Nero und Caligula, beim iranischen Ormazd oder im gnostisch-hermetischen Umfeld. Von daher ist die Frage nicht von der Hand zu weisen, ob die auf Phil 2,7 basierende christliche Kenosis nicht selbst nur *eine* Ausprägung einer zumindest in der griechischen Antike verbreiteten religiösen Vorstellung von Selbsterniedrigung in Verbindung mit Inkarnation neben anderen darstellt – *eine* Realisierung des rekurrenten, umgekehrt proportionalen Wertmusters (Gutes dank Schlechtem, formelhaft ausgedrückt: *per aspera ad astra* usw.).[106]

Hier geht es vorrangig um die Entfaltung der christlichen christologischen Vorstellungen, wenngleich diese von dem beschriebenen gnostisch-hermetischen Hintergrund ja längst nicht unbeeindruckt sind: Die Vorstellung von einem Abstieg des Logos von göttlich-geistigem Sein ins Fleisch muss aufgrund des gnostischen und zu Teilen auch paulinischen Dualismus[107] im griechischen Kontext der ersten Jahrhunderte erst einmal negativ sein. Mit der Inkarnationschristologie schickt sich Paulus freilich an, eine so radikale Negativität zu korrigieren (Inkarnation als Liebesgabe für die Welt; vgl. 3.0.3). Wie die in Vielem fleischfeindliche Kulturgeschichte des Christentums jedoch zeigt, ist der Dualismus damit aber noch lange nicht ausgetrieben; die vom NT insinuierte axiologische Umkehrung, Erniedrigung könne auch positiv sein, muss immer neu rhetorisch armiert werden.

2.6 Betonung einzelner Vektoren

Bei aller Umwertung in der Perspektive des göttlichen Heilsplans sind auch in der patristischen Lehre von der Kenose grundsätzlich zwei Perspektiven angelegt, die

---

[106] Die Frage, ob Religion vielleicht überhaupt Negativem Sinn gibt, sodass die christliche Kenose nur eine spezifische Oberfläche einer allgemeinen, antiimmanentistischen Strategie von Religionen wäre, muss in dieser Allgemeinheit unbeantwortet bleiben.

[107] Paulus ist derjenige, der den durchaus ganzheitlichen und neutralen Fleisch-Begriff von AT und restlichem NT zu einem dualen Wertungsterminus macht. Gal 5,13 etwa macht die ethische Opposition von Fleisch und tätiger Liebe auf: „Ὑμεῖς γὰρ ἐπ' ἐλευθερίᾳ ἐκλήθητε, ἀδελφοί· μόνον μὴ τὴν ἐλευθερίαν εἰς ἀφορμὴν τῇ σαρκί, ἀλλὰ διὰ τῆς ἀγάπης δουλεύετε ἀλλήλοις." [Ihr aber, liebe Brüder, seid zur Freiheit berufen. Allein seht zu, dass ihr durch die Freiheit nicht dem Fleisch Raum gebt; sondern durch die Liebe diene einer dem andern.]. Der Galaterbrief steigert die negative Wertung des Fleischbegriffs gar ins Dämonische (Gal 5,17–21).

obere und die untere. Dazwischen ergeben sich ein Vektor von oben nach unten und einer von unten nach oben, ein absteigender und ein aufsteigender (vgl. Freyer 1991:223–226).

Ὅτε μὲν γὰρ ἐκ τοῦ κρείττονος τὸν λόγον ποιούμεθα, θέωσιν τῆς σαρκὸς, καὶ λόγωσιν, καὶ ὑπερύφωσιν λέγομεν […]. Ὅτε δὲ ἀπὸ τοῦ ἐλάττονος, σάρκωσιν τοῦ Θεοῦ Λόγου, ἐνανθρώπησιν, κένωσιν, πτωχείαν, ταπείνωσιν, φαμέν.[108]

Wer christlich, „rechtgläubig" von Kenose sprechen wolle, mache damit eine Doppelaussage über Tod *und* Auferstehung Christi (Schweizer 1987:689). Im Gegensatz zu einer auferstehungsfokussierten Christologie ist die kenotische eine „von oben nach unten konstruierende Inkarnationslehre" (Loofs 1901:263).

Beschränkt man sich auf einen kontextenthobenen Wortsinn, so umschriebe die Kenose nur den Vektor der Erniedrigung. Doch bleibt es beim christlichen Konzept Kenose nicht bei der Richtung nach unten, sondern es kommt zu positiver Sinngebung, durch welche ein zweiter Vektor hinein- oder zumindest hinzugedacht bzw. nachträglich „aktiviert" wird (Hoff 1999:173): der Erhöhungsvektor.

Wo zwei Vektoren auftreten, stellt sich jedoch sofort die Frage nach deren (zeitlichem) Verhältnis zueinander: Sind die gegenläufigen Richtungen nacheinander zu veranschlagen (Schema 1)? Oder verlaufen sie gleichzeitig (Schema 2)?[109] Und wenn von Diskontinuität, vom *V*-Modell,[110] ausgegangen wird: Schließt der Aufstiegsvektor direkt an den Abstiegsvektor an oder gibt es dazwischen einen Hiat (Schema 3)?[111] Christologisch bedeutsam wurde schließlich auch eine vierte Alternative, nämlich zusätzlich zu den beiden Vektoren eine Kontinuität der göttlichen Natur des Logos anzusetzen, zu der zeitweise ein Erniedrigungs- und Erhöhungsvektor hinzukommt (s 2.8.3.; Schema 4).

---

[108] „Reden wir von dem Höheren, so sagen wir Vergottung, Wortwerdung, Erhöhung des Fleisches u. dgl. […] [Reden wir] aber von dem Geringeren, so sagen wir Fleischwerdung, Menschwerdung, Entäußerung, Armut, Erniedrigung des Gott-Logos.] (Johannes von Damaskus *De fide orth.* IV,18; PG 94,1184B; dt. v. Dionys Stiefenhofer, Johannes von Damaskus 1923:236).

[109] Als ein Kreuzungs- oder X-Modell. Vgl. „The diminuendo of the Kenosis went on parallel with the crescendo of a vaster Plerosis." (Forsyth 1909:311).

[110] Von einem „V-shaped pattern" geht auch Fisk (2006:50) aus, ohne konkurrierende Modelle zu erwägen.

[111] Etwa, wenn man die drei Tage nach der Kreuzigung im Grab als Pause im Sein interpretiert (s. 2.7.3).

2. Trope und Paradox   81

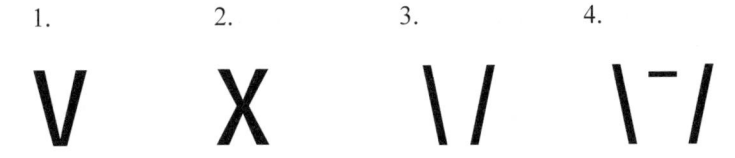

1.   2.   3.   4.

V   X   \/   \ˉ/

Die intuitive, aus irdischer Erfahrung induzierte Vorstellung, dass da wohl in zeitlicher Folge ein Herauf auf ein Hinunter folgen müsse, wird vom christologischen Diskurs abgewehrt: Gegen die gnostisch-neoplatonische Vorstellung von einem kosmologischen Ab- und Aufstieg strebt die frühchristliche Lehre danach, die Unveränderbarkeit ihres Gottes zu retten, – und dehnt diese auch auf die zweite göttliche Hypostase aus (s. 2.3.3). Zwei Vektoren also, aber bitte ohne Zeitfolge, lieber in paradoxer Kreuzung oder wechselseitiger Aufhebung als in chronologischer Ordnung.[112]

2.6.1 Der Erniedrigungsvektor
Für die theologische Kenosis-Forschung der zweiten Hälfte des 19. und der ersten Hälfte des 20. Jh.s – in ihrer Auseinandersetzung mit der zeitgenössisch weit verbreiteten (s. Breidert 1977:248) lutherischen und englischen Neokenotik[113] – war entscheidend, wo der Vektor der Erniedrigung angesiedelt wurde.[114] Wie groß ist die ‚Fallhöhe'? Von Gott Vater zum Menschen? Vom göttlichen Logos zum Menschen? Oder nur vom inkarnierten Menschen zu sozialer Erniedrigung (Fußwäsche, Schandtod)? Wer also ist das Subjekt der Erniedrigung? Der vorinkarnatori-

---

[112] Im Folgenden geht es um Motive und Sprechweisen, wie sie die Christologie entwickelt, – gezwungenermaßen in Abstraktion vom Annex einer Glaubensimplikation und von der diskurs- und kulturgeschichtlichen Rahmung. Bei der Auswahl der Beispiele ergibt sich notwendigerweise einequantitative Verzerrung; wo die Konstitution eines „rechtgläubigen" Mainstreams über die Abgrenzung von Abweichungen beschrieben wird, müssen diese quantitativ weit überbetont werden (in der häresiologisch konstituierten Mitte des Diskussionsspektrums hat die christologische Dogmatik eine unüberschaubare Fülle von Sprechakten hervorgebracht). Wenn so der Erkenntnisweg auch von der Heterodoxie zur Orthodoxie führt, steht im Zentrum des Erkenntnisinteresses die Bedrohtheit der rhetorisch geschaffenen christologischen Grundformeln durch die Rhetorizität, nicht das Herausschälen eines dogmatischen Minimalkonsenses im Sinne einer ökumenischen Christologie (vgl. Ahrens 1969; Stubenrauch 1995).

[113] Der dabei manifeste Einschlag interkonfessioneller Polemik bewirkt, dass viele ihrer Wertungen nur *cum grano salis* zu genießen sind. Gerade für die Abgrenzung zwischen Lutheranern und Reformierten spielt die umstrittene Verortung der Erniedrigung entweder im λόγος ἄσαρκος [fleischloser Logos] oder im λόγος ἔνσαρκος [Logos im Fleische] eine bedeutende Rolle (Slenczka 1999:1462).

[114] Loofs 1901; Loofs 1926/76; P. Henry 1957.

sche Christus? Oder erst der bereits Inkarnierte? Und sind dann κένωσις und ταπείνωσις identisch? Oder verstärkt Letztere Erstere?[115]

2.6.1.1 Erniedrigung = Inkarnation

Was die übrigen echten Paulus-Briefe anbetrifft, so enthält 2Kor 8,9 eine der Erniedrigungsfigur von Phil 2,7 nahe kommende Bewegung. Gal 4,4f setzt Christi Geburt und Erniedrigung mit der Unterwerfung unter das irdische Gesetz gleich:

> [4]ὅτε δὲ ἦλθε τὸ πλήρωμα τοῦ χρόνου, ἐξαπέστειλεν ὁ Θεὸς τὸν υἱὸν αὐτοῦ, γενόμενον ἐκ γυναικός, γενόμενον ὑπὸ νόμον, [5]ἵνα τοὺς ὑπὸ νόμον ἐξαγοράσῃ, ἵνα τὴν υἱοθεσίαν ἀπολάβομεν.[116]

Liest man Phil 2,7f vor dieser Folie, so stellen Inkarnation und Erniedrigung einen einzigen Erniedrigungsakt dar (vgl. H.-J. Röhrig 1996:1395).

Neben dem Philipperbrief ist für die Kenosis der Hebräer-Brief der bedeutsamste Abschnitt des NT. Hebr 5,5 geht unter Berufung auf Ps 2,7 und 110,4 von Christi Präexistenz aus (s. P. Henry 1957:38), womit das Subjekt der Kenose der λόγος ἄσαρκος [fleischloser Logos] wäre. Diese Zuweisung wird weitgehender Konsens der griechischen und lateinischen Patristik.[117]

2.6.1.2 Erniedrigung nach Inkarnation

Doch der Hebräer-Brief lässt sich auch auf gegenläufige Weise auslegen. Hebr 12,2 spricht vom historischen Jesus, „τὸν τῆς πίστεως ἀρχηγὸν καὶ τελειωτὴν Ἰησοῦν".[118] Ist also doch der λόγος ἔνσαρκός [Logos im Fleische], der Mensch Jesus das Subjekt der Kenose?

Ein Ambrosiaster bzw. Pseudo-Ambrosius zugeschriebener Text vertritt die Position, das Subjekt der Kenose sei eindeutig allein der inkarnierte Logos, der historische Jesus:

> [...] ut humilitatis legem doceret, Judaeis se comprehentibus non solum non repugnavit: Sed semetipsum exinanivit; hoc est, potestatem suam ab opere retraxit; ut humiliatus [...] videretur.[119]

---

[115] Vgl. 2.2.3.2, 2.2.5 u. 2.3.3.1.
[116] „[4]Als aber die Zeit erfüllt war, sandte Gott seinen Sohn, geboren von einer Frau und unter das Gesetz untertan, [5]damit er die, die unter dem Gesetz waren, erlöste, damit wir die Kindschaft empfingen." (Gal 4,4f).
[117] Loofs 1926/76:681–683; Seils 1976:813.
[118] „Jesus, dem Anfänger und Vollender des Glaubens" (Hebr 12,2).
[119] „[...] um das Gesetz der Demut zu lehren, widersetzte er sich den ihn ergreifenden Juden nicht nur nicht: Sondern erniedrigte sich selbst; das heißt, er setzte die Wirkung seiner Macht aus, auf dass er erniedrigt [...] erschiene." (PL 17,408D–409A).

2. Trope und Paradox

In dieselbe Richtung, was das Subjekt von Phil 2,6 betrifft, bewegt sich Pelagius. Er zitiert eine Meinung, die den vorinkarnierten, den λόγος ἄσαρκος [fleischloser Logos] als Subjekt der Kenose ansieht (PL 30,845AB), und wendet ein, dass Erniedrigung nur mit Menschlichkeit vereinbar sei: „Quia se assumptus homo humiliare dignatus est, divinitas quae humiliari non potest, eum qui humiliatus fuerat, exaltavit."[120] Die dritte Belegstelle für diese Auslegung der Frage nach dem Subjekt der Erniedrigung, der Kommentar zu Pelagius von Primatus von Hadrumetum, wird noch deutlicher: „Divinitas non exaltatur, quia nec humiliari potest."[121]

Nachdem sich die alte Kirche von dieser Lehre distanziert hatte, nahmen die Lutheraner die Verortung der Erniedrigung im λόγος ἔνσαρκος wieder auf; sie verstehen darunter den Verzicht des bereits Inkarnierten auf göttliche Attribute wie Allwissen, Allmacht.[122]

2.6.1.3 Soziale Erniedrigung

Von größerer Anschaulichkeit als die dogmatische Frage nach dem Subjekt der Kenose ist die Umsetzung innerweltlicher Erniedrigung in der sozialen Praxis (vgl. Stock 1995/2001:I 48). Jesus verzichtet auf irdische Ehre und Erhöhung (Maceina 2002:115), ja inszeniert sich in Niedrigkeit. Festgemacht wird dies einmal in Jh 12,15 am Einritt in Jerusalem auf einem „Eselsfüllen" mit Betonung des Paradoxes der Erniedrigung des „Königs": „Μὴ φοβοῦ, θύγατερ Σιών ἰδοὺ, ὁ βασιλεύς σου ἔρχεται, καθήμενος ἐπὶ πῶλον ὄνου."[123]

Der wichtigste Bezugspunkt aber ist die Fußwaschung nach Jh 13,5 (s. Rengstorf 1990:280f): „εἶτα βάλλει ὕδωρ εἰς τὸν νιπτῆρα, καὶ ἤρξατο νίπτειν τοὺς πόδας τῶν μαθητῶν, καὶ ἐκμάσσειν τῷ λεντίῳ ᾧ ἦν διεζωσμένος."[124] Das kann verstanden werden als nochmalige Radikalisierung der Menschengestalt zur Sklaven- und Unterwerfungshandlung des Fußwaschens. Wie in Phil 2,5 die Kenose Christi, wird in Jh 13,15 die soziale Erniedrigung zur Nachahmung empfohlen: „ὑπόδειγμα γὰρ ἔδωκα ὑμῖν, ἵνα καθὼς ἐγὼ ἐποίησα ὑμῖν, καὶ ὑμεῖς ποιῆτε."[125]

---

[120] „Weil der angenommene Mensch sich herablässt, sich zu erniedrigen, erhöhte ihn, der erniedrigt gewesen war, die Gottheit, die sich nicht erniedrigen kann." (PL 30,845D).

[121] „Die Gottheit wird nicht erhöht, weil sie sich nicht erniedrigen kann." (PL 68,630D).

[122] Siehe 2.7.3.3. Von der katholischen Linie abweichend, hat sich auch der Jesuit Schoonenberg einer Verortung des Subjekts der Erniedrigung im irdischen Jesus Christus angeschlossen (1966a).

[123] „‚Fürchte dich nicht, du Tochter Zion! Siehe, dein König kommt und reitet auf einem Eselsfüllen.'" (Jh 12,15); vgl. 4.3.5.1 u. 4.5.6.2.

[124] „Danach goß er Wasser in ein Becken, fing an, den Jüngern die Füße zu waschen, und trocknete sie mit dem Schurz, mit dem er umgürtet war." (Jh 13,5).

[125] „Ein Beispiel habe ich euch gegeben, damit ihr tut, wie ich euch getan habe." (Jh 13,15).

Die freiwillige Degradierungsgeste, die Christus in der Fußwaschung macht, wird überboten von der sozialen Degradierung, welche die Todesart, die für ihn ausgesucht wird, bedeutet. Dass die Hinrichtungsform Kreuzigung bei Jesus zur Anwendung kam, diente der Markierung als „äußerste Schande", intendiert zu zeigen, „dass er gescheitert" sei (Auffarth 1999:254). Als schändliche „Sklavenstrafe" (H.-W. Kuhn 1990:714) bedeutet der Kreuztod die konsequente Fortsetzung der „Sklavengestalt". Und in der Tat braucht die nachösterliche Gemeinde lange, um dieses „σκάνδαλον" (1Kor 1,23) in einen – paradoxen – Vorteil umzumünzen (Gal 5,11; IgnEph 18,1), wie es Tertullian gegen Markion festhält.[126] Die Relation von bloßem Tod zu Fluchtod dupliziert die Relation von inkarnatorischer zu sozialer Erniedrigung – eine Radikalisierung zum Zweck der Beglaubigung des Ernstes der Selbsterniedrigung Christi.

2.6.1.4 Mehrstufigkeit

Gegenüber dieser Konfrontation von metaphysischer und sozialer Erniedrigung hat Novatian eine bewusst zweistufige Kenosis-Lehre: Er erstellt eine Stufenfolge von Menschwerdung, Annahme der „humana fragilitas"[127] und der darüber hinausgehenden Erniedrigung Christi als Mensch: „Exinanit se, dum ad injurias contumeliasque descendit, dum audit infanda, experitur indigna."[128] Das paulinische „ἐταπείνωσεν ἑαυτὸν" [erniedrigte sich selbst] des inkarnierten Logos wiederholt und beglaubigt, prolongiert und verstärkt nach Novatian die Kenosis des vorinkarnierten. Auch Gregor von Nazianz unterscheidet diskrete Stufen der Erniedrigung: Der Sklavendienst der Fußwaschung (Jh 13,5) radikalisiert für ihn die Inkarnation in Sklavengestalt:

> [...] οὐ ταπεινώσας ἑαυτὸν μόνον μέχρι δούλου μορφῆς, οὐδὲ τὸ πρόσωπον αἰσχύνῃ ὑποθεὶς ἐμπτυσμάτων, καὶ μετὰ τῶν ἀνόμων λογισθείς, ὁ τὸν κόσμον καθαίρων τῆς ἁμαρτίας, ἀλλὰ καὶ τῶν μαθητῶν νίπτων τοὺς πόδας ἐν δουλικῷ τῷ σχήματι.[129]

Eine Alternative von metaphysischer *oder* sozialer Erniedrigung formuliert Gregor nicht.

---

[126] Bspw. *Adv. Marc.* 1,11,8 (Tertullian 1990/2001:I 152).
[127] „Menschliche Zerbrechlichkeit" (PL 3,931B).
[128] „Er erniedrigt sich selbst, indem er zu ungerechten Misshandlungen herabsteigt, Ruchlosigkeiten anhört und Unwürdigkeiten erfährt" (PL 3,930D).
[129] „[...] der sich nicht nur selbst bis zur Sklavengestalt erniedrigte und das Gesicht der Schande den ihn Anspeienden aussetzte und zu den Gesetzlosen gezählt wurde – er, der die Welt von der Sünde reinigen sollte –, sondern auch in Sklavengestalt seinen Jüngern die Füße wusch." (PG 35,861D–864A).

2. Trope und Paradox

Diese findet sich dagegen beim Lutheraner Johann Gerhard. Dieser unterscheidet die Inkarnation von der eigentlichen „humiliatio", die erst im der λόγος ἔνσαρκός [Logos im Fleische] stattfinde und allein nachahmbar sei:

> Scopus apostoli est, quod velit Philippenses hortari ad humilitatem intuitu in Christi exemplum facto. [...] Ergo considerat facta Christi, quae in oculos incurrunt, in quorum numero non est incarnatio. In eo apostolus jubet Philippenses imitari Christum, in quo similes ipsi nondum erant, sed similes fieri poterant et debebant. Atqui erant illi jam ante veri homines, sed inflati ac superbi, Christum igitur eos imitari et humilitati studere jubet, incarnatione vero nemo Filio Dei similis fieri potest [...][130]

Der Syrer Philoxenus von Mabbug vertritt gar eine Erniedrigungstheorie in zwei metaphysischen Schritten, wie sie auch für die trinitarische Kenotik Sergej Bulgakovs und Hans Urs von Balthasars relevant wird (s. 4.4.5): Philoxenus' Formel lautet: erst Kenose, dann Inkarnation – in der lateinischen Übersetzung: „Primum quidem se exinanivit et deinde incarnatus est."[131] Wenn es darüber hinaus noch eine soziale Erniedrigung gäbe, so verträte Philoxenus damit eine dreistufige Erniedrigungskonzeption, falls man die soziale Erniedrigung in einen lebenszeitlichen Aspekt (Fußwaschung etc.) und einen finalen (Fluchtod am Kreuz) ausdifferenziert, gar eine vierstufige. Bei Sergej Bulgakov, der sich im russischen Raum am intensivsten mit einer derartigen Stufendifferenzierung auseinandergesetzt hat, lassen sich dann noch deutlich mehr Stufen unterscheiden (4.4.4.5).

All diesen Konzepten ist gemein, dass sie eine durchgehende Erniedrigungslinie in mehreren Teilaspekten oder -stufen denken, ohne eine Alternative zu formulieren. Die Relation zwischen einer ersten, metaphysischen Erniedrigung und deren menschlichen Entsprechungen ist die von Fortsetzung und Beglaubigung – wie Thomasius sagt:

> Den Inbegriff dieser Akte nennen wir die *Erniedrigung*. In ihr wird die göttliche That des Anfangs zur *gottmenschlichen That seines ganzen Lebens*. Der Unterschied zwischen ihr und zwischen der in der Menschwerdung schon enthaltenen Selbstbeschränkung besteht also darin, daß die Erniedrigung nicht wie jene den λόγος ἄσαρκος, sondern den λόγος ἔνσαρκος d.h. den ganzen einheitlichen Gottmenschen zum Subjecte hat, sodann, daß sie als die gottmenschliche Fortsetzung jener Selbstbeschränkung

---

[130] „Das Ziel des Apostels [Paulus] ist es [in Phil 2,7], die Philipper zur Erniedrigung und zur Berücksichtigung des Beispiels Christi zu ermahnen. [...] Also betrachtete er Christi augenfällige Taten, zu denen die Inkarnation nicht gehört. Darin befiehlt er den Philippern, Christus nachzuahmen, worin sie selbst ihm noch nicht ähnlich waren, aber ähnlich werden konnten und sollten. Da sie nun aber schon zuvor wahre Menschen waren, jedoch aufgeblasen und hochmütig, befahl er ihnen, diese nachzuahmen und sich in Demut zu üben; durch Inkarnation kann schließlich niemand dem Sohn Gottes ähnlich werden [...]" (Gerhard 1885:592).

[131] „Zuerst freilich erniedrigte er sich und wurde dann inkarniert." (CSCO 10,77,5f).

durch den Weg der Niedrigkeit und der Leiden, durch den Kreuzesweg hindurch, also immer tiefer in die einmal eingeschlagene Richtung eingeht. (1853/61:II 213, Hervorh. i. Orig.)

2.6.1.5 Ewige Erniedrigung

Wenn so theoretisch diverse Erniedrigungsstufen unterscheidbar sind, dann stellt sich die Frage nach der Gewichtung. Für die griechischen Väter ist – an den dualistischen Grundannahmen der griechischen und gnostischen Philosophie gemessen (s. M. Henry 2002:24) – die Inkarnation, die Nobilitierung der Erniedrigung ins Fleisch das provokativste Moment.

In der Moderne wirkt diese hermeneutische Folie nicht mehr; geblieben ist der Tod als Provokation, gegen die es anzudenken gilt. Während sich die erdrückende Mehrheit der christlichen dogmatischen Tradition darauf versteift, dass ein Doppel von metaphysischer und sozialer Erniedrigung genug sei, kann die „God's-Death-School" den letzten Ausweis der Liebestat der Selbsterniedrigung erst im Tod und Höllenabstieg Christi sehen, den sie als Tod des „Spirit" versteht: „[...] Hell is the necessary and inevitable goal of the self-negation of transcendence."[132] Dieser Abstieg sei kein kurzes Intermezzo, sondern ein ewiger Tod: „[...] the death of Jesus is an eternal death, the final death of the eternal life of Spirit." (ebd.:129). Erst dadurch werde das Reich Gottes offenbar: „[...] fully manifest as a downward movement or as a descent into Hell." (ebd.:130). In dieser radikalen Abstiegslehre ist ein Aufstieg nicht mehr vorgesehen, wird die Absenz Gottes im Tod nicht mehr als tiefere Präsenz verstanden (Nnamani 1995:116).

2.6.2 Der Erhöhungsvektor

εἰ δὲ Χριστὸς οὐκ ἐγήγερται, κενὸν ἄρα καὶ τὸ κήρυγμα ἡμῶν [...][133]

Für die über den Erniedrigungsvektor definierte Kenose ist die gegenläufige Erhöhung unverzichtbarer, aber ferner Horizont. Wie sich die christologische Kenotik auf dieses *télos* hin entwirft, ohne es meist näher in Augenschein zu nehmen, so genügt auch hier ein andeutender Blick auf Auferstehung und Erhöhung. Während die Synoptiker die Auferstehung als konkretes Staunenswertes, das es zu bezeugen

---

[132] Altizer 1979:131. Bis zur Über- bzw. Unterbietung des paulinischen Tiefpunkts im Tod am Kreuz (Phil 2,8) im Höllenabstieg geht auch Hans Urs von Balthasar in seiner Kenosis-Lehre mit (vgl. Oakes 2006:236f), nicht aber bis zur Auslassung der Auferstehung.

[133] „Ist aber Christus nicht auferstanden, so ist unsre Predigt vergeblich [...]" (1Kor 15, 14).

gilt, in den Blick rücken,[134] spricht der abstraktere Paulus von Erhöhung (s. den Kyrios-Titel von Phil 2,11).

Die Problematik einer Einteilung in mehrere Schritte stellt sich beim Erhöhungsvektor weniger. Die theoretische Möglichkeit, dass der Erniedrigte die frühere Höhe nicht wieder erreicht hätte, wurde historisch wohl nicht realisiert. An diesem Punkt ist eher umstritten, ob der erhöhte Christus im *einen* Erhöhungsschritt sein vorinkarnatorisches Niveau wieder erreicht oder ob er gar einen höheren Rang gewönne, womit die Frage einhergeht, ob diese höhere Erhöhung dann – ökonomisch – als Lohn für die Erniedrigung verstanden werden dürfe. Die älteste einschlägige Passage hat das Johannes-Evangelium: Auf die Frage, ob die Erhöhung nach der Erniedrigung und dem Kreuzestod auf das vorherige Niveau zurückführe, gibt Johannes eine bejahende Antwort, indem er Christus zu Gottvater sagen lässt: „καὶ νῦν δόξασόν με σύ, πάτερ, παρὰ σεαυτῷ, τῇ δόξῃ ᾗ εἶχον πρὸ τοῦ τὸν κόσμον εἶναι παρὰ σοί."[135]

2.6.2.1 Höher?
Wie bei Johannes Christus Gottvater auffordert, ihn zu erhöhen, so ist auch in Phil 2,9 Letzterer der Akteur der Erhöhung, Christus lediglich Objekt.[136] Während Christus sich selbst erniedrigt habe, werde ihm die Erhöhung von außen zuteil.

Diese Subjekt-Objekt-Zuordnung zieht die prominenteste Häresie der ersten nachchristlichen Jahrhunderte nach sich, die der Arianer, die Christus präinkarnatorisch klar unter Gottvater ansiedeln. *Nach* Erniedrigung und Erhöhung, sollen sie gemeint haben, stünde Christus höher als zuvor („βελτιωθέντα"[137]). Soweit man ihren Gegnern glauben darf, bestand für die Arianer ein echtes Kausalverhältnis: Die Erhöhung sei als Belohnung, ja Entlohnung für Christus zu verstehen: vom Vater werde ihm durch Gnade ein „μισθόν"[138] erteilt (PG 26,105B).

---

[134] Apg 2,32 und öfters; vgl. W. Kasper 1984:148. Dem entspricht der Fokus, den die Evangelisten auf die von Jesus vollbrachten Wunder richten, welche auf diese Erhöhung vorausweisen (und in Spannung zur wirklichen Menschwerdung Christi stehen, weshalb die Kenotik ihnen meist wenig Beachtung schenkt).

[135] „Und nun, Vater, verherrliche du mich bei dir mit der Herrlichkeit, die ich bei dir hatte, ehe die Welt war." (Jh 17,5).

[136] Vgl. W. Kasper 1984:163 u. 2.2.3.5.

[137] „Wurde besser gemacht" (PG 75,216A).

[138] „Lohn" (PG 26,101D).

2.6.2.2 Erhöhung der menschlichen Natur

> Die Erhöhung [in Phil 2,9] ist keine Rücknahme der Entäußerung [von Phil 2,7], keine Rückverwandlung aus der Knechtsgestalt in die Gottesgestalt. Es ist die Hochstellung des Erniedrigten, die Inthronisation des Sklaven, die Proklamation des Gehorsamen zum Herrn. (Stock 1995/2001:I 49)

Wie die Frage umstritten war, welcher Logos das Subjekt der Erniedrigung sein sollte, so wurde auch darum gerungen, welcher Natur Christi die Erhöhung zuteil werde – der göttlichen oder auch der menschlichen? Einer besonderen metaphysischen Rechtfertigung bedarf der zweite Punkt – er verheißt aber auch den größten soteriologischen Mehrwert.

Eine Erhöhung der menschlichen Natur ist ein Gebot der Konsequenz des christologischen Realismus; wenn gegen den Doketismus (s. 2.3.2) auf der echten Menschennatur beharrt wird, dann sollte an dieser auch die Erhöhung nicht bloß zum Schein vollzogen werden. In diesem Fall braucht es auch leibliche Auferstehung, denn als konkreter geschichtlicher Mensch ist Jesus von Nazareth nicht ohne seinen Leib zu denken. Will man also nicht in Doketismus verfallen, führt kein Weg vorbei an der Leibhaftigkeit der Auferstehung (W. Kasper 1984:176). Es muss auch eine „Aufstiegsbewegung des Menschlichen in der ‚Vergöttlichung' (θέωσις)" geben (Hoping 2004:122). Und zwar des Fleisches, wie Johannes von Damaskus klarmacht: „[…] τὴν θέωσιν τῆς σαρκὸς γενέσθαι δοξάζομεν".[139]

Den zweiten Punkt bilden die soteriologische und eschatologische Dimension, die daran festgemacht werden können. Die Auferstehung des Ersten breche die Macht des Todes und verheiße die Auferstehung der anderen (1Kor 15,20f), die ja nur mit einem irdischen Leib begabt sind, für die also die Erhöhung allein der göttlichen Natur Christi noch kein Erlösungsversprechen qua Analogie enthielte. Eine solche Erhöhung des niederen Leibes aller Menschen dank der Erhöhung des menschlichen Leibes Christi kündigt der Philipperbrief an:

> [20]ἡμῶν γὰρ τὸ πολίτευμα ἐν οὐρανοῖς ὑπάρχει, ἐξ οὗ καὶ σωτῆρα ἀπεκδεχόμεθα Κύριον Ἰησοῦν Χριστόν, [21]ὃς μετασχηματίσει τὸ σῶμα τῆς ταπεινώσεως ἡμῶν σύμμορφον τῷ σώματι τῆς δόξης αὐτοῦ, κατὰ τὴν ἐνέργειαν τοῦ δύνασθαι αὐτὸν καὶ ὑποτάξαι ἑαυτῷ τὰ πάντα.[140]

In der späteren Zeit ist besonders den Verfassern der lutherischen Konkordienformel daran gelegen, die Erhöhung des Menschen festzuhalten:

---

[139] „[…] wir lehren die Vergöttlichung des Fleisches" (PG 94,1069A, vgl. auch 3.0.2).

[140] „[20]Unser Bürgerrecht aber ist im Himmel, woher wir auch erwarten den Heiland, den Herrn Jesus Christus, [21]der unseren nichtigen Leib verwandeln wird, dass er gleich werde seinem verherrlichten Leibe nach der Kraft, mit der er sich alle Dinge untertan machen kann." (Phil 3,20f).

2. Trope und Paradox

Daher glauben, lehren und bekennen wir, daß des Menschen Sohn zur Rechten der allmächtigen Majestät und Kraft Gottes realiter, das ist, mit Tat und Wahrheit, [nach] der menschlichen Natur erhöhet und weil er in Gott aufgenommen, als er von dem H.[eiligen] Geist in Mutterleib empfangen, und sein menschliche Natur mit dem Sohn des Allerhöchsten persönlich voreiniget. (BSLK 807,22–30)

Enargetisch realisiert wird diese Verheißung analoger Verklärung des irdischen Leibs im Abendmahl, woran sich die allein für die Westkirche kontroverse Frage knüpft, ob in der Eucharistiefeier symbolisch auf Christi Leib verwiesen werde, dieser – in seiner fleischlich-erhöhten, also weiter fleischlichen Form realpräsent würde, wie es Luther gegen Zwingli verfocht (s. 2.8.5.3 u. 3.3.2.1), oder schließlich transsubstantiiert wird, wie es das Laterankonzil 1215 zum Dogma erhob.

Schließlich gestattet die Lehre von der Erhöhung der menschlichen Natur die bildliche Darstellung des Auferstandenen mit Merkmalen, die der menschlichen Natur zugefügt wurden – wie Wundmalen. Schon Johannes lässt die menschlichen Wundmale auch am Auferstandenen, also der nachkenotischen göttlichen Natur Christi, sichtbar sein (Jh 20,20). Das Beglaubigungsverfahren der körperlichen Metonymie der Menschwerdung soll noch in der Erhöhung funktionieren; erstmals in Szene gesetzt, findet sich das ebenfalls bei Johannes, als der ungläubige Thomas die Wunden des Auferstandenen berühren will (Jh 20,25). Der Effekt stellt sich sofort ein; denn Thomas bekennt von dieser Metonymie des Menschlichen überzeugt das paradoxe Gegenteil: „Ὁ Κύριός μου καὶ ὁ Θεός μου."[141]

2.6.3 Vektoren, Naturen und Stände

Ist es aber berechtigt, von Bewegungen und Vektoren zu sprechen, wo doch Veränderlichkeit mit dem theistischen Gottesbegriff nicht vereinbar ist? Entsteht da nicht ein Konflikt? Einen solchen hat insbesondere Donald Dawe gesehen, der offen Sympathie erklärt für „dynamische" Kenosis-Motive, auf Distanz geht zur „statischen" Doktrin Zwei-Naturen-Lehre (1963:19)[142] und den Unterschied betont:

> Throughout its history the kenosis motif has come to expression in particular doctrines or theological formulas. In contrast to the motif, doctrines are propositional statements employing various philosophical, religious, and commensense language forms. (Dawe 1963:21)

Dawes an sich triftige Unterscheidung verleitet ihn dazu, einen dogmengeschichtlichen Konflikt zu konstruieren, der in die Irre führt. Es besteht keineswegs ein

---

[141] „Mein Herr und mein Gott!" (Jh 20,28); vgl. 4.6.4.8.
[142] Hier eignet sich Dawe sichtlich Forsyths Anliegen an, die vermeintliche Statik der Naturen zu dynamisieren (Dawe 1963:139f); Forsyths wie Dawes Bemühen aber ist eher ein Einzelfall denn symptomatisch.

Ausschlussverhältnis zwischen Berufung auf die vektorielle Dynamik der paulinischen Kenose und den ohne diese nicht denkbaren dogmatischen Formeln der Ökumenischen Konzilien.[143] Wie die Christologie zu keiner Zeit ohne die *sedes doctrinae* Phil 2,5–11 auskommt, so stellt auch das Luthertum keine „rediscovery of the Servant Form" (ebd.:67) dar. Vielmehr gibt es seit Tertullian ein Verbindungsglied zwischen den Vektoren Erniedrigung und Erhöhung und den Naturen Christi – die Rede von den Ständen Christi,[144] dem *status exinanitionis* [Stand der Erniedrigung] und dem *status exaltationis* [Stand der Erhöhung]. Die Naturen Christi sind genauso wenig ohne die Vorstellung von Inkarnation, Kenose, Auferstehung denkbar, wie die Kenose ohne die Verschärfung der gegenläufigen Vektoren zu zwei grundverschiedenen Naturen nicht den konstitutiven (paradoxen) Biss erlangt hätte, der sie zum Angelpunkt der christlichen Religion machte.

Kognitiv ist Bewegung bekanntlich immer nur an ihren Resultaten ablesbar; das menschliche Auge registriert jeweils nur blitzlichtartig unterschiedliche Zustände, und das Gehirn konstruiert die nicht-beobachtete Veränderung hinzu. Wirklich anschaulich sind aber nur Momentzustände, weswegen auch die Quellen der Dogmatik reichlicher sprudeln, sobald es um Zustände statt um Vektoren geht – um den *status exinanitionis* und den *status exaltationis* bzw. um die Gewichtung von menschlicher und göttlicher Natur Christi.

2.7 Betonungen einzelner Seiten

> Illi inperfectam divinitatem in Dei Filio dicunt, isti inperfectam humanitatem in hominis Filio mentiuntur.[145]

Je nach Art des Zusammendenkens der beiden Vektoren Erniedrigung und Erhöhung sind zwei Sichtweisen der Rolle Christi möglich: Einmal kann das Wirken Christi *sub specie aeternitatis* und vom göttlichen Heilsplan (*sub specie oeconomiae*) her betrachtet werden, zum anderen von der irdischen Seite her, *sub specie mundi, hominis,* ja *deprivationis*. Während die Totalperspektive mit der Erhöhung eine Gewinngeschichte oder zumindest eine ausgeglichene Rechnung darstellt, rückt mit der Blickverengung auf die Erniedrigung von Göttlichkeit zu Mensch-

---

[143] Folgendes Diktum Dawes etwa ist unhaltbar: „The church during the patristic age did not make full use of the kenosis motif as the basis for its formal Christology. Rather, the orthodox Christology was formulated in terms of the doctrine of the two natures." (Dawe 1963:61f).

[144] Siehe H.-J. Röhrig 2000b:926, nicht erst bei Luther, wie Dawe suggeriert (1963:70).

[145] „Jene sagen, die Gottheit im Gottessohn sei unvollkommen, diese behaupten lügnerisch, die Menschheit im Menschensohn sei unvollkommen." (Damasus I., Fragmente von Briefen an Bischöfe des Ostens; dt. v. Peter Hünermann, Denzinger 1991:§ 146).

2. Trope und Paradox

lichkeit ein wenigstens zeitweiliger Verlust in den Mittelpunkt. Von der christlichen Sinngebung her wird die Erniedrigung sofort wieder kompensiert (bei den Arianern überkompensiert; s. 2.6.2.1); von der Motorik allein des Erniedrigungsvektors her betrachtet, erscheint Kenosis dagegen als Verlustgeschehen.

Es wird in der Folge dieser Arbeit, gerade an der russischen Kulturgeschichte, zu zeigen sein, dass eine soteriologisch-eschatologische Sinngebung für die Kenose mit ihrer Gewinnrechnung bzw. ihrem ausgeglichenen Saldo zwar selbst bis in säkularisierte Kontexte hinein Pate stand; was jedoch konkrete kulturelle Verhaltens- und Darstellungsmuster angeht, galt das Hauptaugenmerk vor allem dem Erniedrigungsvektor. Die sukzessive Erhöhung wird in kulturellen Praktiken – allem dogmatischem Beharren auf der zeitlichen Neutralität der Vektoren (s. Elert 1931:210) und auf der Unwandelbarkeit der göttlichen Natur Christi zum Trotz – aufgeschoben; die apokalyptische Erlösung oder – *mutatis mutandis* – das säkulare revolutionäre Geschichtsziel sind für den einzelnen Christusimitator oder seinen säkularen ‚Erben' innerhalb der eigenen Lebenszeit unerreichbar (s. 4.3.9.2 u. 6.5.2.1). Was in ihrer Macht steht, ist die Selbsterniedrigung; und zu dieser wird – absent präsent – der Erhöhungssinn hinzugedacht.

2.7.1 Genug Mensch

Wie gesehen (2.3.2.1), gilt es schon früh als häretisch, wenn im Geiste des gnostischen Dualismus das menschliche Sein Christi zur Scheinfassade für ein soteriologisch allein relevantes Pneuma degradiert wird. Mit welchen Mitteln aber wird die Realität des Mensch-Werdens beglaubigt? Rhetorisch sind dies vor allem Tropen und Figuren wie Metapher, Metonymie und Klimax, eingesetzt zu Zwecken der Enargeia.

2.7.1.1 Metaphern der Inkarnation: Gottesknecht und Menschensohn

Das erste Beglaubigungswerkzeug ist die Typologie – rhetorisch gesehen eine metaphorische Relation: Die Philipper-Stelle wird – wenngleich erst nachpatristisch[146] – in die alttestamentliche Tradition eingeordnet: Die beiden wichtigsten Bezugsstellen dafür sind Jes 42,13–53,12 und Dan 7, die hier insofern von Interesse sind, als sie – auf Phil 2,5–11 bezogen – konkurrierende Lesarten ergeben. Die einschlägigen alttestamentlichen Metaphern sind *Gottesknecht* und *Menschensohn* bzw. *Menschenkind*.

Dan 7,13 enthält den Vergleich „כְּבַר אֱנָשׁ",[147] womit im AT die niedere Menschlichkeit der Propheten bezeichnet wird,[148] während bei Daniel ein spezifi-

---

[146] Patristische Jesaja-Kommentare ordnen wohl Phil 2,7 zu Jes zu, nicht aber Philipper-Kommentare Jes zu Phil (P. Henry 1957:48).
[147] „Menschensohn" (aram. k^{e}var 'æn^{o}š; Dan 7,13).

scher Kontext hergestellt wird, in dem der Titel *Menschensohn* für die eschatologische Erhöhung eines Messias zum Weltherrscher steht. In christologischer Hinsicht werden also Niedrigkeit wie Erhöhung relevant: Liest man den Titel Dan 7,13 auf die Formulierung Phil 2,7 „μορφὴν δούλου λαβών" [nahm Knechtsgestalt an] hin, so kann ‚Sklavengestalt' als Synonym für ‚Menschengestalt' genommen werden, womit die metaphysische Erniedrigung aufgerufen wäre (s. 2.6.1.1), zugleich vom AT-Begriff her aber auf das *télos* eschatologischer Erhöhung hingewiesen würde.[149] In der russisch-orthodoxen Tradition hebt Antonij (Chrapovickij) das kenotische Moment von Christi Selbstcharakterisierung als „Menschensohn" hervor und begreift dies als Nachfolgeappell.[150]

Die Deuterojesaja-Formulierung „עַבְדִּי־אָתָּה"[151] spricht dagegen von einem Sklaven (hebr. עֶבֶד [ʿæbæd]), der auch im Erscheinungsbild niedriger („hässlicher") sei als andere Menschen.[152] Versteht man die „Sklavengestalt" aus dem Philipper-Hymnus von der Knechts-Anrede Jes 49,3 und der Konkretisierung in Vers 52,14 her (vgl. Haag 1985:77f), so handelt es sich um ein auch für einen Menschen bemerkenswert elendes, leidendes Erscheinungsbild, legt also eine zweite, innerweltliche Erniedrigung nahe (s. 2.6.1.2).

Während Paulus im Bezug auf Christus keines der beiden alttestamentlichen Epitheta verwendet (Sevenster 1957:1749), werden beide Dimensionen von Erniedrigung – die metaphysische wie die innerweltliche – bei den Synoptikern aufgerufen. Mk 8,31 knüpft mit dem Titel „υἱὸς τοῦ ἀνθρώπου"[153] zugleich einerseits an das Menschensohnmotiv aus Dan 7,13 und an die Inkarnation aus Phil 2,7 wie andererseits mit dem Leiden-Müssen an den Jesajaschen Gottesknecht an (s. ebd.:1752). Auch nach Lk 2,52 muss Christus, obgleich Sohn, Gehorsam ler-

---

[148] „בֶּן־אָדָם" [bēn-ʿadam; Menschenkind] (Hes 3,17).
[149] Vgl. Mk 14,62. Der exegetische Konsens läuft darauf hinaus, „[…] daß Jesus in seinem Verständnis von sich selbst und seiner Sendung an einer apokalyptisch-eschatologischen ‚Menschensohn'-Vorstellung anknüpfte, wobei er ihr jedoch ein völlig eigenes Gepräge verlieh, indem er den Ausdruck auch im Zusammenhang mit seinem Los auf Erden und seinem – bevorstehenden – Leiden benutzte." (M. Müller 1984:247f).
[150] „Он, именуя Себя Сыном Человеческим, Которого видел Даниил, увещевает тем и всех израильтян отказаться от свойственной язычникам жажды земной славы и царствования, но последовать Ему […]" [Als Er Sich den Menschensohn nannte, welchen Daniel gesehen hatte, fordert er damit auch alle Israeliten auf, dem heidnischen Streben nach irdischem Ruhm und Macht zu entsagen und ihm nachzufolgen (…)] (Antonij [Chrapovickij] 1963:148).
[151] „Du bist mein Knecht [Sklave]" (Jes 49,3).
[152] Jes 52,14. Die Septuaginta hat für hebr. עֶבֶד [ʿæbæd] meist παῖς statt δοῦλος (Rengstorf 1990:269).
[153] „Eines Menschen Sohn" (Mk 8,31).

2. Trope und Paradox

nen. In Apg 3,13–26, die gr. παῖς hat,[154] wofür dt. ‚Knecht' steht, fließen die alttestamentlichen Vorstellungen vom Menschensohn und Gottesknecht zusammen. Folgt man Colpes Analyse, dann handelt es sich dabei gegenüber den Jesus-Logien, in denen der Menschensohn vor allem in apokalyptischer Hinsicht vorkommt, um „Einfügungen". Demnach ist die „theologische Kombination von Menschensohn- und Gottesknechtsmessianologie" (1969:444) und die kenotische Fokussierung des Menschensohns Produkt der Gemeinde (ebd.:447), das sich bei den Synoptikern, aber auch bei Johannes niederschlägt (ebd.:457.470). Das kenotische Moment wird damit in der Menschensohnchristologie der Gemeinde wenn nicht überhaupt erst generiert, so doch verstärkt.

2.7.1.2 Metonymien der Inkarnation: Menschliche Affekte

Während die metaphorisch-typologischen Titel *Gottesknecht* und *Menschensohn* für die judenchristliche Gemeinde an Bekanntes anknüpfen, gewinnen in späteren Zeiten die Metonymien der Fleischwerdung mit ihrer energetischen Leistung, die bis zur Illusion von Augenzeugenschaft geht, an Bedeutung; sie werden zum wichtigsten Beglaubigungsmittel für die Echtheit der Menschwerdung, indem sie diese „vor Augen malen".[155]

Eine Reihe von Stellen des Markus-Evangeliums erwähnen menschliche Affekte Jesu, können also als Zeugnis der gesamten Palette vollen Menschseins Christi gelesen werden: Schlaf (Mk 4,38), Hunger (11,12), Verzagen und Verzweiflung.[156] Ganz ähnlich verhält es sich bei Matthäus: Mt 26,37–42 zeigt Jesu Angst, Traurigkeit und Verzagtheit. Das Lukas-Evangelium hält demgegenüber in besonderem Maße her für die Dimensionen menschliche Geburt und Kindheit Jesu (Lk 2). Die Schutzlosigkeit des Säuglings veranschaulicht der Kindermord des Herodes (Mt 2,13–18).

Selbst Johannes, der doch die Logos-Figur in die Christologie einführt (s. 2.2.5), legt Wert auf die volle Menschlichkeit Christi; er demonstriert Ermüdung (4,6f) und Traurigkeit (12,27). Als Mensch habe Jesus Brüder gehabt (Jh 6,42; 7,3). Johannes nimmt schließlich Durst an (Jh 19,28). Zum Beleg der echten

---

[154] Wörtlich ‚Kind' (Apg 3,13).
[155] Vgl. Huizing 2000/04:I 18 mit Bezug auf Gal 3,1.
[156] „Ἐλωι, Ἐλωι, λαμμᾶ σαβαχθανί;" [Eli, Eli lama asabtani?] (Mk 15,34; vgl. auch 14,33–36; im Buchsatz wird die äußerste Entkräftung des Sterbenden, der diese Worte nur noch hauchen kann, durch Weglassung von Betonungszeichen gespiegelt). Wie Jh 19,24.28 zitiert Markus hier den 22. Psalm (V. 2), der in literarischen Texten mit kenotischen Motiven ebenfalls oft aufgerufen wird: „[…] лама савахфани" begegnet auch bei Erofeev (s. 9.4.1), das Wurmmotiv aus Ps 22,7 nimmt Державин auf (4.3.9.3). Zur kenotischen Bedeutung der Verzweiflung Christi s. auch Аверинцев 1994b:601, zu ihrer tragischen Interpretation durch Pascal s. Goldmann 1985:113.

Menschlichkeit führt Johannes den physiologischen Reflex Tränen (11,35) an, und aus der Wunde, die ein Soldat dem ans Kreuz Geschlagenen mit einem Lanzenstich versetzt, quellen Blut und Wundwasser.[157] All diese Details werden – meist vereinzelt – in der Väterliteratur zur Beglaubigung herangezitiert. Johannes von Damaskus, dessen Dogmatik *De fide orthodoxa* auch für die russische Orthodoxie entscheidend war, jedoch summiert alle Punkte:

Ὁμολογοῦμεν δὲ, ὅτι πάντα τὰ φυσικὰ καὶ ἀδιάβλητα πάθη τοῦ ἀνθρώπου ἀνέλαβεν. [...] φυσικὰ δὲ καὶ ἀδιάβλητα πάθη εἰσὶ, τὰ οὐκ ἐφ' ἡμῖν, ὅσα ἐκ τῆς ἐπὶ τῇ παραβάσει κατακρίσεως εἰς τὸν ἀνθρώπινον εἰσῆλθε βίον· οἷον πεῖνα, δίψα, κόπος, πόνος, τὸ δάκρυον, ἡ φθορά, ἡ τοῦ θανάτου παραίτησις, ἡ δειλία, ἡ ἀγωνία, ἐξ ἧς οἱ ἱδρῶτες, οἱ θρόμβοι τοῦ αἵματος [...][158]

Besondere Lust an der Aufzählung negativer Affekte weist auch der energetisch hoch sensible Luther auf: „In summa, vera religio semper eget Et Christus conqueritur se esurire, sitire, hospitem, nudum, infirmum esse etc."[159] Die Anschaulichkeit dieser energetischen Metonymien belegt zudem die unüberschaubare Fülle künstlerischer, gerade auch bildkünstlerischer Umsetzungen.[160]

2.7.1.3 Versuchung

Zu den menschlichen Affekten Christi könnten auch sündige Gemütsregungen, negative Gefühle wie Jähzorn oder libidinöses Begehren gehören, zu deren Abwehr von den Gläubigen durch soziale Regeln Enthaltsamkeit gefordert ist. Besonders der Konflikt Trieb *vs.* Norm würde umgangssprachlich mit dem Etikett der „Versuchung" belegt werden.[161] Allein, beim neutestamentlichen Jesus geht es

---

[157] Jh 19,34. Da vom Wasser die Taufe und vom Blut die Eucharistie abgeleitet werden können, sind auch diese beiden Sakramente an die Kenosis geknüpft (vgl. 3.3.3.4, 4.5.2 u. 4.5.10.1).

[158] „Wir bekennen, daß er [Christus] alle natürlichen und untadelhaften Affekte des Menschen angenommen hat. [...] Natürliche und untadelhafte Affekte aber sind solche, die nicht von uns abhängen, alle, die infolge der Verurteilung, die wegen der Übertretung erfolgt, ins menschliche Leben gekommen sind, wie Hunger, Durst, Ermüdung, Mühe, die Träne, die Vergänglichkeit, die Todesscheu, die Furcht, die Angst, daher die Schweiß- und Blutstropfen [...]." (*De fide orth.* III 20; PG 94,1081AB; dt. v. Dionys Stiefenhofer, Johannes von Damaskus 1923:174f).

[159] „Insgesamt verlangt wahrer Glaube stets, dass auch Christus darüber klagte, dass er hungrig und durstig, fremd, nackt und schwach sei." (Luther WA 40,191,25f, mit einem Kondensat aus Mt 25,35f).

[160] Siehe 2.7.2.5 u. 4.7.

[161] Solches hat nach Tareevs Darstellung der Pelagianer Julian von Aeclanum gelehrt (s. H.-J. Röhrig 2000a:162; zu Julians positivem Begriff fleischlichen Begehrens s. Lössl 2001:138–146; zu den Kanones, mit denen die Verurteilung auf dem Konzil von Karthago 418 begründet wurde, ebd.: 268 Anm. 107).

2. Trope und Paradox

vorzugsweise um eine andere Form von Versuchung – nämlich die, im *status exinanitionis* dennoch göttliche Attribute einzusetzen (Mt 4,1–11, Lk 3,1–13) Nur vordergründig versucht der Teufel Jesus nach dessen Fastenzeit (Mt 4,2, Lk 4,2) mit Brot; eigentlich aber geht es um das Ansinnen, Christus möge seine Gottesmacht nutzen, um Stein in Brot zu verwandeln (Mt 4,3, Lk 4,3). Dies wird dadurch bekräftigt, dass eine weitere erzählte Versuchung auf die Ausübung von Allmacht über die Engel zielt (Mt 4,6, Lk 4,10). Die Konfrontation mit der Versuchung stellt so in den synoptischen Evangelien einen Ausweis echter Menschlichkeit dar.[162] Dass diese darin besteht, den zeitweiligen Verzicht auf göttliche Attribute auszusetzen, verbindet diese Episode mit Phil 2,7. Dieselbe Intension von Versuchung wiederholt sich in der Konstellation am Kreuz, als ein Mitgekreuzigter (Lk 23,39) oder auch die Hohenpriester (Mt 27,42) bzw. Zuschauer (Mk 15,29f) Jesus höhnisch auffordern, doch vom Kreuze herabzusteigen, was wiederum die Benutzung der göttlichen Eigenschaften bedeuten würde, von denen die Kenose doch den Verzicht darstellt.

In diesem Sinne erläutert auch der wichtigste Kenosis-Dogmatiker unter den russischen Theologen, Michail Tareev, die Versuchungen Christi: Es gehe nicht um eine sinnliche, sondern um eine „religiöse Versuchung" (s. H.-J. Röhrig 2000a:176–179), nämlich trotz *status exinanitionis* die göttliche Macht einzusetzen (4.4.4.4). Tareev bezieht sich dabei auf eine vergleichbare Zuspitzung, die Dostoevskij in der „Легенда о Великом Инквизиторе" [Legende vom Großinquisitor] aus den *Братья Карамазовы [Brüder Karamazov]* macht,[163] wo der Großinquisitor Christus vorwirft, seine göttliche Macht nicht gezeigt zu haben, nicht vom Kreuz herabgestiegen zu sein (Dostoevskij 1958:IX 321); der fiktive Kleriker verkennt also die kenotische Entsagung von der göttlichen Macht.

Allerdings bedeutet diese Limitation der Versuchung auf die Ausübung göttlicher Merkmale eine Reduktion der menschlichen Realität des Konflikts von Norm und Begehren. So partizipiert Christus für den Autor des Hebräerbriefes an menschlicher Schwäche („μετὰ κραυγῆς ἰσχυρᾶς καὶ δακρύων"[164]); er werde mit der Versuchung konfrontiert, sei aber „χωρὶς ἁμαρτίας".[165] Das begreift der Neokenotiker Wolfgang Friedrich Geß als Manko, sieht für den Inkarnierten eine Wahlfreiheit zwischen *gut* und *böse* als erforderlich an und möchte wenigstens die

---

[162] Für literarisch-fiktionale Christusnachahmer, die drohen, zu souverän, ja übermenschlich zu geraten, ist die Überwindung von Versuchungen ein probates Mittel, Heiligmäßigkeit und Menschlichkeit zugleich zu demonstrieren. Das gilt auch für deren säkularisierte Erben (s. 8.4.5.5.).
[163] Zu Tareevs Dostoevskij-Bezug s. H.-J. Röhrig 2000a:110.
[164] „Mit lautem Schreien und mit Tränen" (Hebr 5,7).
[165] „Ohne Sünde" (Hebr 4,15).

Potenzialität eines Sündigens Christi retten, ein *posse peccare [Sündigen-Können]*: „In der That wäre aber auch das *Menschsein* Christi nicht reell gedacht, wenn wir sagen wollten, daß es ihm innerlich schlechthin unmöglich gewesen sei zu sündigen [...]" (Geß 1856:348, Hervorh. i. Orig.).

Ob *non posse peccare [Nicht-Sündigen-Können]* oder *posse peccare [Sündigen-Können]* – gegen die Versuchung kommt im NT Christi Gehorsam gegenüber dem Vater zum Tragen (Phil 2,8). Die seelische Gegenbewegung zu Verzagen und Verzweiflung realisiert Christus bei Markus und Matthäus mit dem Gehorsam gegenüber dem Willen des Vaters: „[...] μὴ τὸ θέλημά μου, ἀλλὰ τὸ σὸν γενέσθω."[166] Adam war der Versuchung des Ungehorsams erlegen, Christus stellt die dadurch verletzte Ordnung wieder her.[167]

Wenngleich die menschliche Realität der Versuchung überwunden werden muss, um die göttliche Natur Christi nicht zu sehr herabzuziehen, bleibt die Frage der Fähigkeit Christi zur Sünde doch immer heikel und nur in Grenzen für die Veranschaulichung von echter Menschlichkeit geeignet. Im Bezug auf Christus ist nur die Versuchung zur Sünde akzeptabel, nicht aber das Sündigen selbst (s. 2.7.2.4). Bei Christusnachahmern und ihren säkularen Nachfolgern hingegen kann ein besonderer Beglaubigungseffekt darin bestehen, dass phasenweise oder punktuell gesündigt wird, um danach christoforme bzw. heroische Selbstdisziplin zu erreichen (vgl. 8.6.1).

2.7.1.4 Klimax der Inkarnation: Leiden, Tod, Verwesung
Die letzte Konsequenz der innerweltlichen Erniedrigung scheint im Moment des Todes zu liegen: Der Philipper-Hymnus führt das Menschliche an Christus in einer Klimax (vgl. Gorodetzky 1938:169) mit eingelagerter Epanalepse bis zum ultimativen Zeugnis Kreuzestod: „[...] μέχρι θανάτου, θανάτου δὲ σταυροῦ."[168]

Der Weg dahin interessiert den Systematiker Paulus selbst weniger,[169] wohl aber die Evangelisten, durchaus auch im typologischen Begründungszusammen-

---

[166] „[...] nicht mein, sondern dein Wille geschehe." (Lk 22,42).
[167] Siehe das Anakephalaiosis-Theorem (3.0.6.).
[168] „[...] bis zum Tode, ja zum Tode am Kreuz." (Phil 2,8).
[169] Trotz des obigen Einwandes gegen die Antidialektik-These (s. 2.5.1) ist Badious Befund zuzustimmen, dass Paulus für die Details der Menschlichkeit Christi wenig Sinn hat: „[...] wohl gibt es bei Paulus das Kreuz, nicht aber den Kreuzweg. Es gibt die Passion, aber nicht die Kreuztragung. So energisch und drängend die Predigt des Paulus ist, sie enthält keine masochistische Propaganda für die Tugenden des Leidens, kein Pathos der Dornenkrone, der Geißelung, des ausgeschwitzten Bluts oder des Schwamms, der mit Galle getränkt ist." (2002:128). Wie mächtig die Details dennoch sind, demonstriert Badiou selbst mit seiner Aufzählung. Nur kommt diese mehr aus den Evangelien als aus den Paulus-Briefen.

2. Trope und Paradox

hang.[170] Vor allem aber faszinieren Leiden und Sterben Christi in der Kulturgeschichte des Christentums, begründet dieses doch ein singuläres Muster. Waren nämlich die obigen Metonymien der Inkarnation Merkmale, die jedem Menschen eignen, so sind die Passion und der Fluchtod Christi Momente einer spezifischen Biografie des Leidens und Sich-Opferns.

Die erwähnten physiologischen Metonymien wahrer Menschlichkeit weisen zum Teil schon – insbesondere Schmerz, Trauer und Verzweiflung – indexikalisch auf ein Leiden des Inkarnierten hin, wenngleich der Fokus dem Handeln der Christus Misshandelnden gilt und nicht seinem innerem Erleben. Da es jedoch seit dem Jakobusbrief galt, den Verdacht eines Leidens der Gottheit, insbesondere Gott Vaters selbst abzuwenden (s. 2.3.3), war auch die Zuschreibung von Leiden an den inkarnierten Sohn nicht unumstritten (s. 2.7.4.4). Um zu markieren, dass es sich bei Christi Leiden dennoch nicht um eine körperliche Äußerlichkeit handelt, spricht Thomas von Aquin von äußerem und innerem Leiden, von „passio corporalis"[171] und „passio spiritualis".[172]

Das Finale des Leidensweges ist der Tod am Kreuz. Während der Passionsweg, die Verhöhnung des Gekreuzigten und die Details der Folter[173] der Anschauung offen stehen, tut dies der Moment des Hinscheidens nicht. Alle Evangelien widmen diesem entscheidenden Übergang lediglich einen Vers (Lk 23,46, Jh 19,30), wobei dieser bei Matthäus (Mt 27,50) und Markus jeweils einer der kürzesten ihrer Evangelien ist: „Ὁ δὲ Ἰησοῦς ἀφεὶς φωνὴν μεγάλην ἐξέπνευσε."[174] Das Ende wird – wie in einer Trichterstrophe – ikonisch im vorzeitig verstummenden Vers versinnbildlicht.

Insofern also mit dem Tod Jesu auch der Diskurs der Evangelisten zu versiegen droht, wählen die Texte erneut metonymische Verfahren der Enargeia. Da ist zum einen die Metonymie des Kreuzes, an das Christus geschlagen wird. Schon Paulus erhebt das Kreuz zum Emblem seiner Umkehrungslogik.[175] Und ein Anathem von Ephesos schließt den Kreuztod in die Glaubenspflichten ein (s. 2.7.4.4).

---

[170] Das Leiden und Getötet-Werden wird von Markus in die erwähnte (s. 2.7.1.1) Menschensohn-Typologie gestellt: „Καὶ ἤρξατο διδάσκειν αὐτοὺς, ὅτι δεῖ τὸν υἱὸν τοῦ ἀνθρώπου πολλὰ παθεῖν, καὶ ἀποδοκιμασθῆναι ἀπὸ τῶν πρεσβυτέρων καὶ τῶν ἀρχιερέων καὶ τῶν γραμματέων, καὶ ἀποκτανθῆναι, καὶ μετὰ τρεῖς ἡμέρας ἀναστῆναι·" [Und der fing an, sie zu lehren: Der Menschensohn muss viel leiden und verworfen werden von den Ältesten und Hohenpriestern und Schriftgelehrten und getötet werden und nach drei Tagen auferstehen.] (Mk 8,31).

[171] „Körperliches Leiden" (*S.th.* III 15, 4 u. 5).

[172] „Geistiges Leiden" (*S.th.* I-II, 22, 3).

[173] Wie der Essig-Schwamm (s. 2.7.1.2).

[174] „Aber Jesus schrie laut und verschied." (Mk 15,37).

[175] 1Kor 1,18; Gal 5,14; vgl. 2.5.1.

98   I. Rhetorik der Christologie

Aufgrund des Schandcharakters der Hinrichtungsart Kreuzigung (s. 2.7.1.3) dauert es allerdings bis Konstantin, bis die Kreuz-Metonymie auch im Bild für den paradoxen Triumph Christi/des Christentums eingesetzt wird.[176] Weitere Jahrhunderte vergehen, bis die metonymische Relation des *crucifixus* auch bildhaft wieder hergestellt und schließlich proliferiert wird (s. 4.6.5.1). Katholische Kruzifixe bilden ab dem 13. Jh. verstärkt den toten Christus am Kreuz ab (F. Röhrig 2005:67f).

Die lutherische um das Kreuz zentrierte Theologie[177] schreibt die Linie des Auskostens des Tiefpunkts Kreuzestod zum Umwertungszweck fort (s. von Loewenich 1954). Das Kreuz sei der Moment, wo der christliche Gott sich durch Selbstverbergung[178] gezeigt und triumphiert habe:

> Crux enim, quae mortificat omnem sensum et affectum, ipsa ducit ad pacem. Et CHRISTUS, dum Crucifixus est, secum pacem nostram abscondit in deum, qui sub Cruce latet, nec alibi invenitur.[179]

Provoziert durch die amerikanische Gott-ist-tot-Theologie (s. 2.6.1.5), fordert Moltmann mit paradoxen Formeln wie der vom „gekreuzigten Gott" eine „Theologie im Hören des Todesschreis Jesu" (1972:184f), möchte aber nicht vom „Tod Gottes", sondern vom „Tod *in* Gott" sprechen (ebd.:192, Hervorh. i. Orig.). Dagegen begrüßt Derrida den „kenotischen Horizont des Todes Gottes und der anthropologischen Zurücknahme in die Immanenz" (2001a:70).

Eine zweite, zeitlich gelagerte Metonymie für den unanschaulichen Moment des Todes bildet die christliche Grabsszenerie. Die Evangelien amplifizieren die Beseitigung des Leichnams fast gleichlautend durch die Prosopopöie Josef von Arimathäa.[180] Bis zum Verschluss des Grabes geht alles seinen typischmenschlichen Gang. Und da der Zustand des Leichnams erst am dritten Tag danach wieder in den Blick genommen wird, ist auch der menschliche physiologische Automatismus der Verwesung nicht explizit ausgeschlossen, wenngleich –

---

[176] Siehe 5.5.2.2. Vgl. auch die Paradoxie des Begriffs *exaltatio*, die einmal für die Kreuzaufrichtung bzw. Kreuzerhöhung stehen kann und damit eine soziale Degradierung bedeutet, zum anderen die Erhöhung des Auferstandenen bezeichnet.

[177] „CRUX sola est nostra Theologia." [Das KREUZ allein ist unsere Theologie.] (Luther WA 5,176,32f).

[178] Hierbei wird Jesajas Fomulierung vom „אֵל מִסְתַּתֵּר" [hebr. *ēl misᵉtatēr* ‚deus absconditus', ‚verborgener Gott'] aufgerufen (Jes 45,15).

[179] „Denn das Kreuz, das jeden Sinn und Affekt tötet, führt selbst zum Frieden. Und CHRISTUS verbirgt, solange er ans Kreuz geschlagen ist, mit sich unseren Frieden in Gott, der unter dem Kreuz abwesend ist und auch nicht anderswo gefunden wird." (Luther WA 5,418,34–37). Nicht weniger offensiv geht Sergej Bulgakov an die dritte von ihm gesehene Stufe der Selbsterniedrigung Gottes (s. 2.6.1.4) heran – den Tod des Inkarnierten (s. 4.4.4.6.).

[180] Mk 15,42–46; Mt 27,57–60; Lk 23,50–53; Jh 19,38–42.

wie Hässlichkeit, Ekel (s. 2.7.2.5) – für den theistischen Gottesbegriff unerfreulich; zumindest die Thematisierung dieser menschlichen Realität ist unerwünscht, eine allzu naturalistische Darstellung des toten Christus-Leibs bildet eine ästhetische Bedrohung für den Glauben.[181]

2.7.2 Zuviel Mensch/zuwenig Gott

> Nie kann eine Paradoxie ([…]) sinnverlustlos in eine Identität umgewandelt werden. (Luhmann 2000:55)

Selbst wenn der Erniedrigungsvektor in Phil 2,8 bis zur Epanalepse des Fluch-Todes und zur Verwesung des Leichnams ausgezogen wird, wird er in orthodoxer Auffassung überzeichnet durch die Gegenbewegung – die Erhöhung (Phil 2,9–11). Wo diese Gegenbewegung in Zweifel gezogen wird, gerät die Kenose für den interkonfessionellen Minimalkonsens zu radikal (s. 2.6.1.5). So kann der Menschlichkeit Christi, die zu belegen die Evangelien und die Väter so viel Mühe verwenden, auch zuviel werden – zuviel zum einen für den christologischen Mainstream, zuviel zum anderen für eine im weitesten Sinne bürgerliche, immer nur halb naturalistische Christo-Ästhetik.[182]

Dass es über fast zwei Jahrtausende Christologiegeschichte in Europa einen weitgehenden Konsens darüber gab, wo das „Genug" endet und das „Zuviel" beginnt, dokumentiert die erfolgreiche Arbeitsweise des christologischen Dispositivs. Und markanterweise funktioniert dieser Konsens an den Rändern am schlechtesten – an den zeitlichen Rändern in der Anfangsphase, im gnostisch geprägten ersten und zweiten nachchristlichen Jahrhundert, und wieder in der zweiten Hälfte des 19. und im 20. Jh. (Neokenotik, God's-Death-School), im 3. bis 5. Jh. an den

---

[181] Vgl. Dostoevskij und Remizov (4.3.9.4).
[182] Eine rhetorische Konzeptualisierung der kenotischen Christologie hat sich der Versuchung zu erwehren, kenotische Einschlägigkeit in Sympathie für die radikalkenotischen Positionen umschlagen zu lassen und im Gegenzug weniger kenotische Ansichten wie reformierte oder katholische abzuwerten. Als „richtig" darf eine solche Beschreibung rein gar nichts erklären. – Eine Darstellung der Häresien als Abgründe, die sich zu beiden Seiten eines der christologischen Formelkompromisse der Ökumenischen Konzilien auftun, findet sich schon verschiedenerorts in der Dogmengeschichte (vgl. z.B. die Konkordienformel; BSLK 809,24–37). Darin ist die Struktur eines „Zuviel/zuwenig" auf zweiten Seiten des jeweils akzeptierten dogmatischen Grates genauso angelegt wie das implizite Maß, dass dieser Grat durch Ausgewogenheit charakterisiert sei, also durch Paradoxalität gekennzeichnet ist, und die dritte, nicht seltener verworfene Alternative zu diesen beiden „Zuviels/zuwenigs" an der Frage von zuviel oder zuwenig Zusammenhang zwischen den Dimensionen Christi festgemacht werden kann (BSLK 809,38–810,24, vgl. 2.7.5–2.7.6).

räumlichen Rändern in Antiochien und Alexandria und später in den monophysitischen orientalischen Kirchen.

Wie die Rede vom Niedrigen bzw. Niederen selbst zwischen ‚einfach' und ‚verwerflich', zwischen positiv schlicht und negativ primitiv schwankt,[183] so changiert auch die Zuschreibung des Niedrigkeitsprädikats an die zweite Hypostase zwischen genug und zuviel.

2.7.2.1 Arianismus

Insbesondere kann der Menschlichkeit dann zuviel sein, wenn sie auf Kosten der Göttlichkeit geht. So ist es kein Zufall, dass sich die berühmteste aller Häresien, der Arianismus, dadurch auszeichnet, dass er die Göttlichkeit Christi reduziert.

Vor dem Hintergrund des römischen und hellenistischen Polytheismus und zur Abwehr des Verdachts, in der Trinität könne der Monotheismus ausgehöhlt werden, betonen die frühen Väter die Monarchie des Vaters;[184] die Kehrseite ist eine gewisse Tendenz, den Sohn dem Vater nachzuordnen. Allerdings war dieser vornizäanische trinitarische Subordinationismus noch wenig an einer *ontologischen* Unterordnung Christi interessiert. Solches geschieht erst bei Arius.

Die Arianer schließen aus der Monarchie des Vaters eine wesentliche ontologische Differenz von Gott Vater und dem Sohn. Im radikal monotheistischen Geiste des mittleren Platonismus begreifen sie den Logos als erstes Geschöpf und somit nicht als anfangslos, nicht als ewig wie den Vatergott (s. Hoping 2004:96f). Aus dem späteren Aufstieg Christi (Phil 2,9) folgern sie, dass der Sohn vorinkarnatorisch klar unter dem Vatergott gestanden habe. „Μέγας μὲν γὰρ καὶ μικρὸς παρ' αὐτοῖς θεός".[185] Entsprechend beziehen sie sich in ihrer Argumentation meist auf die zweite Hälfte der Christus-Hymne Phil 2,5–11: Wer, wie es in Phil 2,9 heißt, aufsteige, müsse vorher niedriger gewesen sein (PG 39,856B). So erklären sie das ἁρπαγμὸν-[Raub]-Motiv aus Phil 2,6 als unausgeführten, aber vom Standesunterschied her denkmöglichen „Raub" des Sohnes:[186] „[...] ὅτι Θεὸς ὢν

---

[183] Vgl.: „Es hat sich im Deutschen der Usus gebildet, daß man *niedrig* und *nieder* unterscheidet, indem man unter ersterem das Gemeine, unter dem zweiten das Einfache, Schlichte, Untere versteht. Eine niedrige Gesinnung, eine niedrige Behandlung, ein niedriger Streich u.s.w.; dagegen ein niederes Dach, eine niedere Hütte, ein niedrer Stand u.s.w." (Rosenkranz 1853:199).

[184] Die Ostkirche begreift die Hinzufügung des *filioque* ins Glaubensbekenntnis, an dem das Schisma von 1054 festgemacht wurde, als Angriff auf die Monarchie des Vaters.

[185] „Ein großer und ein kleiner Gott nebeneinander" (PG 62,220).

[186] Eine sozialgeschichtliche und religionsanthropologische (für die christliche Intention höchst kritische) Interpretation der Unübersetzbarkeit der Raub-Passage, wie sie aus Inspirationen von Feuerbach, Nietzsche und Elias und Smith (2001) hervorgehen würde, könnte in eine ähnliche Richtung führen (vgl. 5.2.7.4). Sie würde dahin gehen, dass in der dunklen Formulierung aus Phil 2,6 eine Spur verwischt würde, und zwar die Spur

2. Trope und Paradox

ἐλάττων, οὐχ ἥρπασε τὸ εἶναι ἴσα τῷ Θεῷ τῷ μεγάλῳ καὶ μείζονι."[187] Der ausgelassene Raub würde demnach kein Haben, sondern ein Nicht-Bekommen (bzw. Noch-Nicht-Bekommen) bezeichnen. Dabei heben die Arianer auf den fehlenden Artikel in „ἐν μορφῇ Θεοῦ" [in göttlicher Gestalt] ab: „[...] καὶ οὐχ εἶπε μετὰ τοῦ ἄρθρου, περὶ τοῦ Θεοῦ τοῦ Πατρὸς λέγων."[188] Vorinkarnatorisch sei Christus in Form *eines*, nicht aber *des* Vater-Gottes gewesen. So sei auch der Gehorsam als echte Unterordnung zu verstehen (PG 62,232), weswegen Christus eine gewisse Nähe zu anderen unter Gott stehenden Kreaturen auszeichne (PG 39,817A).

Kaiser Konstantins Bemühungen um die Sicherung der Kircheneinheit führen auf dem Konzil von Nicäa 325 zur Verurteilung des Arianismus. Am prominentesten lässt sich die antiarianische Stoßrichtung des Nicäanums ablesen am ersten und vierten der antiarianischen Einschübe: „ἐκ τῆς οὐσίας τοῦ πατρός" und „ὁμοούσιος τῷ πατρί".[189]

Da die Rede von der „Wesensgleichheit" aber als „Identität" missgedeutet werden konnte, was dem Modalismus gleichkäme (s. 2.3.1.1), waren die arianischen Strömungen damit noch nicht ausgeschaltet; Versuche, das „ὁμοούσιος" abzuschwächen zu „ὅμοιος κατ' οὐσίαν" [wesensähnlich] oder gar nur „ὅμοιος" [ähnlich] werden als Semiarianismus bezeichnet (Hoping 2004:102), die Position der radikalsten Verteidiger der arianischen Lehre, die auch Ähnlichkeit nicht akzeptieren,[190] als Jungarianismus. Das Konzil von Konstantinopel 381 bemüßigte sich keiner differenzierteren Antwort, sondern repetierte lediglich das „ὁμοούσιος τῷ πατρί".[191]

2.7.2.2 Adoptianismus

Kein riskantes Abstiegs- und Leidensmodell, sondern ein bloßes Aufstiegsmodell vertritt die Gruppe der sog. Adoptianisten, für die der Gott Christus bei der Inkarnation statt Menschennatur einen schon vorher existenten Menschen annimmt.

---

eines menschlichen psychischen Habitus, der inhibierten Aggression gegen einen übermächtigen Gegner, welche nach Smith die Basis des „humiliated habitus" bildet: Ein Begehrenswertes würde von einem niedriger Stehenden (Christus) – aus Angst vor einem Mächtigeren bzw. Höheren (Gottvater) – nicht geraubt (darauf läuft auch Freuds Interpretation in *Totem und Tabu* hinaus; vgl. 3.0.4).

[187] „[...] dass er ein kleinerer Gott war und nicht raubte, dem großen, dem größeren Gott gleich zu sein." (PG 62,220; vgl. CGPNT VI,248,20–24).

[188] „[...] denn er sagte es nicht mit Artikel, im Hinblick auf *den* Gott den Vater." (PG 62,223, Hervorh. D.U.).

[189] „Wesensgleich dem Vater" (COD 5).

[190] „ἀνόμοιος" [unähnlich]; s. dazu auch 3.6.2.

[191] „Aus dem Wesen des Vaters" und „wesensgleich dem Vater" (COD 5.24).

I. Rhetorik der Christologie

Eine der frühesten Quellen ist der *Hirt des Hermas*, in dem Christus nicht namentlich auftaucht, dessen Aussagen jedoch auf Christus bezogen wurden:

τὸ πνεῦμα τὸ ἅγιον τὸ προόν, τὸ κτίσαν πᾶσαν τὴν κτίσιν, κατῴκισεν ὁ θεὸς εἰς σάρκα ἣν ἠβούλετο. αὕτη οὖν ἡ σάρξ, ἐν ᾗ κατῴκησε τὸ πνεῦμα τὸ ἅγιον, ἐδούλευσε τῷ πνεύματι καλῶς ἐν σεμνότητι καὶ ἁγνείᾳ πορευθεῖσα, μηδὲν ὅλως μιάνασα τὸ πνεῦμα. πολιτευσαμένην οὖν αὐτὴν καλῶς καὶ ἁγνῶς καὶ συνκοπιάσασαν τῷ πνεύματι […], μετὰ τοῦ πνεύματος τοῦ ἁγίου εἵλατο κοινωνόν.[192]

Ein gänzliches Abstreiten der Inkarnation findet sich, zumindest dem antignostischen Referat zufolge, auch beim Gnostiker Markion:

Μαρκίων δὲ ὁ Ποντικὸς φησὶν, ὅτι ὁ Θεὸς ὁ τὰ πάντα συστησάμενος, οὐκ ἔστιν ἀγαθὸς οὐδὲ Πατὴρ τοῦ ἀγαθοῦ Χριστοῦ, ἀλλ' ἕτερός τις δίκαιος, καὶ σάρκα οὐκ ἀνέλαβεν ὑπὲρ ἡμῶν.[193]

Während Markion mit seiner Sicht von Christus als gerechtem Menschen nicht mit Adoption argumentiert, gibt es davon Anklänge im judenchristlichen Umfeld (Ebionitismus), bei Novatian, Hilarius und Marius Victorinus Afer (MöllerHauck 1896:180) und angeblich bei Paulos von Samosata.[194]

---

[192] „Den präexistenten heiligen Geist, der die ganze Welt geschaffen hat, ließ Gott in einer Fleischesnatur wohnen, die er auserwählt hatte. Diese Fleischesnatur, in der der heilige Geist wohnte, diente dem Geiste gut durch heiligen und ehrbaren Wandel und befleckte den Geist in keiner Weise. Da sie nun ein gutes und ehrbares Leben geführt und mit dem Geist zusammengearbeitet hatte […], nahm er sie zur Genossin des heiligen Geistes an." (Sim V 6,5f; dt. v. Andreas Lindemann u. Henning Paulsen, Lindemann/Paulsen 1992:446f).

[193] „Markion aus dem Pontos aber sagte, dass der Gott, der alles geschaffen hat, kein guter ist und nicht der Vater des guten Christus, dieser aber irgendein Gerechter, und dass er nicht um unser willen Fleisch angenommen hat." (CGPNT VI,247,20–23). Markion hätte demnach ein Konkurrenzverhältnis von gutem, aber menschlichem Christus und bösem, transzendentem Gott konzeptualisiert (wobei es allerdings ein Mittelglied gibt, nämlich den guten Vater des guten Christus, und es nicht auf ein ödipales Schema hinausläuft; vgl. von Harnack 1924:97–106.121–143); s. auch 7.3.3.3.

[194] Von Paulos von Samosata, dessen Lehre auf der Synode von Antiochien 268 verurteilt wurde und dessen Gedanken nur bruchstückhaft überliefert sind, geht die Annahme (dokumentiert in Eusebius' *Historica ecclesiastica* [h.e. VII,27,2]; zu deren Umstrittenheit s. Lang 2000:59), er habe gelehrt, dass Jesus, als Mensch geboren, allein durch die Einwohnung des Logos an diesem teilgehabt habe: „[…] ὅτι ἀπὸ Μαρίας ἤρξατο καὶ πρὸ τούτου οὐκ ἦν; καὶ σὺ δὲ πῶς λέγεις ἐνέργεια ἦν; μορφὴ γὰρ Θεοῦ, φησίν, μορφὴν δούλου ἔλαβεν· ἡ μορφὴ τοῦ δούλου, ἐνέργεια δούλου ἐστὶν ἢ φύσις δούλου. πάντως δή που φύσις δούλου. οὐκ οὖν καὶ ἡ μορφὴ τοῦ Θεοῦ, Θεοῦ φύσις; οὐκ ἄρα ἐνέργεια." [(…) dass er von Maria gekommen sei und davor nicht dagewesen sei?] Und wie, sagst du, sei seine Tätigkeit gewesen? Die Gestalt Gottes, sagt er, habe die Sklavengestalt angenommen; Sklavengestalt, Tätigkeit des Sklaven bedeute Sklavennatur. Gewiss Sklavennatur. Nicht aber auch die Gestalt des Gottes? Jedenfalls nicht die

Systematisch wird diese Ansicht im 8. Jh. in Spanien vertreten; die spanischen Vertreter nehmen das Verbum λαμβάνω aus „μορφὴν δούλου λαβών" [nahm Knechtsgestalt an] ernst und behaupten eine Differenz zum ontischen Menschwerden, das von Phil 2,7 gar nicht ausgesagt sei: So heißt es im Brief spanischer Bischöfe von 793: „Unus [deus et homo] autem non conversione divinitatis in carnem, sed assumptione humanitatis in Deum."[195] Elipandus von Toledo wird noch deutlicher:

> Ecce ipse Filius Dei secundum formam servi quam assumpsit ex Virgine, in qua minor est Patre, et non est genere, sed adoptione, adoptivus Dei primogenitus in multis fratribus secundum Apostolum.[196]

Man könnte sagen, dass im Zuge des Adoptianismus der Aspekt der *Selbst*erniedrigung abgeschafft wird.[197]

2.7.2.3 Unwissen, Ohnmacht, Bewusstlosigkeit

Während der Adoptianismus auf der allgemeinen Ebene der ‚Menschgewinnung' angesiedelt ist, gibt es daneben einige partikulare Merkmale von Menschlichkeit, die – von Phil 2,5–11 und den Evangelien offen gelassen[198] – der Gottesnatur im *status exinanitionis* gefährlich werden: Unwissen, Ohnmacht oder Bewusstlosigkeit; bedroht sind Allwissen, Omnipräsenz, Allmacht und Sündlosigkeit.

Der wohl fälschlich Cyrill von Alexandrien zugeschriebene Traktat *Adversus anthropomorphitas [Gegen die Anthropomorphiten]* ist hier von Interesse, weil er den Aspekt der ἄγνοια [Unwissen] des Menschen Jesus ausbuchstabiert, die neben seiner göttlichen Eigenschaft der Allwissenheit zu stehen komme: „[...] ὅ γε μὴν ἄνθρωπος ὁ αὐτὸς οὐχ ἀποσείεται τὸ καὶ ἀγνοῆσαι δοκεῖν, διὰ τὸ πρέπειν

Tätigkeit.] (CGPNT VI,247,33–248,3). Während „Einwohnung" des Geistes für die Gemeinde erstrebenswert ist (vgl. Jh 14,23), gilt dies für Christus als zuwenig.

[195] „Einer [Gott und Mensch], aber nicht durch Verwandlung der Gottheit ins Fleisch, sondern durch Annahme eines Menschen in Gott." (PL 101,1327D). Zur daran ablesbaren Abwehr der Vorstellung von einem Wandel innerhalb der Gottheit s. 2.3.3.

[196] „Siehe, der Sohn Gottes selbst nach Sklavengestalt, die er aus der Jungfrau annahm, in der er kleiner ist als der Vater, und nicht durch Zeugung, sondern durch Adoption, Adoptivsohn Gottes und Erstgeborener von vielen Brüdern, wie der Apostel sagt." (PL 96,871CD).

[197] Neben der Anzüglichkeit wäre das Skandalon an Puškins erotisch-blasphemischer Гавриилиада *[Gabrieliade]* in christologischer Hinsicht in einer Adoptionsvorstellung zu suchen – dass Gottvater den von Gabriel mit Maria gezeugten Sprößling an Kindes Statt angenommen hätte. (Puškin 1937/59:IV 135).

[198] Garvie allerdings versucht, an der jeweiligen narrativen Einbettung von Christi Fragen zu belegen, dass er nach der Sicht der Evangelien immer auch noch-unwissend war (1906:928).

τῇ ἀνθρωπότητι."[199] Unwissen bzw. Irrtum im inkarnierten Christus vertritt zudem der Abt von St. Martin in Tours, Fredegisius: „Quia vere humilis erat secundum nos, abjecta de se sentit, et errasse se non dubitavit."[200] Dagegen lautet die offizielle orthodoxe Lesart in der Formulierung des Johannes von Damaskus:

> Δεῖ γινώσκειν ὅτι τὴν μὲν ἀγνοοῦσαν καὶ δούλην ἀνέλαβεν φύσιν· καὶ γὰρ δούλη ἐστὶν ἡ ἀνθρώπου φύσις τοῦ ποιήσαντος αὐτὴν Θεοῦ, καὶ οὐκ ἔχει τὴν τῶν μελλόντων γνῶσιν. [...] διὰ δὲ τὴν τῆς ὑποστάσεως ταυτότητα, καὶ τὴν ἀδιάσπαστον ἕνωσιν κατεπλούτησεν ἡ τοῦ Κυρίου ψυχὴ τὴν τῶν μελλόντων γνῶσιν, ὡς καὶ τὰς λοιπὰς θεοσημείας.[201]

Erst in der Neokenotik der Erlanger Schule, insbesondere beim frühen, kenotisch radikalen Gottfried Thomasius von 1845 (vgl. Dawe 1963:92) wird wieder offensiv auf ein menschenzeitliches Unwissen Christi abgehoben. Der inkarnierte Logos könne Allmacht, Allgegenwart und Allwissen – relative, weltbezogene Eigenschaften „nach außen" – ablegen, ohne sein göttliches Wesen aufzugeben (Thomasius 1845:93). In Ablehnung des *Extra Calvinisticum* (s. 2.7.6) möchte Thomasius in seiner *Erwiederung* [sic] an Dorner Christus als Kind und im Tode nicht nur unwissend, sondern „selbst momentan, bis zur Hingabe an einen Zustand der Bewußtlosigkeit" gedacht wissen.[202] Thomasius' Zurückrudern nach Kritik von Isaak Dorner und anderen nach 1845 (Breidert 1977:62f) zeigt, dass seine frühe Kenotik konsenswidrig ‚zuviel Mensch' und ‚zuwenig Gott' enthalten hatte; zur Linderung dieses ihm vorgeworfenen Mangels nähert sich Thomasius wieder den paradoxen Formeln des Chalcedonense an (ebd.:78f).

2.7.2.4 Rationalismus

In deutlich stärkerem Maße als in Orthodoxie und Katholizismus macht sich der aufklärerische Rationalismus im Protestantismus des 18. Jh.s bemerkbar. Das

---

[199] „[...] als Mensch aber scheint derselbe das nicht abschütteln zu können und nicht zu wissen, weil es sich so für die Menschheit gehört." (PG 76,1101B). Zum Abstieg von auktorialem Autor in unwissende Personalperspektive als strukturell kenotischem poetischem Verfahren, etwa bei Saša Sokolov, s. 9.1.

[200] „Weil er wahrhaft niedrig war wie wir, hörte er Verächtliches über sich und zögerte auch nicht zu irren." (PL 104,159C).

[201] „Man muß wissen, daß er [Christus] die unwissende und dienende Natur angenommen hat. Denn die Menschennatur ist Dienerin Gottes, der sie geschaffen, und sie besitzt nicht die Kenntnis der Zukunft. [...] Allein wegen der Identität der Hypostase und der unzertrennlichen Einigung war die Seele des Herrn mit der Kenntnis der Zukunft und den übrigen Wundern bereichert." (*De fide orth.* III 21; PG 94,1084B; dt. v. Dionys Stiefenhofer, Johannes von Damaskus 1923:176).

[202] Thomasius 1846:290. Eine Fußnote in Darstellungen Jesu Christi als Menschen mit Zuständen reduzierten Bewusstseins bildet Haderers Comic *Das Leben des Jesus* (2002), das Jesus in ständigem Haschisch-Rausch zeigt.

rationalistische Verfahren, die überkommenen dogmatischen Lehrsätze an Vernunft und Erfahrung zu messen, führt zur Historisierung der Dogmen durch die Herausbildung der Disziplin der Dogmengeschichte.[203] Religion und Theologie, Kerygma und Dogma werden getrennt (s. Hornig 1984:135f). Die Einsicht der Aufklärer in die historische Bedingtheit auch dogmatischer Aussageformen (die Theorie von der so genannten Akkomodation) wird überboten durch die anonym vorgetragene Betrugstheorie aus Reimarus' *Fragmenten eines Ungenannten*, der zufolge die Apostel Jesu Botschaft verfälscht hätten, indem sie einem am Kreuze gescheiterten und nicht auferstandenen moralistischen Prediger eine zweite, göttliche Natur angedichtet hätten (1895:8.263–298). Wie später Strauß fordert Reimarus eine Reinigung der Lebensgeschichte Jesu von der nachösterlichen dogmatischen Zubereitung: „[...] so richtet sich ihr [der Apostel] neues Systema nicht nach der Geschichte, sondern die Geschichte muß sich nach ihrem neuen Systemate richten." (ebd.:58). So betrachtet, bleibe jenseits aller Gottessohnschaft Jesu „dennoch alles in den Schranken der Menschlichkeit" (ebd.:22).

2.7.2.5 Naturalismus
Noch stärker wird der Anthropozentrismus im Naturalismus des 19. Jh.s. Christi wahre Menschlichkeit als naturalistische Nacktheit darzustellen, war schon in früheren Jahrhunderten immer wieder unternommen worden – und meist ebenso schnell wieder unterbunden worden. Während es beim lieblichen Christuskind kaum Aufruhr gab (Belting 2005:111), bildete die Darstellung des Geschlechts des erwachsenen Gekreuzigten, wie sie etwa Michelangelo 1521 im *Christus mit Kreuz* versucht, ein Skandalon; auch ein bald hinzugefügter Schurz „konnte nicht verhindern, dass wenige Jahre später ein in seinen religiösen Gefühlen verletzter Mönch das Glied Christi verstümmelte." (Klemm 2002:31).
1553/4 argumentiert der D'jak des Zaren Ivans IV. Viskovatyj radikal naturalistisch gegen die Darstellung des Gekreuzigten mit Schurz:

Слыха есмя многажды ѿ Латынъ в розговоре, яко тѣло га ншего Іс Ха оукрывахѫ херѫвими ѿ срамоты. Греки его пишютъ въ порътка а ѡ порътковъ не нашивалъ, и азъ того для о то оусумнѣваю, а исповѣдаю, яко гдь ншь Іс Хс ради спсенїа принялъ смерть поноснѫю и волею претерпѣлъ распатїе [...][204]

---

[203] Hornig 1984:141. Ohne diesen wissenschaftsgeschichtlich entscheidenden Schritt wäre ein Herangehen wie das hier geübte undenkbar.

[204] „Von den Lateinern habe ich gesprächsweise oft gehört, dass die Cherubim die Blöße des Leibes unseres Herrn Jesus Christus bedeckten. Die Griechen malen ihn mit einem Schurz, er aber hat keinen Schurz getragen, und ich zweifle deswegen daran und bekenne, dass unser Herr Jesus Christus um unserer Erlösung willen den schändlichen

Theologisch wohl unter anderem von der Neokenotik inspiriert (s. 2.7.1.5), wird an diese älteren proto-naturalistischen Erwägungen im viktorianisch und wilhelminisch geprägten 19. Jh. mit dessen besonderer Schamhaftigkeit angeknüpft: Max Klingers Bild *Die Kreuzigung Christi* (1891) erleidet ein Michelangelos *Christus mit Kreuz* analoges Schicksal: Der Künstler sieht sich 1894 gezwungen, einen Lendenschurz hinzuzumalen (Klemm 2002:33).

Eine vergleichbare Rolle wie die unverhüllte Geschlechtlichkeit Christi spielen irdische Hässlichkeit und Ekel. Für die Gnostiker war dieser Aspekt der Inkarnationslehre besonders unerträglich; sie ritten darauf herum, dass dann mit Inkarnation auch physisch Ekelhaftes einhergehen müsse (vgl. M. Henry 2002:29). Verworfen wurde gleich im 2. Jh. die christologische Aischrologie des Platonikers Celsus, der in seiner Schrift Ἀληθὴς λόγος *[Wahrhaftiger Logos]* (um 178) spottend (zur Frage des Komischen s. 3.6.1.1) die jüdisch-christliche Vorstellung vom Abstieg mit Begriffen extremen Wandels ausfüllte und darunter auch die Hässlichkeit aufführte:

εἰ δὴ εἰς ἀνθρώπους κάτεισιν, μεταβολῆς αὐτῷ δεῖ, μεταβολῆς δὲ ἐξ ἀγαθοῦ εἰς κακὸν καὶ ἐκ καλοῦ εἰς αἰσχρὸν καὶ ἐξ εὐδαιμονίας εἰς κακοδαιμονίαν καὶ ἐκ τοῦ ἀρίστου εἰς το πονηρότατον.[205]

Ästhetisch einschlägig ist dabei die von Celsus aufgeworfene Frage nach Hässlichkeit und Ekel, welche im gnostischen Pneuma-Soma-Dualismus klarerweise nicht als Dokumente einer soteriologisch positivierten Inkarnation gelten konnten; die gnostische Ablehnung dieser natürlichen Folgen von Leiden, Tod und Verwesung infiziert bis zu einem gewissen Grade aber auch die Inkarnationsreligion Christentum. Darstellungsweisen, die Solches ausreizen wie Andres Serranos *Pissing Christ* oder das spritzende Christus-Blut in Mel Gibsons Film *Passion of Christ*, erregen bürgerlichen Anstoß (s. 4.6.9.3), sind aber von der Warte der kenotischen Christologie her beileibe nicht häretisch. Ja, die Inkarnationschristologie ist sogar in der Lage, vermeintlich unwillkürliche Reflexe der Abwehr wie den

---

Tod auf sich genommen hat und freiwillig die Kreuzigung ertragen hat." (Rozysk 1858:7f); vgl. 4.6.8.3.

[205] „Steigt er nun zu den Menschen hernieder, so muß er sich einer Veränderung unterziehen, und zwar einer Veränderung vom Guten zum Schlechten, vom Schönen zum Häßlichen, vom Glück zum Unglück und von dem besten zu dem schlimmsten Zustand." (IV 14; dt. v. Paul Koetschau, Origenes 1926:312). Diese radikale „μεταβολή" wollten die Christen, schreibt Celsus, partout nicht als Veränderung des unveränderlichen Gottes verstanden wissen (s. 2.3); folglich hätte Gott jemand anderen, der Veränderung Unterliegenden herabsenden müssen (IV 20), um die Welt von der Schlechtigkeit zu reinigen. Damit wäre Jesus – für die orthodoxen Väter ein Skandalon – insgesamt veränderlich.

Ekel[206] zu inhibieren und keno-ästhetisch zu funktionalisieren. Der christografische Naturalismus ist eine der kenotischen Christologie inhärente Chance und ein Skandalon zugleich.

2.7.3 Genug Gott

Wie die Einschränkungen liegen auch die Bekräftigungen der göttlichen Natur Christi auf zwei Ebenen – der Ebene der ontologischen Grundsatzfrage (2.7.3.1) und des Umgangs mit Einzelmerkmalen von Göttlichkeit. Die erforderlichen Einzelmerkmale von Göttlichkeit – Omnipräsenz, Allwissen und Sündlosigkeit – können dem Inkarnierten ihrerseits entweder 1) ohne alle Einschränkung zugesprochen werden (2.7.3.2), oder er kann sie 2) besitzen und auch ausüben, diese Ausübung aber verbergen und schließlich 3) besitzen, aber zeitweise nicht ausüben (2.7.3.3). Wie viel Herrlichkeit (δόξα) verträgt der *status exinanitionis*?

2.7.3.1 Wesensgleichheit und Wesensähnlichkeit

Uneingeschränkter Besitz der göttlichen Eigenschaften wird mit der Wesenseinheit mit dem Vater im nicht-biblischen Prädikat der Konzile von Nicäa 325 und Konstantinopel 381 „ὁμοούσιος τῷ πατρί"[207] ausgedrückt. Wie wenig stabilisierend diese Kompromissformel jedoch wirkt, wird daran deutlich, dass viele Väter, etwa Gregor von Nazianz oder Kyrill von Alexandrien, die philosophische Formel ὁμοούσιος mieden. Einen Ausweg bot der Rückzug auf die weniger weit reichende Formulierung ὅμοιος, wie sie die – danach benannten – Homöer vertraten. Dieser Begriff war in beide Richtungen ausdeutbar: Christus, so Epiphanios von Salamis, sei sowohl „ὅμοιος τῷ Πατρί" als auch in der Knechtgestalt „ὁμοίως τῇ σαρκί".[208] Christus wäre dann Gott nicht gleich, wohl aber ähnlich: „Οὐ ταυτὸν δὲ, ἀλλ' ὅμοιον [...]".[209] Das „ἴσα Θεῷ" [Gott gleich] aus Phil 2,6 würde damit nur als Ähnlichkeit ausgedeutet. Eine neutestamentliche Basis dafür erblickt Epiphanios in dem fehlenden Artikel im Ausdruck „ἐν μορφῇ Θεοῦ" [in göttlicher Gestalt]: „[...] οὔτε μορφή ἐστι τοῦ Θεοῦ, ἀλλὰ Θεοῦ· οὔτε ἴσα ἐστὶ τῷ Θεῷ, ἀλλὰ Θεῷ· οὔτε αὐθεντικῶς ὡς ὁ Πατήρ."[210]

---

[206] Wie Menninghaus in seiner Monografie *Ekel* meint: „Ekel impliziert aber nicht nur eine Fähigkeit Nein zu sagen (sic), sondern ebenso einen Zwang zum Nein-Sagen, eine Unfähigkeit, *nicht* Nein zu sagen." (1999:8, Hervorh. i. Orig.).

[207] „Dem Vater wesensgleich" (COD 5.24); zur antiarianischen Stoßrichtung s. 2.7.2.1.

[208] „Dem Vater wesensähnlich und „dem Fleisch wesensähnlich" (PG 42,420B).

[209] „[...] nicht denselben, sondern einen ähnlichen [bekennen wir]" (PG 42,436B).

[210] „[...] es ist nicht die Gestalt des Gottes, sondern eines Gottes; er ist nicht dem Gott gleich, sondern einem Gott; nicht in ein und derselben Weise wie der Vater." (PG 42,420B).

Mit beiden Attributen – ὁμοούσιος wie ὅμοιος – wird jedoch mehrheitlich dieselbe Absicht verfolgt: die Ansicht von der Göttlichkeit Christi durch einen ontologischen Terminus zu stabilisieren.[211]

2.7.3.2 Extra Calvinisticum

Was nun die Einzelmerkmale von Göttlichkeit anbetrifft, wird die radikalste Position (Besitz ohne Einschränkung) durch das *Extra Calvinisticum* abgedeckt, das auf punktuelle Ansichten der Väter, etwa Athanasios', zurückverfolgt werden kann (Willis 1966:60). Calvin löst damit das Problem, was denn während der Kenose Christi mit den göttlichen Tätigkeiten der zweiten Hypostase geschehe, dahingehend, dass der Logos trotz Menschwerdung, *daneben* souverän für sich weiter wirke:

> Mirabiliter enim e coelo descendit filius Dei, ut coelum tamen non relinqueret; mirabiliter in utero virginis gestari, in terris versari, et in cruce pendere voluit, ut semper mundum impleret, sicut ab initio.[212]

Damit wendet Calvin ab, dass durch den Austausch der Eigenschaften zwischen göttlicher und menschlicher Natur (s. 2.8.5.3) auch der menschliche Leib für omnipräsent erklärt werden müsste. Andererseits folgt aus dem *Extra Calvinisticum*, dass eine Manifestation des Logos nicht nur außerhalb des Leibes Christi, sondern zugleich auch außerhalb der neutestamentlichen Christusoffenbarung möglich wäre (in einer vom Evangelium unberührten Welt), womit sich die Gefahren ergeben, dass die Selbsterniedrigung Christi nicht mehr das Kernmoment des göttlichen Heilsplans darstellen würde und dass die zwei Naturen Christi auseinandergerückt würden.[213]

2.7.3.3 Krypsis vs. kenōsis chrēseōs

Das Problem der Ausübung göttlicher Merkmale in der Welt stellt sich besonders für die Lutheraner, weil sie die Erniedrigung im λόγος ἔνσαρκος [Logos im Fleische] ansiedeln.[214] Schon Johannes Brenz formuliert in seinem Traktat *De personali unione [Von der Personen-Vereinigung]* von 1561 die These, der erniedrigte

---

[211] Wo die volle Gottheit und Anfangslosigkeit der zweiten Hypostase als gesichert gilt, hat eine etwaige Statusdifferenz zur ersten Hypostase – anders als im Arianismus (s. 2.7.2.1) – weniger die Christologie als die Trinitätslehre zu beschäftigen.

[212] „Das ist das große Wunder: der Sohn Gottes ist vom Himmel herniedergestiegen – und hat ihn doch nicht verlassen; er ist aus der Jungfrau geboren worden, ist auf der Erde gewandelt, ja er hat mit seinem Willen am Kreuze gehangen, und doch hat er immerfort die ganze Welt erfüllt, wie im Anfange!" (*Inst.* II,13,4, übers. v. Otto Weber). Bei Calvin entspringt dies freilich der Abendmahlstheologie (s. 3.3.2.1).

[213] Diesen Vorwurf machen den Reformierten jedenfalls die Lutheraner (s. 2.7.6.).

[214] Vgl. Elert 1931:211; s. 2.7.1.2.

Christus verberge nur die göttlichen Attribute: „[...] quam [maiestatem] etsi tempore carnis suae in hoc saeculo dissimulavit seu ea sese, ut Paulus loquitur, *exinanivit*, tamen nunquam ea caruit."[215] Daran knüpfen die Tübinger Theologen in ihrer Kontroverse mit den Gießenern ab 1619 an. Die Gießener Position erblickt im *status exinanitionis* einen Verzicht Christi auf Ausübung seiner göttlichen Merkmale („κένωσις τῆς χρήσεως"[216]), die Tübinger dagegen nur eine Nicht-Darstellung der dennoch stattfindenden Ausübung der göttlichen Attribute („κρύψις τῆς χρήσεως"[217]).

2.7.3.4 Sündlosigkeit

Von größter ethischer Brisanz unter den Einzelmerkmalen ist das der Sündlosigkeit, also die Frage, wie weit die Versuchungen, denen der erniedrigte Christus unterlegen habe (vgl. 2.7.1.3), denn auf ihn wirkten. Wenn der Wortsinn von Versuchung ein Schwanken voraussetzt, ist bereits ein inneres Schwankend-Werden Sünde? Geht die Erniedrigung Christi womöglich – analog zur ontologischen Klimax des Todes – bis zu einer ethischen Klimax: dem Sündhaft-Werden? Paulus hat dafür eine brisant ambivalente Formulierung: „[...] ὁ Θεὸς τὸν ἑαυτοῦ υἱὸν πέμψας ἐν ὁμοιώματι σαρκὸς ἁμαρτίας [...]".[218] Dieser Vers aus dem Römerbrief beinhaltet entweder die Suggestion einer Sündigkeit Gottes oder aber eines nur scheinbar sündigen Körpers, also einer Scheingestalt (s. 2.3.2.1).

Der Hebräerbrief beeilt sich dagegen klarzustellen: „οὐ γὰρ ἔχομεν ἀρχιερέα μὴ δυνάμενον συμπαθῆσαι ταῖς ἀσθενείαις ἡμῶν, πεπειρασμένον δὲ κατὰ πάντα καθ' ὁμοιότητα, χωρὶς ἁμαρτίας."[219] Die Schluss-Formulierung wird vom Konzil von Chalcedon 451 repetiert („χωρὶς ἁμαρτίας"[220]); von der Wesensgleichheit Christi mit den Menschen sei die Sünde ausgenommen. Für die Ostkir-

---

[215] „[...] welche [Majestät] er, wennschon er sie in den Tagen seines Fleisches in dieser Welt verbarg oder sich ihrer, wie Paulus spricht, *entäußerte*, dennoch niemals entbehrt hat." (Brenz 1981:30f; dt. v. Theodor Mahlmann, Hervorh. i. Orig.). Beachtenswert ist bei Brenz die terminologische Synonymie von Verbergung und Kenose, die im Streit der Tübinger und Gießener aufgegeben wird.

[216] „Entäußerung des Gebrauchs".

[217] „Verbergung des Gebrauchs" (s. Baur 1977). Vgl. weiter Hirsch 1964:333–336.544–550.

[218] „Er sandte seinen Sohn in der Gestalt des sündigen Fleisches." (Röm 8,3).

[219] „Denn wir haben nicht einen Hohenpriester, der nicht könnte mit leiden mit unserer Schwachheit, sondern der versucht worden ist in allem wie wir, doch ohne Sünde." (Hebr 4,15).

[220] „Außer der Sünde" (COD 86).

che dekretiert Johannes von Damaskus dieselbe Ausnahme: „Ὅλον γὰρ τὸν ἄνθρωπον, καὶ πάντα τὰ τοῦ ἀνθρώπου ἀνέλαβε, πλὴν τῆς ἁμαρτίας."[221]

2.7.4 Zuviel Gott/zuwenig Mensch

Wie die Bemühungen, die volle Gottheit Christi vor der Erniedrigung zu retten, auf der ontologisch allgemeinen Ebene und im Hinblick auf Einzelmerkmale von Göttlichkeit angesiedelt waren, so gilt dies auch für die als häretisch verworfenen Überbetonungen der Göttlichkeit. Da im Monotheismus Göttlichkeit praktisch nicht überbetont werden kann, muss im Kontext der christlichen Inkarnationslehre der Eigenwert der menschlichen Natur eingeschränkt werden – durch Minderung des Seinsstatus als Mensche oder Einschränkung seiner Selbstständigkeit.

2.7.4.1 Apollinarismus

Eine solche Einschränkung soll aus der Lehre des Apollinaris von Laodikea hervorgegangen sein, der nicht nur für Wandel und überradikale Kenose (s. 2.3.3), sondern auch – was ein Widerspruch ist – für die Reduktion der Menschlichkeit Christi verantwortlich gemacht wird (s. Mühlenberg 1969:114f). Letzteres wird geläufig festgemacht an der Formel „μία φύσις τοῦ θεοῦ λόγου σεσαρκωμένη".[222] Apollinaris zufolge habe der Logos in Jesus dessen menschliche Seele substituiert,[223] der damit kein ganzer Mensch, sondern allein „ἀνθρωποειδής" [menschenartig] gewesen wäre (s. Hoping 2004:103). Diese Ein-Naturen-Christologie grenzt im Umkehrschluss, wenn sie mit Phil 2,6–8 zusammengedacht wird, an Theopaschitismus (s. 2.3.3). Apollinaris' Lehre wurde denn auch im Kanon 1 des Konzils von Konstantinopel 381 verurteilt (COD 31).

2.7.4.2 Monophysitismus

Des Apollinarismus wird von Theodoret von Cyrus auch Eutyches, der prominenteste Vertreter des frühen Monophysitismus geziehen.[224] In der Tat bekennt Eutyches unter Druck lediglich, dass zwei Naturen vor der Einigung (vor der Inkarnation/Kenose) bestanden hätten, danach hingegen nicht mehr: „Ich bekenne, dass der Herr ‚aus zwei Naturen' vor der Einung bestand, nach der Einung bekenne ich nur ‚eine Natur'."[225] Eutyches' Ansichten werden in Chalcedon 451 verworfen.[226]

---

[221] „Denn den ganzen Menschen und alles Menschliche hat er angenommen, nur die Sünde ausgenommen." (*De fide orth.* III 20; PG 94,1081B; dt. v. Dionys Stiefenhofer, Johannes von Damaskus 1923:175).

[222] „Eine Natur des Gott-Logos, wie sie fleischgeworden ist" (*ep. ad Iovianum* 1; s. Mühlenberg 1969:223).

[223] Siebtes Anathema des Konzils von Konstantinopel 381; Denzinger 1991:§ 159.

[224] *Eran.* 2, 108; Theodoret von Cyrus 1975:112f.

[225] ACO II 1,1,143. Vgl. dazu Grillmeier 1990:I 732.

2. Trope und Paradox

Dabei knüpft der wichtigste Vater der altorientalischen Kirchen, Severus von Antiochien, gezielt an das apollinarische „Schmuggelgut" in der Christologie des Kyrill von Alexandrien an, wie sie in Chalcedon Lehrgut wurde (Hoping 2004:105.109; s. 2.8.4.2); obgleich Severus nicht weit von der Definiton von Chalcedon entfernt war, bildet die Betonung der „μία φύσις" den Anstoß zur ersten großen Konfessionsspaltung des Christentums – im Nahen Osten halten sich größere Kirchenverbände bis heute an die monophysitische Position.[227]

2.7.4.3 Monotheletismus

In der Sicht des dyophysitischen Mainstreams hat der Monophysitismus diverse, bald nicht weniger als häretisch verurteilte Nachwehen, die alle so oder so das Chalcedonense „entchalcedonisieren" wollen.[228] In die gleiche Richtung von Reduktion der Eigenständigkeit des Menschen Jesus weist der Monotheletismus (und der ihm angeschlossene Monenergetismus); entsprechend wird die monotheletische Auffassung von Konstantinopel von 680/681, das eine Entscheidung des Laterankonzil von 649 bestätigt, als direkte Fortsetzung des Monophysitismus eingestuft (vgl. Hoping 2004:119–121):

> [...] ἑνὸς θελήματος καὶ μιᾶς ἐνεργείας ἐπὶ τῶν δύο φύσεων τοῦ ἑνὸς τῆς ἁγίας τριάδος Χριστοῦ τοῦ ἀληθινοῦ θεοῦ ἡμῶν τῷ ὀρθοδόξῳ λαῷ καινοφώνως ἐνσπείρας τὴν αἵρεσιν, τῇ Ἀπολλιναρίου, Σεβήρου καὶ Θεμιστίου τῶν δυσσεβῶν φρενοβλαβεῖ κακοδοξίᾳ συνᾴδουσαν, [...][229]

Das Kernanliegen der so genannten Monotheleten um Sergius von Konstantinopel läuft jedoch weniger auf die Reduktion von zwei Willen auf einen hinaus als auf den steten (gehorsamen) Anschluss des menschlichen Willens an den göttlichen (vgl. auch 4.4.4.2):

> [...] ἐν μηδενὶ καιρῷ τῆς νοερῶς ἐψυχωμένης αὐτοῦ σαρκὸς κεχωρισμένως καὶ ἐξ οἰκείας ὁρμῆς ἐναντίως τῷ νεύματι τοῦ ἡνωμένου αὐτῇ καθ' ὑπόστασιν θεοῦ λό-

---

[226] Drittes Anathema; COD 59; s. 2.8.3.
[227] Die altorientalischen orthodoxen Kirchen (die äthiopische, jakobitische bzw. syrisch-orthodoxe und koptisch-orthodoxe Kirche) halten bis heute an der Lehre fest, die im europäischen Christentum polemisch Monophysitismus genannt wird (Böhlig 1975:94–96).
[228] „This long effort to ‚dechalcedonize' Chalcedon [...]" (Losskij 1989:104).
[229] „[...] säte die Häresie von *einem* Willen und *einer* Tätigkeit in den beiden Naturen des *einen* der heiligen Dreiheit, Christus, unseres wahren Gottes, mit neuen Worten im rechtgläubigen Volk aus. Diese Häresie stimmt mit dem unsinnigen Irrglauben der Frevler Apollinaris, Severus und Themistius überein [...]" (COD 126, Hervorh. i. Orig.).

γου τὴν φυσικὴν αὐτῆς ποιήσασθει κίνησιν, ἀλλ' ὁπότε καὶ ὅιαν καὶ ὅσην αὐτὸς ὁ θεὸς λόγος ἠβούλετο."[230]

Die Vertreter des Monotheletismus stellen die kritische Frage, wie in Jesus Gefühle wie Verzweiflung oder gar Gottverlassenheit hätten aufkommen können, stehen damit aber vor dem Problem, dass der Bericht des NT (s. 2.7.1.2) gegen die monotheletische Auflösung der ‚Freiheit des Andersfühlenden' steht; wird doch dort voller Empathie ein Zielkonflikt beschrieben, der zum Leidwesen des menschlichen Willens nur im nochmaligen Erniedrigungsschritt des gehorsamen Sich-Fügens des menschlichen Willens unter den göttlichen Heilsplan stillgestellt wird (s. 2.7.1.3). Erst die Anerkennung eines potentiellen Konflikts erlaubt die Rettung der Menschlichkeit Christi und des Ernstes der Kenose (s. 2.8.6), die sonst zum – bekanntermaßen heiklen (s. 2.3.2.1) – Schein zu verkommen drohen:

> Der Kampf gegen den Monotheletismus bedeutet eine gewisse Rückwendung zum Realismus des Menschseins Christi, zu seinen niedrigsten und demütigsten Äußerungen, ein neues, geschärftes Bewußtsein dafür, daß die Wirklichkeit des ewigen Wortes gerade in seiner tiefsten Selbsterniedrigung aufleuchtet. (Schönborn 1984:122)

2.7.4.4 Leidensunfähigkeit

Eine abgemilderte Spielart des Schein-Theorems stellt es dar, wenn nicht das gesamte Mensch-Sein Christi und auch nicht sein autonomes Willen-Haben zum Schein erklärt wird, sondern nur die psychische Teilrealität des Leidens: Um dem unmittelbaren Gottes- oder gar Vatergottesleiden zu entgehen, wird nämlich in einer Art „geistigen Sperre" (Moltmann 1972:215) bisweilen die Leidensfähigkeit des Inkarnierten überhaupt abgestritten (s. O'Keefe 1997) und ihm – vom hellenistischen Gottesverständnis inspiriert (Nnamani 1995:28–39) – eine prinzipielle „ἀπάθεια"[231] attestiert. Das Konzil von Ephesos 431 sah sich gezwungen, dagegen ein Anathema zu verhängen: „Εἴ τις οὐχ ὁμολογεῖ τὸν τοῦ θεοῦ λόγον παθόντα σαρκὶ καὶ ἐσταυρωμένον σαρκὶ καὶ θανάτου γευσάμενον σαρκί, [...], ἀνάθεμα ἔστω."[232]

Einen Vorschlag zur Lösung liefert schon Ignatius von Antiochien mit einer zeitlichen Verteilung von Leidensunfähigkeit und Leidensfähigkeit: „[...] πρῶτον

---

[230] „[...] zu keiner Zeit vollzog sein mit Vernunft beseeltes Fleisch getrennt und aus eigenem Antrieb gegen die Weisung des mit ihm hypostatisch geeinten Gott-Logos seine natürliche Bewegung, sondern wann, wie und soweit sie der Gott-Logos selbst wollte." (ACO II/1, 160, 26–29).

[231] „Leidenslosigkeit" (PG 86,1321CD). Zu den Auseinandersetzungen über Leiden(un)fähigkeit s. Nnamanis kompendiale Studie (1995).

[232] „Wenn jemand nicht bekennt, daß der Logos Gottes im Fleisch gelitten hat, im Fleisch gekreuzigt worden ist, im Fleisch den Tod gekostet hat [...], so gelte das Anathem." (COD 61).

2. Trope und Paradox

παθητὸς καὶ τότε ἀπαθής, [...]".²³³ Die Leidensfähigkeit Christi wäre ein kurzer Zustand, denn sowohl zuvor (IgnPol 3,2) als auch danach (IgnEph 7,3) hätte das Göttlichkeitsattribut der Leidensunfähigkeit gegolten.

Einen zweiten Teilschritt in Richtung eingeschränktes Leiden markiert die konsensuell verworfene Auffassung vom freiwilligen Leiden, wie sie Johannes von Damaskus referiert:

> [...] τὰ μὲν πάθη ὑπομεῖναι τὸν Κύριον ὁμολογοῦσι· πεῖνάν φημι, καὶ δίψαν, καὶ κόπον· οὐ τὸν αὐτὸν δὲ τρόπον ἡμῖν ταῦτα ὑπομεμενηκέναι φασίν. Ἡμᾶς γὰρ ἐξ ἀνάγκης φυσικῆς· τὸν δὲ Χριστὸν ἑκουσίως ὑπομεῖναι λέγουσι, καὶ τοῖς τῆς φύσεως νόμοις μὴ δουλεῦσαι.²³⁴

Dagegen beläuft sich der Konsens der orthodoxen Väter darauf, dass der Inkarnierte wohl leidensfähig gewesen sei. Dies betreffe zwar nicht die göttliche Natur, dürfe aber aufgrund der Wechselzuschreibung der Attribute von Menschheit und Göttlichkeit Christi, besonders in Form der nachchalcedonensischen theopaschitischen Redeweisen (s. 2.8.5), von dieser gesagt werden. Obgleich in späterer Zeit solche Theopaschitismen geradezu ein Kennzeichen lutherischer Kenotik werden (s. 2.7.1.4), bleibt die Vorstellung vom Leiden Gottes eine Provokation, die besonders im Katholizismus immer wieder für Erneuerungen von Konzepten der Leidensunfähigkeit Christi sorgt.

2.7.4.4.1 Humorlosigkeit

Die Auffassung von der Leidenslosigkeit Christi hat einen eigentümlichen metonymischen Annex, nämlich die Frage, ob Christus gelacht habe: Lachen stelle, so Chrysostomos, keine freie Regung dar, sondern belege Notwendigkeit und Unfreiheit – und dieser habe Christus nicht unterlegen:

> Καὶ γὰρ καὶ αὐτὸς ἐδάκρυσε, καὶ ἐπὶ Λαζάρου καὶ ἐπὶ τῆς πόλεως, καὶ ἐπὶ τοῦ Ἰούδα διεταράχθη. Καὶ τοῦτο μὲν πολλάκις ἔστιν ἰδεῖν αὐτὸν ποιοῦντα, γελῶντα δὲ οὐδαμοῦ· ἀλλ' οὐδὲ μειδιῶντα ἠρέμα· οὐκοῦν τῶν εὐαγγελιστῶν οὐδεὶς εἴρηκε. [...] οὔτε ἄλλος οὐδὲ εἷς τῶν ἁγίων, οὔτε περὶ ἑαυτοῦ, οὔτε περὶ ἑτέρου τινὸς τοιούτου·²³⁵

---

[233] „[...] erst dem Leiden unterworfen und dann unfähig zu leiden [...]" (IgnEph 7,2; dt. v. Andreas Lindemann u. Henning Paulsen, Lindemann/Paulsen 1992:182f).

[234] „[...] sie bekennen, dass der Herr zwar Leiden unterlegen habe, sowohl Hunger, Durst als auch Müdigkeit; sie sagen aber, dass er diesen nicht auf dieselbe Weise unterlegen habe. Wir hätten dem nämlich aus natürlichem Zwang, Christus aber freiwillig unterlegen, und den Naturgesetzen sei er nicht unterworfen gewesen." (PG 94,756A).

[235] „Denn auch er hat geweint über Lazarus und Jerusalem, und über das Schicksal des Judas war er erschüttert. Und weinen sehen kann man ihn [Christus] oft, lachen niemals, nicht einmal stille lächeln; wenigstens hat kein Evangelist etwas davon berichtet. [...] aber auch kein anderer Heiliger hat dies weder von sich noch von einem anderen

2.7.4.5 Aphthartodoketismus

Aus dem Monophysitismus geht nach dem Monotheletismus schließlich – wenn man der Darstellung des Johannes von Damaskus glauben darf (PG 94,753D–756A) – der Aphthartodoketismus hervor.

Dieses Theorem geht auf folgende Überlegung zurück: Das ultimative Kennzeichen menschlicher Natur ist deren Vergänglichkeit. Die Zusammenspannung dieses Merkmals mit der göttlichen Natur Christi stellt hingegen für einen auf Dauer gestellten theistischen Gottesbegriff die maximale Gefahr dar; würde die Verwesung irgendwie auch die göttliche Natur infizieren, wäre der Wiederaufstieg nach Phil 2,9–11 dahin und würde die Erniedrigung ewig dauern (s. 2.6.1.5). Folglich schließen einige, die Timotheus von Jerusalem als Gaianiter bzw. Julianisten identifiziert, dass der (dann nur bedingt echte) irdische Leib Jesu Christi schon vor der Erhöhung unverweslich gewesen sei.[236] Johannes von Damaskus gibt diese Position in *De haeresibus liber [Buch über die Häresien]* wieder: „[...] τούτους δὲ ἄφθαρτον ἐξ αὐτῆς διαπλάσεως τοῦ σώματος τοῦ Κυρίου πρεσβεύειν [...]".[237]

Striche man jedoch das Menschlichkeitsmerkmal Verweslichkeit, so wäre die Menschwerdung unvollständig, wäre Christus kein „wahrer Mensch", sondern Schein-Mensch. Die zweite Worthälfte des Kompositbegriffs Aphthartodoketismus verweist auf die Verwandtschaft zum Doketismus, welcher der menschlichen Natur Seinshaftigkeit ab- und Scheinhaftigkeit zusprach und damit an die rhetorischen Abgründe des christologischen Essenzialismus grenzte (s. 2.3.2.1). Wie der Doketismus beschädigt das Unverweslichkeitstheorem die Realität der Kenose (so jedenfalls eignet sich Grillmeier die Ablehnung des Aphthartodoketismus durch Leontius von Byzanz an):

> Der herabsteigende Christus durfte sozusagen nicht einmal mehr den Boden berühren, er mußte vielmehr sofort „enthoben" werden. Wo hatten Kenosis und Kreuz noch ihren Platz? War Phil 2,5–11 ganz vergessen? Welche Möglichkeiten für eine Imitatio Christi des Gekreuzigten gab es noch? (Grillmeier 1990:II,2 228)

Heiligen erzählt." (PG 57,69; dt. v. Joh. Chrysostomus Baur). Aufgegriffen wird das Motiv des verbotenen Lachens von Umberto Eco im Roman *Il nome della rosa [Der Name der Rose]*. Auch in Russland stand das Lachen in der offiziellen kirchlichen Kultur in Misskredit (A.M. Pančenko 1984:123; dt. 1991:136). Gemäßigter vertritt die Verwerflichkeit des Lachens Amvrosij Optinskij (Nenarokov 2001:250; vgl. 5.3.6.7).

[236] „Γαϊανίται, ἤτοι Ἰουλιανισταί· οἵτινες λέγουσιν, ἐξ αὐτῆς τῆς ἑνώσεως τὸ τοῦ Κυρίου σῶμα κατὰ πάντα τρόπον ἄφθαρτον εἶναι." [Die Gaianiter oder Julianisten: diese sagen, dass der Leib des Herrn wegen derselben Einung auf jede Weise unverweslich sei.] (PG 86,1,44); zu literarischen Weiterungen des Unverweslichkeitstopos in Bezug auf einen heiligen Starcen bei Dostoevskij vgl. 5.3.7.2.

[237] „[...] sie verkünden, dass er aufgrund der Herausbildung des Fleisches des Herrn selbst [qua Einigung] unverweslich sei." (PG 94,756A).

2. Trope und Paradox

2.7.5 Zuviel Zusammenhang

Wo $A>B$ und $A<B$ – wie in den diversen Ansätzen, die von den chalcedonensischen Kirchen als häretisch verworfen wurden – problematisch sind, da gibt es vier Lösungen: 1) die Identifikation ($A \equiv B$) und die Disjunktion von A und B, und zwar in zweifacher, nämlich 2) in räumlicher und 3) in zeitlicher Hinsicht, schließlich 4) eine paradoxe Verbindung und Nicht-Verbindung, welche die Grenzen der zweiwertigen Logik sprengt (vgl. Florenskij 1914:483–490).

Die zeitliche Disjunktion (B nach A) impliziert einen ontologischen Wandel, der aber für die Gottheit in monotheistischen Systemen nicht gedacht werden darf, sondern als Modalismus und Patripassianismus gebannt wurde. Aber auch $A \equiv B$ bedeutet, will man an Kenose, Leiden etc. festhalten, Theopaschitismus und ist mit Trinitätslehre und Unwandelbarkeitstheorem unvereinbar (s. 2.3.3).

Formeln der Vermischung (σύγχυσις, κρᾶσις, σύγκρασις) und Identifikation (ἕνωσις) sind somit stets in der Gefahr, das Doppel von *status exinanitionis* und *status exaltationis* durch Identifikation zu reduzieren; nicht von ungefähr folgert Eutyches aus σύγχυσις [Vermischung] sogleich μία φύσις [eine Natur]. Tragbar werden Mischungs- und Einungsformeln stets erst durch Zugabe einer Einschränkung. Kyrills zweiter Brief an Nestorios limitiert die Einung als „ἕνωσις καθ᾽ ὑπόστασιν" [Einung nach der Hypostase], wobei κατά [nach, gemäß] eine semantisch vage Rektion darstellt (s. Hoping 2004:113), die wohl einzig den Effekt partieller Einschränkung der Einung hat. Markant ist dasselbe rhetorische Muster der *concessio* auch noch in *der* kanonischen christologischen Formel, dem präzisierten Credo von Chalcedon: Dort steht die Dekretierung von „demselben" Christus („ἕνα καὶ τὸν αὐτόν") neben der Zugabe „ἐν δύο φύσεσιν".[238] 1 und 2.

2.7.6 Zuwenig Zusammenhang

Nicht minder heikel als Vermischung und In-eins-Setzung ist eine weitgehende Trennung von A und B. Das Anliegen, die Scylla der Subsumption einer Natur unter die andere zu umschiffen, also nicht durch zuviel Menschlichkeit die göttliche Natur Christi in Mitleidenschaft zu ziehen (s. 2.7.2) oder aber durch zuviel Gottheit die Menschlichkeit zum Uneigentlichen zu reduzieren (s. 2.7.4), droht an der Charybdis einer Überbetonung der Unterschiede der Naturen zu zerschellen.

Mit den adoptianistischen Ansätzen, die Paulos von Samosata zugeschrieben werden (vgl. 2.7.2.2), habe – in einer auf Theodoret verweisenden Überlieferung – auch eine Separierung der Naturen Christi zusammengehangen:

> Paulus [...] Samosatenus [...] Dominum impie dixit nudum fuisse hominem, in quo Deus verbum sicut et in singulis prophetis habitavit, ac proinde duas naturas separatas

---

[238] „In zwei Naturen" (COD 86).

et citra omnem prorsus inter se communionem in Christo esse, quasi alius sit Christus, alius Deus verbum in ipso habitans.[239]

Göttliches Wort und menschliche Natur würden, wenn man der häresiologischen Überlieferung Glauben schenken will, vom Samosatener gar nachhaltiger getrennt als später bei Nestorios – dessen Christologie zum Inbegriff einer überbetonten Trennung der Naturen Christi avanciert.

Nestorios schrieb eher die traditionelle Trennungschristologie der Antiochener Schule fort (s. Fendt 1910:1–18). Im Vorfeld des Konzils von Chalcedon 451 hatte Nestorios – anders als (angeblich) Paulos von Samosata – bereits die volle Göttlichkeit und Menschlichkeit Christi bekannt. Was Nestorios leitet, ist das Unbehagen an der Annäherung beider Naturen aneinander; besonders gilt sein Protest jeder Annahme einer Leidensfähigkeit durch den Logos selbst (s. 2.7.4.4). Er favorisiert daher die Trennung der Naturen unter dem Dach eines bloß gemeinsamen *Namens* Christus („Χριστὸς, τὸ κοινὸν τῶν δύο [...] τῶν φύσεων ὄνομα"[240]), was, wie die Gegner meinen, die Personeneinheit in Frage stellte. Die Vereinigung von Gott und Mensch findet für Nestorios nur auf rhetorischer Ebene statt.

Nestorios wird dafür am 22. Juni 431 auf dem Konzil von Ephesos, das mit der Formel „Δύο [...] φύσεων ἕνωσις"[241] endet, verurteilt. Seine Einwände sind besonders aus dem dritten Anathema von Ephesus herauszulesen:

> Εἴ τις ἐπὶ τοῦ ἑνὸς Χριστοῦ διαιρεῖ τὰς ὑποστάσεις μετὰ τὴν ἕνωσιν, μόνῃ συνάπτων αὐτὰς συναφείᾳ τῇ κατὰ τὴν ἀξίαν ἢ γοῦν αὐθεντίαν ἢ δυναστείαν καὶ οὐχὶ δὴ μᾶλλον συνόδῳ τῇ καθ' ἕνωσιν φυσικήν, ἀνάθεμα ἔστω.[242]

Auf dem gleichen antirhetorischen Essenzialismus – der Inkriminierung einer nicht ganz seinshaften Einung – basiert auch der lutherische Vorwurf an Zwingli und Calvin (*Extra Calvinisticum*; s. 2.7.3.2), sie neigten zur Trennung der Na-

---

[239] „[...] Paulus [von Samosata hat] [...] gottlos gelehrt, daß der Herr Christus nur ein pur lauter Mensch gewesen, in welchem Gott das Wort hab gewohnt wie in einem jeden Propheten; daher er auch gehalten, daß die göttliche und menschliche Natur voneinander getrennet und abgesondert, und daß sie in Christo allerdings kein Gemeinschaft miteinander haben, gleich als wenn ein anderer wäre Christus und ein anderer Gott das Wort, so in ihme wohnet." (BSLK 1022,16–29 mit Bezug auf PG 91,1496CD).

[240] „Christus der gemeinsame Name [...] der beiden Naturen" (PG 77,52B).

[241] „Einigung von zwei Naturen" (COD 70).

[242] „Wenn jemand bei dem *einen* Christus die Hypostasen nach der Einigung trennt, indem er sie nur durch eine Verbindung der Würde, der Autorität oder der Macht nach verbindet und nicht vielmehr durch eine Zusammenkunft im Sinne der naturhaften Einigung, so gelte das Anathema." (COD 59, Hervorh. i. Orig.).

2. Trope und Paradox

turen.[243] Der Einwand der lutherischen Konkordienformel gegen die zwinglianische Alloiosis (vgl. 2.8.5.2) lautet:

> Dann unio, sagen sie [schlecht,] facit communia nomina, das ist, die persönliche Vereinigung machet mehr nicht dann die Namen gemein, daß [nämlich] Gott Mensch und Mensch Gott genennet wird, doch also, daß Gott nichts mit der Menschheit, und die Menschheit nichts mit der Gottheit, derselben Majestät und Eigenschaften realiter, das ist, mit der Tat und Wahrheit, gemein habe. (BSLK 804,26–805,2)

Die antirhetorische Wendung des Christentums schlägt hier ein weiteres Mal durch. Doch gerade eine rhetorische Figur ist es, die es schließlich gestattet, die christologischen Lehrsätze auf eine leidlich stabile Basis zu stellen und häretisches Abgleiten zumindest zu erschweren. Es ist das Paradox.

2.8 Paradoxe Christologie

> Ist jemand wie Christus überhaupt denkbar? (M. Henry 2002: 27)

Neben Identifikation und zeitlicher Disjunktion ist auch die dritte Möglichkeit zur Kombination von *A* und *B*, die zeitliche Disjunktion von Göttlichkeit und Menschlichkeit (*A nach B* – und ggf. wiederum *B nach A*), problematisch, würde sie doch einen ontologischen Wandel insinuieren, der mit dem Dogma der Wandellosigkeit Gottes (s. 1.5) nicht vereinbar ist. Die Lösung kann also nur in der vierten Spielart, in der Aufrechterhaltung und argumentativen Flankierung des Paradoxes selbst liegen. Dies geschieht schon lange vor der Festlegung von Chalcedon.

2.8.1 Distributionen des einander Ausschließenden

In der Frühzeit der Christologie wurden die einander ausschließenden Attribute der zwei Naturen Christi in der textuellen Darstellung tendenziell auseinander gezogen, um die latente Widersprüchlichkeit durch komplementäre Distribution im Satz zu kaschieren.

So funktioniert z.B. in der Philipperperikope die Verbindung von göttlicher Höhe (Phil 2,6) und Erniedrigung (Phil 2,7f) sowie Wiedererhöhung (Phil 2,9–11) als – zumindest im Syntagma – zeitliche Aufeinanderfolge. Jede weitere Kondensation würde zum Paradox (so etwa im *Tomus Leonis*, 2.8.4.2).

Die christologische Formel des ersten Konzils von Konstantinopel 381, fixiert im *Symbolum Nicaeno-Constantinopolitanum*, nimmt die Darstellung aus Phil 2,7 in einer asyndetischen Aufzählung auf, die semantisch in zwei Hauptteile zerfällt

---

[243] Willis hingegen attestiert Calvin das Bemühen, jeglichen Nestorianismus-Verdacht zu vermeiden (1966:63f).

(die Sinnzäsur wird, wie in Wohlmuths Ausgabe der Konzilsdokumente [COD 5], durch einen Absatz markiert):

Πιστεύομεν [...] εἰς ἕνα κύριον Ἰησοῦν Χριστὸν τὸν υἱὸν τοῦ θεοῦ γεννηθέντα ἐκ τοῦ πατρὸς μονογενῆ, τουτέστιν ἐκ τῆς οὐσίας τοῦ πατρός, θεὸν ἐκ θεοῦ, φῶς ἐκ φωτός, θεὸν ἀληθινὸν ἐκ θεοῦ ἀληθινοῦ, γεννηθέντα οὐ ποιηθέντα, ὁμοούσιον τῷ πατρί, δι' οὗ τὰ πάντα ἐγένετο τά τε ἐν τῷ οὐρανῷ καὶ τὰ ἐν τῇ γῇ, τὸν δι' ἡμᾶς τοὺς ἀνθρώπους καὶ διὰ τὴν ἡμετέραν σωτηρίαν κατελθόντα καὶ σαρκωθέντα, ἐνανθρωπήσαντα, παθόντα καὶ ἀναστάντα [...]²⁴⁴

Das logische Paradox wird hier durch eine komplementäre Distribution in zwei Groß-Kola getrennt; noch hat die Rhetorik des Paradoxes die Logik des Paradoxes nicht gezähmt, noch ist keine Endoxalität erreicht.

2.8.2 Vom „aber" zum „und"
Den nächsten Schritt markieren adversative Formulierungen. In dieser Form findet sich ein Hinweis auf die ästhetische Qualität der zu Paradoxen zusammengezogenen Seinsantithesen in Gregor von Nazianz' dogmatischen Dichtungen:

Ἦν βροτὸς, ἀλλὰ Θεός. Δαβὶδ γένος, ἀλλ' Ἀδάμοιο
Πλάστης. Σαρκοφόρος μὲν, ἀτὰρ καὶ σώματος ἐκτός.
Μητρὸς, παρθενικῆς δέ· περίγραφος, ἀλλ' ἀμέτρητος.²⁴⁵

Noch offensiver geht Ambrosius von Mailand mit den Widersprüchen um: Er reiht sie mit „und" aneinander; aus der Dualität von Christi Aspekten²⁴⁶ folgt für ihn: „Idem enim patiebatur, et non patiebatur: moriebatur, et non moriebatur: sepelie-

---

[244] „Wir glauben [...] an *einen* Herrn Jesus Christus, den Sohn Gottes, geboren aus dem Vater als Einziggeborener, das heißt aus dem Wesen des Vaters, Gott aus Gott, Licht aus Licht, wahrer Gott aus wahrem Gott, geboren, nicht geschaffen, wesensgleich dem Vater, durch den alles geworden ist im Himmel und auf der Erde,/ er, der wegen uns Menschen und um unseres Heiles willen herabgekommen ist, Fleisch wurde und Mensch, gelitten hat und auferstanden ist [...]" (COD 5, Hervorh. i. Orig.).

[245] „Er war sterblich, aber Gott. Von Davids Geschlecht, aber Schöpfer Adams./ Fleischtragend, doch auch außerhalb des Fleisches./ Von einer Mutter geboren, aber einer Jungfrau; umschrieben, aber unermesslich." (PG 37,406A; vgl. dazu Cameron 1991: 163).

[246] „[...] biformis geminaeque naturae unus sit consors divinitatis et corporis [...] non enim alter ex Patre, alter ex Virgine, sed idem aliter ex Patre aliter ex virgine [...]." [(...) zweiförmig und von doppelter Natur ist er *einer*, gleich teilhaftig an Göttlichkeit und Körper (...) er ist nämlich kein anderer aus dem Vater als aus der Jungfrau, sondern ein und derselbe, je anders aus dem Vater und aus der Jungfrau.] (PL 16,827CD, Hervorh. D.U.).

2. Trope und Paradox

batur, et non sepeliebatur: resurgebat, et non resurgebat."[247] Dieses nun doch sehr weit getriebene Paradox lindert Ambrosius mit Perspektiv-Unterschieden, mit der Kopräsenz zweier Perspektiven:

> Ergo moriebatur secundum nostrae susceptionem naturae, et non moriebatur secundum aeternae substantiam viate: et patiebatur secundum corporis susceptionem; ut suscepti corporis veritas crederetur: et non patiebatur secundum Verbi impassibilem divinitatem [...][248]

Wohl der erste, der solche syndetischen Reihen von Gegensätzen weitestgehend unaufgelöst bestehen lässt, ist Ignatius von Antiochien. Christus ist für ihn

> [...] σαρκικός τε καὶ πνευματικός, γεννητὸς καὶ ἀγέννητος, ἐν σαρκὶ γενόμενος θεός, ἐν θανάτῳ ζωὴ ἀληθινή, καὶ ἐκ Μαρίας καὶ ἐκ θεοῦ, πρῶτον παθητὸς καὶ τότε ἀπαθής [...][249]

2.8.3 Paradoxe Zusammenspannungen

Eine weitere Verschärfung stellen Zusammenspannungen der Attribute des Göttlichen und des Menschlichen in Christus in Teilphrasen dar, etwa über Genitivkonstruktionen. Auch dafür ist Ignatius von Antiochien einschlägig: Die paränetischen Briefe, die Ignatius auf dem Weg zu seinem Martyrium nach Rom schreibt, sind für die paradoxe Kombination göttlicher und menschlicher Attribute an Christus einschlägig: Ignatius setzt die im NT eher auseinandergezogenen Genitivparadoxe wie „αἷμα θεοῦ"[250] und das „πάθος τοῦ θεοῦ μου"[251] geballt ein. Die Genitivverbindungen verschmelzen die semantischen Gegensätze zur Ligatur.

Kyrill von Alexandrien, Nestors prominentester Gegner, der in Chalcedon den Sieg davonträgt, hat für das Kenosis-Lexem bei weitem die meisten Belege in der altchristlichen Literatur. Kyrill überzeichnet die Vektoren Erniedrigung und Erhö-

---

[247] „Derselbe nämlich litt und litt nicht; starb und starb nicht; wurde bestattet und nicht bestattet; erstand auf und erstand nicht auf." (PL 16,827D). Zur „und"-Antithese vgl. auch Ilarion 4.3.5.3.

[248] „Also starb er unserer Natur nach durch Annahme, und starb nicht der Substanz des ewigen Lebens nach; und er litt gemäß der Annahme des Körpers, auf dass die Wahrheit des angenommenen Körpers geglaubt werde; und er litt nicht nach der leidensunfähigen Göttlichkeit des Logos [...]" (PL 16,828A).

[249] „[...] fleischlich zugleich und geistlich, gezeugt und ungezeugt, im Fleisch geboren ein Gott, im Tode wahres Leben, aus Maria sowohl wie aus Gott, erst dem Leiden unterworfen und dann unfähig zu leiden [...]" (IgnEph 7,2; dt. v. Andreas Lindemann u. Henning Paulsen; Lindemann/Paulsen 1992:182f). Das letzte Begriffspaar enthält noch eine Spur von zeitlicher Auflösung des Paradoxes (vgl. 2.7.4.4).

[250] „Blut Gottes" (IgnEph 1,1); vgl. 2.8.5.

[251] „[...] das Leiden meines Gottes" (IgnRöm 6,3).

hung durch ein Modell von Kontinuität der Gottheit bei gleichzeitiger Kenose; das geht nur mit paradoxer Zeitneutralisierung:

ἀπομεμένηκε γὰρ καὶ ἐν ἀνθρωπότητι Θεὸς, καὶ ἐν μορφῇ δούλου Δεσπότης, καὶ ἐν κενώσει τῇ καθ' ἡμᾶς τὸ πλῆρες ἔχων θεϊκῶς, καὶ ἐν ἀσθενείᾳ σαρκὸς τῶν δυνάμεων Κύριος, καὶ ἐν τοῖς τῆς ἀνθρωπότητος μέτροις ἴδιον ἔχον τὸ ὑπὲρ πᾶσαν τὴν κτίσιν.[252]

Erniedrigung und Erhöhung erscheinen so nicht mehr als Zeitfolge, sondern im Gesamt der göttlichen Heilsökonomie zeitlich neutralisiert, gleichzeitig, paradox nebeneinander in der *einen*, realen Physis Christi.

2.8.4 Wissensorganisation durch Konzilsformeln
Es gibt also Andeutungen logisch-paradoxer Konstellationen und, wenngleich autoritative, Einzelstimmen. Weit größer aber ist die wissensorganisatorische Bedeutung von Konzilsbeschlüssen – und zwar für die sich als Staatsreligion konsolidierende Christenheit wie auch für das darauf streng rekurrierende orthodoxe Christentum. Gerade die Textsorte Konzilsformel zeichnet sich in christologischen Fragen durch mnemotechnisch günstige Paradoxe aus; als rechtgläubig wird in der christologischen Diskussionen der Väterzeit volle Menschlichkeit *und* volle Göttlichkeit dekretiert.

2.8.4.1 Ephesos 431
Beim Konzil von Ephesos 431 werden die in Nicäa noch distribuierten Paradoxe zu Kombinationen von Substantiv und Partizip zusammengezogen, was nach Theopaschitismus aussieht, und mit der Drohung des Kirchenausschlusses an alle, die sich nicht auf diese Paradoxe einlassen, armiert. Das zwölfte Anathem etwa sanktioniert paradoxe Formeln: „Εἴ τις οὐχ ὁμολογεῖ τὸν τοῦ θεοῦ λόγον παθόντα σαρκὶ καὶ θανάτου γευσάμενον σαρκί, [...], ἀνάθεμα ἔστω."[253]
Im Zuge der Kanonisierung der polysyndetischen Reihung widersprüchlicher Verhältnisbestimmungen der Naturen Christi wird in Ephesos auch – gegen Nestorios' Votum – für Maria ein paradoxer Ehrentitel festgeschrieben: θεοτόκος.[254]

---

[252] „Gott blieb er nämlich auch in der Menschlichkeit und Herr in Sklavengestalt, und in der Kenose nach unserer Art hatte er die Fülle der Göttlichkeit, und in der Schwäche des Fleisches Herr über alle Mächte, und in den Grenzen der Menschlichkeit hatte er dasselbe, was über alle Schöpfung ist." (PG 77,301CD).

[253] „Wenn jemand nicht bekennt, daß der Logos Gottes im Fleisch gelitten hat, im Fleisch gekreuzigt worden ist, im Fleisch den Tod gekostet hat [...], so gelte das Anathem." (COD 61).

[254] Gottgebärerin. Ältere Konzepte wie Jungfrauengeburt und jüngere wie unbefleckte Empfängnis und Himmelfahrt Marias etc. tragen ebenfalls den Index des Paradoxen,

2. Trope und Paradox

Gleich das erste Anathema von Ephesos 431 bekräftigt die erstmals 328 bei Alexander von Alexandrien verwandte Formel,[255] und verwirft Nestorios' Protest.[256]

Εἴ τις οὐχ ὁμολογεῖ θεὸν εἶναι κατὰ ἀλήθειαν τὸν Ἐμμανουὴλ καὶ διὰ τοῦτο θεοτόκον τὴν ἁγίαν παρθένον (γεγέννηκε γὰρ σαρκικῶς σάρκα γεγονότα τὸν ἐκ θεοῦ λόγον), ἀνάθεμα ἔστω.[257]

Mit θεοτόκος geht aber nicht nur das christologische Paradox eines geborenen Gottes einher – nein die Paradoxaliät infiziert auch Maria, insofern sie dann als Gottes Geschöpf Gott geboren hätte. Als Verlängerung der christologischen Paradoxe wird auch die mariologische Metalepse[258] der Gottesgebärerin akzeptabel.

2.8.4.2 Das Chalcedonense

Noch deutlicher wird das auf dem Konzil von Chalcedon 451, dessen Akten zum kanonischen Ort der christologischen Paradoxe *par excellence* avancieren; sie bilden die Basis, auf die sich alle späteren Diskussionen beziehen müssen, und halten in der Tat so etwas wie einen „goldenen Schlüssel" (Kartašev 1937:80) bereit.[259] Dieses Konzil schreibt die Resultate der Auseinandersetzungen mit dem Nestorianismus (s. 2.7.6) fest; unter erheblichem politischem Einigungsdruck (s. Reimer 1995:130) kann Kyrill von Alexandrien hier sein Paradox von Niedrigkeit *und* Höhe mit Zeitneutralisierung durchsetzen. Eben dieses Paradox wird – gerade dank seiner Unschärfe und seines kontraintuitiven Charakters und entgegen Nestorios' Versuchen genauer Unterscheidung – als rechtgläubig gesetzt.

Als weitere Quelle hinzu kommt der Synodalbrief Papst Leos I. Die paradoxen Formeln im *Tomus Leonis* (449) klingen folgendermaßen:

---

können hier aber nicht eingehender betrachtet werden (vgl. dazu Cameron 1991:165–179 u. 7.6.).

[255] Jedenfalls Theodorets Exzerpt zufolge (PG 82,908A); vgl. Söll 1984:113.

[256] Nestorios hatte sich im Vorfeld von Ephesos gegen die Annäherung von göttlichen und menschlichen Attributen in einem paradoxen Genitivkompositum gewandt und zur Überwindung der Alternative von θεοτόκος und ἀνθρωποτόκος [Menschengebärerin] das neutrale Χριστοτόκος [Christusgebärerin] vorgeschlagen (s. Söll 1984:114).

[257] „Wenn jemand nicht bekennt, daß der Emmanuel in Wahrheit Gott und die heilige Jungfrau deshalb Gottesgebärerin ist (denn sie hat den Fleisch gewordenen Logos-aus-Gott fleischlich geboren), so gelte das Anathem." (COD 59).

[258] Siehe Meyer 2001; vgl. 7.7.1.

[259] Und zwar nicht nur „für das östliche Denken" (Kartašev 1937:80), sondern für das europäische Christentum ingesamt (s. auch Zen'kovskij 1951:9 Anm. 2, 12 u. 24).

Proinde qui manens in forma dei fecit hominem, in forma servi factus est homo; tenet enim sine defectu proprietatem suam utraque natura et sicut formam servi dei forma non adimit, ita formam dei servi forma non minuit.[260]

Auf der doppelten Basis von Kyrills und Leos Vorgaben gelangt das Konzil von Chalcedon zur wichtigsten, stärker als bisher stabilisierenden (d.h. nach orthodox und heterodox sortierenden) christologischen Formel, dem „streng symmetrischen" (Hausammann 2004:60) Doppel „θεὸν ἀληθῶς καὶ ἄνθρωπον ἀληθῶς τὸν αὐτόν".[261] Gegen Eutyches wird die Wesensgleichheit Christi sowohl mit Gott als auch mit den Menschen („ὁμοούσιον τῷ πατρὶ κατὰ τὴν θεότητα καὶ ὁμοούσιον ἡμῖν τὸν αὐτὸν κατὰ τὴν ἀνθρωπότητα"[262]) verbindlich gemacht. Rhetorisch gründet das Chalcedonense damit auf syndetischen und asyndetischen Beiordnungen von Gegenteilen mit Markierung der Widersinnigkeit durch Bekräftigungen in der Art von „τὸν αὐτὸν". Schließlich wird eine Verbindung nicht nur *aus* zwei Naturen, sondern *in* diesen („ἐν δύο φύσεσιν"[263]) statuiert und deren Verhältnis zueinander mit der berühmten Paradoxenreihe „ἀσυγχύτως, ἀτρέπτως, ἀδιαιρέτως, ἀχωρίστως"[264] festgesetzt. Christus habe bei zwei Naturen sowohl „μίαν ὑπόστασιν"[265] (wie bei Kyrill) als auch „ἓν πρόσωπον".[266] 2=1 und 2>1. Die wesentliche stabilisatorische Leistung des Chalcedonense liegt damit in verschiedenen Facetten von Paradoxa begründet.

2.8.4.3 Neuchalcedonismus und Theopaschitismus
Die paradoxe Asyndetik der Gegenteile wurde nach Chalcedon geradezu populär; man bezeichnet diesen enormen Aufschwung der Ästhetik des Paradoxes in der Dogmengeschichte als Neuchalcedonismus (Williams 1999:298). Diesem gilt die Präferenz der Ostkirche, während die Westkirche reservierter bleibt und sich so eine rhetorisch-kulturelle Differenz andeutet.[267] Ein strenger Anhänger des Chal-

---

[260] „Ebenso ist er, der in Gottesgestalt verbleibend den Menschen erschaffen hat, in Knechtsgestalt Mensch geworden; denn jede der beiden Naturen bewahrt ohne Verlust ihre Eigentümlichkeit, und wie die Gottesgestalt die Knechtsgestalt nicht hinweggenommen hat, so hat die Knechtsgestalt nicht die Gottesgestalt gemindert." (COD 78f).

[261] „Wahrhaft Gott und wahrhaft Mensch derselbe" (COD 86).

[262] „Wesensgleich dem Vater der Gottheit nach, wesensgleich uns derselbe der Menschheit nach" (COD 86).

[263] „In zwei Naturen" (COD 86).

[264] „Unvermischt, unverändert, ungeteilt und ungetrennt" (COD 86).

[265] *Eine* Hypostase" (COD 86, Hervorh. i. Orig.).

[266] *Eine* Person" (COD 86, Hervorh. i. Orig.).

[267] Hausammann übertreibt dies allerdings: „Das Chalkedonense, wie der Tomus Leonis es fasste, und sein Verständnis der ‚communicatio idiomatum' liegen im Horizont dieses [westlichen] Denkens. Der Neuchalkedonismus dagegen bietet für ein rational eindimensionales Denken zu viele Widersprüche. Man kann bezweifeln, ob er überhaupt die

2. Trope und Paradox

cedonense und Hauptvertreter des so genannten Neuchalcedonismus ist Leontius von Byzanz bzw. Jerusalem, der in *Adv. Nestorianos* die Ein-Hypostasenlehre verficht: „[...] τὰς γὰρ δύο φύσεις ἐν μιᾷ καὶ τῇ αὐτῇ ὑποστάσει λέγομεν ὑφίστασθαι·"[268] Diese Enhypostasie-Annahme (vgl. Hoping 2004:115) hatte zusammen mit impliziten Präsuppositionen über die Wechselmitteilung der Eigenschaften von göttlicher und menschlicher Natur aneinander (s. 2.8.5) zur Folge, dass zum Einen auch vom menschlichen Part billigerweise nicht nur Niedrigkeit, sondern auch Hoheit aussagbar wird, zum Anderen im Gegenzug von der Gottheit Kenosis-*Aussagen* hinnehmbar werden. Nur so lässt sich die neuchalcedonische Popularität von theopaschitisch-radikalen Formeln begreifen, die Paradoxe benutzen, diese aber stets nur als *Redeweisen* ausgeben. Jene Rhetorizität, die an der Trope ausgetrieben werden sollte (s. 2.3.1), kommt durchs Paradox zurück und findet darin ihre Sanktionierung.

Über die Frage, inwieweit damit unzulässige Seinsaussagen vom leidenden Gott gemacht würden, entbrennt 519–534 der Theopaschistische Streit, in dessen Gefolge auf dem zweiten Konzil von Konstantinopel 553 in leichter Abwandlung der Vorgaben seit Nicäa 325 und unter Wiederaufnahme der Bekräftigung des Paradoxalen durch „τοῦ αὐτοῦ" [demselben gehören] die Formel gefunden wird:

> [...] ἕνα καὶ τὸν αὐτὸν κύριον ἡμῶν Ἰησοῦν Χρυχτόν, τὸν τοῦ θεοῦ λόγον, σαρκωθέντα καὶ ἐνανθρωπήσαντα, καὶ τοῦ αὐτοῦ τά τε θαύματα καὶ τὰ πάθη, ἅπερ ἑκουσίως ὑπέμεινε σαρκί, [...][269]

2.8.4.4 Dyotheletismus

Der Kampfplatz ist damit keineswegs bereinigt; die Debatte verlagert sich auf einen neuen Streitpunkt. Spätere Generationen von Monophysiten betonen wieder die Göttlichkeit und lassen kein eigentliches Leiden des Logos zu, das sie aus den Paradoxen, aller „Redensweise" zum Trotz, herauslesen. Neue Verschiebungen dieses Einspruchs stellen Monergetismus und Monotheletismus dar (s. 2.7.4.3). Deren Bekämpfung führt auf dem Konzil von Konstantinopel 681 zur Kanonisierung des Dyotheletismus („δύο φυσικὰς θελήσεις ἤτοι θελήματα ἐν αὐτῷ, καὶ

---

westliche Kirche je erreicht hat; [...] mehr als eine Episode war er im Westen nirgends." (2004:107f).

[268] „[...] wir sagen, dass zwei Naturen in ein und derselben Hypostase bestehen." (PG 86, 1561B).

[269] „[...] ein und derselbe sei unser Herr Jesus Christus, der Logos Gottes, der Fleisch und Mensch geworden ist, sowie ein und demselben gehörten die Wunder und die Leiden zu, die er freiwillig im Fleisch ertrug [...]" (COD 114).

δύο φυσικὰς ἐνεργείας"[270]). Die theopaschitischen Paradoxe werden so wieder gemildert und neue theoretische Unterscheidungen eingeführt.

2.8.5 Wechselmitteilung der Eigenschaften

Spätestens der neuchalcedonischen, theopaschitischen Zuschreibung von göttlichen Merkmalen an die menschliche Natur Christi und menschlichen Merkmalen an seine göttliche Natur liegt ein Denkschemata zugrunde, das als *communicatio idiomatum* dann auch explizit Karriere machte. Für dieses Denkmuster werden in der dogmengeschichtlichen Forschung ältere Exempel und auch theoretische Vorformulierungen angeführt. Johann Anselm Steiger geht bis ins NT zurück, sieht in der Apostelgeschichte mit der „ἐκκλησία τοῦ Θεοῦ, ἣν περιεποιήσατο διὰ τοῦ αἵματος τοῦ ἰδίου"[271] oder der Zuschreibung von Gerichtsmacht an den Menschensohn (Jh 5,27) erste Hinweise auf ein *communicatio*-Denken. Beides ist nur partiell überzeugend, ist doch die Verwendung des „Menschensohn"-Begriffs bei Johannes klar vom alttestamentlichen eschatologischen Begriffsverständnis bei Daniel bestimmt, und in der Apostelgeschichte sind „Blut" und „Gott" auseinandergezogen – semantisch durch den Kontext des Nutzens für die Gemeinde, syntaktisch durch den Relativsatz. Plausibler ist da schon Steigers Hinweis auf die Kappadozier (1996:2) und seine These von der *communicatio* als „Interpretament der chalcedonensischen Zwei-Naturen-Lehre" (ebd.:1). In diese Richtung weist auch Helmut Hopings Rekurs auf den *Tomus Leonis* von 449 (2004:110), wo es heißt: „Agit enim utraque forma cum alterius communione quod proprium est, verbo scilicet operante quod verbi est, et carne exequente quod carnis est."[272] Auch Leo leitet da aber aus der *communio* noch nicht die Möglichkeit einer *commutatio* [Vertauschung] ab (s. 2.8.5.2).

2.8.5.1 Orthodoxe Perichorese

Eine explizite terminologische Sistierung leistet dann besonders Johannes von Damaskus in Fortsetzung von Gedanken von Maximus Confessor (Hoping 2004:121). Dank der Annahme von der Existenz Christi in zwei Naturen bei Einung zu einer Hypostase ergebe sich, argumentiert er, eine „περιχώρησις/commu-

---

[270] „Zwei natürliche Weisen des Wollens oder zwei Willen und zwei natürliche Tätigkeiten" (COD 128).
[271] „Gemeinde Gottes, die er durch sein eigenes Blut gewonnen hat" (Apg 20,28).
[272] „Jede der beiden Gestalten wirkt nämlich in Gemeinschaft mit der anderen, was ihr eigen ist, das heißt, das Wort wirkt, was des Wortes ist, und das Fleisch führt aus, was des Fleisches ist. " (COD 79).

2. Trope und Paradox

nicatio"²⁷³ der Eigenschaften, welche changierende Betrachtungsweisen, ein „code-switching" (Schröer 1992:66) erlaube:

ὅτε μὲν τὰς φύσεις ἀναθεωροῦμεν, θεότητα καὶ ἀνθρωπότητα καλοῦμεν, ὅτε δὲ τὴν ἐκ τῶν φύσεων συντεθεῖσαν ὑπόστασιν, ποτὲ μὲν ἐκ τοῦ συναμφοτέρου Χριστὸν ὀνομάζουμεν, καὶ Θεὸν σεσαρκωμένον, ποτὲ δὲ ἐξ ἑνὸς τῶν μερῶν, θεὸν μόνον, καὶ Υἱὸν τοῦ Θεοῦ, καὶ ἄνθρωπον μόνον, καὶ Υἱὸν ἀνθρώπου· καὶ ποτὲ μὲν ἐκ τῶν ὑψηλῶν μόνον, ποτὲ δὲ ἐκ τῶν ταπεινῶν μόνον·²⁷⁴

Wichtig sind in Johannes' Formulierung die Verben καλέω [nennen] etc. Er spricht von Redeweisen – und das ganz gezielt; ein wirkliches Leiden und Sterben dürfe nicht angenommen werden:

Ἰστέον δὲ ὅτι Θεὸν μὲν σαρκὶ παθόντα φαμέν, θεότητα δὲ σαρκὶ παθοῦσαν, ἢ Θεὸν διὰ σαρκὸς παθόντα, οὐδαμῶς. [...] πολλῷ μᾶλλον ἡ ἀπαθὴς τοῦ Λόγου θεότης καθ' ὑπόστασιν ἡνωμένη σαρκὶ, τῆς σαρκὸς πασχούσης ἀπαθὴς διαμένει.²⁷⁵

Bei allem Beharren auf der Realität von Inkarnation und Kenose – Johannes von Damaskus macht Einschränkungen, welche einerseits die Paradoxalität des Vertauschens von Eigenschaften rhetorisch hervorheben, sie aber andererseits von der Essenz fernzuhalten suchen.

2.8.5.2 Zwinglianische Alloiosis

Während Johannes von Damaskus für die weitere Karriere solcher Redeweisen in der Ostkirche den entscheidenden Bezugspunkt bildet, ist der Status dieser Redeweisen dann vor allem im Protestantismus umstritten – und wird aufgrund dessen am explizitesten reflektiert. Hier entwickelt sich so etwas wie eine Prototheorie paradoxer Redeweisen.

Die Einsicht, dass die *commutatio* von Attributen der göttlichen und der menschlichen Natur Christi in Propositionen zwar zulässig sei, aber im Bewusst-

---

[273] „Wechselmitteilung" (*De fide orth.* III 4; PG 94,999/1000A; dt. v. Johannes Stiefenhofer, Johannes von Damaskus 1923:123).

[274] „Wenn wir die Naturen betrachten, so nennen wir sie Gottheit und Menschheit. Wenn wir jedoch die aus den Naturen zusammengesetzte Hypostase betrachten, so nennen wir Christus bald nach beiden zusammen Gott und Mensch zugleich und fleichgewordenen Gott, bald aber nach einem der Teile bloß Gott und Gottessohn und bloß Mensch und Menschensohn, bald nur nach dem Erhabenen und bald nur nach dem Niedrigen [...]" (*De fide orth.* III 4; PG 94,997BC; dt. v. Dionys Stiefenhofer, Johannes von Damaskus 1923:122).

[275] „Wohlgemerkt, wir sagen zwar: Gott litt im Fleische, keineswegs aber: Die Gottheit litt im Fleische oder Gott litt durch das Fleisch. [...] Um wieviel mehr bleibt die leidenslose, mit dem Fleische hypostatisch geeinte Gottheit des Wortes leidenslos, wenn das Fleisch leidet?" (*De fide orth.* III 26; PG 94,1093C–1096A; dt. v. Dionys Stiefenhofer, Johannes von Damaskus 1923:182f).

sein von deren Rhetorizität geschehen müsse, ist bei Zwingli besonders ausgeprägt: Zwingli vertritt den Terminus *communicatio idiomatum* meist durch eine rhetorische Trope, die er von Plutarch entlehnt (CR V,679) und mit *communicatio idiomatum, commutatio* (CR V,681) oder auch *permutatio* synonym setzt (CR V,680): ἀλλοίωσις [Veränderung].

> Hierumb wüß, das die figur, die alloeosis heißt (mag unns ‚gegenwechsel' zimmlich *vertütschet* werden) von *Christo* selbs unzalbarlich gebrucht wird, unnd ist die figur, sovil hiehar dient, ein abtuschen oder gegenwechßlen zweyer naturen, die in einer person sind. Da man aber die einen nennet unnd die andren verstat, oder das nennet, das sy bed sind, und doch nun die einen verstat. (CR V,925f, Hervorh. i. Orig.)

Dabei macht Zwingli gar eine Art historischer Teleologie von theologischer zu linguistischer Perspektive auf:

> Quas paulo ante theologi idiomatum, hoc est: proprietatum communicationem vocabant, eas, inquam, alloeoses sive desultus, quo grammaticos haberemus magis propicios, adpellavimus.[276]

Cross streicht heraus, dass es sich dabei um einen klar rhetorischen Tropen-Begriff handelt:

> It is, according to Zwingli, a rhetorical device in which the customary meaning or order of words is changed. Zwingli claims that many propositions about Christ exhibit this device. Important to Zwingli is that the *meaning* of some christological propositions is not what it seems. (1996:113f, Hervorh. i. Orig.)

Alle Aussagen, in denen einer der beiden Naturen Christi allein ein Attribut zugeschrieben wird, das der anderen Natur allein zukommt, seien für Zwingli nur als figural und uneigentlich akzeptabel: „They will be true *figuratively*, but not *literally*. There is no extra-linguistic state of affairs to which the proposition corresponds literally." (ebd.:114f, Hervorh. i. Orig.). Das gilt nicht minder auch für Zwinglis Abendmahlverständnis: „[...] man redet von Christus im Sakrament alloiotisch." (Poppenberg 2003:160).

2.8.5.3 Lutherische Real-communicatio idiomatum

Ganz anders Luther, mit dem Zwingli seit 1525 in einer Dauer-Kontroverse über Essenzialität oder Figuralität der Wechselzuweisung von Attributen an die jeweils andere Natur Christi steht (jede Einigung auf Unentscheidbarkeit ist fern). Einerseits treibt Luther nämlich solche gezielt vertauschten, verfremdenden Redeweisen praktisch „auf die Spitze" (Steiger 1996:1) – etwa mit Theopaschitismen in

---

[276] „Was kurz zuvor die Theologen Wechselmitteilung der Idiome, also der Eigenschaften nannten, das, sage ich, haben wir als Alloiosen oder Sprungtropen bezeichnet, wofür uns eher die Grammatiker wohlgesonnen sein dürften." (CR V,679).

2. Trope und Paradox

Luthers drastischer Manier: „Gottes Marter/ Gottes Blut /Gottes Tod" (zit. n. Steiger 1996:3). Bei der theoretischen Reflexion zeigt Luthers Wahl von Verben des Sprechens, dass es sich um Redeweisen handelt.

> Denn wir Christen müssen die idiomata der zwo Naturn in Christo/ der Person gleich und alle zu eigen/ als Christus ist Gott und Mensch in einer Person. Darum was von ihm geredt wird/ als Menschen/ das mus man von Gott auch *reden*/ nemlich/ Christus ist gestorben/ und Christus ist Gott: drum ist Gott gestorben/ nicht der abgesonderte Gott/ sondern der vereinigte Gott mit der Menschheit.[277]

Mit entsprechenden Verben des Sprechens und Meinens ist dies für die Lutheraner insgesamt verbindlich geworden:

> [...] höchste Gemeinschaft, wölche Gott mit dem [Menschen] wahrhaftig hat, aus welcher persönlichen Vereinigung und der daraus erfolgenden höchsten und unaussprechlichen Gemeinschaft alles herfleußt, was menschlich von Gott und göttlich vom Menschen Christo *gesaget und geglaubet* wird [...] (BSLK 806,11–18, Hervorh. D.U.)

Von Gott wären dann in einer paradoxen *contradictio in adiectu* (vgl. Kraft 1992:268) Leiden und Tod, vom Kind Jesus Herrschaft aussagbar; der Reformator apostrophiert den Säugling in der Krippe als „den windelherrn und krippenfursten".[278] Luthers bekannte Lust am Wortspiel[279] ist unverkennbar. Doch verbirgt sich hinter diesem so offensichtlich spielerischen Sprechen über Sprechweisen ein Essenzialismus: Der Eigenschaftsaustausch vollzieht sich für Luther, greifbar in der Realpräsenz des Leibs im Abendmahl, „naturlich warhafftig".[280]

Luthers Verbindung von paradoxaler Rede und Essenzialismus hat die Gegner zu harschen Invektiven provoziert.[281] Doch offenbar geht es weniger um ein dogmatisches Problem als um ein rhetorisches, ästhetisches. Während Luther mit seinem Essenzialismus von Realpräsenz einerseits *in dogmaticis* traditionell antirhetorisch auftritt, belegt seine drastische Rhetorik, dass sich der naive antirhetorische Essenzialismus dekonstruieren lässt, dass sich auf der Ebene der Sprech- und Schreib*praxis* immer schon eine lustvolle paradoxale *inventio*[282] Bahn bricht.

---

[277] Luther, zit. n. Steiger 1996:3, Hervorh. D.U.
[278] Luther WA 32,285,8f; vgl. durchaus ähnlich auch Ilarion (4.3.5.3).
[279] Zu Luthers rhetorischer Praxis s. Nembach 1972:117–174; Matheson 1998.
[280] Luther WA 2,749,9 et passim; s. 3.3.2.1.
[281] Loofs spricht von einem „Ikarus-Flug über einem Meer von – Absurditäten" (1901:260). Allzu leicht drängt sich bei der Zusammenspannung von Paradox und Essenzialismus der Modalismusverdacht auf (s. 2.3.1.1.1).
[282] Nicht nur *elocutio* bei einem etwaigen vorgängigen Essenz-Bewusstsein (s. 1.6.1, 2.105 u. 3.1.5.).

2.8.5.4 genus tapeinoticum

Cross legt seiner These, für Zwingli sei *jedes* Reden im Geiste der *alloiosis* rhetorisch-figural, eine Typologie von verschiedenen Prädikationen zugrunde: 1) Aussagen über Christus als Ganzheit aus zwei Naturen; 2) ein Prädikat, das Natur *A* zukommt, ausgesagt über Natur *B*; und 3) ein Prädikat, das *A* zukommt und auch über *A* ausgesagt wird (1996:110). Was Cross nicht sagt (ein der analytischen Argumentationsästhetik geschuldeter Ahistorismus), ist, dass eine solche Typologie alt ist. Sie geht auf Johannes von Damaskus zurück (2.8.5.1) und wurde ausformuliert im Altprotestantismus, konkret in Martin Chemnitz' *De duabus naturis in Christo [Über die zwei Naturen in Christus]* von 1570 (Chemnitz 1690).

Schon Chemnitz unterscheidet nämlich drei verschiedene *genera communicationis*. Das *genus idiomaticum* betrifft die Zuschreibung von Attributen einer Natur auf die ganze Person bzw. beide Naturen; das *genus apotelesmaticum* beschreibt eine von beiden Naturen ausgehende Wirkung (Chemnitz 1690:61); im *genus majestaticum* schließlich werden der menschlichen Natur Christi die Idiome der Gottheit mitgeteilt und zugeschrieben wie Allgegenwart, Allmacht.[283] Wurde schon das *genus majestaticum* von reformierter Seite kritisiert (vgl. Chemnitz 1865:22), so braust auch lutherischer Protest auf, als in Chemnitz' Fahrwasser ein viertes *genus* angehängt wird und der Dreier-Typologie ein logisch notwendiges Komplement hinzugefügt wird: die Umkehrung des *genus majestaticum*, das *genus tapeinoticum*,[284] die reale Mitteilung menschlicher Eigenschaften wie etwa Leidensfähigkeit an die göttliche Natur. Dieses vierte *genus* wird in der Neokenotik des 19. und 20. Jh.s neu aufgegriffen (s. 2.7.2.3 u. 2.6.1.5).

2.8.5.5 Rhetorizität der Onto-logie

Der essenzialistisch-figurative Konflikt zwischen Luther und Zwingli schien unversöhnlich; Zwingli warf Luther Vermischung, Luther Zwingli Nestorianismus vor.[285] Und Luther verteidigte gegen Zwinglis Rhetorisierung des *communicatio*-Begriffs als *alloiosis* die Realität der *commutatio* als „Gabe der (heiligen) Schrift":

> ‚Ob die alte Wettermacherin, Frau Vernunft, der Alleosis Großmutter, sagen würde: ja, die Gottheit kann nicht leiden und sterben; sollst du antworten, das ist wahr, aber dennoch, weil Gottheit und Menschheit in Christo eine Person ist, so gibt die Schrift umb solcher persönlicher Einigkeit willen auch der Gottheit alles, was der Menschheit widerfähret, und wiederumb [...]' (BSLK 1029,36–1030,4)

Gleich ob die Christologen mit theopaschitischen Paradoxen argumentieren im Bewusstsein, dass es sich dabei nur um eine Redeweise handelt (Johannes von

---

[283] Chemnitz 1690:62; vgl. Noth 1930:32.40.
[284] Oder auch *genus kenoticum* (D. Schaff/P. Schaff 1909:57).
[285] Steiger 1996:17; vgl. 2.7.5–2.7.6.

2. Trope und Paradox

Damaskus, Zwingli) oder damit eine Realprojektion verbinden (Luther) – die Rhetorik des Paradoxes verselbstständigt sich. Eine solcherart ausgereizte *communicatio idiomatum* erscheint als Harke der Rhetorik gegen den christologischen Essenzialismus bzw. inkarnatorischen Realismus: Von Mensch und Gott dürfen Dinge gesagt werden, die ihnen ontologisch eigentlich nicht zukommen.

2.8.6 Produktivität des Paradox-Musters

Wie der Protest gegen das *genus tapeinoticum* zeigt, wird nach Chalcedon die Lust am Paradox in bestimmten Epochen der Kirchengeschichte zwar gemildert, aber nie mehr wirklich zurückgedrängt. Feofan Zatvornik etwa liefert 1912 eine syntaktische Variation, indem er das Göttlichkeitsattribut adjektivisch oder partizipial als Dauerzustand voranstellen, um durch ein finites Hauptverb den Wandel der Menschlichkeit vor Augen zu führen und so das Modell von Logos-Kontinuität trotz Erniedrigungsvektor (s. 2.6) syntaktisch abzubilden. Das Paradox selbst verbirgt sich bei ihnen im Gedankenstrich.

> [...] соединил в Себе и Божеское и человеческое естество неслитно и нераздельно: и безначальный – начинается; вездесущий – определяется местом; вечный – проживает дни, месяцы, годы; всесовершенный – возрастает и разумом; всесодержащий и всеоживляющий – питается и содержится другими; всеведующий – не ведает; всемогущий – связывается; источающий жизнь – умирает.[286]

2.8.6.1 Gottmenschentum

Wo nun alle Epitheta der göttlichen Natur dem Menschen und alle Attribute der menschlichen Natur dem göttlichen Logos zugeschrieben werden können, wo die Widersprüche auf engstem Raum zusammengedrängt werden dürfen, ja im Dienste eines Wiedererkennens dieser Paradoxal-Ästhetik geradezu sollen – welche (rednerische) Identifikation sollte da noch ausgeschlossen sein? Warum sollte man, wenn schon alle Attribute, nicht auch die Namen[287] der Naturen selbst kombinieren – die Appellativa Gott und Mensch?

Die Konkordienformel verwendet eines der beiden Appellativa als Subjekt und das andere prädikativ: „daß Gott Mensch und Mensch Gott sei" (BSLK 806,26f).

---

[286] „[...] vereinigte in sich sowohl Göttliche als auch menschliche Natur unverbunden und ungetrennt: und ohne Anfang seiend – fängt er an; omnipräsent seiend – wird er ortsbestimmt; ewig seiend – durchlebt er Tage, Monte, Jahre; allvollkommen – wächst er doch an Verstand; alles tragend und alles belebend – ernährt er sich und wird von anderen getragen; allwissend – weiß er nicht; allmächtig – wird er gefesselt; Leben ausströmend – stirbt er." (Feofan Zatvornik/Rudinskij 2002:530).

[287] Sergej Bulgakov wartet mit der Andeutung des Befunds auf, in der Verbindung des menschlichen Vornamen Jesus und dem Messias-Titel Christus ein ontologisches Paradox enthalten ist (1933:275).

Jüngere christologische Arbeiten arbeiten programmatisch heraus, dass in „Jesus Christus" menschlicher Name und Heilsplansbedeutung (Christus ‚der Messias', ‚der Gesalbte') zusammengehen, Grillmeier gar im Titel seines Kompendiums *Jesus der Christus im Glauben der Kirche*. Tillich greift explizit zum Paradox-Begriff, um die Relation von Namen und Titel zu beschreiben:

> Die kirchliche Predigt und Unterweisung muß ständig von neuem das Paradox betonen, daß der Mensch Jesus „Christus" genannt wird – ein Paradox, das oft verlorengeht, wenn in Liturgie und Homiletik „Jesus Christus" als Eigenname gebraucht wird.[288]

Während die Paradoxalität in „Jesus Christus" durch Einschleifung aus dem Bewusstsein verschwindet, fand eine Formel, die das Status-Paradox unverkennbar markiert, – wohl aufgrund der nicht mehr zu unterbietenden Kürze und Schärfe des Paradoxes – weite Verbreitung: die Rede vom Gottmenschen, deren Karriere gerade im russischen 19. Jh. und dank Vladimir Solov'ev weit über den engen Diskurs der Theologie hinausging.[289]

2.9 Episteme und Endoxalisierung der christologischen Paradoxe

> Paradoxon [...] heißt bei den Griechen ein Ausspruch, der gleichwohl gewiß und wahr ist, den aber die ganze Welt und was nach Menschenweise lebt, nichts weniger als für wahr hält, z.B., daß allein die Weisen und Frommen reich sind [...]; daß Kreuz, Leiden und Trübsal Glück ist und der Tod der Weg und Eingang zum Leben, ja die rechte Arznei wider den Tod; daß man sich in Leid und Trübsal des Glücks rühmen soll [...] (Franck 1966:3)

Soweit der Befund auf der Objektebene paradoxer christologischer Formeln. Nun zur Geschichte der expliziten Reflexion über die Paradoxalität der orthodoxen Christologie und einer darauf bezogenen Kognitionstheorie des Paradoxes.

Paradox wird der Etymologie nach etwas genannt, das der landläufigen Meinung, der herrschenden (meist impliziten) Konvention widerspricht (παρὰ τὴν δόξαν; *inopinatum*) und deswegen als widersinnig wahrgenommen und negativ gewertet wird (vgl. Estienne 1831/65:VI 249). Schröer schlägt eine präzisierende

---

[288] Tillich 1958:108; vgl. dazu Schmitz 1995.
[289] Siehe 4.4.4.2. Erst die Kontrastfolie von Nietzsches „Übermenschen" macht es verständlich, warum Dostoevskij eine Differenzierung einführt. Im Sinne einer statischen Logik ist „Menschengott" schließlich nicht von „Gottmensch" zu unterscheiden. Erst wenn die Vektoren von Erhöhung und Erniedrigung hinzugedacht werden, macht dies einen Unterschied. Und zwar, wie aus den Seligpreisungen (s. 2.5.1) bekannt, *den* Unterschied für eine christliche, von der neutestamentlichen Umwertung herkommende Ethik: verwerfliche Selbsterhöhung *vs.* gebotene Selbsterniedrigung.

2. Trope und Paradox   131

Übersetzung von παράδοξον als „gegen das Vorverständnis'" vor (1960:29). In der antiken Gerichtssituation der Rhetorik ist jenes herrschende „Vorverständnis" das Rechtsempfinden, mit dem sich eine Darstellung decken kann (ἔνδοξον σχῆμα) oder eben auch nicht (παράδοξον σχῆμα)[290] – was dann ein Problem für das Wirkungsziel der Gerichtsrede darstellt, also vermieden oder zumindest kuriert werden muss.

Allerdings kann die Desillusionierung einer Erwartung einen positiven kognitiven Effekt zeitigen; paradox kann im klassischen Griechisch und der Väterliteratur nämlich auch etwas genannt werden, das Erwartungen übertrifft (vgl. PG 86 II,2753B). Daher die Bezeichnung „παράδοξος" für siegreiche Olympioniken (Estienne 1831/65:VI 250) und schließlich – in christianisierter Form – für Märtyrer.[291] Die Rhetorik des Paradoxes wird also konstitutiv für die höchste christoforme Tat – das Martyrium.

An der antiken Gerichtssituation, in der allein durch rednerische Leistung Plausibilität erzeugt werden soll und die Zuhörer zu einem bestimmten Entscheidungsverhalten bewegt werden sollen, lässt sich 1) anschaulich machen, dass das Paradox zugleich auf der Ebene von Logik und Rhetorik, besser: von *inventio* qua *elocutio* anzusiedeln ist (s. 2.9.1). Die Umwertung des Negativums des Erwartungswidrigen zum Positivum des Staunenswerten legt 2) nahe, dass das, was als paradox erscheint, an einen Kontext gebunden, also in der Geschichte der Konventionen zu verorten und historisch wandelbar ist (s. 2.9.4–2.9.6).

2.9.1 Generative Paradoxe
Insofern das Paradox qua Rhetorik an die Logik appelliert, ist eine Unterscheidung der rhetorischen Ebenen, auf denen das Paradox angesiedelt sein soll, kaum sinnvoll. Während etwa Hotze in seiner Arbeit über die Paradoxe bei Paulus die konventionell-rhetorische Trennung in *inventio*- und *elocutio*-Paradoxe vorschlägt (1997:34), ist dies im Lichte dekonstruktiv-performativ gewendeter Rhetorik ein und dasselbe, weil *elocutio* als neutrale Reproduktion eines Vorgegebenen (durch eine irgendwie vorsprachliche *inventio* Erkannten) eine logozentrische Projektion darstellt; das Paradox ist keine isolierbare Figur der *elocutio* (also nicht bloßer Ornat – wie bei näherer Betrachtung letztlich jede von der Schulrhetorik isolierten Figuren und Tropen). Das „intellektuelle Paradox" (Lausberg 1990:23

---

[290] Siehe Lausberg 1973:58, § 64.
[291] „οὕς τίς ἰδὼν, οὐ κατεπλάγη [...] τὰς ἐν τούτοις τῶν ὡς ἀληθῶς παραδόξων τῆς θεοσεβείας ἀθλητῶν ἐνστάσεις, [...]" [Wer sah sie und erschrak nicht über (…) die Widerstandskraft, die die wahrhaft wunderbaren Streiter für die Gottesfurcht dabei bekundeten (…)] (Euseb. *h.e.* VIII,7,1; PG 20,756B; dt. von Philipp Haeuser, Eusebios 1981:367).

§37), die Frage der Glaubwürdigkeit, ist von seiner elokutionären Repräsentation nicht zu trennen; greifbar ist allenthalben nur die sprachliche Dimension, nie aber eine vermeintlich vorsprachliche Bedeutung.

Zu Hotzes Ehrenrettung: Der Paulus-Forscher stuft die Paradoxe bei Paulus zutreffenderweise nicht als sekundäre Oberfläche ein, sondern konzentriert sich auf die *inventio*-Paradoxe (Hotze 1997:34f) und zitiert Schröers These vom paradoxen Sprechen als „ausdrücklicher Intention, ,ihre widersprüchliche Aussagestruktur gerade für eine treffende Wirklichkeitsbeschreibung zu halten.'" (Hotze 1997:34; vgl. Schröer 1960:30f). Die paulinischen Paradoxe aber sind kein beliebiger Spezialfall, sondern Anstoß für eine paradoxe Denkroutine der christlichen Kulturgeschichte über Jahrhunderte und Konfessionsgrenzen hinweg.

2.9.2 Paradox und Religion
Oder reicht das Hoheitsgebiet des paradoxen Sprechens gar über das Christentum hinaus? Konstituiert paradoxe Rede vielleicht Religion überhaupt? Ist das Paradox etwa ein mitentscheidender Generator der Aussageform Religion, also für religiöse Diskurse „konstitutives Paradox" im Sinne einer „die Struktur bestimmenden systematisierenden Denkform" (Wuchterl 1995:727)?

2.9.2.1 Religionswissenschaftliche Koppelung mit dem Irrationalen
Für eine solche These vom Paradox als Konstituens jeglicher religiöser Aussageformen gibt es vor allem Zeugen aus dem Umfeld der religionspsychologischen und -soziologischen Analyse, die das Paradox als für religiöse Wahrnehmungen sowie Gemeinschaften konstitutiv einstufen.

Allen voran scheint Søren Kierkegaard einen religionskritischen Aspekt anzusprechen, wenn er Religion als auf das Paradox angewiesen darstellt und sagt, „[…] daß man in jedem Augenblick das Paradox festhält, indem man gerade am allermeisten eine Erklärung fürchtet, die das Paradox fortnimmt." (1957:XVI,1 172), doch ist dies bei Kierkegaard durchaus affirmativ gemeint (s. 2.9.3.4). Dann schließt der religionswissenschaftliche Klassiker Rudolf Otto das Religiöse mit dem Irrationalen kurz und attestiert dem Numinosen die Dimension des Mysteriums als positiver „Gefühls-überschwang". Das Paradox reiht Otto ein in eine Stufenhierarchie von religiösen Mysterien, die vom „Nur-Befremdlichen" über das „Paradoxe" zum „Antinomischen" reiche (R. Otto 1958:35). Zur Markierung, dass dies gerade auch für das Christentum charakteristisch sei, führt Otto Hiob und Luther als Zeugen für „Momente des ,Ganz-Anderen' als Paradox und Antinomie" an (ebd.:37).

Während Otto global religionspsychologisch argumentiert, sind neuere Ansätze stärker auf die rhetorische Oberfläche konzentriert: Im Gegensatz zu Otto vertritt Averil Cameron die Auffassung, dass das Paradoxe nicht bloß eine Stufe auf

2. Trope und Paradox

einer Irrationalitätenleiter sei, sondern dass es gerade das Paradoxe sei, das einen Diskurs erst zum religiösen qualifiziere („that very paradoxical quality which made it a religious discourse"; 1991:160).

2.9.2.2 Theologische Absetzung vom Absurden

Dagegen scheint das Paradoxale der theologischen Reflexion erhebliche Schwierigkeiten zu bereiten. Von theologischen Autoren wird die Konstitutionsrolle des Paradoxes für eine Religionspsychologie des Christentums geradezu reflexartig geschmälert. So wird gebetsmühlenartig korrigiert, dass das einschlägige Tertullian-Diktum nicht „credo quia absurdum" laute, sondern „credibile est, quia ineptum est".[292] Die beteiligten Theologen verwahren sich gegen ein

> [...] Mißverständnis der Paradox-Christologie, wonach das Wesen des christlichen Glaubens darin liege, in unbedingtem Gehorsam eine widersinnige Lehre oder Tatsache als Offenbarung der göttlichen Wahrheit hinzunehmen. (Gerdes 1962:37)

Dabei berufen sie sich selbst auf den in Sachen Paradox offensiven Kierkegaard, der heftig gegen Eiríkssons Interpretation seiner eigenen Ansichten in der pseudonymen Schrift *Ist der Glaube ein Paradox und ‚in Kraft des Absurden'?*[293] als Rechtfertigung des Paradoxes, als Glaube „kraft" Absurdität protestierte.

2.9.2.3 Vier göttlich-menschliche Paradoxe

Wo das Irrationale oder Absurde nicht als Basis einer Psychologie christlichen Glaubens herhalten darf, da wird doch auch in der Theologie das Paradox in seiner Eigenschaft als (ein) *Konstituens des religiösen Diskurses* durchaus öfters diagnostiziert.[294] Die wichtigsten einschlägigen Beiträge dazu stammen von Henning Schröer. Religiöse Aussagen werden Schröer zufolge nicht allein durch das Paradox distinktiv bestimmt, doch hätten sie allgemein einen höheren Grad an Paradoxalität, als es bei Zeichenoperationen grundsätzlich zu beobachten sei, eine „qualitativ andere Diversität" der Differenzen (Schröer 1995:732). Als Grundlage dessen gilt Schröer die Kluft von Welt und Gott, die auch Kierkegaard, auf den sich der Forscher beruft, ins Zentrum stellt:[295] „Paradoxet er ikke en Concession, men

---

[292] Schröer 1960:37f; Kraft 1992:271; Schröer 1995:733; vgl. dazu 2.9.3.2.
[293] Zur Korrektur des „oder" aus der Fassung in der Materialiensammlung von Theunissen/Greve (1979:147) zu „und" s. Schröer 1989:148.
[294] Überblicke finden sich bei Schröer 1995; Kuße 2000:271–274; dieses vorgefundenen Forschungsstandes ungeachtet, trifft Hotzes Ansicht von der „Vernachlässigung des Paradox als theologischer Größe" (1997:1) zu.
[295] Vgl. auch Dawe 1963:157; Nnamani 1995:109.

en Kategorie, en ontologisk Bestemmelse, der udtrykker Forholdet mellem en existerende, erkjendende Aand og den evige Sandhed."[296]

In der Tat basieren auf der Kluft von Mensch und Gott mindestens fünf im Umfeld der christlichen Religion anzutreffende Spielarten von Paradoxen: 1) das (negativ-theologische) Sagbarkeitsparadox (s. 1.6.1 u. 2.4), 2) das Daseinsparadox des Menschen zwischen irdischem Nichts und verheißenem Alles (s. Friedrich 1936:341), 3) das Glaubensparadox, 4) das Rechtfertigungsparadox[297] und 5) das (christologische) Naturenparadox. Auch wenn die ersten vier immer wieder mit dem christologischen Naturenparadox zusammengespannt wurden,[298] interessiert hier einzig das christologische Naturenparadox.

2.9.3 Paradoxalitätsreflexion in der Christologie

Die religionswissenschaftlichen Grundsatzfragen nach der unhintergehbaren Paradoxalität menschlichen Sprechen über Göttliches, nach einem etwaigen Nexus von Glauben, ja Religiosität überhaupt, und Paradox – womöglich anhand der Resultate neurotheologischer Forschungen (s. Newberg et al. 2001) –, müssen in dieser Arbeit nicht beantwortet werden; hier geht es um eine spezifische historische, nämlich wissensorganisatorische Funktion des Paradoxes in der Christologie – und von dort aus bis über die christliche Einflusssphäre hinaus (s. 2.11.8).

2.9.3.1 Die Begriffsverwendung in NT und Patristik

In den griechischen Texten der Bibel ist das Etymon παράδοξος eher selten;[299] im NT begegnet das Lexem nur im Bezug auf die von Christus vollbrachten Wunder-

---

[296] „Das Paradox ist nicht eine Konzession, sondern eine Kategorie, eine ontologische Bestimmung, die das Verhältnis zwischen einem existierenden erkennenden Geist und der ewigen Wahrheit ausdrückt." (Kierkegaard 1968/78:VIII/1 A 11; dt. v. Henning Schröer 1989:148).

[297] Siehe vor allem die Luthersche Formel „simul iustus et simul peccator" [gerechtfertigt und Sünder zugleich] (Luther WA 57,165,12).

[298] Vgl.: „Nimmt man das christologische Paradox der Religiosität B als dogmatische Lehre ohne die Betroffenheit der Aneignung, dann fällt man sogar hinter die Religiosität A zurück. [...] Wer die negative Dialektik des Paradoxes als Intellektualismus ablehnt, hat deren Funktion nicht verstanden, wer daraus eine neue Dogmatik, auch etwa im Sinne einer Methodenlehre zu Existenzdialektik ([...]), mit Verzicht auf einen konkreten Inhalt des Dogmas macht, verkennt ebenfalls Kierkegaards Verbindung von Inhalt und Form, auch wenn der Inhalt wiederum nur als Paradox erscheint." (Schröer 1989:149). Zur Spannung und Zusammenspannung von Glauben und christologischen Paradoxen auch 2.10.5.

[299] Zur griechischen Wiedergabe bestimmter Begriffe des AT mit „παράδοξος" s. Kraft 1992:254.

2. Trope und Paradox

heilungen: „Ὅτι εἴδομεν παράδοξα σήμερον."[300] Auch in der Patristik begegnen entsprechende Verwendungen des Paradox-Begriffs mit Bezug auf diese Wunder (etwa Origenes; PG 11,1532A). Das negative Komplement zu dieser positiven Begriffsverwendung bildet die polemische Formel des Eustatios von Antiochien für die Lehre der Arianer (PG 18,691B). Ansonsten hat auch die Patristik vergleichsweise wenige Belege von παράδοξος; eine signifikante Menge von Verwendungen findet sich überhaupt nur bei Origenes (PG 11,721A. 1152D.1192C).

Für dogmatische Sachverhalte wird παράδοξος einmal eingesetzt, um die Einheit und Unterscheidung der drei göttlichen Personen zu beschreiben (PG 86 II,2796B). Aus dem christologischen Bereich ist am einschlägigsten die Interpretation des Symbols von Nicäa durch Theodot von Ancyra:

> Θεὸν δεικνὺς γενόμενον ἄνθρωπον· καὶ διὰ τοῦτο τὸν αὐτὸν τὰ μὲν ἐνεργοῦντα θεϊκῶς, τὰ δὲ ὡς ἄνθρωπον ὑπομένοντα· οὐ μεταβληθέντος Θεοῦ, οὐδὲ τὸ φαινόμενον ψευσαμένου. Παράδοξος γὰρ ἡ ἕνωσις γέγονεν· εἰ γὰρ σύγχυσις φύσεων ἐποίει τὴν ἕνωσιν. οὐκ ἦν θαῦμα τὸ γεγενημένον· νῦν δὲ σημειόν τί σοι καὶ παράδοξον δείκνυσι.[301]

2.9.3.2 Tertullians locus classicus

Den *locus classicus* für paradoxe Rede in der Väterzeit aber stellt Tertullians Diktum dar, in dem weder „absurd" noch „paradox" wörtlich vorkommen. Der volle Satz lautet: „Ei mortuus est dei filius; credibile est, quia ineptum est. Et sepultus resurrexit; certum est, quia impossibile."[302]

Wenn die betreffende Tertullian-Stelle vollständig ohne Zurechtkürzung zitiert wird (s. 2.9.2.2), so wird schnell deutlich, dass es gerade die Paradoxa von Inkarnation und Auferstehung sind, die auf para-doxale, nämlich kontra-konventionelle, ja wider-naturgesetzliche Weise Glauben und gar Sicherheit generieren. Mit seinem Einspruch, dass die Aussage sich nur auf den Sohn Gottes beziehe und folglich gar nicht paradoxal sei, eskamotiert Kraft den *communicatio*-Effekt hinweg, obgleich er aus dem *Tomus Leonis* zitiert (Kraft 1992:271f). Ja, er widerlegt sich geradezu selbst, wenn er nachschiebt: „Bei Tertullian ist die Paradoxie der pauli-

---

[300] „Wir haben heute seltsame Dinge gesehen." (Lk 5,26). Der Titusbrief zitiert das Kreter-Paradox (Tit 1,12; vgl. Kraft 1992:260–262), ohne von „Paradox" zu sprechen.

[301] „Gott stellt er [Paulus] als menschgewordenen dar und dadurch als teils göttlich wirkenden, teils als leidenden Menschen; weder einen sich verändernden Gott noch einen Schein vortäuschenden. Denn es ist eine wunderbare Einheit geworden; wenn nämlich eine Vermischung der Naturen die Einheit erzeugen würde, wäre das Geschehene kein Wunder; nun aber hat er dir ein Zeichen, und zwar ein wunderbares, gezeigt." (PG 77,1317D–1320A).

[302] „Wenn der Sohn Gottes tot ist, so ist das glaubwürdig, weil es unpassend ist. Und wenn er aus dem Grabe aufersteht, so ist es sicher, weil es unmöglich ist." (*De carne Christi* c. 5).

nischen Kreuzespredigt zum Topos geworden." (ebd.:272). Und er geht noch weiter, attestiert diesem Tertullianschen Satz geradezu eine Gottesbeweisqualität: „Das paradoxe Wort vom Tode Gottes konnte auf diese Art gerade zum Topos unter den Beweisen für die Wahrheit des Christentums werden." (ebd.:271).

2.9.3.3 Neuzeitlicher Aufschwung

Während das byzantinische und lateinische Mittelalter die Zurückhaltung der Väter in Sachen einer Thematisierung der Rhetorik christlicher Paradoxe fortsetzen, grassiert zum Beginn der Neuzeit eine regelrechte „epidemic of paradoxy" (Colie 1976:33). Wenngleich in rhetorischen Handbüchern der Renaissance selten eigene Paradox-Paragrafen zu finden sind (s. Plett 1992:91), floriert gleichzeitig das Genre des paradoxen Enkomions (ebd.:95), etwa in Ralph Vennings *Orthodox Paradoxes* (Colie 1976:31f) und John Donnes *Paradoxes and Problems* (ebd.: 96–141). In Erasmus' Μωρίας Εγκώμιον sive *Laus Stultitiae [Lob der Torheit]* (1511) geschieht das mit einem christologischen Rekurs.[303] Eine eigene Sammlung *Paradoxa* (1534) legt auch Sebastian Franck vor, der eine systematisch-theologische Rechtfertigung für seine Titelwahl gibt:

> Nun habe ich diese meine Philosophie ‚Paradoxa' betitelt und Paradoxon als eine ‚Wunderrede' oder ein ‚Wunderwort' verdeutscht, weil die Theologie, der rechte Sinn der Schrift (die allein Gottes Wort ist), nichts ist als ein ewiges Paradoxon, gewiß und wahr wider allen Wahn, Schein, Glauben und Achtung der ganzen Welt. (1966:4)

Auch von Francks *Paradoxa* sind weite Passagen Christus gewidmet.[304]

Unter dem Schutzdach der *communicatio-idiomatum*-Lehre geschieht, wie gesehen (2.8.5.3–2.8.5.4), Ähnliches im Umfeld der Reformation (vgl. Lebeau 1982) und später besonders in der lutherischen Orthodoxie (Chemnitz, Gerhard). Die Einflusssphäre der katholischen Gegenreformation etabliert unter Vorzeichen barocker Rhetorik (besonders im Concettismus) gleichfalls eine Kultur paradoxer Rede. Die barocken Formeln für Daseinsparadoxe (vgl. 2.9.2.3) sind dabei nur ein Anwendungsbereich unter anderen. Ein französischer Meister dieser Daseinsparadoxe ist Blaise Pascal,[305] ein russischer Deržavin (4.3.9.3) – beide mit beträchtlichen christologischen Bezügen.

---

[303] Erasmus (1968/80:II 196) verweist auf 1Kor 1,18.
[304] Mindestens die Abschnitte 99–140 (Franck 1966:170–247).
[305] Vgl. Friedrich 1936 und Goldmann, der deutlich macht, dass „die Religion des Gottmenschen" für Pascal deswegen einzig wahr sei, weil deren Paradoxie dem menschlichen Daseinsparadox isoform sei (Goldmann 1985:458).

2.9.3.4 Nachaufklärerische Paradox-Diagnosen

Das aufklärerische Ideal der Beseitigung rationaler Widersprüche muss sich auf eine solche Kultur rhetorischer wie auch christologischer Paradoxe notwendig nachteilig auswirken (s. 2.11.6). In Absetzung vom rationalistischen Optimismus der Aufklärung kann das Paradox aber schon bald wieder als „Korrektiv" (Schröer 1992:67; s. 2.9.7) herhalten. Dafür stehen insbesondere Hamann und Kierkegaard.

Johann Georg Hamann, der sich selbst als „Philologus crucis"[306] tituliert, stellt die „Herunterlassung Gottes" ins Zentrum seines Denkens.[307] Dabei beweist er eine Lust an christologischen Paradoxen (vgl. Ernst 1990:23–25), wie sie seit der lutherischen Orthodoxie nicht vorgekommen war. Hamann sucht Solches etwa in

> [...] der irrdischen Dornen- und himmlischen Sternenkrone und dem kreutzweis ausgemittelten Verhältnis der tiefsten Erniedrigung und erhabensten Erhöhung beyder entgegengesetzten Naturen [...] (Hamann 1949/57:III 405–407)

Unter Rückgriff auf die *communicatio* deklariert Hamann die christologischen Paradoxe zur Basis der gesamten menschlichen Existenz: „communicatio göttlicher und menschlicher idiomatum ist ein Grundgesetz und der Hauptschlüssel aller unsrer Erkenntniß und der ganzen sichtbaren Haushaltung." (1949/57:III 27).

Auf eine ähnliche existenzielle Grundlage stellt Kierkegaard in den *Philosophischen Brocken* seine offensive Rede vom Verstandes-, Glaubens- und Sündenparadox (1952:34–51), um von daher Gottes Erscheinen in „Knechtsgestalt" von Phil 2,7 anzugehen (ebd.:52f) und das Verhältnis von Gott und Mensch im Glauben durch den Paradox-Begriff zu erfassen. In der *Abschließenden unwissenschaftlichen Nachschrift* tritt er gar im Superlativ hervor: „Der Satz, daß Gott in menschlicher Gestalt dagewesen ist, geboren worden ist, gewachsen ist usw., ist wohl das Paradox sensu strictissimo, das absolute Paradox."[308]

2.9.3.5 Cremers Paradoxradikalismus

Um die Wende vom 19. zum 20. Jh. tritt der Greifswalder protestantische Theologe Hermann Cremer in die Fußstapfen der beiden nachaufklärerischen Vertreter paradoxer Christologie und überbietet sie gleichzeitig. Cremers „Paradoxradikalismus" (Koepp 1955:305) ist allerdings nur vage auf Kierkegaard zurückbeziehbar (ebd.:314). Beim späten Cremer nach 1895 besteht nämlich das Interesse, das Paradox in praktisch allen Bereichen der christlichen Dogmatik aufzuzeigen. Das schließt einen starken christologischen Fokus nicht aus (s. ebd.:324); so heißt es in

---

[306] „Kreuzphilologe" (Hamann 1949/57:II 249).
[307] Siehe Gründer 1958:21; vgl. auch das Kompilat „Erniedrigung Gottes" in Hamann 1963:11–25.
[308] Kierkegaard 1957:XVI,1 208f. Zu den kenotischen Implikationen von Kierkegaards christologischen Paradoxen vgl. P. Vos 2002:120–128.

Cremers unveröffentlichen Vorlesungsaufzeichnungen: „Die Menschwerdung ist allerdings ein vollkommenes Paradoxon, aber noch nicht so groß, wie das andere: die Menschwerdung ist der Weg zum Tode dessen, der ewig Gott ist [...]" (zit. n. Koepp 1955:296). Auch der Umkehrvektor wird als paradoxal bedacht: „Gottheit Christi, d.h. Gottheit des Menschen Jesu ist ein Paradoxon sondergleichen." (ebd.:295). Wie später Kraft (s. 2.9.3.2) legt Cremer nahe, dass das Paradox geradezu eine gesteigerte Überzeugungswirkung zeitige; Cremer spricht von der

> [...] Paradoxie der Erscheinung Christi mit seinem ewigen Wesen, denn gerade diese Paradoxie enthüllte ihm [dem Evangelisten Johannes] den messianischen Beruf Jesu. (1901:139)

Wie wichtig Cremer der Paradox-Fokus ist, beweist auch seine Kritik an Harnack, den er 1901 eines „verhängnisvollen Fehlers" zeiht, nämlich „daß durch seine Kritik der Inhalt des Evangeliums die Paradoxie verliert" (1901:117).

Cremers Paradoxradikalismus bleibt weitgehend „ohne Wirkung" (Schröer 1992:61); die nachfolgende dialektische Theologie nimmt sich, was die Positionierung des Paradoxes anbetrifft, gegen Cremers Paradoxradikalismus eher peripher aus. Wohl äußern so gut wie alle Vertreter der dialektischen Theologie punktuelle Einsichten in die Paradoxalität christlicher Grundannahmen; oftmals aber führen bei ihnen Thematisierungen von Paradoxalität in letzter Konsequenz zu deren Abschwächung und Einschränkung, zur Paradox-Abrüstung (s. 2.11.3).

Noch defensiver tritt in Sachen Paradoxie bis zum heutigen Tage die katholische Dogmatik auf (Schröer 1992:62), was allerdings Vertreter des Protestantismus nicht daran hindert zu mutmaßen, dass gerade das Paradox geeignet sein könnte, interkonfessionelle Brücken zu schlagen (ebd.:68); dieser ökumenischen Hoffnung wohnt die latente Einsicht inne, dass jener (weit überwiegende) Teil des christlichen Lehrguts, der durch die gleichermaßen anerkannten Ökumenischen Konzilien gesichert wurde, in elementarer Weise durch die Rhetorik des Paradoxes strukturiert, ja konstituiert wurde, sodass das Paradox eine Dogmen generierende Trope darstellt.

2.9.3.6 Semen Franks Paradox-Würdigung

Im russisch-orthodoxen Bereich wird in diversen Feldern mit paradoxen Figuren operiert (insbesondere in der Liturgie und der Ikonografie, s. 4.5–4.6), ohne dass dies auf den rhetorischen Paradox-Begriff gebracht würde. Dies leistet – in der Emigration während des Weltkrieges weitgehend isoliert – Semen Frank im Abschnitt „Парадоксальная правда" seines Buches *С нами Бог*.[309] Gestützt auf Dionysios Areopagita und Nikolaus von Cues („coincidentia oppositorum"; Se.

---

[309] *Gott mit uns* (engl. 1946, frz. 1955, russ. 1964).

Frank 1964:156) bestimmt Frank dort das Christentum als wesenhaft paradox: „[...] христианство по самому своему существу парадоксально [...]".[310] Die Christologie ist für Frank nur ein Anwendungsgebiet unter anderen, und dort ist die Frequenz des Paradox-Begriffs auch der Cremerschen Häufung nicht vergleichbar; die christologischen Formeln von Chalcedon werden in diesem allgemeinen Kontext zitiert (ebd.:200f). Gegen eine Reduktion Christi auf seine Göttlichkeit, wie verbreitet geschehen, opponiert Frank von daher energisch (ebd.:201). Aus dem „богоподобие" [Gottähnlichkeit] des Menschen und der Selbsterniedrigung Christi folgt für Frank die Aufforderung an den Menschen zur paradoxen Erhöhung durch Erniedrigung. In letzter Konsequenz visualisiert werde die Dienstbereitschaft (Christi wie des Menschen) im Kreuzesparadox: „*В этом и состоит путь креста* – путь, [...] который есть высшее и адэкватное выражение парадоксальной правды христианства."[311]

2.9.3.7 Nachmoderne Paradoxophilie
Wie die Epistemologie der Aufklärung kann auch die Philosophie der Moderne (besonders der Wiener Kreis und die analytische Philosophie) im Paradox meist nur etwas erblicken, das es durch wissenschaftliche Fundierung der philosophischen Argumentation zu beseitigen gelte. Mit dem Abflauen der dialektischen Theologie nimmt die Bereitschaft, Paradoxe als christentumskonstitutiv zu begreifen, auch unter Systematikern noch weiter ab (Schröer 1992:62.68).

Es sind gänzlich andere Inspirationen, nämlich poststrukturalistische, die dieser ‚Paradoxophobie' der analytischen Moderne (Gumbrecht 1991:472) ein Ende bereiten und seit etwa den 1970er Jahren eine neue Paradox-Konjunktur bescheren.[312] Für Dekonstruktion, New Historicism wie auch Deleuze's *Logique du sens* *[Logik des Sinns]* ist die Herausarbeitung paradoxer Konstellationen nachgerade *télos* der Analyse (Deleuze 1993:15); diese Tendenz streift auch die Theologie (Beuscher 1993). Und wie die Dekonstruktion vom Postkolonialismus von der Peripherie bereichert wurde, so erhält auch die Theologie jüngst neue Anstöße zur Metareflexion der eigenen konstitutiven Paradoxe von außerhalb der europäischen Tradition (Nnamani 1995:24.99.368–370).

Die Redlichkeit erfordert an dieser Stelle eine Selbsthistorisierung der vorliegenden Arbeit: Wenn hier die Konstitutivität des Paradoxes für die Christologie neu reklamiert und damit an das Erbe von Hamann, Kierkegaard, Cremer, Frank

---

[310] „[...] das Christentum ist seinem Wesen nach paradox [...]" (Se. Frank 1964:159).
[311] „*Darin besteht ja gerade der Weg des Kreuzes* – ein Weg, [...] der der höchste und angemessenste Ausdruck der paradoxalen Wahrheit des Christentums ist." (Se. Frank 1964:265, Hervorh. i. Orig., sic).
[312] Siehe dazu bspw. Luhmann 1991:59f; Bode 1992.

angeknüpft wird, so gehört dies wissenschaftsästhetisch zweifellos zum poststrukturalistischen Paradigma (vgl. P. Vos 2002:112). Dabei soll allerdings im Kontrast zu manchen poststrukturalistischen Argumentationsweisen weniger eine triumphatorische Geste gemacht werden, dass man doch eh' alles als paradox zu dekonstruieren vermöchte, sondern die kulturgeschichtliche Frage aufgeworfen werden, wie paradoxe Strukturen religionsgeschichtliche Prozesse von Kontinuität und Diskontinuität bestimmen.

2.10 Eine Kognitionstheorie der christologischen Paradoxe. Zur These

> *Source des contrariétés.* – Un Dieu humilié, et jusqu'à la mort de la croix [cf. Phil 2,8]; un Messie triomphant de la mort par sa mort. Deux natures en Jésus-Christ, deux avènements, deux états de la nature de l'homme.[313]

Jene skizzierte Wellenbewegung, welche die Metathematisierung christlicher und insbesondere christologischer Paradoxe durchlief, beantwortete höchstens ansatzweise die Frage, welche Kognitionsmuster eigentlich durch die Paradoxe bedient werden. Lediglich punktuell war (bei Kraft oder bei Cremer) die Vermutung aufgeblitzt, dass sie einen paradoxen Beweiseffekt hätten.

Es liegt angesichts der geschilderten Wellenbewegung in der Thematisierung der Paradoxe *als Paradoxe* nahe zu vermuten, dass auch die kognitiven Effekte, welche die Paradoxe bedienen, einem Wandel unterliegen. Hier wäre allerdings weniger die Neigung bestimmter Epochen zur Anerkennung von Irrationalität entscheidend als die Frage der sozialen Akzeptanz des Christentums und seiner Paradoxe. Wie wirkmächtig ist zu einem Zeitpunkt *X* jene irdische Doxa, gegen die sich das christliche Paradox wendet, und wie konsolidiert ist demgegenüber das soziale System Christenheit? Die entscheidende Schwelle bildet dafür die Annahme des Christentums als Staatsreligion durch Konstantin. Zuvor muss der Effekt des Para-doxen stärker gewesen sein als danach; um die wissenssoziologische und kognitionspsychologische Differenz von Vorher und Nachher in den Blick zu nehmen, mag es genügen, den kognitiven Appell der paulinischen Paradoxe (das Vorher) mit demjenigen der chalcedonensischen (als Nachher) zu kontrastieren.

---

[313] „*Herkommen der Widersprüche.* Ein erniedrigter Gott, bis zum Tod am Kreuz; ein Messias, der über den Tod siegt durch seinen Tod. Zwei Naturen in Jesus Christus, zweimaliges Kommen, zweifache Seinsnatur des Menschen." (*Pensées* 765; Pascal 1927:687; dt. v. Ewald Wasmuth, Pascal 1980:146, Hervorh. i. Orig.).

2.10.1 Deautomatisierende Paradoxe (Paulus)

Besonders produktiv wurde der Fokus auf christentumsgeschichtliche Erscheinungen paradoxer Rhetorik in der Paulus-Forschung.[314] Gegen das „bisherige Vorverständnis" erklärt Paulus Negativa zu Positiva, die aus der zu seiner Zeit konventionellen, mittelplatonisch-gnostischen und polytheistischen Perspektive „töricht" erscheinen mussten. Schröer schlägt daher vor, Paulus' Umwertungen vor allem am Lexem μωρία ‚Torheit' festzumachen.[315] Aufgrund der Konfrontation mit dem feindlichen Kontext ist sogar eine biografische Einbettung, wie sie Ehrhard Kamlah, vorschlägt, triftig; Kamlah möchte Paulus' Neigung zu kenotischen Paradoxen direkt aus dem (in Phil 1,12–26 vorangeschickten) eigenen Lebensleiden des Paulus ableiten (Kamlah 1963). Paulus' Lob der (auch eigenen) Schwachheit und Erniedrigung erscheine vor der Folie konventionellen Sich-selbst-Rühmens als „Ironisierung".[316] Hotze hingegen erblickt in Paulus' Paradoxen eine aus dem feindlichen Kontext geborene „Tugend aus der Not".[317] Auf solche Kontextualisierungen aufbauend, beantwortet Hotze die Frage nach der epistemischen Funktion der paulinischen Paradoxe mit einem „verfremdenden Effekt" (1997:72).

Wie in Hotzes Andeutung wird auch außerhalb der Paulus-Forschung gerne eine Brücke von der Rhetorik des Paradoxes zur formalistischen Theorie des Verfremdungsverfahrens[318] geschlagen (s. Plett 1992:99):

> Der Idealtext des formalistischen Deviationsästhetikers ist der paradoxe Text, weil er auf optimale Weise den Erwartungen und automatisierten Lesegewohnheiten des Rezipienten widerspricht bzw. entgegensteht. (Bode 1992:623)

---

[314] Vgl. 2.8.1. Den Forschungsstand referiert Hotze 1997:2–23. Gerade in der Paulus-Exegese ist auch die dialektische Theologie am ehesten bereit, Paradoxe auf sich beruhen zu lassen (s. Bultmann 1960:48; Fuchs 1968:183–186).

[315] 1Kor 1,18. Ein Motiv, das später in Pascals „folie" wiederkehrt (s. Friedrich 1936:359, der die Paulus-Genealogie vernachlässigt), im offiziell katholischen Frankreich des 17. Jh.s aber längst nicht mehr die Kontrastleistung erfüllt, die es im ersten nachchristlichen Jahrhundert erbrachte, sondern unter Pascals Vorgabe, „treuer und orthodoxer Christ" sein zu wollen, eine tragische Weltanschauung lancierte (Goldmann 1985:112). Vgl. auch 3.5.5.4.

[316] Kamlah 1963:222. Das Moment einer gewissen Ironie der Beschreibung des eigenen Leidens ist literarisch hoch produktiv geworden: Durchexerziert wird es bei Venedikt Erofeev (9.), aber selbst der so unironische Nikolaj Ostrovskij lässt seinen Helden die eigene Krankheit ironisieren (8.6.1).

[317] Hotze 1997:351. Vgl. auch Cameron 1991:160: „made a virtue of paradox". Siehe dazu 5.2.7.

[318] Šklovskij 1969a:22–30; Hansen-Löve 1978:19–42. Ein weitergehender Brückenschlag von Šklovskijs остранение [Verfremdung] zu Bachtins Konzept einer Kenose des Autors (3.5.5.6.) bleibt allerdings mangels Belegen für eine Verwendung des Kenosis-Begriffs bei den Formalisten assoziativ (Bogdanov 2005).

Wenn dem so ist, dürften auch die paulinischen Paradoxe einen „Idealtext des formalistischen Deviationsästhetikers" bilden. Durch seine paradoxe Umwertungsstrategie „destabilisiert" (Plett 1992:92) Paulus das „Vorverständnis", deautomatisiert die Denkroutinen seiner Zeit.[319]

Gegen die Weisheit der Welt und gegen die Rhetorik der Welt gerichtet, avanciert das Paradox zur schärfsten Waffe von Paulus' „Torheit" und Antirhetorik. Da dies mit sprachlichen und rhetorischen Mitteln geschieht, ist das Paradox *die* rhetorische Figur *sine qua non* für die Antirhetorik des NT.

2.10.2 Automatisierende Paradoxe (Chalcedon)

> Aber als *funktionaler* Begriff scheint ‚Religion' der Ort eines Kampfs über *Paradoxe* zu sein, ein Ort, an dem man beständig unter erheblicher Spannung bemüht ist, Paradoxe zu *erhalten*, ohne sie zu ‚lösen' oder ‚aufzulösen'. (Lease 1991:464, Hervorh. i. Orig.)

Doch bleibt diese deautomatisierende Anti-Funktion des Paradoxes auch erhalten, wenn die Väter der Epoche des staatlich-offiziellen Christentums sich ab dem Konzil von Nicäa auf paradoxe Formeln einigen (s. 2.8.4), um ihre von Paulus herkommenden Lehrinhalte für verbindlich zu erklären? Systematische Theologen möchten wohl die alte paulinische Sprengkraft der Paradoxe salvieren: „Sie [die Theologen] brauchen es [das Paradox], paradoxerweise, als systematische Waffe gegen die Systembildung."[320] Die aktivisierende Dimension soll erhalten bleiben, wie es Kuße beschreibt: „[...] парадоксами не только отражается, но и должен и возбуждаться религиозный опыт [...]".[321]

Der kirchengeschichtliche Befund bezeugt jedoch etwas anderes. Die Väter der Ökumenischen Konzilien setzten in der Christologie strategisch Paradoxe ein. Das Moment des Frappierenden verschleift sich für professionelle Dogmatiker bald; die Routine tötet die Deautomatisierung. So geschieht durch die Einigung auf paradoxe Formeln gerade keine Destabilisierung einer „konventionellen Meinung", sondern wird die christologische Konvention überhaupt erst begründet.

---

[319] Holt Meyer spricht – in anderem Kontext – von der „subversiven Kraft des Christentums", welches seinen „Kern" im „Paradoxalen" habe (Meyer 2004:488).

[320] Schröer 1992:61. Gerade diese Systembildungsleistung des Paradoxes erscheint protestantischen Theologen, die das institutionelle Moment traditionell zu unterschätzen neigen, als Gefahr: „Es besteht die Gefahr, aus dem Korrektiv [dem Paradox] ein System zu machen. Kierkegaard hat sich bewußt nur als Korrektiv verstanden. [...] Aber es bestand immer wieder Neigung, die Grenze zum System zu machen." (ebd.:67).

[321] „[...] durch Paradoxe wird religiöse Erfahrung nicht nur widergespiegelt, sondern auch angestachelt [...]" (Kuße 2000:273).

2. Trope und Paradox

Das ursprüngliche Absetzungsmittel Paradox, das bei Paulus eine Abweichung von der geltenden Norm signalisierte, wird in den orthodoxen Mainstream aufgenommen. Es erzeugt den Eindruck, dass damit Jesus Christus „vollständig [...] beschrieben werden" könne (Schmitz 1995:166). Als verbindliche, mit Anathema bewehrte Glaubenspflicht bleibt vielleicht noch etwas von dem mnemotechnischen Effekt erhalten, der darin besteht, dass das Frappierende, welches kognitive Dissonanz auslöst, sich besser memorieren lässt.[322] Eine automatisierte Verfremdung aber ist keine mehr; die christologischen Paradoxe der Ökumenischen Konzile laufen zur gezielten Automatisierung und Stabilisierung auf. Anders Nygren pointiert diesen Sachverhalt treffend: „The religious paradox [...] is there to stay." (Nygren 1972:338).

2.10.3 Endoxale Paradox-Gattungen

Die christologischen Festlegungen der Ökumenischen Konzilien sind nicht der erste Fall, wo ein ehemals destabilisierendes Paradox in stabilisierende Gattungsgrenzen gezwängt wird. Auch in der Literatur hat das Paradox bestimmte Gattungen, die es endoxal machen, etwa die antike rhetorische Übung des Lobs für unwerte Gegenstände (παράδοξον ἐγκώμιον)[323] oder die Paradoxografie genannte literarische Schilderung unglaublicher Naturvorfälle. Schließlich ist es ein breit einsetzbares poetisches Verfahren, durch Markierung der Unwahrscheinlichkeit das Unwahrscheinliche oder gar Unmögliche zu beglaubigen und wahrscheinlich zu machen (ἀδύνατον εἰκός).[324] Gattungen wie Gnome, Sentenz oder Maxime bilden damit ein Gefäß für nicht nur akzeptierte, sondern erwünschte Paradoxe (Lachmann 2002:100). Solches gibt es bei weitem nicht nur in antioffiziellen Bewegungen wie dem Manierismus[325] oder Concettismus (ebd.:102), sondern – wie gesehen – auch im offiziellen Christentum; das dogmatische Lob der Kenose Christi bildet ein geläufiges christologisches παράδοξον ἐγκώμιον.

2.10.4 Endoxale christologische Paradoxe

So ist in der christologischen Dogmatik das Paradox historisch zwar stets ein Problem für die Glaubwürdigkeit; andererseits garantiert die paradoxe Formel den orthodoxen Charakter der Lehrmeinung, wird das Paradox – nicht zeitenthoben auf der Ebene der Logik, sondern infolge historischer, institutioneller Aushandlungen – endoxal (Meyer 2001:45.48). Es soll dann den Hörer gerade nicht zur

---

[322] Steiger beschreibt an den Paradoxen der lutherischen *communicatio*-Lehre zudem einen humoresken Effekt: „Erkenntnisfreude erleben in der Erkenntnis dessen, was es heißt, daß Gott Mensch geboren wird." (1996:27).
[323] Siehe Lausberg 1973:131 §241.
[324] Dazu Lausberg 1973:563 §1180 u. 847 § 1245.
[325] Hocke 1959; Lachmann 2002:101.

"eigenen Gedankenarbeit" provozieren (Lausberg 1990:61 §166), sondern diese stillstellen.[326] Die paradoxen dogmatischen Definitionen der Ökumenischen Konzilien ‚definieren' im Wortsinne: Sie begrenzen (zumindest der Intention nach) den semantischen Drift. Das Paradox dient nunmehr als Mittel zur Stillstellung des Drifts dogmatischer Sätze (s. 2.1.4).

Für die professionellen Repetitoren dogmatisierter Paradoxe ist die Dissonanz dahin; die Sachlage göttlich-menschlicher Paradoxe aber wird damit (2.9.2.3) nicht aufgelöst. Um mit Sagbarkeits-, Glaubens-, Rechtfertigungs-, Erniedrigungs- oder Erhöhungsparadox umzugehen, haben Neuerer innerhalb des Christentums immer wieder auch gerne zu widersprüchlichen Formeln gegriffen (s. Luther, 2.8.5.3) – und sobald sie von den dogmatisierten Formeln auch nur einen Deut abwichen – Gegenbewegungen zur Paradoxreduktion provoziert.

2.10.5 These: Das Paradox als ungenannte figurale Mitte der Christologie

> Das Christentum [...] hat sich als *das Paradox* verkündigt [...]
> (Kierkegaard 1957:XVI,1 204, Hervorh. i. Orig.)

Jenes dogmatische Paradox, das die Ökumenischen Konzilien im Rückgriff auf das paulinische Kenose-Motiv definierten (s. 2.6.3), bildet das unsichtbare Zentrum der Christologie. „[...] paradox is the characteristic mode: [...]" (Lock 1991:71). Es ist jene rhetorische Figur, die geeignet war, die traditionelle christliche Antirhetorik (2.1.5) aufzunehmen und rhetorisch zu stabilisieren. Von dieser ungenannten figuralen Mitte her ergeben sich immer wieder Versuche, diese Paradoxe aufzulösen, die ihrerseits neue Bedürfnisse generieren, die Paradoxe noch schärfer zu formulieren.

Es mag zweifellos Betrachtungsperspektiven geben, welche die Paradoxalität zu lindern geeignet sind wie eine Fokussierung auf ein prozessuales Nacheinander von Erniedrigungs- und Erhöhungsvektor (s. 2.6). Auch diese aber teilen, selbst wenn sie die Rhetorik des Paradoxes in geringerem Maße bedienen, das Paradox der Wertung, dass eine Verschlechterung als Positives begriffen wird. Ebenso mag es zwar zutreffen, dass eine spezifische Traditionslinie sich das Paradox am offensivsten auf die Fahnen geschrieben hat – von Hamann über Kierkegaards *Philosophischen Brocken* zu Cremer und Frank. Das aber bedeutet nicht, dass die übrigen

---

[326] Diese Sicht der Dinge widerspricht der landläufigen religionsphilosophischen Annahme, wonach Religion die Funktion der „Entparadoxalisierung" und „Kontingenzreduktion" habed (Niklas Luhmann spricht von der „Kontingenzformel ‚Gott'"; 2000:151), nur auf den ersten Blick. Mit den dogmatisch-endoxalischen Paradoxen der Christologie wird zugleich eine Sinnordnung für das auf den ersten Blick Unerstrebenswerte, Schlechte, für Erniedrigung und irdisches Jammertal, konstruiert, die die innerweltlichen Aporien übertüncht.

europäischen Christologien – wenigstens nach Chalcedon – nicht auf die eine oder andere Weise vom Paradox her kämen, immer neu darauf zurückgeworfen worden wären und es verteidigt hätten.[327]

Doch verwundert es da nicht, dass mit Ausnahme der wenigen expliziten Paradoxchristologen die Paradoxalität der christologischen Formeln meist eher ungenannt, unthematisiert bleibt? Nein, denn Nicht-Nennung, Nicht-Thematisierung von Paradoxen auf einer Metaebene trägt zur Sanktionierung der Paradoxe zum System bei. Wer ein Paradox thematisiert, gerät – nicht erst seit dem analytischen Optimismus der modernen Philosophie – auf die Bahn, es beseitigen zu wollen; diese Bahn aber ist von der Warte orthodoxer Christologie her die schiefe. Die verstärkte Nennung und Thematisierung der christologischen Paradoxe in nachaufklärerischer Zeit neigt entsprechend zu einer gewissen Entzauberung der Figur.[328] Die orthodoxe Christologie konstituiert sich rhetorisch *per paradoxum innominatum*, und Thematisierungen der Kenose Christi oder ihrer menschlichen Nachahmungen bilden die quantitativ bedeutendste inhaltliche Füllung für paradoxes Lob in der europäischen Kulturgeschichte.

2.11 Paradox-Apotropen und -Kontinuitäten

Durch das Paradox geschieht nicht nur eine „der Rhetorik inhärente Eigensubversion" (Lachmann 2002:99), sondern auch die christliche Antirhetorik untergräbt sich selbst durch die Endoxalisierung der christologischen Paradoxe. Trotz Androhung noch so harscher Strafen auf Abweichung von der offiziellen, paradoxen Linie bleibt das Paradox an sich bedrohlich, insofern „solche zur Devianz neigenden Figuren bzw. Schemata [wie *paradoxon, oxymoron, adynaton*] nicht zur Gänze aus der rhetorischen Systematik entlassen" (Lachmann 2002:99) werden können; „sie können ihre rhetorischen Spuren nicht löschen" (ebd.) und zeitigen daher

---

[327] Vgl.: „Die Allergie gegenüber scheinbaren oder anscheinenden Relativierungen des Widerspruchsprinzips gibt es in beiden Konfessionen [Katholizismus und Protestantismus]." (Schröer 1995:735).

[328] Allzu weit geht der Umarmungsgestus bei Paul Ernst oder auch bei K. Helmut Reich, wo eine inhaltlich entleerte Analogie von paradoxen Figuren geradezu zur Konstante der europäischen Geistesgeschichte erhoben wird – sei es als rein figurale *complexio oppositorum* (Ernst 1990) oder als komplementäres Perspektivendoppel (Reichs Kurzschließung der chalcedonensischen Paradoxe mit der Bohrschen Komplementaritätstheorie; 1990). Auch Irina Paperno überdehnt das chalcedonische Modell, wenn sie es zur Beschreibung einer paradoxen Einheit von Leben und Werk im symbolistischen „жизненное пушкинианство" [Puškinianertum im Leben] (1992:19.29–32) heranzieht. – Sämtliche Überdehnungen und Metaphorisierungen des chalcedonischen Paradox-Modells aber belegen natürlich dessen kulturelle Produktivität.

immer neue Austreibungsversuche und Devianzen. Die Stabilisierung durch Widersinnigkeit also gelingt nie dauerhaft. So bleibt das Paradox nicht nur an sich, sondern auch in seiner Stabilisierungsleistung „болезненный".[329]

2.11.1 Rhetorische Re-Definition der christologischen Häresien

Gegenüber der durch das Paradox definierten dogmatischen Magistrale zeichnen sich, wie dargelegt (2.3–2.8), die als häretisch klassifizierten Konzeptionen dadurch aus, dass sie entweder Christi Menschlichkeit reduzieren (Doketismus) oder seine (Adoptianismus, Dynamismus) oder gar des Vaters Göttlichkeit in Mitleidenschaft ziehen (Patripassianismus, Modalismus). Von der offiziellen Linie, für die die Rhetorik des Paradoxes ausschlaggebend ist, heben sich diese Auffassungen[330] entweder durch stärkere Betonung der Einheit des im Paradox spannungsvoll auseinander Gehaltenen oder durch die Aufspaltung der paradoxen Verbindung in ‚Einseitigkeiten' ab.[331] Der Konsens kann einerseits nur im Paradox sistiert werden; andererseits wird er durch dessen Ambiguität stets aufs Neue bedroht.

Es geht vor allem auf häresiologische Intention zurück, wenn die nicht-kanonisierten Interpretationen, die so genannten Häresien, mit dem Vorwurf diskreditiert werden, sie folgten nicht-christlichen Vorbildern.[332] Worin sich Ortho-

---

[329] „Schmerzhaft" (Averincev 1994b:601).
[330] Ein Kondensat der berühmtesten Häresien in Bezug auf Phil 2,5–11 findet sich in der Katenenüberlieferung (CGPNT VI,247–258).
[331] Mit Bezug auf das Problem der Leidens(un)fähigkeit Gottes enwickelt Nnamani eine vergleichbare Distinktion von paradoxen Formulierungen und „one-dimensional affirmations" (1995:366–369).
[332] Dabei ist der gnostische Dualismus von Geist und Fleisch schon für Paulus konstitutiv und der johanneische Logosbegriff ohne Philo nicht denkbar. Auch die in Nag Hammadi gefundene koptische Übersetzung des griechischen *Testimonium Veritatis [Wahrheitszeugnis]* (26,5) hat schon das Konzept von der Körper-Werdung des Wortes. Zudem haben christliche Vorstellungen wie Inkarnation und Kenosis in nicht-christlichen Traditionen wie der Hermetik entweder Parallelen oder sie haben auf diese eingewirkt. Charakteristischerweise lässt sich ein Rekurs auf das paulinische Aktivum ἐκένωσε [er entleerte] erstmals beim Gnostiker *Theodot* ausmachen. Clemens von Alexandrien referiert: „Ὁ Ἰησοῦς τὸ φῶς ἡμῶν, ὡς λέγει ὁ ἀπόστολος, ἑαυτὸν κενώσας, τουτέστιν ἐκτὸς τοῦ ὅρου γενόμενος, κατὰ Θεόδοτον, ἐπεὶ ἄγγελος ἦν, τοῦ Πληρώματος τοὺς ἀγγέλους του διαφέροντος σπέρματος συνεξήγαγεν ἑαυτῷ." [Jesus ist unser Licht, wie der Apostel sagt, indem er sich selbst erniedrigte, das heißt nach Theodot, dass er, da er ein Engel war, aus der Fülle die Engel des höchsten Samens mit sich führte.] (PG 9,675C, Hervorh. i. Orig.). Theodots Äußerung datiert auf eine Zeit, als die Paulus-Briefe noch nicht kanonisiert waren (s. Loofs 1901:248). Umgekehrt sollte die kanonisierte Reserve gegen einen leidenden Gott (s. 2.3.3.1) durchaus im Rekurs auf Epikur und dessen Philosophem von der Leidensunfähigkeit der Götter gesehen werden (Kraft

doxie und Heterodoxie unterscheiden, sind weit weniger ihre Inspirationen als ihre rhetorischen Präferenzen – paradoxale Zweideutigkeit und sanktionierte Doppelperspektive oder häretische Auflösung der Paradoxe (s. auch 5.4.3.1).

2.11.2 Akademische lectiones difficiliores

Gegenüber den häretischen Vereindeutigungen gehen manche Spätfassungen der christologischen Dogmatik vom Paradox aus, akzeptieren es grundsätzlich, sind jedoch um eine die logische Paradoxalität wo nicht auflösende, da abmildernde Version bemüht. Dazu bringen sie mitunter eine theologisch-elaborierte Kasuistik in Anschlag.[333] Nachdem die wesentliche paradoxe Lehrposition mit dem Dyophysitismus von Chalcedon 451 vorliegt, bilden schon die Diskussionen um den Monotheletismus einen kasuistischen Versuch der Paradox-Linderung.[334] Im Hochmittelalter und wieder in der lutherischen Orthodoxie verlegt sich die christologische Debatte auf akademische Detailprobleme wie Krypsis vs. *kenōsis chrēseōs*.[335] Der mnemonische Sistierungseffekt, den das Paradox auch für den Volksglauben hat, geht bei solchen akademischen Differenzierungen unweigerlich verloren.

Auch die theologische Metatheorie des Paradoxes zeichnet ein apotreptischer Einschlag aus: Schröer unterscheidet komplementäre und supplementäre Paradoxe (1960:37) und definiert die inkarnatorischen Paradoxe als „supplementäre", weil das göttliche Glied darin prävalent sei (ebd.:47). Nur komplementäre Paradoxe aber sind durchgehaltene, in keine Richtung neigende (s. 2.7). Nach Schröer hingegen soll die Gottheit sich nach dem Verständnis des NT im Menschen durch ein Sekundäres supplementieren.[336] Die von Schröer behauptete Prävalenz der göttlichen Seite aber nimmt dem Paradox wieder ein Stück von seiner Schärfe; die Paradoxe Kierkegaards, denen Schröer echte komplementäre Paradoxalität zubilligt, hingegen geraten bei Schröer in den Verdacht, nicht rechtgläubig zu sein.

In all diesen Fällen werden die Gewichte unterhalb des zu wahrenden paradoxen Konsenses lediglich geringfügig verschoben. Neben akademischer Selbstpositionierung der Debattanten scheint *ein* Antrieb zu diesen Debatten die Auflösung der kognitiven Dissonanz durch eine *lectio difficilior* zu sein. Im Resultat jedoch

---

1991:121). Außerchristliche philosophische Inspirationen wirken auf der orthodoxen wie auf der heterodoxen Seite.

[333] Dies bemängelte schon Erasmus als „Torheit" (1968/80:II 130).
[334] Was den existenziellen Ernst der Debatte nicht herabwürdigen soll; schließlich erleidet Maximos Confessor 662 das Martyrium im Eintreten für den Dyotheletismus (s. Hoping 2004:119).
[335] Vgl. 2.7.3.3. Nnamani erblickt darin ein „theological hair-splitting" (1995:103).
[336] Schröer 1960:132. Derrida wird das Supplementieren einige Jahre später zuweis eines unhintergehbaren Mangels erklären (1990).

wird das Doppel von Frappanz und Stillstellung durch neue, mikroskopische Vereindeutigungen unter dem Schirm des paradoxalen Konsenses geschwächt.

2.11.3 Die Paradox-Paradoxie der dialektischen Theologie

Ein andauerndes Schwanken, wie viel Paradoxalität denn erträglich sei, kennzeichnet die protestantische dialektische Theologie des 20. Jh.s. Sichtbar wurde dies insbesondere an der theologischen Entwicklung der Dialektischen Theologie. Karl Barth geht im Frühwerk, schon in der ersten Fassung des *Römerbriefs* (1919) offensiv mit dem Paradox um, und das auch in christologischer (1985:296) und kreuztheologischer Hinsicht (ebd.:353). Die zweite Auflage bringt eine Versiebenfachung der Verwendungen des *Paradox*-Begriffs (Schröer 1960:135). Auch in ihrer Debatte anlässlich von Tillichs Aufsatz *Kritisches und positives Paradox* (1923) erklären Karl Barth und Paul Tillich noch beide das „positive Paradox" für die Theologie für erstrebenswert.[337] Doch hält dies nicht lange an; bald ist ein „auffälliges Zurücktreten des Paradoxbegriffes" zu beobachten (Schröer 1960:145) – bei Barth wie Tillich. Schließlich ist Barth tendenziell bemüht, das Paradox wegzueskamotieren, „in der Theologie nun wieder sparsameren Gebrauch davon zu machen" (K. Barth 1947:I,1 172). Und Tillich äußert in seiner *Systematischen Theologie* gar Kritik an Chalzedon:

> Ein Beispiel für die unangemessene begriffliche Form gibt uns das Bekenntnis von Chalzedon selbst. [...] es konnte die Aufgabe mit den zur Verfügung stehenden begrifflichen Mitteln nur lösen durch eine Anhäufung machtvoller Paradoxe. (1958:153)

2.11.4 Glaube als Paradox-Anästhesierung

Die Schärfe kognitiver Paradoxe kann also einmal häretisch stillgestellt werden durch Vereinseitigung; sie kann aber auch akademisch gemindert werden durch komplizierte Stützkonstruktionen und ihrerseits paradoxe Gesten von Annahme und Abstoßung auslösen. Die kognitive Paradoxie kann aber noch auf eine vierte Weise stillgestellt werden, nämlich durch jenen Sprung zu einem Nicht-mehr-Nachdenken, sondern Fürwahrhalten-Wollen, das Glauben genannt wird.

Dies passiert bspw., wenn Eiríksson Kierkegaards „Glauben in kraft des Absurden" damit austreiben will, dass er „zugleich eine *andere Eigenschaft* [...] als die Absurdität" (1979:149, Hervorh. i. Orig.) in das Glauben hineinnimmt, nämlich die Annahme, dass der glaubende Mensch jenseits „des *bloßen beschränkten Verstandes* [...] auf die *höheren geistigen Gesetze* Bezug nehmen, auf Gottes

---

[337] Barth/Tillich/Gogarten 1962; vgl. auch Schröer 1960:140–142 u. Reimer 1995:133f. Bezeichnenderweise hakt hier Beuscher mit seinem poststrukturalistischen Streben nach einem *Positiven Paradox* ein und empfiehlt die neostrukturalistische Episteme als Ausweg (1993:64).

unerforschliche Weisheit" setzen solle (ebd.:151, Hervorh. i. Orig.). „[...] dann tritt das Paradox, dann tritt das Absurde überhaupt nicht in Erscheinung." (ebd.:151f). Worin ihm Kierkegaard beipflichtet: „Indem der Glaubende glaubt, ist das Absurde nicht das Absurde [...]" (Kierkegaard 1979:164).

Die Setzung eines ontologisch höheren Ranges führt unweigerlich zu einem Zielparadox; wenn Glaube an die „höhere Weisheit" von Gott Vater auch intendierter Effekt der christologischen Paradoxe ist, so stellt er deren noch nicht automatisierten Provokationsrest doch endgültig still. Es ist das spezifische Paradox der theologischen Wissenschaft, dass sie ihre eigene Analytik schließlich wieder durchstreicht und auf ein überrationales *télos* hin zu argumentiert: Am Ende soll für Theologen die „Lösung" und „Aufhebung" (Keil 1995:152), „die endgültige Überwindung aller Widersprüche" (Hotze 1997:355) stehen.[338]

2.11.5 Verbürgerlichung und Imperialismus – Gefahren für die paradoxe Kenotik
Schließlich ist eine fünfte, aus dem christlichen Milieu resultierende Bedrohung des Erniedrigungsparadoxes nicht zu unterschätzen – soziale Umstände. Sobald nämlich das Christentum als akzeptierte und dann als Staatsreligion gesellschaftlich sanktioniert wird, ergibt sich eine neue Gefahr für die christentumskonstitutiven christologischen Paradoxe (vgl. dazu Cameron 1991:155). Sowohl der Habitus bürgerlicher Wohlhabenheit[339] mit einem gewissen Ideal von Kultiviertheit (ebd.:185) sowie imperiale Größe sind einer umgekehrt proportionalen Denkweise, wie sie Märtyrer oder Asketen (und Revolutionäre) pflegen, abträglich. *humiliatio* kann für das bürgerliche Modell kontinuierlichen Zuwachses nur eine Bedrohung darstellen, und so mit der zugrunde liegenden paradoxen Denkformation auch die kenotische Figur positiver Erniedrigung.

Ihre besondere kulturgeschichtliche Bedeutung kann die paradox sanktionierte Kenose erst gewinnen, wenn sie als Dogma, als Diskursfigur und als Habitus Akzeptanz findet und durch bestimmte kulturelle Mechanismen von der Infragestellung durch die direkt proportionale Logik von Wohlstand und Imperium geschützt wird. Solches gelang in Byzanz:

> Christian discourse after Constantine resisted the danger of overassimilation into the public realm. Especially in the Greek world, with the writings of the Cappadocians, Christian discourse as religious language survived a potential imperial takeover. (Cameron 1991:188)

---

[338] Gegen das Ansinnen einer Aufhebung und Auflösung der christlichen Paradoxe streitet Kierkegaard (1957:XVI,1 211–214).

[339] Wobei „bürgerlich" hier nicht als Distinktionskriterium der neuzeitlichen Sozialgeschichte, insbesondere des 19. Jh.s verstanden werden soll, sondern als Epitheton für jene Kreise von Gesellschaften, die als Händler oder Verwalter am Fortbestand der herrschenden Produktionsverhältnisse interessiert sind, weil sie davon profitieren.

Solches gelingt später auch in Russland (s. 5); neben der direkt proportionalen Lebenslogik und gegen diese müssen die religiösen Paradoxe kulturelle Anerkennung finden, um stabil und musterbildend zu bleiben. Sie sind aber stets aufs Neue durch Verbürgerlichung (s. 3.3.3.4) und imperiale Größe (4.6.8.1) bedroht.

2.11.6 Rationalistische Paradox-Apotropen

Der Gefahren für die paradoxe kenotische Christologie sind folglich viele, auch wenn praktisch keine der bisher aufgeführten Größen sich kontradiktorisch gegen das Paradoxe am Christentum wendet. In der Neuzeit aber gesellt sich mit der antireligiös-rationalistischen Infragestellung ein kontradiktorischer Einspruch hinzu.

In der aufklärerischen Theologie geraten die Paradoxe von ihrer logischen Form her ins Kreuzfeuer der Kritik, zuerst bei den Sozinianern im Rakower Katechismus von 1605, um im Deismus gänzlich abgestritten zu werden (bspw. in John Tolands *Christianity not Mysterious*; 1696, bes.:24–37). Die liberale Theologie verwirft die Kenose des göttlichen Logos genauso wie das Zwei-Naturen-Paradox als der Religion fremde „Metaphysik"; in der christologischen Dogmatik würden dem Menschen Jesu metaphysische „Allgemeinbegriffe" von Gottheit attribuiert (Ritschl 1881:39), während Ritschl die durch solch metaphysische Annahmen erzeugten logischen Aporien (1874:III 381f) durch Konzentration auf das irdische „Berufswirken" Christi (1881:55) aufheben will. Bald aber wird durch die Angriffe auf die christologischen Paradoxe das Christentum überhaupt in Frage gestellt.

An der ‚Außengrenze' des Christentums steht auch Georg Friedrich Wilhelm Hegels Instrumentalisierung der Paradoxe von Inkarnation und Gottestod für seine Dialektik des Geistes. Schon in der theologischen Frühschrift *Der Geist des Christentums und sein Schicksal* (1798/99) werden das Erniedrigungsmotiv und die Knechtsgestalt aus Phil 2,7 angesprochen und zum Anlass einer Kritik an der „Zweierleiheit der Naturen" genommen, also an der logischen Paradoxalität, die „nicht aus der Seele zu bringen" sei (Hegel 1969:I 409). Im zweiten Teil der *Vorlesungen zur Philosophie der Religion* (1821–31) kommt Hegel darauf zurück: „*Christus* ist in der Kirche der *Gottmensch* genannt worden, – diese ungeheure Zusammensetzung ist es, die dem Verstande schlechthin widerspricht; […]" (1969:XVII 277f, Hervorh. i. Orig.). Die „*Umkehrung*" des Kreuztodes zur Auferstehung, der „*Tod des Todes*" stellt sich ihm als „Negation der Negation" dar, als „*das Aufheben der natürlichen Endlichkeit*, des unmittelbaren Daseins und der Entäußerung" (ebd.: 291–293, Hervorh. i. Orig.). Dank der Übersetzung in Termini seiner eigenen Dialektik des Geistes (vgl. Dawe 1963:105) kann Hegel das Christentum dann als „wahre Religion" (Hegel 1969:XVII 279) akzeptieren, ohne die „Genugtuung" an seiner Instrumentalisierung verhehlen zu können: „Dieser Tod aber, obwohl natürlicher, ist der Tod Gottes und so genugtuend für uns, indem er die *absolute Geschichte der göttlichen Idee* […] darstellt." (ebd.:293, Hervorh. i. Orig.). Und: „In dem Tode Christi ist für das wahrhafte Bewußtsein des Geistes die Endlichkeit des Menschen getötet worden." (ebd.:295). Zugleich aber wird das Hegelsche System durch die vermeintliche Transformation der Christologie in die dialektische Teleologie zum Überlieferungsträger christologischer Konzepte: „The kenotic motif is found as the pattern of his [Hegel's] whole logic and ontology." (Dawe 1963:106).

2.11.7 Postchristliche Paradox-Apotropen
Wie Hegels dialektische Korrektur besteht auch Feuerbachs Einwand in einer Retemporalisierung der christologischen Paradoxe. Im *Wesen des Christentums* (1841) unternimmt Feuerbach es, „die Orakelsprüche der Religion *um[zu]kehren*" (Feuerbach 1994:116, Hervorh. i. Orig.) und die göttlichen Attribute Christi auf menschliche zu reduzieren,[340] womit er hinter die logoschristologische Setzung (s. 2.2.5) zurückgeht und im Adoptianismus, Arianismus oder der spöttischen Christologie des Celsus angelegte Momente auf Projektion zurückführt:

> Allein der menschgewordne Gott ist nur die Erscheinung des *gottgewordnen* Menschen; denn der Herablassung Gottes zum Menschen geht notwendig die *Erhebung des Menschen zu Gott* vorher. (ebd.:102, Hervorh. i. Orig.).

Ursache (menschliche Projektion) und Folge (Annahme eines göttlichen vorgängigen Handelns Inkarnation) würden vertauscht (ebd.:103). Darin erblickt Feuerbach den Grund für das Paradoxe, das er „das Widersprechende" nennt, womit er seine Ansicht markiert, dass es gelte, diesen Widerspruch genetisch aufzulösen: „Das Tiefe und Unbegreifliche, d.h. das *Widersprechende*, welches man in dem Satze: ‚Gott ist oder wird Mensch' findet [...]" (ebd.:103f, Hervorh. i. Orig.), gelte es zu eliminieren. Striche man bloß die Vertauschung von Ursache und Folge, wäre die Auflösung des Widerspruchs geschafft:

> In der kirchlichen Lehre wird dies so ausgedrückt, daß sich nicht die erste Person der Gottheit inkarniert, sondern die *zweite*, [...] die aber in Wahrheit [...] die *wahre, ganze, erste* Person der Religion ist. Und nur *ohne* diesen Mittelbegriff, welcher der Ausgangspunkt der Inkarnation, erscheint dieselbe mysteriös, unbegreiflich, ‚spekulativ' [...] (ebd.:104, Hervorh. i. Orig.)

Eine andere Form der Reduktion des gottmenschlichen Paradoxes auf das Menschliche hatte einige Jahre zuvor David Friedrich Strauß, gleichfalls von hegelianischen Prämissen herkommend (Dawe 1963:129), mit seinem *Das Leben Jesu* (1835) unternommen. Im zweiten Teil, *Die mythische Geschichte Jesu in ihrer Entstehung und Ausbildung*, entwirft Strauß eine Entstehungsgeschichte der

---

[340] „Die Inkarnation ist nichts andres, als die tatsächliche, sinnliche Erscheinung von der *menschlichen Natur* Gottes." (Feuerbach 1994:102, Hervorh. i. Orig.).

über das Lebenszeugnis Jesu hinausgehenden „Mythen", wobei er eine Grundsetzung ausmacht, aus der die übrigen folgten:

> Die ganze Vorgeschichte Jesu, wie sie in den Evangelien vor uns liegt, hat sich [...] aus dem einfachen Satze des neuen Glaubens entwickelt, daß Jesus der Messias war. [...] Jesus war aber als Messias auch der Gottessohn, und zwar im strengsten Wortverstande: das hieß für die Verfasser des ersten und dritten Evangeliums, im Leibe seiner Mutter durch den heiligen Geist ohne Zuthun eines menschlichen Vaters erzeugt, von Engeln verkündigt und bewillkommt; für den Verfasser des vierten Evangeliums hieß es, Jesus war das fleischgewordene göttliche Schöpferwort, eine Würde, der gegenüber nicht blos die davidische Abstammung und die Geburt in David's Stadt, sondern auch die idyllischen Hirtenscenen bei seiner Ankündigung und Geburt, als zu klein gedacht und unerheblich hinwegfielen. (1920:II 1f)

Wie aus der Schilderung der johanneischen Überbietung deutlich wird, hat für die Christologie auch in Strauß' Interpretation die Aufnahme des Philonischen Logosbegriffs besondere Bedeutung.[341] Strauß ist es nun darum zu tun, hinter die „Masse von mythischen Schlinggewächsen verschiedener Art" (ebd.:158) zu blicken, was sich als fast unmöglich herausstellt, weil „seine [Jesu] ursprüngliche Figur mithin gar nicht mehr vorhanden ist." (ebd.). Die Reinigung von den „Schlinggewächsen" würde jedoch gerade das Paradoxe hinwegreißen:

> Weniges steht fest, und gerade von demjenigen, woran der Kirchenglaube sich vorzugsweise knüpft, dem Wunderbaren und Uebermenschlichen in den Thaten und Schicksalen Jesu, steht vielmehr fest, daß es nicht geschehen ist. (ebd.:160)

Reimarus (s. 2.7.2.4) beipflichtend, sieht Strauß in der „Fortbildung der Christusreligion zur Humanitätsreligion" den einzig probaten Ausweg; Christus ist dann nicht mehr als eine Person, an der sich die *a priori* bestehende „Idee menschlicher Vollkommenheit" kristallisierte (ebd.) – womit sich der Bogen zum Adoptianismus des *Hirts des Hermas* schließt (s. 2.7.2.2).

2.11.8 Paradox-Kontinuitäten in postchristlichen Konstellationen

> Die Phänomene der Säkularisierung beruhen weithin auf diesem Sprachgeist, auf den Vertrautheiten, die er geschaffen hat [...]
> (Blumenberg 1974:132)

Wo auf die paradoxe Christologie von so diversen Seiten Gefahren lauern, ohne dass diese die soziale Bindekraft der Christologie aushebeln konnten, da wird deutlich, wie enorm die stabilisatorische Leistung ist, die die Christologie vollbracht hat. Strauß' *Leben Jesu* gerät zum Anstoß für eine neue Welle kenotischer

---

[341] Strauß 1920:II 20–23; vgl. 2.2.5.

2. Trope und Paradox

Christologie, der lutherischen Neokenotik der Erlanger Schule (Breidert 1977: 24f); wie etwas verzögert auch in Russland (s. 4.4.4.5 u. 6.9.2) befördert der resakralisierende Protest gegen eine Säkularisierung neue Konjunkturen des kenotischen Modells.

Selbst die von Feuerbach eingeleitete radikale Christentumskritik ereilt eine strukturelle Dialektik; denn geradezu im Gegenzug zur Bedrohung für die Paradoxe von außerchristlichen Positionen her zeigt sich die Bewahrungsleistung christologischer Denk- und Redefiguren noch weit über den christlichen Bereich hinaus: Qua Paradox-Kontinuität werden auch in vermeintlich säkularen, postchristlichen oder gezielt antichristlichen Kontexten wie dem sowjetischen strukturell christologische Routinen perpetuiert (5.6.3.2). Die in der Christologie sanktionierte paradoxe Aufwertung von Leiden und Durststrecke bis zur Erhöhung wird zur Grundlage der Denkroutinen der Revolution (vgl. 5.5.4–5.5.5). Zwar steht die sich auf Hegel berufende revolutionäre Dialektik in Spannung zur paradoxen Christologie (s. 2.11.7), doch sind beide, so die These, Ausprägungen eines umgekehrt proportionalen Denkmusters, das bestehende innerweltliche soziale Verhältnisse negiert (das Gewinn durch dessen Negation erwartet, sei es durch Revolution oder Apokalypse) und als Immanenz-Negation stets schon dem Religiösen zuneigt.

Geläufige Säkularisierungsvorstellungen, die darauf hinauslaufen, dass religiöse Paradoxien sich selbst das Grab schaufelten,[342] werden dadurch widerlegt. ‚Säkularisierung' ist viel eher die Perpetuierung paradoxer Figuren jenseits des religiösen Feldes, aus dem sie stammen bzw. mit dem sie in einer zweiten Lesart assoziierbar sind (vgl. 5.6).

---

[342] Vgl.: „Die verschiedenen Strategien, die ‚Religion' entwickelt, um ihre Rolle als Zentrum der Machtverteilung in verschiedenen Kulturen und Gesellschaften zu erhalten, bedürfen der Paradoxe und führen deshalb am Ende aufgrund der Unfähigkeit, die von diesen Paradoxen ausgehende Spannung zu ertragen, zum Zusammenbruch und zur Auflösung des Bewußtseins." (Lease 1991:468).

3 Metonymie und Metapher, oder Gestaltungen der Kenose

> [...] dum servus videtur, et dominus adoratur.[1]
>
> Erst wenn der Gott selbst als *dieser Einzelne* erscheint und offenbart, der Geist, das subjektive Wissen vom Geist als Geist sei die wahrhafte Erscheinung Gottes, dann erst wird die Sinnlichkeit frei; d.h. sie ist nicht mehr dem Gotte vermählt, sondern zeigt sich seiner Gestalt als unangemessen: die Sinnlichkeit, unmittelbare Einzelheit wird ans Kreuz geschlagen. (Hegel 1969:XVII 124, Hervorh. i. Orig.)

3.0 Theologische Zweckangaben für die Kenose

Aus der paradoxen Verfasstheit der christologischen Einigungsformeln resultiert nicht nur die immer neue kognitiv-kritische Nachfrage, ob denn der Gottmensch so paradox gedacht werden dürfe (s. 2.11), sondern – wo das Paradox an sich akzeptiert wird – die weiterführende Frage, warum eine solch paradoxale Konstruktion für den Heilsplan Gottes nötig sein soll, „qua scilicet ratione vel necessitate Deus homo factus sit [...]":[2] Wozu überhaupt jene Inkarnation, die so paradoxe Redeweisen erzwingt? Anselm von Canterburys Fragestellung *Cur deus homo?*[3] ist selbst paradox, insbesondere wenn man das fehlende finite Verb als Präsens deutet, also als Beschreibung einer synchronen Spannung zwischen Göttlichkeit und Menschlichkeit Gottes (diese Spannung wird jedoch meist ausgetrieben, indem die Übersetzung zu „Warum ist Gott Mensch geworden?" entschärft wird).

Im Zuge der christologischen Debatten wurde eine Vielzahl von Antworten auf die Frage nach dem Warum der Inkarnation und Selbsterniedrigung Christi gegeben. Die diversen Zweckangaben bilden ein argumentatives Geflecht, in dem *A* nicht *B* oder *C* ausschließt. Auch diejenige von diesen Funktionsangaben, um die es in diesem Teil vor allem gehen soll – die Gestalt-Werdung Gottes in der „μορφὴ δούλου" [Sklavengestalt] von Phil 2,7 als Darstellung, Vorstellung und Stellvertretung –, lässt sich nicht gänzlich von den übrigen Funktionsangaben abkoppeln. Unter den Zweckangaben für die Inkarnation Christi begegnen auch

---

[1] „[...] wird der Sklave gesehen, wird auch der Herr angebetet." (Theophilos von Alexandrien; PL 22,776).
[2] „Aus welcher Notwendigkeit heraus Gott Mensch geworden ist [...]" (*Cur d.h.* I,1; PL 158,361C).
[3] *Warum ist Gott Mensch?* (1098).

kaum kenotische Gesichtspunkte[4] wie die vor allem reformierte, aber auch lutherische Drei-Ämter-Lehre.[5]

3.0.1 Zur Ökonomie der Kenose

Hoch kenotisch sind dagegen alle Zweckangaben für Inkarnation und Erniedrigung Christi, die – im weiten Sinne – ökonomisch verfasst sind, also Tausch-, Kauf- oder Nutzenvorstellungen implizieren: *A* gebe etwas ab, das nicht unbedingt *B* direkt erhalte, wofür *B* aber etwas anderes als Gegenleistung bekomme.[6] Die Verringerung auf der Habenseite von *A* wird mit einer Vermehrung auf der Habenseite von *B* (oder der Minderung seines Debets) in Zusammenhang gebracht, sodass es zu einer umgekehrt proportionalen Kosten-Nutzen-Verteilung kommt: Der Gewinn von *B* werde durch den Verlust von *A* möglich.

3.0.2 Erlösung

Der Philipper-Hymnus selbst enthält „keine direkte soteriologische Aussage zugunsten der Christen." (Berger 1994:211). Die dort höchstens angedeutete Erlösungsdimension wird von anderen Belegstellen hergeleitet. Nutznießer der Erniedrigung von *A* (Christus) ist für die so Argumentierenden (Menschen) der Mensch: 2Kor 8,9 liefert eine Begründung der Kenosis, indem Erniedrigung und Erhöhung auf Geber *A* (der reiche Herr wird arm) und Empfänger *B* (die armen Menschen werden reich) distribuiert werden und so ein Tauschzusammenhang – als ökonomisch-überökonomisches Liebeshandeln – entworfen wird: „γινώσκετε γὰρ τὴν χάριν τοῦ Κυρίου ἡμῶν Ἰησοῦ Χριστοῦ, ὅτι δι' ὑμᾶς ἐπτώχευσε, πλούσιος ὤν, ἵνα ὑμεῖς τῇ ἐκείνου πτωχείᾳ πλουτήσητε."[7]

Auch die Passage 2,9–18 des Hebräerbriefes argumentiert mit einem Gabe-Verhältnis; der Zweck der Kenose sei die Befreiung der Menschen von Tod und Teufel (Hebr 2,14f), die nur dadurch möglich sei, dass Jesus Christus „seinen Brüdern gleich wurde" (2,17).

---

[4] Wie nicht jede Zweckangabe für Christi Inkarnation kenotisch, so ist auch nicht jedes Herabsteigen Christi kenotisch: Die Pfingsterzählung beschreibt Herabsteigen ohne fleischliche Kenosis.

[5] Königliches, priesterliches und prophetisches Amt. Diese dreigliedrige Form setzte sich mit Calvins *Institutio* durch. Sie ist z.B. für die verbreitetste russische Dogmatik, *Православно-догматическое богословие [Orthodoxe Dogmatik]* des Moskauer Metropoliten Makarij, das tragende Gerüst der Christologie (1895:II 117–181).

[6] Die Tauschrelation wird fast durchweg als symbolisch gedacht im Sinne von Baudrillards „symbolischem Tausch" (Baudrillard 1991:209f; s. auch Bergfleth 1991:370f; zur Verbindung mit dem Opfertod ebd.:381f).

[7] „Denn ihr kennt die Gnade unseres Herrn Jesus Christus: obwohl er reich ist, wurde er doch arm um euretwillen, damit ihr durch seine Armut reich würdet." (2Kor 8,9).

3. Metonymie und Metapher

Das Nutznießerverhältnis – Christus für die Menschen – macht auch eine in der Patristik (z.B. bei Athanasios) *ad infinitum* wiederholte Formulierung klar: „ὑπὲρ ἡμῶν".[8] Eine Funktion der Kenose ist für Athanasios nämlich die soteriologische, die Erhöhung der Menschen.[9] Der Maximalbegriff für diese Erhöhung ist die Vergöttlichung (θέωσις oder θεοποίησις; vgl. 2.6.2.2); er kommt aber in programmatischer Zuspitzung erst unter neuplatonischem Einfluss bei Dionysios Pseudo-Areopagita (PG 3,376AB) und Maximus Confessor (PG 90,321A) vor. Im Rückgriff auf diese Quellen ist die Theosis für die russische Orthodoxie und auch russische religiöse Philosophie wichtig geworden.[10]

Die Soteriologie avanciert im lateinischen Mittelalter zur zentralen Frage; die dogmatische Christologie tritt in den Begründungszusammenhang der Soteriologie zurück; auch beim größten Systematiker dieser Epoche, bei Thomas von Aquin, ist diese unselbstständige Annex-Position der Christologie abzulesen, insofern er Christologie und Soteriologie kurzschließt (Hoping 2004:126f). Von der Soteriologie her hält die kenotische Christologie schließlich auch einen Schlüssel zur Theodizee bereit, wie Semen Frank herausarbeitet:

> […] идея сошегшего в мир добровольно страдающего, соучаствующего в человеческих мировых страданиях Бога – страдающего Богочеловека – *есть единственно возможная теодицея*, единственно убедительное «оправдание» Бога.[11]

3.0.3 Gabe

Der bei weitem bekannteste Topos der Gemeindepraxis ist die Liebe und ihre reine Gabe; Gott habe die Menschen so geliebt, dass er ihnen das übermäßige Geschenk seines Sohnes gemacht habe: „οὕτω γὰρ ἠγάπησεν ὁ Θεὸς τὸν κόσμον, ὥστε τὸν υἱὸν αὐτοῦ τὸν μονογενῆ ἔδωκεν, ἵνα τὰς πᾶς ὁ πιστεύων εἰς αὐτὸν μὴ ἀπόληται, ἀλλ' ἔχῃ ζωὴν αἰώνιον."[12] Die Liebesgabe des Sohns aber bestehe gerade in dessen Opferung, wie der Erste Clemensbrief sagt: „διὰ τὴν ἀγάπην, ἣν

---

[8] „Für uns" (russ. „ради нас"; s. etwa Filaret 2002:56 § 151).

[9] „[…] οὕτως ἐν αὐτῷ τῷ Χριστῷ πάλιν ἡμεῖς ὑπερυψωθῶμεν, ἔκ τε τῶν νεκρῶν ἐγειρόμενοι, καὶ εἰς οὐρανοὺς ἀνερχόμενοι […]" [(…) so werden wir in Christus selbst über die Maßen erhöht, von den Toten auferweckt und in den Himmel aufsteigen (…)] (PG 26,97A).

[10] Goerdt 1995:207–210.646 et passim.

[11] „Die Idee von einem Gott, der hinabgestiegen ist in die Welt, freiwillig leidet und teilnimmt an einen menschlichen und kosmischen Schmerzen, die Idee von einem Gott-Menschen, der leidet, ist *die einzige mögliche Theodizee*, die einzig überzeugende Rechtfertigung Gottes." (Se. Frank 1964:264; dt. v. Petronilla u. Richard Cemus, Špidlík 2002a:84, Hervorh. i. Orig.); vgl. auch Maceina 2002:154.

[12] „Denn also hat Gott die Welt geliebt, dass er seinen eingeborenen Sohn gab, damit alle, die an ihn glauben, nicht verloren werden, sondern das ewige Leben haben." (Jh 3,16).

ἔσχεν πρὸς ἡμᾶς, τὸ αἷμα αὐτοῦ ἔδωκεν ὑπὲρ ἡμῶν Ἰησοῦς Χριστὸς ὁ κύριος ἡμῶν ἐν θελήματι θεοῦ, [...]".[13]

In einem doppelten kenotischen Liebesgeschenk Inkarnation und Kreuzestod realisiere sich die Gnadengabe Gottes („τὴν χάριν ἐδωρήσατο"; PG 65,933A). Diese Gnade soll immer nur Gabe jenseits aller Reziprozität sein; nie könne der Sünder sie aus eigenem Verdienst erwerben,[14] und immer sprenge sie den Rahmen des menschlichen Tauschs. Diese Gnaden-Gabe verpflichte den Empfänger nicht zur Gegengabe, sondern befreie ihn.[15] Paradoxerweise wird aber aus der scheinbar reinen Gabe Christi die Paränese zur Christusnachfolge abgeleitet.

Bemerkenswert ist in diesem Zusammenhang die Angabe der Funktion von Inkarnation und nochmaliger Erniedrigung, welche Gregor von Nazianz macht: Neben den üblichen Motiven des Geschenks von Leben und Auferstehung nennt Gregor die Freiheit für die Menschen: „δούλου μορφὴν ἔλαβεν, ἵνα τὴν ἐλευθερίαν ἡμεῖς ἀπολάβωμεν"[16] – was bei Anselm von Canterbury beiläufig wiederkehrt (Plasger 1993:150) und später in Revolutionsvorstellungen vom Sinn individueller Opferhandlungen für die kollektive Befreiung übersetzt wurde.

3.0.4 Opfer

Wenn Christi Kenose, Leiden und Tod als reine, übermäßige Gabe gedacht werden, welche das Gebot der Reziprozität sprengen, dann entspricht dies der Ökonomie des Opfers (s. Brandt 2000:250), jedenfalls eines einmaligen, aus dem kultischen Kontext herausfallenden (ebd.:270).

Schon im AT klang eine Kritik an heidnischen Opferkulten an – geronnen in der Figur des Opferlamms (Jes 1,11). Dagegen nimmt das NT an einigen Stellen die Vorstellung vom „Lamm Gottes" positiv an;[17] Christus und das „Blut des Lammes" werden kurzgeschlossen (Apk 12,10f). An anderen Stellen wird hingegen der alttestamentliche Protest gegen religiöse Opferhandlungen übernommen, besonders in Hebr 10,5–8, um gleich anschließend das Opfer im Bezug auf Jesu Christi geopferten Leib wieder ins Spiel zu bringen: „ἐν ᾧ θελήματι ἡγιασμένοι ἐσμὲν διὰ τῆς προσφορᾶς τοῦ σώματος Ἰησοῦ Χριστοῦ ἐφάπαξ."[18] Auch die

---

[13] „[...] um der Liebe willen, die er zu uns hatte, hat Jesus Christus, unser Herr, sein Blut gegeben für uns nach dem Willen Gottes [...]" (1Clem 49,6).
[14] In Konkurrenz dazu tritt die katholische Ablass-Praxis (s. 3.0.5).
[15] Vgl. Derridas Analyse der Problematik der Gabe (1993, 1995a:189 und öfters).
[16] „Er nahm Sklavengestalt an, damit wir die Freiheit bekommen." (PG 35,397C–400A).
[17] Jh 1,29; vgl. Stock 1995/2001:IV 292.
[18] „Nach diesem Willen sind wir geheiligt ein für allemal durch das Opfer des Leibes Jesu Christi." (Hebr 10,10). Brandt erläutert, dass dafür die Kenose wichtiger sei als der Kreuztod (2000:270).

3. Metonymie und Metapher

weitere Konzeptgeschichte von Opfer[19] bleibt gespalten; während etwa Augustinus die Opfer-Figur fortführt (*Civ.* X,6), hält sich daneben bis in die Gegenwart Kritik am Opferbegriff (vgl. Dalferth 1995:287), der ja auch das Einfallstor bildete für Freuds Gegenlektüre des Christusopfers als Reflex ödipaler Vatermordwünsche (Freud 1991:208f).

Näher als Freud kommt dem „*Selbst*verständnis" des Christentums René Girard (Koschorke 2001:108, Hervorh. i. Orig.). Für ihn inszenieren die Evangelien in der Passion Christi dieselbe Opfertopik „wie alle anderen Mythologien der Welt." (Girard 1988:149). Hinter der religiösen Sinngebung stehe ein sozialer Automatismus, das Bedürfnis der Menge nach einem Sündenbock. Die Gespaltenheit des NT in der Bewertung des Opfers wäre demnach symptomatisch, insofern in Girards Sicht „[...] die Evangelien den Sündenbockmechanismus enthüllen, ohne ihn jedoch so zu benennen" (ebd.:161). Dass Jesus ein „Sündenbock" sei, „[...] sagt nämlich bereits der Text, und zwar ganz ausdrücklich, wenn er das Opfer als Lamm Gottes" (ebd.:171) bezeichne. Diese Einstufung nimmt Girard zwar nicht zurück (2002:195), erblickt nun aber in der Explizitheit des Opfermechanismus die Überwindung des verdeckten Automatismus der Gewaltmimesis (vgl. 8.2.3). Auch jetzt meint Girard noch, „Jesus ist ein kollektives Opfer" (2002:156). Doch könne ein „Opfermechanismus [...] einen Text, in dem er ausdrücklich vorkommt – die Evangelien – nicht beherrschen." (ebd.:186). Girard affirmiert damit den paradoxen „Triumph des Kreuzes": „Indem der Opfermechanismus der Finsternis entrissen wird, mit der er sich umgeben muß, um alles steuern zu können, stellt das Kreuz die Welt auf den Kopf." (ebd.:180). An die Stelle des von Jesus aufgehobenen negativen Imitationsmechanismus (der Imitation der Gewalt als einer Imitation der Selbsterhöhung) tritt ein gegenläufiger, positiver, aber nicht weniger imitativer Mechanismus – die *imitatio exinanitionis Christi*.[20]

3.0.5 satisfactio
Explizit ökonomische Formulierungen begegnen im NT und in der griechischen Väterliteratur eher selten. Allerdings spricht der Kolosserbrief in Kategorien von Schuldverschreibung und Tilgung: „ἐξαλείψας τὸ καθ' ἡμῶν χειρόγραφον τοῖς δόγμασιν, ὃ ἦν ὑπεναντίον ἡμῖν, [...]".[21] Und die Apokalypse knüpft an die Schlachtung des Lammes bzw. das Opfer Christi die Vorstellung vom Loskauf der

---

[19] Weniger in den Termini (θυσία, προσφορά; s. Moll 1975:183–189) als der Bewertung.
[20] Strenski zeigt, dass Girard am Christozentrismus der französischen katholischen Reaktion partizipiert, auch wenn er sich vom Verständnis des Christusopfers als eines gewalttätigen abstößt (1993:204f).
[21] „Er hat den Schuldbrief getilgt, der mit seinen Forderungen gegen uns war [...]" (Kol 2,14).

sündigen Menschen „für Gott"[22] – also vom Verkäufer Teufel. Zum Zentralbegriff wird die Zahlung von „redemptio" [Loskauf] an den Teufel, wie sie Anselm von Canterbury konzipiert.[23] Besonders im westlichen Mittelalter wird der Gedanke der Opfergabe juridisiert. Die wichtigste einschlägige Theorie entwickelt Anselm von Canterbury um den Kernbegriff der *satisfactio* [Genugtuung] herum.[24] Der Mensch habe durch die Sünde die „Ehre Gottes" verletzt[25] und stehe in der Pflicht, Genugtuung zu leisten. Die nach der Größe der Sünde bemessene Genugtuung[26] des als Schuldner konzeptualisierten sündigen Menschen werde von Christus freiwillig auf sich genommen und abgegolten. Um dies leisten zu können, müsse Christus wie der der Schuldige/Schuldner Mensch sein. Also müsse Gott Mensch werden, um als Gott-Mensch die menschliche Schuld abzutragen: „[…] satisfactio, quam nec potest facere nisi Deus, nec debet nisi homo; necesse est ut eam faciat Deus homo."[27]

Dabei wirkt weniger das homöopathische Prinzip als eine Ökonomie der Überbietung: Christi Sühneopfer löse ein, „[…] ut sufficere possit ad solvendum quod pro peccatis totius mundi debetur, et plus in infinitum."[28] Diese überökonomische Klarstellung hinderte nicht, dass mit der Fegefeuer-Vorstellung, die das westliche Mittelalter entwickelt,[29] und in der von Luther inkriminierten katholischen Ablasspraxis ein juristisch-ökonomisches Tauschgeschäft realisiert wurde.

Anselms *satisfactio*-Lehre hat vor allem in der angelsächsischen Christologie traditionsbildend gewirkt; *atonement* wird dort als Kern der Christologie entworfen (s. Rupp 1974:2–4). Inwieweit die westlich-angelsächsische Genugtuungslehre selbst (und nicht nur die Ablasspraxis) juristisch-ökonomisch funktioniert, bleibt im Katholizismus umstritten (Hoping 2004:125f); aus protestantischer (s. Plasger 1993:108) und insbesondere orthodoxer Perspektive jedoch ist sie zu nahe an

---

[22] „[…] ὅτι ἐσφάγης, καὶ ἠγόρασας τῷ Θεῷ ἡμᾶς ἐν τῷ αἵματί σου […]" [(…) denn du bist geschlachtet und hast mit deinem Blut Menschen für Gott erkauft (…)] (Apk 5,9).
[23] *Cur d.h.* I,6; PL 158,366A; vgl. Plasger 1993:142–144.
[24] *Cur d.h.* I,20; PL 158,392A–393B.
[25] *Cur d.h.* I,11; PL 158,376C; zur Auslegung des Ehrbegriffs s. Plasger 1993:85–98.
[26] „Quod secundum mensuram peccati oporteat esse satisfactionem" [Dass die Genugtuung dem Maß der Sünde zu entsprechen habe] (*Cur D.h.* I 20; PL 158,392A).
[27] „[…] Genugtuung, die niemand bewirken kann als Gott und die niemand benötigt als der Mensch; dies muss Gott als Mensch tun." (*Cur D.h.* II 6; PL 158,404AB).
[28] „[…] damit es reichen könne zur Tilgung dessen, was für die Sünden der ganzen Welt geschuldet wird, und noch unendlich mehr." (*Cur d.h.* II 18; PL 158,425C).
[29] Auf dem Hintergrund dieser merkantilen Denkroutine ist auch das Aufkommen der Fegefeuer-Vorstellung im Westen in den 1170er Jahren zu sehen (Auffarth 2002:193–198).

3. Metonymie und Metapher

merkantiler Relationalität, an Tausch und Vertrag.³⁰ Neuere westliche Forschungen ziehen es deshalb vor, *satisfactio* mit ‚Reinigung' zu übersetzen (ebd.:124).

3.0.6 ἀνακεφαλαίωσις³¹

Warum aber sind die Menschen überhaupt niedrig und also erhöhungsbedürftig? Auch diese von der Mehrzahl der Religionen insinuierte Annahme muss im metaphysischen System des Christentums ihre Begründung finden; es ist wie beim Loskauf eine (heils-)geschichtsphilosophische: Irenäus von Lyon greift dafür ein seltenes Wort des NT auf – ἀνακεφαλαίωσις – für das Lampe die Bedeutungen ‚summing up', ‚recapitulation' und ‚renewal' anführt (1961:106). Der Epheserbrief benutzt es, um Christi Ort in Gottes Heilsplan anzugeben: „εἰς οἰκονομίαν τοῦ πληρώματος τῶν καιρῶν, ἀνακεφαλαιώσασθαι τὰ πάντα ἐν τῷ Χριστῷ, [...]".³² Den Abstoßungspunkt bildet für Irenäus Adams Sünde – ein Bezug, der im Römerbrief angelegt ist (Röm 5,19–21). Erbsünde und Heilsplan kombinierend, entwickelt Irenäus das Theorem, dass Christi kenotisches Opfer den Fall Adams kompensiere und seine Erniedrigung und Erhöhung das Weltgeschehen „zusammenfasse"; die Prosopopöie Adam, die bei Irenäus (wie anderswo) geschichtsphilosophisch für den Anfang und moralphilosophisch für Schuld zugleich steht (Iren. *Adv. haer.* V,16,1), kann sichtlich nur durch eine neue Prosopopöie kuriert werden – durch Christus. Solches induziert jedenfalls Irenäus' Rhetorik von Parallelismus und Antithese:

> Et antiquam plasmationem in se recapitulatus est, quia quemadmodum per inobaudientiam unius hominis introitum peccatum habuit et per peccatum mors obtinuit, sic et per obaudientiam unius hominis iustitia introducta vitam fructificat his qui olim mortui erant hominibus.³³

---

[30] Siehe Pelikan 1971:147–149. Unter den russischen Soteriologen hat sich dahingehend insbesondere Chomjakov profiliert (Chomjakov 1872:131f). Dass auch in der orthodoxen Tradition Institutionen der Frömmigkeitspraxis wie die Kerzenspende, die Bestellung von Fürbitten und liturgische Gegenleistungen der Klöster für empfangene Stiftungen sehr wohl auf einem Konzept ökonomischen Tausches basieren (vgl. Steindorff 1994:169–205), steht auf einem anderen Blatt.

[31] Rekapitulation, Zusammenfassung.

[32] „[...] wenn die Zeit erfüllt wäre, dass alles zusammengefasst würde in Christus [...]" (Eph 1,10).

[33] „Und er hat die alte Schöpfung in sich zusammengefaßt. Denn wie durch den Ungehorsam eines einzigen Menschen die Sünde Eingang fand und durch die Sünde der Tod sich behauptete (vgl. Röm 5,12.19), so ist auch durch den Gehorsam eines einzigen Menschen die Gerechtigkeit eingekehrt (vgl. Röm 5,19), die den Menschen, die einst tot waren, als Frucht das Leben bringt." (*Adv. haer.* III,21,10; dt. u. m. Quellenangaben versehen v. Norbert Brox, Irenäus von Lyon 1993/2001:III 271).

Die Kenose kommt bei Irenäus metonymisch im Zitat von Phil 2,8 ins Spiel:

> Dissolvens enim eam quae ab initio in ligno facta fuerat hominis inobaudientiam, „obaudiens factus est usque ad mortem, mortem autem crucis", eam quae in ligno facta fuerat inobaudientiam per eam quae in ligno fuerat obaudientiam sanans. [...] manifeste ipsum ostendit Deum, quem in primo quidem Adam offendimus, non facientes eius praeceptum, in secundo autem Adam reconiliati sumus, obaudientes usque ad mortem facti.[34]

Methodios dagegen verbindet ἀνακεφαλαίωσις explizit mit der Kenose: „[...] ὁ Χριστὸω κενώσας ἑαυτὸν, ἵνα χωρηθῇ κατὰ τὴν ἀνακεφαλαίωσιν [...] τοῦ πάθους [...]".[35]

3.0.7 Mittler und Medium

Eine nicht zu unterschätzende Dimension der vorgenannten Zweckangaben besteht darin, dass Christi Selbsterniedrigung als Akt der Vermittlung zwischen Gott und Menschen eingestuft wird. Die Rede vom μεσίτης bzw. *mediator* [Mittler] Christus[36] ist eine verbreitete Formel, die historisch eher dafür eingesetzt wird, um die diversen pointierteren Zweckangaben zu versöhnen.[37] Bei Augustinus allein gibt es über 200 Belege, mehrfach mit Bezug auf Phil 2,7 (bspw. „[...] quando in forma servi, ut mediator esset [...]"[38]). Calvin attestiert Christus summarisch ein „mediatoris officium".[39] Dennoch ist in dieser Rederoutine natürlich die Einsicht angelegt, dass Christus eine Brücke, eine Vermittlung zwischen sonst unvermittelten Polen, ein Medium darstellt, das als Träger für eine Botschaft fungiert.

---

[34] „Indem er nämlich den Ungehorsam des Menschen, der sich im Anfang am Holz ereignet hatte, auflöste, ,wurde er gehorsam bis zum Tod, bis zum Tod am Kreuz' (Phil 2,8) und heilte den Ungehorsam, der sich am Holz ereignet hatte, durch den Gehorsam, der sich am Holz ereignete. [...] zeigte er [...] offen Gott selbst, den wir im ersten Adam beleidigt haben, indem wir sein Gebot nicht erfüllten, mit dem wir im zweiten Adam aber versöhnt worden sind, indem wir gehorsam wurden bis zum Tod." (Iren. *Adv. haer.* V,16,3; dt. u. m. Quellenangaben versehen v. Norbert Brox, Irenäus von Lyon 1993/2001:V 137).

[35] „[...] Christus erniedrigte sich selbst, um Platz zu schaffen für die Zusammenfassung [...] des Leidens [...]" (PG 18,73B).

[36] Der *locus classicus* ist 1Tim 2,5. Die Enzyklika *Mediator Dei et hominum [Vermittler zwischen Gott und den Menschen]* von Papst Pius XII. (1947) baut die gesamte Argumentation auf den Vers des Timotheus-Briefes auf.

[37] Vgl. Iren. *Adv. haer.* 3,18,7 oder PG 26,1024B. S. auch 4.3.9.3.

[38] „[...] als er in Sklavengestalt war, um Mittler zu sein [...]" (*De civitate Dei*; IX,15; PL 42,269).

[39] „Mittleramt" (*Inst.* II, 14,4).

3. Metonymie und Metapher

3.1 Gestaltung in und nach Jesus Christus

Welcher Art diese Sinnbildungen auch sein mögen, um in unsere Erfahrung (und zwar die soziale Erfahrung) einzugehen, müssen sie eine zeitlich-räumliche Ausdrucksform annehmen, d.h. eine *Zeichen*form, die wir hören und sehen können (eine Hieroglyphe, eine mathematische Formel, einen Ausdruck durch Sprache, durch das Wort, eine Zeichnung u.a.). (Bachtin 1989:209, Hervorh. i. Orig.)

Das „Medium Christus" wird implizit als Zeichen, als Anzeichen für ein göttliches Agieren – Gnade, Liebe etc. – gelesen. Daneben wird der Moment des Anzeigens, des Bezeichnens auch zu einem expliziten Zweck erhoben, der nicht hinter den anderen zurücksteht: Christi Kenose als Akt der Selbst-Sichtbarmachung und Selbst-Bezeichnung des Göttlichen in für Menschen fassbaren, als Zeichen lesbaren Anschauungsformen. Es ist klar, dass diese Dimension für den vorliegenden literaturwissenschaftlichen Zugang zur kenotischen Christologie Schlüsselbedeutung hat: Die Frage nach der *Darstellung der Kenose* und nach *Kenose als Darstellung*. In der *sedes doctrinae* Phil 2,5–11 ist, wie die Ausfaltung in der Patristik zeigt, das Moment von Erkennbarmachung lexikalisch durch „ἐν μορφῇ Θεοῦ ὑπάρχων [...], μορφὴν δούλου λαβών"[40] nahe gelegt. Wie bestimmend der Bezug auf die Philipperstelle für die griechische Christologie wurde, belegt, dass μορφή in der Patristik am häufigsten mit direktem Bezug auf „μορφὴ δούλου"[41] vorkommt (Lampe 1961:885).

3.1.1 Zwei Weisen (forma Dei vs. forma hominis)

Wie in Phil 2,6f begegnet die „μορφὴ δούλου" [Sklavengestalt] in der Patristik oft in Verbindung und Absetzung von „μορφὴ Θεοῦ" [göttliche Gestalt]. Dabei geht es anhand des Lexems μορφή um die zwei Naturen Christi, also das christologische Paradox (s. 2.), wie etwa in der griechischen Version des *Tomus Leonis*:

Τοιγαροῦν ὃς μένων ἐν μορφῇ Θεοῦ, πεποίηκε τὸν ἄνθρωπον, αὐτὸς ἐν μορφῇ δούλου γέγονεν ἄνθρωπος· [...] καὶ ὥσπερ οὐκ ἀναιρεῖ τὴν τοῦ δούλου μορφὴν ἡ μορφὴ τοῦ Θεοῦ, οὕτως τὴν τοῦ Θεοῦ μορφὴν ἡ τοῦ δούλου μορφὴ οὐκ ἐμείωσεν·[42]

---

[40] „Ob er wohl in göttlicher *Gestalt* war [...], nahm er Knecht*sgestalt* an" (Phil 2,6f, Hervorh. D.U.).

[41] „Sklavengestalt" (Phil 2,7).

[42] „Ebenso ist er, der in Gottesgestalt verbleibend den Menschen erschaffen hat, in Knechtsgestalt Mensch geworden; [...] und wie die Gottesgestalt die Knechtsgestalt nicht hinweggenommen hat, so hat die Knechtsgestalt nicht die Gottesgestalt gemindert." (PL 54,766A; dt. n. COD 79). Lateinisch: „Proinde qui manens in forma dei fecit hominem, in forma servi factus est homo; [...] et sicut formam servi dei formam non adimit, ita forma dei servi forma non minuit." (COD 78).

3.1.2 In Gestalt (in formā hominis)

Wenn sich die griechischen Väter hingegen auf die menschliche Gestalt konzentrieren, geschieht dies häufig im häresiologischen Diskurs, vor allem in der Abwehr des Doketismus: „[...] μορφὴν λέγων δούλου, καὶ οὐχὶ αὐτὸν τὸν δοῦλον ἀνειληφέναι, καὶ ἐν σχήματι λέγων τὸν Κύριον γεγενῆσθαι, ἀλλ' οὐχὶ αὐτὸν τὸν ἄνθρωπον [...]".[43] μορφή ist dabei wie σχῆμα[44] eher ein gefährlicher, auszutreibender Begriff – suggeriert er doch einen sichtbaren Schein oder rhetorische Uneigentlichkeit, die beide die echte Seinshaftigkeit der Menschwerdung zu schmälern geeignet wären – als offensive Rede von Gott in menschlicher Gestalt, ja von Inkarnation als Gestalt-Gebung. Allerdings erinnert Berger daran, dass μορφή „auch andernorts Ausdruck der Würde und des Ranges" sei (1994:211).

3.1.3 Als Gestalt (formā Dei)

Ganz gezielt wird der Gestalt-Gedanke hingegen bei Marius Victorinus Afer entwickelt, wenn dieser das „ἐν μορφῇ Θεοῦ" [in göttlicher Gestalt] aus Phil 2,6 praktisch als Nominativ liest. Marius Victorinus liefert damit eine eigenwillige, aber nicht als häretisch verworfene Lesart von Phil 2,6f (PL 8,1207CD), eine Metaphysik von Christus *als Gestalt Gottes*: „Christus ergo Dei forma est",[45] was Marius Victorinus so erläutert:

> Dictum est enim quod [Christus] forma Dei esset. Quid autem sit Dei forma? non figura, non vultus, sed imago et potentia. [...]; circumformatur enim et definitur quodammodo, id est in considerationem et cognoscentiam devocatur.[46]

Demzufolge geschieht also eine Erkennbarmachung des unerkennbaren Göttlichen, des *Deus absconditus* – wie Ernst Benz erläutert: „Nur das ist für den Intellekt faßbar, was eine Form hat." (1932:83). Marius Victorinus' neuplatonisch inspirierte Theorie bedient sich der Personen Vater und Sohn, um einen kosmogo-

---

[43] „[...] [Valentin] sagt, [Christus] habe ‚Sklavengestalt' angenommen und keinen ‚Sklaven', und der Herr sei in der Gestalt [eines Menschen], aber nicht selbst Mensch geworden [...]" (PG 32,969C; s. auch 2.3.1.1).

[44] Vgl. PG 96,552B. Das in Phil 2,7 neben μορφή vorkommende σχῆμα ist ein rhetorischer Begriff (*Brut.* 17,69), der vereinzelt auch bei den griechischen Vätern in diesem Sinne begegnet (Lampe 1961:1359).

[45] „Folglich ist Christus die Gestalt Gottes" (PL 8,1207C).

[46] „Es wurde behauptet, die Form Gottes sei Christus. Was aber ist die Form Gottes? Nicht Darstellung seiner Gestalt, sondern Bild und Kraft. [...] es wird umformt und auf gewisse Weise bestimmt, was zur Betrachtung und Erkenntnis abgerufen wird." (PL 8,1207CD, bis zur Auspunktung dt. v. Ernst Benz).

3. Metonymie und Metapher

nischen Abbildungsprozess zu beschreiben:[47] „Vater und Sohn stehen also in einem realen metaphysischen Bildverhältnis zueinander." (ebd.:86).

Selbst wenn sich kaum jemand sonst von den Vätern auf Marius Victorinus' Kasusersetzung einlässt, begreifen auch griechische Väter Inkarnation als Vorgang, der den Menschen die Erkenntnis des Göttlichen ermöglicht. Basilios der Große etwa sieht durch die μορφὴ δούλου eine doppelte Erkenntnisrichtung ins Werk gesetzt:

Ὥστε ἡ τοῦ Υἱοῦ ὑπόστασις οἱονεὶ μορφὴ καὶ πρόσωπον γίνεται τῆς τοῦ Πατρὸς ἐπιγνώσεως· καὶ ἡ τοῦ Πατρὸς ὑπόστασις ἐν τῇ τοῦ Υἱοῦ μορφῇ ἐπιγινώσκεται, [...].[48]

Diese Vorstellung macht in West- wie Ostkirche Karriere (vgl. Frugoni 2004:83–85). Spätestens im 16. Jh. ist der Gedanke in Russland belegt (Golejzovskij 1981:134). In *Икона и иконопочитание [Die Ikone und die Ikonenverehrung]* übernimmt auch Sergej Bulgakov die Position des Marius Victorinus: „Христос как истинный человек в человечности Своей есть икона Божества [...]".[49]

3.1.4 Gestaltwerdung (in formam hominis)

Hinter dieser freien Interpretation der Kasus-Verhältnisse in der Philipper-Perikope verbirgt sich bei Marius Victorinus die Ansicht, dass es durch die Menschwerdung (die oben [1.4.4.] als primäre Materialisierung eingestuft worden war) zu einer Gestaltwerdung des Göttlichen komme, einer μόρφωσις [Bildung]. Der aus Afrika stammende Autor kennt diesen griechischen Terminus nicht, wohl aber Clemens von Alexandrien: „Εὐθὺς οὖν ὁ Σωτὴρ ἐπιφέρει αὐτὴν μόρφωσιν τὴν κατάγνωσιν καὶ ἴασιν τῶν παθῶν, δείξας ἀπὸ Πατρὸς ἀγεννήτου τὰ ἐν Πληρώματι καὶ τὰ μέχρι αὐτῆς·".[50]

Das Substantiv μόρφωσις stellt beileibe nicht die einzige Derivatbildung dar, die das paulinische μορφή hervorbringt: Wie an einem Band aufgereiht finden sich solche Derivat-Begriffe bei Papst Julius I.:

---

[47] Zur Frage, ob Marius Victorinus sich damit nicht von der geschichtlichen Inkarnation und der Kenose in spekulative Höhen entfernt, s. Benz 1932:106–118. Zu kosmogonischen Übertragungen des kenotischen Modells vgl. 4.4.4.5.
[48] „Wie die Hypostase des Sohnes gewissermaßen die Gestalt und Person wird zur Erkenntnis des Vaters, so wird die Hypostase des Vaters in der Gestalt des Sohnes erkannt [...]" (PG 32,340C).
[49] „Als wahrer Mensch in Seiner Menschlichkeit ist Christus die Ikone der Gottheit [...]" (Bulgakov 1999:279).
[50] „Gerade der Erlöser allerdings bringt diese Gestaltung zur Verurteilung und Heilung der Leiden, indem er das zeigt, was vom ewigen Vater in der Fülle ist und was bis dorthin ist [...]" (PG 9,680C).

Ὁ θεὸς οὖν ὁ ἐνανθρωπήσας ὁ κύριος καὶ προὔχων τῆς γεννήσεως, εἰ καὶ γεγέννηται ἀπὸ γυναικός, κύριος ὢν εἰ καὶ μεμόρφωται κατὰ τοὺς δούλους, πνεῦμα ὢν εἰ καὶ σὰρξ κατὰ τὴν ἕνωσιν τῆς σαρκὸς ἀποδέδεικται, οὐχ ἄνθρωπος ὢν κατὰ τὸν ἀπόστολον εἰ καὶ ἄνθρωπος ὑπὸ τοῦ αὐτοῦ κηρύσσεται, καὶ τὸ ὅλον εἰπεῖν, ἀόρατος θεὸς ὁρατῷ σώματι μεταμορφούμενος ἄκτιστος θεὸς κτιστῇ περιβολῇ φανερούμενος, κενώσας μὲν ἑαυτὸν κατὰ τὴν μόρφωσιν, ἀκένωτος δὲ καὶ ἀναλλοίωτος καὶ ἀνελάττωτος κατὰ τὴν θείαν οὐσίαν·[51]

Bemerkenswert ist, dass Julius auch das Verb μεταμορφεῖν [verwandeln] auf Christus anwendet.

Daran wird ersichtlich, dass nicht nur die christologische Antirhetorik sich selbst dekonstruiert – nach dem Paradox (2.10.1) nun auch durch μορφή, μόρφωσις und σχῆμα[52] –, sondern dass auch der Ausschluss eines Wandels (τροπή, μεταβολή; 2.3.3) in der Gottheit nicht hundertprozentig durchzuhalten ist: Wo nicht explizit gegen den Theopaschitismus argumentiert wird, trägt die an μορφή anknüpfende Derivationsleistung der Sprache – eine Art Selbstläufer – auch Wandel-Begriffe in die Christologie hinein. Die Notwendigkeit der Narration von Christus führt sowohl die – potenziell doketische – Gestalt als auch die – potenziell theopaschitische – Gestalt-Veränderung in die Christologie ein; eben diese narrativen Unabdingbarkeiten sind es, an die die Literatur anknüpfen kann – in Form literarischer Gestalten bzw. Figuren und erzählter Veränderung (5.–10.).

3.1.5 Gestalt-Gebung vs. Ausgestaltung

> Repraesentare autem est 1. Significare [...]. 2. Rem praesentem facere.[53]

An der doppelten Beschreibungsrichtung, die Basilios der Große für die Erkenntnis entwarf – von der Gestalt des Sohnes auf den Vater und vom Vater aus zur Erkenntnis im Sohn (3.1.3) –, ist zu sehen, dass die μόρφωσις bzw. Gestaltung in doppeltem Sinne funktioniert als Gestalt-Werdung, mit der theologisch-logozentrisch insinuiert wird, dass ein Inhalt, der zuvor ohne Form existiert hätte,

---

[51] „Der menschgewordene Gott Herr existierte zugleich vor der Geburt und wurde von einer Frau geboren, war Herr und wurde nach den Sklaven gestaltet, war Geist, auch wenn durch die Einigung mit dem Fleisch das Fleisch gezeigt wurde, war – dem Apostel zufolge – nicht Mensch, auch wenn er von diesem als Mensch gelobt wurde, und sagte alles Folgende: ‚der unsichtbare Gott wurde in sichtbares Fleisch umgeformt, der ungeschaffene Gott erschien in geschaffener Umgebung, entleerte sich selbst der Gestaltung nach, war aber unentleert und unverändert und unvermindert der göttlichen Natur nach'[...]" (PL 8,873D–874A).
[52] Zur christologischen Verwendung dieses Rhetorik-affinen Terminus s. 3.1.2.
[53] „Repräsentieren aber heißt 1) bezeichnen [...], 2) eine Sache präsent machen." (Goclenius 1613:981).

3. Metonymie und Metapher

nun Form gewinne, dass aber vor allem diese Form-Gebung von dem formlosen Inhalt selbst angestoßen werde, der in der Form zwar abwesend sei, aber hinter ihr aufscheine.[54] Zugleich geschieht diese Gestaltung auch umgekehrt – als Modellierung eines nur vermeintlich fixen (dogmatischen) Inhalts durch die Formen ihrer *Ausgestaltung* durch die Menschen (durch Kultur).[55] Die Christologie wird durch ihre Gestaltungsformen affiziert,[56] sodass diese Ausgestaltung beileibe nicht nur *ecolutio*, sondern auch *inventio Christi* ist (vgl. 1.6.1 u. 2.9.1).

Eben diese doppelte Lesbarkeit des Erkenntnismoments arbeitet die dekonstruktive Kritik am logozentrischen Repräsentationsbegriff heraus. Während die Theologie den Signifikanten der sichtbaren Gestalt dem *prius* des transzendenten Signifikats nachstellt, behauptet die Dekonstruktion die Vorgängigkeit des Signifikanten (Derrida 1990). Die Vorstellung von inkarnatorischer Gestalt-Werdung bedient – so betrachtet – die logozentrische Auffassung von Theophanie als Präsent-Werdung des Göttlichen und Divination als zeichengebendem Akt;[57] diese divinatorische Präsent-Werdung wird in der Christologie vom Agenten her ge-

---

[54] So die von Kevin Hart erläuterte dekonstruktive Interpretation von Metaphysik (1989:11f), die in Derridas Verständnis aller Theologie zu eigen sei (ebd.:21).

[55] Die Ausfaltung des Fächers von medialen Ausgestaltungen eines dogmatischen Inhalts ist schon von Alexander Stock in seiner *Poetischen Dogmatik* (1995–2001) unternommen worden.

[56] So sehr der deutsche Gestaltbegriff durch eine bestimmte, bis zu Ernst Jünger reichende Tradition kontaminiert ist (M. Franz 1995:5–7), so weitgehend wird eine völlig anders gelagerte, nämlich christologische Begriffstradition in deutschen Geschichten des Gestaltbegriffs ausgeblendet (Metzger/Strube 1974; M. Franz 1995; Buchwald 2001; eine Ausnahme bilden die begriffsgeschichtlichen Aspekte in Manz' systematisch-theologischer Entfaltung [1990:49–126]). Da es hier um die christologische Begriffstradition geht, mag die Verwendung des Gestaltbegriffs entschuldbar sein. Dazu kommt allerdings noch ein systematischer Gesichtspunkt, an dem auch die deutsche Tradition für diese Untersuchung inspirierend zu sein vermag – das vor allem mit Goethe verbundene Interesse an Umgestaltung und Metamorphose (Goethe WA II,6:25f). Der Gestaltbegriff ist nämlich in der deutschen, auf Platon zurückgehenden Tradition nicht nur mit einem Dualismus von Sein und Schein, von Idee und Erscheinung assoziiert (s. Buchwald 2001:824) und emphatisch mit Ganzheit aufgeladen worden wie in der morphologischen Literaturbetrachtung (ebd.:837f); es gibt daneben auch eine ganzheitskritische Richtung: Während die morphologische Literaturbetrachtung sich wie Propp (1998:5) auf Goethe beruft, changiert – neueren Lektüren zufolge – Goethes eigener Gestaltbegriff zwischen einer Form, die auf ein eventuell vorgängiges Anderes verweist, und der Auffassung, es sei „nichts hinter den Phänomenen" (Goethe WA II,11:131), die Gestalt sei die Sache selbst. Dieselbe Spannung charakterisiert auch die vorliegende Doppelperspektive auf den paulinischen μορφή-Begriff zwischen christologischer Suggestion von *Gestalt-Werdung* und kulturgeschichtlicher Beschreibung als *Ausgestaltung*.

[57] Andeutungen Derridas zur Logoschristologie finden sich in *Glas* (1986:75–78). Vgl. auch Taylor 1987:7.

dacht,[58] nicht vom Zeichen. Dagegen sieht die dekonstruktive Signifikationstheorie die menschliche Ausgestaltung durch Zeichen als denjenigen Prozess an, der auch den Referenten erst performativ konstituiert. Die Positionen stehen sich unversöhnlich gegenüber: Handelt es sich um die Selbst-Bezeichnung des Göttlichen oder – wie schon Feuerbach behauptet hatte – um die Projektion menschlicher Zeichenpraktiken auf ein vermeintlich außermenschliches Zentrum Logos, dem jene Tätigkeit zugeschrieben wird, die doch ein menschlicher Setzungsakt ist?

3.1.6 Gestaltung in Christus: Die Präsentations-Annahme

Wenn die divinatorische Selbst-Präsentation des Göttlichen so in Projektionsverdacht gerät, dann werden auch alle menschlichen Re-präsentationen dieser vermeintlich primären Präsentation in Mitleidenschaft gezogen. Jede Bemühung um Re-präsentation der Ur-Präsentation würde dann den Geburtsfehler des „christologischen, logozentrischen Bundes" (Hansen-Löve 2002:173) perpetuieren.

In der Theologie war Re-präsentation seit jeher ein brennendes Problem, lediglich die Diagnose und lustvoll-negativistische Ausagierung ist historisch erst in der Moderne und Postmoderne zu verorten. Schon immer aber ist es – zumindest christentumsgeschichtlich – so, dass die Repräsentation die „Differenz [von Sprache und Welt] selbst ausstellen" kann (Weimann 1997:9). Es ist nicht erst die moderne Literatur, welche einerseits Signifikant und Signifikat und andererseits Gott und Mensch trennt.[59] Als *remedia* für die Unsagbarkeit fungieren schon in der theologischen Tradition rhetorische Tropen.[60]

Nicht anders als Trope/Redeweise oder Rhetorik überhaupt balanciert der *repraesentatio*-Begriff auf einem theologisch schmalen Grad zwischen notwendiger Evokation des Göttlichen und dem Abgrund seiner Verstellung durch menschliche Zeichen. Das lässt sich bereits an dem für die Spätantike ‚repräsentativen' Theoretiker der Repräsentation, an Tertullian zeigen. Einmal wendet er gegen Praxeas ein: „Igitur et manifestam fecit duarum personarum coniunctionem ne Pater seorsum quasi visibisi in conspectu desideraretur et ut Filius repraesentator Patris haberetur."[61] Andererseits erklärt Tertullian, es seien die Worte und Taten

---

[58] Bei Sergej Bulgakov wird die Herleitung jeden Bildes konsequent aus dem All-Urbild Gottvater entwickelt (1999:273f); Christus bildet dann lediglich eine Zwischenstufe.

[59] Wie Hillis Miller meint (1963:3): „In this evolution words have been gradually hollowed out, and have lost their substantial participation in material or spiritual reality." (ebd.:6).

[60] Parabeln, Metaphern, Paradoxe (s. 2.10.1 und Cameron 1991:156 Anm. 3).

[61] „Er [Christus] wies also auf zwei miteinander verbundene Personen hin, damit man nicht danach verlange, den Vater allein für sich zu schauen, so als sei er selber sichtbar, und damit der Sohn nicht als jemand angesehen werde, der den Vater gegenwärtig macht." (*Adv. Prax.* 24,8).

des Sohnes, durch welche der Vater gesehen werde („per ea videtur"[62]). Dazu kommen bei Tertullian die beiden in Arbeiten zu *repraesentatio* unweigerlich zitierten Belegstellen, in denen Repräsentation als legitime Vertretung bzw. Präsent-Machung erscheint – bei der Eucharistie (s. 3.2.3) und beim konziliaren Kirchenbegriff (s. 3.2.8).

Das paradoxe, unmögliche Ziel der Präsentation erfährt im Fall der *Re*präsentation des Göttlichen höchstens graduell eine Steigerung der allgemeinen Crux. Wenn die (ewige) Krise der Repräsentation (eine enthistorisierte Lukácssche „transzendentale Obdachlosigkeit"; 1971:32) und die Unfassbarkeit des Göttlichen (quasi eine unbekannte transzendente Adresse) zusammenkommen, potenziert sich die Problematik.

Die von Foucault in einem bestimmten historischen Kontext (dem 17. Jh.; 1997:93) verortete Krise der Divination und reduplizierte Repräsentation (ebd.:98), an die sich der poststrukturalistische Topos der Repräsentationsskepsis anschließt (Werber 2003:284–288), ist somit kein Novum, sondern bedeutet lediglich die Wiederbewusstmachung eines Problems, das in einigen historischen Formationen erfolgreicher (wenngleich nie gänzlich) verdrängt wurde als in anderen:[63] „In der Tat hat das Bild nur das zum Inhalt, was es repräsentiert, und dennoch erscheint dieser Inhalt nur durch eine Repräsentation repräsentiert." (Foucault 1997:99). Der spezifische Gegenstand einer inkarnatorischen Präsentation und deren medialer Repräsentation, um den im Bilderstreit gestritten wurde (s. 3.4.5.1), illustriert jedenfalls, dass das von Foucault diagnostizierte neuzeitliche Problembewusstsein auf ältere Vorformen zurückgreifen kann.

3.1.7 Metonymische und metaphorische Gestaltung nach Christus: Die Repräsentations-Annahme

> [...] alles eigentliche Bewußtsein [ist] Beziehung – das heißt aber: *nicht die Präsentation, sondern die Repräsentation* [ist] *das Ursprüngliche* (Natorp 1912:56, Hervorh. i. Orig.).

Die Selbsterniedrigung des göttlichen Logos zum Menschen in Sklavengestalt ist weder bildlich noch narrativ wirklich darstellbar. Bei Nachahmungen des göttlichen Abstiegs zum Menschen *durch* Menschen kann immer höchstens Relations-

---

[62] „Durch diese wird er gesehen" (*Adv. Prax.* 14,9).
[63] Für die bewusste Reflexion wird meist der Bilderstreit oder die deutsche Frühromantik genannt (vgl. dazu bspw. Finlay 1988), während im traditionellen Urteil etwa Gegenreformation oder Realismus als in dieser Hinsicht weniger problembewusst galten, was sich jedoch gleichfalls dekonstruieren lässt.

treue, nie aber materielle Verwandtschaft bestehen.[64] Anders sieht es aus, wenn zwischen Kenosis als inkarnatorischem Akt und Tapeinosis als innerweltlicher sozialer Erniedrigung unterschieden wird (s. 2.2.3.4) und letztere etwa mit Szenerien wie der Fußwaschung oder mit besonders elendem Aussehen auf Kruzifixen wiedergegeben wird (2.7.1.2).[65] Das Mysterium Inkarnation aber ist immer nur metaphorisch oder metonymisch erfassbar; es kann lediglich re-präsentiert werden – eine *R*epräsentation, welche die metaphysische Hierarchie von Imitiertem und Imitierendem bekräftigt,[66] der aber der Mangel an Präsenz eingeschrieben bleibt. Alle *nach* Christus kommenden, als Repräsentation insinuierten Vorgänge von Ausgestaltung mögen einerseits für sich in Anspruch nehmen, die angenommene Präsentations-Intention des Göttlichen zu re-präsentieren, bleiben aber andererseits heillos sekundäre Gestaltungen.

Als unausweichlich sekundär aber sind diese Gestaltungen heikel; gerade in der Geschichte der orthodoxen Kirche gingen Streitigkeiten über Lehrmeinungen sehr häufig mit Fragen nach der angemessenen Repräsentation einher (vgl. Onasch 1981:206). So scheint es nicht möglich, die Dogmengeschichte von ihrer Ausgestaltungsgeschichte abzulösen: Eine Dogmengeschichte ohne die Grundsatzfrage „Ist Göttliches darstellbar?" kann es nicht geben. Petrus Abälard fasst das Grundsatzproblem in den indirekten Fragesatz: „Quod Deus per corporales imagines non sit repraesentandus, et contra."[67] Es war stets ein eminentes, nicht nur bildtheoretisches, sondern gerade auch theologisches Problem, ob Gott und Christus durch materielle Zeichen dargestellt werden könnten und dürften. Der Link von Theologie und Zeichentheorie ist so alt wie der Monotheismus selbst (s. 3.4.5), denn ohne die Polemik gegen die Bilder anderer Götter (die Götzen) gäbe es das Darstellungsverbot nicht.

Bei der Zusammenspannung von Theologie und Zeichentheorie ist die jeweilige Richtung der Zweckrelation entscheidend. In den bildtheologischen Debatten ist das Göttliche das Gesetzte, das Thema, die Frage der Darstellung im Rahmen der Christologie dagegen das Rhema. Demgegenüber wird in der vorliegenden

---

[64] Nach Bühler gilt es zu unterscheiden, ob ein Repräsentant zu seinem Repräsentat erscheinungs- oder bloß relationstreu ist (1934:189).

[65] Siehe 2.7.1.2. Wobei die Kluft zwischen Signifikant und Referent natürlich nicht überbrückt wird.

[66] „Alle Metaphysiker sind so vorgegangen, von Platon bis Rousseau, von Descartes bis Husserl: das Gute vor dem Bösen, das Positive vor dem Negativen, das Reine vor dem Unreinen, das Einfache vor dem Komplizierten, das Essentielle vor dem Akzidentiellen, *das Imitierte vor dem Imitierenden* und so weiter." (Derrida 1990:148, Hervorh. D.U.).

[67] „Dass Gott durch körperliche Bilder nicht darstellbar ist und dass er es doch ist." (*Sic et non* 45).

3. Metonymie und Metapher

semiotisch-kulturhistorischen Untersuchung gerade nicht theozentrisch gelesen, sondern der Nachdruck auf die kulturgeschichtlichen Ausgestaltungen gelegt. Die unhintergehbare Metonymizität und Metaphorizität zeichenhafter Christusbezüge erlaubt es, die *Rhetorik zur Aufschlüsselung der Kulturgeschichte des Christentums* einzusetzen. Was folgt, ist der Versuch eines (zeichenwissenschaftlichen) Aufrisses der *Materialisierungen der Christologie*, und zwar vor allem der Materialisierungen Fleisch, Bild und Wort.

3.1.8 Multisensorischer Appell

> Alma de Cristo, sanctifícame.
> Cuerpo de Cristo, sálvame.
> Sangre de Cristo, embriágame.
> Aqua del costado de Cristo, lávame.
> Pasion de Cristo, confórtame.[68]

Wo theologisch die Maximaldifferenz zwischen Gott bzw. Logos einerseits und dem Menschen, dessen Habitus, Fleisch, Bild und auch Wort andererseits eingezogen wird, also ein kategorialer Unterschied von primärer (göttlicher) Präsentation und sekundärer (menschlicher) Repräsentation gemacht wird, da stellt sich dies vom semiotisch-kulturgeschichtlichen Standpunkt her anders dar, ist gerade *keine kategoriale Differenz* aufzumachen, insofern alle Dokumente, die betrachtet werden, Menschenwerk sind.[69] Die logozentrisch gesetzte Selbst-Präsentation Gottes im Menschen ist aus dieser Perspektive nichts grundsätzlich anderes als die Repräsentationen der vollzogenen Inkarnation im Bild oder in der praktischen Nachahmung durch historische Menschen. In beiden Fällen wird von einem (logisch) späteren Repräsentanten auf ein als früher gesetztes Repräsentat rekurriert.[70] So wird nachfolgend auch keine grundsätzliche Schranke mehr eingezogen zwischen dem vermeintlich Primären – Jesu Fleisch, Jesu Bild, Jesu Wort – und der ebenso bloß vermeintlich sekundären Repräsentation eines fleischlichen Stellvertreters von Jesu Fleisch, eines Bildes von Jesu Bild, eines Wortes über Jesu Wort.[71] Auf

---

[68] „Seele Christi, heilige mich./ Leib Christi, rette mich./ Blut Christi, berausche mich./ Wasser der Seite Christi, wasche mich./ Leiden Christi, stärke mich." (Ignatius von Loyola 1966:13; dt. v. Adolf Haas).

[69] Ob es, darüber hinaus oder dem vorausgehend, ein Gotteswerk *gibt* – zu dieser spekulativen Frage hat die Kulturgeschichte nichts zu sagen.

[70] Begriffe nach Palmer, für den die Rede von der Repräsentation ein fünfstelliges Prädikat bildet: repräsentierendes und repräsentiertes System („*representing* world" und „*represented* world"; 1978:262, Hervorh. i. Orig.), repräsentierender und repräsentierter Aspekt sowie Korrespondenzrelation.

[71] Die Annahme des kategorialen Unterschieds von göttlicher Präsentation und menschlicher Repräsentation hat in der Theologie ganze Systeme strukturiert, so etwa den Auf-

beiden theologisch unterschiedenen Ebenen geschieht ein Appell an diverse menschliche Sinne.

3.1.9 Zur Semiotik und Rhetorik der Christusbezüge

3.1.9.1 Von Präsentation Jesu Christi zu repräsentierenden Ausgestaltungen

> Ce qui suscite la représentation, c'est la faiblesse, la perte d'intensité, la mise au frigidaire.[72]

Dem paulinischen Wert-Dualismus von Fleisch und Geist zum Trotz ist das im Prozess der σάρκωσις [Fleischwerdung] gebildete bzw. vom Logos angenommene Fleisch des Inkarnierten das primäre Mittel zur Präsentation des Göttlichen. Die theologisch gängige Rede von der *Inkarnation* gilt es selbst als Rede über ein Trägermedium zu lesen: Das Undarstellbare gewinnt zum einen im materiellen Stoff eines menschliches Körpers fassbare, sinnlich wahrnehmbare Gestalt, zum anderen transportiert es göttliche Qualitäten. Durch die hypostatische Einigung mit dem Logos wird diesem *einen* irdischen Fleisch nämlich eine Qualität zugesprochen, die nichts Irdisches sonst habe, wie Johannes von Damaskus schreibt:

> ἡ δὲ τοῦ Κυρίου σὰρξ ἑνωθεῖσα καθ᾽ ὑπόστασιν αὐτῷ τῷ Θεῷ Λόγῳ, τῆς μὲν κατὰ φύσιν θνητότητος οὐκ ἀπέστη, ζωοποιὸς δὲ γέγονε, διὰ τὴν πρὸς τὸν Λόγον καθ᾽ ὑπόστασιν ἕνωσιν, [...][73]

War die fleischliche Präsenz Jesu in der Welt für die Zeitgenossen primäres Mittel zur Veranschaulichung des unanschaulichen Göttlichen, so ist den Nachlebenden diese Anschauung nicht mehr gegeben.[74] Nun müssen die Sakramente als stellvertretend „konkrete Vermittlungsformen" (Hoping 2004:129) eintreten. Johannes Hoff denkt diese für das Christentum, ja für den in der kirchlichen Erinnerung konstituierten Christus selbst (vgl. 7.8.5) konstitutive Substitutsstruktur im Geist der Derridaschen Supplementierung und Nachträglichkeit zu Ende:

---

bau der *Summa theologiae [Summe der Theologie]* des Thomas von Aquin, insofern dort „die Sakramente [...] im Anschluss an die Christologie behandelt" werden (Hoping 2004:129).

[72] „Was die Repräsentation hervorruft, ist die Schwäche, der Intensitätsverlust, die Unterkühlung." (Lyotard 1973:141).

[73] „Das hypostatisch mit dem Gott-Logos selbst geeinte Fleisch des Herrn verlor zwar die natürliche Sterblichkeit nicht, allein infolge der hypostatischen Einigung mit dem Worte wurde es lebendigmachend [...]" (*De fide orth.* III 21; PG 94,1084B–1085A; dt. v. Dionys Stiefenhofer, Johannes von Damaskus 1923:176).

[74] Siehe Jesu Ermahnung an die Jünger „ἐμὲ δὲ οὐ πάντοτε ἔχετε." [(...) mich aber habt ihr nicht allezeit.] (Mt 26,11) und das Wort des Auferstandenen an den ungläubigen Thomas (2.6.2.2).

3. Metonymie und Metapher

Denn wenn der „wahre Leib" Christi nicht mehr zu finden ist, können wir uns bis auf weiteres nur an seinen sekundären *Supplementen* orientieren: den „Platzhaltern", die an diesen Leib erinnern und vor allen anderen Supplementen *dem* Supplement, das wie kein anderes das Gedächtnis dieses Leibes bewahrt – dem *corpus christi*, dem *eucharistischen Opfer* der Kirche. (Hoff 1999:168, Hervorh. i. Orig.)

Dasjenige, was aus der theologischen Perspektive das *prius* ist – Christus – rückt, von der semiotischen Warte aus betrachtet, in die Position des Abgeleiteten:

Die Möglichkeit, dem „eigentlichen" und allein „wesentlichen" Opfer ein Opfer *hinzuzufügen*, erzeugt das, was ihr theologisch *zuvorkommt*. Semiologisch ist also von einem Primat des gegenwärtigen Supplements (des Opfers der Kirche) vor dem vergangenen (dem Opfer Christi) auszugehen. [...] Ohne das *wiederholende* Opfer der Kirche bliebe das *eine* Opfer Christi bedeutungslos. (ebd.:168.174, Hervorh. i. Orig.)

Durch menschliche Vermittlung wird das Göttliche fassbar gemacht, und die Bedenken gegenüber einer Repräsentation des Göttlichen werden zumindest teilweise still gestellt, wenngleich Hansen-Löves These vom „kataphatischen Sakramentalismus" (1997:187) zu erfolgsgewiss klingt. Ohne die menschlichen, kulturellen Ausgestaltungen hätte auch ‚Christus selbst' keine Gestalt (s. 5.0.3).

Nicht alle Sakramente, welche die christlichen Kirchen kennen, sind gleichermaßen von Christi Kenose her zu motivieren,[75] und viele christliche Praktiken, die über den eng sakramentalen Bereich hinausgehen, sind dafür erheblich einschlägiger. Wenn nachfolgend der Rolle von Ausgestaltungen der kenotischen Christologie in menschlichen Praktiken nachgegangen wird, kann es nicht um eine Morphologie des Christentums überhaupt gehen, sondern lediglich um eine Morphologie kenotischer Ausgestaltungen in der Kulturgeschichte des Christentums.

3.1.9.2 Materiale, rhetorische, semiotische und sprechakttheoretische Perspektive

Um die Christus-Bezüge aufzuschlüsseln, welche die christlichen Kulturen etablieren, um der Absenz des auferstandenen Christus neue Präsenz zu verschaffen, reicht eine semiotische Unterscheidung allein nicht hin, sei dies die vorwiegend materiale Frage nach dem Trägermedium, in dem der Bezug etabliert wird (Geist, Leib, Bild und Wort), seien dies rhetorisch induzierte Relationsbegriffe wie Meta-

---

[75] Die kirchengeschichtlich ältesten Sakramente Taufe und Herrenmahl haben kenotische Implikationen; später in Katholizismus und Orthodoxie hinzugekommene wie Salbung, Ölung, Weihe, die enger mit dem Wirken des Geistes als der Kenose Christi zusammenhängen, hingegen weniger (die protestantische Rückführung der Zahl der Sakramente auf zwei ist somit eine Rekenotisierung). Sakramente, die eher vom Erhöhungsvektor (von der Gnadenvermittlung) her zu begreifen sind, werden hier außer Betracht gelassen, während die kenotisch einschlägigen wie Abendmahl (3.3.2.1) und Taufe (3.3.2 u. 3.3.5.5.), mittelbar auch Buße (3.2.2) eingehender besprochen werden.

pher und Metonymie,[76] eine sprechakttheoretische Beschreibung des Verhältnisses von Zeichen und Handlung[77] oder schließlich die äußere zeichenhafte Manifestierung eines Christusbezugs bzw. dessen Verlagerung in eine nicht-einsehbare Innerlichkeit. Diese vier Perspektiven werden sich im Folgenden kreuzen.

Die vier Perspektiven sind zudem verschieden anschaulich; da die Materialisierungen in Trägermedien, die von Christus ausgehen sollen bzw. in denen sich der jeweilige Christusbezug (manifest oder angenommenerweise) realisiert, am greifbarsten erscheinen, bilden diese die oberste Gliederungsebene (3.2–3.5). Es gibt diverse theologische Kriterien, um die Trägermedien *Geist, Fleisch, Bild* und *Wort* logisch zu ordnen. Bei einem verschiedene Möglichkeiten ausleuchtenden Zugang wie dem hier versuchten bedeutet die Reihenfolge, dass *Bild* auf *Fleisch* folgt und vor *Wort* kommt, keine hierarchische Festlegung. Es ist vielmehr so, dass die Medien historisch entweder konkurrieren[78] und/oder Synergieeffekte erzeugen (s. 4.8). Die rhetorische Frage, ob der jeweilige Christusbezug nach dem Prinzip der Kontiguität oder Similarität erfolgt und wie sich dabei Zeichen und Handlungsdimension zueinander verhalten, läuft quer zu dieser Gliederung.

Nach einem Durchgang durch die von der christlichen Gemeinschaft zur Ausgestaltung von Christi Kenose entwickelten semiotischen Möglichkeiten überhaupt folgt eine Verengung des Blickwinkels auf das in der russischen Kulturgeschichte in paränetisch wirksamer Weise praktisch Realisierte und im Medium der Liturgie, des Bildes, der Literatur Transportierte (4.–5.).

3.2 Im Geiste/im Habitus

> Der Körper ist der Verweis des „Draußen", das er ist, zurück auf das „Drinnen", das er nicht ist. (Nancy 2003:60)

Die erste Größe, die – der Apostelgeschichte des Lukas zufolge – die nachösterliche Gemeinde zusammenhalten soll, ist der „Geist". Für die mit historischen Dokumenten arbeitende Kulturwissenschaft ist die Größe Geist, wie sie für das Ge-

---

[76] Diese werden hier besonders von Jakobsons Achsenmodell von Metonymie als syntagmatischer und logischer Nachbarschaft (Kontiguität) und Metapher als paradigmatischer Ähnlichkeit (Similarität) an derselben Funktionsstelle im Syntagma her verstanden (Jakobson 1983).
[77] Austin 1962; Searle 1971.
[78] Siehe bspw. Jauß' Einschätzung: „Die Doppelnatur Christi wurde danach in den christologischen Kontroversen des [...] Bilderstreits zum stärksten Rechtfertigungsgrund, das Privileg der Schrift (und des Hörens) durch den Anspruch des Bilds (und des Sehens) zu brechen, hinfort auch als Medium der Offenbarung zu gelten. So konnte die Paradoxie des religiösen Bildes, Unsichtbares sichtbar machen zu wollen, mit einer christlichen Ästhetik des Unsichtbaren aufgelöst werden [...]" (1991:939).

3. Metonymie und Metapher

meindeleben des Christentums zentral gesetzt wird, zugleich das größte Problem: Durch welche Dokumente soll solch ein „Geist" umschrieben werden? Eine innere „Gesinnung", wie sie Phil 2,5 veranschlagt, ist kulturwissenschaftlich schwer zu fassen. Religiöse Attribute wie Spiritualität, Ethos, Gesinnung und innere Haltung brauchen zur wissenschaftlichen Greifbarkeit Manifestationen, an denen sie ablesbar werden (man mag dies einen Behaviourismus in den historischen Wissenschaften nennen; vgl. Berkhofer 1969:7–26.46–74). Eine ungeschützte Rede von Spiritualität verfällt dagegen insofern automatisch in eine subjektphilosophisch traditionelle Position, als sie dazu neigt, ein vermeintlich rein „Inneres" zum primären *movens* zu erheben.[79]

Semiotik und Kulturgeschichtsschreibung sind an sich „religiös unmusikalisch",[80] weswegen mit ihnen die Kategorie der Spiritualität nie wirklich fassbar sein wird, sondern als mögliche Leerstelle hinter den Wirkungen anderer Medien aufscheint. Die idealistische These, dass eine tätige Nachahmung Christi ohne innerlich-kenotische Denkungsart den „Sinn" verlöre (Chibarin 1966:75), muss eine kulturgeschichtliche Untersuchung nicht teilen; beispielsweise ist das, was landläufig als „Niedergang" oder „Verfall" des Mönchtums im 18. Jh. apostrophiert wird (5.3.6), von einer überlieferungsgeschichtlichen Begründung her mit einer mangelnden habituellen Vorbildfunktion und einer wenig erfolgreichen ermahnenden Weitergabe, einem Erlahmen des mnemonischen Impulses zu reformulieren. Umgekehrt ist jede Rede von innerer „Gesinnung" so zu entziffern, dass sie einer beobachteten Verhaltensweise erst in der Rückprojektion von Projektionen als deren *movens* zugeschrieben wird.

Auch wenn in dieser medialen Aufschlüsselung auf die konventionellen religiösen Begriffe wie Glauben, Spiritualität und Ethos ob ihres Bekenntnisballastes verzichtet wird und stattdessen eine Innenseite des Habitus, ein „psychischer Habitus" (Elias 1997:II 326) veranschlagt wird, bleibt dieser selbst nicht fassbar, sondern ist allein über seine Metonymien – Kleidung, Körperhaltung, Kommunikationsverhalten etc. – erschließbar.

Eine weitere Schwierigkeit bereitet die Frage der *Weitergabe* innerer Gesinnungen, da auch diese nur über die Übersetzung in und aus äußeren Medien erfolgen kann. Etwas wie Denkungsart ist ein vergleichsweise instabiles Medium (vgl. Künkel 1991:262f), weil der Empfänger stets eine freie Auslegung und Übersetzung der *vom Empfänger angenommenen* Denkungsart des Senders „im Sinne",

---

[79] Das markiert etwa die archaische Flexionsform „im Geist*e*", die eine Emphase kommuniziert. Die christliche Karriere des Geistbegriffs wird in der deutschen Tradition von einer philosophischen (Hegel) verdoppelt.
[80] M. Weber im Jahre 1909, Habermas 2001.

d.h. im angenommenen Sinne des Nachzuahmenden vornehmen muss.[81] Diese von der modernen Kommunikationstheorie beschriebenen Hürden für die Weitergabe „von innen nach innen" schmälern jedoch nicht die Wichtigkeit einer solchen Weitergabe*intention*, etwa in populärer Mönchsliteratur (s. 3.2.5.3).

3.2.1. Be-geisterung

Die innere „Gesinnung" mit dem paränetischen Appell, der den Philipper-Hymnus einrahmt – „Τοῦτο γὰρ φρονείσθω ἐν ὑμῖν ὃ καὶ ἐν Χριστῷ Ἰησοῦ, [...]"[82] –, ist jedenfalls so zentral positioniert, dass sie als Intention der gesamten Textstelle bis ins 20. Jh. hinein (s. 2.2.3.1) ungefragt hingenommen wurde. Die nachösterliche Gemeinde definierte sich – das liegt nicht zuletzt an ihrem konspirativen Charakter – über innere Gesinnung (die nach außen zu zeigen lebensgefährlich sein konnte). Insofern πνεῦμα [Geist] vor der Setzung der Trinität auch noch für das präexistente Logos-Wesen der zweiten Hypostase stehen konnte,[83] erschienen Teilhabe am Geist und an Christus als identisch (vgl. Kohlenberger 1974:166–168). Die meisten Belegstellen für „τὸ Πνεῦμα τὸ ἅγιον" [der Heilige Geist] hat nicht von ungefähr die Apostelgeschichte des Lukas, gefolgt von der paulinischen und deuteropaulinischen Literatur, die dazu die Variante „τὸ Πνεῦμα τοῦ Θεοῦ" [Geist Gottes] kennt. Das Pfingstgeschehen erscheint als Akt der vollkommenen Kommunikation von einer nicht fassbaren Größe Geist in das Innere der Apostel – markanterweise beglaubigt durch ein äußeres Zeichen, nämlich den wunderbaren Erwerb von aktiven Fremdsprachenkenntnissen: „[...] καὶ ἐπλήσθησαν ἅπαντες Πνεύματος ἁγίου, καὶ ἤρξαντο λαλεῖν ἑτέραις γλώσσαις, καθὼς τὸ Πνεῦμα ἐδίδου αὐτοῖς ἀποφθέγγεσθαι."[84] Reine Innerlichkeit ist Lukas sichtlich zu wenig; er braucht einen metonymischen Annex dieser Kommunikation „von innen nach innen", der den Anschein eines Index[85] erzeugt und das ungreifbare Geschehen so erst plausibel macht bzw. konstituiert. Nichtsdestotrotz wird der Geist als entscheidendes *movens* gedacht und gegen Äußerlichkeiten verteidigt; die Geist-Taufe „in Christum" setzt Lukas von der „Wasser-Taufe" des Täufers ab (Apg 19,2–5).

---

[81] Siehe Luhmanns „doppelte Kontingenz" (1984:148–190).
[82] „Ein jeglicher sei gesinnt, wie Jesus Christus auch war [...]" (Phil 2,5). Vgl. 2.2.3.1.
[83] Bei Paulus (2Kor 3,17) oder auch noch bei Clemens von Alexandrien (*Strom.* V,89,2).
[84] „[...] und sie wurden erfüllt von dem heiligen Geist und fingen an, zu predigen in anderen Sprachen, wie der Geist ihnen gab auszusprechen." (Apg 2,4).
[85] Terminologie nach Peirce: „[...] every sign is determined by its object, either first, by partaking in the characters of the object, when I call the sign an *Icon*; secondly, by being really and in its individual existence connected with the individual object, when I call the sign an *Index* [...]" (1974:§ 531, Hervorh. i. Orig.).

3. Metonymie und Metapher

3.2.1.1. Begeistert entgeistert

Wer von Christus be-geistert ist, muss darum keineswegs mit einer der Welt zugewandten und sich erschließenden Vernunft begabt sein. Wie Paulus der Weisheit der Welt eine christusbegabte μωρία[86] entgegenhält, so bildet sich in Byzanz – personifiziert in dem σαλός [Narr] Symeon (PG 93,1669–1748) – ein Modell der Narrheit in Christo heraus, das in der Westkirche[87] einzelne Reflexe gefunden hat, seine Hochkonjunktur aber in der russischen Orthodoxie erlebte (5.4.1.1). Der von Christus be-geisterte Gottesnarr präsentiert sich der Welt als verrückt. Seine Entgeisterung soll seine Be-geisterung repräsentieren.

Die Frage, wie sehr diese Verrücktheit auch besteht, wenn der Gottesnarr allein ist, wie psychopathologisch ,echt' seine Narretei also ist, muss hier nicht gelöst werden; die Manifestationen von christoformer Narrheit liegen in Gewandung (3.3.5), Körpergesten (3.3.6) und Sprechroutinen (3.5.5.4). Diese äußeren Zeichen treten ein, wo die innere Narretei um Christi willen sich sonst nicht mitteilen könnte.

3.2.2 Die Metonymie der compassio

Neben Pfingsten bildet die zweite – in der orthodoxen Eleusa-Ikone (4.2.2.3) imaginierte – Urszene der Kommunikation „von innen nach innen" Marias *compassio*. Ihr Mitleiden mit Christi Leiden bzw. künftigem Leiden baut einen metonymischen Bezug zu Christi Passion auf. Wie Daniel Rancour-Laferriere treffend beobachtet, ist das auf Bilddarstellungen imaginierte Leiden Marias „never direct" (Rancour-Laferriere 2005:287). Bei ihrem Leiden geht es in erster Linie um inneres, emotionales Mit-Empfinden und erst in zweiter Hinsicht um manifeste Substitution in die Leidensrolle des anderen (s. 3.3.2.3); das Mitempfinden im marianischen Sinne von *compassio* ist zunächst noch nicht identisch mit *imitatio*. Die *compassio* ist noch passiv; es ist höchstens so, dass die Sym-pathie die Bereitschaft zu einem Imitationseffekt verstärkt. Indem Maria als Muster des Mitempfindens erscheint, das mit-leidend selbst leidet, wird ein Gender-Shift vollzogen, der am Anfang aller Christus-Nachahmung steht (s. 7.7.1) und auch für die orthodoxe Ikonografie hoch bedeutsam wurde (s. 4.6.4.2). Wie die marianische *compassio* mit Christus, die metaphorische „Kenōsis Marias" (A. Hoffmann 2008:43), eine Serie eröffnet, so wird das Erstmitleiden mit dem Appell zum Ethos der Nachahmung dieses Mitleidens verbunden.

---

[86] Torheit (2.10.1).
[87] Bei Franziskus (s. 5.3.4.4).

3.2.3 Passivtugend Demut

Im Einklang mit dem konventionellen patriarchalischen Modell bedeutet der Gender-Shift einen Passivitätsschub. An die passive *compassio* schließt eine innere Haltung an, die Maria immer wieder attestiert wurde: *Demut* – jener Begriff, den das Deutsche für innere Erniedrigung kennt und der etymologisch mit *dienen* zusammenhängt,[88] also mit dem „δοῦλος" [Sklave] aus Phil 2,7 assoziiert werden kann. H.-J. Röhrig schlägt entsprechend vor, statt „erniedrigte sich selbst" „*verdemütigte* sich selbst" zu sagen (1997:491, Hervorh. i. Orig.). ταπεινοφροσύνη [Demut] ist ein von Paulus erstmals positiv verwandter Begriff (Schaffner:39) und aufs Engste mit Christi demütiger Kenose gemäß dem Philipper-Hymnus verwoben (ebd.:50.75). Demut als Kerntugend inneren, bescheidenen Christusbezugs mag für den mariologischen Diskurs kennzeichnend sein – exklusives Eigentum dieses Diskurses ist es ganz und gar nicht. Mit Bezug auf die Philipper-Perikope erblickt Augustinus in der Demut vielmehr die „Mutter aller Tugenden".[89] So wird ταπείνωσις zur Grundlehre Christi erhoben („Ταπείνωσις ἐστι διδαχὴ Χριστοῦ […]"[90]) und zum Zeichen des Christentums erklärt: „Τοῦτό ἐστι τὸ σημεῖον τοῦ Χριστιανισμοῦ, αὐτὴ ἡ ταπείνωσις."[91] Alex Stock sieht darin den Fokus der „paränetischen Spitze" und „Fokussierung", die Paulus' Verwendung des älteren Christushymnus in Phil 2,5–11 ausmache (1995/2001:I 50f).

---

[88] Es handelt sich um eine Kontraktion aus *Dien-Mut* (vgl Schaffner 1959:35).

[89] Vgl. Schaffner 1959. Ein Spezialfall von innerer Demut ist die Reue; sie stellt die innere Seite der Buße dar, eines der sieben katholischen Sakramente, die von der orthodoxen Kirche (ohne eigene rechtliche Bestimmung) zunehmend übernommen wurden. Während der äußere Aspekt der Wiedergutmachung einer Verletzung der göttlichen Ordnung eher zu Opfer, *satisfactio* und ἀνακεφαλαίωσις [Rekapitulation] neigt (3.0.4–3.0.6) und sich nach außen in der Beichte manifestiert (s. 3.5.5.3), ist die Reue in einem psychischen Innenraum angesiedelt. Im NT hat die Buße (μετάνοια) vor allem ihren Ort in der Apostelgeschichte im Zusammenhang mit dem πνεῦμα [Geist] (s. 3.2.1) und beschreibt eine Fortsetzung von Christi Leidensopfer (Apg 3,18f). Das innere Geschehen der Reue wird seltener beschworen (2Kor 7,10). Größere Beachtung erfährt es – nicht unabhängig von der seinerzeitigen Verinnerlichungstendenz (s. 3.2.5.3) – im Spätmittelalter bei Petrus Lombardus, der die innere Buße als „Tugend des Geistes" einstuft (*Lomb. Sentt.* 14,1). Die Reformation vollendet diese Verinnerlichung mit der Kritik am katholischen Bußsakrament und dem Setzen auf Glauben und Reue. Dabei ist die Reue durch die Erniedrigung höchstens mittelbar mit Christus verbunden, weil dieser ja qua Sündlosigkeit (2.7.3.4) als frei von jeder eigenen Schuld gedacht wird, die er bereuen könnte. Die Unzulässigkeit, bei Christus Reue anzusetzen und menschliche Reue als Nachahmung Christi einzustufen, schließt jedoch nicht aus, dass in der mit Reue einhergehenden Selbsterniedrigung ein unähnliches Wiedererkennen der Kenose Christi erfolgt.

[90] „Erniedrigung ist Christi Lehre […]" (PG 88,997B).

[91] „Das ist das Zeichen des Christentums, die Erniedrigung selbst." (PG 34,602B).

3. Metonymie und Metapher

Eine entscheidende Rolle spielen Derivate wie ταπεινοφροσύνη, die die Verinnerlichung der Erniedrigung in einer Demutsgesinnung anzeigen. Athanasios hebt die Gesinnung gerade von allen äußeren Zeichen ab,[92] und die *Apophthegmata patrum [Väterworte]* schreiben dem Mönch vor allem anderen innere Demut vor: „[...] οὐκ ἄσκησις, οὔτε ἀγρυπνία, οὔτε παντοῖος πόνος σώζει· εἰ μὴ γνησία ταπεινοφροσύνη."[93] Ephräm des Syrers *Ermahnung Von der Demuth* nimmt Bezug auf Phil 2,7:

> Erwäge [...], daß unser aller Herr, Christus, unsertwegen ‚sich erniedrigte, indem er gehorsam wurde bis zum Tode, und zwar bis zum Tode des Kreuzes!' [...] Halte Dich also nur an die Demuth, denn es steht geschrieben: ‚Was beiden Menschen hoch ist, das ist vor Gott ein Gräuel'. [...] Dienen wir also, Geliebteste, dem Herrn mit großer Demuth unser ganzes Leben lang [...], damit er uns auch am Ende würdige der Herrlichkeit der Sanftmüthigen und Demüthigen. (Ephräm 1876:III 225–227)

Die Demutsparänese zieht sich durch die gesamte mönchische Literatur (Lohse 1963:73–75.96f.126–130) und prägt – in entasketisierter Form – auch Luthers normative Anthropologie (ebd.:254–258). Die russische kenotische Topik kommt dieser Innenseite von Kenose-Nachfolge mit einem ganzen Fächer von Demutssynonyma nach: *смирение, покорение, кротость, скромность*. Die unauflösliche Verbindung mit Christi Selbsterniedrigung zeigt die kirchenslavische Wiedergabe des griechischen Terminus ταπείνωσις.[94]

3.2.4 Christus qua memoria

Die Voraussetzung für alle inneren (wie auch die meisten äußeren) Formen von Christusbezug ist das Gedächtnis; ohne die reproduzierende Leistung des Erinnerungsapparats wäre das Christentum – wie Kultur überhaupt – undenkbar. Da aber das individuelle Gedächtnis zu Deformation und Neukonstruktion neigt, erzeugt das soziale System Christentum diverse äußere Erinnerungstechniken wie Liturgie, Kirchenjahr, Jesusgebet u.v.a. (4), die ihr millionenfaches inneres, erinnerndes Fortleben in „Geist" oder „Gesinnung" der Gläubigen haben sollen.

All diese Erinnerungstechniken beziehen sich zum wesentlichen Teil auf die Figur Jesu Christi. Eben die Anbindung an die Person/Gestalt Christi trägt den verschiedenen Medien der Ausgestaltung des Christusbezugs einen mnemotechnischen Vorzug ein: Durch die Privilegierung des Gesichtssinns sowie die stammes-

---

[92] „Τοὺς ταπεινόφρονας, λέγει, σώσει, οὐ τοὺς ταπεινολόγους, καὶ ταπεινοσχήμους." [Die demütig Gesinnten, sagt er (David) würden erlöst, nicht die in Worten oder in der Erscheinung Demütigen.] (PG 27,773B).
[93] „[...] nicht Askese, nicht Schlafentzug, und auch nicht mannigfaltige Arbeit erlöst, wenn echte Demut fehlt." (PG 65,204A).
[94] Siehe Phil 2,8; dazu Gil'tebrandt 1989:V 1983; vgl. 2.2.3.4.

geschichtlich älteste Herkunft des Lernen durch direkte Imitation des Verhaltens anderer Menschen vor allen späteren Formen der Kommunikation (Sprache, Bilder, Bytes) prägen sich dem Menschen Personen, Gesichter und menschliche Verhaltensweisen besser ein als alle anderen Informationsträger (s. 5.0.3).

Der Bezug auf die Person Jesus Christus krankt nun allerdings daran, dass von den Augenzeugen kaum etwas überliefert ist (das NT stammt zum überwiegenden Teil von Autoren, die Jesus nicht mehr persönlich gekannt haben). Allerdings funktioniert die Speicherung eines personalen Modells auch noch nach anderen Prinzipien als Augenzeugenschaft. Wie schon Augenzeugen eine Reduktion der Information auf strukturierte Einheiten vollziehen, so werden von Nicht-Augenzeugen selbst wahrgenommene Personen und Verhaltensweisen gruppiert zu bestimmten Kategorien, die an etwas Berichtetem (hier: Jesus Christus) wiedererkannt bzw. diesem übergestülpt werden. Damit ist der mnemonische Impuls nicht an die Vorbildsperson allein gebunden, sondern kann von Vermittlern weitergetragen werden: Mit seinem nachahmenden Leiden sucht Paulus gezielt selbst Beispiel zur Nachahmung des Leiden Christi zu geben (Phil 3,17) und erklärt sich zu deren Vermittlungsglied.[95] Augustinus nimmt das Prinzip der Vermittlung auf: „imitando imitatores Christi tui".[96]

Eine der Ursachen für das Phänomen der Heiligenverehrung dürfte in dieser Substitution für den nicht mehr sichtbaren Jesus Christus liegen. Wenn Heilige „christoform"[97] genannt werden, dann ist dies in doppelter Hinsicht zu lesen: Gemeint ist, sie näherten sich der „Form" oder „Gestalt" Christi an; durch die Konstruktionsleistung des kulturellen Gedächtnisses aber erzeugen sie selbst diese „Form". Die (vielen) Christusnachahmer wirken so mit an der Etablierung des (einen) Vorbildes Christus (s. 7.8.5).

3.2.5 Christoformer Habitus

Die Modellierung der gläubigen Nachfolger auf Christus hin wird im Galaterbrief mit der Metapher des Bekleidens fassbar gemacht: „ὅσοι γὰρ εἰς Χριστὸν ἐβαπτίσθητε, Χριστὸν ἐνεδύσασθε."[98] Durch das Gewand Christi würden alle Unterschiede aufgehoben (Gal 3,28). Darin ist eine Vorformulierung der soziologischen Theorie von Verhaltensuniformierung durch einen Habitus zu sehen. In der lateinischen Übersetzung von Phil 2,7 steht „habitus" für das griechische

---

[95] 1Thess 1,6; vgl. A. Schulz 1962:308–314.
[96] „Durch Nachahmung der Nachahmer deines Christus" (*Conf.* XIII,21,31).
[97] Siehe die Epitheta ὅσιος und *преподобный [ehrwürdig,* wörtl. *allerähnlichst]* (5.0.4).
[98] „Denn ihr alle, die ihr auf Christus getauft seid, habt Christus angezogen." (Gal 3,27).

3. Metonymie und Metapher 181

„σχῆμα".[99] Die soziologische Größe des Habitus hat mit *habitus* und σχῆμα nicht zuletzt auch eine christologische und rhetorische Wurzel.

Die Einkleidung in Christus, die der Galaterbrief für die Taufe entwirft, setzt auf Dauer; das Gewand des Christen, seine Christoformität soll lebenslänglich halten. Dasselbe Setzen auf Dauer liegt Bourdieus Habitus-Theorie zugrunde. Der mnemonische Oktroi eines Vorbildes ist nämlich erst dann erfolgreich, wenn der Rezipient das Vorbild nicht nur als solches anerkannt, sondern die Verhaltensabläufe auch internalisiert hat – in einem sich selbst reproduzierenden Habitus. Der individuelle Habitus gewährleistet nach Bourdieu die „aktive Präsenz früherer Erfahrungen" (1999:101), indem er als „strukturierte Struktur" seinerseits wieder Erfahrung „strukturiert" (ebd.:98). Als *„Interiorisierung der Exteriorität"* (ebd.:102, Hervorh. i. Orig.) bildet das stabilisierte Wahrnehmungs-, Interpretations-, Wertungs- und Handlungsmodell des Habitus ein Vermittlungsglied zwischen äußeren, „objektiven" sozialen Faktoren und der individuellen Intention, in der und durch die diese wirken.[100] Das Äußere wird in den mentalen Repräsentationen, welche Wahrnehmung und Wertung steuern, wie Bourdieu sagt, „inkorporiert", körperlich, im Handeln ‚präsent'.[101] Das Individuum wird so von übergreifenden Strukturen geprägt, wenn auch nicht determiniert.[102] Der Habitus, welcher diese Prägestrukturen zusammenfasst, bildet also ein Traditierungsmedium über die Zeit hinweg:

---

[99] Siehe 2.2.2; vgl. auch Lampe 1961:1359. Auf die lateinische Version von Phil 2,7 „et habitu inventus ut homo" [den Gebärden nach als Mensch erfunden] greift die Habitustheorie des Petrus Lombardus zurück, der schreibt: „[...] illis duobus [anima et carne] velut indumento Verbum Dei vestiretur, ut mortalium oculis congruentuer appareret." [(...) in diese beiden (Seele und Fleisch) kleidete sich das Wort Gottes wie in ein Gewand, um den Augen der Sterblichen angemessen zu erscheinen.] (*Lomb. Sentt.* III,6,6; PL 192,770). Petrus Lombardus' an den *habitus*-Begriff anschließende Theorie erfährt im 12. Jh. viel Aufmerksamkeit, wird aber schließlich verworfen.

[100] Bourdieu importiert so Elemente interpretativer bzw. hermeneutischer Kulturtheorien in den Strukturalismus (Reckwitz 2000:310). Objektivistischen Theorien wird von Bourdieu dagegen „scholastischer Rationalismus" vorgeworfen (ebd.:312). Es ist kein Zufall, dass Bourdieus Habitusmodell zur Analyse einer Kultur wie der russischen besonders tauglich erscheint, die durch die orthodoxe und slavophile Frontstellung gegen die Scholastik geprägt ist (s. die Selbstkonzeptualisierung der Orthodoxie als Erfahrungsreligion [4.5.1.] oder Kireevskijs Scholastik-Polemik; vgl. Uffelmann 1999:185). Die orthodox-slavophile und die Bourdieusche „Praxeologie" verbindet eine gemeinsame Abgrenzung von ein rein Geistigem und ein Votum für die Praxis.

[101] Durchaus nicht mehr mit den orthodoxen ideologischen Intentionen von Erfahrungsreligion ist dann aber zu verbinden, dass auch Spiritualität so einen zweifelhaften Status bekommt. Manifest wird „Gesinnung" erst in der Handlungsformung.

[102] Vgl. Bourdieus *Méditations pascaliennes* (1997:218).

Als einverleibte, zur Natur gewordene und damit als solche vergessene Geschichte ist der Habitus wirkende Präsenz der gesamten Vergangenheit, die ihn erzeugt hat. (Bourdieu 1999:105)

Aus der Vergangenheit werden gestaute Dispositionen zu späteren Zeitpunkten reproduziert, wobei eine Habitusform auch Umweltwechsel überdauern kann. Die Handelnden einer Habitusgruppe weisen „dauerhafte Dispositionen auf [...], die sich unter Umständen länger halten als die ökonomischen und sozialen Bedingungen ihrer Erzeugung." (ebd.:117). Dann kommt es zur so genannten „Hysteresis" (ebd.:116). Ein Musterbeispiel von Hysteresis stellt etwa das Fortdauern kenotischer Figuren in atheistischen Zusammenhängen dar. Dabei ist aber neben der erstaunlichen Konstanz der Überlieferung mit Variation in neuen Kontexten zu rechnen: Es besteht „völlige (kontrollierte) Freiheit" (ebd.:103) und kommt zu „regelhaften Improvisationen" (ebd.:107).

In sozialen Zusammenhängen garantiert ein Gruppenhabitus wie derjenige der Christoformität die Homologisierung der Erfahrungs- und Handlungsweisen seiner Träger.[103] Ein Gruppenhabitus bildet allerdings nicht mehr als ein bei allen Trägern homologes intrapsychisches Konstruktionsschema (vgl. Rusch 1987), beileibe keine „Speicherung" einer identischen Substanz. Vielmehr muss das habituelle Konstruktionsschema sich unter immer neuen Umweltverhältnissen in einer Art „permanenter Anwendungskrise" (Reckwitz 2000:341) entweder bewähren oder scheitern und transformieren. Kultureller Wandel ist mithin im Bourdieuschen Habitusmodell stets schon vorgesehen.

3.2.5.1. Habitus vs. Praxis

Wenn es nun in bestimmten Abschnitten der russischen Geschichte und in gewissen sozialen Segmenten der russischen Gesellschaft einen an der Erniedrigung Christi orientierten Gruppenhabitus gab (wie das bei Mönchen am offensichtlichsten ist), so ist ein gut Teil von deren Beharrungsfähigkeit in der „Interiorisierung" des äußeren Musters Kenosis in den alltäglichen Habit zu suchen. Mag der Habitus damit auch das am stärksten mnemonisch wirkende Überlieferungsmedium darstellen, so ist der „Erfolg" der Kenose-Figur in der russischen Kulturgeschichte doch nur über die Interaktion mit anderen Christusbezügen (3.3–3.5) und Praktiken der Paränese zur Christusnachfolge (4) zu begründen; die Feststellung bestimmter kenotischer Habitus allein kann noch keine repräsentative soziale Praxis belegen. Der Habitus ist aus dem medialen Blickwinkel der Kenosisgeschichte *ein* Bedeutungsträger unter anderen.

---

[103] Zur Homogenitätsannahme vgl. Reckwitz 2000:311.339.

3.2.5.2 Identität qua Selbsterniedrigung

Nun beschreibt die Erniedrigungsfigur – anders als ein Habitus kleinbürgerlich-genügsamen Auskommens – primär eine Veränderung. Ein Märtyrer-Habitus hält naturgemäß nur kurz. In der zur Profession erhobenen Haltung der mönchischen Demut hingegen (vgl. 5.3.3) ist durchaus Beständigkeit zu erreichen. Wenn Kenosis Modellcharakter gewinnt, so wird beim Märtyrer das „Subjekt" im Moment seines Verlöschens konstituiert (im Sinne eines resultativen *sub-iectum*), in der mönchischen dosierten Selbstabtötung hingegen gewinnt die Unterwerfung, Selbstentleerung Dauer.[104] Gegenüber dem archaischen Tauschmodell des Opfers rückt nun der – wiederholte – Verzicht in den Mittelpunkt.

So oder so – die Unterwerfung unter das zu imitierende Modell Christus verleiht dem sich Unterwerfenden Identität: die Identität einer bestimmten (je verschiedenen) Negation der eigenen Identität (so wie die Kenosis des präexistenten Logos eine Art Negation der göttlichen Identität ist). Wo es sich um einen Gruppenhabitus handelt, hat diese Identität auch eine soziale und historische Dimension. Wenn man diese Ausweitung des Subjektbegriffs hinnimmt, so geschieht die ‚Subjektwerdung', lange bevor im modernen Sinne von Subjekt die Rede sein kann[105] – und in durchaus umgekehrtem Sinne. Dies aber verstärkt nur die anthropologischen Implikationen von Bourdieus Habitus-Konzept; denn der Habitus funktioniert – anders als die modernen Facetten von „Lebenskunst"[106] – als Konstante menschlicher praktischer Erfahrung. Momentane Entscheidungsfreiheit ist von dieser anthropologischen Hypothese her betrachtet immer schon den Dispositionen des Habitus unterworfen. Der Unterwerfungs*inhalt* eines kenotischen Habitus potenziert dann lediglich die in jedem Habitus schon angelegte Struktur der Unterwerfung, d.h. die soziale und historische Subjektwerdung.[107]

---

[104] Durch dosierte körperliche Selbstmalträtierungen (Schlafmangel, Fasten etc.) wird ein mehr oder weniger stabiler Grenzzustand am Rand des Lebens gesucht (s. 5.3); vgl. das Diktum von Amvrosij Optinskij: „В монастыре полезно быть немного больным. Монаху не следует серьезно лечиться, а нужно только подлечиваться." [Im Kloster ist es nützlich, ein wenig krank zu sein. Für einen Mönch geziemt es sich nicht, sich gründlich auszukurieren, sondern er soll sich nur ein bisschen kurieren.] (Smolič 1999:438).

[105] Zum Sub-jekt s. 1.2.7; zur Heteronomie 3.2.6.4.

[106] Siehe überblickshalber W. Schmid 1998; für Russland: Paperno/Grossman 1994; Schahadat 1998.

[107] Ein eigenes Feld ist die Abstimmung dieser Beobachtung mit der Zivilisationstheorie (s. 5.2.7.4).

3.2.6 Nachfolge vs. Nachahmung

3.2.6.1 Äußeres Nachfolgen und soziale Nachahmung

Quid est enim sequi, nisi imitare?[108]

Im NT stützt sich der Appell an die Gläubigen auf die Aufgabe (zur Paränese s. 4.1), das Vorbild Christi im eigenen Leben nachzuformen, auf die Verben ἀκολουθέω [nachfolgen] und μιμέομαι [nachahmen] und ihre Derivate. Sowohl in der griechischen als auch der lateinischen Tradition überwiegen dann aber μιμέομαι und μιμητής.[109] Dazu mag beigetragen haben, dass die Nachahmung klarer als das zunächst räumlich angesetzte *Nachfolgen* (als „Hinter-jemandem-Hergehen") über den engen Jüngerkreis hinaus zur Lebensschaffensaufgabe für alle Christen als Apostel erhoben wird (Luz 1994:683). An die wohl primäre Bedeutung des bloßen Hinterhergehens, also die Teilhabe an Jesu Wanderleben (Lk 9,57), knüpft Lukas semantische Weiterungen der Nachfolge: Obdachlosigkeit[110] und Verzicht auf Familienleben (Lk 9,58–62), Wehrlosigkeit (Lk 10,3), Besitzverzicht und Armut (Lk 10,4). Johannes hat die Aufforderung zur Nachahmung der sozialen Erniedrigung (Fußwaschung; Jh 13,15). Markus zieht daraus die strukturelle Summe der Selbsterniedrigung (Mk 10,44) bis zu Leiden und Martyrium (Mk 8,35). So ist die christliche Version des möglicherweise allgemein-griechischen Theorems von der μίμησις θεοῦ[111] eine Nachahmung des erniedrigten, irdischen, kenotischen Gottes, was bei Paulus (eben Phil 2,5–8) am deutlichsten wird.

3.2.6.2 Äußere Nachahmung

Nach dem Tod Jesu ist räumliches Nachfolgen ausgeschlossen. Es bleibt notgedrungen eine generalisierte Nachfolge oder Nachahmung. Doch wie wörtlich ist Nachahmung überhaupt zu verstehen? Schließlich ist die Aufgabe der Nachahmung des Gottmenschen Jesus Christus, an einen Menschen gestellt, eine Überforderung und ein Paradox (vgl. Koschorke 2001:40). Auch eine *imitatio exinani-*

---

[108] „Was ist denn Nachfolgen anderes als Nachahmen?" (Augustinus, *De s. virginitate* 27; PL 40,411).
[109] Nachahmung, Nachahmer (vgl. Luz 1994:679).
[110] Eine Ausweitung dieses Motivs findet sich in einer Epiphanios zugeschriebenen Predigt zum Karsamstag, wo Joseph von Arimathäa, von Pilatus die Herausgabe des Leichnams Christi erbittend, auf die Flucht Jesu nach Ägypten (PG 43,448A) abhebt und ihn insgesamt als „freiwilligen Exilanten" beschreibt: „Δός μοι τοῦτον τὸν ξένον, τὸν ξένην ζωὴν καὶ βίον ζήσαντα ἐπὶ ξένα. […] Δός μοι τοῦτον τὸν ἑκούσιον ξένον […]" [Gib mir diesen Fremden, der ein fremdes Leben unter Fremden lebte. (...) Gib mir diesen freiwilligen Fremden (...)] (PG 43,445D). Auf diese Weise wird auch das Exil an die Christusnachfolge anschließbar (s. 5.4.4.3).
[111] Nachahmung Gottes (s. A. Schulz 1962:206–251).

3. Metonymie und Metapher

tionis kann sich nie auf Inkarnation, sondern maximal auf die soziale Dimension von Erniedrigung und auf den Leidensweg beziehen – oder eben auf eine Gesinnung, von der in Phil 2,5 die Rede war (s. 3.2.1). Wo sie sich auf äußerlich ablesbare Merkmale bezieht, da konstituiert die Nachahmung Christi eine Similaritätsrelation, sprich: eine Metapher.

Paulus benutzt nicht „Nachfolge", wohl aber „Nachahmung" Christi; er fordert explizit: „μιμηταί μου γίνεσθε, καθὼς κἀγὼ Χριστοῦ."[112] Die Frühzeit versteht Nachahmung Christi als rigoros-asketische Maximalforderung – mit der Konsequenz des Martyriums (s. 3.3.4.4). Heimatlosigkeit, Besitzlosigkeit und allmähliche asketische Mortifikation des eigenen Leibs werden von den Wanderasketen als direkte Nachahmungen von Christi Weg begriffen.

Ein möglicher Konflikt von innerer Einstellung auf Christus und äußerem Selbstopfer wurde in der Frühzeit noch kaum gesehen. In der Väterliteratur herrscht vielmehr die Neigung vor, beides in Verbindung zu sehen; Eusebios etwa rekurriert bei seiner Schilderung von äußeren Märtyrer-Vorbildern einer radikalen Nachfolge auf das Motiv des („Raub-")Verzichts von Phil 2,6 (s. 2.2.3.2):

Οἳ καὶ ἐπὶ τοσοῦτον ζηλωταὶ καὶ μιμηταὶ Χριστοῦ ἐγένοντο, ὃς ἐν μορφῇ Θεοῦ ὑπάρχων οὐχ ἁρπαγμὸν ἡγήσατο τὸ εἶναι ἴσα Θεῷ, ὥστε ἐν τοιαύτῃ δόξῃ ὑπάρχοντες, καὶ οὐχ ἅπαξ οὐδὲ δὶς, ἀλλὰ πολλάκις μαρτυρήσαντες, καὶ ἐκ θηρίων αὖθις ἀναληφθέντες, καὶ τὰ καυτήρια καὶ τοὺς μώλωπας καὶ τὰ τραύματα ἔχοντες περικείμενα, οὔτ' αὐτοὶ μάρτυρας ἑαυτοὺς ἀνεκήρυττον, [...][113]

Echtes Märtyrertum wird in dieser von Eusebios referierten Ansicht einerseits erst im Vollzug des Sterbens um Christi willen erreicht (*h.e.* V,2,3). Die Nachahmung läuft andererseits durch den Bezug auf Phil 2,6 über ein Verzichtshandeln – hier den Verzicht auf den Märtyrertitel –, wie es die Kenosis ist. Im Bescheidenheitstopos wird die Kenose diskursiv performiert.

Erst Innen und Außen zusammen sind für Eusebios hinreichend für Christusnachahmung. Allerdings spaltet sich dieses Doppel bald auf – aus zwei Gründen: wegen der möglicherweise tödlichen Konsequenzen äußerer Nachahmung und wegen der Unkommunizierbarkeit von innerer Nachfolge; es kommt in der Kulturgeschichte der Christusbezüge zu einer Vorwärts- und Rückwärtsbewegung, die

---

[112] „Folgt meinem Beispiel, wie ich dem Beispiel Christi." (1Kor 11,1).

[113] „So eifrig haben sie Christus, ‚welcher, da er in Gottesgestalt war, es nicht als Raub ansah, Gott gleich zu sein', nachgeahmt, daß sie, obwohl sie in so hohen Ehren standen und nicht nur ein- oder zweimal, sondern wiederholt offen Bekenntnis abgelegt hatten und von den Tieren weg wieder ins Gefängnis geworfen worden waren und Brandmale, Striemen und Wunden am ganzen Körper trugen, sich selbst gar nicht als Märtyrer bezeichneten und es uns durchaus nicht gestatteten, sie so zu benennen [...]" (*h.e.* V,2,2; PG 20,433A; dt. v. Philipp Haeuser, Eusebios 1981:244).

zwischen äußerer, zeichenhafter Manifestation (bis zum Märtyrertod) und innerer Gesinnung oszilliert.

3.2.6.3 Innere Nachfolge

Müssen auch noch in der „durchaus praktisch gemeinten Nachfolgechristologie" des Thomas von Aquin (Schilson 1996:824) konkrete Handlung und innerer Bezug zusammengehen, so gibt es im Spätmittelalter und der frühen Neuzeit, teils zeitgleich mit dem Aufstieg der *devotio moderna*,[114] einen Verinnerlichungsschub, der die Breitenwirkung des Nachfolgeappells verstärkt: „Bedeutsamer für das Glaubensleben war [...] die Nachfolgechristologie in der Mystik bei Bernhard von Clairvaux ([...]), Johannes Tauler ([...]) und der ‚devotio moderna'." (Hoping 2004:131).

Die Tendenz, weniger über das Wechselverhältnis der Naturen Christi zu spekulieren, als die Christologie vorrangig vom Zweck „für den Menschen" her zu sehen und den Menschen entsprechend in Nachfolge Christi auf dessen Selbsterniedrigung hin zu entwerfen, stößt wesentlich Bernhard von Clairvaux an. Rigorose mönchische Askese verbindet sich für ihn mit dem inneren Demutsideal.[115] Ja, Bernhard bringt geradezu „nur eine rechte Antwort hervor, in der sich [...] die gesamte Nachfolge Christi konzentriert, und das ist die Demut." (Kleineidam 1950:440) – eine innere Haltung.

Das im Umfeld der *devotio moderna* entstandene und (nicht unumstritten) Thomas a Kempis zugeschriebene Unterweisungsbüchlein *De imitatione Christi*[116] gehört zur Gattung der populären Mönchsliteratur, fand in adaptierter Form aber auch in protestantischen Kreisen Leser. Nach der Bibel ist es wohl das meistgelesene Buch der Weltliteratur. Der Hauptimperativ, den der Ratgeber formuliert, lautet Nachfolge Christi – „[...] quatenus vitam eius et mores imitemur [...]".[117] Scheint dies zunächst in der äußeren Lebensführung liegen zu sollen, so wird doch schnell klar, dass für den Autor „humilitas" bzw. „Demuth" die Kerntugend des Christusnachahmers darstellt (Thomas a Kempis 1832:2). Die Intension der Nachfolge ist demnach die Kenose: Das Büchlein wartet mit dem Lob des Gehorsams (Thomas a Kempis 1832:18) genauso auf wie mit dem Ruf in die Kreuznachfolge:

---

[114] *Neue Gottergebenheit* (ca. 1375–1550).
[115] Zu Bernhards Betonung innerer Christuserfahrung s. Köpf 1980:124.
[116] *Von der Nachahmung Christi*. Einzelne frühe deutsche Übersetzungen haben allerdings „Nachfolgung Christi" (Dillingen 1608). Zur Verortung des Büchleins im engeren Umkreis der *devotio moderna* und zur Autorschaftsfrage vgl. R. Post 1968:522–533.
[117] „[...] seinem Leben und seinem Wandel nachzufolgen [...]" (Thomas a Kempis 1982:3; dt. v. Johannes Goßner, Thomas a Kempis 1832:1).

3. Metonymie und Metapher

Sicut ego [Christus] me ipsum, expansis in cruce manibus et nudo corpore, pro peccatis tuis Deo Patri sponte obtuli, ita ut nihil in me remaneret quin totum in sacrificium divinae placationis transierit, ita debes et tu temetipsum mihi voluntarie in oblationem puram et sanctam quotidie in Missa, cum omnibus viribus et affectionibus tuis, quanto intimius vales, offerre.[118]

Das Innere als Schauplatz wird endgültig zentral im zweiten Buch, das in der deutschen Fassung „Ermahnungen zum innerlichen Leben" übertitelt ist (Thomas a Kempis 1832:81). In diesem Buch lautet der Rat: „Disce exteriora contemnere et ad interiora te dare [...]".[119] Die „humilitas" [Demut] ist der Zentralbegriff des gesamten Textes (Mesnard 1964).

In eine vergleichbar verinnerlichte Richtung weist Luthers postmonastisch gewendete, also aus dem Regelhaften herausgelöste *humilitas*, die alleine den Glauben ermögliche und somit erlöse („humilitas sola salvat"[120]). Es handelt sich damit weit weniger um eine konfessionelle Trennlinie als eine übergreifende Tendenz, insofern bei Luther wie bei Ignatius von Loyola – grundverschieden gelagert – trotz allem praktischen Weltbezug *innere* Glaubens-, Imaginations- und Übungsaspekte in den Vordergrund rücken (Maron 2001:26–28). In Ignatius' *Exercitia spiritualia*,[121] die die alte ‚Übungs'-Bedeutung von Askese wiederbeleben, ist es zwar von der Intension her Christi „Armut" und „Schmach", also irdisches soziales Äußeres, an dem es sich zu orientieren gelte,[122] allein von der Form des Christusbezugs her dominiert unzweideutig die Übung „meditandi".[123]

---

[118] „Wie ich [Christus] mich am Kreuze mit ausgespannten Armen und entblößtem Leibe für deine Sünden Gott dem Vater freywillig opferte, und zwar so, daß nichts an mir übrig blieb, was nicht ein Sühnopfer der Gerechtigkeit geworden wäre, so sollst auch du dich selbst, mit all deinen Kräften und Neigungen freywillig, und so innig wie möglich, zu einem reinen und heiligen Opfer mir täglich darbringen." (Thomas a Kempis 1982:330; dt. von Johannes Goßner, Thomas a Kempis 1832:332). Die deutsche Fassung lässt offenbar gezielt das „in Missa" [während der Messe] aus, um keine erleichternde Limitation des Selbstopfers einzuführen.

[119] „Lerne das Aeußere verschmähen, und gieb dich ganz dem Innern hin [...]" (Thomas a Kempis 1982:89; dt. von Johannes Goßer, Thomas a Kempis 1832:81).

[120] „Demut allein erlöst" (Luther WA 4,473,17); vgl. Loewenich 1954:175 u. Riches 1994:692.

[121] *Geistliche Übungen* (1548).

[122] So definiert Ignatius den „tertius [...] modus humilitatis" [dritte (...) Weise der Demut]: „[...] ad maiorem tamen imitationem Christi, eligam potius cum eo paupere, spreto, et illuso, pauperiem, contemptum, et insipientiae titulum amplecti: quam opes, honores, et sapientiae aestimationem." [wenn ich nämlich (...) um Christus, unserem Herrn je mehr nachzufolgen und ihm je mehr in der Tat ähnlich zu werden, eher mit dem armen Christus Armut will und und erwähle als Reichtum, mit dem schmacherfüllten Christus Schmach als Ehren und je mehr danach verlange, für einfältig und töricht gehalten zu werden als für weise und klug in dieser Welt – um Christi willen, der zuerst

Alle Verinnerlichung der Christusnachfolge – sei es in der Mystik, im konfessionsüberschreitenden Brückenschlag von Bernhard zu Luther[124] und wieder zu Ignatius oder im Hesychasmus (s. 4.4.2.3 u. 5.3.5.4) – neigt dazu, aus dem inkarnatorischen und sozialen Abstiegs- ein vergeistigendes Aufstiegskonzept zu machen (vgl. Freyer 1991:225). Ein Aufstieg ohne vorgängige oder im Kreuz dazu verlaufende Erniedrigung (s. 2.6) aber bringt das kenotische Modell an seine Grenze. Zudem ist Verinnerlichung als Symptom dessen zu verstehen, dass der Rigorismus der Nachahmungsaufforderung, mit dem Phil 2,5 in der Väterliteratur und in der Exegese noch bis ins 20. Jh.[125] gelesen wurde, durch die Entwicklung zum autonomen Subjekt zunehmend inakzeptabel erschien. Wo eine nicht-fassbare Innenrealität Glaube an die Stelle der Materialisierung tritt, durch welche die Inkarnation gerade Fassbarkeit leisten sollte, geschieht eine Art „Exkarnation".[126]

3.2.6.4 Heteronome Nachahmung vs. autonome Nachfolge

Diese Tendenzen zur Verinnerlichung, die qua Einbeziehung von geistigem Aufstieg auch eine Entkenotisierung ist, schlagen sich in neuzeitlichen Revisionen des altkirchlichen und frühmittelalterlichen Radikalismus nieder. Nachahmung und Nachfolge werden nun – die westkirchlichen Konfessionen übergreifend – kontrastiert.[127] Die Radikalität des Martyriums, der Askese, der Automortifikation, wie sie Spätantike und Mittelalter in die Nachahmung Christi hineinlegen wollten, gilt spätestens unter Vorzeichen eines sich um sich selbst sorgenden (Foucault 1985)

---

als solcher angesehen wurde.] (Ignatius von Loyola 1548:§ 167; dt. v. Adolf Haas, Ignatius von Loyola 1966:61); vgl. dazu Ong 1986:113.

[123] „Besinnung (meditación)" (Ignatius von Loyola 1548:§ 45; dt. 1966:33).

[124] Bell 1993:280; vgl. bspw. Luther 1983:147.

[125] Das eifrige Zurechtrücken, in Phil 2,5 gehe es nicht um ein sklavisch zu imitierendes Vorbild, das die theologische Exegese im 20. Jh. betreibt, ist damit ebenso Symptom einer Liberalisierung resp. Abschwächung des Christentums.

[126] Die nicht weniger metaphorisch ist als die von Aleida Assmann so gekennzeichnete Dimension des „Verschriftungsakts" (1993:133), die in letzter Konsequenz zum „Absterben des Verfassers im gedruckten Text" führe (ebd.:141) – einer Facette der Kenose von Autorschaft, besonders herausgearbeitet vom Poststrukturalismus (ebd.:154f; vgl. 3.5.5.7). Zu einem ähnlichen Begriff bei Bulgakov s. 4.4.4.5.

[127] Anselm Schulz bspw. zeigt, dass die an die Verben ἀκολουθεῖν (als „*religiöse* Vorstellung" von der „Mitarbeit" „am messianischen Werk des historischen Jesus"; 1962:334, Hervorh. i. Orig.) und μιμεῖσθαι (ethische und leidenspraktische Kopie) anknüpfenden Vorstellungen Nachfolgen und Nachahmen im NT noch weitgehend getrennt sind (ebd.:197.331–333). Auch im Umfeld des neutestamentlichen μιμεῖσθαι betont Schulz – darin Kind seiner Zeit – die Verwendungen mit eher ethischem Impetus (ἀγάπη ‚Liebe'; ebd.:282.298) vor denen mit metaphysischem Erniedrigungsvorbild wie Phil 2,5–11 (ebd.:272–274), sozialer Selbstdegardierung wie Jh 13,1–15 (ebd.: 300) oder Leiden wie der Hebräerbrief (ebd.:297). Vgl. auch Betz 1967.

3. Metonymie und Metapher 189

und sich als autonom entwerfenden Subjekts als uneinsichtig. Die Heteronomie strenger Christus-Nachahmung wird aufgeweicht zu individueller Nachfolge-Auslegung. In der Betonung des jeweilig autonomen Christusbezugs ziehen zahlreiche moderne Theologen freie Nachfolge strenger Nachahmung vor. Ein sklavisch nachzuahmendes Muster „Sklavengestalt" erscheint nunmehr zu wenig liberal (vgl. Kleineidam 1950:432) und ein direktes Vorbild als zu aufklärerisch-praktisch, weil es den ontologischen Rang Christi zu reduzieren neigt.[128]

Bis in die Moderne hinein überbietet die äußere Nachahmung die innere Nachfolge an Anschaulichkeit und ist dieser damit tendenziell voraus, was die Zuschreibung von vollkommener Christusnachfolge, sprich Heiligkeit betrifft; besonders in der russischen Orthodoxie (s. 1.1.3) besteht die Neigung, eher die Drastizität von Blutzeugenschaft mit Heiligsprechung zu belohnen als engelsgleiches Leben (s. 3.3.3.4).

3.2.6.5 Der Bedarf der Kulturgeschichtsschreibung an materiellen Zeichen

In dieser Arbeit wird spirituelle Innerlichkeit hintangestellt (weil diese mit den Mitteln der Kulturgeschichte kaum zu erreichen ist) und die Frage einer äußerlich gezeigten und sozial greifbaren *Nachahmung* des Modells Christi in der russischen Kulturgeschichte gestellt. Nicht nur der göttliche Logos, nein, auch die Christusnachahmung muss sichtbar und materiell fassbar werden, um abgelesen werden zu können.

3.3 Am und im Leib[129]

> *Hoc est enim ... [corpus meum]* kann den gesamten *Corpus* einer allgemeinen Enzyklopädie der Wissenschaften, der Künste und des Denkens des Abendlandes hervorbringen. (Nancy 2003:10)

Gegenüber den nur in ihren Metonymien fassbaren Größen Geist, Gesinnung, Innerlichkeit hat das Fleisch, in das sich der göttliche Logos inkarniert, scheinbar den Vorteil der Anschaulichkeit. Auch dabei aber gilt, dass das „wahre" inkarnier-

---

[128] Etwa bei Tolstoj, der Christus auf „закон Христа" [Christi Gesetz] reduziert (1972: XXIII 335).

[129] Die Anthropologie des frühen 20. Jh.s führt eine Begriffsdifferenzierung ein, welche die traditionelle Christologie mit ihren Begriffen σῶμα [Körper] und σάρξ [Fleisch] nicht kannte – die zwischen *Körper* und *Leib*. Zur Beschreibung von Formen der Christusnachahmung bietet es sich an, nicht von materiellem Fleisch oder Körper zu sprechen, sondern den Aspekt der gezielten Gestaltung und Sinngebung, das bewusste Verhältnis zum Körper als „eigenem" in den Mittelpunkt zu stellen und mit Plessner (1965:269f) im Weiteren von „Leib" zu sprechen.

te Fleisch sich der Greifbarkeit entzogen haben soll (durch Tod und Auferstehung) und dauerhaft nur in seinen Metonymien und Metaphern Anschaulichkeit gewinnt. Die Kenose stellt sich dar als Rehabilitierung materieller Metaphern und Metonymien für das Immaterielle. Der manichäische Dualismus mit seiner Verteufelung des Fleisches ist, wie Johannes von Damaskus deutlich macht, damit ausgeschlossen (*Imag.* I,16.II,13). Es ist ein Merkmal kenotischer Positionen, dass sie der inkarnierten, primären Materie als dem unähnlichen Anderen des göttlichen Logos – und auch ihren sekundären Materialisierungen – ein Positives abgewinnen. Ja, die Aufwertung des niederen Leibes in anderen Zusammenhängen (etwa bei Bachtin[130]) belegt kenotische Spuren in nicht markiert sakralen Kontexten.

3.3.1. Kreuzteilhabe

3.3.1.1. Kreuzmetonymie

Vom verstorbenen Christus kann das Christentum aufgrund des Dogmas der Auferstehung keine Reliquien kennen, wohl aber Metonymien der einstigen Präsenz seines sterbenden und toten Leibes – das Kreuz bzw. dessen Teile (Kreuzsplitter, Kreuznägel), das Grabtuch (s. 3.4.3.1) mit dem „nicht von Menschenhand" gemachten Abdruck des toten Leibs und Gesichts und das Gewand Jesu. Als im frühen Christentum bildliche Darstellungen Christi noch als inakzeptabel galten, vertrat das Kreuzzeichen den irdischen Leib Jesu Christi, des „ans Kreuz geschlagenen". Nach Ambrosius' Zeugnis[131] verbreitete sich seit Kaiserin Helenas angeblichem Kreuzfund von 326 die Meinung, ein Holzstück oder ein Nagel – in Staurotheken zur Verehrung aufgestellt – stamme vom Kreuz Christi und lasse die Gläubigen mittelbar daran Anteil nehmen; die Kontiguitätsrelation, die damit etabliert wird, ist eine doppelte: vom „ans Kreuz Geschlagenen" auf das Kreuz bzw. dessen Fragmente und von diesen weiter auf den Gläubigen. Die metonymi-

---

[130] Trotz der – im sowjetischen Kontext dringend gebotenen – Unoffensichtlichkeit christlicher Spuren in Bachtins Schriften (Clark/Holquist 1984:85–87; Emerson 1990:111; Ugolnik 1990:140f) ordnet die an Bachtins theologischen Wurzeln interessierte Forschung gerade auch seine *anthropologia physica* in die orthodox-kenotische Tradition ein (Lock 1991:78; Mihailovic 1997). Wegen der Spärlichkeit der Belege in den publizierten Arbeiten Bachtins wird zu den Notizbüchern gegriffen (Emerson 1990:113). Die deutlichste Gleichsetzung von inkarnatorischer und karnevalistischer Aufwertung des Körperlichen liefert Locks Bachtin-Lektüre: „[...] grotesque realism [...] is the mode of representation appropriate to the Incarnation." (1991:74). In einem zweiten, sprachtheoretischen Sprung wird auch die „concretizing transformation of utterances into discourse" als „highly reminiscent of the patristic notion of the emptying or kenosis" eingestuft (Mihailovic 1997:38; vgl. auch Ugolnik 1984:291f; zu Bachtin weiter 3.5.5.5).

[131] *De obitu Theodosii [Leichenrede auf Theodosius]* 43–50 (CSEL 73,393–398).

sche Spur von Christus mache diese materiellen Überreste verehrungswürdig (Johannes von Damaskus; *Imag.* II,19).

Die Christusmetonymie des Kreuzes affiziert ihrerseits den Ort des Kreuzes, die Hinrichtungsstätte Golgatha, die, insofern Tod und Grab als Klimax der Leidensstationen Christi erscheinen, zusammen mit der Grabeskirche zum wichtigsten Anlaufpunkt christlicher Pilger wird (5.4.2.2). Der Ort erhält die Bezeichnung „μαρτύριον".[132] Die christusmetonymischen Stationen werden sukzessive aufgesucht und erlauben so einen räumlichen Nachvollzug von Christi Leidensweg (was auch die byzantinisch-slavische Liturgie beeinflusst; s. 4.5.9.3).

Die Proliferation von Kreuzreliquien wird überboten durch die frühe Verbreitung des Kreuzzeichens[133] ab dem 5./6. Jh. auch von Kreuzigungsbildern;[134] die Christus-Metonymie der Kreuzreliquie wiederum wird supplementiert in Reliquien von heiligen Christusnachahmern, also Christusmetaphern-Metonymien.

3.3.1.2 Kreuzmetapher

Neben der Metonymie der Kreuzreliquie entwickelt das Urchristentum auch eine Similaritätsrelation, die metaphorische Übertragung von Christi Kreuz auf die Gemeindeglieder. Es handelt sich dabei um die von den beiden mit Christus zusammen hingerichteten Kriminellen auf die Gemeindeglieder übertragene Formel von der *Mitkreuzigung*, die sich schon im Galaterbrief findet:

> [19]ἐγὼ γὰρ διὰ νόμου νόμῳ ἀπέθανον, ἵνα Θεῷ ζήσω. Χριστῷ συνεσταύρωμαι· [20]ζῶ δὲ, οὐκέτι ἐγώ, ζῇ δὲ ἐν ἐμοὶ Χριστός· ὃ δὲ νῦν ζῶ ἐν σαρκὶ, ἐν πίστει ζῶ τῇ τοῦ υἱοῦ τοῦ Θεοῦ, τοῦ ἀγαπήσαντός με καὶ παραδόντος ἑαυτὸν ὑπὲρ ἐμοῦ.[135]

Die Dativrektion des Verbs ζήω [leben] mag auf den ersten Blick den metaphorischen Eintritt des Gemeindeglieds in die Kreuzposition verdecken, insofern es sich bei „ἵνα Θεῷ ζήσω" [um Gott zu leben] um einen *dativus commodi* handelt. Dieselbe Rektion wird aber auch auf „Mitkreuzigung" übertragen. Die dativische Ummäntelung der Substitution des Gläubigen in die Christusposition am Kreuz bleibt auch in der lateinischen Version erhalten, der Luther im Dienste seiner Appelle zur Kreuzesnachfolge (Loewenich 1954:159) zu neuer Popularität verhilft: „filio concrucifixi sunt".[136]

---

[132] „Martyrium" (Eusebios *De vita Constantini* 3,28 u. 3,33; PG 20,1088D.1093A).
[133] Vgl. PG 48,826f, Traditio 1991:308; weiter 4.6.5.1.
[134] Siehe Hinz 1973/81:I Abb. 116–129; Thümmel 1992:188f.
[135] „[19]Denn ich bin durchs Gesetz dem Gesetz gestorben, damit ich Gott lebe. Ich bin mit Christus gekreuzigt. [20]Ich lebe, doch nun nicht ich, sondern Christus lebt in mir. Denn was ich jetzt lebe im Fleisch, das lebe ich im Glauben an den Sohn Gottes, der mich geliebt hat und sich selbst für mich dahingegeben." (Gal 2,19f).
[136] „Sie sind zusammen mit dem Sohn gekreuzigt" (Luther WA 4,476,27).

In der Körperposition des Gläubigen kann kreuzförmiges Liegen bei der Buße und der Prostration während der katholischen Weihe die Metaphorik der Mit-Kreuzigung körperlich inszenieren. Im Kleinen leistet das Sich-Bekreuzigen eine Selbstbezeichnung mit dem Kreuze Christi. In der Segnungsgeste führt der Segnende dies transitiv aus (s. 4.5.3.8 u. 4.5.12.).

3.3.2 Einverleibung

3.3.2.1. Metonymie Herrenmahl

Verweisen die metonymischen Reliquien eher auf die Absenz des einstigen Leibes, so soll das Sakrament der Eucharistie die einstige Präsenz des Leibes repräsentieren – wird das in der Geschichte des Eucharistie-Verständnisses allerdings in grundverschiedener Hinsicht motiviert.

Die Evangelien entwerfen in den Einsetzungsberichten einn Opferkontext,[137] gestützt auf die nicht-doketische Realität von Leib und Blut.[138] Lk 22,19 fügt den kommemorativen Aspekt hinzu; das Opfer wird in der liturgischen Handlung der Kirche erinnert (vgl. PG 63,131). Doch inwiefern ist der echte Leib des Inkarnierten in der Erinnerungshandlung präsent?

Die kanonischste Formulierung über das Abendmahlsbrot als Repräsentation des Leibes Christi findet sich bei Tertullian; diese erfolgt bezeichnenderweise an einem Punkt seiner Argumentation, als er kurz zuvor die Erniedrigungsfigur aus Phil 2,7 paraphrasiert hat:[139] „[...] panem quo [Christus] ipsum corpus suum repraesentat [...]".[140] An diese Tertullian-Stelle knüpft eine mehr als tausendjährige, vor allem westkirchliche Kontroverse über die rechte Auslegung der Eucharistie an. Für die Kulturgeschichte kenotischer Ausgestaltungen ist es nicht entscheidend, ob Hofmann Recht hat, wenn er bei Tertullian ein Verständnis von „leibhaftiger Gegenwart" (1990:59) ansetzt. Wichtiger ist, dass in mehreren Debatten – zwischen Paschasius Radbertus und Rathramnus von Corbie (1. Abendmahlsstreit), zwischen Berengar von Tours und Humbert (2. Abendmahlsstreit), schließ-

---

[137] Mt 26,26–28; Mk 14,22–24.
[138] Jh 6,53–58; vgl. Moll 1975:50–78. Für die Ostkirche statuiert Neilos Kabasilas entsprechend die Echtheit des Opfers (PG 150,440).
[139] „[...] propter quem [hominem] in haec paupertina elementa de tertio caelo descendere laborauit, cuius causa in hac cellula Creatoris etiam crucifixus est?" [(...) für ihn (den Menschen) stieg er sogar vom dritten Himmel auf diesen armseligen Planeten herab, weshalb er in diesem engen Winkel des Schöpfers auch gekreuzigt wurde.] (*Adv. Marc.* I,14,2; Tertullian 1990/2001:I 164).
[140] „[...] das Brot, durch das Christus seinen Körper repräsentiert [...]" (*Adv. Marc.* I,14,3; Tertullian 1990/2001:I 164).

3. Metonymie und Metapher

lich zwischen Luther und Zwingli – darüber gestritten wurde, ob Repräsentation hier sinnbildliche Darstellung oder manifeste Präsenz bedeuten solle.[141] Ist es das menschliche Bewusstsein, das auf ein Repräsentat referiert (Feuerbach 1994:354–368), oder ein göttlicher Zeichengeber, welcher sich dem Menschen mitteilt? Letzteres würde bedeuten, dass sich Christi Leib im Abendmahl selbst re-präsentiere (vgl. Hofmann 1990:78). Bewirkt Christus selbst die ‚Präsentierung' realen Fleisches, oder ist es die Abendmahlsgemeinschaft, die sein Gedächtnis zelebriert?[142] In der traditionellen Beschreibungssprache wird zwischen *effektiven* und *exhibitiven* bzw. *realsymbolischen* und *symbolischen* Verständnis der Eucharistie unterschieden, die sich in die Sprechakttermini *performativ* vs. *propositional* übersetzen lassen.[143] Wie Hörisch pointiert, musste es zwischen den semiotischen Polen zu paradoxen Überlappungen kommen:

> Seinen ungeheuren ontosemiologischen Status fundiert das Sakrament des Abendmahls in Form zahlreicher Einzelparadoxien: in Brot und Wein ist Christus real präsent – aber nur für die, die an ihn glauben; das Abendmahl ist ein Gedächtnismahl – aber zugleich die Feier der Präsenz Christi und ein eschatologisches Mahl; die sakralen Elemente sind mehr als nur Zeichen – aber sie bedürfen, um mehr als Zeichen zu sein, der Wandlungsworte; die Kraft wandelnder Worte kommt der priesterlichen Epiklese zu – aber sie ist bloßes Zitat der ursprünglichen Einsetzungsworte des Herrn […] (1992:17)

Mit dem Verzehr der landwirtschaftlichen Erzeugnisse Brot und Wein inszeniert die Eucharistie – so die „zentrale Paradoxie" (ebd.) – eine Einverleibung, einen Übergang vom Christus-Leib in den Leib (Magen) des einzelnen Gläubigen.

3.3.2.2 Metapher Stigma

Auch das Stigma ist eine ‚Ein-verleibung' des kenotischen Leibes Christi – hier nicht durch die ‚Mägen' der Eucharistiegemeinschaft, sondern in der Haut eines privilegierten Christusnachahmers, als „Körperinschrift" (Menke/Vinken 2004).

---

[141] Vgl. Hilberath 1995:946–948. Zu Luther und Zwingli cf. Hirsch 1964:372–383. Es könnte Hofmann zufolge gar sein, dass „jene entschiedene Mehrdeutigkeit des Wortes [Repräsentation] eine Folge der über Jahrhunderte sich erstreckenden theologischen Aufarbeitung der Eucharistie-Probleme" darstellt (1990:64).

[142] Zwischen diesen Polen wird gerne ein Ausweg in der Mitte gesucht, vgl.: „Das Deutemodell der Transsubstantiationstheorie erweist sich als via media zw.[ischen] der Scylla des bloßen Symbolismus u.[nd] der Charybdis eines sensualist.[ischen] Realismus […]" (Hilberath 1995:947). S. dazu weiter 4.5.3.5.

[143] Vgl. bes. Bergers Definition von „realsymbolisch": „Realsymbole nenne ich Handlungen, die nicht nur andeuten, zeichenhaft belehren und vorausweisen, also ‚nur' symbolisch sind, sondern die über das Zeichen hinaus nach der Auffassung derer, die sie vollziehen, ein Stück dessen realisieren, was sie darstellen." (1994:90). Eine rhetorisch genaue Lektüre der diversen Eucharistiekonzepte der frühen Neuzeit bietet Poppenberg (2003:147–172).

Während das Herrenmahl eine metonymische Beziehung zwischen Esser und Christusleib herstellt, funktionieren die Stigmata metaphorisch – der beglaubigenden Intention nach als „Indizes oder Anzeichen des Mysteriums" (Didi-Huberman 1995:13). Der Christusbezug findet im eigenen Fleisch der menschlichen Repräsentanten statt, nicht im Verzehr eines landwirtschaftlichen Erzeugnisses. Zwar gibt es für die Metapher der Stigmatisierung einen paulinischen Beleg („ἐγὼ γὰρ τὰ στίγματα τοῦ Κυρίου Ἰησοῦ ἐν τῷ σώματί μου βαστάζω."[144]), doch ist die Vorstellung von somatischer Umsetzbarkeit dieser Metapher qua geistiger Inzision deutlich jüngeren Datums; sie wird vor allem mit der berichteten Stigmatisierung des Franziskus von Assisi im September 1224 „erfunden".[145] Was im 13. Jh. geschieht, ist nur zum Teil eine materielle Einverleibung: „Paradoxerweise materialisiert sich im Fleisch die Spiritualisierung des Fleisches."[146] Diese spezifische Form von korporealer Christus-Nachfolge hat fast ausschließlich im katholischen Einzugsbereich „Nachfolgen von Nachfolge(n)" (Menke 2004:31) gefunden[147] – in der Moderne häufig mit Gender-Shift (ebd.:32).

3.3.2.3 Metapher Leiden
Im paulinischen Sinn stand die metaphorische Rede von den „Malzeichen" für die Leidensbereitschaft des Christusnachfolgers. Wie Kamlah darstellt, bringt Paulus sein eigenes Leiden, das ihm in seinem Apostolat widerfährt, in Analogie zum Leiden Christi (1963:229) und einer Repräsentation des Leidens Christi durch sein eigenes (Paulus') Fleisch (ebd.:230). Paulus begründet damit einen mächtigen

---

[144] „Ich trage die Malzeichen Jesu an meinem Leibe." (Gal 6,17).
[145] Frugoni 2004. Menke verdeutlicht die Paradoxie von menschlich-rhetorischer *inventio* dieser Körperzeichen und ihrer Setzung als Akt „göttlicher Zeichengebung" (2004:28): „Die Korpor(e)alität der Präsenz des Sich-Abbildenden im göttlichen Zeichen der Nachfolge ist *invenzione*." (ebd.:30).
[146] Vinken 2004:14. Die von Vinken angedeutete historische Linie fortzeichnend, könnte man im Hochmittelalter und der frühen Neuzeit eine Spiritualisierung des Christusbezugs festmachen: Das alte physische Martyrium wird in den Stigmata (den sichtbaren des Franziskus, dann den unsichtbaren der Katharina von Siena) halb internalisiert, in der mystischen Nachfolge, dem protestantischen Gewissen und schließlich der autonomen Nachfolge der Neuzeit endgültig verinnerlicht (vgl. Gallaher 1997:100, s. 3.2.6.3). Bei all dieser Tendenz sind die Wunden am verklärten Leib jedoch nicht Zeichen reiner Erhöhung, sondern des Paradoxes, in dem die Kenose präsent bleibt; einen wirklichen „theologischen Paradigmawechsel in der *imitatio* Christi" (Vinken 2004:16) stellen die Stigmata somit wohl nicht dar.
[147] Trotz der positiven Franziskus-Rezeption in der Ostkirche (5.3.4.4) ist diese Dimension seiner *imitatio exinanitionis* kaum auf fruchtbaren Boden gefallen. Die Vorstellung, die eigene kenotische Nachfolge durch ein hierognostisches Instrument, ein „Sakrometer" (Brentano) zu beglaubigen, erscheint als Versündigung gegen die gebotene Demut.

Topos kenotischer Christusbezüge – die Bitte um die Ehre, Leidensnachahmer sein zu dürfen, wie sie bspw. Ignatius von Antiochien formuliert („ἐπιτρέψατέ μοι μιμητὴν εἶναι τοῦ πάθους τοῦ θεοῦ μου."[148]) und wie sie auch für Luthers Norm der Leidensnachfolge Christi (Loewenich 1954:157) einschlägig ist.

Das Leiden ist jener Aspekt Christi, der – anders als die metaphysische Kenose – der menschlichen Nachahmung zugänglich ist; durch eigenes Leiden erscheint metaphorische Christus-Teilhabe möglich:

> Since Christ emptied himself of his divinity, he appeared on earth in „humiliated" form that allowed him to experience in the same way as men do, that is, corporeally. The most obvious measure of man's corporeality is his capacity to suffer. Christ was able to suffer, as is evident in his death on the cross. Consequently, it is possible for us, as corporeal beings, to partake to a limited extent in the experience of Christ. When we suffer we are sharing in the sole aspect of Christ's experience that is accessible to us, namely, the corporeal aspect. (Cassedy 1987:304)

3.3.3 Mit-Entleibung

In Paulus' Streben nach Leidensnachfolge schwingt sein negativer Fleischbegriff mit, weil es zugleich um die Negation des sündigen Fleisches geht (Kamlah 1963:231f), also um asketische ‚Entleibung'. Nicht nur die Einverleibung, auch die Entleibung kann als Mittel der Christoformierung eingesetzt werden. Dieses Paradox löst sich auf, wenn man bedenkt, dass das irdische Fleisch Christi seine Klimax in Tod und Verwesung erreicht – in seiner Vernichtung; schließlich ist der einverleibte eucharistische Leib Christi selbst schon der tote bzw. verklärte.

3.3.3.1 Fasten

Die gelindeste, in fast allen christlichen Konfessionen praktizierte Form dosierter Leibnegation ist das Fasten, das seine festen Orte im Kirchenkalender[149] zugewiesen bekommt und so normalerweise keinen letalen Ausgang hat. Dabei wird der Christusbezug des Fastens beinahe ausschließlich durch Matthäus garantiert, während bei Markus die Jünger nicht fasten (Mk 2,18) und Lukas sogar die Selbstbelobigung, streng zu fasten (Erhöhung durch Erniedrigung), einem Pharisäer in den Mund legt (Lk 18,12), allerdings die Apostel gleichfalls fasten lässt (Apg 13,2.14,23). Entsprechend Jesu Fastenort, der Wüste (Mt 4,2), avanciert das Fasten bei den ersten Mönchseremiten zu einem zentralen Mittel der Substitution in Christi Rolle (s. 5.3.5).

---

[148] „Gestattet mir, Nachahmer des Leidens meines Gottes zu sein!" (IgnRöm 6,3; dt. v. Andreas Lindemann und Henning Paulsen, Lindemann/Paulsen 1992:214f).

[149] Siehe 4.5.5.2 u. 4.5.11.1.

3.3.3.2 *Askese*

Zu einer prinzipiellen Haltung avanciert die Leibestechnik des Fastens in der Askese. Ist ἄσκησις im Wortsinne zunächst ‚Übung', und damit eher geistige Leistung,[150] so verengt sich der Wortsinn unter hellenistisch-gnostischem Einfluss[151] – und in den modernen Umgangssprachen fast ausschließlich – auf Verzicht,[152] auf Negation des Leibs. Bei den Evangelisten und in der Person Johannes des Täufers macht sich ein essenischer und ebionitischer asketischer Einfluss bemerkbar, doch scheint noch hindurch, dass die Zeitgenossen das Zusammenleben der Jünger als gänzlich unasketisch wahrnahmen (Mt 11,19).

Auch Paulus ist ambivalent: Während, wie gesehen, die Inkarnationslehre bei ihm das Fleisch rehabilitiert, nimmt Paulus in der Forderung unbedingter Hingabe an den Herrn diese Nobilitierung des Fleisches zurück: Dazu empfiehlt er – wenngleich nicht als alternativlos einziges Modell – die Ehelosigkeit (1Kor 7,32–38); die christliche Gemeinschaft solle sich von „jeder Art Unreinheit" (Eph 5,3) fernhalten. Wenngleich damit „ethische Verzichtleistungen" verlangt werden, geht es noch „nicht explizit" um eine „asketische Lebensweise" (Stegemann 2000:210). Ein Verzichtshandeln, ein „[...] Lebensopfer qua Askese scheint erst die frühe Kirche zu kennen [...]" (ebd.:215).

Bei den Kirchenvätern – nicht nur bei den mit dem orientalischen Mönchtum verbundenen – wird das Moment der Verzichtaskese zunehmend betont (Lohse 1969:133); Tertullian etwa gibt ein klares Votum für Zölibat und Fasten als „sacrificia Deo grata"[153] ab. Allmählich lassen sich „Übergänge von der Askese zum Mönchtum" (ebd.:173) beobachten, das das christliche Mittelalter dominiert (cf. 5.3). Die katholische und orthodoxe Kirche entwickeln für ihren Klerus Zölibatspflicht (s. Koschorke 2001:138–140), letztere allerdings nur für den Mönchsklerus. Immer darf es sich aber nur um dosierte Fleischverneinung handeln; Zu-Tode-Hungern wie womöglich bei Gogol' oder Selbstkastration wie vielleicht bei Origenes und bei den Skopcen (vgl. 5.4.3.1) wird als sektiererisch gebrandmarkt.

Daran wird eine kardinale Differenz von Kenose und Askese deutlich: Die kenotische Verneinung des Hohen in sich selbst ist nicht mit der Negation des niederen Anderen in sich gleichzusetzen (vgl. 8.3.2); ja, die Askese gerät in die Gefahr

---

[150] Siehe u.a. Chorużijs Askese-Begriff (4.2.2) oder die Auffassung von Askese als Verklärung (vgl. Byčkov 2001:16), also als eine Art von Aufstieg und nicht Abstieg.

[151] Gribomont wagt die tentative Formulierung, dass durch die Vermittlung griechischer Kultur und Literatur „auch die Entwicklung, wenn nicht sogar die Entstehung der Askese betroffen" gewesen sei (1979:207).

[152] Kotel'nikov 1999:131. Man muss entsprechend zwischen dem Verzichts- und dem Übungsaspekt unterscheiden; unten (4.4.3.2) wird versucht, dies mit dem Begriffspaar von (vergeistigender) Asketik und (verzichtendem) Asketismus zu unterscheiden.

[153] „Gottgefällige Opfer" (*De res. carn.* 8; PL 2,806B).

der Selbsterhöhung. Darauf läuft auch Luthers Kritik am Mönchtum im *De votis monasticis iudicium* hinaus;[154] daher rührt auch Baudrillards Ansicht, der Asket fordere Gott heraus (1991:67) – die angenommene eigene Reinheit bringe den Asketen an den Rand der verwerflichen Selbsterhöhung (selbst übermenschlich rein zu werden). Folglich bildet die Askese eine radikalisierende Interpretation der Kenose, neigt aber dazu, über das Ziel einer *Kondeszendenz ins Fleisch* hinauszuschießen in Richtung von *Vernichtung des Fleisches*.

Aber auch eine noch so heikle Transformation beschädigt – wie die Kulturgeschichte des Mönchtums zeigt – das kenotische Modell selbst kaum. Zudem besitzt die Askese aufgrund ihrer aus ‚Übung' stammenden Etymologie ein Selbsterneuerungspotenzial – in der Geschichte der Orthodoxie etwa im Hesychasmus (vgl. 4.4.3.1, 5.3.5.4).

3.3.3.3 Die Opfer-Hyperbel

Die Askese wird also als dosierte Selbstopferung verstanden und bereitet damit den Weg für die Kategorie des totalen Selbstopfers. Dem Sprachgebrauch etwa des Paulus ist das Bewusstsein um die Hyperbolik[155] der Übertragung von Christi Opfer auf sein eigenes Leiden (s. 3.2.3.3) eingeschrieben, etwa wenn der Philipperbrief – in unmittelbarer Nachbarschaft zur Christus-Hymne – den metaphorischen Sprung von Christi Opfer zu dem des Christusnachahmers macht: „Ἀλλ' εἰ καὶ σπένδομαι ἐπὶ τῇ θυσίᾳ καὶ λειτουργίᾳ τῆς πίστεως ὑμῶν, χαίρω καὶ συγχαίρω πᾶσιν ὑμῖν·".[156] Gemeint ist zunächst nur Selbsthingabe (Stegemann

---

[154] *Urteil über die Mönchsgelübde* (1521; Luther WA 8,573–669). Wenngleich andere Aspekte im Vordergrund stehen wie Glaube *vs.* Werk oder Freiheit *vs.* Regel, hebt Luther doch mehrfach auf abzulehnende Selbsterhöhung ab. Und zwar einmal in der Christusnachfolge: „[…] deinde, quod sibi eam [paupertatem] solis arrogant et voveri a se iactant." [(…) sodann maßen sie sich allein an und brüsten sich damit, daß sie (die Armut) von ihnen allein gelobt werde.] (WA 8,641,33f; dt. v. Karl-Heinz zur Mühlen, Luther 1983:174). Oder gar darüber hinaus: „Id quod plane ipsimet gloriose et absque pudore confitentur, ut qui tales sint, qui ultra Christum quaedam altiora et perfectiora vivant." [Wie sie denn sogar selbst prahlerisch und ohne Scham bekennen, daß sie (die Mönche) solche sind, die über Christus hinaus ein höheres und vollkommeneres Leben führen möchten.] (WA 8,579,15–17; dt. v. Karl-Heinz zur Mühlen, Luther 1983:86).

[155] Nach Poppenberg ist die Konzeption vom stellvertretenden Christusopfer je schon hyperbolisch und der Ökonomie des Potlatsch verpflichtet: „Vergebung ist die hyperbolische Wirkung jener *vis infinita*, die als Heterogonie des Opfers freigesetzt wird. Deshalb steht im Zentrum der christlichen Version des Opfers das freiwillige Selbstopfer Christi." (2003: 214); s. auch ebd.: 224.

[156] „Und wenn ich auch geopfert werde bei dem Opfer und Gottesdienst eures Glaubens, so freue ich mich und freue mich mit euch allen." (Phil 2,17).

2000:210), wobei allerdings die Bereitschaft impliziert ist, notfalls die Klimax von Phil 2,7f in der Nachahmung bis zum Märtyrertod nachzuvollziehen.[157]

3.3.3.4 Die Sterbens-Hyperbel

Doch besitzen die Sprechakte, die vom Mit-Sterben mit Christus handeln, in den meisten Fällen keinen perlokutionären Anspruch, sondern bedienen sich bei der Erniedrigungstopik in bewusst metaphorischer und hyperbolischer, ja gezielt paradoxer Weise. So ist es bezeichnend, dass eine der in der Frühzeit verbreitetsten Formeln für das Mit-Sterben mit Christus in der Taufformel vorkommt: „ἢ ἀγνοεῖτε ὅτι ὅσοι ἐβαπτίσθημεν εἰς Χριστὸν Ἰησοῦν, εἰς τὸν θάνατον αὐτοῦ ἐβαπτίσθημεν;"[158] Basilios der Große wird in seiner Schrift De baptismo [Von der Taufe] noch drastischer: „[...] ὁ βαπτισθεὶς ἐν Χριστῷ εἰς τὸν θάνατον αὐτοῦ βαπτίζεται· καὶ οὐ μόνον συνθάπτεται τῷ Χριστῷ, καὶ συμφυτεύεται, ἀλλὰ πρῶτον συσταυροῦται, [...]".[159] Die Taufe „in etwas" (εἰς mit accusativus directionis) setzt die ultimative Erniedrigung für Christus als télos und distanziert sie zugleich. Der „Gründungsmord", den Christi Kreuztod für die christliche Gemeinde bedeutet, kann allein rituell wiederholt werden (s. Girard 2002:111), was ihn automatisiert, endoxalisiert und entschärft. Diese Distanzierung[160] kann aber nicht verhindern, dass mit der Verbürgerlichung des westlichen Christentums kenotische Taufformeln wie Röm 6,3f der Gemeinde nicht mehr zumutbar erscheinen und in lutherischen Kreisen erst jüngst einer drastischen Rekenotisierung der Taufliturgie das Wort geredet wird, während der Traditionalismus die Orthodoxie an der drastischen Kenotik der Römerbriefpassage festhalten ließ (s. 4.5.10.1).

---

[157] „Von den Opferparänesen [des NT] ist auch nicht intendiert, was im Extremfall allerdings eintreten kann: daß das für Gott und die Menschen gelebte Leben in der Welt zum Widerspruch zur Welt führt." (Brandt 2000:275, Hervorh. i. Orig.).

[158] „Oder wisst ihr nicht, dass alle, die wir auf Christus Jesus getauft sind, die sind in seinen Tod getauft?" (Röm 6,3). Die Taufe wird nach der Traditio Apostolica [Apostolische Tradition] Hippolyts (um 215) zudem durch eine Reihe flankierender Erniedrigungs- und Entleerungspraktiken wie Fasten, Einsamkeit, Schlafentzug, Niederknien, Entkleidung und schließlich Abstieg ins Wasser vorbereitet (Traditio 1991:252–260).

[159] „[...] der in Christus Getaufte wird auf seinen Tod getauft – und er wird nicht nur mit Christus mitbegraben, sondern auch mit eingepflanzt, zunächst aber mitgekreuzigt [...]" (PG 31,1549C).

[160] Alles andere als distanziert erscheint es in Texten, die auf das in Zeiten der vorkonstantinischen Unterdrückung des Christentums ja nicht seltene Martyrium Bezug nehmen wie Origenes' Schrift Εἰς μαρτύριον προτρεπτικός [Ermunterung zum Martyrium].

3. Metonymie und Metapher

Die Metaphorisierung des Todesopfers für Christus verstärkt sich, als das Christentum offizielle Religion wird und der Weg des Martyriums,[161] wie es die Apostelgeschichte in der Prosopopöie des Stephanos entwirft (Apg 6f), für die Christusnachfolge unwahrscheinlich wird. Wo die maximale Blutzeugenschaft ausscheidet, tritt dosierte, prozessuale Mortifikation durch Askese im Verbund mit gottgefälligem Lebenswandel und der Attribuierung eines ἀγγελικὸς βίος [engelsgleiches Leben] an deren Stelle.[162] Die kleinen Opfer der Askese besitzen nicht mehr die ultimative Einmaligkeit des Martyriums und müssen daher iteriert werden (s. 7.4.4). Historisch wird dieser Paradigmenwechsel gemeinhin mit dem ägyptischen Mönch Antonios verbunden (Hannick 1985b:661).

3.3.4 Mit-Sklave-Sein

Die stabilste innerweltliche *imitatio exinanitionis* liegt nicht in metaphorischer, hyperbolischer oder paradoxer Weltnegation, sondern in der irdischen Praxis – der sozialen Realisierung der „Knechtsgestalt" von Phil 2,7. Paulus bestimmt den Ort, von dem aus sein Sprechen Geltung haben soll, von Anfang an als Knechtschaft gegenüber dem Knecht-gewordenen Herrn „ΠΑΥΛΟΣ δοῦλος Ἰησοῦ Χριστοῦ […]".[163] Gegenseitig bezeichnen sich die Mitglieder der Urgemeinde als „σύνδουλος".[164] Während hier in der Kenose-Imitation vor allem die Gemeinschaft beschworen wird, geschieht bei der gleich lautenden Anrede eines Bischofs an einen Diakon als „σύνδουλος"[165] die Nivellierung eines hierarischen Unterschieds. Ab Justinian wird „Knecht Gottes" auch zum Herrscherepitheton (s. 5.5.2.2).

Nach der Verinnerlichung der Nachfolge Christi gibt es im 19. und 20. Jh. eine Gegenbewegung der Rückkehr zu praktischer Handgreiflichkeit, in der die christliche Sinngebung für das Mit-Leiden mit den Armen sozialrevolutionär gewendet wird wie beim revolutionären Aufbruch der russischen 1860er Jahre (5.5.4–6.) oder in Leonardo Boffs „Befreiungschristologie" (1986:48.350), die eine reexteriorisierende Neulektüre des verinnerlichten Nachfolge-Konzepts bedeutet (vgl. Riches 1994:701).

---

[161] In diesem Begriff verbindet sich der zeugnishafte Bezug auf Christus (μάρτυς ‚Zeuge') mit der weitgehenden Engführung auf die Bereitschaft, in den Tod zu gehen – um Christi willen; die frühe Martyriologie legt Wert auf diesen Nexus (vgl. Christen 1992:214).
[162] Siehe Clasen 1970:49; vgl. 5.0.4. Engelsgleichheit aber beschreibt eine Durchgeistigung, die nicht Erniedrigung, sondern Erhöhung insinuiert (3.2.6.3).
[163] „Paulus, ein Knecht Christi Jesu […]" (Röm 1,1; vgl. auch Phil 1,1 u. Gal 1,10).
[164] „Mitknecht" (Kol 1,7.4,7); s. dazu Rengstorf 1990:270.
[165] „Mitsklave" (IgnMagn 2,1).

3.3.5 Gewandung, Bewegung und Dosierung der Armut

Während das Epitheton σύνδουλος also eher eine soziale Geste bezeichnet, ist die Armutsnachfolge eine soziale Praxis, die im Mönchtum zur Grundregel wird und im Zuge des Reichwerdens von Klöstern immer wieder als Korrektiv wirkte. Nach außen sichtbar inszeniert wird die Armut in ärmlicher Kleidung (bei den Gottesnarren auch unanständiger) oder – bei den frühen Wüsteneremiten – Nacktheit (vgl. 4.6.5.3 u. 5.3.3).

In der *peregrinatio propter Christum* [Wanderschaft um Christi willen], zunächst im Gyrovagentum der Frühzeit, dann im irischen Mönchtum und teilweise im russischen Wandereremitentum[166] wird christoforme Armut mit Heimatlosigkeit und Wanderschaft verknüpft (K. Frank 1994:690).

Eine homöopathisch dosierte Variante des mönchischen Besitzverzichts stellt der katholische spätmittelalterliche Ablass dar, bei dem gegen eine geringe Geldgabe (pekuniäre Selbsterniedrigung) der Aufstieg verheißen wurde: „Wenn der Gülden im Becken klingt, im huy die Seel im Himmel springt," o.ä. lautet der in Luthers 27. These dem Ablassprediger Johann Tetzel zugeschriebene Merksatz.[167]

3.3.6 Erniedrigungsgesten

Liturgisches Knien, wie es in der alten Kirche beim Psalmengebet praktiziert wurde (PG 28,276C u. 31,877A), geht auf die Reuegebärde des antiken Sklaven zurück und wird entsprechend in Bußvorschriften aufgenommen (PG 99,1661A), aber weniger mit der „Sklavengestalt" Jesu Christi in Verbindung gebracht denn als Ehrfurchtsgeste verstanden wie die Unterwerfungsgeste der katholischen Prostration beim Empfang höherer Weihen. So wird eher ein Knien vor Christus wie in Phil 2,10 praktiziert[168] als im Knien ein Analogon zur Selbsterniedrigung gesehen. Allerdings wird bei Petrus von Alexandrien ein Gegensatz aufgemacht von Auferstehung und Sonntag einerseits, an dem Niederknien deplaziert sei, und werktägli-

---

[166] Siehe 5.4.2. Vgl. auch Gor'kijs *Исповедь [Beichte]*.

[167] „Hominem predicant, qui statim ut iactus nummus in cistam tinnierit evolare dicunt animam." (WA 1,234,29f). Zur Kontroverse über diese Zuschreibung s. bspw. Büttner 1905.

[168] Am deutlichsten ist dies bei Origenes' Konzept eines „geistigen Niederkniens": „Τὴν δὲ νοητὴν γονυκλισίαν, οὕτως ὀνομαζομένην παρὰ τὸ ὑποπεπτωκέναι τῷ Θεῷ ἐν τῷ ὀνόματι Ἰησοῦ, καὶ ἑκάστου τῶν ὄντων αὐτῷ ἑαυτὸν τεταπεινωκέναι, δηλοῦν μοι ὁ Ἀπόστολος φαίνεται ἐν τῷ· [...]" [Das geistige Niederknien, wie es nach dem Sich-Verbeugen vor dem Gott im Namen Jesu und jedermanns Sich-Erniedrigen vor ihm genannt wird, scheint mir der Apostel mit Folgendem zu zeigen: (…)] (PG 11,552B). Es folgt ein genaues Zitat von Phil 2,10.

3. Metonymie und Metapher

chem Niederknien;[169] das fehlende Glied in diesem syllogischen Schluss ist die Engführung von Kenose und Niederknien. Wenn die spätere Orthodoxie auch beides zurückgebildet hat, so bewahrt sie doch die Metanie, das kurze Niederknien und Berühren des Bodens mit beiden Händen und den knienden Empfang der Hostie (4.5.9.1). Im Privatgebet ist die Unterwerfungsgeste des Kniens in Orthodoxie wie Katholizismus verbreitet (vgl. 4.5.9.1 u. 7.3.3.2).

3.3.7 Kollektiv

Handelt es sich beim σύνδουλος um eine individuelle metaphorische Relation, so formuliert Paulus in Phil 2,5 auch einen kollektiven Imitationsauftrag. Das Kollektiv, an das sich dieser Aufruf richtet, ist einmal historisch als eine bestimmte Gruppe von Bewohnern der ostmakedonischen Stadt Philippi zu benennen, die eine der ersten christlichen Gemeinden bildeten, zum anderen aber gemäß der ekklesiologischen Metaphysik von der unsichtbaren Kirche auch das mystische σῶμα Χριστοῦ [Leib Christi] als ideale Gemeinde.[170] Damit gewinnt Christi Modell normative Präsenz als Orientierung eines sozialen Kollektivs.

Ist es in der Frühzeit die Ortsgemeinde der frühen Kirche, die ekklesiologisch als Leib Christi überhöht wird, so beschreibt Tertullian die kirchlichen Konzilien als „repraesentatio totius nominis christiani".[171] Auch bei ihm handelt es sich dabei um ein mystisches „Sich-Zusammenscharen um Christus".[172] An diesen konziliaren Repräsentationsbegriff schließt sich ein Konflikt in der katholischen Kirche an, der darüber ausgetragen wird, ob der Papst oder das Konzil die berechtigte Repräsentation Christi/des Leibes Christi sei (Haller 1992:814). Mit der Opposition von Papst vs. Konzil wird neben dem individuellen Strang ein kollektiver Christusbezug sichtbar; letzterer führt einerseits zur politischen Repräsentationslehre der Neuzeit, andererseits zu Kollektivträgern der Kenose wie Dostoevskijs „народ богоносец"[173] oder zu Chomjakovs und Solov'evs соборность.[174]

Letztlich tendieren alle zuvor angeführten individuellen Metaphern und Metonymien des Christus-Bezugs zur Mitteilung an ein Kollektiv. Äußere Sichtbarkeit von individueller Armut, Leiden, ja selbst vorgeführtes Fasten bergen die Auffor-

---

[169] „Κυριακὴν δὲ χαρμοσύνης ἡμέραν ἄγομεν διὰ τὸν ἀναστάντα ἐν αὐτῇ, ἐν ᾗ οὐδὲ γόνατα κλίνειν παρειλήφαμεν." [Den Sonntag begehen wir als Tag der Freude, weil er (Christus) da auferstanden ist; an diesem Tag unterlassen wir den Kniefall.] (PG 18,508B); vgl. die bei Kirik überlieferte Vorschrift (4.5.9.1).
[170] Röm 12,5; 1Kor 12,27; Eph 1,23.4,12.5,30.
[171] „Die Repräsentation des gesamten Christennamens" (PL 2,972B).
[172] Und um keinen korporativ-politischen Repräsentationsbegriff (Hofmann 1990:52.57).
[173] „Gottträger Volk" (Dostoevskij 1956/58:IX 395; s. 5.1.3..
[174] Konziliarität (s. 4.4.4.1).

derung an viele Andere zur Imitation; der Träger der Christusnachahmung macht sich selbst zum Abbild von Christus und mittelbaren Vorbild für andere.

3.4 Im Bild

> Der Sohn heißt [...] ausdrücklich das *Ebenbild* Gottes; sein Wesen ist, daß er Bild ist – die Phantasie Gottes, die sichtbare Herrlichkeit des *unsichtbaren* Gottes. Der Sohn ist das befriedigte Bedürfnis der Bilderanschauung; [...] (Feuerbach 1994:136f, Hervorh. i. Orig.)

Aus dem Problem der primären Materialisierung Gottes im Menschen, das Anselm in die Frage *Cur deus homo?* gießt (3.0), ergibt sich die Folgefrage nach dem Zweck der resultierenden Sichtbarkeit in menschlicher Gestalt, z.B. für Arnobius: „Sed si deus, inquiunt, fuit Christus, cur forma est in hominis *visus?*"[175]

3.4.1 Gestalt und Bild

Bezeichnet das paulinische „μορφὴ δούλου" [Sklavengestalt] in erster Hinsicht die menschliche Gestalt im Leib, so schlagen die griechischen Väter die Brücke von μορφή [Gestalt] zu εἰκών [Bild] wie z.B. Eusebius von Cäsarea: „[...] ὃς ἐν μορφῇ Θεοῦ ὑπάρχων, τοτὲ δὲ αὐτὸν εἰκόνα τοῦ Θεοῦ [...]".[176] In ähnlicher Weise formuliert Athanasios seine Auffassung vom Sohn als *Bild*-Repräsentation des Vaters: „[...] ὁ Υἱὸς εἰκών ἐστι τοῦ Πατρὸς [...]".[177]

3.4.2 Göttliche Bild-Gebung

Da jene andere Gestalt, von der aus in Phil 2,6–8 der Abstieg zur „μορφὴ δούλου" stattfindet, das Göttliche ist, hat eine solche Bildgebung stets einen kosmischen Charakter. Voraussetzung aller Sichtbarkeit ist entsprechend das Licht, nach dessen Erschaffung (1Mos 1,3) das AT den ersten Sehakt (als Akt der Wertung) ansetzt: „[...] וַיַּרְא אֱלֹהִים אֶת־הָאוֹר כִּי־טוֹב".[178] Erst in einer zweiten Stufe findet die Selbstdarstellung Gottes „zu seinem Bilde" im Menschen statt (1Mos 1,27). Was im inkarnatorischen Geschehen vor sich geht, bildet deuteropaulinisch die Rekapitulation und Kondensierung dieser Gottesebenbildlichkeit im Gottmenschen Chri-

---

[175] „Wenn aber Christus Gott war, sagen sie, warum wurde er dann der Gestalt nach unter den Menschen *gesehen?*" (*Adv. nat.* I,60, Hervorh. D.U.).
[176] „[...] derjenige, der in Gottes Gestalt war, ist dann das Bild Gottes [...]" (PG 24,888B, Hervorh. i. Orig.).
[177] „[...] der Sohn ist das Bild des Vaters [...]" (PG 26,332B).
[178] „Und Gott sah, dass das Licht gut war [...]" (1Mos 1,4).

3. Metonymie und Metapher 203

stus.[179] Indem die Geburt Christi aus der historischen Zeit herausgelöst wird („der Erstgeborene vor aller Schöpfung"), erscheint die Inkarnation als kosmogonisch-superiores Geschehen, das metaphysisch als der Schöpfung vorausgehend gesetzt wird: „Τίς πρῶτος ἐποίησειν εἰκόνα;", fragt Johannes von Damaskus in seiner Schrift zur Bilderverteidigung (s. 3.4.4.2) und antwortet: „Αὐτὸς ὁ θεὸς πρῶτος ἐγέννησε τὸν μονογενῆ υἱὸν καὶ λόγον αὐτοῦ, εἰκόνα αὐτοῦ ζῶσαν, φυσικήν, ἀπαράλλακτον χαρακτῆρα τῆς αὐτοῦ ἀιδιότητος, [...]".[180] Bezeichnenderweise wird das Moment der bildlichen Darstellung damit zu einem metaphysischen Geschehen von Schöpfungsrang erhoben. Die Eikon-Christologie ist nie allein auf den *status exinanitionis* bezogen, sondern wird überhistorisch angesetzt.[181]

Diese kosmogonische Makrodimension wird in der johanneischen Logoschristologie dann auf die Fleischwerdung fokussiert (s. 2.2.5); für Johannes ist – bei Anklängen an die Lichttopik von Gen 1 in Jh 1,8 – die Sichtbarwerdung mit der Inkarnation verknüpft. Expliziter wird Hebr 1,3, wonach der Gottessohn „ἀπαύγασμα τῆς δόξης καὶ χαρακτὴρ τῆς ὑποστάσεως αὐτοῦ"[182] darstellt.

Als Bildgeber erscheint Gott. Hilarius von Poitiers nimmt die Siegelzeichen-Metaphorik von Jh 6,27 und Hebr 1,3 auf: „,Hunc enim Pater signavit Deus.'"[183] Agent des Bezeichnens sei Gott; er erschaffe sich ein wesensgenaues Abbild.[184]

3.4.3 Metonymische Bildabnahme

Als Abnehmer dieser göttlichen Bildschaffung fungiert dann der Mensch – der zeitgenössische Augenzeuge des irdischen Seins Jesu Christi.[185] Gleich ob auf die

---

[179] „[15]ὅς ἐστιν εἰκὼν τοῦ Θεοῦ τοῦ ἀοράτου, πρωτότοκος πάσης κτίσεως· [16]ὅτι ἐν αὐτῷ ἐκτίσθη τὰ πάντα, τὰ ἐν τοῖς οὐρανοῖς καὶ τὰ ἐπὶ τῆς γῆς, τὰ ὁρατὰ καὶ τὰ ἀόρατα, εἴτε θρόνοι, εἴτε κυριότητες, εἴτε ἀρχαί, εἴτε ἐξουσίαι· τὰ πάντα δι' αὐτοῦ ἔκτισται· [17]καὶ αὐτὸς ἐστι πρὸ πάντων, καὶ τὰ πάντα ἐν αὐτῷ συνέστηκεν." [[15]Er ist das Ebenbild des unsichtbaren Gottes, der Erstgeborene vor aller Schöpfung. [16]Denn in ihm ist alles geschaffen, was im Himmel und auf Erden ist, das Sichtbare und das Unsichtbare, es seien Throne oder Herrschaften oder Mächte oder Gewalten; es ist alles durch ihn und zu ihm geschaffen. [17]Und er ist vor allem, und es besteht alles in ihm.] (Kol 1,15–17).

[180] „Wer hat als erster ein Bild geschaffen?/ Gott selbst hat als erster den einziggeborenen Sohn und seinen Logos gezeugt, ein lebendiges Bild von sich, eine natürliche, unveränderliche Ausprägung seiner Unsichtbarkeit [...]" (Johannes von Damaskus, *Imag.* III, 26; 1975:132; dt. von Wolfgang Hradsky, Johannes von Damaskus 1996:112; Übers. korrigiert).

[181] 1Tim 6,14–16; vgl. auch 3.1.3.

[182] „Der Abglanz seiner [Gottes] Herrlichkeit und Abdruck seines Wesens" (Hebr 1,3).

[183] „,Diesen hat nämlich Gott der Vater mit dem Siegel beglaubigt.'" (*de trin.* 8,44; PL 10,269A; dt. v. Anton Antweiler, Hilarius von Poitiers 1934:51). Zur juridischen Vorstellung der Versiegelung durch das Kreuz s. weiter 4.5.10.1.

[184] *de trin.* 8,49; PL 10,272B–273A.

Kosmogonie bezogen oder auf den Moment der Inkarnation fokussiert – die im 4. Jh. kanonisierten neutestamentlichen Texte richten den Fokus auf die Sichtbarkeit des inkarnierten Leibes für die Augenzeugen. Erst später – als Augenzeugenschaft nicht mehr gegeben ist – gerät die Repräsentation auf die gleiche schiefe Ebene wie die Trope (s. 2.3). Wenn legitimerweise von der Sichtbarwerdung des göttlichen Logos in menschlicher Sklavengestalt die Rede gehen könne, wird jetzt argumentiert, dürfe diese Sichtbarkeit nicht als Fata Morgana, als Vorspiegelung eines falschen Scheins verstanden werden (vgl. oben den Doketismus; 2.3.2).

Aufgabe des menschlichen Umgangs mit dem Bild, das Gott in Christus gegeben haben soll, ist dann ein möglichst geringer eigener Beitrag zu dieser Bild-Gabe; entsprechend drängt sich zur Beschreibung der Insinuationen möglichst reiner menschlicher Re-präsentationen dieser primären göttlichen Präsentation das Vokabular einer Zeichentheorie von Spur und Analogie auf – von Indexalität und Ikonizität, von Metonymie und Metapher.

3.4.3.1 vera ikon

Nach dem als Auferstehung gedeuteten Verschwinden des Leichnams Christi ist dessen Sichtbarkeit erst einmal dahin. Es dauert Jahrhunderte, bis die „Erblast" (Belting 2005:11) des alttestamentlichen Bilderverbots (s. 3.4.5) schrittweise unterlaufen wird und – analog zum Auffinden des angeblich authentischen Kreuzes Christi (s. 3.3.2.1) – auch vom Leichnam Christi metonymische Spuren präsentiert werden – das Turiner Leichentuch und das Mandylion von Edessa und mit diesen die narrativen Amplifikationen in Form der Veronika- und Abgar-Legende.[186] Alle sehen sie vor, dass in einem Handtuch (grch. μανδύλιον) bzw. Leichentuch[187] eine siegelartige Spur, ein indexikalisches Zeichen (s. Belting 2005:47) vom Gesicht Christi geblieben sei.[188]

---

[185] In dieselbe Rezipientenposition versetzt Pavel Florenskij mit seiner *Обратная перспектива [Umgekehrte Perspektive]* den Betrachter der orthodoxen Ikone und erklärt damit das Fehlen von Zentralperspektive (Florenskij 1967). Der Bildinhalt sei vom Göttlichen her dargestellt.

[186] Siehe bes. Kessler 2000 u. Stock 1995/2001:II 109–137.

[187] Ein etwas geringerer Status kommt Reliquien von Jesu Gewand zu wie denen, die 1625 in die Moskauer Uspenskij-Kathedrale gebracht wurden (s. Šalina 2005:387). Auch diese Reliquienübertragung hat ihr eigenes Bildprogramm nach sich gezogen (Abb. 148–152 u. 154 in Šalina 2005:nach 534), wenngleich dessen Produktivität bei Weitem nicht an die des Mandylions herankommt.

[188] Die *Legende zur nicht von Menschenhand gemachten Christusikone* (787 als apokryph eingestuft) iteriert das Motiv des direkten Abdruckbilds, derer es in der Legende drei gibt: 1) die Feuersäule, die sich in Stein abbildet (Tichonravov 1863:II 12; dt. Martini-Wonde 1988:10); 2) das Herrenbild im direkten Abdruck auf einem Tuch, eine *vera ikon*; und 3) eine von Hand geschriebene (Tichonravov 1863:II 15; Martini-Wonde

Sie bezeugten die historische Existenz dessen, der zu Lebzeiten einen Abdruck von seinem Körper hinterließ, und sie bezeugten zugleich darin seine überzeitliche Präsenz, dass auch seine Bilder noch Wunder wirken konnten. (Belting 1990:70).

Wie das Kreuz(zeichen) haben das Turiner Leichentuch und die Abgar-Legende eine imagogene Wirkung;[189] jedenfalls verteidigt einer der Argumentationsstränge der orthodoxen Bildtheologie die Darstellungsform der Ikone aus der Grabtuch-Metonymie als „von Gott selbst gegebene Ikone".[190] Die Mandylion-Ikone, die das „nicht von Menschenhand geschaffene Bild Christi"[191] wiedergeben soll, ist das ikonografische Muster, welches diese Argumentation dann umsetzt (Onasch/ Schnieper 2001:79; s. 4.6.3.1). Es soll in Reinform jenes Prinzip realisieren, das die moderne Zeichentheorie – nicht zuletzt von der orthodoxen normativen Theologie der *vera ikon* inspiriert – ikonisches Zeichen nennt (s. 3.2.1).

Dieses qua Spur *und* Ähnlichkeit angeblich doppelt authentische Abdruck-Sujet (s. Belting 2005:57) wird in der Folgezeit um weitere Sujets von selbstständigen und symbolischen Christusbildern erweitert (Stock 1995/2001:II 121–139).

3.4.3.2 Christus-Metonymien und -Metaphern

> Selbst das Unvollkommene enthält noch Spuren des Vollkommenen. [...] selbst im letzten Abbild findet sich noch der Abglanz des Urbildes. (Fischer 1996:14)

Die metonymische Relation endet nicht bei der materiellen Spur, die von Jesus Christus hinterlassen worden sein soll, sondern erstreckt sich von seiner bildlichen Darstellung auch auf weitere Figuren der biblischen Geschichte, insbesondere Maria. Gottesmutter-mit-Kind-Ikonen wie der Eleusa-Typ oder die Kreuzigungsgruppe inszenieren verschiedene Aspekte der Kenose Christi (s. 4.6.4.2 u. 4.6.4.6).

Nicht mehr metonymisch, sondern metaphorisch zu Christus funktionieren Heiligenikonen.[192] Auch diese verteidigt Johannes von Damaskus mit dem Ver-

---

1988:13) Antwort des irdischen Jesus Christus an den Fürst Abgar, den Autor einer an ihn gerichteten Bittschrift.

[189] Stock 1995/2001:II 123. Die Legendenbildung befördert zweifellos die Entstehung christlicher Bilder. Überzogen ist jedoch Avernicevs Ansicht (1994b:598), erst die christliche „Mythologie" favorisiere bildliche Darstellbarkeit, während die Dogmatik diese ablehne, was durch die *forma Dei*-Konzeption widerlegt wird (3.1.3).

[190] Vgl. bspw. Johannes von Damaskus, *De fide orth.* IV,16; PG 94,1173A.

[191] Der kanonischste literarische Reflex ist Puškins Umdichtung von Horaz' *Aere perennius [Ich schuf ein Denkmal, dauernder als Erz]* mit dem paradoxen Titel *Я памятник себе воздвиг нерукотворный [Ich habe mir ein nicht von Hand geschaffenes Denkmal errichtet]* (1836).

[192] Die hier beschriebene metonymische Kette entspricht nicht der historischen Abfolge der Entstehung bestimmter Bildtypen; es ist in der Spätantike vielmehr so, dass Chris-

weis auf den Christusbezug der Heiligen (*Imag.* I,19; II,6). Was Heilige darstellungswürdig macht, ist eben ihre *imitatio exinanitionis Christi*, visualisiert in Leidensszenerien (Märtyrer) oder Nacktheit (Eremiten). Die Ikone der Paraskeva-Pjatnica bildet eine Christusmetapher und eine Metapher der Christusmetonymie Maria zugleich.[193]

Eine nochmals erweiterte Metonymie liegt vor, wenn den Christusikonen eine (z.B. heilende) Wirkung auf ihre Betrachter bzw. Verehrer attestiert wird. Interessanterweise ist diese Zuschreibung bei reinen Christusikonen seltener als bei den Ikonen seiner Metonymien und Metaphern, bei Gottesmutter- und Heiligenikonen; die noch stärker vermittelte Relation scheint die Zuschreibung von wundersam-magischer Wirkung eher zu fördern als zu behindern.[194]

So produktiv solche metaphorisch-metonymischen Relationen sichtlich sind, eine ungehinderte Proliferation der Übertragungsschritte liegt nicht im Interesse des Replikationssystems Christentum. Gerade die orthodoxe Kirche entwickelt zur Begrenzung des zu memorierenden Bildinventars einen engen Kanon zulässiger Ikonensujets[195] Als dieser aufgeweicht wird, zementieren ihn Regelbücher (s. 4.6.8.2). Obgleich diese auf einen faktisch bereits eingetretenen Kontinuitätsbruch reagieren, bleibt der „Mythos ikonischer Konstanz" (C. Schmidt 2009:224) konstitutiv für das paradoxe Genre der orthodoxen Ikonengeschichtsschreibung.

3.4.4 Herunterstufung des Repräsentanten

Selbst wenn man sich auf die Existenz von Spuren vom irdischen Antlitz Jesu und die entfernte Partizipation metonymischer und metaphorischer Bezüge auf Christus an dessen göttlicher Macht einlässt, drängt sich die Frage auf, ob diese Bilder denn über den Dokumentstatus hinaus irgendeine Verehrung verdienen bzw. wie viel von Gott man denn im Abdruck des menschlichen Gesichtes sehe oder wie viel in dessen Metonymien und Metaphern noch wirke.

---

tusbilder erst nach Darstellungen von Heiligen, also durch ein allmähliches Herantasten an den Inkarnierten von seinen Metaphern und Metonymien her möglich werden.

[193] Vgl. Onasch/Schnieper 2001:207; zu Verflechtungen von Metaphern und Metonymien s. 1.4.7.

[194] Ein zusätzlicher Vermittlungsschritt liegt vor, wenn in der Alimpij-Vita der Ikonenmaler mit seinen Ikonenfarben zu heilen vermag (Martini-Wonde 1988:25f).

[195] Was darüber hinausgeht, droht den Status des Kultbildes und damit die mittelbare Partizipation an realpräsentischer Spur und magischer Wirkung zu verlieren (Belting 1990).

3.4.4.1 Zwei „Staturen"

Die Kirche hat immer wieder eine größere Sicht der Größe Gottes verkündet: die eines Gottes, der sich selbst entäußern kann, um Knechtsgestalt anzunehmen und seinem eigenen Geschöpf gleich zu werden. Wie sollte es dann eine Erniedrigung der Ehre Gottes sein, wenn nun der Menschgewordene auch im Bild dargestellt wird? (Schönborn 1984:224)

Alle metonymischen und metaphorischen Bezüge auf den Inkarnierten ändern nichts daran, dass die irdische Natur von der göttlichen als durch eine ontologische Kluft getrennt zu denken ist; wenn der göttliche Logos herabsteigen musste, um Menschengestalt anzunehmen, dann muss auch der Bild-gebende Gott sein Bild herabstufen, damit es der menschliche Bildempfänger zu rezipieren vermag.

In diesem Sinne erinnert Origenes in seinen Überlegungen zum Zweck der Inkarnation an die Differenz zwischen Göttlichem und Menschlichem, aufgrund derer die Sichtbar-Werdung auch eine Maßstabsverkleinerung sein müsse:

[...] exinaniens se Filius qui erat in forma Dei, per ipsam sui exinanitionem studet nobis deitatis plenitudinem demonstrare [...] ut qui in magnitudine deitatis suae positam gloriam mirae lucis non poteramus aspicere, per hoc quod nobis splendor efficitur intuendae lucis divinae viam per splendoris capiamus aspectum. Comparatio sane de statuis, quasi in rebus materialibus posita, ad nihil aliud recipitur, quam ad hoc quod Filius Dei brevissimae insertus humani corporis formae ex operum virtutisque similitudine Patris in se immensam ac invisibilem magnitudem designabat, per hoc quod dicebat ad discipulos suos, quia „Qui me vidit, vidit et Patrem" [...][196]

Das Abheben auf die Kluft der zwei „Staturen" trug Origenes Hieronymus' Kritik ein.[197] Ein „Ebenbild des Unsichtbaren" bleibt angesichts der ontologischen Unangemessenheit von Repräsentant und Repräsentat ein abbildungstheoretisches Paradox; die Unähnlichkeit zwischen Lichtquelle und Abglanz, die in der *forma-Dei*-

---

[196] „[...] indem sich der Sohn, der in göttlicher Gestalt gewesen war, erniedrigt, bemüßigt er sich, uns durch diese seine Kenose die Fülle der Gottheit zu zeigen [...] damit wir, die wir die durch die Größe seiner Gottheit aufgestellte Herrlichkeit wunderbaren Lichts nicht sehen konnten, dadurch, dass uns der Abglanz dargetan wird, damit wir es durch das Anschauen des Wegs des göttlichen Lichts, durch den Anblick des Abglanzes erfassen können. Allerdings wird der gleichsam in materielle Dinge gegossene Vergleich zwischen den Staturen für nichts anderes eingesetzt, als dass des Gottes Sohn – von der Ähnlichkeit mit dem Vater in Werken und Tugend in die niedrigste Gestalt eines menschlichen Körpers eingeführt – in sich selbst die riesige und unsichtbare Größe bezeichnete, wie er seinen Jüngern sagte: ‚Wer mich sieht, sieht auch den Vater' [...]" (PG 11,136C–137AB).

[197] Siehe PG 11,137 Anm. 32; Weiteres zu Origenes und Hieronymus bei Grillmeier 1990:I 275.

Lehre angelegt, aber nicht ausgeführt ist, bereitet Probleme – jedenfalls für eine Ähnlichkeitsepisteme (s. 3.7). Die Degradierung des Repräsentanten (Sklavengestalt und ihr Bild) um der Aufwertung des Repräsentats (göttliche Natur) willen kann diese Schwierigkeit nur lindern, nicht auflösen.

3.4.4.2 Durch-Sehen des Anderen

Nun ist aber mit der *communicatio idiomatum*[198] eine paradoxale Relation endoxalisiert worden. Müsste diese Wechselmitteilung nicht auch auf das Bild des Menschen und das Wesen des Gottes angewandt werden dürfen?

Theophilos von Alexandrien arbeitet sich an einer rechtgläubig akzeptablen Fassung des wechselseitigen Verhältnisses der zwei Naturen Jesu Christi unter dem Sichtbarkeitsblickwinkel ab; die beiden Naturen, meint er, verdeckten einander nicht: „Neque enim divinitatem ejus, quae nullis locorum spatiis circumscribitur, assumptio servilis formae poterat obscurare, nec angustia humani corporis ineffabilem."[199] Durch das eine werde das andere geschaut: „non alter et alter, sed unus atque idem utrumque subsistens, Deus et homo, dum servus videtur, et dominus adoratur".[200] Die eine Natur werde in der anderen, d.h. gerade aus der anderen heraus, dargestellt, womit die Darstellbarkeit gerechtfertigt wäre.

> Die Evidenz eines Bildes wurde damit zugleich begrenzt und ausgeweitet: begrenzt, weil ein Bild nur den sichtbaren Körper darstellen konnte, und ausgeweitet, weil es daneben auch einen unsichtbaren Referenten besaß. (Belting 2005:98)

Christusikonen wären damit die Umkehrung der Richtung und der bildliche Mehrwert des kenotischen Aktes.[201]

Die bei Theophilos angedeutete Wechsel-Darstellung qua Doppelnatur wird dann im Bilderstreit (726–843) für die Verfechter der Bilder wichtig und später für die Ikonentheologie insgesamt entscheidend. Für Johannes von Damaskus folgt aus der bereits mehrfach beschriebenen *communicatio idiomatum* auch, dass durch das Fleisch die gottmenschliche Hypostase „anagogisch" verehrt werden könne:

---

[198] *Wechselmitteilung der Eigenschaften* (s. 2.8.5).
[199] „Denn die Annahme der Sklavengestalt konnte weder seine Gottheit verdunkeln, die von keinen Raumorten umschrieben wird, noch die Enge des menschlichen Körpers sie unsagbar machen" (PL 22,775).
[200] „Nicht zwei getrennte, sondern als ein und derselbe bestehend, als Gott und Mensch; „[…] wird der Sklave gesehen, wird auch der Herr angebetet." (PL 22,776).
[201] Vgl.: „The iconophiles held that Christ's *kenosis* would not be a reality if his visibility, and thus the possibility of his portrayal and of humanity's participation in him, were denied." (Turner 2001:241).

3. Metonymie und Metapher

Οὐ γὰρ ὡς ψιλὴν σάρκα προσεκυνοῦμεν, ἀλλ' ὡς ἡνωμένην θεότητι, καὶ εἰς ἓν πρόσωπον καὶ μίαν ὑπόστασιν τοῦ Θεοῦ Λόγου, τῶν δύο αὐτοῦ ἀναγομένων φύσεων.[202]

Ausgefaltet wird dies in Johannes' Verteidigung der Bilder Λόγος ἀπολογητικὸς πρὸς τοὺς διαβάλλοντας τὰς ἁγίας εἰκόνας.[203] Das alttestamentliche Bilderverbot[204] werde durch die Inkarnation hinfällig:

Δῆλον ὡς, ὅταν ἴδῃς διὰ σὲ γενόμενον ἄνθρωπον τὸν ἀσώματον, τότε δράσεις τῆς ἀνθρωπίνης μορφῆς τὸ ἐκτύπωμα· ὅταν ὁρατὸς σαρκὶ ὁ ἀόρατος γένηται, τότε εἰκονίσεις τὸ τοῦ ὁραθέντος ὁμοίωμα· ὅτε ὁ ἀσώματος καὶ ἀσχημάτιστος ἄποσός τε καὶ ἀπήλικος καὶ ἀμεγέθης ὑπεροχῇ τῆς ἑαυτοῦ φύσεως ὁ ἐν μορφῇ θεοῦ ὑπάρχων μορφὴν δούλου λαβὼν ταύτῃ συσταλῇ πρὸς ποσότητά τε καὶ πηλικότητα καὶ χαρακτῆρα περίθηται σώματος, τότε ἐν πίναξι χάραττε καὶ ἀνατίθει πρὸς θεωρίαν τὸν ὁραθῆναι καταδεξάμενον. Χάραττε τούτου τὴν ἄφατον συγκατάβασιν, [...][205]

Eine solche paradoxe Repräsentation durch das Andere kommt dem Diskurs des Erhabenen nahe und bildet eine Zwischenstufe zwischen Apophatik und Kataphatik, insofern sie Darstellung und Nicht-Darstellung verschränkt (vgl. 3.5.6–3.6.2).

3.4.4.3 Didaktische Ikonentheologie

Weniger paradox erscheint das Abbilden, wenn das Bild Christi weniger als göttliche Bildgabe verstanden denn als menschliches, menschengemachtes Erinnerungszeichen interpretiert wird; ein Mnemozeichen hat auch das Ähnlichkeitsproblem in weit geringerem Maße, insofern es ja auch rein arbiträr oder verklausulierend (wie das Fisch-Symbol für Jesus Christus; s. 3.4.4.5) funktionieren kann.

---

[202] „Denn nicht als bloßes Fleisch verehren wir es, sondern als geeint mit der Gottheit, und weil eine Person und eine Hypostase des Gott-Logos Träger seiner zwei Naturen ist." (*De fide orth.* III,8; PG 94,1013C; dt. v. Dionys Stiefenhofer, Johannes von Damaskus 1923:132; Übers. korrigiert).

[203] *Contra imaginum calumniatores/Verteidigungsschriften gegen diejenigen, welche die heiligen Bilder verwerfen* (um 730; die Datierung folgt Kotter, in: Johannes von Damaskus 1996:7).

[204] *Imag* I,6; 1975:79f; dt. von Wolfgang Hradsky, Johannes von Damaskus 1996:31.

[205] „Es ist offensichtlich, daß Du, wenn Du den Körperlosen siehst, der um Deinetwillen Mensch geworden ist, dann das Abbild des Sichtbargewordenen schaffen wirst; wenn der Unsichtbare im Fleisch sichtbar geworden ist, dann wirst du das Abbild der menschlichen Gestalt schaffen; wenn der Körper- und Gestaltlose, der ohne Maß, Alter und Größe durch den Vorzug seiner Natur in der Gestalt Gottes ist, der Knechtsgestalt angenommen hat (vgl. Phil 2,6–7), durch eine solche Umhüllung Maß, Alter und Körpergepräge erhält, dann ritze ihn auf einer Platte ein und stelle ihn, der es auf sich genommen hat, gesehen zu werden, zum Anschauen aus! Präge in Metall sein unaussprechbares Herabsteigen [...]" (Johannes von Damaskus *Imag.* I,8; 1975:82; dt. u. m. Quellenverweis vers. v. Wolfgang Hradsky, Johannes von Damaskus 1996:32f; vgl. auch *Imag.* III,8).

Stellt also eine *memoria*-Theorie des Bildes den Ausweg aus der Kluft der zwei Naturen dar? Ja und nein. Denn die Entscheidung, Christusbilder als Erinnerungsstützen gutzuheißen, wie sie etwa in Nicäa 787,[206] bei Johannes von Damaskus[207] oder Maksim Grek vorkommt (s. Byčkov 2001:285), schließt die damit im Grunde konkurrierende *vera-ikon*-Theorie in den wenigsten Fällen aus; die byzantinische und russisch-orthodoxe Bilder-Apologetik häuft eher diverse (und divergente) Argumente an, als einer stringenten Erklärung den Vorzug zu geben.

Die kognitiven Vorteile des Bildzeichens sind von jüngeren Theorien bestätigt worden, man denke nur an Warburgs Theorem des ikonografischen Gedächtnisses;[208] das ikonografische Gedächtnis seinerseits hat enorme Bedeutung für das kulturelle Gedächtnis – insbesondere für dessen gezielte Gestaltung: Das Bild ist für eine Replikationsintention, wie sie das Dispositiv Christentum mit der mnemonischen Figur ‚Kenose' verbindet (1.5.2), so wichtig, dass es sich schließlich immer wieder gegen puristische Entbildlichungsbestrebungen wie Ikonoklasmus und reformierten Bildersturm durchsetzte.

3.4.4.4 Tertiäre Abbildung nach Intermedium des Wortes
Ein gleichfalls weniger heikles Verständnis von Christuszeichen ist die bildliche Umsetzung der Evangeliennarrationen. Doch den radikalen Bilderstürmern ist wegen der Teilnahme Christi selbst dies zuviel, und das zweite Anathema von 787 verteidigt diese Bilderart: „Εἴ τις τὰς εὐαγγελικὰς ἐξηγήσεις τὰς στηλογραφικῶς γινομένας οὐ προςίεται, ἀνάθεμα ἔστω."[209] Auch das Intermedium des Wortes (der Evangelisten)[210] kuriert also die Kluft der zwei Naturen nicht endgültig.

---

[206] „Ὅσον γὰρ συνεχῶς δι' εἰκονικῆς ἀνατυώσεως ὁρῶνται, τοσοῦτον καὶ οἱ ταύτας θεώμενοι διανίστανται πρὸς τὴν τῶν πρωτοτύπων μνήμην τε καὶ ἐπιπόθησιν [...]" [Je häufiger sie (Christus, Maria etc.) nämlich durch eine bildliche Gestalt angeschaut werden, desto mehr werden auch deren Betrachter angeregt, der Urgestalten zu gedenken und sich nach ihnen zu sehnen.] (COD 136).

[207] *De fide orth.* IV,16; PG 94,1172B. Diese didaktischen Bildzeichen seien gerade auch für Analphabeten wichtig (*De fide orth.* IV,16; PG 94,1172AB; vgl. auch *Imag.* I,17).

[208] Vgl. Warburgs Mnemosyne-Atlas, in dessen Einleitung Warburg die mnemische Wirksamkeit der „Einverseelung vorgeprägter Ausdruckswerte" an bildkünstlerischen Werken demonstriert (Warburg 2000:3). Dass das christliche „Inventar der nachweisbaren Vorprägungen" (ebd.:4) wenig mit dem „Prägewerk" der „orgiastischen Massenergriffenheit" (ebd.:3) zu tun hat, die Warburg interessiert, ja dieser geradezu entgegensteht (ebd.:5), schmälert die Anwendbarkeit von Warburgs Aufzeigen eines ikonographischen Gedächtnisses darauf nicht.

[209] „Wenn jemand die Erzählungen der Evangelien in gemalter Form nicht zuläßt, gelte das Anathem." (COD 137).

[210] Vgl. B. Uspenskij 1976:11.53; Onasch 1968:151; Witte/Hänsgen 1998:9f; vgl. 4.7.1.

3.4.4.5 Abstraktion

Einen weiteren Versuch, die Darstellungsform selbst herunterzustufen, um damit den Anspruch auf Ähnlichkeit mit dem Göttlichen von vornherein auszuschließen, stellt die Abstraktion dar. Neben Graphemsymbolen wie den verschiedenen Varianten des Christusmonogramms (Wessel 1966), das sich dank Konstantin I. „stürmisch verbreitete" (Stock 1995/2001:II 31), sind abstrakte Darstellungen des nackten Kreuzes die ersten Bildformen, welche die christliche Gemeinde entwickelt.[211] Im Bilderstreit werden den Bildern von den Ikonoklasten bloße Kreuze entgegengehalten (Thümmel 1992:187). Viel später, im Protestantismus, besonders bei den Reformierten nimmt das leere Kreuz – im Vergleich zu den kenotisch-aischrologischen katholischen Kruzifixen der Gotik – bisweilen eine antikenotische Dimension an – es ersetzt den (hässlichen) gemarterten Leib, für den es doch metonymisch steht.

Eine Kombination von Signifikanten- und Bildebene bildet das Christusmonogramm aus den ersten Namensbuchstaben X und P, oft in Verbindung mit dem Kreuz (s. Onasch 1981:76) oder das sich aus dem Akrostich Ἰησοῦς Χριστὸς Θεοῦ υἱὸς Σωτήρ [Jesus Christus Gottes Sohn Erlöser] ergebende Symbol des Fisches (grch. ἰχθύς) dar.

3.4.4.6 Verehrung statt Anbetung

Schließlich wird der Vorwurf des Götzendienstes auf dem zweiten Konzil von Nicäa 787 durch eine Unterscheidung von Verehrung (προσκύνησις, *veneratio*) und Anbetung (λατρεία, *adoratio*) unterlaufen: „[...] ταύταις ἀσπασμὸν καὶ τιμητικὴν προσκύνησιν ἀπονέμειν· οὐ μὴν τὴν κατὰ πίστιν ἡμῶν ἀληθινὴν λατρείαν, ἣ πρέπει μόνῃ τῇ θείᾳ φύσει, [...]".[212] Die Verehrung gelte nicht etwa einem materiellen Trägermedium wie dem Holz, sondern durch dieses hindurch, dem der „Siegelabdruck Christi" (χαρακτὴρ Χριστοῦ; PG 93,1600A) eingeprägt sei, metonymisch Christus. Ikonenverehrung sei mittelbare – ihrer Mittelbarkeit

---

[211] Der älteste Beleg für einen Kruzifixus (zwischen 238 und 244) hingegen ist ein Spottbild (Abb. Krischel/Morello/Nagel 2005:257).

[212] „Man grüßt sie [Christus-, Marienbilder etc.] und erweist ihnen achtungsvolle Verehrung. Ihnen gebührt jedoch nicht die wahre Anbetung, die unserem Glauben gemäß ist und allein der göttlichen Natur zusteht." (COD 136; vgl. auch PG 94,1240B). Die griechische terminologische Abgrenzung wird in lateinischen Übersetzungen oftmals verwischt, etwa in PG 93,1597CD–1600A, wo „adoratio" für „προσκύνησις" [Verehrung] steht. Dieses Translationsproblem trug wesentlich zum fränkischen Protest gegen die Entscheidungen von Nicäa 787 in den *Libri Carolini [Karolinische Bücher]* (790) bei.

eingedenke – Ehrung der Urgestalt: „[…] καὶ ὁ προσκυνῶν τὴν εἰκόνα προσκυνεῖ ἐν αὐτῇ τοῦ ἐγγραφομένου τὴν ὑπόστασιν."[213]

3.4.5 Kritik sekundärer Abbildung

Diese diversen Herunterstufungen des sichtbaren Bildes Christi – zum Erinnerungszeichen, zur intermedialen Umsetzung des Evangelistenwortes oder zu abstrakt-arbiträren Erkennungszeichen – machen deutlich, dass die Verfechter des Christusbildes sich in der Defensive sahen. Bei ihren konzeptionellen Schwierigkeiten sind zwei Inspirationen zu unterscheiden – eine platonische und eine alttestamentliche: Die platonische Kunstkritik (*Politeia* X) läuft darauf hinaus, dass die Abbildung von etwas, das selbst schon sekundäre Abbildung einer primären Idee sei, tertiär gerate. Wenn in diesem Sinne schon das auf dem Wege der Inkarnation von der Gottheit gegebene Bild dieser selbst unähnlich wäre, wozu könne es dann führen, dieses Bild nochmals abzubilden?[214] Dazu kommt das aus der Konkurrenz mit anderen (polytheistischen) Religionen entstandene alttestamentliche Bilderverbot,[215] welchem das NT[216] noch ohne Abstriche folgte. Beide kommen im byzantinischen Bilderstreit zusammen.[217]

3.4.5.1 Unterlaufene Praxis der Bilderverehrung

Die Bindekraft dieses Verbots wirkt solange, wie in der religiösen Konkurrenzsituation der Spätantike und der Verfolgung des Christentums Bilder mit dem Gegner, dem Polytheismus, dem Kaiser und der repressiven Staatsmacht assoziiert werden. Es ist kein Zufall, dass Kaiserin Helena das Kreuz Christi just 326 (s. 3.3.1.1) – die erste angeblich manifeste materielle Spur Christi – aufgefunden haben soll. Der Umgang mit Bildern wird in den nächsten Jahrhunderten zusehends offensiver: Sind ab dem 3. Jh. christliche Bilder belegt, so ist deren Verehrung ab dem 6. Jh. wahrscheinlich.[218] Dafür wurden in der älteren Forschung vor allem monophysitische Inspirationen angegeben,[219] insofern im inkarnierten Christus dessen göttliche Natur dominieren sollte und folglich Anbetung zulässig wäre. Erst nach

---

[213] „Denn die Ehrung des Bildes geht über auf die Urgestalt, und wer das Bild verehrt, verehrt in ihm die Person des Dargestellten." (COD 136). In der russischen Ikonentheologie hat dies Sergej Bulgakov eingehender ausgeführt (1999:243f.292–297).
[214] Zur den platonisierenden Denkroutinen einiger Bildergegner vgl. Schönborn 1984:158.
[215] 2Mos 20,4; 3Mos 26,1.
[216] 1Kor 8,4–6; Apg 17,29.
[217] Besançon spricht treffend von einem „Platonism of iconoclasts" (2000:125).
[218] Zur mangelnden Quellenlage über die Anfänge christlicher Bilder s. jüngst Hausammann 2004:233.
[219] Zum Monophysitismus s. 2.7.4.2. Diese Lesart ist in der jüngeren Forschung als zu einfach eingestuft worden, insofern sie das Problem nach außen verlagert (s. Schönborn 1984:144).

3. Metonymie und Metapher

dem byzantinischen Bilderstreit gelingt die Ausformulierung einer christologisch fundierten, paradoxen, also orthodox-endoxalen (vgl. 2.10.4) Bildtheologie.

3.4.5.2 Ikonoklasmus

Im byzantinischen Bilderstreit (726–843) tritt in der Abwehr des Monophysitismus und seiner Bildkonzeption (vgl. Besançon 2000:126) die alte anikonische Position von AT und NT nochmals hervor: Konstantin V. versucht unter Berufung auf das Bilderverbot aus 2Mos 20,4f, die aufgekommene Bilderverehrung wieder abzuschaffen. Konzeptionell ist die erste bilderfeindliche Phase (730–780) wichtiger als die zweite (815–843). Konstantins Kernanliegen ist christologisch: Er hebt das „ungetrennt" aus den chalcedonischen Paradoxen hervor und kritisiert, eine Darstellung der menschlichen Natur Christi würde unweigerlich die unumschreibbare göttliche Natur umschreiben – was unmöglich und häretisch sei; das Konzil von Hereira 754 folgt ihm darin (s. Schönborn 1984:164–169). Ein weiteres Argument gegen die Bilder resultiert aus der Konkurrenz der Trägermedien des Christusbezugs; das Fleisch wird hierbei gegen das Bild ausgespielt: Aus einer medialen Ähnlichkeitserwägung heraus verurteilt die Synode von Hereira 754 bildliche Darstellungen, da nur die Eucharistie dem Inkarnierten „ὁμοούσιος" [wesensgleich] sei (s. 2.7.1), ein zweidimensionales Bild hingegen nicht (vgl. Schönborn 1984:154–156). „[S]akramentaler Realismus"[220] wird allein dem Fleisch zugebilligt.

Eine andere mediale Konkurrenz bricht in der Reformation mit dem Züricher und Genfer Bildersturm (1523 bzw. 1535) auf (vgl. Belting 1990:513). Der in rhetorischer Hinsicht so flexible Zwingli (Alliosis; s. 2.8.5.2) ist, was die bildliche Darstellung angeht, extrem restriktiv. Wie einigen der historischen Bilderfeinde gilt den Reformatoren nur noch die Christusmetonymie des Kreuzes als akzeptabel (vgl. Schönborn 1984:161). Das macht deutlich, dass der mit dem byzantinischen 8. und 9. Jh. assoziierte Ikonoklasmus eine durchaus überzeitliche Erscheinung darstellt; Besançon (2000) wagt gar einen Brückenschlag vom AT bis zu Malevič.

3.4.6 Inkarnatorisches Schreiben und Weiterschreiben

Die Konkurrenz von abstraktem Symbol und inkarnatorischem Realismus, welche die Bilderfeinde ausgespielt hatten, kann auch genau umgekehrt gewertet werden. Die Verteidiger einer inkarnatorischen Begründung des Christusbildes (wie Viskovatyj; s. 4.6.8.3) berufen sich immer wieder auf den 82. Kanon des Quini-

---

[220] Als „sakramentalen Realismus" beschreibt Schlie das Bestreben der (altniederländischen) Malerei nach einer „Bildrhetorik, die sich nicht nur in den Dienst der Abbildung des Opferleibes stellt, sondern auf die Realpräsenz mit einem ihr eigenen Realismus reagiert und sich der Realpräsenz anverwandelt." (2002:12f).

sextums, welcher die alttestamentlichen Symbole durch den Prägeakt der Inkarnation überbieten lässt:

Ἔν τισι τῷ σεπιῷ εἰκόνων γραφαῖς ἀμνὸς δακτύλῳ τοῦ προδρόμου δεικνύμενος ἐγχαράττεται, ὅς εἰς τύπον παρελήφθη τῆς χάριτος, τὸν ἀληθινὸν ἡμῖν διὰ τοῦ νόμου προϋποφαίνων ἀμνὸν Χριστὸν τὸν Θεὸν ἡμῶν. τοὺς οὖν παλαιοὺς τύπους καὶ τὰς σκιὰς, ὡς τῆς ἀληθείας σύμβολά τε καὶ προχαράγματα παραδεδομένους τῇ ἐκκλησίᾳ κατασπαζόμενοι, τὴν χάριν προτιμῶμον καὶ τὴν ἀλήθειαν, ὡς πλήρωμα νόμου ταύτην ὑποδεξάμενοι. ὡς ἄ οὖν τὸ τέλειον καὶ ταῖς χρωματουργίαις ἐν ταῖς ἁπάντων ὄψεσιν ὑπογράφηται, τὸν τοῦ αἴροντος τὴν ἁμαρτίαν τοῦ κόσμου ἀμνοῦ Χριστοῦ τοῦ Θεοῦ ἡμῶν κατὰ τὸν ἀνθρώπινον χαρακτῆρα καὶ ἐν ταῖς εἰκόσιν ἀπὸ τοῦ νοῦ ἀντὶ τοῦ παλαιοῦ ἀμνοῦ ἀνασηλοῦσθαι ὁρίζομεν, δι' αὐτοῦ τὸ τῆς ταπεινώσεως ὕψος τοῦ Θεοῦ λόγου κατανοούντες, καὶ πρὸς μνήμην τῆς ἐν σαρκὶ πολιτείας, τοῦ τε πάθους αὐτοῦ καὶ τοῦ σωτηρίου θανάτου χειραγωγούμενοι, καὶ τῆς ἐντεῦθεν γενομένης τῷ κόσμῳ ἀπολυτρώσεως.[221]

Das *télos* des Christusbildes ist also die Memorierung der (hier mit Demut ethisch beschriebenen) Kenose Christi.

Das zweite Konzil von Nicäa 787 lässt dann die Abbildung Christi als Menschen wieder zu, indem es den um 754 noch so problematischen Begriff der „Umschreibung" Gottes stategisch einsetzt: „Εἴ τις Χριστὸν τὸν θεὸν ἡμῶν περιγραπτὸν οὐχ ὁμολογεῖ κατὰ τὸ ἀνθρώπινον, ἀνάθεμα ἔστω".[222] Das Paradox der Umschreibung des Unumschreibbaren[223] wird endoxalisiert. Wenn nach dieser Auffassung aber Bilder den Gott Christus zu „umschreiben" vermögen, so ist die Voraussetzung für die Abbildung des Menschen Jesus die inkarnatorische Sichtbarwerdung, die im Akt der göttlichen Kenosis gründet. Inkarnation wird danach

---

[221] „Auf einigen heiligen Ikonenbildern stellt man ein Lamm dar, auf das der Vorläufer (Johannes) hinweist, ein Lamm, welches die Typologie der Gnade ist, und uns im Gesetze das wahre Lamm, Christus unseren Gott, vorgebildet hat. Wenn wir nun auch die alten Typen und die Schatten nach der Tradition der Kirche als überlieferte Sinnbilder und Ankündigungen der Wahrheit verehren, ziehen wir doch die Gnade und die Wahrheit selber vor, die wir als Erfüllung dieses Gesetzes ehren. Damit also wenigstens im Bilde diese Erfüllung allen vor Augen gestellt werde, ordnen wir an, daß von nun an auf den Ikonen an die Stelle des alten Lammes die menschlichen Züge (*charaktêra*) Christi unseres Gottes gemalt werden, des Lammes, das die Sünden der Welt auf sich nimmt. Denn so verstehen wir die Tiefe der Demut des Wortes Gottes, und so werden wir dazu geführt, uns seines Lebens im Fleische zu erinnern, seines Leidens, seines rettenden Todes und der dadurch bewirkten Erlösung der Welt." (Mansi 11,977–980; dt. v. Christoph Schönborn, Schönborn 1984:177f).

[222] „Wenn jemand nicht bekennt, Christus, unser Gott, sei nach seiner menschlichen Seite umschreibbar, gelte das Anathem." (COD 137).

[223] Vgl. Methodios' „Sozusagen"-Sentenz: „Ἡ περιγραφη, ἵν' οὕτως εἴπω, τοῦ ἀπεριγράπτου […]" [Sozusagen die Umschreibung des Unumschreibbaren (…)] (PG 18, 372C, sic).

als Selbstumschreibung Gottes gedacht. Mit dieser Schreibmetapher schließt sich der Kreis zur logostheologischen Grundannahme der Christologie (2.2.5).

3.5 Im Wort

Die medientheoretische These, dass das Wort eine Stufe abstrakter sei als das Bild,[224] ist in nicht geringerem Maße als für die Technikgeschichte der Medien auch für die Kulturgeschichte der Christologie relevant.

3.5.1 Wort-verdeckender Logos

> Alles Sprechen *von* Gott hat ein Sprechen Gottes zur Voraussetzung. [...] Wollten wir dem Gedanken: „Gott – der Ur-Theologe" nun *theologisch* nachgehen, so müßten wir das eigentlichste Sprechen Gottes, das Sprechen des Göttlichen Wortes, zur Grundlage nehmen. Als das Ur-Symbol aber wäre das menschgewordene Wort ins Auge zu fassen. (Stein 2003:58, Hervorh. i. Orig.)

Während das Medium Bild im ersten christlichen Jahrtausend heftig umkämpft war, wurde die logostheologische Setzung, die am Anfang der paradoxen Christologie steht (s. 2.2.5), spätestens ab dem 3. Jh. weitgehend unhinterfragt hingenommen. Die Zurückhaltung der Apologeten, die es noch vorzogen, von der „ϑεοῦ φωνή" [Stimme Gottes] (bspw. IgnPhld 7,1) zu sprechen, um sich von der Gnosis abzusetzen, wurde bald hinfällig. Umstrittenheit verhält sich demnach direkt proportional zu Anschaulichkeit – und diese ist beim angenommenen präexistenten Logos offensichtlich geringer als beim materiellen Bild. Gerade die herausgehobene Positionierung des Logos – dem Johannesprolog zufolge am magischen Anfang aller Schöpfung, wo Wort und Tat, Wort und Sache (Fleisch) noch zusammenfallen[225] – schützte das im Vergleich dazu so ohnmächtige menschliche Wort in der alten Kirche über weite Strecken vor der Metareflexion. Die schmeichelnde Suggestion, das magische Schöpfungswort und das kerygmatische Wort der apostolischen Verkündigung hingen im Innersten zusammen, stellte das hermeneutische Bestreben nach Unterscheidung zu einem gewissen Maße still.[226]

---

[224] Siehe Marshall McLuhans Unterscheidung von heißen und kalten Medien (1997:117–120); dazu auch 4.7.2.
[225] Jh 1,1.14; vgl. Cassirer 1994:II 53–55.
[226] Unterscheidungen zwischen *verbum incarnatum* [inkarniertes Wort] und *verba testamenti* [Worte der Evangelien] resp. *biblia* werden erst durch die Scholastik (Thomas von Aquin *Contra Gent.* IV,56), den Nominalismus (Ockham) und schließlich die Reformation eingeführt.

3.5.1.1 Aufbruch von Medienkonkurrenz

Erst in der frühen Neuzeit wurde mit dem reformatorischen *sola scriptura [allein durch die Schrift]* emphatisch ein Maßstab Wort etabliert: „[...] sine verbo non potest cognosci Deus."[227] Erst jetzt kommt es – insbesondere bei Zwingli – zu einer durch interkonfessionellen Zwist induzierten Konkurrenz der Medien Bild und Wort. Wenig später kommt es auch in der orthodoxen Kirche, die nach dem Bilderstreit eine praktische Theologie kanonischer Verbindungen von Wort *und* Bild befolgt hatte, zum Medienstreit (s. den Viskovatyj-Prozess; 4.6.8.3).

In der Frühzeit stehen Wort und Bild als parallele Materialisierung und Fassbar-Machungen des unfassbaren Göttlichen dagegen eher in einem Additionsverhältnis. Schon der Johannesprolog hat neben der Sichtbarkeitsdimension auch den Wortaspekt. Auf die Sichtbarwerdung durch das Fleisch (Jh 1,14) folgt bei Johannes die Verkündigungsleistung des Inkarnierten: „Θεὸν οὐδεὶς ἑώρακε πώποτε· ὁ μονογενὴς υἱὸς, ὁ ὢν εἰς τὸν κόλπον τοῦ πατρὸς, ἐκεῖνος ἐξηγήσατο."[228] Der „nie gesehene" Gott werde von Christus im Medium des Wortes „verkündigt", also sagbar; diese beiden nacheinander geschalteten Repräsentationsformen gereichen bei Johannes aber sichtlich zu keiner trennscharfen medialen Unterscheidung, sondern produzieren eher eine multimediale Metaphorik.

Ähnlich sind auch Aussagen der apostolischen Literatur zu werten wie Hebr 1,1, wonach das Sprechen Gottes, das früher mittelbar „τοῖς πατράσιν ἐν τοῖς προφήταις"[229] stattgefunden habe, im Sohn kulminiere: Gott „[...] ἐλάλησεν ἡμῖν ἐν υἱῷ, [...]",[230] der damit als privilegiertes Sprachrohr erscheint. Auch die Väterliteratur addiert eher die Trägermedien – „Sicut verbum meum assumpsit sonum, per quem audiretur: sic Verbum Dei assumpsit carnem, per quam videretur."[231] – als dass sie eine Konkurrenz von Bild, Wort, Geist etablieren würde.

Eine weitgehende Verschränkung findet sich auch bei Johann Georg Hamann, der in seiner *Aesthetica. In nuce*[232] an die Sichtbarwerdung Gottes durch die Schöpfung anknüpft,[233] aber im gleichen Atemzug den Aspekt der Rede als eines Bildgenerators betont: „Rede, daß ich Dich sehe! – – Dieser Wunsch wurde durch

---

[227] „[...] ohne Wort kann Gott nicht erkannt werden." (Luther WA 31/1,333,6f).
[228] „Niemand hat Gott je gesehen; der Ein[zig]geborene, der Gott ist und in des Vaters Schoß ist, der hat ihn uns verkündet." (Jh 1,18).
[229] „Für die Väter in den Propheten" (Hebr 1,1).
[230] „[...] hat zu uns geredet durch den Sohn [...]" (Hebr 1,1).
[231] „Wie mein Wort Klang annahm, damit es gehört werde, so nahm das Wort Gottes Fleisch an, damit es gesehen werde." (Augustinus, PL 38,1097f).
[232] Das *nux* in Hamanns Titel ist nicht zuletzt ein konventionelles, von Adam von St. Victor kanonisch formuliertes Christus-Emblem: „Nux est Christus, cortex nucis." [Eine Nuss ist Christus, die Schale einer Nuss.] (PL 196,1433AB).
[233] Vgl. Gen 1,3; s. oben: 3.4.2.

3. Metonymie und Metapher

die Schöpfung erfüllt, die eine Rede an die Kreatur durch die Kreatur ist; [...]" (Hamann 1998:87). Nach der Schöpfung ist für Hamann die Inkarnation der zweite Generator von Wahrnehmbarkeit:

> [...] so hat er am Abend der Tage zu uns geredt durch Seinen Sohn, – gestern und heute! – bis die Verheißung seiner Zukunft – nicht mehr in Knechtsgestalt – auch erfüllt seyn wird –
> Du Ehrenkönig, HERR JESU CHRIST!
> GOTTES VATERS ewiger SOHN Du bist;
> Der Jungfraun Leib nicht hast verschmäht – –[234]

3.5.1.2 Sekundäres Wort

Aus Schöpfung, Inkarnation und Erniedrigung resultiert bei Hamann also die Konzeption von einer verschlungenen Artikulation des Göttlichen, die vom Menschen in dessen eigener ästhetischer Tätigkeit kreativ nachgeahmt werden könne.[235] Hamann liefert jedoch eine übersetzungstheoretische Abstufung, der zufolge die Sprache die sekundäre Repräsentation nach der Fleischpräsenz darstelle:

> Reden ist übersetzen – aus einer Engelsprache in eine Menschensprache, das heist, Gedanken in Worte, – Sachen in Namen, – Bilder in Zeichen [...]. Diese Art der Übersetzung (verstehe Rede) kommt mehr, als irgend eine andere, mit der verkehrten Seite von Tapeten überein [...]. (Hamann 1998:87–89, sic)

Wo menschliche Ästhetik spricht, da ist für Hamann angesichts dieser vielfachen Übersetzung – nach metaphysischem Logos und dessen inkarnatorischer Fleischpräsenz – eine tertiäre sprachliche Repräsentation am Werk. Inseiner christologisch-generativen Stufenästhetik, einem „religiösen Realismus", sind solche Übersetzungsschritte, anders als bei Platon, aber beileibe kein Grundübel (vgl. Gründer 1958:10). Sie etablieren in Hamanns Sicht eher eine unvermeidlich tertiäre Form von Signifikation, die auf die Fährte der Unangemessenheit und Unähnlichkeit jeder Repräsentation führt (s. 3.1.6), insbesondere der unähnlichen bzw. kenotischen christologischen Signifikation (s. 3.6).

3.5.1.3 Eine Sprechakttheorie des sekundären Wortes

Belege für die Einsicht in die unhintergehbare Sekundarität menschlichen Handelns vom Göttlichen, wie sie in Hamanns ‚Übersetzungschristologie' durch-

---

[234] Hamann 1998:137. Die zitierten Verse aus der dritten Strophe von Luthers *Te-Deum*-Übersetzung entfalten die paulinische „Knechtsgestalt" aus dem Satz zuvor (zur prononcierten Kenotik des *Te Deum* vgl. weiter Kähler 1958:83). Dem geht ein Rekurs auf Phil 2,5–11 voran (Hamann 1998:131), in dem auch das christologische Paradox „Majestät seiner Knechtsgestalt" vorkommt.

[235] „Natur und Schrift also sind die Materialien des schönen, schaffenden, nachahmenden Geistes [...]" (Hamann 1998:127).

218   I. Rhetorik der Christologie

scheint, dürfen aber nicht zur Annahme verleiten, diese Sekundarität sei allgemein als unhintergehbar akzeptiert worden; die vom selben Lexem λόγος[236] verdeckte Kluft zwischen (menschlichem) Sprechhandeln und (metaphysischer) Entität bricht in der menschlichen Praxis wieder auf: bei Mission, bei Predigt, überhaupt beim Versuch angemessenen Redens von Gott (s. 2.1.5).

Gerade weil die Kluft zwischen hypostasiertem Logos und menschlichem Wort größer ist als die zwischen inkarnierter Sklavengestalt und deren bildlichen Ausgestaltungen, verbietet sich zur Beschreibung der durch das menschliche Wort erzeugten Christusbezüge (resp. Logosbezüge) eine Beschreibungssprache der Spurhaftigkeit (Indexikalität) oder Analogizität des Zeichens gegenüber seinem Referenten (Ikonizität, Arbitrarität), wie sie beim Bild in Anschlag kam.[237] Beim unhintergehbar sekundären Wort hat sich die Metabeschreibung stärker aus dem Inventar der Sprechakttheorie zu bedienen – bei Begriffen wie Proposition, Konnotation, Appell, Illokution und Perlokution. Die immer wieder überzeichnete Kluft zwischen angenommenem Logos und realisiertem menschlichem Wort dürfte womöglich auch der Grund sein, warum trotz der so zentralen Positionierung des Logos am Kopfende der Christologie eine Sprechakttheorie von Worten mit Christusbezug noch kaum geleistet worden ist.[238]

3.5.2 Proposition
Die auf den ersten Blick am leichtesten zu erfassende Ebene von Äußerungen ist ihre Proposition, der Satzinhalt (s. Searle 1971:48). Propositionale Aussagen über Christus, wie sie auf den ebenfalls propositionalen Versen 6–10 der Philipper-Perikope aufbauen, sind die Domäne der christologischen Dogmatik, was sich im Griechischen und Lateinischen in *accusativi cum infinitivo* niederschlägt, die im Deutschen mit „dass" wiedergegeben werden.[239] Als positive Behauptung transportieren die dogmatischen Sätze den Wahrheitswert *w*, in der polemischen Attitüde *f*. Wie aber „propositionale Akte nicht selbständig vorkommen" (ebd.), so induziert der Kontext der dogmatischen Sätze – besonders augenfällig in der Textgattung des Katechismus – den Übergang zum Appell (3.5.3) „du sollst glauben, dass…" oder „du sollst dich verhalten wie…".[240]

---

[236] Vgl. die Belegfrequenz von λόγος für die Bedeutung ‚immanent rationality' und die Aussage ‚of divine person of Christ' (Lampe 1961:808.810). λόγος steht mitunter auch für ‚Predigt' (ebd.:807) und wird erst später durch ὁμιλία (lat. *homilia* und *sermo*) abgelöst. Im Kirchenslavischen und Russischen herrscht *слово* [Wort] vor (vgl. 4.3.5.).
[237] Siehe 3.1.9.2 u. 3.4.3.
[238] Zur Sprechakttheorie in Hinblick auf Schleiermachers Homiletik s. Bogun 1998.
[239] Vgl. zum propositionalen „dass" Searle 1971:49.
[240] Siehe die traditionelle paränetische Lesart von Phil 2,5 (2.2.3.1 u. 4.0).

3. Metonymie und Metapher 219

Dominiert in der Urgemeinde aufgrund des Konspirationsgesichtspunkts noch die mündliche Verständigung über Christus (auch die Liturgie ist ja ein mündliches Genre) und spielt die Schriftform der Epistolographie (des Paulus[241]) *quantitativ* eine Nebenrolle, so führt die Erhebung der christlichen Lehre zur Staatsreligion zur Entwicklung neuer schriftlicher Gattungen (dazu im Einzelnen in 4.3).

Christus-Propositionen überschreiten spätestens zu diesem Zeitpunkt die Grenze von Texten, die sich speziell mit Christologie beschäftigen, und infiltrieren das Gesamtgeflecht der christlichen Kultur. Es bildet sich ein flexibles System stärker und schwächer normierter Redeweisen und Gattungen mit expliziter und impliziter Bezugnahme auf Christus heraus. Die Denotate sinken dabei vielfach zu Konnotaten herab – und es ist alles andere als ausgemacht, ob damit ein Wirkungsverlust stattfindet. Zwar werden etwa liturgische Formeln mechanisch reproduziert (oder auch wegen der Fremdsprachlichkeit und der Ekphonie der Liturgie weniger verstanden; s. 4.5.1). Solche Automatisierung betrifft bspw. die Formeln von Mit-Kreuzigung und Mit-Beerdigung im Taufritus (3.3.3.4). Phraseologismen mit Christusbezügen werden metaphorisch (die Auferstehungsformel als Chiffre für Freude; s. 6.4.6) und in andere Bereiche transponiert (etwa zu Flüchen umfunktioniert[242]). Wie automatisiert oder metaphorisch-metonymisch verfremdet diese Phraseologismen auch sind – sie bilden eine Ressource für Wiederbewusstmachung und Wieder-Entautomatisierung; das Christentum verdankt einen nicht zu vernachlässigenden Teil seines Replikationserfolgs seinen reichen Formen rhetorisch mittelbaren Sprechens von Christus und Bezugnehmens auf ihn.

3.5.3 Appell, Predigt und Regel

Latent schwebt nicht nur in dogmatischen Propositionen, sondern auch in herabgesunkenen Christus-Konnotationen ein Appell zur Ausrichtung auf Christus.[243] Wenngleich die überwiegende Mehrheit dieser unterschwelligen Appelle ungehört verhallt, handelt es sich dabei immerhin um abzählbar unendlich viele Sprechakte, und gerade die Redundanz des Gewohnten hat ja einen enormen mnemonischen Bindeeffekt (s. das Phänomen des Altgläubigentums; 5.4.3.2).

Gezielt wird die Appell-Dimension ausgearbeitet in der Theorie von Mission und Predigt. Nach den idealtypischen Reden der lukanischen Apostelgeschichte

---

[241] Der allerdings seinerseits phonozentrisch den mündlichen Vollzug des „Worts des Herrn" beschwört (1Thess 1,8).

[242] ‚Christologische Flüche' wie „Kruzifix!" sind am stärksten in katholischen Kulturen verbreitet, während die russisch-orthodoxe Kultur – wohl dem heidnischen Ursprung der Vulgärsprache *мам [mat]* geschuldet (B. Uspenskij 1994) – christologische Motive kaum in Flüchen einsetzt, was schon Herberstein beobachtete (1984:114).

[243] Siehe Phil 2,5; vgl. 2.2.3.1 u. 4.0.

dauerte es allerdings bis zu Augustinus *De doctrina christiana*,[244] bis eine explizite homiletische Theorie vorgelegt wurde. Die Aufgabe der Germanen- und Slavenmission brachte einen praktischen Aufschwung der Predigt (4.3.5), während die methodische Reflexion über das Predigen später vorwiegend von protestantischer Seite geleistet wurde (H. Müller 1996:1503–1507).

Immer wieder wurde in der Predigttheorie die Legitimation der Predigt von Christi Wort selbst (Röm 10,17) hergeleitet; zumindest einer der Kernbereiche der Predigt müsse der Christusbezug sein.[245] In der Untergattung der Homilie bildet ein biblischer Text den Ausgangspunkt, womit sich das Wort des Predigers diesem gegenüber als sekundär positioniert. Auch das Gelingen der *persuasio* soll von der metaphysischen Entität bewirkt werden:

> Qui ergo dicendo nititur persuadere, quod bonum est, nihil illorum trium spernens, ut scilicet doceat, ut delectet, ut flectat; oret atque agat, ut [...] intellegenter, libenter, oboedienter audiatur.[246]

Entsprechend hat sich die Rhetorik der Predigt selbst zurückzunehmen, sich der *perspicuitas* als Entsprechung zur *claritas scripturae* zu befleißigen (vgl. H. Müller 1996:1500). Augustinus knüpft daran an, wenn er die Schlichtheit der Schrift verwerflicher rhetorischer „Aufgeblasenheit" gegenüberstellt.[247] In der Gattung der Predigt wurden in allen christlichen Kirchen unzählige Appelle zur Nachfolge Christi geäußert, vorzugsweise qua demütiger Haltung.

Die Dimension des Appells zur Nachfolge Christi wird zementiert durch präskriptive Sprechakte, wie sie in Gesetzen und Regeln geronnen auftreten. Die Missionspredigt benötigt die Flankierung durch präskriptive Textsorten. Für den Christusbezug einschlägige Fälle von normativem Regelsprechen sind etwa die im Kirchenrecht für das Gesamtleben der christlichen Gemeinde festgehaltenen Vorschriften (s. 4.3.2) und die Verhaltensanweisungen für einzelne kirchliche Gruppen; für Priester sind das Messbücher, für Mönche die (in der Orthodoxie weniger prominenten) Mönchsregeln (vgl. 5.3.5.2).

---

[244] *Christenlehre* (vgl. 2.1.3).

[245] Bspw. Luther: „Man kann sonst nicht predigen quam de Iesu Christo et fide [als über Jesus Christus und den Glauben]. Das ist generalis scopus [der grundlegende Fokus]." (Luther WA 36,180,10f).

[246] „Wer sich bemüht, durch seine Rede davon zu überzeugen, was gut ist, wobei er keines der drei rhetorischen Ziele vernachlässigt (nämlich Belehren, Erfreuen und Erschüttern), der soll beten und darauf hinarbeiten, daß er [...] mit Verständnis und Gehorsam angehört wird." (Augustinus *De doctr. christ.* IV,17; dt. v. Karla Pollmann, Augustinus 2002:179f).

[247] *De doctr. christ.* IV,10; vgl. 2.1.3.

3. Metonymie und Metapher

Der Bezug auf die Kenose Christi wird dabei nicht allein durch den allgemeinen christlichen Kontext der Gesetze garantiert, sondern im Speziellen durch das mit der Kenose eng verbundene (Phil 2,8.12) Gehorsamsvorbild Christi geleistet. Entsprechend schlägt die Betonung des Gehorsams bei Basilios dem Großen den Bogen von der Maximalforderung des Vatergottes (PG 31,1388B) zu jenem Verhalten, das der „πνευματικὸς [...] πατήρ" [geistlicher Vater] seinerseits in seinen „Regeln" („νόμοι"; PG 31,1388B) von den ihm anbefohlenen Mönchen als höchste aller Tugenden (PG 31,884C) verlangen dürfe. Die Kerntugend des Gehorsams beherrscht danach die Mehrzahl aller koinobitischen Mönchsregeln.[248]

Da stärker auf die Regelung des kirchlichen Lebens in der Welt bezogen, hat das kanonische Recht nicht jene Dichte von Christusbezügen wie die Mönchsregeln. Allerdings funktioniert auch hier punktuell die Legitimation von Einzelvorschriften und regulierendem Gesamtanspruch über die Kenose Christi (s. 4.3.2). Auf der propositionalen Ebene dominiert der Christusbezug schließlich evidentermaßen in den praktischen Messbüchern/Typika (s. 4.3.3 und 4.5).

3.5.4 Perlokutionäre ‚Christoformierung'

Insofern der Appell, die Predigt und die Regel auf die Replikation des Christus-Musters zielen, wäre der ideale Sprechakt zum Ruf in die Nachfolge Christi ein direkt einwirkender, die Erniedrigungshandlung, die der Hörer oder Leser vollziehen soll, selbst schon performierender. Es wäre ein Sprechakt, der den Erfolg der Paränese von Phil 2,5 kraft seiner eigenen, autoritativen, ja autoritären Handlungsmächtigkeit erreicht.[249] Für solche Akte hat die Sprechakttheorie den Terminus *Perlokution* geprägt (Austin 1962:101). Um die performative Dimension der perlokutionären Akte in den Mittelpunkt zu stellen, ist innerhalb der Sprechakttheorie eine Rückkehr von Searle zu Austin geboten; denn nachdem Searle die performative Dimension durch „Vernachlässigung der Perlokution"[250] aus dem Blick verloren hat, gilt es, für eine Theorie der Replikationsintention (s. 1.5), wie

---

[248] Die Mönchsregeln dienen somit nicht nur der Regelung sozialer Interaktion, sondern fungieren auch als Überlieferungsgattung für die mnemonische Figur der Kenose Christi (4.3.2); Gerade die ersten Regeln (von der Pachomius-Regel [vor 346] bis zur Benediktregel [529]) erbringen eine starke mnemonische Leistung.

[249] Symptomatisch dafür ist die Beschreibung von Gottes Sprechakten als „Fakten schaffenden": „Ipse [deus] dixit et facta sunt, loqui et facere idem est deo. [...] Non verba sunt, sed facta, quae deus loquitur." [Er (Gott) selbst sprach, und es geschah; sprechen und tun ist für Gott ein und dasselbe. (...) Es sind keine Worte, sondern Taten, die Gott spricht.] (Luther WA 14,306,10f.29).

[250] Schlieben-Lange 1975:86. Searle erörtert die perlokutionären Akte fast ausschließlich anläßlich seiner Polemik mit Grice (1971:42.69–72).

sie hier entworfen wird, den Aspekt der Intention auf Handlungsleitung durch performativ-perlokutionäre Sprechakte neu in den Blick zu heben.

Anders als illokutionär-performative Sprechakte bedürfen perlokutionäre eines Kontextes und der Anschlusshandlung eines Anderen,[251] und sie benötigen Wiederholung (Derrida 1988:298). Damit ist die Reinheit der intendierten Replikationsperformanz durch den perlokutionären Sprechakt selbst wieder eingeschränkt; Sprechakte können sich selbst zwar als perlokutionär ausgeben (*zur Umkehr bewegen, überzeugen*), sind aber auf die Akzeptanz in einem Sozium angewiesen, das bspw. eine Weihe sozial akzeptieren und ausfüllen muss, indem es den Geweihten fortan als solchen behandelt.

3.5.4.1 Taufe, Segen und Weihe

Die klassischen perlokutionär intendierten Sprechakte mit Christusbezug sind Sprechakte im Verlauf von Übergangsriten wie Taufe, Segnung und Weihe; nicht von ungefähr führt Austin im Zusammenhang mit Perlokution das Beispiel der Eheschließung an (1962:8f). Getauft wird *in Christum*,[252] zur Teilhabe an seinem Kreuz, Tod, Grab; zu den perlokutionären Sprechakten kommen bei der Weihe Niederknien, Prostration als räumliche Performierung von Erniedrigung in Nachfolge Christi (4.5.9.1).

3.5.4.2 Magische Effekte von Anrufung

Perlokutionäre Sprechakte wie Taufen, Segnen und Weihen werden in den meisten christlichen Konfessionen nicht als symbolische Gesten verstanden, die ihre Performativität allein aus der Akzeptanz durch die Gemeinde (und ggf. den Staat) erhalten, sondern als Wirkung des angerufenen Heiligen Geistes begriffen werden. Der eigentlich Handelnde soll weder der Priester sein, der den Sprechakt äußert, noch die Gemeinde, die ihn akzeptiert, sondern der Geist Gottes oder Christi. Abgesehen von diesem weitgehend konsensualen Setzen auf das Wirken des Geistes als eigentliches, ungreifbares Zentrum des perlokutionären Sprechaktes finden sich erhebliche Unterschiede, wie explizit, implizit oder gar gezielt verschwiegen dabei auf den Eindruck magischer Wirkungen gesetzt wird oder ob dieser möglichst ganz ausgetrieben werden soll (s. H. Müller 1985).

---

[251] Austin zeigt diese Dimension der nötigen Anschlusshandlung durch die notwendige transitive Dimension des perlokutionären Aktes auf: „We can [...] distinguish the locutionary act ‚he said that...' from the illocutionary act ‚he argued that...' and the perlocutionary act ‚he convinced me that...'." (1962:102).

[252] 3.3.1.2. Cf. dazu auch die englischen Ausdrücke *Christian name* und *to christen* (letzteres führt auch Austin an; 1962:116); das Christlich-Machen geht demnach aufs Engste mit perlokutionären Akten einher.

Offensiv wird die magische Dimension des Christusbezugs in der russischen religionsphilosophischen Lehre des *имяславие [Namenslob]* vertreten (5.1.1), womit der meditativen Praxis der endlosen Repetition des Jesusgebets (4.5.8.3) eine über das autopsychedelische Moment hinausgehende, geistmagische Realität zugeschrieben wird.

3.5.4.3 Der aller Perlokutionsintention inhärente Mangel

Durch das Regelwerk für Gottesdienst und Koinobion sollen zwar Handeln und Sprechen präformiert werden; performiert werden aber können sie dadurch nicht. Die Performanz des regelhaft Verordneten obliegt den Ausführenden; erst die Ausführung, die unter bestimmten sozialen Umständen (etwa revolutionäre Wirren) ausbleiben kann, sichert den Regeln die Performanz. Aus der Perspektive der klassischen Sprechakttheorie handelt es sich bei solchem Regelwerk also nicht um selbstmächtige performative Sprechakte.

Demgegenüber fallen die Weihe-, Segnungs- und Taufakte zwar in das klassische Register der perlokutionären Akte, insofern sie einen Übergangsritus vollziehen, den die Gemeinde akzeptiert und ihm somit zur Performanz verhilft. Die Emphase dieser christlichen Perlokution liegt aber auf der Weitergabe des Heiligen Geistes und seines „χάρισμα".[253] Wie sehr wirkt in den Getauften, Gesegneten und Geweihten dieser „Geist"?[254] Die pneumatische Ekklesiologie mag sich über eine Geistvermittlung, die Geistgemeinschaft konstituieren soll, definieren; an der empirischen Kirchengeschichte zeigt sich, dass die „Heiligung" durch den Geist bei der Masse der Getauften, Gesegneten und Geweihten eher dürftig ausfällt.

---

[253] „Charisma" (bspw. PG 6,658A; PG 45,585A). Vgl. zur Ungreifbarkeit von „Charisma" und „Geist" M. Weber 1976:245f.

[254] Auch im Bereich der Orthodoxie gibt es Vorstellungen von perlokutionärem, magisch-autoritärem Charisma (s. H. Müller 1985:444f), von einem *проникновенное слово* [durchdrungenes Wort], das dem Hörer oder Leser keine Wahl mehr lassen soll, als „begeistert" zu sein.

3.5.5 Illokutionäre Erniedrigung

3.5.5.1 Zu einer angewandten Theorie illokutionärer Sprechakte

> Ἐγγύς σου τὸ ῥῆμά ἐστιν, *ἐν τῷ στόματι σου καὶ ἐν τῇ καρδίᾳ σου·* τοῦτ' ἔστι τὸ ῥῆμα τῆς πίστεως ὃ κηρύσσομεν· ὅτι ἐὰν ὁμολογήσῃς *ἐν τῷ στόματί σου* Κύριον Ἰησοῦν, καὶ πιστεύσῃς ἐν τῇ καρδίᾳ σου ὅτι ὁ Θεὸς αὐτὸν ἤγειρεν ἐκ νεκρῶν, σωθήσῃ·[255]

Gegenüber den perlokutionären Sprechakten haben die illokutionären den Vorteil, dass sie die Sprechhandlung „im Sprechen" vollziehen (*versprechen, behaupten*). Sie sind damit zwar handlungstheoretisch unproblematischer, das aber vor allem, weil sie sich allein auf den Sprechvollzug konzentrieren, womit es entsprechend schwieriger ist, einen Christusbezug zu transportieren.

Die Literaturwissenschaft muss jedoch an illokutionären Akten in besonderer Weise interessiert sein, an der Frage, wie – um die propositionalen Christus-Gehalte herum – die sprachliche Umsetzung diesen Bezug auf einer zweiten Ebene repetiert, wie deren *Form* selbst auf die Kenosis-Figur verweist, eine Erniedrigungsbewegung performiert. Diesen Spezialfall von Signifikation durch einen performativen Sprechakt könnte man, um die Dimension von Handlung mit dem Aspekt von Ähnlichkeitsabbildung zu verbinden, illokutionär-ikonisch nennen.[256] Die spezifische Anwendungsfrage, die hier an die Sprechakttheorie gerichtet wird, lautet dem entsprechend, wie praktisches Sprechhandeln die christologische Figur der Erniedrigung mit einer analogen Bewegung auf den Ebenen des *genus*, der Narration, der *persuasio* etc. zu duplizieren vermag.

Um das sprechakttheoretische Handwerkszeug auf diese literaturwissenschaftliche Fragestellung abzustimmen, ist auch hier eine Rückwendung zur Theorie der performativen Sprechakte in ihrer Austinschen Frühfassung (1962) erforderlich, um den performativen Aspekt der illokutionären Akte mit einer ikonischen Dimension zu koppeln. Es geht nämlich für eine literaturwissenschaftliche Fragestellung (im Gegensatz zur linguistischen) um ein *mise-en-abîme* von Sprechakten, um den Vollzug eines Sprechaktes *zusammen* mit einer Motorik der Erniedrigung. Folglich kann es hier nicht um einen Beitrag zur allgemeinen Sprechakttheorie gehen, sondern um die Konzeptualisierung einer speziellen Performanz, der von

---

[255] „[8][...] ‚Das Wort ist dir nahe, *in deinem Munde* und in deinem Herzen.' Dies ist das Wort vom Glauben, das wir predigen. [9]Denn wenn du *mit deinem Munde* bekennst, daß Jesus der Herr ist, und in deinem Herzen glaubst, daß ihn Gott von den Toten auferweckt hat, so wirst du gerettet." (Röm 10,8f, Hervorh. D.U.).

[256] Es geht mithin darum, wie gerade auch das Figural-Werden von Sprache Referenz zu leisten vermag (eine Kehrtwende, die de Man unterschätzt).

Erniedrigung *im* Sprechen. Gemäß Austins emphatischer Verortung „*in* saying something", „eo ipso"[257] wird die Etymologie der von Austin gemachten Unterscheidung von *illokutionären* und *perlokutionären Akten* (1962:98–107) ernst genommen. Auf illokutionär-ikonische Weise wird die Erniedrigungsfigur wiedergegeben, wenn sich im (unmittelbar oder mittelbar) auf Christi Kenose bezogenen Sprechvollzug selbst (und nicht erst durch eine danach eintretende und von Kontext und Rezipienten abhängige Wirkung) eine Erniedrigungshandlung vollzieht.

3.5.5.2 humilitas/ταπείνωσις

Nun wurde eine solche formale Degradierung, *humilitas*, in der klassischen Rhetorik von Quintilian bis Puttenham negativ gewertet, als *vitium* beschrieben. Quintilian gibt den Rat, am Schlechten zu lernen, es zu vermeiden – unter anderem das „Niedrige" –, konzediert allerdings, dass es auch eine Umkehrästhetik gebe, die das auf den ersten Blick „Schlechtere" aufwerte:

> Ne id quidem inutile, etiam corruptas aliquando et vitiosas orationes, quas tamen plerique iudiciorum pravitate mirarentur, legi palam ostendique in his, quam multa inpropria, obscura, tumida, *humilia*, sordida, lasciva effeminata sint: quae non laudantur modo a plerisque, sed, quod est peius, propter hoc ipsum, quod sunt prava, laudantur.[258]

Auch bei Puttenham ist die Wertung unzweideutig:

> It is no small fault in a maker to use such wordes and termes as to diminish and abbase the matter he would seeme to set forth, by imparing the dignitie, height vigour or maiestie of the cause he takes in hand [...] (1589:216)

Puttenham äußert sich gezielt abschätzig: „to greatly disgrace the thing & the speaker or writer: the Greeks callit [*Tapinosis*] we the [*abbaser.*]" (ebd.:217, sic).

Trotzdem finden sich bei den Kirchenvätern – zugegeben: nicht allzu viele und nicht übermäßig explizite – Reflexionen über ikonisch-illokutionäre Erniedrigungsfiguren mit Christusbezug. Theodoret von Cyrus beschwört einmal mit Bezug auf Hebr 5,12[259] „τοὺς ταπεινοτέρους περὶ τοῦ Χριστοῦ λόγους",[260] also eine

---

[257] Austin 1962:98f; vgl. auch ebd.:107.

[258] „Ja, es ist auch keineswegs ohne Nutzen, ab und zu auch Proben entarteter, fehlerhafter Redekunst, die doch bei der herrschenden Geschmacksverirrung so viele Bewunderer findet, ganz offen zu lesen und daran zu zeigen, wieviel unscharfe Wortbedeutungen, dunkle, schwülstige, *niedrige*, schmutzige, schlüpfrige und männlicher Haltung widersprechende Wendungen in ihnen zu finden sind. So etwas wird ja nicht nur von den meisten gelobt, sondern – schlimmer als das – gerade deshalb, weil es verkehrt ist, gelobt!" (Quintilian *Inst. orat.* II 5,10; dt. v. Helmut Rahn, Quintilian 1972:I 194f, Hervorh. D.U.).

[259] „καὶ γὰρ ὀφείλοντες εἶναι διδάσκαλοι διὰ τὸν χρόνον, πάλιν χρείαν ἔχετε τοῦ διδάσκειν ὑμᾶς, τίνα τὰ στοιχεῖα τῆς ἀρχῆς τῶν λογίων τοῦ Θεοῦ· καὶ γεγόνατε χρείαν ἔχοντες γάλακτος, καὶ οὐ στερεᾶς τροφῆς." [Und ihr, die ihr längst Lehrer

Entsprechung von Christi Selbsterniedrigung und dem Stilniveau des Diskurses darüber. Vereinzelt ist eine solche Herabziehung auch in der Rhetorik unter den Tapeinosis-Begriff gefasst worden: Ethelbert Bullinger definiert *tapeinosis* als "demeaning": "[...] in *Tapeinosis* the thing that is lessened is the *same* thing which is increased and intensified." (Bullinger 1898:159, vgl. Uffelmann 2008c:154f).

In seiner Hamann-Studie hat sich Karlfried Gründer für eine Aufwertung rhetorischer „Herunterlassungen" in Konkurrenz zu den paulinischen Begriffen ταπείνωσις/*humilitas* den (seltenen) rhetorischen Terminus συγκατάβασις [Hinabstieg] stark gemacht und sich dafür vor allem auf Chrysostomos berufen.[261] Mit Chrysostomos beschreibt Gründer die Synkatabasis auf zwei Ebenen – der inkarnatorischen besseren Sichtbarmachung und schlichter Redestrategien Jesu:

[...] μέλλων ὁ Ἰησοῦς ὑψηλῶν ἅπτεσθαι δογμάτων, διὰ τὴν τῶν ἀκουόντων ἀσθένειαν ἑαυτὸν κατέχει πολλάκις καὶ οὐ συνεχῶς τοῖς ἀξίοις τῆς μεγαλωσύνης αὐτοῦ λόγοις ἐνδιατρίβει, ἀλλὰ μᾶλλον τοῖς συγκατάβασιν ἔχουσι.[262]

Die terminologische Präferenz sei dahingestellt – *humilitas*, ταπείνωσις oder συγκατάβασις kann im Sinne eines „less is more" (vgl. Meyer 2001:454.464) umgewertet werden. Der im rhetorischen Kontext negative, im christologischen seltenere, aber paradox-positive Terminus Tapeinosis kann für eine literaturwissenschaftliche Theorie der literarischen Repräsentationen von Christi Kenose und paradoxer Beglaubigungseffekte fruchtbar gemacht werden (cf. 5.3.6.5–5.3.6.6).

3.5.5.3 Pflichtsituationen des Demutsdiskurses

Für einen Diskurs, der die Gesinnung der Demut performativ umsetzen soll, hat das Christentum wiederkehrende Situationen entwickelt wie die Rede des Sünders

---

sein solltet, habt es wieder nötig, dass man euch die Anfangsgründe der göttlichen Worte lehre, und dass man euch Milch gebe und nicht feste Speise.] (Hebr 5,12).

[260] „Die demütigeren Reden über Christus" (Thdt. *Heb.* 5,12; PG 82,713B).

[261] Gründer ist so sehr an seinem Synkatabasis-Begriff interessiert, dass er das prominentere Vorkommen all der anderen kenotischen Termini – etwa bei Thomas von Aquin oder Luther – fast enttäuscht registriert (1958:32–35). Zu weiteren Einschätzungen in der Westkirche, besonders bei Augustinus s. Auerbach 1946, 149.

[262] „Wenn Jesus seine erhabenen Lehren begreiflich machen will, beschränkt er sich oft um der Schwachheit der Zuhörer willen und bewegt sich nicht ständig in Worten, die seiner Majestät würdig wären, sondern eher in solchen, die Herablassung enthalten." (*Hom. 27 in Joh.* 1; PG 59,157; dt. v. Karlfried Gründer, Gründer 1958:31). Der inkarnatorische Aspekt wird bei Chrysostomos kurz darauf mit demselben Etymon „καταβάς" [er stieg herab] (PG 59,158) bezeichnet (zu weiteren Verwendungen von συγκατάβασις für Inkarnation und Kenose s. Lampe 1961:1268).

vor Gott – die Beichte.²⁶³ Die Beichte darf, ja soll in ihrer sprachlichen Oberfläche brüchig sein, stockend und in abbrechenden Sätzen vorgetragen werden, von Schluchzen, Seufzen, Interjektionen unterbrochen sein.²⁶⁴ Die Abrüstung der rhetorischen Oberfläche zeitigt, wie Boris Groys herausarbeitet, einen Effekt von Aufrichtigkeit und Authentizität.²⁶⁵ Wenn eine Beichte dagegen ohne illokutionär-ikonische Demut daherkommt, also von der Rhetorik her das falsche Niveau bietet, dann diskreditiert sich die Demutssemantik selbst.²⁶⁶

3.5.5.4 Reduktion der persuasio
Ein „less is more" insinuiert schon die paulinische Antirhetorik; Paulus beschwört programmatisch den (angeblichen) Verzicht auf rhetorische Strategien der *persuasio*,²⁶⁷ um im Gegenzug eine übergeordnete Geistes-Kraft zu kommunizieren:²⁶⁸

---

[263] Dabei kann die Beichte, welche die psychische Haltung der Reue voraussetzt, selbst nicht als Form der Nachfolge Christi qua Imitation seiner Erniedrigung angesehen werden, insofern das eine Sünde in Christus voraussetzen würde, die bereut und gebeichtet werden könnte, was der Mehrheit der Christologen als „zuviel Mensch" gelten würde (2.7.3.4). Die Erniedrigungshaltung verselbstständigt sich damit von ihrem kenotischen Urbild. In der von Foucault beschriebenen Ökonomie des Geständnisses wird die Erniedrigung allerdings in einen moralischen und technischen Mehrwert umgewandelt (1983:I 32) – also das kenotische Kreuzmodell strukturell reproduziert.

[264] Das Pflichtmoment an der Beichtsituation gerät zur Bürde, verselbstständigt sich über christliche Kontexte hinaus, etwa in stalinistischen Schauprozessen (vgl. Sasse 2001).

[265] „Das Phänomen der Aufrichtigkeit entsteht also als Kombination aus kontextuell definierter Innovation und Reduktion." (Groys 2000a:73).

[266] So ist in Dostoevskijs *Бесы [Die Dämonen]* der Einwand des Starec Tichon gegen Stavrogins schriftliche „Beichte" zu lesen, dass diese stilistisch („«А нельзя ли в документе сем сделать иные исправления?» [...] «Немного бы в слоге.»" [‚Und könnte man nicht in diesem Dokumente einige Veränderungen machen?' (...) ‚Ein wenig im Stil.']; Dostoevskij 1984:XI 23) keine angemessene, sondern eine falsch adressierte Beichte darstelle (vgl. Sasse 2009:110–112).

[267] Verbunden mit einer Kenose der menschlichen Erkenntnis: „λογισμοὺς καθαιροῦντες καὶ πᾶν ὕψωμα ἐπαιρόμενον κατὰ τῆς γνώσεως τοῦ Θεοῦ, καὶ αἰχμαλωτίζοντες πᾶν νόημα εἰς τὴν ὑπακοὴν τοῦ Χριστοῦ." [Wir zerstören damit Gedanken und alles Hohe, das sich erhebt gegen die Erkenntnis Gottes, und nehmen gefangen alles Denken in den Gehorsam gegen Christus (bzw. Christi).] (2Kor 10,5; man beachte den ambivalenten Genitiv „Gehorsam Christi" bzw. „Gehorsam gegen Christus"; zur Erkenntis-Kenose vgl. auch Meyer 2002b:15 Anm. 17). Dieser Verzicht auf mundane Logik spricht sich nur noch in der μωρία [Torheit], im Paradox aus (vgl. 2.10.1).

[268] So kann auch die Glossolalie, insofern sie als gezielte Entsagung vom rationalen Selbst begriffen wird, als Form performativer Christusnachahmung beschrieben werden (vgl. Ottovordemgentschenfelde 2004:127).

228   I. Rhetorik der Christologie

„καὶ ὁ λόγος μου καὶ τὸ κήρυγμά μου οὐκ ἐν πειθοῖς σοφίας λόγοις, ἀλλ' ἐν ἀποδείξει Πνεύματος καὶ δυνάμεως·".[269]
Holt Meyer hat, an Paulus anknüpfend, Kenosis als Verzicht auf rhetorische Plausibilisierung beschrieben (Meyer 2002b:21 Anm. 19) und in der „kenotischen Sprach-Arbeit Hopkins'" (ebd.:8) ein Beispiel für eine solche Kenose der *persuasio* gegeben. Auch Meyer geht es dabei um die Verbindung von christologischem Theorem und rhetorisch-antirhetorischer Strategie: „Hopkins' Denken des Opfers [geht] von einer kenotischen Auffassung Christi, der Materie und der Sprachmaterie" aus (ebd.:19). Eine so verstandene Herabstufung ohne Verstummen ist es wohl auch eher als die Apophatik bzw. negative Theologie (auf die Derrida rekurriert), was man mit Derrida als „Kenōsis of discourse" (1995b:50) bezeichnen könnte (vgl. dazu Bogdanov 2005:56).

Die sprachliche Repräsentation der Kenose Christi gerät jedoch unausweichlich in einen *double-bind*: Es muss ein menschliches Ich sprechen, darf aber nicht von sich selbst aus sprechen, sondern muss sein Sprechhandeln herabsetzen, um 1) die eigene ontische Inkompetenz für das metaphysische Geschehen der inkarnatorischen Kenose zu konzedieren (s. 3.5.6) und 2) in der eigenen sprachlichen Strategie die Erniedrigungsbewegung nachzuvollziehen.[270]

3.5.5.5 Narrative Erniedrigungsstrategien

Ihren konventionellen Ort hat die Reduktion der eigenen *persuasio* in Bescheidenheitstopoi und *captationes benevolentiae*. Der Verweis auf die eigene Unzulänglichkeit als Bote des Göttlichen oder Heiligen steht am Anfang ungezählter Heiligenviten, Predigten, Traktate, Bekenntnisse.[271] Diese Unzulänglichkeit gilt es zu kultivieren als Nachvollzug der Selbsterniedrigung Christi im Medium Sprache.

Derartige *captationes* geraten gleichfalls in einen *double bind*; denn einerseits performiert der um Nachsicht für seine Unzulänglichkeit Heischende eine christoforme Demutsgeste, läuft aber andererseits Gefahr, dass er dem von ihm mitzuteilenden hohen Gegenstand durch eben diese Unzulänglichkeit Schaden zufügt. Schließlich dient die *captatio* in sakralen Texten nicht der Suspendierung des Realitätsgehalts des Erzählten, wie das beim сказ *[skaz]* eines gezielt unzuverläs-

---

[269] „[...] und mein Wort und meine Predigt geschahen nicht mit überredenden Worten menschlicher Weisheit, sondern in Erweisung des Geistes und der Kraft." (1Kor 2,4).
[270] Didi-Huberman fasst dies für die Malerei wie folgt: „In dieser Situation kann das Malen einer *istoria*, auch wenn sie Christus betrifft, immer nur ein Akt der Demut sein: Ich male einen Anblick, wohl wissend, daß *es das nicht ist* und daß die Bildbeziehung, die wahre Beziehung, ihren Ort anderswo hat. Die Malerei muß sich damit abfinden, daß sie immer nur eine *Ästhetik der Spur* hervorbringen kann." (1995:55, Hervorh. i. Orig.).
[271] Vgl. bspw. Johannes von Damaskus, *Imag.* I,1; 1975:65; dt. von Wolfgang Hradsky, Johannes von Damaskus 1996:25.

sigen Erzählers²⁷² der Fall ist. Mittelbar aber partizipiert der unzuverlässige Erzähler des narrativen *сказ* in der Literatur der Moderne²⁷³ an der Kenose der *persuasio*, wie sie die christliche Rhetorik ausgearbeitet hat.²⁷⁴
Unzuverlässigkeit des Erzählers ist nicht das einzige Mittel zur narrativen Performierung illokutionärer Erniedrigung; die weiter verbreitete Form besteht in der nur partiellen Informiertheit des Erzählers, also in einer beschränkten personalen Erzählperspektive²⁷⁵ oder aber einer *вненаходимость* [Exteriorität, Außenposition] des Erzählers gegenüber seinen Figuren, wie sie Bachtin beschreibt. Dass eine solche Erzählstrategie mit einem Verzichthandeln der Kenose Christi zusammengedacht werden kann, hat die Bachtin-Forschung entsprechend angedeutet.²⁷⁶ Ein finales Wort (eines auktorialen Erzählers) kann es für Bachtin nicht geben (vgl. Emerson 1990:122). Was Bachtin in *Автор и герой в эстетической деятельности*²⁷⁷ darstellt, ist demnach eine Kenosis des Autors.²⁷⁸ Dostoevskij, um den es Bachtin bei seiner Dialogtheorie in spezieller Weise geht, imitiere die Selbsterniedrigung Christi, indem sein Erzähler auktorialem Wissen entsage und in das polyphone Stimmengewirr herabsteige:

> Bakhtin describes Dostoevsky's authorial preserve in [...] religious terms. Dostoevsky's activity in the text is the activity of God in relation to man. [...] Dostoevsky is [...] a Christ to his characters [...]. In the best kenotic tradition, Dostoevsky gives up the privilege of a distinct and higher being to descend into his text, to be among his creatures. Dostoevsky's distinctive image of Christ results in the central role of polyphony in his fiction.²⁷⁹

---

[272] Paradigmatisch realisiert in Gogol's *Нос [Die Nase]* und *Шинель [Der Mantel]* (s. Ėjchenbaum 1969a).

[273] Sprachlich realisiert sich dies mitunter in dialektalen bzw. anderssprachlichen Färbungen, bei Gogol' – und auch bei Nikolaj Ostrovskij – vermittels Anklängen ans Ukrainische (vgl. 8.6.2).

[274] Als außerchristliche Inspiration, die zu analogen Resultaten führt, wäre hier auch die Kynismus-Tradition zu nennen.

[275] Siehe Sokolov und Aleškovskij (9.1.1).

[276] Clark/Holquist 1984:84 (mit Bezugnahme auf Fedotovs These; s. 1.1.4); Woźny 1993:49f; Mihailovic 1997:38. Vor einer Übertreibung der Erkenntnisleistung dieses Modells auch für Bachtins eigenen Habitus warnt Emerson 1990:110.

[277] *Autor und Held in der ästhetischen Tätigkeit* (1979:16).

[278] Einen dazu analogen, ethischen Nachvollzug der Kenose Christi entwirft Bachtin in *Философия поступка [Philosophie des Handelns]* (1995:31); Ähnliches sieht Mihailovic in Bachtins *Искусство и отвественность [Kunst und Verantwortung]* angelegt (Mihailovic 1997:75).

[279] Clark/Holquist 1984:249; vgl. auch Morson/Emerson 1990:267, Murav 1992:13. Aleida Assmann beschreibt die narrative Selbstbeschränkung, um die es Bachtin geht, in um-

3.5.5.6 Kenose von Autorschaft

> [...]/ В устах – мучительный упрек,/ [...]/ Что я – я раб, а не пророк![280]

Während das, was Bachtin beschreibt, trotz seiner eigenen Beschreibungssprache eher eine Selbstbeschränkung des Erzählers als des Autors ist, findet sich in der sakralen Literatur, gerade der älteren Zeit, auch eine Strategie der Kenose von Autorschaft. Diese realisiert sich einmal in Anonymität, zum anderen in der – gerade in der Orthodoxie verbreiteten – Konvention des Kommentars, der Exegese, des Abschreibens oder Abmalens. Die Urlegitimation besteht darin, dass das gesprochene, geschriebene, gepredigte Wort „nicht als Menschenwort aufgenommen" wird, „sondern als das, was es in Wahrheit ist, als Gottes Wort [...]".[281] Urheber des menschlich vermittelten Wortes soll Gott sein:

> Καὶ οὔτε ὁ πάνυ δυνατὸς ἐν λόγῳ τῶν ἐν ταῖς ἐκκλησίαις προεστώτων ἕτερα τούτων ἐρεῖ – οὐδιὲς γὰρ ὑπὲρ τὸν διδάσκαλον – οὔτε ὁ ἀσθενὴς ἐν τῷ λόγῳ ἐλαττώσει τὴν παράδοσιν·[282]

Wie es nicht auf rednerische Kunst ankommt, so auch nicht auf Originalität, weil Gott von Menschen nicht zu plagiieren ist (Augustinus *De doctr. christ.* IV,29). Der heilige Text – sei es die Schrift selbst, seien es die Kirchenväter – wird lediglich aufbereitet, weitergeschrieben, wobei die Eigenleistung des Weiterschreibenden herabgestuft wird: Der demütige Schreiber sieht es als seine Aufgabe, zu pflegen und weiterzugeben, was ohne sein Zutun bedeutsam ist. Der Ikonenmaler hat ein gegebenes, womöglich gar metonymisch von Christi irdischer Natur abgenommenes Sujet (3.4.3.1) zu reproduzieren (s. 4.6.3.1).

Zu zwei grundverschiedenen Transformationen sakraler kenotischer Autorschaft kommt es im 20. Jh.. Marina Cvetaeva entwickelt eine Konzeption vom passiv hörend-gehorchenden Autor.[283] Michail Bulgakov entwirft im Meister aus

---

gekehrt kenotischen Begriffen – als Exkarnation des Autors durch Inkarnation des Schrift-Ichs (1993:133.141f). Vgl. auch 5.3.6.5.

[280] „[...]/ im Mund der quälende Vorwurf,/ [...]/ Dass ich Sklave bin und nicht Prophet!" (Nadson, *Слово [Das Wort]*; 28. März 1879 – Nadson 2001:71).

[281] „[...] ὅτι παραλαβόντες λόγον ἀκοῆς παρ' ἡμῶν τοῦ Θεοῦ, ἐδέξασθε οὐ λόγον ἀνθρώπων, ἀλλὰ καθώς ἐστιν ἀληθῶς, λόγον Θεοῦ, [...]" (1Thess 2,13).

[282] „Und auch der begabteste Prediger unter den kirchenlichen Vorstehern predigt nichts anderes als die anderen, denn keiner steht ‚über dem Lehrer' (Mt 10,24); und der schwach begabte Prediger tut der Überlieferung keinen Abbruch." (Iren. *haer.* I,10,2; dt. u. mit Evangelienquelle versehen v. Norbert Brox, Irenäus von Lyon 1993/2001:I 201).

[283] „Слушаюсь я чего-то постоянно [...] Когда указующего – спорю, когда приказующего – повинуюсь. [...] Все мое писание – вслушивание. [...] А я только вос-

3. Metonymie und Metapher 231

Мастер и Маргарита [Der Meister und Margarita] das Bild eines kenotischen Autors. Die politisch devoten Autoren des Sozrealismus schließlich reproduzieren – jenseits christlich-kenotischer Intention – die Muster einer normativen Poetik (vgl. 8.7.1) und stellen eigene Kreativität (die zur Abweichung abdriften könnte) hintan (was nie ganz gelingt; vgl. Uffelmann 2003c). Zum anderen leiten Autoren, die sich explizit mit der Postmoderne identifizieren, aus dem von Foucault und Barthes beschworenen Tod des Autors die Unmöglichkeit von Autorschaft ab; im Extremfall entwerfen sie sich als Medien fremder Diskurse (s. 10.7). Lektürepraktiken des Poststrukturalismus laufen darauf hinaus, das je schon Gesagte weiterzuschreiben, Kommentare zu Kommentaren zu Kommentaren abzugeben.

3.5.5.7 Kenose der Interpretation

Dass man unter den Vorzeichen von Verspätung nichts grundstürzend Neues mehr sagen könne, wird unter ebensolchen poststrukturalistischen Vorzeichen, besonders mit Vattimo/Rovattis *pensiero debole* (1992), zur Tugend einer Selbstbeschränkung der Erkenntnis umgewertet.[284] Die Kenose der Autorschaft wird dann durch Kenose der Interpretation komplettiert.[285] Mit Tat'jana Goričeva könnte von einem „кенозис «ума»"[286] gesprochen werden.

3.5.5.8. Illokutionsschädigende Explikation

> Les discours d'humilité sont matière d'orgueil aux gens glorieux [...] peu parlent de l'humilié humblement.[287]

Problematisch bei all dieser Metareflexion des Poststrukturalismus ist, dass diese das Selbstbeschränkungsanliegen unterläuft; die Geste des nüchternen Negativisten ist auch eine triumphatorische – die Attitüde ungerührter Coolness. Vor

---

станавливаю. Отсюда эта постоянная настороженность: так ли? не уклоняюсь ли? не дозволяю ли себе – своеволия?/ Верно услышать – вот моя забота." [Ich höre unentwegt auf etwas (...) Wenn es hinweist, streite ich, wenn es befiehlt, gehorche ich. (...) Mein gesamtes Schreiben ist ein Hineinhören. (...) Ich aber stelle nur wieder her. Daher bin ich ständig auf der Hut: So? Gleite ich nicht ab? Erlaube ich mir nicht Eigenwilligkeit?/ Richtig zu hören – das ist meine Sorge.] (Cvetaeva 1994/95:V 285).

[284] Wie die Selbsterniedrigungsfigur so oft dazu herhalten muss, aus der Not eine Tugend zu machen (s. 2.10.1).

[285] Holt Meyer erblickt eine solche Kenose der Interpretation hingegen eher in strukturalistischen Reduktionismen, wie dem Kreuz von syntagmatischer und paradigmatischer Achse, das die Erkenntnis selbst kreuzige (2002a:289).

[286] „Kenosis des ‚Verstandes'" (Goričeva 1994:86); diese sieht sie in der russischen Philosophiegeschichte im Fehlen großer Systeme realisiert (ebd.).

[287] „Die Abhandlungen über die Demut sind den großsprecherischen Menschen Anlaß zum Stolz [...] wenige sprechen demütig von der Demut [...]" (*Pensées* 377; Pascal 1927:501; dt. v. Ewald Wasmuth, Pascal 1980:56).

demselben Problem steht die sakrale Degradierung der eigenen Rhetorik. Wo zu explizit von der eigenen Erniedrigung gesprochen wird, gerät diese zum Selbstlob (s. Luthers Kritik an den Mönchsgelübden; 3.3.3.2). Das Aussprechen einer Kenose des Diskurses dementiert diese;[288] allein die stumme Performanz vermag sie zu leisten. Deswegen ist die Gattung der Autobiografie in Fällen, wo damit ein kenotisches Verhaltensmodell vorgegeben werden soll, stets heikel und zur Kompensation dringend eine Ablenkung von der *ego-histoire* geboten.[289]

3.5.6 Die Leistung der Apophatik

Wo zum einen die beschworene Perlokution oftmals ohne Resonanz bleibt und illokutionäres *mise-en-abîme* der Selbsterniedrigung in einen *double bind* gerät, sobald sie sich selbst thematisiert, da bleibt als einzig sichere Bank das Verstummen. Die bekannteste Strategie, auf die Aporien von Perlokution und Illokution zu reagieren, ist die negative: Sie besteht darin, das Wissen um diese Leere strategisch einzusetzen, um durch die in Szene gesetzte Kluft *ex negativo* auf das Größere, das Göttliche und seinen Logos zu referieren. Wo das Göttliche selbst als unfassbar eingestuft wird, da erscheint eine Inszenierung der Unfassbarkeit, eine dezidiert negative Form von Signifikation adäquat.

Historisch findet sich nach Praktiken der Wüstenväter[290] die erste prononcierte *Theorie* der negativen Signifikation bei Dionysios, dem Pseudo-Areopagiten, um 500;[291] bei ihm begegnet auch erstmals die Wortverbindung „ἀποφατικὴ θεολογία".[292] Um die Unangemessenheit menschlicher Rede vom Göttlichen zu demonstrieren, ergeht sich Dionysios in Kaskaden von Negationen.[293] Er negiert sowohl *A* also auch *Nicht-A*, bspw. Ähnlichkeit *und* Unähnlichkeit (s. 3.6.4). Entscheidend ist aber, dass die Negation auch der Negation selbst gilt:

---

[288] Vgl. Derridas Aporie *How to Avoid Speaking* (1992).
[289] Vgl. Paisij Veličkovskijs Autobiografie (Leonid 1966:60) und das autobiografische Moment bei Ostrovskij und Erofeev (8.8.1, 9.8.1).
[290] Siehe Hansen-Löve 2002:183; zur Vorgeschichte eingehend: Hochstaffl 1976:13–119.
[291] Zur Datierungsfrage s. Theill-Wunder 1970:147f. Hausammann macht darauf aufmerksam, dass das *Corpus Dionysiacum* damit auf dem Hintergrund des Neuchalcedonismus entstanden und auch vor diesem zu verstehen ist (2004:108).
[292] „Verneinende Rede von Gott" (PG 3,1032C).
[293] PG 3,1045D–1048B, auch so konventionelle Gottesattribute wie Licht und Ewigkeit eingeschlossen; vgl. Theill-Wunder 1970:148–152.

3. Metonymie und Metapher

[...] ἐπεὶ καὶ ὑπὲρ πᾶσαν θέσιν ἐστὶν ἡ παντελὴς καὶ ἐνιαία τῶν πάντων αἰτία καὶ ὑπὲρ πᾶσαν ἀφαίρεσιν ἡ ὑπεροχὴ τοῦ πάντων ἁπλῶς ἀπολελυμένου καὶ ἐπέκεινα τῶν ὅλων.[294]

Da bleibe nur das Schweigen: „[...] καὶ μετὰ πᾶσαν ἄνοδον ὅλος ἄφωνος ἔσται, καὶ ὅλος ἑνωθήσεται τῷ ἀφθέγκτῳ."[295] Der Rigorismus des alttestamentlichen Bilderverbots (s. 3.4.5) wird bei Dionysios Areopagites allerdings durch eine neoplatonische kosmische Stufenhierarchie konterkariert (s. Brons 1976); weil das Göttliche an der Spitze der Seinspyramide stehe, sei es schließlich doch wieder aussagbar, in einer kataphatischen Gottesrede[296] greifbar, wie es die Schrift Περὶ θείων ὀνομάτων *[Über die Gottesnamen]* tut.[297] Einseitige Unsagbarkeit gilt demnach in der orthodoxen Tradition als häretisch; die Aufweichung der Apophatik durch die Gegenbewegung der Kataphatik ist für diese Tradition konstitutiv. Eines der Mittel dieser Aufweichung ist die Lehre von der Gestalt-Werdung des Göttlichen durch Kenose.

Vom ersten Dionysios-Interpreten Maximus Confessor (Dionysios 2002), einem der für die spätere Orthodoxie wegweisenden griechischen Väter, leitet sich auch die russische Dionysios-Rezeption her. Es ist Isaia der Serbe, der Dionysios Areopagita 1371 ins Slavische überträgt (Hannick 1983:1205); im 16. Jh. wird Dionysios durch Metropolit Makarij kanonisiert, und im 17. Jh. sind die areopagitischen Ideen so sehr Gemeingut, dass es darüber nach 1656 eine regelrechte Kontroverse gibt (Uspenskij/Živov 1983:26). Auch die russische Religionsphilosophie des 20. Jh.s räumt Dionysios und der Apophatik eine prominente Stellung ein.[298]

Ein anderer Strang führt von der Apophatik des Dionysios zur negativen Theologie des Mittelalters, insbesondere zu Nikolaus von Cues' „docta ignorantia",[299] für die gilt: „Attingitur inattingibile inattingibilter."[300] Die poststrukturalistische

---

[294] „[...] denn Er ist über jeder Setzung als die vollkommene und einzige Ursache aller Dinge und über jeder Verneinung als die Überlegenheit des schlechthin Abgelösten von allem und jenseits des Alls." (PG 3,1048B; dt. v. Edith Stein, Stein 2003:250).
[295] „[...] und nach dem ganzen Aufstieg wird sie ganz verstummt sein und ganz mit dem Unaussprechlichen vereint." (PG 3,1033C; dt. v. Edith Stein, Stein 2003:249).
[296] „καταφατικὴ θεολογία" (PG 3,1032D).
[297] Als dritte Spielart kommt die symbolische Theologie mit ihren überbordend bunten Facetten von „συμβολικὴ θεοτύπια" [symbolische Gottesgestalt] hinzu (PG 3,1033B).
[298] Bulgakov 1994:105–108; Averincev 2001:264–266.
[299] „Gelehrte Unwissenheit" (vgl. Theill-Wunder 1970:180–185).
[300] „Das Unerreichbare wird erreicht, indem es nicht erreicht wird." (Nikolaus von Cues, vgl. *De non aliud* c. 8; 17,32). Pavel Matveevskij hat sich bei Nikolaus von Cues bedient, wenn er im christologischen Abriss zu seinem Kompilat von Bibel- und Väteraussagen über Christi die Kenose als „nicht-erniedrigende Erniedrigung" präsentiert: „[...] Тот, Кто [...] *во образе Божии сый* (Фил. 2,6), [...] сходит, т.е. неуничижаемую высоту Свою неуничижительно уничижает [...]" [(...) Derjenige, Der (...) in

Erkenntnisskepsis betont in ihrer Dionysios-Rezeption[301] die apophatische Flanke.[302] Für Derrida kommen Unsagbarkeitsstrategien geradezu einer „profession of atheism" nahe (1995b:35). Die apophatische Repräsentation nämlich neige zur Selbstuntergrabung – und da greift Derrida prekärerweise zum Kenose-Begriff: „[…] the statement of negative theology empties itself by definition, by vocation, of all intuitive plenitude. Kenōsis of discourse."[303]

3.5.6.1 Fragment, Andeutung und Verstummen

> Wenn das Paradox die einzige adäquate Stilform für ein Denken ist, das Wahrheit stets als Vereinigung der Gegensätze begreift, dann ist das Fragment die einzige adäquate Ausdrucksform für ein Werk, dessen wesentliche Botschaft in der Behauptung besteht, der Mensch sei ein paradoxes, gleichzeitig großes und kleines, starkes und schwaches Wesen. (Goldmann 1985:295)

Literarisch tritt die apophatische Suggestion des Höherwertigen mittels Durchstreichung des Geringerwertigen vor allem in Strategien der Auslassung, der vagen Zeichnung (s. 6.7.3) und des Schweigens auf. Die großen Schweiger bei Dostoevskij erhalten gerade durch ihre mangelnde Konkretisierung den Nimbus des Heiligen.[304] Umgekehrt gefasst: Das allzu Positive lässt sich literarisch am besten fassen, indem es nicht gefasst wird. Derselbe Sachverhalt umgekehrt: Ein Mangel an Diskurs soll *ex negativo* Heiligkeit evozieren.

So kann sich die Apophatik praktisch stets nur durch die Streichung einer *konkreten* Charakterisierung definieren (vgl. Hansen-Löve 1987:44); ein Detail wird gestrichen, damit es als „Sprungbrett für die Phantasie" (Dällenbach/Hart Nibbrig

---

Gottesgestalt war, (…) herabsteigt, d.h. seine unerniedrigbare Höhe auf nicht-erniedrigende Weise erniedrigt (…)] (Evangel'skaja istorija 2008:5).

[301] Derrida 1992; 1995b:38.51; Marion 1996:114–119 et passim.

[302] Vgl.: „Derridas philosophisches Projekt kennzeichnet eine Kultivierung des apophatischen Diskurses, die im Westen vielleicht seit Meister Eckhart nicht mehr mit diesem ausdauernden Engagement betrieben wurde." (Blechinger 1997:95). S. aus der mittlerweile umfangreichen Forschung zu Dekonstruktion und negativer Theologie auch Hart 1989:173–206; Foshay 1992; Hoff 1999:282–289. Allerdings fußt der Brückenschlag von Dionysios zu Derrida, wie Hart zu Recht in Erinnerung ruft (1989:188), eher auf „occasional remarks" des Letzteren, und Caputo macht deutlich, dass die Kluft zwischen der „‚armed neutrality' of *différance*" und der Interessiertheit der negativen Theologie nicht vernachlässigt werden darf (1989:24, Hervorh. i. Orig.).

[303] Derrida 1995b:50. Zu Derridas Kenosis-Metaphorik s. ten Kate 2002:297–304.

[304] Schweigen wird eingesetzt, um *ex negativo* Souveränität zu indizieren, sei dies Gott in Mickiewicz' *Wielka Improwizacja [Große Improvisation]* (1832) oder Christus in der „Легенда о Великом Инквизиторе" [Legende vom Großinquisitor] aus Dostoevskijs *Братья Карамазовы [Brüder Karamazov]* (s. Maceina 1999:349–358).

1984:15) die Übergröße des angenommenen Ganzen suggeriert. Sobald jedoch die Unmöglichkeit positiver Repräsentation (des Göttlichen) explizit beschworen wird, ist es mit der konsequenten Apophatik dahin. Das Beschwören der Unsagbarkeit ist selbst noch keine negative Signifikation, sondern eine positive Signifikation eines Negativen. Adäquate Gestalt gibt der Negation erst performatives Verstummen (Goller 2003).

3.5.7 Kataphatik des Schlechten und schlechte Kataphatik
Auch ohne dass die Unsagbarkeit thematisiert wird, kann sie auf Umwegen evoziert werden: Eine Konzentration auf das irdische Niedrige, ja Schlechte, mit den Mitteln menschlicher Sprache drastisch ausgemalt, eine „Kataphatik des Nichts" und „*negative Kataphatik*" (Hansen-Löve 1997:188; Hervorh. i. Orig.) kann die Suggestion transportieren, dass da ein Anderes sein muss. Das einschlägigste Beispiel ist die barocke Topik der *vanitas vanitatum [Alles ist eitel]*. Dabei handelt es sich um eine Rhetorik der dialektischen Apostrophe – um eine Hinwendung zum Niedrigen, die gleichzeitig zur Abwendung (im Wortsinne ἀπο-στρο-φή) von diesem gerät.

Denselben Effekt von Abwendung vom irdischen Schlechten *durch* Hinwendung zu demselben kann eine Form der Darstellung haben, die – auf der Zeichenoberfläche – gezielt ungekonnt, schlecht und/oder schäbig daherkommt. Es ist dies eine Ästhetik, wie sie vor allem den Neoprimitivismus der Jahrhundertwende kennzeichnete, in dessen Zuge auch die orthodoxen Ikonen als ästhetische Qualität wiederentdeckt wurden (4.6.7.3). Sie erschienen dann besonders wertvoll, ja womöglich gar heilig, wenn ihr Zustand schäbig und ihre künstlerische Qualität mangelhaft war (s. 4.6.7.2). Ähnlich kann auch das Auskosten sozialer Niederungen wie etwa Obdachlosigkeit, Verwahrlosung und Alkoholismus als schlechtkataphatische Suggestion eines Umgekehrten, Überpositiven eintreten (9).

3.5.7.1 Thesen zur Apophatik in der russischen Moderne
In jüngster Zeit wurde – gerade in der Russistik – Apophatik mit Kenose zusammengedacht. Am Prekärsten verbindet Ėpštejns Definition der religiösen Repräsentationselemente in der historischen Avantgarde Figuren von Apophatik mit solchen der Kenose:

> Авангард – это юродствующее искусство, сознательно идущее на унижение, на уродование своего эстетического лика [...] смысл авангарда как религиозного отрицания искусства средствами самого искусства. [...] *Самоуничижение* искусства

– это акт религиозный, придающий самому искусству новые, парадоксальные, свойства антиискусства.³⁰⁵

Ėpštejn bezieht dies explizit zurück auf die Kenose Christi als eine Vorform des antiästhetischen Skandalons:

> По сути, скандалом [...] было поведение Христа: тот, кто объявлял себя Сыном Божим, явился в облике нищего странника и водил дружбу с мытарями, рыбаками, блудницами. Сам феномен юродства основан на этом изначальном парадоксе христианской религиозности, и искусство авангарда вновь возрождает во всей остроте кризисное переживание эстетических, моральных ценностей, которые отбрасываются перед Сверхценностью чего-то нелепого, немыслимого.³⁰⁶

Hier fehlt die nötige Unterscheidung in suprematistische Apophatik und futuristisch-vitalistische Herabziehung, wie sie Ėpštejn selbst anbahnt, aber nicht ausführt: „Авангард тяготеет подчас и к отрицательным формам выражения: косноязычию, зауми, а в пределе – к молчанию, к освобождению от знаковости."³⁰⁷ Schweigen und Stottern sind eben beileibe nicht dasselbe. Wohl aber sieht Ėpštejn, dass radikale Apophatik einen Grenzwert darstellt, der immer einen Kompromiss verlangt; gänzlich negative Signifikation funktioniert nicht: „Образ стирает в себе черты образа. Бесплотное должно явить себя во плоти – распятой и уязвленной."³⁰⁸ Der logische Bruch zwischen den beiden Sätzen kommt nicht von ungefähr. Im ersten beschreibt Ėpštejn, wie eine apophatische Repräsen-

---

³⁰⁵ „Die Avantgarde ist eine sich gottesnärrisch gebährende Kunst, die bewusst auf Erniedrigung und auf Missgestaltung des gesamten ästhetischen Antlitzes abzielt [...] der Sinn der Kunst als religiöse Negation der Kunst mit den Mitteln der Kunst. [...] Die *Kenose* der Kunst ist ein religiöser Akt, welcher der Kunst neue, paradoxe Merkmale von Antikunst verleiht." (Ėpštejn 1989:223; Hervorh. i. Orig.).

³⁰⁶ „Im Grunde war das Verhalten Christi [...] ein Skandal: Derjenige, der sich für den Sohn Gottes erklärte, erschien als armer Pilger und lebte in Freundschaft mit Zöllnern, Fischern und Huren. Das Phänomen des Gottesnarrentums selbst gründet auf dem ursprünglichen Paradox der christlichen Religiosität, und die Avantgardekunst lässt das krisenhafte Erleben ästhetischer und moralischer Werte neu aufleben, die angesichts des Hyperwertes von etwas Unsinnigen und Undenkbaren verworfen werden." (Ėpštejn 1989:223).

³⁰⁷ „Die Avantgarde neigt mitunter auch zu negativen Ausdrucksformen: zum Stammeln, zur transmentalen Sprache, und im Extrem – zum Schweigen, zur Befreiung vom Zeichenhaften." (Ėpštejn 1989:224). In seinem „Lehrbuch" *Слово и молчание [Das Wort und das Schweigen]* erweitert Ėpštejn diesen epochenübergreifenden Umarmungsgestus nochmals dahingehend, dass die Apophatik nun zur Grundfeste der russischen Kultur überhaupt hinaufgehoben wird (2006:519).

³⁰⁸ „Das Bild löscht in sich die Züge des Bildes aus. Das Fleischlose muss sich im Fleische zeigen – im gekreuzigten und verwundeten Fleische." (Ėpštejn 1989:225).

tation scheitert, im zweiten deutet er an, wie eine kenotische, auf Unähnlichkeit, Entstellung basierende, gelingt.

Letztere aber ist die Domäne nicht der radikal ikonoklastischen historischen Avantgarde, sondern des Konzeptualismus, den Ėpštejn zu global als „направление современного авангарда"[309] unter eine vermeintliche Gesamtavantgarde subsumiert.[310] Die konzeptualistische Automatisierung fremder Verfahren (1989: 228) und „Banalisierung der Dinge" (ebd.:230) macht eine ambivalente Geste von Bewahrung und Überwindung;[311] diese beruht auf Reproduktion plus Entstellung, auf Wiederholung unter Vorzeichen von Unähnlichkeit. Malevič' *Weißes Quadrat* hingegen ist eine Totalnegation, apophatische Signifikation durch Nicht-Signifikation (s. 4.6.7.3). Eine genauere Abgrenzung, als sie Ėpštejn leistet, tut not.

Anders als Ėpštejn geht es Hansen-Löve und Goller weniger um eine Epochendefinition aus dem Geiste der Apophatik als um eine Typologie verschiedener Arten unerfüllten Redens. Aage A. Hansen-Löve setzt sich mit der Übertragbarkeit des Begriffspaars *apophatisch* vs. *kataphatisch* auf diverse Spielarten der Poetik der Moderne, der Avantgarde und der Postmoderne auseinander.[312] Er thematisiert dabei das Grundproblem des metaphorischen Sprungs, dass dieser das Prädikat Apophatik ihres Objekts Theologie berauben muss (Hansen-Löve 1991:168; 1994:313 Anm. 11), um etwa mit Malevič zu einer „'reinen Form des Wirkens'" (Hansen-Löve 2002:162) zu gelangen. Goller spricht von „einer säkularisierten Version sakralen Sprachverhaltens" (2003:67).

Hansen-Löve unterscheidet nicht nur Typen von Kataphatik (s. 3.5.7), sondern auch eine konventionelle, negativ-theologische Apophatik, die mit „'leerer' Rede" operiere (1991:168), von einer „radikalen *Apophatik* bzw. *Ikonoklastik*" (ebd.:171, Hervorh. i. Orig.). Goller ihrerseits greift in ihrer – um das der Apophatik „anverwandte" Verstummen (2003:44) kreisenden – Arbeit den von Hansen-Löve (1993:234) thematisierten Link von Negation und Aufschub in Derridas Apophatik-Aneignung auf und schreibt das Spektrum dessen, was für apophatisch zu gelten habe, mit der Trias „einer stets aufschiebenden, umkehrenden, verkehrenden Bewegung" (Goller 2003:43) – worunter sich ein zeitliches, ein logisch-

---

[309] „Eine Richtung der zeitgenössischen Avantgarde" (Ėpštejn 1989:227).

[310] So triftig die Unterscheidung verschiedener Stufen von Avantgarde-Kunst und so produktiv ihre Kurzschließung mit theologischen Signifikationskonzepten auch ist, so verfehlt wäre der Import des häresiologischen Ballastes. Das klingt bei Ėpštejn an, wenn er unter Berufung auf Averincev anmerkt, dass die Apophatik anfangs den Stallgeruch des häretischen Monophysitismus gehabt habe (Ėpštejn 1999b:350f) und in einem Spannungsverhältnis zur Repräsentationstheologie gestanden habe (ebd.:353), zu der ja auch die Kenose gehört.

[311] Ėpštejn 1989:233 – s. dazu unten im Sorokin-Kapitel 10.9.1.

[312] Hansen-Löve 1991; 1993; 1994; 1997; 2002.

kontradiktorisches und ein logisch-konträres Konzept verbergen. Während die Temporalisierung und die aposiopetische Apophatik in ein anderes Register gehören, hat die konträre Negation („Verkehrung") hier weiter zu interessieren, lässt sie doch nach Abzug der Negation einen inkommensurablen Rest.

3.5.8. Kenotische Signifikation zwischen Apophatik und Kataphatik

Durch Aposiopese inszenierte Unsagbarkeit ist, soll sie etwas über Christus sagen, gleichermaßen defizitär, wie es ein drastisches Auskosten des irdisch armseligen „Sklavenhaften" ist. Das christliche Inkarnationsdogma fordert ein Doppeltes – eine Apophatik des Erhabenen *und* eine Kataphatik des Nichtigen.[313]

Luthers Auffassung von Kenose als Signifikation des „Deus absconditus" [verborgener Gott] ist gegenüber diesen Rehabilitierungen von Unähnlichkeit noch zu nahe an einer Darstellung durch das ganz Unähnliche, das kontradiktorische Gegenteil: „Necesse est enim opus Dei abscondi et non intelligi tunc, quando fit. Non autem absconditur aliter quam *sub contraria specie* nostri conceptus seu cogitationis."[314] Das Vorschieben der „contraria species" aber ist ein Verfahren der Apophatik, während die Kenose eine logisch weniger radikale, konträre Negation darstellt.[315] *A* wird nicht durch ¬ *A*, sondern durch ein *B* dargestellt, das an *A* und ¬ *A* gleichermaßen partizipiert.

Derselbe Einwand trifft Ėpštejns Thesen zur „armen" Repräsentation, wie er sie in post-atheistischer „minimal religion" realisiert sieht (1999a:164). „Minimal religion" muss, wie Ėpštejn meint, nicht notwendig völlig negativ verfahren und sich bloß noch in Leerstellen niederschlagen (1999b:385). Allerdings vermischt Ėpštejn mit dem „Minimalen" und dem „Armen" apophatisch-negative und un-

---

[313] Auch im Sinne von Ėpštejns Possibilismus gibt es ein Drittes zwischen banaler Kataphatik und radikaler Apophatik (2001:263f). Dieses ist – für den Zweck der vorliegenden Arbeit – allerdings weniger im Möglichen als im Unähnlichen anzusiedeln.

[314] „Das Werk Gottes muss nämlich notwendigerweise verborgen und nicht erkannt werden, wenn es geschieht. Es wird aber nicht anders verborgen als *von der Umkehrperspektive* unserer Auffassungsgabe und unseres Denkens her." (Luther WA 56,376,31–377,1, Hervorh. D.U.). Vgl. auch Loewenichs Verbindung zu Kenose und Kreuz, nach der Luthers „Theologia crucis indirekte Gotteserkenntnis [bedeutet]; der Deus absconditus ist der Gott, dessen Wesen und Werk nur sub contraria specie erkannt werden kann." (Loewenich 1954:25).

[315] Einen Versuch der Differenzierung verschiedener Negationsarten in Dionysios Pseudo-Areopagitas Typologie der Gottesrede unternimmt Semmelroth (1950:224) bei seiner Übersetzung von *De Divinis Nominibus* VII,1 (PG 3,865B): „ […] σύνηθές ἐστι τοῖς θεολόγοις, ἀντιπεπονθότως ἐπὶ Θεοῦ τὰ τῆς στερήσεως ἀποφάσκειν." Semmelroth: „[…] daß ‚es den heiligen Schriftstellern eigentümlich ist, im entgegengesetzten Sinn (=durch konträren Gegensatz) von Gott die Aussagen der Privation (=die kontradiktorischen Ausdrücke, die negative Theologie) zu machen.'" (1950:224).

3. Metonymie und Metapher

ähnliche Repräsentation, wenn er historische Avantgarde und konzeptualistische Postavantgarde gleichermaßen über die apophatische Geste der Anti-Kunst definiert (Ėpštejn 1989). Wenn eine Form der Signifikation „adresses God in the *poverty* of His manifestation" (Ėpštejn 1999a:165, Hervorh. i. Orig.), so liegt die Anknüpfung an die Kenose als Bild-Werdung des Göttlichen nahe. Die „Armut" der Erscheinung kann dann paradoxerweise als Repräsentant für die Herrlichkeit Gottes fungieren. An der Christologie gerät die Apophatik mithin an ihre Grenze:

> Since apophatic theology still remains a Christian theology, it cannot deny the positive manifestation of God in the image of His Son, sent in flesh and blood to expiate the sins of man. (Ėpštejn 1999b:353)

Die Grenze der Apophatik heißt also Kenose. Apophatische Signifikation grenzt an eine – noch zu beschreibende – kenotische Form der Darstellung.[316]

Die Semantik einer Signifikation *per negationem* ist je schon paradox; sie bildet – wie Ėpštejn sagt – ein „apophatic paradox of knowing God through lack of knowing Him" (Ėpštejn 1999b:350). Allerdings ist das Paradox, welches die negative Signifikation generiert, ein anderes als die christologischen. Wenn etwa Gregor von Nyssa Zuflucht nimmt zur Rede vom Geheimnis und „Unsagbaren" („ἄφραστον"; PG 45,1164C), dann tritt dieses Raunen bei ihm an die Stelle der christologischen Paradoxe (s. P. Henry 1957:82). Die Apophatik gelangt hier also in Konkurrenz zum mit der Kenose verschwägerten Paradox (vgl. 9.7.9). Für ein Konkurrenzverhältnis von Kenose und Apophatik sprechen auch die monophysitischen Wurzeln der Apophatik, insofern der Monophysitismus die christologischen Paradoxe durch Überbetonung der göttlichen Natur aufzulösen versucht.[317] Weder apophatische noch kataphatische noch auch die symbolische Rede des Dionysios Areopagita über das nicht-inkarnierte, verborgene, jenseitige Göttliche sind für die Christologie voll einschlägig; die Gestalt-Werdung des göttlichen Logos in der Sklavengestalt ist weder positiver Gottesname noch Verstummen, noch wird sie als bloß symbolische „Gottesgestalt" begriffen. Insofern die kenotische Christologie vom Logos ausgeht und zur „Sklavengestalt" fortschreitet, hat sie den deduktiven Erkenntnisweg noch am ehesten mit der Kataphatik gemein,[318] aber nicht mit positiven Gottesnamen, sondern mit einem unähnlichen Gottesbild.

---

[316] Dabei sind Kenosis und Apophatik keineswegs immer alliiert (wie bei 9.7.9).

[317] 2.7.4.2. Ėpštejn (1999b:350) beruft sich dahingehend auf Averincev. Von der Funktion der Plausibilisierung her funktioniert die Apophatik ähnlich wie das Paradox: Sie streicht irdische Kompetenzen – Rede, Erkenntnis – durch, um im Gegenzug ein Anderes, Höheres zu hypostasieren. Religion ist (auch) ein Effekt einer Unsagbarkeitssetzung, wie sie in negativen Repräsentationspraktiken stabilisiert und habitualisiert wird.

[318] Vgl. Theill-Wunder 1970:162. Die semantische Verbindung von Kenose zu Kataphasis (Abstieg; s. Hart 1989:175), ist dafür allerdings eher ein schwaches Randargument.

Die kenotische Signifikation muss einen Schritt weitergehen und die Unangemessenheit aushalten, welche eine bestimmte Spielart von Apophatik – durch das Verstummen – überspringen kann.[319] Ein gezielter Einsatz von Unangemessenheit (sei es als Kataphatik des Schlechten oder schlechte Kataphatik) ist also – darin ist Ėpštejn zu widersprechen (1999b:368) – keine apophatische, sondern eine kenotische Signifikation. Es gilt, christologische Kenosis und rhetorische Tapeinosis literaturtheoretisch als Entwürfe eines programmatisch unreinen und indirektunähnlichen (vgl. Onasch 1976:195f) Sagens des Unsagbaren zu bestimmen (eines Unsagbaren, das die Apophatik rein erhalten will, was sie nur im Verstummen zu leisten vermag).

Die Kenose ist damit der „verkehrenden" (Goller) Apophatik näher verwandt als der aposiopetischen. Aufschlussreicherweise ordnet Dionysios Areopagita selbst die Frage nach der Kenose Christi – „πῶς ὁ ὑπερούσιος Ἰησοῦς ἀνθρωποφυϊκαῖς ἀληθείαις οὐσίωται·"[320] – ins Register der Kataphatik ein.[321] Kenotische Signifikation wäre mithin zunächst eine kataphatische Operation, der danach eine apophatische Korrektur zu folgen hätte. „Aber diese Züge [die auf Gott hinweisen] tragen stets die Unähnlichkeit des Symbols an sich und müssen deshalb durch die Verneinung richtiggestellt werden." (Semmelroth 1950:222f). Dies geschieht, indem der kataphatisch-kenotisch Redende sich der Unsagbarkeit qua Unangemessenheit bewusst bleibt und diese Unangemessenheit ausstellt.[322]

3.5.9 via humiliationis

Solch selbstreflexive Unangemessenheit stünde damit zwischen der *via negationis* [durch Verneinung] der negativen und der *via affirmationis* [durch Behauptung]

---

[319] Ėpštejn macht die Differenz von Apophatik und Kenose an einem Punkt gar zu einem Exklusionsverhältnis: „Pseudo-Dionysius' formulations [...] dissolve its very core [the core of positive religion, christianity], the humanness of Christ, his ‚sonship', his existence in time, and his possession of speech. They potentially border on atheism. [...] *The negation of the positive attributes of God, who appeared in the flesh and who continues to nurture the faithful with his flesh, is already atheism.*" (Ėpštejn 1999b:354f, Hervorh. i. Orig.).

[320] „[...] wie der überwesentliche Jesus in wahrer Menschennatur wirklich geworden ist [...]" (PG 3,1033A; dt. v. Edith Stein, Stein 2003:248).

[321] Vgl. Hochstaffl 1976:133f; zur Christologie des Pseudo-Dionysios s. Hausammann 2004:111–117.

[322] Mit dieser Herleitung einer Ästhetik der Unähnlichkeit aus der Figur der Kenose soll keine ein-eindeutige Relation behauptet werden; zwar generiert die Inkarnationslogik der Kenose eine unähnliche Abbildungsrelation bzw. hält zu deren Begründung her, doch gibt es Ästhetiken der Unähnlichkeit, die ohne die Kenose auskommen; das – etwa eine islamische Ästhetik der Unähnlichkeit – aber ist nicht Thema dieser Arbeit.

der positiven Theologie; während ein Denken mit *analogia entis* [Seinsanalogie][323] zur Überbrückung der Kluft zwischen irdischem Unten und göttlichem Oben emporsteigernde Vergleiche favorisiert („ὑπεροχή" bzw. *via eminentiae* oder *excellentiae*[324]), stellt die Kenose einen *herunterziehenden* Vergleich dar. Der ὑπέρ-Häufung in der Eminenz-Rede von Gott (Semmelroth 1950:217f) setzt die Kenotik eine massierte Verwendung der Präposition und des Präfixes ὑπό- entgegen.[325] Das Göttliche wird auf paradoxe Weise ungreifbar-greifbar gemacht, indem es degradiert wird: *via degradationis* oder *via humiliationis*. Die Relation zwischen irdischem Repräsentanten und göttlichem Repräsentat kann dann als gezielt hinkende Metapher gedacht werden oder als blasse Spur (Metonymie), wie es Lévinas vorzieht.[326] Die Alternative aber ist keine disjunktive, insofern es zwischen Metapher und Metonymie ein *tertium* gibt – die Unähnlichkeit.

3.6 Entwurf einer Ästhetik der Unähnlichkeit

> […] die Einheit der göttlichen und menschlichen Natur ist dem Menschen darin zum Bewußtsein, zur Gewißheit gebracht worden, daß das Anderssein oder, wie man es auch ausdrückt, die Endlichkeit, Schwäche, Gebrechlichkeit der menschlichen Natur nicht unvereinbar sei mit dieser Einheit, wie in der ewigen Idee das Anderssein keinen Eintrag tue der Einheit, die Gott ist. (Hegel 1969:XVII 278)

Jesus Christus wird in den Paulus-Versen Phil 2,6 u. 7 entworfen in zwei Ähnlichkeiten, die sich ausschließen, aber als Paradox endoxalisiert wurden (s. 2.10.4). Christus soll Gott-Vater ähnlich bzw. wesensgleich sein ($A \sim B$), seine Menschengestalt wiederum den Menschen ($A \sim C$), wobei Mensch und Gott-Vater einander prinzipiell unähnlich seien ($A \neq C$). Wenn die zwei Ähnlichkeiten von A einander

---

[323] Die Figur der *analogia entis* steht in Konkurrenz zu den christologischen Paradoxen, die gerade die Kluft zwischen Mensch und Gott inszenieren und die Verbindung der Konkretisierung durch den Rezipienten der Paradoxe bzw. der *communicatio idiomatum* [Wechselmitteilung der Eigenschaften] überantwortet, während die ontologische Analogie-Vorstellung – bei allem Eingeständnis der darin beschlossenen Unähnlichkeit (Stertenbrink 1971:79) – die Ähnlichkeit in den Vordergrund stellt.
[324] Siehe Dionysios Areopagita (PG 3,589BC.646B) u. Thomas von Aquin *S.th.* I q. 13 art. 1; vgl. Semmelroth 1950:222f.
[325] Vgl. etwa 2.6.1.1 u. 2.9.4.4.
[326] Allerdings ohne kenotisch-christologischen Bezug: „Der Gott, der vorbeigegangen ist, ist nicht das Urbild, von dem das Antlitz [des Anderen] das Abbild wäre. Nach dem Bilde Gottes sein heißt nicht, Ikone Gottes sein, sondern sich in seiner Spur befinden." (Lévinas 1992:235).

aber widersprechen, muss die Unähnlichkeit ihren Ort im paradox gedachten Jesus Christus selbst haben.

3.6.1 Notwendige Ähnlichkeit?

Kann es aber bei solcher Unähnlichkeit zwischen den Naturen überhaupt ein Abbildungsverhältnis geben? Sind Ähnlichkeit und Bild nicht so eng miteinander verknüpft, dass die Aufgabe des Bandes der Ähnlichkeit auch die Referenzleistung des Bildes untergräbt? Solches suggeriert schon die griechische Etymologie, genauer: der Fächer der in der Patristik belegten Wortbedeutungen von ὁμοιότης von ‚image, copy' bis ‚likeness, ressemblance' (Lampe 1961:955) und ὁμοίωμα (vgl. Phil 2,7) als ‚likeness, image' (Lampe 1961:956). Ähnlichkeit als *sine qua non* einer Abbildungsrelation wird explizit von Irenäus von Lyon verfochten, und zwar mit Bezug auf die „imago" [Bild] des „Unigenitus" [Ein(zig)geborener], unter dem Irenäus, anders als seine gnostischen Gegner, die vom Demiurgen sprechen, den Inkarnierten versteht:

> Non enim possibile est, cum sint utrique spiritualiter, neque plasmati neque compositi, in quibusdam quidem similitudinem servasse, in quibusdam vero depravasse imaginem similitudinis, quae in hoc sit emissa ut sit secundum similitudinem eius quae sursum est emissio. Quod si non est similis, Salvatoris erit incusatio, qui dissimilem emisit imaginem, quasi reprobabilis artifex. [...] Si igitur dissimilis est imago, malus est artifex [...][327]

Das Postulat der Ähnlichkeit gelte auch über eine ontologische Kluft wie die zwischen Gott und Mensch liegende hinweg:

> Typus enim et imago secundum materiam et secundum substantiam aliquoties a veritate diversus est; secundum autem habitum et liniamentum debet servare similitudinem, et similiter ostendere per praesentia illa quae non sunt praesentia.[328]

---

[327] „Weil beide [der Ein(zig)geborene und der Demiurg] auf geistige Weise emaniert worden sind, ohne Form und nicht zusammengesetzt, ist es nicht möglich, daß die Ähnlichkeit in manchen Teilen bewahrt, die abbildhafte Ähnlichkeit in anderen Teilen dagegen entstellt worden ist. Sie ist doch gerade dazu emaniert worden, um das Abbild der Emanation in der oberen Welt zu sein. Wenn sie dem nun nicht ähnlich ist, dann ist das dem Soter [Erlöser] anzulasten, der wie ein schlechter Künstler ein unähnliches Abbild hervorgebracht hat. [...] Wenn das Abbild also unähnlich ist, dann taugt der Künstler nichts [...]" (*Adv.haer.* II,7,2; dt. v. Norbert Brox, Irenäus von Lyon 1993/2001:II 57-59).

[328] „Typos und Abbild sind zwar, was Materie und Substanz betrifft, bisweilen von der Realität verschieden; was aber ihre äußere Gestalt und ihre Hauptzüge betrifft, müssen sie unbedingt die Gleichheit behalten und auch durch das Gegenwärtige das Nicht-Gegenwärtige gleichsam vorzeigen." (*Adv.haer.* II,23,1; dt. v. Norbert Brox, Irenäus von Lyon 1993/2001:II 193).

3. Metonymie und Metapher 243

Byčkov zeigt, dass – von Irenäus her – das Postulat der Ähnlichkeit für die weitere byzantinische und russische Bildkonzeption grundlegend bleibt (2001:106–117) – etwa für Nikephoros von Konstantinopel (ebd.:231–234) und auch noch für Zinovij Otenskij (ebd.:289f). Der historische Befund macht plausibel, was Didi-Huberman pointiert: „Auf den ersten Blick hat das Unähnliche einen eher diabolischen Beiklang." (1995:52).

Die ontologische Kluft ist mithin ein latentes Problem, doch fühlten sich die Verfechter der *forma-Dei*-Christologie (3.1.3) dadurch offenbar geradezu eher angestachelt, in Bildkategorien zu argumentieren. Zudem ist für die christologische Aussageform des Paradoxes und nochmals stärker für die *communicatio idiomatum [Wechselmitteilung der Eigenschaften]*, wie sie die neuchalcedonische und später auch die lutherische Christologie weidlich einsetzen (s. 2.8.5), das Wissen um die Unähnlichkeit der Eigenschaften der göttlichen und der menschlichen Natur Christi konstitutiv; der Reiz dieser Figur besteht ja gerade darin, dem einen etwas zuzuschreiben, das ihm nicht zukommt (wie dem Gotte Sterblichkeit) und das ihm von der äußeren „Gestalt" her unähnlich ist (wie dem Gotte das elende Aussehen des „Sklaven", des Säuglings oder des gemarterten Gekreuzigten). Die Ästhetik der Ähnlichkeit ist folglich weder panchron noch allgemeinverbindlich für eine Epoche.[329]

3.6.1.1 Ist Unähnliches notwendig komisch?

Wenn im Sinne von Chemnitz' *genus majestaticum* (s. 2.8.5.4) der menschlichen Natur Christi Eigenschaften der göttlichen (wie Allmacht) zugeschrieben werden – erzeugt das nicht zwangsläufig einen komischen Effekt, insofern es sich im klassischen Sinne der Komiktheorie (Greiner 1992:97f) um einen Fall von Herabziehungskomik handelt? Dringen so nicht Komik und Karneval in die ernste religiöse Welt ein, von der sie sich durch ihre Herabziehungsverfahren abstoßen? Wäre der Karneval damit nicht allmächtig? Erinnert die Reduktion des göttlichen Logos auf die Säfte, die Jesu Hüfte nach dem Lanzenstich entfließen (s. 2.7.1.2), nicht an die

---

[329] Gegen die Panchronie von Ähnlichkeitsvorgaben spricht, dass nach Foucaults *Les mots et les choses [Die Ordnung der Dinge]* die Episteme der Ähnlichkeit mit der Renaissance einsetzt (1997:102ff), gegen die Epochenverbindlichkeit die in den lutherischen *communicationes idiomatum* beschlossene ‚Unähnlichkeitsästhetik' (2.10.2). Es könnte geradezu umgekehrt so sein, dass die christologische Unähnlichkeitsästhetik in der europäischen Religionsgeschichte konstanter funktioniert als die Ähnlichkeitsepisteme und ästhetische Paradigmenwechsel überdauert wie den von Lotman behaupteten zwischen „эстетика тождества" [Ästhetik der Identität] und „эстетика противопоставления" [Ästhetik der Entgegenstellung] zwischen mittelalterlicher Kunst, Folklore und Klassizismus einerseits und Barock, Romantik und Realismus andererseits (Ju. Lotman 1972:197).

Herunterbrechung der Anthropologie im Karneval auf Bauch, Geschlechtsorgane etc.?[330] Warum wirkt nicht das gesamte Christentum als Parodie wie die Zitate christlicher Habitusmodell bei Ivan Groznyj[331] oder die Umkehrriten Petrs I.?[332] Das liegt einmal an der Dosierung und Instrumentalisierung des potenziellen komischen Effekts. Wie Anselm Steiger deutlich macht (1996:27), ist Luthers Lust an der *communicatio idiomatum* ein Moment von Humor eingeschrieben (2.10.2), der aber in Bezug auf Christus affirmativ, nicht subversiv daherkommt. In Onaschs Lektüre können selbst russisch-orthodoxe Ikonen Humoreskes beinhalten (s. 4.6.3.1). Die Antwort auf die Frage nach der Wahrscheinlichkeit komischer oder nicht-komischer Rezeption ist damit in der Pragmatik zu suchen: Natürlich vermag die inkarnatorische Herabziehung des Logos zur „Sklavengestalt" als Komik ausgedeutet zu werden (das tut Celsus; 2.7.2.5); wegen der Kanonisierung dieser Figur und ihrer Bewehrung mit Repressionsmaßnahmen wie sozialer Ächtung durch Kirchenbann oder Hinrichtung nach einem inquisitorischen Verfahren, sind die christlichen Herabziehungen – im Gegensatz zu den als Gegenwelt positionierten des Karnevals – in der Kulturgeschichte des Christentums ganz überwiegend nicht als Komik und Subversion, sondern als Erlösungsangebot und höchste (paradoxe) Affirmation des Göttlichen aufgefasst worden.

3.6.2 These: Notwendige Unähnlichkeit

> [...] il n'y a aucunes images qui doiuent en tout resembler aux obiets qu'elles representent.[333]

Als häretisch wurde in der Alten Kirche zwar sowohl verworfen, wenn der inkarnierte Christus dem Menschen unähnlich sein sollte (Doketismus), als auch wenn er der Logos Gott-Vater unähnlich sein sollte,[334] – was blieb, aber war der Widerspruch, dass Jesus Christus ähnlich sein sollte mit zwei Größen, die sich offen-

---

[330] Vgl. bspw. Bachtin 1972:28f; s. auch 9.3.2.2. Möglicherweise ist die Kontamination eher umgekehrt anzusetzen, weil ja auch für Bachtin im Karneval Erhöhung = Erniedrigung ist (vgl. Lock 1991:74f) und durch die Herabziehung des Hohen das Niedere aufgewertet wird – strukturell verwandt der Vergöttlichung des Menschen und seiner physischen Natur (Ugolnik 1984:289; Lock 1991:72).

[331] Siehe 5.4.1.4 u. 5.5.3.4.

[332] Insbesondere das zu Beginn seiner Herrschaft geschaffene Trinkgelage *Всешутейший всепьянейший и сумасброднейший собор [Allernärrischstes allertrunkenstes und allertollstes Konzil]*.

[333] „[...] es gibt keine Bilder, die in allem dem ähneln sollen, was sie repräsentieren." (Descartes 1897/1913:VI 113).

[334] Die Jungarianer werden Anhomöer genannt (s. 2.7.2.1); in der Polemik avancieren ἀνόμοιος [unähnlich] und das Derivat ἀνομοιητής (Lampe 1961:147f) zum Synonym für den (arianischen) *Häretiker*.

3. Metonymie und Metapher 245

sichtlich unähnlich waren: Gott und Mensch. Zwischen den beiden als rechtgläubig sanktionierten Ähnlichkeiten besteht Unähnlichkeit. Diese Qualität aber ist bislang höchstens peripher anerkannt worden.

Eher nebenbei gelangt z.b. Leonid Uspenskij am Ende seines Einführungstextes *Die Technik der Ikonenmalerei* zu dem von ihm gemeinsam mit Vladimir Losskij verfassten und herausgegebenen Band *Sinn der Ikonen* zu einer – im Deutschen etwas holprigen – Formulierung des kenotischen Verhältnisses zwischen den Naturen Christi als „kenotischer Unähnlichkeit":

> Hat Sich Christus, ‚der letzte Adam' (Kor. XV,45), als Urbild des ‚ersten Menschen' kundgetan, so hat Er andererseits als Vollstrecker des Erlösungsplans die Ähnlichkeit der gefallenen Menschennatur angenommen, welche eine dem Anblicke des ‚Knechtes', des ‚Schmerzensmenschen' (Jesaias LIII,3) eigene ‚Unähnlichkeit' darstellt. So hat denn Christus, ohne aufzuhören ‚das wahre Bild' zu sein, während Seines irdischen Lebens beide Anblicke in Sich vereinigt: den der glorreichen Ähnlichkeit und den der *kenotischen Unähnlichkeit* – die ‚Gestalt Gottes' und die ‚Knechtsgestalt' (Philip. II,6–7), wobei jene durch diese dem äußeren Blicke verborgen wird. (Uspenskij/Losskij 1952:69, Hervorh. D.U.)

Was bei Uspenskij dogmatisch gemünzt ist, soll hier für die Kulturgeschichtsschreibung in Sachen Christusnachahmung und Christusbezug fruchtbar gemacht werden: *Der kulturgeschichtliche Erfolg des Christentums verhilft einer Ästhetik der Unähnlichkeit zur Durchsetzung.*

3.6.3 Diskonjunktion von Ähnlichkeit und Unähnlichkeit

Die Darstellung äußerer Unähnlichkeit muss nicht zwingend ein Problem für die theologische Konzeptualisierung sein – nämlich dann, wenn diese 1) konventionalisiert wird[335] und 2) zwischen äußerer Unähnlichkeit und innerer – geistig zu sehender – Ähnlichkeit unterschieden wird, wie dies Coleridges Definition von allegorischem Schreiben vorsieht: „[...] so that the difference is everywhere presented to the eye or imagination while the likeness is suggested to the mind." (Coleridge 1936:30). Hinter der Gott unähnlichen Sklavengestalt Jesu Christi soll – so der breite christologische Konsens – die gott-ähnliche Eigenschaft der Sündlosigkeit stehen – mit Greimas gesprochen wäre das eine „Diskonjunktion" (1971:14) von Ähnlichkeit und Unähnlichkeit, in der „Differenz und Identität" zusammenkommen müssen, um Repräsentation zu leisten (Werber 2003:279).

Auch in der dogmenhistorischen Korrektur des ὅμοιος [gleich] zu ὁμοούσιος [wesensgleich] (s. 2.7.2.1) liegt eine Einschränkung der Ähnlichkeitsannahme zu

---

[335] Wie bei der Rezeption des Unähnlichen als potenziell Komischem ist es auch bei der unähnlichen Relation von Signifikant und Referent eine Frage der Konvention: Keine Repräsentation muss notwendig auf Ähnlichkeit fußen (wie Sutrop feststellt; 1998:46f); die Konventionalisierung einer Bezeichnungsrelation genügt vollauf (ebd.:54).

simultaner Ähnlichkeit-Unähnlichkeit. Selbst die Ikonodulen nehmen im Bilderstreit für ihre Bilderverteidigung nur den Verweis auf Abwesendes in Anspruch, weswegen dem Bild bloß Verehrung, nicht Anbetung zukomme. Diese Unterscheidung signiert die ontologische Kluft von Gott und Mensch und die daraus resultierende Unähnlichkeit von Urbild und Abbild.

3.6.4 Von neoplatonischer zu mariologischer Begründung von Unähnlichkeit

Die wichtigste christliche Theorie der Unähnlichkeit stammt aus dem Umfeld der Apophatik des Pseudo-Dionysios-Areopagita (3.5.6); Gott komme, von der menschlichen Warte aus betrachtet, „οὔτε ὁμοιότης ἢ ἀνομοιότης"[336] zu.

> Den unähnlichen Bildern eignet [bei Pseudo-Dionysios] eine semantisch-symbolische Natur besonderer Art. Ihre Aufgabe ist es, trotz der Nachahmung „niedriger" Gegenstände der materiellen Welt, in dieser „unwürdigen" Form eine Information zu bieten, die mit diesen Gegenständen nicht das Geringste gemein hat. (Byčkov 2001:165)

Auch Johannes von Damaskus meint, dass eine Darstellung durch das Andere (3.4.4.2) eine Differenz ins Abbild hineinlegen müsse: „Εἰκὼν μὲν οὖν ἐστιν ὁμοίωμα χαρακτηρίζον τὸ πρωτότυπον μετὰ τοῦ καί τινα διαφορὰν ἔχειν πρὸς αὐτό· οὐ γὰρ κατὰ πάντα ἡ εἰκὼν ὁμοιοῦται πρὸς τὸ ἀρχέτυπον."[337] Wie Soldat darlegt, enthalten bei Johannes von Damaskus

> [...] die vom Menschen gemachten Dinge, z.B. das Kreuz, Reliquien und Ikonen [...] die angenommene Verbindung zwischen Urbild und Abbild, d.h. das, was Dionysios Areopagita als „unähnliche Ähnlichkeit" bezeichnet [...] (2001:53).

Die von Dionysios Areopagita und – weniger programmatisch, dafür mit noch größerer Kanonizität – von Johannes von Damaskus vertretene Theorie einer Unähnlichkeitsrelation von Urbild und Abbild speist die russische implizite Lehre von Ur- und Abbild (ebd.:19.41) und ist bspw. in expliziten Anleihen im russischen 16. Jh. beim Starec Artemij belegt (Byčkov 2001:299).

Eine eigentliche Theorie der Unähnlichkeit, der ersten seit Dionysios, formuliert Didi-Huberman in *Fra Angelico. Dissemblance et figuration [Unähnlichkeit und Figuration]* (1995:12.57.65). Gegenläufig zu seiner induktiven Auslegung bestimmter „Flecken" auf Gemälden Fra Angelicos, die „nichts ähneln" (ebd.:10), entfaltet Didi-Huberman darin ein „Kapitel" einer „Mikrogeschichte" zur großen, hier gleichermaßen zentralen Frage, „[...] wie das Mysterium der Inkarnation der

---

[336] „[...] weder Ähnlichkeit noch Unähnlichkeit" (PG 3,1048A; dt. v. Edith Stein, Stein 2003:250).

[337] „Ein Bild nun ist ein Abbild, welches das Urbild wiedergibt mit deinem gewissen Unterschied zu ihm (= dem Urbild); denn nicht in jeder Hinsicht gleicht das Bild dem Urbild." (Johannes von Damaskus *Imag.* I,9; 1975:83f; dt. von Wolfgang Hradsky, Johannes von Damaskus 1996:33f; vgl. auch *Imag.* III,16).

3. Metonymie und Metapher

christlichen Bilderwelt ihre eigentümliche Form gegeben hat [...]" (ebd.:11). „Die grundlegende Hypothese dieses Buches besagt, daß die *Unähnlichkeit* das bevorzugte Mittel ist, um die Körper ‚mysteriös zu machen' [...]" (ebd.:12, Hervorh. i. Orig.), insofern sie „‚anagogisch'" (ebd.:16) auf fernes Höheres zu verweisen vermöge. Dabei spielt Didi-Huberman mit verschiedenen Bezugsgrößen für das „Unähnliche": mit dem, was „nichts Bekanntem ‚ähnelt'" (ebd.:25), und dem, was etwas Bestimmten nicht ähnelt – dem „Leib Christi" – so die Hostie (ebd.:44); letzteres sind dann für Didi-Huberman im Gefolge von Dionysios Areopagita *„unähnliche Ähnlichkeiten"* (ebd.:68, Hervorh. i. Orig.).

Wenn es um dieses Bestimmte geht, biegt Didi-Huberman stets geschwind ab; der Kern einer Theorie christlicher Unähnlichkeit aber ist eben in der Christologie zu suchen. Didi-Huberman selbst gibt die deduktive Antwort nach dem Woher solcher anagogischer Unähnlichkeiten von der Gottesmutter her: „*Die Jungfrau ist die* causa materialis, *die Stoffursache der Inkarnation des Logos.*" (ebd.: 43, Hervorh. i. Orig.). Die christologischen Paradoxe, die Didi-Huberman wohl sieht (ebd.) werden so auf ihre Metonymie, Maria, verschoben.[338]

3.6.5 Kenotische Grundlegung von Unähnlichkeit

Das, wofür Maria überhaupt gebraucht wird, nämlich der „gestaltlosen Gestalt" des Göttlichen Gestalt– „Sklavengestalt" – zu geben, lauert förmlich in Didi-Hubermans Argumentation, ohne auf den Punkt gebracht zu werden (1995:57–63.117): Die Unähnlichkeit zwischen den Naturen Christi ist es, um die es ursprünglich gehen muss. Verläuft zwischen diesen Naturen einmal der Vektor des Abstiegs (2.6), also Kenose und Inkarnation, so führt umgekehrt vom unähnlichen Bild, der „Sklavengestalt" und ihren sekundären Ausgestaltungen, ein anagogischer Verweis in Richtung Gott. Was zu leisten bleibt, ist also die Rückführung der Signifikationstheorie von Dionysios Pseudo-Areopagita auf die paulinische Christologie, der Rekurs von der Mutter Maria auf den Inkarnierten selbst. Dabei ist noch größerer Mut zur Unähnlichkeit nötig, weil anders als beim Dominikaner Fra Angelico, der seinen Thomas von Aquin gelesen hatte (ebd.:124), nicht bei allen Helden der russistischen Teile II. und III. dieser Untersuchung ein hoher Grad an christologischer Informiertheit vorauszusetzen ist. Die Grenze zum Säkularen und Bewusst-nicht-Christlichen muss hier überschritten werden; dabei wird die Unähnlichkeit zwar weiter gesteigert – neu ist sie aber längst nicht mehr.

---

[338] Didi-Huberman 1995:226f.231. So triftig Didi-Hubermans Nachweis von indexikalisch-metonymischen, „spurhaften" Repräsentationen ist, deren Unähnlichkeit an ihrem Verweischarakter nichts schmälert (ebd.:44.54), so sehr geht er hier selbst der – mariologischen – Spur auf den Leim.

3.6.6 Christologische Antizipation von Dekonstruktion

Das Christentum ist genau durch seine Dekonstruktion charakterisiert. Es ist bereitwillig und ohne weiteres autodekonstruktiv. [...] *Kenosis* bedeutet, daß Gott sich seiner eigenen Göttlichkeit entleert, um in den Menschen einzutreten. [...] all die theologischen Diskussionen von enormem Ausmaß, die zur Formulierung christologischer Dogmen geführt haben, laufen darauf hinaus, daß Gott genaugenommen nicht einfach in den Menschen eintritt und daß ebenso wenig Gott Mensch wird (schließlich gibt es die Umkehrung nicht, daß ein Mensch Gott wird), sondern dass das Göttliche im Menschen zur Dimension des Entzugs, der Absenz, selbst des Todes wird. (Nancy 2002:78)

Eine Signifikation qua Unähnlichkeit ist mehr als nichts – weit mehr jedenfalls als das Verzagen des Menschen vor der ontologischen Kluft, die ihn vom angenommenen Göttlichen trennt, und die Resignation vor der Unsagbarkeit dessen, was jenseits des Immanenten liegen soll. Kenotische Signifikation trägt der Kluft Rechnung, indem sie diese in sich inszeniert, indem die Repräsentanten sich selbst als unangemessen ausstellen.

Der offensive Einsatz von Unähnlichkeit, wie er im christologischen Kontext zu beobachten ist, antizipiert den Vorwurf, dass die dabei produzierten Figuren und Bilder unangemessen seien. Eine solche Antizipation des Vorwurfs, unangemessen zu sein, salviert nicht davor, dekonstruiert zu werden, unterläuft aber den mitunter triumphatorischen Gestus der Repetition dekonstruktiver Grundwahrheiten (dass alles auf die eine oder andere Weise absent, aufschiebend, nachträglich und eben unangemessen sei). Dass ein kenotischer Repräsentant ein „misreading" (Bloom 1997) darstellt, ist von einer Ästhetik der Unähnlichkeit von vornherein einkalkuliert. Es ist deshalb als Referenz an die von der kenotischen Christologie entwickelten Darstellungsverfahren zu lesen, wenn in Harold Blooms *Map of Misreading* auch die „Kenosis" ihren legitimen Ort zumindest als eine „revisionary ratio" unter anderen zugewiesen bekommt (1997:130). Was die dekonstruktive Neorhetorik vor allem am Begriff der Allegorie[339] heraushebt, hat die kenotische Signifikation – mit der ihr eigenen Demut, d.h. unbemerkt – vorgeformt:

In einer Metapher erzeugt die Ersetzung einer wörtlichen durch eine figurative Bezeichnung qua Synthese eine eigentliche Bedeutung, die implizit bleiben kann, da sie durch die Figur selbst konstituiert wird. In der Allegorie jedoch [...] scheint es, daß der Autor sein Vertrauen in die Effektivität der substitutiven, von den Ähnlichkeiten her-

---

[339] Ein weiteres Eingehen auf die Problematik der Allegorie, auf Allegorie vs. Symbol etc. (vgl. Haverkamp/Menke 2000) – so lohnend eine Zusammenschau von Kenose und Allegorie wäre – würde den Rahmen dieser Untersuchung sprengen.

3. Metonymie und Metapher

vorgerufenen Kraft eingebüßt hat: Er behauptet eine eigentliche Bedeutung, unmittelbar oder mit Hilfe eines intra-textuellen Codes oder einer Tradition, indem er ein wörtliches Zeichen benutzt, das keine Ähnlichkeit mit jener Bedeutung aufweist und das seinerseits eine Bedeutung vermittelt, die zu ihm paßt, sich jedoch mit der eigentlichen Bedeutung der Allegorie nicht deckt. (de Man 1988:107f)

Christi Kenose setzt die Unähnlichkeit ins Werk. Da damit schon die angenommene primäre Präsentationsform (der Inkarnierte) dem unähnlich ist, was sie materialisieren soll (das Göttliche), ist auch jede weitere Re-präsentation deer Unähnlichkeit unterworfen. So ist jede Rede von der Kenose Christi uneigentliche, unangemessene Trope: „[...] Christian language and Christian rhetoric will be of their very essence figural." (Cameron 1991:159). Diese unhintergehbare Figuralität und Unähnlichkeit nimmt der christlichen Rhetorik aber gerade nicht die Brisanz. Denn die unähnliche, kenotische Rede vom Göttlichen und von dessen Kenose antizipiert den Vorwurf dieser Unähnlichkeit, schlachtet die Crux der Unähnlichkeit paradox zur eigenen Beglaubigung aus.

3.7 Die Produktivität von Unähnlichkeit

> Psychologisch gesehen ist *kenosis* keine Rückkehr zu irgendwelchen Ursprüngen, sondern das Gefühl, daß sich die Trennung von diesen Ursprüngen unweigerlich und immer von neuem wiederholen wird. (Bloom 1997:130)

Was aber bedeutet es für die Kulturgeschichte des Christentums und deren Beschreibung, wenn an deren (theologisch gesetztem) Anfang die Unähnlichkeit steht? Es kann nichts anderes bedeuten, als dass sich die einmal in Gang gesetzte „Entähnlichung" und „Unähnlichkeitsoperation" (Lachmann 2002:113; vgl. 1.4.6) fortschreibt. Und was sollte produktiver sein als Unähnlichkeit – wenn man nur einmal in Beziehung setzt, wie Weniges einem Urbild *A* ähnlich ist (A_1, A_2) und wie Vieles ihm unähnlich ist (*B, C, D... ad infinitum*):[340] „[...] diese Tradition ist immens." (Didi-Huberman 1995:56). Progressive „Entähnlichung" könnte geradezu als eines der wenigen Prinzipien der Kulturgeschichte gesehen werden, dem keine *translationes*, Übersetzungen, Medienwechsel,[341] Gender-Shifts, Superstrate und andere Facetten von Einfluss, Wandel, Transformation und Transposition etwas anhaben können.[342] Während in Geschichtsschreibungen, die auf Replikation

---

[340] Siehe das Schema in 1.4.7.
[341] Vgl. Günter Baders Figur von Signifikation *durch* intermediale „Entähnlichung", wenn er von der „Nennkraft der Musik durch Sprachunähnlichkeit" spricht (1996:239).
[342] Gängige Modelle von Instabilität durch Sprachlichkeit oder kulturelle Übermittlung (etwa Zumthors „mouvance" [Beweglichkeit; 1990:223] oder A. Assmann/J. Assmanns

250   I. Rhetorik der Christologie

und Bewahrung abheben, die „Entähnlichung" landläufig als Problem für den Nachweis der Existenz einer Tradition erscheint, ist dies für eine von der Kenose (sprich: Ur-Unähnlichkeit) ausgehende Kulturgeschichte ein Trumpf: Wandel gerät zum Beleg von Kontinuität; Veränderung geschieht in der Tradition, und Tradition verdankt sich der Veränderung.

Auch gegen eine simplifizierende Theorie vom Überleben religiöser Formen gilt es damit festzuhalten: Eine auf Unähnlichkeit setzende Inkarnationsreligion wie das Christentum ist nicht allein in ihren konservativen Facetten und durch ihre Replikationstechniken beharrungsfähig, sondern parallel dazu auch durch ihre Innovationen. Das Christentum überwindet qua Kenosis noch die der Kenosis eigene Repräsentationskrise, pflanzt sich die Krise der Repräsentation als Tugend der Gotteslehre qua Unähnlichkeit selbst ein.

3.7.1 Joker Unähnlichkeit

> Der Grund dafür ist der, daß die Unähnlichkeit, indem sie den Anblick trübte und eindeutige Darstellungen nicht mehr zuließ, *das Bild* dem Spiel der Assoziationen *öffnete*: dadurch wurde es zum privilegierten Ort sämtlicher exegetischen Netze, sämtlicher Verschiebungen der Figur. (Didi-Huberman 1995:15f, Hervorh. i. Orig.)

Im gleichen Maße, wie Unähnlichkeit kulturhistorisch produktiv ist, stellt sie auf methodischer Ebene eine Versuchung dar – ist sie doch fast unbegrenzt als Joker einsetzbar; was auch immer nicht zusammenpasst, lässt sich doch zumindest durch das Prädikat ‚Unähnlichkeit' verbinden. Wo Unähnlichkeit selbst zur Verweisstrategie erhoben wird, kann praktisch alles Unähnliche (und das ist bekanntlich viel) als Zeichen eintreten. Für eine kulturwissenschaftliche Arbeit folgt daraus die Gefahr, diese historische Joker-Struktur nicht nur nachzuzeichnen, sondern sie zum eigenen universellen Joker zu machen.

3.7.2 Wechselnde tertia

Es braucht also – im Sinne von Greimas' „Diskonjunktion" – immer auch die komplementäre Ähnlichkeit in der Unähnlichkeit, damit eine Transformationsstufe *B, C* oder *D* auch noch mit dem Urbild (hier: Phil 2,5–11) korreliert werden kann.[343] Ein auf das Christliche fixierter Kontext, in dem das kulturelle Gedächtnis

---

Diagnose vom „allseits herrschenden Trend des Vergessens oder Verstaubens", welcher der „Regelfall kultureller Erscheinungen" sei [1987:8]), werden von einer solchen Autodynamik von Unähnlichkeit noch überboten.

[343] Didi-Huberman thematisiert dieses Problem in seiner Unähnlichkeitstheorie nicht, setzt allerdings *tertia* wie „Stigma-Rot" ein, um plausibel zu machen, dass bei Fra Angelico verstreute rote Blumen auf die „Wunde Christi" rekurrierten (1995:30).

3. Metonymie und Metapher

in die Bresche zwischen dem Referenten und seinem unähnlichen Zeichen springt und die Abbildrelation hinzudenkt, wie es Didi-Huberman andeutet (1995:9), dürfte allein nicht genügen. Das für die Kulturgeschichtsschreibung eigentlich Relevante ist die Kombination eines – partiellen – *tertium*, das die Ähnlichkeit garantiert, mit jenen Differenzen, die es einrahmen und problematisch machen. Wie bei der Kenosis selbst geht es bei ihrer Kulturgeschichte um die *Unähnlichkeit in der Ähnlichkeit*.

Wenn auch der dekonstruktiven Episteme besonders an der Unähnlichkeit und weniger an der Ähnlichkeit gelegen sein mag – wieviel *tertium* hat Kulturgeschichtsschreibung nötig? Lässt sich das quantifizieren? Und kann es ein einziges *tertium* sein (wie das Auftreten des Namen Christi oder ein Ausschlusskriterium wie Opferposition [5.5], Freiwilligkeit [1.1.3] oder Paradoxalität [2.])? Zur Beschreibung absichtsvoll ähnlicher Christusbezüge in einer Dogmengeschichte der Kenose muss jedenfalls komplementär die Nachzeichnung von oftmals nicht weniger absichtsvoll *unähnlichen Poetiken der Kenose* kommen. Denn mit der Ausweitung der Kenose über den Bereich christologischer Dogmen hinaus passiert genau das, was Irenäus perhorreszierte (3.6.1): partielle Ähnlichkeit bei partieller Unähnlichkeit. So kann eine auf die Kenose konzentrierte Kulturgeschichtsschreibung nur als Netz changierender *tertia comparationis*, als deren netzartige Verflechtung (s. 1.4.7) funktionieren.

Wenigstens einen Zipfel dieses Netzes soll die hier unternommene Lektüre der ähnlich-unähnlichen Bezüge im Hinblick auf die Kenose Christi in der russischen Kultur- und Literaturgeschichte zu fassen bekommen. Ist das kenotische Muster in der russischen Kulturgeschichte und vielleicht in der Christentumsgeschichte überhaupt so präsent, dass dieser inter‚text'uelle Verweis kein Referenzsignal benötigt? Ist das Netz der Christusbezüge innerhalb der russischen Transformationsgeschichte so engmaschig, dass sich Einzelnachweise erübrigen?

II. RUSSISCHE AUSGESTALTUNGEN

[…] *ce ne sont pas les ressemblances, mais les différences, qui se ressemblent.*[1]

---

[1] „[…] *nicht die Ähnlichkeiten, sondern die Differenzen ähneln einander.*" (Lévi-Strauss 1962:111, Hervorh. i. Orig.).

4 Christus in Russland, oder Praktiken und Gattungen der *imitatio*-Paränese

> Das Christenthum ist gewiss eine der reinsten Offenbarungen jenes Dranges nach Kultur und gerade nach der immer erneuten Erzeugung des Heiligen [...] (Nietzsche 1988:I 389)
>
> Жизнь христианина, [...], во многом ориентирована на прошлое, поскольку именно в прошлом дано было Откровение, Моисеев закон, Христовы заповеди.../ В прошлое относит нас воспомниание о Рождестве Христовом, земном житии Спасителя, Его Крестном страдании и Воскресении.[1]

4.0 Paränese

4.0.1 *Modell* von *und Modell* für

Die irdische Natur Jesu Christi wird, wie gesehen, durch die Inkarnationschristologie als (unähnliche) Gestalt-Werdung des Göttlichen konzeptualisiert, die ihrerseits zum Gegenstand vielfältiger Ausgestaltungen und in Metonymien und Metaphern re-präsentiert wird. Ein solches Doppel von Abbildung und Vorbild hat Clifford Geertz am Begriff des Modells gleichermaßen festgemacht – als „Modell von etwas" und „Modell für etwas".[2]

So sind auch die metonymischen und metaphorischen Gestaltungen, die in den vorangegangenen Kapiteln ausgefaltet wurden (3.2–3.5), einerseits Repräsentationen von Christus im Sinne von ihm als Urbild her definierter Abbilder, auf ihn bezogener Ausgestaltungen. Dabei haben die Abbilder bzw. Ausgestaltungen, welche etwa die Ikone, der Habitus des Christusnachahmers, der Taufritus mit der Mit-Kreuzigungsformel etc. gegenüber Christus darstellen, andererseits selbst die Funktion, zu weiteren Ausgestaltungen, neuen Abbildungen und Vergegenwärtigungen aufzurufen. Am deutlichsten war dieser Sachverhalt bei Paulus, der sein eigenes Leiden als Nachahmung von Christi Leiden und zugleich Vorbild für das Leiden weiterer Christusnachahmer einstufte (s. 3.3.2.3).

---

[1] „Das Leben des Christen, [...], ist in vielerlei Hinsicht auf die Vergangenheit hin ausgerichtet, denn in der Vergangenheit wurden die Offenbarung, das Gesetz Mose und Christi Gebote gegeben.../ In die Vergangenheit trägt uns die Erinnerung an Christi Gebut, das Irdnleben des Erlösers, an Sein Leiden am Kreuz und Seine Auferstehung." (Svjatoslavskij 2004:8f).

[2] Geertz 1999:92. Zum *Modell*-Begriff s. auch Meyer 1995:91–96.

II. Russische Ausgestaltungen

Insofern kann eine Untersuchung der Ausgestaltungen des kenotischen Modells nicht bei der zweistelligen Abbildungsrelation *A – B* stehen bleiben (wobei *A* Jesus Christus und *B* die auf ihn rekurrierenden materialen Ausgestaltungen sind), sondern muss fragen, wie *B* selbst den Appell in sich trägt, in *C, D* usw. nachgebildet zu werden und damit wiederum *A* zu vergegenwärtigen. Jede Ausgestaltung, jede Darstellung, die sich als Re-präsentation der primären Selbstpräsentation des Göttlichen im Inkarnierten entwirft (s. 3.1.9.1), transportiert die Paränese[3] an ihre Rezipienten, das von ihr re-präsentierte *A* (Christus) ihrerseits zum Anstoß zur Ausgestaltung zu nehmen – sei dies personale Nachfolge, neue Verbildlichung oder sprachliche Weitergabe.

Es genügt für den kulturgeschichtlichen Zweck nicht nachzuzeichnen, wie der Evangelist Matthäus Christus sprechen lässt „ἄρατε τὸν ζυγόν μου ἐφ᾽ ὑμᾶς, καὶ μάθετε ἀπ᾽ ἐμοῦ, ὅτι πρᾶός εἰμι καὶ ταπεινὸς τῇ καρδίᾳ·",[4] und sein Evangelium im Missionsbefehl gipfeln lässt (Mt 28,19f). Noch reicht es zu beobachten, dass die Demutsparänese zum zentralen Topos der christlichen und insbesondere russisch-orthodoxen Homiletik avanciert. Denn die Reihe der Modelle *von* und *für* reicht über explizit paränetische Sprechakte hinaus. So führt etwa eine Verbindung vom ersten bedeutenden Starcen von Optina Pustyn' Leonid bzw. Lev, der diese Demut vorlebt, z.B. in einer bescheidenen Form des Bier-Trinkens, über die Vermittlung durch den Konvertiten Kliment Zedergol'm im *Жизнеописание старца Леонида (в схиме Льва)*[5] schließlich zum „Kleinmut" und Kater von Erofeevs Alkoholiker Venička, der sich selbst wieder als Gegenstand von Nachahmung empfiehlt (s. 9.5.3). Diverse Trägermedien greifen bei der Paränese zur Christusnachahmung ineinander (s. auch 5.3.9), werden von dorther modelliert und selbst modellgültig.

---

[3] Der Sprechakt ethischer Aufforderung und Ermahnung wird in der Theologie Paränese (von παραίνεσις) genannt; es ist kein auf das Medium der Sprache beschränkter Appell (s. 3.5.3) und weniger eine eigene literarische Gattung als ein Modus, der sich in diversen Gattungen und Praktiken bis hin zu personalen Vorbildern verwirklicht (vgl. Popkes 1995:737); im NT hat er die dominante syntaktische Form von „Imperativ" und „begründendem Vorbild" (A. Schulz 1962:303f). Erst Melanchthon prägt in der Spätfassung seiner Homiletik (*De officiis concionatoris [Von den Aufgaben des Predigers]*, 1529) ein spezifisches „[genus] paraeneticum, quod ad mores hortatur" [paränetisches Genus, das zur Sittsamkeit ermahnt] (Melanchthon 1929:6; vgl. dazu Schnell 1968:65).

[4] „Nehmt auf euch mein Joch und lernt von mir; denn ich bin sanftmütig und von Herzen demütig [...]" (Mt 11,29).

[5] *Lebensbeschreibung des Starcen Leonid (als Schimönch Lev)*; s. 5.3.6.5.

4.0.2 Kontinuität der Paränese

Je nachdem, ob der durch einen paränetischen Sprechakt Angesprochene schon in einer wie auch immer definierbaren Nachfolge Christi steht, kann zwischen erstmaliger Paränese, also Aufforderung zur Konversion und wiederholter Ermutigung zur Intensivierung, Verbesserung, Ausweitung unterschieden werden. Der Konversionstypus interessiert im Folgenden insofern, als die Paränese in der russischen Kulturgeschichte auch nach der „Taufe Russlands" um 988 (s. 4.2.4) noch lange auf keine christlich durchwirkte Gesellschaftssituation rekurrieren kann. Da jedoch das Christentum in den städtischen Zentren und im Amalgam von Volksreligion ab dem 11., spätestens seit dem 16. Jh. zumindest partiell präsent ist, gehört die Mehrzahl der russischen paränetischen Akte zur Kategorie der wiederholten Paränese. Überhaupt rekurriert der paränetische Sprechakt – bei Paulus wie auch sonst – überwiegend auf eine „traditionelle und unoriginelle" Topik (s. Perdue 1981:242), um durch Wiederholung die Konstanz einer Gruppenidentität und die Legitimation einer sozialen Ordnung zu gewährleisten (ebd.:254f), wobei das Hauptmoment der Befestigung darin besteht, dass alles auf das *eine* Beispiel Jesu Christi bezogen wird,[6] und zwar gerade auf seine soziale Selbsterniedrigung.[7] Jüngere Einwände gegen die Auslegung von Phil 2,5 als Anweisung zur Imitation eines Vorbildes Christus ändern nichts daran,[8] dass dieser Einleitungsvers zur Christusperikope als Paränese zu Nachfolge und Nachahmung gelesen werden kann (A. Schulz 1962:274) und über ca. 1880 Jahre Christentumsgeschichte auch gelesen worden ist.

Dabei kommt es immer auch auf die Rezeption der paränetischen Akte an, die im Certeauschen Sinne durchaus halb- bis antidisziplinär ausfallen mag. Die Präsenz paränetischer Akte selbst bezeugt eine zuwiderlaufende Realität (denn was selbstverständliche Praxis ist, braucht nicht gepredigt werden). Eine Tradition der Paränese muss daher unweigerlich eine Tradition des Kontrafaktischen sein.[9] Eine Kontinuität christlicher *Praxis* ist folglich, so sehr diese auch von der orthodoxen Kirche beschworen wurde und wird, nie belegbar. Anders sieht es mit dem kulturwissenschaftlichen Unterfangen aus, eine Kontinuität von Umstrittenheit zu demonstrieren. Die schwächere Behauptung, die hier aufgestellt wird, kann daher

---

[6] Wie Halbwachs deutlich macht, kommt es für das christliche Gedächtnis nicht darauf an, ob eine Spur wirklich historisch ist, sondern auf die Zuschreibung, dass es sich um eine Christus-Spur handele; nur das, was als Unterweisung, als Aufforderung, als Paränese verstanden wird, ist erinnerungswirksam (Halbwachs 2003:195).

[7] Schoonenberg 1966a:28–32. Es geht – wie stets in dieser Arbeit – nicht um alle möglichen Dimensionen von Christusnachfolge (etwa das Hohepriesteramt), sondern um die Nachahmung des Selbsterniedrigungsmodells.

[8] Schrage 1961:240; vgl. 2.2.3.1 u. 3.2.6.3.

[9] Vgl. E. Levin 1993:31 u. 4.2.2.

nur lauten: Es gab und gibt in der russischen Kulturgeschichte – in zunehmender Menge, mit Höhepunkt um 1900 (4.2.4) – diverse mediale Träger der Paränese zur kenotischen Christusnachfolge – und es gibt keinen Zeitraum, in dem nicht wenigstens einige dieser Träger funktioniert hätten.[10] Fedotovs These von einer Kontinuität auf der Praxisebene (1.1.6) muss wegen der zu ihrer Überprüfung nötigen unüberschaubaren Datenfülle allein aus methodischen Gründen modifiziert werden: Zu zeigen ist die – in der russischen Geschichte keineswegs konstante, aber partiell stets gegebene – Existenz von Gattungen und Praktiken, welche die Nachfolge-Paränese transportieren. Plausibel dürfte die Kontinuität der paränetischen Akte dabei vor allem durch die Interkonnexe werden, die einzelne Gattungen und Praktiken miteinander verbinden; diese bilden ein regelrechtes Geflecht von Christus-Metaphern und -Metonymien, die mit mnemonischer Intention auftreten, wie es bspw. in der multimedialen Paränese des Mönchtums der Fall ist (s. 5.3.9).

4.0.3 Gattungen und Praktiken der Paränese
Welches sind die materialen Träger, die ‚Medien' der Paränese zur kenotischen Christus-Nachfolge? Es sind Gattungen des sakralen Schrifttums, der Theologie, die Liturgie und ihr Ausgreifen in den Alltag sowie Ikonen bzw. bildliche Darstellungen.[11] Eine Sonderrolle spielen personale Modelle (5); in der Kette der Nachahmungen personaler Vorbilder ist das Doppel von Modell *von* und Modell *für* (4.0.1) am prägnantesten.

Einige der besagten Trägermedien sind kulturgeschichtlich beharrungsfähiger (etwa die Liturgie) als andere (das Jesusgebet, das Starcentum, besonders das Martyrium). Die Minderheit der in Frage stehenden Trägermedien beschreibt eine Praxis, die Mehrheit eine Norm, deren Verhältnis zu einer daran eventuell ablesbaren sozialen Praxis komplex ist, sodass die Betonung einer Norm meist gerade auf eine zuwiderlaufende Praxis verweist (s. Uffelmann 2002b). Die in diesem Kapitel unternommene Ausfaltung der Gattungen und Praktiken der Paränese ist

---

[10] Vgl.: „[…] принцип подражания или уподобления Христу составляет одну из основ христианского мировоззрения в целом, а потому реализуется в различных формах во всех областях христианской культуры […]" [(…) das Prinzip der Nachahmung Christi bildet eine der Grundlagen der christlichen Weltanschauung insgesamt, und deshalb realisiert es sich in verschiedenen Formen in allen Bereichen der christlichen Kultur (…)] (Rudi 2003:131).

[11] 4.3–4.6. Dass dies nicht nur der religionswissenschaftlichen Perspektive geschuldet ist, sondern auch in kirchlicher Devotionalliteratur so gesehen wird, zeigt Balašovs *Христос и мы [Christus und wir]* (2007), wo an eine ‚chronologische' Erzählung von Jh 1,1 bis zur Auferstehung (2007:59–649) ein paränetisches Kapitel „Церковь Христова" [Die Kirche Christi] angehängt wird, das von Liturgie über Familienalltag bis Ikone und Mönchtum die hier gleichfalls untersuchten ‚Medien' abhandelt (ebd.:674–852).

daher mehr eine Geschichte von Ermahnung, oftmals gar impliziter Ermahnung denn von Beherzigung (wobei Letzteres natürlich nie ausgeschlossen ist, aber seinen Ort im nächsten Kapitel 5 hat). Dabei muss es keineswegs so sein, dass die expliziten Gattungen automatisch auch die wirksamsten sind; die paränetische Predigt (4.3.5.3) wird vielmehr häufig als aufdringlich wahrgenommen,[12] während leise, ja stumme Formen von habituellen Vorbildhandeln[13] wie mönchische Einsiedelei häufig einen unvergleichlich stärkeren paränetischen Effekt haben und über das christliche Milieu hinaus wirken.

In der nachfolgenden Darstellung der verschiedenen Paränese-Medien gibt es eine zweite grundlegende Differenz: Die Mehrheit der Gattungen und Praktiken wird in der Form kanonisierter, repetitiver kultureller Institutionen (bes. Liturgie, Jesusgebet) abgehandelt, während andere (Religionsphilosophie, Literatur) individualisiert werden müssen und bloß exemplarisch diskutiert werden können.[14] Für die Frage nach der Präsenzdichte paränetischer Akte kehrt sich das in den meisten historischen Darstellungen übliche Gefälle von Werken des Höhenkamms, die durch Originalität aus der Masse herausragen, und variationsarmer, aber quantitativ weit bedeutsamerer Reproduktion eines fertigen Musters (s. bes. 4.5.3) um: Mnemonisch produktiv ist in der altrussischen Literatur gerade nicht das *Слово о полку Игореве*,[15] sondern Gottesdienst- und Lesemenäen.

4.0.4 Formen der Präsenz und Latenz
Eine dritte triftige Unterscheidung ist zu treffen zwischen der Präsenz des „kenotischen Motivs" in der Dogmatik einerseits und in der Glaubens- und Ritenpraxis andererseits In der Theologie ist es zweifellos so, dass die Figur der Kenose in bestimmten konfessionellen Traditionen zu bestimmten Zeiten weniger explizit reflektiert wurde als in anderen (etwa während der Hochkonjunktur im Protestantismus des 19. Jh.s); entsprechend verhält es sich beispielsweise mit der römisch-katholischen Theologie, in der insbesondere im Mittelalter die Dogmatik[16] seltener ausdrücklich auf die Kenose und Phil 2,5–11 rekurriert; doch „the kenosis motif itself lived on as a basic theme in sermons, liturgies, hymns, and devotional manu-

---

[12] Zwischen performativem Sprechakt und habitueller Praxis liegt eine Kluft; so unternimmt es Butler, Bourdieus Habitus-Theorie und Derridas Problematisierung von Austins „infelicities" performativer Sprechakte zusammenzudenken (1997a:153).
[13] Deren formative Leistung ist nicht zu unterschätzen (vgl. Butler 1997a:155).
[14] Zu Wiederholung und Kreativität in kulturellen Prozessen vgl. Znaniecki 1991:934.
[15] *Igorlied* – wenn es nicht überhaupt eine neuzeitliche Fälschung ist.
[16] Auch in der Moderne mag es so scheinen, als wäre die Kenose für die katholische Tradition weniger bedeutsam als für die lutherische oder auch die russisch-orthodoxe – doch gibt es bedeutsame Ausnahmen wie Schumacher (s. Dawe 1963:145), Schoonenberg oder H.-J. Röhrig (wobei letzterer von Tareev inspiriert ist).

als." (Dawe 1963:64). Folglich kann das kenotische Moment über gewisse Phasen hinweg in einer nicht-expliziten Weise tradiert werden, um dann wieder ins Bewusstsein gerückt zu werden. Das gilt etwa für den Katholizismus: „It would be a mistake, however, to believe the kenotic motif was silent within Roman Catholic piety and preaching despite its static place in theology." (ebd.:146).

War die Kenose für die griechische Christologie zentral, so bringt es die generell schwache Ausprägung der Dogmatik in der älteren russischen Orthodoxie vor dem 19. Jh. mit sich, dass eher selten in Traktatform über die Kenose reflektiert wurde. Das ändert sich in der zweiten Hälfte des 19. und zu Beginn des 20. Jh.s grundlegend, als die Kenose in der russischen religiösen Philosophie konzeptuell höchst produktiv wurde (mit einigen originellen, also ‚unorthodoxen' Ansätzen; 4.4.4). In den Jahrhunderten zuvor war hingegen die praktische Dimension, das, was Forsyth „the moralising of dogma" nennt (1909:239), in der Orthodoxie weiter verbreitet.[17] Der tropologische Sinn ist für diesen Zeitraum höher zu veranschlagen als der dogmatische Literalsinn. In diese moralistische Kenosis-Praxis fällt auch die frühe russische Thomas-a-Kempis-Rezeption.

Zeitlich übergreifend betrachtet, hat Dunaev zwar Recht, wenn er für die Orthodoxie das Moment der moralischen Demut betont:

> Святые отцы терпение, кротость постигали как великую духовную ценность. Терпение мы, следуя им, должны мыслить в его неотделимости от смирения, вне которого не может быть достигнуто и спасение. Об этом помнит каждый православный.[18]

Allerdings ist Dunaevs normative These, dass „jeder Orthodoxe" der Demut auch wirklich eingedenk *ist*, so unbeweisbar wie unhaltbar; in dieser Arbeit soll an der Vielfalt einschlägiger Gattungen und Praktiken der Christus-Nachahmungs-Paränese gezeigt werden, dass die *Aufforderung* zu allen Zeiten der russischen Kulturgeschichte in mannigfaltigen Formen präsent war und ist.[19] Zur latenten Präsenz des kenotischen Motivs mögen nicht zuletzt bestimmte – für das litera-

---

[17] Auch Dawe und Nnamani übernehmen diese Ansicht von Gorodetzky (Dawe 1963:149f; Nnamani 1995:110f).

[18] „Die heiligen Väter begriffen *Dulden* und *Sanftmut* als hohen spirituellen Wert. Wir unsererseits dürfen das *Dulden*, wenn wir ihnen folgen, nicht getrennt von der *Demut* denken, ohne die *Erlösung* unerreichbar ist. Dessen ist jeder Orthodoxe eingedenk." (Dunaev 2002:743, Hervorh. i. Orig.).

[19] Auch die Plausibilisierung einer modifizierten Spielart der Fedotovschen These vom besonderen Rang der Kenose-Figur in der russischen Kulturgeschichte kann nicht die gesamte Spanne von 988 bis heute abdecken; Kontinuität derart diachron zu belegen, würde schon bei einer einzigen Gattung oder Praxis den Rahmen sprengen. Das Augenmerk des nachfolgenden Parcours durch Gattungen und Praktiken der Nachfolge-Paränese gilt demgegenüber vorzugsweise deren breiter Streuung.

turwissenschaftliche Augenmerk besonders aufschlussreiche – illokutionär-ikonische Repräsentationen von Kenose auf der rhetorischen oder narrativen Ebene beigetragen haben, die an den verschiedenen, auch nicht-sprachlichen Gattungen und Praktiken abzulesen sind.

4.0.5 „Russischer Christus"?

> Nichts hat dem wirklichen Verständnis der Ostkirche mehr geschadet als die leichtfertige Anwendung einer vagen Völkerpsychologie auf die religiösen Ausdrucksformen ihres geistlichen Lebens, und nichts ist abwegiger als eine vorschnelle Abstempelung bestimmter Frömmigkeitserscheinungen als angeblicher Ausdruckformen der „russischen Seele". (Benz 1963:14)

Wenn es auch weniger darum geht, ob die russische Kultur ein Christusbild entwickelt hat, das signifikant kulturspezifisch wäre,[20] als darum, ob es in der russischen kulturellen Tradition rekurrente Christusdarstellungen – im Verein mit einem Konglomerat von Christusmetonymien und Christusmetaphern – gegeben hat und gibt, in denen kenotische Motive und Erniedrigungspraktiken eine prominente Position einnehmen, so ist doch die Auseinandersetzung mit derartigen Thesen geboten. Ist etwa Evdokimovs dahingehende Emphase berechtigt?

> Il existe aussi un Christ russe qui a quelque chose d'essentiellement évangélique sous l'aspect kénotique du Frère humbles des humiliés, celui qui est toujours avec les pauvres, les infirmes, et les souffrants.[21]

Die Kehrseite von Evdokimovs pathetischem Singular „Christ russe" ist – wie das bei Thesen kultureller Spezifik stets droht – der Ausschluss von anderen Traditionen. Einen solchen Ausschluss zu behaupten, wäre unter Vorzeichen einer zeitgemäßen Kulturwissenschaft, die Dispersionen und Disseminationen aufzuspüren bestrebt ist, anstelle einer Kultur zentrierende Oppositionen oder Leitbilder aufzupressen, ein wissenschaftshistorischer Anachronismus. Hier soll – mit einer entsprechenden Geste kulturwissenschaftlicher Bescheidenheit (einer für die so genannte „Postmoderne" pflichtgemäßen Kenose der Erkenntnis; s. 3.5.5.7) – die

---

[20] Der Anspruch, es gäbe einen „russischen Christus", wie ihn vor allem Dostoevskij erhob (s. 5.1.3), führt in eine kulturnationalistische Ecke, welche zwar Objekt der Kulturgeschichtsschreibung sein muss, aber nicht deren Ehrgeiz sein darf. Bei Fedotov (vgl. 1.1.4) zielt die Rede von der kenotischen Tradition auf paränetische Nebeneffekte ab und etabliert so selbst kulturelle Werte, was als Nebeneffekt nie ganz auszuschließen ist, aber die (deskriptive) Kernkompetenz der Kulturwissenschaft überschreitet.

[21] „Es gibt auch einen russischen Christus, der unter dem kenotischen Aspekt des demütigen Bruders der Erniedrigten etwas wesentlich dem Evangelium entsprechendes hat, der, der stets mit den Armen, den Schwachen und den Leidenden ist." (P. Evdokimov 1970:41, sic; dt. v. Hartmut Blersch, P. Evdokimov 1977:43).

kenotische Tradition als relevant belegt werden, ohne andere Relevanzen damit auszuschließen oder auch nur nachzuordnen.[22] Im Gegenzug zu dieser Einschränkung ist es das Ziel dieses Kapitels, die Breite der Streuung normativer kenotischer Muster von Christus über Christusmetonymien zu Christusmetaphern in diversen Gattungen und Praktiken der russischen Kulturgeschichte zu umreißen.

4.1 Tendenzen der russischen Kulturgeschichte

Die Gattungen und Praktiken, in denen die Aufforderung zur Christus-Nachahmung konserviert, wiederangeeignet und präsentiert wurde, bilden einen Ausschnitt der russischen Mediengeschichte, welcher für die Frühzeit – jedenfalls der Überlieferungslage nach – zentral war, während die quantitative Bedeutung expliziter Christusbezüge in der Sowjetzeit einbricht, um einen nicht weniger abrupten postsowjetischen Aufschwung zu erfahren.

Der mediale Aspekt der russischen, überhaupt der osteuropäischen Kulturgeschichten, wie ihn Jurij Murašov und Georg Witte (2004:7) berechtigterweise einklagen, kann vom spezifischen Fokus des Christoformitätsparänese nur gestreift werden. Statt einer materialen Geschichte der russischen Medien werden hier zunächst einige Stichwörter zu den kultursoziologischen Bedingungen geliefert, unter denen die Gattungen und Praktiken der Christusnachahmungsparänese bestanden – wobei jeweils eine von den Anfängen zu späteren Entwicklungen geschlagen wird.

4.1.1 Importanstöße

Die paganen[23] Ursprünge der ostslavischen (sich erst später in russische, ukrainische und weißrussische differenzierenden) Kultur liegen im Dunkeln bzw. werden durch die christliche Überlieferung, die ab dem 10. Jh. darüber gelegt wird, verdeckt. Die entscheidenden Schritte der christlichen Inkulturation der Slaven finden außerhalb des ostslavischen Bereichs statt – im Großmährischen Reich (Morava), das 863–865 von den so genannten Slavenaposteln Kyrill und Method ‚missioniert' wird, wofür sie auf Grundlage des griechischen Alphabets eine Schrift ent-

---

[22] In diesem Buch können sie jedoch als Kontrastprogramm lediglich sporadisch zu Sprache kommen, so etwa die hesychastische Theosis- und Vergeistigungskonzeption.

[23] Insofern hier keine Theorie des „Heidnischen" entworfen wird, mag die Chiffre des „Paganen" als Beschreibung all jener religiös-mythologischen Konzepte und Bräuche verstanden werden, die von der offiziellen Orthodoxie bekämpft wurden, wobei nichtsdestotrotz Manches unterschwellig angeeignet wurde (vgl. E. Levin 1993:36f).

werfen.[24] Die ersten Schriftzeugnisse im ostslavischen Raum sind Abschriften bulgarischer Vorlagen, die auf byzantinische Quellen zurückgehen.

Es handelt sich um normative Textsorten (Kirchenrecht und Typika), mit denen das Christentum im Zuge der so genannten „Taufe Russlands" 988 vor allem anderen als soziale Organisationsform importiert wurde. Da die Motivation nicht nur der byzantinischen Seite, sondern auch des Kiever Fürsten wesentlich in der politischen „Sicherung"[25] des Territoriums durch Kirche als Transmissionsriemen von zentraler Ordnung gelegen haben dürfte, erfüllten die Vorreiterrolle die normativen Gattungen Kirchenrecht (vgl. Rothe 2000:37) und Gottesdienstbücher. Schon der von Kyrill und Method übersetzte *Nomokanon* wird um das mährische Zivilgesetz ergänzt (Onasch 1981:208); im ostslavischen Bereich erhält der Klerus Zuständigkeiten, die über das byzantinische Maß hinausgehen (s. Rothe 2000:39) und die Organisation des Alltagslebens überhaupt betreffen (Goehrke 2003:79).

Wird das Personal der kirchlichen Leitungsebene (die Metropoliten) bis ins 15. Jh. mit nur zwei Ausnahmen von Griechen gestellt,[26] so dominiert um die Jahrtausendwende die skandinavische Elite der Waräger in weltlich-machtpolitischer Hinsicht. Mit der von Petr I. oktroyierten Europäisierung Russlands wiederholt sich im frühen 18. Jh. das Importszenario auch im Hinblick auf die – jetzt technisch-naturwissenschaftlichen – Eliten. Das Zarenhaus der Romanov vermischt sich seit Petr I. zunehmend mit dem deutschen Adel; mit Ekaterina II. besteigt eine Fürstentochter von Anhalt-Zerbst den russischen Thron.

4.1.2 Kanon und Zensur

Der altostslavische Kanon beginnt also mit ursprünglich aus Byzanz übernommenen Manualen wie dem *Канонuк*.[27] Die Normierungsintention geht in der Folge vom richtigen Vollzug der Liturgie (Orthopraxie) auf die stark kanonische altostslavische Kultur insgesamt über (s. Byčkov 2001:185). Besonders augenfällig ist der hohe Normierungsgrad am ikonografischen Kanon, der eine mnemonische Stabilisierung leisten soll: „Während das Bild als Ganzes vor allem der Erregung der Psyche diente, wirkte der Kanon in ihm als Zeichen des Archetyps, als Träger der Überlieferung." (ebd.:190). Wirkziel der kanonischen „«эстетика тождества»"[28] ist die Automatisierung der Rezeption; an die Stelle von Neuinformation tritt das Wiederaufrufen (Ju. Lotman 1992:246) vorhandener Erinnerungsfiguren.

---

[24] Dass dies die Glagolica und nicht die Kyrillica war, scheint mittlerweile entschieden (dazu Alekseev 1999:146). Zu Kyrill und Method s. auch 5.3.4.1.
[25] Schreiner 1995:532; Rothe 2000:62.
[26] Siehe Smolič 1966:143; Birnbaum 1984:6.
[27] *Kanonikon*. Dabei handelt es sich um ein Handbuch für Mönche wie Laien mit liturgischen und para-liturgischen Gebeten (bspw. Kanonik 2003; vgl. 4.3.6.).
[28] „'Ästhetik der Identität'" (Ju. Lotman 1992:244).

Bewehrt wird dieser Kanon mit seinem Komplement (s. A. Assmann/J. Assmann 1987), der – geistlichen – Zensur. Dieses Kind des Kanons überdauert in der russischen Kulturgeschichte den christlichen Inhalt des ursprünglichen geistlichen Kanons; die zarische politische Zensur (s. 6.7.2) findet einen würdigen Erben in der sowjetischen Folgeinstitution (s. 8.7.3). Als Institution spielt die Zensur in nahezu allen Epochen der russischen Literaturgeschichte (mit vergleichsweise liberalen Intermezzi zwischen Februar und Oktober 1917 und zwischen ca. 1990 und 2000) eine so starke Rolle wie in kaum einer anderen europäischen Literatur.

4.1.3 Übersetzungs-, Verspätungs- und Spaltungseffekte

Die zentripetale Leistung der Zensur bildet nicht zuletzt einen Reflex der Tatsache, dass sich die Geschichte der russischen Kultur als Folge von Aneignungsprozessen darstellt: Kamen in der Frühzeit das Christentum aus Byzanz und die Handels- und Schifffahrtskompetenz von den Warägern, so später der Barock aus Polen, die Aufklärung aus Frankreich, die Romantik aus England und Deutschland etc. Mit der Aneignung fremder kulturell-zivilisatorischer Errungenschaften geht die Dimension einer relativen historischen Verspätung sowohl bestimmter Gattungen und Praktiken als auch der Einführung technischer Medien einher.

Die von den Eliten getragenen Aneignungsprozesse zeitigen erhebliche Abwehreffekte, was zu Überlappungen von Aneignung und Abwehr führt (Kissel/ Uffelmann 1999). Oktroyierte Importe und Reformen werden von beträchtlichen Bevölkerungsteilen beargwöhnt und abgelehnt, führen zu horizontalen und vertikalen Spaltungen in der russischen Kultur, die sich fast immer auch an religiösen Fragen aufranken: Im Raskol des 17. Jh.s stehen den Nikonianern die Altgläubigen gegenüber; gegen die Petrinischen Reformen rebelliert die 1721 an die staatliche Kandare genommene Kirche; im 19. Jh. bricht der Gegensatz von Westorientierung und traditioneller orthodoxer Kultur in der Westler-Slavophilen-Debatte auf; die Sowjetmacht setzt 1918 zur Vernichtung der ROK an, treibt die Opposition und die intellektuelle Elite ins Exil und inhaftiert sie in Lagern. Die zwischen den (wenigen) europäischen Städten (in der Hansezeit Novgorod, ab dem 18. Jh. Petersburg, in postsowjetischer Zeit Moskau) und der agrarisch geprägten, rückständigen Provinz bestehende innerrussische Spaltung der Lebenswelten (Goehrke 2003) wird auch durch die sowjetische Kollektivierung der Landwirtschaft und Urbanisierung nicht aufgehoben. Mit der postsowjetischen Deindustrialisierung weiter Landstriche (insbesondere im Norden) und dem auf Moskau beschränkten Boom des Neokapitalismus vertieft sich die Kluft wieder.

4.1.4 Praxis und Habitus vor abstrakter Argumentation

> Religiöser Glaube formt Mentalitäten und den Habitus mit. So wirkt er sich auch in Dimensionen der Lebensführung aus, die von allem Religiösen weit entfernt zu liegen scheinen; [...] (Graf 2000:11)

Wenn die chronologische Vorreiterrolle, welche die Liturgie in der Christianisierung Russlands hatte, in der Literaturgeschichtsschreibung der Neuzeit auch in Vergessenheit geriet (4.3.1), so rankt sich doch das orthodoxe Selbstverständnis an einem Primat der liturgischen Erfahrung (s. 4.5.1) vor der dogmatischen Theologie auf; der praktische Vollzug hat in der kirchlichen Kultur Russlands einen größeren Stellenwert als die (individuelle) Reflexion. Der erste eigentliche Traktat der russischen Orthodoxie ist Iosif Volockijs *Просветитель*.[29] Die Schwäche des theologisch-dogmatischen Diskurses[30] wird zu einer Tugend umgemünzt, etwa in Ivan Kireevskijs Theorem vom inneren, ganzheitlichen Wissen und seinen – Motive von Neilos Kabasilas Thomas-Kritik aufnehmenden – negativen Scholastik-Klischees (Makrides/Uffelmann 2003:117). Das personale Exempel – für Kireevskij ist dies Amvrozij Optinskij (s. 5.3.6.7) – wird gegen das theoretische Konzept ausgespielt. Selbst die Erkenntnistheorie, die im Zuge dessen formuliert wird, ist damit in der kulturellen Polemik ‚geerdet' (Uffelmann 1999:159–228). Gegen abstrakte Gnoseologie und formale Logik wird das ganzheitliche Dasein der Person gesetzt.[31] Das personalistische Denkmuster leistet dem personalen kenotischen Modell Vorschub.

Die rigide Zensur unterbindet eine explizite politische Kontroverse[32] und zwingt Kritik zum Ausweichen in die fiktionale Literatur; die Fiktion springt in die Bresche: Äsopisch verklausulierte fiktionale Texte dienen über lange Zeit als Ersatz für zensierte politische Diskurse. Literarische Figuren geben somit gesellschaftlichen Konzepten Gestalt; die Prosopopöien der Literatur sind für die russi-

---

[29] *Der Aufklärer* (1502–1504; vgl. 4.4.2.3).
[30] Die sträfliche Vernachlässigung russischer theologischer Arbeiten im *Lexikon der theologischen Werke* (Eckert 2003) ist insofern symptomatisch.
[31] Etwa bei Gercen und Berdjaev (zu Berdjaevs Begriff von *личность* [Persönlichkeit] s. Ebert 2002:9). Das Personalprinzip wirkt selbst noch bei Lenin, wenn dieser gegen Plechanov den „subjektiven Faktor" wieder in den Marxismus einführt – wobei dieser Personalismus auf ihn als neuen Messias selbst zurückfällt (s. 7.10, 8.6.4).
[32] Politische Konflikte wurden oft über Praktiken und weniger über Konzepte ausgetragen, so der Raskol über das Kreuzzeichen (s. 4.5.9.4), die Petrinischen Reformen über die Bartfrage, und auch der Widerstand gegen die Oktoberrevolution hat einen nicht zu unterschätzenden Schauplatz in der Praxis ihrer Gegner, welche die Schriftreform der Bolschewiken noch einige Jahre bis Jahrzehnte nicht mitmachen.

sche Kulturgeschichte bis ins späte 19. Jh. bestimmender als theoretische Entwürfe. Der religions- und der literaturgeschichtliche Aspekt greifen somit in der Dominanz der Praxis und des personalen Habitus vor der abstrakten Argumentation in der russischen Kulturgeschichte ineinander.

Auch für die Christusnachahmung gilt, dass argumentative Texte in ihrer paränetischen Wirkung (nicht von der mnemonischen Intention her) nicht überschätzt werden dürfen. Die in Russland vor dem 19. Jh. eher schwach ausgeprägte abstrakte Theologie tut der Präsenz des „theologischen Lieblingsthemas" der „Nachfolge Christi" (Podskalsky 1982:277) in Homiletik und Paränetik (ebd.:274) allerdings keinen Abbruch.

4.2 Sukzessive Christianisierung

4.2.1 Stadt-Land-Gefälle

In der Frühzeit der Rus' nach der offiziellen „Taufe Russlands" im Jahr 988 bedeutete die Unterscheidung von Stadt- und Landleben auch eine von (ansatzweise) christianisierter städtischer Lebensform und fortgesetzt paganer Lebenswelt auf dem Lande. Die Durchsetzung der Christianisierung in der Fläche dauert – nicht anders als bei den meisten Völkern[33] – Jahrhunderte: Wie Aničkov schon 1914 feststellt: „[…] христианизация деревни – дело не XI и XII вв., а XV и XVI, даже XVII в."[34] Ende des 10. Jh. war es neben dem Klerus zunächst nur der Kiever Fürstenhof, der das Christentum praktizierte (Goehrke 2003:136). Einzig in unmittelbarer Nähe der Städte dürfte die Bevölkerung bis ins 13. Jh. überhaupt mit dem Christentum in Berührung gekommen sein (ebd.:135). Ein mehr oder weniger flächendeckendes Netz von Kirchsprengeln ist erst Ende des 15. Jh.s belegbar.[35] Und auch dann dürfte der Bauernbevölkerung

> […] ausser dem Grundgerüst des Kirchenjahres, den vor allem für den Agrarzyklus wichtigsten Heiligen und ihren Jahrestagen, dem richtigen Kreuzschlagen, der Trinitätsvorstellung und dem Bild der Gottesmutter […] an religiösem Wissen wohl wenig geläufig gewesen sein. (ebd.:193)

---

[33] V. Vlasov 1992:30. Hinter dieser strukturellen Analogie scheinen jedoch wesentliche Differenzen auf (s. E. Levin 1993:41).

[34] „[…] die Christianisierung des Dorfes war eine Sache nicht des 11. und 12., sondern des 15. und 16., ja 17. Jh.s" (Aničkov 1914:306); vgl. auch V. Vlasov 1992:29; noch rigoroser: E. Levin 1993:33.

[35] Goehrke 2003:193. Das Gefälle zwischen Stadt und Land in Sachen christlicher Praxis kehrt sich in der Moderne durch zunehmende Europäisierung (später Sowjetisierung) der Großstädte um.

Da scheint es schon ein Fortschritt, wenn Goehrke im 17. Jh. eine zwar auf wenige habitualisierte Handlungsweisen beschränkte, aber allgemeinverbindliche „religiöse Lebenspraxis" ausmacht:

> Im Küssen der Ikone, im richtigen Kreuzzeichen, in der regelmässigen Teilnahme an der kirchlichen Liturgie und allenfalls noch in dem Stossseufzer ‚Herr Jesus, erbarm Dich des Sünders!' erschöpften sich nach wie vor die religiöse Praxis und das religiöse Wissen auch des einfachen Stadtvolkes. Schon das ‚Vater unser' war kaum jemandem geläufig, von selbst rudimentären Bibelkenntnissen ganz zu schweigen. (ebd.:339)

4.2.2 Kontrafaktische Paränese

Die christliche (kenotische) Einordnung des gewaltsamen Todes von Boris und Gleb (1.1.2) erfolgt – vor diesem sozialen, weithin paganen Hintergrund betrachtet – kontrafaktisch, und zwar in doppeltem Sinne: An sich sind die beiden Fürstensöhne aller historischen Wahrscheinlichkeit nach ohne christliche Motivation gestorben und erst von der Rezeption christianisiert (kenotisiert) worden. Das Modell ist für jene Zeit alles andere als repräsentativ; es wird vielmehr als paränetische Norm *gegen* eine anders geartete Praxis aufgepflanzt, gewinnt allerdings vermutlich sehr bald Popularität (Obolenskij 1975:46f). Die Christusnachahmungsparänese etabliert eine Tradition des kontrafaktischen Appells; die Kenose bleibt ein Leitbild, das gegen instinktiven Widerstand immer neu propagiert werden muss. Denn im vitalen (‚natürlichen') irdischen Kontext ist Selbsterniedrigung ja auf den ersten Blick nicht erstrebenswert.

Wo die Institution Kirche in die Lebenspraxis der weitgehend paganen Bevölkerung eingreift und soziale Normen wie Monogamie, Treue, Heterosexualität durchsetzen will, muss sie auf Widerstand stoßen. Wie Certeau deutlich macht, kommt institutionell-offiziell Lanciertes in der Praxis nicht unverändert an.[36] Unentwegte Wiederholung kontrafaktischer Normen konstituiert zwar einerseits erst ein Modell – hier das Christusmodell –, trägt aber andererseits zugleich zu dessen Destabilisierung bei. Die Zeugnisse der Alltagsgeschichte belegen dies: Goehrke etwa fragt sich mit Blick auf die massenweise Rekrutierung von Priestern im 15. Jh., die „aus dem Boden gestampft werden" mussten, rhetorisch:

> Wen wundert es da, wenn die meisten dieser Gemeindepriester selber kaum etwas an kirchlichem Glaubensgut zu vermitteln wussten? Wenn viele Gemeindeglieder es sich damit genug sein liessen, der Liturgie lediglich physisch beizuwohnen, im übrigen aber – wie die Metropoliten in ihren Sendschreiben immer wieder beklagen mussten – wäh-

---

[36] Certeau 1988; vgl. 8.2.

rend der gottesdienstlichen Handlungen schwatzten und lachten, wenn sie nicht sogar überhaupt wegblieben und die Beichte mieden?[37]

Die Gemeinden leisteten offensichtlich sogar Gegenwehr gegen eine allzu rigide christliche Paränese:

> Wenn Priester mit zu intensiven Ermahnungen, sich eines gottgefälligen Lebenswandels zu befleissigen, ihren ‚geistlichen Kindern' allzu lästig fielen ([...]), dann riskierten sie es, weggejagt zu werden. (Goehrke 2000³:342)

Doch sind das Unterlaufen einer Norm und die Beimischung anderer Elemente nicht immer rein destruktiv; oft treten neben offene Antidisziplin gerade auch Formen semidisziplinärer Anverwandlung.

4.2.3 Volksreligiöses Amalgam

> [...] great harm is done to scholarship, especially Russian ethnography, by our biased attitude toward Christian culture, our lack of education in the history of Christianity, and by restrictions on making use of its enormous heritage of books and writings [...]. Without this, it is not possible to examine the phenomenon of Russian folk culture/religion as an integrated unity and equal blending of constituent worldviews – ‚paganism' and Christianity. (Bernštam 1992:35)

Die ideologische Konkurrenz, welche die Träger der christlichen Mission in den paganen Vorstellungswelten und Praktiken erblicken, muss von den Betroffenen nicht notwendig geteilt werden; Christentum und vorchristliche Riten brauchen nicht zwangsweise als disjunktive Alternative begriffen zu werden.[38] Es ist vielmehr über Jahrhunderte russischer Kulturgeschichte so, dass heidnische Vorstellungen mit christlichen koexistieren und in einem „vertikalen Ausgleich" (Wiertz 1971:573) miteinander stehen. Dies ist weniger treffend im traditionellen Begriff des *двоеверие* [Doppelglaube] erfasst als in Thesen von der Amalgamierung von Christlichem und Paganem zu einer Volksversion des Christentums.[39]

Gerade an dem Fedotovschen Musterbeispiel eines kenotischen Modells, an der Kanonisierung von Boris und Gleb, ist die Berücksichtigung einer derartigen Amalgamierung triftig. Joanna Hubbs hat eine ganze Reihe von alternativen Genealogien zu bieten:

---

[37] Goehrke 2003:194; vgl. zum Übel des Schwatzens während der Liturgie auch § 23 von Il'jas Mahnrede von 1166 (Goetz 1905:382).

[38] In der russischen Theoriegeschichte haben etwa Vjačeslav Iv. Ivanov (1989:310f) und Ol'ga Frejdenberg (1978:491–531) Analogiefiguren zwischen christlichen und außerchristlichen Elementen herausgearbeitet.

[39] E. Levin 1993; s. auch 4.5.11.2.

> The kenosis and martyrdom of the first Russian saints are therefore not *ab origine* simply the expression of Christian virtues; they also bear the residues of the Dioscuri myth, the agrarian cult of ancestors of the Slavic tribes, and the practices of sacral kingship among the Norsemen. [...] The Russian saints Boris and Gleb are distinguished by their ethos of nonresistance to evil through their behavior as willing victims rather than proud rulers. This insistence on the transcendence of aggression for the sake of the *rod* suggests that kingship introduced so late into Slavic tribal life was acceptable only insofar as it helped preserve family unity. It expressed the importance of the subordination of individual members to the needs of the collectivity, whether *rod* or *narod*, family, clan, or nation. (Hubbs 1988:177)

Toporov ermittelt zusätzlich Spuren vorchristlicher Kulte in der „парность" [Paarhaftigkeit] von Boris und Gleb (1995:I 499f). Die mögliche pagane Lesart schließt jedoch nicht automatisch die christliche aus oder betreibt eine „informationelle ‚Verwirrungstaktik'" (Onasch 1992:149). Die „«многофункциональность»"[40] von Elementen in christlicher und außerchristlicher Hinsicht ist keineswegs zwangsweise „schädlich"; doppelte Lesbarkeit ist sehr wohl möglich:

> The Russian veneration of young innocents might find its roots in pagan ideas of the supernatural power of youth cut short (the *vila*) or a more general worship of deceased members of the *rod* (clan), but it also fits with Christian examples, such as Abel or Jesus Himself.[41]

Es gilt also zur Kenntnis nehmen, dass Fremdinspirationen nicht zwangsläufig verfälschen, sondern bisweilen auch in der Lage sind, christliche Konzepte zu verstärken, sodass ein und dasselbe Phänomen auf doppelte Weise – pagan und christlich – gelesen werden kann (s. Uspenskij/Živov 1983). Die ‚Reinigung' der orthodoxen Kultur von paganen Momenten mag diese doppelt interpretierbaren Ausdrucksformen mitunter bloß schmälern.

4.2.4 Wellenförmig fortschreitende christliche Durchwirkung

> While no one would dispute the official status of the Russian Orthodox church [in pre-Revolution Russia], or the profound Christian inspiration in the oeuvres of many Russian *intelligenty*, the depth and content of the religious belief of the lower classes remain an area of scholarly dispute. (E. Levin 1993:31, Hervorh. i. Orig.)

So ist die Christianisierung Russlands als eine nicht lineare, allmähliche Verdichtung der medialen Präsenz christlicher Elemente zu begreifen.[42] Die Plötzlichkeit

---

[40] „‚Multifunktionalität'" (Chorošev 1986:46).
[41] E. Levin 1993:42, Hervorh. i. Orig.; vgl. auch Kissel 2004a:7.265.
[42] Lichačev spricht von einer „allmählichen Verkirchlichung aller Gattungen" der altrussischen Literatur (1975:139).

der Konversion des ganzen Landes mit der Taufe Vladimirs um 988 (zur Datierung Klimenko 1969:34), welche die Chroniken suggerieren, ist unglaubwürdig,[43] die Christianisierung vielmehr „ein über lange Zeit sich hinziehender Prozeß" (ebd.:11). Rückschläge wie der Mongolensturm oder die Abschaffung des Patriarchats 1721 und der vermeintliche spirituelle Niedergang im 18. Jh.[44] lösen Gegenbewegungen zugunsten der Orthodoxie aus. Im 14./15. Jh. leistet dies der Hesychasmus, im 19. die Romantik, an der Wende zum 20. Jh. der Symbolismus. Mit neuen zivilisatorischen Möglichkeiten ausgestattet, übertrifft das mediale Dispositiv Orthodoxie alles vorher in Russland Dagewesene. Als mit Bauernbefreiung, Industrialisierung, Eisenbahn und Alphabetisierung in der zweiten Hälfte des 19. Jh.s die Erschließung des Landes exponentielle Fortschritte macht, ist die russische Orthodoxie gleichfalls am Gipfel ihrer Organisationsstruktur und der Dichte ihrer medialen Präsenz angekommen. Damit geht zugleich der höchste Grad an Metareflexion in religiöser Philosophie (4.4) und Literatur einher – wobei vieles davon aber schon als „alternative Orthodoxie" (Onasch 1993) einzustufen ist, die ein tiefer Graben von der imperialen Repräsentation der ROK (s. den *Храм Христа Спасителя [Christ-Erlöser-Kathedrale]*) trennt. Sei es offiziell oder inoffiziell – die mediale Präsenz des Christentums und auch der Christus-Nachfolge-Paränese ist so dicht wie nie. Allerdings fällt diese dichteste mediale Präsenz in eine Zeit, als die Zielgruppe der Botschaft zunehmend harthörig wird und dem Christentum durch sozialistische Konzepte, radikale Intelligenzija und Terrorismus (s. 5.5.4–5.5.5) der Boden schon wieder entzogen zu werden beginnt. Insofern diese aber ihrerseits von christlichen, insbesondere christologischen Modellen mit geprägt sind, geht die ‚Christologisierung' der russischen Gesellschaft über den Geltungsbereich des expliziten Christentums hinaus.

Als Modell könnte eine Folge von sukzessive anschwellenden Wellen herhalten, die ihren Kamm jeweils dann erreichen, wenn sich darunter bereits Leere auftut. Auch die Virulenz des kenotischen Modells könnte – im Schlepptau der allgemeinen Christianisierung – mit einer Wellenfolge beschrieben werden:

---

[43] Klimenko 1969:53; Frojanov/Dvorničenko/Krivošeev machen plausibel, dass selbst die Annahme des Christentums durch Vladimir auf heidnischen Rezeptionsmuster beruhte: „[…] the Christian religion was accepted in Russia in a kind of pagan wrapping […]" (1992:12). Die neuere Konversionsforschung geht davon aus, dass es schon in individuellen Konversionsbiografien keine Plötzlichkeit gibt, sondern es sich bei Konversion um einen graduellen Prozess handelt (Mohr 1993:438f); um wie viel mehr gilt das dann für ein riesiges, dünn besiedeltes Land!

[44] Vgl. 5.3.6. Wobei die – religiös tolerante und die Kirche privilegierende – Mongolenherrschaft (s. Rose 1952:54f) und auch die Synodalperiode von 1721 bis 1917, was die Beeinträchtigung des Lebens der orthodoxen Kirche betrifft, nicht im Entferntesten zu vergleichen sind mit der Unterdrückung durch die Sowjetmacht.

| 988 | 1240 | 1721 | 1917 | 1946 | 2000 |

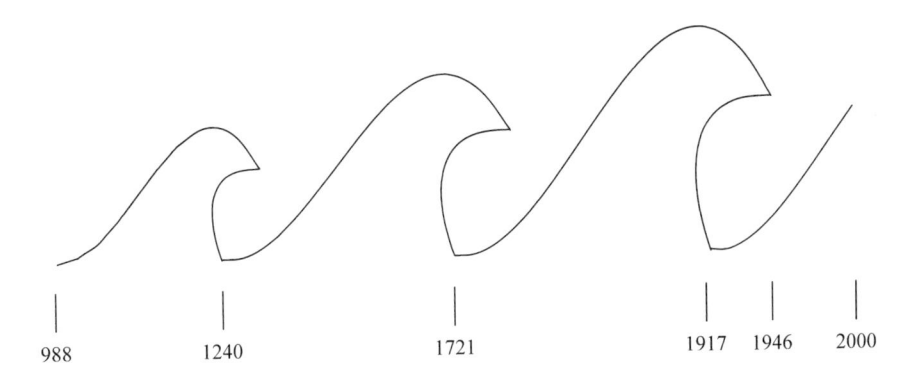

Auf dem Kamm der höchsten Welle (zweite Hälfte 19. Jh. bis 1917) stehen das Starcentum, die Figurenmodelle der fiktionalen Literatur, die Hochphase der Religionsphilosophie, schon jenseits dieses Kamms (als die sowjetische Repression längst eingesetzt hat) die These des Emigranten Fedotov von der Kenose als besonders produktivem russischem Habitusmodell aus dem Jahr 1946 (s. 1.1.6); die spätsowjetische Phase bringt eine neue Hinwendung zum Religiösen, und die postsowjetische Zeit (beginnend mit dem Millenniumsjahr 1988) bedeutet einen auch institutionellen Aufschwung – jedenfalls was die Gattungen der Paränese.

4.2.5 Abrupte De- und Rechristianisierung

So allmählich die russische Christianisierung, so abrupt die Dechristianisierung. Doch der Unterschied zwischen den beiden Bewegungen ist nur ein oberflächlicher; die Durchsetzung ließ in beiden Fällen zu wünschen übrig. Die Sowjetmacht beschneidet zwar das offizielle orthodoxe Christentum durch Terror und Atheismuspropaganda, doch zeigt das postsowjetische Aufleben der Orthodoxie (wenngleich darin wieder viel Diktat von oben ist), dass die Dechristianisierung von 1917 bis Ende der 1980er Jahre zwar die christliche Kompetenz der breiten Bevölkerungsmasse drastisch herabsetzen konnte, in vielem aber religiöse Bedürfnisse bloß verdeckte, was u.a. in der zu Sowjetzeiten ungebrochenen Virulenz des Aberglaubens zum Ausdruck kam. Die postsowjetische Rechristianisierungswelle brandet, unterstützt von elektronischen Massenmedien, entsprechend steiler auf als das allmähliche Anschwellen der Wellen der ersten christlichen Durchwirkung Russlands vom 10. bis ins 19. Jh. (wobei es wieder nur um die Dichte paränetischer Akte, nicht um deren Beherzigung geht).

4.3 Das sakrale Schrifttum und seine Transformationen

Munition gibt der Frage nach der Präsenz der christlichen Nachfolge-Paränese in der russischen Kulturgeschichte Rothes eindringliches Votum für die Berücksichtigung der „sakralen Grundlagen" (2002) der russischen Literaturgeschichte. Literaturgeschichten der alten Rus' hätten die quantitative Dominanz sakralen Gebrauchsschrifttums zu berücksichtigen – ein Desiderat, das im „Schatten" des Igorliedes (Rothe 2000:12) allzu oft missachtet worden sei:

> [...] wir bauen unsere Literaturgeschichten auf modernen, ganz unhistorischen Vorurteilen auf, wenn wir so tun, als brauchten wir für sie die vielen Abschriften der Psalmen und Evangelien sowie der aus ihnen gebildeten liturgischen Bücher gar nicht. Im Gegenteil: *sie* machen die Geschichte der ältesten Perioden bis zum Ausgang des Mittelalters aus, und *sie* waren die Quelle für alle weitere Entwicklung. (Rothe 2002:13f, Hervorh. i. Orig.)

Dabei habe die sakrale Literatur „in vierfachem Sinne die Grundlage der slavischen Literaturen von ihren Anfängen bis zum Beginn des 19. Jahrhunderts" gebildet – als „Anfang", „Inspirationsquelle", „Schulung im Denken und Argumentieren", ja „fast ausschließliche Grundlage ihrer geistigen Entwicklung." (ebd.:26). Rothe zählt die Gattungen der altostslavischen Literatur in einer Reihenfolge auf, die „eine gewisse Hierarchie, sachlich und chronologisch" darstellt:

> [...] 1) kanonische Literatur und Rechtsdokumente; 2) liturgische Denkmäler im engeren Sinne; 3) kirchliche, teilweise auch liturgische Leseliteratur, d.h. Viten und Homiletik; 4) dogmatische Literatur; 5) historische Literatur, d.h. Chroniken; und 6) Einzelerzählungen. (Rothe 2000:34)

Während die Kategorien 5) und 6) für die Christus-Nachahmungsparänese – durch einmontierte Textteile (s. 4.3.8.4) – nur punktuelle Befunde liefern, sind die ersten vier Kategorien des altostslavischen Schrifttums für die Paränese zur Nachahmung der Selbsterniedrigung Christi in hohem Maße einschlägig (4.3.1–4.3.7).

4.3.1 Übersetzungen und imitationes

Am Anfang des altostslavischen Schrifttums stehen Abschriften bulgarischer (Preslaver) Vorlagen. Die ältesten überlieferten altostslavischen Handschriften sind Evangeliare und Miszellankodizes wie der *Изборник [Sammelband]* von 1073 und der von 1076. Nur für eine romantisch-nationale Perspektive ist dieser Befund ein Problem.[45] „Übersetzungen sind die Hauptquelle, die Lebensader, durch die,

---

[45] Alekseev macht deutlich, dass die Rezeption aus dem bulgarischen Preslav gewisse eigene ostslavische Übersetzungsleistungen für die früheste Zeit nicht ausschließt (1999:139.176f).

nach der ‚Taufe', die Christianisierung das Land erreichte und allmählich durchdringen konnte." (Rothe 2000:35).

4.3.1.1 imitatio veterum

> [...] и [Ярославъ] собра писцѣ многы и прекладаше отъ Грекъ на Словѣньское писмо, и списаша книги многы, и сниска, имиже поучащеся вѣрнии людье наслажаются ученья божественаго.[46]

Bildet in der Frühzeit des 11. Jh.s das Abschreiben bulgarischer Übersetzungen byzantinischer Quellen die wesentliche schriftliche Leistung der Ostslaven,[47] so bleibt auch das originale altostslavische Schrifttum der Nachahmung byzantinischer Muster verpflichtet. Dabei dürfte es sich weniger um die Anwendung rhetorischer Regeln gehandelt haben, die ja mit dem Rhetorik-Traktat Περὶ τρόπων ποιητικῶν *[Über die poetischen Tropen]* des Georgios Choiroboskos im *Изборник* von 1073 vorlag,[48] sondern um die Nachahmung von Textmustern. Was dem Westen die *imitatio veterum [Nachahmung der Alten]*, ist der Rus' die *imitatio Byzantinorum [Nachahmung der Byzantiner]*: „[...] in fast allen Gebieten übte die b.[yzantinische] L.[iteratur] eine normative Rolle aus, nach deren Idealen sich slav.[ische] Literaten richteten." (Hannick 1983:1207). Dabei werden nicht nur analoge Inhalte wie die Christus-*imitatio* reproduziert, sondern auch deren rhetori-

---

[46] „Und er [Jaroslav] sammelte viele Schreiber und ließ von den Griechen in die slawische Schrift übertragen. Und man schrieb viele Bücher ab. Und er sammelte [Bücher], durch die belehrt die gläubigen Menschen sich an der göttlichen Lehre erquicken." (*Повесть временных лет [Nestorchronik]*, leto 6545; Čiževskij 1926:148; dt. Hauptmann/Stricker 1988:81, Übers. korrigiert).

[47] Der umstrittene Absatz aus der *Nestorchronik* (s. Motto) wird heute meist im Sinne von Abschreiben, nicht von Übersetzen ausgelegt (Rothe 2000:32f; W.-H. Schmidt 2002: 2f). Die Bildungselite, die imstande gewesen ist, griechische Quellen zu rezipieren, beschränkt sich in der Kiever Rus' auf wenige Personen; auch die Mehrzahl der bis ins 13. Jh. meist in Stadtnähe befindlichen Klöster dürfte kein Hort der Bildung (und damit der christologischen Informiertheit) gewesen sein.

[48] Dafür, dass dieser gelesen und umgesetzt wurde, gibt es jedoch keinen Beleg. Im altostslavischen Kontext kann von einer expliziten rhetorischen Disziplin keine Rede sein, da Rhetorisches vorzugsweise als Redepraxis in christlicher Tradition geübt und über Textmuster weitergegeben wird. Nach Lotman/Uspenskij (1971) ist dies ein Fall von „Textkultur" statt von „Regelkultur" (vgl. Lachmann 1994:54; Lunde 2001:25–27), wobei die Regeln der Rhetorik, deren Vermittlungswege unklar sind, praktisch angewandt werden (s. Franklin 1991:XCVIII). Insofern übertreibt Živov, wenn er im alten Russland nicht nur ein Fehlen von Rhetorik als Disziplin, sondern auch von jeglicher „риторическая организация литературы" [rhetorische Organisation von Literatur] behauptet (1995:29).

sche Ausgestaltungen kanonisiert (s. 4.1.2). Durch diese Nachahmungspoetik der altrussischen Sakralliteratur werden – so die These – auch bestimmte, für die Christologie konstitutive Tropen (Paradox [s. 2.]; Metonymie und Metapher [vgl. 3.]) oder Topoi (Antirhetorik [2.1.5]) in die russische Sakralliteratur aufgenommen. Während die *imitatio Christi* gezielt gepredigt wird, ist die *imitatio rhetoricae christologicae [Nachahmung der christologischen Rhetorik]* eine unterschwellige Textrhetorik.

Der möglichst enge, programmatisch nicht-originelle Anschluss an ältere Vorbilder kommt nicht allein in der ersten Phase der russischen christlichen Kultur vor. Wie Lichačev gezeigt hat, findet sich die Norm eines literarischen „нестилизационное подражание"[49] gerade auch nach dem Kulturbruch des Mongolenjochs im späten 14. und 15. Jh.. Unter geänderten Vorzeichen schreiben sich Kireevskij im 19. und Florovskij im 20. Jh. die Neuaneignung des Väter-Erbes auf die Fahnen, und die postsowjetische spirituelle Neuorientierung weiß sich häufig nicht anders zu helfen, als vorrevolutionäre Muster als Patentlösungen für die Gegenwart zu empfehlen. Weit davon entfernt, kulturelle Konstante zu sein, ist die *imitatio veterum*, der die eigene Originalität bewusst hintanstellende Rückgriff auf ältere sakral-literarische Vorbilder eine in Wellen wiederkehrende Größe der russischen Literatur- und Religionsgeschichte.

4.3.2 Kirchenrecht

Das erste Buch der Slavenmission, damit das erste slavische Buch überhaupt, könnte – der Methodios-Vita zufolge – der *Nomokanon* gewesen sein.[50] Die Fassung von 883, der *Nomokanon in 14 Titeln* (dazu Milaš 1905:79.181f) bildet in den ersten Jahrhunderten die Grundlage des altostslavischen Kirchenrechts (ebd.:192). Die slavische Übersetzung verfolgte dabei eine doppelte kommunikative Stoßrichtung: die normative Einrichtung eines christlichen sozialen Lebens unter den Slaven – wobei das Leitbild christoformer Demut prominent positioniert ist. Der erste Teil des von Pavlov edierten altslavischen Nomokanons verordnet den kirchlichen Funktionsträgern im ersten Satz: „Пріемлай помышленіа члѡвеческа дължень есть быти ѡбразъ блгъ всѣм, въздръжникъ, смѣренъ, и добродѣтеленъ [...]".[51] Dazu kommt stets auch ein Stück dogmatischer Grundunterweisung des slavischen Lesers. Unter den Rechtsquellen steht hierarchisch „das

---

[49] „Nicht-stilisierende *imitatio*" (Lichačev 1967:186).
[50] Vgl. Rothe 2000:38. Die umstrittene Frage, womit Kyrill und Method ihr Übersetzungswerk begannen – ob mit dem Nomokanon, dem Aprakos- oder doch dem Tetra-Evangelium (Alekseev 1999:145.149), darf hier offen bleiben.
[51] „Wer menschliche Gedanken entgegennimmt, muss allen ein gutes Vorbild sein, ein Asket, demütig und tugendhaft (...)" (Pavlov 1897:83).

Neue Testament an erster Stelle" (Smolič 1966:141). Als Meßlatte aller kirchlichen Gesetze gelten die als unverrückbar begriffenen theologischen Dogmen (Milasch 1905:57). So enthält die slavische Version des *Nomokanons in 14 Titeln* neben den Kanones der Ökumenischen Konzilien auch Schriften „der 12 heiligen Väter", unter denen sich christologische Streitschriften wie des Athanasios gegen Arius (s. 2.7.2.1) und Kyrills von Alexandrien gegen Nestorios (2.7.6) befinden.[52]

Die frühen slavischen Fassungen sind selektiv gekürzte Versionen des *Nomokanons* (Ščapov 1978:103–105), wobei die Kanones der Ökumenischen Konzilien am vollständigsten enthalten sind (ebd.:106), also das Relevanzkriterium angewandt wird (ebd.:108) – und das durchaus auch in paränetischer Hinsicht. So enthalten §§ 49 u. 50 der altostslavischen Redaktion des *Nomokanons* eine Erläuterung des Jesusgebets (ebd.:169), es werden Ratschläge zur Askese erteilt (ebd.: 195), und § 65/64 der russischen gedruckten Кормчая книга *[Steuermannsbuch]* empfiehlt – mit der dritten Mönchsrede von Kirill Turovskij – explizit „Demut".[53]

In die slavischen Fassungen der Кормчая der 1260er und 70er Jahre gehen auch die ersten altrussischen kanonischen Originaldokumente ein wie der Устав *[Regel]* des Metropoliten Johann (1080–89) und das Вопрошание *[Fragen]* des Kirik.[54] In diesen ersten slavischen Originaldokumenten werden hauptsächlich Ergänzungsfragen zum *Nomokanon* abgehandelt (dafür ist die Gattung der Eratopokriseis [Fragen und Antworten] einschlägig), die die Abwehr oder Lässlichkeit paganer Gebräuche[55] und Detailfragen betreffen. Das christologische Fundament ist etwa ablesbar an Fragen zum Fest der Kreuzerhöhung und zum Kreuzeskuss.[56] Am Ende[57] der Mahnrede des Novgoroder Bischofs Il'ja (1166) steht die Aufforderung zur Sanftmut und die *captatio*, „wenn ich ein bescheidenes [weniges] Wort gesprochen habe mit meinem geringen Verstande" (Goetz 1905:388).

Expliziter gemacht wird das christologische Fundament in späteren kanonischen Dokumenten, bspw. in einem postsowjetischen Lehrbuch des Kirchenrechts,

---

[52] Beneševič 1906; vgl. Milaš 1905:103.109 und die Aufstellung in Karmiris/von Ivánkas „Repetitorium" (1971:690–697). Die verbreiteten Пандекты Никона Черногорца *[Pandekte Nikons vom Schwarzen Berg]* in Maksimovič' Edition (1998) bleiben hingegen auf der rein administrativen Ebene, und auch der gekürzte Номоканон *[Nomokanon]* von Petr Mohyla (^{3}1629) bietet ein auf die praktische Anwendung zugespitztes Kondensat mit einem Index für fallbezogenes Nachschlagen (Horbatsch 1989:187–192). Die postsowjetische Ausgabe (Kanony 2000) kehrt zwar wieder zur Langversion zurück, verzichtet aber auf die christologischen Streitschriften.

[53] Vgl. Žužek 1964:98; Podskalsky 1982:158 Anm. 689; s. 4.3.5.3.

[54] 1130–1156; vgl. Ščapov 1978:163.170.

[55] Siehe bspw. Kirik §§ 33 u. 55; Goetz 1905:244.266.

[56] Kirik §§ 21 u. 25; Goetz 1905:234.237.

[57] §§ 29–31; Goetz 1905:387f.

das mit der christologischen Ekklesiologie von der „богочеловеческая природа Церкви"[58] einsetzt, von der „Gründung der Kirche" durch Jesus Christus die Gleichheit der Bischöfe ableitet (Cypin 1994:128), gegen die römische Erhöhung eines „смиренный «раб рабов Божиих»"[59] zum Papst polemisiert und die kirchlichen Hierarchen unter Verweis auf Lk 22,25f zur Selbsterniedrigung gegeneinander auffordert (ebd.:164).

Während in der ersten Periode des russischen Kirchenrechts bis in die zweite Hälfte des 15. Jh.s (Periodisierung nach Smolič 1966:141) mit den Kanones der Ökumenischen Konzilien, den zwölf Vätern usw. der dogmatische Lehrteil, wie gesehen, groß war, nimmt mit zunehmender Ausdifferenzierung des (auch sakralen) Gattungssystems diese Überlieferungsfunktion des Kirchenrechts ab. Die Zurückdrängung christologisch-dogmatischer Elemente, die in den frühesten Rechtstexten noch mitgeliefert wurden, dokumentiert die Spezialisierung der kirchlichen Literatur, zeugt deshalb aber gerade nicht von der Zurückdrängung der christologischen Momente überhaupt – eher im Gegenteil. Da andere Gattungen die christologische Unterweisung und Paränese übernahmen, konnte der Kompetenzbereich des Kirchenrechts stärker auf Verfahrensfragen eingegrenzt werden.

Doch selbst in jenem kanonischen Dokument, das den staatlich-administrativen Zugriff besiegelt und am stärksten formal-operationalen Charakter hat (Uffelmann 2002c), im von Feofan Prokopovič für Petr I. verfassten *Духовный регламент [Geistliches Reglement]* (1721), finden sich kenotische Schablonen zur Rechtfertigung der Hauptinnovation des Dokuments, nämlich des Prinzips kritischer Überprüfung aller kirchlicher Praktiken: „Хотя и о немногих, и о едином брате, должни мы, иметь попечение, да не допустим соблазнитися ему, его же ради Христос умре."[60] Die Selbsterniedrigung Christi „bis zum Tode" (Phil 2,8) heranzuziehen, um die Kontrolle anderer zu rechtfertigen, die ja die Selbsterhöhung des Kontrolleurs voraussetzt, mag man als Missbrauch der Intention der Selbsterniedrigung begreifen – doch gerade Missbräuche eines Musters belegen dessen Produktivität.

4.3.3 Typika und Menäen
Der Ordnung bestimmter Teilgebiete kirchlichen Lebens dienten die Typika (Vorschriftenbücher; *типик* oder *устав*), die in drei Unterarten mit weit verzweigten Funktionen zerfallen: disziplinäre, klösterliche und liturgische Typika.

---

[58] „Gottmenschliche Natur der Kirche" (Cypin 1994:6).
[59] „Demütiger ‚Sklave der Sklaven Gottes'" (Cypin 1994:145).
[60] „Wir müssen Fürsorge tragen, und sei es für einige wenige oder für einen einzigen Bruder, und nicht zulassen, dass er in Versuchung gerät – denn auch seinethalben ist Christus gestorben." (Verchovskoj 1916:II 35).

4.3.3.1 Disziplinäre Typika

Das disziplinäre Typikon diente, wie schon die etymologische Verbindung andeutet, der ‚Typisierung', der Normierung von Verhalten[61] – und das in prominenter Hinsicht gemäß dem kenotischen Modell Christi. Abweichungen von der Idealnorm christoformer Ethik werden mit Bußstrafen (Epitimien) sanktioniert, die dem Büßenden ihrerseits – wenngleich transitiv – eine Erniedrigung verordnen. Die klösterlichen Typika gehen über Fragen allgemeiner Ethik hinaus und regeln – in Russland weniger akribisch als in westlichen Mönchsregeln – das Zusammenleben in Klosterverbänden (s. 5.3.5.3).

4.3.3.2 Gottesdienstmenäen

Im Unterschied zu diesen beiden auf den gesamten Alltag bezogenen normativen Gattungen regelt das liturgische Typikon eine spezifische Situation. Es enthält die Gottesdienstordnung über das Kirchenjahr hinweg (s. 4.5.1) und regelt den Ablauf (ἀκολουθία, чинопоследование) des einzelnen Gottesdienstes (служба). Die liturgischen Typika zerfallen ihrerseits in drei Unterarten, die – einander ergänzend – den Gottesdienstablauf des Kirchenjahres konstituieren – die *Минея месячная* (Monatsmenaion), die *Минея праздничная* (Festmenaion) und schließlich die *Минея общая* (Allgemeines Menaion). Alle drei sind gegliedert nach einem personalem Ordnungsprinzip:[62] Sie regeln, zu Ehren welches Heiligen etc. ein konkreter Gottesdienst im Jahres- und Tagesablauf zu vollziehen ist, und enthalten die dafür erforderlichen Hymnen. Während die zwölf Bände der Monatsmenäen für das gesamte Kirchenjahr gelten, regelt das Festmenaion die Liturgie für die hohen Festtage (also v.a. Christus- und Marienfeste).[63] Die *Минея общая* schließlich erfasst jenen Restbereich, der mit den spezifischen Monats- und Festmenäen nicht abgedeckt ist; es enthält Messformulare für allgemeine Kategorien von Heiligen, Märtyrern, Gottesnarren etc. So inszeniert der Jahresumlauf der Menäe eine Folge von personalen, metonymisch (Maria, Kreuz) oder metaphorisch (Heilige) auf Christus bezogenen mnemonischen Figuren (4.5.5.4–4.5.5.5).

Der Bezug auf Christi Kenose teilt sich dem die Gottesdienstmenäe Lesenden (Zelebrierenden) häufig explizit in der ersten tagesspezifischen Texteinheit mit. Am 3. Februar, dem Gedenktag „Des Heiligen Symeon, der Gott in den Armen

---

[61] „Das disziplinäre T.[ypikon] war im MA eines der wichtigsten Instrumente der sozialen Kontrolle der Kirche […]" (Onasch 1981:364).
[62] Vgl.: „Historisch bilden die Märtyrerakten den Ausgang einer zum M.[enologion] führenden Entwicklung." (Onasch 1981:263).
[63] Liturgische Formulare für Sonderanlässe (*требы*; vgl. dazu Gennadij [Nefedov] 2002: 8) wie Eheschließungen, Begräbnisse etc. werden hingegen in einem speziellen *Rituale* (*требник*; bspw. Trebnik 1995) erfasst.

gehalten hat",[64] etwa läuft die Verknüpfung des Heiligen mit der Kenose in folgender (fast patripassianistisch beschriebener) Weise:

> Дьньсь дрѣвле мосѣови на синаистѣи
> законъ давъ закоьныимъ повиноувъ сѧ оуставъмъ
> насъ ради яко милосьрдъ на ны бывъ
> нынѣ чистыи богъ
> яко отроча свѧто
> ложесиа развьрзъ чистая
> себе яко богоу приносить
> закоьныя клѧтвы
> свобожая и просвѣщая доуша наша.
> Законъ кънижьныи
> испълная чловѣколюбьць
> въ цьркъвь приносить сѧ;
> и того въсприѥмлеть
> на роукоу старьцю
> сѵмеонъ старьць;
> «нынѣ отъпоущаѥши мѧ», въпия, «къ тамо соущоуоумоу блаженьствоу,
> видѣхъ бо тѧ дьньсь
> плътью съмьртьною обложьша сѧ
> животъмь владѣюща
> и съмьртию одьржаща».[65]

Da die eigentlichen Inhalte der speziellen Messformulare wie die für die Christus-, Gottesmutter- und Heiligenmessen später unter dem Abschnitt zur liturgischen Praxis behandelt werden (4.5.5–4.5.6), mag hier ein Hinweis zur kenotischen Selbsteinordnung der normativen Textsorte liturgisches Typikon genügen: Die Ausgabe des Устав von 1882 bspw. legitimiert die christliche Liturgie von der Umfunktionierung des Ritus aus der Zeit des AT durch Jesus Christus her – mit Bezugnahme auf Menschenleib, Kreuzesopfer und Eucharistie:

---

[64] Zur Verbindung mit Срѣтение [Darstellung Christi im Tempel] s. 4.6.4.4.

[65] „Heute unterwirft sich der, der einst Moses auf dem Sinai das Gesetz gab, den Richtlinien des Gesetzes, da er um unseretwillen barmherzig gegen uns ward. Nun öffnet der reine Gott als heiliges Kind den reinen Mutterleib und bringt als Gott sich selbst dar und befreit vom Fluch des Gesetzes und erleuchtet unsere Seelen./ Zur Erfüllung des geschriebenen Gesetzes wird der Menschenliebende in den Tempel gebracht, und der Greis Symeon nimmt ihn auf seine altersschwachen Arme und ruft: ‚Nun entläßt du mich zu der Seligkeit dort, denn heute habe ich dich gesehen, in sterbliches Fleisch gehüllt dich, der du über das Leben herrscht und über den Tod gebietest'." (Rothe 2003:168–171; dt. v. Dagmar Christians).

[...] во время служения Евхаристии священнотаинственно воспоминается и возносится Крестная жертва Голгофская; верующие вкушают Пречистаго Тела и Крови Распятаго за нас Спасителя нашего.[66]

Die Messbücher erfahren keine derartige Funktionsfokussierung, wie das beim Kirchenrecht der Fall war. Der Wandel, dem die Liturgiebücher unterliegen, schlägt sich vor allem quantitativ nieder – in Wucherung und Beschneidung des Umfangs (s. 4.5.2.1).

4.3.4 Biblische Texte

4.3.4.1 Perikopenbücher

Zu den Typika und Liturgika kommen die Epistel- und Evangelienperikopen, die an den Sonntagen des Kirchenjahres in die Liturgie einzubauen sind.[67] Wichtiger als der *паримийник* [Parimijnik] mit AT-Perikopen sind für die russisch-orthodoxe Gottesdienstpraxis die neutestamentlichen Lektionare, das Aprakos-Evangelium und der Apostolos.[68]

Die nach Perikopen geordneten paulinischen (und deuteropaulinischen) Briefe bilden das Lektionar des *Апостолъ* [Apostolos], dessen Verbreitungswege in der Rus' noch kaum erforscht sind (Pičchadze 2002:140f). Die älteste – Rostover – Handschrift wird vor 1117 datiert (Alekseev 1999:16). In Wilna wurde 1525 erstmals ein Apostolos gedruckt. Im Rahmen des Apostolos waren auch Perikopen aus dem Philipperbrief im regelmäßigen liturgischen Einsatz; die christologische Perikope Phil 2,5–11 bildet im unbeweglichen Festkalender den Lesetext für den 15. August sowie den 8. September und verknüpft dabei die *sedes doctrinae* der Kenose Christi mit ihrer mariologischen Metonymie, den Festtagen *Успение Богородицы* und *Рождество Богородицы*.[69]

---

[66] „[...] während der Eucharistiefeier wird das Kreuzesopfer von Golgatha als heiliges Mysterium erinnert und gepriesen; die Gläubigen essen vom Allerreinsten Leib und Blut unseres für uns gekreuzigten Erlösers" (Ustav Bogosluženija 1882:I).

[67] Siehe de Meester 1938:153–167; Garzaniti 2001:36–43, im Speziellen zur Struktur des Ostromir-Evangeliums ebd.:481–508.

[68] „За исключением Апокалипсиса, служебный тип содержит практически весь Новый Завет, напротив, Ветхий Завет входит в него очень незначительными частями, лишь Псалтырь дана в полном объеме." [Mit Ausnahme der Apokalypse enthält der Gottesdiensttypus (der biblischen Texte) praktisch das gesamte NT, das AT hingegen findet nur in sehr unbeträchtlichem Maße Eingang; allein der Psalter findet sich im vollen Umfang.] (Alekseev 1999:24; s. Bogoslužebnyj ustav 2001:274–296).

[69] *Entschlafen der Gottesmutter* und *Geburt der Gottesmutter* (s. de Meester 1938:166; Onasch 1962:155; Mineja Sentjabr' 1978:230; Rogozjanskij 2000:11f). Dazu weiter 4.5.5.4.

Die Chrysostomos-Liturgie sieht an den Sonntagen des Kirchenjahres jeweils eine Perikope aus den Paulus-Briefen oder der Apostelgeschichte des Lukas und eines aus den vier Evangelien vor. Auch diese waren für die Liturgie in Perikopen-Form, im so genannten Aprakos-Evangelium aufbereitet. Das Aprakos-Evangelium könnte, einer langen Forschungstradition zufolge (dazu Alekseev 1999:145), der früheste, ins Slavische übersetzte biblische Text sein.[70] Belegt ist im ostslavischen Raum ein erstes Aprakos-Evangelium in Novgorod im Evangeliar des Ostromir, der ältesten datierten ostslavischen Handschrift, 1056. Im 11. und 12. Jh. dürfte es sich allerdings in der gesamten Rus' um einige wenige Exemplare gehandelt haben (Bernštam 1992:39f).

4.3.4.2 Selbstständige Bibeltexte

Jüngst gab Anatolij Alekseev noch eine weitere Antwort auf die Frage, womit Kyrill und Method ihr Übersetzungswerk begannen: Es sei doch (auf Grundlage einer Kurzfassung des Aprakos-Evangeliums, nicht aber eines Gesamt-Aprakos) das *четвероевангелие* [Tetra-Evangelium] gewesen.[71] Auch bei diesem Volltext ist zwar gleichfalls zunächst eine liturgische Pragmatik anzunehmen; es liegt ständig auf dem Altar und kann, durch eine Lektionartabelle (s. Bogoslužebnyj ustav 2001:291–296) ergänzt, für die liturgischen Perikopen zum Einsatz kommen, ersetzt dann das Aprakos-Evangelium. In seiner Sicht- und Greifbarkeit als ein Ganzes unterliegt das dort prominent platzierte Tetra-Evangelium, wie Onasch analysiert, einer besonderen Form von „Sakralisierung", „weil man in ihm das menschgewordene Wort Gottes gegenwärtig sah." (1981:241). Dramatisiert wird diese Stellung während des Kleinen Einzugs in der Chrysostomos-Liturgie mit dem Evangelium, begleitet von einem Ehrfurchtsimperativ.[72]

Die zwischen 1355 und 1378 angefertigte erste ostslavische Übersetzung des ganzen NT, das *Чудовский Новый Завет*[73] ist ebenfalls in Perikopen eingeteilt, wenngleich es sich aufgrund der Gräzismen an einen spezifischen Kreis gelehrter, des Griechischen mächtiger Leser richtet (Rothe 2002:15). Im 14. Jh. lösen Tetra-evangelien und vollständige Ausgaben des Apostolos die Aprakos-Versionen ab (Alekseev 1999:22). Der heute gebräuchliche kirchenslavische NT-Text erschien in der *Elisabeth-Bibel* 1751 (Pičchadze 2002:147).

---

[70] Während andere, auf die sozialgeschichtliche Funktion ausgerichtete Forscher, wie gesehen, dem *Nomokanon* den Vorzug geben (s. 4.3.2).
[71] Alekseev 1999:149; vgl. auch Pičchadze 2002:139f.
[72] Vgl. Garzaniti 2001:13f u. 4.5.3.8.
[73] *Neues Testament aus dem Čudov-Kloster*. Zur Datierung: Alekseev 1999:191; Pičchadze 2002:143.

Waren sämtliche bisher genannten Darbietungsformen der biblischen Texte entweder auf die liturgische Pragmatik[74] bezogen und wandten sich damit vorzugsweise an das Ohr der Gottesdienstbesucher (Alekseev 1999:25) oder waren für einen engen Leserkreis bestimmt, so kommt seit 1470 in Novgorod und später auch in Moskau von sektiererischen Laien (жидовствующие/Judaisierende) der Wunsch, eine Vollbibel zu haben – ein Anstoß, den die offizielle Kirche schließlich nicht mehr ignorieren konnte:

> Nicht die kultische Verehrung, sondern der Bibeltext als Basis religiös-sittl.[icher] Erkenntnis war die Hauptabsicht dieser Unternehmungen. Zwar hat die Großkirche diese Bemühungen durch Vernichtung der Häresie unterdrückt, aber die Provokation durch diese war so stark, daß der Novgoroder Erzbischof Gennadij 1499 die erste […] Vollbibel herausgab.[75]

Nach dieser kirchenslavischen Vollbibel von 1499 dauert es noch bis 1876, als das einstige Anliegen der Judaisierenden, einer breiteren Leserschaft die Bibel zugänglich zu machen, in Form der ersten vollständigen russischen Bibelübersetzung eingelöst wurde. Diese so genannte „Synodalübersetzung" ist – einer Reihe von Revisionsversuchen zum Trotz[76] – mit geringfügigen Änderungen aus dem Jahr 1956 für die ROK kanonisch.

4.3.4.3 Apokryphen

Nicht zu unterschätzen sind im Umkreis der biblischen Texte die Apokryphen, weil im ostslavischen Bereich, vor allem in der Frühzeit, die Scheidung nach kanonisch und apokryph schwach ausgeprägt war und die Apokryphen, wie etwa das Beispiel Remizov zeigt (4.3.9.4), auch in der Moderne produktiv blieben. Apokryphe Texte wurden in beinahe alle großen Sammelwerke des Mittelalters mit aufgenommen; sie finden sich etwa im *Пролог [Synaxarion]*, im *Успенский сборник [Sammelband der Mariä-Entschlafungs-Kathedrale]* oder den *Великие четии минеи*.[77] In der Frühzeit ‚supplementieren' sie die relativ geringe Quantität übersetzter kanonischer Literatur (Bernštam 1992:39). Obwohl seit dem 14./15. Jh. in

---

[74] Vgl. Lichačevs Mahnung, die einzig triftige Unterteilung der altrussischen Gattungen sei die pragmatische: „[…] *для чего* они предназначены […]" [(…) *wofür* sie bestimmt sind (…)] (1997:326, Hervorh. i. Orig.), und Lenhoffs These von der „vertikalen" Relation aller altrussischer „protogenres", die aus „the texts' *Sitz im Leben*" resultiere, „dictated from above, as it were, by extra-literary cultural systems and subsystems." (1989:25.31).

[75] Onasch 1981:241; vgl. auch Slenczka 1980:517.

[76] Bryner 1982:405–414; Alekseev 2002:157–161.

[77] *Große Lesemenäen*. Vgl. Santos Otero 1978:21–28; s. 4.3.6.

Russland Indizes der *отреченные книги* kursieren,[78] erfreuen sich die Apokryphen kaum geminderter Popularität. Gegenüber den reglementierten Perikopentexten bilden die Apokryphen eine

> Literatur der Ergänzung, des Weiterschreibens, Ausmalens und Umdeutens biblischer Information, geboren und verbreitet durch die Neugier und das Wissensbedürfnis eines theologisch oft nicht vorgebildeten Milieus. (W.-H. Schmidt 2002:12)

Das von Schmidt angesprochene „Weiterschreiben" und „Ausmalen" setzt eine rhetorische Struktur fort, die in den Ausgestaltungen der Christologie beobachtbar ist – metonymische und metaphorische Erweiterungen des Christus-Modells (3.). Neben den Wundererzählungen sind das gerade phantastische ‚Weitermetonymisierungen' von Christusmetonymien wie dem Kreuz (3.3.1.1), so im *Слово о древе крестном*.[79] Ein strukturell analoges Fortspinnen der Kenose Christi über die *compassio* Marias (vgl. 3.2.2 u. 4.6.4.2) geschieht im *Хождение Богородицы по мукам [Wanderung der Gottesmutter durch die Qualen]*; Maria inspiziert dort voller Mitgefühl die Leiden der Sünder in der Hölle und fordert schließlich auch Gott Vater und Sohn zu einer erneuten Herablassung heraus, im Zuge derer die Kenose betont und der Undank der Menschen für diese beklagt wird:

> И сшедъ господь отъ невидимаго престола, и увидѣша *и* во тмѣ сущии, и возопиша вси единымъ гласомъ, глаголюще: «Помилуй ны, сыне божий; помилуй ны, цьсарю всѣхъ вѣкъ». И рече владыка: «Слышите вси, рай насадихъ и человѣка создахъ по образу своему и поставихъ *и* господина раеви, и животъ вѣчный дахъ имъ, они же ослуху створиша и въ своемъ хотѣнии согрѣшиша, и предашась смерти; азъ же не быхъ хотѣлъ обозрити дѣла руку своею мучима отъ диявола, снидохъ на землю и воплотихся во дѣвицу, и вознесохся на крестъ, да свобожу ся отъ работы и отъ первыя клятвы; воды испросихъ, и даша ми желчи со оцетомъ смѣшено; руцѣ мои создаста человѣка, и во гробъ вложиша мя […]»[80]

---

[78] Apokryphenindizes, wie sie in vielen Handschriften von altostslavischen Gesetzestexten (*Nomokanon* etc.) seit frühester Zeit zu finden sind (Santos Otero 1978:20f), dürften eine paradoxe Überlieferungsform *zugunsten* der ausgesonderten Texte darstellen.

[79] *Rede vom Kreuzbaum* (Tichonravov 1863:I 305–308).

[80] „Und der Herr stieg von seinem unsichtbaren Thron herab, und als *ihn* die in der Finsternis Seienden sahen, schrieen sie wie aus einem Munde auf und sagten: ‚Erbarme dich unser, Sohn Gottes; erbarme dich, Herr über alle Zeit'. Und der Herr sprach: ‚Hört alle her. Ich habe euch einen Paradiesgarten gepflanzt und den Menschen nach meinem Bilde geschaffen und *ihn* zum Herrn über das Paradies gemacht und ihnen das ewige Leben gegeben, sie aber wollten nicht hören und sündigten in ihrem Begehren und verfielen dem Tod; ich wollte nicht sehen, wie der Teufel das Werk meiner Hände quält, stieg auf die Erde herab und inkarnierte mich in den Leib einer Jungfrau, erhob mich ans Kreuz, um sie von der Sklaverei und dem Urverdammnis zu befreien; ich bat um Wasser, und sie gaben mir Galle zu trinken, vermischt mit Essig; meine Hände schufen den Menschen, und sie legten mich ins Grab […]'" (PLDR 2,180, Hervorh. i. Orig.). Die

4. Christus in Russland

Die an die Leser gerichtete paränetische Folgerung kann nicht anders lauten, als sich der Kenose des Herrn würdig zu erweisen – durch ethische Nachahmung. Jenseits solch direkter Bezugnahmen auf die Kenose Christi herrschen in der apokryphen Literatur Leidensviten vor wie *Георгиево мучение, Никитино мучение, Ипатиево мучение* oder *Иринино мучение*.[81] Die Popularität der Apokryphen mag nicht zuletzt an solchen kenotischen Einschlägen liegen. Oder umgekehrt gefasst: Der kenotische Einschlag der Apokryphen, die in narrativer Hinsicht oft attraktiver sind als die kanonischen Texte, dürfte eine entscheidende Rolle gespielt haben für die allgemeine Produktivität des kenotischen Modells.

4.3.5 Predigt

Nach der Liturgie ist dasjenige *literarische* Medium der russischen Kulturgeschichte mit der vermutlich geringsten Varianz vom 10. bis ins 21. Jh. die Predigt. In der Ostkirche stellt sie keinen obligatorischen Teil der orthodoxen Liturgie dar; die wechselnde Platzierung (s. Rose 1952:29), häufig gar nach der eigentlichen Liturgie setzt, zumindest in der Wahrnehmung der Gemeinde, ihren Rang herab (Felmy 1972:12f). Die nachrangige Stellung in der Liturgie könnte darauf schließen lassen, dass es sich in der altrussischen Zeit um ein Randgenre handelte; allerdings weist der *Vorläufige Katalog Kirchenslavischer Homilien des beweglichen Jahreszyklus* (Čertorickaja/Miklas 1994) eine Einbettung der Homilien in die Logik des Kirchenjahres aus.

Was die Übersetzungsliteratur anbetrifft, belegt der textuelle Befund geradezu eine herausgehobene Stellung der Predigtliteratur: In altostslavischen Übersetzungen der Väter überwiegt die Homiletik; besonders die Homilien des größten griechischen Predigers, Johannes Chrysostomos, wurden weithin vorgelesen.[82] Mit dem Metropoliten Ilarion und Kirill Turovskij hat aber auch schon das alte Russland zwei bedeutende Prediger hervorgebracht, die neben den griechischen Exempeln in Predigtsammelbände wie *Златоуст [Chrysostomos]* und *Торжественник [Festhomilien]* eingingen (Podskalsky 1982:96).

Das Genre der Predigt zerfällt in der russischen Tradition in vier Untergattungen: die Festpredigt, die dogmatische, die exegetische und die paränetische.

Vermischung von Vater und Sohn grenzt hier an Patripassianismus, was deutlich macht, dass die Affinität des apokryphen Schrifttums zur Kenose durchaus zu häretischen ‚Übertreibungen' führen kann (vgl. 2.3.3).

[81] *Georgij-Martyrium, Nikita-Martyrium, Hypatius-Martyrium, Irina-Martyrium* (Tichonravov 1863:II 100–163).

[82] Rose 1952:42. Tvorogov 1998 führt 655 Johannes Chrysostomos zugeschriebene Homilien im ost- und südslavischen Schrifttum bis zum 16. Jh. auf.

4.3.5.1 Festhomilien

Das Musterbeispiel der Festpredigt, Ilarions *Слово о законе и благодати*,[83] scheint auf den ersten Blick für die Kenotik wenig einschlägig, steht doch die Negativ-Prosopopöie der jüdischen Sklavin Hagar im Gegensatz zum paradox-positiven Sklavenbegriff von Phil 2,7. Mag auch die modellierende Opposition des Textes wenig kenotisch sein, so enthält diese mutmaßliche Osterpredigt (s. Podskalsky 1982:86) doch eine christologische Hymne, die mit den Motiven Präexistenz (2.2.5), Homousie (2.7.2.1), Zwei-Naturen-Paradox mit mariologischen Annexen (2.8.4.1) und antithetischer *amplificatio* in „und"-Form (2.8.2), Doketismusabwehr (2.3.2.1) und ἀνακεφαλαίωσις [Rekapitulation] (s. 3.0.6) so umfassend und christologisch kompetent ist, dass es lohnt, sie *in extenso* zu zitieren:

> прѣжде вѣкъ отъ ѡца рожденъ, единъ състоленъ ѡцꙋ единосꙋщенъ. ꙗко же слнцꙋ свѣтъ съниде на землю. посѣти людїи своихъ, не ѿлꙋчивъсѧ ѡца. и въплотисѧ ѡтъ дѣвицѣ чисты безмꙋжны и бескверненьі. въшед ꙗко же самъ вѣсть. плоть прїимъ изиде ꙗко же и въниде. единъ сьіи ѿ троицѣ. въ двѣ естьствѣ бжество и члчьство.

> Исполнь члкъ по въчлченїю. а не привидѣнїемь. нъ исполнь бъ по бжствꙋ. а не простъ человѣкъ. показавыи на земли божьскаа и человѣчьскаа.

> Яко члкъ бо утробꙋ матерьню растꙗше. и ꙗко бъ изиде дѣвьства не врѣждь. ꙗко члкъ матерьне млѣко прїатъ. и ꙗко бъ пристави агглы съ пастꙋхы пѣти. слава въ вышнїихъ бꙋ. ꙗко члкъ повитьсѧ въ пелены. и ꙗко бъ вълхвы звѣздою ведꙗаше. ꙗко члкъ възлеже въ ꙗслехъ. и ꙗко бъ ѿ волхвъ дары и поклоненїе прїатъ. ꙗко члокъ бѣжааше въ егѵпетъ. и ꙗко бꙋ рꙋкотворенїа егѵпетьскаа поклонишасѧ. ꙗко члкъ прїиде на крещенїе. і ако ба іѡрданъ оустрашивсѧ възвратисѧ. ꙗко человѣкъ ѡбнаживсѧ вълѣзе въ водꙋ. і ако бъ ѿ оца послꙋшьство прїатъ. се есть сынъ мои възлюбленыи. ꙗко члкъ постисѧ м днїи възаалка. и ꙗко бъ побѣди искꙋшающаг.

> Яко члкъ иде на бракъ кана галилѣи. и ако бъ водꙋ въ вино приложи. ꙗко члкъ въ корабли съпааше і ако бъ запрѣти вѣтромъ и морю. и послꙋшаша его. ꙗко члкъ по лазари прослезисѧ і ако бъ въскрѣси і ѿ мертвыихъ. ꙗко члкъ на ѡслѧ въсѣде. і ако бꙋ зваахꙋ. блгословленъ грѧдыи въ имѧ гне. ꙗко члкъ распѧтъ бысть. і ако бъ своею властїю. сꙋпропѧтааго съ нимъ въпꙋсти въ раи. ꙗко члкъ ѡцьта въкꙋшь испꙋсти дхъ. і ако бъ слнце помрачи и землею потрѧсе.

> Яко члкъ в гробѣ положенъ быс. і ако бъ ада раздрꙋши и дшѧ свободи. ꙗко члка печатлѣша въ гробѣ. і ако бъ изиде печати цѣлы съхрань. ꙗко члка тъщаахꙋсѧ їѵдеи оутаити въскресенїе. мъздѧще стражи. нъ ꙗко бъ оувѣдесѧ. и познанъ быс всѣми конци землѧ.

> По истинѣ кто бъ велїи ꙗко бъ нашь. тъ есть бъ творѧи чюдеса съдѣла спсенїе посредѣ землѧ. крстомъ и мꙋкою. на мѣстѣ лобнѣмь. въкꙋсивъ ѡцта и зълчи. да

---

[83] *Rede über Gesetz und Gnade* (zwischen 1037 und 1050).

4. Christus in Russland 285

сластнааго въкѫшенїа адамова еже ѿ дрѣва прѣстѫпленїе и грѣх. въкѫшенїемъ горести проже неть.[84]

An der langen antithetischen Periode, in welcher Ilarion seine chalcedonisch-paradoxe Christologie präsentiert,[85] wird deutlich, dass derartige Festpredigten

---

[84] „Vor der Zeit vom Vater geboren – er, der allein mit dem Vater *eines* Thrones und *eines* Wesens ist, wie das Licht mit der Sonne –, kam er herab auf die Erde, suchte heim sein Volk, ohne sich vom Vater zu trennen, und wurde Fleisch von einer reinen, unbefleckten Jungfrau, die von keinem Manne wußte. Nachdem er eingegangen war [in ihren Schoß], wie [nur] er selbst weiß, und Fleisch angenommen hatte, ging er hinaus, wie er hineingegangen war, als *einer* von der Dreifaltigkeit, in zwei Naturen, der Gottheit und der Menschheit: ganz Mensch, nach der Menschwerdung, doch nicht [nur] scheinbar; aber *auch* ganz Gott, nach der Gottheit, nicht aber einfacher Mensch, und zeigte auf Erden Göttliches und Menschliches./ Denn als Mensch ließ er den Leib seiner Mutter wachsen, und als Gott ging er [aus ihm] hinaus, ohne ihre Jungfräulichkeit zu verletzen./ Als Mensch empfing er die Muttermilch; und als Gott ließ er die Engel bei den Hirten singen: ‚Ehre sei Gott in der Höhe'./ Als Mensch wurde er ‚in Windeln gewickelt'; und als Gott ‚führte' er ‚die Magier' durch den ‚Stern'./ Als Mensch wurde er ‚niedergelegt in der Krippe'; und als Gott empfing er von den Magiern ‚Gaben' und ‚Anbetung'./ Als Mensch ‚floh er nach Ägypten'; und vor ihm als Gott verneigten sich die mit Händen gemachten ägyptischen [Götzenbilder]./ Als Mensch ‚kam er zur Taufe'; und vor ihm als vor Gott erschreckend ‚wandte der Jordan sich zurück'./ Als Mensch entkleidete er sich und trat in das Wasser; und als Gott empfing er vom Vater das Zeugnis: ‚Dies ist mein geliebter Sohn'./ Als Mensch ‚fastete er vierzig Tage' und ‚es hungerte ihn'; und als Gott besiegte er den Versucher./ Als Mensch ging er zur ‚Hochzeit nach Kana in Galiläa'; und als Gott ‚verwandelte er das Wasser in Wein'./ Als Mensch ‚schlief er im Schiffe'; und als Gott ‚gebot er den Winden und dem Meer', und ‚sie gehorchten ihm'./ Als Mensch ‚weinte er' über Lazarus; und als Gott erweckte er ihn von den Toten./ Als Mensch ‚setzte er sich auf ein Eselsfüllen'; und ihm als Gott ‚rief man zu: «Gesegnet sei, der da kommt im Namen des Herrn»'./ Als Mensch ‚wurde er gekreuzigt'; und als Gott ließ er den mit ihm Gekreuzigten aus eigener Vollmacht ‚ins Paradies' ein./ Als Mensch ‚kostete er Essig' und ‚gab seinen Geist auf'; und als Gott ließ er ‚die Sonne sich verfinstern' und die ‚Erde beben'./ Als Mensch ‚wurde er im Grabe niedergelegt'; und als Gott zerstörte er den Hades und befreite die Seelen./ Ihn als Menschen ‚versiegelte man im Grabe'; und als Gott ging er hinaus, die Siegel unversehrt bewahrend./ Ihm als Menschen widerfuhr, daß die Juden seine Auferstehung zu verheimlichen suchten, indem sie ‚die Wächter bestachen'; aber als Gott wurde er bekannt und erkannt von allen Enden der Erde./ In Wahrheit: ‚welcher Gott ist groß wie unser Gott? Er ist der Gott, der Wunder tut'. ‚Er vollbrachte die Errettung in der Mitte der Erde' durch Kreuz und Qual, an der Schädelstätte, kostete Essig und Galle, auf daß er Adams Übertretung und Sünde, da dieser mit sinnlichem Verlangen vom Baume aß, durch Essen der Bitternis hinwegtue." (176a–176б; Moldovan 1984:86–88; dt. v. L. Müller 1971:30–33; Hervorh., Umbrüche, Zitatmarkierungen und Ergänz. ebd.).

[85] Zur elaborierten Rhetorik von Ilarions Predigt s. Jakobson 1975; Birnbaum 1984:13; zur Kreuzförmigkeit von Ilarions Antithetik Soldat 2003:45. Zwar hat Podskalsky Recht, dass „der rhetorisch-homiletische Charakter des Gesamtwerkes die exegetischen

eher für das Vorlesen oder stille Lesen gedacht waren, nicht aber frei gehalten wurden. Ähnliches gilt für die rhetorisch hochgradig durchorganisierten Predigten Kirill Turovskijs,[86] etwa seine homiletische Inszenierung des metonymischen Verhältnisses von Christus und Kreuz im *Слово о снятии тела Христова с креста*[87] samt einer Klage (Eremin 1957:419) Marias oder seine Predigt *В недѣлю цвѣтную [Zum Blumensonntag]*, die, obgleich im Ton erhaben, das kenotische Vorbild Christi mit dem paränetischen Impuls verbindet:

> Уготоваем, яко и горъницю, смѣрением душа наша, да причастием внидеть в ны сын божий и пасху с ученики своими створить; поидем с идущим на страсть волную; възмем крест свой претерпѣнием всякоя обиды; распьнѣмъся браньми к грѣху; умертвим похоти телесныя; въскликнем: Осана в вышних! Благословен еси пришедый на муку волную, ею же ада попра и смерть побѣди.[88]

4.3.5.2 Dogmatische und exegetische Predigten

Wie an Ilarions *Слово о законе и благодати [Rede über Gesetz und Gnade]* deutlich wurde, sind dogmatische Elemente oftmals – etwa in Hymnenform – in Predigten vorzugsweise anderen Charakters wie Festpredigten oder paränetische Predigten einmontiert. Karl Rose meint, dass Dogma und ethischer Appell in allen Arten der russisch-orthodoxen Predigt eng verwoben seien und spricht von einer Tradition „streng dogmatisch-ethischer Predigt" (1952:33). Felmy seinerseits arbeitet an Ioann Kronštadtskij heraus, wie „Predigt als Einführung in das Dogma" eingesetzt werden könne (1972:199). Das christologische Augenmerk Ioanns habe insbesondere der Unvermischtheit der Naturen Christi gegolten (zur Nestorianismusgefahr s. 2.7.6), was zum einen zu pathetischen Betonungen der Göttlichkeit schon im *status exinanitionis* führt, zum anderen aber auch eine nicht weniger starke Empathie für das Leiden der menschlichen Natur erlaubt:

---

und dogmatischen Anstäze überlagert" (1982:88), doch belegt diese Funktionalisierung von der kulturwissenschaftlichen Warte her eher die Kanonizität der Christologie statt ihre Sekundarität. Nach dem Barock wird elaborierte Rhetorik russischer Predigten hingegen weithin zum Negativmerkmal (Kuße 1994:XXIII–XXII; vgl. 2.1.5).

[86] Dvinjatin 2000; Lunde 2000.
[87] *Predigt über die Kreuzabnahme* (Eremin 1957:419–426).
[88] „Laßt uns unsere Seelen mit Demut schmücken gleich jenem ‚großen Saal, der mit Polstern bereitet' war, damit der Sohn Gottes durch die heilige Kommunion in uns einziehen und mit seinen Jüngern das Passamahl halten kann! Laßt uns mit denen ziehen, die freiwillig dem Leiden entgegengehen, die ihr Kreuz auf sich genommen und allerlei Schmach erduldet haben! Laßt uns im Streit gegen die Sünde uns kreuzigen und die Gelüste des Fleisches abtöten! Laßt uns jubeln: ‚Hosianna in der Höhe!' Gesegnet sei, der ungezwungen kommt und am Leiden teilnimmt, durch welches die Hölle zertreten und der Tod überwunden worden ist!" (Eremin 1957:411; dt. v. Karl Rose, Rose 1952:126).

[...] человеческая природа в Иисусе Христе была предоставлена всей мучительности, весму ужасу страданий крестных, всей ужасной, смертельной скорби, которую Он испытывал еще в саду Гефсиманском пред взятием Его шайкою злодеев во главе с Иудою Искариотским."[89]

Im Zuge seiner christologisch-dogmatischen homiletischen Erörterungen rekurriert Ioann Kronštadtskij – wie einige Jahrhunderte zuvor Feodosij Pečerskij (s. 5.3.4.4) – auch auf Phil 2,7. Bei beiden macht sich das Staunen über die Unähnlichkeit der inkarnierten menschlichen Natur mit dem – unsagbaren – göttlichen Logos bemerkbar: „Сей то Бог неописанный, безначальный и неизглаголанный пришел ныне к нам на землю, приняв зрак раба. Дивное чудо! Бог принял природу раба человека и стал совершенно подобен нам, кроме греха."[90] Die homiletische Produktivität des Christusfokus belegen zahlreiche christologische Predigtzyklen, so bei Ioann Kronštadtskij die *Поучения и слова на праздники Господа нашего Иисуса Христа*,[91] bei Dmitrij Dudko die Predigtsammlung *Христос в нашей жизни. Воскресные проповеди*.[92]

4.3.5.3 Paränetische Predigten
Quantitativ am bedeutendsten ist die Untergattung der paränetischen Predigt, der direkten Aufforderung an die Zuhörer (resp. Leser), ihr eigenes Verhalten in einer bestimmten Weise einzurichten – was mit dem Exempel Christi in besonderer Weise dringlich gemacht wird. Die Figur der Analogie, die nach Kuße eine der Grundtropen der Homiletik (nicht nur in Russland) darstellt,[93] wird vorzugsweise mit der Christus-Analogie gefüllt. Die anempfohlene demütige Geisteshaltung wird den Gläubigen mit Topoi des *смирение*[94] als *imitatio Christi* nahe gelegt. Diese paränetische Analogie lässt sich bereits in altostslavischen Übersetzungs-

---

[89] „[...] die menschliche Natur in Jesus Christus [war] aller Qual, allem Schrecken der Kreuzesleiden, aller schrecklichen Todesbetrübnis, die er schon im Garten Gethsemane vor seiner Gefangennahme durch die Rotte der Übeltäter mit Judas Ischariot an der Spitze erfahren hatte, überlassen war." (Sergiev 1893/94:II 166f; dt. v. Karl Christian Felmy, Felmy 1972:203).

[90] „Dieser unbeschreibliche, anfangslose und unsagbare Gott ist jetzt zu uns auf die Erde gekommen, nachdem Er die Gestalt eines Knechtes angenommen hat. Erstaunliches Wunder! Gott hat die Natur eines Knechtes des Menschen angenommen und ist uns vollkommen gleich geworden außer der Sünde." (Sergiev 1893/94:I 270; dt. v. Karl Christian Felmy, Felmy 1972:205).

[91] *Belehrungen und Predigten zur den Feiertagen unseres Herrn Jesus Christus* (Sergiev 1893/94:I 229–416).

[92] *Christus in unserem Leben. Sonntagspredigten* (Dudko 1992).

[93] Kuße 1998:370f; 2001:77.

[94] Demut. Vgl. die kirchenslavische Variante des „ἐταπείνωσεν ἑαυτόν" [erniedrigte sich selbst] aus Phil 2,8 (2.2.2).

predigten zeigen.[95] Um diese Arbeit nicht mit einem Wust einschlägiger Beispiele zu überfrachten (bei der Demutsparänese dürfte es sich um einen der produktivsten Topoi der russischen Homiletik überhaupt handeln), nur ein Beleg aus der Gegenwart: Artemijs Predigt *O четырех образах смирения [Über die vier Arten von Demut]* (2001). Der quantitative Befund mag sogar die These stützen, dass die russischen Predigten im Kern paränetisch seien, wie sie Rose formuliert, dem zufolge

> [...] ein für die russisch-orthodoxe Predigt charakteristisches Moment hinzu[kommt]: der ständige Appell an den menschlichen Willen. Der Weg des Heils ist ein Weg des Gehorsams und der Anstrengung – Kreuztragen. Unermüdlich werden daher in der Predigt Beispiele aus dem Leben der Propheten und Apostel, der Märtyrer und Asketen und Heiligen der Kirche den Zuhörern vor Augen geführt, um ihnen zu zeigen, wie man mit sich selber und mit allem Bösen in der Welt kämpfen muß, wieviel Demut, selbstlose Liebe, Opfer und gute Werke Gott von den Menschen fordert. Allem aber voran steht das Leben Jesu und der Mutter Gottes: beide als leuchtendste Vorbilder eines Gott wohlgefälligen Lebens, dem alle nachzustreben haben. (Rose 1952:32f)

Wenn Rose anschließend meint, „in der russischen Predigt" herrsche „seit Theophan Prokopowitsch [...] die dogmatisch-sittlich-belehrende Richtung" vor, dann sollte dies dahingehend gelesen werden, dass keine Tradition ohne Wellentäler auskommt – auch die der paränetischen Predigt nicht, dass auch im Zuge der Dogmatisierung, welche die Predigt in der russisch-orthodoxen Kirche durch die Kontroverse mit Altgläubigen und westlichen Bekenntnissen ab dem 17. Jh. erfährt (W.-H. Schmidt 2002:47), die Paränese erhaltenen bleibt.

In Zeiten der Repression wie der Sowjetepoche wirkt die traditionelle Ferne der Predigt von Zeitbezügen konservierend (vgl. Rose 1952:80f) – und bewahrt deren doppelten „dogmatisch-ethischen" Fokus. Meistenteils dem paränetischen Genre zuzuschlagen sind schließlich auch jene Broschürendrucke von Einzelpredigten oder Predigtsammlungen, die in postsowjetischer Zeit massenweise an den Buchständen der Kirchen und Klöster vertrieben werden.[96]

4.3.6 Lesemenäen

Ein Übergangsgenre zwischen Liturgie und Leseliteratur bilden die Lesemenäen (*четии минеи*), der repräsentativste und umfänglichste Vertreter der die altrussische Literatur beherrschenden „,Sammelliteratur'" (Marti 1984:139). Die Lesemenäen bilden keine eigene Gattung, sondern umfassen mit ihrem „составной

---

[95] Im Katalog der Chrysostomos-Homilien (Tvorogov 1998) bspw. Nr. 26, 246 und 426.
[96] Bspw. Kirill (Pavlovs *Проповеди [Predigten]*, in denen die Gestaltwerdung des göttlichen Logos mit dem „смиренное и кроткое слово" [demütiges und bescheidenes Wort], insbesondere Sergij Radonežskijs, in Verbindung gebracht wird (1999:65f).

характер"[97] diverse andere Genres (Gebete, Kurzfassungen von Heiligenviten, Apokryphen, Predigten, kirchenrechtliche Texte, weltliche Urkunden sowie Wallfahrts- und Reiseberichte).[98] Insofern sind sie für diesen Parcours durch die russischen sakralen Gattungen einschlägig – als wichtigstes Medium der Privatlektüre in der Frühzeit. In dieser Funktion überdauern sie bis in die Moderne; bspw. von Černyševskij ist eine intensive Rezeption der Lesemenäen bekannt (s. 6.5.2.1).

Insofern auch die Lese-Einheiten der *четии минеи* an den Kirchenkalender angebunden sind, spricht dies für die weitgehende „Ritualisierung [der] frommen Übung des Lesens" (Seemann 1984:273) im russischen Mittelalter. Die größte Leistung auf diesem Feld stellen die 1552 auf Anordnung des Metropoliten Makarij zusammengestellten *Великие четии минеи [Große Lesemenäen]* dar, denen Dmitrij Rostovskij um 1700 eine neue Fassung gab.

Für den 8. September, an dem im unbeweglichen Jahreszyklus die Philipper-Perikope in der Liturgie verlesen wird (s. 4.3.4.1), bringen die *Großen Lesemenäen* thematisch recht geschlossene *слова [Texte]* diverser Autoren (u.a. Epifanij, Andreas von Kreta, Johannes von Damaskus) anlässlich des an diesem Tag begangenen Festes der Geburt der Gottesmutter (VMČ 1,350–424). Für den 9. September hingegen, der den Hl. Joachim und Anna gewidmet ist, wird über Texte zu Joachim und Anna hinaus im Verbund mit Iosif Volockijs *Духовная грамота*[99] auch noch eine eigens verfasste, umfangreiche Vita Iosif Volockijs geliefert.[100]

4.3.6.1 Lob des Lesens
Stellvertretend für die paränetische Intention der Lesegattungen sei auf den *Изборник 1076 [Sammelband von 1076]* verwiesen, der einen Traktat über den Nutzen des Lesens (von Viten) enthält. Nützlich sei diese Lektüre, weil sie zur stets erinnernden Ausrichtung auf Gott anreize:

Дѣло законьноѥ мьни чьте
ниѥ книжьноѥ · ѥгда бо
оумъ съ ꙗзыкъмь къто
хочеть ицѣлити · то въ
книгы въиноу да зрить:
Аште на дѣло роуцѣ прости

---

[97] „Zusammensetzungscharakter" (Lichačev 1997:321).
[98] Diese Sammelgattung bildet somit zugleich ein Musterbeispiel für die diversen Grenz- und Zwischengattungen zwischen Liturgie und Privatlektüre, wie sie nach dem Wegfall der der sowjetischen Einschränkung der Aktivitäten der ROK auf den „Kultus" in paraliturgischen Lesebüchern – sowohl für Mönche als auch für breites interessiertes Publikum – wieder auflebt (s. bspw. Kanonik 2003; Liturgija 1905, Ndr. 2003).
[99] *Geistliche Regel* (VMČ 1,499–615).
[100] VMČ 1,454–499; vgl. Hannick 1985a:375.

раюши · языкъ ти да по
ють · а оумъ ти да моли
ть са · просить бо отъ на
съ бъ въиноу поминате юго [...]¹⁰¹

Dieser Gottesbezug wird an einer ganzen Reihe von Stellen kenotisch konkretisiert – im Hinblick auf Christi freiwilliges Opfer (Kotkov 1965:55об.,7), sein Hungern und Dürsten (ebd.:49,11.89,13), seine Obdachlosigkeit (89об.,1f) und sein Leiden (ebd.:35,3).

Der *Изборник 1076* leitet damit eine Tradition der Metareflexion von sakralen Lesetexten ein, die bis in die Moderne fortwirkt. So empfiehlt der Starec Zosima in den *Братья Карамазовы [Brüder Karamazov]* das *Житие Алексея человека божия [Vita des Gottesnarren Aleksij]* als Lektüre;¹⁰² die Zwischenstufe der Lektüre soll letztlich zur *imitatio imitatoris Christi* führen.

4.3.6.2 Transformationen sakraler Sammelliteratur

Die sakrale Sammelliteratur findet ihre säkulare Fortsetzung in den Zeitschriften der Moderne, die – wie Ekaterinas *Всякая всячина [Allerlei]* – das kompilatorische Prinzip institutionalisieren. An den enormen Umfang der Lesemenäen schließen insbesondere die *толстые журналы [dicken Zeitschriften]*, eine bis zum Ende der Sowjetzeit breite Leserschichten erreichende Institution (Nemzer 1993), an. Während diese mit dem Ende der Sowjetunion drastisch an Boden verloren haben, tritt in postsowjetischer Zeit sakrale Leseliteratur wieder als Massenphänomen auf. Nachdem die Sowjetmacht dem öffentlichen Vertrieb von sakraler Leseliteratur einen Riegel vorgeschoben hatte, floriert – neben den Bücherständen in den Metroeingängen – wieder ein Zweig des Buchhandels in besonderem Maße: die Einrichtung der *иконная лавка* [Ikonenlädchen]. Die Klöster unterhalten eigene Läden, in den Hauptkirchen der großen Städte finden sich große Buchstände, aber auch in kleinen Provinzkirchen gibt es stets einen Bücherstand, an dem vorwiegend Broschüren verkauft werden, in geringem Maße Dogmatik, Kirchengeschichte etc., jedoch beträchtliche Mengen Devotionalliteratur.

Darunter entsprechen die Florilegien am deutlichsten der traditionellen Verabreichungsform der Sammelliteratur. Im *Цветник [Florilegium]* von 2002, einer um alles Westliche und Klassisch-Antike bereinigter Ausgabe eines Florilegiums

---

[101] „Du sollst das Bücherlesen für deine Pflicht ansehen; wenn jemand nämlich den Verstand und die Sprache vervollkommnen möchte, dann muss er in Bücher schauen: Wenn du die Hände zur Tat ausstreckst, dann singt dir die Zunge dazu und der Verstand betet; Gott nämlich verlangt von uns, dass ihr seiner gedenken sollt [...]" (Kotkov 1965:68,2–12).

[102] Dostoevskij 1958:X 368; s. 5.3.7.2.

von 1903 (s. Cvetnik 2002:6), sind es vor allem Zitate aus Schriften von Tichon Zadonskij, welche Christi Kenose zum nachzuahmenden Exempel erklären: „Хочешь всякий день видеть чудо? – Всякий день размышляй о воплощении и страдании Христовом."[103] Oder: „Кто хочет быть участником вечного царствия с Иисусом, тот должен быть участником и страданий, и терпения Его."[104] Auch der Umkehrschluss gilt – mit einem Auszug aus den Schriften Basilios des Großen – als zulässig: „Уметь смиряться значит уметь подражать Христу."[105] In der ethischen Demutsparänese sekundieren dem die weit verbreiteten Schriften Ephräms des Syrers (s. 4.4.2.3).

Allerdings werden nicht nur vorrevolutionäre Erzeugnisse von Sammelliteratur wieder gedruckt. Vielmehr scheint es ein innovatives Marketingverfahren innerhalb der Sakralliteratur, an monografische Darstellungen Gebrauchstexte der Pastoralliteratur anzuhängen. Ein Beispiel aus dem Feld der Christologie ist die 2008er Neuedition von Pavel Matveevskijs *Евангельская история о Боге Слове Сыне Божием Господе нашем Иисусе Христе, воплотившемся и вочеловечившимся нашего ради спасения* [Die Evangeliengeschichte von Gott, dem Logos, dem Sohn Gottes, unserem Herrn Jesus Christus, der sich um unserer Erlösung willen inkarnierte und Mensch wurde] von 1912, die an das Matveevskijsche Kompilat von christologischen Aussagen der Bibel und der griechischen Kirchenväter (Evangel'skaja istorija 2008:3–422) eine Auswahl Christus-bezogener Sentenzen von der Johannes-Apokalypse bis zu Feofan Zatvornik anschließt (ebd.:683–880) und am Ende auch noch neuere anonyme Texte katechetisch-paränetischer Art nachschiebt.

In noch größerem Ausmaß ist die Devotionalliteratur mittlerweile in Broschürenform zu haben; man könnte diese – in Analogie zur „Sammelliteratur" – sakrale „Stückliteratur" nennen. Damit erreicht die aus der Homiletik übernommene Demutsparänese endgültig Massenauflagen.[106]

4.3.7 Hagiografie
Mit der Pragmatik der Lesemenäen eng verknüpft ist die Gattung der Heiligenvita. Die Lesemenäe *Успенский сборник* [Sammelband der Mariä-Entschlafens-Kathedrale] aus dem 13. Jh. bspw. enthält das *Съказание и страсть и похвала*

---

[103] „Möchtest du täglich ein Wunder sehen? – Dann denke täglich an die Inkarnation und das Leiden Christi." (Cvetnik 2002:29).
[104] „Wer mit Jesus am ewigen Reich [Gottes] teilnehmen möchte, der muss sowohl an Seinen Leiden, als auch an Seinem Dulden teilnehmen." (Cvetnik 2002:33).
[105] „Sich erniedrigen zu können bedeutet, Christus nachahmen zu können." (Cvetnik 2002:34).
[106] Man sehe nur Gennadij (Emel'janovs) Broschüre *О смирении истинном и ложном* [Von wahrer und falscher Demut] (2001).

святую мученику Бориса и Глѣба[107] und das *Житие Феодосия Печерского*.[108] In den zwölfbändigen Lesemenäen von 1552 wird der gesamte Jahreszyklus mit Heiligen besetzt, wenngleich die Textsorte der Vita hier lediglich neben vielen anderen steht. Es folgen aber auch spezielle Sammlungen von Heiligenviten, gegliedert nach den Monaten des Kirchenjahrs, das Menologion bzw. *месяцеслов*.

In der Hagiografie kommen damit zwei mnemotechnisch günstige Dimensionen zusammen, was die Produktivität dieser Gattung im alten Russland erklären mag: Die Prosopopöie des ethischen Modells Christi in der Gestalt einer konkreten Christusmetapher, wie sie ein Heiliger darstellt, wird rituell eingebettet in den Jahreszyklus.[109] Diese zweite mnemonisch wirksame Dimension wird noch augenfälliger in den gedrängteren Fassungen von Heiligenkatalogen, wie sie im Synaxarion (*Пролог*) den Gottesdienstordnungen oder Aprakos-Evangelien beigegeben sind.[110] Beide mnemonischen Dimensionen – Prosopopöie und Rhythmisierung – sind für die zwei „,Zielgruppen'" der Hagiografie (Onasch 1978:15) – „Kleriker, die die Vitentexte für die […] gottesdienstlichen Bücher brauchten", und „breites Lesepublikum" wirksam, wenngleich in verschiedener Gewichtung.

4.3.7.1 Spektrum von Untergattungen

Zur Untergliederung der hagiografischen Literatur kommt ein personales Kriterium in Frage – das Mönchs- von Laien- und Fürstenviten unterscheidet.[111]

---

[107] *Legende und Leiden und Lob der heiligen Märtyrer Boris und Gleb* (Kotkov 1971:43–58). Wobei es sich, wie Lichačev herausarbeitet, wie beim *Успенский сборник*, in dem dieser Text steht, um ein Werk zusammengesetzter Literatur handelt, also um Sammelliteratur innerhalb von Sammelliteratur: „Множество произведений «нанизывали» на одну тему отдельные, различные по своему жанру, более мелкие произведения, например: *Сказание и страсть и похвала святою мученику Бориса и Глѣба*, где были действительно соединены житие («Сказание и страсть»), с «похвалой» […]" [Eine Fülle von Werken ‚reihten' zu einem Thema einzelne, gattungsmäßig verschiedene kleinere Werke auf, zum Beispiel: *Legende und Leiden und Lob der heiligen Märtyrer Boris und Gleb*, wo in der Tat eine Vita (,Legende und Leiden') mit einem Enkomion verbunden wurde (…)] (Lichačev 1997:321).

[108] *Vita des Feodosij Pečerskij* (Kotkov 1971:71–135).

[109] Die Heiligen werden nach ihrem Todestag aufgeführt (*предстательство*), was genauso als Anfang ihrer Erhöhung begriffen werden kann wie als Tiefpunkt ihres irdischen Weges, bei heiligen Märtyrern zudem als Nachfolge von Christi Opfertod, der die Klimax der kenotischen Aufzählung von Phil 2,7f bildet (2.2.3.3–2.2.3.4).

[110] Kalinskij 1997:6. Die postsowjetische Notwendigkeit der Neuevangelisierung bringt Textsorten hervor wie die Kinderkatechetik, die mit memorierbaren Listen daherkommen (Pamjatnaja knižka 1997:40–46) und dabei den mnemonischen Zweck, den sie verfolgen, offensiv vertreten.

[111] Siehe Onasch 1978:12; einer solchen Unterscheidung dient die Typologie russischer Heiligenmodelle unter 5.0.4.

4. Christus in Russland

Daneben kann auch nach der Provenienz gefragt werden: Bevor die Russen nämlich ab der Kanonisierung von Boris und Gleb um 1072 eine originale hagiografische Literatur entwickeln, kursieren Übersetzungsviten, und zwar in Form von Sammlungen wie dem *Синайский патерик*,[112] der auf das Λειμωνάριον *[Leimonarion]* des Johannes Moschos vom Anfang des 7. Jh.s zurückgeht, oder auf Einzelviten wie solchen der Gottesnarren Symeon und Alexios/Aleksij.

Drittens kann nach Umfang und Dichte des Dargestellten differenziert werden: Das *мучение [Martyrium]* konzentriert sich auf die Phase des leidvollen Sterbens des heiligen Märtyrers, wie es im *Съказание и страсть и похвала святюю мученику Бориса и Глеба [Legende und Leiden und Lob der heiligen Märtyrer Boris und Gleb]* der Fall ist. Die Vollvita hingegen gibt in mehr oder weniger dichter Erzählung das gesamte Leben eines Heiligen wieder, wobei die Kindheit eine integrale Rolle spielt. Das stützt Lichačevs Auffassung, der zufolge in den altostslavischen Gattungsbegriffen vor allem Themenangaben verborgen seien (1997:322) – eben Leidensphase (*мучение*) oder ganzes Leben (*житие*). Die serielle Behandlung mehrerer Heiliger in Paterika (Väterbüchern) bewirkt interessanterweise, wohl um der narrativen *variatio* willen, ein Changieren zwischen den Typen; bspw. sind die einzelnen Episoden (*слова*) des *Киево-печерский патерик [Väterbuch des Kiever Höhlenklosters]* gattungsmäßig ausgesprochen heterogen.

Ein vierter Gesichtspunkt schließlich ist die rhetorische Normierung. Hier sind, sowohl was die *dispositio* als auch was die *elocutio* angeht, Unterschiede festzustellen, die die Normierung (von Topoi und Aufbauschemata) und die Elaborierung (von Satzstrukturen wie im Falle des *плетение словес*[113]) betreffen. Die *dispositio* der Vita besteht vor allem in einer aus der klassischen Biografie übernommenen Dreiteilung (vgl. Hébert 1992:251), wobei die drei Teile ihrerseits binnengegliedert sind durch eine „chain of *topoi*" (Lenhoff 1989:26). In der *elocutio* kommt von der Basilios-Vita her die antike Enkomion-Tradition zum Tragen; erneuert wird der traditionelle hohe Stil in Russland im „zweiten südslavischen Einfluss" durch das *плетение словес*, wie es Epifanij Premudryj in Viten des Sergij Radonežskij und Stefan Permskij zur Meisterschaft bringt (s. 5.3.5.1). Diesen hochgradig elaborierten Formen steht eine „volkstümliche, von den antiken rhetorischen Vorbildern gelöste Hagiographie" (Hannick 1985a:372) zur Seite, in der die Erzählung mitunter *in medias res* springt (Lenhoff 1989:29). Bei den Viten der Gottesnarren korrespondiert die sprachliche Darbietung oftmals dem antioffiziellen Habitus der darin Präsentierten (5.4.1). In der Neuzeit entwickelt sich aus der inoffiziellen Vitenrhetorik ein kulturelles Gegenmodell, vertreten etwa durch die Vita des Protopopen Avvakum (Lachmann 1994:21–50). Die inoffizielle

---

[112] *Väterbuch vom Sinai* (PLDR 2,116–134).
[113] Wortflechten (Hébert 1992:250f; Greber 2002:57f).

Strömung geriert sich als Antirhetorik, entwirft dabei aber ihre eigene Rhetorik – und diese ist für die Kenotik oftmals noch produktiver (s. 5.4.3.2).

Diese beiden nebeneinander herlaufenden rhetorischen Traditionen – die offizielle und die antioffizielle, die hochtrabende und die schlichte – haben sehr unterschiedliche Wertungen erfahren: Der Realhistoriker Ključevskij sieht den Schmuck als Verzerrung des historischen Sachverhalts (1871:94f et passim), der Kenose-Theoretiker Fedotov hingegen schreibt von einer „сдержанность"[114] der russischen Hagiografie, wobei ihm allerdings das Wortflechten gerade als Beleg für die Zurückhaltung von bunt ausschmückendem Fabulieren erscheint.

4.3.7.2 Hagiografische Christoformierung

> So wirken die traditionellen Urbilder [Christus und die ersten Märtyrer] darauf hin, die Heiligengestalten der näheren Vergangenheit, die im Lichte dieser Urbilder beschrieben werden – und die sich im übrigen ihrerseits befleißigten, diese Urbilder in ihrem Leben nachzuahmen –, in eine überzeitliche Ikonenhaftigkeit zu erheben. (Benz 1963:11)

Beide Dimensionen – die Heraufziehung der Rhetorik wie ihre Herabziehung – werden von den Forschern als Ausdruck eines normativen Impetus ausgedeutet: Lichačev meint, dass sich in der „Idealisierung" eine „künstlerische Verallgemeinerung des Mittelalters" ausgedrückt habe, die ihrerseits „normativen Charakter" besitze (1975:160). Fedotov hingegen favorisiert die volkstümlichen Hagiografien – wohl aufgrund von deren illokutionär-ikonischer Kenose (s. 3.5.5) – und hält diese aufgrund seiner eigenen kenoästhetischen Präferenz auch für andere Rezipienten für eindrücklicher. Ob formale Erniedrigung oder Erhöhung besser geeignet ist, das Erniedrigungsschema Christi zu propagieren, sei dahingestellt – unbestreitbar ist der paränetische Impuls, mit dem auf dieses wie jenes rekurriert wird.

Während Fedotovs These den Vorteil hat, „Form und Inhalt" zur Analogie zu bringen, gerät die aus dem antiken Enkomion stammende idealtypische Darstellung einer (verstorbenen) Person mit übermenschlichen Qualitäten, wie Onasch bemerkt, in Konflikt mit dem christlichen Erniedrigungsgebot:

> Mit Rücksicht auf das spätantike Lesepublikum sind die Formen der Kunstmittel dem nichtchristl.[ichen] Bereich der Verehrung ‚göttl.[icher] Menschen' (Heroen, Philosophen u.a.) entnommen [...] (Onasch 1981:155)

Die gegenläufige Tendenz zur enkomiastischen Erhöhung wäre das kenotische Modell, das die Hochläuterung durch den Gegenvektor der Herabziehung (die die Hochläuterung erst erlaubt) kompensiert. Onasch fährt fort: Die Heiligenviten

---

[114] „Zurückhaltung" (Fedotov 1997:200).

4. Christus in Russland

„unterscheiden sich aber zugleich von ihnen [den antiken Enkomia] durch den Ausschließlichkeitsanspruch der Person Christi als des zentralen Prototyps christl.[icher] Heiliger." (ebd.). Gemeinsame Messlatte für alle hagiografischen Untergattungen ist also der Christusbezug, die Adelung einer Person durch ihre Einordnung in das Schema der *imitatio Christi*.

> [...] мотив следования или уподобления, подражания Христу есть общий (и основной – независимо от степени его выраженности в конкретном тексте) мотив житийных памятников в целом – как жанра.[115]

Christus bildet das privilegierte Glied im geläufigen „comparison topos" (Hébert 1992:252.291) der hagiografischen Gattung. Diese standardisierte Einordnung hat Tat'jana Rudi bereits mit einer Fülle von Belegen unterfüttert (2003:126–128), sodass hier eine Systematisierung der Typen von Nachfolgeeinordnungen genügen kann: Der höchste Anspruch ist 1) die Nachahmung Christi insgesamt („похваление блаженному Христову подражателю"[116]) – wogegen mittelbare Nachahmungen Christi eine bescheidenere Spielart darstellen. Solche bestehen entweder 2) in der Nachahmung der Christusnachahmung des Paulus („И якоже рече апостолъ: «Подобни ми бываите, якоже азъ Христу»."[117]) oder aber 3) der Nachahmung Christi durch die Nachahmung des Martyriums des Stephanos oder eines anderen Märtyrers. Im Gottesdienst für Boris und Gleb etwa wird der Erstmärtyrer aufgerufen („яко Стефану подобника първомученику"[118]), und im *Сказание [Legende]* ordnet sich Gleb bereits in die Nachfolge seines kurz zuvor ermordeten Bruders Boris ein.[119] Weniger personale als allgemeine ethisch-soziale Nachahmungen der Selbsterniedrigung Christi sind 4) die ethische Demutsnachahmung („[...] имяаше бо съмѣрение и кротость велику, о семь подражая Христоса [...]"[120]), 5) die Leidensnachfolge (vgl. die *Nestorchronik* unter 4.3.8.4) und

---

[115] „[...] das Motiv der Nachfolge oder Nachahmung Christi ist ein allgemeines (und – unabhängig vom Grad seiner Explizitheit in einem konkreten Text – grundlegendes) Motiv hagiografischer Dokumente insgesamt als Gattung." (Rudi 2003:126).

[116] „Lob des seligen Christusnachahmers" (*Vita des Feodor Jaroslavskij*; zit. n. Rudi 2003:127).

[117] So heißt es programmatisch zu Eingang der *Vita des Kyrill*: „Und wie der Apostel [Paulus] sagte: ‚Seid mir ähnlich wie ich Christus'" (Moškova/Turilov/Florja 1999:22; vgl. auch Lenhoff 1989:28).

[118] „Ähnlich wie der Erstmärtyrer Stephanos" (Abramovič 1916:137; vgl. 3.3.3.4).

[119] Dmitriev 1997:340; s. Rudi 2003:124 Anm. 6.

[120] „[...] er hatte Demut und große Bescheidenheit, und darin ahmte er Christus nach [...]" (*Vita des Feodosij Pečerskij*; PLDR 1,344).

schließlich 6) die Kreuzes- bzw. Todesnachfolge („[...] повелѣваетъ и крестъ взяти на раму [...]"[121]).

4.3.7.3 Heiligkeit nach- und vorschreiben
Die Hagiografie leistet mit paradoxer Erniedrigung-Erhöhung die Verschriftlichung eines von ihr illokutionär Heiligkeit genannten Habitus, den sie durch ihre idealtypisierenden Topoi eigentlich erst schafft; die nach dem Tode des Betreffenden nachgereichte Schriftform des *житие* [Vita] oder des *мучение* [Martyrium] ist das notwendige Supplement von Heiligkeit, welche die Verschriftlichung *ex post* konstituiert.[122] Die Rückprojektion dessen, was der hagiografische Text erst selbst leistet, auf den historischen Habitus und die Taten des so Geheiligten, hat allerdings beileibe keine rückwärtsgewandte Stoßrichtung; eigentliches Wirkungsziel der hagiografischen Gattung ist es, künftige Nachahmungseffekte anzubahnen, also neue Heiligkeit perlokutionär ‚vorzuschreiben'.

Ob die Perlokutionsintention *im Leben* je in signifikanter Weise eingelöst wurde, mag dahingestellt bleiben;[123] die Wirksamkeit des literarischen Modells Heiligkeit geht weit über den christlichen Bereich hinaus, wie die massive Präsenz hagiografischer Topoi in nicht-christlichen Texten belegt (M. Ziolkowski 1988). Besonders augenfällig sind nachträgliche Zuschreibungen von Heiligkeit an Puškin,[124] die seinen Tod als freiwilliges Opfer in der Boris-und-Gleb-Tradition, als Opfer von nationalem Identifikationswert semantisieren.[125]

4.3.8 An der Grenze zwischen sakraler und weltlicher Literatur
Der über das Genre von Vita und Martyrium hinausgehende Wirkungsbereich hagiografischer Topoi erfasst nicht erst die postchristliche Moderne und antichristliche Sowjetliteratur (8.3.1 u. 8.4.3), sondern auch schon die vermeintlich weltliche Sparte der altrussischen Literatur.

---

[121] „[...] er befiehlt, das Kreuz auf sich zu nehmen [...]" (*Vita des Aleksandr Oševenskij*; zit. n. Rudi 2003:127).

[122] Zum selteneren Fall von enkomiastischen Viten auf Zeitgenossen s. Hannick 1985a:374. Bei Heiligkeit ist damit – anders als etwa beim sozialen Phänomen des Mönchtums – das vor Augen stehende personale Element weniger wichtig als die Verbreitung durch schriftliche Gattungen.

[123] Zur Gefährdung perlokutionär intendierter Sprechakte durch unbotmäßige Rezeption s. 3.5.4.

[124] Debreczeny 1991; Paperno 1992.

[125] Debreczeny 1991:270.273f; eingehend: Kissel 2004a:23–95.

4. Christus in Russland

4.3.8.1 Hagiografisches im Fiktionalen

Während die altrussische originale Hagiografie sich für referenziell erklärt, gilt das für Teile der Übersetzungsliteratur nicht. Wie Lichačev feststellt, kannte die altrussische Originalliteratur selbst „keine fiktiven Helden". Folglich „bereiteten [...] dem russischen Schriftsteller ganz offensichtlich die fiktiven Gestalten der Übersetzungsliteratur [...] Schwierigkeiten" (Lichačev 1975:159). Trotzdem partizipiert die aus Byzanz stammende, im alten Russland weit verbreitete fiktionale Konversionserzählung *Повесть о Варлааме и Иоасафе [Erzählung von Varlaam und Joasaf]* am Bekehrungsschema, das eine (in Russland seltenere) der Spielarten der Vita bildet (vgl. Benz 1963:13); der fiktive Held Ioasaf durchläuft in der von Gleichnissen, dogmatischen Belehrungen und Schriftzitaten durchsetzten,[126] digressiven Erzählung eine durchaus kenotisch zu nennende Wende vom wohlbehüteten Thronfolger zum Wüsteneinsiedler, zu der ihn das Christusemblem des Edelsteins („[...] камыкъ онъ бесцѣнный [...]"[127]) veranlasst, mit dem ihm der Asket Varlaam das Christentum anschaulich macht.

4.3.8.2 Weltliches im Geistlichen. Das хожение

Am Rande des sakralen Schrifttums ist auch das *хожение*, die Wallfahrtsliteratur situiert, die spät oder gar nicht offiziell sanktioniert wurde (Seemann 1976:58). Die Gattung präsentiert Christusbezüge durch Berichte von Reisen zu Metonymieorten Christi selbst oder zu denen seiner Metaphern (christoformer Heiliger; vgl. 5.4.2.2). Der irdische Reiseweg zu einem Ort, der letztlich die Spur eines Überirdischen darstellen soll, trägt notwendigerweise eine Ambivalenz hinein von geistlichem und faktografischem Moment.[128] Im *Житье и Хоженье Данила руськыѧ земли игумена*[129] ist letzteres besonders sichtbar während der Anreise О

---

[126] Die Bilderverehrung bspw. begründet Varlaam mit einem Phil-2,7-Zitat: „[...] благовѣрно покланяющеся образу насъ радѣ распеншемуся, не боготворящи ю, нъ яко образъ воплощьшагося бога лобызаемъ, любовию и вѣрою излѣявшегося себе насъ радѣ доже и до рабиа образа." [(...) fromm verehren wir das Bild dessen, der sich für uns kreuzigen ließ, ohne es zu vergöttern, sondern küssen es als Bild des für uns inkarnierten Gottes, der sich aus Liebe und Glaube um unseretwillen und bis zur Sklavengestalt entleerte.] (Lebedeva 1985:185).

[127] „[...] er ist ein unendlich wertvoller Stein [...]" (Lebedeva 1985:138).

[128] Seemann spricht vom „Legendären": „Im Prinzip sind empirisches und legendäres Moment untrennbare Bestandteile der Beschreibung hl. Reliquien sowohl im Pilger-Reiseführer als auch im Wallfahrtsbericht. Dem doppelten Wirklichkeitsbezug des heiligen Gegenstandes entsprechend dienen sie in gleicher Weise seiner Präzisierung. Verankert das sachliche Detail den Gegenstand im sinnlich erfahrbaren Bereich, so präzisiert das legendäre Moment ihn als *heiligen* Gegenstand." (1976:69f, Hervorh. i. Orig.).

[129] *Leben und Wallfahrt des russischen Igumen Daniil* (1106/08).

пути Іерусалимъ.[130] Ein nicht unbeträchtlicher Teil der Faszination von Daniils Wallfahrtsberichts dürfte in der Tat in seiner Stofffülle gelegen haben (Seemann 1976:189). Gerade solche faktografischen Momente der Wallfahrtsliteratur erwiesen sich nach Seemann als „entwicklungsfähig", worunter der Literaturwissenschaftler das *télos* moderner autotelischer Literatur versteht (ebd.:83), wenngleich er skeptisch ist gegenüber einer ästhetischen Funktion der altrussischen Wallfahrtsliteratur, die er erst im 18. Jh. gegeben sieht.[131] Ein statistisches Informationsbedürfnis, wie es die Wallfahrtsliteratur mehr oder weniger unterschwellig bedient, ist aber an sich wenig kenotisch.

Dabei stellt sich Daniils Wallfahrt nach Palästina in den Dienst Christi und der Memorierung von Christusopfer und -vorbild.[132] Daniil hebt in seiner Schilderung der Stätten von irdischem Dasein und Leiden Christi mit einem durchaus kenotischen Fokus auf Jesu vollwertige Menschlichkeit und deren paradoxale Verbindung mit seiner Göttlichkeit ab.[133] In Golgatha angelangt, wird Daniil hingegen wieder merkwürdig sachlich, ja akribisch (Venevitinov 1883/85:20f).

Reisen ist in vormodernen Zeiten beschwerlich, und der Pilger, der über seine Reise schriftlich berichtet, läuft Gefahr, sich für die Entbehrungen auf der Reise selbst zu belobigen – wieder die Versuchung der Erhöhung als Gefahr für den kenotischen Imperativ.[134] Daniil hat zwei *remedia* parat: Erstens schiebt er seinem Selbstlob die Erklärung nach, dass es doch eigentlich im paulinischen Sinne ein Lob der eigenen Schwäche sei: „Аще и похвалити ми ся подобаетъ, но силою Христа моего похвалюся; о немощи же моей похвалюся: сила бо моя въ немощи свершается, апостолъ глаголетъ Павелъ."[135] Zweitens wird der Gefahr der Selbstbespiegelung des Reisenden in der Wallfahrtsliteratur durch „spröde sprachliche Einkleidung, die katalogartige Aufzählung" begegnet, also durch eine Kenose der Narration (s. 3.5.5.1). Durch die dem Gegenstand unangemessene Präsenta-

---

[130] *Auf dem Weg nach Jerusalem* (Venevitinov 1883/85:5f, sic).
[131] Seemann 1976:87; im Bezug auf Daniil ebd.:189.
[132] Wallfahrtsliteratur verfolgt, wie Seemann anmerkt, ein mnemonisches Ziel, „das selbstlose Motiv der commemoratio, eine für das Mittelalter wesentliche, in den Topos ‚damit nicht in Vergessenheit gerate' gefaßte Motivierung" (1976:78).
[133] Etwa *О пещерѣ, идѣже Христосъ постися 40 дни [Über die Höhle, wo Christus vierzig Tage fastete]*: „[…] въ той пещерѣ постился есть Христосъ, Богъ нашъ, 40 дній, послѣди же взалка […]" [(…) in dieser Höhle fastete Christus, unser Gott, vierzig Tage, doch schließlich bedrängte ihn das Gefühl des Hungers.] (Venevitinov 1883/85:53; dt. v. Klaus Müller, K. Müller 1986:58).
[134] Siehe M. Evdokimov 1990:26, vgl. 4.3.7.2.
[135] „Wenn ich mich denn rühmen soll, so will ich mich der Stärke meines Christus rühmen, denn meine Stärke vollendet sich in Schwachheit, sagt der Apostel Paulus." (Venevitinov 1883/85:125; dt. v. Klaus Müller, K. Müller 1986:91); vgl. auch Seemann 1976: 184f.

tion aber soll das Höhere durchscheinen (s. 3.4.4.2), wie Daniil im Bescheidenheitstopos zum Abschluss klarstellt:

> Бога ради, братіе и господье мои, не зазрите худоумію моему и грубости моей; да не будет въ похуленіе написаніе се, мене ради и гроба Господня и святыхъ ради мѣстъ сихъ [...][136]

4.3.8.3 Zwischen Geistlichem und Weltlichem. Die Epistolografie

Bei der Gattung des Briefes ist die Abgrenzung in vielfältiger Hinsicht schwierig – zwischen privat und öffentlich, zwischen literarischem und nicht-literarischem Anspruch (Freydank 1999:XXIIf und nicht zuletzt von geistlicher und weltlicher Dimension. Mag es im russischen Mittelalter, nach Anfängen in der Tradition der Apostelbriefe, auch eine gewisse allmähliche Öffnung des Genres für weltliche Zwecke geben (ebd.:XXVf), so ist doch durch Gruß- und Segensformeln, *captationes* etc. der Bezug gerade auf den kenotischen Christus topisch. Christoforme Demut kann in Anreden als Norm vorausgesetzt werden und wird in Schlussparänesen bestärkt.[137] Der mit Phil 2,7 verbundene Knechtstopos kann für Briefsteller wie Adressat gleichermaßen veranschlagt werden, bspw.: „Es ist wohl gut, an einen Knecht Gottes von Gott anzufangen./ An den Großfürsten Dmitrij von dem sehr sündigen Mönch Jakov."[138] Im Hauptteil von altrussischen Briefen finden sich nicht selten dogmatische Lehrsätze eingebaut wie Auszüge aus dem Credo[139] oder Amplifikationen der Heilsbedeutung von Christi Selbsterniedrigung.[140]

---

[136] „Meine Brüder und Gebieter, tadelt mich um Gottes willen nicht der Schwachheit meines Geistes und meiner Unbildung wegen. Diese Schrift werde meinetwegen und um des Grabes des Herrn und aller heiligen Stätten willen nicht geschmäht." (Venevitinov 1883/85:141; dt. v. Klaus Müller, K. Müller 1986:99).

[137] „Известивяся аз от многих яже о твоем благоверии, вкупе и благородии, и о высоте, смиреномудрии, и кротости [...] Приими убо сие с обычною твоею кротостию [...]" [Ich habe von vielen von deiner Frömmigkeit im Verbund mit deinem Edelmut, von der Höhe, demütigen Gesinnung und Bescheidenheit erfahren (...) Nimm' also dieses hin mit deiner üblichen Bescheidenheit (...)] (*Послание неизвестному, сопровождающее одно из сочинений Максима Грека против астрологии* [Begleitbrief an einen Unbekannten zu einem Werk Maksim Greks wider die Astrologie]; Mitte 16. Jh.; Bulanin 1984:204). Zu den epistolografischen Demutstopoi weiter Freydank 1999:XLIX.

[138] *Mönch Jakov an den Fürsten Dmitrij Borisovič von Rostov* (zwischen 1276 u. 1294; Freydank 1999:96).

[139] Maksim Grek (*dubium*), *Послание Сигизмунду* [Brief an Sigismund] (Mitte 16. Jh.; Bulanin 1984:214).

[140] „Seht ihr, Brüder, wie Gott für uns sorgt: Am Ende der Zeiten geruhte er, nicht mehr einen Fürsprecher oder Engel, sondern seinen eingeborenen Sohn zu senden zu unserem Heil und sich von der allreinen Jungfrau zu inkarnieren, von ihr, aus reinem Blut, sich Fleisch anzuverwandeln und die Menschen von der Götzenverehrung zu bekehren und

Ein komplizierter Fall ist der berühmte Brief, in dem sich Kliment Smoljatič gegen den Vorwurf zur Wehr setzt, sich durch weltliche Philosophie vom christlichen Boden entfernt und sich so gegen die gebotene geistige Demut versündigt zu haben. Er referiert den Vorwurf: „[...] а да оставлъ азъ почитаемая писания, азъ писахъ от Омира, и от Аристоля, и от Платона [...]",[141] um darauf eine komplexe Allegorese der Gleichnisse Jesu das Wort zu unternehmen (PLDR 2,286), die direkt auf die kenotische Tugend der Demut hinausläuft („[...] душю же смирением."[142]). Allerdings handelt es sich dabei allein um den Inhalt der Allegorese, woraus nichts für deren epistemische Form folgt; mit letzterer bestätigt Kliment den Vorwurf der intellektuellen Hybris performativ, ‚sündigt' mit epistemischer und rhetorischer Komplexität gegen das Gebot der formalen Demut.

4.3.8.4 Geistliches im Weltlichen. Historische Literatur

Den einzigen quantitativ relevanten weltlichen Teil des altrussischen Schrifttums bilden die historische Literatur, Chroniken und Schlachtberichte. Das bedeutet mitnichten, dass die Handlungsweisen historischer Personen, meist russischer Fürsten, in einen rein mundanen Begründungszusammenhang gestellt würden – im Gegenteil. In der überwältigenden Mehrheit derartiger Textdenkmäler finden sich Elemente von Hagiografie, Predigt etc. einmontiert. Die *Nestorchronik*, die für das Jahr 6523 (1015) von der Ermordung der Fürstensöhne Boris und Gleb berichtet, lässt Boris vor dem Tode beten:

---

sie zum Glauben an den Vater und den Sohn und den Heiligen Geist zu bringen. Sie aber, die Verruchten, hatten auch vor diesem keine Scheu. Sie nagelten ihn ans Kreuz und schmähten ihn – fallen wir auf die Knie und rufen wir uns ein Teil davon ins Gedächtnis –, wobei sie sprachen: ‚Gegrüßet seist du, der Juden König! Vielen hast du geholfen und kannst allein dir selber nicht helfen? Steig herab vom Kreuz, dann wollen wir an dich glauben!' Und sie spien ihm ins Angesicht und schlugen ihn auf die Wangen./ Seht ihr, Brüder, wie große Schmähungen der Schöpfer von seiner Schöpfung ertrug! Wir aber sind schwach, können Geschöpf von Geschöpf, das heißt voneinander, nicht ein einziges beleidigendes Wort ertragen. Nach dem Apostel Paulus schauen wir nicht auf Jesus, den Begründer und Vollender des Glaubens, der so viel für uns erduldet hat und so weiter." (*Stefan T. Nečaev an seine Mutter und seine Ehefrau*; Mitte des 17. Jh.s; Freydank 1999:400f; vgl. auch Lichačev/Pančenko/Ponyrko 1984:205–213; dt. Lichačev/Pančenko 1991:171–180).

[141] „[...] und ich hätte die verehrten Schriften verlassen und von Homer, von Aristoteles und Platon abgeschrieben [...]" (PLDR 2,282).

[142] „[...] und zwar die Seele als Demut." (PLDR 2,286).

‚Господи Іс Христе! иже симь образомь явися на земли спасенья ради нашего, изволивъ своею волею пригвоздити на крестѣ руцѣ свои, и приимъ страсть грѣхъ ради нашихъ, тако и мене сподоби прияти страсть [...]'[143]

Zusammen mit Christus avancieren Boris und Gleb in späteren historischen Erzählungen zum Modell positiver Selbsterniedrigung: In der *Повесть о разорении Рязани Батыем*[144] etwa spricht der Großfürst Ingvar' Igorevič das Bittgebet:

Пречиста владычице богородице Христа бога нашего, не остави мене во время печали моея. Великие страстотерпцыи сродники наши Борис и Глѣбъ, буди мнѣ помощники, грешному, во бранех.[145]

Die Ermordung des verletzten Oleg Igorevič durch Batu wird anschließend als Märtyrertod konzeptualisiert, als Metapher des Erstmartyriums des Stephanos:

И течаше кровь христъянская, яко река силная, грѣх ради нашихъ.
Царь Батый и видя князя Олга Ингоревича велми красна и храбра, и изнемогающи от великых ран, и хотя его извравчевати от великых ран и на свою прелесть возвратити. Князь Олег Ингоревич укори царя Батыа, и нарек его безбожна, и врага христьянска. Окаяный Батый и дохну огнем от мерскаго сердца своего, и въскоре повелѣ Олга ножи на части роздробити. Сий бо есть вторый страстоположник Стефан, приа венець своего страданиа от всемилостиваго бога, и испи чашу смертную своею братею ровно.[146]

Auch im *Сказание о Мамаевом побоище*[147] begegnen – schon beinahe refrainartig – Anrufungen von Boris und Gleb (PLDR 4,154.170.178.182). Zur Positivie-

---

[143] „‚Herr Jesus Christus! der du auf diese Weise auf der Erde erschienen bist, um uns zu erretten, und deine Hände freiwillig ans Kreuz hast schlagen lassen und das Leiden um unserer Sünden willen auf dich genommen hast, so mach' auch mich fähig, das Leiden anzunehmen [...]'" (Čiževskij 1926:130f).

[144] *Erzählung von der Zerstörung Rjazan's durch Batu* (13. Jh.).

[145] „Heilige, allerreinste Herrin, Mutter unseres göttlichen Christus, verlaß mich nicht in meinem Leid. Ihr großen Märtyrer und ihr, unsere Verwandten Boris und Gleb, steht mir Sünder in meinen Kämpfen als Helfer zur Seite." (PLDR 3,196; dt. v. Gottfried Sturm, Graßhoff/Müller/Sturm 1965:197).

[146] „Das Christenblut floß unserer Sünden wegen wie ein mächtiger Strom./ Als Chan Batu den sehr schönen und tapferen Fürsten Oleg Ingwarewitsch sah, der an seinen großen Wunden dahinsiechte, wollte er ihn von diesen großen Wunden heilen lassen und ihn zu seinem eigenen Irrglauben bekehren. Fürst Oleg Ingwarewitsch aber machte dem Chan Batu Vorhaltungen und nannte ihn gottlos und einen Feind der Christenheit. Der verfluchte Batu sprühte Feuer aus seinem unreinen Herzen und befahl sogleich, Oleg mit dem Schwert zu zerstückeln. Dieser nämlich ist ein zweiter Märtyrer Stephanus; er hat den Todesbecher gemeinsam mit seinen Brüdern geleert und von dem immergnädigen Gott die Krone für seine Leiden empfangen." (PLDR 3,188; dt. v. Gottfried Sturm, Graßhoff/Müller/Sturm 1965:191).

[147] *Erzählung vom Kampf gegen Mamaj* (1. Viertel 15. Jh.).

rung der folgenden zahlreichen Opfer auf russischer Seite, die der Sieg über Mamaj fordert, wird im Vorhinein Lk 18,29f zitiert:

> [...] яко же евангелистъ Лука рече усты господа нашего Исуса Христа: «Предани будете родители и братиею и умръвитеся, имени моего ради; претръпѣвъ же до конца – тъй спасется!»[148]

Wenn schließlich der Held Dmitrij Donskoj um seine Toten weint (PLDR 4,186), so beschädigt das die ritterlichen Werte nicht. Vielmehr erlaubt, wie Wörn argumentiert, die Heranziehung des „‚Märtyrer-Modells'" die Versöhnung von „kirchlich-herrscherlichen und weltlich-ritterlichen Tugenden" (1984:332f). Wobei die Kluft zwischen massenhaftem Sterben und christoformem Ideal nach Wörn gar rezeptionsfördernd gewesen sein könnte.[149] Das würde bedeuten, dass das kontrafaktische Moment den paränetischen Impuls gar noch verstärken könnte.

4.3.8.5 Die Pragmatik altrussischer Schriftgattungen

Die Mehrzahl der im alten Russland verbreiteten Textsorten hat allein *in ihrer schriftlichen Präsentationsform* zwar wegen des geringen Alphabetisierungsgrads (bis ins 19. Jh.) quantitativ vergleichsweise kleine Reichweite. Da sie aber pragmatisch mit sozialorganisatorisch wichtigen Bereichen wie dem mönchischen Leben verknüpft sind oder in rituelle Praktiken eingebettet vorkommen, spielen sie ihre Rolle in einem Gesamtsystem der Paränese.

4.3.9 Christus in der Literatur der Neuzeit

Der enge Gattungskanon des altrussischen sakralen (und semisakralen) Schrifttums erfährt schon im 16., stärker noch im 17. Jh. Ausweitungen. In geringerem Maße führt dies dazu, dass überkommene dogmatische Bausteine in neue Gattungen gekleidet werden wie in barocke Mysterienspiele (4.3.9.2), in stärkerem dazu, dass christlich-christologische Elemente als Motive unter anderen in den Gattungen der Moderne verarbeitet werden. Ist es im 18. Jh. noch durchaus üblich, traditionelle dogmatische Fragen lyrisch zu verhandeln (4.3.9.3), geraten vergleichbare Unterfangen im 19. und 20. Jh. allzu leicht epigonal (4.3.9.1). Fiktive Helden

---

[148] „[...] wie nämlich der Evangelist Lukas durch den Mund unseres Herrn Jesus Christus sagt: ‚Wahrlich ich sage euch: Es ist niemand, der Haus oder Frau oder Brüder oder Eltern oder Kinder verlässt um des Reiches Gottes willen, der es nicht vielfach wieder empfinge in dieser Zeit und in der zukünftigen Welt das ewige Leben!'" (PLDR 4,158; dt. v. Vf. unter ergänzender Verwendung der revidierten Lutherübersetzung).

[149] „Das Skazanie verdankte seine Beliebtheit nicht nur seinen literarischen Qualitäten, seinem Zug zur romanhaften Belletristik, sondern seiner ‚Dysfunktionalität', der Kluft zwischen der bitteren Wirklichkeit und dem künstlerisch beschworenen hohen Ideal." (Wörn 1984:334) – jedenfalls für die überhaupt erst in Kunstkategorien denkende Moderne.

lösen in der modernen Literatur zunehmend die biblischen Gestalten, fiktionale Erzählungen das mit Jesus Christus verknüpfte Heilsgeschehen ab;[150] Christus *in personam* wird in Binnenerzählungen verlegt[151] und im Haupt-*plot* immer mehr durch seine Metaphern abgelöst (5.). Künstlerisch kreative literarische Ausgestaltungen der Kenose *Christi selbst* geraten in den Ruch des Häretischen. Nach dem weit ausgreifenden, christlich-identifikatorischen Überblick von Kasack (2000) kann hier eine Konzentration auf zwei Gesichtspunkte erfolgen: auf umstrittene Darstellungformen[152] sowie auf die Auseinandersetzung mit dem Fortwirken der mnemonischen Figur Christi in einer säkularisierten Umwelt.[153]

4.3.9.1 Geistliche Lyrik der Moderne
In der Vormoderne ist geistliches Dichten auf eigene Rechnung oft verbunden mit dem kenotischen Habitus des Gottesnarren, Gyrovagen etc. (s. 5.4): „The social category of the transmitters of religious verse – wandering minstrels, beggars, ‚itinerant cripples' […]" (Bernštam 1992:45). Auch bei der Themenwahl geistlicher Wanderdichtung spielt das Leidensdulden, personifiziert in Boris und Gleb, eine große Rolle (Obolenskij 1975:49f). So muss sich die Kreativität in geistlichen Angelegenheiten in der Neuzeit erst vom Makel des Inoffiziellen befreien.

Auch in jener Zeit aber leidet geistliche Lyrik unter einer Rezeptionsblockade: Von der Warte der modernen Ästhetik mit ihrem Begriff von autotelischer Kunst aus scheint ein Dichten als religiöser Dienst nicht vollwertig, weil heterotelisch. Das führt einmal dazu, dass die religiösen Gedichte mancher bedeutender Dichter zu den am wenigsten bekannten ihrer Werke gehören,[154] und zum anderen enthalten Anthologien geistlicher Dichtung manches literarisch Epigonale (etwa Golgofa 2001, Kaplan/Kudrjavceva 2005); die Tatsache, dass solche Kollektionen bisweilen im Miniformat daherkommen (Romanov 2001), ist da durchaus sprechend.

---

[150] Siehe 5. Ein bemerkenswerter Nebeneffekt dieser Metaphorisierung Christi besteht darin, dass bei aller damit einhergehenden Fiktionalisierung autobiografische Elemente eine wichtige Rolle spielen – zuerst in der autohagiografischen Selbststilisierung des Protopopen Avvakum (5.4.3.2). Eingehender wird dies nachfolgend betrachtet an der Autorstrategie Venedikt Erofeevs (9.3.3).

[151] Die prominentesten Beispiele sind die *Повесть о Великом Инквизиторе [Erzählung vom Großinquisitor]* aus Dostoevskijs *Братья Карамазовы [Die Brüder Karamazov]* (vgl. 5.3.7.2) und die Christuserzählung, an welcher der Meister in Michail Bulgakovs *Мастер и Маргарита [Der Meister und Margarita]* (1940) schreibt. In der Dostoevskijschen Binnenerzählung gelangt Christus in eine Randrolle, die ihn allerdings kenotisch qualifiziert; sein Schweigen lässt sich als illokutionäre Kenose (3.5.5) begreifen.

[152] So exemplarisch zu zeigen an Deržavin (4.3.9.3) und noch stärker am Fall Remizovs (4.3.9.4).

[153] 4.3.9.5 (Blok) und 4.3.9.6 (Brodskij).

[154] Siehe Romanov 2001; Čarota 2003.

Dennoch hat das vom Kriterium der literarischen Originalität her Vernachlässigbare qua Masse – und Jackentaschentauglichkeit – seine paränetische Bedeutung. Hier mag ein Beispiel dafür genügen, wie in geistlicher Lyrik der Neuzeit Christus als Vorbild von Leidensbereitschaft für andere aufgerufen wird – das *Заключение [Schlussfolgerung]* aus Michail Cheraskovs Zyklus *Утешение грешных [Trost der Sündigen]* (1783):

> Ваши очи обратите
> На распятого Христа,
> И венец терновый зрите,
> Тягость чувствуйте креста.
> В ранах орошенный кровью,
> Он вещает к нам с любовью:
> Я за грешников терплю!
> Но терплю и не скучаю,
> Смерть и язвы получаю
> За того, кого люблю. […]
> Плачьте вы, и плача пойте:
> Распят, Боже! Ты за нас,
> На кресте и мы распнемся,
> Да Твоими наречемся
> Воскресенья в страшный час![155]

So konventionell die paränetische Topik, so heikel ist in der Mehrheit der Fälle die Kombination von künstlerischer Originalität und Streben nach Konformität mit den Lehrmeinungen der offiziellen Kirche. Christus-Dichtungen bewegen sich oft hart an der Grenze des Häretischen, oder aber sie streichen in einem finalen Gestus ihren eigenen künstlerischen Anspruch wieder durch und ordnen sich der Liturgie als autoritativem Text unter (s. 4.3.9.2 u. 4.3.9.4).

4.3.9.2 Dmitrij Rostovskijs Mysterienspiel *Рождественская драма*

Einer der herausragenden Prediger der Barockzeit[156] ist Dmitrij (Tuptalo), Ende des 17. Jh.s Metropolit von Rostov, der auch eine Neuausgabe des *Великие четьи минеи [Große Lesemenäen]* (s. 4.3.6). besorgte und über die altrussischen kanoni-

---

[155] „Eure Augen richtet/ Auf den gekreuzigten Christus,/ Und die Dornenkrone schaut,/ Die Last des Kreuzes spürt./ Mit Wunden und Blut bedeckt,/ Verkündet er euch mit Liebe:/ Ich leide für die Sünder!/ Doch ich erdulde es, ohne überdrüssig zu werden,/ Tod und Beleidigungen nehme ich hin/ Für diejenigen, die ich liebe. […]/ Ihr aber weint [um Christus], und weinend singt:/ Gekreuzigt, Gott! Du hängst für uns/ Am Kreuz und wir werden uns kreuzigen lassen,/ Und die Deinen heißen/ In der schrecklichen Stunde der Auferstehung!" (Romanov 2001:83f).

[156] Siehe Berndt 1975; vgl. auch 5.2.7.1.

schen Gattungen hinaus literarisch kreativ war. Am 27. Dezember 1702 wurde sein Mysterienspiel *Рождественская драма или Ростовское действо [Das Weihnachtsdrama oder das Rostover Schauspiel]* uraufgeführt, worin neben den Gestalten der Weihnachtsgeschichte auch allegorische Verkörperungen auftreten wie *Натура Людская* [Menschliche Natur], *Кротость* [Bescheidenheit] oder *Любопытство Звездочетское* [neugieriger Astronom].

Diese aufklärerischen Allegorien sind gruppiert um Szenen eines Weihnachtsspiels: So besingen in der zehnten Szene des ersten Aktes die Hirten die Geburt zu Betlehem: „[...] отроча в яслех нашли, нетленно рожденнаго, бессеменно воплощеннаго."[157] Obgleich sie damit die einschlägigen, an die Inkarnation geknüpften Paradoxe benannt haben, beschwören sie in einem apophatischen Gestus die Unsagbarkeit des Mysteriums mit den Mitteln der Rhetorik: „То дивное безначальное рождество не изречет ветейство."[158] Als sie in die Nähe des Neugeborenen kommen, wird der Ton intimer, volkstümlich einfühlsam. Behutsam nähern sie sich dem schlafenden Säugling: „Тихонько отопри. Не спит ли рожденный?/ [...], штоб не был нами возбужденный."[159] Die Rührung über den „отрочек маленький"[160] steigert sich in der elften Szene weiter:

И подушечки нету, одеяльца нету,
Чим бы тебе нашему согретися свету!
На небе, як сказуют, в тебе палат много;
А здесь што в вертепишку лежиши убого,
В яслех, на остром сене, между буи скоты,
Нищим себя, сотворив, всем даяй щедроты?[161]

Aus dem Windel-Motiv (s. 2.8.5.3) leiten die Hirten im letzten Vers die Selbsterniedrigung Christi ab. Der Autor lässt die Hirten – mit einem unbekümmerten Anachronismus – frappierende christologische Kenntnis an den Tag legen; sie kennen schon die Formel vom „wahren Gott": „[...] Бога иста повивает Дева

---

[157] „[...] fanden das unverweslich geborene und samenlos inkarnierte Kind in der Krippe." (Dmitrij [Rostovskij] 1989:69, sic).

[158] „Diese wunderbare anfangslose Geburt vermag geflochtenes Reden nicht auszudrücken." (Dmitrij [Rostovskij] 1989:70f). Zum Wortflechten s. 4.3.7.1.

[159] „Öffne ganz leise. Schläft das Neugeborene nicht?/ [...] dass es ja nicht durch uns geweckt wird." (Dmitrij [Rostovskij] 1989:72).

[160] „Kleines Kindlein" (Dmitrij [Rostovskij] 1989:76).

[161] „Und es hat kein Kisschen, kein Deckchen,/ Womit du, unser Licht, dich wärmen könntest!/ Im Himmel hast du, wie man sagt, viele Gemächer;/ Was liegst du da armselig in einer Höhle,/ In der Krippe, auf spitzem Stroh, unter Ochsen,/ Der du dich arm gemacht hast, um uns allen reichlich zu schenken?" (Dmitrij [Rostovskij] 1989:75, Interpunktion sic).

чиста."[162] Die Hirten stufen sich selbst als Augenzeugen[163] ein, welche das Gesehene und die von ihnen begriffene mnemonische Figur der Kenose Christi weiterzugeben haben: „[...] што там видели, всем вам возвещаем [...]".[164]

Im Kontrast zu dieser apostolischen Beflissenheit ist die Personifikation der Aufklärung, *Любопытство Звездочетское*, anfangs auf das Benennen von Sternen (mit heidnischen Namen) fixiert: „Неведомым, очи, вы блеском затменны:/ и в полдень, и в полнощь равно ослепленны!"[165] Doch auch diese Figur zeigt sich schließlich christologisch belehrt, als sie das „чудо звезда"[166] erkennt und Christus benennt als den, „[...] иже прежде денница из Отца родися, в часе зде рожден звездою явися."[167]

Am Schluss des ersten Aktes stimmen alle in den Bittgesang ein: „Пению время и отдыху час,/ Христос рожденный, спаси всех нас!"[168] Die Fiktion des Dmitrij Tuptalo schwenkt damit ein in die Geleise des erfahrenen Liturgen, welcher er als Metropolit von Rostov ist. Am Ende gesteht er damit – wie seine fiktive Personifikation *Любопытство Звездочетское*[169] – in einem Demutsgestus die Grenzen seines Künstlertums ein; das „Geburtsdrama" mit seinen einzelnen allegorischen Figuren und Gesangsstimmen wird abgelöst durch den kollektiven Chor der Liturgie, die ja ihrerseits als Dramatisierung des dramatischen Heilsgeschehens verstanden wird.[170]

---

[162] „[...] den wahren Gott wickelt die reine Jungfrau." (Dmitrij [Rostovskij] 1989:73).
[163] „Самовидцы" (Dmitrij [Rostovskij] 1989:76).
[164] „[...] was wir dort gesehen haben, verkünden wir euch allen [...]" (Dmitrij [Rostovskij] 1989:77f).
[165] „Durch einen unbekannten Glanz seid ihr Augen verdunkelt;/ Am Mittag wie zur Mitternacht gleichermaßen geblendet." (Dmitrij [Rostovskij] 1989:85).
[166] „Wunder Stern" (Dmitrij [Rostovskij] 1989:88).
[167] „[...] der du vor aller Tage Anfang aus dem Vater geboren wurdest, erschienst du hier in dieser Stunde als Stern geboren." (Dmitrij 1989:91). Naturwissenschaftliche Aufklärung und göttliche Offenbarung werden so addierbar; ein Konfliktverhältnis von Licht des Verstandes und Licht der Offenbarung wird – durchaus charakteristisch für die russische kirchliche Aufklärung (s. Uffelmann 2002c) – nicht konstruiert.
[168] „Zeit zum Singen/ Gottesdienst und Zeit zum Ausruhen/ Christus, der du geboren bist, rette uns alle!" (Dmitrij [Rostovskij] 1989:96). *Пение* [Gesang] ist, wie von Gardner erläutert, ein Synonym zu Gottesdienst (1976:39f).
[169] „Вем о моем искустве, да им же не хвалюся [...]" [Ich weiß um meine Kunst und rühme mich ihrer nicht (...)] (Dmitrij [Rostovskij] 1989:79).
[170] Siehe 4.5.3.5 und Hans Urs von Balthasars *Theodramatik* (1973/83). Ein erst jüngst wieder hervorgeholter russischer Versuch in christozentrischer Theodramatik unter dem Titel *Царь Иудейский [König der Juden]* geht auf den Großfürsten Konstantin Konstantinovič Romanov zurück und datiert auf die Jahre unmittelbar vor dem Ersten Weltkrieg (Petročenkov 2002).

4.3.9.3 Deržavins Ode Христос[171]

Der Klassizismus gilt der religiös interessierten Literaturwissenschaft als wenig aufschlussreich (Dunaev 2001/03:I 77); in der Literaturgeschichtsschreibung über das 18. Jh. fristen die religiösen Werke der bekannten Autoren wie Trediakovskijs Psalmenparaphrasen oder Majkovs Bibelparaphrasen ein Schattendasein. Wie sehr Barockästhetik und religiöse Tradition ineinander greifen (Klein/Živov 1987:275) und wie prominent dabei die Christologie ist, wird häufig übersehen. Die „paradoxe Zusammenstellung christlicher und heidnischer Terminologie" ist eine verbreitete synkretistische Strategie, nicht zuletzt auch Gavriil Deržavins (Uspenskij/Živov 1983:34.38–40).

Deržavins Ode *Христос [Christus]* (1814 erschienen) ist aber auch deswegen wenig verbreitet, weil sie hinter der – den Barockstereotypen von Hyperbolik und *vanitas*-Diagnose besser entsprechenden – Ode *Бог [Gott]* zurücksteht (s. Dunaev 2001/03:I 91f): Den Kontrast von kleinem Menschen und unendlichem Gott spielt Deržavin dort in barocken *vanitas*-Topoi aus: „И что перед тобою я?/ [...] А я перед тобой – ничто."[172] Durch seine Gottebenbildlichkeit („Я средоточие живущих,/ Черта начальна божества;/ [...]"[173] ist der Mensch für Deržavin allerdings zwischen Paradoxen aufgespannt, die an christologische erinnern: „Я царь – я раб – я червь – я бог!", lautet der meistzitierte Vers Deržavins.[174] Für eine christologische Lesart ist *Христос* naturgemäß noch produktiver, wie Kasack meint, der produktivste Text aus dem 18. Jh. (2000:31).

In dieser Ode wird – nach zwischenzeitlicher Öffnung Deržavins gegenüber dem variableren Stilideal – noch einmal der höchste, extrem archaisierende Stil gepflegt. Offensichtlich wird dies sofort am liturgischen Würde-Namen Christi „О Сый [...]",[175] mit dem Deržavin einsetzt. Ludolf Müller deutet dieses Stilniveau als rhetorische Repräsentation eines Christus-Bildes, das diesen als „Christus-Gott" und nicht als „Christus-Mensch" vorstelle (1982:335). Dieser Einschätzung ist entgegenzuhalten, dass Deržavin in *Христос* wohl stets von Christus als Gott ausgeht, aber doch immer wieder gerade das Unbegreifliche von Inkarnation, Erniedrigung und Leiden thematisiert und in den Mittelpunkt stellt.

---

[171] *Christus.*
[172] „Und was bin ich vor dir?/ [...] Ich aber bin vor dir ein Nichts." (Deržavin 1957:115).
[173] „Ich bin der Mittelpunkt der Lebenden,/ Der Anfangszug der Gottheit; [...]" (Deržavin 1957:116).
[174] „Bin Zar – bin Sklave – bin Wurm – bin Gott!" (Deržavin 1957:116).
[175] „O Seiender [...]" (für Griechisch ὁ ὤν [Jh 1,18]; L. Müller 1982:338f), zur liturgischen Herkunft s. 4.6.1.1, zur Verwendung in Aufschriften von Christusikonen 4.6.3.1.

Das kirchenslavische Motto – „Никтоже пріидетъ ко Отцу, токмо мною."[176] – und die erste Strophe entwerfen eine Spannung von Christi Mittler-Funktion und seiner rhetorischen Unbeschreibbarkeit: „[...] которого пером,/ [...]/ Ниже витийства языком/ Не можно описать [...]".[177] Das übrige Gedicht ist geprägt von zwei Momenten: hymnischen Preisungen Christi und der immer wieder neu aufgenommenen Problematik von dessen Doppelnatur, seiner Menschwerdung, seinem Leiden und Sterben am Kreuz. Gleich in Strophe zwei wird das Zwei-Naturen-Paradox als Rätsel evoziert: „[...] но кто же сущий Ты,/ Что человеком чтим и Богом?"m[178] in der dritten der Abstieg Christi als änigmatisch benannt: „Кто Ты, – что к нам сходил с небес/ [...]?".[179] So wird bereits zu Anfang deutlich, dass Kasack im Recht ist, wenn er gegen Onaschs Annahme argumentiert, die besagt, dass „die Paradoxie der Menschwerdung Gottes in der Person Christi [...] einem Deisten" wie Deržavin hätte „fernliegen" müssen (Kasack 2001:32). Die Ode belehrt des Gegenteils: Deržavin stellt sich dem epistemischen Skandalon von Inkarnation und Kenosis und entwirft den Geheimnis-Charakter mit folgender Hyperbel: „О тайн глубоких океан!/ Пучина див противоборных."[180] In gedrängter Form werden die kenotischen Paradoxe in Strophe 11 ausgeführt:

Кто ты? – и как изобразить
Твое величье и ничтожность,
Нетленье с тленьем согласить,
Слить с невозможностью возможность?
Ты Бог, – но Ты страдал от мук!
Ты человек, – но чужд был мести!
Ты смертен, – но истнил скиптр смерти!
Ты вечен, – но Твой издше дух![181]

---

[176] „Niemand kommt zum Vater, denn durch mich. Jh 14,6" (Text hier und im Weiteren zitiert nach Müllers Abdruck mit Prosa- und Versübersetzung; L. Müller 1982:338f); der unbegreifliche Gott wird durch Christus begreiflich.

[177] „[...] den man weder mit der Feder/ [...]/ Noch mit der Sprache der Rhetorik/ Beschreiben kann [...]" (L. Müller 1982:338f, vgl. dazu Kasack 2000:33). Zum Epitheton „Mittler" s. 3.0.7, zur Antirhetorik 2.1.5.

[178] „[...] aber wer bist du,/ Der du als Mensch geehrt bist und als Gott?" (L. Müller 1982:338f).

[179] „Wer bist du? – der du zu uns herabkamst von den Himmeln/ [...]?" (L. Müller 1982:338f).

[180] „O Ozean tiefer Geheimnisse!/ O Abgrund widersprüchlicher Wunder!" (L. Müller 1982:346f).

[181] „Wer bist du? und wie soll man darstellen/ Deine Größe und Nichtigkeit,/ [Wie soll man] Unverweslichkeit mit Verwesen in Einklang bringen,/ Möglichkeit mit Unmöglichkeit verschmelzen?/ Du bist Gott, – aber du littest von Qualen!/ Du bist Mensch, –

4. Christus in Russland

Weiter dichtet Deržavin vom Gottmenschen; er verwendet einmal „Бого-Человек"[182] ein anderes Mal „Человеко-Бог".[183] Wie bei diesen Kurzformeln ist es durchgehend Deržavins Bestreben, die zwei widerstreitenden Aspekte Christi nicht über einen längeren narrativen Bogen hinweg zu entwickeln, sondern sie durch eine möglichst dichte Konfrontation – je innerhalb von ein und derselben Strophe – wieder zu kurieren. Zwischenzeitlich hebt Deržavin die Kontinuität der göttlichen Natur Christi hervor („[...]/ Безсмертна суща [...]"[184]), um dann erneut zur ihn frappierenden und nicht loslassenden Erniedrigung zu kommen.

An Zwecken der Kenose gibt Deržavin neben der Repräsentation der „Kraft Gottes" („И Им со славой, с торжеством/ Явилась миру Божья сила:/ [...]"[185]) und der Ausbügelung von Adams Fall[186] vor allem die Mittlerschaft im Sinne des Johannes-Mottos an: „Так, без Него никто к Отцу/ Его приближиться не может."[187] Dieselbe Strophe 27 spricht vom „посредник" und „ходатай" Christus.[188] Der zweite Zweck des Abstiegs Christi ist für Deržavin der parānetische: „[...] страждя сам,/ Всем подал ясные примеры."[189] Und im gleichen Sinne, die Selbsterniedrigung als zu kopierendes Muster hervorhebend, heißt es: „Быв выше всех, – учил быть низшим/ [...]".[190] Christi Tod wird – dem liturgischen Polyptoton (s. 4.5.3.2) entsprechend – als (im Wortsinne) homöopathisches Heilmittel gesetzt: „[...]/ Своей он смертью смерть попрал."[191]

Alles Bisherige ist für die orthodoxe Christologie akzeptabel, wobei eine dem Neuchalcedonismus verwandte ästhetische Faszination durch die Erniedrigung

---

aber Rache war dir fremd!/ Du bist sterblich, – aber du hast das Szepter des Todes zerstört!/ Du bist ewig, – aber du hast deinen Geist ausgehaucht!" (L. Müller 1982:346f, Ergänzung ebd.).

[182] „Gott-Mensch" (Strophe 24; L. Müller 1982:354f).
[183] „Mensch-Gott" (Strophe 31; L. Müller 1982:360f). Dostoevskijs spätere terminologische Unterscheidung (s. 2.8.6.1) ist bei Deržavin noch nicht distinktiv; hier regiert das Gesetz des Verses (vgl. L. Müller 1982:360 Anm. 79).
[184] „[...]/ Der doch unsterblich ist [...]" (Strophe 4; L. Müller 1982:340f).
[185] „Und durch ihn erschien die Kraft Gottes/ Der Welt mit Herrlichkeit, mit Triumph:/ [...]" (Strophe 24; L. Müller 1982:354f).
[186] Strophe 20; L. Müller 1982:352f. Man beachte den Verweis auf das Anakephalaiosis-Theorem (3.0.6).
[187] „Ja, ohne ihn kann niemand/ Sich seinem [d.h. Christi] Vater nähern." (L. Müller 1982:356f, Ergänzung ebd.).
[188] „Mittler" – „Fürsprecher" (L. Müller 1982:356f).
[189] „[...] daß er, selbst leidend, Allen klare Beispiele gegeben hat,/ [...]" (Strophe 24; L. Müller 1982:354–357).
[190] „Er, der höher war als alle, – lehrte, niedrig zu sein,/ [...]" (Strophe 31; L. Müller 1982:360f).
[191] „[...]/ Hat er durch seinen Tod den Tod niedergetreten." (Strophe 29; L. Müller 1982:358).

und das Paradox unverkennbar ist. Deržavin war sich seiner Christologie jedoch an einigen Punkten durchaus unsicher (vgl. L. Müller 1982:370). Zu der einzig erhaltenen Reinschrift (die mit der Druckfassung übereinstimmt) muss es nämlich noch frühere Stufen gegeben haben, die auf Druck der geistlichen Zensur geändert wurden. Besonders einschlägig ist das Monitum der Zensur zu Strophe 37, die eine theopaschitische Formulierung enthalten zu haben scheint (überliefert sind nur der Einwand und Deržavins eilfertige Ausmerzung seines „Fehlers", nicht aber die inkriminierte Erstfassung). Der unbekannte Zensor schrieb:

[...] что Отец и Сын и Дух Святый взяли в образе Христа видимые подобострастные черты, нельзя того допустить, ибо воплотился токмо Сын Божий, а не вообще Святая Троица.[192]

Bereinigt lautet der Passus aus Strophe 37 nun (das Problem muss in der Überleitung im dritten Vers gelegen haben):

Отец и Сын и Дух Святый,
Незримый Свет триипостасный;
Но в плоти Сын прияв черты,
Как человек подобострастный,/ [...][193]

Nicht korrigiert wurde die Passage „[...] и явился Бог/ В плоти его страданьем Слова:/ [...]".[194] Dass der göttliche Logos, die zweite Hypostase, selbst gelitten habe, ist eine drastische, näherungsweise theopaschitische Auffassung, wie sie das Konzil von Ephesos 431 jedoch sanktioniert hatte.[195] Insofern ist von der Endfassung her Kasacks Diagnose zutreffend, dass Deržavin im orthodoxen Mainstream blieb (2000:35); allerdings nutzt er die rhetorischen Möglichkeiten der kenotischen Paradoxe offensiv. Die Vermutung liegt nahe, dass das Thema Christus im

---

[192] Man kann die Meinung nicht zulassen, daß der Vater und der Sohn und der Heilige Geist in der Gestalt Christi sichtbare, leidensfähige Züge angenommen hätten, denn Fleisch geworden ist nur der Sohn Gottes, aber nicht die Heilige Dreifaltigkeit insgesamt. (Deržavin 1864/83:III 158; dt. L. Müller 1982:369).

[193] „Der Vater und der Sohn und der Heilige Geist,/ [Sie sind] das unschaubare Licht der Dreifaltigkeit;/ Aber nachdem der Sohn im Fleisch [solche] Züge angenommen hat,/ [Daß er] wie ein leidensfähiger Mensch [erschienen ist],/ [...]" (L. Müller 1982:364f, Ergänzungen ebd.).

[194] Diese ist, wenn man L. Müllers Übersetzung – „[...]/ Und es erschien Gott/ Im Fleische durch das Leiden seines Wortes: [...]" (1982:352f) – korrigiert, christologisch markanter mit „Leiden seines Logos" wiederzugeben.

[195] Siehe oben 2.7.5. Das zwölfte Anathem von Ephesus lautete: „Εἴ τις οὐχ ὁμολογεῖ τὸν τοῦ θεοῦ λόγον παθόντα σαρκὶ καὶ ἐσταυρωμένον σαρκὶ καὶ θανάτου γευσάμενον σαρκί, [...] ἀνάθεμα ἔστω." [Wenn jemand nicht bekennt, daß der Logos Gottes im Fleisch gelitten hat, im Fleisch gekreuzigt worden ist, im Fleisch den Tod gekostet hat (...), so gelte das Anathem.] (COD 61).

Umfeld klassizistischer und barocker Ästhetik eben aufgrund der Rhetorik der Paradoxe attraktiv und anschlussfähig ist.[196]

Deržavin schreibt, wenn auch kenotisch zugespitzt, noch von einem gesellschaftlich weitgehend unhinterfragten christologischen Fundament aus; seine Christologie ist noch nicht (wie später durch das zunehmende Verschwinden des christlichen Konsenses) resakralisierend ausgerichtet, wie es in der Folge in der russischen Literaturgeschichte – je *mutatis mutandis* – von Gogol' über Dostoevskij (5.3.7.1–5.3.7.2) und wieder bei Venedikt Erofeev (9.) der Fall sein wird. Deržavins ästhetischer Profit aus den christologischen Paradoxen bedeutet auch noch kein Ausreizen der Grenze des orthodox Akzeptierten bis ins Letzte – wie es Remizov 1907 tut.

4.3.9.4 Remizovs christologische Apokryphen Лимонарь

Aleksej Remizov, der in seinem Habitus nicht allein das Abweichende stilisierte (Uffelmann 2004:212), sondern von Zeitgenossen geradezu als „mephistophelisch" assoziiert wurde (Vološin 1988:509), greift in seinem Zyklus *Лимонарь [Leimonarion]* (1906/07) mit dem programmatischen Untertitel *Отреченные повести [Apokryphe Erzählungen]* auf die für inoffiziell erklärten, aber in altrussischen Sammelgattungen weitertransportierten apokryphen Nebentexte zum Evangeliengeschehen zurück.[197] Das trug ihm Häresie-Vorwürfe seitens der Zeitgenossen Vjačeslav Ivanov und Il'ja Šljapkin ein, die von der Remizov-Spezialistin Alla Gračeva sowie von den orthodoxen Apologeten S.N. Docenko und Michail Dunaev im Wesentlichen weiter vertreten werden.[198] Dabei lässt sich der Habitus Remizovs auch als ein kenotisches „нарочитое, карикатурное самоумаление"[199] deuten, und selbst die christologischen Passagen seines *Лимонарь* sind eher als radikal-kenotisch denn als eindeutig häretisch anzusprechen.

Einschlägig sind aus dem Zyklus insbesondere *Страсти Пресвятыя Богородицы [Die Leiden der Allerheiligsten Gottesmutter]* (1910), *Страсти Господни [Die Leiden des Herrn]* (1906) und *Светло-Христово Воскресение [Ostern]* (1908). Auf den ersten Blick offensichtlich ist darin die Faszination für die wahre Menschlichkeit des leidenden Christus, der Fokus auf dessen Verzweiflung (Re-

---

[196] Vgl. Uspenskij/Živov: „[...] überdies fügt sich die paradoxe Zusammenstellung oppositioneller Begriffe, die für die apophantische Gotteslehre typisch ist, natürlich in die barocke Poetik der Kontraste ein." (1983:26).
[197] Er legt – in fast wissenschaftlicher Manier – seine Quellen bloß: Tichonravov 1863 und Veselovskij 1883.
[198] Gračeva 1993, 1996, 2000, Dunaev 2001/03:V 30–32).
[199] „Gezielte, karikaturhafte Selbstverkleinerung" (Sinjavskij 1987:29), vgl. die kirchenslavische Version von Phil 2,7: „себе оумалилъ" [wörtl.: verkleinerte sich selbst] (2.2.2).

mizov 1910/12:VII 124f.131) und Körpersäfte: „Где гвозди вбивали, там текла кровь. Где вязали поясом, там лился пот. Где клали венок, там капали из глаз кровавые слезы."[200] Die eucharistische Anamnese dieser Körpersäfte ist Remizov dabei bewusst: „Кровь – вино. Пот – миро. Слезы – пшеница."[201]

Wogegen sich Protest regte, ist weniger dieser drastische Naturalismus als Remizovs Thematisierung des Leichnams Christi als „на Кресте пригвожденный обезображенный труп"[202] und „оскаленный скелет в терновом венце",[203] dabei, in Verwesung überzugehen: „[...] чуялось, как под царской одеждой распадались омертвевшие суставы."[204] Der Realismus des Grabes ist zwar durch den Filaretschen Katechismus (s. 4.4.3.3), die Hässlichkeit des Leichnams durch Jes 52,14 gedeckt, aber zuviel für das christo-ästhetische Empfinden Šljapkins und Ivanovs.[205] Während Remizov an anderen Stellen der fraglichen Texte Signale setzt, dass er die christologischen Grundpfeiler respektiere,[206] geht er in der Frage des toten Christus bis an die Grenze. In *Страсти Пресвятыя Богородицы* fühlt er sich allzu vollständig ein in den Triumph der Dämonen und lässt die drei Tage Christi im Grab vorübergehend (paradox formuliert) als hoffnungslos erscheinen: „Нескончаемому царству Христову бесконечному – конец!"[207] Das verleitet

---

[200] „Wo die Nägel eingeschlagen wurden, da floss Blut. Wo sie ihn mit Stricken banden, da floss Schweiß. Wo man den Kranz auflegte, da flossen aus den Augen blutige Tränen." (Remizov 1910/12:VII 129; vgl. Jh 11,35.19,34).

[201] „Blut ist Wein, Schweiß Myrrhe, Tränen Weizen." (Remizov 1910/12:VII 202).

[202] „An das Kreuz genagelter entstellter Leichnam" (Remizov 1910/12:VII 134).

[203] „Zähnefletschendes Skelett mit Dornenkranz" (Remizov 1910/12:VII 133).

[204] „[...] man roch, dass unter dem königlichen Gewand die toten Gefäße zu zerfallen begannen." (Remizov 1910/12:VII 133).

[205] Vgl. Myškins Bemerkung in Dostoevskijs *Идиот [Idiot]* vor dem zum Holbeinschen Basler Gemälde des verwesenden Christusleichnams: „Да от этой картины у иного еще вера может пропасть" [Über so einem Bild kann einem wirklich der Glaube abhanden kommen.] (Dostoevskij 1956/58:VI 248). Vgl. zu Dostoevskij und Holbein auch Holquist 1977:103f u. Stock 1995/2001:III 209–211. Als Ausdruck von Antidoketismus (s. 2.3.2.1) und Hässlichkeitsrealismus interpretiert dies dell'Asta 1999:260f. – Das Moment utrierter Überbetonung von Hässlichkeit stellt eine verbreitete Provokation dar: Ein „обезображенное лицо" [entstelltes Gesicht] findet sich auch in Andreevs Erzählung *Иуда Искариот [Judas Ischariot]* (1907; L. Andreev 1990:II 250; dt. v. Herbert Wotte, L. Andreev 1989:64), die deswegen – neben der positiven heilsökonomischen Rolle, die Judas dort zugeschrieben wird – ebenso angegriffen wurde.

[206] Dafür spricht etwa der Hinweis auf die Freiwilligkeit des Leidens und auf deren soteriologische Dimension: „Он волею шел на крестную смерть." [Er ging freiwillig in den Kreuztod.] (Remizov 1910/12:VII 122; weiter s. Uffelmann 2004:217f.221). Die christologischen Paradoxe bilden die rhetorische Grundlage von Remizovs Text, das Kreuz Christi wird in Chiasmen nachgeformt (ebd.:223–225).

[207] „Das unendlich-endlose Reich Christi hat ein Ende!" (Remizov 1910/12:VII 120).

4. Christus in Russland

Gračeva dazu, hierin ein „тотальное торжество сил Зла, воцарившихв мире"[208] zu sehen. Doch in seiner Entgegnung an Šljapkin macht Remizov deutlich, dass es sich bei seiner Empathie um die (begrenzte) Wahrnehmung der Menschen handle, nicht um eine Seinsaussage (Gračeva 1993:161).

Zudem ist dies nicht Remizovs letztes Wort. Am Ende von *Страсти Пресвятыя Богородицы* steht Marias Verzeihen: „«Господи, прости им, они не знали, что сделали»",[209] am Schluss von *Страсти Господни* die liturgische Fürbitt-Formel: „Помяни мя Господи, егда приидеши во Царствие Твое!"[210] Was Remizov auslässt, ist das Schwierigste für die künstlerische Darstellung: die Auferstehung. Die hoffnungsschwangeren Schlusswendungen von *Страсти Пресвятыя Богородицы* und *Страсти Господни* verweisen darauf lediglich indirekt. Erst nach einem Einwand von Ivanov wirft Remizov in die Buchfassung der *Страсти Господни* von 1907 den dritten Tag als Begrenzung der Macht des Todes in die Waagschale:

> И до рассвета третьего дня, как *взойти* из Воскресной зари воскресшему солнцу и Ангелу *явиться* отвалить от гроба камень – *настать* Христову дню Пасхе, она [Смерть] не отходила от Креста животворящего – неутолимая Смерть прекрасная.[211]

Die absoluten Infinitive signalisieren zugleich Aufschub auf die Zukunft und Gewissheit über das Eintreten. Ivanov lässt es damit gut sein (Gračeva 1996:92), allerdings glauben weder er und Šljapkin noch Gračeva Remizovs Versicherung, in seiner Benutzung apokrypher Quellen trotz allem auf dem Boden der rechtgläubigen Christologie geblieben zu sein. Remizovs Vorstellung eines Dienstes am kulturellen – in diesem Falle: christologischen – Gedächtnis[212] schließt sichtlich die inoffiziellen, radikal-kenotischen Quellen ein und bekommt damit einen provokativen Anstrich.

---

[208] „Totaler Triumph der Kräfte des Bösen, die die Welt zu beherrschen begonnen haben" (Gračeva 2000:66).

[209] „Herr, vergib' ihnen, denn sie wissen nicht, was sie getan haben." (Remizov 1910/12:VII 126).

[210] „Gedenke meiner, Herr, wenn Du in Dein Reich kommst!" (Remizov 1910/12:VII 113, sic). Wie Dmitrij Rostovskijs Einschwenken in den liturgischen Chor bedeutet dies auch bei Remizov eine Kenose von Autorschaft (s. 3.5.5.6.).

[211] „Und bis zum Morgengrauen des dritten Tages, als aus dem Sonntagsmorgengrauen die auferstandene Sonne *sich erheben* und der Engel den Stein vom Grab *wegwälzen sollte* – der Tag von Christi Ostern *anbrechen sollte*, ging er [der Tod, russ. Femininum] nicht vom lebensspendenden Kreuz fort – der unersättliche schöne Tod." (Remizov 1910/12:VII 135, Hervorh. D.U.).

[212] Remizov 1909:149; Baran 1987:180; Poljakov 2001:68.

4.3.9.5 Blok und das unausweichliche Modell

Anders als die besprochenen literarischen Texte, die den Christusbezug schon im Titel signalisieren, weckt Aleksandr Bloks Poem *Двенадцать [Die Zwölf]* (1918) zwar die Assoziation mit der Zwölfzahl der Jünger Jesu (s. 4.5.6.2), scheint diese allerdings über weite Strecken des Textes nicht einzulösen, um dann zum Schluss (im zwölften Kapitel) mit einem Paukenschlag aufzuwarten – dem Auftritt von „Jesus redivivus" (T. Ziolkowski 1972:22):

> Впереди – с кровавым флагом,
> И за вьюгой невидим,
> И от пули невредим,
> [...] В белом венчике из роз –
> Впереди – Исус Христос.[213]

Der Überraschung, die der Text hier für den nicht vorgewarnten Leser bereithält, korrespondiert, wenn man dem Tagebuch glauben will, eine Überraschung des Autors. Im Eintrag zum 18. Februar 1918 hat Blok dort abgelehnt, weiter darüber nachzusinnen, ob Christus beim Marsch der Rotgardisten auch wirklich dabei sei. Interessant sei einzig, dass sich die Christus-Figur mnemonisch aufdränge: „Что Христос перед ними – несомненно. Дело не в том, «достойны ли они его», а страшно то, что опять. Он с ними, и другого пока нет; а надо Другого –?"[214] Damit aber geht ein Wertungsproblem einher. Zwei Tage später heißt es:

> Страшная мысль этих дней: не в том дело, что красногвардейцы «не достойны» Иисуса, который идет с ними сейчас; а в том, что именно Он идет с ними, а надо, чтобы шел Другой.[215]

Wenn ein Anderer, von dem nicht einmal ein Umriss da ist, an die Stelle Christi treten soll, ist dann das Sich-Aufdrängen der mnemonischen Figur Christus wirklich rein negativ zu werten – als „bedenkliches Umschlagen der emanzipatorischen Vernunft [der Revolution] in Mythologie [Christologie]" (Harth 1992:31)?

Die bolschewistischen Rezipienten (allen voran Trockij) hätten das Poem nicht goutiert, gäbe es nicht in den elf dem Schluss-Skandalon vorangehenden Stationen

---

[213] „Aber vorn: mit blutiger Fahne,/ Unter Wind- und Schneegeleit,/ Gegen Blick und Blei gefeit,/ [...] Um den Kranz aus weißen Rosen/ [...] Schreitet Christus mit." (Blok 1980/83:II 324; dt. v. Alfred Edgar Thoss, Blok 1978:246).

[214] „Dass da Christus vor ihnen geht, daran kann es keinen Zweifel geben. Es geht nicht darum, ‚ob sie seiner würdig sind', sondern schrecklich ist, dass schon wieder. Er ist mit ihnen, und einen anderen gibt es vorderhand nicht; aber braucht es einen Anderen?" (Blok 1980/83:V 238f).

[215] „Der schreckliche Gedanke dieser Tage: Es geht nicht darum, dass die Rotgardisten Christi ‚nicht würdig' wären, der jetzt mit ihnen geht; sondern darum, dass Er mit ihnen geht, doch es wäre nötig, dass da ein Anderer ginge." (Blok 1980/83:V 239).

4. Christus in Russland

genügend Passagen, die nach „Entwertung des Religiösen" (Grübel 2001:377) aussehen. Die Befreiung vom religiösen Überhang erscheint dort schon vollbracht: „...И идут без имени святого/ Все двенадцать – вдаль."[216] Auch werden die Gegner der zwölf Rotarmisten als „враг неугомонный" apostrophiert.[217] Das Christentum wird – zumindest in seiner rituellen Ausprägung – als sozial unnütz eingestuft: „От чего тебя упас/ Золотой иконостас?"[218] Doch gilt das nicht allein für die offiziell-rituelle Facette;[219] selbst Christi Leidensopfer bleibt davon nicht ausgespart: Das Kreuz, das dessen wichtigste Metonymie darstellt, soll abgeworfen werden: „Свобода, свобода,/ Эх, эх, без креста!"[220] Wie nach dem Römerbrief-Vers 6,3f auf das Kreuz Christi getauft wird (vgl. 3.3.3.4; 4.5.10.1), was die Liturgie in der dreimaligen Absage an den Satan und Zusage an Christus umsetzt, geschieht hier eine dreimal refrainartig wiederholte Gegentaufe.[221] Auf diesen scheinbar eindeutig gegen das Kreuz Christi gerichteten Refrain folgt etwas, das anfangs noch wie wortloses Weitersingen klingen mag („Тра-та-та!"), sich jedoch am Schluss des Poems als Geräusch von Schüssen entpuppt: „Трах-тах-тах!"[222]

Die Rotgardisten erscheinen also als Täter. Die „ohne heiligen Namen" Marschierenden sind erbarmungslose Agenten der Zerstörung (Esaulov 2002:162):

---

[216] „Kein Name ist ihnen heilig/ [...]/ Zwölf Männer marschieren eilig." (Blok 1980/83:II 321; dt. v. Alfred Edgar Thoss, Blok 1978:244).

[217] „Unermüdlicher Feind" (Blok 1980/83:II 321). An dieser Stelle allerdings deutet sich schon eine (auch axiologische) Kehre in Richtung Christus an, denn der Feind wird mit dem Antichristen in Verbindung gebracht (Esaulov 2002:166) – der in der Apokalypse bekanntlich die Wiederkunft Christi ankündigt. Esaulov schlägt außerdem vor, die Zeit der Handlung zu lesen als „художественный аналог литургического времени от Рождества до Крещения (Богоявления)" [künstlerisches Analogen zur liturgischen Zeit von der Geburt Christi bis zur Taufe (Theophanie)] (2002:161).

[218] „Sag, wieso ist es dein Retter,/ Gottes goldnes Bild?" (Blok 1980/83:II 321; dt. v. Alfred Edgar Thoss, Blok 1978:244).

[219] Wie in Gor'kijs *Мать [Die Mutter]* (s. 7.3.3.2).

[220] „Freiheit, Freiheit/ ach, ach, sieh da:/ Ohne Kreuz!" (Blok 1980/83:II 315f; dt. v. Alfred Edgar Thoss, Blok 1978:238).

[221] „Троекратное и не всегда в поэме внутренне мотивировано повторяющееся: «Свобода, свобода. Эх, эх, без креста» мотивируется параллельностью троекратным в чине оглашения «Отреклся ли еси сатаны». – Отрекохся, и «Сочетаешься ли еси Христу». – Сочетаваюсь." [Das dreimalige und nicht immer aus dem Poem heraus motivierte sich wiederholende ‚Freiheit, Freiheit,/ Ach, ach, sieh da:/ Ohne Kreuz' ist motiviert durch den Parallelismus in der Taufliturgie: ‚Hast du dem Satan abgeschworen' – ‚Ich habe ihm abgeschworen' und ‚Verbindest du dich mit Christus' – ‚Ich verbinde mich mit ihm'.] (Florenskij 1931:91; sic; Übersetzung des Blokverses von Alfred Edgar Thoss, Blok 1978:238).

[222] „Tra-ta-ta" – „Trach-tach-tach" (Blok 1980/83:II 315f.324; dt. Blok 1978:238.246).

„Ко всему готовы,/ Ничего не жаль..."²²³ Ihre Opfer sind alles andere als gefährlich-dämonische Feinde, sondern die vergewaltigte und ermordete Prostituierte Kat'ka,²²⁴ ein ratlos-verschüchterter Bourgeois und ein räudiger, hungriger Hund. Der Reflex des christlichen Mitgefühls mit den Opfern, welcher der Identifikation mit der Kenose Christi zugrunde liegt, greift hier also in vollem Umfang. Auch Christus wird als Opfer eingeführt, denn er ist es, auf den zum Schluss geschossen wird (s. Esaulov 2002:166). Nur erweist er sich als nicht durch Kugeln verletzbar. Da ein Credo an den Auferstandenen in Bloks Text fern liegt, auch wenn die ätherische Weißheit der Figur zu dieser Assoziation verführen mag (Erdmann-Pandžić 1998:292), ist der unverletzliche immaterielle Christus wohl eben jene mnemonische Figur, welche im Tagebuch beschworen wird.²²⁵

Angebahnt durch die unschuldigen Opfer Prositutierte und Hund ist es auch Christus als Opfer (als Zielscheibe der Schüsse der Rotgardisten), welcher bei Blok diesen außerordentlichen mnemonischen Rang attestiert bekommt – der kenotische Christus (vgl. auch Erdmann-Pandžić 1996:321), nicht der souveräne, weltferne Pantokrator. Das legt eine andere Notiz Bloks nahe: Einige Wochen zuvor (7. Januar 1918), am Tag vor der Niederschrift von *Двенадцать*, hatte er Christus radikal-kenotisch beschrieben als „Грешный Иисус" sowie „Между ними Иисус – задумчивый и рассеянный".²²⁶ Eindeutig positiv ist dies genauso wenig wie eindeutig negativ. Die Wertung Christi selbst bleibt nicht anders als Bloks Wahrnehmung der Oktoberrevolution in der Schwebe.²²⁷ Wichtig ist – wie Blok im Tagebuch sagt – die unabweisbare Präsenz der Figur, der mnemonischen Größe Christus. Durch die Anwendung des kenotischen Musters auf Andere (Hund, Prostituierte) kommt das primäre Muster Christi in den Blick. Es handelt sich bei Blok also – unter ganz anderen Umständen als bei Sorokin (10.9.1) – um eine axiologisch ratlose bzw. neutralisierte Evokation Christi.

Texte wie Bloks *Двенадцать*, welche die Ränder der expliziten und axiologisch unzweideutigen Evokation Christi in der russischen Literatur besetzen, gehören vielleicht nicht in eine christlich-werthafte Geschichte der russischen

---

²²³ „Sie sind zu allem bereit./ Die Zwölf ohne Mitleid und Leid." (Blok 1980/83:II 321; dt. v. Alfred Edgar Thoss, Blok 1978:244).

²²⁴ Blok 1980/83:II 318; vgl. Dostoevskijs christoforme Prostituierte (5.2.6.3).

²²⁵ Für einen solchen Zitatstatus sprechen die Anführungszeichen um „«Иисус Христос»" [‚Jesus Christus'] in der Tagebuchnotiz (vgl. Esaulov 2002:166).

²²⁶ „Der sündige Christus" – „Darunter Christus – nachdenklich und zerstreut." (Blok 1980/83:V 232f).

²²⁷ Siehe Esaulov 2002:167. Die Ambivalenz gesteht selbst Dunaev (2001/03:V 284) ein, der in *Двенадцать [Die Zwölf]* doch den „предел и завершение блоковского демонизма" [Extrem und Abschluss des Blokschen Dämonismus] (ebd.:285) sehen möchte.

‚Christus-Literatur', [228] wohl aber in eine Geschichte der kulturgeschichtlichen Transformationen des erniedrigten Christus.

4.3.9.6 Brodskijs Kalendermemoria

Der mnemonische Automatismus des Hinzutretens Christi, den Blok beschreibt, wird durch die Sowjetherrschaft reduziert, aber nicht unterbunden (s. 8.–10.). Parallel dazu sinkt durch die Kommerzialisierungswelle, die die westlichen Kulturen im 20. Jh.s erfasst, die christologische Spitze der Hochfeste Christi ab. Der Kirchenkalender aber behält seine mnemonische Leistung. So datieren die in dem zweisprachigen Band *Weihnachtsgedichte* zusammengefassten Gedichte Iosif Brodskijs aus dem Zeitraum von 1962 bis 1995 jeweils auf die Monate Januar (in der Frühzeit) oder Dezember (in späteren Jahren). Die Verschiebung von Januar auf Dezember hängt offenbar zusammen mit der Emigration des späteren Nobelpreisträgers (1987); die Weihnachtsthematik drängt sich ihm durch den Festkalender seiner lebensweltlichen Umgebung auf – zunächst durch den julianischen, später den gregorianischen. Die Kommerzialisierung von Weihnachten und die abnehmende christologische Erinnerungsleistung des Kalenders reflektiert Brodskij einmal in Речь о пролитом молоке *[Die Rede von nichts und wieder nichts]* (14. Januar 1967):

> Я пришел к Рождеству с пустым карманом.
> Издатель тянет с моим романом.
> Календарь Москвы заражен Кораном.[229]

Das *Anno Domini* überschriebene Gedicht vom Januar 1968 thematisiert die Verdrängung dogmatischer Inhalte:

> […] нимб заменяют ореолом лжи,
> а непорочное зачатье – сплетней,
> фигурой умолчанья об отце…[230]

Wo soviel Dekomposition vorherrscht, da ist es bezeichnend, welche Elemente der Evangeliengeschichte noch eine positive Identifikation zulassen – nämlich die kenotischen wie die ärmliche Geburtshöhle (Brodskij 2004:90f), die Verfolgung durch Herodes, die Flucht nach Ägypten und der Aufenthalt in der Wüste (eine

---

[228] Wolfgang Kasack jedoch widmet Blok einige Seiten (2000:155–160).
[229] „Zu Weihnachten hab ich nicht einen Heller./ Der Verleger zögert mit meinem Bestseller./ Unser Kalender wird immer reeller/ vom Koran infiziert." (Brodskij 2004:12; dt. v. Alexander Nitzberg, Brodskij 2004:13).
[230] „Statt eines Nimbus setzen sie ihm auf/ den Heiligenschein aus Lügen. Und ad hoc/ wird unbefleckte Zeugung abgedroschen/ als vaterlose Kindheit dargestellt…" (Brodskij 2004:44; dt. v. Alexander Nitzberg, Brodskij 2004:45).

Chiffre für Exilserfahrung; Brodskij 2004:80f). Die irdische Verfolgung schlägt in Beglaubigung der wunderbaren Erlösung um: „Знал бы Ирод, что чем он сильней,/ тем верней, неизбежнее чудо."[231] In einem *Presepio* leistet für Brodskij die Figur des trinkenden Säuglings ein ähnliches Umschlagen: „и самая меньшая [фигурка] пробует грудь./ И тянет зажмуриться, либо – шагнуть/ в другую галактику, в гулкой пустыне/ которой светил – как песку в Палестине."[232]

4.4 Russische Christologie

Wie die fiktionalen Christusbezüge durchläuft auch die diskursive Verhandlung der Christologie eine Entwicklung von normativer Präsentation im alten Russland zu neuzeitlichen Entwürfen, welche am Rande des orthodox Akzeptierten stehen.

Nicht alles, was der Begriffsgeschichte der Kenose zugeschlagen werden kann, ist automatisch zugleich der Kenosis-Theorie im engen Sinne (1.2) zuzurechnen. Selbst in der Theologiegeschichte ist die Unterscheidung von engem und weitem Gebrauch des Terminus *Kenosis* und der mit ihm verbundenen Vorstellungen am Platze (s. 1.2.5). Als einer der wenigen russischen Denker liefert Michail Tareev, innerhalb der russischen Theologie weitgehend isoliert (H.-J. Röhrig 2005), eine systematische Auseinandersetzung mit der Kenose, während bei vielen anderen die Aneignung der Axiologie positiver Selbsterniedrigung extrem frei verläuft.[233]

Es ist jedoch weniger ein Reflex der Metaphorizität des kenotischen Moments in der russischen Theologiegeschichte als die allgemeine Rezeptionsblockade (*Slavica non leguntur*), aufgrund derer dieMehrzahl westlicher Arbeiten zur Theoriegeschichte der Kenosis die russische Kenotik ignorieren.[234]

---

[231] „Und je mehr Herodes es verneint,/ um so mehr wird das Wunder geschehen." (*24. декабря 1971 года [24. Dezember 1971]*; Brodskij 2004:52; dt. v. Alexander Nitzberg, Brodskij 2004:53).

[232] „Das kleinste von ihnen wird eben gestillt.../ Da schließt man die Augen, da ist man gewillt,/ in andere Sphären zu tauchen: Es müßte/ dort Sternschnuppen schneien wie Sand in der Wüste." (Brodskij 2004:78; dt. v. Alexander Nitzberg, Brodskij 2004:79).

[233] In diesem Aufriss der russischen Christologie spielt die akademische Dogmatik eine untergeordnete Rolle. Dagegen werden halb-theoretische Gattungen einbezogen. Für einen engen und emphatischen Dogmatik-Begriff, der eine solche Disziplin in der Westkirche erst ab Thomas von Aquin ansetzt, ist in der russischen Religions- und Theologiegeschichte kaum Einschlägiges zu finden.

[234] Der knappe Raum, der H.-J. Röhrig (1996) und Flogaus (1999) für ihre Stichwörter bzw. Stichwortabsätze in den Neuauflagen der großen deutschsprachigen konfessionellen Enzyklopädien eingeräumt wurde, spricht Bände. Einzig Sergej Bulgakov hat früh außerorthodoxe Aufmerksamkeit erfahren (bspw. P. Henry 1957:144–156).

4. Christus in Russland

4.4.1 Griechisches Erbe und russische Eigenentwicklung

Diese wie andere Besonderheiten der russischen christologischen Dogmatik und Philosophie sind mit den allgemeinen Merkmalen der orthodoxen Theologie nur in einigen, bisweilen wenig zentralen Punkten verbunden. Lediglich die Frühzeit bis etwa zur Mitte des 16. Jh.s steht unbestreitbar unter dem Diktat der Übersetzung byzantinischer Theoreme, doch auch hier besteht das Problem einer sehr selektiven Rezeption (Rothe 2000:50). In diesem Zeitabschnitt profitiert die russische Orthodoxie wenigstens punktuell und mittelbar davon, dass die Christologie in der griechischen Patristik kontroverser (und damit auch genauer) diskutiert wurde als in der Westkirche (vgl. 2.3). In der religiösen Philosophie des 19. und frühen 20. Jh.s erlangt die russische kenotische Christologie hingegen Eigenständigkeit.

4.4.1.1 Zur Problematik einer panorthodoxen Christologie

Die Kernaussagen der Christologie sind zwischen den christlichen Konfessionen, die auf dem Boden des Chalcedonense (2.8.4.2) stehen, weniger umstritten als etwa die der Pneumatologie, der Mariologie oder Annexe der Christologie wie Bildtheologie, Abendmahlslehre etc. Zwei-Naturen-Lehre und Paradox sind für alle europäischen christlichen Bekenntnisse konstitutiv, und deren Schmälerungen durch Doketismus (s. 2.3.2.1), Patripassianismus (2.3.3.1) oder Monophysitismus (2.7.4.2) wurden von allen ähnlich erfolgreich marginalisiert. Das kontroverstheologische Interesse, auf der Ebene der Dogmen Grenzen zwischen Ost- und Westkirche einzuziehen, greift in der Christologie vergleichsweise schlecht.

Vor diesem Hintergrund betrachtet, ist die Suggestion, es gäbe so etwas wie eine panorthodoxe, von der westkirchlichen unterschiedene und für alle orthodoxen Nationalkirchen identische Christologie, ein historiosophisches Konstrukt. Dieses hängt zusammen mit der Selbstbeschreibung des orthodoxen Christentums als treuer Bewahrerin des frühchristlichen Erbes;[235] der orthodoxe historiosophische Traditionalismus positioniert die orthodoxen Kirchen jenseits der Geschichte, als von jedem Wandel unbeleckte panchron identische Substanz (vgl. Uffelmann 1997). Dagegen zeigen nicht nur die Zwiste zwischen den orthodoxen Schwesterkirchen (s. Slenczka 1980:554) oder die Ressentiments gegenüber den meist liberaleren Orthodoxen in westlichen Ländern, sondern auch die dogmatische Christologie, dass zeitlich wie räumlich angelegte Vorstellungen von identischer Substanz nicht haltbar sind.

---

[235] Die Absolut-Setzung der Unveränderbarkeit der Tradition führt im 17. Jh. zum Raskol (s. Nieß 1977:89–101; zum Raskol 4.5.9.1 u. 5.4.3.2). Am Unveränderlichkeitspostulat partizipiert – *mutatis mutandis* – auch Fedotovs Kenosis-These, die zu sehr in Termini historischer Kontinuität und zu wenig in Begriffen von Wandel formuliert ist (1.1.6.).

Zwar ist es unbestreitbar, dass bestimmte für die Orthodoxie konstitutive dogmatische Entscheidungen auch die russische Christologie prägen. Da wäre bspw. die gemeinorthodoxe Ablehnung der Einfügung des *filioque* (des Ausgangs des Heiligen Geistes auch vom Sohne) ins Credo, in der sich die kulturelle Entfremdung von Ost- und Westkirche im Schisma von 1054 kristallisierte; sie besitzt gewisse kenotische Implikate, insofern sie die Monarchie des Vaters betont und damit in Bezug auf den Sohn Erniedrigungsvorstellungen Vorschub leistet. Da wäre zum anderen auch die für die russische Ikonografie entscheidende Christusmetonymie von Maria als Gottesgebärerin bzw. Gottesmutter, die für die Marienterminologie der orthodoxen Nationalkirchen sämtlich bestimmend ist (vgl. 2.8.4.1; 4.5.6.4). Doch handelt es sich dabei um mittelbare Christusbezüge.

Was die russische kenotische Christologie angeht, verdecken allgemeine Merksätze zur Orthodoxie geradezu die russische Spezifik. Will man die russische Christologie erfassen, gilt es zum einen, sich auf die Kernaussagen der Ökumenischen Konzilien zu stützen,[236] zum anderen eine russische kulturelle Spezifik herauszuarbeiten; wenig hilfreich ist hingegen der Versuch, mit vermeintlich panorthodoxen und von der Westkirche angeblich nicht geteilten Merkmalen eine Zwischenebene zwischen dem europäisch-christologischen Gemeingut und der russischen Inkulturation einzuziehen.

4.4.1.2 Christologie ohne Kenose, „Leben in Christus" ohne Nachahmung?

So wäre es mehr als problematisch, wollte man der russischen Orthodoxie in panorthodoxer Sippenhaft vermeintliche Generalmerkmale zuschreiben, wie das Flogaus tut, der – unter Berufung auf Losskij – Triadozentrismus gegen Christozentrismus ausspielt (Flogaus 1999:307), die göttliche Natur Christi gegen das *imitatio*-Konzept setzt[237] und schließlich dem Pantokrator für die Orthodoxie größere Bedeutung beimisst als dem Gekreuzigten.[238]

---

[236] Zum Rekurrenzcharakter des dogmatischen Diskurses s. 1.7.1.

[237] Flogaus 1999:308. Eine der schärfsten polemischen Quellen dafür findet sich in Florenskijs Столп и утверждение истины [*Der Pfeiler und die Behauptung der Wahrheit*] (1914): „Он [Христос] – не ходячее нравственное правило, но и не модель для копирования; Он – начало новой жизни […]" [Er (Christus) ist keine wandelnde moralische Regel, aber auch kein Modell zum Kopieren; Er ist der Anfang eines neuen Lebens (…)] (1914:232). In der Anmerkung zu diesem Satz polemisiert Florenskij – unter Berufung auf Ignatij Brjančaninov – gegen die *imitatio*-Lehre als katholischen Irrweg (ebd.:723f Anm. 400).

[238] Flogaus 1999:310. Was den vermeitlichen Triadozentrismus angeht, vertritt Onasch die Gegenthese vom Christozentrismus (1962:240), geht aber beim Pantokrator mit Flogaus konform (ebd.:244). Esaulov votiert gleichfalls für den Christozentrismus (1999:380f), arbeitet aber als dessen Folge ein besonderes Verständnis für die Unvollkommenheit heraus (ebd.: 382f) – also eine kenotische Konsequenz.

4. Christus in Russland

Gegen Triadozentrismus, *imitatio*-Ablehnung und Pantokrator-Dominanz, also eine gottlastige „asymmetrische Christologie",[239] stehen Einschätzungen Tyciaks:

> In der östlichen Soteriologie tritt [...] vor allem die Menschwerdung in den Mittelpunkt. Die Inkarnation ist die große Theophanie. Sie ist die seinshafte Verschmelzung der beiden Welten, des Himmels mit der Erde. Das gesamte Leben Jesu ist eine einzige große Inkarnation, eine immer tiefer gehende Verwirklichung der Menschwerdung. Auch Jesu Sterben ist eigentlich nur die Kulmination der Menschwerdung, die letzte tiefe Ausdrucksform des in den Strudel der Zeit eintretenden Gottes. Im Sterben Jesu bricht ja sein Leiden zutiefst auf. Gott, der Lebendige, nimmt die sterbliche Menschengestalt in ihrer tiefsten Erniedrigung an. (1971:247f)

In Losskijs Fußstapfen tritt Maceina, der zwar die Kenose in den Mittelpunkt der christlichen Lehre stellt (ebd.:114; also auf dogmatischem Feld Tyciaks Ansicht bestätigt), jedoch mit kontroverstheologischer Verve „Nachahmung" als westliche Veräußerlichung darstellt und einen angeblich rein inneren Liebesbezug der Orthodoxen auf Christus postuliert (ebd.:163–173), wodurch der Mensch zum gänzlich passiven Empfänger von Gottes Suche nach dem Menschen gerät (ebd.:175).

Tyciaks These stellt dagegen eine panorthodoxe Ausweitung von Fedotovs kulturspezifischer Hypothese dar, derzufolge das kenotische Modell für die russische Kultur über weite Strecken prägend gewesen sei. Flogaus hingegen meint, dass die russische kenotische Christologie vor allem auf westlichen Einfluss zurückgehe (1999:308f), was nachgerade die Gegenthese zu Fedotov wäre, der Kenotik hauptsächlich – mit Ausnahme von Martin von Tours (1996ff:II 87–108) – auf Russland bezieht (1.1.4).

4.4.1.3 Mystische Nachfolge vs. praktische Nachahmung in Russland

Zwischen Fedotovs Kenosis-These und Losskijs Mystik-Suggestion verläuft also eine unüberbrückbare Bruchlinie. Geschieht der Christusbezug in greifbaren kulturellen Praktiken, in Nachahmungen der irdisch nachahmbaren Elemente an Christi Kenose mit einer „Entelechie" der Kreuz-Nachfolge (Zen'kovskij 1951:64)? Oder aber in einem rein innerlichen Bezug, beschworen als „Leben in Christus" oder „Vereinigung mit Christus" (Maceina 2002:180), vermittels einer innerlichen „установка"[240] ohne soziale Folgen (s. 3.2.6)?

Schon von der kulturwissenschaftlich-rhetorischen Anlage dieser Arbeit her ist klar, dass die Präferenz hier der in Zeichen und Praktiken ablesbaren Christus-

---

[239] So Künkel (1991:102f) über Florovskijs christologisches Denken; dem schließt sich u.a. H.-J. Röhrig an und erklärt dies zu einem Generalmerkmal der orthodoxen Christologie (2000a:297); auch Felmy rekurriert auf diesen Florovskijschen Begriff, um anschließend dennoch inkarnatorisch-kenotisch zu argumentieren (1990:62).

[240] Haltung (Maceina 2002:181); auch der Losskij-Schüler Meyendorff setzt den „‚inneren Menschen'" gegen das äußere „Modell der Nachahmung" (1981:520).

nachahmung gelten muss und nicht schwer zu erhaschender Spiritualität (3.2.6.5). Angesichts der enormen Produktivität des christoformen Habitus der Leidensnachfolge (s. 5.2) findet Podskalsky Losskijs These vom Fehlen einer derartigen Christusnachahmung in der Ostkirche „bis heute absolut unverständlich" (1999:222).

Doch wie verhält es sich damit in der russischen dogmatischen Christologie? Hat Flogaus vielleicht auf dem Feld des *dogmatischen und religionsphilosophischen Diskurses* Recht, dass die Göttlichkeit Christi für die orthodoxe und auch russische Christologie wichtiger sei als seine Erniedrigung?

4.4.2 Dogmatische Übersetzungsliteratur

4.4.2.1 Sammelliteratur

Das in der altostslavischen und auch altrussischen Kultur über Jahrhunderte vorherrschende Gefäß von dogmatischer Christologie ist die Sammelliteratur, sind Gottesdiensttypika, Lesemenäen, Miszellankodices und Florilegien.[241] Darin ist die Dogmatik eingebettet in den meistenteils liturgischen Kontext. Erst in späterer Zeit gewinnt die Privatlektüre zunehmend an Bedeutung. Theologische Kommentare, welche über die liturgische Performanz hinaus Reflexion anstoßen sollen, spielen zunächst allenfalls eine Nebenrolle; ein unvollständiger Kommentar zum Apostolos, in dem etwa der Philipperbrief fehlt, ist erstmals 1220 in Rostov belegt (Alekseev 1999:38). Der funktionalen Nachordnung von Reflexion ungeachtet, sind der „Bereich, der allein schon aus quantitativen Gründen an zweiter Stelle [nach liturgischer Gebrauchsliteratur] zu nennen ist, die Schriften der Kirchenväter [...]" (Schmidt 2002:1). Die größte Popularität besitzen Schriften von Johannes Klimakos, Maximos Confessor, Johannes von Damaskus, Ephräm dem Syrer und Andreas von Kreta (Rothe 2000:50 Anm. 152), wobei die drei Erstgenannten schon im *Изборник [Sammelband] 1073* bzw. *1076* belegt sind.

Unter den übersetzten Texten der genannten Kirchenvätern sind drei Genrerichtungen zu unterscheiden: In der russischen Kirchenväter-Rezeption liegt das Schwergewicht einmal auf (wenigen) Texten aus der Dogmatik im engeren Sinne – hierfür stehen weniger die klassischen Dokumente der christologischen Streitigkeiten[242] als deren Summierung bei Johannes von Damaskus (4.4.2.2). Dabei werden polemische Fragestellungen der alten griechischen Christologie konserviert.[243]

---

[241] Gerade die Pragmatik der Sammlung aus autoritativen Texten zeigt, dass die russische Kultur „[...] hier äußerst konservativ das byzantinische Erbe bewahrt. Am deutlichsten wird dies bei den Florilegien." (Marti 1984:142).

[242] Der christologische Mustertext *Tomus Leonis* (s. 2.8.4.2) wurde von Feodosij Grek im 12. Jh. ins Slavische übertragen (Podskalsky 1982:179f).

[243] Neuere byzantinische Motive begegnen vorzugsweise in der interkonfessionellen Polemik gegen die Lateiner (Podskalsky 1982:171). Christologisch einschlägig ist dabei vor

Quantitativ bedeutender ist die Rezeption der paränetischen Homiletik (Rothe 2000:49) sowie der griechischen und syrischen monastisch-asketischen Literatur (Hannick 1983:1206). Bei diesen beiden Übersetzungsschwerpunkten ist das Anliegen von Performanz und Appell unverkennbar, weshalb eine Grenze manchmal schwierig zu ziehen ist. Am deutlichsten wird das in der vielfältigen Verwendung der Schriften Ephräms des Syrers zu monastischen und außermonastischen paränetischen Zwecken (4.4.2.3).

4.4.2.2 Johannes von Damaskus

Was den nicht (bzw. nicht primär) paränetischen Teil der ostslavischen Rezeption der griechischen Christologie anbelangt, steht Johannes von Damaskus' Dogmatik im Mittelpunkt (Weiher 1987:VII). Sein besonderer Rang wird dokumentiert durch 14 Übersetzungen (ebd.:XIII–XVI). Die *Glaubenslehre* des Johannes von Damaskus wurde erstmals vor 893 vom Exarchen Johannes ins Altbulgarische übertragen (Sadnik 1967/83:I VII) – eine Übersetzung, die bei den Ostslaven Verbreitung fand, aber unvollständig war. Es fehlen u.a. die meisten christologischen Kapitel des dritten Buches,[244] und auch aus dem vierten Buch wurde das christologische Kapitel 18 ausgelassen (ebd.:III 82f). Allerdings liegt im vom Exarchen Johannes übersetzten Kapitel III,1 Johannes' Darstellung des Dogmas der Selbsterniedrigung der zweiten Hypostase vor. In der kirchenslavischen Übersetzung sind die Paradoxe stark herausgearbeitet; Christus wird apostrophiert als der,

> [...] иже единосоущьнъ оцю и стмоу́ѵмоу дхоу, прежевѣчьныи, безначальнъ, иже въ начатъкъ бѣаше и ѿ ба и оца сыи и въ сы иже въ образъ бжии сы преклонь снса сниде, се ѥсть непооубожения ѥмоу высость непооубоженѣ пооубожимъ снидеть къ своимъ рабомъ съшьствиѥ неизглаголемо же и постижимо. се бо являеть съходъ и бъ сыи съвръшенъ члкъ съвръшенъ будеть ти творити ся еже всѣхъ новыихъ новѣе, ѥже ѥдионо ново подъ слнцьмь, имъже бесконьчьная си бжия являѥть ся. чьто боле ѥже быти боу чл҃вкоу? и слово плъть безъ изврата бысть отъ сто дха и мария стыа приснодвы бця.[245]

---

allem die Frage nach den Azymen (gesäuertes Brot) in der Eucharistie als Symbol für die wahre Menschwerdung Christi (ebd.:172.176.179).

[244] Es klafft eine Lücke von III,3 bis IV,4 (Sadnik 1967/83:II 150f).

[245] „[...] der dem Vater und dem Heiligen Geiste Wesensgleiche, der Ewige, Anfangslose, der im Anfang war und bei Gott, dem Vater, war und Gott war, der ‚in göttlicher Gestalt existierte', der neigt nach dem Wohlgefallen Gottes des Vaters die Himmel und steigt herab, d.i. Er erniedrigt seine Hoheit, die keine Erniedrigung kennt, ohne sich zu erniedrigen, und steigt in unaussprechlicher und unbegreiflicher Herablassung zu seinen Knechten herab. Denn das bedeutet das Herabsteigen. Und obwohl er vollkommener Gott ist, wird Er vollkommener Mensch und vollbringt das Neueste von allem Neuen, das allein Neue unter der Sonne, wodurch sich die unendliche Macht Gottes offenbart. Denn was gibt es Größeres, als daß Gott Mensch wird? ‚Und das Wort ist', ohne sich zu

Eine Neuübersetzung wird unter Fürst Kurbskij im 16. Jh. angefertigt; der erste Druck in Moskau datiert auf 1665. Die in der Neuzeit fortgesetzte Rezeption der Dogmatik des Johannes von Damaskus belegt die Hypothese, dass sich auch Paisij Veličkovskij an einer Übersetzung versucht habe (Weiher 1987:XVI; vgl. 5.3.6.3).

4.4.2.3 Ephräm der Syrer

Die besondere Popularität Ephräms des Syrers in Russland bezeugt Dostoevskij, wenn er im *Дневник писателя [Tagebuch eines Schriftstellers]* verkündet, dass ein Gebet Ephräms, nämlich *Господи, владыко живота моего [Gott, Herrscher meines Lebens]* bereits „*вся суть христианства, весь его катехизис*" enthalte; „[…] народ знает эту молитву наизусть."[246] Ephräms kanonischer Rang wird außerdem daran augenscheinlich, dass die einzige neusprachliche Gesamtausgabe Ephräms eine russische von 1907 ist, die 1993 nachgedruckt wurde. Lange zuvor ist Ephräm stark vertreten in den *Великие минеи четьи [Großen Lesemenäen]* (s. 4.3.6), etwa mit zwei verschiedenen Übersetzungen eines *слово стго ефрема. о пол'зѣ дши и о смиренїи* bzw. *о пользѣ дши и о смиренїи*.[247] Dasselbe gilt für das Übersetzungsgroßwerk des Paisij Veličkovskij (s. 5.3.6.3), die russische Ausgabe der griechischen *Philokalia*, das *Добротолюбие*, worin Ephräm über zweihundert Seiten erhält (Dobrotoljubie 2004:II 379–600).

Auch in volkstümliche Gattungen wie Florilegien hat seine Demutsparänese massiv Eingang gefunden. Dabei werden selbst offensichtlich ältere Konzepte wie die Umkehrlogik der Seligpreisungen (s. 2.5.1) mit Ephräms Namen beglaubigt (Cvetnik 2002:144). Daneben gibt es auch poetisch kreative Beispiele von Ephräm-Zitaten wie das folgende aus dem *Цветник [Florilegium]* von 2002: „Кто хочет сдвинуть камень, тот не сверху, а снизу подложит рычаг, и тогда легко поворотить камень. – Это образец для смиренномудрия."[248] In Puškins Nachlass fand sich eine Paraphrase des von Dostoevskij beschworenen Gedichts mit dem Passus „[…] дух смирения, терпения […]/ […] мне в сердце оживи."[249]

---

verwandeln, ‚Fleisch geworden' aus dem Hl. Geist und der heiligen, immerwährenden Jungfrau und Gottesgebärerin Maria." (Sadnik 1967/83:II 142f; vgl. PG 94,984BC; dt. aus dem grch. Orig. v. Dionys Stiefenhofer, Johannes von Damaskus 1923:113f).

[246] „*Das gesamte Wesen des Christentums*, der ganze christliche Katechismus" – „[…] das Volk kennt dieses Gedicht auswendig." (Dostoevskij 1984:XXVI 151, Hervorh. i. Orig.).

[247] *Wort des Heiligen Ephräm über den Nutzen der Seele und über die Demut* (Weiher/Šmidt/Škurko 1997:61ab–61cd.63ab–63cd).

[248] „Wer einen Stein fortbewegen möchte, setzt nicht oben den Hebel an, sondern schiebt ihn unter den Stein, und der lässt sich dann leicht wegwälzen. – Das ist ein Vorbild für die demütige Gesinnung." (Cvetnik 2002:142).

[249] „[…] den Geist der Demut und des Duldens […]/ […] stärke in meinem Herzen." (Puškin 1937/59:III 421).

4.4.3 Zwischen Asketik und Katechetik. Offizielle und inoffizielle kenotische Christologie

So beeindruckend sich die Übersetzung und Überlieferung der Schriften einiger griechischer Kirchen- und syrischer Mönchsväter wie von Johannes von Damaskus und Ephräm dem Syrer im alten Russland ausnimmt, so ernüchternd ist der Befund, was bis weit in die Neuzeit die dogmatische Originalliteratur angeht (s. Podskalsky 1982:170). Es gibt „sauf quelques exceptions" ein „silence très énigmatique d'une pensée russe originale jusqu'au XVIIIe siècle."[250] Hermann-Josef Röhrig hat insofern Recht mit seiner Feststellung:

> Bis in die erste Hälfte des 19. Jahrhunderts ist das theologische Sprechen von der Kenose [in Russland] durch eine enge *Verklammerung zweier Themen gekennzeichnet: der Selbsterniedrigung Christi mit dem praktischen Leben des Christen* aus der Gesinnung des erniedrigten Christus. (1997:496, Hervorh. i. Orig.)

Die Schwäche der russischen argumentativen Theologie wird erst ab dem 16. Jh. und auch dann zunächst bloß durch vereinzelte Leuchttürme wie Iosif Volockijs *Просветитель*[251] und die Arbeiten des (griechischstämmigen) gelehrten Theologen Maksim Grek punktuell aufgefangen. Mit Iosifs *Просветитель [Aufklärer]* steht die Verteidigung der echten Menschwerdung und des echten Leidens Christi am Anfang der russischen theologischen Traktatliteratur. Sein Angriff gilt den Judaisierenden, einer antiinkarnationischen Sekte (s. 5.4.3.1): „[...] ннѣ еретици имѫть глюще, яко не побаеть Бгоу Самомѹ наземлю снити [...]".[252] Dagegen verteidigt er unter mehrfacher Berufung auf Paulus und Petrus die Menschwerdung „[...] Слово плѫть бы [...]"[253] und das Leiden Christi im Fleisch: „Хс пострада за ны плотїю [...]".[254] Daraus folgt für Iosif die Paränese zur Nachfolge in Hinsicht auf Leidensbereitschaft und kenotische Schlichtheit: „[...] простѡтотѣ и смиренїю являетсѧ Бгъ."[255]

Zu Iosifs und Maksim Greks dogmatisch kompetenten Einzelstimmen gibt es gleichermaßen vereinzelte Weiterungseffekte wie Viskovatyjs inkarnationstheologisch-antirhetorische Argumentation zu Christusikonen (4.6.8.3). Nicht weniger einschlägig für die kenotische Theologie als Viskovatyj ist im 16. Jh. Parfenij

---

[250] „Äußerst rätselhaftes Schweigen eines eigenständigen russischen Denkens, abgesehen von einigen Ausnahmen, bis ins 18. Jahrhundert." (P. Evdokimov 1970:36; dt. v. Hartmut Blersch, P. Evdokimov 1977:36).

[251] *Der Aufklärer* (1502–1504). Christologisch einschlägig ist besonders das vierte Buch (Iosif [Volockij] 1903:139–169).

[252] „[...] heute gibt es Häretiker, die sagen dass es Gott selbst nicht zukomme, auf die Erde herabzusteigen [...]" (Iosif [Volockij] 1903:150).

[253] „[...] das Wort wurde Fleisch [...]" (Iosif [Volockij] 1903:142).

[254] „Christus hat für uns im Fleisch gelitten [...]" (Iosif [Volockij] 1903:145).

[255] „[...] der Schlichtheit und der Demut zeigt sich Gott." (Iosif [Volockij] 1903:169).

Urodivyjs Sendschreiben, das Ivan Groznyj sich aneignet oder das von diesem unter Pseudonym verfasst wurde (s. 5.4.1.4) und das im Zuge von Ivans Disput mit dem böhmischen Brüderprediger Jan Rokyta 1570 lateinisch verbreitet wird.[256] Der Autor argumentiert darin gegen die als häretisch verurteilte Lehre des Feodosij Kosoj, nach welcher Jesus nicht Gott, sondern lediglich ein keiner eigenen Anbetung würdiger „mediator" [Mittler] Gottes sei (Lasickij 1582:44) und beruft sich auf den metaphysischen Abstieg Christi (Zitat der Philipper-Perikope und des Chalcedonense; ebd.:41), um Christi Inkarnation in das heilsökonomische Wirken des dreieinigen Gottes einzuordnen:

> Missionem autem intellige, non humilitatem, sed unicam Patris & Filii & Spiritus Sancti voluntatem, unicus tamen hac in trinitate filius verbum Dei, praedestinata carne mysterii, sui peperit hominibus salutem, cum Patre & Spritiu S.[ancto] [...][257]

Nicht nur christologische Häresien wie jene, die Feodosij Kosoj zugeschrieben wird, nein auch ernste christologische Anliegen wie das Viskovatyjs werden erfolgreich verdrängt, wodurch es zu einer christologischen Stagnation resp. Bewahrungsleistung kommt.

Wo ab dem ausgehenden 18. Jh. von einer eigenständigen dogmatischen Leistung gesprochen werden kann, bezieht diese ihre Anregungen aus der asketischen Literatur und direkt vom Athos wie bei Paisij Veličkovskij (5.3.6.3). Im Zuge der Neurezeption der griechischen Väter wird dann auch in der original-russischen Theologie (und nicht nur in der Übersetzungsliteratur, der liturgischen und alltäglichen Praxis) eine kenotische Christologie entfaltet.[258] Der privilegierte Ort der Kenotik liegt jedoch – wie schon bei Paisij Veličkovskij – am Rande der Kirche. „Als *Wurzeln der theologischen Kenosislehre* sind daher zunächst auch Elemente des *säkularen Denkens* auszumachen, das freilich einen christlichen Hintergrund hatte." (H.-J. Röhrig 1997:493, Hervorh. i. Orig.). Es sind Laientheologen und Philosophen, welche hier ab den 1830er Jahren produktiv werden. Auch ihren größten Aufschwung um 1900 verdankt die russische Kenotik Religionsphiloso-

---

[256] Lichačev 1972:12f; Slenczka 1980:520–524; zur Überlieferung Jelínek 1978.
[257] „Verstehe es als Sendung, nicht als Niedrigkeit, sondern als einheitlichen Willen des Vaters, des Sohnes und des Heiligen Geistes; als einziger jedoch in dieser Trinität gewann der Sohn, das Wort Gottes, durch das vorbestimmte Fleisch seines Mysteriums, für die Menschen das Heil, zusammen mit dem Vater und dem Heiligen Geist [...]" (Lasickij 1582:45, sic).
[258] Was etwa im Luthertum schon im 16. Jh. der Fall ist und sich im 19. durch den Anstoß der Erlanger Schule und deren angelsächsische Rezeption wiederholt (s. 2. passim).

phen. Deren philosophischer Umgang mit der orthodoxen Christologie führt dann „zu einer sekundären, ‚reflektierten' Kenose."[259]

4.4.3.1 Russische Asketik

In einem Similaritäts- und zugleich Spannungsverhältnis zur Kenose stehen, wie gesehen (3.3.3.2), die Praktiken der monastischen Askese. Dieser systematische Befund bewahrheitet sich bei einem Blick in die russische monastisch-asketische Tradition. Textuell wurde mit der russischen Rezeption des kanonischen Werks der Asketik, Johannes Klimakos' *Лествица возводящая на небо*,[260] sowohl das Verzichts-[261] als auch das Vergeistigungskonzept von Askese nach Russland transportiert. Das Register der russischen Ausgabe von 2002 verrät, wie sehr die Asketik der Himmelsleiter auf die ethische Kenose rekurriert; die Eintragungen zu „смирение" [Demut] umfassen allein sieben Seiten (2002:641–648).

Schon die Kiever Rus' besitzt mit dem *Киево-печерский патерик [Väterbuch des Kiever Höhlenklosters]* und den asketischen Predigten Kirill Turovskijs zwei bedeutsame Dokumente der Asketik.[262] Allerdings sind sich, wie Morris gezeigt hat, die Autoren des *Väterbuchs* Polikarp und Simon uneinig in ihrer Bewertung des Asketismus (1993:39–57); die Asketik zu Beginn der Kiever Rus' bleibt eher inoffiziell (ebd.:25), im Ruche der Häresie (des bogumilischen Dualismus; ebd.: 53). Der Aufschwung einer eigenen russischen Asketik setzt eigentlich erst mit der Hesychasmus-Rezeption ein (ebd.:76–78), vor allem durch den zweiten südslavischen Einfluss bei Nil Sorskij (s. 5.3.5.4), und gewinnt erst mit dem neohesychastischen Aufschwung des Starcentums bei Paisij Veličkovskij und im Kloster Optina Pustyn' im 19. Jh. an Fahrt.

Die asketische Tradition ist durch Praktiken der Verinnerlichung Christi – etwa das Jesusgebet (4.5.8.3) – mit einem starken Christusbezug ausgestattet und partizipiert dank extensiver Bezüge auf die griechisch-syrische monastische Literatur (s. 4.4.2.3) in einem Maße am Erbe der ostkirchlichen Christologie, wie das außerhalb des Mönchtums in Russland erst im späten 19. Jh. wieder erreicht wird.

Vorbildlich untersucht wurde die Kirchenväter-Kenntnis von Knechten am Werk von Ignatij (Brjančaninov), einem Schüler des späteren ersten Starcen von

---

[259] Kissel 2004a:73. Diese *Reflexion* ist zuvor schwach ausgeprägt, wie auch H.-J. Röhrig meint: „Ein Blick ins 19. Jahrhundert zeigt: Das alte Thema der Kenosis lag in *nicht reflektierter*, aber in einer das gläubige Leben der Menschen stark bestimmenden Weise in der russischen Geisteswelt förmlich ‚in der Luft'." (1997:493, Hervorh. i. Orig.).

[260] Κλῖμαξ τοῦ παραδείσου *[Himmelsleiter]* (7. Jh.).

[261] Erste Stufe; Johannes Klimakos 2002:26–42.

[262] Podskalsky 1982:149–170; zum Kiever Höhlenkloster s. 5.3.4.3; zu Kirill Turovskij 4.3.5.1.

Optina, Leonid.[263] Asketische Praktiken bilden in Ignatijs Schriften den roten Faden – vom *Аскетический опыт [Asketische Erfahrung]* zur *Аскетическая проповедь [Asketische Predigt]*(2002). Der Askese-Begriff wird bei Ignatij vor allem auf seelisches und geistliches Tun festgelegt (Knechten 2003:122), als eine „hohe Tugend" und „göttliche Wissenschaft", angesiedelt im „oberen Teil des Herzens" (ebd.:136.142.144). In den Predigten spielt entsprechend das menschliche Fleisch eine vorzugsweise negative Rolle, als zu Verklärendes (Ignatij [Brjančaninov] 2002:70–74). Die Überwindung des Dualismus durch das Inkarnationsgeschehen gerät dabei ins Hintertreffen. In Ignatijs Asketik ist eine Grundbewegung des Aufstiegs angelegt, die in Spannung zum kenotischen Erniedrigungsvektor steht. Allerdings denkt Ignatij die innere Erhöhung durch geistliche Übung sehr wohl im kenotischen Kontext von Demut und Buße, wobei er Phil 2,8 zitiert:

> Der Stein ist Christus. Er steht im Evangelium vor dem Blick unseres Intellekts durch seine Weisung, seine Lehre und seine Gebote, durch seine Demut; denn er war gehorsam bis zum Tod, bis zum Tod am Kreuz. Wer entgegen den Bestrebungen seines Herzens zur Demut niedersteigt, seinem Willen und seiner Erkenntnis entsagt, sich bemüht, die Gebote Christi und die Überlieferung der Orthodoxen Kirche genau zu erfüllen und ihnen zu folgen, der nimmt die schwere Mühe auf sich, tief in die Erde zu graben. Wer sich vor allen asketischen Übungen und mehr als um sie darum sorgt, sein sittliches Verhalten gemäß dem Verhalten, der Lehre und der Weisung unseres Herrn Jesus Christus zu korrigieren und auszurichten, gründet das Fundament auf den Felsen.[264]

Wenn er auch die *sedes doctrinae* der Kenosis-Lehre Phil 2,5–11 aufruft, so wird seine Distanz zur Vorstellung von Nachahmung der Selbsterniedrigung Christi doch auch daran deutlich, dass er Gogol' davon abrät, sich mit der *Imitatio Christi* des Thomas a Kempis zu befassen (Knechten 2003:17 Anm. 73). Vielleicht weil auch Thomas a Kempis' Schrift eine Stufe im Prozess der Verinnerlichung von Christusnachfolge darstellt (3.2.6.3), fruchtete dieser Rat nicht. Gogol's eigene Neoasketik gestaltet sich wesentlich unter dem Einfluss von Thomas a Kempis.[265]

Zur Asketik Ignatijs in weiten Teilen analog funktioniert die Morallehre Feofans des Klausners (Zatvornik), der 1866 sein Bischofsamt in Vladimir niederlegte, um sich in eine Klause zurückzuziehen, wo er ab 1872 außer brieflicher Korrespondenz praktisch alle Kontakte zur Welt abbrach (s. 5.3.2). Auch bei ihm gilt das Hauptaugenmerk zunächst dem gefallenen Leib des Menschen[266] und wird die Kenose Christi als entscheidender Schritt zur Reparatur des Falls durch das *одуховление* [Vergeistigung] des Menschen begriffen:

---

[263] Siehe Knechten 2003:9f.21f; zu Leonid s. 5.3.6.5.
[264] Knechten 2003:143. Zur Steinmetapher s. die *Повесть о Варлааме и Иоасафе [Erzählung von Varlaam und Joasaf]* (4.3.8.1).
[265] Vgl. Tschižewskij 1966; Schreier 1977.
[266] Feofan 2001:74–80; vgl. auch Pryszmont 1982:372.

4. Christus in Russland 329

Christus versöhnte durch sein Heilswerk nicht nur den Menschen mit Gott, sondern vollzog in Seiner Person eine Erneuerung des Menschen. Er wurde zu einem echt geistigen Menschen, in dem alles dem Geist untergeordnet war. (Pryszmont 1982:373)

Die Christusbezüge, für die Feofan eine enorme Bandbreite an Formulierungen parat hält (ebd.:374f), gelten primär diesem geistigen Christus. Erst in der totalen Unterwerfung unter Christus wiederholt sich für den Menschen dann die Knechtschaft, wie Feofan in seinen Kommentaren zum Philipperbrief herausarbeitet.[267] Die kenotische Bewegung des Christusnachahmers folgt bei Feofan Zatvornik also letztlich aus der Erhöhung Christi, nicht aus dessen Selbsterniedrigung. Im „сонаследство Христу" [Mitnachfolge Christi], das Feofan von der Taufe herleitet (Feofan 2002:23), rangiert das vollkommene ethische Beispiel Christi vor dem kenotischen Motiv der Leidens- und Kreuznachfolge.[268] Insofern ist Pryszmonts *correctio* bezeichnend, nach der „die Lehre Feofans als Theologie der Nachahmung Christi, des Lebens in Christus und noch genauer der Vereinigung mit Christus" gekennzeichnet werden könne (Pryszmont 1982:383).

Eine der jüngsten Auflagen der russischen asketischen Tradition findet sich im Werk des Philosophen Sergej Choružij – in seinem 1978 geschriebenen, bis 1991 lediglich im Samizdat kursierenden *Диптих безмолвия [Diptychon des Schweigens]* (1991) und seinem „Analytischen Wörterbuch" *К феноменологии аскезы [Zur Phänomenologie der Askese]* (1998). Am prägnantesten formuliert Choružij seine Mission im bekenntnishaften Vorwort zum *Диптих безмолвия*. Die traditionelle „energetische Anthropologie" der ostkirchlichen Asketik, insbesondere des Hesychasmus, habe die im Menschen schlummernde „непостижимая способность и тяга к *преображению*"[269] aufgedeckt, die letzten Endes nichts anderes sei als das Streben nach Unsterblichkeit (Choružij 1991:18f). Von dieser geistigen, „energetischen" Seite her vermöge der Mensch des Absoluten teilhaftig zu werden (ebd.:10). Wurde der geistige Aufschwung bei Ignatij und Feofan immer noch durch Leiden und Mitkreuzigung an die Kenose Christi rückgebunden, so schwingt sich im spätsowjetischen Kontext bei Choružij die energetische Seite des Menschen selbstmächtig auf eine bessere, immaterielle Welt.

Die Asketik bettet also das kenotische Abstiegsmodell im Sehen auf rein innerliche Demut in ihren Aufstiegsvektor ein, funktionalisiert und begrenzt es damit. Mit dieser Domptierung der Selbsterniedrigungsdynamik tritt die Asketik in Konkurrenz zur Kenotik.

---

[267] Feofan Zatvornik/Rudinskij 2002:519–547; Pryszmont 1982:375f.
[268] Pryszmont 1982:379–381; s. auch Felmy 1972:70f.
[269] „Die unergründliche Fähigkeit und der Drang zur *Verklärung*" (Choružij 1991:4, Hervorh. i. Orig.).

4.4.3.2 Zur Asketik- und Asketismusthese

> Принцип уничижения, конечно, аскетический принцип. Но качество его, религиозное сознание его иное, чем в аскезе трудовой и героической.
> Самоуничижение одной стороной своей сближается с аскезой, т.е. с самоопределением (закон нищеты проистекает из обоих источников); но само по себе оно есть нечто большее, чем аскетическое средство: непосредственное выражение религиозного опыта, у Мартина [Турского] – сопереживания Христа.[270]

Wie aber geht das praktische ‚Kräftemessen' zwischen Asketik und Kenotik auf dem ‚Schlachtfeld' russische Kultur aus? Ist – wo doch die Kenose von der Asketik als Teilbewegung funktionalisiert wird – vielleicht die Asketik ein russisches kulturelles Proprium? Finden sich bei Masaryk allenfalls vage Suggestionen in dieser Richtung[271] und hebt die neuere amerikanische Kulturwissenschaft eher auf den traditionellen Verzichtsbegriff von Askese als auf Vergeistigung ab,[272] so möchte die russisch-orthodoxe Neoasketik, zu der Choružij zählt, die russische Kultur retrospektiv vergeistigen. Weltflucht und Weltnegation gilt für diese Strömung nur als erster Schritt (Kotel'nikov 1999:132) auf der „geistigen Leiter" des Johannes Klimakos, die schlussendlich zur Theosis führen soll (ebd.:131f) und Demut lediglich als Teilfunktion einbettet (ebd.:133f). Verräterischerweise muss Kotel'nikov jedoch beim kenotischen Modell Boris und Gleb einsetzen:

> Als religiös-ethisches Ideal der Askese hat das christliche Rußland die Demut sehr früh und dauerhaft verinnerlicht. Daran erinnert uns der Charakter der ersten Heiligen, Boris und Gleb. (ebd.:134)

Allerdings möchte Kotel'nikov das Funktionsmoment der Selbsterniedrigung in seiner generalistischen Charakterisierung „des Russen" wieder allein im asketisch-hesychastischen Rückzug von der Welt am Platze sehen:

> Es überwiegt bei ihm [dem Russen] die Neigung, sich demütig aus der Welt zurückzuziehen, sich in die seinshafte Nacktheit („bytijnaja nagota") zu hüllen, die nach der un-

---

[270] „Das Prinzip der Kenose ist natürlich ein asketisches Prinzip. Seine Qualität jedoch, sein religiöses Bewusstsein ist ein anderes als in der Askese von Arbeit und Heroismus./ Die Selbsterniedrigung nähert sich einerseits der Askese, d.h. der Selbstbestimmung an (das Armutsgebot entspringt aus beiden gleichermaßen); doch an sich ist die Kenose etwas Größeres als ein Mittel der Askese: Sie ist unmittelbarer Ausdruck religiöser Erfahrung, bei Martin von Tours des Miterlebens Christi." (Fedotov 1996ff:II 97f).

[271] „Die Kirche hat die mönchische Moral mit ihrer Askese zur Geltung gebracht [...]" (Masaryk 1913:I 39).

[272] Morris 1993. Zum Verständnis von Askese als Verzicht und Negation s. 3.3.3.2.

4. Christus in Russland

zerstörbaren Überzeugung eines Russen nicht beschämend, sondern vor Gott gerechtfertigt ist durch die asketische Liebe zu Christus, der sich für uns bis zum Kreuzestod gedemütigt hat. (ebd.)

Auch in der Paraphrase von Phil 2,6–8 schleicht sich wieder das kenotische Modell ein. Wichtiger als der Befund, dass die Asketik kaum ohne die (von ihr funktionalisierte) Kenose auskommt, ist die Frage der kulturellen Reichweite. Und hier kann Kotel'nikov eben erst mit Sergij Radonežskij und den Starcen von Optina aufwarten (ebd.:136–142). Während diese Belege deutlich späterer Zeit entstammen als das Heiligenmodell des Leidensdulders und auch das Umfeld von Optina, Kireevskij, Dostoevskij, Solov'ev noch für die Asketik vereinnahmt werden kann, ist die ‚Asketisierung' Puškins (die ohne einen einzigen Textbeleg auskommt; ebd.:143) klar kontraproduktiv für Kotel'nikovs These von *Askese als treibender Kraft in der Entwicklung der russischen Kultur*.

Die These von der (vergeistigenden) Asketik als nationalkulturellem Proprium bildet den einen Abgrund des Grates, auf dem die Kenosis-These angesiedelt ist; den anderen Abgrund markiert die zweite Spielart der Askese, der Verzichtsasketismus. Bei seiner Behauptung, dass die asketische Tradition in Russland nicht signifikant stark gewesen sei, hebt Fedotov vor allem auf den Verzichtsaspekt von Askese ab:

> At an average level, Russian asceticism does not achieve the stupendous record of the Christian East, nor, in certain regards, that of the Catholic West. Generally speaking, the Russian type is marked by relative moderation, though this moderation may appear extreme to the modern eye. (1966:I 387)

Fedotov spielt die Kenose gegen einen solchen Verzichtsasketismus aus:

> The kenotic school of Saint Theodosius contented itself with moderate ascetic exercises [...] The ascetic aggressiveness of Anthony's school remains an isolated fact in the history of Russian holiness, much admired but little imitated.[273]

Offenbar hält die kenotische Tradition die Mitte zwischen Verzichtsasketismus und Vergeistigungsasketik; beide kommen ohne die Kenose nicht aus und funktionalisieren diese punktuell; beide werden von der kenotischen – als der zentrierenden – Tradition damit in ihrer Reichweite überboten.[274]

---

[273] Fedotov 1966:I 387f. In Fedotovs Fußstapfen tritt Rainer Grübel bei seiner Abgrenzung des östlichen Askese-Begriffs als „Pause" des Fleisches vom radikaleren westlichen Askesebegriff als „Absage" ans Fleisch (2001:669).

[274] Als den Mittelweg, der sich zwischen den pro- und antiasketischen Positionen der Autoren des *Kiever Väterbuchs* Polikarp und Simon auftut (4.4.3.1), ermittelt Morris die *Vita des Feodosij Pečerskij* (1993:57) – die für Fedotov einen der Hauptbelege für die Altkiever Kenotik bildet.

4.4.3.3 Offizielle Katechetik (Filaret)

So sehr die mönchische Asketik (auch räumlich) auf Distanz geht zur Amtskirche, so verfehlt wäre es jedoch, diese praktische Distanzierung auch als Ausdruck eines Dissenses über dogmatisch-christologische Grundfragen anzusehen. Dies dokumentiert Hauptmanns Entscheidung, seine Geschichte der russisch-orthodoxen Katechismen mit einem Zitat des Asketikers Feofan Zatvornik zu eröffnen:

> Wenn jemand zweifelnd fragte: Woran aber haben wir uns zu halten?, dann werde ich euch das sagen, was ich immer gesagt habe: Nehmt den orth.[odoxen] Kat.[echismus], lernt ihn, prägt im Verstand und Herzen die dort erklärten Wahrheiten ein und haltet euch unentwegt daran.[275]

Damit sind wir schon im 19. Jh. Im Bereich der dogmatischen Christologie dauert die Vorherrschaft der Übersetzungsliteratur jedoch länger als bei den anderen Gattungen des sakralen Schrifttums (4.3–4.4.3.2). Bis in die Neuzeit sind es aus griechischen Vorlagen übersetzte oder kompilierte Synopsen wie Katenen und *синодик*,[276] in denen die dogmatischen Lehrsätze tradiert werden. Noch die Dogmatik des Metropoliten Makarij Православно-догматическое богословие [*Orthodoxe Dogmatik*] ist in ihrem christologischen Abschnitt (Makarij 1895:II 40–187) eher Kompilat griechischer Ansichten als eigenständiger Entwurf (zudem ein für die Kenotik wenig produktives).

Man mag darüber streiten, ob die griechisch-lateinisch-deutsche *Confessio Orthodoxa*[277] des Kiever Metropoliten Petr Mohyla von 1642 als nicht eigenständig russisch einzustufen ist und ob damit Feofan Prokopovič' *Первое учение отроком [Knabenfibel]* von 1720 der erste eigentliche russische Katechismus ist (Hauptmann 1971:15f); unbestritten ist jedenfalls, dass solch systematische Darstellungsformen erst mit dem polnisch-ukrainischen Einfluss des 17. und 18. Jh.s nach Russland gelangen. Sonderlich produktiv ist die Gattung des Katechismus in Russland auch nie geworden; der vom Moskauer Metropoliten Filaret (Drozdov) 1823 verfasste und 1839 letztgültig überarbeitete *Пространный христианский катехизис Православныя Кафолическия Восточныя Церкви [Ausführlicher christlicher Katechismus der Orthodoxen Katholischen Östlichen Kirche]* wurde von der Auslandskirche nachgedruckt und von der die ROK-MP bis heute wie-

---

[275] Feofan Zatvornik; dt. v. Peter Hauptmann 1971:13.
[276] Synodikon (s. Steindorff 1994:60f). Die Textsorte des Synodikons wurde bislang noch zu wenig gewürdigt; die Relevanz dieses Genres für die Überlieferung dogmatischer Merksätze belegt der Viskovatyj-Prozess (Uffelmann 2007a; vgl. 4.6.8.3). Auch die Überlieferung der Katenen in Russland ist erst rudimentär erforscht (s. Alekseev 2003).
[277] *Orthodoxes Bekenntnis*. In christologischer Hinsicht fällt auf, dass Petr Mohyla trotz Betonung der wahren Menschheit Christi (Dippmann 1991:149) und Seinsparadoxen (ebd.:154) vor allem an Christi göttlicher Natur interessiert ist (ebd.:143.145).

4. Christus in Russland

derauflegt.²⁷⁸ Nach der Chrysostomos-Liturgie dürfte Filarets Katechismus im 19. und 20. Jh. damit die verbreitetste Quelle der Christologie in Russland darstellen. Der erste Teil von Filarets Katechismus folgt, der Konvention gemäß, der Logik des Credos. Christologisch einschlägig sind vor allem die Abschnitte zwei bis fünf. Abschnitt zwei befasst sich mit den göttlichen Prädikaten Jesu Christi – der Präexistenz²⁷⁹ und der Wesensgleichheit mit dem Vater;²⁸⁰ die dahinter stehende häresiologische Absicht deckt Filaret mit expliziter Arianismus-Abwehr auf.²⁸¹

Verteilt über die Abschnitte zwei und drei breitet Filaret die gottmenschlichen Paradoxe aus, beginnend mit dem irdisch-göttlichen Doppelnamen Jesus Christus²⁸² über das Räumlichkeitsparadox von Abstieg und Omnipräsenz („Бог сошел с небес, хотя Он, как Бог, вездесущ."²⁸³) zur Zweinaturenlehre:

> В Господе Иисусе Христе не одно естество. В Нем находятся нераздельно и неслиянно *два естества* – Божественное и человеческое и, соответственно этим естествам, две воли.²⁸⁴

Überdeutlich ist dabei die Berufung auf die paradoxen Formeln von Chalcedon (451) und deren Erweiterung in Richtung Dyotheletismus (s. 2.8.4.2 u. 2.8.4.4). Den Abschluss bildet das kondensierteste Paradox „Gottmensch": „И не два лица, но *одно лицо* – Бог и человек вместе, одним словом, Богочеловек."²⁸⁵

Dem entspricht eine oszillierende Bewegung zwischen kenotischem Naturalismus und dessen partieller Zurücknahme: Die Betonung der Ansicht, Christus sei „совершенный человек"²⁸⁶ gewesen, zielt gegen den Doketismus (Hauptmann 1971:156); allerdings hält Filaret die Einschränkung der Sündlosigkeit und der Wandellosigkeit für unverzichtbar: „[...] Сын Божий принял на Себя плоть

---

[278] Hauptmann 1971:75.82.88; Filaret 2002.
[279] § 139; Filaret 2002:153; s. 2.2.5.
[280] §§ 137 u. 145; Filaret 2002:52.54.
[281] § 144; Filaret 2002:54; vgl. Hauptmann 1971:148 u. 2.7.2.1.
[282] § 129; Filaret 2002:50f.
[283] „Gott stieg vom Himmel herab, obgleich er als Gott omnipräsent ist." (§ 149; Filaret 2002:55).
[284] „Im Herrn Jesus Christus ist nicht nur eine Natur. In Ihm befinden sich ungetrennt und unverbunden *zwei Naturen* – die Göttliche und die menschliche, und diesen Naturen entsprechend zwei Willen." (§ 180; Filaret 2002:62, Hervorh. i. Orig.).
[285] „Und nicht zwei Personen, sondern *eine Person* – Gott und Mensch in einem, mit einem Wort: Gottmensch." (§ 181; Filaret 2002:61, Hervorh. i. Orig.).
[286] „Wahrer Mensch" (§ 178; Filaret 2002:61).

человеческую, кроме греха, и соделался человеком, не переставая быть Богом."[287] Dieselbe Bewegung vor und zurück betrifft die menschliche Geburt Jesu:

> Хотя Господь Иисус Христос родился от Нее не по Божеству Своему, которое есть вечно, а по человечеству, однако Она достойно наречена Богородицей, потому что Родившийся от Нее был в самом зачатии и рождении от Нее, как и всегда есть, истинный Бог.[288]

An dieser Echtgeburt nimmt ein rumänischer Übersetzer von Filarets Katechismus Anstoß (Hauptmann 1971:153), obgleich Filaret nachfolgend auf die katholische mariologische Linie einschwenkt und Schmerzlosigkeit der Geburt und ewige Junfräulichkeit Mariä auch *post partum* vertritt.[289] Am stärksten ist der kenotische Realismus bei Filaret im Zusammenhang der Herausarbeitung der Echtheit von Leiden, Sterben, Tod und Grab:

> В Символе веры не только сказано, что Иисус Христос *распят*, но еще добавлено, что Он *страдал*, чтобы показать, что распятие Его было не одной видимостью страдания и смерти, как говорили некоторые лжеучители, но было подлинными страданием и смертью.[290]

Die Einschränkung, dass das Leiden *nach der Menschheit* geschehe, ist dagegen wieder der Abwehr von Theopassianismus bzw. Modalismus geschuldet.[291]

Was schließlich die Zweckangaben für die Kenose Christi anbelangt (vgl. 3.0), entscheidet sich Filaret für ἀνακεφαλαίωσις,[292] während die verschiedenen Überarbeitungsschritte zeigen, dass die Satisfaktionslehre ausgeschlossen werden sollte (Hauptmann 1971:157f). Zentral ist für Filaret sodann die Freiwilligkeit des Leidensopfers („[…] восхотел пострадать […]"[293]), aus der er die Paränese zur Teil-

---

[287] „[…] der Sohn Gottes nahm menschliches Fleisch an, ausgenommen die Sünde, und wurde zum Menschen, ohne aufzuhören, Gott zu sein." (§ 176; Filaret 2002:61), vgl. 2.3.3, 2.7.3.4 u. 2.8.4.3.
[288] „Obwohl der Herr Jesus Christus von Ihr nicht als Gott nach geboren wurde, die ewig ist, sondern als Mensch nach, wird sie dennoch zurecht Gottesgebärerin genannt, weil der von Ihr Geborene in der Zeugung und Geburt durch Sie, wie schon seit je, wahrer Gott ist." (§ 187; Filaret 2002:63).
[289] §§ 183f.189; Filaret 2002:62–64; s. 10.5.4.3.
[290] „Im Glaubensbekenntnis wird nicht nur gesagt, dass Jesus Christus *gekreuzigt* wurde, sondern es wird auch noch hinzugefügt, dass er *litt*, um zu zeigen, dass seine Kreuzigung nicht bloß ein Scheinleiden und Scheintod waren, wie einige Häretiker lehrten, sondern echtes Leiden und echter Tod." (§ 201; Filaret 2002:69f, Hervorh. i. Orig.). Dasselbe gilt für das Grab (§ 202; ebd.:70; vgl. Remizov, 4.3.9.4). Zur Beglaubigung hebt Filaret auf den historischen Zeitpunkt unter Pontius Pilatus ab (§ 198; ebd.:69).
[291] Hauptmann 1971:163; s. 2.3.1.1 u. 2.3.3.1.
[292] Rekapitulation. Er widmet diesem Theorem einen der ausführlichsten Paragraphen (§ 206; Filaret 2002:71–74); vgl. 3.0.6.
[293] „[…] er wollte leiden […]" (§ 203; Filaret 2002:70).

4. Christus in Russland

habe am Leiden und Sterben ableitet. Zum einen bezieht Filaret dies auf Askese – „Мы участвуем *в страданиях и смерти* Иисуса Христа [...] посредством распинания плоти своей с ее страстями и похотями."[294] –, zum anderen streicht er die Vorbildfunktion der irdischen Selbsterniedrigung Christi heraus:

> Жизнь Иисуса Христа бывает для нас спасительной тогда, когда мы ей подражаем. Ибо Он говорит: *аще кто Мне служит, Мне да последствует, и идеже есмь Аз, ту и слуга Мой будет* (Ин. 12,26).[295]

Filaret nimmt höchstens behutsame Gewichtungen innerhalb des orthodoxen christologischen Lehrinventars vor. Die Akzentsetzungen heben sich teils selbst auf, sodass Oszillation und Paradoxalität die bestimmenden Figuren von Filarets christologischer Rhetorik bilden.

Vorbehalte gegen eine solche Absicherung nach beiden Seiten, wie sie das Gerüst von Filarets Katechismus bilden, äußert vor allem die Religionsphilosophie des 19. Jh.s (Hauptmann 1971:13), die sich mitunter deutlich von der offiziellen Katechetik[296] und auch direkt von Filaret als der dominierenden theologischen Autorität der Zeit[297] absetzt. Die offizielle Katechetik gerät in die Defensive, wie Antonij (Chrapovickijs) *Нравственныя идеи важнейших христианских православных догматов [Die sittlichen Ideen der wichtigsten christlichen orthodoxen Dogmen]* belegen, in denen der Metropolit der Auslandskirche auf Kant und Tolstoj reagiert (1963:25.169) – um das Leiden Christi stark zu machen (ebd.:40–47).

Auch der populäre, 1350-seitige *Букварь школьника [Schülerfibel]* von 2004 bettet in den in der Gotteslehre versteckten christologischen Abschnitt eine Häresiologie ein (Bukvar' 2004:475f), um das Kompendium mit 50 Seiten zu *Ереси,*

---

[294] „Wir nehmen teil am *Leiden und Sterben* Jesu Christi [...] durch das Kreuzigen unseres Fleisches mit seinen Leidenschaften und Begierden." (§ 208; Filaret 2002:74, Hervorh. i. Orig.; vgl. auch § 209, der den Verzichtsaspekt unterstreicht; ebd.:75).

[295] „Christi Leben ist dann für uns erlösend, wenn wir es nachahmen. Denn er spricht: *Wer mir dienen will, der folge mir nach; und wo ich bin, da soll mein Diener sein* (Jh 12,16)." (§ 196; Filaret 2002:68, Hervorh. i. Orig.; dt. v. Vf. unter Verwendung der revidierten Lutherübersetzung).

[296] Einige der Arbeiten aus dem religionsphilosophischen Umfeld wie Bulgakovs im Exil entstandene Einführung *Православие [Die Orthodoxie]* (1989) verfolgen allerdings selbst einen der Katechetik verwandten Anspruch.

[297] „Ce n'est pas par sa longue vie (1782–1867) mais par sa grandeur de témoin et de gardien fidèle de la Tradition qu'il remplit tout le XIXe siècle. Tout ce qu'il y a de positif, d'authentiquement orthodoxe chez les plus éminents théologiens, Khomiakov inclus, remote à sa prédication." [Nicht durch sein langes Leben, sondern durch seine Größe als Zeuge und getreuer Bewahrer der Überlieferung füllt er das ganze 19. Jh. aus. Alles, was es an Positivem, an echt Orthodoxem bei den hervorragendsten Theologen, einschließlich Chomjakov, gibt, geht auf sein Predigtwerk zurück.] (P. Evdokimov 1970:56; dt. v. Hartmut Blersch, P. Evdokimov 1977:60).

секты, расколы [Härsien, Sekten, Spaltungen], die bis zu New Age gehen (ebd.:1326–1329), abzurunden. Die christologischen Paradoxe werden angeführt (ebd.:478), allerdings durch gesonderte Darstellung von Christi göttlicher und menschlicher Natur – hier wird das Kompendium durchaus naturalistisch (ebd:471f) –, ‚entzerrt'.

4.4.4 Philosophische Kenotik

Von der Absetzung vom stark rekurrenten (s. 1.7.1) dogmatischen Mainstream her betrachtet, bilden die nachfolgend aufgerollten kenotischen Elemente der Religionsphilosophie nur einen kleinen Ausschnitt der russischen philosophischen Christologie – und bei den jeweiligen Philosophen und Theologen stellen sie ebenfalls nicht mehr als einen Ausschnitt aus ihren Gedanken dar.[298] Von einer russischen kenotischen Tradition kann aber durchaus gesprochen werden.[299]

4.4.4.1 Christosomatische Ekklesiologie (Chomjakov)

Sehr deutlich ist die antioffizielle Verve in Aleksej Chomjakovs Polemik gegen die „Scholastik" der offiziellen russisch-orthodoxen Dogmatik, etwa des *Православно-догматическое богословие [Orthodoxe Dogmatik]* des Metropoliten Makarij (s. Berdjaev 1996:55). Der Anstoß zur Erneuerung der russischen Theologie kommt in der Person Chomjakovs von außen, von einem Laien. Zwar hat Chomjakov ein Theologiestudium absolviert, dann aber keine kirchliche Laufbahn eingeschlagen und sich die griechische Patristik als Autodidakt erarbeitet. Dies ist an seiner Terminologiewahl für die metaphysischen Entitäten des Seins Christi spürbar (Schultze 1979:734).

Wie der Liturgiekommentator Gogol' (vgl. 4.5.3.1–4.5.3.8) stellt jedoch auch der sich antioffiziell gebärdende Laie Chomjakov ein entscheidendes Verbindungsglied in der mnemonischen Kette der kenotischen Christologie dar. In seinem ekklesiologischen Traktat *Церковь одна [Die Kirche ist eine]* (1846–48, publ. 1864) behandelt Chomjakov katechetische Fragen der Orthodoxie – vom

---

[298] Entsprechend können so zentrale Aspekte wie Alleinheitslehre, Antirationalismus, Sophiologie oder Kulturosophie, die für die ausgewählten religiösen Philosophen in der einen oder anderen Weise entscheidend sind, jeweils nur gestreift werden.

[299] „Auch Čekanovskij täuschte sich, wenn er vor dem ersten Weltkrieg behauptete, der orthodoxe Osten kenne keine direkten und folgerichtigen Anhänger des Kenotismus. In der seit Theophanes Prokopovič unter protestantischem Einfluß stehenden russischen Theologie sind kenotische Einflüsse deutlich bemerkbar, so bei Samuel Mislavskij, Silvester Lebedinskij und Theophanes Gorskij. Ausführlich behandelt die patristische Kenosis-Lehre *M. Tareev*. Auch ahnte Čekanovskij nicht, daß der damals von ihm bekämpfte stark unter Solovievs Einfluß stehende Verteidiger eines ‚neuen Christentums', Sergius Bulgakov, später als Priester und Theologe der bedeutendste Vertreter des russischen Kenotismus werden sollte." (Schultze 1979:743, Hervorh. i. Orig.).

Nicäano-Konstantinopolitanum zur Sakramentenlehre – im Geiste interkonfessioneller Polemik.[300] Die im philosophischen Gewande daherkommende Laien-Theologie des 19. Jh.s überkompensiert den in der vorangegangenen russischen Religionsgeschichte herrschenden Mangel an theologischen Traktaten.

Chomjakovs Aufbegehren richtet sich gegen kirchliche Institution und Lehre zugleich, gegen „die hierarchische Struktur der orthodoxen Staatskirche und deren starre Schuldogmatik" (Slenczka 1980:534). Der Lehramtsprimat des Klerus wird herabgezogen und im Glauben ‚demokratisiert':

> [...] dans les questions de foi il n'y a pas de différence entre le lettré et l'ignorant, l'ecclésiastique et le laïque, l'homme et la femme, le souverain et son sujet, le maître et l'esclave [...][301]

Der Laiengesichtspunkt prägt insofern den Kern von Chomjakovs theologischem Denken, die Ekklesiologie, als für ihn Kirchenvolk und Klerus nur zusammen die erstrebte konziliare Einheit (*соборность*[302]) bilden.

Die Einheit der Kirche begründet Chomjakov christologisch, vom Leib Christi her. Insofern Christus nach Ostern keine sichtbare Präsenz mehr hat, steht in Chomjakovs Ekklesiologie allerdings der innere Bezug auf Christus im Vordergrund; Christusnachfolge wird mit Glauben enggeführt: „Веруя в слово обетования Божиего, назвавшего всех последователей Христова учения друзьями Христа и братьями Его и в Нем усыновленными Богу [...]".[303] Chomjakovs Rede von der Kirche als „Leib Christi" hebt die mystische Dimension der Christologie hervor (vgl. Schultze 1950:92f) und nicht die kenotisch-irdisch-naturalistische: Gerade an jenem Punkt, an dem der Brückenschlag zur Kenose am nächsten liegt, in der Eucharistielehre (vgl. A. Hoffmann 2008:51f), argumentiert Chomjakov „antirealistisch, spiritualistisch oder auch idealistisch".[304]

Die leibliche Kenosis *Christi selbst* ist Chomjakov geläufig, aber sie bildet nicht den Fluchtpunkt seiner christosomatischen Ekklesiologie.

---

[300] Chomjakov 1994:I 10–16. Pikanterweise ist Chomjakovs Ekklesiologie stark beeinflusst von J.A. Möhlers *Die Einheit der Kirche* (Onasch 1993:37 Anm. 3). Zu weiteren Inspirationen Chomjakovs s. Schultze 1984:333.

[301] „[...] in Glaubensfragen gibt es keinen Unterschied zwischen dem Gebildeten und dem Ungebildeten, zwischen dem Geistlichen und dem Laien, zwischen Mann und Weib, zwischen dem Herrscher und seinem Untertan, zwischen dem Herrn und dem Sklaven [...]" (Chomjakov 1872:62).

[302] Vgl. dazu Zen'kovskij 1951:32f; Schultze 1984:329f; Goerdt 1989:172f Anm. 12; Špidlík 2002a:190–192.

[303] „Im Glauben an das Wort der göttlichen Verheißung, das alle, die Christi Lehre befolgen, die Freunde Christi nennt und seine Brüder und in ihm zu Gottes Söhnen Gewordene [...]" (Chomjakov 1994:I 13).

[304] Schultze 1950:98; s. auch Schultze 1948.

Natürlich kennt Chomjakov auch die Entäußerung und Erniedrigung des Erlösers; er sieht sie sogar im Sinne einer protestantisierenden Kenose; in seiner Erlösungslehre zeigt sich – ähnlich wie in der Rechtfertigungslehre Luthers – ein Riß zwischen irdisch-sichtbarer und himmlisch-unsichtbarer Welt. Er fragt: „In welcher Form hat sich Christus auf Erden offenbart?" Seine Antwort: „Im unbekannten Leben eines armen Hebräers, das mit der schmachvollen Hinrichtung am Kreuze endete", erklärt er kenotisch [...] (Schultze 1950:96)

Radikal-kenotisch, möchte man sagen – kombiniert mit einem emphatischen Bekenntnis zur Erhöhung des Erniedrigten; denn für Chomjakov

[...] l'être infini, dans lequel rien n'est abstraction, mais tout réalité, devient l'être borné dans le Christ; et le Christ apparu dans le temps, mais pensée éternelle du Père, le Christ, homme comme nous, homme enfermé dans la faiblesse, dans l'ignorance, dans la souffrance, et dans la tentation, reparaît dans toute la perfection de la justice divine par la seule force de la volonté humaine.[305]

Zur kenotischen Dimension von Chomjakovs Theologie gehört auch seine Beschäftigung mit der Übersetzung von Phil 2,6: es handle sich, meint Chomjakov, beim Problembegriff ἁρπαγμός[306] um eine Handlung, keine Meinung (1994:II 328). Chomjakov lässt sich sichtlich bewusst auf eine in die Nähe des arianischen Subordinationismus kommende Übersetzung ein: „Поэтому я и перевожу с полною уверенностью так: не задумал своевольно Себе присвоить равенство с

---

[305] „Das unendliche Wesen, in dem es keine Abstraktion, sondern nur reine Wirklichkeit gibt, wird in Christus zum beschränkten Wesen; und der, obwohl ewiger Gedanke des Vaters, in der Zeit erschienene Christus, Mensch wie wir, eingeschlossen in Schwäche, in Unwissenheit, in Leiden und Versuchung, erscheint von neuem in der ganzen Vollkommenheit der göttlichen Gerechtigkeit ganz allein durch die Kraft des menschlichen Willens." (Chomjakov 1872:261; dt. v. Bernhard Schultze SJ, Schultze 1950:96f).

[306] Raub (s. 2.2.3.2). An der Interpretation dieses schwierigsten Lexems der Philipper-Perikope versucht sich auch Pavel Florenskij in *Не восхищение непщева. Филип. 2,6-8. К суждению о мистике [Das ‚Und hielt es nicht für einen Raub' von Phil 2,6–8. Eine Betrachtung über die Mystik]* (Florenskij 1994/99:II 143–191). Florenskijs Übersetzungsvorschlag ‚mystischer Aufschwung', ‚Ekstase' basiert auf der Interpretation, dass die Erniedrigung Christi von Paulus in einen Gegensatz gebracht worden sei zu zeitgenössischen mystischen Aufschwung-Praktiken (einem Aufschwung zur „Gottgleichheit"). Allerdings fehlt bei Florenskij das Pathos der Erniedrigung; viel eher ist bei ihm Emphase spürbar, wenn es um mystische Aufschwünge geht (vgl. Hammerich 1976:16). Daran bewahrheitet sich Georgij Florovskijs – von vielen Florenskij-Kommentatoren (Schultze 1950:322; P. Evdokimov 1970:178; Boneckaja 1992:66) im Wesentlichen approbierte – Feststellung: „Образ Христа, образ Богочеловека какой-то неясною тенью теряется [у Флоренского] на заднем фоне." [Die Gestalt Christi, die Gestalt des Gottmenschen verliert sich (bei Florenskij) als unklarer Schatten im Hintergrund.] (Florovskij 1937:496).

Богом, но и т.д."³⁰⁷ Als Motivation dafür gibt er die Adam-Christus-Typologie an – zugespitzt auf den Gegensatz von Selbsterhöhung und Selbsterniedrigung: „[...] ибо Адам ветхий, будучи по образу Божию, захотел своевольно присвоить себе божественное: будете как боги; Адам же новый, Христос, смирился."³⁰⁸

Vielleicht ist es auch als Überzeichnung des historischen Realismus der Kenose Christi zu begreifen, wenn Chomjakov diese als Dauergeschehen, als ständig neues Opfer entwirft: „Eternelle compassion de Dieu pour sa créature, victime expiatoire, une fois sacrifiée dans le temps, mais constamment offerte dans l'éternité pour les péchés du monde [...]".³⁰⁹ Die Kenose wird damit von Inkarnation des Logos und dem Leben Jesu Christi abstrahiert zu einer allgemeinen Denkfigur. Kenotisches hat bei Chomjakov vorzugsweise andere Orte – Interkulturalität und Episteme des Glaubens in der „einen Kirche". Der Theologe der Slavophilen stellt an Russland den Anspruch eines kenotischen Verhaltensmusters (s. Gorodetzky 1938:12; Dunaev 2001/03:I 598), das er dem westkirchlichen Rationalismus (dem, wie er sagt, kuschitischen Prinzip) als Prinzip der (iranischen) Freiheit entgegenstellt. Gerade in der Frage nach der Freiheit des Einzelnen in der Kirche aber ist Chomjakovs Konzeption widersprüchlich.

> Chomjakov wird es schwer, das Materielle und Geistige, das Reich der Notwendigkeit und Freiheit genau zu scheiden. Er faßt die Einheit der Kirche als geistige Einheit der göttlichen Wahrheit, und dann verliert er die einzelnen Kirchenmitglieder aus den Augen; aber auf der anderen Seite kann er eben diese einzelnen Mitglieder nicht außer acht lassen, und dann hilft er sich mit dem Begriffe eines lebendigen Körpers oder Organismus. Die Kirche, weil sie geistig sein muß, ist Chomjakov keine Autorität, weil jede Autorität etwas Äußerliches ist; die Kirche sei eben nur die Wahrheit, die Gnade Gottes, die in allen lebe. Von hier aus gelangt Chomjakov zu einer Art kirchlichen Pantheismus: der einzelne Verstand vermag die eine, die göttliche Wahrheit nur in der „moralischen Übereinstimmung mit dem allseienden Verstande" zu fassen. Das Haupt der Kirche ist Christus; aber der leibhaftige, der geschaute Christus, sagt Chomjakov, wäre eine aufgezwungene Wahrheit, die Wahrheit müsse frei, ganz freiwillig angenommen werden.³¹⁰

Die Einordnung in die konziliare Einheit des „Leibes Christi" bedeutet einerseits die epistemische Kenose des Einzelnen, die Chomjakov – getreu dem theologi-

---

[307] „Daher übersetze ich es voller Überzeugung so: Er sann nicht darauf, sich willkürlich Gleichheit mit Gott anzueignen, sondern usw." (Chomjakov 1994:II 329).
[308] „[...] denn der alttestamentliche Adam, nach Gottes Gestalt geschaffen, wollte sich willkürlich Göttliches aneignen: seid wie die Götter; der neutestamentliche Adam hingegen, Christus, erniedrigte sich selbst." (Chomjakov 1994:II 329).
[309] „Ewiges Mitleiden Gottes mit seiner Kreatur, als Sühnopfer einmal geopfert in der Zeit, doch beständig dargebracht in der Ewigkeit für die Sünden der Welt [...]" (Chomjakov 1872:127; dt. v. Bernhard Schultze, Schultze 1950:97).
[310] Masaryk 1913:I 227; vgl. auch Suttner 1967:177–179.

schen Freiheitsbegriff – als Kongruenz mit Christus, allerdings nicht als „Versklavung" begriffen wissen möchte. Somit ist es eher die interkulturelle und epistemische Übersetzung der Kenose, die Herabziehung von Christus auf den Einzelnen, welche in Chomjakovs Denken für die spätere russische Christologie anschlussfähig wird; mit einem seit Samarin gängigen Topos avanciert Chomjakov zum „Kirchenvater" des 19. Jh.s, der späteren Theologen Anregungen gegeben habe.[311]

4.4.4.2 Gottmenschliche Historiosophie (Solov'ev)

In besonders starker Weise knüpft an Chomjakov der systematischste russische Philosoph Vladimir Solov'ev an. Chomjakovs ekklesiologischer Fokus weitet sich bei Solov'ev zum historiosophischen. Der Kernbegriff der Solov'evschen Historiosophie ist die Ersetzung des Namen *Jesus Christus* durch den paradoxen Terminus *Gottmensch*.[312] Ist dieser Terminus auch altkirchlichen Ursprungs[313] und in Filarets Katechismus approbiert worden (4.4.3.3), ist es doch Solov'ev vorbehalten, ihn zum tragenden Fundament eines philosophischen Systems zu machen. Am offensichtlichsten ist dies in der christozentrischen mittleren Schaffensphase Solov'evs (Stahl-Schwaetzer 2003:368).

In seinem meist-rezipierten Werk, den Чтения о богочеловечестве [*Vorlesungen über das Gottmenschentum*] (1877–81), fokussiert Solov'ev das Proprium an Christus auf dessen Sein im Fleische, nicht auf die moralische Botschaft (wie Tolstoj; vgl. 3.2.6.4):

> Если мы рассмотрим все теоретическое и нравственное содержание учения Христа, которое мы находим в Евангелии, то единственным новым, специфически отличным от всех других религий, будет здесь учение Христа о Себе самом, указание на Себя самого как на живую воплощенную истину.[314]

Es geht Solov'ev bei diesem Proprium weniger um die Person Christi als Ganzheit als um das Supplement der wahren Leiblichkeit: „[...] он не только вочеловечился, но и воплотился – σὰρξ ἐγένετο."[315] Mit der Leiblichkeit des Gottmen-

---

[311] Siehe Schultze 1950:91; P. Evdokimov 1970:65f; Onasch 1993:49.
[312] Siehe 2.8.6.1. Von der Rhetorik des Paradoxes her betrachtet, ist P. Evdokimov (1970: 110) zuzustimmen, dass das Chalcedonense (vgl. 2.8.4.2) die Grundlage von Solov'evs Denken bildet.
[313] θεάνθρωπος (s. Lampe 1961:616). Vgl. Ammer 1988.
[314] „Betrachten wir den gesamten theoretischen und moralischen Inhalt der Lehre Christi, wie wir sie im Evangelium finden, so erweist sich als das einzig Neue, spezfisch von allen anderen Religionen Verschiedene die Lehre Christi über sich Selbst, der Hinweis auf Sich selbst als auf die lebendige, Fleisch gewordene Wahrheit." (V. Solov'ev 1994a:108; dt. v. Bernhard Schultze 1950:258).
[315] „[...] er ist nicht nur Mensch, sondern auch Fleisch geworden." (V. Solov'ev 1994a: 158).

4. Christus in Russland

schen rückt die Kenose in den Mittelpunkt des Interesses: „Тут мы имеем действительную богочеловеческую личность, способную совершить двойной подвиг богочеловеческого самоотвержения."[316] Das Fleisch sei es dann auch, welches die entscheidende Wende im Geschick der irdischen Menschheit bewirke: „Духовный подвиг – преодоление внутреннего искушения – должен быть довершен подвигом плоти, т.е. чувственной души, претерпением страданий и смерти [...]".[317] Die Selbstüberwindung des Fleisches ermögliche die Vergöttlichung; insofern werden bei Solov'ev Kenosis und Theosis eng zusammengedacht. Der freie Wille der menschlichen Natur Christi sei dafür konstitutiv – im Moment seines Verschwindens; Solov'ev denkt den Dyotheletismus (2.3.4.4) nämlich theotisch zu Ende: Was ihn wirklich interessiert, ist nicht die onto-psychologische Frage, wie zwei Willen nebeneinander bestehen können, sondern die dem Monotheletismus nahe kommende (s. 2.7.4.3), wie sie wieder zur Deckung gelangen, indem der menschliche Wille sich negiere und zugleich damit vergöttlicht werde:

> [...] преодолев искушения злого начала, склонявшего его человеческую волю к самоутверждению, Христос подчиняет и согласует эту свою человеческую волю с волей божественной, обожествляя свое человечество вслед за вочеловечением Божества своего.[318]

Wir haben es also bei Solov'ev nicht mit einem einzigen kenotischen Akt – oder zumindest einer Folge gleichgerichteter Schritte (2.6.1.4) zu tun, sondern mit einer „double kénose" (P. Evdokimov 1970:112) von menschlicher und göttlicher Natur in Christus.

In der Person des Gottmenschen findet die zweiseitige Selbstentäußerung des göttlichen und natürlichen Prinzips im kosmischen und historischen Prozeß ihrer Vollendung. Indem Er Sich im äußeren Sein begrenzt, entsagt der göttliche Logos seiner göttlichen

---

[316] „Hier haben wir es mit einer wirklichen gottmenschlichen Person zu tun, die imstande ist, eine doppelte Tat gottmenschlicher Selbstentsagung zu vollbringen." (V. Solov'ev 1994a:155). Solov'ev rekurriert dabei kaum explizit auf die *sedes doctrinae* der kenotischen Christologie Phil 2,5–11; in *История и будущность теократии [Geschichte und Zukunft der Theokratie]* argumentiert Solov'ev allerdings mit Kyrill von Alexandrien gegen Doketismus und Monophysitismus (1994b:108f); Gorodetzky liest die jeweils einschlägigen Verse der Philipper-Perikope hinzu (1938:134).
[317] „Die geistliche Tat – die Überwindung der inneren Versuchung – muss durch eine Tat des Fleisches, das heißt der sinnlichen Seele vollendet werden, durch das Erdulden von Leiden und Tod [...]" (V. Solov'ev 1994a:158). Das Motiv der Versuchungen führt von Solov'ev zu Tareev (4.4.4.4; vgl. H.-J. Röhrig 2000a:75).
[318] „[...] nachdem er die Versuchungen durch das Prinzip des Bösen überwunden hat, das seine menschliche Seele zur Selbstbehauptung bewegen wollte, ordnet Christus seinen Willen dem göttlichen Willen unter, bringt ihn in Einklang damit und vergöttlicht seine Menschlichkeit im Gefolge der Vermenschlichung seiner Göttlichkeit." (V. Solov'ev1994a:158).

Herrlichkeit, während die Menschenseele zur völligen Hingabe an den Gott der Liebe und Barmherzigkeit bereit ist, der ihr die Fülle des göttlichen Lebens mitteilt.[319]

Durch das Starkmachen der Vergöttlichung weitet sich Solov'evs Blick von der Selbsterniedrigung des Logos oder der Demütigung des irdischen Jesus auf einen panhistorischen Prozess, in dem ein philosophisch adaptierter Christus[320] die Hauptrolle spielt: „Такое самоотвержение представляет до известной степени уже и весь космический и исторический процесс [...]".[321] Der Gottmensch Jesus Christus sei zugleich Mittel und *télos* der Geschichte: „[...] к Богочеловеку направлялась вся история человечества."[322] Die Einmaligkeit der Inkarnation, Erniedrigung und des Opfers Christi (Hebr 7,27) wird bei Solov'ev von einer Serie analoger Ereignissen überzeichnet:

> Воплощение божественного Логоса в лице Иисуса Христа есть явление нового духовного человека, второго Адама. [...] под первым Адамом, натуральным, разумеется не отдельное только лицо наряду с другими лицами, а всеединая личность, заключающая в себе все природное человечество [...][323]

Christus wird von Solov'ev funktional eingeordnet in ein Geschehen, in dem mit einem Mal die Menschen und nicht mehr Christus die Hauptverantwortung übernehmen – für eine

> [...] umfassende Metamorphose der Menschheit [...], eine Metamorphose, die keimhaft in der Inkarnation beschlossen ist und nach der Auferstehung des Gottmenschen wie ein Sauerteig die Menschheit zur Gottmenschheit auf allen Gebieten des religiösen und kulturellen Lebens umwandelt. (Onasch 1993:118)

Die von Adam zerbrochene gottmenschliche Einheit werde damit wiederhergestellt. Die Theophanie in Christus gerät so zu einer unter anderen: „[...] это явление Бога во плоти человеческой есть лишь более полная, совершенная теофания в ряду других неполных подготовительных и преобразовательных теофаний."[324]

---

[319] Jastrebow 1963:52; s. dazu auch Ammer 1988:164.

[320] „Christus erscheint gleichsam als philosophische Idee; [...]" (Schultze 1950:259).

[321] „Eine derartige Selbstentsagung stellt bis zu einem gewissen Maße schon der gesamte kosmische und historische Prozess dar [...]" (V. Solov'ev 1994a:155).

[322] „[...] auf den Gottmenschen bewegte sich die gesamte Menschheitsgeschichte zu." (V. Solov'ev 1994a:154). Da ist es nur folgerichtig, dass gegen Solov'ev der Vorwurf des „Panchristismus" erhoben wurde (Reinhardt 2003:338).

[323] „Die Inkarnation des göttlichen Logos in der Person Jesu Christi ist die Erscheinung eines neuen geistigen Menschen, des zweiten Adams. [...] beim ersten, echten Adam ist nicht nur dieses einzelne Wesen neben anderen gemeint, sondern ein universelles, das die gesamte natürliche Menschheit umfasst [...]" (V. Solov'ev 1994a:151).

[324] „Diese Erscheinung Gottes im menschlichen Fleische ist nur eine vollere, vollkommenere Theophanie in einer Reihe von anderen unvollkommenen vorbereitenden und vor-

4. Christus in Russland 343

In vielen Werken Solov'evs, auch den stärker sophiologisch ausgerichteten[325] und den mechanisch-triadisch verfahrenden (Uffelmann 1999:380f), wird die gottmenschliche Historiosophie der *Чтения о богочеловечестве* repetiert:

> Immer wieder legt Solov'ev den gleichen Weg zurück: Sein Ausgangspunkt ist stets die Gottmenschheit Christi in Person, das ‚Urdogma' der christlichen Offenbarung [...] (Schultze 1950:273).

Selbst bei allen unbestreitbaren Verschiebungen im Spätwerk *Три разговора [Drei Gespräche]* mit der *Краткая повесть об антихристе [Kurze Erzählung vom Antichrist]* (1899/1900) bleibt eines konstant – dass sich für Solov'ev alles an Christus (und seiner Kenose) entscheidet: Der orthodoxe Vertreter Ioann fordert in diesem Text den Kaiser auf: „[...] исповедуй здесь теперь перед нами Иисуса Христа, Сына Божия, во плоти пришедшего, воскресшего и паки грядущего [...]".[326] Das Credo treibt den Antichristen aus und bahnt den Triumphzug Christi und die Wiedervereinigung der Kirchen an (V. Solov'ev 1990:II 761).

Unter der historiosophischen Kruste ist das paränetische Moment des kenotischen Christusmodells bei Solov'ev bisweilen etwas versteckt. Offensichtlicher ist es in anderen Gattungen wie den *Osterbriefen*.[327] Allerdings stellt sich auch Solov'evs Systemphilosophie punktuell in den Dienst der Paränese zur Ausrichtung an Christus: Die *Духовные основы жизни [Geistliche Grundlagen des Lebens]* (1882–84) stellen den „Образ Христа, как проверка совести"[328] an den Schluss. Gegen mundane Erhöhungskonzepte wie Nietzsches Übermenschen, geronnen im Gegenbegriff des *человекобог*, erhebt Solov'ev vehement Einspruch.[329]

---

    bildlichen Theophanien." (V. Solov'ev 1994a:153; dt. v. Bernhard Schultze SJ, Schultze 1950:262).

[325] Zu einer sophiologischen Periodisierung von Solov'evs Schaffen s. Stahl-Schwaetzer 2003.

[326] „[...] bekenne hier und jetzt vor uns Jesus Christus, den Sohn Gottes, der im Fleisch herabgestiegen, auferstanden ist und wiederkommen wird [...]" (V. Solov'ev 1990:II 754).

[327] 1897/98; s. Kasack 2000:116.

[328] „Das Bild Christi als Prüfung des Gewissens" (V. Solov'ev 1958:136f).

[329] Menschengott (s. Ammer 1988:158–180; Uffelmann 2003e). Nicht zu unterschätzen ist auch die paränetische Dimension von Solov'evs Habitus, durch welchen er vielen Zeitgenossen als „‚relique vivante'" [‚lebendige Reliquie'] erscheint; seine Locken gemahnten an Christusikonen (P. Evdokimov 1970:108); er lebt und arbeitet asketisch (Gorodetzky 1938:129); sein Verzicht auf öffentliches Auftreten nach 1881 lässt sich als Entsagung von öffentlicher Wirkung ausdeuten.

4.4.4.3 Abstieg in die Welt (Bucharev)

Auch beim Abt Fedor (Bucharev) geschieht die Absetzung von der offiziellen Kirche nicht allein auf argumentativ-christologischem, sondern zugleich auch auf institutionellem Wege. Als Dogmatiker verfasst Bucharev christologische und trinitarisch-kenotische Schriften (vgl. Valliere 2000:47–63). Ihm ist es um eine Rehabilitierung des Arianismus mit dem Anliegen eines „zeitlich begrenzten ‚Einfrierens' des Dogmas von der Göttlichkeit Christi zugunsten seiner Menschlichkeit" (Onasch 1993:100) zu tun, wobei dies nach Onasch ohne Häresie abgehen soll (ebd.:102). Bucharevs Aufwertung der menschlichen Natur Christi ist zu verstehen als Schritt der Öffnung zur Moderne;[330] er ist, wie Valliere überzeugend darlegt, der erste „moderne" Theologe Russlands (2000:8), der „so etwas wie einen ‚Modernistenstreit' […] auch in der orthodoxen Kirche des 19. Jahrhunderts" (Onasch 1993:95) auslöst. Diese Weltoffenheit realisiert Bucharev in Briefen an Gogol' und Aufsätzen über Aleksandr Ivanov und selbst Černyševskij.[331]

Bucharevs Kenotik wird allerdings noch stärker durch den biografischen Vollzug beglaubigt. Die kirchliche ‚Karriere' Bucharevs ist nämlich durch drei Zäsuren, drei Abstiege gekennzeichnet – durch den Rücktritt von der Dogmatik-Professur an der Universität Kazan', durch die Enthebung vom Posten eines geistlichen Zensors in Petersburg und schließlich durch seinen Austritt aus dem Mönchsstand im Juli 1863.[332] Wegen seiner Öffnung zur säkularen Welt innerkirchlich unverstanden und angefeindet,[333] konzeptualisiert Bucharev seinen Schritt aus der Kirche in die Welt als Nachfolge Christi in der Gesinnung gemäß Phil 2,5:

> Ihr seht also, daß nicht infolge eines sittlichen Falles, sondern infolge einer weisen Überlegung, die im Einklang mit den heiligen Lehrern und Glaubenseiferern der Kirche steht, und die sich auf die Gesinnung bezieht, die in Christus Jesus war – der aus den himmlischen Wohnungen in unsere sündige Welt herabgestiegen ist und hier im Kreuzestode sich eben als personifizierte Sünde und Fluch oder Verdammung enthüllt hat (Gal 3,13; 2Kor 5,21; Phil 2,5) –, eine Möglichkeit besteht, aus der engelgleichen Wohnung heraus in die Welt zu gehen und hier als büßender Sünder zu erscheinen. (Bucharev, zit. n. Schultze 1950:154)

Behr-Sigel formuliert Bucharevs Anliegen und biografische Umsetzung in kenotischen Begriffen:

> Joie dans l'humiliation, tel est le sentiment dominant qui remplit Boukharev, certitude de partager, à cet instant, l'abaissement ineffable du Fils de Dieu. En acceptant de lais-

---

[330] Zen'kovskij 1948/50:I 324f; vgl. 5.6.5.1.
[331] Siehe 4.6.9.2; 6.2.1.
[332] Vgl. Zen'kovskij 1948/50:I 322. Zu Bucharevs Lebensweg s. Behr-Sigel 1977.
[333] Während Bucharev selbst mitunter positiv Bezug nimmt auf Filaret, verdammt ihn dieser zunehmend (Kedveš 1967:64f).

ser ternir sa propre image, en la ternissant lui-même, il reçoit la grâce de communier au Christ kénotique [...]"[334]

Was Bucharev antreibt, ist keine lutherische Totalnegation des Mönchsgelübdes (s. 3.3.3.2), sondern eine starke Affinität zum Habitusmodell des Gottesnarren.[335] Nach diesem Schritt führt Bucharev eine Ehe mit asketischem Anstrich, in welcher der Frau die Rolle der gelehrigen Schülerin zukommt.[336] Aus dem Mönchsstand ausgeschieden, bleibt Bucharev also sowohl seiner Kirche als auch seiner Christologie treu. Es ist gerade diese theologische Konsequenz im biografischen Abstieg, welche die kenotische Christologie Bucharevs als praktizierte Christoformität glaubhaft gemacht: „Il vécut sa «descente» dans le monde [...] comme une kénose personnelle à l'exemple du Christ."[337]

4.4.4.4 Moralphilosophische Christologie (Tareev)

Weniger manifest ist die Absetzbewegung von der offiziellen Katechetik bei dem Moskauer Moraltheologen Michail M. Tareev, den Röhrig als „ersten Theologen der neueren Zeit" einstuft, „[...] dessen theologischer Gesamtentwurf eine kenotische Prägung besitzt, ohne dabei die grundlegenden christologischen Wahrheiten in Frage zu stellen."[338] Auf den ersten Blick scheint Tareevs Hauptwerk *Основы христианства [Grundlagen des Christentums]* (1908–10) jedoch auf eine grundstürzende Kritik an der christologischen Dogmatik hinauszuwollen:[339]

---

[334] „Freude an der Erniedrigung – das ist das vorherrschende Gefühl, das Bucharev erfüllte, die Sicherheit, in diesem Augenblick an der unaussprechlichen Herablassung des Gottessohnes teilzuhaben. Indem er es hinnahm, dass seine eigene Reputation getrübt wurde, ja sie selbst trübend, empfängt er die Gnade, des kenotischen Christus teilhaftig zu werden [...]" (Behr-Sigel 1977:79).

[335] Schultze 1950:155; Onasch 1993:103; s. 5.4.1. Onasch spekuliert, ob Bucharevs edles Scheitern nicht vielleicht ein Vorbild für die hehre Niederlage bilde, die Dostoevskij Myškin erleiden lässt (1989:250f; vgl. 5.2.4.1; 6.9.2).

[336] Siehe Rozanov 1997:550f; P. Evdokimov 1970:85f; Špidlík 2002a:399. Vgl. 8.4.5.4.

[337] „Er lebte seinen ‚Abstieg' in die Welt [...] wie eine persönliche Kenosis nach dem Vorbild Christi." (P. Evdokimov 1970:86; dt. v. Hartmut Blersch, P. Evdokimov 1977:97).

[338] H.-J. Röhrig 1997:499. Seine vor allem in *Основы христианства [Grundlagen des Christentums]* ausgearbeitete Christologie ist auch das einzige russische kenotische System, das bislang in monografischem Umfang – in H.-J. Röhrigs Habilitationsschrift (2000a) – untersucht worden ist. Einwände, mit denen Tareev seinerzeit zu kämpfen hatte, betrafen nicht seine Kenosis-Lehre (Gorodetzky 1938:139). Zur Akademierevision s. eingehend H.-J. Röhrig 2000a:8–12.

[339] Das steht im Kontext einer durchaus zeittypischen antidogmatisch-antioffiziellen Stoßrichtung in der Religionsphilosophie, dem Aufbegehren gegen die rigide geistliche Zensur Pobedonoscevs (Gorodetzky 1938:141; zu Pobedonoscev s. 5.2.6.1). Besonders scharf wird der Antitraditionalismus in Tareevs Polemik gegen das „byzantinische

Zwischen dem Bilde Christi in den Evangelien und unseren Begriffen steht die apostolisch-patristische dogmatische Lehre, welche vor uns die Einfachheit der Wahrheit des Evangeliums verhüllt. Im allgemeinen wirkt sich diese Verhüllung zugunsten eines Übergewichtes der theologischen Seite im Tun und in der Lehre Christi über die menschlich-historische Seite aus. Die dogmatischen Formeln in ihrem bedingten Verständnis machen für viele die Wahrheit des Evangeliums in seiner historischen Reinheit unzugänglich. Indessen wendet die dogmatische Christologie im Wesen der Sache, und wenn sie richtig und in hinreichender Tiefe begriffen wird, unser Denken auf die Tatsachen des Evangeliums zurück und führt unser Herz zum lebendigen Christus. Gerade eine solche Bedeutung hat das apostolisch-heiligväterliche Denken von der Selbsterniedrigung Christi, welches zwar in die kirchliche Christologie eingebunden ist, aber nicht in dogmatische Formeln Eingang gefunden hat. (Tareev 1989:405f)

Die Selbsterniedrigung Christi ist für Tareev also nicht Teil des dogmatischen Gebäudes der frühen Christenheit, sondern weit mehr – die Basis aller Dogmen: Er beschwört die „in der Tiefe des Dogmas liegende Idee der Selbsterniedrigung" (ebd.:406). So erbringt gerade der Antidogmatiker Tareev eine große Leistung für die dogmatische Christologie.[340]

Darin setzt Tareev nämlich originelle Akzente, und zwar im Hinblick auf die Versuchungen Christi (vgl. 2.7.1.3), die er zwischen dogmatischer Ontologie und Psychologie situiert.

[...] die Idee der Geschichte der Evangelien und das tiefste Wesen der Person Christi enthüllt sich in ihren Versuchungen: sie geben specimen totius status exinanitionis Christi (das Modell des Zustandes von der Entäußerung Christi insgesamt) und offenbaren den Sinn seiner Erniedrigung und Sieges über die Welt.[341]

Dabei ist es weniger entscheidend, ob der *„Teufel [...] den Sohn Gottes* [versucht], *indem er Zweifel an seiner Gottessohnschaft in seiner Seele erweckt"*, (H.-J. Röhrig 2000a:178, Hervorh. i. Orig.); für die Kenosis-Lehre ist nicht so sehr ein Zweifeln Christi an seiner Höhe, sondern der Zweifel an der Funktionalität seiner menschlichen Niedrigkeit prekär. Röhrig summiert dies als Versuchung für Demut und Niedrigkeit des inkarnierten Christus: *„Christi Nein zu den Versuchungen durch den ‚Fürst der Welt' ist ein Ja zu einem Lebensentwurf, der das Kennzeichen der Niedrigkeit oder Demut trägt."* (ebd.:166, Hervorh. i. Orig.). Die stärkste Versuchung der Kenose ist die Erhöhung.

Joch" in seinem Spätwerk Христианская философия *[Christliche Philosophie]* (1917; vgl. Florovskij 1937:443).

[340] „Paradoxically, this very man gave the first [Russian] doctrinal exposition of the kenosis with reference to patristic thought." (Gorodetzky 1938:142).

[341] Tareev 1989:408, Erläuterung in Klammern v. Wilhelm Goerdt. Zur Psychologisierung vgl. auch H.-J. Röhrig 2006:327.

4. Christus in Russland

Um die moralischen Weiterungen der Kenose Christi und ihrer Versuchungen kreist das Denken dieses größten Moralisten der russischen Theologie (Florovskij 1937:439). Christus wird von Phil 2,5 her in seiner Denkungsart und Haltung betrachtet (H.-J. Röhrig 2000a:246) und darin für menschliche Nachahmer vorbildhaft; Christi Selbsterniedrigung bildet „опыт и (пример) блаженного самоотречения".[342] Die Gesinnung des Gottmenschen können Menschen nachahmen, seine metaphysische Erniedrigung hingegen nicht. Die moraltheologische Folgerung mit der Paränese zur analogen Selbsterniedrigung wird von Tareev an der Bergpredigt exemplifiziert, in der Christus seiner Lektüre zufolge zur Exinantionsnachahmung aufrufe (Gorodetzky 1938:152).

Wenn die Versuchungen Christi, wie Röhrig pausibel macht, den Kern von Tareevs Christologie und Paränese darstellen, dann ist die Ausweitung des Kenose-Begriffs auf andere Dimensionen des trinitarischen Geschehens, die Tareev macht, ein Nebenschauplatz. Auf diesem sind ihm Bucharev und Solov'ev vorausgegangen, und auf diesem übertrifft ihn Sergej Bulgakov, der unkonventionellste kenotische Denker Russlands.

4.4.4.5 Trinitarische Kenose (Bulgakov I)
Von Sergej Bulgakovs zweiter Trilogie (1933–45) fand der christologische erste Teil *Агнец божий*[343] insbesondere in der französischen Übersetzung breite theologische Beachtung. Dazu mag nicht zuletzt die Tatsache beigetragen haben, dass dieses Werk des Emigranten (ab 1925 lebt Bulgakov in Paris) vom Moskauer Patriarchat am 7. September und nochmals am 27. Dezember 1935 für heterodox erklärt wurde. Dabei konzentrieren sich die kritischen Kommentare auf die Sophiologie (Serežnikov 1939:143), während hier, soweit sich dies trennen lässt,[344] nur die Kenosis-Konzeption interessieren kann.

Was die Tradition von Kenose-Vorstellungen angeht, stützt sich Bulgakov auf die Patristik, geht aber über diese hinaus: Die christologischen Formeln der ersten fünf Jahrhunderte gelten ihm nicht als der Weisheit letzter Schluss; auch in den Häresien der frühen Kirche erblickt er ein Quentchen Wahrheit, etwa im Apollina-

---

[342] „Erfahrung und (Beispiel) gottgefälliger Selbstentsagung" (Florovskij 1937:440).
[343] *Das Lamm Gottes* (1933), französisch erschienen 1943 als *Du verbe incarné (Agnus Dei)* und auch im Westen vergleichsweise intensiv rezipiert.
[344] Diese sind nach Gorodetzky jedoch nur bedingt zu trennen: „[…] Sophia is, one could say, the substance of kenosis – let us take this term in its strict etymological meaning: what underlies kenosis." (1938:161). Ähnlich H.-J. Röhrig: „Bulgakov vertritt eine *sophiologische Kenosistheologie*. Jeder Prozeß der Kenose ist aufgrund der Existenz der Sophia möglich und wird in der Sophia realisiert." (1997:490, Hervorh. i. Orig.).

rismus.[345] Das Chalcedonense hält Bulgakov für fortschrittlich, aber noch unzureichend ausgefüllt:

> *Извне* Халкидонский догмат является как будто желанным синтезом из тезиса об единстве и антитезиса о двойстве Христа, обозначившихся в христологической диалектике, он говорит им обоим свое *да*. Однако этот догматический синтез *богословски* есть только рядоположение двух, по прежнему между собою соперничающих, богословских идей [...] Исполнить его догматический приказ оказывалось непосильно [...] тем, кто еще продолжал богословствовать. Та антиномия, которая содержится в догмате и внешне обозначается наличием в самой сердцевине четырех, лишь отрицательных определений, (ἀσυγχύτως, ἀτρέπτως, ἀχωρίστως), без всякой попытки положительного, представляет собою то острие, с которого непроизвольно соскальзывает мысль при попытке истолкования.[346]

Eine kognitiv konstruktive und wissenssoziologisch stabilisierende Lösung (s. 2.8.4.2) kann Bulgakov in den chalcedonischen Paradoxen nicht erkennen. Die apophatische Negativität bedarf für Bulgakov der Konkretisierung und positiven Füllung.[347] Gleichermaßen sei die Kenose in der Patristik als Problem aufgeworfen, aber nicht ausgearbeitet worden (Bulgakov 1933:239). Insofern schreite die Erkenntnis – eine Provokation für die Orthodoxie – fort, könne die Orthodoxie gar von der neueren protestantischen Kenotik lernen, die das Chalcedonense wesentlich weiterentwickelt habe (s. Gorodetzky 1938:159). Gegenüber der protestantischen Kenotik schwankt Bulgakovs Position; während er sich positiv auf Geß

---

[345] Onasch 1993:182. Mit dem Bulgakov dann auch identifiziert wird (Schultze 1979:737).

[346] „*Äußerlich* stellt das Chalcedonische Dogma gleichsam die erwünschte Synthese aus der These von der Einheit und der Antithese von der Zweiheit Christi da, die sich in der christologischen Dialektik abgezeichnet hatte; es sagt zu beiden *ja*. Diese dogmatische Synthese ist jedoch *theologisch* lediglich die Juxtaposition zweier wie vormals rivalisierender theologischer Ideen [...] Diesen dogmatischen Auftrag zu erfüllen, zeigten sich diejenigen außerstande, die noch fortfuhren, Theologie zu treiben. Jene Antinomie, die im Dogma enthalten ist und von außen durch die Präsenz von vier bloß negativen Bestimmungen im Herzstück, und zwar ohne jeden Versuch einer positiven Definition (unverändert, ununterschieden, unvermischt und ungetrennt) gekennzeichnet ist, bildet die Spitze, von der das Denken beim Auslegungsversuch unwillkürlich abgleitet." (Bulgakov 1933:79, Hervorh. i. Orig.). Vgl. dazu Schultze 1979:736; zu den zitierten Paradoxen 2.8.4.2.

[347] „Итак, пред нами стоит догматический вопрос о *положительном* соотношении двух природ во Христе." [Wir stehen also vor der dogmatischen Frage nach dem *positiven* Wechselverhältnis der beiden Naturen in Christus.] (Bulgakov 1933:221, Hervorh. i. Orig.). Die Gegenposition findet sich bei Vladimir Losskij, der am Chalcedonense gerade die Negativität lobt, die Paradoxe also als Ausfluss von Apophatik liest (1989:98f).

bezieht und Luther und Thomasius lobt,[348] spottet er über die angelsächsische, wie er es sieht, epigonale Kenotik.[349]

In der Bulgakov-Forschung hat es sich eingebürgert, (mindestens) eine Grundunterscheidung verschiedener kenotischer Bewegungen in Bulgakovs Denken festzumachen (H.-J. Röhrig 1997:491). Jeder trinitarischen Hypostase komme *ihre* Kenose zu (Valliere 2000:331). Letztlich lässt sich aber über diese drei Facetten hinaus eine ganze Sequenz weiterer Etappen unterscheiden; die folgende Zählung von elf Stufen und Facetten mag noch unvollständig sein: 1) die Konkretisierung des „göttlichen Nichts" bzw. Absoluten zu Gott, 2) die Schöpfung als Kenose von Gott Vater ins Materielle und Endliche, 3) die wechselseitige Zuneigung der drei Hypostasen des dreieinigen Gottes, 4) die präinkarnatorische Gehorsam-Werdung des Logos, 5) die Inkarnation, 6) der unsichtbare Dienst des Geistes für den Sohn (s. ebd.:332), 7) die wechselseitige Kenose von Göttlichem und Menschlichem im Gottmenschen,[350] 8) die innerweltliche Erniedrigung Jesu Christi, die 9) mit einer formalen Reduktion im Wissen, in der Botschaft und Sprache Jesu und 10) mit der Klimax des „Todes Gottes" einhergeht[351] und die schließlich 11) vom Vater als Mitkreuzigung mitdurchlitten wird.[352]

Angesichts dieser Proliferation verschiedener Entäußerungs-, Beschränkungs- und Herablassungsakte ist deutlich, dass die Kenose Bulgakov einen Generalschlüssel liefert: „*Каждое взаимоотношение Бога с тварью есть нисхождение Бога на низший уровень.*"[353] Das titelgebende Lamm von Bulgakovs christologischem Hauptwerk ist damit nicht als exklusive Christus-Metapher zu begreifen (s. 4.6.5.2), sondern stellt im Sinne von Apk 13,8 eine Metapher für den gesamten Weltprozess dar. Das irdische Golgatha wird zur phänomenalen Übersetzung des metaphysischen Golgathas (vgl. P. Henry 1957:150).

Da nun für „kenotische Vorgänge" im Rahmen der „interhypostatischen Beziehungen der Dreifaltigkeit [...] jeder Schriftbeweis fehlt" (Sereznikov 1939:145), stellt dieser Teil von Bulgakovs Kenosis-Theologie im besseren Fall

---

[348] Vgl. bspw. Bulgakov 1933:247 Anm. 1, 260 Anm. 1, 265 Anm. 2.

[349] Bulgakov 1933:247 Anm. 1. Bulgakovs Rezeption der protestantischen Kenotik würde zweifelsohne in das Florovskijsche Register der „Pseudomorphose" gehören (vgl. Wendebourg 1996) – eine derartige interkonfessionelle Polemik und Reinheitsidolatrie steht dem kulturwissenschaftlichen Anliegen dieser Arbeit jedoch diametral entgegen.

[350] Vgl. Solov'ev (4.4.4.2).

[351] Zu den Punkten acht bis zehn s. 4.4.4.6.

[352] „Божественное со-распятие Отца" [göttliche Mit-kreuzigung des Vaters] (Bulgakov 1933:383). Damit kratzt Bulgakov am Postulat der Unveränderlichkeit der Gottheit (s. Schultze 1979:738).

[353] „*Jede Wechselbeziehung von Gott und Geschöpf ist eine Herablassung Gottes auf eine niedrigere Stufe.*" (Maceina 2002:119, Hervorh. i. Orig.).

eine Spekulation dar, im schlechteren einen „monströsen Mythos" (Onasch 1993:189). Durch die Einbettung von Inkarnation des Logos und sozialer Erniedrigung Jesu Christi, den beiden herkömmlichen Facetten der Kenose (s. 2.6.1.1–2.6.1.2), in eine übergreifende Entelechie (P. Evdokimov 1970:182), ist dann auch die Begrenzung der Folgeeffekte Wandel und Leiden auf die von der zweiten Hypostase angenommene menschliche Natur nicht mehr so eindeutig. Patripassianismus, Dynamismus und Wandelbarkeit der Gottheit liegen damit prekär nahe.[354] Scheint die dreieinige Gottheit als ganze oder zumindest die göttliche Natur der zweiten Hypostase stellenweise in Mitleidenschaft gezogen, so gemahnen Rückversicherungen Bulgakovs, der göttliche Logos bleibe durch die inkarnatorische Kenose unvermindert,[355] andererseits an das *Extra Calvinisticum* (s. 2.7.3.2).

Die sich daraus ergebende „wesenmäßige Unklarheit" (Schultze 1950:342) geht zurück auf eine rhetorische Besonderheit von Bulgakovs theologischer *écriture* – auf die suggestive Rhetorik des „gleichsam" und „als ob". Zudem führt Bulgakov neue, von philosophischer Terminologie induzierte Unterscheidungen ein wie die von „по Себе" [an sich] und „для Себя" [für Sich]: „Собственное Я Логоса для Себя, хотя и *не по Себе*, из Св. Троицы как бы нисходит в иную, тварную, сферу бытия («сходит с небес»), *вочеловечивается*."[356] Diese Terminologiewahl bringt Serežnikov auf den Doketismus-Verdacht:

> Die Hypostase des Logos erlebt ‚für sich' die Kenosis; ‚an sich', objektiv existiert diese gar nicht. Und das führt zum kenotischen Schein, zu einem eigentümlichen Doketismus in der Kenosis-Lehre. (1939:149)

Da diese Unterscheidung aber von Bulgakov auch nicht durchgehalten wird, ist Serežnikovs Vorwurf nicht von der Hand zu weisen, dass die „Kenosis-Lehre B.[ulgakov]s" (zumindest deren trinitarisch-spekulativer Teil) „eine stets sich spaltende und doppelsinnige Theorie" (ebd.:149) darstelle: „Sie schwebt zwischen einer Als-ob-Kenose und einem barock verzierten extra Calvinisticum." (ebd.). Programmatisch ist die Vagheit bzw. Paradoxalität bei Bulgakov allerdings bei der Perichorese (Bulgakov 1933:285) von Menschlichem und Göttlichem:

> Халкидонский догмат о двух природах, нераздельных и неслиянных, сохраняет свою силу и в прославлении Христовом. Последнее не означает поглощения или

---

[354] Serežnikov 1939:146; P. Henry 1957:147.157; s. 2.3.
[355] „[...] об отстранении Логоса от участия в промыслительной деятельности вследствие кенозиса не должно быть и речи [...]" [(...) von einem Rückzug des Logos von der Teilnahme am Werk der Vorsehung infolge der Kenose kann keine Rede sein (...)] (Bulgakov 1933:256).
[356] „Das eigene Ich des Logos steigt aus der hl. Trinität gleichsam für sich, wenngleich *nicht an sich* herab in die andere, die geschöpfliche Sphäre des Seins (‚es steigt von den Himmeln herab'), *es wird Mensch*." (Bulgakov 1933:257, Hervorh. i. Orig.).

растворения Его человечества в Божестве, напротив, человеческая природа сохраняется даже и в седении одесную Отца, но она обожается при этом в столь предельной степени, что способна войти безраздельно в божественную жизнь Богочеловека, а в Нем и Св. Троицы.[357]

Auch die menschliche Natur werde in der Auferstehung erhöht. Es komme damit nicht zu einer Wieder-Entleibung, einem „развоплощение" [Disinkarnation] oder „расчеловечение".[358] Vielmehr bedeute die Wechseldurchdringung von Göttlichem und Menschlichem eine positive Lösung der – wie Bulgakov es liest – im Chalcedonense lediglich negativen Formeln in Richtung eines „взаимостановление Бога для мира и мира для Бога".[359]

In der gottmenschlichen Durchdringung realisierten sich die zwei Seiten der Sophia, die geschöpfliche und die ungeschöpfliche (Bulgakov 1933:232). Bulgakov greift – im besten Geiste (neu)chalcendonischer Paradoxien – zu Formeln wie „кенотическое прославление" oder „слава в уничижении".[360] So rettet die Rhetorik des Paradoxes Bulgakov vor dem endgültigen metaphysisch-spekulativen Abheben. Damit kehrt er von seinem kosmogonisch-trinitarischen Ausflug zurück zur Kernkompetenz der kenotischen Christologie.[361] Serežnikov ist trotz seiner überschießenden Polemik gegen die Neokenotik (1939:150) im Recht, wenn er sagt, dass bei Bulgakov „[...] der Begriff der Kenosis sein konstitutives Merkmal – die Überbrückung des Abstandes von Gott zu Mensch, – damit aber auch seinen eigentlichen – und einzigen – Sinn verliert" (ebd.:145).

Serežnikov übergeht, dass es neben dem von ihm umschriebenen soteriologischen Zweck einen zweiten Sinn von Christi Kenose gibt – die ethische Paränese.

---

[357] „Das Dogma von Chalcedon von den zwei ungetrennten und unverbundenen Naturen behält auch in der Verherrlichung Christi seine Geltung. Letztere bedeutet nicht das Aufgehen oder die Auflösung Seiner Menschlichkeit in der Gottheit. Vielmehr bleibt die menschliche Natur sogar beim Sitzen zur Rechten des Vaters ohne Einschränkung vorhanden. Sie wird jedoch in so extremem Maße vergöttlicht, dass sie ungetrennt in das göttliche Leben des Gottmenschen, und durch ihn auch in die Hl. Dreifaltigkeit eingehen kann." (Bulgakov 1933:410).

[358] „Entmenschlichung" (Bulgakov 1933:421); vgl. auch Paperno 1992:29 und Aleida Assmanns metaphorischen Begriff von *Exkarnation* (s. 3.2.6.3).

[359] „Füreinander-Werden Gottes für die Welt und der Welt für Gott" (Bulgakov 1933:428).

[360] „Kenotische Verherrlichung" – „Herrlichkeit in der Erniedrigung" (Bulgakov 1933:411).

[361] Allerdings wird gerade auch die metaphysische Kenosis-Lehre Bulgakovs in der Theologie des 20. Jh.s intensiv rezipiert. Von Bulgakovs Ansiedlung kenotischer Momente im trinitarischen Geschehen her ist bspw. Hans Urs von Balthasars Lehre von der „Ur-Kenose" zu begreifen (1973/83:III 308; vgl. auch Nnamani 1995:128; A. Hoffmann 2008:21), wobei von Balthasar allerdings den bei Bulgakov so prominenten und umstrittenen sophiologischen Aspekt herausscheidet (H.-J. Röhrig 1997:490f).

Doch hat Bulgakovs kenotischer „metaphysischer Leerlauf im Himmel" (ebd.) einen *paränetischen* Sinn? Kaum. Sehr wohl paränetisch einschlägig ist dagegen die bei Bulgakov in die kosmologische Spekulation eingebettete Fokussierung auf das irdische Leiden Jesu Christi, die hier eine gesonderte Darstellung verdient.

4.4.4.6 Korporeale Kenose (Bulgakov II)

Während Bulgakovs metaphysische Unterscheidung von „an sich" und „für sich" eher dazu angetan war, den Doketismus-Verdacht auszulösen (s. 4.4.4.5), so ist es ihm doch mit Blick auf die innerweltliche Kenose Jesu Christi gerade um die uneingeschränkte Menschlichkeit Christi zu tun: „[…] чтобы исполнить всякую человеческую правду […]".[362]

Der Fächer von Realisierungen und Veranschaulichungen des wahren Menschseins Jesu Christi, den Bulgakov entfaltet, übertrifft selbst noch die protestantischen Kenotiker des 19. Jh.s, von denen er aber an einigen Punkten profitiert, etwa von Geß' Theorem von der „Bewusstlosigkeit" des irdischen Jesus.[363] Das menschliche Wissen Jesu war für Bulgakov in einem Prozess des Werdens begriffen.[364] Und in Gethsemane habe Jesus die Verzweiflung der Gottverlassenheit durchlebt, eine psycho-physische Überforderung der menschlichen Natur durch das Erlösungswerk, das diese zu tragen gehabt hätte (vgl. Schultze 1950:341).

Großen Wert legt Bulgakov auch darauf, dass Christus eines echten Todes gestorben sei (s. Gorodetzky 1938:170), um anschließend auch dem Abstieg in den Hades (Bulgakov 1933:402–408) einen kenotischen Mehrwert abzuringen. Selbst die Erhöhung Christi nach Phil 2,9–11 sei – da es sich um ein passives Erhöht-Werden handle – noch kenotisch lesbar: „[…] Сын Божий в состоянии уничижения сам Себя не воскрешает, ибо Он кенотически совлекся Своей божественной мощи. Его воскрешает Отец Духом Святым […]".[365] An dieser subtilen Lesart des Gegenvektors zur Kenose wird deutlich, dass Bulgakov geradezu einen Kenose-Detektivismus betreibt.

Dank der Perichorese von Menschlichem und Göttlichem gehen Jesu Leidens- und Niedrigkeitsmerkmale für Bulgakov im Zuge der Erhöhung über auf die zweite Hypostase als ganze und bleiben auch nach der Auferstehung präsent. Damit

---

[362] „[…] um jegliche *menschliche* Wahrheit zu erfüllen […]" (Bulgakov 1933:306, Hervorh. i. Orig.).
[363] Bulgakov 1933:259; s. 2.7.2.3.
[364] Bulgakov 1933:332. Dagegen opponiert Losskij (1989:108).
[365] „[…] der Sohn Gottes im *status exinanitionis* erweckt Sich nicht selbst auf, denn er hat sich kenotisch seiner göttlichen Macht entledigt. Ihn erweckt der Vater durch den Heiligen Geist […]" (Bulgakov 1933:411). Auf den Erhöhungsvektor stellt auch Nikolaj Fedorov ab; er begreift die *imitatio Christi* als Gewinnung persönlicher Unsterblichkeit (s. Paperno 1994a:6).

schafft Bulgakov einen Übergang zur Ekklesiologie: Als kenotisch qualifizierter „Leib Christi" hält die Kirche für ihn Christus omnipräsent – bis über die Grenzen der christlichen Kirche hinaus (Bulgakov 1933:463f);der Prozess der „Christifikation" der Welt schreite weiter voran (vgl. Valliere 2000:356).

Während von Balthasars selektive Rezeption die Problematik der spekulativen trinitarischen Kenosis-Lehre Bulgakovs zeigt (4.4.4.5), belegt der Anklang, den die Kenotik des Russen bei westlichen Rezipienten gefunden hat, deren theologische Produktivität – und die liegt gerade auch in der Betonung der irdischen Kenose, der Leiblichkeit, der Psychologie des Leidens und Mitleidens. Andererseits steht Bulgakov mit seinen kulturphilosophischen Texten wie *Героизм и подвижничество [Heroismus und Askese]* (s. 5.3.7.4) auch an der Schwelle – eines Paradigmas, in dem die Kenosis-Lehre für soziale Modelle der modernen Welt in Anspruch genommen wird.

4.4.4.7 Das Abebben der Welle religionsphilosophischer Kenotik

Damit verschiebt sich das philosophische Interesse an der Kenotik in den säkularen, den literarischen und sozialphilosophischen Bereich (5). Zugleich geschieht eine Aufspaltung in Kulturgeschichtsschreibung und Neopatristik.[366] Eigentlich religionsphilosophische Nachfolger hat Bulgakovs kenotische Christologie und Trinitätslehre keine.[367] So schnell von Chomjakov bis Bulgakov hier eine Welle angeschwollen war, so wenig folgt auf demselben Feld eine zweite (eine Kenose der Christologie?). Erst unter spät- und postsowjetischen Bedingungen sind – etwa bei Sergej Averincev, Aleksandr Men' oder dem für russische Leser schreibenden Litauer Maceina – Neuansätze einer kenotischen Christologie festzustellen.[368]

Die sowjetische Zäsur betrifft die Christologie am stärksten von allen russischen Ausgestaltungen der Christusbezüge. Nicht brechen konnte die Sowjetmacht, trotz der Reduktion auf einen Bruchteil von deren vorrevolutionärer Reichweite, dagegen die mnemonische Präsenz der Liturgie.

---

[366] Zu dieser Filiation s. Valliere 2000:374. Mit gewissen Einschränkungen ist der Neopatristik auch Losskijs Versuch zuzurechnen, die Christologie der orthodoxen Kirche aus der Häresiologie der frühen Kirche allein zu entwickeln (1989:95–118) und damit die Bulgakovschen Anleihen bei der protestantischen Neokenotik zurückzunehmen (vgl. ebd.:108); eine Kulturgeschichte der Kirche lehnt Losskij vehement ab (1961:18).

[367] Siehe Valliere 2000:373; der Brückenschlag von Chomjakovs Konziliarität zu Afanas'evs eucharistischer Ekklesiologie (s. Schultze 1984:336f) überzeugt nur bedingt, denn die Kenose ist in Afanas'evs Darstellung lediglich ein Seitenaspekt.

[368] Valliere möchte auch Choružij als Fortsetzer des gottmenschlichen Anliegens und weniger als Neo-Hesychasten begriffen wissen (2000:402f), was der obigen Choružij-Lektüre (4.4.3.1) zuwiderläuft.

4.5 Die orthodoxe Liturgie und ihre Annexe im Alltag

> Wenn man bedenkt, daß die Liturgiefeier sozusagen der Zentralpunkt des Lebens der Kirche als des mystischen Leibes Christi ist, die eigentliche Lebensäußerung der kirchlichen Gemeinschaft *als* Gemeinschaft, und wenn man andererseits vernimmt, wie in den Texten der Liturgie die Glaubensgeheimnisse immer wieder in einzigartig prägnanten Worten und Darlegungen formuliert werden, so begreift man, daß diese Formulierungen ebenso sehr als offizielle Zeugnisse der Kirche über den von ihr bekannten Glauben betrachtet werden müssen wie irgendeine konziliare Entscheidung. (Karmiris/von Ivánka 1971: 697, Hervorh. i. Orig.)

Die liturgische Praxis bildete über Jahrhunderte der russischen Literaturgeschichte selbst für biblische Texte ein wichtigeres Transportmedium als die Schrift. Unterstrichen wird dieser Befund durch das quantitative Vorwiegen von für den Gottesdienst bestimmten Handschriften im altostslavischen Schrifttum,[369] was auch Konsequenzen für das Bild von der altostslavischen Literatur haben muss (s. 4.0.3). Zugleich lässt sich damit plausibel machen, dass die Textsorte Gottesdienstliteratur über Jahrhunderte die Überlieferung der darin enthaltenen christologischen, gerade auch kenotischen Aussagen garantierte: „The liturgy and preaching of the Orthodox Church give a large place to the kenotic motif."[370]

4.5.1 Theorie der liturgischen Erfahrung

> Zu den auffälligsten Merkmalen [westkirchlicher] moderntheologischer Christozentrik gehört die Unterschätzung der Bedeutung habitualisierter Praktiken und technischer Verfahren in Verkündigung und Kult. (Hoff 1999:141)

An neuzeitlichen, durch die interkonfessionelle Kontroverse beeinflussten Selbstbeschreibungen der orthodoxen Seite fällt die Betonung von Praxis vor Lehre auf (s. 4.1.4); Ortho*praxis* gehe vor Ortho*doxie*.[371] Wahre Konversion wird von orthodoxen Theologen gerne mit dem Eintauchen in die orthodoxe *Praxis* beschrieben. Den Kern dieser Praxis bildet die Liturgie, deren Hermeneutik im Sinne einer „Theologie der Erfahrung" (Felmy 1990:1–24) als Kern des Glaubenslebens kon-

---

[369] Vom 11. bis 13. Jh. machen diese 94,6% der überlieferten Handschriften aus, wie Rothe (2000:33) berechnet hat.
[370] So Dawe (1963:150), der dazu allerdings die nur an zehn Tagen des Kirchenjahres zelebrierte Basilios-Liturgie und nicht die häufiger gebrauchte Chrysostomos-Liturgie als Beleg anführt.
[371] Vgl. etwa Kallis' Übersetzungsversuch „rechte Lobpreisung" (1989:IX).

4. Christus in Russland

zeptualisiert wird. Als geschichtliche Beglaubigung wird im russischen Rahmen dafür gerne ein Passus der *Nestorchronik* herangezitiert:

> И приидохомъ же въ Греки, и ведоша ны, идеже служать Богу своему, и не свѣмы, на небѣ ли есмы были, ли на земли: нѣсть бо на земли такаго вида ли красоты такоя, и не доумѣемъ бо сказати; токмо то вѣмы, яко онъдѣ Богъ с человѣки пребываеть, и есть служба ихъ паче всѣхъ странъ.[372]

Aus westlicher Perspektive nimmt sich die orthodoxe Betonung der Erfahrungshermeneutik der Liturgie gegenüber der Dogmatik dagegen als Kompensation der Schwäche etwa der russischen argumentativen Theologie vor dem 19. Jh. aus (s. 4.4.1). Während dies interkonfessionell umstritten ist, bedeutet die orthodoxe ‚Theorie der Erfahrung' in Bezug auf die Sowjetzeit, in der alle anderen Facetten kirchlichen Lebens außer dem „культъ" [Kultus] verboten waren, den offensichtlichen Versuch, aus der Not eine Tugend zu machen (s. Felmy 1984:3f).

Die orthodox-theologische Hypostasierung der liturgischen Erfahrung bleibt eine akademische Theorie, mit der die Empirie der Hermeneutik nicht automatisch konform geht. Auch bei der Liturgie hat der Einwand Berücksichtigung zu finden, dass spirituelle Erfahrung nicht messbar ist, ja nicht einmal von Aufmerksamkeit der Besucher während der Messe ausgegangen werden kann (Goehrke 2003:194). Gerade der liturgische Sprechgesang (Ekphonese) läuft Gefahr, den Wortsinn der Hymnen, Troparien etc. zu verstellen[373] – auch den hier interessierenden christologischen. Automatisierung liegt zwar in der Intention der repetitiven Liturgie als einer Mnemotechnik. Statistisch ist vom Vorwiegen einer in dogmatischer Hinsicht unbewussten, semidisziplinären Liturgie-Rezeption ausgehen, so sind die dogma-

---

[372] „Und so kamen wir zu den Griechen, und sie führten uns dahin, wo sie ihrem Gott dienen, und wir wissen nicht: Waren wir im Himmel oder auf der Erde; denn auf Erden gibt es einen solchen Anblick nicht oder eine solche Schönheit; und wir vermögen es nicht zu beschreiben. Nur das wissen wir, daß dort Gott bei den Menschen weilt. Und ihr Gottesdienst ist besser als der aller [anderen] Länder." (Čiževskij 1926:106; dt. Hauptmann/Stricker 1988:62f).

[373] Onasch 1981:241. Allerdings hebt eine der Begründungen für das Fehlen von Instrumentierung in der russischen Kirchenmusik auf die tragende Rolle des verstehbaren Wortes ab (von Gardner 1976:38). Die gängigen Begründungen für dieses Fehlen sind nicht christologischer Natur (vgl. McKinnon 1994:456). In der Forschung werden „asketische Bestrebungen" dafür verantwortlich gemacht (von Gardner 1976:37; Wellesz 1998:97). Ob jedoch ein Brückenschlag von bewusster Beschränkung auf den Vokalgesang zur Logos-Christologie und Kenose tragfähig ist, muss genauso dahingestellt bleiben wie eine Untersuchung sakraler Kompositionen der Neuzeit (vgl. Eremina 2002: 374–379) auf ihre christologischen Implikate. Zu Wandlungen innerhalb des russischorthodoxen Vokalgesangs s. von Gardner 1983/87; eine knappe Erklärung der hier verwendeten hymnologisch-musikalischen Termini des orthodoxen Ritus bietet Nikolakopoulos 1999.

tischen – auch christologischen – Bedeutungsangebote doch latent in jedem einzelnen orthodoxen Gottesdienst vorhanden und können wieder bewusst gemacht werden;[374] wie die Geschichte der Liturgiedeutung (Felmy 1984) belegt, sind Deautomatisierung und ‚neues Hören' der Liturgie immer wieder geschehen und geschehen weiter (gerade die postsowjetische Frömmigkeit ist stark ritenbasiert).

4.5.2 „‚Gleitkern'"[375] Eucharistie

Das Automatisierungsproblem ist – wenn auch nicht in dieser Terminologie – vor allem im Zusammenhang mit der Eucharistie immer wieder gesehen worden. Um es zu beheben, wird häufig der Anspruch der Einmaligkeit des Christusopfers („ein für allemal") aus dem Hebräerbrief repetiert:

ὃς οὐκ ἔχει καθ' ἡμέραν ἀνάγκην, ὥσπερ οἱ ἀρχιερεῖς, πρότερον ὑπὲρ τῶν ἰδίων ἁμαρτιῶν θυσίας ἀναφέρειν, ἔπειτα τῶν τοῦ λαοῦ· τοῦτο γὰρ ἐποίησεν ἐφάπαξ, ἑαυτὸν ἀνενέγκας.[376]

In der Tat ist es die Eucharistie als ritualisierte Wiederholung des als einmalig Gesetzten, auf welche die orthodoxe *Theologie* der Erfahrung zurückgreifen kann. Die kirchliche Liturgie entstand aus einem zunächst nicht-rituellen gemeinsamen Mahl der frühchristlichen Gemeinde, das mit der Zeit zunehmend als Teilhabe am Leib Christi und seinem Opfer verstanden wurde und durch die Einsetzungsworte Christi (3.3.2.1) legitimiert wurde. Im Zuge dieser Legitimierung der Liturgie (vgl. 4.3.3.2) findet die „Einheit von Lehre, Theologie und liturgischer Erfahrung [...] ihren Niederschlag in der Herausbildung der altkirchlichen Eucharistiegebete [...]" (Felmy 1990:6). Diese reflektieren die Inkarnation, also die metaphysische Facette der Kenose. Durch die Anbindung an die Eucharistie ist die Kenose Christi in der (nicht bloß orthodoxen) Liturgie prominent platziert; um den ‚Gleitkern' Eucharistie herum siedelt die Kirche in der Geschichte der Liturgie vielgestaltige Metonymien und Metaphern der Erniedrigung Christi an. Wo Christus durch das einmalige Erstopfer das Heil gespendet haben soll, da wird auch die paradoxe rituelle Repetition dieses Einmaligen so verstanden, dass Christus darin selbst als „eigentlich Handelnder" (Kallis 1989:XII) tätig werde, was eine Kenose der Pries-

---

[374] Zudem ist geringerer Verständlichkeit ein Verfremdungsmoment eingeschrieben, das mnemonisch positiv wirken kann – „[...] jene Momente von Fremdheit [...], die kultischen Handlungen einen Gedächtniswert verleihen." (Hoff 1999:140).

[375] Onasch 1981:245.

[376] „Er [der Hohepriester Christus] hat es nicht nötig, wie jene Hohepriester, täglich zuerst für die eigenen Sünden Opfer darzubringen und dann für die des Volkes; denn das hat er ein für allemal getan, als er sich selbst opferte." (Hebr 7,27; vgl. Onasch 1981:246). Zum Paradox von Einmaligkeit und Supplementierung des *prius* durch das *posterius* vgl. 3.1.9.1.

terschaft desjenigen bedeutet, der die Messe zelebriert und nur als Gefäß, Vorschein, unähnliches Abbild des eigentlichen, metaphysischen Akteurs erscheint.

4.5.2.1 „Auffüllung", Wucherung, Vertauschung, Konservierung

Die orthodoxe Liturgie ist durch einen langen Prozess entstanden – diesmal weniger der Transformation als der Hinzufügung neuer Elemente. Erste eindeutige Zeugnisse von liturgischer Praxis finden sich bei Justin dem Märtyrer im 2. Jh.. Um die eucharistische Handlung herum wurden zusätzliche Texte gruppiert, Ende des 4. Jh.s das Vaterunser, Anfang des 5. Jh.s das Sanctus, Ende des 5. Jh.s das Trishagion, im 6. unter Justinian I. das Credo und das Ὁ μονογενής;[377] im 8. und 9. Jh. wird die Proskomidie ausgebaut.

Die heutige Praxis folgt weitgehend dem Schema von Philotheos Kokkinos, Patriarch von Konstantinopel, aus dem 14. Jh. (Onasch 1981:247f.250f). Die Rus' übernimmt im 10. Jh. zunächst eine altertümliche Fassung des byzantinischen Ritus, passt sich aber im 15./16. Jh. allmählich an Philotheos' Schema an. Obgleich der Wandel der liturgischen Praxis damit mehr als offensichtlich ist, zwingt der Traditionalismus der Orthodoxie, für den die Liturgie ein zentraler Punkt ist, seine Verfechter dazu, dort, wo die These von unveränderter Bewahrung des Vätererbes offensichtlich nicht haltbar ist, zu einem teleologischen Remedium zu greifen und vom sukzessiven „Komplettieren" der Liturgie zu sprechen. Der *Устав [Typikon]* von 1882 suggeriert in der teleologischen Ganzheitsaxiologik (s. Uffelmann 1999), dass es sich beim historischen Wandel bloß um ein „пополнение"[378] gehandelt habe. Dieser harmonistischen Teleologie steht allerdings entgegen, dass es sehr wohl auch Vermischungen von und Austausch zwischen verschiedenen Liturgieformularen (H.-J. Schulz 1989b:37), ja selbst Kürzungen gegeben hat (im 8. Jh. verschwindet die Prophetenlektion; Beck 1959:242). Die enorme Ausweitung der Liturgieteile zwang in Russland im 17. Jh. zu deren gleichzeitigem Absingen, dem so genannten *многогласие* [Mnogoglasie] (s. 4.5.3.7); es wurde jedoch als krisenhafte Wucherung wahrgenommen und wieder abgeschafft. Erst nach dieser Coupierung kann die Liturgie als ein Hort der Konservierung firmieren. Die Geschichte der „Auffüllung", Wucherung und konservatorischen Leistung der orthodoxen Liturgie kann hier nicht eingehender behandelt werden; die nachfolgenden Beobachtungen werden daher vorzugsweise um die fixen Bestandteile der kirchenslavischen Chrysostomos-Liturgie gruppiert.

---

[377] *Du einziggeborener Sohn*, kirchenslavisch *Единородный сыне* (vgl. 4.5.3.2).
[378] „Auffüllung" (Ustav Bogosluženija 1882:II; so auch auch Onasch 1981:247).

4.5.2.2 Liturgie als reine Erhebung?

Ist jedoch, wenn sich die Gesandten der Rus' im byzantinischen Gottesdienst der *Nestorchronik* zufolge wie „im Himmel" gefühlt haben sollen (s. 4.5.1), das liturgische Geschehen nicht viel eher über den Erhöhungs- als den Erniedrigungsvektor zu beschreiben? Dafür gibt es historische Argumente mit aktuellen Reflexen. Zum einen kamen im Verlauf des Wandels der byzantinischen Liturgie antiarianische Impulse zum Tragen, und zwar in einer „stärkeren Betonung der Gottheit Christi, die ihren liturgischen Ausdruck im Lobpreis des Vaters ‚mit dem Sohne' fand".[379] Der Philipperhymnus wird an mehreren Stellen der (von Stock „poetisch" beschriebenen katholischen) Liturgie auf den Erhöhungsvektor reduziert.[380] Der kleine Einzug der Liturgen in der orthodoxen Liturgie der Katechumenen soll die Engel zur „Konzelebration" heranführen: „Сотвори со входомъ нашимъ, входоу святыхъ ангелωвъ быти, сослоужащихъ намъ [...]".[381]

Zum anderen greifen pathetische Schilderungen der östlichen Liturgie gerne zu einer Rhetorik des Erhabenen, die die Erhebung, die sie kommunizieren soll, in den Gegenstand verlegt. So empfiehlt Kallis, den Kirchenraum als verräumlichten Aufstieg zu lesen (1989:XIV–XVI) und das Kirchenschiff, wo die Gläubigen stehen, die damit die „Cherubim abbilden", als Himmel aufzufassen (ebd.:96). Auch die zeitliche Untergliederung in Liturgie der Katechumenen und Liturgie der Gläubigen (s. 4.5.3) insinuiert ein Aufwärts, als dessen Höhepunkt der „Aufstieg der eucharistischen Gemeinde in den Himmel" (Kallis 1989:XX) erscheint. Das Epitheton „göttliche" Liturgie schließlich indiziert Kallis zufolge die „Vergegenwärtigung des göttlichen Werkes" (ebd.:XI). Ist die orthodoxe Liturgie folglich als völlig a-, ja antikenotisch anzusprechen? Nein, denn die Begründung für das Emporziehen der Gläubigen in der Messe liegt im vorangehenden Herabstieg des Göttlichen zu den Menschen – in der Kenose Christi (vgl. ebd.:XIV), die in der Chrysostomos-Liturgie in diversen Formen beschworen wird.

4.5.3 Die Chrysostomos-Liturgie

Der von der Frequenz der Repetition her bedeutsamste Ort der ostkirchlichen Überlieferung des Christus-Exempels sind die fixen Bestandteile der Chrysostomos-Liturgie. Ob der Kirchenvater des 4. Jh.s daran „überhaupt" Anteil hatte, ist nicht abschließend geklärt (Beck 1959:242), wenngleich jüngst wieder Belege für seine Autorschaft präsentiert wurden.[382] Selbst wenn Chrysostomos als Urheber

---

[379] So H.-J. Schulz (1964:29, Hervorh. i. Orig.), gestützt auf Jungmann (1925:151.170. 193f).
[380] Auf die Verse Phil 2,8–11; Stock 1995/2001:I 43f.
[381] „[...] laß mit unserem Einzug den Einzug heiliger Engel geschehen, die mit uns die Liturgie konzelebrieren [...]" (Kallis 1989:62f).
[382] Vgl. H.-J. Schulz 1980:27*–33*; 1989a:20f.

anzusetzen ist, was innerhalb der Liturgie mehrfach beschworen wird (Kallis 1989:28f.38f.186f.192f), überdeckt der beschriebene Wandel seine Autorschaft.

Von der Reichweite her übertrifft die Chrysostomos-Liturgie alle anderen repetitiven Gattungen der Paränese um Größenordnungen; mit Ausnahme von zehn Tagen wird sie an allen Tagen des Kirchenjahres zelebriert – in allen Gottesdiensthaltenden Kirchen der ROK und der Auslandskirche wenigstens sonntags. Da eine zeitübergreifende Statistik schwierig wäre (insbesondere wegen ungesicherter Daten über die Zahl betriebener Kirchen vor dem 19. Jh., angesichts von Katakombengottesdiensten in der Sowjetära und aufgrund des rapiden Zuwachses in postsowjetischer Zeit), hier nur eine Überschlagsrechnung auf Grundlage relativ gesicherter Daten zur Situation kurz vor dem Ersten Weltkrieg, jener Zeit, in welcher die Dichte paränetischer Akte (vorläufig) am größten war (vgl. 4.2.4): Die Chrysostomos-Liturgie wurde damals in über 70.000 Kirchen (Pospelovskij 1995:166) mindestens an 47 Sonntagen des Kirchenjahres zelebriert, was an die drei Millionen Messfeiern pro Jahr ergibt (wozu in großen Kirchen und Klöstern Stundengottesdienste, Werktagsmessen und zusätzliche Feiertagsmessen kommen).

Von daher liegt es nahe, die Chrysostomos-Liturgie hier stellvertretend für die spezielleren Messtypen eingehender zu untersuchen. Zunächst wird die nicht von allen Kennern begrüßte (Onasch 1981:249) Unterteilung der als Einheit gedachten Liturgie in Приготовлѣнїе къ божественной лїтоургїи [Vorbereitung auf die göttliche Liturgie], Лїтоургїѧ ѡглашенныхъ [Liturgie der Katechumenen] und Лїтоургїѧ вѣрныхъ [Liturgie der Gläubigen] zur Grundlage eines Parcours durch die (semantischen) kenotischen Bezüge genommen.[383] Darauf aufbauend, wird versucht, das Verhältnis von Liturgie und Dogmatik zu bestimmen (4.5.3.4), und die Frage nach dem Realismus des liturgischen Opfers aufgeworfen (4.5.3.5). Schließlich rücken die performativen Aspekte der Gesamtliturgie (Memorierungsfunktion, Vergegenwärtigungsannahme, Demutsgesten der Zelebranten und Demonstration der Unwürdigkeit der Gemeinde) in den Mittelpunkt (4.5.3.6–4.5.3.8).

4.5.3.1 Die verborgene Passionssymbolik des Приготовлѣнїе [Vorbereitung]
Wie die anderen Trägermedien auch hat die Liturgie die Aufgabe, den nicht mehr auf Erden leiblich anwesenden Christus zu wieder-vergegenwärtigen – mittels materieller Zeichen (s. 3.1.9.1), also „[...] die historische Sichtbarkeit Christi [zu] verlängern" (P. Evdokimov 1986:52).

Die *Vorbereitung* beginnt im Rahmen der Молитва предъ свѧтыми вратами [Gebet vor den Heiligen Türen] mit der Anrufung von Gott Vater, wovon über

---
[383] 4.5.3.1–4.5.3.3. Die Nicht-Getauften werden vom dritten Teil ausgeschlossen, und zumindest seit dem 20. Jh. ist es verbreitete Praxis, dass Gottesdienstbesucher nicht die gesamte Liturgie mitmachen.

die Dreieinigkeit zur Gottesmutter übergeleitet wird: „Милосердїа двери ѿверзи намъ, благословеннаѧ богородице [...]"‚[384] was Kallis als Verweis auf die Inkarnation des göttlichen Logos deutet („die Tür, durch die das göttliche Wort in die Welt eintrat"; 1989:6). Damit geht eine Sichtbarmachung des Göttlichen (s. 3.1.2) einher, die im Zurückschlagen des Vorhangs der Himmlischen Pforte visualisiert wird. Folgerichtig treten Priester und Diakon beim anschließenden *Поклонение ікѡнъ* [*Begrüßung der Ikonen*] vor die Ikone Christi, um die gottmenschlichen Paradoxe und ihre dialektische soteriologische Funktion zu thematisieren:

Пречистомоу твоемоу образоу покланѧемсѧ благїй, [...], христе боже: Волею бо благоволилъ еси плотїю взыти на крестъ, да избавиши, ѧже создалъ еси, ѿ работы вражїѧ.[385]

Die drastischsten kenotischen Motive hat in der sich anschließenden *Проскомідіа* [*Bereitung der Gaben*] das *Закаленіе агнца* [*Schlachtung des Lammes*]. Der Priester spricht die Hymne aus dem Morgengebet der Karfreitagsliturgie, in der das Loskauf-Theorem (3.0.5) und die blutrünstige Dimension der Kreuzigung zusammengebracht werden: „Искоупилъ ны еси ѿ клѧтвы законныѧ честною твоею кровїю: На крестѣ пригвоздивсѧ и копїемъ прободсѧ, безсмертїе источилъ еси человѣкѡмъ: Спасе нашъ, слава тебѣ."[386] Vom am Kreuz fließenden Blut wird sodann die metaphorische Brücke geschlagen zum Schlachten des Opferlamms (s. 3.0.4), das hier durch das Stechen ins Opferbrot symbolisiert[387] und poetisch amplifiziert wird: Das angsterfüllte Verstummen des Lamms vor seinem „Scherer" wird als kenotischer Akt vorgestellt:

Якѡ овча на заколенїе ведесѧ.
И якѡ агнецъ непороченъ, прѧмѡ стригоущагѡ его безгласенъ, такѡ не ѿверзаетъ оустъ своихъ.
Во смиренїи его соудъ егѡ взѧтсѧ. [...]
Якѡ вземлетсѧ ѿ земли животъ егѡ.[388]

---

[384] „Die Tür der Barmherzigkeit öffne uns, gesegnete Gottesgebärerin [...]" (Kallis 1989:6f).

[385] „Vor deinem makellosen Bild verneigen wir uns, Gütiger, [...], Christus Gott; denn freiwillig wolltest du im Fleisch ans Kreuz hinaufsteigen, um dein Geschöpf aus der Knechtschaft des Feindes zu befreien." (Kallis 1989:8f, hier und im Weiteren Kleinschreibung der Personalpronomina sic).

[386] „Du hast uns losgekauft vom Fluch des Gesetzes durch dein kostbares Blut. Ans Kreuz genagelt und mit der Lanze durchbohrt, hast du den Menschen Unsterblichkeit hervorquellen lassen, unser Heiland, Ehre sei dir!" (Kallis 1989:18f).

[387] Zur Drastik des Zerstückelns des eucharistischen Lammsymbols bzw. des Leibes des Christusknaben s. 4.5.3.5.

[388] „Wie ein Schaf wurde er zum Schlachten geführt./ Und wie ein unschuldiges Lamm vor seinem Scherer verstummt, so tat er seinen Mund nicht auf./ In seiner Erniedrigung

4. Christus in Russland

Das Schlachten des Opferbrotes wird durch Zitation von Jh 19,34f parallelisiert mit dem Lanzenstich in die Hüfte des Gekreuzigten.[389] All dies bleibt der Gemeinde jedoch verborgen, weil es bei geschlossenen Türen im Altarraum vollzogen wird, wozu Gogol' anmerkt: „[...] wie ja auch die ersten Lebensjahre Christi dahinflossen, vom Volk nicht beachtet, im Verborgenen." (1989:19f). Nach dem *Поминовеніе свѧтыхъ, живыхъ и оусопшихъ [Gedächtnis der Heiligen, der Lebenden und Verstorbenen]*, das an das Schlachten des metaphorischen Lammes die noch buchstäblicher blutigen Christus-Metaphern der Märtyrer anschließt, tritt „[...] die Passionssymbolik, die bei der Gabenbereitung dominiert, [...] zurück" (Kallis 1989:32) – ab dem *Кажденіе и покрываніе свѧтыхъ даровъ [Beräucherung und Verhüllung der Gaben]*. Im *Ѿпоустъ [Schlußgebet]* der *Проскомідіа [Bereitung der Gaben]* wird allein auf den auferstandenen, also wiedererhöhten Christus Bezug genommen (ebd.:38f),bevor das noch zur Vorbereitung gehörende *Начало божественной літоургіи [Übergang zur Liturgie]* nochmals auf den Tod Jesu als radikalen Endpunkt der Kenose abhebt und dabei das Paradox eines Gottes im Grabe herausstellt: „Во гробѣ плотски, во адѣ же съ доушею якѡ богъ, в рай же съ разбойникомъ, и на прѣстолѣ былъ еси, христе [...]".[390] Bei aller Paradoxalität bleiben die kenotischen Elemente hier symbolisch, ‚irreal'.

4.5.3.2 Ungreifbares Mysterium des Wortes: Die Літоургіа ѡглашенныхъ [Liturgie der Katechumenen]

Dominiert in der Vorbereitung das inkarnatorisch-eucharistische Moment, so tritt dieses in der Liturgie der Katechumenen, also desjenigen Teils, an dem in der alten Kirche die Ungetauften teilnehmen durften, bevor sie zur Eucharistie den Kirchenraum verlassen mussten, zurück. Wessen zu jener Zeit auch die Katechumenen teilhaftig wurden, ist das Mysterium Wort, vertreten im mehrfach emporgehobenen und der Gemeinde vorgezeigten Evangelium (Kallis 1989:44.64.74), aus dem vorgelesen wird (ebd.:76f). Dieser Teil der Liturgie wird daher in der westlichen Forschung auch als „Wortgottesdienst" bezeichnet (H.-J. Schulz 1971:338). Der kenotische Realismus ist beim Medium des buchgewordenen Wortes schwächer als bei den Symbolen des fleischgewordenen Wortes; Christus wird als Auferstandener angerufen (Kallis 1989:64f). Nicht von ungefähr geschieht die Annäherung an den Inkarnierten auf dem Umweg über seine Metonymie Maria und seine Metaphern, die Heiligen:

---

wurde seine Verurteilung aufgehoben. [...]/ Denn sein Leben wird von der Erde fortgenommen." (Kallis 1989:20f).

[389] Kallis 1989:22f; s. 2.7.1.2 u. 9.5.1.
[390] „Im Grab warst du mit dem Leib, im Totenreich mit der Seele als Gott, im Paradies mit dem Räuber und auf dem Thron Christus [...]" (Kallis 1989:40f).

> Пресвѧтоую, пречистоую, преблагословенноую, славноую владычицоу нашоу богородицоу и приснодѣвоу марїю, со всѣми свѧтыми помѧноувше, сами себе, и дроугъ дроуга, и весь животъ нашъ христоу богоу предадимъ.[391]

Der für die inkarnatorische Kenose Christi wichtigste Teil findet sich nach der zweiten Antiphon – das von Kaiser Justinian I. verfasste und als Paraphrase von Phil 2,5–11 lesbare Ὁ μονογενής *[Du einziggeborener Sohn]*:

> Единородный сыне, и слове божїй, безсмертенъ сый, и изволивый спасенїѧ нашегѡ ради воплотитисѧ ѡт свѧтыѧ богородицы, и приснодѣвы марїи, непреложнѡ вочеловѣчивыйсѧ: Распныйсѧ же хрⷭ҇те боже, смертїю смерть поправый, единъ сый свѧтыѧ троицы спрославлѧемый отцоу, и свѧтомоу доухоу, спаси насъ.[392]

An die Stelle der dritten Antiphon können die Seligpreisungen mit ihrer Dialektik der Erhöhung derer, die sich selbst erniedrigen, treten.[393] Für die Katechumenen wird die Botschaft der erlösenden Inkarnation allerdings nicht in konkreter Gestalt fassbar; bevor diese Enargeia in der Лїтоургїѧ вѣрныхъ *[Liturgie der Gläubigen]* in Form der Kommunion vollzogen wird, müssen sie den Raum verlassen.

4.5.3.3 Greifbarmachung des Ungreifbaren: Die Лїтоургїѧ вѣрныхъ [Liturgie der Gläubigen]

Beim *Великїй входъ [Großer Einzug]* wird – mit apophatischem Gestus – die Übererhabenheit Gottes aufgerufen, die den Dienst an Gott zur Überforderung der Menschen geraten lasse, aber durch die Kenosis (als kataphatisches Entgegenkommen) vermittelt werde:[394]

---

[391] „Eingedenk unserer allheiligen, makellosen, hochgelobten und ruhmreichen Herrin, der Gottesgebärerin und Immerjungfrau Maria mit allen Heiligen laßt uns uns selbst und einander und unser ganzes Leben Christus, unserem Gott, überantworten!" (Kallis 1989:48–51, wiederholt vor der zweiten und dritten Antiphon; ebd.:54f.58f).

[392] „Du einziggeborener Sohn und Wort Gottes, der du unsterblich bist und um unseres Heiles willen dich herabgelassen hast, Fleisch anzunehmen aus der heiligen Gottesgebärerin und Immerjungfrau Maria. Mensch geworden, ohne dich zu verändern, ans Kreuz geschlagen, Christus, Gott, den Tod durch den Tod hast du vernichtet. Du Einer aus der Heiligen Dreieinigkeit, gleichverherrlicht mit dem Vater und dem Heiligen Geist, rette uns!" (Kallis 1989:56–58). Die Kenotik ist hier so stark hervorgehoben, dass theopaschitische Paradoxe zumindest anklingen (s. H.-J. Schulz 1971:339).

[393] Siehe 2.5.1; de Meester 1938:37. Besonders herausgearbeitet bei Gogol' 1989:40f.

[394] Zu Apophatik und Kataphatik s. 3.5.6–3.5.8.

Еже бо слоужити тебѣ, велико и страшно и самѣмъ небеснымъ силамъ. Но обаче неизреченнагѡ ради и безмѣрнагѡ твоегѡ человѣколюбїа, непреложнѡ и неизмѣннѡ былъ еси человѣкъ [...]³⁹⁵

Amplifiziert wird der ‚kataphatische' Akt der Menschwerdung in der Credo-Formel, die vor der Anaphora gesprochen wird – hier der christologische Passus zu den gottmenschlichen Paradoxen und zum Erniedrigungsvektor):

И [вѣроую] во единаго господа їисоуса христа, сына божїа, единороднаго, иже ѡт отца рожденнаго прежде всѣхъ вѣкъ. Свѣта ѡт свѣта, бога истинна ѡт бога истинна, рожденна, несотворенна, единосоущна отцоу, имже всѧ быша. Насъ ради человѣкъ, и нашегѡ ради спасенїа, сшедшаго съ небесъ, и воплотившагосѧ ѡт доуха свѧта и марїи дѣвы, и вочеловѣчшасѧ. Распѧтаго же за ны при понтїйстѣмъ пїлатѣ, и страдавша, и погребенна.³⁹⁶

Nachdem dann im Rahmen des eucharistischen Gebets die Realpräsenz der Gaben durch Verwandlung (s. 4.5.3.7) beschworen worden ist, wird im *Дѵптихъ [Fürbitten-Diptychen]* noch einmal der Christus-Metaphern der Märtyrer, Bekenner und Asketen („ѡ [...] моученицѣхъ, исповѣдницѣхъ, воздержницѣхъ"³⁹⁷) und der Christus-Metonymie der Gottesmutter (Kallis 1989:138f) gedacht. Auch die ohne explizite Christusnachahmung Leidenden werden eingeschlossen („Помѧни [...] недоугоующихъ, страждоущихъ, плѣненныхъ [...]"³⁹⁸), das kenotische Leidensmodell also über den direkten Christusbezug hinaus ausgeweitet. Den Gipfel der Greifbarmachung des Ungreifbaren, also einer fortschreitenden Kataphasis des Göttlichen, bildet die Kommunion, während derer die Liturgen bekennen, dass sie in diesem Augenblick Gottes im Fleisch ‚habhaft' würden:

Вѣроую, господи, и исповѣдоую, якѡ ты еси воистинноу христосъ, сынъ бога живагѡ, пришедый въ мїръ грѣшныѧ спасти, ѡт нихже первый есмь азъ. Еще

---

³⁹⁵ „[...] denn dir zu dienen ist etwas Großes und Furchtbares, selbst für die himmlischen Mächte./ Aber gleichwohl bist du wegen deiner unaussprechlichen und unermesslichen Menschliebe unverwandelt und unverändert Mensch geworden [...]" (Kallis 1989:98f).

³⁹⁶ „Und [ich glaube] an den einen Herrn Jesus Christus, Gottes einziggeborenen Sohn, der vom Vater gezeugt ist vor aller Zeit. Licht vom Licht, wahrer Gott vom wahren Gott, gezeugt, nicht geschaffen, eines Wesens mit dem Vater, durch den alles geschaffen ist. Für uns Menschen und zu unserem Heil ist er vom Himmel herabgestiegen und Fleisch geworden vom Heiligen Geist und der Jungfrau Maria und ist Mensch geworden. Er wurde für uns gekreuzigt unter Pontius Pilatus, hat gelitten und ist begraben worden [...]" (Kallis 1989:118f). Die kirchenslavische Interpunktion mit dem Punkt nach „погребенна" betont den Hiat des Grabes zwischen menschlichem Leben und Auferstehung stärker als das Komma in der deutschen Übersetzung (s. zum Hiat auch 4.3.9.4).

³⁹⁷ „[...] für die [...] Märtyrer, Bekenner, Asketen" (Kallis 1989:136f).

³⁹⁸ „Gedenke [...] der Kranken, der Notleidenden, der Gefangenen [...]" (Kallis 1989:142f); vgl. 5.2.

вѣрою, ꙗкѡ сїе самое есть пречистое тѣло твое, и сїа самаа есть честнаа кровь твоа.[399]

Vom geopferten, auferstandenen und in der Liturgie wieder präsent gewordenen Christusleib affiziert, wird im *Благодарѣнїе [Danksagung]* auch die Leibesmetonymie Kreuz besungen:

> Крестоу твоемоу покланаемся христе, и сватое воскресенїе твое поемъ и славимъ: [...] се бо прїиде крестомъ радость всемоу мїроу. Всегда благословаще господа, поемъ воскресенїе егѡ: Распатїе бо претерпѣвъ, смертїю смерть разроуши.[400]

Dabei wird das Polyptoton des Sieges über den Tod durch den Tod aus der *Лїтоургїа ѡглашенныхъ [Liturgie der Katechumenen]* wiederholt, wobei das Verb variiert.

4.5.3.4 Liturgische Dogmatik

Insbesondere an der *Лїтоургїа вѣрныхъ [Liturgie der Gläubigen]* wird eine eigenartige Spaltung zwischen der Zitation abstrakter, in ihrer Paradoxalität jenseits aller Anschaulichkeit bleibender Dogmata auf der einen Seite und der liturgischen Teleologie der Greifbarmachung (dem Schmecken) des dogmatischen Inhalts auf der anderen deutlich. So ist es einerseits berechtigt, die Liturgie als eines der wichtigsten Gefäße von Dogmatik zu beschreiben (s. von Ivánka 1984:300). Andererseits ist in die Ausformulierung der dogmatischen Lehrsätze auf den Ökumenischen Konzilien das Interesse der Festschreibung bestimmter bereits praktizierter liturgischer Formen eingegangen (H.-J. Schulz 1989a: 12). Stellt das Credo als Scharniergattung zwischen Dogmatik (Konzilsbeschlüssen) und Liturgie hier die offensichtlichste Brücke dar, so finden sich, wie gesehen, auch an diversen anderen Stellen dogmatische Elemente. Die liturgische Anverwandlung der Dogmatik geht so weit, dass das Abstrakte singbar wird: Felmy bewundert

> [...] die lobpreisend-dogmatische Betrachtung mit reichlicher Verwendung dogmatischer Begriffe, aber so eingekleidet in Lobpreis, daß selbst solche Wörter wie ‚Hypostase', ‚homoousios', ‚Urbild' und ‚Abbild' singbar geworden sind. (1990:6)

---

[399] „Ich glaube, Herr, und bekenne. Du bist in Wahrheit Christus, der Sohn des lebendigen Gottes, der in die Welt gekommen ist, um die Sünder zu retten, deren erster ich bin. Auch glaube ich, daß dies dein allerreinster Leib selbst ist und dies dein kostbares Blut selbst ist." (Kallis 1989:164–167).

[400] „Dein Kreuz verehren wir, Christus, und deine heilige Auferstehung besingen und preisen wir [...] Denn siehe, durch das Kreuz ist Freude gekommen in die ganze Welt. Allezeit den Herrn preisend, besingen wir seine Auferstehung. Denn indem er [unseretwegen] das Kreuz auf sich nahm, hat er durch den Tod den Tod vernichtet." (Kallis 1989:172–174, Einfügung i. Orig.).

Schließlich argumentiert Felmy im Anschluss an Hans-Joachim Schulz, dass die Auslegung der Liturgie deren Entwicklung wesentlich mit geformt habe,[401] was insbesondere in erklärenden Schriftzitaten und Troparen deutlich werde, die „eine Handlung der Liturgie aus[legen], meist, indem sie sie auf das Leben Christi beziehen." (Felmy 1984:7). So zeigt Felmy, wie die Proskomidie durch Zitation von Jh 19,34 und Mt 2,9 „in den Zusammenhang sowohl des Kreuzesopfers als auch der Geburt Christi gestellt" (ebd.:8) und das Lamm in der Лıтоургıа вѣрныхъ vermittels Rezitation von Jes 53,7f auf die Christologie und das Christusopfer (3.0.4) bezogen wird (ebd.:7).

4.5.3.5 Drastischer kenotischer Realismus und dezente Symbolik
Veranschaulichend wirkt im Gegensatz zu den dogmatischen Verweisen insbesondere das eucharistische Geschehen, im Zuge dessen die Opfer-Tradition aufgerufen wird („пасха велїа"[402]). Die vorchristliche Spur der Opfertopik von Sündenbock bis Menschenopfer ist keineswegs zur Gänze getilgt, ja Allusionen daran mögen, wie Wolfgang Kissel argumentiert, für die Frühphase der Christianisierung gar funktional gewesen sein, insofern sie das Wiedererkennen paganer Menschenopfer erlaubten (2004a:7.265). Für die weitere, auch russische Geschichte der Reflexion über den Status des Opfers in der christlichen Liturgie ist dies einerseits unter interreligiösem Blickwinkel heikel, andererseits von der „dramatischen Handlung" (P. Evdokimov 1986:50) der Liturgie her begrüßenswert.

Einverleibung (s. 3.3.2) ist eine Form von Mitteilung, die an Direktheit nicht mehr zu überbieten ist. In der Tat wird Christus qua liturgisches Opferbrot als Nahrung beschrieben, die verspeist werde: „Боже, боже нашъ, небесный хлѣбъ, пищоу всемоу мıроу, господа нашего и бога ıисоуса христа пославый спаса […]".[403] Auch die Drastikdes *Закаленıе агнца [Schlachtung des Lammes]* kann wirkungsästhetisch kein Zufall sein: „Der Priester schneidet (,schlachtet') das Lamm, den Opfertod Christi am Kreuz symbolisierend, in Kreuzesform […]" (Kallis 1989:20–22). Das Schlachten wird in Imperativen des Diakons an den schneidend-schlachtenden Priester gar noch *expressis verbis* hervorgehoben: „Пожри, владыко./ […] Прободи, владыко."[404] Der Priester scheint damit im *Приготовлѣнıе [Vorbereitung]* jenes metonymische Verhältnis zu Christus zu

---

[401] Die Untersuchung der Chrysostomos-Liturgie auf kenotische Elemente muss auf die Objektebene beschränkt bleiben; eine kenotisch ausgerichtete Relektüre der von Felmy 1984 untersuchten russischen Liturgie*deutungen* würde zu weit führen.
[402] „Paschalamm" (Kallis 1989:174f).
[403] „Gott, unser Gott, der du das himmlische Brot, die Nahrung der ganzen Welt, unseren Herrn und Gott Jesus Christus als Heiland […] gesandt hast […]" (Kallis 1989:34–37).
[404] „Schlachte, Vater!/ […]/ Stich, Vater!" (Kallis 1989:20–23).

inszenieren, das für Christen eigentlich am wenigsten erstrebenswert sein dürfte – die Täterschaft der Folterknechte Christi.[405]

Zu Beginn der *Лїтоургїа вѣрныхъ* [*Liturgie der Gläubigen*], beim *Входъ съ дарами* [*Prozession mit den Gaben*], wird Christ Leib dann schon als tot vorgestellt, indem die Leichnamsbeseitigung durch den Evangelienbericht über Joseph von Arimathäa (s. 2.7.1.4) herangezitiert wird, der auch im Troparion der Karfreitagsliturgie vorkommt (s. 4.5.6.2): „Благоωбразный іωсифъ, съ древа сиемъ пречистое твое тѣло, плащаницею чистою ωбвивъ, и благооухаими во гробѣ новѣ закрывъ положи."[406] Da dieser letzte Dienst am Toten beschworen wird, während die materiellen Gaben hereingetragen, mit einem Tuch wie einem Leichentuch abgedeckt werden und die Himmlische Pforte geschlossen wird wie das Grab Jesu (Kallis 1989:106), muss das Abstoßende eines gefolterten und verwesenden Leibes jedoch vertuscht werden – wohl nicht zuletzt, um durch die Identifikation mit dem zum Konsum anstehenden Opferbrot bei der Gemeinde keinen Ekel auszulösen. Beim *Освѧщенїе свѧтыхъ даровъ* [*Epiklese*] wird der gerade vollzogene Gottesdienst in diesem Sinne ausdrücklich als „sprachlich" und „unblutig" eingestuft: „Еще приносимъ ти словесноую сїю и безкровноую слоужбоу [...]".[407] Wo ein allzu drastischer Realismus vermieden werden soll, darf also sogar die Rhetorik wieder in die Bresche springen!

Beim *Раздробленїе* [*Brechung*] des Opferbrotes stehen dagegen drastische Wörtlichkeit und deren Zurücknahme wieder eng beieinander: „Раздроблѧетсѧ и раздѣлѧетсѧ агнецъ божїй, раздроблѧемый и нераздѣлѧемый, всегда ѧдомый и никогдаже иждиваемый, но причащающыѧсѧ ωсвѧщаѧй."[408] Die Kommunizierenden bitten dann auch wieder ganz wörtlich darum, den „Leib Christi" zum Konsum zu erhalten: „Преподаждь мнѣ, владыко, честное и свѧтое тѣло господа и бога и спаса нашегω їисоуса христа."[409]

Dass all dies nicht unproblematisch ist, zeigt das Verbot einer historischen Weiterentwicklung zu noch drastischerer Schlachtung des Brotes/des Lam-

---

[405] Der Priester zitiert damit eine Christus feindliche Christus-Metonymie, ohne die Substitution in die Täterrolle offenzulegen. Demgegenüber nimmt Vera Zasulič offensiv als *Täterin* Christoformität, also Christometaphorizität für sich in Anspruch (5.5.5.2).

[406] „Der vornehme Joseph nahm vom Holz deinen makellosen Leib, hüllte ihn in reines Leinentuch und Wohlgerüche und legte ihn in ein neues Grab." (Kallis 1989:104f).

[407] „Nochmals bringen wir diesen geistigen [wörtlich: in Worten] und unblutigen Gottesdienst dar [...]" (Kallis 1989:132f).

[408] „Gebrochen und geteilt wird das Lamm Gottes, das gebrochen, doch nicht zerteilt, allezeit gegessen, doch nie aufgezehrt wird, sondern heiligt, die an ihm teilhaben." (Kallis 1989:158f).

[409] „Spende mir, Vater, den kostbaren und heiligen Leib unseres Herrn und Gottes und Heilandes Jesus Christus!" (Kallis 1989:162f).

mes/Christi – der Schlachtung des Christusknaben (Felmy 1984:24). Diese dürfte etymologisch nahegelegen haben, da, so Felmy, das aramäische מַלְיָא [tal°jā] ‚Lamm', ‚Knecht' und ‚Kind' bedeuten und so Jes 53,7 „auch als Weissagung der Schlachtung des Christus*knaben* verstanden werden" konnte, wobei die „Vorstellung von der Schlachtung des Lammes und der des Knaben in der Eucharistie" angelegt geblieben seien (ebd.:28, Hervorh. i. Orig.). Die Visualisierung des Schlachtvorgangs nicht an den metaphorischen Stellvertretern Lamm und Brot, sondern an einer menschlichen Knabengestalt wurde jedoch bald als zu drastisch empfunden; aus diesem Grunde wurden Darstellungen des Christusknaben im *служебник* [Služebnik] explizit gebannt (ebd.:32f).

Andererseits hat die Schlachtszenerie ein nicht zu unterschätzendes kenoästhetisches Potenzial. Als symbolische Geste soll etwa das Zerlegen des Opferbrotes durchaus als Inzision in den Leib des Gekreuzigten verstanden werden. Die „Lanzenform des für die Herauslösung und Zerteilung des ‚Lammes' notwendigen Messers" (ebd.: 8) darf als Lanzenstich in die Seite des Gekreuzigten interpretiert werden. Denn: „Als Vergegenwärtigung des Todes ist die Liturgie so sehr eine Nachahmung und ein Miterleben des Todes Christi […]" (H.-J. Schulz 1964:37).

Was in der symbolischen Interpretation gut angeht, darf allerdings nicht allzu klar mit einem anderen, schon bei Chrysostomos gegebenen (ebd.:36) und von der Orthodoxie nicht grundsätzlich in Frage gestellte Liturgie-Theorem in Verbindung gebracht werden: mit der Lehre vom *прѣображеніе* [Verwandlung] von Brot und Wein in Leib und Brot und der daraus resultierenden Realpräsenz Christi im eucharistischen Geschehen.

4.5.3.6 Christus-Präsentation

Die Chrysostomos-Liturgie stellt die Eucharistie als Vergegenwärtigung durch Verwandlung dar. Zunächst werden Brot und Wein noch als „Antitypa" von Leib und Blut gesehen (s. H.-J. Schulz 1989b:44), um erst anschließend verwandelt zu werden:[410] „И сотвори оубѡ хлѣбъ сей, честное тѣло христа твоегѡ. […] А еже въ чаши сей, честную кровь христа твоегѡ."[411] Nach angeblich erfolgter Verwandlung rekurriert die Christus-Anrufung im Rahmen der *Молитва приложенія [Inklinationsgebet]* auf seine Präsenz vor Ort: „Воими, господи іисоусе христе боже нашъ, […], иже горѣ со отцемъ седяй, и здѣ намъ неви-

---

[410] Vgl. dazu den kanonischen byzantinischen Liturgiekommentar von Neilos Kabasilas (PG 150,420CD).

[411] „Und mache dieses Brot zum kostbaren Leib deines Christus. […] Und was in diesem Kelch ist, zum kostbaren Blut deines Christus." (Kallis 1989:134–137).

димω спребывали [...]"⁴¹² Der imaginierte Sprecher Christus macht zudem den deiktischen Hinweis auf seinen präsenten Leib/Laib: „Прïимите, ѧдите, сïе есть тѣло мое, еже за вы ломимое во ѡставленïе грѣхωвъ."⁴¹³ Eine übergebührlich drastische Präsenz verhindert nur noch die ‚unnatürliche' Trennung von Brot und Wein, während doch Leib und Blut untrennbar sind; das *Соедıнене [Einigung]* von Wein und Brot durch Hineinbröseln des Brotes in den Wein wird seit Theodor von Mopsuestia entsprechend begriffen als „unzertrennliche Verbindung von Leib und Blut im lebendigen Organismus" Christi.⁴¹⁴ Nach diesem letzten Syntheseschritt werden die vorangegangenen Präsenzformeln überboten durch den Ausruf „Христосъ посредѣ насъ."⁴¹⁵

Wie stets haben die ontologischen Probleme Gegenwart, Realpräsenz etc. kulturwissenschaftlich nur insoweit zu interessieren, als sie einen kulturellen Gedächtniseffekt zeitigen, das mnemonische Programm der Liturgie stützen.

4.5.3.7 Explizite und implizite Christomnemonik

Es ist nämlich nicht allein Christus, der hier als Agent seiner „Re-präsentation" (H.-J. Schulz 1980:30), auftritt und sich den Menschen anbietet. Nein, die Menschen sollen sich ihrerseits auf Christus hin ausrichten, sich ihm, wie es mehrfach im Verlauf der Liturgie heißt, „überantworten": „[...] сами себе, и дроугъ дроуга, и весь животъ нашъ христоу богоу предадимъ."⁴¹⁶ Für den idealen Besucher der Liturgie (im Sinne des „idealen Lesers") gilt die Selbsthingabe an Christus, der sich den Menschen hingab, als Maßgabe.

Der anthropologische Ort, an dem die Hingabe an Christus stattzufinden hat, ist das Gedächtnis. Dabei ist es keineswegs so, dass erst die kulturwissenschaftliche Rückübersetzung der Liturgie auf die mnemonische Spur käme. Nein, die Chrysostomos-Liturgie ist durchsetzt mit ausdrücklichen mnemonischen Appellen: Die menschliche, gemeindliche Aufgabe des Gedenkens an Christus wird im *Помınанıе [Anamnese]* vom Priester beschworen und nicht Christus selbst in den Mund gelegt (Kallis 1989:130f). Memoriert werden auch Christus-Metaphern wie Märtyrer und Asketen (*Помıновенıе свѧтыхъ, жıвыхъ и оусопшıхъ*⁴¹⁷).

---

⁴¹² „Vernimm das Gebet, Herr, Jesus Christus, unser Gott, [...], der du in der Höhe mit dem Vater thronst und hier unsichtbar unter uns weilst [...]" (Kallis 1989:154–156).

⁴¹³ „Nehmt und eßt, das ist mein Leib, der für euch gebrochen wird zur Vergebung der Sünden." (Kallis 1989:130f). Analoges wird danach für das Blut gesagt.

⁴¹⁴ Kallis 1989:158, vgl. auch H.-J. Schulz 1989b:47.

⁴¹⁵ „Christus ist mitten unter uns." (Kallis 1989:164f).

⁴¹⁶ „[...] laßt uns uns selbst und einander und unser ganzes Leben Christus, unserem Gott, überantworten." (Kallis 1989:50f.148f.178f).

⁴¹⁷ *Gedächtnis der Heiligen, der Lebenden und Verstorbenen* (Kallis 1989:26f), wobei in diesem Katalog Boris und Gleb fehlen.

4. Christus in Russland

Gestützt wird der mnemonische Imperativ durch implizit mnemotechnische Verfahren wie Enargeia („Aus einem fünften Opferbrot schneidet er [der Priester] zum Gedächtnis der Entschlafenen Teilchen heraus und legt sie unter die Reihe der Lebenden."; Kallis 1989:30) oder Repetition: Der mnemonische Imperativ „Въ воспоминанїе господа и бога и спаса нашегѡ їисоуса христа." wird „трижды"[418] wiederholt. Die gesamte Chrysostomos-Liturgie ist durchsetzt mit Wiederholungen, die durch die Expansion der Liturgie (4.5.2.1) bedingte historische Doppelungen sein mögen, aber im liturgischen Vollzug dadurch um nichts weniger mnemotechnisch vorteilhaft sind.

Eine mnemonisch nüchterne Dimension hat nicht zuletzt auch die Rollenverteilung, dass es beim *Цѣлованїе [Friedenskuss]* der jüngste Konzelebrant sein soll (der die Erinnerung voraussichtlich am längsten bewahren wird), der die Meldung des ersten von der Präsenz Christi („Христосъ посредѣ насъ.") bestätigt: „И есть, и боудетъ."[419] Und wenn am Schluss das Friedensgebet wiederholt wird, lässt sich dies als Beginn einer neuen Liturgie deuten – dahingehend, dass die Liturgie in einer „immerwährenden Wiederholung" (Gogol' 1989:11) stets neu beginne und nie aufhöre (vgl. Kallis 1989:180). Da dies empirisch aber nicht der Fall ist, kann der Ort der Fortdauer nur – normativ – die Erinnerung der Teilnehmer sein. Das allerletzte Wort der *Лїтоургїа вѣрныхъ [Liturgie der Gläubigen]* gilt – identisch mit dem Abschluss des *Приготовлѣнїе [Vorbereitung]* – Christus (Kallis 1989:194f); mit diesem kognitiv-mnemonischen Schlusseffekt verlassen die Gläubigen die Kirche.

4.5.3.8 Selbsterniedrigung der Liturgen und Demutspsychagogie

> [...] jedes Gebet ist in der Tat eine Inkarnation Gottes. (Feuerbach 1994:108, Hervorh. i. Orig.)

Christus erfüllt für die Liturgie eine Doppelrolle von Darbringendem und Dargebrachtem, in der er als Selbstschenkender, Selbstopfernder und sich selbst Erniedrigender angerufen wird: „Ты бо еси приносѧй, и приносимый, и прїемлѧй, и раздаваемый христе боже нашъ [...]".[420] Ist also Christi Rolle in der Liturgie – sogar als sich selbst repräsentierender metaphysischer Akteur – kenotisch, so kann die Rolle, die das Liturgieformular sowohl den Liturgen, die „gewissermaßen nur noch der sichtbare Schatten des Gottessohnes" (Jungmann 1925:219) sind, als

---

[418] „Zum Gedächtnis unseres Herrn, Gottes und Heilandes Jesus Christus. (dreimal)" (Kallis 1989:18f).

[419] „Christus ist in unserer Mitte." – „Er ist es und wird es sein." (Kallis 1989:116f).

[420] „Denn du Christus, unser Gott, bist der Darbringende und der Dargebrachte, der Empfangende und der Austeilende [...]" (Kallis 1989:100f).

auch der Gemeinde zugedenkt, gar nicht anders, als eine strukturelle Analogie zur Selbsterniedrigung Christi darstellen. Dies setzt die Liturgie performativ in Szene. Zunächst macht der Priester seine untergeordnete, dienende Rolle deutlich; mehrfach beschwört er im *Приготовлѣнїе к божественной лїтоургїи [Vorbereitung auf die göttliche Liturgie]*, göttliche Stärkung erbittend, seine Ehrfurcht, seinen demütigen Dienst am göttlichen liturgischen Werk und seine Nicht-Urheberschaft daran – während des *Поклоненїе їкѡнъ [Begrüßung der Ikonen]* und beim *Входъ в алтарь [Eintritt in den Altarraum]*: „Внїдоу въ домъ твой, поклонюсѧ ко храмоу свѧтомоу твоемоу в страсѣ твоемъ."[421] Beim *Начало божественной лїтоургїи [Übergang zur Liturgie]* heißt es zwei weitere Male: „Господи, оустнѣ мои ѿверзеши, и оуста моѧ возбѣстѧтъ хвалоу твою."[422] Die Enteignung vom eigenen priesterlichen Sprechen geht bis zum Paradox einer Bitte um Bittfähigkeit (die antizipiert, wozu sie erst Autorisierung erheischt) wie am Anfang der *Лїтоургїѧ вѣрныхъ [Liturgie der Gläubigen]*: „[...] сотвори ны достѡйны быти, еже приносити тебѣ моленїѧ и мольбы [...]".[423] Die Standardbezeichnung von kirchlichen Amtsträgern als demütiger „Knecht" und „Gottesknecht",[424] die wesentlich auf Phil 2,7 zurückgeht (s. 3.3.4), hebt hervor, dass der Liturg an sich der Aufgabe nicht gewachsen sei und erst von Gott bzw. Christus dieser dienenden Rolle gewürdigt werden müsse: „Сподобивый насъ смиренныхъ и недостойныхъ рабъ твоихъ [...]".[425]

Illustriert wird die programmatische Unselbstständigkeit der Zelebrierenden und die Ausrichtung auf Christi Vor-Handlung durch das Anlegen der Messegewänder[426] sowie durch körperliche Repräsentationsformen wie Nackenbeugung (Kallis 1989:100f), Verneigung vor dem Altar[427] und ehrfurchtsvolles Küssen des Altars (ebd.:102) sowie – wenigstens zu bestimmten Zeiten – durch betont leise

---

[421] „Ich darf in dein Haus eintreten, ich werfe mich nieder in Furcht vor deinem heiligen Tempel." (Kallis 1989:10f).

[422] „Herr, öffne mir die Lippen, und mein Mund wird deinen Ruhm verkünden." (Kallis 1989:40–43).

[423] „[...] mach uns würdig, dir Gebete und Bitten [...] darzubringen [...]" (Kallis 1989:90f, sic).

[424] „рабъ" (Kallis 1989:59f.82f.98f.100f.188f) bzw. „рабъ божїй" (ebd.:168f.172f).

[425] „[...] der du uns, deine demütigen und unwürdigen Knechte gewürdigt hast [...]" (Kallis 1989:68f).

[426] Kallis 1989:10; Gogol' 1989:19. Wobei dieses Einkleiden im *Облаченїе священнослоужителей [Ankleidung der Liturgen]* nicht explizit als Anziehen Christi bzw. seines Kreuzes (s. 3.3.1.2; 5.3.3), sondern des Heils apostrophiert wird (Kallis 1989:12f).

[427] Gogol' arbeitet den doppelt kenotischen Aspekt (in Objekt wie Subjekt der Verneigung) heraus, wenn er erläutert, der Priester verbeuge sich, „[...] als wenn er sich vor der Menschwerdung Christi selbst verbeugte [...]" (1989:26).

Stimmführung während der Anaphora.[428] Die ‚Regieanweisungen' der Liturgie sehen insbesondere für den Diakon die Aufgabe vor, bei seinen attestierenden Handlungen ein „ehrfürchtiges" Gesicht zu machen (ebd.:74). Die Hingabe an Christus qua Selbsterniedrigung betrifft nicht allein die Liturgen. Die Gemeinde wird ihrerseits, obgleich sie schon die ganze Zeit steht, vor der Schriftlesung in der *Лїтоургїѧ ѡглашенныхъ [Liturgie der Katechumenen]* zu ehrfurchtsvollem Aufrechtstehen aufgefordert: „Премоудрость, прости, оуслышимь свѧтагѡ еѵангелїа.",[429] während sich die Katechumenen vor ihrer Entlassung verneigen sollen (Kallis 1989:86f). Auch das unentwegte segnende Bekreuzigen nicht allein der Kultgegenstände (bspw. ebd.:14.16), sondern auch der Gemeinde ist ursprünglich qua Mitkreuzigen (3.3.1.2) als Nachzeichnung der Kenose Christi auszudeuten. Ohne dies im Einzelnen textuell zu belegen, entwirft Kallis eine Psychagogie der sukzessiven Demütigung der Gemeinde als unwürdig bis zu ihrer Erlösung durch die Kommunion: „Je näher die Zeit der Begegnung der eucharistischen Versammlung mit dem auferstandenen Herrn rückt, um so stärker empfindet sie ihre Unwürdigkeit [...]".[430]

4.5.4 Die Basilios-Liturgie
Nachdem die Chrysostomos-Liturgie ausführlich besprochen worden ist, muss die Darstellung der seltener, nämlich nur an zehn, allerdings eng mit Christi Erdendasein verbundenen Tagen im Kirchenjahr (s. 4.5.6) gefeierten Basilios-Liturgie nicht noch einmal sämtliche analogen Aspekte wie Demutstopoi (s. etwa Kallis 1989:202f.206) etc. aufrollen, sondern kann darauf beschränkt werden, (tendenzielle) Differenzen zum Chrysostomos-Formular aufzuzeigen.

4.5.4.1 Kenotische Dogmatik der Liturgie
Im Basilios-Formular kommen einzelne Momente der Kenose Christi vor, welche die Chrysostomos-Liturgie so nicht kennt, etwa die Kindheit Jesu (Kallis 1989: 226f). Weit wichtiger aber ist, dass in der Basilios-Liturgie ein genaues Zitat des Philipper-Hymnus (zumindest 2,7f) seinen Platz hat – in den *Оустановительныѧ слова [Einsetzungsworte]*:

> Егда же прїиде исполненїе временъ, глаголалъ еси намъ самѣмъ сыномъ твоимъ, имже и вѣки сотворилъ еси: Иже сый сїѧнїе славы твоеѧ, и начертанїе ѵпостаси твоеѧ, носѧ же всѧ глаголомъ силы своеѧ, не хищенїе непщева еже быти равенъ тебѣ богъ и отца: Но богъ сый превѣчный, на земли явисѧ, и человѣкѡмъ споживе: И ѿ дѣвы свѧтыѧ воплощсѧ, истощи себе, зракъ раба прїемъ, соѡбразенъ

---

[428] Was allerdings den kommunikativen Zweck der Anaphora bedrohte (vgl. P. Evdokimov 1986:48f).
[429] „Weisheit! Steht aufrecht! Laßt uns das heilige Evangelium hören!" (Kallis 1989:76f).
[430] Kallis 1989:XX; s. auch Gogol' 1989:53.

бывъ тѣлоу смиренїа нашегѡ, да насъ сообразны сотворитъ образоу славы своеа.[431]

Die Elemente der Philipper-Perikope werden angereichert um von der dogmatischen Entwicklung darum gerankte Theoreme wie Präexistenz (s. 2.2.5) und Theosis (3.0.2). Kurz darauf wird auch das Anakephalaiosis-Konzept aufgerufen.[432]

4.5.4.2 Kenotische Fürbitten

Der *Диптихъ [Fürbitten-Diptychen]* der Basilios-Liturgie schließt von den qua Entbehrung und Leiden christoformen Personengruppen – über die in der Chrysostomos-Liturgie bedachten hinaus – explizit das Mönchtum („Помани, господи, иже въ дѣвствѣ и благоговѣнїй, и постничествѣ, и въ чистѣмъ жительствѣ пребывающихъ."[433]) und die Kategorie juristisch oder politisch Verfolgter ein („На соудищи, и въ роудахъ, и в заточенїихъ, и въ горькихъ работахъ, и всѧкой скорби, и ноуждѣ и ѡбстоѧнїи соущихъ помани, боже."[434]).

4.5.4.3 Mnemonik vs. Realpräsenz

Weniger eindeutig als beim Chrysostomos-Formular ist in der älteren Basilios-Liturgie die Konzeptualisierung der Eucharistie als Wandlung und die Darstellung der Gaben als realpräsenter Leib Christi.[435] Im Vorfeld der Kommunion wird die Passion Christi als Erinnerungszeichen eingestuft: „Ѡстави же намъ воспоминанїа спасительнагѡ своегѡ страданїа [...]",[436] und das *Поминанїе [Anamnese]* hebt wie beim protestantischen Abendmahl mit dem mnemonischen Imperativ an: „Сїе творите въ мое воспоминанїе [...]".[437] Die Worte der Epikle-

---

[431] „Als aber die Zeit erfüllt war, hast du zu uns durch deinen eigenen Sohn gesprochen, durch den du auch die Welt erschaffen hast. Er ist der Abglanz deiner Herrlichkeit und das Abbild deines Wesens; er trägt das All durch sein machtvolles Wort; er hielt es nicht für einen Raub, dir, dem Gott und Vater, gleich zu sein, sondern er erschien, obgleich er Gott vor aller Ewigkeit ist, auf der Erde und hielt sich unter den Menschen auf, und indem er aus der heiligen Jungfrau Fleisch annahm, entäußerte er sich und wurde wie ein Knecht, dem Leib unserer Niedrigkeit gleichgestaltet, um uns dem Bild seiner Herrlichkeit gleichzugestalten." (Kallis 1989:214f).

[432] Kallis 1989:216f; s. 3.0.6.

[433] „Gedenke, Herr, derer, die in Jungfräulichkeit, Zucht und Askese und rechtschaffenem Wandel leben." (Kallis 1989:230f).

[434] „Gedenke, Gott, derer, die vor Gericht stehen, die in Zwangsarbeit, Verbannung, in bitterer Knechtschaft, in aller Bedrängnis, Not und Drangsal sind [...]" (Kallis 1989:232f).

[435] Zum Wandel der Liturgieauffassung in Richtung Realpräsenz im 4. Jh. und Chrysostomos' Anteil daran s. H.-J. Schulz 1980:35–39.

[436] „Er hat uns auch als Gedächtnis seines heilbringenden Leidens dies hinterlassen [...]" (Kallis 1989:218f; Übers. korrigiert).

[437] „Tut dies zu meinem Gedächtnis." (Kallis 1989:220f).

se lassen, vor diesem Hintergrund gelesen, kurzzeitig Zweifel ankommen, ob in der Basilios-Liturgie überhaupt Leibpräsenz behauptet wird:

> Свѧте свѧтыхъ, благоволенїемъ твоеѧ благости, прїити доухоу твоемоу свѧтомоу на ны и на предлежащыѧ дары сїѧ, и благословити ѧ, и ѡсвѧтити, и показати. Хлѣбъ оубѡ сей, самое честное тѣло господа и бога и спаса нашегѡ ıисоуса христа.[438]

In der *Молитва, внегда потребити свѧтаѧ [Gebet zur Konsumtion der Gaben]* heißt es schließlich: „Имамы бо смерти твоеѧ памѧть [...]".[439] Dieses Andenken Christi ist gleichfalls die Intention des Kirchenjahres.

4.5.5 Das liturgische Christusjahr

Üblich ist die Wortverbindung „christliches Kirchenjahr". Wenn diese hier umgekehrt wird zum kirchlichen Christusjahr, so zu dem Zweck, die (nicht überraschende) These zu formulieren, dass das Kirchenjahr von Christus, genauer: dem irdischen Weg Jesu Christi von der Inkarnation bis zur Auferstehung her verfasst und zu verstehen sei. Als zyklische Temporalisierung des abstrakten dogmatischen Inhalts (wie er in Phil 2,5–11 kondensiert ist), dass Gott um der Menschen willen sich erniedrigt, als Mensch für sie gelitten habe und gestorben sei, um darauf erhöht zu werden, stellte das Kirchenjahr für die Mission eine wichtige „Orientierungshilfe" (Onasch 1981:205) dar. Wie Goehrke schreibt, war es gerade für die Christianisierung Russlands eines der ersten mnemonisch wirksamen Trägermedien (2003:193).

Überraschender ist vielleicht die Beobachtung, dass das Christus-Jahr fast zwei Kirchenjahre umfasst. Im Kirchenjahr des byzantinischen Ritus sind zwei Zyklen zu unterscheiden – der mobile und der immobile Festzyklus. Der immobile Festzyklus der Ostkirche beinhaltet von den für die Kenose relevanten vor allem die mit der Geburt Christi verbundenen Festtage – die *Vorfeier* (20. Dezember[440]), die *Paramone zur Geburt* (24. Dezember), die *Geburt* selbst (25. Dezember), die *Beschneidung Christi* (1. Januar) und die *Theophanie* (6. Januar). Die *Verkündigung der Gottesmutter* ist neun Monate vor der Geburt angesetzt (25. März). Der mobile Festzyklus hingegen beinhaltet mit Triodion und Pentekostarion die kenotischen Phasen der Fastenzeit und der Passion, aber auch die Erhöhungsfeste *Os-*

---

[438] „Heiliger der Heiligen, der Heilige Geist komme durch das Wohlgefallen deiner Güte auf uns und auf diese vorliegenden Gaben, er segne sie, heilige sie und erweise/ dieses Brot als den kostbaren Leib selbst unseres Herrn und Gottes und Heilandes Jesus Christus." (Kallis 1989:222f).
[439] „Denn wir haben das Gedächtnis deines Todes begangen [...]" (Kallis 1989:244f).
[440] Alle Angaben zu liturgischen Daten nach dem von der ROK-MP bis heute verwendeten julianischen Kalender.

tern, *Himmelfahrt* und *Pfingsten*. Den Erhöhungsvektor komplettiert – wieder im immobilen Festzyklus – die *Verklärung Christi* (6. August). Die Konkretisierung des Christusgedenkens mittels Metonymien von Christi Erdenweg verteilt sich mit den Feiertagen *Kreuzerhöhung* (14. September) und *Sonntag der Kreuzverehrung* (Dritter Fastensonntag) dann auf beide Festzyklen. Von dieser Chronologie unabhängig, verteilen sich andere metonymisch und metaphorisch indirekte Formen des Christusgedenken auf beide Zyklen: Mit dem *Lazarussamstag*, dem *Sonntag des Gelähmten* und dem *Sonntag des Blindgeborenen* werden die Christus-Metonymien der Nutznießer von seinen Heilungen im mobilen Festzyklus erinnert, der Christus-Metaphern der Märtyrer und Heiligen wird dagegen über das gesamte unbewegliche Kirchenjahr hinweg gedacht.

Die Anfänge des Kirchenjahres sind im beweglichen Festzyklus zu suchen, der – von Ostern ausgehend – vom Mondjahr her berechnet wird. Legitimerweise beginnt das Gros der von der Genese her aufgezogenen Sekundärdarstellungen des Kirchenjahres dort. Der spätere, teilweise vom Übergang zum Sonnenjahr im 3. Jh. motivierte immobile Zyklus, erscheint als sekundär.[441] Von dieser Routine abweichend, wird hier ein systematischer, kenotischer Fokus gesetzt: Spürt man der Inszenierung des christologischen Lehrgehaltes von Phil 2,7 im Kirchenjahr nach, so beginnt das „Christusjahr" im immobilen Zyklus mit der Verkündigung der Gottesmutter und führt über Weihnachten, die Fasten- und Passionszeit, Ostern und Pfingsten zu den mittelbaren Christusgedenkfesten wie der *Kreuzerhöhung* und schließlich dem *Sonntag der Kreuzverehrung*. Das ‚Christusjahr' umfasst damit knapp zwei Kalenderjahre.

4.5.5.1 Metaphysische Erniedrigung: Empfängnis, Geburt und Verborgenheit
Während sich der von Philoxenus von Mabbug angenommene primäre metaphysische Erniedrigungsakt[442] ganz in der Sphäre des Göttlichen abspielt und sich der Veranschaulichung entzieht, bietet der zweite metaphysische Erniedrigungsschritt, die Inkarnation, naturalistische Illustrationsmöglichkeiten. Der präexistente Logos soll sich zur menschlichen Ontogenese erniedrigt haben – und das vom Zeugungsanfang an: Das entsprechende Fest Благовѣщение Пресвятыя Богородицы [Verkündigung der Gottesmutter] wird in diesem Sinne mit einem durchaus weltlichen Realismus auf den 25. März gelegt – neun Monate vor der Geburt.[443] Im Kanon

---

[441] Verantwortlich dafür ist die Kontamination des solaren Reichsfeiertages *Natalis Solis Invicti* [Geburt des Unbesiegten Gottes Sol/Sonne] mit Christi Geburt durch Konstantin den Großen (s. Onasch 1981:123f, s. 5.5.2.2) – wogegen z.B. die armenische Kirche kein Geburtsfest kennt (Onasch 1958:59).

[442] 2.6.1.4. Bei Sergej Bulgakov sind es derer gar mehrere (s. 4.4.4.5).

[443] Ausschlaggebend ist dafür wohl eine westkirchliche Berechnung (Onasch 1958:56). Im Osten ist der Kontext mariologischer Diskussionen über das Epitheton θεοτόκος [Gott-

des Theophanes Graptos zu diesem Festtag wird das Mysterium der Zeugung vom Metaphysischen (Heiliger Geist) im Physischen (Marias Uterus) besungen.[444]

Das *télos,* auf welches das Verkündigungsfest hin ausgerichtet ist, bildet das *Рождество Господа нашего Іисуса Христа* [Weihnachten]. Der inkarnatorische Fokus ist derselbe. Hier seien lediglich zwei Momente genannt, durch welche die Weihnachtsliturgie auf das Dogma der Kenosis Bezug nimmt: Zum einen wird die Vigil vor Weihnachten nach dem Basiliosformular gefeiert,[445] die in den *Оустановительные слова [Einsetzungsworte]* (s. 4.5.4.1) eines der genauesten Zitate des Philipper-Hymnus enthält. Der besondere Festgesang zum Geburtsfest ist der Doppelkanon des Kosmas von Majuma und des Johannes von Damaskus (s. Onasch 1958:85–87). Zur Liti (λιτή) wird das Inkarnationsgeschehen (im ersten Ton) auf folgende Weise gekennzeichnet: „[…] яко Богъ во плоти явися […], рождейся отъ Дѣвы. Вертепъ и ясли пріяша Того […]".[446] Die sechste Ode zum Fest der Geburt Christi konzentriert sich auf das kenotische Moment des hilflosen Säuglings, als welcher der präexistente Gott erscheint.[447] Im Herrenepitheton, das die Festbezeichnung für das menschliche Geschehen der Geburt verwendet, wird das paradoxale Moment endgültig konstitutiv.[448]

Die Übernahme des Weihnachtsfestes aus Westrom bringt ein „neues Moment in den alten Ideenkomplex johanneischer Färbung […], wie ihn das Epiphanienfest vertrat: Parusie und Inkarnation." (ebd.:57), drängt also den gnostischen Geist-Fokus zurück zugunsten des kenotischen Naturalismus.[449]

---

gebärerin] (s. 2.8.4.1) für die Übernahme des Weihnachtsfestes entscheidend (Onasch 1958:59).

[444] Onasch 1981:369. Eine Einzelanalyse der jeweiligen Messen ist hier nicht zu leisten; im Weiteren kann es nur um punktuelle Hinweise auf die kenotischen Implikate und Einordnungen in den liturgischen Gesängen und Texten gehen.

[445] Wenn der 25. ein Samstag oder Sonntag ist, dann wird die Basilios-Liturgie am Festtag selbst gehalten (Onasch 1958:88).

[446] „Denn Gott ist im Fleisch erschienen […] indem er geboren ward aus dem Weibe. Eine Höhle und eine Krippe nahmen ihn auf." (Mal'cev 1892:425).

[447] „Im Fleische ist er gekommen, Christus unser Gott, den der Vater erzeugt in seinem Schoß vor dem Morgenstern. Er, der hält die Herrschaft über die unbefleckten Mächte, gelegt wird er in die Krippe der vernunftlosen Tiere und wird gewickelt in Windeln […]" (Onasch 1981:441).

[448] Auch in der vollständigen liturgischen Festbezeichnung *Рождество Господа Бога и Спаса нашего Иисуса Христа* [Geburt des Herrn, unseres Gottes und Retters Jesus Christus]. Gemeinsprachlich durchgesetzt hat sich jedoch *Рождество Христово* [Geburt Christi]. Das polnische *Boże Narodzenie* [Gottes Geburt] vergegenwärtigt die neuchalcedonischen Paradoxe allerdings stärker.

[449] Auch die Kalenderzählung ab Christi Geburt (also ab dem Moment der fleischlichen Beglaubigung der metaphysischen Kenose) ist erst eine spätere Erscheinung. Die nüchterne Zahlenangabe wird dann aber gerne mit der Explizierung der Kenose ausge-

Eine logische Konsequenz aus einer solcherart naturalisierten Inkarnation bildet der Festtag *Обрѣзанie Господне* [Beschneidung des Herrn] am 1. Januar. Das Troparion im ersten Ton legt diese logische Notwendigkeit bloß:

> […] благоволилъ еси родитися на земли отъ Отроковицы, неискусомужныя Твоея Матере, Иисусе; *сего ради* и обрѣзанъ былъ еси, яко человѣкъ осмодневный. […] слава смотрѣнiю Твоему, слава снисхожденiю Твоему […]"[450]

Dass es sich bei diesem Hygieneritus um ein schmerzhaftes Geschehen handelt, dem der Gott sich hier unterzieht, unterstreicht das Kontakion im dritten Ton: „Всѣхъ Господь обрѣзанiе терпитъ […]".[451]

Demgegenüber dominiert im Fest *Крѣщенiе Господне* [Taufe des Herrn] bzw. *Богоявленiе* [Theophanie] das Konzept der Geisttaufe, das der Gnosis nahekommt[452] und entsprechend doketistische Implikationen besitzt (s. Onasch 1981: 165). Nach der Zusammenspannung mit dem Geburtsfest aber wird auch *Theophanie* mit kenotischem Motiven belegt; das Idiomelon zur Wasserweihe (achter Ton) greift mit „зракъ рабiй"[453] auf Phil 2,7 zurück. Wiederholt wird das Paradox thematisiert, dass da ein Gott sich einer Taufe mit irdischem Wasser durch einen Menschen unterziehe; Johannes wird sprechen gelassen: „Христе Боже, что къ рабу пришелъ еси, скверны не имый, Господи?"[454] Selbst die Bewegung des Abtauchens ins Wasser wird als Erniedrigungsakt evoziert.[455]

Ex negativo markiert das Moment der Erscheinung, dass der inkarnierte Gott zuvor – im Kirchenjahr zumindest die Tage seit dem 25. Dezember – auf Erden unbemerkt geblieben sei.[456] Die Überwindung dieser anfänglichen Unbemerktheit wird am 2. Februar mit dem Fest des *Срѣтенiе Господа нашего Iисуса Христа* [Darstellung Jesu im Tempel] bekräftigt.

---

schmückt: „[…] в лето от Рождества по плоти Бога Слова […]" [(…) im Jahr seit Geburt des Gott-Logos im Fleische (…)] (bspw. Kanonik 2003:2).

[450] „[…] Du beliebtestest, Dich auf der Erde von einer von keinem Mann befleckten Jungfrau, Deiner Mutter, gebären zu lassen, Jesus; *deshalb* wurdest Du beschnitten als achttägiges Kind; […] Ehre Deinem Heilsplan, Ehre Deiner Herablassung […]" (Mal'cev 1892:434, Hervorh. D.U.).

[451] „Der Herr des Alls erduldet die Beschneidung […]" (Mal'cev 1892:436).

[452] Siehe Mal'cev 1892:438 u. Onasch 1958:64.

[453] „Sklavengestalt" (Mal'cev 1892:439).

[454] „Christos, o Gott! Was kommst du zu dem Knecht [Johannes], da du doch keine Unreinheit hast, o Herr?" (Mal'cev 1892:441).

[455] Diese Figur ist deutlich seltener als die Betonung des Paradoxes; eine dahingehende Kosmas-Ode führt Onasch an: „[…] in Anbetung betrachtend die äußerste Erniedrigung Christi, wie er, der in den Händen hält die Wasser des Firmaments, mit seinem Leibe sich tauchet in die Welle, Er, der Gott unserer Väter." (Onasch 1981:441).

[456] Zur Verborgenheit als kenotischem Christusmerkmal und zu dessen strategischer Nachahmung bei Einsiedlern s. 5.3.5.

4.5.5.2 Soziale Erniedrigung: Fasten und Passion

Von diesen Weiterungen der menschlichen Geburt und Kindheit geht der Fokus des Kirchenkalenders – diesmal des beweglichen – zügig zu den Vorstufen des Sterbens Christi über. Die Passionszeit wird durch die Fastenzeit vorbereitet, der ihrerseits wiederum vier Vorfastensonntage vorausgehen, die *Недѣля мытаря и фарисея* [Sonntag des Zöllners und Pharisäers], die *Недѣля о блудномъ сынѣ* [Sonntag des Verlorenen Sohnes], die *Недѣля мясопустная* [Sonntag des Fleischverzichts] und die *Недѣля сыропустная* [Sonntag des Laktizinienverzichts]. An den ersten beiden steht die Bußhaltung im Vordergrund, was im Tageszeitengebet durch das 40-malige tiefe Verneigen beim Ausruf „Herr, erbarme dich" am Montag, Dienstag und Donnerstag und das dreimalige Niederfallen zum Gebet Ephräms des Syrers performiert wird;[457] die beiden letzten Vorfastensonntage bahnen den leiblichen Entzug an.[458] Sind Buße und Verzichtsaskese auch nur Grenzpraktiken der Kenose (s. 3.2.3 u. 3.3.3.2), so stellt der Kirchenkalender die Verbindung doch her: Das Vorbild für die folgende eigentliche Fastenzeit bis zum Freitag vor Palmsonntag[459] bildet Christi 40-tägiges Fasten in der Wüste.[460]

Handelt es sich bei den Demuts- und Verzichtshandlungen der Vorfasten- und Fastenzeit um Einschränkungen *im Leben*, so beginnt ab *Лазарева суббота* [Lazarussamstag] und *Недѣля ваий* [Palmsonntag], mit denen die Fastenzeit endet, ein teleologischer Weg zum Tode (und zur Auferstehung). Der *Lazarussamstag* fungiert als ambivalente Ankündigung der Leiden Christi, aber auch seiner Auferstehung. Für den *Palmsonntag* ist gleichfalls eine Ambivalenz kennzeichnend: Wird der Einzug in Jerusalem in den neueren Liturgien auch eher triumphal ausgestaltet, so wird doch auch Jesu „вольная страсть"[461] evoziert. Und mit dem Eselsritt wird ein sozial-kenotisches Moment thematisiert: „На престолѣ – на небеси, на жребяти – на земли носимый Хирсте Боже [...]".[462]

---

[457] Siehe H.-J. Schulz 1971:360. Auch am *Lazarussamstag* vor *Palmsonntag* herrscht Bußstimmung (nicht Askese, wie Schulz [ebd.:362] meint) und Auferweckungshoffnung.
[458] Zu Fasten als Alltagsgestaltung s. weiter 4.5.11.1.
[459] Der dritte Fastensonntag (*Sonntag der Kreuzverehrung*) gehört, da er die Kreuzigung voraussetzt, eigentlich zum vorhergehenden Christus-Jahr s. 4.5.6.4.
[460] Mt 4,1–11. Der Kirchenkalender bildet damit eigene christologische Zahlen wie 40 aus, die durch andere wie 50 (Pentekoste), 30 (vermeintliches Alter Christi bei der Kreuzigung), drei (Tage im Grab), vier (Enden des Kreuzes), zwölf (Jünger) etc. ergänzt werden und auch für andere numerische Phänomene Vorbildcharakter erlangen, etwa für das Gedenken der 40 Märtyrer am 9. März (Troparion 2001:33) oder das 40-malige „Господи помилуй" [Herr, erbarme dich] (Mal'cev 1892:91) während der Ostervigil. Vgl. auch 4.3.9.5 u. 9.3.3.
[461] „Freiwilliges Leiden" (Mal'cev 1892:534).
[462] „Auf dem Throne im Himmel, auf dem Füllen auf Erden sitzend, [...] Christos, Gott, [....]" (Kontakion im 6. Ton; Mal'cev 1892:540); vgl. 2.6.1.3 u. 4.3.5.1. Ol'ga Frejden-

Die *Страстная седмица* [Karwoche] ist dann ganz und gar durch die stufenweise Anamnese der letzten Tage Christi geprägt – mit stetem vergegenwärtigendem „Heute [...]" (s. Mal'cev 1999:108 et passim) – und von Leidenstopik durchsetzt. Dabei wird das reale menschliche Leiden stets vor der Kontrastfolie der Göttlichkeit gesehen, von welcher der Leidende herabgestiegen sei, um das Wunderbare, Paradoxe und die ‚Abstiegshöhe' herauszustellen:

> Die zwei Pole – die Herrlichkeit des Herrn und Seine selbstgewählte, selbstgewollte Erniedrigung und Demütigung, Seine Fleischwerdung, Leiden und Tod und dann der Durchbruch Seiner Macht in der Siegestat Seiner Auferstehung [...]
> [...] das Leiden des Gottessohnes vollzieht sich *auf dem Hintergrund Seiner Göttlichen Majestät.*[463]

Der *Montag der Karwoche* bringt die dritte Ankündigung von Jesu Leiden,[464] der Dienstag ruft das Gethsemane-Geschehen (mit Jesu Verzweiflung) auf, der Mittwoch erinnert an den Verrat des Judas, der Donnerstag an das letzte Abendmahl und der Freitag an die Kreuzigung. Die liturgiegeschichtliche Forschung hebt an dieser Stelle auf die Verbindung zur Jerusalemer Liturgietradition ab, die eine Prozession entlang der Stationen des Leidensweges Christi, beginnend mit seinem Einzug in Jerusalem, vollzieht (H.-J. Schulz 1971:362), was sich in der Vigil zum Karfreitag verdichtet (H.-J. Schulz 1989b:80).

Am *Великій Четвертокъ* [Großer Donnerstag] wird das Moment sozialer Selbsterniedrigung in Szene gesetzt, wenn der Bischof seinen Konzelebranten die Füße wäscht[465] und die Anwesenden zur Nachahmung der von ihm nachgestellten sozialen Selbsterniedrigung Christi aufruft, indem er Jh 13,15 zitiert (s. H.-J. Schulz 1971:369).

Den Kulminationspunkt bildet der *Великій Пятокъ* [Großer Freitag] bzw. die *Страстная Пятница* [Karfreitag]. Zunächst summiert der Karfreitagsorthos

---

berg nimmt in *Въездъ в Іерусалим [Einzug in Jerusalem]* (1923) den Eselsritt zum Aufhänger, um eine pagane Substruktur der Evangelienerzählungen zu begründen. Ihrer Analyse zufolge ist der Esel eine pagane Gottheit, verstärkt also die Gottheit Christi, gerät aber durch die Kontiguität mit dem zur Passion bestimmten Christus selbst in die Leidensrolle (Frejdenberg 1978:503f). Mit dem Esel ist also einmal mehr ein Motiv mit Christus verbunden, das paradox-doppelt interpretiert werden kann – als Hinweis auf Erniedrigung wie Erhöhung zugleich.

[463] Arsen'ev 1938:3, Hervorh. i. Orig. Die vergleichbar bedeutsame Rolle der Philipper-Perikope in der römischen Liturgie der Karwoche arbeitet Power (2005:9–23) heraus.
[464] Mt 20,17–28; s. H.-J. Schulz 1971:366.
[465] Mal'cev 1999:243–252. Siehe 2.6.1.3. Die fünfte Ode des Kosmas zum Gründonnerstag beschwört dies: „[...] der Herr wäscht die Füße der Knechte./ Den Jüngern stellt der Herr ein Bild der Demut dar. Der mit Gewölk das Himmelsgewölbe umhüllt, umgürtet mit Linnen sich und beuget das Knie, die Füße der Knechte zu waschen. Und in seiner Hand ist aller Seienden Odem." (Schollmeyer 1963:388).

Akolouthie der heiligen und heilbringenden Leiden die Leidensstationen Christi mit siebenfachem Kerzenentzünden vor der jeweiligen Evangelienlesung (ebd.: 371); hier wird eine Poetik der unübersehbaren Fülle – einer Fülle der Kenose! – verfolgt.[466] Szenisch präsent und zugleich unanschaulich-paradox werden Leiden und Kreuzigung in Einzelmomente zerlegt:

> Днесь виситъ на древѣ, иже на водахъ землю повѣсивый; вѣнцемъ отъ тернія облагается, иже ангеловъ царь; въ ложную багряницу облачается, одѣваяй небо облаки; заушеніе пріятъ, иже во Иорданѣ свободивый Адама; гвоздьми пригвоздися женихъ церковный; копіемъ прободеся Сынъ Дѣвы. Покланяемся страстемъ Твоимъ Христе.[467]

Das Stichiron Idiomela im dritten Ton blendet die Hoheit dagegen aus und verfolgt das physische Leiden bis in jede einzelne Faser.[468] Das Triodion spricht auch wörtlich von Erniedrigung: „К Тебѣ утреннюю милосердія ради Себе истощившему непреложно, и до страстей безстрастно преклоншемуся, Слове Божій […]".[469] Über dem Ganzen steht die Paränese in der ersten Antiphon; eine innere Gesinnung „wie Christus" (Phil 2,5) wird gefordert und das Sekundärvorbild der schon nachgefolgten Märtyrer heraufbeschworen.[470] Die Gläubigen werden erinnert, dass das Leiden Christi „um ihretwillen" nötig geworden sei – Schuldzuweisung und Reueappell (s. bes. Arsen'ev 1938:9–11). Den Schlusspunkt

---

[466] Schulz moniert, dass die stringente Passionschronologie dadurch in den Hintergrund geriete: „Mönchischer Lese- und Meditationseifer hat sich inzwischen, ohne Einfühlung in den verkündigungstheologischen kairós der Jerusalemer Perikopenwahl, darauf verlegt, alles zu absolvieren, was in den vier Evangelien vom Leiden des Herrn geschrieben steht, selbst beim Tod Jesu nicht einhaltend, sondern mit der letzten der nunmehr 11 Perikopen sogar bis zur Grablegung vorauseilend, wo doch der Karfreitag […] gerade erst begonnen hat." (1989b:80).

[467] „Heut hängt am Holze, der die Erde über den Wassern aufgehängt hat; eine Dornenkrone trägt der König der Engel. Zum Spotte wird in Purpur gehüllt, der da hüllt den Himmel in Wolken; Backenstreiche erhält, der im Jordan befreite den Adam. Mit Nägeln wird angeheftet der Bräutigam der Kirche, mit der Lanze durchbohrt der Sohn der Jungfrau. Wir beten deine Leiden an, o Christos!" (Mal'cev 1892:565f).

[468] „Jedes Glied deines heiligen Leibes trug Schande um uns. Das Haupt die Dornen. Das Antlitz die Anspeiungen. Die Wangen die Schläge. Der Mund den Geschmack von Galle mit Essig gemischt. Die Ohren der Lästerungen Schmach. Die Schultern des Spottes Gewand. Der Nacken die Geißelung. Und die Hand das Rohr. Der ganze Körper am Kreuz ausgebreitet. Die Glieder ertrugen die Nägel, die Seite die Lanze." (Mal'cev 1999:139).

[469] „Zu dir wende ich mich in der Frühe, der du aus Barmherzigkeit dich selbst für den Gefallenen dahingegeben hast ohne Wanken und bis zu den Leiden leidlos dich erniedrigt hast; […]" (Mal'cev 1892:567).

[470] „Rein laßt uns unsre Sinne Christus weihen, als seine Freunde um seinetwillen unser Leben uns opfern." (Schollmeyer 1963:399; vgl. Mal'cev 1999:122).

bildet die Nachinszenierung der Grablege durch Niederlegung der Stoffikone der Grablegung (Epitaphios) vor dem in der Mitte des Kirchenraums an erhobener Stelle („Golgotha") aufgestellten Kreuz in einem symbolischen Grab. Dazu erklingt das Troparion auf Joseph von Arimathäa: „Благообразный Иосифъ съ древа снемъ пречистое тѣло Твое, плащаницею чистою обвивъ, и вонями во гробѣ новѣ покрывъ положи."[471]

Die Grabthematik setzt die *Великая и Страстная Суббота* [Großer Karsamstag] fort. Der Frühgottesdienst des Karsamstages lässt sich begreifen als Nachtwache am Grab Christi (Arsen'ev 1938:12). Die Echtheit seines Todes wird unterstrichen: „[...] во гробѣ мертвъ, бездыханенъ полагается [...]".[472] Doch das Todesmoment kippt mit einem Enkomion paradoxon auf das lebensspendende Grab.[473] Die changierende Perspektive wird ausgestellt in dem langen Wechselgesang aus Troparien und Psalm 118 (Mal'cev 1999:195–220). Darin realisiert sich erneut die Neigung der diversen Liturgien der Karwoche zur Herausarbeitung der gottmenschlichen Paradoxe. Was im Laufe der wichtigsten christozentrischen Kalenderwoche thematisiert wird, ist – aller Passionsstringenz zum Trotz – immer dasselbe: Der Blick geht von der Inkarnation über die soziale Selbsterniedrigung, das Leiden, das Sterben zum Grab, um stets aufs Neue die dem entgegengesetzte Gottheit Christi zu beschwören. Was so erzeugt wird, ist keine Temporalisierung mit begrenztem Blickwinkel und narrativem Sog, sondern eine heilsökonomische Totalperspektive: Das Heilsversprechen darf nicht aus dem Blick geraten.

Doch vorderhand sollen auch die Gläubigen ein Stück weit die Passion Christi nachempfinden; nachdem schon in der Nacht zum Großen Freitag eine Vigil gehalten wurde und zu Ostersonntag die nächste bevorsteht, fällt die Nachtwache zum Großen Samstag meist aus oder wird auf eine halbe vermindert (H.-J. Schulz 1971:373). Die Erschöpfung sowohl der Priester als auch der Gemeinde aber zeitigt durchaus beabsichtigte Effekte von physischer Erniedrigung bis zu Halluzinationen, wonach die Auferstehungsinszenierung umso stärker erlebt werden soll.

---

[471] „Der ehrwürdige Joseph, welcher deinen allerreinsten Leib vom Kreuz herabnahm, hüllte ihn in ein reines Linnentuch, bedeckte ihn mit wohlriechenden Gewürzen und legte ihn in ein neues Grab." (zweiter Ton; Mal'cev 1892:574; vgl. 4.5.3.5.).

[472] „[...] wird im Grabe als Todter ohne Athem beigesetzt [...]" (Mal'cev 1892:585).

[473] „Du, Christus, das Leben, wurdest dem Grab übergeben. Erfüllt wurden die Heere der Engel mit Beben, die Deine Herablassung rühmend erheben./ Leben, wie stirbst du, wie bewohnst du gar das Grab? Des Todes Reich vernichtest du, des Hades Tote richtest du auf./ Wir preisen dich, Jesus, o König. Wir verehren dein Grab, deine Leiden, durch die du uns vom Verderben errettet hast." (Schollmeyer 1963:432).

4.5.5.3 Direkte metaphysische Erhöhung: Von Ostern bis Pfingsten

> Nur zu Ostern vielleicht lernen wir, die Welt ‚im Lichte Christi'
> zu sehen, wozu uns die Kirche täglich im Morgengottesdienst
> auffordert. (Zen'kovskij 1951:10)

Das Ziel aller vorangegangenen Erniedrigungsinszenierung ist das *Всенощное бдение* [Ganznächtliche Vigil] vor *Свѣтлое Христово Воскресеніе* [Ostersonntag],[474] genauer jener Moment, zu dem um Mitternacht die Türen der Ikonostase geöffnet werden, der dreimalige Auferstehungsgruß „Христосъ воскресе изъ мертвыхъ, смертію смерть поправъ, и сущимъ во гробѣхъ животъ даровавъ."[475] erklingt und der Osterkuß getauscht wird. Darauf folgt die Lesung des Johannes-Prologs (vgl. Alekseev 1999:15), *der* Grundlegung der Logoschristologie in den Evangelien (s. 2.2.5), welche die Perikopenreihe der Evangelienlesungen aus Johannesevangelium und Apostelgeschichte im Pentekostarion eröffnet. Der Logos wird Fleisch – streng genommen beginnt damit ein neuer Zyklus von Erniedrigungen. Doch der Moment der Erhöhung davor wäre zu kurz; die frohe Botschaft muss länger visuell präsent gehalten werden: Die Türen der Ikonostase bleiben bis Pfingsten geöffnet, und gekniet wird in dieser Phase der Erhöhung und des Offenstehens des Göttlichen nicht (s. H.-J. Schulz 1971:379f). Die Tage der Woche nach Ostern erhalten das Epitheton *свѣтлый* [hell]. Das vorangegangene Leiden des *status exinanitionis* aber ist von seinen Spuren her auch noch im *status exaltationis* spürbar: Am ersten Sonntag nach Ostern ruft das Kontakion im achten Ton die frühere echte Menschlichkeit des Auferstandenen in Erinnerung – durch die Probe des ungläubigen Thomas: „Любопытною десницею жизноподательная Твоя ребра Ѳома испыта, Христе Боже: созаключеннымъ бо дверемъ яко вшелъ еси съ прочими Апостолы вопіяше Тебѣ: Господъ еси и Богъ мой!"[476] Daraus folgt eine Paränese à la Phil 2,5.

Die Erhöhungsfeste des mobilen Festzyklus *Вознесеніе Господне* [Christi Himmelfahrt] und *Троица* bzw. *Пятидесятница* [Pfingsten] werden durch das – für den Hesychasmus wichtige – *Прѣображеніе Господне*[477] komplettiert, das der

---

[474] Epistolografisch-publizistisch hat dies Gogol' in den *Выбранные места из переписки с друзьями [Ausgewählte Stellen aus dem Briefwechsel mit Freunden]* beschworen (Gogol' 1993:218–226).

[475] „Christos ist von den Todten auferstanden und hat den Tod durch den Tod überwunden und den im Grabe Befindlichen das Leben gebracht." (Mal'cev 1892:112; vgl. zum Zitat in der Chrysostomos-Liturgie 4.5.3.2, zu literarischen Reflexen 6.4.6 u. 7.4.3).

[476] „Mit der emsigen Rechten untersuchte Thomas deine Leben spendende Seite, Christos, o Gott! denn wie du bei verschlossenen Thüren eintratest, rief er mit den übrigen Aposteln dir zu: du bist mein Herr und Gott!" (Mal'cev 1892:635f).

[477] Verklärung Christi (s. H.-J. Schulz 1971:384).

Logik nach in den Pascha-Zyklus gehört.[478] Doch selbst bei diesem metaphysischen Erhöhungsfest gibt es noch eine starke kenotisch-mnemonische Note; im Kontakion im siebten Ton heißt es:

На горѣ преобразился еси, и якоже вмѣщаху ученицы Твои, славу Твою, Христе Боже, видѣша: да егда Тя узрятъ распинаема, страданіе убо уразумѣютъ вольное, мірови же проповѣдятъ, яко Ты еси воистину Отчее сіяніе.[479]

4.5.5.4 Metonymisches Christusgedenken

Nichts hat wirklich Einfluss, was stets selbst präsent sein muss, denn Omnipräsenz ist auf Erden – selbst in der Christologie – kaum zu haben; einflussreich ist, was mittelbar präsent ist. Auf Christus bezogen heißt das, dass ein integraler Teil seines kulturgeschichtlichen Erfolgs auf das Konto von mittelbar auf ihns bezogenen Ausgestaltungen wie Metonymien und Metaphern Christi (s. 3) geht. Die mehrheitlich christologischen Hochfeste des unbeweglichen Festkalenders wie *Geburt*, *Theophanie* und *Darstellung Jesu im Tempel* (s. 4.5.6.1) allein machen nur einen Teil der Präsenz Christi im Christusjahr aus; ein gut Teil der kalendarischen Christus-Präsenz aber ist mittelbarer Natur. Er realisiert sich unter anderem in Metonymien wie *Mariä Verkündigung* und deren Fortspinnung in den anderen Hochfesten der Gottesmutter,[480] deren Lebensetappen einen zweiten Jahreszyklus konstituieren, das liturgische Marienjahr.

Wie eigenständig sind die Feste des Marienjahrs? Die Forschung ist in dieser Frage gespalten: Onasch etwa widerspricht sich selbst, wenn er zum einen sagt: „Ich glaube, man kann die GM-[Gottesmutter-]Feste auch nicht als annexe Feiertage zweiten Ranges ansehen." (1958:60f), um einzuräumen, dass die „Hymnen zu Ehren der GM [Gottesmutter] [...] durchweg christologischen Charakter" trügen (ebd.:61), „keinen theologisch-liturgischen Eigenwert" besäßen, sondern eine klare „Ausrichtung der Perikopen auf das Mysterium der Geburt des Gottmenschen" zeigten (ebd.:62). Die Lektion des Philipperhymnus am Festtag der Geburt der Gottesmutter (8. September) belege das „[...] Vorwiegen des christologischen Gehaltes. Marias ‚Magdtum' wird an Christi Gehorsam gemessen!" (ebd.:61).

---

[478] Onasch 1958:60. Dort werden auch ausnahmsweise die Gedenkfeste des Grigorios Palamas und des Johannes Klimakos eingeordnet, die mit der hesychastischen Verklärung in enger Verbindung stehen (Troparion 2001:142–144).

[479] „Auf dem Berge wurdest du verklärt, und als deine Jünger, soweit sie vermochten, deine Herrlichkeit, Christos, o Gott, sahen, staunten sie; auf dass, wenn sie dich gekreuzigt sehen würden, sie das freiwillige Leiden erkennen, der Welt aber verkünden möchten, dass du in Wahrheit bist des Vaters Abglanz." (Mal'cev 1892:740). Man beachte daran den Darstellungsaspekt.

[480] Siehe das Messformular für die Gottesmutterfeste, Mineja obščaja 1998:11–17об.

4. Christus in Russland

So sind also selbst noch bei den subtilsten Weiterspinnungen des Marienlebens wie *Зачатие праведной Анны* [Empfängnis der heiligen Anna] und *Успение Богородицы* [Entschlafen der Gottesmutter] die Rückbindung der marianischen Hochfeste an das „Christusmysterium" zurückgebunden – durch eine stereotype Beschwörung jener Dimension, die sie überhaupt ins Rampenlicht rückt: das Gottesgebären (s. H.-J. Schulz 1971:385). Allein schon der in der Orthodoxie häufiger als der Name *Maria* benutzte Titel ϑεοτόκος/*богородица* bzw. *богоматерь*[481] stellt ihren Metonymie-Charakter heraus.

Eine der beiden wichtigsten Maria gewidmeten Hymnenarten, das Theotokion, trägt diese dienende Funktion Marias für Christus gleich in der Gattungsbezeichnung. Von der damit benannten Kernleistung Marias löst sich auch die bekannteste Marienhymne der Ostkirche, der *Akathistos-Hymnos*, nicht. Gesungen wird er am Samstag der fünften Fastenwoche vor Ostern, womit schon die zeitliche Kontiguität nahe legt, dass eine „alte Verbindung" zu Mariä Verkündigung (25. März) besteht (Goltz 1988:221).

Der größere, narrative Teil des *Marienakathistos* (kirchenslavisch: *Акаѳїстъ преблагословеннѣй богородицѣ*) handelt von der Spanne im Christusjahr von der Verkündigung bis zur Darstellung Christi im Tempel (Ikos 1–Ikos 12), während frt Schluss, um die Inkarnation konzentriert, eine theologisch-dogmatische Summe liefert (Kontakion 13–Kontakion 1). Der hoch poetische Hymnus bringt innovative Varianten der Kenose-Terminologie wie etwa die Metapher von der Gottesmutter als „лествице небесная, еюже сниде Бог [...]".[482] Die mitunter bis zu zehn syntaktisch parallel angeordneten Ehrentitel für die Gottesmutter im Vokativ haben oftmals rekurrente Genitiv-Konstruktionen wie „утробо Божественнаго воплощения"[483] bei sich. Der auf Maria bezogene Vokativ findet sich dabei häufig postponiert wie im Ikos 4: „Агнца и Пастыря Мати"[484] – womit die ontologische Hierarchie von Christus und Maria auch in der syntaktischen Anordnung ausgewiesen wird. Marias Funktion des Gottesgebärens, an sich schon ein Paradox, wird in immer neuen Paradoxen als den Menschen Maria übersteigende Leistung hervorgehoben: „Бога невместимаго вместилище".[485] In diesem Fahrwasser ist

---

[481] Gottgebärerin bzw. Gottesmutter (s. 2.8.4.1). Sergej Bulgakov entwickelt eine eigene Lehre vom *богоматеринство* [Gottesmutterschaft] (Valliere 2000:326), und Felmy benennt die orthodoxe Mariologie treffend in „Theotokologie" um (1990:82).

[482] „Du Himmelsleiter, auf welcher Gott herniederstieg" (Ikos 2; Akafisty 1998:5; dt. v. Hermann Goltz u. Johannes Langsch, Goltz 1988:29).

[483] „Du Mutterleib, da Gott Fleisch annimmt" (Ikos 1; Akafisty 1998:4; dt. v. Hermann Goltz u. Johannes Langsch, Goltz 1988:21).

[484] „Du Mutter des Hirten und Lammes zugleich" (Akafisty 1998:8; dt. v. Hermann Goltz u. Johannes Langsch, Goltz 1988:45).

[485] „Du Gefäß des unumfassbaren Gottes" (Akafisty 1998:13).

auch die sichtliche Freude des Autors des *Akathistos-Hymnos* an christologischen Paradoxen wie „[...] высокий Бог/ на земли явися смиренный человек [...]"[486] zu sehen. Das mariologische Paradox erscheint als Annex des christologischen.

Auch für eine andere Christus-Metonymie, das Kreuz, das doch wie Christus schon in allen Liturgieformen präsent ist, hat die orthodoxe Kirche eigene Messeformulare entwickelt (Mineja obščaja 1998:18–23об.). Nach dem Gedenktag der Kreuzigung, dem Karfreitag (4.5.6.2), tritt die Kreuzthematik im Pentekostarion hinter der Erhöhungsinszenierung zurück, was in gewisser Weise der historischen Verspätung der Kreuzverehrung bis ins 4. Jh. entspricht (s. 3.3.1.1). Die Kreuzauffindung durch Kaiserin Helena wird am Kreuzfesttag *Воздвижение Честнаго и Животворящаго Креста* [Kreuzerhöhung] (14. September) memoriert. Das Kreuz wird als Klimax der Kenose (s. 2.7.1.4) in den funktionalen Kontext von Christi freiwilliger Selbsterniedrigung gestellt: „Вознесыйся на Крестъ [волею] ..."[487] woraus dem zitierten Kontakion gemäß Erlösung für Andere folgen soll, worin aber auch die Paränese zur Kreuznachfolge enthalten ist.[488] Der logisch nächste Schritt nach der Kreuzerhöhung, die Kreuzverehrung, lässt nochmals auf sich warten – bis zum Dritter Fastensonntag, der *Недѣля крестопоклонная* [Sonntag der Kreuzverehrung].

Die Hochfeste Christi und der Gottesmutter haben in ihrer Mehrzahl am darauffolgenden Tag ein Begleitfest, bei dem, vom Hauptakteur Christus oder Maria ausgehend, weiterer metonymisch beteiligter Personen gedacht wird.[489] Unter den christozentrischen ist das nach dem Fest der *Geburt* der 26. Dezember, der der Gottesgebärerin, und nach *Theophanie* der 7. Januar, der Johannes dem Täufer gewidmet ist. Beim Weihnachtsfest schlägt der marianisch-metonymische Bezug des 26. Dezembers um in einen martyrologisch-metaphorischen: Am 27. wird des

---

[486] „[...] erschien der höchste auf Erden,/ gering in Menschengestalt [...]" (Kontakion 8; Akafisty 1998:13; dt. v. Hermann Goltz u. Johannes Langsch, Goltz 1988:73).

[487] „Der du freiwillig auf das Kreuz [dich erhöhtest] ..." (Kontakion im 4. Ton; Mal'cev 1900:92; ergänzt gemäß Troparion 2001:102).

[488] In seiner Materialität wird das Kreuz im Zusammenhang der Adam-Christus-Typologie im Rahmen des Doxastikons zum Fest der *Kreuzerhöhung* aufgerufen: „Ja, durch das Holz mußte entsühnt werden das Holz, und durch die Leiden dessen, dem Leidenschaft fremd, mußten die vom Holze stammenden Leidenschaften des Bestraften gelöst werden." (Onasch 1981:443).

[489] Nicht betrachtet werden hier die kalendarischen Christus-Metonymien, bei denen Menschen zu Nutznießern von Jesu göttlicher Macht werden, wie es den *Sonntag des Zöllners und Pharisäers* (erster Sonntag des Triodions), den *Sonntag des Gelähmten* (vierter Sonntag des Pentekostarions) und den *Sonntag des Blindgeborenen* auszeichnet. An diesen Punkten soll Christus seine göttliche Allmacht nicht verborgen haben (zur Krypsis s. 2.7.3.3), weshalb dies für die Kenose nicht einschlägig ist.

Erstmärtyrers Stephanos gedacht, am 28. der 303 in Nikodemien verbrannten Christen und am 29. der von Herodes ermordeten Kinder (s. Onasch 1981:125).

4.5.5.5 Metaphorisches Christusgedenken
Wird bei den Begleitfesten allein durch die zeitliche Kontiguität der Christusbezug hergestellt, der dann punktuell auf die metaphorische Achse kippt, so dominiert beim Märtyrer- und Heiligengedenken des immobilen Festzyklus von vornherein ein metaphorischer Christusbezug; die Wurzel des immobilen Festzyklus ist in der Memorierung des *dies natalis* der frühchristlichen Märtyrer zu suchen (Onasch 1981:201), der – nach Wegfall des Regelfalls der Heiligung durch Martyrium (s. 3.3.3.4) durch Asketen und andere Heilige aufgefüllt wurde.

Wenn eines Heiligen nicht allein im immobilen Festzyklus gedacht wird, bedeutet dies einen herausragenden Rang. Diesen erhält in der Orthodoxie Nikolaus/Nikolaj, der sogar in den Wochenzyklus Eingang gefunden hat. Ihm ist jeden Donnerstag ein Troparion gewidmet, das seine ethische Kenose beschwört:

> Правило веры и образ кротости,/ воздержания учителя,/ яви тя стаду твоему,/ яже вещей истина;/ сего ради стяжал еси смирением высокая,/ нищетою богатая, отче священноначальниче Николае,/ моли Христа Бога// спастися душам нашим.[490]

Unter den slavischen Heiligen[491] ragen im Festzyklus Vladimir (15. Juli) sowie Kyrill und Method (11. Mai) heraus, insofern sie im slavischen Ritus Festtage besitzen, die mit einer Vigil ausgestattet sind. Für die vom Heiligkeitsstatus unter ihnen angesiedelten Leidensdulder Boris und Gleb gilt das nicht;[492] ein eigenes Messformular für Leidensdulder ist in der *Минея общая*[493] nicht vorgesehen. Die Prominenz von Boris und Gleb speist sich nicht aus dem liturgischen Zyklus, sondern aus der Popularität im Volke. Diese aber ist (neben der kenotischen Primärdeutung) nicht zuletzt der para-paganen Sekundärdeutung zu verdanken (s. 4.2.3); ihr Festtag (2. Mai) wurde über ein früheres heidnisches Fest gelegt (V. Vlasov 1992:19).

4.5.6 Christuswoche, Christustag und Zyklenmnemonik
Die zweijährige Spanne, über die sich die zu Christus metonymischen Hochfeste erstrecken, ist für die Gedächtnisleistung recht lang. Unterstützend wird die Wo-

---

[490] „Maßstab des Glaubens und Vorbild der Bescheidenheit,/ Lehrer der Enthaltsamkeit,/ erscheine vor einer Herde, der du wahrer Grund von allem bist;/ denn du bist durch Demut hoch, durch Armut reich geworden, Oberhaupt aller Heiligen, Vater Nikolaj,/ bete zum Gott Christus, auf dass unsere Seelen gerettet werden." (Troparion 2000:23).
[491] Zur Russifizierung des Kirchenkalenders s. 1.1.4.
[492] Siehe 5.0.4. Zu den Troparien auf die Leidensdulder Boris, Gleb und Václav s. Troparion 2000:88.
[493] *Allgemeines Menologion* (Mineja obščaja 1998).

che als überschaubare Kleinstruktur liturgisch so ausgestattet, dass sie als Miniaturabbild des Christusjahres erscheint. Das Prägemuster ist dabei die Karwoche (4.5.6.2): An den wöchentlichen Fastentagen Mittwoch und Freitag werden Troparien auf das Kreuz Christi gesungen (Troparion 2000:22f). Zur Einfühlung in den Verlust, den diese Kreuzigung bedeuten soll, wird im Staurotheotokion des Mittwochs im achten Ton Maria als ‚Vorfühlende' in Szene gesetzt:[494]

> На крестѣ повѣшена зрящи Чистая, Тебе рождшая, Господи, и близь бывши, плачущи глаголаше: Чадо, что сія страждеши плотію и тщишися безчадствовати мя, потщися прославитися, яко да возвеличуся страстію Твоею![495]

Der Samstag, in der Karwoche dem Grab Christi gewidmet, sieht im Wochenzyklus das Totengedenken vor (Troparion 2000:24). Das Paradox des toten Gottes amplifiziert z.B. das Theotokion dogmatikon des Samstages im siebten Ton:

> Страшно и неизреченно во истинну, еже о Тебѣ содѣянное таинство, Нескверная; Слово бо всѣхъ виновное, паче вины и Слова, Святымъ Духомъ воплощшееся родила еси, из Тебе плоть пріимша, Своего естества непреложно пребывша, сошедшимся бо обоимъ самобытнѣ, по vпостаси единственной, сугубъ естествомъ происходитъ; весь Богъ и весь человѣкъ, во обоихъ совершенствіихъ, дѣйствительными свойствы изъявляя; пострадавъ бо на крестѣ плотію, безстрастный Той же пребысть Божественнѣ; яко человѣкъ умрый, паки оживе, яко Богъ тридневенъ, державу смертную низложивь, изъ истлѣнія избавль человѣчество, Того, яко Избавителя и Спаса рода нашего, Богомати, моли, низпослати намъ щедротъ Его велію милость![496]

---

[494] Vgl. den ikonografischen Typus Eleousa/умиленіе, 4.6.4.2.
[495] „Als die Reine, die dich geboren hatte, dich, o Herr, auf dem Kreuze hangen sah, und nahe dabei stand, rief sie weinend: O Kind, wesshalb leidest du dies dem Fleische nach, und eilst, mich ohne Kind zu lassen? Eile, dich zu verherrlichen, damit ich hochgepriesen werde durch dein Leiden!" (Mal'cev 1904:1018, sic).
[496] „Furchtbar und unaussprechlich in Wirklichkeit ist das an dir geschehene Geheimniss, o Unbefleckte! Denn du hast geboren das Wort, welches ist die Ursache aller Dinge, welches über Ursache und Wort durch den heiligen Geist verkörperlicht wurde und aus dir Fleisch annahm, während seine eigene Natur unverändert blieb. Denn indem beide (*Naturen*) zusammenkamen selbständig zu *Einer* Person, aber zwiefach der Natur nach, geht er hervor als ganzer Gott und ganzer Mensch, an Beiden die Vollständigkeit durch wirkende Eigenschaften zeigend; denn leidend am Kreuze dem Fleische nach, blieb derselbe leidlos nach der Gottheit. Wie ein Mensch gestorben, lebte er wieder auf als Gott, die Herrschaft des Todes vernichtend und die Menschheit von der Verwesung befreiend." (Mal'cev 1904:580f, Hervorh. i. Orig.).

4. Christus in Russland

Nach diesen asketisch-kenotisch gestimmten Tagen wird der Sonntag dann „als eine zykl.[ische] Wiederholung von Ostern verstanden";[497] *télos* der Woche ist die Lesung des Auferstehungsevangelium in Sonntagsorthros.

Auch der am Abend beginnende liturgische Tag dient der „Christusanamnese"; er wird in Anlehnung an die Jerusalemer Prozessionsstationen rhythmisiert (H.-J. Schulz 1989b:52.55). Die althergebrachte Gesamtstruktur aus *Вечеря* [Vesper Hesperinos], *Повечеріе* [Komplet], *Полоунощница* [Mitternachtsoffizium], *Оутреня* [Orthros, Matutin], *Часъ первый* [Prim], *Часъ третій* [Terz], *Часъ шестый* [Sext], Göttlicher Liturgie und *Часъ девятый* [Non] ist Sache der Mönche.[498] In der Gemeindepraxis werden dagegen die Non mit der Vesper, die Prim mit dem Orthros, die Terz und die Sext mit der Hauptliturgie zusammengezogen (Eremina 2002:384). Wenn einfache Gläubige also am vollen Tageszyklus höchstens partiell teilnehmen, so ist der liturgische Tag doch das am stärksten monastische Element, das in die Praxis der gewöhnlichen Gläubigen Eingang findet.

Eine ausgezeichnete Bedeutung innerhalb des Christustages hat die liturgische Nacht. Vor den christologischen Hochfesten wird ein *Всенощное бдение* [Ganznächtliche Vigil] gefeiert. Die daraus resultierende Übermüdung von Liturgen wie Gemeinde ist vom kenotischen Christusbezug her funktional: Sie bildet Christi Erniedrigungsopfer und Passion psychophysiologisch ab.

4.5.7 Ritualisierter Alltag

Träger der gottesdienstlichen Funktionen sind, wie daran deutlich wird, beileibe nicht allein die Liturgen. Auch die Gemeinde hat ihren Part zu leisten; auch ihre Leiber sind Vollzugsorte des liturgischen Christusbezugs. Insofern die Kenose Christi mit seiner irdischen Ver*körper*ung gekoppelt ist, bildet der Leib der Gläubigen geradezu einen privilegierten Ort für Nachvollzüge der Erniedrigung.

Wie an der Ermüdungstechnik der ganznächtlichen Vigil deutlich wird, erschöpft sich das physiagogische Interesse der Liturgie nicht im Vollzug im Kirchenraum allein, sondern greift aus, um auch das außerliturgische Befinden der Gläubigen vom liturgischen ‚Kern' her zu beeinflussen. Teile des Alltags sollen so gestaltet werden, dass sie sich als Kopien bzw. Ableitungen von liturgischen Verhaltensformen lesen lassen, so vor allem außerliturgische Gebetsformen. Andere liturgische Anliegen lassen sich überhaupt nur im alltäglichen Vollzug, in der „Liturgie des Alltags" (Nyssen 1989b:256) realisieren wie das Fasten; hier benö-

---

[497] Onasch 1981:201. Daher rührt auch die neurussische etymologische Verbindung von *воскресение* [Auferstehung] und *воскресенье* [Sonntag].

[498] Siehe von Gardner 1976:76f. Während der Weihnachts- und Apostfasten kommt zwischen den Stundengebeten noch ein *Междочасие* [Zwischen-Hora] hinzu (Onasch 1962:138).

tigt die Semantik des Kirchenjahres die häusliche Pragmatik. Wo es sich um performative Nachvollzüge von Erniedrigungspraktiken handelt wie etwa das Niederknien, den Nahrungsentzug oder die Ermüdung durch die ganznächtliche Vigil, könnte man von einer „kenotischen Orthopraxie" (H.-J. Röhrig 2000a:304) des Alltags sprechen. Doch ist eine solche alltägliche Orthopraxie stets nur normativer Anspruch, keine Praxis ohne Abstriche.[499]

4.5.8 Außerliturgische Gebete
Im orthodoxen Verständnis ist die Eucharistie *der* Ort, an dem Christus präsent wird; das liturgische Fürbitt-Gebet wird als Anrufung des als realpräsent gedachten Christus begriffen.[500] Jenseits der fixierten liturgischen Gebets-„Protokolle" (Onasch 1981:121) wäre der psychische Effekt von Christuspräsenz höchstens auf charismatisch-ekstatischem Wege zu erreichen. Mit derartigen Gebetspraktiken aber hatte die frühchristliche Kirche Schwierigkeiten, die die orthodoxe Kirche bis heute konserviert hat; während das stündliche Gebet aus dem Judentum übernommen wurde, bestand das christliche Novum – in Abgrenzung vom Judentum – darin, dass nicht im eigenen Namen gebetet wurde, sondern im Namen Christi und des heiligen Geistes (ebd.:121). Zugleich mit der Austreibung des als heidnisch diskreditierten charismatischen Prinzips und der Einführung fixer Gebetsformulare wird eine Form geistlicher Standardisierung erzielt, die zum Erfolgsgeheimnis des Christentums gehört.

4.5.8.1 Semi-liturgische Grenzgattungen: Fürbittmessen und Stundengebete
Auch außerhalb der Liturgiezeiten ist die Kirche der zentrale Anlaufpunkt für Kerzenspenden, Ikonenverehrung u.a. (Diedrich 1988:110f). Für die Gebetstätigkeit gibt es neben der Liturgie eigene Gebets- und Fürbittmessen (*молебен*). Da es für die gesellschaftliche Durchsetzung des Christentums aber kaum genügt, wenn die Christusanamnese allein im Kirchenraum präsent ist, versucht das christliche

---

[499] Es kann bei dieser Lektüre des Alltags russisch-orthodoxer Gläubiger auf Christusbezüge hin nur um generelle Normierungsverfahren gehen, nicht um historische, regionale oder gar individuelle Differenzen (Diedrich 1988:108). Eine detaillierte Erhebung, welche Praktiken unter welchen Umständen in welchem Maße befolgt wurden und werden und wie diese gegebenenfalls von der orthodoxen Norm abweichen (exemplarisch untersucht etwa bei A.A. Pančenko 1998 oder Strachov 2003), kann diese typologische Skizze nicht leisten. Wenn man davon ausgeht, dass viele Praktiken der Volksorthodoxie weit jünger sind, als im Gefolge romantischer Folklore-Begeisterung angenommen, und stärker vom Christentum angeregt, als dass sie von vorchristlichen Überresten induziert wurden (Strachov 2003:2), tut sich hier allerdings auch für die Kulturgeschichte der Transformationen von positiver Selbsterniedrigung ein weites Feld auf.

[500] „In Verbindung mit der Vorstellung von der Gegenwart Christi in der Eucharistie glaubte man die Interzession ihm unmittelbar [...] vorzutragen." (Onasch 1981:120).

Dispositiv, sie in den Alltag des Einzelnen zu transportieren und auch dort normierende Verhaltensregelung zu betreiben (s. 5.0.1). Einen direkten Übergang von der Liturgie in den Alltag bildet der Ostergruß „Христос воскресе!" [Christ ist erstanden!] mit der obligatorischen Entgegnung „Воистину воскресе!";[501] der Anwendungsbereich dieses Grußes ist im Kirchenkalender eng umgrenzt, im Alltag dagegen vielfältig.

Eine zweite Grenzgattung bildet das Stundengebet bzw. der Stundengottesdienst. Die Tradition des jüdischen „beständigen Opfers" im Tempel wird in der frühen christlichen Kirche nach Hause verlegt.[502] Allein im klösterlichen Stundengottesdienst bleibt der ursprüngliche liturgische Rahmen erhalten; sonst sollte das Stundengebet zum Moment des Alltags werden (was wohl die Ausnahme blieb). Ziel dieser religiösen Rhythmisierung des Alltags ist innere Übung und Sammlung, wobei in der Struktur die Christusanamnese durchscheint: „Die Gebetszeiten zur dritten, sechsten und neunten Stunde orientieren sich an der Passionschronologie des Markusevangeliums [...]" (Gerhards 2001:270).

4.5.8.2 Standardisierte Gebete

Während sich stille Privatgebete der textwissenschaftlichen Untersuchung entziehen, geben normierte Gebetsvorlagen und fixierte Betregeln (*молитвенное правило*; vgl. Azy 2002:71f) bloß einen ungefähren Hinweis auf die Praxis. Davon aber gibt die orthodoxe Kirche den Gläubigen ein breites Angebot an die Hand. Lange vor den spezialisierten Gebetsbüchern (*молитвослов*) finden sich Textvorlagen, die sich zum Privatgebet eignen, schon in der Sammelliteratur wie in Sammelbänden und Lesemenäen, die liturgische Gebeten und Hymnen enthielten.

Für die Lektüre bestimmt waren beispielsweise verschriftlichte Gebete von Kirill Turovskij, die, was den christologisch-dogmatischen Gehalt angeht, mitunter hoch explizit sind, so die *Молитва въ четвергъ по вечери [Gebet am Donnerstag nach der Vesper]*:

> Крестъ души возстаніе и животъ вѣчный: свѣтъ Сынъ Божій: крестъ слава Господня: крестъ супостатомъ побѣдитель и избавитель человѣкомъ. Господи Христе Боже нашъ, Иже, нашего ради спасенія, отъ безначальнаго Ти Отца пришедъ от вышняго круга горняго небеси въ нижняя страны земля, Богъ сый непремѣненъ, въ наше естество оболкся и весь бысть человѣкъ за многое и неисповѣдимое Твое милосердіе [...][503]

---

[501] „Er ist wahrhaft auferstanden!"; vgl. 4.5.5.3.
[502] Gerhards 2001:269. Eine frühchristliche Norm für das häusliche Gebet dokumentiert die *Didache* – ein dreimaliges Vaterunser (Did 8,3).
[503] „Das Kreuz ist die Auferstehung der Seele und das ewige Leben; das Licht ist der Sohn Gottes; das Kreuz ist die Herrlichkeit des Herrn; das Kreuz ist der Sieger über die Pei-

Oder – mit drastischer Identifikation mit dem freiwilligen Leiden Christi im Fleisch in Verbindung mit der Bitte um Stärkung des eigenen Geistes gegen das eigene Fleisch – die *Молитва въ пятокъ по часѣхъ [Stundengebet am Freitag]*:

> Яко Самъ изволилъ еси пріити на землю спасти грѣшникы: въплотибося насъ ради, бесплотень сый, и волею обнищавъ богатый. [...] насъ ради страсть пріимъ, исцѣли страсти сердца моего; [...] поруганіе претерпѣвъ и на крестѣ призвоздися, страсѣ твоемъ плоть мою пригвозди; искушающаго мя врага крестомъ своимъ низложи [...][504]

Während die Reichweite der altrussischen Sammelliteratur wegen der geringen Alphabetisierung des Landes klein war, erlebt das Genre des Gebetsbuches für Privatzwecke, das in der Moderne im Register der Devotionalienliteratur vertrieben wird, hohe Auflagen.[505] In den Gebrauch führen Gebets*technik*schulen ein (bspw. Antonij [Surožskij] 2002).

Auch die Gebetsbücher haben kompilatorischen Charakter; ihre Bestandteile gehen auf verschiedene Ursprünge zurück. Dass die Praxis des regelmäßigen Gebets im Alltag auf eine jüdische Tradition zurückgeht, dokumentiert in den heutigen orthodoxen Hausgebetsbüchern noch die wichtige Rolle des *Psalters* – zumindest in manchen Ausgaben (Molitvoslov 1998:158–500). Daneben enthalten Gebetsbücher standardisierte Gebete griechischer Väter, etwa von Makarios und Basilios dem Großen (Molitvoslov 1999:13–18). Kenotisch-christologisch einschlägig ist unter den darin vertretenen Mustergebeten etwa die *Молитва 8-я, Господу нашему Иисусу Христу [8. Gebet, an unseren Herrn Jesus Christus]* aus den Morgengebeten, die das Inkarnationsdogma aufruft[506] und eine Identifika-

---

niger und der Erlöser für die Menschen. Herr Christus, unser Gott, Der Du, um unserer Erlösung willen, vom ewigen Gott dem Vater gekommen bist vom obersten Kreis des Himmels ins niedere Erdenland, unveränderlicher Gott, nahmst Du unsere Natur an und wurdest wahrer Mensch durch Deine große und unsagbare Barmherzigkeit [...]" (Kirill [Turovskij] 1858:310).

[504] „Du bist auf die Erde gekommen, um die Sünder zu erlösen, hast um unseretwillen Fleisch angenommen, obgleich Du fleischlos bist, und bist, obgleich Du reich bist, freiwillig arm geworden, [...] der Du um unseretwillen Leiden auf Dich genommen hast, heile die Leiden meines Herzens [...] der Du Verspottungen erduldet hast und Dich ans Kreuz hast schlagen lassen, schlage durch dein Leiden mein Fleisch ans Kreuz und unterwirf durch dein Kreuz den mich versuchenden Feind [...]" (Kirill [Turovskij] 1858:324f).

[505] Die Menschen werden von der Devotionalliteratur bei ihren existenziellen Sorgen abgeholt; ihnen wird z.B. ein spezieller *Молитвослов в помощь болящим [Gebetbuch für Kranke]* an die Hand gegeben (Zobern 2002:184–257).

[506] „[...] многия ради любве сшед и воплотился еси, яко да спасеши всех." [(...) großer Liebe halber stieg er herab und nahm Fleisch an, um uns zu erlösen.] (Molitvoslov 1999:20).

tion des Betenden mit der menschlichen Geburt Christi nahelegt: „Ты бо еси Бог мой от чрева матере моея."[507] In den Bittformeln wird in vielfältiger Weise auf die Heilwirkung von Christi kenotischer Körperlichkeit rekurriert:

> [...] страстьми Своими страсти моя исцеливый и язвами Своими язвы моя уврачевавый, [...] сраствори моему телу от обоняния Животворящаго Тела Твоего, и наслади душу мою Твоею Честною Кровью от горести [...][508]

Selbst der hymnische *Акафист сладчайшему Господу Иисусу нашему Иисусу Христу [Akathistos-Hymnos auf unseren allersüßesten Herrn Jesus Christus]* stellt Jesus als Vorbild von Demut und Duldensbereitschaft hin: „Иисусе претихий, монахов радосте [...]" – „Иисусе, Владыко долготерпеливый [...]".[509]

4.5.8.3 Jesusgebet

Auf den ersten Blick besticht in den russisch-orthodoxen Gebetsbüchern die Dominanz der Jesusgebetsformel, die die Morgengebete abschließt (Molitvoslov 1999:31), den erwähnten *Акафист сладчайшему Господу Иисусу нашему Иисусу Христу* (ebd.:106) eröffnet oder im *Канон покаянный ко Господу нашему Иисусу Христу [Bußkanon an unseren Herrn Jesus Christus]* (Molitvoslov 1999:59–72) als Refrain wiederholt wird.

In der hesychastischen *Иисусова молитва*,[510] einer ohne Stimmeinsatz zu repetierenden *умная молитва*[511] „Господи Іисусе Христе, Сыне Божій, помилуй мя грѣшнаго."[512] bekommt der Christozentrismus eine performative Dimension. Das Gebet erfüllt die Vorgabe von Gal 2,20, der Christusnachahmer möge im eigenen Leben zurücktreten und an seiner Stelle nur noch Christus leben lassen: „ζῶ δὲ, οὐκέτι ἐγώ, ζῇ δὲ ἐν ἐμοὶ Χριστός· ὃ δὲ νῦν ζῶ ἐν σαρκί, ἐν πίστει ζῶ τῇ τοῦ υἱοῦ τοῦ Θεοῦ, τοῦ ἀγαπήσαντός με καὶ παραδόντος ἑαυτὸν ὑπὲρ ἐμοῦ."[513]

---

[507] „Denn du bist mein Gott aus dem Leib meiner Mutter." (Molitvoslov 1999:21).

[508] „[...] mit Deinem Leiden hast Du mein Leiden geheilt und mit Deinen Wunden meine Wunden verarztet, [...] teile meinen Leib von dem Duft Deines Lebensspendenden Leibes mit, und tröste den Kummer meiner Seele durch Dein Reines Blut [...]" (Molitvoslov 1999:71).

[509] „Allerdemütigster Jesus, Freude der Mönche [...]" – „Jesus, langduldender/geduldiger Herrscher [...]" (Molitvoslov 1999:107f).

[510] *Jesusgebet*. Die Bezeichnung findet sich wohl erstmals in der *Himmelsleiter* des Johannes Klimakos, 15. Stufe (Dobrotoljubie 2002:240).

[511] νοερά προσευχή [geistiges Gebet].

[512] „Herr Jesus Christus, Sohn Gottes, sei mir, einem Sünder, gnädig."

[513] „Ich lebe, doch nun nicht ich, sondern Christus lebt in mir. Denn was ich jetzt lebe im Fleisch, das lebe ich im Glauben an den Sohn Gottes, der mich geliebt hat und sich selbst für mich dahingegeben." (Gal 2,20).

Die erste ostslavische Erwähnung einer unablässigen Betpraxis mit dem *Jesusgebet* steht im *Киево-печерский патерик [Väterbuch des Kiever Höhlenklosters]* in der Vita des Nikola von Černigov: „Въ устѣх же всегда имяше молитву Исусову беспрестани: «Господи Иисусе Христе, сыне божий, помилуй мя»."[514] Erörterungen über den spirituellen Nutzen des Jesusgebets finden sich im slavischen Bereich bereits in den frühesten *Кормчие*.[515] Größere Verbreitung findet es allerdings erst im 15. Jh. durch die Hesychasmus-Rezeption Nil Sorskijs (5.3.5.4) und Pavel Obnorskijs, in dessen Umfeld eine Empfehlung gehört, die einen kurzen Bogen von Phil 2,8 zum Jesusgebet schlägt (Smolič 1999:392). Nochmalige Verstärkung erfährt die Jesusgebetspraxis durch den Neohesychasmus, der von Paisij Veličkovskij ausgeht (5.3.6.3); in seinen Schriften finden sich ausführliche Erörterungen über Nutzen und Optimierung des Jesusgebets, die 1847 als *Свитокъ сочиненія, раздѣленъ на главы, о умнѣй молитвѣ [In Kapitel unterteilte Werkrolle, über das geistige Gebet]*.zusammengefasst wurden (Paisij 1847:170–210).

Schon früh umstritten waren die flankierenden physiologischen Techniken wie die Atemtechnik und die Einpassung in den Herzrhythmus, die als Autosuggestion, Autohypnose und psychedelische Manipulation durch die Repetition verstanden werden können (Tittel 1991:17.34). Wichtiger – hier sind sich das theologische Interesse und das kulturwissenschaftliche Fragen nach der paränetischen Kontinuität einig – ist das christo-mnemonische Anliegen: In Paisijs Verteidigung des Jesusgebets wird dieses folgendermaßen formuliert: „[...] чтобы как-нибудь в последние времена это Божественное дело не пришло в забвение."[516] Bei christologisch bewusster Rezeption lässt sich die Kombination aus menschlichem Namen *Jesus* und *Herren*-Titel als Kondensat der gottmenschlichen Paradoxe lesen (Antonij [Surožskij] 2002:78). Christologische Bewusstheit ist genauso wie die effektive mnemonische Leistung einer nach innen gerichteten Betpraxis und der Seiteneffekt der Verdrängung anderer Gedanken allerdings schwer zu verifizieren. Mit dem Jesusgebet wird Spiritualität durch ein stumm wirkendes (Löschungs-)Medium generiert. Dieses innere Geschehen aber ließ sich weder – bspw. durch Klosteraufseher – sozial kontrollieren noch ist es – als Praxis – in Dokumenten der Kulturgeschichte belegt.

---

[514] „Auf den Lippen hatte er unablässig das Jesus-Gebet: ‚Herr Jesus Christus, Sohn Gottes, erbarme dich meiner.'" (PLDR 2,500; zum Erstbeleg s. Tittel 1991:23).

[515] *Steuermannsbücher*; s. 4.3.2. Die ersten altostslavischen Versionen datieren auf das 13. Jh. (Ščapov 1978:169). Zurückdatierungen des Jesus-Gebets auf das frühe Christentum (s. bspw. Novikov 2004:16–20) sind problematisch.

[516] „[...] damit diese göttliche Angelegenheit in letzter Zeit nicht in Vergessenheit gerate." (Smolič 1999:412).

4. Christus in Russland

Das Jesusgebet fungiert – normativ – als Substitut jeglichen eigenmächtigen menschlichen Gedanken. An die Stelle des Selbst soll die Memorierung Christi treten. Doch Christi in welcher Hinsicht? Die Begründungen für die Machtfülle, welche im Namen „Jesus" enthalten sein soll, berufen sich auf Bibelstellen, welche die Erhöhung Christi thematisieren.[517] Allerdings soll das unablässige Christusgebet – wie besonders Hesychios von Bathos in der *Philokalia* bzw. im *Добротолюбие* betont (Dobrotoljubie 2004:II 197–252) – mit innerer Demut verbunden werden. Die Demutsgeste wird bisweilen unterstrichen durch Verneigungen, also durch kenotisch ausgerichtete Körperbewegungen.[518]

4.5.9 Körperhaltungen und -bewegungen

Da bereits die Fleischwerdung eine körperliche Präsentation des Göttlichen darstellen soll (3.1.6), ist die Re-präsentation der kenotischen Menschengestalt, der „Knechtsgestalt" Jesu Christi eine logische Konsequenz. Diese kann zum einen über eine ärmliche Erscheinung transportiert, durch eine dauerhafte Körper*haltung* visualisiert werden, was zusammen einen kenotischen Habitus konstituiert. Die zweite, nicht dauerhafte, dafür momentan umso stärker pointierte Dimension besteht in Körperbewegungen der Selbsterniedrigung, in einer ‚Kinese der Kenose'.

> Begrifflich wird die Struktur der definitiven Einwohnung [des Logos im Leib] bereits von Paulus im Philipperbrief auf den Punkt gebracht: Die göttliche Gestalt wird zur Knechtsgestalt und nimmt das *Körperschema des Menschen* (!) an; Luther übersetzt: wird an Gebärden (!) wie ein Mensch empfunden (Phil 2,7). Körperschema oder Gebärden werden durch Christus in neuer Weise qualifiziert. (Huizing 2000/04:I 105, Hervorh. u. Ausrufezeichen im Orig.)

Durch Körperhaltung wie Körperbewegung erhält die an sich nicht kommunizierbare innere Gesinnung „wie Christus" (s. 2.2.3) eine physische Repräsentation.[519]

4.5.9.1 Knien und Beugen

Unter den für die kenotische Kinese anschlussfähigen vorchristlichen Körperbewegungsmustern hat das Knien die stärkste (und heikelste) säkulare Tradition: das ehrerbietige Knien vor dem Herrscher (Proskynese). Gott oder den erhöhten Christus kniend zu verehren, bedeutet eine Abgrenzung von vorchristlichen Praktiken wie dem Kaiserkult (Onasch 1981:314) und zugleich deren strukturelle Per-

---

[517] Bei Tittel ist dies Phil 2,10f (1991:41), bei Antonij Surožskij die dem zugrunde liegende Jesaja-Stelle 45,23 (2002:78).

[518] Diese Techniken bringt Ignatij (Brjančaninov) zusammen (Knechten 2003:138f); für den meditativen Einstieg wählt er die christologische Zahl 12 (s. 4.5.5.2).

[519] Onasch macht darauf aufmerksam, dass das Gebet auch eine außenkommunikative Richtung hat, nach außen hin (besonders ikonografisch) aber durch die Gestik des Beters kenntlich gemacht werden muss (1981:122).

petuierung. Dass es bei den Altostslaven eine überschießende Tendenz zum Niederknien – wohl ebenfalls eine vorchristliche Praxis – gegeben hat, die mit christologischem Sinn gefüllt werden musste, belegt schon das *Вопрошание Кирика*.[520] Das liturgische Niederknien kennt drei Stufen: den Kniefall vor dem Altar oder dem Kreuz und die Beugebewegungen der Buße, den *малый поклон* [kleine Metanie] mit Vorbeugung des Oberkörpers und Berühren des Bodens mit einer Hand sowie den *земной поклон* [große Metanie] bzw. die Prostration, das Hinwerfen des Körpers und Berühren der Erde mit der Stirn. Am gebräuchlichsten ist das Knien (in jeder Liturgie, speziell beim Hostienempfang), während die große Metanie der Großen Fastenzeit und besonderen Bußanlässen vorbehalten ist.[521] Die Verbindung von Gebet und kniender Haltung gibt einem Spezialoffizium, dem *Коленопреклонение* [Kniebeugung], der Vesper am Pfingstsonntag, den Namen. Im Liturgieformular wird das Knien zur Antwort auf Christi Kenose erklärt:

> [...] Dich [Herr] bitten wir und flehen Dich an, menschenliebender Gebieter, den Vater unseres Herrn und Gottes und Erlösers Jesus Christus, der um uns Menschen und um unserer Erlösung willen vom Himmel herabkam und Fleisch wurde von dem Hl. Geist und Maria der immerwährenden Jungfrau und gepriesenen Gottesgebärerin, der sowohl zuerst durch Worte lehrte, dann aber auch durch seine Handlungen unterwies, als er das erlösende Leiden erduldete, uns, Deinen armseligen, sündhaften und unwürdigen Dienern ein Beispiel gab, unter Beugungen des Nackens und der Knie Bitten vorzutragen für die eigenen Sünden und die Vergehungen des Volkes. [...] Du [Christus] bist der Mitleidige, der Erbarmer, der Du, sündenlos, Teilnehmer an unserm Fleische wurdest, und denen, die ihr Knie zu dir beugen, liebevoll dich zuneigst [...] (Rücker 1938:197f)

Wie die Form des Kreuzschlagens stellen auch Tiefe und Zahl der Metanien im Gottesdienst eine von den Gläubigen internalisierte Körperbewegung dar; Veränderungen, wie sie dabei 1652 vorgenommen wurden, trugen zum Raskol bei (Heller 1988:100f).

Außerhalb kirchlicher und klösterlicher Räume ist vorzugsweise das andächtige Knien anzutreffen, etwa vor der Hausikone in der Schönen Ecke (s. 4.5.12.2 und 7.3.3.2). Ikonografisch ist die Proskynese ein Muster, das vor allem Christus dem Wundertäter dargebracht wird; so sind Maria und Martha bei der Auferweckung des Lazarus in Metanie-Haltung dargestellt.[522] Allerdings gibt es auch ikonografische Sujets, die Jesus selbst in einer Erniedrigungshaltung zeigen; geläufig ist dies bei der Darstellung des Kelch-Gebets im Garten Gethsemane.[523] Ein Sonderfall – und zugleich einer der prominentesten – ist die Dreifaltigkeitsikone von

---

[520] *Fragen Kiriks*. Es galt, das Knien am Samstag zu unterbinden (§ 9; Goetz 1905:222; vgl. 4.3.2).
[521] Detailliert dazu: Ustav Bogoslouženija 1882:73f.
[522] Cristo 2000:154–156; vgl. Onasch 1981:314.
[523] Aus der Christus-Malerei etwa Nesterov und Šachovskoj (Cristo 2000:212f); s. 4.6.9.2.

Andrej Rublev. Einer der Gründe für die Identifikation des mittleren oder des rechten Engels mit dem Sohn ist die geneigte Kopfhaltung[524] –gelesen als Zeichen von demütiger Subordination, von Gehorsam und Kenose. In seinen christoformen Habitus hat Serafim von Sarov das Gebeugt-Gehen und -Stehen integriert (5.3.6.1); das große Holzkreuz, das er um den Hals trug – ein überdimensioniertes Zeichen des Getauftseins auf das Kreuz Christi – zog ihn herab. Der Bezug auf die Kenose Christi wird damit zugleich markiert und performiert.

4.5.9.2 Stehen
Weniger klar als Ehrfurchts- und Selbsterniedrigungszeichen semantisiert ist die Praxis des Stehens im orthodoxen Gottesdienst. Zwar ist die Position des Mächtigen die sitzende, also bildet die scheinbare vertikale Erhöhung des Stehens in sozialer Hinsicht eine Selbsterniedrigung vor dem Mächtigeren. Neben dem Kniefall zeichnete der Antike das Stehen den Untergebenen vor seinem Herrn aus. In der Frühzeit der Christianisierung der Altostslaven musste das Stehen der Laien in der Kirche allerdings noch angemahnt werden.[525] Heute noch explizit benannt wird der Ehrfurchtscharakter des Stehens beim *Akathistos-Hymnos*, der „nicht-sitzend"[526] gesungen wird. Dass langes Stehen physische Molesten auslöst, ist eine von der Kirche stillschweigend ‚mitgenommene' Praxis, um bei den Gläubigen auch auf diesem physiologisch-psychagogischen Umweg andächtige Demut zu erreichen. Eine Verbindung zur Selbsterniedrigung Christi schlägt wiederum die Ikonografie: Vitenikonen von Heiligen zeigen den Heiligen als Kind in der (krippenähnlichen) Wiege oftmals in Adorantenstellung stehend.[527]

4.5.9.3 Prozession
Das liturgische Stehen erlaubt unmittelbarer als das Knien, Liegen oder Sitzen den Übergang in eine Gehbewegung. Die Integration eines prozessionalen Moments in die Liturgie kennt die frühe Kirche zunächst nicht. Den Anstoß gibt ab dem 4. Jh. Jerusalem. Während die frühe Kirche sich vor der Möglichkeit der Kontamination eigener Umzüge mit der heidnischen *pompa* [Prozession] abgrenzte, ist es der zeugnishafte Wert (μαρτύριον) der Stätten des Leidensweges Christi, der das Moment der Prozession im Christentum induziert.[528] Der Leidensweg Christi wird bei den Jerusalemer Prozessionen zu den Stationen des „Martyriums" als Bewe-

---

[524] Siehe L. Müller 1990:87; Onasch 1996:59.
[525] *Правило Иоанна [Regel des Johann]* § 9 (Goetz 1905:131).
[526] ἀ-κάθιστος, *не-сѣдаленъ* (s. 4.5.5.4).
[527] Bspw. auf einer nordrussischen Nikolaj-Ikone aus dem 16. Jh. (Abb. Onasch/Schnieper 2001:204; vgl. 4.6.5.3).
[528] Den Zeugnischarakter thematisiert zunächst Eusebios; zu einer kirchengeschichtlichen Theorie wird dies bei Grabar 1946 (s. 3.3.1.1).

gung reinszeniert (vgl. Stock 1995/2001:III 195), die dem „Mnemotop" (Kissel 2004a:3) der Grabhöhle/Grabkirche zustrebt. Vom Jerusalemer Vorbild her wird auch die byzantinische und slavische Liturgie als Nachvollzug der Prozession zu den Stationen des Leidensweges Christi strukturiert. Die Bewegung wird ins Innere des Kirchenraums verlegt; der Rüstaltar (Prothesis) vertritt die Geburts- und Grabeshöhle. So lässt sich der Große Einzug als Symbol für den Gang von der Geburts- zur Grabeshöhle begreifen (Onasch 1981:317). In der Benennung des Liedguts lassen sich gleichfalls Spuren der Jerusalemer Stationen ablesen – Kathismata (кафизмы ‚Ruheplätze') und Akathisten (stehend zu singende Hymnen). Am *Palmsonntag* wird der Einzug Christi in Jerusalem als Palmeselsritt evoziert.

Die Grenzen des Kirchenraumes überschreiten Prozessionen mit Standartenikonen und Reliquientranslationen, die für das alte Russland chronikalisch seit dem 10. Jh. belegt sind (Lidov 2006:320–389). Da Reliquien metonymisch oder metaphorisch mit Christus verbunden sind (s. 3.3.1.1), ist auch hier ein Christusbezug gegeben. Prozessionen außerhalb der Kirchenräume sind ein beliebtes Sujet für die Veranschaulichung des Liturgischen im Medium des Bildes (s. 4.6.1).

4.5.9.4 Bekreuzigen

Die bei weitem häufigste, von Christus her motivierte kirchliche Geste ist die des Bekreuzigens; es handelt sich dabei um den „wichtigsten Gebetsgestus der orthodoxen Kirche" (Felmy 1990:59). Wer sich oder eine/n andere/n bekreuzigt, stellt eine Analogie zum gekreuzigten Christus her (B. Uspenskij 2004:45). Zunächst besteht eine der diversen Gebetshaltungen, die die christliche Tradition kennt, in der Verkreuzung der Arme vor der Brust (Onasch 1981:132). Die zweite – quantitativ bedeutendere – Geste ist die Handbewegung des Kreuzschlagens. Vollzogen wird sie vor allem beim Betreten und Verlassen des Kirchenraumes, während der Liturgie mehrfach vom Priester, von den Gläubigen bei der Anrufung des dreieinigen Gottes und als Antwort der Gläubigen auf das segnende Bekreuzigen der Gemeinde (Bdenie 2002:221).

Um die Handhaltung beim Kreuzschlagen, genauer die Fingerzahl (zwei oder drei) entzündete sich das russische Schisma des 17. Jh.s – mit zwei Fingern, wie es die Hunderkapitelsynode (*Стоглав*) 1551 vorgesehen hatte,[529] woran die Altgläubigen oder Altritualisten Genannten festhalten wollten, oder mit drei Fingern,

---

[529] „[...] на себя крестное знамение рукою возлагати двема персты, якоже предаша святия отцы воображати кресное знамение." [(...) und sich selbst (sollen sie) mit zwei Fingern bekreuzigen, wie die heiligen Väter es überliefert haben, das Kreuzzeichen zu bilden.] (Kap. 31; Stoglav 1985:294).

4. Christus in Russland

wie es der griechischen Norm entsprach und von den Patriarchen Iosif D'jakov bzw. Nikon Mitte des 17. Jh.s wiederbelebt und 1667 festgeschrieben wurde.[530]
Sowohl Zwei- als auch Dreizahl bieten dogmatische Anknüpfungspunkte. Eine Festlegung des Dreifingerkreuzes auf Trinität und des Zweifingerkreuzes auf Zwei-Naturen-Lehre (so etwa bei Diedrich 1988:111) aber ist zu einfach. Für Felmy enthalten beide dieselben Theoreme, nur in anderer Repräsentation:

> Die Hundertkapitelsynode (Stoglav) hatte 1551 festgelegt, daß das Kreuz mit Zeige- und Mittelfinger zu zeichnen sei, die die göttliche und menschliche Natur Christi darstellten. Der größere Mittelfinger ist bei dieser Art des Kreuzzeichens zum Zeigefinger herabgebogen. So soll die Herabneigung der göttlichen Natur zur menschlichen zum Ausdruck kommen. Ringfinger und kleiner Finger stellen dann die Dreieinigkeit dar. Die Reformen des Patriarchen Nikon glichen dagegen die russische Praxis an die griechische an, nach der Daumen, Zeige- und Mittelfinger beim Kreuzzeichen die Dreieinigkeit, Ringfinger und kleiner Finger die zwei Naturen Christi darstellen. *So oder so weist das Kreuzzeichen im Vollzug auf Trinitätslehre und Christologie als die wichtigsten Dogmen der orthodoxen Kirche und wiederholt sie dem Beter unablässig.*[531]

Allerdings scheint es dem Protopopen Avvakum, der Kristallisationsgestalt der Altgläubigen, um eine Hervorhebung des christologischen Elements, und dabei gerade auch der „Herabkunft Christi ins Fleisch" (Hauptmann 1963:86) gegangen zu sein. Aber auch die kommentierte Ausgabe der Chrysostomos-Liturgie *Всенощное бдение. Божественная литургия [Ganznächtliche Vigil. Göttliche Liturgie]* (2002) liefert zur Interpretation der zwei geneigten Finger als Zeichen der zwei Naturen noch eine kenotische Interpretation der Neigung hinzu:

> [...] два же пригнутых перста символизируют нашу веру в Сына Божия Иисуса Христа: что Он имеет два естества – есть Бог и Человек – и ради нашего спасения сошел с Неба на землю.[532]

Im Vergleich zu den Verwerfungen innerhalb der russischen Orthodoxie stellt die interkonfessionelle Differenz bei der Selbst-Bekreuzigung von rechts nach links oder links nach rechts unter dem Blickwinkel der kenotischen Christologie einen Sekundärschauplatz dar, denn in beiden Varianten geht der Horizontalbewegung die Abwärtsbewegung von Stirn zu Nabel voran – und diese wird weitgehend

---

[530] Siehe den Konzilsbeschluss (Thon 1983:290f) und Heller 1988:97–99. Zur Verteidigung des Zweifingerkreuzes durch die Altritualisten vgl. Avvakum 1997:79.

[531] Felmy 1990:60, Hervorh. D.U. B. Uspenskij (1993:107) bezeichnet beide Formen gar als „semantically identical".

[532] „[...] die beiden leicht gebogenen Finger hingegen symbolisieren unseren Glauben an den Sohn Gottes Jesus Christus: dass er zwei Naturen hat – Gott und Mensch ist – und um unserer Erlösung willen auf die Erde herniedergestiegen ist." (Bdenie 2002:220; vgl. auch Steinke 1989:80).

einheitlich als Symbolisierung von Inkarnation und Kenose interpretiert, auch bei Avvakum (s. die Belege bei B. Uspenskij 2004:33–40). Wie lassen sich die enormen kirchengeschichtlichen Folgen der Kontroverse über eine Geste wie das Kreuzzeichen mit zwei oder drei Fingern verstehen? War dessen formale Repräsentation nicht längst ins Unbewusste abgesunken? Dies räumt Diedrich ein: „Bei der Häufigkeit des Kreuzschlagens bleibt natürlich die Gefahr einer Veräußerlichung und Entleerung des christlichen Sinngehalts nicht aus." (1988:111). Dass es über diese Geste zur Spaltung der russischen Kirche kam, belegt jedoch die außerordentliche mnemonische Beharrlichkeit von ins Unbewusste abgesunkenen Gesten wie der Form des Kreuzschlagens (Makrides 2003). Auch Diedrich fährt entsprechend fort: „Gerade aber durch diese Loslösung von seinem Sinngehalt ist es erklärlich, daß das Kreuzschlagen als Gestus auch in einer säkularisierten Umgebung nicht selten begegnet." (1988:111).

Schlägt ein Gläubiger das Kreuz über sich, vollzieht er eine metaphorische Mitkreuzigung (s. 3.3.1.2), wie sie vom Priester in der Taufe an ihm vollzogen wurde (s. 4.5.10.1). Jede derartige Selbstbezeichnung besitzt, in Anwesenheit anderer vollzogen, immer auch eine kommunikative Außenrichtung, ist also paränetisch wirksam, ruft zum Andenken an Christi Opfertod und zu analoger Opferbereitschaft auf.

4.5.10 Feste der „Mitkreuzigung"

Stark durch das Kreuzsymbol geprägt sind auch zwei der drei wichtigsten kirchlich begleiteten Zäsuren menschlichen Lebens – die Geburt mit ihrer christosymbolischen Ausgestaltung in der Taufe und der Tod mit dem Begräbnisritus.[533] Wenn Diedrich (1988:109) Recht hat, dass in der russisch-orthodoxen Kirche auch in schlechten Zeiten wie der Sowjetära hohe Feste am lebendigsten waren – seien dies die Hochfeste Christi und der Gottesmutter oder die drei genannten Einschnitte im persönlichen Leben –, dann ist das Kreuz als Klimax von Christi Kenose in der überwiegenden Mehrheit dieser Feste irreduzibles Gestaltungselement.

4.5.10.1 Kreuz-Taufe

Der Aspekt der Bezeichnung mit dem Kreuz aus dem Ritus der Taufe (крещение) wird bereits acht Tage nach der Geburt vorbereitet durch eine erste Kreuzsiegelung auf der Stirn des Kindes:

---

[533] Am relativ wenigsten von Christi Kenose her semantisiert ist die dritte Zäsur, die einzige, die von den Betroffenen bewusst erlebt wird: die Eheschließung. In der Vermählung, die bspw. durch die Segnung der Braut mit einer Gottesmutterikone und des Bräutigams mit einer Christusikone mittelbar an die Christologie angeschlossen wird (Gromyko 2002:69), geht es stärker um eine Motorik der Verbindung als eine des Abstiegs.

Gezeichnet werde das Licht deines Angesichts auf deinen Diener N. und gezeichnet werde das Kreuz deines eingeborenen Sohnes in sein Herz und in seine Gedanken. [...] Er möge nach deinen Geboten leben, das Siegel unverletzt bewahren [...][534]

Die Kreuzbesiegelung wird also gedacht als rechtlicher Akt,[535] der den Getauften Christus überantwortet. „Diese Sphragis mit dem Kreuz unterstellt das Kind der Herrschaft Christi [...]" (Heiser 1987:252), sie macht es zum „Sklaven Christi" (wie in der Antike den Sklaven ein Brandzeichen als Besitznachweis aufgebrannt wurde[536]). Von da an zieht sich das Bekreuzigen durch alle mit der Taufe verbundenen Initiationsmomente hindurch; während die reinigenden Flüssigkeiten (Wasser und Myronöl) wechseln, bleibt das Element der Kreuzversiegelung konstant.

Die eigentliche Taufe findet am 40. Tag nach der Geburt statt. Durch die christologische Zahl 40 wird die dreimalige Absage des Täuflings an den Satan[537] mit Christi vierzigtätigem Aufenthalt in der Wüste und mit seiner Überwindung der Versuchung verbunden. Auch hier gibt es ein juristisches Moment, diesmal der Militärfachsprache entnommen: Die „Apotaxis bedeutet die förmliche ‚Ausgliederung aus der Dienstordnung' Satans" (Heiser 1987:278) und die Übereignung an den neuen ‚Dienstherrn' Christus, dem sich der Täufling „anschließt" (ebd.:283) und in dessen ‚Dienstgewand' er sich neu einkleidet (ebd.:285). Das Anlegen eines betont schlichten, ungegürteten Taufhemdes lässt sich dabei als Anziehen von Christi „Sklavengestalt", also kenotisch begreifen (s. auch 5.3.3); während der Diakon die Fürbitten spricht, betet der Priester still zu Gott: „Laß deinen Christus Gestalt annehmen in ihm, der jetzt wiedergeboren werden soll mit Hilfe meiner erbarmungswürdigen Person."[538] Männliche Täuflinge werden nicht nur dreimal um den Altar herumgetragen, sondern auch vor die Christus-Ikone gebracht (Wiertz 1971:620).

Im Verlauf der Taufliturgie werden dabei christologische Lehraussagen verkündet, explizit mit Rekurs auf Phil 2,7 bei der Weihe von Wasser und Öl: „Denn du, unbeschreiblicher, anfangsloser und unaussprechlicher Gott, kamst auf die Erde, nahmst Knechtsgestalt an und wurdet den Menschen gleich." (Heiser 1987:293, sic). Und in der gedrängten Form des Nicäano-Konstantinopolitanums (s. 2.8.1) wird u.a. das Kreuz Christi thematisiert (Heiser 1987:283).

---

[534] Heiser 1987:253; zur Siegelmetapher s. 3.4.2.
[535] Onasch 1981:220. Christliche Praktiken der Versiegelung sind spätestens seit der Entstehungszeit der Apokalypse des Johannes bekannt (Apk 7,3f, 14,1, 22,4).
[536] Auch die bei der Taufe wie bei der Mönchsweihe (5.1.2) vollzogene Scherung verweist auf die antike Sklavenemblematik.
[537] *Отрицание Сатаны* (Heiser 1987:279).
[538] Heiser 1987:291. Das „Anziehen Christi" wird allerdings bei der *Bekleidung des Täuflings* auf das Lichtgewand Christi bezogen.

Das Kreuzsiegel vom achten Tag wird memoriert im *Gebet bei der Aufnahme des Kindes in die Kirche nach vierzig Tagen.*[539] Während der *Ganzsalbung vor der Taufe* wird der Täufling auf Stirn, Brust und Rücken mit Öl in Kreuzform bezeichnet (ebd.:299), bei der Myronsalbung (*мѴропомазание*) danach auf Stirn, Augen, Nase, Mund, Ohren, Brust, Hände und Füße (ebd.:307). Es folgt die Ausweitung auf die gesamte Gemeinde der auf Christi Kreuz Getauften: „Alle, die ihr auf Christus getauft seid, habt Christus angezogen." (ebd.). Sodann wird die drastische Stelle aus dem Römerbrief über die Taufe gelesen, die von Taufe „auf seinen Tod" spricht und den Getauften als „durch die Taufe auf seinen Tod mit ihm begraben" und „mit ihm gekreuzigt" beschreibt.[540] Abschließend bringt der Täufling in der Zeremonie des Haarscherens, das wiederum in Kreuzform vollzogen wird (*крестовидное пострижение*), „als Dank für das Geschenk der Taufe Gott sein Erstlingsopfer dar" (ebd.:318), leistet also einen symbolischen Verzicht.

Der Selbstverzicht durch das Taufen auf das Kreuz Christi setzt jedoch auf Wiederholung. Als Erinnerungszeichen an seine ‚Übereignung' an Christus erhält der Täufling ein kleines *нательный крестик*, das er sein Leben lang an einer Kette um den Hals tragen soll (Azy 2002:79f). Die Liturgie erinnert ihn an das Taufgeschehen; an Weihnachten, Theophanie, am Lazarussamstag und Samstag vor Ostern, an Ostern und in der Osterwoche ist das Tauflied Bestandteil der Liturgie der Katechumenen: „Ihr alle, die ihr auf Christus getauft seid […]".[541] Das Taufmoment wird also liturgisch repetiert (zur Iteration s. 7.4.4), was zum einen genealogisch zu erklären ist,[542] zum anderen einen paränetischen Zweck erfüllt.

4.5.10.2 Beerdigung mit Christus und Totengedenken

Wie die Taufe sind in einer christlich strukturierten Gesellschaft, wie es die vorrevolutionäre russische war, kirchliche Beerdigungsriten die Norm. Anders als die für alle Täuflinge gleiche Taufe auf Christus ist aber bei Beerdigungsritual wie Totengedenken die Todesart entscheidend: Während Selbstmörder kein Recht auf

---

[539] Heiser 1987:261. Bei der Weihe von Wasser und Öl bezeichnet der Priester auch die Flüssigkeiten mit dem Kreuz (ebd.:295.297), wobei das Kreuz allerdings apotreptisch funktioniert – zur Austreibung der „feindlichen Mächte", also primär als Sieges- und nicht als Erniedrigungszeichen.

[540] Heiser 1987:309, Röm 6,3–12. Die Taufformel aus dem Römerbrief gilt im neueren Protestantismus als allzu drastisch kenotisch (s. 3.3.3.4). Die Orthodoxie hält dank ihres Traditionalismus hingegen an ihr fest.

[541] Gal 3,27; vgl. Kallis 1989:66.

[542] Die Taufe bildet neben der Eucharistie die zweite historische Wurzel der Liturgie (s. H.-J. Schulz 1989a:4).

4. Christus in Russland

ein kirchliches Begräbnis haben,[543] sind gewaltsam ums Leben gekommene Tote in herausragender Weise geeignet für kenotische Zuschreibungen, wie der Fall Boris und Gleb zeigt (1.1), selbst wenn kein manifester Zusammenhang von Christusbekenntnis und Märtyrertod konstruiert werden kann.

Solange der Sterbende noch mit dem Tode ringt, bezeugen die Gesänge des *Чинъ, бываемый на разлученіе души от тѣла, внегда человѣкъ долго страждетъ [Amtsverrichtung bei einem Sterbenden, wenn der Mensch viel leidet]* eine Einfühlung in den Schmerz (Mal'cev 1898:32) und in das Empfinden des Sterbenden, von Gott und den Menschen verlassen zu sein – wie Christus in Gethsemane und am Kreuz.[544]

Sobald der Tod – das schlechthinnige Übel – eingetreten ist, ist er nur noch durch eine religiöse Umwertungslogik positivierbar; die Glorifizierung des Toten, der aber *als* Toter nur ein Verlierer sein kann, ist nur möglich, wenn das Negativum Tod zu einem Positivum umgedeutet wird – was ein Einfallstor für kenotische Zuschreibungen bildet.[545] Die Logik der Umwertung und die Rhetorik des Paradoxes bestimmen entsprechend das christliche Beerdigungsritual.

Den Großteil des *Послѣдованіе мертвенное мірскихъ тѣлъ [Ritus bei der Beerdigung verstorbener weltlicher Personen]* machen die Psalmen 90 und 118 bzw. 119 (*Das güldene ABC*) aus, wobei letzterer einen unentwegt wiederholtes paränetisches Moment hat: „Du hast geboten, fleißig zu halten/ deine Befehle" (Ps 119,4). Die „demütigende Unterwerfung" unter das Gesetz wird als dankenswert apostrophiert: „Благо мнѣ, яко смирилъ мя еси, яко да научуся оправданіемъ Твоимъ!"[546] Der resultierende Zustand der Niedrigkeit soll zur Rettung führen: „Виждь смиреніе мое, и изми мя: яко закона Твоего не забыхъ!"[547] Für den derart heilsverheißend Erniedrigten wird dann auch der erniedrigte Christus zur Anlaufadresse: „Наказавъ первѣе многими чудесы и знаменми мене заблуждшаго, напослѣдокъ самаго Себе истощилъ еси, яко сострадатель, и

---

[543] Der Selbstmord ist als Erniedrigungshandeln nur in seltenen Fällen, etwa punktuell im Rahmen der orthodoxen οἰκονομία [Dispens] akzeptabel, während er sonst in der theologischen Tradition verurteilt wurde (Schmalenberg 1981:51–56), den Ausschluss von der kirchlichen Beerdigung nach sich zog und nicht als Ausprägung von Kenose-Nachfolge begriffen werden durfte (P. Henry 1957:144). Für die Selbsterniedrigung Christi stellt die Interpretation als Selbstmord – zumindest seit Augustinus – einen prekären Abgrund dar (Miles 2001:198–206).

[544] Mal'cev 1898:29–37; vgl. 2.7.1.2, 4.6.4.5.

[545] Zur Zuschreibung kenotischer Qualitäten als Tugend aus der Not s. 5.2.7.5.

[546] „Gut ist es mir, dass du mich gedemüthigt hast, damit ich lernen möchte deine *Satzungen*." (Mal'cev 1898:64, Hervorh. i. Orig.; s. Ps 119,71).

[547] „Richte deinen Blick auf meine Niedrigkeit, und errette mich; denn dein *Gesetz* habe ich nicht vergessen!" (Mal'cev 1898:80, Hervorh. i. Orig., s. Ps 119,153).

поискавъ обрѣлъ и спаслъ еси!"[548] Wie dem mitgekreuzigten Räuber möge Christus auch dem Toten (Sünder) gnädig sein (Mal'cev 1898:111). Insofern der christliche Leichenzug an der Gestalt des antiken Triumphzuges *pompa* partizipiert (Diedrich 1988:126), wird die ultimative Klimax der Erniedrigung, der Tod, zum paradoxen Sieg umgewertet. Der Haupttopos der christlichen Totenrede ist die Auferweckungshoffnung, die durch den Wechselmechanismus von Christi Selbsterniedrigung, Leidenstod und Auferstehung motiviert ist. Der entsprechende Nexus wird im Totengedächtnis am Samstag vor dem Dritten Vorfastensonntag hergestellt (Schollmeyer 1962:51–66).

Das individuelle Totengedenken wird in christo-numerischen Rhythmen (s. 4.5.5.2) organisiert; die *поминки* werden am fünften und am siebten oder neunten sowie am 30. oder 40. Tag nach dem Ableben abgehalten, womit die Karwoche (sieben) und Christi Wüstenfasten (40) evoziert werden, und dann jährlich wiederkehrend am Sterbetag. Im Wochenzyklus fällt das generelle Totengedenken auf den Samstag – also jenen Tag, an dem Christi im Grab gedacht wird (4.5.6).

Von den paradoxen Ausgestaltungen des Beerdigungsritus zehrt schließlich auch noch eine immer weiter aus dem christlichen Sinnkontext herausgehobene „Thanatopoetik" (Kissel 2004a:16), mit welcher im 19. und 20. Jh. verstorbener russischer Dichter (Puškins, Bloks, Majakovskijs) gedacht wird. Wenn es zutrifft, dass es „im Vergleich zu Westeuropa" in Russland eine „so viel stärkere Bewahrung von alten Formen der Totensorge als Teil der Volkskultur bis in die Gegenwart" gibt (Steindorff 1994:251), dann ist auch plausibel, warum das kenotische Deutungsmuster an diesem Punkt produktiv bleibt. Der „Kult des toten Dichters" verleiht den verstorbenen Poeten eine „kenotische Aura" bzw. vollzieht eine „kenotische Projektion" (Kissel 2004a: 157.202). Im Kontrast zum Pomp von Herrscherbegräbnissen besitzt diese kenotische Topik einen in-, ja antioffiziellen Einschlag (ebd.:11). Während Puškins gewaltsamer (Duell-)Tod das Einfallstor für das herkömmliche Leidensdulder-Schema bildet (ebd.:12), ist das beim Selbstmörder Majakovskij problematisch (ebd.:19). Wie so oft aber belegt die Transposition in unpassende Kontexte die Produktivität des kenotischen Modells.

4.5.11 Christus-Zyklen in der „Orthodoxie im Alltag"[549]
Wie das Totengedenken ein stark zyklisches Moment hat, so sind es insgesamt Zyklen, mit denen es der christlichen Kirche zuerst gelingt, das vormals heidnische Volk zu erreichen (s. 4.5.5). Die liturgischen Rhythmen des Jahres, der Wo-

---

[548] „Christos, der du früher mit vielen Wundern und Zeichen mich, den Verirrten, erzogst, in der letzten Zeit hast du, dich selbst entäussernd und mich suchend als der Mitleidsvolle, mich gefunden und erlöst!" (Mal'cev 1898:92).
[549] Zum Terminus Steindorff 1994:40.

che und des Tages sollen außerhalb des Kirchenraums ihre Fortsetzung und Vorbereitung finden. Der überwölbende Faktor ist die Rhythmisierung des Jahreszyklus auf Christus hin; die Wichtigkeit der Vegetationszyklen für das Überleben der Menschen wird mnemotechnisch ausgenutzt, um christologische Inhalte zu transportieren – mittels Fastenzyklen (vgl. Goehrke 2003:340f).

4.5.11.1 Fasten
Aničkovs Versuch, das „Pagane" auf das „Agrarische" zu reduzieren (1914:296f), geht zu weit. Aničkov diagnostiziert aber richtig die zentrale Bedeutung von Vegetationszyklen für die Volksreligion. Der wohl einschneidendste Rhythmus agrarischer Gesellschaften ist die Wellenbewegung von Mangel und Fülle. Der Vegetationszyklus der nördlichen Hemisphäre bedingt, dass zum Winterende in den Monaten Februar/März die Vorräte aus der Sommer- und Herbst-Ernte zur Neige gehen – in sich sukzessive verschärfender Form. Ein solches Decrescendo inszeniert auch der orthodoxe *Великий пост* [Große Fastenzeit]: Ab dem dritten Sonntag vor Beginn der Fastenzeit wird Fleischabstinenz verbindlich, ab dem zweitem Vorfastensonntag auch Laktizinienabstinenz. Mit dem ersten Fastensonntag bzw. dem Sonntag der Orthodoxie beginnt dann die sechs Wochen dauernde eigentliche Fastenzeit bis zur Karwoche.[550]

Anstelle dieser naturalistischen Lesart bietet die Kirche eine christologische an: Die Fastenzeit wird gelesen als Reflex der 40 Tage, die Christus in der Wüste verbrachte, und als Anbahnung des Gipfelpunkts der Passion Christi in der Karwoche. Um den Gläubigen Christi Leidensphase nahezubringen, gab es in der Frühzeit eine Verbindung des Taufritus mit der Fastenzeit: Getauft wurde nur an Ostern, vorauszugehen hatten Wochen der christoformen Entbehrung (s. 4.5.10.1).

Die Große, auf die Passion zulaufende Fastenzeit wird flankiert von kleineren Fasteneinheiten vor den Hochfesten, die das Passionsfasten abbilden: Der gleichfalls vierzigtätige *Рождественский пост* [Weihnachtsfasten] vom 15. November bis 24. Dezember, das achttätige Fasten vor Theophanie, der *Петров пост* [Apostelfasten] von Pfingstmontag bis 29. Juni und der *Успенский пост* [Fasten vor dem Entschlafen der Gottesmutter] vom 1. bis 15. August.[551] In Anlehnung an die Karwoche soll zudem am Mittwoch und Freitag jeder Woche gefastet werden.

> The whole Christian year is articulated around this paschal period which recapitulates and re-enacts, [...], the various phases of the Passion. Enclosed within this annual cycle, there is a weekly periodicity [...] there is no prayer and no act of devotion which

---

[550] Vgl. auch agrarische Momente in der Basilios-Liturgie (Kallis 1989:238f).
[551] Abseits dieser großen Zyklen sind Fastenauflagen auch ein Mittel individueller Buße – einer Gesinnung, welche die Fastenzeiten überhaupt bestimmen soll.

does not refer back, whether directly or indirectly, to the historical Christ; [...] (Connerton 1989:47)

Angesichts dieser mnemonischen Leistung des Kirchenkalenders war die sowjetische Kalenderreform vom 23. Januar 1918 und die Pläne der Stalinzeit, eine Fünf- oder Sechs-Tage-Woche einzuführen, auch gegen die Christus-*memoria* des Kirchenjahres gerichtet.[552]

Wenngleich publizierte Quellen aus der vorrevolutionären Zeit eine weitgehende Befolgung der Fastenregeln behaupten[553] und die Wellen der atheistischen Propaganda der Sowjetzeit in der Fastenkultur jeweils nur mit Verzögerung Effekte zeitigten,[554] sind Fasten- und Enthaltsamkeitsregeln stets nur bedingt befolgte Normen, und das schon vor der Sowjetzeit (Diedrich 1988:115). Zu tief greifen die Fastenvorschriften einerseits in das biologische Dasein der Menschen ein, kommt doch zum Nahrungsentzug programmgemäß auch Sexualentzug (während der Großen Fastenzeit darf nicht geheiratet werden). Andererseits erzeugt der massive Eingriff, so die Fastenregeln denn befolgt werden, einen Effekt der Wiederschenkung: Die Erwartungszeit im Entzug und die Wiederschenkung des Entzogenen steigern den Wert des mit der Wiederschenkung verbundenen Inhalts[555] – Christi –, mit Mitteln, welche als Reduplizierung von Christi Entzugsübung in der Wüste begriffen werden.

4.5.11.2 Christlich und außerchristlich verstehbare Feiertage

Ein nicht zu unterschätzender Teil des mnemonischen Erfolgs christlicher Rhythmen und Feiertage ist der agrarisch-christlichen Doppellesbarkeit zuzuschreiben.[556] Dabei sind zwei verschiedene Wechselbeziehungen zu unterscheiden: Zum einen überformen christliche Neubelegungen vorchristliche agrarische Feste; besonders augenfällig ist dies bei den Zäsuren von Winter und Frühling, die mit Срѣтение

---

[552] Siehe Chlebda 2002:139. Die sowjetischen Gegenfeiertage sind meistenteils gegen den Erniedrigungsvektor gerichtete Siegesfeste; eine Ausnahme bildet der 22. Januar, der Gedenktag für die Opfer des Blutsonntags (9. Januar 1905).

[553] Gromyko 2002:78–83. Herberstein scheint davon im 16. Jh. extrem beeindruckt gewesen zu sein, was sich daran ablesen lässt, dass er zu Übertreibungen neigt wie der, dass manche während des Großen Fastens nur samstags und sonntags äßen (1984:117).

[554] Voronina 2002:236. Stärker unterbindend wirkten Krieg oder Bürgerkrieg (ebd.:226).

[555] Ein Moment des Verzichts als Vorbereitung auf das Christusgedenken bestimmt auch die Reglementierung des Sexualverhaltens vor dem Eucharistieempfang. Ein derartiger ‚Erwartungsentzug' lässt das jeweilige von der Kirche definierte *télos* (Hochfest oder Eucharistieempfang) aus ganz irdischen Gründen erstrebenswert erscheinen. Der vorgeschaltete Verzicht steigert den Wert, der dem Ereignis zugeschrieben wird, dadurch, dass danach der Verzicht wieder entfällt (für die revolutionäre Asketik und Eschatologie gilt das *mutatis mutandis*; s. 6.–8.).

[556] Zur Hermeneutik der Doppellesbarkeit s. 5.6.4.

[Darstellung Jesu im Tempel] (2. Februar) und Благовѣщение [Verkündigung der Gottesmutter] (25. März) neu semantisiert wurden (Prazdnik 2001:19.557). Auch die Bräuche der Reinigung des Hauses vor Ostern zeigen Spuren eines älteren Neujahrsfestes (Chlebda 2002:137). Das zweite genealogische Modell ist die Auffüllung von christlichen Festen mit folkloristischen Praktiken. Die Taufe Christi im Jordan etwa wird in Russland metaphorisch durch das Eintauchen in ein Eisloch erinnert (Sinjavskij 1990b:191). Der Feiertag des Прѣображение Христа [Verklärung Christi] (6. August) wurde mit dem mittleren der drei Erntefeiertage, dem Яблочный спас [Apfelerlöser] verbunden, der unanschauliche Erhöhungsvektor also durch eine agrarische Herabziehung greifbar gemacht:

> Auf diese Weise nehmen die Heiligen ausdrücklich irdische Merkmale an. Das gilt sogar für den Heiland (*spasitel*), der in Russland *spas* genannt wurde. Die Verklärung (6. August) wurde im Volk als Spas gefeiert. Der hohe neutestamentarische Sinn der Verklärung hat das Bewußtsein des Volkes kaum erreicht, und dieser Tag wurde, bedingt durch den Zeitpunkt des Festes innerhalb des Kalenderjahres, zum Fest der Ernte und der Früchte der Erde. Es war der ‚Apfel-Spas‘, an dem die Apfelernte begann. (Sinjavskij 1990b:235, sic)

Während beim Яблочный спас die Herabziehung nur auf der formalen Ebene stattfindet, ist bei anderen Feiertagen die kenotische Dimension auch inhaltlich produktiv. Besonders betrifft das die Freitage (ebd.:237f). So wird der Freitag mit der Märtyrerin Paraskeva verbunden: Ein folkloristischer Reim lautet: „‚Paraskewa-Freitag heilig, an Christi Leiden anteilig.'" (ebd.:240).

Eine konstitutive Rolle spielen bei christlich-außerchristlichen Doppellesbarkeiten (etymologische) Missverständnisse: So wird im Bewusstsein des Volkes das Воздвижение Креста [Kreuzerhöhung] (14. September) in einer ganzen Reihe von Sprichwörtern mit der Wurzel сдвиг [Sprung] verbunden. Damit aber verschwindet das christologische Moment der Kreuzerhöhung keineswegs, wie Sinjavskij meint.[557] Im Gegenteil: Die agrarisch-christliche Doppelsbarkeit gestattet die zyklische Memorierung *sowohl* Christi *als auch* folkloristischer Bräuche. Beide verstärken sich wechselseitig. Ja, die zweifache Interpretierbarkeit im Doppelglauben ist ein hoch funktionaler mnemonischer Trick: Die abstrakte christologische Dogmatik wird mit heidnischen Fruchtbarkeitselementen begreiflich gemacht (Apfelernte in Verbindung mit Verklärung) oder – *vice versa* – eine konkrete Anschauung metaphysisch ausgebeutet. Was der christlichen Dogmatik auf den ersten Blick fern liegt – Vegetationszyklen und vorchristliche Volksbräuche –, gelangt so im Nebeneffekt ebenfalls in den Dienst der Christusanamnese.

---

[557] „All das besagt, daß die sdwigi, die Abläufe im bäuerlichen Alltag und in der Natur, die Erhöhung von Christi Kreuz zurückgedrängt haben." (Sinjavskij 1990b:232).

4.5.12 Häusliche Christus-memoria
Die offizielle Kirche allein wäre – wie an den christlich-außerchristlichen Doppellesbarkeiten deutlich wird – überfordert mit der Aufgabe, die Christusanamnese in allen Bereichen des Alltagslebens in Reinform zu verankern. In vorrevolutionären Zeiten hatten hier Bettler ihre Nische (s. 5.4.2.1). Das Medium Schrift – Ratgeberliteratur zur Orthopraxie des Alltags – spielt bei der christlichen Durchwirkung des alltäglichen Lebens höchstens eine geringe Rolle – mit Ausnahme der ersten postsowjetischen Jahre, als sie massiv zur Reevangelisierung eingesetzt wurden (s. Azy 2002). Auch moderne Medien wie Rundfunk, Fernsehen und Internet treten in den Dienst der Wiederherstellung einer orthodoxen Alltagspraxis.

Während die Wirkungsmöglichkeiten der offiziellen Kirche und ihre Medien in der Sowjetzeit extrem eingeschränkt waren, erfüllte die Familie über weite Strecken weiter die Funktion als „Hauskirche".[558] An der Familie lag es, wie weit die Regel des Tisch-, Morgen- und Abendgebets (s. 4.5.8) befolgt wurde, ob etwa das Segnen der Häuser beim Bau, der Kinder durch die Eltern und durch Sterbende (durch Bekreuzigen und Ikone-zum-Kuß-Reichen[559]) auch unter Vorzeichen staatlicher Repression bewahrt wurde. In einer herabgesunkenen Form jedenfalls überlebten Gebetsregeln, wenn man sich etwa vor dem Aufbruch zu einer Reise („Присядем на дорожку...") kurz hinsetzt, was einst mit einem stillen Gebet einherging (Arsen'ev 1971:638f).

4.5.12.1 memoria-Agentinnen: Mütter und Großmütter
Da auf männliche Familienmitglieder in dieser Hinsicht – wie in vielen anderen – kaum zu rechnen ist, fällt die Überlieferung christlicher Alltagsriten in die Gender-Kompetenz der Mütter bzw. *бабушки* [Großmütter]. Zahlreiche russische Philosophen des 19. und 20. Jh.s verdanken ihre religiöse Inspiration ihren Müttern (Arsen'ev 1971:639f) – bis hin zu Gor'kijs Großmutter (7.2.5). Die Wichtigkeit dieser Überlieferungsrolle belegt auch negative Umwertung in der Sowjettopik, bspw. in der Gestalt der Schwiegermutter Artems bei Nikolaj Ostrovskij (8.4.7). Ältere Frauen halten am ehesten den Kontakt zur offiziellen Kirche, stellen Kerzen auf, bestellen Fürbitten und besitzen zumeist die größte liturgische Kompetenz. Im Gottesdienst nehmen sie eine „Kontrollfunktion" wahr, indem sie andere, unkundige Gottesdienstbesucher disziplinieren (Diedrich 1988:112f).

Die Bewahrung des kommunikativen christlichen Gedächtnisses in der Sowjetzeit ist in der Tat vor allem ihre Leistung (Voronina 2002:236). *Бабушки* waren es auch, die Geheimtaufen vollzogen, was für den orthodoxen Ritualismus eigentlich unzulässig ist, für die Christus-Anamnese aber hoch funktional; denn damit

---
[558] „κατ' οἶκον αὐτῶν ἐκκλησία" [Gemeinde in ihrem Hause] (Röm 16,5; 1Kor 16, 19).
[559] Arsen'ev 1971:636; Gromyko 2002:70.

kam den praktizierenden Christen – wie zu Zeiten der römischen Verfolgung – wieder das Moment des Inoffiziellen, im Extrem die Märtyrer-Rolle zu. In (groß)mütterlicher Fürsorge, Agape und Demut überdauerte ein kenotischer Habitus die sowjetische Atheismus-Kampagne (vgl. Arsen'ev 1971:642).

4.5.12.2 Schöne Ecke
In die Zuständigkeit der (Groß-)Mutter fällt auch der Ort im Haus, der die Rede von der „Hauskirche" am ehesten rechtfertigt:[560] der *красный угол*.[561] Zu dessen Pflege sagt der orthodoxe *Домострой [Der Hausvater]* aus dem 16. Jh.:

> Въ дому своемъ, всякому христіянину, во всякой храминѣ, святыя и честныя образы, написаны на иконахъ, по существу, ставити на стѣнахъ, устроивъ благолѣпно, со всякимъ украшеніемъ и со свѣтилники, въ нихъ же свѣщи предъ святыми образы возжигаются [...]; а всегда чистымъ крылышкомъ омѣтати, и мяхкою губою вытирати ихъ, и храмъ тотъ чистъ держати всегда; а къ святымъ образомъ касатися, достойнымъ, въ чистей совѣсти; [...] въ молитвахъ и во бдѣніихъ и въ поклонѣхъ, и во всяком славословіи Божіи, всегда почитати ихъ; со слезами, и съ рыданіемъ, и сокрушенымъ сердцемъ исповѣдался [...][562]

Bei wechselnder Zusammensetzung befanden sich in praktisch allen vorrevolutionären Häusern Ikonen, und darunter fast immer Christus-, Gottesmutter- und Nikolaus-Ikonen (Gromyko 2002:67f).

---

[560] Die Vorstellung vom Haus als Kirche wurde in vorrevolutionärer Zeit durch die (nicht flächendeckende) Praxis des Sich-Bekreuzigens beim Eintreten realisiert (Gromyko 2002:74).

[561] Die ‚schöne Ecke', wörtlich ‚rote Ecke'. An die Doppeldeutigkeit von *красный* knüpft die parasitäre sowjetische Besetzung des *красный уголок* [rotes Eckchen] für Porträts von sowjetischen ‚Heiligen' an (s. 4.6.1.2).

[562] „In seinem Hause, in einem jeden Wohngebäude, soll ein jeder Christenmensch heilige und verehrungswürdige Bilder, die nach der Art und Weise der Ikonen gemalt sind, an den Wänden wohlgeordnet aufstellen, reich geschmückt und mit Leuchtern (ausgestattet), in denen man während jeder Lobpreisung Gottes vor den heiligen Ikonen Kerzen entzündet. [...] Und stets sind sie mit einem sauberen Federwisch abzustauben und mit einem weichen Schwamm abzuwischen. Auch das Zimmer selbst ist stets sauber zu halten, und berühren soll man die heiligen Ikonen nur in würdiger Weise (und) reinen Gewissens. [...] Beim Gebet und während der Nachtwache und der Verbeugungen und bei jeglicher Lobpreisung Gottes sind sie unter Tränen und Seufzen und mit zerknirschtem Herzen und bußfertig [...] zu verehren." (Domostroj 1998:II 24f; dt. und mit Einfügungen versehen v. Gerhard Birkfellner, Domostroj 1998:I 117).

4.6 Bilddarstellungen

4.6.1 Orthodoxe Ikonen

Sowohl eng mit der Pragmatik der Liturgie verwoben als auch über die Schöne Ecke in den Alltag eingebettet ist das Bildmedium der Ikone. Der Konnex wird in der Literatur mit Emphase beschworen – und an die Inkarnation gebunden:

> Aus dem Gesagten wird klar, wo somit die tiefste und innigste, letztlich unlösbare Verbindung von Ikone und Liturgie im orthodoxen Christentum liegt: beide leben aus derselben Wurzel, beide ‚verkörpern' im eigentlichsten Sinne des Wortes (d.h. als Fleischwerdung den gleichen rechten Glauben: die eine in Farbe und Form, die andere in Wort und Bewegung. (Thon 1979:198, Klammer sic)

Die Ikone stellt sich dem nicht-orthodoxen Betrachter auf den ersten Blick als Spezifikum der orthodoxen Bilderwelt dar. Aus dieser Fremdwahrnehmung ergibt sich für die Orthodoxen selbst ein interkultureller Rückkopplungseffekt, der die zentrale Positionierung der Ikone als Trägermedium dogmatischer Aussagen und religiöse Erfahrungsbasis neben der Liturgie verstärkt (s. ebd.:14–17).

Das Bildmedium besitzt den Vorteil, dogmatische Inhalte in einer für Analphabeten zugänglichen Form zu transportieren, wie schon Viskovatyj 1553/54 betonte: „[…] же не вси видят книг […]".[563] Darüber hinaus kommt den Ikonen ein Effekt der *persuasio* qua Enargeia zu: „Sie [die Ikonen] verliehen den religiösen Ideen Anschaulichkeit und somit auch Glaubwürdigkeit." (Sinjavskij 1990b:247). Die Leistung des Mediums Ikone ist also für die mnemonische Figur des erniedrigten Christus kaum zu überschätzen, zumal in praktisch keiner Forschungsarbeit versäumt wird, auf die Ubiquität von Ikonen im vorrevolutionären Russland hinzuweisen.[564]

4.6.1.1 Pragmatik der Ikone

Nach Nyssen ist „der Sinn des [orthodoxen] Bildes an einen Ort gebunden." (1989b:247). Dieser Ort ist zunächst der Kirchenraum;[565] der sakrale Raum ist mit Bildern Christi, seines Lebens und Sterbens, mit seinen Metonymien und Metaphern strukturiert. Nach dem Malerbuch des Dionysios von Fourna-Agrapha

---

[563] „[…] nicht alle nämlich sehen die Bücher [i.e. können lesen] […]" (Rozysk 1858:7).

[564] Vgl. bspw. Eremina: „Иконы находились везде: в избах, в палатах, в церквях, в маленьких моленных часовнях на дорогах, на полях сражений." [Ikonen fanden sich allerorts: in Hütten und Palästen, in Kirchen und kleinen Gebetskapellen am Wege und auf Schlachtfeldern.] (2002:97).

[565] Zur memorialen Funktion von Kirchengebäuden siehe Svjatoslavskijs Monografie zur orthodoxen *memoria* von 2004, aus der deutlich wird, dass Christus im baulichen Programm – stärker als im bildlichen – vor allem durch seine Metaphern (Heilige, denen die Kirchen geweiht sind) oder Metonymien (Kreuz) vertreten wird.

(Didron 1845:423–449) sind die herausgehobenen Blickpunkte Apsis und Kuppel mit der Gottesmutter des Zeichens, die die Kenose Christi ankündigt, und dem sukzessive erhöhten Christus, dem Pantokrator, besetzt (Thon 1979:224–228). An diese Hauptachse werden Erniedrigung und Leiden (Nordseite) und Auferstehung (Südseite) angelagert.[566]

Die Ikonostase schließt die Mysterienstätte des Altarraums gegen die Gemeinde ab; sie ist es, auf die sich der Blick der Gemeinde während der Liturgie vor allem richtet. Die Zelebranten ziehen durch die Türen in der Bilderwand in den Kirchenraum ein und begeben sich von dort wieder in den Altarraum, wobei sie sich mehrfach vor den Christus- und Gottesmutterikonen verneigen und diese beweihräuchern. Aus Ikonen herausnehmbare Staurotheken können als Segenskreuz liturgisch eingesetzt werden (Abb. Steiner 2005:256–258). Die Gläubigen bezeugen den Ikonen in der Kirche, speziell den auf Pulten aufgestellten, gleichfalls Verehrung durch Verneigung und Kuss.[567] In der Zuschreibung magischer Wunderkräfte an bestimmte Ikonen (und durch die Pilgerfahrten zu diesen Ikonen) hält ein volkstümliches Element Einzug in die Pragmatik der orthodoxen Ikone.[568]

Die Pragmatik reicht beim Einsatz zu Prozessionen, als Reiseikonen, in Reiseikonostasen etc. über den Kirchenraum hinaus (s. Savickijs Bild *Встреча иконы*[569]). Ikonenprozessionen wurden im alten Russland, wie Herberstein beobachtete, durch allgemeines Verneigen und Bekreuzigen vor einer Ikone, die durch die Gassen getragen wurde (von Herberstein 1984:113), begleitet. Im Zeichen von Ikonen wurden in altrussischen Schlachtenerzählungen Siege errungen, geschah im 16. Jh. die Expansion des Moskowiter Reiches und wurde selbst Stalingrad verteidigt.[570] Der *Богоматерь Донская [Ikone der Mutter Gottes vom Don]* wird das Verdienst zugeschrieben, den Sieg über die Mongolen auf dem *Куликово поле* [Schnepfenfeld] 1380 bewirkt zu haben; die *Богоматерь Владимирская [Ikone der Mutter Gottes von Vladimir]* erscheint als „Palladium des russischen Volkes" überhaupt (Diedrich 1988:96), sodass von einer „‚politischen Mariologie'" (Onasch 1992:143) der russischen Orthodoxie gesprochen werden kann.

Neben dem Kirchenraum hat die Ikone im vorrevolutionären (und zu weiten Teil auch schon wieder im postsowjetischen Russland) ihren zweiten festen Ort im *Красный угол* [Schöne Ecke] von Privatwohnungen, wo ihr vergleichbare Verehrungsformen zuteil werden wie ihren Pendants im Kirchenraum: Vor der Ikone

---

[566] Nyssen 1989b:253. Zur symbolischen Deutung des Kirchenraumes und der Bilderanordnung s. Thon 1979:177–192; Kallis 1989:XIV–XVIII; Eremina 2002:30f.
[567] Wiertz 1971:598f; Cechanskaja 1998:42–56.
[568] Siehe von Eckardt 1947:23; Sinjavskij 1990b:250.
[569] *Begegnung mit einer Ikone*. Vgl. den Umschlageinband von Cechanskaja 1998.
[570] Vgl. Sinjavskij 1990b:252–254; Onasch 1996:48; Cechanskaja 1998:261–277.

bzw. den Ikonen werden Kerzen entzündet, niedergekniet, und sie werden mit dem frommen Ikonenkuss verehrt (s. 7.3.3.2). Weil selbst Reiseikonostasen im häuslichen Gebrauch nur Ausschnitte des Gesamtbildprogramms der Ikonostase aus dem Kirchenraum repräsentieren, verweist die außerliturgische Einzelikone immer auch synekdochisch auf den liturgischen Gesamtzusammenhang.[571]

4.6.1.2 Mnemonik der Ikone

Von dieser hermeneutischen und pragmatischen Basis aus prägt der ikonografische Kanon der orthodoxen Ikone auch weltliche Bildprogramme bis hin zu technischen Medien wie Fotografie, Film und Computerkunst (4.6.9.3). Mochten die Sowjets massenweise Kirchen schließen und umfunktionieren – die verwaiste heilige Stelle im Privathaus musste neu gefüllt werden. Die Nachfolge der Pragmatik der Ikonenverehrung (wenngleich ohne Kuss) treten, wie schon Walter Benjamin 1926 in Moskau bemerkte (1988:44), Lenin- und später Stalin-Bilder an, an deren Stelle in spätsowjetischer Zeit wiederum dissidentische „Ikonen" traten (vgl. 10.4.4). Dass es sich dabei um einen Religionsersatz handelte, thematisierte die Soz-Art (Bulatov, Komar und Melamid; vgl. 10.5.1.1).

4.6.2 Russische Ikonografie

> Daher ist es eine Entwicklung des von der Menschwerdung Gottes geprägten Glaubensbewußtseins der Kirche, daß Bilder im Leben ihres Glaubens eine Bedeutung haben, Bilder, die alle nur um ein einziges ‚Bild' kreisen, das des menschgewordenen Sohnes Gottes. (Nyssen 1989a:236)

Der ikonografische Kanon beginnt sich im 6. Jh. in Byzanz herauszubilden; wenn Byčkov sagt, im 9./10. Jh., zur Zeit der Christianisierung der Rus', „existierte bereits eine zuverlässige Sammlung (ein Musterbuch)" (2001:191), so ist die Rede vom „Musterbuch" noch metaphorisch; die Reproduktion der ikonografischen Muster funktioniert noch nach dem Imitationsprinzip. Der ikonografische Kanon erfuhr in Russland vor dem 16. Jh. kaum Wandel, wurde lediglich um Lokalheilige und hesychastische Inspirationen (Andrej Rublevs Dreifaltigkeitsikone) ergänzt. Erst mit dem Eindringen des Interesses von Machtrepräsentation in die Ikonografie änderte sich dies (s. 4.6.8.1); der inkarnatorische Fokus, der in die frühe Ikonografie hineingelesen werden kann, wurde damit aufgeweicht. Als Reaktion auf diese Aufweichungen und Ausweitungen wurden dann regelhafte *подлинники* [Musterbücher] erstellt (vgl. Diedrich 1988:99); diese Erscheinung von

---

[571] „Jede Einzelikone, die man in der eigenen Wohnung am besonderen Ort anbringt, wird zur Erinnerung an die Gesamtheit der Bilder im Raum der Kirche." (Nyssen 1989b:255).

Regelkultur (Lotman/Uspenskij 1971) hat also als Reaktion auf den Niedergang des Kanons zu gelten. Eine weitere Stufe der Demontage, diesmal der Verehrungspragmatik, bedeutete es, als 1821 angedacht wurde, Ikonen in Russland auch in Museen auszustellen,[572] potenziert, seit diese in der Moderne zum Sammel- und Handelsobjekt verkehrt werden (Thon 1979:16f).

Hier kann keine Geschichte der Ikonenschulen, -werkstätten und -stile in Russland geschrieben werden (dazu Lazarev 1997), sondern lediglich die inkarnatorischen und kenotischen Dimensionen wichtiger ikonografischer Muster (4.6.3–4.6.5), Kontexte und Verfahren (4.6.6–4.6.7) und die Entwicklung weg von der Inkarnationspoetik der Ikone zur weltlichen Repräsentationsfunktion sowie die Gegenbewegung der Rekenotisierung – in der Ikonentheologie (4.6.8) und in nicht offiziell sakralen Bildmedien (4.6.9) – reflektiert werden. Entsprechend werden hier auch beileibe nicht alle Ikonentypen besprochen, sondern nur diejenigen, die am stärksten von Christus und seiner Kenose her zu verstehen sind.

4.6.3 Selbstständige Christusikonen
Im ersten Schritt geht es dabei um selbstständige Christusikonen. Diese lassen sich kürzer abhandeln, weil sowohl die metaphysische als auch die soziale Erniedrigung Christi im orthodoxen Ikonenkontext häufiger durch eine Kombination der Christusfigur mit anderen, insbesondere mit Menschgestalt visualisiert wurde als durch Zeichnung von Gesicht und Leib Jesu Christi allein; die Paradoxe des erniedrigten, gedemütigten und leidenden Gottes gelten nur über dessen menschliche „Umschreibung" (s. zum Bilderstreit 3.4.6) und Umgebung als vermittelbar; wo das Christusbild zwischen den beiden Naturen changiert, da wird die Kenose desto plausibler, je weiter ausgeführt die menschliche Umgebung ist.

4.6.3.1 Ikonen der Gesichtsspur
Die stärkste Reduktion erfährt das Christusbild in den in Russland besonders häufigen (Felmy 2004:23) „nicht von Hand gemalten" (ἀχειροποίητος/*нерукотворный*) Bildern Christi, auf denen der Kopf Christi ohne Halsansatz, aber oft vor drei Kreuzbalken[573] zu sehen ist. Dieses Muster stützt sich auf den angeblichen metonymischen Abdruck des Antlitzes Christi (s. 3.4.3.1). Die kulturbildende Macht der kratyleischen Illusion, dieses Bild sei eine authentische Christus-Spur (und deshalb unverändert zu kopieren), die bis in die moderne akademische Iko-

---

[572] Istorija 1957/69:VIII,1 41 Anm. 2; Städtke 1978:97.
[573] Der vierte (unten) fehlt, obwohl auch kein Halsansatz zu sehen ist, bspw. auf einer Novgoroder Ikone aus der zweiten Hälfte des 12. Jh.s (Abb. Felmy 2004:22).

nentheologie reicht, ist kaum zu überschätzen.[574] Dabei handelt es sich bei diesen Ikonen um einen transmedialen Shift von Stoff (Mandylion, *убрус*) und Körpersekreten zu Holz und Malfarben, um die Metapher einer Metonymie Christi. Trotz dieser – auch von Verfechtern der Acheiropoiesis-Theorie – konzedierten Vermittlungsstufen wird Christus selbst als Bildgeber gesehen: „Der Wille Christi, ein *Bild* von sich herzustellen, wurde auch diesem Bild mitgegeben, wenn es eine *Kopie* von sich erzeugte." (Belting 1990:66, Hervorh. i. Orig.).

Der Gesichtsausdruck Christi ist meist streng, herrisch,[575] und die Aufschrift „о ωн" [Der Seiende] verweist auf Ex 3,14, also auf Gott selbst. Im Gegensatz zu westlichen Darstellungen des Tuches der Veronika kennt die orthodoxe Mandylion-Ikone auch keine Leidensspuren (s. Onasch/Schnieper 2001:124). Dieses Muster als gänzlich antikenotisch zu lesen und von den Leidensbildern Christi in der Westkirche abzusetzen, wie es Eremina (2002:89) tut, reduziert das Paradox – die sich durchziehende Ikonenpoetik von Erniedrigung *und* Erhöhung, Niederlage *und* Sieg, Schmerz *und* Verklärung. Die Kenose realisiert sich hier nicht durch Leidens-Mimesis, sondern durch die Zuschreibung einer authentischen Metonymie vom Inkarnierten und das reduzierte Kreuzsymbol.

4.6.3.2 Pantokrator
Eine Kreuzspur hat auch der vermeintlich am wenigsten kenotische Christusikonentypus – das Muster des Pantokrators (*Господь Вседержитель*). Als Typus älter als das Mandylion, ist sein Ort zunächst vor allem die Monumentalmalerei; erst im Mittelalter erscheint er allmählich auch auf Ikonen (Onasch/Schnieper 2001:122f) und wird dann zum festen Bestandteil der russischen Ikonostase, rechts von der Himmlischen Pforte. In der Linken hält Christus das Evangelium, entweder aufgeschlagen oder edelsteinbesetzt; die Rechte Christi vollführt meist einem segnenden Gestus, bisweilen deutet sie intermedial auf das Evangelium – also auf die Erzählung von seiner Menschwerdung, seinem Leiden und Sterben.

Mitunter ist Christus auf einem prunkvollen Thron dargestellt,[576] um weltliche Macht zu legitimieren; die kosmische Herrschaft des Pantokrators soll das „Vikariat" des weltlichen Herrschers für Christus rechtfertigen. In der oströmischen Geschichte war die „politische Christologie" der Pantokrator-Ikone mit „Einzelheiten des Kaiserkultes" angereichert (Onasch 1962:245); in das Bild des herr-

---

[574] Felmy merkt an, selbst unter kritischen orthodoxen Theologen sei der naive Glaube verbreitet, dass „das überlieferte Christus-Bild authentisch ist und nicht willkürlich geändert werden kann." (1990:75; vgl. auch 2004:21).
[575] Etwas milder ist der Ausdruck auf der vergleichsweise seltenen Variante *Спас мокрая борода [Erlöser mit dem nassen Bart]*, in die Onasch/Schnieper ein humoreskes Moment hineinlesen (2001:126), also eine Herabziehung des Ernstes der Authentizität.
[576] Eine Novgoroder Ikone aus dem 14./15. Jh. (Abb. Onasch/Schnieper 2001:123).

4. Christus in Russland

schenden und thronenden Christus war der pagane Konstantinianische Gott *Sol Invictus* [Unbesiegte Sonne] eingegangen.[577] Die römische inoffizielle Christologie fügte die Darstellung Christi als Imperator mit Lorbeerkranz hinzu (Cancik 1975:118f). Die Kirche suchte später ihrerseits durch das Pantokrator-Sujet die irdische Macht des Bischofs zu zementieren; dazu erscheint Christus als Hohepriester in Priestergewand (ebd.(ebd.:128). Der von Konstantin, aber auch von Eusebios zentral gesetzte siegestheologische Aspekt (Hernegger 1968:226) wird bisweilen durch Derivationen des Pantokrator-Musters etwas überlagert – wenn Christus als Wohltäter, Seelenretter oder Menschenfreund angerufen wird.[578]

Auch ohne diese Herablassung des thronenden Christus zu den Menschen bildet die Pantokrator-Ikone keine rein nicht-kenotische Variante, wie Hernegger es sehen möchte (1968:146f), stellt keinen puren *status exaltationis* dar. Dem steht zum einen der Kreuznimbus um den Kopf des Pantokrators entgegen, zum anderen der Evangelientext in Darstellungen mit geöffneter Bibel. Dafür setzte sich in Russland nämlich Mt 11,28 durch – die Anrede an die Leidenden: „Прïидите ко мнѣ вси трȣждающïисѧ и ѿбремененнïи, и азъ оупокою вы."[579]

4.6.3.3 Ikonen des Präexistenten
In präexistenter Qualität erscheint Christus auf solitären Darstellungen als Christus Emmanuel,[580] etwa auf einer Ikone von Simon Ušakov von 1697 (Onasch/Schnieper 2001:134). Im Namen *Emmanuel* verbindet sich die Präexistenz mit der Inkarnation (s. 4.6.4.1), womit zumindest ein Zeitparadox angelegt ist. Diese Paradoxalität wird dadurch verstärkt, dass Christus zumeist als Knabe mit „greisenhaften Zügen" erscheint (Onasch/Schnieper 2001:134) – um die Präexistenz des als Kind Erscheinenden zu repräsentieren (mit Mitteln menschlichen Alterns).

4.6.3.4 Das heilige Schweigen
Eine späte, fast ausschließlich russische Eigenentwicklung, die auf die Begeisterung für das Jesusgebet zurückgeht,[581] ist *Christus, das heilige Schweigen*. Auf

---

[577] Hernegger 1968:135–137; s. auch 5.5.2.2.
[578] Onasch/Schnieper 2001:127.129; Felmy 2004:30.
[579] „Kommt zu mir alle, die ihr müselig und beladen seid. Ich will euch erquicken." Direkt anschließend folgt bei Matthäus das Duldens- und Demutsexempel: „ἄρατε τὸν ζυγόν μου ἐφ᾽ ὑμᾶς, καὶ μάθετε ἀπ᾽ ἐμου, ὅτι πρᾶός εἰμι καὶ ταπεινὸς τῇ καρδίᾳ [...]" [Nehmt auf euch mein Joch und lernt von mir; denn ich bin sanftmütig und von Herzen demütig (…)]. (Mt 11,29). Vgl. Garzaniti 2001:25; zur historischen Durchsetzung dieses Verses auf Pantokrator-Ikonen s. Felmy 2004:30f.
[580] עִמָּנוּ אֵל; ‚Gott mit uns' (Jes 7,14): „Siehe, eine Jungfrau ist schwanger und wird eine Sohn gebären, den wird sie nennen Immanuel."
[581] Onasch/Schnieper 2001:138; vgl. 4.5.8.3.

dieser Ikone hält Christus die Hände über der Brust verkreuzt; dies ist als Bet-, nicht als Leidenszeichen zu interpretieren (s. 4.5.9.4). Für Letzteres aber steht wiederum der Kreuznimbus. Mitunter begegnet alternativ ein achteckiger, zweifarbiger Stern im Nimbus für Christi zwei Naturen (Onasch/Schnieper 2001:138).

4.6.3.5 Metonymische und paradoxe Kenotik der Christusikone
Als vorläufige Folgerung aus den vorgestellten selbstständigen Christusikonen lässt sich festhalten, dass zwar die selbstständigen Christusbilder in der westlichen sakralen Kunst phasenweise (im „Schmerzensmann" des 13. und 14. Jh.s, s. 2.7.1.4) eher zur naturalistischen Darstellung der Kenose tendieren (Wunden, Blut), in der orthodoxen Ikonenmalerei hingegen fast durchgängig Paradoxe inszeniert werden und metonymisch auf die Kenose Christi rekurriert wird.

4.6.4 Christus-mit-Metonymie-Ikonen
Noch deutlicher ist das metonymische Prinzip bei narrativen Ikonen, die man im rhetorischem Beschreibungsvokabular ‚Christus-mit-Metonymie-Ikonen' taufen könnte. Die narrativen Ikonen arbeiten praktisch das gesamte Paradigma der Erniedrigungsstufen aus den Evangelien ab (2.7.1.2). In mehreren Etappen reihen diese die Leben-Jesu-Ikonen auf (s. 4.6.6.2), die eine Summe von Einzelikonensujets darstellen, welche beim präexistenten Logos beginnen und alle Stufen der metaphysischen und sozialen Erniedrigung bis zur Höllenfahrt Christi durchschreitet.

4.6.4.1 Ikonen des Sich-Inkarnierenden
Während die selbstständige Emmanuel-Ikone des präexistenten Christus das inkarnatorische Moment lediglich im Kinderkopf des Emmanuel abbildet, dies aber gleich wieder durch die Greisenzüge konterkariert (4.6.3.3), hat die Ikone der Mutter Gottes mit Emmanuel durch die Mariengestalt einen zweiten, die Komposition beherrschenden Hinweis auf das inkarnatorische Moment. Dieser in Russland Знамение *[Gottesmutter des Zeichens]* genannte Typus zeigt den Emmanuel auf einem Clipeus bzw. Medaillon vor der Brust Marias, die in Adorantenstellung mit erhobenen Unterarmen dargestellt ist.[582] Dadurch wird die Distanz des Menschen Maria zum präexistenten Logos auf dem Clipeus markiert. Als zweites Zeichen der Präexistenz ist der Emmanuel wiederum mit Erwachsenenkopf dargestellt. Dass die Scheibe mit dem Logos Emmanuel nun aber *vor der Brust* Marias erscheint, ist als metonymische (nach oben verlagerte) und (von der Umfassungsform her) metaphorische Ankündigung der Inkarnation *im Schoß* Marias zu le-

---

[582] Z.B. auf einer Novgoroder Ikone des 13. Jh.s (Abb. Onasch/Schnieper 2001:158).

sen.[583] Mit Maria verbunden, visualisiert der Emmanuel auf dem Clipeus zeitlich paradox Präexistenz *und* Inkarnation. Aufgrund des Zusammenhangs mit Jes 7,14 (s. 4.6.3.3) gehört diese Ikone in die Propheten-Reihe der Ikonostase (Felmy 2004:36). Bisweilen kommt ein Clipeus, Medaillon oder Bild des Christusknaben vor der Brust Marias auch auf Ikonen der Verkündigung an die künftige Gottesmutter vor.[584]

4.6.4.2 Gottesmutter mit Kind

So schwierig die Darstellung des Präexistenten und der Ankündigung seiner Inkarnation, so heikel auch die Visualisierung seines pränatalen Status im Mutterleib. Die Introspektion *in den Schoß* verbietet sich für die Ikonendarstellung; üblich ist stattdessen die uteral-metonymische Bildkomposition mit dem Kind *auf dem Schoß*. Es ist eben dieses Kontiguitätsverhältnis mit Christus, das Maria zu einem so häufigen Motiv der orthodoxen Ikonografie macht; durch die Metonymie der Gottgebärerin sind die orthodoxen Marienikonen letztlich christozentrisch (s. Kallis 1996:365 et passim), was der Befund unterstreicht, dass es kaum Gottesmutterikonen *ohne* Kind gibt (Felmy 1990:79).

Die ältesten Bilder der Muttergottes zeigen eine thronende Maria mit dem Kind auf dem Schoß (Onasch/Schnieper 2001:160). Das Bildmuster der ὁδηγήτρια (*Hodegetria*) ist auch in späterer Zeit das produktivste geblieben. Mutter wie Kind sind dabei frontal dargestellt; das Kind hält meist eine Schriftrolle. Die Bezeichnung geht aller Wahrscheinlichkeit nach auf ein Toponym zurück, da sich eine derartige Ikone im Hodegon-Kloster in Konstantinopel fand, dessen Mönche als „Wegführer" für Blinde fungierten (ebd.:161). Allerdings wurde auch die Geste der Maria, eine Handbewegung in Richtung des Christuskindes, als Wegweisung interpretiert – zum einen als gemeinsame Wegweisung Marias und Christi an den Betrachter (was Hoheit und Unnahbarkeit ausdrücken würde; vgl. ebd.), zum anderen als Wegweisung der Mutter an das Kind, das damit als noch unwissend erschiene und eine radikal kenotische Implikation nahe legen würde (2.7.2.3). Vom Gesamtgestus her aber ist dieser Typus der am stärksten herrschaftliche, und allein der Kreuznimbus des Kindes kündigt das künftige Leiden an. Die berühm-

---

[583] Onasch/Schnieper verweisen auf die Etymologie dieses im griechischen Kontext *Platytera* genannten Ikonentypus – πλατύτερα ‚weiter als' (Onasch/Schnieper 2001:158). Im Marienhymnus aus dem Fürbitten-Diptychon der Basilios-Liturgie (s. 4.5.4.2) heißt es „[…] τὴν σὴν γαστέρα πλατυτέραν οὐρανῶν ἀπειργάσατο" – kirchenslavisch: „[…] чрево твое пространнѣе небесъ содѣла." [(…) hat (…) deinen Mutterleib umfassender als die Himmel erwiesen.] (Kallis 1989:226f).

[584] Zum Beispiel eine Novgoroder Verkündigungsikone aus dem 12. Jh. (Abb. Onasch/Schnieper 2001:150).

testen Ausprägungen dieses Typus sind die *Смоленская*[585] und die *Czarna Madonna Częstochowska*.[586] Auf der russischen Ikonostase ist ihr Platz links von der Himmlischen Pforte, gegenüber dem Pantokrator, wobei das Wechselverhältnis mit dem erhöhten Christus der Pantokrator-Ikone die Kindwerdung Christi auf der *Hodegetria* stärker hervortreten lässt, als dies bei solitärer Aufstellung der *Hodegetria*-Ikone der Fall ist.

Die in der *Hodegetria* angelegten Spuren von Kindlichkeit und künftigem Leiden führen zwei andere ikonografische Muster der Gottesmutter mit Kind weiter aus. Nicht frontal dem Betrachter, sondern dem Kind zugewandt, stellt der *Glykophilousa*-Typus die Gottesmutter als ‚süß küssende' dar. Das Christuskind schmiegt sich an die Wange der Mutter, womit die emotionale Beziehung von Mutter und Kleinkind in den Mittelpunkt rückt. Die zärtliche Zuwendung im Spiel mit dem Kind hebt sich von der herrschaftlichen Strenge der *Hodegetria* ab, zieht diese auf menschliche Natürlichkeit herab. Insofern besteht weniger die Gefahr einer „dogmatischen ‚Unterbietung'" (Onasch 1968:161) als die Chance einer identifikatorisch-menschlichen Rezeption.[587] Eine Ikone dieses Typus, die möglicherweise von Feofan Grek gemalte *Донская [Muttergottes vom Don]* tritt in der russischen Geschichte als Akteur auf, indem sie die Schlacht auf dem Schnepfenfeld 1380 zugunsten der Russen entschieden haben soll (s. 4.6.1.1).

Ein Untertypus der *Glykophilousa*-Gruppe, die *Eleousa*- bzw. *Умиление*-Ikone,[588] entfaltet die bevorstehende Passion des Kindes im traurigen Mienenspiel der Mutter. Es mag übertrieben sein, in der zu diesem Typus gehörenden *Владимирская*[589] gleich „*die* Ikone Rußlands" (Onasch 1949:31, Hervorh. i. Orig.) sehen zu wollen und allen russischen Gottesmutterikonen gleichermaßen das Moment der Trauer zu attestieren,[590] doch ist eine besondere Popularität der metonymischen Darstellung von Christi Leiden und Sterben durch die antizipierende Trauer der

---

[585] *Smolenskaja/Muttergottes von Smolensk* (Abb. Onasch/Schnieper 2001:162).
[586] *Schwarze Madonna von Tschenstochau* (Abb. Onasch/Schnieper 2001:163).
[587] „Es gehört zur Wirklichkeit der Menschwerdung des ewigen Wortes Gottes, daß in seiner Kindheit die Gottesmutter mit ihm gespielt hat." (Onasch/Schnieper 2001:169). In Russland wenig verbreitet ist im Gegensatz zu dieser sentimentalen Emphase ein physiologischer Realismus, wie er bei den halb naturalistischen *Galaktotrophousa*-Ikonen mit an der Mutterbrust trinkendem Säugling zum Tragen kommt (ebd.:173).
[588] Onasch/Schnieper geben eine ganze „Skala von Bedeutungen" für das russische *умиление* an, die über die Bedeutung ‚die sich Erbarmende' des griechischen Terminus *Eleousa* hinausgeht: „Milde, Zärtlichkeit, Mitleid, Rührung, Anmut" (2001:166).
[589] *Vladimirskaja/Muttergottes von Vladimir*. Zur Produktivität des Musters s. bspw. die Abbildungen in Onasch/Schnieper (2001:166.170); der *Vladimirskaja* ist im Kirchenjahr der 26. August gewidmet.
[590] Vgl. Eremina: „Богоматерь на русских иконах всегда в печали […]" [Die Gottesmutter erscheint auf russischen Ikonen stets trauernd (…)] (2002:102).

Gottesmutter in der russischen Ikonografie unbestreitbar (Uspenskij/Losskij 1952:93); das der Mutter zugewandte Kind „scheint [...] Ihren geheimen Schmerz beruhigen zu wollen." (ebd.:94). Die *compassio* der Gottesmutter mit dem zum Leiden bestimmten Kind erlaubt die Erweiterung auf die Gläubigen (s. ebd.:93), von denen einige Stellvertreter auf dem Ikonentypus *Gottesmutter Mitleidende* zu Mutter und Kind hinzukommen (Abb. Onasch/Schnieper 2001:176).

Ein der mütterlichen Trauerantizipation entsprechender ängstlicher Ausdruck des Kindes (Typus der *Pelagonitissa*) ist zwar eher auf dem Balkan verbreitet (ebd.:167), doch gibt es auch russische Belege für eine noch stärkere Betonung des künftigen Leidens bis hin zum Schrecken auf den Gesichtern sowohl von Mutter und Kind als auch des begleitenden Engels – das Muster der Страстная *[Mutter Gottes der Passion]* (Uspenskij/Losskij 1952:104).

4.6.4.3 Geburtsikonen

Leonid Uspenskij erblickt eine vergleichbare Antizipation des künftigen Leidens des Kindes auf den figurenreichen *Geburtsikonen*; dass die Gottesmutter darauf aus einer gewissen Distanz auf das Neugeborene blicke, zeige ihr „tiefes Mitleid mit seinem Zustande" (Uspenskij/Losskij 1952:163). Felmy widerspricht dem und schlägt vor, in der ruhenden, abgewandten Haltung der Gottesmutter ein „Ruhebedürfnis" nach den „Strapazen der Geburt" (Felmy 2004:77f) zu sehen.[591]

Die Haltung der Mutter ist nicht das einzige Element dieses Ikonentypus, welches einer kenotischen Interpretation entgegenkommt. Im Gegensatz zu den Emmanuel-Ikonen ist das Neugeborene nämlich im Vergleich zur die Komposition dominierenden Mutter realistischerweise als winzig dargestellt. Eine Nebenszenerie, meist rechts unten, zeigt den Neugeborenen ein zweites Mal, als ihn die Ammen baden. Wenn in der Ikonenforschung gerne interpretiert wird, das „Bad für das neugeborene Kind" sei „Zeichen seiner wahren und wirklichen Menschwerdung",[592] so wirkt die Poetik der Andeutung nachgerade apotreptisch; ist doch der blutige Vorgang der Geburt gemeint, der die erste Waschung nötig macht.[593]

Nicht minder deutlich zeigen die dem Säugling gewöhnlich am nächsten kommenden Tiere Esel und Ochse den Abstieg an, welchen der Logos mit seiner Inkarnation zu den nicht wort-begabten Tieren (ἄλογοι; vgl. Felmy 2004:77) vollzogen haben soll. Die metonymische Komposition von Christuskind und Nutztieren bildet den historischen „Grundstock" der Geburtsikone (ebd.); die Gottes-

---

[591] Zum russischen Streit über schmerzhafte oder schmerzlose Geburt s. Stichel 1990:90–98.
[592] Nyssen 1989b:260f; vgl. auch Felmy 2004:75.
[593] Womit dieses ikonografische Sujet in Konflikt gerät mit der katechetischen Beschwörung einer schmerzlosen Geburt (s. 4.4.3.3).

mutter kommt erst später hinzu, während frühchristliche Marmorreliefs der Geburt Christi einen gewickelten Säugling allein mit zwei Tieren zeigen (Abb. ebd.:75). Einem psychologischen Realismus folgt schließlich die Positionierung Josephs abseits von der Hauptgruppe mit Kind, Tieren und Mutter; der Mann, der die Ehe nicht vollzogen hat, dessen Frau aber ein Kind gebiert (Josephsehe), zweifelt demnach plausiblerweise an der Geistzeugung (Mt 1,19).

Nicht zuletzt stellt auch die markanteste Differenz zu westkirchlichen Weihnachtsdarstellungen ein Einfallstor für kenotischen Realismus dar – welcher allerdings im Unterschied zu den vorstehend aufgeführten bisher kaum gesehen wurde: die Tatsache, dass die orthodoxe Geburtsikone die Szenerie vor einer Höhle statt in einem Stall ansiedelt. Dies geht auf Justin den Märtyrer und das Protevangelium des Jakobus zurück (Felmy 2004:74f). Wenn das Ruhen der Mutter und das Waschen des Säuglings kenotisch-naturalistisch zu deuten sind, dann ist die Höhle womöglich Metapher für die Höhle des Uterus bzw. den Geburtskanal; diese metaphorische Relation von Uterus und Höhle würde damit die metonymisch-körperliche Relation von Clipeus mit Emmanuel und Marias Brust komplettieren (s. 4.6.4.2). Eine jüngere Entwicklung integriert den Kindsmord des Herodes in die Weihnachtsikone und unterstreicht damit die Wehrlosigkeit des Kindes[594] – wozu sich sozialgeschichtliche Ätiologien wie die Traumatisierung durch die Zeit der Wirren anbieten (ebd:78).

Wo das Sujet der Geburtsikone durch soviel Realismus der Geburt, der Winzigkeit und Wehrlosigkeit des Kindes geprägt ist, da ist eine Gegenbewegung erforderlich, um die gottmenschlichen Paradoxe von Niedrigkeit *und* Hoheit zu bewahren. Die orthodoxen Weihnachtsikonen stellen das Kind mit Nimbus dar, setzen an den oberen Rand einen Engelschor und geben Maria ein rotes Lager, „eine Reminiszenz an die purpurn ausgestatteten Geburtszimmer der byzantinischen Kaiserinnen" (Onasch/Schnieper 2001:104). Steil nach oben weist ein Strahl, der den Stern von Betlehem zur astronomischen Christus-Metonymie macht.[595] So wird der kenotische Naturalismus durch das Paradox von Niedrigkeit und Hoheitszeichen kuriert.

4.6.4.4 Ikonen der öffentlichen Sichtbarwerdung des Menschen
Der erste Akt der Sichtbarwerdung des Inkarnierten als Neugeborenes vor dem halb-öffentlichen Raum der Höhle wird in weiteren Ikonensujets in der Öffentlichkeit wiederholt. Zu dieser iterierenden Beglaubigung der Sichtbarwerdung des

---

[594] Etwa eine Ikone aus Jaroslavl' vom Ende des 17. Jh.s (Abb. Felmy 2004:79).
[595] Zum Beispiel auf einer russischen Geburtsikone aus dem ersten Viertel des 15. Jh.s (Abb. Felmy 2004:75).

Göttlichen im Menschlichen gehören drei Typen: die *Darstellung im Tempel,* die *Theophanie* und schließlich der *Einzug in Jerusalem.*

Die *Darstellung Jesu im Tempel* folgt Lk 2,22–39 und wird im Kirchenjahr am 2. Februar memoriert. Maria und Joseph erfüllen im Tempel die Opferverpflichtung für die Erstgeburt. Die bei Lukas gegebene alttestamentliche Begründung für diese Handlung ist nötig, um zu verstehen, dass auch diese Darstellung einen kenotischen Einschlag hat: Die Erfüllung des mosaischen Gesetzes (2Mos 13,2.15; 3Mos 12,6–8) bedeutet einen Abstieg unter das Gesetz, ein Gehorsam-Werden (s. Phil 2,8), das „[...] die freiwillige Erfüllung des Gesetzes durch Christus und damit die ganze Größe seiner Kenosis, seiner Selbsterniedrigung, erkennen läßt [...]".[596] Sind auf der Geburtsikone Tiere, Hirten und Könige die Augenzeugen der Sichtbarwerdung, die das Gesehene anbeten, so beschwört auch die Ikone der Tempeldarstellung das visuelle Moment (der Augenzeuge ist hier Simeon; Lk 2,30), geht aber über Sehen und Anbeten hinaus. Dieses Bildmuster bringt in Simeon (dem „Gottempfänger") einen Menschen als stellvertretenden Rezipienten der Gabe der Herablassung des Logos (s. 3.0.3) mit auf die Ikone. Seine Verneigung, wie sie bspw. auf einer Ikone aus der Rublev-Werkstatt von 1408 zu sehen ist (Abb. Felmy 2004:84), lässt sich in wenigstens dreifacher Hinsicht – als Ehrfurchtsgeste, als Dankzeichen und als Nachformung der Herablassung in der Körperhaltung Symeons – auslegen.

Programmatisch auf die Sichtbarwerdung des Göttlichen im Menschlichen bezogen ist die Festtagsikone zu Богоявление Господне Theophanie (6. Januar, vgl. 4.5.5.1). Wenn diese auch meist mit der Taufe im Jordan konkretisiert wird, geht es doch weniger um ein bestimmtes Ereignis, von dem die Evangelien berichten, als um die Lehre von der Sichtbarwerdung an sich.[597] Spuren einer gnostischen Geisttaufe anstelle des Epiphanie-Moments der Inkarnation durchziehen die Tauf-Ikonen (Taube über dem Täufling). Das kenotische Moment der inkarnatorischen Sichtbarwerdung wird zudem überlagert durch Parerga – Personifikationen von Meer und Jordanfluss. Wie der Täufling im Mittelalter zwar nackt, aber ohne

---

[596] Felmy 2004:85. Die vom Schauplatz her verwandte *Ikone Jesu im Tempel* zeigt den Zwölfjährigen nach Lk 2,41–50 als Lehrenden im Tempel – nicht etwa als heranwachsenden Lernenden, sondern als Hochgebildeten und Weisen. Dieses Lehramt steht quer zur Kenose. Ähnliches gilt für die Ikonen der *Verklärung Christi* auf dem Berg Tabor (Mt 17,1–9; Mk 9,2–10; Lk 9,28–36), welche für den Hesychasmus entscheidend wurden, und die Wunder- und Heilungsikonen, besonders die *Auferweckung des Lazarus,* welche Christus mit übermenschlichen Qualitäten zeigen, also asymmetrisch die Göttlichkeit über die Menschlichkeit stellen.

[597] Vgl. Felmy 2004:88. Diese allgemeine Sichtbarwerdung bildet auch die Basis für Aleksandr Ivanovs Gemälde Явление Христа народу *[Erscheinung Christi vor dem Volk]* – das russische religiöse Gemälde jenseits der Ikone überhaupt (s. 4.6.9.2).

Genitalien dargestellt werden musste, so tritt auch das Tauf-Wasser zurück – auf einigen Ikonen benetzt es den Täufling gar nicht. Die Demutsgeste, die darin besteht, dass sich Christus von seinem Vorläufer, der Messias von einem Propheten taufen lässt und der halb überirdische Gottmensch dazu ins irdische Wasser herabsteigt (s. 4.5.5.1), wird so überzeichnet.

Die größte öffentliche Reichweite des irdischen Jesus inszeniert die ikonografische Darstellung des *Einzugs Jesu in Jerusalem*. Je später eine Ikone dieses Sujets datiert, desto mehr Volk findet sich darauf zusammengelaufen. Schon in der Frühzeit werden Kinder dargestellt, die im Baum sitzen, um Zweige abzubrechen, und sie als „Siegzeichen" auf den Weg zu streuen.[598] Häufig kommen dazu weitere Kinder, die zur Ehrbezeugung vor dem Einreitenden ein Kleid ausbreiten.[599] Während die reale Funktion zurücktritt (wozu vor einem Esel ein Tuch ausbreiten?), geschieht bei diesem Ikonentypus sukzessive eine Hypertrophierung von Hoheitshinweisen. Die sozial-kenotische Dimension, die darin besteht, dass der Ritt auf einem *Esel* stattfindet, dem niedersten Lastentier, wird entsprechend reduziert; Jesus thront eher in „monumentaler Ruhe" (Felmy 2004:101) auf dem Esel, als dass er auf ihm ritte.

4.6.4.5 Ikonen sozialer Erniedrigung und menschlicher Schwäche
Offensiver wird die soziale Erniedrigung auf der *Ikone der Fußwaschung* visualisiert. Die soziale Demutsgeste der Fußwaschung, die der Herr hier seinen Jüngern angedeihen lässt, wird hervorgehoben durch einige darstellerische Verfahren: Petrus neigt seinen Kopf Christus zu oder weist mit der Hand darauf,[600] weil er möchte, dass dieser auch sein Haupt wasche – was einer Art Geisttaufe gleichkäme und die durch Christi Erniedrigungsgeste verkehrte ontologische Hierarchie wiederherstellen würde. Doch die Erniedrigungstheologie der Fußwaschungsszenerie fordert das Gegenteil – nicht Petrus, sondern Christus hat darauf in „demütiger, sanft dienender Haltung" (Küppers 1949:53) zu erscheinen, und das auch noch am (vom Betrachter aus) linken Bildrand, also in der Komposition marginal. Als selbstständiges Sujet vergleichsweise selten, ist die Szene der Fußwaschung fester Bestandteil von Bilderzyklen der Heilsgeschichte (s. Felmy 2004:105).

Auch das Sujet *Christus in Gethsemane* gehört in der Frühzeit zu den selteneren. Die Beliebtheit nimmt in der Neuzeit dagegen stark zu, was in Einklang steht

---

[598] Vgl. die kombinatorische Lesart von Mt 21,8 u. 21,15f. Bspw. eine Rublev-Ikone von 1405 (Abb. Onasch/Schnieper 2001:110). Die russischen Volksriten zum Palmsonntag zeigen eine pagan-christliche Doppelstruktur (Prazdnik 2001:56–61), wie sie unter anderen Vorzeichen auch schon in der Genese der Evangelienerzählung eine Rolle gespielt haben könnte (4.5.5.2).
[599] Zum Beispiel auf einer Rublev-Ikone von 1405 (Abb. Lazarev 1997:279).
[600] Etwa auf einer russischen Ikone von Mitte 15. Jh. (Abb. Onasch/Schnieper 2001:111).

mit der Konjunktur des Versuchungsmotivs in der kenotischen Christologie (bes. Tareev; 4.4.4.4). Das Verfahren der „komplexen Übertragung" erlaubt die Darstellung mehrerer Dimensionen von Christi Verlassenheit auf mehrteilige Bildkompositionen (Onasch/Schnieper 2001:110): Im flehentlich-verzweifelten Gebet knieend zeigt Christus etwa eine Moskauer Ikone aus der ersten Hälfte des 18. Jh.s, wie er (seinem emotionalen Erleben nach) gottverlassen ist.[601] Die Jünger sind unterdessen eingeschlafen, und die Ikone zeigt im unteren Teil, wie Jesus sie wecken muss. Diese ‚Menschenverlassenheit' wird überboten durch den Verrat des Judas, der rechts hinten den Lohn für seinen Verrat erhält.[602]

4.6.4.6 Ikonen des Leidens und Sterbens

> Verbreitet ist die Vorstellung, daß die orthodoxe Theologie und Frömmigkeit die Leiden Christi weithin verdrängt und triumphalistisch nur seine Auferstehung betont. Diese Sicht ist korrekturbedürftig. (Felmy 2004:107)

Persönliche Demütigung wie soziale Schande sind auch die Elemente, welche die Ikonen von *Verspottung*, *Geißelung* und *Dornenkrönung* qualifizieren. Ikonografische Darstellungen der Verspottung zeigen, wie die Spötter Ehrbezeugungen parodieren (vgl. Felmy 2004:108f). Ein Moment sozialer Erniedrigung findet sich auch in der Geißelungsszene, in welcher Christus, der Herr, von weit unter ihm stehenden Knechten geschlagen wird. Überboten wird diese soziale Demütigung dadurch, dass Christus an eine Säule gefesselt gezeigt wird, sowie durch die physische Versehrung: Christus wird von den Häschern mit Schlagriemen gepeitscht. Im 17. Jh. macht sich in derartigen russischen Bilddarstellungen einerseits ein verstärkter Einfluss westlicher ikonografischer Muster wie Dürers oder der Piscator-Bibel bemerkbar, womit die orthodoxe Sakralkunst sich weit von der ursprünglichen Ikonenmalerei entfernt (ebd.:110). Andererseits kann die Betonung von sozialer Demütigung und physischer Marter nicht als Importprodukt, als „Pseudomorphose" denunziert werden. Wie Felmy pointiert,

> [...] wurde Christus in der Ikonenmalerei des Ostens bereits mit einem im Sterben geneigten Haupt am Kreuz hängend gemalt [...,] als in der romanischen Kunst der ge-

---

[601] Links oben (Abb. Onasch/Schnieper 2001:111).
[602] Judas antwortet auf die Gabe des Herabstiegs Christi und seines maximalen Opfers (s. 3.0.3) mit einem negativen Tausch – und zwar in mehrfacher Hinsicht: Bei der Abendmahlsszenerie empfängt er von Christus das (Opfer-)Brot, greift in manchen Darstellungen gierig selbst danach (Abb. Lazarev 1997:269) und vergilt dies mit einem verlogenen Kuss, der Gewalt und Distanzierung statt Gruß und Nähe bezeichnet, wofür er mit irdischem Geld entlohnt wird.

kreuzigte Christus noch mit offenen Augen und der Krone eines Königs am Kreuz gezeigt wurde [...]. (ebd.:107)

Einzuräumen ist, dass frühe russische Darstellungen der Kreuztragung wie eine Novgoroder Passionsikone mit Geißelung, Verspottung, Gang nach Golgatha und Kreuzigung (um 1500; Abb. Lazarev 1997:213) Christus mit gebundenen Händen, aber ohne Kreuz zeigen, das Simon von Kyrene für ihn trägt, wobei die Kreuze auch ungewöhnlich schmal sind und Christi Nimbus alles überstrahlt. Andererseits hat dieselbe Passionsikone eine ausgesprochen realistische Darstellung der Szene, als Christus von den Folterknechten ans Kreuz hochgezogen wird. Auch die Darstellungen Christi am Kreuz wie auf einer Kreuzigungsikone von Dionisij[603] stellen die Folterdimension dieser Hinrichtungsart nicht in den Vordergrund; Dionisij malt den überproportional großen Leib des Gekreuzigten in einheitlichem Hellbraun, ohne Blutspuren; die Nägel in den Händen und Füßen sind auf Punkte reduziert. Anstelle eines schmerzverzerrten Gesichts hat Christus lediglich die Augen geschlossen und den Kopf geneigt. Stattdessen ist das Kreuz von Engeln umgeben. Eine gewisse Bereinigung des Leidens an der Kreuzigung ist damit offensichtlich.[604] Die Brutalität des Geschehens wird metonymisch evoziert durch die Trauer der anderen Figuren der Kreuzigungsgruppe – rechts vom Kreuz (vom Betrachter aus links) die Gottesmutter und weitere Frauen, auf der anderen Seite Johannes mit Trauergeste.[605]

Was die orthodoxen Kreuzigungsikonen darstellen, ist jedoch nicht als Negierung des Leidens zu begreifen, sondern als gestalterischer Versuch, das Paradox von Todesqual und dessen Überwindung wiederzugeben (vgl. Nyssen 1989b:264f) und das Kreuz, das den Tiefpunkt von Christi Kenose markiert, „gleichsam als Himmelsleiter aufzufassen." (Küppers 1949:55). Der Titulus auf dem oberen Querbalken über dem Kopf des Gekreuzigten gibt den kraftlos am Kreuz Hängenden als *Царь славы [Herr der Herrlichkeit]* zu lesen. Niederlage als Triumph, Erniedrigung als Herrlichkeit – das Paradox ist das eigentliche Ziel der Darstellung.

---

[603] Entstanden um 1500 (Abb. Onasch/Schnieper 2001:112).

[604] Vgl. eine Kreuzigungsikone aus der Stroganov-Schule (16. Jh.; Abb. Gusakova 2006:196). „Eine solche Tiefe eines das menschliche Antlitz entstellenden Schmerzes wie bei Matthias Grünewald, aber auch die bereits in der Spätgotik begegnende Grobheit und Derbheit der Christus quälenden Kriegsknechte ist in der byzantinischen Kunst nicht denkbar." (Felmy 2004:71).

[605] Unter dem Kreuz ist eine Höhle mit dem Schädel Adams zu sehen, womit das heilsökonomische Theorem ἀνακεφαλαίωσις [Rekapitulation] aufgerufen wird (s. 3.0.6.).

4.6.4.7 Ikonen des toten Christus

Eine vergleichbar paradoxe Struktur bestimmt auch die orthodoxen Ikonen des toten Christus, die *Kreuzabnahme*, die *Grablegung*, die *Beweinung des Leichnams Christi*, die Ikone der *Frauen am Grab* und schließlich die Ikone der *Höllenfahrt*.

An der *Kreuzabnahme* fällt der gebogene Leib Christi auf; extrem ausgebildet ist dies auf einer Novgoroder Kreuzabnahme vom Ende des 15. Jh.s (Abb. Lazarev 1997:220). Auf einigen Varianten werden gerade die Nägel aus den Händen und Füßen des Toten gezogen. Auch die Biegung des Leibes verweist in einer naturalistischen Lesart auf die Leblosigkeit des Körpers, lässt sich aber auch zum (Kreis-)Symbol des Göttlichen umwerten (Küppers 1949:57). Da die Gesamtszenerie durchaus ruhig ist, der Schmerz der Lebenden, die die Leiche vom Kreuz bergen, sublimiert erscheint, kann man von einer „leisen ‚Gotik'" (ebd.) sprechen.

Weniger ‚leise' sind *Grablegung* und *Beweinung*. Insbesondere wenn auf einer Grablegungsikone Maria dargestellt wird, wie sie den Kopf des toten Sohnes hält, wird ihr Schmerz hervorgehoben. Die Beweinung löst ein, was die Eleusa-Ikone antizipiert hatte (4.6.4.2). Auf einer Ikone von Prochor von Gorodec[606] neigen sich weitere Figuren zur Hand und zu den Füßen des Leichnams, der bei Prochor auch nicht – wie häufig – ganz in ein weißes Tuch gewickelt ist, womit der Leichnam versteckt und die Farbe des Lichts hinzugegeben wird, sondern nur mit einem Schurz bekleidet ist (Wunden sind allerdings nicht zu sehen).

Zwischen *Kreuzigung*, *Kreuzabnahme* und *Grablegung* angesiedelt ist ein ikonografisches Muster, das im Zusammenhang der Karfreitagsliturgie steht und Ende des 13. Jh.s in Byzanz auftauchte (Egger 1998:430.434) – die auf Jes 53,8 rekurrierende ἄκρα ταπείνωσις.[607] Dargestellt ist der Oberkörper des Leichnams des Gekreuzigten, als Einzelfigur (anders als als bei der *Kreuzabnahme*), vertikal (anders als bei der *Grablegung*), und ohne Kreuz (anders als beim Kreuzigungssujet; vgl. Šalina 2002). Der Leichnam zeigt deutlich hervorgehobene Wundzeichen, aber auch eine „würdevolle Schönheit" (Egger 1998:435) – mit dem einen zurückverweisend auf die Passion, mit dem anderen die Auferstehung antizipierend. Die Herrlichkeit wird zudem explizit durch die Aufschrift „Царь славы".[608] Die

---

[606] Moskauer Schule, 1405 (Abb. Lazarev 1997:271).
[607] ‚Äußerste Erniedrigung', slavisch Уныние bzw. Смирение нашего Господа. Der „Schmerzensmann" der westlichen Sakralmalerei ist jüngeren Datums (Egger 1998: 440–445).
[608] „Herr der Herrlichkeit" (s. Šalina 2002). Die Grundlage für das Paradox, dass der Leichnam als „Herr der Herrlichkeit" tituliert wird, ist die neunte Ode eines Tetraodions zum Karsamstag: „Не рыдай Мене, Мати, зрящи во гробѣ, его же во чревѣ безъ сѣмене зачала еси Сына: возстану бо и прославлюся, и вознесу со славою непрестанно, яко Богъ, вѣрою и любовію Тя величающія." [Weine nicht über mich, Mutter, schauend im Grabe den Sohn, welchen du im Schoosse ohne Samen empfangen

liturgische Entsprechung zu diesem ist der Passionsleib/das Opferbrot: „Das Bild der Akra Tapeinosis ergänzt gleichsam den dort geübten bildhaften Ritus der Schlachtung des Lammes ‚O Melismos tou Christou' der liturgischen Texte." (ebd.). In Russland verbreitet ist eine Variante, in der über der *Beweinung* in der unteren Hälfte ein Mandylion steht (Šalina 2002).

Die beiden ikonografischen Muster der *Frauen am Grabe* und der *Höllenfahrt* der heuristischen Kategorie von „Ikonen des toten Christus" zuzuordnen widerspricht der bisherigen Konvention. Gemeinhin werden sie als Auferstehungsikonen begriffen. In der Tat ist das Sujet der *Frauen am Grabe* die älteste Osterdarstellung des orthodoxen Ostens (Onasch/Schnieper 2001:115). Die Situation aber ist bestimmt durch die Pragmatik der Leichensorge: Die Frauen kommen, um den Leichnam zu salben. Sie finden ihn jedoch nicht, und die Leere des Grabes wird zur Metonymie der Auferstehung. Wie der Augenblick der Auferstehung selbst in den Evangelien nicht geschildert wird, so kann er zunächst auch nicht bildlich gezeigt werden, sondern nur – qua Leere – *ex negativo* evoziert werden.

Ähnliches gilt auch für das Sujet der *Höllenfahrt* – genauer: für die Hadesfahrt oder den Abstieg ins Reich der Toten. Der Abstieg des Gottmenschen ins Reich des Todes bildet den Gipfelpunkt des Paradoxes, doch nur für einen Augenblick, denn die Anwesenheit Gottes im Reich des Todes zerstört dieses. Indem der Abstieg in den Tod sogleich zur „Tötung des Todes" wird, wie sie die Liturgie beschwört (vgl. 4.5.3.2 u. 4.5.5.3), verkehrt der Abstieg sich zum Aufstieg; in der Höllenfahrt Christi, gelesen 4.5.4.5 als Ikone der Auferstehung, realisiert sich in reinster Form das *X*-Modell von simultanem Abstieg *und* Aufstieg (s. 2.6). Der Auferstehende zerbricht die Hadespforten und befreit Adam und Eva.[609]

4.6.4.8 Erniedrigungsspuren in Erhöhungsikonen
Ein bestimmtes Dispositiv innerhalb der orthodoxen Theologie mit Präferenz für den Erhöhungsvektor hat die Selbstbeschreibung der Orthodoxie über die Merkmale Hesychasmus, Theosis und asketische Vergeistigung (s. 4.4.3.2) offenbar so wirksam nach außen kommuniziert, dass es äußeren Betrachtern den Eindruck zu vermitteln vermochte, als sei die orthodoxe Christologie und Christografie allein von der Auferstehung her zu denken. Diese konfessionelle Selbstmodellierung durch eine interessierte Gruppe mittels Schaffung einer bestimmten Außenwahrnehmung mag partiell erfolgreich gewesen sein – erschöpfend ist sie keineswegs:

---

hast. Denn ich werde auferstehen und mich verherrlichen; und erhöhen als Gott in Herrlichkeit unaufhörlich diejenigen, welche in Glauben und Liebe dich hochpreisen.] (Mal'cev 1892:585f; vgl. Onasch 1968:186f).

[609] Z.B. eine Anastasis-Ikone aus der Dionisij-Werkstatt von 1495–1504 (Abb. Onasch/Schnieper 2001:114).

Wer nun aber meint, das sei orthodoxer Triumphalismus, der das Kreuz nur in österliches Licht getaucht sieht, verkennt, daß auch umkehrt zu Ostern die Motive von Kreuz und Tod fast niemals fehlen. (Felmy 2004:123)

Klar demonstrieren lässt sich die paradoxe Grundstruktur an den diversen mit der Erhöhung Christi verbundenen Ikonen. Dazu sind zunächst zwei Ikonentypen zu nennen, auf denen der Auferstandene seine Identität mit dem Gestorbenen durch die Wundspuren seiner Kreuzigung beglaubigt – das alte Sujet des *Ungläubigen Thomas* und die in Russland erst ab dem 17. Jh. anzutreffende Ikone *Noli me tangere [Berühre mich nicht]*. Die alte Erfolgsgeschichte der Thomas-Ikone ist ihrer identifikatorischen Leistung zuzuschreiben, insofern sich die Betrachter im Zweifelnden wiedererkennen konnten und annehmen durften, sich durch eine sinnliche Beglaubigung (für Thomas haptisch durch Berühren der von der Lanze geschlagenen Wunde,[610] für die Ikonenbetrachter visuell) davon kurieren zu können. Die Begegnung Maria Magdalenas mit dem Auferstandenen am Grab hingegen profitiert von einem erotischen Subtext (Onasch/Schnieper 2001:116). In beiden Fällen garantiert die *communicatio idiomatum* (2.8.5) von Merkmalen der Menschheit (Wunden) an die Gottheit die Effekte von Wiedererkennen und Beglaubigung.

Als in der Neuzeit auch im Osten westliche Auferstehungssujets ohne Hadesfahrt Resonanz finden, kommt es zu synkretistischen Ikonenmustern, nämlich der Kombination der westlichen Auferstehungsdarstellung mit der östlichen Höllenfahrt, wie es exemplarisch die Ikone *Auferstehung und Hadesfahrt* aus Jaroslavl' (Abb. Felmy 2004:131) zeigt; auf dieser Ikone finden sich um die (westliche) Auferstehung herum die Kreuzigung und Grablegung (links oben) und die (östliche) Hadesfahrt (rechts unten) gruppiert.

Während es sich bei Thomas und Maria Magdalena um – wenngleich populäre – Einzelmotive handelt und die Jaroslavl'er Ikone ein Übergangsphänomen darstellt, gibt es eine Leidensmetonymie, die auf den orthodoxen Ikonen nachgerade ubiquitär anzutreffen ist – den Kreuznimbus, welcher auf kaum einer Darstellung auch noch der am stärksten hoheitlichen Christusikonen wie Pantokrator oder Darstellungen von Auferstehung, Himmelfahrt oder *Спас в силах [Erlöser inmitten der Engelskräfte]* fehlt – nicht einmal auf Darstellungen der Verklärung auf dem Berg Tabor.

4.6.5 Selbstständige Christus-Metonymie- und Christus-Metaphern-Ikonen
Auch für Ikonendarstellungen gilt, dass Christus und seine Kenose nicht allein dort zu suchen sind, wo Christus als Person dargestellt ist, sondern wieder auch andere Darstellungsmuster metonymisch oder metaphorisch auf Christus Bezug nehmen und ihn so absent präsent machen (vgl. 4.5.5.4). Also gilt es, die iko-

---

[610] Bsp. aus der Dionisij-Werkstatt, 1500 (Abb. Onasch/Schnieper 2001:117).

nografischen Muster nach Ikonen der Metonymien und Metaphern Christi zu durchforsten – nach Christusmetonymien- und Christusmetaphern-Ikonen. Zu den Metonymien Christi, die auch ohne ihn dargestellt werden können, gehören vor allem Gottesmutter und Kreuz. Während das solitäre Gottesmutter-Bild im orthodoxen Kulturkreis jedoch selten ist, werden Szenen aus dem Leben Marias reichhaltig – und figurenreich – ausgestaltet. Der Kontakt zur christologischen Qualität Marias als Gottesgebärerin geht dabei teilweise verloren.

4.6.5.1 Proliferation der Kreuzmetonymie

> The fact of the crucifixion is symbolised in each sign of the cross: itself a condensed commemoration, a narrative made flesh, [...] (Connerton 1989:47)

In weitaus stärkerem Maße fand die Verselbstständigung der Metonymie auch bei *der* abstrakten Christus-Metonymie schlechthin statt – dem Kreuz.[611] Seine wohl in allen christlichen Kulturen vergleichbare Proliferation trifft auch für Russland zu; wollte man die diversen außerkirchlichen Bildkontexte, die das Kreuz von Militärwesen über Medizin bis Literaturtheorie (Meyer 2002a) infiltriert hat, auch nur aufzählen, so würde das Unterfangen diese Arbeit sprengen. Spätestens ab dem 17. Jh. ist das russisch-orthodoxe Doppelkreuz mit schrägem Suppedaneum in Russland ubiquitär.[612]

Zu den wichtigsten, mit dem Sakralraum verbundenen Kreuzsymbolen gehören die Kreuzfresken in der Kuppel und der Apsis, das Holz- oder Metallkreuz auf der Ikonostase und auf der Kirchenkuppel, das gestickte Kreuz auf der liturgischen Kopfbedeckung orthodoxer Priester. Die liturgischen Geräte wie Diskos und Kelch sind jeweils mit einer Kreuzigungsszenerie, aber ohne Gekreuzigten verziert (Abb. Cristo 2000:452f). Den Leib liefert ja die Prosphore hinzu. Die Segnungs- und Ehrfurchtsgeste des Kreuzschlagens soll über den Kirchenraum hinausreichen – in der Kreuzversiegelung des Täuflings bei der Taufe gar ein

---

[611] Siehe 3.3.1.1. Der metonymische Zusammenhang mit dem Christusleib ist am deutlichsten bei den Kreuzreliquien, welche im byzantinisch-slavischen Bereich gerne in der Mitte eines Bildzusammenhangs platziert werden, den Staurotheken (Onasch/Schnieper 2001:226f).

[612] „*Ikonen* und *Kreuzzeichen* begleiteten jeden Menschen [im 17. Jh. in Russland] vom Aufstehen bis zum Schlafengehen." (Goehrke 2003:339, Hervorh. i. Orig.). Zeitübergreifend formuliert Ioann Kronštadtskij: „Что известнее для христиан креста Христова, который, встречая наше вступление в мир, сопровождает нас потом всюду во все время нашего станствования на земле – [...]." [Was gibt es für Christen Bekannteres als das Kreuz Christi, das uns ab dem Zeitpunkt, wo es unseren Eintritt in die Welt empfängt, die gesamte Zeit unserer Erdenreise hindurch überallhin begleitet – (...)] (Ioann [Kronštadtskij] 2007:3).

ganzes Leben vorhalten (s. 4.5.10.1). Entsprechend erhält der Getaufte ein kleines Kreuz um den Hals, das er sein Leben lang tragen soll.[613] Die Bestreuung des Leichnams mit Erde in Kreuzform (Mal'cev 1898:134) und das Grabkreuz auf dem Friedhof markieren auch noch das verflossene Leben mit der Metonymie von Christi Opfer. In symbolisch angedeuteter Form ist das Kreuz auf der Mehrheit aller Christusikonen zumindest im Kreuznimbus präsent (s. 4.6.4.8).

Der Imperativ der Verehrung des Kreuzes wird mit der Festtagsikone der Kreuzverehrung unterstrichen.[614] Verehrungswürdig aber wird das Kreuz nicht allein durch seinen metonymisch-memorialen Christusbezug (vgl. Svjatoslavskij 2004:77f), sondern insbesondere weil es als Emblem der Umwertung fungiert, die Christi freiwilliges Opfer vollzogen haben soll, das von der frühen Christenheit vom schändlichsten, grausamen Marterinstrument zum „lebensspendenden" umgedeutet wird und so – spätestens seit der Abschaffung der Kreuzhinrichtung durch Konstantin im Jahre 315 – seinen ikonografischen Siegeszug antritt (Felmy 2004:115). Die Paradoxalität des positivierten Pessimums wird in den nicht gänzlich auf die Geometrie reduzierten Darstellungen der orthodoxen Kirche durch eine Reihe von Aufschriften angezeigt: Der Titulus mit dem kirchenslavischen Kürzel *ИНЦИ* [INCI] auf Handkreuzen spielt auf die Verspottung Jesu von Nazareth als „König der Juden" nach Jh 19,3 an, die Aufschrift *Царь славы* [Herr der Herrlichkeit] auf den Kreuzigungsikonen hingegen wie das „о ωн" auf seine Göttlichkeit.[615] Die Foltermittel Schwamm und Lanze werden mit den Initialbuchstaben *к(опїе)* und *т(рость)* bezeichnet, über der Höhle mit dem Schädel Adams verweist die kirchenslavische Transliteration des Griechischen νικά [er siege] *ни ка* auf die Umkehrung der Erniedrigung zur Erlösung. Das Akronym *млрб (место лобное рай бысть)* führt diese Umwertung syntagmatisch aus.[616]

Auch in den pragmatischen Kontexten, wo das Kreuz als Triumphzeichen verstanden wird oder automatisiert rezipiert wird, ist im Kreuz so stark wie in wenigen anderen Symbolen stets latent der paradoxe Charakter einer umgewerteten äußersten Schmach erhalten (s. 2.6.1.3).

---

[613] Hypertrophiert wird dieses kleine Kreuz in dem großen Holzkreuz, das Serafim Sarovskij um den Hals trägt (s. 5.3.6.1).

[614] Die Abbildung eines russischen Beispiels aus der zweiten Hälfte des 12. Jh.s hat Lazarev (1997:143); vgl. 4.5.5.4.

[615] Siehe 4.6.3.1. Bei den Altgläubigen werden diese beiden Titulierungen mitunter zu *ИНЦС* kontaminiert (Felmy 2004:116). Zu weiteren Kreuzaufschriften s. Svjatoslavskij 2004:123.

[616] ‚Die Schädelstätte ward zum Paradies' (s. Felmy 2004:116).

4.6.5.2 Lamm Gottes

An der Grenze zwischen inkarnatorischem Realismus und Metaphorizität steht die Darstellung des Christusknaben auf dem eucharistischen Diskos. Die Bezeichnung dieses Sujets als *Lamm Gottes* betont die metaphorische Qualität,[617] der griechische Begriff für den Bildtypus *Melismos [Der Zerteilte]* (Onasch/Schnieper 2001: 137) hingegen hebt den drastischen Opferrealismus hervor:[618] Das Brot resp. der Christusknabe wird in der Prokomidie mit einer symbolischen Lanze zerteilt. Wie in der Liturgie über der Prosphore, dem Opferbrot, so steht auf diesem Ikonentypus auch über dem Christusknaben mit Kreuznimbus ein Asteriskos, der den Stern von Betlehem symbolisiert.[619] Die Szenerie des Knaben auf dem Boden des Opferdiskos wiederholen mitunter der Diskos selbst (Abb. Cristo 2000:455) und das liturgische Tuch, mit dem die Opfergaben abgedeckt werden (Abb. ebd.:454).

4.6.5.3 Christusnachahmerikonen

Ist das metonymische Verhältnis von Christus einerseits und Gottesmutter sowie Kreuz andererseits und das metaphorische von Christus und Lamm biblisch begründet, so stellt die Christus-Metaphorizität der Christusnachahmer das Resultat einer Entwicklung dar, die zwar mit dem Erstmärtyrer Stephanos in der Apostelgeschichte beginnt, aber erst durch die spätere Christentumsgeschichte nuanciert entfaltet wurde. Hier geht die Realgeschichte der Christusnachahmung (s. 5) der Ikonografie voraus. Wie deutlich macht die Ikonografie den Aspekt der Leidens- und Erniedrigungsnachfolge bei den Christusnachahmern?

Die Ikonendarstellungen der frühchristlichen Einsiedler und Asketen zeigen diese maximal mit einem Schurz bekleidet, mitunter völlig nackt (wobei der knielange Bart die Genitalien verdeckt[620]); so wird die Verzichtsaskese qua Kleidungsreduktion visualisiert. Auch der Gottesnarr Andrej (s. 5.4.1) erscheint, bspw. auf einer Moskauer Ikone aus dem Dionisij-Umfeld vom Anfang des 16. Jh.s (Abb. Lazarev 1997:328), abgemagert und mit wilden Haaren und Bart.

Bei solitären Ikonen russischer Heiliger und Mönche begegnet ein solches Verfahren seltener.[621] Eine Novgoroder Ikone, auf der der „apostelgleiche" Groß-

---

[617] In spätantiken Bilddarstellungen von Christus als „Gutem [Lamm-]Hirten" nach Hes 34,23f geht die Metapher in eine ‚Auto-Metonymie' Christi über (bspw. auf einem Sarkophagrelief von 270–300, Abb. Krischel/Morello/Nagel 2005:71)

[618] Siehe 4.5.3.1, 4.5.3.5 und Viskovatyjs Einspruch 4.6.8.3.

[619] Mt 2,9; s. 4.6.4.3 u. Felmy 2004:165.

[620] Siehe eine Ikone aus der Novgoroder Schule von ca. 1600 (Abb. Lazarev 1997:213).

[621] Selbst bei der ikonografischen Darstellung russischer Asketen wird nicht die „Schwere der Leistung" herausgestellt, sondern ihre Askese als „leichte Last" präsentiert. In der „gottähnlichen Demut", die L.Uspenskij darin erblickt (Uspenskij/Losskij 1952:47), ist allerdings – auf ethischem Felde – die kenotische Spur manifest.

fürst Vladimir von den Leidensduldern Boris und Gleb eingerahmt wird, reduziert das Moment des gewaltsamen Todes von Boris und Gleb auf zierliche Handkreuze, die die beiden in Händen halten und sonst wie Vladimir in fürstliche Prunkgewänder[622] gekleidet sind (Vladimir trägt gar eine edelsteinbesetzte Krone).[623] Eine Moskauer Ikone aus dem zweiten Viertel des 14. Jh.s entfaltet dagegen mit den Szenen aus ihrem Leben, die um das Ganzbild der beiden Fürsten mit Schwert angeordnet sind, *in extenso* den Doppelmord.[624] Über das narrative Verfahren der Vitenikone hält damit das in Ganzbildern reduzierte Moment der Leidensnachfolge wieder Einzug in die Ikonografie.

Schließlich werden auch reale Menschen durch Christus-Metaphern-Ikonen zu Metaphern dieser Metaphern gemacht. Dies leistet eine bestimmte Sorte von Ikonen, die *размерные иконы* [Maßikonen], welche nach der Größe des Neugeborenen angefertigt werden. Sie machen den Menschen zur Metapher des auf der Maßikone dargestellten Heiligen, also zur Metapher der Metapher Christi.[625]

4.6.6 Kombinatorische Ikonen und Ikonenkombinationen
Wie an den Heiligenvitenikonen deutlich wurde, ist die Kombination verschiedener Bildelemente auf einer Ikone in kenotischer Hinsicht bisweilen nicht einheitlich. Das gilt gleichermaßen für andere Ikonen, die mehrere Bildelemente kombinieren, wie auch für die Kombination verschiedener Einzelikonen zu einem Gesamtzusammenhang, wie ihn insbesondere die russische Ikonostase darstellt.

4.6.6.1 Synoptische Ikonen
Ab 1547 gibt es in Russland das ikonografische Muster *Eingeborener Sohn*, das auf die entsprechende Hymne nach der zweiten Antiphon der Chrysostomos-Liturgie Bezug nimmt (s. 4.5.3.2). Wenngleich die Bestandteile wechseln und mitunter gar so zentrale christologische Episoden wie Geburt und Kreuzigung fehlen (Felmy 2004:146), wird der Namensgebung von der liturgischen Hymne her bei späteren Exemplaren doch soweit entsprochen, dass die Eckpunkte der Kenose Christi von Präexistenz (Emmanuel) bis Kreuz und Grablegung wiederge-

---

[622] Die zierlichen Handkreuze und Prunkgewänder sind musterbildend geworden; bspw. werden sie auch in Sergej Simakovs Boris-und-Gleb-Gemälde von 1986 wieder aufgenommen (Timčenko 1995:115).
[623] Abb. Onasch/Schnieper 2001:198; vgl. Eremina 2002:140. Zu heiligen Herrschern s. 5.5.2.
[624] Details bei Lazarev 1997:249. Ähnlich drastisch ist dies auch bei Vitenikonen altkirchlicher Märtyrer wie derjenigen der Paraskeva-Pjatnica (bspw. eine russische Ikone aus der ersten Hälfte des 16. Jh.s; Abb. Onasch/Schnieper 2001:206). Vgl. 5.2.1.
[625] Vgl. Diedrich 1988:98; s. auch 5.1.1.

geben werden.[626] Zudem wird das Todesmotiv betont. Ein derartig umfassender Überblick kann wie ein „‚theologischer Traktat'" (Onasch 1968:184) im Bildmedium gelesen werden.

Auch das ikonografische Sujet *Nichtschlafendes Auge* ist eine synoptische Ikone, im Gegensatz zum *Eingeborenen Sohn* jedoch zusammengestellt

> [...] aus biblischen und außerbiblischen Texten mit dem Ziel, eine bildhafte Zusammenschau, eine Synopse, der in und durch Christus geschehenen und im Kreuzopfer gekrönten Heilstaten zu geben [...] (Onasch/Schnieper 2001:136)

Der im Schlaf dahingesunkene Christus ist weniger als Zeichen für echte Menschlichkeit zu lesen denn als Euphemismus für die drei Tage im Grab, was versinnbildlicht wird durch das Kreuz, das der Erzengel Michael über den Schlafenden hält.[627] Noch eher als ein Todeseuphemismus ist der Schlaf des „nichtschlafenden Auges" jedoch als Repräsentation der Paradoxalität des Todes Christi zu lesen: Der da den Todesschlaf schläft, schläft eben nicht, ist – zumindest vom heilsökonomischen *télos* her – längst auferweckt worden.

4.6.6.2 Sequenzielle Ikonen

Im Unterschied zu den summarisch-synoptischen Ikonen funktioniert das kombinatorische Prinzip bei Ikonen von Christi Leben und Leiden, bei Heiligenvitenikonen wie auch bei Kalenderikonen nach dem sequenziellen Prinzip. Am sind Randbilder (*клейма*) um ein zentrales Mittelbild. So können die Stationen des Lebens Jesu oder eines seiner Nachahmer memoriert werden.

Noch stärker vom mnemonischen Anliegen her strukturiert sind Kalenderikonen. Während bei Wochenikonen der Passionswoche Christus allein dominiert, erlauben Monats- oder Jahresikonen auch die Kombination der Christusmemorierung mit dem Heiligenkalender; die Stationen Christi stehen dann in der Regel in der Mitte, der Heiligenkreis ist konzentrisch darum angeordnet. Auf diese Weise gelingt es, Christus nicht nur mitsamt seinen Metonymien (s. 4.6.4), sondern auch mit seinen Metaphern zusammen auf einer Ikone darzustellen.

Eine reduzierte Form sequenzieller Darstellung bilden Reiseikonen, die mitunter bloß aus drei Teilbildern bestehen, aber auch größere Folgen von Festtagen beinhalten können. Zu den Sequenzen zählen schließlich auch die Reihe der zwölf Hochfeste des Kirchenjahres, von denen mindestens die ersten zehn (von Mariä Verkündigung bis zur Himmelfahrt Christi) einen christologischen Fokus haben. Der feste Ort dieser Zwölferreihe im Kirchenraum ist die Ikonostase.

---

[626] Siehe das Beispiel einer russischen Ikone von Ende 18. Jh. (Abb. Felmy 2004:147).
[627] Z.B. auf einer Moskauer Ikone aus dem 16. Jh. (Abb. Onasch/Schnieper 2001:136).

4.6.6.3 Die Christozentrik der Ikonostase

> All the figures represented [on the iconostasis] are united in one body. It is the union of Christ with His Church: the total Christ, the Head and the body [...]. (L. Uspenskij 1992:II 281)

Die den Altarraum abschließende Ikonostase ist eines der augenfälligsten Unterscheidungsmerkmale zwischen Ost- und Westkirche, am markantesten vertreten durch die geschlossene russische Variante.[628] Die Abschließung des Allerheiligsten vor den Blicken der Gemeinde bzw. die Gewährung punktueller Durchblicke durch die drei Türen und das Privileg des Hineintragen männlicher Täuflinge in den Altarraum ist wesentlich mitverantwortlich für die Konstitution einer bestimmten Form von orthodoxer Frömmigkeit. Es ist kaum plausibel, dass eine besondere „religiöse Erregung" im orthodoxen Osten die Abtrennung des Raumes, in dem das Mysterium der Verwandlung von Brot und Wein in den realpräsenten Christusleib stattfindet, nötig gemacht hätte (wie Onasch/Schnieper 2001:224 meinen); viel eher ist die Abtrennung, die Entziehung konstitutiv für die Zuschreibung des Mysteriumcharakters an das Uneinsehbare.[629] Der Effekt der Aufwertung des Entzogenen bestimmt auch die russische Theologie der Ikonostase, wie sie mustergültig von Pavel Florenskij (1990) vertreten wird.

Der heraufziehende Vektor, den diese Theologie der Ikonostase in die Zweiteilung des Kirchenraumes hineinlegt, ist seinerseits nur durch eine Projektion der Zwei-Naturen-Lehre auf den Raum möglich (vgl. Artemov 1989:83). Das für die Menschen nach außen hin Sichtbare verweist dann anagogisch auf das Unsichtbare. Das Sichtbare der Ikonostase – eben die Ikonenwand – wird als Anderes des Jenseitigen, als dessen Vorschein und „Fenster" (Florenskij 1990:70) verstanden, welches das Göttliche und das Irdische sowohl verbinde als auch trenne (s. Kallis 1989:XVI) – womit die Ikonostasentheologie die rhetorischen Figuren der chalcedonischen Christologie in Anschlag bringt. Von ihrer rhetorischen Basis her ist die von Florenskij angenommene anagogische Semiose der Ikonostase (1990:65f) also im Umkehrschluss einschlägig für die Kenose.[630]

---

[628] Wie sehr dies aus westlicher Perspektive als russische Eigenentwicklung begriffen wird, bezeugt Beltings Polemik von der „hybriden Auftürmung" (1990:253).

[629] Zur Abgrenzungsfunktion s. historische Belegstellen bei Artemov (1989:79). Auf diese Eliadesche Weise lässt sich Florenskijs These von der Ikone als „Hervorbringerin einer neuen Realität" (1989:128) religionspsychologisch gegen den Strich lesen.

[630] Von der Figur des Abstiegs des Göttlichen her ist gleichfalls Florenskijs Theorem von der „обратная перспектива" [umgekehrte Perspektive] (1967) als latent kenotisch aufzuschlüsseln: Der Vektor führt für Florenskij *zuerst* vom Göttlichen zum Menschlichen, und erst anschließend in die Gegenrichtung.

Offensichtlicher als in dieser Umkehrung ist der Erniedrigungsvektor aber in der Anordnung der Ikonensujets innerhalb der christozentrischen Gesamtinszenierung, welche insbesondere die im 15. und 16. Jh. endgültig geschlossene und ausgestaltete[631] russisch-orthodoxe Ikonostase darstellt.[632]

4.6.6.4 Kenotische Leserichtungen der Ikonostase

Die aus Einzelikonen bestehende Ikonostase lässt sich begreifen als eine zusammenhängende Großikone Christi mit seinen Metonymien und Metaphern, die diverse Leserichtungen bereit hält, welche jedoch alle auf die eine oder andere Weise auf Christus zulaufen und auch kenotische Bewegungen nachvollziehen.

Am schnellsten ist das kenotische *télos* bei einer Blickrichtung von unten nach oben zu sichten, wie sie beim Eintritt in die Kirche nahe liegt, aber theologisch am wenigsten produktiv ist. Gleitet der Blick an der Mittelachse nach oben, so endet er beim schlichten Kreuz,[633] das bei der überwiegenden Mehrheit der russisch-orthodoxen Ikonostasen den Abschluss der Mittelachse bildet. Im Vergleich zur goldgrundigen Farbenpracht, die auf der Bilderwand darunter zu sehen ist, stellt die abstrakte Schlichtheit des Kreuzes zudem eine formale Reduktion dar, eine Kenose der bildnerischen Mittel: Die Klimax dieser Blickrichtung ist das Schlichteste – das Kreuz als Tiefpunkt der Selbsterniedrigung Christi, der das Umschlagen von Niederlage in Sieg insinuiert.

Führt der Blick des Betrachters anschließend an der Mittelachse wieder nach unten, so erscheint die Kenose Christi als Mitte des kosmischen Prozesses: Von der Darstellung der Dreieinigkeit im obersten Rang[634] (eingerahmt von den Vorvätern Christi aus dem AT) über die *Gottesmutter des Zeichens*, also eine Ikone der Präexistenz des Logos und der Inkarnation Christi im zweitobersten Rang (flankiert von den Christus ankündigenden Propheten) über den dritten Rang mit den Festtagsikonen – in der Mitte oft *Einzug in Jerusalem*, *Kreuzigung* oder *Hadesfahrt* – zum vierten Rang mit der Großen Deesis (Δέησις, slav. *Деисус* ‚Anbe-

---

[631] Siehe Markina 1997:71f. Die Muster, auf die dies zurückgeht, sind der Благовещенский собор [Verkündigungskathedrale] im Moskauer Kreml', der Vladimirer Успенский собор [Entschlafungskathedrale] und der Троицкий собор [Dreifaltigkeitskathedrale] der Троице-Сергиева лавра [Dreifaltigkeits-Sergij-Kloster] (Eremina 2002:178).

[632] Auf die Differenzen zur griechischen Ikonostase (s. Onasch/Schnieper 2001:223f) kann hier nicht eingegangen werden.

[633] Dank dieser Positionierung sah schon der byzantinische Patriarch Germanos im Kreuz Wurzel und *télos* der Altarschranke (Thon 1979:192f).

[634] In der Literatur schwankt die Zählrichtung von oben bzw. unten, weshalb es günstiger ist, mit den Namen der Ränge zu operieren als mit Nummerierung: Von oben nach unten: праотеческий ряд [Vorväterrang], пророческий ряд [Prophetenrang], праздничный ряд [Festtagsrang], деисусный ряд [Deesisrang], местный ряд [Lokalrang].

tung'), also Christus, angebetet von Maria und Johannes, den Erzengeln Gabriel und Michael, Petrus und Paulus, Basilios und Johannes Chrysostomos und evtl. weiteren lokalen Figuren. Die Kenose hat ihren Ort folglich im zweiten und dritten Rang, während die Hoheitsposition der Deesis im vierten Rang wieder den Kreis zum ersten Rang schließt, womit die Gesamtikonostase die Kreisbewegung von Phil 2,6–11 nachvollzieht.[635]

Die von den europäischen Alphabeten her plausible Leserichtung von links nach rechts[636] funktioniert vor allem im dritten bzw. Festtagsikonen-Rang, wo das christologische Geschehen mariologisch eingerahmt ist von Geburt und Entschlafung der Gottesmutter. Ähnliches gilt in der unteren Zone zur Linken und Rechten der Königstür bzw. Himmlischen Pforte, wo der Blick von der Gottesmutter mit Kind zum Pantokrator geht, also von *status exinanitionis* zum *status exaltationis*.

So berechtigt jede dieser drei Leserichtungen ist – durch die Möglichkeit mehrerer Leserichtungen wird auf der Ikonostase insgesamt doch eher durch die Pluripräsenz eines und desselben (die Pluripräsenz Christi und seiner Metonymien und Metaphern[637]) in verschiedenen Stadien jegliche Zeitfolge neutralisiert: Erniedrigung und Erhöhung finden – vom heilsökonomischen Gesamtplan, den die Ikonostase vorführt, her – immer schon gleichzeitig statt.

4.6.7 Farbsemantik

Die in der Ikonenmalerei verwendeten Farben gehen auf mehrere Wurzeln zurück, darunter das NT (die Apokalypse) und die Machtrepräsentation der byzantinischen Kaiser, besonders Konstantins und Justinians, die in eine gewisse „Konkurrenz" (Onasch 1981:115) zueinander treten. Die entscheidende Quelle für die Semantisierung der Farben im ostkirchlichen Bereich ist jedoch Dionysius Areopagita, der auf engem Raum eine umfassende Farbsemantik reklamiert:

[...] ὡς ἐν χρυσῷ, καὶ ἀδάπανον, καὶ ἀμείωτον, καὶ ἄχραντον διαύγειαν· [...] ἢ ὡς λευκὰς, τὸ φωτοειδές·· ἢ ὡς ἐρυθρὰς, τὸ πυρῶδες· ἢ ὡς ξανθὰς, τὸ χρυσοειδές· ἢ ὡς χλοερὰς, τὸ νεανικὸν καὶ ἀκμαῖον·[638]

---

[635] Ein kommentiertes Standardschema der russisch-orthodoxen Ikonostase bieten Onasch/ Schnieper (2001:223f), ohne dies christozentrisch-kenotisch zu interpretieren.
[636] Wobei links unten und rechts oben vertritt (B. Uspenskij 1975:35) – bei der Ikonostase allerdings nicht von den Ikonen selbst, sondern vom Betrachter her gedacht.
[637] Vgl. L. Uspenskij 1992:II 279; S. Bulgakov 1999:301.
[638] „[...] das Gold bzw. Gelb [bedeutet] den unvergänglichen, unerschöpflichen, unverminderten und ungetrübten Hellglanz [...] das Weiß das Lichtähnliche, das Rot das Feurige, das Grün das Jugendliche und Blühende [...]" (PG 3,336BC; dt. von Nikolaus Thon, Thon 1979:95).

Die Bedeutungszuweisung an Einzelfarben trägt in der Geschichte der Ikonenmalerei bei zur Stabilisierung einer bestimmten Technik scharfer Absetzung von Farbfeldern voneinander (Polychromie) und zur sekundären Bedeutung von graduellen Übergängen (Kolorismus), wie sie eine Mimesis des Irdischen erfordert. Die Farben der Ikone erfüllen dagegen meistenteils die Funktion der Repräsentation überirdischer Ideen und bedienen damit eine platonische Seinshierarchie (vgl. Onasch 1968:54), von der ja auch die Farbenlehre des Areopagiten eine neoplatonische Übersetzung darstellt.

4.6.7.1 Äquivoke Semantik der Einzelfarben
Ein fixes System der Farbsemantik kennt die Ikonenmalerei allerdings nicht; eine „gewisse Festlegung der Symbolwerte" (Onasch 1981:115) schließt äquivoke Effekte nicht aus. Rot steht von der Farbe des Blutes her einmal für Leben, zum anderen für Leiden. Insbesondere beim vergossenen Blut Christi fungiert es als Leidenszeichen, das allerdings durch die Umkehrlogik des NT zum Siegeszeichen kippt und so mit dem Purpur der byzantinischen Kaiser verknüpft werden kann, also auch Sieg und (imperiale) Herrschaft bezeichnet.

Beim Grün ist die Kippfigur nicht ganz so drastisch wie beim Rot. Als vegetative Farbe des Irdischen erscheint es schon beim Areopagiten als Zeichen von Fruchtbarkeit; in Kontrast zu Rot aber ist es das Nur-Irdische: Als Farbe der Erde und des Irdischen begegnet Grün oft bei Christi Obergewand, und zwar über einem roten Untergewand, das als Zeichen seiner göttlichen Präexistenz gelesen werden kann (s. Selig 2001:38). Der Vektor von Ontologie und Zeit verläuft zwischen den Gewändern von innen nach außen, und im Fall Christi insinuiert das Verhältnis von Innen (Eigentlichem, Göttlichem) und Außen (Akzessorischem, Menschlichem) einen Abstieg. Die zwei Gewandfarben Christi bezeichnen zudem die zwei Naturen, die zwar in einer Person kombiniert sind, aber nicht „ineinanderlaufen" dürfen,[639] also die chalcedonischen Vorgaben erfüllen. Bei Maria sind die Relationen oft umgekehrt;[640] der Vektor zwischen grünem Unter- und rotem Obergewand beschreibt ihren Aufstieg vom Menschen zur Gottesgebärerin.[641]

Besonders groß ist die semantische Spannweite im Falle von Blau, das bei komplementären Trägerobjekten einmal als Zeichen des Himmels und des Transzendendierens[642] auftritt und andererseits eine Symbolfarbe der Märtyrer darstellt.

---

[639] Deswegen ist Fischers These abwegig, die „Braunanteile im Purpurmantel des Christus [...] weisen auf das Irdisch-Menschliche" (Fischer 1996:23), abwegig; ein solches Mischen ist mit Polychromie nicht vereinbar.
[640] Und gemalt wird hier vom Dunklen zum Hellen (Selig 2001:48).
[641] Zur sukzessiven Erhöhung Marias durch die Mariologie s. 10.5.4.3.
[642] Von Dionysios Areopagita bis Vasilij Kandinskij (s. Onasch 1968:48).

Im Blau des Martyriums vollzieht sich also eine Kippfigur, die der des Rots vom Leidensblut zum Herrschaftspurpur vergleichbar ist.

Braun ist die Farbe irdischer Leiblichkeit. In der hellbraunen Ausprägung ist es die Farbe des Passionsleibes Christi. Es kommt, wie gesehen, auch bei vergeistigenden Kreuzigungsikonen (s. 4.6.4.6) zum Einsatz. Der mittlere Engel auf Rublevs Dreifaltigkeitsikone hat ein dunkleres Braun als die beiden anderen (Onasch 1968:49). Dieser Befund stützt die Hypothese, dass die mittlere der drei Engelsgestalten für den Sohn steht; die irdische Farbe käme dem Sohn per *communicatio idiomatum* zu.

Dunkelbraun wiederum stellt auch Demut und Bescheidenheit dar (Selig 2001:38). Bei Mönchen und Asketen fungiert es als Zeichen ihrer Automortifikation. Die größten Asketen und Schimönche erhalten schwarze Gewänder (Onasch 1968:49) – schwarz wie der Tod (die Farbe der Hadeshöhle – manchmal auch dunkelgrau).

Das Weiß als Symbol des Lichts, der Verklärung, der Auferstehung und der Himmelfahrt erscheint gegenüber den aufgeführten Ambivalenzen recht konsistent positiv. Probleme bereiten jedoch der Schurz Christi, sein Leichentuch und Weiß als – in einigen Kulturen übliche – Farbe bei Begräbnissen.

Nicht als eigentliche Farbe begriffen wird das Gold, die Flächenfarbe des Ikonenhintergrundes, das für den göttlichen Lichtgrund von allem steht. Goldgewänder an Christus bzw. Goldstreifen in seinen Gewändern (Assist) verweisen auf seine Konsubstanzialität mit Gottvater (Onasch 1968:57).

Die Bindung bestimmter Farben an Erhöhungs- und Erniedrigungssujets erlaubt sogar die Erstellung einer Farbordnung des byzantinisch-slavischen Kirchenjahrs: Rot dominiert an Festtagen, Dunkelblau/Violett dagegen zur Fastenzeit; Schwarz ist die Symbolfarbe für den Karfreitag, Weiß die für Ostern und Himmelfahrt (vgl. Innemée/Melling 2001:403).

4.6.7.2 Patina und Kenose

Die Semantisierung der Farben auf der Ikone relativ zueinander ist kompliziert, eine bewusste Rezeption der spiegelbildlichen Anordnung von Ober- und Untergewandfarbe bei Christus und Maria einem kleinen Kreis vorbehalten. Anders sieht dies bei den Farben des Irdischen und des Todes, bei Braun und Schwarz aus. Zu ihrer Entschlüsselung braucht es keine christologische Bewandertheit.

Bezeichnenderweise sind es die dunklen Farbtöne, die in der neuzeitlichen Rezeption eine besondere Rolle spielen. Dazu kommt, dass das Nachdunkeln des Firnis (insbesondere bei Pskover Ikonen; s. Lazarev 1997:69) mit der Zeit die gesamte Ikone dunkler erscheinen lässt und das irdisch-asketische Braun verstärkt. Es war der Fehlschluss eines falschen Traditionalismus, das Nachdunkeln des

Ikonenfirnis oder die Schwärzung durch Kerzenrauch[643] als ästhetisches (oder eben mit der Farbsemantik einhergehendes kenose-theologisches) Programm anzusehen. Allerdings wurde phasenweise aus solchen Gründen gezielt dunkel gemalt. So falsch dies historisch ist,[644] so produktiv ist die sekundäre Hervorhebung von Irdischem, Leiden, Tod im Zuge der Wiederentdeckung der Ikone im 19. und 20. Jh.[645] Der schäbige Zustand, in dem sich alte Ikonen damals befanden, steigerte die Zuschreibung von (kenotischer) Heiligkeit. Die Ausdunkelung der alten Ikonen war also mit konstitutiv für ihre Renaissance um 1900.[646] Mit der Aufwertung des Alten und Schäbigen zur Antiquität und zum „Authentischen" geht ein kenotischer Einschlag einher: Eine Ikone, die im Laufe der Jahrhunderte „gelitten" hat, d.h. beschädigt, ausgedunkelt etc. ist, beglaubigt die kenotische Botschaft im Blick der Moderne besser als eine glänzend lackierte neue; dieser para-kenotische Nimbus bestimmt die Rezeptionsästhetik von Ikonen, die als Kunst ausgestellt und verkauft werden, bis heute. Das klassizistische Hellblau, wie es bei Ikonen aus dem 19. bis 21. Jh. Verwendung findet, stört einen kulturregressiven Fokus auf das Antiquitarisch-Authentische.

4.6.7.3 Belyjs Ikonologie der Kunst

Die Wiederentdeckung der Ikone (die Ikonenausstellung von 1913) fällt mit den Anfängen der historischen Avantgarde zusammen. Die Verfahren der Ikone finden Reflexe bei einer ganzen Reihe von Avantgardisten[647] – auch die Farbsemantik. Bei Kandinskij ist die analoge Semantisierung einiger Farben so offensichtlich, dass er in der Ikonenforschung mitunter gar als zweiter Gewährsmann neben Dionysios Pseudo-Areopagita angerufen wird (vgl. Onasch 1968:48). Kazimir Malevič' signalhafte Kontraste zwischen distinkten Farbflächen lassen sich auf die Polychromie zurückbeziehen, sein *Weißes Quadrat* als Realisierung des ikonogra-

---

[643] Etwa bei der Schwarzen Madonna von Tschenstochau, die zusätzlich noch dunkle Striemen auf der Wange trägt – eine Beschädigungsspur (Onasch/Schnieper 2001:163).

[644] Die russischen Ikonen wurden in früheren Zeiten durchaus als leuchtend begriffen (Eremina 2002:100).

[645] Dies geschieht in mehreren Wellen ab den 1830er Jahren (s. Städtke 1978:97; Martini-Wonde 1988:149). Meilensteine der Neuentdeckung bilden Fedor Buslaevs Древнерусская народная литература и искусство [*Altrussische Volksliteratur und -kunst*] (1861) und die erste Ausstellung von Ikonen aus Privatsammlungen im Jahr 1913 (Krieger 1998:21).

[646] Die anachronistischen Herstellungsverfahren Enkaustik und Tempera taten ihr Übriges dazu; einst innovativ, bedienen sie – rigide konserviert – in der Moderne Archaismus und Regression. Zur technischen Seite vgl. Onasch 1968:80–102; Selig 2001.

[647] Verena Krieger unterscheidet allerdings zwei avantgardistische Rezeptionsmuster der Ikone – ein neoplatonisch-metaphysisches und ein „säkularisierendes", allein auf die Gestaltungsprinzipien ausgerichtetes (1998:238f).

4. Christus in Russland

fischen Nexus von Weißem und Absolutem begreifen.[648] Viele der Inspirationen der Avantgarde durch die Ikone aber sind implizit geblieben und erst in der jüngeren Forschung in den Mittelpunkt gerückt worden.[649]

Explizit hingegen greift der symbolistische Dichter und Theoretiker Andrej Belyj auf die Theologie und auch die Farbsemantik der Ikone zurück, um seine eigene Kunsttheorie zu grundieren. In dem Essay *Священные цвета [Die heiligen Farben]* (1903/11) leitet Belyj die phänomenalen Farben vom göttlichen Licht her: „«*Бог есть свет* […]». […] Отсюда феноменальность цвета."[650] Während das Grau als rein negativ erscheint – in Belyjs onto-theologischer Übersetzung der Farbsemantik der Hadeshöhle als Trugbild, Null etc. (Belyj 1994:201f) –, macht er das Rot als hoch dramatisch aus, wenngleich primär negativ: „В красном цвете сосредоточены ужас огня и тернии страданий."[651] Daran aber schließt sich die bekannte christologische Umwertung an: „Крест, воздвигнутый на Голгофе, весь покрытый каплями крови […]". Also kippt für Belyj das Rot des Opfers in das Weiß des Lichts; der zitierte Satz geht weiter: „[…] и венец ароматных, нетленных и белых мистических роз!"[652] In der eucharistischen Anamnese wirke das Rot von Christi Blut fort und werde zum Katalysator des theurgischen Prozess, den Belyj als fortgesetzte Inkarnation begreift: „Это и есть *воплощение, теургия*, так что мы, дети [Христа], имеем надежду стать такими, как Он."[653] Den Schluss dieses Essays bildet eine spekulative Christophysiognomie in Farben:

> Исходя из цветных символов, мы в состоянии восстановить образ победившего мир [Христа]. Пусть этот образ туманен, мы верим, что рассеется туман. Его лицо должно быть бело, как снег. Глаза его – два пролета в небо – удивленно-бездонные, голубые. Как разливающийся мед – восторг святых о небе – его золотые, густые волосы. Но печаль праведников о мире – это налет восковой на лице. Кро-

---

[648] Malevič' figuratives Spätwerk (s. Kellein/Petrova 2000) ließe sich demgegenüber beschreiben als eine Demutsgeste nach dem Aufschwung ins Abstrakte/Transzendente, als Kenose des auktorial-gestalterischen Minimalismus. Bspw. arbeitet das Bild *Kopf eines Bauern* (1928/29; Abb. Cristo 2000:25) mit dem polychromen Prinzip; Malevič gestaltet die Nase des Bauern nach dem Ikonenverfahren und setzt drei rote Kreuzbalken hinter den Kopf.

[649] Tarasov 1997; Krieger 1998 u.a.

[650] „‚*Gott ist das Licht* […]'. […] Daher rührt der Phänomen-Charakter des Lichts." (Belyj 1994:201, Hervorh. i. Orig.).

[651] „In der roten Farbe sind das Entsetzen des Feuers und die Dornen des Leidens zusammengefasst." (Belyj 1994:205).

[652] „Das in Golgatha errichtete Kreuz, ganz mit Blutstropfen bedeckt, und der Kranz duftender, unverwelklicher und weißer mystischer Rosen!" (Belyj 1994:205).

[653] „Das eben ist die *Inkarnation*, die *Theurgie*, sodass wir, die Kinder [Christi] die Hoffnung haben, so zu werden, wie Er." (Belyj 1994:208, Hervorh. i. Orig.).

вавый пурпур – уста его, как тот пурпур, что замыкал линию цветов в круг, как тот пурпур, который огнем истребит миры; уста его – пурпурный огонь.[654]

Von dieser ikonentheologischen Basis aus lässt sich auch Belyjs Symboltheorie verstehen, die er in abschließender Form in *Эмблематика смысла. Предпосылки к теории символизма [Die Emblematik des Sinns. Voraussetzungen für eine Theorie des Symbolismus]* (1909) darlegt (vgl. Paperno 1994c:288f). Der Leitbegriff der „Symbolisierung" wird darin klar auf die Basis der Inkarnationstheorie und der Ikone zurückgeführt, deren gemeinsame Basis für den Belyj-Exegeten Cassedy in der Kenose liegt (1987:304). Künstlerische Symbolisierung, ja Selbstmodellierung sind für Belyj als der Inkarnation analoger Prozess aufzufassen. In *Луг зеленый [Grüne Wiese]* (1905) schreibt er:

> Слово сознания должно иметь плоть. Плоть должна иметь дар речи. Слово должно стать плотью. [...] художник должен стать собственной формой: его природное «я» должно слиться с творчеством; его жизнь должна стать художественной./ Он сам «*слово, ставшее плотью*».[655]

Selbst wenn Cassedy Recht hat, dass an der Spitze des Belyjschen Dreiecksschemas künstlerischer Symbolisierung nicht Christus, der Logos oder Gottvater zu stehen habe, sondern ein rein formales Absolutes (Cassedy 1987:312), so bleibt die Frage „Has Bely theological aesthetics or aestheticized theology?" schwer zu klären: „It doesn't make much difference." (Cassedy 1990:111).

Plausibel erscheint Cassedys These „Bely's system is iconic through and through." (1987:305). Cassedys Maximalthese von einer prägenden Rolle der kenotischen Ikonologie für die russische literarische Moderne insgesamt ist dagegen kühn.[656] Denn Belyjs Symboltheorie ist komplex und in schwer zugänglicher Form

---

[654] „Wenn wir von den Farbsymbolen ausgehen, sind wir in der Lage, die Ikone des Siegers über die Welt [die Ikone Christi] wiederherzustellen. Und wenn diese Ikone auch nebulös ist, so glauben wir, dass sich der Nebel auflösen wird. Sein Gesicht muss weiß sein wie Schnee. Seine Augen sind zwei Durchblicke auf den Himmel – erstauntbodenlose, hellblaue. Wie zerfließender Honig – die Begeisterung der Heiligen über den Himmel – sind seine goldenen, dichten Haare. Aber die Trauer der Gerechten über die Welt legt einen wachsbleichen Anflug über sein Gesicht. Blutiger Purpur ist sein Mund, wie jener Purpur, mit dem sich die Kreislinie der Farben schließt, wie jener Purpur, der mit Feuer die Welten auslöschen wird; sein Mund ein Purpurfeuer." (Belyj 1994:209).

[655] „Das Wort des Bewusstseins muss Fleisch werden. Das Fleisch muss die Gabe der Rede besitzen. Das Wort muss Fleisch werden. [...] der Künstler muss zu seiner eigenen Form werden: Sein natürliches Ich muss mit seinem Werk verschmelzen; sein Leben muss künstlerisch werden./ Er selbst ist das ‚*fleischgewordene Wort*'." (Belyj 1994:338, Hervorh. i. Orig.).

[656] „Russian literary aesthetics in this period and the related disciplines that have fostered so much of our subsequent thinking about literary texts in the twentieth century are

dargelegt, die Schrift Эмблематика смысла kaum rezipiert worden. Wie Cassedy selbst einräumt, ist es „[...] unlikely that one can speak of any direct impact of the essay had on the subsequent thougt." (Cassedy 1990:108). Belyjs Ikonologie der Kunst bleibt ein Seitenstrang; was im 20. Jh. in breiterem Maße weiter wirkt von der Kenose, ist das Habitusmodell der Christoformität (s. 5. und 7.–10.).

4.6.8 Wucherung und transmediale Rückbesinnung
Mit Belyjs Ikonologie vollzieht sich in der Moderne also ein transmedialer Übergang zur Literatur, in der die Kenose einen Stellenwert als „Subtext" behält.

> Die russische literarische Moderne reaktiviert [...] die Lehre von der Inkarnation Gottes qua Kenose. Dadurch entstand ein physiognomischer Subtext zur Kenose bzw. ein kenotischer Subtext zur Physiognomik. Das Räsonnement verlief ungefähr folgendermaßen: Wenn Christus eine körperliche Form angenommen hat, indem er freiwillig auf seine Göttlichkeit verzichtete und im Fleische litt, so können wir auch als körperliche Wesen an Christi Erfahrung teilhaben, in dem wir leiden wie er. Wenn man sich kontemplativ in die Ikone versenkt, so kommt man der göttlichen Gnade ebenso nahe, wie wenn man Christus im Leiden nachfolgt. (Kissel 2004a:69f, sic)

Die Aneignung der Farbsemantik der Ikone durch die literarische Moderne und die rekenotisierenden Implikationen dieser neuen Rezeption der inkarnatorischen Christologie sind jedoch nicht der erste Fall einer transmedialen Wiederbelebung. Bestrebungen nach Restitution des inkarnatorischen Kerns der Ikone, die sich eher im textuellen als im Bild-Medium niederschlagen, datieren in Russland bereits auf das 16. Jh. Damals nämlich beschleunigt sich die Ausweitung der ikonografischen Muster, die der Hesychasmus angestoßen hatte. Was in der Ikonografie selbst beginnt, wird durch das Einwirken politischer Repräsentationsgesichtspunkte verstärkt (4.6.8.1), zeitigt aber eine Gegenbewegung in der theoretischen Reflexion über die Ikonografie, die sich in zwei Stufen vollzieht: ab dem 16. Jh. (4.6.8.2–4.6.8.3) und – in akademischer Gewandung – im 20. Jh. (4.6.8.4).

4.6.8.1 Dreifaltigkeit, Machtrepräsentation und alttestamentliche Allegorien
Die christologische Basis, welche im Zuge des Ikonoklasmus von den Bilderfreunden gelegt wurde, bleibt für die byzantinische und slavische Ikonografie bis ins 14. Jh. bindend. Erst der Hesychasmus unterläuft die inkarnatorische Restriktion. Das theologisch zentrale Emblem dafür ist das Dreifaltigkeitssujet, wie es in der Trinitätsikone des Andrej Rublev seine kanonische Ausprägung findet (Abb. Onasch/Schnieper 2001:143). Die drei Hypostasen sind darauf in Engelsgestalt abgebildet. Diese Ikone ist daher höchstens noch „bedingt" (Felmy 1990:76) in-

---

really an iconology, a logology, an Orthodox Christology, if only in disguise." (Cassedy 1990:105; vgl. auch Paperno 1994b:22). Überzeugend belegen kann dies Paperno für Mandel'štam (1994c:300–305).

karnatorisch und kenotisch zu begründen – durch kleine Bildzeichen wie die Kopfneigung der Engel oder die Opferschale auf dem Tisch, um den die drei Engelsgestalten gruppiert sind. Die Darstellung des Mysteriums der göttlichen Dreifaltigkeit *in toto* aber führt weg vom Erniedrigungsvektor. Zudem geht die Ikonenmalkunst Rublevs auf Distanz zum polychromen Platonismus der Farbsymbolik; während Ober- und Untergewand bei traditionellen Christus- und Gottesmutterikonen im chalcedonischen Sinne „ungetrennt und unverbunden" sind (4.6.7.1), erscheinen bei Rublev fließende Übergänge auf einem Gewand als eindeutig verbunden – entweder in irdischer oder in überirdischer Hinsicht.

Wo durch bildliche Darstellung von Gottvater und Heiligem Geist in einer an Menschen gemahnenden Engelsgestalt auch die gemäß der christlichen Kosmogonie nie durch Abstieg auf die Erde sichtbar gewordenen Hypostasen der dreieinigen Gottheit ikonografisch dargestellt werden, da hat ein Prozess der Wucherung der Ikonensujets eingesetzt, welche die christologische Basis sukzessive verlassen. Dies verstärkt sich im 16. Jh., als der Moskauer Zentralstaat seinen Machtanspruch auch in Ikonen zu manifestieren beginnt (vgl. Onasch 1992:142). Dafür gibt es gleichfalls eine herausragende Insignie – die 396 x 144 cm große Ikone *Церковь воинствующая*,[657] welche die Gottesmutter mit Kind in den Bildkreis am linken Rand verbannt, der für das himmlische Jerusalem steht, während fast die gesamte Breite der Ikone von russischen Truppen zu Pferd ausgefüllt wird – von Vladimir I. mit Boris und Gleb, Aleksandr Nevskij, Dmitrij Donskoj. Direkt hinter dem Erzengel Michael, allein durch diesen vom Himmlischen Jerusalem und Gottesmutter mit Kind getrennt, sieht man den kriegsfreudigen Zar der Entstehungszeit der Ikone, Ivan IV.[658] Durch die Integration von Gottesmutter mit Kind bleibt zwar eine inkarnatorische Dimension gewahrt, aber aus dem Zentrum des Interesses herausgerückt. Statt des ewigen Heilsgeschehens des Christusopfers wird nun häufig die aktuelle Moskauer Macht genealogisch legitimiert, womit ein anderer, linearer Zeitbegriff in die Ikonenmalerei Einzug hält. Parallel dazu wird das altrussische Staatsemblem des *Спас нерукотворный*[659] auf dem Banner Ivan Groznyjs durch den Hl. Georg und den Adler abgelöst (Abb. de Keghel 2003:122). Schließlich wuchert der materielle Prunk: Ikonen werden ab dem 16. Jh. verstärkt mit Silber beschlagen, ja selbst mit Edelsteinen versehen (Cechanskaja 1998:60–65); kenotische Strenge und materielle Reduktion werden damit überdeckt.

Fast gleichzeitig wird die hesychastische Aufweichung der christologischen Basis der Ikonendarstellung überboten durch die zunehmende Aufnahme allegori-

---

[657] *Ecclesia militans [Kämpfende Kirche]* (um 1560; Abb. Onasch/Schnieper 2001:88f).
[658] Zu den Herrschergestalten und ihrem Verhältnis zum kenotischen Modell s. 5.5.2.
[659] *Nicht von Hand geschaffener Erlöser* (vgl. Onasch 1992:142f; Abb. de Keghel 2003: 122).

scher Bildsujets. Das Inbild des Allegorismus ist die Vierfelderikone in der Moskauer Verkündigungskathedrale aus der Pskover Malschule von 1547 (Abb. Felmy 2004:150). Unter der Fülle der abgebildeten Szenen begegnet darauf mehrfach auch Gottvater, so links oben auf der Teilikone mit dem Titel *И почи Бог в день седмый [Am siebenten Tage ruhte Gott]* in der Form *О ветхом деньми*.[660] Damit wird eine alttestamentliche uneigentliche Redeweise für ein Bildprogramm reanimiert – und nicht das neutestamentlich dagegen gesetzte Fleisch des Inkarnierten genutzt. Dieser Ikonenteil enthält zudem eine Darstellung des Gekreuzigten, die, würde seine Blöße nicht von Seraphenflügeln verdeckt, gar kenotisch zu nennen wäre. Die kenotische Nacktheit ist, obzwar noch da, überdeckt.

4.6.8.2 Kenosis-Renaissance in der russischen Ikonentheologie
In dem Maße, in dem die Kenose aus der ikonografischen Praxis verdrängt oder in ihr überdeckt wird, kehrt sie im theologisch-philosophischen Diskurs wieder (s. 4.4), gerade auch im Diskurs über die Ikone.[661] Die originale Ikonentheorie, wie sie in Russlandab dem 16. Jh. aufkommt, ist damit schon Symptom der Abwehr jener Wucherungen der Ikonografie und der Entfernung von der inkarnatorischen Basis. Im 16. und 17. Jh. werden vermehrt *подлинники* [Malerhandbücher] produziert, um die Norm des alten Bilderkanons durch Regeln festzuschreiben, weil einfache Reproduktion nicht mehr funktioniert.[662] Diese in der Anfangszeit wohl rein praktischen Malanweisungen waren von Ikonenmaler zu Ikonenmaler weitergegeben worden. Ins Bewusstsein einer interessierten Öffentlichkeit rückt das Genre des Malerhandbuchs durch die Hinweise auf die Ἑρμηνεία τῆς ζωγραφικῆς[663] des Malermönchs Dionysios von Phurna-Agrapha (Schorn 1832) und deren Publikation (Didron 1845). In diesem Handbuch reicht das Normierungsanliegen bereits über den technischen Malbereich hinaus und schließt das Ethos des Ikonenmalers ein.[664] Die Malerbücher fordern jetzt Kenotisches nicht nur in den Sujets, sondern auch im Habitus des Malers selbst (vgl. Thon 1979:81).

Auch die Konzilien beschäftigen sich mit der Wucherung ikonografischer Sujets und greifen reglementierend ein; zunächst verwirft der *Стоглав [Hundertkapitelsynode]* bestimmte Muster, dann wiederholt das Moskauer Konzil von 1666/67 die entsprechenden Beschränkungen (s. L. Uspenskij 1992:II 371–373).

---

[660] *Alter der Tage* (nach Dan 7,9; vgl. 4.6.8.3).
[661] Einen Überblick der russischen – nicht unbedingt an Kenose interessierten – Ikonenreflexion bietet die Anthologie von Strižev (1998).
[662] Also Text- statt Regelkultur im Sinne Lotman/Uspenskijs (1971).
[663] *Handbuch der Malerei*. Entstehung datierbar auf den Zeitraum 1730–34.
[664] Derartige paränetische Vorspanne sind vermutlich erst eine Entwicklung der Neuzeit (These Peter Schreiner, unpubliziert), gehören also in die hier beschriebene Abwehr- und Restitutionsbewegung.

4.6.8.3 Der Viskovatyj-Prozess 1553/54

Auf dem Hintergrund eines Konzils läuft in den Jahren 1553/54 eine ikonentheologische Polemik, in der die kenotische Christologie explizit als Basis der Ikonografie ins Feld geführt wird, womit sich der Verfechter dieser Position, Ivan M. Viskovatyj, der D'jak Ivans IV., allerdings nicht durchsetzen kann.[665]

Viskovatyj kritisiert am Rande eines Häretikerprozesses nach dem Brand von 1547 in Moskau entstandene Ikonen, vor allem in der Verkündigungskathedrale und dort besonders die oben genannte *Vierteilige*. Viskovatyj beruft sich dabei auf orthodoxe Autoritäten, unter anderem auf Kanon 82 des Quinisextums[666] sowie auf ein Synodikon, das Anathemata gegen Ikonoklasten enthielt wie das 1893 von Fedor I. Uspenskij publizierte (Sinodik 1893:412-420).

Wichtig ist für Viskovatyjs Frage nach der Legitimität ikonografischer Darstellung die Opposition *sichtbar* vs. *unsichtbar*. Viskovatyj spezifiziert diese an der Darstellbarkeit der menschlichen Natur Christi im Kontrast zur Undarstellbarkeit von Gottvater Zebaoth. Dabei bezieht er sich auf die Visionen Daniels (Rozysk 1858:3) und das daraus abgeleitete Muster *Der Uralte* auf der Vierteilikone (s. 4.6.8.1): „Не пωдобаетъ невидимаго бжтва и безплотны въωбражати, какъ ннѣ види на иконѣ описано Вѣрую въ единаго бга."[667] Zugleich erhebt Viskovatyj Einspruch gegen die Darstellung von Cherubim-Flügeln vor dem Leib Christi (Rozysk 1858:7) und des Heiligen Geistes als Taube (ebd.). Unsichtbares und Sichtbares verteilen sich bei Viskovatyj auf AT und NT. Er zitiert Hebr 1,1–14, die Paulus-Stelle, welche die Gegenüberstellung von pluralen Prophetenvisionen[668] und dem einem, das göttliche Wesen entbergenden Sohn enthält: „[...] и сын сїанїе славы и ωбразъ състава его [...]".[669] Viskovatyj argumentiert mit der Logoschristologie[670] und mit christologischen Paradoxen: Christi zwei Naturen seien „[...] в существѣ разное, и того създанное и несъзанное, видимое и невиди-

---

[665] Zum Ablauf und realgeschichtlichen Hintergrund des Viskovatyj-Prozesses s. N. Andreev 1932; D. Miller 1981; Grala 1994.

[666] Siehe 3.4.6. Nicht alle von Viskovatyj genannten Quellen sind bisher identifiziert (s. D. Miller 1981:306), etwa das Synodikon; klar sind die Bezüge auf die Kanones der Konzilien und Johannes von Damaskus' *Darlegung des orthodoxen Glaubens* (Rozysk 1858:5f).

[667] „Es ziemt sich nicht, die unsichtbare Gottheit und die fleischlosen Engel darzustellen, wie wir es heute auf der Ikone sehen, die ‚Ich glaube an den einen Gott' überschrieben ist." (Rozysk 1858:2).

[668] „Многочастнѣ и многоωбразнѣ древле бъ главъ оце пррокы [...]" [Vielfältig und auf vielerlei Weise hat Gott geredet zu den Vätern durch die Propheten (...)] (Rozysk 1858:10, s. Hebr 1,1).

[669] „[...] der Sohn ist der Abglanz seiner Herrlichkeit und das Ebenbild seines Wesens [...]" (Rozysk 1858:10; s. Hebr. 1,3).

[670] Zitat von Jh 1,1; Rozysk 1858:8.

4. Christus in Russland 443

мое, страдалное и нестрадалное, описанное и неописанное [...]".[671] Nur die eine, erniedrigte Natur Christi gestatte bildliche Darstellung. Viskovatyj argumentiert auf den ersten Blick radikal kenotisch:

Слыха есмя многажды ѿ Латынъ в розговоре, яко тѣло га ншего Іс Ха оукрывахж хержвими ѿ срамоты. Греки его пишют въ порътка а ѡ порътковъ не нашивалъ, и азъ того дла о то оусумнѣваю, а исповѣдаю, яко гдь ншь Іс Хс ради спсенїа принялъ смрть поноснжю и волею претерпѣлъ распатїе [...][672]

Allerdings protestiert Viskovatyj auch gegen die naturalistische Darstellung des schmerzverzerrten Körpers Christi (die verkrampften Hände des Gekreuzigten[673]).

Vor allem bewegt Viskovatyj die Opposition von Inkarnationschristologie einerseits und Rhetorizität andererseits (s. Uffelmann 2007a). Im Mittelpunkt seines Angriffs stehen allegorische Christus-Darstellungen. Es sind deren vier an der Zahl: 1) Christus in Davidsgestalt, wofür es nicht einmal ein Propheten-Zeugnis gebe (Rozysk 1858:7), 2) Christus in einer Rüstung (ebd.), 3) der gekreuzigte Christus, bedeckt von Cherubim-Flügeln (vgl. Emčenko/Kurukin 1985:73) und 4) Christus als Engel. All dies missfällt Viskovatyj, weil Christus nicht „кромѣ плоскаго смотренїа гдна"[674] dargestellt werden dürfe. Das Interesse Viskovatyjs ist also ein christografisches.

Entscheidend sei die Wirklichkeit der Menschwerdung Christi. Es sei der „wahrhafte" menschliche Leib Christi, der die Darstellbarkeit garantiere. Viskovatyj prägt dafür ein Verbalsubstantiv „плотское ѡбразованїе",[675] welche das Bild (*образъ*) erst ermögliche: Die „Bildung" des Leibes liefere die Basis für das Bild. Qua Etymologie verknüpft Viskovatyj so die menschliche Natur Christi mit ihrer malerischen Darstellung. Dieses generische Band gilt für Viskovatyj jedoch nur

---

[671] „[...] im Wesen verschieden, und zwar geschaffen und nicht-geschaffen, sichtbar und unsichtbar, leidensfähig und nicht-leidensfähig, umschrieben und unumschrieben [...]" (Rozysk 1858:4).

[672] „Von den Lateinern habe ich gesprächsweise oft gehört, dass die Cherubim die Blöße des Leibes unseres Herrn Jesus Christus bedeckten. Die Griechen malen ihn mit einem Schurz, er aber hat keinen Schurz getragen, und ich zweifle deswegen daran und bekenne, dass unser Herr Jesus Christus um unserer Erlösung willen den schändlichen Tod auf sich genommen hat und freiwillig die Kreuzigung ertragen hat [...]" (Rozysk 1858:7f); vgl. 2.7.2.5.

[673] „роукы зжаты" (Rozysk 1858:7), da in diesem Fall Christi Opfer Adams Sündenfall nicht wettgemacht hätte (s. das Anakephalaiosis-Theorem, 3.0.6.). Dieses Teilargument verfährt also antikenotisch (s. Kartašev 1997:I 515f).

[674] Nicht „anders als in der Ökonomie des Fleisches des Herrn" (Rozysk 1858:8; vgl. Sinodik 1893:417).

[675] „Fleischliche Bildung" (Rozysk 1858:16).

für die Christusikone, nur sie sei ein ‚gebildetes Bild'. Nur die Christusikone partizipiere an der „слава плоскаго ѿбразованїа".[676]

Auf der anderen Seite steht das rein menschliche Wort, die „славы" (Rozysk 1858:16) der Propheten. Verwendet Viskovatyj den Singular „слава" für den Inkarnierten und meint damit ‚Herrlichkeit' und ‚Größe' (vgl. Sreznevskij 1989: III,1 405), so den Plural *славы* für den menschlichen, prinzipiell vielgestaltigen, rhetorischen Lobpreis der Propheten (in der Bedeutung von ‚Meinungen'; ebd.:404). Während bei Christus der göttliche Logos am Anfang der ‚Bildung' stehe, seien es bei den Propheten menschliche Worte.

Der von keinem Menschen je gesehene Gottvater wäre Viskovatyj zufolge von den Propheten legitim im Medium gesprochener und geschriebener Worte (*славы*) evoziert worden. Aber, sagt Viskovatyj, er lasse sich „[...] ѡсобь бы сла не писати [...]".[677] Wohl seien die Propheten mit ihrer menschlich-unangemessenen Darstellung, mit ihrer allegorischen Sprache im Recht gewesen. Allein die malerische Umsetzung von allegorischer Bildlichkeit im zweidimensionalen Bild sei unzulässig. Das Unsichtbare zu malen, – dies Unterfangen käme einer Vorspiegelung von Echtheit gleich. Damit verteidigt Viskovatyj implizit das Rhetorische und polemisiert allein gegen dessen Hypostasierung zum Ontologischen, als das ihm das Realistisch-Bildhafte erscheint.[678]

Was die bildliche Darstellung des inkarnierten Logos betrifft, wird Viskovatyj vollends unduldsam. Hier verwahrt er sich gegen jede Uneigentlichkeit der Rede, wenn diese nicht als solche markiert wird. Besonders deutlich wird dies bei der Darstellung Christi als Lamm: „[...] по члчьскомж образж на икона Ха ѿселе в ветхаго мѣсто агньца въображати [...]".[679] Anstelle des alttestamentlichen Lammes, anstelle der menschlich-rhetorischen Sprachleistung sei durch das Inkarnationsgeschehen die fleischliche „Wahrheit" offenbar geworden: „[...] неподобает почитати образа паче истины [...]".[680] Die Propheten aber hätten „ни

---

[676] „Herrlichkeit der fleischlichen Bildung" (Rozysk 1858:16).

[677] „[...] anders als mit Worten nicht schreiben/malen [...]" (Rozysk 1858:13). Im Kirchenslavischen steht für beides das Verbum *писать*.

[678] Wie die mediale Dimension in der kirchenslavischen Terminologie der Ikonenmalerei nur unzulänglich sprachlich unterschieden wird, so ist auch das rhetorische Moment kaum terminologisch fixierbar. Für die beschriebenen Allegorien benutzt Viskovatyj „притчи"– nach Sreznevskij die kirchenslavische Entsprechung des rhetorischen Terminus παραβολή/*similitudo* ‚Gleichnis' (Sreznevskij 1989:II,2 1482).

[679] „[...] nach dem menschlichen Bild soll man ab jetzt Christus anstelle des alten Lamms darstellen [...]" (Rozysk 1858:5).

[680] „[...] es gehört sich nicht, das Bild mehr als die Wahrheit zu verehren [...]" (Rozysk 1858:5).

сѫщества, но славы"[681] gesehen. Grundlegend ist bei Viskovatyj also die Opposition von Metaphysik des (göttlichen) Wortes/Logos und seiner Kenose, die mit dem Realismus des Bildes einhergeht, einerseits und der Tropizität des (menschlichen) Wortes, das nicht Bild werden darf, andererseits.

4.6.8.4 Akademische Kenosis-Affinität

Viskovatyjs Andenken verschwindet – jedenfalls als Ikonentheologe und Antirhetoriker – bis Mitte des 19. Jh.s weitestgehend aus dem kulturellen Bewusstsein. Erst in der Folge von Bodjanskijs Publikation der Prozessakten wird an diese beiden Dimensionen angeknüpft (Rozysk 1858). Die bei Viskovatyj implizite Abwehr der Rhetorik gerät in der Anknüpfung der russischen Neopatristik des 20. Jh.s an Viskovatyj zur rhetorisch-terminologisch fixierten Antirhetorik.

Georgij Florovskij liest Viskovatyjs Rekurs auf die Ikonentheologie des zweiten Konzils von Nicäa und des Johannes von Damaskus als ein Moment in der Geschichte der unablässigen Erneuerung des biblisch-patristischen Erbes, als die er auch sein eigenes Werk begreift. Er historisiert Viskovatyjs ikonentheologische Position als konservatives Aufbegehren – und zwar gegen das Eindringen des Rhetorischen in die Ikonographie:

> XVI-ый век был временем перелома в русской иконописи. [...] Смысл этого перелома или сдвига определить не трудно. Это был отрыв от иератического реализма в иконописи и увлечение декоративным символизмом,– вернее, аллегоризмом. [...] Это решительное преобладание «символизма» означало распад иконного письма. Икона становится слишком литературной, начинает изображать скорее идеи, чем лики; самая религиозная идея слишком часто тонет, теряется и расплывается в художественной хитрости и узорочьи форм.[682]

In Florovskijs Gefolge und unter Berufung auf seine Autorität beschäftigt Viskovatyjs Auftritt von 1553/54 auch Leonid Uspenskij, den man als Anwalt der Neopatristik in der Erneuerung der Ikonentheologie bezeichnen kann.[683] Auch Uspenskijs Ikonentheologie hat eine christologische Basis; er rekurriert zur Beantwortung der Frage nach „Meaning and Content of the Icon" gleich zu Beginn auf

---

[681] „Nicht das Wesen, sondern Worte" (Rozysk 1858:7.16).
[682] „Das 16. Jahrhundert war eine Zeit des Umbruchs in der russischen Ikonenmalerei. [...] Den Sinn dieses Umbruchs oder dieser Verschiebung zu bestimmen fällt nicht weiter schwer. Es war der Bruch mit dem hieratischen Realismus in der Ikonenmalerei und die Faszination für dekorative Symbolik – genauer: für Allegorik. [...] Dieses entschiedene Überwiegen des ‚Symbolischen' bedeutete den Zerfall der Ikonenmalerei. Die Ikone wird zu literarisch, beginnt eher Ideen als Antlitze darzustellen; die eigentliche religiöse Idee geht dabei allzu oft unter, verliert sich und verschwimmt in künstlerischen Kniffen und Ornamentalität der Form." (Florovskij 1937:27).
[683] Vgl.: „The patristic foundation of the icon [...]" (L. Uspenskij 1992:II 317).

die Kenose und Phil 2,6f (L. Uspenskij 1992:I 152). Viskovatyjs und Florovskijs Antirhetorik fortschreibend („allegorism"; ebd.:II 317), eignet sich Uspenskij den Kanon 82 des Quinisextums in proto-rhetorischer Sprache an: Dieser „[...] prohibited the substitution of a personal image by a symbolic one." (L. Uspenskij 1992:II 310; vgl. 3.4.6).

Die Sympathie für Viskovatyjs inkarnatorische Ikonentheologie hat Folgen für die Herausarbeitung gerade auch der kenotischen Basis der Ikone: So eröffnet der Ausstellungskatalog *Cristo nell'arte Russa dal XV al XX sec. [Christus in der russischen Kunst vom 15. bis 20. Jh.]* (2000) mit einem Kurztext von Tomáš Špidlík *Il volto di Cristo sulle icone russe [Das Gesicht Christi auf den russischen Ikonen]*, dessen erster Abschnitt mit der Unterüberschrift *Cristo kenotico [Der kenotische Christus]* daherkommt (Špidlík 2000b:XIV).

4.6.9 Kenotische Bilddarstellungen jenseits des Ikonen-Kanons

Die ikonografische *Praxis* hat sich nach Viskovatyjs Niederlage genauso wenig auf die ausschließlich kenotisch-inkarnatorische Basis zurückbesonnen, wie im 20. Jh. mit der neuen Ikonen-Mode in Kunst, Kunstwissenschaft und Kunsthandel ein echter Drang *ad fontes* einhergegangen wäre. Neben den neuen allegorischen Bildsujets und den Darstellungen der unsichtbaren Entitäten Gottvater und Engel haben die alten, über Inkarnation und Leiden Christi definierten Sujets Bestand; kenotisch-inkarnatorische Ikonen und allegorisch-spekulative existieren bis heute nebeneinander. Insofern in der offiziellen Kunst repräsentative, gloriose Sujets gerade auch im 19. und 20. Jh. (s. beide Baustufen des *Храм Христа Спасителя* [Christus-Erlöser-Kathedrale] in Moskau 1839–83 und – nach dem Abriss in den 1930er Jahren – wieder 1995–99) Hochkonjunktur hatten, finden sich kenotische Darstellungsmuster oft neben den offiziellen Bildformen von Ikone und Kirchenausmalung, in folkloristischen und künstlerischen Darstellungen Christi.

4.6.9.1 Kenosis-Affinität der Volksplastik

Stärker als die Ikone selbst[684] boten sich jene Formen der bildnerischen Darstellungen für antioffiziell-kenotische Bestrebungen an, die von der offiziellen Seite von Anfang an marginalisiert wurden wie die Plastik. Dazu zählen Holzplastiken des *Erlösers im Kerker* mit Trauergeste und Geißelungsspuren, wie sie vor allem

---

[684] Antioffizielle Bestrebungen haben auf Ikonen lediglich punktuell – und dann auch nur für einen geschulten und interessierten Blick sichtbar – Platz gefunden; Onasch findet mit Vorliebe Humoreskes auf Ikonen, also eine volkstümliche Note, die gegen den hesychastischen Ernst aufbegehre und die Darstellung mittels Ironie von der „„Fallhöhe' [...] der dramatischen Spannung asketischer Entsagung zur Entspannung der Alltäglichkeit des Lebens" herunterziehe (Onasch 1968: 43).

in den russischen Waldregionen populär waren.[685] Solche Plastiken sind dabei weit weniger gefährlich für das Christianisierungsanliegen,[686] als dass sie eine – eben kenotische – Christologie jenseits der offiziellen transportieren. Derartige Holzplastiken erscheinen als globale Metapher der Inkarnation, gedacht als leidvolle Einkerkerung des Logos im irdischen Leib.

Inoffizielle Präsentationsformen wie Holzreliefs, etwa ein Kreuzigungsrelief[687] oder Medaillons mit der Geißelungsszene[688] sind in ihrem Naturalismus oftmals weit drastischer als die entsprechenden offiziellen Ikonen. Die Plastik-Restriktion aber wirkt lange fort; in der russischen bildenden Kunst gibt es wenige Christusplastiken wie Mark M. Antokol'skijs Plastik des gefesselten *Christus vor dem Volkstribunal*.[689]

4.6.9.2 ‚Weltliche' Malerei

Wenn die Plastik auch unterrepräsentiert bleibt, so bildet doch die Kunst in der Neuzeit einen zweiten Strang neben der kirchlichen Ikonenmalerei, ohne aber zur offiziellen sakralen Kunst komplementär zu sein; gerade im Bereich des Christusbildes sind die Überlappungen eminent. In westlicher sakraler Kunst sind die Übergänge von der technischen Seite her fließend; bei der Ikone gibt es zwar durch die anachronistische Maltechnik ein klares Ausschlußkriterium, doch überzeichnet die religiöse Rezeption einzelner ‚weltlicher' Gemälde wie von Ivanovs *Явление Христа народу* die Trennlinie.[690] Durch die sowjetische Kanonisierung jenes Zweiges der russischen Kunst, der weniger mit religiösen Sujets arbeitete, war in Vergessenheit geraten, welch breite Produktion es in diesem Bereich vor 1917 gegeben hat; die Ausstellung *Cristo nell' arte russa dal XV al XX sec. [Christus in der russischen Kunst vom 15. bis zum 20. Jh.]* (Cristo 2000) konnte dies wieder ins Bewusstsein heben.

Aleksandr Ivanov interessiert am Theophanie-Sujet weniger der Taufkontext am Jordan noch Christus an sich (Bucharev1991:97), als sein Gesehen-Werden

---

[685] Cechanskaja 1998:89–93. Siehe drei Beispiele aus dem 18. Jh. (Abb. Cristo 2000:232–234).

[686] „[…] naturreligiöse Überwucherungen des Christentums fanden hier ihren vielleicht eklatantesten Ausdruck." (Holm 2003a:72).

[687] Etwa eines aus der zweiten Hälfte des 17. Jh.s (Abb. Cristo 2000:257) oder aus dem 18. Jh. in Kombination mit Passionssymbolen, wie es nur bei den Altgläubigen verwendet wurde (Steiner 2005:256).

[688] Ein Beispiel aus der Mitte des 18. Jh.s zeigt der Katalog Cristo (2000:243).

[689] 1874–78 (Abb. Cristo 2000:231).

[690] *Erscheinung Christi vor dem Volk* (1836–55; Abb. Cristo 2000:114f). Beltings Gegenüberstellung von Kunst- und Kult-Bild (1990) mag von der Pragmatik der Vormoderne her triftig sein – in der Moderne aber wird sie problematisch.

durch die Menschenansammlung im Bildvordergrund. Insofern ist der *dativus commodi* im Bildtitel als ‚Sichtbarwerdung für das Volk' zu lesen.[691] Christus wird bei Ivanov, wie schon Bucharev beobachtet, als kleinste Gestalt dargestellt, „в самом кротком и смиренном виде".[692] Die Positionierung „zwischen Kreuz und Lanze, nämlich dem Kreuzstab des Johannes und der Spitze der Lanze des römischen Fußsoldaten" (Blochel 2004:125) verweist zudem auf Christi Opfertod.

Wenn die russische Malerei im 19. und 20. Jh. Ikonensujets aufgreift, dann sind zwei Richtungen zu unterscheiden – eine durchgeistigende, mit ätherischen Farben operierende (bspw. Michail V. Nesterovs Gethsemane-Gebet; zwischen 1898 und 1900; Abb. Cristo 2000:212) und eine „sakramental realistische" (Terminus von Schlie 2002), die das Leiden Christi physisch wie psychisch herauszuheben bemüht ist.

Für die physische Facette ist besonders Nikolaj N. Ge einschlägig. Seine Entwürfe zu Kreuzigungsszenen zeigen den Gekreuzigten 1894 mit stark leidender Körperhaltung und verzerrtem Gesichtsausdruck (Abb. Cristo 2000:259). Einen ausgemergelten Gekreuzigten kombiniert Oskar Rabin 2000 mit dem Spotttitel *König der Juden*, vor einer trostlosen Landschaft mit Bahnübergang und einer Hundemeute (Abb. ebd.:479) – womit der fließende Übergang von physischer und psychischer Demütigung und ökonomischer Malaise markiert wird.

Die Wüstenszenerie ist es auch, die Ivan N. Kramskoj auf seinem Gemälde *Christus in der Wüste* von 1872 (Abb. ebd.:18) zur metonymischen Darstellung der inneren Leidensahnung Christi einsetzt. Immer wieder beschäftigt hat die Künstler des 19. Jh.s Christi Verzweiflung in Gethsemane: Nikolaj P. Šachovskoj stellt Christus kniend mit verzweifelten Gesichtszügen dar (o.J., Abb. ebd.:213), Fedor A. Bruni kniend und flehentlich nach oben blickend, wo schemenhaft der Kelch erscheint,[693] Vasilij G. Perov gar mit dem ganzen Körper im Gebet niedergeworfen.[694] Die soziale Verlassenheit Christi durch die Jünger fängt Ge schon beim Eintritt in den Garten Gethsemane ein, als Christus hinter der Gruppe zurückbleibt (1889; Abb. ebd.:216f). Ein beliebtes Sujet ist schließlich *Die Flucht nach Ägypten* – z.B. bei Aleksej E. Egorov (1820) oder Nikolaj A. Košelev (1890;

---

[691] Siehe Jh 1,29–34. Die fast 20 Jahre, die Ivanov an diesem Bild arbeitete, sind als asketische Übung zu begreifen – eine Kenose künstlerischer Produktivität im Dienst an dem einen Sujet, das sakrale Kunst überhaupt nur haben kann – die Sichtbarwerdung des Göttlichen im Menschen. Die Ethik der Vorbereitung auf ein sakrales Werk wird von Gogol' im *Портрет [Das Porträt]* (1835/42) antizipiert (dass Gogol' darin auf Ivanov Bezug nahm, ist in der Forschung weitgehend Konsens, s. dazu Maškovcev 1936; Amberg 1986:157; Uffelmann 2005d).
[692] „In allerbescheidenster und demütigster Gestalt" (Bucharev 1991:112).
[693] Entstanden zwischen 1834 u. 1836 (Abb. Cristo 2000:215).
[694] Von 1878 (Abb. Cristo 2000:18). Zur Prostration s. 4.5.9.1.

Abb. ebd.:94). Aleksandr N. Gurevič überschreibt 1986 mit diesem biblischen Titel die Szene eines elenden nackten Jungen, eines Lagerhäftlings und eines Mädchens auf einem Esel vor einer Industrielandschaft (Abb. Cristo 2000:98).

4.6.9.3 Fotografie und Film

Noch stärker markiert wird die Distanz zu den Verfahren der Ikonenmalerei durch die technischen Medien seit Beginn des 20. Jh.s. Bei Christus-Sujets kehrt sich die Beglaubigungsfunktion von Fotografie und Film um; sie wirkt bei diesem transhistorischen Brückenschlag genau nicht als *vera ikon* (s. 3.4.3.1), sondern als distanzierendes – oder die historische Zeit nivellierendes – Medium. Wenn lebende Menschen in ikonografische Sujets hineingepflanzt werden, werden die Trägermedien Körper und Bild kombiniert. Durch dieses Zurückgreifen auf ‚wahre Menschen' neigt die ‚Christus-Fotografie' zu kenotischen Motiven (Perez' Katalog *Corpus Christi* hat kaum Erhöhungsdarstellungen[695]). Die offizielle sowjetische Fotografie schloss explizite Christus-Sujets klarerweise aus; aus der postsowjetischen Fotografie besticht Boris Mikhailovs Alkoholiker-Christus mit der Übersetzung sozialer und physischer Erniedrigung in die Realität des 20. Jh.s.[696]

Die überwiegende Mehrheit der fotografischen Christus-Sujets unterstreicht ihre inoffizielle Position. Umso erstaunlicher ist der Befund, dass die ROK, welche ab 2003 die Verwüstung avantgardistischer Ausstellungen von Konzeptkunst mit Religion als Aufhänger billigte (Ryklin 2003b:261–267), 2004 eine computergenerierte Fotoikonostase (Bondarenko/Chudjakov/Bagdasarov 2004) begrüßte;[697] offenbar wird die mediale Unähnlichkeit für die offizielle Kirche dann akzeptabel, wenn ein intentionales *tertium* erkannt wird (eine fromme Absicht zugeschrieben wird). Die russische Rezeption der utriert naturalistischen Leidensdarstellungen in Mel Gibsons *The Passion of Christ* ist nichtsdestotrotz mehrheitlich kaum weniger kritisch als in anderen Ländern.[698]

Da in der russischen Filmkunst die sowjetische Periode dominiert, gibt es von russischen Filmemachern kaum explizite Christusfilme. In Untersuchungen zum Jesus-Film[699] fehlen russische Beiträge; lediglich Tiemann verweist auf eine Passionsspielverfilmung des russischen Exilanten Dmitrij Buchoveckij von 1921 (Tie-

---

[695] Ayelet Hashachar Cohen zeigt einen Menschen als Christus nach dem Muster der byzantinischen Pantokrator-Ikone (Perez 2003:129). Beliebt sind Gender-Shifts – etwa Fotografien gekreuzigter Frauen (ebd.:71–75).

[696] Perez 2003:169. Zum Alkoholismus als Selbsterniedrigungspraxis s. 9.

[697] Auch der an Mel Gibsons Film inkriminierte utrierte Naturalismus der Christusdarstellungen – bei Bondarenko/Chudjakov/Bagdasarov Nahaufnahmen der Haut des Foto-Christus (2004:140–155) – wurde hier nicht als anstößig eingestuft.

[698] Bspw. Duchanin 2004. Vgl. Schneider 2004; Zwick/Lentes 2004.

[699] Kinnard/Davis 1992; Zwick 1997.

mann 2002:32f). Sieht man von massiven kenotischen Momenten in nichtchristlichem Gewand in sowjetischen Revolutions- und Kriegsfilmen (s. 7.9.5.1 u. 8.8.4) ab, so ist auch die filmische Repräsentation von traditionell christlicher Christoformität auf verfemte Ausnahmeerscheinungen wie Andrej Tarkovskijs *Андрей Рублев [Andrej Rublev]* (1966/69) beschränkt (dazu s. 5.3.5.1). Erst in postsowjetischer Zeit stehen der ROK elektronische Massenmedien wie Radio, Fernsehen und Internet für Zwecke der Reevangelisierung zur Verfügung.

4.7 Transmediale und multimediale Paränesen

Die angeführten Gattungen und Praktiken der Paränese, durch welche Christus in Russland als Leitbild präsent gemacht wurde und wird, interagieren und bilden eine Netzstruktur. Innerhalb dieses Netzes sind diverse Verknüpfungen möglich. Die Behandlung aller Interkonnexe würde zu weit führen. Daher nur einige exemplarische Bemerkungen zu inter- und transmedialen Konstellationen von Bild und Text (4.7.1) sowie zum medialen Knoten und ‚Multimedium' Liturgie (4.7.2).

4.7.1 Bild und Text
Nicht von der inkarnationstheologischen (s. 4.6.8.3), sondern von einer mediengeschichtlichen Warte aus betrachtet, gehen die Bilddarstellungen Christi aus Wortquellen (Evangelien, Legenden usw.) hervor; stellt man also die Frage nach dem Primat von Schrift *oder* Bild, so ist *bildtheologisch* zwar (nach dem Fleisch) das Bild zu privilegieren, mediengeschichtlich hingegen ist es zweifellos so, dass die Textmedien den Bildkanon vorgeben, einfach weil es – abgesehen von den zweifelhaften Metonymien wie nicht-von-Hand-geschaffenen Ikonen oder dem Turiner Leichentuch (4.6.3.1) – keine überlieferten Bildzeugnisse des Menschen Jesus gibt, sodass die Ikonenmalerei nicht umhin kann, das „literarische Diktat" der Texte in „Bildtext" umzusetzen (Onasch/Schnieper 2001:103; vgl. 3.4.4.4). Die Semiotik attestiert der Ikone entsprechend Sprachlichkeit und Lesbarkeit (B. Uspenskij 1976:11.53). Dieser Primat des Evangelistenwortes wird ikonografisch versinnbildlicht durch den kanonischen Ort der Ikonen der vier Evangelisten auf den Flügeln der königlichen Pforte der Ikonostase; das Evangelisten-Wort wird als Eintrittsmedium positioniert. Auch die Identifikation der auf Ikonen dargestellten Personen wird nicht der Kenntnis der ikonografischen Erkennungsmerkmale allein überlassen, sondern durch Ikoneninschriften garantiert (s. Onasch 1968:191–195).

Die Evangelienworte, welche bei der Genese ikonografischer Sujets Pate standen, wurden in der Frühzeit der russischen Kulturgeschichte jedoch weit weniger über das Medium Schrift kommuniziert als über die Lesung in der Liturgie. Zu Recht bringen die Ikonenforscher (etwa Onasch/Schnieper 2001:104f et passim) ikonografische Darstellungsmuster immer wieder in Verbindung mit liturgischen Troparien, Theotokien etc. Wie weit eine Ikone sogar einen längeren Text transmedial umsetzen kann, demonstriert eine auf dem *Marien-Akathistos* basierende Ikone von 1550–60 (Abb. Cristo 2000:58).

Umgekehrt liefern bestimmte ikonografische Muster den Anstoß zu liturgischen Gesängen und Gebeten. Bei Christus-Ikonen ist dies etwa das Troparion *Нерукотворному Образу Господню [Auf das nicht von Hand geschaffenen Herrenbild]* (Troparion 2000:12, vgl. 4.6.3.1). Die Geschichte der Überlieferung dieser angenommenen metonymischen Spur vom Antlitz Christi hat im Kirchenjahr einen eigenen Gedenktag; am 16. August wird des *Перенесение из Едессы в Константинополь Нерукотворного Образа (Убруса) Господа Иисуса Христа [Überführung des nicht von Hand geschaffenen Bildes (Mandylion) des Herrn Jesus Christus aus Edessa nach Konstantinopel]* (Troparion 2001:88) gedacht. Und auch jede im russisch-orthodoxen Kirchenkalender memorierte Gottesmutter-Ikone hat eigene Troparien (Troparion 2000:36–49).

Die Herstellung und Verehrung von Ikonen hat schließlich ihren transmedialen Niederschlag in fiktionaler Literatur gefunden, etwa in Nikolaj Leskovs *Запечатленный ангел*.[700] Einen nachahmungsparänetischen Impetus bindet Nikolaj Gogol' im *Портрет [Das Porträt]* an den demütigen Habitus und die asketische Vorbereitung des Ikonenmalers (s. 5.3.7.1).

4.7.2 Das heiß-kalte Medium Liturgie
Wie schon beim intermedialen Verhältnis von Wort und Bild gesehen, spielt die Liturgie in der traditionellen russischen Kultur die Rolle eines Knotens im intermedialen Geflecht. Sie appelliert an alle Sinne der Gottesdienstteilnehmer – den Gesichtssinn (Ikonostase), an das Gehör (Gebete und Gesänge), den Geruchssinn (Weihrauch), den Tastsinn (Aufstellen von Kerzen), den Geschmackssinn (Hostie) und schließlich die Körperselbstwahrnehmung (Metanien, langes Stehen).

Aus heutiger Sicht darf die hermeneutische Wucht der multisensoriellen Präsenz der orthodoxen Liturgie in einer sonst medienarmen bäuerlichen Gesellschaft des alten Russlands, wie sie in der Provinz bis ins 20. Jh. hinein bestand, nicht unterschätzt werden.[701] Die herausgehobene Stellung dieser multimedialen Inszenierung ist in keiner Weise zu vergleichen mit der Tourismus-erfahrenen (und -abgestumpften), TV-sozialisierten Multiphrenie eines heutigen Besuchers der orthodoxen Liturgie. Die Kirche bildete (neben dem Fest) über fast ein Jahrtausend russischer Kulturgeschichte den dichtesten Erfahrungsraum:

---

[700] *Der versiegelte Engel* (1873); zu Ikone und Fiktion weiter Martini-Wonde 1988.
[701] Doch auch des Vielen kann zuviel werden; etwa wurde im Mnogoglasie des 17. Jh.s die simultane Aufnahmefähigkeit der Gottesdienstbesucher überfordert (s. 4.5.2.1).

[...] religiöse Inbrunst, die Sehnsucht nach Kerzenglanz und funkelnden Ikonen als einer willkommenen Abwechslung in dem von Mühsal und Routine gezeichneten Leben, vor allem das Warten auf die Osterliturgie als den Höhepunkt des Kirchenjahres und Abschluss der dunklen Winterzeit – sie haben sicherlich auch schon im 15. Jahrhundert die Vorstellungen und Erwartungen vieler Menschen auf dem Lande geprägt. (Goehrke 2003:195)

Im vormodernen ländlichen Russland war es fast ausschließlich die Liturgie, die Sinn, ja überhaupt Information über den Alltag hinaus vermittelte: „Liturgy, in fact, is the central vehicle for meaning in Russian pre-revolutionary consciousness." (Ugolnik 1990:136). Der Status der Liturgie lässt sich heute wohl nur äquivalent einschätzen, wenn man die medialen Effekte von Zeitung, Radio, Fernsehen, Internet und Einkaufspassage zusammen nimmt.

Einen wesentlichen Unterschied allerdings gibt es: Die Liturgie ist – trotz der multisensoriellen Einwirkung auf den Rezipienten – kein „heißes" Medium im McLuhanschen Sinne,[702] weil durch die nicht ohne Weiteres eingängige Sakralsprache, durch die Ekphonie und die abstrakte dogmatische Terminologie gerade kein reibungsloses Verstehen garantiert wird. Das schwer Verständliche aber stellt ein Einfallstor für die Zuschreibung eines Mysteriums dar (vgl. 4.6.6.3). Aufgrund dieser Kombination von multisensorieller Einwirkung bei erschwertem Verstehen und Mysterien-Suggestion könnte die Liturgie vielleicht als ‚heiß-kaltes' Medium bezeichnet werden.

4.7.3 Vom Multimedium zum personalen Modell

Wo ein Medium multisensoriell einwirkt, aber für den durchschnittlichen Rezipienten semantisch ein gutes Stück verschlossen bleibt, da befleissigen sich zwar elitäre Betrachter wie Priester und Liturgiewissenschaftler des Pathos einer „Theologie der liturgischen Erfahrung" (s. 4.5.1), doch dürfte die Paränese zur Verhaltenssteuerung der Gemeinde kaum unmittelbar durchschlagen. Das Leitbild Christus, wie es Phil 2,5 zur Nachahmung nahe legt, wird durch die Erschwerungsverfahren der orthodoxen Liturgie so eingekleidet, dass es eines weiten Brückenschlags in die Praxis des Alltags braucht.

Eine derartige mediale Kluft zum praktischen Verhalten betrifft in diesem oder jenem Maße alle in diesem Kapitel entfalteten Ausgestaltungen des Leitbildes Christi – seien dies Texte, Bilder oder liturgische Inszenierungen. Das einzige Trägermedium, das paränetische Effekte ohne die Notwendigkeit transmedialer Übersetzung zu zeitigen vermag, ist das personale Exempel; von lebendigen Menschen lässt sich ein Beispiel nehmen, das schon im selben Trägermedium

---

[702] Nach McLuhans Definition „[...] fordern heiße Medien vom Publikum eine geringe Beteiligung oder Vervollständigung." (1997:117).

(menschliches Verhalten) vorgeformt ist und isomedial kopiert werden kann. Dann aber sind es nicht mehr Christus selbst oder seine Metonymien, die paränetisch wirksam werden, sondern eine besondere Form von Christus-Metaphern, menschliche Christusnachahmer, denen Christoformität zugeschrieben wird.

5 Christoformität in Russland – (post-)christliche Habitusmodelle

> Казалось бы, отличие между верующим, перед которым открыт путь, и неверующим, который прах и лопух, должно быть гораздо больше, чем между человеком и амебой, но ведь на самом деле разница микроскопическая...[1]

5.0 Christoformität[2]

5.0.1 Wie misst man paränetische Effekte?

Welches ist die Messlatte, an der sich ablesen ließe, ob die direkten und indirekten Akte von Aufforderung zur Christusnachfolge, die in Kapitel 4 dargestellt wurden, auch verfangen? Ein erstes – freilich zirkuläres – Argument bestünde darin, dass die massenhafte Reproduktion von explizit und implizit paränetischen Akten selbst deren mnemonischen Erfolg belegen würde. Doch der Ort, an dem paränetische Akte umgesetzt werden müssen, sind menschliche Entscheidungsprozesse (die auch unbewusst ablaufen können). Eine Introspektion in solche Entscheidungsprozesse ist der Kulturwissenschaft nicht gegeben; getroffene Entscheidungen sind für sie nur an nach außen kommunizierten Effekten oder Zuschreibungen von außen ablesbar. Das einzig griffige Kriterium für den Erfolg paränetischer Akte ist folglich die Praxis menschlichen Handelns. Eine kulturwissenschaftliche Rekonstruktion erfolgreicher paränetischer Akte muss daher einen ‚materialistischen' Fokus haben (s. 1.4.4): Was im Inneren eines Menschen geschieht, entzieht sich der Beurteilung; was zählt, sind Handlungen (auch Sprechhandlungen).

Dies plausibel zu machen, mag ein Gedankenexperiment helfen. Angenommen, eine der zentralen Kristallisationsgestalten des kenotischen Habitus in der russischen Kulturgeschichte hätte all ihr vorbildliches Handeln in der Nachfolge von Christi Selbsterniedrigung, Demut, Leiden etc. nicht aus innerer Überzeugung heraus vollbracht; angenommen, einer der großen Asketen, Mönche, Leidensdulder oder Märtyrer, welche die ROK verehrt, hätte ‚in Wirklichkeit' seinen Glau-

---

[1] „Es möchte scheinen, dass der Unterschied zwischen einem Gläubigen, für den der Weg bereitet ist, und einem Ungläubigen, der Staub und Klette ist, um vieles größer sein müsste als zwischen einem Menschen und einer Amöbe, in Wirklichkeit aber ist der Unterschied mikroskopisch klein..." (Vik. Erofeev 1992:160; zum Motiv der Klette in Anspielung auf Turgenev und Černyševskij s. 6.5.2).

[2] Anstelle der vorzugsweise franziskanischen Rede von der *conformitas Christo* wird hier der konfessionell neutralere Begriff der Christoformität veranschlagt (zur Überbietung von *imitatio* durch *conformitas* s. Bergmann 1985:45).

ben nur simuliert und dabei ‚im Grunde' ganz andere Ziele verfolgt als dasjenige, Christus nachzuahmen... Was würde sich, wenn über die gegenläufige Motivation des Betreffenden jegliche Dokumente fehlten, am *Effekt* für das kulturelle Gedächtnis und die von einem solchen Vorbild ausgehende Paränese zur Nachahmung seiner Nachahmung ändern? Nichts; auch unaufrichtige Christusnachahmung kann zu neuer Nachahmung anregen.

Aufgrund dieser theoretischen Überlegung kann die Rekonstruktion der paränetischen *Effekte* sich auf die außenkommunikative Dimension personaler Modelle konzentrieren – seien dies soziale Typen oder Individuen,[3] historische Personen oder fiktive Gestalten, aus christlicher Motivation Handelnde oder Usurpatoren des christoformen Habitus für andere Ziele. Bis zu welchem Grade kann Apollon Grigor'evs These von einem *смиренный тип* [demütiger Typus] in der russischen Literatur der Romantik (Puškins Belkin; s. Grigor'ev 1990:II 71) zur Beschreibung eines allgemeinen literarischen Figurenmodells herhalten? Und inwieweit steht dahinter ein quantitativ relevanter sozialer Typus bzw. wird von solchen literarischen Modellierungen mitgezeugt?

5.0.2 Einmaligkeit, Wiederholung und Dauer
In etablierten christlichen Kulturen, ist es die Regel, dass Neugeborene „auf Christus" getauft werden. Die Taufe ist jedoch (insbesondere wenn sie an einem Neugeborenen vollzogen wird, das sich später selbst nicht daran wird erinnern können) kein so ultimativer performativer Akt, dass sie nicht noch einer Wiederbestätigung bedürfte (s. 7.4.4.2). Das ganze System der orthodoxen Liturgie mit ihrem Hineinwirken in den Alltag der Gemeindeglieder (4.5) ist darauf angelegt, solche Wiederbestätigungen millionenfach zu leisten.

Die Einmaligkeit eines Bekenntnisses zu Christus und des „Anziehens" seines Kreuzes bedarf selbst dann der Repetition, wenn es sich um ein Martyrium handelt. Wenn ein Märtyrer mit einem einmaligen Bekenntnis womöglich auch perlokutionär zu handeln vermag (indem er daraufhin erwartungsgemäß gequält und ermordet wird), so muss seiner doch gedacht werden, damit sein Martyrium im kulturellen Gedächtnis beispielgebend wird. Auch hier verwaltet die Kirche die Wiederbestätigung – vor allem mit dem Heiligenkalender (4.6.6.2).

---

[3] Wenn die in Kapitel 4 geschilderten paränetischen Akte rekurrente Muster repetierten, konnte die Nachzeichnung des Spektrums von paränetischen Gattungen einigermaßen umfassend sein. Sobald es um Einzelphänomene ging wie bei Literatur und Religonsphilosophie (4.3.9 u. 4.4.4), musste der Selektivitätsgrad zwangsweise höher sein. Dasselbe betrifft die personalen Modelle; soziale Institutionen können nachfolgend ausführlicher besprochen werden als Individuen – seien es historische oder fiktive.

5. Christoformität in Russland

Wenn das Iterationsparadox selbst die einmaligen Akte der ‚Christoformierung' zu Anfang und Ende eines auf Christus bezogenen Lebens herausfordert, dann stellt sich die Wiederholungsnotwendigkeit im Lebensverlauf noch brisanter dar. Die Repetition der Christusbezüge ersetzt im Maximalfall alle übrigen Lebensrealitäten: Im klösterlichen Koinobion hat jeder Tag von *Вечеря* [Vesper] *bis Часъ девятый* [Non] neun liturgische Repetitionen des Christusbezugs (s. 4.5.6); das hesychastische Jesusgebet geht gar mit der normativen Vorgabe einher, in jeder wachen Sekunde Christus im eigenen Denken Raum zu geben. Ob Letzteres möglich ist, darf angezweifelt werden, und auch der klösterliche Gottesdienstrhythmus kann nur von wenigen ausgefüllt werden, weil sonst ganze Volkswirtschaften zum Erliegen kämen. Da unablässige Repetition somit nur einen Grenzwert darstellt, entwickelt die christliche Kultur nicht allein iterative, sondern zusätzlich durative Zeichenpraktiken. Als solche fungieren etwa Kleidungsformen (Halskreuze, Mönchshabite) oder Körperhaltungen (s. 4.5.9).

Zwischen iterativen und durativen Formen steht der soziologische Begriff des Habitus. Zum Habitus einer Person oder Gruppe gehören sowohl Dauergestaltungen wie Kleidung und Körperhaltung als auch rekurrente Kommunikationsformen, Gesten etc. Das ostkirchliche Gebot der Orthopraxie betrifft, nicht allein den liturgischen Vollzug, sondern infiltriert den Alltag, das im täglichen Leben Repetierte (4.5.7). In einer erst spät flächendeckend alphabetisierten Kultur wie der russischen mit ihrer schwachen Ausprägung theoretischer Theologie vor dem 19. Jh. (4.1.4) ist die kulturbildende Bedeutung des Habitus noch höher zu veranschlagen.

Über den Habitus *signalisiert* der Träger eines Verhaltensmodells seine Gruppenzugehörigkeit; sein Habitus tritt in Austausch mit dem Habitus der Gruppe (s. 3.2.5) – innerhalb der Familie, der engeren sozialen Umgebung oder auch überregional durch die Zuordnung zu einem Verhaltensmuster. Stärker als in lokalen Kleingruppen kommt die Prägung durch die Norm der Selbsterniedrigung Christi zum Tragen in überregionalen sozialen Typen, und zwar in offiziell-institutionalisierten (Mönchtum; 5.3) wie antioffiziellen; letzteres betrifft Gottesnarren, politisch wie kirchlich Ausgeschlossene (5.4.3–5.4.4) oder sich selbst – konspirativ – Ausschließende (5.5.4–5.5.5). Über einen bestimmten Chronotop (s. Bachtin 1989) definieren sich Pilger, Wanderer, Bettler, Verbannte und Exilierte (5.4.2–5.4.3). Die einzige ubiquitäre Kategorie von Christoformität ist der Habitus des Leidenden (5.2), der in viele der vorgenannten Kategorien hineinspielt.

5.0.3 Christliche Modelle, Fiktion und Usurpation

So verschieden diese auf Christi Selbsterniedrigung beziehbaren Habitusmuster sind, so ist ihnen doch das Moment von Iteration und Repetition gemeinsam. Dadurch können sie – anders als Taufe und Martyrium – in ihrer Umwelt auch deutlich stärkere Einschleifungseffekte zeitigen, denn Wiederholung ist die erfolgreichste Methode von Lernen (und auch konstitutiv für die Ästhetik). Die mnemonische Gewalt eines persönlichen Eindrucks/Vorbilds, einer Gestalt (vgl. auch 3.1), die immer wieder vor Augen tritt, ist folglich größer als bei einmaligen Handlungen – und seien dies dramatische Opferhandlungen. Da die Wahrnehmungskompetenz des Menschen für Mitmenschen besser ausgeprägt ist als für alle anderen Informationsträger (als für Bilder und Symbole, von Texten und Theoremen ganz zu schweigen), dürfte der Habitus eines Christusnachahmers auch in nachfolgeparänetischer Hinsicht effizienter sein als alle anderen Gattungen und Praktiken der Paränese.[4] Alle christoformen Habitus vergegenwärtigen am eigenen Leib – auf diese oder jene Weise – die Gestalt Jesu Christi, machen den (nach dem Verschwinden des Leichnams/nach der Auferstehung) absenten Christus wieder metaphorisch präsent. Sie alle sind Ausgestaltungen Christi, die durch ihre Erscheinung wiederum Christus gestalten (s. 3.1.9); ohne diese metaphorischen Ausgestaltungen und die textuellen, liturgischen und bildlichen Repräsentationen (4) hätte auch ‚Christus selbst' im Rahmen der russischen Kultur keine Gestalt.

Wenn sich der Blick immer auch auf literarische Figuren richtet, dann steckt dahinter weniger das Credo einer referenzialistischen Interpretation von Literatur (reale Personen vor fiktionalen Figuren vor narrativen Strukturen[5]) als der Reflex dieser wahrnehmungs- und lernpsychologischen Einsicht: An Personen – realen wie fiktiven – lassen sich Inhalte jeder Art am besten veranschaulichen, personifizieren. Die kenotische „Botschaft Christi" wirkt mnemonisch am stärksten, wo sie über menschliche Christoformität transportiert wird.[6]

Aufgrund der diversen sozialen Register, die auf Christoformierungsabsichten gegründet sind oder denen (punktuell) Christoformität zugeschrieben wird, kann

---

[4] Der Primat mündlicher Performanz bei der Pragmatik des altrussischen Schrifttums (s. 4.3) wird also nochmals stärker physikalisiert – im Körper des personalen Vorbilds.

[5] Der Fokus auf Personen und Figuren verdankt sich der Einsicht in den mnemotechnischen Primat, den personale Modelle – gleichberechtigt mit narrativen Mustern – gegenüber abstrakten Konzepten besitzen. Das bedeutet aber keine antiformalistisch-antistrukturalistische Rehabilitierung literarischer Figuren (wie bei Kasperski/Pawłowska-Jądrzyk 1998) gegenüber der strukturalistischen Unterordnung der Figuren unter die narrativen Elementarsequenzen (etwa Bremond 1972; Propp 1998).

[6] Sergej Bulgakov rechtfertigt aus eben dieser kognitiven Erwägung heraus den Heiligenkult: „Diejenigen, welche diesen Kult verwerfen, erleiden dadurch einen großen geistigen Schaden; ob sie zwar bei Christus bleiben, so verlieren sie doch ihr eigentliches Verhältnis zu ihm. Sie sind dazu verurteilt, geistig ohne Familie zu bleiben, ohne Volk, ohne Heimat, ohne Väter und Brüder in Christo. Sie gehen den Weg des Heils ganz allein, jeder für sich, ohne Vorbilder zu suchen, ohne die Gemeinschaft mit anderen zu kennen. Zwar vollzieht sich das alles nicht mit einer so strengen Logik – das Ansehen und Vorbild der Heiligen wird ersetzt durch dasjenige der Lehrer (z.B. der Apostel). Aber von letzteren empfängt man nur Belehrung […]" (1952:221).

die Einbeziehung literarischer Texte hier lediglich höchst selektiv sein.[7] Allerdings gibt es einen russischen Autor, der für die Christoformierung literarischer Figuren so etwas wie einen ‚privilegierten Lieferanten' darstellt und in diesem Kapitel ein ständiger Begleiter sein wird – Dostoevskij.

Personale Modelle, die nach dem Vorbild der Selbsterniedrigung Christi gestaltet werden, kommen nun nicht nur in der religiösen Praxis und in deren ‚Übersetzung' in fiktionale Literatur vor (Übersetzung 1), sondern die Literatur kreiert selbst neue Figurenkonzepte, denen im kirchlichen Kanon (von Heiligkeit, s. 5.0.4–5.0.5) keine Christoformität attestiert wurde. Auch soziale Modelle unterliegen Kreativität und Milieuwandel: So wird das christliche kenotische Habitusmodell schließlich auch in ein kenotisches Habitusmodell jenseits des Christentums (jedenfalls der Intention nach) übersetzt. Christologische Strukturen (wie Umwertung, Paradox, X-Modell, s. 2.–3.) bestehen über die christliche Motivation hinaus fort. Derartige Strukturen werden – je nach Blickrichtung – in außerchristliche Kontexte ‚übersetzt' (Übersetzung 2) bzw. lassen sich, insofern sie doppelt lesbar sind, fortgesetzt auch in christologischer Richtung rezipieren (vgl. 5.7–5.8).

5.0.4 Das Spektrum von Heiligkeit und das kulturelle Gedächtnis

Den Idealfall von Christoformität bildet – jedenfalls in der Perspektive der Kirche – die Heiligkeit.[8] Das Epitheton *heilig* aber wird keiner homogenen Gruppe zugeschrieben. Zu Beginn der christlichen Begriffsverwendung umfasste die Kollektivkategorie der ἅγιοι [Heiligen] die Gesamtgemeinde und beschrieb die Norm der „Übernahme der Gesinnung Christi in einem moralisch heiligen Leben (Eph 1,4; 5,1; Phil 2,5 [...] u.ö.)."[9] Bald aber begann die Zuschreibung von Heiligkeit zur Aussonderung eines besonderen Verhaltens zu dienen. Das Typenspektrum von Heiligen reicht dann vom Apostel und dem Märtyrer über dessen reduzierte Varianten, den nicht-leidenden Bekenner und den nicht klar bekennenden, aber leidenden Dulder (5.2), bis zum gegenläufigen Modell des vorgeblich schon auf Erden (und nicht erst im Moment seines Sterbens) überirdisch Reinen – des Engelsähnlichen, konkretisiert in Asketen und Jungfrauen (s. Hausberger 1985:648–650).

Heiligkeit wird sowohl offiziellen kirchlichen Persönlichkeiten (Priestern, Hierarchen und Mönchen [5.3]) als auch außerkirchlichen Autoritäten (apostelglei-

---

[7] In den Kapiteln 6 bis 10 wird dies – an nicht-offensichtlich christlich einschlägigen Texten – exemplarisch eingehend untersucht.

[8] Diese wird hier ausschließlich als historische Zuschreibung an soziale Typen und von deren kulturmnemonischen Effekten her betrachtet (vgl. Colpe 1990:65), nicht als religionspsychologische Größe (R. Otto 1958). Nach Stepanov gibt es im russischen Sprachgebrauch von святой [heilig] eine Zuspitzung auf Personen (2001:854) anstelle einer hermeneutischen Kategorie.

[9] Beinert 1983:31; vgl. auch Hannick 1985b:660 u. Kieckhefer 1990:2f.

chen Fürsten wie Vladimir dem Großen, Siegern wie Aleksandr Nevskij [5.5.2.3] und Leidensduldern wie Boris und Gleb [5.2.2]) attestiert. Da der Prozess der Heiligsprechung in der ROK weniger formal geregelt ist als in der römisch-katholischen Kirche und stärker von unten angestoßen wird, also – jedenfalls in manchen Fällen – eine bestehende Verehrung in der Bevölkerung aufnimmt,[10] kommen jedoch auch Vertreter des dezidiert Antioffiziellen wie Gottesnarren postum in den Genuss des Heiligkeitsepithetons (5.4.1).

Die Geschichte der russischen Kanonisierungen beginnt 1071 mit den Leidensduldern Boris und Gleb, weshalb dieser Kategorie in der Kulturgeschichtsschreibung ein besonderer Rang eingeräumt wurde (s. 1.1.4). Heiligsprechungen sind in der russischen Geschichte keine kontinuierliche Erscheinung. Mit zwei Ausnahmen in den Jahren 1547/49 und 2000, als das Konzil bzw. eine Bischofsversammlung der ROK 39 bzw. 1154 Heiligsprechungen vornahmen (Thon 2000:9), wurden über längere Zeiträume bloß vereinzelte Heiligsprechungen vorgenommen. Nach Golubinskijs Zählung waren es von 1072 bis 1547 67 Fälle. Bis 1721 zählte die russische Orthodoxie weitere 146 Heilige, 1903 waren es 380.[11] 1917/18 kamen noch zwei neue Heilige hinzu, bevor die Sowjetphase eine Pause erzwang und erst 1988 wieder neun Kanonisierungen vorgenommen werden konnten. Selten war in der früheren russischen Kulturgeschichte der Heiligentypus des Märtyrers; auf die Vielzahl der in der Sowjetära für ihren Glauben Gestorbenen greift die Bischofsversammlung vom August 2000 zurück und spricht unter den 1154 Neukanonisierten auch 1090 Neumärtyrer, Bekenner und Dulder des 20. Jh.s heilig (s. 5.2.1) – als Leidensdulder auch den letzten Zaren Nikolaj II. (s. 1.1).

Insofern viele verschiedene Habitusmuster die Zuschreibung von Heiligkeit ermöglichen – auch einander ausschließende wie Sieger und Opfer – bildet Heiligkeit selbst nur eine Zuschreibung (s. 4.3.7.2), aber keinen wiederzuerkennenden Gruppenhabitus. Daher wird bei der nachfolgenden Besprechung christoformer Figurenmodelle die Zuschreibung der Kategorie der Heiligkeit nicht eigens aufgeführt; für die zu einer bestimmten Zeit jeweils aktuelle kulturelle Praxis gibt sie weniger her als für die Modellierung der religionsgeschichtlichen Vergangenheit. Qua Vergangenheitsmodellierung gewinnt die Zuschreibung von Heiligkeit dann allerdings eine wirksame mnemonische Dimension. Wie der Begriff der *канонизация* [Kanonisierung], der sich in Russland im späten 19. Jh. der Kürze halber anstelle von *причтение усопших подвижников благочестия к лику святых* [Zurechnung von verstorbenen Tugendhaften zum Heiligenstand] einbürgerte (s. Golubinskij 1903:528–535), zeigt, ist der eigentliche Adressat dieses Vorgangs

---

[10] Zum Kanonisierungsverfahren in der ROK s. Behr-Sigel 1950:24–35; Pomazanskij 1953.
[11] Angaben nach Golubinskij 1903.

das kulturelle Gedächtnis; „heil" bleiben soll die Erinnerung an den Heiligen, individuell durch Gedenktage in der „"goldenen Kette"' des Heiligenkalenders,[12] kollektiv durch umfassende Mnemopraktiken wie den Gottesdienst zu Ehren aller Heiligen der Rus' zur *Неделя всех святых* [Sonntag aller Heiligen] (Sonntag nach Pfingsten). Darin wird die Vielfalt der russischen Heiligen beschworen:

> Kommet, ihr rußländischen Versammlungen,
> Wir rühmen die Heiligen, die in unserem Lande sind,
> die Frommen und die Hierarchen,
> die rechtgläubigen Fürsten,
> die Martyrer und die Priestermartyrer
> und die Narren um Christi willen
> und die Schar der heiligen Frauen,
> sie alle zusammen – bekannt mit Namen oder namenslos:
> Diese, die ja wahrhaftig durch Taten und Worte
> und durch vielgestaltige Lebensform
> und durch Gottes Gaben wurden zu Heiligen,/ [...] (Thon 1987:25)

5.0.5 Russische Heiligkeitstendenzen und Kenose

So divergent die Typen, denen Heiligkeit attestiert wurde und wird, so wenig unumstritten ist der besondere Rang Jesu Christi für die Konstitution von Heiligkeit. Eine verwischte Spur dessen ist in einem lexikalisierten Heiligkeitsepitheton zu sehen: Eine der höchsten Auszeichnungen für einen als heilig eingestuften Verstorbenen lautet *преподобный*.[13] Das Ähnlichkeitskonzept dieses Titels berührt sich mit dem der *imitatio Christi* (s. Kieckhefer 1990:35f). Die russische Orthodoxie verwendet diesen Ehrentitel offensiver als etwa die Westkirche das Epitheton *apostelgleich*.[14] Mag *преподобный* auch mit der *imitatio*-Lehre assoziiert sein, so wird der Titel aber nicht nur an heilig gesprochene Märtyrer verliehen, ist also nicht funktional auf Leidensnachfolge eingegrenzt.

Eine Präferenz von Heiligkeitstypen ist in die Verwendung dieses Epithetons schwer hineinzulesen; Christusähnlichkeit kann über Erniedrigung wie über ethische Reinheit begründet werden. Umstritten ist in der Religionsgeschichtsschreibung für Russland, wie gesehen (4.4.1.3), entsprechend die Frage, ob die Orthodoxie allgemein oder die russische Kultur von Heiligkeit im besonderen das Modell von Vergeistigung (Engelsgleichheit) und Verinnerlichung des Christusbe-

---

[12] Bulgakov 1952:223. Die Märtyrerfeste heißen im oströmischen Kontext bezeichnenderweise μνῆμαι (Hannick 1985b:660); ein regelrechter Heiligenkalender, der die früheren Listen systematisiert, bildet sich nach dem Bilderstreit heraus (ebd.:662).

[13] ‚Ehrwürdiger', wörtl. ‚alleränhlichster'. Lehnübersetzung von gr. ὅσιος (s. Lampe 1961:976). Vgl. zum russischen Begriff Toporov 1995/98:I 683 u. II 347.

[14] O.V. Pančenko 2003. Im russischen Kontext ist *равноапостольный* [apostelgleich] funktional eng eingegrenzt auf Christianisatoren wie Vladimir I.

zugs (Jesusgebet) in den Vordergrund stelle oder aber das Ideal der Nachahmung von Christi Selbsterniedrigung und Leiden *in actu* (vgl. 1.1.3 u. 3.3.3.4).

Wie eingangs geschildert (1.1.4), möchte Fedotov in den russischen Heiligen ein kenotisches Modell am Werk sehen, wobei die verschiedenen sozialen Typen (Mönchtum, Gottesnarrentum) aus seiner Sicht im Moment der kenotischen Christusnachahmung ineinander übergehen:

> В кротком смирении его [русского святого инока] часто проглядывает юродство. […] Но в этом уничижении и кротости для него раскрывается, – и здесь самая глубокая печать русской святости, – образ уничиженного Христа.[15]

Der Einflussbereich dieser Grundkomponente russischer Heiligkeit gehe über den kirchlichen Bereich hinaus: „Этот образ отпечатлелся неизгладимо в мирянской святости […]",[16] wobei die kenotische Dimension der Heiligkeit von weltlichen Personen einem „социальное опрощение"[17] gleichkomme.

Die Opposition von *innen* vs. *außen* (vgl. Rjabinin 2007:8) ist zu einfach. Quer dazu liegt nämlich eine andere Typologisierung, die von zwei konkurrierenden Heiligenmodellen in der russischen Kulturgeschichte, dem tätigen und dem meditativen (Chibarin 1966:73). Die Affinität zum Selbsterniedrigungsmodell liegt oft eher bei den von Chibarin als „meditativ" eingestuften Heiligen.[18] Kenotische Elemente sind gerade auch bei russischen Heiligen anzutreffen, die für theotische Vergeistigung in Anspruch genommen werden können; selbst in der hesychastischen ‚Heiligungstechnik' gibt es mit Stille, Demut und Distanz zur Amtskirche kenotische Züge. Da ‚innere' Engelsgleichheit schwer mit Zeichen zu kommunizieren ist, springt oftmals das Erniedrigungsmoment in die kommunikative Bresche. In Ermangelung der Möglichkeit von Introspektion tritt in der Rezeptionsgeschichte russischer Heiliger häufig das kenotische Moment in den Vordergrund, bspw. in der Literatur (5.3.7.1–5.3.7.2) oder im Film.

Gemäß einem kenotischen Fokus ist auch der Heiligenkalender strukturiert – nämlich nach dem Tag des Todes (*предстательство*) – also vom Tiefpunkt der irdischen Erniedrigung her – in Analogie zur Klimax von Christi Selbsterniedrigung im Kreuztod (s. 2.7.1.4). Wie bei Christi Kreuztod wird der Tod des Heiligen

---

[15] „In seiner [des russischen heiligen Mönchs] bescheidenen Demut scheint oftmals das Gottesnarrentum durch. […] In dieser Selbsterniedrigung und Bescheidenheit eröffnet sich für ihn – und darin liegt das tiefste Gepräge der russischen Heiligkeit – das Bild des erniedrigten Christus." (Fedotov 1997:212f).
[16] „Dieses Bild hat sich der Heiligkeit von Laien unauslöschlich eingeprägt […]" (Fedotov 1997:213).
[17] „Soziale Degradierung" (Fedotov 1997:213).
[18] Etwa eher bei Nil Sorskij als bei Iosif Volockij (Chibarin 1966:73f); s. 5.3.4.1.

aber umgewertet – als Weg zu Christus – und als eigentlicher *Dies natalis* [Geburtstag] des Heiligen im Orthros des jeweiligen Gedenktages kommemoriert.

5.1 ‚Christoformierung' durch Namensgebung

Wie das Epitheton *преподобный* [ehrwürdig, allerähnlichst] (5.0.5) zeigt, spielen Benennungsakte eine konstitutive Rolle für personale Christoformität. Diese wird – ‚christoformierend' (mit-)gestaltet durch sprachliche Akte.

5.1.1 Christometaphorische Vornamen

Сашка – это было его имя, а Христом прозвали его за кротость.[19]

Der offensichtlichste Fall von ‚Christoformierung' durch Namensgebung ist in der russischen Kultur (anders als etwa in der spanischen) ungebräuchlich – ein Kind *Христос* [Christus] oder *Иисус* [Jesus] zu nennen.[20] In russischen Personennamen treten Christusbezüge lediglich über einen metaphorischen Sprung vermittelt auf:[21] Die Aufgabe der *imitatio Christi* wird dem so Genannten/Getauften[22] über die Christus imitierenden Märtyrer und Heiligen auferlegt, welche den immobilen Kirchenkalender füllen, der herangezogen werden kann, um einen Namen für das

---

[19] „Saška war sein Name, und den Rufnamen Christus gab man ihm wegen seiner Demütigkeit." (Babel' 2006:II 95).

[20] Ein Grund dafür mag in der orthodoxen Namensmystik liegen, die im Hesychasmus Verbreitung fand und im religionsphilosophischen *имяславие* [Namenslob] noch an der Schwelle zum 20. Jh., besonders in den Jahren 1907-13 reflektiert wurde. Das kratyleische Band, das in dieser Tradition zwischen Namen und Träger gesehen wird, verbietet die Anwendung des Personennamens *Христос* oder *Иисус* auf jemand anderen. Das Nennen des Namen Jesu – insbesondere im Jesus-Gebet – fungiert als innere Vergegenwärtigung Christi. Allerdings gilt diese Anrufung etwa für Ignatij Brjančaninov (Knechten 2003:133) und Pavel Florenskij dem „göttlichem Namen" Christi: „Nicht die Person [...] sondern der göttliche Name, das Wort ‚Jesus' ist für Florenskij der tiefgründigste und höchste Wert des Christentums." (Boneckaja 1992:75). Die Gegenposition dazu ist anthropozentrisch (und implizit) kenotisch grundiert: „Opponents of *imiaslavie*, the educated clergy, argued from a rationalist position, emphasizing the earthly nature of the name ‚Jesus' and equating the God's name with a ‚human word', a ‚nominal appelation'." (Paperno 1994c:290).

[21] In geringerem Maße gilt dies für die Christusmetonymie der Gottesmutter. Zu *Мария* [Marija] bzw. *Марья* [Mar'ja] kommen jedoch die Paronomasien *Маргарита* [Margarita] oder *Марина* [Marina], die sich je nach Situation (etwa in der Literatur) als Derivate von *Мария* begreifen lassen (s. 10.5.3).

[22] Zur Taufe „auf Christus" als Mitkreuzigung und Mitbeerdigung s. 3.3.1.2 u. 4.5.10.1.

Neugeborene zu suchen.[23] Unabhängig davon, ob der Tag der Geburt den Ausschlag für die Wahl eines konkreten Heiligennamens gibt oder nicht, erlegt die Namensgebung nach Heiligen aus dem Kirchenkalender dem Kind eine ethische Norm auf – die Aufforderung zur *imitatio imitatoris Christi*. In der frühen Geschichte der Christianisierung dauert es eine gewisse Zeit, bis der christliche Heiligen- resp. Namenskanon etabliert ist.[24] Das Namenspatronat des Heiligen begleitet die Menschen von der Taufe[25] bis zum Tod: Der Heilige fungiert als ethisches Vorbild von Christi demütigem irdischem Habitus und Fürbitter, also Mittler gegenüber dem erhöhten Christus. Wie es im Begräbnisritus heißt:

> Агнца Божія проповѣдавше, и заклани бывше яко же агнцы, и къ жизни нестарѣемѣй, святіи, и присносущнѣй преставльшеся, Того прилежно мученицы молите: долговъ разрѣшеніе намъ даровати![26]

Zwischen der Christoformität des Heiligen und seiner Befähigung zur Fürbitte besteht ein – nicht notwendig explizit gemachter – Zusammenhang: Erfolgreich sein kann eine derartige stellvertretende Fürbitte durch die Opferähnlichkeit der Christusmetapher mit Christus.

5.1.2 Mönchsnamen

Dass in der Etymologie bzw. Semantik eines russischen Personennamens selbst ein Kenosis-Verweis begegnet, ist die Ausnahme. Anders sieht dies aus bei Mönchsnamen wie etwa *Тихон* [Tichon]. Die Mönchsweihe wird verstanden als „Ablegen des alten Menschen" und „Anziehen des neuen" (Bulgakov 1952:227). Im Ritus der Scherung zum Mönch wird Phil 2,7 zitiert (vgl. Fedotov 1966:I 128). Dabei wird ein Namenswechsel vollzogen, was mitunter die Identifikation eines historischen Mönchs schwierig macht, weil er zu verschiedenen Zeiten seines Lebens mit seinem weltlichen Vornamen und später mit seinen – entsprechend den drei Weihestufen (s. 5.3.3) – eventuell drei nochmals verschiedenen Mönchsnamen genannt wird. Da zudem bestimmte Mönchsnamen wie *Макарій* [Makarij] besonders populär sind, müssen oft ergänzend die Nachnamen zum abgelegten

---

[23] In Gogol's *Шинель [Der Mantel]* wird die Suche nach einem Namen im orthodoxen Heiligenkalender als einem Reservoir abstrus-ungebräuchlicher Namen parodiert (Gogol' 1937/52:III 142).

[24] Es trifft jedoch nur teilweise zu, wenn Goehrke schreibt, im 12. Jh. wären noch fast „ausschließlich vorchristliche Namen" vergeben worden (2003:140); in der Frühzeit wurden in der Regel nämlich zusätzlich zu den (gebräuchlicheren) traditionellen, vorchristlichen Namen christliche vergeben – bei Boris und Gleb etwa Roman und Davyd.

[25] Vgl. die Maßikonen 4.6.5.3.

[26] „Die ihr verkündigtet das Lamm Gottes, die ihr selbst wie Lämmer zur Schlachtbank geführt wurdet und als Heilige in das nicht alternde und ewige Leben versetzet seid, bittet dasselbe, Vergebung der Sünden uns zu schenken!" (Mal'cev 1898:85).

weltlichen Vornamen oder aber der Wirkungsort (Eparchie, Kloster, Einsiedelei) herhalten, um die Personen zu unterscheiden (s. 11.). Was der historischen Wissenschaft Moleste bereitet, ist von der Vorgabe der ‚Christoformierung' her durchaus erwünscht: Die Vergabe neuer Namen bei verschiedenen Weihestufen inszenieren (womöglich gar wiederholt) die Löschung der alten Identität um der neuen (oder gesteigerten) Fremdidentität als Christus-Nachahmer willen. Die (zumindest normative) Aufgabe der Voridentität dient als Metapher für die maximale kenotische Selbstaufgabe, ein Sterben für Christus.

5.1.3 Christen-Bauern

Wie Mönchsnamen individuelle Identität jenseits des normierten Christusbezugs geradezu löschen sollen, so zielen auch einige Appellativa darauf ab, individuelle Merkmale zu überzeichnen und eine Kollektividentität zu konstruieren – von Christus her. Der meistdiskutierte Fall ist der Gattungsname крестьянин, der heute ‚Bauer' bedeutet, im Altrussischen allerdings für ‚Christ' und global für ‚Mensch' stand[27] – eine Entlehnung aus dem lateinischen *christianus*. Das Altrussische schreibt mit der Verallgemeinerung von *Christ* zu *Mensch* die Selbstidentifikation jedes einzelnen Mitglieds der russischen christlichen Kultur mit Christus vor.[28]

Dem Diskurs kulturphilosophischer Selbstmodellierung des 19. Jh.s entgeht diese Identifikation nicht: Dostoevskij macht in seinem *Дневник писателя [Tagebuch eines Schriftstellers]* auf das etymologische Band aufmerksam:

> Пока народ наш хоть только носитель Христа, на него одного и надеется. Он назвал себя крестьянином, то есть христианином, и тут не одно только слово, тут идея на все его будущее.[29]

Die je individuelle Christus-*imitatio* der Heiligen und auch den Gottesdienst für alle russischen Heiligen (s. 5.0.4) überbietend, begreift Dostoevskij die Christusähnlichkeit also als kollektive Kategorie. Für ihn erscheint das russische „Volk" in

---

[27] Vasmer 1964/73:II 374f. In der Bedeutung ‚Bauer' setzt sich крестьянин Ende des 14. Jh.s durch (vgl. Goehrke 2003:192).

[28] Auch *крест* [Kreuz], nicht aber *крес* [Wiederaufleben] und das Derivat *возкресение* [Auferstehung] stammen von Christus und *christianus* ab (Vasmer 1964/73:II 373f), wenngleich auch diese Begriffe aufgrund der lautlichen Ähnlichkeit und der semantischen Kontiguität bisweilen als mit Christus zusammenhängend empfunden werden (s. etwa Sinjavskij 1990b:189).

[29] „Vorläufig ist unser Volk erst nur ein Träger Christi, auf den es denn auch seine ganze Hoffnung setzt. Es nennt sich der Mann aus dem Volk, ‚Krestjánin', das heißt so viel wie ‚Christianin', und das ist nicht nur eine zufällige Bezeichnung, nur ein Wort, sondern hierin liegt eine Idee, die seine [des Volkes] ganze Zukunft ausmachen wird." (Dostoevskij 1972/90:XXVI 170; dt. v. E.K. Rahsin, Dostoevskij 1992:548).

toto als „народ богоносец".³⁰ Wie stets beim Begriff *Volk* stellt sich die Frage, ob dieses als soziale oder als nationale Größe gedacht wird. Gorodetzky meint in ihrer Interpretation, das kollektiv-kenotische Ideal werde von Dostoevskij auf die Größe der Nation ausgedehnt: „This identification of the peasantry with the vision of the humiliated Christ was extended to the rest of the nation." (1938:8). Damit würde die übernationale Dimension der Synekdoche vom *Volk Christi* nationalistisch-exklusiv verengt.³¹

Bei Tolstoj dagegen wird die Kategorie des Volkes klar auf den Bauernstand bezogen – und gegen die Hybris der Intellektuellen gewendet. Diese hätten von den Bauernkindern zu lernen, verkündet er in der Schrift *Кому у кого учиться писать, крестьянским ребятам у нас или нам у крестьянских ребят? [Wer soll von wem schreiben lernen – die Bauernkinder von uns oder wir von den Bauernkindern?]* (1862).

Zwischen Tolstojs sozialer Demut und Dostoevskijs nationalistischem Einschlag steht Michail V. Nesterov, der auf seinem Gemälde *Heilige Rus* (1905; Abb. Cristo 2000:464f) die sozialen Stände vereint zeigt – allerdings in ruhig gesammelter Pose; ein kenotisches Moment ist bei ihm nicht auszumachen.³²

5.1.4 Christus-Sklaven

Den engsten kenotischen Bezug weist die Antonomasie „δοῦλος Ἰησοῦ Χριστοῦ"³³ auf, die die „Knechtsgestalt" des durch Inkarnation erniedrigten Christus von Phil 2,7 metonymisch auf den jeweiligen Christusnachahmer überträgt. In der russischen christlichen Einzugssphäre ist diese Namensersetzung mindestens ähnlich wenn nicht stärker verbreitet als in anderen christlichen Kulturen. Schon bei der Taufe wird diese Antonomasie mit der Intension der christoformen Erniedri-

---

[30] „Gottträger Volk" (Dostoevskij 1956/58:IX 395); vgl. 5.3.7.2. Zur ekklesiologischen Kategorie der Konziliarität s. 4.4.4.1.

[31] Die nationale Verengung liegt in den orthodoxen *Nationalkirchen*, die eine Kultur und einen Raum („kanonisches Territorium") für sich reklamieren, näher als in der sich von der Zentrale Rom her stärker übernational definierenden katholischen Kirche. Filaret betont dagegen in seinem Katechismus: „[...] Он [Христос] пришел на землю не для одного какого-либо народа и не для некоторых людей, но для всех нас, людей, вообще." [Er (Christus) kam nicht um irgendeines Volkes willen und nicht für einige Menschen auf die Erde hernieder, sondern für uns alle, für die Menschen überhaupt.] (§ 152; Filaret 2002:56).

[32] Zudem wurde das Bild verbreitet so rezipiert, dass zwischen Christus und den russischen Figuren eine Kluft bleibe (Rusakova 1990:17), dass dieser Versuch der Darstellung eines „Явление Христа русскому народу" [Erscheinen Christi vor dem russischen Volk] (also eine nationale Übersetzung von Aleksandr Ivanovs allgemeinem Theophanie-Sujet) scheitere (vgl. Stepanov 2001:186–188).

[33] „Knecht Jesu Christi" (Röm 1,1; vgl. 3.3.4).

gung gebraucht. „Крщаетсѧ рабъ бжїй…".[34] Sie kehrt wieder bei der Trauung („Вѣнчаетсѧ рабъ бжїй … и рабѣ бжїей […]"[35]) und schließlich bei der Sterbebegleitung („[…] душу раба Твоего/рабы Твоея N.N., отъ всякїѧ узы разрѣши и отъ всякїѧ клятвы свободи […]"[36]) und dem Totengedenken „О приснопамятнемъ рабѣ Божіемъ/приснопамятней рабѣ Божіей […]".[37] In der Chrysostomos-Liturgie bezeichnen sich die Liturgen damit (s. 4.5.3.8). In Bittgebeten erscheint der Rezipient *in spe* als „раб" [Knecht] des Erbetenen unwürdig, also als gnadenhalber Beschenkter (Kallis 1989:68f) – und zwar durch das Opfer Christi.

5.2 Opfer

> Но рыцарство не развилось на духовной почве православия. В мученичестве св. Бориса и св. Глеба нет героизма, преобладает идея жертвы. Подвиг непротивления – русский подвиг. Опрошение и уничижение – русские черты.[38]

Christi Opfer gilt als Konsequenz seiner freiwilligen Selbsterniedrigung (2.6.1.4). Der Opfergesichtspunkt daran verweist auf heidnische Menschenopferpraktiken bzw. signalisiert – nach Girard – deren Ablösung und Überwindung (3.0.4). Von den Aktanten her betrachtet, besteht Christi Opfer im Passiv-Werden (Gehorsam); als *patiens* lässt Jesus Spott, Folter und Mord über sich ergehen.

Die Christus-Nachfolge ergibt sich in der Frühzeit einmal metonymisch aus der Pragmatik des Nachfolgens, geistig übersetzt ins Apostolat,[39] zum anderen metaphorisch aus der Nachahmung von Christi Opfer, also in einem analogen Passiv-Werden und Dulden von Demütigung und Gewalt, die von außen kommen.

---

[34] „Getauft wird der Knecht Gottes…" (Trebnik 1995:58).

[35] Um umgekehrt: „Вѣнчаетсѧ раба бжїѧ… рабў бжїю…" [Getraut werden der Knecht Gottes … und die Magd Gottes…] (Trebnik 1995:120).

[36] „[…] die Seele deines Knechtes (deiner Magd) N.N., löse von jedem Bande und befreie von jedem Schwure […]" (Mal'cev 1898:23).

[37] „Für den/die immer in unserem Gedächtnis lebenden Knecht/Magd Gottes N.N. […]" (Mal'cev 1898:333).

[38] „Ein Rittertum hat sich jedoch auf dem geistigen Boden der Orthodoxie nicht entwickelt. Im Martyrium des hl. Boris und des hl. Gleb ist nicht Heroismus, die Idee des Opfers überwiegt. Die Tat des Nichtwiderstrebens ist eine russische Tat. Schlichtheit und Nichtigkeit sind russische Charakterzüge." (Berdjaev 1946:9; dt. v. Dietrich Kegler, Berdjaev 1983:32).

[39] Bspw. PG 39,1829C; vgl. 3.2.6.1 u. 5.0.4.

5.2.1 Märtyrer

Die getreueste Nachahmung des Passivitätsschubs Christi gegenüber äußerer Gewalt besteht im Erleiden einer analogen Hinrichtung am Kreuz (s. 2.6.1.3). Nach der Abschaffung der Kreuzhinrichtung durch Konstantin 315 besteht diese getreue Nachahmungsmöglichkeit nicht mehr. Doch auf die Hinrichtungs*weise* kommt es nicht an; Christi Opferzeugnis kann auch durch andere Todesarten „bezeugt" werden (s. Apg 22,20). Die orthodoxe Kirche kennt für die frühen Opfer der Christenverfolgung, die auf andere Weise umgebracht wurden, den Titel μεγαλόμαρτυς.[40] Durch das Ende der Christenverfolgung gerät das Nachfolgemodell des Martyriums insgesamt in die Krise,[41] und auch in der russischen Kirchengeschichte von 988 bis 1917 ist das Martyrium für den christlichen Glauben eher selten. Die Differenzierung der Märtyrerterminologie in *священномученик* [Priestermärtyrer] oder *преподобномученик* [Mönchsmärtyrer] „[...] zeigt deutlich die Integrierung eines Frömmigkeitstyps, der im frühen Christentum selbständig war, in die Ständeordnung ([...]) der kirch.[lichen] Sozietät." (Onasch 1981:258).

Das Generalmodell der Märtyrer aber wird in der kirchenslavischen Liturgie unvermindert als mustergültig kommemoriert: „Durch den Tod Christi Tod, durch ihre Leiden Christi heiliges Leiden nachahmend, erlangten de Martyrer alle das göttliche und selige Leben." (Kirchhoff 1940:105, sic). Im russisch-orthodoxen Kirchenkalender waren es bis in jüngste Zeit vor allem griechische Märtyrer, derer gedacht wurde. Erst im 20. Jh. wendet sich das Blatt: Den Repressionen des Sowjetregimes fallen Priester, Mönche und Gläubige der ROK-MP in Massen zum Opfer. Die Bischofsversammlung von 2000 kanonisiert unter den 1154 neuen Heiligen auch 1090 Neumärtyrer und Bekenner aus dem 20. Jh. (Thon 2000:9). Einzelne der Neumärtyrer wie der 1997 heilig gesprochene Patriarchatsverweser Metropolit Petr (Krutickij), der 1937 vom NKVD erschossen wurde, fanden unverzüglich Aufnahme in Sammlungen von Heiligenviten (Filaret 2000:Sentjabr' 440–460). Am Sonntag nach dem 25. Januar gedenkt die ROK des *Собор новомучеников и исповедников Российских* [Gemeinschaft der russischen Neumärtyrer und Bekenner].

5.2.2 Leidensdulder

Wenn das Pessimum des Ermordet-Worden-Seins durch die Zuschreibung des Märtyrer-Status umgewertet wird zu einem ‚Reichtum' der äußersten Bekenntnisbereitschaft, dann sind die ‚armen Verwandten' der Märtyrer Opfer von Morden, bei denen das christliche Bekenntnis nur in vagem Zusammenhang mit ihrem

---

[40] Russ. *великомученик* [Erzmärtyrer] (bspw. Paraskeva und Theodoros Stratilates).
[41] Der Bilderstreit bringt einen neuen Aufschwung, und an der Peripherie der orthodoxen Kulturen bleibt das Märtyrermodell bei Missionstätigkeit virulent.

Opferstatus steht; diese aber erfreuen sich in der russischen Orthodoxie einer fast unikalen Verehrung.[42] Mit den ermordeten Fürstensöhnen Boris und Gleb (gest. 1015, heilig gesprochen wahrscheinlich 1072), steht das Heiligkeitsmodell des *страстотерпец* [Leidensdulder] am Anfang der Geschichte russischer Heiligkeit (was Fedotov für seine These vom kenotischen Modell in der russischen Kulturgeschichte ausbeutet). Mit dem Versuch der Einschreibung des letzten Zaren Nikolaj II. in diese Genealogie im Jahr 2000 steht es auch an deren vorläufigem Ende (s. 1.1). Bei allen dreien ist die gewaltsame Ermordung unzweifelhaft, die Bekenntnisdimension dabei jedoch vage (Boris und Gleb) bis strittig (Nikolaj II.). Das Moment des gewaltsamen Todes wird dennoch in solchem Maße mit Christi Opfertod am Kreuz assoziiert, dass die Similaritätsrelation zwischen Christi Opferposition und ihrem Leidensdulden hinreicht: Tumarkin hat dies im Blick, wenn sie sagt, die Fürsten-Leidenden „[...] died not *for* Jesus Christ but *like* him, accepting violent death [...]" (1997:6, Hervorh. i. Orig.). So findet ein Austausch zwischen den Attributen Christi und denen der Leidensdulder statt, der die diversen Leidensdulder zu einem Typus konstituiert:

[...] une certaine vision du Christ à travers eux [les *strastoterpets*] et une certaine interprétation de leur mort à travers la vision du Christ souffrant, crée l'unité spirituelle des différentes figures de *strastoterpets*.[43]

In den 900 Jahren zwischen Boris und Gleb und Nikolaj II. fand das Modell des Leidensdulders Anwendung auf weitere Fürsten, deren Leben und Sterben erheblich dagegen spricht, dass man ihren gewaltsamen Tod als Opferzeugnis *für Christus* interpretiert – so der 1702 heilig gesprochene Fürst von Vladimir und Suzdal' Andrej Bogoljubskij. Die bald nach seinem Tod verfasste *Повесть об убиении Андрея Боголюбского* [Erzählung von der Ermordung Andrej Bogoljubskijs] (zwischen 1174 und 1177) spricht die Spannung zwischen dem kaum heiligmäßigen Leben Andrejs und seiner Heiligung durch das Leidensdulden mehrfach an: Die Erzählung lässt Andrej, der die Ermordung kommen sieht, sagen:

«Господи, аще во время живота моего мало и полно труда и злыхъ дѣлъ, но отпущение ми даруи и сподоби мя, господи, недостоинаго прияти конєцъ сѣи, якоже вси святии, тако и толики страсти и различныя смерти на правѣдникы находилы суть и *яко* святии пророци и апостоли с мученикы вѣнчашася, по

---

[42] Dass dies kein allein russisches Modell darstellt, sondern auch in Serbien und Tschechien anzutreffen ist (Obolenskij 1974:403f), kann hier nicht weiter betrachtet werden.

[43] „[...] eine gewisse Schau Christi durch sie [die Leidensdulder] hindurch und eine bestimmte Interpretation ihres Todes durch das Bild des leidenden Christus erzeugt die geistige Einheit der verschiedenen Figuren von Leidensduldern." (Behr-Sigel 1950: 126).

господѣ крови своя прольяша [...] и ѣще же и господь нашь Иисусъ Христосъ искупи мира от прельсти дьявола чьстьною кровью своею».[44]

Christusanalog macht Andrej auch der Erzähldiskurs: „И свѣщаша убииство на ночь, якоже Июда на господа."[45] und ordnet seinen gewaltsamen Tod in die Boris-und-Gleb-Genealogie ein: „[...] кровью мученьчскою умывся пригрѣ- шении своихъ, и со братома своима с Романомъ и съ Давидомъ единодушно ко Христу богу притече."[46] Besonders produktiv wird der Topos des Opfertodes bei den im 13. Jh. im Kampf gegen die vorrückenden Mongolen gefallenen Fürsten.[47] Mustergültig ist Michail Černigovskij, dessen Ermordung während einer Gesandtschaft an die Goldene Horde im Jahre 1246 das *Сказание об убиении в Орде князя Михаила Черниговского и его боярина Феодора* [*Legende von der Ermordung des Fürsten Michail Černigovskij und seines Bojaren Feodor durch die Goldene Horde*] (vor 1271) als bewusstes Leidensdulden „um Christi willen" überhöht: Michail wird in den Mund gelegt: „«Азъ того хощю, еже ми за Христа моего пострадати и за православную вѣру пролияти кровь свою»."[48]

Die Umwertung einer kläglichen Opferposition zu einem furiosen Triumph treibt im 19. Jh. bunte Blüten: Der 1881 ermordete Zar Aleksandr II. wird mit einer opulenten „Erlöserkirche auf dem Blute" (Спас на крови) geehrt. Wie bei Boris und Gleb sowie Nikolaj das sachlich eigentlich unzutreffende Epitheton des Märtyrers verschiedentlich in Anschlag gebracht wird (s. 1.1.4), so wird auch der ermordete Aleksandr II. in einer populären Biografie als Zarenmärtyrer gefeiert.[49]

5.2.3 Bekenner

Die zweite Gruppe ‚armer Verwandter' der Märtyrer bilden die *исповедники* [Bekenner]. Das Modell des Bekenners verhält sich zu dem des Leidensdulders komplementär; während bei diesem der Opferstatus unstrittig, aber das Bekennt-

---

[44] „,Herr, wenn ich auch zu Lebzeiten viele Sünden und böse Taten begangen habe, so verzeih sie mir doch alle und mache mich Sünder würdig, Gott, mein Ende anzunehmen, wie die Heiligen ihres annahmen, denn solche Leiden und verschiedene Todesarten kamen den Gerechten zu; *wie* auch die heiligen Propheten und Apostel und Märtyrer den Lohn erhielten für den Herrn ihr Blut zu vergießen [...] und [wie] auch noch unser Herr Jesus Christus die Welt von der teuflischen Versuchung durch sein heiliges Blut freikaufte'." (PLDR 2,330, Hervorh. i. Orig.).

[45] „Und sie planten den Mord für die Nacht, wie Judas gegen den Herrn." (PLDR 2,328).

[46] „[...] mit seinem Märtyrerblut wusch er sich von seinen Sünden rein, und kam zusammen mit seinen Brüdern Boris und Gleb einmütig zu Christus." (PLDR 2,336).

[47] Vgl. Behr-Sigel 1950:47–54; Fedotov 1997:80–88.

[48] „,Das eben will ich: Für meinen Christus leiden und für den orthodoxen Glauben mein Blut vergießen'." (PLDR 3,232).

[49] Tumarkin 1997:10. Kulturgeschichtlich pikant ist, dass auch die Gruppe der Attentäter für sich Christoformität in Anspruch nimmt (s. 5.5.5.2).

nismoment unklar ist, stellt sich bei jenem die christliche Opferbereitschaft als unzweifelhaft dar, ohne aber zur äußersten Konsequenz – dem Märtyrertod zu gelangen. Dessen Fehlen ist allerdings nicht dem Bekenner anzulasten, denn *per definitionem* hätte der die Bereitschaft besessen, dieses ultimative Opfer zu bringen, nur waren seine Peiniger nicht konsequent genug. Der Tod aber muss von außen zugefügt werden (s. 4.5.10.2) und entzieht sich der Verfügung des verhinderten Märtyrers.

5.2.4 Leidende

Für heilig gesprochene Bekenner scheidet also die letzte Konsequenz des Todes *Христа ради* [um Christi willen] aus. Die ihnen attestierte Heiligkeit definiert sich damit nicht über den äußersten Moment, sondern über einen längeren Zustand des Leidenserduldens bzw. der fortgesetzten Bereitschaft dazu. Als Ankündigung der ultimativen Todesnachfolge gewinnt das Leiden indexikalischen Charakter: Es verweist als Vorstufe des Martyriums in Christusnachfolge auf den Opfertod Christi – vermittelt über einen metonymischen (Leiden – Tod) und einen metaphorischen Sprung (Christusnachahmer – Christus).

Leiden aber ist, anders als gewaltsamer Tod, eine dehnbare Kategorie und eine der Grundkonstituenten menschlichen Daseins. Es umfasst sowohl intersubjektiv einsichtige Formen äußeren, physischen Leidens als auch nur andeutungsweise kommunizierbare Spielarten inneren, psychischen Leid-Empfindens. Obgleich primär eine individuelle Kategorie, ist die Rede vom Leiden doch auch auf kollektive übertragbar, wobei die Formen kollektiven Leidens wiederum aufgespannt sind zwischen objektivierbaren Notzeiten (Kriegen, Hunger etc.) und plakativem Krisen-Erleben (vermutlich einer der wenigen Konstanten der Psychohistorie).

5.2.4.1 Kombinatorische Beglaubigung

Während individuelles physisches Leiden *in vivo* den größten Beglaubigungseffekt hat, sind mit den Mitteln von Fiktion besser psychische Leiden miterlebbar zu machen. Für den psychologischen Realismus der zweiten Hälfte des 19. Jh.s ist die Kategorie der moralisch Erniedrigten und sozial Beleidigten eine feste Größe, man denke nur an den emblematischen Dostoevskij-Text *Униженные и оскорбленные [Erniedrigte und Beleidigte] (1861)*. Den größten Beglaubigungseffekt erzielt die Kombination von physischem und psychischem Leiden; dieses kombinierte Leiden kippt in Christoformität, wenn es freiwillig und stellvertretend angenommen wird wie von Fürst Myškin in Dostoevskijs Roman *Идиот [Der Idiot] (1869)*, der Epileptiker ist und als „Idiot" verunglimpft wird, aber vom Autor zum „КНЯЗЬ ХРИСТОС"[50] hochstilisiert wird (s. 6.9.2).

---

[50] „FÜRST CHRISTUS" (Dostoevskij 1974:IX 246).

5.2.4.2 Mongolenjoch

Was kollektives Leiden betrifft, ist die altrussische historische Literatur voll von Erzählungen über kollektive Leidensphasen (*Слово о погибели рускыя земли*,[51] *Повесть о разорении Рязани Батыем*[52]), die als sinnvolle Strafen für eine nicht hinreichend gottgefälliges Leben semantisiert werden: „А в ты дни болѣзнь крестияном [...]".[53] Das Trauma des Mongolenjochs lässt diese Zuschreibung topisch werden. Mit dem christoformen Leiden wird die Schuld wieder abgetragen; hier greift also weniger der Mechanismus einer von Anfang an gezielten Christusnachahmung als die nachträgliche Sinngebung für ein bereits eingetretenes kollektives Leiden, das dann mit einer zu Christi Opfer analogen Ökonomie abgegolten wird (s. 3.0.1). Am nachdrücklichsten etabliert wird dieses Deutungsmuster in der Retrospektive aus dem 19. Jh.:

> Vor allem im 19. Jh. wurde von orthodoxen Denkern das Schicksal der Rus' unter den Tataren der Goldenen Horde als unschuldiges Leiden des Volkes, des Landes und der Kirche sakralisiert, spirituell und gleichzeitig politisch interpretiert. Gott führe die, die er liebt, auf den Weg des L[eiden].s als Teilnahme am L.[eiden] Jesu Christi. Die „heilige Rus'" sei damals ihren „Kreuzweg" gegangen [...] (Laszczak 2002:260).

5.2.4.3 „Golgathas" des 20. Jh.s

Von 1918 an greift die von der Sowjetmacht verfolgte ROK zur Topik des Leidens der Kirche für Christus und knüpft an frühere Phasen kollektiven Leidens an. Im *Aufruf des Hl. Konzils an das rechtgläubige Volk anläßlich des Dekrets der Volkskommissare über die Gewissensfreiheit* heißt es schon am 27. Januar 1918:

> Даже татары больше уважали нашу святую веру, чем наши теперешние законодатели. Доселе Русью называлась Святою, а теперь хотят сделать ее поганою. [...]
>
> Лучше кровь свою пролить и удостоиться венца мученического, чем допустить веру православную врагам на поругание.
>
> Мужайся же, Русь Святая. Иди на свою Голгофу. [...] А Глава Церкви Христос Спаситель вещает каждому из нас: «Буди вѣренъ до смерти и дамъ ти вѣнецъ живота» (Апок II,10).[54]

---

[51] *Wort vom Untergang des russischen Landes* (zwischen 1238 und 1246).
[52] *Erzählung von der Zerstörung Rjazan's durch Batu* (13. Jh.); vgl. 4.3.8.4.
[53] „Doch in jenen Tagen kam das Unglück über die Christen [...]" (PLDR 3,130).
[54] „Sogar die Tataren hatten mehr Achtung vor unserem heiligen Glauben als unsere heutigen Gesetzgeber. Bis jetzt hieß Rußland das Heilige Rußland, aber jetzt will man es zum heidnischen machen. [...]/ Besser sein Blut vergießen und der Märtyrerkrone würdig werden, als den orthodoxen Glauben von seinen Feinden schmähen zu lassen./ Ermanne dich, Heiliges Rußland, gehe auf dein Golgatha. [...] Das Haupt aber der Kirche, Christus der Heiland, spricht zu jedem von uns: ‚Sei getreu bis an den Tod, so will

5. Christoformität in Russland 473

In der Tat brachte die sowjetische Repression vielen Priestern, Mönchen und Gläubigen das Martyrium. Das hinderte die Leitung der ROK nicht, am 22. Juni 1941 (am Tag nach dem deutschen Überfall auf die Sowjetunion), auch die Abwehrschlacht gegen die Aggressoren als Selbstaufopferung in Christusnachfolge zu beschreiben. Diesmal wird an frühere Unterdrückungen von außen erinnert:

> Повторяются времена Батыя, немецких рыцарей, Карла шведского, Наполеона. [...]
> Положим же души своя вместе с нашей паствой. Путем самоотвержения шли неисчислимые тысячи наших православных воинов, полагавших жизнь свою за родину и веру во все времена нашествий врагов на нашу родину. Они умирали, не думая о славе, они думали только о том, что родине нужна жертва с их стороны, и смиренно жертвовали всем и самой жизнью своей.[55]

Auch im Rückblick aus postsowjetischer Zeit erhält die sowjetische Repression eine paradox positive – weil Kenose-fördernde – Rolle. Goričeva meint in ihrem Aufsatz *О кенозисе русской культуры [Über die Kenose der russischen Kultur]*, nachdem sie sich in die Tradition der Fedotov-These gestellt hat (1994:51), die mit Boris und Gleb ein kulturspezifisches Modell begründet sieht (vgl. 0.1.2), und gegen westliche mangelnde Demut und „Demokratisierung" polemisiert hat (1994:60f), dass in Russland im 20. Jh. endlich auch das Märtyrermodell *praktische* Bedeutung erlangt habe: „Раньше молились мученикам, в советское время сотни тысяч сами пошли на мученичество."[56] So sei es zu einer den Sowjets zu verdankenden Verstärkung des kenotischen Musters gekommen:

> Кенозис лишь усилился советской властью, которая ввела в нашу жизнь логику посткатастрофы. Сколь бы чудовищной ни была советская история, она стала для русских испытанием, посланным Богом, был в ней, следовательно, таинственно-положительный, «свободный» момент.[57]

---

ich dir die Krone des Lebens geben.'" (Dejanija 1918:139f; dt. Hauptmann/Stricker 1988:650f).

[55] „Es wiederholen sich die Zeiten Batus, der Deutschritter, Karls von Schweden und Napoleons. [...]/ Geben wir also unser Leben hin, gemeinsam mit unserer Herde. Den Weg der Selbstaufopferung gingen unzählige Tausende unserer rechtgläubigen Krieger. Zu allen Zeiten, wenn der Feind unsere Heimat überfiel, ließen sie ihr Leben für die Heimat und den Glauben. Sie starben, ohne an Ruhm zu denken; sie starben einzig deshalb, weil die Heimat ein Opfer von ihrer Seite brauchte, und opferten demütig alles und gar ihr Leben." (Poslanija 1943:3–5; dt. Hauptmann/Stricker 1988:750f, Übers. d. letzten Satzes v. Vf.).

[56] „Früher betete man zu den Märtyrern; in der Sowjetzeit hingegen gingen Hunderttausende selbst ins Martyrium." (Goričeva 1994:68).

[57] „Die Kenose wurde von der Sowjetmacht, die in unser Leben die Logik der Postkatastrophe einführte, lediglich verstärkt. So monströs die sowjetische Geschichte auch war,

5.2.4.4 Unbegrenzte Ressource

Mit seinen divergenten Ausprägungen stellt Leid (und dessen Zuschreibung) eine nahezu ubiquitäre Größe menschlichen Daseins dar und ist entsprechend eine unerschöpfliche Ressource für sekundäre Sinnzuschreibungen wie die eines Leidens „um Christi willen". Gegenüber dem Tod in Christusnachfolge besitzt das als Nachfolge gedeutete Leiden den mnemonischen Vorteil, dass es individuell als Jahrzehnte, kollektiv als Jahrhunderte dauernd verstanden werden kann.[58]

5.2.5 Heterostereotype

Obgleich Leiden und Leidenszuschreibung kulturübergreifende Existenziale darstellen, schien die Leidenstopik in der russischen Kultur – von außen betrachtet – eine stärkere Rolle zu spielen als in anderen kulturellen Auto- und Heterostereotypen. Die Stereotypen vom russischen Fatalismus, Masochismus oder einer *Slave Soul of Russia* (Rancour-Laferriere 1995; s. dazu Meyer 2006) blicken auf eine lange Karriere zurück.[59] Während man aus der Außenperspektive schnell mit negativen Heterostereotypen bei der Hand ist (einem fremden Leiden braucht man nicht unbedingt Sinn geben), ist in der russischen kulturellen Selbstbeschreibung Sinngebung ein triftiges psychologisches Kurmittel. In der traditionellen russischen Kultur griffen dabei die beiden christlichen Sinngebungsmuster von negativem Leiden als Strafe und positivem Leiden qua Christusnachfolge ineinander.

Die Interpretation eines Leidens als Christusnachfolge hat einen apotreptischen Beigeschmack (das Leiden wird nicht mehr als kontingent individuelles Leiden begriffen, sondern auf ein außen liegendes *télos* hin semantisiert). Die Kulturphilosophie des 19. Jh.s wartet mit unterschiedlichen Versuchen der Sinngebung kollektiven nationalen Leidens im Hinblick auf Christus auf, von denen Dostoevskijs Theorem vom Christus-tragenden Volk lediglich die berühmteste Variante darstellt (s. 5.1.3).

Im Ausblick auf die Erlösung vom Leiden (die Auferstehung) ist in dieser christlichen Leidenssemantisierung ein historiosophisches Element enthalten, das sich leicht in die Funktionalisierung von Leiden für die Erlösung in einer künfti-

---

sie wurde für die Russen zu einer von Gott gesandten Prüfung; es lag darin folglich ein verborgen-positives, ‚freies' Moment." (Goričeva 1994:68).

[58] Mit der Predigt von Leiden als unhintergehbarem Existenzial und der Paränese zur Leidensbereitschaft können zudem soziale und politische Strukturen stabilisiert werden (s. 5.2.7.1).

[59] Das Masochismus-Klischee bedient auch P. Henry 1957:137; zur Geschichte des Stereotyps s. Uffelmann 2005a.

5. Christoformität in Russland 475

gen besseren Gesellschaft, ein Reich Gottes auf Erden, übersetzen ließ.[60] Die einst eng mit Christus verknüpfte Positivierung von Leiden funktioniert auch jenseits des manifesten Christusbezugs; die Interpretationsschablone von Leiden als etwas paradox Positivem ist nicht ohne Weiteres auszutreiben (s. 7.2.1).

5.2.6 Der Gender-Index der (Selbst-)Erniedrigung

5.2.6.1 Vom paganen Mutterkult zum orthodoxen Patriarchat

Zu interkulturellen Stereotypen von Leidenszuschreibungen kommen Gender-Stereotype verstärkend hinzu. Dabei brachte der mutmaßliche vor-indoeuropäische und vor-christliche pagane Mutterkult zunächst nicht die Frauen in die Rolle des Opfers, sondern positionierte weibliche Gottheiten als Opferempfängerinnen.[61] In der Frühzeit der Christianisierung sind es eher junge Männer wie Boris und Gleb, deren – aus späterer Perspektive ‚weiblich' erscheinendes – widerstandsloses Hingeschlachtet-Werden als Opfer im Rahmen eines Sippen-, Familien- und Mutterkults gelesen werden kann (neben der Auslegung als christoformes Leidensdulden; s. 1.1):

> Their ‚feminine' self-denial thus identifies them with the Mother of God [...]. For while the worship of Mary incorporated that of the pagan Great Mother Goddess, and the figure of Christ evoked the pagan Dying and Reviving Fertilty God, the brothers Boris and Gleb suggested the veneration of the ancestors absorbed by the missionary clergy into Christian rite. (Hubbs 1988:174)

Die Subordination konkreter Frauen und ihre Degradierung auf einen „legal status little better than that of a slave"[62] scheint dagegen eine jüngere Entwicklung zu sein, in welche die indoeuropäische Kultur, die Christianisierung, der Aufstieg Moskaus zur Großmacht und schließlich die bürgerliche Arbeitsteilung hineinwirkten.[63] Die formelle Gleichberechtigung in der Sowjetunion kaschierte doppelte Ausbeutung (s. Rancour-Laferriere 1995:159–168). Wenn Frauen weiterhin und – aufgrund der unter russischen Männern verbreiteten Infantilität und ihres Alkoholismus – bis heute mehrheitlich die Familienentscheidungen allein treffen und ver-

---

[60] „Die christliche Mythologie jedoch ergänzte die tragische Erniedrigung des Erhabenen durch die Figur der Erwartung, ein anderes Wort für Erlösungshoffnung." (Harth 1992:30). Siehe auch 6.–8.
[61] Ein „hidden cult" (Matossian 1973:328) für diverse weibliche Gottheiten von Baba Jaga über Paraskeva-Pjatnica bis zur Gottesmutter (ebd.:337; Hubbs 1988:99–123; Sinjavskij 1990b:198–207) überdauert – in transformierter Form – diesen indoeuropäisch-christlichen Patriarchalisierungsschub.
[62] Matossian 1973:327. Vgl. auch Rancour-Laferriere 1995:134f.
[63] Die Salonkultur Westeuropas brachte elitäre Salondamen im 18. und 19. Jh. nur vereinzelt in eine privilegierte Position; eine Breitenwirkung ging davon nicht aus.

antworten,[64] bleiben sie doch in der Hierarchie von Gesellschaft wie orthodoxer Kirche (kein Priestertum von Frauen) untergeordnet.[65] Oberprokuror Pobedonoscev, der die *Imitatio Christi* von Thomas a Kempis ins Russische übersetzt (Masaryk 1995:42), preist am 6. Juni 1880 den Absolventinnen einer Schule für Popentöchter die traditionelle Rolle – Häuslichkeit, Unterwerfung, Gehorsam und deren Exempel-Qualität:

> Не верьте, когда услышите нынешних льстивых проповедников о женской свободе и вольности. [...] Вам же сказано истинное слово: не место женщине на кафедре, ни в народном собрании, ни в церковном учительстве. Место ее в доме, вся красота ее и сила во внутренней храмине и в жизни, без слов служащей для всех живым примером.[66]

Die Weiblichkeitsideale und -stereotype der Subordination werden bis in die postsowjetische Zeit mit Begriffen belegt, die für das Ethos eines kenotischen Habitus stehen: *кротость, смирение, скромность*.[67] In Fedotovs Begriffen mögen derartige autoritäre Forderung von Gehorsam den Rückfall in eine der Kenose fremde „Phobos obedience" (1966:I 391) bedeuten; dass dies aber mit kenotischen Begriffen bewehrt wird, ist nicht von der Hand zu weisen.

5.2.6.2 Leidende Mutter Russland

Die Subordinationsstereotype lassen weibliche Entitäten in der kulturellen Sinngebung leicht mit Christi Kenose assoziieren: Fedor Tjutčev stellt in dem Gedicht *Эти бедные селенья [Diese armen Siedlungen]* (13. August 1855) die Analogie her zwischen leidenden, schon klimatisch kargen, weiblich gedachten Russland[68] („[...]/ Эта скудная природа –/ Край родной долготерпенья,/ Край ты русско-

---

[64] Matossian spricht von der „important de facto role in decision making" (1973:326).

[65] Vgl. Boškovska 1998:414f. Die patriarchalen Grundlagen der Orthodoxie hat selbst der Feminismus in Russland bislang kaum hinterfragt (Cheauré 1997:158–160).

[66] „Glaubt nicht, wenn ihr die heutigen verlogenen Prediger von der völligen Freiheit der Frauen reden hört. [...] Euch aber ist das Wort der Wahrheit gesagt worden: Der Platz der Frau ist weder am Katheder noch in der Volksversammlung noch im kirchlichen Lehramt. Ihr Ort ist im Haus, all ihre Schönheit und Stärke liegt in dem inneren Gotteshaus und in einem Leben, das ohne Worte allen als lebendiges Beispiel dient." (Pobedonoscev 1996:124).

[67] Sanftheit, Demut, Bescheidenheit. Vgl. dazu Kelly 2001:380. Zu einer systematischen Verbindung von Kenose und Feminismus, die den Widerspruch zwischen feministischer Kritik an Gendermodellen weiblicher Selbstopferung und christlicher Opferparänese zumindest lindern würde (vgl. Groenhout 2006), s. auch Frascati-Lochhead 1998.

[68] Sowohl *Россия* als auch *Русь* sind im Russischen Femininum; das grammatische Geschlecht bietet in den slavischen Sprachen diverse Einfallstore für Gender-Zuschreibungen (weiblicher Tod etc.), die in den germanischen und romanischen Sprachen nicht gegeben sind.

го народа!"⁶⁹) und Christus, der dieses in Sklavengestalt durchschreite (s. 5.4.2.2), womit das Demutsattribut von Christus auf Russland übergeht: Das lyrische Ich apostrophiert Russland „[...]/ В наготе твоей смиренной.".⁷⁰ Andere Völker verstünden das nicht, weil sie durch ihr Ethos des Stolzes, also der Selbstüberhebung statt -erniedrigung dazu außerstande seien: „Гордый взор иноплеменный."⁷¹

Muttergottheit Erde gleichermaßen wie unterworfene Leidende ist „Mütterchen Russland" im Gedicht *Русь [Rus']* von Nikolaj Nekrasov aus dem Zyklus *Кому на Руси жить хорошо [Wer lebt glücklich in Russland?]* (1876).

Ты и убогая,
Ты и обильная,
Ты и могучая,
Ты и бессильная,
Матушка-Русь!⁷²

Dass die doppelte Paradoxie von Armut⁷³ und Reichtum, Macht und Ohnmacht, die Nekrasov in der ersten Gedichtsstrophe in Parallelismen inszeniert, ihre Wurzel in der paradoxen Christologie hat, wird spätestens deutlich, wenn die zweite Strophe anhebt: „В рабстве спасенное,/ [...]".⁷⁴ Das Gedicht verharrt in diesem nationalen „Zwei-Naturen-Paradox"; die Situation erscheint als unveränderlich, denn die Schlussstrophe variiert die Eingangsstrophe lediglich in den Versen drei und vier: „[...]/ Ты и забитая,/ Ты и всесильная,/ [...]".⁷⁵

5.2.6.3 Geopferte Frauen

Russische Gottesmutterikonen zeigen diese vorzugsweise in *compassio* mit dem Leiden des Sohnes (s. 4.6.4.2). Mögen in der orthodoxen Gottesmutterfrömmigkeit auch Spuren eines vorindoeuropäisch-vorchristlichen Mutterkultes fortbestehen (5.2.6.1), so kennen deren orthodoxen Transformationen doch wenig Hoheit der Muttergöttin und mehr Leidenstopik. Metonymisch mit dem Leiden Christi

---

⁶⁹ „[...]/ Diese karge Natur –/ Heimatland langen Duldern,/ Du Land des russischen Volkes" (Tjutčev 1966:I 161).

⁷⁰ „[...] in deiner demütigen Nacktheit." (Tjutčev 1966:I 161).

⁷¹ „[...]/ Stolzer Blick eines Fremden/ [...]" (Tjutčev 1966:I 161).

⁷² „Du unser ärmliches,/ Du unerschöpfliches,/ Du unser kräftiges/ Und doch ohnmächtiges/ Mütterchen Rus!" (Nekrasov 1950:III 313; dt. von Martin Remané, Nekrasov 1965:II 381).

⁷³ Zur Armut als Attribut von Christoformität s. 5.4.2.1. Eine Verbindung von Tjutčevs Gedicht zum Armutsideal schlägt Goričeva (1994:76).

⁷⁴ „In Sklaverei erlöst,/ [...]" (Nekrasov 1950:III 313).

⁷⁵ „[...]/ Du ganz zerschlagenes/ Und doch allmächtiges,/ [...]" (Nekrasov 1950:III 314; dt. von Martin Remané, Nekrasov 1965:II 382).

verbunden, erhält die Gottesmutter gleichfalls eine besondere Affinität zu den leidenden Menschen (s. *Покров* [Mariä Schutz und Fürbitte]).[76]

So ist es kein Zufall, dass jener Gegenstand, den die namenlose Titelheldin von Dostoevskijs später Erzählung *Кроткая [Die Sanfte]* (1876) an die Brust gepresst hält, als sie sich der patriarchalen Unterdrückung durch den selbstmörderischen Sprung aus dem Fenster entzieht, eine Gottesmutterikone ist; die Augenzeugin berichtet: „«[...] образ [богородицы] прижала к груди и бросилась из окошка!»"[77] Über der aufgebetteten stummen Leiche – der Idealposition des weiblichen Opfers aus patriarchaler Perspektive (Bronfen 1993) – monologisiert der Witwer und mittelbare Täter (s. Goller 2000).

Nicht durch den Rückblick eines männlichen Sprechers distanziert erscheint die weibliche Opfergestalt in Dostoevskijs Roman *Преступление и наказание [Verbrechen und Strafe]* (1866). Sonja Marmeladova ist – *mutatis mutandis* – eine ebenso dreifach leidende wie Fürst Myškin: physisch durch Prostitution, psychisch durch die soziale Demütigung und den alkoholkranken Vater und schließlich freiwillig, indem sie Raskol'nikov in die Katorga begleitet. Das verbreitete Stereotyp der „edlen Hure" wird in Sonja auf den Opferaspekt fokussiert,[78] bis Raskol'nikov am Schluss des Romans endlich ihr altruistisch-christoformes Opfer und sich als dessen Schuldner begreift:

> Он вспомнил, как он постоянно ее мучил и терзал ее сердце; вспомнил ее бледное, худенькое личико, но его почти и не мучили теперь эти воспоминания: он знал, какою бесконечною любовью искупит он теперь ее страдания.[79]

5.2.6.4 Umwertungen: Masochismus und Hysterie

Für das scheinbar so unausweichliche weibliche Leiden wird durch die Leidensapotheose, wie sie allen voran Dostoevskij entwirft, etwas aufgezeigt, das ein Ausweg sein soll – wenngleich nicht auf der sozialen Ebene: die kenotische Sinngebung und die Umwertung zum Positivum. Dass es allerdings immer auch andere

---

[76] Dazu auch Rancour-Laferriere 1995:146.
[77] „[...] sie drückte die Ikone [der Gottesmutter] an die Brust und stürzte sich aus dem Fenster!'" (Dostoevskij 1956/58:IX 416).
[78] In dieselbe Opferposition gerät auch die Geisteskranke *Смердящая* [Die Stinkende] in den *Братья Карамазовы [Die Brüder Karamazov]* (1879/80). Aus der Vergewaltigung der Smerdjaščaja durch Fedor Karamazov geht dessen illegitimer Sohn Smerdjakov hervor, der später zum Vatermörder (jedenfalls zum Ausführenden von Ivans Plan) wird. Die Gewalt gegen Frauen kehrt sich in Dostoevskijs literarischer Darstellung also letzten Endes gegen die männlichen Täter.
[79] „Er erinnerte sich, wie er sie unablässig gequält und ihr Herz gepeinigt hatte; er erinnerte sich an ihr bleiches, schmales Gesichtchen, doch diese Erinnerungen quälten ihn jetzt fast nicht mehr. Er wusste, mit welch unendlicher Liebe er jetzt all ihre Leiden abgelten würde." (Dostoevskij 1956/58:V 573). Vgl. dazu Harreß 1993:342.

Ausbruchsversuche von Frauen gab und gibt, reflektiert weniger die emanzipatorische Literatur (in der Frauen weiterhin als von Männern zu Emanzipierende erscheinen wie in Černyševskijs *Что делать? [Was tun?]*; s. 6.6.1–6.6.2) als die literarische Psychopathologie. Anna Mar unternimmt 1916 eine dekadente Umwertung der Opferposition zu lustvollem Masochismus einer *Женщина на кресте [Die Frau am Kreuz]* (Mar 2004) – und bleibt doch dem christologischen und Gender-Muster verhaftet. Und beim Leidensapostel Dostoevskij begegnet – komplementär zu den Opferheldinnen à la Sonja Marmeladova – eine ganze Phalanx von Hysterikerinnen, im *Идиот [Der Idiot]*, mindestens Nastasja Filipovna. Die Kommunikationsstrategie der Hysterie aber behebt das soziale Problem nicht, sondern repetiert die Demütigung.

5.2.7 Umwertung unfreiwilliger Unterwerfung

> Es ist die Menschheit nicht sowohl aus der Knechtschaft befreit worden, als vielmehr *durch* die Knechtschaft. (Hegel 1969:XII 487, Hervorh. i. Orig.)

Wenn die Hysterie die zugefügte psychische Verletzung wiederholt, die von außen kommende Beschädigung durch eine Selbstbeschädigung repetiert und im Krankheitsmuster habitualisiert (Lindhoff 1995:153f; vgl. 6.6.3), dann erscheint dies auf den ersten Blick als Gipfel der Ausweglosigkeit: Die Gender-Position der fortwährend Leidenden und Erniedrigten würde dann nicht bloß durch die äußeren patriarchalen Strukturen, sondern auch durch die dadurch deformierte weibliche Psyche perpetuiert. Allein, die feministische Theorie versucht eine Umwertung der Hysterie zu inkommensurabler weiblicher Freiheit (Lindhoff 1995:166–172). Indem das Symptom sich zu einer Rolle der „Unzurechnungsfähigkeit" (in einer patriarchalen Ordnung) verselbstständige, schaffe es Freiräume von Freiheit.

Ist dieser Umwertungsversuch jedoch wirklich so neu, wie er von der feministischen Theorie präsentiert wird? Haben nicht vielleicht – über die weibliche Hysterie hinaus – angenommenes Leiden, akzeptierte Erniedrigung und anverwandelte Demütigung auch in anderen Kontexten eine analoge paradoxe Selbstmodellierung geleistet, einen positiv übernommenen Habitus konstituiert? Wenn irgendwo, dann in der kenotischen Tradition. Inwiefern liegt auch in der Sinngebung für ein gegebenes Leiden ein Moment von Selbstbefreiung qua Selbstdefinierung, eine Habitusstrategie?[80]

Die Begriffswahl *Habitus* setzt eine (relative) Freiheit der Entscheidung für ein bestimmtes habitualisiertes Verhalten voraus (vgl. 3.2.5). Die russische Geschich-

---

[80] Vgl. Hegels Ansicht: „[...] der eigene Sinn ist *Eigensinn*, eine Freiheit, welche noch innerhalb der Knechtschaft stehenbleibt." (1969:III 155, Hervorh. i. Orig.).

te ist aber durch diverse Formen massiver Unterdrückung geprägt, die für deren Opfer zunächst keinerlei Sinn hatten und gänzlich unfreiwillig erduldet werden mussten. Kann auch eine solche politisch oder militärisch aufgezwungene Erniedrigung vom Unterworfenen positiv funktionalisiert werden? Kann sich der russische Leibeigene – philosophisch gesprochen: der Knecht – freiwillig erniedrigen?

5.2.7.1 Kirchliche Predigt des Leidensduldens
Nahe gelegt wurde ihm dies von kirchlicher Seite durchaus; das faktische Leiden sollte als gegeben hingenommen und als sinnhaft begriffen werden. Ein Beispiel für die Paränese zum Erdulden eines vorfindlichen Leidens liefert eine Barockpredigt von Dmitrij Rostovskij aus dem 17. Jh.:

> Oh, ihr Mühseligen und Beladenen! An euch wende ich mich mit meinem Wort: Ihr seid seine Glieder, und Christus ist in euch, so ihr mit Dankbarkeit alle eure Leiden erduldet. Ihr, die neuen Märtyrer der letzten Zeit, für euch werden die himmlischen Kränze geflochten. Werdet nicht schwach in eurem Dulden, schaut auf die Leiden eures Herrn und verlaßt euch auf seinen heiligen Willen und sprecht: Herr dein Wille geschehe! Denn der Herr, wenn auch unsichtbar, wohnt mit seiner Liebe unter euch. Er ist hier!
> Der Herr liebt die Leidtragenden und Weinenden. – In euch, ihr Weinenden, lebt der Herr. Er ist hier!
> Der Herr liebt die Hungernden und Dürstenden. – Ihr habt wenig zu essen und zu trinken, und bei manchem unter euch reicht das Brot nicht einmal bis zur Hälfte. Er ist unter euch! Er ist hier!
> Der Herr liebt die, die unschuldig leiden. – Eure Leiden sind nicht zu zählen: manche werden blutig geschlagen, manche werden angebunden und gequält und bei manchem hält sich noch kaum die Seele in ihrem Leibe. Zu euch kommt der Herr und will Wohnung in euch nehmen. Er sieht euer schweres Leiden und bereitet euch ewige Freuden.
> Ach, ihr neuen Dulder! Ich bitte euch und beschwöre euch, werdet nicht schwach in eurem Dulden, sondern dankt Christus, euerm Herrn! Er ist in euch und wird in euch sein und bleiben. Amen. (Rose 1952:132)

Was Dmitrij Rostovskij im Genre der Predigt vorträgt, gehört zur Funktionalisierung der Kirche für staatliche Zwecke in der synodalen Periode (1721–1917). Die Unterordnung der kirchlichen Predigt unter die Zielvorgabe der Zarentreue beginnt beim geistigen Vater der Synodalstruktur, Petrs Bischof Feofan Prokopovič:

> Wenn die Prediger doch predigen würden mit festen Beweisen aus der heiligen Schrift über Buße, Besserung des Lebens, Achtung der Regierungsgewalt, besonders der höchsten, der Macht des Zaren und über die Pflichten jeglichen Standes. (Rose 1952:70)

Nicht viel anders, nur etwas weniger staatstragend propagiert Paisij Veličkovskij das Leidensdulden.[81] In dieselbe Kerbe schlägt auch Filaret (Drozdov), der das

---

[81] Paisij 1977:84; zu Paisij s. 5.3.6.3.

Leiden für allgegenwärtig und unhintergehbar erklärt (Zubov 2001:127f) – und das gerade auch in seinen Predigten an Gefängnisinsassen. Seine transitive Kenotik kreist um das Moment des Gehorsams.[82] Den Punkt auf das i setzt Oberprokuror Pobedonoscev (s.o. 5.2.6.1). Bei ihm wird die Kenosis-Paränese nicht nur zum Ausdruck des Bemühens um Bewahrung christlicher Werte und Habitusformen, sondern zum Transmissionsriemen eines extremen Strukturkonservativismus.

Durch solche Topoi scheint für kritische Rezipienten die Nähe der Kirche zum repressiven zaristischen Staat bewiesen. Die Kirche lässt sich aus dieser Perspektive instrumentalisieren zum Transmissionsriemen eines politischen Ziels: die Ausgebeuteten sollen ihre Ausbeutung demütig erdulden, indem sie ihre Leiden als Christus genehm begreifen. Der marxistischen Gegenlesart gab diese repressive Funktionalisierung kenotischer Figuren Munition für eine Generalkritik an der ROK und an Religion überhaupt – als einem Unterdrückungsmittel.

5.2.7.2 Literarisch-philosophische Duldungsparänese

ὑπάγετε· ἰδοὺ, ἐγὼ ἀποστέλλω ὑμᾶς ὡς ἄρνας ἐν μέσῳ λύκων.[83]

An diesem Punkt kommt selbst der religiöse Rebell Tolstoj der von ihm abgelehnten offiziellen Kirche nahe. Seine Losung vom „непротивление злу"[84] setzt die kenotisch-hagiografische Linie von Boris und Gleb (Fedotov 1997:45) fort. Gesellschaftlicher Wandel muss für Tolstoj im inneren, im „geistigen Menschen" beginnen und erst von dort aus die Außenwelt umgestalten.

Darin treffen sich auch Tolstoj und Dostoevskij. Letzterer dekretiert in seiner furiosen Puškin-Rede von 1880: „Смирись, гордый человек, и прежде всего сломи свою гордость."[85] Dostoevskij erklärt den Weg des Sich-Fügens für eine russische Tugend, ein „русское решение вопроса".[86] Dass dies Leiden bedeutet,

---

[82] Gemäß Phil 2,8 (s. Gorodetzky 1938:111–113).
[83] „Geht hin; siehe, ich sende euch wie Lämmer mitten unter die Wölfe." (Lk 10,3).
[84] „Dem Bösen nicht zu widerstehen" (Tolstoj 1932/64, XXVIII 59).
[85] „Sei demütig, stolzer Mensch, und brich vor allem deinen Stolz." (Dostoevskij 1984:XXVI 139).
[86] „Russische Lösung des Problems" (Dostoevskij 1984:XXVI 139). Kissel macht die gesellschaftlichen Implikate einer solchen Konzeption deutlich: „Dostoevskij hat in seinem Werk die russische Tradition der Zivilisationsskepis mitgetragen [...]. Wenn Dostoevskij in seiner Puškin-Rede die ‚genuin russische' Erniedrigung und Schwäche mit dem allverstehenden Genius Puškins in einer kenotischen Formel verknüpft, dann nobilitiert er gerade diese antigesellschaftliche Tendenz: Er beschwört eine übernationale christliche Gemeinschaft, die manifest oder uneingestanden die fehlerhafte und mühevolle Konstruktion von Gesellschaft ersetzen soll. Die russische Demut soll die

nimmt er nicht nur in Kauf, sondern erklärt er gar für einen Selbstzweck. In seinen *Зимние заметки о летних впечатлениях [Winteraufzeichnungen über Sommereindrücke]* (1863) platziert der Schriftsteller folgende Leidensapotheose:

> Поймите меня: самовольное, совершенно сознательное и никем не принужденное самопожертвование всего себя в пользу всех есть, по-моему, признак высочайшего развития личности, высочайшего ее могущества, высочайшего самообладания, высочайшей свободы собственной воли. Добровольно положить свой живот за всех, пойти за всех на крест, на костер, можно только сделать при самом сильном развитии личности.[87]

Der Philosoph Konstantin Leont'ev schließlich hält sogar Tolstojs und Dostoevskijs Christentum für „розовое" [rosafarben] und beruft sich auf Pobedonoscev (s. Uffelmann 1999:333). Aus der Furcht vor Gott hätten Demut und Gehorsam gegenüber der Kirche hervorzugehen:

> Да, прежде всего *страх*, потом «смирение»; или прежде всего – *смирение ума* […] Такое смирение шаг за шагом ведет к вере и страху пред именем Божиим, к *послушанию учению* Церкви […][88]

Insofern die Propagation von Demut, Erdulden und Nicht-Widerstehen also diverse ideologische Gräben überspringt, wird deutlich, dass es sich dabei um eine weit verbreitete rhetorische Figur handelte. In der kenotischen Duldensparänese treffen sich offizielles und inoffizielles religiöses Denken. Wie aber steht es mit dem nicht-religiösen Denken?

5.2.7.3 Die Gercen-Brjančaninov-Kontroverse

Die kirchliche Duldensparänese und die revolutionäre Gegenlesart prallen in einer Polemik des revolutionären Emigranten Aleksandr Gercen und des Asketen Ignatij (Brjančaninov) von 1859 (zwei Jahre vor der Aufhebung der Leibeigenschaft) aufeinander. Ignatij hatte als Bischof in Stavropol' am 17. Januar 1859 ein Rundschreiben erlassen, in dem er die Geistlichen seiner Eparchie davor warnte, für die Sache der Bauernbefreiung Partei zu ergreifen. Aleksandr Gercen griff ihn darauf-

---

‚europäischen Widersprüche' lösen, ein endgültiges Wort allgemeiner Harmonie aussprechen: […]" (Kissel 2004a:52f, sic).

[87] „Verstehen Sie mich recht: Ein freiwilliges, ganz bewusstes und von niemandem erzwungenes Selbstopfer für andere ist meines Erachtens ein Kennzeichen des höchsten Entwicklungsstandes der Persönlichkeit. Freiwillig sein Leben für alle hingeben, für alle aufs Kreuz oder auf den Scheiterhaufen steigen, kann man nur bei stärkster Entwicklung der Persönlichkeit." (Dostoevskij 1984:V 79).

[88] „Ja, vor allem Furcht, dann ‚Demut'; oder vor allem – *Demut des Geistes* […]/ Eine solche Demut führt Schritt für Schritt zum Glauben und zur Furcht vor dem Namen Gottes, *zum Gehorsam gegenüber der Lehre* der Kirche […]" (Leont'ev 1912:VIII 205, Hervorh. i. Orig.).

5. Christoformität in Russland

hin im *Колокол [Die Glocke]* vom 15. August desselben Jahres mit der Streitschrift *Во Христе сапер Игнатий*[89] an, worauf Ignatij seinerseits im Februar 1860 reagierte. Gercen erregt sich in seinem Text im *Колокол [Die Glocke]* vom 15. August 1859 über den

> [...] возмутительный памфлет [Игнатия] по поводу крестьянского вопроса. Цель памфлета состоит в христолюбивом доносе на Архимандрита казанской духовной академии, Иоанна поместившего, *Слово об освобождении крестьян* (в Янв.[арской] книжке Православного Собеседника) и в благочестивом рвении доказать что рабство – установление божественное, святыми отцами православной церкви поддерживаемое, благоверными царями упроченное.[90]

Eine derart sanktionierte Institution könne, so referiert Gercen Ignatijs Gedanken, nur von Gott selbst kommen und müsse folglich geduldig hingenommen werden. Ignatij „[...] доказывает что рабство учреждено самим богом, что христианин должен только терпеть и несметь даже думать об освобождении."[91] Von diesem politischen Gesichtspunkt schwenkt Gercen über zu Ignatijs Diskussion der russischen und der kirchenslavischen Übersetzung von 1Kor 7,20–23. Wo es im griechischen Original heißt:

> ²¹δοῦλος ἐκλήθης; μή σοι μελέτω· ἀλλ᾽ εἰ καὶ δύνασαι ἐλεύθερος γενέσθαι, μᾶλλον χρῆσαι. ²²ὁ γὰρ ἐν Κυρίῳ κληθεὶς δοῦλος, ἀπελεύθεπρος Κυρίου ἐστίν· ὁμοίως καὶ ὁ ἐλεύθερος κληθεὶς, δοῦλός ἐστι Χριστοῦ.[92]

In der von Ignatij für autoritativ erklärten kirchenslavischen Übersetzung heißt es „аще можеши свободенъ быти – тѣмъ паче *поработи себя*.",[93] während die

---

[89] *Der Pionier in Christo Ignatij* (1859). Zur Autorschaft s. Florenskij 1994/99:II 697f; Knechten 2003:19.

[90] „[...] [Ignatijs] empörendes Pamphlet zur Bauernfrage. Das Ziel des Pamphlets besteht in einer Christus-liebenden Denunziation des Abtes Ioann von der Kazaner geistlichen Akademie, der (in der Januar-Nummer des *Pravoslavnyj Sobesednik*) eine *Predigt über die Bauernbefreiung* veröffentlichte, und in dem frommen Eifer zu beweisen, dass die Sklaverei eine göttliche Einrichtung sei, die von den heiligen Vätern der orthodoxen Kirche unterstützt und von den rechtgläubigen Zaren zementiert worden sei." (Gercen 1859:409f, sic).

[91] „[...] versucht zu beweisen, dass die Sklaverei von Gott selbst gestiftet worden sei, dass ein Christ nur zu dulden habe und es nicht wagen dürfe, auch nur an Befreiung zu denken." (Gercen 1859:410, sic).

[92] „²¹Bist du als Knecht berufen, so sorge dich nicht; doch kannst du frei werden, so nutze es lieber. Denn wer als Knecht berufen ist in dem Herrn, der ist als Freigelassener des Herrn; ²²desgleichen, wer als Freier berufen ist, der ist ein Knecht Christi." (1Kor 7,21f).

[93] „Wenn du frei sein kannst, *versklave dich* umso mehr." (Gercen 1859:410, Hervorh. i. Orig.).

neurussische Übersetzung „*тем лучше, воспользуйся*"[94] lautet. Entsprechend sieht Gercen Ignatijs Beharren auf der kirchenslavischen Variante als „[...] апология рабства", die dazu diene zu beweisen, dass „нету счастливее состояния *как крепостное право*."[95] Dagegen bringt Gercen politische Häftlinge ins Spiel, die wohl kaum einem kenotischen Ideal folgen und ihre Versklavung als „heilige" Gabe begreifen würden; Ignatij solle solche Sklaverei nur einmal am eigenen Leibe erfahren:

> Мы слышали что на алеутских островах и в Камчатке, есть закоснелые грешники неверующие ни в святость рабства, ни в душеспасительство розог, ни в чистоту господских изнасилований – чтобы хоть Ростовцеву похлопотать о переводе туда во христе сапера Игнатия![96]

5.2.7.4 Die Antwort der Zivilisationstheorie

Die Umwertung eines unentrinnbaren Leidens zu einem Positivum kann, wie Gercen mit seiner Gegenlesart herausarbeitet, von interessierter Ausbeuter-Seite zur Fortschreibung ausbeuterischer Verhältnisse eingesetzt werden. Sie kann aber auch dem Leidenden selbst Erleichterung bringen. Wo liegt das *prius*? Im repressiven Interesse oder in einer hilfreichen Strategie des Umgangs mit sich selbst in einem sozialen Kontext, der nicht ohne Weiteres geändert werden kann? Wäre dann – Freuds Lustaufschub verwandt – das Verfahren, aus einer bestehenden Not eine Tugend zu machen, vielleicht der Anfang von Kultur überhaupt?

Die Eliassche Zivilisationstheorie (Elias 1997) auf ältere Zeiten zurück ausweitend, setzt Dennis Smith in diesem Sinne in sozial niederen Schichten einen „humiliated habitus" an, mit dem diese ihre Ohnmacht gegenüber einem Mächtigeren angenommen und interiorisiert hätten (2001:162). Wie in Elias' Darstellung wird aus „Selbstzwang [...] Selbstentsagung" (Elias 1997:II 338), was jedoch als Positivum umgewertet wird (bei Elias ist dies die Hofkultur). Angriffslust und Gewaltreflex würden von den habituell Erniedrigten inhibiert, kontrolliert (vgl. ebd.:I 356–358). Demütigung werde in ein Verhaltensmodell der Demut gewendet.

Was Elias für die Hofgesellschaft ausführt, ist für eine eventuell ältere zivilisatorische Psychologie und Habitusstrategie bislang nicht eingehender untersucht

---

[94] „*So nutze dies umso mehr.*" (Gercen 1859:410, Hervorh. i. Orig.).

[95] „[...] Apologie der Sklaverei, um zu zeigen, dass es keinen glücklicheren Zustand gebe als die *Leibeigenschaft*." (Gercen 1859:410, Hervorh. i. Orig.).

[96] „Wir haben gehört, dass es auf den Aleuten und in Kamčatka eingefleischte Sünder, Ungläubige geben soll, die weder an die Heiligkeit der Sklaverei noch an die seelenrettende Wirkung von Ruten noch an die Reinheit von Vergewaltigungen durch den Herrn glauben, – möge Rostovcev [zeitgenössischer Infanteriegeneral und Leibeigenschaftsreformer] nur dafür Sorge tragen, dass der Pionier in Christo Ignatij dorthin überführt werde." (Gercen 1859:410).

worden. Alois Hahn merkt an, dass „[...] die parallelen religiösen Wurzeln des modernen Zivilisationsprozesses viel weniger beachtet worden sind als die höfisch-politischen" (1982:426). Insofern wäre es sozialgeschichtlich und religionsanthropologisch produktiv, der Frage nachzugehen, inwieweit das Dogma der Kenose eine spezifische „Übersetzung" dieses globalen sozialen Ohnmachtphänomens darstellen könnte.[97]

5.2.7.5 Tugend aus erzwungener Knechtschaft
Die Differenzen zwischen höfischem Selbstzwang und politischer Unterdrückung und Ausbeutung dürfen jedoch genauso wenig vernachlässigt werden wie die zwischen dem innerweltlichen Lohn, den höfisches Wohlverhalten verheißt, und der soteriologischen Umwertungsfigur des NT.[98] Zudem kommt es nicht überall, wo Not herrscht, zu einer entsprechenden Konjunktur des kenotischen Modells.

Wohl aber bietet das kenotische Modell die Möglichkeit, einer Notsituation Sinn zu geben – *wenn denn das kenotische Modell kulturell bereits Konjunktur hat*. Dann mag es zu einem in sozialrevolutionärer Hinsicht fatalen Effekt kommen: In diesem Fall wirkt nämlich selbst noch faktische Not verstärkend; dann steigern sich die Leidenstopik der kenotischen Nachahmungsparänese und reale Übel gegenseitig. Der Knecht wirkt jedenfalls dann mit an seiner Knechtung.[99]

---

[97] Das ginge in die Richtung der Nietzsche-These von der Sklavenmoral des Christentums – und über die Fragestellung dieser Arbeit hinaus.

[98] Sicher stellt die Kenosis nicht einfach die russische Spielart von Selbstzwang dar, und gewiss lässt sich auch die schnelle Aufnahme westlicher Hofkultur (mit Aggressionsinhibierung, Selbstdisziplinierung etc.) im 18. Jh. in Russland nicht einfach auf eine Vorbereitung durch den kenotischen Habitus zurückführen. Wie der kenotische Habitus (als ein Modell neben anderen!), die Geschichte der Unterdrückung im zaristischen Russland und die Leibeigenschaft eventuell an bestimmten Punkten ineinander greifen und möglicherweise auch noch eine Übersetzung in die Hof- und Salonkultur erfahren, das müsste eine gesonderte soziologische Studie ermitteln.

[99] Vgl. Hegels Zusatz zu § 57 der *Grundlinien der Philosophie des Rechts*: „Es ist somit nicht bloß Unrecht derer, welche Sklaven machen oder welche unterjochen, sondern der Sklaven und Unterjochten selbst." (1969:VII 126). Allerdings attestiert Hegel dem Knecht ein avancierteres Selbstbewusstsein als dem Herrn, insofern der Herrschaft eine innere Umkehrung (s. die Logik des NT; 2.5.1) innewohne: „Aber wie die Herrschaft zeigt, daß ihr Wesen das Verkehrte dessen ist, was sie sein will, so wird auch wohl die Knechtschaft vielmehr in ihrer Vollbringung zum Gegenteile dessen werden, was sie unmittelbar ist; sie wird als in sich *zurückgedrängtes* Bewußtsein in sich gehen und zur wahren Selbständigkeit sich umkehren." (1969:III 152, Hervorh. i. Orig.).

5.3 Monastisches Leben

> Мы обязаны монахам нашей Историею, следственно и просвещением.[100]

Es gibt Umstände, unter denen auch die Entscheidung für ein monastisches Leben unfreiwillig getroffen wird, wo jüngere Söhne, die kein Erbe zu erwarten haben, oder Töchter ohne Mitgift gezwungen werden, ins Kloster zu gehen (s. Diderots *La religieuse*[101]). Gemeinhin aber darf bei Mönchen und Nonnen davon ausgegangen werden, dass sie ihr Opfer in höherem Maße freiwillig bringen als Märtyrer, Leidensdulder, Leidende etc. Auch die Ausrichtung auf Christus – das „Anziehen Christi" mit dem Anlegen des Mönchhabits – erfolgt hier nicht in kurierender Nachträglichkeit (nach dem Eintreten eines kontingenten Übels; s. 5.2.7), sondern im Vorhinein: Ein christoformer Habitus mit seinen Entsagungsweiterungen ist das erklärte Ziel der Entscheidung für das monastische Leben. Im Fall koinobitischen Lebens können die Regeln der christoformen Entsagung vorab zur Kenntnis genommen werden (s. 5.3.5.3).

Das Mönchtum tritt – spätestens im 3. Jh. in Palästina und Ägypten entstanden – im 4. Jh. als Leitbild für die *imitatio Christi* an die Stelle des älteren Leitbilds des Märtyrers. Ein historisch-soziologischer Grund dafür besteht darin, dass nach dem Toleranzedikt von 311 unter Konstantin I. und spätestens nach der Erhebung des Christentums zur Staatsreligion unter Theodosius I. im Jahre 391 keine staatlichen Verfolgungen für Christen mehr stattfanden. Überspitzt, aber durchaus in der Topik des Mönchtums formuliert, wird nun eine andere Weise der ‚Selbstabtötung' nötig. Diese setzt auf Dauer (vgl. 1Kor 15,31), hat dosiert und langsam zu erfolgen, während die ultimative Automortifikation des Selbstmords ausgeschlossen bleibt (s. 4.5.10.2).

5.3.1 Varianten von „Trennung"[102]

Die ersten monastisch lebenden Eremiten definierten ihr Anachoretentum räumlich als Distanzierung *von* der (zivilisierten) Welt und konzeptualisierten es als Tod *für* die Welt (s. Bergmann 1985:40), als eine „Sonderwelt" (vgl. ebd.:31) jenseits des gewöhnlichen menschlichen Lebens. Von dieser Dissoziationsfigur ausgehend, kann eine Typologie der diversen monastischen Weisen der Christusnachahmung über Varianten von „Trennung" erstellt werden: Als Unterschei-

---

[100] „Wir verdanken den Mönchen unsere Geschichte, also auch die Aufklärung." (Puškin, *Заметки по русской истории XVIII века [Bemerkungen zur russischen Geschichte des 18. Jahrhunderts]*, 2. August 1822; Puškin 1937/59:XI 17).
[101] *Die Nonne* (um 1760, erschienen 1780); vgl. 8.3.2; beklagt wird Solches auch von Feofan Prokopovič (Verchovskoj 1916:II 95).
[102] K. Frank 1998:399.

5. Christoformität in Russland

dungskriterium gilt dabei, was in einer bestimmten Form monastischen Lebens jeweils weggelassen bzw. weggenommen wird.[103]

Das Prinzip der „Trennung" liegt schon der Grundfigur des Mönchtums als einem Sich-ganz-Einlassen auf Christus zugrunde – der Monotropie[104] als Trennung von allem außer Christus. Wenngleich dies eigentlich hinreichen sollte, gab es in der Geschichte des christlichen – und auch orthodoxen – Mönchtums diverse Konkretisierungen und Zuspitzungen dieses globalen Trennungsgebots: Auf dualistische Weltverneinung zurück geht das Postulat von Ehelosigkeit und Jungfräulichkeit, später der systematische Zölibat des orthodoxen Mönchsklerus; hierbei steht die „Trennung" von Sexualität und ehelicher Gemeinschaft im Vordergrund. Analoges geschieht beim radikalen Fasten. Im Armutsgebot wird persönlicher Besitz negiert, im Gehorsam individueller Wille, in der Demut Stolz und Ruhmstreben. Einzelne der Trennungskriterien des Mönchtums können einander widersprechen, so die programmatische Obdachlosigkeit der Gyrovagen (Wanderer um Christi willen) und die Klausur mit dem Prinzip der *stabilitas loci*. In der Geschichte des Mönchtums wurde – jenseits des Ideals persönlicher Armut – die Frage kollektiven, klösterlichen Eigentums zum Streitpunkt.[105] Dies hängt zusammen mit der Entscheidung darüber, ob ein monotropisch auf Christus bezogenes Leben Einsiedelei, Klausur, Abschottung gegenüber der nicht-monastischen Welt zu bedeuten habe, auf Meditation beschränkt sein müsse oder für Arbeit offen sein dürfe und ob schließlich das Gebot der Nächstenliebe die Mönche und Nonnen dazu anhalte, in die äußere Welt einzugreifen, karitativ oder gar politisch.[106]

Angesichts derart massiver Differenzen kann die Aufklärung (gegen die asketische Mönchsliteratur gewandt) behaupten: „monasticum est – semper idem est."[107] Von der historischen Empirie her offenbart sich am Mönchtum dagegen in besonderer Weise, dass es immer eine Fülle umstrittener Auslegungen von Christusnachfolge gegeben hat.

---

[103] „Trennung" im Verständnis Karl Suso Franks berührt sich mit „Erniedrigung", ist aber – etwa bei einem negativen Fleischbegriff – damit nicht deckungsgleich.

[104] μονοτροπία (vgl. Lampe 1961:884). Diese Reduktion, ‚Vereinfachung' ist zu verstehen als Konzentration und als soziale Degradierung zugleich; *простота* [Einfachheit] gehört ins Begriffsfeld von Demut, Bescheidenheit, Niedrigkeit (s. Toporov 1995/98:I 744f).

[105] Siehe 5.3.5.2. Zur Parallele in den Armutsstreiten der Westkirche s. 5.4.2.1.

[106] Savramis unterscheidet passiv-außerweltliche, aktiv-außerweltliche und innerweltliche Askese und ordnet den orthodoxen Askese-Typ tendenziell der passiv-außerweltliche Askese zu (1989:57), was zu global angelegt ist und in Richtung des Harnackschen Heterostereotyps über die Orthodoxie als „Jenseitigkeitsanstalt" geht.

[107] „Mönchisch ist es – stets dasselbe ist es."

5.3.2 Einsamkeit vs. Vergemeinschaftung

Um die historischen Konflikte zwischen den Varianten von ‚Trennung' nachzuzeichnen, wäre zur Ergänzung von Franks synchroner Typologie eine Stufen-Typologie des Mönchtums (von den spontanen Anfängen über die Fixierung der Lebensform in einer Regel, deren sukzessive Entartung und die nötige Reform) heranzuziehen. Ein solches Phasenmodell ist jedoch insgesamt besser für die westlichen Mönchsorden geeignet als für die in geringerem Maße regelhaft strukturierten Formen des orthodoxen Mönchtums (vgl. Špidlík 1971:562).

Für dieses wären eher nebeneinander existierende, unterschiedliche Formen von Vergemeinschaftung anzusetzen: Von der Einsiedelei (in der ägyptischen, palästinensischen Wüste oder im russischen Norden) über die idiorrhythmisch organisierte Eremitenkolonie zum Koinobion mit schriftlich festgelegten Vorschriften, durch die das Paradigma der personenbezogenen Nachahmung aus der Eremitenkolonie zumindest teilweise durch eine Regel abgelöst wird.

Die Koexistenz verschiedener monastischer Paradigmen ist so alt wie das östliche Mönchtum selbst. Mit den beiden ungleichen Vätern des christlichen Mönchtums, Antonios vs. Pachomios, sind von Anfang an zwei Konzeptionen im Spiel – die eremitär-anachoretische und die koinobitische. Die modellierende Opposition von *Einsamkeit* vs. *Gemeinschaft* ist nur bedingt an die Kenose Christi anschließbar (Einsamkeit in der Wüste, Gemeinschaft beim Abendmahl), aber sozialgeschichtlich zentral. Sie kommt der Geschichte des orthodoxen Mönchtums am nächsten und wird daher hier als oberste Gliederungsebene gewählt:

5.3.2.1 особножитие [Einsiedelei] vs. общежитие [Koinobion]

Frappanterweise stehen auch im russischen Raum zwei ungleiche Mönchsväter am Anfang und ist sogleich dieselbe Opposition (russ. *особножитие* [Einsiedelei] vs. *общежитие* [Koinobion][108]) im Spiel (s. 5.3.4.3). Die russische Geschichte monastischen Lebens war anfangs durch Fürstengründungen gekennzeichnet (5.3.4.2), bevor mit der Einsiedlerbewegung des 14. Jh.s das Leitbild der Einsamkeit obsiegte (5.3.5.1), um durch die beträchtlichen personalen Nachahmungseffekte über Zwischenstufen von Eremitenkolonien wieder in koinobitische Formen überzugehen (5.3.5.2). Mit der Starzenbewegung der Neuzeit (5.3.6) geschieht eine Rückwendung zur Idiorrhythmie (und partiell auch zum Einsiedlertum). Das Martyrium kommt in der Geschichte des russischen Mönchtums erst durch die sowjetische Repression in größerem Ausmaße zum Tragen (5.3.8).

Diese neuzeitliche Rückwendung zur Einsamkeit und zu individuellen Formen von Askese und Christoformierung legt ein kommunikatives Paradox des ortho-

---

[108] Der Einzug der Titelheldin Marina aus Sorokins Roman ins Wohnheim (russ. ebenfalls *общежитие*) bedeutet ebenfalls eine Art Klostereintritt (10.6.4.2).

doxen Mönchtums offen: Die am wenigsten außen-kommunikativen Formen monastischen Lebens trugen ihren Vertreter die größte Achtung ein – und hatten auch besonderen paränetischen Erfolg (s. 5.3.5.1 u. 5.3.6.3). stärker jedoch die Nachfolgeeffekte, desto massiver war die Bedrohung für die Einsamkeit des Asketen, der dann oftmals – wie bspw. Feofan (Zatvornik) – die Flucht aus der ihm aufgezwungenen Vergemeinschaftung antrat (s. 4.4.3.1). Dies zeigt, dass personale Modelle eine besondere paränetische Gewalt haben und dass diese durch Entzug häufig gar noch verstärkt wird – was den Bogen zum absenten (auferstandenen) Christus zurückschlägt.

5.3.3 Ablegen der Welt und Anlegen Christi
Gemeinsam ist allen Formen monastischen Lebens jenseits aller Differenzen eines: die Leitlinie der Nachahmung, der Nachahmung Christi:

> Im Mönchtum steht dafür der Begriff und die Praxis der ‚Imitatio', die geradezu eine Verähnlichung und Angleichung an die teils bereits verstorbenen (Christus, die Apostel, die Märtyrer), teils lebenden (Mönchsväter) Vorbilder meint.[109]

Die „Verähnlichung" mit Christus *und* den Märtyrern kann primär keine Ähnlich-Werdung qua Vergöttlichung sein, sondern muss über das *tertium* von Opfer und Selbsterniedrigung gehen. Eben darin findet die mönchische Christus-*imitatio* ihre Basis. Freyer sieht den springenden Punkt des auf *humilitas* gegründeten Mönchsmodells, etwa von Basilios dem Großen, in der „Nachahmung Christi in seiner Demut/Armut und Geduld durch den Getauften, in besonderer Weise durch den Mönch" (1991:57). Nicht anders verhalte es sich bei dessen westlichem Konterpart Cassianus: „Diese ‚Humilitas' des Mönches ist für Cassianus nichts anderes als die Partizipation an und die Imitation der ‚Humilitas' Jesu Christi." (ebd.:40).

Damit sie Christi *humilitas* nachkommen, mutet die Institution des Mönchtums ihren Adepten das Zurücklassen der weltlichen Identität, der (familiären) Bindungen zur Welt, des weltlichen Namens (s. 5.1.2) und der weltlichen Kleidung zu. Der wie Konversion (s. 4.2.4) höchstens allmähliche Prozess der Ausrichtung auf Christus wird durch ein Initiationsmoment, eine memorabile Inzision strukturiert. Diese geht äußerlich mit einem Weggeben (der Tonsur) und einem Bekommen (der mönchischen Kleidung) einher. Für alle Vertreter einer Weihestufe in einem monastischen Verband gleich, leistet die uniforme Mönchskleidung eine „Depersonalisierung" (Innemée/Melling 2001:400) ihres Trägers zum Vertreter eines Typus. Der spezifische Habit erlaubt es, den Mönch von weitem als Träger eines Habitus – des kenotisch-christoformen Habitus – zu identifizieren.

---

[109] Bergmann 1985:40. Zu mönchischen Auslegungen der *imitatio Christi* s. auch Nagel 1966:5–19.

Im östlichen Mönchtum setzt sich der Habit zusammen aus einer zylinderförmigen Kopfbedeckung, dem Kamelauchion (russ. *камилавка*) und dem pelerinenartigen Gewand Mandys (russ. *мантия*); bei slavischen Mönchen ist am Kamelauchion ein Tuch festgenäht; beide zusammen den *клобук* [Klobuk].

Gewand wie Kopfbedeckung dienten vermutlich (s. ebd.:401) ursprünglich als Hoheitszeichen. Es könnte sich um byzantinische kaiserliche Repräsentationsprivilegien gehandelt haben, die im Zuge der Privilegierung des Christentums zunächst der Weltgeistlichkeit zuteil und später auch an den Mönchsklerus weitergegeben wurden (Onasch 1981:257). Bei dieser Weitergabe verschwindet allerdings der Schmuck der Gewänder der Weltgeistlichkeit – und ihre Farbigkeit; Mönchsgewänder sind im russisch-orthodoxen Kulturbereich schwarz (vgl. 4.6.7.1).

In der Geschichte dieser vestimentären Umfunktionierung steckt ein kenotisches Moment: Aus einem ursprünglichen Privileg wird durch Reduktion ein Niedrigkeitszeichen – genau wie in der Kenose Christi von der Gottes- zur Menschengestalt nach der Philipperhymne. Keine derartige kulturgeschichtliche Tiefendimension muss hingegen herangezogen werden, um an den Mönchsgewändern die Passionszeichen zu identifizieren: Das Schwarz illustriert den freiwilligen Tod für die Welt, der andeutungsweise mit der Klimax der Kenose, dem Kreuztod verbunden bleibt. Der oftmals mehrstriemige Ledergürtel, der das Gewand zusammenhält, kann als Zeichen für die Folterinstrumente bei der Peinigung Jesu gelesen werden. Und die höheren Weihegewänder des russischen Mönchtums, das kleine und das große Schima (*схима*) warten mit dem Kreuzsymbol auf; das große Schima ist von Kreuzsymbolen übersät, und es kommen weitere Passionswerkzeuge hinzu (s. Innemée/Melling 2001:403). Neben dem Klobuk ist im russischen Mönchtum auch eine Kapuze gebräuchlich, welche das Gesicht verhüllt (vgl. Onasch 1981:269). Dies kann mit der christologischen Figur der Krypsis (s. 2.7.3.3) kurzgeschlossen werden; es wehrt – jedenfalls der Intention nach – dem persönlichen Ruhm eines Mönchs (s. 5.3.5.4).

5.3.4 Von Fürstengründungen zu „Sklavenarbeit" (11.–13. Jh.)
Wie die orthodoxe Liturgie, die Bildpraxis und viele Textgattungen (s. 4) hat auch das slavische Mönchtum außerslavische Ursprünge. Das Mönchtum ist aber nicht nur älter als die slavischen Ausprägungen, sondern auch die Christianisierung der Slaven steht in engem Zusammenhang mit dem Mönchtum. Es handelt sich dabei zwar nicht um eine Klosterkolonisation wie die nordrussische im 15. Jh., aber um personelle Verbindungen und organisatorische Übernahmen.

5.3.4.1 Byzantinische Inspirationen

Was die personellen Verbindungen angeht, sind monastische Merkmale etwa bei den Personifikationen der Christianisierung der Slaven – den so genannten Slavenaposteln Methodios und Kyrill festzustellen (vgl. 4.1.1). Beide waren in verschiedenen Phasen ihres Lebens mit dem Mönchtum verbunden (Tachios 2002:100–103). Vor allem aber dürfte ein Teil der Vorbereitung der Slavenmission von ihnen in einem Kloster am Olymp in Bithynien getroffen worden sein (ebd.:101).

Während Kyrill und Method wohl durch slavische Herkunft für die Missionsaufgabe prädestiniert waren, spielten in späterer Zeit auch ethnische Griechen eine große Rolle. Bedeutende Vertreter des russischen Mönchtums sind über den Beinamen *Грек* [der Grieche] identifizierbar, darunter herausragende Gelehrte wie Maksim Grek oder der Ikonenmaler Feofan Grek. Ethnisch slavische Mönche bezogen wiederholt ihre entscheidenden Inspirationen vom Athos, so der Gründer des Kiever Höhlenklosters, Antonij (s. 5.3.4.3), der Begründer des Skiten-Hesychasmus, Nil Sorskij (5.3.5.4) und der Neubegründer des Starcentums, Paisij Veličkovskij (5.3.6.1).

5.3.4.2 Fürstengründungen

Die Anfänge des ostslavischen Mönchtums liegen im Dunkeln.[110] In jedem Fall sind die frühesten Klöster auf ostslavischem Boden so genannte „ктиторские", d.h. Fürstenstiftungen (Smolič 1999:24f). Wenn man auch nicht ausschließen kann, dass es daneben nicht-überlieferte frühe Einzelerscheinungen gegeben hat, beginnt damit das Mönchtum in Russland anders als das orientalische Mönchtum nicht mit dem unorganisierten Eremitentum, sondern mit dem regulierten Koinobion, und nicht fern der Zivilisation, sondern als Annex von Fürstenhöfen.

Die Vorbilder für diese Klöster konnten nirgendwo her kommen als aus Byzanz, die Regeln von nirgendwo sonst her importiert werden. In der Mehrheit scheint dies die Studiten-Regel gewesen zu sein. Nach der *Nestorchronik* stiftete Jaroslav im Jahre 1037 in Kiev zwei Klöster,[111] für die er – mit dem Privileg des Stifters, anderen ihre Form von christoformer Selbsterniedrigung zu verordnen – die Typika vorschrieb: Kenose als Diktat. Dass das ein Problem für die *freiwillige* Christusnachahmung darstellt, sieht schon die *Nestorchronik*:

> Мнози бо манастыри отъ цесарь и бояръ и отъ богатьства поставлени, но не суть таци, каци суть поставлени слезами, пощеньемь, молитвою, бдѣньемь; Антоний бо не имѣ злата, ни сребра, но стяжа слезами и пощеньемь, якоже глаголахъ.[112]

---

[110] Smolič räumt ein, es gebe praktisch keine Dokumente zur Zeit vor 1037 (1999:24).
[111] Čiževskij 1969:148; vgl. Smolič 1999:24f.
[112] „Es wurden zahlreiche Klöster von Regierenden und Bojaren gestiftet; sie sind aber nicht wie die, welche auf Tränen, Fasten, Gebet und Wachen gegründet wurden. Anto-

5.3.4.3 Das Kiever Höhlenkloster

Die kulturgeschichtlich bedeutsame Ausnahme von den frühen Klostergründungen durch Fürstenstifter bildet Kiever Höhlenkloster, das der *Nestorchronik* nach 1051 gegründet wurde. Während der Gründer, Antonij (Pečerskij), vom Athos kommend (Čiževskij 1926:152), der meditativen Richtung des Mönchtums angehört haben dürfte, vertrat der berühmteste Mönch des Klosters, Feodosij (Pečerskij), die praktisch-aktive Richtung des Mönchtums. Feodosij führte die Regel des Theodoros Studites ein und eröffnete damit ein neues monastisches „Paradigma" im Höhlenkloster (Toporov 1995/98:I 701).

So sind mit Antonij und Feodosij von Anfang an zwei Möglichkeiten der Entwicklung vorhanden; bis zum Mongolensturm herrscht im russischen Mönchtum insgesamt eher das Feodosij-Modell vor. Das Höhlenkloster erlebt eine Blütephase (ab 1169 Lavra), fiel jedoch 1240 dem Mongolensturm zum Opfer und blieb danach weitgehend bedeutungslos.[113]

Weit über die 1240 abgebrochene direkte Wirkung des Klosters hinaus reicht die literarische Geschichte seines Väterbuchs. Die Blütephase des Klosters wurde literarisch verewigt im *Киево-печерский патерик [Väterbuch des Kiever Höhlenklosters]*, das im Gegensatz zu älteren Kloster-Paterika nicht nur Belehrungen sammelt, sondern aus sehr unterschiedlichen Episoden zusammengesetzt ist und mit dieser narrativen Buntheit für die Lektüre attraktiv war und ist. Die mönchische Norm der Demut spielt in mehreren *слова [Erzählungen]* eine Rolle, signalhaft im *Слово о смиренем и многотрьпѣливем Никонѣ-Чръноризци [Wort vom demütigen und vielduldenden Mönch Nikon]* (Ol'ševskaja/Travnikov 1999:25f).

5.3.4.4 Feodosij Pečerskij

Die zweite über den Mongolensturm hinaus wirkende Quelle aus dem Umfeld des Kiever Höhlenklosters ist die Vita des 1074 gestorbenen und 1108 heilig gesprochenen Feodosij Pečerskij, das *Житие преподобного отца нашего Феодосия, игумена Печерского [Vita unseres ehrwürdigen Vaters, des Abtes Feodosij]* (1080er Jahre). Es ist der Rezeptionsgeschichte dieses musterbildenden Textes zu verdanken, dass Feodosij als „father of Russian monasticism" apostrophiert wird – und zugleich als „disciple of the humiliated Christ" (Fedotov 1966:I 110f).

In der Vita werden an Feodosij verschiedene Facetten monastischer Ausrichtung auf Christus vorgeführt. Darunter ist ein gewisses Moment von asketischer, leibfeindlicher Selbstgeißelung; dieses tritt aber nur phasenweise in Erscheinung und nie in den Vordergrund (ebd.:I 117). Was Feodosij befolgt, ist also eine ge-

---

nij hatte weder Gold noch Geld, aber er baute sein Kloster mit Tränen und Fasten." (Čiževskij 1926:155).

[113] Erst in nachsowjetischer Zeit wird es wieder – jetzt ukrainisches – geistliches Zentrum.

5. Christoformität in Russland

mäßigtere[114] Form der Askese wie beim palästinensischen Mönchtum.[115] Diese bedeutet in seinem Fall gerade keinen Rückzug aus der Welt, sondern gezieltes Eingreifen in die Welt (Toporov 1995/98:I 726), einmal in Form karitativer Tätigkeit (PLDR 1,384), zum anderen im Widerstand gegen politisches Unrecht. Dass eine solche Einmischung Reaktionen von weltlicher Seite nach sich zieht, die zur Repression des Mönchs führen können, ist für das Selbsterniedrigungs- und Leidensideal durchaus funktional: Feodosij dürstet – nach Darstellung der Vita – geradezu nach äußerer Misshandlung:

> Си же слышавъ блаженный, яко о заточении его рѣша, въздрадовася духъмь и рече къ тѣмъ: «Се бо о семь вельми ся радую, братие, яко ничьсоже ми блаже въ житии семь [...] Тѣмьже готовъ есмь или на съмьрьть». И оттолѣ начатъ того укаряти о братоненавидѣнии, жадааше бо зѣло, еже поточену быти.[116]

Besondere Bedeutung kommt bei Feodosij der Arbeit zu. Das Prinzip körperlicher Arbeit wird von Toporov zu einer Art Antwort auf Fedotovs Kenose-These erhoben. Toporov erklärt das „*труженичество во Христе*" zum „особый тип русской святости".[117] Hier steht sowohl konstruktive Tätigkeit (Klosteraufbau) als auch Kontinuität im Mittelpunkt, was in der Feodosij-Vita durch eine Poetik der Fülle repräsentiert wird (Toporov 1995:I 617). Da jedoch weder Arbeit noch karitative Tätigkeit zu den Konstanten der späteren Geschichte des russischen Mönchtums zählen, ist die Geschichtskonstruktion Toporovs wohl mehr von einem gegenwartsbezogenen Wunsch her zu verstehen. Bei Feodosij aber trifft Toporovs These zu: Auch als Abt ist sich Feodosij nie zu schade, harte körperliche Arbeiten, „Sklavenarbeiten" zu übernehmen.[118] Wichtiger als Arbeit an sich aber ist die soziale Funktionalisierung: Die Erniedrigung zur „Sklavenarbeit" fungiert als

---

[114] Toporov arbeitet die etymologische Verbindung von *смирение* [Demut] und *мера* [Maß] heraus, wobei das „Idealmaß" im christlichen Sinne in sozialer Hinsicht eben das niedrige sei (1995/98:I 686 u. II 551).

[115] Fedotov 1966:I 114; Toporov 1995/98:I 687.

[116] „Als der Selige von der drohenden Einkerkerung hörte, war er froh im Geiste und sprach zu ihnen [den Mitmönchen]: ‚Ich freue mich darauf, Brüder, denn nichts wäre mir lieber in diesem Leben. [...] Darum bin ich sogar zum Tode bereit.' Von nun an klagte er ihn [Svjatoslav] offen der Verfolgung seines Bruders an, denn ihn verlangte danach, eingekerkert zu werden." (PLDR 1,378; dt. Onasch 1978:101). Das Begrüßen einer Verhaftung als Bestätigung des eigenen Zeugnisses findet sich auch bei Maksim Gor'kijs Revolutionär Pavel Vlasov (s. 7.4.3).

[117] „*Mühsal* in Christo" – „Besonderer Typus russischer Heiligkeit" (Toporov 1995/98:I 608f, Hervorh. i. Orig.); vgl. auch ebd.:704f.

[118] Für diese niederen physischen Arbeiten von Mönchen prägt das russische Mönchtum das Epitheton *чёрный* [schwarz] (vgl. Špidlík 1971:554).

Mittel der Demut: „Оттолѣ же начатъ на труды паче подвижьнѣй бывати, якоже исходити ему съ рабы на село и дѣлати съ всякыимь съмѣрениемь."[119]

Dieses Moment sozialer Degradierung scheint auch im vestimentären Auftreten Feodosijs durch: Unter diversen geläufigen hagiografischen Topoi[120] wird an Feodosijs Kindheit besonders die Ärmlichkeit seiner Kleidung betont (PLDR 1,308), was in der Vita mehrfach wiederkehrt; seine ärmliche Kleidung habe Besucher in Feodosij kaum den Abt erkennen lassen. Damit nicht genug: Feodosij rechtfertigt darin gegenüber seiner Mutter sein abgerissenes und demütiges Auftreten *expressis verbis* mit dem Exempel der Selbsterniedrigung Christi: „Господь бо Иисусъ Христосъ самъ поубожися и съмѣрися, намъ образъ дая, да и мы его ради съмѣримъся."[121] Der Erzähler erklärt seinerseits, dass Feodosijs Christusnachahmung in Demut und Bescheidenheit bestanden habe:

> Сице бо ти бѣ тъщание къ богу блаженааго и духовьнааго отьца нашего Феодосия, имяаше бо съмѣрение и кротость велику, о семь подражая Христоса, истиньнааго бога, глаголавъшааго: «Навыкнѣте отъ мене, яко крътъкъ есмь и съмѣренъ сьрьдцьмь.»[122]

Mit der sozialen Selbsterniedrigung einher geht eine Kenose der Erkenntnis. Schon bei Feodosij gibt es eine Verbindung zum Narrentum – wobei die Niedrigkeit das *tertium* bildet:

> Social humiliation or degradation, approaching the ‚holy foolishness', remained from his childhood the most personal, and at the same time, the most national of his characteristics. (Fedotov 1966:121)

---

[119] „Seit dieser Zeit aber begann er noch eifriger zu arbeiten und ging zusammen mit den Sklaven aufs Feld hinaus und arbeitete dort mit großer Demut." (PLDR 1,308, dt. Onasch 1978:87).

[120] Siehe 4.3.7. Natürlich stellt sich das Problem des Quellenwerts von Viten, die nach hagiografischen Mustern mit immer denselben Motiven (Verweigerung der Mutterbrust an Fastentagen, Anbetungshaltung in der Wiege, Wohlgeruch nach Tod etc.) aufwarten; der geringe Quellenwert schmälert aber die Nachahmungsrelevanz nicht und wird erst für den positivistischen Geist der Moderne zum Anstoß.

[121] „Denn unser Herr Jesus Christus hat uns ein Beispiel an Selbsterniedrigung und Demut gegeben, auf dass auch wir uns in seinem Namen erniedrigen." (PLDR 1,312).

[122] „So war das Streben unseres geistlichen Vaters, des seligen Feodosij, zu Gott, denn er besaß Demut und große Bescheidenheit und ahmte in allem Christus nach, den wahren Gott, der gesagt hatte: ‚Lernt von mir; denn ich bin sanftmütig und von Herzen demütig.'" (PLDR 1,344; dt. v. Vf. unter Benutzung der revidierten Lutherübersetzung von Mt 11,29). Man beachte das Paradox, dass dem *Gott* Christus die Demut zugeschrieben wird.

5. Christoformität in Russland

Fedotov sieht in Franziskus von Assisi den von der demütig-gottesnärrischen Form monastischen Lebens her Feodosij Pečerskij nächsten westlichen Mönch.[123] An Feodosijs programmatische Demut knüpft der Erzähler die Nachahmungsparänese; er empfiehlt Feodosij zum Vorbild.[124] Er entwirft die Vita, Toporov zufolge, als „«усиленный» источник" mit Weiterwirkungsabsicht und hebt ihren „свидетельский характер"[125] hervor. Auch in Feodosijs überlieferten Lehrschriften stellt die Predigt von Demut den roten Faden dar (Toporov 1995/98:I 773f). In Feodosijs Predigten dominieren die Paränese zu *терпение* und *смирение*[126] und zur Christus-Nachfolge qua Selbsterniedrigung (Eremin 1947:173).

---

[123] Fedotov 1966:I 129f; vgl. auch A.M. Pančenko 1984:88f; dt. 1991:104f; Holl 1993:63–78 u. Lachmann 2004:388f. Die geistige Nähe der Orthodoxie zu Franziskus – und sonst praktisch keinem anderem Vertreter des westlichen Mönchtums (vgl. Smolič 1999:355) – mag auf griechische Inspirationen bei Franziskus selbst zurückzuführen sein (s. Freyer 1991:44f). Die Nähe realisiert sich in einer gemeinsamen Affinität zum Erniedrigungsvektor, zur „Nachahmung der Kenosis Christi" (K. Frank 1994:691): „Damit müssen wir Franziskus in den ‚Absteigend-sich-angleichenden Traditionsstrom' einordnen. Wir meinen deshalb, daß Franziskus damit der Theologie der Väter, gerade auch der griechisch-orientalischen Väter sehr nahe steht." (Freyer 1991:233). Das gilt über Franziskus hinaus im Grunde für den Orden der Franziskaner als ganzem – was aber die Ostkirche wieder weniger wahrzunehmen geneigt war; Bonaventura stellt Franziskus als eben durch Demut „Christus gleichförmig" dar (ebd.:215.217f). Die Franziskaner tragen „den programmatischen Namen ‚fratres minores', der ihre Lebenshaltung der ‚Humilitas' kennzeichnet." (ebd.:195; vgl. dazu L. Lehmann 1997).

[124] PLDR 1,308; dt. Onasch 1978:87.

[125] „‚Verstärkte' Quelle" – „Zeugnischarakter" (Toporov 1995/98:I 642).

[126] Dulden und Demut (Eremin 1947:173–179). Fedotovs These, dass die kenotische Christologie der Predigten Feodosijs sich stark von der byzantinischen abhebe (Fedotov 1966:I 127), ist zu widersprechen; die seinem Bestreben nach Herausmeißelung einer russischen Spezifik geschuldete Entkenotisierung der griechischen Christologie läuft der obigen Lektüre (2.) zuwider.

5.3.5 Zwischen Einsiedelei und Klosterreichtum (14.–16. Jh.)

Возможно, что каждый из этих ранних пустынножителей считал, что он решает свою личную задачу, что уход в лесную пу́стыню – дело, касающееся только его, и не подозревал, что все они принадлежат новой волне религиозного сознания […].[127]

Die Blüte des Kiever Höhlenklosters endet 1240. Was folgt, ist eine Zeit der Bedrückung durch die Mongolen (am wenigsten in religiöser Hinsicht); da monastisches Leben oft als Ausweg aus einer als unbefriedigt empfundenen innergesellschaftlichen Situation dient, sind Zeiten äußerer Repression diesem *als Institution* meist nicht förderlich. So ist es kein Zufall, dass die Erneuerung aus inoffiziellen Formen monastischen Lebens hervorgeht – aus der Einsiedelei.[128]

Die individuellen Ausformungen von nicht regelhaft vorformulierter Askese sind durchaus unterschiedlich – vom Sitzen in einem Erdloch, dem Einschluss in eine Zelle (wie Feofan Zatvornik; 4.4.3.1), dem Schlafen im eigenen künftigen Grab und dem Säulenstehen (so Tichon Zadonskij; 5.3.6.1) über absolutes Schweigen,[129] rigoroses Fasten und Schlafentzug bis zum Tragen von Ketten oder riesigen Holzkreuzen.[130] Die russischen klimatischen Bedingungen tragen das Ihre dazu bei.[131] Die Grundform besteht allerdings im radikalisierten (zu den Wurzeln zurückkehrenden) Verständnis des mönchischen Lebens als Vereinzelung – in der Einöde bzw. Einsiedelei (*уединение*[132]).

---

[127] „Es ist gut möglich, dass jeder dieser frühen Eremiten meinte, dass er seine ganz persönliche Aufgabe erfülle, dass der Rückzug in die Einöde nur ihn allein beträfe, und nicht ahnte, dass sie alle zu einer neuen Welle religiösen Bewusstseins gehörten […]" (Toporov 1995/98:II 466f).

[128] Den Zusammenhang von Mongolenjoch und Einsiedler-Bewegung zeigt auch die Epifanij-Vita Sergij Radonežskijs (PLDR 4,288); allgemein s. auch Toporov 1995/98:II 393.465–467.

[129] Als herausragend darin galt Pavel Obnorskij, der „Schweiger" (*молчальник*).

[130] So vor allem Serafim Sarovskij; s. 5.3.6. Das Kreuztragen bildet einen metonymischen Christusbezug; darauf basiert das Epitheton *богоносный* [theophor; Gott-tragend] für Serafim von Sarov (s. Akafist Serafimu 1991), eine Kategorie, die Dostoevskij für den „народ богоносец" [Gottträger Volk; s. 5.1.3.] verkollektiviert.

[131] Cemus meint, die russische „‚passive' Askeseform" bedürfe keiner „besonderen asketischen Praktiken, denn die Arbeit und die klimatischen und natürlichen Bedingungen waren schon an sich eine harte Kasteiung." (Cemus 2002:190).

[132] Der Begriff *уединенный* [Einsiedler] stellt die russische Übersetzung von μοναχός dar (vgl. Cypin 1994:172).

5.3.5.1 Sergij Radonežskij und die Dialektik der Einsiedelei

> Образ Христов хранят [иноки] пока в уединении своем [...]
> от древнейших отцов, апостолов и мучеников [...][133]

Das große Vorbild der späteren Einsiedler ist Sergij Radonežskij. Sergijs asketische Praxis durchschreitet drei Stufen von der Einsiedelei über die Idiorrhythmie zum Koinobion. Um 1340 begab sich der Laie Varfolomej in die Einsiedelei und verbrachte dort zwei Jahre in völliger Einsamkeit, nur von wilden Tieren aufgesucht, deren Freundschaft er der Vita zufolge gewonnen haben soll (PLDR 4,304.312). Die Mönchsweihe erfolgte in der Einöde um 1342/44 (Mönchsname Sergij). Bald aber versammelten sich um ihn zwölf Mönche, und der weiter wachsende Anklang seines eremitischen Vorbildes zwingt zur Gründung des später mit seinem Namenszusatz versehenen Dreifaltigkeitsklosters *Троице-Сергиева Лавра*.[134] 1353/54 wurde Sergij nach langem Zögern schließlich dessen Abt.

Was sich wie die Erfolgsgeschichte einer sozialen Bewegung liest, die von einer einzigen Person angestoßen wurde, bedeutet für einen Einsiedler und Nachahmer der Kenose Christi, der um Christi willen das einfache Leben sucht und vor persönlichem Ruhm flieht, die Infragestellung seiner ursprünglichen Intention. Jede Form sozialer Erhöhung muss in der Sergij-Vita daher durch Beschwörung von Sergijs Demut kuriert werden. Nicht zuletzt aus dieser Notwendigkeit heraus avanciert *смирение [Demut]* in der Vita zu seiner Kerntugend.[135]

Als Varfolomej in der Einsiedelei Mitrofan bittet, ihn zum Mönch zu scheren, muss er dieses Bedürfnis nach Zementierung seiner Christusnachfolge, die eine

---

[133] „Das Bild Christi bewahren sie [die Mönche] vorerst in ihrer Abgeschiedenheit [...] von den ältesten Vätern, Aposteln und Märtyrern [...]" (Dostoevskij 1958:IX 392).

[134] Es ist bis heute und war auch in Sowjetzeiten das Hauptkloster der ROK. – Von der Dreifaltigkeitstopik Sergijs stark beeinflusst ist der Malermönch dieses Klosters Andrej Rublev, von dem kaum biografische Daten bekannt sind. Für die Geschichte der Ikonenmalkunst ist insbesondere seine Dreifaltigkeitsikone (s. 4.6.8.1) von entscheidender Bedeutung. Die Unanschaulichkeit der Trinität und der Mangel an biografischen Daten über Rublev mag wohl der Grund sein, weshalb in der Rublev-Rezeption das kenotische Moment durchschlägt, obgleich dies doch im trinitarischen Zusammenhang zweitrangig und im biografischen nicht dokumentiert ist. Augenfällig ist dies in Tarkovskijs Film *Андрей Рублев [Andrej Rubljow]* (1964–66), der den Malermönch auf dem Hintergrund kriegerischer Gewalt zeigt, ihn gar christoform ans Kreuz binden lässt (C. Engel 1999:154–156; Kreimeier 1987:95–98). Durch Tarkovskijs Konflikt mit der sowjetischen Zensur geht die kenotische Topik auch auf die Rezeption seines Filmwerks über (bspw. ebd.:95) und motiviert schließlich die Edition seiner Tagebücher als *Martyrolog* (Tarkovskij 1989/91).

[135] Vgl. Toporov 1995/98:II 431.546. Grammatisch wird dies dadurch repräsentiert, dass in der direkten Rede Sergijs in der Epifanij-Vita kaum „ich" vorkommt (ebd.:II 550). Dies wirkt für spätere Mönche bzw. ihre Viten musterbildend (vgl. Smolič 1999:51).

Erhöhung impliziert, durch ein Demutsbekenntnis kurieren (PLDR 4,304). Er vermeidet, sooft möglich, selbst die Messe zu zelebrieren – und begründet dies nach Epifanijs Schilderung mit der Nachahmung der Kenose Christi durch Demut:

> Имѣяше бо в себѣ кротость многу и велико истинное смирение, о всем всегда подражаа своего владыку господа нашего Иисуса Христа, подавъшаго ся на подражание хотящим подражати его и послѣдовати ему, рекшему: «Приидѣте къ мнѣ, вси тружающеися и обременении, азъ покою вы. Възмѣте иго мое на ся, и научитеся от мене: яко кротокъ есмь и смиренъ сердцемъ». И таковаго ради смирениа Сергий не хотяше поставлениа поповьства или игуменьства взяти: глаголаше бо присно, яко зачало и корень есть санолюбиа еже хотѣти игуменьства.[136]

Darauf hebt Sergij erneut ab, als er Abt werden soll (PLDR 4,326), worein er sich aber schließlich durch Gehorsam gegenüber Gott fügt (ebd.); hier siegt die Gehorsamskenose über die Ruhmentsagungskenose. Der Gehorsamspflicht kommt Sergij auch nach, als er auf Weisung von Metropolit Aleksij und Patriarch Philotheos für die koinobitische Studios-Regel einführt (PLDR 4,366). Er gehorcht also entgegen den eigenen eremitisch-idiorrhythmischen Präferenzen. Einzig die Ehre, die Nachfolge des Metropoliten anzutreten, lehnt er definitiv ab (PLDR 4,392).

Sergijs Wille zur Weltferne wird somit immer wieder durch die Fakten konterkariert: Wiederholt werden ihm klerikale Ehren angetragen; die Ablehnung des Metropolitensitzes feiert Fedotov als „supreme act of Sergius' kenotic humility" (Fedotov 1966:I 212). Ins Koinobion gezwungen, muss er auch zunehmenden Reichtum seines Klosters hinnehmen (ein Vitenkapitel trägt den Titel „О изобиловании потребныхъ" [Vom Überfluss an allem]; PLDR 4,340); es zieht immer neue Schüler an und hat Tochtergründungen (PLDR 4,376–392). Sergijs Kloster aber wird zum Hauptkloster der ROK, seine Schüler kolonisieren den russischen Norden[137] und bringen die Durchdringung des flachen Landes mit christlichen Strukturen voran (vgl. Goehrke 2003:192). Sergij selbst aber entfernt sich noch

---

[136] „Denn er war von großer Bescheidenheit und großer wahrhaftiger Demut und ahmte in allem seinen Gebieter, unseren Herrn Jesus Christus nach, der ein Beispiel zur Nachahmung gegeben hat denen, die ihn nachahmen und ihm folgen wollen: ‚Kommt her zu mir, alle, die ihr mühselig und beladen seid; ich will euch erquicken. Nehmt auf euch mein Joch und lernt von mir; denn ich bin sanftmütig und von Herzen demütig.' Aufgrund dieser Demut wollte Sergij nicht zum Priester oder Abt bestellt werden; er sagte stets, dass der Wunsch, Abt zu werden, der Anfang und die Wurzel der Ehrsucht wäre." (PLDR 4,320; dt. v. Vf. unter Benutzung der revidierten Lutherübersetzung von Mt 11,28f [vgl. dazu die Pantokrator-Ikone 4.6.3.2]).

[137] Ein Schema der Kolonisationsfiliationen bieten Smolič 1999:555 und Onasch 1978:315. Die Kolonisierung durch Einödklöster stellt ihrerseits ein Paradox dar: Einsiedler, die sich gerade der weltlichen Instrumentalisierung entziehen wollen, werden dadurch zum imperialen Instrument.

einmal aus dem Kloster – vordergründig aus Zwist mit seinem Bruder, aber auch um zum Einsiedel-Ideal zurückzukehren, das er auf Weisung von Patriarch und Metropolit gegen das Koinobion hatte eintauschen müssen. Er wandert in die Einöde von Križač (PLDR 4,370).

Der Selbsterniedrigungsintention Sergijs läuft also sein eben darauf zurückkehrender Ruhm zuwider; die Sergij-Rezeption zwingt ihm eine Erhöhung auf, die er – zumindest der Vita zufolge – nie wollte. Medien dieses Ruhmes sind zunächst die persönliche Begegnung und das Hörensagen, dann Ikonen des Heiligen und schließlich vor allem die Epifanij-Vita, auf deren erste Fassung von 1417/18 mehrere weitere folgten.[138] Die Erhebung Sergijs zum leuchtenden Exempel wird befördert durch Epifanijs rhetorisch meisterliches Wortflechten,[139] geballt in dem der Vita angehängtem Lobeshymnus (PLDR 4,406–428). Hinter den hagiografischen Topoi wie dem vom frommen Kleinkind (ebd.:284), vom schlagartigen Lesen-Lernen durch Gottesgabe (ebd.: 82), allfälligen Wundern und schließlich dem wohlriechenden Leichnam des künftigen Heiligen (ebd.:404) scheint aber immer wieder das kenotische Kernstück durch, etwa – von Feodosij her vertraut – in der abgerissenen Kleidung des Abtes Sergij (ebd.:352).

Die kenotischen Merkmale befördern die postum vollzogene Erhöhung (eine solche ist auch für den Nachahmer der Selbsterniedrigung Christi kein Problem mehr). 1449/50 wird Sergij heilig gesprochen, schon 1460 (in Novgorod) die erste Kirche auf seinen Namen geweiht.[140] Am 25. September (Todestag) und 5. Juli (Tag der Reliquienübertragung) wird seiner gedacht. Dem so kanonisierten Exempel Sergijs ist es zu verdanken, dass die Einsiedlei in der russischen Mönchtumsgeschichte stets als besondere asketische Leistung (*подвиг*) erschien und Autorität gebar (vgl. Rose 1952:98). An der massenhaften Rezeption des Vorbildes von Sergij Radonežskij wird deutlich, dass die Sekundärmedien, über welche das asketische Beispiel transportiert wird, paränesegeschichtlich gar höher veranschlagt werden können als der Betreffende selbst: „[…] образ подвижника имел гораздо больше значения, чем само подвижничество."[141] Als Autorität erscheint, wer solche gerade nicht reklamiert: „Он [Сергий] – истинный наставник, учитель, покровитель народа – смиренный, тихий, немногословный."[142]

---

[138] Und eine Überarbeitung von Pachomij Logofet (s. Toporov 1995/98:II 350f).

[139] Vgl. 4.3.7.1. Für sich selbst aber verwendet Epifanij die üblichen Bescheidenheitstopoi (PLDR 4,258; vgl. Toporov 1995/98:II 356).

[140] Angaben nach L. Müller 1967:VIII. Zu Erhöhung postum vgl. 8.8.4 u. 9.8.2.

[141] „[…] das Bild des Asketen hatte weitaus größere Bedeutung als die Askese selbst." (Smolič 1999:49).

[142] „Er [Sergij] ist der wahre Mentor, Lehrer und Beschützer des Volkes – demütig, still, wortkarg." (Toporov 1995/98:II pril. V 47).

5.3.5.2 Das Paradox des idiorrhythmischen Koinobions

Trotz der Popularität Sergijs findet sein eremitisches Lebensmodell in den folgenden Jahrhunderten nicht so viele Nachahmer, wie man erwarten möchte (Morris 1993:100). Dem kenotischen Einsiedlerleben wohnt also die Dialektik inne, dass der Einsiedler kulturell fortwirkt an dem Punkt, wo er aus seiner Einsiedelei herausgerissen und in einen koinobitischen Zusammenhang gezwungen wird. Wenn man in Rechnung stellt, dass viele der beispielgebenden Einsiedler später zu einer gemeinschaftlichen Lebensform (Eremitenkolonie, Koinobion) zurückkehrten, dann ahmt die Einsiedelei die kenotische Verborgenheit und Unbemerktheit Christi vor Богоявление [Theophanie] und Срѣтение[143] nach, während das Koinobion (und womöglich eine Abtwürde) diese konterkariert. Der dialektische Umschlag von Selbsterniedrigung in Erhöhung (von außen) ist zwar ein Fernziel des kenotischen Modells (s. 2.6) überhaupt wie des monastischen Habitus im Besonderen; wenn aber die Erhöhung zu schnell – innerweltlich – auf dem Fuße folgt, dann hat der Christus kenotisch Nachfolgende ein Problem.

Die Spannung zwischen dem Ideal der idiorrhythmischen Askese in der Einöde und der Kontrolle durch eine koinobitische Regel bestimmen die Kontroversen über das russische Mönchtum im 15. und bis ins 16. Jh. hinein.[144] Zum Bruch kommt es durch die zunehmend verbreitete Kombination von Idiorrhythmie und Koinobion, das Zusammenleben einer größeren Zahl von Mönchen in einem Kloster, wo jeder seine eigenen Askese-Formen verfolgt und auch wirtschaftlich auf sich selbst gestellt ist (vgl. von Lilienfeld 1961:177f). Damit kommt das Kloster der ökonomischen Realität der Stadt zu nahe, werden einzelne Mönche persönlich reich und das Gesamtsystem reformbedürftig. Aus der Kontamination von Koinobion und Idiorrhythmie wurden zwei Auswege gezeigt – in Richtung einer kleinteiligen Idiorrhythmie oder der rigorosen Befolgung einer Regel. Die erste Variante befürwortet Nil Sorskij, die zweite Iosif Volockij. Beide sehen die Notwendigkeit,[145] zur persönlichen Besitzlosigkeit des einzelnen Mönchs zurückzukommen; die Geister aber scheiden sich an der „Art dieser Besitzlosigkeit" (ebd.:172, Hervorh. i. Orig.), also der Frage, ob das Kloster als ganzes Besitz haben darf:

> Bei Iosif sollte der einzelne Mönch in streng koinobitischer Ordnung nichts persönlich besitzen, während das Kloster ihn mit dem Notwendigen versorgte, also Besitz hatte. Bei Nil sollte auch die Mönchsgemeinschaft nichts oder nur wenig besitzen, ihre Kirche sollte ebenso arm und schmucklos sein wie ihr tägliches Leben. Der Mönch sollte persönlich so arm sein, daß er *nicht* versorgt war, sondern sich durch seiner Hände Arbeit ernähren mußte. (ebd., Hervorh. i. Orig.)

---

[143] *Darstellung im Tempel* – im Kirchenkalender kondensiert auf die Zeit vom 25. Dezember bis 6. Januar bzw. 2. Februar (s. 4.5.5.1).
[144] Siehe von Lilienfeld 1961:175f; Sinicyna 2002.
[145] Zu Iosifs Kritik an den bestehenden Verhältnissen vgl. Špidlík 1971:550f.

Vereinfacht wurde diese durchaus differenzierte Unterscheidung durch die Zuspitzung der Polemik auf die Befürworter von Besitz und deren Gegner, auf *стяжатели* und *нестяжатели*. Dabei gibt es eine Reihe von Berührungspunkten, welche beide Seiten verbinden, nicht zuletzt kenotische wie die Betonung des Gehorsams und die Forderung persönlicher Demut.

5.3.5.3 Iosif Volockijs Regel-Gehorsam

Der wichtigste Vertreter der *стяжатели*, der Abt Iosif Volokolamskij, scheiterte zunächst beim Versuch, das Kloster zu reformieren, in dem er sein Noviziat absolviert hatte, und gründete ein neues (Smolič 1999:62f). Dieses konzipierte er als Koinobion mit einer stark formalisierten und rigoros zu befolgenden Regel, der *Духовная грамота*.[146] Iosif unternahm es, jedes Detail des koinobitischen Tagesablaufs akribisch zu regeln – damit nicht durch Gestaltungsfreiheit Hochmut aufkäme, sondern christoformer Gehorsam herrsche.[147]

Die Kleidung des Mönchs hat armselig, sein privater Besitz auf das Nötigsten beschränkt zu sein; das wäre einem Christusnachfolger angemessen:

> If someone wants to have perfected non-possession according to the words spoken by Christ: ‚Do not acquire a second coat', then he shall have one mantle, one cassock, one skin coat, two or three tunics, one of each type of clothing – everything being mean and ragged – and one of each cell object – everything being mean and unlovely. Such a person ist a perfect disciple of Christ and an imitator and emulator of the saints, who suffered winter, coldness, nakedness, calamities, labors, and coercion for the sake of Christ, and on his account walked ‚the narrow way, that leads to life'. (III 24; Iosif [Volockij] 1983:97)

In Christusnähe bringe den Mönch absoluter Gehorsam, der einzig wahre Demut gewähre:

---

[146] *Geistliche Regel* (1514/15). Aus Smolič' befremdeter Beschreibung (1999:63) spricht der orthodoxe Antiformalismus. Diese polemische Grundhaltung gilt es zu berücksichtigen, wenn Smolič den Zweck der ganzen Unternehmung in der Heranbildung kirchlicher Hierarchen für Leitungsfunktionen sehen möchte (ebd.:64). Das Moment aktiv außerweltlicher Askese ist bei Iosif sicher stark (s. Chibarin 1966:74), aber der Klosterdrill hat neben außergeistlichen Zwecken zumindest *auch* den Sinn kenotischer ‚Christoformierung'.

[147] Mag es auch für Iosifs Regel in besonderer Weise gelten – die Mönchsregeln (bspw. Ustav Monastyrja 1994) bilden diejenige normative Gattung, welche die stärkste disziplinäre Befolgung haben dürfte. Die Mönchsregeln sind Ausdruck, ja vielleicht ein wesentlicher Ursprung von Regelkultur, die nach Lotman/Uspenskij in Russland schwächer ausgeprägt war als die Textkultur (1971:152). Medien der Textkultur im mönchischen Bereich sind Eratopokriseis und Ermahnungsschriften, die eher als Hilfsmedium zur je individuellen *imitatio* zu begreifen sind denn als regulative Normierungsakte.

Saint Syncletica says: Those in monasteries should acquire more obedience than asceticism. The latter teaches pride; while the former teaches humble-mindedness. (VI 31; ebd.:114, Hervorh. i. Orig.)

[...] blessed is he who has completely killed his own will and has given up responsibility for himself to his teacher in the Lord. That person stands at the right hand of the Crucified. Let all of us who would fear the Lord struggle with all strength completely to kill our will, just as did our reverend Fathers who lived in obedience and humility. (VI 19; ebd.:111)

5.3.5.4 Nil Sorskijs Skiten-Hesychia

Auch für Nil Sorskijs monastisches Programm spielt Gehorsam eine zentrale Rolle, doch versteht er darunter etwas anderes als der Formalist Iosif. In Nils Gehorsamsforderung ist ein orthodoxer Traditionalismus am Werk; es gelte, stets aufs Neue den Vätern zu lauschen (von Lilienfeld 1961:161), nicht etwa selbst durch ein Regelwerk eine allgemein-verbindliche Ordnung festzuschreiben. Besitzlosigkeit gerät in Nils Auslegung radikaler als bei Iosif. Nicht nur der Einzelmönch, auch der monastische Verband habe arm zu sein, wie es in dem wohl gleich zu Beginn von Nils Skitenlebens verfassten *Предание [Überlieferung]* heißt.[148] Wie sich an der für Nil untypischen Schärfe seiner Argumentation an diesem Punkt ablesen lässt, bildete dies sein stärkstes persönliches Anliegen (ebd.: 143.168). Für die Orthodoxie besonders ungewöhnlich, wollte Nil selbst die Kirchendekoration bescheiden halten.[149]

Nil sucht Vorbilder nicht in den byzantinischen Typika,[150] sondern im Wüsteneremitentum, dem sketischem Mönchsleben (vgl. ebd.:174), von dem sich sein *Skiten*-Modell auch terminologisch herleitet.[151] Im Programm Nil Sorskijs ist der *скит* [Skite] eine Behausung für zwei oder drei zusammen lebende Mönche, einen älteren, erfahrenen und einen oder zwei jüngere, die vom Älteren lernen sollen. Die Christusnachahmung wird in der Nachahmung des älteren Nachahmers so zur Nachahmung zweiten Grades. Nil nutzt mit seinen Kleingruppen den mnemonischen Vorteil eines vor Augen stehenden menschlichen Vorbildes (s. 5.0.3). Seine programmatische Begründung dieser monastischen Lebensform im *Предание о жительстве скитском [Überlieferung über das Skitenleben]* steckt dafür

---

[148] Von Lilienfeld 1961:198. Zur Datierung s. Archangel'skij 1882:52f.
[149] Von Lilienfeld 1961:199. Maloney erklärt dies für eine spezifische Ausprägung eines allgemeinen „kenotic spirit" auch von Nils Lebenszeit (1973:156).
[150] Siehe Iosifs Exzerpt aus dem *Asketikon* von Basilios dem Großen und dem *Typikon* von Theodoros Studites (XIV; Iosif [Volockij] 1983:196–202).
[151] Die Behausung des Einsiedlers, russisch *скит* (davon auch dt. Skitentum), ist auf die ägyptische Wüste Σκῆτις [Sketis] zurückzuführen (Vasmer 1964/73:III 640), in der die ersten monastischen Einsiedler lebten. Auf die Wüste rekurriert auch die russische Bezeichnung für die Einsiedlerkolonie *пустыня* bzw. *пустынь*.

den Rahmen ab, regelt aber keine äußerlichen Details wie Iosifs Духовная грамота *[Geistliche Regel]*; sie ist nur Zwischeninstanz der Überlieferung, nicht selbst schon autoritative Ausfüllung. Nils Предание hat den Charakter einer allgemeinen spirituellen Handreichung und gibt keine Auskunft über die konkrete, je individuelle Lebensweise in der von ihm begründeten Einsiedelei am Fluss Sora.[152] Der allgemeine Rahmen setzt sich zusammen aus Arbeit und Jesusgebet.[153]

Offensichtlich ist hier die Inspiration des Hesychasmus. Gab es schon eine Reihe inhaltlicher Berührungspunkte zwischen dem Hesychasmus des Gregorios Palamas und dem Streben Sergij Radonežskijs nach Ruhe in der Einöde, so ist doch keine direkte Gregorios-Palamas-Rezeption Sergijs nachweisbar oder auch nur wahrscheinlich (Toporov 1995/98:II 592f). Anders verhält sich dies bei Nil Sorskij. Auf dem Athos ist Nil nachgewiesenermaßen mit dem Hesychasmus in Berührung gekommen.[154] Entlang Inspirationen der Hesychasten vom Sinai und vom Athos empfiehlt Nil Einsamkeit, Stille, innere Ruhe (ἡσυχία, безмолвие), Wachsamkeit und Entleerung der Gedanken (Maloney 1973:110–141), um einzig Christus Raum zu geben, also das Gedächtnis zu ‚christoformieren' (s. ebd.:137). Über die höheren Stufen der Hesychia spricht Nil nicht in eigenen Worten, was George Maloney als kenotischen Bescheidungsgestus deutet (ebd.:141).

Das Jesusgebet macht Nils Skiten-Programm zu einem christozentrischen. Es ist aber mit der Kenose nur mittelbar verbunden (s. 4.5.8.3). In Nils Устав *[Ordnung]* bildet das Gebot der Demut – wie in den meisten Mönchsregeln[155] – jedoch einen integralen Teilschritt (von Lilienfeld 1961:232–234). Die hesychastische Autokommunikation braucht die Flankierung durch eine nach außen kommunizierte Lebenspraxis der Demut. Nil geht so weit in seiner praktizierten Demut, dass er vor Belehrung zurückschreckt, um nicht als autoritativer „Vater" zu erscheinen (er verbietet, sich so nennen zu lassen; ebd.:148). Damit schwächt er natürlich seine Position in der kulturellen *memoria*; wenngleich dies kenotisch konsequent ist, schadet es der Memorierung des dadurch gerade performierten kenotischen Modells.[156] Begreift man jedoch die Durchstreichung von Zeichen als

---

[152] Zu dieser Beschränkung der Skitenregel Nils und seinen Quellen s. Grolimund 1999: 129.
[153] Dazu gibt Nil auch technische Hinweise (s. Smolič 1999:67f); vgl. s. 4.5.8.3.
[154] Smolič 1999:65f. Dieser macht, so Birnbaum, den zentralen Inhalt des zweiten südslavischen Einflusses aus (1984:14).
[155] Vgl. bspw. zu Benedikt von Nursia Freyer 1991:72.
[156] Für die kulturgeschichtliche Rekonstruktion bereitet diese Facette von Kenose-Nachfolge die größten Schwierigkeiten, weil performatives Gelingen ihren Träger gerade nicht im kulturellen Gedächtnis verankert. Paradoxes Scheitern von Ruhmeskenose, wie es Nil Sorkij, viel stärker aber noch Sergij Radonežskij geschehen ist, verstärkt die Einschreibung ins kulturelle Gedächtnis.

Zeichen von Kenose, dann ist auch der Sieg Iosifs 1503/04, endgültig besiegelt 1535 und 1549,[157] als Teil des Erfolgs von Nils Ruhmeskenose zu begreifen. Es ist die äußerste Konsequenz des kenotischen Programms, wenn es als Botschaft nur im Verdeckten wirkt; „unter der Decke", meint von Lilienfeld, habe Nils Programm in der Tat „weitergelebt" (ebd.:188). Den Schlusspunkt setzt Nil mit seinem lapidaren *Завещание*[158] und dem Wunsch, sein Leichnam möge nicht begraben werden, weil er keiner Ehre würdig sei:

[...] молю вас, повергните тѣло мое в пустыни сей, да изъядятъ е звѣрие и птица, понеже съгрѣшило есть къ богу много и недостойно есть погребения. [...] Мнѣ потщание, елико по силѣ моей, что бых не сподобленъ чести и славы вѣка сего никоторые, яко же в житии семъ, тако и по смерти.[159]

Nils eigene kenotische Performanz wird nur an einem einzigen Punkt apodiktisch, für andere verbindlich – in der Betonung des Gehorsams. Die Idiorrhythmie der Skite soll nämlich beileibe keinem Individualismus Vorschub leisten, sondern durch harschen Gehorsam ausbalanciert werden (von Lilienfeld 1961:184).

Die Vorbilder für die Organisationsstruktur mit ein bis zwei Schülern und einem ‚Alten' sind nicht restlos geklärt, vielleicht im Orient, vielleicht auf dem Athos zu suchen (ebd.:180). Von Starcentum im Sinne des 18. und 19. Jh.s zu sprechen, wäre verfehlt. Allerdings gibt es bei Nil Sorskij und seinen Zeitgenossen schon manches, was sich im Rückblick von Paisij Veličkovskij und der Starcengemeinschaft Optina Pustyn' im 19. Jh. her wiedererkennen lässt.[160]

5.3.6 Zwischen Bescheidenheit und Außenwirkung (18./19. Jh.)

Die viel beschworene geistliche Krise des Mönchtums vom 16. bis ins 18. Jh. wurde im 18. Jh. eine organisatorische Krise; die Zahl der Klöster wurde unter Petr I. durch die Wiedereinsetzung des *Монастырский приказ* [Klosteramt] 1701, durch das *Прибавление к Духовному Регламенту* [*Ergänzung zum Geistlichen Reglement*] *(1722).* (Abschnitt *О монахах* [*Über die Mönche*]) und schließlich unter Ekaterina II. durch den Säkularisierungsakt von 1764 auf ungefähr ein Drittel reduziert (Lisovoj 2002:191.199.205). Die Beschneidung durch den Staat wurde aber neben kirchenfremden, ja -feindlichen Antrieben zugleich

---

[157] Smolič 1999:71; von Lilienfeld 1961:165; Sinicyna 2002:137–140.
[158] *Vermächtnis* (1508). Zum kenotischen Charakter dieses Dokuments vgl. auch Maloney 1973:45.
[159] „[...] ich bitte euch, werft meinen Leichnam in die Einöde, auf daß ihn Tiere und Vögel fressen, denn er hat viel gesündigt vor Gott und ist des Begräbnisses unwürdig. [...] Ich eiferte darum, soviel es in meiner Kraft steht, daß ich keiner Ehre und keines Ruhmes dieser Welt gewürdigt wurde, und wie in diesem Leben war, so soll es auch nach dem Tode sein." (PLDR 6,322; dt. von Fairy von Lilienfeld, von Lilienfeld 1961:256).
[160] Von Lilienfeld 1961:185. Vgl. 5.3.6.3–5.3.6.7.

5. Christoformität in Russland

angestoßen durch Missstände im Mönchtum selbst.[161] Auch die kenotische Praxis wurde davon in Mitleidenschaft gezogen, wenngleich die Topik fortbestand und sich mit obdachlos gewordenen *церковные люди [Kirchenleuten]* in inoffiziellen Formen von Christusnachfolge außerhalb der Klöster verbreitete. Die Erneuerungsanstöße kommen nicht allein von außen (vom Athos), wie Lisovoj meint (ebd.:218), sondern können an die Kontinuität der normativen Paränese anknüpfen. Traditionelle Kenosis-Paränese und organisatorische Erneuerung trafen im Starcentum des späten 18. und 19. Jh.s zusammen, das eine Alternative zum konventionellen Koinobion aufzeigte.

5.3.6.1 Vom Koinobion zum Starcentum

Die Abwendung vom Koinobion und die Entwicklung neuer Autoritätsformen lässt sich an den Lebensläufen zweier bald hoch verehrter Heiliger nachvollziehen – von Tichon Zadonskij und Serafim Sarovskij.[162]

Tichon Zadonskij wurde 1758 zum Mönch geweiht, um bald eine steile kirchliche Karriere zu machen (s. Smolič 1999:356), die ihn schon ein Jahr später zum Abt und Rektor des Geistlichen Seminars von Tver' aufsteigen ließ und 1763 auf den Stuhl des Bischofs von Voronež brachte. Die kommunikativen Pflichten aber behagten Tichon nicht und infolge häufigen Kränkelns legte er 1767 sein Bischofsamt nieder, um sich in das Kloster von Zadonsk zurückzuziehen. Dort war er schriftstellerisch hoch produktiv, beschränkte sich jedoch mit den Jahren immer mehr, befleißigte sich zunehmend äußerer Armseligkeit und geistiger Demut.[163] Schließlich zog er sich von allem Kontakt mit anderen Menschen zurück und verließ seine Klause die letzten drei Jahre vor dem Tod 1783 nicht mehr. Tichon erfuhr bald breite Verehrung und wurde 1863 heilig gesprochen.

In Tichons Schriften spielt das kenotische Ideal eine große Rolle. Die Demutsparänese (vgl. bspw. Lebedev 2003:I 687–695) bringt er unter besonders häufiger Berufung auf Phil 2,5–11 vor (Gorodetzky 1938:104–106). Die Tradition der hohen Rhetorik (des „Wortflechtens"; vgl. 4.3.7.1), in der Tichon steht, lässt es Fedotov jedoch angeraten erscheinen, das spezifisch Kenotische an Tichon eher in seiner Person als seinen Schriften zu suchen (1969:183). In Tichons Habitus

---

[161] Kučumov 2002:225. Vgl. die *Калязинская челобитная [Bittschrift von Kaljazin]*, in der Mönche Klage führen über Ausschweifung (Völlerei) in ihrem Kloster, und das *Прибавление к Духовному регламенту [Ergänzung zum Geistlichen Reglement]* (Verchovskoj 1916:II 94).
[162] Bei beiden wird die Franziskus-Analogie gezogen (Smolič 1999:355, s. 5.3.4.4).
[163] Eine Erkenntnis-Kenose (vgl. 3.5.5.7). Er folgt der Aufforderung eines Gottesnarren: „«Не высокоумь»" [‚Sei nicht geistig hochtrabend'] (Smolič 1999:358).

wird selbst dem Kenose-Anwalt Fedotov Tichons starke Fokussierung auf Leiden und Tod Christi zuviel; er denunziert sie als westlich (mit-)induziert.[164]

Serafim Sarovskij begann als Mönch im Kloster Sarov (1779–93). Danach führte er von 1794 bis 1825 ein Einsiedlerleben, trug dauerhaft zwei schwere Holzkreuze auf Brust und Rücken, verbrachte drei Jahre (1804–07) als Stylit, drei in völliger Stille (1807–10) und 15 als Rekluse in eisernen Ketten, im selbst geschaufelten Grab schlafend und im dauerhaften Jesusgebet. Er wurde von Räubern, gegen die er sich nicht wehrte, verkrüppelt (Smolič 1999:342f), sodass ihn Ikonen mit Stock, in wahrhaft elender Gestalt darstellen. Der Ehre, ein Kloster zu leiten, entsagte er genauso, wie er sein Gesicht verbarg, um etwaiger Verehrung zuvorzukommen, wiederum eine Facette von Nachahmung der Krypsis Christi (s. 2.7.3.3). Serafim gestattete sich erst nach langer asketischer Selbstentleerung, als geistiger Vater aufzutreten. Ab Ende 1825 wirkte Serafim als Starec, auch für monastisch lebende Frauen. 1903 erfolgt die Heiligsprechung auf maßgebliches Betreiben von Nikolaj II. und seiner Gattin Aleksandra.[165]

5.3.6.2 Begriff und Inhalt des Starcentums
Tichon und noch stärker Serafim sind in der Perspektivierung der Forschung durch ihr zurückgezogenes Leben und doch weit reichendes seelsorgerliches Wirken Vorläufer eines neuen monastischen Wirkungsfeldes, die besonders das 19. Jh. beherrschte – des Starcentums. Wo aber liegt genau dessen Anfang?

Schon Nil Sorskijs Skiten-Modell mit einem bis zwei jüngeren Mönchen und einem geistlichen „Vater" gab Anlass, die Frage zu stellen, ob hier ein Fall von Starcentum gegeben sei (5.3.5.4) und ob es womöglich eine seit Frühzeiten des Mönchtums bestehende Tradition gibt, ob bereits die syrischen und griechischen Autoritätsbezeichnungen *abba* und παρτὴρ πνευματικός [geistlicher Vater] für ein vergleichbares Modell standen.

Smolič' Spurensuche in der altrussischen Zeit fördert nicht viel Verwertbares zutage (1999:328–331), und er räumt eine gewaltige Polysemie beim mönchischen „Vater"-Begriff ein, die vom Älteren über den Abt und seinen Helfer zum „geistigen Vater" führe (ebd.:328). Altrussische Vorformen personaler geistlicher Vaterschaft dürfen nicht ohne Weiteres mit dem Starcentum identifiziert werden (Fedotov 1997:211). Der Titel ist entweder organisatorisch ausgerichtet – wenn in einem Koinobion dem Abt ein Rat von Altmönchen (*старцы*) zur Seite steht –,

---

[164] „[…] St. Tychon united in his rather complex and tempestuous spiritual life the Catholic devotion of the Crucified Lord, Protestant evangelicism, and Russian kenoticism – all three aspects of the confessional approaches to Christ." (Fedotov 1969:184f).

[165] Dies ist einer der wenigen unbestreitbaren Kontakte Nikolajs, des zweifelhaften Christusnachahmers (s. 1.1 u. 1.2.6), mit Christusnachahmung – der eines anderen.

dient als Ehrenname für vorbildliche Mönche bzw. kirchliche Hierarchen oder ist funktional begrenzt auf Beichtvaterschaft (*духовник*; vgl. S. Smirnov 2004:19f).

Von beiden abzuheben ist der Typus des „nicht-institutionalisierten Altvaters" (Onasch 1981:268), des Starcen (*старец*), der eine Erscheinung der Moderne bzw. der Gegenmoderne ist. Die Bedrohung der Überlieferung ist konstitutiv für dieses – unter Vorzeichen der Arbeitsteilung und der Mobilität – anachronistische Modell. Das Verb *старчествовать* [als Starec betreuen] bezeugt die mnemonische Intention und Aktivität bei der Weitergabe der Kenosis, die Füttermetapher für die Tätigkeit des Starcen *духовное окормление* [geistliche Fütterung] ebenso. Da es sich bei Starcen nur in seltenen Fällen um voll ausgebildete Priester handelt, ist dies gegenüber dem *духовничество* [Beichtvaterschaft] eine Anmaßung von Autorität – die der Starec durch gebührende Demut zu kurieren hat.

Da die Starcen des späten 18. bis frühen 20. Jh.s damit verschiedenen monastischen Rängen zuzuordnen sind und ihre geistlichen Kinder Mönche und Nonnen wie Laien gleichermaßen sind, ist eine griffige institutionelle Definition unmöglich. Mit der Verwendung des Starcenbegriffs ist keine Aussage getroffen über die monastische oder para-monastische Lebensform von *A* (Starec) und *B* (geistlichem Kind) noch über das Raumkonzept monastischen Lebens (Einöde, Klausur, Koinobion etc.). Für das (gegen-)moderne Starcentum kann es nur eine wesentliche semantische Bestimmung geben – die personal-autoritative Relation von *A* und *B*.

Zur trennscharfen Abgrenzung des russischen Starcentums von älteren Formen geistlicher Vaterschaft müssen zwei qualitative und ein quantitatives Kriterium zusammengreifen: Das qualitative ist die Ausweitung der geistlichen Vaterschaft auf Laien (Behr-Sigel 1950:129) und die Entwicklung einer besonderen Form von Verantwortlichkeit für die „geistlichen Kinder" (ebd.:135). Das quantitative Kriterium hängt mit der gestiegenen Mobilität der Moderne zusammen und mit dem Medium des Briefes; die meisten der Starcen des 18. und 19. Jh.s führen eine umfangreiche Korrespondenz. Ein guter Teil ihrer geistlichen Vaterschaft wird also über das epistolografische Intermedium vermittelt. Mobilität wie Schriftvermittlung erlauben eine erhebliche Ausweitung des Kreises der „geistlich Gefütterten". Behr-Sigel macht dies an Paisij Veličkovskij fest; *mutatis mutandis* gilt dasselbe aber für die meisten Starcen dieser Epoche:

> Avec Païsij Vélitchkovsky le cercle s'élargit de nouveau. Ce sont des centaines de moines et de laïcs qui viennent demander son aide spirituelle et avec lesquels il reste en relations épistolaires. Enfin, avec les *starets* du XIXe siècle, le rayon d'action religieuse du moine russe s'étend bien au-delà des murs du monastère, englobant des milliers

d'hommes de toutes les sphères, de toutes les classes de la société et appartenant aux types spirituels les plus divers.[166]

Damit erfährt auch das angesprochene Verantwortlichkeitsgefühl eine entsprechende Expansion (s. ebd.:140). Jenseits der persönlichen und brief-vermittelten Betreuung einer großen Zahl von Mönchen, Nonnen und Laien sind die sozial-organisatorischen Kontexte, in denen die Starcen wirken, also durchaus verschieden.

5.3.6.3 Paisij Veličkovskij und das Добротолюбие[167]

Während Tichon und Serafim sich eher durch Rückzug von der Welt zur Heiligkeit qualifizierten, ist die Rolle Paisij Veličkovskijs eine organisatorische, womit er zum eigentlichen Vater des neuen Starcentums und des Neohesychasmus wird.

In einem Brief von 1766 berichtet Paisij Veličkovskij im Rückblick von seiner langen Wanderschaft in der Jugend auf der Suche nach einem geistlichen Vater; doch die ersehnte geistliche Anleitung durch eine Vaterautorität fand er nicht.[168] So kam er 1746 auf den Athos, wo er in Vissarion einen Gesinnungsgenossen und Austauschpartner fand. Allerdings erfuhr Paisij dort bald großen Zulauf, der das von Paisij anfangs verteidigte Idyll zweisamer Stille sukzessive zerstörte:

> Но не надолзѣ наслаждахуся таковаго, тихаго, сладкаго по Бозѣ, душѣ же утѣшнаго и бозмолвнаго житія, точію четыре лѣта, и мало болѣе (1754): и други бо братія Святыя горы, и прихояшіи отъ міра, слышаще и видяще таковое ихъ мирное и любовное по Бозѣ житіе, ревнующе зѣло, веліимъ своимъ моленіемъ начаша Старца убѣждати, пріяти ихъ во ученичество. Онъ же многа лѣта отрицашеся сего, и не пріимаше оваго убо четыре лѣта, оваго же три [...][169]

1763 verließ er dann bereits mit einer Schar von 60 Brüdern den Athos, um in Moldavien (in Dragomirna, Secu und Neamț) ein koinobitisches Leben mit Elementen persönlichen Starcentums zu führen. Dies ist bereits als Konzession anzusehen, denn im erwähnten Brief vom 16. Mai 1766 empfahl Paisij im Sinne Nil

---

[166] „Mit Paisij Veličkovskij weitet sich der Radius erneut. Es sind Hunderte Mönche und Laien, die zu ihm kommen, um seine geistliche Hilfe zu erbitten, und mit denen er in Briefkontakt bleibt. Der religiöse Aktionsradius des russischen Mönchs erstreckt sich mit dem Starec des 19. Jh.s schließlich weit über die Klostermauern hinaus, umfasst Tausende Menschen aus allen Bereichen und Klassen der Gesellschaft und betrifft die verschiedensten spirituellen Typen." (Behr-Sigel 1950:138).
[167] Slavische Übersetzung der *Philokalia*.
[168] Paisij 1847:249f; dt. Tittel 1977:5.
[169] „Aber nicht für lange erfreuten sie sich eines solchen stillen, Gott-süßen, seelentröstenden und stummen Lebens, genau vier Jahr und wenig länger (1754). Schon hatten andere Brüder des Heiligen Berges und aus der Welt Kommende von einem solch friedvollen und gottgefälligen Leben gehört und strebten eifrig danach und begannen den Starcen zu bereden, sie als Schüler anzunehmen. Er lehnte dies jedoch viele Jahre ab und nahm diesen vier, jenen drei Jahre lang nicht auf [...]" (Paisij 1847:29f, sic!).

5. Christoformität in Russland

Sorskijs das Zusammenleben eines oder zweier jüngerer Mönche mit einem älteren als „царский путь" [Königsweg] (Paisij 1847:241):

> Со единѣмъ же или двѣма житіе сей разумъ имать: да будетъ старецъ искусенъ во Святѣмъ Писаніи сѣдяй въ безмолвіи, и да имать единаго ученика, или двоихъ сѣдящихъ съ собою въ послушаніи и повиновеніи душею и тѣломъ.[170]

Bei aller Präferenz für diesen Königsweg erkennt Paisij allerdings die Berechtigung der anderen beiden Formen, des Koinobions und des Eremitentums an (Paisij 1847:240.249). Infolge des nicht abreißenden Zulaufs leitete Paisij schließlich zwei Klöster, Secu mit 300 und Neamț mit 700 Mitgliedern (s. Tittel 1977:7). Der vermeintliche Königsweg erwies sich für Paisij als dialektisch; mit dem Massenzulauf, den Paisij als geistlicher Vater erfährt, wird das Starcentum von einer Erscheinung des Einsiedlerlebens zum Phänomen der Moderne, wo gerade auch Laien in großer Zahl geistige Orientierung suchen.

Paisijs Ruhm als geistlicher Vater drang bis weit nach Russland, sodass Mönche wie Laien zu ihm pilgerten und die Form des Starcentums nach Russland importierten (Smolič 1999:335). Hier erfüllt die Wanderschaft von Mönchen als spezifische Variante von Nachfolge die Funktion mnemonischer Ausbreitung.[171] Smolič spricht in diesem Zusammenhang von der Bildung einer „духовная сеть" [geistiges Netz] (Smolič 1999:414) durch Pilger- und Wanderschaft.

Neben dem Trägermedium der Wandermönche tritt Paisijs Modell seinen Siegeszug durch sein Übersetzungswerk an. Paisij verfolgt damit das Anliegen, verderbte Übersetzungen ins Kirchenslavische zu revidieren (s. Chibarin 1966:76–78). Paisij betont die mnemonische Rolle des Studiums der Kirchenväter für das Leben in Nachfolge Christi – mit besonderem Gewicht auf der Unterweisungsliteratur für Mönche.[172] Sein translatorisches *opus magnum* ist das *Добротолюбие*, die russische Übersetzung der *Philokalia*, der 1782 in Venedig gedruckten kompendialen Sammlung von asketischen Schriften der Väter (vgl. 4.4.2.3). Die kirchenslavische Erstausgabe erscheint ein Jahr vor Paisijs Tod, 1793.[173]

---

[170] „Das Leben mit einem oder zweien hat folgenden Sinn: Ein in der Heiligen Schrift kundiger Vater soll in der Stille leben und einen oder zwei Schüler haben, die mit ihm in absolutem Gehorsam an Seele und Leib zusammenleben." (Paisij 1847:239).

[171] Das persönliche Vorbild Paisijs ist für das russische Starcentum bedeutsamer als die etwa gleichzeitig entstandene Starcenbewegung „aus den Roslavler Wäldern" (s. dazu Smolič 1999:337).

[172] Siehe Chibarin 1966:79. Die von Paisij übersetzten Vätertexte werden in seinem Kloster bei Tischlesungen allen Mönchen zu Gehör gebracht (Smolič 1999:407).

[173] Es folgen weitere (^{2}1822, ^{3}1849; s. Chibarin 1966:80f). Auf Russisch wird die Sammlung ab 1877 von Feofan Zatvornik herausgegeben.

Während das monumentale Übersetzungswerk ohne einen Stab von Mitarbeitern im Koinobion undenkbar gewesen wäre, beschreitet Paisij in klosterorganisatorischer Hinsicht einen Spagat: die Verbindung des Koinobions mit dem Starcentum und dem hesychastischen Anliegen. Dieser Spagat lieferte eine Angriffsfläche für Verfechter eines reinen Koinobitentums, die sich gegen das hesychastische Jesus-Gebet wandten und Paisij zu einer Apologie provozierten.[174]

In Paisijs normativen Äußerungen über das Mönchtum, etwa den *Поучения о десяти добродетелях* [*Belehrungen über die zehn guten Werke*], steht direkt neben dem Jesusgebet (dem „sechsten gute Werk") die Demut:

> 7-я добродетель – смирение и смиренномудрие. Смирение сердечное без труда спасает человека старого, больного, убогого, нищего и необразованного; ради него прощаются все согрешения.[175]

Die hagiografische Literatur konnte nicht anders, als Paisj das von ihm Propagierte auch persönlich zuzusprechen (Paisij 1847:65). 1988 wurde Paisij kanonisiert.

5.3.6.4 *Optina pustyn'*

So sehr Paisijs personales Vorbild auch Schule macht – nach seinem Tod ist die weitere Karriere des Starcentums nicht mehr derart auf eine einzelne Leitfigur fokussiert. Stattdessen gibt es einen zentralen Kristallisationsort, welcher die Kulturgeschichte des russischen Mönchtums prägt, eine Starcensiedlung, die unter den Reformklöstern des 18. und 19. Jh.s herausragte (s. Kučumov 2002:227): Optina. Die Vorgeschichte des *Klosters* bei Kozel'sk geht ins 16. Jh. zurück. Nach der zeittypischen Krise im 18. Jh. beginnt die Blüte mit dem Einzug der Starcen Leonid 1829 in die Starcensiedlung einige Hundert Meter vom Kloster entfernt (ebd.:233–236). Damit vollzieht sich ein organisatorischer Paradigmenwechsel gegenüber Paisijs ‚Koinobion aus Konjunkturgründen' – die Starcenkolonie (vgl. Smolič 1999:422). In den 1830er Jahren hat das Starcentum Widerstände von Seiten des Koinobions zu überwinden (Zedergol'm 1876:49–67); dann aber avanciert die Starcenkolonie bei Optina zu *dem* geistlichen Kristallisationsort mit der größten Ausstrahlung in die russische kulturelle Welt des 19. Jh.s hinein.

Die Starcensiedlung nahm nicht am streng geregelten Koinobion des Klosters teil. Es gab einen übergeordneten Hauptstarcen, dem die Übrigen zu gehorchen hatten, womit Christi kenotischer Gehorsam abgebildet wird (Paisij Veličkovskij

---

[174] *Противникам и клеветникам умной, или Иисусовой, молитвы* [*An die Gegner und Verleumder des geistigen bzw. Jesus-Gebets*] (Smolič 1999:410–414); vgl. 4.5.8.3.
[175] „Das siebente gute Werk sind Demut und Bescheidenheit. Die Demut des Herzens rettet mühelos den alten Menschen, den Kranken, den Armen, Bedürftigen und Ungebildeten. Ihretwegen werden alle Sünden vergeben […]" (Gorelov 1997:29; dt. Paisij 1977:39, Hervorh. i. Orig.).

zitiert in seinem *Поучение на пострижение монашеского чина [Belehrung zur Mönchsweihe]* den Philipperhymnus [Phil 2,8], Četverikov 2006:367) und nicht zuletzt die Überlieferung stabilisiert wird.[176] In Optina wird nach Paisijs Vorbild die personale *imitatio* zum alleinigen Prinzip erhoben, womit der Siegeslauf einer regelrechten Imitationskultur beginnt.[177]

5.3.6.5 Leonid Optinskij und Kliment Zedergol'm

Erster Starec in Optina war Leonid (Nagolkin). Seine Demut und Bescheidenheit setzten Maßstäbe: „В поведении Леонида много было от юродства во Христе, от той «sancta simplicitas» [...], которая говорит народу больше, чем самое ученое наставление."[178] Leonids Hagiograf, der Konvertit Kliment Zedergol'm,[179] spricht in der Vita von 1876 immer wieder von Leonids „Halb-Gottesnarrentum": „Своеобразная простота о. Леонида по временам доходила до какого-то полуюродства [...]".[180] Und Smolič legt in Leonids Handeln einen fast alles durchziehenden Humor hinein (1999:423).

Die Volkstümlichkeit ist eines der Erfolgsrezepte der Kenosis-Figur: Erniedrigung qua Schlichtheit öffnet sich der Bewunderung wie der Nachahmung für breite Bevölkerungsschichten. Dazu gehört eine Episode, in der Leonid bei einer Runde Bier auftritt, was für Zedergol'm soteriologische Dimensionen annimmt:

> Этот простой напиток буквально смешивался со слезами учеников. Они любили о. Леонида не за ласковость и приветливость, которую старец никогда не заботился выказывать; души учеников любили святую душу благоутробного старца, и в его отеческом лоне как бы скрывалось их спасение.[181]

---

[176] Vgl. die Diagramme personaler Überlieferungswege bei Smolič 1999:556f.560–562. 565.

[177] Um der personalen Dimension der *imitatio*-Paränese, die von Optina ausging, gerecht zu werden, werden im Weiteren je ein Starec und einer seiner weltlichen Adepten zusammen vorgestellt. Dabei erfolgt eine Fokussierung auf einen oder zwei Gesichtspunkte – bei Leonid die kenotische Schlichtheit (5.3.6.5), bei Makarij die Kirchenväterrezeption und die Epistolografie (5.3.6.6), bei Amvrosij die geistliche Funktionalisierung von Krankheit und die Verbindung zur zeitgenössischen Literatur (5.3.6.7).

[178] „In Leonids Verhalten war viel von Gottesnarrentum in Christo – von jener ‚sancta simplicitas' [...], die dem Volk mehr sagt als die höchstgelehrte Unterweisung." (Smolič 1999:348).

[179] Persönlich hat Zedergol'm, der 1853 nach Optina kam, den 1841 verstorbenen Leonid nicht mehr gekannt. Zu Zedergol'm s. Leont'ev 2002.

[180] „Die eigenwillige Schlichtheit von Vater Leonid ging mitunter bis zu einer Art Halb-Gottesnarrentum [...]" (Zedergol'm 1876:76).

[181] „Dieses einfache Getränk vermischte sich buchstäblich mit den Tränen der Schüler. Sie liebten Vater Leonid nicht für seine Zärtlichkeit oder Freundlichkeit, die er nie sonderlich zu zeigen bemüht war; die Seelen der Schüler liebten die heilige Seele des heilstra-

Vermittelt wird den Schülern das Heil durch die besondere Demut und Schlichtheit Leonids, die unmittelbar paränetisch wirke: „Оно [лицо Леонида] внушало откровенность и располагало и хитреца к простоте и непритворству."[182]
Stanton bringt die Episode mit dem Abendmahl in Verbindung. Das Volksgetränk avanciert für ihn zum Stifter einer Gemeinschaft mit Christus.[183] Stanton schießt allerdings etwas über das Ziel hinaus, wenn er zur Beschreibung des Christusnachahmers zu christologischen Begriffen wie Perichorese (s. 2.8.5.1) greift:

> The beer gathering reveals in its purest light the primary motive forces of monastic common life – the holy man's kenotic ‚coming into this world' to join his followers, and the comfort of this perichoretic presence among them. […] meaning is generated in the *Life* by virtue of the Elder's Christological function as an intermediary between his followers and the realm of ultimate truth. An encounter with an Orthodox elder is the point against which all human values may accurately be plotted, because the elder is a living link between the human and the divine. (Stanton 1995:156–158)

Zedergol'm beschreibt den Starcen als personale Wahrheitsquelle (s. ebd.:154), wobei die Wahrheitskommunikation nicht rational, sondern subkutan funktioniert – in einer Vorbild-Übertragung – auch an Analphabeten. Damit erfasst Zedergol'm sehr genau das medial-mnemonische Programm des Starcentums. Dieses überschreitet den religiösen Bereich: Zedergol'ms u.a. von Dostoevskij intensiv rezipiertes literarisches Denkmal war intendiert, „to bridge monastic and secular discourse" (ebd.:153). Teile der Zedergol'mschen Charakteristik Leonids gehen – neben Zügen von Amvrosij Optinskij und anderen – in das Bild Zosimas in den *Братья Карамазовы [Brüder Karamazov]* (s. 5.3.7.2) ein; so entsteht um das Andenken Leonids ein „literarisches Dispositiv".

5.3.6.6 Makarij Optinskij und Ivan Kireevskij
Auf anderem, patristisch-translatorischem Gebiet tut sich der zweite Hauptstarec von Optina, Makarij (Ivanov), hervor. 1788 geboren, lebte er ab 1810 im Kloster Ploščanskaja pustyn' (Mönchsweihe 1815), wo bis 1823 der Paisij-Schüler Afanasij sein geistlicher Vater war,[184] bevor er 1834 zu Leonid nach Optina übersiedelte, mit dem er seit längerem auf gleicher Ebene verkehrt hatte (wobei Leonid trotzdem die geistliche Funktion des Älteren übernahm; s. Gorelov 1997:56).
Makarij setzt Paisijs Übersetzungwerk der Väterliteratur (darunter Maximos Confessor, Theodor Studites, Isaak der Syrer und Simeon der neue Theologe)

---

genden Starcen, und in seinem väterlichen Schoße verbarg sich ihr Heil." (Zedergol'm 1876:103).
[182] „Es [Leonids Gesicht] flößte Offenheit ein und stimmte noch den Verschlagensten schlicht und unverstellt." (Zedergol'm 1876:103).
[183] Vgl. Erofeevs Vodka (9).
[184] Smolič 1999:424; zu den personalen Imitationswegen s. das Schema ebd.:561.

5. Christoformität in Russland

unter Mithilfe zahlreicher Mönche, aber auch des Theologen Fedor A. Golubinskij fort und gibt russische Mönchsliteratur (Nil Sorskij, Paisij Veličkovskij oder die Vita Paisijs [1847]) heraus.

Der unansehnliche Buchmensch Makarij, der zudem auch noch stotterte (Smolič 1999:424), übte einen paradoxen personalen Beglaubigungseffekt aus; gerade das Unrepräsentable an seinem persönlichen, mündlichen Auftreten muss als Tapeinosis (s. 3.5.5.2) seine kenotische Botschaft unterstrichen haben. Unter seinem Einfluss konvertierte etwa Kliment Zedergol'm, der – wie an seiner Leonid-Vita gesehen (s. 5.3.6.5) – ein Faible für tapeinotische Schlichtheit hatte.

Neben diesem kenotisch-paradoxen Effekt gibt es bei Makarij aber auch eine konsequente Konzentration auf das Medium Schrift. Er führte einen extensiven Briefwechsel,[185] zu erheblichem Teil mit Personen, die er nie persönlich zu Angesicht bekam (Smolič 1999:425). Makarij übte durch seine Briefe die geistliche Vaterschaft über eine Reihe anderer Gemeinschaften, gerade auch monastischer Frauen aus. Makarijs Epistolografie bildet einen eigenen Strang des „literarischen Dispositivs" Optina, das durch die Väter-Übersetzungen und die Propagierung durch den slavophilen Kulturphilosophen Ivan Kireevskij komplettiert wurde.

Kireevskij sah in Makarij das Sprachrohr der patristischen Überlieferung; in seiner Wertung gehen das personale und das impersonale Moment des paränetischen Effekts, den der Starec auf ihn hatte, zusammen:

> Существеннее всех книг и всякого мышления – найти святого православного старца, который бы мог быть твоим руководителем, которому ты бы мог сообщить каждую мысль свою и услышать о ней не его мнение, более или менее умное, но суждение св. отцов.[186]

Für Kireevskijs kulturphilosophische Schriften sind sowohl das personale Moment eines nicht-rationalen Wissens („живое знание"[187]) als auch die Erkenntnisleistung der östlichen Kirchenväter bestimmend:

> [...] писатели Восточной Церкви, не увлекаясь в односторонность силлогистических построений, держались постоянно той полноты и цельности умозрения, которые составляют отличительный признак Христианского любомудрия.[188]

---

[185] Bereits kurz nach seinem Tod (1862/63) wurde ein Teil in sechs Bänden veröffentlicht (*Собрание писем блаженной памяти Оптинского старца Макария [Gesammelte Briefe des Starcen Makarij von Optina in seligem Gedenken]*). Es enthält die bekannte Demuts- und Gehorsamstopik (Nenarokov 2001:86–91). Weitere Auszüge: *Письма к монашествующим [Briefe an monastisch Lebende]* (Gorelov 1997:67–117).

[186] „Wesentlicher als alle Bücher und jegliches Denken ist es, einen heiligen orthodoxen Starcen zu finden, der Dein Führer sein kann, dem Du jeden Deiner Gedanken mitteilen kannst und darüber nicht seine mehr oder weniger kluge Meinung hören, sondern das Urteil der heiligen Väter hören kannst." (Brief an Košelev, zit. n. Smolič 1999:426).

[187] „Lebendiges Wissen" (vgl. dazu Uffelmann 1999:198).

Den Kontakt zwischen Makarij und Zedergol'm hergestellt zu haben, ist Kireevskijs Verdienst (Leont'ev 2002:34–36). In der Konsequenz seiner Makarij-Bindung wurde Kireevskij 1856 in Optina beerdigt.

5.3.6.7 Amvrosij Optinskij und Fedor Dostoevskij

Nach Makarijs Tod übernahm Amvrosij (Grenkov) 1860 die Funktion des Hauptstarcen von Optina. 1812 geboren, erhielt er anders als Leonid und Makarij eine volle Priesterausbildung. Von einem Einsiedler-Starcen nach Optina geschickt, wirkte er dort ab 1839. Amvrosij half anfangs bei Makarijs Übersetzungswerk, auch bei der Paisij-Vita, legte aber seinen Schwerpunkt auf persönliche Seelsorge (Smolič 1999:438f). Da er fast zeit seines Lebens unter schweren Krankheiten litt, konnte er in den 1860er Jahren nicht mehr zur Messe gehen und musste Besucher halb liegend in seiner Zelle empfangen.[189] Weit davon entfernt, die Krankheit als Behinderung anzusehen, etablierte Amvrosij ein paradoxes Lob der Krankheit (aus asketischen mehr als aus kenotischen Gründen):

> В монастыре болеющие скоро не умирают, а тянутся и тянутся до тех пор, пока болезнь принесет им настоящую пользу. В монастыре полезно быть немного больным, чтобы менее бунтовала плоть [...].[190]

Amvrosijs Unermüdlichkeit in der Seelsorge im Verein mit dem offensichtlichen physischen Leiden fungiert als Beglaubigung seiner Christusnachfolge. Indem er schließlich nur noch flüsternd sprach (Gorelov 1997:131), stellte sich – wie bei Leonid (5.3.6.5) – wieder ein tapeinotischer Effekt ein.

Ein besonderes Anliegen Amvrosijs war die geistliche Vaterschaft für (monastische) Frauen; er gründete selbst unweit von Optina das Frauenkloster Šamordino, wo er sich sommers zur Seelsorge aufhielt und 1891 auch starb (Gorelov 1997:144–150).

Den Ruhm Amvrosijs aber begründeten professionelle Popularisatoren, Literaten wie Dostoevskij und Tolstoj oder Philosophen wie Solov'ev und Leont'ev (dieser siedelte sich schließlich ganz in Optina an). Die größte Bedeutung kommt dabei Dostoevskij zu. Zwei private Begegnungen mit Amvrosij und eine mit anderen Optina-Besuchern zusammen (Stanton 1995:164) beeinflussten den Schrift-

---

[188] „[...] die Schriftsteller der Ostkirche begeisterten sich nicht für die Einseitigkeit syllogistischer Konstruktionen, sondern hielten sich durchweg an jene Fülle und Ganzheitlichkeit der Spekulation, die das Unterscheidungsmerkmal der christlichen Philosophie sind." (Kireevskij 1861:II 255; vgl. auch 238f.256f).

[189] Smolič 1999:438; vgl. Nikolaj Ostrovskij, 8.6.3.

[190] „Im Kloster sterben Kranke nicht so bald, sondern ziehen die Krankheit hin, bis sie ihnen wahren Nutzen bringt. Im Kloster ist es nützlich, ein bisschen krank zu sein, damit das Fleisch weniger rebelliert [...]" (zit. n. Nenarokov 2001:222).

steller auch literarisch. Allerdings wäre es verfehlt, Amvrosij als einziges Vorbild für die Starcenfigur Zosima aus den Братья Карамазовы *[Brüder Karamazov]* anzusehen (s. 5.3.7.2); in dieser fließen vielmehr die Züge mehrerer Personen zusammen: von den Optina-Starcen Leonid, Makarij und Amvrosij, aber auch von Tichon Zadonskij.

5.3.7 Semi-monastische Sozialmodelle

> Кандидатами на роль предшественников, или предтеч, выполняющих ту функцию, которая века спустя переходит к интеллигенции в современном смысле слова, могли бы считаться те древнерусские монахи (точнее, монастырские и церковные писатели), которые были заняты не столько узкомонастырскими или вообще церковными делами, сколько сочинением летописных, житийных и других текстов [...]¹⁹¹

Optina erschien in der zweiten Hälfte des 19. Jh.s als eine Art „Universität" (Četverikov; vgl. Rose 1952:101) – die gerade Intellektuelle von Kireevskij bis Tolstoj durchliefen und zu Teilen ihre normative Habitusvorstellung von den Starcen beeinflussen ließen.

5.3.7.1 Gogol's idiorrhythmischer Malermönch
Vor Dostoevskij gab schon Nikolaj Gogol' eine literarische Empfehlung für den mönchischen Habitus ab – vor seinen Kontakten zu Optina und Makarij (Stanton 1995:123-149). Dies geschieht in der zweiten Hälfte seiner Petersburger Erzählung *Портрет [Das Porträt]* (1835/42), die nicht zuletzt deshalb von der literaturwissenschaftlichen Forschung oftmals als künstlerisch misslungen kritisiert wurde (bspw. Murašov 2003b:163). Gogol' stellt darin diversen Facetten von Selbstüberhebung und Hybris die Christus nachahmende Demut des halb mönchisch lebenden Malers des zweiten Teils entgegen. Die langwierige, geduldig ertragene Reinigungsphase des Sakralmalers nach der ‚Infektion' durch den Wucherer-Teufel ist als idiorrhythmisch-monastische Verzichtsübung zu verstehen:

> [...] изыскивал [...] все возможные степени терпенья и того непостижимого самоотверженья, которому примеры можно разве найти в одних житиях святых. Таким образом долго, в течение нескольких лет, изнурял он свое тело, подкрепляя его в то же время живительною силою молитвы. Наконец в один день пришел он

---

[191] „Kandidaten für die Rolle von Vorläufern, die diejenige Funktion ausfüllten, welche Jahrhunderte später auf die Intelligenzija im modernen Sinne übergeht, könnten die altrussischen Mönche sein (genauer: die mönchischen und kirchlichen Schreiber), die weniger mit eng-monastischen oder überhaupt kirchlichen Angelegenheiten befasst waren als mit dem Verfassen von Chroniken, Viten und anderen Texten [...]" (Vjač. Vs. Ivanov 2000:44).

в обитель и сказал твердо и уверенно настоятелю: «теперь я готов. Если богу угодно, я совершу свой труд.»[192]

Indem er seinen Maler am Rande eines Klosters ansiedelt, entwirft Gogol' einen normativen Habitus an der Grenze zwischen Mönchtum und Welt – ähnlich wie Dostoevskijs Entwurf zwischen Zosima und Aleša aufgespalten ist.

5.3.7.2 Dostoevskijs Starec an der Grenze zur Welt

Dostoevskij knüpft in den *Братья Карамазовы [Brüder Karamazov]*, vor allem im Kapitel „Русский инок" [Ein russischer Mönch] an Zedergol'ms Leonid-Vita an. In Zosima personifiziert Dostoevskij das Modell des Starec, in dessen Schüler Aleša eine kenotisch-monastische Sozialutopie *in der Welt*.[193]

„Русский инок" greift mit Jugenderinnerungen Zosimas zunächst weit zurück. Ein vollkommenes Mönchtum in seiner engelgleichen Stasis wäre literarisch nur auf Umwegen charakterisierbar; deswegen fügt Dostoevskij hier die Vorgeschichte ein. Darin wird der Dostoevskijsche maximale Amplitudenausschlag von schwerer Sünde, tiefer Reue und moralischer Erhöhung dreifach vorgeführt: Zunächst an Zosimas Bruder, an seiner Jugend als Lebemann und schließlich an dem Bekannten, der sich als Mörder outet und Erlösung im Leiden sucht. Ist der etwas gewaltsame Wille des Mörders zum Leiden auch keine ethisch untadelige Kenose (Dostoevskij 1958:IX 385f), so wird doch der sterbende Bruder mit nahezu allen kenotischen Schlüsselwörtern belegt[194] und bildet der nach dem Ehrenkodex der Offiziere schändliche Boykott des Duells (ebd.:IX 378) eine soziale Nachahmung von Christi Schandtod am Kreuz – hier gerade ohne Tod, aber mit nicht geringerer Schande. Mit dem expliziten Zitat von Jh 12,24[195] wird – gar noch unter exakter Stellenangabe – eine kenotische Dialektik angestimmt, die mit dem Diktum „Велика Россия смирением своим"[196] auf das nationale Kollektiv erweitert wird („Из народа спасение выйдет, из веры и смирения его."[197]), womit der „народ

---

[192] „[...] er erprobte [...] alle möglichen Stufen des Duldens und jener unfassbaren Selbstentsagung, für die man allein in Heiligenviten Beispiele finden kann. So zehrte er über einige Jahre seinen Körper aus und kräftigte ihn gleichzeitig durch die belebende Macht des Gebets. Eines Tages kam er schließlich in das Kloster und sagte mit fester Überzeugung zum Vorsteher: ‚Jetzt bin ich bereit. Wenn es dem Herrn gefällt, vollbringe ich jetzt mein Werk.'" (Gogol' 1937/53:III 133f).

[193] Zur Anlage des Gesamttextes in der Tradition der Vita – einer Vita Alešas – vgl. Vetlovskaja 1971.

[194] Über den gesamten Roman verstreut finden sich kenotisch-monastischen Schlüsselwörter wie *тихий, умиленный, кроткий, смиренный* [still, gerührt, sanft, demütig].

[195] Dem Gleichnis vom Weizenkorn (Dostoevskij 1958:IX 382; vgl. 2.5.1).

[196] „Groß ist Russland durch seine Erniedrigung" (Dostoevskij 1958:IX 394).

[197] „Vom Volk wird die Rettung kommen, von seinem Glauben und seiner Demut." (Dostoevskij 1958:IX 395).

5. Christoformität in Russland

Богоносец"[198] als Ganzes zum Christusimitator erklärt wird. Die antirevolutionäre Implikation daran ist unverkennbar; Kenosis sei stärker als alle politische Gewalt: „Смирение любовное – страшная сила, изо всех сильнейшая.";[199] wer christusgleich die Sünden aller auf sich nehme (ebd.:400), überbiete alle anderen.

Die Erwartung, der Leichnam des verstorbenen Zosima würde Wohlgeruch ausströmen, erfüllt sich nicht. Abgesehen davon, dass Dostoevskij in der Häme der Koinobiten darüber (ebd.:IX 412) die zeitgenössischen Konflikte um das Starcentum evoziert, ist dies als dialogische Konterkarierung[200] der allzu positiven Schilderung Zosimas zuvor zu lesen. Der Anspruch einer Quasi-Göttlichkeit kann auf Erden nie eingelöst werden; Größe zeigt sich – das ist kenotisch gedacht – in ihrer Demontage. Das Hohe erweist sich durch Erniedrigung – und sei es die Verwesung. Onasch ordnet dies in die antidoketische christologische Tradition ein:

> Damit [mit Zosimas trivialer Menschlichkeit] findet eine ‚Entherrlichung', Entdoketisierung des alten Idealtypus und seiner Ikone statt, die schließlich im Verwesungsgeruch des verstorbenen Sossima ihren letztmöglichen Ausdruck erhält. (1976:200)

Unverweslichkeit[201] im Bezug auf Zosima wäre literarisch zuviel des (moralisch) Guten gewesen; so lässt sich auch Dostoevskijs Roman-Polyphonie mit der Figur der Kenosis kurzschließen.[202]

Aleša wird von Zosima wieder in die Welt geschickt, um dort quasi-mönchisch zu leben – also eine aktiv außerweltliche Askese oder gar innerweltliche Askese im Sinne Savramis' (1989) zu betreiben. Setzt man die historische Realität von Optina Pustyn' und das Bild, das Zedergol'm davon zeichnete, als Urbild an, so ist dieses Urbild als relativ passiv zu charakterisieren, während Dostoevskijs Entwurf für Aleša auf eine aktivere Form monastischen Daseins hinausläuft; er schlägt damit im Grunde eine Uminterpretation des Starcen-Modells vor: Dostoevskij macht aus dem rein seelsorgerlichen ein sozial-aktives Mönchtum und wird Optina so im Grunde ‚untreu'. Zugleich aber expandiert Dostoevskij die Geltung des kenotischen Starcenhabitus über die Starcensiedlung hinaus zur Reevangelisierung des russischen Lebens.[203]

---

[198] „Gottträger Volk" (Dostoevskij 1958:IX 395; vgl. 5.1.3).

[199] „Liebende Demut – ist eine schreckliche Kraft, die stärkste von allen." (Dostoevskij 1958:IX 399).

[200] Im Sinne von Bachtins Dostoevskij-Lektüre (Bachtin 1972).

[201] Zum Aphthartodoketismus s. 2.9.4.5; zur orthodoxen Unverweslichkeitszuschreibung und dem Kontrast, den Dostoevskij mit Zosimas Verwesung aufbaut, s. Behr-Sigel 1950:32f.

[202] Vgl. 3.5.5.5. Zur dialogischen Kontrastierung des Christusbildes von Ivan und Aleša vgl. D. Thompson 1991:304.

[203] Darin Gogol' verwandt; s. 5.3.7.1.

5.3.7.3 Die mönchische Intelligenzija der Вѣхи [Wegzeichen] (1909)

In der Kulturphilosophie der Wende zum 20. Jh. werden solche Ausweitungen des monastischen Habitus über das Mönchtum hinaus zum Streitpunkt; die Intellektuellen insgesamt erschienen von diesem mönchischen Vorbild gezeichnet. Man streitet – vor allem im Sammelband *Вѣхи* – um die Wertdimension dieser Identifikation vom mönchischem Habitus und Intelligenzija – ob dieser eine uneingelöste Utopie sei (Bulgakov; 5.3.7.4) oder aber einen beklagenswerten Missstand bezeichne (Se. Frank; 5.5.4.2).

5.3.7.4 Bulgakovs kenotische Norm

Sergej Bulgakov überschreibt seinen Text mit einer terminologisch schwierigen, aber für seine Wertkonzeption grundlegenden Opposition: *Героизм и подвижничество*.[204] Er bezieht sich eingangs auf Dostoevskij und dessen literarische Andeutungen religiöser Züge der Intelligenzija. Die Merkmale, die Bulgakov nennt, sind Dogmatismus, Utopismus bzw. Eschatologismus, Vagabundieren und Weltferne, Märtyrertum, Asketismus und schließlich Opfersucht.[205] Worauf sich Bulgakovs Kritik jedoch konzentriert, sind „героизм самообожения"[206] bzw. „героическая аффектация".[207] Die aufgezählten para-religiösen Züge veranlassen Bulgakov mitnichten dazu, das Heil in einer weitergehenden Säkularisierung zu suchen. Er entwirft vielmehr ein innerreligiöses Kontrastbild gegen dieses „heroische" Religiöse – ein „geistig kämpfendes" bzw. „asketisches", genauer noch (was Bulgakov aber so nicht formuliert): ethisch-kenotisches:

> Своеобразная природа интеллигентского героизма выясняется для нас полнее, если сопоставить его с противоположным ему духовным обликом – христианского героизма, или, точнее, христианского подвижничества [...][208]

Die erstrebte Heiligkeit definiert sich für Bulgakov über „Selbstpreisgabe" und „Selbstverleugnung", also kenotische Negationen:

---

[204] *Heroentum und geistiger Kampf* (1909). Der Begriff *подвижничество* ist nicht übersetzbar; die Konnotationen von religiöser Askese und innerer Überwindung sind jedoch in Schlögels Version „geistiger Kampf" eingefangen.
[205] Bulgakov 1991:30–33.38; dt. 1990:85–89.96.
[206] „Heroismus der Selbstvergottung" (Bulgakov 1991:39; dt. von Karl Schlögel, Bulgakov 1990:98).
[207] „Heroische Affektation" (Bulgakov 1991:47; dt. von Karl Schlögel, Bulgakov 1990:110).
[208] „Die eigentümliche Natur des Intelligencija-Heroismus wird uns klarer, wenn wir ihn mit dem ihm entgegengesetzten geistigen Typus des christlichen Heroismus oder genauer: mit dem geistigen Kampf des christlichen Heiligen konfrontieren [...]" (Bulgakov 1991:49; dt. von Karl Schlögel, Bulgakov 1990:112).

К этому духовному самоотречению, к жертве своим гордым интеллигентским «я» во имя высшей святыни призывал Достоевский русскую интеллигенцию в своей пушкинской речи [...].²⁰⁹

Es folgt ein Zitat von Dostoevskijs kanonischer Demutsparänese (s. 5.2.7.2). Schließlich kommt das Mönchtum ins Spiel, wobei Bulgakov es für erforderlich hält, ein Missverständnis zu korrigieren:

> [...] причем христианское подвижничество смешивается с одною из многих его форм, хотя и весьма важною, именно – с монашеством. Но подвижничество, как внутреннее устроение личности, совместимо со всякой внешней деятельностью, поскольку она не противоречит его принципам.²¹⁰

Kommt das Mönchtum damit in seiner Weltzuwendung wieder ins Spiel, so wird es anschließend zum halb asketischen, halb kenotischen Leitbild:

> Христианское подвижничество есть непрерывный самоконтроль, борьба с низшими, греховными сторонами своего я, аскеза духа.[...] В монастырском обиходе есть прекрасное выражение для этой религиозно-практической идеи: *послушание*.²¹¹

Zugleich restauriert Bulgakov die monastische Norm Demut: „В то же время смирение есть, по единогласному свидетельству Церкви, первая и основная христианская добродетель [...]".²¹² Dies ist das Ziel, das Bulgakov einem künftigen „перевоспитание"²¹³ setzt; die von ihm erstrebte „церковная интеллигенция"²¹⁴ wäre eine semi-monastische – und kenotische (vgl. Gorodetzky 1938:172). Man könnte Bulgakovs Argumentation gar dahingehend dekonstruieren, dass der

---

[209] „Zu dieser geistigen Selbstpreisgabe, zur Selbstverleugnung des stolzen Intelligencija-‚Ichs' im Namen des Heiligen, das höher steht, hatte Dostoevskij die russische Intelligencija in seiner Puškin-Rede aufgerufen: [...]" (Bulgakov 1991:50; dt. von Karl Schlögel, Bulgakov 1990:113).

[210] „Dabei wird die Haltung des christlichen Kämpfers mit dem Mönchstum durcheinandergebracht, das zwar eine wichtige, aber nur eine von vielen Formen des christlichen Heldentums ist. Doch ist die Haltung des christlichen Kämpfers als innere Persönlichkeitsstruktur durchaus mit jeder äußeren Tätigkeit vereinbar, sofern sie nicht ihren Prinzipien widerspricht." (Bulgakov 1991:53f; dt. von Karl Schlögel, Bulgakov 1990:118f).

[211] „Das christliche Kämpfertum ist ununterbrochene Selbstkontrolle, Kampf mit den niederen, sündigen Seiten des eigenen Ich, geistige Askese. [...] Im Mönchsleben gibt es für diese religiös-praktische Idee einen schönen Ausdruck: *in Gehorsam dienen*." (Bulgakov 1991:54f; dt. von Karl Schlögel, Bulgakov 1990:120, Hervorh. i. Orig.).

[212] „Ist doch die Demut nach einhelligem Zeugnis der Kirche die erste und grundlegende christliche Tugend." (Bulgakov 1991:50; dt. von Karl Schlögel, Bulgakov 1990:113).

[213] „Umerziehung" (Bulgakov 1991:59; dt. 1990:126).

[214] „Kirchenintelligenz" (Bulgakov 1991:66; dt. 1990:136).

II. Russische Ausgestaltungen

negative Fanatismus Züge asketischen Eifers und Maximalismus trägt, während sein positiver Entwurf vor allem als kenotisch zu lesen ist.[215]

5.3.8 Starcen und Mönche im 20. Jh.

Optina pustyn' besteht nach Amvrosijs Tod 1891 noch bis Anfang der 1920er Jahre[216] fort, hat aber schon zu Ende des 19. Jh.s nicht mehr die Ausstrahlungskraft, die es zu Leonids, Makarijs und Amvrosijs Zeiten besessen hatte. Vereinzelte Reste von Starcentum überdauern auch die Klosterschließungen in den 1920er Jahren, z.B. Tavrion (Batozskij; s. Ellis 1986:147f).

Während die offiziellen Formen monastischen Lebens wie das Koinobion am meisten unter der sowjetischen Repression litten,[217] konnte jenseits des eingeschränkten institutionellen Bestandes die Seelsorge sich in privaten Räumen vollziehen. Dort entwickelte sich in der Spätzeit der Sowjetunion die Untergrundkirche, die entscheidend für den religiösen Wiederaufschwung sorgte (vgl. Ellis 1986:290–447) und inoffizielle Modelle von Christusnachfolge wie Narren- und Starcentum favorisierte (Goričeva 1990:7–34.99–113)[218], bevor 1988 mit der Rückgabe von Klöstern an die ROK das offizielle Mönchtum wieder auflebte.

---

[215] Dann würde sich Schlögels Übersetzung von подвижничество als ‚geistiger Kampf' und nicht – wie es näher liegen würde – als ‚Askese' als Glücksgriff herausstellen.
[216] 1922 starb der letzte Starec Anatolij (Smolič 1999:442).
[217] Den quantitativen Gipfel hat das Mönchtum unter Nikolaj II. erreicht: 1914/17 gab es über 1100 Klöster mit über 100.000 monastisch Lebenden. Bis 1921 waren davon noch 352 übrig. Den Tiefpunkt klösterlichen Lebens in der russischen Geschichte überhaupt markiert das Jahr 1929, als kein Kloster mehr geöffnet war. Die Lage verbesserte sich durch den Zweiten Weltkrieg, den Schulterschluss von Kirche und Staat gegen die deutsche Invasion und die Westexpansion der Sowjetunion (funktionierende Klöster in der Westukraine kamen hinzu), um in den späten 1950er und 60er Jahren mit der erneuerten Atheismuskampagne wieder Rückschläge hinnehmen zu müssen (Angaben nach Ellis 1986:125).
[218] Das theologische Anliegen einer Re-Christologisierung wurde gleichfalls in inoffiziellen Gattungen am wirksamsten betrieben, etwa in Aleksandr Men's Сын Человеческий [Der Menschensohn] von 1968, einer für kirchenferne Leser bestimmten „Biografie" Jesu Christi mit apologetischem Anhang (Men' 2006a:323–406;dt. 2006b:301–404), die im spätsowjetischen Samizdat kursierte.

5.3.9 Das Mönchtum als heißes Medium und als Multimedium der Paränese

Ein Mönch war das Urbild eines Christen. Jeder Christ, in christlichen Ländern also jeder Mensch, sollte Mönchszucht als Ideal kennen, im Äußeren in Arbeit und Enthaltsamkeit, im Geistigen im Gebet. Daß es Klöster mit Mönchen gab, war, modern gesprochen, eine soziale Errungenschaft für alle. Sie waren der Idealtypus einer geistigen Kraftquelle für ein Land. (Rothe 2000:71)

Mit Ausnahme der Phase von 1929/30 bis 1945 bildet das Mönchtum das soziale Institut mit der größten Kontinuität in der russischen Kulturgeschichte überhaupt. Mit ähnlicher Konstanz bedienen Mönchsviten, das am stärksten nach außen wirkende literarische Medium des Mönchtums, die Topik, ein Mönch habe sich durch kenotische Tugenden wie *смирение, кротость, простота [Demut, Sanftheit, Schlichtheit]* usw. ausgezeichnet. Kenosis wird so als normative innere Haltung transportiert, wozu diverse weitere Varianten der Paränese zur kenotischen Christusnachahmung hinzutreten.

Neben der Mönchsvita sind dies die Textgattungen der Regel und der asketischen Erotapokriseis. Die Klosterbibliotheken sind in der Frühzeit der ostslavischen Kultur der zentrale Ort der Übersetzungs- und Abschreibeleistung, wenngleich Kireevskijs Pathos über deren Größe (1861:II 260) eine nicht auf Daten gestützte Wunschprojektion darstellt. Im Zuge der Klosterkolonisation wird das Christentum in den russischen Weiten überhaupt erst flächendeckend verbreitet.

Für die mündliche und physisch-exemplarische Paränese ist das Institut geistlicher Vaterschaft bedeutsam, und zwar sowohl gegenüber (geistlich jüngeren) Mitbrüdern als auch gegenüber Laien (s. die Konjunktur von Optina Pustyn' als Pilgerstätte). Im Koinobion werden das personale Vorbild und der Gehorsam gegenüber einem geistlichen Vater durch die kollektive soziale Kontrolle vertreten.

Durch die unmittelbare Anschaulichkeit könnte das personale Modell eines vorbildlichen Mönches, Einsiedlers oder Starcen mit seiner Paränese und seinem Vorzug isomedialer (habitueller) Nachahmbarkeit als heißes Medium im McLuhanschen Sinne (und nicht nur als heiß-kaltes wie die Liturgie; 4.7) charakterisiert werden. Die Kombination des heißen Primärmediums ‚personales Modell' mit den vielfältigen kalten Sekundärmedien wie Viten etc. macht das Mönchtum zu einem privilegierten Träger der Paränese zur Nachfolge Christi.

5.4 Inoffizielle und antioffizielle Christoformität

Das Starcentum enthält eine erhebliche Dosis von Semi- bis Inoffiziellem, und sein paränetisch-mnemonischer Erfolg geht nicht zuletzt auf diese zurück. In Behr-Sigels Dreiertypologie von spezifisch russischen Heiligen – Leidensduldern, Gottesnarren und Starcen (1950:121) – gibt es gar eine entsprechende Invariante: „[...] leur charactère a-hiérarchique et en quelque sorte non-conformiste."[219] Da die Starcen aber neben Koinobion und Gemeindeklerus geduldet wurden, ist die Distanzierung von der Amtskirche durchaus noch nicht beim Maximum angekommen; das Moment der *sozialen* Erniedrigung lässt sich noch drastischer inszenieren, als dies die Starcen tun. Das leisten Christusnarren, Bettler, Wanderpilger.

Ihre Distanzierung von der Amtskirche trägt ihnen einerseits Popularität als Partner des kleinen Mannes, des Bauern und Leibeigenen, ein; andererseits bedient ihre Selbstdistanzierung von Bürgerwelt und Amtskirche eine Schablone von Heiligkeit, die in der russischen Kultur wie in diversen anderen über Aussonderung definiert ist.[220] Dass der Mechanismus der Ausschließung bei Heiligen und sich freiwillig Ausschließenden wie Christusnarren, Bettlern und Wanderern ähnlich funktioniert, belegt die Tatsache, dass die verschiedenen Formen der Ausgrenzung füreinander durchlässig sind: Ein Mönch kann zum Gottesnarren werden und umgekehrt.[221] Auch die vestimentäre Kenntlichmachung der Aussonderung teilen die inoffiziellen und antioffiziellen Christusnachahmer mit den Mönchen: Narren, Bettler etc. verfolgen eine Kleidungssemiotik der Ärmlichkeit – zerrissenes Gewand oder sogar Nacktheit[222] – die ja auch ikonografische (4.6.5.3) und hagiografische Topoi (5.3.4.4 u. 5.3.5.1) sind.

Wenngleich Freiwilligkeit als Konstituens einer Nachfolge der Selbsterniedrigung Christi gilt, heißt das nicht, dass auch der erste Anstoß zur entsprechenden Exklusionsnachfolge vom Betreffenden selbst kommen muss. Es ist – wie beim

---

[219] „[...] ihr a-hierarchischer und in gewisser Weise nonkonformistischer Charakter." (Behr-Sigel 1950:142).

[220] Onasch/Schnieper sprechen vom „‚Ausgegrenztsein'" der Heiligen (2001:210), Lachmann von der „Selbstausgrenzung" der Gottesnarren (2004:394). Allgemein s. Agamben 2002.

[221] „Исаакий Печерский сначала был затворником и только потом стал юродствовать ([...]) Напротив, юродивая монахиня Исидора, которую прославил Ефрем Сирин, [...] ушла из нее [обители] и до смерти подвизалась в подвиге пустынничества." [Isaakij Pečerskij war zunächst ein Klausner und begann erst danach das Leben eines Christusnarren zu führen. ([...]) Umgekehrt verließ die von Ephräm dem Syrer gerühmte närrische Nonne Isidora das Kloster [...] und widmete sich bis zu ihrem Tod dem Leben einer Eremitin.] (A.M. Pančenko 1984:76; dt. von Bernd Uhlenbruch, A.M. Pančenko 1991:90).

[222] A.M. Pančenko 1984:92–94; dt. 1991:108–110.

Leiden auch (5.2) – sehr wohl möglich, dass am Anfang ein Ausgeschlossen*werden* steht[223] und eine kenotische Sinngebung erst *ex post* erfolgt (vgl. 5.2.7).

5.4.1 Christusnarren

Ob am Anfang der Selbstausschluss oder das Ausgeschlossenwerden steht, muss nicht in jedem Einzelfall geklärt werden, um die kenotische Topik zu beschreiben, mit der das Ausgeschlossen*sein* reflektiert wird. Von der Amtskirche wird eine Form der Kenose-Nachfolge besonders misstrauisch beäugt[224] – das Narrentum um Christi willen (*юродство Христа ради*). Fedotov dagegen feiert es emphatisch als „most radical form of Christian kenoticism" (1966:II 321). Bei kaum einer anderen Kategorie von Christusnachahmung ist die explizite Begleitformel *Христа ради* [um Christi willen] so konstant wie beim Gottesnarren.[225] Fasst man diese beiden Beobachtungen zusammen, so erscheint es genauso heikel wie produktiv, die Frage nach kenotischer Christoformität an das russisch-orthodoxe Habitusmodell des *юродивый Христа ради* zu richten, der der christologischen Prägnanz halber hier auch „Christusnarr" und nicht – wie es verbreiteter ist – „Gottesnarr" genannt sei.

5.4.1.1 Aneignung byzantinischer Vorformen und russische Karriere

Ein russisch-orthodoxes Habitusmodell konstituiert der Christusnarr insofern, als er nur wenige byzantinische Ahnen hat und kaum westkirchliche Verwandte. Der byzantinische σαλός [Narr] (s. 3.2.1.1), wie er durch die Gottesnarren Symeon, Andreas und Alexios vertreten wird, hat seine stärkste Rezeption im ostslavischen erfahren.[226] Die Aneignung ging so weit, dass man in Andreas einen gebürtigen Slaven sehen wollte. Der von russischer Seite gerne vorgebrachten These vom Christusnarrentum als eines spezifisch russischen Phänomens[227] sekundiert das Phänomen „spiritueller Migranten" (Lachmann 2004:392), westlicher Ausländer,

---

[223] Sei dies von kirchlicher (s. 5.4.3) oder politischer Seite (5.4.4).
[224] Vgl. Losskijs Diktum: „befremdende Wege der Heiligung" (1961:26).
[225] Wenngleich, wie E. Thompson (1987:11) vermerkt, ganz zu Anfang, in der *Nestorchronik*, der *юродивый* [Narr] noch ohne dieses auftaucht.
[226] Siehe die seit frühesten Zeiten verbreiteten slavischen Übersetzungen der Viten sowohl des Alexios (s. Gudzij 1962:99–104; dt. Onasch 1978:47–54) als auch des Andreas (Moldovan 2000).
[227] Bspw. Fedotov 1997:180, Rjabinin 2007:17f. Nach Pančenko hat es Vergleichbares nicht einmal in Weißrussland und der Ukraine gegeben (A.M. Pančenko 1984:73; dt. 1991:86).

die nach Russland kamen, um dort ein christusnärrisches Leben zu führen[228] – was in ihrer Heimat nicht möglich gewesen wäre.[229]

Eine erste, wenngleich vage (da nicht durch einen permanenten Habitus definierte) Ausprägung eines Narrentums um Christi willen findet sich bei Isakij Pečerskij im 11. Jh. (Ioann [Kologrivov] 1961:241f). Auch Prokopij von Ustjug († 1303) ist noch eine Einzelgestalt. Nach mehr oder weniger einstimmiger Meinung der Forschung fällt die „Blüte"-Zeit des Modells auf das 14. bis 16. (Fedotov 1997:179) bzw. das 15. bis 17. Jh.[230] Der am stärksten kanonisierte Christusnarr dieser Epoche ist Vasilij Blažennyj († 1552), über dessen Grab die nach ihm benannte Kathedrale auf dem Roten Platz in Moskau errichtet wurde und der bereits 1588 kanonisiert wurde.

Für diesen Zeitrahmen nennt die Forschung zum einen realpolitische Gründe, zum anderen solche aus der Paradigmengeschichte der Christusnachahmung: Das nach dem Ende des Mongolenjochs weniger aktuelle Modell des Märtyrer- und Leidensdulder-Fürsten würde dadurch abgelöst (Fedotov 1997:179); im 17. Jh. erlebe das Gottesnarrentum seinen Niedergang dadurch, dass jetzt die Altgläubigen die Ventilfunktion übernähmen[231] und die antioffizielle Christusnachahmung der Narren durch eine institutionelle Spaltung sowie die daraus resultierende Verfolgung durch die Mehrheitskirche auf sich nähmen (5.4.3.2). Auf die Paradigmen der Mönchtumsgeschichte bezogen, fällt die Hochkonjunktur des Christusnarrentums auf die Lücke zwischen Einsiedlertum und Starcentum, jene Zeit, in der das Koinobion bestimmend war, von dem eine Absetzung leichter möglich war als von den semi- bis inoffiziellen Formen monastisch-christoformem Lebens. Mit dem Aufstieg des Starcentums nahm die spezifische Ventilfunktion der Narren ab.

Zudem machte sich innerhalb des Narrentums ein Wandel bemerkbar vom asketischen Schwerpunkt der Frühphase zum sozialen und immer stärker auch politischen Protest (Fedotov 1997:181.189), wobei sich dies schon im 16. Jh. festmachen lässt: Einer der Adressaten der Anklage war Ivan Groznyj, dem Christusnarren wiederholt rohes Fleisch vorsetzten – blutig wie dasjenige der Menschen, die er auf dem Gewissen hatte (vgl. Sinjavskij 1990b:289). Das Christusnarrentum wurde im 17. und 18. Jh. (unter Aleksej Michajlovič, Petr I. und Anna[232]) zunächst

---

[228] Fedotov 1966:II 326–328; A.M. Pančenko 1984:73; dt. 1991:86.
[229] Die Versuche, westliche Pendants herauszudestillieren, erwiesen sich als wenig ergiebig (bspw. Holl 1993:63–98; zu diesen Versuchen: Lachmann 2004:385–391).
[230] A.M. Pančenko 1984:72; dt. 1991:85. Eine Zusammenstellung der bekanntesten Christusnarren bieten Rubina/Severskij (2003:113–179).
[231] A.M. Pančenko 1984:150; dt. 1991:167.
[232] Vgl. A.M. Pančenko 1984:151f; dt. 1991:168f.

politisch unterdrückt und fungierte als antipetrinischer Protest (Rjabinin 2007:77f), bevor es im 19. Jh. als Heuchelei denunziert wurde.[233]

Unter der Sowjetmacht avancierte das Gottesnarrentum wiederum zum Modus passiven Widerstands: „,Юродство как странный, вычурный, экстравагантный образ поведения... – это охранительный modus vivendi, способ жизни."‟[234] Aus kulturgeschichtlicher Perspektive ist es dabei auch in diesem Kontext nicht erforderlich, zwischen echter (christlicher) und zynisch-defensiver Narretei zu trennen, wie es Goričeva (1985:52–54) möchte; als kulturgeschichtliches Faktum dagegen lässt sich eine neue Konjunktur von Christusnarren wie etwa der Ende des 18. Jh.s gestorbenen Ksenija in Kreisen der Untergrundkirche, besonders in Leningrad festhalten (vgl. Goričeva 1985:74).

5.4.1.2 Kulturtheorie, Genealogie und Dialektik des Christusnarrentums
Darf angesichts solcher Peripetien, die in der Amtskirche reflexartig Zweifel an der ‚Echtheit' des jeweiligen Narrentums hervorrufen (Rjabinin 2007:226), das Christusnarrentum so einfach in die Geschichte der Paradigmen der Nachahmung Christi eingeschrieben werden? Sind für das Narrentum nicht andere Traditionen stärker zu gewichten, die sich zur Kenose windschief verhalten? Ist das *юродство* nicht 1) als Spiel, Schauspiel, Maskenspiel zu beschreiben oder 2) in außerchristliche, pagane Genealogien einzuordnen? Und steht nicht 3) das aggressive Element am Verhalten des Christusnarren dem kenotischen Modell – als einem Opfermodell – diametral entgegen?

Auf das theatralische Moment hebt insbesondere Pančenko ab,[235] wenn er das *юродство* in kultursemiotischer Routine in einem „промежуточное положение между смеховым миром и миром церковной культуры" verortet, es als Schwelle und „«третий мир» древнерусской культуры"[236] konzeptualisiert. Wäre, wenn Pančenko Recht hätte, das Christusnarrentum dann nicht eine nach Belieben auf- und absetzbare Maske? Dagegen argumentiert Ottovordemgentschenfelde, wenn sie im Umkehrungsgestus des Christusnarren eine ernsthafte Kommutation statt karnevalesker Ambivalenz ausmacht.[237] In der Tat sind die

---

[233] Pryžov 1996:33–76; in dieselbe Kerbe schlägt E. Thompson (1987:6f et passim).
[234] „Das Gottesnarrentum als eigenartige, gekünstelte, extravagante Verhaltensweise stellt einen *modus vivendi* des Selbsterhalts dar." (Varnava [Beljaev], zit. n. Rjabinin 2007:223f).
[235] A.M. Pančenko 1984:81; dt. 1991:96.
[236] „Grenzposition zwischen der ‚Lachwelt' und der Welt der kirchlichen Kultur" – „‚Dritte Welt' der altrussischen Kultur" (A.M. Pančenko 1984:72; dt. von Bernd Uhlenbruch, A.M. Pančenko 1991:85).
[237] „[...] das Heilige stellt er an die Stelle des Närrischen." (Ottovordemgentschenfelde 2004:89), vgl. dazu Uffelmann 2005c.

Fälle, wo ein Christusnarr seine Narrheit wieder ablegte, an einer Hand abzuzählen (s. 5.4); wenn man von gezielter Verstellung eines geistig gesunden Menschen als Narren sprechen möchte, dann handelt es sich um „Verstellung auf Dauer" (Lachmann 2004:402). Damit erledigt sich die Frage nach „Echtheit", denn diese lässt sich bei einem *auf Dauer gewählten Habitus* nicht beantworten.

Die Übernahme von hagiografischen Mustern aus der byzantinischen Kultur (5.4.1.1) begründet eine christliche Tradition: Aber ist dies die einzige? An diversen anderen Fällen war die Amalgamierung sichtbar geworden, in deren Zuge christliche Modelle – wie auch das kenotische – über außerchristliche Muster ,gestülpt' wurden (s. 4.2.3). Wo wären hier pagane Entsprechungen zu finden?[238] In der vorchristlichen slavischen Volkskultur kaum. Allerdings ist die slavische Kultur nie eine Reinkultur gewesen; warägische Elemente spielen genauso hinein wie etwa finno-ugrische oder paläoasiatische. Die beiden letztgenannten sind es, die Ewa Thompson in Anschlag bringt, wenn sie die gespaltene Verhaltenspoetik der Gottesnarren als „carry-over from the behavior of shamans" charakterisiert.[239] Wenngleich Thompson kein Verständnis für die christologische Wurzel des Gottesnarrentums hat, gesteht sie eine semiotische Äquivalenz ein, die eine wechselseitige Verstärkung der Wiedererkennbarkeiten bedeutet: „[…] the dual origins of *iurodstvo. Its Christian and shamanic features were perceived as a series of semiotic equivalences whose origins had been forgotten.*" (E. Thompson 1987:14, Hervorh. i. Orig.). In einer schamanistisch-christologischen Doppelinterpretation wäre das kenotische Moment also nichtsdestotrotz enthalten.

Ein manifestes Problem für jede Zuschreibung von Christoformität aber ist die vielfach dokumentierte Aggressivität, mit der die Christusnarren auftraten, die so gar nicht mit Stille, Bescheidenheit und anderen Facetten der mönchischen Demutstopik zusammenstimmen will. Vielleicht ist das, was Fedotov als „Immoralismus" beschreibt, auch der Grund, weshalb der kenotisch so sensible Religionsgeschichtler in *Святые древней Руси*[240] kaum Hinweise auf die Kenotik der Christusnarren gibt. Thompson, die demgegenüber planvoll unsensibel ist, diagnostiziert den Verhaltenscode der *юродивые* zutreffend als gespalten – als halb demütig, halb aggressiv (1987:21). Da dies für sie nicht zusammenpassen will, sieht sie eine „humility-aggression dialectic" (ebd.:22) am Werk. Bestimmte inte-

---

[238] A.M. Pančenko bringt den Kynismus ins Spiel – aber nur als „типологическая параллель" [typologische Parallele] (1984:80; dt. 1991:94).
[239] E. Thompson 1987:21; ausführlicher ebd.:97–123.
[240] *Die Heiligen der alten Rus'* (1997:179–189), 1931 geschrieben, 15 Jahre vor der Publikation der die Kenose-These enthaltenden Arbeit (s. 1.1.4) *The Russian Religious Mind* (1946). In dieser legt Fedotov dann die globale Einordnung des Christusnarrentums als „radical manifestation of Christian kenoticism" (1966:II 316) nach.

ressierte (slavophil inspirierte) Kreise des 19. Jh.s hätten die *humilitas* betont („supposedly humble holy fools"; ebd.:21), während die Kirche vorher Jahrhunderte lang den Narren gegenüber distanziert gewesen sei (ebd.:51), allerdings – das räumt sie ein – ca. 50 Heiligsprechungen von Narren vornahm (ebd.:68). In der Tat ist Aggression kaum als kenotisch einstufbar.[241] Die „aktive" Seite scheint der „passiven" Seite des Christusnarrentums zu widerstreiten.[242] Diesen Widerstreit, diese „Dialektik" gilt es einzubeziehen, wenn nach der – partiell christologischen – Implikation des Christusnarrentums gefragt wird.[243] Mit der Dialektik aber ist eine logische Figur aufgerufen, die der Christologie nicht fremd ist (s. 2.5.1), die eng mit den christologischen Paradoxen zusammenhängt.[244]

5.4.1.3 Christoforme Paradoxe und paradoxe Christoformität

> Das Paradoxon der paulinischen Dikta wird zu einer Leitfigur des Christusnarrentums. (Lachmann 2004:383)

Der Punkt, an dem das Narrentum mit der paulinischen Christologie verhakt werden kann,[245] ist die zur höheren, Christus-begabten Wahrheit umgewertete „Torheit" nach 1Kor 3,18[246] und 1Kor 4,10.[247] Was für die Welt paradox scheine – das Sich-Einlassen auf den Gekreuzigten als Lebensspender – sei, so Paulus, Christenpflicht. Der Anschein der „Torheit", der „Narretei" trügt mithin. Jede Geste eines Christusnarren müsste – von Paulus erstem Korintherbrief her gelesen – ihrerseits paradox sein. Wenn die Umwertung der Werte das Anliegen – des Apostels Paulus wie des Christusnarren – ist, dann ist dessen Ästhetik das Paradox.[248]

---

[241] Jesu Tempelreinigung (Mt 21,12–17; Mk 11,15–19; Lk 19,45–48; Jh 2,13–16) wurde traditionell nicht als menschliche Unbeherrschtheit verstanden (was ja denkbar wäre), sondern als gerechter Zorn, also als Äußerung seiner superioren göttlichen Moralität. Wie der Soldat (s. 5.5.3) vollzieht der Christusnarr nur eine partielle Introversion des Aggressionstriebes, die nach Smiths Elias-Lektüre zum *habitus humilitatis* führt (s. 5.2.7.4).

[242] A.M. Pančenko 1984:79; dt. 1991:92f.

[243] Allerdings ist es nicht hilfreich, aus einer solchen „Dialektik" gleich eine – damit zur Hälfte negative – russische Mentalität zu zimmern (E. Thompson 1987:195).

[244] Auch das Paradox könnte daneben als außerchristliche, folkloristische Figur eingestuft werden (A.M. Pančenko 1984:100; dt. 1991:117).

[245] Eine ausgearbeitete Theologie des Narrentums gibt es anders als beim Mönchtum nicht (vgl. Fedotov 1966:II 322; Lachmann 2004:383f).

[246] „εἴ τις δοκεῖ σοφὸς εἶναι ἐν ὑμῖν, ἐν τῷ αἰῶνι τούτῳ μωρὸς γενέσθω, ἵνα γένηται σοφός." [Wenn jemand unter euch glaubt weise zu sein in dieser Welt, der werde zunächst ein Tor, um dann wirklich weise zu sein.] (1Kor 3,18); vgl. 3.2.1.1.

[247] „ἡμεῖς μωροὶ διὰ Χριστόν, [...]" [Wir sind Narren um Gottes willen.] (1Kor 4,10).

[248] Nach Pančenko gilt: „[...] парадоксальность – это как бы самоцель для юродивого [...]" [(...) das Paradoxe (ist) gleichsam das eigentliche Anliegen der Christusnarren

Auf den Umgang des Menschen mit sich selbst bezogen, führen Umwertung und Paradox zur Kenose (vgl. M. Evdokimov 1990:38f).

Am stärksten arbeitet Ioann (Kologrivov) das kenotische Moment und die Christusnachfolge bei den Narren heraus:

> Сущность этого «подвига» в добровольном принятии на себя унижений и оскорблений для достижения высшей степени смирения, кротости [...] «Юродивый Христа ради» стремится следовать за распятым Христом и жить в полной отрешенности от всех земных благ [...] в сердце юродивого жива память о Кресте и Распятом, о пощечинах, плевках, бичевании и она то и побуждает его в любой момент переносить Христа ради поношение и угнетение.[249]

Kologrivov psychologisiert das Narrentum zudem als Ruhmeskenose; der Gefahr des Christusnachahmers, sich als perfekter Heiliger zu gerieren,[250] begegne der Narr mit Selbstdegradierung:

> Чтобы его не принимали за святого, юродивый отвергает внешний облик достоинства и душевного спокойствия, вызывающий уважение, и предпочитает казаться несчастным, ущербленным существом, заслуживающим насмешек и даже насилия.[251]

Damit nicht genug der Anknüpfungspunkte für die Kenotik: Das „Verbergen der Heiligmäßigkeit" (Lachmann 2004:396) transponiert die Krypsis der göttlichen Eigenschaften Christi (s. 2.7.3.3) in den irdischen Rahmen. Der Christusnarr kann entweder lange unerkannt leben (wie Alexios[252]) oder aber den ethischen Ernst seiner Christusnachfolge unter der Maske seiner Narretei verbergen.

Wo er in Erscheinung tritt, degradiert er sich in sozialer Hinsicht selbst. Er kleidet sich in Fetzen oder erscheint gleich ganz nackt; er sitzt im Kot oder wirft

---

(...)] (A.M. Pančenko 1984:104; dt. von Bernd Uhlenbruch, A.M. Pančenko 1991:120) – und dessen „ästhetische Dominante" (ebd.).

[249] „Das Wesen dieser ‚Großtat' liegt darin, freiwillig Erniedrigungen und Beleidigungen hinzunehmen, um einen höheren Grad an Demut und Bescheidenheit zu erreichen [...] Der ‚Narr um Christi willen' bemüht sich, dem gekreuzigten Christus in gänzlicher Absage an alle Güter dieser Welt nachzufolgen [...] im Herzen des Gottesnarren ist die Erinnerung an das Kreuz und den Gekreuzigten lebendig, an die Ohrfeigen, an das Bespuckt-Werden, an die Geißelung; sie treibt ihn,, in jedem Augenblick um Christi willen Schmähung und Unterdrückung zu erdulden." (Ioann [Kologrivov] 1961:239f).

[250] Siehe Luthers Mönchtumskritik (3.3.3.2) und Nil Sorskijs Ruhmeskenose (5.3.5.4).

[251] „Damit man ihn nicht für einen Heiligen hält, negiert der Gottesnarr ein Achtung einflößendes äußeres Erscheinungsbild von Würde und seelischer Ruhe und zieht es vor, als unglückliches, minderwertiges Wesen zu erscheinen, das Spott und sogar Gewalt verdient." (Ioann [Kologrivov] 1961:239).

[252] Siehe die Krypsis Christi (2.7.3.3) und I. Smirnovs darauf aufbauende Kenosis-Lesart 1978:123 (dazu auch 8.3.3).

5. Christoformität in Russland

mit diesem; er schleppt einen toten Hund hinter sich her.[253] Seine Erscheinung ist programmatisch unappetitlich und hässlich.[254] Seine Kommunikationen weichen von der Norm ab – durch Schweigen, Glossolalie, Hyperaktivität (vgl. Ottovordemgentschenfelde 2004:121–128), womit die antirhetorische Tradition des Christentums aktiviert wird.[255] Die Lachkultur, welche er bedient, definiert sich für ihn ebenfalls über das Passivum, über das „Verlachtwerden" (Lachmann 2004:399).

All diese Selbsterniedrigungen aber haben ihre Funktion – und ihre Kehrseite; aus der Passivität resultiert das Recht zu Aktivität und Aggressivität.

> Две стороны юродства, активная и пассивная, как бы уравновешивают и обусловливают одна другую: добровольное подвижничество, полная тягот и поношений жизнь дает юродивому право «ругаться горделивому и суетному миру» [...][256]

Es handelt sich also um den gewohnten Aufschub der Erhöhung; ohne die vorgängige Selbsterniedrigung wäre die Erhöhungsgeste, die es bedeutet, andere zu schelten, nicht akzeptabel. Der ästhetische Abstieg erlaubt den ethischen Aufstieg.

Aber auch bei dieser Zwischenstufe der Selbsterhöhung bleibt es nicht; denn die Anmaßung, die Welt zu beschimpfen, zieht wieder eine passive Erniedrigung nach sich: Die beschimpfte Menge reagiert – bei aller Verehrung für den Christusnarren – auf seine Provokationen, indem sie ihn schlägt Ohne diese Gegengewalt bliebe sein Auftritt unvollständig, würde er an der falschen Stelle (der erhöhten) stehen bleiben. Der Christusnarr nimmt die Schläge der Menge „gerne" in Kauf, ja erstrebt sie.[257] Der Körper des (geschlagenen) Gottesnarren wird zum Opferaltar:

---

[253] Der Hund wird entsprechend zum Symbol für das Christusnarrentum (A.M. Pančenko 1984:130; dt. 1991:142).

[254] Vgl. A.M. Pančenko 1984:80; dt. 1991:94. Die ästhetische Größe der Hässlichkeit liegt etymologisch auf der Hand; nach Vasmer ist die ursprüngliche Bedeutung von *урод* ,Missgeburt' auf eine geistige (nicht körperliche) Behinderung festgelegt (1964/73:IV 168) – und bis ins 14. Jh. war überhaupt nur *уродивый* [Narr] gebräuchlich (ebd.:IV 534; so auch noch in Avvakums Wortgebrauch; 5.4.3.2).

[255] Vgl. Lachmann 2004:396. Das christusnärrische gestotterte „aaa" (A.M. Pančenko 1984:96f; dt. 1991:114) wird bis in die Literatur des Futurismus und des Konzeptualismus (Sorokins *Норма [Norma]*; 1998:I 212–215; vgl. 10.4.3.2) weitergereicht.

[256] „Die beiden Seiten des Christusnarrentums, die aktive und die passive, bringen sich gegenseitig ins Gleichgewicht und bedingen einander: Die freiwillig gewählte Lebensweise, ein Leben voller Mühsal und Schmach, gibt dem heiligen Narren das Recht, die ‚stolze und eitle' Welt zu beschimpfen' [...]" (A.M. Pančenko 1984:79; dt. von Bernd Uhlenbruch, A.M. Pančenko 1991:93, Anführungszeichen sic).

[257] A.M. Pančenko 1984:88; dt. 1991:103; vgl. Amvrosij Optinskijs Wille zum (Krankheits-)Leiden (5.3.6.7).

„Жертвенник свое тело сотвори, в нем же жряще жертву хваления, Аароновы жертвы богоподобнейше и честнейше."[258]

Als die Christusnarren im 16. Jh. begannen, politische Konflikte auszutragen, konnte diese Gegengewalt noch rabiatere Formen annehmen und dem Narren gar die Märtyrerkrone einbringen:

> Киприан добрый в главу усечеся,
> за святы юрод дивныя законы.
> Восперен мечем, в небо вознесеся,
> об бога прият прекрасны короны.[259]

Als (physisch) erniedrigtes Opfer ist der Narr dann wieder (ethisch, christoform) erhöht und kann von dieser moralisch erhöhten Warte den ihn Schlagenden vergeben: „Сознавая, что сам подвигнул толпу на побои, что грех – на нем, а не на зрителе, юродивый просит бога, чтобы это не было вменено людям в вину."[260] Die Dramaturgie des Auftritts eines Christusnarren oszilliert also mehrfach hin und her zwischen Erniedrigung und Erhöhung.

5.4.1.4 Usurpation und ‚Entähnlichung'

Indem der Christusnarr dies Wechselspiel von Erniedrigung und Erhöhung inszeniert, hält er die Fäden in der Hand. Was er tut, tut er mit Bedacht; ‚wirklich' psychisch Kranke sind keine Gottesnarren. Christusnarren vollziehen eine freiwillige Kenose ihrer rationalen Fähigkeiten. Aber wie steht es mit Personen, die den Habitus des Narren zeitweise usurpieren und damit womöglich dauerhafte Erhöhungsziele (Macht) verfolgen? Die Frage stellt sich bei Ivan Groznyj.[261]

Ivan Groznyj stand in engem Kontakt mit dem Christusnarren Vasilij Blažennyj und ließ nach dessen Tode zu seinen Ehren eine Kathedrale errichten – um anschließend die Architekten blenden zu lassen, damit sie keine zweite solch prunkvolle Kirche mehr errichten könnten. Der fromme Gestus gegenüber dem im Volk bereits als heilig verehrten Narren verkehrt sich damit ins brutale Gegenteil.

---

[258] „Seinen Körper machte er zum Opferaltar, darauf brachte er ein Lobopfer dar, das gottähnlicher und ehrwürdiger war als das Opfer Aarons." (zit. n.: A.M. Pančenko 1984:88; dt. von Bernd Uhlenbruch, A.M. Pančenko 1991:103).

[259] „Der gute Kiprian ließ sein Haupt/ Für die wunderbaren Gesetze der heiligen Narren./ Erschlagen von einem Schwert, fand er Aufnahme im Himmel/ Und empfing dort von Gott eine herrliche Krone." (zit. n.: A.M. Pančenko 1984:117; dt. von Bernd Uhlenbruch, A.M. Pančenko 1991:130).

[260] „Der Christusnarr ist sich bewußt, daß er selbst die Menge provoziert hat, ihn zu schlagen, daß also die Sünde auf ihm und nicht auf dem Zuschauer lastet, und so bittet er Gott, er möge es den Menschen nicht als Schuld anrechnen." (A.M. Pančenko 1984:91; dt. von Bernd Uhlenbruch, A.M. Pančenko 1991:107).

[261] Oder auch bei Rasputin (s. E. Thompson 1987:3f).

5. Christoformität in Russland   531

Derartige Widersprüche gibt es in Ivans Biografie zuhauf – selbst die theoretische Christologie ist davon betroffen: Wie Lichačev (1972:12f) ermittelte, verfasste Ivan Groznyj unter dem Pseudonym Parfenij Urodivyj einen christologischen Traktat (s. 4.4.3) und einen geistlich ernsten Kanon (Lichačev 1972:20). Schließlich zog sich Ivan periodisch das Gewand eines Bußpilgers an.

Wie sind solche punktuellen Streifzüge auf das Gebiet von Christusnarrentum und Christologie bei einem Herrscher einzustufen, der den Beinamen „der Schreckliche" unbestritten verdient? Die Forschung macht es sich hier – aus einem honorigen politischen Reflex gegenüber dem Tyrannen – leicht: Ivan Groznyj, dem Täter, wird christlicher und kenotisch-christologischer Ernst schlicht nicht geglaubt (s. auch 5.5.2.4); gleich sind die Keulen „кощунство",[262] „глумление"[263], Heuchelei oder Hohn (Goričeva 1985:60f; Lachmann 2004:401) bei der Hand – doch das vereindeutigt Ivans Handeln zu Sein (Brutalität) einerseits und Schein (Spielen mit christlichen Mustern) andererseits.[264] Wenn aber doch der Code der юродивые im Paradox besteht, warum sollte der diesen Code punktuell usurpierende Zar nicht auch paradoxe Motivationen verfolgen? Ivans Intention lässt sich nicht rekonstruieren (s. 3.2); bei allen behaviouristischen Einschränkungen lässt sich hingegen zeigen, dass sein Verhalten paradox ist und damit nicht nur punktuell (christologisch, christusnärrisch) den Christusbezug aufweist, sondern auch strukturell von der von Thompson beschriebenen „humility-aggression dialectic" des Gottesnarren affiziert ist.

So wenig der Gesamthabitus des Usurpators Ivan Groznyj dem kenotischen Urbild Christus entspricht – die Usurpation zeigt einmal mehr die Produktivität des Modells des Christusnarren – und damit auch der kenotischen Christologie – in ihren ‚Entähnlichungen' (1.4.6).

5.4.1.5 Fiktionale und post-christliche Übersetzungen
Trotz der ethnologischen Entmystifizierung des 19. Jh.s und der Verfolgung religiöser Regungen durch die Sowjetmacht existierten Residuen des Christusnarrentums noch im 20. Jh. (M. Evdokimov 1990:43). Die Produktivität des christusnärrischen Mehrfachparadoxes von Demut und Aggression, von Heiligkeit und Schmutz, von Weisheit und Torheit belegt darüber hinaus die christlich inspirierte

---

[262] „Lästerung" (A.M. Pančenko 1984:77; dt. 1991:91).
[263] „Verspottung" (Lichačev 1972:20).
[264] Vgl. Lotman/Uspenskij: „Поведение Грозного – это юродство без святости, юродство, не санкционированное свыше, и тем самым это игра в юродство, пардоия на него." [Das Verhalten Groznyjs ist Christusnarrentum ohne Heiligkeit, ohne Sanktion von oben, und daher ist es bloß ein Christusnarrentum-Spiel, eine Parodie des Christusnarrentums.] (Lotman/Uspenskij 1977b:164; dt. von Teresa Sedmidubská, Lotman/Uspenskij 1977b:198f).

russische Literatur, die den Christusnarren christoform ausgestaltete (vgl. E. Thompson 1987:125.128). Der Bogen reicht von Nikolka aus Puškins Drama *Борис Годунов*[265] über Dostoevskijs schon im Titel als Idioten apostrophierten christoformen Fürsten Myškin[266] und das poetologisch konstitutive *юродство* bei den Obèriuten[267] sowie bei Platonov[268] zu Erofeevs Venička (9.1.1). In der postsowjetischen Performanzkunst schlägt die kynische Inspiration neu durch (Oleg Kuliks Auftritte als Hund). Wenn dies denn mit der Narrheit der Christusnarren kurzgeschlossen werden soll, so handelt es sich klarerweise um eine „Verweltlichung der heiligen Narrheit" (Ottovordemgentschenfelde 2004:306), eine Nachahmung zweiter Stufe: Kulik und Aleksandr Brener ahmen „nicht Jesus Christus, sondern seinen Nachahmer, den altrussischen Narren in Christo" nach (ebd.:307) – und das eben nicht im Hinblick auf die christoforme Demut und Selbsterniedrigung, sondern die aggressive Gegenrichtung. Breners Aktionen gehen zunächst ohne Leiden für ihn selbst ab, mit theatralischer Täterschaft (ebd.:285). Die Aktanten Täter und Opfer tauschen die Positionen. Durch die Reaktionen der Attackierten, etwa die Verhaftung am 4. Januar 1997, als Brener in Amsterdam auf Malevič' „Weißer Suprematismus 1922–1927 (Weißes Kreuz auf weißem Grund)" ein grünes Dollarzeichen aufgesprüht hatte, kommt der Leidensgestus erst im zweiten Schritt ins Spiel.

5.4.2 Freiwillig Bettelnde, Pilgernde, Wandernde

Nicht so markiert anti-offiziell wie die Christusnarren positionieren sich Pilger, Wanderer und Bettler. Das Verhältnis dieser sozialen Gruppen mit ihrer inoffiziellen Christusnachahmung zu der utriert antioffiziellen Attitüde der Gottesnarren war durchaus gespannt. Gerade Bettler wurden definiert über ihre räumliche Nähe zu offiziellen Orten, auch kirchlichen (*нищие церковные, дворцовые, монстыр-*

---

[265] *Boris Godunov* (1825); von Bock-Iwaniuk zeigt, dass hier das byzantinisch-russische Modell des Christusnarren mit dem westlichen Hofnarren kontaminiert wird (2000:19).
[266] Vgl. 6.9.2. Murav (1992) schreibt über diese als „Narr" markierte Figur hinaus eine ganze Reihe weiterer positiver Helden Dostoevskij von Sonja Marmeladova bis Zosima in das Muster des Christusnarren ein, wogegen Otto einwendet: „Demütige, kenotische Figuren wie Sonja Marmeladova, Myškin, Aleša, Zosima, die das ethisch-religiöse Ideal des *jurodstvo* am ehesten verkörpern, heben sich von ihrer Umgebung gerade durch das völlige Fehlen provokativen und theatralischen Verhaltens ab." (2000:245f).
[267] Vgl. dazu bspw. Hansen-Löve 1994:314.
[268] Literaturwissenschaftlich bedeutsam ist, dass Günther das *юродство* bei Platonov nicht allein auf der Ebene des Personals beschreibt, sondern darin einen Schlüssel zu einer „«юродивая» перспектива" [‚Christusnarren'-Perspektive] erblickt, welche eine „кризисная реакция" [Krisenreaktion] auf die Entwicklung in der Sowjetunion darstelle (1998:119.125). Mit dem strategischen Einsatz der Narrenperspektive durch Erofeevs Venička wird dieses Platonovsche Verfahren noch überboten (9.).

ские[269]). Sie fanden ihre Nische neben der Amtskirche, oft auf den Stufen zu den Kirchengebäuden, nicht im ausgestellten Konflikt mit ihr und der Welt. Insofern sind diese sozialen Phänomene von Christusnachahmung kirchlicherseits mit geringerer Reserve behandelt worden (vgl. Jessl 1999:41f). Eine elaborierte theologische Theorie von Christusnachfolge qua Pilger-, Wanderschaft und Bettlertum gibt es aber genauso wenig wie bei den Christusnarren.

5.4.2.1 Bettler

Dabei sind Analogien zu monastischen Lebensformen festzustellen. Das Bettlerwesen ist dem mönchischen Armutsideal verwandt; während sich dieses in der Frühzeit des Christentums im Eremitentum realisierte, bürgerte sich mit dem Aufschwung der Städte in Westeuropa im Hochmittelalter auch das Betteln als monastische Lebensform ein. Die Bettelorden (Mendikanten), zu denen auch die Franziskaner gehören (s. 5.3.4.4), schrieben sich dies auf die Fahne ihrer Christusnachahmung – einer Christusnachahmung qua Betteln.

Im russischen Phänomen der musizierenden und über Land ziehenden Bettler greifen pagane und christliche Momente ineinander (vgl. Pryžov 1996:116f). Ihre Gesänge sind sowohl folkloristischen als auch geistlichen Inhaltes. Insofern kann man die Bettler als „Urheber und Verbreiter der christlichen Folklore" (Sinjavskij 1990b:193) einstufen. In dieser Doppelfunktion bleibt aber die Dimension der Christusnachahmung präsent und wird explizit beschworen:

Тебе, Христе, подражаю,
Нищ и бос хощу быти,
Да с тобою могу жити.[270]

Lev Tolstoj apostrophiert die Bettler in *Так что же нам делать? [Ja was sollen wir denn tun?]* (1882–86) als unmittelbar Christus zugehörig („[…] нищий Христов […]"[271]). Die Nachahmung Christi erfolgt im Fall des Bettelns über Selbsterniedrigung, wie Snegirevs Formel von den *„вольные нищие, отрекающиеся от своей собственности и в бога богатеющие, неся крест смирения и терпе-*

---

[269] Kirchen-, Palast- und Klosterbettler; vgl. Pryžov 1996:130. Vgl. Pančenkos Versuch einer räumlichen Definition: „Нищий живет при церкви, а юродивый – вне церкви." [Der Bettler lebt bei der Kirche – und der Christusnarr außerhalb der Kirche.] (A.M. Pančenko 1984:132; dt. von Bernd Uhlenbruch, A.M. Pančenko 1991:144).

[270] „Dich, Christus, ahme ich nach,/ Arm und barfuss will ich sein,/ Um mit dir leben zu können." (zit. n. Pryžov 1996:120).

[271] „[…] der Bettler ist Christi […]" (Tolstoj 1932/64:XXV 184).

ния"²⁷² zeigt. Der Verzicht auf Eigentum um der „Bereicherung" durch Christus willen aktualisiert die christologischen Paradoxfiguren in ökonomischer Hinsicht.

Das Betteln als Aufforderung zum „Geben um Christi willen" (*Подайте милостыню Христа ради!*) zielt auf einen Tauschakt mit drei Akteuren – dem Bettler, dem Almosenspender und Christus. Indem der Bettler den potenziellen Geber um ein Almosen angeht, lädt er ihn ein zu einer Opferhandlung und gibt ihm damit die Chance, in die Rolle des Opfernden zu treten, also Christi soteriologische Tat ins Kleine, Monetäre zu übersetzen. Der Bettler selbst hingegen versetzt sich in die Position der Menschen, die auf der heilsökonomischen Makroebene das Christus-Opfer empfangen (s. 3.0.4). Die Almosengabe begründet einen weitergehenden Tauschvertrag: Der Bettler verpflichtet sich – nicht unbedingt explizit – für den Almosenspender zu beten: „Нищий богатым питается./ А богатый нищего молитвой спасается."²⁷³ Ein vierter Akteur kommt hinzu, wenn der Beichtvater einem Sünder im Rahmen der Buß-Epitimien das Almosen-Geben auferlegt (dazu Pryžov 1996:128).

Im alten Russland war die Praxis des Almosen-Gebens weit verbreitet (ebd.:132–136) und kaum umstritten wie in den westlichen Armutsstreiten des 13. und frühen 14. Jh.s. Noch der *Стоглав [Hundertkapitelsynode]* von 1551 wiederholt die Pflicht zum Almosen-Geben. In die Kritik kommt Ende des 17. Jh.s weniger das Almosen-Geben als die Bettelpraxis und die Begleiterscheinungen des Vagabundierens (verbunden mit Diebstahl, Prostitution etc.); es ist Petr I., der in mehreren Ukazen das Betteln verbietet (ebd.:136f). Im 19. Jh. wird den administrativen Restriktionen durch wissenschaftliche Kritik an Untätigkeit sowie volkswirtschaftlicher und moralischer Schädlichkeit des Bettelns sekundiert (ebd.:107–154). Die sozial-kenotische Logik des Paradoxes gerät durch die Zivilisierungsbestrebungen in die Krise. Arme, Behinderte, Kranke erscheinen den Sozialingenieuren der Moderne als Gruppen, denen geholfen werden muss, nicht als solche, die durch ein Defizit von Gott ausgezeichnet sind.

Bei den russischen Bettlern „um Christi willen" addierten sich diverse Defizite auf, denn zur ökonomischen Bedürftigkeit kam als Gabe-förderndes Element oft körperliche Versehrtheit hinzu. Bei bettelnden Sängern war Blindheit erwünscht

---

²⁷² „*Freiwillig Arme, die ihrem Eigentum entsagen und an Gott reich werden, indem sie das Kreuz der Demut und des Duldens tragen*" (zit. n. Pryžov 1996:125, Hervorh. i. Orig.).

²⁷³ „Der Bettler lebt vom Reichen./ Und der Reiche wird durch das Gebet des Bettlers gerettet." (zit. n. Pryžov 1996:127).

(vgl. ebd.:114), und im Begriff *калека* gehen die Bedeutungen ‚Armer' und ‚Krüppel' zusammen.[274]

5.4.2.2 Pilger und Wanderer

Sowohl die Kombination von Betteln und Wanderschaft bei den Sängern christlicher Folklore als auch eine Paronomasie legen den Übergang zwischen den Gruppen der Bettler und der Wanderer nahe; Pilger wurden *калики перехожие* [kaliki perechožie] genannt.

> Schon in der alten Rus wurden Kaliki mit kaleki (Krüppeln) verwechselt, zumal bettelnde blinde Kaleki geistliche Gesänge vortrugen, wenn sie um Almosen baten, und sich darin kaum von den Kaliki unterschieden. Grundsätzlich jedoch sind die wandernden Kaliki keineswegs Krüppel und auch nicht immer Bettler. (Sinjavskij 1990b:283)

Die russische Bezeichnung *калики* ist nicht von *калека*, sondern von lat. *caligae*, der Fußbekleidung der Pilger abgeleitet.[275] Neben diesem Terminus existieren zur Beschreibung von Wander- und Pilgerschaft weitere, die sich teils überlappen, teils Wertnuancen bezeichnen. Während *паломник* eindeutig für ‚Pilger' steht, umfasst *странник* sowohl das Konzept des (zielgerichteten) Pilgerns als auch des ziellosen Wanderns;[276] die jeweilige Ausrichtung ist nur durch die Hinzufügung unterscheidender Epitheta erkennbar, etwa *нищие странники* (‚bettelnde *stranniki*') und *странники-богомольцы* („*stranniki*-Wallfahrer').[277] Tendenziell negative Wertakzente setzt *скиталец* ‚Streuner', manifest polemische *бродяга* ‚Landstreicher' (hier erscheint das Pilgerinteresse als bloß vorgespiegelt).[278]

Ernsthafte Pilgerschaft richtet sich einmal auf Christusspuren, auf Orte von Christusmetonmyien im Heiligen Land:

> Pilgrimage to the Holy Places of Jerusalem and the surrounding sites of the life and death of Jesus Christ has long given expression to one of the deepest strains of Christian piety. At the Church of the Holy Sepulchre, the site of Jesus' tomb, the annual miracle of the holy fire on the eve of Orthodox Easter [...] drew countless thousands. (Batalden/Palma 1993:251)

---

[274] Siehe Stepanov 2001:185. Die Zuschreibung einer besonderen Heiligkeit an Behinderte bleibt eine kulturelle Ressource, die sich unter verschiedenen Vorzeichen ausbeuten lässt. Ein Teil des identifikatorischen Potenzials des SR-Musterhelden Pavka Korčagin (8.) rührt aus seiner progredienten körperlichen Behinderung (vgl. auch J. Lehmann 2000): unter postsowjetischen Vorzeichen ließ sich die Figur vom heiligen geistig Behinderten reanimieren (vgl. Holm 2003b).

[275] Vgl. Stepanov 2001:185; Vasmer 1964/73:II 167. Russisch *калигвы*.

[276] Vgl. Stepanov 2001:184 und Jessl 1999:36.

[277] Vgl. Jessl 1999:36. In Großschreibung bezeichnet *Странники* zudem eine Gruppierung popenloser Altgläubiger (ebd.:37.43; vgl. 5.4.3.1).

[278] Vgl. Stepanov 2001:188; Jessl 1999:44.

Wallfahrtsberichte gehören zu den populären Genres der altrussischen Literatur (vgl. 4.3.8.2). Die Wallfahrt ins Heilige Land wird darin als Weg ins „рай" [Paradies] (vgl. Roždestvenskaja 2003) entworfen – also als Aufstieg konzeptualisiert. Innerrussische Pilgerfahrten führen zu den großen Kirchen in Kiev, Moskau, Novgorod, zu Klöstern und – fast stets damit verbunden – zu Ikonen, denen Wundertätigkeit zugeschrieben wird; auch hier ist Christus also metonymisch und metaphorisch im Spiel (s. 4.6). Während in Sowjetzeiten nur die Pilgerschaft nach Zagorsk bzw. Sergiev Posad als Massenphänomen lebendig bleiben konnte (Ellis 1986:126), sind es nach dem Ende der Sowjetunion wieder viele verschiedene Orte, die Pilger anziehen (allerdings häufig mit modernen Verkehrsmitteln); in postsowjetischer Zeit halten die kirchlichen Buchstände ganze Pilgeratlanten im Angebot (Sputnik 2002). Bei Pilgerschaft handelt es sich per Definition um einen umgrenzten Zeitabschnitt; die Rückkehr ist Teil des Konzepts.

Im Gegensatz dazu haben heimatlose странники kein bestimmtes Ziel, sondern streifen mehr oder weniger ziellos umher. Die russischen Weiten leisten dem Vorschub, was aber den staatlichen Zugriff auf die Wandernden schwierig macht. So waren weltliche Autoritäten von den Anfängen an bis zur sowjetischen Zeit an einer Begrenzung des Vagabundierens von Mönchen wie Laien interessiert.[279] Wenn die zielgerichtete Pilgerschaft auf Christusmetonymien und -metaphern gerichtet ist – worin besteht dann der Christusbezug einer ziellosen Wanderschaft? Womit rechtfertigt sich dabei die verbreitete Zweckangabe *Христа ради*?[280]

Matthäus entwirft den Gottessohn als Obdachlosen, Unbehausten (Mt 8,20). Die kirchenslavische Übersetzung des NT verwendet *странень* für ξένος [fremd], das – ebenfalls bei Matthäus – mehrfach als Attribut Christi vorkommt (bes. Mt 25,35.38.43f). Der Hebräerbrief gibt weitere ethische Exempel aus dem AT hinzu, die bekannt hätten, „[…] ὅτι ξένοι καὶ παρεπίδημοί εἰσιν ἐπὶ τῆς γῆς."[281] Die mit Christus wandernden Jünger betreiben als erste Nachfolge durch Wanderschaft und Obdachlosigkeit (s. auch 3.2.6.1). Im in Russland populären apokryphen *Хожедние Богородицы по мукам* [*Wanderung der Gottesmutter durch die Qualen*]

---

[279] In der Frühzeit fungiert das Kirchenrecht als Transmissionsriemen öffentlicher Ordnung (s. 4.1.1 u. 4.3.2). Von daher verbot das *Правило Иоанна* [*Ioanns Regel*] Mönchen das Vagieren (§ 25, Goetz 1905:157, vgl. auch M. Evdokimov 1990:20). In der Folge gab es immer wieder Versuche, dem Vagabundieren zu wehren (Boškovska 1998:425). Das Petrinische *Прибавление к Духовному регламенту* [*Ergänzung zum Geistlichen Reglement*] formulierte Restriktionen für alle freieren monastischen Lebensformen außer dem Koinobion (Verchovskoj 1916:I 101). Die sowjetische Bevölkerungspolitik schließlich operierte mit restriktiver Verteilung von Inlandspässen und der Registrierungspflicht für Moskau.

[280] Um Christi willen (vgl. Maksimov 1987:II,3 427f).

[281] „[…] dass sie Gäste und Fremdlinge auf Erden sind." (Hebr. 11,13).

(s. 4.3.4.3) erscheint gar die Gottesmutter als Wandernde. In der neuzeitlichen Literatur schließlich entwirft Tjutčev in der Schlussstrophe des bereits erwähnten Gedichts *Эти бедные селенья [Diese armen Dörfer]* Christus als Wanderer – durch das gepeinigte Russland:

Удрученный ношей крестной,
Всю тебя, земля родная,
В рабском виде Царь Небесный
Исходил, благословляя.²⁸²

Kenotische Paradoxe sind in der Pragmatik des dauerhaften Herumziehens angelegt, insofern derjenige, der sich dazu entschließt, sein Hab und Gut zurücklässt (meist: verschenkt), um fürderhin auf die Mildtätigkeit anderer angewiesen zu sein. Ein ursprünglich Reicher macht sich zum Bettler. In der Folklore erscheint der Wanderer oft als gleichzeitig reich und arm – „gleichzeitig Recken und doch keine, reich und doch bettelarm" (Sinjavskij 1990b:284). Die soziale Selbsterniedrigung drückt sich auch in einer ‚Kenose der Fortbewegung' aus; man zieht nicht zu Pferd, sondern zu Fuß herum. Zudem wäre der idealtypische *странник* nach Sinjavskij während seiner Wanderschaft bereit, auch unschuldig Strafe bis zu Todesstrafe zu erdulden (ebd.). Der *странник* ginge damit stets – wie die christoformen Bekenner (5.2.3) – in ein potenzielles Martyrium. Schließlich ist unter den Wanderern „um Christi willen" mit der Gehbewegung die meditative Technik des Jesusgebets verbunden (vgl. Sinjavskij 1990b:287).

Pilger wie Wanderer traten einzeln wie in größeren Gruppen (*дружина*; vgl. ebd.:283) auf, womit sie sich einerseits der staatlichen (und auch kirchlichen Kontrolle zu entziehen drohten), andererseits (jedenfalls normativ) auf Christus bezogene Kollektive bildeten. Über diese Zwischenstufe des Auftretens in Gruppen vermittelt, wurden die Wanderer im 19. und 20. Jh. schließlich zu nationalen Chiffren für ganz Russland erhoben. Maksimovs *Бродячая Русь Христа-ради [Das um Christi willen umherziehende Russland]* (Maksimov 1877) trägt dieses Programm im Titel. In Berdjaevs *Русская идея [Die russische Idee]* ist die Emphase dagegen ambivalent: „Русские – бегуны и разбойники. И русские – странники, ищущие Божьей правды."²⁸³

Daneben geschieht in der fiktionalen Literatur der Moderne eine Psychologisierung der Wanderschaft als individuelle seelische Unruhe, so in Puškins

---

²⁸² „Von der Kreuzeslast niedergedrückt,/ Hat Dich, heimische Erde,/ der Himmelsherrscher ganz in Sklavengestalt/ Durchschritten und gesegnet." (Tjutčev 1966:I 161; vgl. 5.2.6.2).

²⁸³ „Die Russen sind Flüchtige und Räuber. Und Pilger sind die Russen, auf der Suche nach der Gottes-Wahrheit." (Berdjaev 1946:10, dt. v. Dietrich Kegler, Berdjaev 1983: 33).

Странник [Der Wanderer] (1835), wo auch die Anspielung auf die traditionelle Christusausrichtung (asketische Ketten) nicht fehlt („Духовный труженик – влача свою веригу,/ [...]"²⁸⁴). Selbst in *Евгений Онегин [Evgenij Onegin]* (1830) taucht plötzlich das kenotische Kernmotiv des freiwilligen Kreuztragens auf.

> Им овладело беспокойство,
> Охота к перемене мест
> (Весьма мучительное свойство.
> Немногих добровольный крест).²⁸⁵

Narrative Texte stellen das Wandern seltener als dauerhaften Habitus dar (Iegudiil in Gor'kijs *Исповедь [Die Beichte]* (s. 7.2.2.), als dass es zur Kennzeichnung einer bestimmten Phase in der Entwicklung eines Helden einsetzen (so Stepan Verchovenskij in Dostoevskijs *Бесы [Die Dämonen]*). Zur Modellierung der eigenen Biografie setzte dies Lev Tolstoj ein, als er 1910 von zuhause aufbrach, um unterwegs zu sterben. Selbst Ivan Groznyj pilgerte regelmäßig im Büßergewand zum Grab von Sergij von Radonež und ließ sich als Mönch Jona bestatten.²⁸⁶

5.4.3 Ausgeschlossene I (von der Kirche)

Neben Pilgern, Wanderern, Bettlern aus freiwilliger Christusnachfolge gibt es in vergleichbaren sozialen und räumlichen Situationen auch unfreiwillig Ausgeschlossene. In sozialer und politischer Hinsicht wären dies Verbannte, Exilanten und Obdachlose (5.4.4), in religiöser Hinsicht Exkommunizierte, Kirchenspalter, Häretiker, Sektierer. Während die Zuschreibung kenotischer Christoformität bei den Opfern sozialer Strukturen und politischer Repression sekundäre Semantisierung (einer nicht-religiös induzierten Not) ist (vgl. 5.2.7), liegt es bei Häretikern, Sektierern, Kirchenspaltern nahe, dass sie ihr Leiden durch die Mehrheitskirche unmittelbar als Leiden für Christus begreifen.

5.4.3.1 Sektierer, Spalter etc.

Zahlreiche über gemeinsame religiöse Ansichten konstituierte Gruppen geraten durch ihren Konflikt mit der Mehrheitskirche (und als deren Exekutor auch mit der Staatsmacht) in die Situation des Leidens (s. 5.2). Sie leiden für ein Glaubensverständnis, aber auch unter der Repression seitens der Mehrheitskirche – wie es Mary Ward in ihrem berühmten Diktum beschwört: „*Für* die Kirche zu leiden ist wenig, wahre Treue bewährt sich darin, *durch* die Kirche zu leiden." Bei kaum

---

[284] „Geistlich sich Mühender – seine Ketten mit sich schleppend,/ [...]" (Puškin 1937/59:III 392); zum *труженик* vgl. 5.3.4.4.
[285] „Unruhe ergriff ihn,/ Lust zum Ortswechsel/ (Eine äußerst quälende Eigenschaft./ Nur weniger Menschen freiwilliges Kreuz)." (VIII, 13; Puškin 1937/59:VI 170).
[286] Zur Christlichkeit oder Unchristlichkeit Ivans s. 5.4.1.4.

5. Christoformität in Russland 539

einer sektiererischen, spalterischen, häretischen oder heterodoxen Bewegung ist die Verteilung von *agens* und *patiens* jedoch eindeutig: Es sind halb sich Ausschließende, halb Ausgeschlossene; aktive Distanzierung und passives Ausgeschlossen-Werden verstärken sich wechselseitig.

Während der Protest des Gottesnarren ein subversiv-affirmatives Gegenmodell zur herrschenden Institution entwirft, läuft Sektierer- oder Spaltertum auf eine Gegeninstitution hinaus. Mit der stärker werdenden Institutionalisierung des orthodoxen Christentums in Russland bei gleichzeitigem Fortbestehen des Inoffiziellen im volksreligiösen Amalgam (s. 4.2.3) regte sich auch Widerstand gegen die offizielle Kirche. Die Sekten sind ein für die russische Religionsgeschichte ab dem 14. Jh. in besonderer Weise charakteristisches Merkmal.

Derartiger Protest wurde von der angegriffenen Institution in deutlich schärferem Maße verfolgt als inoffizielle Formen (s. 5.4.2); gerade die Russisch-Orthodoxe Kirche ist in ihrer Häretikerverfolgung erbittert vorgegangen. In der russischen häresiologischen Tradition wird – anders als wie im westlichen Rahmen unter Vorzeichen von Multikonfessionalität – kaum unterschieden zwischen anderen Kirchen oder Freikirchen und Sekten; ausnahmslos alle, die nicht auf dem Boden der Orthodoxie standen, wurden als Häretiker oder Sektierer gebrandmarkt. Die Nähe von Staat und Kirche ab dem 16. Jh. bedeutete auch, dass der Staat es als seine Aufgabe annahm, die ROK vor Abspaltungen zu schützen, indem er die Sektierer verfolgte.

Die Verfolgung aber bietet für die angehenden Sektierer das Einfallstor, sich als Verfolgte in der Nachfolge Christi zu begreifen. So analog diese strukturelle kenotische Disposition, so groß die Unterschiede in der Aktualisierung des Modells. Wie sehr es genutzt wurde, hängt nicht zuletzt davon ab, welche Rolle Christus und Christi Selbsterniedrigung im jeweiligen sektiererischen Credo spielen.

Bei vielen Sekten stehen andere Gesichtspunkte im Vordergrund.[287] Die Frontstellung gegen die Amtskirche etwa kommt bei antihierarchischen Sekten wie den *стригольники*[288] oder dem Zweig der priesterlosen Altgläubigen (*беспоповцы*) am stärksten zum Tragen. In allen Zeiten waren eschatologische Stimmungen vertreten, in der Moderne bei Apokalyptikern wie den *енoxовцы* (Henochleute) und *шашковцы* (Šaškovcy). Ekstatische Gebetsformen praktizierten etwa die Chly-

---

[287] Grass merkt an, dass die dogmatische Christologie nur sehr begrenzt zum Verständnis des sozialen Phänomens der Sekten herhalten könne: „Die Sektierer haben aber an ihnen [Trinität und zwei Naturen Christi] kein spezifisches Interesse und antworten leicht kirchlich inkorrekt, weil ihnen die begrifflichen Unterscheidungen der Kirchenlehre ganz fern liegen." (Grass 1907/14:I 252).

[288] Tuchschneider. Traten im 14. und 15. Jh. vor allem in Novgorod auf.

sten,[289] die über die Annahme einer Mehrfachverkörperung Christi eine Spielart von Christusnachfolge vertraten, die auch für die daraus hervorgehenden Šaloputen bestimmend war. Ein weniger auf Christus bezogenes Metempsychose-Konzept verfolgten dagegen die *духоборцы*.[290] Radikal-dualistische Leibverneinung zeichnet asketische Sekten aus, vor allem die aus den Chlysten hervorgegangenen *скопцы*.[291] Im Vergleich dazu nimmt sich das Enthaltsamkeitsanliegen der *цуриковцы*[292] gemäßigt aus. Christologisch basiert sind nur wenige Sekten wie die antitrinitarische der *жидовствующие*[293] und die *молокане*,[294] die die christologischen Festlegungen der Ökumenischen Konzilien ab dem 4. Jh. nicht mitmachen.

Eine Reihe der erwähnten Sekten entzieht sich von ihrer Programmatik her dem Einzugsbereich der christologischen Kenotik, weil sie die zwei Naturen Christi nicht akzeptieren (Judaisierende) oder mit ihrer radikalen Asketik über das kenotische Maß hinausgehen (Skopcen; s. 3.3.3). Die große Ausnahme bildete die größte Spaltungsbewegung in der Geschichte der ROK, die sich bis in die Gegenwart halten konnte,[295] die auch nur im polemischen Diskurs als Häresie und Sekte verunglimpft wird, sonst aber durch die Anerkennung ihres traditionellen – u.a. christologischen – Anliegens eine Sonderrolle erhält.

Welches die (anti-)christologische Basis der jeweiligen Sekten, Abspaltungen etc. auch immer sei – die nach außen hin am stärksten sichtbare Dimension der Ausgeschlossenen und sich Ausschließenden – ihre Entschlossenheit zum Leiden durch die Mehrheitskirche – beeindruckt andere,[296] auch Literaten und Künstler.[297] Das prägnanteste Leidenspathos in Christusnachfolge findet sich unter den Sektie-

---

[289] Geißler (Aufkommen Ende des 17. Jh.s). In der Bezeichnung fließen *Христос* [Christus] und *хлестать* [peitschen] zusammen.
[290] Duchoborcen/die mit dem Heiligen Geist kämpfen; 1841 in den Kaukasus verbannt.
[291] Skopcen/Verschnittene. Eine 1772 aufgedeckte, von Kondratij Selivanov begründete Abspaltung der Chlysten, die Kastration und Abschneiden der Brust praktizierte.
[292] So benannt nach dem Gründer Ivan A. Curikov aus Samara, der ab 1894 in Petersburg Alkohol-Enthaltsamkeit predigte.
[293] Judaisierende. Sie lehnten das NT, die Dreifaltigkeit und die Ikonenverehrung ab. Diese Gruppierung wurde von Iosif Volockij im *Просветитель [Der Aufklärer]* bekämpft (s. 5.3.5.3) und auf dem Konzil von 1504 verurteilt.
[294] Milchtrinker. Eine antihierarchisch und antichristologisch ausgerichtete Gruppierung.
[295] Die Altgläubigengemeinden überlebten marginalisiert in Sibirien und Nordrussland; ein wesentlicher Teil der Kaufmannschaft (und der Mäzene der Jahrhundertwende vom 19. zum 20. Jh.) ging allerdings aus den Altgläubigen hervor (s. Hildermeier 1990).
[296] Die Geheimhaltungspraxis der Geißler regte Außenstehende zu wilden Spekulationen über sexuelle Orgien etc. an (vgl. Sinjavskij 1990b:392f).
[297] Siehe Hansen-Löve 1996:230–264; Étkind 1998.

rern bei Kondratij Selivanov (*Похождения и Страды Искупителя*[298]) und beim Führer der Altgläubigen, dem Protopopen Avvakum. Da eine detaillierte Betrachtung aller Sekten auf ihre (Rest-)Kenotik hin zu weit führen würde, liegt hier die Konzentration auf Avvakums leidenskenotischen Mustertext nahe.

5.4.3.2 Avvakums Apotheose der Verbannung als Kenose

> [...] gerade im ungerechten Leiden nähert sich der Mensch Christus an. (U. Schmid 2000:62)

Ein Text setzt die kenotische Topik wie kaum ein anderer ein zur Beschreibung eines Verbannungs- und Hafterlebnisses, das zur Apotheose eines aufgezwungenen Leidens, des dadurch gequälten Ichs – und des dies alles motivierenden Christus wird: Die „auto-hagiography" (M. Ziolkowski 1988:197) Avvakums, das *Житие протопопа Аввакума, написанное им самим [Vita des Protopopen Avvakum, geschrieben von ihm selbst]*, steigert den Anspruch auf Christus-Ähnlichkeit ins Extreme (Pliukhanova 1993:315). Der Text kreist um die Hafterlebnisse des Führers der Altgläubigen bzw. Altritualisten gegen die Nikonsche Reform, der 1653 erstmals für zehn Jahre verschickt wurde, nach seiner Rückkehr 1667 abermals für 15 Jahre nach Pustozersk verbannt wurde, wo er 1682 schließlich auf dem Scheiterhaufen endete.

Wenn eine christliche Kultur ihre Topoi repetiert, so bedeuten Phasen religiöser – und in diesem Fall gerade auch christologischer – Konflikte eine nochmalige Steigerung der Topik. Sinjavskij merkt zu Recht an, dass die Verfolgungen der Altgläubigen von diesen ähnlich erlebt wurden wie die des frühen Christentums (1990b:320); sie selbst begreifen die Spaltung nicht als Auseinandersetzung um Teilpunkte innerhalb des christlichen Systems und Ritus, sondern als Frage von Christ und Antichrist. Im Fokus der altritualistischen Rebellion steht immer wieder Christus, auch in der Reflexion des Streites in Avvakums *Житие*, so die Frage von wahrer Göttlichkeit (s. bspw. Avvakum 1997:65), von Inkarnation (ebd.:71) oder Christusopfer (ebd.:139). Mehrfach repetitiert Avvakums christologische Teile des Credos (ebd.:97) und lehrt das Jesusgebet (ebd.:147).

Die Autobiografie-Forschung hat Avvakums extremes Selbstbewusstsein beschäftigt, das sich innerweltlich in der stolz-provokativen Frage an seinen Peiniger Paškov niederschlägt: „«аз есмь Аввакум протопоп; говори: что тебе дело до меня?»"[299] Dieses Selbstbewusstsein geht jedoch über den irdischen Bereich hinaus – und wird so zugleich kuriert: Avvakum versetzt sich bisweilen – eine kaum

---

[298] *Wanderungen und Leiden des Erlösers* (zw. 1772 u. 1775); zur Identifikation mit dem Leiden Christi darin s. Engelstein 2002:49; A.A. Pančenko 2002:397.
[299] „„Ich aber bin der Protopope Avvakum. Sprich: Was willst du von mir?"" (Avvakum 1997:88). Zum „Ich" vgl. Kuße 2007.

mehr zu überbietende Anmaßung – in die Rolle Christi als des Wunderheilers, also in Ausübung seiner göttlichen Eigenschaften. Wie Christus zu Lazarus spricht Avvakum zu einem Kranken: „И я рек: «востани! Бог простит тя!»",[300] um das sofort mit einer Demutsparänese an den Geheilten zu verbinden (und damit auch seine eigene Anmaßung implizit zu kurieren): „Так-то *господь гордым противится, смиренным же дает благодать.*"[301] Neben Selbstübersteigerungen stehen geläufige Bescheidenheitstopoi wie die Beschwörung der eigenen Unwissenheit (ebd.:140). Sein aufbrausend-rechthaberisches Auftreten rechtfertigt Avvakum mit dem Topos des Sprachrohrs Christi: „[...] бог отверз грешные мое уста, и посрамил их Христос!"[302] Seine Niedrigkeit sei so evident, dass da bloß Christus durch ihn wirken und sprechen könne: „А я, грязь, что могу сделать, аще не Христос?"[303] Avvakums drastische Sprache enthält Ausdrücke von Selbsterniedrigung, die weit über die üblichen Demutstopoi hinausgehen: „[...] кал и гной есмь, окаянной – прямое говно! отсюду воняю – душею и телом."[304]

Zwischen diesen Extremen aufgespannt, mag Avvakums Diskurs auf den ersten Blick schizophren wirken; der Amplitudenausschlag scheint zu groß. In einem zweiten Reflexionsschritt stellt sich dies jedoch als drastisch ausformulierte kenotische Gedankenbewegung dar.

> Allen diesen extremen Perspektiven für die Beurteilung eines Menschen begegnen wir in der Regel vereinzelt. Für diese Art von Literatur sind die Selbsterniedrigung des Autors und die Erhöhung der Verdienste anderer charakteristisch. In unserem Fall jedoch überschneiden sich die Beurteilungen in einer einzigen Person, indem der Verfasser der Vita ein Muster der Rechtschaffenheit, aber gleichzeitig als echter Christ von der eigenen abgrundtiefen Sündhaftigkeit überzeugt ist. (Sinjavskij 1990b:315f)

Vor allem geschieht im *Житие* die Einschreibung in die Leidensnachfolge; alle Übel – Kälte, Hunger und Misshandlungen – von denen der Text überquillt,[305] „[...] велено терпеть [...]".[306] Avvakum substituiert sich in die Rolle des Gekreu-

---

[300] „Und ich sprach: ‚Steh auf! Gott verzeiht dir!'" (Avvakum 1997:77). Dazu, dass diese Übertragung nur „der Idee nach", nicht aber der Vollmacht nach funktionieren kann, s. Gerasimova 1993:316.
[301] „So *verschließt sich Gott den Stolzen, den Demütigen aber schenkt er seine Gnade.*" (Avvakum 1997:77, Hervorh. i. Orig.).
[302] „[...] Gott öffnete meinen sündigen Mund, und Christus schmähte sie!" (Avvakum 1997:129).
[303] „Was könnte ich Dreck tun, wäre da nicht Christus?" (Avvakum 1997:155).
[304] „[...] Kot und Eiter bin ich, ich Verdammter – geradezu Scheiße! Von überallher stinke ich – von der Seele und vom Körper." (Avvakum 1997:145).
[305] Insofern kann man Avvakums *Vita* durchaus als einen naturalistischen Text begreifen (er berichtet anschaulich von Flöhen, Ausschlägen etc.; 1997:91).
[306] „[...] es ist befohlen, zu dulden [...]" (Avvakum 1997:91).

5. Christoformität in Russland 543

zigten.[307] Der Leidende selbst bezeugt dies durch sein – textuelles – Zeugnis, doch hält der Autor Avvakum es für zielführend, auch Beglaubigungen dieser Christusnachahmung anzuführen: Der Zar selbst habe anerkannt: „«протопоп, ведаю-де я твое чистое и непорочное и богоподражательное житие [...]»".[308]

Es ist die physische Selbsterniedrigung in Nachfolge Christi, die das Selbstbewusstsein Avvakums begründet und nicht etwa kompromittiert (U. Schmid 2000:62). Sein Haftleiden ist funktional, integral für die Christusnachahmung:

> Да што же делать? пускай горькие мучатся все ради Христа! Быть тому так за божиею помощию. На том положено, ино мучитца веры ради Христовы. Любил, протопоп, со славными знатца, люби же и терпеть, горемыка, до конца.[309]

Børtnes sagt: „A dual structure of humiliation and triumph determines the individual episodes of his [Avvakum's] *life*" (1979:229). Im Erdulden eines von außen kommenden Leidens erwirbt sich Avvakum Christoformität. So tritt sein eigenes Leben in Wechselwirkung zum Heilsgeschehens (Gerasimova 1993:317f), wird zur „[...] verbal icon, a *figura* of the suffering Christ and a prefiguration of his eternal glory." (Børtnes 1979:229). In diesem Austausch zwischen den Qualen des in Nordrussland festgehaltenen und gefolterten Protopopen und dem heilsökonomischen Makrogeschehen erhält Avvakum – als kleinere Ausgabe des Mittlers Christus – eine Mediatorfunktion. Ulrich Schmid hält fest, dass

> [...] Avvakum eine Mittlerposition zwischen Christus und Leser einnimmt. Sein Text stellt eine doppelte Verbindung her: sowohl nach oben (zum ewigen Leben) als auch nach unten (zum alltäglichen Leben). (2000:58)

So werde der Vitentext zur „,Textikone'" (ebd.:61), die wie ihr bildkünstlerisches Pendant ein Fenster zwischen göttlicher und menschlicher Welt aufstoße (ebd.:58–61). Wie die Christusikone die göttliche Natur unähnlich durch die menschliche darstellt, so hat auch die stilistische Herabziehung, die Avvakums Text gegenüber der kirchenslavischen Vitentradition bedeutet, ihre Vermittlungsfunktion.[310] Der

---

[307] Er beschreibt sich als von Kaiphas und Pilatus verfolgt (Avvakum 1997:132.137); vgl. auch U. Schmid 2000:51.

[308] „,Protopope, ich kenne dein reines und untadeliges und Gott-nachahmendes Leben [...]'" (Avvakum 1997:132).

[309] „Ja was soll man denn tun? Die Armen sollen alles erleiden um Christi willen! So sei es in Gottes Namen. So soll es sein, um des Glaubens an Christus willen zu leiden. Protopope, dir hat es gefallen, die Großen zu kennen, dann soll es dir jetzt auch gefallen, du armer Kerl, es bis zu Ende zu erdulden." (Avvakum 1997:94f).

[310] Avvakums Herabziehung der Sprache wurde von der Forschung als сказ [*skaz*] begriffen (vgl. dazu summarisch U. Schmid 2000:56), wird aber von ihm selbst nicht in Begriffen positiver Erniedrigung, sondern als Nicht-Erniedrigung der russischen Muttersprache beschrieben: „[...] того ради я и не брегу о красноречии и не уничижаю

Text begreift sich als Werkzeug der Paränese zur Leidensnachfolge und setzt daher die Pflicht der Weitergabe für andere an den Schluss (Avvakum 1997:156f).

5.4.4 Ausgeschlossene II (von Staat und Gesellschaft)

Pilger, Wanderer und Bettler konnten sich über Jahrhunderte hinweg als Christusnachfolger begreifen, und auch dem um Christi willen Verbannten gelang dies. Sind aber auch dessen unfreiwillige soziale und politische Entsprechungen, also der Obdachlose, der Verbannte und der Exilant, in eine Christusnachahmung einschreibbar – qua Leiden? Die Topik kenotischer Christusnachfolge, derer sich ihre Konterparts aus freien Zügen bedienen, steht zwar zur Verfügung, um die aufgezwungene Not zur Tugend umzuwerten (vgl. 5.2.7), doch ist dies wegen der Unfreiwilligkeit nicht leicht. Was existenziell als Beeinträchtigung beginnt, muss durch sekundäre Sinngebung erst noch anverwandelt werden; die Tragik zur Kenose umgewertet werden. „[…] трагичен и писатель-эмигрант из России-СССР, трагичен и московский бомж."[311] In welchem Maße ist dieser existenziellen Tragik zum Trotz kenotischer Mehrwert möglich?

5.4.4.1 Obdachlose

Als Aspiranten auf Almosen „um Christi willen" hatten auch die unfreiwillig, ohne den Anstoß der Christusnachfolge Vagabundierenden in der traditionellen russischen Gesellschaft ihren Platz. Mit dem Zerfall dieser Sozialordnung, vor allem im Zuge der Aufhebung der Leibeigenschaft, der Industrialisierung und der Urbanisierung Russlands im 19. Jh. und verschärft zu Beginn von Stalins Herrschaft funktioniert diese Absicherung immer weniger. Die schwache institutionell-karitative Tätigkeit der ROK kann nicht in die Bresche springen. Zu noch mit einer gewissen Sympathie versehenen traditionellen Bezeichnungen wie *скиталец* [Heimatloser] und *бродяга* [Landstreicher] (s. 5.4.2.2) kommt in der Sowjetepoche – durch das Polizeikürzel *б.о.м.ж.* [b.o.m.ž.] für *без определенного места жительства* [ohne festen Wohnsitz] – das verächtliche Epitheton *бомж*. Nachdem auch noch die sowjetischen sozialen Absicherungen wegfielen, wurde Obdachlosigkeit zu einem Massenphänomen. Die frühere Funktion als Träger christ-

---

своего языка русскаго, но простите же меня, грешнаго, а вас всех, рабов Христовых, бог простит и благословит. Аминь." [(…) deshalb gebe ich auch nichts auf Rhetorik und erniedrige meine russische Sprache nicht, doch verzeiht mir Sünder, und Gott möge Euch allen Christussklaven verzeihen und euch segnen. Amen.] (Avvakum 1997:64f). Daneben geriert sich Avvakum phasenweise wie ein Christusnarr und benennt das auch so: „[…] *мы уроди Христа ради* […]" [(…) *wir sind Narren um Christi willen* (…)] (ebd.:131, Hervorh. i. Orig.).

[311] „[…] eine tragische Figur ist sowohl der aus dem sowjetischen Russland emigrierte Schriftsteller als auch der Moskauer Obdachlose." (Stepanov 2001:189).

licher Folklore fällt weg – und damit auch die christliche Kompetenz und Topik. Es bleibt einer Minderheit vorbehalten, eine solche soziale Notlage und den damit verbreitet einhergehenden Alkoholismus als positives Programm kenotischer Christusnachahmung zu konzeptualisieren. Der Mustertext dieser Umwertung ist Venedikt Erofeevs *Москва-Петушки [Moskau-Petuški]* (9.).

5.4.4.2 Kenotik des Lagerleidens auf Distanz

Die russischen Weiten bergen für die Staatsmacht nicht allein die Gefahr, dass sich Menschen der Repression entziehen (s. 5.4.2.2); nein, sie sind ebenso nutzbar zur Repression durch Verbannung und – im 19. und vor allem im 20. Jh. – Lagerhaft. Einzelfälle von Verbannung gehen auf älteste Zeiten zurück. Zu einem Massenphänomen wurde die Verbannung durch die Verbringung größerer Gruppen von Altgläubigen nach Nord- und Nordostrussland. Zudem wurde die Verbannung systematisch genutzt, um Sibirien zu kolonisieren, was auch bei der Umsiedlung ganzer Völkerschaften unter Stalin zum Tragen kam.

Die Entfernung vom Zentrum (Moskau bzw. Petersburg) wurde als Abstieg begriffen, die Erlaubnis zu schrittweise vollzogener Rückkehr als Aufstieg:

> Die Vorstellung vom gesellschaftlichen Abstieg, der sich räumlich realisierte und in dem die V.[erbannung] ein wichtiger Zwischenschritt war, entsprach also auch ein Aufstieg in denselben Kategorien. (Franz/Gončarov 2002:470)

So stellt sich Sibirien als Raum gewordener *status exinanitionis* dar, ein Ort, von dem aus es nicht mehr schlechter geht (s. Vikt. Erofeev 2001). Der Weg in die Verbannung müsste damit strukturell als Kenosis, die Rückkehr als Auferstehung begriffen werden können.[312] Inwieweit diese strukturell angelegte Möglichkeit auch realisiert wurde, hängt einmal von der religiösen Sozialisierung des Verbannungs- oder Lagerhaftopfers ab, zum anderen von der macht- und/oder religionspolitischen Konstellation, vor deren Hintergrund die Verschiebung/der erzwungene Abstieg stattfindet.

Avvakum, dem Märtyrer seines traditionell-ritualistischen Christusglaubens, fiel die Identifikation des ihm aufgezwungenen Leidens als Christusnachfolge qua Leidensnachfolge nicht schwer. Ein christlicher Kontext allein hingegen reicht keineswegs zur Aktivierung der kenotischen Schablone. Sogar der junge Dostoevskij, der sich doch später zum Hauptprediger von Demut aufschwingt (s. 5.2.7.2), ist in den von seiner Haft in der Festung Omsk 1850–54 angeregten *Записки из мертвого дома [Aufzeichnungen aus einem Totenhaus]* (1860/61) wenig eindeutig bei der Wertung des Leidens:

---

[312] Die kirchliche Topik dafür steht bereit. So gedenkt etwa die Basilios-Liturgie in den Fürbitten explizit der politisch und juristisch Verfolgten (s. 4.5.4.2).

Ведь это, может быть, и есть самый даровитый, самый сильный народ из всего народа нашего. Но погибли даром могучие силы, погибли ненормально, незаконно, безвозвратно. А кто виноват?[313]

Im Falle Dostoevskijs scheint es so zu sein, dass erst die biografische Distanz zur eigenen extremen Leidenserfahrung die kenotische Positivierung von Leiden als messianische Botschaft erlaubte.

Ein gewisses Zögern gegenüber der Positivierung des Leidens ist auch bei den beiden herausragenden Lager-Literaten des 20. Jh.s zu beobachten – bei Šalamov und Solženicyn. Ihre Lagererfahrung unterscheidet sich von der Dostoevskijschen durch einen Paradigmenwechsel in der – pädagogischen bzw. ökonomischen – Funktionalisierung von Haft. Solange Haft im gesellschaftlichen Diskurs als Besserung konzeptualisiert wurde (Foucault 1994d:295–329), war die Akzeptanz der Repression als einer irgendwie funktionalen leichter (und eines der Funktionalisierungsmuster für die Opfer kann dann ein Leiden in Christusnachfolge sein). Die Gefängnisarbeit ist unter solchen Vorzeichen in Parallele zu mönchischer Arbeit als asketische Übung verstehbar. Sobald aber mit dem totalen System der Lager des 20. Jh.s das Paradigma der Besserungsarbeitslager (*ИТЛ – Исправительно-трудовой лагерь*[314]) nur noch hohnsprechende Fassade war (in der Sowjetunion wird der Begriff bis 1943 gebraucht), fiel die kenotische Umwertung auch den Opfern nochmals schwerer.

Varlam Šalamovs Lagerbiografie partizipiert an beiden Paradigmen. Der erste Lageraufenthalt von 1929–31 im Ural fällt in die Frühphase des sowjetischen Lagersystems, in der die Besserungskonzeption noch nicht zur Gänze *ad acta* gelegt war. Die zweite Inhaftierung von 1937 bis 1951 in Kolyma hingegen hatte davon nichts mehr. Von der dokumentarischen Genauigkeit, mit der Šalamov in den *Колымские рассказы [Erzählungen aus Kolyma]* (1954–73) die Leiden der Häftlinge inspiziert, sticht die abstrakte Einstufung ab: „Это были мученики, а не герои."[315] Im poetologischen Metatext *O прозе [Über Prosa]* (1965) wird das Diktum erweitert: „*Колымские рассказы* – это судьба мучеников, не бывших, не умевших и не ставших героями."[316] Šalamov lehnt damit – jenseits des hieratisch herausragenden *Märtyrer*-Begriffs jegliche positive Sinngebung für das rein negative Leiden im Lager ab (Šalamov 2004:15f).

---

[313] „Dieses Volk war doch das begabteste, stärkste aus unserem ganzen Volk. Aber die mächtigen Kräfte gingen ungenutzt, auf unnormale, ungesetzliche Weise und unwiederbringlich zugrunde. Und wer ist schuld daran?" (Dostoevskij 1958:III 701).
[314] Zu diesem Paradigma sowjetischer Lager s. Stettner 1996:194f.
[315] „Es waren Märtyrer, keine Helden." (Šalamov 2004:I 455; dt. v. Annelore Nitschke u. Anton Manzella, Šalamov 1983:111).
[316] „Die *Erzählungen aus Kolyma* behandeln das Schicksal von Märtyrern, die Helden weder waren noch sein konnten noch je wurden." (Šalamov 2004:I 16).

5. Christoformität in Russland

Allerdings soll die Erfahrung im Lager die Poetik der prosaischen Schilderung des Erlittenen als einer „проза, выстраданная как документ"[317] prägen:

> Нужно и можно написать рассказ, который неотличим от документа. Только автор должен исследовать свой материал собственной шкурой – не только умом, не только сердцем, а каждой порой кожи, каждым нервом своим.[318]

Daraus folgt einmal die Poetik der Kürze („Краткостью, простотой, отсечением всего, что может быть названо «литературой»."[319]), zum anderen eine Figur der Selbsterniedrigung in Sachen Autorschaft: „[...] писатель, автор, рассказчик должен быть ниже всех, меньше всех."[320] So schwer Šalamov offenbar eine Positivierung des Negativerlebnisses Lager fällt – so stark ist seine Tendenz zur Übersetzung kenotischer Aufwertungen in andere Bereiche – hier die von Zeugen- und Autorschaft.

Auch Aleksandr Solženicyn, der die Jahre 1947–53 im Lager verbrachte, sanktioniert in seinem furiosen Auftritt in *Новый мир [Novyj mir]* 1962 mit der Erzählung *Один день Ивана Денисовича [Ein Tag des Ivan Denisovič]* ein positives Leiden im Lager noch nicht mit der Autorität des Autors. In diesem Text ist es der gläubige Baptist Aleša, der sich glücklich zeigt, im Lager zu leiden:

> Чтó тебе воля? На воле твоя последняя вера терниями заглохнет! Ты радуйся, что ты в тюрьме! Здесь тебе есть время о душе подумать! Апостол Павел вот как говорил: «Что вы плачете и сокрушаете сердце мое? Я не только хочу быть узником, но готов умереть за имя господа Иисуса!»[321]

Stellt man in Rechnung, dass Solženicyn sein orthodoxes Credo später immer aufdringlicher vortrug, dann ist die Stimme des Baptisten, der hier die Kenose predigen darf, eine Distanzierung. Im weiteren Werk wird die Sinngebung für das

---

[317] „Prosa, als Dokument durchlitten" (Šalamov 2004:I 16).
[318] „Man kann und muss eine Erzählung so schreiben, dass sie von einem Dokument nicht zu unterscheiden ist. Nur muss der Autor sein Material mit seiner eigenen Haut erforschen – nicht bloß mit dem Verstand, nicht bloß mit dem Herzen, sondern mit jeder Pore seiner Haut, jeder Faser seines Leibes." (Šalamov 2004:I 26).
[319] „Durch Kürze, Einfachheit und Ausmerzung von allem, was ‚Literatur' genannt werden könnte." (Šalamov 2004:I 20).
[320] „[...] der Schriftsteller, Autor und Erzähler muss der allerniedrigste und geringste sein." (Šalamov 2004:I 20).
[321] „Was willst du denn mit völliger Freiheit? In Freiheit wird noch das letzte Fünkchen Glaube in dir von Unkraut erstickte werden! Freu' dich, dass du im Gefängnis bist! Hier hast du Zeit, über die Seele nachzudenken! Der Apostel Pavel hat es so gesagt: ‚Was weint ihr und bekümmert mein Herz? Ich will nicht nur Häftling sein, sondern bin bereit, im Namen meines Herrn Jesus zu sterben.'"(Solženicyn 1964:66).

Leiden im Lager jedoch immer weniger distanziert dargebracht: „БЛАГОСЛОВ-ЛЕНИЕ ТЕБЕ ТЮРЬМА, что ты была в моей жизни!"[322]

Wie bei Dostoevskij scheint auch bei Solženicyn der Schreibzeitpunkt entscheidend; als die Autoren noch zu nahe am Lager-Trauma sind, tritt die kenotische Topik nur ummäntelt, vorsichtig, eingekleidet auf. Mit zunehmender zeitlicher Distanz schlägt diese Sinngebung sukzessive durch. Bei Solženicyn kommt eine weitere Distanzierung zur zeitlichen hinzu – die räumliche: Es ist das Vermonter Exil, aus dem Solženicyn als Kritiker westlicher Kultur als einer zu wenig auf Demut, Buße etc. ausgerichteten auftritt. Das Schlüsselwort ist jetzt „самоограничение".[323] Die erzwungene Emigration fördert in diesem Fall die Kenose-Predigt. Gibt es dafür über die Solženicynsche Biografie hinaus weitere Belege? Gibt es eine (russische) Kenotik des Exils?

5.4.4.3 Die Kenose-Verschiebung im Exil

In der zweiten Hälfte des 20. Jh.s, spätestens seit den 70er Jahren, bilden Verbannung und Lager nicht mehr das Hauptmuster der Repression, sondern die Ausbürgerung.[324] Eine ganze Welle von Schriftstellern ereilt dieses Schicksal allein von 1972 bis 1974: Iosif Brodskij, Andrej Sinjavskij, Aleksandr Solženicyn, Viktor Nekrasov, Vladimir Maksimov und den Übersetzer Efim Ètkind.

Älter als die Zwangsausweisung sind Flucht und Emigration. Einen ersten, Einzelfall bildet Andrej Kurbskijs Flucht vor Ivan Groznyj nach Polen-Litauen im 16. Jh. Eine regelrechte Welle politischen Exils erlebte jedoch erst das 19. Jh. – Aleksandr Gercen, Michail Bakunin, Sergej Nečaev (s. 5.5.4.1 u. 5.5.4.3), zu Beginn des 20. Jh.s auch die späteren Sowjetgrößen Vladimir Lenin, Iosif Stalin und Lev Trockij. Der Oktoberputsch stieß eine erste Welle von Menschen los, die sich dem Zugriff der Sowjetmacht durch das Exil entzogen (oder – wie mit dem Philosophenschiff von 1922 – zwangsweise außer Landes gebracht wurden[325]), der Zweite Weltkrieg brachte eine zweite, die späte Sowjetzeit eine dritte, vor allem auch jüdische Emigrationswelle hervor. Die russische Kultur wurde dadurch ge-

---

[322] „SEI GESEGNET, GEFÄNGNIS, daß du in meinem Leben gewesen bist!" (Solženicyn 1973/75:II 604; dt. v. Ernst Walter, Solženicyn 1974/76:II 594); vgl. dazu Żejmo 2000:119–128.

[323] Selbstbeschränkung. Siehe bspw. die Harvard-Rede vom 8. Juni 1978 (Solženicyn 1981:284f.297).

[324] Andrej Sacharovs Verbannung nach Gor'kij/Nižnij Novgorod stellt die Ausnahme dar (vgl. Franz/Gončarov 2002:470f).

[325] Aleksej N. Tolstoj benutzt den apokryphen Titel *Хождение по мукам [Wanderung durch die Qualen]* (1927–41) für eine Leidensgeschichte der Intelligenzija während der Revolution.

spalten. Aber wirkt die Kenotik, die ja die Sowjetkultur in anders funktionalisierter Form weiter bestimmte (vgl. 7.–10.) über diese Kluft hinweg als Brücke?

Ein traditionelles Motiv der Darstellung Christi in der russischen Literatur ist die Flucht nach Ägypten, die bspw. Ivan Bunin in *Бегство в Египет [Flucht nach Ägypten]* 1915 (also vor seiner eigenen Emigration 1919) in eine russische Landschaft versetzte: „По лесам бежала божья мать,/ Куньей шубкой запахнув младенца."[326] Die Topik der christoformen Flucht ist also präsent, inwieweit aber kann sie aber zur sekundären Semantisierung des eigenen erzwungenen Exils fruchtbar werden?

Der ‚erste russische Exilant' Andrej Kurbskij spielt in Briefen an seinen Verfolger Ivan Groznyj auf diverse Leiden an, die er durch ihn erfahren habe. Mit einem Paulus-Zitat erkennt Kurbskij auch die Pflicht des Christenmenschen zum Dulden von Leiden von bösen Herrschern an, um dies in den Vorwurf umzumünzen, Ivan habe es an Leidensbereitschaft fehlen lassen (PLDR 8,26), dieselbe aber von anderen gefordert: „[...] еже самъ не творя, инымъ повелеваеши творити."[327] Was Ivan anderen angetan habe, lasse sich gar nicht aufzählen (PLDR 8,54). Angesichts dessen erinnert ihn Kurbskij immer wieder an Christus – aber nicht Christus als sich selbst Erniedrigenden, sondern als kommenden Richter. Er rechtfertigt die Flucht vor Verfolgung durch einen unplausiblen Bibelverweis:

> Аще ли же *кто* прелютаго ради гонения не бѣгаетъ, аки бы самъ собѣ убийца, *противящеся* господню словеси: «Аще, – рече, – гонят васъ во граде, бѣгайте во другий.» А к тому и образ господь Христос, богъ нашъ, показал вѣрным своимъ, бѣгающе не токмо от смерти, но и от зависти богоборных жидовъ.[328]

Sich selbst beschreibt Kurbskij dann im zweiten Brief aber doch ansatzweise als demütigen Leidensdulder: „Но еще к тому и ко мнѣ, человеку, смирившемуся уже до зела, в странстве, много оскорбленному и без правды изгнанному [...]".[329] Die kenotische Topik – das geht daraus hervor – kennt Kurbskij wohl; in seinem eigenen Exil ein sinnvolles Leiden in Nachfolge des Leidens Christi zu

---

[326] „Durch die Wälder lief die Gottesmutter,/ Den Säugling in ein Mardermäntelchen eingewickelt." (Bunin 1965/67:I 379); vgl. Kasack 2000:121.

[327] „[...] was Du selbst nicht tust, befiehlst du anderen zu tun." (PLDR 8,32).

[328] „Wenn sich aber *jemand* vor harter Verfolgung nicht in Sicherheit bringt, dann ist er sein eigener Mörder und *handelt gegen* das Herrenwort: ‚Wenn', spricht der Herr, ‚man euch in einer Stadt verfolgt, flieht in eine andere.' Zudem hat dies das Vorbild des Herrn Christus, unseres Gottes, denen, die an ihn glauben, gezeigt, denn er hat sich selbst nicht nur dem Tod entzogen, sondern auch vor der Verfolgung der gottlosen Juden." (PLDR 8,90, Hervorh. i. Orig.).

[329] „Und das auch noch mir, der ich mich schon so sehr gedemütigt habe auf der Wanderschaft, der ich vielfach gekränkt und ungerechterweise vertrieben wurde [...]" (PLDR 8,74).

sehen, vermeidet er doch lieber. Kurbskij begründet damit eine Tradition indirekter Zuweisungen von Kenose aus dem Exil, die zwar als Denkfigur im Spiel ist, aber weniger explizit auf den Exilanten bezogen wird, als an anderen Gegenständen und Personen ausgeführt wird.

Bei einem Emigranten der ersten Welle, dem Dichter und Essayisten Vladislav Chodasevič, ist es das Schicksal der Dichter *in Russland*, das im Essay *Кровавая пища [Blutige Speise]* (1932) für eine kenotische Umwertung, angereichert um das Motiv des *poète maudit*, herhält. Dutzende Dichter seien in Russland zugrunde gegangen, gerade auch in politischen Kontexten;[330] erst nach dem Tode würde der gequälte und missachtete russische Dichter glorifiziert (Chodasevič 1991:465f). Das Volk sei zu sehr der Schablone von Adelung durch Leiden verhaftet, um seine Dichter aus diesem Automatismus zu entlassen; vielmehr würde es das eigene Leiden auf andere projizieren:

> Кажется, что народ *должен* побивать, чтобы затем «причислять к лику» [...] Кажется, в страдании пророков народ мистически изживает собственное свое страдание. Избиение пророка становится жертвенным актом, закланием. [...] Изничтожение поэтов [...] таинственно, *ритуально*.[331]

Die an der Relation Volk – Schriftsteller beschriebene Projektion dürfte genau das sein, was bei einer psychoanalytischen Lesart dieses Textes herauskäme: Chodasevič projiziert das Schema kenotischen Leidens von seinem Exil auf eine, wie er es sieht, Konstante in der Soziohistorie von Autorschaft in Russland. Einen Ausweg aus dem Automatismus des Leidens des Dichters durch das Volk gebe es wohl nicht – bloß Aufschub („[...] может быть, вы согласны повременить?"[332]). Auch hinter dem Aufschub scheint das Exil hervor – als Größe, von der aus die Kenose auf ein anderes projiziert wurde, wie auch als das, was– zumindest mittelfristig – vor ihr bewahren kann.

Die größte Rolle spielt die Kenose im Werk von Chodasevič' Mitemigranten Georgij Fedotov. Dieser schreibt in seiner russischen Mentalitätsgeschichte *The Russian Religious Mind* von 1946 auch nicht über sein eigenes Exil, sondern über Kenose als Konstante der russischen Habitusgeschichte (vgl. 1.1.4), also noch um

---

[330] Die Dekabristen spielen in Chodasevič' Aufzählung eine zentrale Rolle (1991:463); vgl. 5.5.5.1.

[331] „Es scheint, dass das Volk einen erst schlagen *muss*, um ihn danach ‚heilig zu sprechen'. [...] Es scheint, dass das Volk im Leiden seiner Propheten auf mystische Weise sein eigenes Leiden auslebt. Den Propheten zu schlagen wird zu einem Opfer- und Beschwörungsakt. [...] Die Vernichtung der Dichter [...] geschieht auf sakramentale, *rituelle* Weise." (Chodasevič 1991:466, Hervorh. i. Orig.).

[332] „[...] vielleicht könnten Sie sich auf einen kleinen Aufschub einlassen?" (Chodasevič 1991:466).

einen Grad grundsätzlicher als Chodasevič. Geschrieben wurde *The Russian Religious Mind* in der elendesten Zeit: Zum eigenen Exil kommt der in Russland wütende stalinistische Terror, der Tiefpunkt in der Geschichte der ROK zwischen 1929 und 1943/44 und schließlich der deutsche Überfall auf die Sowjetunion 1941. Da liegt es nahe, Fedotovs intensive Auseinandersetzung mit dem kenotischen Modell anhand von Boris und Gleb und Feodosij Pečerskij (s. 1.1 u. 5.3.4.4) als indirekte Thematisierung des aktuellen Leidens zu lesen – als Autotherapie am historisch wie (für den Exilanten in den USA) geografisch fernen akademischen Gegenstand. Fedotovs Kenotik wäre dann selbst eine Exil-Apotrope, eine Exil-Sinngebung durch einen syllogischen Schluss, in dem das Mittelglied fehlt.

Während Chodasevič und Fedotov die kenotische Topik auf ferne Gegenstände projizieren, greift die Emigrantin Marina Cvetaeva zu einer anderen Möglichkeit, die Negativität des Exils zu überwinden. Bei ihr ist es keine konzeptuelle Projektion, sondern die Rückkehr aus dem Exil 1939. Das Exil verlässt damit die Systemstelle des *status exinanitionis*, insofern die Rückkehr mit Leiden verbunden sein sollte (Cvetaeva beging 1941 Selbstmord). Die Rückkehr ins Reich des Leidens verkehrt das Exil zum *status exaltationis*; der kenotische Akt wird nun in der Rückkehr vollzogen – und zwar im Gegensatz zur Ausweisung oder Emigration aus freien Stücken.

5.5 Opfer-Täter – von Soldatenmönchen zu Revolutionären

> Bedeutsam [...] ist, dass das Christentum sogar da und vielleicht vor allem da gegenwärtig ist, wo es nicht mehr zu erkennen ist. (Nancy 2008:55)

Die Sekundärsemantisierung eines Leidens unter politischer Repression oder struktureller sozialer Gewalt ist also nicht einfach. Kenotische Sinngebungsmuster sind beileibe nicht allen Leidenden gegeben, und diejenigen, die zu ihnen greifen, tun dies des Öfteren auf eine Weise, die als Projektion und Verschiebung zu beschreiben ist. Die Crux der sekundären Semantisierung von etwas als kenotische Christusnachfolge – also eine Crux mit der Crux – potenziert sich bei Gruppen, die über das Gewalt-Verüben und nicht das Gewalt-Erleiden definiert sind.

Diese Crux fällt ins Auge, wenn man die Konzeptualisierung derer ansieht, die Christus selbst Gewalt antaten oder antun ließen – die Soldaten, die ihn verhafteten, die Folterknechte, die ihn verspotteten, geißelten und hinrichteten, die Herrscher und Hierarchen, die ihn verfolgten (Herodes), seine Verurteilung betrieben (Kaiphas) oder dem durch Passivität Vorschub leisteten (Pilatus). Auch Christi Henker sind Christusmetonymien; sie bilden aber unter der großen Gruppe seiner Metonymien (von der Gottesmutter über Kreuzsplitter und das Leichentuch bis zur

Grabeskirche) einen Sonderfall, da sie nicht positiv von ihm profitieren (d.h. verehrt werden). Allein der liturgische Rahmen ermöglicht eine positivmetaphorische Spielart der Christusmetonymie der Täterschaft – das Schneiden des Opferbrotes durch den Priester (4.5.3.1).

Wie die um Christi willen Leidenden an seiner Positivierung des Leidens teilhaben, partizipieren diejenigen, die Christen verfolgen, sonst an der Negativierung der Täter gegen Christus selbst. In der russischen Kulturgeschichte war dies evident bei den Mongolen (s. 5.2.2) und bei Ivan Groznyj (5.4.4.3); Ivans Usurpation bestimmter christlicher, christologischer und christoformer Elemente (Bußpilgerschaft, christologischer Traktat, Gottesnarrentum) erschien vor dem Hintergrund seiner gegen Christen gerichteten Taten als Verhöhnung (s. 5.4.1.4).

Nun schließt eine prinzipielle Unähnlichkeit zwischen Repräsentant und Repräsentat die Zuschreibung von kenotischer Christoformität nicht automatisch aus (s. 3.6); auch „dissimilar similarities" können Referenzcharakter besitzen (Børtnes 1979:224). Wenn sogar Narren und Obdachlose in den Genuss des Epithetons kommen können... So liegt es nahe, am Schluss der Reihe von mehr oder weniger unproblematischen, primären wie sekundären kenotischen Semantisierungen bei sozialen Gruppen, die alle auf die eine oder andere Weise in Analogie zur Opferposition Christi kommen, noch die Frage aufzuwerfen, ob auch die gesteigert unähnliche soziale Kategorie des Täters in das Muster der Christoformität eingeschrieben werden kann.

In der Tat – auch Tätern wurden Qualitäten kenotischer Christoformität attestiert, und zwar vor allem in drei sich teilweise überkreuzenden Strängen: Durch die (zusätzliche, nachgereichte) Kenotisierung von Heroen (5.5.1) und siegreichen Herrschern (5.5.2), durch die mönchische Modellierung von Soldaten (5.5.3) sowie durch Askese- und Opfermomente in der Selbstbeschreibung von Revolutionären (5.5.4–5.5.5).

5.5.1 Heroen

5.5.1.1 Göttliche tote Heroen

Das einzige Modell unter den genannten, das nach gesicherten Überlieferungen schon die Anfänge der griechischen Kultur bestimmt, ist das des verehrungswürdigen Heros (ἥρως ‚Herr') bzw. Helden. Seinen prominentesten Ausdruck fand der antike Heroenkult in der griechischen Mythologie (Herakles) und in Homers Epen (Achill); mit Romulus und Aeneas (Vergils *Aeneis*) kam das Modell nach Rom. Die Heroen nahmen im polytheistischen Kosmos als Halbgötter eine Zwischenstellung zwischen den olympischen Göttern und den Menschen ein, womit sie als Vermittler und Nothelfer angerufen werden konnten (wie Christus, die Gottesmutter und die Heiligen). Die Parallele von Herakles und Christus wurde u.a. durch den Heroentitel θεῖος ἀνήρ [göttlicher Mensch] induziert, der die Gottmenschenvorstellung des NT beeinflusste.[333] Da die Differenz zwischen den physischen Höchstleistungen des Herakles und dem Leidensopfer Christi jedoch allzu evident ist, fragt sich bei dieser christlichen Kontextualisierung, ob – der Unähnlichkeit zu den Passivtugenden der Kenose zum Trotz – eine wechselseitige Verstärkung von Heroismus und Kenose geschehen konnte.[334]

Die Verehrung, die einem Heros entgegengebracht wurde, geht nicht auf einen irgendwie moralisch vorbildlichen Lebenswandel zurück, sondern auf seine (physische) Kampfesleistung und/oder Macht.[335] Tapferkeit kann Todesmut, also Opferbereitschaft bedeuten bzw. sekundär so semantisiert werden. Der zweite Punkt, der für das kenotische Modell anschlussfähig ist, ist der Befund, dass Heroen in der Antike nicht etwa schon zu Lebzeiten,[336] sondern erst nach bzw. durch den Tod verehrenswert wurden. Der Entzug des Heldenhaften, die Negation durch den Tod gibt diesem einen paradoxen Mehrwert. Die paradoxe Struktur der Steigerung durch Verlust berührt sich mit der kenotischen; ein Tod, der als Opfer ausgedeutet wird, kann einen Heroen dann schließlich auch kenotisch qualifiziert erscheinen lassen, jedenfalls wenn ein entsprechendes politisches Interesse daran besteht.[337]

Dies kann einmal bei heldenhaft kämpfenden und im Kampf gestorbenen Fürsten geschehen, die postum kenotisiert werden (5.5.2). Zum anderen griffen im 20. Jh. sowohl die nationalsozialistische als auch die sowjetische Propaganda auf den antiken Heroenkult zurück (Günther 1993:195–197), wobei ein nicht zu vernachlässigender Teil der Identifikation nicht über die angeblichen Heldentaten ging, sondern über die Zuschreibung von Opferbereitschaft, Leidensdulden etc., also kenotische Qualitäten (s. 8.).

5.5.2 Punktuell kenotisierte Herrscher

5.5.2.1 Vom Gottkönigtum zu Konstantin

In der bisherigen Darstellung waren russische Herrscher stets erst im Zuge des Verlustes ihrer Machtattribute als heilig eingestuft worden (Michail Černigovskij, umgekommen durch die Mongolen, oder Nikolaj II., ermordet durch Bolschewiken; vgl. 1.1 u. 5.2.2) – also qua Zuschreibung kenotischer Qualitäten. Die

---

[333] Bartelmus 2000:1678; vgl. 2.8.6.1. Die jüdische Dichotomie von Gott und Mensch wird im Polytheismus durch die Übergängigkeit zwischen Menschen und Göttern aufgeweicht; dies leistet dem logoschristologischen Inkarnationskonzept Vorschub.

[334] Dass dies jedenfalls nicht ganz reibungslos funktionieren kann, zeigt Bulgakovs Opposition *героизм* [Heroismus] vs. *подвижничество* [geistiger Kampf, Askese] (5.3.7.4).

[335] Zu einer Heldentypologie vgl. 8.5.

[336] Eine Ausnahme bildet der siegreiche Feldherr Lysander, dem auf Samos im Jahr 404 v. Chr. schon zu Lebzeiten ein Kult eingerichtet wurde.

[337] Siehe Nikolaj II. (1.1.1). Zu russischen „Heroen" s. auch 5.5.3.

Negation der Macht- und Kämpferattribute, die in Ikonen getöteter Fürsten, selbst bei Boris und Gleb, aber noch wohlweislich aufgerufen werden,[338] erscheint hier konstitutiv für die kenotisch motivierte Heiligung. Daraus lässt sich jedoch nicht der Umkehrschluss ziehen, dass die erfolgreiche Ausübung von Herrschermacht die Zuschreibung kenotischer Christoformität zwangsweise ausschließt.[339]

Das alte Griechenland kannte zunächst kein generelles Gottkönigtum *zu Lebzeiten*. Der von Alexander dem Großen für sich selbst eingeführte Kult geht vermutlich auf ägyptische Inspirationen zurück (vgl. Ström 1986:245). Der hellenistische wie auch der davon angeregte römische Kult lebender Herrscher blieb weitgehend unterhalb effektiver Göttlichkeit, insofern weiterhin für den Herrscher Fürbitte gehalten wurden.[340] Als Konkurrenz zum einen Gott des Ersten Gebotes musste das Christentum jegliche *religiöse* Form von Kaiserkult ablehnen, doch sind die neutestamentlichen Belege für diese Ablehnung durchaus nicht so eindeutig (Pöhlmann 1986:248–250). Lediglich Lk 22,25 enthält eine klar negative Anspielung auf den Herrscherkult, und in Apk 11,3 wird ein Zusammenhang hergestellt zwischen der Verweigerung des Kaiseropfers und dem Martyrium.[341] Anstelle einer diametralen Gegenüberstellung von Christuskult und Kaiserkult schlagen die Kirchenväter – im Fahrwasser des NT (Mt 22,21) – durchaus versöhnliche Töne an, verfechten lediglich eine komplementäre Distribution von dem Kaiser legitimerweise zukommender menschlicher Ehre und Anbetung, die nur Gott gebühre (Pöhlmann 1986:251f). In Konflikt mit den Herrschern gerät das frühe Christentum weniger wegen Verweigerung des Kaiseropfers als durch die christliche Ablehnung von paganen Opferriten überhaupt.

5.5.2.2 Keine Konstantinische Wende

Die Konstantinische „Wende" bringt an dieser Stelle zwar Erleichterung für die Christen, bedeutet beim Kaiserkult aber keine radikale Wende. Konstantin duldete weiter Kultelemente, wenngleich ohne Opfer (Cameron 1986:253); seine Statue mit Sonnenstrahlenkranz blieb stehen, und auch die Errichtung eines Mausoleums bleibt in der Tradition des paganen Herrscherkults. Allerdings ist dieses mit Erinnerungsmalen an die zwölf Apostel versehen, zu denen Konstantin demnach weniger als „13. Apostel" hinzukam, denn „einen qualitativ höheren Rang" an der Funktionsstelle Christi einzunehmen (s. Leeb 1992:106.115f). Die überkommenen

---

[338] Vgl. insbesondere eine Ikone aus der zweiten Hälfte des 16. Jh.s, die Boris und Gleb zu Pferd zeigt (Abb. Gusakova 2005:46).
[339] Igor' Smirnov argumentiert anhand der Vita von Aleksandr Nevskij, dass die Gattung der Heiligenvita hier weniger reguliert sei als gemeinhin angenommen (2008:105).
[340] Entsprechend auch in der Liturgie im orthodoxen Osten (vgl. bspw. Kallis 1989:140f).
[341] Wohl eine Rückprojektion des bei Plinius (*ep.* 10,96,5) beschriebenen Opfertests.

5. Christoformität in Russland

Repräsentationsformen wurden mit christlichen (auch kenotischen) Motiven neu bzw. zusätzlich semantisiert: Das Fest für den paganen Sol Invictus wurde mit der Geburt Christi am 25. Dezember kombiniert,[342] das Kreuz zum Triumphzeichen erhoben.[343] Der Jesuskult wurde als „Jesus-Kyrios-Kult" (Lohmeyer 1919:23) wieder mit dem Kult des Kaisers als Herrn kurzgeschlossen.

Schließlich wurden Kaiserbild und Christusikone assoziiert (Belting 1990: 124), womit auch die Kenose mit dem Kaiser verknüpft werden konnte. Brown versucht, diesem schwierigen Schluss von den sozialgeschichtlichen Implikationen (Herablassung des Reichen zu den Armen, des Herrschers zu den Untertanen wie des göttlichen Logos zu den Menschen) hedr nahe zu kommen. Die „Beschwörung der wahren Menschennatur des Kaisers" (Brown 1995:198) sollte ihn mit Christus in Verbindung bringen, insofern bei beiden die Göttlichkeit als *prius* vorausgesetzt wurde:

[Der Kaiser] gab gegenüber Bischöfen und Mönchen nach, um seinen Untertanen gleich zu werden, weil Christus selbst nachgegeben hatte. Gehüllt in seine Majestät, ließ der Kaiser erkennen, daß er wider allen Anschein eine gemeinsame Menschennatur mit allen Christen teilte […]
Auf diese Art konzentrierten sich die christologischen Auseinandersetzungen des 5. Jahrhunderts immer wieder auf die Natur der *synkatabasis*, die Ehrfurcht gebietende Erniedrigung Gottes, der sich dazu herabgelassen hatte, sich mit der erbärmlichen Armut der menschlichen Natur zu identifizieren. (Brown 1995:200f)

Daraus folgt zweierlei: Einmal werden Herrschaftsverhältnisse durch Herablassungsgesten zementiert (vgl. Koschorke 2001:68f), zum anderen hält die kenotische Topik selbst in die Verehrung von Herrschern Einzug. Allerdings verwandelt sich die kenotische Begrifflichkeit ihrerseits durch die Funktionalisierung zur Machtrepräsentation: Herrschaftstitel wie Pantokrator, die zuvor für Gottvater reserviert waren, werden jetzt auch für Christus – den Christkönig – verwandt (vgl. Süßenbach 1977:13). Dessen „Verleiblichung" in der kaiserlichen Machtrepräsentation (s. ebd.:14) ist zwar eine inkarnatorische Figur, doch eine, bei der der Erniedrigungsaspekt nicht hervorgehoben wird. Christus ist für den *Herrscher* Konstantin primär in seiner göttlichen Hoheit und erst in zweiter Linie (durch die inkarnatorische Ermöglichung) in seiner Erniedrigung anschlussfähig, weswegen das Schmachzeichen des Kreuzes zum Triumphzeichen umgewertet wurde.[344] Das bedeutet eine latente konzeptionelle Spannung; wie Kantorowicz ausführt, muss-

---

[342] Siehe 4.6.3.2. Zur Addition von Paganem und Christlichem vgl. auch Clauss 1996:102f.
[343] Man könnte von „Reichschristologie" sprechen (Onasch 1981:247f).
[344] Wie Süßenbach im Anschluss an Hernegger argumentiert: „Der hypostatischen Beziehung zwischen Christus und dem Kaiser widersprächen aber die neutestamentlichen Niedrigkeitsaussagen von der Schmach Christi am Kreuz, also der eigentliche Kern des Evangeliums." (Süßenbach 1977:20).

ten alle Versuche, die zwei Naturen Christi und die „zwei Körper" des Königs zu einer schlüssigen Deckung zu bringen, logisch inkonsistent bleiben (1990:75f et passim), was aber nicht verhinderte, dass sie in Ost wie West topisch wurden:

> Der christliche Herrscher wurde zum *christomimētēs*, buchstäblich Schauspieler und Darsteller Christi, das lebende Bild des Zweinaturen-Gottes auf der irdischen Bühne, auch im Hinblick auf die beiden unterscheidbaren Naturen.[345]

Nach Konstantins Tod bestand der Kult lebender Kaiser zunächst fort, um aber einen allmählichen Niedergang zu erfahren, zum einen wegen der neuen Arbeitsteilung zwischen Staat und Kirche, zum anderen aufgrund der Schwächung des weströmischen Kaisertums (Cameron 1986:254); offenbar tat die latente Spannung dieses paganen Überbleibsels mit christlichen (kenotischen) Vorstellungen ihr Übriges dazu. Justinian und Theodora stilisieren sich zwar weiter auf Göttlichkeit, charakterisieren sich aber – mit dem kenotischen Kernepitheton (3.3.4) – als „Knechte Gottes" (s. Cameron 1986:255) und modellieren sich als Asketen (Meier 2003:620–622). Damit tritt im orthodoxen Bereich der automatische Herrscherkult *zu Lebzeiten* zurück, während die Möglichkeit individueller Heiligung durch Lebenswandel und Zuschreibung *nach dem Tode* an Profil gewinnt. Konstantin fand so Eingang in den orthodoxen Heiligenkalender (Gedenktag 21. Mai).

Solches lässt sich auch am Wandel des Konstantin-Bildes in der Erinnerungsgeschichte ablesen. Mag auch seine Rolle als Begünstiger des Christentums (das Mailänder Toleranzedikt von 313) außer Frage stehen und die Titulierung als „равноапостольный венценосец"[346] motivieren, so gibt doch sein Herrscher- und Feldherrenhabitus wenig Anlass zu kenotischen Identifikationen. Dagegen sprechen insbesondere die Eroberungsfeldzüge, mit denen er die Diokletiansche Tetarchie faktisch überwand und das gesamte Imperium Romanum an sich riss (312 Sieg über Maxentius an der Milvischen Brücke [mit Kreuzesvision], 323 über Licinius in der Schlacht von Chrysopolis). Ob neben dem politischen Kalkül auch persönlicher Glaube für Konstantins Favorisierung des Christentums eine Rolle spielte, war in der Forschung lange umstritten (vgl. Clauss 1996:99). Spätere russische Viten aber kenotisierten Konstantin weit über die *Vita Constantini* des Eusebios hinaus. Die Version in den von Filaret Černigovskij edierten zwölfbändigen Heiligenmenäen (Filaret 2000:maj 299–315) schreibt Konstantin als dauerhafte Charakterzüge (auch schon in der kriegerischen Jugend, die geflissentlich verschwiegen wird) *скромность* [Bescheidenheit] (Filaret 2000:maj 300), Großzügigkeit und tätiges Mitleid (ebd.:maj 303) zu, womit Konstantin Christus ähn-

---

[345] Kantorowicz 1990:68. Zur Beziehbarkeit von Kantorowicz' Theorie auch auf byzantinische Kaiser und russische Zaren s. Tumarkin 1997:7.

[346] „Apostelgleicher Kranzträger" (Filaret 2000:maj 313).

lich geworden sei: „[...] император излил великие милости народу, подражая благодеяниям Спасителя."[347] Der Feldzug gegen Licinius 323 erscheint nun im Lichte der Verteidigung bedrängter Christen (ebd.:304), und gängige Grausamkeitsvorwürfe gegen Konstantin wie die Ermordung seines Sohnes werden vom Tisch gewischt (ebd.:315).

5.5.2.3 Aleksandr Nevskijs changierende Erinnerungsgeschichte

Vergleichbare Mechanismen laufen bei der Kanonisierung russischer Herrscher vom „apostelgleichen" Christianisator Vladimir I. bis zum letzten Zaren Nikolaj II. ab, deren Heiligsprechung ein offensichtlich politisches Instrument ist.[348]

Die sekundäre Semantisierung eines Täters und Siegers als Heiliger ist mustergültig an Aleksandr Nevskij untersucht worden (Schenk 2004). Ergänzend kann die Frage nach dem Wandel in der Zuschreibung kenotischer Christoformität gestellt werden. Das militärische Verdienst Aleksandrs bestand vor allem in zwei Siegen: 1240 an der Neva über die Schweden und im April 1242 auf dem Eis des Peipus-Sees über die Ordensritter. In Bezug auf Aleksandr bildet die Frage nach dem Heiligkeitsgrund eine – je verschieden gefüllte – „Variabel seiner langen Erinnerungsgeschichte" (ebd.:64).

Im ältesten hagiografischen Dokument, Повѣсти о житии и о храбрости благовѣрнаго и великаго князя Александра [Erzählungen vom Leben und der Tapferkeit des frommen und großen Fürsten Aleksandr] aus den 1280er Jahren erscheint Aleksandr als hünenhafter Recke (PLDR 3,426) und strahlender Sieger; die Vita stattet ihn aber auch mit weltabgewandten Zügen aus, besonders dem Klostereintritt gegen Lebensende (PLDR 3,438). Kenotische Epitheta finden gleichfalls Anwendung: „О таковыхъ бо рече Исайя пророкъ: «Князь благъ въ странахъ – тих, увѣтливъ, кротокъ, съмѣренъ, по образу божию есть»."[349] Aufschlussreicherweise geschieht diese Zuschreibung eines kenotischen Ethos im fremden Namen – im Namen Jesajas; als ob der Autor der Повѣсти angesichts der martialischen Leistungen des Fürsten solche Behauptungen im eigenen Namen nicht riskieren wollte. In der Tat gibt es bei Aleksandr eine Hürde zu überwinden, was die Einordnung in eine bestehende Heiligkeitskategorie angeht: Vom sozialen Stand müsste Aleksandr Nevskij in die ältere Kategorie der „heiligen Fürsten" gehören, die aber, wollte man ihn hinzurechnen, für Philipp und Schenk dann nicht mehr allein über das passive Erdulden oder Opferbereitschaft definiert wäre:

---

[347] „[...] der Kaiser spendete dem Volk viel Gunstbezeugungen und ahmte so die Wohltaten des Erlösers nach." (Filaret 2000: maj 312).

[348] Siehe Stricker 1983:126; Chorošev 1986.

[349] „Über solche sagte der Prophet Jesaja: ‚Ein guter Fürst ist in diesen Landen; freundlich, sanftmütig und demütig, nach dem Vorbild Gottes ist er.'" (PLDR 3,436).

[…] weder von asketischem Leben noch von der Bereitschaft, als Märtyrer zu sterben, ist in der *Povest'* die Rede. Auch die bezeugten Kriegstaten Aleksandrs stehen nicht im Zusammenhang mit einem Missionskrieg, der seinen Feldherrn geheiligt hätte. Werner Philipp zufolge schafft der Autor der *Povest'* einen neuen Heiligentypus. Nicht das Erdulden von Gewalt, der Tod als Märtyrer für den christlichen Glauben oder die Flucht aus der Welt in die Askese, wie sie in den *viten* der anderen heiligen russischen Fürsten (z.B. von Boris und Gleb, Michail von Černigov oder Svjatoslav Davidovič von Černigov) Vorbild stiftend zum Ausdruck kommen […] (Schenk 2004:64f)

ist mehr entscheidend. „Hier wird das gottgerechte Herrschen selbst und damit die Übernahme weltlicher Aufgaben in frommer Verantwortung geheiligt." (Philipp 1973:67). Durch die Kanonisierung kommen 1547 neue Züge hinzu: die „eines verhinderten Märtyrers", also eines „*confessors*" (s. 5.2.3) und „Missionars der Rechtgläubigkeit" (Schenk 2004:90.95). Damit verschiebe sich die „Priorität weg vom weltzugewandten Herrscher hin zum wunderwirkenden Mönch" (ebd.:92).

Gegenläufig zu dieser (partiellen) Kenotisierung geschieht in der weiteren Erinnerungsgeschichte eine massive Reheroisierung unter den Vorzeichen von Imperialismus und Nationalismus bis zum Heldenfetisch des Sowjetpatriotismus ab 1937 (ebd.:125–225 u. 266–287). Die Vita in der Sammlung Filaret Černigovskijs stellt Aleksandr als „столько же кроткий, сколько и мужественный"[350] hin, wobei das Gewicht auf der zweiten Qualität liegt; im Vergleich zur *Повѣсти* aus den 1280er Jahren quillt dieser Text über von militärischen Details (Filaret 2000:nojabr' 276–292). „Имя Александра, грозного победителя Немцев и Литвы, теперь князя великого, стало страшно […]"[351]. So fallen die Dimensionen des Heroischen und des Kenotischen letztlich wieder auseinander:

Aleksandr Nevskij ist im Gedächtnis Rußlands lebendig geblieben, aber *entweder* als Heiliger *oder* als Held und nicht in einer den profanen und den sakralen Bereich vereinenden Gestalt. (Philipp 1973:72, Hervorh. D.U.)

5.5.2.4 Punktuell kenotisierte Tyrannen
Im Zuge der Schwächung und schließlich (1480) des Endes der Mongolenherrschaft geschah – sukzessive vom 14. bis zum 16. Jh. – eine noch weiter gehende Verschiebung vom Idealbild der leidensduldenden Prinzen (Söhne) zu paternalistischen Autoritäten (s. Hubbs 1988:182f). Diesen Wechsel zementierte die Legitimierung der *translatio* von Byzanz nach Moskau durch die Heirat von Ivan III. mit Zoë Paleolog, der Nichte des letzten byzantinischen Kaisers. Die Zuschreibung kenotischer Qualitäten wurde damit zunehmend problematischer.

---

[350] „So sanft wie mutig" (Filaret 2000:nojabr' 280).
[351] „Der Name Aleksandrs, des gestrengen Siegers über die Deutschen und Litauer, jetzt Großfürst, wurde furchteinflößend […]" (Filaret 2000: nojabr' 285).

5. Christoformität in Russland

Endgültig schwierig wird es mit der kenotischen Identifikation durch das Terrorregime Ivans IV. (des Schrecklichen), doch auch seine Tyrannei kann das Modell nicht gänzlich außer Kraft setzen. Wo das Adjektiv „грозный" [schrecklich] auch auf Aleksandr Nevskij in positivem Sinne verwendet wird (5.5.2.3) liegt die Frage nahe, ob der Zar Ivan IV., dem dies standardmäßig zukommt, gar auch noch kenotisiert wurde. Und in der Tat, in gewissen Grenzen ja: „But despite the change of the Christ-like prince into a tyrant, the idea of a saintly tsar did not disappear." (Hubbs 1988:186): Mit dem Dienst des *Царь батюшка* [Väterchen Zar] an der Heimat und der Vision von der Heirat von Mutterland (Maria) und Zar bleibt eine Assoziation positiver Selbsterniedrigung des Herrschers im Spiel. Trotz des Fokus auf pagane Gender-Konzepte zeigt Hubbs' Beschreibung auch die christologischen Implikate daran:

> The autocratic rite of the sacred marriage between tsar and motherland, whom he promised to serve and protect, defined the role of the ruler as son dependent on earth for his power. The church placed considerable stress upon these dual functions of the prince and tsar: The one asserted his Christ-like kenotic nature, the other his role as the patriarchal husband in the Christian family. (ebd.:189f)

Ivan Groznyjs Mord an seinem Sohn diskreditiert allerdings dergleichen kenotische Zuschreibungen an den Zaren selbst („[...] their ruler had divested himself of his ancient kenotic obligations [...]);[352] sie bleiben dann nur noch für seine Opfer produktiv.[353] Zwar wurde zu Ivans Zeiten mit der *Степенная книга царского родословия* [Stufenbuch der Zaren-Genealogie] (um 1563) versucht, die russischen Herrscher von Rjurik bis zum aktuellen Tyrannen insgesamt als heilig hinzustellen, doch konnte sich diese Einstufung nicht durchsetzen. Mit dem Europäisierungsschub unter Petr I. wird solche Heiligkeit nicht mehr reklamiert (s. Tumarkin 1997:7). Die Kategorie des heiligen Herrschers wird erst bei Nikolaj II. – und da qua Leidensdulden – 1981 bzw. 2000 wieder erfolgreich reanimiert (1.1).

In der Zwischenzeit konnten kenotische Qualitäten aber ebenfalls als Schmückung des Herrschers eingesetzt werden – und das auch über die enge Verbindung von Zarenherrschaft und Kirche hinaus. Selbst bei dem Gründungshelden der Sowjetmacht, bei Lenin, griff – neben vielen anderen Registern – die kenotische Topik (s. 7.10). Und wenn schon der Tyrann Ivan Groznyj punktuell mit kenotischen Motiven und Verhaltensweisen operierte und von außen versehen wurde, dann muss es auch nicht mehr verwundern, dass man selbst bei der personifizierten Verantwortung für den sowjetischen Massenterror, Stalin, davor nicht zurück-

---

[352] Hubbs 1988:190f; vgl. auch 5.4.1.4.
[353] „By the murder of his first son and the mysterious death of his youngest, the *narod* saw him [Ivan] abandon the sacrificial persona of the early rulers and assign this princely function to the son-surrogate, the tsarevich." (Hubbs 1988:190).

schreckte. Mit der „paradoxen Übertragung der kenotischen Aura des toten Lenin und der toten Dichter auf den lebenden Herrscher Stalin"[354] erreichte der Prozess der ‚Entähnlichung' (1.4.6) des kenotischen Modells Christi sein vorläufiges Maximum. Die punktuelle Zitation kenotischer Qualitäten aber reicht weder bei Aleksandr Nevskij noch bei Ivan Groznyj, weder bei Lenin noch bei Stalin, für einen irgendwie kohärenten Habitus. Ja, die Zuschreibung kenotischer Qualitäten an siegreiche Feldherren, an Gewaltherrscher und erfolgreiche Putschisten lädt förmlich zur ideologiekritischen Demontage ein.

5.5.3 Mönchische Soldaten

Wo einem Herrscher ein besonderer religiöser Status nicht bereits qua Institution (altorientalisches Gottkönigtum, hellenistischer und römischer Herrscherkult) zukommt, sondern dieser durch einzelne Verdienste – seien dies Leidensdulden oder glorreiche Siege – begründet werden muss wie in der russischen Tradition, da ist das Muster der Heiligung durch militärische Taten kein exklusives Vorrecht von Herrschern. Im Zuge der Konversion Konstantins konnte die frühchristliche Metapher vom *miles Christi* [Kämpfer Christi], die für geistige Entschiedenheit und Disziplin bei der Mission gestanden hatte, in seinem Heer und dem ungezählter christlicher Herrscher nach ihm auch wieder für manifesten Militärdienst stehen (Harnack 1905:87). Zu den wichtigsten Heiligen der russischen Orthodoxie gehört bspw. der Reiterheilige Георгий Победоносец [Georg der Siegträger], der am 23. April als Sieger gefeiert wird.

Auch einfache Kämpfer wurden in den Rang von Heiligen erhoben – die Kategorie der Militärheiligen, so z.B. die Soldatenmärtyrer aus Sebaste (Armenien), die am 9. März kommemoriert werden. Bei der Kanonisierung von Soldaten bleibt viel von militärischer Logik erhalten: Wie tote Soldaten mit Orden geehrt werden, erscheint auch die Kanonisierung eines Militärs als Ehrung, die nicht allein religiöse Akzente setzt; der Märtyrer Theodoros Stratilates, zu Lebzeiten einfacher Rekrut, wurde in einer Art „hagiografischen Avancements" postum zum „General" befördert (s. Onasch 1981:154). Die geistliche Erhöhung wird durch rückwirkende militärische Rangsteigerung veranschaulicht.

5.5.3.1 Soldatische Genese des Mönchtums und tertium *Gehorsam*

Doch soldatische Tugenden wurden nicht allein postum für heilig deklariert. Es gibt daneben auch einen habitusgeschichtlichen Nexus von Militär und Christusnachahmung – im Mönchtum. Für die Ausprägung konkreter Habitusmodelle der Christusnachahmung ist es von kaum zu überschätzender Bedeutung, dass drei der

---

[354] Kissel 2004a:275. Zur Modellfunktion Lenins für weitere kommunistische Führerkulte s. Tumarkin 1997:3.

wichtigsten Gründergestalten des Mönchtums vom Soldatenstand in den Mönchsstand wechselten – Pachomios, Martin von Tours und Ignatius von Loyola. In der Person des Pachomios steht ein solcher Habituswechsel zudem noch ganz am Anfang des christlichen Mönchtums. Dieser biografische Nexus macht es durchaus plausibel, im pachomianischen Koinobion soldatische Inspirationen zu suchen. Zu finden sind sie vor allem anderen in der Gehorsamspflicht, die Mönche mit Soldaten teilen (Ruppert 1971:366–463). Dazu kommen weitere Analogien wie Uniformierung (also die Ablegung persönlicher Identität mit dem Anlegen des Habits bzw. der Uniform; s. 5.3.3), weitgehende persönliche Besitzlosigkeit (auf dem Kasernengelände bzw. während eines Kampfeinsatzes), gemeinsame Mahlzeiten und eine vergleichbare Selbsttechnik.[355] Der Sozialtypus des Soldaten hat das christliche Mönchtum also mitgeprägt, um seinerseits wieder vom Mönchtum beeinflusst zu werden. In den Ritterorden der Westkirche wurden aus Mönchen seit dem 12. Jh. wieder Soldaten – *milites Christi*.[356]

Auch der Begründer des Jesuitenordens Ignatius von Loyola begann als Soldat und transportierte sein soldatisches Gehorsamsverständnis in die Regeln seines Mönchordens, der in der Welt lebt[357] und damit in noch stärkerem Maße auf unbedingten Gehorsam angewiesen ist (weil die Kontrolle, anders als in einem Koinobion, nicht in jeder Minute möglich ist). Diese Norm ist als „Kadavergehorsam" sprichwörtlich geworden: „perinde ac si cadaver essent".[358] Über die drei herkömmlichen Gelübde Keuschheit, Armut und Gehorsam hinaus schreibt der Jesuitenorden ein viertes Gelübde des besonderen Gehorsams gegenüber dem Papst vor (vgl. Maron 2001:190f).

Die Bereitschaft zum Äußersten verbindet den Soldaten wie den ‚kadavergehorsamen' Jesuiten mit dem Märtyrer – und dem Urbild maximaler Selbsterniedrigung, der Klimax des Kreuztodes Christi wie in der Philipperhymne, in der ja Christi Selbsterniedrigung gleichfalls als Akt von Gehorsam-Werdung beschrieben wird (Phil 2,8); vgl. 2.2.3.4).

---

[355] Soldaten stehen soziologisch und psychologisch zwischen Selbstentsagung und Aggressionsentladung (Elias 1997:II 338) – und der kenotische Habitus ist ja gleichfalls als eine Aggressionsinhibierung interpretierbar (s. 5.2.7.4).

[356] Was zu konzeptionellen Spannungen führte, die Bernhard von Clairvaux 1128 in *De laude novae militiae [Lob des neuen Kriegsdienstes]* zu lösen suchte, indem er entgegen der bisherigen Ständetrennung Ritter- und Mönchsaufgaben vereinigte (vgl. Fleckenstein 1980:13f).

[357] Zur Einstufung der Jesuiten als Mönchsorden neuer Form und zum Dissens der Forschung über die Kontinuität gegenüber älteren katholischen Orden s. Maron 2001:186–194.

[358] „Gleich als ob sie ein Leichnam wären" (*Const.* VI,547, s. Ignatius von Loyola 1998:740, bes. Anm. 8). Dazu eingehender Maron 2001:183.

5.5.3.2 Russische Frontenwechsel und Kampfformationen

Welche Verbindung man auch für das *prius* und welche für die sekundäre Konstruktion halten mag – die biografisch-sozialtypologische von Soldaten und Mönchen oder die konzeptuelle von Kenose Christi und Gehorsam –, die *punktuelle* Verschränkung von soldatischen und mönchischen Qualitäten ist nicht von der Hand zu weisen. In der russischen Kulturgeschichte realisierte sich diese Verschränkung im Gegensatz zu den westlichen Ritterorden eher individuell.[359] So war der Paisij-Schüler Afanasij Zacharov wie Pachomios und Ignatius vor seinem Eintritt in den Mönchsstand Soldat (vgl. Smolič 1999:337), so ging umgekehrt der Feldherr Aleksandr Nevskij, der auf dem Schlachtfeld mit dem Deutschen Orden in Berührung gekommen war, zum Ende seines Lebens ins Kloster (5.5.2.3).

Monastische Anklänge kennzeichnen im russischen Einzugsbereich jedoch eine militärische Formation: Offensichtlich zitiert werden mönchische Merkmale bei der *Опричнина* [Opričnina] Ivan Groznyjs. Bei der *Опричнина* gehen Gewalt und Zitate monastischen Lebens eine eklatante Verbindung ein. In seinem Verfolgungswahn überall Verräter witternd, schuf sich Ivan Groznyj 1565 eine Hausmacht aus Dienstadligen, die ihm, da sie ihm alles verdankten, absolut treu und gehorsam sein sollten; mit ihnen perfektionierte er sein Terrorregime. Politisch-militärisch konstitutiv ist also die eherne (para-monastische) Disziplin. Die schwarze Gewandung der *опричники* zitiert das Mönchsgewand – aber nur oberflächlich, wie schon die Kleidungsordnung explizit macht:

> Пехотинцы все должны ходить в грубых нищенских или монашеских верхних одеяниях на овечьем меху, но нижнюю одежду они должны носить из шитого золотом сукна на собольем или куньем меху.[360]

Auch das Demutsethos des Mönchshabitus wird veranschlagt: ein „ханжески показное смирение, заимствованное из быта осифлянских «общежительных монастырей»".[361] Der Mönchsstab und die Titulierung der anderen Mitglieder der Opričnina als „братия" [Bruderschaft] (vgl. Zimin 2001:213) komplettieren die monastischen Allusionen. Schließlich signalisierte der Hundekopf am Sattel den

---

[359] Es gab allerdings 1817 einen verspäteten und isolierten Versuch Matvej A. Dmitriev-Mamonovs und Michail F. Orlovs, einen *Орден рыцарей русского креста* [Orden der Ritter zum russischen Kreuz] zu schaffen, um die gesellschaftlichen Verhältnisse umzustürzen (vgl. Heller/Niqueux 2003:144), der abgebrochen wurde, als die beiden von den Geheimgesellschaften der Dekabristen erfuhren (5.5.5.1).

[360] „‚Die Infanteristen sollen alle in groben Obergewändern von Bettlern oder Mönchen gehen, mit einem Schafspelz ausgeschlagen, die Unterbekleidung aber sollen sie aus golddurchwirktem Stoff tragen, ausgeschlagen mit Zobel- oder Marderpelz.'" (Zimin 2001:212). Vgl. Ober- und Untergewand Christi auf Ikonen (4.6.7.1).

[361] „Scheinheilig zur Schau getragene Demut, die aus dem Alltag der iosifljanischen ‚koinobitischen Klöstern' entlehnt ist" (Zimin 2001:213).

Ausschluss aus der normalen Welt.[362] Wie bei ihrem Dienstherren schwankt der Habitus der опричники zwischen Blasphemie und Reue; nach kollektiven Mordtaten fanden gemeinsame Bußrituale statt. In der Опричнина gehen damit nicht allein militärischer Dienst und Kampf mit monastischen Elementen einher, sondern selbst Terror erscheint nicht mehr als gänzlich mit Christusnachfolge unvereinbar. Rose sagt über Skuratov-Bel'skij (Maljuta), den Liebling Ivans und ‚Folterspezialisten' der Опричнина: „Beides, die Anbetung im Gotteshaus und die Folterung der Feinde und Verräter des Zaren, war für ihn [Maljuta Skuratov] ein ‚heiliger' Dienst." (1952:63).

Während die Опричнина ein straff geführtes Repressionsinstrument der Zentralmacht des Zaren Ivan Groznyj darstellte, war der Lebens- und Wirkungsraum der Kosaken die Peripherie, die südrussische Steppe. In der späteren Zeit rekrutiert aus entlaufenen oder verjagten Leibeigenen, bildeten sie eine nie ganz berechenbare soziale Größe, waren aber für die Verteidigung Russlands an der Außengrenze (nach Südwesten und Südosten[363]) von entscheidender Bedeutung. Neben vielen anderen Eigenschaften wie Reiterstolz, Machismo, Neigung zu Aufständen (s. 5.5.5.1) etc. gehen mit dieser militärischen Funktion phasenweise religiöse Elemente (Verteidigung des orthodoxen Glaubens) einher, visualisiert im Kampf unter Ikonen.[364] In romantisierenden Schilderungen wie in Gogol's Тарас Бульба[365] tritt dies in den Vordergrund (vgl. Kornblatt 1992:49), kann aber die Fremdwahrnehmung als brutaler Büttel des Zaren nie bändigen (Vgl. Longworth 1971:223–225). Mit kenotischer Christoformität sind am individuellen Ungestüm der Kosaken – im Gegensatz zur Опричнина – nicht monastische Disziplin und Gehorsam, wohl aber Opferbereitschaft kurzschließbar.

Wenn die monastischen Ausgestaltungen der Nachahmung der Selbsterniedrigung Christi im Gehorsam der Опричнина eine weitere Umfunktionalisierung erfahren, ist die Relation dieses sekundär transformierten, punktuell monastischen Abbildes zum ‚Urbild' der Kenose Christi nur noch als unähnlich zu beschreiben (vgl. 1.4.6). Doch der Vektor der ‚Entähnlichung' führt noch weiter – zu Terroristen, die zu konspirativen Zwecken monastische Strategien aufgreifen (5.5.4.1). Terroristen als Christus-Metapher-Metaphern sprechen dem Mainstream der Je-

---

[362] Siehe Zimin 2001:212 u. von Staden 1998:100f. Vgl. das Hundesymbol der Gottesnarren (5.4.1.3).
[363] Siehe die Karte bei Longworth 1971:18f.
[364] Daraus leitet Sinjavskij kühn den Übergang vom Kosaken- zum Mönchshabitus ab. „Die Ikonen sind die ständigen Begleiter der Kosaken, weshalb die Wandlung – von Kriegern zu Mönchen und Eremiten – fast selbstverständlich und sogar psychologisch einleuchtend ist. Schon zuvor hatten sich die Kosaken im Angesicht ihrer Ikonen als demütige Sünder gefühlt." (1990b:254).
[365] *Taras Bul'ba* (1833–42).

sus-Rezeption Hohn;³⁶⁶ die Selbstidentifikation eines Terroristen als christoformes Opfer gehört jedoch zur Transformationengeschichte des Konzepts (5.5.5.2). Andererseits bildete die Verbindung von Gewalt- (und Opfer-)Bereitschaft und nationalen Zwecken bei den Kosaken ein Identifikationsmuster, das sich für politische Freiheitskämpfer der Moderne als anschlussfähig erwies, die ihrerseits zu christoformen Selbstidentifikationen griffen (5.5.5.1).

5.5.4 Revolution und Erniedrigung

Die Zuschreibung kenotischer Attribute an Herrscher und Soldaten war vor allem dann problematisch, wenn es sich um Vertreter der siegreichen Seite handelte, die nicht durch einen gewaltsamen Tod oder ein Leiden in Gefangenschaft zur Christoformität qualifiziert wurden, sondern primär durch Terror und Tyrannenherrschaft ins kulturelle Gedächtnis eingingen. Die jeweils unterlegene Seite hatte als einzigen Vorzug auf ihrer Seite, dass sich ihre Niederlage leichter in das mit Christi Kenose vorgezeichnete *patiens*-Modell einfügen ließ.³⁶⁷

Vor der Neuzeit diente militärischer Kampf primär Machtinteressen, sekundär auch religiösen Aspirationen und war nur in selteneren Fällen (etwa bei den griechischen Anhängern der Polis-Demokratie, den römischen Verfechtern der Republik, den Schweizer Eidgenossen) durch eine Vision für die künftige politische Konstitution der Gesellschaft motiviert. Auch russische Rebellionen wie die unter Sten'ka Razin und Emel'jan Pugačev waren zu großen Teilen spontan und „präpolitischer" (Hobsbawm 1959:2) Natur.

Spätestens seit der Französischen Revolution ist die konstitutionelle Vision jedoch eine eigene Größe in gewalttätigen Auseinandersetzungen um Macht. Damit etabliert sich ein neuer sozialer Typus: der Revolutionär. Religiöse Aspirationen scheinen politisch denkenden Revolutionären fern zu liegen, doch sind die Denkkategorie der Kenose und der Habitus des Mönchs im kulturellen Gedächtnis so präsent, dass sie auch für revolutionäre Kämpfer in Anschlag gebracht wurden.

5.5.4.1 Die regula der Revolution

Die Revolutionäre überbieten die inoffizielle Stellung der Kosaken und auch die antioffizielle Stoßrichtung der Christusnarren (s. 5.4.1 u. 5.5.3.2). Wie bei Oprič-

---

³⁶⁶ Auf einem Blatt steht die Verbindung von Christi Kenose und sozialem Anliegen (diese vertritt in Russland bspw. Belinskij in seinem berühmten Взгляд на русскую литературу 1847 года [Blick auf die russische Literatur des Jahres 1847]; 1979:307f), auf einem anderen deren Durchsetzung mit terroristischen Mitteln. Wenn die Kenosis auch für die Befreiungstheologie wichtig ist (s. Nnamani 1995:225–362), so ist es doch weitestgehender Konsens, dass die Differenz zwischen dem Anliegen der Befreiung und dem Terrorismus kardinal sei.

³⁶⁷ Vgl. die gegen die Mongolen gefallenen Fürsten der Rus' des 13. und 14. Jh.s (5.2.2).

5. Christoformität in Russland

niki und Narren gehört zu ihrem Auftreten ein Doppel von Aggression und Gehorsam, Asketismus und Selbsterniedrigung; die Konspiration fordert die Hemmung der für die revolutionäre Sache ja konstitutiven Aggression und deren Aufschub auf den Moment revolutionärer Entladung.[368] In ihrer Verschwörungs- und Untergrundsmentalität sind Revolutionäre zusätzlich den Sektierern (5.4.3.1) vergleichbar: „Diese verzückten Verschwörer umgab Katakombenluft, Vigilien von Ekstatikern, Märtyrergestalten, Martyriums-Vorstellungen." (von Eckardt 1947:181). Ab den späten 1850er Jahren wächst in Russland eine Untergrundbewegung heran, die Konspiration und prophetischen Eifer miteinander verbindet (Ulam 1977).

Den programmatischsten Ausdruck fand die Verbindung von monastischen Verfahren und terroristischen Anliegen im *Катехизис революционера*[369] von Nečaev und/oder Bakunin,[370] bei dem schon die Genrebezeichnung an den kirchlichen Katechismus gemahnt (s. 4.4.3.3), dessen Inhalt aber einer Mönchsregel (s. 5.3.5.3) am nächsten kommt. Für das kenotische Personenmodell ist der Abschnitt „Отношение революционера к самому себе" [„Das Verhältnis des Revolutionärs zu sich selbst"] am einschlägigsten. Dort heißt es, der Revolutionär sei – ein Ryleev-Zitat (5.5.5.1) – ein „geweihter" bzw. „dem Untergang geweihter" Mensch, der sich selbst entsagen müsse. Gleich der erste Paragraf dekretiert:

§ 1. Революционер – человек обреченный. У него нет ни своих интересов, ни дел, ни чувств, ни привязанностей, ни собственности, ни даже имени. Все в нем поглощено единым исключительным интересом, единою мыслью, единою страстью – революцией.[371]

Die Negativbestimmungen entsprechen mönchischen Verfahren bis ins Kleinste: Wie Mönche hätten Revolutionäre ihren eigenen Namen abzulegen (s. 5.1.2), im fremden Namen (der Revolution) zu arbeiten und unter Decknamen zu leben. Gemeinsam ist – trotz der Differenz in der Funktionalisierung des Lebens „in

---

[368] Vgl. Hobsbawm über den asketischen Millenarismus der italienischen und spanischen Anarchisten (1959:57–107).

[369] *Katechismus des Revolutionärs*. Das Dokument selbst trug keinen Titel und figuriert in der Literatur neben dieser gebräuchlichsten Bezeichnung auch noch unter weiteren Hilfstiteln (s. Cochrane 1977:200).

[370] Die Autorschaftsfrage ist in der Forschung kontrovers diskutiert worden. Da Bakunin im Brief an Nečaev vom 2. Juni 1870 von „Ihrem Katechismus" sprach, geht die Tendenz jedoch in Richtung eines zumindest größeren Anteils Nečaevs (s. Confino 1973:51; Cochrane 1977:203–220; Pomper 1979:90). Die Verve von Lur'es Behauptung, dass der Autor „unbedingt" Nečaev gewesen sei (2001:110), geht aber zu weit.

[371] „§ 1. Der Revolutionär ist ein Verdammter. Er hat weder eigene Interessen noch Angelegenheiten, weder Gefühle noch Zuneigungen, weder Eigentum noch selbst einen Namen. Alles in ihm wird von dem einen ausschließlichen Interesse absorbiert, dem einen Gedanken, der einen Leidenschaft – der Revolution." (Vestnik 1871:4).

fremdem Namen" (für Christus vs. zur Konspiration) – der Verzicht auf äußere Individualität. Daraus folgt die Absage auch an innere Individualität (Interessen) und die ausschließliche Ausrichtung auf die Revolution (vgl. die mönchische Monotropie; 5.3.2). Wie Iosif Volockijs Koinobit hat der Revolutionär auch kein persönliches Eigentum zu besitzen (5.3.5.3). Ihrer früheren Welt sollen Revolutionäre wie Mönche gänzlich abschwören. Der *Katechismus* fährt fort:

§ 2. Он в глубине своего существа, не на словах только, а на деле, разорвал всякую связь с гражданским миром, со всеми законами, приличиями, общепринятыми условиями и нравственностью этого мира.[372]

Besonders stark ist (wie bei Pachomios und Ignatius; s. 5.5.3.1) die Gehorsamsforderung. Die Ignatius-Analogie trägt in diesem Falle am weitesten, weil der Revolutionär wie der Jesuit nicht in Klausur, sondern in der Welt zu leben hat und sich dieser zur Erreichung seiner Ziele auch anpassen darf (§ 14; Vestnik 1871:4) – die Jesuiten nennen dies *accomodatio*.[373]

Aus dem asketischen Dasein, also der Härte gegen sich darf der Revolutionär dem *Katechismus* zufolge auch das Recht zur Härte gegen andere ableiten:

§ 5. Революционер – человек обреченный, беспощаден для государства и вообще для всего сословно-образованного общества; он и от них не должен ждать для себя никакой пощады. Между ними и им существует тайная или явная непрерывная и непримиримая война на жизнь и на смерть. Он должен приучить себя выдержать пытки.

§ 6. Суровый для себя, он должен быть суровым и для других. Все нежные, изнеживающие чувства родства, дружбы, любви, благодарности и даже самой чести должны быть задавлены в нем единою холодною страстью революционного дела.[374]

---

[372] „§ 2. In der Tiefe seines Wesens, nicht nur in Worten sondern auch in Taten, hat er jede Verbindung mit der bürgerlichen Welt mit all ihren Gesetzen, Anstandsregeln, allgemeinen Gepflogenheiten und ihrer Moral abgebrochen." (Vestnik 1871:4).

[373] Zur *accomodatio* s. Mungello 1985. Für Pomper bildete eben das „Jesuitische" die Bruchlinie zwischen Bakunin und Nečaev – das Element, das Bakunin nicht mehr mitgemacht habe (1979:89).

[374] „§ 5. Der Revolutionär ist ein Verdammter, gnadenlos gegenüber dem Staat und überhaupt gegenüber der gesamten ständisch verfassten Gesellschaft; ebenso hat er von ihr keinerlei Gnade zu erwarten. Zwischen dem Revolutionär und der Gesellschaft tobt ein geheimer oder erklärter Krieg auf Leben oder Tod. Er muss es lernen, Folter zu erdulden./ § 6. Hart zu sich selbst, muss er auch zu anderen hart sein. Alle zarten, verzärtelnden Gefühle von Verwandtschaft, Freundschaft, Liebe, Dankbarkeit und selbst Ehre müssen in ihm durch die einzige kalte Leidenschaft für die revolutionäre Sache erdrückt sein." (Vestnik 1871:4).

5. Christoformität in Russland 567

Dahinter scheinen radikal-asketische Vorstellungen (wie Liebesverzicht, Selbstgeißelung etc.) neben sozial-kenotischen wie Ruhmesentsagung (s. 5.3.5.4) und der Bereitschaft zu äußerer Verächtlichkeit auf.[375] Die Härte gegen andere ist nicht mehr durch die Kenose abgedeckt, verhält sich jedoch analog zu dem, was von Soldatenmönchen erwartet wurde. Aus der Selbsterniedrigung wird das Recht zur Erniedrigung anderer abgeleitet.

5.5.4.2 Asketischer Fanatismus

Die Verschränkung von monastischen und soldatischen Tugenden ist jener Punkt, an dem sich eine Kritik an der revolutionären Bewegung formiert, die nicht über die Ablehnung von deren inhaltlichen Zielen funktioniert, sondern sich am Habitus des Revolutionärs festmacht. Am prägnantesten formuliert dies Semen Frank 1909 in *Этика нигилизма (К характеристике нравственного мировоззрения русской интеллигенции) [Die Ethik des Nihilismus. Zur Charakteristik der sittlichen Weltanschauung der russischen Intelligenzija]* im Sammelband *Вѣхи [Wegzeichen]*. Frank hinterfragt die vermeintliche Opposition von Opfern und Täter, von passiver Demut und aktiver revolutionärer Gesinnung. Was ihn beschäftigt, ist die Verbindung von Kenotisch-Asketischem und Militanz.

Wie der *Вѣхи*-Mitautor Bulgakov (s. 5.3.7.4) beginnt auch Frank mit einer Aufzählung para-religiöser Züge, welche die russische Intelligenzija seiner Auffassung nach kennzeichneten – Moralismus, Fanatismus, verbindliche Glaubenslehre, Wille zur Armut und Asketismus, Dienstwille und Opferbereitschaft –, und zwar für das rein irdisch verstandene Wohl des „Volkes".[376] Das alles fügt sich für ihn zu einer kritischen Gesamtdiagnose zusammen: Die russische Intelligenzija habe eine militant-mönchische Geisteshaltung: „[...] мы можем определить классического русского интеллигента как *воинствующего монаха нигилистической религии земного благополучия*."[377] Damit einher gehe jedoch keine weltabgewandt demütige Haltung, sondern das kämpferische Ideal eines „Ritterordens":

---

[375] Die Ideale des *Katechismus* entsprechen damit weitestgehend dem, was sich Černyševskijs fiktiver Held Rachmetov verordnet (6.5.2), der für Confino aber nicht mehr als eine „causa remota" des *Katechismus* darstellt (1973:47). Zudem hatte der Išutin-Kreis, aus dem Karakozovs Attentat von 1866 hervorging, sich „bereits nach dem Modell eines Ordens von Initiierten organisiert." (Heller/Niqueux 2003:177). Die Verächtlichkeit ist ein Moment, das Nečaev in der Rezeptionsgeschichte auch wirklich ereilt hat (vgl. Braunsperger 2002:69–89); mit Zutun Dostoevskijs prägt es einen erheblichen Teil der Nečaev-Forschung (ebd.:200).

[376] Se. Frank 1991:169–192; dt. Se. Frank 1990:279–312.

[377] „[...] können wir den klassischen russischen Intellektuellen als *militanten Mönch der nihilistischen Religion vom irdischen Wohlergehen* definieren." (Se. Frank 1991:192; dt. von Karl Schlögel, Se. Frank 1990:311, Hervorh. i. Orig.).

> С аскетической суровостью к себе и другим, с фанатической ненавистью к врагам и инакомыслящим, с сектантским изуверством и с безграничным деспотизмом, питаемым сознанием своей непогрешимости, этот монашеский орден трудится над удовлетворением земных, слишком «человеческих» забот о «едином хлебе». Весь аскетизм, весь религиозный пыл, вся сила самопожертвования и решимость жертвовать другими [...][378]

Revolutionäre Ziele und kenotische Qualitäten wie Opferbereitschaft und Asketismus gingen Hand in Hand mit militärischen Tugenden und Willen zur Macht. Opferbereitschaft und Bereitschaft zum Opfern anderer sind für Frank in der russischen Intelligenzija nicht mehr trennbar. Ob die Kollektivzuschreibung von kenotischen Zügen an *die* Intelligenzija insgesamt soziologische Berechtigung hat, braucht hier nicht zu interessieren.[379] Wichtig ist für diesen Zweck, dass das kenotische Modell nun nach der Zuschreibung an Heroen (5.5.1), siegreiche Herrscher (5.5.2), mönchische Soldaten (5.5.3) und in der terroristischen Programmatik auch in der distanzierten kulturphilosophischen Beschreibung massive Ausweitung erfährt – bis dahin, dass Opfer Täter werden und Täter als Opfer – und damit christoform – beschrieben werden.

5.5.4.3 Das instrumentelle Vorgehen des Putschisten

> Для одного – это [Нечаев] был прирожденный революционер, ежеминутно готовый схватиться за топор; для других – он обладал альтруизмом, справедливостью и массой мирных добродетелей.[380]

Die Entwicklung der terroristischen und putschistischen Verfahren geht bekanntlich noch über Franks Diagnose vom strengen Asketismus der linken Intelligenzija hinaus. Schon Nečaev hielt sich nur sehr punktuell an die von ihm selbst (mit)formulierte Regel, sah sich in der Rolle des Chefstrategen ermächtigt, von der *regula* abzuweichen und Mitverschwörer nach Gutdünken zu benutzen:

---

[378] „Mit asketischer Härte sich und anderen gegenüber, mit fanatischem Hass auf Gegner und Andersdenkende, mit sektiererischer Unduldsamkeit und schrankenlosem Despotismus, der sich aus dem Bewußtsein der eigenen Unfehlbarkeit speist, arbeitet dieser Mönchsorden an der Befriedigung der irdischen, allzu ‚menschlichen' Sorge um ‚das Brot allein'. Der ganze Asketismus, der ganze religiöse Eifer, die Energie der Selbstaufopferung und die Entschlossenheit, andere zu opfern [...]" (Se. Frank 1991:193; dt. von Karl Schlögel, Se. Frank 1990:313).

[379] Zu mönchischen Zügen im Habitus russischer Intellektueller vom 18. bis Ende des 20. Jh.s vgl. Vjač. Vs. Ivanov 2000.

[380] „Für die einen war es der geborene Revolutionär, jederzeit bereit, zur Axt zu greifen; für die anderen verfügte er [Nečaev] über Altruismus, Gerechtigkeitssinn und jede Menge friedlicher Tugenden." (Zasulič 1931:35).

5. Christoformität in Russland

Keine Revolution hatte bisher zuoberst auf ihre Gesetzestafeln geschrieben, der Mensch könne ein Werkzeug sein. Bei der Rekrutierung appellierte man gewöhnlich an den Mut und die Opferbereitschaft. Netschajew entscheidet, daß man die Zögernden erpressen und terrorisieren, die Vertrauenden täuschen kann. (Camus 2001:187)

Der *Катехизис революционера* sanktioniert es, Mitläufer der Revolution zu „Sklaven zu machen."[381] Nečaevs instrumentelles Umgehen mit Vertrauten wurde besonders von Bakunin und Zasulič (s. 5.5.5.2) thematisiert, die sich ihm zeitweise bedingungslos hingaben. Der Anarchist Bakunin hatte alle Hoffnungen in den „boy" gesetzt und sich so in Emigrantenkreisen isoliert. Nach 1869 löste er sich in einem schmerzvollen Prozess von seinen Illusionen (s. Grawitz 1998:315–322).

Vera Zasulič sah in Nečaev von seiner niedrigen sozialen Herkunft her eine Autorität als „«сын народа»" [„‚Sohn des Volkes'"] (Zasulič 1931:35). Diese Autorität dokumentiert Zasulič, indem sie umfänglich aus dem *Katechismus* zitiert (1931:43f). Das Verhältnis von personaler Größe und abstraktem Programm kehrt sich für sie an Nečaev jedoch um: Als sie sich ihm endlich in bedingungslosem revolutionärem Gehorsam unterordnete, erwartete er plötzlich Liebe, die sie aber verweigerte.[382] Darin ist sie nun konsequenter asketisch als ihr Meister: Sie weist den Mann Nečaev zurück, weil dieser das asketische Programm des *Katechismus* verrät, obwohl er dessen (mutmaßlicher) Autor ist. Wie viele andere fühlt sich Zasulič von Nečaev unlauter benutzt (ebd.:61). An dem Punkt, wo Nečaev dem kenotisch-asketischen Maximalismus untreu wird, wendet sich die revolutionäre Bewegung von ihm ab. Sie bleibt konsequenter in der soldatisch-monastischen Tradition als der Urheber ihres am stärksten monastisch-soldatischen Programms. Von Nečaevs Person losgelöst, machte die im *Правительственный вестник [Regierungsanzeiger]* von 1871 gedruckte Fassung eine ungeheure Karriere in terroristischen Milieus.[383]

Wie steht es dahingehend mit den rigorosesten Putschisten der russischen Geschichte – den Bolschewiken? Die offizielle marxistische Lesart besagt, dass Lenin zusammen mit der Ablehnung von Bakunins Anarchismus auch gegenüber Nečaev distanziert gewesen sei. Doch das stimmt nur bedingt. Lenin tritt revolutionstaktisch in gewisser Weise in Nečaevs Fußstapfen (s. Camus 2001:199). Lenins positive Nečaev-Rezeption wurde jedoch erst spät rekonstruiert. Lur'e bringt das Zeugnis Bonč-Bruevič', demzufolge Lenin Nečaev für einen „титан революции" [Titan der Revolution] gehalten habe, dessen Werke gesammelt und ediert werden müssten (Lur'e 2001:22):

---

[381] „[…] сделать их своими рабами." (Vestnik 1871:4).
[382] Zasulič 1931:60f. Zum Verhältnis Zasulič – Nečaev s. Geierhos 1977:17–22.
[383] Siehe Cochrane 1977:201; Pomper 1979:87f.

«[...] Нечаев обладал особым талантом организатора, умением всюду устанавливать навыки конспиративной работы, умел свои мысли облачать в такие потрясающие формулировки, которые оставались памятными на всю жизнь.»[384]

Die Unterschiede zwischen Nečaev und Lenin, die Pomper (1978) herausarbeitet, laufen bemerkenswerterweise darauf hinaus, dass Lenin weniger ehrsüchtig gewesen sei als Nečaev (ebd.:13) – und auch Stalin disziplinierter und fähiger zur Subordination gewesen sei (ebd.:27) – beides kenotische Qualitäten. Wenn Lenin und auch Stalin einen höheren Grad an Selbstdisziplin aufbrachten, dann bedeutete das aber höchstens die Abgrenzung vom Menschen Nečaev, nicht von seinem instrumentell-putschistischen Programm.

Lenins Sicht der Revolution durchlief eine Entwicklung weg vom Marxschen (in Russland von Plechanov verfochtenen) historischen Objektivismus (dass bestimmte Stadien der dialektisch-materiellen Geschichte durchlaufen sein müssten, bevor eine proletarische Revolution möglich würde) hin zu einer Kaderorganisation, die den Umsturz generalstabsmäßig plant. Lenin als Ideologe und Trockij als Stratege machten dann den folgenreichsten Putsch der Geschichte, die so genannte Oktoberrevolution. Dies gelang unter anderem dank asketischer Disziplin im Sinne Nečaevs und instrumentellem Umgang mit Menschen. Camus sieht darin den Weg bereitet zu den „totalitären Theokratien des 20. Jahrhunderts", welche die kenotische Opferfigur zur transitiven Erniedrigung anderer pervertierten:[385]

> Eine neue und scheußliche Rasse Märtyrer entsteht in diesem Augenblick. Ihr Martyrium besteht darin, einzuwilligen, den anderen Leiden aufzuerlegen; sie machen sich zu Sklaven ihres eigenen Herrentums. Damit der Mensch Gott werde, muß das Opfer sich erniedrigen, Henker zu werden. (Camus 2001:201)

Wenngleich Camus mit der Herausstellung dieser Pervertierung politisch wie moralisch im Recht ist, hat die Kulturgeschichtsschreibung solche Usurpationen zu berücksichtigen und sie nicht als zu „„entfremdet"" (Blumenberg 1974:17) auszusondern (vgl. auch 5.6.3.1).

5.5.5 Revolutionäre als christoforme Opfer
Neben Camus' ‚transitiven Märtyrern' gab es in den russischen revolutionären Kreisen eine andere, ‚idealistische' Richtung, die sich von Nečaevs Zynismus

---

[384] „„[...] Nečaev besaß ein besonderes Organisationstalent, verfügte über die Fähigkeit, überall Routinen konspirativer Arbeit zu installieren, vermochte es, seine Gedanken in derart frappierende Formulierungen zu kleiden, dass sie einem das ganze Leben in Erinnerung blieben."" (zit. n.: Lur'e 2001:22; vgl. auch Braunsperger 2002:84f).

[385] Wie schon der Sohnesmörder Ivan Groznyj (s. 5.5.2.4); vgl. auch Nečaevs Umgang mit anderen als „Sklaven" (§ 18, Vestnik 1871:4).

5. Christoformität in Russland

abgestoßen fühlte und Erniedrigung nicht transitiv verstand,[386] sondern *Selbst*erniedrigung als *conditio sine qua non* des Rechts auf revolutionäre Gewalt betonte.

5.5.5.1 Freiwillig Scheiterndee (die Dekabristen)

Vor allem im Rückblick, von Nečaevs und Lenins Instrumentalismus her, erscheinen die ersten russischen Aufständischen, bei denen das Epitheton *Revolutionäre* nicht gänzlich deplaziert ist, die Dekabristen des Jahres 1825, als Idealisten, bei denen, wie Camus sagt, die „Tugend noch vorhanden" war (2001:173). Die Dekabristen entwarfen zum einen ein mögliches Scheitern und Leiden um ihrer Ziele willen als funktionalen Bestandteil ihres Kampfes und brachten damit eine der Christologie verwandte Logik der Umwertung (s. 2.5.1) in Anschlag. Zum zweiten führten sie dieses Scheitern selbst herbei, da sie nicht bedacht hatten, was sie nach der Verweigerung des Treueschwurs auf den neuen Zaren Nikolaj I. am 14. (26.) Dezember weiter unternehmen sollten. Drittens wechselten die verhinderten Täter nach dem kläglichen Scheitern des Aufstandes auch realiter nahtlos in die Opferrolle hinüber: In der Folge des gescheiterten Aufstandes wurden fünf Hinrichtungen vollzogen und eine große Zahl Mitverschwörer verbannt (erst 1856 begnadigt). Während die Hinrichtung den Anschluss an das Todesopfer Christi zuließ, erweiterte die Verbannung die Möglichkeit zur Leidensnachfolge auf Angehörige.

Die Tatsache, dass die Frauen einer Reihe von Dekabristen ihren verbannten Männern nach Sibirien folgten (Franz/Gončarov 2002:470), fand literarische Nachklänge in analogen weiblichen Nachfolgeopfer-Szenarien, etwa in Nekrasovs Porträtgedichten *Русские женщины [Russische Frauen]* (Nekrasov 1950:II 226–266), in Dostoevskijs *Преступление и наказание [Verbrechen und Strafe]* oder Tolstojs *Воскресение [Auferstehung]* (s. 5.2.6.3).

Doch schon vor der Gelegenheit zum Aufstand, die sich mit der ungeklärten Nachfolge des verstorbenen Zaren Aleksandrs I. ergab, beherrschte die Topik des freiwilligen Leidens – hier noch als künftiges – das im romantischen Kontext stehende Denken der Dekabristen; die Hinrichtungen und Verbannungen nach dem gescheiterten Aufstand stießen somit auf ein fertiges Rezeptionsmuster – das Muster eines Opferleidens mit Anklängen an Christusnachfolge.[387] Die Antizipation künftigen, sinnvollen Leidens verbindet sich besonders mit dem lyrischen Werk von Kondratij Ryleev, die Reflexion des bereits eingetretenen Übels mit dem von Vil'gel'm Kjuchel'beker.

---

[386] Allerdings operierte auch Nečaev nach 1869 zunächst effizient mit der Selbststilisierung zum Opfer (Masters 1974:187).

[387] Einschlägig sind dafür gerade auch die literarischen Evokationen der Leidensdulder Boris und Gleb in Gedichten von Ryleev (1821; Ryleev 1987:92f) und Kjuchel'beker (1824) über den Täter *Святополк [Svjatopolk]* (vgl. dazu Debreczeny 1991:274).

Eine der später kanonischsten Antizipationen künftigen Leidens findet sich in einem unvollendeten Poem Ryleevs, der *Исповедь Наливайки*[388] von 1824/25:

«[…]/ Известно мне: погибель ждет
Того, кто первый восстает
На утеснителей народа, –
Судьба меня уж обрекла.
Но где, скажи, когда была
Без жертв искуплена свобода?»[389]

In einem seiner letzten Texte, 1826 in der Haft geschrieben, deklariert Ryleev, an E.P. Obolenskij gewandt, Christus zum Vorbild – für Leidensnachfolge. Dazu evoziert er das Gethsemane-Motiv des Kelchs, der – Ryleev sieht dies klar voraus – an ihm nicht vorbeigehen werde.

Ты прав: Христос спаситель нам один,
И мир, и истина, и благо наше;
Блажен, в ком дух над плотью властелин,
Кто твердо шествует к Христовой чаше.[390]

Bezogen sich Ryleevs Versuche einer Positivierung politisch motivierten Leidens auf die Zukunft, so spielt in der Dichtung seines Mitverschwörers Kjuchel'beker ein bereits geschehenes Übel – genauer: der bereits eingetretene Tod anderer – die entscheidende Rolle.

Dieses Muster taucht schon vor dem Dezember-Aufstand auf, als Kjuchel'beker am 10. Januar 1825 bei der Trauerfeier für den beim Duell getöteten Freund und Mitverschwörer aus dem *Северное общество* [Nordbund], Konstantin P. Černov, die zu einer politischen Manifestation geriert, – das von ihm oder von Ryleev stammende Gedicht *На смерть Чернова [Auf Černovs Tod]* vortrug. Das lyrische Ich protestiert zunächst gegen ein bestimmtes Modell von Kenose – als untertänigem Dienst am Vaterland: „Нет! не отечества сыны – […]".[391] Der

---

[388] *Nalivajkos Beichte*. Nalivajko war der Führer eines Kosakenaufstandes 1594/96.

[389] „‚[…]/ Ich weiß wohl, dass das Verderben wartet,/ Auf den, der als erster aufsteht,/ Gegen die Unterdrücker des Volkes –/ Ich bin schon vom Schicksal verdammt./ Doch wo und wann, sag, ward je/ Ohne Opfer die Freiheit errungen?'" (Ryleev 1987:211).

[390] „Du hast recht: Christus allein ist unser Retter,/ Unser Frieden, unsere Wahrheit und unser Heil;/ Selig der, in dem der Geist über das Fleisch herrscht,/ Wer festen Schrittes auf den Christuskelch zugeht." (Ryleev 1987:82).

[391] „Nein, nicht Söhne des Vaterlandes – […]" (Kjuchel'beker 1987:335). *Сын отечества [Sohn des Vaterlandes]*, ein ab 1717 im Umlauf befindlicher Terminus, gab einer staatstragenden populären Zeitschrift (1812–52) den Namen. 1816 hatte auch die erste, noch nicht geheime Vorläuferorganisation der dekabristischen Geheimgesellschaften, der *Союз спасения* [Rettungsbund] die Formel vom „Sohn des Vaterlandes" in der Selbstbeschreibung geführt: *Общество истинных и верных сынов отечества* [Ge-

5. Christoformität in Russland

Dienst am Vaterland habe vielmehr eine weitergehende Mission: gegen die Tyrannen vorzugehen.

Černovs Tod im Duell wird als leuchtendes Beispiel vorgestellt. Das eingetretene Übel des Todes wird damit am Schluss des Gedichts umgewertet:

> Завиден, славен твой конец!
> Ликуй: ты избран русским богом
> Всем нам в священный образец!
> Тебе дан праведный венец!
> Ты чести будешь нам залогом![392]

So erscheint das Negativum Tod als integraler Bestandteil des positiven Exempels, das mit einem „Kranz der Gerechten" markiert wird; ein Ehrenkranz für den Sieger (der überlebt hat) wäre sachlich unangemessen, sodass dieses Motiv zwischen Ehren- und Dornenkranz Christi changiert. Daran knüpft sich die Paränese zur Nachfolge in ähnlich radikaler Opferbereitschaft.

Nach dem gescheiterten Aufstand evoziert Kjuchel'beker dann einen Toten, bei dem der politische Kontext des persönlichen Opfers noch deutlicher zutage tritt: Ryleev. Während Kjuchel'beker selbst zunächst in der Festung Schlüsselburg inhaftiert war, wurde Ryleev bereits am 13. Juli 1826 hingerichtet. Ihn apostrophiert der hinterbliebene und selbst in der Haft für seine politischen Ideen leidende Freund als Schatten, als *Тень Рылеева* [*Ryleevs Schatten*] (1827). Auch in diesem Gedicht greift Kjuchel'beker zur kenotischen Figur der Umkehrung des bereits eingetretenen Übels Tod. Will man dieses Verfahren psychologisch entschlüsseln, so handelt es sich um Selbsttröstung. Dazu kommt aber auch das Bestreben um Weitergabe der Mission, die erst lange nach Kjuchel'bekers Tod durch die Veröffentlichung dieses Gedichts greifen konnte, seinem Text dann aber kanonischen Status eintrug. Das lyrische Ich spricht als politischer Häftling (Kjuchel'beker), der eine Erscheinung hat: Ein Schatten (Ryleev) tritt auf und interpretiert sein eigenes Los als Sänger der Freiheit:

> «[…]/ Блажен и славен мой удел:
> Свободу русскому народу
> Могучим гласом я воспел,
> Воспел и умер за свободу!

---

sellschaft der wahren und treuen Söhne des Vaterlandes]. Der „Sohn des Vaterlandes" – eine Transformation des *раб божий* [Gottesknecht] über die Zwischenstufe des *раб отечества* [Knecht des Vaterlandes] – erscheint nicht mehr akzeptabel, weil Dulden zu sehr mit Untertanenschaft assoziiert wird, während Kjuchel'beker das Dulden nun für die mit dem Umsturz-Anliegen einhergehenden Leiden beansprucht.

[392] „Beneidenswert und ruhmvoll ist dein Ende!/ Freue dich, du bist zum russischen Gott erwählt,/ Uns allen zum heiligen Vorbild!/ Dir ist Kranz des Gerechten gegeben!/ Du wirst für uns das Unterpfand der Ehre sein!" (Kjuchel'beker 1987:335).

Счастливец, я запечатлел
Любовь к земле родимой кровью!/ [...]»[393]

Bemerkenswert ist daran einmal das Selbstlob des Sprechers (das nur bei einem Toten durchgehen kann), zum anderen das beschworene „Glück", das dieser im Opfertod erfahren haben will – weil er sich in das kulturelle (politische) Gedächtnis „eingeprägt" habe.[394] Dem Ende des eigenen Lebens wird die Dauer der *memoria* entgegengestellt. Nach dieser imaginierten Umwertung des eigenen Opfers um des mnemonischen Exempels willen kann der Schatten (Ryleev) auch das Haftopfer des Gefährten (Kjuchel'beker) als sinnvoll hinstellen[395] und diesem eine Vision künftiger Freiheit eingeben:

«[...]/ Поверь: не жертвовал ты снам;
Надеждам будет исполненье!»/ [...]
И видит: на Руси святой
Свобода, счастье и покой![396]

Im politischen Kontext mag die Übernahme des sakralen Terminus für das politische Heimatland frappieren, doch erscheint dies angesichts der Partizipation an der kenotischen Tradition (einem Opfer für andere; s. 3.0.3) als Ausweis der christlichen Wurzel des Konzepts eines funktionalen politischen Opfers.

Kjuchel'beker bleibt diesem poetischen Muster auch weiter treu und repetiert es in weiteren Gedichten aus Anlass des Todes von Freunden; als *Generalmuster* russischer Dichter/politischer Propheten tritt es in *Участь русских поэтов*[397] auf.

5.5.5.2 Sanfte Attentäter (von Vera Zasulič bis Egor Sazonov)

> We do not want to present as purely religious and ‚kenotic' movements the events and ideas of the 'sixties and 'seventies. (Gorodetzky 1938:75)

Das von Kjuchel'beker oder Ryleev stammende Gedicht aus Anlass des Duelltods von Černov und Kjuchel'bekers Vision vom „Schatten Ryleevs" wurden nicht zufällig Ende der 50er und Anfang der 60er Jahre (1859 und 1862) veröffentlicht.

---

[393] „„[...]/ Selig und ruhmreich ist mein Schicksal:/ Dem russischen Volk habe ich die Freiheit/ Mit mächtiger Stimme besungen,/ Besungen und bin für die Freiheit gestorben!/ O ich Glücklicher, ich habe meine Liebe/ Zur heimischen Erde mit Blut besiegelt!/ [...]" (Kjuchel'beker 1987:336).

[394] Zur Siegelmetapher vgl. 3.4.2 u. 4.5.10.1.

[395] Vgl. Solženicyn, 5.4.4.2.

[396] „„ [...]/ Glaub' mir: Du hast dich nicht vergeblich geopfert;/ Die Hoffnungen werden in Erfüllung gehen!'/ [...] Und er sieht: In der heiligen Rus'/ Herrschen Freiheit, Glück und Frieden!" (Kjuchel'beker 1987:336).

[397] *Das Los der russischen Dichter* (1845) – ein Prätext für Chodasevič (5.4.4.3).

5. Christoformität in Russland

Das dekabristische Modell von politischer Kenose hatte nun Konjunktur. In den 1860er Jahren bildete sich erstmals eine verschiedene Schichten erfassende radikale Bewegung (s. 6.1), die alternative Gesellschafts-, Geschlechter- und Wirtschaftsmodelle entwarf.

Beginnend mit Karakozov, fanden deren revolutionäre Aspirationen sukzessive Eingang in die Praxis terroristischer Attentate.[398] Während der instrumentell agierende Zyniker Nečaev selbst sich nur durch den Mord an dem Mitverschwörer Ivanov hervortat, blieb es anderen vorbehalten, echte politische Attentate zu machen. Besondere Beachtung fand das Attentat, das die junge Vera Zasulič am 24. Januar 1878 auf den Stadthauptmann von Petersburg, General Trepov, verübte. Wenn Zasulič auch mit Nečaev verbunden war, so hat Camus doch Recht, wenn er hier eine Trennlinie einzieht und einige von Zasulič' Nachfolgern „zartfühlende Mörder" (2001:194) nennt. Für die Triftigkeit der Abgrenzung spricht Zasulič' Selbsteinordnung in die dekabristische Tradition des freiwilligen Opfers; in ihren *Воспоминания [Erinnerungen]* zitiert sie Ryleevs Poem *Наливайко [Nalivajko]*:

> Откуда то попалась мне исповедь Наливайки Рылеева и стала одной из главных моих святынь: «известно мне: погибель ждет того, кто» и т.д. И судьба Рылеева была мне известна. И всюду всегда все героическое, вся эта борьба, восстание было связано с гибелью, страданием.[399]

Für Zasulič' Wortgebrauch hängen Heroismus und Leiden eng zusammen. Mögen Heroismus und Opferposition auch von der Aktantenstruktur her nicht recht zueinander passen, so werden sie hier doch einmal mehr durch das Moment des Todes zusammengefügt (5.5.1.1): Aktives und Passives greifen ineinander, Aktivität (Heroismus) wird gerade durch Passivität (Leiden) begründet. Die Selbsttechnik der Kenose erscheint damit wichtiger als der äußere Erfolg aktiven Handelns;

---

[398] Siehe Ulam 1977:1–5. Vgl. 6.8.3. Eine friedliche Form der Vorbereitung eines grundlegenden gesellschaftlichen Wandels wählte das *народничество* [Volkstümlerbewegung] in den 1870er Jahren. In dieser Bewegung ist das Moment der freiwilligen Selbsterniedrigung weniger auf den bewaffneten Kampf und die resultierende Gegengewalt der Staatsmacht bezogen, als im gezielten sozialen Abstieg „ins Volk" (auch in intellektueller Hinsicht) zu suchen: „They sought first of all to resemble those ‚who bear all in the name of Christ' by denying their privileges and by humbling themselves. If one could object that it was an imitation of peasant, rather than an imitation of Christ, the answer would be that a revolutionary movement is not bound to imitate Christ, but that as far as peasants were taken as an example, they were chosen in their ‚kenotic' aspect." (Gorodetzky 1938:88; vgl. auch 75 u. 90). Zasulič wirkte in dieser Bewegung 1875 mit, bevor in ihren Strategien ein „Umschwung" passierte (Geierhos 1977:30f).

[399] „Irgendwoher fiel mir Nalivajkos Beichte von Ryleev in die Hände und wurde eines meiner größten Heiligtümer: ‚Ich weiß wohl, dass das Verderben wartet,/ Auf den' usw. Auch Ryleevs Schicksal war mir bekannt. Und überall war immer alles Heroische, all dieser Kampf und Aufstand mit Tod und Leiden verbunden." (Zasulič 1931:15).

für die Revolution wird – jedenfalls in dieser vorrevolutionären Phase – nicht der siegreiche Putschist zum Heros, sondern das an seiner eigenen Tat leidende Opfer. Vor dem Hintergrund dieser Kontamination von Heroismus und Kenose wird verständlich, warum Zasulič anschließend plötzlich auf Christus umschwenkt:

«Есть времена, есть целые века, когда ничто не может быть прекраснее, желаннее тернового венца». Он-то и влек к этому «стану погибающих», вызывал к нему горячую любовь. И несомненно, что эта любовь была сходной с той, которая являлась у меня к Христу, когда я в первый раз прочла евангелие. Я не изменила ему: он самый лучший, он и они достаточно хороши, чтобы заслужить терновый венец, и я найду их и постараюсь на что-нибудь пригодиться в их борьбе.[400]

Neben der Logik von Heroismus *plus* Leidensopfer gibt es für das plötzliche Auftreten Christi auch einen intertextuellen Grund; die Phrase „«[…] ничто не может быть прекраснее, желаннее тернового венца»." bildet ein Zitat aus Nikolaj Nekrasovs *Мать [Die Mutter]* (1868),das den Ikonentypus Eleousa (s. 4.6.4.2) ins Soziale übersetzt.[401] Paraphrasiert und politisch weitergeführt wird dies in Nekrasovs *Песня Еремушке [Lied für Eremuška]* (1859), einem Gedicht, das revolutionäre Ideale, Dienst und Dornenkranz zusammenbringt:

[…]/ Братством, Равенством, Свободою
Называются они.

Возлюби их! на служение
Им отдайся до конца!
Нет прекрасней назначения,
Лучезарней нет венца.[402]

Im Nekrasov-Zasuličschen Intertext verweben sich wiederum „Dienst" und „Kranz", greift also das Paradox der kenotischen Christologie von Selbsterniedrigung und Erhöhung durch einen ambivalenten Ehren-/Dornenkranz (vgl. 5.5.5.1).

---

[400] „‚Es gibt Zeiten, es gibt ganze Jahrhunderte, in denen es nichts Schöneres und Erstrebenswerteres geben kann als den Dornenkranz.' Er war es, der [uns] in dieses ‚Lager der Todgeweihten' lockte und brennende Liebe einflößte. Und es kann keinen Zweifel geben, dass diese Liebe derjenigen ähnlich war, die ich gegenüber Christus verspürte, als ich zum ersten Mal das Evangelium las. Ich bin ihm nicht untreu geworden: Er ist der beste, er und sie sind gut genug, um den Dornenkranz zu verdienen, und ich werde sie finden und mich bemühen, in ihrem Kampf für etwas zu taugen." (Zasulič 1931:15f); vgl. Tumarkin 1997:17.

[401] Zum Gottesmuttertopos in der revolutionären Literatur der Jahrhundertwende vgl. Mogil'ner 1999:51.63.

[402] „Daß zur Herrschaft endlich kommen hier:/ Freiheit, Gleichheit, brüderliche Liebe!// Ehre sie! Gib ihrem Dienst dich hin!/ Liebe sie bis an dein Lebensende!/ Dann erfüllst du deines Daseins Sinn!/ Kränze winden dir des Volkes Hände!" (Nekrasov 1950:I 200; dt. von Martin Remané, Nekrasov 1965:I 153f).

5. Christoformität in Russland

Neben der paradoxen Figur, so bezeugt Zasulič, war das personale Vorbild entscheidend. Doch welches? Das Personalpronomen „ему" [ihm] in Zasulič' Satz „Я не изменила ему" [Ich bin ihm nicht untreu geworden] muss sich anaphorisch auf Christus beziehen. Doch der zuvor genannte Ryleev schwingt ebenfalls mit. Das personale Vorbild, dem sich Vera Zasulič verpflichtet sieht, ist sichtlich ein doppelköpfiger Ryleev-Christus.

Zasulič räumt ein, dass dieses Vorbild für ihre Motivation zu revolutionärer Tätigkeit wichtiger gewesen sei als alles andere, gar als der inhaltliche Anstoß, nämlich sozioökonomische Missverhältnisse:

> Не сочувствие к страданиям народа толкало меня в «стан погибающих». Никаких ужасов крепостного права я не видала [...]
> Ни о каких ужасах крепостного права в Бяколове я не слыхала – думаю, что их и не было.[403]

Im Weiteren evoziert Zasulič weitere Vertreter der revolutionären Tradition, in der sie sich verortet, – neben Karakozov und Černyševskij[404] auch Nečaev (s. 5.5.4.3).

Wie Zasulič sich in eine Reihe von ideellen Vorläufern stellte, so hatte sie auch eine Phalanx von praktischen Nachfolgern; nach Zasulič' spektakulärem Attentat von 1878, das als „Funke" und „Signal zum Handeln" wirkte (Geierhos 1977:43.86), erlebte Russland eine ganze Welle von Morden (mit dem Höhepunkt der Ermordung des Zaren Aleksandrs II. 1881), die bis zur ersten russischen Revolution anhielt. Camus spricht von einem Paradigma, das 1905 mit der Ermordung des Großfürsten Sergej Aleksandrovič durch Ivan Kaljaev auslief:

> Die Ermordung Plehwes durch Sasonow und des Großfürsten Sergej durch Kaliayew im Jahre 1905 sind der Höhepunkt dieser dreißig Jahre eines blutigen Apostolats und beschließen für die revolutionäre Religion das Zeitalter der Märtyrer. (2001:190)

Im Umfeld dieser Attentäter, dem linken Untergrund, herrscht in dieser Zeit nicht nur eine allgemeine Paränese zur Opferbereitschaft vor, wie Mogil'ner nachweist,[405] sondern auch die Attentäter selbst begreifen ihre Tat als Opfer. Egor Sazonov, der am 15. Juli 1904 den Innenminister Pleve ermordete, spricht von einem „Ritterorden" (Gorodnickij 1995:170) von Verschwörern und reflektiert seine Tat mit Opfer- und Kreuzestopik (vgl. Camus 2001:192f.). Ja, er stellt die sozialisti-

---

[403] „Nicht das Mitgefühl mit dem Leiden des Volkes trieb mich in das ‚Lager der Todgeweihten'. Schrecken der Leibeigenschaft habe ich keine gesehen [...]/ Ich hatte von keinerlei Schrecken der Leibeigenschaft in Bjakolovo gehört und denke, dass es auch keine gegeben hatte." (Zasulič 1931:16); s. dazu auch Mogil'ner 1999:43.
[404] Zasulič 1931:17f. Zu Černyševskij s. 6., zu Karakozov 6.8.3.
[405] Mogil'ner 1999:46; vgl. auch von Eckardt 1947:181–198.

sche Sache – und mittelbar auch das terroristische Mittel – in die Christus-Genealogie: „I feel that we socialists are continuing the cause of Christ."[406]

5.5.5.3 Terroristisch-christologische Paradoxe

Welches Paradox es bedeutet, wenn ein Mörder die Nachfolge des ermordeten Christus für sich in Anspruch nimmt,[407] wird in der Reflexion der Täter überzeichnet. Zur gleichen Zeit propagierte eine von staatlicher Seite lancierte populäre Biografie den von den Terroristen ermordeten Zaren Aleksandr II. als Märtyrer (Tumarkin 1997:10). Derselbe Gegenstand wird damit in doppelter Weise lesbar – als terroristische Gewalt und als christoforme Selbsterniedrigung – zwei Semantisierungen, die sich auszuschließen scheinen. Man mag solche doppelten Semantisierungen von einer christlichen Ethik her skandalös finden – ein kulturgeschichtliches Faktum sind sie dessen ungeachtet (vgl. 5.6.3.1).

5.6 Säkular-sakrale Doppellesbarkeit

Zwischen den traditionellen christlichen Habitusmodellen und den revolutionären, windschief dazu stehenden oder diametral gegen das Christentum gerichteten, gibt es, wie zuletzt gesehen, keinen Geschichtsbruch, wie ihn eine Rezeptionsroutine, die in disjunkten historischen Epochen denkt (Steinwachs 1985), erwarten würde: Es gibt auch in der Zeit ab den 1860er Jahren und selbst in der Sowjetepoche keine klare Scheidelinie; über diese knapp 130 Jahre bestehen in Russland säkulare (vor allem revolutionär-sozialistische) und sakrale (etwa christologisch-kenotische) Deutungsmuster nebeneinander.

Wo Disjunktion nicht greift, da hat sich die Forschung Überlappungen von Sakralem und Säkularem bisher gerne als „Koinzidenzen" erklärt. So sieht Morris eine „coincidence" zwischen der Schilderung Avraamij Smolenskijs und Rachmetovs (1993:1f), und Dawe stellt auf der Grundlage seiner Gorodetzky-Lektüre die Diagnose: „This remarkable coincidence between the kenotic motif in the secular and religious literature of Russia illustrates the universality of the motif." (1963:150). So triftig diese Beobachtungen sind – sie helfen *kulturtheoretisch* nicht weiter, denn die Rede von Koinzidenzen suggeriert etwas jenseits der

---

[406] Zit. n. Tumarkin 1997:17. Die Einordnung in die Nachfolge Christi erfolgt unbeschadet von Sazonovs feuerbachianischen Ansichten über Religion als menschliche Projektion (s. Gorodnickij 1995:169).

[407] „While traditional peasant culture had turned the *victims* of assassination into Christlike figures, the terrorists depicted the *assassins* as the passion-sufferers." (Tumarkin 1997:17, Hervorh. i. Orig.).

5. Christoformität in Russland

menschlichen Verfügung Geschehendes; es bleibt ungesagt, von woher und aus welcher (Rezipienten-)Perspektive sich ein Sachverhalt als Koinzidenz ausnimmt. Wie ist die Usurpation eines christologisch grundierten Habitus, einer christologisch basierten Historiosophie und einer christologisch gestützten Leidensfunktionalisierung durch christentumsferne Kräfte wie revolutionäre Kreise kulturtheoretisch zu beschreiben? Welche Transformationen des christologischen Modells und seiner Annexe lassen sich noch als davon bestimmt charakterisieren – und welche nicht mehr?

Wenn von einem ‚säkularen Usurpator' wie Vera Zasulič oder Egor Sazonov explizit Christoformität beansprucht wird (5.5.5), ist die kulturhistorische Rekonstruktion einfach. Es bleibt dann nur noch zu klären, wie groß die Bedeutung ist, die einer solchen Zuschreibung zukommt. Wie aber steht es, wenn es keine solche explizite Zuschreibung gibt oder diese in nicht-offensichtlichen, nicht für jeden Rezipienten erkennbaren Strukturen liegt?

5.6.1 Zur Problematik der Säkularisierungstheorie

> [...] der moderne Mensch [pflegt] im ganzen selbst beim besten Willen nicht imstande zu sein [...], sich die Bedeutung, welche religiöse Bewußtseinsinhalte für die Lebensführung, die Kultur und die Volkscharaktere gehabt haben, *so* groß vorzustellen, wie sie tatsächlich gewesen sind [...] (M. Weber 1991:190, Hervorh. i. Orig.)

Die Großtheorie, welche beansprucht, Phänomene nicht-offensichtlicher Religionsreste zu beschreiben, ist die Säkularisierungstheorie. Da diese – mit der Modernisierungs- und Zivilisierungstheorie verschwägert – jedoch an einer Kryptoteleologie des allmählichen Verschwindens der Religion krankt, die nicht zuletzt Lenin und Chruščev verfochten und die am Beispiel der Sowjetunion und des postsowjetischen Russlands falsifiziert wurde, ist die Säkularisierungsthese, jedenfalls als Makrotheorie, in die Kritik geraten. Hier mag der Verweis auf den klassischen Angriff Blumenbergs (1974) und auf jüngere Einwände Pollacks (2003) und Grafs (2004) genügen. Auch wissenschaftsgeschichtlich hat eine teleologisch begriffene Säkularisierungstheorie Auswirkungen gehabt; besonders die deutsche Kulturwissenschaft zeigte sich, wie Graf bemerkt, noch unlängst religionsresistent (2000:11). Bei der sich aktuell abzeichnenden Konjunktur religionshistorischer Themen in der kulturwissenschaftlichen Forschung besteht nun die Gefahr, dass die Interkonnexe von Säkularem und Religiösem aus dem Blick geraten, welche zu betrachten die Säkularisierungstheorie gerade eingefordert hatte.

Worum es dieser Arbeit geht, ist weder eine Teleologie der Säkularisierung noch eine Reanimierung des Religiösen, sondern die Mikroanalyse von Motoriken und Rhetoriken der Christologie und ihrer Wiedererkennbarkeit jenseits des christlich definierten Milieus. Es gilt, wie Treml/Weidner 2007 fordern, die Komplexität der Prozesse gegen die Versuchung eines *Grand Récit* zu verteidigen:

> Vielleicht ist Säkularisierung wirklich *die letzte große Erzählung* – aber als Literaturwissenschaftler weiß man, dass Erzählungen immer komplex und mehrdeutig sind. Darum verlangt diese Erzählung nach einer Relektüre, nach dem Abbau ihrer Selbstverständlichkeit, nach dem neuen Verständnis der komplizierten Textur des Begriffs und seines Umfelds. (Treml/Weidner 2007:11)

Vermeintlich objektive soziohistorische Schemata von „Säkularisierung" wie Carl Schmitts Kontinuitätsthese blenden,[408] selbst wenn sie modifiziert werden durch Transformations- und Transpositionsgesichtspunkte wie etwa Luckmanns „Verlagerungen" und „Mutationen" (1991:152), zumeist die Relativität und Historizität von Verstehensakten aus. Ähnliches lässt sich über die politikwissenschaftliche Kategorie „politischer Religionen" von Berdjaev (1990) und Voegelin (1993) bis Maier (2004) sagen.[409] Vor jeder vermeintlich objektiven Soziologie muss eine Struktur jedoch erst als (post)religiös *erkannt* werden. Insofern ist die soziologische Säkularisierungsteleologie durch eine Rezeptionstheorie, eine Hermeneutik[410] und Ästhetik[411] säkular-sakraler Doppeldeutungen zu revidieren.

5.6.2 Zur Begrenztheit russisch-religionsphilosophischer Verstehensangebote

Früh beschäftigte russische Literaten und Philosophen angesichts des Aufstiegs von Sozialismus, Kommunismus und schließlich Bolschewismus die Frage nach dem Zusammenhang von Sakralem und Säkularem. Die Anstöße kamen von Dostoevskij;[412] diskursiv auseinandergesetzt mit der Frage, inwieweit diese als Usurpationen des christlichen Modells zu verstehen seien, hat sich die russische religiöse Philosophie des Silbernen Zeitalters von den *Вѣхи [Wegmarken]* (1909) und *Из глубины [De profundis]* (1918) bis zu den Exilschriften Berdjaevs über den Sowjetkommunismus wie *Истоки и смысл русского коммунизма [Ursprünge und Sinn des russischen Kommunismus]* (1937; Berdjaev 1990). Die beschreibenden Ansätze – in der Mehrheit Kontinuitätsthesen – sind darin aller-

---

[408] Blumenberg erklärt Schmitts Satz „Alle prägnanten Begriffe der modernen Staatslehre sind säkularisierte theologische Begriffe." (Schmitt 1990:49) zur „stärksten Form des Säkularisierungstheorems" (Blumenberg 1974:106).

[409] Vgl. Maiers konzeptgeschichtlichen Abriss (2004:66–73). Eine Ausnahme vom herrschenden Soziologismus bildet neben dem sprachbewussten Sinjavskij (2001:10f) Ryklin, der in *Kommunismus als Religion* (2008) Verstehensakte westlicher Intellektueller fokussiert.

[410] Nicht im Sinne einer spezifischen (deutschen) Tradition, sondern allgemein als Lehre vom Verstehen und der Perspektivabhängigkeit von Lesarten verstanden.

[411] Wiedererkennen ist, wie Wunberg (1983) demonstriert hat, ästhetisch hoch produktiv.

[412] Siehe 5.3.7.4; vgl. Onasch 1976:95–98; Sinjavskij 2001:16.

dings, wie bei Bulgakov und Frank gesehen (5.3.7.4 u. 5.5.4.2), eingeklemmt zwischen der Negativwertung von sozialistischen Konzepten und Revolution einerseits und einer Psychopathologie der Intelligenzija andererseits.

5.6.3 Zur Heuristik sakral-säkularer Übersetzung

> Eine Säkularisierung, die nicht vernichtet, vollzieht sich im Modus der Übersetzung. (Habermas 2001)

Die Wertungsübersättigung der Verständnisangebote der russischen religiösen Philosophie – einer Gegnertheorie –, weist Spuren des geschichtsphilosophischen Traditionalismus der Orthodoxie auf: Die häufig von Renegaten und Emigranten verfochtene Kontinuitätsthese operiert vielfach untergründig mit der Präsupposition einer Ununterbrochenheit *der* Tradition (der Orthodoxie) und sind außerstande, den Wandel dieser Vorstellungswelt nüchtern zu beschreiben. Dagegen kann das Modell kultureller Übersetzung[413] – heuristisch eingesetzt – Abhilfe schaffen. Geht man davon aus, dass das christliche Dispositiv seine Vorstellungswelten durchzusetzen bestrebt ist (s. 1.5.2–1.5.3), so könnte ein Teil des Erfolgs dieser Durchsetzungsbestrebungen darin bestehen, dass die mnemonischen Strukturen auch außerhalb des (vermeintlichen) Kerneinflussbereichs wirken, also außerreligiöse Ideenkomplexe mitstrukturieren. Geht man vom Genotext Phil 2,5–11 und der griechischen Christologie aus, so erscheint diese Mitstrukturierung fremder Ideenkomplexe als ‚Übersetzung' des Modells in andere Kontexte, ist also prozessual beschreibbar als Transformation, Transposition, Inkulturation etc. (vgl. 1.4.5).

5.6.3.1 Eine Antwort auf Blumenberg

Gegen eine Betrachtung säkularer Phänomene als transformierte und/oder transponierte Ausgestaltungen von Sakralem hat Hans Blumenberg Einspruch erhoben. Er zielt aber nicht gegen die motorische Vorstellung von Übersetzung, sondern gegen gewisse, eventuell mitschwingende axiologische Seiteneffekte. Seine Kritik an Transformations- und Transpositionsmetaphern richtet sich gegen die Implikation eines Wertgefälles: „Solche Sätze bestimmen einen eindeutigen Zusammenhang des Woher und Wozu, eine Deszendenz, einen Substanzwandel."[414] Vor allem reagiert Blumenberg allergisch auf theologische Umarmungen des Säkularen:

> Die Weltlichkeit, auf diese Weise nicht nur zugelassen und geduldet, sondern systematisch selbst ‚vorgesehen', kann sich ihrer Einplanung in den Heilsplan ebensowenig wi-

---

[413] Siehe Bachmann-Medick 1997; Kissel/Uffelmann 1999.
[414] Blumenberg 1974:10. In diesem Zusammenhang erwähnt Blumenberg in einem Nebensatz auch die „*Kenosis*" (ebd.:13, Hervorh. i. Orig.), ohne dies jedoch für seine Argumentation systematisch einzusetzen.

dersetzen, wie sie etwas dazu zu tun braucht, um eine Rolle zu übernehmen, die selbst nicht zu verstehen eben die Pointe dieser Rolle ist. (1974:14)

Blumenbergs Anliegen ist es, das Eigenrecht der Welt zu wahren. Im Zuge der Moderne sei die Welt „*bestenfalls auf es* [das irdische, jetzige Leben] *zurückgeworfen*" (ebd.:16, Hervorh. i. Orig.). Damit verfährt Blumenberg – wie die Säkularisierungstheorie der Dialektischen Theologie (s. 5.6.5.2), nur unter umgekehrten Vorzeichen – zu dualistisch, fällt *mutatis mutandis* in die Augustinische Zwei-Welten-Lehre zurück (s. Marramao 1992:1133).

Von Blumenbergs Verteidigung des Eigenrechts der säkularen Welt bleibt die *heuristische* Frage nach dem *punktuellen* Zusammenhang säkularer Formen mit sakralen Mustern unberührt. Eine solche kulturhistorische Heuristik kann Blumenbergs berechtigten Einspruch gegen versteckte Werthierarchien, gegen „die Qualifizierung einer historischen Abhängigkeit mit den Elementen ‚ursprünglich' und ‚entfremdet'" (1974:17) sehr wohl beherzigen.[415] Man muss keine „Substanz in ihren Metamorphosen" (ebd.:22) herausdestillieren und sich den „platonischen Rest [...] im Vorwurfsgehalt von ‚Säkularisierung'" (ebd.:86) aufbürden, sondern kann den Drift (s. 5.6.5.4), die Streuung und Wucherung der Zeichen genauso ernst nehmen wie das, was sie heuristisch zu ihrem Anfang nimmt (hier Phil 2,5–11). Ohne die diversen kulturellen Ausgestaltungen hätte schließlich auch das paulinische Modell keine Relevanz (s. 3.1.9.1).

5.6.3.2 Plädoyer für eine Hermeneutisierung der Säkularisierungsfrage

> Можно было бы написать большое исследование о словесных совпадениях и заимствованиях на тему: «Коммунизм и библия», [...][416]

Gerade das Moment sprachlicher Strukturen, um die es hier geht, erkennt auch Blumenberg als den ureigensten Bereich einer Zusammenschau von Sakralem und Säkularem an: „*Das Christentum hat Sprache gemacht.* [...] Die Phänomene der Säkularisierung beruhen weithin auf diesem Sprachgeist, auf den Vertrautheiten, die er geschaffen hat [...]".[417] Diese Vertrautheit machte sich nicht zuletzt die bolschewistische revolutionäre Rhetorik zunutze (vgl. Sinjavskij 2001:10f). Der Fokus auf die sprachliche Oberfläche schließt das Streben nach Substanz aus und

---

[415] So erheblich die Unähnlichkeit zwischen dem paulinischen Modell und politisch usurpierten (5.5.2.4 u. 5.5.4.3) oder literarisch-distanziert inszenierten (10) Erniedrigungsmustern auch ist, kann dann nie die Rede von einer „Scheinkenose" sein, insofern dies einen „echten" Gegenpart insinuieren würde.

[416] „Man könnte eine große Untersuchung schreiben über wörtliche Koinzidenzen und Entlehnungen zur Frage ‚Der Kommunismus und die Bibel', [...]" (Sinjavskij 2001:11).

[417] Blumenberg 1974:132, Hervorh. i. Orig.; vgl. auch 2.11.8.

ermöglicht es, die Relation von Oberfläche (Signifikant) und Semantik (Signifikat) als nicht dauerhaft fixiert anzusehen, sodass auch kein „Ursprüngliches" einem „Entfremdeten" gegenübersteht. Vielmehr öffnet sich der Blick für je relative Verstehensoperationen. Es gilt also, das von der herkömmlichen Säkularisierungstheorie beackerte Feld für eine Hermeneutik der Mehrdeutigkeit zu öffnen.[418]

5.6.4 Zur Hermeneutik doppelter Lesbarkeit

> [...] it would be foolish to pretend that either current, the religious or the secular, exists to the exclusion of the other. (Cassedy 1990:100)

Was, vom „Genotext" her betrachtet (s. 1.5.2), als Übersetzung erscheint, das stellt sich – kehrt man die Blickrichtung im konstruktivistischen Sinne um – vom „Phänotext" her, von der Aneignung einer mnemonischen Figur in neue Kontexte her gesehen als *doppelte Lesbarkeit* dar: Ein aus dem Christentum stammendes (usurpiertes oder unterlaufenes) mnemonisches Element kann in zwei Hinsichten betrachtet werden: als *noch christliches* oder als *nicht mehr christliches* („postchristliches"), neu funktionalisiertes. Beide Zuschreibungen bedürfen des kulturellen Gedächtnisses, im ersten Fall, um die Differenz zu markieren, im zweiten, um die analoge Evokation wahrzunehmen. So sind divergente Zuschreibungen der Begriffe *säkular* und *religiös* an *ein und dasselbe* soziale Phänomen möglich (vgl. Jessl 1999:47).

Für die formale Logik bergen Äquivokationen die Gefahr falscher Syllogismen (Lorenz 1995). Doch welches objektive Kriterium sollte es geben, um hermeneutische Akte als richtig oder falsch zu beurteilen? In der Kultur (als Raum von Reinterpretationen) ist nichts definitiv.

Was am Beginn der christlichen Kulturgeschichte Russlands anhand der Doppellesbarkeit vieler christlicher Elemente im Rahmen eines volksreligiösen Amalgams als pagan-christliche Doppellesbarkeit beschrieben wurde (4.2.3 u. 4.5.11.2), das gilt – *mutatis mutandis* – als *christlich-säkulare Doppellesbarkeit* auch für die durch den Aufschwung sozialistischer Konzepte charakterisierte Phase ab der zweiten Hälfte des 19. Jh.s und für die Sowjetepoche. Welche Elemente sind es, die besonders produktiv sind für doppelte Semantisierungen?

Diese Frage kann hier nur selektiv mit dem Fokus der Christologie beantwortet werden: Unter den christologischen mnemonischen Figuren sind diejenigen, die mit Christi übermenschlicher Göttlichkeit zusammenhängen (Präexistenz, Wunder etc.) schwerer in das naturwissenschaftliche Credo der Moderne einzupassen.

---

[418] Versuche einer stärkeren Betonung von Verstehensoperationen im Kontext von Säkularisierung hat es etwa bei einem römischen Kongress *Hermeneutik der Säkularisierung* (Theunis 1977) und bei Lübbe (1986:178–195) gegeben.

Alles, was mit seiner Menschlichkeit, seiner Erniedrigung, seinem Leiden für andere zusammenhängt, kann hingegen leichter ‚übersetzt' werden, insofern dieselbe ‚Natur' betroffen ist. Das Verhaltensmuster der Selbsterniedrigung ist dasjenige, das noch dem Depraviertesten gegeben ist; sozioökonomische Krisen mögen dem Menschen alles rauben – die Möglichkeit des Leidens, der Selbsterniedrigung kann ihm nicht genommen werden (und sei es im ultimativen Akt des Selbstmordes[419]). Weil Leiden und Demütigung unerschöpflich sind (s. 5.2.7.5), bleibt gerade diese Dimension der Christologie auch dort produktiv, wo christliche Intentionen nicht im Vordergrund stehen. Seine privilegierte Rolle im kulturellen Gedächtnis der europäischen und gerade auch der russischen Kulturgeschichte konnte Christus selbst durch den Atheismus der (Sowjet-)Moderne nicht genommen werden. So stand zumindest das Muster seines altruistischen Leidens parat für die Semantisierung neuer Leidenserfahrungen, die neben der durch das jeweilige Milieu gegebenen Sinndimension stets auch noch das Wiedererkennen von Christi Leiden erlaubten – im Rahmen einer zweiseitigen hermeneutischen Operation.

5.6.5 Kenosis als Verweltlichung
Welche Theorieangebote aber gibt es für sakral-säkulare Doppellesarten? Die Recherche fördert aus dem Einzugsbereich der russischen Orthodoxie weniger Produktives zutage (5.6.5.1) als aus dem Umfeld von Dialektischer Theologie (5.6.5.2) und Dekonstruktion (5.6.5.3–5.6.5.4).

5.6.5.1 Zaghafte Annäherungsversuche (Bucharev)
Die orthodoxe Kirche strebte und strebt danach, ihre Sinnangebote in die Alltagskultur einzubringen (s. 4.5.7–4.5.12). Jene Bereiche der Kultur, die zu strukturieren ihr nicht gelang, wurden ihr im Gegenzug umso suspekter. Insbesondere die säkulare Kultur der Moderne erregte und erregt den Argwohn der Vertreter der offiziellen ROK (vgl. 4.6.9.3). Dieser Unmut traf als einen der ersten Kirchenvertreter den Abt Bucharev,[420] der in seiner Schrift *О духовных потребностях жизни [Von den geistigen Bedürfnissen des Lebens]* die Öffnung der Orthodoxie gegenüber der weltlichen Kunst und Kultur propagierte. Dabei deckte sich Bucharevs Anliegen mit dem des kirchlichen Dispositivs; auch ihm ging es um die Implementierung christlicher Vorstellungswelten über den eng umgrenzten kirchlichen Bereich hinaus. Dazu aber hätten in Bucharevs Vorstellung die Geistlichen in die Welt „abzusteigen": „L'appel à la *kénose* des ‚spirituels', à leur *descente* vers

---

[419] Welcher etwa in der totalen Institution der Lager des 20. Jh.s die letzte Freiheit der Insassen darstellte, die die Lagermannschaften zu unterbinden trachteten (s. Sofsky 1993:73).
[420] Siehe 4.4.4.2; vgl. Egorov/Serebrennikov/Dmitriev 1997.

le monde traverse toute l'œuvre de Boukharev [...]".[421] Im Umkehrschluss war Bucharev bereit, auch nicht-offensichtliche Äußerungsformen, Para-Christliches im Außerchristlichen auf die Haben-Seite der christlichen Mnemopraktiken zu buchen: „[...] основная установка Бухарева состоит в усмотрении именно *скрытого* христианского смысла новейшей культуры, – а ее внехристианской поверхности он не отрицает."[422] Bucharevs Stimme wurde – vor allem nach seinem Austritt aus dem Mönchsstand – lange Zeit erfolgreich unterdrückt.

Eine Antwortbewegung kam aus der ‚weltlichen' Kunst selbst, etwa von dem von Bucharev gewürdigten Aleksandr Ivanov (vgl. 4.4.4.3 u. 4.6.9.2). Insbesondere den Dichtern des Symbolismus und Postsymbolismus war es ein Anliegen, ihrer künstlerischen Produktion einen para-sakralen Nimbus zu verleihen. Das ging mitunter bis zu Umarmungsgesten wie etwa der Mandel'štamschen: „Культура стала церковью. [...] Светская жизнь нас больше не касается, у нас не еда, а трапеза, не комната, а келья, не одежда, а одеяние."[423]

Im Bereich der eigentlichen Religions- und Kulturtheorie blieben solche Verfechtungen der Überlappung von Sakralem und Säkularem in Russland jedoch eine höchstens sporadisch vertretene Minderheitenposition.

5.6.5.2 Dialektische Umarmung (Gogarten)

> Wenn [...] die Säkularisierung die notwendige und legitime Folge des christlichen Glaubens ist, so ergibt sich die Frage, in welchem Verhältnis der Säkularismus zu diesem Glauben steht. Und wenn, wie es den Anschein hat, der Säkularismus eine Entartung der Säkularisierung ist, dann werden wir auch fragen müssen, ob diese Entartung ihre Ursache darin hat, daß der Glaube der Aufgabe, die ihm mit der Säkularisierung gestellt ist, nicht gerecht geworden ist. (Gogarten 1958:143f)

Anders sieht das im Umfeld des Kulturprotestantismus aus, der die bei Bucharev gescheiterte Öffnung der Kirche zur säkularen Kultur mit vergleichsweise großem wissenschaftspolitischem Erfolg betrieb (Graf 1990). Einen regelrechten theologischen Gegenentwurf zur soziologischen Säkularisierungstheorie unterbreitet dann im Gefolge der Dialektischen Theologie Friedrich Gogarten – mit einer christolo-

---

[421] „Der Appell zur *Kenose* der ‚Geistlichen', zu ihrem *Abstieg* in die Welt durchzieht Bucharevs gesamtes Werk [...]" (Behr-Sigel 1977:74, Hervorh. i. Orig.).

[422] „[...] das Hauptbestreben Bucharevs besteht in der Herausdestillierung gerade des *verborgenen* christlichen Sinns der neuesten Kultur, und deren außerchristliche Oberfläche bestreitet er nicht." (Zen'kovskij 1948/50:I 324, Hervorh. i. Orig.).

[423] „Die Kultur wurde zur Kirche. [...] Das weltliche Leben berührt uns nicht mehr, wir haben keine Speise, sondern ein Klostermahl, kein Zimmer, sondern eine Zelle, keine Kleidung, sondern ein Gewand." (Mandel'štam 1971:II 223).

gischen Basis. Für Gogarten gehört die säkulare Kultur qua Teilhabe an der durch die Kenosis Christi in Gang gesetzten „Verweltlichung" ebenfalls zur Einzugssphäre eines Lebens aus dem christlichen Glauben. Er schlägt vor, Säkularisierung nicht von vornherein als gegen das Christentum gerichtet zu lesen:

> Man müßte [...] versuchen, das Phänomen der Säkularisierung nicht wie gewöhnlich von der Welt her, nämlich geistesgeschichtlich, sondern vom christlichen Glauben her zu sehen. Geistesgeschichtlich gesehen bedeutet sie, kurz gesagt, die Verweltlichung des christlichen Glaubens. (Gogarten 1958:12)

Was Gogarten entwerfen möchte, ist eine Säkularisierung nicht des Christentums, sondern der säkularen Welt, die damit eingegrenzt würde – und in einem apophatischen Effekt – den Blick frei gäbe auf die Grenzen dieser Welt, auf ein Jenseits Gott bzw., wie Gogarten sagt: auf die „Ganzheit".

> Kann und darf jedoch die Säkularisierung in dem Sinne theologisch gesehen werden, daß sie ihren Grund im Wesen des christlichen Glaubens hat und seine legitime Folge ist, dann kann sie nicht seine Verweltlichung bedeuten, sondern dann bedeutet sie, jedenfalls insofern sie im christlichen Glauben begründet ist, *Verweltlichung der Welt*. (ebd., Hervorh. D.U.)

Gogarten unterscheidet Säkularisierung, Säkularismus und Säkularität. Während Säkularisierung als „Verweltlichung der Welt" bedeute, dass der Christ die Welt als Nur-Welt annehme, verabsolutiere der Säkularismus diese Nur-Welt zur ganzen Welt.[424] Säkularität schließlich meint christliche Verantwortung für die säkularisierte, also als begrenzt begriffene Welt (vgl. Stappert 1978:197–203).
Trotz seiner positiven Annahme des Säkularisierungsbegriffs verficht Gogarten allerdings weiterhin einen Dualismus von Welt und christlichem Glauben, der die Säkularisierung *des Christentums* (und der Christologie) genau nicht hinnimmt, weil er von einer a-historischen Systematik ausgeht, statt Säkularisierung eben als geschichtlichen, als geistesgeschichtlichen Prozess zu begreifen,[425] den es (unter anderem) von Christus und Christi Kenose her zu betrachten lohnt.[426] Gerade das, was bei Gogarten den schwarzen Peter bekommt, der Säkularismus (und Sozialismus und Sowjetideologie sind zweifellos säkularistisch), müsste daraufhin befragt werden, wie viel davon vom Christentum (und der Christologie) her verstehbar ist. Gogartens Zurückschrecken vor der Säkularisierung *des* Christentums, *im* Christentum mag – neben den spezifischen, a-historischen Voraussetzungen seines

---

[424] Zur theologischen Begriffstradition von *Verweltlichung* und *Säkularismus* und Gogartens Verortung darin s. U. Barth 1998:603–608.
[425] Vgl. Schleiff 1980:66; s. auch Blumenberg 1974:11.
[426] Gogartens Säkularisierungstheorie ist vom Glauben her gedacht, nicht von der Geschichte und auch nicht von der Kenose Christi (wenngleich Stappert das behauptet; 1978:177–181).

5. Christoformität in Russland

Gebrauchs des Begriffs *Säkularisierung* – ein Grund dafür sein, warum sein Ansatz in den Diskussionen um Säkularisierung kaum auf Resonanz stieß (wenngleich auch nicht auf eine derart empörte Rezeption wie der Bucharevs).

5.6.5.3 Säkularisierung als Selbstschwächung der Religion (Vattimo)

> God represents Himself as the crisis of (re)presentation [...]
> (Ėpštejn 1999a:165)

Auf Versuche aus dem Umfeld der Dialektischen Theologie, „die Säkularisierung der modernen Welt [als] paradoxe Bestätigung der Transzendenz Gottes gegenüber jeder weltlichen Verwirklichung" zu umarmen, hebt Gianni Vattimo ab[427] und erklärt sie für unzureichend. Er möchte Säkularisierung nicht jenseits der Religion denken: „Von dem Standpunkt aus, den wir nun einnehmen, unterscheiden sich schon jetzt heilige Geschichte und profane Geschichte zumindest im Prinzip nicht mehr [...]" (Vattimo 2004:69). Da kommt die Kenose ins Spiel als eine Figur, die auch nichts anderes ist als Entfernung vom Ursprung (Vattimos „Schwächung"):[428]

> Wenn aber die Säkularisierung der Modus ist, in dem sich die Schwächung des Seins, und das ist die *kénōsis* Gottes, die den Kern der Heilsgeschichte darstellt, verwirklicht, dann kann sie nicht mehr als Phänomen der Preisgabe der Religion gesehen werden, sondern als, und sei es auch paradoxe, Verwirklichung ihrer tiefsten Berufung. Im Hinblick auf diese Berufung zur Schwächung und zur Säkularisierung wird eine kohärent postmetaphysische Philosophie bestrebt sein müssen, auch die verschiedenen Phänomene der Rückkehr der Religion in unserer Kultur zu verstehen [...] (ebd.:38f)

Dann gibt es nicht mehr zwei irgendwie getrennte Seinsbereiche des Sakralen und des Säkularen, sondern ist das Sein abhängig von (historischen) Verstehensakten. Für Vattimo *ist* das Christentum die Geschichte seiner Interpretationen (auch der metaphorischen, der säkularen) und Usurpationen (auch der gewaltsamen).

> Entscheidend ist, daß man die verschiedenen Säkularisierungsprozesse, die sich in der Moderne abgespielt haben, nicht – wie es etwa bei Hans Blumenberg [...] geschieht – als Prozesse der Ablösung vom religiösen Untergrund, sondern als Prozesse der Interpretation, Anwendung und bereichernden Spezifizierung dieses Untergrundes ansehen muß. (ebd.:93)

Soweit klingt das unproblematisch, doch wird hier nicht wieder das Säkulare, es umarmend, vom Religiösen erdrückt? Wird die „Alternative Theismus versus Atheismus" wirklich offengehalten, wie dies Deibl (2008:30) in seiner Vattimo-

---

[427] Vattimo 2004:54f. Vattimos Zeugen sind allerdings Karl Barth und Bonhoeffer, nicht Gogarten.

[428] „Als heilbringendes und hermeneutisches Ereignis ist die Fleischwerdung Jesu (die *kénōsis*, die Erniedrigung Gottes) selbst vor allem ein archetypisches Faktum von Säkularisierung." (Vattimo 2004:95).

Lektüre behauptet? Dieser Verdacht erhärtet sich, wenn Vattimo 1997 zunächst rhetorisch fragt: „Ma la stessa secolarizzazione non sarà invece una ‚deriva' iscritta positivamente nel destino della *kenosis*?"[429] Er legt in diversen Schriften, vor allem in *Oltre l'interpretazione* von 1994, nahe, dass es da etwas *in* Christus bzw. *in* seiner Kenose selbst gebe, das zu immer neuen Interpretationen und immer anders gearteten Transformationen prädisponiere. Dann erschiene auch jeder sich vom Christentum entfernende Zweig der Geschichte seiner Interpretationen als „transcription of the Christian doctrine of the incarnation of the Son of God" (Vattimo 1999:36). Wenn aber der „processo di secolarizzazione inaugurato [...] dal racconto della *kenosis* di Dio nell'incarnazione"[430] ist, dann lässt sich die „secolarizzazione come destino ‚proprio' del cristianesimo"[431] anzusprechen.

Für eine kulturgeschichtliche Untersuchung ist daran positiv zu vermerken, dass es zunächst keine normative Außengrenze des Auswirkungsfeldes von Christi Kenose mehr geben soll („Non c'è alcun limite ‚oggetivo' della secolarizzazione; [...]"[432]). Doch passt wirklich *alles* , auch der Nihlismus, auch eine unbekümmert spielerische Hermeneutik[433] in den Rahmen „unserer christlichen Geschichtlichkeit" (Vattimo 2006:62)?

Wenn dem so wäre, dann wäre auch die Selbstdistanzierungsgeschichte des kenotischen Christentums noch eine dem Christentum selbst eingeschriebene Teleologie, selbst wenn diese als Teleologie der Selbstdistanzierung daherkommt (s. 11.2). Durch die Entelechie wird die Kenose zu einer (wenngleich abnehmenden) transhistorischen Substanz hypostasiert. Was da als Ausweitung präsentiert wird, ist also in Wahrheit ein Einfangen.

5.6.5.4 Dekonstruktion als Ausweitung (Taylor)

Ein mit Vattimo verstandenes, sich historisch (hermeneutisch) wandelndes Christentum ist von divergenten Lesarten weniger bedroht, als dass es durch deren Vielfalt bereichert wird – umso mehr in einer kulturwissenschaftlichen Perspekti-

---

[429] „Doch ist nicht vielleicht sogar die Säkularisierung selbst ein positiv ins Geschick der *kenosis* eingeschriebener ‚Zug'?" (Vattimo 1994:63; dt. v. Martina Kempter, Vattimo 1997:78).

[430] „Säkularisierungsprozess, der durch die Erzählung der *kenosis* Gottes in seiner Fleischwerdung initiiert wird" (Vattimo 1993:67f; dt. v. Martina Kempter, Vattimo 1997:83).

[431] „Säkularisierung als ‚eigentliches' Schicksal des Christentums" (Vattimo 1994:64; dt. v. Martina Kempter, Vattimo 1997:80).

[432] „Es gibt keinerlei ‚objektive' Grenze der Säkularisierung; [...]" (Vattimo 1994:64; dt. v. Martina Kempter, Vattimo 1997:80).

[433] Auch hierfür behauptet Vattimo ein „legame fra ontologia nihilistica e *kenosis* di Dio" [Zusammenhang zwischen einer nihilistischen Ontologie und der *kenosis* Gottes] (Vattimo 1994:62; dt. v. Martina Kempter, Vattimo 1997:77).

ve. Dekonstruktion (ja ebenfalls eine Hermeneutik) ist dem Gegenstand der Kulturgeschichte des Christentums – wenn man diesen als Interpretationengeschichte begreift und nicht nach Essenz fragt – artverwandt.

Hart allerdings meint: „Far from being an *object* of deconstruction, Christian theology – in some of its elements at least – is part of a *process* of deconstruction." (1989:93, Hervorh. i. Orig.). So unhaltbar die Exklusion in der ersten Satzhälfte, so triftig die Inklusion in der zweiten. Neben die Dekonstruktion des Christentums tritt auch eine christliche bzw. christologische Dekonstruktion; eines der von Hart beschworenen „elements" ist zweifellos die verweltlichende Kenose.

Offensiv geht dagegen Taylor auf die Dekonstruktion zu. Eine Bedrohung für die Theologie (wie sie Hart verspürt) bestehe nicht.[434] Zumal für eine vom Tod Gottes und der Kenose herkommende Theologie und Christologie sei hermeneutische Dekonstruktion angemessen: „[…] it would not be too much to suggest that *deconstruction is the ‚hermeneutic' of the death of God.*" (Taylor 1987:6, Hervorh. i. Orig.). So gelangt Taylor zu einer „deconstructive a/theology" (ebd.:98). Mit dekonstruktivem Zeichenverständnis stellt er die Inkarnation als Dekomposition, Verschwinden des „Eigentlichen", aber unendliche Produktion dar:

> Radical christology is *thoroughly* incarnational – the divine „*is*" the incarnate word. Furthermore, this embodiment of the divine is the death of God. With the appearance of the divine that is not only itself but is at the same time other, the God who alone is God disappears. The death of God is the sacrifice of the transcendent Author/Creator/Master who governs from afar. Incarnation *irrevocably* erases the disembodied logos and inscribes a word that becomes the script enacted in the infinite play of interpretation. (ebd.:103, Hervorh. i. Orig.)

Dieselbe gedankliche Figur exerziert Taylor auch an der „Selbstentleerung", der Kenosis, durch:

> To the extent that the embodied word enacts the *kenōsis* of all absolute self-presence and total self-identity, it can be itself only in and through the process of *its own* self-emptying. (ebd.:120, Hervorh. i. Orig.)

Damit aber weitet sich umgekehrt das Geltungsfeld des „Entleerten"; Taylor wendet sich den diversen Ausgestaltungen (s. 3) des Inkarnationstheorems zu:

> Word becomes flesh: body and blood, bread and wine. Take, eat. Take, drink. To eat this bread and drink this wine is to extend the embodiment of the word and to expand the fluid play of the divine milieu. When freely enacted, the drama of the word proves to be self-consuming. (ebd.)

---

[434] „In many ways, deconstruction might seem an unlikely partner for religious reflection. As a form of thought it appears avowedly atheistic. […] Paradoxically, it is just this antithetical association with theology that lends deconstruction its ‚religious' significance for marginal thinkers." (Taylor 1987:6).

II. Russische Ausgestaltungen

Irdische Materialisierungen beschädigen also das vermeintliche transmundane Proprium, die dreieinige Gottheit des Christentums, nicht; nein, sie vertreten sie, machen sie durch ihre Löschung im irdischen Zeichen präsent. Der unendliche Drift der Signifikanten verschiebt die Zeichen für diese Selbstentleerung von Christus *und* von seinen Zeichen immer weiter, in Bereiche hinein, die nicht mehr unter einen engen Begriff kirchlicher Kultur fallen, die aber eine dekonstruktiv inspirierte Kulturgeschichtsschreibung zu berücksichtigen hat. Was sich schon ursprünglich durch Selbstentleerung definiert, kann durch fortgesetzte Entleerung weder beseitigt noch beschädigt werden (s. 10.9.1). Allerdings kann die Kluft zwischen manifester entleerter Form (in der säkularen Kultur) und jener ‚Urform', die sich ja selbst durch *différance* definiert, durch eine Ästhetik der Identität und Ähnlichkeit nicht überbrückt werden. Diesen Brückenschlag vermag nur eine Lektüre zu leisten, die auf Differenz und Unähnlichkeit setzt (3.6).

So lässt sich schließlich noch einmal der Bogen zurückschlagen zu Phil 2,5. Schon der Einleitungsvers der christologischen Perikope, welche die *sedes doctrinae* der Kenosis-Lehre darstellt, enthält nämlich die Aufgabe einer transmedialen Übersetzung: Christi „Sein" soll in die „Gesinnung" der paränetisch Angesprochenen überführt werden. Insofern Christi Sein jedoch mit seinen zwei Naturen jeglichem menschlichen Sein (und auch jeglicher menschlicher Gesinnung) unhintergehbar unähnlich ist, klafft hier ein Abgrund, der sich nie ganz schließen lässt.[435] Ist aber nicht vielleicht diese Kluft der unmöglichen Repräsentation des „Seins" des Gottmenschen in menschlicher „Gesinnung" ein Grund für die *Produktivität des qua Kenose je schon autodekonstruktiven Christentums*?

5.6.6 Hypothese: Christologisches und Christoformes jenseits des Christlichen
Diese Produktivität exemplarisch zu demonstrieren, ist die Aufgabe der folgenden dekonstruktiven Lektüren von fünf literarischen Texten, die, von der traditionellen kenotischen Christologie aus betrachtet, auf den ersten Blick nicht einschlägig sein dürften: Černyševskijs sozialistischer Thesenroman *Что делать? [Was tun?]* (1863), Maksim Gor'kijs proletarischer Bildungsroman *Мать [Die Mutter]* (1907), Nikolaj Ostrovskijs sozrealistischer Musterroman *Как закалялась сталь [Wie der Stahl gehärtet wurde]* (1935), Venedikt Erofeevs Alkoholiker-Poem *Москва-Петушки [Moskau-Petuški]* (1969) und Vladimir Sorokins konzeptualistischer Text *Тридцатая любовь Марины [Marinas dreißigste Liebe]* (1984) (Kapitel 6.–10.). Solche unoffensichtlichen Fälle aber dürften die Produktivität

---

[435] Daher auch der Versuch der neueren Exegese nach Karl Barth (s. 2.2.3.1), die Nachahmungsparänese, als die dieser Vers über 1900 Jahre gelesen wurde, wieder loszuwerden.

säkular-christlicher Doppellesarten, welche kenotische Figuren im weiten Feld von Habitus bis Rhetorik ermöglichen, am eindrücklichsten aufzeigen.

III. LITERARISCHE TRANSFORMATIONEN

> [...] no i ów Chrystus, tak nieodzowny w każdym utworze rosyjskim, przy rozstrzeliwaniach, morderstwach i tym podobnych rozkoszach majakowszczyzny.[1]

---

[1] „Und dann noch dieser Christus, der in jedem russischen Werk so unabdingbar ist, bei Erschießungen, Mordtaten und ähnlichen Vergnügungen der Majakovskij-Schule." (Żeromski 2003:103).

6 Rachmetov,[1] oder Černyševskijs Opfer-Hysterie

> Все эти Лопуховы, Кирсановы, Рахметовы и вообще «положительные люди» из романа Чернышевского *Что делать?* [...] – все они не верят в географию и все-таки совершают кругосветные путешествия.[2]

6.1 Černyševskij im politischen Umfeld der 1860er Jahre

Ab Ende der 1850er Jahre entwickelte sich in Russland erstmals eine verschiedene Bevölkerungsschichten durchziehende und sich sukzessive organisierende Gegenbewegung zum zaristischen Staat (Ulam 1977). Dass im Zuge der (proto-)sozialistischen Lehren auch atheistische Konzepte Verbreitung fanden, schmälerte die Produktivität von (neu funktionalisierten) kenotischen Mustern nicht (s. 5.5). Die Nečaevsche Pragmatisierung von Selbstentsagung für den konspirativen Zweck und Zasulič' Inanspruchnahme von Christoformität für Täter anstelle von Opfern (5.5.5.2) rüttelten die Öffentlichkeit der 1870er Jahre auf.[3]

In den 1860er Jahren war es noch einem fiktionalen Text aus dem weiteren Umfeld der terroristischen Verschwörer, der revolutionären Intelligencija und dem Kreis um die Zeitschrift *Современник [Der Zeitgenosse]* vorbehalten, Massenwirkung zu entfalten – Nikolaj G. Černyševskijs Roman *Что делать? [Was tun?]* von 1863. Anders als die diskursiven Programme des Terrorismus behielt dieser Text zu Sowjetzeiten kanonischen Status und bildete einen der wichtigsten Bezugspunkte der sowjetischen Traditionskonstrukte.

---

[1] Die prominente Positionierung des Namens des Protagonisten eines literarischen Textes in den Überschriften dieses und der folgenden Kapitel ist durch die besondere Eignung personaler Modelle für die Nachahmung motiviert (vgl. 6.8.4 u. 10.6.10.1). Insofern alle Titel der literaturanalytischen Kapitel 6. bis 10. sich aus einem Namen *und* einer abstrakten zweiten Hälfte zusammensetzen, wird in den Interpretationen immer auch auf diverse weitere – narrative, strukturelle, intertextuelle – Dimensionen der literarischen Texte eingegangen, so diese im Zusammenhang mit Transpositionen und Transfigurationen des Christus-Modells stehen.

[2] „All diese Lopuchovs, Kirsanovs, Rachmetovs und überhaupt die ‚positiven Menschen' aus Černyševskijs Roman ‚Was tun?' [...] – sie glauben alle nicht an die Geografie und unternehmen trotzdem Weltreisen." (Ivanov-Razumnik 1997:II 123).

[3] Terroristische Methoden und Argumentationen erreichten um die Jahrhundertwende gar einen gewissen Modestatus (s. Mogil'ner 1999).

6.2 Černyševskijs *Что делать?* – Relektüre der sowjetischen Traditionskonstrukte

Von Lenins kurzem Exkurs über Černyševskij[4] im Rahmen seines philosophischen Hauptwerkes *Материализм и эмпириокритицизм [Materialismus und Empiriokritizismus]* leitet sich eine Schablone her, welche die Rezeption Nikolaj G. Černyševskijs in Sowjetzeiten entscheidend prägte. Lenins Wertung lautet:

> Чернышевский – единственный действительно великий русский писатель, который сумел с 50-х годов вплоть до 88-го года остаться на уровне цельного философского материализма и отбросить жалкий вздор неокантианцев, позитивистов, махистов и прочих путаников. Но Чернышевский не сумел, вернее: не мог, в силу отсталости русской жизни, подняться до диалектического материализма Маркса и Энгельса.[5]

Wenn Lavreckij 1968 lobt, „авторитетная оценка [...] Чернышевского дана Лениным.",[6] und hinzufügt, zusammen mit Marx' und Engels' Einschätzung über Černyševskij gebe Lenins Interpretation eine erschöpfende Handreichung, wie jener zu verstehen sei (Lavreckij 1968:219), dann ist es in der Tat nicht übertrieben, von einem „Leninist canon" in der Černyševskij-Forschung zu sprechen (Pereira 1975:111). Der Kritiker der 1850er Jahre und Autor des Thesen-Romans *Что делать?* erscheint als „предшественник"[7] der bolschewistischen Theoriebildung. Mit diesem Antizipationstopos wird selbstredend weniger über Černyševskij selbst ausgesagt als eine teleologische Historiosophie des revolutionären Materialismus zementiert.[8]

Wenn Černyševskij als Vorstufe zu Marx, Engels und schließlich Lenin (zeitweise Stalin) kategorisiert wird, dann muss im objektivistischen Verständnis des historischen Materialismus alles, was jene späteren Autoritäten, zu denen Čer-

---

[4] „Добавление к § 1-му главы IV. С какой стороны подходил Н.Г. Чернышевский к критике кантианства?" [Zusatz zu Abschnitt 1 des Kapitels IV. Von welcher Seite kritisierte N.G. Tschernyschewski den Kantianismus?] (Lenin 1979/83:XVIII 381–384; dt. 1971:XIV 364–366).

[5] „Tschernyschewski ist der einzig wirklich große russische Schriftsteller, der es verstand, von den 50er Jahren bis zum Jahre 1888 auf dem Niveau eines geschlossenen philosophischen Materialismus zu bleiben und den kläglichen Unsinn der Neukantianer, Positivisten und Machisten und sonstigen Wirrköpfe zurückzuweisen. Tschernyschewski vermochte es aber nicht – oder richtiger, er konnte es infolge der Rückständigkeit des russischen Lebens nicht –, sich zum dialektischen Materialismus von Marx und Engels aufzuschwingen" (Lenin 1979/83:XVIII 384; dt. 1971:XIV 366).

[6] „Die autoritative Würdigung [...] Černyševskijs stammt von Lenin." (Lavreckij 1968: 218).

[7] „Vorläufer" (Smolickij 1968:140; s. dazu Gural'nik 1980:236).

[8] Zu Einwänden gegen die Konsistenz dieses Traditionskonstrukts bspw. Ulam 1977: 64.

nyševskij den Vorläufer abgibt, in ihren Urteilen über diesen ihren Vorgänger äußern, absolut richtig sein. So muss für die Sowjetforschung beispielsweise Marx' und Engels' Einschätzung Černyševskijs als „theoretischer Seele" der revolutionären Bewegung (Marx/Engels 1956/90: XVIII 397) und „großem russischem Gelehrtem" (ebd.:XXIII 21) unausweichlich zutreffen – obgleich die Dokumentenlage, was eine manifeste Konspiration und nicht bloß publizistische Leistung Černyševskijs betrifft, extrem dünn ist.[9] Die Marxschen und Leninschen Thesen über Černyševskij werden von der Sowjetforschung nicht diskutiert, sondern rituell bestätigt („подтверждается важнейший вывод В.И. Ленина"[10]).

Generationen von Schülerinnen und Schülern in der Sowjetunion und ihren Satellitenstaaten wurden mit Facetten des von Dezember 1862 bis April 1863 in der Peter-Pauls-Festung geschriebenen Romans – wie Frauenemanzipation, Materialismus, antiidealistische Ethik, die Utopizität[11] und Normativität des Textes, der vermeintliche enge Zusammenhang mit Geschichte der revolutionären Bewegung in Russland oder Černyševskijs Theorie von literarischer Mimesis[12] und seine Vorform der Ästhetik des Sozialistischen Realismus – malträtiert und ihnen der Roman mit diesen stereotypen Epitheta, die ihn ehren sollten, in den meisten Fällen verdorben. Selbst von einer postsowjetischen Warte aus betrachtet, können die sowjetischen Rezeptionsschablonen nicht einfach gestrichen werden, obgleich eine gehörige Portion Ironie (der Forschung) darin steckt, dass die vermeintlich autoritativen Sentenzen der Säulenheiligen des Marxismus-Leninismus noch zitiert werden müssen, um das Klischee einer Dekonstruktion zuzuführen.

---

[9] Die Frage, ob der Roman ЧД als „ersatz for life, a passive mirror of society" (Wellek 1955:388) oder als Teil eines multimedialen revolutionären Handelns zu gelten hat und Černyševskij damit als Außenstehender oder vermittels des Romans noch aus dem Gefängnis dirigierender Kopf einer revolutionären „Partei" (Rjurikov 1961:29; Novikova/Kloss 1981:261) zu verstehen ist, kann hier im Weiteren nicht beschäftigen.
[10] „Lenins wichtigste Schlussfolgerung bestätigt sich damit" (Novikova/Kloss 1981:255).
[11] Utopizität wird bei Lunačarskij selbst zum (nicht hinterfragbaren) Qualitätskriterium erhoben (1963/67:I 268).
[12] Auch die Mimesis-Theorie aus der Magisterdissertation *Эстетические отношения искусства к действительности [Ästhetische Beziehungen der Kunst zur Wirklichkeit]* kann hier nur unter sehr speziellem Blickwinkel, nämlich dem der epistemischen Reduktion (s. 6.5.3), betrachtet werden. Eingehender dazu: Städtke 1978:231–255.

6.2.1 Dekonstruktion der Opferpolemik

> Die *conditio sine qua non* [dafür], daß der Opfermechanismus einen Text beherrscht, besteht darin, daß er dort nicht als explizites Thema figuriert. (Girard 2002:185f)

Die ‚konstruktive' Dimension dieser Dekonstruktion wird darin bestehen, die von der Sowjetforschung in Anspruch genommene Filiation – *mutatis mutandis* – habitusgeschichtlich zu bestätigen, dafür aber – ‚destruktiv' – eine der sowjetischen Autoimago gänzlich zuwiderlaufende Traditionslinie in Anspruch zu nehmen. Es ist dies eine Traditionslinie, in der sowohl der Revolutionär der Sowjetzeit und der Heldentypus des Sozialistischen Realismus stehen als auch Černyševskijs Helden (und Textverfahren) – nämlich die des christologischen Modells positiver Selbsterniedrigung, assoziiert mit der Theorie vom altruistischen Verzichtsopfer.[13] Der dazu veranschlagte Opferbegriff bleibt entsprechend eng mit dem Christusopfer und der Positivierung von Selbsterniedrigung nach Phil 2,5–11 verbunden.[14] Wenn hier von Opfer die Rede ist, so ist damit im Anschluss an die kenotische Tradition die Trias der „Opfersemantik der Alltagssprache" – Verlust, Selbsthingabe bzw. Entsagung und Erleiden (Stegemann 2000:192) – umfasst.

Die dekonstruktive Lektüre bezieht sich also in einem zweiten Schritt auf die oberflächliche Polemik des Černyševskijschen Romans gegen den (christlichen) Opferbegriff, die im polemischen Paradox „«жертва = сапоги всмятку»"[15] auftritt. Im dritten Schritt wird anzumerken sein, dass das Gegenklischee zum sowjetischen Antizipationstopos, nämlich die Auffassung von *ЧД* als erbärmlicher Lite-

---

[13] Es ist aufschlussreich, dass die erste ‚Dekonstruktion' des Černyševskijschen Romans von Archimandrit Fedor (Bucharev) stammt (Bucharev 2008; vgl. dazu auch Berdjaev 2008:616), auch wenn diese nicht um die Christologie kreist (vgl. Kedveš 1967:39f); zu Bucharev vgl. 4.4.4.3.

[14] Eine tiefergehende Auseinandersetzung mit der neueren Konjunktur von allgemeinen religions- und kulturwissenschaftlichen Opfer-Theorien (René Girard, Walter Burkert, s. Janowski/Welker 2000:7) jenseits des christentumsgeschichtlichen Zugriffs kann daher unterbleiben. Girards Befriedungsphilosophie des Christusopfers (2002; vgl. 3.0.4) führt wegen ihres Opferabbaubestrebens in die Gegenrichtung des hier unternommenen Versuchs, die Säkularisierung des Opfers als unabwendbare Wucherung und Verschiebung zu beschreiben.

[15] Kapitel 2 XIX, Černyševskij 1939/53:XI 94. Das Paradox ist unübersetzbar; anachronistisch übertragen, lautet es etwa: „Opfer, das ist wie gequirlte Stiefel". Im Folgenden Verweise auf diesen Text mit dem Kürzel *ЧД*, der Kapitelnummer und Seitenangaben nach der russischen und orientierungshalber auch der deutschen Ausgabe (Černyševskij 1974), obwohl die deutschen Entsprechungen neu übersetzt wurden, da die sehr freie Übertagung von Hellmann und Gleistein die hier interessierenden Probleme verwischt: *ЧД* 2 XIX, 94/158.

ratur (nach Nabokovs *Дар [Die Gabe]* ein „totes Buch"; 1990:III 252), das antiliterarische Anliegen des Romans nicht hinreichend ernst nimmt, obwohl letzterer doch die Opferung des Literarischen auf seine Fahnen schreibt. Mit solchen Textverfahren kommt dann auch der Aktionszusammenhang von *sacrificium* (ritueller Opferhandlung) und *victima* (Opfermaterie, s. Stegemann 2000:192) ins Spiel.

Sowohl die Hinterfragung der sowjetischen Routinen, insbesondere der Atheismus-Schablone, als auch der Gegenroutinen von der minderen literarischen Qualität kann so durch die Frage nach der Funktionalität des schlechten Schreibens (zu der es Ansätze bei Žekulin 1963 gibt), geschehen. Dabei ist über sowjetische Antworten hinauszugehen, etwa über Lunačarskijs Annahme vom „нарочитое неряшество"[16] von Černyševskijs Schreiben oder Rudenkos verkappt formalistische These von der gezielten Erzeugung von Dissonanz (1989:121) und Entblößung des Verfahrens (1989:122). Zugleich sind erste Schritte in Richtung einer religiösen Relektüre, wie sie nach Suggestionen bei Berdjaev (1955:42) von J. Frank (1990:199), Paperno (1996:166–183) und Serdjučenko (1999) eingeleitet wurden, weiterzuführen, ohne dabei aber wie Kantor (2001) den Revolutionär Černyševskij gleich in sein Gegenteil, den antirevolutionären Propagator eines vagen christlichen Lebensbegriffs, zu verwandeln.

Was hier vorgeschlagen wird, ist eine verschlungene, zugleich religionswissenschaftlich-motivgeschichtliche wie literarisch-strukturelle Antwort: Das christologische Konzept der Kenose bildet den Schlüssel zu einer symptomatologischen Lektüre des Textes: Liest man die säkularisierend-naturalisierende Stoßrichtung gegen den Strich, erscheint die Opferkritik als Fortsetzung der Opfertopik.[17] Dazu ist die Betrachtung auf eine formale Ebene zu heben, christologisch zu fundieren und zugleich auf die (anti-)ästhetische, (anti-)literarische und (anti-)rhetorische Gemachtheit von *ЧД* zu beziehen.

---

[16] „Vorsätzliche Schlampigkeit" (Lunačarskij 1963/67:I 266).
[17] Auch gibt es in der christlichen Dogmengeschichte kaum eine unkritische Identifikation von Kenose und Kreuztod Christi mit dem Opfer – zumindest wenn dies als Tauschrelation verstanden wird (s. Evans 1995:279); denn merkantil zu Ende gedacht, wäre der Freikauf der Menschen von der Sünde ein Lösegeld an den Teufel – und zwar durch die Hinnahme der Ermordung Christi. Die Austreibung dieser merkantilen Äquivalenz ist jedoch nie ganz gelungen; schließlich ist die Zweckangabe (s. 3.0) für alle Teilaspekte der Erniedrigung Christi konstitutiv. Schon der Hebräerbrief distanziert sich vom rituellen Opfer (Hebr 10,5) und setzt den Gehorsam an dessen Stelle (10,7, vgl. Phil 2,8), um dann doch wieder vom „Opfer des Leibes Christi" (10.10) zu sprechen. Die *Aufgabe von etwas für jemand anderen*, welche das Opfer im merkantilen und moralischen und nicht bloß rituellen Sinne konstituiert, ist genauso integraler Bestandteil der Christus-Topiken wie deren merkantiler Abgrund.

Das von sowjetischer Seite als „bürgerlich" gebrandmarkte Verdikt vom „schlechten Text" ist zwar weit weniger kämpferisch, als es die sowjetische Polemik (so schon Lunačarskij 1963/67:I 262) vermeinen lassen will; aber erst jüngst treten neben den berechtigten Hinweis auf die zweifelhafte literarische Qualität des Romans auch neue, kulturwissenschaftlich, säkularisierungsgeschichtlich oder rhetorisch produktive Lesarten. In der Forschung, die die christologische Fährte bisher bloß in Ansätzen verfolgte, beschwört Joseph Frank sofort die Spannung zwischen Utilitarismus und kenotischen Modellen bei Černyševskij, ohne diese erst einmal auf der Mirkoebene auszubuchstabieren.

> It is Chernyshevsky, the son of a Russian priest and the graduate of a Russian theological seminary, who first made the fateful fusion between the hagiographic pattern of Russian religious kenoticism and the coldly dispassionate calculations of English Utilitarianism that forms the essence of the Bolshevik character. (J. Frank 1990:199)

Morris (1993:215 Anm. 10) lehnt dagegen die Kenose-Spur ab, um ihre Askese-Fährte (die nur ein Teilaspekt bzw. eine Einengung der Kenose ist; vgl. 3.3.3.2) in den Vordergrund zu rücken. Papernos Aussage schließlich – „[...] христианские принципы пронизывают роман, от его научных аллегорий до повествовательной стратегии и риторических приемов."[18] – beschreibt, wenngleich Paperno dies als Fazit formuliert, lediglich ein Desiderat. Dieses lautet, in der Interpretation das Opfer axiologisch, motivisch und formal-performativ zentral zu setzen und so den Text auch aus der Umklammerung der widerstreitenden Lektüreroutinen im sowjetisch-westlichen Systemkonflikt herauszulösen und für eine Relektüre attraktiv zu machen.

6.2.2 Dekonstruktion der Hysteriekurierung

Wie der Text das, was er opfert – nämlich das Opfer –, sowohl an vielen Stellen weiter praktiziert als auch durch die Opferung des Opfers perpetuieren muss, so verhält es sich gleichfalls mit einer analogen Struktur – und zwar mit der vermeintlichen Kurierung der Gesellschaftskrankheit weibliche Hysterie: Denn jene Heilung soziogener weiblicher Hysterie, die der Text seine männlichen Helden an den weiblichen[19] vornehmen lässt, springt in ähnlicher Weise wie das auszutrei-

---

[18] „[...] christliche Prinzipien durchziehen den gesamten Roman, von seinen wissenschaftlichen Allegorien bis zur Erzählstrategie und bis zu seinen rhetorischen Verfahren." (Paperno 1996:183).

[19] Der 1863 geschriebene Roman erzählt die Geschichte der Befreiung der jungen Vera Pavlovna aus dem Joch ihrer tyrannischen Mutter, welche die alte Gesellschaftsordnung personifiziert. Möglich wird diese Befreiung, in deren Folge Vera Pavlovna eine erfolgreiche Schneiderkooperative gründet, durch die fiktive Ehe mit ihrem ‚Retter' Lopuchov. Als sich Vera Pavlovna, durch die bloß fiktive Ehe unbefriedigt, in Lopuchovs Freund Kirsanov, einen ebenso „neuen Menschen" verliebt, macht Lopuchov mit einem

bende Opfer über – in hysterische Aktionen Lopuchovs zur Kurierung Vera Pavlovnas von der Hysterie. Die hysterische Austreibung der Hysterie wird wie die Opferung des Opfers zu einer textuellen Struktur, die in Übereiltheit und Überkompensation besteht. Sowohl die Kurierung der Hysterie als auch die Austreibung des Opfers betreibt der Text mit hysterischen rhetorischen Mitteln (mit Hypertrophie und Hyperbel).[20]

6.3 Černyševskij und die Religion

Wie später Stalin war Černyševskij Seminarschüler. Er besuchte 1836–46 die *Духовная семинария [Geistliches Seminar]* in Saratov und ging in dieser Zeit durchaus identifikatorisch an die christliche Religion heran. Sein Zweifeln an der offiziellen Kirche, sein protestantisierendes Streben nach individueller Glaubensgewissheit (vgl. Lehmann/Carli 1989:10–12) bezeugt weit eher ein Ringen um den Glauben als Distanz dazu. Gerade in dieser konstruktiv-kritischen Haltung gegenüber der irdischen Kirche erschien Černyševskij einem vorbeireisenden Bischof als „надежда русской церкви".[21] Als er 1846 die Geistliche Lehranstalt abschloss und nach Petersburg aufbrach, ist er jedenfalls noch orthodoxer Christ.

Auf das Jahr 1848 datiert Černyševskijs Feuerbach-Lektüre, mit der ein vermeintlich völliger Bruch mit dem Christentum einhergehen soll (Lehmann/Carli 1989:21). Ab jetzt gelte für Černyševskij Feuerbachs Inversion, der zufolge nicht der erniedrigte Gott erhöht werde, sondern der Mensch[22] – und in der Tat funktio-

---

Scheinselbstmord den Weg frei für diese neue Liebesverbindung. Nach Jahren kehrt Lopuchov mit amerikanischer Identität (Beaumont) zurück, findet seinerseits eine neue Partnerin, und die beiden Paare leben in glücklicher Wohngemeinschaft zu viert; eine allegorische Schlittenwettfahrt zum Schluß des Romans deutet einen revolutionären Umsturz für das Jahr 1865 an. – Neben Vera Pavlovna ist Nastas'ja Krjukova die zweite ‚Patientin', welche durch einen Mann kuriert werden muss: durch Kirsanovs Liebe wird sie fast von ihrer Tuberkulose geheilt (*ЧД* 3 XV, 158/265). Zum Zusammenhang von Hysterie, Kenose und der Lage der Frauen in der russischen Geschichte s. 5.2.6.4.

[20] Der hier veranschlagte Hysteriebegriff bewegt sich auf zwei Ebenen: in den Handlungen der Figuren, bei denen ein Übergang von weiblicher, kurierungsbedürftiger zu männlicher, unterlaufener Hysterie sichtbar wird, und auf der Ebene der Textverfahren. Ausgeblendet wird dabei die psychoanalytische Frage nach dem Ich, nach den Ursprüngen von Hysterie (s. von Braun 1985:68f); diese Untersuchung bleibt rein phänomenal und unterlässt die Festlegung auf ein Subjekt- und Psychomodell. Hysterie ist hier Verdrängung, Wiederholungszwang und überschießende Aktivität – der Figuren wie des Textes –, wobei der Überschuss verrät, dass sich dahinter ein ungelöstes Problem verbirgt.

[21] „Hoffnung der russischen Kirche" (Kantor 2001:276).

[22] Fridlender 1978:15; Paperno 1996:167.

nieren nach dieser Poetik im Roman Veročkas Träume (Paperno 1996:180f). Des Weiteren folgert Fridlender (1978:14) aus der materialistisch-monistischen Ästhetik Černyševskijs, dass damit auch ein atheistisches Credo einhergehe und dass in der Magisterdissertation die atheistischen Schlussfolgerungen nur aus Zensurgründen unausgeführt hätten bleiben müssen. Černyševskij also ein kämpferischer Atheist reinsten Wassers, von allen religiösen Anwandlungen durch die Feuerbachlektüre kuriert?

Nein. Bereits biografisch funktioniert die Trennung in eine religiöse Jugend und ein atheistisches Mannesalter nicht (s. Steklov 1928:I 8–17). Vor allem aber lassen sich in der Verhaltenspoetik wie in den Texten Černyševskijs Spuren religiöser Funktionen und Strukturen ausmachen. Černyševskij selbst reflektiert über religiöse psychologische Muster, die bei ihm politisch gewandet aufträten: „Итак, я жду каждую минуту появления жандармов, как благочестивый христианин каждую минуту ждет трубы страшного суда."[23] Die neuen Gesellschaftsentwürfe erlangen im Roman den Rang eines Religionssurrogats und werden in religiöse Terminologie gekleidet: In Lopuchovs nüchtern-schmucklosem Arbeitszimmer hängt einzig ein Foto von Robert Owen, der als „святой старик" [heiliger Greis] apostrophiert wird und dessen Brief Lopuchov – wie der apokryphe Abgar das Schreiben Christi (3.4.3.1) – wie seinen Augapfel hütet (ЧД 3 XX, 175/291). Kirsanov liest das NT acht Mal (quasi nach der Methode Jacotot, s. Rancière 1987) auf Französisch, bis er alles verstanden hat; das NT sei für solches Sprachlernen prädestiniert, weil „евангелие – книга очень знакомая; вот он достал Новый Завет в женевском переводе, да и прочел его восемь раз".[24] Damit belegt Černyševskij die Bedeutung des NT für das russische kulturelle Gedächtnis (auch der 1860er Jahre) und inszeniert eine mnemonische Übung, die auf die Signifikanten-Ebene (Französisch) zielt, aber die Signifikate gleich mit internalisiert. Von einer Inadäquatheit des Textes für die Gegenwart oder auch nur Verständnisschwierigkeiten ist nicht die Rede; im Gegenteil: „[…] на девятый [раз] уже все понимал […]."[25]

---

[23] „Ich erwarte also jeden Augenblick das Erscheinen der Gendarmen, wie ein frommer Christ jeden Augenblick die Posaunen des Jüngsten Gerichts erwartet." (Černyševskij 1939/53:I 418).

[24] „Das Evangelium ist ein sehr bekanntes Buch; also griff er zum Neuen Testament in der Genfer Übersetzung und las es acht Mal durch" (ЧД 3 VIII, 143/241).

[25] „[…] beim neunten Mal verstand er bereits alles […]" (ЧД 3 VIII, 143/241).

6.4 Das unnötige Opfer

Dabei wird eine Kernkategorie des Christentums wie religiöser Kommunikationsformen überhaupt zum Hauptgegner im Entwurf einer neuen Ethik im Roman: das Opfer, allgemeiner formuliert: die Selbstbeschädigung zugunsten anderer. Gleich der den Roman in einer vermeintlich veralteten, romantischen Schreibweise eröffnende Selbstmord (Kap. I), von dem der Leser schnell begreift, dass er 1) ein Scheinselbstmord war und 2) in einem Opferzusammenhang steht (er ist das einzige Mittel, das ein einsichtiger Ehemann unter den herrschenden Umständen hat zur juristischen Freigabe seiner Ehefrau für die Beziehung zu einem neuen Partner), wird kontrovers gewertet: War dieser Selbstmord eine „дурацкая штука" oder ein geschicktes Vorgehen („умно рассудил"[26])? Die narrative Spannungstechnik wirft zugleich die Frage nach dem Sinn von Opfer auf.

6.4.1 Vernünftiger Egoismus und Theorie des Langzeitnutzens
Flankierend zur Opfer-Apotrope des Romans scheint Černyševskijs Theorie des vernünftigen Egoismus aus seinen theoretischen Texten, insbesondere aus *Антропологический принцип в науке [Das anthropologische Prinzip in der Wissenschaft]* (1860), eine unzweideutige Sprache zu sprechen: Jegliche Selbstbeschädigung des Menschen, heißt es dort, sei ausgeschlossen, denn „человек поступает так, как приятнее ему поступать [...]".[27] In diesem egoistischen Antrieb allen Handelns gibt es für Černyševskij keine Freiheit; es herrscht Determination.[28]

1850 hatte Černyševskij Helvétius' *De l'esprit* gelesen (s. Lehmann/Carli 1989:27), woraus er seinen Begriff des Interesses schöpfte. Dieser besetzt in den *Эстетические отношения [Ästhetischen Beziehungen]* einen zentralen blinken Fleck: „искусство воспроизводит все, что есть интересного для человека в жизни."[29] Darin liegt ein Bezug auf Helvétius' Theorie vom „Interesse", das alle Bewegungen des Geistes leite:

> Das Urteil des einzelnen Menschen wird zu jeder Zeit und an jedem Ort – sowohl in Dingen der Moral als auch in Dingen des Geistes – immer vom persönlichen Interesse, das Urteil der Völker dagegen immer vom allgemeinen Interesse bestimmt. (Helvétius 1973:177).

---

[26] „Das Werk eines Dummkopfs [...] schlau geplant" (ЧД I, 6f/9).
[27] „Der Mensch handelt, wie es für ihn angenehmer ist [...]" (Černyševskij 1939/53:VII 285).
[28] Zum Determinismus-Problem bei Černyševskij s. Lunačarskijs Polemik gegen Plechanovs Černyševskij-Lektüre (Lunačarskij 1986:295–302).
[29] „Die Kunst reproduziert all das, was für den Menschen am Leben interessant ist." (Černyševskij 1939/53:II 91).

In der Differenzierung von „persönlichem" und „allgemeinem" Interesse deutet sich schon bei Helvétius eine Maßstabsunterscheidung an, wie sie auch Černyševskij macht, um den radikalen Egoismus des kurzfristigen Nutzens wieder aus seiner Anthropologie auszutreiben.

In Černyševskijs Roman werden die theoretisch gewonnenen Positionen zunächst im Rahmen eines – in guter platonischer Tradition extrem asymmetrischen – Dialogs mit mäeutischen Verfahren propagiert. Da fragt Vera Pavlovna ihren Lehrmeister und Retter/Ritter Lopuchov: „«[...] правду говорят [...], что человеком управляет только расчет выгоды?»", worauf die Entgegnung nur lauten kann: „«Они говорят правду.»"[30]

Allerdings wird, sowohl in den theoretischen Schriften wie im Roman, in den propagierten vernünftigen Egoismus eine altruistische Dimension eingebaut: Es soll ein Egoismus sein, der für einen größeren sozialen Kontext Nutzen bringt. So bemüht sich Lopuchov angesichts des nahen Scheiterns der Ehe mit Vera Pavlovna um einen Egoismus-Begriff, der aus Altruismus („«Что тебе лучше, то и меня радует.»"[31]) und als Altruismus definierter Liebe Nahrung bezieht.[32] Und in seinem nachgereichten Erklärungsbrief an Vera Pavlovna ist Lopuchov bestrebt, seinen Verzicht, seinen „Abtritt von der Szene" durch den Scheinselbstmord als egoistisch motiviert auszugeben: „«[...] я действовал в собственном интересе, когда решился не мешать ее счастью»".[33] In Schillerschem Duktus fügt er hinzu: „«Это легко, когда обязанность – влечение собственной натуры.»"[34] Erregt müht er sich, sein Opfer zu dementieren. Vera Pavlovna echot als gelehrige Schülerin: „«Да если послушать нас, мы все трое такие эгоисты, каких до сих пор свет не производил.»"[35] In den Kreisen der „neuen Menschen" des Romans gilt es als politisch korrekt, das eigene Handeln, welche Antriebe diesem auch zugrunde liegen, als egoistisch zu salvieren. Doch die dabei zutage tretende Aufge-

---

[30] „‚[...] sagen die Leute die Wahrheit [...], dass der Mensch nur vom Nutzenkalkül geleitet wird?'" – „‚Sie sagen die Wahrheit.'" (*ЧД* 2 VIII, 65/108).
[31] „‚Was für dich besser ist, das freut auch mich.'" (*ЧД* 3 XXIV, 188/312).
[32] „«Разве не в том она [любовь], что радуешься радости, страдаешь от страданья того, кого любишь? Муча себя, ты будешь мучить меня.»" [‚Besteht denn die Liebe nicht darin, dass man sich über die Freude dessen freut, den man liebt, und an seinem Leiden leidet? Indem du dich quälst, quälst du auch mich.'] (*ЧД* 3 XXV, 191/315).
[33] „‚[...] ich habe im Eigeninteresse gehandelt, als ich mich entschlossen habe, ihrem Glück nicht im Wege zu stehen'" (*ЧД* 4 I, 236/388).
[34] „‚Es fällt leicht, wenn die Pflicht die Neigung der eigenen Natur ist.'" (*ЧД* 4 I, 236/387).
[35] „‚Wenn man uns so zuhört, sind wir alle drei solche Egoisten, wie sie die Welt noch nicht gesehen hat.'" (*ЧД* 4 II, 239/392).

regtheit wird selbst dem Erzähler zu viel: Der verspottet seine fiktiven Geschöpfe: „«Все это слишком еще мудрено, восторженно; жизнь гораздо проще.»"[36]

Um den Eindruck geschlossen egoistischer Handlungsantriebe zu erhalten, wird die Unterscheidung von kurz- und langfristigem Vorteil eingeführt: „[...] разница между добром и пользою, [...] заключается разве лишь в том, что понятие добра очень сильным образом выставляет черту постоянства [...]".[37] Daraus resultiert die Definition des Langzeitnutzens als Kern des aufgeklärten Egoismus: „[...] добром называются очень прочные источники долговременных, постоянных, очень многочисленных наслаждений [...]".[38] Der alte, unaufgeklärte und der neue, aufgeklärte Egoismus (ein „эгоизм целого"[39]) unterscheiden sich, folgt man dem Roman, lediglich in der Ausrichtung auf kurz- und langfristigen Nutzen (*ЧД* 2 VIII, 67f/111), womit der neue aber qua „Uneigennützigkeit" und „Selbstentsagung" wieder mit dem Altruismus zusammenfällt.[40]

Bezeichnenderweise wird Kirsanovs Bemühen um Unterdrückung seines auf Vera Pavlovna gerichteten Begehrens gleichfalls in Termini des Langzeitnutzens gegossen: „«[...] помни сумму, помни, что она больше своей части [...]»".[41] Damit drängt sich der Verdacht auf, dass die Reduzierung des ‚echten' Guten auf Langzeitphänomene ein Schlupfloch schafft, um normative Werte des Altruismus wieder einzuführen, die durch kurzfristigen Egoismus bedroht sind (s.u. 6.5.1.4).

6.4.2 Beschädigte (Frauen-)Figuren
Die am deutlichsten unnötige Opferposition gehört im Roman der „alten" Gesellschaftsform an; sie steht entsprechend am Beginn der Romanhandlung und besteht in der Schilderung der Beschädigung der Seele der heranwachsenden Vera Pavlovna durch die Mutter: Deren Misshandlungen und Gewaltandrohungen (Mar'ja

---

[36] „‚Das ist mir alles noch viel zu ausgeklügelt und pathetisch; das Leben ist weit einfacher.'" (*ЧД* 4 III, 244/400).
[37] „[...] der Unterschied zwischen dem Guten und dem Nützlichen [...] liegt wohl nur darin, dass der Begriff des Guten nachdrücklich die Dimension der Kontinuität herausstellt [...]" (Černyševskij 1939/53 VII 289; vgl. dazu Ivanov-Razumnik 1997:II 122).
[38] „[...] Gutes werden sehr stabile Quellen von langfristigem, beständigem und vielfachem Vergnügen genannt" (Černyševskij 1939/52:VII 290).
[39] „Egoismus des Ganzen" (Plechanov 1922/27:V 219).
[40] Siehe Plechanov 1922/27:V 219.222.VI 309; Ščukin 2000:111. Joseph Frank pointiert, nur die *Begriffe* der Selbstlosigkeit und des Altruismus seien verpönt, die Konzepte aber kämen praktisch zum Zuge: „reason proves conclusively that self-interest is best served by the most selfless and altruistic conduct (though it is strictly forbidden to use these latter terms as *reasons* for one's action)." (1990:190). Das Pathos der Beschwörung des eigenen Egoismus erscheint so „involuntarily comic" (ebd.:192).
[41] „‚[...] Denk' an die Summe, denk' daran, dass sie größer ist als ihr Teil [...]'" (*ЧД* 3 XX, 174/290).

Aleksevnas Ausruf „«[...] я те поломаю!»"[42]) sowie Beschimpfungen (die minderjährige Tochter wird als „«цыганка – чучело»"[43] apostrophiert, weil sie noch nicht hinreichend attraktiv erscheint für wohlhabende Freier), interiorisiert Vera Pavlovna mit der hysterischen Übernahme eines diffusen Schuldgefühls (1 I, Černyševskij 1939/53:14f/25). Wenn die junge Frau von ihrer ersten ‚Gebieterin', der Mutter, für ein patriarchales Ehemodell mit analoger Unterwerfung unter einen künftigen ‚Herrn und Gebieter' Ehemann abgerichtet werden soll, wird das Gender-Modell der weiblichen Opferhaltung und die daraus folgende, gleichermaßen „unnötige" Hysterie angeklagt. Aber die Opferrolle wird zugleich unterlaufen, insofern Vera Pavlovna schon früh das weibliche Tugendmodell des Gehorsams, das ihr oktroyiert wird („«Верочка, слушайся во всем матери.»"[44]), bloß äußerlich befolgt („[...] свято исполняя заказ Марьи Алексевны"[45]). Die von Mar'ja Aleksevna als Apologetin der „alten" Ordnung propagierte Rechtfertigung des Gender-Opfers geht dahin, dass, solange keine bessere Gesellschaft erreicht sei, alle gegen alle kämpfen[46] und Frauen in der patriarchalen Ordnung von einer gehörigen Dosis Selbstopferung ausgehen müssten.[47] In dieser Schilderung von oktroyierter Selbstopferung von Frauen im patriarchal-ausbeuterischen[48] System liegt ein Angebot für eine durchaus konventionelle Identifikationsästhetik.

Die Befreiung aus der „alten" Ordnung stellt sich folglich dar als Herauslösung aus diesem Gendermodell und zugleich als Entlassung aus der Opferposition an sich. Dies geschieht im Roman zunächst am Exempel Veročka („[Верочка] одна

---

[42] „‚[...] dir werd' ich's zeigen!'" (ЧД 1 I, 16/26).

[43] „‚Zigeunerin – Vogelscheuche'" (ЧД 1 I, 14/23).

[44] „‚Hör' immer auf deine Mutter, Veročka.'" (ЧД 1 I, 17/28).

[45] „[...] Mar'ja Aleksevnas Auftrag geflissentlich ausführend" (ЧД 2 VIII, 64/108).

[46] „«Эх, Верочка, ты думаешь, я не знаю, какие у вас в книгах новые порядки расписаны? – знаю: хорошие. Только мы с тобой до них не доживем, больно глуп народ [...] Так станем жить по старым. [...] А старый порядок какой? У вас в книгах написано: старый порядок тот, чтобы обирать да обманывать. А это правда, Верочка.»" [„Ach, Veročka, denkst du, ich wüsste nicht, dass in euren Büchern neue Ordnungen beschrieben werden? – ich weiß: gute Ordnungen. Nur werden wir beide sie nicht mehr erleben, die Menschen sind einfach zu dumm. [...] Also werden wir nach den alten Ordnungen leben. [...] Wie aber sieht die alte Ordnung aus? In euren Büchern steht: Die alte Ordnung ist Plündern und Betrügen. Und das ist die Wahrheit, Veročka."] (ЧД 1 I, 19/31).

[47] Mar'ja Aleksevna führt ihr Sich- Prostituieren als Exempel an (ЧД 1 I, 18f/30), woran sich das Leidensbeispiel der Edelhure Žjuli anschließt (ЧД 1 II, 21/35).

[48] Hier wie später (s. 6.5.1.1) instrumentalisiert der Erzähler die Topik der merkantilen Berechnung gegen die übermäßige Ökonomie der Opferhandlung (s. 3.0.3); die mütterliche Tyrannin bewertet den Verlust ihrer Tochter als Verlust von Kapital (eventuelle Hebung des eigenen sozialen Standes durch einen reichen Schwiegersohn): „«обокрала!»" [„Sie hat mich bestohlen!"] (ЧД 2 XXIII, 105/178).

из первых женщин, жизнь которых устроилась хорошо."⁴⁹). Die Romanheldin selbst fasst dies formelhaft so: „«Я не унижусь [...]»".⁵⁰ Zu Vera Pavlovnas Beispiel kommt Žjulis Emanzipationslosung: „«[...] я хочу не стеснять ничьей свободы и сама хочу быть свободна.»"⁵¹ Beide Frauen praktizieren, was sie für sich selbst in Anspruch nehmen, in gelebter Frauensolidarität (z.B. *ЧД* 3 II, 111/193f).

In dem einmontierten diskursiven Textabschnitt des Kapitels 4 X, einer Deklaration für Frauenarbeit (*ЧД* 259/423f), wird aus den Einzelfällen ein allgemeiner Anspruch auf gesellschaftliche Gleichberechtigung abgeleitet.

6.4.3 Der Liebenden unnötiges Opfer

Sichtlich ist das Leidens- und Verzicht-Opfer in den alten Strukturen problemlos herausschälbar; seine Negation zu erstreben, liegt nahe. Wie aber steht es unter den in *ЧД* entworfenen neuen Umständen mit Opferreflexen? Die anvisierte utopische neue Ordnung sollte doch wohl keine Opfer*strukturen* enthalten?

Privilegiert zeigen sich Opferreflexe am Motiv des Liebesverzichts. So gestattet Kirsanovs Verzicht auf Vera Pavlovna ihm nur kurzzeitig ein „довольство своею честностью",⁵² also moralisch-autohedonistischen Mehrwert. So bekundet Vera Pavlovna gegen den Eindruck von ihrem neuen Liebesbegehren gegenüber Kirsanov den kontrafaktischen Willen, weiterhin und unvermindert den ihr fiktiv angetrauten Lopuchov zu lieben („«[...] я тебя хочу любить [...]»"⁵³), ohne damit aber ihre widerstreitenden Gefühle („[...] плачет и молчит."⁵⁴) beherrschen und ihr Begehren unterdrücken zu können; was folgt, ist Hysterie: Vera Pavlovnas

---

⁴⁹ „[Veročka] ist eine der ersten Frauen, deren Leben in gute Bahnen gelangte." (*ЧД* 2 I, 43/73).

⁵⁰ „‚Ich werde mich nicht erniedrigen [...]'" (*ЧД* 1 VI, 32/52). Axiologisch anders gelagert ist dies beim Ausspruch der Mutter des adligen Freiers, Anna Petrovna Storešnikova, die ihrem Sohn eine Liaison mit Vera Pavlovna untersagt mit der Begründung: „«Но я не потерплю унижения своей фамилии.»" [„Ich aber werde keine Erniedrigung unseres Namens dulden."] (*ЧД* 1 VIII, 38/62). Hier geht es nicht um ein vom Erzähler approbiertes Bestreben nach Befreiung aus der alten Gesellschaftsordnung, sondern um die Aufrechterhaltung des alten adligen Habitusmodells, das Erniedrigung ausschließt. Diesem antikenotischen Adelshabitus wünscht der Erzähler den Niedergang.

⁵¹ „‚[...] Ich möchte niemandes Freiheit einschränken und will selbst frei sein.'" (*ЧД* 1 VI, 33/54). Aufschlussreicherweise findet im Roman eine klare Unterscheidung derjenigen Dimensionen von Geschlechtlichkeit statt, die heute Gender und Sex genannt würden: Unterschiede zwischen Mann und Frau gebe es wohl in der Stimmlage, nicht aber im „natürlichen" Geschlechtscharakter (*ЧД* 2 XVIII, 90/151). Vera liefert gar eine dekonstruktiv-feministische Analyse von Galanterie (Handkuss) als paradoxer Manifestation männlicher Superiorität (*ЧД* 2 XVIII, 93/156).

⁵² „Zufriedenheit mit seiner Ehrenhaftigkeit" (*ЧД* 3 XII, 149/252).

⁵³ „‚[...] ich will dich lieben [...]'" (*ЧД* 3 XX, 172/287).

⁵⁴ „[...] sie weint und schweigt." (*ЧД* 3 XX, 173/289).

unberechenbare Stimmungswechsel (*ЧД* 3 XX, 173/288f) entstehen – in psychoanalytischen Begriffen gesprochen – „großenteils durch [die] Bekämpfung, durch die Abwehr der Sexualität" (Breuer 1970:200). Beide Verzichtversuche, Kirsanovs wie Vera Pavlovnas, werden von Lopuchov als unnötiges Leiden-Wollen desillusioniert:

> «Если в ком-нибудь пробуждается какая-нибудь потребность, – ведет к чему-нибудь хорошему наше старание заглушить в нем эту потребность? [...] нет, такое старание не ведет ни к чему хорошему.»[55]

Der auktoriale Erzähler sekundiert dem mit der Ironisierung eines „[...] геройский подвиг великодушного благородства", der „[...] к собственному сокрушению [...]"[56] führe und den er an Kirsanovs Verzichtstreben festmacht. Im Zuge der Diskussion um Entsagung von neuem Begehren angesichts einer schon bestehenden Ehe wird also leidvolle wie heroische Entsagung demontiert.[57] Beide Variationen der Entsagung von einem Begehren seien so unsinnig wie unmöglich.[58]

6.4.4 Lopuchovs unnötiges Opfer

Von Lopuchov, dem Sprachrohr der Desillusionierung emotionaler Opferreflexe, wird die Aufforderung an Kirsanov, dieser möge wieder häufiger bei ihnen zu Gast sein, was unweigerlich zur Annäherung an Vera Pavlovna führen würde, selbstironisch als „подвиг благородства"[59] tituliert. „«Но это все вздор. Мне нельзя иначе поступать, по здравому смыслу.»"[60] Die Alternative, welche die Helden des Romans gegenüber dem Opfer verfechten, ist damit benannt: Es ist der „gesunde Menschenverstand", der Handlungsweisen motiviert, die äußerlich wie Opferhandlungen aussehen, aber nicht als solche verstanden werden sollen.

---

[55] „‚Wenn in jemandem ein Bedürfnis erwacht, – kann dann ein Versuch unsererseits, dieses Bedürfnis in ihm zu unterdrücken, zu etwas Gutem führen? [...] nein, so ein Versuch führt zu nichts Gutem.'" (*ЧД* 3 XXII, 182/303).

[56] „[...] eine heroische Tat großmütigen Edelsinns [...]" – „[...] zur eigenen Vernichtung [...]" (*ЧД* 3 XXII, 184f/306).

[57] Im Zusammenhang mit der Rachmetov-Gestalt wird die Heldentumskritik wieder zurückgenommen (s. 6.5.2); der Sozrealismus kocht die philanthropische Distanz zum Heldenopfer auf ein Minimum zusammen (s. 8.1.1).

[58] Eine ironische Selbstreflexion der früheren Probleme wird während der Gesangsabende vollzogen, die das neue Zusammenleben zu viert (Kirsanov, Lopuchov, Vera Pavlovna und Katerina Vasil'evna) mit sich bringen, wenn etwa *La donna è mobile [O wie so trügerisch]* intoniert wird (*ЧД* 5 XXII, 326/533). Diese Fiktionalisierung und Ironisierung ist die wirksamere Austreibung der Tragik als der bemühte Figuren- und Erzählerdiskurs gegen die Opferhaftigkeit bestimmter erlernter Reflexhandlungen.

[59] „Heldentat des Edelsinns" (*ЧД* 3 XXII, 179/299).

[60] „‚Aber das ist ja alles Unsinn. Ich kann nach gesundem Menschenverstand gar nicht anders handeln.'" (*ЧД* 3 XXII, 179f/299).

Wichtiger noch als Sprachrohr der Theorie vom unnötigen Opfer ist Rachmetov, der als Erklärer der Lopuchovschen Opfergeste (als einer unnötigen) auftritt (wie Paulus als Erklärer des – nötigen – Christusopfers, womit von Paulus zu Rachmetov die Axiologie des Opfers umgedreht wird – oder wenigstens umgedreht werden soll). Rachmetovs Diskurs über die Vermeidbarkeit von Lopuchovs Scheinselbstmord weist denn auch in eine andere Richtung als Lopuchovs eigene Versuche, die Opferhaftigkeit überhaupt abzustreiten und sich stolz eines sein Handeln eigentlich steuernden Egoismus' zu bezichtigen. In Rachmetovs Analyse wird nicht der Opfercharakter von Lopuchovs Handlung (dem inszenierten Schein-Selbstmord) bestritten, sondern nur dessen Notwendigkeit geleugnet: Hätte Lopuchov das Liebesbedürfnis Vera Pavlovnas früher vorausgesehen und sie mit größerer Sorgfalt auf den Fall einer Neigung zu einem Dritten vorbereitet (*ЧД* 3 XXX, 219–221/360–365), so wäre sein theatralischer „Abtritt" von der Szene" (*ЧД* 3 XXX, 213/351), dieses entleerte Zitat des Opfermusters, nicht erforderlich gewesen. Berechnende Voraussicht aller Eventualitäten, gerade auch solcher zu den eigenen Ungunsten, befreie später von der Notwendigkeit theatralischer Opferinszenierungen, wie sie Lopuchov einsetzte. Die Leiden aller drei Beteiligten wären Rachmetov zufolge zu vermeiden gewesen: „«Из-за каких пустяков какой тяжелый шум! [...] К чему эти мученья? [...] мученья из-за пустяков и катастрофы из-за вздора.»"[61] Allein, folgt nicht aus der Predigt gegen das „«*пустое мучение*»"[62] *ex negativo*, dass es auch erfülltes, nötiges Leiden gibt?

6.4.5 Opfertod?

Der Erzähler lässt Vera Pavlovna im Moment höchster emotionaler Zerrissenheit zwischen der Dankbarkeit gegenüber Lopuchov und ihrer Liebe zu Kirsanov, also im Zustand verminderter Zurechnungsfähigkeit, hysterisch das Motiv des freiwilligen Opfertodes als Scheinausweg entwerfen: „«Если б я могла умереть за тебя [т.е. за Лопухова]! О, как бы я была рада умереть, если бы ты от этого стал счастливее!»"[63] Es bleibt bei einmaliger Rhetorik; die Einsicht gerinnt nicht zur

---

[61] „‚Wie viel Aufhebens wegen was für Lächerlichkeiten. [...] Wozu diese Quälereien? [...] Quälereien wegen Lächerlichkeiten und Katastrophen wegen Unsinn.'" (*ЧД* 3 XXX, 222/366). Ein zweites Argument, warum Lopuchovs „Abtritt" kein Opfer im eigentlichen Sinne gewesen sein soll, liefert der weitere Verlauf seines Lebens; der Erzähler führt ihm eine zu ihm passende Partnerin zu, die nüchterne Katerina Vasil'evna (*ЧД* 5 XVIII, 323/528), um *ex post* nochmals die Zweifel an der Nicht-Opferhaftigkeit von Lopuchovs Verzicht – aus dem Geiste des Erfolgs – zu zerstreuen.
[62] „‚*Leeres* Leiden'" (*ЧД* 3 XXX, 223/366, Hervorh. D.U.).
[63] „‚Wenn ich doch für dich [i.e. für Lopuchov] sterben könnte! Wie wäre ich glücklich, wenn du davon glücklicher würdest!'" (*ЧД* 3 XXVI, 192/317).

Tat. Spiegelsymmetrisch verhält sich dies bei Lopuchov, der genau einen solchen Opfertod vorspiegelt, um Vera Pavlovna glücklich zu machen.

6.4.6 Lopuchovs Scheinselbstmord – christoform gelesen

In der Eingangsszene des Romans heißt es, nachdem keine Leiche gefunden wird, sehr bald: „«А может быть, и не было никакого тела?»".[64] Es wird gefragt, ob Lopuchovs Selbstmord nicht Schein sei. Die Formulierung gemahnt an den Doketismus, der in der christologischen Tradition die Realität der irdischen Körperlichkeit Christi in Frage stellte (s. 2.7.4). Ist also Lopuchovs Scheinselbstmord ein ‚doketischer Tod'? Die Diagnose vom Doketismus (2.3.2.1) wäre an Černyševskijs Roman allerdings umgekehrt zu interpretieren: Wo nicht vom Scheinleib eines Gottes, sondern vom Scheintod eines Menschen die Rede ist, geschieht eine Naturalisierung der Streitfrage nach der göttlichen und/oder menschlichen Natur Christi (2.2.1) in Richtung einer unüberschreitbaren menschlichen Immanenz: Wo keine Leiche war, ist auch keine Auferstehung nötig. Die Gedankenfigur vom ‚doketischen Tod' bedeutet – auf die Christologie und den Doketismus-Streit bezogen – eine persiflierende Umkehrung vom doketische Leben (Christi), weil hier nicht die Menschlichkeit negiert würde, sondern das Ende der menschlichen Natur.

Wenn man nicht bereit ist, mit seiner solchen *lectio difficilior* in das Motiv des Scheinselbstmordes eine umgekehrte Christologie hineinzulesen, so bildet doch die alte Abgrenzung der Kenose gegenüber dem Selbstmord (s. 4.5.10.2) einen Schlüssel zum Verständnis dieses Scheinselbstmords. Ein echtes Leidensopfer darf nicht soweit gehen, dass der Leidenszeuge selbst Hand an sich legt; er darf nur demütig das von außen kommende Leiden annehmen. So räumt Lopuchov demütig das Feld, als der Rivale in Vera Pavlovnas Gefühl triumphiert.

Dann ist es auch nicht mehr rätselhaft, warum bei der Wiederkehr des Scheintoten Lopuchov[65] für jedermann erkennbar die christologische Osterformel zitiert wird – „«Ныне Пасха, Саша; говори же Катеньке: воистину воскресе.»"[66] Geschieht auch dies etwa zur ironischen Unterlaufung, weil es ja gar keinen Tod gegeben hatte? Oder wird damit doch ein Dulderopfer honoriert (während der christlich verbotene Selbstmord keine Honorierung nach sich gezogen hätte)? Anders als bei christlichen Leidensduldern erfolgt die Honorierung in der Welt, allerdings in der Narration des Romans nahe an der revolutionären Eschatologie.

---

[64] „‚Vielleicht hat es ja aber gar keine Leiche gegeben?'" (ЧД I, 6/8).

[65] Dass damit Lopuchov und nicht Rachmetov diese temporäre Christus-Rolle zufällt, steht im Widerspruch zur Maßstabsdifferenzierung zwischen den mittleren „neuen Menschen" Lopuchov, Kirsanov und Vera Pavlovna einerseits und dem „besonderen Menschen" Rachmetov andererseits, die der Erzähler vornimmt (s. 6.5.3).

[66] „‚Heute ist Ostern, Saša, sag' Katen'ka: Er ist wahrhaftig auferstanden.'" (ЧД 5 XIX, 325/531, vgl. 4.5.5.3).

Sichtlich wird die Formel wegen ihrer emotionalen Aufgeladenheit zitiert (schließlich dokumentiert und vermittelt dieser Ausruf Vera Pavlovnas unbändige Freude), weil sie als vertrautes Muster (vgl. 2.11.8 u. 5.6.3.2) rezeptionswirksam ist – und zwar auch für den Leser. Sodass dieses Zitat des unnötigen Opfers durch die dann ja auch entbehrliche Auferstehung des Geopferten *ästhetisch* plötzlich wieder nötig wäre.

Auch für den Sujetbau ist Lopuchovs von Rachmetov als unbrauchbar verworfener Opfergestus ein zentraler Punkt. Die Romanhandlung wäre ohne diesen zu Eingang des Romans verspotteten konventionellen ästhetischen Effekt – die „unerhörte Begebenheit" eines Selbstmords ohne Leiche – um ein Wesentliches amputiert. Schon indem es – ästhetisch wie ethisch – verspottet wird, ist das Motiv des freiwilligen Opfertodes für die Sinnkonstitution des Romans unverzichtbar. Geht die Opfernotwendigkeit also etwa doch über die Ästhetik hinaus?

6.5 Das nötige Opfer

6.5.1 Individual-ethisch

Ethisch wird in Černyševskijs ЧД an Opferhandlungen und Opferreflexe die Zweckfrage gestellt, die in der christologischen Diskussion ebenfalls prominent war (s. 3.0); der Konsens, dass Christi Kenose bis zum Kreuztod eine Erlösungstat *für* die sündigen Menschen sei, wurde in der Dogmatik so gut wie nie in Frage gestellt. Nicht die Zweckhaftigkeit also ist neu, sondern höchstens die immanent-utilitäre Herangehensweise (vgl. Dunaev 2001/03:III 171) an die Frage nach dem „für wen" des Opfers (die in den obigen Fällen eben wegen fehlenden Nutzens abschlägig beantwortet wird).

Zu beziehen ist diese Frage auf das ständig wiederholte Motiv der Hilfsbereitschaft der neuen Menschen im Verein mit ihrer als natürlich ausgegebenen ökonomischen wie persönlichen Bescheidenheit („скромная"[67]) und an die Überbietung dieses Grundzuges der „mittleren neuen" Menschen durch den besonderen Menschen Rachmetov mit seiner selbsterzieherisch gesteigerten Askese (s. Morris 1993:142). Die Antwort auf die Frage nach dem Zweck der Hilfsbereitschaft wird vom Roman, wie gesehen, in einem langzeitlichen Nutzen für ein Kollektiv gegeben – etwa innerhalb der von Vera Pavlovna ins Leben gerufenen Schneiderkooperative –, in einem Nutzen, der auf lange Sicht auch auf das in seiner Hilfsbereitschaft egoistische Individuum (so will es der Text) zurückfällt. Doch warum ist

---

[67] „Bescheiden" (ЧД 3 IV, 126/213).

über diese angebliche egoistische Hilfsbereitschaft[68] hinaus – eine Art Bumerang-Nutzen – die persönliche Bescheidenheit, ja Askese nötig ?

6.5.1.1 Lopuchovs nötiges Opfer 1: das Medizin-Examen

Die Voraussetzung für die Befreiung Vera Pavlovnas aus der „alten" Ordnung, von der Tyrannei ihrer Mutter oder eines patriarchalisch gesonnenen Gatten wie Storešnikov ist Lopuchovs Bereitschaft, ihr aus diesen Fesseln heraus zu helfen. Es bleibt schließlich als einzig gangbarer Weg die fiktive Ehe; da Vera Pavlovna sich zunächst ökonomisch allein nicht über Wasser halten könnte, kommt Lopuchov zum Schluss, sein Medizin-Studium – kurz vor dem Examen – abbrechen zu müssen. Der Abbruch des Medizin-Studiums könnte als Verzichtsopfer gedeutet werden. Um dies zu widerlegen, wird Lopuchov ein gehöriger rhetorischer Aufwand in den Mund gelegt:

> «Не был [я] до сих пор так глуп, чтобы приносить жертвы, – надеюсь, и никогда не буду. Как для меня лучше, так и сделал. Не такой человек, чтобы приносить жертвы. Да их и не бывает, никто и не приносит; это фальшивое понятие: жертва = сапоги всмятку.»[69]

Der Aufwand dieser Tirade, der Parallelismus, schließlich das Paradox „«сапоги в смятку»" zeigen, dass hier durch medialen Mehraufwand ein ungelöstes Problem kuriert werden soll (vgl. Ulam 1976:34), wodurch das Gegenteil erreicht wird: Die Argumentation erscheint wegen der Hypertrophie des rhetorischen Mitteleinsatzes als unglaubwürdig: Hier streitet jemand gegen etwas an, das sich ihm wider seinen Willen aufdrängt. Die Hypertrophie der rhetorischen Mittel gibt sich als Symptom einer hysterischen Verdrängung zu lesen und entblößt so mittelbar – durch Verschiebung und rhetorische Überkompensation – jenes traumatisierende Verzichtsopfer, das sie gerade verbergen soll. An Vera Pavlovna, die, gemessen am Egoismus-Ethos der „neuen Menschen", moralphilosophisch zunächst noch nicht so avanciert ist, kann dagegen ganz nüchtern die Beharrungsfähigkeit der Denkkategorie Opfer diagnostiziert werden. Lopuchov gesteht ein: „«Жертва – ведь этого почти никогда нельзя будет выбить из ее головы.»"[70]

---

[68] Pereira trifft mit der paradoxen Formulierung von der „selfless selfishness" der Psychologie von Černyševskijs Helden den Punkt (1975:78): In jeder der in *ЧД* begegnenden Polemiken gegen das unnötige Opfer ist eine Kehrseite, ein nötiges Opfer enthalten.

[69] „'Bislang war ich nicht so dumm, Opfer zu bringen, – und werde es hoffentlich auch nie sein. Was für mich besser war, habe ich getan. Ich bin niemand, der Opfer bringt. Und es gibt auch gar keine Opfer, niemand bringt welche; es ist ein falscher Begriff: Opfer, das ist wie gequirlte Stiefel.'" (*ЧД* 2 XIX, 94/158).

[70] „'Opfer – das wird man fast gar nicht aus ihrem Kopf rausbekommen.'" (*ЧД* 2 XIX, 94/158).

Also ist es – entgegen Lopuchovs Deklarationen – in der vom Roman entworfenen Textwelt doch so, dass sowohl in der alten Gesellschaft als auch beim Übergang von der alten in die neue Ordnung Opferhandlungen erforderlich sind. Ist bei religiösen Opferszenarien intendiert, Kontakt zu einer höheren, transzendenten Sphäre zu schaffen (Mauss/Hubert 1968:97), so wird in der immanent-revolutionären Variante der qualitative Sprung in eine bessere Gesellschaftsordnung durch ein säkulares Entsagungsopfer erreicht. D.h. die Opferhandlungen werden durch die Gegebenheiten der zu überwindenden alten Gesellschaft gerechtfertigt, die damit ungewollterweise eine konstitutive Rolle gewinnt: Ein Negativum rechtfertigt ein anderes. So verzichtet auch Lopuchov auf sein Medizin-Examen, um Vera Pavlovna durch Schließung einer fiktiven Ehe[71] aus ihrer Opferlage zu befreien: Vorderhand ist noch der Tausch von Opfern nötig, ein purer Mehrwert für alle Seiten noch unerreichbar.[72] Nicht zufällig läuft auch Lopuchovs Selbstberuhigung, sein Studienabbruch bedeute kein Opfer, über eine finanzielle Erwägung.[73]

> Первую четверть часа, не хмуря лба, он думал так: «все это вздор, зачем нужно кончать курс? И без диплома не пропаду, – да и не нужно его. Уроками, переводами достану не меньше, – пожалуй, больше, чем получал бы от своего докторства. Пустяки.»[74]

Weitergehende Überlegungen dazu, ob in Lopuchovs Studienabbruch ein Opfer beschlossen sei, wehrt der Erzähler stellvertretend ab; Lopuchov hingegen sei allein mit dem praktischen Problem beschäftigt („нахмуривая лоб"[75]), welcher Pope die Trauung vollziehen könne. Durch die Verlagerung der Abwehr des Opfertheorems in die Reflexion des Erzählers über ein mögliches, aber nicht vollzogenes Reflektieren der Figuren wird eine doppelte Distanzierung versucht, die wiederum – wie der obige rhetorische Aufwand – als ihr Gegenteil, als über-

---

[71] Plan ЧД 2 XVIII, 83/148; Ausführung 2 XXI, 101f/170f.

[72] Ščukin folgt zu sehr der Lopuchovschen Apotrope, wenn er das von Vera Pavlovna und Lopuchov vertretene Liebesmodell als „asketisch" einschätzt, Opferhaftigkeit und Leiden aber negiert (2000:114f), und darin auch nicht jene Dimension von Überfluss der Liebesenergie (in der Art von Batailles Antiökonomie) erblicken kann, die Kirsanovs und Vera Pavlovnas Liebe auszeichne (ebd.:117).

[73] Das Ziel ist aber klarerweise die Überwindung jeglicher Tauschrelation; in diesem Sinne ist auch das Bestreben zu verstehen, die ökonomische Selbstständigkeit der bisher ökonomisch stets abhängigen Ehefrau zu erreichen (ЧД 2 XVIII, 89/150).

[74] „Die erste Viertelstunde dachte er, ohne mit der Wimper zu zucken: ,Das ist alles Unsinn, wozu muss ich den Kurs abschließen? Auch ohne Diplom gehe ich nicht unter, ich brauche gar keines. Mit Privatstunden und Übersetzungen verdiene ich nicht weniger, eher mehr, als ich durch mein Doktorat bekommen hätte.'" (ЧД 2 XXI, 98/165).

[75] „Er runzelte die Stirn" (ЧД 2 XXI, 98/165).

kompensierende, hysterische Bemühung lesbar wird: Das Opfertheorem drängt sich derart auf, dass es mehrstufiger Apotropen bedarf, um es in Schach zu halten. An einer anderen Stelle im Text, wo nicht mehr gegen das Opfer argumentiert, sondern allein aus dem Kontext von Kirsanovs medizinischer Forschung heraus daran erinnert wird, dass Lopuchov sein Medizinstudium abbrechen musste, unterläuft dann auch der Opfer-Begriff wieder: „[...] когда [Лопухов] *пожертвовал* для нее [Веры Павловны] всеми любимыми тогдашними мыслями о своей ученой карьере и не побоялся рискнуть на голод."[76] Nur da, wo bewusst gegen das Opfertheorem angestritten wird, funktioniert die Selbstzensur des Erzähldiskurses; wo diese Apotrope hingegen nicht im Mittelpunkt steht, wird das Opfer auch Opfer genannt.

6.5.1.2 Lopuchovs nötiges Opfer 2: die asketische Ehe

Der Eintritt in die fiktive Ehe setzt also den Opferschritt des Studienabbruchs voraus, der aber, weil es sich ja vorderhand um eine fiktive Ehe handelt, nicht zum Zweck eines ehelichen (sexuellen) Gewinns erbracht wird. Die Gatten enthalten sich vielmehr über längere Zeit des Verkehrs. Die auch innenarchitektonisch befestigte Sexualaskese (getrennte Schlafzimmer) wird von Nachbarn als „sektenartig" wahrgenommen (*ЧД* 3 I, 112/190); diese säkular-introvertierte (s. Horkheimer/Adorno 1969:62) Form von Opfer qua Fleischlichkeitsverzicht, die ein gesellschaftspolitisch naturalisiertes Pendant zur mönchischen Askese darstellt,[77] wird aber, anders als der Studienabbruch, zuerst gar nicht im Opferkontext diskutiert.

Allerdings wird der sachlich-reduzierte Komfort der gemeinsamen Wohnung Vera Pavlovnas und Lopuchovs gesondert hervorgehoben: Selbst die Edelhure Žjuli kann sich dem Zauber der Bescheidenheit nicht entziehen,

> [...] с восторгом вникая во все подробности бедноватого быта Лопуховых и находя, что именно так следует жить, что иначе нельзя жить, что только в скромной обстановке возможно истинное счастье [...][78]

– eine Satzperiode, die unverändert so in der asketischen Mönchsliteratur, etwa bei Nil Sorskij (s. 5.3.5.4), stehen könnte.[79]

---

[76] „[...] als er [Lopuchov] für sie [Vera Pavlovna] alle ihm damals lieben Gedanken an eine wissenschaftliche Karriere *geopfert* und nicht gefürchtet hatte, Hunger leiden zu müssen." (*ЧД* 4 IX, 258/422, Hervorh. D.U.).

[77] Vgl. Bucharevs asketische Ehe (4.4.4.3). Das möchte Morris trotz ihres Interesses an Askese-Säkularisaten so nicht sehen (1993:143).

[78] „[...] als sie voll Begeisterung alle Einzelheiten der ärmlichen Lebensumstände der Lopuchovs durchdrang und fand, dass man genau so leben müsse, dass man anders gar nicht leben könne, dass nur in bescheidener Umgebung wahres Glück möglich ist [...]" (*ЧД* 3 II, 115/196).

Erst unter dem Eindruck der noch unbewussten Verliebtheit in Kirsanov wird Vera Pavlovna die fiktive Ehe dann zu wenig; erst durch das in ihr aufkeimende Zärtlichkeitsbedürfnis (ЧД 3 V, 135f/229f) wird der bisherige Fleischlichkeitsverzicht thematisiert: Erst jetzt kann das aus Dankbarkeit geborene Gefühl der Verbundenheit mit Lopuchov ironisch als „супружеская самоотверженность"[80] kategorisiert werden.

6.5.1.3 Schlupfloch Aufschub

Kirsanov begründet, wie gesehen, den Versuch, seine Liebe zu Vera Pavlovna zu unterdrücken (s. oben 6.4.1), mit dem Langzeitkriterium der „Summe" aus erreichten Positiva und notwendig in Kauf zu nehmenden Negativa. Neben den im Übergang von alter zu neuer Gesellschaft unausweichlichen Opfern führt also das Langzeitkriterium den Lustaufschub als nurmehr pragmatisches, vorübergehendes Opfer wieder ein und schafft so das entscheidende Schlupfloch in der Černyševskijschen Antiopfertheorie: Im Vorgriff auf die utopische Gesamtplanung der Gesellschaft sind Einzelschritte schon im vorutopischen Stadium nötig, die mitunter an das christliche Opfertheorem gemahnen.

Nur mit diesem Binnenanachronismus von vorübergehendem Verzichthandlungen jetzt und Unnötigkeit von Opfern in der ideal konstruierten Zukunftsgesellschaft ist auch das Opfer für eine künftige bessere Gesellschaft, das der besondere Mensch Rachmetov bringt, begründbar. Daran ist der normative Gesellschaftsmaßstab aus der Magister-Dissertation von 1855 wiederzuerkennen. Es geht Černyševskij nicht – oder nicht vorrangig – um die Deskription des jetzt Seienden, sondern um den Entwurf des künftig Wünschenswerten (s.. Mathewson 1975:74).

So ist Vera Pavlovna, sobald die Aussicht auf spätere Befreiung vom Joch der Mutter-Tyrannei sich auftat, bereit, (sich) weiter zu (ge)dulden, bis zum Befreiungszeitpunkt: „«Теперь я готова терпеть»".[81] Und entsprechend wird im Roman auch der Medizin attestiert, erst in einem propädeutischen Stadium zu sein, höchstens Grundlagenforschung betreiben, aber den Menschen noch nicht wirklich helfen zu können (auch hier geht ein nötiger Leidensweg dem späteren Nutzen

---

[79] Im Einheitslohn, der in der kooperativen Schneiderwerkstatt Vera Pavlovnas gezahlt wird (ЧД 3 IV, 129/219), sowie der peniblen, prototayloristischen Produktionsplanung und Buchführung liegt zugleich eine asketische Ökonomie beschlossen, die in aristotelischer Tradition das ökonomische Maß hochhält (s. ЧД 3 IV, 127/214, 130f/221f; vgl. Uffelmann 2006). Das aristotelisch-hausväterliche Maß bedeutet zugleich die Opferung der Lust am Unmaß (Bataille) wie von Profit und Reichtum. Da das Unmaß seinerseits mit Potlatsch und Opfer einhergeht, haben wir es also mit einer Opferung des Opfers zu tun.

[80] „Eheliche Selbstaufopferung" (ЧД 3 XIII, 151/253f).

[81] „'Nun bin ich bereit auszuharren'" (ЧД 2 XVIII, 89/148).

voraus; *ЧД* 2 II, 46/78). Diese einmal egoistisch, einmal utilitär gewandete Ethik des Aufschubs ist imstande, Opferhandlungen als der Vergangenheit angehörig, aber vorläufig noch notwendig zu sanktionieren.

6.5.2 Politisch: Rachmetovs nötiges Opfer

Politisch ist das von Rachmetov erstrebte, aber aufgeschobene Ziel im Romantext die Revolution, welche die bestehende alte, Leidensopfer fordernde Ordnung umstürzen und überwinden werde. Als das aus Zensurgründen Unsagbare bleibt sie aber im Text im Zustand virtueller Präsenz. Bezeichnenderweise ist das, was auf sie vorausweist, gerade die Bereitschaft zu den besagten Übergangsopfern, wie sie einmal die „neuen Menschen", aber insbesondere der „особенный человек"[82] Rachmetov erbringen, der stellvertretend für eine kleine (Kader-)Gruppe von entschlossenen Revolutionären steht. Im Roman ist dies jene schemenhaft skizzierte, über verschiedene russische Städte verstreute Gruppe von bisher acht vergleichbaren Personen,[83] die sich in einem typischen Merkmal („одна черта") berühren – wohl dem Revolutionärstum.[84] Von diesen Abwesenden erfährt der Leser wenig, weswegen es zur Fokussierung auf eine einsame (und deswegen besonders leicht auf Christoformität ausdeutbare) Gestalt kommt: Rachmetov.

Aus alter, reicher Adelsfamilie (*ЧД* 3 XXIX, 198/327) stammend, werden ihm Vorfahren mit gesellschaftsreformerischen Bestrebungen zugeschrieben (eine geistige Genealogie statt der biologischen; *ЧД* 3 XXIX, 198/327f). Gegenüber seinem tyrannischen und ausbeuterischen Vater befindet sich Rachmetov in einer ödipalen Konfliktsituation; bereits in jungen Jahren weitet sich dieser Protest gegen den Vater aus zum prinzipiellen Aufbegehren gegen soziale Missstände (*ЧД* 3 XXIX, 201/332f). Den Reichtum, den Rachmetov erbt, setzt er zur Förderung sozial Bedürftiger (Stipendienempfänger) ein, während er sich selbst asketische Lebensformen auferlegt. Maßstab ist für ihn dabei die Lebenssituation einfacher Leute und die angestrebte soziale Gleichheit: was letztere sich leisten können,

---

[82] „Ein besonderer Mensch" (*ЧД* 3 XXIX, 195/323).
[83] Rachmetov vergibt als Stifter Geld für Stipendien, fünf in Moskau, zwei in Kazan' (was, Rachmetov selbst hinzugenommen, acht ergibt). Die angeführte Verstreuung der Stipendiaten gemahnt an die Kleingruppenstrategie, die Nečaev/Bakunin einige Jahre später für die Struktur einer geheimen revolutionären Organisation entwirft (s. 5.5.4.1). Überhaupt lassen die abschließenden Szenen (5 XXIII und 6) von Černyševskijs Roman den Schluss zu, dass die revolutionäre Taktik auf Gewalt fußt und terroristische Methoden einschließen könnte.
[84] *ЧД* 3 XXIX, 197/326, so die Interpretation von Ščerbina (1980:378) mit dem Versuch einer Durchbuchstabierung aller äsopischen Angaben aus dem Roman über eine vermeintliche Verschwörung, verstanden als mimetische Abbildung einer realen historischen Konspiration.

6. Rachmetov

ist auch für den „besonderen Menschen" akzeptabel (ЧД 3 XXIX, 202/334). Nachdem er einen solchen Maßstab einmal als für sich geltend erkannt hat, hält der „«ригорист»"[85] Rachmetov kategorisch daran fest. Zudem vertritt Rachmetov ein Ethos des Handelns anstelle bloßen Redens („«мы все говорим и ничего не делаем.»"[86]), führt Polemik gegen *хандра* und *скука*.[87] Das Lektürestudium bildet für ihn nur eine kurze Zwischenphase im Übergang zur konspirativen Tätigkeit (ЧД 3 XXIX, 203/336) – analog zu Marxens Losung: „Die Philosophen haben die Welt nur verschieden interpretiert, es kommt darauf an, sie zu verändern".[88]

Wo Intellektualität als Durchgangsstadium begriffen wird, da kommt die Physis als Basis dieses Handelns ins Spiel. Rachmetov ist ein sich mit Boxer-Diät ernährender Body-Builder des 19. Jh.s (ЧД 3 XXIX, 199f/330); er erscheint durch physische Kraft als geistiger Führer geeignet (Tradition des *богатырь* [Recken]). Černyševskijs schreibt seinen Sonderhelden also in ein traditionelles herkuleisches Heldenmodell ein,[89] allerdings mit gehöriger Entsagung untermischt: Persönliches Glück versagt sich Rachmetov angesichts seiner Aufgaben ganz (ЧД 3 XXIX, 208/343f) – die Existenz von Familienangehörigen würde einen Revolutionär erpressbar machen, so lässt sich die äsopische Suggestion zu Ende lesen.

Rachmetovs kulinarisch-emotionaler Mehrfach-Verzicht mit seinem Wiederbestätigungszwang wird auch explizit als notwendig approbiert, wie Vera Pavlovna verlautbart: „«Рахметовы – это другая порода; они сливаются с общим

---

[85] „‚Rigorist'" (ЧД 3 XXIX, 199/329).
[86] „‚Wir reden immer nur, tun aber nichts.'" (ЧД 3 II, 113/192).
[87] „Spleen" – „Langeweile, Sehnsucht" (vgl. ЧД 5 XI, 311/510f).
[88] MEW 3,7. Der Name Lopuchov verweist auf die Klette (*лопух*), die in Turgenevs *Отцы и дети [Väter und Söhne]* (1861) nach Bazarovs Vorstellung auf seinem Grab wachsen wird (vgl. Pereira 1975:85). Bazarov streitet an jener Stelle gegen individuelle Opfer für gesellschaftlichen Nutzen: „«А я возненавидел этого последнего мужика [...], для которого я должен из кожи лезть и который мне даже спасибо не скажет... [...] Ну, будет он жить в белой избе, а из меня лопух расти будет»" [,Da habe ich diesen letzten Bauern zu hassen begonnen [...], für den ich mich abrackern soll und der mir nicht einmal danke sagen wird... [...] Er wird dann in einer weißen Hütte leben, und aus mir werden die Kletten wachsen'] (Turgenev 1953/58:III 294). Černyševskij macht aus Bazarovs unter dem Emblem der Klette daherkommender Opfer-Negation einen Helden, der sich – vergeblich – um dasselbe bemüht. Ob auch die ‚Klette' Lopuchov noch zu sehr am Alten (dem Opfer) klebt? (Das Verhältnis von Černyševskijs Roman zum Nihilismus und den *лишние люди* kann hier nicht im einzelnen besprochen werden, s. dazu Tamarčenko 1976:263–296).
[89] Siehe Valentino 2001:63. Herakles und Christus sind aber als Traditionen nicht so unvereinbar, wie Valentino meint (vgl. 5.5.1.1); die herkuleischen Züge an Rachmetov sind nicht automatisch „the opposite of Christ, a parody of Christ" (ebd.:65, s. unten 6.5.2.1). In der Selbsterniedrigung treffen sie sich: Nimmt in der Christologie der göttliche Logos Fleisch an, so im Mythos und in der revolutionären Literatur Muskeln.

делом так, что оно для них необходимость, наполняющая их жизнь; для них оно заменяет личную жизнь.»"[90] Zurecht setzt Lambeck diese Topik der Selbstlosigkeit gegen Černyševskijs eigene Theorie des Selbstnutzes ein:

> Indem Černyševskij in Rachmetov eine Figur schuf, die ihr Handeln ausschließlich in den Dienst der andern stellt, ohne nach eigenen Vorteilen zu fragen, hat er die Unzulänglichkeit seiner Theorie des „vernünftigen Egoismus" unbewußt eingestanden und diese Theorie weiterentwickelt. (Lambeck 1980:164)

Das Opfer ist also wieder im Spiel, und zwar auf der höchsten Wertebene des Romans. Wieder soll es den Sprung auf eine höhere Gesellschaftsstufe anbahnen – jetzt von der neuen zur nach-revolutionären Ordnung.

6.5.2.1 Christologie des Revolutionärs

> Его еще покамест не распяли,/ Но час придет – он будет на кресте;/ Его послал бог Гнева и Печали/ Царям земли напомнить о Христе.[91]

> [...] der Opferritus wiederholt den Mythos, in dem sich die Gottheit einst opfernd hingab. (Gerlitz 1995:254)

Rachmetovs rigorose Selbstabrichtung, die von der äsopischen Suggestion her eine revolutionäre Propädeutik darstellt, ist allerdings auch als para-monastische *imitatio Christi* lesbar (5.3.1): Rachmetovs vorsätzliche Ehelosigkeit, seine Absage an soziale Bindungen (s. Morris 1993:140) und seine Sexualaskese sind einmal änigmatisch als politische Strategie interpretierbar (*ЧД* 3 XXIX, 209/345), andererseits als Elemente einer apostolischen Nachfolge entschlüsselbar.[92]

Warum es für den revolutionär gesonnenen Demokraten Černyševskij scheinbar paradoxerweise (vgl. Ulam 1976:47) als nobilitierend gilt, dass Rachmetov aus alter, reicher Familie stammt, ist wohl nur über den Abstieg von einer früheren sozialen (Fall-)Höhe zu verstehen, als soziale Erniedrigung zu begreifen – und

---

[90] „‚Die Rachmetovs sind eine andere Rasse; sie verschmelzen derart mit der allgemeinen Sache, dass sie für sie zur Notwendigkeit wird, die ihr Leben erfüllt; für sie tritt die allgemeine Sache an die Stelle des persönlichen Lebens.'" (*ЧД* 4 VII, 256/419). Unglaubwürdigerweise kommt das Personal des Romans zu Schlussfolgerungen, die mit denen des Erzählers deckungsgleich sind.

[91] „Noch hat man ihn nicht gekreuzigt,/ Doch die Zeit wird kommen, dass er am Kreuze hängt./ Ihn hat der Gott des Zornes und der Trauer gesandt,/ die Herrscher der Erde an Christus zu erinnern." (Nekrasov, *Чернышевский (Пророк)*, 1950:II 286); von Venedikt Erofeev zitiert in *Василий Розанов глазами эксцентрика [Vasilij Rozanov, mit den Augen eines Exzentrikers gesehen]* (1997:155), vgl. 9.3.

[92] Zur Hermeneutik säkular-sakraler Doppellesbarkeit s. 5.6.

übrigens ein hagiografischer Topos.[93] Von Rachmetov selbst wie vom Erzähler wird betont, dass es sich bei der Gefühls- und Sexualaskese um einen echten Verzicht („[...] хоть любил изящество [...]"[94]) handle, dass Rachmetov kein gefühlloser, kein bloß theoriebestimmter Mensch sei.[95] Gerade die Strenge der Askese („[...] самый суровый образ жизни."[96]) erscheint funktional als Zeugnis (mit dem griechischen Etymon: Martyrium) und Exempel für andere (vgl. 5.0.3):

«Я не пью ни капли вина. Я не прикасаюсь к женщине.» [...] «Мы требуем для людей полного наслаждения жизнью, – мы должны своею жизнью свидетельствовать, что мы требуем этого не для удовлетворения своими личными страстями, не для себя лично, а для человека вообще, что мы говорим только по принципу, а не по пристрастию, по убеждению, а не по личной надобности.»[97]

Dazu gehört dann auch die para-monastische Schlafreduzierung im Dienst für andere (ЧД 3 XXIX, 202/335). Die Entsagung wird – wie bei Christi Kenose – direkt auf den Nutzen für andere bezogen. Die Christoformität dieser Selbsterziehungsmaßnahmen gipfelt in der Fakirpose, mit der sich Rachmetov seinen Dornenkranz unters Gesäß legt und – um sich selbst seine Leidensfähigkeit zu beweisen – eine Nacht darauf ausharrt (ЧД 3 XXIX, 207/342), um infolge dieser „Ersatzhandlung" (Gerlitz 1995:257) eine Form von selbsterzeugten Stigmata am Leib (am Rücken) zu tragen.

Der Romantext legt eine Reihe von Fährten aus, woher sich diese Entsagungstechniken kulturgeschichtlich speisen: So heißt es von Rachmetovs Wanderleben: „[...] скитался по России [...]".[98] Katerina Clark zufolge modelliert Černyševskij

---

[93] Vgl. 4.3.7.1. Die Lesart Valentinos, der darin lediglich freiwillige Arbeits- und Dienstbereitschaft erkennen will (2001:61), um den Widerspruch zwischen Rachmetovs sozialer Erniedrigung vom Adelsstand und der demokratischen Gesinnung Černyševskijs zu kurieren, geht auf seine Apotrope der Christus-Spur und ihre Ersetzung durch die Herkules-Fährte zurück; die Kenose ist aber im Gegensatz zum blutleeren Konstrukt eines Zeugnisses freiwilliger Arbeitsbereitschaft allein schon das kulturgeschichtlich gängigere Modell.
[94] „[...] obwohl er Eleganz liebte [...]" (ЧД 3 XXIX, 202/334).
[95] ЧД 3 XXIX 208/343f; 3 XXXI 226/372.
[96] „[...] strengste Lebensführung." (ЧД 3 XXIX, 201/333).
[97] „‚Ich trinke keinen Tropfen Alkohol. Ich rühre keine Frau an.' [...] ‚Wir fordern für die Menschen vollen Lebensgenuss, und wir müssen durch unser Leben bezeugen, dass wir dies nicht fordern, um eigene Leidenschaften zu befriedigen, nicht für uns persönlich, sondern für den Menschen überhaupt, dass wir nur aus Prinzip sprechen und nicht aus Eigeninteresse, aus Überzeugung und nicht aus persönlichem Bedürfnis heraus'." (ЧД 3 XXIX, 201/333).
[98] „Er wanderte durch Russland" (ЧД 3 XXIX, 199/329); zu Wanderschaft als Christusnachahmung s.o. 5.4.2.

die Vita Rachmetovs nach dem Vorbild des *Житие Алексея человека божия*,[99] Irina Paperno fügt als Quelle die Lesemenäen hinzu (Paperno 1996:176; vgl. 4.3.6). Diese diversen Erniedrigungsfährten wären unvollständig, würde nicht zumindest visionär die künftige Erhöhung des sich Erniedrigenden evoziert (2.6.2). Und dem ist auch so: Rachmetov erscheint der Frau, deren Werben er sich versagt, im Traum als „окруженный сияньем",[100] mit einem Nimbus angetan.

Die apostolische Christusnachfolge, die der kleinste und demütigste Mönch erstrebt, wäre für den selbstbewussten Rachmetov zu wenig: Wenn der Untertitel des Romans *Из рассказов о новых людях [Aus Erzählungen über neue Menschen]* Paulus' Rede von den „neuen Menschen" aufnimmt,[101] der Plural aber auf Lopuchov, Kirsanov, Vera Pavlovna bezogen wird, so sind sie als „neue Menschen" die Jünger des „besonderen Menschen" Rachmetov, der über sie und ihre zeitweilige Schwäche (sie neigen zu unnötigen Opfern) erhaben ist. Wenn zudem schon zu Mitte des Romans Rachmetovs Wiederkunft erwartet wird[102] und diese – einer möglichen Lesart der Schlussallegorie zufolge[103] – auch am Ende des Romans noch aussteht, so rückt Rachmetov von der Rolle des Christus Nachahmenden auf in die des (säkular-revolutionären) Messias selbst. Anders als Lopuchovs ‚doketischer' Opfertod wird Rachmetovs Opfer die Analogie zu Christi Opfer nicht durch Ironisierung abgesprochen.[104]

6.5.2.2 Der Newton-Intertext
Neben den angeführten, von Clark und Paperno identifizierten Prätexten, welche Rachmetovs Christoformität nahe legen, gibt es einen Intertext, der manifest evo-

---

[99] *Vita des gottgefälligen Aleksej* (Gudzij 1962:99–104, vgl. Clark 2000a:50 u. 5.4.1).
[100] „[...] von Glanz umgeben" (*ЧД* 3 XXIX, 208/343).
[101] „ⁿυνὶ δὲ ἀπόθεσθε καὶ ὑμεῖς τὰ πάντα, [...]. ⁹μὴ ψεύδεσθε εἰς ἀλλήλους, ἀπεκδυσάμενοι τὸν παλαιὸν ἄνθρωπον σὺν ταῖς πράξεσιν αὐτοῦ, ¹⁰καὶ ἐνδυσάμενοι τὸν νέον, τὸν ἀνακαινούμενον εἰς ἐπίγνωσιν κατ' εἰκόνα τοῦ κτίσαντος αὐτόν·" [⁸Nun aber legt alles ab von euch (...) ⁹denn ihr habt den alten Menschen mit seinen Werken ausgezogen ¹⁰und den neuen angezogen, der erneuert wird zur Erkenntnis nach dem Ebenbild dessen, der ihn geschaffen hat.] (Kol 3,8–10; ähnlich Eph 4,23f). Kantor macht darauf aufmerksam, dass dieses Paulus-Wort auch schon in der *Повесть временных лет [Nestorchronik]* zitiert wird (2001:291f).
[102] *ЧД* 3 XXIX, 206/341; vgl. Paperno 1996:175f.
[103] Černyševskijs eigener, möglicherweise äsopischer Suggestion entsprechend (Buchštab 1966:117f).
[104] Tamarčenko geht eine volle Identifikation von Rachmetovs Opferbereitschaft mit Christi Selbstopfer zu weit; er zieht es vor, von Rachmetovs potenzieller „способность к такой самоотдаче" [Fähigkeit zu solcher Selbsthingabe] zu sprechen (1976:331).

6. Rachmetov

ziert wird, aber – mit Morris' Ausnahme[105] – bislang kaum funktional ausgedeutet wurde: Rachmetov liest, während er bei der von der Selbstmordnachricht verstörten Vera Pavlovna wacht, Newtons *Observations upon the Prophecies of Daniel, and the Apocalypse of St. John*. Laut dem Roman kommt in diesem Spätwerk Newtons naturwissenschaftliche „Normalität" in die Nähe religiöser Aberration. Es heißt, Rachmetov habe daran ein quasi religionspsychologisches Interesse der Entmythologisierung, der Herausschälung des Gesunden aus dem Kranken. Welches aber wäre das Kranke daran? Die Theologie, wie es eine kämpferisch-atheistische Lesart einklagen würde?

Das Newton-Buch birgt mehr als eine simple Dichotomie. Das Kapitel II des 1. Teils, *Of the Prophetic Language*, definiert die Hermeneutik der weiteren Arbeit, welche die „figurative language of the Prophets" nach dem Prinzip der Analogie auslegen müsse: „This language is taken from the analogy between the natural world, and an empire of kingdom considered as a world politic." (Newton 1733:16). Kann diese Analogiehermeneutik, diese Doppellesart womöglich auch auf den Roman ЧД, in dem der Newtonsche Text im Text gelesen wird, ausgedehnt werden? Stünde dann eine säkulare, untere Ebene neben einer höheren, metaphysisch-historiosophischen Bedeutungsdimension und wäre jedes Element auf zwei Ebenen auslegbar (vgl. 5.6)? Falls die christliche Präsupposition der Newtonschen Schrift auch für den Roman gelten sollte –, wäre diese höhere Ebene etwa gar in einem christologischen Intertext zu suchen?

Dafür spricht ein weiteres Indiz aus der Newtonschen Arbeit: Das Kapitel IX des 1. Teils, *Of the Times of the Birth and Passion of Christ*, nimmt eine genaue Datierung des Leidens und Sterbens Christi vor (auf das Jahr 34; Newton 1733: 168). Kalendermathematik gerät zum Mittel der Deutung der Evangelien, verbunden mit dem Versuch, Widersprüche auf rationale Weise zu eliminieren, also der Glaubensaussage zu naturwissenschaftlich überprüfbarer Plausibilität zu verhelfen, wobei ein Credo an die Historizität der in den Evangelien berichteten Ereignisse und ihren soteriologischen Sinn mit transportiert wird.[106] Newtons Wahl des Fokus für die Datierungsfrage, Christi Leiden und Sterben, entstammt dem Kanon der kenotischen Christologie (2.7.1.4), die damit als weiterhin relevantes Problem bestätigt wird. Wenn diese Kenosis Christi nun in einem Analogie-Verhältnis zum

---

[105] Marcia Morris' Ansatz läuft darauf hinaus, die in Rachmetovs Lektüre an Newton aufgemachte Rationalitäts-Irrationalitäts-Opposition ins Zentrum zu stellen und Rachmetovs Rationalität als Remedium für die irrationale, alte Gesellschaft auszugeben und ihn als apokalyptischen Visionär darzustellen (1993:141f).

[106] „I take for granted that the passion was on friday the 14th day of the month *Nisan*, the greatest feast of the Passover on Saturday the 15th day of *Nisan*, and the resurrection on the day following." (Newton 1733:160).

irdischen Geschehen in Černyševskijs Roman stünde, dann gäbe es einen zweiten semantischen Vektor des Textes in Bezug auf das Opfer: Dann steht der oberflächlichen Polemik gegen das Opfer eine strukturelle Analogie von Romangeschehen und Christi Opferhandlung entgegen.

Ist Rachmetovs Verdikt über Newtons Text, er sei halb vernünftig, halb wahnsinnig, womöglich gar auf die zwei Naturen bzw. Lesarten (des Newtonschen Textes) beziehbar? Sodass es neben der immanenten Ebene noch eine weitere gäbe, die darüber schwebte – eine religiöse, ja christologische (*extra calvinisticum*)? Allerdings erlaubt der „Realismus" des Autors der Magisterdissertation *Эстетические отношения к действительности* kein paradoxes Doppel von oben und unten. Die auch im Roman ЧД deklarierte und später von der Sowjetforschung hypostasierte Eindeutigkeitsästhetik muss sich zwangsläufig von metaphysischen Paradoxen wie den christologischen distanzieren, wie dies Fridlender (1978:12) von Feuerbach her für Černyševskij suggeriert.[107] Aber wer wollte ausschließen, dass Černyševskijs Roman, *gegen die literaturprogrammatischen Positionen*, die sein Autor einige Jahre zuvor äußerte, durch die Partizipation an einer kulturgeschichtlichen Tradition, aus der Metaphysik und Christologie sich nicht mit einem Handstreich entfernen lassen, *Strukturen perpetuiert, die doch gerade umgangen werden soll?* Der Verweis auf den ambivalenten Newtonschen Text, der für Rachmetov „interessant" erscheint, ist dem Autor zudem wohl kaum ungewollt unterlaufen; schließlich wäre es ein Leichtes gewesen, Rachmetov während der Wartezeit ein weniger zweideutiges Buch lesen zu lassen. Aber es muss dieser Newton-Text sein – und in dessen Gepäck die kenotische Christologie.

6.5.2.3 Paränese

Nun obliegt Rachmetov mit dem Zigarre-Rauchen einem Resthedonismus, der nicht recht ins Asketen-Bild passen will: Zudem erscheint er in seinen sozialen Routinen höchst merkwürdig, als Kauz („дикость его манеры"[108]). Ja, über alle acht Vertreter des revolutionären Typus wird kolportiert, sie seien eigenartig, komisch, aber imstande, sich selbst zu verlachen (ЧД 3 XXIX, 197/326). Die Rolle des komischen Outcasts zitiert Tugenden des altrussischen Gottesnarren, der ja ebenfalls sowohl „деликатный" als auch „грубый"[109] genannt wird.

Über das habitusgeschichtliche Erbe hinaus gibt es dazu eine psychologische Funktionalität von punktueller menschlicher Schwäche. Auch Christi Erniedri-

---

[107] Obwohl bei Černyševskij die Feuerbachsche Projektionsthese und ihre christologische Spezifizierung, wie sie Fridlender immer wieder anführt (1978:16), textuell gar nicht zu belegen ist.
[108] „Wildheit seines Benehmens" (ЧД 3 XXIX, 205/340).
[109] „Heikel, feinfühlend" – „grob" (ЧД 3 XXIX, 205/340); vgl. 5.4.1.

gung ist nämlich identifikationspsychologisch einschlägig: Mit dem Mangelbehafteten in Sklavengestalt kann sich der mangelbehaftete Sünder leichter identifizieren, von ihm kann er sich leichter ein Beispiel nehmen als vom transzendenten Gott-Vater. Die Kenose erleichtert die *imitatio*, bildet die wichtigste Voraussetzung für eine erfolgreiche Paränese (5.0.3). Ähnliches gilt für Rachmetov: Auch seine Kauzigkeit, auch seine Zigarren-Schwäche bilden paränetisch hilfreiche Unvollkommenheiten, insofern sie Identifikation erleichtern. Genauso legt es Černyševskij in seiner dem Romanmanuskript beigefügten, an Pypin und Nekrasov adressierten Notiz vom 4. April 1863 nahe: „[...] и Рахметов, и дама в трауре на первый раз являются очень титаническими существами, а потом будут выступать и брать верх простые человеческие черты."[110] Die Propagation des Nachfolgebefehls an das einfache Volk unterstützt Rachmetov durch seine körperliche Stärke, mit der – man denke an Action-Filmhelden – die Breitenidentifikation besser funktioniert als mit intellektualisierten Formen von Heiligmäßigkeit. Rachmetov selbst wird eine solche Identifikationspsychologie in den Mund gelegt: „«Так нужно – говорил он, – это дает уважение и любовь простых людей. Это полезно, может пригодиться.»"[111]

Es geht um Nachfolge, und das gerade im Gewand eines scheinbaren Nicht-Rufs in die Nachfolge:

> [...] не следуйте за ними [особенными людьми], благородные люди, говорю я, потому что скуден личными радостями путь, на который они зовут вас; но благородные люди не слушают меня и говорят: нет, не скуден, очень богат, а хоть бы и был скуден в ином месте, так не длинно же оно, у нас достанет силы пройти это место, выйти на богатые радости, бесконечные места.[112]

So haben wir es gar noch mit einer Rhetorik des Paradoxes und der Umwertung zu tun, wie sie die sakrale Rhetorik des Neuen Testaments, etwa der Seligpreisungen

---

[110] „[...] sowohl Rachmetov als auch die Dame in Trauer erscheinen auf den ersten Blick als titanische Wesen, wenn sie aber auftreten, nehmen die einfachen menschlichen Züge überhand [...]" (Buchštab 1966:118). Auch wenn Buchštab mit seiner These von einer Chiffrierung des Autors selbst anstelle Rachmetovs als dem im Schlusskapitel erwarteten Rückkehrer Recht haben sollte, bleibt der Gedanke pädagogischer Vermenschlichung eines übermenschlichen Titanen (Rachmetovs oder wessen auch immer) triftig.

[111] „‚Das muss so sein', sagte er, ‚das trägt uns die Achtung und Liebe der einfachen Menschen ein. Das ist nützlich, das kann uns noch zupasskommen.'" (ЧД 3 XXIX, 200/331).

[112] „[...] folgt ihnen [den besonderen Menschen] nicht nach, gute Leute, sage ich, weil der Weg, auf den sie euch rufen, karg ist an persönlichen Freuden; doch die guten Leute hören nicht auf mich und sagen: Nein, er ist nicht karg, sondern überreich, und wenn er auch an der einen oder anderen Stelle karg ist, so dauert das schon nicht so lange; wir haben genug Kraft, um diese Stelle durchzustehen und zum Quell der Freuden und zu den freuderfüllten, unendlichen Gefilden vorzustoßen." (ЧД 3 XXIX, 210/347).

und insbesondere der Paulusbriefe, prägt (2.5.1), also letztlich einem rhetorischen Erbe des Christentums.

Entsprechend endet die Charakterisierung Rachmetovs (3 XXIX) mit dem doppelten Polyptoton „[...] [особенные люди] – это двигатели двигателей, это соль соли земли.",[113] dessen erster Teil entfernt das antike Philosophem vom unbewegten Beweger aufruft, während der zweite die in der Bergpredigt auf die Seligpreisungen folgende Metapher aufgreift: „Ὑμεῖς ἐστε τὸ ἅλας τῆς γῆς·".[114] In beiden Fällen aber verfremdet das Polyptoton die Prätext-Version, macht die Erscheinung der besonderen Menschen noch außergewöhnlicher,[115] was beim „unbewegten Beweger" wie beim Salz der Erde eigentlich unmöglich ist, also eine hyperbolische Überbietung bedeutet. Die Paränese zur Nachahmung von Christi Selbsterniedrigung befleißigt sich damit einer Rhetorik, die ihre eigene *persuasio* durchstreicht (zur Nachfolge aufruft, indem sie dies scheinbar gerade nicht tut), also auch in ihrer rhetorischen Form selbstentleerend, kenotisch ist (vgl. 3.5.5.4).

6.5.3 Epistemisch

Ganz anders als die beobachtete, punktuell sich selbst durchstreichende *persuasio* sieht Černyševskij Konzeptualisierung seiner philosophischen Erkenntnisstrategien aus: Ihm geht es um die Erzeugung von Klarheit, ja Einfachheit durch Reduktion.[116] Klar wird dies insbesondere am Ignorieren aller traditionellen Probleme der Erkenntnistheorie (in ihrer komplexen Formulierung durch Kant). Lenin meint, der vorbildliche Materialist Černyševskij habe erkannt, dass „[...] «вещи в себе», *действительно* существуют и *вполне* познаваемы для нас, познаваемы и в своем существовании, и в своих качествах, и в своих действительных отно-

---

[113] „[...] [Die besonderen Menschen] sind die Motoren der Motoren, das Salz des Salzes der Erde." (*ЧД* 3 XXIX, 210/347).

[114] „Ihr seid das Salz der Erde" (Mt 5,13).

[115] Im metaliterarischen Kapitel 3 XXXI wird die Funktion Rachmetovs für den Text mit der einer Messlatte angegeben, an der die neuen Menschen gemessen als gar nicht so herausragend erscheinen, also als ein leichter nachzuahmendes Vorbild (*ЧД* 3 XXXI, 227/374f). „Heroentum" brauche es zu ihrer Nachahmung ebenso wenig wie Leiden und Opfer: „Жертв не требуется, лишений не спрашивается – их не нужно." [Opfer sind nicht gefordert, Entbehrungen nicht gefragt – es braucht sie nicht.] (*ЧД* 3 XXXI, 228/375). Sie rangieren zwischen den alten und den besonderen Menschen. Hier wird für den Rezipienten der Ruf in die Nachfolge durch das Vermittlungsglied der neuen Menschen vereinfacht, damit die Chancen der Befolgung dieses Appells wachsen.

[116] Es ist dies bei Černyševskij derselbe Fetisch der Klarheit wie beim religiös alternden Tolstoj und später im Sozrealismus.

шениях [...]".[117] Rhetorisch vor Augen geführt wird eine vergleichbare Ausblendung von Differenzen in Černyševskijs reduktionistischen Merksätzen über mimetische Kunst („прекрасное есть жизнь"). Die darin implizierten Probleme (wie sie schon der Nachsatz aufwirft: „[...] прекрасным существом кажется человеку то существо, в котором он видит жизнь, как он ее понимает"[118]), also Positionalität und Perspektivität, Status des Negativen und der Utopie werden nicht ausarbeitet.[119] Černyševskij suggeriert Problemlösung durch Ignorieren.

Indem das Reduktionsprinzip aber bisweilen ohne systematischen Zusammenhang, an verschiedenen Punkten des Černyševskijschen Konglomerats an Philosophemen eingesetzt wird, kommt es zu widersprüchlichen Konstellationen: Da sind einmal die materialistische Reduktion der Menschen auf eine Funktion ihrer Umwelt à la Owen[120] und die Utopie einer exakten Sozialwissenschaft mit totaler Problemlösung im Sinne Fouriers;[121] da ist aber auch Černyševskijs aufklärerischer Optimismus mit dem Glauben an die Einsichtsfähigkeit und die Wirkmacht von Ideen: Es sind dies zwei Reduktionismen – ein materialistischer neben einem idealistischen[122] –, die sich zwar widersprechen, aber in ihrer Reduktions-Struktur berühren. Der Widerspruch zwischen beiden soll durch den in *Антропологический принцип в науке [Das anthropologische Prinzip in der Wissenschaft]* entworfenen „anthropologischen Monismus" getilgt werden (Černyševskij 1939/53:VII 240.293), demzufolge es zwischen der Ordnung des Geistigen und des Materiellen nur eine *разница в количестве*[123] gebe, weswegen alle Handlungen des Menschen auf materielle Anstöße zurückzuführen seien. Weil sich alles auf eins zurückführen lasse, sei auch jedes Problem lösbar. Und – das ist eine implizite Voraussetzung dafür – überhaupt erst adäquat und erschöpfend beschreibbar. Černyševskij hängt in seiner expliziten Erkenntnis- und Sprachtheorie – trotz der beobachteten, in christologischer Linie stehenden paradoxalen Repräsentations-

---

[117] „Die ‚Dinge an sich' sind *wirklich* und *sehr wohl* für uns erkennbar, erkennbar sowohl in ihrer Existenz als auch in ihren Eigenschaften wie in ihren wirklichen Beziehungen" (Lenin 1979/83:XVIII 383, dt. 1971:XIV 365).

[118] „Das Schöne ist das Leben; als schönes Wesen erscheint dem Menschen dasjenige, worin er das Leben sieht, wie er es begreift" (Černyševskij 1939/53:II 90).

[119] Das bringt die Forschung in Argumentationsnotstände (s. Lavreckij 1968:224f; Fridlender 1978:17–19).

[120] Owens Utopie läuft auf eine mechanizistisch heil- und steuerbare Gesellschaft hinaus: „Any general character [...] may be given to any community [...] by the application of proper means, which means are to a great extent at the command and under the control of those who have influence in the affairs of men." (Owen 1927:16).

[121] Fourier 1966:79; vgl. Černyševskij 1939/53:VII 267f, Plechanov 1922:V 118f.

[122] Plechanov 1922/27:VI 287; Pereira 1975:112.

[123] „Quantitative Differenz" (vgl. Černyševskij 1939/53:VII 243).

strategien – einer maximalen Kataphatik an.[124] In der Tat liegt ein wesentlicher Grund für seinen publizistischen Erfolg in Černyševskijs Lubok-hafter (Ivanov-Razumnik 1997:II 95) „capacity to reduce complex phenomena" (Pereira 1975:85), die er auch in der Philosophie und in der Literatur anzuwenden sucht.

6.5.3.1 Auktoriale Apostrophen

Literarisch wird diese Topik der Klarheit, Durchschaubarkeit und restlosen Beschreibbarkeit menschlichen Verhaltens wie ästhetischer Kunstgriffe im Roman ЧД am prominentesten durch die wiederholten Austreibungen des „проницательный читатель"[125] realisiert, eines an konventioneller (,Schwammigkeits'-)Ästhetik verdorbenen, idealtypisch mangelhaften Lesers, der aufgrund seines „плохое чутье [...] нуждается в пособии [...]".[126] Gegen dessen vage Ahnungen („чутье") setzt der auktoriale Erzähler beileibe keine Technik differenzierterer Ausleuchtung von Hintergründen, Motivationen und ästhetischen Paradigmen, sondern er belehrt seine Figuren in Apostrophen: „Верочка, это еще вовсе не любовь, это смесь разной гадости с разной дрянью [...]".[127] Oder: „Эх, господа Кирсанов и Лопухов, ученые вы люди, а не догадались [...]!".[128]

6.5.3.2 Berechenbarkeit, didaktische Durchsichtigkeit, mediale Abrüstung

Чернышевский все видел в именительном.[129]

Wenn Pereira im Recht ist, in den Reduktionen ein publizistisches Erfolgsrezept zu sehen, so ist andererseits auch Žekulin zuzustimmen, der in den vorgegebenen Lösungen den wesentlichen literarischen Mangel des Romans erblickt. So antizipieren Genreangaben in Überschriften („развязка"[130]) eine derartige klare Auflösung oder wird die Vorhersehbarkeit für den Leser ausgestellt. Anfangs geschieht dies noch in der Form einer rhetorischen Frage: „Читатель, ты, конечно, знаешь вперед [...]? Разумеется, так.",[131] später als direkte Aussage: „Но – читатель уже знает вперед смысл этого но [...]".[132] Die Not, die an den zitierten Stellen zur

---

[124] Zur Kataphatik vgl. 3.5.6.
[125] „Der scharfsinnige Leser" (ЧД passim, bes. 3 XXXI, 223–228/367–375).
[126] „Der schlechte Spürsinn bedarf einer Handreichung [...]" (ЧД III, 10/16).
[127] „Veročka, das ist noch längst keine Liebe, sondern ein Gemisch aus diversen Gemeinheiten und Dreck [...]" (ЧД 1 IX, 41/67).
[128] „Ach, meine Herren Kirsanov und Lopuchov, Gelehrte wollt ihr sein und seid trotzdem nicht drauf gekommen [...]!" (ЧД 2 X, 74/123).
[129] „Černyševskij sah alles im Nominativ" (Nabokov 1990:III 215).
[130] „Auflösung" (ЧД 5 I, 291/479).
[131] „Leser, du weißt natürlich im Vorhinein [...]? Klar." (ЧД 2 III, 50/84).
[132] „Aber – der Leser weiß schon im voraus, was dieses Aber bedeutet [...]" (ЧД 3 XVI, 160/268).

metaliterarischen Strategie umgemünzt wird, geht aber viel weiter, als der Erzähldiskurs reicht. Die sujethafte Ausführung des durchaus konfliktreichen Stoffes krankt daran, dass es zu wenige Differenzen zwischen den handelnden Figuren gibt, und zwar im doppelten Sinn: Einmal sind diese zu wenig individualisiert und voneinander unterscheidbar, zum anderen bleibt durch das Ideologem der Klarheit von Motivationen und der rational für alle Beteiligten einsichtigen Lösbarkeit von Interessensdifferenzen zu wenig Konfliktpotenzial übrig (Žekulin 1963:476–479).

Černyševskij und nach ihm die Sowjetforschung aber erklären Durchsichtigkeit zur Hauptleistung von Literatur.[133] Das Epitheton „учительный" [belehrend] wird in den Rang einer Ästhetik erhoben (Rudenko 1989:117); jede Dimension eines literarischen Textes soll für alle Leserinnen und Leser, egal welcher Vorprägung, zugänglich sein („Чтобы все поняли всё."[134]). Einschlägig ist dafür Černyševskijs Sicht von Kunst als Handbuch, „пособие".[135] Der breitestmöglichen Zugänglichkeit und mnemonischen Eignung dienen in diesem hyperdidaktischen Roman diverse Verfahren medialer Abrüstung. Sie sollen durch Reduzierung der rhetorischen Mittel eine Einfachheit schaffen, die plausibel, authentisch, einsichtig erscheint und – im nächsten Schritt – die Nachahmung der Helden erleichtert.[136]

Diese Extremplausibilität wird ausgestellt in klappernden didaktischen Allegorien wie der von Lopuchovs „Braut" Wissenschaft (ЧД 2 IV, 53/89) oder in Vera Pavlovnas Träumen, die in den Allegoresen ihrer Personifikationen überklar sind („«Ты меня зови любовью к людям.»"[137]) und von jedwelcher Mimesis von „Traumarbeit" meilenweit entfernt sind; sie gehören zu den schlechtesten, in einem psychomimetischen Sinne ‚unrealistischsten' Träumen der Weltliteratur.[138] In Veras zweitem Traum wird die deduktive Poetik der Träume, die zu einer platten weltanschaulichen Botschaft einen blassen Sprecher hinzuerfindet, bloßgelegt,

---

[133] Einschlägig ist hier auch die funktionalisierte rhetorische Tapeinosis (s. 3.5.5.2) in den illegalen Flugblättern *Барским крестьянам от их доброжелателей поклон; Русским солдатам от их доброжелателей поклон [Den unfreien Bauern eine Verneigung von denen, die ihnen wohlwollen; Den russischen Soldaten eine Verneigung von denen, die ihnen wohlwollen]* und *Великорусс [Der Großrusse]*, die Černyševskijs Umfeld zugeschrieben werden (Novikova/Kloss 1981). Die stilistische Herabziehung dient der Erzeugung von Komplizenschaft gegen die Herrschenden. Zugleich geht dieses sprachliche Verfahren einher mit (taktischer) Kenotik auf sozialer Ebene: Demuthaltung wird umgewertet zur Camouflage des Wissens um die Vorbereitung einer Revolution („[…] смиренный вид имей."/ „[…] nimm' demütige Haltung an."), zu einer Übergangstaktik bis zum Aufstand (Novikova/Kloss 1981:280).

[134] „Damit alle alles verstehen." (Čerepachov 1977:150).

[135] ЧД III, 10/16, s. dazu G. Solov'ev 1978:356–368.

[136] Groys 2000a:73; Woehrlin 1971:318.

[137] „‚Nenn' mich Liebe zu den Menschen.'" (ЧД 2 XII, 78/131).

[138] Vgl. zur Rezeption dieses Traums Heller/Niqueux 2003:182–184.

wenn der Anschauungsmonteur Erzähler den Traum-Kirsanov sagen lässt: „«Что и требовалось доказать: o-e-a-a-dum, как говорится по-латине.»"[139]

6.5.3.3 Das Zuendesagen der Liebe

Ein paradigmatisches Feld, auf dem sich die Klarheit selbst überschlägt, ist der Bereich der zwischengeschlechtlichen Liebe. In ЧД wird dieser Komplex des Unausgesprochenen und Unbewussten auf einen ‚Idealfall', auf Sorglosigkeit reduziert (ЧД 2 V, 55f/93). So wird suggeriert, psychische Probleme könnten derart vollständig gelöst werden, dass danach traumloser Schlaf möglich werde (ЧД 2 V, 56/94) und schließlich die Notwendigkeit von Kommunikation beinahe restlos entfalle (ЧД 2 X, 71/119). Zwischen den phasenweise rivalisierenden neuen Menschen Kirsanov und Lopuchov, aber auch zwischen den solidarischen Frauen Žjuli und Vera Pavlovna herrscht Sachlichkeit vor; je weniger Diskurs nötig ist, desto gelungener erscheint im Lichte des Romans ein soziales Geschehen:

> Они даже и не подумали того, что думают это [необходимость избавления человека от дурного положения]; а вот это-то и есть самое лучшее, что они и не замечали, что думают это.[140]

Es nimmt sich aus wie ein säkularer Chiliasmus: Am Ende „versiegt" nicht „die Liebe", sondern der Gesprächsbedarf. Damit gelangt auch die Černyševskijsche maximale Kataphatik – durch ihren unumschränkten Erfolg – an ihr Ende; da alles gesagt ist, bleibt nichts mehr zu sagen. Zugleich mit dem vermeintlichen Ende sozialer Konfliktlagen ist also der Nullpunkt der Literatur erreicht (sobald der Märchenheld am Ziel angelangt ist, muss das Märchen bekanntlich abbrechen – „und sie lebten glücklich bis ans Ende ihrer Tage"). Dieses Nullniveau bedeutet eine Aufopferung der Sprache, die aber nicht als Opfer, sondern als epistemischer Triumph verkauft wird – als Triumph der Reduktion.

6.5.4 Ästhetisch

6.5.4.1 Desillusionierung konventioneller Ästhetik

Analoges gilt für die Ästhetik: Die ersten drei Kapitel des Romans inszenieren ein Widerspruchsverhältnis von konventioneller Ästhetik und einem neuen Verfahren, das dann die Lektüre des gesamten Textes steuert: Nach zwei „эффектные сцены" und „эффектные столкновения",[141] die im Duktus eines Kriminalromans

---

[139] „Was eben zu beweisen war: Q-u-e-a-a-dum, wie der Lateiner sagt."' (ЧД 3 III, 120/ 204, sic).

[140] „Sie dachten nicht einmal im Traum daran, dass sie dies dächten [die Notwendigkeit, die Menschen aus ihrer schlechten Lage zu befreien]; aber das ist ja gerade das Beste daran, dass sie gar nicht merkten, dass sie dies dachten." (ЧД 2 X, 74/124).

[141] „Effektvolle Szenen" – „effektvolle Zusammenstöße" (ЧД III, 10/16, u. 1 IX, 43/73).

(Kap. I) und einer exaltierten Liebesgeschichte (Kap. II) daherkommenden, wird ein metapoetisch argumentierendes *Предисловие [Vorwort]* (Kap. III) nachgereicht. Černyševskijs Erzähler gefällt sich in Negationsformeln; er setze gar keine literarischen Verfahren ein: „[...] я могу продолжать рассказ, как по-моему следует, без всяких уловок. [...] не будет ни эффектности, никаких прикрас."[142] Er berichte nackte „Fakten": „Но я рассказываю дело не так, как нужно для доставления мне художнической репутации, а как оно было."[143] Černyševskij begründet damit eine naive Opposition von (intrafiktionaler) realistischer Mimesis und Künstlertum, das mit dem unüblichen (und unübersetzbaren) Adjektiv *художнический* als Künstlichkeit und Fälschung enttarnt werden soll. Mit der emotionalen Demontage der romantisch empfindenden Figuren geht zugleich die Entmachtung des romantischen Autors einher.

6.5.4.2 Typenästhetik

Auf der Figurenebene ist das zentrale Feld der Demontage die Individualität literarischer Helden, der Černyševskij eine Typenästhetik entgegensetzt. Hier geht es um Typen im statistisch-empirischen Sinne (s. Günther 1984:33), um das „обыкновенное":[144]

> Ну, что же различного скажете вы о таких [новых] людях? Все резко выдающиеся черты их – черты не индивидуумов, а типа [...]. Так и люди того типа, к которому принадлежали Лопухов и Кирсанов, кажутся одинаковы людям не того типа.[145]

Der Erzähler von Černyševskijs Roman ЧД beruft sich auf eine wissenschaftliche Typenlehre, um seine verallgemeinernde Formeln gegen das Individuelle zu behaupten: „[...] историки и психологи говорят, что в каждом частном факте общая причина индивидуализируется [...]."[146] Das Typische ist bei Černyševskij ästhetisches Programm, impliziert aber auch ein utopisches Gesellschaftsmodell – von uniformem Glück (vgl. Zamjatins Antiutopie *Мы [Wir]*). Zum anderen kann

---

[142] „Ich kann meine Erzählung so fortführen, wie es sich meines Erachtens gehört, ohne alle Kniffe. Es wird keine Effekthascherei geben, keine Beschönigung." (ЧД III, 10f/16).

[143] „Aber ich erzähle die Sache nicht so, wie es nötig wäre, um mir einen Ruf als Künstler einzutragen, sondern wie es wirklich war." (ЧД 2 IX, 68/114).

[144] „Das Gewöhnliche" (ЧД 1 I, 12/19; vgl. auch 1 VII, 33/55).

[145] „Was wollt ihr denn Unterschiedliches über solche [neuen] Menschen sagen? Alle ihre scharf hervortretenden Züge – sind nicht die Züge von Individuen, sondern eines Typs [...]. Deshalb erscheinen die Menschen jenes Typs, zu dem Lopuchov und Kirsanov gehören, Menschen, die nicht zu diesem Typ gehören, als gleichartig." (ЧД 3 VIII, 144/243).

[146] „[...] die Historiker und Psychologen sagen, dass in jedem Einzelfaktum ein allgemeiner Grund ‚individualisiert' wird." (ЧД 1 VII, 33/55).

es als Beleg dienen für die Kongruenzwirkung von Habitusmodellen (3.2.5), für den mnemonischen Erfolg eines Modells des Verhaltens, wie es in der Rezeption des Romans auftritt (s. 6.8.3).

Rachmetov fällt als Sondergestalt sowohl philosophisch (J. Frank 1990:195) als auch ästhetisch aus Černyševskijs Determinismus heraus: Morris zeigt, dass sich Rachmetovs Darstellung von der Erzählweise wie vom Chronotop her vom Rest des Roman abhebt – durch Eindimensionalität und Statik (1993:142).

6.5.4.3 Rationalästhetik

Die typenhaften Romanhelden denken – insofern sie im Sinne des Textes „aufgeklärt" genug sind – mehr oder weniger dasselbe; sie sind füreinander zu fast 100% berechenbar (*ЧД* 3 XXXI, 224/369). Mit der Typenästhetik einher geht also eine rationalistische, in einem panchronen Sinne rational-aufklärerische Stoßrichtung.[147] Auch wenn man diese Rationalität (Plechanov 1922/27:V 363) nicht wie Lunačarskij (1963/67:I 267) als Stärke künftiger Literatur akzeptieren mag, so liegt darin Černyševskijs gesellschaftsverändernder Impuls. Seine Antiästhetik ist als paränetische Wirkungsästhetik gedacht, und die – wie er meint – stärkste Waffe dafür ist rationale Nachvollziehbarkeit, welche Plausibilitätseffekte und also „Wahrheit" nach sich ziehen soll: „[...] таланта у меня нет, – ты и будешь знать теперь, что все достоинства повести даны ей только ее истинностью."[148]

6.5.4.4 Kenose von Ästhetik und Kenose von Kenose

Es ist Černyševskijs doppelte Demontage der Ästhetik – als Produktions- wie als Rezeptionsästhetik –, die ihm schon früh den Ruf eintrug, ein „Ungeheuer des Antiästhetizismus" (Lunačarskij 1986:258f) zu sein. Die beiden zeitgenössischen Zeugen dieser Einschätzung, gegen welche (in Lunačarskijs Gefolge) die Sowjetforschung argumentiert, sind Pisarev mit dem (positiv gemünzten) Diktum vom „разрушение эстетики",[149] und Turgenev mit seiner negativen Wertung von Čer-

---

[147] Plechanov spricht vom „просветитель" [Aufklärer] Černyševskij (1922/27:V 326, VI 245 et passim).

[148] „[...] Talent habe ich keines, so wisse jetzt, dass sie [meine Erzählung] all ihre Qualitäten einzig und allein aus ihrer Wahrhaftigkeit bezieht." (*ЧД* III, 11/17). Wobei es insofern nicht um die gänzliche Ablehnung von Kunst geht, als der vorliegenden älteren Literatur ebenfalls jedes Talent abgesprochen wird: „В нем [в моем рассказе] все-таки больше художественности, чем в них." [Darin [in meiner Erzählung] liegt dennoch mehr Kunst, als in ihnen.] (*ЧД* III, 11/17). Bei der Demontage von Talent handelt es sich nicht um eine kontradiktorische Negation, sondern um die Projektion des konträren Widerspruchs auf eine Zeitachse: Dasjenige „Talent", das die lichte Zukunft der Gesellschaft (der besonderen Menschen, aber noch nicht der neuen) ermöglichen werde, sei zunächst nicht realisierbar.

[149] „Zerstörung der Ästhetik" (Pisarev 1955/56:III 418).

nyševskijs ästhetiktheoretischer Magisterdissertation in Briefen an Nekrasov und Botkin vom Juli 1855, wo er Černyševskijs (anti-)ästhetisches Programm als verfehlte Aushöhlung von Kunst wertet, als „мертвечина".[150] Černyševskij selbst verficht die gezielte Entleerung der Ästhetik – natürlich (die Sowjetforschung wurde nicht müde, diesen Gegenvektor zu betonen), um etwas anderes, eine neue, antiästhetische Ästhetik an die Stelle der alten zu setzen. Das Opfer, die Entleerung, die Kenose sollen einen Neuaufstieg nach sich ziehen.

Die abzuwählende alte, romantisch-sentimenale Ästhetik wird von Černyševskij darüber hinaus beschrieben als eine, welche im Kopfe des konventionell geprägten Lesers „лишние, лишние страдания"[151] hervorrufe. Insofern sind die Demontage der konventionellen Ästhetik und die Entleerung des konventionellen, kenotischen Leidensethos (5.2.4) – eine (transitive) Kenose der (intransitiven) Kenose – eng miteinander verknüpft. Auch eine transitive Entleerung der Kenose kann dieser kaum zuleibe rücken, und zwar genau deshalb, weil die intransitive Kenose durch das passive Dulden einer äußeren Aggression nur bestätigt wird (vgl. 10.9.1). Somit kann die Entleerung der Kenose nur zur Iteration der Kenose führen, nicht zu deren effektiver Abschaffung.

6.5.5 Die antirhetorische Tradition
Diese zwei miteinander verschränkten Punkte – die Demontage des Ästhetischen und die intendierte Entleerung des Opfertheorems – gestatten es, Černyševskijs Kenose der Ästhetik auf die christlich-christologische Tradition zurückzublenden. In dieser geht es nämlich inhaltlich um die Sinngebung für das Opfer und formal um die Problematik, wie das Verhältnis von Inkarnation und Sprachlichkeit zu konzeptualisieren ist – oft gelöst in der Verwerfung der Rhetorik. Diese erscheint als Mittel, das die „inkarnierte Wahrheit" eher zu verdecken geeignet ist (Siehe 2.1.5 u. 4.6.8.3). Černyševskij schreibt an gegen den Inhalt der christologischen Tradition, steht in seiner antiästhetischen Form aber in der Tradition der christologisch motivierten Rhetorikkritik (2.1.5).

6.5.5.1 Die Aporie der Antirhetorik
Das einzig konsequente Medium der Antirhetorik wäre das Schweigen. Jede Rhetorik der Antirhetorik muss sich performativ selbst dementieren (s. 2.1.5). So ist auch Černyševskijs Aufbegehren gegen literarische Formen weiterhin literarisch. Er greift (konsequenterweise) zu primitiver Allegorizität mit gezielten Fiktions-

---

[150] „Aas" (Turgenev 1953/58:XII 184).
[151] „Völlig überflüssiges Leiden" (ЧД III, 11/16).

brechungen,[152] erlegt sich aber kein Verbot auktorialer Introspektion in die Gedanken der Helden und ihre Träume auf. Zudem arbeitet er mit dem rhetorischen Mittel der *allusio*, die durchaus sinnkomplizierend eintritt, so bei der Kapitelüberschrift Гамлетовское испытание,[153] bei Goethes *Mailied* (4 XVI, 269/439), Dmitriev- und Lermontov-Versen (5 XXIII, 333f/543f) oder bei der Erwähnung des zweiten Teils von Gogol's *Мертвые души*.[154] Mitunter gelingen dem einem kruden Rationalismus anhängenden Erzähler Schilderungen irrationaler, komplexer, widersprüchlicher und inkonsequenter Gefühle, Denk- und Handlungsweisen, etwa bei der länger ausgeführten Gespaltenheit Vera Pavlovnas, bei ihren hysterischen Stimmungswechseln und ihrem Bewusstwerdungsprozess, im Laufe dessen sie begreift, dass sie ihre fiktive Ehe mit Lopuchov als unzureichend empfindet und Kirsanov liebt (Žekulin 1963:481f).

Das in psychologischer Hinsicht beste Kapitel des Romans bildet das Zweigespräch Kirsanovs und Lopuchovs über die Streitfrage, wer von ihnen künftig mit Vera Pavlovna zusammen leben darf; beide ergehen sich in Verklausulierungen, verbergen das eigentlich von ihnen Gemeinte schizoid hinter Äußerungen theoretischen Charakters etc. Im Verlauf des Gesprächs macht Kirsanov die Psychopoetik dieses Dialogs explizit, wenn er sagt: „«[...] сам не мог отдать себе отчета [...]»", „«Я не знаю, о чем ты толкуешь.»" und „«[...] ты говоришь не то.»"[155] Die „софизмы влечения"[156] stören das vermeintliche „теоретический разговор",[157] in das die emotional aufgewühlten Sprecher partout nicht hineinfinden. Auf gelungene Weise legt der Erzähler diesen Kontrast von Emotional-Konkretem und „leerem Theoretisieren" frei: „Кирсанов сидел, рассматривая свои пальцы, будто каждый из них – отвлеченная гипотеза."[158] – um dann aber dem Theoretisieren der Figuren noch eins drauf zu setzen und einen nochmals altklügeren Kommentar zur eigentlich richtigen, theoriegeboten notwendigen Betrachtung der Konfliktlage von höherer Warte anzuhängen (*ЧД* 3 XXII, 184f/306f). Das Moment des Sich-selbst-nicht-Verstehens, das Kirsanovs und Lopuchovs Umgang

---

[152] Etwa wenn Vera Pavlovna träumend darüber nachsinnt, warum denn die dort auftretende Person, eine italienische Sängerin Angeolina Bosio plötzlich akzentfrei Russisch spreche (*ЧД* 3 XIX, 167/278).
[153] *Hamlets Versuchung* (*ЧД* 2 VIII, 64/107).
[154] *Tote Seelen* (*ЧД* 3 XVI, 163/272).
[155] „‚[...] ich konnte mir selbst darüber nicht Rechenschaft ablegen [...].'" – „‚Ich weiß nicht, wovon du redest.'" – „‚[...] du sagst nicht, was du meinst.'" (*ЧД* 3 XXII, 180–182/ 299–302).
[156] „Sophismen des Triebs" (*ЧД* 3 XVII, 164/274).
[157] „Theoretisches Gespräch" (*ЧД* 3 XXII, 179/298).
[158] „Kirsanov saß da und betrachtete seine Finger, als sei jeder einzelne eine abstrakte Hypothese." (*ЧД* 3 XXII, 184/305).

mit den Beweggründen ihrer Argumentationszüge auszeichnet, birgt die literarische Chance der Verfremdung (im Šklovskijschen Sinne). Vergleichbare Potenziale schlummern auch in der Episode, in der Vera Pavlovna als Kind die Gelegenheitsmacherei ihrer Mutter erlebt, die eine Frau in ihrem Haus der Prostitution nachgehen lässt, ohne dass das Kind verstünde, worum es dabei geht (ЧД 1 I, 13f/ 21f).

Man mag argumentieren, dass es sich bei diesen Schilderungen von Inkonsequenzen der Figuren um Inkonsequenzen der Poetik des Romans handelt, man mag den Einsatz des Verfremdungsverfahrens als Selbstentfremdung des Erzählers von seiner Klarheitsapotheose deuten und diese ästhetisch gelungensten Momente für Sünden einer Rationalitätsästhetik erklären und so das Programm der Antiästhetik zu salvieren suchen. Nicht funktionieren kann dies jedoch bei der im engen Sinne rhetorischen Dimension: Es gibt wiederholt, insbesondere bei den Träumen, hoch allegorische Aussageformen. Dies wie die besserwisserischen Apostrophen des Erzählers oder die emotionalen Interjektionen der Helden (vgl. Ščukin 2000:119) sind natürlich konventionelle rhetorische Mittel. Antiästhetik und Antirhetorik können folglich immer nur gegen einen unabweisbaren *drift* zu Ästhetik und Rhetorik, als ein Trotzdem behauptet und angestrebt werden. Erreichbar sind sie nicht. Rhetorik wie Ästhetik unterlaufen dem Roman.

6.6 Das unterlaufene Opfer: Die Hysterie

> Поступки отдельного лица представляют собою результат общественных привычек [...].[159]

Auch auf der Sujetebene unterlaufen dem Text Opfer, insbesondere im Gender-Bereich. Auf den ersten Blick mag das zwar nicht so aussehen: Die Forschung hat herausgearbeitet, wie Černyševskij auf Rousseau zurückgehende proto-feministische Konzepte von George Sand rezipiert.[160] Der Hauptstrang der Romanhandlung rückt die Inspiration Fouriers in den Vordergrund, der im Grad der Freiheit der Frau das Hauptmaß für die Fortgeschrittenheit einer Gesellschaft erblickt[161] und neue Formen des Zusammenlebens mit Wahlfreiheit für die Frau und damit einer neuen Genderrolle vorschlägt. Das Zusammenleben von Vera Pavlovna und Lopuchov in ihrer über lange Zeit fiktiven Ehe setzt diese Wahlfreiheit innenar-

---

[159] „Die Handlungsweisen einer Einzelperson stellen das Resultat sozialer Routinen dar [...]" (Plechanov 1922/27:V 41).
[160] Paperno 1996:117–120; Ščukin 2000:109–111.
[161] Fourier 1966:190. Allerdings geht Černyševskij in ЧД punktuell auf Distanz zu Fourier, insofern dieser das Zusammenleben von zwei Ehepaaren in einem Haushalt ausschließt (1966:202), während Černyševskij ein solches am Ende seines Romans entwirft.

chitektonisch um. Doch macht Černyševskij gleichzeitig einen Schritt zurück von der architektonisch-mechanischen Lösung von Geschlechterproblemen – in Richtung Physiologie: Auch in der (vermeintlich vorkultürlichen) Sexualität, und nicht nur bei den Gender-Rollen verschiebt er die Gewichte. Während die zeitgenössische Physiologie der Geschlechter herausarbeitet, dass beide Geschlechter physisch Sexualität bräuchten und nicht, wie in der patriarchalen Ordnung oktroyiert, nur der männliche Part, macht Černyševskij die Umkehrung (womit er der alten Gefälleordnung dialektisch verhaftet verbleibt), dass Frauen der Sexualität gar mehr bedürften als Männer, sodass nur mehrere Männer eine Frau hinreichend befriedigen könnten (Paperno 1996:128f).

Wie so oft widerspricht sich der Text; Agenten der Emanzipation der Frauen von weiblicher Leidensopferrolle und unterdrückter Sexualität sind in Černyševskijs Roman nämlich nicht die Frauen selbst.

6.6.1 Passive Frauenrolle

Als Vera Pavlovna aus den Fängen ihrer tyrannischen Mutter befreit werden soll, reicht Frauensolidarität (die Hilfe der Edelhure Žjuli) allein nicht aus; es braucht einen männlichen Retter *ex machina* (vgl. Ulam 1976:43), sodass die Frauen, um deren Emanzipation das Buch ja streitet, als Patientinnen vorgestellt werden.[162] Der emanzipatorische Impuls des Autors, des Mannes Černyševskij, bedeutet nicht nur die Ausgrenzung realer Frauen als Schreibender und Sprechender, sondern findet auch intratextuell seinen Ausdruck in von Männern an der Hand geführten literarischen Heldinnen (Rosenholm 1999:54f); das gilt vorzugsweise für die Romanheldin Vera Pavlovna, welche – wenigstens bis zu Lopuchovs zweitem Befreiungsakt, seinem Scheinselbstmord – die zu Erziehende, zu Befreiende bleibt und deren Beschäftigung mit Medizin im vierten Kapitel auch nichts anderes ist als ein Treten in die Fußstapfen Kirsanovs. Der Emanzipationsroman ЧД ist kein Roman über die Emanzipation von Frauen selbst, sondern über die Emanzipationsleistung von Männern zugunsten von Frauen.

In einem zweiten Schritt wird das Gendermodell der weiblichen Selbstaufopferung neu funktionalisiert. Dies belegt die Rolle der „Dame in Trauer" im Schlusskapitel (gleich, ob man sie nun als die Partnerin Rachmetovs oder als Chiffre für Ol'ga Sokratovna Černyševskaja ausdeutet). Der weibliche Glücksverzicht (oder wenigstens Glücksaufschub bis zur nahen Revolution) wird zu einem Teil des Verhaltensmodells der Revolutionäre, der alternativen Intelligenzija.

---

[162] Eine Kehrseite dieser rezeptiven Haltung ist, dass die Frauengestalten, insbesondere Vera Pavlovna als innerlich zerrissener als die Männer dargestellt werden – und damit literarisch-psychologisch besser (vgl. Žekulin 1963:481f).

6.6.2 Menage à trois und Kurierung weiblicher Hysterie

> Ich glaube nicht zu übertreiben, wenn ich behaupte, *die große Mehrzahl der schweren Neurosen bei Frauen entstamme dem Ehebett.* (Breuer 1970:199, Hervorh. i. Orig.)

Der Roman gibt sich bei seinen Anweisungen für eine Neuordnung der Geschlechterverhältnisse sachlich (explizit ökonomisch und implizit physiologisch) und operiert vordergründig wenig mit psychologischer Empathie. Psychologie erscheint – darin ist Černyševskij ein Wegbereiter des Sozialistischen Realismus (s. 8.1) – nur als Hindernis auf dem rational unbestreitbaren, richtigen Emanzipationsweg. Die depressiven und hysterischen Zustände, in denen sich Vera Pavlovna eingangs befindet, sind soziogen – direkte Auswirkung ihrer Unterdrückung durch die Mutter, der Abrichtung heranwachsender Mädchen durch eine patriarchale Ordnung, die sie zur Heiratsware degradiert. Die soziogene Hysterie wird in Černyševskijs ЧД traumatogen unterfüttert.

Allerdings ist es keineswegs so, dass mit Vera Pavlovnas Befreiung aus dem Joch der Mutter diese Persönlichkeitsstruktur unmittelbar verschwände. Gleichberechtigung und ökonomische Selbstständigkeit wirken sich zwar positiv auf Vera Pavlovnas Psyche aus; allein die fiktive Ehe erlaubt, so der Roman, aber noch keine vollgültige Kurierung von der weiblichen Hysterie. Die Unterdrückung des aufkommenden, verbotenen Begehrens führt die Heldin wiederum in eine ideogene Hysterie.[163] Vera Pavlovnas großer Ausbruch (ЧД 3 XX, 173/289) würde in Freudianischem Fahrwasser als hysterischer Anfall interpretiert; feministisch gelesen ist er ein Zeichen der Revolte (Schuller 1990:17), nicht allein gegen die konkrete nicht-erfüllende Ehe, sondern grundsätzlich gegen das monogame Identitätskonzept. Das Symptom Hysterie dient dem Roman zur Diskreditierung des konventionellen Ehebegriffs. Insofern hängt Černyševskij der aufklärerischen, proto-psychoanalytischen Richtung in der Geschichte der Ätiologien weiblicher Hysterie an, die den Grund in der Unterdrückung weiblicher Sexualität und nicht (wie die christliche Keuschheitsethik; vgl. von Braun 1985:24) in sexueller Überaktivität sehen (Paperno 1996:111). Also macht sich der Erzähler im Verein mit seinen – männlichen – Helden an die Kurierung der weiblichen Hysterie: Lopuchov müht sich, Vera Pavlovna zur Erkenntnis ihrer Bedürfnisse zu bringen (ЧД 3 XXI, 177/295f). Die männliche aktive Mitwirkung an der Kurierung weiblicher Hysterie läuft jedoch der physiologischen Umkehrung des Sexualtriebsgefälles zuwider, zementiert noch im Moment des Überwindungsversuchs das alte patriarchalische Initiativgefälle.

---

[163] Vgl. zur „ideogenen Hysterie": Freud/Breuer 1970:14; Breuer 1970:169.

Die Opferung weiblicher Eigeninitiative, die der Roman damit vollzieht, ist aber nur eine Seite der mit der Hysteriekurierung verbundenen Erniedrigungsprozesse: An Lopuchovs Kurierungsversuchen wird nämlich deutlich, dass die „Heilbarkeit" von Hysterie ein „Phantasma" bleibt (Henke/Stingelin/Thüring 1997: 371). Hysterie ist nicht festlegbar, auch wenn der Roman dies anders glauben machen möchte, indem er Vera Pavlovnas zweite Ehe mit Kirsanov als hysteriefrei schildert; doch in der Zeit der Erzählhandlung steht schließlich die Revolution, der die Hoffnung auf die Kurierung aller soziogenen Hysterien gilt, noch aus. Die Hysterie entgleitet (von Braun 1985:21). In Černyševskijs Roman ist die Symptomträgerin allerdings nicht mehr Vera Pavlovna, die ja als geheilt vorgestellt wird; die Hysteriesymptome springen vielmehr über – auf Lopuchov.

6.6.3 Genderwechsel: Lopuchovs habitualisierte Hysterie
Um Vera Pavlovnas Hysterie endgültig zu kurieren, unternimmt Lopuchov seinerseits eine Selbstentsagung, die freilich nicht, wie es Černyševskij vorschwebte (Paperno 1996:129f), in einer dauerhaften Menage à trois stabilisiert und neutralisiert würde, sondern einen Scheinselbstmord, einen Scheinopfertod braucht. Das Opfermoment, das seit dem Abbruch des Medizin-Studiums im Spiel ist (s. 6.5.1.1.), lässt Lopuchov im Zwang zur Wiederholung des traumatisierenden Opfers selbst hysterisch agieren. Was seinen Scheinselbstmord anbetrifft, gibt schon die autoritative Stimme Rachmetovs eine Negativeinschätzung: Lopuchov habe unüberlegt, überstürzt gehandelt (ЧД 3 XXX, 218–221/361–365) und ein unnötiges Opfer gebracht (ebd.:222/365f). Die vorhippokratische Beschränkung der Hysterie auf eine reine Frauenkrankheit (ὑστέρα ‚Gebärmutter'; s. von Braun 1985:34–37) hatte sich im 18. Jh. durch die allmähliche Verlagerung der Hysterie in die Psyche (Foucault 1973:287f) gelockert.[164] Die „Verlagerung nach oben", von der Gebärmutter ins Gehirn, macht auch den Genderwechsel möglich (von Braun 1985:50). Aus dieser Verlagerung in die Psyche folgt schließlich die Auffassung von Hysterie als einer Gedächtnispraxis:[165] Durch die Wiederholung eines zugefügten Traumas erscheint die Hysterie als unfreiwillige Erinnerungsproduktion. Zwar ist nach dieser Auffassung das Trauma von außen (mit-)verursacht, aber es wird in den hysterischen Symptomen von innen her konstant reproduziert

---

[164] Siehe dann Charcots Semiotik männlicher Hysterie (1886:202–330).
[165] Freud/Breuer 1970:10. Nach Freuds frühester Definition von Hysterie müssen die traumatischen Erinnerungen mit den von ihnen ausgelösten Symptomen wiederholt werden: „Der Kern des hysterischen Anfalls [...] ist eine *Erinnerung*, das hallucinatorische Wiederdurchleben einer für die Erkrankung bedeutungsvollen Scene. [...] Inhalt der Erinnerung ist in der Regel das psychische *Trauma*. [...] Der hysterische Anfall ist *vielleicht* aufzufassen als ein Versuch, die Reaction auf das Trauma zu vollenden" (Freud 1892:107).

6. Rachmetov

(Freud/Breuer 1970:7f.12). Lindhoff gibt diese interiorisierte Wiederholung wieder, indem sie Hysterie als somatische Realisierung von Metaphern sozialer Handlungen konzeptualisiert:

> Die Hysterikerin wiederholt in überzogener Weise das, was ihr angetan wird. Man ‚lähmt' sie, und sie antwortet mit einer Lähmung, man bringt ihre Wünsche zum Schweigen, und sie verliert die Sprache oder Stimme, man übersieht sie, und sie versucht sich umzubringen, man unterdrückt oder vergewaltigt ihre Sexualität, und sie bekommt eine Unterleibserkrankung oder wird frigide. Sie hält ihrer Umgebung damit einen Spiegel vor; aber ihr Protest bleibt der Instanz, gegen die sie protestiert, hoffnungslos verhaftet. (Lindhoff 1995:153f)

Das Trauma wird aufrechterhalten, es wird durch die Wiederholung habitualisiert, sodass man von einem hysterischen Habitus sprechen könnte. Opferhaftigkeit, Reaktivität und Passivität perpetuieren sich in den hysterischen Symptomen.

Das trifft nun auch den ‚Frauenarzt' Lopuchov: Seine aus seinem utopischen Gesellschaftsentwurf entspringende, also ideogene Hysterie nahm ihren Anfang bei seinem Initialopfer: der Aufgabe des Medizinstudiums, welches er in der Folge wiederholen muss, indem er in hysterischen Iterierungen von Opfermechanismen Anerkennung für dieses Initialopfer erheischt. Wer eine Hysterikerin wie die sozio- und traumatogene Hysterikerin Vera Pavlovna heilen will, muss selbst die „humilité" des heilenden Liebenden an den Tag legen.[166] Als die fiktive Ehe durch einen Dritten, Kirsanov, bedroht wird, changiert Lopuchov zwischen der Annäherung an Vera Pavlovna, im Zuge derer aus der fiktiven Ehe eine vollzogene wird, und der gezielten Einladung an den Rivalen. Aus dem *double bind* zwischen Annäherung an Vera Pavlovna und impliziter Distanzierung durch die Gelegenheitsmacherei für einen anderen resultiert ein verstärktes hysterisches Symptom: der Scheinselbstmord. Aber auch dieser darf wieder nicht auf sich selbst beruhen, weswegen Lopuchov den Boten Rachmetov mit einem Brief zu Vera Pavlovna schickt, in dem der Selbstmord als altruistisches Opfer enttarnt wird (das aber so nicht genannt werden darf). Noch im Maximalsymptom Scheinselbstmord liegt ein Heischen nach Anerkennung – so wie Israël den psychischen Mechanismus beschreibt, der männlichen Kriegsneurosen zugrunde liege; auch Lopuchov wird zu einem männlichen Hysteriker, „wird zu dem Herrn-der-sich-für-das-Wohl-der-

---

[166] Israël 1983:208. Dabei ist weniger, wie es Ulam will, mit einem naiven patriarchalischen Ehebegriff zu operieren (über den ist Černyševskij in der Tat hinaus), wonach die männliche Enthaltsamkeit in der fiktiven Ehe als Masochismus interpretiert wird. Die utopische fiktive Ehe ist wohl kaum angemessen als ‚Kenose der patriarchalen Potenz' zu beschreiben. Nabokovs Romanheld (1990:III 206), Ulam und Rancour-Laferriere sehen die von Černyševskij verfochtene Sexualethik als Dokument von „[…] obstinacy that borders on masochism." (Ulam 1976:29; vgl. Rancour-Laferriere 1995:43).

anderen-aufgeopfert-hat, und die Anerkennung für seine Selbstaufgabe ist das Mindeste, was man ihm schuldig ist." (Israël 1983:72).

6.6.4 Hysterie, Opfer und habitualisierte Selbsterniedrigung

> We already had the Imitation of Christ, and the history of psychoanalysis has given us the Imitation of Anna O. (Borch-Jacobsen 1996:12)

Aber ist es nicht ein unzulässiger Anachronismus, die Hysterie, das „Theater der Epoche" der Moderne (Henke/Stingelin/Thüring 1997:370), auf einen Roman der 1860er Jahre zu blenden? Nein, und dies nicht nur wegen der hippokratischen Wurzeln des Konzepts, sondern auch aufgrund des kulturgeschichtlichen Zusammenhangs von Religion und Hysterie: Dass Religion Hysterie fördere, hat schon Charcot gesehen (1886:182), was sich auch in seiner Begriffsprägung von den „hysterischen Stigmata" (ebd.:207) niederschlägt. Wenn auch die medizinisch-religionspsychologische Frage nach den psychischen, glaubensgestützten Prozessen, welche in Nachfolge Christi physiologisch manifeste Stigmatisierung auslösen,[167] ungelöst ist – ein konzeptueller Zusammenhang von einem Leiden, das als von außen kommendes begriffen, aber von innen her in einer Form gehorsamer Unterwerfung (s. Phil 2,7) iteriert wird, und der Passion der Christusnachahmer besteht spätestens seit dem Mittelalter. Man denke an die Stigmata des Franziskus von Assisi oder an den Nexus von Hysterie und Frauenmystik, bei der ein „lebensverneinender Nachvollzug der Passion Christi in Armut, Leiden und Selbsterniedrigung" (Lindhoff 1995:162) zu beobachten ist. Eine Spur dieses Links zwischen Christusnachahmung und Hysterie ist darin zu sehen, dass noch in der Moderne Hysterie als heilige Krankheit und der religiösen Ekstase verwandt beschrieben wird (Schuller 1990:39). Wie der Habitus der sozialen Demut macht die Hysterie aus der äußeren Erniedrigung eine *Selbst*erniedrigung, kann damit als Produzentin einer ‚Tugend aus der Not' gelten und so mit der Selbsterniedrigungstugend, welche die Kenosis ist, kurzgeschlossen werden (vgl. 5.2.6.4 u. 5.2.7).

Damit wird klar, warum Opfer und Hysterie in Černyševskijs Text zusammenhängen: Beides sind habitualisierte Selbsterniedrigungsformen, die aber – für Černyševskij – keine sein sollen: Lopuchov darf kein Opfer erbringen, sein Handeln darf nicht als hysterisch einzustufen sein; die Polemik gegen das Opfer soll

---

[167] Siehe 3.3.2.2. Breuers Versuch, Ideogenese und Stigmata zu trennen (1970:198) und den Ursprung in einen „originären Mutterboden der Hysterie" zu verlegen, verdeckt das kulturwissenschaftliche Problem. Christoforme und hysterische Stigmata haben gemeinsam, dass sie als Symptome Repräsentationen eines Unzeigbaren sind: Symptome der inneren Glaubensmacht bzw. der Auserwähltheit durch Gott einerseits und des zugefügten, aber unsagbaren Traumas andererseits.

glaubwürdig und nicht hypertroph hysterisch sein. Wie der Hysteriker an seinen Symptomen leidet und sie doch benötigt, so leidet der Erzähler an den Opfermustern, von denen seine Erzählung nicht loskommt.

Im Zuge dessen kann die Anwendung der Hysterietheorie auch Aufschluss geben über die Dynamik des Säkularisierungsbestrebens, das den Roman kennzeichnet: Die Ablösung von Apokalyptik durch innerweltliche, sozialreformerisch-revolutionäre Erlösung und von christlicher Duldensethik durch aufgeklärten Egoismus misslingt: Die Wirksamkeit religiöser Habitusmodelle so rundweg abzustreiten wie Černyševskij bedeutet, die Wurzeln zu verdrängen und das Verdrängte hysterisch reiterieren zu müssen. Säkularisierung funktioniert nicht temporal[168] – als fortschreitende Entmachtung des Sakralen –, sondern spatial – als Verschiebung des Sakralen auf ein anderes Feld (Luckmann 1991) und damit als Kontamination des vermeintlich Säkularen mit sakralen Formen (Voegelin 1993).

6.7 Das erzwungene Opfer

Während Černyševskij Opfer und Hysterie auf Konzept- und Textebene eher unterlaufen, gibt es jenseits des literarischen Textes – in ihn hineinwirkend – Zwänge, die dem Text Zugeständnisse abringen. Wie das Unterlaufen von Hysterie und Opfer sind auch diese Einwirkungen – zunächst – literarisch wie konzeptuell unerwünscht, was aber die Umfunktionierung zur textuellen und auch lebenstextlichen Strategie nicht ausschließt.

6.7.1 Haft und Gefangenenmythos

An der Schwelle von Text und Lebenstext steht der Schluss des Romans. Der dort zu findende Hinweis auf den abwesenden Ehemann der „Dame in Trauer" kann als verklausulierte Automythisierung gelesen werden – als Hinweis auf den historischen Autor als Häftling (s. Buchštab 1966:126–128), der dann im sechsten, in der Zukunft (1865) spielenden Kapitel (ЧД 6, 336/548f) – nach der Revolution? – wieder auf freiem Fuß wäre. In der sowjetischen Lesart wird dies gerne als Sprung auf eine höhere Ebene apostrophiert (Buchštab 1966:117) – auf die Ebene der Geschichte und der spekulativen, künftigen Biografie des Autors. Die Abwesenheit des besagten Ehemanns ginge, wenn man sich auf diese Lesart einlässt, auf jenen äußeren, politischen Zwang zurück, der die Nennung des Klarnamens ver-

---

[168] Wie es die Modernisierungstheorien wollen, s. 5.6.1.

hinderte[169] und zum äsopischen Schreiben als einem Opfer an Explizitheit veranlasste. Die Pose des politischen Häftlings aber ist wie kaum eine andere (säkulare) geeignet, ihrem Träger den „ореол"[170] des Opfers zu verleihen.

In der Tat wird der Häftling Černyševskij als politisches Opfer konzeptualisiert; Lunačarskij etwa beschwört „jene Politik, für die Tschernyschewski sein Leben geopfert hat", um „die Menschheit aus einem gewaltigen Meer von Übeln zu befreien" (1986:267). Und Černyševskij nimmt in der Haft die oktroyierte Rolle an; in der sibirischen Verbannung weigert er sich, anders als Bakunin (Kantor 2001:274), ein Reuebekenntnis abzulegen, das ihm die Freilassung eintragen könnte.[171] Dieses ‚Opfer' ist das Ertragen einer aufgezwungenen Rolle: „Чернышевский отнюдь не стремился к жертвенности, даже очень хотел пронести эту чашу мимо своих уст, но выхода не было и он с достоинством ее выпил."[172] Ungeachtet Černyševskijs eigener Argumentation erscheint er als Leidensdulder; Kantor etwa, der kurz nach der zitierten Stelle, wo er die Opferhaftigkeit als gewählte Strategie Černyševskijs ablehnt, meint, Černyševskij „[...] совсем в духе терпреливого русского страдальца [...] бесропотно нес свой крест".[173] Dieser Widerspruch in Kantors Reflexion über Černyševskij zeigt jenen anderen Widerspruch, der in jeder vorgeblich freiwilligen Opferhandlung liegt: Ein äußerer Leidensverursacher ist nötig (sonst wäre das Opferleiden Selbstmord oder Masochismus; 4.5.10.2), zugleich aber reduziert die Zufügung von Leiden, das von außen kommen *muss*, den Aspekt der Freiwilligkeit der Leidensannahme (5.2.7).

Černyševskijs politisch würdevolle Weigerung, um Gnade zu bitten steht zwar dem Egoismus der Kurzfristigkeit entgegen, geschieht aber im Dienste einer Kontinuität der moralischen Persönlichkeit – einer säkularisierten Fassung jener Kontinuität, die dem Logos im *status exinanitionis* attestiert wird.

---

[169] Černyševskijs Namen zu nennen, war noch eine ganze Zeit verboten; s. etwa Pisarevs Besprechung der zweiten Auflage der *Эстетические отношения*, in der er den Namen des Autors verschweigt (Pisarev 1956:III 418–435).
[170] „Aureole" (Berdjaev 1955:42).
[171] Černyševskij beharrt hier eher auf Recht und Tausch-Figur als auf dem Erniedrigungsmuster, weswegen Ulams Versuch, in diese stolze Verweigerung eines Reue-Bekenntnisses Masochismus hineinzulesen, an der Sache vorbeigeht (1976:30).
[172] „Černyševskij strebte keineswegs nach einer Opferhaltung; er wollte diesen Kelch sogar nur allzu gerne an sich vorübergehen lassen, doch es gab keinen Ausweg, und er leerte ihn mit Würde" (Kantor 2001:275).
[173] „[...] Černyševskij trug im Geiste des langmütigen russischen Dulders [...] sein Kreuz ohne Murren" (Kantor 2001:274f).

6.7.2 Zensur und äsopisches Schreiben

Černyševskijs Lebenstext des Duldens eines von außen aufgezwungenen Leidens in der sibirischen Verbannung hätte nie diese Zuschreibung erhalten, wenn der Lebenstext nicht eine Entsprechung im Romantext und in seiner Entstehungsgeschichte besäße. Die Entstehung des Romantextes – unter verschärften Zensurbedingungen in der Haft geschrieben und 1863 im *Современник [Der Zeitgenosse]* erschienen – legt Strategien äsopischen Schreibens nahe. Wie der Roman *ЧД* selbst demonstriert, werden geheime Botschaften mit besonderer Aufmerksamkeit rezipiert;[174] der Schluss von *ЧД* enthält mehrfache Rezeptionsanweisungen für ein Lesen zwischen den Zeilen („«Вы недогадливы!»" und „«Но прежде отгадать сумей [...]»"[175]). Diese Hinweise auf geheim Bleibendes und Nicht-zu-Ende-Gesagtes stoßen den Leser mit der Nase darauf, doppelbödig zu lesen.

Bei einer solchen Lektüre geraten die beiden Schlusskapitel zur Allegorie, werden Tauwetter und Frost als Abmilderung und Verschärfung der soziopolitischen, vorrevolutionären Situation lesbar (*ЧД* 5 XXIII, 328/535); die beiden Schlitten, der stürmische und der nicht-stürmische (*ЧД* 5 XXIII, 328/536), stellen sich dann als zwei Konzepte gesellschaftlichen Wandels dar – als Reform und Revolution; die namenlose Dame erscheint postrevolutionär als die zuvor noch zurückgestoßene Geliebte Rachmetovs[176] oder als Černyševskijs Gattin Ol'ga Sokratovna;[177] der Namenlose, um dessen Abwesenheit getrauert wird, der noch im Untergrund konspirierende Rachmetov (Buchštab 1966:117f) oder der verhaftete Černyševskij (Paperno 1996:24); Lermontov- statt Dmitriev-Verse als Aufruf zum Kampf (*ЧД* 5 XXIII 333f/543f); das in der Zukunft (1865) spielende sechste Kapitel als postrevolutionärer Zustand (*ЧД* 6, 336/548f) usw.[178] In diesen letzten Kapiteln wird die Konkretisationsleistung des Lesers angeheizt (Iser 1990:288), während der gesamte vorangehende Text in seinem Klarheitsgestus das Gegenteil insinuiert hatte. Es ist ästhetisch zweifellos ein Glück für den Roman, dass er

---

[174] Siehe Vera Pavlovnas wiederholte Lektüre des ihr von Rachmetov gezeigten, aber nicht ausgehändigten Geheimbriefs Lopuchovs, in dem sein Selbstmord als falscher Schein und altruistischer Dienst an ihrem Liebesglück enttarnt wird (*ЧД* 3 XXX, 214f/ 353f).

[175] „‚Ihr seid ja begriffsstutzig!'" – „‚Erst aber musst du es erraten können [...]" (*ЧД* 5 XXIII, 329/537; 334/545).

[176] So suggeriert es eine Notiz Černyševskijs vom 4. April 1863, dem Tag der Abfassung des sechsten Kapitels von *ЧД*, an Pypin und Nekrasov (Buchštab 1966:117f).

[177] So Buchštab 1966:126, vgl. auch Katz 1982:183.

[178] Auch das Ende von Černyševskijs Magister-Thesen zur Ästhetik lässt in äsopischer Manier die praktische Folgerung nötiger Veränderung (Revolution), die sich aus den drei Vorstufen „воспроизведение жизни" [Reproduktion des Lebens], „объяснение жизни" [Erklärung des Lebens] und „приговор о явлениях жизни" [Urteil über Erscheinungen des Lebens] ergibt, aus (Černyševskij 1939/53:II 92).

wenigstens äsopisch sein muss, da die schulmeisterliche Klarheitstopik sonst nach den literarischen Rezeptionsgewohnheiten, die Černyševskij nicht nachhaltig zu ändern vermochte, kaum zu ertragen wäre. Das Opfer der Explizitheit rettet die Lesbarkeit des Textes.

Die zweite Ausnahme vom Klarheitsgestus bildet die äsopische Charakterisierung des Revolutionärs Rachmetov. Der Erzähler bekennt nur *pro forma* uneindeutig, dass hier noch mehr herauszulesen sei: „Проницательный читатель, может быть, догадывается из этого, что я знаю о Рахметове больше, чем говорю. Может быть."[179] Deswegen sei von diesem besonderen Helden nur ein „легкий абрис профиля"[180] möglich. So erscheint Rachmetov wie Myškin als „geheimnisvoll" (L. Lotman 1974:252). Diese Reduktion von Informationen nimmt Rachmetov zwar aus der Mitte der Romanhandlung heraus, nicht aber aus dem Zentrum der Bedeutungskonstitution: Durch die bloße „Umrisshaftigkeit" der Darstellung erscheint der so Dargestellte umso größer.

6.7.3 Sakrale Fragmentpoetik

Zur Gestaltung der handelnden Person Rachmetov als eines schemenhaft bleibenden Geheimnisträgers trägt zusätzlich eine Poetik des Fragmentarischen gegenüber dem Großen, Erhabenen bei, die ihre Wurzeln in der Rhetorik des Sakralen hat (s. 3.5.6.1). Insofern greifen in der Nicht-Konkretisierung Rachmetovs drei Faktoren ineinander: die sakral gespeiste Fragmentpoetik, die Schere der Zensur im Kopf des schreibenden Häftlings Černyševskij sowie schließlich das Verbot, Černyševskijs Namen in der Öffentlichkeit zu nennen.

Entgegen der Klarheitstopik und der Kataphatik, der Möglichkeit von Zuende-Sagen und Problem-Lösen, die im Roman auf die neuen Menschen der mittleren Ebene (Vera Pavlovna, Lopuchov, Kirsanov) Anwendung findet, wird in Bezug auf den besonderen Helden Rachmetov auf diese Klarheit verzichtet – eine Kenose der Kataphatik. Diese Enthaltung vom Zuende-Sagen ist aber noch keine Apophatik, sondern eine partiell-fragmentarische, kenotische Repräsentation, die hinter dem unähnlichen Schein eine zweite, allegorisch-höhere Ebene öffnet. Auch wenn die Fragmentpoetik von *ЧД* in ihrer Genese politisch oktroyiert ist, verleiht sie dem Text eine Unbestimmtheitsstellenstruktur (s. Ingarden 1968:250).

Die Lösung der gesellschaftlichen Konfliktlage wird im kurzen Schlusskapitel nur angedeutet. Mit der nicht positiv beschriebenen Lösung wird die Ankunft eines/des Erlösers aufgeschoben, wie es Černyševskij in seiner Rezension *Стихотворения Н. Огарева [Gedichte N. Ogarevs]* (1856) in Bezug auf einen (litera-

---

[179] „Der scharfsinnige Leser wird daraus vielleicht erraten, dass ich über Rachmetov mehr weiß, als ich sage. Kann sein." (*ЧД* 3 XXIX, 208/344f).
[180] „Vage Profilzeichnung" (*ЧД* 3 XXXI, 228/375).

rischen und mehr als literarischen) „Erben" der früheren, für ihre Generation emblematischen Helden Pečorin, Bel'tov und Rudin getan hatte:

> Мы ждем еще этого преемника, который, привыкнув к истине с детства, не с трепетным экстазом, а с радостною любовью смотрит на нее; мы ждем еще такого человека и его речи, бодрейшей, вместе спокойнейшей и решительнейшей речи, в которой слышалась бы не робость теории перед жизнью, а доказательство, что разум может владычествовать над жизнью, и человек может свою жизнь согласить с своими убеждениями.[181]

Die literarisch wie politisch lesbare Erwartung eines erlösenden Helden partizipiert am Topos der Wiederkunft-Erwartung des Christentums, die immer dann problematisch wird, wenn sie – in apokalyptisch gesonnenen Kreisen – allzu konkret terminiert oder ausgeführt wird und die ästhetisch wie paränetisch am effektivsten ist, wenn sie unbestimmt bleibt. Aus der Unbestimmtheit, aus der nur fragmentarischen Evokation Rachmetovs folgt eine gesteigerte Nachahmungsaufforderung; Čarušin etwa verortet in diesem Sinne die besondere Wirkung der Rachmetov-Gestalt in ihrer geheimnisvollen Unausgeführtheit:

> Но все эти несомненно хорошие люди [Лопухов, Кирсанов, Вера Павловна], заслуживающие подражания, в наших глазах совершенно стушевывались пред таинственным и едва обрисованным Рахметовым, которого Чернышевский показал нам как бы из-под полы, не дерзая открыть его во всей его целокупности.[182]

6.7.4 Äsopische Unähnlichkeit

Allzu groß ist die Ähnlichkeit des Erlösers Rachmetov mit dem Erlöser des Christentums nicht. Černyševskijs Held hat zwar einen Dornenkranz, liegt darauf aber mit Rücken und Gesäß. Dennoch evozieren die quälenden Stacheln den Dornenkranz Christi. Wieder kommt zur Geltung, dass die Fortverwandlung christologischer Embleme nicht auf viel Ähnlichkeit angewiesen ist, weil die Kenose selbst eine unähnliche Abbildung ist (3.6.2). So werden wir Zeugen der ‚Rache' der kenotischen Christologie, die darin besteht, dass äsopische Unähnlichkeit als ke-

---

[181] „Wir warten noch auf diesen Erben, der, von Kindesbeinen an die Wahrheit gewöhnt, darauf nicht mit zitternder Ekstase, sondern freudiger Liebe blickt; wir warten noch auf einen solchen Menschen und auf seine Rede, die munterste und zugleich ruhigste und entschlossenste Rede, in der nicht die Schüchternheit der Theorie gegenüber dem Leben herauszuhören ist, sondern der Beweis erbracht wird, dass der Verstand in der Lage ist, über das Leben zu herrschen, und der Mensch sein Leben gemäß seinen Überzeugungen einrichten kann." (Černyševskij 1939/53:III 567f).

[182] „Aber all diese zweifellos guten, nachahmenswerten Menschen [Lopuchov, Kirsanov, Vera Pavlovna] treten in unseren Augen völlig in den Hintergrund angesichts des geheimnisvollen und kaum umrissenen Rachmetov, den Černyševskij uns quasi hinter vorgehaltener Hand zeigt und es nicht wagt, ihn uns in seiner ganzen Größe zu offenbaren." (Čarušin 1973:44).

notische anverwandelt werden kann. Und mit dem unähnlichen Verweis auf die Christologie wird auch ein gut Teil der ethischen Implikationen, des Aufrufs in die Nachfolge mit transportiert.

6.8 Kunst als Paränese

6.8.1 Mnemonische Funktion von Kunst

Černyševskij hatte schon in *Эстетические отношения искусства к действительности [Ästhetische Beziehungen der Kunst zur Wirklichkeit]* auf die didaktisch-mnemonische Funktion von Kunst (s. Wellek 1955:389) gesetzt, während er der Kunst über diese Mnemonik hinaus keinen Eigenwert zubilligte. Wie Černyševskij die Ästhetik entwertet, hatten die ikonodulen Theologen zur Zeit des Bilderstreits den Ikonen eine didaktisch-mnemonische Funktion attestiert, ohne ihnen sonst ästhetischen Eigen- oder wenigstens Mehrwert zuzubilligen (s. 3.4.4.3).

Die didaktische Dimension ist es auch, die angesichts des zweifelhaften ästhetischen Werts desRomans seine historische Legitimation abgibt – als „роман-завещание" (Novikova/Kloss 1981:261). Das Mittel, das ein fiktionaler Text dazu besitzt, ist das Identifikationspotenzial, das er in seine Helden hineinlegt:

> Though it is never made explicit, a notion of direct identification between the reader and the hero, with emulation in thought and *in action* as the end, underlies the whole of his theory. (Mathewson 1975:73, Hervorh. i. Orig.)

6.8.2 Typen und Antityp

Die Identifikationsmöglichkeiten, welche ЧД bietet, laufen einmal über die Typizität (qua Durchschnittlichkeit) der mittleren Helden, zum anderen über den herausragenden Rachmetov als ein utopisches Maximalmaß. Lunačarskijs Diktum von Rachmetov als Typ für die (literarische) Ewigkeit (1963/67:I 268) verwendet einen anderen Typen-Begriff, nicht den empirisch wahrscheinlichen, sondern den idealtypisch-utopischen. Im Verhältnis zu den übrigen Helden ist Rachmetov freilich eher der Antityp: Dass er (wenn auch nicht literarisch wiedergegeben, angeblich, u-topisch) einlöst, was die anderen höchstens *in nuce* versprechen, erhebt ihn in die Lage des Einlösers, des Antityps. Und bringt ihn damit in die strukturelle Position, die in der christlichen Überlieferung Christus selbst gebührt. So wird hier die typologische Rede von Christus als Antityp (vgl. Goppelt 1939) überboten und Christus selbst zum Typos für den Antityp Rachmetov.

6.8.3 Leben – Text – Leben

> Die Ideen Tschernyschewskis sind wichtig für den, der des Sieges gewiß ist. (Lunačarskij 1986:305)

In der Geschichte der Rezeption von ЧД lassen sich die Wirkungen beider Identifikationsangebote – von Typen wie Antityp – nebeneinander ablesen. Im Kleinen ist es eher die Typen-Rezeption; gerade durch Einfachheit der Charaktere wird die Massenrezeption erleichtert (vgl. Pereira 1975:84) – also durch epistemische Kenosis. Wichtig ist hier z.b. Papernos Korrektur der gängigen These von der rein mimetischen Reproduktion des realen Dreiecksverhältnisses zwischen dem Arzt Petr I. Bokov, der Medizinstudentin Mar'ja A. Obručeva und dem Medizinprofessor I.M. Sečenov im Roman, die, wie sie zeigt, insofern bloß partiell schlüssig ist, als nur die fiktive Ehe von Bokov und Obručeva vor der Zeit, zu der Černyševskij ЧД schrieb, lag, während es zur zweiten Ehe und zur Dreiecksbeziehung erst 1864/65 kam (Paperno 1996:115). Die historischen Personen treten also, wenn denn Realität und Fiktion zusammenhängen, in einem Akt der Substitution umgekehrt in die Aktantenkonstellation der fiktiven Helden ein, realisieren in ihrem Leben die Handlung des Romans.

Der Roman ЧД prägte Generationen russischer Leser, schuf überhaupt erst jene „neuen Menschen" und deren alternativen Alltag, den er beschreibt, stieß Kooperativen-Projekte an, inspirierte Wohngemeinschaftsformen etc. (Pereira 1975:83). Es finden sich viele Zeugnisse, die bekunden, dass kein anderer Text in der zweiten Hälfte des 19. Jh.s so intensiv rezipiert wurde wie Černyševskijs Roman.[183] Joseph Frank meint, dass überhaupt kein anderes Werk der Literatur der Neuzeit außer vielleicht *Uncle Tom's Cabin* so wirkmächtig gewesen sei wie ЧД (J. Frank 1990:187).

Zusammen mit den mittleren Typen wird der revolutionäre Antityp zum Leitbild: Nikolaj Čarušin attestiert, dass seine Generation maßgeblich vom Roman ЧД geprägt worden sei,[184] aber insbesondere Rachmetov als Vorbild aufgefasst habe:

> «Вот подлинный человек, который особенно нужен теперь России, берите с него пример и, кто может и в силах, следуйте по его пути, ибо это есть единственный для вас путь, который может привести нас к желаемой цели.» И образ Рахметова врезался в нашу память, он властно предстал перед нашими глазами [...].[185]

---

[183] Als einer der ersten dokumentiert dies Plechanov (1922/27:V 115.179).

[184] „[...] едва ли не самое сильное влияние имел на нас малохудожественный роман *Что делать?* Чернышевского." [(…) fast den größten Einfluss hatte auf uns der wenig künstlerische Roman *Was tun?* von Černyševskij.] (Čarušin 1973:44).

[185] „„Da ist der wahre Mensch, den Russland besonders jetzt braucht; nehmt euch an ihm ein Beispiel und, wer kann und die Kraft hat, folge seinem Weg nach, denn das ist der

Der Erfolg von ЧД gilt also insbesondere für Revolutionäre (oder noch eher: für solche, die es werden wollten; s. Paperno 1996:28). Wir haben es mit der aggressiven Penetration des Mems der Rachmetov-Nachfolge in das kulturelle Gedächtnis einer Generation zu tun: „[...] почти в каждом из выдающихся наших социалистов 60-х и 70-х годов была немалая доля рахметовщины."[186] Nicht nur die Weitergabe des Mems, sondern auch die damit verbundene Dimension der Handlungsleitung hat Plechanov zufolge glänzend funktioniert:

> Кто не читал и не перечитывал этого знаменитого произведения [романа *Что делать?*]? Кто [...] не становился под его благотворным влиянием чище, лучше, бодрее и смелее? Кого не поражала нравственная чистота главных действующих лиц? Кто после чтения этого романа не задумывался над собственною жизнью, не подвергал строгой поверке своих собственных стремлений и наклонностей? Все мы черпали из него и нравственную силу, и веру в лучшее будущее.[187]

Die Memorierungstechnik des Wiederlesens geht in eine moralische Lebensüberprüfung im Sinne von Phil 2,5 und schließlich – nach dem bolschewistischen Geschichtsmythos – in die Oktober-Revolution über. Mathewson nennt Rachmetov das „model of the Bolshevik" schlechthin (1975:76). In diesem Sinne bekundet nicht zuletzt Lenin: „«Он меня всего глубоко перепахал [...]»";[188] der Parteistratege verfasst – als Hommage an Černyševskij – sein taktisches Credo unter der Fahne des Romantitels *Что делать? [Was tun?]* (Lenin 1979/83:VI 1–183).

Die spekulative Brücke von Černyševskijs fiktionalem Text zu Lenins und Trockijs Putsch oder gar zu Stalins Repressionen hat eher die Politikwissenschaft zu beschäftigen.[189] Allerdings weist der angeführte (6.3) Antizipationstopos von Černyševskij als Lenin-Vorläufer auch auf die privilegierte christliche Assoziationsschicht, auf Johannes den Täufer. Vom Erkenntnisinteresse Opfer und Kenose

---

einzige Weg für uns, der uns ans gewünschte Ziel bringen kann.' Und das Bild Rachmetovs grub sich in unser Gedächtnis ein, er trat uns mächtig vor Augen [...]" (Čarušin 1973:44).

[186] „[...] in nahezu jedem unserer herausragenden Sozialisten der 60er und 70er Jahre war eine nicht geringe Dosis von Rachmetovtum." (Plechanov 1922/27:V 184).

[187] „Wer hat dieses berühmte Werk [den Roman *Was tun?*] nicht gelesen und wiedergelesen? Wer [...] wurde unter seinem wohltätigen Einfluss nicht reiner, besser, entschlossener und mutiger? Wen beeindruckte die moralische Reinheit der Hauptpersonen nicht? Wer begann nach der Lektüre dieses Romans nicht, über sein eigenes Leben nachzudenken, wer unterwarf seine eigenen Bestrebungen und Neigungen nicht einer strengen Überprüfung? Alle haben wir daraus sowohl moralische Stärke als auch den Glauben an eine bessere Zukunft geschöpft." (Plechanov 1922/27:V 114).

[188] „,Er hat mich durch und durch umgepflügt [...]'" (zit. n. Smolickij 1968:139).

[189] Allerdings ist die kurzzeitige Erwägung der zaristischen Sicherheitsbehörden, ob Černyševskij geistige Urheberschaft am Anschlag auf Aleksandr II. 1866 zukomme, so absurd nicht, wie Ulam meint (1976:45).

her interessiert vor allem die Rezeption des Romans als para-religiöses ‚Evangelium' – eine Zuschreibung, die weite Verbreitung fand: „Мнение о том, что по своей природе и силе воздействия роман *Что делать?* превратился в «Новое Евангелие», стало общим местом."[190] Varianten zur Rede vom ‚neuen Evangelium' sind personale Traditionslinien wie die von Išutin, dem Mitverschwörer von 1866, geäußerte von den drei Großen der Geschichte – Christus, Paulus, Černyševskij.[191] Wenn es stimmt, dass einige russische Radikale in der Rachmetov-Nachfolge sogar zur Nachahmung von dessen unähnlicher Dornenkrone griffen, d.h. auf Nagelbrettern schliefen (Serdjučenko 1999:169), dann fußt das wiederum auf der orthodoxen Sozialisation als begünstigender Rezeptionsvoraussetzung; Rachmetov kann umso trefflicher Leitbild werden, als er ähnlich-unähnlich mit Christus zusammenhängt. Selbst die parasitäre Besetzung des christologischen Musters dient so noch dessen Perpetuierung – auf anderem Feld, in neuer Gestalt.

Die christoformen Merkmale Rachmetovs machen nicht in der Fiktion halt. Sie springen (wie die Hysterie von Vera Pavlovna auf Lopuchov) über auf Zuschreibungen an den Autor Černyševskij: Als erster deutet Aleksandr Gercen im *Колокол [Die Glocke]* an, dass die „bürgerliche Hinrichtung" am Pranger vom 19. Mai 1864 auch als Chiffre von Kreuzigung rezipiert werden konnte.[192] Nekrasov macht sich die Suggestion zu eigen, Černyševskij selbst habe in seinem Leben an Christus erinnert (s. das Nekrasov-Motto, vgl. dazu auch Kantor 2001:275, Dunaev 2001/03:III 161). Ja, noch Nabokovs Spötter Fedor Godunov-Čerdyncev in *Дар [Die Gabe]* wirkt – qua Spott – mit an dieser Kategorisierung (1990:III 193). So werden dann hagiografische Topoi, ja Wortikonen[193] wie *скромность, простота, кротость [Bescheidenheit, Einfachheit, Sanftheit]* (Češichin-Vetrinskij 1923: 15) bemüht: „В детстве это – «ангел во плоти» [...] Юноша Лободовский и поэт Некрасов [...] сравнивают его с Христом. Это же обожание [...]",[194] wozu Lunačarskij anmerkt: „In der damaligen Zeit bedeutete das, ihn im höchsten Maße

---

[190] „Die Auffassung, dass der Roman ‚Was tun?' nach der Stärke seiner Wirkung zu einem ‚Neuen Evangelium' wurde, ist zum Gemeinplatz geworden." (Paperno 1996:166).

[191] Šilov 1926:93; vgl. auch Steklov 1928:II 216. Aus dem Išutin-Kreis ging Dmitrij V. Karakozov hervor, der am 4. April 1866 – auf den Tag drei Jahre nach der Datierung des Schlusskapitels von *ЧД* – ein gescheitertes Attentat auf den Zaren Aleksandr II. verübte (vgl. 5.5.5.2). Aus der Analogie des Datums schlossen die Untersuchungsbehörden zeitweise eine geistige Urheberschaft Černyševskijs am Attentat von 1866.

[192] Gercen 1864:1. Bezeichnenderweise ist Gercens Vergleich des Schandprangers mit dem Kreuz Christi am Rande des politischen Pamphlets auf dreifache Weise versteckt: Als letztes Wort der Anmerkung zum Postskriptum (vgl. Blok, 4.3.9.5).

[193] Siehe zu diesem Begriff Clark 2000a:58–61; 2000b:572f.

[194] „In der Kindheit war er ein ‚leibhaftiger Engel' [...] Der Jüngling Lobodovskij und der Dichter Nekrasov […] vergleichen ihn mit Christus. Das ist vielleicht eine Vergötterung [...]" (Češichin-Vetrinskij 1923:103).

zu verehren." (1986:271). Es sind kenotische Tugenden, die in Anschlag gebracht werden, wenn Černyševskijs Habitus mit christlichem Asketismus identifiziert[195] und als „bescheiden" trotz „reicher Natur" apostrophiert wird (Lunačarskij 1986:260f), was zur Heiligung führt: „очень кроткий человек, у него была христианская душа и в его характере были черты святости".[196] Paradoxerweise haben Zuschreibungen kenotischer Tugenden und Christoformität an Černyševskij, wie Nabokov anmerkt, insbesondere unter den sozialistisch bis sowjetisch gesonnenen Kommentatoren Konjunktur.[197] Säkularisierung erscheint also nicht als Zurückdrängung oder zumindest Eingrenzung des Wirkungsbereichs christologischer Habitusmuster, sondern als deren Ausweitung. Auch in der Rezeption der Person Černyševskijs wird also das, was abgewendet werden soll – die mnemonische Figur Kenosis – durch die Apotrope fortgeschrieben.

In der Literaturgeschichtsschreibung der Sowjetzeit bleibt Černyševskijs Roman fast bis zum Schluss gepredigtes Muster, dass immer neu, aktualisierend gelesen werden könne (Gural'nik 1980:230), in unterschiedlichen Lebensphasen verschieden (ebd.:233). Allerdings ist der Erfolg der 1860er und 70er Jahre nicht wiederzuerzeugen. Der Text übte als verordnete Schullektüre mit moralistischer Rezeptionsvorgabe oft eher eine fatale Gegenwirkung auf Schülerinnen und Schüler in Russland und den Satellitenstaaten der Sowjetunion aus.

6.8.4 Mnemonische Eignung christoformer literarischer Gestalten

Gerade am Beispiel von Černyševskijs literarischer Gestalt Rachmetov wird damit deutlich, dass drei Dimensionen zu unterscheiden sind, die zusammenkommen können, aber beileibe nicht *müssen*: 1) die durch die Rezeptionsgeschichte plausibel zu machende Christoformität einer literarischen Gestalt,[198] 2) die mnemonische

---

[195] Berdjaev 1955:42; Paperno 1996:33.
[196] „Ein sehr sanfter Mensch. Er hatte eine christliche Seele, und in seinem Charakter waren Züge von Heiligkeit" (Berdjaev 1955:42). Sehr weit geht diese Tendenz, wenn behauptet wird, Černyševskij habe sich gezielt eine Frau mit „Defekt" (dem moralischem „Defekt" der „gefallenen Frau") gewählt, um so selbst in eine Retter-, aber eben auch Opferposition zu gelangen (Paperno 1996:89). Paperno suggeriert mit ihrer Psycho-Lesart – wie Ulam und Rancour-Laferriere (s. 6.6.3) – zeitweilig so etwas wie einen Masochismus Černyševskijs (Ulam 1996:96) – um erst später von der psychologischen auf die religiöse Ebene zu kommen, ohne aber das Scharnier der Kenose ins Zentrum zu stellen.
[197] „[...] известно, что чем левее комментатор, тем питает большую слабость к выражениям вроде «Голгофа революции»" [(...) je linker ein Kommentator, desto größere Schwäche zeigt er bekanntlich für Ausdrücke wie „Golgatha der Revolution"] (Nabokov 1990:III 193).
[198] Vgl. zur mnemonischen Eignung personaler Vorbilder 1.5.1, 3.2.4 u. 5.0.3.

Intention des Autors in Bezug auf seinen literarischen Text ingesamt und 3) der Einsatz des Wiedererkennungsmusters Christoformität zu diesen Zwecken.

Die fünf hier eingehend untersuchten literarischen Texte (6.–10.) etablieren – in verschiedenem Maße mit oder auch gegen den Strich gelesen (s. 1.8.2) – ein Angebot christologischen Wiedererkennens, und das gerade bezüglich des Protagonisten bzw. der Protagonistin; das ist der Grund, weshalb die Kapitelüberschriften mit dem Namen des Protagonisten beginnen.[199] Mnemonische Intentionen im Hinblick auf den jeweiligen literarischen Gesamttext verfolgen nur einige in markierter Weise, besonders Černyševskij, Gor'kij (7.) und Ostrovskij (8.); Erofeevs Text wächst in der Legendenrezeption eine solche mnemonische Dimension zu (9), während Sorokin mnemotechnische Effekte eher in die Vergangenheit projiziert, als dass er sie strategisch für seinen eigenen Text einsetzt (10). Das kenotische Muster wird von einigen der Texte, die strategisch-mnemonisch ausgerichtet sind, nicht in einer Form eingesetzt, dass von Autorintention die Rede sein könnte. Černyševskijs und Ostrovskijs Romane demonstrieren, dass das kenotische Muster gerade auch gegen eine entchristianisierende Schreibstrategie wirksam sein kann.

6.9 Eine pragmatische Wende der kenotischen Tradition?

6.9.1 Säkularisierung?

Im seiner sowjetisch-atheistischen Lesart unterstellt Fridlender (1978:15) Černyševskij das Bestreben zur umfassenden „Säkularisierung" aller Bereiche des Lebens, der Ästhetik (hier sei das Erhabene zu beseitigen, was aber durch das Pathos des Fragmentarischen in Bezug auf Rachmetov genau nicht geschieht) wie der Ethik (wo das Opfer einmal als gänzlich verzichtbar, zum anderen als weltliche, politische Nutzleistung beschrieben wird). Dagegen auf der biografischen Ebene zu argumentieren und den fortgesetzten Vollzug von religiösen Ritualen beim reifen Černyševskij zu betonen, was Ulam (1976:29) unternimmt, bringt keine klare Lösung; eine Introspektion in Černyševskijs möglichen Glauben ist unmöglich. Wohl aber kann aus seinem Romanwerk heraus angenommen werden, dass, wie Paperno pointiert, „[…] в соответствии с духом времени Чернышевский сохранил веру в ценность христианской символики и христианских текстов."[200]

Die Präsenz christlicher, christologischer *Motive* allein kann, wie auch in den folgenden Kapiteln zu sehen sein wird (7.–10.) nicht hinreichen, um den jeweils betrachteten Text unter das Etikett einer christologischen Tradition zu summieren. Es müssen vielmehr im Text strukturell, *illokutionär* christologische Formen rep-

---

[199] Zur damit beschriebenen Entwicklung der Personenmodelle vgl. auch 10.6.10.1.
[200] „[…] dem Zeitgeist entsprechend bewahrte sich Černyševskij den Glauben an den Wert christlicher Symbolik und christlicher Texte." (Paperno 1996:174).

räsentiert sein (vgl. 3.5.5), in der Kenose von Intertextualität, von Diskurs, Ästhetik, Episteme o.ä. Im Fall von ЧД ist dieser formale, strukturelle Schlüssel die Opferung – eine Figur der Opferung, die auf vielen Ebenen, bis eben auch zur Opferung des Opfers zu entdecken ist. Das Kriterium, das am besten die *perlokutionäre* Wirkung der Nachfolge-Paränese belegt (5.0.3), sind die Zeugnisse der begeisterten Rezipienten, aber auch die Schärfe des Widerspruchs der Gegner, etwa Fedor Dostoevskijs.

6.9.2 Dostoevskijs christologische Entgegnung

Wenn nach der Funktionalität eines christologischen Erbes in Strukturen und Wirkungsabsichten von Černyševskijs ЧД gefragt wird, kann Dostoevskijs noch stärker christologisch-motivische Entgegnung Aufschluss geben. Dostoevskij führte die Auseinandersetzung mit Černyševskij seit den *Записки из подполья [Aufzeichnungen aus dem Untergrund]* (1864). Er überbot den harten Rachmetov mit Petr Verchovenskij in den *Бесы [Die Dämonen]* (1871/72).[201] Am bedeutendsten – und christologisch einschlägigsten – funktionierte die Absetzung im *Идиот [Der Idiot]* (1868–69). Ein Tagebuchverweis aus der Zeit, in der Dostoevskij an diesem Roman arbeitete, gilt als Dokument für den polemischen Bezug auf Černyševskij: „Князь возвращается, смущенный громадностью новых впечатлений о России, забот, идей, состояния и *что делать*".[202] Liest man *Идиот* als Antwort auf ЧД, dann ist in Bezug auf die mittleren Typen eine Wertumkehrung zu beobachten: Die Vertreter der „neuen Menschen" um Antip Burdovskij, Ippolit Terent'ev und den Boxer Keller (s. Rachmetovs Boxerdiät; Serdjučenko 1999:169) erscheinen als uniforme Gruppe (Wett 1986:202.210). Ethisch stellen sie sich als alte Egoisten dar (wie ja auch Černyševskij dem Egoismus des „alten Menschen" Mar'ja Aleksevna partiell Recht gegeben hatte; 6.4.1). Besonders einschlägig ist Dostoevskijs Entwurf eines besonderen Menschen bzw. Antityps, eines positiven Helden, den er im Briefwechsel als Maximalaufgabe formuliert:

> Идея эта – *изобразить вполне прекрасного человека*. Труднее этого, по-моему, быть ничего не может, в наше время особенно. Идея эта прежде мелькала в некотором художественном образе, но ведь только в *некотором*, а надобен полный.[203]

---

[201] Diese ‚Antworten' auf Černyševskij können hier nicht eingehender gewürdigt werden; es sei auf Wetts Darstellung verwiesen (1986:130–186).

[202] „Der Fürst kehrt zurück, verwirrt von der Übermenge an neuen Eindrücken von Russland, Sorgen, Ideen, der Lage und *was tun*" (Dostoevskij 1974:IX 256).

[203] „Diese Idee ist, einen *wahrhaft schönen Menschen darzustellen.* Etwas Schwierigeres als das kann es meines Erachtens nicht geben, zumal in unserer Zeit. Diese Idee blitze in einem gewissen künstlerischen Bild auf, aber eben nur in einem *gewissen*, während ein ganzes nötig ist." (Dostoevskij 1930:61; Hervorh. i. Orig.).

6. Rachmetov

Die Neigung der sowjetischen Forschung, die Nähe von Rachmetov und Myškin zu betonen,[204] ist mit Vorsicht zu genießen; schließlich überbietet Dostoevskijs unzweideutige Identifikation „КНЯЗЬ ХРИСТОС"[205] die änigmatischen christologischen Hinweise und Strukturen von Černyševskijs Roman bei weitem. Dabei besteht die Differenz nicht bloß zwischen dem Aposteltyp Rachmetov und dem unikalen Christus Myškin (L. Lotman 1974:255f), da, wie gezeigt, auch Rachmetovs Einzigartigkeit die Aktantenfunktion des Antitypen besetzt. Beide sind in den Romanen eigentlich – wie Christus – Nicht-Handelnde; einen Sieg hier und jetzt erringen beide nicht.

Aber geht die Analogie von Rachmetov und Myškin über die Aktantenfunktion des Antityps hinaus – sind ihre Verfahren, Christoformität zu erreichen, dieselben? Schon das Nicht-Handeln ist verschieden konzeptualisiert: Während Myškin eine Niederlage erleidet,[206] steht bei Rachmetov die (revolutionäre) Bewährung noch aus. Nur Myškin hat das reine Da der kenotischen Soteriologie – Inkarnation, soziale Erniedrigung und Schandtod allein erlösen;[207] Rachmetov erhält seine Daseinsberechtigung erst im äsopischen Futur II des antizipierten revolutionären Erfolgs. Myškin scheint seine Erniedrigung besser auf den Leib geschrieben; er ist von Anfang an unsinnlich, während Rachmetov sich die Unsinnlichkeit unter Schmerzen immer neu – hysterisch – abringen muss (vgl. Serdjučenko 1999:173). Dem Epileptiker Myškin fällt die physische Selbsterniedrigung in den Schoß, der Body-Builder Rachmetov kennt diese physische Dimension gar nicht. Entscheidend ist, dass die physische Selbsterniedrigung des Epileptikers an die Vernichtung des Ich grenzt, was Dostoevskij zum Kern seiner Version der Nachahmung Christi erhebt: Myškin geht dem physischen Ende seines Ichs entgegen, was bei keinem der Helden Černyševskijs geschieht, Rachmetov eingeschlossen. Wo der Revolutionär körperliche Stärke braucht, wäre dies für den Christus-Fürsten dysfunktional. Sein Sieg wird dialektisch zu Ende gedacht – er ereignet sich im Moment der Niederlage.[208] Bei Rachmetov hingegen bleiben Niederlagen dysfunktional, dienen nur als Aufschub der Apokalypse Revolution. Was Dostoevskij mit

---

[204] L. Lotman 1974:248, Tamarčenko 1976:297.
[205] „FÜRST CHRISTUS" (Dostoevskij 1974:IX 246).
[206] Onasch 1989:250f; vgl. 4.4.4.3 u. 5.2.4.1.
[207] Vgl. Onasch 1976:142. Der Gegenüberstellung Rachmetov – Myškin entsprechen die sozialistisch inspirierten Versuche, eine Opposition zwischen dem nicht-handelnden Jesus und Judas, interpretiert als aktiver Revolutionär, herzustellen.
[208] Da Christi Scheitern positiviert wird, ist auch das Scheitern des Christusnachahmers kein Dementi des Nachfolgeanliegens. Es ist nicht so, wie Holquist meint, dass Dostoevskij in diesem Roman nahe legen würde, dass ein „failure of *Heilsgeschichte*" (Holquist 1977:123) den Menschen zu individuellen („idiotischen"), neuen Lösungen zwingen würde.

Myškin als Antwort auf Rachmetovmacht, ist folglich die Rehabilitierung des christologischen Niederlage-Dogmas, die Re-Entpragmatisierung und Re-Enttemporalisierung des Opfers, das bei Dostoevskij wieder für sich allein den Sieg bedeutet und *sofort* gilt.

6.9.3 Re-Entpragmatisierung

Dostoevskijs Anknüpfung an das kenotische Personenmodell funktioniert also nicht allein über die christliche kenotische Tradition, wie sie bis Gogol' unpragmatisch und atemporal funktioniert hatte. Die pragmatische Wende, die an Černyševskij und Nečaev abzulesen ist[209] und von ihnen über Gor'kij, Lenin und Nikolaj Ostrovskij weiterwirkt, wird von Dostoevskij wenige Jahre nach Černyševskijs Roman und Nečaevs Prozess wieder rückgängig gemacht. Das Exempel Dostoevskij lässt die Frage sinnvoll erscheinen, ob gerade die literarisch anerkannt großen christologischen Texte der russischen Literatur nicht vielleicht schon Antworten, verspätete Reaktionen auf pragmatisierte (revolutionäre) Christologien sein könnten. Dafür spricht, dass analog zu Dostoevskijs post-Černyševskijscher Kenose auch Venedikt Erofeev einer post-Leninschen Re-Entpragmatisierung (Alkohol als Mittel völlig dysfunktionaler physischer Selbsterniedrigung) das Wort redet. Die re-entpragmatisierenden Ansätze haben dann auch nicht den antirhetorischen Gestus der pragmatischen; die Kenose literarischer Qualität vollziehen sie nicht mit: Die Predigt dysfunktionaler Kenosen braucht die unterstützend-verstärkende rhetorische Funktion (s. 4.3.5), die bei funktional-pragmatischen Kenosen, die sich innerweltlich selbst als funktional erweisen wollen, eine Überdetermination, Übermotivation wäre.

---

[209] 5.5.4.1 u. 5.5.4.3. Der Aktionsfetisch ist einer der Gründe für Černyševskijs Antirhetorik.

7 Nilovna, oder Marianische Nachfolge und Tapeinosis bei Gor'kij

> Warum spielen marienähnliche Mütter und jesusähnliche Söhne nicht nur im Spätmittelalter und nicht nur während der Gegenreformation, sondern auch im Zeitalter der Aufklärung, im wissenschaftsgläubigen 19. Jahrhundert und selbst noch in Filmproduktionen wie *Terminator* oder *Star Wars* eine so wichtige Rolle, dass man sie zu den tragenden kulturellen Stereotypen unserer Gesellschaft zählen kann? (Koschorke 2001:16)
>
> [...] мир Ниловны тем социалистичней, чем религиозней.[1]

7.1 Maksim Gor'kij und das heroische Paradigma

Weder mit Černyševskijs Rachmetov noch mit Dostoevskijs Myškin kam die literar-ethische Aufgabenstellung, einen positiven Helden zu schaffen, zum Abschluss (6.9.2); beide blieben wenig fassbar, instabil, bloß prospektiv. Sowohl in metaphysischen Höhen (Symbolismus) wie in sozialen Niederungen (Tolstojs *мужик*; vgl. 5.1.3) geht die Suche weiter. Um die Wende vom 19. zum 20. Jh. drängt das Thema eines über herausragende Physis und/oder Opferbereitschaft und Tat definierten Helden erneut auf die Tagesordnung, und das nicht nur in Russland (vgl. d'Annunzio). Eine neue Phase erhöhten Heldenbedarfs bricht an. Ausgerichtet an den Vorbildern von Černyševskij und Nečaev über Zasulič bis Sazonov (5.5.4–5.5.5) avanciert der revolutionäre Verschwörer im Untergrund zum modischen Helden der Zeit vor der Revolution von 1905, zum „Kanon"; seine Stilisierung gerät zum „Ritual" (Mogil'ner 1999:41–60). Arcybašev entwirft 1902/03 das Gegenbild zum Leidenshelden (ebd.:123) – den physischen Übermenschen und Epikureer Sanin.

Von beiden Facetten des Heldenfetischs der Jahrhundertwende geprägt ist das Frühwerk von Maksim Gor'kij; über die zeitgebundene Heldenkonjunktur hinaus ist sein Gesamtwerk von der lebenslangen Suche nach dem erlösenden Helden gezeichnet (s. Mathewson 1975:166). Der „heroische Monismus"[2] überlebt die verschiedenen anthropologisch-weltanschaulichen Paradigmenwechsel in Gor'kijs Schaffen.

---

[1] „[...] Nilovnas Welt ist umso sozialistischer, je religiöser sie ist." (Vajman 1991:33).
[2] Vgl. Günthers (1993:15) Lektüre von Divil'kovskijs früher Gor'kij-Besprechung.

7.1.1 Gor'kijs Helden vor und nach der marxistischen Wende

Gor'kijs Heroenkonzepte lassen sich werkbiografisch gegeneinander abgrenzen: Der frühe Gor'kij machte eine Entwicklung von romantischen (vor 1895) zu sozialistischen Entwürfen (nach 1905) durch (s. Kluge 1973:140). In der Frühphase klangen Töne an, die mit Nietzsche, seinem Vitalismus und Übermenschenbegriff enggeführt werden können (s. Günther 1993:14–30). In der ersten Fassung von Gor'kijs *Ошибка [Ein Irrtum]* aus dem Jahr 1895 findet sich etwa eine – freilich nur kontextenthoben eindeutige – Formel, die als Resonanz auf Nietzsches Unterscheidung von Herren- vs. Sklavenmoral und Idolatrie der Stärke gelesen werden kann: „Во всяком случае, это сильно, прежде всего сильно, и потому и морально и хорошо."[3] Die Tatsache, dass Gor'kij diesen Passus 1903 strich, zeigt aber an, dass die Identifikation von *stark* und *gut* so stabil nicht war in Gor'kijs Wertesystem (vgl. Masaryk 1995:348).

Mochte das bis Mitte der 1890er Jahre in Gor'kijs Schaffen dominierende „vitale Drama" ein Pathos der physischen Stärke nahe legen, so stellte sich dies in einer ‚Übergangsphase' bis etwa 1905 und umso mehr im „sozialen Drama" (Günther 1993:70f) anders dar. Der Schwenk vom Vitalen zum Sozialen ging einher mit der Problematisierung der Axiologie von über physische Stärke definierten „Herren" und körperlich defizienten „Sklaven". Für den Heldenbegriff konte dies nicht folgenlos bleiben. Gor'kij bewegte sich weg von allegorischen Idealhelden wie in *Человек [Der Mensch]* (1904) und stieg erneut, wie schon bei den *босяки [Barfüßlern]* des Frühwerks, herab in soziale Niederungen. Der Schwerpunkt verlagerte sich „vom promethisch-folkloristischen zum religiös-sozialistisch inspirierten Opferhelden" (Günther 2003:108). Für die christologische Fragestellung aufschlussreich ist diese Wendung vor allem deshalb, weil mit dem sozialen Abstieg des Helden die Aufwertung sozialer Niederungen, der gesellschaftlichen Ebene der Ausgebeuteten, der „Sklaven" und eine Orientierung an der Christusgestalt verknüpft ist (ebd.:64). Am Augenscheinlichsten ist beides in dem Proletarier-zentriertem Roman *Мать [Die Mutter]* (s. Günther 2003:60).

7.1.2 Gor'kijs Мать

Setzt man um 1905 den Zeitpunkt an, zu dem Gor'kijs soziale (und sozialistische) Umorientierung vollzogen ist, dann müsste *Мать* neben *Враги [Die Feinde]* – geschrieben nach Gor'kijs Inhaftierung im Gefolge des „Blutsonntags" von 1905

---

[3] „In jedem Fall ist das stark, vor allem stark, und deswegen auch moralisch und gut." (Gor'kij 1974/82:I 56).

und seiner Flucht aus Russland im Januar 1906[4] – dafür uneingeschränkt einschlägig sein. Zu Geldsammelzwecken für die RSDRP in die USA gereist, schlug Gor'kij, während er im Juli/August 1906 im Staate New York den ersten Teil von *Мать* niederschreibt, nach einem von der russischen Botschaft lancierten Skandal 1906 schärfste antikapitalistische Töne an.[5] Zur Zeit der Abfassung des zweiten Teils von Oktober bis Dezember 1906 in Capri zog er sich allerdings vom aktiven politischen Kampf auf das kulturpolitisch-philosophische Tätigkeitsfeld zurück (Katzer 1990:206.217). Beide Dimensionen – praktische Parteiarbeit und philosophische (religionsphilosophische) Spekulation – spielen in den Roman hinein.

Der Roman erschien zuerst englisch unter dem Titel *Mother* in der Zeitschrift *Appleton's Magazine* 1906/1907, im Jahre 1907 dann als Buch in New York und London. Die erste russische Ausgabe folgte im selben Jahr im *Bühnen- und Buchverlag russischer Autoren I. Ladyschnikow* in Berlin. Eine stark zusammengestrichene Fassung brachten die Sammelbände 16–21 der Gesellschaft *Знание [Wissen]* (1907/08). Vollständig konnte der Text in Russland erst 1917 gedruckt werden. Neben den *Знание*-Bänden kursierte die Berliner Ausgabe in Russland. Demgegenüber wurden im Westen schon in den ersten Jahren, vor allem in Deutschland riesige Auflagen erreicht, die erst die Sowjetausgaben übertrafen.

Dem tut die Tatsache keinen Abbruch, dass der Roman schnell geschrieben wurde, was man an logischen Fehlern ablesen kann.[6] Den Roman allein aufgrund der Eile bei der Niederschrift abzutun, geht nicht an, denn die sechsfache Überarbeitung zeugt von Gor'kijs unablässiger Bemühung um diesen Text.[7]

7.1.3 Proletarische Erniedrigung?

Die Wahl des Sujets für den Roman *Мать* ist von der Sowjetforschung als proletarische Erniedrigung, als löblicher solidarischer sozialer Abstieg des Intellektuel-

---

[4] Allerdings hatte Gor'kij bereits ab 1902 am Stoff von *Мать* laboriert (vgl. Gor'kij 1949/56:XXX 298; alle Angaben zu Entstehungs- und Publikationsgeschichte nach Efremenko/Teniševa/Jur'eva 1968/76:428–447).

[5] Siehe die Skizzen *Америка [Amerika]*; vgl. dazu D. Levin 1986:120–131; Yedlin 1999:67–81.

[6] Wie dem, dass Pelageja nach Pavels zweiter Verhaftung zuerst sagt, ihre regelmäßigen Besuche seien für Pavel nicht wichtig, bevor ein solcher Besuch erstmals geschildert wird (Kapitel 2 XIII, Gor'kij 1960/63:IV 325; dt. 1954:294, im Folgenden zitiert mit dem Kürzel *M*, bloßer Kapitel- und Seitenangabe, die deutsche Übersetzung von Adolf Heß wurde präzisiert).

[7] Kluge 1979:244. Den späteren Ausgaben liegt Gor'kijs letzte Redaktion für die Berliner Ausgabe von 1923 zugrunde.

len Gor'kij zu Arbeiterhelden verstanden worden.[8] Tatsächlich etabliert der Text eine Wertopposition auf von arm und reich.[9] Nach Černyševskijs noch vergleichsweise versöhnlicher Überwindung des Alten bringt Gor'kijs Roman eine unversöhnliche politische Gegenüberstellung von oben und unten und billigt den Sozialhass auf „die da oben".

Der Roman springt gleich zu Beginn in eine proletarische Alltagssituation (die Abendglocke einer Fabrik läutet zum Schichtende), um zu dekretieren, dass die Arbeiter dort eine „каторга труда"[10] durchmachten, die ihnen die Kraft aus den Muskeln sauge und ihre Lebenszeit spurlos vernichte. Aufgrund der Ausbeutung wachse in den Arbeitern dieser Fabrik, die stellvertretend stehen für die uniforme Lage aller Arbeiter auf der ganzen Welt,[11] ein ungerichtetes „чувство подстерегающей злобы".[12] Die Arbeiter werden also in die Position unfreiwilliger, passiver Opfer versetzt (Esaulov 2000a:797). Als solches unbewusstes Opfer der Ausbeutungsstrukturen erscheint der gewalttätige und vulgäre Trinker Michail Vlasov (*M* 1 II, 155/11), der Ehemann der Titelheldin Pelageja Nilovna Vlasova und Vater Pavel Vlasovs. Michail Vlasov ist eine starke Natur voll dumpfer Aggression und damit ein würdiger Nachfolger der Bosjaken aus Gor'kijs Frühwerk.[13] Allerdings steht er in seinem diffusen Hass jetzt für die proletarischen „slaves of their machines" (Hare 1962:74) und nicht mehr für Freiheit außerhalb sozialer Fesseln.

Zur Alternative von oben (Herren) und unten (Arbeitern) wird im Roman kein Drittes gegeben. Das Heldentum kann nicht mehr außerhalb, etwa im *босячество [Barfüßlertum]* gesucht werden. Angesichts der marxistischen Umorientierung können natürlich auch die Ausbeuter, die strukturell Starken einer frühkapitalistischen Gesellschaft, die im Roman – wie in publizistischen Äußerungen Gor'kijs (vgl. 1949/56:XXIII 342) – „господа" [Herren] genannt werden, nicht in die Bresche springen. Sie erscheinen im Roman als Abstoßungsfolie, als anonyme Ande-

---

[8] Siehe den Artikel „Gor'kij" (Gor'kij 1949/58:XII 251). Diese Solidarität schließt – in der Tradition des *босячество* [Barfüsslertum] – Berufsverbrecher ein (*M* 1 XVI, 211/105), was allerdings auch an die beiden Mitgekreuzigten Christi gemahnt (Mk 15,27f).

[9] Diese Opposition wird auf der Mai-Demonstration als Basiswahrheit gepredigt (*M* 1 XXVII, 259/184), in Pavels Gerichtsrede wird sie durch oben – unten variiert (*M* 2 XXV, 381/387).

[10] „Zwangsarbeit" (*M* 1 I, 153/7). Die Wertung des Erzähldiskurses übernehmen später die Figuren, z.B. Pavel („каторжная жизнь" [Knechtsdasein]; *M* 1 VI, 170/35).

[11] „[...] жизнь рабочего везде одинакова." [(...) das Leben eines Arbeiter ist überall dasselbe.] (*M* 1 I, 155/10). Die einmontierten Erzählungen vom Leiden der Arbeiter in anderen Ländern, ihrem heroischen Kampf und dem „freudigen Staunen" der russischen Zuhörer und ihrem Solidaritätsgefühl (etwa *M* 2 VI, 296f/248f) gehören zum Plakativsten und Aufgesetztesten, womit der Roman aufwartet.

[12] „Gefühl lauernder Bosheit" (*M* 1 I, 154/9).

[13] Kluge 1979:252; Weil 1966:56.

re, die sich hinter einer gesichtslosen grauen Wand aus Polizei und Militär (*M* 1 XXVIII, 263/192) verbergen. Wo sie ein Gesicht bekommen wie bei der Gerichtsverhandlung, legt der Roman seinen Proletarierhelden die Umwertung der Hierarchie in den Mund: Die „Herren" erscheinen Nikolaj als Sklaven; sie litten an der „«[...] отвратительная болезнь рабов, которым дана свобода проявлять всю силу рабьих чувств и скотских привычек.»"[14] Die Richter wirken für die Mutter sämtlich krank, wie kraftlose alte Tiere, die keine Beute mehr machen könnten, als wollten sie aus den jungen Angeklagten Blut und Lebenskraft für sich heraussaugen (*M* 2 XXVI, 386/394). Dergestalt vorbereitet, liefert Pavels Gerichtsrede die explizite Umkehrung der gesellschaftlichen Hierarchie: „«[...] все вы, наши владыки, более рабы, чем мы, – вы порабощены духовно, мы – только физически.»"[15]

Als rein ‚physischer Sklave' wurde im Sinne der kenotischen Christologie auch Christus dargestellt (2.6.1.3). Und wie bei ihm dank der Souveränität des Geistes, des göttlichen Logos, diese physische ‚Sklavenhaftigkeit' geradezu zum *argumentum ex negativo* für seine Erhöhung wurde (Phil 2,9), so geschieht es auch mit den Proletariersklaven bei Gor'kij. In Gor'kijs Marxismus greift funktional dieselbe Dialektik der Umwertung (2.5.1) des äußerlich Sklavenhaften (des ausgebeuteten Proletariers) wie bei Christi menschlicher Natur.

Da Gor'kij die ‚Sklavenarbeiter' als ‚Herren im Geiste' darstellen will, darf er die Ausbeutung nicht allzu plastisch zeigen. Dies ist der eigentliche Grund, warum nach dem expressionistischen Fabrikbild zu Beginn die Produktion gar nicht, das Leben der Arbeiter kaum gezeigt wird. Es geht in diesem Roman nicht um das (sklavische) Leben und Arbeiten, sondern um das politisches Bewusstwerden der Arbeiter (Vorovskij 1956:265), ihren Aufstieg zu ‚Herren im Geiste',[16] ihren Durchbruch zu dem, was die Sowjet(literatur)geschichtsschreibung „творец истории"[17] nennt. Insbesondere Pavel ist lediglich „nominell" ein Arbeiter; der Text *zeigt* ihn als weit darüber erhobenen „Ideenträger" (Vajman 1991:29).

---

[14] „‚[...] die abscheuliche Krankheit von Sklaven, denen die Freiheit verstattet ist, die gesamte Stärke ihrer Sklavengefühle und viehischen Gewohnheiten auszuleben.'" (*M* 2 XIX, 353/340).
[15] „‚[...] Sie alle, unsere Gebieter, sind mehr Sklaven als wir. Sie sind geistig versklavt, wir nur physisch.'" (*M* 2 XXV, 381/387).
[16] Wo die Hierarchien dermaßen flottieren, kann auch kein harscher Klassendeterminismus greifen. Anders als später bei Ostrovskij (s. 8.2.2) stammt die Sozialistin Sašen'ka aus wohlhabendem Elternhaus (*M* 1 XV, 207f/98), und auch der Lehrer, ein Popensohn (*M* 1 XXV, 247/165), steht ‚geistig' auf der richtigen Seite.
[17] „Schöpfer der Geschichte" (Desnickij 1959:299).

Wenn Gor'kijs Roman also auf sozial niedrig gestellte Helden setzt, so doch auf solche im Aufstieg. Mittel dazu sind, wie bei Černyševskij,[18] Bücher – neue, hier zudem verbotene Bücher (*M* 1 IV, 161/20). Die Herausarbeitung der politischen Opposition *oben-unten* qua Medium Buch hat für die Arbeiter und besonders die Bauern im Roman auch zivilisierende Bedeutung.[19] Jenseits aller revolutionären Projekte realisiert sich hier im Kleinen, in sinnvoll genutztem Alltag, jene Hoffnung auf Kultivierung und Zivilisierung, die sich Gor'kij in seiner Autodidaxe auferlegte und auch noch nach der Oktoberrevolution vertreten hat. Die Propagierung kulturellen Aufstiegs, kultureller Selbsterhebung aber scheint mit habitualisierter Selbsterniedrigung, wie sie auch säkularisierte Formen von Christusnachahmung an den Tag legen müssten, um legitim auf die christologische Tradition zurückbezogen werden zu können, nicht vereinbar. Vollzieht Gor'kijs Erhebung der Arbeitssklaven zu „Herren im Geiste" also eine antikenotische Bewegung?

7.2 Aufstieg statt Abstieg?
7.2.1 Explizite Gegnerschaft zum kenotischen Habitus

«[...] унижения – не желаю принять [...]»[20]

Gor'kij polemisierte wie kaum ein anderer in der russischen Kulturgeschichte gegen jegliche positive Vorstellung vom Leiden.[21] Damit verbunden sind seine Verven gegen Dostoevskij, fokussiert auf dessen Predigt von Demut und Leidensdulden,[22] denen Gor'kij eine eigene Anthropologie der Stärke, des Heldentums, ja des Stolzes entgegensetzt (Peace 1988:527). Dostoevskij wird für ihn nachgerade zum Sprachrohr für eine – wie Gor'kij es sieht – schädliche russische Leidensverhaftung (Ognev 1992:61–66). Stellt er in den *Заметки о мещанстве [Bemerkungen über das Spießertum]* (1905) Dostoevskijs Predigt von sozialer Demut noch neben Tolstojs Appell, dem Bösen keinen Widerstand zu leisten,[23] so konzentriert

---

[18] Nicht von ungefähr findet sich ein Černyševskij-Zitat eben an der Stelle, als Pavel seiner Mutter den Zweck der von ihm gehorteten Bücher erklärt; sie fragt ihn „«Что же ты хочешь делать?»", worauf er entgegnet: „«[...] Нам, рабочим, надо учиться.»" [‚Was willst du denn tun?' [...] ‚Wir Arbeiter müssen lernen.'] (*M* 1 IV, 162/22).
[19] Bryld 1982:33; Valentino 2001:131.
[20] „‚[...] Erniedrigung möchte ich nicht hinnehmen [...]'" (Gor'kij 1960/63:V 227).
[21] Siehe Gor'kij 1949/56:XXVII 262; XXX 291.457.
[22] Siehe Peace 1988:526. Dass Gor'kij sehr wohl zwischen Dostoevskij und der Dostoevskij-Rezeption zu unterscheiden weiß und neben Gor'kijs Polemik gegen die sozialen Implikate der kenotischen Topik künstlerische Würdigungen Dostoevskijs stehen, ruft Bjalik (1959) in Erinnerung.
[23] Gor'kij 1949/56:XXIII 353, zu Dostoevskij und Tolstoj s. 5.2.7.2.

er sich in *O карамазовщине [Über die Karamazoverei]* (1913) auf die Polemik gegen Dostoevskij. Er lehnt die Positivierung von Leiden als „Masochismus"[24] und „sozialen Pessimismus" ab. Die Kirche trägt für ihn daran erhebliche Mitschuld (Gor'kij 1953:152f). Gor'kij attestiert Dostoevskij, Merkmale des russischen „Nationalcharakters" in der Vergangenheit zutreffend dargestellt zu haben (ebd.:158), glaubt aber, dass diese negative Konvention durch Aktivismus überwunden werden könne.

Die Aktivismus-Vorstellung, die zweifelsohne aus dem vitalistischen Frühwerk stammt, passt Gor'kij ab 1905 in ein marxistisches, revolutionäres Koordinationssystem ein. So ist es kein Zufall, in wem Gor'kij den Gegenentwurf zum Leidensapostel Dostoevskij erblickt – in Lenin. Er preist ihn für seinen generellen Hass auf russische Kenose-Predigten:

> В России, стране, где необходимость страдания проповедуется как универсальное средство «спасения души», я не встречал, не знаю человека, который с такой глубиной и силой, как Ленин, чувствовал бы ненависть, отвращение и презрение к несчастиям, горю, страданию людей.[25]

Der Schein einer konsequent ablehnenden Haltung Gor'kijs zu freiwilligem Leiden und Selbsterniedrigung[26] jedoch trügt – gerade mit Blick auf Lenin (s. 7.10) und die Einbettung des Aktivismus-Konzepts in die revolutionäre Teleologie.

---

[24] Dabei handelt es sich um alles andere als eine abgeschlossene Polemik (vgl. 8.3.2); Rancour-Laferriere stößt in Gor'kijs Horn (1995:10), und Dunaev führt mit seinem orthodoxen Erkenntnisinteresse die Polemik Gor'kij-Dostoevskij auf Seiten des Letzteren mit einer Verteidigung des kenotischen Habitus fort (2002:743f). Zur Dostoevskij-Polemik weiter vgl. Kaleps 1963:89–104; Jackson 1988.

[25] „In Russland, einem Land, wo die Notwendigkeit des Leidens als Allheilmittel zur ‚Rettung der Seele' gepredigt wird, habe ich keinen Menschen getroffen, der mit solcher Tiefe und Kraft wie Lenin Hass, Abscheu und Verachtung empfunden hätte gegen Unglück, Kummer und Leiden der Menschen." (Gor'kij 1960/63:XVIII 268).

[26] Wie es etwa P'janych behauptet: „Христианское сострадание к падшим, слабым, униженным и оскорбленным, столь важное для понимания трагического мировосприятия Достоевского, всегда было чуждо Горькому как певцу гордого человека и героического деяния [...]" [Das christliche Mitleid mit den Gefallenen, Schwachen, Erniedrigten und Beleidigten, das für das Verständnis von Dostoevskijs tragischer Weltanschauung so wichtig ist, war Gor'kij als dem Sänger des stolzen Menschen und der heroischen Tat immer fremd (...)] (P'janych 1995;140; vgl. auch Ognev 1992:65).

7.2.2 Momente positiver Sklavenhaftigkeit

The Nietzschean Marxists Gorky and Lunacharsky [...] opposed the kenotic ideal of humility, but they appropriated the kenotic ideal of self-sacrifice. (Rosenthal 2003:219)

Gor'kij ist in *Матъ* Sozialist genug, um die Selbstaufklärung der Arbeiter nicht als hinreichendes Mittel zur Lösung der ökonomischen Probleme hinzustellen. Eine Selbstvervollkommnung qua Bildung führt bei ihm nicht (wie bei Tolstoj) direkt zum Ziel, sondern stellt den ersten Schritt vor dem zweiten, dem revolutionären Kampf dar (wie bei Rachmetov; 6.5.2). Wobei auch der Kampf keineswegs sofort den Aufstieg bringt, sondern viele Entbehrungen, Opfer und weitere Erniedrigungen fordert. Der finale kulturelle Aufstieg der Arbeiter ist aufgeschoben (wie bei Christi Selbsterniedrigung die Erhöhung). Die revolutionäre Konspiration verlangt zunächst, wie bei Nečaev (s. 5.5.4.1), Entbehrungsopfer. Mit funktionalen Entbehrungsopfern sind – allem Aufstiegspathos entgegen – kenotische Muster wieder im Spiel – und in ihrem Fahrwasser auch christologische Motive, die es in einer Relektüre herauszuarbeiten gilt.

Bisher sind an Gor'kijs *Матъ* kaum derartig dekonstruktive Lektüren versucht worden; der hellsichtigste Aufsatz zu Gor'kij, Semen Vajmans *Под руинами соцреализма [Unter den Trümmern des Sozrealismus]*, unternimmt zwar die Herausarbeitung dessen, was im Text „objektiv" „gesagt wird" (1991:27.29), gerät damit aber zur ideologischen Harke: Vajman liest *Матъ* als Prophezeiung der sowjetischen Reduktion des Menschlichen durch die revolutionäre Idee.[27] Im Folgenden wird es dagegen weniger um die Herausarbeitung einer vermeintlich „objektiv" vorhandenen, totalitarismuskritischen Schicht des Romans gehen als darum aufzuzeigen, wie die sozialistische Idee, die in *Матъ* gepredigt werden soll, nur gepredigt werden kann, indem sie durch Elemente von Unvollkommenheit, Menschlichkeit, mithin Kenose komplementiert wird: Dass die passive Mutter das nötige Korrektiv des aktiven Sohnes darstellt, dass der revolutionäre Logos erst im Unverstehen und der traditionellen Religiosität der Mutter Gestalt gewinnt, von ihr „inkarniert" wird.

---

[27] „[...] любая форма идейной узурпации личности наносит тяжкий урон *человеческой* ее полноте." [(...) Jede Form von Usurpation der Persönlichkeit durch eine Idee fügt ihrer *menschlichen* Fülle schweren Schaden zu.] und „[...] *идее борьбы за освобождение человека сопутствует порабощение человека идеей.*" [(...) *die Idee des Kampfes für die Befreiung der Menschheit geht mit der Versklavung des Menschen durch eine Idee einher.*] (Vajman 1991:29f, Hervorh. i. Orig.).

7.2.3 Kenose plus
Nicht nur in die Titelheldin von *Мать* spielen strukturell und explizit christliche Konzepte hinein. Gor'kij billigt in publizistischen Äußerungen noch lange nach der Oktoberrevolution[28] Jesus Christus, dessen Ethik und kenotischem Habitus eine positive Rolle zu – als Teilfunktion. Zum Weihnachtsfest des Revolutionsjahres 1917 kombiniert er das „Symbol" Christus mit dem „Symbol" Prometheus:

> Христос – бессмертная идея милосердия и человечности и Прометей – враг богов, первый бунтовщик против Судьбы, – человечество не создало ничего величественнее этих двух воплощений желаний своих.
> Настанет день, когда в душах людей символ гордости и милосердия, кротости и безумной отваги в достижении цели – оба символа скипятся в одно великое чувство и все люди сознают свою значительность, красоту своих стремлений и единокровную связь всех со всеми.[29]

Eine vergleichbare Addition in der Art von Christus *plus x* (und Kenosis *plus x*) ist auch in *Мать* gegeben.

7.2.4 Wider die Opposition von Glaube und Nicht-Glaube
Wie Gor'kij keine disjunktive Gegenüberstellung von Christus und Nicht-Christus oder Gegen-Christus macht, er Christus nicht als „gefährliches Supplement" (s. Derrida 1990:249f) begreift, sondern als nötiges Komplement gelten lässt, so ist seiner literarischen Anthropologie auch nicht mit einer dualen Alternative von Religiosität *oder* Atheismus beizukommen. Gor'kijs Weltsicht ist weder der einen noch der anderen Seite zuzuschlagen. Tolstoj greift genauso zu kurz, wenn er Gor'kij vorhält, sein Unglaube sei eigentlich Glaube (Gor'kij 1960/63:XVIII 93) wie Merežkovskij mit seiner gegenläufigen Identifikation, das *богостроитель-*

---

[28] Selbst in Gor'kijs Rede vor dem Ersten Schriftstellerkongress 1934 begegnet das „Symbol" Christus, wenngleich Gor'kij es jetzt als bourgeois verunglimpft: „[...] символ страдания любвеобильного сына божия" [(...) Symbol des Leidens des liebreichen Gottessohnes]. Das Problem liegt für Gor'kij auf dem Kongress aber weiterhin nicht im christlichen Versöhnungsanliegen, das Gor'kij sich aneignet, sondern darin, dass er Christus jetzt als *„неудачный* примиритель всех противоречий жизни" [*erfolgloser* Versöhner aller Widersprüche des Lebens] beschreibt (Gor'kij 1953:696; Hervorh. D.U.); zum Scheitern als Merkmal von Christoformität s. 6.9.2.

[29] „Christus ist die unsterbliche Idee der Barmherzigkeit und Menschlichkeit und Prometheus der Feind der Götter, der erste Rebell gegen das große Schicksal, – die Menschheit hat nichts Großartigeres geschaffen als diese beiden Verkörperungen ihrer Wünsche./ Der Tag wird kommen, und in den Seelen der Menschen werden das Symbol des Stolzes und der Barmherzigkeit, der Bescheidenheit und der wahnwitzigen Kühnheit zum Erreichen eines Ziels – beide Symbole werden zu einem großen Gefühl verschmelzen und alle Menschen werden ihre Bedeutung, die Schönheit ihres Strebens und die leibliche Verbindung aller mit allen erkennen." (Gor'kij 1971:142f).

ство [Gotterbauertum] sei ein teuflischer „антитеизм, [...] противобожие, деятельное богоборчество."[30]

Das von Gor'kij mit Verve und ohne Rücksicht auf Lenin[31] vertretene *богостроительство*, eine säkulare Theurgie, funktioniert gerade dank der ontologischen Vagheit des veranschlagten Gottesbegriffs so gut. Auch die Rezeption von *Мать* profitiert von dieser Doppellesbarkeit (s. 5.6); die Rezeptionsgeschichte selbst – so ein Fokus der an Gor'kij und an Ostrovskij (8) versuchten dekonstruktiven Lesart – zeigt dekonstruktive Züge.

7.2.5 Bäuerliches Christentum

Bekanntermaßen hatte sich Gor'kij im bäuerlichen Großelternhaus intensiv mit dem Gottesgedanken konfrontiert gesehen.[32] Wie es beim reifen Gor'kij keine eindeutige Abgrenzung von Christus und Nicht-Christus, von Religiosität und Atheismus gibt, so ist auch schon der von den Großeltern vermittelte Gottesbegriff zweideutig, gespalten in Großmutter-Gott vs. Großvater-Gott, wie es Gor'kij in *Детство [Kindheit]* (1913/14) schildert. Im Rückblick spricht er von einem „детское различие между богами, которое, помню, тревожно раздваяло мою душу [...]".[33] Die religiöse Praxis des Großvaters ist mit der Allmacht des unerreichbar hohen Gottvaters, mit Riten, Amtskirche und Hersagen auswendig gelernter kirchenslavischer Gebete verbunden, die der Großmutter hingegen durch den mit kreativen Kosewörtern angereicherten Marien-Akathistos, Heiligenviten und das Christusgebet geprägt.[34] Betrachtet man diesen Gegensatz in Gottesbegriff und Betpraxis durch das christologische Prisma, haben wir es mit dem Kontrast von (negativem, mit dem bösen Großvater verbundenen) hohem Gott und (positivem, mit der lieben Großmutter assoziiertem) greifbarem, niederem Gott zu tun. Die Präferenz gilt letzterem, d.h. dem kenotischen Gotteskonzept.

Für die Großmutter ist Religion ethische Lebenspraxis (s. Kaleps 1963:4–15); Religiosität realisiert sich bei ihr in jeder Handlung: „Ее бог был весь день с нею

---

[30] „Antitheismus, [...] Widergöttlichkeit, aktiver Theoklasmus" (Merežkovskij 1975:20).
[31] Siehe Lenins erboste Gleichsetzung von Gottsucher- und Gotterbauertum mit der vernachlässigbaren Differenz eines gelben und eines blauen Teufels, die das komplexe Verhältnis banalisiert: Jegliche Gottesidee versklave die Menschen gleichermaßen (Lenin 1979/83: XLVIII 226.232; vgl. dazu Scherrer 1977:21).
[32] „В те дни мысли и чувства о боге были главной пищей моей души [...]" [In jenen Tagen waren die Gedanken und Gefühle über Gott die Hauptspeise meiner Seele (...)] (Gor'kij 1960/63:IX 74).
[33] „Die kindliche Unterscheidung zweier Götter, die, wie ich mich erinnere, meine Seele aufwühlte und entzweite." (Gor'kij 1960/63:IX 74). Dunaev pointiert dies als „своеобразное манихейство" [eine Art Manichäismus] (2002:741), und Morris verweist auf die Bogumilen (1993:152).
[34] Gor'kij 1960/63:IX 68–73; vgl. 4.5.12.1.

[...]".³⁵ Der Mensch gewordene, erniedrigte Gott Christus wird von der Großmutter in den Alltag hineingenommen, die offizielle Amtskirche des Großvaters vom kleinen Aleksej hingegen mit Misstrauen beäugt. *Детство* differenziert das christliche Erbe folglich in einen negativen, großväterlichen, repressiven Gottvater-Fokus und einen positiven, großmütterlichen, praktisch-fürsorglichen und mitfühlenden Gottessohn-Fokus. Implizit stecken darin auch zwei konkurrierende Begriffe vom Gottesreich: als Jenseits und als Diesseits – eine abgelehnte transzendente Theosis und eine befürwortete diesseitige Vergöttlichung.

7.2.6 Christlicher Sozialismus

> Наподобие христианских социалистов [...] Вы употребляете прием, который (несмотря на Ваши наилучшие намерения) повторяет фокус-покус поповщины.³⁶

Eine vergleichbare Spaltung kennzeichnet die zu Beginn des Jahres 1907, also kurz nach Abschluss von *Мать* abgefasste Antwort Gor'kijs auf eine Umfrage des *Mercure de France*: Dort macht er die Unterscheidung von oktroyierter, die Menschen trennender „idée religieuse"³⁷ und diesseitigem, kreativem „sentiment religieux": „*le sentiment religieux est un sentiment joyeux et fier de la conscience d'un lien harmonique, unissant l'homme à l'univers. Ce sentiment naît de l'aspiration vers la synthèse [...]*".³⁸ Noch stärker als in *Детство* wird hier die soziale Wirkung von Religion herausgearbeitet, eine positiv verbindende von einer negativ trennenden abgehoben. Das „religiöse Gefühl", heißt es, leiste die Synthese³⁹ aller Facetten des Menschen von Geist und Gefühl (Gor'kij 1907:594) und überwinde die Einseitigkeit menschlicher Gaben (etwa der *ratio*).

Das Ineinandergreifen der verschiedenen menschlichen Fähigkeiten soll für den Gor'kij von 1907 die Menschen unter dem Dach des religiösen Gefühls in eine soziale Gemeinschaft zusammenführen. Das Christentum wird damit auf die soziale Praxis heruntergebrochen – und für fortschrittliche Gesellschaftsentwürfe

---

³⁵ „Ihr Gott war den ganzen Tag bei ihr [...]" (Gor'kij 1960/63:IX 69).

³⁶ „Ähnlich wie die christlichen Sozialisten [...] benutzen Sie ein Verfahren, das (ungeachtet Ihrer besten Absichten) den Hokus-Pokus des Popentums wiederholt." (Lenin 1979/83: XLVIII 231).

³⁷ „Religiöse Idee". Hier wird auch Christus der „Ideenseite" zugeschlagen (Gor'kij 1907:592).

³⁸ „Religiöses Gefühl" – „*Das religiöse Gefühl ist ein freudiges und kühnes Gefühl des Bewusstseins einer harmonischen Verbindung, welche die Menschen mit dem Universum vereinigt. Dieses Gefühl entsteht aus dem Streben nach der Synthese [...]*" (Gor'kij 1907:593, Hervorh. i. Orig.).

³⁹ Die Bestimmung von Religion als synthetisch ist etymologisch basiert: *religare* ‚verbinden' (vgl. Scherrer 1977:24).

nutzbar gemacht. So wird wieder ein positiver Bezug auf Religion qua „verbindendem Gefühl" möglich. Der mit den Bolschewiken sympathisierende Gor'kij steht mit seinem zweideutigen Verhältnis zum christlichen Erbe zu Beginn des 20. Jh.s in Russland nicht allein.[40]

7.2.7 Das богостроительство

Gor'kij setzt die Kurzschließung von Sozialismus und Religion strategisch ein: „[...] to Gorky, Bolshevism was *literally*, and not just functionally, a secular substitute for religion."[41] Das wird nicht zuletzt daran deutlich, dass der Begriff selbst von Gor'kij geprägt wurde, und zwar in dem auf *Мать* folgenden fiktionalen Text *Исповедь [Die Beichte]* (1908): „[...] всемирного богостроительства ради!"[42] Der Held Matvej sucht diverse Ausprägungen des Christentums ab (fast im Sinne des oben [4.] entfalteten Fächers von Gattungen und Praktiken der Paränese), die aber alle als „не то"[43] erscheinen. Einen Ausweg weist dem Gottsucher Matvej erst der um das Gotterbauen wissende Iegudiil;[44] für diesen ist das Subjekt des Gotterbauens das arbeitende Volk: „«[...] весь рабочий народ земли [...] вечный источник боготворчества!»"[45] Trotz der Polemik mit einem christoformen Leidensprogramm, die auch *Исповедь* enthält (Gor'kij 1960/63:V 244.293), gibt es einen positiven Bezug auf den „jungen", volksnahen Gott Christus (ebd.:V 270f). Die Grenze von immanenter sozialer Religion und Wunder wird überschritten, wenn das Finale mit einem Heilungswunder aufwartet; *Исповедь* endet mit dem, womit Matthäus Jesu Wirken in Galiläa beginnen lässt: Eine Gelähmte kann wieder gehen.[46]

---

[40] Siehe Scherrer 1976/77. Die weitergehende These, dass der Sozialismus selbst religiösen Charakter habe, gelangt von Berdjaev über Lunačarskij in die Diskussion (s. D. Levin 1986:155) und wird von letzterem offensiv gewendet – in das Programm eines als Religion konstruierten Sozialismus; s. auch 5.6.2.

[41] Clark 2000a:55, Hervorh. i. Orig.; vgl. die abweichende Konstellation von funktionaler und genealogischer Verbindung zur Religion bei Ostrovskij, 8.1.2 u. 8.1.3.

[42] „[...] um eines weltweiten Gotterbauertums willen" (Gor'kij 1960/63:V 305). Zur Erstverwendung vgl. Sesterhenn 1982:18.

[43] „Nicht das Wahre" (Gor'kij 1960/63:V 251 et passim).

[44] Iegudiil Chlamida lautete das Pseudonym Gor'kijs als Feuilletonist in seiner Zeit in Samara; auch im literarischen Text wird Iegudiil als (konspirativer) Zweitname dargestellt (Gor'kij 1960/63:V 273). Gor'kij gibt also einen Wink, dass seine eigene Position mit der des fiktiven Helden zusammenzusehen ist.

[45] „‚[...] das gesamte Arbeitervolk der Erde – die ewige Quelle des Gotterschaffertums!'" (Gor'kij 1960/63:V 266).

[46] Mt 4,24. Gor'kij 1960/63:V 302f. Dies geschieht bezeichnenderweise in Zusammenwirkung von Volk und angerufener Gottesmutter (vgl. 7.6.4).

7.2.7.1 Scheiternde Austreibung

Gegen Gor'kijs gottbildnerische Tendenzen protestierte zunächst Plechanov[47] und erhob Lenin in den folgenden Jahren gebetsmühlenartig Einspruch.[48] Der Angegriffene, obgleich stets konziliant gegenüber den autoritären Zumutungen des Parteistrategen, wich an diesem Punkt eher aus als zurück. Noch im zweiten Dostoevskij-Artikel von 1913, *Еще о карамазовщине [Nochmals zur Karamazoverei]*, machte er lediglich das Zugeständnis, die Gottsuche solle „zeitweilig" beiseite gelassen werden.

> А «богоискательство» надобно на время отложить, – это занятие бесполезное: нечего искать, где не положено. Не посеяв, не сожнешь. Бога у вас нет, вы еще не создали его. Богов не ищут, – *их создают*; жизнь не выдумывают, а творят.[49]

Lenin wird daraufhin ausfällig, und Gor'kij entschuldigt diesen Passus als Lapsus.[50] Dass Lenins zornige Versuche, Gor'kij auf bolschewistische Linie zu bringen, scheitern, liegt nicht zuletzt daran, dass gotterbauerliche Gedanken bei Gor'kij deutlich älter sind und alles andere als fremde Einflüsterung, sondern „Ergebnis einer eigenständigen Entwicklung" (Sesterhenn 1982:218).

7.2.7.2 Das богостроительство *in* Мать

Diese Entwicklung zum *богостроительство* ist nicht zuletzt in *Мать* vorgeformt (vgl. Sesterhenn 1982:37 Anm. 3). Ja es ist noch untertrieben, in diesem Roman lediglich „Vorboten" (Knigge 1994:79) von *богостроительство* zu sehen. Rybin formuliert dort nämlich – kaum weniger wörtlich als später Iegudiil in der *Исповедь* – das Programm der Gotterbauer: „«Свято место не должно быть пусто. [...] Надо, Павел, веру новую придумать... надо сотворить бога – друга людям!»"[51] Christologisch aufschlussreich ist, dass Rybin die Inkarnation

---

[47] Plechanov assoziiert in *О так называемых религиозных исканиях в России [Über das so genannte religiöse Suchen in Russland]* (1909) das Ende von *Исповедь* mit Lourdes (1997:802) und verwirft Gor'kijs und Lunačarskijs Versuche, „облечь социализм в ризу религиозности" [den Sozialismus in das Gewand des Religiösen zu kleiden] (ebd.:799).

[48] Siehe etwa Lenin 1979/83:XLVIII 4.140.226–228; LI 49.

[49] „Das ‚Gottsuchen' aber muss man zeitweilig aufschieben – es ist eine nutzlose Beschäftigung: Wo es nichts gibt, hat man auch nichts zu suchen. Wer nicht sät, erntet nicht. Ihr habt keinen Gott, ihr habt ihn noch nicht geschaffen. Götter sucht man nicht, man *schafft sie*; das Leben ersinnt man nicht, man erschafft es." Dieser Abschnitt ist, da aus sowjetischen Gor'kij-Ausgaben wegzensiert, über Lenins Zitate im Briefwechsel rekonstruiert (Lenin 1979/83: XLVIII 226, Hervorh. i. Orig.).

[50] Siehe die Zitate aus Gor'kijs Antwort auf Lenins Brief vom 13./14.11.1913 (Lenin 1979/83:XLVIII 230–233).

[51] „‚Eine heilige Stelle darf nicht leer bleiben. [...] Pavel, wir müssen einen neuen Glauben erfinden, einen Gott schaffen, der der Freund der Menschen ist!'" (*M* 1 XI, 190/70).

als Argument für die Möglichkeit des Gottschaffens anführt: „«Ты помни, мать, бог создал человека по образу и подобию своему, – значит, он подобен человеку, если человек ему подобен!»"[52] Rybin kommt damit dem traditionellen Theosis-Konzept nahe, mit der ontologischen Differenz, dass es keinen vorgängigen transzendenten Gott gibt, wenn dieser nur noch Metapher für inneres Feuer, d.h. Verstand ist (*M* 1 XI, 191/71).

Als Rybin im Zuge dessen noch weiter geht und die Kenose Christi (die Verzagtheit in Gethsemane[53]) verwirft („«Христос был не тверд духом.»"[54]), assoziiert die Mutter dies als Häresie, und selbst Pavel äußert sich im Hinblick auf Christus vorsichtiger als Rybin (*M* 1 XI, 190f/70). Auch die anderen Helden, die unbestritten positiven Figuren Pavel und Nilovna, partizipieren zu guten Stücken an gotterbauerlichen, inkarnatorischen, kenotischen Konzepten.

7.3 Konfliktfeld Religion im Roman

Die Äußerungen der Figuren, insbesondere der Titelheldin Pelageja Nilovna Vlasova, sind mit einem christlichen Intertext überdeterminiert. Nilovnas Christusglaube wird aber von den Verlautbarungen anderer Figuren und durch eine zwischenzeitliche ‚religiöse Depression' der Mutter nach Pavels Verhaftung in Frage gestellt, weswegen die Sowjetforschung ihr im Roman eine lineare Entfernung vom Religiösen zuschreibt. Durch das Erzählprisma Nilovna setzt Gor'kij – anders als Černyševskij und später Ostrovskij – bei seinen Lesern jedoch gezielt auf Effekte des Wiedererkennens – von Religion, Gottesbegriff und vor allem Christus. Der Roman zeigt eine „bewußte sakrale Stilisierung der fiktiven Welt." (Knigge 1994:78).

Nur in der sowjetischen Lektüre erschienen die religiösen Momente als zu überwindende Zwischenstufen zum Atheismus. Dabei sind die christlichen, die Christus-Motive über den ganzen Text verstreut, und auch die diversen Überarbeitungen durch Gor'kij ändern daran kaum etwas.

7.3.1 Offizielle Religion
Klar negativ wie die großväterliche Frömmigkeit in *Детство* erscheint die Amtskirche, die eifersüchtig wittert, dass die Geheimhaltung der Sozialisten ihren eige-

---

[52] „‚Denk bloß daran Mutter, Gott hat die Menschen nach seinem Ebenbilde erschaffen – das heißt, er ist dem Menschen ähnlich, wenn der Mensch ihm ähnlich ist!'" (*M* 1 XI, 190/69).
[53] Vgl. dazu 2.7.1.2 u. 4.6.4.5.
[54] „‚Christus war nicht fest im Geiste.'" (*M* 1 XI, 190/70).

nen „тайны"⁵⁵ Konkurrenz bereitet: „«Тайне же место – наша святая, равноапостольная церковь. Все же другие тайности, по углам совершаемые, – от заблуждения ума!»",⁵⁶ wird dem wohlhabenden, an einem „Opium fürs Volk" interessierten Gaststättenbesitzer Beguncov in den Mund gelegt. Die Sozialisten werden als „секты"⁵⁷ verdächtigt. Gleichermaßen wie das Bürgertum ist in Gor'kijs Roman die Polizei an Religion als Mittel sozialer Disziplinierung interessiert: „«Ты сама виновата, матушка, если не умела внушить сыну уважения к богу и царю...»",⁵⁸ wirft der Offizier, der die Hausdurchsuchung nach der Mai-Demonstration leitet, der Mutter vor.

7.3.2 Der Atheismus und die Biblizismen der Söhne

So interpretiert Rybin auch Pavels Ansichten als These vom „Opium fürs Volk": „«Значит, по-твоему, и богом обманули нас? Так. Я тоже думаю, что религия наша – фальшивая.»"⁵⁹ Wie in der politischen Disziplin erscheint Rybin hier zu aufbrausend. Seine angestrengt atheistische Äußerung wird von Pavel korrigiert, der gegenüber der Mutter eine Unterscheidung im Sinne der später in *Детство* getroffenen einführt: „«Я говорил [...] не о том добром и милостивом боге, в которого вы веруете, а о том, которым попы грозят нам, как палкой [...]»".⁶⁰ Wie die meisten seiner Generation vertritt Pavel eine weniger polemische Variante von Atheismus. Sof'ja korrigiert die Mutter, die Wahrheitssuche als „как в церкви" assoziiert: „«Только здесь божий дом – вся земля!»"⁶¹

Nun ist es durchaus nicht so, dass der Atheismus unangefochten durchgehalten würde und das Tun der Söhne allein durch das Prisma der Mutter religiös gebrochen würde; auch in deren eigenen Deklarationen begegnen klar religiöse Elemen-

---

⁵⁵ „Geheimnisse", russisch homonym auch für ,Sakramente' (*M* 1 VIII, 177/48).
⁵⁶ „‚Für Geheimnisse aber ist der Ort unsere heilige apostolische Kirche. Alle anderen Geheimnisse, die in versteckten Winkeln vor sich gehen [bzw. Sakramente, die vollzogen werden], rühren von Verirrung des Geistes her!'" (*M* 1 VIII, 177/48).
⁵⁷ „Sekten" (*M* 1 VIII, 178/48). Das Motiv wurde von Černyševskij eingeführt (s. 6.5.1.2); zur typologischen Verwandtschaft s. 5.5.4.1.
⁵⁸ „‚Du bist selbst schuld, Mütterchen, wenn du nicht in der Lage warst, deinem Sohn Achtung vor Gott und Zar einzuflößen...'" (*M* 2 I, 270f/206).
⁵⁹ „‚Das heißt, deiner Meinung nach hat man uns auch mit Gott betrogen? Ja. Ich denke auch, dass unsere Religion falsch ist.'" (*M* 1 XI, 189/68).
⁶⁰ „‚Ich habe nicht [...] von dem guten und gnädigen Gott gesprochen, an den Sie glauben, sondern von dem, mit dem die Popen uns wie mit einem Stock drohen.'" (*M* 1 XI, 190/69).
⁶¹ „[...] wie in der Kirche" – „‚Nur dass hier Gottes Haus die ganze Welt ist!'" (*M* 2 VI, 299/252). Eine echte Neuerung ist das wohl kaum, denn Gottes Haus ist auch in christlicher Topik schon immer die ganze Welt.

te.⁶² Rybin etwa streitet bei seiner Verhaftung ab, dass die Revolutionäre „«безбожники и бунтовщики»"⁶³ seien, obwohl er gerade vom Popen denunziert worden war (*M* 2 XV, 335/310); angesichts der gaffenden Menge begreift er Atheismus zumindest nicht als propagandistisch probates Mittel.

Um das Wesen der sozialistischen Botschaft begreiflich zu machen, greifen die Revolutionäre der jüngeren Generation gerne zur Religionsanalogie: Andrej erklärt der Mutter den Sozialismus explizit als eine Religion: Das „духовное родство рабочих всей земли" bestehe im gemeinsamen Bekenntnis: „[...] веруют и исповедуют одну религию [...]!",⁶⁴ sozialistische Lieder werden als Glaubensbekenntnis eingestuft (*M* 1 XXVII, 258/183) und die Sozialdemokratische Partei „духовная родина"⁶⁵ genannt.

Die religiösen Momente gehen aber über die funktionale Analogie Sozialismus – Religion weit hinaus. Pavel erklärt bei einer Hausdurchsuchung, er läse die dabei gefundene Bibel (*M* 1 X, 184/59); und Rybin benutzt sie für seine Agitation unter Bauern („«[...] там есть что взять [...]»"),⁶⁶ und zwar die vom Hl. Synod gedruckte Ausgabe, um durch die offizielle Autorität die Bauern gegen diese Autorität zu gewinnen. Wiederholt greifen die Revolutionäre auch zu narrativ kaum funktionalen Biblizismen und Theologismen: „«Аз есмь!»"⁶⁷ etwa dient zur schlichten Selbstidentifizierung, „«анафемы!»"⁶⁸ als Fluch. Diese stärken nicht nur die Aufmerksamkeit des Lesers auf Religiöses, sondern sind offenbar nicht so einfach abzustreifende Schablonen: Ein Teilnehmer der Trauerprozession für Egor erklärt in einem Atemzug seinen Atheismus und betet für den Verstorbenen: „«[...] царство ему небесное! Хотя я не верю в бога...»".⁶⁹ Schließlich begegnen in der Selbstbeschreibung der Revolutionäre christologische Motive. Der junge Bauer Ignat interpretiert die Hierarchielosigkeit der Zusammenarbeit der Revolutionäre als soziale Selbsterniedrigung qua Fußwaschung,⁷⁰ und Sof'ja stuft Rybin als „«великомученик какой-то!»"⁷¹ ein.

---

⁶² L'vov-Rogačevskij 1997:776 meint gar zu viele.
⁶³ „‚Gottlose Aufwiegler'" (*M* 2 XV, 334/309).
⁶⁴ „Geistige Verwandtschaft aller Arbeiter auf der Welt" – „[...] glauben und bekennen dieselbe Religion [...]!" (*M* 1 VII, 175/44).
⁶⁵ „Geistige [bzw. geistliche] Heimat" (*M* 1 XXVII, 260/187).
⁶⁶ „‚[...] da kann man ordentlich war rausholen [...]'" (*M* 1 XXV, 246/164).
⁶⁷ „‚Höchstselbst!'" (*M* 1 XIV, 200/86).
⁶⁸ „‚Verdammt!'" (*M* 1 XIV, 203/91).
⁶⁹ „‚[...] Gott hab' ihn selig! Wenn ich auch nicht an Gott glaube...'" (*M* 2 XII, 322/289).
⁷⁰ *M* 2 XX, 359/349, vgl. Jh 13,5 u. 2.6.1.3.
⁷¹ „‚Ein glatter Märtyrer'" (*M* 2 V, 292/240).

Kennzeichnend für Gor'kijs Intention ist, dass die „евангельская субдоминанта"[72] nicht nur in der Figurenrede präsent ist, sondern auch den Erzähldiskurs erfasst. Sitzungen des autodidaktischen Zirkels um Pavel etwa werden als Stufen der Jakobsleiter des Johannes Klimakos konzeptualisiert: „Каждую субботу к Павлу приходили товарищи, каждое собрание являлось ступенью длинной, пологой лестницы, – она вела куда-то вдаль, медленно поднимая людей."[73]

7.3.3 Der Weg der Mutter vom rituellen Theismus zur Christozentrierung

7.3.3.1 Religiöse Interpretation des Atheismus der Söhne durch die Mutter

> Ниловна не становится социалисткой в доктринерском, теоретическом, партийном смысле, – ее религиозность устремлена по направлению к социалистической идее, однако ей не тождественна; она прозревает эту идею в иной трансформации – не рационально-аналитической, но целостно-бытийной, – это идея всеобщей братской жизни во Христе.[74]

Sowie die jüngere Generation utrierten Rigorismus an den Tag legt, wertet Nilovna dies als übertrieben (M 2 VII, 302/256f).Sof'jas Harschheit etwa erscheint ihr als pubertär und widersprüchlich (M 2 VII, 300/254), das Umfeld von Sof'ja und Nikolaj als theatralisch: „[...] все эти люди как будто нарочно подогревают друг друга и горячатся напоказ [...]".[75] Dahinter verbirgt sich nicht nur ihre im Gegensatz zu den intellektuellen Mitverschwörern unmittelbare Anschauung des Arbeiterlebens, sondern auch eine unangestrengte, altersweise Haltung:

> Мать чувствовала, что она знает жизнь рабочих лучше, чем эти люди [...] и это позволяло ей относиться ко всем ним [!] с снисходительным, немного грустным чувством взрослого к детям [...][76]

---

[72] „Subdominante Evangelientext" (Esaulov 2000a:801).

[73] „Jeden Sonnabend kamen die Freunde zu Pavel, und jedes Zusammensein glich einer Stufe auf einer langen, seicht ansteigenden Leiter, die die Menschen weithin, langsam in die Höhe führte." (M 1 VII, 172/39) Vgl. zur Interpretation dieser Stelle als Anspielung auf die Himmelsleiter Kjetsaa 1996:206.

[74] „Im doktrinären, theoretischen oder Parteisinne wird Nilovna nicht zur Sozialistin – wohl ist ihre Religiosität auf die sozialistische Idee hin ausgerichtet, aber nicht mit dieser identisch; sie erschaut diese Idee in einer anderen– nicht rational-analytischen, sondern ganzheitlich-seinshaften – Transformation, und das ist die Idee eines umfassend brüderlichen Lebens in Christus." (Vajman 1991:31).

[75] „[...] all diese Leute redeten sich gleichsam vorsätzlich in Rage und erhitzten sich zur Schau [...]" (M 2 VII, 302/257).

[76] „Die Mutter fühlte, dass sie das Leben der Arbeiter besser kannte als diese Leute [...] und das ließ sie allen mit einem gewissen herablassenden, etwas traurigen Gefühl eines Erwachsenen gegenüber Kindern begegnen [...]" (M 2 VII 302/257).

670 III. Literarische Transformationen

Dank dieser distanzierten Warte kann Pelageja – das ist ihre narrative Funktion – manche atheistische Intention der Jüngeren dekonstruieren; die Lieder, welche die Verschwörer, die sich in ihrem Haus treffen, singen, empfindet die Mutter als „точно церковное".[77] Hinter Pavels und Sašen'kas Unglauben erahnt sie, wie Tolstoj bei Gor'kij (7.2.4), latenten Glauben: „Но за неверием его [Павла] ей [матери] чувствовалась вера [...]".[78] Und zu Saša gewandt: „«А я вот вам не верю!» [...] она с глубоким убеждением продолжала: «Не понимаете вы веры вашей! Как можно без веры в бога жить такою жизнью»".[79] Schließlich erkennt sie in allen sozialistischen Verschwörern einen Gesichtsausdruck wieder, wie ihn Christus auf dem Weg nach Emmaus gehabt habe:

> [...] все они имели в глазах матери что-то одинаково настойчивое, уверенное, и хотя у каждого было свое лицо – для нее все лица сливались в одно: худое, спокойно решительное, ясное лицо с глубоким взглядом темных глаз, ласковым и строгим, точно взгляд Христа на пути в Эммаус.[80]

7.3.3.2 Von ritueller zu innerweltlicher Religiosität

Jene unbestrittene Entwicklung, die mit der Religiosität der Mutter im Verlaufe der Romanhandlung vor sich geht, führt nicht vom Religiösen zum Nicht-mehr-Religiösen, wie es die Sowjetforschung sehen wollte,[81] sondern von ritueller zu praktischer Religiosität:

> Her [the mother's] development is not [...] from a religious to a socialistic outlook but from one kind of religious outlook to another, from that which worships God in heaven to that which looks towards the establishment of His kingdom on earth. (Borras 1967:110)

Voller Unverständnis für die sozialistischen Betätigungen ihres Sohnes betet Nilovna zu Anfang für dessen Seelenheil – indem sie vor Ikonen niederkniet.[82] In dieser Phase repetiert sie das Jesusgebet (*M* 1 VI, 172/39), wenngleich nicht als

---

[77] „Genau wie in der Kirche" (*M* 1 VII, 176/45).
[78] „Doch hinter seinem [Pavels] Unglauben spürte sie [die Mutter] Glauben [...]" (*M* 1 XI, 189/68).
[79] „‚Ich glaube Ihnen das einfach nicht!' [...] sie fuhr im Brustton tiefer Überzeugung fort: ‚Ihr versteht ja selbst euren Glauben nicht! Wie kann man denn, ohne an Gott zu glauben, ein solches Leben führen?'" (*M* 1 XV, 205f/95).
[80] „Alle hatten in den Augen der Mutter etwas gleichförmig Beharrliches, Überzeugtes – und obwohl jeder seinen eigenen Gesichtsausdruck hatte, verschmolzen für sie die Gesichter zu einem einzigen – einem hageren, ruhig entschlossenen, hellen Gesicht mit einem tiefen, zärtlichen und strengen Blick aus den dunklen Augen, wie der Blick Christi auf dem Weg nach Emmaus." (*M* 1 XXI, 229/133f).
[81] Die meinte, es käme zum Verschwinden von religiöser Lexik in der Redeweise der Mutter (Ovčarenko 1955:573).
[82] *M* 1 III, 158/16; vgl. 4.5.9.1 u. 4.5.12.

bewusste asketische Übung (s. 4.5.8.3), sondern in elliptischer Schwundstufe als Interjektion (*M* 1 XVI, 212/106). Beim gemeinsamen Aufbruch zur Mai-Demonstration spricht sie angesichts der sicheren Verhaftung die Segensformel „«Христос с вами!»"[83]

Die entscheidende Wandlung, die die Mutter von der rituellen Religiosität entfernt, markiert der Traum, den Nilovna nach der Mai-Demonstration und der nachfolgenden Hausdurchsuchung hat. Darin sieht sie eine Messe, bei der Diakon freundlich zulächelt (sein Gesicht ähnelt dem des Mitverschwörers Samojlov), während der Priester, wie der Kommandeur der Soldaten, welche die Demonstration auflösten, befiehlt: „«Взять их!»"[84] So wird suggeriert, dass die unteren Chargen der Amtskirche mit dem Volk solidarisch seien, während sich die oberen Hierarchiestufen mit den Herren und deren Handlangern identifizieren. Die Opposition unten – oben durchzieht also den religiösen Bereich genauso wie den politischen, spaltet ihn in eine positiv besetzte Kirche von unten und eine Hierarchie, die sich als Transmissionsriemen der herrschenden Verhältnisse einspannen lässt.[85] Nach diesem Traum ist die Mutter insofern den Riten einer auf Außerweltliches gerichteten Amtskirche entfremdet, als sie vorübergehend nicht mehr betet (*M* 2 I, 273/209). Dass damit keineswegs ein radikaler Abschied von kirchlich-rituellen Ausdrucksformen bezeichnet ist, demonstriert der Schreck, welcher der Mutter im zweiten Teil während Egors Beerdigung, die aufgrund des Atheismus der Sohnesgeneration ohne Pope vollzogen wird, in die Glieder fährt und sich in einer elliptischen Epanalepse des Jesusgebetes Bahn bricht: „«Конечно, [...] Егорушка в бога не верил, и все они тоже...» [...] «О, господи, господи Иисусе Христе! Неужто и меня вот так...»".[86]

Während all diese auf ein Außerweltliches verweisenden rituellen Elemente weniger werden, wächst die Hingebung, mit welcher sich Nilovna für die von ihr allmählich klarer erfasste sozialistische Sache einsetzt. Den Beginn dieser Ent-

---

[83] „Christus sei mit euch!'" (*M* 1 XXVI, 257/181). Christus ist somit bei der Mai-Demonstration in gewisser Weise dabei – wie sich in Bloks *Двенадцать [Die Zwölf]* am Ende herausstellt, dass Christus dabei war (4.3.9.5). Bei Gor'kij wie bei Blok handelt es sich um eine realisierte Metapher.

[84] „Festnehmen!'" (*M* 2 I, 272/208).

[85] Während Nilovnas Wanderschaft als im Armutsgewand getarnte Botin wächst sich ihr Misstrauen gegen die reiche Amtskirche zur taktischen Gegnerschaft aus: „В городах стоят храмы, наполненные золотом и серебром, не нужным богу, а на папертях храмов дрожат нищие, тщетно ожидая, когда им сунут в руку маленькую медную монету." [In den Städten standen Kirchen, die von Gold und Silber nur so strotzten, dessen Gott nicht bedurfte; auf den Kirchenstufen hingegen zitterten die Bettler, die vergeblich auf eine kleine Kupfermünze hofften.] (*M* 2 VIII, 304/260).

[86] „Natürlich [...] – Egor hat nicht an Gott geglaubt, und alle anderen auch nicht.' [...] ‚O Herr, Herr Jesus Christus! Ob sie mich auch einfach so...'" (*M* 2 XII, 320/285).

wicklung bezeichnet ihr solidarischer Einsatz für ihren Sohn durch Beihilfe zur Fortführung seiner Flugblattpropaganda. Dieser Schritt zieht eine Veränderung in Nilovnas Ritenreligiosität nach sich; nachdem sie die Aufgabe übernommen hat, fällt sie zum Gebet auf die Knie – aber ohne rituelle Formeln:

> [...] встав на колени среди комнаты, стала молиться под шум дождя. Молилась без слов, одной большой думой о людях, которых ввел Павел в ее жизнь. Они как бы проходили между нею и иконами [...][87]

Sowohl im wachsenden Misstrauen gegen die Riten der Amtskirche wie in der Ausrichtung auf die innerweltliche Praxis ist eine Verbindung zur Großmutter aus *Детство* unabweisbar. Da Nilovna sich von partieller Unterwerfung unter die Riten des „Großvatergotts" zur situativen Praxis der großmütterlichen Religiosität aus *Детство* hin entwickelt, stehen die beiden ‚Götter' in *Мать* nicht in jenem „manichäischen" Antagonismus, wie ihn später *Детство* entwirft; vielmehr scheint ein gradueller Übergang von alter zu neuer Religiosität möglich. Eben dieser Übergang bildet einen wahrscheinlichen Zugang traditionell denkender Menschen zum Sozialismus. Christentum und Sozialismus sollen füreinander durchlässig sein, wodurch viele Motive doppelt interpretierbar werden. Noch Nilovnas Ausruf „Ihr Unglücklichen", der auch in der Fassung letzter Hand im vorletzten Satz des Romans steht, ist sowohl als sozialistische Gesellschaftsdiagnose wie auch als christliche Vergebung zu verstehen.[88]

7.3.3.3 Christologie ohne Vatergott

Die Übergängigkeit von Christentum und Sozialismus ist in Gor'kijs Darstellung allerdings nur um den Preis einer Amputation möglich – des Vatergottes (und gleich auch aller anderen Vatergestalten mit[89]). Der Übergang vom großväterlich-

---

[87] „Sie sank mitten im Zimmer auf die Knie und begann zu beten, während draußen der Regen rauschte. Sie betete ohne Worte, mit dem einzigen großen Gedanken an die Menschen, die Pavel in ihr Leben gebracht hatte. Es war, als zögen sie zwischen ihr und den Ikonen vorüber [...]" (*M* 1 XIV, 203/90).

[88] Vgl.: „«Несчастные...» Слово это – смысловой перекресток «революционности» и «религиозности». В нем – и энергия баррикадного противостояния злу, и христианская готовность к прощению [...]" [‚Ihr Unglücklichen...'. Dieses Wort ist die Stelle, an der sich der Sinn von ‚revolutionärer Gesinnung' und ‚Religiosität' kreuzen. Darin liegt sowohl die Energie des Widerstands gegen das Böse auf den Barrikaden als auch die christliche Bereitschaft zum Verzeihen (...)] (Vajman 1991:33).

[89] In der Gegenüberstellung von gutem Christus und bösem Vatergott klingt ein Stück von Markions Christologie nach (s. 2.7.2.2). Die Reihe der Vatergestalten bzw. falschen Vaterautoritäten im Roman ist lang – von Michail Vlasov über Natašas und Sašas reiche Väter, von denen sich die Töchter lossagen (*M* 1 VI 171/37 u. 2 XXVII, 389/400), und den Fabrikdirektor zu den Richtern, die unter einem Zarenporträt sitzen (*M* 2 XXIV, 371/370; 2 XXVII, 388/398). Alle jungen Helden des Romans sind mehr oder

traditionellen Christentum mit Trinität und Monarchie des Vaters zu einer sozialistischen Religion mit christlichen Bausteinen stellt sich als „gradual changeover from belief in an Orthodox God to faith in a new Christ" (Freeborn 1985:49) dar. Pelageja bezeugt dies in der ihr eigenen zurückhaltenden Art: „«Насчет бога – не знаю я, а во Христа верю...»".[90] Wofür Pelageja nach ihrer sozialistischen Wandlung und Abwendung von Ritus und Amtskirche steht, ist also eine Christusreligion ohne Gottesglaube und Christus-Verehrung ohne Riten:

> Незаметно для нее она стала меньше молиться, но все больше думала о Христе и о людях, которые, не упоминая имени его, как будто даже не зная о нем, жили – казалось ей – по его заветам и, подобно ему считая землю царством бедных, желали разделить поровну между людьми все богатства земли.[91]

Gereinigt vom liturgisch-rituellen Ballast erscheint Christus Pelageja näher:

> [...] Христос теперь стал ближе к ней и был уже иным – выше и виднее для нее, радостнее и светлее лицом, – точно он, в самом деле, воскресал для жизни, омытый и оживленный горячею кровью, которую люди щедро пролили во имя его, целомудренно не возглашая имени несчастного друга людей.[92]

Die Annäherung an Christus wird über den sozialen Antagonismus plausibel gemacht: Von Nilovnas wachsender Distanz zur reichen Amtskirche bleibt Christus, der „друг бедных",[93] unberührt. Der Einsatz der Sozialisten für die Armen wird damit explizit („подобно ему") zur Christusnachahmung.

Durch die soziale Selbsterniedrigung ist also die kenotische Christologie implizit im Spiel. Wie die Vaterautoritäten im Roman nur als blasse, ferne Gegner erscheinen, so ist für das christliche Säkularisat von Christusverehrung, das Gor'kij in *Мать* vertritt, die Vatergottheit unfassbar. Das christliche Erbe muss

---

weniger buchstäblich Waisen (Esaulov 2000a:800), auf der Suche nach einer neuen geistigen Familie – wie auch Matvej in *Исповедь* als Findelkind ohne Eltern (Gor'kij 1960/63:V 173) auf der Suche nach neuen geistigen Eltern ist (ebd.:232).

[90] „‚Was Gott angeht, weiß ich nicht recht. Aber an Christus glaube ich...'" (*M* 2 XVIII, 350/334f).

[91] „Ohne es selbst zu merken, betete sie jetzt weniger, dachte aber umso mehr an Christus und die Menschen, die, ohne seinen Namen zu erwähnen, ja gleichsam ohne von ihm zu wissen, wie es ihr schien, nach seinen Geboten lebten, wie er die Erde für das Reich der Armen ansahen und alle Reichtümer der Erde gleichmäßig unter den Menschen verteilen wollten." (*M* 2 VIII, 304/261).

[92] „[...] Christus war ihr jetzt näher und schon ein anderer, höher und sichtbarer für sie, mit freudigerem und leuchtenderem Antlitz, als sei er gereinigt und belebt durch das heiße Blut, das die Menschen freigebig in seinem Namen vergossen, zum Leben auferstanden, während sie den Namen des unglücklichen Freundes der Menschen bewusst nicht kundtaten." (*M* 2 VIII, 304/261).

[93] „Freund der Armen" (*M* 2 VIII, 304/260).

sozial konkretisiert werden – und führt dann wieder zu Christus. Bezeichnenderweise greift Morris bei ihrer Kategorisierung von Gor'kijs alternativer Religiosität, die sie fälschlich noch mit dem Gottesbegriff verbindet, zu einem Partizip, das christologische Tradition hat: „Nilovna's belief in God is a circumscribed one." (Morris 1993:152). Da dies nicht auf die Dogmatik gemünzt ist, wird deutlich, dass der christologische Terminus *circumscriptio* (s. 2.3.2) als Beschreibungsmodell für eine literarische Praxis, nämlich die soziale Konkretisierung von etwas Unfassbarem, irgendwie Religiösem dienen kann. Gor'kijs vielbeschworener Anthropozentrismus (s. bspw. Venclova 1988:574) schlägt sich theologisch nieder in der Konzentration auf den Gottessohn, christologisch in der Präferenz für die menschliche Natur Christi, politisch im Eintreten für die Armen und narrativ in der Erzählung von sozialer Praxis statt religiösen Riten.

7.4 Pavel Vlasovs Helden- und Sklavenhaftigkeit

Wer könnte im Roman in die Fußstapfen des sozial konkretisierten Christus treten? Wohl nur der Sohnesheld Pavel. Doch ist diese Romanfigur einer so zentralen Rolle gewachsen?[94]

7.4.1 Pavels Menschlichkeit und Selbstüberwindung
Die ersten Kapitel zeigen den heranwachsenden Pavel voll menschlicher Schwächen. Die Mutter sieht mit Besorgnis, wie ihr Sohn dem gewalttätigen und alkoholabhängigen Vater nachschlägt und redet ihm zu, er möge doch von der sozialen (proletarischen) Regel abweichen und nicht trinken (*M* 1 III, 157f/15). In dieser Kommunikation sind die Genderrollen konventionell verteilt. Aus dem Rahmen fällt, dass das Zureden bald Wirkung zeigt: „[Павел] заметно начал уклоняться с торной дороги всех [...]".[95] Pavel gibt das Trinken auf und bringt Bücher nachhause, die er nach Lektüre versteckt. Diese Bücher liefern ihm nach der mütterlichen Ermahnung die zweite moralische Belehrung zum Besseren. Beide Belehrungen aber lassen den Wandel psychologisch nicht fassbar werden; er kommt aus dem Nichts. Morris vergleicht die Unvermitteltheit dieses Umbruchs daher mit wundersamen Eingriffen von Engeln in Heiligenviten (1993:149).

---

[94] Zudem verweist Sinjavskij darauf, dass der Name Pavel vom Apostel Paulus abzuleiten ist (vgl. 1990a:89). Wer aber wäre dann dessen Heiland – Lenin?

[95] „[Pavel] begann merklich vom ausgetretenen Weg der anderen abzuweichen [...]" (*M* 1 III, 159/17).

7.4.2 Revolutionäre Askese

Nicht nur der abrupte Wandel, auch Pavels neue Qualitäten erscheinen als untypisch; die Mutter identifiziert seinen neuen Rigorismus als mönchisch: „«Все люди – как люди, а он – как монах. Уж очень строг. Не по годам это...»".[96] Und obwohl Pelageja diesen Zug auch an anderen Mitgliedern der Gruppe um Pavel beobachtet und bewundert („красивая, щедрая небрежность к самим себе"[97]), befremdet sie diese „монашеская суровость".[98]

Der mütterlichen Fürsorge ist besonders Pavels Entsagung vom Liebesglück nicht einsichtig zu machen. Obgleich die Liebe zwischen Sašen'ka und Pavel beidseitig ist, will er sie nicht heiraten (M 1 XVI, 213/107). Auch Saša teilt Pavels Rigorismus nicht: Im Geiste Dostoevskijs und Tolstojs möchte sie ihm zum Schluss in die Verbannung nachfolgen[99] – nicht aber, um ein Familienglück mit Kindern zu begründen. Die Mutter soll ihm gleichfalls nicht nachreisen, weil Revolutionäre frei sein müssten zum Handeln und nicht familiär gebunden (M 2 XXVII, 390/401f). Die explizite Begründung dafür liefert Nikolaj: „«Семейная жизнь понижает энергию революционера, всегда понижает!»"[100] Pavel selbst äußert sich dazu höchstens in Nebensätzen. Rachmetovs Absage an Wein und Weib kehrt also bei Pavel Vlasov wieder (s. Ovčarenko 1955:518f), aber ohne rhetorischen Aufwand, schlicht praktisch, wie selbstverständlich. Pavels lapidares Tun dessen, was er für richtig erkennt, kommt ebenso wie Rachmetovs dahingehende Erklärungen in die Nähe von mönchischen Schweigegelübden bzw. deren revolutionstaktischen Säkularisaten (s. Rachmetovs Absage an überflüssiges Reden, wo dieses nicht für revolutionäre Zwecke erforderlich ist; 6.5.2).

7.4.3 Politische Repression als Martyrium

Zur revolutionären Tätigkeit gehört, wie bei Nečaev und Černyševskij gesehen, das Leidenszeugnis. Pavel geht sehenden Auges die Gefahr der Verhaftung ein: Das Gefängnis wird als vorgezeichnet hingenommen: „«[...] для всех нас впере-

---

[96] „‚Alle andern leben wie Menschen, nur er wie ein Mönch. Schon arg streng. Das passt nicht zu seinem Alter...'" (M 1 III, 160/19). Vgl. zum monastischen Rigorismus Nečaevs 5.5.4.1.
[97] „[...] schöne und großzügige Nachlässigkeit sich selbst gegenüber" (M 1 XXI, 229/134).
[98] „Mönchische Strenge" (M 1 VIII, 178/49). Pavel ist also weder ein praktisch sofort fertiges (vgl. Vajman 1991:28) noch stetig wachsendes Vorbild (Bursov 1955:201). Seine Erhebung erfolgt in genau zwei Stufen: Nach der Überwindung des Trinkens muss noch die des Rigorismus folgen (s. 7.5.3).
[99] M 2 XXVII; 389/400; vgl. 5.5.5.1.
[100] „‚Das Familienleben mindert die Energie des Revolutionärs, mindert sie unweigerlich!'" (M 2 XXII, 366/362).

ди – тюрьма.»"[101] Ja mehr als das: Die Haft wird wie bei Feodosij Pečerskij begrüßt (5.3.4.4) und als (paradoxe) Bestätigung der Richtigkeit des eingeschlagenen Weges aufgefasst; Pavels erste Verhaftung kommentieren Nikolaj Vesovščikov und Andrej Nachodka entsprechend in Kategorien von Zeugnis/Martyrium (vgl. Mathewson 1975:169) und Rechtfertigung/Heil: „«Бог видит правых...»".[102] Nilovna ihrerseits identifiziert Pavels Leidensweg als christoform; als er verhaftet wird, segnet sie ihn: „«Христос с тобой...»".[103] Die physische Selbsterniedrigung Pavels wie der übrigen sozialistischen Verschwörer geschieht um Anderer willen,[104] für eine Idee: „«Много горя впереди у людей, много еще крови выжмут из них, но все это, все горе и кровь моя, – малая цена за то, что уже есть в груди у меня, в мозгу моем...»".[105] Wir haben es also einmal mehr mit einer kenotisch-paradoxen Konstellation zu tun: Andrej spricht auf der Mai-Demonstration von Leiden und Kreuzweg für einen neuen Gott und greift dabei zum pathetischen Chiasmus:

> «Мы пошли теперь крестным ходом во имя бога нового, бога света и правды, бога разума и добра! *Далеко от нас наша цель, терновые венцы – близко!* [...] кто не верит в себя и боится страданий – отходи от нас в сторону! [...] В ряды, товарищи! [...] Да здравствует Первое Мая!»[106]

Rybin seinerseits kleidet das Paradox von Opfer *und* Gewinn, Erniedrigung *und* Erhöhung in das Polyptoton aus der Osternachtsliturgie (s. 4.5.5.3) bzw. aus dem *Единородный сыне [Du einziggeborener Sohn]* nach der zweiten Antiphon der kirchenslavischen Chrysostomos-Liturgie (s. 4.5.3.2) sowie in die Topoi von Tod und Auferstehung:

> «*Смертью смерть поправ* – вот! Значит – умри, чтобы люди воскресли. И пусть умрут тысячи, чтобы воскресли тьмы народа по всей земле! Вот. Умереть легко. Воскресли бы! Поднялись бы люди!»[107]

---

[101] „'[...] uns allen winkt Gefängnis.'" (*M* 1 VI, 171/38).
[102] „'Gott sieht die Gerechten...'" (*M* 1 X, 186/63).
[103] „'Christus sei mit dir...'" (*M* 1 XIII, 199/84).
[104] „За народ" [für das Volk] (*M* 1 XVI, 213/108).
[105] „'Den Menschen steht noch viel Leid bevor. Viel Blut wird man noch aus ihnen rauspressen. Doch all das, all dieses Leid und dieses mein Blut sind ein kleiner Preis für das, was jetzt schon in meiner Brust, in meinem Gehirn ist...'" (*M* 1 XXIII, 239f/152).
[106] „'Wir haben den Kreuzweg betreten im Namen eines neuen Gottes, eines Gottes des Lichts und der Wahrheit, eines Gottes der Vernunft und des Guten! *Weit weg von uns ist das Ziel, die Dornenkronen aber sind nah!* [...] wer nicht an sich glaubt und sich vor Leiden fürchtet – hinweg von uns! [...] Die Reihen geschlossen, Genossen! Es lebe der Erste Mai!'" (*M* 1 XXVII, 260f/187, Hervorh. D.U.).
[107] „'*Er hat den Tod überwunden* – so ist das! Man muss sterben, damit die Menschen auferstehen. Und wenn auch Tausende sterben, um die Volksmassen auf der ganzen

Sogar in der sozialistischen Gor'kij-Forschung wird diese Figur explizit mit dem Paradox-Begriff verbunden:

> Indem die Arbeiterbewegung die Menschen aus der unbewußten Stumpfheit ihres Lebens herausreißt, sie zu bewußten Kämpfern für die Befreiung der ganzen Menschheit erzieht, macht sie aus ihnen – trotz der Schwere des Schicksals, das sie persönlich zu erdulden haben, trotz Folter, Kerker, Verbannung – harmonische, in sich gefestigte, glückliche Menschen. So entsteht im Stil der *Mutter* eine paradoxe, überraschende, aber aus dem Stoff geborene und darum künstlerisch echte und überzeugende Harmonie. (Lukács 1953:150)

7.4.4 Opferwille und Opferiteration

Wo soviel rhetorische Begründung geliefert wird, müssen dem die Opferhandlungen auch quantitativ gerecht werden. Pavel wird aus seiner ersten Verhaftung gerade nicht ‚klug' in dem Sinne, dass er eine zweite vermeidet; im Gegenteil, er will nochmals verhaftet werden und lässt sich dieses ‚Privileg' um keinen Preis nehmen. Sašas Bitte, er möge am Ersten Mai nicht selbst die rote Fahne tragen (*M* 1 XXIII, 235f/145), lehnt er ab. Sichtlich reicht für sein Opferzeugnis eine einfache Haft nicht; durch ein wiederholtes Opfer möchte Pavel das erste beglaubigen.[108] So ist er dann auch nicht bereit, die sich ihm bietende Fluchtmöglichkeit wahrzunehmen (*M* 2 XXIII, 370/367); er will unbedingt den Prozess, um dort sein sozialistisches Zeugnis abzulegen. Dass dies den Mitverschwörern nur konsequent scheint, belegt Nikolajs Gewissheit: „«[...] из тюрьмы он [Павел] не уйдет! Ему нужен суд, ему нужно встать во весь рост, – он от этого не откажется.»"[109] Pavel erstrebt die Verbannung (in der Gor'kij in Arzamas auch war), die Katorga – das (unterhalb des Märtyrertodes) maximale Opfer.

Nach der Gerichtsverhandlung lässt sich auch Nikolaj inhaftieren und flieht nicht (*M* 2 XXVIII, 395f/410f), womit er der Mutter die Kraft gibt, ebenso freiwillig ihre eigene Verhaftung in Kauf zu nehmen. Wir haben es also nicht nur mit individueller Opferiteration zu tun, sondern auch mit Proliferation; ein Vorbild

---

Welt aufzuerwecken! So. Sterben ist leicht. Wenn sie nur auferstehen! Wenn sich die Menschen nur erheben!'" (*M* 1 XXV, 249/168, Hervorh. D.U.). Vgl. „Распныйся же хрїсте боже, смертїю смерть поправый [...]" [(...) ans Kreuz geschlagen, Christus, Gott, den Tod durch den Tod hast du vernichtet.] (Kallis 1989:56f).

[108] Trotz gelegentlicher gegenseitiger Mahnungen der Revolutionäre, sich selbst zu schonen (s. *M* 2 XXVIII, 397/414) gehen alle freiwillig, aktiv ins Leiden – ganz entgegen Černyševskijs These von der Unnötigkeit des Leidens (s. 6.4).

[109] „‚[...] aus dem Gefängnis flieht er [Pavel] nicht! Er braucht das Gericht, er braucht es, um sich zu voller Größe zu erheben. Das wird er sich nicht nehmen lassen.'" (*M* 2 XIX, 355/342). Diese Einschätzung bestätigt sich (*M* 2 XXII, 364/357).

findet mehrere Nachahmer. Kein Opfer ist mithin wirklich endgültig, nicht einmal das Todesopfer, denn es ruft Andere in die Nachfolge.[110]

7.4.4.1 Verständnisangebote für die Opferproliferation
Warum eine derartige Iteration und Proliferation von Opfern? Handelt es sich bei Wiederholung nicht einfach um eine Grundstruktur künstlerischer Texte (Ju. Lotman 1993:151), wie *Мать* einer ist? Da mit dieser Grundeinsicht für die Wiederholung *des Opfers* noch nichts gewonnen ist, muss der Blick weiter schweifen. Die Forschung nennt mehrere mögliche Gründe für die Wiederholungs- und Übertragungsnotwendigkeit, der das „Leitmotiv Opfer" (Esaulov 2000a:797) im Roman unterliegt – einen narratologischen, einen repräsentationstheoretischen und einen sozialismusimmanenten Grund.

Narratologisch betrachtet, kompensiert die Wiederholung der Opferhandlungen in *Мать* die Tatsache, dass das Leiden selbst (außer bei Rybins Misshandlung) kaum geschildert wird,[111] sondern sich hinter Gefängnismauern abspielt, durch welche die Erzählperspektive der Mutter nur spekulativ hindurchblickt: Demnach wäre es die spezifische Erzählweise des Romans, welche die Wiederbestätigung bräuchte, nicht die Psychologie der Figuren.[112]

Eine ähnliche Darstellungsproblematik betrifft das utopische *télos*: Innerhalb der Textwelt der zaristischen Verhältnisse von ungefähr 1902 kann der künftige Sieg der sozialistischen Revolution nur deklariert werden (vgl. Mathewson 1975:173). Eine siegreiche Revolution scheint zur erzählten Zeit wie zur Erzählzeit so fern, dass die finale Erlösung, wenn überhaupt, nur durch Wiederholung von Opferbereitschaft erreichbar scheint.

In eine säkularisierungstheoretische Richtung weist Filosofovs Einschätzung von 1907: In einer materialistischen Religion ohne Gott wären Eigennutz und Gewalt konsequent; dies zu verhindern, führe die sozialistische Lehre die irdische Utopie ein, um die Menschen zu Opferhandlungen zu disziplinieren (Filosofov 1997:722–724). Anders als Černyševskij betreibt Gor'kij demnach keine explizite Opfer-Apotrope, sondern behauptet die Notwendigkeit von Übergangsopfern.

---

[110] Siehe die Phalanx von Pavel-Rybin-Mutter-Mutternachfolgern (7.7) Allerdings darf Rybin fliehen (*M* 2 XXIII, 369/366) und muss sein Leidenszeugnis nicht wiederholen. Eine Hintertür für kleinere Nachfolger, die das ganz große Opfer überfordern würde?

[111] „Sacrifice and suffering are often mentioned but seldom shown, and never explored to any depth." (Mathewson 1975:170).

[112] Die etwas verdrängen und dieses deshalb gemäß Freuds „Wiederholungszwang" repetieren müssten (s. Freud 1978:I 317), wie es sich bei Černyševskij dargestellt hatte (6.).

7.4.4.2 Semiotischer Iterationsbedarf

Alle drei Argumente für die Wiederholungsnotwendigkeit haben ihre Berechtigung und belegen, dass hinter Iteration und Proliferation eine Logik stecken muss und Pavels Leidensweg nicht einfach revolutionär dysfunktional ist.[113] Die Wiederholung selbst scheint eine Logik zu haben: eine Iterationslogik. Und zwar eine, die nicht aus Psychologie (der Wiederkehr eines Verdrängten wie bei Černyševskij), sondern der Semiotik resultiert, aus der Plausibilisierung des Opfer*zeichens*. So bezeugt sich auch der Opfer*wille* am eindringlichsten in der Bereitschaft zur Wiederholung von Opferhandlungen und Opferzeugnis. Damit aber verkehrt sich die Bereitschaft zum Opfer in ein regelrechtes *Iterationsstreben*.

Wie jedes andere Zeichen auch benötigt braucht das Opferzeichen, um Zeichen sein zu können, die Wiederholbarkeit. Jede Äußerung bedarf der „Unreinheit", selbst schon Wiederholung zu sein, auch jede performative (Derrida 1998:298. 309; vgl. 3.5.4). Und sie braucht die Implikation künftiger Wiederholungsmöglichkeit, ja -bereitschaft:

> Wenn man „Ja" sagt, mußt man „Ja, ja" sagen, um das Versprechen zu bekräftigen, das Einverständnis durch die Erklärung zu untermauern: Okay, gleich werde ich nochmals „Ja" sagen. (Derrida 1995a:190)

Persuasive Kraft gewinnt das Opferzeichen also im Vorgriff auf seine Wiederholungen, d.h. im Futur II. Erst der Nachtrag macht es zum vollgültigen Opferzeichen. Searles Einwand gegen Derridas Austin-Lektüre in ihrer Debatte über Iterabilität aus den 1970er Jahren[114] betrifft weniger die Iterabilität des Zeichens selbst, die Searle gleichermaßen voraussetzt (1977:199). Wenn Searle einwendet, die Intention des Sprechers/Schreibers bleibe im Zeichen permanent präsent (1977: 201f), so verkennt er allerdings den *Bedarf* der Beglaubigung eines Zeichens durch seine Iteration. Ohne Iteration droht die zu kommunizierende Intention zu entschwinden. Das Exempel von Gor'kijs iterierten Opferzeichen gibt Derrida recht: Einmal ist keinmal;[115] ein nicht iteriertes Opferzeichen ist keines.

Allerdings bedeutet, wie Derrida in *Limited Inc* herausarbeitet, auch intentionale Iteration zwangsweise Veränderung (2001:69): „*gleichzeitig* Identität und Differenz.",[116] wobei er darauf verweist, dass *itara* im Sanskrit ‚anders' bedeute

---

[113] So beschreibt Morris Pavels „nonreturn" (1993:150), der sich für sie paradox ausnimmt (ebd.:151).
[114] Derrida 1988; Searle 1977; Derrida 2001.
[115] „Einmal ist keinmal, wenn das eine Mal erst durch Wiederholung zu dem wird, was es ‚eigentlich' sein soll: etwas, das mit sich identisch ist und als solches erkennbar." (S. Weber 1997:439).
[116] Derrida 2001:89, Hervorh. i. Orig. Dies bildet einen Grundkonsens der Wiederholungsphilosophien von Derrida und Deleuze (1997).

(ebd.:103). Die intentionsbeglaubigende Iteration gerät damit zur Transformation der Intention.[117] Die Repetition von Opferhandlungen schießt über ihr Beglaubigungsziel hinaus.[118]

7.4.4.3 Christentumsgeschichtliche Genese des Opferiterationsstrebens

Problematisch an einem solchen semiotischen, auch einem dekonstruktiv-semiotischen Zugang ist der implizierte oder wenigstens suggerierte Cartesianismus – als gehe es um panchrone Automatismen. Zur kulturgeschichtlichen Erdung des spezifischen Opferwiederholungsstrebens ist jedoch eine Einordnung in die Tradition der christlichen Nachfolgeparänese produktiver: Während bei Christi Kreuztod und auch bei den frühchristlichen Märtyrern das Todesopfer ultimativ ist,[119] brauchen, sobald das Christentum nicht mehr politisch verfolgt wird, christliche Mönche eine dosierte Form von Selbstabtötung (s. 3.3.3.4, 5.3) – also Iteration ihrer Verzichtsopferhandlungen (im Lichte von Elias' Zivilisationstheorie wäre das habitualisierter Selbstzwang; 5.2.7.4). Offenbar partizipieren die sozialistischen Revolutionäre unter Bedingungen des späten Zarenregimes – jedenfalls in Gor'kijs Roman – stärker am mönchischen dosierten Selbstzwang zum wiederholten Opferzeichen als an der ultimativen Tat der frühchristlichen Märtyrer.[120]

7.4.5 (Fast) undurchdringlicher Heros

7.4.5.1 Idealisierung

Mögen sich die übrigen Figuren des Romans auch Pavels Opfer in ihrer Nachahmung aneignen – ihr Handeln bleibt auf sein Muster bezogen. Pavel bildet „das theoretische Mark des Romans, er ist indirekt immer anwesend" (Kluge 1973: 168). Wo er zugegen ist, überragt er die Anderen: Rein nach physisch-physiognomischen Parametern ragt er aus der Gruppe der politischen Kampfgefährten heraus: „[...] он был красивее всех."[121] Infolge seines Hereinkommens wird es im

---

[117] Vgl.: „[...] Paradoxically, Derrida's formulation offers a way to think performativity in relation to transformation, to the break with prior contexts, with the possibility of inaugurating contexts yet to come." (Butler 1997a:151f).

[118] Wie auch die Christusnachahmung durch unzählige Repetitionen schließlich in unähnliche Facetten mündet wie die Inanspruchnahme von Christoformität durch Täter statt durch Opfer – so bei Vera Zasulič und Egor Sazonov (s. 5.5.5.2).

[119] In der Eucharistie-Theorie wird versucht, die Kluft des Paradoxes zu überbrücken, das sich zwischen der emphatisch beschworenen Einmaligkeit des Christusopfers und seiner rituellen Wiederholung in der Liturgie ergibt (s. 4.5.2).

[120] Das würde zudem eine Brücke schlagen zum Problem des kulturellen Aufstiegs der Arbeiter durch das Lernen (s. 7.1.3): Dann wäre der Erwerb von Opferbereitschaft im Dienst für die Revolution Zivilisierung.

[121] „[...] er war die schönste Erscheinung von allen." (*M* 1 VI, 169/33).

Gerichtssaal gleichsam heller (*M* 2 XXIV, 372/371). Die Aura, welche von ihm ausgeht, überstrahlt die Goldapplikationen der Uniformen der Soldaten – ein Glanz nicht von dieser Welt. Diese äußere Aura verdankt sich seiner inneren Festigkeit: Als bei der Mai-Demonstration angesichts der massierten Polizeipräsenz alle verunsichert sind, schreitet Pavel als einziger unbeirrbar mit der Fahne voran (*M* 1 XXVIII, 265/195). Und während der zweiten Haftphase tritt er und kein anderer als Wortführer der Gefangenen auf: „«Павел [...] вроде старосты у нас там. С начальством разговаривает и вообще – командует. Его уважают...»".[122]

Pavel erscheint im Roman als derart souverän, dass er die Heldenphantasmen vitalistischer Konzepte und später totalitärer Systeme wohl zu bedienen vermag; der „«героическая парадигма»"[123] der sowjetischen Literaturwissenschaft kommt dieser Typus entgegen. Der westlichen (Literatur-)Theorie des Helden hingegen behagt diese Souveränität nicht. Wenn etwa Hans Günther den Heldenarchetyp in die erste Phase der Individuation verlegt (Günther 1993:180), oder Katerina Clark Heroismus mit Übergangsriten kurzschließt (2000a:15), wird die prinzipielle Unreife aller Heroen suggeriert. Diese Unreife werde, fügt Günther an, in totalitären Systemen gezielt eingefroren und schaffe den Sozialtypus des unmündigen Untertanen, eine Art ewige, unentrinnbare Sohnschaft. Gor'kijs Pavel aber erscheint – auf den ersten Blick – als fleischgewordenes Über-Ich, als Führerheld: Er wird ausgestattet mit Attributen der Vaterautoritäten, die im Roman bekämpft werden – eben zum Zwecke der Hochstilisierung des Sohnes Pavel zur Autorität.

7.4.5.2 Ferner Held

Für die literarische Darstellung ist diese Hochstilisierung jedoch folgenreich: Um Pavel derart souverän zu machen, muss der Erzähler seine Rolle auf der Handlungsebene verringern. Auch wer weit vorne, den anderen voraus ist, ist fern. So bei der Mai-Demonstration: „[...] впереди всех шел ее сын и Андрей."[124] Topografisch besetzt der Held die Spitze eines Keils: „[...] толпа имела форму клина, острием ее был Павел [...]".[125] An dieser Position ist der Held nur Objekt am Horizont, gesehen aus der Ferne – nämlich von der Mutter, die nicht Schritt halten konnte, und der mit ihr verknüpften personalen Erzählperspektive her. Da aber die

---

[122] „‚Pavel [...] ist soviel wie unser Stubenältester dort; er spricht mit der Gefängnisleitung und führt überhaupt das Kommando. Alle achten ihn...'" (*M* 2 IX, 307/266).

[123] „‚Das heroische Paradigma'" (Zenkin 1997).

[124] „[...] allen voran ging ihr Sohn und Andrej" (*M* 1 XXVII, 261/188 sic!). Die grammatische Gespaltenheit eines auf den Sohn Pavel allein bezogenes Verbs im Singular zeigt an, dass er allein die Spitze bildet; die zwei koordinierten Subjekte aber ordnen ihn wieder in die Kampfgemeinschaft ein.

[125] „[...] die Menge ging jetzt in Keilform, und die Spitze des Keils war Pavel [...]" (*M* 1 XXVII, 263/192).

Erzählhaltung den Angelpunkt der epischen Gattung bildet, ist die tele-heroische Perspektive[126] zugleich eine Marginalisierung Pavels. Wie Rachmetov erlangt Pavel vor allem dadurch zentrale Bedeutung (besetzt funktional also die Christus-Position), dass er außerhalb des narrativen Zentrums bleibt.

Pavel ist somit weniger selbst der herausragende Held, als ihn die Außenbetrachter dazu machen. Die Mutter erkennt, dass eigentlich sie es durch ihre Lobrede ist, die das Heldenbild schafft („создавая образ героя"[127]). Während der Demonstration assoziiert sie Pavels Gesicht, das sie in der Ferne gar nicht sehen kann, als „бронзовое".[128] In ihrer Sicht und Erinnerung wird Pavel zur denkmalartigen Statue[129] bzw. zur Nikolaus-Ikone mit der charakteristischen Stirn.

7.4.5.3 Makro-Pavel

In Pelageja Vlasovas Erinnerungsarbeit wachsen dem Denkmal-Pavel Merkmale zu, die eigentlich anderen Figuren gehören.[130] Sie bemerkt selbst, dass die von ihrer Erinnerung geschaffene Hyperbel des Heldensohnes aus verschiedenen Einzelbausteinen von anderen Personen zusammengesetzt ist, für die er den Stellvertreter und Fluchtpunkt abgibt:

> Иногда образ сына вырастал перед нею до размеров героя сказки, он соединял в себе все честные, смелые слова, которые она слышала, всех людей, которые ей нравились, все героическое и светлое, что она знала.[131]

In Pavel konzentriert sich für die liebende und religiös-emotionalisierte Mutter das Bild des Typus des Arbeiter-Revolutionärs zu einem Makroanthropos:

> [...] чувство любви к неведомым людям, и они складывались в ее воображении все – в одного огромного человека, полного неисчерпаемой мужественной силы.

---

[126] Freeborn spricht von „remote-seeming" (1985:52). Strukturell gemahnt dies an die Vergöttlichung antiker Heroen nach deren Tod (s. 5.5.1.1).

[127] „Sie schuf das Bild eines Helden" (*M* 2 XVII, 345/327).

[128] „Bronzefarben" (*M* 2 I, 270/205).

[129] Vgl. Sinjavskij 1990a:84; Kjetsaa 1996:205.

[130] Dieses Prinzip hat schon die Verarbeitung des historischen Stoffes bestimmt: Im Gegensatz zu den sieben Kindern der historischen Anna K. Zalomova hat Pelageja N. Vlasova nur einen Sohn Pavel. Die Fiktionalisierung bedeutet also eine Zentrierung um den einen Sohn (vgl. Borras 1967:111). Ähnlich treten in der Rezeptionsgeschichte der Evangelien die Geschwister Jesu mit der Zeit in den Hintergrund (s. Knoch 1984:28f).

[131] „Bisweilen wuchs das Bild des Sohnes vor ihr bis zur Größe eines Märchenhelden auf, und er vereinigte in sich alle ehrlichen, mutigen Worte, die sie gehört hatte, alle Menschen, die ihr gefielen, alles Heroische und Leuchtende, das sie kannte." (*M* 2 XIII, 326/296). Günther unterscheidet vier Stufen eines „Prozesses des Anwachsens, der Überhöhung der faktischen Gestalt Pavels in der Phantasie und Erinnerung der Mutter" (1993:68).

[...] Этот образ вызывал в душе ее чувство, подобное тому, с которым она, бывало, становилась перед иконой [...].[132]

7.4.5.4 Kenosis von Künstlertum

Für Pavel als *literarische* Figur ist diese Summierung von Nachteil: Der Plan eines Fortsetzungsromans *Сын [Der Sohn]* erwies sich als nicht ausführbar.[133] Und Pavel gerät durch seine ideelle Stärke zum am wenigsten lebensechten, schematischsten, blutleeren Charakter von *Мать*: Die „тотальная идеологичность сына" zieht, wie Vajman zutreffend bemerkt, dessen „анемичность" nach sich.[134] Allerdings ist dies weniger ein Gor'kij unterlaufener künstlerischer Mangel, wie die symbolistische und westliche Kritik lange Zeit bekritelte, sondern eine gezielte Selbstbeschränkung der künstlerischen Möglichkeiten.[135] Die „Darstellung der Anämie"[136] macht Pavel zum reinen Ideenträger. Allerdings geschieht dies bei Gor'kij nicht in ideologiekritischer, ja totalitarismuskritischer Absicht *avant la lettre*, wie sie Vajman in Gor'kij hineininterpretiert, sondern zur Darstellung einer Idee in (möglichst) reiner Form – die dann einer Korrektur, eines positiv funktionalisierten „abbaser" (s. Puttenham 1589:216) durch eine ‚unreine' Form (Rybin, Vesovščikov, Andrej), vor allem aber durch die Mutter bedarf. Gor'kij beschneidet bei Pavel seine künstlerischen Möglichkeiten, um damit die übrigen Figuren künstlerisch umso stärker zu profilieren. Das *vitium* der Tapeinosis wird an ihnen positiv funktionalisiert (3.5.5.2).

7.4.6 Hagiografische Idealisierung oder Dokument?

Die Konzentrierung einer literarischen Figur um eine Idee kann nicht anders, als diese zu idealisieren. Die ‚Idealisierung des Helden zur Idee' läuft über hagiogra-

---

[132] „[…] ein Gefühl der Liebe zu unbekannten Menschen. Diese verschmolzen in ihrer Einbildung zu einem einzigen riesenhaften Menschen, voller unerschöpflichen Mutes und Stärke […] Dieses Bild löste in ihrer Seele ein Gefühl aus, ähnlich dem, mit dem sie vor eine Ikone zu treten pflegte […]" (*M* 2 XIX, 356/345). Pavel darf für seine ihn überhöhende Mutter nicht einfach als Teil dieses Makroanthropos betrachtet, nicht mit den anderen Mitverschwörern auf gleiche Ebene gestellt werden, wie es der Staatsanwalt versucht (*M* 2 XXV, 379/382).
[133] Siehe Gor'kij 1949/56:XXX 298; vgl. auch Desnickij 1959:300; Efremenko/Teniševa/Jur'eva 1968/76:447f).
[134] „Totale Ideologisiertheit des Sohnes" – „Anämie" (Vajman 1991:28).
[135] „[...] ограничение, наложенное самим писателем на свои изобразительные возможности […]" [(...) Beschränkung, die der Schriftsteller seinen darstellerischen Möglichkeiten selbst auferlegt (...)] (Vajman 1991:28).
[136] „[...] *не анемичность изображения, а изображение анемичности*" [(…) *nicht Anämie der Darstellung, sondern Darstellung der Anämie*] (Vajman 1991:28, Hervorh. i. Orig.).

fische „Wortikonen" wie *спокойный, строгий, светлый* (Clark 2000a:58–61; 2000b:572f):

> The semantic prehistory of the patterns of verbal symbols found in *Mother* does not begin with the nineteenth-century radical texts. The epithets used in characterizing medieval stereotypes probably cast their semantic shadows over Pavel's portrait, enhancing his role as a quasi religious-figure who stands firm in the faith. (Clark 2000a:63)

In der Frühgeschichte der Rezeption des Romans wurde jedoch gerade um diese Idealisierung ein heftiger Streit ausgetragen. Besonders vor 1932 wurde die Meinung von der Idealisierung nicht nur Pavels,[137] sondern auch seiner Mutter laut.[138] Vorovskij machte an *Мать* das künstlerische Minus einer gänzlich untypischen Mutter aus, das „Bild einer *idealen* Mutter" (1956:266, Hervorh. i. Orig.), das er „надуманный, маловероятный"[139] nannte. Dagegen wurde etwa ab 1932 zur Kurierung dieses Mangels die These vom Dokumentcharakter des Romans aufgebracht. Insbesondere Desnickij polemisierte mit Vorovskijs „Unwahrscheinlichkeits"-These.[140] Die Dokumenthaftigkeit des Romans wurde für die sozialistische Forschung zur normativen Lesart.[141]

Als historisches Vorbild wurde nunmehr Petr A. Zalomov aus Sormovo (Arbeitervorstadt von Nižnij) ins Feld geführt, der bei einer Demonstration am 1. Mai 1902 verhaftet worden war. Gor'kij kannte dessen Mutter Anna K. Zalomov schon von Kindesbeinen an (Freeborn 1985:43), ja war entfernt mit den Zalomovs verwandt (Efremenko/Teniševa/Jur'eva 1968/76:463). Nach den Ereignissen von Sormovo 1902 besuchte Gor'kij mehrere der Inhaftierten im Gefängnis und unterstützte Zalomov finanziell. Er verhalf ihm schließlich gar zur Flucht und beherbergte ihn in deren Verlauf kurzzeitig, wobei er sich dessen Geschichte berichten ließ. Womöglich ist Gor'kij gar Mitautor von Zalomovs Verteidigungsrede vor Gericht (ebd.:465), die Gor'kij dann im Roman wieder quasidokumentarisch refiktionalisiert hätte. Petr Zalomov trug durch die Publikation seiner Erinnerungen

---

[137] Amfiteatrov spricht schon im Juli 1907 vom „сахарный рабочий" [zuckersüßer Arbeiter] (1912:93).
[138] Siehe Kubikov 1926:194; Kogan 1928:69–72.
[139] „[...] ausgedacht und wenig wahrscheinlich" (Vorovskij 1956:320).
[140] Desnickij 1959:311 (erstmals 1933); vgl. dazu Bryld 1982:47.
[141] Siehe etwa Ludwig 1977:120f; Ovčarenko macht daraus gar ein Dokument für die Geschichte der Arbeiterbewegung und der RSDRP (1955:436–474). Danach hätte die Gor'kijsche Kenotik eine sozialgeschichtliche Basis: Aus der Niederlage von 1905 wäre „das Pathos seiner Verteidigung der gescheiterten Revolution" (Knigge 1994:74) gefolgt, also eine Sinngebung für die Erniedrigung als Selbsterniedrigung und Opferbereitschaft. Zum Mechanismus der Kenose, aus der Not eine Tugend zu machen s. 2.9.1.

zum Anschein des Dokumentarischen bei, indem er zu nahezu allen Gestalten von Gor'kijs fiktivem Text reale Präfigurationen beibrachte.[142]

7.5 Pavels Jünger und Komplemente

Was Pavel und seine „Sozialisten" genannten Freunde schaffen, ist höchstens die Vorform einer Parteiorganisation[143] – erst in Pavels Gerichtsrede kommt „die Partei" einmal als Motivation seines Handelns zur Sprache. Sonst bleibt der Zusammenhalt zwischen den Personen eine vage konziliare Beseelung: „[...] товарищи, все горят одним огнем [...] Живут все хором [...]".[144] In der Romanhandlung dominieren jedoch statt Parteistrukturen persönliche Verhältnisse[145] – und zwar konzentrisch auf die „Keilspitze" Pavel hin ausgerichtet.

7.5.1 Die 13 Angeklagten
Bei der Mai-Demonstration bleibt aus der Menge der halb Nachfolgenden, halb Mitgelaufenen angesichts des Polizeikordons schließlich nur noch eine um die Fahne gescharte Kerngruppe von etwa 20 Personen übrig (*M* 1 XXVIII, 265/195). Eine nochmalige Auswahl von zwölf ‚Jüngern' nimmt neben Pavel auf der Anklagebank Platz (*M* 2 XXIV, 372/371).

7.5.2 Lieblingsjünger Andrej und Problemjünger Vesovščikov und Rybin
Außer Pavel gewinnt nur Andrej Nachodka stärkere Konturen, insofern er der Liebling der Mutter ist (*M* 1 XVI, 212/105). In ihm fließen Züge des Lieblingsjüngers Johannes, Johannes des Täufers (obgleich älter als Pavel, hört Andrej meist auf den Rat des Jüngeren; *M* 1 VIII, 178/49) und – vom Namen her – des vermeintlich über den Dnepr nach Kiev gelangten Apostels Andreas zusammen (Andrej stammt aus der Ukraine).

So positiv Andrej als älterer Freund und Vertrauter der Mutter positioniert ist, so problematisch sind zwei der Verschwörer – Vesovščikov und Rybin, die beide bei Pelageja Nilovna (dem perspektivischen Zentrum) instinktive Abwehr auslösen.[146] Beide gebärden sich zu anarchistisch, unkontrolliert, undiszipliniert, sind

---

[142] Siehe Kastorskij 1954:27–52; Efremenko/Teniševa/Jur'eva 1968/76:469f.
[143] Brecht stärkt in seiner Bühnenbearbeitung von Gor'kijs Roman den Parteivektor (seine Pelagea Wlassowa bekommt ein Parteibuch; Bild 6d; Brecht 1967:II 858; künftige Kritik an Parteidisziplin wird antizipiert; Bild 9; ebd.:II 875).
[144] „[...] in allen Genossen brennt dasselbe Feuer [...] sie bilden einen Chor [...]" (*M* 1 XVIII, 219/119). Zu *соборность [Konziliarität]* vgl. 4.4.4.1.
[145] Wie in Nečaevs Praxis (s. 5.5.4.3).
[146] *M* 1 XVIII 217f/114f; 1 XX, 227/131.

mit den Negativeigenschaften Zorn und Ungeduld ausgestattet (vgl. L'vov-Rogačevskij 1997:778). Vesovščikov ermangelt es an politischer Geduld[147] – und damit an Leidensbereitschaft, also einer kenotischen Tugend –, dann aber auch wieder an Zielstrebigkeit (er rät schon zur Verstecken der Fahne; M 1 XXVIII, 265/195) und steht damit stellvertretend für viele Halb-Entschiedene und nicht hinreichend taktisch Bewusste.

Anders verhält es sich beim Bauern bzw. Landarbeiter Rybin, der anfangs für einen spontanen Volksaufstand optiert (M 1 XVIII, 218/116) und dieses Ziel bei der Aufruhr-Strategie nach seiner Verhaftung weiter verfolgt. Zunächst treibt Rybin einen Keil zwischen Bauern und Proletarier; er meint, den Fabrikarbeitern fehle die Schollennähe, sie näherten sich schon den Herren, allein das Bauerndasein gewährleiste echte Niedrigkeit (M 1 XXV, 246.251/163.171). Eben diese spalterische Dimension von Rybins Strategie lässt Pavel und Andrej die Position der Bauern als „teuflisch", als für die revolutionäre Sache hinderlich begreifen (M 1 XXV, 251/173). Gor'kij übersetzt so die offiziellen bolschewistischen Sozialpräferenzen à la Marx gegen Bakunin ins fiktionale Medium.[148]

All diesen Hindernissen zum Trotz bleiben Rybin und Vesovščikov im richtigen Lager; da sie auf die Pavel-Linie einschwenken, werden sie exkulpiert (s. Mjasnikov 1953:239). Durch das spätere öffentliche Fast-Martyrium Rybins mit enormem Nachfolgeappell[149] tritt die revolutionstheoretische Spaltung wieder in den Hintergrund. Außerdem nähert die biblizistische Redeweise Rybin und Pelageja Nilovna einander an.

7.5.3 Dialektik des Heroismus: Pavels rationalistische Einseitigkeit

Im Gegensatz zur emotionalen Nähe von Andrej und Nilovna und der verwandten Sprechweise Rybins und Nilovnas hält Pavel seine Mutter einseitig auf Distanz. Genau jenes Merkmal, das Pavel zum denkmalhaften Heros erhebt, wirkt hier kontraproduktiv – Pavels Ungerührtheit, sein utrierter Heroismus und solipsistischer Leidenswille.[150] Für fürsorgliche Bitten anderer (Sašen'kas oder der Mutter) unempfindlich, tadelt Pavel die mütterliche Sorge: „«Не горевать тебе, а радоваться надо бы. Когда будут матери, которые и на смерть пошлют своих

---

[147] „«Не хватает у меня терпенья!»" [‚Ich habe keine Geduld mehr!'] (M 1 XX, 227/132).

[148] So echot auch die sozialistische Forschung, etwa Ludwig (1977:128); zu Marx und Bakunin 5.5.4.3.

[149] Auch Rybin ist onomastisch (von russ. *рыба* ‚Fisch') mit dem NT – den Fischern Petrus und Andreas – sowie mit dem Geheimsymbol der Katakombenkirche für Christus ἰχθύς verbunden (s. 3.4.4.5).

[150] Die Schilderung von Pavels Rigorismus ist in der letzten Fassung am stärksten (Kastorskij 1954:86); diese Negativeigenschaft wurde von Gor'kij also noch unterstrichen.

детей с радостью?..»",[151] was selbst Andrej zuviel ist, der Pavel vorhält, sein Leidenswille sei nichts als Hybris und Eitelkeit: „«Ты что ж, – любуешься собой, мучая ее?» [...] «А перед матерью распустил героизм... Пойми, козел, – героизм твой стоит грош!"[152]

Pavel hält seine Ungerührtheit nicht durch: Zwar ordnet er bei der Sumpfkopeken-Episode das Chaos und bietet dem Fabrikdirektor souverän die Stirn (*M* 1 XII, 194–196/76–80), ist danach aber unzufrieden mit sich selbst, da er die Masse nicht mitzureißen vermochte (*M* 1 XIII, 198/82). Daraufhin muss er von seiner Mutter getröstet werden. Danach gesteht Pavel den Fehler seiner unmäßigen Strenge ein: „«Прости меня, мать! – негромко сказал он. – Я еще мальчишка, – дурак...»".[153] Es mag sich dabei, vom Helden-*télos* her betrachtet, um ein Durchgangsstadium handeln,[154] doch dieses bestimmt den Großteil der Phase, als Pavel noch nicht in Haft und somit handelnde Person ist. Während dieses Abschnitts üben die übrigen Figuren „refrainartig wiederholte Kritik an Pavels mangelnder emotionaler Bildung." (Sesterhenn 1982:241).

7.5.4 Emotionale und Gender-Komplemente

Pavel allein stellt damit keinen tragfähigen Entwurf eines „neuen Menschen" dar. Er besetzt in der konventionellen Genderanordnung von *Мать* einseitig den männlich-rationalen Part, der vom weiblich-emotionalen komplementiert und komplettiert werden muss (s. Bryld 1982). Nilovna obliegt es, „to soften and feminize the manly and strong [Pavel]" (Valentino 2001:131). Diese Genderrolle wird im Roman aber nicht nur von der Mutter, sondern auch von Rybin und Andrej Nachodka vertreten (Sesterhenn 1982:241). Unisono besingen sie die Instanz des „Herzens", genauer Vermählung von Herz und Vernunft. Andrej darf es als Sentenz aussprechen:

---

[151] „,Du sollst nicht traurig sein, sondern dich freuen. Wann wird es Mütter geben, die ihre Kinder freudig auch in den Tod schicken?..'" (*M* 1 XXIII, 237/147).

[152] „,Was soll das – du gefällst dir wohl, wenn du sie quälst?' [...] ,Aber vor der Mutter spielst du den Helden... Lass' dir gesagt sein, du Hornochse – dein Heldenmut ist keinen Pfifferling wert!'" (*M* 1 XXIII, 237/148).

[153] „,Verzeih' mir, Mutter', sagte er leise. ,Ich bin noch ein dummer kleiner Junge...'" (*M* 1 XXIII, 238/149). An diesem Punkt greift Günthers Diagnose von der Unreife aller Heroen (s. 7.4.5.1).

[154] Morris verweist auf Heiligenviten, in denen künftigen geistlichen Führern ebenfalls zunächst der paränetische Erfolg versagt bleibt (1993:150).

«Потому что растет новое сердце, ненько моя милая, – новое сердце в жизни растет. Идет человек, освещает жизнь огнем разума и кричит, зовет: ‚Эй вы! Люди всех стран, соединяйтесь в одну семью!'»[155]

Das „Herz" soll alle Strengen und Zornigen mildern (s. L'vov-Rogačevskij 1997: 741), Rybin, Vesovščikov – und Pavel! Daher die familialistische Übersetzung des Mottos aus dem *Kommunistischen Manifest*. Das rationale Programm des Sozialismus (Pavels) bedarf der Einbettung in den emotionalen Kontext einer (wie auch immer gearteten) Familie.

Andererseits muss auch der unkontrollierte emotionale Reflex durch sein Anderes, die *ratio*, gebändigt und komplettiert werden. Sobald sich der aufbrausende Rybin auf die Integration der *ratio* (in Form von sozialistischen Büchern) in seine Dorfagitation einlässt, verschwindet sein Problemstatus (vgl. Sesterhenn 1982: 250f). So soll die Synthese von Bauern und Proletariern gelingen.[156] Sesterhenn sieht hier eine über den Roman hinausgehende Versöhnungskonzeption Gor'kijs am Werke. Ihm zufolge fällt die Entstehung des Romans

> [...] in eine Zeit, in der Gor'kij endgültig zur Synthese *seines* religiösen Gedankens gekommen war, nämlich zur Aufhebung der menschlichen Emotionalität in einer ‚vernünftig' organisierten Gesellschaftsform – dem wissenschaftlichen Sozialismus. (Sesterhenn 1982:239, Hervorh. i. Orig.)

Dies gewinnt vor allem in der fiktiven Gestalt der Mutter konstruktive Züge; sie macht aus den Komplementen Pavel einerseits und Andrej und Rybin andererseits eine Synthese, indem sie beide Facetten – die rigoros-rationale und die instinktiv-emotionale – in sich aufnimmt. Daher ist sie und niemand anders die Titelgestalt und der Perspektivpunkt des Romans. In ihr laufen die Fäden zusammen. Was beim Aufeinandertreffen der anderen Figuren noch konfliktträchtig ist (Andrej – Pavel, Rybin – Pavel),[157] das fügt erst die Mutter harmonisch zusammen. In Gor'kijs *Мать* begegnet also eine Interaktion der Figuren, die komplexer ist als der Aufstieg vom Instinkt zur Bewusstheit (Clark 2000a:19.55): Zu leisten ist nach Gor'kij der Aufstieg zur Bewusstheit *und* deren Einbettung in Emotionalität. Wie Gor'kij 1917 Prometheus plus Christus fordert, so legt der Roman *Мать* ebenfalls ein Additionsverhältnis nahe – das von Prometheus (Pavel) und Maria (Pelageja).

---

[155] „‚Denn es wächst ein neues Herz, Mütterlein, ein neues Herz wächst im Leben. Und da kommt jemand, erleuchtet das Leben mit der Flamme der Vernunft und ruft: Hört her! Menschen aller Länder, vereinigt euch zu einer Familie!'" (*M* 1 XXIII, 239/152).

[156] L'vov-Rogačevskij 1997:772. Ebenso gelingt beim Stadtaufenthalt der Mutter der Brückenschlag zwischen Proletariern und Intellektuellen, der in der Beziehung von Pavel und Saša unerfüllt bleibt; Masse und Geist versöhnen sich (ebd.:742).

[157] Es gibt auf dieser Ebene noch keine konfliktfreie Addition von emotionalen und rationalen Epitheta, wie Clark meint (2000a:62).

7.5.5 Kollektive Komplemente

Wie gesehen stehen Pavels persönlichem Rigorismus mehrere Korrektivfiguren gegenüber. Die durch den individuellen Rigorismus gestörte Soziabilität Pavels („the radical's desocialization"; Valentino 2001:129) soll durch ein Kollektiv kuriert werden. Sein individueller, ja egoistischer Opferwille bedarf der Einbettung in ein Größeres – in die Partei, die Familie oder, in der Metaphorik des Romans, in ein Makro-Herz: Andrejs Herzens-Predigt geht weiter: „«И по зову его все сердца [...] слагаются в огромное сердце, сильное [...]»".[158] In *Мать* wird wie in *Разрушение личности [Die Zerstörung der Persönlichkeit]* (1909; Gor'kij 1953:57) dem Individualismus ein Kollektivideal entgegengestellt. Edith Clowes' These von Gor'kijs normativer Kollektiv-Anthropologie[159] bewahrheitet sich auch an diesem Roman.

7.5.6 Säkularisierung und resakralisierende Komplementierung

Die nötigen Komplemente für das sozialistische Projekt, das im Roman der Rigorist und Individualist Pavel vertritt, weisen darauf hin, dass ein unvermittelter und restloser Übergang zum Sozialismus in der Perspektive Gor'kijs (zumindest um 1906/07) eine unzulässige Vereinseitigung des Menschen – in Richtung *ratio* – wäre. In Gor'kijs Modell kann der Übergang vom Christentum zu einem ganzheitlichen, gotterbauerlichem Sozialismus nur als Komplementierung von Immanenz, *ratio* und Sozialismus durch Christentum, Mütterlichkeit etc. funktionieren. Liest man *Мать* als literarische Säkularisierungstheorie, so funktioniert für Gor'kij Säkularisierung nur als Echternacher Springprozession: drei Schritte vor zum Sozialismus, zwei zurück zu dessen emotionaler Einbettung – zum „sentiment religieux", zu kollektiv-altruistischem Denken und mütterlicher Fürsorge.

7.6 Eine Mariologie Pelageja Vlasovas

Für all dies steht in erster Linie die Mutter Pelageja Nilovna. All dies (und vieles andere) kennzeichnet aber auch eine andere Mutter, *die* Mutter eines Sohnes in der europäischen Kulturgeschichte – Maria. Eigenartigerweise gibt es in der Forschung höchstens vage Andeutungen, dass „[...] das Verhältnis zwischen Pavel und seiner Mutter sehr oft an das zwischen Jesus und Maria" erinnert (Sesterhenn 1982:263), dass Nilovna ein „лицо мифической богоматери"[160] aufweise, eine

---

[158] „‚Und auf seinen Ruf fügen sich alle Herzen [...] zu einem großen, starken Herzen zusammen [...]'" (*M* 1 XXIII, 239/152).
[159] „[...] fusion of individual self-consciousness and collective creative energy is the only way to achieve self-transformation." (Clowes 1987:136).
[160] „Gesicht der mythischen Gottesmutter" (Kubikov 1926:195).

„'Mater dolorosa'" sei (Bryld 1982:46). Kogan verschleiert geradezu die Tragweite der Nilovna-Gestalt, wenn er kritisiert, dass Nilovna zu sehr an eine christliche Märtyrerin gemahne (1928:70). Dabei spielt die Gottesmutter auch in Gor'kijs wenig später entstandenem Text *Исповедь* in Form eines wundertätigen Muttergottesbild eine wichtige Rolle (vgl. Weil 1966:65) und klingt gleichfalls in der Figur der Christina an (Masing-Delic 1992:147f).

Mögen die Marienverweise in *Мать* auch weniger auf der Hand liegen, so gemahnt doch bereits die ergänzende Funktion Nilovnas – als vom Sohn her metonymisch definierte Mutter – an Maria (s. Wittkemper 1989:287f). Als blasse Christusgestalt braucht Pavel eine Komplettierung. Die Opposition gegen Gottvater führt daher nicht zu einer unzweideutigen Sohn- bzw. Christusfixierung; nein, auch die Rationalität des ‚sozialistischen Heilands' muss nochmals konkretisiert werden – in der Liebe der Mutter zu ihm – in marianischen Tugenden.

7.6.1 Marientugenden

Zu den auf Maria verweisenden Eigenschaften Pelagejas gehören Traurigkeit, Milde und Demut[161] genauso wie Fürsorge und ihre Tränen voller Mitgefühl (s. das Marien-Epitheton „tränenreiche"); für den Säugling Pavel übernimmt sie eine Schutzfunktion (vor den Schlägen des Vaters; *M* 2 III, 281/223) in der Art der orthodoxen Marienkonkretation *Покров* [etwa: *Mariä Schutz und Fürbitte]*; sie wacht beim sterbenden Egor (*M* 2 X, 312/272f); bescheiden ihren Stolz verbergend, verschweigt sie, dass sie selbst die soeben gepriesene Mutter Pavel Vlasovs ist (*M* 2 XIV, 329/300f).

Sogar ihre Mütterlichkeit scheint eine marianische (seelische, nicht anatomische) Reinheit *post partum* (s. Söll 1984:109) zu besitzen; sie rekapituliert, die Ehe mit Michail Vlasov sei emotional spurlos vorübergegangen. Nie habe sie irdisch-erotisch geliebt (*M* 2 XXII, 366/360). Wie Maria und den Lieblingsjünger Johannes kennzeichnet sie und Andrej die Hingabe an den Sohn Jesus/Pavel und seine Mission. Von Pelageja heißt es, ihr Glaube stecke an und mache sie zur Mutter für alle – wie Maria durch ihren Glauben ansteckt. Nikolaj stellt fest: „«Вы так трогаете вашей верой в людей... я, право, люблю вас, как мать родную!..»"[162]

7.6.2 Mütterlichkeit

Zentral ist für den Roman das Moment der Mütterlichkeit – in mehrerlei Hinsicht. Knigge unterscheidet an Gor'kijs Roman drei Dimensionen von Mütterlichkeit:

---

[161] „Вся она была мягкая, печальная, покорная..." [Ihr ganzes Wesen war weich, schwermütig und demütig...] (*M* 1 III, 158/16); vgl. 3.2.3.

[162] „'Sie sind rührend in ihrem Glauben an die Menschen... Ich liebe Sie wirklich wie eine leibliche Mutter!..'" (*M* 2 XIX, 354/341).

„das Prinzip des ‚Herzens', das Weiblich-Mütterliche im biologischen Sinne und das Religiöse." (1994:76). Brylds gendertheoretische Lesart bringt „Hausfrauenidentität und [...] biologische Reproduktionsfähigkeit" der Mutter mit dem „Brot", das der auferstandene Jesus den Emmaus-Jüngern bricht (Lk 24,30), in Verbindung (Bryld 1982:34) – ohne auf die Mariologie zu sprechen zu kommen.[163]

Lässt man die haushälterischen und Ernährungsfunktionen beiseite, steht von Anfang an das Mutterherz im Mittelpunkt: Nataša schließt Nilovna gleich auf den ersten Blick in ihre Mutterliebe ein (*M* 1 V, 167/30), Sašen'ka nach anfänglicher Abwehr (*M* 1 VII, 174f/43), durch Mitgefühl vermittelt (*M* 1 XV, 208/99), um schließlich auch sie voll anzunehmen und ihr mütterliche Zuneigung zu schenken (*M* 2 XI, 318/282). Den jungen Bauern Ignat liebkost sie: „«[...] дитя ты мое!»"[164] In dem Maße, wie die „organisch-emotionale Lexik" der Nilovna im Laufe des Romans immer dichter wird (Burmistrenko 1961:45), wächst die Extension der Mutterliebe. Zunächst erweitert Pelageja ihre mütterliche Fürsorglichkeit auf alle Verschwörer („«Дети! Родные мои...»"[165]), an denen sie „что-то детское"[166] erblickt, dann schließt sie alles Lebendige ein, empfindet auch für Insekten und Schmetterlinge ein marianisches *умиление*.[167]

7.6.3 Marianische compassio

Das Mitgefühl ist Marias Kerntugend (3.2.2). Immer wieder wird Nilovnas Sorge, ihr einfühlender „сострадательный взгляд"[168] apostrophiert: Von besonderer mariologischer Bedeutung ist klarerweise das Mitleiden mit dem Sohn. Als Pavel bei der Mai-Demonstration zum zweiten Mal verhaftet wird, schreit die Mutter vor mitgefühltem Schmerz auf (*M* 1 XXVIII, 266/196). Pelageja hat angesichts der Größe der Mission des Sohnes und seines Leidens oxymorale Empfindungen: „Она слушала его со страхом и жадно. [...] чувствуя что-то новое, неведомое ей, скорбное и радостное [...]".[169] Die Oxymoralität im Blick auf den Sohn verweist auf die Tradition der Marienikone vom Typus *Eleousa/умиление*:

> [...] умиленная, гордая, в тихом восторге, она любовалась им [...]

---

[163] Wohl aber stuft Bryld Gor'kijs Figur als Inauguration des Mutterkults des Stalinismus ein (1982:46–49).
[164] „‚[...] du – mein Junge!'" (*M* 2 XX, 360/351).
[165] „‚Meine lieben Kinder...'" (*M* 2 XXI, 361/353).
[166] „Etwas Kindliches" (*M* 1 XXI, 229/134).
[167] Rührung (*M* 2 VII, 301/255). Mit demselben Begriff wird auf Russisch der byzantinische Typus von Marienikonen *Eleousa* bezeichnet (s. 4.6.4.2). Zum kenotischen Einschlag von Mutterliebe 4.5.12.1.
[168] „Mitleidiger Blick" (*M* 1 XXIV, 245/161).
[169] „Sie hörte ihm furchtsam und begierig zu. [...] sie empfand ein neues, ihr unbekanntes, trauriges und freudiges Gefühl [...]" (*M* 1 IV, 161/21).

потом материнское мешало росту человеческого, сжигало его, и на месте великого чувства, в сером пепле тревоги, робко билась унылая мысль: «Погибнет... пропадет!...»[170]

Die *Mater-dolorosa*-Pose antizipierend, imaginiert Pelageja den künftig geschundenen Körper ihres Sohnes – ganz in der Tradition christologischer Aischrologie: „Она представляла себе тело сына, избитое, изорванное, в крови [...]".[171] In der heilsökonomischen Fernperspektive aber versöhnt sich die Mutter mit dem bevorstehenden Leidensopfer ihres Sohnes; sie lässt sich vom Pathos der Söhne für den Ersten Mai anstecken und verwandelt ihre mütterlich-biologische Angst in paradoxe Freude:

> Мать [...] думала о том, как это все странно: шутят они оба, улыбаются в это утро, а в полдень ждет их – кто знает – что? И ей самой почему-то спокойно, почти радостно.[172]

7.6.4 Pan-Pelageja

Pelageja-Marias *compassio* weitet sich über den Sohn hinaus. Zunächst wird der „Lieblingsjünger" Andrej eingeschlossen (vgl. Jh 19,26f). Doch bald schon expandiert Pelagejas Mitfühlen zum Mitleiden mit allen. Selbst diese Ausweitung des Mitgefühls übernimmt die Mutter vom Sohn (so jedenfalls in der narrativen Reihenfolge); Pavel sagt als erster: „«жалко всех»",[173] bevor Pelageja es repetiert (*M* 1 XV, 208/99) und amplifiziert: „«Всех жалко мне! Все вы – родные, достойные! И кто пожалеет вас, кроме меня?..»".[174] Verstärkt wird Nilovnas All-*compassio* nochmals unter dem Eindruck der Zerschlagung der Mai-Demo: Dadurch „[...] внутри нее рождались слова большой, все и всех обнимающей любви и жгли язык ее, двигая его все сильней, все свободнее."[175]

---

[170] „[...] sie verspürte Rührung, Stolz und eine leise Begeisterung und ergötzte sich an ihm [...]/ [...] dann beeinträchtigte das Mütterliche in ihr das Anwachsen der menschlichen Dimension, versengte sie, und anstelle des hohen Gefühls regte sich in der grauen Asche der Sorge zaghaft der trostlose Gedanke:/ ‚Er wird zugrunde gehen... wird umkommen...'" (*M* 2 XIII, 326/296).

[171] „Sie stellte sich den Leib ihres Sohnes vor, zerschlagen, zerfetzt, blutüberströmt [...]" (*M* 1 XIII, 199/85).

[172] „Die Mutter [...] dachte daran, wie die beiden an diesem Morgen so sonderbar scherzten und lächelten, wo sie doch am Mittag wer weiß was erwartete. Und auch sie war ganz ruhig, fast vergnügt." (*M* 1 XXVI, 256/180).

[173] „‚Sie tun mir alle leid'" (*M* 1 IV, 163/24).

[174] „‚Alle tun mir leid! Ihr alle seid mir ans Herz gewachsen, alle verdient ihr es. Wer außer mir soll euch den bemitleiden?..'" (*M* 1 XXIII, 238/149).

[175] „[...] tief aus ihrem Inneren quollen die Worte einer großen, alles und alle umfassenden Liebe, versengten ihre Zunge und ließen sie immer kräftiger und freier sprechen." (*M* 1 XXIX, 268/199).

Indem ihr mütterliches Mitfühlen sich nun auf alle erstreckt, steht die Mutter stellvertretend und umfassend für ein Groß-Kollektiv (L'vov-Rogačevskij 1997: 738), sei es das leidende Russland oder das ausgebeutete Proletariat. An Nilovna realisiert sich das „традиционное в русской литературе сопоставление родины с матерью".[176] In mariologischer Hinsicht kommt Pelageja damit in die Nähe von Marias Funktion als „mater omnium viventium",[177] als ekklesialer All-Mutter oder Typus der Kirche (*typus Ecclesiae*).[178]

Das Umfassen eines Kollektivs bringt Gor'kijs Pelageja aber auch mit anderen Spielarten umfassend-metaphysischer Weiblichkeit des Silbernen Zeitalters in Verbindung – etwa mit der Sophiologie Solov'evs, Bulgakovs u.a. oder mit Merežkovskijs feminisierter dritter Hypostase der Trinität: „Дух-Мать".[179]

7.6.5 Erweckung der Mütter

> Они [большие мысли] все сильнее рождались в осеннем сердце, освещенном творческой силой солнца весны, все ярче цвели и рдели в нем.[180]

Mit der historischen Maria gemein hat Pelageja die Tatsache, dass sie erst nach anfänglichem Unverständnis – Maria stieß erst nach Ostern zu den Aposteln (Apg 1,14) – in die Nachfolge Pavels eintritt. Dazu erweckt sie ein Sohneswort, das von Pavel emphatisch benutzte *мать*: „Ее потрясло слово «мать», сказанное им

---

[176] „Die in der russischen Literatur traditionell verankerte Kombination von Heimat mit Mutter" (Mjasnikov 1953:245f).

[177] „Mutter aller Lebenden" (so bes. häufig Petrus Chrysologus, bspw. PL 52,409); vgl. Wittkemper 1989:294.

[178] Vgl. Augustinus: „Unde, [r]ogo vos, Maria mater est Christi, nisi quia peperit membra Christi? Vos, quibus loquor, membra estis Christi. Quis vos peperit? Audio vocem cordis vestri: Mater Ecclesia. Mater ista sancta, honorata, Mariae similis et parit, et virgo est." [Inwiefern, frage ich euch, ist Maria die Mutter Gottes, wenn nicht deshalb, weil sie Christi Glieder geboren hat? Ihr, zu denen ich spreche, seid die Glieder Christi. Wer hat euch geboren? Ich höre die Stimme eures Herzens sprechen: die Mutter Kirche. Diese Mutter ist heilig und geehrt, und Maria gleich gebärt sie, sowohl als sie Jungfrau ist.] (PL 46,938); s. dazu auch Söll 1984:159f.

[179] „Der Geist ist die Mutter" (Merežkovskij 1930:480). In der Mehrzahl der ekklesiologischen Systeme wird Kirche als Geistesgemeinschaft definiert. Zum Verhältnis Gor'kij – Merežkovskij vgl. Dunaev 2002:762.

[180] „Sie [die großen Gedanken] wuchsen immer stärker in ihrem herbstlichen, von der Schaffenskraft der Frühlingssonne beschienen Herzen, und immer heller erblühten und glühten sie darin." (*M* 2 XXVIII, 399/417).

[Павлом] с горячей силой [...]".[181] Auch die erste öffentliche Rede Pelagejas, die sie hält, als die Mai-Demonstration schon fast zerschlagen ist, zeigt sie geleitet vom Opferbereitschaftsvorbild des Sohnes:

«Послушайте, ради Христа! [...] Идут в мире дети, кровь наша, идут за правдой... для всех. Для всех вас, для младенцев ваших обрекли себя на крестный путь... [...]» «Идут в мире дети наши к радости, – пошли они ради всех и Христовой правды ради [...]! Сердечные мои – ведь это за весь народ поднялась молодая кровь наша, за весь мир, за все люди рабочие пошли они!... Не отходите же от них, не отрекайтесь, не оставляйте детей своих на одиноком пути. Пожалейте себя... поверьте сыновним сердцам – они правду родили, ради ее погибают.»[182]

Es ist – um Pavel geschart – die Sohnesgeneration, welche die Älteren erst zum neuen Leben erweckt; so konstatiert der Erzähler in der Gerichtsszene eine Umkehrung des konventionelles Achtungsgefälles von Eltern und ihren vor Gericht angeklagten Söhnen: „[...] привычное сознание своего превосходства над детьми странно сливалось с другим чувством, близким уважению к ним [...]".[183] Die Väter spielen keine Rolle. Gor'kij beschreibt ausschließlich die Erweckung der Mütter – eine Fedorovsche Auferweckungsutopie mit Gender-Shift.[184]

---

[181] „Das Wort ‚Mutter', das er [Pavel] mit heißer Kraft ausgesprochen hatte, bewegte sie zutiefst." (*M* 1 IV, 163/24). Wie bei Černyševskij haben wir es mit der Emanzipation einer Frau durch einen Mann zu tun (vgl. 6.6.1) – hier der Mutter durch den Sohn.

[182] „‚Hört, um Christi willen! […] Unsere Kinder gehen in die Welt, unser Blut, sie folgen der Wahrheit, für alle. Für uns alle, für eure Kleinen haben sie ihren Kreuzweg auf sich genommen…' […]/ ‚Unsere Kinder gehen der Freude entgegen, sie sind für alle gegangen um aller und der Wahrheit Christi willen […]! Liebe Leute – für das ganze Volk hat sich unser junges Blut erhoben, für die ganze Welt, für alle Arbeiter sind sie gegangen!.. Geht nicht weg von ihnen, sagt euch nicht von ihnen los, lasst eure Kinder nicht allein auf ihrem Weg. Habt Mitleid mit euch selbst, glaubt den Herzen eurer Söhne – sie haben die Wahrheit geboren, und um der Wahrheit willen sterben sie.'" (*M* 1 XXIX, 267f/199).

[183] „[…] das übliche Bewusstsein ihrer Überlegenheit über ihre Kinder vermischte sich mit einem anderen Gefühl, das nahe an Achtung für sie herankam […]" (*M* 2 XXVI, 387/396).

[184] Irene Masing-Delic rollt Gor'kijs Fedorov-Bezüge auf (1992:126f) und stellt die Feminisierung des Konzepts eines Kollektivgeists in *Мать* in den Zusammenhang der symbolistischen religiösen Philosophie (ebd.:131). Daneben ist die Tatsache, dass Gor'kij die Mutter eines Revolutionärs in den Mittelpunkt rückt, wie Mogil'ner argumentiert, auch vom Scheitern der Revolution von 1905 her zu begreifen: Mit einem Mal kommen die Mütter der „revolutionären Terroristen" ins Visier (1999:63.66). Trotz ihres sozialgeschichtlichen Fokus hat auch Mogil'ner dabei eine mariologische Assoziation: „Мать революционера, подобно Богоматери, благословляла жертву (смерть) своего ребенка." [Die Mutter des Revolutionärs segnete wie die Gottesmutter das Opfer (den Tod) ihres Kindes.] (ebd.:53).

7.6.6 Emmaus

Die gemischten Gefühle der Mutter angesichts von Mission und Passion des Sohnes haben nach der Gerichtsverhandlung ein Ende; da wird die Mutter gefragt: „«[...] хорошо иметь такого сына?..»" Und sie entgegnet: „«Да, хорошо!», сказала мать. «И – страшно, да?» [...] «Теперь уж не страшно...»"[185] Zufrieden mit dem abgelegten Zeugnis und dem Opfergang des Sohnes, lächelt Nilovna im Schlaf (M 2 XXVIII, 394/408). Ein zweites Mal hat sie (wie nach der Mai-Demonstration und dem Umzug in die Stadt) das Bewusstsein einer Verwandlung, einer kathartischen Reinigung:

> Ей показалось, что нет ее, той, которая жила тревогами и страхом за сына, мыслями об охране его тела, нет ее теперь – такой, она отделилась, отошла далеко куда-то, а может быть, совсем сгорела на огне волнения, и это облегчило, очистило душу, обновило сердце новой силой.[186]

Erstmals möchte sie jetzt auch wieder beten (die Untersuchungshaft des Sohnes war so etwas wie eine aussichtslose Phase, für ihn wie für die Mutter – wie die, während derer Christus drei Tage im Grab liegt[187]). Pavels Zeugnis vor Gericht scheint für sie seine ‚Auferstehung' zu antizipieren; jetzt begreift sie, dass Auferstehung nur nach und dank Erniedrigung zu haben ist.[188] Von dieser Aussicht ist sie gleichsam be-geistert.

Ihr Zustand nach der Gerichtsverhandlung kommt dem der Emmaus-Jünger gleich (Lk 24,13–53). Schon vorher waren das Auferstehungstheorem, Emmaus und Christi Himmelfahrt aufgerufen worden; Pavel hatte ganz zu Anfang den Inhalt eines Bildes mit drei Personen (zur Beruhigung der Mutter?) mit dem auferstandenen Christus auf dem Weg nach Emmaus angegeben: „«Это воскресший Христос идет в Эммаус!»"[189] Ihr eigenes Emmaus-Erlebnis (die Gerichtsverhand-

---

[185] „‚Ist es schön, einen solchen Sohn zu haben?'" – „‚Ja, gewiss!', sagte die Mutter ‚Und schrecklich zugleich?' ‚Jetzt schon nicht mehr...'" (M 2 XXVIII, 393f/407).

[186] „Es schien ihr, dass die nicht mehr da ist, jene, die in Sorge und Angst um ihren Sohn lebte, daran dachte, seinen Körper zu schützen, die gibt es nicht mehr, von der hat sie sich losgemacht, ist irgendwohin weit weg gegangen, ja vielleicht ist sie ganz ausgebrannt im Feuer der Aufregung, und das hat ihre Seele erleichtert und gereinigt und ihr Herz mit neuer Kraft gefüllt." (M 2 XXVIII, 395/409f).

[187] Vgl. dazu Remizov; 4.3.9.3.

[188] Andrej zitiert das Auferstehungstheorem für unschuldige Gewaltopfer (s. Boris und Gleb, s. 1.1.3): „«И невинно убиенных –/Сила правды воскресит!..»" [‚Die unschuldig Ermordeten/ Wird die Kraft der Wahrheit auferstehen lassen!..'] (M 1 XVI, 213/108).

[189] „‚Das ist der auferstandene Christus auf dem Weg nach Emmaus!'" (M 1 III, 160/19). Dieses Motiv stellte L'vov-Rogačevskij bereits 1907 ins Zentrum seiner ‚Auferstehungs'-Interpretation des Romans На пути в Эммаус [Auf dem Weg nach Emmaus]: „Воскресение невинно убиенных – матери, слободки и деревень, воскресенье [!]

lung) gibt Nilovna die Kraft zur radikalen Nachfolge in den Fußstapfen ihres Sohnes, auch zur Gefängnisnachfolge. Emmaus und Auferstehung werden so zu psychologischen Kategorien naturalisiert. Bald erblickt Pelageja ein Licht (*M* 2 XXVIII, 399/417), das ihr innere Kraft gibt. Auf der letzten Seite des Romans, als sie geschlagen und gewürgt wird, reklamiert die Mutter, dass die Auferstehung mit ihr schon stattgefunden habe: „«Душу воскресшую – не убьют!»"[190] Als psychologische Größen des Muts zur Nachfolge sind Emmaus und Auferstehung bei Gor'kij so greifbar wie sonst kaum je.[191] Insofern ist Nabokov im Recht, wenn er Gor'kij als „größten Optimisten" bezeichnet, „den die russische Literatur hervorgebracht hat." (1984:397). Gor'kij fügt zur geläufigen Erniedrigungstopik eine nachfolgepsychologische Übersetzung der Auferstehung hinzu.

7.6.7 Logos-Geburt und Eucharistie
Nilovna hat mit ihrer Schlussrede nicht nur biologisch und mythologisch die Mutterfunktion für Pavel und seine Mitstreiter, sondern nun auch eine Gebärfunktion für Pavels Wort: „Sie ist zum gebärenden Wort geworden […]" (Bryld 1982:43). Durch die Entscheidung für die Nachfolge wird Maria zum zweiten Mal Trägerin des göttlichen Logos: „Veritas Christus in mente Mariae, caro Christus in ventre Mariae."[192] Wenn es bei Gor'kij heißt „«[...] новый бог родится людям!»",[193] dann gebiert Pelageja einen neuen Gott in dem Sinne, dass sie dem fleischlosen, rationalen, abstrakt-rhetorischen Wort des Sohnes Sitz im Leben gibt (wie Maria aus dem Logos Gottes das Fleisch des Sohnes gebar).

Eine solche Inkarnierungsleistung für das Wort des Sohnes hat dieses bitter nötig. Pavel war in seiner rationalen Einseitigkeit isoliert geblieben; erst in der Mutter und ihrer allumfassenden Mutterliebe gewinnt die sozialistische Liebesbotschaft glaubhafte Gestalt; Pavels „недовоплощение"[194] wird von seiner Mutter einer Art *довоплощение* zugeführt, zum Abschluss gebracht. Das abstrakte Wort selbst beschäftigt Pelageja praktisch nicht (erst zum Ende wird sie zum Sprachrohr

---

несмысленных и медлительных сердцем, глаза которых были удержаны, заключалось в постепенном узнавании правды распятой и воскресшей." [Die Auferstehung der unschuldig Ermordeten – der Mutter, der Vorstadt und der Dörfer, die Auferstehung derer, die arm sind im Geiste und langsam mit dem Herzen, deren Augen gehalten waren, bestand im allmählichen Erkennen der gekreuzigten und auferstandenen Wahrheit.] (L'vov-Rogačevskij 1997:737).

[190] „‚Eine auferstandene Seele kann man nicht töten!'" (*M* 2 XXIX, 404/425).
[191] Man vergleiche die Mühen, die Remizov und Erofeev damit haben (4.3.9.3 u. 9.7.8).
[192] „Die Wahrheit Christus in Marias Geist, das Fleisch Christus in Marias Bauch." (Augustinus; PL 46,938).
[193] „‚[…] ein neuer Gott wird den Menschen geboren!'" (*M* 2 XXVIII, 399/417).
[194] „Nicht zu Ende gebrachte Verkörperung/Inkarnation" (Vajman 1991:28).

von Pavels Wort). Während der Gerichtsverhandlung richtet sich ihr Fokus auf Pavels Leib, nicht auf seine Worte. Was zählt, ist der Leib des Sohnes – als Opferleib, der die Wahrhaftigkeit der Inkarnation durch die physiologische Konkretion des Opfers bezeugt (2.7.1.2). In diesem Sinne lesen auch Valentino und Esaulov den eigenartigen Leibfokus in der Gerichtsszene: „The body of the revolutionary has assumed the life-giving and renewing force of the body of Christ."[195]

Was an Gor'kijs literarischer Darstellung bei Pavel schematisch, „anämisch" bleibt (s. 7.4.5.4), wird an der Mutter wieder gutgemacht. Das Fleischlose an Pavel wird in der leibfokussierten Sorge und Fürsorge der Mutter greifbar. Hatten wir es bei Pavels Schilderung mit Kenosis der Künstlerschaft bei Erhöhung der Figur zu tun, so ereignet sich in der Darstellung der Mutter umgekehrt die Herabziehung der Gestalt zu irdischen Tiefen[196] – und der Triumph des Künstlers!

7.6.8 Inkarnation = Kunst

Dieser künstlerische Befund erlaubt am konkreten Text die Verknüpfung der theologischen Figur der Kenose mit der literarischen Repräsentation, wie sie oben angedacht wurde (3.). Die Konkretisierung im sinnlich fassbaren Leib, volle Menschlichkeit, also ein Analoges zur inkarnatorischen Kenose, bildet den Kern literarischer Darstellung. Eine Idee darf – will sie Literatur werden – nicht präinkarnatorisch fleischlos bleiben, sondern muss herabgezogen werden zur menschlichen Unvollkommenheit und Konkretion. Nur so – als „umschriebene" und „herabgezogene", als unvollkommen gemachte – gewinnt sie Gestalt. Nur so geht von ihr ein ethischer Impuls aus.

7.7 Nachfolge und Iterationszwang

> Nachfolge Christi ist konkret auch in dem Sinn, daß sie in der Solidargemeinschaft der Geheiligten geschieht. Der Heilige selbst wird dann zum Vorbild. (Beinert 1984:312)

Pavels Opfer muss, wie gesehen, von ihm selbst mehrfach repetiert werden, um glaubwürdig zu sein; aber es muss auch von anderen wiederholt werden, zum

---

[195] Valentino 2001:137; vgl. auch Esaulov 2000a:799.
[196] Nicht zuzustimmen ist Vajmans angedeuteter Häme, literarisch sei die Mutter anfangs besser als am Ende (1991:32), sie werde ihrer kenotischen Tugenden entkleidet: „И вот эта цельная натура, [...] с ее [...] христианским даром высокого, понимающего смирения, ввергается в свирепую революционную пучину, – тихое и светлое лицо перечеркнуто пропагандистской гримасой." [Und da wird diese Natur aus einem Guss, [...] mit ihrer [...] christlichen Gabe hoher, verständnisvoller Demut, in einen tosenden Revolutionsstrudel hineingerissen, wird die leise und leuchtende Person durch eine propagandistische Grimasse durchgestrichen.] (ebd.:31).

allgemeinen Beispiel „depersonalized" (Clark 2000a:64) werden und zur abstrakten, rituellen Regel[197] aufsteigen. Es geht hier gerade nicht um die Bewältigung einer Vergangenheit durch entzauberndes Wiedererinnern (wie es die Psychoanalyse gegen den neurotischen Wiederholungszwang erstrebt; Freud 1978:I 192), sondern um deren erwünschte Weiterwirkung, um die *Sicherstellung von künftiger Wiederholung*. Pavels Opfer soll wiederholt werden, da sonst der ersehnte Umsturz scheitern muss.

7.7.1 Mariologische Metalepse

Mögen andere sozialistische Verschwörer auch strategisch erfahrenere Schüler Pavels sein – die Mutter steht als Trägerin der personalen Erzählperspektive im Vordergrund. Die Art und Weise, wie sie in Pavels Nachfolge tritt, bildet den Kern des Romansujets. Dass es sich bei Sohn und Mutter um ein „conventional mentor/disciple pair" (Clark 2000a:53) handelt, ist allein ob der Altersumkehrung, durch welche die Mutter mit Verspätung zur Schülerin des Sohnes wird, anzuzweifeln. Für diese Umkehrung und Verspätung gibt es ein anderes Vorbild – das der mariologischen Metalepse. Das Geschöpf Maria ist der zweiten Person des dreieinigen Gottes Logos/Christus ontologisch nachgeordnet, das Geschöpf gebiert den Schöpfer.[198]

Wie die Väter des Konzils von Ephesus 431 Maria von Christus her mit dem paradoxen Ehrentitel ϑεοτόκος [Gottgebärerin] (s. 2.7.5) bezeichnen, was in der Orthodoxie und gerade auch der russischen Ausprägung (*богоматерь*) zum Standardepitheton Marias avanciert (4.5.5.4), wird Nilovna als Pavel-Metonymie[199] und den (grammatischen wie biologischen) Genitivbezug auf Pavel gekrönt: „мать Павла Власова".[200] Der Titel von Gor'kijs Roman *Мать* ist die Ellipse dieser ontologischen Metalepse.

Dazu kommt eine zweite, narrative Metalepse – im NT wie in Gor'kijs Roman: Maria teilt anfangs das Unverständnis der Umgebung über Jesu Predigen (Lk 2,50) und stößt mit erheblicher Verspätung, nämlich erst nach Ostern, zu den Aposteln. Ähnlich muss Nilovna sich erst nach und nach davon überzeugen, dass die „Sozialisten", vor denen sie sich anfangs fürchtet, das Wohl der Menschen im Sinn haben. Dieser Verspätungsmechanismus wiederholt sich mehrfach, etwa während der Demonstration, an der teilzunehmen sie sich erst im letzten Augenblick entschließt und in deren Verlauf sie aus psychosomatischer Schwäche zurückbleibt; die 20 voranschreitenden Entschlossenen „[...] стояли твердо, притя-

---

[197] "[...] high degree of abstraction and ritualization." (Clark 2000a:64).
[198] Siehe Meyer 2001b:44; vgl. 2.8.4.
[199] Zu Maria als Christus-Metonymie s. 3.2.2 u. 4.5.5.4.
[200] „Die Mutter Pavel Vlasovs" (*M* 2 XXVIII, 395/410).

гивая мать к себе чувством страха за них и смутным желанием что-то сказать им...".[201] Erst nach dem Ostern des Romans, nach der Gerichtsverhandlung, hat auch Nilovna die innere Sicherheit der Apostelin Maria und ist zur „kompromißlosen *Nachfolge*" (Beinert 1984:312, Hervorh. i. Orig.) bereit.

Nichtsdestotrotz erscheint Nilovna als „первая",[202] die ihrem Sohn nachfolgt – als erste aller Mütter, so wie Maria durch ihre *compassio* und ihre Stigmata (s. 3.3.2.2) den Rang der obersten Nachahmerin von der Passion Christi erhält. Wie damit am Anfang aller Christusnachfolge ein Gender-Shift steht (s. 3.2.2), so auch in Gor'kijs literarischer Version der Nachahmung eines sozialistischen Heilands.

7.7.2 Pavel-Nachfolge

> [...] она, ускорив шаг, догнала сына и, стараясь не отставать от него, пошла следом.[203]

Die Rolle des Heilands besetzt bei Gor'kij Nilovnas Sohn Pavel. Er zeichnet den Weg vor, auf den die Mutter sukzessive einschwenkt: Ist Nilovnas Identifikation mit Pavels Weg bei dessen erster Verhaftung noch recht unklar („«Взяли бы и меня»"[204]), so äußert sie bald den erklärten Wunsch zum Mitmachen: „«Только бы тебе [Павлу], – и всем вам, – хоть как-нибудь помогла я! Сумела бы!»"[205] Als es an die Mai-Demonstration geht, ist ihr Wille zur Weggemeinschaft gefestigt: „«Куда вы, ненько?»/ «С вами!»"[206] Die Heilandsfunktion, der „inspiriting effect the image of Pavel is intended to have on the sympathetic reader" (Mathewson 1975:167), wird im Roman an der Gestalt der Nilovna und den diversen Facetten und Medien ihrer Pavel-Nachfolge vorweg beglaubigt.

7.7.2.1 Flugblätter

Das erste Medium, mit dem Nilovna an Pavels Konspiration mitwirken kann, sind die Flugblätter, die sie nach der ersten Verhaftung Pavels in die Fabrik hineinschmuggelt: Dabei verfolgt sie zwar auch das Ziel, ihn zu exkulpieren,[207] vor allem

---

[201] „[...] sie standen fest und zogen die Mutter mit ihrer Angst um sie und dem unklaren Wunsch, ihnen etwas zu sagen, zu sich heran..." (*M* 1 XXVIII, 265/196).
[202] „[...] erste" (*M* 2 I 274/212 u. 2 V, 292/241).
[203] „[...] sie beschleunigte ihren Schritt, holte ihren Sohn ein und bemühte sich, direkt hinter ihm zu bleiben." (*M* 1 XXVII, 258/182).
[204] „,Wenn sie mich doch auch mitnähmen'" (*M* 1 XIII, 199/84).
[205] „,Wenn ich nur dir [Pavel] – und euch allen – was helfen könnte! Wenn ich das nur könnte!'" (*M* 1 XXV, 252/174).
[206] „,Wohin, Mütterchen?'/ ‚Mit euch!'" (*M* 1 XXVI, 257/181).
[207] Pavel könnte dann, da nach seiner Verhaftung die Flugblätter weiter in der Fabrik verteilt werden, dafür nicht verantwortlich sein und wäre juristisch von diesem Ankla-

aber will sie demonstrieren, wie weit die Macht Pavels reicht: „«Они увидят – Павла нет, а рука его даже из острога достигает, они увидят!»".[208] Sie stellt sich also bewusst als Träger-Medium in Pavels Dienst. An diesem Punkt ist ihre Pavel-Nachfolge noch unsichtbar, und die Anderen verstehen das Spezifische an der Flugblätteraktion kaum. Auch dem einsitzenden Pavel kann sie dies nur verklausuliert mitteilen (*M* 1 XIX, 223/125) – was ihr nachholende Sohnesliebe einträgt; Nilovna jubelt: „«Понял! А то бы не приласкал бы, – никогда он этого не делал!»"[209] Die Zärtlichkeit wird ihr nicht per Verwandtschaft, sondern qua Verdienst zuteil; der ‚sozialistische Heiland' erkennt kein elterliches Recht seiner Mutter, wohl aber die Nachfolgebemühung seiner Jüngerin an:

> «Спасибо, родная!»
> [...]
> «Христос с тобой! За что?..»
> «За то, что помогаешь великому нашему делу, спасибо!» – говорил он. – «Когда человек может назвать мать свою и по духу родной – это редкое счастье!»[210]

Pavel bleibt sparsam mit Anerkennung. Daher ist die Mutter froh, dass bald die Kunde geht, sie habe die Flugblätter in die Fabrik gebracht (*M* 1 XXVII, 258/ 183); Nachfolge braucht auch, dass sie von außen als solche gesehen wird (3.2).

7.7.2.2 Fahnenübernahme

Weiter sichtbar als das Flugblatt-Austragen ist die Fahnenträgerschaft. Dass die Mutter am Ersten Mai die dem Sohn entrissene und zu Boden gefallene Rote Fahne, das Banner der Arbeiterbewegung aufnimmt, geschieht, ohne dass der Mutter diese Nachfolge-Chance vorher bewusst gewesen wäre. Ihr Mitlaufen bei der Demonstration schildert Gor'kij vielmehr als von psycho-physischem Zurückschrecken bestimmt („тревожная, разламывающая усталость"[211]). Doch durch das Wissen, dass an der Spitze der Bewegung ihr Sohn schreitet, wird sie voran

---

gepunkt freizusprechen – aber dahingehend interpretieren Pelagejas Motivation vor allem andere (*M* 1 XVII, 214/110).

[208] „‚Sie sollen sehen: Pavel ist nicht da, doch sein Arm reicht sogar aus dem Gefängnis heraus. Sie sollen's sehen!'" (*M* 1 XIV, 202/89).

[209] „‚Er hat es verstanden! Sonst wäre er nicht so zärtlich gewesen. Das war er früher nie.'" (*M* 1 XIX, 224/125).

[210] „‚Danke dir, Mama!'/ [...]/ ‚Christus sei mit dir! Wofür?'/ ‚Dafür, dass du bei unserer großen Sache hilfst, danke!', sagte er. ‚Wenn jemand seine Mutter auch ein Verwandte im Geiste nennen kann, ist das ein seltenes Glück!'" (*M* 1 XXII, 232/139).

[211] „Angstvolle, erdrückende Müdigkeit" (*M* 1 XXVII, 259/185). Dies wiederholt sich bei Rybins Gefangennahme (*M* 2 XVI, 335–339/310–318) und vor Pavels Prozess (2 XXII, 367/ 363), während dessen sie vor Aufregung gar nicht imstande ist aufzunehmen, was der Vorsitzende Richter sagt (2 XXIV, 375f/377). Derartige psycho-physisch gespaltene Bewegungen sind das Beste, was der Roman literarisch zu bieten hat.

gezogen: „[...] она – не видя – видела лицо сына, его бронзовый лоб и глаза, горевшие ярким огнем веры."[212] Während die Menge angesichts der Polizeigewalt stockt und sich schließlich auflöst, bewegt sich Pelageja Vlasova vorwärts, auf ihren die Rote Fahne haltenden Sohn zu. Während des Handgemenges um die Verhaftung Pavels und Andrejs zerbricht die Fahnenstange, und Nilovna reckt den Teil mit der unversehrten Roten Fahne auch nur kurz in die Höhe (*M* 1 XXIX, 266/197); sie wird ihr von einem Offizier sofort wieder entrissen. Wichtig ist also weniger eine weithin sichtbare Fahnenträgerschaft als der Nachfolgewille – eine Rechtfertigung durch den Glauben statt durch die Tat. Nilovna drohen die Beine zu versagen, und sie stützt sich auf die Fahnenstange – also auf die Sohnesnachfolge (*M* 1 XXIX, 267/198). Mutter wie Fahnenstange verhalten sich metonymisch zu Pavel.[213] Indem sie die ihm von den Soldaten entrissene Fahnenstange aufhebt, potenziert sich der metonymische Bezug auf Pavel. Erst so, doppelt metonymisch gegenüber Pavel abgesichert und auf die Krücke der Nachfolge gestützt, findet Nilovna die Kraft, selbst zu sprechen.

In Pelagejas fulminantem Traum danach verbindet sich die Fahne (der Tagesrest), die verloren und wieder aufgehoben wird, mit einem schutzlosen Säugling (s. 2.7.1), den die Mutter – in Marienpose[214] – zunächst an der Brust hielt, aber im Getümmel fallen ließ:

> Мать уронила ребенка на пол, под ноги людей, они обегали его стороной, боязливо оглядываясь на голое тельце, а она встала на колени и кричала им:
> «Не бросайте дитя! Возьмите его...»
> *Христос воскресе из мертвых...* –
> пел хохол, держа руки за спиной и улыбаясь.
> Она наклонилась, подняла ребенка и посадила его на воз теса, рядом с которым медленно шел Николай и хохотал, говоря:
> «Дали мне тяжелую работу...»[215]

Der Traum ist mit christologischen Motiven überdeterminiert; die wehrlose Kindheit Christi (verknüpft mit dem Kindermord des Herodes; Mt 2,13–18) wird hier

---

[212] „[...] ohne ihn zu sehen, sah sie ihren Sohn, seine bronzefarbene Stirn und die vom Feuer des Glaubens leuchtenden Augen." (*M* 1 XXVII, 262/190).

[213] Wie Maria und das Kreuz zu Christus; vgl. 3.2.2 u. 3.3.1.1.

[214] Siehe den Typus der *Galaktotrophousa*-Ikone; vgl. 4.6.4.2.

[215] „Die Mutter ließ das Kind auf den Boden fallen, vor die Füße der Leute, sie liefen darum herum und blickten furchtsam auf den kleinen nackten Körper, sie aber fiel auf die Knie und rief ihnen zu: ‚Lasst das Kind nicht zurück. Nehmt es mit...'/ *Christus ist von den Toten auferstanden...,*/ sang der Ukrainer, während er die Hand auf den Rücken hielt und lächelte./ Sie beugte sich herunter, hob das Kind auf und setzte es auf eine Bretterfuhre, neben der Nikolaj langsam herging und lachend sagte:/ ‚Da haben sie mir eine schwere Aufgabe gegeben...'" (*M* 2 I, 272/208f, Hervorh. D.U.).

mit der Auferstehungsperspektive verknüpft; das ganze Spektrum der kenotischen Christologie ist damit umfasst. Die Nikolaj aufgegebene „schwere Last" zitiert zusätzlich das Christophorus-Motiv.

7.7.2.3 Entsagungsnachfolge

Die Mutter begibt sich – durch den Griff nach der Fahne und danach durch ihre Komplizenschaft mit den Verschwörern – selbst in Gefahr. Die Verhaftung Pavels und Andrejs am Ersten Mai scheint das Idyll der Kleinfamilie im Geiste gewaltsam von außen zu zerstören; eigentlich aber verzichtet Pelageja wissend darauf, indem sie akzeptiert, dass Pavel und Andrej die Fahne voraustragen – die Verhaftung folgt auf dem Fuße. Nach diesem Akt familiärer Askese verlässt sie ihr Haus bei der Fabrik und zieht zu Nikolaj Ivanovič in die Stadt – weil Pavel es so wollte (*M* 2 I, 274/211), unter der Bedingung, dass Nikolaj ihr eine konspirative Aufgabe zuweist, mit der sie ihrem Sohn nachfolgen kann.

Zum Austragen von Flugblättern, Untergrundzeitungen und schließlich der Gerichtsrede des Sohnes begibt sich die alte Frau dann auf Wanderschaft – ein politisch motiviertes Gyrovagentum: „«Я вам везде пойду. По всем губерниям, все дороги найду! Буду ходить зиму и лето – вплоть до могилы – странницей [...]»".[216] Dieses Wandern konzeptualisiert sie selbst als Christusnachfolge einer Pilgerin und Bettlerin: „[...] увидела себя бездомной странницей, просящей милостыню Христа ради [...]".[217] Bei allem Zweck der Tarnung, dem die Pilgerkleidung oder auch der bisweilen alternativ benutzte Nonnenhabit dient (*M* 2 VIII, 303/259), schlägt die innere Haltung der Pilgerin immer wieder durch: „[...] матери казалось, что она идет на богомолье."[218]

Am Schluss scheint Pelageja in der Nachfolge gar zu sterben (wenn man das Verstummen der Gewürgten so deuten darf; s. Clark 2000a:64). Während der Sohn Pavel, um dessentwillen all dies geschieht, lediglich in Haft sitzt, stürbe hier die Mutter den Märtyrertod.

7.7.3 Pavel-Nachfolge durch Rybin-Nachfolge

Die zweite Figur, die dem Märtyrertod nahe kommt, ist Rybin. Auch seine Opferbereitschaft ist vom Vorbild Pavel her motiviert. Rybin vergewissert sich bei der Mutter, ob seine Interpretation, dass der Automatismus von Fahnenträgerschaft

---

[216] „‚Ich gehe überall hin. In alle Gouvernements, finde alle Wege. Ich werde im Sommer wie im Winter gehen – bis zum Grab – als Pilgerin [...]'" (*M* 2 I, 274/212).

[217] „[...] sie sah sich als obdachlose Pilgerin, die um Christi willen um Almosen bittet [...]" (*M* 2 I, 274/212). Zu Wanderschaft als Nachfolge s. 5.4.2.

[218] „[...] der Mutter schien, dass sie auf eine Wallfahrt ginge." (*M* 2 IV, 286/231). Gleich darauf wird dieser innere Eindruck von der Mutter als äußere Tarnung eingesetzt (*M* 2 V, 287/232).

und Verhaftung von Pavel gezielt ausgelöst wurde, zutreffe. Als sie dies bejaht, approbiert er voller Pathos Pavels Vorbildcharakter:

«А он, когда затевал это дело, знал, что ему грозит?»
«Знал!»
[...] «Знал человек, что и штыком его ударить могут, и каторгой попотчуют, а – пошел. Мать на дороге ему ляг – перешагнул бы. [...]» «Это – человек!»[219]

Offenbar zieht Rybin daraus den Schluss, selbst Zeugnis ablegen zu wollen und zur Pavel-Metapher zu werden. Dabei verfolgt Rybin seine schon vorher benannte Methode, vor allen Leuten ein Leidenszeugnis abzugeben: „«Не поверят люди голому слову, – страдать надо, в крови омыть слово...»".[220] Dazu verknüpft er die Idee, welche er verbreitet, mit seinem persönlichen Leiden: „«Бумагам этим верьте, – я теперь за них, может, смерть приму, били меня, истязали, хотели выпытать – откуда я их взял, и еще бить будут, – все стерплю!»"[221] Er verkündet laut, dass er diese Schriften durch sein Leiden beglaubige: „«Вот кровь моя, – за правду льется!»"[222] Mit dieser öffentlichen Bekundung provoziert Rybin noch ärgere Behandlung und wird fortgesetzt vom Wachtmeister geschlagen, damit er verstummt; eigentlich aber wird die Gewalt gegen ihn zum Wasser auf seine paränetische Mühle, steigert doch sein Leiden den Aufruhr, den er erregen wollte – wie bei den hochmittelalterlichen Geißlerbruderschaften der Flagellanten (vgl. Stock 1995/2001:III 182).

Indem Rybin Pavels Leidenszeugnis wiederholt und – metaphorisch – in seine eigene Zeugnisform übersetzt, kann auch er zum Vorbildgeber für Andere werden – und zwar für die Mutter, welche die Aufruhrszene beobachtet. Zunächst hat Pelageja noch Angst, selbst verhaftet zu werden, weil sie mit dem gefangenen Rybin einen Blick getauscht hat (M 2 XVI, 337–399/314–317), doch ihre Anwesenheit gibt Rybin die Gewissheit, dass sein Zeugnis überliefert werden wird:

---

[219] „'Und er, als er die Sache ausgeheckt hat, wusste er da, was ihm droht?'/ ‚Er wusste es!'/ [...] ‚Da weiß einer, dass man ihn mit dem Bajonett erstechen oder ihn ins Zuchthaus stecken kann, und geht doch! Und hätte sich ihm seine Mutter in den Weg gelegt, er wäre über sie hinweggegangen. [...]' ‚Das ist ein Mensch!'" (M 2 V, 288/234f).

[220] „'Dem nackten Wort glauben die Leute nicht – man muss erst leiden und das Wort mit Blut waschen...'" (M 1 XIII, 198/82).

[221] „'Glaubt diesen Schriften. Ich muss jetzt vielleicht dafür sterben. Sie haben mich geschlagen und gefoltert, wollten aus mir herausbekommen, woher ich sie habe, und sie werden mich noch mehr schlagen. All das halte ich aus!'" (M 2 XV, 333/307).

[222] „'Da mein Blut – es wird für die Wahrheit vergossen!'" (M 2 XV, 334/309) – vgl. die Worte bei der Eucharistiespendung „Честныѧ и свѧтыѧ крове господа бога и спаса нашего їисуса христа причащаюсѧ азъ [...]" [Mir wird das kostbare und heilige Blut unseres Herrn und Gottes und Heilandes Jesus Christus gespendet (...)] (Kallis 1989: 166f).

„«Не один я на земле, – всю правду не выловят они! Где я был, там обо мне память останется, – вот!»"[223] Die Macht von Rybins Exempel realisiert sich als erstes in Nilovnas Erinnerung: „С неумолимой упорной настойчивостью память выдвигала перед глазами матери сцену истязания Рыбина, образ его гасил в ее голове все мысли [...]".[224] Rybin verdrängt als mnemonische Figur in ihr (zumindest kurzzeitig) andere und leitet ihr unmittelbares weiteres Handeln; die Bewunderung für sein Opfer flößt ihr den Mut ein, sich gegenüber einem Bauern als Mitverschwörerin Rybins zu erkennen zu geben (ihn nicht zu verleugnen; *M* 2 XVII, 341/321), wodurch sie die durch Rybins Verhaftung abgerissene Kette zur Verbreitung revolutionärer Propaganda wiederherstellen kann. Die Bauern Stepan und Petr übernehmen Rybins Aufgabe (*M* 2 XVII, 344/325). Zudem hat Rybin, wie sich später herausstellt, in letzter Sekunde vor seiner Verhaftung Ignat mit einer Botschaft an die Mutter gesandt und sie so direkt mit der Regelung seiner Nachfolge beauftragt (*M* 2 XX, 358/347), was sie eigeninitiativ bereits erfüllt hat, als der Bote Ignat sie erreicht.

Die Wiederherstellung der Überlieferungskette für die Propagandaschriften aus der Stadt unter der Dorfbevölkerung ist aber nur die eine Seite der Medaille von Pelagejas Arbeit für die Weiterwirkung von Rybins Opferzeugnis. Sie selbst folgt ihm, dem Vorangegangenen, später methodisch nach in einer Art apostolischer Sukzession,[225] wenn sie zum Schluss des Romans mit der Erregung öffentlichen Aufruhrs auf dem Bahnhof die Rybinschen Strategie kopiert. In diesem Moment verschmilzt der Inhalt der von ihr öffentlich verkündeten Botschaft Pavels mit Rybins Aufruhr-Methode – eine doppelte Nachfolge.

Hinter Pavel und Rybin wird ein dritter Ideengeber sichtbar – Christus. Indem das Leiden Pavel wie die ihm nachfolgenden Nilovna und Rybin adelt,[226] ist eine dialektische Umkehrung in der Art der neutestamentlichen Umwertungslogik (2.5.1) am Werk; diese zitiert Rybin gegenüber Pelageja – in der ihm vertrautesten, agrarischen Spielart der Metaphorik – mit dem johanneischen Gleichnis vom

---

[223] „‚Ich bin nicht allein auf Erden – die ganze Wahrheit können sie nicht einfangen! Wo ich war, bleibt die Erinnerung an mich – jawohl!'" (*M* 2 XVI, 337/314).

[224] „Mit unerbittlichem Nachdruck und Hartnäckigkeit erschien der Mutter in der Erinnerung die Szene der Misshandlung Rybins vor Augen; sein Bild löschte in ihrem Kopf alle anderen Gedanken [...]" (*M* 2 XVII, 342/322).

[225] „«Не родня я ему [Рыбину], [...] но знаю его давно и уважаю, как родного брата... старшего!»" [‚Ich bin nicht mit ihm (Rybin) verwandt, (…) aber ich kenne ihn seit langem und schätze ihn wie einen leiblichen, einen älteren Bruder!'] (*M* 2 XVII, 344/325).

[226] Die Mutter ist auf die erste lange Haftphase ihres Sohnes stolz (*M* 1 XIX, 222/123).

Samen, das nur durch seinen eigenen Untergang Frucht trägt: „«А слыхала, как Христос про зерно сказал? Не умрешь – не воскреснешь в новом колосе.»"[227]

7.7.4 Pelageja-Nachfolge

Wie an Rybin gesehen, kann jeder Nachahmer selbst nachahmenswert werden (auch Paulus hatte sich selbst einen solch indirekten Vorbildstatus attestiert; vgl. 4.0). Das gilt schließlich auch für Nilovna. Ihr wird wiederholt – am stärksten nach dem Gerichtsprozess, dank ihrem metonymischen Verhältnis (der Mutterschaft) zu Pavel – Ehrerbietung zuteil (*M* 2 XXVII, 388f/399). Ihre Rede zum Abschluss der Mai-Kundgebung, in der sie die Zuhörer auffordert, den Söhnen nachzufolgen, hat selbst Nachfolge-Wirkung: „[...] повинуясь неясной силе, тянувшей их [людей] за матерью, не торопясь шли за нею [...]".[228] Noch mächtiger wirkt der Nachfolge-Appell in der Rede der grauhaarigen alten Frau in der Schlussszene; das Wort des Sohnes, gebettet in das Wort der Mutter und beglaubigt durch ihr Martyrium, erzeugt die ultimative soziale Synthese:

> Их [людей] властно привлекала седая женщина с большими честными глазами на добром лице, и, разобщенные жизнью, оторванные друг от друга, теперь они сливались в нечто целое, согретое огнем слова [...][229]

Indem sie sein Leidenszeugnis kopiert, wird die Mutter von der Pavel-Metonymie schließlich zur Pavel-Metapher.

7.7.5 Narrative Wiederholung und Iterationsbotschaft

Insofern das Opfer-Beispiel einer Figur die übrigen zu analoger Leidensbereitschaft anspornen soll, dienen die Effekte der Wiederholung des Handelns oder Sprechens einer Person durch eine andere als Bestätigung. Die Nachahmungsparänese bestätigt sich auf der intratextuellen Ebene selbst – durch Iteration, sei dies die Iteration desselben Verhaltensmusters ein und derselben Person (Pavels zweifache Verhaftung) oder der Sprung von einem Träger zum anderen (von Rybins Aufruhr zu dem von Nilovna am Schluss gestifteten).

Andererseits gerät die Wiederholung – durch die semiotische Notwendigkeit der Iteration des Opferzeichens durch dieselben Personen (7.4.4.2), aber auch durch den Versuch der Beglaubigung des Ansteckungseffekts durch Kopien eines

---

[227] „,Hast du gehört, was Christus vom Samenkorn gesagt hat? Wenn du nicht stirbst, wirst du nicht in einer neuen Ähre auferstehen.'" (*M* 1 XVIII, 218f/117); s. Jh 12,24.

[228] „[…] sie [die Menschen] gingen, einer unklaren Kraft gehorchend, langsam hinter der Mutter her" (*M* 1 XXIX, 269/201).

[229] „Die grauhaarige Frau mit den großen ehrlichen Augen und dem gütigen Gesicht zog die vom Leben getrennten und voneinander fortgerissenen Menschen mächtig an. Jetzt verschmolzen sie zu einem vom Feuer des Wortes erwärmten Ganzen […]" (*M* 2 XXIX, 403/423).

Verhaltensmusters durch andere Figuren – zum Zwang. Die propagandistische Stoßrichtung zwingt dem Roman *Мать* Repetitionen auf; dafür wird die Spannung der Lektüre geopfert, die Wiederholung des Musters wirkt redundant,[230] womit das Anliegen allzu durchschaubar wird. Das aber droht, das eigentliche Wirkungsziel zu beschädigen – die Nachfolgeaufforderung an den Leser.

7.8 Techniken der Paränese

> La possession de cette expérience [de l'humeur religieuse et du commerce libre entre des hommes], en enrichissant l'homme, éveille en lui la conscience de sa valeur – et l'impérieux et fier désir [...] de créer des exemples dignes d'être suivis par les générations à venir.[231]

Brechts Bühnenbearbeitung von Gor'kijs Roman (s. 7.9.5.2) stellt die Durchschaubarkeit des Appellativen immer wieder verfremdend aus. Gor'kijs Epik hingegen bleibt innerhalb der psychologischen Wahrscheinlichkeit und der personal beschränkten Erzählperspektive der Nilovna und erzeugt damit (kenotische) Identifikationseffekte. Daneben enthält Gor'kijs Text aber auch Metahinweise auf das eigene mnemonische Anliegen – Metaphern der performativen Wirkung eines personalen Beispiels.

So erklärt Pavel seiner Mutter den Zweck der sozialistischen Tätigkeit mit dem Säen von Wahrheit: „И [Павел] рассказывал ей [матери] о людях, которые, желая добра народу, сеяли в нем правду [...]".[232] Und die Mutter erläutert den Bauern Stepan und Petr die zweite Haft ihres Sohnes in Termini der Verbreitung von Gottes Wort: „«Второй раз сажают – все за то, что он понял божью прав-

---

[230] „Da sich [...] an der kontradiktorischen schwarz-weiß-gemalten Grundkonstellation nichts ändert, da die Fronten nicht aufgebrochen werden und auch keine Retardationen eingebaut sind [...], geraten die einzelnen Stationen dieses Kampfes zu Wiederholungen, Bestätigungen und Variationen der gleichen Motivationen der heldenhaften Klassenkämpfer im gleichen Kampf um das gleiche Ziel." (Kluge 1979:247). Daraus folgen narrative „Längen und Langeweile" (ebd.). Kubikov zeigt dies *in extenso* am Motiv von Nilovnas Freude (1926:195f).

[231] „Der Besitz dieser Erfahrung [der religiösen Stimmung und des freien Austauschs zwischen den Menschen] bereichert den Menschen, weckt in ihm das Bewusstsein seines eigenen Wertes – und der unwiderstehliche und kühne Wunsch [...], würdige Exempel zu schaffen, denen die kommenden Generationen folgen können." (Gor'kij 1907:594, sic).

[232] „Und er [Pavel] erzählte ihr [der Mutter] von Menschen, die dem Volk wohl wollten, indem sie unter den Menschen die Wahrheit säten [...]" (*M* 1 IV, 162/23).

ду и открыто сеял ее...»".[233] Wie in der Kirche spielt das Singen dabei eine besondere Rolle. Als auf der Mai-Demonstration die Fahnenträger verhaftet werden, bleibt der mnemonische Impuls durch das revolutionäre Lied, das weiter erklingt, erhalten (*M* 1 XXIX, 266/197); die Sorge der Soldaten ist vor allem, das Singen zu unterbinden (*M* 1 XXIX, 267/197). Und der Erzähler führt dafür eine eigenartige Lautmetapher ein – „матовый шум телеграфных проволок"[234] – die weniger lautmimetisch lesbar ist als dahingehend Sinn ergibt, dass sich die Botschaft weithin fortpflanzt. Dazu ist es von zentraler Bedeutung, dass das Verbindungskabel (die mnemonische Kette) nicht abreißt, wie Sof'ja formuliert: „«Нам важно сохранить непрерывность в распространении литературы.»"[235]

Die Leitermedien Gesang und Kabel sollen dafür sorgen, dass die Information in jenem Speichermedium ankommt, das der Text als den Sitz positiver und handlungsleitender Erinnerungen beschreibt: im „Herzen": „«Надо в сердце, в самую глубину искру бросить. Не возьмешь людей разумом [...]»",[236] umschreibt Rybin sein emotionales Wirkungsprogramm.

7.8.1 Identifikationspotenziale der untypischen Revolutionärin

> Горький отнюдь не упрощает путь Ниловны, не делает его схематически прямолинейным. Наоборот, – и в этом заслуга писателя, в этом сила и обаяние образа Ниловны, – он подчеркивает сложность и трудность этого пути.[237]

Schon Sinjavskij räumt bei seiner Lektüre von Gor'kijs Roman den Wert des „Herzens" ein und meint, die Mutter-Figur sei eben wegen ihrer Nicht-Rationalität künstlerisch gelungen (1990a:82). Die Herzlichkeit, mit der sie ihre abstraktrationale Schwäche ausgleicht, bezeichnet einen Vorzug. Jüngst beobachtet auch Dmitrij Bykov, dass gerade die ungebildete und geknechtete Figur der Mutter für die Beglaubigung der revolutionären Predigt prädestiniert ist (2009:170). Ja, die Schwäche ihrer rationalen Fähigkeiten ist selbst ein Vorzug. Was herkömmlich ein Defizit ist, wird durch die literarische Darstellung aufgewertet. Die Aufwer-

---

[233] „'Sie haben ihn zum zweiten Mal eingesperrt. Und alles deshalb, weil er Gottes Wahrheit verstanden und sie offen ausgesät hat...'" (*M* 2 XVII, 345/327).
[234] „Das dumpfe Summen von Telegrafendrähten." (*M* 1 XXIX, 266/197).
[235] „'Es ist wichtig für uns, dass bei der Verbreitung der Schriften keine Unterbrechung eintritt.'" (*M* 2 XIV, 330/302).
[236] „'Ins Herz, mitten ins Herz muss man den Funken werfen. Mit dem Verstand fängst du die Leute nicht [...]'" (*M* 1 XIII, 197/81).
[237] „Gor'kij vereinfacht Nilovnas Weg in keiner Weise, macht ihn nicht schematisch geradlinig. Im Gegenteil – und das ist die schriftstellerische Leistung, das ist die Stärke und der Zauber der Nilovna-Figur –, er hebt die Komplexität und Schwierigkeit dieses Weges hervor." (Mjasnikov 1953:242).

tung von Defiziten aber ist das Grundverfahren der Kenose; wie die Unähnlichkeit Christi in „Sklavengestalt" mit der göttlichen Herrlichkeit den Nachfolge-Aufruf stärkt, so steigert auch die Unähnlichkeit des alten, herzensgut-verstehensschwachen Mütterchens mit harten, einsichtsgeleiteten Kader-Revolutionären den paränetischen Impuls.

7.8.1.1 Unverstehen und Stummbleiben

Die Mutter ist in Gor'kijs Fassung bis zum Schluss Halb-Analphabetin, kann das Lesen trotz intensiven Bemühens[238] nicht voll erlernen. Immer wieder gesteht sie demütig ihr Nicht-Verstehen ein; noch in der zweiten Romanhälfte versteht sie die revolutionären Gespräche nicht (*M* 2 VII, 302/257). Insofern ist *Мать* nur sehr bedingt ein Roman von einer gelingenden Erziehung (vgl. Sinjavskij 1990a:82).

Das „Herz" scheint stellenweise dem rational Notwendigen entgegenzuarbeiten. Pelagejas Handeln bestimmen vielfach persönlich-mütterliche Motive, ihr mütterlicher Liebesdienst gilt zunächst Pavel[239] und erst dann der Sache der Revolution im Ganzen.[240] Die Untermischung politisch-allgemeiner Motive mit persönlich-familiären Antrieben aber diskreditiert die Mutter nicht (Vorovskij 1956:266), sondern steigert für den Rezipienten die Wiedererkennbarkeit, macht das Abstraktum Sozialismus emotional nachvollziehbar.

Das schlägt sich in Nilovnas Redeweise nieder. Die natürliche Präferenz der ungebildeten Frau gilt einfacher, anschaulicher Rede. Andrejs von Dialektismen, Umgangssprache, Anakoluthen und Ukrainismen durchsetzte Sprechweise sowie seine emotionale Anrede an die Mutter „ненько" [Mütterchen] macht ihn ihr besonders sympathisch (*M* 1 V, 165f/28). Abstrakte Sachverhalte werden von nahezu allen Figuren im Roman (Ausnahme: Pavels Gerichtsrede) nicht terminologisch gefasst, sondern in emotionale und umgangssprachliche Lexik übersetzt (Burmistrenko 1961:71f). Rybin fordert von Propaganda-Texten explizit: „«Пишите проще, чтобы телята понимали!»"[241] Die Agitation erfordert eine positivierte rhetorische Tapeinosis (s. 3.5.5.2).

---

[238] Siehe *M* 1 XVII 216/112f; XVIII 217/144; XVIII, 221/121; 2 VII, 301/255.

[239] Vgl. Nilovnas erregte Hilfsbereitschaft bei der Nachricht, einer sei aus dem Gefängnis geflohen, aufgrund der Hoffnung, dies sei vielleicht Pavel (*M* 2 IX, 306/263); zur rein mütterlichen Motivation Pelagejas s. Vorovskij 1956:265f.

[240] Ähnlich verhält es sich mit Sašas aus Liebe gespeister Sorge um den Mitstreiter Pavel; auch sie ist „лично заинтересованная" [persönlich involviert] (*M* 2 XI, 317/280).

[241] ,,'Schreibt einfacher, damit auch die Unbedarften es verstehen!'" (*M* 1 XXV, 249/169). Vgl. das Černyševskij zugeschriebene Flugblatt *Барским крестьянам от их доброжелателей поклон [Den unfreien Bauern eine Verneigung von denen, die ihnen wohl wollen]* (6.5.3.2).

Dabei wird die einfache, emotional interjektionale Rede der meisten Gestalten im Roman von Pelageja noch unterboten. Die Mutter ist fast den gesamten Roman hindurch an der Grenze ihrer Ausdrucksfähigkeit (Ausnahme: ihre Aufruhr-Rede am Schluss). Das gilt beileibe nicht nur für politische Sachverhalte; Nilovna bleibt auch im persönlichen Umgang oft stumm, obgleich ihr Herz übervoll ist: „Ей хотелось сказать ему [Андрею] много ласковых слов, но сердце ее было стиснуто жалостью, и слова не шли с языка."[242] Oder: „«Что я могу сказать?» [...] «Если бы я имела слова, чтобы сказать про свое материнское сердце...»"[243] Selbst diese Stummheit aber nobilitiert die Mutter auf paradoxe Weise. Es handelt sich um die apophatische Aufwertung dessen, was nicht gesagt werden kann (hier: die allumfassende Mutterliebe), also um ein Erbe sakraler Repräsentationsstrategien (s. 3.5.6).

7.8.1.2 Pavels blasse Kataphatik und die Apophatik der Mutter

Die einzige Ausnahme von der Rhetorik der Schlichtheit, ja Stummheit in *Мать* bildet Pavels Gerichtsrede. Wie aber Pavel fast den gesamten Roman hindurch „blaß und farblos" (Kluge 1973:168) bleibt, so wirkt auch seine rhetorisch ausgeschmückte Rede vor Gericht blutleer im Vergleich zu der mächtigen religiösen Topik in den persönlichen Repliken aller Figuren des Romans, allen voran natürlich der Mutter. Die pathetische Ansprache Pavels verfällt in klassische Politrhetorik (Kluge 1979:250), ja abgehobene Deklamation.[244] Sie formuliert vom Leser direkt zu akzeptierende und anzuverwandelnde Inhalte[245] und wurde von der Sow-

---

[242] „Sie hätte ihm [Andrej] viele zärtliche Worte sagen wollen, doch ihr Herz war vor Traurigkeit zusammengekrampft, und die Worte kamen ihr nicht über die Lippen." (*M* 1 VIII, 180/52).

[243] „«Was kann ich schon sagen? [...] Wenn ich Worte hätte, um von meinem Mutterherzen zu erzählen...»" (*M* 2 I, 274/212).

[244] „Речь Павла Власова – это отвлеченная и местами несоответствующая жизненной правде декламация с весьма сентиментальным окончанием." [Pavel Vlasovs Ansprache ist eine abstrakte und stellenweise der Wahrheit des Lebens nicht entsprechende Deklamation mit einem höchst sentimentalen Schluss.] (Kubikov 1926:200).

[245] Der schlichte Grundgedanke lautet Nicht-Anerkennung des Gerichts. Schon von den Mitangeklagten variiert, kommt auch Pavel zu Beginn seiner Rede darauf zurück: Er erkenne nur das Gericht seiner Partei über sich an (*M* 2 XXV, 380/385), nicht aber dieses (2 XXIV, 373/373). Dafür kommt als biblischer Prätext Christus von dem Hohen Rat (Mt 26,57–68) in Betracht; auch Christus erkennt das Gericht nicht an (Mk 14,61f; vgl. Esaulov 2000a:799). Des Weiteren outet Pavel sich als Sozialist, votiert gegen Autokratie und Versklavung der Menschen und für eine Umkehrung der Herren-Sklaven-Zuordnung. Die Zukunft gehöre den solidarischen Arbeitermassen. Pavels höchster Trumpf ist ein aus der Umkehrung Herren-Sklaven folgendes Mitleid, das er „fast" mit den Richtern habe, die ihre Menschenwürde verloren hätten (2 XXV, 381f/387–389).

jetforschung entsprechend ins Zentrum gestellt.[246] Was für eine ritualisierte Literaturwissenschaft, die politische Beschwörung zu leisten hat, gut sein mag, ist aber für die Literatur selbst eher hinderlich. Die Rhetorizität und das Pathos des gesprochenen (verkündeten) Wortes allein genügen nicht zur atmosphärischen Verdichtung, sondern brauchen Komplemente in narrativen Niederungen. Daher werden längere Redepassagen einzelner Figuren immer wieder von empathischen Erzähleranmerkungen unterbrochen, kontextualisiert, dem Leser zur emotionalen Identifikation näher gebracht.[247]

Auch als Pavel durch sein Opferzeugnis vor Gericht schon in heilige Höhen entrückt erscheint,bedarf seine Rationalität noch des Komplements, des emotionalen Filters der Mutter, durch den die Gerichtsszene geschildert wird. Sie nimmt die gesamte Szenerie als unwirklich, irgendwie „falsch" wahr (*M* 2 XXIV, 376/377). Andrejs Sarkasmus zieht den ohnehin schon schwachen Eindruck von Pavels Rede weiter herab, und Kurzrepliken der anderen Verschwörer mindern die Wirkung auf den Leser nochmals (*M* 2 XXVI 383f/390f). Aus dieser Einbettung wird klar, dass Pavels Rede von Gor'kij gezielt *nicht als Höhepunkt* angeordnet wurde. Die einzige Rede, die im Gerichtssaal tiefen Eindruck hinterlässt, ist die von Fedor Bukin, die nur aus den Worten besteht: „«Стыдились бы! Я человек тяжелый и то понимаю справедливость!» [...] «А, ну вас...»".[248] Eindruck macht sie, insofern sie änigmatisch ist, also apophatisch auf ein Höheres verweist. Bukins (und der Mutter) Sprachohnmacht sind der politischen Kataphatik Pavels überlegen. Das Eigentliche, die höhere Bedeutung der Gerichtsszenerie als Opferhandlung bleibt unsagbar. Insofern müssen die Losungen aller Verschwörer hinter der metaphysischen, christologischen Bedeutungsebene des Prozesses zurückstehen.

Die literarische Gestaltung des tränenverhangenen Filters, durch den die Gerichtsszene erzählt wird, belegt einmal mehr, dass Gor'kij sich darüber im Klaren war, dass Pavel ohne seine Mutter, dass Kataphatik ohne Apophatik blass bleibt, dass Distanz, Filterung, Herabziehung weder einem Helden noch einem weltanschaulichen Inhalt schaden. Nicht Gottes Logos selbst ist sozial und paränetisch wirksam, sondern dessen menschliche Umkleidung in Jesus. Nicht Pavel selbst beeindruckt, sondern Pelagejas Glaube an ihn, nicht sein Opferzeugnis, sondern das Exempel ihres Glaubens.

---

[246] Bspw. Kastorskij 1954:5; Ovčarenko 1956:510f. Die Sowjetforschung tut das bezeichnenderweise, ohne sie inhaltlich zu analysieren (s. Bursov 1955:139.149.158.191).

[247] Siehe auch Sinjavskijs Hinweis auf Nilovnas Samowar als Erdung der abgehobenen Rhetorik der sozialistischen Verschwörer (1990a:87); vgl. 9.8.2.

[248] „‚Ihr solltet euch schämen! Ich bin schwer von Begriff und verstehe doch, was Gerechtigkeit ist!' [...] ‚Euch soll doch...'" (*M* 2 XXVI, 385/392f).

7.8.2 Botenschaft für Sohneswort

So nutzt es dem Wort des Sohnes, dass es nur selten selbst erklingt und an seiner Statt die stumme Botin auftritt. Bezeichnenderweise ist Nilovna, nachdem Pavels Gerichtsrede verklungen ist, froher als über die „mutige" Rede des Sohnes darüber, dass er aufgehört hat zu sprechen (M 2 XXV, 383/389). Die Absenz oder Latenz in der Erinnerung kann Pavels Rede offenbar nur nutzen. Seine Gerichtsrede hat sich, indem die Mutter sie hört, schon in ihr Gedächtnis eingegraben: „Мать глотала слова сына, и они врезывались в памяти ее стройными рядами."[249] Wie Maria ist Pelageja ein „vorbildlicher *Hörer des Wortes*".[250] Vorbildliche Hörer aber werden das Gehörte weitergeben.

Ist Pelageja Vlasova schon die längste Zeit im Roman die stumme Botin diverser revolutionärer Druckerzeugnisse, so bekommt diese Botenschaft mit dem Gerichtsverfahren kurz vor Ende des Romans eine besondere Wendung; Pelageja wird zur Trägerin nicht mehr allgemeiner revolutionärer Botschaften, von nicht namentlich genannten Verfassern, sondern des Wortes ihres Sohnes, das sofort nach der Gerichtsverhandlung gedruckt wird und das die Mutter verbreiten soll. Diese Aufgabe beglückt sie: „«[...] слава тебе, Христе!»"[251] Gerne werde sie auch die Haft auf sich nehmen, wenn sie es nur schaffe, vorher – mit einer mnemonischen Hyperbel beschrieben – das Sohneswort zu verbreiten: „«И арестуют – не велика беда. Только бы сначала Пашину речь разослать.» [...] Ей страшно захотелось скорее распространить речь Павла, осыпать всю землю словами сына [...]".[252] Entsprechend entscheidet sie sich auf dem Provinzbahnhof, von Spitzeln umstellt, gegen die Option, den belastenden Koffer mit dem gedruckten Sohnes-Wort loszuwerden. Im Gegenteil: Vom Spitzel bedrängt, öffnet sie den Koffer, erklärt der herandrängenden Menge, dass dieser das gedruckte Wort ihres Sohnes vor Gericht enthalte, und wirft die Flugblätter in die Menge: „«Вчера судили политических, там был мой сын – Власов, он сказал речь – вот она! Я везу ее людям, чтобы они читали, думали о правде...»".[253] Das höchste Glück

---

[249] „Die Mutter verschlang die Worte ihres Sohnes, und sie prägten sich in geordneten Bahnen in ihr Gedächtnis ein." (M 2 XXV, 382/388).
[250] Knoch 1984:64, Hervorh. i. Orig. Augustinus preist Maria als Hörerin: „Inde ergo et Maria beata, quia audivit verbum Dei, et custodivit" [Daher also ist Maria selig, weil sie das Wort Gottes gehört und bewahrt hat.] (PL 46,938).
[251] „‚[...] gelobt seist du, Jesus Christus!'" (M 2 XXVII, 391/403).
[252] „‚Und wenn sie mich verhaften, ist das kein großes Unglück. Wenn ich nur erst Pašas Rede verbreiten kann'. Sie wollte gar zu gern schnell Pavels Rede verbreiten, die ganze Erde mit den Worten des Sohnes besäen [...]" (M 2 XXVIII, 396f/411f).
[253] „‚Gestern haben sie Politische verurteilt, darunter war mein Sohn, Vlasov, und er hat eine Rede gehalten – da ist sie! Ich bringe sie den Menschen, damit sie sie lesen und über die Wahrheit nachdenken...'" (M 2 XXIX, 402/422).

erfüllt sich für sie, als sie sieht, dass die Menge das „«слово сына моего»"[254] gierig ergreift und einsteckt. Erst nach vollbrachter Botentat setzt sie zur eigenen großen Schlussrede an. Hatte der Innenraum des Gerichtssaals das rationale Wort des Logos (Pavels) noch an der Wirkung gehindert, so wirkt es jetzt in der Öffentlichkeit, als es in der Mutter – durch ihren emotionalen Filter übersetzt – Gestalt annimmt, als der Logos emotional vermittelt und öffentlich inkarniert wird.

7.8.3 Wort der Mutter

Ein erstes Mal geschieht es am Ende der Mai-Demonstration, dass die Mutter öffentlich spricht (sofort wertet ein Zuhörer: „«Божье говорит!»"[255]). Diese Erfahrung stößt zu Beginn des zweiten Teils einen Persönlichkeitswandel an, den Pelageja selbst thematisiert – als Aufschließung zum Sprechen: „«[...] как будто я – сама себе чужая [...] теперь – всегда душа открыта, и сразу говоришь такое, чего раньше не подумала бы...»";[256] und so erzählt Pelageja Nikolaj Ivanovič und seiner Schwester Sof'ja erstmals ihr Leben (*M* 2 III, 283f/225–227) – aber nicht als individuelles: „Казалось, тысячи жизней говорят ее устами; [...] и ее история принимала значение символа."[257] Sie empfindet das wachsende Bedürfnis, nicht nur von sich, sondern allgemein gesellschaftskritisch zu sprechen: „И все чаще она ощущала требовательное желание своим языком говорить людям о несправедливостях жизни."[258] Nicht ganz so allgemein fällt dann ihre Rede an die Bauern aus, die sie für die Verbreitung revolutionärer Schriften gewinnt. Hier spricht Pelageja von der revolutionären Sache anhand des Anteils konkreter Menschen wie Rybins, Pavels. Dies ist ihr erster längerer Diskurs:

> Голос ее лился ровно, слова она находила легко и быстро низала их, как разноцветный бисер [...]
> Ей приятно было осуществлять давнее желание свое – вот, она сама говорила людям о правде!/ [...]

---

[254] „‚Das Wort meines Sohnes'" (*M* 2 XXIX, 403/424).
[255] „‚Sie spricht Gottes Wort.'" (*M* 1 XXIX, 268/200).
[256] „‚‚[...] ich kenne mich selbst nicht mehr. [...] jetzt geht mir das Herz auf, und ich rede gleich Sachen, die ich früher nicht einmal gedacht hätte...'" (*M* 2 II, 279/220).
[257] „Es war, als wenn Tausende von Leben durch ihren Mund sprächen; [...] und ihre Geschichte nahm die Bedeutung eines Symbols an." (*M* 2 III, 283/226). Diese Verallgemeinerung gerät Gor'kij gar zu explizit (eine der Stellen, an denen er würdiger Vorläufer des SR ist).
[258] „Und immer häufiger empfand sie den dringenden Wunsch, mit ihren eigenen Worten zu den Menschen von den Ungerechtigkeiten des Lebens zu sprechen." (*M* 2 VIII, 305/261f). Auch diese Über-Explizitheit wurde erst in der letzten Fassung von Anfang der 20er Jahre stark gemacht (Kastorskij 1954:79; Efremenko/Teniševa/Jur'eva 1968/76:455).

Усталая, она замолчала, оглянулась. В грудь ей спокойно легла уверенность, что ее слова не пропадут бесполезно.[259]

In öffentlichen Situationen spricht die Mutter hingegen nur zwei Mal, je zum Ende des ersten und des zweiten Teils, die damit parallel angeordnet sind. Beim zweiten Mal ist Nilovnas Rededrang so groß, dass er nur gewaltsam unterdrückt werden kann – und auch da noch ein heiserer Laut aus gewürgter Kehle dringt: „Она хрипела. «Несчастные..» Кто-то ответил ей громким рыданием."[260]

7.8.4 Persönliches Nachfolgeexempel

Wie funktional ist Nilovnas physisches Leiden bei dieser letzten Rede? Rybins Abheben auf das Leidensexempel des vom Tode gezeichneten Arbeiters Savelij, der bei der ausbeuterischen Arbeit seine Gesundheit ruiniert habe (*M* 2 VI, 293f/ 242f), hatte alle, auch die Mutter eigenartig angemutet. Sarkastisch führte Rybin die Leidensästhetik von Christi Kreuzestod an: „«Это господа Христом любуются, как он на кресте стонал, а мы от человека учимся и хотим, чтобы вы поучились немного...»"[261] Wie in seiner Polemik gegen Dostoevskij lässt Gor'kij die Mutter Einspruch erheben, wer sich an solchem bitter ergötze, ermangele des Mitleids mit dem Leiden und neige zur Rache (*M* 2 VI, 295f/245f). Ist die Ästhetik des Leidens also dysfunktional – wie in Černyševskijs Apotrope-Versuch (6.)?

Nicht ganz: Der Schluss beglaubigt den Ernst von Nilovnas Pavel-Nachfolge durch ihre maximale Leidensbereitschaft. Sie nimmt nicht bloß äußerlich die Stelle des Sohnes in der Propaganda ein (wie es bei den Flugblättern war), sondern wird von Gendarmen geschlagen und gewürgt.[262] Am Schluss des Romans positioniert, soll dies folglich dem Leser als letztes in Erinnerung bleiben – eine Didaktik bzw. Mnemonik des Leidens als Zeugnis oder Martyrium für eine Sache.

---

[259] „Ihre Stimme floss gleichmäßig dahin. Leicht fand sie die Worte und reihte sie schnell aneinander wie bunte Glasperlen [...]/ Es war ihr angenehm, ihren alten Wunsch umsetzen zu können – jetzt sprach sie selbst zu den Menschen von der Wahrheit!/ [...]/ Müde geworden verstummte sie und blickte sich um. In ihrer Brust spürte sie die ruhige Gewissheit, dass ihre Worte nicht ohne Wirkung verhallen würden." (*M* 2 XVII, 346/328f).

[260] „Sie röchelte. ‚Ihr Unglücklichen...' Jemand antwortete ihr mit lautem Schluchzen." (*M* 2 XXIX 404/426).

[261] „‚Die Herren haben Vergnügen an Christus, wie er am Kreuz stöhnte, wir aber lernen vom konkreten Menschen und wollen, dass sie auch etwas lernen...'" (*M* 2 VI, 294/ 244).

[262] *M* 2 XXIX, 404/426. Der Schluss ist offen: Geht sie klaren Auges ins Gefängnis oder stirbt sie? Als man sie würgt, hört sie eine Stimme von außen – ihre eigene, sich sterbend entfernende? Vgl. Veničkas Stimme außerhalb der Stimme des Sterbenden (s. 9.7.8).

7.8.5 Christogenese durch *imitatio*

Die Bereitschaft, für eine Sache zu sterben, bringt die Mutter selbst in einen christologischen Zusammenhang: „«[...] ведь и Христа не было бы, если бы его ради люди не погибали!»"[263] Christus wird zur Synekdoche all derer, die ihn nachahmen – eine Christogenese durch die Summe der Martyrien, die für ihn gebracht werden; Christus entsteht erst nachträglich, indem andere für ihn sterben – rhetorisch ein Hysteron Proteron (vgl. 3.1.9.1). So kommt bei Gor'kij die Mutter nach dem Sohne, überstrahlt ihn aber, wie es bei Maria in der Tradition der (auch russischen) Marienfrömmigkeit oft der Fall ist. Suggeriert *Мать* damit, dass es den historischen Jesus selbst gar nicht gab, sondern nur christoforme Märtyrer (vgl. 3.2.4)? Oder handelt es sich um einen heilsökonomisch ewiges Christusopfer mit mehreren Aktanten? Als „praktisch-soziales Ethos" (Kluge 1979:259) jedenfalls wirkt das Exempel des Christusopfers – auch im vermeintlichen Gründungstext des SR und in dessen Rezeption.

7.9 Die Kanonisierung der *Mutter* und ihres Autors

Entspricht die extratextuelle Rezeptionsgeschichte wenigstens ein Stück weit den intratextuellen Wirkungssuggestionen? Werden durch die verordnete Kanonisierung eines Textes,[264] wie sie in der Sowjetunion ab den 30er Jahren mit Gor'kijs Roman vorgenommen wird, reale personale Nachahmungseffekte erzielt, die den Mustern der Textwelt gerecht werden? Oder stört die sowjetische Kanonisierung der *Mutter*[265] nicht eher die Möglichkeit persönlicher Identifikation?

Zu Beginn der Rezeption ist es sicher so, dass die verschiedenen Verbote dem Erfolg des Textes bei den (nicht nur proletarischen) Lesern eher nutzen als schaden (Troyat 1987:105). In Westeuropa, besonders in Deutschland wird der Roman sofort ein enormer Verkaufserfolg. Das wiederholt sich nach dem Erscheinen der ersten ungekürzten Ausgabe 1917 in Russland. Doch wie ist das, als der Text im Zuge der Anmoderierung des SR in den frühen 30er Jahren zum Musterexempel erhoben wird? In der postsowjetischen Abrechnung stellt es sich so dar, als habe der „auf Ždanov gebürstete Gor'kij" bei sowjetischen Lesern „Brechreiz" ausge-

---

[263] „[...] schließlich gäbe es Christus nicht, wenn die Menschen nicht seinetwegen stürben!" (*M* 1 XXVII, 261/189). Mit geringer Variation wird dieses Diktum – zu mnemonischen Zwecken – wenige Seiten später wiederholt (*M* 1 XXIX, 269/201).

[264] Im Sinne eines literatursoziologischen Prozesses der Stabilisierung von Sinn (Assmann/Assmann 1987:13f).

[265] Dabei geschieht eine hagiografische Hypostasierung, die Lektüre des Romans als „secular hagiography" (Clark 2000a:55).

löst.[266] Sodass die sowjetische literaturkritische Kanonisierung der *Mutter* (und auch dem sozialistischen Impetus des Textes) einen Bärendienst erwiesen hätte?

7.9.1 Gor'kijs Überarbeitung

Erste Auswirkungen der massenhaften Rezeption im Westen und auch des erfolgten politischen Umsturzes von 1917 können in die Redaktionen des Romans bis zur Ausgabe letzter Hand von 1923 eingegangen sein. Gor'kijs Überarbeitung des Textes ist von Kürzungen dominiert, die aber nicht sehr umfangreich ausfallen (Freeborn 1985:45). Wohl ist dabei eine gewisse Verringerung der religiösen Anklänge zu beobachten (an das Martyrium, an Maria etc.; ebd.:48.51). Auch wird Nilovna etwas weniger kenotisch, d.h. schwach und schwankend gezeichnet. Vor allem erscheint sie später in geringerem Maße durch ihr Alter in „Sklavengestalt", sondern wird wenigstens als 40- statt 60-jährige vorgestellt. Alle zentralen Figuren, auch Rybin und Nachodka, werden tendenziell geradliniger und eindimensionaler als in erster Fassung.[267] Allerdings gibt es auch Gegenbewegungen, so die Verstärkung des Motivs von Nilovnas Angst vor Folter (Efremenko/Teniševa/Jur'eva 1968/76:455).

7.9.2 Kritik und Propagation

Vor den 1930er Jahren werteten Schriftstellerkollegen und auch Gor'kij selbst im Briefwechsel den Roman – wegen der Eile beim Schreiben und seiner Tendenzhaftigkeit – eher negativ. Nabokov bestritt künstlerischen Rang und erklärte *Мать* für einen „langen, durch und durch zweitklassigen Roman" (1984:402).

In den Chor derer, die sich mit der Abwertung dieses Gor'kij-Textes hervortun, mischte sich allerdings eine dialektische Stimme, die Kogans, der mangelnde Qualität und Erfolg zusammenbringt: „Нам представляется, что именно «недостатки» романа больше всего влекут к себе читающие массы."[268] Es mag wie ein literaturwissenschaftliches Sakrileg klingen, den Erfolg eines literarischen Textes auf dessen mangelnde Qualität zurückzuführen – die dialektische Denkfigur der Kenose aber lässt das durchaus plausibel erscheinen.

Kein literarisches, sondern ein parteitaktisch-utilitäres Kriterium legte hingegen Lenin an:

---

[266] „От Горького, подстриженного под Жданова, десятки миллионов читателей, и в первую очередь школьников и студентов, что называется, от души воротило." [Von dem auf Ždanov frisierten Gor'kij bekamen zig Millionen Leser, in erster Linie Schüler und Studierende, sozusagen Brechreiz.] (Vajman 1991:26).

[267] Siehe Kastorskij 1954:64–94 – wobei zu bedenken ist, dass Kastorskijs Beobachtung schon zur entkenotisierenden Tendenz der sowjetischen Rezeption gehört (s. 7.9.5).

[268] „Uns scheint, dass vor allem die ‚Mängel' des Romans die lesenden Massen anziehen." (Kogan 1928:71).

[...] книга – нужная, много рабочих участвовало в революционном движении несознательно, стихийно, и теперь они прочитают *Мать* с большой пользой для себя. «Очень своевременная книга».²⁶⁹

Lenin verlangte von Gor'kij gar weitere Werke in der Art von *Мать*. Beide Lenin-Äußerungen zitierte die SR-Forschung rituell;²⁷⁰ sie insinuierte einen extratextuellen performativen Effekt des Exempels, wie ihn das Sujet intratextuell angelegt hatte. Die Sowjetforschung erfüllte zum guten Teil die Funktion, die Wirkung der Paränese des Romans auf spätere SR-Texte und auf die soziale Praxis schlicht zu behaupten.²⁷¹ Mit Lenins Lob armiert, wird *Мать* im Verlauf der Jahre 1928–34 eine zentrale Stelle im sowjetischen Kanon zugewiesen (Imendörffer 1979), ja zum Mustertext des SR erklärt.²⁷² Ab den frühen 30er Jahren lief ein „‚gesteuerter‘ Rezeptionsprozess" (ebd.:419); formelhaft erscheint Gor'kij immer wieder als „родоначальник" und „основоположник" des SR.²⁷³ Solcherart zum Propagandamythos aufbereitet, wurde Gor'kijs Text in der Sowjetunion – mit gewissen Abstrichen – zum Meisterwerk hochgelobt.²⁷⁴

7.9.3 Gor'kijs Literatur als politische Didaktik und Waffe

Dabei ging es nicht mehr um Details der künstlerischen Dimension, sondern um einen vermeintlichen didaktischen Gesamtentwurf. Komplexe künstlerische Nebeneffekte, wie sie der Roman bereithält,²⁷⁵ wurden in der sowjetischen Forschung meist nicht gewürdigt. Diese segelten wie die christologische Topik eher als blinde Passagiere mit. Vielleicht ist es gar so, dass gerade didaktisch eher eindimensi-

---

[269] „[…] das Buch ist notwendig, viele Arbeiter haben spontan, unbewusst an der revolutionären Bewegung teilgenommen, jetzt werden sie *Die Mutter* mit großem Nutzen für sich lesen./ ‚Ein sehr zeitgemäßes Buch'." (Gor'kij 1960/63:XVIII 255).

[270] Vgl. bspw. Mjasnikov 1953:235. Man verstieg sich gar zur Behauptung, dass Gor'kij Lenins Urteil als Anweisung beherzigt habe (Kastorskij 1954:4.11.68), ja dass der Roman eine Umsetzung von Lenins *Партийная организация и партийная литература [Parteiorganisation und Parteiliteratur]* darstelle (Ovčarenko 1956:450) – beides offensichtliche Geschichtsklitterung.

[271] Siehe bspw. Kastorskij 1954:160–212; wenngleich die Gor'kij-Arbeiten nicht in solchem Maße darum zentriert sind wie die Ostrovskij-Forschung (s. 8.8.3.2).

[272] Erstmals bei Desnickij 1933 (Desnickij 1959), dann von Bursov (1955:115–217) amplifiziert.

[273] „Stammvater" – „Begründer" (Imendörffer 1979:391).

[274] „[…] *пели осанну не горьковской повести, а той пропагандистской мифологеме, что симулировала определенное сходство с нею.*" [(…) man sang nicht Gor'kijs Roman das Hosianna, sondern jenem Propagandamythologem, das eine gewisse Ähnlichkeit mit dem Roman simulierte.] (Vajman 1991:26, Hervorh. i. Orig.).

[275] Man denke etwa an die diffizilen psycho-empathischen Verfahren im Hinblick auf die Mutter, an den ungeschickt-kurzsichtig-fürsorglichen Nikolaj Ivanovič (bes. *M* 2 II, 277/216f) oder an Pelagejas synästhetische Musik-Rezeption (*M* 2 III, 281/222).

onale Texte[276] wie *Что делать?* (vgl. 6.5.3.2), *Мать* und später auch *Как закалялась сталь* in besonderer Weise das kenotische Modell transportieren.

Der Kanonisierung von *Мать* zum Lehrtext des SR kam die Tatsache entgegen, dass Gor'kijs didaktisches Bemühen in diesem Text seinen Höhepunkt erreichte.[277] Daran anknüpfend machte die sozialistische Kritik aus ihm „Vorbild, Meister, Erzieher" (Lukács 1953:77). Indem – entgegen der faktischen Literaturgeschichte der 20er Jahre, als Gor'kij fern der sowjetischen Realität in Capri weilte – eine „горьковская школа"[278] konstruiert wurde, die als Auffangbecken für die 1932–34 gleichgeschalteten rivalisierenden literarischen Gruppen herhalten sollte, brachte man Gor'kij als literaturpolitisches Kampfmittel in Stellung; der „Klassiker" wurde eingesetzt als Waffe gegen links (RAPP) wie rechts (die *попутчики* [Mitläufer], s. Imendörffer 1979:408).

Im Zuge der „leninistischen Orthodoxie" der Stalinzeit (Günther 1984:5) avanciert Gor'kij neben Lenin (und auch neben Stalin[279]) zum Säulenheiligen. Um ihn zur Rechten Lenins zu positionieren, mussten viele biografische Aspekte, insbesondere das problematische und spannungsreiche Verhältnis Gor'kij-Lenin (Wolfe 1967; Yedlin 1999:85–95), zensiert werden.[280] Ihre Beziehung wurde zu tiefer Freundschaft hochgeläutert (Kastorskij 1954:62) und partout nicht tilgbare Unstimmigkeiten als Selbstwidersprüche Gor'kijs interpretiert (Bjalik 1974:267).

---

[276] Amfiteatrov spricht von „учительный тип" [belehrender Typ] und „голая социальная азбука" [nackte soziale Fibel] (1912:101.103).

[277] Šklovskij zählt *Мать* und *Исповедь* zur gleichen Phase – der didaktischen (1926:38).

[278] „Gor'kij-Schule" (Akimov 1979:340–343).

[279] Gor'kij wird ein Stück weit in den Personenkult eingeschlossen und selbst zum Denkmal erhoben. Eine Photoserie im Gor'kij-Artikel der *Большая Советская Энциклопедия [Große Sowjet-Enzyklopädie]* von 1949/58 (Band XII von 1952) zeigt Gor'kij neben Lenin und Stalin. Nižnij Novgorod wird 1932 wegen Verbindung der Handlung von *Мать* mit den Ereignissen von Nižnij und Sormovo 1902 in Gor'kij umbenannt.

[280] Die Distanz zu Lenin wurde erst in vollem Ausmaß erkennbar, als in Sowjetzeiten sekretierte Briefe und Gor'kijs Artikelserie von 1917/18 *Несвоевременные мысли [Unzeitgemäße Gedanken]* publiziert wurden (vgl. Venclova 1988; L. Smirnova 1995:91; L. Smirnova 2000).

7.9.4 Kanonisierung der Kenose

¹⁵καὶ ἐγένετο ἐν τῷ ὁμιλεῖν αὐτοὺς καὶ συζητεῖν, καὶ αὐτὸς ὁ Ἰησοῦς ἐγγίσας συνεπορεύετο αὐτοῖς· ¹⁶οἱ δὲ ὀφθαλμοὶ αὐτῶν ἐκρατοῦντο τοῦ μὴ ἐπιγνῶναι αὐτόν.[281]

Wie sehr das sowjetische Bild von Gor'kijs *Мать* den Text auch entstellen mag – die sowjetische Literaturkritik und -politik bekam mit Gor'kijs Roman eine Bedeutungsschicht mit ins Gepäck, die dem deklarierten Staatsatheismus hätte fremd sein müssen: „[...] der später zum Prototyp des Sozialistischen Realismus avancierte Roman *Die Mutter* [stellt] eine Ausführung des Themas ‚Bogostroitel'stvo'" dar (Sesterhenn 1982:260). Vielleicht hat das Inkommensurable, ‚Unsozialistische' an *Мать* den Text gerade besser rezipierbar gemacht. Bryld deutet diese Dialektik mit Blick auf die doch zahlreichen (und auch freiwilligen) Leser an:

> Die Popularität des Buches [*Die Mutter*] in den nicht-bürgerlichen Bevölkerungsschichten kann kaum allein daran liegen, daß es dicht an die geborgenen Welten der Trivialliteratur grenzt, sondern kommt sicher ebensosehr von der Verwandtschaft mit noch lebendigen und aktiven religiösen Bewußtseinsformen, die zu jener Zeit sich auch auf gesellschaftlicher Ebene breitmachten und soziale, zukunftsbezogene Positionen einnahmen. (Bryld 1982:27)

Zugeben darf die Sowjetforschung diesen dialektischen Effekt natürlich nicht; *Мать* muss, um zum „Gipfel" von Gor'kijs Schaffen erklärt zu werden (Lunačarskij 1957:18), vom *богостроительство* [Gotterbauertum], insbesondere von *Исповедь* abgegrenzt werden.[282] Dieser Logik gemäß darf Lenin in „*Die Mutter* keinerlei Keime, keinerlei Elemente des Gottbildnertums" erblickt haben (ebd.:19). Der Wille zum Übersehen, den Lenin offenbar hatte (Wolfe 1967:40), wird also von sowjetischen Interpreten perpetuiert.[283]

„Aber ihre Augen wurden gehalten, dass sie ihn nicht erkannten" (Lk 24,16) – mit dem Emmaus-Zitat verweist Gor'kij darauf, dass der auferstandene Christus von den Menschen zunächst nicht erkannt worden sei. Warum also sollten die sowjetischen Kanonisatoren exakt erkennen, was sie da kanonisieren? Gor'kijs Emmaus-Bezug könnte mithin eine Metarezeptionschiffre darstellen: Mit den kenotischen Tugenden der Mutter schmuggelte Gor'kij ein ‚U-Boot' in die sozialistische Literatur (die er ja gerade erst mitbegründete) ein.

---

[281] „¹⁵Und es geschah, als sie [die Emmausjünger] so redeten und sich miteinander besprachen, da nahte sich Jesus selbst und ging mit ihnen. ¹⁶Aber ihre Augen wurden gehalten, dass sie ihn nicht erkannten." (Lk 24,15f).
[282] Lunačarskij 1957:19; Bjalik 1974:29; Vorovskij 1956:267f.
[283] Von sowjetkritischen Interpretatoren wird im Gegenzug eine direkte Linie von *Мать* zu *Исповедь* gezogen (etwa Sinjavskij 1990a:91).

Die Frage nach der Autorintention kann eingeklammert werden. Wichtig ist das historische Faktum, dass der SR mit Gor'kijs *Мать* von Anfang an christologische Topoi mitkanonisierte. Der SR ist ohne christologische Topik nicht denkbar, sondern bildete deren „transformative representation" (Valentino 2001:134) und perpetuierte das christliche Muster mit einer sozialistischen „non-Christian imitation of Christ" (Valentino 2001:135).

7.9.5 Entkenotisierende Rezeption
Freilich taucht das ‚U-Boot' Christoformität selten an der Oberfläche der sowjetischen orchestrierten Rezeption auf. Einige Zeugnisse der sozialistischen Rezeption lassen sich geradezu als Versuche lesen, die damit eingekauften kenotischen Momente auszutreiben.

7.9.5.1 Verfilmung
Unter den Verfilmungen des Romans (1919, Regie A. Razumnyj; 1926, Regie V. Pudovkin; 1955, Regie: M. Donskoj) sind solche Bestrebungen an Pudovkins Film besonders gut ablesbar. Pudovkin verlegt die Handlung ins Jahr 1905 und militarisiert das Geschehen (Pavel versteckt nicht Bücher, sondern Waffen). Der innere Opferwille der handelnden Figuren wird reduziert: Pavel flieht am 1. Mai aus dem Gefängnis, was der Romanheld verweigert (der Film streicht hier also das Iterationsparadox durch). Allerdings kommt er dann augenscheinlich bei der Demonstration um; er wird von einer Kugel getroffen, und es wird suggeriert, er stürbe. Auch die Mutter, die die Fahne aufgreift, wird niedergeritten und stirbt. So iteriert sie sein Opfer. Anders als der Roman aber endet der Film nicht mit dem maximalen Opfer, dem Tod der Mutter, sondern pflanzt in der Schlusseinstellung das historiosophische *télos* auf: die rote Fahne weht siegreich über dem Kreml. Damit soll die Iteration von Übergangsopfern angeblich an ein Ende gelangt sein.

7.9.5.2 Brechts Adaption
Noch deutlicher ist die Entkenotisierung in Brechts Bearbeitung *Die Mutter. Leben der Revolutionärin Pelagea Wlassowa aus Twer (Nach dem Roman Maxim Gorkis)*,[284] die in die Zeit der sowjetischen Gor'kij-Kanonisierung fällt. Hier absolviert Pelagea Wlassowa nur eine ganz kurze Anfangsphase des Unverstehens (Bild 2; Brecht 1967:II 829), um danach sofort abstrakt-rationales politisches Bewusstsein zu erlangen, und das, obschon sie noch Analphabetin ist. Sie will schreiben lernen, um Parteitagsmaterialien lesen zu können (Bild 6d; ebd.:860). Sie agiert verschlagen, verstellt sich zu propagandataktischen Zwecken (Bild 13; ebd.:890–893) und duldet keinerlei Mitgefühl; als ihr nach dem Tod Pawels christ-

---

[284] Entstanden 1931, uraufgeführt 1932.

liche Frauen einen Kondolenzbesuch abstatten, erscheint Pelagea ungerührt, ja tritt selbst in dieser Lage noch als atheistische Agitatorin auf und stellt die Vernunft gegen Gott (Bild 10; ebd.:881). Die bei Gor'kij so prominenten christlichen Motive werden von Brecht weitgehend eliminiert. Dazu kommt Brechts epische Verfremdung: Pelagea wird viel holzschnittartiger, als es bei Gor'kij der Fall war; sie äußert unentwegt Merksätze. Diese Pelagea lässt keine Empathie qua Kenosis und Tapeinosis, emotionale Identifikation etc. mehr zu, und auch Rybin und Wessowtschikow werden ganz entproblematisiert, ihrer Schwäche und ihres Schwankens entkleidet, entkenotisiert.

7.9.5.3 Die Dekonstruierbarkeit der Entkenotisierung
Die in Gor'kijs *Мать* funktional eingesetzte, transformierte Kenotik stellt für das sozialistische Erkenntnisinteresse offenbar eine Bedrohung dar. Was Gor'kij als nötiges Komplement zur sozialistischen Theorie lanciert – die mütterliche Religiosität und die Identifikation erlaubende Schwäche vieler Figuren –, das wird für die stromlinienförmige sowjetische Rezeption zum gefährlichen Supplement ihres eigenen Säkularisierungsanliegens. Daher die Zentrierung der offiziellen Rezeption um den Helden Pavel, daher die Verringerung der kenotischen Züge in der Bearbeitung, daher auch die Fälschung von Gor'kijs historischer Rolle und seine Emporläuterung zum Säulenheiligen.

7.9.6 Die Opferiterierung im Stalinismus
Auch wenn die Rote Fahne längst wehte – Gor'kijs Roman wurde in der Stalin-Zeit weiter zum Zweck der Sozialdisziplinierung als Norm beschworen:

> Тысячи, десятки тысяч Власовых, Весовщиковых, Рыбиных жертвовали жизнью за дело своего класса. [...] И сама Ниловна, героическая мать Павла Власова, нашла себе многократное выражение и повторение в тех женщинах-работницах, которые без слез снаряжали своих детей на борьбу [...][285]

Die Opferhandlungen wurden also wieder zum Vorbild erklärt. Im Gegenzug zur Entkenotisierung der fiktiven Helden durch die intermediale Übersetzung Pudovkins blieb das Opfer für den repressiven Staat wünschenswert. Dieser iterierte die Opferpropaganda. Zugleich wurden an den realen Menschen immer neue Opferszenarien vollzogen. Beides, die Beschwörung von Opferbereitschaft und Opferhelden wie massenhafter Terror wurden erst in den 1960er und 70er Jahren gemil-

---

[285] „Tausende, Zehntausende von Vlasovs, Vesovščikovs und Rybins opferten ihr Leben für die Sache ihrer Klasse. [...] Und Nilovna selbst, Pavel Vlasovs heroische Mutter, fand vielfachen Ausdruck und Wiederholung in jenen Arbeiterfrauen, die, ohne zu weinen, ihre Kinder für den Kampf rüsteten [...]" (Desnickij 1959:311).

dert. Erst da lief das agonale Modell und mit ihm die Opferiteration allmählich aus (s. 9.1).

7.10 Frühsowjetische kenotische Habitusmuster

7.10.1 Lenin: Leidensfeind und Leidensdulder

Im Dunstkreis der „leninschen Orthodoxie" der Stalinzeit (Günther 1984:1–10), in dem man Gor'kij zum literarischen Muster kanonisierte, wurde Lenin zum Habitus-Muster schlechthin erhoben. Dazu trägt Gor'kij wesentlich bei; daher sei hier (mehr würde den literaturwissenschaftlichen Rahmen sprengen) das Lenin-Bild von Gor'kijs Beschreibung her aufgerollt. In seinem Nachruf auf Lenin macht Gor'kij aus dem Verstorbenen, obgleich er ihn als Leidensfeind schildert (s. 7.2.1), einen entsagungsvollen Leidensdulder in der Rachmetov-Tradition:

> [...] Ленин в высшей степени обладал качествами, свойственными лучшей революционной интеллигенции, – самоограничением, часто восходящем до самоистязания, самоуродования, до рахметовских гвоздей [...][286]

Entscheidend an diesem postchristlichen und doch christologisch induzierten Leidensdulden ist das *cui bono*: „für uns" (s. 3.0.2). Gor'kij attestiert Lenin „[...] скромное, аскетическое подвижничество [...], героизм человека, который отказался от всех радостей мира ради тяжелой работы для счастья людей."[287]

7.10.2 Lenin-Hagiografie

Darüber hinaus verwendet Gor'kijs Lenin-Porträt hagiografische Topoi wie Selbstentsagung, Fürsorge für andere, Zärtlichkeit gegenüber Kindern (Gor'kij 1960/63:XVIII 264.278f). Von enormer Bedeutung für die sowjetische Lenin-Topik ist das Lob der Einfachheit (Gor'kij 1960/63:XVIII 259; vgl. 5.3.6.5). Gor'kij zitiert einen Arbeiter aus Sormovo über Lenin: „«Прост, как правда.»"[288]

Die sowjetischen Leniniana – als einer der ersten Zinov'ev 1918 (Tumarkin 1997:82) – stimmen noch unzweideutiger in kenotische Tugenden ein:[289] Vorbildliche „скромность" [Bescheidenheit] wird in der Lenin-Hymnik fast genauso zum

---

[286] „[...] Lenin verfügte in höchstem Maße über Eigenschaften, die der besten revolutionären Intelligenzija zu eigen sind – Selbstentsagung, die oft bis zu Selbstquälerei, Selbstverstümmelung, bis zu Rachmetovs Nägeln geht [...]" (Gor'kij 1960/63:XVIII 278).

[287] „[...] bescheidenes, asketisches Heldentum [...], der Heroismus eines Menschen, der allen Freuden der Welt entsagt hat um der schweren Arbeit für das Glück der Menschen willen." (Gor'kij 1960/63:XVIII 253).

[288] „'Einfach wie die Wahrheit.'" (Gor'kij 1960/63:XVIII 261).

[289] Die Gegenthese zu Tumarkins Einordnung des Leninkults in einen parachristlich-parareligiösen Zusammenhang formuliert Ennker (1997:3–9).

Kernepitheton, wie es bei der Heiligung christlicher Märtyrer, Mönche usw. der Fall war (s. Kelly 2001:338 Anm. 67). Wo die hagiografischen Versatzstücke von Kindheit und genereller Bescheidenheit so prominent platziert sind, lässt auch das Leidenszeugnis nicht auf sich warten. Es wird in Lenin-Gedichten beschworen.[290]

Lenins Rolle ging über die eines Heiligen und Märtyrers weit hinaus; er besetzte die Messias-Stelle, usurpierte die Systemstelle Christi[291] und ‚erbte' auch dessen zwei Naturen. Einerseits wurde seine „allermenschlichste Menschlichkeit" als Merkformel dekretiert,[292] andererseits wurde er über das Menschenmögliche erhoben (Tumarkin 1997:83f.167), angesichts des sowjetischen Immanenz-Dogmas allerdings im Als-Ob-Modus.[293] Von den Verehrungsformen her wurden christliche Topoi[294] mit Unsterblichkeitstechniken des altägyptischen Gottkönigtums (s. 5.5.2.1) wie Balsamierung, pyramidenähnlichem Mausoleum etc. (Jampol'skij 2003) kombiniert; die sowjetischen Parareligionstechnologen strebten danach, die Erhöhung des erniedrigten Heilands, welche Phil 2,9 als bereits geschehen angibt (2.2.3.5), im Mausoleum, zu dem die Massen orchestriert hinpilgern, einzulösen.

7.10.3 Die Lenin-imitatio

Auf eine solcherart inszenierte Erhöhung muss unweigerlich der paränetische Impuls folgen – der Appell zur Lenin-Imitation. Lenin erhält doppelte Modellfunktion: Einerseits ist er politisch säkularisiertes Modell *von* Christus,[295] andererseits selbst Modell *für* den Habitus des bolschewistischen Revolutionärs und später sowjetischen Stoßarbeiters, Frontkämpfers etc. (s. 8.6.4). Es gelte, so die sowjetischen Gebetsmühlen, die für Unterrichtszwecke Panegyrik in Gedichtanthologien produzieren (Stichi 1973), Lenins Botschaft immer innerlich präsent zu halten (s. Phil 2,5) – wie Majakovskij eines seiner in Sowjetzeiten meistzitierten

---

[290] „We will never forget you suffering,/ That you, our leader, endured for us./ You stood a martyr." (Stradajuščij, zit. n. Tumarkin 1997:84). Siehe dazu weiter Garstka 2005:302f.

[291] Siehe Kavelin 1990:180; Esaulov 2000b:54.

[292] „Бессмертный и всеохватывающий идеал коммунистической человечности воплощен в светлом облике «самого человечного человека» изо всех прошедших по земле людей – Владимира Ильича Ленина." [Das unsterbliche und allumfassende Ideal der kommunistischen Menschlichkeit ist inkarniert im leuchtenden Antlitz des ‚menschlichsten Menschen' von allen, die je auf der Erde gelebt haben – in Vladimir Il'ič Lenin.] (Petrov 1977:26).

[293] „[...] как бы не вполне человек" [gleichsam nicht mehr ganz Mensch] (s. Esaulov 2000b:53).

[294] Siehe die Aufstellung von Palmwedeln am aufgebahrten Leichnam, die ursprünglich ein Symbol für Christi Martyrium waren (Tumarkin 1997:139).

[295] Man mag dies als „,degeneriert'" bewerten (Kissel 2004a:274), doch schmälern solche Wertungen den Befund eines unähnliches Rekurses nicht.

Gedichte betitelt: *Ленин с нами! [Lenin mit uns!]* (1927). Eines der bekanntesten Lieder der Stalin--Zeit gießt den Nachfolge-Appell in die Form eines Schwurs: „Мы будем, как Ленин, правдивы и честны".[296] Eine zentrale Rolle für die stalinistische Sozialdisziplinierung spielt auch das Kenose-Säkularisat der *большевистская скромность*.[297] Den Erfolg des Nachfolge-Aufrufs antizipierend, wird die Lenin-Gemeinde Sowjetunion – wie die christliche Gemeinde (s. 3.3.6) – als kollektiver Leib des Heilands entworfen.[298] Das Weiterleben Lenins in der stabsmäßig organisierten sowjetischen Erinnerung wird als Partizipation und Kommunion (russ. *причащение*) hingestellt.

---

[296] „Wir werden, wie Lenin, aufrichtig und ehrlich sein" (A. Sardan, V. Gul'binskij). Zur Schwur-Topik s. 8.8.3.2.
[297] Bolschewistische Bescheidenheit (vgl. Vajskopf 2002:234–238), vgl. dazu auch 8.8.1.
[298] Vgl. Tumarkin 1997:148; Esaulov 2000b:54.

8 Pavka Korčagin, oder Kenosis als Sozialdisziplinierung und Antidiszplin bei Ostrovskij

8.0 Agon und Anverwandlung

Reibungslos geht die Usurpation der Christusrolle durch Lenin (7.10) nicht vonstatten. Parallel zur funktionalen Usurpation der „heiligen Stelle" ist die atheistische Propaganda gegen das Christentum sowjetische Pflichtübung: Die Genealogie der eigenen Topik wird bekämpft.

Besonders deutlich stellt sich dies in der Frühphase der Sowjetliteratur dar. Christus wird zum Gegner, gegen den sich die neuen Dichter, proletarische wie avantgardistische, durchzusetzen suchen. Der nominell auf bolschewistische Linie eingeschwenkte Futurist Vladimir Majakovskij klagt in *Облако в штанах [Wolke in Hosen]* (1915/18) den christlichen Gott in antikenotischer Manier an:

> Я думал, ты всесильный божище,
> а ты недоучка, крохотный божик.[1]

Zugleich aber positioniert er sich selbst als „13. Apostel des Evangeliums" (Majakovskij 1973:I 75) – des Evangeliums der Revolution (s. Vajskopf 1997). Bei Konstantin dem Großen (s. 5.5.2.2) und Aleksandr Blok (s. 4.3.9.5) war der 13. im Bunde wieder Christus gewesen; wie dem Symbolisten drängt sich auch dem LEF-Futuristen Christus auf, kann er ihn so einfach nicht abschütteln.

Bei aller Agonalität bleibt die christologische Topik also präsent. Wie soll es auch anders sein, wo doch die Schlüsselfigur Lenin christoform modelliert wird und Schlüsseltexte der sowjetischen Traditionskonstrukte wie Černyševskijs *Что делать? [Was tun?]* (6.) und Gor'kijs *Мать [Die Mutter]* (7.) gezwungenermaßen oder gezielt christologisch strukturiert sind.

8.1 Elemente stalinistischer Kultur als Kenosis. Kontinuität oder Bruch?

So stellt sich weniger die Frage, ob der christologische „Überhang", der bei Černyševskij und Gor'kij unabweisbar vorhanden war, noch abgeworfen werden kann, als die, ob die epigonalen literarischen Spielarten im Sozialistischen Realismus (SR) der Stalin-Zeit überhaupt noch Neues bringen können. Die sowjeti-

---

[1] „Ich hatte gedacht, du seiest ein Riesengott,/ doch bist du ein vorzeitiger Schulabgänger, ein winziges Göttchen." (Majakovskij 1973:I 80).

schen Konstrukte von sozrealistischen Helden als direkten Nachkommen der Černyševskijschen und Gor'kijschen Protagonisten[2] sprechen für eine Kontinuität auch der kenotischen Elemente.

Westliche Thesen, die Ostrovskijs Pavka als gläubigen Kommunisten und zugleich Gegenentwurf zum rigoristischen Asketen Rachmetov (Slonim 1972: 216) sehen möchten, sind in nicht geringerem Maße zu einfach als die sowjetischen Filiationskonstrukte. Zudem wurde auch außerhalb der Sowjetunion die Behauptung vertreten, dass von Černyševskij und Gor'kij zu Ostrovskij eine Kontinuität in Heldenmodell wie Schreibweisen gegeben sei.[3] Stellt man in Rechnung, dass Ostrovskij Mitte der 30er Jahre, also nur wenig später für den SR kanonisiert wird als Gor'kij (s. 7.9.3), so dürften die beiden Texte vergleichbare Merkmale besitzen, die für dasselbe politische Propaganda-Ziel eingespannt werden können.

8.1.1 Opfertopik

Die immanentistische Weltsicht, für welche Černyševskijs und Gor'kijs Protagonisten gerade standen, ist im stalinistischen Kontext der 30er Jahre keine Privatmeinung mehr, im Untergrund bzw. Exil vertreten, sondern Staatsbürgerpflicht. Im Bewusstsein des militärischen Sieges schwindet bei der Mehrzahl der bolschewistischen Staatsvertreter die Angst vor religiöser Topik (Esaulov 2002:159), davor, dass der eigene Atheismus als Religiosität dekonstruiert und ihnen christliche Topik unterstellt werden könnte. Dabei wird in post-christlicher Topik im Dienste des totalen Staates vom Einzelnen Opferbereitschaft gefordert und die Predigt dieser Opferbereitschaft zum literarischen Auftrag erhoben:

> Само героическое в изображении социалистического реализма означает бескорыстный и сознательный подвиг во имя общего блага, сочетающийся с мужеством и смелостью и нередко проявляющийся в самопожертвовании героя.[4]

---

[2] „За Власовым в литературном ряду – герои Д. Фурманова, Павел Корчагин. Но до Павла Власова в этом ряду мы вспоминаем Рахметова." [Nach Vlasov kommen in der literarischen Reihe D. Furmanovs Helden und Pavel Korčagin. Vor Pavel Vlasov aber erinnern wir uns an Rachmetov.] (Vengrov 1952:286). Eine direkte Brücke führe von Rachmetov zu Korčagin, die Černyševskijs Prophezeiungen von „neuen Menschen" bestätige (Groznova 1981:111; vgl. auch Metčenko 1937:233f).

[3] Siehe Žekulins Černyševskij-Epitheton „Forerunner of Socialist Realism" (1963) oder Guskis These von einem kontinuierlichen Heldenmodell von Černyševskij über Voynich und Gor'kij zum sowjetischen Aufbauroman der 20er Jahre (Guski 1979:356). Auch Slonim meint, dass Ostrovskij „sichtlich beeinflusst" sei „von Gor'kijs *Mutter*" (Slonim 1972:217).

[4] „Das Heroische in der Darstellung des SR bedeutet eine uneigennützige und bewusste Heldentat im Namen des Gemeinwohls, die mit Mut und Kühnheit einhergeht und sich nicht selten in der Selbstopferung des Helden ausdrückt." (Petrov 1977:22).

Wie in der zu Stalin-Zeiten kanonisierten Aufforderung zur Lenin-Nachahmung (s. 7.10.3) ist die Opfertopik im SR und in der einschlägigen Sowjetforschung tief verwurzelt (vgl. auch Kavelin 1990:180). Das Erkenntnisziel der folgenden exemplarischen Lektüre eines sozrealistischen Romans – Nikolaj Ostrovskijs *Как закалялась сталь [Wie der Stahl gehärtet wurde]* – gilt daher zugleich Kontinuitäten kenotischer Logiken und Repräsentationsformen wie Weitertransformationen kenotischer Figuren-Modelle.

8.1.2 Struktur und Genealogie

Der doppelte Fokus auf Kontinuität und Transformation bezieht Position in der Frage nach religiösen Merkmalen der sowjetischen Weltanschauung. Die einschlägige Forschung lässt sich auf zwei – einander meist ausschließende – methodische Vorentscheidungen zurückführen: Ob die totalitären Ideologien funktional an Religion anknüpften oder auch noch genealogisch mit dem Christentum verwoben seien. Für Hans Günther kann angesichts der ideologischen Differenzen nur von einer funktionalen Analogie zwischen Ostrovskijs Roman und christlicher Hagiografie gesprochen werden:

> Es scheint, daß die Analogien in erster Linie aus der gemeinsamen didaktischen Intention hervorgehen. Das Vorhandensein eines dualistischen Wertsystems und die Vorherrschaft der didaktischen Funktion erzwingen offenbar, aller Verschiedenheit der zugrunde gelegten Ideensysteme zum Trotz, ähnliche Verfahren (wie z.B. die Idealisierung des Helden) und Sujetstrukturen. (Günther 1984:104)

Auch Svetlana Boym meint, dass die sowjetische Selbstaufopferungstopik und christliche Askese lediglich strukturell verwandt seien.[5] Entgegen dieser funktionalistischen Forschungsposition darf eine kulturgeschichtliche Analyse aber nicht bei *rational-choice*-Annahmen wie didaktischer Zweckhaftigkeit stehen bleiben. Rein funktionalistisch betrachtet wären christliche wie sowjetische Topik nämlich nur gezielt eingesetzte Disziplinierungstechniken,[6] die aber so schlicht rational-intentional – ein Rechnen mit der Irrationalität anderer – nie griffen. Es brauchte stets auch genealogisch bedingte Wiedererkennenseffekte.

Was die methodische Gegenposition – die einer direkten Genealogie – betrifft, so gibt es darunter Detail-Beobachtungen wie Clarks These vom subkutanen Sieg

---

[5] Boym 1994:89. Strukturell gedacht, aber psychologisch hypostasiert ist Sofronovas Setzung eines Archetyps Wiederauferstehung, welcher der christlichen Soteriologie und der quasi hagiografischen Charakterisierung Pavka Korčagins gemein sei (Sofronova 1995:98). Da die Existenz von Archetypen nicht verifizierbar ist, kann diese Vermutung für eine kulturgeschichtliche Frage wie die hier gestellte eingeklammert werden.

[6] Vgl. zur analogen Duldungsparänese von Kirche und Literatur im Zarenreich (5.2.7.1–5.2.7.2) und der ROK in der Sowjetzeit (5.2.4.3).

des *богостроительство [Gotterbauertum]*, das einen geheimen Subtext der 30er Jahre darstelle (Clark 2000a:152), undfrappierende Globalthesen. Diese finden sich zunächst im Umfeld von *Вехи [Wegmarken]*(1909) und *Из глубины [De profundis]* (1918), bei Izgoev (1990:157) und besonders bei Berdjaev (1955) oder später bei Losev (vgl. Esaulov 2000b:49f) und Sarkisyanz (1955). Die Genealogie eines spezifischen „русский коммунизм" [russischen Kommunismus] aus dem Geiste der Orthodoxie sind deshalb heikel, weil sie die Tendenz haben, einen russischen Sonderweg zu hypostasieren.[7] Keine methodisch eigenständige Alternative dazu bildet die These vom direkten Gegenteil – dass die sowjetische Ersatzreligiosität nämlich alle christlichen Topoi exakt umgekehrt habe (Esaulov 2000b:51–53). Exakte Umkehrung bedeutet einen enormen Grad an (genealogischer) Abhängigkeit und legt nahe, dass in der Gegenbewegung fast dasselbe betrieben wird wie in jener früheren Formation, von der die Abstoßung doch gerade gelingen soll.

Für beide Thesen – die strukturelle wie die genealogische – gilt der Vorbehalt, dass sie Gefahr laufen, überspannt zu werden. So werfen Günther und Kelly Katerina Clark die Überbetonung der Vergleichbarkeit von religiösen Ritualen und Sozrealismus vor[8] – und das, obgleich Clark selbst auf die Versuchung hinweist, zuviel „continuity (or similarity)" auszumachen. Es komme vielmehr darauf an,

> [to] trace a process whereby new meanings and new layers of complexity were added to the original [Christian] signs as they were taken up in a new context (a staggered system). (Clark 2000a:47f)

8.1.3 Ablösungsparadox und Apophrades
Vielleicht sind Struktur und Genealogie ja auch gar nicht voneinander zu trennen. Und zwar aus dem Grund, dass ein Neueres, das in einer funktionalen Analogie (bspw. im Sinne von Disziplinierungstechnik) zu einem Älteren steht, sobald es sich polemisch von diesem abgrenzt tritt, davon motivisch infiziert werden *muss*. Das kulturelle Gedächtnis kann durch Polemik nicht gelöscht werden.[9]

---

[7] Siehe Esaulovs Einspruch; 2000b:50; vgl. 5.6.2.
[8] Günther 1984:179; Kelly 2001:258.
[9] Die Komsomol-Tätigkeit (der Pavel Korčagin nachgeht) will religiöse Bildung durch säkulare ersetzen, schafft das zu Verdrängende aber nur scheinbar ab: „Стали слышны в селах новые песни, появились в избах, кроме псалтырей и сонников, другие книги." [In den Dörfern ertönen neue Lieder, und in den Hütten gab es jetzt auch andere Bücher neben Psaltern und Traumbüchern.] (Kap. 2 IV, Ostrovskij 1974:I 307; im Weiteren Verweise unter der Abkürzung *КЗС* auf diese Ausgabe und – trotz Neuübersetzung der Zitate ins Deutsche – informationshalber zusätzlich mit der entsprechenden Seitenausgabe der deutschen Übersetzung von Thomas Reschke in der Ausgabe von 1978, hier: 348). Ostrovskijs Satz besagt ja, dass die „auch anderen" Bücher nur *neben*

8. Pavka Korčagin

Jede polemische Absetzbewegung beschreibt damit eine Aporie. Weil sie dieselbe Systemstelle (z.B. Verhaltenssteuerung) zu besetzen beansprucht, muss eine polemische Absetzbewegung notwendigerweise die frühere Formation als negierte speichern. Die funktionale Analogie von sowjetischen Konzepten und christlichen Verhaltensvorgaben verdankt sich eben deswegen einer genealogischen Verbindung, weil sie als funktionale Analogie auftritt. Harold Bloom hat dieses Paradox mit der Überlieferungsmetapher Apophrades als „Wiederkehr verlorener und beinahe-fallengelassener Bedeutungen" zu beschreiben versucht (1997:127). In Anlehnung an seine Figur wird nachfolgend die Beobachtung von einer funktionalen Religiosität des SR, genauer der Christoformität des Musterhelden Pavka Korčagin in Nikolaj Ostrovskijs Roman *Как закалялась сталь [Wie der Stahl gehärtet wurde]* dahingehend zugespitzt, dass das Verdrängte gerade durch die Intention seiner Ersetzung, seiner Apotrope in veränderter Form wiederkehrt.[10]

8.2 Ostrovskijs Roman *Как закалялась сталь* – ein weltanschaulicher Monolith?

Nikolaj Alekseevič Ostrovskijs Erstlingswerk *Как закалялась сталь* avancierte zum kanonischsten aller Texte des SR. Scheinbar war das möglich, weil der Roman in seiner politischen Festlegung von Freund und Feind so unzweideutig war, dass er bedenkenlos zu sowjetischen Erziehungszwecken eingesetzt werden konnte. Nachfolgend soll nicht nur die Auffassung vertreten werden, dass die Festlegung pro Kommunistische Partei, Immanenz etc. im Text so eindeutig gar nicht ist, sondern auch die Hypothese geprüft werden, ob die Eignung für die Propaganda und der Erfolg, den der Roman hatte, nicht gerade auf solcherlei Zweideutigkeiten zurückzuführen sind (vgl. 5.6).

Methodisch ist zu diesem Zweck 1) ein *close reading* des Romans auf Ambivalenzen hin vorzunehmen, sind diese 2) symptomatologisch zu interpretieren und 3) die Rezeptionsgeschichte des Textes (auch wissenschaftlich nicht satisfaktionsfähige ‚Forschungen' der Stalinzeit) einzubeziehen. Dazu wird, vor allem am Schluss dieses Kapitels (8.8), auf die Prämissen der *History of Books*[11] zurückgegriffen. Die Kanonisierung, der Erfolg und die Nachahmungsphänomene, welche die Rezeption ausmachen, werden 4) auf die Ambivalenzen im Text zurückbezogen. Das Disziplinierungsinteresse von oben und inkommensurable Lektüren der

---

den offenbar weiter vorhandenen alten Psalter-Büchern auftauchen. Das Danebenstellen von antiklerikaler Literatur erweitert die Bibliothek, ersetzt aber nicht die Tradition.

[10] Die scheiternde Apotrope bringt Ostrovskij in größere Nähe zu Černyševskij als zu Gor'kij, der ja nicht apotreptisch, sondern strategisch-kalkülierend mit dem christologischen Erbe umging (s. bes. 7.2.7).

[11] Darnton 1982; beim SR bislang v.a. von Dobrenko 1997 betrieben.

"Konsumenten" – eine "Antidisziplin" im Sinne Certeaus[12] – treffen dieser Lesart zufolge aufeinander. Sie kontaminieren einander, befördern sich aber auch auf paradoxe Weise. Die These lautet: Eben weil Ostrovskijs Roman *КЗС* weit mehr Ambivalenzen aufweist, als es die theoretischen Postulate des SR vordergründig fordern, wächst ihm neben der Rolle einer offiziellen Norm auch enorme Breitenrezeption zu.

8.2.1 Erziehung eines Schwererziehbaren

Nicht alle Ambivalenzen werden vom SR verdrängt; eine Doppeldeutigkeit, die der SR sanktionierte, ist die erst allmähliche Disziplinierung des politischen Verhaltens des Protagonisten: Pavka Korčagins Entwicklung vom aufmüpfigen Schulknaben zum verantwortlichen Instruktor der Jugend genügt diesem klassischen sozrealistischen Muster scheinbar weitgehend. Pavka durchläuft den stereotypen Aufstieg vom Instinktiv-Spontanen (*стихийность*[13]) zu Bewusstheit (*сознательность*) und Disziplin (Clark 2000a:15–17). Sehen wir den Jungen anfangs eher mit instinktiver, aber nicht vom Ziel her reflektierter Abwehrbereitschaft[14] in einer vom Krieg aller gegen alle geprägten Gesellschaft (*КЗС* 1 I, 34/15), so wird explizit gemacht, dass dies lediglich eine zu überwindende Jugendetappe darstelle:

> Жухрай знал вех пришедших к Павлу. [...] Ему нравилась эта молодежь, еще не нашедшая своей дороги в водовороте борьбы, но ясно выражавшая стремление своего класса.[15]

Bei Pavkas politischer Wegsuche steht neben einer Reihe anderer Vaterersatzgestalten (der ältere Bruder Artem, später Letunov, Pankratov, Ledenev) vor allem der revolutionäre Matrose Žuchraj Pate (vgl. Clark 2000b:574–576). Indem die Vatergestalten, hinter denen die Partei-Autorität steht (Metčenko 1937:228), den Weg vorzeichnen, den der junge Protagonist erst noch erkennen und auf den er einschwenken muss (ein theologischer positiver Freiheitsbegriff; vgl. 10.6.4.2), ist Ostrovskijs *КЗС*, wie andere sozrealistische Romane auch,[16] weniger ein Entwicklungs- als ein "Erziehungsroman" (vgl. Groznova 1981:17). Die Vaterersatz-

---

[12] Certeau 1988:16; vgl. auch 4.2.3.
[13] Es ist dies die literarische Umsetzung des marxistisch-leninistischen Negativklischees gegen Bakunins Spontaneitäts-Fetisch gemäß Lenins verbindlicher Formulierung in *Что делать? [Was tun?]* (Lenin 1979/83:VI 1–183).
[14] "Никому не прощал он своих маленьких обид." [Niemandem verzieh er selbst kleinste Kränkungen.] (*КЗС* 1 I, 30/10).
[15] "Žuchraj kannte alle, die zu Pavel gekommen waren. [...] Er mochte diese Jugendlichen, die ihren Weg im Strudel des Kampfes noch nicht gefunden hatten, das Streben ihrer Klasse jedoch klar zum Ausdruck brachten." (*КЗС* 1 V, 102f/100).
[16] Sinjavskij 1967:417; vgl. Petrov 1977:11.

8. Pavka Korčagin

gestalten erziehen Pavka – gegen beträchtliche Widerstände ihres Zöglings – zu taktischem Geschick und parteipolitischem Bewusstein.

Die erste Stufe ist das taktische Geschick; der ältere Bruder domptiert Pavkas instinktive Hass-Reflexe, zunächst nach dem Rauswurf aus der Schule (*КЗС* 1 I, 35f/16), dann nach leichtsinnigem Waffenbesitz (*КЗС* 1 II, 54f/41). Der Erfolg des Lernprozesses stellt sich ein: Pavka begeht zwar gleich den nächsten Waffendiebstahl, sucht aber diesmal ein besseres Versteck (*КЗС* 1 II, 58f/46f). Der Bolschewik Žuchraj lehrt ihn durch sein eigenes Vorbild parteiliche Gewissheit:

> У него [Жухрая] не было ничего нерешенного. Матрос твердо знал свою дорогу, и Павел стал понимать, что весь этот клубок различных партий с красивыми названиями: социалисты-революционеры, социал-демократы, польская партия социалистов, – это злобные враги рабочих, и лишь одна революционная, непоколебимая, борющаяся против всех богатых – это партия большевиков.[17]

Obgleich das Erziehungsziel vorgegeben wird, halten Pavkas anarchische Neigungen viele Jahre vor. *КЗС* ist ein Erziehungsroman über einen Schwererziehbaren; Pavel beweist eine Widerborstigkeit, die über die vom SR theoretisch akzeptierte Ambivalenz hinausgeht. Noch im achten Kapitel des ersten Teils strebt Pavka entgegen dem Befehl von oben zu einer anderen Waffengattung,[18] was schließlich von Erfolg gekrönt ist (*КЗС* 1 VIII, 175/185).

In der frühesten Textfassung von 1932/33 waren Pavkas Aberrationen noch stärker; die redaktionellen Eingriffe und Ostrovskijs eigene Überarbeitung schwächen diese Unerziehbarkeit ab (s. 8.7.3), doch auch in der Fassung letzter Hand ist das Disziplinarcredo beinahe bis zum Schluss kontrafaktisch. Strikte Disziplin kann im Roman nicht zum Wert an sich werden; bürokratische Ordnung bleibt zweideutig.[19] Und selbst Bildung ist ein Stolperstein: Pavel lernt bis zum Schluss

---

[17] „Für ihn [Žuchraj] gab es nichts Ungelöstes. Der Matrose kannte seinen Weg, und Pavel begann zu begreifen, dass dieses ganze Gewirre verschiedener Parteien mit klangvollen Namen – Sozialrevolutionäre, Sozialdemokraten, Polnische Partei der Sozialisten – grimmige Feinde der Arbeiter waren und es nur eine revolutionäre Partei gibt, die unerschütterlich gegen die Reichen kämpft – die Partei der Bolschewiken." (*КЗС* 1 V, 101/98).

[18] „«А дисциплина, по-твоему, что? У тебя, Павел, все на месте, а вот насчет анархии, это имеется. Захотел – сделал. А партия и комсомол построены на железной дисциплине. Партия – выше всего. И каждый должен быть не там, где он хочет, а там, где нужен.»" [‚Was meinst du eigentlich, ist das, Disziplin? Du hast das Herz am rechten Fleck, Pavel, aber du hast einen Hang zur Anarchie. Was dir gerade in den Kopf kommt, machst du. Partei und Komsomol aber gründen auf eiserner Disziplin. Die Partei geht über alles. Und keiner hat da zu sein, wo er will, sondern da, wo er gebraucht wird.'] (*КЗС* 1 VIII, 172f/183).

[19] *КЗС* 2 III, 261f/294f. Hier ist der Einfluss der sowjetischen Antiformalismus-Kampagne (expliziter Formalismus-Vorwurf: s. *КЗС* 2 III, 262/295) evident.

nur wenig diszipliniert (Clark 2000a:132), bleibt ein Mann der Tat und nicht der systematischen Reflexion.[20] Erst als die Lähmung ihm den Aktionismus verwehrt, wird das Fehlen von Bildung klar als Mangel beschrieben (es hindert ihn, eine Redaktionstätigkeit anzunehmen; *КЗС* 2 VII, 372/426).

Die Zensur des früheren Ungestüms, ja der politischen Unzuverlässigkeit (Pavkas Sympathisieren mit der „Arbeiteropposition"), welche die verschiedenen Überarbeitungsstufen bringen (s. 8.7.3), hat nicht alle Spuren beseitigt. Umso mehr werden in der letzten Fassung die ehemaligen Vertreter der „Arbeiteropposition" als Disziplin-Störer denunziert (deren Hauptvertreter Dubava wird andauernd für seine „партизанские выходки"[21] kritisiert).

Erst ganz am Schluss, psychologisch nicht motiviert, sondern allein teleologisch notwendig, ist Pavka endlich diszipliniert: Als der Halbinvalide den Befehl bekommt, bei einem Manöver vom Pferd zu steigen und zu Fuß zu marschieren, was ihm starke Schmerzen bereitet, steigt er ab, um seinen Untergebenen kein schlechtes Beispiel fehlender Disziplin zu geben (*КЗС* 2 IV, 316/361). Erst jetzt ist Pavka Subjekt geworden – im Sinne von Subjektwerdung als Unterwerfung unter eine Autorität, von *sub-iectum* (vgl. 1.2.7).

8.2.2 Allmähliche Systematisierung von Wertungen

Indem Pavka zur Disziplin angehalten wird, muss sein Instinkt, der ihn ungeordnet gegen Menschen aufbringt, die er als soziale Gegner erlebt, in Bahnen gelenkt werden. In seiner Kindheit und Pubertät sind es Einzelgestalten, gegen die er aufbegehrt – anfangs der Priester, der ihn wegen kritischer Fragen maßregelt und aufgrund eines Jungenstreiches relegiert, sowie der Rivale um Tonja, der „родовитый польский шляхтич Лещинский".[22] Dann wird Pavka bei der Arbeit in der Küche der Bahnhofsgaststätte von Šepetovka systematisches Klassenressentiment beigebracht – anhand einer erweiterten Kategorie der Feinde: Dies sind als Ausbeuter hingestellte Gaststätten-Besucher (*КЗС* 1 I, 32f/13), Wirtsleute sowie die Handlanger der Reichen, die Kellner (*КЗС* 1 I, 37/18f). Ein erster fassbarer kollektiver Feind sind die Petljura-Banden. Politisch gerät die Feindkategorie in Zusammenhang mit der innerparteilichen „Arbeiteropposition" und schließlich mit der Gruppe um Trockij, Kamenev und Zinov'ev (*КЗС* 2 VII, 357/409). In der ersten Fassung funktionierte der Dualismus von Mehrheitslinie der Partei und

---

[20] Ob ein Revolutionär diese Reflexion braucht, wird offengelassen, da die positive Vatergestalt Pankratov gegen philosophische Bildung ausfällig wird und nur bedingt eines Besseren belehrt werden kann (*КЗС* 2 III, 258f/290f).
[21] „Partisanenallüren" (*КЗС* 2 II, 230/256).
[22] „Wiktor Leszczyński, der polnische Adlige aus alter Familie" (*КЗС* 1 V, 110/109).

8. Pavka Korčagin

Abweichlern noch kaum; eine (mit Ausnahmen einiger Spuren) trennscharfe politische Freund-Feind-Opposition ist erst nach vielen Überarbeitungsstufen erreicht. Was auf der Ebene der Bewusstseinsentwicklung des Helden nur schrittweise möglich scheint und im zweiten Teil einfach als abgeschlossen gesetzt wird, hat der Erzähldiskurs schon vorher umgesetzt – in Form dualer Wertungen und ein-eindeutiger Charakterisierungen. So wird die innere Gesinnung eines Menschen definiert über seine soziale Herkunft,[23] über sichtbar getragene politische Insignien (die rote Armbinde des revolutionären Partisanen; *КЗС* 1 II, 45/29), unverkennbare Redeweise oder Taten.[24] Wertungen werden durch abschätzige Kollektivepitheta[25] vorgegeben oder mit bestialisierenden Metaphern und Vergleichen[26] untermauert. Auch die qua Verbindung mit positiven oder negativen Figuren axiologisch festgelegten Intertexte werden in positive und negative Schubladen eingeordnet.[27]

Hier herrscht von Anfang an das Verfahren der axiologischen Überdeterminierung und redundanten Information.[28] Vom auktorialen Erzähler kann alles gesagt werden, jegliches Unbestimmte ausgemerzt (Robin 1992:74) werden. Diese ‚Kataphatik' (vgl. 3.5.6–3.5.8) lässt nichts mehr offen. Doch das ist nicht die persona-

---

[23] „«Ты славный парень, Сережа, мы тебе верим. Ведь твой отец тоже рабочий.»" [‚Bist ein feiner Kerl, Sereža, wir glauben dir. Dein Vater ist ja schließlich auch Arbeiter.'] (*КЗС* 1 IV, 91/86f).

[24] „«[...] ежели евреев грабить будут, то, значит, петлюровцы, а ежели «товарищи», то по разговору слыхать сразу.»" [‚(…) wenn sie die Juden plündern, sind es Petljura-Leute, und wenn es ‚Genossen' sind, hören wir's gleich daran, wie sie reden.'] (*КЗС* 1 IV, 84/ 77).

[25] So „бывшее офицерье" [Ehemaliges Offizierspack], „двухтысячный отряд головорезов" [zweitausend Halsabschneider], „разношерстная шакалья" [buntes Schakalsrudel] (*КЗС* 1 IV, 84f/76f, 97/93).

[26] Etwa: „с поросячьим визгом" [kreischend wie Ferkel], „как две бродячие собаки" [wie zwei streunende Hunde] (*КЗС* 1 IV, 89/84, 92/87).

[27] Affirmativ aufgerufene Prätexte sind z.B. eine Garibaldi-Biografie (*КЗС* 1 III, 80/72), Lenin-Dikta (*КЗС* 1 VII, 154/162), Marx' *Kapital* (*КЗС* 2 VI, 347/396), Voynich' Roman *The Gadfly [Овод]* (*КЗС* 1 IX, 190/204), Gor'kijs Werke (*КЗС* 2 III, 268/ 302) und Furmanovs *Мятеж [Meuterei]* (*КЗС* 2 VII, 353/404), aber auch das naturromantische Gogol'-Gedicht „Чуден Днепр..." [Herrlich ist der Dnepr...] (*КЗС* 1 VIII, 165/174). Negative Prätexte sind die sentimentale Ästhetik von Liebesfilmen (*КЗС* 2 I, 211/233; vgl. die ersten Szenen von Černyševskijs Roman, 6.5.4.1); Paul de Kock (*КЗС* 2 II, 220/243), von einem Saboteur gelesen; die Arie des Herzogs aus Rigoletto *La donna è mobile [O wie so trügerisch]*, von Wiktor Leszczyński gesungen (*КЗС* 1 V, 108/106) – mit Bedeutungstransfer vom Prä- auf den Posttext: jene Windigkeit, welche den Frauen nachgesagt wird, fällt bei *Rigoletto* auf den Fürsten, in *КЗС* auf Wiktor Leszczyński zurück. Dass sich die ein-eindeutige Festlegung wieder dekonstruieren lässt, steht auf einem anderen Blatt; etwa wird das Abenteuergenre (Kock und Voynich) verschieden gewertet (s. Guski 1981:142f zur Abenteuer-Genre-Affinität Ostrovskijs).

[28] Robin spricht von „hypercohesiveness" (1992:252).

le Perspektive des Protagonisten. Die Botschaft, die hinter dieser Spaltung in Eindeutigkeit und erst schrittweise eroberte Eindeutigkeit steht, ist die, dass objektiv alles stets schon dual gewertet sei und nur der noch unerzogene Held dies anfangs nicht ausreichend begreife.

Über lange Strecken ist Pavka auch nicht in der Lage, Tonja richtig einzuschätzen, die durch die personale Erzählperspektive (Pavkas ‚rosa Brille') lange nur unzulänglich in ihrer „feindlichen Klassenlage" „entlarvt" wird. Dadurch bleibt Tonja den gesamten ersten Teil hindurch der wichtigste nicht eindeutige, nicht von vornherein klassendeterminierte Charakter des Romans: „«Она особенная какая-то, на тех, богатеньких, не похожа,» – думал он, – «и бегает как черт.»"[29] Allerdings wächst Pavkas Hass zuverlässig. Eine schlichte Frequenzanalyse des Lexems „Hass" im Roman würde belegen, wie zentral diese emotionale Bewegung der Helden ist. So wendet Pavka sich schließlich auch pflichtgemäß von Tonja ab (*КЗС* 2 II, 245/273).

8.2.3 Gewalt gegen Gewalt

> Гуманизм советского человека – воинствующий гуманизм человека-борца. (Rozova 1951:20)

Aus dem richtig verstandenen Hass muss der angehende Bolschewik – nach der revolutionären Entwicklungslogik des Romans – die Notwendigkeit von Gewalt ableiten. Dieser Humanismus mit Ziel einer unterdrückungsfreien künftigen Gesellschaft ist, was die schlechte Gegenwart angeht, so friedliebend nicht. Da werden zwar die Gewalthandlungen der politischen Gegner wie rechter Hetmane bei Pogromen und Plünderungen angeprangert (literaturgeschichtliches Standardmotiv des misshandelten Mädchenleichnams; *КЗС* 2 IV, 96f/92). Dagegen erlaubt sich der Erzähler sympathetischen Sarkasmus, wenn die Gewalt die politischen Gegner selbst trifft: „[...] разлетелись, как гнилые арбузы, две петлюровские головы."[30] Auch die kleinbürgerliche Tonja scheint von der Ästhetik der proletarischen Gewalt begeistert, als Pavka den Gymnasiasten Suchar'ko übel verdrischt (*КЗС* 1 III, 63f/52). Gewalt rechtfertigt sich schlicht selbst: „[...] внушительный манлихер [...]. Это убедительный мандат."[31] Explizit approbiert die Erziehergestalt Žuchraj Gewalt, wenn sie denn auf das „richtige" Ziel gerichtet ist („«Драть-

---

[29] „‚Sie ist irgendwie besonders, nicht wie die Reichen', dachte er, ‚und laufen tut sie wie der Teufel.'" (*КЗС* 1 III, 77/69).
[30] „[...] wie faule Melonen platzten zwei Petljura-Köpfe auseinander." (*КЗС* 1 IV, 97/93).
[31] „[...] die imposante Mannlicher-Pistole [...]. Das ist ein überzeugendes Mandat." (*КЗС* 1 VII, 148f/156).

8. Pavka Korčagin

ся вообще не вредно, только надо знать, кого бить и за что бить.»"[32]) und bringt Pavka gar selbst das Boxen bei (*КЗС* 1 II, 56/43).

Es wird im Roman wohl gesehen, dass Gewalt zu Gegengewalt führt. Die Analyse der Arbeiter, die zum Dienst auf einer Lok gezwungen werden, welche Truppen zu einer Strafexpedition gegen linke Partisanen bringen soll, besagt, dass alle kämpfenden Soldaten dazu nur von den Herrschenden gezwungen werden (*КЗС* 1 III, 68/58); daraus folgt aber nicht passiver Widerstand, sondern eine eigene Mordtat, die zwar die Strafexpedition blockiert, aber wieder neue Gewalt nach sich ziehen wird,[33] die Täter zur Flucht zwingt und zur Heimatlosigkeit verdammt (*КЗС* 1 III, 73/64).

Das Personal des Romans besitzt wohl das Wissen um die verheerende Selbstdrehung der Gewaltspirale (vgl. Girard 1988), votiert aber für finale Gewalt, um diese Gewaltspirale ein für allemal anzuhalten.[34] Die Tugend des Revolutionärs aber ist vorerst die (wenngleich auf das Ziel der Gewaltüberwindung gerichtete) Gewalttat. Ein letztes Opfer soll dann die Spirale stoppen – wie es René Girard mit dem Paradigmenwechsel in seiner Philosophie der Gewaltnachahmung in *Je vois Satan tomber comme l'éclair*[35] vollzieht; bei Ostrovskij wird die revolutionäre oder klassenkämpferische Gewalt im Bürgerkrieg als Schritt zur Beendigung von Gewalt konzeptualisiert: „И он, Сергей, убивает для того, чтобы приблизить день, когда на земле убивать друг друга не будут."[36] Bei Girard ist es das gewaltsame Christusopfer, das die Gewaltspirale anhält (s. 3.0.4), bei Ostrovskij dagegen die Gewaltbereitschaft Pavkas,[37] die ihn selbst der Gefahr der Gegengewalt aussetzt und schließlich, als der politisch-militärische Sieg der Sowjetmacht errungen ist, auch körperlich zerschunden zurücklässt.

Finale Gewalthandlung und finales Opfer der eigenen Gesundheit stehen im Roman so eng beieinander, dass sie unauflöslich verbunden scheinen. Ist es die revolutionäre Gewalt, welche die Gewalt überwindet, oder doch die Opfertat?

---

[32] „'Sich zu prügeln, das kann nicht schaden, man muss nur wissen, wen man schlägt und wofür.'" (*КЗС* 1 II, 55/42).

[33] „«Теперь для нас заднего хода нет.»" [‚Jetzt gibt es für uns keinen Rückwärtsgang mehr.'] (*КЗС* 1 III, 55/59).

[34] Mit der kritischen Darstellung der parteiinternen Bespitzelung durch die Tscheka (*КЗС* 1 VII, 156/164) unterläuft dem Text die Botschaft, dass das *bellum omnium* unter Sowjetverhältnissen keineswegs endgültig befriedet wird. Es wird bloß verschoben.

[35] *Ich sah den Satan vom Himmel fallen wie einen Blitz* (Girard 2002) s. Harth 1992:31.

[36] „Er, Sergej, tötet, um den Tag näher zu bringen, an dem die Menschen einander auf Erden nicht mehr umbringen werden." (*КЗС* 1 VIII, 166/176).

[37] Wie bei Vera Zasulič und Egor Sazonov (5.5.5.2) wird Christoformität nicht mehr nur dem Opfer attestiert, sondern kommt auch dem Täter zu (s. 8.2.3).

8.2.4 Zäher persönlicher Aufstieg

Voller Pathos wird zum Schluss des Romans beschworen, das politische Ziel sei erreicht: Pavel erschaudert vor der Größe der Revolution (*КЗС* 2 VI, 344/392) und resümiert das zurückgelegte Wachstum des ganzen Landes (*КЗС* 2 VIII, 389/446). Die politischen Siege der Roten gehen aber nicht mit persönlichem Gewinn für Pavka einher; er wird lediglich Komsomol-Kommissar und erst spät in die Partei aufgenommen (*КЗС* 2 IV, 321/367).

Körperlich kann von Aufstieg keine Rede sein: Anfangs ist Pavel gesund und kräftig: In Kombination mit seinem besonderen Arbeitsethos[38] erlaubt ihm das, bis zu zwei verschiedenen Arbeiten tags und nachts nachzugehen (*КЗС* 1 III, 81f/73). Dies aber kann er nicht bewahren: Die im Titel maschinistisch metaphorisierte Reifung des Helden in den Wirren des Kriegskommunismus „zum Manne" („Возмужал, окреп."[39]) geht mit physischem Niedergang einher. Der politisch-militärische Sieg fällt mit der endgültigen Zerrüttung seiner Gesundheit zusammen.

8.3 Selbstwidersprüchlichkeit

Bei all dem klaren politischen Dualismus, der propagiert wird, finden sich im Text also auf verschiedensten Ebenen deutliche Spuren der stalinistischen selbstwidersprüchlichen Logik (Groys 1994:19). Die in der Forschung geläufige Diagnostizierung von Eindeutigkeitsbestrebungen allein reicht folglich nicht hin, um den Text in seiner Bedeutung (v.a. für die Breitenrezeption) einzuschätzen. Der Roman muss, will seine enorme Rezeption verstanden werden, einer genauen Lektüre im Hinblick auf Ambivalenzen unterzogen werden. Ein ‚Nebenverstehen' oder ‚Gegenverstehen' ist dabei nicht erst Anliegen einer postmodernen Episteme; nein, es ist, wie zu zeigen sein wird, schon integral für die sowjetische Rezeption. So muss – mit Robin gesprochen – der Blick gerichtet werden auf Momente der literarischen „text-ization", welche die programmatische „thesis-ization" mit ihren geschilderten manichäischen Polarisierungen unterläuft (Robin 1992:251.254). Ein solches Gegenverstehen lässt sich am besten mit Konzentration auf die religionsaffinen Dimensionen des Ostrovskijschen Romans demonstrieren, in deren Zentrum im Roman die Ambivalenz von Aufstieg und Abstieg steht.

---

[38] „«Да, парень справный,» – сказала Фрося, – «такого подгонять не надо.»" [‚Ja, der Junge ist in Ordnung', sagte Frosja, ‚den braucht man nicht anzutreiben.'] (*КЗС* 1 I, 33/14). Pavka verfüge über eine „неиссякаемая трудоспособность" [unermüdlicher Fleiß] (*КЗС* 1 I, 37/18).

[39] „Er reifte zum Manne und wurde kräftig." (*КЗС* 1 VIII, 166/176).

8.3.1 Bisherige Interpretationsangebote zu Erhöhung und Erniedrigung

Interessanterweise lassen sich die vorliegenden Interpretationen des Romans (bzw. des SR allgemein) auf die Antinomie von Aufstieg und Abstieg, Erhöhung und Erniedrigung blenden: Der berühmteste Zwischenruf zum SR, Sinjavskijs *Что такое социалистический реализм? [Was ist Sozialistischer Realismus?]*, setzt gleich an mehreren Punkten auf Erhöhungschiffren: Den SR kennzeichne eine teleologische Sujetanlage (1967:415–417); die Autoritätsinstanzen in den Texten leisteten sich die para-religiöse Hybris, im Besitz der Wahrheit zu sein (ebd.:431); die Darstellung könne daher gar nicht realistisch ausfallen, sondern müsste Ideale formulieren, wodurch auch die „positiven Helden" als ideal und nachahmenswürdig vorgestellt würden (ebd.:417). Auf *КЗС* bezogen, würde das bedeuten, dass die Erziehungsgeschichte Pavkas als Aufstieg zur Wahrheit zu verstehen sein müsste, als Erhöhung, welcher der Realismus zum Opfer gebracht würde, nicht aber der Held selbst.

Clark und Günther sehen Affinitäten des SR mit bestimmten Genres der monastischen Literatur; Clark bringt die Jakobsleiter des Johannes Klimakos ins Spiel (Clark 2000a:142; vgl. 4.3.6.1), die zwar auf monastische Askese bezogen ist, aber Askese als Übung (und nicht als Verzicht) begreift – als Übung, welche geistlichen Aufstieg erlaube (s. 4.4.3.2). Nicht viel anders Günther, der ausführt, dass *КЗС* durch das hagiografische Schema der Vitenliteratur lesbar sei; der Weg des Helden führe in vier Stufen von der Disposition des Kindes zu Besonderem (1 I–III) über Lehr- (1 V–2 II) und Lehrerjahre (2 III–VI) zur finalen Selbstüberwindung.[40] In dieser Schilderung der Erzählbausteine von Viten tritt gleichfalls der Erhöhungsvektor hervor,[41] und Günther liefert dazu eine rhetorische Flankierung: die hagiografische Trope der Überbietung (Günther 1984:97). Nun will es scheinen, dass durch all dies lediglich das politische Programm des Romans angemessen zu erfassen ist, die gegenläufigen Tendenzen und vor allem Pavkas physisches Opfer hingegen nicht. Ein einfacher Erhöhungsvektor erscheint als zu wenig.

Die gleiche Schwierigkeit besteht auch bei bloßer Erniedrigung. Sowie der Opferaspekt, der in der Tat für die stalinistische Topik wichtig ist, aus dem funktionalen Kontext (politisches *télos*) herausgelöst wird, bleibt nur eine Dimension der Bedeutungskonstitution der literaturgeschichtlichen Formation SR übrig. Das gilt auch, wenn, wie bei Clark, die Opferaspekte auf drei Hinsichten verteilt werden: Opferungshandlungen im Hinblick auf Tod, Liebe und Bekämpfung von Gemeinheit (Spionen, Trockisten, Saboteuren; 2000a:178). Selbst wenn man die Dimension des Arbeitsopfers hinzunimmt, die Sofronova an Pavka stark macht (1995:

---

[40] 2 VII–IX; Günther 1984:96f, vgl. auch Sofronova 1995.
[41] Zum Vektorenmodell s. 2.5–2.6.

96), fehlt noch die Würdigung – der gegenläufige Vektor. Denn alle Opfer werden *für* jemanden oder ein Ziel erbracht – und dieses kehrt den Vektor um.

Dagegen lassen andere Forscher diese Gegenrichtung gezielt aus: Dobrenko (1993:56) möchte am SR die Infantilisierung der Söhne im Rahmen einer Vater-Religion ablesen,[42] womit der Gehorsam die Haupttugend der Sohnhelden würde. Im SR ginge es dann nur um Vermeidung von Strafe, nicht um Erhöhung als Gegenbewegung zur Subordination. Ein positiver Ausblick wird auch nur vage gegeben, wenn der Askese-Gesichtspunkt in den Mittelpunkt gerückt wird, wie es Guski und I. Smirnov tun; Andreas Guski zufolge bewahren bei Ostrovskij „Entsagung und Resignation [...] dem Roman die Aura von Melancholie und Sehnsucht",[43] beinhalten also einen Ausblick auf eine Erhöhung jenseits des Textes. Innerhalb des Textes hingegen herrsche bei Korčagin die leidende „Körperlichkeit als Minusmerkmal" vor (1979:371).

Auf eine andere Fährte führt Guskis Gedanke, dass die Fähigkeit zum Opfer eine Auszeichnung sein könnte – das „Passionsprivileg des herausgehobenen Individuums" (ebd.:364). Damit werden nun Höhe und Erniedrigung in der Tat zusammengedacht. Auch in der stalinistischen Polemik Vengrovs gegen „feindliche" Interpretationen Korčagins als „великомученик",[44] z.B. gegen Gides Heiligenidentifikation (1952:252), wird deutlich, dass es eine Kombination von Leiden und Größe geben kann, die für eine offiziell-sowjetische Lesart ein Problem wird – nämlich eine uneindeutige Durchwirkung und paradoxe Verbindung von Erhöhung und Erniedrigung.

Paradoxalität zeichnet schließlich auch den Masochismus aus, der von Igor' Smirnov als Erklärungsmodell für den SR in Anschlag gebracht wird (1987): dem Negativum des Schmerzes stünde danach ein Positivum Lust entgegen. Rein strukturell betrachtet, weist das in eine produktive Richtung; die Masochismus-These produziert allerdings andere Probleme:

8.3.2 Exkurs: Die Masochismus-These
Die These vom SR als Masochismus ist eine kulturell und historisch begrenzte Spielart allgemeinerer Masochismusthesen – vom weiblichen oder vom christlichen Masochismus. Verbunden finden sich beide etwa in Diderots *La réligieuse*.[45]

---

[42] Es handelt sich dabei um eine Fortsetzung von Günthers These über das Heldentum als perpetuierte Unreife, s. 7.4.5.1, bzw. Kavelins Auffassung vom SR „als Kinderliteratur", deren Infantilismus auch die Sowjetliteratur von Tauwetter bis Perestrojka-Zeit infiziert habe (1990:184f.193).

[43] Guski 1979:364, zum Askese-Gesichtspunkt bei I. Smirnov s. 8.3.4.

[44] „Erzmärtyrer" (Vengrov 1952:251).

[45] Die Heldin von Diderots *La réligieuse [Die Nonne]* (um 1760, 1780 erschienen) kann sich trotz inneren Widerstrebens denen, die sie ins Kloster bringen und dort festhalten,

Kulturspezifisch formuliert ist die Herdersche zutiefst ambivalente These von einer besonderen Friedfertigkeit der Slaven und – damit einhergehend – Leidensbereitschaft (s. Herder 1877/1913:XIV 277–279). Die Aneignung von Herders Thesen durch slavische Wissenschaftler (s. Uffelmann 2005a) positivierte die Passivitätsannahme des deutschen Philosophen und verband sie mit Realia der slavischen Geschichte. Neben der traditionellen Landumteilungsgemeinde (Haxthausen, Gercen, Bakunin u.a.) wurde auch die orthodoxe Prägung in die Waagschale geworfen (bes. Ivan Kireevskij). Aus passiver Empfänglichkeit resultierte für die Slavophilen die getreue Übernahme und unveränderte Bewahrung des orthodoxen Christentums – im Kontrast zur vermeintlichen Entstellung dieses Erbes im aggressiven „romano-germanischen" Kulturtyp (am weitesten ausgeführt bei Danilevskij). Als Antidotum gegen dieses vermeintliche Prinzip egoistischer Selbstbehauptung stellt Konstantin Aksakov die für die meisten Slavophilen konsensfähige, nur scheinbar triadische Formel „терпение, простота, смирение".[46]

War das ambivalente Herdersche Heterostereotyp über die Slaven von diesen zu einem positiven Autostereotyp angeeignet worden, so findet der gegenläufige Prozess statt, wenn das positive Autostereotyp erneut zu einem negativen Heterostereotyp kippt. Die angebliche Friedfertigkeit wurde übersetzt in ein Unterworfen-Werden-Wollen der slavischen „Sklaven"-Völker und diente so zur Rechtfertigung für die Expansionsbestrebungen des Dritten Reiches nach Osten. Machte der Nationalsozialismus aus einem mehrfach gewendeten Stereotyp von Friedfertigkeit, Passivität, Leidensfähigkeit militärische Aggression, so wurden interkulturelle Ressentiments in der Nachkriegszeit in das Gefäß der Psychoanalyse gegossen. Die sowjetologische Forschung versuchte mitunter, eine russische Dialektik von Leidensfähigkeit und deren Umschlag in Aggressivität zu statuieren (vgl. Hingley 1977:15).

Diesen vermeintlichen Zusammenhang stellt auch der jüngste Vertreter einer solchen interkulturellen Psychoanalyse, Daniel Rancour-Laferriere her; auf zwei Bücher verteilt, erörtert er russische nationalistische Aggressivität (2000) und Masochismus (1995), wobei ersteres aus letzterem folge (2000:200–209). Im Buch von 1995 wartete er mit der These auf, „die Russen" kennzeichne eine „servile psychology" (Rancour-Laferriere 1995:2), weswegen die Rede von einer

---

nicht wirksam widersetzen. Die Opferrolle, in der sie trotz Aufbegehrens verharrt, ist einmal dem weiblichen Gendermodell anzulasten, aber auch mit den Klostertugenden in Verbindung zu bringen: Der weiblich-christliche Masochismus stellt sich als internalisiertes Kloster dar.

[46] „Dulden, Einfachheit, Demut" (s. Annenkova 1997:152).

„*Russian* slave mentality" (ebd.:5) gerechtfertigt sei.[47] Rancour-Laferriere definiert zu diesem Zweck einen para-psychoanalytischen,[48] scheinbar wissenschaftlichen Begriff vom „moral masochism" und titelt entsprechend: *The Slave Soul of Russia. Moral Masochism and the Cult of Suffering* (1995). Dieser „moralische Masochismus" wird von ihm zwar ansatzweise entsexualisiert; ein „moralischer Masochismus" komme auch ohne sadistischen Partner aus, ohne Freiwilligkeit[49] und sei ohne (ab)wertende Intention gemeint (Rancour-Laferriere 1995:7). Was hier herausgeholt wird, ist nicht nur die globalisierte Version eines extrem negativen Heterostereotyps, sondern zusätzlich die „psychologistische Keule" (N. Franz 1998:17) dessen, der vom Standpunkt der psychischen Gesundheit (dem Westen) aus besorgt über das vermeintlich kranke Russland nachdenkt.

8.3.3 Sozialistischer Realismus als Masochismus?

Weder ein interkulturelles Ressentiment, das sich wissenschaftlich Bahn bricht, noch die Problematik der Globalisierung eines individuellen Merkmals in Richtung eines irgendwie stabilen „Nationalcharakters" tangiert Igor' Smirnovs geschichts- und psychophilosophische[50] These vom Sozialistischen Realismus als Ausdruck eines masochistischen Psychotyps (1987). Dieser psychophilosophische Ansatz bedient sich zu definitorischen Zwecken der Logik; Masochismus sei Au-

---

[47] Rancour-Laferriere beeilt sich nachzuschieben, dass er keine Definition des russischen „Nationalcharakters" anstrebe, sondern nur einen Aspekt neben anderen entwickeln wolle, allerdings einen hoch charakteristischen und enorm verbreiteten (Rancour-Laferriere 1995:8). Zur Geschichte des Stereotyps der „S(k)lavenseele" s. Uffelmann 2005a.

[48] Die Individualpsyche, der „ontogenetic background" (Rancour-Laferriere 1995:4) ist für ihn vorgeblich nur eine Inspiration zur Beschreibung von einer anders gelagerten Kollektiveigenschaft.

[49] Das macht die wesentliche Differenz zur Kenose aus. Damit geschieht aber zugleich die Selbstunterminierung des Masochismus-Begriffs. Im Adverb „unduly" in der Verbalphrase „sacrifice themselves unduly" (Rancour-Laferriere 1995:7) kommt das Freiwilligkeitsmoment durch die Hintertür wieder herein.

[50] Diese geht 1994 ein in seine *Психодиахронологика [Psychodiachronologik]*, in der I. Smirnov die Geschichte der russischen Literatur mit dem Wechsel verschiedener Etappen in der Psychogenese eines Kleinkindes parallelisiert.

tonegation:[51] „[...] автонегация подразумевает сведение на нет некоторого первично или потенциально позитивного «я»-образа [...]".[52]

Noch eine weitere Analogie-Ebene führt Smirnov ein: die Kenose. Es gebe neben der christlichen auch eine masochistische, eben sozrealistisch-masochistische Variante der Kenose. Beide bedeuteten den Verlust eines Merkmals:

> В обоих случаях – и в христианской и в мазохистической версиях кенозиса – субъект выпадает из заданной ему роли. В процессе христианского кенозиса (передаваемом прежде всего агиографическими сочинениями) субъект, утративший изначальное содержание, довольствуется затем беспризнаковым бытием, полагает это бытие самоцелью (скажем, Алексей, человек Божий, совершает подвиг, неузнанным и нищим живя в доме богатых родителей). Напротив того, мазохистический кенозис развертывается так, что пропажа «я»-образа результируется в поведении, игнорирующем случившуюся деидентификацию личности: если «не-я» есть «я», то стать «не-я» и значит – сохранить «я».[53]

Die sozrealistisch-masochistische Kenose zerfalle in drei Facetten: familiäre, soziale und physische Kenosis (I. Smirnov 1987:125f). Zudem näherten sich männliche Helden weiblichen Gender-Mustern an, und Erdulden ersetze Handeln (ebd.:124). Während bei christlicher Kenose die Merkmale nur nach außen hin gestrichen würden, würde im Sozrealismus (und dem ihm assoziierten Masochismus) der reale Merkmalsverlust ignoriert: „[...] всякое не-присутствие вовне понимается под углом зрения мазохистической онтологии как присутствие

---

[51] Qua Negation bestimmten schon Hegel (s. 2.11.6) und Sergej Bulgakov die Kenose Christi: „Бог *стал ἐγένετο* – твари́ю, «плотию», и, как бы ни толковать слово «плоть», это значит, что Бог стал *не*-Богом, не переставая быть Богом." [Gott *wurde Geschöpf* – ‚Fleisch', und das bedeutet, wie man das Wort ‚Fleisch' auch immer ausdeutet, dass Gott zum *Nicht*-Gott wurde, ohne aufzuhören, Gott zu sein.] (1933:240, Hervorh. i. Orig.); vgl. zu Bulgakov 4.4.4.5 u. 4.4.4.6.

[52] „[...] die Autonegation bedeutet die Aufhebung eines ursprünglich oder potenziell positiven Ich-Bilds [...]" (I. Smirnov 1987:133).

[53] „In beiden Fällen – sowohl bei der christlichen wie bei der masochistischen Version von Kenose – fällt das Subjekt aus der ihm vorgegebenen Rolle heraus. Im Verlauf der christlichen Kenose (die vor allem von hagiografischen Werken tradiert wird), begnügt sich das Subjekt, das seinen ursprünglichen Inhalt verloren hat, mit einem merkmallosen Dasein und hält dieses Dasein für ein Ziel an sich (der Gottesnarr Alexios etwa vollbringt seine asketische Tat unerkannt und unter ärmlichen Bedingungen im Hause seiner Eltern lebend). Im Gegensatz dazu entfaltet sich die masochistische Kenose so, dass der Verlust des Ich-Bildes in einem Verhalten resultiert, das die geschehene Deidentifikation der Persönlichkeit ignoriert: Wenn Nicht-Ich Ich ist, dann heißt zum Nicht-Ich zu werden, sein Ich zu bewahren." (I. Smirnov 1987:123). Der von Smirnov verwendete Terminus „подвиг" wird alternativ mit Askese und Heldentat wiedergegeben, s. Bulgakovs *Героизм и подвижничество* (vgl. 5.3.7.4).

[…]".[54] Hier gebe es allein ein „номинальное обладание объектом".[55] Dass dies gerade auch politisch verstanden werden soll (ebd.:121), ist klar: Das Ignorieren des Merkmalverlusts, das stumme Leiden unter politischer Repression garantierten den existenziellen Fortbestand, „непрерывность бытия как такового".[56]

8.3.4 Kenosis vs. Askese

Igor' Smirnovs These ist hier nicht zuletzt aufgrund ihrer Kenosis-Metaphorik einschlägig, sodass im Folgenden bei der Frage, welche Teile davon tragfähig sind, der Masochismus-Begriff nur am Rande behandelt wird,[57] während die Kritik von Smirnovs Kenosis-Terminus eingehender sein muss. Das Problem daran ist weniger Smirnovs Kurzschließung eines metaphorischen Masochismus-Begriffs mit einem metaphorischen Kenosis-Begriff als die Kontamination des letzteren mit dem Konzept der Askese (die mit Kenosis-Nachahmungen einhergeht, aber nicht mit der Kenose Christi selbst identisch ist).

Als Begriff, der einen individualpsychologischen Mechanismus von Lust durch Schmerz beschreibt, fehlt dem Masochismus nämlich eine Dimension, welche der christlichen Kenosis anhaftet: die Transzendenz. Das primäre Subjekt der christlichen Kenose ist nicht etwa der „religiöse Mensch", wie Smirnov meint (1987:124), sondern der göttliche Logos, der in Jesus Menschengestalt annimmt. Christus verzichtet auf etwas erdenklich Positives (Göttlichkeit) und kämpft nicht wie ein Asket gegen etwas vermeintlich Negatives (wie irdisches Fleisch; vgl. 3.3.3.2). Immer wenn dieser Abstieg von einem überirdisch Hohen gestrichen wird – in menschlichen *imitationes Christi* oder auch einer Säkularisierung der Kenose –, besteht die Gefahr, nicht nur die Höhe zu vernachlässigen, von der abgestiegen wird (Phil 2,6), sondern auch die Höhe, auf die nach dem dogmatischen Sinn der Kenose wieder aufgestiegen wird (Phil 2,9; vgl. 2.2.3.4). Der von Smirnov behauptete Abstieg in Unbemerktheit („christliche Kenose") oder Merkmalslosigkeit („masochistisch-sozrealistische Kenose") ist mit Christi Kenose, mit

---

[54] „[…] jegliche Nicht-Präsenz wird unter der Perspektive der masochistischen Ontologie von außen als Präsenz begriffen […]" (I. Smirnov 1987:120).
[55] „Nomineller Besitz des Objekts" (I. Smirnov 1987:121).
[56] „Kontinuität des Seins an sich" (I. Smirnov 1987:119).
[57] Ist das Verbergen eines Verlustes nicht zu wenig, um von Masochismus zu sprechen? Wo ist das Lust-Moment am Schmerz, also die Positivierung des Negativen? Allein im physischen Überleben in einer repressiven Gesellschaft? Sollte da nicht besser von verborgenem Opfer gesprochen werden – das zwar einen Zweck (hier das Überleben) voraussetzt, aber keinen Lustgewinn? Und ist die Implikation sexueller Lust nicht dem sexualasketischen Einschlag des Sozrealismus (s. 8.4.5) zutiefst fremd? Wozu dann überhaupt der *Masochismus*-Terminus und nicht gleich *Askese* und *Repression*?

8. Pavka Korčagin

seinem Abstieg vom Merkmal Göttlichkeit zum Merkmal Menschlichkeit[58] nicht gedeckt. Schließlich dient die Inkarnation gerade der Repräsentation des Göttlichen (3.); Christus kündet als Mensch – unähnlich – vom Göttlichen.

Zutreffend ist Smirnovs Beobachtung von der Merkmalsverbergung wohl für den „religiösen Menschen", den Asketen. Die Differenz zwischen Masochist und religiösem Menschen, wie sie Smirnov annimmt, in dem Sinne, dass letzterer in sich das andere unterdrückt, während der Masochist sich selbst unterdrückt,[59] zeigt, dass Smirnov mit „christlicher Kenose" eigentlich Verzichtsaskese meint:[60] Askese kann man als Ausmerzung eines Schlechten, Irdischen, Anderen definieren, Kenose hingegen ist der Verzicht auf das (im christlichen Bezugsrahmen) maximal Positive: auf Göttlichkeit (vgl. Antonij [Chrapovickij] 1963:43). Askese und Entsagung von göttlicher Natur sind also beileibe nicht dasselbe (wenn auch Askese als eine Spielart der *imitatio exinanitionis* auftritt; s. 3.3.3.2, 4.4.3.2). Smirnovs Begriff von christlicher Kenose müsste eigentlich Askese lauten.

Der christliche Asket kann in seiner irdischen Demut wirklich einzig darauf hoffen, das verderbliche Andere in sich zu minimieren. Die Vorstellung, damit Gott effektiv näher zu kommen, neigt – s. Luthers Mönchtumskritik (3.3.3.2) – zur sündigen Selbstüberhebung. Für Christi Kenose gilt das nicht; sie setzt die Gewissheit der Erhöhung voraus (nur die Arianer sahen die Erhöhung als Belohnung; 2.7.2.1). Die kenotische Erniedrigung dient einem Heilszweck. Wo aber bleibt in Smirnovs metaphorischem Kenose-Begriff die Erhöhung? Wo der Zweck der Erniedrigung – des christlichen wie auch des masochistisch-sozrealistischen Kenotikers?

Christliche Zweckangaben für die Erniedrigung sind Repräsentation des Göttlichen, Erlösung der Sünder, Ruf in die Nachfolge (3.0). Deren Säkularisate wären an sozrealistischen Erniedrigungsgeschichten durchzubuchstabieren – was Smirnov nicht tut. Da wäre die menschlich-greifbare, niedere Darstellung der Heldengröße bzw. ‚Heiligmäßigkeit' des sich opfernden Revolutionärs; da wäre die Revolution als Erlösung der Menschheit von Ausbeutung; da wäre schließlich der Ruf in die politische Nachfolge in der Partei. Dass Smirnov diese Momente nicht ausführt, geht u.a. auf seine Bestimmung der *sedes doctrinae* zurück: Es mag

---

[58] Christi Knechtgestalt ist ein pointiertes Merkmal, wenngleich ursprünglich kein positives (doch dazu wird es im Laufe der Christentumsgeschichte; s. 2.6.1.3 u. 5.5.2.2).

[59] „Религиозный человек, в отличие от мазохиста, отрицает не себя, а другого в себе, свою не религиозную, мирскую идентичность." [Der religiöse Mensch negiert im Unterschied zum Masochisten nicht sich, sondern den Anderen in sich, seine nichtreligiöse irdische Identität.] (I. Smirnov 1987:124).

[60] Noch deutlicher wird dies bei I. Smirnov in der vermeintlichen Synonym-Reihe „Askese, Kenosis, Demut" (1992:50). Zur Abgrenzung von Verzichts- und Vergeistigungsaskese s. 4.4.3.2.

beckmesserisch scheinen, dies zu monieren, aber Smirnovs Versbegrenzung der christologischen Perikope Phil 2,6–13 statt der üblichen Grenzen 5–11 (I. Smirnov 1987:123) lässt den konstitutiven Aspekt der Paränese (Phil 2,5) aus. Dieses Moment aber ist gerade in der Korčagin-/Ostrovskij-Rezeption enorm stark: Der in Smirnovs Konzeptualisierung fehlende Aufstieg erfolgt bei Ostrovskij nicht zuletzt in der Nachahmung durch andere (s. 8.6.6.2).

Soteriologischer und paränetischer Zweck von Selbsterniedrigung, Repräsentation von Heiligmäßigkeit, heilsökonomisch sichere Erhöhung (Phil 2,11) – von all diesen Punkten wären politisch-säkular transformierte Reflexe erst noch am SR zu demonstrieren. Damit würde sich auch das Problem lösen, das sich Smirnov durch eine rein negative Bestimmung der masochistisch-sozrealistischen Kenose einhandelt: dass er nur eine Verlustgeschichte beschreiben kann. Das christliche Konzept der Kenose aber überschreitet den Erniedrigungsvektor; zwei Vektoren kreuzen sich (2.6). Diverse Elemente auch der SR-Texte lassen sich im Hinblick auf Erniedrigung und Erhöhung doppelt, paradox lesen.

Ungeachtet der Einwände lassen sich Smirnovs Facettenbestimmung familiäre, soziale, physische Kenose sowie Gender-Wechsel und Passivität nutzbar machen. Allerdings muss die Erhöhung, die das christliche Konzept der Kenose impliziert, auch im post-christlichen Kontext dazugedacht werden (2.7). Denn bei Ostrovskij finden sich beide Vektoren: Erniedrigung und Erhöhung.

8.4 Erniedrigungschiffren

8.4.1 Onomastik

Reduktion und Verkleinerung finden ihren Ausdruck bereits auf der sprachlichen Oberfläche: Mit der umgangssprachlichen Stilisierung der Repliken und partiell auch des Erzähldiskurses geht die häufige Verwendung von Diminutiven einher (Anninskij 1971:57). Gegenüber dem nur mit Nachnamen auftretenden Rachmetov, der vorzugsweise mit Vatersnamen genannten Nilovna und auch gegenüber seinem Namensvetter Pavel Vlasov erscheint Pavka Korčagin schon onomastisch verkleinert (als Wegbereiter Veničkas; vgl. 10.6.10.1). Nicht von ungefähr lehnt die Bürgertochter Tonja diese Diminuierung, für sie offenbar ein Anzeichen proletarischer Sprechweise, ab: „«Так вас зовут Павкой? [...] А почему Павка? Это некрасиво звучит, лучше Павел. Я вас так и буду называть.»"[61]

Zur Diminuierung von Pavel Korčagins Vornamen und denen fast aller anderer Gestalten im Roman (mit Ausnahme der Vatergestalten, der Parteiautorität Rita

---

[61] „'Pavka heißen Sie? [...] Warum Pavka? Das klingt nicht schön, Pavel ist besser. So werde ich Sie nennen'." (*КЗС* 1 III, 74f/66).

und auch der Feinde) kommt flankierend der Nachname Korčagin, der *krumm* und *kaputt* evoziert (s. I. Smirnov 1987:126) bzw. gemäß dem Phraseologismus *корчиться от боли* ‚sich vor Schmerz krümmen' für ein physisches Leidensprogramm steht.

8.4.2 Soziale Niederungen

Die Parteiposten, die Pavka nach langem Vorlauf schließlich bekleidet, sind keine hohen Funktionen. Aus diesem Grund meint die zwischenzeitlich weiter verbürgerlichte Tonja, als sie den von der Verlegung einer Eisenbahnstrecke[62] im Dauerfrost geschundenen und zerlumpten Pavka erblickt, dass er wohl „Pech" gehabt habe im Leben (*КЗС* 2 II, 245/273). Nelly Leszczyńska apostrophiert ihn gar als „«раб»".[63] Beide Charakterisierungen sind nach der politischen Logik des Textes natürlich falsch, aber für eine Lektüre para-christologischer Umwertungen und unterlaufener Kontinuitäten aufschlussreich. Ist doch δοῦλος/*раб*/*Sklave* das Kernwort der Umkehrungslogik von Phil 2,7.

Die Lumpen, in denen Pavka am Eisenbahnbau arbeitet, und der Schmutz, der an ihm haftet, weisen auf ein grundsätzlich abschätziges Verhältnis zu Äußerlichkeiten.[64] Wenn er dann noch im Winter aufgrund durchlöcherter Schuhe fast barfuss geht und dies für ihn angesichts des notwendigen Arbeitsopfers nicht ins Gewicht fällt (*КЗС* 2 II, 238/266; vgl. Sofronova 1995:96), sind Züge mönchischer Entbehrung nicht von der Hand zu weisen (s. 5.3.4.4). Diese sind neu funktionalisiert zu Arbeitsleistung, also innerweltlicher statt außerweltlicher Askese (s. Savramis 1989), setzen aber den alle weltliche Schönheit verachtenden Mönchshabit fort. Die Note proletarischer Deklassierung verschwindet auch nicht, als Pavka offizielle Posten in Komsomol und Partei bekleidet – selbst dann nicht, als er intellektuell, als Schriftsteller arbeitet.

---

[62] Den im Roman als vorbildliches Arbeitsopfer hingestellten Streckenbau verkehrt Veller in *Кухня и кулуары [Küche und Couloirs]* zum Vorbild des Schlendrians auf sowjetischen Baustellen, indem er nachrechnet, wie viel Arbeit nach den Angaben des Romans auf einen Komsomolzen entfallen wäre – zwei, maximal sechs Tage (Veller o.J.).
[63] „'Sklave'" (*КЗС* 2 III, 279/314).
[64] Sofronova 1995:96f. Der proletarische Antiästhetizismus wird zum Konformitätszwang: Das Bemühen um körperliche Schönheit wird verspottet: Gymnasiastinnen erscheinen „с напудренными носиками" [mit gepuderten Näschen] (*КЗС* 1 VII, 152/159) fremd; Tonja mit ihrer bürgerlichen Eleganz „passt nicht zu uns" (*КЗС* 1 IX, 190/205); der Parteifunktionär Olšinskij mit seinem „европейский лоск" [europäische Glanz] stößt Rita ab (*КЗС* 2 II, 229/256).

8.4.3 Politischer Gehorsam

Der Bewusstseinsaufstieg, den das rituelle Sujet des SR insinuiert, geht mit der Aufgabe eigener Initiative einher; Bewusstsein und eigener Handlungsantrieb erscheinen unter der Vorgabe von Parteidisziplin unvereinbar. Hier herrscht die Norm absoluten Gehorsams. Alle Abweichung von dieser Norm würde zu Anarchie oder spalterischer Opposition führen. Der Roman bildet auf diese Weise die durchaus selbstquälerische Erzählung von der eigenen Unzulänglichkeit, der langdauernden und dornenreichen Zähmung von Pavkas *стихийность [Spontaneität]*.

Wie Sofronova pointiert, ist Pavkas Unfrei-Werdung integraler Teil des hagiografischen Schemas (1995:95). Sie gehört, so Clark (2000b), zur Grundkonstellation des SR und zur Aktantenrolle des Protagonisten als Sohn, der sich gegenüber Vaterautoritäten wie der Partei seiner Initiativkraft zu entkleiden hat. Es ist eine Sohnesgestalt, die sich erniedrigt – und so an die Kenose des Gottessohnes erinnert, die ja gleichfalls über den Gehorsam motiviert wird (s. 2.2.3.3) und die Gehorsamstopik des Mönchtums hervorbrachte (s. bspw. 5.3.5.3). Christentumsgeschichtlich betrachtet, wird hier die mönchische Gehorsamsdisziplin zu Zwecken einer allwissenden Partei militarisiert – und stellt man in Rechnung, dass die mönchische Disziplin bei Pachomius wie Ignatius von Loyola aus deren militärischer Sozialisation herrührt (s. 5.5.3.1) – remilitarisiert und resäkularisiert wird.

8.4.4 Familie

Die militärische Notwendigkeit ist es auch, die von den Jungbolschewiken Pavka und Sereža eine Absage an die leibliche Familie fordert. Nur so können sie in die neue Familie Partei bzw. Sowjetarmee aufgenommen werden (s. *КЗС* 1 VII, 153/161), in der sie aufgehen: „Сережа забыл семью, хотъ и она была где-то совсем близко."[65]

Als die alte Familie ihre Rechte einfordert, wird sie zurückgewiesen: Sereža erteilt seiner Mutter die Absage, sie werde ihn nicht davon abhalten, mit den Roten zu kämpfen (*КЗС* 1 VII, 145/152) – eine Absage, die christoform gerät wie Jesu Abfuhr an Mariä Fürsorglichkeit „Τί ἐμοὶ καὶ σοί, γύναι;".[66] Dem Erzähler ist wichtig klarzustellen, dass es sich dabei um eine durchaus bittere Entsagung handelt, keine bloße Kaltblütigkeit (vgl. Rachmetov, 6.5.2.1), und lässt Sereža sagen: „«А я тоже о семье думал. Понимаю я, что если отступим, то вас за

---

[65] „Sereža vergaß seine Familie, obwohl sie ganz in der Nähe wohnte." (*КЗС* 1 VII, 148/156).
[66] „Was geht's dich an, Frau, was ich tue?" (Jh 2,4). Vgl. auch 9.4.1.

меня преследовать будут. [...] А дома я сидеть не могу.»[67] Auch Jesus sagte ja seinen Jüngern Repressionen voraus:

> Εἰ ὁ κόσμος ὑμᾶς μισεῖ, γινώσκετε ὅτι ἐμὲ πρῶτον ὑμῶν μεμίσηκεν. [...] εἰ ἐμὲ ἐδίωξαν, καὶ ὑμᾶς διώξουσιν· [...] ἀλλὰ ταῦτα πάντα ποιήσουσιν ὑμῖν διὰ τὸ ὄνομά μου, [...][68]

Der Kampf mit der Waffe ist für die Jungen eine Feuertaufe. Damit verweist der mütterliche Versuch, den Sohn vor der Gefahr des Kampfes mit der Waffe zu bewahren, neben der christlichen Familien-Absage noch auf ein anderes Motiv – das der Stählung Demophoons zum Gott; Demophoon stirbt, als seine Mutter ihn, den Prozess der Ausbrennung der Sterblichkeit nicht begreifend, aus dem Stählungsfeuer retten will. Bei Ostrovskijs Protagonisten hingegen gelingt die Stählung durch Kampf- und Arbeitsdisziplin (*КЗС* 2 II, 237/265), die Maschinisierung des Menschen[69] – als innerliche Härtung, wobei die Unsterblichkeit Demophoons nur um den Preis der physischen Degradation erreicht wird.

8.4.5 Sexualaskese

> «Вы мне еще будете указывать, с кем я спать должен! Довольно мне акафисты читать!»[70]

Wo der Kämpfer der Mutter entsagen muss, um die Stählung erfolgreich durchzustehen, da kann auch eine Partnerin dieses Ziel nur gefährden. Um dies plausibel zu machen, wählt der Roman allerdings Mittel, die über das Ziel hinausschießen: Frauen werden vom bolschewistisch-männlichen Textsubjekt stellenweise mit dem Teufel assoziiert.

Zunächst treten lasziv tanzende weibliche Körper im Gefolge der Petljura-Banden auf; politische Gegner werden durch die Anwesenheit von körperlich aufreizenden Frauen und ihre lüsternen Reaktionen auf diese genauso diskredi-

---

[67] „,Natürlich habe ich auch an meine Familie gedacht. Ich weiß wohl, wenn wir uns zurückziehen, werden sie euch meinetwegen verfolgen. [...] Aber zu Hause hocken kann ich nicht.'" (*КЗС* 1 VII, 154/162).

[68] „Wenn euch die Welt hasst, so wisst, dass sie mich vor euch gehasst hat. Haben sie mich verfolgt, so werden sie euch auch verfolgen. All das werden sie euch tun um meines Namens willen." (Jh 15,18–21).

[69] I. Smirnov 2000:22. Vgl. die Rezeptionsschablone vom „stählernen Pavka", etwa bei Metčenko 1937:231.

[70] „,Ihr werdet mir noch vorschreiben, mit wem ich schlafen soll! Ich hab' genug von euren Akathistos-Hymnen!'" (*КЗС* 2 VI, 346/396).

tiert[71] wie die Frauen durch ihre Komplizenschaft mit den politischen Gegnern: ein Teufel potenziert den anderen. Auch in Bezug auf die zumindest zeitweise ambivalente Gestalt Tonja entschlüpft Pavka bei der ersten Begegnung: „«Принес леший вот эту.»"[72] Frauen erscheinen, wo der Fokus sich auf ihre biologische Weiblichkeit richtet, in gut monastischer Tradition als Emissärinnen des Teufels.

8.4.5.1 Positive Androgynie

Im Gegenzug lobt der Erzähler die scheue Jugend, die zu schüchtern sei, um Liebesaufwallung in sexuelle Handlung münden zu lassen (*КЗС* 1 VI, 140/145). Erwachsene Frauengestalten sind positiv, wenn sie androgyn erscheinen:

> Устинович оказалась восемнадцатилетней дивчиной с темными стрижеными волосами, в новенькой гимнастерке цвета хаки, перехваченной в талии узеньким ремешком.[73]

Zwischen solch androgyn neutralisierten Genossinnen und Genossen (das Russische nivelliert das Geschlecht im nicht movierbaren *товарищ [Genosse]*) ist geschlechtlicher Eros (nicht partei-interne ‚Agape'[74]) inadäquat. So untersagt Rita Ustinovič Sereža selbst seine zaghafte Gefühlsäußerung, die als Ermunterung zur Arbeitsdisziplin, also zum asketischen Gegenteil von Gefühl daherkommt,[75] und tadelt sie als deplazierte „«лирика»".[76]

Das literarische Potenzial eines unterdrückten Gefühls – Ironie und Ambivalenz – versagt sich der Text aber nicht gänzlich (*КЗС* 1 VII, 160/168). So kommt es schließlich doch noch zur erotischen Annäherung zwischen Sereža und Rita. Davor aber stehen vier Aufschübe: 1) ein getrenntes Nacktbaden, 2) die Kontrastierung des pflichtbewussten angehenden Liebespaares Rita-Sereža mit dem schon onomastisch diskreditierten arbeitsscheuen Čužanin (s. *чужой* ‚fremd') und der

---

[71] „Павлюк мутным взглядом вперился на ноги поповны, облизнул языком пересохшие губы [...]" [Mit trübem Blick maß Pavljuk die Beine der Popentochter und leckte sich die trockenen Lippen (…)] (*КЗС* 1 IV, 88/81).

[72] „‚Die hat wohl der Teufel hergeführt.'" (*КЗС* 1 III, 60/48).

[73] „Die Ustinovič entpuppte sich als Mädel von achtzehn Jahren mit kurzgeschnittenen dunklen Haaren. Sie trug eine neue khakifarbene Feldbluse, die in der Taille von einem schmalen Gürtel zusammengehalten wurde." (*КЗС* 1 VII, 149/156).

[74] Zum Agape-Begriff, der Diskrepanz von kirchlichem Ideal und sozialer Praxis und der Übertragbarkeit auf eine womöglich noch stärkere Diskrepanz zwischen dem beschworenen Ideal der Parteisolidarität und der Korruptionspraxis vgl. auch 10.4, bes. 10.4.8.

[75] „«Почему, товарищ Рита, мне всегда хочется тебя видеть?» – И добавил: – «С тобой так хорошо! После встречи бодрости больше и работать хочется без конца.»" [‚Warum, Genossin Rita, möchte ich dich immerzu sehen?' Und fügte hinzu: ‚Mit dir ist es so schön! Wenn wir uns gesehen haben, fühle ich mich munterer und möchte endlos arbeiten.'] (*КЗС* 1 VII, 159/167).

[76] „Lyrik" (*КЗС* 1 VII, 159/167).

bürgerlichen Jugendliebe Pavkas, Tonja, 3) eine gemeinsame Schießübung Ritas und Serežas und 4) ihr Tadel für seine hellblauen (zu romantischen, zu weichen) Augen und ihr Votum für „стальные"[77] Augen. Der Kuss, den Rita letztlich verabfolgt, hat mehr von Gewalt und Trieb als von Gefühl.[78] Das literarisch konventionelle Verstummen des Erzähldiskurses schließt Geschlechtsverkehr nicht aus. Die militärisch motivierte Trennung der Liebenden wird aber wieder sittenstreng mit einem bloßen „schmerzhaften" Händedruck besiegelt (*КЗС* 1 VII, 163/172).

8.4.5.2 Entsagung von Liebesglück
Nicht bloß in dieser Passage spielen Abschiede eine herausragende Rolle bei der Schilderung von zwischengeschlechtlichen Beziehungen. So muss Pavka, nachdem er Žuchraj befreit hat, auf der Flucht vor den Petljurovcy von der geliebten Tonja weg (*КЗС* 1 VI, 141/146). Doch die Abschiede von Tonja erlangen prinzipiellen Charakter: Von ihr muss sich Pavka entfernen, weil sie mit Feinden seiner Klasse verkehrt (vor allem mit dem Adligen Wiktor Leszczyński; *КЗС* 1 V, 105/103). Privat hält er den Kontakt aufrecht, als er sie aber seinen Kampfgenossen vorstellt, lässt sich ihr „дешевый индивидуализм"[79] nicht mehr übersehen, und Pavel wird gedrängt, die Konsequenz der endgültigen Trennung zu ziehen (*КЗС* 1 IX, 191/206). Diesem Autoritätsdiktat beugt er sich. Er folgt dem Über-Ich der moralischen Forderung der Partei (s. Fast 1999:65).

Pavkas Sexualaskese ergibt sich also aus kontingenten Umständen und wird von ihm erst spät zum Prinzip erhoben. Während einer Genesungsphase kurz zu seiner Mutter zurückgekehrt, erläutert Pavel ihr ein politisches Askese-Gelübde, das er abgelegt habe – eine explizitere, allerdings aufgrund der Kolloquialismen ironische Variante von Rachmetovs Diktum: „«Я, маманя, слово дал себе дивчат не голубить, пока во всем свете буржуев не прикончим."»[80] Aufschlussreich dabei ist, dass die ansatzweise erotischen Szenen im Zuge von Ostrovskijs Überarbeitung der Erstfassung reduziert wurden (Nikulina 1957:151); wie Pavka aus dem bisherigen Scheitern seiner Liebesversuche nach und nach einen prinzi-

---

[77] „Stahlfarbene" (*КЗС* 1 VII, 160–163/169–171).
[78] Die weibliche Partnerin bestimmt das Tempo der Annäherung, übernimmt aber auch die Initiative (Bad, Kuss), eine Dosis Gender-Switching, die den männlichen Part des Aktivitätsphantasmas beraubt und, I. Smirnovs Beobachtung (1987:124) gemäß, in eine vermeintlich charakteristisch weibliche, passive Position versetzt. Anders als bei Černyševskij (6.6.1) ist an dieser Stelle die Frau selbst Trägerin und Agentin der Emanzipation.
[79] „Billiger Individualismus" (*КЗС* 1 IX, 191/206).
[80] „'Ich habe mir geschworen, Mama, den Mädels keine schönen Augen zu machen, bis wir auf der ganzen Welt mit den Bourgeois fertig sind.'" (*КЗС* 2 III, 254/285).

piellen Schluss zieht, so gewinnt der Text insgesamt den prononciert asketischen Ton erst im Zuge der Überarbeitung.

Die kontingente Genese von Pavkas Askese, die Ironie, mit der er sie kommuniziert, und die Verstärkung dieses Motivs im Prozess der Überarbeitung von *K3C* tun der Tatsache keinen Abbruch, dass Pavka *im Ergebnis* als Entsager auftritt, dass er privates Glück mit „natürlich gewordenem Uneigennutz" (Usievič 1958: 22) dem Ziel des politischen Sieges nachordnet. Wie bei Rachmetov kann die Sexualaskese bei Pavka damit auf ein hagiografisches Schema zurückverwiesen werden (Günther 1984:99).

8.4.5.3 Prinzipientreue über Mitleid

Lange bevor Pavka die Sexualaskese als Prinzip formuliert, ist er mit einem Zielkonflikt konfrontiert: Von den Petljurovcy verhaftet, sitzt er gemeinsam mit einem Bauernmädchen namens Christina ein.[81] Dieses erbittet von Pavka angesichts der drohenden Massenvergewaltigung einen Liebesdienst: Er möge anstelle der Vergewaltiger derjenige sein, der sie entjungfere (*K3C* 1 VI, 122/123). Doch Pavkas Mitleidsfähigkeit geht über ein keusches Hand-Streicheln (ebd.) nicht hinaus; er denkt an Tonja. In dieser komplexen sozialen Situation besteht sein Ausweg im Nicht-Handeln; die Hilflosigkeit des dualistisch denkenden Pavka in einer komplexen Situation äußert sich in einer Übersprungshandlung, der deplazierten Floskel „«Ты – хорошая,» – и еще что-то говорил, чего сам не понял."[82]

Die Bedeutung der Szene geht qua Signalwirkung über die Treue zur jugendlichen Geliebten hinaus; Platonov (1980:66) kritisiert in seiner Besprechung von *K3C* Pavkas Verhalten als Ausdruck übermäßiger Prinzipientreue – man darf annehmen: aus dem Grund, dass der schriftstellerisch überlegene Kollege das ästhetische Potenzial von Komplexität verschenkt sieht.

8.4.5.4 Anstandsdame Partei

Nach all diesen misslingenden Beziehungen gibt es aber doch eine Lössung: Die Sanktionierung einer Beziehung durch den gemeinsamen Dienst von Männern und Frauen in der Partei. Diese Kanalisierung des Eros in politische ‚Agape' (vgl. 10.4.8) gilt als akzeptabel. Eine derartige Kanalisierung ist das Ziel von Pavkas

---

[81] Warum hier der Christenname – etwa wegen ihrer Opferrolle? Oder aufgrund eines intertextuellen Bezugs auf Gor'kijs *Исповедь*, wo Matvej von einer Nonne um Zeugung eines Kindes gebeten wird, wodurch sie das Kloster verlassen könnte (Gor'kij 1960:IX 256f)? In diesem Falle würde der Unterschied zwischen Gor'kijs *nihil humanum a me alienum puto* und Ostrovskijs Rigorismus deutlich.

[82] „‚Bist ein gutes Mädchen', und er sagte noch Weiteres, was er selbst nicht verstand." (*K3C* 1 VI, 123/124).

Versuch der Wiederannäherung an Tonja nach seiner ersten Kopfverletzung. Wäre die Partei als Dritte mit im Bunde, so wäre eine Verbindung denkbar:

«И я плохим буду мужем, если ты считаешь, что я должен принадлежать прежде тебе, а потом партии. А я буду принадлежать прежде партии, а потом тебе и остальным близким.»[83]

Tonja ist dazu nicht bereit. Anders verhält sich später Taja Kjucam, als der politische Kampf um die Sowjetmacht im Großen und Ganzen gewonnen erscheint (der Enthaltsamkeitsschwur entfällt damit, auch wenn dies nicht explizit gesagt wird). Taja besitzt hinreichendes politisches Bewusstsein, um Pavkas Heiratsantrag richtig zu verstehen. Diesen begründet er folgerichtig nicht mit einem Gefühl für sie, sondern in sachlicher Form: Pavka stellt gegenüber seiner künftigen Frau Taja Ehe als Verlängerung von Freundschaft mit anderen Mitteln hin, wenn er sie fragt: „«Ты станешь моей подругой, женой?»"[84] Basis für die Ehe ist nunmehr vor allem anderen Verantwortung – eher ein elterliches denn ein partnerschaftliches Verhältnis: „«Тебе остается одно: поверить, что такие, как я, не предают своих друзей... […]»",[85] redet Pavka seiner erwünschten Solidarpartnerin zu. Er ist nun gereift, eine ‚Vaterrolle' zu übernehmen und eine jüngere Frau zur politischen Jüngerin zu nehmen (vgl. 4.4.4.3).

8.4.5.5 Überwindung von Versuchungen

Bis es dazu kommt, muss Pavka eine Reihe Anfechtungen durchstehen: In Tonja verliebt, verdingt er sich noch bei einer zweiten Arbeitsstelle, um sich einen Friseurbesuch und neue Kleidung leisten zu können (*КЗС* 1 III, 83/75). Er erliegt zeitweise der Doppelversuchung Frau und sozialer Aufstieg, um sich später von beidem zu distanzieren.

Auch die Parteigenossin Rita kann Pavka zuerst nicht, wie er es für nötig ansieht, als geschlechtsneutrale Genossin ansehen; als er sie betrachtet und in ihr eine attraktive Frau erblickt, verbietet er sich die „«грешные» мысли":[86]

Для него Рита была неприкосновенна. Это был его друг и товарищ по цели, его политрук, и все же она была женщиной. […] От близости родилось непреодолимое желание найти эти губы. Напрягая волю, подавил это желание.[87]

---

[83] „Und ich werde ein schlechter Ehemann sein, wenn du meinst, dass ich vor allem dir und erst dann der Partei gehöre. Ich werde erst der Partei gehören und danach dir und den anderen Verwandten.'" (*КЗС* 1 IX, 191/207).
[84] „Willst du meine Freundin werden, meine Frau?'" (*КЗС* 2 VIII, 377/433).
[85] „Dir bleibt nur zu glauben, dass solche wie ich ihre Freunde nicht im Stich lassen... […]'" (*КЗС* 2 VIII, 378/433).
[86] „‚Sündige' Gedanken" (*КЗС* 2 I, 200/219).

Wenn Igor' Smirnov mit seiner Überzeichnung Recht hat, die Sowjet-Anthropologie leugne die körperliche Seite des Menschen,[88] dann lassen sich in Ostrovskijs Roman klare Tendenzen in diese Richtung ablesen. In Reinform realisiert werden sie nicht, es ist vielmehr eine Ambivalenz vorhanden, die paränetisch entscheidend ist. Pavka ist kein von nichts berührbarer souveräner Held (er ist von geringerer Heldenstatur als Rachmetov), sondern unterliegt ganz menschlich diversen Versuchungen (vgl. 2.7.1.3). Das aber erhöht das Potenzial der Identifikation mit ihm – der genauso versucht wird wie jedermann, sich jedoch überwindet – was sich wiederum jedermann zum Vorbild nehmen soll.[89]

8.4.6 Leidende physische Natur
Politische Siege fürs größere Ganze wie die Befreiung Žuchrajs unter Pavkas Zutun können von ihm nicht genossen werden; sie ziehen sofort den Preis individueller Erniedrigung nach sich. Folgende Gedanken hat Pavka in der ersten Nacht in Haft: „Первая попытка вмешаться в борьбу окончилась для него, Корчагина, так неудачно. С первого же шага схватили и заперли, как мышь в ящике."[90] Dieses Schema von politischem Fortschritt und individuellem Preis, der dafür gezahlt werden muss, setzt sich fort; die für eine ganze Stadt überlebenswichtige Eisenbahnstrecke kann bspw. nur gebaut werden um den Preis von Erfrierungen an Pavkas Füßen und schließlich seiner Erkrankung an Typhus.

---

[87] „Rita war für ihn unantastbar. Sie war sein Freund und sein Genosse, sie war Politleiter und trotzdem eine Frau. [...] Die Nähe gebar den unbezwingbaren Wunsch, ihre Lippen zu suchen. Er unterdrückte den Wunsch mit ganzem Willen." (*КЗС* 2 I, 204f/225).

[88] I. Smirnov 2000:20. Das offizielle Menschenbild sei „антропоцентробежный" [anthropozentrifugal] (ebd.:17).

[89] Siehe 2.6.1.4. Vgl. auch Laubs Interpretation der Versuchung des erniedrigten Christi als Gehorsamsparänese: „Weil der Sohn versucht wurde und gelitten hat, haben wir einen mitfühlenden Hohepriester. [...] Als weiterer Markierungspunkt im theologisch-paränetischen Konzept des Verfassers [des Hebräerbriefs] kommt dann zur Aussage von der Versuchung und der Sündlosigkeit der Begriff der ὑπακοή [Gehorsam] hinzu. [...] Diese christologische Linie erfährt wieder zugleich eine paränetische Zuspitzung in dem von einer Gemeinde, die in der Gleichheit der Versuchssituation sich mit dem irdischen Jesus verbunden wissen darf, geforderten ‚Gehorchen' als Bedingung dafür, den durch Leidensgehorsam zur Vollendung gelangten Jesus als Urheber ewigen Heils zu erfahren." (Laub 1980:108–112).

[90] „Der erste Versuch, in den Kampf einzugreifen, hatte für ihn, Korčagin, ein so ungünstiges Ende genommen. Beim ersten Schritt hatten sie ihn geschnappt und eingesperrt wie eine Maus in einen Karton." (*КЗС* 1 V, 112/111f).

8. Pavka Korčagin

Die Aufwärtsentwicklung zu proletarisch-revolutionär-bolschewistischem Bewusstsein,[91] die Ostrovskij seinem Leser verkauft, ist – so soll das Sujet überzeugen – nur über einen physisch dornenreichen Weg möglich. Dieser Leidensweg beginnt nach Pavkas Schulabbruch im Alter von zwölf Jahren mit Kinderarbeit rund um die Uhr (*КЗС* 1 I, 34/14) und führt über frühe Gewalterfahrungen (*КЗС* 1 I, 42/24), Hunger (*КЗС* 1 VI, 135/138), lebensbedrohliche Wirbelsäulen- und Kopfverletzungen (*КЗС* 1 VIII, 185/199), Erfrierungen (*КЗС* 2 II, 238/266, 242/270), Rheuma (*КЗС* 2 IV, 296/335), einen Autounfall mit der Folge der Versteifung eines Knies (*КЗС* 2 VII 357–359/409–411) bis zum Typhus (*КЗС* 2 II, 248f/278f), infolgedessen Pavka schon irrtümlich für tot erklärt wird (*КЗС* 2 II, 249/279). Am Schluss – erst 24-jährig – gipfelt Pavkas Leidensserie in Erblindung und progredienter Lähmung: „«Жизнь продолжает меня теснить на фронте борьбы за здоровье.»"[92] Am Ende des Leidensweges gerät die physische Erniedrigung dann kontingent – es besteht kein Kausalzusammenhang mehr mit dem politisch-panmilitärischen Kampf, selbst wenn die Metaphorik weiter von „Front" spricht; Pavkas Körper ist von jahrelangen Entbehrungen so ausgezehrt, dass er mit immer schlimmeren Behinderungen den Preis zahlt für die vergangenen Siege. Er trägt gleichsam individuelle Raten für einen kollektiven Kredit ab.

So wirkt am Schluss nur noch der Tiefenzusammenhang, dass Erniedrigung, wenn auch teilweise kontingent, Erhöhung bringe. Der vom Einzelfall losgelöste Mechanismus macht deutlich, dass es sich hier um eine stereotype Denkfigur handelt – um den Umkehrtopos der sakralen Dialektik. So verwundert es nicht, dass der Erzähler die Leidenskette mit christologischen Anklängen summiert:

> Много страшного видел Павел за этот год. Вместе с тысячами других бойцов, таких же, как он, оборванных и раздетых, но охваченных неугасающим пламенем борьбы за власть своего класса, прошел пешком взад и вперед свою родину и только дважды отрывался от урагана.
> Первый раз из-за ранения в бедро, второй – в морозном феврале двадцатого года заметался в липком, жарком тифу.[93]

---

[91] Hier erleben wir eine epistemische Kenosis; dem Helden wird keine eigene Meinung gegönnt, sondern die Wiedergabe orthodox-marxistischer Lesarten zur Pflicht gemacht – meist ohne atmosphärische Verdichtung und ohne Hörung des politischen Gegners.

[92] „‚An der Front des Kampfes um die Gesundheit musste ich weitere Niederlagen einstecken.'" (*КЗС* 2 VIII, 381/437).

[93] „Viel Schreckliches hatte Pavel im Laufe dieses Jahres gesehen. Zusammen mit Tausenden anderer Soldaten, abgerissen und zerlumpt wie er, doch ergriffen von der nie erlöschenden Flamme des Kampfes um die Macht ihrer Klasse, hatte er seine Heimat zu Fuß kreuz und quer durchschritten und war nur zweimal aus dem Orkan herausgerissen worden./ Das erste Mal wegen seiner Hüftverletzung, das zweite Mal, als er im frostigen Februar 1920 mit klebrig-heißem Typhus darniederlag." (*КЗС* 1 VIII, 167/176f.).

Das barfuss unternommene Durchschreiten der Heimat ist genauso ein Christus-Motiv (vorzugsweise der russischen Literatur; s. Erofeevs Zitatzitat, 9.4.1) wie die Verletzung an der Hüfte, jener Stelle, an der auch Christi Leib am Kreuz mit einer Lanze verletzt wird (Jh 19,34; vgl. 2.7.1).

Das Körperliche gewinnt – als beschädigtes, verletztes – wieder an Bedeutung; die zunehmende Betonung leidender Körperlichkeit geschieht gegenläufig zur asketisch ausgetriebenen geschlechtlichen Körperlichkeit. Als leidender findet der Körper Eingang in die literarische Anthropologie des SR: Die in der Sexualakese verminderte Menschennatur wird – als Gebrechen – wieder in ihre Rechte gesetzt. Mit dem vielfach variierten und auch von Pavka stets aufs Neue reflektierten[94] Krankheit- und Verletzungsmotiv naturalisiert Ostrovskij die Knechtsgestalt der Philipper-Perikope.

Und auch die Gegenbewegung der ‚Auferstehung' erfährt eine naturalisierende Übersetzung: Vier Mal liegt Korčagin im Verlauf dieser Leidensgeschichte infolge von Kriegsverletzungen und Seucheninfektionen darnieder „wie im Grabe", vier Mal wird er wieder zum Leben erweckt: „Павел перевалил четвертый раз смертный рубеж и возвращался к жизни."[95] Ostrovskij ruft hier das Auferstehungsmotiv auf, um es zu inflationieren.

8.4.7 Antiklerikalismus und юродство

Aus der medizinischen Naturalisierung der metaphysisch-ethischen Kenose Christi könnte eine negative Einstellung zum religiösen Muster herausgelesen werden, das nichtsdestotrotz in den Strukturen reproduziert wird. Dabei ist der Antiklerikalismus auf der programmatischen Ebene des Textes unerschütterlich. Diese Schicht, die im Gesamtverlauf der Romanhandlung eher in den Hintergrund tritt, ist am Anfang zentral; der Roman beginnt mit einer antiklerikalen Episode: Pavka Korčagins Bibelfestigkeit (*КЗС* 1 I, 30/10) bewahrt den neugierig die biblische Schöpfungsgeschichte hinterfragenden Schüler nicht vor dem Konflikt mit dem Popen, in dessen Verlauf er von diesem geschlagen wird. Pavka wirft dem Popen im Gegenzug nicht von ungefähr Machorka in den Osterteig: Der Schuljungenstreich bezieht sich auf den zentralen Festtag der Orthodoxen Kirche – die österliche Auferstehungsfeier. Später segnet derselbe Pope Vasilij mit dem Evangelium in der Hand die Fahnen der Hetman-Einheit Petljuras (*КЗС* 1 VI, 128/131). Und

---

[94] I. Smirnov sagt allgemein über den SR, dass die den Helden widerfahrende Deidentifikation von ihnen nicht wahrgenommen werde (1987:127), was aber für Korčagin nicht zutrifft. Dieser thematisiert sie einerseits ständig als physische Bedrohung, während er sie andererseits mit dem Ideal von „Reih' und Glied" sozialprogrammatisch begrüßt.

[95] „Zum vierten Mal überschritt er die Schwelle des Todes und kehrte zurück ins Leben" (*КЗС* 2 III, 250/280).

die kleinbürgerliche Schwiegermutter des Bruders Artem bevorzugt Kontemplation vor (Haus-)Arbeit: „«Осподи сусе, за чертовой работой и помолиться некогда!»",[96] schlägt gleichzeitig das seit dem 17. Jh. offizielle Dreifingerkreuz (s. 4.5.9.4) und flucht in schärfstem Mat.

Dazu kommt weiter eine intertextuelle Bedeutungsschicht, die stete Berufung auf den antireligiösen Roman *The Gadfly [Овод]* von Ethel Voynich (engl. 1897, russ. 1898), der als Motto „What have we to do with Thee, Thou Jesus of Nazareth?" [Оставь; что тебе до нас, Иисус Назарин?] (Voynich 1897:1; 1978:23) trägt und den desillusionierten Helden als Götzenstürmer im Kampf gegen die katholische Amtskirche in Rom zeigt.

All diese Antiklerikalismen scheinen keinen Zweifel an der Positionierung des Erzählers zu lassen, haben aber stets einen spezifisch antioffiziellen Unterton: Die Angriffsfläche bildet die offizielle, über Riten und Amt definierte Kirchlichkeit: Personifiziert im Popen Vasilij, sind es vor allem die klerikale Dimension, die auf Priesteramt und Staatsnähe fußt, sowie der dogmatische (Schöpfung) und rituelle Aspekt (Ostern), die *КЗС* bloßlegt. Pavka bricht auf den Konflikt mit dem Popen hin die Schule ab; seine intellektuelle Degradierung (s. seine vulgäre Ausdrucksweise; *КЗС* 1 III, 75/67, sein holpriger schriftlicher Ausdruck; *КЗС* 2 VII, 372/ 426) resultieren also aus dem Konflikt mit dem institutionalisierten Christentum. Pavkas Erniedrigung wird zum Gegenentwurf dazu. Der Osterteig, in den Pavka den Machorka wirft, steht stellvertretend für eine Ritenreligion. Der Streich sabotiert zugleich das Dogma der Erhöhung durch Auferstehung.[97]

Auch politisch hat der Text Spuren eines antioffiziellen Protests; Pavka sympathisiert mit der „Arbeiteropposition" gegen die neuen Reichen der NÈP. Žarkij wird gegen wohlhabende Sanatoriumsgäste ausfällig und zettelt einen Skandal an (*КЗС* 2 VII, 355/407). In Pavkas Antiklerikalismus wie in seinem und Žarkijs proletarischen Aufbegehren, das durch die offizielle Parteilinie (durch einen Zensureingriff, s. 8.7.3) erst gebändigt werden muss, findet sich also eine analoge Protestrichtung: gegen die Offiziellen, die Oberen.

Eine solche Opposition gegen die Oberen und Offiziellen steht in einer durchaus religiösen russischen Tradition – der des *юродство [Gottesnarrentum]*, das gegen die Amtskirche aufbegehrt (s. 5.4.1) und dazu – wie Žarkij – auf Ausfälligkeit, Skandal und Aufruhr setzt. Gegen die offizielle Betonung von Würde und

---

[96] „‚Jesus Maria, vor lauter verdammter Arbeit kommt man ja gar nicht zum Beten!'" (*КЗС* 2 III, 252/282); zur religiösen Funktion von Müttern und Großmüttern s. 4.5.12.1.
[97] Auch im Fall der arbeitsscheuen Beterin sowie des Voynichschen Revolutionärs richtet sich die Negativdarstellung gegen eine offizielle Variante von Kirchlichkeit: Voynich' Held opponiert gegen den Vatikan, personifiziert in seinem leiblichen Vater, dem Kardinal.

Erhöhung wird Selbsterniedrigung praktiziert. Einmal mehr geben also antioffizielle Bestrebungen Anstöße für kenotische Verhaltensmodelle. Auch Ostrovskijs protestierender Proletarier partizipiert über die inoffizielle Tradition des Gottesnarren an christlichen Erniedrigungsmustern.

8.5 Der Sinn heroischen Leidens

> Успех романа *Как закалялась сталь* был предопределен именно тем, что писатель шел не от схемы идеального героя [...].[98]

Wird im Roman aber das Erniedrigungsmuster, welches Pavka durchmacht, überhaupt positiv bewertet? Müsste nicht der positive Held des SR ein unbeirrbar aufstrebender Heroe sein (vgl. Zenkin 1997)?

Die Ubiquität des Heldenbegriffs in den 30er Jahren (Fitzpatrick 1999:71) allein sagt noch wenig über dessen inhaltliche Füllung aus. Clark hat den *богатырь* *[Recke]* der altrussischen Folklore ins Zentrum der reifen Stalinkultur gestellt (2000a:138–141), Ostrovskijs Roman jedoch einer früheren Formation zugeschlagen, als die Protagonisten nicht so eindeutig zu voller Heroengröße aufliefen; die positiven Protagonisten der früheren Stalinzeit seien paradoxerweise „of lesser stature" (Clark 2000a:133) als die Vatergestalten. Günther schlägt eine Differenzierung in vier Heldentypen vor (Günther 1993:177f): Arbeitsheld, Kämpferheld, Führerheld, Opferheld. Aus diesem Fächer scheidet der Führerheld aus, denn Pavka kämpft, wenn nicht mit sich selbst und seinem unbotsamen Körper, so eher in den niederen Chargen. Kampfes- und Arbeitsepisoden wechseln einander ab, sodass Elemente von Arbeits- und Kampfesheld sicher anzutreffen sind. Was sich jedoch durch den gesamten Roman *КЗС* durchzieht, ist die Dialektik von politischem Erfolg und physischem Preis. Pavka ist am ehesten ein Opferheld.

Pavka soll Heldenzüge tragen, ist Diminutiv-Held jedoch eher eine Kleinausgabe. Doch wo gibt es denn eigentlich den ausgewachsenen Helden? Rachmetov war nur änigmatisch darstellbar, Pavel Vlasov blieb hölzern. Wenn die Literatur des SR zudem zu beträchtlichen Teilen Literatur von ehemaligen Kämpfern ist – die eben nicht mehr kämpfen, da sie zum aktivem Kampf nicht mehr imstande sind (was für Ostrovskij zweifellos zutrifft; Taratuta 1987:87f), also Post-Heroen sind, dann fragt sich, ob Heroismus und Literatur überhaupt vereinbar sind.[99] Der

---

[98] „Der Erfolg des Romans *Wie der Stahl gehärtet wurde* war gerade durch die Tatsache vorprogrammiert, dass der Autor nicht vom Schema des idealen Helden ausging [...]" (Nikulina 1957:126).

[99] Vgl. Robins Annahme, dass der positive Held prinzipiell nicht erreicht werden könne (1992:292), sondern *télos*, Horizont bleibe.

Heroismus von Prä- und Post-Heroen muss sich entweder auf Anstrengungen beziehen, zur Heldenhaftigkeit zu gelangen, oder das Leiden am Verlust von Helden-Fähigkeit reflektieren.

Auf Ostrovskijs Roman dürfte beides zutreffen; der präheroische heranwachsende Pavka geht nahtlos in den postheroischen Krüppel über. Sein Heroentum kann somit nicht in einer einzelnen Führungs-, Kampfes- oder Arbeitsleistung bestehen, sondern muss über das stetige Leiden-Erdulden definiert werden. Im Lichte dessen braucht der Mangel an aktivem Heroentum nicht gleich zur These Anlass zu geben, dass Ostrovskijs Roman eigentlich nicht zum SR gehöre (Guski 1981:144). Vielmehr umschreibt der SR – von Ostrovskijs Roman her aufgeschlüsselt akutes Heldentum durch Vor- und Nachstufen, ist also epi-heroisch; der Protagonist muss einen Mangel haben und diesen zu kompensieren suchen. So wäre die von Clark diagnostizierte schizophrene Spaltung im SR zwischen negativem Ist- und positivem Soll-Helden (2000a:37) zu lösen: Der Protagonist muss an seinem Ungenügen leiden und diesem Sinn geben wollen.

Was bietet sich dazu mehr an als die Positivierung einer Erniedrigung, die immer schon da ist, als der Versuch, aus der Not eine Tugend zu machen (vgl. dazu 5.2.7.5)? Die Umkehrung einer Not zu einer Tugend war traditionell eine der stärksten Motivationen zur Einschreibung in die Christus-Nachahmung. Kenotisch motiviertes Leiden funktionalisiert die Negativa zu Positiva. Welche Positiva aber werden in Ostrovskijs *K3C* den eminent vorhandenen Negativa entgegengestellt?

8.5.1 Kampf für eine Idee
Pavka erleidet die entscheidende Verletzung, die später zu seiner komplizierten Nervenerkrankung und Lähmung führt, im Jahr 1920, während des Revolutionsbürgerkrieges. Seine spätere krüppelhafte „Knechtsgestalt" wird insofern durch den ideellen Kampf ausgelöst. Im revolutionären Kampf riskiert Pavka freiwillig seine Gesundheit; seine gesundheitliche Erniedrigung ist damit durchaus nicht nur kontingenter Faktor, sondern Opfer für eine Idee und Ausfluss eines Habitus – der Idee und des Habitus des revolutionären Kämpfers.

Korčagin zweifelt keinen Moment an der Funktionalität seines Gesundheitsopfers. Erst als er zum arbeitsunfähigen Vollinvaliden zu werden droht, scheint ihm der Preis kurzzeitig zu hoch (*K3C* 2 VIII, 387f/445). Da er aber mit der literarischen Tätigkeit eine neue Funktionalität für neue Selbstquälerei (Schreiben mit Schablone, lange Arbeitstage) erfindet, ist er mit sich wieder im Reinen; das Entsprechungsverhältnis von Erniedrigungspreis und (erstrebter) politischer Funktion ist für ihn wieder hergestellt. Dafür wird mehrfach die Metaphorik vom Blut auf der roten Fahne bemüht: „[...] не проспал горячих дней, нашел свое место в железной схватке за власть, и на багряном знамени революции есть и его несколько капель крови."¹⁰⁰

Dieser politischen Tendenz gemäß nennt Pavka ein Vorbild: Als Begründung für seine Duldungsbereitschaft gibt Pavka an, er handle nach dem Muster des Helden des antiklerikalen Romans *The Gadfly [Овод]* (*КЗС* 1 IX, 190/204). Diesen antichristlichen Implikaten zum Trotz generiert Pavka eine zu Christi soteriologischer Mission analoge Funktionalisierung: Er entwirft einen finalen Zusammenhang von ideellem Ziel (Revolution) und physischer Kenosis. Für dieses Ziel trägt Pavka, wie Christus, freiwillig sein Kreuz. Darum zeichnet ihn „grenzenlose Leidensfähigkeit"¹⁰¹ aus. Der Dienst an der Idee erlaubt das Erdulden von Leiden, die sonst unerträglich wären (*КЗС* 1 VIII, 170/180). Die Bereitschaft zur Erniedrigung geht „bis zum Tode" (vgl. Phil 2,8):

> «Умирать, если знаешь за что, особое дело. Тут у человека и сила появляется. Умирать даже обязательно надо с терпением, если за тобой правда чувствуется. Отсюда и геройство получается.»¹⁰²

8.5.2 Schöpferisches Mitleid

Das politische Ziel schwebt nicht im luftleeren Raum, sondern wird als Schaffung einer ausbeutungsfreien Gesellschaft konkretisiert. Die Mühen gelten der Beseitigung des Leidens anderer, die Pavkas Opfer sinnvoll erscheinen lässt. Er lässt sich beeindrucken durch das Leiden anderer:¹⁰³ An der Stelle, wo Valja ihren an Christi Kreuztod auf dem Berg Golgatha gemahnenden Galgentod (drei Galgen nebeneinander) gestorben ist, zieht Pavel voll Andacht die Mütze vom Kopf und übersetzt die Dialektik der Seligpreisungen ins Revolutionäre: „Здесь мужественно умирали братья, для того чтобы жизнь стала прекрасной для тех, кто родился в нищете, для тех, кому самое рождение было началом рабства."¹⁰⁴ Es folgt die

---

¹⁰⁰ „[...] er hatte die Revolutionsjahre nicht verschlafen, hatte seinen Platz gefunden im erbarmungslosen Kampf um die Macht, und am roten Banner der Revolution waren auch ein paar Tropfen von seinem Blut." (*КЗС* 2 VIII, 375/429).
¹⁰¹ „Безграничное терпение" [grenzenloses Dulden] (*КЗС* 1 IX, 189/204).
¹⁰² „‚Zu sterben, wenn man weiß wofür, ist etwas Besonderes. Dann findet der Mensch dafür auch die Kraft. Man muss sogar unbedingt mit Duldungsbereitschaft sterben, wenn man im Rücken die Wahrheit weiß. Daraus entsteht dann Heldentum.'" (*КЗС* 1 VIII, 170/181).
¹⁰³ „Самуил рассказывал о кровавой трагедии в родном городке, и слова его падали на [Павкино] сердце, как капли расплавленного металла." [Samuil erzählte von der blutigen Tragödie in seinem Heimatstädtchen, und die Worte fielen in das (Pavkas) Herz wie Tropfen geschmolzenen Metalls.] (*КЗС* 1 VIII, 177/189).
¹⁰⁴ „Hier waren die Brüder tapfer gestorben, damit das Leben herrlich werde für alle, die in Armut geboren wurden, für alle, für die die Geburt den Beginn der Sklaverei bedeute-

zu Sowjetzeiten exzessiv zitierte immanent-humanistische Sentenz über den Wert des Lebens, das der Mensch nur einmal bekomme, um es zu nutzen (*КЗС* 2 III, 254/285, vgl. 9.3.2.6).

8.5.3 Aufgehen im Kollektiv

Das Mitgefühl für die Leiden einzelner Mitkämpfer steht aber nicht im Zentrum; die stellenweise Fokussierung auf das Leiden Einzelner ist mehr der literarischen Technik der Personifikation geschuldet, als dass sie auf ein individual-humanistisches Ethos zurückgeht (wie bei Gercen). Die dominante Bezugsgröße für Pavkas Dienstauffassung ist das Kollektiv. Dies wird allein durch die aus dem militärischen Feld stammende Leitmetapher des Romans ein Stück weit konkretisiert: Pavel sucht und findet seinen „место в строю";[105] durch diverse physische Erniedrigungen herausgefallen, ersehnt er: „«[...] лишь бы возвратиться в строй.»"[106]

Das als Kampfgemeinschaft konkretisierte Kollektiv ist Pavel Korčagins wichtigstes Phantasma; das Leitmotiv wird nicht von ungefähr dadurch nochmals herausgehoben, dass der Gelähmte und Erblindete es im letzten Satz des Romans eingelöst sieht: „[...] возвращался в строй и к жизни."; doch auch hier ist die volle Eingliederung noch nicht erreicht, sondern lediglich erstrebt.[107]

Dieser zum Schluss in den Blick kommende „Sieg" gehört aber nicht etwa dem Individuum; er ist keine singuläre Erhöhung „ὑπὲρ πᾶν ὄνομα" [über alle Namen] (Phil 2,10; vgl. 2.2.3.6), sondern eine Wiedereingliederung, Resozialisierung. Das Kollektiv erscheint stets wichtiger als das Individuum; individueller Besonderheit wird eine Absage erteilt. Das bis zum Schluss erstrebte, aber nie ganz erreichte *télos* von Pavkas Handeln ist das Aufgehen im Kollektiv – was er momentweise beim Kampf mit der Waffe erreicht. Dann wird das *principium individuationis* außer Kraft gesetzt: „Павел потерял ощущение отдельной личности."[108]

Pavkas persönliche Hypostasierung des Kollektivs wäre aber nicht glaubwürdig, bliebe es bei einer *persönlichen* Ansicht. Der Roman muss darüber hinaus Topoi der sowjetischen Mythologie des Alltags wie den Topos des Genossen

---

te." (*КЗС* 2 III, 253f/284f). Die mnemonische Figur sinnvollen Leidens wird durch Mitleid weitergegeben – mit der Unwiderstehlichkeit flüssigen Metalls.

[105] „Platz in Reih' und Glied" (*КЗС* 2 III, 265/298).
[106] „[...] bloß zurück in Reih' und Glied.'" (*КЗС* 2 VII, 359/411).
[107] „[...] er war dabei, in Reih' und Glied und ins Leben zurückzukehren." (*КЗС* 2 IX, 395/453) – so würde eine Übersetzung lauten, welche die konativ-prozessuale Dimension des unvollendeten Präteritums wiedergibt.
[108] „Pavel verlor das Gefühl, eine Einzelperson zu sein." (*КЗС* 1 VIII, 183/196).

einsetzen,[109] der nicht nur Geschlechtsmerkmale, sondern überhaupt Individualität durchstreicht. Narrativ ist Pavka lediglich der Kristallisationspunkt in einer Fülle von über 200 handelnden Personen (vgl. Anninskij 1971:51). Und Einzelpersonen interessieren in *K3C* nicht durch inkommensurabel individuelle Züge oder Handlungsweisen, sondern als Träger typisierter Handlungen. Auf der syntaktischen Ebene wird dies häufig repräsentiert durch Postposition des Namens nach dem Personalpronomen nach dem Muster: „Он, Павка, [...]".

Wenn Pavka also um des Kollektivs willen alle möglichen Leiden und Entsagungen auf sich nimmt, seine Individualität immer wieder ausgetrieben wird, dann ist sein Opfer nur eines von vielen. Kein privilegiertes, einmaliges, herausragendes wie das Christus-Opfer (3.0.3), sondern eines von vielen in der Kette ungezählter Opfer- und Erniedrigungsnachahmungen. Das Kollektiv ist der Nutznießer serieller Erniedrigung. Diese Serialität findet sich in *K3C* doppelt repräsentiert – in der Verteilung der Opferakte auf eine ganze Phalanx von Personen aus Pavkas Generation (Sereža, Valja, Žarkij u.a.) wie auch in der Serialität von Pavkas physischen Erniedrigungen.

8.5.4 Nebeneinander von Leib und Wille

Wie der Nutznießer Kollektiv von den seriellen Leiden der Kohortenkämpfer selbst unaffiziert bleibt („Эскадрон не останавливал свой бег из-за потери бойца."[110]), so wird die Begründung auch im Leidensträger Pavka von den Leidenseindrücken weitgehend abgetrennt. Der erniedrigte Körper („предавшее его тело"[111]) kann den Willen des Opferhelden nicht mit herabziehen; dieser bleibt – mit Ausnahme einiger Momente des Verzagens – ungebrochen (vgl. *K3C* 2 VIII, 381f/438). Der Kampfeswille wird von der „alten" zur „jungen Garde" weitergegeben. In Kapitel 2 VII wird diese Kontinuität personifiziert in Ledenev und Korčagin. Ungeachtet aller körperlichen Gebrechen der Vertreter beider Generationen bleibt ihr Kampfeswille erhalten: „И оба они – старый и молодой [Леденев и Корчагин] – имели горячие сердца и разбитое здоровье."[112]

Daran wird ein Paradox von physischer Erniedrigung und Kontinuität von Gesinnung und Willen deutlich – eine strukturelle Analogie zur orthodoxen Lehre von der Kontinuität des Logos während des *status exinanitionis*. Die an Pavka ablesbare Kontinuität trotz Diskontinuität ist eine traditionell kenotische Figur und

---

[109] „Непередаваемо волнующее слово «товарищ»!" [Unbeschreiblich erregendes Wort ‚Genosse'!] (*K3C* 1 VII, 146/153).
[110] „Wegen eines verlorenen Kämpfers machte die Schwadron nicht halt." (*K3C* 2 VIII, 375/430).
[111] „Der Körper, der ihn verraten hatte" (*K3C* 2 VIII, 376/431).
[112] „Und beide – der alte und der junge [Ledenev und Korčagin] – hatten ein heißes Herz und eine ruinierte Gesundheit" (*K3C* 2 VII, 363/416).

keine Neuerung erst der masochistisch-sozrealistischen Transformation der Kenose, wie Smirnov meint;[113] der Sozrealismus setzt die paradoxe Figur der christlichen Kenose von Kontinuität bei Diskontinuität fort.[114]
Bei Pavka wird die Kontinuität des Logos/des Kampfeswillens durch die Serialität seiner Leiden versinnbildlicht. Doch Serialität ist ein wenig geeignetes Mittel der Tragik. Von größerer Beispielkraft ist die Kontinuität des Willens trotz physischem Kollaps im Falle von Valja Buržaks Tod durch Erhängen: Ungeachtet völliger körperlicher Entkräftung durch Folter und mehrfacher Vergewaltigung richtet Valja unter dem Galgen an die Leidensgenossinnen den wiederholten Appell, würdevoll zu sterben (*KЗC* 1 VIII, 179/192). Und kurz vor den drei nebeneinander aufgerichteten Galgen, welche an die drei Kreuze in Golgatha gemahnen, stimmt sie die *Warszawianka* an.[115] Wie tief der irdische Körper auch erniedrigt wird, die politische Ideologie – der Logos des Liedes – bleibt davon unberührt.

8.5.5 X-Modell

«Сталь закаляется при большом огне и сильном охлаждении. Тогда она становится крепкой и ничего не боится.»[116]

Der physische Niedergang Pavkas schreitet fort, während sein Wille zum Kampf gleich bleibt. Summiert ergäbe dies trotzdem noch einen Nettoverlust. Doch zwei andere Vektoren weisen aufwärts: Einmal siegt das militärische Kollektiv, und die Sowjetmacht konsolidiert sich. Und Pavkas Bewusstsein von der Notwendigkeit von Parteidisziplin wächst. Zum (physischen) Erniedrigungsvektor und der Kontinuität (des Willens) kommt also der Erhöhungsvektor des parteitaktischen Bewusstseins – gekrönt vom Aufstieg zum Parteischriftsteller. Erniedrigungsvektor und Erhöhungsvektor kreuzen sich im Verlauf des Romans. Die *x*-förmige Gesamtbewegung (vgl. 2.1) beschreibt eine Geschichte von politischem Heil durch physisches Opfer.

---

[113] „Die christliche Persönlichkeit schätzt den Verzicht des Menschen auf seine irdischen Interessen, als Bestrafung des Subjektiven durch das Subjekt. Der Totalitarismus hingegen geht von der Annahme aus, daß im Moment der Selbsterniedrigung der Mensch das Subjektische nicht vernichte, es vielmehr bekräftige und bewahre." (I. Smirnov 1992:150).

[114] „Der Totalitarismus beginnt also dort, wo das Christentum seinen Endpunkt erreicht." (I. Smirnov 1992:150).

[115] *KЗC* 1 VIII, 180/193. Die *Warszawianka 1905* ist ein antimonarchistisches Marschlied Warschauer Arbeiter.

[116] „'Stahl wird bei hoher Temperatur und starker Abkühlung gehärtet. Dann wird er hart und fürchtet nichts.'" (Ostrovskij im Interview mit *News Chronicle*, zit. n. Dostupova 1978:7).

Dergestalt „heilsgeschichtlich" betrachtet, muss der Blick auch über den einzelnen Leidensträger Pavka hinaus ausgeweitet werden. Erniedrigung und Erhöhung verteilen sich auf verschiedene Personen: Mit dem Niedergang von Pavkas Physis geht Tajas Bewusstseinaufstieg einher (s. Günther 1984:102) – der aber auch nicht für sich steht, sondern wieder ins Kollektiv der Partei mündet.

8.5.6 Strukturelle Christologie

Positivierung von Erniedrigung, Kontinuität des Willens/Logos, Kreuzung von Erniedrigungs- und Erhöhungsvektor aus der Perspektive kollektiven Heils – all dies sind Konzepte des Romans *K3C*, welche *strukturell* an die Christologie erinnern. Dazu kommen motivische Anleihen – die Dreizahl der Galgen, an denen Valja und zwei weitere Bolschewiken gehängt werden; die verschiedenen Facetten von Entsagung: von der Familie, von Sexualität und Partnerschaft, von Eigeninitiative –, die auch *motivisch* mit Christi Kenose bzw. deren christlichen Nachahmungen verbunden sind (5.3). Stärker als in allen anderen der untersuchten Texte (6.–7., 9–10.) sind bei Ostrovskij die kenotischen Merkmale Gehorsam, Subordination, Sohnschaft, stärker auch der Kollektivnutzen von Erniedrigung und das X-Modell von individuellem Abstieg und erstrebtem kollektivem Nutzen. Neben Venička (9.) hat Pavka die deutlichste „Knechtsgestalt" und vollzieht am überzeugtesten eine soziale Kenose.

Die Differenzen zwischen der realsozialistischen Erniedrigungs- und Erziehungserzählung und den *christlichen* Ausprägungen von Christusnachahmung sind unverkennbar: Die antiklerikalen, ja antichristlichen Töne des Romans sind nicht zu überhören. Die Nachahmungsparänese bezieht sich pointiert nicht auf Friedensstiftung im Hier und Jetzt (Mt 5,39), sondern auf Gegengewalt, auf den finalen Kampf bis zum Sieg und zu utopischer Befriedung. Bei Ostrovskij werden soldatische Tugenden aus ihrer mönchisch-christlichen Umwidmung wieder in das soldatische Milieu heimgeführt. Wie lässt sich die Kombination einer solchen vorwiegend strukturellen Christologie (angereichert um einige Motive der christlichen Kenose-Nachahmungen) mit einer klar antiklerikalen, antichristlichen Stoßrichtung und (Re-)Militarisierung des Nachfolgeideals beschreiben? Wie stellt sich eine solche Verschränkung säkularisierungstheoretisch dar? Wie sind religiöse Strukturen in das antireligiöse Gewand eingewoben?

Das Phantasma von einem Kollektiv als Nutznießer individueller Erniedrigung ist eines der ältesten und beharrungsfähigsten Erzählmuster[117] zumindest der europäischen Tradition (neuerdings des Kommunitarismus). Hier kommt also wieder eine genealogische Relation ins Spiel (s.o. 8.1.2). Daneben ist es aber der funktionsverwandte Protest gegen eine bestehende, offizielle Ordnung, welcher zu ana-

---

[117] Zur Reproduktivität von Erzählmustern s. Rusch 1987.

logen Verfahren führt: Stammt die Vorstellung von der notwendigen Erniedrigung in der Nachfolge Christi ursprünglich aus der Konfrontation mit heidnischen, dem Christentum feindlich gegenüberstehenden Gesellschaften (3.3.3.4), so stellt auch der revolutionäre Kampf die Konfrontation mit einer bestehenden feindlichen Ordnung dar – in weltanschaulicher Hinsicht: die Konfrontation des marxistisch-leninistischen Atheismus mit der ihm feindlichen russisch-orthodoxen Tradition. Im Aufbegehren gegen eine (noch, in den Köpfen) herrschende Macht kommen Opferszenarien zum Tragen; es sind Leiden eines Übergangs.[118] Zu dieser zweiten strukturellen Affinität kommt als dritter Punkt die explizite Auseinandersetzung mit den Inhalten des Gegners. Die Polemik bewahrt als Erinnerungstechnik dasjenige auf, was sie bekämpft. Nimmt man die beiden letzten Gesichtspunkte zusammen, so wird die These plausibel, dass kämpferischer Atheismus der Religion näher steht als Indifferenz (s. etwa Sinjavskij 1967:425); hätte die atheistische Konversion wirklich den Sieg davongetragen, würde sie die Namen der früheren Götter gar nicht mehr erwähnen (s. Aničkov 1914:107). Doch dem ist offensichtlich nicht so. Daher bietet sich für das revolutionäre Säkularisierungsbestreben, das 1) analoge Opferszenarien in Gang setzt und 2) das Bekämpfte negativ speichert, die Metapher von den kommunizierenden Röhren an: Nimmt man zwei Röhren – das Sakrale und antisakrale Bestrebungen –, dann kann der antisakrale Druck nicht einfach erhöht werden, ohne dass auch der Pegel in der Röhre des Sakralen steigt; in die Röhre der Antisakralität kann kein Wasser gepumpt werden, ohne dass zugleich auch der Pegel in der Röhre der Sakralität stiege.

8.6 Paränese

Der Roman beschränkt sich nicht darauf, Pavkas Opfergeschichte sowie die Serežas und Valjas zu erzählen und den Befreiungsnutzen für das Kollektiv, der daraus erfolgt sein soll (s. 3.0.3), allein vergangenheitsbezogen zu registrieren. Hinter all dem steht – so stark wie in keinem anderen Text (6.–10.) – die Aufforderung an den Leser, dieses Opferheldentum nachzuahmen. Eine ‚christologische' Lektüre von Ostrovskijs Roman wäre dementsprechend unvollständig, würde sie nicht auch die diversen Spielarten von Nachfolge-Paränese ausbuchstabieren.

---

[118] Siehe Clarks These von den sozrealistischen *rites de passage* (2000a:15).

8.6.1 Identifikationspotenzial Erniedrigung

> [Der Leser] führt die Finten des Vergnügens und der Inbesitznahme in den Text eines Anderen ein: er wildert in ihm [...]
> (Certeau 1988:27)

Der wichtigste Punkt ist das Identifikationspotenzial des kenotischen Helden. Wie der göttliche Logos im Menschen in „Knechtsgestalt" anschaubar wird, wie mit dem leidenden, sich sozial und physisch erniedrigenden Christus Identifikation möglich wird, so sind Pavkas Leiden nicht dysfunktional (oder Merkmalsverlust, wie Smirnov annimmt; s. 8.3.3), sondern das zentrale Moment der Paränese des Romans *KЗС*. Wer in den Fehlern und Verzagtheiten des anderen seine eigenen wiederfindet, wird den ersten Stein nicht werfen; wer sich im Leidenden wiedererkennt, wird – im Sinne des klassischen Dido-Ausspruchs[119] – anderen Leidenden helfen; wer sieht, wie andere Schwierigkeiten überwinden, wird daraus persönlichen Ansporn schöpfen.

Es gibt eine ganze Reihe von in dieser Hinsicht funktionalen Fehlern, die Pavka im Laufe des Romans angelastet werden – ein großer, nämlich Disziplinlosigkeit, mehrere mittlere, etwa seine Neigung zur Bürgerlichen Tonja, sein längeres Ringen um sein Verhältnis zu Rita, schließlich Äußerlichkeiten wie Fluchen und Rauchen. Es dauert lange, bis sich Pavka – auf Druck der Partei – von Tonja lossagt, und bis er sich zu einer eindeutigen Haltung gegenüber Rita durchgerungen hat, macht Pavka einen schmerzhaften Klärungsprozess durch. Die Zweideutigkeit dieses Verhältnisses und auch seine Unzufriedenheit mit sich selbst[120] trägt ihm Sympathie ein. Explizit kritisiert wird er wegen Rauchens und Fluchens. Obgleich er wiederholt ermahnt wird, nicht zu fluchen, kann sich Pavka dieser Angewohnheit nicht entschlagen. Auch raucht er über lange Jahre (wie Lopuchov und Rachmetov erlaubt er sich diese kleine Sünde) und entsagt dieser Angewohnheit erst unter dem Druck des Kollektivs, unter dem Eindruck von Vorwürfen Cvetaevs, er fluche und rauche und sei so nur ein aggressiver Moralist, aber kein Heiliger: „«Проповедь читать легче, чем быть святым.»"[121] Pavka stimmt dem rigoristisch zu: „«Я больше не курю.» [...] «Грош цена тому, кто не сможет сломить

---

[119] „[...] non ignara mali miseris succurere disco." [Elend ist mir nicht fremd, und ich lernte Leidenden beistehn.] (Vergil, *Aeneis*, I 630; dt. v. Thassilo von Scheffer).

[120] Pavel selbst hinterfragt seinen rigorosen Bruch mit Rita (*KЗС* 2 VI, 342f/391). Sie wiederum schreibt ihm zurückblickend: „«Не надо быть таким суровым к себе, Павел. В нашей жизни есть не только борьба, но и радость хорошего чувства.»" [‚Man darf nicht so hart mit sich selbst sein, Pavel. Unser Leben besteht nicht nur aus Kampf, sondern auch aus Freude am schönen Gefühl.'] (*KЗС* 2 VI, 345/393).

[121] „‚Eine Predigt halten ist leichter als ein Heiliger sein.'" (*KЗС* 2 IV, 296/335).

дурной привычки.»"[122] Dies mag als zunehmende Disziplinierung ausgelegt werden; für die Identifikation des Lesers mit dem Helden ist die Szene aber gerade im umgekehrten Sinne funktional: Der unzweideutige Held oder Heilige wäre als Vorbild zu hoch positioniert;[123] Pavkas inneres Ringen hingegen erlaubt Identifikation. Die kleinen Schwächen Rauchen und Fluchen signalisieren menschliche Normalität. Sie machen ihn, wie Rachmetov,[124] menschlicher – und besser als Vorbild geeignet.

Da Parteidisziplin der Fetisch des SR schlechthin ist, kann die paränetische Dimension von Pavkas fehlender Diszipin in der Sowjetforschung kaum gesehen werden. Als vereinzelte Stimme weist Platonov in seiner Rezension von *KZC* in eine Richtung, die vom Disziplinierungswahn abweicht: Das Spontane an Pavka sei integral, zeige seine Menschlichkeit, Mittelmäßigkeit, doch eben das sei – paränetisch – kein Schade (1979:60).

Das Gleiche gilt für Korčagins vorübergehende mentale Schwäche-Phasen. Recht zu Anfang, als er lieber bei Tonja bliebe als die politisch motivierte Flucht anzutreten, beschreibt er sich selbst als unzulänglichen Helden: „Но ведь уходить отсюда совсем не хочется, черт возьми! [...] Герой из него, Павки, видно, получается неважный."[125] Pavka, so die Botschaft, ist keine geborene Kämpfermaschine, sondern ein sich überwindender, eigene Bestrebungen opfernder Leidensdulder.

In der tiefsten physischen Krise stellt sich die Notwendigkeit der Überwindung der eigenen Verzagtheit: Die letzte, schwerste Erkrankung stellt ihn auf die Probe; kann er zu Anfang der Krankheit noch über die physische Erniedrigung spotten, die er als soziale verlacht – mit der Berufsangabe, er arbeite „«В ассенизационном обозе!»"[126] (eine unzulässige antiproletarische Ironie), und sein neuer Beruf sei „больной",[127] so verzagt er später vorübergehend und hegt Selbstmordge-

---

[122] „,Ich werde nicht mehr rauchen.' [...] ,Keinen Pfennig wert ist, wer eine üble Gewohnheit nicht ablegen kann.'" (*KZC* 296/335).
[123] Die positive Funktionalität menschlicher Schwäche geht christologisch auf die Kenose zurück (auf den Eintritt Christi in Adams sündigen Leib): Der souveräne göttliche Logos kann dagegen nicht als schwach gedacht werden.
[124] Vgl. 6.5.2.3. Bei Pavkas Versuch, das Rauchen aufzugeben, handelt es sich also um mehr als nur um eine funktional zu Rachmetovs Bemühen analoge Selbsterprobung (wie Günther [1984:104] meint). Nein, im Rauchen besteht ein markierter intertextueller Bezug zu Černyševskijs Gestalt – auch in Hinsicht auf die paränetische Funktionalität.
[125] „Aber er wollte nicht weg, zum Teufel! [...] Aus ihm, Pavka, würde offenbar kein toller Held werden." (*KZC* 1 VI, 138/142).
[126] „,Bei der Müllabfuhr!'" (*KZC* 2 VII, 355/407).
[127] „Patient" (*KZC* 2 VII, 359/411).

danken.[128] Diese Anfechtung bleibt latent vorhanden (*КЗС* 2 IX, 394/453) – bis ihn die Annahme seines Buchmanuskripts erlöst. Pavkas vorübergehende Schwäche in der tiefsten Krise – und vor der „Auferstehung" – steht in Analogie zu Christi Verzagen vor dem Kelch des Kreuzestodes (Mt 26,39). Pavka erlebt sein realsozialistisches Gethsemane (s. 2.7.1.2).

Pavel Korčagin genügt seinen eigenen Ansprüchen nicht. Ja, der maximale Anspruch selbst wird zum Gegenstand von Zweifeln anderer: Vol'mer wendet gegen Korčagins Votum für den Einsatz aller Kräfte ein, gezielter Raubbau mit dem eigenen Körper sei unzulässig.[129] Pavka wird ob seines Asketismus gar als Moralapostel verspottet:

> «Придется ввести инспектуру морали при Главлитпросвете и рекомендовать Корчагина старшим инспектором. [...] Корчагин хочет казаться невинным мальчиком, чем-то вроде комсомольского младенчика...»[130]

Wenn dieser Spott auch aus dem Munde des Zotenreißers Vol'mer kommt, dem Pavel gerade seine Lieblingsbeschäftigung untersagt, so nimmt er doch dem Asketismus die Schärfe des Übermäßigen.[131]

Inkonsequenzen, Ausnahmen, Schwächemomente sind also durchaus funktional. Pavka erlangt seine Bedeutung für die Nachfolge-Paränese nicht trotz, sondern *wegen* seiner Niedrigkeit und physischen Degradation. Die Alternative von Heiligkeit und Normalität, wie sie die Sowjetforschung aufmacht, greift zu kurz:

> Но в том-то и дело, что нимб, возникший вокруг головы Корчагина, не имеет ничего общего с его сущностью. Этот черноглазый паренек из Шепетовки, проживший короткую и вместе с тем большую, трудную и героическую жизнь, был тоже земным человеком.[132]

---

[128] *КЗС* 2 VIII, 376/431. Zum Verhältnis von Kenosis und Selbstmord und zum christlichen Selbstmordverbot s. 4.5.10.2 und das Selbstmordmotiv bei Černyševskij (6.4.6).

[129] *КЗС* 2 VIII, 388/445. Es handelt sich hier um das Problem der dosierten mönchischen allmählichen Selbstabtötung, die als wünschenswert erscheint, und unzulässiger Überaskese, die zum Selbstmord tendiert.

[130] „‚Da wird man wohl bei der Hauptverwaltung für literarische Bildung eine Moralzensur-Abteilung einrichten müssen und Korčagin zum Oberzensor ernennen. [...] Korčagin will als unschuldiger Junge erscheinen, eine Art Komsomolsäugling...'" (*КЗС* 2 VII, 364/416f).

[131] Von allen prinzipiell richtigen Forderungen muss es auch Ausnahmen geben können (*КЗС* 2 VI, 345/393), sonst schießt die Disziplin über ihr Ziel hinaus. Man kann daran eine stalinistische Aktualisierung der *oikonomia* des orthodoxen Kirchenrechtes sehen (vgl. Uffelmann 2006).

[132] „Das ist es ja gerade, dass der Nimbus, der um Korčagins Kopf entstanden ist, nichts mit seinem Wesen zu tun hat. Dieser schwarzäugige Junge aus Šepetovka, der ein kur-

8. Pavka Korčagin

Es ist falsch, dass zwischen Heroentum bzw. Heiligennimbus und Gewöhnlichkeit kein Zusammenhang bestünde; beide stehen in dialektischem Verhältnis zueinander. Formulierbar wird das nur im Paradox, wie es Vengrov tut: „Но эта обыкновенная биография была в то же время героической биографией."[133] Die Gewöhnlichkeit ist mitnichten deskriptiv zu verstehen. Im Gegenteil: Pavkas „gewöhnliches Heldentum" grenzt an Heiligkeit – qua Schwäche, Erniedrigung etc. Heiligkeit ist hier der Effekt eines gewissen Defizits. Etwas stimmt nicht, etwas fehlt. Auf diese Weise funktioniert auch die Heiligkeitsidentifikation beim Ostrovskij-Besucher André Gide; für seine Wahrnehmung stimmt der Ort nicht, an dem er den „Heiligen" Ostrovskij vorfindet: „Si nous n'étions en U.R.S.S. je dirais: c'est un saint. La religion n'a pas formé de figures plus belles. Qu'elle ne soit point seule à en façonner de pareilles, voici la preuve."[134] Für Gide ergibt sich der überwältigende Eindruck von Ostrovskijs Heiligkeit aus dem falschen Kontext. Für die Millionen Leser von Ostrovskijs Roman erscheint Pavka als nachahmenswert, weil er sichtlich nicht so ganz heilig ist, weil er sich körperlich elend, stellenweise verzagt, lange inkonsequent zeigt. Ein Mangel stützt die Paränese; das *granum salis* (die Kenose) steigert die Chancen der Zuschreibung auf Heiligkeit und verstärkt den Ruf in die Nachfolge. Das sozrealistische Postulat der Volkstümlichkeit ist demnach deutlich wichtiger als das des positiven Helden; nur ein mit gewissen Mangeln behafteter positiver Held ist so volkstümlich, dass ihm nachgeeifert werden kann.

8.6.2 Paränese als Dienst am Kollektiv

Pavka bildet nicht nur das Objekt erwünschter Nachahmung; er tritt selbst vielfältig in der Rolle des Propagators eines bolschewistischen Persönlichkeitsmodells auf. Erst kurz bei den bolschewistischen Truppen, liest Pavka den Mitkämpfern aus Voynich' *The Gadfly [Овод]* vor. Von einem älteren Beobachter wird dies als effektive unterschwellige Agitation eingestuft: „«Вот сейчас, смотри, ведут политработу незаметно, а влияние очень большое. Для них хорошее слово придумано – «молодая гвардия»."[135] Dies professionalisiert Pavka bei seinem späteren Wirken als Kommissar des Komsomols. Er hat Erfolg bei den Jugendli-

---

zes und zugleich erfülltes, schweres und heroisches Leben gelebt hat, war auch ein irdischer Mensch." (Tregub 1980:246).
[133] „Aber diese gewöhnliche Biografie war zugleich eine heroische Biografie." (Vengrov 1952:136).
[134] „Wenn wir nicht in der UdSSR wären, würde ich sagen: Das ist ein Heiliger. Die Religion hat keine schöneren Gestalten hervorgebracht. Dass sie nicht die einzige ist, die imstande ist, Ähnliches zu schaffen – hier der Beweis." (Gide 1993:459).
[135] „‚Schau, jetzt machen sie ganz unbemerkt Politarbeit, und die hat sehr großen Einfluß. Für sie gibt es eine gute neue Bezeichnung – ‚junge Garde'.'" (КЗС 1 VIII, 169/179f).

chen, u.a. wegen seines Harmonika-Spielens. Wieder haben wir es mit einem kenotischen Verfahren zu tun: Das hohe politische Ziel wird über ein einfacheres Mittel erreicht. Pavka spricht, wie es Rachmetov vorgibt, die Sprache des Volkes; einmal hält er seine Ansprache um der Wirkung auf die einheimische Bevölkerung willen auf Ukrainisch, in der Sprache seiner Kindheit (*КЗС* 2 IV, 314/358) – seit dem 19. Jh., besonders seit Gogol', Reservoir für das Herabziehungsverfahren *сказ*.[136] Die Herabziehung, welche die klassische Rhetorik als Mangel beschreibt (Tapeinosis, s. 3.5.5.2), wird wie in der Christologie nun auch im SR zum Trumpf.

Die unterschwelligen Identifikationseffekte durch Abstieg auf volkstümliches Niveau sind die eine Seite der Taktik, der Additionseffekt beim konzertierten Einsatz verschiedener Medien zur bolschewistischen Indoktrination die andere: „Созвучно сплетались в сердцах и песни гармоники и то, о чем говорил молодой комиссар."[137] Pavka zeichnet verantwortlich für das multimediale „Oktober"-Spektakel mit Blasorchester, roten Fahnen etc. (*КЗС* 2 IV, 312f/356).

Schon weitgehend bewegungsunfähig, empfängt Korčagin zuhause Komsomolzen. Die Weitergabe bolschewistischer Weltanschauung kann auch im Liegen erfüllt werden. Auch durch seine schriftstellerische Tätigkeit sucht der Liegendkranke „mit neuer Waffe" (*КЗС* 2 IX, 395/453) die Menschen für die Sache der Partei zu gewinnen. Da auch der von Korčagin innerhalb des Romans geschriebene Text autobiografisch angelegt ist, geht es hier gleichfalls um die Aufforderung zur Nachahmung seiner Kampfes- und Opferbiografie. Die stalinistische Rede von den Schriftstellern als „Ingenieuren der Seele" wäre demzufolge für Korčagin zuzuspitzen: Er agiert als Ingenieur der paränetischen Sendung, die den körperlich Versehrten ins Rampenlicht rückt.

Auch in seiner Ehe ist Pavka letztlich nichts anderes als der Parteierzieher seiner Frau; er wirkt zusammen mit der Partei am „рождение в ней нового человека".[138] Diese paränetische Potenz des Gatten ist über die Lähmungs- und auch Erblindungskrise erhaben (s. *КЗС* 2 VIII, 387f/442); sie kann, was angesichts seiner Behinderung fehlt (an Sexualität ist aufgrund der fortschreitenden Lähmung schon nach kurzer Bekanntschaft nicht zu denken), ersetzen: „Тогда было больше теплоты, больше нежности. Но тогда она была только подругой, женой, теперь же она воспитанница и товарищ по партии."[139] Nach Tajas Parteieintritt

---

[136] *skaz* (Ėjchenbaum 1969b); vgl. 3.5.5.5.
[137] „In den Herzen klangen die Lieder der Harmonika und das, was der junge Kommissar sagte, harmonisch zusammen." (*КЗС* 2 IV, 307/348).
[138] „Geburt eines neuen Menschen in ihr" (*КЗС* 2 VIII, 382/438).
[139] „Damals war mehr Wärme, mehr Zärtlichkeit. Aber damals war sie auch nur seine Freundin, seine Frau, jetzt hingegen seine Schülerin und seine Parteigenossin." (*КЗС* 2 VIII, 389/446).

registriert Korčagin mit Genugtuung die Erfüllung des Parteiauftrags: „«Итак, товарищ Корчагина, мы с тобой составляем комфракцию [...]»".[140]

8.6.3 Mediale Substitute

In seinem engsten persönlichen Umfeld kann so selbst noch der Gelähmte und Blinde seine Propaganda-Funktion erfüllen.[141] Weiter hinaus zu wirken, stellt jedoch ein Problem dar. Hatte Pavel sich zuvor noch mühsam im Außendienst gehalten, war dazu aber nach der Verschlimmerung seines Rheumas auf das Pferd angewiesen, um an Manöver teilnehmen zu können (*КЗС* 2 IV, 316/361), so hält er zu Beginn von Kapitel 2 VIII seine unweigerlich letzte Rede vor einer Versammlung (*КЗС* 2 VIII, 376/432). Dass seine Adepten zu ihm nach Hause kommen (Pavka leitet die Propagandaarbeit in einem „Zirkel des Arbeiterparteiaktivs"; *КЗС* 2 VIII, 380/436), kann nur eine Übergangslösung darstellen.

Korčagin ist jetzt auf weitere mediale Verlängerungen der Reichweite seiner Propagationsfunktion angewiesen. Was das neue Feld der Textproduktion angeht, ist zunächst eine Schreibschablone das Hilfsmittel, um trotz Blindheit noch einigermaßen leserlich schreiben zu können; später teilen sich verschiedene Sekretäre die Aufgabe, sein Diktat aufzunehmen und ihm Korrekturfahnen vorzulesen.[142] Mit Hilfsmedien überwindet Korčagin die medialen Grenzen der Literatur.[143] Mit dem qualitativ nächsten Schritt erlangt er rezeptiv wieder Anschluss an die Außenwelt über das Radio (*КЗС* 2 VIII, 386f/443f) – jenes Medium, das für die Sowjetpropaganda so entscheidend war (Murašov 2003a): „Жизнь, от которой Павел был отброшен, врывалась сквозь стальную мембрану, и он ощутил ее могучее дыхание."[144] Die diversen Medien erlauben ihm, wieder in den gesellschaftlichen Prozess einzugreifen und der Partei zu dienen.

---

[140] „‚Also, Genossin Korčagina, nun bilden wir beide eine kommunistische Fraktion [...]'" (*КЗС* 2 VIII, 386/443).

[141] Vgl. Amvrosij Optinskij, der seine geistlichen Kinder ebenfalls über Jahre hinweg halb liegend empfing (5.3.6.7).

[142] *КЗС* 2 IX, 391f/449f. Der Einsatz des Mediums Post hat aber verheerende Folgen: Die ersten nach Odessa gesandten Kapitel gehen auf dem Rückweg verloren, und ein halbes Jahr Arbeit ist zunichte (*КЗС* 2 IX, 392/450) – vgl. Erofeevs Textverluste (9.8.2).

[143] „[...] die Erzählung wird gegen ihre eigenen medialen Möglichkeitsbedingungen entfaltet." (Murašov 2003a:107).

[144] „Das Leben, vom dem Pavel getrennt war, brach durch die stählerne Membran herein, und er spürte seinen mächtigen Atem." (*КЗС* 2 VIII, 388/445). Ostrovskij hält später selbst Radioansprachen und erobert so das Medium für seine aktive Propaganda-Tätigkeit.

Корчагин опять ухватился за руль обеими руками и жизнь, сделавшую несколько острых зигзагов, повернул к новой цели. Это была мечта о возврате в строй через учебу и литературу.[145]

Wieder kreuzen sich zwei Vektoren: Der Beschädigung von Pavkas Physis und der Verringerung der Reichweite seiner Propaganda läuft der Aufstieg zivilisatorischer Medien entgegen, die ihm erlauben, wo nicht im aktiven Kampf, da an der paränetischen Front weiter in „Reih' und Glied" mitzukämpfen. Die Kontinuität der ‚Ideologie' (des Logos) wird durch die mediale Stützung gerettet.

8.6.4 Kommunistische ‚Nachfolge'

Dass Pavkas Literaturproduktion im Dienste der Partei erfolgt, wird explizit gesagt (*КЗС* 2 VII, 372/426). Eine literarische Wirkungstheorie wird hingegen an anderer Stelle formuliert, wenn Pavka Rita gegenüber Rechenschaft über seine Leidensduldensmotivation ablegt:

«В этом виноват не только я, но и *Овод*, его революционная романтика. Книги, в которых были ярко описаны мужественные, сильные духом и волей революционеры, бесстрашные, беззаветно преданные нашему делу, оставляли во мне неизгладимое впечатление и желание быть таким, как они.» [...] «[...] я за основное в *Оводе* – за его мужество, за безграничную выносливость, за этот тип человека, умеющего переносить страдания, не показывая их всем и каждому. Я за этот образ революционера, для которого личное ничто в сравнении с общим.»[146]

Wichtig ist dabei für die paränetische Wirkung, dass das Leiden nicht offensiv zur Schau gestellt wird, aber dennoch durchscheint und bemerkt wird. Diese Kombination erst erlaubt es der Propaganda, das halb verborgene Leiden ganz ans Licht zu heben und die Bereitschaft dazu von anderen zu fordern (s. 8.8.3.2).

Paränetische Wirkung ist das Ziel auch von Korčagins Schriftstellerei. Wenn von der Wirkung anderer Büchern geschwärmt wird, handelt es sich wohl um eine metapoetisch zu lesende Passage: Für Ostrovskijs eigenen Roman gilt dasselbe:

---

[145] „Korčagin hielt das Lenkrad wieder in beiden Händen und richtete sein Leben, das ein paar heftige Zickzackbewegungen gemacht hatte, an einem neuen Ziel aus. Es war der Traum, mit Hilfe eines Studiums und der Literatur in Reih' und Glied zurückzukehren." (*КЗС* 2 VIII, 380/436).

[146] ,„Daran bin nicht nur ich schuld, sondern auch das Buch *Die Pferdebremse* mit seiner revolutionären Romantik. Solche Bücher, in denen mutige, seelisch feste und willensstarke Revolutionäre beschrieben werden, ohne Angst und unserer Sache bis zuletzt ergeben, haben großen Eindruck auf mich gemacht. Ich wollte so sein wie sie.' [...] ‚[...] Zu dem Wesentlichen in der *Pferdebremse* stehe ich – seinem Mut, seiner Ausdauer, zu diesem Menschentyp, der Leiden zu ertragen weiß und das nicht allen und jedem zeigt. Ich bin für diese Gestalt des Revolutionärs, für den das Persönliche nichts ist im Vergleich zum Allgemeinen.'" (*КЗС* 2 VI, 342f/391).

„«Вставай, проклятьем заклейменный...»". [147] Dass Ostrovskijs Roman sich ebenfalls in den Dienst der Partei stellt, und zwar im Hinblick auf die Beeinflussung des Verhaltens der Leser, machen diverse Zitate offizieller Imperative deutlich. So wird ein Rekrutierungsaufruf einmontiert, der sich über das fiktionale Personal hinaus auch auf den Leser erstreckt: „«[...] вступайте в ряды Красной Армии.»"[148] Und es begegnet *die* kommunistische Losung schlechthin, das Motto des Marx-Engelsschen *Kommunistischen Manifests* „«Пролетарии всех стран, соединяйтесь!»"[149] – worauf ein Zitat aus der Internationale folgt, das selbst E-vangelienzitat ist (Mt 19,30) und in knappster Form die dialektische Umwertungslogik der Evangelien enthält: „«Кто был ничем, тот станет всем.»"[150] Folgt nach – so lässt sich diese Kontamination lesen – und aus eurer Erniedrigung wird Erhöhung folgen: „«Будет и у нас праздник, товарищи [...]!»"[151]

Im Roman ruft insbesondere der Tod Lenins die Arbeiter in die ‚Nachfolge' (d.h. in die Partei). „«Смерть вождя партии и класса зовет лучших сынов [sic] пролетариата в наши ряды...»".[152] Die unablässige Wiederholung dieses normativen Diktums zeitigt im Roman perlokutionäre Wirkung: Massenhaft treten die Arbeiter in die Partei ein (*КЗС* 2 V, 334f/382). So kann mit einem episierenden (oder auch biblisierenden, Jer 12,2) Wurzel-Gleichnis der Erfolg des paränetischen Aufrufs vermeldet werden:

> Смерть Ленина сотни тысяч рабочих сделала большевиками. Гибель вождя не расстроила рядов партии. Так дерево, глубоко вошедшее в почву могучими корнями, не гибнет, если у него срезают верхушку.[153]

Es ist gerade der Tod des Heilands, der Beleg seiner Sterblichkeit (also Kenose), welcher die stärkste paränetische Wirkung entfaltet.

---

[147] „‚Wacht auf, Verdammte dieser Erde...'" (*КЗС* 1 VIII, 180/193).
[148] „‚[...] tretet in die Reihen der Roten Armee ein.'" (*КЗС* 1 VII, 146/153).
[149] „‚Proletarier aller Länder, vereinigt euch!'" (*КЗС* 1 VII, 147/154).
[150] „‚Die Letzten werden die Ersten sein.'" (*КЗС* 1 VII, 147/154).
[151] „‚Jetzt ist die Reihe an uns zu feiern, Genossen [...]!'" (*КЗС* 1 VII, 147/154); s. 2.5.1.
[152] „‚Der Tod des Führers der Partei ruft die besten Söhne des Proletariats in unsere Reihen...'" (*КЗС* 2 V, 334/381). Vgl. auch *КЗС* 2 V, 334–339/381–387.
[153] „Lenins Tod brachte die Partei nicht ins Wanken, sondern machte Hunderttausende von Arbeitern zu Bolschewiken. Der Tod des Führers brachte die Reihen der Partei nicht durcheinander. So geht ein Baum, dessen mächtige Wurzeln tief in den Boden hinabreichen, auch dann nicht zugrunde, wenn man ihm den Wipfel absägt." (*КЗС* 2 V, 339/387).

8.7 Beschnittene Autorschaft – kenotische Nicht-Autorschaft?

Der Parteiauftrag, dem sich Pavka Korčagin unterwirft, bestimmt das Ziel seiner paränetischen Aktivitäten, auch seiner Literaturproduktion. Im Roman selbst werden die Mechanismen dieser Lenkung nicht gezeigt. An der Autorschaft Ostrovskijs hingegen lassen sich deren zunehmende Einschränkungen, die „Enteignung des literarischen Autors" (Städtke 1998:23) verfolgen. Dabei sind (wenigstens) drei komplementäre Bewegungen zu unterscheiden: Die freimütige Indienststellung des Schreibens für die Partei, der Oktroi bestimmter Produktionsregeln sowie von außen kommende Eingriffe.

Es sind die äußeren Reglementierungen und Eingriffe, welche die westliche Forschung dazu geführt haben, von einer „passiven Lage" (Günther 1984:172) des Schriftstellers, ja von gänzlicher „Autorlosigkeit im Sozrealismus" (Küpper 2000:41) zu sprechen. Die beschworene „Passivität", ein Gehorchen gegenüber dem Auftrag einer Vater-Autorität Partei könnte – erinnern wir uns an I. Smirnovs Palette der Erscheinungsformen von masochistisch-sozrealistischer Kenosis (8.3.3) – dem Kenosis-Modell zugeschlagen werden. Inwieweit ist das zulässig?

Im Gespräch mit Wiktor Leszczyński behauptet Tonja, die über dem Treffen mit Pavka ein geliehenes Buch am See vergessen hat, ein anderes gelesen zu haben, nach dessen Autor gefragt sie angibt: „«Никто...»".[154] Dies lässt sich wohl metapoetisch lesen und das anonyme Buch einer neuen Ästhetik – einer proletarischen, sozrealistischen, kenotischen – als Ostrovskijs eigenes Buch identifizieren.

8.7.1 Die normativen Postulate des Sozialistischen Realismus

Die normativen Vorgaben des SR werden zur Zeit, zu der Ostrovskij schreibt, erst entwickelt. Die Postulate, welche die normative Poetik des SR ausmachen,[155] sind aber in der Diskussion ab 1932 im Schwange und können von Ostrovskij in vorauseilendem Gehorsam beherzigt worden sein. Da Ostrovskijs Roman später zum Kanon erhoben wurde, ist diese Vermutung nicht gänzlich von der Hand zu weisen. Im Nachhinein behauptet Ostrovskij, die Ergebnisse des Ersten Schriftstellerkongresses vom August/September 1934 für sich als Handlungsanweisung interpretiert zu haben: „Съезд писателей для меня – программа действий. Особенно речи товарищей Горького и Жданова."[156]

---

[154] „‚Niemand...'" (КЗС 1 III, 78/70).
[155] Zur Normativität s. Sinjavskijs Diagnose von der Rückkehr des SR zu einer klassizistischen Normen-Poetik im Stile des 18. Jh.s (1967:438.441).
[156] „Der Schriftstellerkongress ist für mich Handlungsprogramm. Besonders die Reden der Genossen Gor'kij und Ždanov." (Ostrovskij 1974/75:II 248). Zur Autorschaftsenteignung im Zuge des Kongresses vgl. Städtke 1998:23–31.

Eine getreue Umsetzung der Vorgaben ist letztlich unmöglich, wie Günther an der Ambivalenz aller Postulate des SR demonstriert hat.[157] Bei Ostrovskij kommt erschwerend das wiederholte Eingreifen vieler Redakteure hinzu.

8.7.2 Enteignung Ostrovskijs von seinem Text

Ostrovskij beginnt die Arbeit an *КЗС* 1930, nachdem ihn Polyarthritis und Erblindung auf fremde Hilfe angewiesen gemacht haben. Das erste Kapitel des ersten Teils liegt noch von Ostrovskijs Hand mit Schreibschablone geschrieben vor, die weiteren wurden von verschiedenen Sekretärinnen und Sekretären niedergeschrieben (Nikulina 1957:123). Im November 1931 ist der erste Teil fertig; er erscheint ab April 1932 in der *Молодая гвардия [Junge Garde]*. Die Buchausgabe des ersten Teils folgt im Dezember 1932. Im Juni 1933 ist der zweite Teil fertig, der dann im September 1934 (dem Monat, in dem der Erste Schriftstellerkongress in Moskau endet) veröffentlicht wird. Die Redaktion hat im Vorfeld bereits ein erstes Mal massive Eingriffe vorgenommen, denen sich Ostrovskij fügte (Ostrovskij 1974/75:III 181–183). Nach erneuter Überarbeitung kommt 1935 eine zusammengebundene Buchfassung beider Teile heraus, in die erneut beträchtliche Änderungen eingegangen waren. Doch auch danach arbeitet Ostrovskij bis ins Jahr 1936 weiter an einer Neufassung (Angaben nach Nikulina 1957:123–125) sowie an einem Drehbuch auf Grundlage des Romans.

Allein bis zur Fertigstellung der ersten Buchfassung 1935 wirkten elf Redakteure als „литературные шефы молодого писателя"[158] mit. Wenn Anninskij behauptet, Ostrovskij habe kein Ideal emphatischer Autorschaft verfolgt, sondern seinen Roman aus verschiedenen Stilvorbildern (1971:40) zusammengebastelt, so mag das als Beschreibung seines Schreibprozesses und seiner literarischen Epigonalität zutreffen und wird im Laufe der Lektüre durch den unabweislichen Eindruck extremer Heterogenität der Schreibweisen schnell plausibel. Was jedoch die späteren, redaktionellen Eingriffe anbelangt, führt dies in die Irre; Ostrovskij klagt nämlich, ein „настоящий конвейер" von Redakteuren habe an seinem Text Veränderungen vorgenommen, und beschwert sich über Amputationen und Eingriffe.[159] Dass er sich nicht seelenruhig als gehorsamer Parteisoldat – und kenotischer

---

[157] Günther 1984:18–54. Dies geht letztlich schon zurück auf Friedrich Engels' Bestimmung des Typischen: Einmal seien dies deskriptiv „typische Charaktere unter typischen Umständen", einmal die prospektive Darstellung „wirklicher Menschen der Zukunft" (Engels im Briefentwurf an Margarete Harkness vom April 1888; MEW 37,42.44).

[158] „Literarische Anleiter [wörtl.: Chefs] des Jungschriftstellers" (Dostupova 1978:9); vgl. auch Ostrovskijs Anrede an seine Redakteurin Anna Karavaeva (Ostrovskij 1974/75:III 183).

[159] Ostrovskij 1974/75:III 316f; s. auch Nikulina 1957:124.

(Nicht-)Autor[160] – in diese Eingriffe fügen konnte, zeigt die Tatsache, dass er Eingriffe teilweise rückgängig machte. Er obliegt also doch – zumindest partiell – einer emphatischen Vorstellung von Autorschaft. Worauf richten sich die Eingriffe? Sie betreffen vor allem zwei Facetten: eine politische Episode (die Sache mit der „Arbeiteropposition") und die stilistische Gestalt des Textes.

8.7.3 Antiproletarische Zensur

Die politische Zensur veränderte vor allem die Kapitel, die mit der proletarisch motivierten Arbeiteropposition gegen Erscheinungen von neuer Bürgerlichkeit im Gefolge der *NĖP [Neue Ökonomische Politik]* 1923 zusammenhängen. Hieran hat Ostrovskij im Juni 1933 und April 1935 Änderungen konzediert (1974/75:III 182.300). Dass Korčagin in der Erstfassung selbst dieser innerparteilichen Opposition angehörte, belegt in der Endfassung noch am deutlichsten eine Spur in der Episode, eine Szene, in der Žarkij und Korčagin gegen „europäisches Tanzen" für die neuen Reichen aufbegehren.[161] In der Schlussfassung ist die „Arbeiteropposition" ganz um Dubava zentriert. Auch die persönliche Nähe, welche die Erstfassung zwischen Dubava und Korčagin herstellte, ist an ihrem gemeinsamen Auftreten (*КЗС* 2 I, 199/218) sowie ihrer Vertrautheit (die jetzt freilich konfliktreich wird; *КЗС* 2 VI, 346/396) noch ablesbar.

Waren Dubava und Korčagin in der ersten Fassung also zunächst als Freunde dargestellt, deren Weg sich erst später trennt, weil Dubava sich treu bleibt, Korčagin hingegen auf die offizielle Linie einschwenkt und das proletarische Credo verrät, wird im Zuge der Überarbeitung Korčagin einseitig positiviert (und entproletarisiert), Dubava hingegen zum Maximalfeind, zum „Trockisten" gestempelt (Nikulina 1957:133–135). Auf Kosten Dubavas geschieht die „героизация Павла Корчагина".[162] Unrichtig ist an Nikulinas Darstellung nur die Suggestion, dass all diese Änderungen aus Ostrovskijs freier Einsicht erfolgt seien („Писатель вычеркивал детали, значительно снижавшие образ молодого революционера."[163]). Jedenfalls werden wesentliche Teile des proletarischen Impetus der „Arbeiteropposition" getilgt – und mit ihnen das Auftrumpfen sozialer Niederungen. Ostrovskij selbst sagt 1935: „Участие Корчагина в оппозиции не типично для

---

[160] Auch bei Heiligenviten liegen viele Fassungen vor, an denen mehrere Verfasser nacheinander gewirkt haben (s. die Vita des Sergij Radonežskij [5.3.5.1]; vgl. dazu Günther 1984:105).
[161] *КЗС* 2 VII 355/407; weiter zur Eliminierung dieser Episode s. Guski 1981:121–123.
[162] „Heroisierung Pavel Korčagins" (Nikulina 1957:135).
[163] „Der Schriftsteller strich Details, die das Bild des jungen Revolutionärs beträchtlich herabzogen." (Nikulina 1957:147).

положительного типа комсомольца."[164] Pavels Schwanken, seine politische Unzuverlässigkeit werden vermindert, also der schwächeanthropologische, kenotische Aspekt reduziert und mehr stromlinienförmige Eindeutigkeit erstrebt.

Während für die Kanonisierung des Textes von oben diese Heroisierung und politische Entschärfung Voraussetzung gewesen sein dürfte, könnte es bei der Breitenrezeption durchaus anders gewesen sein. Die Tatsache, dass die menschlichen Fehler und die proletarisch-antioffizielle Attitüde Pavkas nicht völlig getilgt wurden, war in antidisziplinären Lektüren für den Erfolg des Romans und seine Nachahmungseffekte mit entscheidend.

8.7.4 Cocktail von Autorschaften und Schreibweisen
Das zweite Wirkungsfeld der Redakteure war die Sprache des Romans. Ob es nun Ostrovskijs eigene Kompilate historischer Poetiken sind oder das Resultat der Eingriffe von wenigstens elf Redakteuren (wie Ostrovskij insinuiert, 1974/75:III 316) – die offensichtliche Heterogenität des Romans bereitet der Interpretation Schwierigkeiten. Es ist ausgeschlossen, alle Stil- und Perspektivwechsel nachvollziehbar zu motivieren (Anninskij 1971:33). Konnte bei Černyševskij über die literarische Qualität (qua antiliterarischem Gestus und gelungener Psychologie negativer Personen; s. 6.6.1) zumindest noch gestritten werden, harren bei Ostrovskij selbst nur wenige Sowjetforscher auf dem verlorenen Posten aus, Ostrovskijs literarische Produktion als „художественное мастерство",[165] ja künstlerischen Superlativ (s. dazu Usievič 1958:14.43) zu verteidigen und seine Schreibweise (besser wäre: das kollektive Endprodukt) als Innovation und Mimesis der revolutionären Umstände ausgeben zu wollen.[166] Ostrovskij selbst hatte dem gegenüber in antiintellektuell-proletarischer Selbststilisierung seine Schreibfähigkeiten als gering eingestuft.[167]

Für *КЗС* gilt in besonderer Weise, was Boris Groys für die „Massenkultur" des Stalinismus feststellt: als „‚Meisterwerke' im traditionellen Sinne" sollen die Erzeugnisse des SR – wie die orthodoxen Ikonen – diese gar nicht dienen, sondern nur „vielfach reproduziert und massenhaft verbreitet" werden (Groys 2003:32). Insofern also mit der mangelnden künstlerischen Qualität des Textes eine massen-

---

[164] „Korčagins Teilnahme an der Opposition ist für den positiven Komsomolzen-Typus nicht typisch." (Ostrovskij 1974/75:III 300).
[165] „Künstlerische Meisterschaft" (Litvinov 1982:22).
[166] Anninskij möchte eine gezielte „«дисгармоническая гармония»" [‚disharmonische Harmonie'] erblicken (1971:41), die sich zu der unruhigen Zeit mimetisch verhielte („«метельный» стиль" [‚Schneesturmstil']; ebd.:39). Die geringe Verbundenheit der Episoden untereinander verleitete Litvnov dazu, kinematografische Montagetechnik am Werk zu sehen (Litvinov 1982:36).
[167] Siehe 1974/75:II 292; vgl. auch Litvinov 1982:23.

hafte Rezeption und Virulenz des durch Pavka vertretenen Habitusmodells einhergeht, wird eine kulturgeschichtlich fokussierte Lektüre nicht um das literaturwissenschaftliche Sakrileg umhinkommen, Wirkung und mangelnde Qualität in Verbindung zu bringen.

8.7.5 Adelung durch rhetorisches Ungeschick

Manche der angeführten Verfahren führen weg von Literarizität. Aus den Lapidarismen etwa lässt sich ein Misstrauen gegen literarische Tropik überhaupt, eine antiliterarische Stoßrichtung ablesen.[168]

Diese Skepsis gegen die technisch-rhetorische Dimension von Literatur hat ein ausgeprägtes Pendant auf der Handlungsebene in einer Kritik an Überfunktionen der Signifikanten-Oberfläche – sei es Schrift oder gesprochene Rede. Die politischen Gegner werden nicht nur durch negatives Pathos diskreditiert (vgl. Romanenko 2003:112–125), sondern auch durch rhetorisches Geschick. Die kalligrafische Unterschrift des von den Petljurovcy eingesetzten Gefängniskommandanten (*КЗС* 1 VI, 117/116f) dient genauso zu seiner Diskreditierung wie die rhetorisch gekonnte, aber nicht zielgruppengerechte und damit in ihrer *persuasio* versagende Rede des Genossen Razin vor Jugendlichen im Stadttheater:

> Он говорил как настоящий оратор, в его речи было слишком много таких слов, как «ортодоксальные марксисты», «социал-шовинизм» и так далее, которых слушатели, конечно, не поняли.[169]

Dagegen haben nicht-rhetorische, von Aposiopesen durchsetzte Reden Serežas (*КЗС* 1 VII, 151/159) oder später Artem Korčagins (*КЗС* 2 V, 336/383) ebenso wenig persuasive Qualitäten. Nichtsdestotrotz soll das rhetorische Ungeschick für den Leser (nicht für die Zuhörer im Raum) als Ausweis von Echtheit gelten: „Просто, но с глубокой искренностью, смущаясь за необычный слог своей речи [...]".[170] Die Zuordnung von rhetorischem Ornat zu politisch zweifelhaften Personen und von rhetorischem Ungeschick zu proletarischen Positivgestalten kann – mehr funktional als genealogisch – mit dem Startschuss der christlichen Rhetorik-Kritik, mit Paulus' Opposition von Gottes Wahrheit und weltlicher Rhetorik (1Kor 1,17f; s. 2.1.5) in Beziehung gesetzt werden.

---

[168] Generell lässt sich das aber nicht sagen: Das Antiliterarische ist nur *eine* der widerstreitenden Kräfte des Romantextes.

[169] „Er sprach wie ein richtiger Redner; in seiner Rede kamen zu viele Wörter vor wie ‚orthodoxe Marxisten', ‚Sozialchauvinismus' und so weiter, die die Zuhörer natürlich nicht verstanden." (*КЗС* 1 VII, 151/159).

[170] „Schlicht, aber mit tiefer Aufrichtigkeit, verlegen wegen des ungewohnten Stils seiner eigenen Rede [...]" (*КЗС* 2 V, 338/386).

Allein, die Zuordnung wird im Roman nicht durchgehalten. Auch innerparteiliche Gegner werden in ihrer Redetaktik als ungeschickt dargestellt,[171] umgekehrt wird die angenehme Bassstimme Pankratovs zur Adelung seiner konformen Position herangezogen (*КЗС* 2 V, 327/373). Eine Detailuntersuchung mit Fokus, aus welcher Schreibphase welche Schichten stammen, würde den Rahmen sprengen; es mag genügen, daran zu erinnern, dass hochliterarische Verfahren meist später eingefügt wurden (vgl. Guski 1981:140) und der Text in seiner proletarischen Stoßrichtung beschnitten wurde. Der stärker antioffizielle, antiintellektuelle Charakter der ersten Fassung dürfte auch in antiliterarischer Richtung prägnanter gewesen sein. Da die späteren Eingriffe dies verwischt haben, finden wir im Roman der vielen Redakteure aber keine konsequent tapeinotische (Anti-)Rhetorik mehr.

Motivisch und erzähltechnisch ist davon mehr übriggeblieben: Pavkas Antiklerikalismus, seine Sympathie für die Arbeiteropposition und seine Benutzung von Vulgärsprache verleihen ihm Züge von *юродство* [Gottesnarrentum] (s. 8.4.7). Die bürgerliche Bibliothek in Tonjas Elternhaus will er nicht ansehen (*КЗС* 1 III, 80/72). Die stellenweise eingesetzte begrenzte Figurenperspektive[172] ergänzt den Blickwinkel des allwissenden Erzählers (vgl. Fast 1999:58) durch ein narrativ-kenotisches Verfahren: den Abstieg in einen personal verengten Blickwinkel, der seinerseits die Steigerung des persuasiven Effekts (qua Komplizenschaft; ebd.:59) erlaubt.

8.7.6 Das taktische Schweigen des Kämpfers
Doch Rhetorizität wird nicht nur Gegnern attestiert, während die proletarischen Genossen durch ihr rhetorisches Ungeschick geadelt werden. Nein, das Sprechen überhaupt wird unter Umständen des politischen Kampfes zur Gefahr. Der jüdische Friseur Šlema Zel'cer, der politisch gar nicht involviert ist, wird in der Haft Opfer seiner losen Zunge (*КЗС* 1 VI, 125/127, 134/137), während Pavka bei Verhören unter Folter beharrlich schweigt (*КЗС* 1 VI, 118/118). Diese politische Zweckgebung für Schweigen stellt eine Transformation der christlichen Rhetorikskepsis oder des asketischen mönchischen Schweigens (s. 5.3.5) dar. Das Nicht-Reden wird im politischen Kampf funktionalisiert. Die Opposition zwischen Reden und Schweigen verläuft nicht mehr wie bei Paulus zwischen falscher Rhetorik

---

[171] So beim ungeschickten Hantieren eines Trockisten mit Zetteln (*КЗС* 2 V, 325/371) oder seiner unangenehm kreischenden Stimme (*КЗС* 2 V, 325/372). Die Kristallisationsgestalt der Arbeiteropposition wird gänzlich ausgeblendet, um erst bei der in der bolschewistischen Fiktion folgenden Zorneswelle wieder einzusetzen (*КЗС* 2 V, 326f/373) – eine literarische Bankrotterklärung.
[172] Etwa bei Pavkas Verzweiflung nach seiner ersten Verhaftung (*КЗС* 1 V, 112/112).

und wahrer ungelenker Rede; jetzt ist Lüge politisch erlaubt, ja angeraten (*КЗС* 1 VI, 134/137). Die Antirhetorik schwenkt vom Platonismus zum Leninismus.

8.8 Massenware Ostrovskij

Das Endprodukt redaktioneller Eingriffe und versuchter Wiederherstellungen unter dem Titel *Как закалялась сталь [Wie der Stahl gehärtet wurde]* und dem Autorennamen Nikolaj Ostrovskij wurde schnell zum superkanonischem Text der Sowjetliteratur erhoben; Tregubs Angabe, dass 1950 150 russische und 136 Ausgaben in anderen Sprachen vorgelegen hätten (1953:413f), zeigt nicht nur, wie schnell und effektiv das Dispositiv zur Kanonisierung Ostrovskijs arbeitete, sondern auch, wie es sich selbst bestätigte. Der Bildband *Nikolaj Ostrovskij* von 1974 prangt mit einer DIN A-4 Seite voll Auflagen des Romans in allen erdenklichen Weltsprachen (Ostrovskaja/Sokolova 1974:95). Es blieb allerdings nicht nur bei der Dekretierung der Kanonizität des Textes durch literaturpolitische Institutionen der Sowjetunion (inbesondere der Erhebung zum obligatorischen Lehrplaninhalt), nein, in der (offiziellen) Statistik der beliebtesten gelesenen Bücher belegt der Text immerhin den zweiten Platz (Dobrenko 1997:260). Das Buch und sein Held Korčagin gewinnen Züge einer „roten Ikone" (Günther 1984:106).

8.8.1 Biografie und Fiktion

So wenig Ostrovskijs Anteil an dem von den literaturpolitischen Institutionen der Sowjetunion propagierten Endprodukt gesichert ist, so stark wird in der Kanonisierung seines Textes auf die Nähe von Autor und Held abgehoben. Es hat sich in der sowjetischen Literaturwissenschaft eingebürgert, Korčagin und Ostrovskij wo nicht zu identifizieren (Tregub 1980:7), da doch als zweieinigen Janus „Корчагин-Островский"[173] zu beschreiben – auch biblisierend (1Mos 1,27): „По своему образу и подобию он [Николай Островский] создал Павла Корчагина."[174] Der Publikumserfolg wird auf Autobiografizität zurückgeführt[175] und diese These trotz herber Kritik, vor allem vom Mythisator Tregub, beharrlich verfochten.[176]

---

[173] „Korčagin-Ostrovskij" (Platonov 1980:70).
[174] „Nach seinem Bild und Ebenbild schuf er [Nikolaj Ostrovskij] Pavel Korčagin." (Tregub 1980:251). Zu Annäherungen von Autor und Held vgl. auch Groznova 1981:119.
[175] Maršak schreibt 1954: „Николай Островский [...] вложил в написанную им книгу всю свою жизнь без остатка, и юный читатель это чувствует." [Nikolaj Ostrovskij (…) legte restlos sein ganzes Leben in das von ihm geschriebene Buch hinein, und der junge Leser spürt das.].
[176] Tregub 1980:8.244f. Er scheut sich auch nicht, die literarische Schilderung von Pavkas Mutter als „erste Quelle" für Ostrovskijs Mutter einzustufen (ebd.:83).

8. Pavka Korčagin

Unbestritten gibt es in *КЗС* eine Fülle von Momenten, an denen Autobiografizität festgemacht werden kann, etwa die Herkunft der Helden wie des Autors aus Wolhynien, der Schulbesuch in Šepetovka und der Ausschluss durch den Religionslehrer, die frühe Fluchthilfe für einen Bol'ševiken, die lange Kette von Verletzungen und Krankheiten (in der Biografie weitgehend in derselben Folge wie im Roman), der Verlust des ersten Manuskripts auf dem Postweg, die erfolglose Schilddrüsenoperation. Nicht ganz so einfach, sondern leicht verschlüsselt gilt das auch für Ostrovskijs Ehefrau Raisa, geb. Macjuk; die Gattin Korčagins Taja bekommt den anagrammatisch vertauschten Mädchennamen Kjucam. Eine Aufstellung aller Detaildifferenzen wäre auch nicht kürzer.[177] Angaben über Ostrovskijs Biografie sind mit Vorsicht zu genießen: Da Ostrovskijs Witwe die wichtigste Quelle dafür darstellt (Ostrovskaja 1977, 1978), mag Manches an vermeintlichen Lebensdaten bereits Produkt des biografisch-literarischen Mythos sein, mögen literarische Motive längst auf das Leben zurückprojiziert worden sein. Aber das ist für den sowjetischen Mythos gerade kein Schade: Der Komplex von Leben und Text, Ostrovskij und Korčagin, soll nicht auflösbar sein und ist nach so langer Verschränkungsstrategie in der Sekundärliteratur auch kaum mehr entwirrbar.

Angesichts dieses Befundes ist bloß noch historisch nachvollziehbar, wie der Prozess der Verschränkung gelaufen ist und wie sich Ostrovskij zu dieser Frage verhalten hat. Nach Guskis Rekonstruktion durchläuft die Relation Biografie – Fiktion drei Stadien, die von der Mythenbildung und Heroisierung Ostrovskijs her dialektisch funktionieren und als zunehmende Fälschung anzusetzen sind:

1931 orakelte Ostrovskij über seinen Roman: „Это только факты.",[178] und auch 1932 wollte er noch „исключительно о фактах"[179] geschrieben haben. Eine negative Rezension vom 5. April 1935 brachte den Umschwung: Deren Autor Boris Dajredžiev übt Kritik an der autobiografischen Identifikation, die zur Privatklage des kranken Ostrovskij gerate und seinen Helden degradiere (vgl. Guski 1981:126f). Der autobiografische Charakter führt für den Rezensenten also zu unzulässiger Herabwürdigung des literarischen Heros. Ostrovskij reagiert am 11. April 1935 mit einem offenen Antwortbrief an Dajredžiev, in dem er diesen der Verleumdung zeiht und die autobiografische Identifikation abstreitet (Ostrovskij 1974/75:III 301). Eine Entgegnung an die Leserin Ljudmila Charčenko, die denselben Einwand wie Dajredžiev bringt, geht umgekehrt dahin, dass es sich bei Pavkas Krankheiten um die bittere biografische Wahrheit handle.[180] Einen Monat später, am 16. Mai 1935, vollzieht Ostrovskij in *Мой творческий отчет [Re-*

---

[177] Vengrov listet sie skrupulös auf (1952:129–135).
[178] „Das sind reine Tatsachen." (Ostrovskij 1974/75:III 135).
[179] „Ausschließlich über Tatsachen" (Ostrovskij 1974/75:II 208).
[180] Ostrovskij 1974/75:III 283f; s. dazu auch Tregub 1980:173–176.

chenschaftsbericht als Künstler] die erste Kehrtwendung: „[...] в нем [в романе *Как закалялась сталь*] я использовал также и свое право на вымысел."[181] Er fügt an, die Biografizitätsbehauptung würde „отсутствие большевистской скромности"[182] bedeuten. Er greift also Dajredžievs Kritik auf und mindert sich selbst herab, um seinen Helden emporzustemmen.[183] Die proletarisch-kenotische Erniedrigung, die beim Helden durch die politische Zensur reduziert worden war (s. 8.7.3), nimmt jetzt der Autor auf sich – indem er nun seinerseits den autobiografischen Charakter des Romans kleinredet. Die Wirkung der Dajredžievschen Kritik hält aber nicht lange an. Im September 1936, in einem seiner letzten Interviews, meint Ostrovskij: „Раньше я решительно протестовал против того, что эта вещь автобиографична, но теперь это бесполезно. В книге дана правда без всяких отклонений."[184] Erinnern wir uns: Die politische Zensur hatte Korčagin heroisiert und entproletarisiert. Wenn sich Ostrovskij schließlich wieder mit dem Helden identifiziert, möchte er an dieser historischen Fälschung partizipieren (vgl. Guski 1981:128). Die „большевистская скромность" hat sich erschöpft. Als Heros lässt sich's besser sterben.

In der sowjetischen Sekundärliteratur hatte dieser Prozess ein Nachspiel: Dajredžievs Kritik an der Autobiografizität wurde als „antipatriotisch" abgetan, weil die Identifikation von Held und Autor ersteren degradiere (Vengrov 1952:122 – das ist ziemlich genau, was Dajredžiev Ostrovskij vorgeworfen hatten). Bezeichnenderweise aber wurde eben diese Identifikation von Autor und Held zu späterer Zeit, nachdem Korčagin endgültig zum Mythos emporgeläutert worden ist, begrüßt (ebd.:127); nun sollte angeblich nicht mehr der Held zum Autor herab-, sondern der Autor zum Helden heraufgezogen werden. Welche Wendungen die Diskussion auch durchlief, allen Diskutanten kam es darauf an, zu heroisieren: erst den Helden, dann auch den Autor.

8.8.2 Mythisierung
Die Mythisierung von Korčagin/Ostrovskij läuft, wie daran zu sehen ist, nicht allein über die Autobiografizitätszuschreibung (das war Guskis These [1981: 124]), sondern im Verbund mit Heroisierung, Vereindeutigung, Monolithisierung,

---

[181] „Darin [im Roman *Wie der Stahl gehärtet wurde*] habe ich auch von meinem Recht auf Fiktion Gebrauch gemacht." (Ostrovskij 1974/75:II 245).

[182] „Mangel an bolschewistischer Bescheidenheit" (Ostrovskij 1974/75:II 245).

[183] Thun-Hohenstein sieht darin die Gegenbewegung zur individuellen Autobiografie – die „Überführung der literarischen Darstellung eigener Identitätssuche in die geforderte Selbststilisierung zum revolutionären Helden." (2002:102).

[184] „Früher habe ich entschieden dagegen protestiert, dass dieses Ding autobiografisch ist, doch jetzt ist das zwecklos. Das Buch gibt die Wahrheit ohne jede Abweichung wieder." (Ostrovskij 1974/75:II 292).

Entproletarisierung und Entkenotisierung des Helden-Autors. Dieser verliert durch die mythisierende Kanonisierung mit zunehmender historischer Distanz immer mehr an Menschlichkeit qua Irrtumsfähigkeit und wird zum stromlinienförmigen politisch-weltanschaulichen Geschoss „gestählt". So scheint schließlich der asketisch-leidende Charakter Ostrovskijs obsolet; die Kanonisatoren (unter ihnen an diesem Punkt auch Platonov) machen aus der tragischen Biografie Ostrovskijs eine Geschichte der Verwirklichung von Lebensglück in der sozialistischen Gesellschaft.[185]

Wiederum: Es ist nicht ausgemacht, ob die Rezeption des Textes durch die Leser nicht gerade – neben dem Abenteuercharakter des Romans (Guski 1981:143f) – auf der Leidensempathie statt auf dem vermeintlichen Monolithentum und „sozialistischen Glück" beruht. Ist das erzählte Leiden bei Ostrovskij vielleicht gar Chiffre eines Protests des unterworfenen Sohns gegen den Vater (Partei), der ihm dieses aufzwingt (vgl. 2.3.3)? Damit geriete die breite Ostrovskij-Rezeption sogar noch zum antirepressiven Ventil.

8.8.3 Der Typ Pavka Korčagin

8.8.3.1 Protagonistenmodell

Корчагин поистине шагает по планете.[186]

Aufbereitet als Monolith, avancierte die Legierung Korčagin-Ostrovskij zu einem der entscheidenden, von oben oktroyierten Modelle des SR – neben Pavlik Morozov, Fliegerhelden wie Čkalov und einigen anderen. Der literarische Held Korčagin ist für einige Jahrzehnte wohl wirklich der „известнейший литературный герой".[187] An ihm richtete sich die weitere Uniformisierung des Heldenkonzepts des SR aus.[188] Lag schon der Entstehung des Konzepts SR in den frühen 30er Jahren ein Gleichschaltungsanliegen zugrunde,[189] so ging auch die Propagierung des Ostrovskijschen Romans ab der Mitte der 30er Jahre mit dem mnemonischen Unifizierungsanliegen des SR Hand in Hand. Immer dieselben Modelle bzw. Figuren (Lenin, Aleksandr Matrosov, Pavka Korčagin) wurden eingepeitscht. Neben der heroischen Qualität spielte aber auch eine kenotische hinein (zu Lenin s. 7.10).

---

[185] „[...] внешне полумертвый Островский был счастливым." [(…) der äußerlich halbtote Ostrovskij war glücklich.] (Platonov 1980:60); s. auch N. Ždanov 1937:269; Timofeev/Širjajeva 1957:58f.
[186] „Korčagin schreitet wahrhaft über den gesamten Planeten." (Tregub 1980:200).
[187] „Bekanntester literarischer Held" (Ostrovskaja/Sokolova 1974:5).
[188] Siehe Clarks These von der rituellen Uniformität aller sozrealistischen Sujets (2000a).
[189] Gegenüber den literarischen Gruppen der 20er Jahre (Günther 1984:1–10) bzw. in Analogie zur nationalsozialistischen Gleichschaltungspolitik (Clark 2000a:31).

8.8.3.2 Habitusmodell

> Литература активно включается в жизнь, она зовет к борьбе
> [...][190]

Das Anliegen der Unifizierung literarischer Helden war bloß ein Etappenziel. Die eigentliche politische Zielsetzung bestand darin, der sowjetischen Bevölkerung das durch Korčagin vertretene Verhaltensmuster einzupflanzen. Besonders wichtig dürften dabei Kriegsdienst (s. Donskojs Verfilmung von 1942; 8.8.4.) und Arbeitsopfer sein, die im Dienste der Sozialdisziplinierung propagiert werden.[191] Nicht zufällig proliferierte die sowjetische Sekundärliteratur das Leitmotiv soldatischer Subordination.[192]

Schon sehr früh, als die Kanonisierungsbestrebungen gerade erst anliefen, setzte die Rede von Korčagin als Lebensvorbild, als „пример достойный подражания"[193] ein. Von der Sekundärliteratur verlautete jedoch, der Anstoß käme von den Lesern selbst. Ein Entstehen von unten wurde von der sowjetischen Korčagin-Panegyrik auch für jene kollektive Nachahmung Korčagins behauptet, welche die Bewegung der *корчагинцы [Korčaginzen]* genannt wurde. Das „гордое племя корчагинцев"[194] wurde so konzertiert zu einer sozialen Größe emporgelobt, dass Zweifel aufkommen, ob hier nicht eine Mystifikation lanciert wurde. Allzu international wirkt die jubelnde Jugendgruppe auf der doppelseitigen Fotografie im Bildband *Николай Островский [Nikolaj Ostrovskij]* (Ostrovskaja/Sokolova 1974:76f); vage und widersprüchliche Angaben über die Entstehung der vermeintlichen Bewegung machen stutzig: Sie sei angeblich im Zweiten Weltkrieg aus dem Ural gekommen,[195] wozu aber gleich noch eine konkurrierende Verortung an der Front angegeben wird.[196]

Der Titel war nach dem Krieg vor allem für das Arbeitsopfer einsetzbar: Die *корчагинцы [Korčaginzen]* (und alle, die es werden wollten und sollten) hatten sich an Korčagin ein Beispiel an arbeitsasketischen Sekundärtugenden zu nehmen,[197] im nächsten Schritt selbst eines geben und so die mnemonische Figur von Pavkas Aufopferungsbereitschaft von Generation zu Generation weitergeben:

---

[190] „Die Literatur greift aktiv ins Leben ein; sie ruft zum Kampf [...]" (Ljubovič 1937:259).
[191] Vgl. Ljubovič 1937:259; Timofeev/Širjajeva 1957:79.
[192] Tregub etwa titelte 1982 „всегда в строю" [stets in Reih' und Glied] (Tregub 1982).
[193] „Nachahmenswertes Beispiel" (Ljubovič 1937:257).
[194] „Der stolze Stamm der Korčaginzen" (Dostupova 1978:78).
[195] „Тогда-то, на одном из заводов Урала кому-то из комсомольцев [...] пришла в голову мысль [...]" [Da kam einem Komsomolzen in einer der (Waffen-)Fabriken im Ural die Idee (...)] (Dostupova 1978:78).
[196] An der Front im Zweiten Weltkrieg (Dostupova 1978:78).
[197] Mehrarbeit sollte um Pavkas willen geschehen: „Одну норму за себя, одну – за Павку!" [Eine Arbeitsnorm für sich, eine – für Pavka!] (Dostupova 1978:79).

„«Он [Корчагин] со мной и во мне, друг мой и напарник мой, он любит труд и трудолюбию учит других.»"[198] Oder: „«Мы продолжаем трудовую эстафету поколения Павла Корчагина.»"[199] Das Urbild Pavka sei ein unwiderstehlicher „магнит".[200] Und wieder fiel auch für Pavkas zweite Natur Ostrovskij etwas ab; vor ihm (einem para-religiös erhöhten Ostrovskij) beugen sich die Knie (vgl. Phil 2,10), ihm werden Arbeitseide geschworen.[201]

Die letzte Volte war die Rückkehr der *корчагинцы* in die Literatur, in Gestalt der „корчагинцы литературные",[202] worunter dichtende Soldaten, aber auch die Preisträger des Nikolaj-Ostrovskij-Literaturwettbewerbs verstanden wurden. So durchlief die Karriere des Modells Korčagin-Ostrovskij nicht nur einen „полный цикл"[203] von Wirklichkeit (autobiografischer Held) über Literatur wieder zur Wirklichkeit (konkrete personale Nachahmung), sondern gar einen doppelten Zyklus: Die realen Nachahmer des im literarischen Helden verewigten historischen Nikolaj Ostrovskij schufen wieder – Literatur. Dass ihre Helden an Korčagin gemahnten, war da kaum zu vermeiden.

8.8.4 Medien der Kanonisierung

Mit welchen Kanonisierungsmedien wurde die Bewegung der *корчагинцы* – wenn es denn keine reine Mystifikation ist – angebahnt? Die Kanonisierung des Helden Korčagin gehört zum Typus des Text-Kanons. Doch würde dieser nicht ohne die Regelkultur der Postulate des SR funktionieren, ohne die Institutionen, welche Regeln wie Mustertexte durchsetzen (Literaturkritik, Literaturwissenschaft, Schule, Bibliothek).

Am Anfang stand die Bitte Ostrovskijs an seinen Redakteur Konstantin Trofimov, im Zusammenhang mit dem Erscheinen der ukrainischen Übersetzung *Як гартувалася сталь* für Flankierung durch die Literaturkritik zu sorgen: „[...] Вы постараетесь о том, чтобы в печати ее [книгу] «обстреляли» критически."[204] Es folgten orchestrierte Leser-Rezensionen und deren Aufbereitung in Kommenta-

---

[198] Fragebogenantwort eines 58-jährigen Heizers nach Tregub 1980:248.
[199] „‚Wir geben den Stab der Arbeit der Generation von Pavel weiter.'" (Dostupova 1978:80).
[200] „Magnet" (Tregub 1980:252).
[201] Dostupova 1978:82f; weitere Formen der Eides-Topik s. Vjadro 1969:26.
[202] „Literaturkorčaginzen" (Dostupova 1978:84). Toburokov versichert sich der Gängigkeit des Adjektivs *корчагинский*, um den nahezu unbekannten jakutischen Schriftsteller Èrilik Èristiina durch die Monografie *Писатель корчагинской закалки [Ein Schriftsteller der Korčagin-Ertüchtigung]* zu kanonisieren (Toburokov 1979).
[203] „Eine 360°-Bewegung" (Dobrenko 1997:264).
[204] „[...] sorgen Sie bitte dafür, dass das Buch in der Presse ‚kritisch' beschossen wird." (Ostrovskij 1974/75:III 224).

ren (Ljubovič 1937). Dort fand sich auch die vermeintliche Information (ebd.: 256), eigentlich eher Aufforderung, dass der Text Analphabeten laut vorgelesen werden möge (so wie Pavka den Mitkämpfern aus *Овод [Die Pferdebremse]* vorlas). Dieses Vorlesen fand in der Folge wirklich Verbreitung (Fitzpatrick 1999: 82). In den 50er und 60er Jahren wurde es organisatorisch perfektioniert; Ostrovskijs Roman wurde zum Gegenstand von Leserkonferenzen, welche die öffentlichen Bibliotheken veranstalten. Dabei ging es nicht um den Austausch individueller Leseeindrücke, sondern um deren Unifizierung: Es gab fixe Vorgaben vom „правильный отзыв".[205] Ein autoritäres Rezeptionsmodell lebt hier seinen Ehrgeiz zur Sinnstabilisierung aus (Dobrenko 1997:22f).

Um Leser von Kindesbeinen an auf diese „richtige Lektüre" vorzubereiten, erschien der Roman in einem Kinderbuchverlag (Ostrovskij 1982). Vom politischen Endziel her ist es nur konsequent, wenn vermeintliche Adaption für Kinder (Ostrovskij 1937) ohne große Eingriffe auskommt; wohl werden Schimpfwörter geglättet,[206] Prostitution weniger drastisch benannt und philosophisches Raunen ausgelassen.[207] Intertextuelle Verweise (bspw. auf Voynich) aber bleiben erhalten (*КЗС* 1 IX, 190/204; 1937:180), und nur einige abstrakte politische Kampfformeln werden zensiert.[208] Für Lehrer wurden eigene Handreichungen (wie Groznova 1981) herausgegeben, in welchen dem „Erziehungsroman" *КЗС* seinerseits erziehende Funktion zugeschrieben wird (ebd.:17).

Die Witwe Raisa Ostrovskaja, deren Pendant im Roman als bolschewistische Jüngerin Pavkas auftritt, übernahm postum die Rolle der wichtigsten Apostelin Ostrovskijs. Ab 1974 lag ein Bilderbuch *Николай Островский [Nikolaj Ostrovskij]* mit einer Auflage von 50.000 Exemplaren vor, an dem sie mitwirkte: Dieses zeigt Ostrovskijs Orden (Ostrovskaja/Sokolova 1974:65), den Autor liegend bei einer Radioansprache (ebd.:66), eine an das Abendmahl gemahnende Szenerie mit jungen Leuten um den liegenden Ostrovskij herum (ebd.:64).

Die technische Medialität, wie sie Ostrovskij und Korčagin am Radio genossen, steht am Ende des Spektrums der Kanonisierungsmedien: Der Roman wurde in der Sowjetunion viermal verfilmt (1942, 1956, 1973 und 1975), und die Arbeitsaskese der *корчагинцы [Korčaginzen]* wurde im gleichnamigen Film *Корчагинцы* (1981, Regie: V. Gur'janov) propagiert. Was mit der Biografie geschah,

---

[205] „Richtige Resonanz" (Dobrenko 1997:269).
[206] Aus „«Сволочь проклятая!»" [‚Verfluchtes Pack!'] (*КЗС* 1 I, 37/19) wird: „«Проклятые!»" [‚Verfluchte!'] (1937:15).
[207] Es fehlt die Passage: „Заглянул Павка в самую глубину жизни, на ее дно [...]" [Pavel hatte einen tiefen Einblick ins Leben bekommen, ihm auf den Grund geschaut (...)] (*КЗС* 1 I, 37/19; 1937:16).
[208] Der „дешевый индивидуализм" [billiger Individualismus] wird gestrichen (*КЗС* 1 IX, 191/206; 1937:182).

wiederholte sich in den Verfilmungen; insbesondere Mark S. Donskojs Verfilmung von 1942 (in der der junge Pavka plötzlich gegen die Deutschen kämpft) stellt Pavel Korčagin als völlig schwächelosen Helden dar; der Film-Pavka ist weder disziplinlos, noch stellt Tonja eine negative Versuchung dar, noch wird er ernsthaft verletzt oder krank.

8.8.5 Wirkung der Paränese. Mystifikation oder Massenrealität?

Wie die Beteiligung diverser literaturpolitischer Institutionen zeigt, wurde bei der Rezeption des Romans *КЗС* nichts dem Zufall überlassen. Der Erfolg bildete keinen Selbstläufer, ist keinem autoaktiven „Mem" Korčagin-Ostrovskij zuzuschreiben, sondern stellt das Resultat des Ineinandergreifens der Räder eines Dispositivs dar,[209] das Ostrovskij als „мобилизационное оружие"[210] justierte und die Pavka-*imitatio* als Norm etablierte. Entsprechend ist die sowjetische Sekundärliteratur über weite Strecken weniger Literaturanalyse als emphatische Suggestion einer performativen Wirkung des Romans.[211] Jene Persuasion, welche der SR intendiert (Fast 1999:53), leistet die Sekundärliteratur ein zweites Mal; wenn sie Ostrovskijs Roman 1987 unter die *Вехи памяти [Wegmarken des Gedächtnisses]* (Anninskij/Cejtlin 1987) einreihte, ist dies weiter keine historische Deskription, sondern immer noch ein Symptom der Hoffnung auf Performativität dieses Titels. Korčagin sollte in der tätigen Erinnerung der von ihm „Geborenen" (Vjadro 1969:28), d.h. ihn Nachahmenden ein „zweites Leben" (Dostupova 1978) haben.

Dabei beschlich die Sowjetforscher, welche die Massenrezeption und -wirkung von Ostrovskijs Roman beschwören, sichtlich selbst das Unbehagen, dass dies alles Produkt einer Mystifikation seitens eben dieser ‚Forschung' war. Sie bemühten sich, diesen Verdacht zu antizipieren, ohne aber die Orchestrierung von oben ganz verdrängen zu können. So dekretierte Anninskij, die Massenrezeption habe vor jeder literaturkritischen Propaganda für den Roman begonnen,[212] um gleich

---

[209] Siehe 1.5.2. Rozovas Broschüre über den Roman etwa wird von einem *Всесоюзное общество по распространению политических и научных знаний [Allunionsgesellschaft zur Verbreitung politischer und wissenschaftlicher Kenntnisse]* herausgegeben (1951).
[210] „Mobilisierungswaffe" (E. Kubičev, zit. n. Vjadro 1969:31).
[211] Vengrov 1952; Tregub 1953; Timofeev/Širjajeva 1957; Vjadro 1969; Dostupova 1978; Groznova 1981 u.a. Die bereits in der Gor'kij-Rezeption sichtbaren Ansätze zum Herbeireden performativer Wirkung durch die Forschung werden in der Ostrovskij-Orchestrierung überboten.
[212] „[...] книга Островского распространялась в читательской массе без малейших подсказок критики." [(...) Ostrovskijs Buch verbreitete sich unter der Masse der Leser ohne die geringste Einflüsterung seitens der Kritik.] (Anninskij 1971:18). Schon die Komsomolzen von Šepetovka hätten einander das Manuskript aus der Hand gerissen (ebd.:19).

danach einzuräumen, dass der Student I. Marčenko, später einer der Propagatoren der ukrainischen Romanfassung, den Text erst auf direkte Anweisung des Komsomol gelesen („[...] комсомольское *задание:* прочесть"[213]) und die politische Propagandaabteilung der Armee 80% der Auflage des ersten Teils von 1932 aufgekauft habe (Anninskij 1971:19).

Die Performativitätsformeln sind stark uniformiert: Ein Plechanov-Zitat über Černyševskijs *Что делать? [Was tun?]* wird in der Doppelverbkonstruktion des folgenden Diktums zitiert: „Люди многих стран читают и перечитывают роман *Как закалялась сталь.* [...] Они стремятся жить, как жил, боролся, страдал и побеждал Павел Корчагин [...]".[214] Aleksej Mares'ev nennt den Roman das „манифест ребят моего поколения"; alle seien bemüht gewesen, Pavka nachzuahmen.[215] Vor allem wird betont, dass die Grenze von Fiktion zu Leben überschritten würde. Metčenko wendet Černyševskijs Formel vom „Handbuch" (6.5.3.2) auf Ostrovskijs Text als ein „руководство к действию"[216] an. Hier fällt die Sowjetpropaganda gar in die Topik vom ewigen Leben:

> Pawel Kortschagin altert nicht, seine Gestalt verblaßt nicht, versinkt nicht im Vergangenen. Nein! Jahre vergingen, und vor uns erstanden Generationen lebender Kortschagins, Menschen, die in ihren Wesenszügen dem Helden des Romans Ostrowskis gleichen. (Tregub 1953:8)

Der Zeugnisse aus der einfachen Leserschaft sind jedoch so viele (bis 1935 angeblich schon über 5000 Briefe an den Autor; ebd.:19), dass es sich bei der beschworenen performativen Wirkung des Textes nicht allein um eine Mystifikation handelt. Zumindest was die Popularisierung des Postulats Übererfüllung des Arbeitssolls durch Aleksej Stachanovs von langer Hand vorbereitete 1300%-Leistung vom 31. August 1935 betrifft, hat das Arbeitsopfer-Vorbild Korčagin mitgewirkt.[217] Korčagin ist der erste, fiktionale „самоотверженный труженик",[218] Stachanov der zweite, unter fiktiven Produktionsbedingungen agierende.

---

[213] „[...] *Auftrag* des Komsomol: durchlesen" (Anninskij 1971:18, Hervorh. i. Orig.).
[214] „In vielen Ländern lesen die Menschen den Roman *Wie der Stahl gehärtet wurde* wieder und wieder. [...] Sie bemühen sich zu leben, wie Pavel Korčagin lebte, kämpfte, litt und siegte [...]" (Dostupova 1978:90).
[215] „[...] стремились походить на него." [(...) sie strebten danach, ihm ähnlich zu werden.] (Taratuta 1987:145).
[216] „Handlungsanweisung" (Metčenko 1937:226).
[217] Vgl. Platonov 1980:69 und den Briefwechsel Ostrovskij/Stachanov (Ostrovskij 1974/75:III 426).
[218] „Aufopferungsvoll Schaffender" (Timofeev/Širjajeva 1957:56).

8.8.5.1 Korčagin heute
Das Ende der Sowjetunion ist auch dem Vampir Korčagin in seinem „zweiten Leben" nicht gut bekommen.[219] Zwar tragen wie ehedem einige Studentenclubs (*студенческий педагогический отряд*) seinen Namen, und in Straßennamen begegnen auch noch die *корчагинцы [Korčaginzen]*. Korčagin ist dagegen höchstens noch in der Erinnerung der große Held auf dem weißen Pferd (Prigov 2003). Wo er weiter seine Nische hat, sind Rehabilitationsanstalten für Invalide wie *Корчагинец-82 [Korčaginze 82]* in Ekaterinburg. Dort aber bedient Pavka Korčagin nicht mehr das heroische Vexierbild; in den Ekaterinburger Korčagincy lebt der Held so weiter, wie der post-heroische Ostrovskij wirklich lebte, leidend, krank, behindert,[220] ohne den Bedeutungsüberbau des kollektiven Nutzens seiner physischen Kenose und die Zuschreibung eines sozialistischen Glücks.

8.8.6 Sozialdisziplinierung und Antidisziplin
An der Ostrovskij-Rezeption wird somit deutlich, dass die zueinander in einer gewissen Spannung stehenden Prämissen der *History of Books* – kulturgeschichtlich relevant seien nur die konkreten historischen Leseweisen eines Textes, nicht alle denkbaren Sinnpotenziale – und der Dekonstruktion – Bedeutungsprozesse seien unabschließbar und Sinn nicht eindeutig sistierbar – sehr wohl ineinander greifen können. Wenn nämlich – wie in der Rezeptionsgeschichte des sozrealistischen Romans *Как закалялась сталь [Wie der Stahl gehärtet wurde]* – an Sinnpotenzialen aus einer anderen, weltanschaulich bekämpften Formation wie der Christologie partizipiert wird, dann erlaubt erst die Dekonstruktion der atheistischen Stoßrichtung durch Aufzeigen von deren religiösen Inspirationen eine hinreichend komplexe Antwort auf die Frage nach den Gründen für den Erfolg eines Textes.

Die rezeptionsgeschichtlich aktualisierten Sinnangebote sind paradox und von zwei Seiten her zu lesen (vgl. 5.6): Dekretiert das offizielle literaturpolitische Dispositiv von oben die Rezeption „Korčagin-Ostrovskijs" als eines bolschewistischen Heros mit disziplinierendem Interesse, so bilden für die antidisziplinäre Rezeption „von unten" (s. 8.2) gerade dessen Schwächen, Leiden und Opfer – also

---

[219] Ungeachtet des Abflauens des Korčagin-Mythos in Russland wird eine fortgesetzte chinesische Karriere registriert (Kirillov 2000), die im Jahre 2000 mit der Neuverfilmung von *КЗС* als 20-teiliger Fernsehserie, die als beste Fernsehserie des Jahres ausgezeichnet wird, ihren vorläufigen Höhepunkt findet; die chinesischen Machthaber scheinen die disziplinierende Wirkung des Habitusmodells Korčagin weiter zu schätzen.

[220] Das Moment eines „подвиг" [Heldentat] von Körperbehinderten wird im Zuge der Veranstaltungen zum 100. Geburtstag am 29. September 2004, bei denen versucht wurde, den Vorbildcharakter zu reanimieren, ohne sich den sozialistischen Impetus mit einzukaufen, als Ersatz angeboten (Galina Chrabrovickaja, zit. n. Press-konferencii 2004).

seine christoformen, kenotischen Merkmale – die Grundlage für identifikatorische Lektüren. Die kenotischen Muster werden von oben wie von unten gleichermaßen eingesetzt – einmal im Sinne des offiziellen Appells an die Opferbereitschaft zur Sozialdisziplinierung, zum anderen im Sinne von antioffizieller Identifikation mit Schwäche und sozialer Niedrigkeit.

8.9 Strapazierung und Abebben von Heroismus und Leidenspathos

Das Muster des nachahmenswürdigen Leidensopfers wurde im späteren SR perpetuiert, etwa in Aleksej N. Tolstojs *Хлеб [Brot]* (1937). In der Abwehrliteratur, entstanden im Umfeld des Widerstands gegen die deutsche Aggression 1941–45, wurde zwar der Verursacher der nötigen Leiden vom Klassenfeind zum äußeren Gegner exteriorisiert, der paradoxe Zusammenhang von persönlichem Opfer und kollektivem Nutzen aber eher noch deutlicher. Das Paradox wird hier zu repressiven Propagandazwecken endoxalisiert, um die Opferbereitschaft der Kämpfer für das Vaterland zu automatisieren.[221] Die strategische Annäherung der Sowjetmacht an die ROK im Bündnis gegen die Deutschen führt die in Kirchenkreisen seit der Oktoberrevolution verbreitete kirchliche Märtyrer-Topik[222] wieder an die sowjetisch-offiziellen Selbstbeschreibungen heran.[223]

Kein nutznießendes Kollektiv wie Proletariat, Partei und Nation gibt es zunächst bei den Opfererzählungen der Lagerliteratur. Die personale Perspektive in Solženicyns *Один день Ивана Денисовича [Ein Tag des Ivan Denisovič]* (1962) ist auf das momentane Überleben des Protagonisten fokussiert und blendet das Außen aus. Als der Autor zur Leitfigur der Dissidentenbewegung avancierte, gestattete er sich allerdings die Pose des Predigers eines christlichen Rigorismus – also wiederum eines Verzichts, der geistig-moralische Gesundung bringen soll.[224]

Jenseits der eingezäunten Räume der Lager brachte schon die Stalinzeit, verstärkt die Chruščev-Ära, vor allem in den Städten der Sowjetunion eine Entproletarisierung und Verbürgerlichung, die mit der Auflösung der RAPP 1932 manifest wird und an der *культруность [Kultiviertheits]*-Kampagne ablesbar ist (s. Kelly

---

[221] Zu Endoxalisierung und Automatisierung der christologischen Paradoxe 2.10.2–2.10.4.
[222] So schon das Sendschreiben des gewählten Patriarchen Tichon vom 19. Januar 1918 (Hauptmann/Stricker 1988:647f).
[223] Vgl. das Sendschreiben des Metropoliten Sergij vom 22. Juni 1941 („путь самоотвержения" [Weg der Selbstaufopferung]; Poslanija 1943:5; dt. Hauptmann/Stricker 1988: 751) und seine Ansprache vom 26. Juni 1941 („Möge das Gewitter des Krieges auch der Gesundung unserer geistigen Atmosphäre dienen [...]"; Hauptmann/Stricker 1988: 751); vgl. 5.2.4.3.
[224] Vgl. 5.4.4.2 und Sorokins fiktionalisierte Solženicyn-Gestalt (10.5.1–10.5.2).

2001:278–296). Nach dem Zweiten Weltkrieg tritt das Leidensopfer im Krieg in den Hintergrund; es wird nur teilweise wieder ins Arbeitsopfer übersetzt (s. 8.8.3.2). In der offiziellen Propaganda gerät das Muster des Leidensopfers somit zur gebetsmühlenartig repetierten, aber hauptsächlich retrospektiven (auf Revolution, Kriegskommunismus und Weltkrieg bezogenen) Schablone. In der Praxis des mehr oder weniger linientreuen Teils der Gesellschaft ebbte die Relevanz des kenotischen Modells ab, das auch bei den Kriegen in Afghanistan (1979–1989) und Tschetschenien (1994–96, 1999–2009) nicht wieder reanimiert werden konnte. Die Relevanz des kenotischen Modells aber endete damit nicht; sie wurde nur aus dem para-militärischen Bereich verschoben in den politischer Dissidenten und gesellschaftlicher Außenseiter (9.–10.).

9 Venička, oder kenotische Intertextualität bei Erofeev

> Христос пережил всех, ибо он равно обращается к человеку второго и двадцатого столетия.[1]
>
> КОКТЕЙЛЬ «ВЕЧНАЯ ЖИЗНЬ»
>
> ЧЕЛОВЕК! НЕ ХОТИ ДЛЯ СЕБЯ НИЧЕГО.
>
> КОГДА ЛЮДИ ПРИДУТ К ТЕБЕ ТОЛПАМИ,
> ОТДАЙ ИМ СЕБЯ БЕЗ ОСТАТКА.
>
> ТЫ ГОВОРИШЬ, ЧТО ЕЩЕ НЕ ГОТОВ?
>
> МЫ ВЕРИМ, ЧТО ЗАВТРА ТЫ СМОЖЕШЬ!
> А ПОКА – ДЖИН «BOMBAY SAPHIRE»
> С ТОНИКОМ, СОКОМ ИЛИ ПРОСТО КУБИКОМ ЛЬДА.[2]

9.1 Protest gegen sowjetische Verbürgerlichung

Als die Helden des SR wie Pavka Korčagin in die Jahre kamen, wurden neue Heldenentwürfe gebraucht (Genis/Vajl' 2001:100), die im Kontrast zum totalitären Heroen-Phantasma als Nicht-Helden erscheinen (s. Bogdanova 2002:21). Da sich die Sowjetmacht im Zuge der Verbürgerlichung der Stalin-Zeit von ihren proletarischen Wurzeln entfernte, wurde das Verfahren der sozialen Herabziehung wieder frei für sowjetkritische Belegungen. Der Held von Vladimir Dudincevs *Не хлебом единым [Der Mensch lebt nicht von Brot allein]* (1953) könnte als Ingenieur und (verwundeter) Weltkriegskämpfer durchaus noch in die Fußstapfen der Produktions- und Kampfopferschemata des SR treten; sein Asketismus aber richtete sich bereits gegen die bürokratische Korruption des verbürgerlichten Sowjetregimes.

Während Dudincev noch die Rückbesinnung auf die proletarische Askese der Revolutionsliteratur erstrebte, nahm die Dissidentenbewegung ab den 1960er Jahren Abstand vom sowjetimmanenten restaurativen Impetus. Die Dissidenten wurden, wo nicht durch Verhaftung oder Ausbürgerung marginalisiert (5.4.3.5),

---

[1] „Christus hat alle überlebt, weil er sich gleichermaßen an den Menschen des zweiten wie des zwanzigsten Jahrhunderts wendet." (Ajtmatov 1987:237).

[2] „COCKTAIL ‚EWIGES LEBEN'/ DU MENSCH! WOLLE NICHTS FÜR DICH./ WENN DIE MENSCHEN IN TRAUBEN ZU DIR KOMMEN,/ GIB DICH IHNEN HIN OHNE REST./ DU SAGST, DU SEIEST NOCH NICHT BEREIT?/ WIR GLAUBEN, DASS DU ES MORGEN KÖNNEN WIRST!/ UND SOLANGE – TRINKE ‚BOMBAY SAPHIRE'-GIN/ MIT TONIC, MIT SAFT ODER BLOSS MIT EINEM EISWÜRFEL." (Pelevin 1999:162).

da durch Berufsverbote in nicht-intellektuelle, proletarische Berufe abgedrängt (z.B. als Heizer). In vergleichbare soziale Nischen muss auch die in den 70er Jahren erstarkende Untergrundskirche ausweichen (5.3.8), während die *деревенщики* *[Dorfliteraten]* wie Vasilij Belov, Valentin Rasputin und Vladimir Solouchin ihren Rückzugsraum in der literarischen Evokation der russischen Provinz suchen.

Von allen drei Gruppierungen wurden christliche Kulturmodelle rehabilitiert. Die äußere Repression legte dabei eine spezifische Form der Aktualisierung nahe: die Kenotik. Aus der Not (s. 5.2.7.5) erwuchs ein Gruppenhabitus sozialer Erniedrigung, der nur zuteilen politisch-dissidentisch motiviert war (Ottovordemgentschenfelde 2004:179f), das *поколение дворников и сторожей* [Generation der Hausmeister und Nachtwächter].

Soziale Degradierung und Verzicht werden damit von den revolutionären und sozrealistischen Habitusmodellen des sozialistischen Verschwörers, Soldaten und Stoßarbeiters (die eher akribisch-asketischen Praktiken von Mönchen folgen), hin zu anarchisch-antioffiziellen Übersetzungen des Habitus des *юродивый* [Christusnarr] verschoben (vgl. 5.4.1). Die Zentralfigur der Untergrundskirche, Tat'jana Goričeva, erhebt etwa Einspruch gegen den mit Gestalten wie Rachmetov oktroyierten sowjetischen Heroismus und stellt dem christliche Demut entgegen (1988:21.58). Beide Modelle – das sowjetische, heroische wie das sowjetkritische, antiheroische – sind verschieden gelagerte Transformationen von Christus-Nachahmung. Da sich zwischen den beiden Modellen von Selbsterniedrigung eine weltanschauliche, soziale und politische Kluft auftut, geraten die unterschiedlichen Verzweigungen der Christus-*imitatio*, das offiziell-asketische und das inoffizielle, bisweilen gottesnärrische Schema zu Rivalen. Jenseits von Ernst und Narrentum aber bedingt die Partizipation am selben Strukturmuster (s. 8.1.2) die Berührung dieser Verhaltensmodelle in mehreren Zügen: Neben Aggressivität und Demut, die bei Revolutionären wie bei Postrevolutionären reaktualisiert werden, beinhalten beide als *tertium* eine mehr oder weniger prononcierte Topik des Leidens in gezielter oder unterlaufener *imitatio Christi.*

9.1.1 Die neuen Helden sind die alten: новые юродивые [neue Christusnarren]
In der Literatur waren es zunächst die der Neoavantgardisten von Lianozovo, die mit ihrer „Barackenpoesie" soziale Ränder aufwerten, sich eines neoproletarischen Habitus bedienen (Hirt/Wonders 1998:27–29) und an *юродивый*-[Christusnarren-] Strategien der historischen Avantgarde anknüpften (Ėpštejn 1989:223). Ins Humoreske wies bereits Vladimir Vojnovič' in den 60er Jahren entstandene entheroisierende Persiflage des Sozialmodells des Soldaten als Narren *Жизнь и необычай-*

ные приключения солдата Ивана Чонкина.³ In den späten 1960er und 70er Jahren variierte dann eine ganze Phalanx von Schriftstellern das Muster des sozialen Outsiders jenseits der „anständigen" Sowjetgesellschaft und deckt ein breites Spektrum von Spielarten sozialer Selbsterniedrigung ab.

In seinem diminutiven Autorimage setzte dies Saša (eigtl. Aleksandr Vs.) Sokolov um, der in *Школа для дураков [Schule für Dumme]* (1976) einen schizophrenen Debilen ins Zentrum der Erzählung stellt und so eine narrative und epistemische Kenosis vollzieht.⁴ Auch Ėduard Limonov inszenierte mit *Это я – Эдичка [Das bin ich, Ėdička]* (1979) sein *alter ego* im Diminutiv als in mehrfacher Hinsicht sozial Stigmatisierten: als am Hungertuch nagender Emigrant und Homosexueller. Juz Aleškovskij entwarf mit *Николай Николаевич [Nikolaj Nikolaevič]* (1970) eine postheroische und (im Ostrovskijschen Sinne) naturalisierte Erniedrigung phallisch definierter Männlichkeit (Aleškovskijs Held onaniert für wissenschaftliche Versuchszwecke). Allen gemein ist die Stilisierung von niederen Registern in der literarischen Sprache als Mimesis des Sprechhabitus der Autoren (Komaromi 2002:325). Dies haben sie mit Venedikt Erofeev und seinem Outcast gemein – dem christoformen Alkoholiker Venička.

9.2 Die „fromme Trunksucht"

Hat denn Alkohol (Alkoholmissbrauch) mit dem Christentum zu tun? Bezeichnenderweise ist es zunächst die sowjetische Polemik, die einen Nexus wechselseitiger proportionaler Verstärkung konstruiert.⁵

Die Ausstellung *L'arte dell'URSS [Die Kunst in der UdSSR]* im Palazzo Re Enzo in Bologna zeigte 2000/2001 unter anderem eine Reihe von sowjetischen antiklerikalen Propaganda-Plakaten. Darunter befand sich eine Lithografie B. Rezanovs von 1963, der die Ausstellungsmacher den Titel *I contadini [Die Bauern]* gaben, mit einem Vierzeiler von B. Kovynev:

Праздник престольный, звон колокольный,
Пьянка, скандал, матерщина, икота ...

---

³ *Die denkwürdigen Abenteuer des Soldaten Ivan Čonkin* (1963 angekündigt, aber nicht erschienen). Vgl. auch den Štirlic-Kult in der Sowjetunion seit dem Zweiten Weltkrieg bis heute.
⁴ Vgl. 3.5.5.5 u. 3.5.5.7. Zum Kreuzigungs-Binnentext und seiner gleichfalls schizophrenen Ausformung s. Kasack 2001.85f.
⁵ Die Behauptung eines umgekehrt proportionalen Zusammenhangs ist ein alter kirchlicher und monastischer Topos; die Polemik gegen die Trunkenheit und die Predigt von Enthaltsamkeit setzt in Russland bereits mit Feodosij Pečerskij ein (vgl. Rose 1952: 121f).

Из-за привычки такой богомольной
часто срывается в поле работа.⁶

In der Polemik werden zwei soziale Phänomene – aus der Sicht des sowjetischen Ökonomismus: zwei Übel – zusammengespannt, die für einander metaphorisch eintreten. Gibt es dafür, außer dem Effekt der gleichzeitigen Bekämpfung zweier „Übel" durch wechselseitige Diskreditierung und abgesehen vom kontingenten Zusammentreffen von kirchlichen Feiertagen und Trinkgelagen,⁷ noch eine andere, etwa religionswissenschaftlich-systematische, russisch-kulturgeschichtliche oder christentumsgeschichtlich-rhetorische Motivation? Inwiefern ist Trunksucht „fromme Gewohnheit"?

Es ist nicht nur die polemische Zusammenspannung von Religion und Suchtkrankheiten, sondern gerade von Christentum und Alkoholismus⁸ durch die Sowjetpropaganda, welche die Möglichkeit einer spezifischen, direkt proportionalen Verschränkung bietet:⁹ Die russische Spielart eines stereotyp exzessiven Alkoholkonsums (s. dazu Margolina 2004:15.95) kann u.a. als Form von Selbsterniedrigung semantisiert werden und ist als solche an das christologische Konzept der Kenosis anschließbar. Mit dieser motivischen Anknüpfung geht eine Anbindung an die paradoxe Rhetorik der kenotischen Christologie einher: Die „Knechtsgestalt" der menschlichen Natur Christi verweist – in und durch Unähnlichkeit – auf die göttliche Natur (s. 3.6). Was landläufig ein rhetorischer Mangel ist – die *humilitas*/ταπείνωσις (s. oben 3.5.5.2) – wird in einen paradoxen, umgekehrten Repräsentationseffekt umgewertet. Die menschliche Nachahmung Christi, zu der Phil 2,5 aufruft, repetiert als Nachahmung der Erniedrigung Christi eben diese Unähnlichkeit. Wird der Vektor der unähnlichen Abbildung in den spätsowjetischen Kontext hinein verlängert, kann auch die eklatante Unähnlichkeit, die zwischen Abstieg und Inkarnation des göttlichen Logos einerseits und dem physischen Elend eines Alkoholikers andererseits besteht, durch die Konzeption der Kenosis als einer Darstellung des undarstellbaren göttlichen Logos durch ein ihm denkbar Unähnliches (den Menschen Jesus „in Knechtsgestalt") beschrieben werden.

---

⁶ „Schutzheiligenfest, Glockenklang,/ Besäufnis, Aufruhr, Fluchen und Schluckauf.../ Aus solch frommer Gewohnheit/ wird oft die Feldarbeit unterbrochen." (Serri 2000:31).

⁷ Vgl. „An den *Kirchenfesten* wurde zunächst spirituell, dann spirituös gefeiert." (Goehrke 2003:340, Hervorh. i. Orig.).

⁸ Wie es zuvor Jahrhunderte lang durch die Orthodoxe Kirche mit der analogen Zusammenspannung von Heidentum und Alkoholismus geschehen war (Margolina 2004:25–30.47f).

⁹ Schon in Gor'kijs *Мать [Die Mutter]* war Alkohol von Angeklagtem Samojlov als Repressionsmittel der zaristischen Herrschaft dargestellt worden (*M* 2 XXVI 384/391) – also als Instrument zu transitiver Erniedrigung.

Insofern kann, wenn der christologische Gesichtspunkt für Venedikt Erofeevs Poem *Москва-Петушки [Moskau-Petuški]* mehr als nur auf der Ebene des Sujetbaus und der Motivik relevant sein soll, an den Erofeevschen Text auch die Frage nach kenotischen rhetorischen Strategien gerichtet werden (vgl. 3.5.8). Diese Fokussierung verspricht Aufschluss über den Modus der Konstitution des christlichen und christologischen Intertextes von *МП*, und zwar gerade in seinem Verhältnis zum vordergründigen Sujet, der „niederen" Sphäre des sowjetischen Alkoholismus. Die Frage nach einer christologischen Rhetorik von *МП* wird schließlich eine Klassifizierung der Figurenkonzeption des Poems sowie der sprachlichen und narrativen Mittel mit christologischem Beschreibungswerkzeug erlauben.

9.2.1 Russischer Alkohol-„Gebrauch"

> [...] Christusgestalten, die aussehen wie die örtlichen Alkoholiker, am Kreuz eingeschlafen mit einem idiotischen Lächeln um die Lippen [...][10]

In der russischen Kultur des Alkoholkonsums treffen drei Faktoren zusammen: Da ist zum einen die klimatisch bedingte Zugehörigkeit zum nordosteuropäischen „Wodkagürtel" (Skandinavien, das Baltikum, Polen und die ostslavischen Länder); aus dem ‚Leitgetränk' Wodka resultiert in der Außenwahrnehmung der Russen der Eindruck eines exzessiveren Umgangs mit Alkohol (in historischen Reiseberichten ab dem 17. Jh.; vgl. Christian 1990:35).

Diese Exzessivität lässt sich kurzschließen mit semiotischen Konzeptualisierungen der russischen Kultur als einer maximalistischen (Trubeckoj 1990), mit dualen Alternativen hantierenden (Lotman/Uspenskij 1977a) – Konzeptualisierungen, die auch auf den Gegenstand des Alkoholkonsums angewandt worden sind (Drubek-Meyer 1991:91). Demnach bestünde eine binäre Alternative von exzessivem Konsum einerseits (s. den russischen Euphemismus *употребление* ‚Gebrauch') und totaler Enthaltsamkeit andererseits (in der russischen, sowjetischen und postsowjetischen Genderordnung zumeist von verheirateten Frauen als Kompensation für den Alkoholismus ihrer Männer an den Tag gelegt; vgl. 5.2.6.1). Die Alternative Rausch vs. Abstinenz erhält drittens durch die Verknüpfung mit der Praxis fast aller Religionen, Rauschmittel zur Herbeiführung divinatorischer Zu-

---

[10] Vikt. Erofeev 2000:8. Wenn in dieser Arbeit Venedikt Vasil'evič' Erofeevs Namensvetter Viktor Vladimirovič Erofeev zitiert wird, dessen Initialen sich mit denen des ersteren decken, werden, um der geläufigen Verwechslung vorzubeugen (s. Ignatova 1993:114; Prigov 1994:321, wie auch Viktors eigenen Text „Erofeev protiv Erofeeva" [Erofeev gegen Erofeev]; Vikt. Erofeev 2001:135–171), die ersten vier Buchstaben des Vornamens „Vikt." mit angegeben; bei Venedikt Vasil'evič Erofeev, dem das gesamte Kapitel 9 gewidmet ist, wird dagegen auf Vor- und Vatersnamen verzichtet.

stände einzusetzen,[11] metaphysischen Rang.[12] In christlichen Termini gesprochen, eröffnet das exzessive Trinken die Alternative von moralischer Herrlichkeit (=Askese, totaler Enthaltsamkeit) und alkoholischer Erniedrigung. Die Exaltation (lat. für ‚Herrlichkeit') wird danach erst nach dem Durchgang durch den Stand der Erniedrigung erreicht.[13]

Bei aller alltäglichen Ausschweifung stellt sich auch das russische literarisierte Symposium in die platonische Tradition und gewinnt philosophischen Mehrwert (Šiškin 1998), so etwa Puškins „Юноша! скромно пируй, и шумную Бакхову влагу/ С трезвой струею воды, с мудрой беседой мешай".[14] Insofern kann nicht nur der Alkohol metaphysisch-religiös überhöht werden, sondern umgekehrt auch der Rausch metaphorisch eintreten für religiöse Exaltation.[15] Genau das reklamiert Andrej Bitov für Venedikt Erofeev: „Алкоголизм у Вен.[едикта] Ерофеева это не порок и не романтика, а путь, духовность которого является условием, а не оправданием."[16]

Wenn man solche Suggestionen von „Geistigkeit" auch für zu vage hält, führen drei Fährten zu dem im Folgenden untersuchten Alkoholiker-Poem *MП* von Venedikt Erofeev: Wenig weit trägt dabei die zufällige Disposition des Familiennamens *Ерофеев* für den Trinkerhabitus – das umgangssprachliche Substantiv *ерофеич* bedeutet ‚Trinker', das davon derivierte Verb *ерофейничать* ‚saufen' (vgl. Drawicz 1984:8). Eine seriösere Verbindung gestattet die vielfach beobachtete metaphysische Überhöhung des Alkoholkonsums, in Erofeevs „Poem" u.a. durch einen elaborierten biblischen Intertext. Drittens steht der soziale Typus des obdachlosen Alkoholikers (*алкаш* ‚Alki'; *бомж* ‚Penner', vgl. 5.4.4.1.) auf der niedrigsten Stufe der gesellschaftlichen Werteskala der damaligen Sowjetunion, womit die Einschreibung in eine spezifische, christliche Tradition der russischen Kulturgeschichte möglich wird – die der sozialen Kenosis, der positivierten frei-

---

[11] Hierher gehört Batailles auf Philippe de Félice (1936) gestützte anthropologische These vom integralen Zusammenhang von Rausch und Religion: „L'ivresse en général définit le domaine de la religion [...]" [Trunkenheit prägt grundsätzlich das Feld der Religion (…)] (Bataille 1988:325). Vgl. auch Lewys Begriffsgeschichte *Sobria ebrietas* (1929).

[12] Siehe die Auffächerung von lat. *spiritus* in dt. *Spiritus* und *Spiritualität*.

[13] Hier ist, anders als etwa im Mönchshabitus (s. 5.3), ein Gegensatzverhältnis von Askese und Kenosis evident (s. oben 1.2.4).

[14] „Jüngling! trink' bescheiden, und misch' das laute Bacchus-Nass/ mit nüchternem Wasserstrahl, mit weisem Gespräche" (*Подражания древним [Nachahmungen der Alten]*, 1833).

[15] Zur russischen Tradition nüchternen Rauschs, etwa bei Trediakovskij, s. Živov 1996: 251–253.

[16] „Bei Venedikt Erofeev ist der Alkoholismus kein Laster und auch kein romantischer Spleen, sondern ein Lebensweg, dessen geistige Natur Voraussetzung und nicht Rechtfertigung [für das Trinken] ist." (Bitov 2008:292).

willigen Selbsterniedrigung, eines gezielt am unteren Ende der Gesellschaftshierarchie geführten Daseins (vgl. Christi soziale Selbsterniedrigung; 2.6.1.3).

Hier steht also die Frage im Vordergrund, welche Transformationen das christologische Konzept der Kenose erfährt, wenn es außerhalb theologischer Dogmatik zur Anwendung gelangt und wenn der Träger der Selbsterniedrigung kein Mönch (s. 5.3) oder Christusnarr (s. 5.4.1) und auch kein Revolutionär oder realsozialistischer Held (s. 5.5.4–8.) mehr ist, sondern ein Alkoholiker zu Zeiten der späten Sowjetunion.

9.3 Venedikt Erofeevs *Москва-Петушки [Moskau-Petuški]*

> Самый большой грех по отношению к ближнему – говорить ему то, что он поймет с первого раза.[17]

Venedikt Vasil'evič Erofeev wurde am 24. Oktober 1938 im Murmansker Gebiet geboren und starb am 11. Mai 1990 an Kehlkopfkrebs infolge von Alkoholismus. Der – Erofeevs autobiografischer Information zufolge[18] – vom 19. Januar bis 6. März 1970 (nicht im Herbst 1969[19]) geschriebene Text kursierte vor 1989 in der Sowjetunion nur im Samizdat, hat also nie staatlicher Zensur unterlegen.[20] Er wurde erstmals 1973 in Jerusalem im Almanach *Ami* publiziert; die erste Ausgabe in Russland erschien im Zentralorgan der sowjetischen Antialkoholismuskampagne *Трезвость и культура*,[21] bevor ab 1989 mehrere Buchausgaben folgten. Venedikt Erofeev starb 1990 zweiundfünfzigjährig. Von ihm sind nur wenige weitere Texte überliefert: *Записки психопата [Aufzeichnungen eines Psychopathen]* (1956/58), *Дмитрий Шостакович*,[22] das Drama *Вальпургиева ночь [Walpurgisnacht]*

---

[17] „Die größte Sünde gegenüber dem Nächsten besteht darin, ihm zu sagen, was er auf Anhieb versteht." (Erofeev 2000:347).

[18] Erofeev 1990:4, Abschnitt *Краткая автобиография [Kurze Autobiografie]*; Verweise auf Erofeevs Poem des Weiteren abgekürzt *МП* mit Abschnittsangabe und bloßer Seitenzahl nach der Ausgabe von 1990 und nach der deutschen Übersetzung von Natascha Spitz (1978); diese wurde an wenigen Stellen behutsam korrigiert. Orts- und Eigennamen werden nach der wissenschaftlichen Transliteration angegeben und die neue Rechtschreibung verwendet.

[19] So *МП Москва – Петушки. Неизвестный подъезд [Moskau-Petuški. Im fremden Treppenhaus]* 122/162.

[20] Die vermeintliche Selbstzensur eines *мат*-[Mutterfluch]-Kapitels (*МП Серп и Молот – Карачарово. [Hammer-und-Sichel – Karačarovo]* 26/23), das in einer angeblichen ersten Fassung vorhanden gewesen sein soll, die es aber gar nicht gibt (vgl. Komaromi 2002:326), ist daher gesondert interpretationsbedürftig (s. 9.3.2.7 u. 9.5.6).

[21] *Nüchternheit und Kultur* (in den Nummern 12/1988, 1, 2, 3/1989).

[22] *Dmitrij Šostakovič* (1972, gilt als verloren).

(1985) und der Essay *Василий Розанов глазами эксцентрика [Vasilij Rozanov, mit den Augen eines Exzentrikers gesehen]* (1973) sowie einige unpublizierte Aufzeichnungen, doch diese reichen weder vom künstlerischen Rang noch von der Breitenrezeption her (*МП* ist längst ein Klassiker und eine sprudelnde Quelle für Phraseologismen und Sprichwörter) an das Poem von 1970 heran. Vor 1989 entstanden zu *МП* einige wenige hellsichtige Untersuchungen, bevor nach Geisser-Schnittmanns Monografie (1989) und dem Tod des Autors 1990 ein wahrer Boom einsetzte. Den vorläufigen Höhepunkt der Kanonisierung stellt der dritte wissenschaftliche Kommentar zu *МП* von Ėduard Vlasov (1998) dar.

Die äußere Fabel ist schnell erzählt: Der wie der Autor Venička Erofeev heißende Held erwacht verkatert in einem Moskauer Hausflur, geht auf der Suche nach Alkoholischem zum Kursker Bahnhof, von wo er den Vorortzug nach Petuški nimmt. Dort gelangt er aber nie an – er scheint die Endstation verschlafen zu haben und mit demselben Zug nach Moskau zurückgekehrt zu sein. Schließlich wird er von vier Verfolgern durch Moskau gejagt und ermordet. Über dieser schmalen Fabel schwebt der verkaterte und zunehmend delirierende Diskurs des Helden über Gott und die Sowjetunion, über die Bibel und Cocktailrezepte, über europäische Kulturgeschichte und physische Wirkungen von Alkohol.

9.3.1 Die Gretchenfrage
Man muss den mehrfach geäußerten Eindruck (Salmon 2001:194; Steblovskaja 2001:6) nicht teilen, dass in der Forschung das religiöse Moment vernachlässigt worden sei; wohl aber besteht das Problem, dass die bisherigen Interpretationen nicht recht aus der Alternative von *parodia sacra* (Drubek-Meyer 1991) oder Credo (Colucci 1983) herauskamen. Hier wird mit der christologischen Lesart ein Angebot unterbreitet, wie die Text und Forschung beherrschende Juxtaposition von Niedrigem (Alkoholischem) und Hohem (Religiösem) nicht als Hürde für die Interpretation, sondern als Lösung der Spannung *qua Spannung* lesbar wird. Mit der Fokussierung auf den neutestamentlichen Intertext wird daher nicht an der weiteren detektivischen Proliferation der diversen Intertexte weitergearbeitet, sondern eine Interpretation vorgeschlagen, die *МП* als – generisch (s. 9.6.2) wie programmatisch – christologischen profiliert, womit die Frage nach Credo oder Parodie des Evangeliengeschehens auf eine andere Ebene gehoben wird.

9.3.2 Karneval, Nationalkultur und Autoreferenzialität
Redlicherweise müssen zunächst die implizit oder explizit gegen den Primat von christologischen Strukturen und sakralen Repräsentationsformen gerichteten alternativen Lesarten einer Inspektion unterzogen werden. Es sind dies Interpretationen, die auf acht angenommene archimedische Punkte abheben: auf 1) Alkohol, 2) Karnevalisierung, 3) Nationalkultur, 4) Anthropologie, 5) Politik, 6) russische

literarische Tradition, 7) Parodie und 8) Autoreferenzialität. Im Zuge dieser fokussierten Wiedergabe des Forschungsstandes werden zugleich die anderen – keineswegs sekundären – Bedeutungsangebote, an denen dieser intertextuell gesättigte Text überreich ist, kursorisch aufgerollt.

9.3.2.1 Alkohol
Sicher ist die ‚alkoholische' Textsschicht ein nicht wegzudenkender Schlüssel zur ästhetischen Faszination von *MΠ*: Venja „[...] trinkt und denkt. Meist denkt er über das Trinken nach." (Pörzgen 2008:74). Doch darf man die zum ethischen *humilitas*-Gestus des Autors passende Suggestion, dass der Wodka das alleinige Epizentrum der Sinnangebote des Textes überhaupt darstelle, wie sie Erofeev im Interview (Erofeev/Prudovskij 2000:432) äußert, so einfach annehmen? Während die Selbstreduktion von Held, Erzähler und Autor hier als ernstzunehmende Strategie beschäftigen wird, nehmen sich die in eine ähnliche Kerbe schlagenden Reduktionen der amerikanischen Forscherinnen Cynthia Simmons und Valentina Baslyk despektierlich aus. Simmons kann in *MΠ* nur den Alkoholismus und seine Psychopathologie erblicken und so den Text als „mimesis of altered consciousness" (1993:61), als Zeugnis einer Desintegration des Selbst im Sinne Otto Ranks lesen (ebd.:77). Noch schriller übertönt Baslyk mit ihrer Schizophreniethese den aus ethischer Entscheidung kleinlauten Helden, wenn sie im Alkoholiker Veničk (dem Helden) – gegen alle anderen Interpreten – Züge von Misanthropie und Aggressivität festzustellen versucht (1997:54f.58f).

9.3.2.2 Karnevalisierung
Gewichtiger ist die Hypothese, dass der Alkohol in *MΠ* als Mittel des Karnevals (als einer Negation des herrschenden Anstands) gelesen werden müsse. Für einige frühe Leser wie Zvetermich (1980:51) führt die Karnevalisierung in *MΠ* zum Absurden (vgl. auch Skaza 1981:595). Dagegen schlägt Zorin vor, *MΠ* als Revision der Bachtin-Mode der späten 60er Jahre zu lesen, die das Lachen als (politisch wirksame) Befreiung begreifen wollte, was *MΠ* desillusioniere (1989:257). Später lanciert Živolupova die These von *MΠ* als menippeischer Satire (1992:80) und interpretiert Stewart die diversen dehierarchisierenden Herabziehungen im Text als Verfahren des „Grotesken Realismus" à la Bachtin (Stewart 1999:76) und formuliert die These, dass „Erofeev sein [Bachtins Rabelais-]Werk ausdrücklich rezipiert und bewußt an ihn angeschlossen" habe (ebd.:59). Alkohol geriete damit zum Medium einer befreienden (Bachtin 1990:107) „Heraufziehungskomik", bei der aber – das sei gegen Jauß (1976:107) und Greiner (1992:97f) eingewendet – die Komik der „Gegenbildlichkeit" (Jauß 1976:105) und Degradierung einer herr-

schenden Konvention mitgedacht werden muss.[23] Die implizite Herabziehung gehe, so die Destruktion Berahas (1997), in *MП* bis zur totalen Entleerung des karnevalisierten Anderen (des Sowjetischen oder des Religiösen, von Subjekt, Raum und Zeit).[24] Die Bachtin-Spur wird ihrerseits historisiert und in die ältere Linie von Vjačeslav Ivanovs Dionysos-Mythopoiese eingeordnet,[25] was allerdings den unbestreitbaren Rang, den das Christentum in *MП* hat, verstellt, insofern der griechische Gott maximal über sein Attribut Wein präsent ist; die Frage, warum bei Erofeev ausgerechnet Christentum und Alkohol verschränkt werden, kann damit nicht beantwortet werden.[26]

Was die Bachtin-Karneval-These angeht, so zeigt Levin in *MП* ein Rabelais-Zitat auf[27] und stellt Živolupova fest, dass die Alkoholmotive bei Rabelais[28] doch wesentlich verschieden seien von der Rolle, die der Alkohol bei Erofeev spielt (Živolupova 1992:88). Alkohol als Ingredienz des Karnevals müsste ja gemäß Bachtins Konzeptualisierung offensiv mit Bauch und Unterleib, mit Erbrechen, Urinieren etc. einhergehen; all das wird bei Erofeev (beim Helden wie im Autor-Habitus) schamvoll vermieden.[29] Was bleibt, ist das Trinken als Leidensdienst, als

---

[23] Siehe 3.6.1.1. Auch nach Bachtin bleibt der innere Zensor in der kurzzeitigen Befreiung vom Zensor ja durchaus latent anwesend (Bachtin 1990:107).

[24] Die Interpreten, die gegen Parodie als Komik und Herabziehung streiten, halten diese Linie kaum durch. Destruktion und/qua Komik geraten immer wieder in den Vordergrund (etwa bei Lipoveckij 1997:167) und Martin setzt ans Ende ihrer Dissertation (1995:201) gar Bakunins Diktum „Die Lust der Zerstörung ist zugleich eine schaffende Lust." (Bakunin 1842:1102). Veničkas Nicht-Negation sollte jedoch ernster genommen werden (s. 9.3.2.7).

[25] Drubek-Meyer 1991:92; Stewart 1999:45–48.

[26] Das gilt z.B. für Stewarts Einwand gegen Geisser-Schnittmanns Stigmen-Interpretation der Parallele von Hl. Teresa und Alkoholkonsum (*MП Москва – Серп и Молот*. [Moskau – Hammer-und-Sichel] 26/23; Geisser-Schnittmann 1989:114–116), es gehe beim Bezug auf Berninis Skulptur bloß um Erotisch-Orgiastisches (Stewart 1999:47).

[27] „Если кто-нибудь хотел пить портвейн, он вставал и говорил: «Ребята, я хочу пить портвейн». А все говорили: «Хорошо. Пей портвейн. Мы тоже будем с тобой пить портвейн.»" [Wenn einer Portwein trinken wollte, stand er auf und sagte: ‚Kinder, ich möchte Portwein trinken'. Und alle sagten: ‚Gut. Trinke Portwein. Wir trinken mit dir zusammen Portwein.'] (*MП Карачарово – Чухлинка* 28/26); „Si l'un ou l'autre disait: «Buvons!» tous buvaient. Si l'un disait: «Jouons» tous jouaient; «Allons nous divertir aux champs!» tous y allaient." (Kap. I 57, Rabelais 1928:116).

[28] „[...] la dive Bouteille" [die göttliche Flasche] (Kap. V 34, Rabelais 1928:611).

[29] *MП Карачарово – Чухлинка [Karačarovo – Čuchlinka]* 27f/25f. Die Trinkkumpane missverstehen diese Scham als Hybris, doch Venička überspielt die physischen Folgen des Alkoholkonsums nicht nur gänzlich unaggressiv und unkarnevalistisch, sondern wendet wörtlich das Verfahren der „Selbstbeschränkung" („самоограничение") an (*MП Чухлинка- Кусково [Čuchlinka – Kuskovo]* 30/29).

Verfeinerung und nicht Verrohung. Nicht zu vernachlässigen ist vielleicht auch, dass Bachtin sich selbst mit Erofeevs Poem nicht einverstanden zeigte (Zorin, in Frolova 1991:121). Der karnevalistische Vektor der Degradierung eines ernsten „Es" im Sinne Kaysers (s. Bachtin 1990:57) – sei dies Politik oder Religion – kommt in *МП* höchstens teilweise zum Tragen.[30] Im Kontrast etwa zur *Служба кабаку [Kneipenmesse]* (anonym 1666). wird nämlich bei Erofeev das religiöse Moment – bei ihm sind es gar für das 20. Jh. so anachronistische Entitäten wie Engel[31] – nicht durch die Ersetzung des Spirituellen durch den Spiritus persifliert. Vielmehr wird dem niederen Umgang mit Spiritus eine transzendente Dimension verliehen. Neben der komischen Kontamination von Anthropologie und Alkoholismus ist in *МП* das Bekenntnis zu einem Mehr-als-Materiellen zu Anfang des Textes als Lesehinweis ernst zu nehmen:

> Ведь в человеке не одна только физичексая сторона; в нем и духовная сторона есть, и есть – больше того – есть [!] сторона мистическая, сверхдуховная сторона. Так вот, я каждую минуту ждал, что меня, посреди площади, начнет тошнить со всех трех сторон.[32]

Auf die Interpretation dieser triadischen Anthropologie wird noch zurückzukommen sein. Zunächst nur soviel: Die Provokation des Alkoholikers als christusähnlichem Helden wird nicht bis ins Letzte, Physisch-Despektierliche durchexerziert wie später bei Sorokin. Mit einem unidirektionalen Erniedrigungsvektor allein ist es bei Erofeev nicht getan.[33]

9.3.2.3 Nationalkultur

In Rezensionen und Untersuchungen wird immer wieder die Darstellung der russischen Nationalkultur und der sowjetischen sozialen Realität als Proprium von *МП* hervorgehoben; die russisch-sowjetische Kultur und ihre vermeintliche „Seele", der russische Alkoholismus, würden die unproblematische und eigentliche Refe-

---

[30] Zu Notwendigkeit von Einschränkungen s. Lipoveckij 1997:156.
[31] *МП Москва. Площадь Курского вокзала [Moskau. Platz des Kursker Bahnhofs]* 18f/12f, *МП Москва. К поезду через магазин [Moskau. Zum Zug mit Umweg über das Geschäft]* 23/19.
[32] „Denn das Wesen des Menschen umfaßt nicht nur eine physische Seite; es umfaßt auch eine geistige Seite und darüberhinaus eine mystische, eine übergeistige Seite. Und eben deshalb wartete ich jeden Augenblick darauf, dass mir mitten auf dem Platz von allen drei Seiten speiübel wird." (*МП Москва. Площадь Курского вокзала [Platz des Kursker Bahnhofs]* 19/13f). Zur orthodoxen trichotomischen Anthropologie vgl. Zen'kovskij 1951:21 Anm. 1.
[33] Zur Differenz von karnevalistischer Herabziehung und kenotischer Selbsterniedrigung vgl. auch 3.6.1.1.

renz dieses Textes bilden (s. Al'tšuller 1982:75; Drawicz 1984:8). In der Tat hebt der Erzähler auf dem Weg von *Карачарово [Karačarovo]* nach *Чухлинка [Čuchlinka]* zu einer Hymne auf den russischen Volkscharakter an, und zwar mit Umkehrung konventioneller Wertungen: Als Positivum gilt ihm russische „грусть" [Traurigkeit], welche die anderen nicht verstünden.[34] Die Umkehrungsfigur selbst wird sich später als religiöse herausstellen, zudem wird sie mit „Leere" (s. das Etymon κενόω; 1.2.1) gekennzeichnet: „Мне нравится, что у народа моей страны глаза такие пустые и выпуклые. [...] Полное отсутствие всякого смысла – но зато какая мощь! [...] Им все божья роса...".[35] Gemäß dieser Charakterzeichnung wird mit der stierenden Dummheit nicht nur das russische Volk insgesamt mit Gestalten wie Sokolovs schizophrenem Helden und Aleškovskijs Nikolaj Nikolaevič (vgl. 9.1.1) in Verbindung gebracht und das herkömmlich Negative positiviert –, nein, in der verkürzten Zitation des Phraseologismus „Ему плюнь в глаза, все божья роса!"[36] wird Demut als besondere Kraft gedeutet. Die Frage, warum nun gerade vermeintliche Kollektiv-Eigenschaften wie Traurigkeit und Demut als Proprium herausgegriffen werden, lässt sich aber nicht beantworten, wenn man Erofeev vorrangig als Konzeptualisator der russischen Alltagskultur auffasst – es sei denn, man sieht diese geprägt vom kenotischen Habitusmodell.

9.3.2.4 Existenziale Anthropologie
Die Gegenthese zur nationalkulturellen Spezifik ist die von Veničkas Stellvertreterfunktion für die *conditio humana* überhaupt: Dient dieser Held in ungewöhnlichem Gewande gar dazu, anthropologisch allgemeine Aussagen zu machen wie die von der Kontingenz des Schluckaufs[37] oder: „Ибо жизнь человеческая не есть ли минутное окосение души? и затмение души тоже. Мы все как бы пьяны, только каждый по-своему [...]".[38] Des Öfteren bekommt die anthropologische Lesart einen existenzialistischen Einschlag (Kustanovich 1997) und positioniert im Zuge dessen die religiöse Motivik als ein Existenzial.

---

[34] *МП Назарьево – Дрезна [Nazar'evo – Drezna]* 80/100.
[35] „Es gefällt mir, dass das Volk meines Landes so leere und vorstehende Augen hat. [...] Ohne jeden Sinn, aber dafür – welche Potenz! [...] Sie lassen den lieben Gott walten." (*МП Карачарово – Чухлинка [Karačarovo – Čuchlinka]* 26f/24f).
[36] „Und spuckt man ihm auch ins Gesicht, er nimmt es als Tau Gottes hin…"
[37] *МП Электроугли – 43-й километр [Ėlektrougli – Kilometer 43]* 54/62f. Siehe auch Al'tšuller 1982:77; Smirnova 1990:59; Ju. Levin 1992:500.
[38] „Ist nicht das ganze Leben nur ein flüchtiger Rausch der Seele? Eine Verfinsterung der Seele? Wir alle sind wie betrunken, nur jeder auf seine Weise [...]" (*МП Петушки. Вокзальная площадь [Petuški. Bahnhofsplatz]* 116/153).

9.3.2.5 Politik

Wie das Religiöse bei einer anthropologischen Lesart auf eine Facette existenzialer Anthropologie reduziert wird, trifft eine dezidiert politische Lesart von *MΠ* auf der Ebene der Lesevoraussetzungen eine einengende Festlegung bezüglich der Gattung bzw. des noetischen Modus des Textes – den Modus Parodie.[39] Für die These von *MΠ* als eines „parodistisch-verspottenden" Dialogs mit den sowjetischen Verhältnissen[40] wird gerne ein Ausspruch Veničkas vereinnahmt, an dem die Selbsterniedrigung als „Spucken auf die sowjetische Hierarchie" entschlüsselbar erscheint: „Я остаюсь внизу, и снизу плюю на всю вашу общественную лестницу."[41] Sowjetembleme wie der Moskauer Kreml' werden in der Form einer entleerten Diskurshülse im sprichwörtlich gewordenen ersten Satz des Poems aufgerufen,[42] wogegen der weitere Text gerade vom Kreml' wegführt: „[...] когда я ищу Кремль, я неизменно попадаю на Курский вокзал."[43] Zudem unterläuft Venička die großen nationalen Narrative wie die *Великая Отечественная Война* [Großer Vaterländischer Krieg] (1941–45), indem er die u.a. dafür gebräuchliche Floskel von der nationalen Leidenszeit (s. 8.9) auf einen Kater im Morgengrauen herunterbricht.[44] Venička untergräbt die Riten der sozialistischen Arbeitswelt, indem er als Brigadeführer die Neigung sowjetischer Arbeiter zur Trunksucht und Unverantwortlichkeit („О, сладость неподотчетности!"[45]) systematisch fördert, offizielle Arbeitsnormen und halb-offizielle Selbstverpflichtungen unterläuft.[46] Und wenn Venička in seinen vermeintlichen Weltreiseberichten während des Symposiums im Zug davon spricht, in Sibirien lebten nur „Neger",[47] so ist das weniger unsinnig als politisch dechiffrierbar – als äsopischer Hinweis auf die sibirischen Lager (Geisser-Schnittmann 1989:182f; vgl. 5.4.4.2). Schließlich brin-

---

[39] Verstanden als „Auflösung" qua „Bewußtwerdung der Form" (Šklovskij 1969b:250) und polemische Entwertung.
[40] Küpper 2002:233, vgl. auch Skoropanova 2002:103–105.
[41] „Ich bleibe unten, und von unten spucke ich auf eure Leiter des gesellschaftlichen Aufstiegs." (*МП Новогиреево – Реутово* [Novogireevo – Reutovo] 36/37).
[42] „Все говорят: Кремль, Кремль." [Alle sagen: der Kreml', der Kreml'.] (*МП Москва. На пути к Курскому вокзалу* [Moskau. Auf dem Weg zum Kursker Bahnhof] 16/9).
[43] „[...] wenn ich den Kreml' suche, gerate ich unweigerlich zum Kursker Bahnhof." (*МП Москва. На пути к Курскому вокзалу* [Moskau. Auf dem Weg zum Kursker Bahnhof] 17/10).
[44] „О, самое бессильное и позорное время в жизни моего народа [...]" [O du ohnmächtigste und schmachvollste Zeit im Leben meines Volkes (...)] (*МП Москва. На пути к Курскому вокзалу* [Moskau. Auf dem Weg zum Kursker Bahnhof] 18/12).
[45] „O Wonne, keiner Rechenschaft zu unterliegen!" (*МП Кусково – Новогиреево* [Kuskovo – Novogireevo] 32/32).
[46] *МП Новогиреево – Реутово* [Novogireevo – Reutovo] 34–35/34–36.
[47] *МП Павлово-Посад – Назарьево* [Pavlovo-Posad – Nazar'evo] 78/97.

gen Traum und Delirium unter marxistisch-leninistischen Formeln wie „ситуация назрела"[48] eine karnevaleske Alkoholiker-Revolution hervor,[49] deren Dekrete sich auf die Öffnungszeiten der Alkohol verkaufenden Geschäfte beschränken.[50] Hier haben wir es mit einer politisch durchbuchstabierbaren Allegorie (Lenins Aprilthesen von 1917 usw.) im polemisch-naiven Sinne des Allegorie-Begriffs zu tun; Geisser-Schnittmann hat dies entsprechend eins zu eins ausgelegt (1989:199–206). Angesichts der Komplexität der sonstigen sekundären und kontaminierten Zitate drängt sich der Verdacht auf, dass hier das primitive literarische Verfahren programmatisch zur doppelt distanzierten Kennzeichnung des politischen, durch die Propaganda endgültig banalisierten Gegenstandes Oktoberrevolution eingesetzt wird. Damit steht der antisowjetische politische Vektor in keinem Widerspruch zum Christentum, ja ist mit dem antioffiziellen Protest des Gottesnarren kurzschließbar (s. 9.4).

9.3.2.6 Russische Literaturgeschichte

Auch literarische Ikonen der heroischen Frühzeit der russischen Revolutionsbewegung und der Sowjetkultur wie Maksim Gor'kij (7.) oder Nikolaj Ostrovskij (8.) werden zitierend unterminiert, wie schon die frühesten Interpreten betonen: Gor'kijs Heroen-Phantasma („В жизни, знаешь ты, всегда есть место подвигам"[51]) wird von Venička zu seinem antiheroischen Gegenteil verkehrt: „Я согласился бы жить на земле целую вечность, если бы прежде мне показали уголок, где не всегда есть место подвигам."[52] Und aus Ostrovskijs normativem Diktum über Leben und Opferbereitschaft –

> Самое дорогое у человека – это жизнь. Она дается ему один раз, и прожить надо ее так, чтобы не было мучительно больно за бесцельно прожитые годы, чтобы не жег позор за подленькое и мелочное прошлое и чтобы, умирая, смог сказать: вся

---

[48] „Die Situation ist reif." Das Kompilat *Моя маленькая лениниана [Mein kleines Lenin-Florilegium]* beschädigt das Denkmal Lenin durch subversive Zitation verstreuter Äußerungen von „Il'ič" im alltäglichen und kommunikativen Umgang (Erofeev 1997:167–178).

[49] *МП Орехово-Зуево – Крутое [Orechovo-Zuevo – Krutoe]* 90/114f.

[50] *МП Крутое – Воиново [Krutoe – Voinovo]* 93/119.

[51] „Im Leben gibt es, weißt du, immer Raum für Heldentaten" (*Старуха Изергиль [Die alte Izergil']*; Gor'kij 1960/63:I 100f; dazu: Gasparov/Paperno 1981:391); zu Gor'kijs Heldenkonzept vgl. auch 7.1.

[52] „Ich wäre bereit, eine ganze Ewigkeit auf der Welt zu leben, wenn man mir vorher einen Winkel zeigen würde, wo nicht ständig Platz für Heldentaten ist." (*МП Москва. Ресторан Курского вокзала [Moskau. Restaurant des Kursker Bahnhofs]* 21/17).

жизнь и все силы были отданы самому прекрасному в мире – борьбе за освобождение человечества.[53]

– wird bei Erofeev: „Жизнь дается человеку один только раз, и прожить ее надо так, чтобы не ошибиться в рецептах […]".[54] Mit dem SR als negativ gespiegelter Folie für Erofeevs Poem ist die Interpretation dieser intertextuellen Bezüge allerdings längst nicht erschöpft: Bei beiden angeführten Bezügen wird nämlich darüber hinaus das Habitusmodell des Heroen angesprochen (5.5.1.1), der durch seine Bereitschaft zum Selbstopfer konstituiert wird – ein religiöses Erbe. Mit dem Unterlaufen des heroischen Modells in Gor'kijs und Ostrovskijs Fassung wird bei Erofeev keineswegs auch der Opferbegriff abgelehnt, sondern lediglich mit einem neuen Inhalt gefüllt: Ein säkulares Modell der *imitatio Christi* (das des Soldaten und Revolutionärs) wird durch ein anderes (das des Alkoholikers) abgelöst. Venička macht also eine Opposition der zwei Erniedrigungsmodelle Heroismus und Christusnachahmung auf, die aber – wie gesehen – kulturgeschichtlich beileibe nicht zwingend ist, sondern Übergänge erlaubt.[55] Insofern ist Drubek-Meyer *cum grano salis* zuzustimmen, wenn sie sagt, in Venička kehre derselbe masochistische Psychotyp wie im SR wieder.[56] Eine strukturelle Analogie besteht, aber es ist nicht dasselbe Muster von Opfer und positiviertem Verlust.

---

[53] „Das Teuerste des Menschen ist sein Leben. Es wird ihm nur ein einziges Mal gegeben, und man muss es so leben, dass es nicht quälend schmerzt wegen ziellos verlebter Jahre, dass es einem nicht die Schamröte ins Gesicht treibt über die eigene niederträchtige und kleingeistige Vergangenheit und dass man im Sterben sagen kann: Mein ganzes Leben und alle meine Kräfte habe ich für das Schönste auf Erden gegeben – für den Kampf zur Befreiung der Menschheit." (*КЗС* II 3, 254/285; s. dazu: Al'tšuller 1982:81 u. 8.5.2).

[54] „Man lebt nur einmal, und deshalb kommt es darauf an, daß man sich beim Zusammenstellen von [Cocktail-]Rezepten nicht irrt […]" (*МП Электроугли – 43-й километр [Èlektrougli – Kilometer 43]* 55/64).

[55] Ähnlich komplex (konträr statt kontradiktorisch) ist Erofeevs Verhältnis zu Aleškovskij, Limonov und anderen Vorläufern in Sachen „sowjetischer Antiheld". Im Interview mit Prudovskij distanziert Erofeev sich von Aleškovskij und Limonov wegen deren Sexualismus (Erofeev/Prudovskij 2000:428; dazu auch Sedakova 1991:264). In Bezug auf den Vektor der Erniedrigung stehen sich ihre Figurenmodelle nichtsdestotrotz nahe.

[56] Drubek-Meyer 1991:93. Auch der Postmasochismus ist dann noch ein Masochismus – wobei Drubek-Meyer selbst zurecht die Globalthese von der besonderen russischen Leidensfähigkeit anficht. Nochmals deutlicher gegen die Masochismus-These und für eine klare Unterscheidung des masochistischen und der apostolischen freiwilligen Leidens spricht sich Ottovordemgentschenfelde (2004:159–165) aus.

9.3.2.7 Parodie

Auf einer allgemeineren, noetischen Ebene ist die These vom parodistischen Charakter von *MП* zu inspizieren. Dazu hat Michail Ėpštejn einen plakativ vereinfachenden Hegelianismus vorgeschlagen: Politische Parodie und Bachtinsche Karnevalisierung sieht er als Negation, die Erofeev ein zweites Mal negiere (1997: 17). In der biochemischen Sprache von Veničkas alkoholischem Text klingt das bei Ėpštejn so: „В диалектике трезвости и пьянства высшая ступень – похмелье: отрицание отрицания."[57] Veničkas Saufen erscheint bei Ėpštejn dann als Fasten, als eine Art Dienst, ja Gottesdienst.[58] Für die Negation der ironischen Spielart der Negation[59] wird von Ėpštejn Murav'evs Begriff der „противоирония"[60] und dessen Protest gegen die Vorstellung von Erofeev als „обличитель"[61] fruchtbar gemacht. In *MП* kreuzten sich, folgt man Murav'ev und Ėpštejn, zwei gegenläufige Vektoren. Ėpštejns plakativen Hegelianismus sollte man nicht auf die philosophische Goldwaage legen.[62] Wohl aber ist die Nachfrage berechtigt, ob denn das *Nacheinander*[63] zweier gegenläufiger Vektoren in rhetorischer Hinsicht[64] schlüssig

---

[57] „In der Dialektik von Nüchternheit und Trunkenheit ist die höchste Stufe der Kater: Er ist die Negation der Negation." (Ėpštejn 1997:10).

[58] Ėpštejn 1997:8. Dass dies eher für den Habitus des Autors als für die textuelle Realität des Helden gilt, wird uns später beschäftigen (9.6).

[59] „Если ирония выворачивает смысл прямого, серьезного слова, то противоирония выворачивает смысл самой иронии, восстанавливая серьезность – но уже без прямоты и однозначности." [Wenn die Ironie den Sinn des direkten, ernsten Wortes umkehrt, dann kehrt die Antiironie den Sinn der Ironie um und stellt die Ernsthaftigkeit wieder her – aber ohne Direktheit und Eindeutigkeit] (Ėpštejn 1997:14).

[60] „Antiironie" (Murav'ev 1990:8).

[61] „Aufdecker" (Murav'ev 1990:10).

[62] Andere Abmilderungen der Rede von Satire/Parodie/Ironie in der Forschungsdiskussion lauten: „Moderne Pikareske" (Ryan-Hayes 1995:63, als ein Alternativvorschlag zu Satire, da in der Pikareske der Fokus stärker auf den pikaresken Betrachter/Helden gerichtet sei; ebd.:66) und zugleich als Parodie der Pikareske (ebd.:69; Beraha 1997:29). Auf eine andere, für die christologische Frage interessantere Fährte führt die Doppelnatur des Picaro mit viehischen und göttlichen Zügen (Ryan-Hayes 1995:72), wodurch dieser, wie Beraha eher am Rande einräumt, mit Christus kurzschließbar wird. Martins Annahme von der „non-negating parody" (Martin 1997:158) setzt Ėpštejns Hegelianismus außer Kraft. So könnte man mit Jameson von Pastiche sprechen: Während Parodie „ostentiously deviate[s] from a norm", gilt für Jameson die Pastiche als „a neutral practice of such mimicry, without any of parody's ulterior motives, amputated of the satiric impulse" (1991:16f). Zur Anwendung auf *MП* vgl. auch Skoropanova 2002:102.

[63] Wollte man der Annahme von aneinander gereihten diskreten Schritten folgen, ließe sich mutmaßen, dass das ursprüngliche *мат*-Kapitel *Серп и Молот – Карачарово [Hammer und Sichel – Karačarovo]* in Selbstzensur herausgenommen wurde, da damit nicht das Ziel verfolgt werden sollte, den Leser oder die Leserin zu beleidigen (*MП*

ist. Im Folgenden wird deutlich werden, dass das vermeintliche Nacheinander gegenläufiger Bewegungen[65] nicht das beste Modell für *МП* bildet (s. 9.7), dass die Idee der Antiironie nur vorläufig als Platzhalter für die noch zu entwickelnde Poetik des Paradoxes, für etwas schwer Fassbares, weil durchaus sakral Einschlägiges herhalten kann.

9.3.2.8 Autoreferenzialität
Eine letzte Lesart, die sich windschirf zur christologischen verhält, betrifft die These von der Autoreferenzialität, etwa der Sprache von *МП*: „Главенствует в поэме изображение речи", meint Murav'ev und spricht vom „антиописательный характер прозы [Ерофеева]".[66] Das Wort werde bei Erofeev im Bachtinschen Sinne „объектно" [zum Objekt], schließt Smirnova (1990:64). Das Russische sei der eigentliche Held des Poems, fügt Martin hinzu (1997:153), wobei die Parodie abgenutzter Schablonen sprachregenerativen Charakter habe (ebd.:157). Auch hierfür gibt es einen privilegierten Prätext, nämlich Ivan Turgenevs Prosagedicht *Русский язык (Во дни сомнений...) [Die russische Sprache. An Tagen von Zweifeln]* (1882) mit der längst geflügelten Formel vom „ВМПС" (z.B. Aksenov 2000:25) – dem „великий, могучий, правдивый и свободный русский язык",[67] dessen Anfang „во дни сомнений" [An Tagen von Zweifeln] von Erofeev aufgenommen wird, wenn er das alte Gefäß des Nationalstolzes mit dem „leeren Augenausdruck russischer Menschen" und ihrer Gottergebenheit füllt.[68]

Weniger die russische Sprache als die Textualität des Poems wird – von der an Autoreferenz interessierten Forschung übersehen – selbstreflexiv, wenn sich Ve-

---

Уведомление автора [Vorbemerkung des Autors] 15/5). Erofeevs „Negation" konventioneller Ästhetiken habe, so meint Sedakova, konstruktiven Sinn: „эстетикой безобразия окружена совсем иная этика" [in der Ästhetik der Hässlichkeit ist eine ganz andere Ethik eingeschlossen], eben keine „этика безобразия" [Ethik der Hässlichkeit], sondern eine „этика благообразия" [Ethik der Wohlgestalt] (Sedakova 1991:264).

[64] Für Ėpštejn ist Litotes die rhetorische Figur für die Negation der Negation (1997:9), s. etwa Venjas „небесстыдство" [Unschamlosigkeit]. Zu „стыд" [Scham] als kenotischer Qualität vgl. Goričeva 1994:58f.
[65] So funktioniert Ėpštejns Benutzung von Erofeev für eine Historiosophie des 20. Jh.s als einer Periode von karnevalistisch-aggressiver Energie nach negativen Gipfelpunkten in den Revolutionen und Totalitarismen, wogegen Erofeevs „посткарнавальный извод" [postkarnevalistische Verschwendung] (Ėpštejn 1997:18) als Negation von soteriologischer Qualität erscheint.
[66] „Im Poem dominiert die Darstellung mündlicher Rede" – „der nicht-beschreibende Charakter von Erofeevs Prosa" (Murav'ev 2000:7.11).
[67] „Große, mächtige, wahrhaftige und freie russische Sprache" (Turgenev 1982:X 172).
[68] *МП Карачарово – Чухлинка [Karačarovo – Čuchlinka]* 27/24.

nička zwischen *43-й километр [Kilometer 43]* und *Храпуново [Chrapunovo]* fragt: „Черт знает, в каком *жанре* я доеду до Петушков...".[69]

Eine dritte Variante der Autoreferenzialität begegnet in Form der literarischen Selbstbezüglichkeit des elaborierten Intertextgewebes. Die hochgradige Intertextualität von *МП* hat eine ganze Reihe von Prätext-detektivischen Arbeiten hervorgebracht, davon drei in monografischem Umfang[70] – die beiden letztgenannten als Kommentare angelegt. Jurij Levin (1992:486) führt 103 im Poem erwähnte und zitierte Personen der (hauptsächlich) europäischen Kulturgeschichte an, Geisser-Schnittmann kommt laut Zählung von Marie Martin auf über 200 (1997:176 Anm. 4). Skoropanova erkennt in *МП* ein Produkt postmoderner *bricolage* (1999:161). Venedikt Erofeevs Text steht in markierter Genealogie zu russischen Alkoholikertexten.[71] Auch das Personal der Handlung wird über Literatur konstituiert.[72] Die Cocktailrezepte des Abschnittes *Электроугли – 43-й километр [Èlektrougli – Kilometer 43]* geben sich als Intertextmetapher zu lesen (Stewart 1999). Der selbst alkoholabhängige Schaffner Semenyč hat Venička lange Zeit die Möglichkeit eingeräumt, statt mit der auf der Strecke Moskau-Petuški üblichen Alkoholwährung von einem Gramm Wodka pro Kilometer[73] zu zahlen, seinen Obolus in Form einer historischen Erzählung zu entrichten;[74] Alkohol und Literatur werden konvertibel, der literarische Text über den Alkohol ein Text über sich selbst.

Mit den beiden zur Christologie windschriefen Lesarten von der politischen Referenz und der sprachlich-literarischen Autoreferenz sind zwei Extreme beschrieben, zwischen denen eine für sakrale Redeweisen charakteristische Form von Referenz (performative Generierung des numinosen Referenten) die Mitte hält. Die duale Alternative zwischen der Scylla gesellschaftspolitisch-parodistischer Referenz und der Charybdis autoreferenzieller Sprache ist der spezifisch sakralen Signifikation nicht angemessen. Der heilige Gegenstand kann evoziert, ohne erfasst zu werden; seine Signifikation verdankt sich viel eher der Kluft der Unähnlichkeit zwischen mundanem Signifikanten und transzendentem (nicht transzendentalem!) Signifikat. So auch und gerade in *МП*.

---

[69] „Weiß der Teufel, in welchem *Genre* ich heute Petuški erreichen werde." (*МП 43-й километр – Храпуново [Kilometer 43 – Chrapunovo]* 59/70, Hervorh. D.U.).
[70] Geisser-Schnittmann 1989, Ju. Levin 1996, È. Vlasov 1998.
[71] Etwa *Служба кабаку [Kneipenmesse]* oder *Преступление и наказание [Schuld und Sühne]* (1866), v.a. die Figur Marmeladovs; wie bei diesem durch Arbeitslosigkeit Abgestiegenen verschlimmert sich Veničkas Alkoholismus nach der Entlassung aus der Kabellegerbrigade (*МП Новогиреево – Реутово [Novogireevo – Reutovo]* 36f/37f).
[72] Siehe die Verspottung Evtušenkos in Gestalt des Evtjuškin (*МП Павлово-Посад – Назарьево [Pavlovo-Posad – Nazar'evo]* 76/95).
[73] *МП Дрезна – 85-й километр [Drezna – Kilometer 85]* 85/107f.
[74] *МП 85-й километр – Орехово-Зуево [Kilometer 85 – Orechovo-Zuevo]* 86/109.

9.3.3 Polyvalentes und verstreutes Christentum

[...] Ерофеев не может ни под кого подделаться [...][75]

Die gewichtigste, weil explizite Gegenthese zu einer christologischen Lesart besteht in der antireligiösen Interpretation. Von deren Verfechtern wird ins Feld geführt, dass die Art und Weise, wie in *MΠ* Christliches zur Sprache komme, vor der Folie (ost-)kirchlicher Konventionen Blasphemie und Lästerung sei. Dass es sich bei *MΠ* um kein kirchlich gebundenes Christentum handeln könne, wie Erofeev im Interview bestätigt (Erofeev/Prudovskij 2000:434.441), ist klar; Murav'ev warnt allerdings grundsätzlich vor einer Überbetonung des religiösen Moments (2000:9) und erklärt das im Text immer wieder aufblitzende Sujet des Opfertodes Christi für eine kulturelle Konstante:

> Но любая жизнь в нашем христианском эоне так или иначе сопричастна его центральному сюжету, повести о казни Бога-искупителя как странной и чудовищной благой вести.[76]

Das Muster der *imitatio Christi* sei damit noch in keiner Weise erfüllt: „От этого, впрочем, очень далеко до уподобления рассказчика Христу и тем более до его самоотождествления с Ним."[77] Die christlichen Anspielungen wären, so Murav'ev, vielmehr parodistischer Natur (2000:10), wofür eine Passage spräche wie: „И весь в синих молниях, Господь мне ответил: [...]".[78] Von der ironischen Behandlung, wie sie politischen Gegenständen, interkulturellen, sowjetischen antikapitalistischen Klischees[79] zuteil wird, ist auch Religiöses keineswegs prinzipiell ausgenommen. Es wird etwa viel mit christologischen Zahlen wie 40,[80] Al-

---

[75] „[...] Erofeev kann überhaupt niemanden kopieren" (Prudovskij, in: Erofeev/Prudovskij 2000:435).

[76] „Jedes Leben aber in unserem christlichen Weltalter berührt sich auf diese oder jene Weise mit seinem zentralen Sujet, der Erzählung von der Hinrichtung des Erlösergottes als seltsam monströser froher Botschaft." (Murav'ev 2000:9).

[77] „Von da ist es übrigens noch sehr weit bis zur Angleichung des Erzählers an Christus und umso mehr bis zur Selbstidentifikation mit ihm." (Murav'ev 2000:9).

[78] „Und der Herr, von blauen Blitzen umzuckt, antwortete mir: [...]" (*MΠ Москва – Серп и Молот [Moskau – Hammer und Sichel]* 25/23).

[79] *MΠ Павлово-Посад – Назарьево [Pavlovo-Posad – Nazar'evo]* 78f/97f und *Назарьево – Дрезна [Nazar'evo – Drezna]* 81f/102.

[80] 40 Tage in der Wüste sowie *мытарства [Reinigung]* der Seele nach dem Tod; *MΠ Москва. На пути к Курскому вокзалу [Moskau. Auf dem Weg zum Kursker Bahnhof]* 17/11, *Новогиреево – Реутово [Novogireevo – Reutovo]* 37/38; vgl. dazu Kuricyn 1992:298f, und Goldt 2007:431–434; zur christologischen Zahlensymbolik allgemein 4.5.5.2.

tersangaben wie 30 Jahre[81] oder Wochentagen wie Freitag[82] – zudem der 13. Freitag[83] – gespielt, selbst Engel und Gottvater erscheinen in einem schrägen Licht.[84] Christi Worte an Lazarus werden transformiert zu: „«Встань и поди напейся как сука.»"[85] Die christliche Lehre von der umfassenden Gnade wird hyperbolisiert und in eine Metapher im *genus humile* herabgezogen zu: „Я все прощу [...]. Я если захочу понять, то все вмещу. У меня не голова, а дом терпимости."[86] Christi Kreuzigung schließlich hält auch als Metapher für die Banalität von Veničkas Rauswurf von der Arbeit her.

Dessen ungeachtet hat das Christentum bei Erofeev grundlegende Bedeutung;[87] insbesondere die Person Jesu Christi bildet das beherrschende Leitbild des Textes – in motivischer wie in struktureller Sicht: Der erniedrigte Christus liefert das Modell für den Habitus des Helden wie für die Abbildungsformen des Poems.

Für die Textwelt von Venedikt Erofeevs *МП* ist ein stetes Kippen aus dem Alltag des sowjetischen Alkoholikers in eine ernste Rede von Gott und Christus charakteristisch, wie sie bei der doppelten Verschiebung vom Schluckauf über die „Rechte Gottes" zu einem aus dem Geiste von Physiologie und Apophatik gemischten Gottesbeweis geschieht:

---

[81] 30 war Jesu angebliches Lebensalter bei der Kreuzigung; *МП Черное – Купавна [Cernoe – Kupavna]* 49/55.

[82] Karfreitag; *МП Железнодорожная – Черное [Železnodorožnaja – Černoe]* 47/52.

[83] Smirnova verweist darauf, dass Judas Christus am 13. Nissan verraten haben soll, worauf dieser am 14., einem Freitag, gekreuzigt worden wäre (1990:62). Siehe zur Zahlensymbolik auch Geisser-Schnittmann 1989:47f.

[84] Die Engel lachen bei der Ermordung Veničkas (*МП Москва – Петушки. Неизвестный подъезд [Moskau – Petuški. Im fremden Treppenhaus]* 121/161).

[85] „'Steh auf und geh dich besaufen wie ein Schwein.'" (*МП Новогиреево – Реутово* 37/38).

[86] „Ich verzeihe alles. [...] Wenn ich verstehen will, bringe ich alles unter. Das, was ich auf den Schultern trage, ist kein Kopf, sondern ein Bordell." (*МП Храпуново – Есино [Chrapunovo – Esino]* 62/74).

[87] Dafür sprechen zahlreiche Notizen aus Erofeevs *Записные книжки [Notizbüchern]*, biografische Zeugnisse oder auch das Frühwerk *Благая весть* bzw. *Благовествование [Frohe Botschaft]* (1962), eine Erzählung von drei teuflischen Versuchungen, die von Fingerübungen in biblisierendem Stil und christologischen Termini nur so überbordet („Предвечный" [Präexistenter], „Всемогущий" [Allmächtiger], „ангелоподобный" [engelsgleich], „жалость и самопожертвование" [Mitleid und Selbstopfer]; Erofeev 1997:141.143.148). Als den Theoretiker, der ihn am stärksten beeinflusst habe, gibt Erofeev den Religionsgeschichtler Sergej Averincev an (Erofeev/Prudovskij 2000:443), der die Stichwörter *Христианская мифология [Christliche Mythologie]* und *Иисус Христос [Jesus Christus]* in *Мифы народов мира [Mythen der Völker der Welt]* (Averincev 1994a, 1994b) sowie eigene Christus-Gedichte verfasste, die Kasack gar für bedeutend erklärt (2000:346–350).

9. Venička

Мы – дрожащие твари, а *она* [икота] – всесильна. *Она*, то-есть Божья Десница, которая над всеми нами занесена и пред которой не хотят склонить головы эти кретины и проходимцы. *Он* непостижим уму, а следовательно, *Он* есть.
Итак, будьте совершены [!], как совершенен Отец ваш Небесный.[88]

Gerade Unsagbarkeit[89] dient aber traditionell zur Beglaubigung christlicher Dogmen und insonderheit der christologischen Paradoxe (vgl. 2.4.3.2). Daraus wird deutlich, dass es zur Aufschlüsselung der in diesem Text beschlossenen religiösen Elemente nicht um ein Wiedererkennen konventioneller christlich-ikonografischer Embleme gehen kann, sondern dass hier mit Unähnlichkeit operiert werden muss – wie sie in der inkarnatorischen „Entähnlichung" Gottes in Knechtsgestalt (s. 3.7) angelegt ist.

Erofeevs Seitenhieb auf den verordneten Atheismus wird gleich wieder vom expliziten Pathos auf das privilegierte Aussagemedium dieses Poems, den Alkohol zurückgebogen: „Да. Больше пейте, меньше закусывайте. Это лучшее средство от самомнения и поверхностного атеизма."[90] Der Alkohol kann demnach als Heilsmittel nur fungieren durch seine Funktion, freiwillig übernommene Leiden auszulösen: „Он ведет меня от страданий – к свету. От Москвы к Петушкам. Через муки на Курском вокзале, через очищение в Кучино, через грезы в Купавне – к свету в Петушках." Und im Original wird deutsch angefügt: „Durch Leiden – Licht."[91] Das exzessive Trinken wird als Gottesdienst konzeptualisiert: „Что мне выпить во Имя Твое?"[92] Das Cocktailmixen gerät zur eucharistischen Handlung mit Realpräsenz: „[...] я создам коктейль, который можно было бы без стыда пить в присутствии Бога и людей.",[93] worauf die Cocktailrezepte,

---

[88] „Wir sind kleine, angsterfüllte Geschöpfe, und er [der Schluckauf, russ. fem.] ist allmächtig. *Sie*, die Hand Gottes, die über uns allen schwebt und vor der nur ein Kretin und Ignorant sein Haupt nicht beugen wird. *Er* ist unfaßbar für den Verstand, folglich gibt es *Ihn*./ Also, seid vollkommen, so vollkommen wie euer Vater im Himmel." (*МП 33-й километр – Электроугли [Kilometer 33 - Èlektrougli]* 54/62, Hervorh. i. Orig.).
[89] Zu apophatischen Dimensionen und deren Paradoxalität s. Lipoveckij 2008:298–300.
[90] „Ja. Trinkt mehr und eßt weniger dazu. Das ist das beste Mittel gegen Selbstgefälligkeit und oberflächlichen Atheismus." (*МП Электроугли – 43-й километр [Èlektrougli – Kilometer 43]* 54/62).
[91] „Er führt mich aus dem Leid zum Licht. Von Moskau nach Petuški. Durch die Qualen am Kursker Bahnhof, durch die innere Reinigung in Kučino, durch das Gefasel in Kupavna zum Licht nach Petuški." (*МП Электроугли – 43-й километр* 54/63).
[92] „Was soll ich in Deinem Namen noch trinken?" (*МП Электроугли – 43-й километр [Èlektrougli – 43. Kilometer]* 54/63).
[93] „[...] ich werde einen Cocktail kreieren, den man ungeniert in Anwesenheit des Herrn und der Menschen trinken kann." (*МП Электроугли – 43-й километр [Èlektrougli – Kilometer 43]* 55/63).

besonders „Ханаанский бальзам"[94] folgen. Wie Christus Wasser in Wein verwandelt, mischt Venička die unwahrscheinlichsten Ingredienzien zu berauschenden Cocktails (s. Steblovskaja 2001:7). Die enge – direkt proportionale – Verwobenheit von Christentum und Alkohol in diesem Text gilt es gerade in ihrer Doppelung ernst zu nehmen und nicht auf den Alltagsaspekt als Profanierung und Entwertung zu reduzieren, wodurch das Poem einen platt-parodistischen Anstrich erhielte.[95] Die Möglichkeit einer alkoholisch-christologischen Doppellesart darf nicht von vornherein ausgeschlossen werden, nur weil sie in die konventionellen Ausgestaltungen des kirchlichen Christusbezugs (4.) nicht passt.

Die Herabziehung bildet stets nur eine Bedeutungsfacette der vielzähligen Evokationen religiöser Prätexte, besonders von Stellen aus den Evangelien.[96] Nehmen wir die leicht als Stalinismus-Parodie lesbare Passage: „Мало того – полномочия президента я объявляю чрезвычайными, и заодно становлюсь президентом. То-есть «личностью, стоящей над законом и пророками»..."[97] Der Bezug zu Mt 5,17 ist evident, sodass *daneben* zugleich eine christologische Dimension aufscheint. Auch die Zitation des Nachfolge- und Missionsauftrags „пора ловить человеков!.."[98] geschieht vordergründig zur Darstellung von Veničkas Wunsch, die Diebe der angefangenen Wodka-Flasche zu fassen. Da diese jedoch anschließend zum gemeinsamen Trinken eingeladen werden, gerät das Symposium im Zug zum Abendmahl mit Jüngern. Die kontinuierliche Präsenz des Christus-Intertextes verbietet die Reduktion der – zweifelsohne *auch* komischen – jeweiligen situativen Einbettungen auf diese Komik allein.

---

[94] „Kanaanbalsam" (*МП Электроугли – 43-й километр [Ėlektrougli – Kilometer 43]* 55–58/63–68).

[95] „Все это как бы превращает процесс пьянства в акт некоего мистического единения с Богом, в шутовскую, пародийную форму причащения, внутреннее смысловое содержание которого остается неизменным – «кровь Нового Завета», изливаемая «во оставление грехов.»" [All das macht den Prozess des Saufens zum Akt einer gewissen mystischen Vereinigung mit Gott, zu einer scherzhaften, parodistischen Form von Abendmahl, dessen innerer Sinngehalt unverändert das „Blut des Neuen Testamentes", vergossen „zur Erlassung der Sünden" bleibt.] (Živolupova 1992:90).

[96] Das AT kommt vor allem beim Preis der Geliebten in Form des Hohen Liedes, die Johannes-Apokalypse am Schluss vor. Der Intertext der Evangelien aber zieht sich durch das gesamte Poem.

[97] „,Darüber hinaus erkläre ich die Vollmachten des Präsidenten für außerordentlich und ernenne mich gleichzeitig zum Präsidenten, das heißt zur Persönlichkeit, die über dem Gesetz und über den Propheten steht'..." (*МП Воиного – Усад [Voinovo – Usad]* 95/123).

[98] „Jetzt heißt es Menschen fischen!.." (*МП 43-й километр – Храпуново [Kilometer 43 – Chrapunovo]* 59/70; Lk 5,10; Mt 4,19).

Nachdem der Text in der ersten Hälfte Christus-Motive lose und jenseits der Chronologie des Evangelien-Geschehens verstreut hatte,[99] kommt es gegen Ende zu einer stringent erzählten Passionsgeschichte. Die Bewirtung der Mitreisenden wie beim letzten Abendmahl kann als Übergang dazu gesehen werden; das Gespräch mit dem Teufel nimmt die Versuchungen Christi auf und unterlegt ihnen ein Selbstmordmotiv (Mt 4,5–7). Das Selbstgespräch im Delirium mit dem „Kammerdiener" Petr verweist auf die Verleugnung durch Petrus (Mk 14,66–72; Lk 22,54–62). In der plötzlich hereinbrechenden Finsternis (Mt 27,45; Mk 15,33; Lk 23,44) fühlt sich Venja von Gott verlassen (Mt 27,46). Die „klassischen Gesichter" der vier Mörder können – unter anderen (etwa den vier Säulenheiligen des Kommunismus) – als Referenz auf die römischen Legionäre gelesen werden, die Christus kreuzigen (Smirnova 1990: 63). Dass es vier an der Zahl sind, die ihn am Boden an Händen und Füßen festhalten, ruft die geometrische Figur des Kreuzes auf (Gasparov/Paperno 1981:389), entspricht aber auch den vier Soldaten, die Christus kreuzigen (Jh 19,23; Ottovordemgentschenfelde 2004:212).

Allerdings geschieht die Streuung der Christus-Verweise in der ersten Texthälfte nicht in einer chronologischen Reihenfolge, woraus Gasparov/Paperno (1981:389f) eine zyklische Wiederkehr von Auferstehung und Hinrichtung als Trinken und Kater folgern und Drubek-Meyer den Schluss zieht, dass es sich hier um eine blasphemisch-parodistische Umkehrung handle: „[…] герой причащается после воскресения […]".[100] Beide Thesen von Entwertung durch Zyklizität[101] wie von konsequenter Umkehrung sind aber angesichts der puren Fülle auch gleichartiger Motive wie „Встань и иди" [Steh' auf und geh] und der stringenten Passion gegen Ende nicht aufrechtzuerhalten.[102]

---

[99] Gasparov und Paperno suggerieren, dass das – weit früher im Poem und aus vermeintlicher Zensur des darin enthaltenen *мат* (*МП Уведомление автора [Vorbemerkung des Autors]* 15/5) ausgelassene – Kapitel *Серп и Молот – Карачарово [Hammer und Sichel – Karačarovo]* (26/23) als Tod (durch die sowjetische Sichel/Sense) lesbar würde (Gasparov/Paperno 1981:388).

[100] „[…] der Held empfängt das Abendmahl nach der Auferstehung […]" (Drubek-Meyer 1991:90).

[101] „Durch diese Konzeption [Kreisbewegung und unendliche Wiederholung der neutestamentlichen Motive] wird aber der biblische Erlösungsgedanke geradezu konterkariert." (Stewart 1999:71).

[102] Die Akolouthie der heiligen Leiden aus der Karfreitagsvigil stellt nämlich eine durchaus vergleichbare Neutralisierung der Zeitfolge zugunsten einer Überfülle von kenotischen Motiven dar – was in der liturgiewissenschaftlichen Forschung allerdings ebenfalls Gegenstand der Kritik war (s. 4.5.5.2).

9.4 Bisherige Einschreibungen in religiöse Traditionen

Wenn es über die Identifizierung bestimmter Prätexte aus dem religiösen Bereich hinaus darum geht, das Poem als ganzes bzw. die Modellierung des Helden in eine ihm Sinn verleihende Tradition zu stellen, werden in der Forschung nur in der Minderheit der Fälle nicht-christliche Register gezogen. Für die christentumsfernen Interpretationsvorschläge bildet das Rauschmittel Alkohol den Hebelpunkt, so bei der These, *МП* stehe in genealogischer Verbindung mit dem orgiastischen Dionysos-Kult oder der Alchimie (Drubek-Meyer 1991:93). Schon Genis und Vajl' suchen vom Alkohol eher den Übergang zur Glossolalie als eines Genremerkmals („полив"; 1982:43). Mit Blick auf das katastrophische Ende machen Bethea, Tumanov und Lipoveckij die Johannes-Offenbarung stark und begreifen *МП* als apokalyptischen Text.[103]

In Richtung NT führt auch die Beobachtung des *юродивый*-[Christusnarren-] Charakters des Helden Venička, die u.a. Geisser-Schnittmann (1989:118), Sedakova (1991:264), Živolupova (1992:79), Ėpštejn (1997:7), Ottovordemgentschenfelde (2004:144) und Romaniuk (2007) stark machen.[104] Der Rang, der dieser Teilinterpretation zugeschrieben wird, ist dabei sehr verschieden: Pomeranc möchte damit lediglich eine zu einfache Lesart vom politischen Protest überwinden (1995:137). Am prononciertesten elaboriert Lipoveckij diese These, indem er darauf die paradoxale Struktur der gesamten vom *юродивый* Venička konstituierten Textwelt zurückführt (1997:162). Die spezifisch russische Form von Heiligkeit im *юродство* [Christusnarrentum] wird durch einen ambivalenten, zwischen Aggressivität und Demut changierenden Verhaltenskodex konstituiert (E. Thompson 1987:21), und schließt nur in letzterem Punkt an die *imitatio Christi* an, derenthalben der Narr den Titel *юродивый Христа ради* [Narr um Christi willen] erhält. Konstitutiv ist dafür die soziale Erniedrigung und Ausschließung aus der „normalen" Gesellschaft, die „люмпенизация русской святости – от [Василия] Блаженного до Ерофеева."[105] Venička aber besitzt die Dimension der Aggressivität nicht. Dass mit dem wenigstens partiell übernommenen Habitusmodell des *юродивый* eine gezielte *imitatio Christi* gemeint gewesen sein könnte – dies dem realen Autor Venedikt Erofeev zu attestieren, scheut sich seine Witwe Galina Erofeeva: „[...] религия в нем всегда была. Наверно, нельзя так говорить, но я

---

[103] Bethea 1989:275; Tumanov 1996; Lipoveckij 2008:306–311.
[104] Siehe zum *юродивый*-Topos in der Erofeev-Forschung: Stewart 1999:79; zu den altrussischen Christusnarren vgl. 5.4.1.
[105] „Verlumpung der russischen Heiligkeit – von [Basilius] dem Seligen zu Erofeev." (Ėpštejn 1997:8).

думаю, что он подражал Христу."[106] Sie bestätigt aber durch ihre apophatische Scheu diese These performativ mehr, als dass sie sie abschwächt.

Wenn wir also über den russischen *юродивый* auf die Fährte der Christoformität des Helden von *МП* gelangen (zum Autor 9.8), und zwar auf eine besondere Ausprägung der Christoformität, in der vor allem die Erniedrigung das *tertium* abliefert, so mag es als verwunderlich erscheinen, dass alle möglichen in diese Richtung weisenden Beobachtungen gemacht werden,[107] dass aber der christologische Terminus *Kenosis* nur bei Drubek-Meyer in Anschlag gebracht (1991:94) und lediglich bei Sedakova aufgenommen wird. Letztere kontrastiert das platonische Aufstiegsmodell mit Erofeevs „Antiplatonismus", der zum „евангельский кенозис, [...] жалость [...] к самому низкому, [...] смертному, безобразному" gerinne und sich in einem paradoxen, dem Abstieg zuneigenden „Эрот-жалость" personifizieren lasse.[108]

Drubek-Meyers terminologischen Vorschlag gilt es im Folgenden aufzunehmen und weiterzuentwickeln. Kenosis soll dabei aber nicht als in einer *parodia sacra* (wenn auch ohne moderne Aggressivität des parodistischen Verlachens) konterkariert begriffen,[109] sondern als Schlüssel zu Figurenkonzept wie Poetik von *МП* herausgearbeitet werden.

9.4.1 Explizit christologische Passagen des Textes
Damit wird mehr behauptet als zuvor durch die punktuelle Nachzeichnung des neutestamentlichen Intertextes reklamiert; um die These vom konstitutiven Rang von Kenosis zu erhärten, müsste in den christlichen Motiven von *МП* auch eine christo*logische* Konzeption Kenosis enthalten sein. Wie beim neutestamentlichen

---

[106] „[...] Religion war immer in ihm. Wahrscheinlich darf man das nicht so sagen, aber ich meine, dass er Christus nachahmte" (Erofeeva, in Frolova 1991:89).

[107] Beraha verwendet mit dem Terminus des „emptying out" zwar eine direkte Übersetzung des christologischen Kenosis-Begriffs, doch geht es ihr in ihrer Lesart auf Absenzen hin nur um Reduktion, Negation, nie um Ambivalenz oder Rückverweis auf die gerade erst entleerte Fülle. Entsprechend erscheint ihr gar Erbrechen und Urinieren als Entleerung (Beraha 1997:22.45) – die heikle Scham des Helden wird missachtet und die Erniedrigungstrope des Textes überboten, das Poem als Geschichte vom „self-extinguishing *logos*" etikettiert (ebd.:26, Hervorh. i. Orig.). Vgl. auch Lipoveckijs Ausweichen vor der christologischen Wurzel der *юродивый*-Konzeption in Richtung Zygmunt Bauman und Postmoderne (1997:165).

[108] „Neutestamentliche Kenose, [...] Mitleid mit dem Niedrigsten, [...] Sterblichen, Hässlichen" – „Eros-Mitleid" (Sedakova 1998:362–364). Auch Ottovordemgentschenfelde bespricht die kenotischen Momente, allerdings nach der Erstveröffentlichung einer früheren Aufsatzfassung dieses Kapitels (2004:62.216; vgl. Uffelmann 2002a:349f.352) – ohne diese Quelle anzugeben.

[109] Drubek-Meyer 1991:95, vgl. zur *parodia sacra* Lichačev/Pančenko 1991:9f.

Intertext insgesamt ist diese Konzeption erneut nur durch das Wiederzusammentragen der über den Text verstreuten Stellen ermittelbar.

Bezüge zur christologischen Perikope Phil 2,5–11 werden in *МП* auf mannigfaltige Weise hergestellt. Einmal liegt in den häufig wiederkehrenden Imperativen „смирись" oder „смиритесь"[110] ein paränetisches Moment wie in Phil 2,5.[111] Gleich zu Beginn des zweiten Abschnittes *Москва. Площадь Курского вокзала [Moskau. Platz des Kursker Bahnhofs]* wird – unter Verwendung von Großschreibung, was konventionell ein Credo transportiert – Christus als Erlöser *in seiner Entsagung* aufgerufen:

> Ведь вот Искупитель даже, и даже Маме своей родной, и то говорил: «Что мне до тебя?» А уж тем более мне – что мне до этих суетящихся и постылых?
> Я лучше прислонюсь к колонне и зажмурюсь, чтобы не так тошнило...[112]

Es handelt sich dabei um einen direkten Bezug auf Christi Entsagung von familiärer Geborgenheit (Jh 2,4) und deren paränetische Verallgemeinerung (Lk 14,26f), für den neuen Christus-Imitator nun allerdings in der Haltung eines verkaterten obdachlosen Alkoholikers, der mit seiner Obdachlosigkeit das auf Lk 9,58 rekurrierende Gyrovagentum der Wanderasketen, der ersten christlichen Mönche und russischen Christusnarren wieder aufnimmt (vgl. Zappi 1999:327). Im Gespräch mit den mitreisenden Alkoholikern werden die Tränen des alten Митrič[113] zu Christi Kreuzestod aus Mitleid mit neuchalcedonischen Paradoxen in Beziehung gesetzt: „[...] ему [Митричу] просто все и всех было жалко [...] *Бог, умирая на кресте*, заповедывал нам жалость, а зубоскальства Он нам не заповедывал."[114] Im fortgeschrittenen Stadium, zwischen den Stationen *Усад [Usad]* und *105-й километр [Kilometer 105]* führt Venička dann ein Gespräch mit dem Teufel, der ihn in Versuchung führen will. Dabei wird der christologische Demutsbe-

---

[110] „Sei demütig" (*МП Никольское – Салтыковская [Nikol'skoe – Saltykovskaja]* 39/41). „Seid demütig" (*МП 33-й километр – Электроугли [Kilometer 33 – Ėlektrougli]* 53/62).

[111] Vgl. die russische Wiedergabe des „ἐταπείνωσεν ἑαυτὸν [erniedrigte sich selbst] mit „смирил Себя" (Phil 2,8; s. 2.2.2).

[112] „Selbst der Erlöser, sogar der sagte, und das zu seiner leiblichen Mutter: ‚Was habe ich mit Dir zu schaffen?', und erst recht ich – was habe ich mit diesen hektischen, widerwärtigen Leuten zu schaffen? / Ich lehne mich lieber gegen die Säule und kneife die Augen zusammen, das hilft gegen den Brechreiz..." (*МП Москва. Площадь Курского вокзала [Moskau. Platz des Kursker Bahnhofs]* 18/12). Vgl. auch 8.4.4.

[113] Diese Tränen werden physiologisch durch seine Leberzirrhose gefördert (*МП Павлово-Посад – Назарьево [Pavlovo-Posad – Nazar'evo]* 79/99).

[114] „Ihm [Mitrič] tat einfach jeder und jedes leid. *Gott, als er am Kreuze starb*, predigte uns Mitleid – von Spott hat er nichts gesagt." (*МП 65-й километр – Павлово-Посад [Kilometer 65 – Pavlovo-Posad]* 75/92f, Hervorh. D.U.; vgl. 9.8.1).

9. Venička

griff verhandelt, denn Veničkas Versuchung besteht in einer falschen Demut, deren letzte Konsequenz der Selbstmord wäre, der ja in der Tradition immer eine gefährliche Perversion des kenotischen Verhaltensmodells darstellte.[115] Verfolgt von vier ihm nach dem Leben trachtenden Peinigern, evoziert Venička dann in seiner Verzweiflung, von Gott verlassen zu sein,[116] das Motiv von der Sklavengestalt aus dem Philipper-Brief (2,7) in Vermittlung über ein Tjutčev-Zitat:[117]

> Если Он навсегда покинул мою землю, но видит каждого из нас, – Он в эту сторону ни разу и не взглянул. А если Он никогда земли моей не покидал, если всю ее исходил босой и *в рабском виде*, – Он это место обогнул и прошел стороной.[118]

Die *imitatio Christi* äußert sich hier in der Nachahmung von dessen gottverlassener Verzweiflung[119] – als Verlassenheit vom Modell, von Christus selbst. Der Tod ereilt Erofeevs Helden an der Kreml-Mauer, in der Nähe (auch wenn dies nicht genannt wird) des Mausoleums Lenins, der vom Sozialistischen Realismus als Modell *von* Christus und Modell *für* die Sowjetmenschen propagiert wurde.[120] Als Todesursachen werden mehrere im Poem angegeben; da ist einmal das Würgen und Durchstechen der Kehle – in einer physiologischen Lesart als der typische Tod des Alkoholikers durch Kehlkopfkrebs ausdeutbar – und das Festnageln am Boden.[121] In einer unvollständigen Transposition (eine vollständige wäre zu aufdringlich; s. 9.7.8) stirbt Venička hier einen unähnlichen Kreuzestod.

---

[115] 4.5.10.2. Der Essay *Василий Розанов глазами эксцентрика [Vasilij Rozanov, mit den Augen eines Exzentrikers gesehen]* thematisiert das Selbstmordmotiv inflationär (Erofeev 1997:149–160).

[116] „лама савахфани" [Lama sabachthani] (*МП Москва – Петушки. Неизвестный подъезд [Moskau – Petuški. Im fremden Treppenhaus]* 121/160; Mt 27,46; Mk 15,34); vgl. 2.7.1.2.

[117] Vgl. Al'tšuller 1982:84; zum betreffenden Tjutčev-Gedicht und zum Zusammenhang mit der Figur des christoformen Wanderers s. 5.4.2.2.

[118] „Wenn Er, wenn Er diese Erde für immer verlassen hat, aber doch jeden einzelnen von uns sieht – in diesen Winkel hat Er nie einen Blick getan. Und wenn Er diese meine Erde nie verlassen hat, wenn Er sie barfuß und *in Sklavengestalt* durchwandert hat – um diesen Platz hat er einen Bogen gemacht und ist daran vorübergegangen." (*МП Петушки. Кремль. Памятник Минину и Пожарскому [Petuški. Kreml'. Minin-und-Požarskij-Denkmal]* 119/158, Hervorh. D.U.). Vlasov, der sich mit seinem *Спутник писателя [Das Handbuch des Schriftstellers]* einer näherungsweise vollständigen Rekonstruktion rühmt (1998:II), inflationiert hier die russischen Vermittlungsstufen, ignoriert aber den paulinischen Gründungstext (1998:260).

[119] Also auf die seelischen Ausdrucksformen der irdischen Natur Christi, s. 2.7.1.

[120] Siehe 7.10; zur Doppelung des Modellbegriffs s. 4.0.1.

[121] In diesem Festnageln eine Replik auf Ri 5,26 sehen zu wollen, entbehrt paralleler Belege; die Christus-Motivik ist hingegen in *МП* auf Schritt und Tritt präsent. Dass Erofeev

9.5 Unähnlichkeit

9.5.1 Verschiebungen

> Читатель попадает в «Королевство кривых зеркал», где, искажаясь, взаимоотражаются: Москва и Петушки, Эдем и ад [...], глубокая духовная связь Христа и Магдалины и безумный Веничкин петушинский роман.[122]

Wenn das Gedächtnis der Kulturgeschichte unter anderem als Exegesegeschichte funktioniert (s. 1.3), so geschieht dies als wiederholtes Vergessen und Wiedererinnerung mit Innovation. Gesteigert wird die damit einhergehende Verschiebungsaktivität des kulturellen Gedächtnisses von Vergessen und Wiedererkennen durch das schlechte Erinnerungsvermögen des Alkoholikers Venedikt Erofeev.[123] Es ist anzunehmen, dass Erofeev bei der Niederschrift seines Textes in dem Fall, dass diese beim Kabellegen in Šeremet'evo stattgefunden hat (vgl. Bondarenko 1999: 177), mit Zitaten aus dem Gedächtnis operierte (Geisser-Schnittmann 1989:33). Auch sonst ist philologische Akribie seinem Habitus fremd.

So wären zwei kulturgeschichtlich wie produktionssoziologisch konsensfähige Erklärungen gefunden, warum die Prätexte durch ihre Einbettung in Erofeevs Poem so „entstellt" werden – dass das dem Bedauern über die „Entstellung" zugrundeliegende Vertrauen in die ontologische Möglichkeit einer „getreuen" Überlieferbarkeit nicht zu rechtfertigen ist, sei dahingestellt. Es ist also besser, auf eine vermeintlich richtige Auslegung von Phil 2,7 zu verzichten (1.3.2) und diese Stelle mit einem anderen Pauluswort zu kontrastieren, um die Unwahrscheinlichkeit zu illustrieren, dass der Autor des Philipperbriefs, soweit man weiß, derselbe wie der des 1. Korinther-Briefs, beim Paränese-Aufruf (Phil 2,5) an den Typus des blasphemisch schwadronierenden Rauschsüchtigen als idealen Christus-Nachahmer gedacht haben könnte:

---

auf Hamann rekurrierte, der wohl Ri 5 und Phil 2,5–11 zusammen diskutierte (1998:77. 131), ist unwahrscheinlich.

[122] „Der Leser gerät in ein ‚Reich krummer Spiegel', wo sich, einander entstellend, ineinander spiegeln: Moskau und Petuški, der Garten Eden und die Hölle [...], die tiefe geistige Verbindung Christi mit Maria Magdalena und Veničkas verrückte Affäre in Petuški." (Geisser-Schnittmann 1989:236).

[123] Er erinnert sich nur schwammig an den Titel jener Zeitschrift, in der sein Rozanov-Essay angeblich erschienen war: „Евреи и мы" [Die Juden und wir], was angesichts der multinationalen Propaganda der Sowjetunion Unsinn ist. Selbst sein Kurzzeitgedächtnis reicht nicht hin, um sich die Korrektur durch den Interviewer Prudovskij „Евреи в СССР" [Juden in der Sowjetunion] zu merken: Erofeevs letzte Variante lautet dann: „Евреи в России" [Juden in Russland] (Erofeev/Prudovskij 2000:440f). Nach der sowjetischen Propaganda hat er nun die Sowjetunion als ganze vergessen. Wirklich ist der Essay 1973 in Вече [Veče] 8 erschienen (È. Vlasov 1998:267).

9. Venička

⁹ἢ οὐκ οἴδατε ὅτι ἄδικοι Θεοῦ βασιλείαν οὐ κληρονομήσουσι; Μὴ πλανᾶσθε· οὔτε πόρνοι, οὔτε εἰδωλολάτραι, οὔτε μοιχοί, οὔτε μαλακοί, οὔτε ἀρσενοκοῖται, ¹⁰οὔτε κλέπται, οὔτε πλεονέκται, οὔτε μέθυσοι, οὐ λοίδοροι, οὐχ ἅρπαγες, βασιλείαν Θεοῦ οὐ κληρονομήσουσι.[124]

Wenn Venička auch keinesfalls gleich als „Христос советского времени",[125] sondern bloß als Christus*nachahmer* gelten kann (Bogdanova 2002:33.35), so ist doch die Unähnlichkeit seiner Version von positiver Christus-Nachahmung mit der traditionellen Auffassung ein Problem, denn Ähnlichkeit und Unähnlichkeit Veničkas mit Christus laufen parallel (ebd.:32–36). Während negativ-polemische Bezüge sich Unähnlichkeit leisten dürfen,[126] müsste ein axiologisch positiver Bezug (wie er hier für Erofeevs Poem behauptet wird) eigentlich die Unähnlichkeit entweder zu minimieren trachten oder aber die Abweichung strategisch rechtfertigen. Letzteres geschieht bei Venedikt Erofeev.

Ausgestellt wird die besagte nicht-polemische, sondern positiv-strategische Unähnlichkeit in *МП* etwa im *acumen* des Vergleichs der Stigmata der Karmelitin Teresa von Ávila, einer katholischen Heiligen, die den Ordensnamen Teresa de Jesús führte, und des Wodka-Trinkens, denen beiden Gottvater in wörtlicher Rede die Übernahme eines freiwilligen Leidens zuspricht:

> «А для чего нужны стигматы святой Терезе? Они ведь ей тоже не нужны. Но они ей желанны.»
> «Вот-вот!» – отвечал я в восторге. – «Вот и мне, и мне тоже – желанно мне это, но ничуть не нужно!»
> «Ну, раз желанно, Веничка, так и пей», – тихо подумал я [...][127]

---

[124] „Oder wisst ihr nicht, dass die Ungerechten das Reich Gottes nicht ererben werden? [...] Weder Unzüchtige noch Götzendiener, Ehebrecher, Lustknaben, Knabenschänder, ¹⁰Diebe, Geizige, Trunkenbolde, Lästerer oder Räuber werden das Reich Gottes ererben." (1Kor 6,9f).

[125] „Christus der Sowjetzeit" (Steblovskaja 2001:6).

[126] Siehe Černyševskijs Opfer-Apotrope und Ostrovskijs atheistisches Leidenszeugnis; 6. u. 8.

[127] „‚Wozu braucht denn die heilige Teresa ihre Stigmata? Die braucht sie doch schließlich auch nicht. Aber sie wünscht sie sich.'/ ‚Ganz genau, ganz genau', antwortete ich begeistert. ‚So auch bei mir, ich wünsche es mir, aber brauchen tu ich es überhaupt nicht!'/ ‚Na also, wenn du es dir wünschst, Venička, dann trink, dachte ich leise [...]'" (*МП Москва – Серп и Молот* [*Moskau – Hammer und Sichel*] 26/23); vgl. Simmons 1993:74, zur Freiwilligkeit: Baslyk 1997:72. Von den bisherigen Kommentatoren ist nicht entdeckt worden, dass es für den Effekt des *acumen* hinaus eine weitere Affinität von Teresa de Ávila und Venička gibt – der in der facettenreichen Metaphorik der Teresa von Ávila aus dem Bereich von Trunkenheit und Weinkeller (s. Bataille 1988:323 mit Bezug auf de Félice 1936:22) anzusiedeln wäre.

Die Freiwilligkeit eines Leidens aber bildet eines der nur unter großer Mühe ersetzbaren Elemente der Erniedrigung Christi, die in nahezu jeder noch so übertragenen *imitatio* erfordert bleiben. Die Unähnlichkeit der freizügig beschrittenen Leidenswege – Jesu Weg nach Jerusalem und Venička nach Petuški – bleibt irreduzibel. Allerdings kann der Mangel für das *aptum*, die *humilitas*/ταπείνωσις, in einen paradoxen Verweis auf das undarstellbar-unähnliche Göttliche verkehrt werden (vgl. 3.4.2). So auch in *МП*: Das Inventar von Phil 2,5–11, etwa Knechtsgestalt und Gehorsam Christi (2.2.3), werden bei Erofeev als „безобразие" und „смутность"[128] des Alkoholikers reflektiert. Damit wird unähnlich auf etwas Höheres verwiesen; die Unähnlichkeit des *status exinanitionis* mit der Herrlichkeit des göttlichen Logos ist schon bei Paulus ‚christoästhetisches' Programm.

Eine für das Wiedererkennen noch problematischere Facette der Unähnlichkeit ist die metonymische Verschiebung: Während Küpper es als Problem für eine mögliche Christus-*imitatio* Veničkas ansieht, dass der Held eher in die Rolle der verstorbenen Tochter des Jaïrus (Mk 5,41) tritt (2002:233), die von Christus auferweckt wird, als in seine Rolle ist darin nur bedingt eine Aktantenverschiebung zu sehen.[129] Schließlich wird auch bei Aktantenverschiebung das Christusmuster metonymisch aufgerufen und aktualisiert. Vollzieht Erofeevs Held über den Stich in die Seite[130] zunächst noch eine unmittelbare Substitution in die Leidensrolle Christi (s. 2.7.1.2), so wird anschließend Venička in der Lazarus-Rolle (Jh 11,43) zum *patiens* eines der Wunder des *agens* Christus: „«Ничего, ничего, Ерофеев... Талифá куми, как сказал Спаситель, то есть встань и иди."[131] Venička changiert also zwischen den Rollen des Christus-Nachahmers und des Empfängers von Christi Gnade, zwischen Christus-Metapher und Christus-Metonymie.

Ist damit Veničkas Christusimitation widerlegt, der Rekurs auf die Philipper-Perikope ausgeschlossen? Nein, denn in jeder *imitatio Christi* ist der Imitierende immer zugleich Christus-Metapher und -Metonymie, sowohl *agens,* Subjekt der Substitution, als auch *patiens*, Empfänger der paränetischen Botschaft (Phil 2,5), die ihn in die Nachfolge ruft,[132] und schließlich der Erlösung am Jüngsten Tage.

---

[128] „Hässlichkeit" – „Verworrenheit" (*МП Москва. Ресторан Курского вокзала* 22/17).

[129] Denn auch Christus liegt später im Grab und aufersteht; Terminologie nach Greimas (1972:222).

[130] *МП Петушки. Перрон [Petuški. Bahnsteig]* 114/150. Vgl. Jh 19,34.

[131] „Macht nichts, macht nichts, Erofeev... Talitha qûmî, wie der Erlöser sagte, das heißt, stehe auf und geh." (*МП Петушки. Перрон [Petuški. Bahnsteig]* 114/151; vgl. Mk 5,41). Was hier als Verschiebung der Aktanten gekennzeichnet wird, beschreiben Gasparov/Paperno (1981:400) als die zwei „Hypostasen" des Helden als Sohn und als Vater.

[132] Siehe die Apostelrolle für Venička (*МП Петушки. Вокзальная площадь [Petuški. Bahnhofsplatz]* 116/153f).

Es gibt also eine ganze Reihe von verschiedenen unähnlichen Relationen, zum einen rhetorisch formulierbarer wie Metonymien[133] oder Synekdochen (Ryan-Hayes 1995:98), zum anderen vom Grundkonzept der parodistischen Verschiebung ausgehende wie ironische Spiegelungen, Verkehrungen, Profanierungen, Herabziehungen oder eher über narrative Figurenrelationen zu beschreibende wie Aktantenverschiebungen u.a.m. In allen wird eine Beziehung zwischen Christus zu dem ihm unähnlichen und trotzdem auf ihn bezogenen Venička hergestellt.

9.5.2 Kenosis als allegorische Verfremdung?

> Вл. Бестужев:
> «За видимым невидимое вижу,/ Но видимое пламенней люблю.»[134]

Der Allegorie-Begriff wird in *МП* von Venička im inneren Dialog angesichts des Leidens seines Trinkkumpans im Zug, Černousyj [der Schnurrbärtige], angeführt[135] – im umgangssprachlichen Sinne von Anekdote. Auch hier erschöpfen die momentanen Verwendungen von Begriffen in *МП* bei weitem nicht das damit angerissene Bedeutungsreservoir. Die Allegorie ist nun einmal im Spiel; auch als poetologische Chiffre für den Gesamttext *МП* ist sie damit nicht mehr rundweg abzuweisen. Doch welche Art von Allegorie könnte Venedikt Erofeevs Poem sein? Sicher keine Allegorie im Sinne des goethezeitlichen denunziatorischen Verdikts, das die Allegorie als eine mechanische, monologische Analogie Handlungseinheiten beschreibt, die in einer 1:1-Allegorese auszubuchstabieren wäre.[136] Hier kann es im Gegenteil nur um eine dynamische Verfremdung gehen, die – darin der Kenose entsprechend – ihre Verfremdung ausstellt (Haverkamp/Menke 2000:54). In diesem Sinne könnte die Allegorie nicht nur eine Spielart der Rhetorik der Kenosis sein, sondern auch ein Modell für die unähnliche *imitatio Christi* abgeben: für Alkoholismus als angemessen-unangemessene Nachahmung der je schon unangemessenen Kenose. Wo der mechanistische Allegorie-Begriff greifen soll, muss es einfach sein, Allegorisches und Allegorisiertes aufeinander zu verweisen. Das ist bei Erofeev mitnichten der Fall. Will man den dynamischen Allegorie-Begriff hingegen ernst nehmen, so darf, ja muss eine Entstellung, ein Ver-

---

[133] Vgl. Pseudo-Dionysius Areopagita (PG 3,1033A) oder Harold Bloom zu Kenosis als Metonymie (1976:18; 1995:69–81).
[134] „Vl. Bestužev:/ ‚Hinter dem Sichtbaren sehe ich das Unsichtbare,/ Doch das Sichtbare liebe ich glühender.'" (Erofeev 2000:348).
[135] *МП Есино – Фрязево [Esino – Frjazevo]* 67/81.
[136] Dazu Haverkamp/Menke 2000:82f. Gegen dieses goethezeitliche Verständnis spricht die Entstellung und Streuung der Intertexte in *МП*.

fehlen eingebaut sein.[137] In diesem Fall dürfen auch die Dimensionen der Darstellung durch Unähnlichkeit vielfältig sein.

9.5.3 Ethik

Die normative Ethik, die Erofeevs antiliterarischer Held (Murav'ev 2000:5), ein *лишний человек* als *герой нашего времени*[138] formuliert, funktioniert über die Umkehrung des konventionell Üblichen; Erlösung wird in *МП* nicht über Erhebung, sondern durch Dekomposition erwartet: „Все на свете должно происходить медленно и неправильно, чтобы не сумел загордиться человек, чтобы человек был грустен и растерян."[139] Besagte Traurigkeit wird später als stellvertretendes Leiden, als Internalisierung des Habitus der Erniedrigung in der Nachahmung Christi kenntlich gemacht (vgl. 4.6.4.2):

> Я знаю лучше, чем вы, что «мировая скорбь» – не фикция, пущенная в оборот старыми литераторами, потому что я сам ношу ее в себе [...]. Вот так и я. Теперь вы поняли, отчего я грустнее всех забулдыг? Отчего я легковеснее всех идиотов, но и мрачнее всякого дерьма? Отчего я и дурак, и деймон [!], и пустомеля разом.[140]

Die Behauptung des Sprechers, jetzt wüsste der Leser die Motivation für dieses Verhaltensmodell, ist eher als Aufforderung um stärkere Verstehensbemühung zu interpretieren.[141] Jedenfalls klingt in Veničkas Kritik an menschlicher Hybris die

---

[137] So ließe sich auch der Parodie-Begriff als „chanter à côté, [...] contrechant" [seitlich singen – Gegengesang] (Genette 1982:19) und „doppelter Blickwinkel" (Tynjanov 1969:335) neu lesen.

[138] „Überflüssiger Mensch" – „Held unserer Zeit" (Murav'ev 2000:7; Geisser-Schnittmann 1989:106).

[139] „Alles auf der Welt muss langsam und verkehrt laufen, damit der Mensch nicht hochmütig werde, damit der Mensch traurig und verwirrt sei." (*МП Москва. На пути к Курскому вокзалу [Moskau. Auf dem Weg zum Kursker Bahnhof]* 17/11).

[140] „Ich weiß besser als ihr, dass der ‚Weltschmerz' keine Fiktion ist, die von alten Literaten in Umlauf gebracht wurde, weil ich selbst ihn in mir trage. So auch ich. Habt ihr nun verstanden, warum ich trauriger bin als alle Trunkenbolde? Warum ich leichtgewichtiger bin als alle Idioten, aber auch düsterer als jegliches Pack? Warum ich ein Dummkopf, ein Dämon, und ein Schwätzer zugleich bin?" (*МП Никольское – Салтыковская [Nikol'skoe – Saltykovskaja]* 40f/43).

[141] Es ist eher eine Nachfrage in der Art von Nietzsches „Hat man mich verstanden?" (Nietzsche 1988:VI 374) oder ein Nachhaken wie „Verwechselt mich vor allem nicht!" (ebd.:VI 257).

Umkehrungsaxiologie der Seligpreisungen an.[142] In dieselbe Richtung weist das Lob des „малодушие":[143]

> О, если бы весь мир, если бы каждый в мире был бы, как я сейчас, тих и боязлив и был бы так же ни в чем не уверен: ни в себе, ни в серьезности своего места под небом – как хорошо бы![144]

9.5.4 Trinken

> Die ursprüngliche Richtung, wonach die Seele in den Himmel steigen soll, wurde umgekehrt. Der Himmel kam zur Erde herab. Oder besser, er wurde heruntergezogen, wie ein Drachen an der Schnur. Die menschliche Natur wurde in der Gestalt des leidenden Christus rehabilitiert, dessen Haltung und Sinnen materielle Sorge und alkoholisches Vergessen suggerieren konnten, das heißt die Pole der Welt der Gläubigen. (Stasiuk 2000:47)

Das dominante Hilfsmittel von Veničkas Selbsterniedrigung ist der Alkohol. Alkohol-Konsum dient der Ablegung falscher geistiger Souveränität, gezielter Selbst-Demütigung (s. Bogdanova 2002:26). Mit der Biochemie des Vorhandenseins oder Fehlens von Ethanol im menschlichen Körper wird eine *anthropologia physica*, durchaus im Nietzscheschen Sinne, entworfen.[145] *МП* offeriert also eine Doppellesart, die Durchblicke auf Transzendenz je auch als biochemische Effekte zu lesen gibt, ohne aber damit eine Seinsaussage (oder Nichtseinsaussage) über das Transzendente zu treffen.[146] Die Zweischneidigkeit von materieller, mundaner Erniedrigung und – daneben und *a contrario* gerade dadurch – göttlicher Herr-

---

[142] Mt 5,3–5 und 5,10; s.o. 2.5.1. Vgl. zu Erofeev und den Seligpreisungen: Martin 1997:168.

[143] „Kleinmut". Vgl. Paulus' Lob seiner eigenen Schwäche (2Kor 13,4).

[144] „Ach wenn die ganze Welt, wenn jeder auf der Welt so wäre wie ich jetzt: still und ängstlich und so wie ich von nichts überzeugt; nicht von sich selbst, nicht davon, dass sein Platz unter der Sonne irgendwelche Bedeutung hat – wie schön wäre das!" (*МП Ресторан Курского вокзала* 21/16f).

[145] So bringt Venička anlässlich seines Wunsches, im Bahnhofsrestaurant des Kursker Bahnhofs einen Sherry zu trinken, den Vergleich zwischen einem imaginären plötzlichen Unfallstod mit einem nach dem Trinken von Sherry vor (*МП Москва. Ресторан Курского вокзала [Moskau. Platz des Kursker Bahnhofs]* 21/15f). Umgekehrt löst sich durch das Trinken des Restes Kuban'-Wodkas auch die traumatische Dunkelheit vor Veničkas Augen wieder auf (*МП Покров – 113-й километр [Mariä Schutz und Fürbitte – Kilometer 113]* 107/140) und erleichtert ihm die Aussicht, dass schon ein Schluck alle Ängste und Bewusstseinsschwächen kurieren würde (*МП Омутище – Леоново [Höllenbreughel – Leonovo]* 110/144).

[146] Baslyks pathopsychologische Reduktion gibt das ästhetische Kapital dieser Ambivalenz vorschnell auf (1997:75).

lichkeit, wie sie bei Christi Kenose gedacht wird, gilt auch für die zweischneidige Anthropologie von *MΠ*. Die detaillierte Beschreibung der diversen Wirkungen von Ethanol,[147] der alkoholischen und postalkoholischen Zustände je nach Tageszeiten[148] verbindet sich mit der Klage über die „schlimmste Zeit im Leben meines Volkes" – vom Morgengrauen bis zum Öffnen der Geschäfte, die zu barocken *vanitas*-Empfindungen inspiriert.[149] Die physischen Widerstände, die der Magen eines Alkoholikers beim ersten Alkoholgenuss am Morgen leistet, werden mit Leiden und Gebet in Verbindung gebracht: „[...] стакан то клубился где-то между чревом и пищеводом [...]. И я страдал и молился.",[150] wodurch jener Kelch assoziiert wird, von dem Christus im Garten Gethsemane bittet, er möge an ihm vorübergehen (Mt 26,39). Die postalkoholischen Leiden adeln ihren Träger; „[...] и вот я, возлюбивший себя за муки, как самого себя, – я принялся себя душить."[151] Der Alkohol und die ihn konsumierende Person werden gerade durch das Leiden, das der Konsum auslöst, positiviert.

Konstitutiv und adelnd ist das Leiden, nicht die Zerstörung. Die moralisierenden Lesarten der Perestrojka-Rezeption, die Alkoholkonsum mit Selbstmord engführen,[152] gehen an der direkt proportionalen Verschränkung von Alkohol und dem dadurch ausgelösten Leiden in *MΠ* vorbei. Die Philipperperikope beschreibt eine freiwillige stufenweise fortschreitende Selbsterniedrigung Christi (κένωσις, ταπείνωσις, Kreuz; 2.6.1.4) und legt diese zur Nachahmung nahe, doch wie der

---

[147] Der einzige Schnaps, dem in *Москва-Петушки* eine solche geistig-klärende Wirkung auf Veničка attestiert wird, ist der Koriander-Wodka; er wirke, anders als bei anderen Konsumenten, wo sie sich „антигуманно" [antihuman] äußere, auf die Seele des Helden kräftigend und nur auf seine Glieder schwächend (*MΠ Москва. На пути к Курскому вокзалу [Moskau. Auf dem Weg zum Kursker Bahnhof]* 16/9).

[148] *MΠ Москва – Серп и Молот [Moskau – Hammer und Sichel]* 25/21f.

[149] *MΠ Москва. На пути к Курскому вокзалу [Moskau. Auf dem Weg zum Kursker Bahnhof]* 17f/11f, vgl. 9.3.2.5

[150] „Das Glas Rossijskaja [-Wodka] ballte sich mal irgendwo zwischen Leib und Speiseröhre zusammen [...]. Und ich litt und betete." (*MΠ Карачарово – Чухлинка [Karačarovo – Čuchlinka]* 26/24).

[151] „Und nun habe ich, obwohl um der bestandenen Leiden willen in Nächstenliebe zu mir selbst entbrannt, den Entschluß gefaßt, mich zu erwürgen." (*MΠ Карачарово – Чухлинка [Karačarovo – Čuchlinka]* 27/25, vgl. Mt 5,43).

[152] Geisser-Schnittmann setzt ein Gleichheitszeichen: „самоубийца-алкоголик" [Alkoholiker-Selbstmörder] (1989:234). Und Živolupova verkennt die mönchische Tradition allmählicher Selbstabtötung, wenn sie verordnet: „[...] пьянство – это медленное уничтожение своей телесной сущности, приближающееся к тягчайшему греху самоубийства." [(...) das Saufen ist die langsame Zerstörung der eigenen körperlichen Substanz, was der schwersten Sünde des Selbstmordes nahe kommt.] (1992:88).

Kreuzestod muss auch der (Märtyrer-)Tod in der Nachfolge letztlich von außen zugefügt werden, und so geschieht es auch in *MΠ* mit Veničkas freizügiger, (hoch-)dosierter Selbsterniedrigung und seiner Ermordung.

9.5.5 Eucharistische Gemeinschaft

Die Kenose ist eine Art von Negation des Subjekts (Drubek-Meyer 1991:94f; vgl. auch 8.3.3). Aber *MΠ* ist keine „Geschichte einer gescheiterten Identitätsfindung unter den Bedingungen der sowjetischen Kultur" (Küpper 2002:231), sondern deren *Gelingen im Untergang der Person* (s. 6.9.2). Veničkas Identitätsfindung geht über die Kenose; seine ‚Individualität' steigt – im Sinne des theologischen Freiheitsbegriffes – durch getreue Nachahmung der Selbsterniedrigung Christi.

Man könnte versucht sein, aufgrund dieser Negation des Subjekts eine Einschreibung der Anthropologie von *MΠ* in die Tradition russischer theologischer Konzepte von kollektiver Kenose[153] zu unternehmen, wo das Individuum erst durch Eingehen in eine gemeindliche Konziliarität (*соборность*) Platz und Rang gewinnt, oder diese mit den sozrealistischen Säkularisaten von Konziliarität (s. 8.5.3) in Verbindung zu bringen. Die offizielle Kirche spielt bei Erofeev jedoch keine Rolle, und das Habitusmodell des Alkoholikers und Obdachlosen wird im Poem gerade gegen sowjetische Kollektive gewendet.[154] Von der Kenose des Individuums profitiert in *MΠ* keine offiziell verfasste Gemeinschaft; Veničkas einzige Bezugsgruppe ist die Mahlgemeinschaft der schwarzfahrenden Alkoholiker im Zug nach Petuški. In ihrem spontanen Kollektiv wird in *MΠ* (wie in der kenotischen Ekklesiologie von Kirche als Leib Christi) ein Nutzen von der Subordination des Individuums unter die mystische Abendmahlsgemeinschaft[155] in greifbar.

9.5.6 Erniedrigung der Sprache und der Prätexte

Wenn man Smirnova (1990:58) glauben darf, sind besonders zwei Eigenschaften des Erofeevschen Textes bei manchen frühen Rezpienten zu Sowjetzeiten auf Ablehnung gestoßen: seine Herabziehung der russischen Schriftsprache und die Degradierung bestimmter Prätexte. *MΠ* zeichnet sich durch einen *сказ [skaz]* aus (s. 3.5.5.5), in dem schriftsprachliche Elemente bis zu hohen Symbolismus-Stilisierungen[156] mit Ämulation von Alltagssprache und vulgärsprachlichen *мат*-Elementen durchsetzt sind, wobei letztere eine gegenläufige Funktion gewinnen, wie Komaromi und Kuricyn meinen; Komaromi spricht allgemein von einem Erhöhungsvektor: „His [Venička's] use (or suggested use) of the most profane

---

[153] Bei Chomjakov, aber auch bei V. Solov'ev (s. 4.4.4.1–4.4.4.2).
[154] Sedakova sieht daher in *MΠ* eine „antikollektivistische Ethik" (1991:264).
[155] Mt 18,20; vgl. bes. die eucharistische Ekklesiologie Nikolaj Afanas'evs (1934).
[156] *MΠ Кусково – Новогиреево [Kuskovo – Novogireevo]* 33/33f.

language reminds the reader of profanity's paradoxical connection to the highest spheres." (2002:322). Spezieller ruft Kuricyn die christliche Hymnik auf: „[...] отборно-грязный мат звучит как псалмопение."[157] Der Einsatz von Diminutiven flankiert dies auf der Ebene der Personennamen,[158] die Herabziehung konventionell in hohen Registern verorteter Prätexte im Hinblick auf intertextuelle Sinnkonstitution (Ju. Levin 1992:491f). Diese vielfältigen Verringerungen gilt es als Repräsentationen von Erniedrigung zu registrieren.

Doch die Erniedrigung ist auch hier nicht der einzige Vektor: Wie niedere Sprachschichten durch die Kontamination mit höheren nobilitiert werden, so wird die Herabziehung von Venedikt Erofeev (anders als von Sorokin, s. 10.2.1) nie ins Extrem getrieben; *мат*-Flüche werden in *МП* oft nicht ausgeschrieben, ein Kapitel überhaupt ‚zensiert', das heidnische Potenzial des *мат*, das theoretisch zur Degradierung des christlichen Intertextes dienen könnte, also nicht bis ins Letzte ausgebeutet.[159] Figuren von Litotes (Ėpštejn 1997:9) nehmen die Negationen wieder zurück bzw. pflanzen ihnen einen zweiten Vektor, den der Erhöhung ein.[160]

9.5.7 Reduktion der Repräsentation
Wie das Niederste nicht gesagt wird, so bleibt auch das Höchste unausgesprochen. Die apophatische Theologie der Ostkirche (s. 3.5.6) wird in Erofeevs Poem markiert aufgerufen: „[...] почтим минутой молчания то, что невыразимо."[161] Es gibt dem Text zufolge einen höheren Maßstab, der alles menschliche Reden unangemessen erscheinen lässt: die „вечно живущие ангелы и умирающие дети".[162] Analoges gilt für das häufige Motiv des Verstummens (Stewart 1999:30), das man dahingehend interpretieren kann, dass das Eigentliche nicht gesagt wird und je

---

[157] „[...] der ausgesucht schmutzige Mat klingt wie Psalmengesang." (Kuricyn 1992:300).
[158] Ottovordemgentschenfelde (2004:197f) benennt die Amphibolie konkurrierender Lesarten von Vor- und Nachnamen, die einmal auf Hohes verweisen (*Венедикт* von Benedikt und *Ерофеев* von ἱερός), einmal auf Niederes (der Schnaps *ерофеич*; s.o. 9.2). Zum Diminutiv Venička vgl. auch Ėpštejn 1997:9 u. Morkus 2008:71.
[159] Zur heidnischen Herkunft der Mutterflüche s. B. Uspenskij 1994.
[160] Die Zurücknahme eines Protestes in der rhetorischen Figur der Litotes bedarf jeweils zusätzlich der Zuschreibung eines psychischen Zwecks. Denn ähnlich ließe sich auch Nietzsches Begriff des Ressentiments (Gerigk 2001) rhetorisch konzeptualisieren, als nicht zur Revolte gereifte, coupierte Unzufriedenheit (5.2.6.4). Venička hingegen wird eine Souveränität attestiert, die schon jenseits des Protests liegt. Zwischen rhetorisch-logischer Figur und semantischem Effekt besteht mithin keine ein-eindeutige Relation.
[161] „[...] lasst uns zusammen mit einer Schweigeminute das ehren, was unaussprechlich ist." (*МП Москва. К поезду через магазин* [*Moskau. Zum Zug mit Umweg über das Geschäft*] 22/18).
[162] „Ewig lebende Engel und sterbende Kinder" (*МП Салтыковская – Кучино* [*Saltykovskaja – Kučino*] 42f/45).

noch zu konkretisieren bleibt. Diese apophatische Strategie lässt sich, wie Geisser-Schnittmann meint (1989:118), auch auf den Habitus des *юродивый* zurückverweisen, bei welchem demzufolge Kenosis und Apophatik zusammengehen. Der angeführte apophatische Gottesbeweis[163] zielt in eine ähnliche Richtung. Wo ein Rest offen bleibt, wird durch dieses Offenlassen ein undarstellbares Numinoses suggeriert – im Mythos wie im Göttlichen/Heiligen. Das Fragment ist eine der privilegierten Strategien der sakralen Repräsentation (s. 3.5.6.1). Kenosis und Apophatik sind allerdings zwei unterschiedliche Facetten negativer sakraler Repräsentation:[164] Wie die kenotische Unähnlichkeit so gibt sich auch die apophatische Leere als minimaler Verweis auf ein Transzendentes zu lesen (vgl. 3.5.8). Im Gegensatz zu einem Idealtypus ‚positiver' Repräsentation aber bleiben kenotische wie apophatische Repräsentation immer auf der sicheren Seite – und sie können immer auch nicht-sakral gelesen werden. Der negative Verweis schützt sich vor Falsifikation und Kitsch, begibt sich damit aber der Eindeutigkeit. Das ist der Grund für die Zerstrittenheit der Erofeev-Forschung über die Gretchenfrage.

Die Waffenbrüderschaft von Kenosis und Apophatik in Sachen Repräsentation hat ihre Grenzen. Sind Momente des Verstummens der apophatischen Repräsentation zuzurechnen, so ist der Clou der kenotischen Repräsentation in der Kataphatik verortet (3.5.8), und zwar in der Unähnlichkeit von Repräsentant und Repräsentat. Apophatische „*non-images*" sind von kenotischen „least adequate images" (Ėpštejn 1999b:372.368, Hervorh. i. Orig.) abzugrenzen. Letztere sind es, welche die kenotische Abstiegsbewegung nachzeichnen („descending order of decreasing congruity"; ebd.:368), deren Unangemessenheit aber durch das Inkarnationsdogma gedeckt wird.

9.6 Kenosis als Intertextualität

Der literaturwissenschaftlich interessanteste Zweig der Repräsentation der Kenose im doppelten Sinne von Repräsenationsformen von Kenosis und kenotischen Repräsenationsformen dürfte bei *МП* die sehr eigene Form von Intertextualität sein, die nicht minder Unähnlichkeit generiert als die übrigen angeführten Repräsentationen. Einige der Mechanismen der Intertextualität von *МП* hat Levin schon in seinem Aufsatz *Семиосфера Венички Ерофеева [Die Semiosphäre Venička Erofeevs]* von 1992 herausgearbeitet.

---

[163] *МП 33-й километр – Электроугли [Kilometer33 – Ėlektrougli]* 54/62; vgl. 9.3.3.
[164] Diese systematische Überlegung wird dadurch untermauert, dass auch Phil 2,9 als apophatische Ellipse lesbar ist (vgl. 2.2.3.5).

9.6.1 Kontaminationen

Levin (1992:490) führt zum einen Kontaminationen von Evangelienstellen mit anderen Quellen vor: Die Sentenz „[...] я, возлюбивший себя за муки, как самого себя [...]"[165] kontaminiert Othellos Charakterisierung Desdemonas („She lov'd me for the dangers I had pass'd"; I 3 (Shakespeare 1916:2591) und den alt- wie neutestamentlichen ethischen Merksatz „Du sollst Deinen Nächsten Lieben wie dich selbst" (3Mos 19,18; Mt 19,19). Daneben gibt es Zusammenspannungen verschiedener Evangelienstellen wie der Lazarus-Episode (Jh 11,43) mit der Auferweckung der Tochter des Jaïrus (Mk 5,41) sowie mit den Wunderheilungen.[166] Diese ‚Verunreinigung' des intertextuellen Bezugs streicht eine vermeintlich ‚lineare Repräsentation' durch, nicht aber Repräsentation überhaupt. Verschiebung wird vielmehr als integral (für sakrale Rede unverzichtbar) inszeniert.

9.6.2 Transformationen

> Оказывается, [у Ерофеева] лишь форма, в которой подаются выводы, – дурацкая, вызывающая смех [...][167]

Der zweite, für den christologischen Blick noch entscheidendere Mechanismus ist derjenige der Transformation (s. Ju. Levin 1992:488 u. 5.6.3). Auch die Forscher, welche die These vertreten, in *МП* dominiere das Parodistische, veranschlagen eine Veränderung des Prätextes bei seiner Evokation im Posttext: Erofeevs Parodie sei eine „repetition with difference",[168] ein „смещение".[169] In Anbetracht der jeden Prätext hochgradig verändernden Intertextualität von *МП* scheint es angezeigt, hierfür den Begriff des „Transtextes" – in einem eigenen, transformatorischen Sinne (der nicht dem Genetteschen [1982:12f] entspricht) – anzusetzen.[170]

Wie sieht es mit der Interpretation dieser ‚Transtextualität' im Hinblick auf einen religiösen, para- oder antireligiösen Gehalt aus? Gerade die Bibelzitate sind oft hochgradig verändert, was die Interpretation von der *parodia sacra* (Drubek-Meyer 1991:95) mit doppelter Entmythologisierung sowjetischer wie christlicher Eschatologie (ebd.) zunächst plausibel erscheinen lässt. Folgte man dieser Auffassung, gäbe es in *МП* nur einen Vektor, nämlich die Erniedrigung. Geisser-

---

[165] Wörtlich: „[...] der ich mich lieben gelernt hatte für meine Leiden wie mich selbst" (*МП Карачарово – Чухлинка [Karačarovo – Čuchlinka]* 27/25).

[166] Mk 5,8; Lk 5,23f; vgl. Ju. Levin 1996:38.

[167] „Im Grunde ist [bei Erofeev] bloß die Form, in der die Folgerungen präsentiert werden, närrisch und reizt zum Lachen" (Skoropanova 2002:105).

[168] Martin 1995:33, unter Berufung auf eine Definition von Linda Hutcheon.

[169] „Verschiebung" (Lipoveckij 1997:173).

[170] Dabei wird nicht mehr vorrangig der Fokus auf den späteren Text gerichtet (für Genette ist *B* immer der frühere; 1982:13), sondern auf die Veränderung eines früheren Textes *A* bei seiner Neuevokation in einem späteren Text *B*.

Schnittmann entwirft im Kontrast dazu ein vertikales „Triptychon" (1989:235f), dessen Basis das Evangelium, dessen Mittelteil das Bewusstsein des Helden und dessen oberer Teil das Geschehen von *MΠ* bildet. Ihr Bewegungsmodell ist das der Oszillation von Alltag und Evangelium durch das Prisma des alkoholisierten Bewusstseins. Diese Oszillation gibt einen wichtigen Hinweis auf den dialogischen Charakter von Intertextualität. Es sind, gerade bei *MΠ*, stets zwei Bewegungen: hin und zurück.

Natürlich ist die Transformation und „Entähnlichung" (1.4.6) des Prätextes im Intertext nach konstruktivistischem Konsens das Werk des Posttextes; nähme man die Verunähnlichung aber einmal – etwa mit Kristevas Begriff des „génotexte" (1970:72) – heuristisch als vom Prätext angestoßene, von ihm generierte Bewegung, so entspräche dies strukturell der Kenose des göttlichen Logos (vgl. 1.5.3). Es bräuchte nicht gleich eine Intertextualitätstheorie, die dem Prätext die alleinige, aktiv transformierende, auto-apotreptische Rolle zumäße (anstelle der von Bloom betonten hetero-apotreptischen des Posttextes), wohl aber ein Modell des Austausches, der „Interferenz" (Lachmann 1990:63) innerhalb eines Netzwerkes (Clayton 1991:49f), in dem zum einen der Prätext auf den Posttext einwirkt und im Gegenzug der jeweilige spätere „phénotexte" den „génotexte"[171] affiziert – den es ja auch nur durch die Rezeptionsgeschichte ‚gefiltert' gibt (s. 1.5.2).

Dieser Austausch von Prä- und Posttext ließe sich dann von der Warte der Christologie als Zeichen für kenotische Repräsentation lesen: Kenosis wie „Transtextualität" bedeuten eine Depotenzierung der Präexistenz des Logos bzw. eine Transformation des Prätextes, eine Bewegung, die mit religionswissenschaftlichen Begriffen wie Verweltlichung (5.6.5) bzw. intertextualitätstheoretischen wie „transposition" (Kristeva 1978:69) oder „travail de transformation"[172] parallel erfasst werden kann, wobei der neu transformierten Gestalt der Rückverweis auf den Logos bzw. den Prätext eingeschrieben bleibt.

---

[171] „Phänotext" – „Genotext" (Kristeva 1970:72).
[172] „Transformationsarbeit" (Jenny 1976:262, auch: Genette 1982:14f; Lachmann 1990: 39). Jennys Einwand gegen Kristeva, es gelte, den „travail de transformation" mit einer „leadership" des Posttextes als eines „texte centreur" [zentrierender Text] zu verbinden (Jenny 1976:262), braucht hier insofern nicht zu interessieren, als für diesen Fall v.a. das transformatorische Potenzial wichtig ist – und zwar vom Prätext, vom „génotexte" her gedacht. Lachmann (1990:39) nimmt den Transformationsbegriff ohne direkten Bezug auf Jenny auf und stellt (mit Bloom) einen tropischen, unsouveränen Umgang des Posttextes mit dem Prätext einem souveränen, transformatorischen entgegen. Genette schließlich unterscheidet zwei Modi von Transformation, „simple" und „indirecte" (letztere alternativ auch „imitation" genannt, 1982:14).

9.6.3 Zitatzitate[173]

Das Evangeliengeschehen und mit ihm die paulinische kenotische Christologie wurden in der europäischen Kulturgeschichte über viele Vermittlungsstufen (s. 3.–5.) transportiert. Als ob Erofeev diese kulturgeschichtliche Transformationsstufen ausstellen wollte, wird in *МП* das Evangeliengeschehen auf „Umwegen" über spätere Quellen evoziert:[174] Der Kelch aus dem Garten Gethsemane (Mk 14,36; Mt 26,39.42) und die Eucharistiefeier werden im Poem als Zitate aus der russischen Fassung von Wagners *Lohengrin* aufgerufen.[175] Besonders wichtig sind sekundäre Evangelienverweise, vermittelt über Zitate aus oder Anspielungen auf Michail Bulgakov und Dostoevskij, Pasternak und Goethes *Faust* (Gasparov/Paperno 1981:393–396). Die vielen Imperative „смирись" (9.4.1) und „[...] чтобы не сумел загордиться человек [...]"[176] etwa können auf ein Zitat aus Dostoevskijs epochemachender Puškin-Rede von 1880 zurückgeblendet werden: „Смирись, гордый человек, и прежде всего сломи свою гордость".[177] Veničkas in Tönen des Hohen Liedes besungene, promiske Geliebte in Petuški ist über die Prostituierte Sonja aus *Преступление и наказание [Schuld und Sühne]* mit Maria Magdalena – und zugleich mit der Demut Christi – verbunden (Ryan-Hayes 1995:90). Das Motiv schließlich, dass Christi Heilsversprechen einen Flecken Erde ausgelassen haben könnte,[178] begegnet erstmals als Verweis auf Carlo Levis *Cristo si è fermato a Eboli [Christus kam nur bis Eboli]*. Es handelt sich bei Erofeev – mit Aktantenverschiebung – um eine Verlassenheit durch Christus, nicht Christi durch den Vater. Angesichts der räumlichen (und zugleich weltanschaulichen) Wegbewegung, welche Venička im Poem vom Sowjetemblem Kreml vollzieht, stellt sich aber die Frage, ob ein Prätext wie der des Kommunisten Levi zuverlässig sein kann und ob nicht, wenn man Christus als gesetzt annimmt, das Ausnehmen eines Winkels auf der Erde von der Erlösung zumindest paradox ist.

---

[173] Das Strukturmuster der Zitatzitate beschreiben an *МП* erstmals Gasparov/Paperno (1981:391), zum Terminus s. I. Smirnov 1983:286.288.

[174] Dass von Erofeev zitierte NT-Stellen ihrerseits das AT zitieren, wie Sepsjakova (1998:540) an Mt 27,46 bzw. Mk 15,34 und Ps 21,2 („Warum hast Du mich verlassen?") vorgeführt hat, mag hier außer Betracht bleiben; davon eine implizite These Erofeevs über Christus als „первый и очень талантливый постмодернист" [ersten und hochtalentierten Postmodernisten] (ebd.:541) abzuleiten, kann als abseitig gelten.

[175] *МП Москва. Ресторан Курского вокзала [Moskau. Restaurant des Kursker Bahnhofs]* 20/15.

[176] „Sei demütig" – „[...] damit der Mensch nicht hochmütig werde [...]" (*МП Москва. На пути к Курскому вокзалу [Moskau. Auf dem Weg zum Kursker Bahnhof]* 17/11).

[177] „Sei demütig, stolzer Mensch, und brich vor allem deinen Stolz" (Dostoevskij 1984:XXVI 139; vgl. Ju. Levin 1996:31); cf. 5.2.7.2.

[178] *МП Дрезна – 85-й километр [Drezna – Kilometer 85]* 83/105).

9.6.4 Streuung

> [...] все вы, рассеянные по моей земле, качаете головой и беретесь иронизировать [...][179]

Mit dem Turmbau zu Babylon[180] (auf den das zitierte Motto aus *МП* verweist) wurde ein zentralistisches Erlösungsmodell verfolgt: Ein Orientierungsmal sollte aufgerichtet werden, um entropischer Zerstreuung entgegenzuwirken. Erofeev hingegen macht sich zum Anwalt der Entropie (Ėpštejn 1997:20), der horizontalen Lage des Trunkenen. Der babylonische bzw. marxistisch-leninistische Mastertext steht in *МП* als Monstrum im Hintergrund. Die Umkehrungsaxiologie Erofeevs hingegen favorisiert das Ungeordnete, Zentrifugale und Indirekte – in Ethik, Erkennen, Darstellen. Somit lässt sich Erofeevs Babylon-Zitat auch als Programm seiner Intertext-Streuung auslegen.

9.6.5 Motiv und Struktur

Kenosis figuriert damit in *МП* zugleich als Motiv wie als generative intertextuelle Struktur. Wenn Stewart behauptet, dass Erofeev den „zutiefst ‚monologischen' Inhalt der Heiligen Schrift ins dialogische Zwielicht rückt" (1999:70), so lässt sich dies von der Kenose her entkräften, die ja selbst einen Dialog in Szene setzt. Kenotische, Unähnlichkeit generierende Intertextualität[181] dürfte ein besserer Begriff sein zur Beschreibung des Erofeevschen Evangelienrekurses als der von Gasparov/Paperno (1981:391) eingebrachte Gedanke von *МП* als „apokrypher Variante" des Evangeliums; denn das Apokryphe steht zum Kanonischen in einem axiologisch problematischen Verhältnis, das Kenotische aber ist gegenüber dem Göttlichen kein Wertverlust, sondern eine unähnliche Repräsentation und Liebestat.[182]

Bei kenotischer Repräsentation, wie sie sich in Zitatstreuungen, Zitatzitaten und anderen Verfahren der Transformation realisiert, passiert mehr als die bloße Ausstellung von Zitathaftigkeit durch eine „Metarelation" und „Entmotivierung" (I. Smirnov 1983:286.288) und mehr als eine bloß destruktive Parodie. Die Unähnlichkeit des – verschobenen, unangemessenen – Repräsentanten entwertet das Repräsentat nicht. Im Gegenteil.

---

[179] „[...] ihr alle, verstreut über meine Erde, schüttelt die Köpfe und fangt an zu spötteln [...]" (*МП Москва. К поезду через магазин* [*Moskau. Zum Zug mit Umweg über das Geschäft*] 24/20).

[180] „Wohlauf, lasst uns eine Stadt und einen Turm bauen, dessen Spitze bis an den Himmel reiche, damit wir uns einen Namen machen; denn wir werden sonst zerstreut in alle Länder." (1Mos 11,4).

[181] Wollte man die Spirale der Terminologielust der Intertextualitätstheoretiker (s. Lachmann 1990:55) um eine weitere Drehung weiterschrauben, so könnte man von „Kenotextualität" sprechen.

[182] So die Begründung für die Selbsterniedrigung Christi in 2Kor 8,9; s. 3.0.2.

9.7 Trope oder Paradox?

9.7.1 Die ‚zwei Welten' und ihre Auflösungen

> However illogical this „logic" may appear, it seems to be the only way of attempting to reconcile the irreconcilable. (Tumanov 1996:101)

Evangelium und Alkoholismus, Christologie und Sowjetalltag – zwei Sphären, zwei ontologisch geschiedene Seinsbereiche, die aber durch die Brücke der Intertextualität, der Kontamination in Verbindung gebracht werden.[183] Eine ontologische Bestimmung des Verhältnisses der beiden Sphären geht an der literarischen Realität vorbei: Dieses aussichtslose definitorische Unterfangen verfolgt Geisser-Schnittmann, wenn sie *МП* zunächst als duale Alternative „Бог *или* спирт"[184] konzeptualisiert, um diese mit Blick auf das Ende des Poems zu einem ontologischen Monismus, einer ausweglosen Diesseitigkeit zu reduzieren.[185] Besser wäre es, anstelle von Diesseitigkeit von Literarizität zu sprechen – und ob diese ausweglos ist, steht dahin. Akzeptiert man für die Interpretation von Erofeevs Poem die ontologische Alternative Gott *oder* Spiritus, so ergeben sich entweder eine bloß scheinhafte geistige Sphäre (darauf laufen alle Lesarten der religiösen Bezüge in *МП* als einer Parodie hinaus) oder aber umgekehrt eine falsche Natürlichkeit[186] bzw. werthafte Unterordnung des Niedrigen unter die höhere geistig-geistliche Soteriologie.[187] Wie die zwei Naturen Christi nur zusammen bestehen dürfen und jede Festlegung auf eine Natur häretisch zu werden droht (vgl. 2.7.2 u. 2.7.4),

---

[183] Martin möchte in der Koexistenz mehrer Perspektiven auf ein und dasselbe Phänomen die Spezifik von Erofeevs Schreibweise ausmachen (1995:62.182; vgl. auch Murav'ev, in Frolova 1991:94) – ebenso wie die Ikone das Irdische und das Jenseitige zugleich repräsentiere (Martin 1995:194). Venička selbst spricht von einer Dreiheit menschlicher Naturen (s. 9.3.2), weswegen Gasparov/Paperno (1989:396) versucht waren, darin eine Chiffre von Dreieinheit zu sehen, während sie an anderer Stelle aber von zwei Hypostasen Veničkas, Vater und Sohn, sprechen (ebd.:400).

[184] „Gott *oder* Spiritus" (Geisser-Schnittmann 1989:239, Hervorh. D.U.).

[185] „Раздвоенность «физической» стороны кончилась, положив одновременно конец духовной расколотости между реальностью и воображением. [...] Двух миров – нет, везде один мир и одна реальность." [Die Gespaltenheit der „physischen" Seite endet und setzt zugleich der geistigen Gespaltenheit zwischen Realität und Einbildung ein Ende. [...] Es gibt die zwei Welten nicht, überall herrscht eine Welt und eine Realität.] (Geisser-Schnittmann 1989:225; ähnlich schon Genis/Vajl' 1982:50).

[186] „Ибо сама эта натуральность мнима!" [Denn diese Natürlichkeit selbst ist falsch!] (Drawicz 1984:8).

[187] „[...] in *Moskvá-Petuški* è l'elemento satirico ed istrionico ad essere subordinato ad una fondamentale ispirazione soteriologica" [(...) in *Moskau-Petuški* ist es das satirische und komödiantische Element, das einer fundamentalen soteriologischen Inspiration untergeordnet ist (...)] (Colucci 1983:278).

so wäre auch bei der vom Christusnachahmer Venička entworfenen Textwelt eine Abwertung einer der beiden Sphären – der geistigen oder der natürlichen – eine unzulässige Vereinfachung. Weder ist die *anthropologia physica alcoholica* nur doketischer Schein, noch ist der geistige Anspruch des Erzählers leere Anmaßung.

Aussichtsreicher ist angesichts der Problematik jeder ontologischen Vereindeutigung eine die Literarizität von *MΠ* ernst nehmende, rhetorische Beschreibung. Dazu gibt es in der Forschung Ansätze, die in die christologische Richtung weisen: Eher gattungstheoretisch gemünzt stellt Simmons fest, dass der Text Antinomien nebeneinander stelle,[188] was das Poem *MΠ* als Groteske qualifiziere. Geisser-Schnittmann schlägt die Rede vom Oxymoron vor (1989:34). In ihrer eigenen Metasprache verfolgt Živolupova eine Rhetorik des Paradoxes, wenn sie das Sujet von *MΠ* folgendermaßen nachzeichnet: „[...] странствующий юродивый, путешествующий от Московского Кремля в Петушки, он был вне этого мира, будучи включенным в него [...]".[189] Auch Levin kontaminiert zwei sich ausschließende Beschreibungsweisen: Einmal sagt er, es gebe in *MΠ* ein „переплетение двух миров",[190] ein unentwegtes Springen zwischen Erniedrigung und Erhöhung (Ju. Levin 1992:498), kurz darauf sieht er eher ein komplementäres Verhältnis: „каждое низкое явление имеет и свою высокую ипостась, и наоборот".[191] Ähnlich stellen es Gasparov/Paperno dar: „Каждое событие существует одновременно в двух планах." und „[...] характерное для повести слияние низкого и высокого [...]".[192]

Diesen in der Sekundärliteratur weit verbreiteten Paradoxen als Beschreibungen der „zwei Welten" in *MΠ* zuzustimmen, ist das Eine, das Andere, sie vom Gegenstand, nämlich der Christus-Motivik und der christologischen Tradition her in die Reihe der Vorläuferversionen solcher Paradoxe einzuordnen. Diese Tradition hatte nämlich in der für die Dogmatik der europäischen Christenheit zentralen paradoxen Christologie des Konzils von Chalcedon 451 (2.8.4.2) sowie der Verschärfung dieser Paradoxe in der neuchalcedonischen Christologie[193] ihre autoritative Formulierung erhalten: Christi Naturen haben zugleich als getrennt *und* ver-

---

[188] „[...] juxtaposing antinomies" (Simmons 1993:76).
[189] „[...] als reisender Christusnarr, der vom Moskauer Kreml' nach Petuški reist, war er, in diese Welt eingeschlossen, zugleich außerhalb von ihr" (Živolupova 1992:79).
[190] „Verflechtung zweier Welten" (Ju. Levin 1992:497).
[191] „[...] jede niedere Erscheinung hat ihre hohe Hypostase und umgekehrt." (Ju. Levin 1992:498).
[192] „Jedes Ereignis existiert gleichzeitig auf zwei Ebenen." – „[...] die für die Erzählung charakteristische Verschmelzung von Niederem und Hohem [...]" (Gasparov/Paperno 1981:389.399).
[193] Etwa bei Leontius von Jerusalem und in den Formeln des Konzils von Konstantinopel aus dem Jahr 533 (s. 2.10.5).

bunden zu gelten: Durch die Erniedrigung Christi wird das Körperliche gerade nicht negiert; es hat, in seiner Unähnlichkeit mit dem Göttlichen, seine Bedeutung als dessen unähnliche, verfremdende Repräsentation in der Welt – mit einer Rhetorik der *humilitas*; das Körperlich-Weltliche (hier sowjetischer Alltag, Alkohol etc.) ist dann durchaus integral und funktional.[194] In jeder kenotischen Repräsentation erscheint die Kluft von göttlicher und menschlicher Natur Christi als unüberbrückbar und wird sie zugleich in Unähnlichkeit überbrückt. Das rhetorische *vitium* der *humilitas* wird durch die unähnlich-paradoxe Verweisrelation von unten nach oben zur „Kippfigur" (Meyer 2001:464) und damit kuriert (3.5.5.2).

9.7.2 Kontinuität und Wandel auf der Personenebene

Die paradoxen Kompromissformeln der ökumenischen Konzilien zementierten eine bestimmte Auffassung von Kenosis: Christi Selbsterniedrigung dürfe keinem Wandelmodell folgen (s. 2.3.3), sondern die zwei Naturen Christi müssten in vollem Paradox nebeneinander, ungetrennt und unverbunden, bestehen. Ist die christologische Konzeption von *MΠ* über die Paradoxalität hinaus auch in diesem Sinne orthodox? Verändert sich im Poem die höhere, ideelle Sphäre, weg von reiner Geistigkeit hin zu einer ähnlich reinen niederen Knechtsgestalt des Alkoholikers? Oder stehen Oben und Unten in einem paradoxen, verbunden-unverbundenen Nebeneinander?

Die Schwierigkeit einer solchen Frage liegt in der Übertragung christologischer, Anschaulichkeit programmatisch ausschließender Dogmen auf die Beschreibung eines literarischen Textes, der allein durch seine Fiktionalität eine gewisse Darstellungsfunktion für sich reklamieren muss.[195] Doch, so könnte und müsste die Frage reformuliert werden: Ist *MΠ* wirklich ein ‚positiv' darstellender Text? Auch wenn man dies in Zweifel zieht, bleibt ungeklärt, auf welches textuelle ‚Oben' denn die göttliche Natur Christi projiziert wird (die Projektion der Knechtsgestalt von Phil 2,7 auf den obdachlosen Alkoholiker ist da wesentlich unproblematischer). Ist dieses textuelle ‚Oben' etwa eine von allen Alkoholwirkungen unaffizierte geistige Souveränität des hoch-intellektuellen Helden Veničkas (Stewart 1999:56), wie einige Rezipienten mit Blick auf den Habitus des historischen Autors (s. 9.7.3) meinen?

Nein. Es ist nämlich durchaus nicht so, wie Erofeevs Bekannte und sympathisierende Forscher für den Menschen Venedikt Erofeev bewundernd annehmen,

---

[194] Ryan-Hayes spricht vom symbiotischen Verhältnis Veničkas zur „Soviet contemporaneity" (1995:91). Als *status exinanitionis* wird die Sowjetunion zugleich bedingt positiviert wie negiert.

[195] Vgl. Papernos metaphorisch-literaturtheoretische Benutzung der Zwei-Naturen-Lehre (2.10.5).

dass der Alkohol auf den Helden ernüchternd, also quasi gar nicht wirkt[196] (damit würde an den fiktionalen Christus-Nachahmer Venička ein Maßstab der Unwandelbarkeit angelegt, wie er sich, der paradoxalen Christologie zufolge, allein für den Logos, den präexistenten Christus geziemt): Im Suff verwendet Venička, wenn auch nicht so vulgär wie seine Mitreisenden,[197] bspw. primitiven interkulturellen Schablonen oder Sexismen. Der literarische Held genügt in diesem Text, besonders in seinem fortschreitenden Delirium, durchaus keinen intellektuellen oder ethischen Ansprüchen, sondern erscheint an vielen Stellen als Schwadronierer mit pseudointellektuellen (und pseudo-christologischen) Verlautbarungen (etwa „«Мне как феномену присущ самовозрастающий Логос.»").[198] Allein, durch dieses besoffene Geschwätz scheint andeutungsweise immer wieder ein Anderes durch, das durch diese niedere, alkoholische und schwadronierende Ebene *ex negativo* evoziert werden kann. Geistigkeit wäre demnach hier höchstens als Metaphysik *ex negativo* zu begreifen, nicht als intellektuelle Stringenz oder gar ethische Korrektheit der politischen Rede.

Wenn man dagegen weniger den schwankenden Intellekt des Delirierenden in den Blick nimmt, sondern den christologischen Intertext als eigene, und zwar den gesamten Text von Anfang bis Ende durchziehende Bedeutungsschicht liest, so ergeben sich zwei selbstständige, einander nur stellenweise überschneidende Sujets, deren jeweilige Souveränität nicht angetastet wird (vgl. Smirnova 1990:60). Da ist die „physische" Natur des Helden (zu der auch der irdische, von der Biochemie abhängige Intellekt gehört) und die „mystische" Intertextebene (vgl. die oben zitierte triadische Anthropologie; 9.3.2); damit kehren die zwei Naturen Christi an seinem Imitator Venička keineswegs in einer Person wieder. Vielmehr schwebt über der physischen Natur der mystische Intertext. Damit gibt es weniger zwei gegenläufige und sich an einer bestimmten Stelle kreuzende Vektoren von

---

[196] Von der Gattungsseite her beschreibt Bogdanova den Helden Venička und überhaupt alle Gestalten des Poems als statisch (2002:8–11).

[197] *МП Назарьево – Дрезна [Nazar'evo – Drezna]* und *Дрезна – 85-километр [Drezna – Kilometer 85]* 79–84/99–106, und *МП Фрязево – 61-й километр [Frjazeva – Kilometer 61]* 70/85.

[198] „‚Was ich von einem Phänomen an mir habe, ist mein sich frei entwickelnder Logos.'" (*МП Назарьево – Дрезна [Nazar'evo – Drezna]* 80f/101). Živolupova und Stewart überinterpretieren diesen Satz: Stewart, indem er ihn auf Heraklit zurückführt, als Antidotum zu den Verstummensmotiven (1999:36), Živolupova, indem sie darin einen positiven Ausweg erblickt: das künstlerische Wort (1992:91). Während der Logos in diesem Zitat parodistisch angeführt ist, sind, wie gesehen, Verschiebungen der Aktanten des Evangeliengeschehens (von Christusrolle in Lazarusrolle) häufig, sodass die Erwähnung des christologischen Terminus λόγος durchaus einen über das Parodistische hinausgehenden christologischen Signaleffekt haben kann – auch jenseits des engeren Kontextes der betreffenden Stelle.

Erniedrigung und Erhöhung, sondern ein Nebeneinander, ein zeitneutralisiertes Paradox. Der These von Smirnova, dass der Christus-Text gegen Ende von *МП* ernster behandelt würde als am Anfang, muss man nicht folgen, wenn man nicht von einer anfänglichen despektierlichen Parodie des Evangelien-Geschehens ausgeht, sondern von Anfang bis Schluss eine kenotische, also stets unangemessene Repräsentation ansetzt. Was am Ende mit dem Evangelien-Intertext geschieht – die stärkere Stringenz und stellenweise adäquat reproduzierte Abfolge der Ereignisse – geht lediglich auf den narrativen Sog der Passion Veničkas zurück.

Die jeweilige Ausformung des Christus-Intertextes unterliegt durchaus der Filterung durch den entsprechenden physiologischen Zustand des Helden; die allzeitige Präsenz und Dominanz dieses Intertextes wird davon jedoch nicht tangiert. Die christologisch-dogmatische Alternative von Wandel und Kontinuität, von Trope und Paradox (s. 1. u. 2.) muss für Erofeevs literarischen Text reformuliert werden: Die menschliche Natur des Alkoholikers unterliegt dem Wandel; die (mehr oder weniger reale) Handlung von *МП* verläuft nach dem Muster fortschreitender Erniedrigung, während die christus-motivische Ebene daneben kontinuierlich bestehen bleibt.[199] Paradox und Trope erfahren hier ein Re-entry (Luhmann 1992: 83f) – den Widerspruch von Kontinuität und Wandel, das Paradox von Paradox und Trope.

9.7.3 Die Paradoxe des Raums
Der äußere Anschein einer Bahnreise wird durch die Gliederung nach Streckenabschnitten und mehrfache Bezüge auf Radiščevs *Путешествие из Петербурга в Москву [Reise von Petersburg nach Moskau]* (1790) lange aufrechterhalten. Entscheidend sind bei Erofeev aber im Gegensatz zu Radiščevs Reise nicht die Haltepunkte, sondern die Abschnitte zwischen den Stationen. Das mag einen zweiten trügerischen Anschein erzeugen, den des Genres der geistlichen Reise (des *странствие*; Gasparov/Paperno 1981:387), aber auch dieser wird letztlich wie der Chronotop Zug unterlaufen. Was für *МП* wie für Radiščevs Reise sicherlich gilt, ist aber die Liminalität des Reisens (Simmons 1993:60).

Schon früh im Text wird angedeutet, dass die Reise nicht zur Ankunft am Ziel Petuški führen wird.[200] Spätestens ab *Орехово-Зуево – Крутое*[201] haben die Stationsangaben keine Entsprechung mehr in der vom Leser zunächst angenommenen

---

[199] Bezeichnend ist Erofeevs Verehrung für Gercens Adelshabitus (Erofeev/Prudovskij 2000:429) und für den Baron (!) Del'vig (ebd.:431) – wobei die Faszination in der untangierten Souveränität besteht, die mit dem Habitus des Adligen erstrebt wird.
[200] *МП Никольское – Салтыковская [Nikol'skoe – Saltykovskaja]* 39/41 *85-й километр – Орехово-Зуево [Kilometer 85 – Orechovo-Zuevo]* 85/108; vgl. zur Desillusionierung des Schemas „роман-путешествие" [Reiseroman] auch Bogdanova 2002:5–13.
[201] *Orechovo-Zuevo – Krutoe* (МП 89/114).

Fortbewegung des Zuges (vgl. Ju. Levin 1996:28) und bezeichnen nur noch Veničkas Selbsttäuschung. Diese wird offenbar, als auf Veničkas Frage, wie weit es noch bis Petuški sei, Anwohner (er streift nun durch Vorgärten – welches ist der Traum: die Fahrt mit dem Zug oder der Fußmarsch?) nur mit höhnischem Lachen antworten.[202] In der zweiten großen Traumsequenz wird die Angst vor dem Nicht-Ankommen durch eine fünf Rechenaufgaben stellende Sphinx personifiziert.[203] Da in diesem Traum offenbar Tagesreste verarbeitet werden und im vierten Rätsel der Kursker Bahnhof, im fünften Rätsel Minin und Požarskij vorkommen, deren Denkmal auf dem Roten Platz (vor der dem Gottesnarren Vasilij geweihten Kathedrale) steht, wird fraglich, ob Venička je im Zug gesessen hat oder in seinem idiosynkratischen Ideenraum – mit Einsprengseln Moskauer Eindrücke – gefangen ist. Das Verfehlen des realen Raumes gipfelt in der Ortsangabe *Петушки. Перрон,*[204] als wieder der Kursker Bahnhof in Moskau erreicht ist, von wo der Weg weiter führt zu *Петушки. Садовое кольцо [Petuški. Gartenring]* – jener Moskauer Ringstraße, an welcher der Kursker Bahnhof liegt (*МП* 116/154). Hier dämmert Venička die Einsicht, Petuški verschlafen zu haben (*МП* 118/157).

Die Endstation der Bahnstrecke nach Petuški wird als wiedergefundenes Paradies gekennzeichnet, wo die Erbsünde aufgehoben wäre[205] und Himmel und Erde zusammenstoßen würden (*МП* 38/40). Dort anzukommen wäre eine irdische Erhöhung, wogegen der Erzähler immer wieder antiutopische Formulierungen in Anschlag bringt[206] – gegen immanente Erlösungsmodelle wie den Mythos vom Goldenen Zeitalter und insbesondere den Sowjetkommunismus. Ein solches irdisch-utopisches Petuški bleibt außer Reichweite.

Alle irdische Bewegung erweist sich so als Schein. Die Reisefigur von *МП* wäre mit Holt Meyer (1995:480) als Verirrung, ja das Fortkommen im irdischen Raum überhaupt als Irrtum lesbar. Der Titel *Москва-Петушки [Moskau-Petuški]* kann unter diesem Blickwinkel auch anders denn als Angabe der Bahnstrecke gelesen werden: Es hängt von dem typografischen Detail ab, ob vor und nach dem Bindestrich im Titel Leerzeichen stehen: Wenn ja (was in Buchausgaben nicht üblich ist), bezeichnet *Москва – Петушки* die Bahn- oder Wegstrecke zwischen

---

[202] *МП Воиново – Усад [Voinovo-Usad]* 97/125f.
[203] *МП 105-й километр – Покров [Kilometer 105 – Mariä Schutz und Fürbitte]* 101–105/132–138.
[204] *Petuški. Bahnsteig* (*МП* 113/149).
[205] *МП Реутово – Никольское [Reutovo – Nikol'skoe]* 37/39.
[206] „Мое завтра светло. Да. Наше завтра светлее, чем наше вчера и наше сегодня. Но кто поручится, что наше послезавтра не будет хуже нашего позавчера?" [Mein Morgen wird hell sein. Ja. Unser Morgen wird heller sein als unser Gestern und unser Heute. Aber wer garantiert, dass unser Übermorgen nicht schlechter sein wird als unser Vorgestern?] (*МП Никольское – Салтыковская [Nikol'skoe – Saltykovskaja]* 39/41).

der Hauptstadt und dem Endpunkt der gleichnamigen Bahnlinie; wenn nein, so steht *Москва-Петушки* für eine topografische Undenkbarkeit und damit für die paradoxe, simultane Koexistenz zweier Perspektiven, der irdisch-schlechten (Moskau) und die einer bescheidenen, durch die misslingende Reise dekonstruierten Utopie (Petuški). Die Kleinstadt repräsentiert – kenotisch-unähnlich – die verheißene Erlösung.

Doch auch mit dieser Desillusionierung von Bewegung im irdischen Raum ist es noch nicht getan. Denn die Desillusionierung von Fortbewegung und Fortschritt in der Sowjetunion, im menschlichen Dasein überhaupt, gibt ja erst den Blick frei auf die darüber schwebende Bedeutungsebene der Intertexte – den Gedächtnisraum der europäischen Kulturgeschichte und das durch das Evangelium vertretene christliche Heilsversprechen. Die Art und Weise ihrer intertextuellen Evozierung aber lässt kaum darauf schließen, dass es hinter der illusorischen Bewegung eine andere, höhere Bewegung gibt. Beide Intertexte – Evangelium wie Kulturgeschichte – zeichnen sich in *МП* eher durch Kontinuität aus. Die vermeintliche Reise von Moskau nach Petuški ist so eher eine Unveränderlichkeitschiffre; das literarische Sujet wird derealisiert und das irdische Geschehen dahingehend entwertet, dass es seine Bedeutung erst im Blick auf das dahinter aufscheinende Nicht-Geschehen gewinnt.

9.7.4 Kontinuität auf Intertextebene
Die Intertexte werden also über den gesamten Text verstreut, anstatt in eine logische Entwicklung eingebaut zu werden, sodass auch der Passionssog am Ende von *МП* den Leseeindruck von der dauerhaften Präsenz der intertextuellen Bedeutungsebenen nicht überzeichnet. Insofern sind auch gerade die Zyklizität und a-chronologische Streuung, mit welcher der Evangelientext über das Syntagma von *МП* verteilt ist (s. 9.3.3), nur für einen polemisch-einfachen Allegorie-Begriff ein Problem. Denn die ‚richtige' Reihenfolge der Aufrufung ist für einen so prinzipiell unerreichbaren Genotext wie das Evangelium Christi, das als Teil eines ewigen Heilsplans gedacht wird (s. 2.3.3), eine obsolete Folgerung. Die literarische Form des dauerhaft präsenten christologischen Intertextes übernimmt die Funktion der absenten Präsenz des göttlichen Logos, ist wie dieser kontinuierlich vorhanden und bleibt von den Tropen im Leben des Menschen Jesus/Venička untangiert.

9.7.5 Relatives Offenhalten der Interpretation
Die in *МП* begegnende Form von Intertextualität ist zwar in ihren Mechanismen – insofern der Prätext gezielt entstellt, kontaminiert, gestreut usw. wird – tropischer Natur. Gerade aber durch die Evokation durchs Unähnliche wird das Ähnliche paradox erkennbar. Die Erkenntnisfunktion von Kenosis wird hier auf der Ebene

der intertextuellen Sinnkonstitution wiedergegeben: als *transtextuelle Repräsentation durch Unähnlichkeit*. Daraus lässt sich eine methodologische These ableiten: Der Text hält durch die Paradoxe und die Repräsentation des Ähnlichen durchs Unähnliche die Rezeption relativ offen.[207] Eine Interpretation sollte möglichst viele Aspekte des betrachteten Textes ähnlich spiegeln, d.h. diese Offenheit bewahren. Wenn dabei die religiöse Provokation des Textes nicht durch eine Apotheose der Intertextualität selbst ausgetrieben werden soll,[208] die ‚Transtextualität' auch in ihren semantischen Effekten respektiert werden soll, dann ist die Chiffre der Kenose derjenige Interpretationsschlüssel, der diese Offenheit am besten erhält.

9.7.6 Erofeevs kenotisch-unähnliche Christologie

In *MΠ* koexistieren zwei Welten. In der einen, niederen, begegnet ein *vere homo* im Sinne eines echten Trinkers, der auch betrunken wird: Er besitzt volle Menschlichkeit und eine glaubhafte ‚Sklavengestalt'. Das Trinken, Halluzinieren und Träumen des Alkoholikers kann, bindet man es auf Markus' Register von menschlichen Merkmalen Christi zurück,[209] als Ergänzung zu den bei den Evangelisten aufgeführten Facetten des Menschlichen gelten (2.7.1.2). Der Fokus des Erzählens, insbesondere der Sog der Träume, führt in *MΠ* vordergründig weg von der kontinuierlichen geistlich-intertextuellen Dimension. Trotzdem verschwindet diese höchstens punktuell aus dem Blick, aber nicht aus ihrer absenten Präsenz. Die Vektoren der Erniedrigung und der Erhöhung verlaufen im sozialen Abstieg und geistlichen Aufstieg nicht nacheinander, sondern gleichzeitig (vgl. Bačinin 2001: 189). Weder besteht die Erniedrigung für sich allein, noch herrscht eine bestimmte Zeit allein der *status exinanitionis* vor. Der unendlich tropische alkoholische Diskurs Veničkas ist nur eine Seite der Medaille; die andere bildet die höhere Kontinuität des christologischen Intertextes. Beide Seiten bestehen nebeneinander, als Wandel und Unwandelbarkeit, als Kontamination von Tropizität und Paradoxie, also als eine weitere Form von Paradox (die allerdings in den chalcedonischen Paradoxen nicht vorkommt). Der ‚Christologe' Venedikt Erofeev entwirft also eine bis zur Despektierlichkeit menschliche, aber nicht häretische, sondern kenotisch-unähnliche Form der Repräsentation der christologischen Paradoxe.

---

[207] Davon zeugen die Uneinigkeit der Forschung über die Gretchenfrage wie der Topos von der „Rätselhaftigkeit" des Textes (Stewart 1999:15).

[208] „Die ‚Zitate' in Erofeevs Text dienen nicht der Sache, sie sind die Sache" (Stewart 1999:51).

[209] Mk 4,38: Schlaf, 11,12: Hunger, 14,33f oder 15,34: Verzweiflung; vgl. 2.7.1.2.

9.7.7 Bezug zur russischen Tradition

9.7.7.1 Literarische Modelle des kenotischen Habitus

Die Christologie wird bei Erofeev fast ausschließlich auf dem Umweg über russische ‚Übersetzungen' evoziert. Und zwar Über-setzung im doppelten Sinne: in der Form von russischen Aneignungen der griechisch-byzantinischen christologischen Dogmatik wie auch in literarischen Transpositionen. Pate stehen neben vielen anderen verstreuten Einzelbezügen insbesondere die altrussische Gattung der geistlichen Reise (s. 9.7.3) und der Demutsprediger Dostoevskij. In der Forschung wurde der „инок Венедикт"[210] bereits mit der Epifanij-Vita zusammengesehen und eine Verbindungslinie zu den *калики перехожие*[211] aus der (v.a. apokryphen) Gattungstradition des *Хождение по мукам [Leidensweg]* gezogen (Colucci 1983:277f; s. 4.3.4.3). In beiden Fällen zielt dies auf die Tradition der Altgläubigen und ihres zentralen literaturgeschichtlichen Dokuments, des *Житие протопопа Аввакума [Vita des Protopopen Avvakum]* (s. 5.4.3.2). Das von Venička verwandte Fortbewegungsverb „повлекся"[212] ist dem Wortschatz von Avvakum entnommen. Wie der verbannte Protopope sich in drastisch-ungewöhnlicher Weise als Christusnachfolger positionierte, tut es ihm der obdachlose Alkoholiker Venička mit nicht weniger unkonventionellen Mitteln nach.

Von wenig christlich sozialisierten Lesern werden die russischen Schlüsselwörter des kenotischen Habitus *смирение [Demut]* und *кротость [Bescheidenheit]* tendenziell mit Dostoevskij in Verbindung gebracht, mit seiner Puškin-Rede (s. 9.6.3) und seinen literarischen Wiedergaben dieses Habitus, in Myškin (s. 6.9.2), Aleša oder der *Кроткая [Die Sanfte]* (s. 5.2.6.3). Wenn Venička sein krankes Kind als „самый кроткий"[213] apostrophiert, kombiniert das den Verweis auf diese Erzählung mit dem auf das kranke Kind des Hauptmanns in den *Братья Карамазовы [Brüder Karamazov]*.

9.7.7.2 Russische christologische Dogmatik

Nicht viel expliziter sind die dogmatischen Parallelen: Venička polemisiert mit Solov'ev gegen Nietzsches „Übermenschen" (s. 4.4.4.2), um im Gegenzug trauri-

---

[210] „Bruder Venedikt" (Kavadeev 1991:87).
[211] „Wanderbettler" (Colucci 1983:272); vgl. 5.4.2.2.
[212] „Ich wurde gezogen" (*МП Москва. Площадь Курского вокзала* 19/13). Ryan-Hayes vertritt zudem die These, Venička eigne sich Avvakums *великоречие [Großsprechen]* an (1995:94).
[213] „Sanftmütigstes" (*МП Реутово – Никольское* 38/40).

ge Demut und/als ein bewusstes Trinken zu hypostasieren.[214] Wie Solov'ev entwirft Venička so ein mit Kenose verbundenes Reich Gottes auf Erden.

Auf die trinitarisch-kosmogonische Richtung der russischen kenotischen Christologie (s. 4.4.4.5) rekurriert Erofeev in seinen Notizbüchern mit einem Zitat aus Lev Karsavins spekulativer kosmogonischer Kenosis: „«Мир – результат самоограничения Бога» [...]".[215] Die dogmatische Christologie ist damit bei Erofeev wiederum auf zwei Ebenen präsent: in irdischen Niederungen wie hochfliegender Spekulation über den Uranfang der Welt.

9.7.8 Auferstehung oder Tod?

Während die Darstellung des *status exinanitionis*, Sklavengestalt und Alkoholikerwelt, mit negativen Mitteln operieren und, ohne selbst falsifizierbar zu werden, unähnlich auf den Evangelien-Intertext und das christlichen Versprechen der Exaltation (s. Phil 2,9) verweisen kann, ist die Darstellung der Erhöhung selbst, eine Poetik der Auferstehung, wenn sie denn irgendwie ‚positiv' repräsentierend verfährt, stets eine besondere Herausforderung an Darstellungsmittel wie Geschmack.

Leistet Erofeevs *МП* nach dem Durchgang durch die Leidensgeschichte auch eine Darstellung der Auferstehung? Die Forschung meint überwiegend, das Ende des Poems sei eher die Ent-täuschung jeglicher Auferstehungsprojektionen. Der Held bleibe nach all dem vergeblichen Leiden (Drubek-Meyer 1991:95) in einem Teufelskreis gefangen (Ryan-Hayes 1995:83). Das schöpferische Projekt der Autotransformation des Materiellen ins Ideelle scheitere (Živolupova 1992:84); eine Hoffnung auf das Wunder der Auferstehung gebe es nicht.[216] Mit dem Tod gingen alle geistigen Werte unter (Al'tšuller 1982:85), sodass der Schluss des Poems nicht nur den Tod des Helden, sondern eine Apokalypse ohne Auferstehung (Tumanov 1996:101.109), ein teuflisches Kreisen um sich selbst (Zappi 1999:331) bzw. das zirkuläre Ende einer Totenreise in der Hölle darstelle.[217]

Das Heilsversprechen des Christus-Textes werde, so die fast konsensuelle Lesart der bisherigen Forschung, im letzten Moment nicht eingelöst: Der Held gelange nur bis zum vorletzten Buchstaben des Alphabets, zum *ю*, nicht zum *я* [Ich],

---

[214] *МП Москва. Площадь Курского вокзала [Moskau. Platz des Kursker Bahnhofs]* 19f/ 14.
[215] „‚Die Welt ist das Ergebnis der Selbstbeschränkung Gottes' [...]" (Erofeev 2000:365).
[216] So vertreten von Geisser-Schnittmann (1989:240.244.266), Zorin (in Frolova 1991: 121), Lipoveckij (1997:161) und Bondarenko (1999:185).
[217] Kuricyn 1992:302f. Auch seine idiosynkratische Lesart von *МП* als der Reise eines Toten läuft auf ein negatives Ende hinaus, das freilich nicht mehr der Tod sein kann, sondern – am Ende der 40 Tage Zwischenstadium der Seele nach dem Tode – die ewige Verdammnis der Seele in der Hölle (ebd.:303). Vergleichbar Ottovordemgentschenfelde 2004:227.

nur zur vorletzten Stufe der Treppe, aber nicht bis ans Ziel;[218] der Kreml' bleibe das mächtige Reich des Todes (das Teufelsreich, das Christus nicht segnen könne, so Al'tšuller 1982:84); den Helden ereile endgültiges Verstummen.[219]

Doch ist angesichts der allseits bekannten Topik des Erlösungsversprechens der Evangelien ein Argument wie das vom unüberwindbaren Reich des Todes überhaupt schlagend? Ist eine Konstellation von christlicher Erlösung denkbar, die auch am Jüngsten Tage noch bestimmte Felder ausgrenzt (etwa einen dem Teufel allein untertanen Bereich)? Ist der Evangelien-Intertext durch den Gang der Handlung des fiktionalen Textes überhaupt affizierbar? Das liefe den theistischen Implikationen des Christus-Intertextes zuwider. Von diesem her gesehen, so Levin, stellt es sich anders dar: „[...] если алкаш свое состояние выражает с помощью цитат из Евангелия или Тютчева, то не все еще потеряно, не все так отчаянно безнадежно."[220] Hier besteht also das Problem, zugunsten welcher Seite die Spannung aufgelöst wird. Die Interpretation muss entweder, wie bisher meist geschehen, eine hierarchisierende Entscheidung treffen (meist: das Verstummen auf der Handlungsebene über die Intertextebene stellen), oder sie muss, die Spannung beschreibend, diese offen halten.

Das vermeintliche Verstummen am Ende des Poems lässt ein nochmaliges Einhaken zu: Nach dem Verlust des Bewusstseins, trotz Stich in den Kehlkopf, verliert der Erzähler seine Stimme noch nicht, sondern es ertönt aus dem Off: „[...] и с тех пор я не приходил в сознание, и никогда не приду".[221] Diese explosive[222] Variante des Kreter-Paradoxes sollte nicht unerklärt bleiben: Wenn jemand sagt, er sei seither (also seit einem früheren Zeitpunkt) nicht bei Bewusstsein, wie kann er dies sagen?[223] Entweder er ist nicht bei Bewusstsein, dann spricht

---

[218] *МП Москва – Петушки. Неизвестный подъезд [Moskau – Petuški. Im fremden Treppenhaus]* 122/162. Zu dieser Interpretation Küpper 2002:231.

[219] Es wird von Stewart als politisch motiviertes Verstummen der russischen Literatur gelesen – das „шило" [Pfriem], das ihm in den Hals gebohrt wird, sei ein Schusterwerkzeug – und Stalins Vater war Schuster (Stewart 1999:31).

[220] „[...] wenn ein Alki seinen Zustand mithilfe von Zitaten aus dem Evangelium oder aus Tjutčev ausdrückt, dann ist noch nicht alles verloren, dann ist nicht alles so zum Verzweifeln hoffnungslos." (Ju. Levin 1992:498).

[221] „Seither habe ich das Bewusstsein nicht mehr erlangt und werde es auch nie mehr erlangen." (*МП Москва – Петушки. Неизвестный подъезд [Moskau – Petuški. Im fremden Treppenhaus]* 122/162).

[222] Lipoveckij spricht von einer „взрывная апория" [explosive Aporie] (2008:320.324), die sich auch durch strikte Unterscheidung von Held, Erzähler und Autor nicht auflösen lässt.

[223] Ljubimova weist darauf hin, dass nach dem „Ende des Bewusstseins" ja noch der Paratext mit der Ortsangabe „На кабельных работах/ в Шереметьево – Лобня./ Осень 69 года" [Bei der Telefonkabelverlegung/ Šeremet'evo – Lobnja./ Herbst 1969] folge

er nicht, oder er spricht und hat (irgendeine Form von) Bewusstsein. Hier wird sichtlich gesprochen – also von einer höheren Warte als der des bloßen (menschlichen) Bewusstseins (wie Prochorov [2001:131] meint)? Oder gibt es nach dem Verlust des Bewusstseins trotzdem noch Bewusstsein? Dies Paradox ist aus der christlichen Botschaft nur allzu bekannt: Leben nach dem Ende des Lebens (s. Sepsjakova 1998:542). Erofeevs Spielart des Kreter-Paradoxes inszeniert also eine minimale Repräsentation von Auferstehung, von Kontinuität *post mortem*.[224]

Am Ende steht damit die paradoxe, sich selbst annihilierende Form sakraler Repräsentation – ohne dogmatische Aussage oder persönliches Credo. Stets bleibt dem Leser von Erofeevs Widersprüchen wie dem Rezipienten der chalcedonischen Paradoxe die Wahl zwischen dem Satz vom ausgeschlossenen Widerspruch und dem *credo quia absurdum* (2.9.2.2). Die in diesem Fall mit der Kenosis funktional alliierte apophatische Repräsentation aber bleibt unverbrüchlich sakral; sie als Festlegung auf das Gegenteil – „eine Auferstehung gibt es nicht" – einzuengen, verkennt die von Venedikt Erofeev hier eingesetzten religiösen Wurzeln der paradoxen Repräsentationspraxis.

9.7.9 Unentscheidbarkeit und Humor

> Der Humor ist nicht resigniert, er ist trotzig, er bedeutet nicht nur den Triumph des Ichs, sondern auch den des Lustprinzips, das sich hier gegen die Ungunst der realen Verhältnisse zu behaupten vermag. (Freud 1948:385).

Eine solche Repräsentation leistet eine Transzendierung, die – das eben ist ihre negativ-sakrale Spezifik – nicht darauf festlegbar ist, ob sie denn rein sich selbst beschreibt oder doch mystisch affiziert ist,[225] ob sie referenziell oder figural zu lesen ist (de Man 1988:83f). In der Selbstüberschreitung berühren sich sakrale Repräsentation und Humor im Freudschen Sinne als „siegreich behaupteter Unverletzlichkeit des Ichs",[226] die „Würde" verleiht (ebd.), aber einen positiven Beleg

---

(2001:138; *МП Москва – Петушки. Неизвестный подъезд [Moskau – Petuški. Im fremden Treppenhaus]* 122/162).

[224] In Gor'kijs *Мать [Die Mutter]* bezeichnete das Verstummen (und möglicherweise Sterben) Nilovnas infolge Würgens am Ende des Romans ebenfalls nur ein Ende des fiktionalen Textes, nicht aber der politischen Botschaft (s. 7.7.2.3).

[225] Genette 1982:11 Anm. 1. Nycz schlägt – wie Genette vor dem Transzendenzbegriff zurückschreckend – alternativ die Rede von „ekscentryczność tekstu" [Exzentrizität des Textes] vor (1984:93.101).

[226] Freud 1948:385. Die christliche Botschaft verheißt ja dem irdischen Ich eine zweite, unverletzliche Dimension, die auf dieses irdische Ich wie auf „ein Kind" herunterblicken kann (ebd.:386).

schuldig bleibt. Der Humor (nicht die Parodie) ist die Noese von Erofeevs kenotisch-christologischer Intertextualität.[227]

Vielleicht ist ja gar die Zuschreibung des im Anlaut russischer Wörter seltenen *ю* an Veničkas kleinen Sohn zu lesen als Chiffre für den *юмор* [Humor], personifiziert im Verhaltensmodell des *юродивый* [Christusnarr]?[228] Aus orthodoxer Sicht wäre eine handgreiflichere Repräsentation von Auferstehung ethisch Hybris, dogmatisch Häresie, ästhetisch Kitsch. Alle drei Fallstricke umgeht der Text; er bleibt indirekt, repräsentiert das Auferstehungstheorem nur kenotisch-unähnlich.

9.8 Kenotischer Held – kenotischer Autor – kenotische Rezeption

> И, говорят, ему снился сон.
> Сидит Ерофеев за столом, уставленным батареей бутылок и всякой закусью (во сне чего не бывает). А напротив него Смерть. Тянется к нему, зажав стакан в костлявой ладони.
> «Смерть, а Смерть!»
> «Что, Веничка?»
> «А ты все можешь?»
> «Все, Веничка.»
> «Ну так сделай меня бессмертным.»
> «А вот этого не могу. Ты, Веня, тогда Богом станешь. Ну взгляни на свою рожу в зеркало. Сам посуди – какой из тебя Бог?»[229]

9.8.1 Das Autor-Ich als mythopoietische Strategie

Held und Erzähler tragen den Namen des Autors im Diminutiv. Doch schon Erofeev selbst streut ein *granum salis* ein: Auf Prudovskijs Frage „А насколько биографичны бессмертные твои записки" antwortet Erofeev 1990 sibyllinisch

---

[227] Vgl. Murav'evs Erinnerung: „[...] я ему представлял католичество как соединение рассудка и чувства юмора." [(...) ich präsentierte ihm den Katholizismus als Verbindung von Vernunft und Humor.] (Murav'ev, in Frolova 1991:90).

[228] Eine andere, christliche Fährte führt zum Ikos 7 des Marien-Akathistos, aus dem das kirchenslavische Personalpronomen Fem. Sg. „Ю" grafisch hervorsticht (Akafisty 1998:12).

[229] „Und er hatte, so heißt es, einen Traum./ Sitzt Erofeev an einem Tisch voll mit Flaschen und allen möglichen Speisen (was gibt es nicht alles im Traum). Und ihm gegenüber der Tod. Der Tod streckt die Hand nach ihm aus, ein Glas in der knöchernen Hand./ ‚Heh, Tod!'/ ‚Was ist, Venička?'/ ‚Vermagst Du wirklich alles?'/ ‚Alles, Venička'/ ‚Na dann mach mich unsterblich.'/ ‚Gerade das kann ich nicht. Dann würdest du zum Gott, Venička. Schau doch nur im Spiegel deine Fresse. Sag' schon selbst – was gäbst du für einen Gott ab?'" (Fromer 1999:161f).

„Почти...".[230] Der ebenfalls autobiografisch scheinende „сумасшедший" [Verrückter] des Jugendwerks *Записки психопата [Aufzeichnungen eines Psychopathen]* wird vom Autor als „маска" gekennzeichnet.[231] Richtig ist aber auch, dass mit der Namensgleichheit eine mythenschaffende Strategie einsetzt: „[...] автор воссоздает в нем самого себя, Веничку, так что Веничка жизни и Веничка поэмы становятся одним лицом, а это уже начало мифа."[232] Vielen Texten, in denen ein Ich-Erzähler – sei es nach dem Märtyrer-Modell wie bei Avvakum [Kuße{ XE "Kuße, Holger" } 2007, dazu 5.4.3.2], sei es in unähnlicher Übersetzung wie bei Erofeev – Christoformität für sich reklamiert, ist eine gewisse autobiografische Note und automythisierende Tendenz zu eigen (s. 4.3.9.2). Erofeevs schmales Œuvre erledigt den Rest: Fragmentarizität, d.h. ein großes Potenzial für Konkretisierung war dafür schon immer ein probates Mittel (Ėpštejn 1997:5). Das kenotische Verhaltensmuster eröffnet neben dem Fragmentarischen eine zweite Leerstelle, die von der Rezeption gefüllt wird. Dieser Mechanismus positiver Füllung wird vom Helden Venička ausgesprochen – „«Ты лучше посиди и помолчи, за умного сойдешь...»"[233] –, vom Text umgesetzt und von Bekannten des Autors und faszinierten Forschern gefüllt.

Es ist also geboten, der Betrachtung der Christoformität des Helden noch die sakrale Füllung der kenotisch-fragmentarischen Autorperson, wie sie Erofeevs *self-fashioning* entspringt und wie sie von seinen Freunden und Verehrern insinuiert wird,[234] zur Seite zu stellen bzw. zu kontrastieren.

9.8.2 Christologie des Autor-Habitus
Sein Alkoholismus wurde von Erofeev zu Lebzeiten nie als Verhängnis beschrieben, sondern wie sein Dasein als von der Gesellschaft Ausgestoßener als Programm eingesetzt. Dazu Murav'ev: „[...] Веничка с веселой благодарностью

---

[230] „‚Inwieweit sind deine unsterblichen Aufzeichnungen denn nun autobiografisch?'" – „‚Beinahe...'" (Erofeev/Prudovskij 2000:438).
[231] „Wahnsinniger", „Maske" (Erofeev/Prudovskij 2000:427).
[232] „[...] der Autor schafft darin sich selbst, Venička, wieder, sodass der reale Venička und der Venička des Poems ein und dieselbe Person werden; damit aber beginnt bereits der Mythos." (Ėpštejn 1997:4).
[233] „‚Setz dich lieber hin und halt den Mund, das ist gescheiter...'" (*МП 113-й километр – Омутище [Kilometer 113 – Höllenbreughel]* 108/141).
[234] Es sei nochmals an Galina Erofeevas Satz erinnert: „[...] религия в нем всегда была. Наверное, нельзя так говорить, но я думаю, что он подражал Христу." [(...) etwas Religiöses war immer in ihm. Wahrscheinlich darf man das nicht so sagen, aber ich meine, dass er Christus nachahmte.] (Erofeeva, in Frolova 1991:89).

принимает свою роль изгоя и отщепенца как жизненное назначение."[235] Und Ėpštejn:

> Он себя разрушал, скорее всего, сознательно. Он разрушал себя как автора – и это отзывалось в погибающем персонаже. Он разрушал себя как персонажа – и это отзывалось в погибающем авторе.[236]

Zur Inszenierung des Habitus der Erniedrigung[237] gehören Erofeevs *тапочки* [Pantoffeln] wie Oblomovs *халат*.[238] Erniedrigung durch Alkohol, durch gewählte gesellschaftliche Degradierung wird bei Erofeev als bewusste Wahl eines Habitusmodells ausgegeben. Zu diesem Habitusmodell kommen andere Inszenierungen von Selbsterniedrigung wie die mediale: Der Verlust des Šostakovič-Textes (1972) zusammen mit zwei Wodka-Flaschen in einem Einkaufsnetz erscheint im Nachhinein als passende alkoholisch-textuelle Katastrophe (Erofeev/Prudovskij 2000:440). Die langjährige Verbreitung des Poems *МП* einzig im Sam- und Tamizdat dagegen lässt sich bei Erofeev nur sehr bedingt als *Strategie* medialer Selbsterniedrigung (wie die Samizdat-Ästhetik der Rauheit etwa bei Prigov u.a.) ansprechen. Wohl aber betrifft das die geringe schriftstellerische Produktivität: Dass Venedikt Erofeev nur einen einzigen entscheidenden Text geschrieben hat, verleiht diesem – 20 Jahre vor dem Tode des Autors – die Funktion eines „Schwanengesanges" (Ėpštejn 1997:7).

Der Gegenzug zu dieser Strategie der Mengenreduktion, des Fragmentarischen ist die Selbsterhöhung zum großen Autor.[239] Wie viel Selbstironie in solchen Aus-

---

[235] „[…] Venička nimmt freudig und dankbar die Rolle des Paria und Abtrünnigen als Lebensbestimmung an." (Murav'ev 2000:8).

[236] „Er zerstörte sich wahrscheinlich bewusst nach und nach selbst. Er zerstörte sich als Autor – und das klang in seiner untergehenden literarischen Figur nach. Er zerstörte sich als literarische Figur – und das klang im untergehenden Autor wieder." (Ėpštejn 1997:5).

[237] Der Interpretationen dieses Habitus sind viele. Ėpštejn will der Habitus der Vernichtung eines Positiven als verbindlich für den „Typ" Künstler in der sowjetischen Realität erscheinen: „[...] две крайности, столь характерные для «модели» художника в советскую эпоху: дар – гонимый, дух – задушенный, судьба – искалеченная." [(…) zwei Extreme, die für das ‚Modell' des Künstlers in der Sowjetzeit so charakteristisch waren: das verfolgte Talent, der erstickte Geist, das gebrochene Schicksal.] (Ėpštejn 1997:6). Erofeev selbst verwendet eine *captatio benevolentiae*, wenn er Erniedrigung als scheinbar banale Überlebensstrategie ausgibt: „«[…] поменьше таланта, и тогда ты прекрасно выживешь»" [„(…) weniger Talent, und dann überlebt man bestens"] (Erofeev/Prudovskij 2000:429).

[238] Hausmantel (Ėpštejn 1997:21); vgl. Nilovnas Samowar (7.8.1.2).

[239] Dies unternimmt Erofeev schon siebzehnjährig in *Записки психопата [Aufzeichnungen eines Psychopathen]* (Erofeev 2000:13–134; dt. Erofeev 2004), um es im Interview mit Prudovskij zu wiederholen (Erofeev/Prudovskij 2000:437).

sagen stecken mag (im Frühwerk ist es noch wenig, auch später ist das noch heikel[240]), muss dahingestellt bleiben. Die Erhöhung findet jedenfalls in der Auktorialität[241] und im Mythos statt, nicht aber im Kommerz.[242] Die Hochkonjunktur seines Poems *MП* in postsowjetischer Zeit hat Erofeev nicht mehr erlebt.

Die Fragmentarisierung bildet zusammen mit dem Habitusmodell des Alkoholikers ein Mittel zur Konstitution von Autorschaft (also Selbsterhöhung) qua Selbsterniedrigung. Selbsterniedrigung – mit dem Index der Nachahmung Christi – stellt, gerade im Doppel von sich selbst Christoformität zuschreibender Anmaßung und der damit zusammenhängenden *imitatio exinanitionis*, der sozialen Demutsgeste, eine Strategie von paradoxer Legitimierung der angemaßten Autorschaft dar. Die Selbsterhöhung des neuzeitlichen Autors, der sich an die Stelle göttlicher *auctoritas* setzt (Starobinski 1995), bedarf eines Remediums: Ein solches Remedium liegt vor, wenn ein Schreibender sich dadurch als Autor konstituiert, dass er seine Usurpation göttlicher Urheberschaft nur im Gewande der Usurpation der Selbsterniedrigung der zweiten göttlichen Hypostase betreibt, die ja durch die Paränese der Nachfolge und Nachahmung als rechtgläubig gedeckt ist (Phil 2,5 u. Mt 28,16–20; vgl. 4.0).

Mutatis mutandis gilt das Gleiche bei der Usurpation von Autorschaft, die in der Sowjetunion allein der Partei und den von ihr Autorisierten zukommt, durch einen Außenseiter: Die Betonung des Außenseitertums heilt die (politische) Usurpation.

9.8.3 ‚Katholisierende' Rezeption

Biografische Skizzen vergessen selten zu erwähnen, dass Erofeev während seines Aufenthaltes in Vladimir eine Bibel im Nachttisch aufbewahrt und von sich selbst bekannt habe, das NT – was er nie bereut habe – nahezu auswendig zu kennen (s. etwa Stewart 1999:18f). Sein späterer Übertritt zum Katholizismus im Jahr 1987[243]

---

[240] Etwa, wenn die Engel zu Venička sagen: „«Как это сложно, Веничка! как это тонко!»" [‚Wie diffizil das alles ist, Venička, wie feinsinnig!'] (*МП Москва. К поезду через магазин [Moskau. Zum Zug mit Umweg über das Geschäft]* 24/20). Spannend wäre es zu verfolgen, inwieweit die Überreste an Pubertärem auch für die Rezeption des Hauptwerks begünstigend wirkten. Und was hat das Pubertäre als Paradoxes mit der Christoformität zu tun?

[241] Bei Erofeev geschieht die ‚Auferstehung' des Autors gerade durch seine niedere Autor-Maske, die Autor-Personage Venička (Skoropanova 1999:182).

[242] Übersetzungsrechte wurden Erofeev nie abgegolten, wie Erofeev im Interview weniger beklagt als feststellt (Erofeev/Prudovskij 2000:437). Bei Sorokin stellt sich die Erhöhung im Kommerz ganz anders dar (10.7.3).

[243] Dazu Erofeeva, in Frolova 1991:89.

geben der Vermutung Raum, ob nicht entweder im Habitusmodell des Autors oder dann in seiner Rezeption katholisierende Züge zum Tragen kommen.[244]

Zunächst orientiert sich die Charakterologie des Autors in der Sekundärliteratur an der normativen Ethik von *MΠ*: In den Memoiren von Bekannten erhält der verstorbene Autor 1991 die Eigenschaften des fiktiven Helden zugeschrieben;[245] darin ragen besonders Delikatheit, Zurückhaltung, Bescheidenheit hervor.[246] Ėpštejns Charakterologie Veničkas aus dem Geiste des Katzenjammers amplifiziert die Eigenschaften, die in *MΠ* besungen werden: „предельная кротость", „хрупкость", „уязвимость", „деликатность", „малодушие", „тихость", „нежадность", „щекотливость", „стеснительность", „тихая серьезность", „конфузливость".[247]

Im Kontrast zur Handlung des Poems steht ein von vielen Zeitgenossen übermittelter Eindruck, dass der historische Venedikt Erofeev trotz exzessiven Alkoholkonsums nie betrunken gewesen wäre, dass er es vermocht habe, kontinuierlich und unveränderlich nüchtern, klar und souverän zu bleiben: „Веня сам никогда не пьянел. Он не позволял себе этого. На глупение, бормотание, приставание он смотрел как на невоспитанность, как на хамство."[248] Auch Ėpštejn trägt jedoch noch zu dem von ihm diagnostizierten „миф о непьяности"[249] bei. Dabei ist weniger interessant, ob dem beim historischen Venedikt Erofeev so war oder nicht,[250] sondern dass diese Kontinuität von Nüchternheit und Souveränität für eine christologische Verwechslung relevant ist: Es scheint so zu sein, dass an den Christus-Imitator der Maßstab der Kontinuität des göttlichen Logos angelegt wird. Darin würde – wider den Geist der Apophatik (s. 3.5.6) – irdischer Geist mit göttlichem Logos „verwechselt". Obwohl die entsprechenden Passagen in *MΠ* impli-

---

[244] Bondarenko schlägt – nicht zuletzt deswegen – die Analogie mit Čaadaev vor (1999:178.183).
[245] Nach dem Muster „как и написано в *Петушках*" [Wie es in *[Moskau-]Petuški* heißt] (Ljubčikova, in Frolova 1991:81).
[246] Ljubčikova, in Frolova 1991:84; Sedakova, ebd.:99.
[247] „Extreme Sanftheit", „Zerbrechlichkeit", „Verwundbarkeit", „Feinsinn", „Kleinmut", „Stille", „Mangel an Gier", „Kitzligkeit", „Verschämtheit", „stiller Ernst", „Schüchternheit" (Ėpštejn 1997:11–24).
[248] „Venja selbst wurde niemals betrunken. Das gestattete er sich nicht. In Albern-Werden, Brabbeln, Aufdringlichkeit sah er Unerzogenheit und Grobheit." (Avdiev, in Frolova 1991:105). Wohltuenderweise protestiert Ljubčikova, die sonst an der Mythos-Identifikation von Held und Autor mitstrickt, dagegen (in Frolova 1991:86).
[249] „Mythos vom Nicht-Betrunken-Werden" (Ėpštejn 1997:12).
[250] Nach Ignatova ist dieser Eindruck falsch; Erofeev sei im Gegenteil sehr schnell betrunken geworden, nur dass dies für Uneingeweihte schwer zu erkennen gewesen sei (Ignatova 1993:97).

zit[251] wie explizit[252] für den literarischen Helden das genaue Gegenteil besagen, der schließlich, räumlich desorientiert, an seinem Verstand zweifelt,[253] wurde der Mythos des Autors vielfach auf seinen Helden übertragen. Die einzige Passage, die sich in *МП* möglicherweise in Ėpštejns Sinne lesen ließe, stellt eine Verbindung zum stellvertretenden Leiden Christi her: „Я, вкусивший в этом мире столько, что теряю счет и последовательность, – я трезвее всех в этом мире; на меня просто туго действует..."[254] Diesem einen Nüchternheitsanspruch stehen jedoch jede Menge Hinweise auf alkoholisches Delirium entgegen (9.7.2). Und auch die Scham über die Folgen des Alkoholkonsums für den Verdauungstrakt, die der historische Autor offenbar wie sein Held[255] zu verbergen trachtete, kann nicht dazu hinhalten, ihn von aller Leiblichkeit zu befreien. Eine solche reduzierte Leiblichkeit dessen, der den Weg der Nachahmung Christi beschreitet, würde Christus-Nachahmer und präexistenten Christus verwechseln und die Häresie des Doketismus (Veničkas Menschennatur wäre nur ein Scheinleib; s. 2.3.2) aufrufen. Gerade dieser Versuchung einer Vergöttlichung Veničkas aber scheint die Rezeption stellenweise zu erliegen.[256] Der Autor ist daran nicht unschuldig: „«С моей потусторонней точки зрения»", pflegte Erofeev nach Sedakova zu sagen.[257]

Die christologische Variante, nach welcher der Logos unbeteiligt bleibt trotz Erniedrigung der menschlichen Physis, ist stets von katholischer (und calvinistischer) Seite favorisiert worden (vgl. 2.6, Schema 4). Die katholische Konfession ist diejenige Tradition gewesen, die sich mit dem Skandalon der Selbsterniedri-

---

[251] Dazu gehören etwa die nur von kurzen Wachphasen unterbrochenen Traumhalluzinationen infolge von Trunkenheit am helllichten Tag (*МП Орехово-Зуево – Крутое [Orechovo-Zuevo – Krutoe]* bis *Петушки. Перрон [Petuški. Bahnsteig]* 89–113/114–149).

[252] „[...] как ни был я пьян [...]" [(...) so betrunken ich war (...)] (*МП 85-й километр – Орехово-Зуево [Kilometer 85 – Orechovo-Zuevo]* 88/111), vgl. auch *Крутое – Воиново [Krutoe – Voinovo]* 94/121.

[253] *МП Воиново – Усад [Voinovo – Usad]* 98/127.

[254] „Ich, der in dieser Welt so unendlich vieles durchprobiert hat, dass das Zählen und die Reihenfolge durcheinandergeraten, ich bin nüchterner als die andern auf dieser Welt. Auf mich wirkt einfach nichts..." (*МП Петушки. Вокзальная площадь [Petuški. Bahnhofsplatz]* 116/153).

[255] *МП Карачарово – Чухлинка [Karačarovo – Čuchlinka]* und *Чухлинка – Кусково [Čuchlinka – Kuskovo]* 28–31/26–30, bes. 30/29.

[256] Ėduard Vlasov gibt seinem kanonisierenden Kommentar (1998) den Titel *Бессмертная Поэма Венедикта Ерофеева «Москва-Петушки» [Venedikt Erofeevs unsterbliches Poem „Moskau-Petuški"]*.

[257] „‚Von meiner jenseitigen Warte aus'" (Sedakova, in Frolova 1991:98).

gung Gottes nach Phil 2,5–11 auf der dogmatischen Ebene[258] am schwersten tat, während Orthodoxie und Luthertum in verschiedenen Phasen (bes. in der zweiten Hälfte des 19. Jh.s) eine kenotische Christologie favorisierten.[259] Eine *MП*-Rezeption, die Venička kontinuierliche geistige Souveränität zuschreibt, läuft so in gewisser Weise parallel zum Versuch einer (zumindest partiellen) Kenosis-Apotrope. Die Rezeption des Autors liefert eine ‚katholisierende' Entkenotisierung, welche die orthodoxe Paradoxalität des Textes reduziert. Wir haben es also vom Text *MП* über den Habitus des Autors bis hin zu seiner Rezeption mit einer aufsteigenden Linie der Kurierung des Skandalons Kenosis zu einer (katholisch-calvinistisch verstandenen) Kontinuität der Göttlichkeit des Logos zu tun.

9.9 Der Typ Venička: Mythos als Paränese

9.9.1 Habitus-Modell

> [...] всеми фибрами души не терпевший учительства, Веничка-таки стал пророком.[260]

Wenn ein Autor seinem Helden den eigenen Namen gibt, legt er den Rezipienten die Verwechslung nahe, die literarische Figur als Selbstkonzeptualisierung, als Mythos seiner selbst zu lesen. Zusätzlich erleichtert wird die Mythisierung, wenn dieser auktoriale „Mythos seiner selbst" die Wahl der „горькая чаша"[261] beinhaltet und so an gängige Mytheme wie das des *poète maudit*, des Ausgestoßenen und seinerzeit Unverstandenen anschließbar wird. Nochmals befördert wird die Mythenbildung, wenn Elemente des literarischen Textes als Prophetie von Ereignissen des späteren Lebens des Autors lesbar werden: So drängt es sich förmlich auf, den Tod des Helden auf dem Wege des Durchstechens seiner Kehle mit den Pfriem[262] als prophetische Vision des Todes von Venedikt Erofeev 1990 an den Folgen von Kehlkopfkrebs zu überhöhen.

Eine der möglichen Funktionen des Mythos liegt darin, Modelle für Verstehen wie für Verhalten für andere bereitzustellen. In *MП* ist, das kommt sekundierend

---

[258] Anders als bei der Aischrologie gotischer Kruzifixe, wo die katholische Version im Gegensatz zum protestantischen schlichten Kreuz ohne Kruzifixus die kenotischere Variante darstellt (s. 3.4.4.5).

[259] In der protestantischen Kenotik (besonders bei Geß) wurde auch Bewusstlosigkeit als Attribut der irdischen Natur Christi denkbar (s. 2.7.2.3).

[260] „Auch wenn er aus ganzer Seele lehrhafte Gesten hasste, wurde Venička dennoch zum Propheten." (Zorin, in Frolova 1991:122).

[261] „Bitterer Kelch" (Ėpštejn 1997:8).

[262] *MП Москва – Петушки. Неизвестный подъезд [Moskau – Petuški. Im fremden Treppenhaus]* 122/162.

hinzu, Modellhaftigkeit auf doppelter Ebene angelegt – als Modell *von* und Modell *für*:²⁶³ Der Text richtet seinen Helden intertextuell auf das Modell des erniedrigten Christus aus.²⁶⁴ Die fiktionale Darstellung von Christus-*imitatio* setzt ihrerseits die Paränese von Phil 2,5 in Gang, und der Imitator gibt sich den Status des seinerseits zu Imitierenden.²⁶⁵ Die normative Ethik, die der Diskurs des Helden produziert, sein antiheroisches Programm wird durch die doppelte Beglaubigung als Modell *von* und wiederum Modell *für* in den Rang eines para-soteriologischen Angebots erhoben – natürlich nicht ohne eine ironische, hier hyperbolische Verschiebung: „Итак, будьте совершены, как совершенен Отец ваш Небесный."²⁶⁶ Die beobachtete Steigerung des Aspektes von Souveränität, Kontinuität und Geistigkeit von der Rezeption des Helden zur Rezeption des Autorhabitus stellt ein Symptom dieser Mythisierung dar, der Annahme eines fiktionalen Textes als einer Heilsbotschaft.

Wie die Tatsache, dass Venička ein Modell *vom* erniedrigten Christus bildet, für die Figur, den Autor wie seinen Mythos konstitutiv ist, so wirken diese drei Facetten ihrerseits als Modell *für* andere und verändern durch ihre Fortschreibung und ihre Geschichtlichkeit das Modell, von dem sie stammen.²⁶⁷ In der russischen Kulturgeschichte nach Venička ist die Modellhaftigkeit Christi eine andere.²⁶⁸

9.9.2 Poetik-Modell
Zum ethischen Modellcharakter von Held und Autor kommt darüber hinaus eine poetische Modellhaftigkeit von Erofeevs Texten. Gandlevskij kontrastiert drei Varianten zeitgenössischen Dichtens im Umgang mit dem „Geheimnis" – eine pathetische, eine ironisch-spöttische und eine die Mitte haltende, zwischen den Polen changierende. Diese mittlere tauft er „критический сентиментализм".²⁶⁹

---

²⁶³ Vgl. 4.0.1, Kristevas „écriture-lecture" (1972:171), und Meyers Dynamisierung des starren Modellbegriffs durch den umschreibenden RAM-Speicher (1995:91f.101).
²⁶⁴ In den Notizbüchern findet sich folgende Bemerkung: „О благородстве спорить нечего. У Матфея уже изложены все нормы благородства." [Über Edelmut gibt es nichts zu streiten. Bei Matthäus sind alle Normen des Edelmutes dargelegt.] (Erofeev 2000:354).
²⁶⁵ Wie Paulus, der sein Leiden ebenfalls als Nachahmung und Aufforderung zur Nachahmung beschreibt (vgl. Kamlah 1963:231f), oder auch Ignatius (IgnRöm 6,3).
²⁶⁶ „Also, seid vollkommen, so vollkommen wie euer Vater im Himmel." (*МП 33-й километр – Электроугли [Kilometer 33 – Èlektrougli]* 54/62); zur unmöglichen *imitatio Dei* vgl. 3.2.6.1.
²⁶⁷ Siehe Genettes Begriff von Imitation als komplexer Transformation (1982:14).
²⁶⁸ Insofern bestätigt sich Kristevas Hoffnung auf die transformative Kraft der Intertextualität (Mai 1991:41) – wenngleich nicht in unmittelbar politischer Richtung.
²⁶⁹ „Kritischer Sentimentalismus" (Gandlevskij 1991:231).

Обретаясь между двух полярных стилей, он заимствует по мере надобности у своих решительных соседей, переиначивая крайности на свой лад: сбивая спеси праведной поэзии, окорачивая шабаш поэзии иронической.[270]

Gerade weil ihm letztere Form des Dichtens, die kritisch-sentimentale persönlich am Herzen liege, lehnt Gandlevskij es ab, Namen zu nennen (1991:231) – strukturell wieder eine apophatische Geste. Da springt Ėpštejn mit seiner Klassifizierung des *Постмодерн в России [Postmoderne in Russland]* in die Bresche und erhebt Venedikt Erofeev zum Inaugurator dieser Richtung.[271] Ohne in einseitige Verklärung zu verfallen, gelinge es den Vertretern der Postmoderne, idealistische Begriffsschablonen wie „Liebe", „stiller Engel" und „Reich Gottes" neu, antiironisch, aber im vollen Wissen um den heiklen Status, zu verwenden (Ėpštejn 2000:277). Solch eine Sprechweise wäre die ästhetische Entsprechung zu postatheistischer „minimal religion" (Ėpštejn 1999a:164). Es handelt sich, so lässt sich Ėpštejns Kategorie übersetzen, um das Aushalten eines Dualismus, wie er in der kenotischen Repräsentation gegeben ist.

Der von Gandlevskij beschworene kritische Sentimentalismus ist weniger „Postpostmoderne" (Ėpštejn 2000:280) als eine ihrer Facetten, die aber durchaus nicht sehr mächtig ist.[272] Auf philosophischem Feld wäre, so könnte man Gandlevskij/Ėpštejn aus dem rein russischen Kontext herauslösen, etwa auch Emmanuel Lévinas zu nennen (s. 3.5.9). Dass Ėpštejn nur wenige Beispiele nennt, ist durchaus symptomatisch: Eine dualistische bzw. paradoxal-christologische Poetik ist aufgrund ihrer geringeren Anschaulichkeit weniger leicht nachahmbar als ein Figurenkonzept, das, wie oben dargestellt (5.0.3), einen mnemotechnischen Vorteil gegenüber abstrakteren Formen besitzt. Das personale Modell Veničkas wirkt stärker als das poetische.

---

[270] „Sich zwischen zwei Extremstilen bewegend, macht er [der kritisch-sentimentale Umgang mit dem „Geheimnis"] je nach Notwendigkeit Anleihen bei seinen entschiedenen Nachbarn, wobei er die Extreme auf seine Weise verändert: Er treibt den Hochmut der heiligen Poesie aus und gebietet dem Hexensabbat der ironischen Dichtung Einhalt." (Gandlevskij 1991:231).

[271] Ėpštejn 2000:274. Bogdanova erhebt Erofeevs Poem schon im Titel ihrer Broschüre zum „[...] пратекст русского постмодернизма" [(…) Urtext der russischen Postmoderne] (vgl. auch 2002:50).

[272] Ėpštejn nennt in der russischen Literatur dieses „«ерофеевское» направление" [Erofeev-Richtung] einzig Timur Kibirov und den Regisseur Dmitrij Mechiev (Ėpštejn 2000:274–279).

10 Marina, oder Sorokins Konzeptkenose

> Доколе предстоит нам манихействовать вокруг Духа, противопоставляя ему униженное нами Бытие?[1]

10.1 Abstoßung vom Kontext

Zwischen Venedikt Erofeev und Vladimir Sorokin liegt keine ganze Generation. Die Entstehung von Erofeevs Poem datiert kaum 15 Jahre zurück, als Vladimir Sorokin 1983/84 *Тридцатая любовь Марины [Marinas dreißigste Liebe]* schreibt. Das Verfahren physiologischer Herabziehung im Rahmen eines „«грязный» реализм" lässt sie gar verwandt erscheinen (Skoropanova 2002:72). Doch liegt zwischen Erofeevs para-dissidentischem Prosawerk und Sorokins post-dissidentischem Text die Kluft einer ganz anderen Poetik.

In Moskauer Zirkeln hat in den 1970er Jahren die Soz-Art Einzug gehalten, von Groys systematisiert unter dem Terminus „Konzeptualismus" (1979). Aus der Perspektive dieser mit den sowjetischen Schablonen spielenden und die Sowjettopik nicht ethisch negierenden, sondern ästhetisch affirmierend-subvertierenden, a-sowjetischen Literatur (Viktor Erofeev 1997:12) erschien das vorangegangene Aufbegehren von Dissidenzliteratur und Dorfprosa gegen die Sowjetmacht nicht als Überwindung der Sowjettopik, sondern als deren Fortsetzung qua ethischer Umkehrung. Die „гиперморалистическая болезнь"[2] der russischen Kultur, besonders des Sozrealismus habe darin fortgewirkt.

Die ästhetische Postavantgarde der konzeptualistischen Zirkelkultur nahm nicht für sich in Anspruch, die Ausdruckformen der Sowjetkultur einfach hinter sich zu lassen, im Gegenteil: Sie benutzte, zitierte, reproduzierte sie. Im Konzeptualismus kam der SR in sein postkanonisches Stadium; qua Zitation, Reproduktion, Hyperbolisierung war die sozrealistische Poetik weiter auf eigenartige Weise präsent (Günther 2000:287). Dieses Repro-Verfahren wurde unterfüttert mit Tabubrüchen, die weit hinausgehen über die politischen Tabubrüche der Dissidenten und Dorfprosaiker. Mit Themenfeldern, welche die Sowjetliteratur tabuisierte, nämlich sinnloser Gewalt, (vielfach abnormer) Sexualität und Psychopathologie überschritt die neue Literatur – etwa Jurij Mamleevs, Viktor Erofeevs und anderer

---

[1] „Wie lange werden wir uns um den GEist herum aufführen wie die Manichäer und ihm das durch uns erniedrigte SEin entgegensetzen?" (Sorokin 1998:I 804; dt. 1992a:15; Übersetzung von Peter Urban, sakrale Großschreibung adaptiert).

[2] „Hypermoralistische Krankheit" (Vikt. Erofeev 1997:9).

– Ästhetik- und Anstandsgrenzen. Wie nebenbei übersprang sie dabei die unausgesprochene Barriere der Ernsthaftigkeit und wurde ludistisch (Peters 1996:15).

Schon zahlreiche Verfahren der alternativen Literatur der 1960er und 70er Jahre waren über (soziale) Erniedrigungsbewegungen beschreibbar (s. 9.1.1). Die konzeptualistische Richtung der russischen Literatur lässt sich als teils dazu parallele, teils darüber hinausgehende Bewegung von Reduktion, Entleerung, Karnevalisierung, Herabziehung und Erniedrigung beschreiben: Gewalt wurde von politischem Zweck oder ethischer Bewertung herabgezogen auf Horror-Szenarien; die Anthropologie erschien immer weniger als geistige denn als körperliche, fäkalsexualistische; mimetischer oder normativer Ernst wurde abgelöst durch Nonsense, Absurdität, Sprachspiel.[3]

10.2 Skandal und Exkulpierung

10.2.1 Sorokin-Klischees

Mit den Prosawerken Vladimir Georgievič Sorokins (*1955) soll der Degradierungsprozess in der russischen Literatur einer verbreiteten Meinung zufolge an einem Tiefpunkt angelangt sein: Sorokin zerstöre die Literatur, die Sprache, die Ästhetik; seine Werke bordeten über von Gewalt und Hässlichkeit, riefen Ekel hervor. Auch Sorokin wohlgesonnene Beobachter konnten nicht umhin, ihn als „grausames Talent" (Groys 1988:109) oder „enfant terrible"[4] zu charakterisieren. Sorokins Texte werden von Kritikern als elitär wahrgenommen (Ermolin 2003:416), was sich insofern bestätigt, als selbst noch der Leseeindruck der Langeweile, des Uninteressanten, den diese Kritiker gewinnen (bspw. Bujda 1994; Kenžeev 1995:203), von Sorokins (elitären) Verteidigern als Abwehrreaktion unwilliger Leser eingestuft wird (Ryklin 1992:209).

10.2.2 Reimport, Skandal und Kanonisierung

Dies hängt nicht zuletzt mit der Rezeptionsgeschichte von Sorokins Texten zusammen.[5] Einem kleinen Kreis von Gleichgesinnten durch mündlichen Vortrag und Manuskript-Lektüre im Samizdat bekannt geworden, wurden Sorokins Werke zunächst im Tamizdat, in Frankreich, den USA und vor allem im deutschsprachigen Raum publiziert. Die Tamizdat-Veröffentlichungen wurden von westlichen

---

[3] Siehe das Panorama bei Poyntner 2005.
[4] Genis 1997:222. Solche bestenfalls oxymoralen Würdigungen sind längst terminologisch geworden (Šapošnikov 2000:146).
[5] Peters' Forderung, bei tabubrechender Literatur sei es unverzichtbar, die Rezeption einzubeziehen (Peters 1996:15), wird durch die Publikationsgeschichte von Sorokins Werken bestätigt.

Slavisten gefördert, welche diesen Texten als erste wissenschaftliche Aufmerksamkeit widmeten (Genis, Groys, I. Smirnov, Witte). Die Kunde von der wissenschaftlichen Behandlung ‚dort' drang nach Russland und führte zu kuriosen Übertreibungen wie der Levšins (1993:283), in Deutschland seien 35 Dissertationen zu Sorokin im Entstehen begriffen. Richtig ist wiederum, dass die erste, allein Sorokins Werk gewidmete Tagung 1997 in Mannheim ausgerichtet wurde (Burkhart 1999) und deutschsprachige Slavistinnen und Slavisten dort den Ton angaben (s. Uffelmann 2000).

Diese frühe westlich-wissenschaftliche Sorokin-Konjunktur erleichterte den Reimport seiner Arbeiten auf den postsowjetischen Markt nicht; im Gegenteil, sie erschwerte ihn, verlieh sie Sorokin doch den Index des Fremden. Zudem wirkt die Sorokinsche Verletzung der Anstandsgrenze für Leser mit Muttersprache Russisch insofern stärker als für interessierte Fremdsprachenphilologen, als die intensive Benutzung der Vulgärsprache *мат [mat]* in gedruckten Texten von Muttersprachlern subkutan als Regelverstoß gewertet wird und der bewussten Reflexion stärker entzogen ist als die thematischen Tabubrüche. Es hält sich die Legende, dass die Setzer einer russischen Druckerei beim ersten Anlauf zum Buchsatz von Sorokins Erzählungen in Russland die Arbeit verweigerten (Vajl' 1995).

Nachdem diese Anfangsschwierigkeiten überwunden waren, erlangte Sorokin gegen Ende der 1990er Jahre in Russland breitere Bekanntschaft, welche aber wieder zu einer, diesmal konzertiert angestrengten Abwehrreaktion führte. Am 27. Juni 2002 nämlich ließ die Pro-Putin-Organisation *Идущие вместе [Die zusammen Gehenden]* vor dem Moskauer Bol'šoj-Theater Sorokin-Bücher zerreißen und in ein Schaumstoffklo werfen; am 11. Juli 2002 erstattete Artem Magunjanc im Auftrag der Organisation Strafanzeige nach § 242 des Strafgesetzbuches der Russischen Föderation (Verbreitung von Pornografie). Die Organisation druckte zum Zweck der Stützung ihrer Vorwürfe eine Broschüre *Сорокин: Избранное [Sorokin. Eine Auswahl]*, was Sorokin und sein Verleger Aleksandr Ivanov zum Anlass für eine Schadenersatzklage gegen die *Идущие вместе* wegen Verletzung des Urheberrechts nahmen, die sie am 29. August 2002 verloren. Das Verfahren wegen des Pornografie-Vorwurfs wurde am 25. April 2003 eingestellt.

Gerade dank den Angriffen durch die *Идущие вместе*, aber auch dank eines telegenen Auftritts in der russischen Reality-Soap *За стеклом [Hinter Glas]* gewann Sorokin in Moskau Popularität. Die Paradoxalität der Wirkung des Skandals war so frappant, dass manche eine konzertierte Marketing-Aktion witterten.[6] Behinderte die Skandalträchtigkeit zunächst Sorokins russische Rezeption, so machte ihn der gerichtsnotorische Skandal schließlich kanonisch.

---

[6] Siehe Ryklin 2002 – ein Vorwurf, den Sorokin scharf zurückweist (Narbutovic/Sorokin 2002).

10.2.3 Unschuldsrettungen

Die Elemente Gewalt, Sexualität und Ekel sind in Sorokins Texten so omnipräsent (vgl. Porter 1994:40), dass kein Versuch narrativer oder teleologischer Funktionalisierung (wie es bei der Gewalt im Sozrealismus der Fall war, s. 8.2.3) greifen kann. Allein – auch Inflation ist Entwertung, Depotenzierung. So meint Viktor Erofeev, bei Sorokin würde die erzählte Gewalt dermaßen automatisiert, dass sich ihr Status grundlegend verändere (1997:28f). Die Serialität, das absichtsvolle Zuviel, das so gut wie alle Sorokinschen Texte auszeichnet, lässt die Transgressionen, die punktuell entsetzlich sind, in einem anderen, wenigstens in einem zusätzlichen Licht erscheinen. In diesem Sinne meint Genis, Sorokins Werke hielten eine doppelte Lesart der jeweiligen Elemente an Gewalt, Pornografie etc. bereit; neben der Eignung vieler Sorokin-Sujets als Block-Buster-Vorlage erschienen diese als intellektuelle, distanzierte Konstrukte (1999:209).

Die systematischste Formulierung jener zweiten Perspektive stammt aus Boris Groys' programmatischem Aufsatz *Московский романтический концептуализм/Moscow Romantic Conceptualism*, wenngleich sich Sorokin dort nicht unter den Beispielen findet. Wenn Sorokins Texte – und sei es nur facettenweise – mit Konzeptkunst verwandt sind (s. 10.8), so sind sie nicht mimetisch zu lesen, sondern als Reflexionen auf die Bedingungen von Kunst (Groys 1979:4), als Meta-Reflexion und „metafiction" (Gillespie 1997:165). Zur Beschreibung der spezifisch Sorokinschen Metaposition haben sich in der Forschung die Begriffe des Wieder-Geschriebenen („переписьмо", Ryklin 1992:207) und der Metadiskursivität eingebürgert (Deutschmann 1998:334–338, Burkhart 1999:12). Die Entsprechung von Zeichen und Gegenständen werde bei Sorokin aufgehoben (Vladiv-Glover 1999:26); intersignifikative Bezüge träten an die Stelle von extratextueller Referenz. Weil sich unter den von Sorokin metadiskursiv evozierten Textformationen auch realistische Texte finden, besteht dennoch die – einkalkulierte – Gefahr, dass seine „*imitatio* realistischer Texte" zum Missverständnis führt, diese seien als referenziell zu lesen.[7]

Wenn aber Diskurse den eigentlichen Referenzpunkt von Sorokins Texten bilden, dann erscheinen auch die Sujets als Realisierungen sprachlicher Schablonen. Ein großer Teil der bei Sorokin begegnenden Exkrementations- und Gewaltakte lässt sich als Realisierung von Metaphern ausdeuten.[8] Gewalt auf der Handlungs-

---

[7] Drubek-Meyer 1999:198. Bezeichnenderweise hebt auch ein gut Teil der negativen Sorokin-Rezeption auf das Scheinbare (scheinbar Referenzielle, scheinbar Realistische) ab; bei Sorokin sei alles „pseudo" (Levšin 1993:286), herrsche „мнимость" [Schein-Schein] (Ermolin 2003:406).

[8] Siehe *Голубое сало [Blauer Speck]*: „Хрущев выеб Сталина" [Chruščev rechnete mit Stalin ab; wörtlich: fickte Stalin durch]; *Сердца четырех [Die Herzen der Vier]*:

ebene wäre demnach nichts anderes als Meta-Mat. Dann handelt es sich bei den entsprechenden Phraseologismen und deren narrativen Realisierungen zwar um einen Bezug auf Realität in zweiter Potenz (oder dritter, insofern der Mat selbst schon metaphorisch funktioniert), aber nicht um völlige Annullierung von Abbildung,[9] zwar um Simulakren, aber um nie ganz referenzgereinigte, denn solche gibt es genauso wenig wie reine Form.[10] Am weitesten in Richtung Exkulpierung von Sorokins Unbotmäßigkeit geht Igor' Smirnov; er attestiert ihm die Unschuld des Mediums.[11] Doch bekanntlich wird auch der Bote geschlagen.

10.3 Para-christliche Sarkopoetik?

10.3.1 Hyperreale Körperlichkeit
Agenten der Gewalt sind in Sorokins Texten traditionelle Waffen wie Romans Axt (*Роман [Roman]*), undurchsichtige technische Vorrichtungen (*Сердца четырех [Die Herzen der Vier]*) oder Foltermaschinerien (*Месяц в Дахау [Ein Monat in Dachau]*), das *patiens* hingegen immer der menschliche Körper. Dieser steht im Zentrum einer „извращенная соматология"[12] von Exkrementation, Gestank und Verwesung. Es vollzieht sich eine vor allem „*physiologische* ,Erniedrigung'" (Witte 1989:146, Hervorh. D.U.). Der Fokus Fleisch gibt Sorokins Texten trotz der metadiskursiven Distanz einen hyperrealistischen Anstrich. Allerdings geht es beileibe nicht um eine fröhliche „Rekarnevalisierung" (I. Smirnov 1999a:69), sondern um „antikarnevaleskes"[13] Quälen, ja oft Vernichten von Fleisch.

10.3.2 Fleisch christologisch
Es ist nun nicht nur eine vom Erkenntnisinteresse dieser Arbeit induzierte Frage, ob Sorokins Realismus des Fleisches mit der christlichen Inkarnationstheologie kurzschließbar ist. Sorokins Texte selbst legen diese Möglichkeit immer wieder nahe. Aber ist die Zerstörung der Leiber bei Sorokin, auf Religion hin gelesen, nicht höchstens gnostisch? Eine manichäische Leibverneinung legt Genis nahe: „С

„ебать мозги" [verwirren; wörtlich: das Hirn ficken] (vgl. C. Engel 1997:62, Ryklin 1998:742).

[9] Das Sorokinsche Zeichen „bildet nichts ab" (K. Kasper 1999:113).
[10] „Чистые симулякры" [reine Simulakren] (Mélat 1999:53); „чистая форма" [reine Form] (Monastyrskij 1985:75).
[11] Die Unschuld resultiere aus der Tatsache, dass Sorokin die Geständnistechnik des Schuld-Bekennens fehle (I. Smirnov spricht von „„коммуникативно-прагматическое самоуничижение" [kommunikativ-pragmatische Kenose], 1995b:127) und dass er an seiner Statt andere opfere (ebd.:134).
[12] „Pervertierte Somatologie" (I. Smirnov 1996:415).
[13] Smirnov 1999a:70; vgl. auch Gillespie 1997:158.

бешеным темпераментом аскета он [Сорокин] умерщвляет плоть [...]".[14] Tatsächlich verflüssigen die Helden in *Сердца четырех [Die Herzen der Vier]* ihr Fleisch, um den ersehnten geistigen Aufstieg zu erreichen. Und in *Роман [Roman]* erscheint die Leib-(Christi)-Partizipation als umgekehrte Kommunion.[15]

In größter Dichte werden christlich-liturgische und unmittelbar christoforme Motive in *Месяц в Дахау [Ein Monat in Dachau]* verwendet: Der Held, Vladimir G. Sorokin II, wird einer Folter unterzogen, analog zu „иглоделание Христа христокожее богомясо".[16] Nähert sich Sorokin also gerade in der Qual des menschlichen Leibes dem Christusopfer?

10.3.3 Hässlichkeit christologisch

Während die Inkarnation des göttlichen Logos im Fleisch des Menschen Jesus in der christologischen Dogmatik als Heilshandlung festgeschrieben wird, bleibt der ästhetische Begleitumstand der „μορφὴ δούλου", die körperliche Hässlichkeit, als allzu radikal kenotisch verdächtig. Ist Ekel vor Körpersäften, die ja beim Kreuzigungsbericht der Evangelisten explizit aufgerufen werden (s. 2.7.1), noch kenotisch – oder ist das des Schlechten zuviel?[17]

Dass körperliche Hässlichkeit in der paradoxen Logik der neutestamentlichen Umwertung einen positiven Index erhielt, parodierte schon der Gnostiker Celsus: „ἐκ καλοῦ εἰς αἰσχρόν".[18] Mit dieser parodistischen Verknüpfung ist die Hässlichkeit aber christologisch im Spiel. In der Ästhetik gotischer Kruzifixe wurde die Hässlichkeitstheorie später plastisch inszeniert, von den Christusnarren wurde sie am eigenen Leibe ausagiert.

In der christlichen Philosophie wurde das Hässliche dagegen gemeinhin verworfen – als mit dem „Leib der Sünde" (Röm 6,6) verbunden („deformitas defecti"[19]). Diese Diskreditierung reicht über die christliche Philosophie hinaus und geht

---

[14] „Mit dem Wahnsinnstemperament des Asketen tötet er [Sorokin] das Fleisch ab [...]" (Genis 1997:224).
[15] C. Engel 1999a:144.147. Zur Eucharistie s. 3.3.2.1 u. 4.5.2.
[16] „Nagelung Christi christhäutiges Gottfleisch" (Sorokin 1998:I 810; dt. 1992a:31).
[17] Die Kenotik steht hier wieder am doppelten Abgrund: Zu Sauberes ist theologisch häretisch (aphthartodoketisch) – literarisch uninteressant –, zu Schmutziges zerstört den Identifikationseffekt des inkarnierten Gottmenschen durch Abstoßung. Die kenotische Ästhetik braucht die Bereitschaft des Rezipienten zur Umkehrung des Negativen in ein Positives, was den Ekel-Theoretikern bei ihrem Gegenstand und seinem „Zwang zum Nein-Sagen" (Menninghaus 1999:8) nicht möglich scheint. Tatsächlich ruft Ekliges in Christus-Darstellungen fast unweigerlich Protest hervor (s. Vjačeslav Iv. Ivanovs und Šljapkins Einspruch gegen Remizovs *Лимонарь [Leimonarion]*), beschädigt aber deren Christologizität nicht automatisch (s. 4.3.9.4).
[18] „Vom Schönen zum Hässlichen" (IV 14, s. 2.3.3).
[19] „Hässlichkeit der Sünde" (Thomas von Aquin, *S.th.* II/II q. 109,7).

in der neuzeitlichen Ästhetik bis Rosenkranz, der kaum bereit ist, dem Hässlichen auch nur einen kontrastiven Wert gegenüber dem Schönen zuzubilligen (1853:36), geschweige denn eine eigene positive Repräsentationsleistung zu attestieren. Nur wenige Theoretiker des Hässlichen würdigen den keno-ästhetischen Aspekt, in der Neuzeit am klarsten Hegel: Er nimmt „mit dem Prinzip des Charakteristischen auch das Häßliche und die Darstellung des Häßlichen" an (1969:XIII 35). Durch die Inkarnation Christi werde das Unschöne funktional als Repräsentation des Anderen, Heiligen:

> Dadurch gehört auch die ganze Schärfe und Dissonanz des Leidens, der Marter, Qual [...] zur Natur des Geistes selbst. [...] Christus gegeißelt, mit der Dornenkrone, das Kreuz zum Richtplatz tragend, ans Kreuz geheftet, in der Qual eines martervollen, langsamen Todes hinsterbend, läßt sich in den Formen der griechischen Schönheit nicht darstellen, sondern in diesen Situationen ist das Höhere die Heiligkeit in sich, die Tiefe des Inneren, die Unendlichkeit des Schmerzes, als ewiges Moment des Geistes, die Duldung und göttliche Ruhe. [...] In allen diesen Beziehungen tritt hier im Vergleich mit der klassischen Schönheit das Unschöne als notwendiges Moment auf. (Hegel 1969:XIV 152f)

Lässt sich Sorokins „*Turpismus* oder *Ästhetik der Häßlichkeit*" (Burkhart 1999:9) so vielleicht in eine Genealogie des *юродство* [Christusnarrentum] einordnen wie Veničkas Obdachenlosenhabitus?[20]

Das wäre eine Genealogie am Abgrund, geht doch in *Месяц в Дахау [Ein Monat in Dachau]* die Verbindung von Christoformität und Leiblichkeit bis an den Ekel heran.[21] Hier wird massive Erniedrigung[22] mit christologischen Obertönen verbunden: Da gibt es in Zelle 24 ein verkürztes, iteriertes Jesusgebet,[23] da begegnet Christus in einer frühneuhochdeutschen liturgischen Formel als Lamm Gottes.[24] Eine Verbindung von Hässlichkeit, Folter und Christologie wird also hergestellt; die Frage, wie diese axiologisch zu werten ist – als Metadiskurs, Verspottung oder doch als kenotisch verklausuliertes Credo – sei hier zunächst aufgeschoben (s. 10.7–10.8).

---

[20] Siehe 9.4. In der Forschung sind solche Thesen vereinzelt vertreten worden (Burkhart 1999:13; K. Kasper 1999:109).
[21] Zelle 24 [russ. Text] /25 [dt. Text]: Kreuzigung, Masturbation und Kot (Sorokin 1998:I 812; dt. 1992a:39f).
[22] „Мегатонны унижения" [Megatonnen Demütigung] (Sorokin 1998:I 801; dt. 1992a: 5).
[23] Nach der deutschen Fassung (Sorokin 1992a:38). Dies fehlt in der russischen Fassung (1998:I 812).
[24] Sorokin 1998:I 813; dt. 1992a:41.

10.3.4 Gewalt christologisch

10.3.4.1 Verüben und Erleiden von Gewalt

Während Fleischlichkeit vergleichsweise leicht mit kenotischer Christologie kurzgeschlossen werden konnte, ist dies bei Hässlichkeit also schon heikel, bei Ekel abgründig. Ebenso problematisch ist der Zusammenhang von Kenosis und Gewalt. Wie dargestellt, muss das Leiden Christi wie das der Christusnachahmer freiwillig sein (s. 1.1.3), aber von außen zugefügt werden (4.5.10.2). Das Erdulden äußerer Gewalt hingegen ist für den kenotischen Habitus konstitutiv. Gegen sich selbst gerichtete Aggression wird in dosierter Form (etwa als monastische Askese) akzeptiert (5.3). Anders sieht es bei aktivem Verüben von Gewalt aus; Gewalt*tätern* kann erst durch komplexe Verschiebungen Christoformität attestiert werden.[25]

Nun scheint ein großer Teil der Gewaltszenarien in Sorokins Romanen klar der Seite des Verübens zuzuschlagen zu sein, da aus der Täterperspektive erzählt wird.[26] Doch wäre es zu einfach, in der Täterperspektive der „schwarzen" Literatur seit den 70er und 80er Jahren ein Novum der russischen Kulturgeschichte auszumachen, wie es Koschmal vorschlägt. Ihm zufolge war in der russischen Kulturgeschichte Gewalt qua „Askese und ähnlichen Formen" stets gegen das Subjekt selbst gerichtet, also Autoaggression – eine Übersetzung der Fedotovschen Kenosis-These (s. 1.1.4) in Begriffe der Gewalt; mit den neuerdings sprießenden „Blumen des Bösen" richte sich die Aggression erstmals nach außen (Koschmal 1996a:34). Der Befund von Sorokins Texten spricht jedoch eine andere Sprache.

Gibt es in *Роман* nur die Seite des Täters, so sind nämlich die Konstellationen von Tätern und Opfern, Russen und Deutschen in *Hochzeitsreise* und *Месяц в Дахау* komplementär. Beide Texte spielen mit dem Wechselspiel von sadistischer und masochistischer Rolle. Wie Sorokin Freuds Lehre nicht als Wissenschaft, sondern als Metapher aufgefasst wissen will (Laird/Sorokin 1992:155f), so werden von ihm auch Masochismus und Sadismus als interkulturelle Geschichtsmetaphern benutzt – von genital-masochistischen Russen und anal-sadistischen Deutschen (ebd.:156). In der psychohistorischen Erklärung des deutschen Überfalls auf die Sowjetunion wendet Sorokin dieses komplementäre Sexual(gewalt)modell ins Hyperbolisch-Phantastische (Drubek-Meyer/Sorokin 1995:68). Dieses Abheben auf Metaphorizität hindert ihn jedoch nicht an Globalaussagen wie der Klischee-These vom russischen Panmasochismus: „Der Russe hat ja schon immer gern

---

[25] Siehe 5.5. Schnädelbachs Einwurf, es gebe eine durchgehende christlich-christologische Tradition der Blutrünstigkeit, die über Täterschaft zu definieren wäre, ist insofern kein produktiver Ansatz, als die von ihm geschlagene Brücke von dogmatischen Inhalten zur Christentumsgeschichte nicht trägt (Schnädelbach 2000; s. auch Žižek 2000).

[26] Vgl. die Aktivverben des Zuschlagens in *Роман [Roman]*, die auf ca. 60 Seiten des Romans Mordwüten beschreiben (Sorokin 1998:II 290–348).

gelitten." (ebd.:70). Allerdings werden auch solche Globalismen durch seine literarischen Texte widerlegt: Begegnet der Russe in *Месяц в Дахау* in der masochistischen Position, übernimmt die Russin Maša in der *Hochzeitsreise* umgekehrt den sadistischen Part. Zu poetischen Zwecken sind die Rollen also austauschbar. Bezieht man über die Ebene des Personals hinaus auch die des Erzählers mit ein, so verfährt *Месяц в Дахау* in sich nicht weniger dialektisch: Der Autor steckt – sadistisch – sein masochistisches Double in Folterinstrumente (I. Smirnov 1994b:285); so erscheint der „Schreibakt als Aggression und Selbstaggression" (Brockhoff 1992:142) zugleich.

10.3.4.2 Der Sonderfall Тридцатая любовь Марины
Neben dem Täter-Text *Роман*[27] und ungezählten weiteren aus der Täterperspektive geschilderten Gewaltszenen in anderen Prosatexten Sorokins und neben den Komplementär-Konstellationen von Täter und Opfer in *Hochzeitsreise* und *Месяц в Дахау [Ein Monat in Dachau]* gibt es einen Sonderfall in Sorokins Werk – einen Text, in dem die Opfer-Perspektive dominiert: *Тридцатая любовь Марины [Marinas dreißigste Liebe]*.

Der 1983/84 geschriebene und 1987 in französischer Übersetzung erstmals publizierte Roman steht in Sorokins Schaffen am Scharnier von der „präromanesken" Frühphase mit den Erzählungen *Первый субботник [Der erste Subbotnik]* (1979–1984), dem Episodenroman *Норма [Die Norm]* (1979–1984) und der phonetischen Aufschrift *Очередь [Die Schlange]* (1982–1983), am Anfang der ersten romanesken Phase. Auf *Тридцатая любовь Марины* folgen *Роман* (1985–1989), *Месяц в Дахау* (1990) und *Сердца четырех*.[28]

Einen Sonderfall im Werk Sorokins stellt *ТЛМ* schon deshalb dar, weil der für Sorokins Prosa charakteristische „сюжетный взрыв"[29] in die umgekehrte Richtung weist. Das sonst einschlägige Verfahren eines Bruchs von einer glatten dis-

---

[27] Dieser Aktantenstruktur ungeachtet nimmt der Täter Roman Christoformität für sich in Anspruch (s. K. Kasper 1999:108).
[28] Erweitert man Ryklins Schema von drei Schaffensphasen Sorokins von 1998 (Ryklin 1998:740) bis in die Gegenwart (2004), so folgt auf die durch Dramen und Drehbücher (*Hochzeitsreise*, 1995; *Москва [Moskau]*, mit A. Zel'dovič, 1995–1997) gekennzeichnete erste postromaneske Phase eine zweite romaneske Phase mit *Голубое сало* (1999), *Лед [Eis]* (2002) und *Путь Бро [Der Weg Bro]* (2004). Ein inhaltliches Gliederungskriterium statt des gattungsmäßigen würde hingegen einen Umbruch bei *Сердца четырех* ausmachen – als nach vollzogener Zerstörung metaphysische Suggestionen ins Spiel kommen (Genis 1997:222f).
[29] „Sujetdetonation" (Monastyrskij 1985:75).

kursiven Oberfläche in der ersten Hälfte zu Entartung und Absurdität[30] in der zweiten (Kenžeev 1995:202) wird verkehrt: In der zweiten Hälfte wird kein unter dem Diskurs verborgenes ‚Reales' enthüllt, sondern hier mündet der Handlungsverlauf in einen immunen Diskurs (s. Ryklin 1998:738). In *TЛM* wird nicht die Verdrängung von Gewalt unter eine „scheinbar glatte Oberfläche" aufgedeckt und diese dadurch dekonstruiert, wie in den meisten übrigen Texten Sorokins (C. Engel 1999a:140), sondern eine glatte Oberfläche als *Verdeckung* und zugleich *Realisierung* eines Opfergeschehens konstruiert.

Mit dieser Umkehrung der üblichen Brüche hängt zusammen, dass hier eher eine Disziplinierung der Heldin als ein Aggressionsausbruch erfolgt. Marina unterwirft sich einer Autorität, deren Eindringen in sie als Aggression beschrieben werden mag; oder aber das Zulassen des Eindringens stellt eine Autoaggression, Selbstdisziplinierung, ja Selbsterniedrigung der Heldin dar. Marina, die schon zuvor immer wieder männliche Gewalt (Vatergestalten als halb-sadistische Täter) erfahren hat, vollzieht im Moment des Umbruchs die Introversion von Gewalt und erlebt einen Passivitätsschub, der sie in die Duldungshaltung der Kindheit zurückversetzt und zu Individualitätsverzicht führt.

Vielleicht ist *TЛM* aufgrund dieser Umkehrung des Musters – nicht Aggressionsausbruch, sondern (Selbst-)Domestizierung – und des (scheinbar) konventionelleren Entwicklungsschemas in der Forschung weniger beachtet worden.[31] Womöglich hängt mit dieser Domestizierung und progressiven Erniedrigung der Heldin auch ein Moment zusammen, das die übrigen Täter- oder Täter-Opfer-Romane in geringerem Maße aufweisen: Ein zumindest strukturell christliches Moment von Duldungsbereitschaft, von Kenose, sodass *TЛM* eine besonders lohnende Interpretationsaufgabe für eine christologische Hermeneutik darstellt.

10.4 Psychoanalyse, Eros und Agape

10.4.1 Der Romanhintergrund von Тридцатая любовь Марины
Sorokins Roman *TЛM* beschreibt wenige Tage im Frühjahr 1983, als Marina Ivanovna Alekseeva 30 Jahre alt ist. Den Hintergrund ihres Lebens bildet damit genau der Zeitrahmen von Stalins Tod[32] bis zur Andropov-Zeit (s. *TЛM* 653/111).

---

[30] Diese Teildimension hat insbesondere in der Frühphase der Sorokin-Rezeption bis Mitte der 90er Jahre zahlreiche Forscher auf die Fährte eines Vergleichs Sorokins mit den Oberiuten (insbesondere Charms) geführt (s. etwa K. Kasper 1995).
[31] Abgesehen von Nedel' 1998, Leitner 1999 und Obermayr 1999 findet der Roman nur kursorische Erwähnung.
[32] Marina ist im März 1953 geboren: „Сталин умер, а Марина родилась." [Stalin war gestorben, Marina war geboren.] (Sorokin 1998:I 612; dt. von Thomas Wiedling: 1991:

In Rückblenden wird Marinas Sozialisierung ausgeleuchtet – von kindlichen sexuellen Ahnungen über den Missbrauch durch den Vater zu einer nonkonformistischen jungen Erwachsenen, die äußerlich als Klavierlehrerin arbeitet, in Dissidentenkreisen verkehrt, sich prostituiert, diversen Konsumfreuden obliegt und mit der Sowjetrealität spielerisch umgeht. Bis sie in eine Identitätskrise gerät, im Zuge derer sie den Parteifunktionär Rumjancev kennen lernt und durch seine Mitwirkung zur mustergültigen Stoßarbeiterin bekehrt wird. Sie geht dermaßen im Kollektiv auf, dass sie schließlich ganz unter dem propagandistischen Diskurs offizieller Verlautbarungen der Andropov-Zeit verschwindet.

10.4.2 Eros

10.4.2.1 Prostitution

Was *ТЛМ* von Beginn an in den Mittelpunkt stellt, ist die Erotik der klischeehaft schönen Prostituierten Marina (einer Brünetten mit Silberblick; *ТЛМ* 612/34). Sorokins Text hat nichts von der Dezenz Černyševskijs (6.) und Gor'kijs (7.), von der Delikatheit Veničkas (9.) und – zunächst – auch nichts von Ostrovskijs Asketismus (8.). Der Leser wird gleich eingangs in eine Prostitutionsszene geworfen, in der Marina den Pianisten Valentin bedient;[33] es ist wohl jenes Stück Sorokin-Prosa, das einem Softporno am nächsten kommt.[34] Jene Erotik, welche die Umgebung in Marina hineinlegt, prägt praktisch alle ihre sozialen Beziehungen, zu Parteioffiziellen wie Dissidenten, und ihr Ekel über die alltägliche Anmache in der Öffentlichkeit (*ТЛМ* 655f/115f) bringt Erotik und Sowjetrealität zusammen.

Über die erotischen Dienstleistungen, die Marina dem aus der Lagerhaft entlassenen Mitja gewährt, hängt mit dem Dissidententum auch die zweite Dimension des doppelköpfigen antiken Eros-Begriffs zusammen: die Liebe zur Wahrheit und zum Guten (s. Lotz 1979:57f). So steht Marina zunächst unter den Vorzeichen einer unerfüllten Panerotik, einer all ihr Streben durchwirkenden Liebesbereitschaft und -sehnsucht, die sie gleich zu Beginn mit antisowjetischem Unterton

---

35; weiter zitiert nach diesen beiden Ausgaben mit dem Kürzel *ТЛМ*; Übersetzung an wenigen Stellen behutsam adaptiert). 1953 wird auch Solženicyn aus dem Lager entlassen und zu Verbannung begnadigt, 1957 dann rehabilitiert (vgl. *ТЛМ* 711/222).

[33] *ТЛМ* 597–601/8–15. „«Je vous pris adopter cela a signe de ma pleinee disposition.» [sic] «Мерси в Баку...»" [‚Mersi Baku'] (*ТЛМ* 611/33). Auch für die Luxus-Lebensmittel, die sie auf grauen Wegen aus der Delikatess-Kantine des ZK erhält, bezahlt sie nicht (*ТЛМ* 652f/110f); es handelt sich in beiden Fällen um diskrete, zeitlich verschobene Bezahlung für sexuelle Dienstleistungen.

[34] Daneben wird offenbar noch eine zweite Episode, der erste homosexuelle Verkehr mit Marija als Pornografie rezipiert, wie die Aufbereitung des Roman-Ausschnitts mit erotischen Fotografien unter http://mucho-dyke.narod.ru/sorokin.html (Zugriff 08.03.2004) belegt.

(der sich später in sein Gegenteil verkehrt) artikuliert: „[...] или мы в наших советских условиях это чувство [любовь] реализовать не можем, или просто человек нужный мне не встретился."[35]

10.4.2.2 Homoerotik

Marinas Liebesbegehren hat bis dato nicht die Erfüllung gefunden. Auf einer rein körperlichen Ebene heißt dies, dass sie noch nie mit einem Mann einen Orgasmus erlebt hat (*ТЛМ* 602/16). Das Problem ist aber – wie sich später zeigen soll (s. 10.4.8) – weit grundsätzlicher. Heterosexuelle Erfüllung ist Marina trotz zwiespältiger Empfindungen in der Kindheit – bei der Beobachtung eines Ehebruchs der Mutter (*ТЛМ* 618f/47f) sowie beim Missbrauch durch den Vater (*ТЛМ* 626f/62f) – verwehrt geblieben. Den Ausweg sucht sie in Homosexualität, die über Valentins Nachfragen (*ТЛМ* 604f/20–22) und über Widmungsgedichte eingeführt wird, geschrieben auf Zetteln, die Marina in der Musikschule in ihrer Handtasche findet: ein schlichtes von Sašen'ka und ein sapphisch-schwülstiges von Nina.[36] Den ersten gleichgeschlechtlichen Verkehr hat sie mit Marija (*ТЛМ* 646–650/99–105), worauf eine Serie von 28 weiteren weiblichen Geliebten folgt, über die sie ein Album anlegt (*ТЛМ* 669–678/142–160) und die in Marinas Traum von Lesbos, der „Insel der Rosa Liebe", im Reigen auftreten (*ТЛМ* 682–684/168–170).

10.4.3 Äquivalenzreihen des Sexuellen

> [...] скрип этот был замечательным, мучительным, сладостным.[37]

Die verschiedenen sexuellen Erlebnisse werden durch genuin literarische Äquivalenzenreihen miteinander verbunden. Bestimmte frühkindlich aufgenommene Assoziationen des Sexuellen begleiten Marina bis ins Erwachsenenalter: Von der kindlichen Entdeckung der männlichen und weiblichen primären Geschlechtsorgane in einer Besenkammer behält sie den Geruch von Chlor und Lumpen in Er-

---

[35] „[...] entweder können wir unter unseren sowjetischen Bedingungen dieses Gefühl nicht entwickeln, oder ich bin dem richtigen Menschen einfach nicht begegnet." (*ТЛМ* 605/22).

[36] *ТЛМ* 630f/70f – Nina wird später im Text mit Achmatova kurzgeschlossen (*ТЛМ* 675f/154f). Daneben verweist Marinas Vorname auf Marina Cvetaeva, die eine homosexuelle Beziehung mit Sofija Parnok hatte. Insofern wird Nina auch mit Parnok assoziiert, die gerne als „russische Sappho" tituliert wird (s. Burgin 1994:118f; These Henning Horch, unpubliziert).

[37] „[...] dieses Quietschen war wunderbar, quälend, wollüstig und ersehnt." (*ТЛМ* 641/90).

innerung;[38] die Beobachtung der Mutter beim Ehebruch verbindet sich für sie dauerhaft mit dem Quietschen des Bettes (*ТЛМ* 618/46). Der Quietsch-Laut wird dann immer wieder bei sexuellen Vorstellungen oder Handlungen assoziiert, und als er das erste Mal nicht-sexuell auftritt, kündigt er die moralische Wende an (*ТЛМ* 711/221), die allerdings auch über einen heterosexuellen Orgasmus vermittelt wird. Das Quietschen geht auf Marinas Schulranzen über (*ТЛМ* 622/54), verbindet sich also mit dem Eintritt in die symbolische (patriarchalische) Ordnung der Schule und wird so assoziiert mit Heterosexualität.

Mit Sexualität allgemein verweben sich Farbassoziationen wie der Phraseologismus „зеленая скука" oder „однообразные сине-зеленые дни", „туманное и синее" oder „сгущенное небо".[39] Diese laufen in Marinas Erleben der Berührung von Meereswellen im Intimbereich zusammen,[40] kulminieren in intimen Berührungen durch den Vater,[41] ebben im Traum nach dem Missbrauch durch den Vater ab[42] und erscheinen schließlich am „бледно-синее тело"[43] des Ertrunkenen.

10.4.4 Der Ort des Vaters

Wie Heterosexualität und Homosexualität in *ТЛМ* nebeneinander her laufen, so hält der Text auch zwei psychoanalytische Chiffren bereit, die für Sexualität allgemein und Heterosexualität im Speziellen stehen: Das freudianische „ЭТО"[44] für den Eros allgemein und „ОН"[45] für den erigierten Penis/Phallus des Vaters. Der Missbrauch durch den Vater geht mit Schmerz einher,[46] und auch sein Tod hebt

---

[38] *ТЛМ* 614/40. Die Entdeckung der primären Geschlechtsorgane erfolgt an einem geheimen Ort, die vulgären Klarnamen der Geschlechtsorgane zu nennen ist verboten (*ТЛМ* 614/39). Der Reiz des Verbotenen wirkt sowohl sprachlich (*ТЛМ* 621/52f) als auch später in Marinas alternativen Sexualpraktiken.

[39] „Grüne Langeweile" – „eintönige blau-grüne Tage" – „neblig und blau" – „dickflüssiger Himmel" (*ТЛМ* 622/54f).

[40] „Сгущенное небо вытеснило все прошлое, заставило забыть Москву, подруг, онанизм." [Der ‚dickflüssige Himmel' verdrängte alles Gewesene, ließ Moskau vergessen, die Freundinnen, das Onanieren.] (*ТЛМ* 623/56).

[41] *ТЛМ* 625/59. Die Äquivalenzenreihe der Farben wird auf eine Metaebene gehoben, wenn bei Marinas Masturbieren nach den intimen Berührungen durch den Vater folgender Situationseindruck gegeben wird: „В перегретой комнате было душно, пахло краской и влажным постельным бельем." [Im aufgeheizten Zimmer war es schwül, es roch nach Farbe und feuchter Bettwäsche.] (*ТЛМ* 625/61).

[42] „[...] синее, теплое и упругое" [das warme, geschmeidige Blau] (*ТЛМ* 627/64).

[43] „Mattblauer Körper" (*ТЛМ* 629/67).

[44] „ES" (*ТЛМ* 613/38).

[45] „ER" (*ТЛМ* 625/60).

[46] Die schmerzhafte Penetration durch den Vater kehrt im Traum wieder als Krebs in Marinas Genitalien, den sie schließlich zerquetschen kann (*ТЛМ* 627/65) – eine Chiffre für die Kastration des Vaters – der sich dann wirklich im Meer ertränkt (*ТЛМ* 628/66).

die Unterwerfung unter das „Gesetz des Vaters" nicht auf. Marina untersteht – all ihrer homosexuellen Libertinage zum Trotz – einer ganzen Stafette von Vaterautoritäten: toten Personifikationen der Parteiautorität wie Lenin, fernen wie dem Emigranten Solženicyn und greifbaren wie dem Parteifunktionär Rumjancev.

Diese Autoritätenstafette beginnt mit Lenin, dessen Porträt in Marinas kindlichem Traum zu sprechen anhebt: „Агтек, Маиночка, Агтек!"[47] Lenin-Porträts säumen Marinas weiteren Weg (etwa *ТЛМ* 622/54), um im jugendlichen Alter von Solženicyn-Porträts abgelöst zu werden. Auf den Dissidenten wird jetzt die Sehnsucht, der Wunsch nach Autorität projiziert.[48] Auch hier werden Obertöne einer politischen Religion angestimmt: Marina hat eine Vision von der Ankunft Solženicyns/des Messias (*ТЛМ* 656/116f, s. 10.5.1), die ihr – in Marinas sexualistische Denkschablone eingepasst – den heterosexuellen Orgasmus bringen soll:

> Марина была уверена, что с НИМ все случится как надо. Как положено случаться, но чего, к сожалению, ни разу не произошло у нее ни с одним мужчиной. Глупое, медицинское слово ОРГАЗМ с отвращением выталкивалось из грез, подыскивались синонимы, но и они не были в состоянии выразить то, что так остро и точно чувствовало сердце...
> [...] ОН... ОН всегда оставался тайным знанием, скрытой возможностью настоящей любви, той самой, о которой мечтала Марина [...][49]

Dass der Name des Begehrten nicht genannt wird, liegt nicht nur an der Anspielung auf die Psychoanalyse, sondern auch an der Partizipation an einer sakralen Repräsentationspraxis. Es handelt sich hier weniger um eine Sorokin-typische karnevalistische Herabziehung oder Kontamination von Religiösem mit Leiblichem als um den Ausfluss des religiösen Namensverbotes, um apophatische Scheu angesichts der Vorstellung einer Hierogamie von weiblich-irdischem Prinzip mit Gott oder Messias. In dieser Gender-Anordnung bleibt die Vorstellung von einer gottgegebenen (heterosexuellen) Ordnung virulent; die weiblich-heterosexuelle Untertanenposition wird perpetuiert – allen vordergründigen (homosexuellen, dissidentischen) Protesthandlungen Marinas zum Trotz. Diese Unterwerfung unter eine Vatergottheit wird noch plastischer, als das Solženicyn-Porträt am Tiefpunkt

---

[47] „Agtek, Maïnočka, Agtek!" (sic, *ТЛМ* 619/49).
[48] Die Projektion wird als ein Bild von „предельная кинематографичность" [ausgesprochen filmisch] desillusioniert (*ТЛМ* 656/116).
[49] „Marina war überzeugt, daß mit IHM alles käme, wie es sollte. Wie es zu geschehen bestimmt war, jedoch bei ihr leider noch kein einziges Mal passiert war, noch mit keinem Mann. Das blöde, medizinische Wort ORGASMUS war mit Abscheu aus den Träumen verbannt, sie suchte nach Synonymen, doch auch diese vermochten nicht auszudrücken, was das Herz so heftig und bestimmt fühlte.../ [...] ER ... ER blieb immer ein heimliches Wissen, eine verborgene Chance für die wahre Liebe, jene, nach der Marina sich so sehnte [...]" (*ТЛМ* 668/ 140f).

von Marinas Identitätskrise seine Macht über sie verliert und Marina – lediglich im Singular statt im Plural – 3Mos 26,1 zitiert: „Не твори себе кумира."[50] Rumjancev, der nun die Stelle der Vaterautorität einnimmt, erscheint Marina auf den ersten Blick als Solženicyn ähnlich (*ТЛМ* 711/222), als sein „Doppelgänger" (Brockhoff 1992:140), was aber an den Details[51] widerlegt wird; d.h. Rumjancev besetzt schlicht die Leerstelle des Vaters, wogegen die weltanschauliche Divergenz nur vordergründig ist.[52] Rumjancev tritt als Personifikation einer unpersönlichen, wiederum unsagbaren Autorität auf – des KGB. Denn als Marina einen Weinkrampf hat, begründet Rumjancev seine Aufdringlichkeit, sie nach Hause bringen zu wollen: „Мне до всего есть дело..."[53] – mit seiner KGB-Zugehörigkeit. Wie der Geheimdienst steht Lenin, die ferne Personifikation, als Garant hinter Rumjancevs Boten-Autorität: Im Dienstzimmer des Parteisekretärs der Fabrik hängt über seinem Arbeitsplatz ein Leninporträt (*ТЛМ* 734/266) – der Kreis schließt sich.

Die mehrfache Ersetzung der Vater-Autorität im Lauf des Romans durch sehr verschieden aussehende Personen zeigt die Austauschbarkeit derer, welche den „Ort des Vaters" einnehmen, der immer nur durch einen besetzbar ist (als Rumjancev Marina zum Kommunismus bekehrt, muss das Solženicyn-Bild vernichtet werden[54]). Die konkreten Männer gewinnen ihre Funktion nur als Vaterautorität für Marina und vollziehen an ihr (Lenin und Solženicyn visionär, der Vater und Rumjancev manifest) „allesamt demiurgische Penetrationen" (Brockhoff 1992: 140). All das ist allzu leicht in psychoanalytische Termini übersetzbar (Dobrenko 1990:175); die Sequenz der „Väter" erscheint als gezielte literarische „Hypertrophierung des Ödipalen" (Döring-Smirnov 1992:561), als Aushöhlung des simplen psychoanalytischen Schemas mittels Durchschaubarkeit und Serialisierung.

10.4.5 Serialisierung
Noch augenfälliger als die Proliferation der Vaterautoritäten wird in *ТЛМ* schon im Titel die Serialisierung der (weiblichen) Geliebten beschworen. Homosexualität ist durch das Prinzip der inflationären Wiederholung überhaupt charakterisiert – durch Marinas serielle Orgasmen mit der ersten Geliebten Marija und weiteren

---

[50] „Schaff dir keinen Götzen." (*ТЛМ* 709/219).
[51] Rumjancev hat keinen Bart, keine blauen Augen und trägt Krawatte (*ТЛМ* 712/223f).
[52] „[...] два одинаковых лица с одинаковым выражением смотрели на нее, но как по-разному они смотрели!" [(...) zwei gleiche Gesichter blickten sie mit dem gleichen Gesichtsausdruck an, doch wie verschieden sie blickten!] (*ТЛМ* 717/232).
[53] „Mich geht alles etwas an..." (*ТЛМ* 714/227).
[54] *ТЛМ* 730f/258–260. Dabei kommt als Löschungsmetapher Malevič' Quadrat ins Spiel (*ТЛМ* 730/259).

Gespielinnen.[55] Realisiert wird dieses Verfahren in Marinas an Lev Rubinštejns Karteikarten gemahnendem Blättern in ihrem Album mit den Fotos aller 29 weiblichen Geliebten, das die Aufschrift „ROSE LOVE" trägt (*ТЛМ* 669–678/142–160). Dass durch diese Serialität Individualität ausgehebelt werden soll, zeigt zudem die Zuschreibung stereotyper Eigenschaften an die verschiedenen Geliebten, die ein Kaleidoskop von Frauentypen bilden.[56]

Wiederholungen, die zu Entwertungen geraten, finden sich auch auf anderen Ebenen; so wird etwa das Quietsch-Emblem für Sexuelles durch Serialität überstrapaziert. Und der Butterklau entartet zum Wiederholungszwang,[57] ohne dass Marina je Erleichterung verspüren würde. Aus der Serialitätsfalle scheint es kein Entkommen zu geben; noch die Einsicht in die Notwendigkeit der Überwindung des Serialitätsprinzips wird aus der Arithmetik gewonnen:

> Двадцать девять девок... Двадцать девять баб и тридцать лет. Постой, постой... Смотри-ка какое совпадение! Интересно. А может, это и не баба будет? Мужчина? Парень, наконец. Неужели?[58]

Noch als Rumjancev Marina zum ultimativen Beischlaf weckt, hat sie gerade einen Traum, in dem die 29 Geliebten durcheinandergehen (*ТЛМ* 722f/244f).

Dabei wäre es verfehlt, eine Opposition von entwertender Serialität und wertvoller Einmaligkeit aufmachen zu wollen, denn der einmalige Koitus mit Rumjancev wird von Marina schneller vergessen als alle früheren Sexualerlebnisse (s. 10.5.4). Der eine heterosexuelle Orgasmus eröffnet keine neue Welt erfüllter Sexualität, sondern streicht Sexualität durch. Einmal ist keinmal.

10.4.6 Krise

Dieser eine-keine Orgasmus aber muss vorbereitet werden, um ausradierend wirken zu können. Marina gerät in eine äußere Krise (*ТЛМ* 662/129), die ihre alte Unzufriedenheit mit dem sowjetischen Alltag auf die Spitze treibt (*ТЛМ* 667/137f). Diese verschärft sich durch den seriellen Überdrusseffekt. Selbst die engelsgleiche 29. Geliebte Sašen'ka (*ТЛМ* 676f/156f) kann keine Erleichterung bringen; nach einem Gelage mit Champagner, Hasch und elf Orgasmen erscheint

---

[55] *ТЛМ* 650/105. Mit Sašen'ka sind es deren elf (*ТЛМ* 682/167).
[56] Zur Ausstellung der Klischeehaftigkeit des Kaleidoskops werden die Geliebten mit kruden Biologismen und Rassismen charakterisiert (*ТЛМ* 670/144.672–674/147–151).
[57] „«Семьдесят вторая пачка [...]»" [‚Das zweiundsiebzigste Stück'] (*ТЛМ* 665/135).
[58] „Neunundzwanzig Mädchen... Neunundzwanzig Weiber und dreißig Jahre. Aber halt... Was für ein Zufall! Das heißt, es muß eine dreißigste geben! Dreißig Jahre, dreißig Lieben! [Diese zwei Sätze fehlen in der russischen Ausgabe.] Interessant. Aber vielleicht wird es gar kein Weib? Ein Mann? Ein Kerl, zu guter Letzt. Wirklich?" (*ТЛМ* 709/218).

Solženicyn Marina im Traum von Lesbos und verdammt ihre 29 Lieben. Unter diesem Eindruck trennt sich Marina in einem hysterischen Ausbruch von Sašen'ka, indem sie sie mit Gewalt vor die Tür setzt, und stürzt sich danach in zwanghaftes, einsames Besäufnis.[59] Offenbar erfüllt der „Engel" Sašen'ka lediglich die Funktion der Vorbotin für den erwarteten Messias, der sich im Traum zunächst noch als Solženicyn zeigt, ohne eine Wende bewirken zu können; erst Rumjancev tritt als Bote einer wirklich veränderungs- bzw. verklärungsmächtigen überpersonalen Größe auf.

Marina bricht danach – es scheint: zur gezielten Verschärfung der Krise (der dialektische Effekt der sakralen bzw. revolutionären Heilserwartung in der Zukunft durch Verschlechterung in der Gegenwart) – diverse soziale Brücken ab. U.a. schlägt sie den amerikanischen Slavisten Tony nieder (*ТЛМ* 701/203f) und beendet den Kontakt mit dem ZK-Mitarbeiter Leonid Petrovič (*ТЛМ* 710/219f). Auch verschiedene Regressionsversuche, die sie startet, sind nicht dazu angetan, die Krise zu lindern, sondern geraten zur Selbstbestrafung. Die Begegnung mit dem seinen eigenen Urin trinkenden Punk-Rocker Govno (*ТЛМ* 705/210) sowie die Lektüre in Daniil Andreevs Kompilat *Роза мира [Weltrose]* (*ТЛМ* 706–708/212–216) wirken letztlich nur noch bedrückender auf sie. Periodisch einbrechende kathartische Momente wie Weinen und Beten (*ТЛМ* 695/191, 702/204f) halten nicht vor.

10.4.7 Moralische Kritik

Das eigentliche Geschehen findet allerdings nach der Krise nicht mehr auf einer sexuellen und psychologischen, sondern auf der moralischen Ebene statt. Von den Vaterautoritäten, den Stellvertretern der symbolischen Ordnung, gehen moralische Imperative aus. Zunächst von Solženicyn, dann von Rumjancev.

Zuvor noch tritt der in seiner Männlichkeit, die Marina nicht begehrt, beleidigte Freier Valentin in der Rolle des moralischen Kritikasters auf; er interpretiert Marinas Erzählung von ihrer besten Geliebten (Sašen'ka) – „Постой, но это же твоя копия!"[60] – philosophisch: „Лесбийская страсть. Поразительно... что-то в этом от безумия бедного Нарцисса. Ведь в принципе ты не чужое тело любишь, а свое в чужом...".[61] Valentin greift in die Trickkiste der idealistischen

---

[59] *ТЛМ* 688–690/177–182. Der Alkohol fungiert wie bei Venička als Abstiegs- und Selbsterniedrigungsmittel, aber nicht mit paradox positiven Konnotationen, sondern mit Krisenbedeutung.
[60] „Halt mal, das ist ja eine Kopie von dir!" (*ТЛМ* 605/22).
[61] „Lesbische Leidenschaft. Verblüffend... irgendetwas vom Wahn des armen Narziß ist darin. Im Prinzip liebst du nicht den fremden Körper, sondern den eigenen im fremden..." (*ТЛМ* 607/24).

Philosophie, die das Böse homophob als Selbstliebe konzeptualisiert (Schulte 1988). Als habe Marina nie wirklich geliebt.

Dann sieht Marina aus Solženicyns Porträt eine autoritative ethisch-fordernde Anfrage an sich gerichtet.[62] Wonach das Gesicht aber Züge „menschlicher Hilflosigkeit" annimmt – die moralische Autorität steigt also (kenotisch) zur Menschlichkeit herab. Derselbe Solženicyn zerstört in Marinas Lesbos-Traum in einer Art Tempelreinigung die homosexuelle Idylle auf Lesbos mit seinem Schlüsselbegriff „Ложь!"[63] Solženicyns Zorn, aber auch seine Gewandung im Stile mönchischer Einfachheit (Christus- bzw. Tolstoj-Habitus) bilden den Gegenentwurf zum lesbischen Lotterleben:

> ОН – в полушубке, то есть в простой козьей шкуре, подпоясанной широким кожаным поясом, крепкие ноги обуты в простые сандалии, загорелые руки сжимают дубовый посох, а треугольное лицо со шкиперской бородкой... о, Боже! ОН хватает тяжелый кратер и со страшным грохотом разбивает о перегруженую ястваями циновку.[64]

Die eigentliche Intension des Solženicynschen visionären Vorwurfs aber ist, dass Marina niemanden wirklich geliebt habe, auch ihn (den vermeintlichen Messias) nicht – „«ЛОЖЬ!!! МЕНЯ ЛЮБИШЬ НЕ ТЫ, А ОНА!!! ОНА!!!»" –,[65] auch Russland nicht, zumindest nicht das richtige – „«НЕБЕСНАЯ РОССИЯ!!!»"[66] –, jenes durch seine Leidensgeschichte geadelte Russland (*ТЛМ* 686/173f). Entsprechend bleibt Marina als Kern der von Solženicyn visionär eröffneten „истина"[67]

---

[62] „ОН всегда смотрел так, словно ждал ответа на вопрос своих пронзительных глаз: что ты сделала, чтобы называться ЧЕЛОВЕКОМ?" [ER blickt immer, als erwartete ER eine Antwort auf die Frage seiner durchdringenden Augen: Was hast du getan, um dich MENSCH nennen zu können?] (*ТЛМ* 668/139).

[63] „Lüge!" (*ТЛМ* 684/171). Bezugspunkt ist Solženicyns berühmter Aufruf *Жить не по лжи! [Lebt nicht in der Lüge!]*, datiert am Tag seiner Verhaftung und Ausweisung, dem 12. Februar 1974 (Solženicyn 1981:168–172).

[64] „ER – mit Fellmantel, das heißt in einem einfachen Ziegenwams, umgürtet mit einem breiten Lederriemen, an den kräftigen Füßen als Schuhwerk einfache Sandalen, die gebräunten Hände halten einen Eichenstab, und das dreieckige Gesicht mit dem Seemannsbart... o Gott! ER greift nach einem schweren Krug und zerschlägt ihn mit schrecklichem Gepolter auf der mit Köstlichkeiten überladenen Bastmatte." (*ТЛМ* 684/171).

[65] „LÜGE!!! NICHT DU LIEBST MICH, SONDERN SIE!!! SIE!!!" (*ТЛМ* 685/172). Die emphatische Großschreibung lässt sich auch auf grafischer Ebene als ein Solženicyn-Verweis lesen – insofern dieser etwa seine kenotische Sinngebung von Lagerhaft in Großbuchstaben drucken ließ (vgl. 5.4.4.2).

[66] „DAS HIMMLISCHE RUSSLAND!!!" (*ТЛМ* 685/172).

[67] „Höhere Wahrheit" (*ТЛМ* 687/176).

die bloße Aufgabe zu lieben, wenngleich immer noch mit unbestimmtem Liebesobjekt: „Кого?"[68]

Rumjancev stimmt schließlich dieselbe Topik an wie Solženicyn: „Ложь! Ложь и злоба."[69] Auch in ihrer moralistischen Kritik sind die männlichen Autoritäten austauschbar.

10.4.8 Das Gebot der Autoagape

> Ohne die Philia versinkt der Eros im Untermenschlichen, während die Philia ohne den Eros in Übermenschliche [der Agape] entschwindet. (Lotz 1979:92)

Nach soviel Demontage falscher Liebe – welches ist die richtige? Die explizite Lösung bringt Rumjancevs patriotische Credo-Frage: „«[...] ты советских людей любишь?»/ [...] «[...] ты наших любишь? Наших? Понимаешь?! Наших! Любишь?»"[70] Er legt Marina ein Ja in den Mund; dies aber kommt erst mit beträchtlicher Verzögerung: „«[...] потому что я своих люблю.»/ «Вот!» – шлепнул он ладонью по ее коленке. – «Вот и ответ тебе! Любишь своих! Вот как.»"[71] Diese scheinbar mäeutisch gehobene, aber wie bei der Sokratischen Mäeutik stets nur eingeflüsterte, autoritär oktroyierte Erkenntnis hat Marina also schon vor dem heterosexuellen Geschlechtsakt und Hymnen-Hören. Zwar wird diese Einsicht durch den Kollektivrausch der sowjetischen Hymne an die Oberfläche gehoben – latent ist sie jedoch bereits da. Schon im Pionierlager, in dem die zwölfjährige Marina von dem Pionierleiter Volodja vergewaltigt wird, wird ein Lied angestimmt, das den Vers enthält: „Эх, хорошо страну свою любить!"[72] Auch Marina hat schon zuvor ein kollektiv-geschwisterliches Mitleid mit den „Ihren", die es schwer haben; dem Dissidenten Mitja schenkt sie ihren Körper als Freundschaftsdienst. Eros kam im Gewand von Philia einher.

Aufschlussreicherweise wird diese Geschwisterlichkeits-Philia als „russisch" und „christlich" qualifiziert:

---

[68] „Wen?" (*ТЛМ* 686/175).
[69] „Lüge. Lüge und Bosheit." (*ТЛМ* 716/230).
[70] „‚[...] liebst du die Sowjetmenschen?'/ [...] ‚[...] liebst du unsere? Unsere! Verstehst du?! Unsere! Liebst du sie?'" (*ТЛМ* 716/232).
[71] „‚[...] weil ich die Meinen mehr liebe.'/ ‚Genau!' – klatschte er ihr mit der Hand aufs Knie. – ‚Da hast du die Antwort! Du liebst die Deinen! Siehst du.'" (*ТЛМ* 720/238).
[72] „Ach, wie gut sein eignes Land zu lieben!" (*ТЛМ* 637/82).

Марина мгновение неотрывно смотрела в его просветлевшие, наполняющиеся влагой глаза, потом порывисто обняла, целуя в щеку по-сестрински, по-русски, по-христиански [...]"[73]

Der christliche Liebesbegriff wäre dann aber nicht mehr Eros und nicht Philia, sondern ἀγάπη (*agape*), jener Terminus, der eine neutestamentliche Innovation darstellt; im NT wird die Liebe in einem Ableitungszusammenhang von Gottesüber Christus- zu Bruderliebe motiviert. Letztere begegnet besonders bei Johannes,[74] aber auch direkt vor der christologischen Perikope: „μὴ τὰ ἑαυτῶν ἕκαστος σκοποῦντες, ἀλλὰ καὶ τὰ ἑτέρων ἕκαστος".[75]

Ist die Belegstelle „по-христиански" [auf christliche Weise] aber nicht zu wenig, um das kollektiv-nationale Liebesgebot aus Sorokins Roman in die Tradition der christlichen Agape anstelle einer sozialistisch-immanenten Philia einzuordnen? Schließlich ist es ja der Kontext der sozialistischen Gesellschaftsauffassung, in dem dieser Appell von Rumjancev geäußert wird. Nein, denn in *ТЛМ* begegnen weitere Hinweise auf die *sedes doctrinae* der neutestamentlichen Agape-Lehre, auf 1Kor 13. Marinas ungestilltes Liebesbedürfnis wird mit der Formel „Жить: верить, любить, надеяться."[76] bezeichnet, die auf 1Kor 13,13[77] zurückgeht. Was in *ТЛМ* also normativ verordnet wird, ist eine „Liebe zum sozialistischen Vaterland", die ihre Herkunft von der christlichen Bruder-Agape – jedenfalls nach Sorokins Darstellung – nicht verleugnet. Die Liebe zur eigenen Nation bildet den kleinsten gemeinsamen Nenner von Marina, Mitja, Solženicyn und Rumjancev; allesamt teilen sie den spätsowjetischen nationalistischen Unterton.

Wenn aber die realsozialistische Liebe zu den „Seinen" das *télos* ist, dann ist Marinas Homosexualität gar eine Zwischenstufe auf dem Weg dorthin: Was die Protagonistin durchmacht, ist die Mauser von der (individuellen) Homo- und Autoerotik zur (kollektiven) Autoagape. Lediglich das Niveau der selbstbezogenen Liebe wird von Eros über Philia zu Agape gehoben. Zugleich aber wird der Eros degradiert, durchläuft einen ‚kenotischen' Wandel zur Agape, an dem womöglich

---

[73] „Marina sah für einen Moment unverwandt in seine erleuchteten, feuchtgewordenen Augen, dann umarmte sie ihn innig, küßte ihn auf die Wange, schwesterlich, russisch, christlich [...]" (*ТЛМ* 664/132).

[74] Jh 13,34f, 15,12.17.

[75] „[...] und ein jeder sehe nicht auf das Seine, sondern auch auf das, was dem anderen dient" (Phil 2,4).

[76] „Leben: glauben, lieben, hoffen." (*ТЛМ* 656/116). Dieselbe Trias begegnet in Sorokins unveröffentlichtem *Концерт [Konzert]* (2. Hälfte 1990er Jahre; s. Su. Frank 1999).

[77] „Νυνὶ δὲ μένει πίστις, ἐλπίς, ἀγάπη, τὰ τρία ταῦτα· μείζων δὲ τούτων ἡ ἀγάπη." [Nun aber bleiben Glaube, Hoffnung, Liebe, diese drei; aber die Liebe ist die größte unter ihnen.].

gar etwas „Russisches" ist.[78] Nach dem einen heterosexuellen Orgasmus ihres Lebens verschwindet Marinas Sexualleben völlig – ohne dass die „Liebe" enden würde: Die einmalige erotische Erfüllung bildet nur eine Durchgangsstation zur asexuellen Agape. Das Aufgehen in der Kollektiv-Autoagape realisiert sich für Marina als Selbsterniedrigung im Bruderliebesdienst am Kollektiv der Werktätigen in der Fabrik.[79]

10.5 Gender-Shift und Mariologie

Wenn die kommunistische Kollektiv-Agape ein Säkularisat der neutestamentlichen Bruderliebe ist – handelt es sich dabei um ein zufälliges Einzelphänomen in *TЛМ*? Oder wird dies von weiteren christlichen Momenten flankiert?

10.5.1 Religiöse Bezüge
Gleich das Montaigne zugeschriebene Motto des Romans „... ибо Любовь, мой друг,/ как и Дух Святой,/ живет и дышит там,/ где хочет."[80] bringt den Heiligen Geist ins Spiel – als Analogon zur „Liebe", einer Chiffre, die sich, wie gesehen, zunächst als Prostitution, Kindesmissbrauch, Homosexualität verkleidet, bevor sie moralisch als kollektive Autoagape sanktioniert wird. Marina selbst ist, wenngleich nicht kirchlich gebunden, vage gläubig (*TЛМ* 606/23) und bewahrt in ihrer Intimschublade – neben Dissidentenliteratur und dem Album der 29 Geliebten – auch Bibel, Rosenkranz,[81] Psalter und Gebetbuch (*TЛМ* 669/141) auf. Zur

---

[78] Vgl. Fedotovs Relationierung von Eros und Agape durch die Kenose – und zwar als Merkmal des russischen Christentums: „[...] Эрос изменяет нам и нуждается в кенотическом восполнении. [...] Эрос, сам себя опустошающий в жертвенном снисхождении – к миру и к человеку, – есть все же высший образ любви. По крайней мере таков завет русского христианства." [Der Eros betrügt uns und bedarf eines kenotischen Komplements. (...) Der Eros, der sich selbst entleert in Opfer und Selbsterniedrigung – zur Welt und zum Menschen, – ist um nichts weniger das höchste Bild der Liebe. So jedenfalls lautet das Gebot des russischen Christentums.] (Fedotov 1992:226f). Vgl. auch 4.5.12.1.

[79] Daran wird wieder die Differenz von Ideal und sozialer Praxis deutlich, wie es in den meisten Fällen auch die kirchliche Agape-Norm kennzeichnet (s. 8.4.5.1).

[80] „... denn die Liebe, mein Freund, wie der Heilige Geist, lebt und atmet, wo sie will." (*TЛМ* 597/5). Die gezielt ungenaue und orthografisch fehlerhafteQuellenangabe „из приватной беседы (!)" [im Gespräch] könnte ein Hinweis sein, dass die Suche nach der Belegstelle bei Montaigne aussichtslos ist – zumal der orthografische Fehler in allen anderen Ausgaben erhalten bleibt, so in *Москва* (Sorokin 2001a:19), der dreibändigen Ausgabe (Sorokin 2002:II 9) und auch in der Online-Fassung (Sorokin 2000).

[81] Die Zählschnur *вервица* hängt im orthodoxen Kulturkreis eher mit Christus (dem Jesusgebet, s. 4.5.8.3) als mit Maria zusammen.

Zeit ihrer moralischen Krise spricht Marina auswendig ein langes Beichtgebet in der mit Tolstoj verbundenen Chamovniki-Kirche (*TJIM* 702/204f). In diese Phase fällt auch ihre Lektüre des para-christlichen Andreev-Kompilats.[82]

Diese christlichen Ansätze werden mit dem kommunistischen Umbruch beseitigt; Marina verbrennt sie (*TJIM* 730f/259f). Als Ausdruck der sowjetischen Christentumsfeindschaft soll Marina nun den Ausruf „господи"[83] unterlassen. Aber ist der Roman die lineare Geschichte einer Austreibung religiöser Muster?

10.5.1.1 Para-religiöses Glauben-Wollen

Die Apotrope der christlichen (rhetorischen) Oberfläche läuft keineswegs parallel zu einer vergleichbar linearen Reduzierung von Religiosität im Roman. Para-Religiöses bildet viel eher eine Konstante, die den gesamten Text durchzieht und auch den Antagonismus von kommunistischer Staatsideologie und dissidentischer Weltanschauung überformt.

Die Trias „Glauben, Lieben, Hoffen" ist, wie gesehen, ein Zitat aus 1Kor 13,13 und bringt Marinas Liebessehnsucht mit der neutestamentlichen Agape zusammen. An der SWtelle, wo diese Zitation begegnet (*TJIM* 656/116), ist die christliche Herkunft des Prätextes für das Sujet nicht entscheidend; Marinas Seufzer „Glauben, Lieben, Hoffen" entspringt eher einer para-religiösen Sehnsucht nach Überschreitung der von ihr als Elend erlebten sowjetischen Realität.

Bezeichnend ist, dass auch Rumjancev einen Willen zum kontrafaktischen Glauben hat – an den Kommunismus (*TJIM* 718/235), an die Erfüllung des Plans (*TJIM* 720/239), daran, dass sein Glaube ganz „konkret" der „Realität" gelte. Die paulinische und Černyševskijsche Losung von den „neuen Menschen" (6.5.2.1) hat sich Rumjancev im Namen des Kommunismus ebenso angeeignet (*TJIM* 719/236) – auch sie eine normative Setzung. Wo Marinas Hoffen der Transzendierung immanenter Wirklichkeit gilt, da möchte der Parteisekretär, dass seine kommunistische Utopie in der Realität schon realisiert sei. Rumjancev hat den Vorteil, dass er Sollen und Sein in Deckung miteinander behauptet, während Marina die Kluft von Sein und Sollen als schmerzliche Differenz empfindet.

In ihrem ungerichteten Suchen nach Überschreitung des sowjetischen Jammertals bedient sich Marina bei diversen Quellen. Wenn sie zeitweise ihre politisch-religiöse Sehnsucht auf eine Wiederkunft des Exilanten Solženicyn richtet, so zitiert dieses Zerrbild von einem Messias 1) Christus in der Mandorla, 2) den Bauernhabitus Tolstojs, 3) das tellurische Pathos des *почвенничество [Boden-*

---

[82] *TJIM* 706–708/212–216; vor allem aus den prophetischen Büchern XI–XII (D. Andreev 1991:203–272).

[83] „Herrgott" (*TJIM* 745/287).

ständigen-Bewegung], 4) das orthodoxe Osterfest und 5) die heidnische Symbolik eines eschatologischen Sonnenaufgangs:[84]

> Открывается овальная дверь и в темном проеме показывается ЛИЦО. [...] в этих мудрых, мужественных глазах великого человека, отдавшего всего себя служению России, стоят слезы.
>
> ОН [...] выходит в том самом тулупчике, прижимая к груди мешочек с горстью земли русской.
>
> [...] ОН там, наверху, залитый лучами восходящего солнца, поднимает тяжелую руку и размашисто медленно крестится, знаменуя Первый День Свободы./ И все вокруг крестятся, целуются, размазывая слезы.[85]

10.5.1.2 Christologische Bezüge

Mit der ovalen Türöffnung wird die Darstellung Christi in der Mandorla aufgerufen; der Armutshabit, der im russischen kulturellen Gedächtnis des 20. Jh.s vor allem mit Tolstoj assoziiert wird, geht auf den Mönchshabit zurück, also die Nachahmung von Christi Armut (5.3.1); das liturgisch-langsame Kreuz-Schlagen stellt ein Bekenntnis zur Christusnachfolge dar (s. 4.5.3.8). Im Konglomerat mit anderen religiösen Emblemen sind also in Marinas para-religiöser Sehnsucht christologische Anklänge manifest.

Dazu kommen, über den Romantext verstreut, weitere Allusionen, etwa an die christologische Zahl 30[86] oder an Christi Gehen auf dem Wasser des Sees Genezareth: „Ей снилось бесконечное море, по которому можно было спокойно ходить, не проваливаясь."[87] Extrem komplex ist der Zitatzitat-Charakter beim

---

[84] Die auch in der Sowjettopik begegnet und von Bulatov schon als para-religiös dekonstruiert wurde (vgl. dazu Groys 1988:90–93).

[85] „Die ovale Luke [eines in Vnukovo gelandeten Flugzeugs] geht auf, und in der dunklen Öffnung erscheint das GESICHT./ [...] in diesen weisen, tapferen Augen des berühmten Mannes, der sich ganz dem Dienste Rußlands verschrieben hat, stehen Tränen./ ER [...] tritt heraus in eben jenem ungefütterten Pelzmantel, ein kleines Säckchen an die Brust gedrückt, darin eine Handvoll russischer Erde./ [...] ER, dort oben, beschienen von den Strahlen der aufgehenden Sonne, hebt den schweren Arm in einer weit ausholenden, langsamen Bewegung und bekreuzigt sich im Namen des Ersten Tages der Freiheit./ Und alle bekreuzigen sich, küssen sich, wischen sich die Tränen ab." (*ТЛМ* 656/116f).

[86] Marina ist zum Zeitpunkt der Handlung 30 Jahre alt (*ТЛМ* 612/34); ihre 30. Liebe kommt im 30. Frühling (*ТЛМ* 650/107) – d.h. um Ostern des 30. Lebensjahres (zu Jesus-Transfigurationen über das *tertium* Lebensalter s. T. Ziolkowski 1972:283f).

[87] „Sie träumte von einem unendlichen Meer, auf dem man laufen konnte, ohne unterzugehen." (*ТЛМ* 627/64).

klagenden Ausruf, dieser Flecken Erde sei gottverlassen: „«Господи», – думала она. – «Да это место на Земле просто отдано дьяволу, как Иов!»"[88]

In Marinas Lesbos-Traum, eingeschoben in Solženicyns Philippika gegen die „Lüge",[89] wider die fehlende Liebe, ertönt aus dem Off ein Troparion an einen namenlosen Christus-Imitator:

От юности Христа возлюбииив,
В легкое иго Его на ся восприяаал еси,
И мнооогими чудесааами прослааави тебе Бог,
Моли спастися душам нааашииим...[90]

Das Lob für einen – im Zitat nicht namentlich benannten – Christusnachahmer ruft den traditionellen Appell zur Christus-Nachfolge auf. Dass auch dies bei Sorokin beileibe nicht als direkte Handlungsanweisung an den Leser zu werten ist, garantieren die distanzierte Medialität (s. 10.9.1) sowie die doppelte Brechung durch den Traum und den Zusammenhang mit dem später überwundenen, mithin falschen Messias Solženicyn. Darüber hinaus wird aus der narrativen Einbettung deutlich, dass eine allgemeine Christusnachahmung nicht das ist, worum es Solženicyn geht; für ihn besteht der Kern „в чем-то совсем-совсем другом",[91] im leidenden Russland (s. auch 5.2.6.2); d.h. dem Russland der Christusnachahmer, einer national eingeschränkten Variante von Christus-Nachfolge (s. Dostoevskij, Solženicyn, D. Andreev etc.).

Das russische Leidensevangelium des Dissidenten wird fortgesetzt, wenn noch einmal vermeintlich die Stimme des Protodiakons ertönt, die nun aber ein Lied anstimmt, das zu besserer Parteilichkeit (als der offiziellen) auffordert (ТЛМ 686/174): Also geht es um eine weitere historische Einschränkung – nicht bloß um den Dienst an einem überhistorischen Russland, sondern um die Aufforderung zu aufopferungsvollem Dienst an Russland unter erschwerten sowjetischen Bedin-

---

[88] „,Mein Gott', dachte sie, ,dieser Flecken Erde ist ja praktisch dem Teufel überlassen, wie Hiob!'" (ТЛМ 655/114). Vgl. Erofeevs Bezug auf Tjutčev (9.4.1).

[89] Vgl. Solženicyns Жить не по лжи! [Nicht in der Lüge leben!] vom 12. Februar 1974 (1981:168–172).

[90] „Von Kindheit an hast du Christus geliebt/ Und sein leichtes Joch auf dich genommen,/ Mit vielen Wundern hat Gott dich gesegnet/ Bitt' für das Heil unserer Seelen..." (ТЛМ 685/172f). Das bekannteste derartige Troparion ist dem Hl. Serafim von Sarov gewidmet (глас 4): „Отъ юности Христа возлюбилъ еси, блаженне,/ и Тому Единому работати пламеннѣ вождел въ [...] [Von Jugend an hast du Christus geliebt, Apostelgleicher, und Diesem Einen wolltest du glühend als Sklave dienen (...)] (Akafist Serafimu 1991:44).

[91] „[...] in etwas ganz Anderem" (ТЛМ 685/173).

gungen?[92] Als Gegengewicht zu dieser nun vermeintlich sehr konkreten Realisierung von dissidentischer Christusnachahmung sind wieder die zusätzlichen Einklammerungen – Traum, vorübergehendes Erkenntnisstadium und die Metadiskursivität – von Sorokins Schreiben einzuberechnen, welche die Konkretion soweit aufweichen, dass von echter imperativischer Nachahmungsparänese an den Leser nicht die Rede sein kann; es bleibt bei Metaparänese (s. 10.9.1).

10.5.2 Leidensdulder-Schablonen
Eine solchermaßen historisch konkretisierte (aber eingeklammerte) Inanspruchnahme der Christus-Nachfolge der Dissidenten wird mit fertigen Epitheta von Christoformität belegt: Marina tröstet/bewundert Mitja: „«Ты у нас мученик.»" Und:, „«Страдалец ты наш.»"[93] Mitja formuliert, wie um das Raster zu komplettieren, auch noch ein Credo des sinnvollen Leidens, einen Zweck der politisch zunächst wirkungslosen Kenose:

«Да. Хоть мы и были детьми, дразнящими дракона, наши страдания не бессмысленны...»
И помолчав, добавил твердо, словно вырубив: «Россия поднимется. Я в это верю.»[94]

Wie schablonenhaft all dieses Pathos in Marinas Bewunderung wie Mitjas Credo vom Sinn der Selbsterniedrigung auch daherkommt – überboten wird die Schablonenhaftigkeit durch ein grammatisches Mittel – einen pathetischen Parallelismus von Attributen – und ein grafisches – die Setzung der dissidentischen Botschaft von Russlands Leidensdulden in Großbuchstaben:

ВЕЛИЧИЕ РУСИ НАШЕЙ СЛАВНОЙ С НАРОДОМ ВЕЛИКИМ С ИСТОРИЕЙ ГЕРОИЧЕСКОЙ С ПАМЯТЬЮ ПРАВОСЛАВНОЙ С МИЛЛИОНАМИ РАССТРЕЛЯННЫХ ЗАМУЧЕННЫХ УБИЕННЫХ [...] СО СЛЕЗАМИ И С БОЛЬЮ С ВЕЛИКИМ ТЕРПЕНИЕМ И ВЕЛИКОЙ НАДЕЖДОЮ...[95]

---

[92] Vgl. die zu Sowjetzeiten in der Russisch-Orthodoxen Kirche verbreitete Opfertopik (5.2.4.3 u. 8.9).

[93] „‚Du bist unser Märtyrer.'" – „‚Unser Dulder.'" (*ТЛМ* 661f/126–129); zum Martyrium in Sowjetzeiten 5.2.1.

[94] „‚Ja. Wenn wir auch Kinder waren, die einen Drachen ärgerten, unsere Leiden waren nicht sinnlos...'/ Und nach kurzem Schweigen fügte er hinzu, so bestimmt, als sei es eingemeißelt: ‚Russland wird sich erheben. Daran glaube ich.'" (*ТЛМ* 664/131).

[95] „EHRE SEI RUSSLAND UNSEREM RUHMREICHEN MIT SEINEM GROSSEN VOLKE MIT SEINER HELDENHAFTEN GESCHICHTE MIT RECHTGLÄUBIGER VERGANGENHEIT MIT MILLIONEN ERSCHOSSENER GEQUÄLTER GEMORDETER [...] MIT TRÄNEN UND MIT SCHMERZ MIT GROSSEM DULDEN UND GROSSER HOFFNUNG..." (*ТЛМ* 686/173f).

Der autoritative Satz in Großbuchstaben im Verbund mit dem archaisierenden Pathos dieser Verkündigung höhlt die Botschaft aus. Die Hervorhebung markiert das Wissen darum, dass Sentenzen zu einfach sind.[96]

Die emphatische soziale Kenose im Dienste antisowjetischen Aufbegehrens, wie sie bei Venička begegnete (9.3.2.5), gibt es in Sorokins Dissidentenbild also nur zitatweise, als markiertes Zitatzitat. Zudem ist im Roman von 1983/84 die Bereitschaft zum Leidensdulden des Dissidenten bereits zusammengebrochen; Mitja resigniert und erklärt sich zur Ausreise bereit (*TJIM* 662/127f). Damit ist das Dissidententum in einem post-heroischen Stadium angelangt; Dissidententum und SR berühren sich – Sorokin zufolge – im Postheroisch-Parakenotischen.

10.5.3 Heilige Frauen

Welche Rolle spielt bei diesen Metabezügen auf Christus-Nachahmung die Tatsache, dass die Heldin weiblich ist? Wie relevant ist angesichts der Neutralisierung des Eros und mit ihm des Sexus, die in der Geschwisterlichkeitsagape restlos aufgehen, die Geschlechtsidentität Marinas? Hängt dies vielleicht mit der christlichen Genealogie des Agape-Konzepts zusammen?

An den Vornamen *Marina* lassen sich Bezüge auf verschiedene Frauengestalten der europäischen Kulturgeschichte,[97] besonders aber auf mehrere heilige Frauen der Christentumsgeschichte anknüpfen – die Hl. Margarethe (in der griechischen und pan-orthodoxen Tradition: Hl. Marina), Gregor von Nyssas heilige Schwester Makrina sowie auf die diversen Mariengestalten des NT und der Christentumsgeschichte (*Marina* ist eine Paronomasie von *Maria*, was bereits als Referenzsignal genügt; s. 5.1.1). Während Gregors *Vita Macrinae* höchstens punktuelle Anknüpfungen erlaubt,[98] erscheint die Hl. Margarethe als direkter Gegenentwurf zur Sorokinschen Protagonistin.[99] Dagegen gestatten die Mariengestalten des NT und deren weitere christentumsgeschichtliche Karriere vielfältige Anknüpfungen.

---

[96] Thomas Mann tut im *Zauberberg* Ähnliches mit dem isoliert kursiv gesetzten Satz „*Der Mensch soll um der Güte und Liebe willen dem Tode keine Herrschaft einräumen über seine Gedanken.*" (Mann 1986:686).

[97] In der russischen Tradition vor allem auf die polnische Katholikin Marina Mniszek, die Braut des Pseudo-Demetrius, die mit ihrer westlichen Pracht auf orthodoxen Widerstand stieß – wie die von westlichem Luxus infizierte Marina auf der KP.

[98] Makrinas Entscheidung für die Jungfräulichkeit nach dem Tod ihres Verlobten und ihr heiligmäßiges Leben im Iriskloster sind nur mühsam mit Marinas Wandlung zu korrelieren.

[99] Die Hl. Margarethe/Marina von Antiochien gewann den Titel *Megalomartyr* (russ. великомученица ‚Erzmärtyrerin') dafür, dass sie den römischen Stadtkommandanten Olibrius, der sie bedrängte, wegen ihres christlichen Glaubens zurückwies und dafür gefoltert, in den Kerker geworfen und schließlich hingerichtet wurde. Der Kontrast zu Sorokins Marina, die keinen Freier abweist, könnte größer nicht sein.

10.5.4 Mariengestalten

Marinas Prostitution legt den Bezug zu zwei Sünderinnengestalten der Christentumsgeschichte nahe – zu Maria Magdalena, der Hure, die Jesus nachfolgt, sowie zu Maria der Ägypterin. In der Figur der Maria Magdalena gehen Christusnachfolge und Prostitution zusammen, werden nicht in ein Ausschließungsverhältnis gebracht; Eros und Agape können bei ihr koexistieren. In der Übergangsphase ist dies bei Marina, die ihren Eros aus Mitgefühl an Mitja verschenkt, durchaus vergleichbar; der Eros bildet bei ihr ein Durchgangsstadium zur Agape.

Besonders lebendig ist in der russischen Apokryphen-Tradition die reuige Sünderin Maria die Ägypterin, die schließlich den rechten Weg findet und 47 Jahre in der Wüste strenge Askese beachtet.[100] Bei dieser Maria findet also ein Umbruch statt, wie ihn Marina erlebt: vom Eros zur Asexualität, zur Askese. Bei Marina steht lediglich Arbeitsaskese an der Stelle von Einsamkeitsaskese; ihre Wüste ist die Fabrik.

Alle Mariengestalten profitieren verehrungsgeschichtlich von ihrer Namensgleichheit mit der höchsten Heiligen des Christentums, Jesu Mutter Maria, der allein besondere Verehrung (*cultus hyperduliae*) gilt und die besonders in der katholischen Tradition sukzessive von allem Irdischen befreit wurde, über alle Sünde erhaben ist (s. 10.5.4.3). Dies auf Marina zu beziehen, würde wieder bedeuten, vom Gegenteil her zu denken. Allerdings erreicht Marina nach ihrer Läuterung einen Status der Reinheit, der diese Anknüpfung nicht zum bloß lästerlichen Gestus macht.

10.5.4.1 Zwei Marias – zwei Naturen einer Maria

In jedem Fall stehen im Bezug von *Marina* auf *Maria* zwei durchaus verschiedene Weiblichkeitskonzepte nebeneinander: die reine Gottesmutter und die geläuterte Maria von Ägypten auf der einen Seite, die irdischen Sünderinnen Maria Magdalena und Maria von Ägypten vor ihrer Läuterung auf der anderen. Christentumsgeschichtlich wurde diese Juxtaposition immer wieder produktiv. Eine eigene dogmatische Ausfaltung erfuhr sie in der Eva-Maria-Typologie, der zufolge Marias Reinheit den Sündenfall Evas heilsökonomisch wieder ins Lot bringt.[101]

In *TJM* wird zunächst das Nebeneinander von himmlisch-reiner und irdisch-liebender Maria herangezogen; im Sinne einer solchen Juxtaposition erklärt der erste Klavierlehrer Marina Bachs Präludium und Fuge in f-Moll:

---

[100] Zu den Apokryphen vgl. 4.3.4.3, zu Maria von Ägypten s. Remizovs Мария Египетская [*Maria von Ägypten*] (2001:116–120). Cf. auch Söll 1984:123.

[101] Vgl. Justin *Dial.* 100,5. Dazu Kallis 1996:369f. Zum analogen christologischen Rekapitulationstheorem s. 3.0.6.

«Понимаешь, милочка, здесь две Марии. [...]. – Прелюдия – одна Мария, а фуга – совсем другая. Они разные, если не по духу, то по характеру.» [...] «[Прелюдия –] Это состояние божественной просветленности, ожидание Благовещения, небесная любовь...» [...] «А [фуга –] это земное чувство. Другая Мария. Такая же просветленная, но и реально чувствующая землю под ногами. И любовь – земная, в лучшем смысле этого слова, любовь истинная и полнокровная, бескорыстная и добрая, страстная и обжигающе-тревожащая...»[102]

Nicht weniger eindeutig auf Maria Magdalena bezogen ist Marinas erste weibliche Geliebte: „Ее звали Мария. Маша. Машенька./ Волны земной любви... Они исходили от нее [...]";[103] diese Maria steht für die irdische Liebe, den Eros. Andererseits wird durch den Nachnamen dieser ersten Geliebten, Marija Solov'eva, die Solov'evsche Religionsphilosophie herangezitiert (*ТЛМ* 669/142; vgl. 4.4.4.2). Für Weiblichkeitskonzepte ist Solov'ev durchaus einschlägig – im Kontext seiner Sophiologie, die sich aus der johanneischen allegorischen Mariologie speist.

Weit expliziter ist der Titel von Ninas Widmungsgedicht *Ave Marina* (*ТЛМ* 631/71), welcher – in lateinischen Buchstaben – die katholische Marien-Hymne zitiert. Insofern der Katholizismus die weiteste Auffächerung der Mariologie kennt, ist zugleich der kulturelle Index des Fremden aufgerufen.[104] Die marianischen Anspielungen in *ТЛМ* sind folglich außerordentlich komplex, womit es angezeigt erscheint, wie bei Gor'kijs Pelageja Vlasova (s. 7.6) auch bei Marina die Relation zur klassischen Mariologie eingehender zu betrachten.

10.5.4.2 Marianische Empfänglichkeit

Zu den mariologischen Annexen der Christologie gehört Marias *compassio*; als erste repräsentiert sie das Mitleiden mit Christi Leiden auf körperliche Weise: durch Stigmatisierung (s. 3.3.2.2). Dieses Mitleiden mit Christus, diese auf Chris-

---

[102] „‚Verstehst du, Liebes, hier gibt es zwei Marias [...], das Präludium ist die eine Maria, die Fuge eine ganz andere. Sie sind verschieden, wenn nicht im Geiste, so doch im Charakter.' [...] ‚[Das Präludium ist] Ein Zustand göttlicher Erleuchtung, das Erwarten der Verkündigung, himmlische Liebe...' [...] ‚Und das [die Fuge] ist irdisches Gefühl. Die andere Maria. Ebenso erleuchtet, doch mit dem realen Gefühl des Erdbodens unter den Füßen. Und die Liebe ist irdisch, im besten Sinne des Wortes, eine ehrliche und glutvolle Liebe, selbstlos und gut, leidenschaftlich und beunruhigend-lodernd.'" (*ТЛМ* 636/80f).

[103] „Sie hieß Marija. Maša. Mašen'ka. Wellen irdischer Liebe... Sie gingen von ihr aus..." (*ТЛМ* 642/91). Eine weitere, hier nicht zu verfolgende Spur führt zu Nabokovs ungreifbarer *Машенька [Mašen'ka]*.

[104] Mit entsprechender Befremdung wird Ninas Gedicht mit Sappho-Inventar von Marina als zu gekonnt rhetorisch verworfen (*ТЛМ* 631/72), während Sašen'kas weniger hochtrabendes Gedichtchen im Sinne sentimentalistischer Antirhetorik als Ausdruck „искреннее любовное безрассудство" [Ehrliche Unvernunft der Liebe] gewürdigt wird (*ТЛМ* 631/72).

tus gerichtete Agape avanciert zur marianischen Haupttugend und wird über Christus hinaus zu marianischer Panagape ausgeweitet; die den Lieblingsjünger Johannes einschließende metaphorische Mutterschaft Marias (Jh 19,26f) erlaubt es, diese als allegorische Personifikation brüderlicher Agape zu sehen; die mariologische Ekklesiologie spricht von Maria als *typus Ecclesiae* (vgl. Söll 1984:159f).

Marinas Fähigkeit zum Mitleiden mit dem Dissidenten Mitja ist davon höchstens ein schwacher Abglanz, der zudem im Gewand des Eros auftritt. Doch ist, wie gesehen, bei Sorokins Protagonistin der Keim einer Kollektivagape lange angelegt, und nur dank dieser Anlage kann später der Umschwung stattfinden.

Die Empfänglichkeit für den Schmerz anderer ist jedoch nur eine Facette der umfassenderen marianischen Tugend der Empfänglichkeit. Diese Empfänglichkeit betrifft schon vorinkarnatorisch Marias Bereitschaft, den Logos aufzunehmen und als Gefäß der Inkarnation Christi zu dienen. Sorokins Marina geht eine solche Gefäß-Empfänglichkeit anfangs gänzlich ab. Ihre heterosexuelle Frigidität ist bis zum 30. Lebensjahr unüberwindlich und dauert noch zu Beginn des Koitus mit Rumjancev an. Die neue Empfänglichkeit wird erst erworben unter multimedialer ‚Bearbeitung' durch den Penis des Parteisekretärs, die Glockenschläge des Kreml'-Turms und schließlich die sowjetische Hymne. All dies zusammen rührt Marina zutiefst auf (*ТЛМ* 726/252); durch die neue Empfänglichkeit ist sie wie „заново родившаяся".[105]

Von anatomischer Jungfräulichkeit, die in der mariologischen Theorie mit der Empfänglichkeit verknüpft ist, kann bei der professionellen Prostituierten Marina klarerweise nicht die Rede sein. Es ist eher einer Umkehrkonstellation geschuldet, wenn die Empfänglichkeit für den Logos (des Sozialismus) an einen heterosexuell mitausgelösten Orgasmus geknüpft ist: Die Folge dessen ist in *ТЛМ* gerade keine Erweckung des Sexus, sondern dessen Annullierung. Nicht im anatomischen, wohl aber im moralisch-politischen Sinne tritt Marina danach als reine (Neu-) Jungfrau auf. So paradox es klingt: Im Sinne einer feministischen, nicht-anatomischen Interpretation von Marias Jungfräulichkeit, die auf seelische „Rezeptivität" und Empfänglichkeit abhebt (Halkes 1980:113f; Halkes 1994:169), hat Marinas *Neujungfräulichkeit* durchaus marianische Züge. Neujungfräulichkeit ist zudem eine in der Geschichte der russischen Nonnenklöster eingeführte Kategorie.[106] Ihre Neujungfräulichkeit erlaubt es Marina, die früheren Keime geschwister-

---

[105] „Wie neugeboren" (*ТЛМ* 727/253).
[106] Siehe das von Vasilij III. 1524 gegründete Новодевичий монастырь *[Neujungfrauenkloster]*, in dem die abgelegten Ehefrauen der Zaren zu ‚Neujungfrauen' zwangsgeläutert wurden.

licher Philia jetzt in Reinform zu entwickeln, in para-marianischer Demut,[107] in der Einfügung in den Agape-Dienst am anderen, dem Dienst am Sozialismus. Stand die erste Hälfte des Romans im Zeichen der alttestamentlichen Eva, so triumphiert im zweiten Teil die reinigende Leistung der neutestamentlichen Gottesmutter.

10.5.4.3 Nachgereichte Reinigung

> Aber statt eine dynamische, geschichtliche und konkrete Dimension zu bekommen, die glaubwürdig und inspirierend sein könnte, ist sie ein Idealtyp geworden, ganz hoch, weit weg und blaß. Auf kleines Maß zurechtgestutzt wurde sie besonders dann, wenn eine männliche Geistlichkeit auf sie projizierte, was ihr als weibliches Ideal vorschwebte: klein, niedrig, und vor allem keusch, keusch, keusch... (Halkes 1980:115)

Bei einer solchen, von der feministischen Mariologie inspirierten Blendung der marianischen Empfänglichkeit auf Marina bleibt ein Interpretationsproblem ungelöst: Die Empfänglichkeit ist, wie gesehen, bloß eine neu erworbene, die Jungfräulichkeit eine Neujungfräulichkeit. Das mariologische, besonders katholisch-marianische Theorem von der uranfänglichen Reinheit Marias, ihrer *immaculata conceptio*, ihrer Freiheit von der Erbsünde (u.a. der Sexualität) wird in zeitlicher Hinsicht umgekehrt: Marina erwirbt ‚Reinheit' erst nach anfänglicher (in anatomischem Sinne ja schon angesichts des Missbrauchs durch den Vater im Kindesalter unabweisbarer) Unreinheit, nachträglich. Mögen in *TJM* auch mariologische Motive anklingen – Sorokins Marina ist ohne Zweifel alles andere als eine Marienallegorie. Die Abbildungsrelation von der reinen Maria auf die neureine Marina lässt sich nicht anders als über Unähnlichkeit vermittelt beschreiben, als kenotische Repräsentation marianischer Tugenden.

Oder ist es mit Marias anfänglicher Reinheit auch so eine Sache? Die katholischen Dogmen von Jungfräulichkeit und Unbefleckheit Marias werden durchaus nicht in allen christlichen Konfessionen gleichermaßen akzeptiert. Dass der Protestantismus daran massive Bedenken anmeldet, braucht hier nicht zu interessieren, wohl aber die Einwände der Orthodoxie.

Ein Blick zurück in die Geschichte der mariologischen Dogmenbildung zeigt diese als sukzessiven Reinigungsprozess. In den frühesten biblischen Zeugnissen hat die menschliche Frau Maria das Kind Jesus geboren (Gal 4,4), spricht Maria von Joseph als dem Vater Jesu (Lk 2,48), hat Jesus leibliche Geschwister (Mk 6,3), teilt Maria zunächst mit der Umgebung das Unverständnis für Jesu Predigten

---

[107] Lukas lässt Maria sich als „ἡ δούλη Κυρίου" [Sklavin des Herrn] (Lk 1,38, vgl. auch 1,48) bezeichnen, was wiederum doppelt mit der Kenose Christi zusammenhängt: Einmal bekräftigt die irdische Mutterschaft die Radikalität der Selbsterniedrigung Christi („wahrer Mensch"), zum anderen ahmt die Mutter diese ethisch-dienend nach.

(Lk 2,50) und stößt erst nach Ostern zu den Aposteln (Apg 1,14). Die Rede von der Jungfrauengeburt kommt erst in Mt 1,23 und Lk 1,27 durch die Interpretation der Septuaginta-Übersetzung des hebräischen עַלְמָה (*almā'*, [junge Frau]) aus Jes 7,14 mit παρϑένος [Jungfrau] auf (vgl. Knoch 1984:33f.85). Das paulinische Interesse am echten Menschsein Christi wird später immer mehr durch das an der Gottsohnschaft, also Göttlichkeit Christi überblendet, die Maria mit ‚desinfiziert'. Die Ehe mit Joseph stellt sich den Mariologen dann als nicht vollzogen dar (sog. Josephsehe); Maria erscheint nicht nur vor der Empfängnis Jesu (*virginitas ante partum*), sondern auch danach (*post partum*) – nach einer schmerzlosen Geburt (s. Stichel 1990:27–39) – als ewige Jungfrau; Epiphanios von Salamis tituliert Maria um 409 ἀειπάρϑενος.[108]

Ist für all dies das Zeugnis des NT noch die Basis, so gilt das nicht mehr für zwei „neue Wahrheiten" der katholischen Kirche über Maria (Söll 1984:124), welche „spekulativ" hergeleitet wurden (ebd.:154) – Unbeflecktheit und Himmelfahrt. Die Reinheit der Jungfrau Maria von der Sünde menschlicher Sexualität wird zeitlich nach hinten erweitert auf Marias eigene Zeugung im Konzept der *immaculata conceptio*. Diese wird 1854 von katholischer Seite dogmatisiert, von der Orthodoxie aber, die vielmehr die kenotischen Aspekte an der „Gemeinschaft" des Logos mit „der [sündigen] Natur" Marias betont (Kallis 1996:374), weitgehend abgelehnt (Petri 1984:327f; Kallis 1996:374.379).

Parallel zur katholischen sukzessiven Reinigung (vgl. auch Koschorke 2001: 57f) läuft ein Prozess der Erhöhung. Mit dem Konzil von Ephesus 431 kommt das Attribut ϑεοτόκος [Gottesgebärerin] hinzu (COD 59), durch das Maria metaleptisch erhöht wird (s. 7.7.1). Auch die Dogmatisierung von Mariä Himmelfahrt durch den Vatikan 1950 bildet noch nicht den Endpunkt dieser dogmatischen Erhöhung: Schließlich soll Maria gar den Rang einer „*weiblichen Dimension Gottes*" erhalten (Beinert 1984:296, Hervorh. i. Orig.).

Zugleich mit der Rückausweitung von Reinheit und der Reduzierung des Irdischen und Sündigen geschieht also eine Erhöhung Marias, die über menschenmögliche Heiligkeit hinausgeht. Zu einer solch sukzessiven Reinigung läuft Marinas Reinigung durchaus parallel. Sorokin würde dann den Prozess der sukzessiven Reinigung in der katholischen Dogmatik an Marinas sozialistischer Läuterung abbilden; dies als Allegorie auszulegen, wäre überzogen, ein gleichgerichteter Reinigungsvorgang in der Zeit findet jedoch sehr wohl statt.

---

[108] „Ewig jungfräulich", russisch: „Приснодева" (s. Söll 1984:111 und Filaret 2002:62f, § 184, vgl. 4.4.3.3).

10.5.5 Penetration durch den Logos

Geschieht Marinas Verwandlung aber nicht durch menschliche (Hetero-) Sexualität – anstatt durch eine geistige Größe wie die zweite, vorinkarnatorische Person, den Logos? Nicht ganz: Marinas Verwandlung findet zwar *im Moment* des ersten heterosexuellen Orgasmus statt, doch ist dafür – Marina erlebt diesen Beischlaf weitgehend schlafend, anästhesiert[109] – weit weniger die sexuelle ‚Leistung' des Parteifunktionärs verantwortlich als das Einschalten des Radios und das Ertönen der sowjetischen Hymne. Schnell ist Rumjancev danach vergessen; seine Funktion beschränkt sich auf den Umbruch-Moment (in der Werkskantine ist ihm die Begegnung mit Marina bereits unangenehm).[110]

Marinas kathartisches Weinen danach gilt dem Nachklang der „слова чудесной песни",[111] nicht dem Orgasmus, und schon gar nicht Rumjancev, dessen Spermareste Marina eher verwundert an sich registriert (*ТЛМ* 727/254). Weit wichtiger ist die verwandelnde Wirkung der Hymne: Es lässt sich pointieren, dass es

> [...] die sowjetische Hymne [ist], die nach dem Beischlaf mit Rumjancev buchstäblich anstelle des Parteisekretärs auf ihr liegen bleibt und sie als Figur im Roman übertönt. (Sasse 1999:128).

Angesichts dieser magischen Macht ist Rumjancev nicht bloß das Sprachrohr der Propaganda, sondern auch lediglich das Penisrohr des Phallus des Sowjetkollektivs, welches in der Hymne beschworen wird. Brockhoffs Einschätzung von Marinas Verwandlung als „phallischer Rekollektivierung einer in Dissidentenkreisen verkehrenden Lesbe" (1992:139) ist deshalb im Sinne der Wirkung des abstrakten Phallogos und nicht des konkreten Penis zu verstehen. Den Logos des Sozialismus empfängt Marina aus dem Radio von der sowjetischen Hymne. Die zentrale Positionierung der Hymne/des Logos degradiert die Penetration durch Rumjancev zu einer Hilfsfunktion und literarischen Veranschaulichungstechnik. Die eigentliche Verwandlung bewirkt die Hymne. So gebiert Marina nun auch nicht den inkarnierten Logos, sondern die Idee des Sozialismus.

---

[109] „[...] тело потеряло чувствительность [...]" [(...) der Körper wurde gefühllos (...)] (*ТЛМ* 724/247); zur Anästhesierung vgl. Zachar'in 1999:175.

[110] Die Überlegung, als ihr Ehemann brächte er Marinas Leben schon in Ordnung (*ТЛМ* 722/243), ist angesichts seiner bestehenden Ehe, die er mit dem Beischlaf mit Marina bricht, nur die Bemäntelung eines verbotenen Begehrens, also der Sünde (schließlich wird die Sowjetanständigkeit, die er predigt, dadurch dementiert).

[111] „Worte des wundervollen Liedes" (*ТЛМ* 726/252).

10.6 Erniedrigung oder Erhöhung?

Kann von einer Reinigung zur Idee, von Empfängnis des Logos die Rede sein, wo keine Aufnahme in den Himmel stattfindet, sondern in den Sozialismus, d.h. in die Niederungen proletarischer Arbeit? Folgt auf die Verwandlung Marinä Himmelfahrt oder ihre proletarische Liquidierung – Erhöhung oder Erniedrigung?

10.6.1 Erniedrigungs- und Erhöhungsformeln in der Forschung

Die Forschung hat für die ästhetische Bewegung in Sorokins Prosa eine Fülle von Formeln negativer Erniedrigung gefunden, wenige positiver Erniedrigung und noch weniger von Erhöhung. In den Vordergrund drängen sich Thesen über einen Verlust an (schöner) Form in Sorokins Texten wie „Entmorphologisierung" (von Sprache; Burkhart 1999:14) bzw. „Gestaltverlust".[112] Die Interpreten beschreiben ein Weniger, eine Herabziehung,[113] die zur Ästhetik des Hässlichen als eines Defizitären gerechnet werden könne:

> Das *Häßliche* verhält sich im Rahmen der Ästhetik zum *Schönen* wie der Stoff, die bloße Materie, zur Form, im Rahmen der Ethik wie das Inferiore, Niedrige zum Erhabenen (russisch *низменное – возвышенное*), das Gewaltsame zum Idyllisch-Harmonischen, und im Rahmen der Ontologie wie das Nichts zum Sein. (Burkhart 1999:9, Hervorh. i. Orig.)

Beliebt sind auch Ableitungen von *Leere* wie „Entleerung der russischen Kultur" (K. Kasper 1999:103) oder „идеология «пустого центра»".[114] „С творчеством Сорокина связывают образ пустоты."[115] In diesem Zusammenhang wird besonders der Aspekt einer ‚leeren Signifikation' hervorgehoben, einer Zeichenwirkung, die ins Leere weise.

> The obscene, like the pornographic, is thus pure transparent sign (‚formed emptiness'), divorced from all transcendental signifieds and predetermined sense, pointing to nothing but the Nothingness and absence that are its ground. (Vladiv-Glover 1999:29)

Positive Erniedrigung kommt demgegenüber im religiösen, christlichen, christologischen Kontext zur Sprache, und zwar vor allem bei den Christusmotiven von *Месяц в Дахау [Ein Monat in Dachau]*. Deutschmann zufolge funktioniert die

---

[112] Flickinger 1997:243. Flickingers Neologismus „Dismorphie" krankt zu sehr an ihrer eigenmächtigen Ersetzung des griechischen, im medizinischen Bereich verwandten Präfixes δυσ- (gerade um Medizin aber geht es ja in Sorokins Theaterstück *Дисморфомания [Dysmorphomanie]*) durch das lateinische Präfix *dis-* und das Fehlen von Prozessualität (*-isierung*), als dass dieser terminologische Vorschlag Bestand haben könnte.
[113] „Фигура принижения" [Figur der Herabziehung] (Kuricyn 1999:61).
[114] „Ideologie des ‚leeren Zentrums'" (Degot' 1999:224).
[115] „Mit Sorokins Werk verbindet man ein Bild der Leere." (Lanin 1999:79).

dort betriebene „Stilisierung von ‚Vladimir Sorokin' [dem Helden von *Месяц в Дахау*] als Christus (eine postmoderne *imitatio christi*)" (Deutschmann 1998:350) über die „Opferrolle des Dichters als Sündenbock, als Christus" –, eine Erniedrigung, die Deutschmann als „fixen Bestandteil des literarischen Diskurses und somit diesem immanent" ansieht (ebd.). Smirnov konzentriert sich dagegen nicht auf die Christus-Motive, sondern auf die angesprochene Entformung von Sprache und Entleerung von Signifikation; diese beschreibt er als „Akt der Kenosis" des Helden in *Месяц в Дахау* – einen Akt, welcher diesen um den Preis des Sprachverlusts vom „Leben-in-der-Literatur" befreie (I. Smirnov 1999a:66).

Während also Beschreibungen rein negativer Erniedrigungen für praktisch alle Texte Sorokins in Anschlag gebracht werden und die positivierte christoforme Erniedrigung vor allem mit Blick auf *Месяц в Дахау* Verwendung findet, gibt es lediglich für *ТЛМ* Andeutungen von Aufstiegsbewegungen – die aber Andeutungen bleiben. Viel eher finden unentschieden-paradoxe Gesten Anwendung – so in Leitners Hypothese von Marinas „Absturz ins Glück" (1999). Eine systematische Durchbuchstabierung, worin denn Erhöhung und/oder Erniedrigung bestehen könnten, findet jedoch nicht statt. Diese muss an den einzelnen Feldern von Marinas Realität noch geleistet werden. Wo findet Erniedrigung statt, wo Erhöhung, und wie gestaltet sich das jeweilige Wechselverhältnis?

10.6.2 Promiskuität vs. Arbeitsaskese
Es liegt nahe, beim Feld der Sexualität zu beginnen, insofern der Pansexualismus der ersten Hälfte des Romans und das abrupte Wegbrechen aller Sexualität nach der heterosexuell-sozialistischen Wende dies aufdrängen. Die Homosexuelle Marina lebt Sexualität zum eigenen Vergnügen, die Prostituierte Marina von der Sexualität zum Lebensunterhalt.[116] Ihre Gedanken kreisen bei jeder möglichen und unmöglichen Gelegenheit um Sex.[117] Menschen, die nicht in so extremem Maße der Sexualität frönen wie Marina, verfallen dem Verdikt, mit dem Valentin seine Haushälterin verurteilt: „Закомплексованный советский индивидуум."[118] Nach der kommunistischen Wende trainiert sich Marina das Aufstehen um sechs Uhr an (*ТЛМ* 732/262), dessen sich Rumjancev rühmt, um sein Arbeitspensum zu steigern. Rumjancev hält auch her als Vorbild eines Arbeitshelden (*ТЛМ* 739/275) im Sinne der Stachanov-Romantik, wie sie Ostrovskijs Text angebahnt hatte: „«Салют стахановцу»".[119] Die gewendete Marina arbeitet „selbstvergessen" und bemerkt die vergehende Arbeitszeit nicht (*ТЛМ* 745/287). Bei einem vorgeblich

---

[116] Jedenfalls zum Löwenanteil, da sie nur sporadisch in ihrer Musikschule vorbeischaut.
[117] Etwa an der Supermarkt-Kasse (*ТЛМ* 666/135f).
[118] „Ein sowjetisches Individuum voller Komplexe." (*ТЛМ* 604/19).
[119] „‚Salut dem Stachanovarbeiter'" (*ТЛМ* 746/288), vgl. 8.8.3.2.

spontan von unten organisiertem *субботник* [„freiwilliger" Arbeitssamstag] ist sie vorneweg (*ТЛМ* 760/315). Gerne und locker erbringt sie jetzt Arbeitsopfer. Wie aber ist der Umschwung zu werten? Der Vektor der Sexualität weist nach unten, derjenige der Arbeitsleistung nach oben. Steigt so die Anti-Heldin Prostituierte zur Arbeitsheldin auf? Oder bot die Promiskuität ein hohes Maß an ‚Verwirklichung' des Subjekts, die Fabrikarbeit hingegen bedeutet eine Selbsterniedrigung qua Einspannung in einen automatisierten Produktionszusammenhang?

10.6.3 Aktivität vs. Passivität

Vielleicht geben ja die Gender-Modelle, die mit Fabrikarbeit und Prostitution, homosexueller Promiskuität und durch einen heterosexuellen Orgasmus ausgelösten Arbeitsaskese verbunden sind, darüber Auskunft: Als Kind begegnet Marina zunächst als passives Opfer heterosexuellen Missbrauchs; diese Passivität wird zusätzlich dadurch unterstrichen, dass die Vergewaltigung durch den Vater geschieht, als Marina im Halbschlaf ist (*ТЛМ* 626f/62f; wie später bei Rumjancev). Auch als sie vom Pionieroberleiter Volodja belästigt wird und er schließlich schmerzhaft in sie eindringt, ist Marina wie gelähmt („оцепенев"[120]).

Während sie auch noch bei ihrer ersten homosexuellen Erfahrung zu Anfang völlig passiv ist (*ТЛМ* 647–651/100–108), gewinnt Marina als erwachsene Frau – wenn sie auch ihren Körper zur Verfügung stellt – Handlungssouveränität in der Zuteilung dieser Passivität. Prostitution stellt sich dar als Aktivität des Zuteilens und Bedienens (*ТЛМ* 599–601/11–14), also als eine paradoxe aktive Steuerung der eigenen Nicht-Aktivität und emotionalen Unbeteiligtheit. Platter Zudringlichkeiten, die für sie kommerziell nicht interessant sind, erwehrt sich die erwachsene Frau erfolgreich.[121] Bei ihren 29 homoerotischen Affären übernimmt Marina zwar mitunter eine aktive Rolle, was bis zum Sadismus geht (*ТЛМ* 673/149), der narrativen Darstellung nach aber resultiert diese Rollenübernahme aus der Anpassung an die jeweilige Partnerin. Marinas eigene Wünsche werden auch in ihren gleichgeschlechtlichen Affären kaum als gestaltende Kraft dargestellt.

Das einzige Mal, das Marina in initiativer Rolle auftritt, gehört zum Bereich ihrer nicht ausgelebten pädophilen Phantasien gegenüber einem zwölfjährigen „Adonis" (*ТЛМ* 632–634/73–77). Mit der Emanzipation aus einem Gender-

---

[120] „Ganz erstarrt" (*ТЛМ* 641/90).
[121] Gegenüber einem geilen Alten, der sie beim Autostop (diese Fortbewegungsart ist selbst eine Chiffre für aktive Passivität) mitgenommen hat, tritt sie sprachlich-aggressiv auf (*ТЛМ* 620/51). Abwehr ist aber noch keine sexuelle Initiative.

Modell von Weiblichkeit, das über Passivität und Anpassung definiert wird, ist es also bei Marina auch im Erwachsenenstadium vor ihrer Wende nicht weit her.[122]

Vorhandene Ansätze zu eigener Aktivität werden im Zuge dieser Wende zunichte gemacht. Bei Rumjancev kehrt Marina in völlige Passivität zurück, nimmt Duldungsstarre ein (*ТЛМ* 724/246f). Es ist eine reine von außen kommende „Inkorporation". „Marina unterwirft sich dem Geschlechtsverkehr [...]" (Obermayr 1999:83). Was mit Marina geschieht, wird an ihr vollzogen: Wenn man es Befreiung nennen will, so ist es doch nur Befreit-Werden. Dieser Rückfall in ein Gender-Modell ‚reiner' Passivität aber bringt den Orgasmus und ist als Deemanzipation zu beschreiben; Marina verhält sich danach im Haushalt, wie es sich für ein ‚Heimchen" in einer patriarchalischen Ordnung gehört: Sie reagiert folgsam, bedient Rumjancev, gehorcht (*ТЛМ* 728/255); sie frühstückt, obwohl sie dies nicht will, auf Rumjancevs Befehl. Nach Igor' Smirnovs am SR entwickelter These von Verweiblichung und Passivitätsschub als einer Spielart von Kenose (Smirnov 1987:124, s. 8.3.3) bedeutet Marinas Passivitätsschub eine Selbsterniedrigung. Das heterosexuelle Dominanzmodell durchläuft im Verlauf des Romans eine *V*-Figur (vgl. 2.6, Schema 1) – von völliger Passivität des weiblichen Parts zu Aktivitätselementen und erneut völliger Passivität, ein homosexueller und weiblich selbstbestimmter Lebensentwurf hingegen ein umgekehrtes *V*.

Haben wir es etwa mit einer Erzählung vom Verlust und Wiedergewinn von Heterosexualität als einzig möglichem Weg zum Glück zu tun? Also mit der Tragödie von Homosexualität als Hybris und deren tragischem Fall? Oder doch mit einem Pamphlet gegen patriarchalische Herrschaft? Beide Sichtweisen sind berechtigt, beide aber auch zu simpel. Sorokins Roman stellt weder die Rache gekränkter Männlichkeit dar, noch drückt er die Verzweiflung über die Nicht-Akzeptanz von Homosexualität aus.

10.6.3.1 Annullierung von Geschlechtlichkeit vs. Androgynität

Es bleibt nicht bei ‚Erniedrigung' von männlich identifizierter Aktivität zu als weiblich eingestufter Passivität. Die Deemanzipation geht noch weiter – über die Passivierung, ‚Verweiblichung' hinaus – zur Durchstreichung von Geschlechtsidentität überhaupt. Die weibliche Geschlechtsidentität wird Marina in dem Moment genommen, als sie einen Passierschein als „расточник"[123] in der Fabrik bekommt und sie ganz explizit nur noch als „друг", nicht als „подруга" bezeichnet

---

[122] Darin ist Gillespie zu widersprechen, der meint: „One can also see Marina's initial thoroughly emancipated status as a satire of the ideal Western female emancipated status – at least, as observed from the outside by a Russian male." (1999:164).

[123] „Bohrdreher" (*ТЛМ* 745/286).

wird.[124] Ein unschuldiger Kuss, den sie Rumjancev an ihrem ersten Arbeitstag auf die Wange gibt, wird von diesem zurückgewiesen – als ungehörige Geschlechtlichkeit und Aktivität (*ТЛМ* 745/287). Marina hört bald gänzlich auf, sich zu schminken und auf ihre Kleidung zu achten (*ТЛМ* 757/308). Infolge des heterosexuellen Orgasmus gelangt Marina nur kurzzeitig in eine konventionell weibliche Geschlechtsrolle, danach aber zur „Nullsexualität" (Döring-Smirnov 1992:560).

Wo Homosexualität als Eigenliebe (und Selbsterhöhung) verunglimpft wird, erscheint Heterosexualität vielleicht noch als Unterwerfung unter ein Anderes, Männlich-Autoritäres, als Kenose (von weiblicher sexueller Herrlichkeit); Nullsexualität aber ist Totalreduktion.[125] Kann eine solche Totalreduktion noch im kenotischen Sinne als Erniedrigung um einer Erhöhung willen gedacht werden?

10.6.4 Dissidenz vs. Konformismus

10.6.4.1 Negation

Auch auf dem Feld des Sozialen und Politischen konfligieren Erniedrigungs- und Erhöhungsbewegungen: Dass ihr Vater und ihr erster Klavierlehrer Jahre im Lager verbrachten, erfährt Marina spät (*ТЛМ* 634/77f), um sich dann umso stärker mit den Opfern des GULags zu identifizieren (*ТЛМ* 655/115; s. 5.4.4.2), auf den „fetten Ždanov" und den KGB zu schimpfen (*ТЛМ* 693f/189f). Ihr Aufbegehren trägt alle Kennzeichen einer Jugendrevolte; sie sympathisiert mit Hippies, liest Il'f und Petrov als Protestliteratur, identifiziert sich mit Jeanne d'Arc (*ТЛМ* 655/114). Aus diesem jugendlichen Verhaltensmuster kommt Marina bis zum 30. Lebensjahr nicht heraus; die entleerte Protest-Geste überdauert im rituellen Butter-Klau als Nervenkitzel (*ТЛМ* 665f/133–135). Zur Charakterisierung von Marinas Verhältnis zur Sowjetrealität wird die offizielle Floskel von der Liebe zur Sowjetmacht umgekehrt: „Больше всего на свете Марина ненавидела Советскую власть."[126] Die Formelhaftigkeit der Oppositionshaltung wird deutlich, als der Antistalinismus zum raunenden Klischee erstarrt: „Она узнала, что такое Сталин."[127]

---

[124] „Freund", „Freundin" (*ТЛМ* 757/310; vgl. Obermayr 1999:92).
[125] Einmal wird im Roman Anna Kareninas Tod evoziert (*ТЛМ* 693/188) – der Selbstmord jener literarischen Musterheldin, die in einer patriarchalen Gesellschaft zu selbstbewusst mit ihrer Sexualität umgeht. Dieser Analogie zufolge wäre Marinas heterosexueller Passivitätsschub gleichfalls eine Art Selbstmord (s. Gillespie 1999:165).
[126] „Mehr als alles auf der Welt haßte Marina die Sowjetmacht." (*ТЛМ* 654/114). Die deutsche Ausgabe, die auf dem Originalmanuskript und nicht der russischen Buchausgabe beruht (s. Wiedling 1999:160) und daher stellenweise von dieser abweicht, hat „[...] die Tyrannei".
[127] „Sie erfuhr, was das heißt, Stalin." (*ТЛМ* 655/114).

Dasselbe gilt für Marinas Kontakte zum dissidentischen Milieu; auch hier wird nicht über Beweggründe oder Inhalte von Systemkritik gesprochen,[128] sondern das Dissidententum als Fetisch inszeniert. Marina freut sich an der Heimeligkeit in einer Dissidentenwohnung, zu der eine Bibliothek – nicht als Gedankenspeicher, sondern als Möbel – beiträgt (*ТЛМ* 657/118). Ein Teebecher, aus dem alle Dissidenten getrunken haben, auch „ER", Solženicyn (*ТЛМ* 659/122), lässt sie erschaudern. Sie definiert sich durch ein förmliches Name-Dropping von Bukovskij bis Vojnovič (*ТЛМ* 657/118f, 659/122) als Eingeweihte – von den großen Namen der Dissidentenbewegung soll etwas moralischer Glanz auf sie abfallen.

10.6.4.2 Negation der Negation: Axiologik des Patriotismus
Dem fetischisierten Non-Konformismus entsagt Marina unter dem Eindruck ihrer inneren Krise sowie von Rumjancevs wiederholter Kritik an Rabin (*ТЛМ* 715/229, 719/236), die Marina schon am Vorabend der Wandlung zur Verleugnung ihres bisherigen Abgottes veranlasst: Das Solženicyn-Porträt in ihrer Wohnung zeige Stendhal (*ТЛМ* 721/242). Den zentralen Hebel von Marinas Wandel bildet Rumjancevs Appell an die kollektive, nationale Autoagape, in dem sich Konformisten wie Nonkonformisten im Roman treffen (s. 10.4.8). Die Zielvorgabe lautet Konformität, weniger mit der Partei wie bei Ostrovskij, als – schon des Aufbauoptimismus entleert – mit dem vagen Begriff des „Volkes":

> «Народ ошибаться не может, на то он и народ. [...] Ты отдельно живешь от народа, понимаешь? Отсюда и завихрения все. Надо вместе с народом, вместе. Тогда и тебе легче станет, и народу хорошо. Свой народ любить надо, Марина. Любить! Это же как дважды два!»[129]

Rumjancev schafft es, Marinas Nonkonformismus ins Wanken zu bringen, indem er aus der Vorgabe der Konformität mit dem Volk eine Axiologik (s. Uffelmann 1999) ableitet, der zufolge Dissidenz als verhängnisvolle Spaltung und Kollektivgeist als Wiedergewinnung verlorener Einheit erscheint. „Normalität" soll jeden eigenen Habitus ablösen; Marina muss sich für die Fabrik konform anziehen: „«И оденься нормально, без щегольства.»"[130] Bei der Wohnform gilt dasselbe: Marina zieht unverzüglich ins Wohnheim, in einen von allem Privaten freien para-

---

[128] Erst gegen Schluss des Dissidenz-Stranges gibt der Dissident Mitja Marina eine Einführung in die Vorgeschichte des sowjetischen Dissidententums von „poetischen Saufgelagen" bis zu politischen Aktionen (*ТЛМ* 663f/129–131).
[129] „‚Das Volk kann sich nicht irren, darum ist es das Volk. […] Du lebst getrennt vom Volk, verstehst du? Daher auch dieses ganze Lotterleben. Man muß mit dem Volk gehen, mit ihm. Dann geht es dir besser, und es dient dem Volke. Sein Volk muß man lieben, Marina. Lieben! Das ist so simpel wie das Einmaleins!'" (*ТЛМ* 720/240).
[130] „‚Und zieh dich normal an, ohne Schnickschnack.'" (*ТЛМ* 729/258).

klösterlichen Raum (vgl. 5.3.2.1). Dort wird alles im Kollektiv unternommen (*ТЛМ* 753/301). Der Gipfel an Konformisierung ist erreicht, als Marina selbst als Teil des Repressionsapparats auftritt und im Ordnungsdienst zwei „Störer der öffentlichen Ordnung" der Miliz überliefert (*ТЛМ* 762/318). Marina gibt ihre negative Freiheit auf zugunsten eines (theologischen und totalitären) Freiheitsbegriffs der Kongruenz mit einer unbestritten autoritativen Ordnung. Der Text aber bringt sichtlich beide Freiheitsbegriffe zum Tragen – den negativen, nonkonformistischen und den positiven, konformistischen.

10.6.5 Intellektualität vs. Handarbeit

Die intellektuelle Seite des spätsowjetischen Dissidententums spielt in der personalen Perspektive Marinas kaum eine Rolle; Mitja schenkt Marina ein Buch (*ТЛМ* 658/120f) – dass sie es läse, erfährt der Leser nicht. Valentins Intellektualität kommt zwar als spielerische Eleganz daher (er streut Latein und Französisch in seinen russischen Diskurs ein), erzeugt bei Marina aber gleich zu Anfang eine Abwehrreaktion (*ТЛМ* 601/15). Auch in dieser Abwehr ist jedoch wenig Entschiedenheit und keine Systematik. Als regelrechter Prediger von Antiintellektualität tritt der Parteifunktionär Rumjancev auf; er wolle sich bei den „Ismen" gar nicht auskennen (*ТЛМ* 716/231). Marina muss ihm Abstrakta wie „mystisch" einsagen, damit er sie nachsprechen kann. Was ihm einzig verständlich ist, ist die praktische Tat (*ТЛМ* 720/239f).

Eben die Plumpheit und intellektuelle Unbedarftheit Rumjancevs gereichen Marina aber zur Identifikation: „[...] она вдруг прониклась симпатией к этому угловатому человеку, стремящемуся во что бы то ни стало поделиться собой, переубедить ее."[131] Vor allem geht dieser Effekt auf Rumjancevs rhetorische Unfähigkeit zurück; das Scheitern seiner *persuasio* suggeriert Marina, er verfüge über ein inneres, höheres Wissen (vgl. 3.5.5.4):

«А главное, ты пойми, мы – это будущее. Мы – это... как тебе сказать... слов не хватает... в общем... я вот нутром чувствую, что правда на нашей стороне! Как пить дать!»[132]

Rumjancevs nebulöses inneres Wissen löst in Marina den erwünschten Effekt aus – ein ebenso nebulöses Gespür, dass etwas „Wichtiges" mit ihr vorginge. Dieses „Wichtige" ist folglich ein Schub von Entintellektualisierung. Hatte Marina an-

---

[131] „[...] sie war plötzlich durchdrungen von Sympathie für diesen etwas plumpen Menschen, der um jeden Preis versuchte, sich ihr mitzuteilen und sie umzustimmen." (*ТЛМ* 717/233).
[132] „‚Aber das Wichtigste ist, versteh' das, wir sind die Zukunft. Wir sind...wie soll ich sagen...mir fehlen die Worte...also...ich fühle es im Innern, daß die Wahrheit auf unserer Seite ist. Todsicher...'" (*ТЛМ* 718/234).

fangs den allzu proletarischen Vater eines Klavierschülers verspottet[133] und vom „Elend" der Werktätigen gesprochen[134] – eine Gegenversion zur sowjetischen Lesart vom Glück der Werktätigen –, übernimmt sie selbst später beinahe exakt die Arbeit, welche der verachtete „Prolet" macht, und nennt dies auch noch „Berufung" (*ТЛМ* 756/308). Nach der Durchstreichung rhetorischer *persuasio* geht die eigentliche Überzeugungswirkung von physischer (Männer-)Arbeit aus:

> Эти мускулистые решительные руки подробно и обстоятельно рассказывали ей то, что не успел или не сумел рассказать сам Сергей Николаич. Монолог их был прост, ясен и поразителен.[135]

Marina folgt Rumjancev an dessen ehemaliger Werkbank nach.[136] Die letzte emotional-individuelle Regung Marinas im Roman ist der freudige Aufschrei, als sie als „рабочая"[137] in die Brigade integriert wird. Im Pathos der Arbeit „muskulöser Männerarme" und infantiler Technikbegeisterung, die Marina erfasst, kommt sozrealistische Fabrikromantik zum Tragen.

Marinas Wende ist somit eine Reinfantilisierung – aber ist dies lediglich ein Abstieg von Intellektualität, Problem- und Krisenbewusstsein (das die Erwachsenenkultur konstituiert), von Komplexität? Stellt Regression nicht ein klassisches Mittel von Literatur dar, um positive Identifikationen zu erzeugen? Zudem ist die Steigerung von Identifikationsmöglichkeiten durch einen kenotischen Abstieg (von Rhetorik, Episteme, Habitus) eine alte christliche Strategie der Paränese.

---

[133] „Его отец был стопроцентный прол – отливал что-то на Заводе Малогабаритных Компрессоров, в Доме культуры которого и преподавала музыку Марина." [Sein Vater war ein hundertprozentiger Prolo – er machte die Kompressorengehäuse aus Gußeisen in der NKF, der Niederquerschnitt-Kompressoren-Fabrik, in deren Dom Kul'tury Marina Musikunterricht gab.] (*ТЛМ* 632/73).

[134] „От слесаря пахло винным перегаром, табаком и нищетой, той самой – обыденной и привычной, бодрой и убогой, в существование которой так упорно не хотел верить улыбающийся Марине слесарь." [Der Mechaniker roch aus dem Mund nach Alkohol, Tabak und Elend, jenem alltäglichen und gewohnten, munteren und jämmerlichen Elend, an dessen Existenz der Marina zulächelnde Mechaniker so starrköpfig nicht glauben wollte.] (*ТЛМ* 654/113).

[135] „Diese muskulösen, entschlossenen Arme erzählten ihr ausführlich und in allen Einzelheiten etwas, das Sergej Nikolaevič versäumt hatte oder nicht imstande war zu erzählen. Ihr Monolog war einfach, klar und verblüffend." (*ТЛМ* 738/274).

[136] *ТЛМ* 737/272, 739/276. Da Rumjancev höchstens in Boten/Engel-Funktion auftritt (auch sein Name, mit der Morgenröte [*румянец зари*] verbunden, legt nahe, dass der eigentliche Tag erst nach ihm kommt) und kaum selbst der Messias ist, dem nachzufolgen gilt, ist dies nur ein sehr vermitteltes Zitat von *imitatio*.

[137] „Arbeiterin" (*ТЛМ* 745/287).

10.6.6 Internationalismus vs. Patriotismus

Wie intellektuelle Souveränität wird auch Weltläufigkeit abgebaut: Valentins Intellektualität drückt sich vorzugsweise in der Beherrschung von Fremdsprachen aus wie der Benutzung französischer Lehnverben.[138] Marina war in der Vergangenheit froh über den Umgang mit dem Amerikaner Tony, der das Flair der großen weiten Welt in ihren sowjetischen Mikrokosmos brachte. Doch mit der Ausreise befreundeter Dissidenten nach Amerika[139] wendet sich das Blatt. Das Ausland stellt sich nun – für die zurückbleibende Marina – als Ursache für Verlust dar. Das macht sie empfänglich für Rumjancevs patriotische Predigt, die dieser stellvertretend „от имени народа"[140] hält. Als Tony betrunken und voller Ironie russisch-sowjetische Verschwörungstheoreme zitiert,[141] wird Marina aggressiv, verteidigt aus dissidentischer Perspektive das „geistige Russland" gegen den „geistlosen Westen" (*ТЛМ* 701/203). Nach der kommunistischen Wende reicht auf eine Warum-Frage die knappe Nennung Amerikas, um stummes Einverständnis über den Ursprung allen Übels herzustellen (*ТЛМ* 733/264).

Spottet der Roman über die Primitivität des Nationalismus? Oder sollte die Tatsache, dass eigentlich alle politisch-weltanschaulichen Kräfte im Text im (grundverschieden interpretierten) Patriotismus übereinstimmen, etwa bedeuten, dass hier eine Setzung als Selbstverständlichkeit sanktioniert wird?

10.6.7 Konsum vs. spartanisches Leben

Auch die Welt des Konsums, welche die erste Hälfte des Textes dominiert,[142] partizipiert an der Opposition von Sowjetischem und Nicht-Sowjetischem. Marina staunt bei Valentin über die für Sowjetverhältnisse ungewöhnlich hohe Qualität eines Messers aus vorrevolutionärer Produktion (*ТЛМ* 603/19), und Valentin selbst ruft Sueton als Gewährsmann für Luxus am römischen Kaiserhof an (*ТЛМ* 603/18). Die Lebensmittel, die als Insignien von Luxus unter sowjetischen Bedingungen fungieren, sind jedoch klassisch russische: Kaviar, Champagner, Wurst und Borschtsch (*ТЛМ* 603–606/19–23). Als Fremdeinsprengsel kommt bei Marina und Sašen'kas Orgie Haschisch (*ТЛМ* 680/163) hinzu.

---

[138] „[...] гофрировать" [gaufrieren] (*ТЛМ* 603/18).
[139] Mitja: *ТЛМ* 662/128; Rabin: *ТЛМ* 716/230.
[140] „[...] im Namen des Volkes" (*ТЛМ* 717/233).
[141] „«Да! Мы поставим вас на кольени! Мы превратим вас в рабов! Разрушим вашу культуру! Спилим берьезки! Развалим церкви! Повьесим на ваши шеи тяжкое ярмо капитализма!»" (sic) [‚Ja! Wir zwingen euch in die Knie! Wir macken euch zu Sklaven! Zerstören eure Kultur! Sägen ab die Birken! Reißen ein die Kirchen! Setzen euch in den Nacken das schwere Joch des Kapitalismus!'] (*ТЛМ* 698/198).
[142] Das Motiv des Essens wird in Sorokins Werk immer wichtiger (Ryklin 1998:750f), nur im Verlauf der Handlung von *ТЛМ* verliert es an Bedeutung.

Konsum beschränkt sich nur in der Minderheit der Fälle auf *ein* Lebensmittel oder einen angesprochenen Sinn. Konsum-Freuden treten meist in Kombination auf – für die jugendliche Marina sind es etwa Eis und Schokolade, eine Rockmusikplatte (*ТЛМ* 643/94), für die Erwachsene ein gemeinsames Bad mit Sašen'ka mit Wein, Hühnchenschenkeln und erotischer Spannung – eine Totalinstallation, die Sašen'ka „wie im Paradies" empfindet (*ТЛМ* 679/161). Nach ihrem Lesbos-Traum verwirft Marina dieses ganze Paradies: „Господи, как все гадко! Бабы эти, клитора, тряпье, планчик поганый! Тошно все... тошно... тошно...".[143] Das Gelage mit dem amerikanischen Slavisten Tony im Restaurant mit Kaviar, Fleischsalat und Wodka stellt sich danach schon nur noch Vergangenheitszitat der „goldenen Siebziger" (*ТЛМ* 698/197) dar. Der Konsum bricht ab, als sich Tony erbricht, wie sich Marina an der „Schaltstelle des Buches", in der Krise, ebenfalls übergeben muss (Wiedling 1999:155).

Beim Zusammensein mit Rumjancev spielt das Essen kaum mehr eine Rolle. In der spießigen Kantine der Fabrik wird der unvermeidliche Kantinen-Borschtsch schnell gelöffelt (*ТЛМ* 742f/281f), und in ihrem Wohnheim frühstücken die Arbeiterinnen nur noch hastig. Dass diese frugalen Mahle besonders schmackhaft sein sollen (*ТЛМ* 743/283, 762f/319f), nimmt im Kontrast zum vorherigen Konsumrausch wunder. Wird mit dem Abbau der Konsumfixierung eine Fehlentwicklung korrigiert, wie es die sozialistische zweite Hälfte nahe legt – oder geschieht eher eine Vertreibung aus dem epikureischen Paradies ins irdische Sparta?

10.6.8 Unmaß vs. *Akribie*

Daran schließt sich die Frage des Maßes an. Marina lebt – der sowjetischen Defizitlage zum Trotz – in ständigem Übermaß. Ein Paket mit unzugänglichen Luxuslebensmitteln aus der ZK-Kantine gibt sie ohne Zögern ihren Dissidenten-Freunden weiter, ohne eine Gegengabe zu erwarten. Selbst die unter Herzklopfen gestohlene Butter verschenkt sie gleich darauf unbemerkt (*ТЛМ* 666/135). Nach ihrem Bußgebet in der Chamovniki-Kirche gibt sie ein übermäßiges Almosen, um ihre Vergangenheit abzulegen (*ТЛМ* 702/205). Ihr Verhalten kombiniert Uneigennutz und das Ignorieren der offiziellen Tauschrelation, durchbricht also in doppelter Hinsicht die Ökonomie des Maßes und perpetuiert so die orthodoxe Skepsis gegen den merkantilen Tausch (s. Uffelmann 2006).

Dem entgegen steht die offizielle Genauigkeit der Sowjetordnung, utriert in der detaillierten Rechnung für das halb-legale, gegen die offizielle Ordnung verstoßende Geschenk aus der ZK-Kantine (*ТЛМ* 654/112f). Die zweite Texthälfte bringt einen ausführlichen Diskurs über den Sinn der Stechuhr und die Notwen-

---

[143] „Mein Gott, wie war das alles widerlich! Diese Weiber, Klitora, Fetzen, dieses Giftzeugs von Hasch! Zuwider alles...zuwider...zuwider..." (*ТЛМ* 692/187).

digkeit peniblen Einhaltens von Arbeitszeiten.[144] Arbeitsnormergebnisse werden skrupulös festgehalten: Rumjancev habe einst 600 Werkstücke pro Schicht geschafft (*ТЛМ* 741/279), Marina produziert bald 210, darauf 324, wofür ihr der Titel „Arbeitsheld der Woche" verliehen wird (*ТЛМ* 755/305, 757/309, 759/312). Der Roman inszeniert den Konflikt eines antiökonomischen Ethos der Freigebigkeit mit ökonomischer Genauigkeit qua Planerfüllung. Zum Zeitpunkt ihrer jeweiligen Anwendung werden beide durchaus emphatisch vertreten, sodass die Wirtschaftsethiken unversöhnt aufeinanderprallen.

10.6.9 Synästhesie vs. Monolog

Eine der Ausprägungen der Ökonomie der Überfülle gehörte in den Kontext des Konsums; selten sind es Genüsse nur eines Produktes, nur für einen Sinn. Wiedling hat herausgearbeitet, dass in *ТЛМ* eine enge und bis zum Wendepunkt stabile Ligatur von Essen und Sexualität hergestellt wird (1999:155f). Augenfällig ist dies etwa an der pädophilen Überformung der Szene, als Marina den „klassischen Geliebten der Venus" mit einer Praline füttert (*ТЛМ* 634/76f) oder an der leitmotivischen Bezeichnung von Marinas Geschlechtsorgan als „пирожок".[145] Die Kombinationswirkung von Alkohol, westlicher Rockmusik und Mode und dann noch des Rauchens bereitet den Weg zum ersten homosexuellen Geschlechtsverkehr mit Marija (*ТЛМ* 646–650/99–105) – ohne multisensorisches Konsumerlebnis keine sexuelle Ausschweifung.

Von Anfang an spielt Musik eine zentrale Rolle – von der Mutter, deren Spiel Marina zur Musik brachte (*ТЛМ* 609/29), über Marinas eigenes Musikstudium bis zur Tätigkeit als Musiklehrerin und zu ihrem Freier, dem begnadeten Pianisten Valentin. Dessen „elegante" Interpretation von Chopins 13. Nocturne in c-Moll wird als Emblem von Marinas Lustleben apostrophiert: „Это был ЕЕ ноктюрн, тринадцатый, до-минорный, огненным стержнем пронизавший всю ее жизнь."[146] Marinas physische Empfänglichkeit für Musik weist auf eine synästhetische Disposition; die Musikstunden in der Kindheit lösen solche Synästhesien aus,[147] und auch der Rausch des ersten Kusses mit einer Frau teilt sich Marina multisensorisch mit: „[…] чужой язык вошел […], тронул язычок Марины. Рот

---

[144] *ТЛМ* 763f/320–322, 769/332f, 772f/338f. Trotz extensiver Debatte über die Maßregelung des nachlässigen Arbeiters waltet gegenüber dem Einsichtigen Nachsicht.

[145] Wörtlich: ‚Küchlein' (s. Wiedling 1999:155), in Wiedlings Übersetzung „Schnecke" (*ТЛМ* 627/65; 641/90).

[146] „Es war IHR Nocturne, das dreizehnte, c-Moll, die glühende Achse, die durch ihr Leben ging." (*ТЛМ* 609/28).

[147] „[…] понедельник и четверг отныне окрасились звуками […]" [(…) die Montage und Donnerstage waren von nun an mit Tönen gefärbt (…)] (*ТЛМ* 635/79).

приятно онемел, словно принял в себя обжигающее сладкое вино [...]".[148] Die synästhetischen Assoziationen, welche Sexualität, Musik, Gerüche etc. in ihrem Gefolge haben, sind eine genuin literarische Technik; in der russischen Literaturgeschichte sind synästhetische Verfahren vor allem mit dem Symbolismus verbunden. Wenn an anderer Stelle Bach mit einer Kathedrale assoziiert wird (*ТЛМ* 636/80), ist der Akmeismus aufgerufen.

Doch wie alles, was Marinas Leben vor der Wende ausgemacht hat, gerät auch die Musik in die Krise. Im Eindruck der Krise klingen für Marina alle Akkorde stumpf (*ТЛМ* 709/218). Das Musik-Motiv führt noch zur Begegnung mit Rumjancev und kehrt in der Gegenmusik der sowjetischen Hymne wieder, um dann zu verschwinden. Als am Ende nur noch der propagandistische Diskurs zu vernehmen ist, gibt es keinen Platz mehr für andere Sensorien, geschweige denn Synästhesien. Aus der Vielstimmigkeit diskreter Sinneneindrücke wird der normativ von allen Neben- und Gegenstimmen gereinigte Monolog der Propaganda. Wittes Charakterisierung von *Очередь [Die Schlange]* als „distanzloser Einstimmigkeit" (1989:167) trifft auf die Schlusspassage von *ТЛМ* gar noch stärker zu.

Es mag, da es sich um Literatur handelt, verführerisch scheinen, die klassisch literarische Technik der Synästhesie über den propagandistischen Monolog zu stellen und von daher einen Abstieg auszumachen. Doch wie sicher ist diese konventionelle Axiologie, insofern der Text seine eigene Literarizität annulliert? Sobald der Maßstab konventioneller Literarizität in Zweifel gezogen wird (handelt es sich bei den Synästhesien um Zitate einer überlebten Poetik?), ist auch die vermeintliche Degradierung nicht mehr sicher.

10.6.10 Offizielle vs. inoffizielle Sprache

Der offiziöse Schlussmonolog prägt unweigerlich die Sprache. Hat der *мат [mat]* in Marinas Kindheit den Reiz einer verbotenen Attraktion (*ТЛМ* 614/39), schwelgt Valentin geradezu darin (*ТЛМ* 604/19f), und auch Marina bedient sich seiner als Erwachsene frei und ungezwungen (*ТЛМ* 620/51). Je nach Gesprächspartner kommen andere Routinen zum Tragen, vom dissidentischen Vokabular über lesbische Lyrismen und Gedichtstrophen zu Versatzstücken anderer Sprachen. Demgegenüber geschieht nach der Wende eine progressive Unifizierung der Sprache in Richtung Propagandarhetorik. Wie die übrigen Personen verliert auch Marina die am ersten Tag in der Fabrik noch vorhandene Fähigkeit zu wenigstens positiven Gefühlsäußerungen und passt sich immer mehr den offiziösen Schablonen an: „«Полностью одобряю твое предложение», – заметила Алексеева, –

---

[148] „[...] die fremde Zunge drang ein, stieß an Marinas kleine Zunge. Der Mund war betäubt, als nähme er einen glühenden Schluck süßen Wein [...]" (*ТЛМ* 649/104).

«Тем более, это неприятное происшествие произошло на моих глазах.»[149]
Wieder nimmt literarischer Facettenreichtum unbestreitbar ab. Aber kann die Reinigung der Sprache von Vulgärsprache, Internationalismen, ‚landesverräterischem' Vokabular der Dissidenten nicht auch umgekehrt gewertet werden? Sind Heterogenität und Individualität etwa Werte an sich?

10.6.10.1 Diminutive

Einen Seitenarm der Gegenüberstellung von offizieller, uniformer und ungeordneter inoffizieller Sprache bilden die Personennamen. In den bisher näher betrachteten literarischen Texten (6.–9.) wurden die Helden immer kleiner, angezeigt durch die Namensform, mit der sie in den jeweiligen Texten üblicherweise angesprochen werden: Von Rachmetov (Nachname ohne Vornamen) über Pavel Vlasov (Vor- und Nachname), Nilovna (Vatersname) und Pavka Korčagin (Vorname im Diminutiv, meist ohne Nachnamen angeführt) zu Venička (Vorname im Diminutiv, ohne Nachname). Bei Marina setzt sich zunächst die Venička-Linie fort. Waren schon Pavka und Venička postheroische Gestalten, ist es Marina zunächst ebenso. Doch nur bis zum Moment ihrer Verwandlung, mit dem eine Reoffizialisierung ihres Namens geschieht. Dann heißt sie Genossin (wörtlich: Genosse) Alekseeva.[150]

Einerseits hebt die Offizialisierung den gesellschaftlichen Outcast (die Prostituierte) auf der Stufenleiter der Sowjetgesellschaft nach oben, coupiert aber andererseits seine Narrenfreiheit in der Nachfolge des *юродивый* [Christusnarren]. Handelt es sich also um die Erhöhung des sozialen Status oder um die Verminderung der Freiheit des Außenseiters, die dieser allein deshalb hat, weil er nicht für voll genommen wird?[151]

10.6.11 Individualität vs. Glück

Kreuz, Leiden und Trübsal [ist] Glück (Franck 1966:3f)

Die Verwendung von Diminutiven ist Kennzeichen einer persönlichen Beziehung zum Angesprochenen, welche diesem unverwechselbare Individualität attestiert. Wobei Marinas Individualität vor allem über ihren exzeptionellen Körper definiert

---

[149] „'Ich billige deinen Vorschlag voll und ganz', – bemerkte Alekseeva, – 'umso mehr, als dieser unerfreuliche Zwischenfall vor meinen Augen geschah.'" (*ТЛМ* 764/321).
[150] *ТЛМ* 762/319. Im Pionierlager wurde sie schon einmal so gerufen (*ТЛМ* 638/84f).
[151] Der gesellschaftliche Außenseiter verliert nach Nedel' die Restindividualität des „раб" [Sklave]. „Раб – это все же индивидуальность, пускай даже полностью редуцированная в текст всеобщего повиновения, у раба нет голоса, но у него есть тело, тело с органами [...]" [Der Sklave ist immer noch ein Individuum, und sei es auch ein auf einen Text umfassenden Gehorsams reduziertes; der Sklave hat keine Stimme, aber er hat einen Leib, einen Leib mit Organen (...)] (Nedel' 1998:254). Diese Restfreiheit werde durch den Diskurs des totalitären Regimes ausgetrieben (ebd.:254f).

ist. An dieser strategisch und merkantil eingesetzten Leiblichkeit vollzieht sich eine Veränderung zu fast entkörperlichtem Dasein im Kollektiv. Für die kollektive Agape wird der Eros geopfert. Wenn Eros eine „vorpersonale" Größe ist (Lotz 1979:53) und erst Philia eine individuelle (ebd.:91), dann kann die göttliche Agape, wenn sie „von Gott zum Menschen herniedersteigt" (ebd.:163), wohl gar nicht anders, als die menschliche Person durch ein „Übermenschliches" zu verdrängen. Ist das aber noch ein persönlich zurechenbares Opfer für ein Kollektiv, eine freiwillige Aufgabe von Individualität – oder bereits gänzliche Entmenschung, insofern Marinas Entkörperlichung an Maschinisierung grenzt (s. Nedel' 1998:254)? Der Roman suggeriert, dass mit Entindividualisierung Glück einherginge:

> Der Befund, daß Glück mit dem Verlust des Selbstseins zusammenhängt, mag befremden. Die Vorstellung jedoch, daß Glück mit Gehorsam, Unterordnung und somit mit dem Verlust der Individualität und Identität in einem gesichtslosen Kollektiv zu tun hat, gehört zu allem ideologisch verordneten Glück. (Leitner 1999:100f)

Die romanspezifische Spielart von ‚Glück' wird – beschreibt man sie im Vokabular der Psychopathologie –, durch psychotische Verwerfung,[152] einen Realitätsverlust infolge Wiederholung des Traumas (männliche sexuelle Gewalt) erreicht. Aber ist Marinas Beglückung wirklich bloß ein ‚krankes Glück'? Sorokin selbst beschwört im Interview ein „спасение от индивидуации".[153] Ob es für ihn womöglich nur ‚krankes Glück' gibt – und ‚gesundes Unglück'?

Die Forschung hat Marinas Verwandlung gerne in lacanistischen Termini beschrieben: als Eintritt in die symbolische Ordnung und Aufgabe des realen Begehrens (s. Obermayr 1999:87). Aber ist das ein Auf- oder ein Abstieg? Schließlich geschieht dies ja – ganz gegen Lacan – in Verbindung mit (einmaliger) sexueller Lust, in „paradoxer Gleichzeitigkeit von *Enthemmung und Unterwerfung*" (ebd.: 81, Hervorh. i. Orig.). So wird bei Sorokin auch Lacans Theorem höchstens punktuell, quasi in Anführungszeichen zitiert (Vladiv-Glover 1999:33). Gerade mit dem Verlust von körperlicher Erotik wird im Roman das Objekt eines unbewussten Begehrens erreicht.[154]

So berechtigt die lacanistische Assoziation und ihr Weiterdenken in Richtung Paradox, so problematisch ist eine Lesart, welche den erzählten Mechanismus, der in Termini der Psychopathologie beschreibbar ist, auf Sorokins Psychobiografie zurückbezieht, dem Autor selbst eine Schizophrenie unterschiebt, die sich in sei-

---

[152] „Abjection" (Vladiv-Glover 1999:32).
[153] „Rettung vor der Individuation" (Rasskazova/Sorokin 1992:124).
[154] So Boris Groys: „[...] героиня [...] переходит к ударному социалистическому труду как к наиболее экстатической манифестации эротического подсознания." [(...) Die Heldin (...) geht zur Stoßarbeit über als zur ekstatischsten Manifestation des erotischen Unterbewußtseins.] (2000b:116).

ner literarischen Produktion niederschlage.[155] Zwar sind psychobiografische Lesarten von Sorokin selbst befördert worden (s. Sorokin 1992b), doch pocht er andererseits immer wieder auf eine klare Trennung von Literatur und Leben (2001b). Wenn also Marinas Wandlung mit den Termini der Schizoanalyse beschreibbar sein soll, so handelt es sich doch maximal um eine Schizo*poetik*. Sorokin verortet schizophrenes Verhalten in einem bestimmten Kontext, macht Schizophrenie an einem konkreten Verhaltensmuster fest. Eine historisch referenzielle Lesart würde geneigt sein, Sorokin eine Art sowjetologischer Routine zu unterschieben und behaupten, er diagnostiziere totalitäre Untertanenmentalität als schizophren.[156]

10.6.12 Schizophrenie oder Paradox?
Wenn menschliches Glück durch Maschinisierung erreicht wird, sind widersprüchliche Konstellationen unumgänglich. Doch muss es der pathologische Begriff der Schizophrenie sein, mit dem dieser Widerspruch konzeptualisiert wird? Oder genügt die klassische christologische Rhetorik des Paradoxes?

Nicht erst der Psychiater, der Schizophrenie diagnostiziert, auch die Christologen der Spätantike glaubten, dass es Phänomene gebe, die allein durch zwei Perspektiven gleichzeitig beschreibbar seien, die – „ungetrennt und unverbunden" – aufeinander angewiesen wären. Ist es also angebracht, die paradoxen Figuren der Christologie,[157] ja der Religion insgesamt als schizophren einzustufen?[158] Oder sollte die vermeintliche Diagnose Schizophrenie nicht besser durch den rhetorischen Terminus *Paradox* ersetzt werden? Zugunsten von *Paradox* spricht, dass 1), wer diesen benutzt, nicht die Keule der Pathologisierung schwingt, also mit dem Objekt der Beschreibung ‚höflicher' umgeht und dass 2) bei der Etikettierung alles Paradoxen als schizophren wohl zu vieles (wenn nicht gar alles) in der europäi-

---

[155] Skoropanova 1999:266.279; amplifiziert in Skoropanova 2002:211–215. Bei Genis und Sasse/Schramm wird der Schizo-Begriff in einem anderen Sinne verwendet – dem der Signifikatslosigkeit von Sorokins Texten, seiner Medialität, seiner Reproduktionshaftigkeit (Genis 1997:224; Sasse/Schramm 1997:319).
[156] Vgl. Ryklins Abheben auf den Psychose-Terminus zur Beschreibung (post)totalitärer Mentalität (2003a:12; 2003b:13f) wie auch zur Interpretation von Sorokins *Hochzeitsreise* (ebd.:192–209).
[157] 2.8; insbesondere der Dyotheletismus (2.8.4.4).
[158] Der Jesuit Piet Schoonenberg sieht in *Christus zonder tweeheid [Christus ohne Zweiheit]* die Gefahr einer „schizofrenie in Christus" (1966b:291). Ähnlich rebelliert sein Ordensbruder Bernhard Schultze gegen Spaltungstendenzen in der Christologie Pavel Svetlovs (Schultze 1984:364). Und Leo Navratil sieht die Spaltung zwischen „Vernunft" und „Wahn" als anthropologische Konstante an, die auch Nicht-Schizophrene hätten (1992:119); die Wahrheit eines Wahns wie einer religiösen Annahme könne nicht widerlegt werden – beides seien nicht-falsifizierbare Metaphern (ebd.:127f).

schen Kulturgeschichte pathologisch geriete – und mit nicht-differenziellen Begriffen ist hermeneutisch bekanntlich nichts gewonnen.

10.7 Sorokins Metadiskurse

Wie kommt es, dass sich für die Paradoxe in Sorokins Texten Einstufungen wie Schizophrenie aufdrängen? Wie, dass offenbar divergente Wertperspektiven dergestalt nebeneinander bestehen können, dass die Widersprüche nicht auflösbar sind und daher zur Pathologisierung reizen?

10.7.1 Konventionalität und Metatheorie

[...] ощущается надежная старомодность.[159]

Wie in anderen Sorokin-Texten auch wirkt die Narration in *ТЛМ* literarisch gekonnt, aber unterkühlt, zitiert, reproduziert[160] – in der zweiten Hälfte auf den ersten Blick, in der ersten auf den zweiten. Ausgesprochen konventionelle literarische Verfahren wie retardierende Momente (*ТЛМ* 620f.625f/50f.61f) oder im Nachhinein entschlüsselbare Verweise auf spätere Ereignisse finden dort als Metazitate Verwendung. Ebenso erscheint die von Šklovskij an Tolstoj beschriebene genuin literarische Technik der Verfremdung mittels kindlichen Unverstehens (*ТЛМ* 615.618/41.46; Šklovskij 1969a:14–23) mehr als Formalismus-Zitat des „neuen Sehens"[161] denn als Werkzeug der Narration. Daneben stellt Sorokin auch Erkenntnisinteressen des Strukturalismus wie die Bildung von Äquivalenzenreihen in seinen Zitaten literarischer Verfahren (s. 10.4.3) aus. Er automatisiert nicht nur die Verfahren und stellt die Automatisierung von Verfahren aus (Èpštejn 1989:228), sondern stößt den Leser gleich noch mit der Nase auf deren Beschreibung in der Literaturtheorie des 20. Jh.s. Damit ergibt sich eine *funktionale* Differenz zu den automatisierten christologischen Paradoxen (2.10.2), aber zugleich eine weitgehende strukturelle Analogie.

10.7.2 Schaukampf zweier Xenotexte

Was für die Verfahren zutrifft, gilt in noch höherem Maße für die weltanschaulichen Komplexe, die Werte. Der Sowjetkanon des SR und der Gegenkanon dissidentischer Literatur werden gegeneinander in Stellung gebracht, aber durch das

---

[159] „[...] man spürt etwas solide Altmodisches." (Vajl' 1995).
[160] K. Kasper erinnert daran, dass Glöckchen und Axt in *Роман [Roman]* für die russische Literatur höchst konventionelle Topoi sind (1999:110f).
[161] „Все в ней [Марине] превратилось в зрение [...]" [Alles in ihr [Marina] verwandelte sich in Sehen (...)] (*ТЛМ* 619/48).

Sujet als austauschbar denunziert. Sorokins Poetik der Wiederholung (s. Koschmal 1996a:27) kapriziert sich in *TJIM* nicht auf einen dominanten Intertext bzw. eine dominante Poetik wie etwa in *Роман [Roman]* oder in den frühen Erzählungen, sondern bringt diverse Intertexte gegeneinander in Stellung. Entscheidend sind dabei weniger die vielzähligen Intertexte selbst, die markiert zitiert werden, als zwei generelle Schreibweisen und die mit ihnen einhergehenden Wertsysteme, die typologisch-intertextuell (Burkhart 1997:254) ämuliert werden. Es ist dies auf der einen Seite der SR, auf der anderen ‚antisowjetische Literatur', d.h. Dissidenz (als politisches Wertsystem), kombiniert mit spätsowjetischen Habitusdegradationen à la Venedikt Erofeev, Juz Aleškovskij oder Ėduard Limonov. Sorokin arbeitet also in *TJIM* nicht nur wie sonst öfters mit einfacher typologischer Intertextualität, sondern mit doppelter. Keiner der beiden dominanten typologischen Intertexte ist dem anderen vorzuziehen. Und sie werden nicht nur in einem gezielt unklaren Konglomerat zu einem Pastiche (Burkhart 1999:14) zusammengespannt, sondern in ihren Axiologien, Ästhetiken und Habitusmodellen gegeneinander in Stellung gebracht.

Selbst der Terminus *Intertextualität* greift für die vorliegende Ämulation dieser beiden Fremdkomplexe in ihrer Frontstellung gegeneinander nicht. Denn Dialogizität, eine Replik auf den fremden Text bzw. hier die beiden fremden Schreibweisen, politischen und sozialen Wertsysteme – eine solche Antwort gibt der Roman *TJIM* nicht; keine auktoriale Stimme erklingt, und eine eigentliche Inter-Relation zwischen dieser und den anderen Texten entsteht nicht.[162] Die fremden Formationen werden ämuliert – man könnte das Verfahren ‚xenotextuell' nennen –, aber nicht von einer Autorfigur als axiologischem Subjekt bewertet. Eine Aneignung findet nicht statt. Vielmehr werden die beiden Fremddiskurse in einer Art Schaukampf aufeinander losgelassen, ohne dass eine dritte Stimme deren Kampf als Schiedsrichter bewerten würde. Das *inter* spielt sich zwischen den beiden typologischen Prätextformationen, zwischen den zwei Xenotexten ab, nicht zwischen Posttext und Prätexten; die Leistung des Posttextes beschränkt sich darauf, zwei Xenotexte aufeinander loszulassen.

Nicht allein die Tatsache, dass keine abhebbare Autoren- oder Erzählerstimme sich zu diesen Texten in Beziehung setzt, lässt sie fremd bleiben. Ein zusätzliches Moment von Fremdheit besteht im Anachronismus – der sich in der Konkretisierung durch den Leser zeigt: Da ist der Leser konfrontiert mit einem Text, von dem er die Information hat, dass er etwa in den 1980er Jahren geschrieben ist, doch wirkt die Poetik deutlich älter, bezieht sich auf die 1930er bis 50er Jahre für den SR-Xenotext und die 1950er bis frühen 70er Jahre für den dissidentischen Xeno-

---

[162] Vgl. Lipoveckij 2000:190; Nedel' 1998:251.

text.¹⁶³ Indem der Leser die im Heranzitieren fremd bleibenden Texte als historisch fremd bzw. anachronistisch einstuft, verstärkt er die vom xenotextuellen (nicht-relationierenden und nicht-bewertenden) Verfahren lancierte Fremdheit nochmals.

10.7.3 Tod und Misswiedergeburt des Autors

Da aber unter Vorzeichen von Intertextualität der replizierende Bezug von Post- auf Prätext(e) das Proprium von Autorschaft ausmacht, gerät an Sorokins Romanen die Kategorie der Autorschaft in Gefahr.¹⁶⁴ Der Topos vom Tod des Autors wird in der Forschung in Bezug auf Sorokin entsprechend inflationär verwendet.¹⁶⁵ Weiter als die ‚Totschlagmetapher' führt deren poetologische Übersetzung bei Gundlach („персонажный автор"¹⁶⁶): Die Durchstreichung eines intratextuellen Autors, der nur noch Xenotexte in den Ring führt, nimmt ein extratextueller Autor vor. Diesem gereicht es zur Autorschaft, jenen zum Xenotext-Sklaven zu degradieren.¹⁶⁷ Der extratextuelle Autor macht den intratextuellen zum Sub-jekt. Sind beim intratextuellen Autor dann auch Züge einer Poetik unschöpferischer Montage auszumachen, die Koschmal an kenotische Demut denken lässt (1996b:382. 389), so gilt für den abgespaltenen extratextuellen das Gegenteil. Im Sinne dieser Spaltung ist Küpper (2000:25) Recht zu geben, der meint, der „Verlust von Auktorialität [werde] paradoxerweise zur Garantie einer neuen Autorität"; es „gewinnen [...] diejenigen an Autorität, die Auktorialität subversiv unterlaufen". Allein der intratextuelle Autor erscheint ohne „полноценная генерирующая мощь".¹⁶⁸ Der extratextuelle Autor hingegen wird, indem er den intratextuellen Autor den Xenotexten opfert, wiedergeboren (nicht bloß „missweidergeboren"). Das Antlitz des

---

[163] Gelingt das Wiedererkennen einer historischen Poetik nicht, so fällt der Effekt der Anachronismus-Einschätzung weg – und auch die Xenotextualität ist dann vermindert. Der „implizite Leser" (Iser 1990:60) von Sorokins konzeptualistischen Texten ist der spätsowjetische Intellektuelle, der auf Anhieb die Diskurssimulationen erkennt und einzuordnen weiß.

[164] In gänzlich anderer Weise als dies im SR der Fall war (s. 8.7). Die letzten beiden Sätze von Sorokins Roman über die Arbeit von Erfindern im Dienste des „sozialistischen Vaterlands" (*ТЛМ* 798/390) zitiert den sozrealistischen ‚Tod des Autors'.

[165] I. Smirnov 1995a; Danilkin 1996:155; Nedel' 1998:252f; Mélat 1999:58; I. Smirnov 1999a:66; Goes 1999:194. Die kuriose Spitze dieser Rede vom Autortod bildet Levšins pathetische ‚Entlarvung', der eigentliche Verfasser der unter dem Namen Sorokin firmierenden Texte sei Aleksandr Kurnosov (Levšin 1993:287f).

[166] „Autor-Personage" (Gundlach 1985:76; zur „Poetisierung" Sasse/Schramm 1997:318).

[167] Eine vergleichbare Spaltung findet statt zwischen dem schreibenden Autor am Schreibtisch und der leeren Hülse bei Lesungen, auf denen Sorokin die „negative Form der Repräsentation des Autorkörpers als eines stummen, quasi unbeteiligten" durchexerziert (Drubek-Meyer 1999:206).

[168] „Vollwertige generative Kraft" (I. Smirnov 1996:415).

extratextuellen Autors prangt groß auf dem Umschlag von der zweibändigen Ausgabe (1998), ja wird zur dreibändigen (2002) hin noch weiter aufgebläht.

10.8 Erniedrigung = Erhöhung

[...] пытаюсь соединить высокое и низкое.[169]

Dass Literatur der (Post-)Moderne extensiv mit Zitaten arbeitet, ist kein Novum. Doch ist hier – wie stets – der Umschlag von Quantität in Qualität entscheidend. Die in dickbändigen Kommentaren aufgeschlüsselte Intertextualität von Venedikt Erofeevs Poem *Москва-Петушки [Moskau-Petuški]* (*МП*) stellt nichtsdestotrotz einen quantitativ geringeren Grad der Integration von fremdtextuellen Momenten dar als Sorokins typologische Xenotextualität ohne Dialogizität, durch welche die Masse des Nicht-Eigenen asymptotisch gegen 100% konvergiert. Einige Prozente Replik aber braucht es, damit ein Posttext Wertpositionen bezieht.

Gab es bei Veničkas auch das Paradox von positiver Erniedrigung mittels Alkohol, so ist für *МП* doch kaum jemandem eine axiologisch umgekehrte moralistische Interpretation von negativer Erniedrigung durch Alkohol eingefallen.[170] Diese Werthaltung schien einfach zu abwegig. An Sorokins Roman *ТЛМ* besteht jedoch eine besondere Art von Perspektivdoppelung, welche die traditionellen christologischen Paradoxe mit der Kreuzung eines Erniedrigungs- und eines Erhöhungsvektors nochmals überbietet (s. 2.6).

Es ist, wie gesehen, kaum möglich, an irgendeiner Stelle von *ТЛМ* festzulegen, was denn als Erhöhung, was als Erniedrigung zu bestimmen sei. Alle Wertaspekte sind in Sorokins Metadiskursen ins Rutschen geraten. Die Wertungen müssen je nach tentativ bezogener Werthaltung verschieden ausfallen. Wenn der Text selbst praktisch keine Wertpositionen vorgibt, dann bleibt es der Konkretisation des Lesers überlassen, diese spielerisch durchzuprobieren.

Daran wird deutlich, dass die Wertpositionen austauschbar sein *sollen*. Offenbar setzt sich Sorokin die postaxiologische[171] Aufgabe, diese Austauschbarkeit zu inszenieren, vorzuführen. Wie Viktor Erofeev literarhistorisch eine ästhetische Ähnlichkeit von Sozrealismus und Dissidenz-Literatur konstatiert (1997:12), so verfolgt nach Groys' auch Sorokin das Ziel, die „immanente Nähe" verschiedener Diskurse zu zeigen.[172] Dieser geht noch einen Schritt weiter: Er trägt SR und Dissidenz-Literatur (und weitere kulturelle Formationen mehr wie Psychoanalyse,

---

[169] „[…] ich versuche, das Hohe und das Niedere zu verbinden." (Roll/Sorokin 1996:125).
[170] Außer ganz zu Anfang Živolupova (1992:88, s. 9.5.4).
[171] Vgl. I. Smirnov 1995b:141; Vladiv-Glover 1999:24.
[172] Groys 1988:111, vgl. auch Koschmal 1996a:28.

Christentum u.a.) in ein axiologisch leeres Koordinatensystem an derselben Stelle ein. Wie die Ästhetiken, so sollen auch die Axiologien austauschbar sein.

Marinas Zustände vor und nach ihrer inneren Wende sind nicht durch irgendeinen vorgegebenen Maßstab wertend hierarchisierbar; einen solchen Wertmaßstab aber bräuchte man, um festzustellen, wo ein Abstieg, wo ein Aufstieg, wann Erniedrigung, wann Erhöhung stattfindet. Sorokin zeigt, dass auch Austausch und Umkehrung Formen von Identität sind: Erniedrigung = Erhöhung.[173]

Unter diesen Auspizien kann eine Zusammenschau mit Christi Selbsterniedrigung aus *ТЛМ* unmöglich eine kohärente, zu Christi Inkarnation, Leiden und Sterben allegorische Lesart herausdestillieren. Wo grundsätzlich alle Werthaltungen austauschbar sind, da können lediglich Versatzstücke identifiziert werden – Versatzstücke von Erniedrigungen und Erhöhungen, welche die christologischen Paradoxe transformieren, den jeweiligen Vektoren ihre hergebrachten Richtungen belassen, aber die axiologische Sättigung entziehen. Sorokin evoziert nicht mehr direkt die paulinische Kenosis, sondern nur noch die säkularisierte, automatisierte Figur der Erniedrigung aus der russischen Tradition von Dostoevskij über Ostrovskij bis Solženicyn.[174] Aus der neutestamentlichen Umwertung der Werte wird durch diese mehrfache Mittelbarkeit („свежесть явно вторая"[175]) die konzeptualistische Entwertung bzw. Nivellierung aller Werte.[176]

10.8.1 Rhetorische Übersetzung der Kenose: Oxymora

Это было ужасно и очень хорошо.[177]

Am offensichtlichsten geschieht die Nivellierung von sich ausschließenden Werten (gemeinhin: positiven und negativen) in der rhetorischen Figur des Oxymorons. Oxymoral empfindet schon die kleine Marina angesichts von mit Verbot belegten angenehmen Empfindungen (*ТЛМ* 615/40), die sich dann bei der Beobachtung erwachsener Sexualität verdichten: „Мать стонала, и с каждым стоном

---

[173] Diese wertneutralisierte Konstellation ist bloß auf den ersten Blick dem *X*-Modell von gleichzeitiger Erniedrigung und Erhöhung (s. 2.6), wie es auf vielen Ikonen vorkommt, am deutlichsten auf der Ikone der Hadesfahrt (4.6.4.7), ähnlich, weil diese paradoxen Darstellungen hoch wertgesättigt sind, also Erhöhung durch Erniedrigung insinuieren.
[174] Die intertextuelle Mittelbarkeit gab es auch bei Erofeev, aber ohne den bei Sorokin anzutreffenden Effekt des Auskühlens (s. 9.6.3).
[175] „Offensichtlich nicht frisch" (Remizova 1995).
[176] Vom Aspekt der konzeptuellen Ausstellung und Ent-Wertung der Erzählmuster Erniedrigung/Erhöhung her liegt es nahe, Sorokin trotz seines gelegentlichen, wenngleich nicht konsequenten Einspruchs (Rasskazova/Sorokin 1992:120; Roll/Sorokin 1996:128) und entgegen entsprechenden Echos in der Sekundärliteratur (Porter 1994:41; K. Kasper 1995:28) mit dem Konzeptualismus zu verbinden.
[177] „Es war schrecklich und doch irgendwie schön." (*ТЛМ* 621/53).

что-то входило в Марину – новое, сладкое и таинственное, вспухающее в груди и бешено стучащее в висках."[178] Trotz des Eindrucks, dass die Erwachsenen etwas für sie Angenehmes tun, interpretiert die kleine Marina das, was ein anderer Mann als der Vater da mit der Mutter tut, als Gewalt (*ТЛМ* 618/47). Um Marina nicht in eine weiblich-masochistische Zwangsjacke (s. 5.2.6.4) zu stecken, gibt der Erzähldiskurs geflissentlich immer auch unbestreitbare Negativwertungen zu den sexuellen Oxymora hinzu; Sex wird vom Kind im Traum mit Schmerz assoziiert,[179] den es dann wieder empfindet beim Missbrauch durch den Vater (*ТЛМ* 626f/62f) und im Traum reproduziert (*ТЛМ* 627f/64f). Solchermaßen anmoderiert, avanciert das Oxymoron im Laufe des Textes zu einem Stereotyp.[180] Es wird weit über Sexualität hinausgehend verwendet, etwa – gleichfalls seit frühester Kindheit – beim Hören klassischer Musik (*ТЛМ* 609/28f).

Wie Pavka Korčagin verleitet auch Marina, hier durch die Oxymoralität, zur Masochismus-Identifikation. War bei Pavka dagegen einzuwenden, dass kein persönlicher Lustgewinn als Gegenzug zum Schmerz besteht, sondern Pavkas Leiden echtes physisches Leiden darstellt, ist für Marina *mutatis mutandis* anzumerken, dass Sorokins Roman (heterosexuelle) Sexualität als Gewalt durchaus nicht verharmlost. Auch Marinas heterosexueller Orgasmus geschieht im Zuge einer Halb-Vergewaltigung; der Beischlaf mit Rumjancev wird von Marina nicht gewünscht (*ТЛМ* 723f/246), die Penetration als „грубо, неприятно"[181] erlebt. Der Orgasmus ist keiner der Lust, sondern einer der Weltanschauung.

Wenn aber Pavka Korčagin und Marina Alekseeva gleichermaßen als nicht einfach masochistisch erscheinen, sondern eine paradoxale Verbindung von Leiden mit bewusstseinsmäßigem Gewinn erleben, dann kann Sorokins Sujet im Roman *ТЛМ* denselben Status einer Metabeschreibung in Bezug auf den SR beanspruchen wie Smirnovs Masochismus-Interpretation; allein, Sorokin trifft – dem pansexualistischen Anschein zum Trotz – die Paradoxalität des SR besser als der Psychophilosoph Smirnov.

---

[178] „Die Mutter stöhnte, und mit jedem Stöhnen drang etwas ein in Marina – etwas Neues, Süßes, Geheimnisvolles, das anschwoll in der Brust und ungestüm in den Schläfen pochte." (*ТЛМ* 619/48).
[179] „Ей больно и сладко, невообразимо сладко." [Es ist schmerzhaft und süß, unvorstellbar süß.] (*ТЛМ* 620/50).
[180] „Сладко-стыдно... сладко-стыдно... сладко-стыдно..." [Scham-süß ... Scham-süß ... Scham-süß ...] (*ТЛМ* 627/63).
[181] „Grob, unangenehm" (*ТЛМ* 724/246).

10.8.2 Psychoanalytisch-sexualistische Übersetzung der Kenose

«Ты скажешь – любовь это жертва прежде всего [...]»[182]

Erfasst der aus der Sexuallehre stammende Masochismus-Begriff die paradoxale Wertkonstruktion von *TЛМ* auch nicht hinreichend, so kann doch am vordergründigen Pansexualismus des Textes nicht einfach vorübergegangen werden; Marina denkt in der ersten Hälfte ständig an Sex und praktiziert solchen auf Schritt und Tritt. Noch ihre ideelle Wende wird vordergründig über die Vermittlung von Sex eingeleitet; die Erweckungstat Rumjancevs ist schließlich von ihm nicht als sexuelle Bekehrung zur Asexualität intendiert, sondern seiner Geilheit geschuldet. Auch an diesem entscheidenden Wendepunkt tritt das oxymorale Empfinden wieder auf – „И нестерпимое, сладкое [...]".[183] Doch Marina erlebt keine Liebesaufwallung für Rumjancev, sondern assoziiert im Traum, während Rumjancev sie ‚beschläft', die Szenerie des Missbrauchs durch den Vater (*TЛМ* 724/247f) – also die Urszene patriarchaler Gewalt. Der heterosexuelle Orgasmus, den sie erlebt, kann mitnichten als etwas rein Positives ausgelegt werden. Zu evident ist die Unterwerfung unter Vater-Autoritäten, die Regression zur Passivität (s. 10.6.3.1). Der heterosexuelle Orgasmus, der von Freud als Fortschritt weiblicher Sexualität zur vaginalen Passivität[184] gedeutet wurde, ist beim ludistischen Postfreudianer Sorokin längst kein unzweideutiger Fortschritt mehr. Der Orgasmus selbst wird an diesem Punkt zu einem Verzicht, einem ‚kenotischen Orgasmus'. Sorokin inszeniert den Orgasmus als Opferung des Eros; die vermeintliche sexuelle Lust entpuppt sich als finale Austreibung von Lust, als apokalyptisches Versanden des Eros – um der kollektiv-unpersönlichen Agape Platz zu machen.

10.8.3 Produktionskollektivistische Übersetzung der kenotischen Ekklesiologie

Wie der Eros der Agape macht Marina dem Kollektiv Platz. Hervor treten die Fabrikbrigade, das Wohnheimkollektiv. Am Schluss von *TЛМ* steht Marina nicht nur nicht mehr im Zentrum einer personalen Erzählhaltung, sondern sie verschwindet völlig. Die gesamte Aufmerksamkeit beansprucht jetzt der offizielle sowjetische „single gigantic organism".[185] Marina opfert sich selbst, als Individuum, vor allem als literarische Perspektive in einem Akt der Kenosis ins Kollektiv – einem Akt, der stark an Chomjakovs Kenose um der Konziliarität willen gemahnt (s. 4.4.4.1). So durchläuft Sorokins Protagonistin ein der russischen ekklesiologischen Anthropologie analoges Entwicklungsmuster vom individuellen Nonkonformismus zu persönlichkeitsauslöschender politischer Konformität. Mei-

---

[182] „‚Du sagst – Liebe sei vor allem Opfer [...]'" (*TЛМ* 606/23).
[183] „Und das Unerträgliche, Süße [...]" (*TЛМ* 725/249).
[184] Weg von kindlicher klitoraler Aktivität (vgl. zur Freud-Analogie Zachar'in 1999:175).
[185] So Sorokin im Interview (Sorokin/Laird 1999:149) über *Очередь [Die Schlange]*.

nungsverschiedenheiten werden hinfällig; selbst die extensive Debatte über die Maßregelung eines Arbeiters geschieht im sozialistischen Geiste der Absenz antagonistischer Widersprüche – ein Säkularisat der normativen Einmütigkeit in Kirche. Marinas vermeintliches Glück im Kollektiv ist damit nicht nur als Dechiffrierung der Psychologie von Untertanen in totalitären Systemen zu lesen, sondern auch als Metainterpretation von Konzepten zur Kollektiv-Kenose aus der russischen Religionsphilosophie des 19. Jh.s.

10.8.4 Nationalkollektivistische Übersetzung der Kenose
So sehr die Selbsterniedrigung ins Kollektiv Wurzeln im 19. Jh. hat, so unzweideutig gehört die angeführte Spezifizierung dieses Kollektivs in der Arbeitsbrigade dem SR, dem 20. Jh., an. Allerdings ist die Brigade nicht das einzige Kollektiv, dem sich das Individuum Marina opfert. Am Ende steht nämlich auch nicht mehr die konkrete Fabrik im Vordergrund, sondern Makroökonomie und Außenpolitik der Sowjetunion. Selbst noch die lokalen Kollektive Brigade und Fabrik werden ausgelöscht und durch die Nation, hier die sowjetische, ersetzt. Der Nationalfokus von Kenose für ein Kollektiv entstammt wiederum dem 19. Jh., ist vor allem mit dem Namen Dostoevskij verbunden (s. 5 passim).

Auch für Marinas Verwandlung hat das nationale Kollektiv größere Bedeutung als das Individuum Rumjancev. Sein Penis bereitet dem Phallogos von Partei, Staat, Hymne höchstens den Weg. Der eigentliche Bezugspunkt von Marinas Orgasmus ist der Chor der Millionen, welcher in ihrer Imagination die Sowjethymne intoniert. Die Unterordnung von lokaler vaginal-klitoraler Lust unter den Nationalorgasmus, der Marina an der Epiphyse packt, wird in einem Apogäum des Sowjetnationalismus (der nichts anders ist als ein Teil des Xenotexts SR) ausagiert:

Оргазм, да еще какой, – невиданный по силе и продолжительности. Вспыхнув в клиторе мучительным угольком, он разгорается, воспламеняет обожженное прибоем тело, как вдруг – ясный тонический выдох мощнейшего оркестра и прямо за затылком – хор. Величественный, огромный, кристально чистый в своем обертоновом спектре, – он прямо за спиной Марины, – там, там стоят миллионы просветленных людей, они поют, поют, поют, дружно дыша ей в затылок, они знают и чувствуют, как хорошо ей, они рады, они поют для нее:
СОЮЗ НЕРУШИМЫЙ РЕСПУБЛИК СВОБОДНЫХ СПЛОТИЛА НА ВЕКИ ВЕЛИКАЯ РУСЬ!
ДА ЗДРАВСТВУЕТ СОЗДАННЫЙ ВОЛЕЙ НАРОДОВ ЕДИНЫЙ МОГУЧИЙ СОВЕТСКИЙ СОЮЗ!
Марина плачет, сердце ее разрывается от нового необъяснимого чувства, а слова, слова... опьяняющие, светлые, торжественные и радостные, – они понятны как никогда и входят в самое сердце:

СЛАВЬСЯ, ОТЕЧЕСТВО НАШЕ СВОБОДНОЕ![186]

Die Großbuchstaben des Hymnen-Textes sind gleichzeitig die Großbuchstaben der Sowjetnation, denen die vereinzelte Non-Konformistin Marina – in Kleinbuchstaben – erliegt. Marina verschwindet gebührendermaßen in der Unsichtbarkeit; sie nimmt das „единственное свободное место в стройной колонне многомиллионного хора"[187] ein.

Der Wert eines nationalen Kollektivs, das alles, was kleiner ist als es selbst, unsichtbar macht, das nicht nur die Individuen, sondern auch die lokalen Kollektive völlig verschwinden lässt, kann kaum als uneingeschränkt positiv eingestuft werden. Der Triumph der höchsten Größenordnung geht mit der Opferung der untersten und auch der mittleren Ebene unauslösbar einher.

10.8.5 Mediale Übersetzung der Kenose

Auch das nationale Kollektiv braucht aber Medien, um sich zu kommunizieren. Vertreten wird es durch den offiziellen Diskurs, der am Schluss jede andere Stimme ausschaltet. Die Medialität Sorokins wird insofern auch für den Sujetbau (oder sollte man sagen: den Sujetabbau?) von *ТЛМ* konstitutiv.

10.8.5.1 Sprachrohre der Propaganda

Das ‚Medium' Sorokin inszeniert in *ТЛМ* eine mediale Funktion seiner Helden. Beim Radio ist die mediale Leistung für die sowjetische Botschaft offensichtlich; dabei gehen diesem demiurgisch wirkenden Medium der sowjetischen Propaganda viele andere Sprachrohre voraus – menschliche. Rumjancev selbst führt seine Sprachrohr-Funktion gegenüber Marina als Autorisierung an:

---

[186] „Der Orgasmus, und was für einer – in noch nie dagewesener Intensität und Dauer./ In der Klitoris entzündet durch ein peinigendes Kohlestückchen, lodert er auf, entflammt den von der Brandung versengten Körper, doch plötzlich – das klare, akzentuierte Ausatmen eines gewaltigen Orchesters, und direkt im Nacken – ein Chor. Majestätisch, mächtig, von kristallener Reinheit in seinen Obertonreihen, beginnt er direkt im Rücken Marinas – da, da stehen Millionen erleuchteter Menschen, sie singen, singen, singen, einmütig atmen sie ihr in den Nacken, sie wissen und fühlen, wie gut es ihr geht, sie sind froh, sie singen für sie:/ VON RUSSLAND, DEM GROSSEN, AUF EWIG VERBÜNDET,/ STEHT STARK DER SOWJETREPBULIKEN BASTION./ ES LEBEN, VOM WILLEN DER VÖLKER GEGRÜNDET, DIE EINIG' UND MÄCHTIGE SOWJETUNION!/ Marina weint, ihr Herz zerspringt vor dem neuen unerklärlichen Gefühl, und die Worte, die Worte... wundersam, berauschend, heiter, feierlich und freudig – sie sind verständlich wie nie zuvor und dringen mitten ins Herz:/ DIR, FREIES VATERLAND, KLINGE DAS RUHMESLIED!" (*ТЛМ* 725/249).

[187] „[...] die einzig freie Stelle in der Wohlgeordneten Kolonne des Chors der Millionen" (*ТЛМ* 725/250).

«Знаешь... странно... когда ты говоришь, мне как-то тепло и хорошо... и спорить не хочется...»
«Так это ж потому, что я с тобой не от себя говорю. Я за собой силу чувствую. И правду... [...]»[188]

Deshalb und nur deshalb hat Rumjancev zu Marinas Kurierung die fertige Lösung parat. Das Gespräch der beiden beginnt zwar mit Marinas Tränen, folgt danach aber kaum einer Beicht- und Reue-Psychologie; auf Marinas Seite gibt es höchstens Ansätze eines Geständnis-Bedürfnisses. Rumjancev hingegen verordnet kraft seiner Sprachrohr-Autorität die sowjetische Lösung: „«Да. Все ясно с тобой, [...]» «[...] все не как у людей... судьба-индейка...»"[189]

Die Verwandlung bedingt, dass auch Marina medialisiert wird, die bisher als Sprachrohr für die sowjetischen Lesart ungeeignet war (vgl. I. Smirnov 1995b:142). Sie imaginiert sich bei der Wende als Glied im Millionen-Chor, der die sowjetische Hymne singt; sie stimmt innerlich ein in die para-religiöse „лучшая песня из песен".[190] Am Tag nach der Verwandlung äußert sie noch Sprechhülsen des Einverständnisses mit der sowjetischen Fabrikrealität,[191] dann wird sie Mitarbeiterin des halb-offiziösen Mediums Betriebswandzeitung (*ТЛМ* 749/294, 754/304). An den folgenden Tagen werden Marinas Repliken selten, und bald spricht sie gar nicht mehr, „sondern die wahre Sprache spricht von ganz allein aus ihr." (Wiedling 1999:155). Das Man monologisiert (Leitner 1999:99).

Jetzt ist auch Marinas Sprechen ganz als rituelle Handlung angekommen (Sorokin/Laird 1999:152). Als solche wird es von vielen getragen; was mit Marinas Sprechen geschieht, betrifft das Sprechen der anderen Figuren gleichermaßen: Nach Marinas Eingliederung ins Kollektiv sprechen alle zunächst noch in solchen Diskursversatzstücken (*ТЛМ* 740–773/277–339), bis schließlich jegliche personalen Sprecher verschwinden und durch Massenmedien ersetzt werden.[192] Die letzten

---

[188] „‚Weißt du...seltsam...wenn du so sprichst, ist mir irgendwie warm und wohl ums Herz...und ich hab gar keine Lust auf Streit...'/ ‚Das kommt eben daher, daß nicht ich persönlich mit dir rede. Ich fühle eine Macht hinter mir. Und die Wahrheit... [...]'" (*ТЛМ* 721/241).

[189] „‚Ja. Bei dir ist alles klar [...]' ‚[...] bei dir lief nichts normal... Vom Pech verfolgt...'" (*ТЛМ* 714f/228f).

[190] „Schönstes Lied der Lieder" (*ТЛМ* 726/251) – die russische Bezeichnung des *Hohen Liedes* lautet Песнь песней [*Lied der Lieder*].

[191] Stereotype Wiederholung von „молодцы" oder „здорово" [super – toll] (*ТЛМ* 733–735/265–267). Sie ist noch fähig zu einer Metabeobachtung – dass nämlich die Hände eines Arbeiters aussähen wie die eines Schauspielers, der in sozrealistischen Filmen immer Arbeiter spielte (*ТЛМ* 742/282), eine konventionelle selbst-entlarvende metapoetische Chiffre. Auch diese Metaebene kommt ihr nachfolgend natürlich abhanden.

[192] *ТЛМ* 773–777/339–349. Arkadij Nedel' deutet dies so: „Имена героев, вернее, тех фигур, которые можно принять за героев, растворяются в синхронном голосе

Seiten tönt nur noch der offizielle Diskurs der Andropov-Zeit allein – losgelöst von allen Sprachrohren, vermeintlich ganz ohne Medien, grafisch signalisiert durch das Fehlen von Abschnitten.[193]

10.8.5.2 Das Radio

Wie bei Ostrovskij (8.6.3, 8.8.4) ist das Radio, nun bei Marinas nationalem Orgasmus, das zentrale Medium der Kommunikation sowjetischer Propaganda. Schon einmal lief bei der pubertierenden Marina während einer sexuellen Handlung (beim Masturbieren) das Radio, da aber lediglich leise im Hintergrund; die heruntergedrehte ‚Stimme der Autorität' konnte nicht durchdringen (*ТЛМ* 625/61). Anders dann beim als Wecker eingesetzten Radio, das um sechs Uhr morgens sein Programm mit Glockenschlag und Hymne beginnt: Jene Reste an Persönlichem, welche die menschlichen Sprachrohre noch zu haben schienen, werden in der von einem Chor gesungenen Hymne im Radio ausgelöscht. Diese Streichung aber gerade ist es, welche die performative Wirkung der Radiohymne auf die Person Marina bzw. ihr Verschwinden garantiert.

10.8.6 Poetologische Übersetzung der Kenose

«Как все просто!» – поразилась она.[194]

Das Sprechen einer Stimme ohne Angaben über ihren medialen Transport, über die Situation, in der gesprochen wird, über die Sprecher, deren Innenleben usw. ist die dramaturgisch schlichteste Lösung. Doch ganz erreicht wird dies erst am Schluss. Bevor der anfangs polyphone, synästhetisch, oxymorale Text dort angelangt, müssen diverse Reduktionen vorgenommen werden. So werden die Empfindungen Marinas von Oxymoralität auf Eindimensionalität reduziert: „«Как просто и гениально»",[195] freut sich die gewendete Marina über die Produktion eines Blechdeckels. Was Marina denkt und redet – die subjektive Wahrheit –, bildet die zunehmend irrelevante Kontrastfläche für die grafische Hervorhebung absoluter Wahrheit durch Großbuchstaben. Diese signalisieren Wahrheiten auf eine unhöflich eindeutige Weise. Das zu offensichtlich Dekretierte wirkt gerade nicht affirmativ, sondern erregt Verdacht. Hier wird gezielt platt dekretiert, vorsätzlich schlecht geschrieben.

господства, в голосе ирреального властителя [...]" [Die Namen der Helden, genauer jener Figuren, die man als Helden betrachten kann, gehen in der synchronen Stimme der Macht auf, der Stimme des irrealen Herrschers (...)] (1998: 252).

[193] Im russischen Original beginnt der letzte abschnittsfreie Text etwas früher (*ТЛМ* 777–798) als in der deutschen Übersetzung (1991:349–390).
[194] „‚Wie einfach alles ist!' – wunderte sie sich." (*ТЛМ* 744/285).
[195] „‚Wie einfach und genial'" (*ТЛМ* 735/268).

An die Stelle der Psychologie mit ihren Uneindeutigkeiten treten reine Setzungen, Reproduktionen normativer Sätze – ein metaideologischer Übergang ins Phantastische. Hatte Marina Rumjancevs Credo an den Kommunismus gerade noch entgegen gehalten, Solches habe sie noch nie erlebt („«[...] первый раз за тридцать лет встречаю человека, который искренно верит в коммунизм...»"[196]), feiert die Unwahrscheinlichkeit und Unglaubwürdigkeit normativ eindeutiger Wahrheiten fröhliche Urständ. Das aber nimmt den Inhalten jene Glaubwürdigkeit, für die Rumjancev einstand. Die Schwäche der *persuasio* des platt Verordneten wird ausgestellt.

Der Text wird nicht nur in seinen Verlautbarungen so maximal wie unglaubwürdig, sondern schlicht unlesbar: Da die atmosphärisch-sinnliche Verdichtung der ersten Texthälfte gegen Schluss immer weiter ausgedünnt wird und die rhetorische Grundtugend der *variatio* verloren geht, versiegt auch die Lesbarkeit. Gundlach sagt zurecht über die zweite Hälfte des Romans *ТЛМ*: „предназначается не для чтения, а для взвешивания на руках пачки аккуратно напечатанных страниц."[197] Doch was da unlesbar wird, ist wiederum nicht der Text selbst; was zugrunde gerichtet wird, ist das „fremde Wort" (I. Smirnov 1995b:146), der Xenotext SR. Das Ende der Lesbarkeit erscheint gleichzeitig als Selbsterniedrigung des manifesten Textes wie als Opferung eines anderen, als poetologische Aggression *und* Autoaggression.

10.8.7 Literaturgeschichtliche Übersetzung der Kenose
Der Xenotext SR steht am Ende von *ТЛМ*, bevor er selbst endet. Sorokins Text aus dem Jahre 1984 inszeniert seine eigene Verwandlung in eine ältere Schreibweise. Marina und mit ihr der gesamte Roman regredieren „in das überwundene, abgestorbene diskursive Vergangene" (I. Smirnov 1999a:66). Sorokins Roman bildet somit eine Metainterpretation der SR-Formation in der Literaturgeschichte als zu einfache Vergangenheit. Die Großartigkeit, Arbeiterherrlichkeit, bewusstseinsmäßige Festigkeit, die in *ТЛМ* scheinbar erreicht wird, ist bloß Reduktion.

War es bei Ostrovskij Kenose *im* Sozrealismus gewesen, die auf der Objektebene stattfindet, erscheint der SR bei Sorokin von der (Meta-)Warte von 1984 aus selbst *als* Reduktion, *als Kenose*. *ТЛМ* ist nicht zuletzt ein Roman über Literaturgeschichte. Das Springen zwischen den Paradigmen der Literaturgeschichte erscheint dabei als Erniedrigung-Erhöhung.

---

[196] „[...] das erste Mal in dreißig Jahren, daß ich einem Menschen begegne, der an den Kommunismus glaubt..." (*ТЛМ* 721/241).
[197] „[...] sie ist nicht zum Lesen bestimmt, sondern dazu, ein Päckchen eng bedruckter Seiten in den Händen zu wiegen." (Gundlach 1985:77).

10.9 Konzeptkenose

Die Identifikation von Erniedrigungsfiguren und den mit ihnen verbundenen Gegenvektoren der Erhöhung stößt auf mindestens drei Probleme: 1) auf die dargelegte Gleich-Wertung von Erniedrigungen und Erhöhungen, durch welche zwar die Motorik von Auf- und Abwärts erhalten bleibt, die axiologische Dimension (und die Axiologie der Umwertung) aber neutralisiert wird.[198] 2) auf die Tatsache, dass die ‚Übersetzung' christlicher Konzepte in Kategorien wie Sexualität oder historische Metapoetik die christologische Genealogie der Erniedrigungen-Erhöhungen so stark transformiert, dass dies verbreitet als Verspottung, als Herabziehung, Karnevalisierung interpretiert wurde. 3) schließen diese massiven Transformationen und gewagten Transpositionen eine irgendwie stringente (geschweige denn allegorische) Auslegung im Hinblick auf die christologischen Figuren Kenose und Paradox aus.

Was für die typologisch evozierten fremden Textformationen gilt, die trotz ihrer Ämulation durch den Sorokinschen Posttext doch Xenotexte bleiben, lässt sich ähnlich auch für motorische *Konzepte* wie Erniedrigung und Erhöhung sagen. Auch sie erscheinen nur noch als Xenokonzepte. In dieser Hinsicht ist der Begriff der Konzeptkunst noch einmal ins Spiel zu bringen: Konzeptkunst entblößt auch die Denkmuster, nicht nur die Zeichen. Mag auch die Zuordnung Sorokins zur Konzeptkunst einige Schwierigkeiten bereiten – für seine Spielart einer Metabetrachtung von Denkstrukturen, die bei ihm zu Xenostrukturen geraten, ist dieser Begriff durchaus einschlägig.[199] Wie die Konzeptkunst auf die Bedingungen von Kunst reflektiert, so reflektiert der Roman *TJIM* auf die Bedingungen von Erniedrigungs- und Erhöhungsvorstellungen, auf die Motorik und Axiologie von Kenosis. Für diese Art von Metaevokation von Konzepten träfe dann auch der von Burkhart veranschlagte Begriff der Dekonstruktion zu (1999b:15).

War es Černyševskij noch darum gegangen, traditionelle christliche Muster auszutreiben (6.), war seine Kenotik eine der Unverdrängbarkeit dessen, was verdrängt werden soll, und waren auch Gor'kij und Ostrovskij vom Anliegen der Ersetzung des überkommenen Christlichen durch ein Neues beseelt (7. u. 8.), so hat Sorokin keinen solch kämpferisch-innovatorischen Impetus mehr. Seine Metakenotik ist nicht apotreptisch, sondern ‚post-apotreptisch'. Das bedeutet einerseits,

---

[198] Für Sorokins literarische Axiologie trifft somit – anders als für Derridas philosophische Axiologie – Grübels These von der „Invalenz" (2001:51f.81) in höchstem Maße zu.

[199] Sorokin beschreibt sich selbst als infiziert nicht nur von der Oberfläche der Sowjetideologie, sondern auch von deren Erzählmustern (Laird/Sorokin 1999:148), also unweigerlich auch von Erniedrigungserzählungen, Opfertopik etc. Danilkin erklärt den Zusammenhang von Erzählmustern und Sprachschablonen mit der gemeinsamen Verankerung auf der Diskursebene, die Sorokin reproduziert (1996:157).

dass er nicht durch das Bestreben um Ersetzung in das Fahrwasser des Bekämpften zurückfällt – denn er bekämpft nichts. Sorokins Metakenose ist keine aggressive (transitive) Entleerung wie die Černyševskijs, sondern die Inszenierung einer Selbstentleerung, also einer Kenose der Kenose. Das bedingt andererseits, dass sein Verfahren der Ent- und Gleichwertung beide Wertdimensionen der alten Erniedrigungsmuster reproduziert: Erniedrigung und Erhöhung. In *TЛМ* gibt es daher eine Erniedrigung (in Richtung SR), die keine bloße Zerstörung ist; Marinas Wandlung ist immerhin ein Fremdzitat von Erhöhung. Eine „ironic kind of salvation, a pseudosalvation" (Laird/Sorokin 1999:148), wie Sorokin es selbst nennt, partizipiert zweifellos noch an der Erlösungsvorstellung. Denn eindeutig komisch wird diese Ironie nicht.[200] Die Wiederholung und Ämulation stellt sich als überlebt, erstarrt, überflüssig dar – „Marinas *preobraženie* [Verwandlung] ist eine überflüssige, ahistorische Vervollständigung, Luxus des Rituals." (Obermayr 1999:85) –, aber sie vollzieht sich allemal.

10.9.1 Xenokenose

Solcherart meta-betrachtet und deaxiologisiert, stellen Sorokins entleerte, dauerhaft fremd bleibende Erniedrigungsmotoriken keine einfache Kenosis mehr dar, sondern Metakenosis. Auch die Kenose bildet hier einen Xenotext; bei Sorokin gerät die über lange Zeit der russischen Kulturgeschichte so vertraut scheinende Kenose damit zur Xeno-Kenose. Ist damit die kenotische Tradition aber nicht an ihrem Rand angekommen, überschritten, zu Ende?

Der Konzeptualismus streicht die eigenen Aussagen durch,[201] so auch die Kenose. Allerdings kommt dies keineswegs der Auslöschung gleich, ist – entgegen Dobrenkos Lesart (1990:183) – nicht als „Entmythologisierung" und „Neutralisierung" einzustufen:

> Концептуализм не спорит с прекрасными утверждениями, а раздувает их до такой степени, что они сами гаснут. В этом смысле он есть *продолжение и преодоление* всей нашей утопически-идейной традиции, двоякое *отражение* ее: повтор – отбив, воспроизведение – отбрасывание.[202]

---

[200] Siehe die These, dass Sorokin die in nahezu all seinen Texten latente Möglichkeit von Komik meist nicht nutzt (Bujda 1994; Kenžeev 1995:202; Ermolin 2003:416f, zu Ironie und Komik auch Dobrenko 1990), vgl. auch 3.6.1.1.

[201] „Концептуализм *отрицает утверждение*." [Der Konzeptualismus negiert die Affirmation.] (Ėpštejn 1989:230, Hervorh. i. Orig.).

[202] „Der Konzeptualismus streitet nicht gegen wohlklingende Behauptungen, sondern bläht sie so weit auf, bis sie in sich zusammenfallen. In diesem Sinne ist der Konzeptualismus *Fortsetzung und Überwindung* all unserer utopisch-ideellen Tradition, deren zwiespältige *Widerspiegelung*: Wiederholung und Abwehr, Reproduktion und Verwerfung." (Ėpštejn 1989:233f, Hervorh. i. Orig.).

Im Kontrast zum Utopismus und der diesseitigen, vermeintlich „theomorphen" Religiosität der historischen Avantgarde (Ėpštejn 1989:226) positioniert sich der Konzeptualismus als postutopisch – und auch postnegatorisch. Zudem verwehrt die Kenose eine effektive Durchstreichung: Die Anwendung der Erniedrigung *auf* die Erniedrigung iteriert diese, ohne sie zu potenzieren oder zu erledigen (vgl. 5.6.5.4). Kenose ist als Selbst-Ausleerung schwerlich dadurch zu bekämpfen, dass man sie weiter entleert.[203]

Was aber bedeutet das für die klassischerweise mit der Kenose einhergehende Paränese zur Nachahmung? Mag eine entleerte Kenose noch eine Kenose sein – eine entleerte Paränese ist keine Paränese mehr. Wenn etwa in *Месяц в Дахау* *[Ein Monat in Dachau]* der kenotische Imperativ der klassischen russischen Literatur (Dostoevskijs) selbst zum Foltermittel avanciert (vgl. Brockhoff 1992:142), dann kann dies wohl kaum eine Nachahmungsaufforderung an den zeitgenössischen Leser mehr lancieren. Die Kenose ist in dem Fall kein Verhaltensmuster mehr, das frei, freiwillig und positiv gewählt werden könnte und sollte, sondern eines, das immer schon da war, dem auszuweichen unmöglich ist. Die Konzeptparänese bildet keinen positiven Aufruf in die Nachfolge, sondern konstatiert bloß noch ein angeblich unausweichliches Muster.

10.9.2 Kenotisches Credo?

Kann die Iterierung einer religiösen Figur wie der Kenose, welche diese perpetuiert, verbunden mit der Iterierung religiöser Paränese, welche diese durchstreicht, noch Züge – und seien es entfernteste – eines religiösen Bekenntnisses transportieren? Bei Černyševskij, Gor'kij und Ostrovskij wurde deutlich, dass das Bestreben einer Ersetzung des Christlichen selbst para-religiöse Züge annahm, bei Venedikt Erofeev war aus der Streuung christologischer Motive über den Text, die in eine stringente Passion mündete, ein minimales Credo unabweisbar (9.7.8). Aber kann Sorokins Metakenose noch als Parakenose gelesen werden, als ein minimales Credo gedeutet werden, auf kenotische Weise repräsentiert?

Diese Frage ist so idiosynkratisch nicht – so gut wie alle anspruchsvollen Kommentatoren des Sorokinschen Werkes haben sich daran versucht, den Konzeptualismus von seinen Verfahren her oder Sorokins Schaffen im Speziellen mit Religion in Verbindung zu setzen. Die These eines einfachen antireligiösen Impe-

---

[203] Während die Hypertrophierung von Reinheit, Mönchtum, Askese leicht möglich ist (s. Luthers Kritik am Mönchtum [3.3.3.2.] und die extrem-asketische Selbstverneinung der Skopcen; 5.4.3.1), ist eine exzessive Kenotik schwerer vorstellbar. Die Steigerung von Unaufdringlichkeit vermag nicht leicht aufdringlich zu werden. Maximal hypertroph angewendet, führt sie in Anonymität, Unbemerktheit (s. 5.3.5.4) – ohne ins Gegenteil, in Selbsterhöhung umzuschlagen.

tus (etwa Ermolin 2003:411) ist zu banal, um nicht komplexere Gegenthesen zu provozieren. Sorokins Angabe, er habe in seiner Vergangenheit Phasen des Glaubens durchlaufen (Genis/Vajl'/Sorokin 1992:143), erledigt das Problem genauso wenig, sondern stellt einen Anreiz dar, diese Postreligiosität zu interpretieren.

Bei solchen Interpretationen auf Postreligiosität hin spielen in der Forschung negativ-sakrale Repräsentationsstrategien eine herausragende Rolle.[204] So meint Groys schon 1979, der Schritt zur Seite bilde ein charakteristisches Verfahren des Konzeptualismus, der einen quasi metaphysischen Sprung vollführe, einen religiösen Schritt ohne religiösen Inhalt vollziehe (1979:11); die Konzeptualisten versuchten, das Andere, das „Transzendente" bzw. Tabuisierte darzustellen, allerdings durch gezielt ungeeignete Formen der Repräsentation eines Höheren. Gerade „Simulation, Zitat und Eklektizismus" gerieten der Postmoderne „vollkommen theologisch", nämlich apophatisch (Groys 1988:118f), wie die Soz-Art Dimensionen von Remythologisierung aufweise (ebd.:101). Was nun aber dieses ungesagt-unsagbare Höhere, dieses zu Remythologisierende sei, um dessentwillen das Eigene aufgegeben wird, bleibt unklar. Für Ryklin liegt die Unklarheit im Gebilde selbst – in Sorokins Texten, welche eine „возможность морализации" enthielten,[205] die nicht mit direkter, ausgesagter Moralisierung verwechselt werden dürfe, sondern *in potentia* verharre.

Wenn Groys und Ryklin Recht haben, dann besitzen negative Repräsentationsformen eine positive, wiederum axiologische, ethische Implikation. Am deutlichsten zieht Ėpštejn eine mögliche ethische Konsequenz aus der Repräsentationspraxis des Konzeptualismus, die seiner eigenen Beschreibung zufolge, wie gezeigt (s. 3.6.2), eher kenotische Repräsentation statt apophatische genannt werden sollte:

> Ничтожеством своим это концептуальное создание заставляет униженно пережить ничтожество собственной жизни, и если какой-то последующий жест оправдан, то – стукнуться лбом об пол, зарыдать и взмолиться: «Помилуй, Госпо-

---

[204] Am weitesten geht Koschmal, der zum Häresie-Begriff greift und meint, die postmoderne Literatur sei vielleicht einfach die Entgegenstellung eines „häretischen Ichs" (1996a:38). Wenn der Häresie-Begriff hier am Platze sein soll, dann muss angesichts der Metaverfahren wohl von Metahäresie gesprochen werden, weil ein einfacher Anti-Vektor nicht auszumachen ist. Das hieße zugleich, dass Koschmals These vom Ende der Verantwortungsästhetik und Ethopoetik und der Rückkehr dieser Ästhetik „zu ihrer Genese im Mitfühlen, im Miterleben" (ebd.:32) auf den Konzeptualismus nicht zutrifft.

[205] „Möglichkeit zu moralisieren" (Ryklin 1992:209). Dafür spricht Sorokins privates Lebensethos von Fürsorge, emotionaler Aufrichtigkeit etc. (Sorokin 2001b) oder Nedel's Lesart von einer Stoßrichtung von Sorokins Texten gegen einen „текст-властитель" [Master-Text] (Nedel' 1998:253).

ди!» Ибо ничего, кроме праха, из своей жизни человек не производит, ведь и сам из него состоит.[206]

Aus der vermittelten Einsicht in die eigene Nichtigkeit resultiere, so Ėpštejn, das Bedürfnis moralischer Reinigung: „Концептуализм родствен тому, что в религиозной сфере именуется раскаянием и вытекает из потребности самоочищения."[207] Reue und Selbstreinigung aber sind Verfahren, die auf gegebene Niedrigkeit die Antwort Selbsterniedrigung geben. Folgt man Ėpštejn, dann würde aus der kenotischen Repräsentationsstrategie des Konzeptualismus eine kenotische Ethik folgen. Und Sorokins Metakenose wäre doch immer noch ein Aufruf zu kenotischem Verhalten; so wie in *Месяц в Дахау [Ein Monat in Dachau]* der Ausweg aus der unentrinnbaren Pantextualität die Reue und das Gebet sind:

> [...] Деррида прав каждое автоматическое движение текстуально каждый текст тоталитарен мы в тексте а следовательно в тоталитаризме как мухи в меду а выход выход неужели только смерть нет молитва молитва и покаяние [...][208]

Dann wären *Месяц в Дахау* und *ТЛМ* – nach Ostrovskijs „roter Ikone" (s. 8.8) – schwarze Ikonen. Wobei die schwarzen kaum weniger religiös wären als die parareligiösen roten.

10.9.3 Struktur-konservative Kenotik

> А если неизлечима эта болезнь [нового католицизма] я боюсь, что у русской литературы одно только будущее ее прошлое[209]

Um diese Hypothese zu prüfen, bedarf es eines Blicks auf die soziale Praxis, denn jede religiöse Regung wird erst über ihre sozialen Implikationen fassbar. Von

---

[206] „Durch seine Nichtigkeit zwingt das konzeptuelle Gebilde einen dazu, die Nichtigkeit des eigenen Lebens erniedrigt zu erleben; und wenn irgendeine Geste im Anschluss daran berechtigt sein soll, dann ist es die, mit der Stirn auf den Boden zu schlagen und unter Tränen zu beten: ‚Herr, erbarme Dich'. Denn der Mensch schafft nichts aus dem Leben als Staub – schließlich besteht er selbst daraus." (Ėpštejn 1989:227).

[207] „Der Konzeptualismus ist verwandt mit dem, was im religiösen Bereich Reue genannt wird und aus einem Bedürfnis nach Selbstreinigung geboren wird." (Ėpštejn 1989:235).

[208] „[...] Derrida hat recht jede automatische Bewegung ist textuell jeder Text ist totalitär wir sind in einem Text und folglich im Totalitarismus gefangen wie die Fliegen im Honig und ein Ausweg ein Ausweg etwa nur der Tod nein das Gebet das Gebet und die Reue [...]" (Sorokin 1998:I 810; dt. 1992a:31). Dieser Passus wäre dann nicht nur als „metatextuelle Schlüsselstelle" (K. Kasper 1995:30), sondern auch als Metaethik zu lesen.

[209] „Ist diese Krankheit [eines neuerlichen Katholizismus] aber unheilbar – dann, fürchte ich, hat die russische Literatur nur eine Zukunft: ihre Vergangenheit." (Zamjatin, *Я боюсь [Ich fürchte]*, 1921; Zamjatin 1990:II 352/10).

politischen Implikationen des Sorokinschen Schaffens wird aber in der Forschung
– abgesehen wieder von zu einfachen Thesen, die auf Provokation, Tabubruch etc.
abheben wie Gillespies Auffassung von Sorokins „rejection of all manifestations
of authority" (1997:171) – kaum gehandelt. Eine Ausnahme bildet Vajl's Gegenthese von Sorokin als „Stilkonservator", die politische Implikationen hat (selbst
wenn das nicht Vajl's Anliegen ist):

> [...] [Сорокин –] собиратель и хранитель. Чего? Да все тех же стилистических –
> внеидеологических! – штампов и клише, несущих уверенность и покой. Они обновляются, разнообразно возрождаясь под сорокинским пером, не в ерническом
> наряде соц-арта, а как знаки стабильности, едва ли не фольклорной устойчивости
> без времени и границ [...][210]

Der von Vajl' benutzte Terminus „консерватор" ist im Russischen zweideutig:
Neben ‚Konservator' ist auch ‚Konservativer' aufgerufen. Das hieße, Sorokins
Konservierungsleistung würde nicht allein auf „stilistischem" Gebiet greifen,
sondern auch konzeptuell, ja *de facto* politisch. Die Bewahrung der Figur der
Selbsterniedrigung würde dann, trotz der Leere von Sorokins Metaparänese, doch
noch eine soziale Praxis beschreiben, wenngleich diese weniger normativ-utopisch
entworfen denn als alternativlos sanktioniert wird.

Wenn die Unterwerfung unter Vater-Autoritäten unhintergehbar ist und nur
immer neu reproduziert werden kann, dann wird kein Aufbegehren gegen diese
Autoritäten, wie es Marina in der ersten Romanhälfte unternimmt, je etwas an
dieser Sozialstruktur ändern. Dann ersetzt jede Revolte lediglich eine Autorität
durch eine andere, ohne je das Strukturmuster zu brechen. Axiologisch sind dann,
so suggeriert die Austauschbarkeit von Solženicyn und Rumjancev, alte und neue
Autoritäten nicht unterscheidbar. Der sozialistische Inhalt der von Rumjancev
„offenbarten" Botschaft stellt sich als kontingent, als letztlich sekundär, ja irrelevant heraus; wichtig ist allein die Tatsache, *dass* da eine Vater-Autorität Ansprüche erhebt und diese von infantilen Helden[211] akzeptiert werden (der Effekt ist

---

[210] „[...] [Sorokin] ist ein Sammler und Bewahrer. Von was? Na von all jenen stilistischen – außerideologischen! – Schablonen und Klischees, die Sicherheit und Ruhe transportieren. Sie werden erneuert und unter Sorokins Feder auf vielfältige Weise wiedergeboren, nicht in der persiflierenden Manier der Soz-Art, sondern als Zeichen von Stabilität, einer fast folkloristischen Beständigkeit außerhalb von Raum und Zeit [...]" (Vajl' 1995).

[211] Kavelin sieht in der Infantilität eine Brücke vom SR zu Tauwetter-, Dissidenz- und Perestrojka-Literatur (1990:193). Die Austauschbarkeit Rumjancevs und Solženicyns bei Sorokin liefert zu Kavelins These die literarische Illustration.

„Offenbarung"): „Марина молча смотрела на этого человека, не подозревавшего, ЧТО́ он открыл ей в прошедшую ночь."[212]

Dann aber enthielte der Roman *ТЛМ* eher ein politisches, konservatives Credo (von der Alternativlosigkeit des Glücks durch Unterwerfung) als ein religiöses. Die soziale, politische Dimension dieser Meta-Kenose wäre gewichtiger als die religiöse. Und das brächte Sorokin in eine unerwartete Nähe, nämlich zu den soziopolitischen Interessen der konservativ-orthodoxen Prediger von Unterwerfungsgesten wie Pobedonoscev (s. 5.2.6.1). In diesem Fall ist die „subversive Affirmation" (Sasse/Schramm 1997), die von Sorokins Werken ausgehen soll, viel eher eine *affirmative Subversion*: Kein Akt der Subversion könnte, wollte man dem folgen, je anders, als autoritäre, patriarchale Ordnungen zu affirmieren, deren Muster zu iterieren, zu perpetuieren. Ob dies irgendetwas mit einer ‚Autor-Intention' zu tun hat, ist irrelevant; selbst wenn Sorokin keine konservative Intention verfolgt – *ТЛМ* insinuiert eine solche Wirkung.

---

[212] „Schweigend schaute Marina diesen Menschen an, der nicht ahnte, WAS er ihr letzte Nacht offenbart hatte." (*ТЛМ* 729/257).

11 Kenose der Kenose und kein Schluss

11.1 Fortgesetzte Produktivität trotz neuer Widerstände

11.1.1 Gesellschaftliche Funktion der Kenose

Vor Nikolaj Černyševskij und auch wieder bei Nikolaj Ostrovskij, Venedikt Erofeev und Vladimir Sorokin fungierte das Konzept der Kenose in gesellschaftlicher Hinsicht als affirmative Subversion. Wurde Ostrovskijs Affirmation erst in einer antidisziplinären Lektüre mit subversiven Elementen angereichert (8.8.6), reagieren Erofeev und Sorokin mit dosierter Abgrenzung vom sowjetischen Modell (9.3.2.5, 10.9.3). Der Bindekraftverlust des sowjetischen Modells, für den Erofeevs Text ein Symptom darstellt, ist in Sorokins Metaspielen evident geworden.

So mag es zwar in einer bestimmten Hinsicht berechtigt sein, eine Reihe der Ingredienzien von Sorokins Texten – *mat*, Sex, Gewalt – zu Symptomen eines gesamtgesellschaftlichen Verfalls zu stempeln, der, in sowjetischen Zeiten losgetreten, nach dem Ende der Sowjetunion weitergeht.[1] Der Degradator Sorokin wurde 2002 zur Zielscheibe der restaurativen Bestrebungen der Putin-Jugend (s. 10.2.2). Manche postsowjetischen Nachahmungen von radikalen Herabziehungsgesten wurden selbst von Sorokins früheren Anwälten (s. Ryklin 1992) nicht mehr akzeptiert, etwa Bajan Širjanovs Roman *Низкий пилотаж [Tiefflug]* (2001), der plötzlich als inakzeptable Werbung für Drogen gelesen wird (Ryklin 2003b:199f).

Die 1990er Jahre brachten für die breite Mehrheit der russischen Bevölkerung einen derart eklatanten sozialen Abstieg, dass man annehmen sollte, die Relevanz von Protest qua Herabziehung müsse im Zuge dessen verschwinden und stattdessen ein neues Bedürfnis nach Erhöhung Raum greifen.[2] In der Tat lassen sich in der noch von Boris El'cin angestoßenen Suche nach einer neuen russischen Staatsemblematik (s. Cereteli), verstärkt ab 2000 mit der Konsolidierung der „Machtvertikale" durch die Putin-Administration im Schulterschluss mit der offiziellen Russisch-Orthodoxen Kirche, solche Bestrebungen ausmachen. Von der Warte der Macht her scheint es nur folgerichtig, dass Ministerpräsident Vladimir Putin, der

---

[1] „Sorokin's depersonalized, de-moralized world is testament to the degradation of a whole society and its people." (Gillespie 1997:171). Vgl. auch Skoropanovas These, Sorokins Schreiben sei Symptom einer ungünstigen kulturellen Situation (1999:278).

[2] Das wäre eine Analogie zur Entproletarisierung und Verbürgerlichung im Zuge der Stalinschen Restauration und Chruščevschen Normalisierung (s. 8.9).

starke Mann Russlands in den ersten Jahren des 21. Jh.s, am 10. Juni 2009 gegen eine Boris-und-Gleb-Darstellung Il'ja Glazunovs protestiert.[3]

Weit dialektischer verfährt da der im selben Jahr 2009 vom Moskauer Patriarchat herausgegebene *Молитвослов православного воина [Gebetbuch für orthodoxe Soldaten]*, in dem die Leidensdulder Boris und Gleb angerufen werden um Hilfe beim Gegenteil dessen, wodurch sich die ihnen zugeschriebene Kenosis-Nachfolge auszeichnet: bei Gewalt gegen militärische Feinde: „Молим вас, христолюбивии страстотерпцы, споществуйте державе Российстей в победе на сопротивные, [...] да несут российстии воини страх врагом [...]".[4]

Weder Angriffe von staatlich-offizieller Seite noch dialektische Umfunktionierung des kenotischen Modells durch kirchlich-offizielle Seite haben aber jemals das inoffiziell-kenotisches Ausweichmodell, die „subversive Kraft kenotischer Religion" (Deibl 2008:72f) beseitigen können. So steht zu erwarten, dass der offiziöse Erhöhungsvektor, auf den Staat und Kirche spätestens seit 2000 massiv setzen, wieder Gegenreaktionen der Herabziehung zeitigen wird – und dass darunter auch kenotische Modelle von Selbsterniedrigung sein werden. Nicht ausgeschlossen, dass deren Träger auch wieder traditionelle Gewänder wie die von Christusnarren oder Starcen anlegen, wie dies in Pavel Lungins populärem Film *Остров [Die Insel]* (2006) bereits imaginiert wurde.[5]

11.1.2 Minimalisierte Kenose

In den frühen 1980er Jahren kam bei Sorokin – nicht von ungefähr – jedoch ein rein motorisches Modell von Kenose zum Tragen (10.9), in einem Kontext, der radikal entchristlicht ist. Damit schließt sich vom religiösen Umfeld – bzw. von dessen Fehlen – her der Kreis zu rein restaurativen Bestrebungen, welche die ROK mit der Kanonisierung Nikolajs II. verfolgt (1.1.1). Die konzeptualistische

---

[3] „Премьер заметил, что Борис и Глеб, конечно, святые, «но надо бороться за себя, за страну, а отдали без борьбы». «Это не может быть для нас примером – легли и ждали, когда их убьют»,– высказал свою точку зрения Путин." [Der Premierminister merkte an, dass Boris und Gleb natürlich Heilige seien, „aber man muss für sich selbst und für sein Land kämpfen, sie aber haben ihr Leben kampflos hingegeben." „Das kann für uns kein Vorbild sein – sie haben sich hingelegt und gewartet, bis man sie ermordet", legte Putin seine Ansicht dar.] (Kotljar 2009).

[4] „Wir beten zu euch, christusliebende Leidensdulder, verhelft der Russischen Staatsmacht zum Sieg über die Feinde [...], auf dass die russischen Soldaten den Feinden Angst und Schrecken einflößen [...]" (Molitvoslov 2009:18).

[5] Viktor Erofeev ordnet den Helden des Films, Mönch Anatolij, in die russische Tradition kenotischen Gottesnarrentums ein (Suranova 2008), der orthodoxe Rezensent Vinničenko sieht in Anatolij Gottesnarrentum und Starcentum verschränkt („юродивый старец" [gottesnärrischer Starce]; Vinničenko 2006).

Metakenose berührt sich mit der minimalisierten Heiligkeit qua Zuschreibung von kenotischen Tugenden an den letzten Zaren zum einen in der Reduktion auf eine weitgehend gesinnungsleere Struktur, zum anderen im Stoßen in eine religiöse Leere. Dieselbe Konstellation galt seinerzeit auch für Boris und Gleb. Als ihre Kanonisierung im 11. Jh. betrieben wurde, konnte von einer christlichen Durchwirkung der Rus' keine Rede sein. Reduzierte Spielarten von Kenose gedeihen folglich in christentumsfernen Kontexten. Aller Entleerung zum Trotz aber profitiert die kenotische Christologie selbst von solchen Abgründen des Christlichen.

11.1.3 Kenose der Kenose der Kenose…

> Die Tatsache, dass die Geschichte nicht an ihr Ende kommt, ist ein Effekt des fundamentalen Entzugs des Göttlichen und also der Entfernung und Absentierung, welche selbst die Anwesenheit Christi konstituiert. (Nancy 2003:79)

Wenn Erniedrigung und Selbsterniedrigung also ungebrochen Konjunktur haben und selbst ein vermeintlicher Zerstörer wie Sorokin sich *praktisch* als Strukturkonservierer entpuppt, dann gelangt in seinem Werk weniger die Kulturgeschichte der Menschheit an ihr *télos*, wie Igor' Smirnov meint,[6] sondern wird Geschichte als Veränderung überhaupt relativiert.

11.2 All-umarmendes Christentum?

Bestätigt die kultur- und literaturwissenschaftliche Analyse damit – ohne dies geplant zu haben – das historiosophische Auftrumpfen eines christlichen Bekenntnisses nach dem Zusammenbruch eines atheistischen Systems, wie dies Sergej Choružij verficht?

> Пост-христианство есть нонсенс, ибо явление Христа вошло в самую ткань истории как таковой, оно составляет внутреннее и неотъемлемое качество всякого ее момента, от Воплощения и до конца времен.[7]

---

[6] „Если человек и совершает себя, то не как французский философ [Деррида], а как русский антиэстет [Сорокин]" [Wenn der Mensch zum Abschluss kommt, dann nicht als französischer Philosoph [Derrida], sondern als russischer Antiästhet [Sorokin].] (I. Smirnov 1999b:369).

[7] „Ein Post-Christentum ist Nonsens, weil die Erscheinung Christi in das Gewebe der Geschichte selbst eingegangen ist, weil es eine integrale und irreduzible Qualität jeden Momentes der Geschichte bildet, von der Inkarnation angefangen bis ans Ende aller Zeiten." (Choružij 1991:6).

Manifestiert die Interpretationengeschichte gar den Triumph der Replikationsintention aus dem Missionsbefehl am Ende des Matthäus-Evangeliums – „καὶ ἰδοὺ, ἐγὼ μεθ' ὑμῶν εἰμι πάσας τὰς ἡμέρας ἕως τῆς συντελείας τοῦ αἰῶνος"[8]?

Beim Evangelisten wie beim Neoasketen ist christliches, ja missionarisches Interesse evident. Ohne missionarischen Eifer wird eine vergleichbare Antwort dagegen in Jean-Luc Nancys Überlegung zur Selbstdekonstruktion des Christentums und in Gianni Vattimos These von der Kenose als fortgesetztem Mechanismus der Selbstabschwächung des Christentums gegeben. Nancy attestiert dem Christentum in seiner Geschichte die Fähigkeit zum „*self-overcoming*" (Nancy 2001:116); das Christentum könne als „the very movement of its distension" gedacht werden (ebd.:117).

Während Nancy die Kenose von der Christologie[9] und der Sichtbarmachung Gottes im inkarnierten Christus (ebd.:129) gleichsam bloß einkreist, formuliert Gianni Vattimos mit seiner umarmenden (s. 5.6.5.3) Sicht von Säkularisierung als einer Folgeerscheinung der sukzessiven Selbstabschwächung der Kenose Christi (und nicht einer vageren Kategorie Christentum) eine stärkere These. Glaubt man Vattimo, so

> [...] l'appropriazione filosofica della verità della religione avviene pur sempre per una legge della filosofia, della ragione che si riconcilia con sé; la *kenosis* che accade come incarnazione di Dio e da ultimo come secolarizzazione e come indebolimento dell'essere e delle sue strutture forti (fino alla dissoluzione dell'ideale di verità come oggettività) avviene invece per una ‚legge' della religione, almeno nel senso che non è il soggetto che decide di impegnarsi in un processo di spoliazione e di interminabile annichilimento, ma a questo impegno si trova chiamato dalla ‚cosa stessa'.[10]

Problematisch ist dabei, dass der postmoderne Heideggerianer Vattimo die menschlichen Subjekte zu Ausführenden einer Geschichte des Seins selbst dezentriert, das sich vom Begriff von Wahrheit als Korrespondenz zum freien „gioco

---

[8] „[...] Und siehe, ich bin bei euch alle Tage bis an der Welt Ende." (Mt 28,20).

[9] „[...] the heart of Christian theology is constituted by Christology, [...] the heart of Christology is the doctrine of incarnation, and [...] the heart of the doctrine of the incarnation is the doctrine of *homoousia*, of consubstantiality, of the identity or the community of being and substance between the Father and the Son." (Nancy 2001:124). Etwas deutlicher wird der kenotische Bezug in Nancy 2008:59 u. 143.

[10] „[...] erfolgt die *kenosis*, die in der Fleischwerdung Gottes und schließlich in der Säkularisierung und in der Schwächung des Seins und seiner starken Strukturen (bis hin zur Auflösung des Ideals der als Objektivität verstandenen Wahrheit) geschieht, aufgrund eines ‚Gesetzes' der Religion, zumindest in dem Sinne, daß nicht das Subjekt beschließt, sich einem Prozeß des Sich-Entkleidens und der endlosen Annihilierung hinzugeben, sondern es von der ‚Sache selbst' zu dieser Hingabe berufen wird." (Vattimo 1994:66; dt. v. Martina Kempter, Vattimo 1997:82).

delle interpretazioni"[11] einer „ermeneutica nichilistica"[12] selbst depotenziere.[13] Zudem hypostasiert Vattimos Historiosophie der Selbstschwächung damit, wie gesehen (5.6.5.3), bei allen postmodern-postmetaphysischen Vorsichtsmaßnahmen doch den Rest einer sich selbst transformierenden und in ihren Transformationen schließlich noch identifizierbaren Substanz[14] und lanciert eine paradoxe Teleologie der Selbstentähnlichung, Selbstschwächung des Christentums, eine Teleologie der ‚Teleofugie'.

Um damit Recht zu behalten, müsste auch Vattimos Bestimmung der Restsubstanz zutreffen, die er am Ende des kenotischen Selbstabschwächungsprozesses des Christentums erhalten sieht: „[...] è il venire in luce della carità come unico contenuto decisivo del messaggio evangelico"[15]. In der *caritas*, der Nächstenliebe soll, Vattimo zufolge, der plötzlich normativ argumentiert, der kleinste gemeinsame Nenner zu finden sein (Vattimo 1999:98): „charity as the limit of the secularizing ‚transcription'" (Vattimo 1999:69).

Dagegen sind theologische (Schröder 2004:39) wie auch philosophische Einwände (Rorty 2006:41) erhoben worden, aber auch die Kulturgeschichte der Transformationen der Figur der Kenose bestätigt dies nicht. Die Rede von der *einen* Liebe *caritas* stellt sich schon bei einer kurzen Durchsicht des hier betrachteten russisch-kulturgeschichtlichen Materials als unzulässige Vereinfachung und Umarmung dar, denn der Liebesbegriff ist bspw. bei Konstantin Pobedonoscev (s. 5.2.6.1) denkbar anders gelagert als bei Nikolaj Ostrovskij (8.4.5.1) und wiederum anders bei Vladimir Sorokin (10.4). Bei Konstantin Leont'ev erscheint Liebe explizit als nicht erstrebenswert (5.2.7.2), und doch ist auch sein Denken partiell kenotisch geprägt. Also kann auch die *caritas* kein Minimalkonsens der Kenose-Transformationen sein, keine Restsubstanz, bei der sich einhalten ließe; auch über diesen scheinbaren Minimalkonsens geht die disparate Vielfalt der Interpretationen, Transformationen, Transfigurationen und Ursurpationen hinweg.

---

[11] „Spiel der Interpretationen" (Vattimo 1994:11; dt. v. Martina Kempter, Vattimo 1997:22).

[12] „nihilistische Hermeneutik" (Vattimo 1994:64; dt. v. Martina Kempter, Vattimo 1997:80).

[13] Zu Vattimos Rede von der „Berufung des Subjekts" siehe U. Engel 2004:60.

[14] „fin all'inizio" [von Anfang an] (Vattimo 1994:66; dt. v. Martina Kempter, Vattimo 1997:82). Deibl hat Recht, wenn er in der Vattimoschen „subversiven Kontinuität der Schwächung" nicht bloß ein „schwaches geschichtsphilosophisches", sondern sogar ein „geschichtstheologisches Konzept" erblickt (2008:40). Zur Substanzialismus-Gefahr, in der Säkularisierungstheorien schweben, s. Weidner 2004:99.

[15] „[...] daß einziger maßgeblicher Inhalt der Botschaft des Evangeliums die Nächstenliebe offenbar wird" (Vattimo 1994:64; dt. v. Martina Kempter, Vattimo 1997:80).

11.3 Die „kenotische Maschine" läuft weiter

Was nach gut 1950 Jahren Konzepttransformationen und -transpositionen bleibt, ist nichts Festes, sondern das Weiterlaufen der „kenotischen Maschine" (S. Jäger 2001:147). Der Ausstoß dieser Maschine (die nicht im Sinne einer identischen Instanz oder Substanz gedacht werden darf) ist unvorhersehbar; er ist historisch wie geografisch und inhaltlich kontingent. Ein kleiner Ausschnitt aus der Produktion der „kenotischen Maschine" sollte in dieser Arbeit beleuchtet werden.

IV. APPARAT

Sie [die kritische Kritik] sieht es nicht für einen Raub an, Gott gleich zu sein, sondern entäußert sich selbst [Phil 2,6f] und nimmt Buchbindermeister-Gestalt an und erniedrigt sich bis zum Unsinn – ja zum kritischen Unsinn in fremden Sprachen. (Marx, MEW 2,9)

12 Bibliografie

12.1 Abkürzungen

12.1.1 Abkürzungen im Text

ACO Acta conciliorum oecumenicorum [Akten der Ökumenischen Konzilien]. Hg. v. Eduard Schwartz u. Johannes A. Straub. Berlin – Leipzig 1914ff.
AT Altes Testament.
BSLK Bekenntnisschriften der evangelisch-lutherischen Kirche. 2 Bde. Göttingen ^{5}1963.
CGPNT Catenae Graecorum Patrum in Novum Testamentum [Katenen der Griechischen Väter zum Neuen Testament]. Hg. v. John Anthony Cramer. Oxford 1838–44.
COD Dekrete der Ökumenischen Konzilien/Conciliorum Oecumenicorum Decreta. Bd. 1. Konzilien des ersten Jahrtausends. Vom Konzil von Nizäa (325) bis zum Vierten Konzil von Konstantinopel (869/70). Hg. v. Josef Wohlmuth. Paderborn et al. ^{2}1998.
CR Corpus Reformatorum [Corpus der Reformatoren]. Huldreich Zwinglis Sämtliche Werke. Hg. v. Emil Egli et al. Berlin 1905ff (Ndr. München 1981).
CSCO Corpus Scriptorum Christianorum Orientalium [Corpus der Schriften der orientalischen Väter]. Roma 1903ff.
CSEL Corpus scriptorum ecclesiasticorum latinorum [Corpus der lateinischen Kirchenväter]. Wien 1866ff.
Goethe WA Goethes Werke (=Weimarer Ausgabe), Weimar 1887–1919.
Luther WA D. Martin Luthers Werke. Kritische Gesamtausgabe (=Weimarer Ausgabe). Weimar 1883ff.
Mansi Sacrorum conciliorum nova et amplissima collectio [Neue umfassendste Sammlung der Heiligen Konzilien]. Hg. v. Giovanni D. Mansi. Firenze 1759–1927 (Ndr. Graz 1960–62).
MEW Karl Marx; Friedrich Engels. Werke. Berlin 1956ff.
NT Neues Testament.
об. (bei kirchenslavischer Paginierung) Rückseite des Blattes.
PG Patrologiae Cursus Completus. Series Graeca [Vollständiger Kurs der Väterliteratur. Griechische Reihe]. Hg. v. Jacques Paul Migne. Paris 1857ff.
PL Patrologiae Cursus Completus. Series Latina [Vollständiger Kurs der Väterliteratur. Lateinische Reihe]. Hg. v. Jacques Paul Migne. Paris 1841ff.
PLDR Pamjatniki literatury Drevnej Rusi [Literaturdenkmäler der Alten Rus']. Hg. v. Dmitrij S. Lichačev u. Lev A. Dmitriev. Moskva 1978–94.
ROK-MP Russisch-Orthodoxe Kirche, Moskauer Patriarchat.
SR Sozialistischer Realismus.
UA Uraufführung.

VMČ Velikie minei četii, sobrannyja Vserossijskim mitropolitom Makariem [Die großen Lesemenäen, gesammelt vom Metropoliten von ganz Russland Makarij]. Sankt-Peterburg 1868–1917.

КЗС Nikolaj Ostrovskij, Kak zakaljalas' stal' [Wie der Stahl gehärtet wurde], zit. n.: Ostrovskij 1982/Ostrovskij 1978.

М Maksim Gor'kij, Mat' [Die Mutter], zit. n.: Gor'kij 1960/63:IV/Gor'kij 1954.

МП Venedikt Erofeev, Moskva-Petuški [Moskau-Petuški], zit. n.: Erofeev 1990/1978.

ТЛМ Vladimir Sorokin, Tridcataja ljubov' Mariny [Marinas dreißigste Liebe), zit. n.: Sorokin 1998:I/Sorokin 1991.

ЧД Nikolaj Černyševskij, Čto delat'? [Was tun?], zit. n.: Černyševskij 1939/53:XI/Černyševskij 1974.

12.1.2 Abkürzungen in der Bibliografie

ÄGB Ästhetische Grundbegriffe. Hg. v. Karlheinz Barck et al. Stuttgart – Weimar 2000–05.

BLDR Biblioteka literatury Drevnej Rusi [Bibliothek der Literatur der Alten Rus']. Hg. v. Dmitrij S. Lichačev. Sankt-Peterburg 1997ff.

ByzSlav Byzantinoslavica. Praha 1929ff.

G2W Glaube in der 2. Welt. Zollikon 1973ff.

HWdPh Historisches Wörterbuch der Philosophie. Hg. v. Joachim Ritter, Karlfried Gründer et al. Basel 1971ff.

HWdR Historisches Wörterbuch der Rhetorik. Hg. v. Gert Ueding. Darmstadt 1992ff.

LTK[3] Lexikon für Theologie und Kirche. 3. Aufl. Hg. v. Walter Kasper et al. Freiburg et al. 1993–2001.

NLO Novoe literaturnoe obozrenie [Neue literarische Rundschau]. Moskva 1992ff.

OF Orthodoxes Forum. St. Ottilien 1987ff.

PĖ Pravoslavnaja ėnciklopedija [Orthodoxe Enzyklopädie]. Hg. v. Patriarch Aleksij II. u. Patriarch Kirill. Moskva 2000ff.

RGG[3] Religion in Geschichte und Gegenwart. 3. Auflage. Hg. v. Kurt Galling et al. Tübingen 1957–65.

RGG[4] Religion in Geschichte und Gegenwart. 4. Auflage. Hg. v. Hans Dieter Betz et al. Tübingen 1998ff.

RL Russian Literature. Amsterdam 1971ff.

R&L Religion and Literature. Notre Dame (IN) 1984ff.

SEEJ Slavonic and East European Journal. New York – Berkeley (CA) 1957ff.

SEER The Slavonic and East European Review. London 1990ff.

ThWNT Theologisches Wörterbuch zum Neuen Testament. Begr. v. Gerhard Kittel. Hg. v. Gerhard Friedrich. Stuttgart et al. 1933–79.

TODRL Trudy Otdela Drevnerusskoj Literatury [Arbeiten der Abteilung für Altrussische Literatur], Leningrad 1934ff.

TRE	*Theologische Realenyzklopädie*. Hg. v. Gerhard Müller et al. Berlin – New York 1976ff.
WdS	*Die Welt der Slaven*. München 1956ff.
WSA	*Wiener Slawistischer Almanach*. München 1978ff.
WSlJb	*Wiener Slavistisches Jahrbuch*. Wien 1950ff.
ZfR	*Zeitschrift für Religionswissenschaft*. Marburg 1993ff.
ZfSl	*Zeitschrift für Slawistik*. Berlin 1956ff.
ZfSlPh	*Zeitschrift für Slavische Philologie*. Heidelberg 1925ff.
ZNW	*Zeitschrift für die neutestamentliche Wissenschaft und die Kunde der älteren Kirche*. Berlin 1900ff.

12.2 Literatur

Abe, Masao 1995. *Divine Emptiness and Historical Fullness: A Buddhist-Jewish-Christian Conversation with Masao Abe*. Hg. v. Christopher Ives. Valley Forge (PA).

Abermann, Gabriele 2003. „Trope" [Trope]. *Dictionnaire International des Termes Littéraires*. http://www.ditl.info/art/definition.php?term=4480; Zugriff 24.06.2004.

Abramovič, Dmitrij I. (Hg.) 1916. *Žitija svjatych mučenikov Borisa i Gleba i služby im [Das Leben der heiligen Märtyrer Boris und Gleb und ihr Gottesdienst]*. Petrograd.

Afanas'ev, Nikolaj N. 1934. „Dve idei vselenskoj cerkvi" [Zwei Vorstellungen von der universellen Kirche]. *Put'* 45 (1934), 16–29.

Agamben, Giorgio 2002. *Homo sacer. Il potere sovrano e la nuda vita*. Dt. zit. n.: *Homo sacer. Die souveräne Macht und das nackte Leben*. A.d. Ital. v. Hubert Thüring. Frankfurt a.M.

Ahrens, Theodor 1969. *Die ökumenische Diskussion kosmischer Christologie seit 1961. Darstellung und Kritik*. Diss. Hamburg.

Ajtmatov, Čingiz 1987. „Kak slovo naše otzovetsja" [Wie unser Wort ertönen wird]. *Družba narodov* 2 (1987), 234–246.

Akafisty 1998. *Akafisty Presvjatoj Bogorodice. Radujsja, Radoste naša [Akathistos-Hymnen auf die Allerheiligste Gottesmutter. Freue Dich, unsere Freude]*. Moskva.

Akafist Serafimu 1991. *Akafist prepodobnomu i bogonosnomu otcu našemu Serafimu, Sarovskomu čudotvorcu [Akathistos-Hymnus auf unseren ehrwürdigen und Gotttragenden Vater Seraphim]*. o.O. (Ndr.).

Akimov, Vladimir M. 1979. *V sporach o chudožestvennom metode. Iz istorii bor'by za socialističeskij realizm [Im Streit um die künstlerische Methode. Aus der Geschichte des Kampfes um den Sozialistischen Realismus]*. Leningrad.

Aksenov, Vasilij 2000. *V poiskach grustnogo bėbi [Auf der Suche nach dem traurigen Baby]*. Moskva.

Alekseev, Anatolij A. 1999. *Textgeschichte der slavischen Bibel/Tekstologija slavjanskoj Biblii*. Sankt-Peterburg – Köln.

– 2002. „Biblija. Perevody na russkij jazyk" [Die Bibel. Übersetzungen ins Russische]. *PĖ* 5 (2002), 153–161.

– 2003. „Biblija v cerkovnoslavjanskoj pis'mennosti" [Die Bibel im kirchenslavischen Schrifttum]. *Cerkovnyj vestnik* 6 (2003).

Allen, Pauline 1994. „Monophysitismus". *TRE* 23, 219–233.

Althaus, Paul 1957. „Kenosis". *RGG³* 3, 1243–1246.

Altizer, Thomas J.J. 1968. *The Gospel of Christian Atheism.* Dt. zit. n.: ... *daß Gott tot sei. Versuch eines christlichen Atheismus.* A.d. Engl. v. Fritz Dumermuth. Zürich.

– 1979. *The Descent into Hell: A Study of the Radical Reversal of the Christian Consciousness.* New York.

Altizer, Thomas J.J.; Hamilton, William 1966. *Radical Theology and the Death of God.* Indianapolis et al.

Al'tšuller, Mark 1982. „*Moskva-Petuški* Venedikta Erofeeva i tradicii klassičeskoj poèmy" [Venedikt Erofeevs *Moskau-Petuški* und die Traditionen des klassischen Poems]. *Novyj žurnal* 146 (1982), 75–85.

Amberg, Lorenzo 1986. *Kirche, Liturgie und Frömmigkeit im Schaffen von N.V. Gogol'.* Bern et al.

Amfiteatrov, Aleksandr V. 1912. *Sovremenniki [Zeitgenossen].* Moskva.

Ammer, Vera 1988. *Gottmenschentum und Menschgottum. Zur Auseinandersetzung von Christentum und Atheismus im russischen Denken.* München.

Anderson, R. Dean Jr. ²1999. *Ancient Rhetorical Theory and Paul.* Leuven.

Andreev, Daniil L. 1991. *Roza mira. Metafilosofija istorii [Die Weltrose. Metaphilosophie der Geschichte].* Moskva.

<Andreev> Andrejew, Leonid N. 1989. *Judas Ischariot. Erzählungen 1907–1916.* A.d. Russ. v. Hilde Angarowa et al. Berlin – Weimar.

– 1990. *Sobranie sočinenij v 6-i tt. [Gesammelte Werke in 6 Bdn.].* Moskva.

Andreev, Nikolaj 1932. „O ‚dele d'jaka Viskovatogo'". *Seminarium Kondakovianum* 5 (1932), 191–242.

Aničkov, Evgenij V. 1914. *Jazyčestvo i Drevnjaja Rus' [Heidentum und alte Rus']* Sankt-Peterburg (Ndr. München 1995).

Annenkova, Elena I. 1997. „Smirenie i messianstvo v koncepcii slavjanofilov" [Demut und Messianismus in der Konzeption der Slavophilen]. *Kazan', Moskva, Peterburg. Rossijskaja imperija vzgljadom iz raznych uglov.* Hg. v. Boris M. Gasparov, Ekterina Evtuchova, Aleksandr L. Ospovat. Moskva, 152–166.

Anninskij, Lev A. 1971. *Kak zakaljalas' stal' Nikolaja Ostrovskogo [Nikolaj Ostrovskijs Wie der Stahl gehärtet wurde].* Moskva.

Anninskij, Lev A.; Cejtlin, Evsej L. 1987. *Vechi pamjati. O knigach N.A. Ostrovskogo Kak zakaljalas' stal' i Vs. Ivanova Bronepoezd 14–69 [Gedächtnismarken. Zu N.A. Ostrovskijs Wie der Stahl gehärtet wurde und Vs. Ivanovs Panzerzug 14–69].* Moskva.

Antonij (Chrapovickij) 1963. *Nravstvennyja idei važnejšich christianskich pravoslavnych dogmatov [Die sittlichen Ideen der wichtigsten christlichen orthodoxen Dogmen].* Montreal.

Antonij (Surožskij) 2002. *Škola molitvy [Gebetsschule].* Klin.

Archangel'skij, Aleksandr S. 1882. *Nil Sorskij i Vassian Patrikeev. Ich literaturnye trudy i idei v drevnej Rusi. Istoriko-literaturnyj očerk [Nil Sorskij und Vassian Patrikeev. Ihre Schriften und Ideen im alten Russland. Eine literarhistorische Skizze].* č. 1. *Prepodobnyj Nil Sorskij [Der ehrwürdige Nil Sorskij].* Sankt-Peterburg (Ndr. Den Haag 1966).

Arno von Reichersberg 1888. *Apologeticus contra Folmarum [Verteidigungsschrift gegen Folmar]*. Hg. v. Constans Weichert. Leipzig.

<Arsen'ev, Nikolaj S.> von Arseniew, Nikolaus 1938. *Das Leiden und die Auferstehung des Herrn in Kirchengesängen der Orthodoxen Kirche des Ostens*. Wernigerode.

– 1971. „Die religiöse Familientradition in Rußland". *Handbuch der Ostkirchenkunde*. Hg. v. Endre von Ivánka, Julius Tyciak u. Paul Wiertz. Düsseldorf, 633–645.

Artemij (Vladimirov) 2001. „O četyrech obrazach smirenija. Propoved'" [Die vier Arten der Demut. Predigt]. *Žurnal Moskovskoj Patriarchii* 6 (2002), 70f.

<Artemov, Nikolaj> Artemoff, Nikolai 1989. „Die liturgische Funktion der Ikonostase". *Die geistlichen Grundlagen der Ikone*. Hg. v. Wolfgang Kasack. München, 79–101.

Assmann, Aleida 1993. „Exkarnation. Gedanken zur Grenze zwischen Körper und Schrift". *Raum und Verfahren. Interventionen*. Hg. v. Jörg Huber u. Alois Martin Müller. Basel – Frankfurt a.M., 133–155.

Assmann, Aleida; Assmann, Jan 1987. „Kanon und Zensur". *Kanon und Zensur*. Hg. v. Aleida Assmann u. Jan Assmann. München, 7–27.

Assmann, Aleida; Harth, Dietrich (Hg.) 1991. *Mnemosyne. Formen und Funktionen der kulturellen Erinnerung*. Frankfurt a.M.

Assmann, Jan 2001. *Moses der Ägypter. Entzifferung einer Gedächtnisspur*. München.

dell'Asta, Adriano 1999. „La terribile bellezza di Dostoevskij" [Dostoevskijs schreckliche Schönheit]. Russ. zit. n.: „Krasota i spasenie v mire Dostoevskogo". A. d. Ital. v. A. Šaškova. *Christianstvo i russkaja literatura*. t. 3. Sankt-Peterburg, 250–262.

Auerbach, Erich 1946. *Mimesis. Dargestellte Wirklichkeit in der abendländischen Literatur*. Bern – München.

Auffarth, Christoph 1999. „Kreuz/Kreuzigung". *Metzler-Lexikon Religion. Gegenwart – Alltag – Medien*. Hg. v. Christoph Auffarth et al. Bd. 2. Stuttgart – Weimar, 252–255.

– 2002. *Irdische Wege und himmlischer Lohn. Kreuzzug, Jerusalem und Fegefeuer in religionswissenschaftlicher Perspektive*. Göttingen.

Augustinus 2002. *Die christliche Bildung (De doctrina christiana)*. A.d. Lat. V. Karla Pollmann. Stuttgart.

Austin, John L. 1962. *How to Do Things with Words: The William James Lectures Delivered at Harvard University in 1955*. Cambridge (MA).

Avvakum 1997. *Žitie protopopa Avvakuma, im samim napisannoe, i drugie ego sočinenija [Die Vita des Protopopen Avvakum, von ihm selbst geschrieben, und andere seiner Werke]*. Hg. v. Nikolaj K. Gudzij. Moskva.

Averincev, Sergej S. ^{2}1994a. „Iisus Christos" [Jesus Christus]. *Mify narodov mira*. Hg. v. Sergej A. Tokarev. t. 1. Moskva et al., 490–504.

– ^{2}1994b. „Christianskaja mifologija" [Christliche Mythologie]. *Mify narodov mira*. Hg. v. Sergej A. Tokarev. t. 2. Moskva et al., 598–604.

– 2001. *Sofija-Logos. Slovar' [Sophia-Logos. Ein Wörterbuch]*. Kiev.

Azy ^{2}2002. *Azy pravoslavija [Das A bis Z der Orthodoxie]*. Sankt-Peterburg.

Babel', Isaak È. 2006. *Sobranie sočinenij v 4-ch tt.* Moskva.
von Bach, Joseph 1873/75. *Die Dogmengeschichte des Mittelalters vom christologischen Standpunkte oder Die mittelalterliche Christologie vom achten bis sechzehnten Jahrhundert.* 2 Bde. Wien.
Bachmann-Medick, Doris 1997. „Einleitung: Übersetzung als Repräsentation fremder Kulturen". *Übersetzung als Repräsentation fremder Kulturen.* Hg. v. Doris Bachmann-Medick. Berlin, 1–18.
Bachtin, Michail M. ^{3}1972. *Problemy poètiki Dostoevskogo [Probleme der Poetik Dostoevskijs].* Moskva.
– 1979. *Èstetika slovesnogo tvorčestva [Ästhetik des Wortschaffens].* Moskva.
– 1989. *Voprosy literatury i èstetiki. Issledovanija raznych let.* Dt. zit. n.: *Formen der Zeit im Roman. Untersuchungen zur historischen Poetik.* A.d. Russ. v. Michael Dewey. Frankfurt a.M.
– ^{2}1990. *Tvorčestvo Fransua Rable i narodnaja kul'tura srednevekov'ja i Renessansa [Das Werk von François Rabelais und die Volkskultur des Mittelalters und der Renaissance].* Moskva.
– 1995. *Filosofija postupka [Philosophie des Handelns].* Moskva.
Bačinin, Vladislav A. 2001. „Peterburg-Moskva-Petuški, ili *Zapiski iz podpol'ja* kak russkij filosofskij žanr" [Petersburg-Moskau-Petuški, oder die *Aufzeichnungen aus dem Untergrund* als russische philosophische Gattung]. *Obščestvennye nauki i sovremennost'* 5 (2001), 182–191.
Bader, Günter 1996. *Psalterium affectuum palaestra. Prolegomena zu einer Theologie des Psalters.* Tübingen.
Badiou, Alain 2002. *Saint Paul. La fondation de l'universalisme.* Dt. zit. n.: *Paulus. Die Begründung des Universalismus.* A.d. Frz. v. Heinz Jatho. München.
Bahr, Hans-Dieter 1999. „Medien-Nachbarwissenschaften I: Philosophie". *Medienwissenschaft. Ein Handbuch zur Entwicklung der Medien und Kommunikationsformen.* Hg. v. Joachim-Felix Leonhard et al. Berlin – New York, 273–281.
Balašov, Boris 2007. *Christos i my [Christus und wir].* Klin.
Balina, Marina 2000. „Idejnost' – klassovost' – partijnost'" [Ideenhaftigkeit – Klassenhaftigkeit – Parteilichkeit]. *Socrealističeskij kanon.* Hg. v. <Hans Günther> Chans Gjunter u. Evgenij Dobrenko. Sankt-Peterburg, 362–376.
von Balthasar, Hans Urs 1973/83. *Theodramatik.* 4 Bde. Einsiedeln.
Balz, Horst 1996. „Philipperbrief". *TRE* 26, 504–513.
Baran, Henryk 1987. „Towards a Typology of Russian Modernism. Ivanov, Remizov, Xlebnikov". *Aleksej Remizov. Approaches to a Protean Writer.* Hg. v. Greta N. Slobin. Columbus (OH), 175–183.
Bartelmus, Rüdiger 2000. „Heroen". *RGG*^{4} 3, 1678f.
Barth, Karl 1928. *Erklärung des Philipperbriefes.* München.
– ^{5}1947. *Die kirchliche Dogmatik.* Bd. I,1. *Die Lehre vom Wort Gottes. Prolegomena zur kirchlichen Dogmatik.* Zürich.
– 1985. *Der Römerbrief (Erste Fassung) 1919.* Zürich.
Barth, Karl; Tillich, Paul; Gogarten, Friedrich 1962. „<Über den Begriff des Paradoxes>". *Anfänge der dialektischen Theologie. Teil 1. Karl Barth – Heinrich Barth – Emil Brunner.* Hg. v. Jürgen Moltmann. München, 165–197.
Barth, Ulrich 1998. „Säkularisierung I. Systematisch-theologisch". *TRE* 29, 603–634.
Barthes, Roland 1974. *Sade, Fourier, Loyola.* Frankfurt a.M.

– 1988. *L'aventure sémiologique*. Dt. zit. n.: *Das semiologische Abenteuer*. Frankfurt a.M.
Baslyk, Valentina 1997. "Venichka's Divided Self: The Sacred and the Monstrous". *Venedikt Erofeev's Moscow-Petushki: Critical Perspectives*. Hg. v. Karen L. Ryan-Hayes. New York et al., 53–78.
Bataille, Georges ²1985. *Die Aufhebung der Ökonomie*. München.
– 1988. "L'ivresse des tavernes et la religion" [Der Rausch in den Tavernen der Religion]. *Œuvres complètes IX*. Paris, 322–331.
Batalden, Stephen K.; Palma, Michael D. 1993. "Orthodox Pilgrimage and Russian Landholding in Jerusalem". *Seeking God: The Recovery of Religious Identity in Orthodox Russia, Ukraine, and Georgia*. Hg. v. Stephen K. Batalden. De Kalb (IL), 251–263.
Baudrillard, Jean 1991. *L'échange symbolique et la mort*. Dt. zit. n.: *Der symbolische Tausch und der Tod*. A.d. Frz. v. Gerd Bergfleth et al. München.
Baur, Jörg 1977. "Auf dem Wege zur klassischen Tübinger Christologie. Einführende Überlegungen zum sogenannten Kenosis-Krypsis-Streit". *Theologen und Theologie an der Universität Tübingen. Beiträge zur Geschichte der Evangelisch-Theologischen Fakultät*. Hg. v. Martin Brecht. Tübingen, 195–269.
Bdenie 2002. *Vsenoščnoe bdenie. Božestvennaja Liturgija [Ganznächtliche Vigil. Göttliche Liturgie]*. Sergiev Posad.
Beck, Hans-Georg 1959. *Kirche und theologische Literatur im byzantinischen Reich*. München.
Behr-Sigel, Elisabeth 1950. *Prière et sainteté dans l'Église russe [Gebet und Heiligkeit in der russischen Kirche]*. Paris.
– 1977. *Alexandre Boukharev. Un théologien de l'Eglise orthodoxe russe en dialogue avec le monde moderne [Aleksandr Bucharev. Ein Theologe der Russisch-Orthodoxen Kirche im Dialog mit der modernen Welt]*. Paris.
Beinert, Wolfang 1983. "Die Heiligen in der Reflexion der Kirche. Systematisch-theologische Grundlegung. I.–V.". *Die Heiligen heute ehren. Eine theologisch-pastorale Handreichung*. Hg. v. Wolfgang Beinert. Freiburg i Br. et al., 13–80.
– 1984. "Die mariologischen Dogmen und ihre Entfaltung". *Handbuch der Marienkunde*. Hg. v. Wolfgang Beinert u. Heinrich Petri. Regensburg, 232–314.
Belinskij, Vissarion G. 1979. "Vzgljad na russkuju literaturu 1847 goda" [Blick auf die russische Literatur des Jahres 1847]. *Izbrannye stat'i*. Moskva, 282–371.
Bell, Theo 1993. *Divus Bernhardus. Bernhard von Clairvaux in Martin Luthers Schriften*. Mainz.
Belting, Hans 1990. *Bild und Kult. Eine Geschichte des Bildes vor dem Zeitalter der Kunst*. München.
Belyj, Andrej 1994. *Simvolizm kak miroponimanie [Der Symbolismus als Weltverständnis]*. Moskva.
Beneševič, Vladimir N. (Hg.) 1906. *Drevne-slavjanskaja kormčaja. XIV titulov bez tolkovanij [Das altslavische Steuermannsbuch. 14 Titel ohne Kommentare]* Sankt-Peterburg.
Benjamin, Walter 1988. *Moskauer Tagebuch*. Frankfurt a.M.
Bensow, Oscar 1903. *Die Lehre von der Kenose*. Leipzig.
Benz, Ernst 1932. *Marius Victorinus und die Entwicklung der abendländischen Willensmetaphysik*. Stuttgart.

– (Hg.) 1963. *Russische Heiligenlegenden.* A.d. Russ. v. W. Fritze, A. Luther u. D. Tschizewskij. Freiburg i. Br. et al.
Beraha, Laura 1997. „Out of and Into the Void: Picaresque Absence and Annihilation". *Venedikt Erofeev's Moscow-Petushki: Critical Perspectives.* Hg. v. Karen L. Ryan-Hayes. New York et al., 19–52.
Berdjaev, Nikolaj A. 1946. *Russkaja ideja. Osnovvnye problemy russkoj mysli XIX veka i načala XX veka [Die russische Idee. Grundprobleme des russischen Denkens im 19. Jahrhundert und zu Beginn des 20. Jahrhunderts].* Paris.
– 1955. *Istoki i smysl russkogo kommunizma [Wurzeln und Sinn des russischen Kommunismus].* Paris.
– 1983. *Russkaja ideja. Osnovvnye problemy russkoj mysli XIX veka i načala XX veka.* Dt. zit. n.: *Die russische Idee. Grundprobleme des russischen Denkens im 19. Jahrhundert und zu Beginn des 20. Jahrhunderts.* A.d. Russ. v. Dietrich Kegler. Sankt Augustin.
– 1990. *Istoki i smysl russkogo kommunizma [Ursprünge und Sinn des russischen Kommunismus].* Moskva.
– 1996. *Aleksej Stepanovič Chomjakov.* Tomsk.
– 2008. „<O romane *Čto delat?*>". *N.G. Černyševskij: pro et contra. Ličnost' i tvorčestvo N.G. Černyševskogo v ocenke russkich pisatelej, kritiov. Antologija.* Hg. v. Adol'f A. Demčenko. Sankt-Peterburg, 616f.
Berger, Klaus 1994. *Theologiegeschichte des Urchristentums. Theologie des Neuen Testaments.* Tübingen et al.
Bergfleth, Gerd 1991. „Baudrillard und die Todesrevolte". In: Jean Baudrillard: *Der symbolische Tausch und der Tod.* München, 363–430.
Bergmann, Werner 1985. „Das frühe Mönchtum als soziale Bewegung". *Kölner Zeitschrift für Soziologie und Sozialpsychologie* 37 (1985), 30–59.
Berkhofer, Robert F. Jr. 1969. *A Behavioral Approach to Historical Analysis.* New York – London.
Berndt, Michael 1975. *Die Predigt Dmitrij Tuptalos. Studien zur ukrainischen und russischen Barockpredigt.* Bern – Frankfurt a.M.
<Bernštam> Bernshtam, Tat'jana A. 1992. „Russian Folk Culture and Folk Religion". *Russian Traditional Culture: Religion, Gender, and Customary Law.* Hg. v. Marjorie M. Balzer. Armonk (NY) – London, 34–47.
Besançon, Alain 2000. *The Forbidden Image: An Intellectual History of Iconoclasm.* Chicago – London.
Bethea, David M. 1989. *The Shape of Apocalypse in Modern Russian Fiction.* Princeton (NJ).
Betz, Hans Dieter 1967. *Nachfolge und Nachahmung Jesu Christi im Neuen Testament.* Tübingen.
Beuscher, Bernd 1993. *Positives Paradox. Entwurf einer neostrukturalistischen Religionspädagogik.* Wien.
Birnbaum, Henrik 1984. „Old Rus' and the Orthodox Balkans. Differences in Kind, Extent, and Significance of the Earlier and the Later Cultural Impact". *Cyrillomethodianum* 8 (1984), 1–15.

Bitov, Andrej G. 2008. „Pamjatnik ‚Venička' [‚Venička' – ein Denkmal]. *Pro Veničku. Kniga vospominanij o Venedikte Erofeeve (1938–1990).* Hg. v. Marina Alchazova. Moskva, 289–293.

Bjalik, Boris A. 1959. „Dostoevskij i dostoevščina v ocenkach Gor'kogo" [Dostoevskij und die Dostoevskerei im Urteil Gor'kijs]. *Tvorčestvo F.M. Dostoevskogo.* Hg. v. Nikolaj L. Stepanov. Moskva, 65–100.

– 1974. *Vlastiteli dum i čuvstv. V.I. Lenin i M. Gor'kij.* Dt. zit. n.: *Revolution und Kunst. Betrachtungen über die Beziehungen zwischen Lenin und Gorki.* A.d. Russ. v. Brigitta Schröder. Berlin – Weimar.

Blackmore, Susan 2000. *The Meme Machine.* Dt. zit. n.: *Die Macht der Meme oder Die Evolution von Kultur und Geist.* A.d. Engl. v. Monika Niehaus-Schröder. Darmstadt.

Blechinger, Gerhard 1997. *Apophatik und Politik. Zu einer Dekonstruktion des Rhetorischen bei Jacques Derrida.* Wien.

Blochel, Iris 2004. *Aleksandr Ivanov (1806–1858). Vom Meisterwerk zum Bilderzyklus.* Berlin.

<Blok, Aleksandr A.> Block, Alexander 1978. *Ausgewählte Werke.* Bd. 1. *Gedichte. Poeme.* München.

– 1980/83. *Sobranie sočinenij v 6-i tt. [Gesammelte Werke in 6 Bdn.].* Leningrad.

Bloom, Harold 1976. *Poetry and Repression: Revisionism from Blake to Stevens.* New Haven (CT) – London.

– 1995. *The Anxiety of Influence.* Dt. zit. n.: *Einflußangst. Eine Theorie der Dichtung.* A.d. Engl. v. Angelika Schweikhart. Basel – Frankfurt a.M.

– 1997. *A Map of Misreading.* Dt. zit. n.: *Eine Topographie des Fehllesens.* A.d. Engl. v. Isabella Mayr. Frankfurt a.M.

Blumenberg, Hans 1974. *Säkularisierung und Selbstbehauptung.* Frankfurt a.M.

– [4]1993. *Schiffbruch mit Zuschauer. Paradigma einer Daseinsmetapher.* Frankfurt a.M.

von Bock-Iwaniuk, Kira 2000. „Der Jurodiyj [Gottesnarr] in Puškins *Boris Godunov.* Vox populi oder *vox Dei?*". *Osteuropäische Lektüren. Beiträge zur 2. Tagung des Jungen Forums Slawistische Literaturwissenschaft Berlin 1998.* Hg. v. Mirjam Goller et al. Frankfurt a.M. et al., 11–20.

Bode, Christoph 1992. „Das Paradox in post-mimetischer Literatur und poststrukturalistischer Literaturtheorie". *Das Paradox. Eine Herausforderung des abendländischen Denkens.* Hg. v. Paul Geyer u. Roland Hagenbüchle. Tübingen, 619–657.

Bodin, Per-Arne 2007. *Eternity and Time: Studies in Russian Literature and the Orthodox Tradition.* Stockholm.

Böhlig, Alexander 1975. „Christologie". *Kleines Wörterbuch des christlichen Orients.* Hg. v. Julius Aßfalg. Wiesbaden, 89–97.

Børtnes, Jostein 1979. „Dissimilar Similarities. *Imitatio Christi* in the *Life* of Archpriest Avvakum". *Canadian-American Slavic Studies* 13,1/2 (1979), 224–229.

Boff, Leonardo 1986. *Jesus Christus, der Befreier.* Freiburg i.Br. et al.

Bogdanov, Alexei 2005. „Ostranenie, Kenosis, and Dialogue: The Metaphysics of Formalism According to Shklovsky". *Slavic and East European Journal* 49,1 (2005), 48–62.

Bogdanova, Ol'ga V. 2002. Moskva-Petuški *Venedikta Erofeeva kak pratekst russkogo postmodernizma. Metodičeskoe posobie dlja studentov-filologov i slušatelej podgotovitel'nych kursov [Venedikt Erofeev als Urtext der russischen Postmoderne. Ein methodisches Lehrbuch für Philologie-Studenten und Hörer in Vorbereitungskursen].* Sankt-Peterburg.

Bogoslužebnyj ustav 2001. *Bogoslužebnyj ustav Pravoslavnoj Cerkvi. Opyt iz"jasnitel'nogo izloženija porjadka bogosluženija Pravoslavnoj Cerkvi [Gottesdiensttypikon der Orthodoxen Kirche. Versuch einer kommentierenden Auslegung der Gottesdienstordnung der Orthodoxen Kirche].* Hg. v. Vasilij Rozanov. Moskva.

Bogun, Ulrich 1998. *Darstellendes und wirksames Handeln bei Schleiermacher. Zur Rezeption seines Predigtverständnisses bei F. Niebergall und W. Jetter.* Tübingen et al.

Bondarenko, Vladimir 1999. „Podlinnyj Venička" [Der wahre Venička]. *Naš sovremennik* 7 (1999), 177–185.

Bondarenko, Viktor A.; Chudjakov, Konstantin V.; Bagdasarov, Roman V. 2004. *Predstojanie. Deisis. Al'bom [Vor-Stellung. Deesis. Ein Album].* Moskva.

Boneckaja, Natal'ja 1992. „Christus im Werk Florenskijs". *Russische Religionsphilosophie und Gnosis. Philosophie nach dem Marxismus.* Hg. v. Peter Koslowski. Hildesheim, 65–86.

– 2001. *Car' mučenik.* Moskva.

Bonhoeffer, Dietrich 1964. *Auswahl.* München.

Borch-Jacobsen, Mikkel 1996. *Souvenirs d'Anna O. Une mystification centennaire.* Engl. zit. n.: *Remembering Anna O: A Century of Mystification.* A.d. Frz. v. Kirby Olson. New York – London.

– 1999. *Lacan. Le maître absolu.* Dt. zit. n.: *Lacan. Der absolute Herr und Meister.* A.d. Frz. v. Konrad Honsel. München.

Borné, Gerhard F. 1979. *Christlicher Atheismus und radikales Christentum. Studien zur Theologie von Thomas Altizer im Zusammenhang mit Ketzereien der Kirchengeschichte, der Dichtung von William Blake und der Philosophie von Georg Friedrich Wilhelm Hegel* [sic]. München.

Borras, Frank M. 1967. *Maxim Gorky the Writer. An Interpretation.* Oxford.

Boškovska, Nada 1998. *Die russische Frau im 17. Jahrhundert.* Köln et al.

Bourdieu, Pierre 1997. *Méditations pascaliennes.* Dt. zit. n.: *Meditationen. Zur Kritik der scholastischen Vernunft.* A.d. Frz. v. Achim Russer. Frankfurt a.M.

– ³1999. *Sozialer Sinn. Kritik der theoretischen Vernunft.* A.d. Frz. v. Günter Seib. Frankfurt a.M.

Bousset, Wilhelm ⁵1965. *Kyrios Christos [Herr Christus]. Geschichte des Christusglaubens von den Anfängen bis Irenaeus.* Göttingen.

Boyd, Robert; Richerson, Peter J. 1985. *Culture and the Evolutionary Process.* Chicago – London.

Boyer, Pascal 1990. *Tradition as Truth and Communication: A Cognitive Description of Traditional Discourse* (Cambridge Studies in Social Anthropology 68). Cambridge et al.

Boym, Svetlana 1994. *Common Places: Mythologies of Everyday Life in Russia.* Cambridge (MA) – London.

Brandt, Sigrid 2000. „Hat es sachlich und theologisch Sinn, von ‚Opfer' zu reden?". *Opfer. Theologische und kulturelle Kontexte.* Hg. v. Bernd Janowski u. Michael Welker. Frankfurt a.M., 247–281.

von Braun, Christina 1985. *Nicht ich. Logik, Lüge, Libido.* Frankfurt a.M.

Braunsperger, Gudrun 2002. *Sergej Nečaev und Dostoevskijs* Dämonen. *Die Geburt eines Romans aus dem Geist des Terrorismus.* Frankfurt et al.

Brecht, Bertolt 1967. *Gesammelte Werke in 20 Bdn.* Frankfurt a.M.

Breidert, Martin 1977. *Die kenotische Christologie des 19. Jahrhunderts.* Gütersloh.

Bremond, Claude 1972. „Le message narratif". Dt. zit. n.: „Die Erzählnachricht". A.d. Frz. v. Erika Höhnisch. *Literaturwissenschaft und Linguistik. Ergebnisse und Perspektiven.* Hg. v. Jens Ihwe. Bd. 3. *Zur linguistischen Wende der Literaturwissenschaft, II.* Frankfurt a.M., 177–217.

Brenz, Johannes 1981. *Die christologischen Schriften.* Teil 1. Tübingen.

Breuer, Josef 1970. „Theoretisches". In: Sigmund Freud; Josef Breuer: *Studien über Hysterie.* Frankfurt a.M., 149–203.

Brockhoff, Annette 1992. „‚Schießt meine körper dicke bertha in himmel groß deutschland'. Versuch über Vladimir Sorokin". *Schreibheft* 40 (1992), 136–143.

<Brodskij, Iosif> Brodsky, Joseph 2004. *Weihnachtsgedichte. Russisch-deutsch.* A.d. Russ. v. Alexander Nitzberg. München – Wien.

Bröckling, Ulrich 2003. „Das demokratisierte Panopticon. Subjektivierung und Kontrolle im 360-Feedback". *Michel Foucault. Zwischenbilanz einer Rezeption. Frankfurter Foucault-Konferenz 2001.* Hg. v. Axel Honneth u. Martin Saar. Frankfurt a.M., 77–93.

Bronfen, Elisabeth 1992. *Over Her Dead Body: Death, Femininity and the Aesthetic.* Manchester.

Brons, Bernhard 1976. *Gott und die Seienden. Untersuchungen zum Verhältnis von neuplatonischer Metaphysik und christlicher Tradition bei Dionysius Areopagita.* Göttingen.

Brown, Peter 1995. *Power and Persuasion in Late Antiquity: Towards a Christian Empire.* Dt. zit. n.: *Macht und Rhetorik in der Spätantike. Der Weg zu einem „christlichen Imperium".* A.d. Engl. v. Victor von Ow. München.

Bruce, F.F. 1980. „St. Paul in Macedonia: 3. The Philippian Correspondence." *Bulletin of the John Rylands University Library of Manchester* 63, 260–284.

Bryld, Mette 1982. „M. Gor'kijs *Mat'* [Die Mutter]. Eine mythische Wanderung". *Scando-Slavica* 28 (1982), 27–49.

Bryner, Erich 1982. „Neuere russische Bibelübersetzungen". *Unser ganzes Leben Christus unserm Gott überantworten. Studien zur ostkirchlichen Spiritualität. Fairy v. Lilienfeld zum 65. Geburtstag.* Hg. v. Peter Hauptmann. Göttingen, 399–416.

Bucharev, Aleksandr M. 1991. *O duchovnych potrebnostjach žizni [Von den geistigen Bedürfnissen des Lebens].* Moskva.

– 2008. „O romane g. Černyševskogo *Čto delat'?"* [Der Roman *Was tun?* des Herrn Černyševskij]. *N.G. Černyševskij: pro et contra. Ličnost' i tvorčestvo n.G. Černyševskogo v ocenke russkich pisatelej, kritikov. Antologija.* Hg. v. Adol'f A. Demčenko. Sankt-Peterburg, 577–615.

Buchštab, Boris Ja. 1966. „Zapiska Černyševskogo o romane *Čto delat'?"* [Eine Notiz Černyševskijs zum Roman *Was tun?*]. *Bibliografičeskie razyskanija po russkoj literature XIX veka.* Moskva, 117–132.

Buchwald, Dagmar 2001. „Gestalt". *ÄGB* 2, 820–862.
Bühler, Karl 1934. *Sprachtheorie. Die Darstellungsfunktion der Sprache.* Jena.
Büttner, Martin 1905. *Luther und Tetzel.* Leipzig.
Bugoslavskij, Sergej A. 2007. *Tekstologija Drevnej Rusi.* t. 2. *Drevnerusskie literaturnye proizvedenija o Borise i Glebe [Textologie der Alten Rus'.* Bd. 2. *Die altrussischen literarischen Werke über Boris und Gleb].* Moskva.
Bujda, Jurij Vasiljevič 1994. „,Nečto ničto' Vladimira Sorokina. On pišet lučše, čem dyšit" [Vladimir Sorokins ‚gewisses Nichts'. Er schreibt besser, als er atmet]. Nezavisimaja Gazeta 05.04.1994, 7.
– 1997. „Boris i Gleb. Roman" [Boris und Gleb. Roman]. *Znamja* 1 (1997), 8–49 u. 2 (1997), 106–157.
Bukvar' 2004. *Bukvar' škol'nika. Jazyk slavjan. Načala poznanija veščej božestvennych i čelovečeskich [Schülerfibel. Die Sprache der Slaven. Die Anfänge der Erkenntnis der göttlichen und menschlichen Angelegenheiten].* Moskva.
Bulanin, Dmitrij M. 1984. *Perevody i poslanija Maksima Greka. Neizdannye teksty [Übersetzungen und Sendschreiben Maksim Greks. Unedierte Texte].* Leningrad.
<Bulgakov, Sergej N.> Bulgakov, Sergij 1933. *Agnec Božij [Das Lamm Gottes].* Paris.
– (Bulgakow, Sergij) 1952. „Grundsätzliches über die Heiligenverehrung in der orthodoxen Kirche des Ostens". *Evangelisches und orthodoxes Christentum in Begegnung und Auseinandersetzung.* Hg. v. Ernst Benz. Hamburg, 219–227.
– [3]1989. *Pravoslavie. Očerki učenija pravoslavnoj cerkvi [Die Orthodoxie. Skizzen zur Lehre der orthodoxen Kirche].* Paris.
– 1990. „Heroentum und geistiger Kampf". A.d. Russ. v. Karl Schlögel. *Vechi. Wegzeichen. Zur Krise der russischen Intelligenz.* Hg. v. Karl Schlögel. Frankfurt a.M., 80–139.
– 1991. „Geroizm i podvižničestvo" [Heroentum und geistiger Kampf]. *Vechi. Sbornik statej o russkoj intelligencii.* Sverdlovsk, 26–68.
– 1994. *Svet nevečernij. Sozercanija i umozrenija [Licht ohne Untergang. Betrachtungen und Spekulationen].* Moskva.
– 1999. „Ikona i ikonopočitanie. Dogmatičeskij očerk" [Ikone und Ikonenverehrung. Eine dogmatische Skizze]. *Filosofija imeni. Ikona i ikonopočitanie.* Moskva, 243–310.
Bullinger, Ethelbert W. 1898. *Figures of Speech Used in the Bible.* London.
Bultmann, Rudolf [4]1960. „Neues Testament und Mythologie". *Ein theologisches Gespräch.* Hamburg – Bergstedt, 15–48.
Bunin, Ivan A. 1965/67. *Sobranie sočinenij v 9-i tt. [Gesammelte Werke in 9 Bdn.].* Moskva.
Burgin, Diana L. 1994. *Sophia Parnok. The Life and Work of Russia's Sappho.* New York et al.
Burkhart, Dagmar 1997. „Intertextualität und Ästhetik des Häßlichen. Zu Vladimir Sorokins Erzählung *Obelisk*". *Kultur und Krise. Rußland 1987–1997.* Hg. v. Elisabeth Cheauré. Berlin, 253–266.
– 1999. „Ästhetik der Häßlichkeit und Pastiche im Werk von Vladimir Sorokin". *Poetik der Metadiskursivität. Zum postmodernen Prosa-, Film- und Dramenwerk von Vladimir Sorokin.* Hg. v. Dagmar Burkhart. München, 9–19.

Burmistrenko, Ol'ga I. 1961. *Jazyk i stil' romana M. Gor'kogo* Mat' *[Sprache und Stil von M. Gor'kijs* Die Mutter*]*. Kiev.

Bursov, Boris I. 1955. *Roman M. Gor'kogo* Mat' *i voprosy socialističeskogo realizma [M. Gor'kijs Roman* Die Mutter *und die Fragen des Sozialistischen Realismus]*. Moskva.

Buslaev, Fedor I. 1861. *Istoričeskie očerki russkoj narodnoj slovesnosti i iskusstva.* t. 2. *Drevne-russkaja narodnaja literatura i iskusstvo [Historische Skizzen zur russischen Literatur und Kunst. Bd. 2. Die altrussische Volksliteratur und Kunst]*. Sankt-Peterburg.

Butler, Judith 1997a. *Excitable Speech: A Politics of the Performative*. New York – London.

– 1997b. *Bodies that Matter: On the Discursive Limits of „Sex"*. Dt. zit. n.: *Körper von Gewicht. Die diskursiven Grenzen des Geschlechts*. A.d. Engl. v. Karin Wördemann. Frankfurt a.M.

– 2003. *Kritik der ethischen Gewalt*. A.d. Engl. v. Reiner Ansén. Frankfurt a.M.

Byčkov, Viktor 2001. *2000 Jahre Philosophie der Kunst im christlichen Osten. Alte Kirche, Byzanz, Rußland*. Würzburg.

Bykov, Dmitrij 2009. *Byl li Gor'kij? [Hat es Gor'kij gegeben?]*. Moskva.

Bykovceva, Lidija P.; Iokar, Lija N. (Hg.) 1997. *A.M. Gor'kij i ego sovremenniki. Fotodokumenty. Opisanie [A.M. Gor'kij und seine Zeitgenossen. Fotodokumente und Beschreibung]*. Moskva.

Cameron, Averil 1986. „Herrscherkult III. Alte Kirche ab Konstantin". *TRE* 15, 253–255.

– 1991. *Christianity and the Rhetoric of Empire: The Development of Christian Discourse*. Berkeley (CA) – London.

Camus, Albert [24]2001. *L'Homme révolté*. Dt. zit. n.: *Der Mensch in der Revolte*. A.d. Frz. von Justus Streller. Reinbek bei Hamburg.

Cancik, Hubert 1975. „Christus Imperator. Zum Gebrauch militärischer Titulaturen im römischen Herrscherkult und im Christentum". *Der Name Gottes*. Hg. v. Heinrich von Stietencron. Düsseldorf, 112–130.

Canetti, Elias 1982. *Masse und Macht*. Frankfurt a.M. – Wien.

Caputo, John D. 1989. „Mysticism and Transgression. Derrida and Meister Eckhart". *Derrida and Deconstruction*. Hg. v. Hugh J. Silverman. New York – London, 24–39.

Čarota, Ivan A. (Hg.) 2003. *Slovo i Duch. Antologija russkoj duchovnoj poèzii (X–XX vv.) [Wort und Geist. Anthologie russischer geistlicher Lyrik (10.–20. Jahrhundert)]*. Minsk.

Čarušin, Nikolaj A. [2]1973. *O dalekom prošlom [Über die ferne Vergangenheit]*. Moskva.

Cassedy, Steven 1987. „Bely's Theory of Symbolism as a Formal Iconics of Meaning". *Andrey Bely: Spirit of Symbolism*. Hg. v. John E. Malmstad. Ithaca (NY) – London, 285–312.

– 1990. *Flight from Eden: The Origins of Modern Literary Criticism and Theory*. Berkeley (CA) et al.

Cassirer, Ernst [9]1994. *Philosophie der symbolischen Formen*. 3 Bde. Darmstadt.

Cechanskaja, Kira V. 1998. *Ikona v žizni russkogo naroda [Die Ikone im Leben des russischen Volkes]*. Moskva.

Cemus, Richard SJ 2002. „Der hl. Sergej von Radonesch. Die Tradition und ihre Erben". *Mönchtum in Ost und West*. Hg. v. Juan M. Laboa. Regensburg, 190–197.

Čerepachov, Matvej S. 1977. *N.G. Černyševskij*. Moskva.

Černyševskij, Nikolaj G. 1939/53. *Polnoe sobranie sočinenij [Sämtliche Werke]*. Moskva.

– (Tschernyschewski, Nikolai G.) ⁵1974. *Was tun?. Aus Erzählungen von neuen Menschen*. A.d. Russ. v. Manfred Hellmann u. Hermann Gleistein. Berlin.

de Certeau, Michel 1988. *L'invention du quotidien 1. Arts de faire*. Dt. zit. n.: *Kunst des Handelns*. A.d. Frz. v. Roland Vouillé. Berlin.

Čertorickaja, Tat'jana V.; Miklas, Heinz 1994. *Vorläufiger Katalog Kirchenslavischer Homilien des beweglichen Jahreszyklus. Aus Handschriften des 11.–16. Jahrhunderts vorwiegend ostslavischer Provenienz*. Opladen.

Češichin-Vetrinskij, Vasilij E. 1923. *N.G. Černyševskij. 1828–1889*. Petrograd.

Četverikov, Sergij 2006. *Moldavskij Starec Paisij Veličkovskij, ego žizn', učenie i vlijanie na pravoslavnoe monašestvo [Der Moldauer Starze Paisij Veličkovskij, sein Leben, seine Lehre und sein Einfluss auf das orthodoxe Mönchtum]*. Minsk.

<Char'chordin, Oleg> Kharkhordin, Oleg 1999. *The Collective and the Individual in Russia: A Study in Practices*. Berkeley (CA) et al.

Charcot, Jean-Martin 1886. *Leçons sur les maladies du système nerveux faites à la Salpêtière*. Dt. zit. n.: *Neue Vorlesungen über die Krankheiten des Nervensystems, insbesondere über Hysterie*. A.d. Frz. v. Sigmund Freud. Leipzig – Wien.

Cheauré, Elisabeth 1997. „Feminismus à la russe. Gesellschaftskrise und Geschlechterdiskurs". *Kultur und Krise. Rußland 1987–1997*. Hg. v. Elisabeth Cheauré. Berlin, 151–175.

Chemnitz, Martin 1690. *De duabus naturis in Christo. De hypostatica earum unione. De communicatione idiomatum, et aliis quaestionibus inde dependentibus libellus [Von den zwei Naturen in Christus. Zu ihrer hypostatischen Union. Kleine Schrift über die Wechselmitteilung der Eigenschaften und anderen davon abhängenden Fragen]*. Frankfurt/Wittenberg.

– 1865. *De incarnatione filii Dei. De officio et maiestate Christi tractatus [Die Inkarnation des Gottessohnes. Abhandlung über Amt und Herrlichkeit Christi]*. Berlin.

Chibarin, I. 1966. „Die literarische Übersetzertätigkeit des Starzen Paissi Welitschkowski". *Hierarchen und Starzen der Russischen Orthodoxen Kirche*. Hg. v. Fairy von Lilienfeld. Berlin, 72–82.

Chlebda, Wojciech 2002. „Feiertag (prazdnik)". *Lexikon der russischen Kultur*. Hg. v. Norbert P. Franz. Darmstadt, 135–140.

Chodasevič, Vladislav F. 1991. *Koleblemyj trenožnik. Izbrannoe [Der erschütterte Dreifuß. Eine Auswahl]*. Moskva.

<Chomjakov, Aleksej S.> Khomiakoff, A.S. 1872. *L'église latine et le protestantisme au point de vue de l'église d'Orient. Recueil d'articles sur des questions religieuses, écrits à différentes époques et à diverses occasions [Die lateinische Kirche und der Protestantismus aus der Perspektive der Ostkirche. Eine Sammlung von Artikeln über religiöse Fragen, zu verschiedenen Zeiten und zu unterschiedlichen Gelegenheiten geschrieben]*. Lausanne – Vevey.

– 1994. *Sočinenija v 2-ch tt*. Moskva.

Chorošev, Aleksandr S. 1986. *Političeskaja istorija russkoj kanonizacii (XI-XVI vv.) [Eine politische Geschichte russischer Heiligsprechungen (11.–16. Jahrhundert)].* Moskva.

Choružij, Sergej S. 1991. *Diptich bezmolvija. Asketičeskoe učenie o čeloveke v bogoslovskom i filosofskom osveščenii [Diptychon des Schweigens. Eine asketische Anthropologie in theologischer und philosophischer Hinsicht].* Moskva.

– 1998. *K fenomenologii askezy [Zur Phänomenologie der Askese].* Moskva.

Christen, Eduard 1992. „Martyrium III.2. Systematisch-theologisch". TRE 22, 212–220.

Christian, David 1990. *„Living Water": Vodka and Russian Society on the Eve of Emancipation.* Oxford.

<Čiževskij> Tschižewskij, Dmitrij 1966. „Der unbekannte Gogol'". *Gogol' – Turgenev – Dostoevskij – Tolstoj. Zur russischen Literatur des 19. Jahrhunderts.* Hg. v. Ulrich Busch. München, 57–87.

– (Hg.) 1926. *Die Nestor-Chronik.* Leningrad (Ndr. Wiesbaden 1969).

Clark, Katerina ³2000a. *The Soviet Novel: History as Ritual.* Bloomington (IN) – Indianapolis (IN).

– 2000b. „Položitel'nyj geroj kak verbal'naja ikona" [Der positive Held als Wortikone]. *Socrealističeskij kanon.* Hg. v. <Hans Günther> Chans Gjunter u. Evgenij Dobrenko. Sankt-Peterburg, 569–584.

Clark, Katerina; Holquist, Michael 1984. *Mikhail Bakhtin.* Cambridge (MA) – London.

Clasen, Sophronius OFM 1970. „Das Heiligkeitsideal im Wandel der Zeiten. Ein Literaturbericht über Heiligenleben des Altertums und Mittelalters". *Wissenschaft und Weisheit* 33 (1970), 46–64, 132–165.

Clauss, Manfred 1996. *Konstantin der Große und seine Zeit.* München.

Clayton, Jay 1991. „The Alphabet of Suffering". *Influence and Intertextuality in Literary History.* Hg. v. Jay Clayton u. Eric Rothstein. Madison (WI) – London, 37–60.

Clowes, Edith W. 1987. "Gorky, Nietzsche and God-Building". *Fifty Years on: Gorky and His Time.* Hg. v. Nicholas Luker. Nottingham, 127–144.

Cochrane, Stephen T. 1977. *The Collaboration of Nečaev, Ogarev and Bakunin in 1869: Nečaevs Early Years.* Gießen.

Coleridge, Samuel T. 1936. *Miscellaneous Criticism.* London.

Colie, Rosalie L. 1976. *Paradoxia Epidemica [Paradox-Epidemie]: The Renaissance Tradition of Paradox.* Princeton (NJ).

Colpe, Carsten 1969. „ho uios tou anthrōpou" [Der Menschensohn]. *ThWNT* 8, 403–481.

– 1990. *Über das Heilige. Versuch, seiner Verkennung kritisch vorzubeugen.* Frankfurt a.M.

Colucci, Michele 1983. "Il Diavolo e l'acquavite. Quel Viaggio Moskvá-Petuškí" [Der Teufel und der Schnaps. Die ominöse Reise Moskau-Petuški]. *Belfagor. Rassegna di varia umanità* 31.05.1983, 265–280.

Confino, Michael 1973. *Violence dans la violence. Le débat Bakounine-Nečaev [Gewalt in der Gewalt. Die Bakunin-Nečaev-Debatte].* Paris.

Connerton, Paul. 1989. *How Societies Remember.* Cambridge et al.

Cremer, Hermann ²1901. *Das Wesen des Christentums. Vorlesungen im Sommersemester 1901 vor Studierenden aller Fakultäten an der Universität Greifswald.* Gütersloh.
Cristo 2000. *Cristo nell'arte Russa dal XV al XX sec. [Christus in der russischen Kunst vom 15. bis 20. Jahrhundert].* San Marino – Sankt-Peterburg.
Cross, Richard 1996. „Alloiosis in the Christology of Zwingli". *The Journal of Theological Studies* 1 (1996), 105–122.
Čulaki, Michail M. 2004. *BorisoGleb.* Sankt-Peterburg.
Cvetaeva, Marina 1994/95. *Sobranie sočinenij v 7-i tt. [Gesammelte Werke in 7 Bdn.].* Moskva.
Cvetnik 2002. *Cvetnik duchovnyj. Nazidatel'nye mysli i dobrye sovety, vybrannye iz tvorenij mužej mudrych i svjatych [Geistliches Florilegium. Erbauliche Gedanken und gute Ratschläge, ausgewählt aus den Werken weiser und heiliger Männer].* Moskva.
Cypin, Vladislav A. 1994. *Cerkovnoe pravo. Kurs lekcij [Das Kirchenrecht. Vorlesungskurs].* Moskva.

Dahlerup, Pil 1998. *Dekonstruktion – 90'ernes Litteraturteori.* A.d. Dän. v. Barbara Sabel. Dt. zit. n.: *Dekonstruktion. Die Literaturtheorie der 1990er.* Berlin – New York.
Dalferth, Ingolf U. 1995. „Opfer VI. Dogmatik". *TRE* 25, 286–293.
Dällenbach, Lucien; Hart Nibbrig, Christiaan L. 1984. „Fragmentarisches Vorwort". *Fragment und Totalität.* Hg. v. Lucien Dällenbach u. Christiaan L. Hart Nibbrig. Frankfurt a.M., 7–17.
Danilkin, Lev Aleksandrovič 1996. „Modelirovanie diskursa. Po romanu Vladimira Sorokina *Roman*" [Diskursmodellierung. Am Beispiel von Vladimir Sorokins Roman *Roman*]. *Literaturovedenie XXI veka. Analiz teksta: metod i rezul'tat. Materialy meždunarodnoj konferencii studentov-filologov, Sankt-Peterburg, 19–21 aprelja 1996 goda.* Hg. v. O.M. Gončarova. Sankt-Peterburg, 155–159.
Darnton, Robert 1982. *The Literary Underground of the Old Regime.* Cambride (MA).
Davis, Stephen T. 2006. „Is Kenosis Orthodox?". *Exploring Kenotic Christology: The Self-Emptying of God.* Hg. v. C. Stephen Evans. Oxford, 112–138.
Dawe, Donald G. 1963. *The Form of a Servant: A Historical Analysis of the Kenotic Motif.* Philadelphia.
Dawkins, Richard 1976. *The Selfish Gene.* Dt. zit. n.: *Das egoistische Gen.* A.d. Engl. v. Karin de Sousa Ferreira. Berlin et al.
Debreczeny, Paul 1991. „‚Zhitie Aleksandra Boldinskogo' [Die Vita des Aleksandr Boldinskij]: Pushkin's Elevation to Sainthood in Soviet Culture". *South Atlantic Quaterly* 90,2 (1991), 269–292.
Degot', Ekaterina 1999. „Kinoscenarij Vladimira Sorokina *Moskva* v novorusskom i postavangardnom kontekstach" [Vladimir Sorokins Drehbuch *Moskau* im neurussischen und postavantgardistischen Kontext]. *Poetik der Metadiskursivität. Zum postmodernen Prosa-, Film- und Dramenwerk von Vladimir Sorokin.* Hg. v. Dagmar Burkhart. München, 223–228.
Deibl, Jakob H. 2008. *Geschichte – Offenbarung – Interpretation. Versuch einer theologischen Antwort an Gianni Vattimo.* Frankfurt a.M. et al.

Dejanie 2000. „Dejanie Osvjaščennogo Jubilejnogo Archierejskogo Sobora Russkoj Pravoslavnoj Cerkvi o sobornom proslavlenii novomučenikov i ispovednikov Rosskijskich XX veka" [Sitzungsprotokoll der Geheiligten Bischofssynode der Russisch-Orthodoxen Kirche über die konziliare Heiligsprechung der russischen Neumärtyrer und Bekenner des 20. Jahrhunderts]. *Žurnal Moskovskoj Patriarchii* 9 (2000), 56–71.

Dejanija 1918. *Svjaščennyj Sobor Pravoslavnoj Rossijskoj Cerkvi. Dejanija [Das Heilige Konzil der Orthodoxen Russischen Kirche 1917–1918. Sitzungsprotokolle].* kn. 6. *Dejanija LXVI–LXXXII [Sitzungen 66–82].* Moskva (Ndr. 1996).

Deleuze, Gilles 1993. *Logique du sens.* Dt. zit. n.: *Logik des Sinns.* A.d. Frz. v. Bernhard Dieckmann. Frankfurt a.M.

– [2]1997. *Différence et répétition.* Dt. zit. n.: *Differenz und Wiederholung.* A.d. Frz. v. Joseph Vogl. München.

Denzinger, Heinrich [37]1991. *Kompendium der Glaubensbekenntnisse und kirchlichen Lehrentscheidungen.* Freiburg i.Br. et al.

Derrida, Jacques 1985. *D'un ton apocalyptique adopté naguère en philosophie.* Dt. zit. n.: *Apokalypse.* A.d. Frz. v. Michael Wetzel. Graz – Wien.

– 1986. *Glas.* A.d. Frz. v. John P. Leavey, Jr., u. Richard Rand. Lincoln (NE) – London.

– 1988. „Signature, événement, contexte". Dt. zit. n.: „Signatur, Ereignis, Kontext". *Randgänge der Philosophie.* A.d. Frz. v. Gerhard Ahrens. Wien, 291–314.

– [3]1990. *De la grammatologie.* Dt. zit. n.: *Grammatologie.* A.d. Frz. v. Hans-Jörg Rheinberger u. Hanns Zischler. Frankfurt a.M.

– 1992. „How to Avoid Speaking: Denials". A.d. Frz. v. John P. Leavey, Jr. *Derrida and Negative Theology.* Hg. v. Harold Coward u. Toby Foshay. Albany (NY), 74–142.

– 1993. „Donner le temps 1. La fausse monnaie". Dt. zit. n.: „Wenn es Gabe gibt – oder ‚Das falsche Geldstück'". *Ethik der Gabe. Denken nach Jacques Derrida.* Hg. v. Michael Wetzel u. Jean-Michel Rabaté. Berlin, 93–135.

– 1995a. „Philosophie und Literatur. Ein Gespräch". A.d. Russ. u. Engl. v. Dirk Uffelmann. *Orte des Denkens. Neue Russische Philosophie.* Hg. v. Arne Ackermann, Harry Raiser u. Dirk Uffelmann. Wien, 173–199.

– 1995b. „Sauf le nom (Post-Scriptum)". A.d. Frz. v. John Leavey Jr. *On the Name.* Stanford (CA), 35–85.

– 2001a. „Glaube und Wissen. Die beiden Quellen der ‚Religion' an den Grenzen der bloßen Vernunft". *Die Religion.* Hg. v. Jacques Derrida u. Gianni Vattimo. Frankfurt a.M., 9–106.

– 2001b. *Limited Inc.* A.d. Frz. v. Werner Rappl. Wien.

Deržavin, G.R. 1864/83. *Sočinenija.* 12 tt. Sankt-Peterburg.

– [2]1957. *Stichotvorenija [Gedichte].* Leningrad.

– 1982. "Christos" [Christus]. *Unser ganzes Leben unserem Gott überantworten. Studien zur ostkirchlichen Spiritualität. Fairy von Lilienfeld zum 65. Geburtstag.* Hg. v. Peter Hauptmann. Göttingen, 338–366.

Descartes, René 1897/1913. *Œuvres [Werke].* Paris.

Desnickij, Vasilij A. 1959. *A.M. Gor'kij.* Moskva.

Deutschmann, Peter 1998. "Dialog der Texte und Folter. Vladimir Sorokins *Mesjac v Dachau*". *Romantik – Moderne – Postmoderne. Beiträge zum ersten Kolloquium des Jungen Forums Slavistische Literaturwissenschaft, Hamburg 1996.* Hg. v. Christine Gölz; Anja Otto u. Reinhold Vogt. Frankfurt a.M. et al., 324–351.
Didi-Huberman, Georges 1995. *Fra Angelico. Dissemblance et figuration.* Dt. zit. n.: *Fra Angelico. Unähnlichkeit und Figuration.* A.d. Frz. v. Andreas Knop. München.
Didron, Adolphe Napoléon 1845. *Manuel d'iconographie chrétienne greque et latine [Handbuch der griechischen und lateinischen christlichen Ikonografie].* A.d. Grch. v. Paul Durand. Paris (Ndr. New York 1964).
Diedrich, Hans-Christian (Hg.) 1988. *Das Glaubensleben der Ostkirche. Eine Einführung in Geschichte, Gottesdienst und Frömmigkeit der orthodoxen Kirche.* Leipzig.
Dionysius Areopagita 1990/91. *Corpus Dionysiacum.* Hg. v. Beate R. Suchla. 2 Bde. Berlin – New York.
– (Dionisij Areopagit) 2002. *Sočinenija [Werke]* (beigebunden: Maksim Ispovednik. *Tolkovanija [Erläuterungen]*). Sankt-Peterburg.
Dippmann, Klaus J. 1991. *Petrus Mogilas Großer Katechismus. Analyse und Reprint der griechisch-lateinisch-deutschen Ausgabe von 1751.* Berlin.
Dmitriev, Lev A. (Hg.) 1997. "Skazanie o Borise i Glebe" [Die Legende von Boris und Gleb]. *BLDR* 1, 328–351.
Dmitrij (Rostovskij) 1989. *Roždestvenskaja drama ili Rostovskoe dejstvo [Das Weihnachtsdrama oder das Rostover Schauspiel].* Moskva.
Dobrenko, Evgenij A. 1990. "Preodolenie ideologii. Zametki o soc-arte" [Überwindung der Ideologie. Anmerkungen zur Soz-Art]. *Volga* 11 (1990), 164–184.
– 1993. *Metafora vlasti. Literatura stalinskoj épochi v istoričeskom osveščenii [Metapher der Macht. Die Literatur der Stalinzeit in historischer Perspektive].* München.
– 1997. *Formovka sovetskogo čitatelja. Social'nye i ėstetičeskie predposylki recepcii sovetskoj literatury [Die Konstituierung des sowjetischen Lesers. Die sozialen und ästhetischen Prämissen der sowjetischen Literatur].* Sankt-Peterburg.
Dobrotoljubie 2004. *Dobrotoljubie [Philokalie].* 5 tt. Moskva.
Döring-Smirnov, Johanna Renate 1992. "Gender Shifts in der russischen Postmoderne". *Psychopoetik. Beiträge zur Tagung* Psychologie und Literatur. *München 1991.* Hg. v. Aage A. Hansen-Löve. Wien, 557–563.
Domostroj 1998. *Domostroj (Der Hausvater). Christliche Lebensformen, Haushaltung und Ökonomie im alten Rußland.* Bd. 2. Hg. v. Gerhard Birkfellner. Osnabrück.
Dostoevskij, Fedor M. 1930. *Pis'ma. [Briefe].* t. 2. *1867–1871.* Moskva – Leningrad.
– 1956/58. *Sobranie sočinenij v 10-i tt. [Gesammelte Werke in 10 Bdn.].* Moskva.
– 1972/90. *Polnoe sobranie sočinenij v 30-i tt. [Sämtliche Werke in 30 Bdn.].* Leningrad.
– (Dostojewski, Fjodor M.) ^{9}1999. *Dnevnik pisatelja.* Dt. zit. n.: *Tagebuch eines Schriftstellers. Notierte Gedanken.* A.d. Russ. v. E.K. Rahsin. München.
Dostupova, Tat'jana G. 1978. *Vtoraja žizn' Pavla Korčagina [Das zweite Leben des Pavel Korčagin].* Moskva.
<Drawicz, Andrzej> Dravič, Andžej 1984. "Bilet ot Petuškov v odnu storonu" [Einwegfahrkarte aus Petuški]. *Russkaja mysl'* 3513 (19.04.1984), 8f.

<Drubek-Meyer, Natascha> Verchovceva-Drubek, Nataša 1991. „*Moskva-Petuški* kak *parodia sacra*" [*Moskau-Petuški* als *parodia sacra*]. *Solo* 8 (1991), 88–95.
– 1999. „Sorokins Bauch-Reden als Negativ-*performance*". *Poetik der Metadiskursivität. Zum postmodernen Prosa-, Film- und Dramenwerk von Vladimir Sorokin.* Hg. v. Dagmar Burkhart. München, 197–212.
Drubek-Meyer, Natascha; Sorokin, Vladimir 1995. „Russland und Deutschland. Eine missglückte Romanze. Interview mit Wladimir Sorokin". *Via Regia* Mai/Juni 1995, 67–71.
Duchanin, Valerij 2004. „Christos ili kinozvezda. Čto kroetsja za fil'mom Mela Gibsona *Strasti Christovy*?" [Christus oder Leinwandstar? Was verbirgt sich hinter Mel Gibsons Film *The Passion of Christ*?]. http://groups.rambler.ru/groups/ rambler.religion.christ/0001105.1.html, Zugriff 12.01.2005.
Dudko, Dmitrij S. 1992. *Christos v našej žizni. Voskresnye propovedi [Christus in unserem Leben. Sonntagspredigten].* Moskva.
Dunaev, Michail M. ²2001/03. *Pravoslavie i russkaja literatura. 6 častej [Die Orthodoxie und die russische Literatur. 6 Teile].* Moskva.
– 2002. *Vera v gornile somnenij. Pravoslavie i russkaja literatura v XVII–XX vv. [Glaube im Feuer des Zweifels. Die Orthodoxie und die russische Literatur im 17.–20. Jahrhundert].* Moskva.
Durkheim, Emile 1983. *Le suicide.* Dt. zit. n. *Der Selbstmord.* A.d. Frz. v. Sebastian u. Hanne Herkommer. Frankfurt a.M.
<Dvinjatin>, Dviniatin, Fedor 2000. „Semantičeskie oppozicii v toržestvennych slovach Kirilla Turovskogo: Bog/čelovek v *Slove o rasslablennom*" [Semantische Oppositionen in den Festpredigten von Kirill Turovskij. Gott/Mensch in der *Predigt vom Gelähmten*]. *Kirill of Turov: Bishop, Preacher, Hymnographer.* Hg. v. Ingunn Lunde. Bergen, 76–101.

Ebert, Christa 2002. „Vorwort". *Individualitätskonzepte in der russischen Kultur.* Hg. v. Christa Ebert. Berlin, 7–14.
von Eckardt, Hans 1947. *Russisches Christentum.* München.
Eckert, Michael et al. (Hg.) 2003. *Lexikon der theologischen Werke.* Darmstadt.
Efremenko, Ė.L.; Teniševa, E.A.; Jur'eva, L.M. 1968/76. „*Mat'*. Kommentarij". In: Maksim Gor'kij: *Polnoe sobranie sočinenij. Chudožestvennye proizvedenija v 25-i tt.* t. VIII. Moskva, 426–499.
Egger, Hanna 1998. „Das Bild des toten Christus. Epitaphios – Akra Tapeinosis – Imago Pietatis". *Körper ohne Leben. Begegnung und Umgang mit Toten.* Hg. v. Norbert Stefenelli. Wien et al., 429–446.
Egorov, V.F.; Serebrennikov, N.V.; Dmitriev, A.P. (Hg.) 1997. *Archimandrit Feodor (A.M. Bucharev). pro et contra. Ličnost' i tvorčestvo archimandrita Feodora (Buchareva) v ocenke russkich myslitelej i issledovatelej [Der Abt Feodor (A.M. Bucharev). pro et contra. Die Persönlichkeit und das Werk des Abtes Fedor (Bucharev) in der Beurteilung russischer Denker und Forscher].* Sankt-Peterburg.
<Eiríksson, Magnus> Nicolaus, Theophilus 1979. „Ist der Glaube ein Paradox oder ‚in kraft des Absurden'?". *Materialien zur Philosophie Søren Kierkegaards.* Hg. v. Michael Theunissen u. Wilfried Greve. Frankfurt a.M., 147–160.

Ėjchenbaum, Boris 1969a. „Kak sdelana *Šinel'* Gogolja/Wie Gogol's Mantel gemacht ist". *Russischer Formalismus. Texte zur allgemeinen Literaturtheorie und zur Theorie der Prosa.* Hg. v. Jurij Striedter. München, 122–159.
– 1969b. „Illjuzija skaza/Die Illusion des *skaz*". *Russischer Formalismus. Texte zur allgemeinen Literaturtheorie und zur Theorie der Prosa.* Hg. v. Jurij Striedter. München, 160–167.
Elert, Werner 1931. *Morphologie des Luthertums.* Bd. 1. *Theologie und Weltanschauung des Luthertums, hauptsächlich im 16. und 17. Jahrhundert.* München.
Elias, Norbert [21]1997. *Über den Prozeß der Zivilisation. Soziogenetische und psychogenetische Untersuchungen.* 2 Bde. Frankfurt a.M.
Ellis, Jane 1986. *The Russian Orthodox Church: A Contemporary History.* Bloomington – Indianapolis.
Emčenko, Elena B.; Kurukin, Igor' V. 1983. „K izučeniju publikacii ‚Dela Viskovatogo' i formirovanija ego sostava" [Zur Erforschung der Veröffentlichung des ‚Viskovatyj-Falls' und der Herausbildung seiner Zusammensetzung]. *Archeografičeskij ežegodnik za 1983 g.* (1985), 68–75.
Emerson, Caryl 1990. „Russian Orthodoxy and the Early Bakhtin". *R&L* 22, 2–3 (1990), 109–131.
Engel, Christine 1997. „Sorokin im Kontext der russischen Postmoderne. Problem der Wirklichkeitskonstruktion". *WSlJb* 43 (1997), 53–66.
– 1999a. „Sorokins allesverschlingendes Unbewusstes. Inkorporation als kannibalischer Akt". *Poetik der Metadiskursivität. Zum postmodernen Prosa-, Film- und Dramenwerk von Vladimir Sorokin.* Hg. v. Dagmar Burkhart. München, 139–149.
– (Hg.) 1999b. *Geschichte des sowjetischen und russischen Films.* Stuttgart – Weimar.
Engel, Ulrich 2004. „Philosophie (im Licht) der Inkarnation. Zu Gianni Vattimos Religionsdiskurs im Zeitalter der Interpretation". In: Gianni Vattimo; Richard Schröder; Ulrich Engel: *Christentum im Zeitalter der Interpretation.* Wien, 41–78.
<Engelstein, Laura> Engel'štejn, Lora 2002. *Castration and the Heavenly Kingdom.* Russ. zit. n.: *Skopcy i carstvo nebesnoe.* A.d. Engl. v. Vadim Michajlin. Moskva.
Ennker, Benno 1997. *Die Anfänge des Leninkults in der Sowjetunion.* Köln et al.
<Ephräm der Syrer> Efrem Sirin 1907. *Tvorenija [Werke].* 8 tt. Sergiev Posad (Ndr. Moskva 1993).
Ėpštejn, Michail N. 1989. „Iskusstvo avangarda i religioznoe soznanie" [Avantgardekunst und religiöses Bewusstsein]. *Novyj mir* 12, 222–235.
– 1997. „Posle karnavala, ili večnyj Venička" [Nach dem Karneval, oder der ewige Venička]. In: Venedikt Erofeev: *Ostav'te moju dušu v pokoe... (počti vse).* Moskva, 3–30.
– 1999a. „Minimal Religion". *Russian Postmodernism: New Perspectives on Post-Soviet Culture.* Hg. v. Mikhail Epstein, Alexander Genis, Slobodanka Vladiv-Glover. Oxford – New York, 163–171.
– 1999b. „Post-Atheism: From Apophatic Theology to ‚Minimal Religion'". *Russian Postmodernism: New Perspectives on Post-Soviet Culture.* Hg. v. Mikhail Epstein, Alexander Genis u. Slobodanka Vladiv-Glover. Oxford – New York, 345–393.
– 2000. *Postmodern v Rossii. Literatura i teorija [Die Postmoderne in Russland. Literatur und Theorie].* Moskva.
– 2001. *Filosofija vozmožnogo [Philosophie des Möglichen].* Sankt-Peterburg.

– 2006. *Slovo i molčanie. Metafizika russkoj literatury. Učebnoe posobie dlja vuzov [Das Wort und das Schweigen. Eine Metaphysik der russischen Literatur. Ein Studienbuch]*. Moskva.
Erasmus von Rotterdam 1968/80. *Ausgewählte Schriften. Ausgabe in 8 Bdn., lateinisch und deutsch.* Darmstadt.
von Erdmann-Pandžić, Elisabeth 1996. „Zur Christusfigur in Aleksandr Bloks *Die Zwölf*". *Dialog. Auf dem Weg zur Wahrheit und zum Glauben. Dijalog. Na putu do istine i vjere.* Hg. v. Franco Prcela. Zagreb – Mainz, 311–323.
– 1998. „Zur Christusgestalt in Aleksandr Bloks Poem *Dvenadcat'* (II)". *ZfSlPh* 57,2 (1998), 281–296.
Eremin, Igor' P. 1947. „Literaturnoe nasledie Feodosija Pečerskogo" [Feodosij Pečerskijs literarisches Erbe]. *TODRL* 5 (1947), 159–184.
– 1957. „Literaturnoe nasledie Kirilla Turovskogo" [Kirill Turovskijs literarische Überlieferung]. *TODRL* 13 (1957), 409–426.
Eremina, Tat'jana S. 2002. *Russkij pravoslavnyj chram. Istorija, Simvolika, Predanie [Das russisch-orthodoxe Gotteshaus. Geschichte, Symbolik und Überlieferung]*. Moskva.
Ermolin, Evgenij A. 2003. „Pis'mo ot Vovočki" [Brief von Vovočka]. *Kontinent* 115 (2003), 402–418.
Ernst, Paul 1990. *Umarmung der Gegensätze. Geschichtlicher Aufriß einer Philosophie „Complexio Oppositorum".* Stuttgart.
<Erofeev, Venedikt V.[1]> Jerofejew, Wenedikt W. 1978. *Die Reise nach Petuschki. Ein Poem.* A.d. Russ. v. Natascha Spitz. München – Zürich.
– 1990. *Moskva-Petuški i pr. [Moskau-Petuški u.a.]*. Moskva (Prometej).
– 1997. *Ostav'te moju dušu v pokoe... (počti vse) [Lasst meine Seele in Ruhe... (fast alles)]*. Moskva.
– 2000. *Zapiski psichopata [Aufzeichnungen eines Psychopathen]*. Moskva.
– 2004. *Zapiski psichopata.* Dt. zit. n. *Aufzeichnungen eines Psychopathen.* A.d. Russ. v. Thomas Reschke. Köln.
Erofeev, Venedikt; Prudovskij, Leonid 2000. „*Sumasšedšim možno byt' v ljuboe vremja.* Interv'ju" [*Verrückt sein kann man jederzeit.* Ein Interview]. In: Venedikt Erofeev: *Zapiski psichopata.* Moskva, 425–443.
Erofeev, Viktor V. 1992. *Russkaja krasavica. Roman [Eine russische Schönheit. Roman]*. Moskva.
– 1997. „Russkie cvety zla" [Die russischen Blumen des Bösen]. *Russkie cvety zla.* Hg. v. Viktor V. Erofeev. Moskva, 7–30.
– (Jerofejew, Viktor) 2000. „Kunst aus Perm. Christus, am Kreuz eingeschlafen". *Die Zeit* 25.05.2000 Beilage: Leben, 8.
– 2001. „Auch ich habe mein Sibirien". *Die Zeit* 08.02.2001, Beilage: Leben 7.
Esaulov, Ivan 1999. „Christocentrizm/Chrystocentryzm/Christo-centrism". *Idei v Rossii/Idee w Rosji/Ideas in Russia.* Hg. v. Andrzej de Lazari. t. 2. Łódź, 380–383.

---

[1] Wo im fortlaufenden Text mit der Namensangabe „Erofeev" ohne Vorname zitiert wird, ist immer Venedikt Erofeev gemeint; wo es um seinen Namensvetter Viktor Erofeev geht, wird dessen Vorname stets genannt.

- 2000a. "Žertva i žertvennost'" [Opfer und Opferbereitschaft]. *Socrealističeskij kanon*. Hg. v. <Hans Günther> Chans Gjunter u. Evgenij Dobrenko. Sankt-Peterburg, 797–802.
- 2000b. "Socrealizm i religioznoe soznanie" [Sozrealismus und religiöses Bewusstsein]. *Socrealističeskij kanon*. Hg. v. <Hans Günther> Chans Gjunter u. Evgenij Dobrenko. Sankt-Peterburg, 49–55.
- 2002. "Mistika v *Dvenadcati* A. Bloka. U istokov vtoričnoj sakralizacji" [Die Mystik in den *Zwölf* von A. Blok. Am Ursprung einer sekundären Sakralisierung]. *Sovetskoe bogatstvo. Stat'i o kul'ture, literature i kino. K šestidesjatiletiju Chansa Gjuntera*. Hg. v. Marina Balina, Evgenij Dobrenko u. Jurij Murašov. Sankt-Peterburg, 159–172.

Estienne, Henri 1831/65. *Thēsauros tēs hellēnikēs glōssēs. Thesaurus graecae linguae [Griechischer Sprachthesaurus]*. 8 tt. Paris.

Ėtkind, Aleksandr M. 1998. *Chlyst. Sekty, literatura i revoljucija [Chlyst. Die Sekten, die Literatur und die Revolution]*. Moskva.

<Eusebios> Eusebius von Caesarea 1981. *Historica ecclesiastica*. Dt. zit. n.: *Kirchengeschichte*. A.d. Lat. v. Philipp Haeuser. Darmstadt

Evangel'skaja istorija 2008. *Evangel'skaja istorija [Die Evangeliengeschichte]*. Moskva.

Evans, Gillian R. 1995. "Opfer V. Mittelalter bis Neuzeit". *TRE* 25, 278–286.

Evdokimov, Michel 1990. *Pèlerins russes et vagabonds mystiques*. Dt. zit. n.: *Russische Pilger. Vagabunden und Mystiker*. A.d. Frz. v. Christine Hofinger. Salzburg.

<Evdokimov, Pavel> Evdokimov, Paul 1970. *Le Christ dans la pensée russe [Christus im russischen Denken]*. Paris.
- 1977. *Le Christ dans la pensée russe*. Dt. zit. n.: *Christus im russischen Denken*. Dt. v. Hartmut Blersch. Trier.
- 1986. *La prière de l'Eglise d'Orient*. Dt. zit. n.: *Das Gebet der Ostkirche*. A.d. Frz. v. Wolfgang Sigel. Graz et al.

Fast, Piotr 1999. *Ideology, Aesthetics, Literary History: Socialist Realism and Its Others*. Frankfurt a.M. et al.

Fedotov, Georgij P. 1966. *The Russian Religious Mind*. 2 vols. Cambridge (MA).
- (Hg.) 1969. *A Treasury of Russian Spirituality*. Gloucester (MA).
- 1992. *Sud'ba i grechi Rossii. Izbrannye stat'i po filosofii russkoj istorii i kul'tury [Russlands Geschick und Sünden. Ausgewählte Aufsätze zur russischen Geschichts- und Kulturphilosophie]*. t. 2. Sankt-Peterburg.
- 1996ff. *Sobranie sočinenij v 12-i tt. [Gesammelte Werke in 12 Bdn.]*. Moskva.
- 1997. *Svjatye Drevnej Rusi [Die Heiligen der alten Rus']*. Moskva.

de Félice, Philippe 1936. *Poisons sacrés, ivresses divines. Essai sur quelques formes inférieurs de la mystique [Heilige Getränke und göttliche Räusche. Versuch über einige niedere Formen der Mystik]*. Paris.

Felmy, Karl Christian 1972. *Predigt im orthodoxen Rußland. Untersuchungen zu Inhalt und Eigenart der russischen Predigt in der zweiten Hälfte des 19. Jahrhunderts*. Göttingen.
- 1984. *Die Deutung der Göttlichen Liturgie in der russischen Theologie. Wege und Wandlungen russischer Liturgie-Auslegung*. Berlin – New York.

- 1990. *Die orthodoxe Theologie der Gegenwart. Eine Einführung.* Darmstadt.
- 2004. *Das Buch der Christus-Ikonen.* Freiburg i. Br. et al.
Fendt, Leonhard 1910. *Die Christologie des Nestorius.* Kempten.
Feofan (Govorov/Zatvornik) 2001. *Put' ko spaseniju. Kratkij očerk asketiki.* č. 3. *Načertanija christianskogo nravoučenija [Weg zur Erlösung. Kurze Skizze der Asketik.* Teil 3. *Entwürfe einer christlichen Morallehre].* Moskva.
Feofan Zatvornik; Rudinskij, Nikolaj S. 2002. *Tolkovanie Poslanij sv. Apostola Pavla [Erläuterung der Paulus-Briefe].* Moskva.
Feuerbach, Ludwig 1994. *Das Wesen des Christentums.* Stuttgart.
Filaret (Černigovskij; Hg.) 2000. *Žitija svjatych čtimych pravoslavnoj cerkov'ju [Viten der von der orthodoxen Kirche verehrten Heiligen].* Moskau.
Filaret (Drozdov) 2002. *Pravoslavnyj Katechizis [Orthodoxer Katechismus].* Moskva.
Filosofov, Dmitrij V. 1997. „Gor'kij o religii" [Gor'kij über die Religion]. *Maksim Gor'kij. pro et contra.* Hg. v. Jurij V. Zobnin. Sankt-Peterburg, 719–725.
Finlay, Marike 1988. *The Romantic Irony of Semiotics: Friedrich Schlegel and the Crisis of Representation.* Berlin et al.
Fischer, Helmut 1996. *Die Welt der Ikonen. Das religiöse Bild in der Ostkirche und in der Bildkunst des Westens.* Frankfurt a.M.
Fisk, Bruce N. 2006. „The Odyssey of Christ: A Novel Context for Philippians 2:6–11". *Exploring Kenotic Christology: The Self-Emptying of God.* Hg. v. C. Stephen Evans. Oxford, 45–73.
Fitzpatrick, Sheila 1999. *Everyday Stalinism: Ordinary Life in Extraordinary Times: Soviet Russia in the 1930s.* Oxford – New York.
Fleckenstein, Josef 1980. „Die Rechtfertigung der geistlichen Ritterorden nach der Schrift *De laude novae militiae* Bernhards von Clairvaux". *Die geistlichen Ritterorden Europas.* Hg. v. Josef Fleckenstein u. Manfred Hellmann. Sigmaringen, 9–22.
Flickinger, Brigitte 1997. „Dismorphie. Gestaltverlust als Merkmal postsowjetischer Mentalität am Beispiel der Prosa Vladimir Sorokins". *Kultur und Krise. Rußland 1987–1997.* Hg. v. Elisabeth Cheauré. Berlin, 243–251.
Flogaus, Reinhard 1999. „Christologie II 3". RGG^4 2, 297–310.
Florenskij, Pavel A. 1914. *Stolp i utverždenie istiny. Opyt pravoslavnoj feodicei v dvenadcati pis'mach [Der Pfeiler und die Grundfeste der Wahrheit. Versuch einer orthodoxen Theodizee in zwölf Briefen].* Moskva (Ndr. Paris 1989).
- (Petrogradskij svjaščennik) 1931. „O Bloke" [Über Blok]. *Put'. Organ russkoj religioznoj mysli* 26 (1931), 87–108.
- 1967. „Obratnaja perspektiva" [Die umgekehrte Perspektive]. *Trudy po znakovym sistemam* 3 (1967), 381–416.
- 1989. *Die umgekehrte Perspektive. Texte zur Kunst.* München.
- ^{2}1990. *Ikonostas.* Dt. zit. n.: *Die Ikonostase. Urbild und Grenzerlebnis im revolutionären Rußland.* A.d. Russ. v. Ulrich Werner. Stuttgart.
- 1994/99. *Sočinenija v 4-ch tt. [Werke in 4 Bdn.].* Moskva.
Florovskij, Georgij V. 1937. *Puti russkogo bogoslovija [Die Wege der russischen Theologie].* Paris.
Forsyth, Peter T. 1909. *The Person and Place of Jesus Christ.* London (Ndr. 1999).
Foshay, Toby 1992. „Introduction: Denegation and Resentment". *Derrida and Negative Theology.* Hg. v. Harold Coward u. Toby Foshay. Albany (NY), 1–24.

Foucault, Michel 1973. *Histoire de la Folie.* Dt. zit. n.: *Wahnsinn und Gesellschaft. Eine Geschichte des Wahns im Zeitalter der Vernunft.* A.d. Frz. v. Ulrich Köppen. Frankfurt a.M.
- 1983. *Historie de la sexualité.* Dt. zit. n.: *Sexualität und Wahrheit.* A.d. Frz. v. Ulrich Raulff u. Walter Seiter. 3 Bde. Frankfurt a.M.
- 1985. *Freiheit und Selbstsorge. Interview 1984 und Vorlesung 1982.* A.d. Frz. v. Helmut Becker u. Lothar Wolfstetter. Frankfurt a.M.
- 1991. *L'ordre du discours.* Dt. zit. n.: *Die Ordnung des Diskurses.* A.d. Frz. v. Walter Seitter. Frankfurt a.M.
- [6]1994a. *L'archéologie du savoir.* Dt. zit. n.: *Archäologie des Wissens.* Frankfurt a.M.
- [2]1994b. „Warum ich Macht untersuche. Die Frage des Subjekts". *Michel Foucault. Jenseits von Strukturalismus und Hermeneutik.* Hg. v. Hubert L. Dreyfus u. Paul Rabinow. Weinheim, 243–250.
- 1994d. *Surveiller et punir. La naissance de la prison.* Dt.: *Überwachen und Strafen. Die Geburt des Gefängnisses.* A.d. Frz. v. Walter Seitter. Frankfurt a.M.
- [14]1997. *Les mots et les choses.* Dt. zit. n.: *Die Ordnung der Dinge. Eine Archäologie der Humanwissenschaften.* Frankfurt a.M.

Fourier, Charles 1966. *Théorie des quatre mouvements et des destinées générales.* Dt. zit. n.: *Theorie der vier Bewegungen und der allgemeinen Bestimmungen.* A. d. Frz. v. Gertrud von Holzhausen. Frankfurt a.M. – Wien.

Franck, Sebastian 1966. *Paradoxa.* Berlin.

Frank, Joseph 1990. *Through the Russian Prism: Essays on Literature and Culture.* Princeton (NJ).

Frank, Karl S. 1994. „Nachfolge Jesu II. Alte Kirche und Mittelalter". *TRE* 23, 686–691.
- 1998. „II. Christliches M.[önchtum]". *LTK*[3] 7, 399–405.

Frank, Semen L. 1964. *S nami Bog. Tri razmyšlenija [Gott mit uns. Drei Reflexionen].* Paris.
- 1990. „Die Ethik des Nihilismus". A.d. Russ. v. Karl Schlögel. *Vechi. Wegzeichen. Zur Krise der russischen Intelligenz.* Hg. v. Karl Schlögel. Frankfurt a.M., 275–320.
- 1991. „Ètika nigilizma" [Die Ethik des Nihilismus]. *Vechi. Sbornik statej o russkoj intelligencii.* Sverdlovsk, 166–198.

Frank, Susi 1999. „What the F... is Koncert?". *Poetik der Metadiskursivität. Zum postmodernen Prosa-, Film- und Dramenwerk von Vladimir Sorokin.* Hg. v. Dagmar Burkhart. München, 229–238.

Franklin, Simon 1991. *Sermons and Rhetoric of Kievan Rus'.* Cambridge (MA).

Franz, Michael 1995. „Die Zweideutigkeiten der Gestalt oder Taugt *Gestalt* noch als ästhetischer Grundbegriff?". *Weimarer Beiträge* 41,1 (1995), 5–28.

Franz, Norbert P. 1998. *Die russische Seele. Wie sie ist, wer sie kennt, und wozu man sie braucht.* Tübingen.

Franz, Norbert P.; Gončarov, Sergej A. 2002. „Verbannung". *Lexikon der russischen Kultur.* Hg. v. Norbert P. Franz. Darmstadt, 469–471.

Frascati-Lochhead, Marta 1998. *Kenosis and Feminist Theology: The Challenge of Gianni Vattimo.* New York.

Freeborn, Richard 1985. *The Russian Revolutionary Novel: Turgenev to Pasternak.* Cambridge et al.

Frejdenberg, Ol'ga M. 1978. *Mif i literatura drevnosti [Mythos und Literatur der Antike].* Moskva.

Freud, Sigmund 1892. „Anmerkungen". In: Jean-Martin Charcot: *Poliklinische Vorträge.* Leipzig – Wien, passim.

– 1948. „Der Humor". *Gesammelte Werke.* Bd. 14. London, 383–389.

– 1978. *Werkausgabe in 2 Bdn.* Frankfurt a.M.

– 1991. *Totem und Tabu. Einige Übereinstimmungen im Seelenleben der Wilden und der Neurotiker.* Frankfurt a.M.

Freud, Sigmund; Breuer, Josef 1970. „Über den psychischen Mechanismus hysterischer Phänomene". *Studien über Hysterie.* Frankfurt a.M., 7–19.

Freydank, Dietrich et al. 1999. *Auf Gottes Geheiß sollen wir einander Briefe schreiben. Altrussische Epistolographie.* Wiesbaden.

Freyer, Johannes-Baptist 1991. *Der demütige und geduldige Gott. Franziskus und sein Gottesbild. Ein Vergleich mit der Tradition.* Mönchengladbach.

Friedrich, Hugo 1936. „Pascals Paradox". *Zeitschrift für Romanische Philologie* 56 (1936), 322–370.

Fridlender, Georgij M. 1978. „Éstetika Černyševskogo i russkaja literatura" [Černyševskijs Ästhetik und die russische Literatur]. *Russkaja literatura* 2 (1978), 11–35.

<Frojanov, Igor' Ja.> Froianov, I.Ia.; <Dvorničenko, Andrej Ju.> Dvornichenko, A.Iu.; <Krivošeev, Jurij V.> Krivosheev, Iu.V. 1992. „The Introduction of Christianity in Russia and the Pagan Traditions". *Russian Traditional Culture: Religion, Gender, and Customary Law.* Hg. v. Marjorie M. Balzer. Armonk (NY) – London, 3–15.

Frolova, Nina et al. 1991. „Neskol'ko monologov o Venedikte Erofeeve" [Einige Monologe über Venedikt Erofeev]. *Teatr* 9/1991, 74–122.

Fromer, Vladimir 1999. „Ierusalim – Moskva – Petuški" [Jerusalem – Moskau – Petuški]. *Ierusalimskij žurnal* 99, 155–171.

Früchtel, Ursula 1968. *Die kosmologischen Vorstellungen bei Philo von Alexandrien. Ein Beitrag zur Geschichte der Genesisexegese.* Leiden.

Frugoni, Chiara 2004. „,Ad imaginem et similitudinem nostram' [Zu unserer Abbildung und Ähnlichkeit]. Der Heilige Franziskus und die Erfindung der Stigmata". *Stigmata. Poetiken der Körperinschrift.* Hg. v. Bettine Menke u. Barbara Vinken. Paderborn, 77–112.

Fuchs, Ernst 1968. *Marburger Hermeneutik.* Tübingen.

Gallaher, Lowell 1997. „The Place of the Stigmata in Christological Poetics". *Religion and Culture in Renaissance England.* Hg. v. Claire Maeachern u. Debora Shuger. Cambridge, 93–115.

Gandlevskij, Sergej 1991. „Razrešenie ot skorbi" [Erlösung aus Trübsal]. *Ličnoe delo №. Literaturno-chudožestvennyj al'manach.* Hg. v. Lev S. Rubinštejn. Moskva, 226–231.

von Gardner, Johann 1976. *System und Wesen des russischen Kirchengesanges.* Wiesbaden.

– 1983/87. *Gesang der russisch-orthodoxen Kirche.* Bd. 1. *Bis zur Mitte des 17. Jahrhunderts.* Bd. 2. *Zweite Epoche (Mitte des 17. Jahrhunderts bis 1918).* Wiesbaden.

Garstka, Christoph 2005. *Das Herrscherlob in Russland. Katharina II., Lenin und Stalin im russischen Gedicht. Ein Beitrag zur Ästhetik und Rhetorik politischer Lyrik.* Heidelberg.
Garvie, Alfred E. 1906. „Kenosis". *A Dictionary of Christ and the Gospels.* vol. 1. Edinburgh, 927f.
Garzaniti, Marcello 2001. *Die altslavische Version der Evangelien. Forschungsgeschichte und zeitgenössische Forschung.* Köln et al.
Gasparov, Boris; Paperno, Irina 1981. „‚Vstan' i idi'" [„‚Steh' auf und geh'"]. *Slavica Hierosolymitana* 6–7 (1981), 387–400.
Gaudel, Auguste 1925. „Kénose" [Die Kenose]. *Dictionnaire de théologie catholique. Contenant l'exposé des doctrines de la théologie catholique, leur preuves et leur histoire.* Hg. v. Alfred Vacant et al. Bd. 8,2. Paris, 2339–2349.
Geertz, Clifford 1999. Thick Description: Toward an Interpretive Theory of Culture. Dt. zitiert nach: *Dichte Beschreibung. Beiträge zum Verstehen kultureller Systeme.* A.d. Engl. v. Brigitte Luchesi u. Rolf Bindemann. Frankfurt a.M.
Geierhos, Wolfgang 1977. *Vera Zasulič und die russische revolutionäre Bewegung.* München – Wien.
<Geisser-Schnittmann, Svetlana> Gajzer-Šnitman, Svetlana 1989. *Venedikt Erofeev, Moskva-Petuški ili The Rest is Silence.* Bern et al.
Genette, Gérard 1982. *Palimpsestes. La littérature au second degré [Palimpseste. Literatur zweiten Grades].* Paris.
<Genis, Aleksandr A.> Genis, Alexander A 1997. „‚Čuzn' i žido'. Vladimir Sorokin" [‚Lunder' und ‚Weben'. Vladimir Sorokin]. *Zvezda* 10 (1997), 222–225.
Genis, Aleksandr A.; Vajl', Petr L. 1982. „Strasti po Erofeevu" [Hitzige Debatten über Erofeev]. *Sovremennaja russkaja proza.* Ann Arbor (MI), 41–50.
Genis, Aleksandr; Vajl', Petr; Sorokin, Vladimir 1992. „Vesti iz onkologičeskoj kliniki. Beseda s pisatelem Vladimirom Sorokinym" [Nachrichten aus der onkologischen Klinik. Gespräch mit dem Schriftsteller Vladimir Sorokin]. *Sintaksis* 32 (1992), 138–143.
Gennadij (Emel'janov) 2001. *O smirenii istinnom i ložnom. Pastyrskoe slovo [Über wahre und falsche Demut. Ein Hirtenwort].* Sankt-Peterburg.
Gennadij (Nefedov) ²2002. *Tainstva i obrjady pravoslavnoj cerkvi. Učebnoe posobie po Liturgike [Sakramente und Riten der orthodoxen Kirche. Lehrbuch für Liturgik].* Moskva.
van Gennep, Arnold 1999. *Les rites de passage.* Dt. zit. n.: *Übergangsriten.* A.d. Frz. v. Klaus Schomburg u. Sylvia M. Schomburg-Scherff. Frankfurt a.M. – New York.
Gerasimova, N.M. 1993. „O poètike citat v *Žitii* protopopa Avvakuma" [Zur Zitatpoetik in der *Vita* des Protopopen Avvakum]. *TODRL* 48 (1993), 314–318.
Gercen, Aleksandr I. 1859. „Vo Christe saper Ignatij" [Der Pionier in Christo Ignatij]. *Kolokol* 15.08.1859, 409f.
– 1864. „Černyševskij". *Kolokol* 169 (1864), 1.
Gerdes, Hayo 1962. *Das Christusverständnis des jungen Kierkegaard. Ein Beitrag zur Erläuterung des Paradox-Gedankens.* Itzehoe.
Gerhard, Johann 1885. *Loci theologici [Theologische Grundthemen].* t. 1. Leipzig.
Gerhards, Albert 2001. „Stundengebet I. Geschichte". *TRE* 32, 268–276.
Gerlitz, Peter 1995. „Opfer I. Religionsgeschichte". *TRE* 25, 253–258.

Geß, Wolfgang Friedrich 1856. *Die Lehre von der Person Christi entwickelt aus dem Selbstbewußtsein Christi und aus dem Zeugnisse der Apostel.* Basel.

<Giannaras> Yannaras, Christos 1982. *Person und Eros. Eine Gegenüberstellung der Ontologie der griechischen Kirchenväter und der Existenzphilosophie des Westens.* Göttingen.

Gide, André 1993. „Retour de l'U.R.S.S. Appendice" [Zurück aus der UdSSR. Anhang]. *Voyage au Congo. Le retour du Tchad. Retour de l'U.R.S.S. Retouches à mon Retour de l'U.R.S.S. Carnets d'Egypte.* Paris, 449–464.

Gillespie, David 1997. „Sex, Violence and the Video Nasty: The Ferocious Prose of Vladimir Sorokin". *Essays in Poetics: The Journal of the British Neo-Formalist Circle* 22 (1997), 158–175.

– 1999. „Sex and Sorokin: Erotica or Pornography?" *Poetik der Metadiskursivität. Zum postmodernen Prosa-, Film- und Dramenwerk von Vladimir Sorokin.* Hg. v. Dagmar Burkhart. München, 161–165.

Gil'tebrandt, Petr A. 1989. *Spravočnyj i ob"jasnitel'nyj slovar' k Novomu Zavetu [Erläuterndes Wörterbuch zum Neuen Testament].* Ndr. besorgt v. Helmut Keipert u. František V. Mareš. 6 Bde. München.

Girard, René 1988. *Le Bouc émissaire.* Dt. zit. n.: *Der Sündenbock.* A.d. Frz. v. Elisabeth Mainberger-Ruh. Zürich.

– 2002. *Je vois Satan tomber comme l'éclair.* Dt. zit. n.: *Ich sah den Satan vom Himmel fallen wie einen Blitz. Eine kritische Apologie des Christentums.* A.d. Frz. v. Elisabeth Mainberger-Ruh. München – Wien.

Gladigow, Burkhard 1995. „Europäische Religionsgeschichte". *Lokale Religionsgeschichte.* Hg. v. Hans G. Kippenberg u. Brigitte Luchesi. Marburg, 21–42.

Goclenius, Rudolph<us> 1613. *Lexicon philosophicum quo tanquam clave philosophiae fores aperiuntur [Philosophisches Lexikon, in dem gleichsam die Türen zur Philosophie geöffnet werden].* Frankfurt (Ndr. Hildesheim 1964).

Goehrke, Carsten 2003. *Russischer Alltag. Eine Geschichte in neun Zeitbildern.* Bd. 1. *Die Vormoderne.* Zürich.

Goerdt, Wilhelm 1989. *Russische Philosophie. Texte.* Freiburg i. Br. – München.

– ²1995. *Russische Philosophie. Grundlagen.* Freiburg i. Br. – München.

Goes, Gudrun 1999. „Vladimir Sorokins Drama *Dismorfomanija*, die Obėriuten und die postmoderne Performance". *Poetik der Metadiskursivität. Zum postmodernen Prosa-, Film- und Dramenwerk von Vladimir Sorokin.* Hg. v. Dagmar Burkhart. München, 187–196.

Goetz, Leopold K. 1905. *Kirchenrechtliche und kulturgeschichtliche Denkmäler Altrusslands nebst Geschichte des russischen Kirchenrechts.* Stuttgart.

Gogarten, Friedrich ²1958. *Verhängnis und Hoffnung der Neuzeit. Die Säkularisierung als theologisches Problem.* Stuttgart.

Gogol', Nikolaj V. 1937/52. *Polnoe sobranie sočinenij [Sämtliche Werke].* Moskva.

– 1989. *Razmyšlenija o Božestvennoj Liturgii.* Dt. zit. n.: *Betrachtungen über die Göttliche Liturgie.* A.d. Russ. v. Aleksej Mal'cev. Würzburg.

– 1993. *Vybrannye mesta iz perepiski s druz'jami [Ausgewählte Stellen aus dem Briefwechsel mit Freunden].* Moskva.

Goldmann, Lucien 1985. *Le dieu caché. Etude sur la vision tragique dans les Pensées de Pascal et dans le théâtre de Racine.* Dt. zit. n.: *Der verborgene Gott. Studie ü-*

ber die tragische Weltanschauung in den Pensées *Pascals und im Theater Racines.* A.d. Frz. v. Hermann Baum. Frankfurt a.M.

Goldt, Rainer 2007. „Venedikt Erofeev: Moskva-Petuški (Die Reise nach Petuški)". *Der Russische Roman.* Hg. v. Bodo Zelinsky. Köln et al., 426–440.

Golejzovskij, Nikita K. 1981. „Dva ėpizoda iz dejatel'nosti novgorodskogo archiepiskopa Gennadija" [Zwei Episoden aus dem Wirken des Novgoroder Erzbischofs Gennadij]. *Vizantijskij vremennik* 41 (1981), 125–140.

Golgofa 2001. *Golgofa. Biblejskie motivy v russkoj poėzii [Golgatha. Biblische Motive in der russischen Lyrik].* Moskva.

Goller, Mirjam 2000. „Die suizidale Rhetorik einer warmen Leiche. Dostoevskijs Erzählung *Krotkaja* als Beispiel einer Sprechweise des Verstummens". *Osteuropäische Lektüren. Beiträge zur 2. Tagung des Jungen Forums Slawistische Literaturwissenschaft Berlin 1998.* Hg. v. Mirjam Goller et al. Frankfurt a.M. et al., 47–60.

– 2003. *Gestaltetes Verstummen. Nicht-Sprechen als narrative Konstituente in der russischen Prosa der frühen Moderne.* Frankfurt a.M. et al.

Goltz, Hermann (Hg.) 1988. *Akathistos. Hymnen der Ostkirche.* Leipzig.

Golubinskij, Evgenij E. ²1903. *Istorija kanonizacii svjatych v russkoj cerkvi [Geschichte der Heiligsprechung in der russischen Kirche].* Moskva.

Goppelt, Leonhard 1939. *Typos. Die typologische Deutung des Alten Testaments im Neuen.* Gütersloh.

Gorelov, A. (Hg.) 1997. *Optina pustyn'. Russkaja pravoslavnaja duchovnost' [Optina pustyn'. Die russische orthodoxe Spiritualität].* Moskva.

<Goričeva, Tat'jana> Goritschewa, Tatjana 1985. *Die Kraft christlicher Torheit. Meine Erfahrungen.* A.d. Russ. v. Lorenzo Amberg. Freiburg i. Br. et al.

– ¹⁷1988. *Von Gott zu reden ist gefährlich. Meine Erfahrungen im Osten und im Westen.* Freiburg i. Br. et al.

– 1990. *Unverhoffte Freude. Religionsphilosophische Aufsätze und Berichte über die geistliche Situation in der Sowjetunion heute.* A.d. Russ. v. Margarete Gericke, Maria Keißling u. Lydia Steinhilber. Wuppertal – Zürich.

– 1994. „O kenozise russkoj kul'tury" [Zur Kenose der russischen Kultur]. *Christianstvo i russkaja literatura.* t. 1. Sankt-Peterburg, 50–88.

Gor'kij, Maksim 1907. „La question religieuse" [Die religiöse Frage]. *Mercure de France* 15.04.1907, 592–595.

– 1949/56. *Sobranie sočinenij v 30-i tt. [Gesammelte Werke in 30 Bdn.].* Moskva.

– 1953. *O literature. Literaturno-kritičeskie stat'i [Über die Literatur. Literaturkritische Aufsätze].* Moskva.

– 1954. *Die Mutter. Roman.* Berlin.

– 1960/63. *Sobranie sočinenij v 18-i tt. [Gesammelte Werke in 18 Bdn.].* Moskva.

– 1971. *Nesvoevremennye mysli. Stat'i 1917–1918 gg. [Unzeitgemäße Gedanken. Aufsätze aus den Jahren 1917/18].* Paris.

– 1974/82. *Polnoe sobranie sočinenij. Varianty k chudožestvennym proizvedenijam [Sämtliche Werke. Varianten zu den künstlerischen Werken].* Moskva.

Gor'kij ²1949/58. „Gor'kij". *Bol'šaja Sovetskaja Ėnciklopedija.* t. XII. Moskva, 244–261.

Gorodetzky, Nadejda 1938. *The Humiliated Christ in Modern Russian Thought.* London.
Gorman, Michael J. 2009. *Inhabiting the Cruciform God: Kenosis, Justification, and Theosis in Paul's Narrative Soteriology.* Grand Rapids (MI) – Cambridge.
Gorodnickij, R.A. 1995. „Egor Sazonov. Mirovozzrenie i psichologija ėsera-terrorista" [Egor Sazonov. Weltanschauung und Psychologie eines Sozialrevolutionärs und Terroristen]. *Otečestvennaja istorija* 5 (1995), 168–174.
Gor'skyj, V.S. et al. ²2003. *Obraz Christa v ukraïn'skij kul'turi [Das Bild Christi in der ukrainischen Kultur].* Kyïv.
Grabar, André. 1946. *Martyrium. Recherches sur le culte des reliques et l'art chrétien antique.* 2 tt. Paris.
Gračeva, Alla M. 1993. „Iz istorii kontaktov A.M. Remizova s medievistami načala XX veka (Il'ja Aleksandrovič Šljapkin)" [Aus der Geschichte der Kontakte von A.M. Remizov mit Mediävisten zu Beginn des 20. Jahrhunderts (Il'ja Aleksandrovič Šljapkin)]. *TODRL* 46 (1993), 158–169.
– 1996. „Perepiska V.I. Ivanova i A.M. Remizova" [Der Briefwechsel von V.I. Ivanov und A.M. Remizov]. *Vjačeslav Ivanov. Materialy i issledovanija.* Moskva, 72–118.
– 2000. *Aleksej Remizov i drevnerusskaja kul'tura [Aleksej Remizov und die altrussische Kultur].* Sankt-Peterburg.
Graf, Friedrich Wilhelm 1990. „Kulturprotestantismus". *TRE* 20,230–243.
– 2000. „Wozu noch Theologie? Über die spannungsreiche Einheit von Kritik und Gestaltung". *Frankurter Allgemeine Zeitung* 17.08.2000, 11.
– ²2004. *Die Wiederkehr der Götter. Religion in der modernen Kultur.* München.
<Grala, Hieronim> Gralja, Ieronim 1994. *Ivan Michajlov Viskovatyj. Kar'era gosudarstvennogo dejatelja v Rossii XVI v. [Ivan Michajlov Viskovatyj. Die Karriere eines Staatsbeamten im Russland des 16. Jahrhunderts].* Moskva.
Grass, Karl Konrad 1907/14. *Die russischen Sekten.* 2 Bde. Leipzig (Ndr. 1966).
Graßhoff, Helmut; Müller, Klaus; Sturm, Gottfried (Hg.) 1965. *O Bojan, du Nachtigall der alten Zeit. Sieben Jahrhunderte altrussischer Literatur.* Frankfurt a.M.
Grawitz, Madeleine 1998. *Michel Bakounine.* Dt. zit. n.: *Bakunin. Ein Leben für die Freiheit.* A.d. Frz. v. Andreas Löhrer. Hamburg.
Grayling, A.C. 2006. „Dawkins and the Virus of Faith". *Richard Dawkins: How a Scientist Changed the Way We Think: Reflections by Scientists, Writers, and Philosophers.* Hg. v. Alan Grafen u. Mark Ridley. Oxford, 243–247.
Greber, Erika 2002. *Textile Texte. Poetologische Metaphorik und Literaturtheorie. Studien zur Tradition des Wortflechtens und der Kombinatorik.* Köln et al.
Greenblatt, Stephen 1995. „Culture and New Historicism". Dt. zit. n.: „Kultur". *New Historicism. Literaturgeschichte als Poetik der Kultur.* Hg. v. Moritz Baßler. Frankfurt a.M., 48–59.
Greimas, Algirdas J. 1971. *Sémantique structurale. Recherche de méthode.* Dt. zit. n.: *Strukturale Semantik. Methodologische Untersuchungen.* A.d. Frz. v. Jens Ihwe. Braunschweig.
– 1972. „La structure des actants du récit. Essai d'approche générative". Dt. zit. n.: „Die Struktur der Erzählaktanten. Versuch eines generativen Ansatzes". *Literaturwissenschaft und Linguistik. Ergebnisse und Perspektiven.* Bd. 3. *Zur linguistischen Basis der Literaturwissenschaft 2.* Hg. v. Jens Ihwe. Frankfurt a.M., 218–238.

Greiner, Bernhard 1992. *Die Komödie. Eine theatralische Sendung. Grundlagen und Interpretationen.* Tübingen.

Gribomont, Jean 1979. „Askese IV. Neues Testament und Alte Kirche". *TRE* 4, 204–225.

Grigor'ev, Apollon 1990. *Sočinenija v 2 tt. [Werke in 2 Bdn.].* Moskva.

Grillmeier, Alois SJ ³1990. *Jesus der Christus im Glauben der Kirche.* 2 Bde (Bd. 2 in 4 Teilbdn.). Freiburg i.Br. et al.

Groenhout, Ruth 2006. „Kenosis and Feminist Theory". *Exploring Kenotic Christology: The Self-Emptying of God.* Hg. v. C. Stephen Evans. Oxford, 291–312.

Grözinger, Karl E.; Rüpke, Jörg 1999. „Zur Einführung". *Literatur als religiöses Handeln?.* Hg. v. Karl E. Grözinger u. Jörg Rüpke. Berlin, 9–15.

Grolimund, Vasilij 1999. „Meždu otšel'ničestvom i obščežitiem. Skitskij ustav i kelejnye pravila. Ich vozniknovenie, razvitie i rasprostranenie do XVI veka" [Zwischen Einsiedelei und Koinobion. Skiten- und Zellenregel. Ihre Entstehung, Entwicklung und Verbreitung bis zum 16. Jahrhundert]. *Monastyrskaja kul'tura. Vostok i zapad.* Hg. v. Evgenij G. Vodolazkin. 122–135.

Gromyko, Marina M. 2002. „Pravoslavnye obrjady i obyčai v russkom krest'janskom dome" [Orthodoxe Rituale und Gebräuche im russischen Bauernhaus]. *Pravoslavnaja vera i tradicii blagočestija u russkich v XVIII–XX vekach. Ėtnografičeskie issledovanija i materialy.* Hg. v. Ol'ga V. Kiričenko u. Ch.V. Poplavskaja. Moskva, 66–89.

Groys, Boris 1979. „Moskovskij romantičeskij konceptualizm/Moscow Romantic Conceptualism". *A–Ja* 1 (1979), 3–11.

– 1988. *Gesamtkunstwerk Stalin. Die gespaltene Kultur der Sowjetunion.* München – Wien.

– 1994. „Die gebaute Ideologie". *Tyrannei des Schönen. Architektur der Stalin-Zeit.* Hg. v. Peter Noever. München – New York, 15–21.

– 2000a. *Unter Verdacht. Eine Phänomenologie der Medien.* München – Wien.

– 2000b. „Polutornyj stil'. Socrealizm meždu modernizmom i postmodernizmom" [Anderthalb-Stil. Der Sozrealismus zwischen Moderne und Postmoderne]. *Socrealističeskij kanon.* Hg. v. <Hans Günther> Chans Gjunter u. Evgenij Dobrenko. Sankt-Peterburg, 109–118.

– 2003. „Die Massenkultur der Utopie/Utopian Mass Culture". *Traumfabrik Kommunismus. Die visuelle Kultur der Stalinzeit/Dream Factory Communism: The Visual Culture of the Stalin Era.* Hg. v. Boris Groys u. Max Hollein. Ostfildern-Ruit, 20–37.

Groznova, Natal'ja A. 1981. *Sčast'e borca. O romane N.A. Ostrovskogo* Kak zakaljalas' stal'. *Posobie dlja učitelej [Das Glück des Kämpfers. Zu N.A. Ostrovskijs* Roman Wie der Stahl gehärtet wurde. *Handreichung für Lehrer].* Moskva.

Grübel, Rainer G. 1998. „Gabe, Aufgabe, Selbstaufgabe. Dichter-Tod als Opferhabitus". *Welt hinter dem Spiegel. Zum Status des Autors in der russischen Literatur der 1920er bis 1950er Jahre.* Hg. v. Klaus Städtke. Berlin, 139–204.

– 2001. *Literaturaxiologie. Zur Theorie und Geschichte des ästhetischen Wertes in slavischen Literaturen.* Wiesbaden.

Gründer, Karlfried 1958. *Figur und Geschichte. Johann Georg Hamanns* Biblische Betrachtungen *als Ansatz einer Geschichtsphilosophie.* Freiburg i. Br. – München.

Gruzdev, Il'ja ²1960. *Gor'kij*. Moskva.
Gubanov, Vladimir (Hg.) 2004. *Svjatoj Car' Nikolaj II i novye mučeniki rossijskie. Proročestva, čudesa, otkrytija i molitvy [Der heilige Zar Nikolaj II. und die russischen Neumärtyrer. Prophezeiungen, Wunder, Offenbarungen und Gebete].* Moskva.
Gudzij, Nikolaj K. (Hg.) ⁷1962. *Chrestomatija po drevnej russkoj literature XI–XVII vekov [Anthologie zur altrussischen Literatur. 11.–17. Jahrhundert].* Moskva.
Gumbrecht, Hans Ulrich 1991. „Inszenierte Zusammenbrüche oder: Tragödie und Paradox". *Paradoxien, Dissonanzen, Zusammenbrüche. Situationen offener Epistemologie.* Hg. v. Hans Ulrich Gumbrecht u. K. Ludwig Pfeiffer. Frankfurt a.M., 471–494.
Gundlach, Sven 1985. „Personažnyj avtor" [Die Autor-Personage]. *A–Ja* 1 (1985), 76f.
Günther, Hans 1984. *Die Verstaatlichung der Literatur. Entstehung und Funktionsweise des sozialistisch-realistischen Kanons in der sowjetischen Literatur der 30er Jahre.* Stuttgart.
– 1993. *Der sozialistische Übermensch. Maksim Gor'kij und der sowjetische Heldenmythos.* Stuttgart.
– 1998. „Jurodstvo i ‚um' kak protivopoložnye točki zrenija u Andreja Platonova" [Gottesnarrentum und ‚Verstand' als antagonistische Gesichtspunkte bei Andrej Platonov]. *Sprache und Erzählhaltung bei Andrej Platonov.* Hg. v. Robert Hodel u. Jan Peter Locher. Bern et al., 117–131.
– 2003. „Der Heldenmythos im Sozialistischen Realismus/The Heroic Myth in Socialist Realism". *Traumfabrik Kommunismus. Die visuelle Kultur der Stalinzeit/Dream Factory Communism: The Visual Culture of the Stalin Era.* Hg. v. Boris Groys u. Max Hollein. Ostfildern-Ruit, 106–124.
<Günther, Hans> Gjunter, Chans 2000. „Žiznennye fazy socrealističeskogo kanona" [Die Lebensphasen des sozrealistischen Kanons]. *Socrealističeskij kanon.* Hg. v. <Hans Günther> Chans Gjunter u. Evgenij Dobrenko. Sankt-Peterburg, 281–288.
Gural'nik, Uran A. 1980. *Nasledie N.G. Černyševskogo-pisatelja i sovetskoe literaturovedenie. Itogi, zadači, perspektivy izučenija [Das Erbe des Schriftstellers N.G. Černyševskij und die sowjetische Literaturwissenschaft. Ergebnisse, Aufgaben und Perspektiven der Forschung].* Moskva.
Gusakova, Viktorija O. 2006. *Slovar' russkogo religioznogo iskusstva. Terminologija i ikonografija [Wörterbuch der russischen religiösen Kunst. Terminologie und Ikonografie].* Sankt-Peterburg.
Guski, Andreas 1979. „Asketen und *Neue Menschen*. Der literarische Held im sovetischen Roman (1928–1934)". *Von der Revolution zum Schriftstellerkongreß. Entwicklungsstrukturen und Funktionsbestimmungen der russischen Literatur und Kultur zwischen 1917 und 1934.* Hg. v. Gernot Erler et al. Wiesbaden, 354–372.
– 1981. „N. Ostrovskijs *Kak zakaljalas' stal'* [Wie der Stahl gehärtet wurde] – biographisches Dokument oder sozialistisch-realistisches Romanepos?". *ZfSlPh* 42 (1981), 116–145.

Haag, Herbert 1985. *Der Gottesknecht bei Deuterojesaja.* Darmstadt.
Habermas, Jürgen 2001. „Glauben und Wissen". *Frankfurter Allgemeine Zeitung* 15.10.2001, 9.
Haderer, Gerhard 2002. *Das Leben des Jesus.* Wien.

<Hänsgen, Sabine; Witte, Georg> Wonders, Sascha; Hirt, Günter 1998. „Einführung". *Präprintium. Moskauer Bücher aus dem Samizdat.* Bremen, 8–40.

Hahn, Alois 1982. „Zur Soziologie der Beichte und anderer Formen institutionalisierter Bekenntnisse. Selbstthematisierung und Zivilisationsprozeß". *Kölner Zeitschrift für Soziologie und Sozialpsychologie* 34 (1982), 407–434.

Halbwachs, Maurice 2003. *La topographie légendaire des évangiles en terre sainte. Etude de mémoire collective.* Dt. zit. n.: *Stätten der Verkündigung im Heiligen Land. Eine Studie zum kollektiven Gedächtnis.* A.d. Frz. v. Stephan Egger. Konstanz.

Halkes, Catharina J.M. 1980. *Gott hat nicht nur starke Söhne. Grundzüge einer feministischen Theologie.* Gütersloh.

– 1994. *Aufbrechen und Weitergehen. Auf dem langen Weg der christlichen Frauenbefreiung.* Oberursel.

Haller, Benedikt 1992. „Repräsentation. II. R.[epräsentation] in Politik und Recht". *HWdPh* 8 (1992), 812–826.

Hallman, Joseph M. 1991. *The Descent of God: Divine Suffering in History and Theology.* Minneapolis (MN).

Hamann, Johann Georg 1949/57. *Sämtliche Werke.* 6 Bde. Wien (Ndr. Wuppertal 1999).

– 1963. *Entkleidung und Verklärung. Eine Auswahl aus Schriften und Briefen des „Magus im Norden".* Berlin.

– 1998. „Aesthetica. In nuce. Eine Rhapsodie in Kabbalistischer Prose". *Sokratische Denkwürdigkeiten. Aesthetica in nuce.* Stuttgart, 77–147.

Hammerich, Louis L. 1976. *Phil. 2,6 and P.A. Florenskij.* København.

Hannick, Christian 1983. „Rezeption der byzantinischen Literatur bei den Slaven". *Lexikon des Mittelalters* 2, 1204–1208.

– 1985a. „Hagiographie III. Orthodoxe Kirchen". *TRE* 14, 371–377.

– 1985b. „Heilige/Heiligenverehrung VI. Die orthodoxe Kirche". *TRE* 14, 660–664.

Hansen-Löve, Aage A. 1978. *Der russische Formalismus. Methodologische Rekonstruktion seiner Entwicklung aus dem Prinzip der Verfremdung.* Wien.

– 1987. „Thesen zur Typologie der russischen Moderne". *Europäische Avantgarde.* Hg. v. Peter V. Zima u. Johann Strutz. Frankfurt a.M. et al., 37–59.

– 1991. „Zur Typologie des Erhabenen in der russischen Moderne". *Poetica* 23 (1991), 166–216.

– 1993. „Apokalyptik und Adventismus im russischen Symbolismus der Jahrhundertwende". *Russische Literatur an der Wende vom 19. zum 20. Jahrhundert.* Hg. v. Rainer G. Grübel. Amsterdam – Atlanta, 231–325.

– 1994. „Konzepte des Nichts im Kunstdenken der russischen Dichter des Absurden (OBĖRIU)". *Poetica* 26 (1994), 308–373.

– 1996. „Allgemeine Häretik, russische Sekten und ihre Literarisierung in der Moderne". *Orthodoxien und Häresien in den slavischen Literaturen. Beiträge der gleichnamigen Tagung vom 6.–9. September 1994 in Fribourg.* Hg. v. Rolf Fieguth. Wien, 171–294.

– 1997. „Gogol'. Zur Poetik der Null- und Leerstelle". *WSA* 39 (1997), 183–303.

– 2002. „Gott ist nicht gestürzt! Mensch und/als Gott bei Kazimir Malevič". *WSA* 50 (2002), 153–216.

Hare, Richard 1962. *Maxim Gorky: Romantic Realist and Conservative Revolutionary*. Westport (CT).
von Harnack, Adolf 1905. *Militia Christi. Die christliche Religion und der Soldatenstand in den ersten drei Jahrhunderten*. Tübingen.
– ²1924. *Marcion. Das Evangelium vom fremden Gott. Eine Monographie zur Geschichte der Grundlegung der katholischen Kirche*. Leipzig.
– ⁵1931. *Lehrbuch der Dogmengeschichte*. Bd. 1. *Die Entstehung des kirchlichen Dogmas*. Tübingen.
Harreß, Birgit 1993. *Mensch und Welt in Dostoevskijs Werk. Ein Beitrag zur poetischen Anthropologie*. Köln et al.
Hart, Kevin 1989. *The Trespass of the Sign: Deconstruction, Theology and Philosophy*. Cambridge (MA) et al.
Harth, Dietrich 1992. „Revolution und Mythos. Sieben Thesen zur Genesis und Geltung zweier Grundbegriffe historischen Denkens". *Revolution und Mythos*. Hg. v. Dietrich Harth u. Jan Assmann. Frankfurt a.M., 9–35.
Hauptmann, Peter 1963. *Altrussischer Glaube. Der Kampf des Protopopen Avvakum gegen die Kirchenreformen des 17. Jahrhunderts. Mit einem Anhang: Das russische Altgläubigentum der Gegenwart*. Göttingen.
– 1971. *Die Katechismen der Russisch-orthodoxen Kirche. Entstehungsgeschichte und Lehrgehalt*. Göttingen.
Hauptmann, Peter; Stricker, Gerd (Hg.) 1988. *Die Orthodoxe Kirche in Rußland. Dokumente ihrer Geschichte (860–1980)*. Göttingen.
Hausammann, Susanne 2004. *Alte Kirche*. Bd. 4. *Das Christusbekenntnis in Ost und West. Zur Geschichte und Theologie im 4./5. Jahrhundert. Chalkedon – Trullanum II, Germanenmission, Bilderstreit*. Neukirchen-Vluyn.
Hausberger, Karl 1985. „Heilige/Heiligenverehrung. III. Anfänge der christlichen Heiligenverehrung – V. Die römisch-katholische Kirche". *TRE* 14 (1985), 646–660.
Haverkamp, Anselm 2004. „Christ's Case: The Stigma of Representation, Christian Masochism". *Stigmata. Poetiken der Körperinschrift*. Hg. v. Bettine Menke u. Barbara Vinken. Paderborn, 70–74.
Haverkamp, Anselm; Menke, Bettine 2000. „Allegorie". *ÄGB* 1, 49–104.
Hébert, Maurice LaBauve 1992. *Hesychasm, Word-Weaving, and Slavic Hagiography: The Literary School of Patriarch Euthymius*. München.
Hegel, Georg W.F. 1969. *Werke in 20 Bdn*. Frankfurt a.M.
Heiser, Lothar 1987. *Die Taufe in der orthodoxen Kirche. Geschichte, Spendung und Symbolik nach der Lehre der Väter*. Trier.
Heller, Leonid; Niqueux, Michel 2003. *Histoire de l'utopie en Russie*. Dt. zit. n.: *Geschichte der Utopie in Russland*. A.d. Frz. v. Anne Hartmann. Bietigheim-Bissingen.
Heller, Wolfgang 1988. *Die Moskauer „Eiferer für die Frömmigkeit" zwischen Staat und Kirche (1642–1652)*. Wiesbaden.
Helvétius, Claude-Adrien 1973. *De l'esprit*. Dt. zit.n.: *Vom Geist*. A.d. Frz. v. Theodor Lücke. Berlin – Weimar.
Henke, Silvia; Stingelin, Martin; Thüring, Hubert 1997. „Hysterie – das Theater der Epoche". In: Georges Didi-Huberman: *Erfindung der Hysterie. Die photographische Klinik von Jean-Martin Charcot*. München, 359–383.

Henry, Michel 2002. *Incarnation*. Dt. zit. n.: *Inkarnation. Eine Philosophie des Fleisches*. A.d. Frz. v. Rolf Kühn. Freiburg i.Br. – München.

Henry, Paul 1957. „Kénose". *Supplément au Dictionnaire de la Bible*. t. 5. Paris, 7–161.

von Herberstein, Sigmund 1984. *Rerum Moscoviticarum commentarii*. Dt. zit. n.: *Das alte Rußland*. A.d. Lat. v. Wolfram v. den Steinen. Zürich.

Herder, Johann Gottfried 1877/1913. *Sämmtliche Werke in 33 Bdn*. Berlin.

Hernegger, Rudolf 1968. *Macht ohne Auftrag. Die Entstehung der Staats- und Volkskirche*. Olten – Freiburg i.Br.

Hilarius von Poitiers 1934. *Zwölf Bücher über die Dreieinigkeit*. A.d. Lat. v. Anton Antweiler. München.

Hilberath, Bernd Jochen 1995. „Eucharistie II. Historisch-theologisch; III: Systematisch-theologisch". *LTK*^{3} 3, 946–951.

Hildermeier, Manfred 1990. „Alter Glaube und neue Welt. Zur Sozialgeschichte des Raskol im 18. und 19. Jahrhundert". *Jahrbücher für Geschichte Osteuropas* 38,3 (1990) 372–398; 38,4 (1990), 504–525.

Hingley, Ronald 1977. *The Russian Mind*. London et al.

Hinz, Paulus 1973/81. *Deus homo. Das Christusbild von seinen Ursprüngen bis zur Gegenwart*. 2 Bde. Berlin.

Hirsch, Emanuel [4]1964. *Hilfsbuch zum Studium der Dogmatik. Die Dogmatik der Reformatoren und der altevangelischen Lehrer quellenmäßig belegt und verdeutscht*. Berlin.

Hobsbawm, Eric J. 1983. „Introduction: Inventing Traditions". *The Invention of Tradition*. Hg. v. Eric Hobsbawm u. Terence Ranger. Cambridge et al., 1–14.

– 1959. *Primitive Rebels: Studies in Archaic Forms of Social Movement in the 19th and 20th Centuries*. Manchester.

Hochstaffl, Josef 1976. *Negative Theologie. Ein Versuch zur Vermittlung des patristischen Begriffs*. München.

Hocke, Gustav René 1959. *Manierismus in der Literatur. Sprach-Alchemie und Esoterische Kombinationskunst*. Hamburg.

Hörisch, Jochen 1992. *Brot und Wein. Die Poesie des Abendmahls*. Frankfurt a.M.

– 1994. „Die Medien der Natur und die Natur der Medien". *Zum Naturbegriff der Gegenwart. Kongreßdokumentation zum Projekt „Natur im Kopf". Stuttgart, 21.–26. Juni 1993*. Bd. 2. Stuttgart-Cannstatt, 121–137.

Hoff, Johannes 1999. *Spiritualität und Sprachverlust. Theologie nach Foucault und Derrida*. Paderborn et al.

Hoffmann, Alexander 2008. *Kenosis im Werk Hans Urs von Balthasars und in der japanischen Kyoto-Schule. Ein Beitrag zum Dialog der Religionen*. Bonn.

Hoffmann, Stefan 2002. *Geschichte des Medienbegriffs*. Hamburg.

Hofmann, Hasso [2]1990. *Repräsentation. Studien zur Wort- und Begriffsgeschichte von der Antike bis ins 19. Jahrhundert*. Berlin.

Holl, Adolf 1993. *Die Welt zum Narren halten. Demut als Lebensprogramm*. München.

Holm, Kerstin 2003a. *Das korrupte Imperium. Ein russisches Panorama*. München.

– 2003b. „Die Anbetung des Dummen Iwan. Bühne frei fürs heilige Chromosom. Rußland macht aus Behinderten gerne höhere Wesen". *Frankfurter Allgemeine Zeitung* 20.08.2003, 35.

Holquist, Michael 1977. *Dostoevsky and the Novel*. Princeton (NJ).
Hoping, Helmut 2004. *Einführung in die Christologie*. Darmstadt.
Horbatsch, Olexa (Hg.) ³1989. *Nomokanon Mytropolyta Petra Mohyly. Kyïv 1629 [Der Nomokanon des Metropoliten Petr Mohyla. Kyïv 1629]*. Roma.
Horkheimer, Max; Adorno, Theodor W. 1969. *Dialektik der Aufklärung. Philosophische Fragmente*. Frankfurt a.M.
Hornig, Gottfried 1984. „Lehre und Bekenntnis im Protestantismus". *Handbuch der Dogmen- und Theologiegeschichte*. Bd. 3. *Die Lehrentwicklung im Rahmen der Ökumenizität*. Hg. v. Carl Andresen. Göttingen, 71–287.
Hotze, Gerhard 1997. *Paradoxien bei Paulus. Untersuchungen zu einer elementaren Denkform in seiner Theologie*. Münster.
Hubbs, Joanna 1988. *Mother Russia: The Feminine Myth in Russian Culture*. Bloomington – Indianapolis.
Huizing, Klaas 2000/04. *Ästhetische Theologie*. 3 Bde. Stuttgart – Zürich.
Hull, David L. 1988. „Interactors versus Vehicles". *The Role of Behaviour in Evolution*. Hg. v. Henry C. Plotkin. Cambridge (MA) – London, 19–50.

Ignatij (Brjančaninov) 2002. *Asketičeskaja propoved' [Asketische Predigt]*. Minsk.
Ignatius von Loyola 1548. *Exercitia spiritualia*. Roma.
– 1966. *Exercitia spiritualia*. Dt. zit. n.: *Geistliche Übungen*. A.d. Lat. v. Adolf Haas. Freiburg et al.
– 1998. *Deutsche Werkausgabe*. Bd. 2. *Gründungstexte der Gesellschaft Jesus*. A.d. Span. v. Peter Knauer. Würzburg.
Ignatova, Elena 1993. „Vospominanija. Venedikt" [Erinnerungen. Venedikt]. *Dvadcat' dva* 86 (1993), 96–119.
Imendörffer, Helene 1979. „Die Rezeption Maxim Gor'kijs in der Formulierungsphase des sozialistischen Realismus (1928–1934)". *Von der Revolution zum Schriftstellerkongreß. Entwicklungsstrukturen und Funktionsbestimmungen der russischen Literatur und Kultur zwischen 1917 und 1934*. Hg. v. Gernot Erler et al. Wiesbaden, 391–420.
Ingarden, Roman 1968. *Vom Erkennen des literarischen Kunstwerks*. Tübingen.
Ingham, Norman W. 1973. „The Sovereign as Martyr, East and West". *SEEJ* 17,1 (1973), 1–17.
– 1983. „Genre Characteristics of the Kievan Lives of Princes: In Slavic and European Perspective". *American Contributions to the Ninth International Congress of Slavists. Kiev, September 1983*. vol. 2. *Literature, Poetics, History*. Hg. v. Paul Debreczeny. Columbus (OH), 223–237.
Innemée, Karel; Melling, David J. 2001. „Religious Dress". *The Blackwell Dictionary of Eastern Christianity*. Hg. v. Kenneth R. Parry et al. Oxford, 400–404.
Ioann (Kologrivov) 1961. *Očerki po istorii russkoj svjatosti [Skizzen zu einer Geschichte der russischen Heiligkeit]*. Bruxelles.
Ioann (Kronštadtskij) 2007. *O kreste Christovom [Über das Kreuz Christi]*. Moskva.
Iosif (Volockij) ⁴1903. *Prosvetitel' ili obličenie eresi židovstvujuščich [Der Aufklärer oder Entlarvung der Häresie der Judaisierenden]*. Kazan' (Ndr. Westmead et al. 1972).
– 1983. *Duchovnaja gramota prepodobnogo igumena Iosifa o monastyrskom i inočeskom ustroenii [Geistliche Regel des ehrwürdigen Abts Iosif über das klöster-*

liche und mönchische Leben]. Engl. zit. n.: *The Monastic Rule of Iosif Volotsky*. Kalamazoo (MI).
Irenäus von Lyon 1993/2001. *Epideixis. Adversus haereses [Darlegung. Gegen die Häretiker]*. A.d. Grch. v. Norbert Brox. 5 Bde. Freiburg i Br. et al.
Iser, Wolfgang ³1990. *Der Akt des Lesens. Theorie ästhetischer Wirkung*. München.
Israël, Lucien 1983. *L'hystérique, le sexe et le médecin*. Dt. zit. n.: *Die unerhörte Botschaft der Hysterie*. A.d. Frz. v. Peter Müller. München – Basel.
Istorija 1957/69. *Istorija russkogo iskusstva [Geschichte der russischen Kunst]*. 10 tt. Moskva.
von Ivánka, Endre 1984. „Das Dogma der orthodoxen Kirche im Spiegel der wichtigsten Glaubensurkunden". *Handbuch der Ostkirchenkunde*. Hg. v. Wilhelm Nyssen, Hans-Joachim Schulz u. Paul Wiertz. Bd. 1. Düsseldorf, 289–320.
Ivanov, Vjačeslav Iv. 1989. „Ėllinskaja religija stradajuščego boga" [Die hellenische Religion des leidenden Gottes]. In: <Aischylos> Ėschil: *Tragedii*. Moskva, 307–350.
Ivanov, Vjačeslav Vs. 2000. „Intelligencija kak provodnik v noosferu" [Die Intelligenzija als Führer in die Noosphäre]. *Russkaja intelligencija. Istorija i sud'ba*. Hg. v. T.B. Knjazevskaja. Moskva, 44–63.
Ivanov-Razumnik, R.V. 1997. *Istorija russkoj obščestvennoj mysli v 3-ch tt. [Geschichte der russischen Sozialphilosophie in 3 Bdn.]*. Moskva.
Izgoev, Aleksandr S. 1990. „Socializm, kul'tura i bol'ševizm" [Sozialismus, Kultur und Bolschewismus]. *Iz glubiny. Sbornik statej o russkoj revoljucii*. Moskva, 151–173.

Jackson, Robert L. 1988. „Gor'kijs Polemic against the Staging of *The Devils* and the Aftermath in 1917". *RL* 24 (1988), 503–516.
Jäger, Michael 2001. „Kapitalismus und Christentum. Religionskritik heute. Über die Notwendigkeit einer Auseinandersetzung mit der Kirche". *Widerspruch* 40 (2001), 143–158.
Jaeschke, Walter 1999. „Christologie IV 1". *RGG*⁴ 2, 319–320.
Jakobson, Roman 1975. „Gimn v *slove* Ilariona *O zakone i blagodati*". *Russia and Orthodoxy*. vol. 2. *The Religious World of Russian Culture: Essays in Honor of Georges Florovsky*. Hg. v. Andrew Blane. Den Haag – Paris, 9–21.
– 1983. „Der Doppelcharakter der Sprache und die Polarität zwischen Metaphorik und Metonymik". *Theorie der Metapher*. Hg. v. Anselm Haverkamp. Darmstadt, 163–174.
Jameson, Fredric 1991. *Postmodernism, or the Cultural Logic of Late Capitalism*. London – New York.
Jampol'skij, Michail 2003. „Der feuerfeste Körper. Skizze einer politischen Theologie". *Musen der Macht. Medien in der sowjetischen Kultur der 20er und 30er Jahre*. Hg. v. Jurij Murašov u. Georg Witte. München, 285–308.
Janowski, Bernd; Welker, Michael (Hg.) 2000. *Opfer. Theologische und kulturelle Kontexte*. Frankfurt a.M.
Jastrebow, M. 1963. „Die Idee des Gottmenschen in der Weltanschauung Wladimir Solowjews". *Stimme der Orthodoxie* April (1963), 51–54.

Jauß, Hans Robert 1976. „Über den Grund des Vergnügens am komischen Helden". *Das Komische.* Hg. v. Wolfgang Preisendanz u. Rainer Warning. München, 103–132.
– 1991. „Über religiöse und ästhetische Erfahrung. Zur Debatte um Hans Beltings *Bild und Kultur* und George Steiners *Von realer Gegenwart.*" *Merkur* 45 (1991), 934-946.
Jelínek, Emil 1978. „Un membre de l'Unité des Frères reçu par le Tsar" [Ein Mitglied der Brüdergemeine beim Zaren]. *Communio viatorum* 21 (1978), 63–73.
Jenny, Laurent 1976. „La stratégie de la forme" [Die Strategie der Form]. *Poétique* 27 (1976), 257–281.
Jessl, Randolf 1999. „Der russische Strannik [Pilger]. Wissenssoziologische und semiotische Komponenten bei der Konstruktion einer religiös relevanten Sozialfigur." *ZfR* 7 (1999), 35–47.
<Johannes Klimakos> Ioann Lestvičnik 2002. *Lestvica vozvodjaščaja v nebo prepodobnogo otca našego Ioanna Igumena sinajskoj gory [Die Himmelsleiter unseres ehrwürdigen Vaters Johann, Abt vom Sinai].* Moskva.
Johannes von Damaskus 1923. *Genaue Darlegung des orthodoxen Glaubens.* A.d. Grch. v. Dionys Stiefenhofer. Kempten.
– 1975. *Die Schriften.* Bd. III. *Contra imaginum calumniatores orationes tres.* Hg. v. Bonifatius Kotter OSB. Berlin – New York.
– ²1996. *Drei Verteidigungsschriften gegen diejenigen, welche die heiligen Bilder verwerfen.* A.d. Grch. v. Wolfgang Hradsky. Leipzig.
Johannes (von Shanghai und San Francisco) 1998. „Die Sünde des Zarenmordes". *Bote der Deutschen Diözese der Russischen Orthodoxen Kirche im Ausland* 5 (1998), 1f.
Jungmann, Josef A. SJ 1925. *Die Stellung Christi im liturgischen Gebet.* Münster (Ndr. 1962).
Juvenalij (Pojarkov), Metropolit von Kruticy und Kolomna 2000. „Doklad Mitropolita Krutickogo i Kolomenskogo Juvenalija, predsedatelja Sinodal'noj Komissii po kanonizacii svjatych, na Archierejskom Jubilejnom Sobore" [Bericht des Vorsitzenden der Kommission für Heiligsprechung, Metropolit Juvenalij von Kruticy und Kolomna, auf der Jubiläums-Bischofsversammlung]. http://www.russian-orthodox-church.org.ru/s2000r05.htm; Zugriff 16.08.2000.

Kähler, Ernst 1958. *Te Deum laudamus. Studien zum Te Deum und zur Geschichte des 24. Psalms in der Alten Kirche.* Berlin.
Käsemann, Ernst 1950. „Kritische Analyse von Phil. 2,5–11". *Zeitschrift für Theologie und Kirche* 47 (1950), 313–360.
Kaleps, Boriss A. 1963. *Gor'kijs Glaube und seine verschiedenen Konflikte mit der Umwelt.* Diss. Heidelberg.
Kalinskij, Ivan P. 1990. *Cerkovno-narodnyj mesjaceslov na Rusi [Das volkskirchliche Menologion in der Rus'].* Moskva.
Kallis, Anastasios (Hg.) 1989. *Liturgie. Die Göttliche Liturgie der Orthodoxen Kirche. Deutsch – Griechisch – Kirchenslawisch.* Mainz.
– ²1996. „Die Gottesgebärerin in der orthodoxen Theologie und Frömmigkeit". *Handbuch der Marienkunde.* Bd. 1. *Theologische Grundlegung, geistliches Leben.* Hg. v. Wolfgang Beinert u. Heinrich Petri. Regensburg, 364–381.

Kamlah, Erhard 1963. "Wie beurteilt Paulus sein Leiden? Ein Beitrag zur Untersuchung seiner Denkstruktur". *ZNW* 54 (1963), 217–232.
Kanonik 2003. *Kanonik [Kanonikon].* Moskva.
Kanonizacija 1999. *Kanonizacija svjatych v XX veke.* Moskva.
Kanony 2000. *Kanony, ili Kniga pravil, svjatych apostolov, svjatych soborov, vselenskich i pomestnych, i svjatych otcov. Na russkom jazyke [Kanones, oder das Buch der Regeln, der heiligen Apostel, heiligen ökumenischen und lokalen Konzilien und heiligen Väter. In russischer Sprache].* Sankt-Peterburg.
Kantor, Vladimir K. 2001. "Nikolaj Černyševskij. ‚Srublennoe drevo žizni'" [Nikolaj Černyševskij. ‚Der gefällte Lebensbaum']. *Russkij evropeec kak javlenie kul'tury. Filosofsko-istoričeskij analiz.* Moskva, 272–320.
Kantorowicz, Ernst H. 1990. *The King's Two Bodies: A Study in Medieval Political Theology.* Dt. zit. n.: *Die zwei Körper des Königs. Eine Studie zur politischen Theologie des Mittelalters.* A.d. Engl. v. Walter Theimer. München.
Kaplan, Jurij G.; Kudrjavceva, Ekaterina L. (Hg.) 2005. *Biblejskie motivy v russkoj lirike XX veka [Bibelmotive in der russischen Lyrik des 20. Jahrhunderts].* Kyïv.
Karmiris, Johannes; von Ivánka, Endre 1971. "Repetitorium". *Handbuch der Ostkirchenkunde.* Hg. v. Endre von Ivánka, Julius Tyciak u. Paul Wiertz. Düsseldorf, 688–722.
Karrer, Martin 1999. "Christologie I". *RGG⁴* 2, 273–288.
<Kartašev, Anton V.> Kartaschov, Anton 1937. "Die Kirche und der Staat". *Kirche, Staat und Mensch. Russisch-orthodoxe Studien.* Genève, 78–102.
– 1997. *Očerki po istorii russkoj cerkvi [Skizzen zur Geschichte der russischen Kirche].* 2 tt. Moskva.
Kasack, Wolfgang 2000. *Christus in der russischen Literatur. Ein Gang durch ihre Geschichte von den Anfängen bis zum Ende des 20. Jahrhunderts.* Stuttgart.
– 2001. "Das Motiv der Kreuzigung in Sascha Sokolows *Die Schule der Dummen*". *Literarische Avantgarde. Festschrift für Rudolf Neuhäuser.* Hg. v. Horst-Jürgen Gerigk. Heidelberg, 81–96.
Kasper, Karlheinz 1995. "Oberiutische und postmoderne Schreibverfahren. Zu den Relationen von Prätext und Text bei Vaginov und Sorokin". *ZfSl* 40, 1 (1995), 23–30.
– 1999. "Das Glöckchen und die Axt in Sorokins *Roman*". *Poetik der Metadiskursivität. Zum postmodernen Prosa-, Film- und Dramenwerk von Vladimir Sorokin.* Hg. v. Dagmar Burkhart. München, 103–114.
Kasper, Walter ⁹1984. *Jesus der Christus.* Mainz.
Kasperski, Edward; Pawłowska-Jądrzyk, Brygida (Hg.) 1998. *Postać literacka. Teoria i historia [Die literarische Gestalt. Theorie und Geschichte].* Warszawa.
Kastorskij, Sergej V. 1954. *Povest' M. Gor'kogo* Mat'. *Ee obščestvenno-političeskoe i literaturnoe značenie [M. Gor'kijs Roman* Die Mutter *und seine politische und literarische Bedeutung].* Leningrad.
ten Kate, Laurens 2002. "Econokenosis. The Meanings of Kenosis in ‚Post-Modern' Thought: On Derrida, with References to Vattimo and Barth". *Letting Go: Rethinking Kenosis.* Hg. v. Onno Zijlstra. Bern et al., 285–310.
Katz, Michael R. 1982. "The Conclusion of *What is to be Done?*". *The Russian Review* 41 (1982), 181–196.

Katzer, Nikolaus 1990. *Maksim Gor'kijs Weg in die russische Sozialdemokratie.* Wiesbaden.
Kavadeev, Andrej 1991. „Sokrovennyj Venedikt. Rasskaz-polet v trech ėmpirejach" [Der verborgene Venedikt. Eine Erzählung als Flug in drei Empirien]. *Solo* 8 (1991), 85–88.
Kavelin, Ivan 1990. „Imja nesvobody" [Der Name der Unfreiheit]. *Vestnik novoj literatury* 1 (1990), 176–197.
<Kedveš> Kedves, Georg 1967. *Orthodoxie und Gegenwart. Die Konzeption der orthodoxen Kultur bei A.M. Bucharev (Archimandrit Feodor).* Diss. Tübingen.
de Keghel, Isabelle 2003. *Die Staatssymbolik des neuen Russland im Wandel. Vom antisowjetischen Impetus zur russländisch-sowjetischen Mischidentität.* Bremen.
Keil, Günther 1995. „Das anthropologische und das christologische Paradox". *The Theological Paradox: Interdisciplinary Reflexions on the Centre of Paul Tillich's Thought/Das theologische Paradox. Interdisziplinäre Reflexionen zur Mitte von Paul Tillichs Denken.* Hg. v. Gert Hummel. Berlin – New York, 152–161.
Kellein, Thomas; <Petrova, Evgenija> Petrowa, Ewgenija (Hg.) 2000. *Kasimir Malewitsch. 1878–1935. Das Spätwerk aus dem Staatlichen Russischen Museum St. Petersburg.* Bielefeld.
Kelly, Catriona 2001. *Refining Russia: Advice Literature, Polite Culture, and Gender from Catherine to Yeltsin.* Oxford.
Kelly, Catriona, et al. 1998. „Introduction: Why Cultural Studies?". *Russian Cultural Studies: An Introduction.* Hg. v. Catriona Kelly u. David Shepherd. Oxford et al., 1–17.
Kelly, Catriona; Shepherd, David 1998. „Introduction: Literature, History, Culture". *Constructing Russian Culture in the Age of Revolution: 1881–1940.* Hg. v. Catriona Kelly u. David Shepherd. Oxford et al., 1–9.
Kennedy, George A. [2]1999. *Classical Rhetoric: Its Christian and Secular Tradition from Ancient to Modern Times.* Chapel Hill (NC) – London.
Kenžeev, Bachyt 1995. „Antisovetčik Vladimir Sorokin" [Der Sowjetgegner Vladimir Sorokin]. *Znamja* 4 (1995), 202–205.
Kessler, Herbert L. 2000. „Il mandylion" [Das Mandylion]. *Il volto di Cristo. Roma, Palazzo delle Esposizioni, 9 dicembre 2000 – 16 aprile 2001.* Hg. v. Giovanni Morello u. Gerhard Wolf. Milano, 67–76.
Kieckhefer, Richard 1990. „Imitators of Christ: Sainthood in the Christian Tradition". *Sainthood: Its Manifestations in World Religions.* Hg. v. Richard Kieckhefer u. George D. Bond. Berkeley (CA) et al., 1–42.
Kierkegaard, Søren 1952. *Philosophische Brocken. De omnibus dubitandum est.* Düsseldorf – Köln.
– 1957. *Abschließende unwissenschaftliche Nachschrift zu den Philosophischen Brocken. 1. Teil.* Düsseldorf – Köln.
– 1968/78. *Papirer.* 16 Bde. København.
– 1979. „Entgegnungen auf Eiríkssons Kritik". *Materialien zur Philosophie Søren Kierkegaards.* Hg. v. Michael Theunissen u. Wilfried Greve. Frankfurt a.M., 161–174.
Kinnard, Roy; Davis, Tim 1992. *Divine Images: A History of Jesus on the Screen.* New York (NY).

Kirchhoff, Kilian OFM (Hg.) 1940. *In Paradisum. Totenhymnen der byzantinischen Kirche.* Münster.

Kireevskij, Ivan V. 1861. *Polnoe sobranie sočinenij [Sämtliche Werke].* 2 tt. Moskva (Ndr. Ann Arbor 1983).

Kirill (Pavlov) 1999. *Propovedi [Predigten].* Moskva.

<Kirill (Turovskij)> Kirill von Turov 1858. *Gebete.* Kazan' (Ndr. München 1965).

Kirillov, Andrej 2000. „Pavka živ" [Pavka lebt!]. *Duėl'* 17 (160), 25.04.2000; http://www.duel.ru/200017/?17_7_12. Zugriff 18.05.2009.

Kissel, Wolfgang S. 2004a. *Der Kult des toten Dichters und die russische Moderne. Puškin – Blok – Majakovskij.* Köln.

– 2004b. „Selbstbehauptung im Exil. Epiphanien in Vladimir Nabokovs Autobiographie *Erinnerung, sprich*". *„Für viele stehen, indem man für sich steht". Formen literarischer Selbstbehauptung in der Moderne.* Hg. v. Eckart Goebel u. Eberhard Lämmert. Berlin, 214–241.

– 2004c. „Habitusmodell und Kunstmanifest. Zur russischen Übersetzung von Jules Amédée Barbey d'Aurevillys. *Du dandysme et de George Brummell*". *Russische Moderne Interkulturell. Von der Blauen Blume zum Schwarzen Quadrat.* Hg. v. Barbara Aufschnaiter u. Dunja Brötz. Innsbruck et al., 30–52.

Kissel, Wolfgang S.; Uffelmann, Dirk 1999. „Vorwort: Kultur als Übersetzung. Historische Skizze der russischen Interkulturalität (mit Blick auf *Slavia orthodoxa* und *Slavia latina*)". *Kultur als Übersetzung. Klaus Städtke zum 65. Geburtstag.* Hg. v. Wolfgang Stephan Kissel, Franziska Thun u. Dirk Uffelmann, Würzburg, 13–40.

<Kjetsaa, Geir> Ch'etso, Gejr 1995. „Maksim Gor'kij segodnja" [Maksim Gor'kij heute]. *Novyj vzgljad na M. Gor'kogo.* Hg. v. Vladimir S. Barachov. Moskva, 16–24.

– 1996. *Maxim Gorkij – en dikterskjebne.* Dt. zit. n.: *Maxim Gorki. Eine Biographie.* A.d. Norweg. v. Ingrid Sack. Hildesheim.

Kjuchel'beker, Vil'gel'm K. 1987. „Stichotvorenija" [Gedichte]. In: Del'vig, Anton A.; Kjuchel'beker, Vil'gel'm K. 1987. *Izbrannoe.* Moskva, 291–364.

Klein, Joachim; Živov, Viktor M. 1987. „Zur Problematik und Spezifik des russischen Klassizismus. Die Oden des Vasilij Majkov". *ZfSlPh* 47,2 (1987), 234–288.

Kleineidam, Erich 1950. „Die Nachfolge Christi nach Bernhard von Clairvaux". *Amt und Sendung. Beiträge zu seelsorglichen und religiösen Fragen.* Hg. v. Erich Kleineidam, Otto Kuss u. Erich Puzik. Freiburg i. Br., 432–460.

Klemm, David 2002. „Nacktheit im Kirchenraum". *Nackt. Die Ästhetik der Blöße.* Hg. v. Wilhelm Hornbostel u. Nils Jockel. München et al., 25–34.

Klimenko, Michael 1969. *Ausbreitung des Christentums in Rußland seit Vladimir dem Heiligen bis zum 17. Jahrhundert. Versuch einer Übersicht nach russischen Quellen.* Berlin – Hamburg.

Ključevskij, Vasilij O. 1871. *Drevnerusskija žitija svjatych kak istoričeskij istočnik [Altrussische Heiligenleben als historische Quelle].* Moskva (Ndr. Den Haag – Paris 1968).

Kluge, Rolf-Dieter 1973. *Vom kritischen zum sozialistischen Realismus. Studien zur literarischen Tradition in Rußland 1880–1925.* München.

– 1979. „Gor'kij: Die Mutter". *Der russische Roman.* Hg. v. Bodo Zelinsky. Düsseldorf, 242–264.

- 2002. Rez.: „Wolfgang Kasack: Christus in der russischen Literatur, München 1999". *Osteuropa* 2 (2002), 242f.
Knechten, Heinrich Michael 2003. *Freude bringende Trauer. Väter-Rezeption bei Ignatij Brjančaninov.* Waltrop.
Knigge, Armin 1994. *Maksim Gor'kij. Das literarische Werk.* München.
Knoch, Otto 1984. „Maria in der Heiligen Schrift". *Handbuch der Marienkunde.* Hg. v. Wolfgang Beinert u. Heinrich Petri. Regensburg, 15–92.
Köpf, Ulrich 1980. *Religiöse Erfahrung in der Theologie Bernhards von Clairvaux.* Tübingen.
Koepp, Wilhelm 1955. „Die antithetische Paradoxtheologie des späten A.H. Cremer". *Zeitschrift für systematische Theologie* 24 (1955), 291–341.
Kogan, Petr S. 1928. *Gor'kij.* Moskva – Leningrad.
Kohlenberger, Helmut K. 1974. „Geist. III. Der jüdische und christliche G.[eist]-Begriff – V. Der lateinische G.[eist]-Begriff von der Hochscholastik bis zur Schulphilosophie des 18. Jh.". *HWdPh* 3, 162–180.
Komaromi, Ann 2002. „Shock Therapy for the Russian Language: The Use of Profanity in Post-Stalin Russian Literature". *WSA* 50 (2002), 313–329.
Kornblatt, Judith D. 1992. *The Cossack Hero in Russian Literature: A Study in Cultural Mythology.* Madison (WI).
Koschmal, Walter 1996a. „Ende der Verantwortungsästhetik?". *Enttabuisierung. Essays zur russischen und polnischen Gegenwartsliteratur.* Hg. v. Jochen-Ulrich Peters u. German Ritz. Bern et al., 19–43.
- 1996b. „Zur häretischen Ästhetik in der russischen Gegenwartsliteratur". *Orthodoxien und Häresien in den slavischen Literaturen. Beiträge der gleichnamigen Tagung vom 6.–9. September 1994 in Fribourg.* Hg. v. Rolf Fieguth. Wien, 381–399.
Koschorke, Albrecht ⁵2001. *Die Heilige Familie und ihre Folgen. Ein Versuch.* Frankfurt a.M.
Koselleck, Reinhart 1972. „Einleitung". *Geschichtliche Grundbegriffe.* Hg. v. Otto Brunner. Bd. 1. Stuttgart, XIII–XXVII.
Koslowski, Peter; Hermanni, Friedrich (Hg.) 2001. *Der leidende Gott. Eine philosophische und theologische Kritik.* München.
<Kotel'nikov, Vladimir A.> Kotelnikow, Wladimir A. 1999. „Askese als treibende Kraft in der Entwicklung der russischen Kultur". *Religionspolitik zwischen Cäsaropapismus und Atheismus. Staat und Kirche in Rußland von 1825 bis zum Ende der Sowjetunion.* Hg. v. Peter Koslowski u. Wladimir F. Fjodorow. München, 131–148.
Kotkov, Sergej I. (Hg.) 1965. *Izbornik 1076 goda [Sammelband aus dem Jahr 1076].* Moskva.
- 1971. *Uspenskij sbornik XII–XIII vv. [Sammelband der Mariä-Entschlafens-Kathedrale. 12.–13. Jahrhundert].* Moskva.
Kotljar, Pavel 2009. „Putin poučil Glazunova risovat'" [Putin belehrt Glazunov, wie er malen soll]. http://www.infox.ru/afisha/show/2009/06/10/Putin_pouchil_Glazun. html. Zugriff 21.08.2009.
Kraft, Heinrich 1991. *Einführung in die Patrologie.* Darmstadt.
- 1992. „Die Paradoxie in der Bibel und bei den Griechen als Voraussetzung für die Entfaltung der Glaubenslehren". *Das Paradox. Eine Herausforderung des abend-*

ländischen Denkens. Hg. v. Paul Geyer u. Roland Hagenbüchle. Tübingen, 247–272.

Kreimeier, Klaus 1987. „Kommentierte Filmografie". *Andrej Tarkowskij.* München – Wien, 81–180.

Kreiner, Armin ²1998. *Gott im Leid. Zur Stichhaltigkeit der Theodizee-Argumente.* Freiburg i. Br. et al.

Kremendahl, Dieter 2000. *Die Botschaft der Form. Zum Verhältnis von antiker Epistolographie und Rhetorik im Galaterbrief.* Göttingen.

Krieger, Verena 1998. *Von der Ikone zur Utopie. Kunstkonzepte der Russischen Avantgarde.* Köln et al.

Krischel, Roland; Morello, Giovanni; Nagel, Tobias (Hg.) 2005. *Ansichten Christi. Christusbilder von der Antike bis zum 20. Jahrhundert.* Köln.

Kristeva, Julia 1970. *Le texte du roman. Approche sémiologique d'une structure discursive transformationelle [Der Romantext. Eine semiologische Annäherung an eine diskursive Transformationsstruktur].* Den Haag et al.

– 1972. „Pour uns sémiologie de paragrammes". Dt. zit. n.: „Zu einer Semiologie der Paragramme" A.d. Frz. v. Michel Korinman u. Heiner Stück. *Strukturalismus als interpretatives Verfahren.* Hg. v. Helga Gallas. Darmstadt – Neuwied, 163–200.

– 1978. *La révolution du langage poétique.* Dt. zit. n.: *Die Revolution der poetischen Sprache.* A.d. Frz. v. Reinold Werner. Frankfurt a.M.

<Krivulin, Viktor B.> Kriwulin, Viktor 2000. „Die Heiligsprechung von Zar Nikolaus II.". *Frankfurter Allgemeine Zeitung* 07.09.2000, 53.

Kubikov, Ivan N. ³1926. *Rabočij klass v russkoj literature [Die Arbeiterklasse in der russischen Literatur].* Ivanovo-Voznesensk.

Kučumov, V.A. 2002. „Russkoe starčestvo" [Das russische Starcentum]. *Monašestvo i monastyri v Rossii. XI–XX veka. Istoričeskie očerki.* Hg. v. Nina V. Sinicyna. Moskva, 223–244.

Künkel, Christoph 1991. *Totus Christus [Der ganze Christus]. Die Theologie Georges V. Florovskys.* Göttingen.

Küpper, Stephan 2000. *Autorstrategien im Moskauer Konzeptualismus. Il'ja Kabakov, Lev Rubinštejn, Dmitrij A. Prigov.* Frankfurt a.M. et al.

– 2002. „Zwischen Ju und Ja. Poet und Persönlichkeit bei Venedikt Erofeev und Dmitrij Aleksandrovič Prigov". *Individualitätskonzepte in der russischen Kultur.* Hg. v. Christa Ebert. Berlin, 229–239.

Küppers, Leonhard 1949. *Göttliche Ikone. Vom Kultbild der Ostkirche.* Düsseldorf.

Kuhn, Heinz-Wolfgang 1990. „Kreuz II. Neues Testament und frühe Kirche (bis vor Justin)". *TRE* 19, 713–725.

Kuhn, Peter 1968. *Gottes Selbsterniedrigung in der Theologie der Rabbinen.* München.

Kuricyn, Vjačeslav N. 1992. „My poedem s toboju na ‚a' i na ‚ju'" [Wir fahren mit dir von A nach Z]. *NLO* 1 (1992), 296–304.

– 1999. „Telo teksta. Ob odnoj sintagme, pripisyvaemoj V.G. Sorokinu" [Der Textkörper. Zu einem V.G. Sorokin zugeschriebenem Syntagma]. *Poetik der Metadiskursivität. Zum postmodernen Prosa-, Film- und Dramenwerk von Vladimir Sorokin.* Hg. v. Dagmar Burkhart. München, 61–64.

Kuschel, Karl-Josef 1997. *Im Spiegel der Dichter. Mensch, Gott und Jesus in der Literatur des 20. Jahrhunderts*. Düsseldorf.
– 1999. *Jesus im Spiegel der Weltliteratur. Eine Jahrhundertbilanz in Texten und Einführungen*. Düsseldorf.
Kuße, Holger 1994. „Einleitung". Archiepiskop Amvrozij (Ključarev, Aleksej I.): *Živoe slovo [Lebendiges Wort]*. Char'kov ²1903. (Ndr. München 1994), I–XLIV.
– 1998. *Konjunktionale Koordination in Predigten und politischen Reden. Dargestellt an Belegen aus dem Russischen*. München.
– 2000. „Paradoksy opravdanija v religioznom diskurse" [Rechtfertigungsparadoxe im religiösen Diskurs]. *Jazyki ėtiki*. Hg. v. Nina D. Arutjunova et al. Moskva, 271–280.
– 2001. „Lingustik und Argumentationstheorie". *Linguistica Pragensia* 11/2 (2001), 57–84.
– 2007. „Sprachliche Markierungen des Religiösen". *Religion und Rhetorik*. Hg. v. Holt Meyer u. Dirk Uffelmann. Stuttgart, 65–82.
Kustanovich, Konstantin . 1997. „Venichka Erofeev's Grief and Solitude: Existential Motifs in the Poema". *Venedikt Erofeev's Moskva-Petuški: A Critical Perspective*. Hg. v. Karen Ryan-Hayes. New York, 123–152.

Lacan, Jacques 1975. *Schriften*. A.d. Frz. v. Norbert Haas et al. Bd. 2. Olten.
Lachmann, Renate 1990. *Gedächtnis und Literatur. Intertextualität in der russischen Moderne*. Frankfurt a.M.
– 1994. *Die Zerstörung der schönen Rede. Rhetorische Tradition und Konzepte des Poetischen*. München.
– 2002. *Erzählte Phantastik. Zu Phantasiegeschichte und Semantik phantastischer Texte*. Frankfurt a.M.
– 2004. „Der Narr in Christo und seine Verstellungspraxis". *Unverwechselbarkeit. Persönliche Identität und Identifikation in der vormodernen Gesellschaft*. Hg. v. Peter von Moos. Köln et al., 379–410.
Laird, Sally; Sorokin, Vladimir 1999. „Vladimir Sorokin (b. 1955)". *Voices of Russian Literature: Interviews with Ten Contemporary Writers*. Hg. v. Sally Laird. Oxford, 143–162.
Lambeck, Barbara 1980. *Dostoevskijs Auseinandersetzung mit dem Gedankengut Černyševskijs in Aufzeichnungen aus dem Untergrund*. Diss. Tübingen.
Lampe, Geoffrey W. H. 1961. *A Patristic Greek Lexicon*. Oxford.
Lanczkowski, Günter ³1992. *Einführung in die Religionsphänomenologie*. Darmstadt.
Lang, U.M. 2000. „The Christological Controversy at the Synod of Antioch in 268/9". *Journal of Theological Studies* NS 51, 1 (2000), 54–80.
Lanin, Boris 1999. „Tradicii rannego Majakovskogo v tvorčestve Vladimira Sorokina" [Die Tradition des frühen Majakovskij im Werk Vladimir Sorokins]. *Poetik der Metadiskursivität. Zum postmodernen Prosa-, Film- und Dramenwerk von Vladimir Sorokin*. Hg. v. Dagmar Burkhart. München, 75–80.
<Lasickij, Ivan> Lasitzki, Iohannes 1582. „Quaestiones theologicae Iohannis Basilii, Magni Ducis Moscorum, ad quas Io. Rohitam [...] Anno 1570. respondere iussit" [Theologische Fragen Ivan Vasilevič', des Großfürsten der Moskowiter, auf die er Jan Rokyta (...) im Jahr 1570 zu antworten befahl]. *De Russorum Moscovitarum et Tartarorum religione, sacrificiis, nuptiarum, funerum ritu*. Speyer, 1–169.

Laszczak, Wanda 2002. „Leiden (stradanie)". *Lexikon der russischen Kultur.* Hg. v. Norbert P. Franz. Darmstadt, 260f.

Laub, Franz 1980. *Bekenntnis und Auslegung. Die paränetische Funktion der Christologie im Hebräerbrief.* Regensburg.

Lausberg, Heinrich ²1973. *Handbuch der literarischen Rhetorik. Eine Grundlegung der Literaturwissenschaft.* München.

– ¹⁰1990. *Elemente der literarischen Rhetorik.* Ismaning.

Lavreckij, A. ²1968. *Belinskij, Černyševskij, Dobroljubov v bor'be za realizm [Belinskij, Černyševskij und Dobroljubov im Kampf um den Realismus].* Moskva.

Lazarev, Viktor N. 1997. *Die russische Ikone.* Zürich – Düsseldorf.

Lease, Gary 1991. „,Religiöses' Bewußtsein und Kultur. Eine vergleichende Untersuchung von Überlebens-Strategien". *Paradoxien, Dissonanzen, Zusammenbrüche. Situationen offener Epistemologie.* Hg. v. Hans Ulrich Gumbrecht u. K. Ludwig Pfeiffer. Frankfurt a.M., 457–470.

Lebeau, Jean 1982. „Le paradoxe chez Erasme, Luther et Sebastian Franck" [Das Paradox bei Erasmus, Luther und Sebastian Franck]. *Le paradoxe au temps de la Renaissance.* Hg. v. Marie-Thérèse Jones-Davies. Paris, 143–154.

Lebedev, Aleksej P. (Hg.) 2003. *Svjatitel' Tichon Zadonskij [Bischof Tichon von Zadonsk].* 2 tt. Moskva.

Lebedeva, Irina N.; Tvorogov, Oleg V. (Hg.) 1985. *Povest' o Varlaame i Ioasafe. Pamjatnik drevnerusskoj perevodnoj literatury XI–XII vv. [Die Erzählung von Varlaam und Joasaf. Ein Dokument altrussischer Übersetzungsliteratur aus dem 11./12. Jahrhundert].* Leningrad.

Leeb, Rudolf 1992. *Konstantin und Christus. Die Verchristlichung der imperialen Repräsentation unter Konstantin dem Großen als Spiegel seiner Kirchenpolitik und seines Selbstverständnisses als christlicher Kaiser.* Berlin – New York.

Lehmann, Jörg 2000. *Die Figur des Invaliden in der Sowjetprosa. Mit einem Ausblick auf die postsowjetische Literatur.* Mag.-Arbeit München.

Lehmann, Leonhard 1997. „Franziskaner (Konventualen, Kapuziner) und Klarissen". *Kulturgeschichte der christlichen Orden in Einzeldarstellungen.* Hg. v. Peter Dinzelbacher u. James L. Hogg. Stuttgart, 143–192.

Lehmann, Ulf; Carli, Gabriela 1989. „Nikolai Gawrilowitsch Tschernyschewski. Leben und Werk". In: <Nikolaj G. Černyševskij> Nikolai Tschernyschewski: *Das Schöne ist das Leben. Ausgewählte Schriften.* Berlin, 7–81.

Leitner, Andreas 1999. „Der Absturz ins Glück. *Tridcataja ljubov' Mariny* von Vladimir Sorokin". *Poetik der Metadiskursivität. Zum postmodernen Prosa-, Film- und Dramenwerk von Vladimir Sorokin.* Hg. v. Dagmar Burkhart. München, 95–101.

Lenhoff, Gail 1989. *The Martyred Princes Boris and Gleb: A Socio-Cultural Study of the Cult and the Texts.* Columbus (OH).

Lenin, Vladimir I. ⁴1941/67. *Sočinenija [Werke].* Moskva.

– ⁴1971. *Werke.* Berlin.

– ⁵1979/83. *Polnoe sobranie sočinenij [Sämtliche Werke].* Moskva.

Leonid (Priestermönch) 1966. „Das literarische Erbe des Paissi Welitschkowski". *Hierarchen und Starzen der Russischen Orthodoxen Kirche.* Hg. v. Fairy von Lilienfeld. Berlin, 59–72.

Leont'ev, Konstantin N. 1912. *Sobranie sočinenij v 8-i tt. [Gesammelte Werke in 8 Bdn.].* Moskva.
— 2002. „Otec Kliment (Zedergol'm) — ieromonach Optinoj Pustyni" [Vater Kliment (Zedergol'm) — Priestermönch von Optina Pustyn']. *Pravoslavnyj nemec ieromonach Kliment (Zedergol'm).* Kozel'sk, 28–172.
Lévi-Strauss, Claude 1962. *Le totémisme aujourd'hui [Totemismus heute].* Paris.
Levin, Dan [2]1986. *Stormy Petrel: The Life and Work of Maxim Gorky.* New York.
Levin, Eve 1993. „Dvoeverie and Popular Religion". *Seeking God: The Recovery of Religious Identity in Orthodox Russia, Ukraine, and Georgia.* Hg. v. Stephen K. Batalden. De Kalb (IL), 31–52.
Levin, Jurij 1992. „Semiosfera Venički Erofeeva" [Venedikt Erofeevs Semiosphäre]. *Sbornik statej k 70-letiju prof. Ju.M. Lotmana.* Tartu, 486–500.
— 1996. *Kommentarij k poème* Moskva-Petuški *Venedikte Erofeeva/Kommentar zum Poem* Moskva-Petuški *von Venedikt Erofeev.* Wien.
Lévinas, Emmanuel [3]1992. *Die Spur des Anderen. Untersuchungen zur Phänomenologie und Sozialphilosophie.* A.d. Frz. v. Wolfgang Nikolaus Krewani. Freiburg i. Br.
— 1998. *Du sacré au saint. Cinq nouvelles lectures talmudiques.* Dt. zit. n.: *Vom Sakralen zum Heiligen. Fünf neue Talmud-Lesungen.* A.d. Frz. v. Franz Miething. Frankfurt a.M.
Levšin, Igor' 1993. „Ėtiko-ėstetičeskoe prostranstvo Kurnosova-Sorokina" [Kurnosov-Sorokins ethisch-ästhetischer Raum]. *NLO* 2 (1993), 283–288.
Lewy, Hans 1929. *Sobria ebrietas [Nüchterner Rausch]. Untersuchungen zur Geschichte der antiken Mystik.* Gießen.
Lichačev, Dmitrij S. 1967. *Poètika drevnerusskoj literatury [Die Poetik der altrussischen Literatur].* Leningrad.
— 1972. „Kanon i molitva Angelu Groznomu Voevode Parfenija Urodivogo (Ivana Groznogo)" [Parfenij Urodivyjs (Ivan Groznyjs) Kanon und Gebet an den gestrengen Engel]. *Rukopisnoe nasledie drevnej Rusi. Po materialam Puškinskogo doma.* Leningrad, 10–27.
— 1975. *Čelovek v literature drevnej Rusi.* Dt. zit. n.: *Der Mensch in der altrussischen Literatur.* A.d. Russ. v. Helmut Graßhoff u. Ulf Lehmann. Dresden.
— 1997. *Istoričeskaja poètika russkoj literatury. Smech kak mirovozzrenie i drugie raboty [Historische Poetik der russischen Literatur. Lachen als Weltanschauung und andere Arbeiten].* Sankt-Peterburg.
Lichačev, Dmitrij S.; Pančenko, Aleksandr M.; Ponyrko, Natal'ja V. 1984. *Smech v Drevnej Rusi [Das Lachen in der alten Rus'].* Leningrad.
Lichačev, Dmitrij S.; Pančenko, Aleksandr M. 1991. *„Smechovoj mir' Drevnej Rusi.* Dt. zit. n.: *Die Lachwelt des alten Rußland.* A.d. Russ. v. Bernd Uhlenbruch. München.
Lidov, Aleksej M. (Hg.) 2006. *Relikvii v Vizantii i Drevnej Rusi. Pis'mennye istočniki.* Moskva.
von Lilienfeld, Fairy 1961. *Nil Sorskij und seine Schriften. Die Krise der Tradition im Rußland Ivans III.* Berlin.
Lindemann, Andreas; Paulsen, Henning (Hg.) 1992. *Die Apostolischen Väter. Griechisch-deutsche Parallelausgabe.* Tübingen.
Lindhoff, Lena 1995. *Einführung in die feministische Literaturtheorie.* Stuttgart – Weimar.

Link-Wieczorek, Ulrike 1999. "Christologie IV 2". *RGG*⁴ 2, 320–321.

Lipoveckij, Mark N. 1997. *Russkij postmodernizm. Očerki istoričeskoj poėtiki [Die russische Postmoderne. Skizzen zur historischen Poetik].* Ekaterinburg.

– 2000. "Vladimir Sorokin's ,Theatre of Cruelty'". *Endquote: Sots-Art Literature and Soviet Grand Style.* Hg. v. Marina Balina, Nancy Condee u. Evgeny Dobrenko. Evanston (IL), 167–192.

– 2008. *Paralogii. Transformacii (post)modernistskogo diskursa v russkoj kul'ture 1920–2000-ch godov [Paralogien. Transformationen des (post)modernen Diskurses in der russischen Kultur der 1920er bis 2000er Jahre].* Moskva.

Lisovoj, N.N. 2002. "Vosemnadcatyj vek v istorii russkogo monašestva" [Das 18. Jahrhundert in der Geschichte des russischen Mönchtums]. *Monašestvo i monastyri v Rossii. XI–XX veka. Istoričeskie očerki.* Hg. v. Nina V. Sinicyna. Moskva, 186–222.

Liturgija 1905. *Božestvennaja liturgija iže vo svjatych otca našego Ioanna Zlatoustago [Die Göttliche Liturgie des Hlg. Johannes Chrysostomus].* Moskva. (Ndr. 2003).

Litvinov, V. 1982. "Cel'nost'" [Ganzheitlichkeit]. *Voprosy literatury* 9 (1982), 21–56.

Ljubimova, O.E. 2001. "Odekolon *Svežest'* i poėma *Solov'inyj sad*. Blokovskie motivy poėmy Ven. Erofeeva" [Das Eau de Cologne *Frische* und das Poem *Nachtigallengarten*. Bloksche Motive in Ven. Erofeevs Poem]. *Motiv vina v literature.* Hg. v. Jurij V. Domanskij. Tver', 135–138.

Ljubovič, N. 1937. "N. Ostrovskij i ego čitateli" [N. Ostrovskij und seine Leser]. *Novyj mir* 7 (1937), 255–262.

Lock, Charles 1991. "Carnival and Incarnation: Bakhtin and Orthodox Theology". *Journal of Literature and Theology* 5,1 (1991), 68–82.

Lössl, Josef 2001. *Julian von Aeclanum. Studien zu seinem Leben, seinem Werk, seiner Lehre und ihrer Überlieferung.* Leiden et al.

von Loewenich, Walther ⁴1954. *Luthers Theologia crucis [Kreuzestheologie].* München.

Lohmeyer, Ernst 1919. *Christuskult und Kaiserkult.* Tübingen.

– 1928. *Kyrios Jesus [Herr Jesus]. Eine Untersuchung zu Phil 2,5–11.* Heidelberg.

Lohse, Bernhard 1963. *Mönchtum und Reformation. Luthers Auseinandersetzung mit dem Mönchsideal des Mittelalters.* Göttingen.

– 1969. *Askese und Mönchtum in der Antike und in der alten Kirche.* München – Wien.

Longworth, Philip 1971. *The Cossacks.* Dt. zit. n.: *Die Kosaken. Legende und Geschichte.* A.d. Engl. v. Maximiliane von Meng. Wiesbaden.

Loofs, Friedrich 1901. "Kenosis". *Realenzyklopädie für protestantische Theologie und Kirche.* Bd. 10. Leipzig, 246–263.

– 1910. "Kenosis". *The New Schaff-Herzog Encyclopedia of Religious Knowledge: Embracing Biblical, Historical, Doctrinal, and Practical Theology and Biblical, Theological, and Ecclesiastical Biography from the Earliest Times to the Present Day.* Hg. v. Samuel M. Jackson. vol. 6. New York – London, 315–319.

– 1926/76. "Kenosis". *Encyclopedia of Religion and Ethics.* Hg. v. James Hastings. vol. 7. New York (Ndr. Edinburgh 1994), 680–687.

Lorenz, Kuno 1995. "äquivok". *Enzyklopädie Philosophie und Wissenschaftstheorie.* Hg. v. Jürgen Mittelstraß. Bd. 1. Stuttgart – Weimar, 151.

<Losskij> Lossky, Vladimir N. 1961. *Die mystische Theologie der morgenländischen Kirche*. Graz et al.
- ²1989. *Orthodox Theology: An Introduction*. Crestwood (NY).

Lotman, Jurij M. 1972. *Lekcii po struktural'noj poètike. Vvedenie, teorija sticha*. Dt. zit. n.: *Vorlesungen zu einer strukturalen Poetik. Einführung, Theorie des Verses.* München.
- 1992. „Kanoničeskoe iskusstvo kak informacionnyj paradoks" [Kanonische Kunst als Informationsparadox]. *Izbrannye stat'i. V 3-ch tt.* t. 1. *Stat'i po semiotike i tipologii kul'tury*. Tallinn, 243–247.
- ⁴1993. *Struktura chudožestvennogo teksta*. Dt. zit. n.: *Die Struktur literarischer Texte*. A.d. Russ. v. Rolf-Dietrich Keil. München.

Lotman, Jurij M.; Uspenskij, Boris A. 1971. „O semiotičeskom mechanizme kul'tury" [Zum semiotischen Mechanismus der Kultur]. *Trudy po znakovym sistemam* 5, 144–166.
- 1977a. „Rol' dual'nych modelej v dinamike russkoj kul'tury (do konca 18 veka)" [Die Rolle dualer Modelle in der Dynamik der russischen Kultur (bis zum Ende des 18. Jahrhunderts)]. *Trudy po russkoj i slavjanskoj filologii* 28 (1977), 3–36.
- 1977b. „Novye aspekty izučenija kul'tury Drevnej Rusi" [Neue Aspekte bei der Erforschung der Kultur des Alten Russlands]. *Voprosy literatury* 3 (1977), 148–166.
- 1991. „Neue Aspekte bei der Erforschung der Kultur des Alten Rußland". A.d. Russ. v. Teresa Sedmidubská. In: Lichačev, Dmitrij S.; Pančenko, Aleksandr M. *Die Lachwelt des alten Rußland*. München, 185–200.

Lotman, Lidija M. 1974. *Realizm russkoj literatury 60-ch godov XIX veka. Istoki i èstetičeskoe svoeobrazie [Der Realismus in der russischen Literatur der 1860er Jahre. Ursprünge und ästhetische Eigenart]*. Leningrad.

Lotz, Johannes B. 1979. *Die Drei-Einheit der Liebe. Eros, Philía, Agápe*. Frankfurt a.M.

Lounibos, John B. 2000. „Self-Emptying in Christian and Buddhist Spirituality". *Journal of Pastoral Counseling* 35 (2000), 49–66.

Luckmann, Thomas 1991. *The Invisible Religion: The Problem of a Religion in Modern Society*. Dt. zit. n.: *Die unsichtbare Religion*. Frankfurt a.M.

Ludwig, Nadeshda ³1977. *Maksim Gorki. Leben und Werk*. Berlin.

Lübbe, Hermann 1986. *Religion nach der Aufklärung*. Graz et al.

Luhmann, Niklas 1984. *Soziale Systeme. Grundriß einer allgemeinen Theorie*. Frankfurt a.M.
- 1991. „Sthenographie und Euryalistik". *Paradoxien, Dissonanzen, Zusammenbrüche. Situationen offener Epistemologie*. Hg. v. Hans Ulrich Gumbrecht u. K. Ludwig Pfeiffer. Frankfurt a.M., 58–82.
- 1992. *Die Wissenschaft der Gesellschaft*. Frankfurt a.M.
- 2000. *Die Religion der Gesellschaft*. Frankfurt a.M.

Lukács, Georg 1953. *Puschkin – Gorki. Zwei Essays.* Leipzig.
- 1971. *Die Theorie des Romans. Ein geschichtsphilosophischer Versuch über die Formen der großen Epik.* Neuwied – Berlin.

Lunačarskij, Anatolij V. 1957. *Stat'i o Gor'kom [Aufsätze über Gor'kij]*. Moskva.
- 1963/67. *Sobranie sočinenij v 8-i tt. [Gesammelte Werke in 8 Bdn.]*. Moskva.

– (Lunatscharski, Anatoli) 1986. *Philosophie – Kunst – Literatur. Ausgewählte Schriften 1904–1933.* Dresden.

Lunde, Ingunn 2000. „N" ne iz svoego serdca sija iznošju slovesa. Kirill of Turov's Rhetoric of Biblical Quotation". *Kirill of Turov: Bishop, Preacher, Hymnographer.* Hg. v. Ingunn Lunde. Bergen, 103–128.

– 2001. *Verbal Celebrations: Kirill of Turov's Homiletic Rhetoric and Its Byzantine Sources.* Wiesbaden.

Lur'e, Feliks M. 2001. *Nečaev. Sozidatel' razrušenija [Nečaev. Der Begründer der Zerstörung].* Moskva.

Luther, Martin 1983. *Freiheit und Lebensgestaltung. Ausgewählte Texte.* Hg. v. Karl-Heinz zur Mühlen. Göttingen.

Luz, Ulrich 1994. „Nachfolge Jesu I. Neues Testament". *TRE* 23, 678–686.

L'vov-Rogačevskij, Vasilij V. 1997. „Na puti v Ėmmaus" [Auf dem Weg nach Emmaus]. *Maksim Gor'kij. pro et contra. Ličnost' i tvorčestvo Maksima Gor'kogo v ocenke russkich myslitelej i issledovatelej 1890–1910-e gg. Antologija.* Hg. v. Ju.V. Zobnin. Sankt-Peterburg, 733–784.

Lyotard, Jean-François 1973. „Notes sur le retour et le Kapital" [Bemerkungen über die Wiederkehr und das Kapital]. *Nietzsche aujourd'hui?.* t. 1. *Intensités.* Paris, 141–157.

<Maceina> Macejna, Antanas 1999. *Velikij inkvizitor [Der Großinquisitor].* A.d. Lit. von Tat'jana F. Korneeva-Maceinene. Sankt-Peterburg.

– 2002. *Agnec Božij [Das Gotteslamm].* A.d. Litauischen v. Tat'jana F. Korneeva-Macejnene. Sankt-Peterburg.

Maczko, Stephen 1975. „Boris and Gleb: Saintly Princes or Princely Saints". *Russian History* 2, 1 (1975), 68–80.

Magaß, Walter 1986. „Der Prediger und die Rhetorik". *Rhetorik und Theologie.* Hg. v. Walter Jens. Tübingen, 13–26.

Mai, Hans-Peter 1991. „Bypassing Intertextuality: Hermeneutics, Textual Practice, Hypertext". *Intertextuality.* Hg. v. Heinrich F. Plett. Berlin – New York, 30–59.

Maier, Hans 2004. *Das Doppelgesicht des Religiösen. Religion – Gewalt – Politik.* Freiburg i. Br. et al.

Mainberger, Gonsalv K. 1997. *Rhetorica.* Bd. 1. *Reden mit Vernunft. Aristoteles, Cicero, Augustinus.* Stuttgart et al.

Majakovskij, Vladimir V. 1973. *Sobranie sočinenij v 6-i tt. [Gesammelte Werke in 6 Bdn.].* Moskva.

Makarij (Bulgakov) [5]1895. *Pravoslavno-dogmatičeskoe bogoslovie [Orthodoxe Dogmatik].* 2 tt. Sankt-Peterburg.

Makrides, Vasilios N. 2003. „Was kann eine kognitive Ritualtheorie leisten? Überlegungen anhand der Reaktion der russischen Altgläubigen auf rituelle Reformen". *Das Gedächtnis des Gedächtnisses. Zur Präsenz von Ritualen in beschreibenden und reflektierenden Texten.* Hg. v. Benedikt Kranemann u. Jörg Rüpke. Marburg, 157–208.

Makrides, Vasilios N.; Uffelmann, Dirk 2003. „Studying Eastern Orthodox Anti-Westernism: The Need for a Comparative Research Agenda". *Orthodox Christianity and Contemporary Europe: Selected Papers of the International Conference*

Held at the University of Leeds, England, in June 2001. Hg. v. Jonathan Sutton u. Wil van den Bercken. Leuven, 87–120.

Maksimov, Sergej V. 1877. *Brodjačaja Rus' Christa-radi [Das um Christi willen umherziehende Russland].* Sankt-Peterburg.

Maksimovič, Kirill A. 1998. *Pandekty Nikona Černogorca v drevnerusskom perevode XII veka (juridičeskie teksty) [Die Pandekte Nikons vom Schwarzen Berg in der altrussischen Übersetzung aus dem 12. Jahrhundert (die juristischen Texte)].* Moskva.

<Mal'cev, Aleksej P.> von Maltzew, Alexios 1892. *Die Nachtwache oder Abend- und Morgengottesdienst der Orthodox-Katholischen Kirche des Morgenlandes. Deutsch und slawisch unter Berücksichtigung der griechischen Urtexte.* Berlin.

– 1898. *Begräbnis-Ritus und einige specielle und alterthümliche Gottesdienste der Orthodox-Katholischen Kirche des Morgenlandes. Deutsch und slawisch unter Berücksichtigung des griechischen Urtextes.* Berlin.

– 1900. *Menologion der Orthodox-Katholischen Kirche des Morgenlandes.* 1. Theil. *September – Februar. Deutsch und slawisch unter Berücksichtigung der griechischen Urtexte.* Berlin.

– 1904. *Oktoichos oder Parakletike der Orthodox-Katholischen Kirche des Morgenlandes.* 2. Theil. *Ton V–VIII. Deutsch und slawisch unter Berücksichtigung der griechischen Urtexte.* Berlin.

– 1999. *Orthodoxer Gottesdienst.* Bd. 5. Triod. 2. Teil. *Die Heilige und Große Woche: Samstag des heiligen und gerechten Lazarus – Sonntag der Palmen – Die heilige Karwoche.* Gersau.

Maloney, George A. SJ 1973. *Russian Hesychasm: The spirituality of Nil Sorskij.* Den Haag – Paris.

de Man, Paul 1988. *Allegories of Reading: Figural Language in Rousseau, Nietzsche, Rilke and Proust.* Dt. zit. n.: *Allegorien des Lesens.* A.d. Engl. v. Werner Hamacher u. Peter Krumme. Frankfurt a.M.

Mandel'štam, Osip E. ²1971. *Sobranie sočinenij v 3-ch tt. [Gesammelte Werke in 3 Bdn.].* New York et al.

Mann, Thomas 1986. *Der Zauberberg. Roman.* Frankfurt a.M.

Manz, Ulrich 1990. *Das Wesen der Gestalt. Eine theologische Systematik zur Analogie der dialogischen Inexistenz.* München.

Mar, Anna 2004. *Ženščina na kreste [Die Frau am Kreuz].* Sankt-Peterburg.

Margolina, Sonja 2004. *Wodka. Trinken und Macht in Russland.* Berlin.

Marion, Jean-Luc 1996. *Dieu sans l'être. Hors-texte [Gott ohne Sein. Außerhalb des Textes].* Poln. zit. n.: *Bóg bez życia.* A.d. Frz. v. Małgorzata Frankiewicz. Kraków.

<Markina, Natal'ja> Markina, Natalja 1997. „Die Ikonostase". *Zwischen Himmel und Erde. Moskauer Ikonen und Buchmalerei des 14.–16. Jahrhunderts.* Hg. v. Bettina-Martine Wolter. Ostfildern-Ruit, 69–74.

Maron, Gottfried 2001. *Ignatius von Loyola. Mystik – Theologie – Kirche.* Darmstadt.

Marramao, Giacomo 1992. „Säkularisierung". *HWdPh* 8, 1133–1161.

Maršak, Samuil 1954. „O bol'šoj literature dlja malen'kich" [Große Literatur für die Kleinen]. *Pravda* 28.11.1954.

Marti, Roland 1984. „Gattung Florilegien". *Gattungsprobleme der älteren slavischen Literaturen.* Hg. v. Wolf-Heinrich Schmidt. Wiesbaden, 121–145.

Martin, Marie R. 1995. *From* byt [Alltag] *to* bytie [Sein]: *The Game of Parody in the Poetics of Venedikt Erofeev.* Chicago (IL).
- 1997. „The Story of Russian": *Venedikt Erofeev's Moscow-Petushki: Critical Perspectives.* Hg. v. Karen L. Ryan-Hayes. New York et al., 153–178.
Martin, Ralph P.; Dodd, Brian J. (Hg.) 1998. *Where Christology Began: Essays on Philippians 2.* Louisville (KY).
Martini-Wonde, Angela (Hg.) 1988. *Der versiegelte Engel. Erzählungen zu Ikonen.* Frankfurt a.M.
Masaryk, Tomáš G. 1913. *Russische Geistes- und Religionsgeschichte.* 2 Bde. Jena (Ndr. Frankfurt a.M. 1992).
- 1995. *Polemiken und Essays zur russischen und europäischen Literatur- und Geistesgeschichte. Dostojevskij, Von Puškin zu Gorkij, Musset, Byron, Goethe, Lenau.* Hg. v. Peter Demetz. Wien et al.
Masing-Delic, Irene 1992. *Abolishing Death: A Salvation Myth of Russian Twentieth-Century Literature.* Stanford (CA).
Maškovcev, N.G. 1936. „Istorija portreta Gogolja" [Geschichte des Gogol'-Porträts]. *N.V. Gogol'. Materialy i issledovanija.* Hg. v. Vasilij V. Gippius. t. 2. Moskva – Leningrad, 407–422.
Masters, Anthony 1974. *Bakunin: The Father of Anarchism.* London.
Matheson, Peter 1998. *The Rhetoric of the Reformation.* Edinburgh.
Mathewson, Rufus W. (Jr.) ²1975. *The Positive Hero in Russian Literature.* Stanford (CA).
Matossian, Mary K. 1973. „In the Beginning, God Was a Woman". *Journal of Social History* 6,3 (Spring 1973), 325–343.
Mauss, Marcel; Hubert, Henri ²1968. *Essai sur la nature et la fonction du sacrifice.* Engl. zit. n.: *Sacrifice: Its Nature and Function.* London.
McKinnon, James 1994. „Musik und Religion III. Alte Kirche und Mittelalter". *TRE* 23, 452–457.
McLuhan, Marshall 1997. „Understanding Media". Dt. zit. n.: „Die magischen Kanäle". *Medien verstehen. Der McLuhan Reader.* A.d. Engl. u. hg. v. Martin Baltes et al. Mannheim, 112–155.
de Meester, Plazidus (Hg.) ²1938. *Die göttliche Liturgie unseres hl. Vaters Johannes Chrysostomus. Griechischer Text mit Einführung und Anmerkungen.* München.
Meier, Mischa 2003. *Das andere Zeitalter Justinians. Kontingenzerfahrung und Kontingenzbewältigung im 6. Jahrhundert n. Chr.* Göttingen.
Melanchthon, Philipp 1929. *Supplementa Melanchthoniana. Werke Philipp Melanchthons, die im Corpus Reformatorum vermisst werden. Abt. 5. Schriften zur praktischen Theologie. Teil 2. Homiletische Schriften.* Hg. v. Paul Drews u. Ferdinand Cohrs. Leipzig.
Mélat, Hélène 1999. „Kastrirovannye babočki Vladimira Sorokina" [Vladimir Sorokins kastrierte Schmetterlinge]. *Poetik der Metadiskursivität. Zum postmodernen Prosa-, Film- und Dramenwerk von Vladimir Sorokin.* Hg. v. Dagmar Burkhart. München, 53–59.
Men', Aleksandr 2006a. *Syn Čelovečeskij [Der Menschensohn].* Moskva.
- 2006b. *Der Menschensohn.* A.d. Russ. v. Monika Schierhorn. Freiburg i.Br. et al.
Menke, Bettine 2004. „Nachträglichkeiten und Beglaubigungen". *Stigmata. Poetiken der Körperinschrift.* Hg. v. Bettine Menke u. Barbara Vinken. Paderborn, 25–43.

Menke, Bettine; Vinken, Barbara (Hg.) 2004. *Stigmata. Poetiken der Körperinschrift.* Paderborn.

Menninghaus, Winfried 1999. *Ekel. Theorie und Geschichte einer starken Empfindung.* Frankfurt a.M.

Merežkovskij, Dmitrij S. 1975. *Čechov i Gor'kij [Čechov und Gor'kij].* Letchworth, Herts.

– 1930. *Tajna Zapada. Atlantida-Evropa [Das Geheimnis des Westens. Atlantis-Europa].* Belgrad.

Mesnard, Pierre 1964. „La conception de l'humilité dans l'imitation de Jésus-Christ" [Der Begriff der Demut in der Nachahmung von Jesus Christus]. *L'homme devant dieu. Mélanges offerts au Père Henri de Lubac.* t. 2. *Du moyen âge au siècle des lumières.* Paris, 199–222.

Metčenko, A. 1937. „N.A. Ostrovskij. K godovščine so dnja smerti" [N.A. Ostrovskij. Zum Jahrestag seines Todes]. *Zvezda* 12 (1937), 226–238.

Metzger, Wolfgang; Strube, Werner 1974. „Gestalt II". *HWdPh* 3, 540–548.

Meyendorff, John 1981. „Byzanz". *TRE* 7 (1981), 500–531.

Meyer, Holt 1995. *Romantische Orientierung. Wandermodell der romantischen Bewegung (Russland). Kjuchel'beker – Puškin – Vel'tman.* München.

– 2001a. „Humilitas, minima modernitas. Für eine historische Pragmatik der ‚Untiefen' des Minimalismus (nicht nur) in Rußland (am Beispiel der Kartothek[en] Lev Rubinštejns". *Minimalismus. Zwischen Leere und Exzeß. Tagungsbeiträge des internationalen wissenschaftlichen Symposiums am Institut für Slawistik der Humboldt-Universität zu Berlin vom 11. bis 13. November 1999.* Wien, 447–476.

– 2001b. „*Ecce attentatum [Siehe den Anschlagsversuch].* Heimsuchungen von ‚Text' und ‚Bild' in zwei Gedichten des polnischen Frühbarock". *Behext von Bildern? Ursachen, Funktionen und Perspektiven der textuellen Faszination durch Bilder.* Hg. v. Heinz J. Drügh u. Maria Moog-Grünewald. Heidelberg, 37–56.

– 2002a. „Das Kreuz als Metapher und Grenzfall der ‚poetischen Funktion der Sprache'. Sakrale Figuren des Formalismus". *WSA* 50 (2002), 261–290.

– 2002b. Langfassung von Meyer 2002a. unpubliziert.

– 2004. „‚... weinen wir bitterlich'". Von heidnischen und häretischen Subversionen des Katholizismus zum rhetorischen Hyperkatholizismus der polnischen Romantik". *Subversive Romantik.* Hg. v. Volker Kapp et al. Berlin, 479–498.

– 2006. „Rancour-Laferrieres masochistische Russen – diesmal religiös (Zur ‚orthodox-freudianischen' Psychopathologie der Verehrung von Gottesmutterikonen". *WSA* 58 (2006), 251–281.

Meyer, Holt; Uffelmann, Dirk 2007. „Religion und Rhetorik in Ost- und Westkirche". *Religion und Rhetorik.* Hg. v. Holt Meyer u. Dirk Uffelmann. Stuttgart, 7–20.

Michel, Otto 1954. „Zur Exegese von Phil 2,5–11". *Theologie als Glaubenswagnis. Festschrift für Karl Heim zum 80. Geburtstag.* Hamburg, 79–95.

Mihailovic, Alexandar 1997. *Corporeal Words: Mikhail Bakhtin's Theology of Discourse.* Evanston (IL).

<Milaš, Nikodim> Milasch, Nikodemus ²1905. *Pravoslavno crkveno pravo. Po općim crkveno-pravnim izvorima i posebnim zakonskim naredbama, koje vaze u pojedinim samoupravnim crkvama.* Dt. zit. n.: *Das Kirchenrecht der morgenländischen Kirche. Nach den allgemeinen Kirchenrechtsquellen und nach den in den auto-*

kephalen Kirchen geltenden Spezial-Gesetzen. A.d. Kroat. v. Alexander R. v. Pessić. Mostar.

Miles, Jack 2001. *Christ: A Crisis in the Life of God.* Dt. zit. n.: *Jesus. Der Selbstmord des Gottessohns.* A.d. Engl. v. Friedrich Griese. München.

Miljutenko, N.I. 2006. *Svjatye knjazja-mučeniki Boris i Gleb [Die heiligen Fürsten-Märtyrer Boris und Gleb].* Sankt-Peterburg.

Miller, David B. 1981. „The Viskovatyj Affair of 1553–54: Official Art, the Emergence of Autocracy, and the Disintegration of Medieval Russian Culture". *Russian History* 8, 3 (1981), 293–332.

Miller, Joseph Hillis 1963. *The Disappearance of God: Five Nineteenth-Century Writers.* Cambridge (MA).

Mineja obščaja 1998. *Mineja obščaja [Allgemeines Menaion].* Moskva.

Mineja Sentjabr' 1978. *Mineja* č. 1. *Sentjabr' [Menaion für September].* Moskva.

Mjasnikov, Aleksandr S. 1953. *M. Gor'kij. Očerk tvorčestva [M. Gor'kij. Abriss seines Werkes].* Moskva.

Möller; Hauck, Albert. ³1896. „Adoptianismus". *Realencyklopädie für protestantische Theologie und Kirche.* Bd. 1. Leipzig, 180–186.

Mogil'ner, Marina 1999. *Mifologija „podpol'nogo čeloveka". Radikal'nyj mikrokosm v Rossii načala XX veka kak predmet semiotičeskogo analiza [Der Mythos des „Untergrundmenschen". Der Mikrokosmos der Radikalen in Russland zu Beginn des 20. Jahrhunderts als Gegenstand einer semiotischen Analyse].* Moskva.

Mohr, Hubert 1993. „Konversion/Apostasie". *Handbuch religionswissenschaftlicher Grundbegriffe.* Hg. v. Hubert Cancik et al. Bd. 3. Stuttgart, 436–445.

Moldovan, Aleksandr M. (Hg.) 1984. *Slovo o zakone i blagodati Ilariona [Ilarions Rede von Gesetz und Gnade].* Kiev.

– (Hg.) 2000. *Žitie Andreja Jurodivogo v slavjanskoj pis'mennosti [Die Vita des Gottesnarren Andrej im slavischen Schrifttum].* Moskva.

Molitvoslov 1998. *Pravoslavnyj molitvoslov. Psaltyr' [Orthodoxes Gebetbuch. Psalter].* Sankt-Peterburg.

Molitvoslov 1999. *Pravoslavnyj molitvoslov [Orthodoxes Gebetbuch].* Moskva.

Molitvoslov 2009. *Molitvoslov pravoslavnogo voina [Gebetbuch für orthodoxe Soldaten].* Moskau.

Moll, Helmut 1975. *Die Lehre von der Eucharistie als Opfer. Eine dogmengeschichtliche Untersuchung vom Neuen Testament bis Irenäus von Lyon.* Köln – Bonn.

Moltmann, Jürgen 1972. *Der gekreuzigte Gott. Das Kreuz Christi als Grund und Kritik christlicher Theologie.* München.

<Monastyrskij, Andrej> A.M. 1985. „O proze Sorokina" [Zu Sorokins Prosa]. *A–Ja* 1 (1985), 74–76.

Morkus, Pranas 2008. „Komnata, lestnica. Dom" [Wohnung, Treppe. Haus]. *Kniga vospominanij o Venedikte Erofeeve (1938–1990).* Hg. v. Marina Alchazova. Moskva, 58–75.

Morris, Marcia A. 1993. *Saints and Revolutionaries: The Ascetic Hero in Russian Literature.* Albany (NY).

Morson, Gary Saul; Emerson, Caryl 1990. *Mikhail Bakhtin: Creation of a Prosaics.* Stanford (CA).

Moškova, L.V.; Turilov, Anatolij A.; Florja, Boris N. (Hg.) 1999. „Žitie Konstantina-Kirilla" [Vita des Konstantin/Kyrill]. *BLDR* 2, 22–65.

Mühlenberg, Ekkehard 1969. *Apollinaris von Laodicea.* Göttingen.
Müller, Hans Martin 1985. „Predigt als Charisma". *Charisma und Institution.* Hg. v. Trutz Rendtorff. Gütersloh, 439–451.
– 1996. „Homiletik". *HWdR* 3, 1496–1510.
Müller, Klaus (Hg.) 1986. *Itineraria Rossica. Altrussische Reiseliteratur.* A.d. Altruss. v. Klaus Müller. Leipzig.
Müller, Ludolf (Hg.) 1967. *Die Legenden des Heiligen Sergij von Radonež.* München.
– (Hg.) 1971. *Die Werke des Metropoliten Ilarion.* München.
– 1982. „Die Ode *Christos [Christus]* von Gavriil Romanovič Deržavin in deutscher Übersetzung". *Unser ganzes Leben Christus unserem Gott überantworten. Studien zur ostkirchlichen Spiritualität. Fairy von Lilienfeld zum 65. Geburtstag.* Hg. v. Peter Hauptmann. Göttingen, 332–370.
– 1990. *Die Dreifaltigkeitsikone des Andréj Rubljów.* München.
Müller, Mogens 1984. *Der Ausdruck „Menschensohn" in den Evangelien. Voraussetzungen und Bedeutung.* Leiden.
Münch, Armin 1998. *Dimensionen der Leere. Gott als Nichts und Nichts als Gott im christlich-buddhistischen Dialog.* Münster.
Mungello, David E. 1985. *Curious Land: Jesuit Accommodation and the Origins of Sinology.* Stuttgart.
Munier, Charles (Hg.) 1995. *Saint Justin. Apologie pour les chrétiens. [Der Hl. Justin. Verteidigung der Christen].* Fribourg (Suisse).
Muranova, Ol'ga S. 1995. *Kak vospityvali russkogo dvorjanina [Wie der russische Adel erzogen wurde].* Moskva.
Murašov, Jurij 2003a. „Das elektrifizierte Wort. Das Radio in der sowjetischen Literatur und Kultur der 20er und 30er Jahre". *Die Musen der Macht. Medien in der sowjetischen Kultur der 20er und 30er Jahre.* Hg. v. Jurij Murašov u. Georg Witte. München, 81–112.
– [4]2003b. „Nachwort". In: <Nikolaj Gogol'> Nikolaj Gogol: *Petersburger Novellen.* München, 163–179.
Murašov, Jurij; Witte, Georg 2003. „Einleitung". *Die Musen der Macht. Medien in der sowjetischen Kultur der 20er und 30er Jahre.* Hg. v. Jurij Murašov u. Georg Witte. München, 7–24.
Murav, Harriet 1992. *Holy Foolishness: Dostoevsky's Novels & The Poetics of Cultural Critique.* Stanford (CA).
Murav'ev, Vladimir S. 1990. „Predislovie" [Vorwort]. In: Venedikt Erofeev: *Moskva-Petuški i pr.* Moskva, 5–14.
– 2000. „Vysokich zrelišč zritel'" [„Betrachter hoher Spektakel"]. In: Venedikt Erofeev: *Zapiski psichopata.* Moskva, 5–12.

Nabokov, Vladimir Vladimirovič 1984. *Lectures on Russian Literature.* Dt. zit. n.: *Die Kunst des Lesens. Meisterwerke der russischen Literatur.* A.d. Engl. Karl A. Klewer. Frankfurt a.M.
– 1990. *Sobranie sočinenij v 4-ch tt. [Gesammelte Werke in 4 Bdn.].* Moskva.
Nadson, Semen Ja. [2]2001. *Polnoe sobranie stichotvorenij [Sämtliche Gedichte].* Sankt-Peterburg.
Nagel, Peter. 1966. *Die Motivierung der Askese in der Alten Kirche und der Ursprung des Mönchtums.* Berlin.

Nancy, Jean-Luc 2001. "The Deconstruction of Christianity". A.d. Frz. v. Simon Sparks. *Religion and Media*. Hg. v. Hent de Vries. Stanford (CA), 112–130.

– 2003. *Corpus*. Dt. zit. n.: *Corpus*. A.d. Frz. v. Nils Hodyas u. Timo Obergöker. Zürich – Berlin.

– 2008. *La Déclosion (Déconstruction du christianisme 1)*. Dt. zit. n.: *Dekonstruktion des Christentums*. A.d. Frz. v. Esther von der Osten. Zürich – Berlin.

Narbutovic, Katharina; Sorokin, Vladimir 2002. "Russland ist noch immer ein feudaler Staat. Der Moskauer Schriftsteller Vladimir Sorokin über Tschetschenien, Yuppies und die Zerstörung seiner Bücher". *Der Tagesspiegel* 29.10.2002.

Natorp, Paul 1912. *Allgemeine Psychologie nach kritischer Methode*. 1. Buch. *Objekt und Methode der Psychologie*. Tübingen.

Navratil, Leo 1992. *Schizophrenie und Religion*. Berlin.

Nedel', Arkadij 1998. "Doska transgressij Vladimira Sorokina. Sorokinotipy" [Vladimir Sorokins Tableau der Transgressionen. Die Sorokinotypen]. *Mitin Žurnal* 56 (1998), 247–287.

Nekrasov, Nikolaj A. 1950. *Stichotvorenija [Gedichte]*. 3 tt. Leningrad.

– (Nekrassow, Nikolai) 1965. *Gedichte und Poeme*. A.d. Russ. v. Martin Remané. 2 Bde. Berlin – Weimar.

Nembach, Ulrich 1972. *Predigt des Evangeliums. Luther als Prediger, Pädagoge und Rhetor*. Neukirchen-Vluyn.

Nemzer, Andrej 1993. "'Dicke' Literaturzeitschriften nach der *Perestrojka*". *Rußland heute. Von innen gesehen. Politik – Recht – Kultur*. Hg. v. Arsenij B. Roginskij. Bremen, 137–150.

Nenarokov, Nikolaj (Hg.) ²2001. *Prepodobnye Starcy Optinskie. Žitija i nastavlenija [Die ehrwürdigen Starcen von Optina. Viten und Belehrungen]*. Kozel'sk.

Newberg, Andrew B. 2001. *Why God Won't Go away: Brain Science and the Biology of Belief*. New York.

Newton, Isaac 1733. *Observations upon the Prophecies of Daniel, and the Apocalypse of St. John: In Two Parts*. London.

Nieß, Hans Peter 1977. *Kirche in Rußland zwischen Tradition und Glaube? Eine Untersuchung der Kirillova kniga und der Kniga o vere aus der ersten Hälfte des 17. Jahrhunderts*. Göttingen.

Nietzsche, Friedrich 1988. *Sämtliche Werke. Kritische Studienausgabe in 15 Einzelbdn*. München – Berlin.

Nikolakopoulos, Konstantin 1999. *Orthodoxe Hymnographie. Lexikon der orthodoxen hymnologisch-musikalischen Terminologie*. Schliern.

Nikulina, Nina I. 1957. "Rabota N. Ostrovskogo nad romanom *Kak zakaljalas' stal*'" [N. Ostrovskijs Arbeit am Roman *Wie der Stahl gehärtet wurde*]. *Voprosy sovetskoj literatury*. Hg. v. Sergej V. Kastorskij u. Valentin A. Kovalev. t. 6. Moskva – Leningrad, 122–159.

Nnamani, Amuluche Gregory 1995. *The Paradox of a Suffering God: On the Classical, Modern-Western and Third World Struggles to Harmonise the Incompatible Attributes of the Trinitarian God*. Frankfurt a.M.

Noth, Gottfried 1930. *Grundzüge der Theologie des Martin Chemnitz*. Erlangen.

Novikov, Nikolaj 2004. *Molitva Iisusova. Opyt dvukh tysjačeletij [Das Jesus-Gebet. Die Erfahrung zweier Jahrtausende]*. Moskva.

Novikova, Nina N.; Kloss, Boris M. 1981. *N.G. Černyševskij vo glave revoljucionerov 1861 goda. Nekotorye itogi i perspektivy issledovanija [N.G. Černyševskij an der Spitze der Revolutionäre des Jahres 1861. Einige Forschungsergebnisse und -perspektiven]*. Moskva.

Nycz, Ryszard 1984. *Sylwy współczesne. Problem konstrukcji tekstu [Silvae der polnischen Literatur der Gegenwart. Probleme ihrer Textstruktur]*. Wrocław.

Nygren, Anders 1972. *Meaning and Method: Prolegomena to a Scientific Philosophy of Religion and a Scientific Theology*. A.d. Schwed. v. Philip S. Watson. London.

Nyssen, Wilhelm 1989a. „Zur Theologie der Ikone". *Handbuch der Ostkirchenkunde*. Hg. v. Wilhelm Nyssen, Hans-Joachim Schulz u. Paul Wiertz. Bd. 2. Düsseldorf, 236–245.

- 1989b. „Das Bildprogramm des byzantinischen Kirchenraums". *Handbuch der Ostkirchenkunde*. Hg. v. Wilhelm Nyssen, Hans-Joachim Schulz u. Paul Wiertz. Bd. 2. Düsseldorf, 246–273.

Oakes, Edward T. SJ 2006. „,He Descended into Hell': The Dephts of God's Self-Emptying Love on Holy Saturday in the Thought of Hans Urs von Balthasar". *Exploring Kenotic Christology: The Self-Emptying of God*. Hg. v. C. Stephen Evans. Oxford, 218–245.

Obermayr, Brigitte 1999. „Die Liebe zum Willen zur Wahrheit. Der Höhepunkt als Exzeß der Macht in *Tridcataja ljubov' Mariny [Marinas dreißigste Liebe]*". *Poetik der Metadiskursivität. Zum postmodernen Prosa-, Film- und Dramenwerk von Vladimir Sorokin*. Hg. v. Dagmar Burkhart. München, 81–93.

<Obolenskij, Dmitrij> Obolensky, Dimitri 1974. *The Byzantine Commonwealth: Eastern Europe, 500–1453*. London.

- 1975. „Popular Religion in Medieval Russia". *Russia and Orthodoxy*. vol. 2. *The Religious World of Russian Culture: Essays in Honor of Georges Florovsky*. Hg. v. Andrew Blane. Den Haag – Paris, 43–54.

O'Brien, Peter T. 1994. *The Epistle to the Philippians: A Commentary on the Greek Text*. Grand Rapids (MI).

Oepke, Albrecht 1990. „kenós […]" [leer (…)]. *ThWNT* 3, 659–662.

Ognev, Aleksandr V. 1992. *M. Gor'kij o russkom nacional'nom charaktere [M. Gor'kij über den russischen Nationalcharakter]*. Tver'.

O'Keefe, John J. 1997. „Kenosis or Impassibility: Cyril of Alexandria and Theodoret of Cyrus on the Problem of Divine Pathos". *Papers Presented at the Twelfth International Conference on Patristic Studies. Held in Oxford 1995*. vol. 4. *Athanasios and his Opponents, Cappadocian Fathers, Other Greek Writers after Nicaea*. Hg. v. Elizabeth A. Livingstone. Leuven, 358–365.

Ol'ševskaja, Lidija A.; Travnikov, Sergej N. (Hg.) 1999. *Drevnerusskie pateriki. Kievo-pečerskij paterik. Volokolamskij paterik [Altrussische Väterbücher. Das Väterbuch des Kiever Höhlenklosters. Das Väterbuch von Volokolamsk]*. Moskva.

Onasch, Konrad 1949. *Gott schaut dich an. Briefe über die altrussische Ikone*. Berlin.

- 1958. *Das Weihnachtsfest im orthodoxen Kirchenjahr. Liturgie und Ikonographie*. Berlin.

- 1962. *Einführung in die Konfessionskunde der orthodoxen Kirchen*. Berlin.

- 1968. *Die Ikonenmalerei. Grundzüge einer systematischen Darstellung*. Leipzig.

- 1976. *Der verschwiegene Christus. Versuch über die Poetisierung des Christentums in der Dichtung F.M. Dostojewskis.* Berlin.
- (Hg.) 1978. *Altrussische Heiligenleben.* Wien.
- 1981. *Liturgie und Kunst der Ostkirchen in Stichworten. Unter Berücksichtigung der Alten Kirche.* Leipzig.
- 1989. „En quête d'une Orthodoxie ,alternative'. Le Christ et l'église dans l'œuvre de F.M. Dostoïevski". *Mille ans de christanisme russe. 988–1988.* Paris, 247–253.
- 1992. „Die Ikone und die Identität der slavisch-orthodoxen Völker". *ZfSl* 37,1 (1992), 139–151.
- 1993. *Die alternative Orthodoxie. Utopie und Wirklichkeit im russischen Laienchristentum des 19. und 20. Jahrhunderts. 14 Essays.* Paderborn et al.
- 1996. *Ikone. Kirche, Gesellschaft.* Paderborn et al.

Onasch, Konrad; Schnieper, Annemarie 2001. *Ikonen. Faszination und Wirklichkeit.* München.

Ong, Walter J. 1986. *Hopkins, the Self, and God.* Toronto et al.

Opredelenie 2000. *Opredelenie Osvjaščennogo Archierejskogo Sobora Russkoj Pravoslavnoj Cerkvi po dokladu Sinodal'noj komissii po kanonizacii svjatych [Entschließung der Geheiligten Bischofsversammlung der Russischen Orthodoxen Kirchen über den Bericht der Synodalkommission für die Heiligsprechung].* http://www.russian-orthodox-chruch.org.ru/s2000r05.htm. Zugriff 16.08.2000.

Origenes 1926. *Acht Bücher gegen Celsus.* A.d. Grch. v. Paul Koetschau. München.

Osipov, A.I. 1999. „Heiligsprechung der Zarenfamilie. PRO und CONTRA". *Stimme der Orthodoxie* 4 (1999), 19–22.

Ostrovskaja, Raisa P. [3]1978. *Nikolaj Ostrovskij.* Moskva.
- (Ostrowskaja, Raissa) 1977. *Nikolai Ostrowski. Leben und Kampf eines Unbeugsamen. Biografie.* Berlin.

Ostrovskaja, Raisa P; Sokolova, D.E. (Hg.) 1974. *Nikolaj Ostrovskij.* Moskva.

Ostrovskij, Nikolaj A. [2]1937. *Kak zakaljalas' stal'. Obrabotka dlja detej srednego i staršego vozrasta [Wie der Stahl gehärtet wurde. Bearbeitet für Kinder mittleren und höheren Alters].* Moskva – Leningrad.
- 1974/75. *Sobranie sočinenij v 3-ch tt. [Gesammelte Werke in 3 Bdn.].* Moskva.
- (Ostrowski, Nikolai) [37]1978. *Wie der Stahl gehärtet wurde.* Berlin.
- 1982. *Kak zakaljalas' stal'. Roman [Wie der Stahl gehärtet wurde. Roman].* Moskva.

Otto, Anja 2000. *Der Skandal in Dostoevskijs Poetik. Am Beispiel des Romans* Die Dämonen. Frankfurt a.M. et al.

Otto, Rudolf [29-30]1958. *Das Heilige. Über das Irrationale in der Idee des Göttlichen und sein Verhältnis zum Rationalen.* München.

Ottovordemgentschenfelde, Natalia 2004. *Jurodstvo [Das Gottesnarrentum]. Eine Studie zur Phänomenologie und Typologie des ,Narren in Christo'. Jurodivyj in der postmodernen russischen Kunst.* Venedikt Erofeev Die Reise nach Petuški, Aktionismus Aleksandr Breners und Oleg Kuliks. Frankfurt a.M.

Ovčarenko, A.I. 1956. *O položitel'nom geroe v tvorčestve M. Gor'kogo. 1892–1907. Stat'i [Der positive Held im Werk M. Gor'kijs. Aufsätze].* Moskva.

Owen, Robert 1927. *A New View of Society and Other Writings.* London – New York.

Pagel, Gerda 1989. *Lacan zur Einführung.* Hamburg.
Paisij (Veličkovskij) ²1847. *Žitie i pisanija moldavskago starca Paisija Veličkovskago [Die Vita und die Schriften des Moldauer Starcen Paisij Veličkovskij].* Moskva (Ndr. Kozel'sk 2001).
– 1977. *Lilien des Feldes. Über die Gebote Gottes und die heiligen Tugenden.* Wien.
Palmer, Stephen E. 1978. „Fundamental Aspects of Cognitive Representation". *Cognition and Categorization.* Hg. v. Eleanor Rosch u. Barbara B. Lloyd. Hillsdale (NJ), 259–303.
Pamjatnaja knižka 1997. *Pamjatnaja knižka dlja pravoslavnogo otroka [Handbuch für den orthodoxen Knaben].* Moskva.
Pamjatniki 1927. *Pamjatniki istorii staroobrjadčestva XVII v. [Historische Schriften des Altgläubigentums des 17. Jahrhunderts].* I,1. Leningrad.
Pančenko, Aleksandr A. 1998. *Issledovanija v oblasti narodnogo pravoslavija. Derevenskie svjatyni Severo-Zapada Rossii [Forschungen zur Volksorthodoxie. Heilige Stätten auf dem Land im Nordwesten Russlands].* Sankt-Peterburg.
– 2002. *Christovščina i skopčestvo. Fol'klor i tradicionnaja kul'tura russkich mističeskich sekt [Christovcentum und Skopcentum. Die Folklore und die traditionelle Kultur der russischen mystischen Sekten].* Moskva.
Pančenko, Aleksandr M. 1984. „Smech kak zerlišče" [Lachen als Schauspiel]. In: Dmitrij S. Lichačev; Aleksandr M. Pančenko; Natal'ja V. Ponyrko: *Smech v Drevnej Rusi.* Leningrad, 72–153.
– 1991. „Smech kak zerlišče". Dt. zit. n.: „Lachen als Schau-Spiel". In: Dmitrij S. Lichačev; Aleksandr M. Pančenko: *Die Lachwelt des alten Rußland.* A.d. Russ. v. Bernd Uhlenbruch. München, 83–170.
Pančenko, O.V. 2003. „Poėtika upodoblenij (k voprosu o ‚tipologičeskom' metode v drevnerusskoj agiografii, ėpidejktike i gimnografii)" [Die Poetik der Vergleiche (zur Frage der ‚typologischen' Methode in der altrussischen Hagiografie, Epideiktik und Hymnografie)]. *TODRL* 54 (2003), 491–534.
Pape, Wilhelm ³1954. *Griechisch-deutsches Handwörterbuch.* 2 Bde. Graz.
Paperno, Irina 1992. „Puškin v žizni čeloveka Serebrjanogo veka" [Puškin im Leben der Menschen des Silbernen Zeitalters]. *Cultural Mythologies of Russian Modernism: From the Golden Age to the Silver Age.* Hg. v. Boris Gasparov, Robert P. Hughes u. Irina Paperno. Berkeley (CA) – Oxford, 19–51.
– 1994a. „Introduction". *Creating Life: The Aesthetic Utopia of Russian Modernism.* Hg. v. Irina Paperno u. Joan Delaney Grossman. Stanford (CA), 1–11.
– 1994b. „The Meaning of Art: Symbolist Theories". *Creating Life: The Aesthetic Utopia of Russian Modernism.* Hg. v. Irina Paperno u. Joan D. Grossman. Stanford (CA), 13–23.
– 1994c. „On the Nature of the Word: Theological Sources of Mandelshtam's Dialogue with the Symbolists". *Christianity and the Eastern Slavs.* vol. 2. *Russian Culture in Modern Times.* Hg. v. Robert R. Hughes u. Irina Paperno. Berkeley (CA) et al., 287–310.
– 1996. *Chernyshevsky and the Age of Realism: A Study in the Semiotics of Behavior.* Russ. zit. n.: *Semiotika povedenija. Nikolaj Černyševskij – čelovek ėpochi realizma.* A.d. Engl. v. Tamara Ja. Kazavčinskaja. Moskva.

- 1999. *Samoubijstvo kak kul'turnyj institut [Selbstmord als kulturelle Institution].* Moskva.
Paperno, Irina; Grossman, Joan D. 1994. *Creating Life: The Aesthetic Utopia of Russian Modernism.* Stanford (CA).
Pascal, Blaise [16]1927. *Pensées et opuscules [Gedanken und kleine Werke].* Paris.
- 1980. *Gedanken. Eine Auswahl.* A.d. Frz. v. Ewald Wasmuth. Stuttgart.
Pavlov, Aleksej S. (Hg.) 1897. *Nomokanon pri Bol'šom Trebnike. Ego istorija i teksty, grečeskij i slavjanskij, s ob"jasnitel'nymi i kritičeskimi primečanijami [Nomokanon zum Großen Rituale. Seine Geschichte sowie griechischer und slavischer Text mit erläuternden und kritischen Anmerkungen].* Moskva.
Peace, Richard 1988. „Some Dostoyevskian Themes in the Work of Maksim Gor'kij". *RL* 24 (1988), 525–538.
Peirce, Charles Sanders [4]1974. „Prolegomena to an Apology for Pragmaticism". *Collected Papers of Charles Sanders Peirce.* vol. 4. *The Simplest Mathematics.* Hg. v. Charles Hartshorne u. Paul Weiss. Cambridge (MA), 411–463.
Pelevin, Viktor O. 1999. *Generation ‚P'.* Moskva.
Pelikan, Jaroslav J. 1971/89. *The Christian Tradition: A History of the Development of Doctrine.* 5 vols. Chicago (IL) – London.
Perdue, Leo G. 1981. „Paraenesis and the Epistle of James". *ZNW* 72 (1981), 241–256.
Pereira, Norman G.O. 1975. *The Thought and Teachings of N.G. Černyševskij.* Den Haag – Paris.
Perez, Nissan N. (Hg.) 2003. *Corpus Christi. Christusdarstellungen in der Fotografie.* Heidelberg.
Peters, Jochen-Ulrich 1996. „Enttabuisierung und literarischer Funktionswandel". *Enttabuisierung. Essays zur russischen und polnischen Gegenwartsliteratur.* Hg. v. Jochen-Ulrich Peters u. German Ritz. Bern et al., 7–17.
Petri, Heinrich 1984. „Maria und die Ökumene". *Handbuch der Marienkunde.* Hg. v. Wolfgang Beinert u. Heinrich Petri. Regensburg, 315–359.
Petročenkov, Valerij V. 2002. *Drama Strastej Christovych (K.R. Car' Iudejskij).* Sankt-Peterburg.
Petrov, Sergej M. 1977. „Problema čeloveka i literatura socialističeskogo realizma" [Das Problem des Menschen und die Literatur des Sozialistischen Realismus]. *Koncepcija čeloveka v èstetike socialističeskogo realizma.* Hg. v. Lev G. Jakimenko. Moskva, 5–32.
Philipp, Werner 1973. „Heiligkeit und Herrschaft in der Vita Aleksandr Nevskijs". *Forschungen zur Osteuropäischen Geschichte* 18 (1973), 55–72.
Pičchadze, A.A. 2002. „Biblija. Perevody na cerkovnoslavjanskij jazyk" [Die Bibel. Übersetzungen ins Kirchenslavische]. *PÈ* 5 (2002), 139–147.
Pisarev, Dmitrij I 1955/56. *Sočinenija v 4-ch tt. [Werke in 4 Bdn.].* Moskva.
P'janych, M.F. 1995. „M. Gor'kij i sud nad Dostoevskim v sovetskoj literature 30-ch godov. Problema tragičeskogo" [M. Gor'kij und das Urteil über Dostoevskij in der russischen Literatur der 30er Jahre. Das Problem des Tragischen]. *Novyj vzgljad na M. Gor'kogo.* Moskva, 136–142.
Plasger, Georg 1993. *Die Not-Wendigkeit der Gerechtigkeit. Eine Interpretation zu Cur deus homo von Anselm von Canterbury.* Münster.
Platonov, Andrej P. 1980. „Pavel Korčagin". *Razmyšlenija čitatelja. Literaturnokritičeskie stat'i i recenzii.* Moskva, 58–71.

Plechanov, Georgij V. 1922/27. *Sočinenija [Werke].* 24 tt. Moskva.
- 1997. „O tak nazyvaemych religioznych iskanijach v Rossii. Stat'ja vtoraja (otryvok)" [Zum so genannten religiösen Suchen in Russland. Zweiter Aufsatz (Auszüge)]. *Maksim Gor'kij. pro et contra. Ličnost i tvorčestvo Maksima Gor'kogo v ocenke myslitelej i issledovatelej 1890-1910-e gg.* Hg. v. Jurij V. Zobnin. Sankt-Peterburg, 798–811.
Plessner, Helmuth 1965. *Die Einheit der Sinne. Grundlinien einer Aesthesiologie des Geistes.* Bonn.
Plett, Heinrich F. 1992. „Das Paradoxon als rhetorische Kategorie". *Das Paradox. Eine Herausforderung des abendländischen Denkens.* Hg. v. Paul Geyer u. Roland Hagenbüchle. Tübingen, 89–104.
Pliukhanova, Maria 1993. „Tradicionnost' i unikal'nost' sočinenij Avvakuma v svete tradicii Tret'ego Rima" [Traditionalität und Originalität der Werke Avvakums im Lichte der ‚Drittes-Rom'-Tradition]. *Slavic Culture in the Middle Ages.* Hg. v. Boris M. Gasparov u. Olga Raevksy-Hughes. Berkeley (CA), 297–327.
Pobedonoscev, Konstantin P. 1996. *Sočinenija [Werke].* Sankt-Peterburg.
Podskalsky, Gerhard 1982. *Christentum und theologische Literatur in der Kiever Rus' (988–1237).* München.
- 1999. „Mönch und Tod in Byzanz". *Monastyrskaja kul'tura. Vostok i zapad.* Hg. v. Evgenij G. Vodolazkin (Serie: Al'manach *Kanun.* Priloženie). Sankt-Peterburg, 221–227.
Pöhlmann, Wolfgang 1986. „Herrscherkult II. Neues Testament und Alte Kirche bis Konstantin". *TRE* 15, 248–253.
Pörzgen, Yvonne 2008. *Drogen in der russischen und polnischen Gegenwartsliteratur.* Köln et al.
Poljakov, Fedor 2001. „Aleksej Remizov i *Žitie* protopopa Avvakuma. Vossozdanie teksta kul'tury v ėmigracii" [Aleksej Remizov und die *Vita* des Protopopen Avvakum. Die Wiederherstellung des kulturellen Textes in der Emigration]. *Gedächtnis und Phantasma. Festschrift für Renate Lachmann.* Hg. v. Susi K. Frank et al. München, 64–71.
Pollack, Detlef 2003. *Säkularisierung – ein moderner Mythos? Studien zum religiösen Wandel in Deutschland.* Tübingen.
Pomazanskij, Michail 1953. *Pričtenie k liku svjatych v pravoslavnoj cerkvi [Heiligsprechung in der orthodoxen Kirche].* Jordanville (NY) (Ndr.).
Pomeranc, Grigorij 1995. „Razrušitel'nye tendencii v russkoj kul'ture" [Zerstörerische Tendenzen in der russischen Kultur]. *Novyj mir* 8 (1995), 131–142.
Pomper, Philip 1978. „Nečaev, Lenin, and Stalin: The Psychology of Leadership". *Jahrbücher für Geschichte Osteuropas* 26 (1978), 11–30.
Popkes, Wiard 1995. „Paränese I. Neutestamentlich". *TRE* 25, 737–742.
Poppenberg, Gerhard 2003. *Psyche und Allegorie. Studien zum spanischen* auto sacramental *von den Anfängen bis zu Calderón.* München.
Porter, Robert 1994. *Russia's Alternative Prose.* Oxford – Providence (RI).
Portjannikov, V.A. 2001. *Nemecko-Russkij i Russko-Nemeckij slovar' Christianskoj leksiki. Deutsch-Russisches und Russisch-Deutsches Wörterbuch der Christlichen Lexik.* Nižnij Novgorod.
Poslanija 1943. *Poslanija k kliru i verujuščim Russkoj Pravoslavnoj cerkvi [Botschaften an den Klerus und die Gläubigen der Russischen Orthodoxen Kirche].* Moskva.

Pospelovskij, Dmitrij V. 1995. *Russkaja pravoslavnaja cerkov' v XX veke [Die russische orthodoxe Kirche im 20. Jahrhundert].* Moskva.
- (Pospielovsky, Dmitry) 1997. „Kanonisierung – politisch motiviert". *G2W* 5 (1997), 28f.
Post, Paul 2001. „The Creation of Tradition: Rereading and Reading beyond Hobsbawm". *Religious Identity and the Invention of Tradition: Papers Read at a Noster Conference in Soesterberg, January 4–6, 1999.* Hg. v. Jan Willem van Henten u. Anton Houtepen. Assen, 41–59.
Post, Regnerus R. 1968. *The Modern Devotion: Confrontation with Reformation and Humanism.* Leiden.
Power, David N. OMI 2005. *Love Without Calculation: A Reflection on Divine Kenosis.* New York.
Poyntner, Erich 2005. *Der Zerfall der Texte. Zur Struktur des Hässlichen, Bösen und Schlechten in der russischen Literatur des 20. Jahrhunderts.* Frankfurt a.M. et al.
Press-konferencii 2004. „Press-konferencii" [Pressekonferenzen]. *Tekuščaja chronika* 18.08.2004. Veröffentl. v. Municipal Press. http://www. mpress.ru/pk180804.htm. Zugriff 18.05.2009.
Prigov, Dmitrij A. 1994. „Manifesty" [Manifeste]. *WSA* 34 (1994), 293–341.
- 2003. „Kak zakaljalas' stal'. Vot Pavel Korčagin na belom kone. Ubit, no ne tonet v vode i v ogne. Ne gorit" [Wie der Stahl gehärtet wurde. Pavel Korčagin auf weißem Ross. Ermordet, aber Wasser und Feuer können ihm nichts anhaben]. *Ogonek* 4783 (4/2003); http://www.ogoniok/ win/200304/04-48-48.html. Zugriff 10.10. 2004.
Prochorov, G.S. 2001. „Motivy ‚vina' i ‚angelov' v poème Ven. Erofeeva *Moskva-Petuški"* [Die Motive ‚Alkohol' und ‚Engel' in Ven. Erofeevs Poem *Moskau-Petuški*]. *Motiv vina v literature.* Hg. v. Ju.V. Domanskij. Tver', 128–131.
Propp, Vladimir Ja. 1998. *Sobranie trudov. Morfologija (volšebnoj) skazki. Istoričeskie korni volšebnoj skazki [Gesammelte Werke. Die Morphologie des (Zauber-)Märchens. Die historischen Wurzeln des Zaubermärchens].* Moskva.
Proslavlenie 2000. *Proslavlenie svjatych na Jubilejnom Archierejskom Sobore [Heiligsprechungen auf der Jubiläums-Bischofsversammlung].* http://www.russian-orthodox-chruch.org.ru/s2000r07.htm. Zugriff 16.08.2000.
Pryszmont, Jan 1982. „Christus im Leben des Christen nach Feofan dem Klausner". *Unser ganzes Leben Christus unserem Gott überantworten. Studien zur ostkirchlichen Spiritualität. Fairy von Lilienfeld zum 65. Geburtstag.* Hg. v. Peter Hauptmann. Göttingen, 371–383.
Pryžov, Ivan 1996. *26 moskovskich prorokov, jurodivych, dur i durakov i drugie trudy po russkoj istorii i ètnografii [26 Moskauer Propheten, Gottesnarren, Närrinnen und Narren und andere Arbeiten zur russischen Geschichte und Ethnografie].* Sankt-Peterburg – Moskva.
Puškin, Aleksandr S. 1937/59. *Polnoe sobranie sočinenij [Sämtliche Werke].* Moskva – Leningrad.
Puttenham, George 1589. *The Arte of English Poetry: Contriued into Three Bookes: The First of Poets and Poesie, the Second of Proportion, the Third of Ornament.* London (Ndr. 1869).

Pyper, Hugh S. 1998. „The Selfish Text: The Bible and Memetics". *Biblical Studies, Cultural Studies: The Third Sheffield Colloquium.* Hg. v. J. Cheryl Exum u. Stephen D. Moore. Sheffield, 70–90.

Quintilian 1972. *Institutionis oratoriae libri XII. Ausbildung des Redners. Zwölf Bücher.* Hg. u. übers. v. Helmut Rahn. 2 Bde. Darmstadt.

Rabelais, François 1928. *Œuvres en français moderne [Werke in modernem Französisch].* Paris.

Rancière, Jacques 1987. *Le maître ignorant. Cinq leçons sur l'émancipation intellectuelle [Der unwissende Meister. Fünf Vorlesungen zur geistigen Emanzipation].* Paris.

Rančin, Andrej M. 1995. „Knjaz'-strastoterpec v slavjanskoj agiografii" [Fürsten als Leidensdulder in der slavischen Hagiografie]. *Čelovek v kontekste kul'tury. Slavjanskij mir.* Hg. v. Inessa I. Svirida. Moskva, 39–52.

Rancour-Laferriere, Daniel 1995. *The Slave Soul of Russia: Moral Masochism and the Cult of Suffering.* New York – London.

– 2000. *Russian Nationalism from an Interdisciplinary Perspective: Imagining Russia.* Lewiston (NY) et al.

– 2005. *Tradicija počitanija ikon Bogomateri v Rossii glazami amerikanskogo psichoanalitika/The Joy of All Who Sorrow: Icons of the Mother of God in Russia.* Moskva.

Rappaport, Roy A. 1999. *Ritual and Religion in the Making of Humanity.* Cambridge.

Rasskazova, Tat'jana; Sorokin, Vladimir 1992. „Tekst kak narkotik" [Der Text als Droge]. *Vladimir Sorokin.* Moskva, 119–126.

Reckwitz, Andreas 2000. *Die Transformation der Kulturtheorien. Zur Entwicklung eines Theorieprogramms.* Weilerswist.

Reich, K. Helmut 1990. „The Chalcedonian Definition: An Example of the Difficulties and the Usefullness of Thinking in Terms of Complementarity?" *Journal of Psychology and Theology* 18,2 (1990), 148–157.

<Reimarus> Herrmann, Samuel ^{5}1895. *Fragmente des Wolfenbüttelschen Ungenannten.* Berlin.

Reimer, A. James 1995. „Tillich's Christology in Light of Chalcedon". *The Theological Paradox: Interdisciplinary Reflexions on the Centre of Paul Tillich's Thought. Das theologische Paradox. Interdisziplinäre Reflexionen zur Mitte von Paul Tillichs Denken.* Hg. v. Gert Hummel. Berlin – New York, 122–140.

Reinhardt, Klaus 2003. „Der Mensch: zweiter Gott – Bild Gottes – Gottmensch. Ein Vergleich zwischen Vladimir Solov'ev und Nikolaus von Kues". *Vladimir Solov'ev und Friedrich Nietzsche. Eine deutsch-russische kulturelle Jahrhundertbilanz.* Hg. v. Urs Heftrich u. Gerhard Ressel. Frankfurt a.M. et al., 325–340.

Remizov, Aleksej M. 1909. „Pis'mo v redakciju" [Brief an die Redaktion]. *Zolotoe runo* 7–9 (1909), 145–148.

– 1910/12. *Sočinenija [Werke].* Sankt-Peterburg (Ndr. München 1971).

Remizova, Marija Stanislavovna 1995. „Roman umer, da zdravstvuet Sorokin?" [Roman ist tot, es lebe Sorokin?]. *Literaturnaja gazeta* 15.02.1995, 4.

Rengstorf, Karl H. 1990. „doũlos […]" [Sklave (…)]. *ThWNT* 2, 264–283.

Riches, John K. 1994. „Nachfolge Jesu III. Von der Reformation bis zur Gegenwart". *TRE* 23, 691–701.

Ritschl, Albrecht 1874. *Die christliche Lehre von der Rechtfertigung und Versöhnung.* Bd. 3. *Die positive Entwicklung der Lehre.* Bonn.

– 1881. *Theologie und Metaphysik. Zur Verständigung und Abwehr.* Bonn.

Rjurikov, Boris S. 1961. *N.G. Černyševskij. Kritiko-biografičeskij očerk [N. G. Černyševskij. Eine biografisch-kritische Skizze].* Moskva.

Robin, Régine 1992. *Le Réalisme socialiste. Une esthétique impossible.* Engl. zit. n.: *Socialist Realism: An Impossible Aesthetic.* A.d. Frz. v. Catherine Porter. Stanford (CA).

Röhrig, Floridus 2005. „Vom Siegeskreuz zum Schmerzensmann. Der Wandel der Kruzifixdarstellung im 13. Jahrhundert". *Kreuz und Kruzifix. Zeichen und Bild.* Hg. v. Peter Steiner. Lindenberg, 66–68.

Röhrig, Hermann-Josef 1996. „Kenosis". *LTK*³ 5, 1394–1398.

– 1997. „Die Bewahrung und Entfaltung des Kenosisgedankens in der russischen Orthodoxie". *Unterwegs zum einen Glauben. Festschrift für Lothar Ullrich zum 65. Geburtstag.* Hg. v. Wolfgang Beinert. Leipzig, 489–500.

– 2000a. *Kenosis. Die Versuchungen Jesu Christi im Denken von Michail M. Tareev.* Leipzig.

– 2000b. „Stände Christi". *LTK*³ 9, 926f.

– 2005. „Michail Tareev. Die kenotische Theologie des ‚Doctor exinanitionis' im Schnittpunkt östlichen und westlichen Denkens". *Russische Religionsphilosophie und Theologie um 1900.* Hg. v. Karl Pinggéra. Marburg, 153–170.

– 2006. „Zum Begriff ‚Kenosis' in der russischen Theologie". *Russische Begriffsgeschichte der Neuzeit. Beiträge zu einem Forschungsdesiderat.* Hg. v. Peter Thiergen. Köln et al., 319–332.

Rogozjanskij, A. (Hg.) 2000. *Evangelie i Apostol na raznye slučai i na vsjakij den' [Evangelium und Apostolos für verschiedene Anlässe und für den Allag].* Sankt-Peterburg.

Roll, Serafima; Sorokin, Vladimir 1996. „Literatura kak kladbišče stilističeskich nachodok. Interv'ju" [Literatur als Friedhof für stilistische Einfälle. Ein Interview]. *Postmodernisty o postkul'ture. Interv'ju s sovremennymi pisateljami i kritikami.* Hg. v. Serafima Roll. Moskva, 199–130.

Romanenko, Andrej P. 2003. *Obraz ritora v sovetskoj slovesnoj kul'ture. Učebnoe posobie [Das Bild des Rhetors in der sowjetischen Kultur. Lehrbuch].* Moskva.

Romaniuk, Radosław 2007. „Święty Wieniczka. O *Moskwie-Pietuszki* Wieniedikta Jerofiejewa. Próba hermeneutyczna" [Der heilige Venička. Über Venedikt Erofeevs *Moskau-Petuški.* Ein Interpretationsversuch]. *Czytane na nowo. Proza obca a współczesne orientacje w badaniach literackich.* Hg. v. Mieczysław Dąbrowski u. Magdalena Kliszcz. Warszawa, 102–126.

Romanov, Boris N. (Hg.) 2001. *Christos v russkoj poèzii XVII–XX vv. [Christus in der russischen Lyrik des 17. bis 20. Jahrhunderts].* Moskva.

Rose, Karl 1952. *Predigt der russisch-orthodoxen Kirche. Wesen – Gestalt – Geschichte.* Berlin.

Rosenholm, Arja 1999. *Gendering Awakening: Femininity and the Russian Woman Question of the 1860s.* Helsinki.

Rosenkranz, Karl 1853. *Aesthetik des Häßlichen.* Königsberg.

Rosenthal, Bernice G. 2003. „Orthodox Christianity and Nietzsche: Elective Affinities". *Vladimir Solov'ev und Friedrich Nietzsche. Eine deutsch-russische kulturelle Jahrhundertbilanz.* Hg. v. Urs Heftrich u. Gerhard Ressel. Frankfurt a.M. et al., 213–222.
Rothacker, Erich 1955. „Geleitwort". *Archiv für Begriffsgeschichte* 1 (1955), 5–9.
Rothe, Hans 2000. *Was ist „altrussische Literatur"?.* Wiesbaden.
– 2002. „Sakrale Grundlagen der slavischen Literaturen". *Sakrale Grundlagen slavischer Literaturen.* Hg. v. Hans Rothe. München, 1–26.
– (Hg.) 2003. *Gottesdienstmenäum für den Monat Februar.* Teil 1. *1. bis 9. Februar.* Paderborn et al.
Rozanov, Vasilij V. 1997. „Ob odnom zabytom čeloveke (Propuščennyj jubilej)" [Über einen Vergessenen (ein versäumtes Jubiläum)]. *Archimandrit Feodor (A.M. Bucharev). pro et contra. Ličnost' i tvorčestvo archimandrita Feodora (Buchareva) v ocenke russkich myslitelej i issledovatelej.* Hg. v. Boris F. Egorov, Nikolaj V. Serebrennikov u. A.P. Dmitriev (Serie: *Russkij put'*). Sankt-Peterburg, 549–552.
Roždestvenskaja, M.V. 2003. „Put' k svjatosti. Drevnerusskie opisanija raja i Svjatoj Zemli" [Der Weg zur Heiligkeit. Die altrussischen Beschreibungen des Paradieses und des Heiligen Landes]. *Semiotics of Pilgrimage.* Hg. v. Wolf Moskovich u. Samuel Schwarzband. Jerusalem, 27–32.
Rozova, L.V. 1951. *Roman N. Ostrovskogo Kak zakaljalas' stal' [N. Ostrovskijs Roman Wie der Stahl gehärtet wurde].* Moskva.
Rozysk 1858. „Rozysk ili spisok o bogochulnych strokach i o sumnenii svjatych ikon Diaka Ivana Michajlova syna Viskovatago, v leto 7062" [Untersuchung bzw. Dokument über die gotteslästerlichen Zeilen und das Anzweifeln der heiligen Ikonen durch den D'jaken Ivan Michajlov, den Sohn des Viskovatyj, im Jahr 7062]. Hg. v. Osip M. Bodjanskij. *Materialy slavjanskie* III/*Čtenija v imp. obščestve istorii i drevnostej Rossijskich" pri Moskovskom universitete* 2 (1858), 1–42.
Rubina, Natal'ja; Severskij, Andrej 2003. *Russkie jurodivye i blažennye [Die russischen Christusnarren und geistig Armen].* Čeljabinsk.
Rudenko, Jurij K. 1989. *Černyševskij-romanist i literaturnye tradicii [Der Romancier Černyševskij und die literarischen Traditionen].* Leningrad.
Rudi, Tat'jana 2003. „Imitatio Christi". *WdS* 48 (2003), 123–134.
Rücker, Adolf 1938. „Die feierliche Kniebeugungszeremonie an Pfingsten in den orientalischen Riten". *Heilige Überlieferung. Ausschnitte aus der Geschichte des Mönchtums und des heiligen Kultes.* Hg. v. Odo Casel. Münster, 193–211.
Rupp, George 1974. *Christologies and Cultures: Toward a Typology of Religious Worldviews.* Den Haag – Paris.
Ruppert, Fidelis 1971. *Das pachomianische Mönchtum und die Anfänge klösterlichen Gehorsams.* Münsterschwarzach.
Rusch, Gebhard 1987. *Erkenntnis, Wissenschaft, Geschichte. Von einem konstruktivistischen Standpunkt.* Frankfurt a.M.
<Rusakova> Russakowa, Alla A. 1990. *Michail Nesterow.* Leningrad.
Ryan-Hayes, Karen L. 1995. *Contemporary Russian Satire: A Genre Study.* Cambridge.
– 1997. „Introduction". *Venedikt Erofeev's Moscow-Petushki: Critical Perspectives.* Hg. v. Karen L. Ryan-Hayes. New York et al., 1–17.
Ryklin, Michail K. 1992. *Terrorologiki [Terrorologiken].* Tartu – Moskva.

– 1998. „Medium i avtor. O tekstach Vladimira Sorokina" [Das Medium und der Autor. Zu den Texten von Vladimir Sorokin]. In: Vladimir Sorokin: *Sobranie sočinenij v 2-ch tt.* t. 1. Moskva, 737–751.
– 2002. „Polittechnologen". *Lettre International* 58 (2002), 112.
– 2003a. *Räume des Jubels. Totalitarismus und Differenz. Essays.* Frankfurt a.M.
– 2003b. *Verschwiegene Grenze. Briefe aus Moskau.* Berlin – Zürich.
– 2008. *Kommunismus als Religion. Die Intellektuellen und die Oktoberrevolution.* Frankfurt a.M.
Ryleev, Kondratij F. 1987. *Sočinenija [Werke].* Leningrad.

Sadnik, Linda (Hg.) 1967/83. *Des Hl. Johannes von Damaskus* Ekthesis akribēs tēs orthodoxu pisteōs. *In der Übersetzung des Exarchen Johannes.* Bd. 1 Wiesbaden 1967; Bd. 2–4 Freiburg i. Br. 1981–1983.
<Šalamov, Varlam T.> Schalamow, Warlam 1983. *Geschichten aus Kolyma.* A.d. Russ. v. Annelore Nitschke u. Anton Manzella. Frankfurt a.M. et al.
– 2004. *Kolymskie rasskazy [Erzählungen aus Kolyma].* Ekaterinburg.
Šalina, Irina A. 2002. „Ikona *Christos v grobe* i nerukotvornyj obraz na Konstantinopol'skoj plaščanice". http://www.pravoslavie.ru/sretmon/ turin/hristosvgrob.htm. Zugriff 08.12.2004.
– 2005. *Relikvii v vostočnochristianskoj ikonografii [Reliquien in der ostkirchlichen Ikonografie].* Moskva.
Salmon, Benedikt 2001. Rez.: „Karen L. Ryan-Hayes (ed.): Venedikt Erofeev's *Moscow-Petushki*: Critical Perspectives. New York 1997; Neil Stewart: ,Vstan' i vspominaj'. Auferstehung als Collage in Venedikt Erofeevs *Moskva-Petuški*. Frankfurt a.M. 1999". *WdS* 46,1 (2000), 192–194.
de Santos Otero, Aurelio 1978. *Die handschriftliche Überlieferung der alt-slavischen Apokryphen.* Bd. 1. Berlin – New York.
Šapošnikov, Vladimir N. 2000. *Chuligany i chuliganstvo v Rossii. Aspekt istorii i literatury XX veka [Hooligans und Rowdytum in Russland. Ein Aspekt der Geschichte und Literatur des 20. Jahrhunderts].* Moskva.
Sarkisyanz, Emmanuel 1955. *Rußland und der Messianismus des Orients. Sendungsbewußtsein und politischer Chiliasmus des Ostens.* Tübingen.
Sasse, Sylvia 1999. „Gift im Ohr. Beichte – Geständnis – Bekenntnis in Vladimir Sorokins Texten". *Poetik der Metadiskursivität. Zum postmodernen Prosa-, Film- und Dramenwerk von Vladimir Sorokin.* Hg. v. Dagmar Burkhart. München, 127–137.
– 2001. „Fiktive Geständnisse. Danilo Kišs konspirative Poetik und die Verhöre der Moskauer Schauprozesse". *Poetica* 33,1/2 (2001), 215–252.
– 2009. *Wortsünden. Beichten und Gestehen in der russischen Literatur.* München.
Sasse, Sylvia; Schramm, Caroline 1997. „Totalitäre Literatur und subversive Affirmation". *WdS* 42,2 (1997), 306–327.
Savramis, Demosthenes 1989. „Die kultursoziologische Bedeutung des byzantinischen Mönchtums". *OF* 3 (1989), 57–64.
Ščapov, Jaroslav N. 1978. *Vizantijskoe i južnoslavjanskoe pravovoe nasledie na Rusi v XI–XIII vv. [Das byzantinische und südslavische Rechtserbe in der Rus' im 11. bis 13. Jahrhundert].* Moskva.

Ščerbina, Vladimir R. 1980. *Revoljucionno-demokratičeskaja kritika i sovremennost'. Belinskij – Černyševskij – Dobroljubov [Die revolutionär-demokratische Literaturkritik und die Gegenwart. Belinskij – Černyševskij – Dobroljubov].* Moskva.

Schahadat, Schamma (Hg.) 1998. *Lebenskunst – Kunstleben. Žiznetvorčestvo v russkoj kul'ture XVIII–XX vv. [Lebensschaffen in der russischen Kultur des 18.–20. Jahrhunderts].* München.

Schaffner, Otto 1959. *Christliche Demut. Des Hl. Augustinus Lehre von der Humilitas.* Würzburg.

Schenk, Frithjof Benjamin 2004. *Aleksandr Nevskij. Heiliger – Fürst – Nationalheld. Eine Erinnerungsfigur im russischen kulturellen Gedächtnis (1263–2000).* Köln et al.

Scherrer, Jutta 1976/77. „Intelligentsia, religion, révolution. Premières manifestations d'un socialisme chrétien en Russie. 1905–1907" [Intelligenzija, Religion und Revolution. Das erste Auftreten eines christlichen Sozialismus in Russland. 1905–1907]. *Cahiers du Monde russe et soviétique* 27, 4 (1976), 427–466; 28, 1/2 (1977), 5–32.

Schilson, Arno 1996. „Jesus Christus II. Theologie- u. dogmengeschichtlich – III. Systematisch-theologisch". *LTK*³ 5, 815–834.

Schleiff, Thomas 1980. *Gottesgedanke, Freiheitsbewußtsein und Säkularisierung. Untersuchungen zu Richard Rothe, Hermann Cohen und Friedrich Gogarten.* Diss. Göttingen.

Schlie, Heike 2002. *Bilder des Corpus Christi. Sakramentaler Realismus von Jan van Eyck bis Hieronymus Bosch.* Berlin.

Schlieben-Lange, Brigitte 1975. *Linguistische Pragmatik.* Stuttgart et al.

Schmalenberg, Erich 1981. *Tötende Gewalt. Eine theologisch-ethische Studie.* Frankfurt a.M. – Bern.

Schmid, Ulrich 2000. *Ichentwürfe. Die russische Autobiographie zwischen Avvakum und Gercen.* Zürich.

Schmid, Wilhelm 1998. „Das Leben als Kunstwerk. Versuch über Kunst und Lebenskunst". *Kunstforum international* 142 (Okt.–Dez. 1998), 72–79.

Schmidt, Christoph 2009. *Gemalt für die Ewigkeit. Geschichte der Ikonen in Russland.* Köln et al.

Schmidt, Wolf-Heinrich 2002. „Mittelalter". *Russische Literaturgeschichte.* Hg. v. Klaus Städtke. Stuttgart – Weimar, 1–62.

Schmitt, Carl ⁵1990. *Politische Theologie. Vier Kapitel zur Lehre von der Souveränität.* Bd. 1. Berlin.

Schmitz, Bertram 1995. „Das christologische Paradox und seine Transformation in die Sprache der Symbole". *The Theological Paradox: Interdisciplinary Reflexions on the Centre of Paul Tillich's Thought. Das theologische Paradox. Interdisziplinäre Reflexionen zur Mitte von Paul Tillichs Denken.* Hg. v. Gert Hummel. Berlin – New York, 162–172.

Schnädelbach, Herbert 2000. „Der Fluch des Christentums. Die sieben Geburtsfehler einer alt gewordenen Weltreligion. Eine kulturelle Bilanz nach zweitausend Jahren". *Die Zeit* 11.05.2000.

Schneider, Cornelius 2004. *Mel Gibson und* The Passion of The Christ. *Die Passion Christi. Der Film. Die Hintergründe.* Düsseldorf.

Schnell, Uwe 1968. *Die homiletische Theorie Philipp Melanchthons.* Berlin – Hamburg.

Schönborn, Christoph OP 1984. *Die Christus-Ikone. Eine theologische Hinführung.* Schaffhausen.

Schollmeyer, Chrysologus OFM (Hg.) ²1962. *Die Ostkirche betet. Hymnen aus den Tagzeiten der byzantinischen Kirche.* Bd. 1. *Vorfastenzeit. Erste bis dritte Fastenwoche.* Münster.

– ²1963. *Die Ostkirche betet. Hymnen aus den Tagzeiten der byzantinischen Kirche.* Bd. 2. *Vierte bis sechste Fastenwoche. Die Heilige Woche.* Münster.

Schoonenberg, Piet J.A.M. SJ 1966a. „Kenosis". *Concilium* 2 (1966), 24–33.

– 1966b. „Christus zonder tweeheid?" [Christus ohne Zweiheit?]. *Tijdschrift voor theologie* 6 (1966), 289–306.

Schorn, Ludwig 1832. „Nachricht über ein neugriechisches Malerbuch". *Morgenblatt für gebildete Stände. Kunst-Blatt* 13, 1 (1832), 1–19.

Schrage, Wolfgang 1961. *Die konkreten Einzelgebote in der paulinischen Paränese. Ein Beitrag zur neutestamentlichen Ethik.* Gütersloh.

Schreier, Hildegund 1977. *Gogol's religiöses Weltbild und sein literarisches Werk. Zur Antagonie zwischen Kunst und Tendenz.* München.

Schreiner, Peter 1995. „Die byzantinische Missionierung als politische Aufgabe. Das Beispiel der Slaven". *ByzSlav* 56 (1995), 525–533.

Schröder, Richard 2004. „Dankbarkeit ist nicht nihilistisch. Antwort auf Gianni Vattimos *Christentum im Zeitalter der Interpretation*". In: Gianni Vattimo; Richard Schröder; Ulrich Engel: *Christentum im Zeitalter der Interpretation.* Wien, 33–39.

Schröer, Henning 1960. *Die Denkform der Paradoxalität als theologisches Problem. Eine Untersuchung zu Kierkegaard und der neueren Theologie als Beitrag zur theologischen Logik.* Göttingen.

– 1989. „Kierkegaard". *TRE* 18, 138–155.

– 1992. „Das Paradox als Kategorie systematischer Theologie". *Das Paradox. Eine Herausforderung des abendländischen Denkens.* Hg. v. Paul Geyer u. Roland Hagenbüchle. Tübingen, 61–70.

– 1995. „Paradox II. Theologisch". *TRE* 25, 731–737.

Schuller, Marianne 1990. *Im Unterschied. Lesen, Korrespondieren, Adressieren.* Frankfurt a.M.

Schulte, Christoph 1988. *radikal böse. Die Karriere des Bösen von Kant bis Nietzsche.* München.

Schultze, Bernhard SJ 1948. „Chomjakows Lehre über die Eucharistie". *Orientalia Christiana Periodica* 14 (1948), 138–161.

– 1950. *Russische Denker. Ihre Stellung zu Christus, Kirche und Papsttum.* Wien.

– ⁵1979. „Chalkedon in der neuen russischen Theologie". *Das Konzil von Chalkedon. Geschichte und Gegenwart.* Bd. 3. *Chalkedon heute.* Hg. v. Aloys Grillmeier SJ u. Heinrich Bacht SJ Würzburg, 719–763.

– 1984. „Hauptthemen der neueren russischen Theologie". *Handbuch der Ostkirchenkunde.* Hg. v. Wilhelm Nyssen, Hans-Joachim Schulz u. Paul Wiertz. Bd. 1. Düsseldorf, 321–392.

Schulz, Anselm 1962. *Nachfolgen und Nachahmen. Studien über das Verhältnis der neutestamentlichen Jüngerschaft zur urchristlichen Vorbildethik.* München.

Schulz, Christiane 2006. „Zur Sprache einer Ethik der Entsagung". *Russische Begriffsgeschichte der Neuzeit. Beiträge zu einem Forschungsdesiderat.* Hg. v. Peter Thiergen. Köln et al., 411–434.

Schulz, Hans-Joachim 1971. „Liturgie, Tageszeiten und Kirchenjahr des byzantinischen Ritus". *Handbuch der Ostkirchenkunde.* Hg. v. Endre von Ivánka, Julius Tyciak u. Paul Wiertz. Düsseldorf, 332–385.

– ²1980. *Die Byzantinische Liturgie. Glaubenszeugnis und Symbolgestalt.* Trier.

– 1989a. „Die ältesten liturgischen Überlieferungen des Ostens. Ihre theologische Bedeutsamkeit und ihr Fortwirken in der Orthodoxie und in den altorientalischen Kirchen". *Handbuch der Ostkirchenkunde.* Hg. v. Wilhelm Nyssen, Hans-Joachim Schulz u. Paul Wiertz. Bd. 2. Düsseldorf, 3–29.

– 1989b. „Liturgie, Tageszeiten und Kirchenjahr des byzantinischen Ritus". *Handbuch der Ostkirchenkunde.* Hg. v. Wilhelm Nyssen, Hans-Joachim Schulz u. Paul Wiertz. Bd. 2. Düsseldorf, 30–100.

von Schulz, Otto 1998. „Russkij Christos" [Der russische Christus]. *Evangel'skij tekst v russkoj literature XVIII–XX vekov. Citata, reminiscencija, motiv, sjužet, žanr. Vyp. 2.* Petrozavodsk, 31–41.

Schumacher, Heinrich 1914/21. *Christus in seiner Präexistenz und Kenose nach Phil 2,5–8.* 2 Bde. Rom.

Schweizer, Eduard 1987. „Jesus Christus I". *TRE* 16 (1987), 671–726.

Ščukin, Vasilij 2000. „‚Položitel'naja ljubov'' N.G. Černyševskogo" [Die „positive Liebe" bei N.G. Černyševskij]. *Idee pozytywizmu w piśmiennictwie rosyjskim.* Hg. v. Barbara Olaszek. Łódź, 103–120.

Searle, John R. 1971. *Speech Acts: An Essay in the Philosophy of Language.* Dt. zit. n.: *Sprechakte. Ein sprachphilosophischer Essay.* A.d. Engl. v. Renate u. Rolf Wiggershaus. Frankfurt a.M.

– 1977. „Reiterating the Differences: A Reply to Derrida ". *Glyph* 1 (1977), 198–208.

Sedakova, Ol'ga 1991. „Neskazannaja reč' na večere Venedikta Erofeeva" [Eine nicht gehaltene Rede auf einem Venedikt-Erofeev-Abend]. *Družba narodov* 12 (1991), 264f.

– 1998. „Pir ljubvi na ‚Šest'desjat pjatom kilometre', ili Ierusalim bez Afin" [Das Liebesmahl am Kilometer 65, oder Jerusalem ohne Athen]. *Russkie piry.* Hg. v. Andrej Šiškin. Sankt-Peterburg, 353–364.

– 2008. *Slovar' trudnych slov iz bogosluženija. Cerkovnoslavjansko-russkie paronimy [Wörterbuch schwieriger Wörter aus dem Gottesdienst. Kirchenslavisch-russische Paronyme].* Moskva.

Schaff, David S.; Schaff, Philip 1909. „Christology". *The New Schaff-Herzog Encyclopedia.* vol. 3. New York et al., 49–63.

Seemann, Klaus-Dieter 1976. *Die altrussische Wallfahrtsliteratur. Theorie und Geschichte eines literarischen Genres.* München.

– 1984. „Lesen und Schreiben im alten Rußland". *Gattungsprobleme der älteren slavischen Literaturen.* Hg. v. Wolf-Heinrich Schmidt. Wiesbaden, 257–276.

Seide, Gernot 1983. *Geschichte der Russischen Orthodoxen Kirche im Ausland von der Gründung bis in die Gegenwart.* Wiesbaden.

– 2000. „Predigt. Zum Gedenken an die Kaiserlichen Neumärtyrer Röm 8,28–39". *Bote der Deutschen Diözese der Russischen Orthodoxen Kirche im Ausland* 4 (2000), 25.

Seils, Martin 1976. „Kenose". *HWdPh* 4 (1976), 813–815.
Selig, Abraham Karl ²2001. *Die Kunst des Ikonenmalens. Ein Handbuch für Anfänger und Fortgeschrittene.* Innsbruck – Wien.
Semmelroth, Otto SJ 1950. „Gottes überwesentliche Einheit. Zur Gotteslehre des Pseudo-Dionysius Areopagita". *Scholastik* 25 (1950), 209–234.
Sepsjakova, I.P. 1998. „Christianskij ideal i postmodernizm" [Das christliche Ideal und die Postmoderne]. *Evangel'skij tekst v russkoj literature XVIII–XX vekov. Citata, reminiscencija, motiv, sjužet, žanr. Vyp. 2.* Petrozavodsk, 537–548.
Serdjučenko, Valerij L. 1999. *Dostoevskij i Černyševskij. Edinstvo krajnostej [Dostoevskij und Černyševskij. Die Einheit der Extreme].* L'viv et al.
Serežnikov, K. 1939. „Die Kenosis-Lehre Sergej Bulgakovs". *Kyrios* 4 (1939), 142–150.
Sergiev, Ioann I. ²1893/94. *Polnoe sobranie sočinenij [Sämtliche Werke].* 7 tt. Sankt-Peterburg (Ndr. 1991/94).
Serri, Estemio (Hg.) 2001. *L'arte dell'URSS [Die Kunst in der UdSSR].* Bologna.
Sesterhenn, Raimund 1982. *Das Bogostroitel'stvo bei Gor'kij und Lunačarskij bis 1909. Zur ideologischen und literarischen Vorgeschichte der Parteischule von Capri.* München.
Sevenster, Gerhard 1957. „Christologie I. Christologie des Urchristentums". *RGG*³ 1, 1745–1762.
Shakespeare, William 1916. *Complete Works in One Volume.* Leipzig.
Šilov, Aleksej 1926. „Pokušenie Karakozova 4 aprelja 1866 g." [Das Karakozov-Attentat vom 4. April 1866]. *Krasnyj Archiv* 17 (1926), 91–93.
Simmons, Cynthia 1993. *Their Father's Voice: Vassily Aksyonov, Venedikt Erofeev, Eduard Limonov, and Sasha Sokolov.* New York et al.
Sinicyna, Nina V. 2002. „Tipy monastyrej i russkij asketičeskij ideal (XV–XVI vv.)" [Die Typen von Klöstern und das russische asketische Ideal (15.–16. Jahrhundert)]. *Monašestvo i monastyri v Rossii. XI–XX veka.* Hg. v. Nina V. Sinicyna. Moskva, 116–149.
<Sinjavskij, Andrej D.> Terc, Abram 1967. „Čto takoe socialističeskij realizm" [Was ist sozialistischer Realismus?]. *Fantastičeskie povesti.* New York, 401–446.
– 1987. „Literaturnaja maska Alekseja Remizova" [Aleksej Remizovs literarische Maske]. *Aleksej Remizov. Approaches to a Protean Writer.* Hg. v. Greta N. Slobin. Columbus (OH), 25–39.
– 1990a. „Roman M. Gor'kogo *Mat'* – kak rannij obrazec socialističeskogo realizma" [M. Gor'kijs Roman *Die Mutter* als frühes Muster des Sozialistischen Realismus]. *Izbavlenie ot miražej. Socrealizm segodnja.* Hg. v. Evgenij A. Dobrenko. Moskva, 80–92.
– 1990b. *Ivan Durak. Russkaja narodnaja vera.* Dt. zit. n.: *Iwan der Dumme. Vom russischen Volksglauben.* A.d. Russ. v. Swetlana Geier. Frankfurt a.M.
– 2001. *Osnovy Sovetskoj Civilizacii [Die Grundlagen der Sowjetzivilisation].* Moskva.
Sinodik 1893. „Sinodik v nedelju pravoslavija" [Synodikon zum Sonntag der Orthodoxie]. Hg. v. Fedor I. Uspenskij. *Zapiski Imperatorskogo Novorossijskogo Universiteta* 59 (1893), Odessa, 407–446.
Širjanov, Bajan 2001. *Nizšij pilotaž [Die niedere Kunst des Fliegens].* Moskva.

Šiškin, Andrej 1998. „K literaturnoj istorii russkogo simposiona" [Zur Literaturgeschichte des russischen Symposiums]. *Russkie piry.* Hg. v. Andrej Šiškin. Sankt-Peterburg, 5–38.

Skaza, Aleksander 1981. „‚Pesnitev' *Moskva-Petuški* Venedikta Jerofejeva in tradicija Gogolja ter Dostojevskega" [Venedikt Erofeevs Poem *Moskau-Petuški* und die Tradition von Gogol' bis Dostoevskij]. *Slavistična Revija* 4 (1981), 589–596.

Šklovskij, Viktor B. 1926. *Udači i poraženija Maksima Gor'kogo [Maksim Gor'kijs Erfolge und Niederlagen].* Tiflis.

– 1969a. „Iskusstvo, kak priem/Die Kunst als Verfahren". *Russischer Formalismus. Texte zur allgemeinen Literaturtheorie und zur Theorie der Prosa.* Hg. v. Jurij Striedter. München, 2–35.

– 1969b. „Parodijnyj roman *Tristram Šendi* Sterna/Der parodistische Roman Sternes *Tristram Shandy*". *Russischer Formalismus. Texte zur allgemeinen Literaturtheorie und zur Theorie der Prosa.* Hg. v. Jurij Striedter. München, 244–299.

Skoropanova, Irina S. 1999. *Russkaja postmodernistskaja literatura. Učebnoe posobie dlja studentov filologičeskich fakul'tetov [Die russische postmoderne Literatur. Ein Lehrbuch für Philologiestudierende].* Moskva.

– ²2002. *Russkaja postmodernistskaja literatura. Novaja filosofija, novyj jazyk [Die russische postmoderne Literatur. Eine neue Philosophie und eine neue Sprache].* Sankt-Peterburg.

Slenczka, Notger 1999. „Erniedrigung". *RGG*⁴ 2, 1462f.

Slenczka, Reinhard 1980. „Lehre und Bekenntnis der Orthodoxen Kirche. Vom 16. Jahrhundert bis zur Gegenwart". *Handbuch der Dogmen- und Theologiegeschichte.* Bd. 2. *Die Lehrentwicklung im Rahmen der Konfessionalität.* Hg. v. Carl Andresen. Göttingen, 499–559.

Slonim, Marc L. 1972. *Soviet Russian Literature: Writers and Problems 1917–1967.* Dt. zit. n.: *Die Sowjetliteratur. Eine Einführung.* A.d. Engl. v. Heidrun Handke. Stuttgart.

Služba kabaku 1954. „Služba kabaku" [Die Kneipenmesse]. *Russkaja demokratičeskaja satira XVII veka.* Hg. v. Varvara P. Adrianova-Peretc. Moskva – Leningrad, 46–64.

Smirnov, Igor' P. 1983. „Das zitierte Zitat". *Dialog der Texte. Hamburger Kolloquium zur Intertextualität vom 3.–5. Juni 1982.* Hg. v. Wolf Schmid u. Wolf-Dieter Stempel, 273–290.

– 1987. „Scriptum sub specie sovietica" [Geschrieben unter sowjetischem Blickwinkel]. *Russian Language Journal* 41 (1987) 138/139, 115–138.

– 1992. „Die Evolution des Ungeheuren. Versuch über Jurij Mamleev". *Schreibheft* 40 (1992), 150–152.

– 1994a. *Psichodiachronologika. Psichoistorija russkoj literatury ot romantizma do našich dnej [Psychodiachronologik. Eine Psychogeschichte der russischen Literatur von der Romantik bis heute].* Moskva.

– 1994b. „O druz'jach... požariščach" [Von Freunden... und Bränden]. *NLO* 7 (1994), 285–289.

– 1995a. „Die Misswiedergeburt des Autors nach seinem postmodernen Tod". *Via Regia* April 1995, 48–52.

- 1995b. „Oskorbljajuščaja nevinnost'. O proze Vladimira Sorokina i samopoznanii" [Beleidigende Unschuld. Zur Prosa Vladimir Sorokins und zur Selbsterkenntnis]. *Mesto pečati* 7 (1995), 125–147.
- 1996. „Die Misswiedergeburt des Autors nach seinem postmodernen Tod". *Al'manach Kanun* 2. Sankt-Peterburg, 405–416.
- 1999a. „Der der Welt sichtbare und unsichtbare Humor Sorokins". *Poetik der Metadiskursivität. Zum postmodernen Prosa-, Film- und Dramenwerk von Vladimir Sorokin*. Hg. v. Dagmar Burkhart. München, 65–73.
- 1999b. *Homo homini philosophus. Čelovek čeloveku – filosof [Der Mensch ist dem Menschen ein Philosoph]*. Sankt-Peterburg.
- 2000. „Socrealizm. Antropologičeskoe izmerenie" [Die anthropologische Dimension des Sozrealismus]. *Socrealističeskij kanon*. Hg. v. <Hans Günther> Chans Gjunter u. Evgenij Dobrenko. Sankt-Peterburg, 17–30.
- 2008. „Literatura i sakral'noe. Istoričeskoe značenie agiografii (na vostočnoslavjanskom materiale)" [Die Literatur und das Sakrale. Die geschichtliche Bedeutung der Hagiografie (anhand ostslavischen Materials)]. *Wortkunst – Erzählkunst – Bildkunst. Festschrift für Aage A. Hansen-Löve*. München, 105–124.

Smirnov, Sergej I. 2004. *Drevnerusskij duchovnik [Der altrussische Beichtvater]*. Moskva.

Smirnova, E.A. 1990. „Venedikt Erofeev glazami gogoleveda" [Venedikt Erofeev, gelesen mit den Augen eines Gogol'-Forschers]. *Russkaja literatura* 3 (1990), 58–66.

Smirnova, L.N. 1995. „M. Gor'kij i V.I. Lenin. Razrušenie legendy" [M. Gor'kij und V.I. Lenin. Zerstörung einer Legende]. *M. Gor'kij i ego ėpocha. Materialy i issledovanija*. Moskva, 91–97.

- [2]2000. „Gor'kij i Lenin. Nakanune vojny i revoljucii" [Gor'kij und Lenin. Am Vorabend von Krieg und Revolution]. *M. Gor'kij. Neizdannaja perepiska s Bogdanovym, Leninym, Stalinym, Zinov'evym, Kamenevym, Korolenko*. Hg. v. S.V. Zaika et al. Moskva, 136–138.

Smith, Dennis 2001. *Norbert Elias and Modern Social Theory*. London et al.

Smolič, Igor' K. 1966. „Das Kirchenrecht der Russischen Orthodoxen Kirche". *Die Russische Orthodoxe Kirche in Lehre und Leben*. Hg. v. Robert Stupperich. Witten, 139–166.

- 1999. *Russkoe monašestvo 988–1917. Žizn' i učenie starcev [Das russische Mönchtum 988–1917. Leben und Lehre der Starzen]*. Moskva.

Smolickij, Viktor G. 1968. *Iz ravelina. O sud'be romana N.G. Černyševskogo Čto delat'? [Aus dem Ravelin. Zum Schicksal von N.G. Černyševskijs Roman Was tun?]*. Moskva.

Sofronova, Ljudmila A. 1995. „K istorii sovetskoj agiografii" [Zur Geschichte der sowjetischen Hagiografie]. *Znakomyj neznakomec. Socialističeskij realizm kak istoriko-kul'turnaja problema*. Hg. v. Natalija M. Kurennaja. Moskva, 91–99.

Sofsky, Wolfgang 1993. *Die Ordnung des Terrors. Das Konzentrationslager*. Frankfurt a.M.

Soldat, Cornelia 2001. *Urbild und Abbild. Untersuchungen zu Herrschaft und Weltbild in Altrußland. 11.–16. Jahrhundert*. München.

- 2003. „Der Text als Geste und die Geste des Textes. Zur Kreuzbewegung im *Slovo o zakone i blagodati* des Metropoliten Ilarion". *ZfSlPh* 62,1 (2003), 41–59.

12. Bibliografie

Söll, Georg 1984. „Maria in der Geschichte von Theologie und Frömmigkeit". *Handbuch der Marienkunde*. Hg. v. Wolfgang Beinert u. Heinrich Petri. Regensburg, 93–231.

Solov'ev, Gennadij A. ²1978. *Ėstetičeskie vozzrenija Černyševskogo [Černyševskijs ästhetische Ansichten]*. Moskva.

Solov'ev, Vladimir S. 1958. *Duchovnye osnovy žizni. 1882–1884 [Geistliche Grundlagen des Lebens]*. Bruxelles.

– ²1990. *Sočinenija v 2-ch tt. [Werke in 2 Bdn.]*. Moskva.

– 1994a. *Sočinenija [Werke]*. Moskva.

– 1994b. *O christanskom edinstve [Zur Einheit der Christenheit]*. Moskva.

Solženicyn, Aleksandr I. ⁶1964. *Odin den' Ivana Denisovica [Ein Tag des Ivan Denisovič]*. London.

– 1973/75. *ARCHIPELAG GULag. 1918–1956 [Archipel GULag. 1918–1956]*. 3 tt. Paris.

– (Alexander Solschenizyn) 1974/76. *Der Archipel GULAG*. A.d. Russ. v. Anna Peturnig u. Ernst Walter. 3 Bde. Bern – München.

– 1981. *Publicistika. Stat'i i reči [Publizistik. Aufsätze und Reden]*. Vermont – Paris.

Sorokin, Vladimir G. 1992a. *Ein Monat in Dachau*, Zürich.

– 1992b. „Zabintovannyj štyr'" [Der umwickelte Bolzen]. *Psychopoetik. Beiträge zur Tagung* Psychologie und Literatur. *München 1991*. Hg. v. Aage A. Hansen-Löve. Wien, 565–568.

– 1998. *Sobranie sočinenij v 2-ch tt. [Gesammelte Werke in 2 Bdn.]* Moskva.

– 2000. *Tridcataja ljubov' Mariny [Marinas 30. Liebe]*. http://vldmr.srkn.ru/texts/marina.part1.shtml. Zugriff 20.09.2009.

– 2001a. *Moskva [Moskau]*. Moskva.

– 2001b. „Persona. Vladimir Sorokin" [Vladimir Sorokin. Zur Person]. *Libro.ru: Vladimir Sorokin*. http://www.km.ru/magazin/view.asp?id=14A00AB229E541E8A85484D544812D1C&idrubr=1D95405D362D44AD898C3F2A98D95354. Zugriff 18.10.2004.

– 2002. *Sobranie sočinenij v 3-ch tt. [Gesammelte Werke in 3 Bdn.]*. Moskva.

Špidlík, Tomáš 1971. „Das östliche Mönchtum und das östliche Frömmigkeitsleben". *Handbuch der Ostkirchenkunde*. Hg. v. Endre von Ivánka, Julius Tyciak u. Paul Wiertz. Düsseldorf, 543–568.

– 2002a. *L'idée russe. Une autre vision de l'homme*. Dt. zit. n.: *Die russische Idee. Eine andere Sicht des Menschen*. A.d. Frz. v. Petronilla u. Richard Cemus. Würzburg.

– 2002b. „Il volto di Cristo sulle Icone russe" [Das Antlitz Christi auf den russischen Ikonen]. *Cristo nell'arte Russa dal XV al XX sec*. San Marino – Sankt-Peterburg, XIV–XV.

Sputnik 2002. *Sputnik palomnika. Putevoditel' po svjatym mestam [Das Handbuch des Pilgers. Reiseführer zu heiligen Orten]*. Moskva.

Sreznevskij, Izmail I. 1989. *Slovar' drevnerusskogo jazyka [Altrussisches Wörterbuch]*. Ndr. Moskva.

von Staden, Heinrich 1998. *Von Westfalen nach Moskau. Mein Dienst in der Schreckenstruppe des Zaren Iwan*. Hamburg.

Städtke, Klaus 1978. *Ästhetisches Denken in Rußland. Kultursituation und Literaturkritik.* Berlin – Weimar.
– 1998. „Von der Poetik des selbstmächtigen Wortes zur Rhetorik des Erhabenen". *Welt hinter dem Spiegel. Zum Status des Autors in der russischen Literatur der 1920er bis 1950er Jahre.* Hg. v. Klaus Städtke. Berlin, 3–37.
Stahl-Schwaetzer, Henrike 2003. „‚Erinnert ihr euch an das Bild des schönen Leibes?' Aspekte der Sophiologie Vladimir Solov'evs". *Vladimir Solov'ev und Friedrich Nietzsche. Eine deutsch-russische kulturelle Jahrhundertbilanz.* Hg. v. Urs Heftrich u. Gerhard Ressel. Frankfurt a.M. et al., 341–370.
Stanton, Leonard J. 1995. *The Optina Pustyn Monastery in the Russian Literary Imagination: Iconic Vision in Works by Dostoevsky, Gogol, Tolstoy, and Others.* New York et al.
Stappert, Bernd H. 1978. *Weltlich von Gott handeln. Zum Problem der Säkularität in der amerikanischen Theologie und bei Friedrich Gogarten.* Essen.
Starobinski, Jean 1995. „Der Autor und die Autorität". *Der Autor im Dialog. Beiträge zu Autorität und Autorschaft.* Hg. v. Felix Philipp Ingold u. Werner Wunderlich. St. Gallen, 11–14.
Stasiuk, Andrzej 2000. „Die Grenze zwischen den Göttern". *Frankfurter Allgemeine Zeitung* 22.04.2000, 47.
Steblovskaja, Sonja 2001. „Venička i Christos" [Venička und Christus]. *Literaturnaja Rossija* 03.08.2001, 6f.
Stegemann, Wolfgang 2000. „Zur Metaphorik des Opfers". *Opfer. Theologische und kulturelle Kontexte.* Hg. v. Bernd Janowski u. Michael Welker. Frankfurt a.M., 191–216.
Steiger, Johann Anselm 1996. „Die communicatio idiomatum [Wechselmitteilung der Eigenschaften] als Achse und Motor der Theologie Luthers". *Neue Zeitschrift für Systematische Theologie und Religionsphilosophie* 38 (1996), 1–28.
Stein, Edith 2003. *Gesamtausgabe.* Bd. 17. *Wege der Gotterkenntnis. Studie zu Dionysius Areopagita und Übersetzung seiner Werke.* Freiburg et al.
Steindorff, Ludwig 1994. *Memoria in Altrußland. Untersuchungen zu den Formen christlicher Totensorge.* Stuttgart.
Steiner, Peter (Hg.) 2005. *Kreuz und Kruzifix. Zeichen und Bild.* Lindenberg.
Steinke, Klaus 1989. „Eine Dokumentation der Altgläubigen zum Zweifingerkreuz". *Kirche im Osten* 32 (1989), 73–108.
Steinwachs, Burkhart 1985. „Was leisten (literarische) Epochenbegriffe? Forderungen und Schlußfolgerungen". *Epochenschwellen und Epochenstrukturen im Diskurs der Literatur- und Sprachhistorie.* Hg. v. Hans Ulrich Gumbrecht u. Ursula Link-Heer. Frankfurt a.M., 312 – 323.
Steklov, Jurij M. ^{2}1928. *N.G. Černyševskij. Ego žizn' i dejatel'nost'. 1828–1889 [N.G. Černyševskij. Sein Leben und Wirken. 1828–1889].* 2 tt. Moskva.
Stepanov, Jurij S. ^{2}2001. *Konstanty. Slovar' russkoj kul'tury [Konstanten. Ein Wörterbuch der russischen Kultur].* Moskva.
Stertenbrink, Rudolf 1971. *Ein Weg zum Denken. Die Analogia entis [Seinanalogie] bei Erich Przywara.* Salzburg – München.
Stettner, Ralf 1996. *„Archipel Gulag". Stalins Zwanglager – Terrorinstrument und Wirtschaftsgigant. Entstehung, Organisation und Funktion des sowjetischen Lagersystems 1928–1956.* Paderborn et al.

Stewart, Neil 1999. „*Vstan' i vspominaj"*. *Auferstehung als Collage in Venedikt Erofeevs* Moskva-Petuški. Frankfurt a.M. et al.

Stichel, Rainer 1990. *Die Geburt Christi in der russischen Ikonenmalerei. Voraussetzungen in Glauben und Kunst des christlichen Ostens*. Stuttgart.

Stichi 1973. *Stichi o Lenine [Gedichte über Lenin]*. Moskva.

Stock, Alex 1995/2001. *Poetische Dogmatik. Christologie*. 4 Bde. Paderborn et al.

Stoglav 1985. „Stoglav" [Die Hundertkapitelsynode]. *Rossijskoe zakonodatel'stvo X–XX vekov*. t. 2. *Zakonodatel'stvo perioda obrazovanija i ukreplenija Russkogo centralizovannogo gosudarstva*. Hg. v. Anatolij D. Gorskij. Moskva, 241–498.

Stogov, Il'ja 2005. *Strasti Christovy. Ėsse [Die Passion Christi. Ein Essay]*. Sankt-Peterburg.

Strachov, Aleksandr B. 2003. *Noč' pered Roždestvom. Narodnoe christianstvo i roždestvenskaja obrjadnost' na Zapade i u slavjan [Die Heilige Nacht. Das Volkschristentum und die Weihnachtsriten im Westen und bei den Slaven]*. Cambridge (MA).

Strauß, David Friedrich [20][um 1920]. *Das Leben Jesu, für das deutsche Volk bearbeitet*. 2 Bde. Leipzig.

Strenski, Ivan 1993. „At Home with René Girard: Euchartistic Sacrifice, the ‚French School' and Joseph De Maistre". *Religion in Relation: Method, Application and Moral Location*. Columbia (SC), 202–216.

Stricker, Gerd 1983. „Die Kanonisierung der Neomärtyrer in der Russisch-Orthodoxen Auslandskirche". *Jahrbuch Kirche im Osten* 26 (1983), 95–136.

– 2000. „Zar Nikolaj II. – ein ‚Neu-Heiliger'. Zu einer umstrittenen Entscheidung der Russischen Orthodoxen Kirche". *Osteuropa* 50, 11 (2000), 1187–1196.

Striževv, Aleksandr N. (Hg.) 1998. *Pravoslavnaja ikona. Kanon i stil' [Die orthodoxe Ikone. Kanon und Stil]*. Moskva.

Ström, Åke V. 1986. „Herrscherkult I. Religionsgeschichtlich". *TRE* 15, 244–248.

Stubenrauch, Bertram 1995. *Dialogisches Dogma. Der christliche Auftrag zur interreligiösen Begegnung*. Freiburg i.Br. et al.

Süßenbach, Uwe 1977. *Christuskult und kaiserliche Baupolitik bei Konstantin. Die Anfänge der christlichen Verknüpfung kaiserlicher Repräsentation am Beispiel der Kirchenstiftungen Konstantins*. Bonn.

Suranova, Marina 2008. „Jurodstvo kak kul'turnoe javlenie? *Ostrov, Ivan Groznyj* Lungina" [Gottesnarrentum als kulturelles Phänomen? Lungins Filme *Die Insel* und *Ivan der Schreckliche*]. *Pravda.Ru*. http://www.pravda.ru/print/culture/294627-yurodstvo-0. Zugriff 19.09.2009.

Sutrop, Margit 1998. „Prescribing Imaginings: Representation as Fiction". *Mimesis. Studien zur literarischen Repräsentation. Studies on Literary Representation*. Hg. v. Bernhard F. Scholz. Tübingen – Basel, 45–62.

Suttner, Ernst Christoph 1967. *Offenbarung, Gnade und Kirche bei A.S. Chomjakov*. Würzburg.

Svjatoslavskij, Aleksej V. 2004. *Tradicija pamjati v Pravoslavii [Die Memoria-Tradition im Orthodoxen Christentum]*. Moskva.

Tachios, Anthony-Emile 2002. „Kyrill und Methodius". *Mönchtum in Ost und West. Historischer Atlas.* Hg. v. Juan M. Laboa. Regensburg, 100–103.
Tamarčenko, Grigorij E. 1976. *Černyševskij-romanist [Der Romanautor Černyševskij].* Leningrad.
<Tarasov> Tarassow, Oleg Ju. 1997. „Russische Ikone und Avantgarde. Tradition und Umbrüche". *Zwischen Himmel und Erde. Moskauer Ikonen und Buchmalerei des 14.–16. Jahrhunderts.* Hg. v. Bettina-Martine Wolter. Ostfildern-Ruit, 93–100.
Taratuta, Evgenija A. 1987. *Istorija dvuch knig.* Podpol'naja Rossija *S.M. Stepnjaka-Kravčinskogo i* Ovod *Ètel' Lilian Vojnič [Geschichte zweier Bücher. S.M. Stepnjak-Kravčinskijs* Russland im Untergrund *und Ethel Lilian Voynichs* The Gadfly*].* Moskva.
<Tareev, Michail M.> Tarejew, M.M. 1989. „Die Grundlagen des Christentums". *Russische Philosophie. Texte.* Hg. v. Wilhelm Goerdt. Freiburg i.Br. – München, 405–410.
Tarkatellis, Demetrius Christ 1976. *The Pre-existence of Christ in the Writings of Justin Martyr.* Missoula (MT).
<Tarkovskij> Tarkowskij, Andrej A. 1989/91. *Martirolog.* Dt. zit. n.: *Martyrolog. Tagebücher 1970–1986* A.d. Russ. v. Vera Stutz-Bischitzky u. Marlene Milack-Verheyden. 2 Bde. Berlin.
Taylor, Marc C. 1987. *Erring: A Postmodern A/theology.* Chicago – London.
<Tertullian> Tertullien 1990/2001. *Contre Marcion [Gegen Markion].* 4 tt. Paris.
Theill-Wunder, Hella 1970. *Die archaische Verborgenheit. Die philosophischen Wurzeln der negativen Theologie.* München.
Theodoret von Cyrus 1975. *Eranistes: Critical Text and Prolegomena.* Hg. v. Gerard H. Ettlinger. Oxford.
Theunis, Franz (Hg.) 1977. *Zum Problem der Säkularisierung. Mythos oder Wirklichkeit, Verhängnis oder Verheißung.* Hamburg.
<Thomas a Kempis> Thomas von Kempis 1832. *De imitatione Christi.* Dt. zit. n.: *Das Büchlein von der Nachfolge Christi. Vier Bücher.* A.d. Lat. v. Johannes Goßner. Leipzig.
– (o.N.) 1982. *De imitatione Christi libri quatuor.* Hg. v. Tiburzio Lupo SBD. Città del Vaticano.
Thomasius, Gottfried 1845. *Beiträge zur kirchlichen Christologie.* Erlangen.
– 1846. „Erwiederung" [sic]. *Zeitschrift für Protestantismus und Kirche* 11 (1846), 284–293.
– 1853/61. *Christi Person und Werk. Darstellung der evangelisch-lutherischen Dogmatik vom Mittelpunkte der Christologie aus.* 3 Bde. Erlangen.
Thompson, Diane O. 1991. The Brothers Karamazov *and the Poetics of Memory.* Cambridge et al.
Thompson, Ewa M. 1987. *Understanding Russia: The Holy Fool in Russian Culture.* Lanham et al.
Thompson, Thomas R. 2006. „Nineteenth-Century Kenotic Christology: The Waxing, Waning, and Weighing of a Quest for a Coherent Orthodoxy". *Exploring Kenotic Christology: The Self-Emptying of God.* Hg. v. C. Stephen Evans. Oxford, 74–111.
Thon, Nikolaus (Hg.) 1979. *Ikone und Liturgie.* Trier.
– (Hg.) 1983. *Quellenbuch zur Geschichte der Orthodoxen Kirche.* Trier.
– (Hg.) 1987. *Gottesdienst zu Ehren Aller Heiligen der Rus'.* Würzburg.

- 2000. „Nationale Glaubenshelden. Zur Bedeutung der Kanonisierung russischer Neumartyrer". *Ökumenische Informationen* 03.10.2000, 9–15.
Thümmel, Hans Georg 1992. *Die Frühgeschichte der ostkirchlichen Bilderlehre. Texte und Untersuchungen zur Zeit vor dem Bilderstreit.* Berlin.
Thun-Hohenstein, Franziska 2002. „Ich-Konstruktionen und verordnete Identitätsmuster. Selbstbilder russischer Schriftsteller in der Sowjetunion der dreißiger Jahre". *Individualitätskonzepte in der russischen Kultur.* Hg. v. Christa Ebert. Berlin, 97–111.
Tichonravov, Nikolaj S. 1863. *Pamjatniki otrečennoj russkoj literatury [Denkmäler der russischen apopkryphen Literatur].* 2 tt. Sankt-Peterburg.
Tiemann, Manfred 2002. *Jesus comes from Hollywood: Religionspädagogisches Arbeiten mit Jesus-Filmen.* Göttingen.
Tillich, Paul ^{2}1958. *Systematische Theologie.* Bd. 2. Stuttgart.
Timčenko, S.V. 1995. *Russkaja religioznaja živopis'. 1970–1990-e gg. [Russische religiöse Malerei von den 1970er bis zu den 1990er Jahren].* Moskva.
Timofeev, Valerij I.; Širjajeva, Marija V. 1957. *Nikolaj Ostrovskij. Kritiko-biografičeskij očerk [Nikolaj Ostrovskij. Eine biografisch-kritische Skizze].* Moskva.
Tittel, Bonifaz OSB 1977. „Vorwort des Übersetzers und Herausgebers". In: Paisij (Veličkovskij): *Lilien des Feldes. Über die Gebote Gottes und die heiligen Tugenden.* Wien, 3–16.
– 1991. „Vorwort". In: Ilarion (Schimonach): *Auf den Bergen des Kaukasus. Gespräch zweier Einsiedler über das Jesus-Gebet.* Salzburg, 11–43.
Tjutčev, Fedor I. 1966. *Lirika [Die Lyrik].* 2 tt. Moskva.
Toburokov, Nikolaj N. 1979. *Pisatel' korčaginskoj zakalki [Ein Schriftsteller von korčaginscher Stählung].* Jakutsk.
Toland, John 1696. *Christianity not Mysterious.* London.
Tolstoj, Lev N. 1932/64. *Polnoe sobranie sočinenij [Sämtliche Werke].* Moskva (Ndr. Lichtenstein 1972).
Toporov, Vladimir N. 1995/98. *Svjatost' i svjatye v russkoj duchovnoj kul'ture [Heiligkeit und Heilige in der russischen geistlichen Kultur].* 2 tt. Moskva.
Traditio 1991. „Traditio apostolica/Apostolische Überlieferung". *Didache/Zwölf-Apostel-Lehre. Traditio Apostolica/Apostolische Überlieferung.* Hg. v. Gerog Schöllgen u. Wilhelm Geerlings. Freiburg i. Br. et al., 212–313.
Trebnik 1995. *Trebnik [Rituale].* Moskva.
Tregub, Semen A. 1953. *Nikolaj Alexejewitsch Ostrowski. 1904 bis 1936.* Berlin.
– ^{3}1980. *Živoj Korčagin. Vospominanija i očerki [Korčagin lebt. Erinnerungen und Skizzen].* Moskva.
– 1982. „Vsegda v stroju" [Stets in Reih' und Glied]. In: Nikolaj Ostrovskij: *Kak zakaljalas' stal'. Roman.* Moskva, 293–302.
Treml, Martin; Weidner, Daniel 2007. „Zur Aktualität der Religionen. Einleitung". *Nachleben der Religionen. Kulturwissenschaftliche Untersuchungen zur Dialektik der Säkularisierung.* Hg. v. Martin Treml u. Daniel Weidner. München, 7–22.
Troparion 2000. *Troparion.* Moskva.
Troparion 2001. *Troparion.* Moskva.
Troyat, Henri 1987. *Gorki.* Dt. zit. n.: *Gorki. Sturmvogel der Revolution.* A.d. Frz. v. Antoinette Gittinger. Gernsbach.

Trubeckoj, Evgenij N. 1990. „Maksimalizm" [Maximalismus]. *Leningradskij literator* 16.02.1990, 4.
Tumanov, Vladimir 1996. „The End in V. Erofeev's *Moskva-Petuški*". *RL* 39 (1996), 95–114.
Tumarkin, Nina 1997. *Lenin Lives! The Lenin Cult in Soviet Russia*. Cambridge (MA).
Turgenev, Ivan S. 1953/58. *Sobranie sočinenij v 12-i tt. [Gesammelte Werke in 12 Bdn.]*. Moskva.
– ²1982. *Polnoe sobranie sočinenij i pisem v 30-i tt. [Sämtliche Werke und Briefe in 30 Bdn.]* Moskva.
Turner, David 2001. „Iconoclasm". *The Blackwell Dictionary of Eastern Christianity*. Hg. v. Ken Parry et al. Oxford, 239–242.
Tvorogov, Oleg V. (Hg.) 1998. *Johannes Chrysostomos im altrussischen und südslavischen Schrifttum des 11.–16. Jahrhunderts. Katalog der Homilien*. Opladen.
Tyciak, Julius 1971. „Theologische Denkstile im Morgenland und Abendland". *Handbuch der Ostkirchenkunde*. Hg. v. Endre von Ivánka, Julius Tyciak u. Paul Wiertz. Düsseldorf, 239–331.
Tynjanov, Jurij 1969. „Dostoevskij i Gogol'. K teorii parodii" [Dostoevskij und Gogol'. Zur Parodietheorie]. *Russischer Formalismus. Texte zur allgemeinen Literaturtheorie und zur Theorie der Prosa*. Hg. v. Jurij Striedter. München, 300–370.

Ueding, Gert; Steinbrink, Bernd ³1994. *Grundriß der Rhetorik. Geschichte – Technik – Methode*. Stuttgart – Weimar.
Uffelmann, Dirk 1997. „Die Rolle dualer Modelle bei der Entwicklung russischen Geschichtsbewußtseins". *Historia didactica. Geschichtsdidaktik heute. Festschrift für Uwe Uffelmann zum 60. Geburtstag*. Hg. v. Herbert Raisch u. Armin Reese. Idstein, 259–276.
– 1999. *Die russische Kulturosophie. Logik und Axiologie der Argumentation*. Frankfurt a.M. et al.
– 2000. Rez.: „Dagmar Burkhart Hg.: Poetik der Metadiskursivität. Zum postmodernen Prosa-, Film- und Dramenwerk von Vladimir Sorokin". München 1999". *WSA* 45, 2000, 279–282.
– 2002a. „*exinanitio alcoholica [Alkoholische Kenose]*. Venedikt Erofeevs *Moskva-Petuški*". *WSA* 50 (2002), 331–372.
– 2002b. Rez.: „Catriona Kelly, Refining Russia: Advice Literature, Polite Culture, and Gender from Catherine to Yeltsin, Oxford 2001", *ZfSlPh* 61,1 (2002), 273–277.
– 2002c. „Formal'noe prosveščenie Feofana Prokopoviča" [Die formale Aufklärung des Feofan Prokopovič]. *RL* 52, 1/2/3 (2002), 55–94.
– 2003a. „Černyševskijs Opfer-Hysterie. Symptomatologische Lektüre des sozialistischen Traditionsbruchs im Thesenroman *Čto delat'* (1863)", *Poetica* 35, 3/4 (2003), 355–388.
– 2003b. „Marinä Himmelfahrt und Liquidierung. Erniedrigung und Erhöhung in Sorokins Roman *Tridcataja ljubov' Mariny*". *WSA* 51 (2003), 289–333.
– 2003c. „Gor'kijs Maria". *WSlJb* 49 (2003), 179–202.

- 2003d. „Der ‚Tod des Architekten' und seine transmediale Wiederkehr". *Die Musen der Macht. Medien in der sowjetischen Kultur der 20er und 30er Jahre.* Hg. v. Jurij Murašov u. Georg Witte. München, 235–256.
- 2003e. „Solov'ev, der ‚Anti-Nietzsche'? Plädoyer für eine schwächere Negation". *Vladimir Solov'ev und Friedrich Nietzsche. Eine deutsch-russische kulturelle Jahrhundertbilanz.* Hg. v. Urs Heftrich u. Gerhard Ressel. Frankfurt a.M. et al., 527–554.
- 2004. „Izobraženie christologii i christologija izobraženija. Krest i chiazm u Remizova" [Darstellung der Christologie und Christologie der Darstellung. Kreuz und Chiasmus bei Remizov]. *WdS* 49, 2 (2004), 211–228.
- 2005a. „‚S(k)lavenseele'. Pavel Josef Šafařík am Übergang vom Hetero- zum Autostereotyp". *Stereotyp und Geschichtsmythos in Kunst und Sprache. Die Kultur Ostmitteleuropas in Beiträgen zur Potsdamer Tagung, 16.–18. Januar 2003.* Hg. v. Katrin Berwanger u. Peter Kosta. Frankfurt a.M. et al., 17–38.
- 2005b. „‚Odnu normu za sebja, odnu – za Pavku!'. Literatura i literaturnaja kritika ėpochi socrealizma kak instrument social'nogo kontrolja" [‚Eine Norm für sich, eine für Pavka!'. Literatur und Literaturkritik des Sozrealismus als Instrument der Sozialdisziplinierung]. Ins Russ. übers. v. Elena Uffelmann. *Sovetskaja vlast' i media. Sbornik statej.* Hg. v. <Chans Gjunter> Hans Günther u. <Sabina Chėnsgen> Sabine Hänsgen. Sankt-Peterburg, 262–280.
- 2005c. Rez.: „Natalia Ottovordemgentschenfelde, Jurodstvo. Eine Studie zur Phänomenologie und Typologie des *Narren in Christo*. Jurodivyj in der postmodernen russischen Kunst. Venedikt Erofeev *Die Reise nach Petuški*, Aktionismus Aleksandr Breners und Oleg Kuliks". *Die Welt der Slaven* 50, 1 (2005), 183–186.
- 2006. „oikonomia – ikonomija/ėkonomija/ėkonomika. Die doppelte Geschichte des Ökonomiebegriffs in Rußland zwischen Wirtschaftstheorie und orthodoxem Kirchenrecht und einige literarisch-kulturelle Weiterungen". *Russische Begriffsgeschichte der Neuzeit. Beiträge zu einem Forschungsdesiderat.* Hg. v. Peter Thiergen. Köln et al., 477–515.
- 2007a. „Inkarnation vs. Allegorie. Der ikonographische Viskovatyj-Prozess 1553/54 und dessen neopatristische Aneignungen". *Religion und Rhetorik.* Hg. v. Holt Meyer u. Dirk Uffelmann. Stuttgart, 185–205.
- 2007b. „Opferzeugnis und Wiederholungszwang, anhand von Gor'kijs *Mutter*". *Gabe und Opfer in der russischen Literatur und Kultur der Moderne.* Hg. v. Rainer Grübel u. Gun-Britt Kohler. Oldenburg, 159–185.
- 2008a. „‚Eine Arbeitsnorm für sich, eine für Pavka!'. Sozialdisziplinierung im Stalinismus mittels Literatur und Literaturkritik sowie antidisziplinäre Lektüren". *Zeitschrift für Slawistik* 53,2 (2008), 219–237.
- 2008b. „Duch gordosti [Der Geist des Stolzes]. Das Böse in Gogol's *Portret* und die Umkehrung der Tugenden des Ikonenmalers". *Das Böse in der russischen Kultur.* Hg. v. Bodo Zelinsky unter Mitarb. v. Jessica Kravets. Köln et al., 102–118.
- 2008c. „Von der Rhetorik der *tapeinosis* bw. *humilitas* über den Habitus des altrussischen Gottesnarren zu Dostoevskijs Christopoetik (*Der Idiot*)". *Rhetorik als kulturelle Praxis.* Hg. v. Renate Lachmann, Riccardo Nicolosi u. Susanne Strätling. München, 151–163.

Ugolnik, Anton 1984. „Tradition as Freedom from the Past: Eastern Orthodoxy and the Western Mind". *Journal of Ecumenical Studies* 21,2 (1984), 278–294.

- 1990. „Textual Liturgics: Russian Orthodoxy and Recent Literary Criticism". *R&L* 22, 2–3 (1990): 133–154.
Ulam, Adam B. 1976. *Ideologies and Illusions: Revolutionary Thought from Herzen to Solzhenitsyn.* Cambridge (MA) – London.
- 1977. *In the Name of the People: Prophets and Conspirators in Prerevolutionary Russia.* New York.
Usievič, Elena F. 1958. „Nikolaj Ostrovskij". *Puti chudožestvennoj pravdy. Izbrannye raboty [Wege der künstlerischen Wahrheit. Ausgewählte Aufsätze].* Moskva, 12–43.
Uspenskij, Boris A. 1975. „‚Left' and ‚Right' in Icon Painting". *Semiotica* 13 (1975), 33–39.
- 1976. *The Semiotics of the Russian Icon.* Lisse.
- (Uspensky, Boris A.) 1993. „The Schism and Cultural Conflict in the Seventeenth Century". *Seeking God: The Recovery of Religious Identity in Orthodox Russia, Ukraine, and Georgia.* Hg. v. Stephen K. Batalden. De Kalb (IL), 106–143.
- 1994. „Mifologičeskij aspekt russkoj ėkspressivnoj frazeologii" [Die mythologische Dimension der russischen expressiven Phraseologie]. *Izbrannye trudy.* t. 2. *Jazyk i kul'tura.* Moskva, 53–128.
- 2000. *Boris i Gleb. Vosprijatie istorii v Drevnej Rusi [Boris und Gleb. Das Geschichtsverständnis in der alten Rus'].* Moskva.
- 2004. *Krestnoe znamenie i sakral'noe prostranstvo. Počemu pravoslavnye krestjatsja sprava nalevo, a katoliki – sleva napravo [Das Kreuzzeichen und der Sakralraum. Warum sich die Orthdoxen von rechts nach links und die Katholiken von links nach rechts bekreuzigen].* Moskva.
Uspenskij, Boris A.; Živov, Viktor M. 1983. „Zur Spezifik des Barock in Rußland. Das Verfahren der Äquivokation in der russischen Poesie des 18. Jahrhunderts". *Slavische Barockliteratur II. Gedenkschrift für Dmitrij Tschižewskij (1894–1977).* Hg. v. Renate Lachmann. München, 25–56.
<Uspenskij> Ouspensky, Leonid A. 1992. *Essai sur la théologie de l'icone dans l'Eglise orthodoxe.* Engl. zit. n.: *Theology of the Icon.* A.d. Frz. v. Anthony Gythiel. Crestwood (NY).
<Uspenskij> Ouspensky, Leonid A.; <Losskij> Lossky, Vladimir 1952. *Der Sinn der Ikonen.* Bern – Olten.
Ustav Bogosluženija 1882. *Ustav Bogosluženija pravoslavnoj cerkvi v voprosach i otvetach [Typikon für den Gottesdienst der orthodoxen Kirche. Eratopokriseis].* Sankt-Peterburg.
Ustav Monastyrja 1994. *Ustav Monastyrja Russkoj Pravoslavnoj Cerkvi [Typikon für Klöster der Russischen Orthodoxen Kirche].* o.O.

Vajl', Petr L. 1995. „Konservator Sorokin v konce veka" [Der Konservator Sorokin am Ende des Jahrhunderts]. *Literaturnaja Gazeta* 01.02.1995, 4.
Vajman, Semen T. 1991. „Pod ruinami socrealizma. Čelovek i ideja v povesti M. Gor'kogo *Mat'*" [Unter den Ruinen des Sozrealismus. Mensch und Idee in M. Gor'kijs Roman *Die Mutter*]. *Literaturnoe obozrenie* 12 (1991), 26–33.
Vajskopf, Michail Ja. 1997. *Vo ves' logos. Religija Majakovskogo [Aus vollem Logos. Majakovskijs Religion].* Moskva – Jerusalem.

– 2002. *Pisatel' Stalin [Schriftsteller Stalin]*. Moskva.

Valentino, Russell Scott 2001. *Vicissitudes of Genre in the Russian Novel: Turgenev's Fathers and Sons, Chernyshevsky's What Is to Be Done?, Dostoevsky's Demons, Gorky's Mother*. New York et al.

Valliere, Paul 2000. *Modern Russian Theology: Bukharev – Soloviev – Bulgakov*. Edinburgh.

<Vasmer, Max> Fasmer, Maks 1964/73. *Ėtimologičeskij slovar' russkogo jazyka [Etymologisches Wörterbuch des Russischen]*. 4 tt. Moskva.

Vattimo, Gianni 1994. *Oltre l'interpretazione. Il significato dell'ermeneutica per la filosofia [Jenseits der Interpretation. Die Bedeutung der Hermeneutik für die Philosophie]*. Roma – Bari.

– 1997. *Oltre l'interpretazione*. Dt. zit. n.: *Jenseits der Interpretation. Die Bedeutung der Hermeneutik für die Philosophie*. A.d. Ital. v. Martina Kempter. Frankfurt a.M. – New York.

– 1999. *Credere di credere*. Engl. zit. n.: *Belief*. A.d. Ital. v. Luca D'Isanto u. David Webb. Stanford (CA).

– 2004. *Dopo la cristianità. Per un cristianesimo non religioso*. Dt. zit. n.: *Jenseits des Christentums. Gibt es eine Welt ohne Gott?*. A.d. Ital. v. Martin Pfeiffer. München – Wien.

– 2006. „Das Zeitalter der Interpretation". A.d. Ital. v. Michael Adrian u. Nora Fröhder. In: Richard Rorty; Gianni Vattimo: *Die Zukunft der Religion*. Frankfurt a.M., 49–63.

Vattimo, Gianni; Rovatti, Pier A. (Hg.) ⁹1992. *Il pensiero debole [Das schwache Denken]*. Milano.

Veeser, H. Aram 1989. „Introduction". *The New Historicism*. Hg. v. H. Aram Veeser. New York – London, IX–XVI.

Veličanskij, Aleksandr 1990. „Fenomen Erofeeva" [Das Phänomen Erofeev]. In: Venedikt Erofeev: *Moskva-Petuški i pr*. Moskva, 124–127.

Veller, Michail o.J. *Kuchnja i kuluary [Küche und Couloirs]*. http://vikhome.narod.ru/bibl/veller/kuluar.htm. Zugriff 18.05.2009.

Venclova, Tomas 1988. „Iskušenie mastera kul'tury (*Nesvoevremennye mysli*)" [Die Versuchung des kulturellen Großmeisters (Die *Unzeitgemäßen Gedanken*)]. *RL* 24 (1988), 569–580.

Venevitinov, Michail A. (Hg.) 1883/85. „Žit'e i chožen'e Danila rus'skyja zemli Igumena 1106–1108 gg." [Vita und Wallfahrt des russischen Abts Daniil 1106–1108]. In: Igumen Daniil/Abt Daniil: *Chožen'e/ Wallfahrtsbericht* (Ndr. München 1970).

Vengrov, Natan 1952. *Nikolaj Ostrovskij*. Moskva.

Verchovskoj, Pavel V. 1916. *Učreždenie Duchovnoj kollegii i Duchovnyj reglament. K voprosu ob otnošenii Cerkvi i gosudarstva v Rossii. [Die Gründung des Geistlichen Kollegiums und das Geistliche Reglement. Zur Frage des Verhältnisses von Kirche und Staat in Russland]*. 2 tt. Rostov na Donu.

Veselovskij, Aleksandr N. 1883. *Razyskanija v oblasti russkogo duchovnogo sticha [Untersuchungen zur russischen geistlichen Lyrik]*. VI–X. Sankt-Peterburg.

Vestnik 1871. „<Katechizm revoljucionera>" [<Der Katechismus des Revolutionärs>]. *Pravitel'stvennyj vestnik* 162 [9./21. ijulija] (1871), 4.

Vetlovskaja, Valentina E. 1971. „Literaturnye i fol'klornye istočniki *Brat'ev Karamazovych*" [Literarische und folkloristische Quellen der *Brüder Karamazov*].

Dostoevskij i russkie pistateli. Tradicii, novatorstvo, masterstvo. Sbornik statej. Hg. v. Valerij Ja. Kirpotin. Moskva, 325–354.

Vinken, Barbara 2004. „Via crucis, via amoris" [Kreuzweg, Liebesweg]. Stigmata. Poetiken der Körperinschrift. Hg. v. Bettine Menke u. Barbara Vinken. Paderborn, 11–23.

Vinničenko, Igor' 2006. „Recenzija na fil'm Pavla Lungina Ostrov" [Besprechung des Films Die Insel von Pavel Lungin]. Internet Žurnal Sretenskogo Monastyrja. http://www.pravoslavie.ru/jurnal/060905150536.htm. Zugriff 19.09.2009.

Vinogradov, I.A.; Voropaev, V.A. 1998. „Karandašnye pometi i zapisi N.V. Gogolja v slavjanskoj Biblii 1820 izdanija" [N.V. Gogol's Bleistiftanstreichungen und - notizen in seiner kirchenslavischen Bibelausgabe von 1820]. Evangel'skij tekst v russkoj literature XVIII–XX vekov. Citata, reminiscencija, motiv, sjužet, žanr. Vyp. 2. Petrozavodsk, 234–253.

Vjadro, Š.Ja. 1969. „Nikolaj Ostrovskij i ego čitateli. K 65-letiju so dnja roždenija N.A. Ostrovskogo" [Nikolaj Ostrovskij und seine Leser. Zu N.A. Ostrovskijs 65. Geburtstag]. Voprosy russkoj literatury 2 (11), L'viv, 25–31.

Vladiv-Glover, Slobodanka M. 1999. „Vladimir Sorokin's Post-avant-garde Prose and Kant's Analytic of the Sublime". Poetik der Metadiskursivität. Zum postmodernen Prosa-, Film- und Dramenwerk von Vladimir Sorokin. Hg. v. Dagmar Burkhart. München, 21–35.

Vlasov, Ėduard 1998. Bessmertnaja Poėma Venedikta Erofeeva Moskva-Petuški [Venedikt Erofeevs unsterbliches Poem Moskau-Petuški]. Sapporo.

Vlasov, V.G. 1992. „Christianizacija russkich krest'jan". Engl. zit. n.: „The Christianization of the Russian Peasants". Russian Traditional Culture: Religion, Gender, and Customary Law. Hg. v. Marjorie M. Balzer. Armonk (NY) – London, 16–33.

Voegelin, Eric 1993. Die politischen Religionen. München.

Vološin, Maksimilian A. 1988. „Aleksej Remizov. Posolon'" [Aleksej Remizov. Der Sonne nach]. Liki tvorčestva. Leningrad, 508–515.

Voronina, Tat'jana A. 2002. „Praktika russkogo pravoslavnogo posta v XX veke (1917–1991 gg.)" [Die orthodoxe Fastenpraxis im 20. Jahrhundert (1917–1991)]. Pravoslavnaja vera i tradicii blagočestija u russkich v XVIII–XX vekach. Ėtnografičeskie issledovanija i materialy. Hg. v. Ol'ga V. Kiričenko u. Ch.V. Poplavskaja. Moskva, 209–242.

Vorovskij, Vaclav V. 1956. Literaturno-kritičeskie stat'i [Literaturkritische Aufsätze]. Moskva.

Vos, Johan S. 2002. Die Kunst der Argumentation bei Paulus. Studien zur antiken Rhetorik. Tübingen.

Vos, Pieter H. 2002. „Working against Oneself: The Kenotic Character of Kierkegaard's Thought". Letting Go: Rethinking Kenosis. Hg. v. Onno Zijlstra. Bern et al., 109–139.

Voynich, Ethel L. 1897. The Gadfly. New York.

– (Vojnič, Ėtel' L.) 1978. The Gadfly. Russ. zit. n.: Ovod. Roman. A.d. Engl. v. Natal'ja A. Volžina. Machačkala.

Walter, Nikolaus; Reinmuth, Eckart; Lampe, Peter [18]1998. Die Briefe an die Philipper, Thessalonicher und an Philemon. Göttingen.

Warburg, Aby 2000. Der Bilderatlas Mnemosyne. Berlin.

Weber, Max [5]1976. *Wirtschaft und Gesellschaft. Grundriß der verstehenden Soziologie.* Tübingen.
– 1991. *Die protestantische Ethik I. Eine Aufsatzsammlung.* Gütersloh.
Weber, Samuel 1997. „‚Einmal ist Keinmal'. Das Wiederholbare und das Singuläre". *Poststrukturalismus. Herausforderung an die Literaturwissenschaft.* Hg. v. Gerhard Neumann. Stuttgart – Weimar, 434–448.
Weidner, Daniel 2004. „Zur Rhetorik der Säkularisierung". *Deutsche Vierteljahrsschrift für Literaturwissenschaft und Geistesgeschichte* 78,1 (2004), 95–132.
Weiher, Eckhard (Hg.) 1987. *Die Dogmatik des Johannes von Damaskus in den slavischen Übersetzungen des 14. bis 18. Jahrhunderts.* Bd. 1. *Die Dogmatik des Johannes von Damaskus in der kirchenslavischen Übersetzung des 14. Jahrhunderts.* Freiburg i. Br.
Weiher, Eckhard; Šmidt, S.O.; Škurko, A.I. 1997 (Hg.). *Die großen Lesemenäen des Metropoliten Makarij. Uspenskij spisok/Velikie minei čet'i Mitropolita Makarija. Uspenskij spisok.* t. 1. *1.–11. März/1–11 marta.* Freiburg i. Br.
Weil, Irwin 1966. *Gorky: His Literary Development and Influence on Soviet Intellectual Life.* New York.
Weimann, Robert 1997. „Einleitung. Repräsentation und Alterität diesseits/jenseits der Moderne". *Ränder der Moderne. Repräsentation und Alterität im (post)kolonialen Diskurs.* Hg. v. Robert Weimann. Frankfurt a.M., 7–43.
Wellek, René 1955. „Social and Aesthetic Values in Russian Nineteenth-Century Literary Criticism (Belinskii, Chernyshevskii, Dobroliubov, Pisarev)". *Continuity and Change in Russian and Soviet Thought.* Hg. v. Ernest J. Simmons. Cambridge (MA), 381–397.
Wellesz, Egon [2]1998. *A History of Byzantine Music and Hymnography.* Oxford.
Wendebourg, Dorothea 1996. „‚Pseudomorphosis' – ein theologisches Urteil als Axiom der kirchen- und theologiegeschichtlichen Forschung". *The Christian East: Its Institutions and Its Thought.* Hg. v. Robert F. Taft SJ. Roma, 565–589.
Werber, Niels 2003. „Repräsentation/repräsentativ". *ÄGB* 5, 264–290.
Wessel, Klaus 1966. „Christusmonogramm". *Reallexikon zur byzantinischen Kunst.* Hg. v. Klaus Wessel u. Marcell Restle. Bd. 1. Stuttgart, 1047–1050.
Wett, Barbara 1986. *‚Neuer Mensch' und ‚Goldene Mittelmäßigkeit'. F.M. Dostoevskijs Kritik am rationalistisch-utopischen Menschenbild.* München.
White, Hayden 1991a. *Metahistory. Die historische Einbildungskraft im 19. Jahrhundert in Europa.* A.d. Engl. v. Peter Kohlhaas. Frankfurt a.M.
– 1991b. *Tropics of Discourse.* Dt. zit. n.: *Auch Klio dichtet oder die Fiktion des Faktischen. Studien zur Tropologie des historischen Diskurses.* A.d. Engl. v. Brigitte Brinkmann-Siepmann u. Thomas Siepmann. Stuttgart.
Wiedling, Thomas 1999. „Essen bei Vladimir Sorokin". *Poetik der Metadiskursivität. Zum postmodernen Prosa-, Film- und Dramenwerk von Vladimir Sorokin.* Hg. v. Dagmar Burkhart. München, 151–160.
Wiertz, Paul 1971. „Zur religiösen Volkskultur der orientalischen und orthodoxen Kirchen. Volksglauben und Volksbrauch". *Handbuch der Ostkirchenkunde.* Hg. v. Endre von Ivánka, Julius Tyciak u. Paul Wiertz. Düsseldorf, 569–632.
Williams, Rowan D. 1987. „Jesus Christus II.–III.". *TRE* 16, 726–759.
– 1999. „Christologie II 1". *RGG*[4] 2, 289–299.

Willis, E. David 1966. *Calvin's Catholic Christology: The Function of the So-called Extra Calvinisticum in Calvin's Theology.* Leiden.
Witte, Georg 1989. *Appell – Spiel – Ritual. Textpraktiken in der russischen Literatur der sechziger bis achtziger Jahre.* Wiesbaden.
Wittkemper, Karl 1989. „Ehrentitel". *Marienlexikon.* Hg. v. Remigius Bäumer u. Leo Scheffczyk. Bd. 2. St. Ottilien, 286–294.
Woehrlin, William F. 1971. *Chernyshevskii: The Man and the Journalist.* Cambridge (MA).
Wörn, Dietrich 1984. „Geistliches und Weltliches im *Skazanie o Mamaevom poboišče* und in den anderen Denkmälern des ‚Kulikovo-Zyklus'. Einige Überlegungen zur soziologischen Erklärung altrussischer literarischer Texte". *Gattungsprobleme der älteren slavischen Literaturen.* Hg. v. Wolf-Heinrich Schmidt. Wiesbaden, 311–338.
Wolfe, Bertram D. 1967. *The Bridge and the Abyss: The Troubled Friendship of Maxim Gorky and V.I. Lenin.* New York et al.
Woźny, Aleksander 1993. *Bachtin. Między marksistowskim dogmatem a formacją prawosławną. Nad studium o Dostojewskim [Bachtin. Zwischen marxistischem Dogma und Orthodoxie. Zum Dostoevskij-Buch].* Wrocław.
Wuchterl, Kurt 1995. „Paradox I. Philosophisch". *TRE* 25, 726–731.
Wunberg, Gotthart 1983. *Wiedererkennen. Literatur und ästhetische Wahrnehmung in der Moderne.* Tübingen.

Yedlin, Tovah 1999. *Maxim Gorky: A Political Biography.* Westport (CT).

Zachar'in, Dmitrij B. 1999. „*Onania* im Spiegel der russischen Postmoderne". *Poetik der Metadiskursivität. Zum postmodernen Prosa-, Film- und Dramenwerk von Vladimir Sorokin.* Hg. v. Dagmar Burkhart. München, 167–177.
Zamjatin, Evgenij I. 1990. *Izbrannye proizvedenija v 2-ch tt. [Ausgewählte Werke in 2 Bdn.].* Moskva.
– 1991. *Aufsätze. Autobiographie. Brief an Stalin.* Leipzig – Köln.
<Zappi, Gario> Dzappi, Gario 1999. „Apokrifičeskoe evangelie ot Venički Erofeeva" [Das apokryphe Venička-Erofeev-Evangelium]. *NLO* 38, 4 (1999), 326–330.
Zasulič, Vera I. 1931. *Vospominanija [Erinnerungen].* Moskva.
Ždanov, N. 1937. „Smysl žizni. Zametki o tvorčestve Nikolaja Ostrovskogo" [Der Sinn des Lebens. Anmerkungen zum Werk Nikolaj Ostrovskijs]. *Znamja* 3 (1937), 269–277.
Zedergol'm, Kliment 1876. *Žizneopisanie optinskogo starca ieromonacha Leonida (v schime L'va) [Lebensbeschreibung des Starcen und Erzmönchs von Optina Leonid (im Schima Lev)].* Moskva (Ndr.: *Optinskij starec Leonid (v schime Lev). Žizneopisanie i zapisi [Der Starez von Optina Leonid (im Schima Lev). Lebensbeschreibung und Notizen].* Platina (CA) 1973).
Żejmo, Bożena 2000. *Problemy etyczne we współczesnej prozie i publicystyce rosyjskiej [Ethische Probleme in der zeitgenössischen russischen Prosa und Publizistik].* Łódź.
Žekulin, Gleb N. 1963. „Forerunner of Socialist Realism: The Novel *What to do?* by N.G. Chernyshevsky". *SEER* 41 (1963), 467–483.

Zenkin, S.N. 1997. „"Geroičeskaja paradigma' v sovetskom literaturovedenii" [Das ‚heroische' Paradigma in der sowjetischen Literaturwissenschaft]. *Lotmanovskij sbornik.* t. 2. Moskva, 124–139.
Zen'kovskij, Vasilij V. 1948/50. *Istorija russkoj filosofii [Geschichte der russischen Philosophie].* 2 tt. Paris (Ndr. 1989).
– (Zenkowsky, Basilius.) 1951. *Das Bild vom Menschen in der Ostkirche. Grundlagen der orthodoxen Anthropologie.* Stuttgart.
Żeromski, Stefan 2003. „Snobizm i postęp" [Snobismus und Fortschritt]. *Snobizm i postęp oraz inne utwory publicystyczne.* Kraków, 69–203.
Zimin, Aleksandr A. 2001. *Opričnina [Die Opričnina].* Moskva.
Ziolkowski, Margaret 1988. *Hagiography and Modern Russian Literature.* Princeton (NJ).
Ziolkowski, Theodore 1972. *Fictional Transfigurations of Jesus.* Princeton (NJ).
Živolupova, Natal'ja V. 1992. „Palomničestvo v Petuški, ili problema metafizičeskogo bunta v ispovedi Venički Erofeeva" [Die Pilgerfahrt nach Petuški oder Das Problem der metaphysischen Revolte in Venička Erofeevs Beichte]. *Čelovek* 1 (1992), 78–91.
Živov, Viktor M. 1995. „Osobennosti recepcii vizantijskoj kul'tury v Drevnej Rusi" [Besonderheiten der Rezeption der byzantinischen Kultur in der alten Rus']. *Ricerche slavistiche* 42 (1995), 3–48.
– 1996. *Jazyk i kul'tura v Rossii XVIII veka [Sprache und Kultur im Russland des 18. Jahrhunderts].* Moskva.
Žižek, Slavoj 2000. „Liebe ohne Gnade. Auch eine Antwort auf Herbert Schnädelbachs Polemik: Der Segen des Christentums offenbart sich in der Abwesenheit Gottes". *Die Zeit* 15.06.2000, 52.
Znaniecki, Florian 1991. *Pisma filozoficzne.* t. 2. *Humanizm i poznanie i inne pisma filozoficzne [Philosophische Schriften.* Bd. 2. *Humanismus und Erkenntnis und andere philosophische Schriften].* Warszawa.
Zobern, Vladimir (Hg.) 2002. *Pravoslavnyj lečebnik v nastavlenijach svjaščennika i sovetach praktikujuščego vrača. Molitvoslov v pomošč' boljaščim [Orthodoxes Heilbuch mit Unterweisungen eines Priesters und Ratschlägen eines praktizierenden Arztes. Gebetsbuch für Kranke].* Korolev.
Zorin, Andrej 1989. „Prigorodnyj poezd dal'nego sledovanija" [Vorortsfernverkehrszug]. *Novyj mir* 5 (1989), 256–258.
Zubov, Vasilij P. 2001. *Russkie propovedniki. Očerki po istorii russkoj propovedi [Russische Prediger. Skizzen zur Geschichte der russischen Predigt].* Moskva.
Zumthor, Paul 1990. *Introduction à la poésie orale.* Dt. zit. n.: *Einführung in die mündliche Dichtung.* A.d. Frz. v. Irene Selle. Berlin.
Žužek, Ivan SJ 1964. *Kormčaja kniga: Studies on the Chief Code of Russian Canon Law.* Roma.
Zvetermich, Pietro 1980. *Fantastico grottesco assurdo e satira nella narrativa russa d'oggi (1956–1980) [Phantastisches, Groteskes, Absurdes und Satirisches in der russischen Gegenwartsprosa (1956–1980)].* Messina.
Zwick, Reinhold 1997. *Evangelienrezeption im Jesusfilm. Ein Beitrag zur intermedialen Wirkungsgeschichte des Neuen Testaments.* Würzburg.
Zwick, Reinhold; Lentes, Thomas (Hg.) 2004. *Die Passion Christi. Der Film von Mel Gibson und seine theologischen und kunstgeschichtlichen Kontexte.* Münster.

13 Bibelstellenindex

1Mos 1 203
1Mos 1,3 202, 216
1Mos 1,4 202
1Mos 1,27 202, 778
1Mos 11,4 831

2Mos 3,14 412
2Mos 13,2 419
2Mos 13,15 419
2Mos 20,4 212
2Mos 20,4f 213

3Mos 12,6–8 419
3Mos 19,18 828
3Mos 26,1 212, 867

Ri 5 818
Ri 5,26 817

Ps 2,7 82
Ps 21,2 830
Ps 22 93
Ps 22,7 93
Ps 90 401
Ps 110,4 82
Ps 118 380, 401
Ps 119,4 401
Ps 119,71 401
Ps 119,153 401

Jes 1,11 158
Jes 7,14 413, 415, 883
Jes 42–53 61
Jes 42,13–53,12 91
Jes 45,15 98
Jes 45,23 393
Jes 49,3 92
Jes 52,14 92, 312
Jes 53,3 245
Jes 53,7f 365

Jes 53,8 423

Jer 14, 2 56

Hes 3,17 92
Hes 34,23f 428

Dan 7,9 441
Dan 7,13 91, 92

Mt 1,19 418
Mt 1,23 883
Mt 2,9 365, 428
Mt 2,13–18 93, 701
Mt 4,1–11 95, 377
Mt 4,2 95, 195
Mt 4,3 95
Mt 4,5–7 813
Mt 4,6 95
Mt 4,19 812
Mt 5,3–10 78
Mt 5,3–5 78, 823
Mt 5,10 78, 823
Mt 5,13 624
Mt 5,17 812
Mt 5,39 762
Mt 5,43 824
Mt 8,20 536
Mt 10,24 230
Mt 11,19 196
Mt 11,28 413
Mt 11,28f 498
Mt 11,29 256, 413, 494
Mt 17,1–9 419
Mt 18,20 825
Mt 19,19 828
Mt 19,30 771
Mt 20,17–28 378
Mt 21,8 420
Mt 21,12–17 527

Mt 21,15f 420
Mt 22,21 554
Mt 25,35 536
Mt 25,35f 94
Mt 25,38 536
Mt 25,43f 536
Mt 26,11 172
Mt 26,26–28 192
Mt 26,37–42 93
Mt 26,39 766, 824, 830
Mt 26,57–68 709
Mt 27,42 95
Mt 27,45 813
Mt 27,46 813, 817, 830
Mt 27,50 97
Mt 27,57–60 98
Mt 28,16–20 847
Mt 28,19f 17, 256
Mt 28,20 922

Mk 2,18 195
Mk 4,38 93, 839
Mk 5,8 828
Mk 5,41 820, 828
Mk 6,3 882
Mk 8,31 92, 97
Mk 8,35 184
Mk 9,2–10 419
Mk 10,44 184
Mk 11,12 93, 839
Mk 11,15–19 527
Mk 14,22–24 192
Mk 14,33f 839
Mk 14,33–36 93
Mk 14,36 830
Mk 14,61f 709
Mk 14,62 92
Mk 14,66–72 813
Mk 15,27f 656
Mk 15,29f 95
Mk 15,33 813
Mk 15,34 93, 817, 830, 839
Mk 15,37 97
Mk 15,42–46 98

Lk 1,27 883
Lk 1,38 882
Lk 1,48 882
Lk 2 92f
Lk 2,22–39 419
Lk 2,30 419
Lk 2,41–50 419
Lk 2,48 882
Lk 2,50 698, 883
Lk 2,52 92
Lk 3,1–13 95
Lk 4,2 95
Lk 4,3 95
Lk 4,10 95
Lk 5,10 812
Lk 5,23f 828
Lk 5,26 135
Lk 9,28–36 419
Lk 9,57 184
Lk 9,58 184, 816
Lk 9,58–62 184
Lk 10,3 184, 481
Lk 10,4 184
Lk 14,26f 816
Lk 18,12 195
Lk 18,29f 302
Lk 19,45–48 527
Lk 22,19 192
Lk 22,25 554
Lk 22,25f 276
Lk 22,42 96
Lk 22,54–62 813
Lk 23,39 95
Lk 23,44 813
Lk 23,46 97
Lk 23,50–53 98
Lk 24,13–53 695
Lk 24,15f 718
Lk 24,30 691

Jh 1,1 64, 215, 258, 442
Jh 1,1f 64
Jh 1,1–18 64
Jh 1,8 203

Jh 1,14 64, 215f
Jh 1,18 65
Jh 1,29 158
Jh 1,29–34 448
Jh 2,4 746, 816
Jh 2,13–16 527
Jh 3,16 157
Jh 4,6f 93
Jh 5,27 124
Jh 6,27 203
Jh 6,42 93
Jh 6,53–58 192
Jh 7,3 93
Jh 11,35 94, 312
Jh 11,43 820, 828
Jh 12,15 83
Jh 12,24 78, 516, 705
Jh 12,27 93, 201
Jh 13 872
Jh 13,1–15 188
Jh 13,5 83, 84, 668
Jh 13,15 83, 184, 378
Jh 13,34f 872
Jh 14,6 308
Jh 14,23 103
Jh 15,12 872
Jh 15,17 872
Jh 15,18–21 747
Jh 17,5 87
Jh 19,3 427
Jh 19,23 813
Jh 19,24 93
Jh 19,26f 692, 881
Jh 19,28 93
Jh 19,30 97
Jh 19,34 94, 312, 365, 754, 820
Jh 19,34f 361
Jh 19,38–42 98
Jh 20,20 89
Jh 20,25 89
Jh 20,28 89
Jh 24,28 93

Apg 1,14 693, 883
Apg 2,4 176
Apg 2,32 87
Apg 3,13 93
Apg 3,13–26 93
Apg 3,18f 178
Apg 6f 199
Apg 17,29 212
Apg 19,2–5 176
Apg 20,28 124
Apg 22,20 468

Röm 1,1 199, 466
Röm 5,12 161
Röm 5,19 161
Röm 6,3 198
Röm 6,3f 198, 315
Röm 6,3–12 400
Röm 6,6 858
Röm 8,3 109
Röm 8,28–39 993
Röm 10,8f 224
Röm 10,17 220
Röm 12,5 201
Röm 16,5 406

1Kor 1,17 56
1Kor 1,17f 51, 64, 776
1Kor 1,18 97, 136, 141
1Kor 1,23 84
1Kor 2,4 227
1Kor 3,18 527
1Kor 4,10 527
1Kor 6,9f 819
1Kor 7,20–23 483
1Kor 7,32–38 196
1Kor 8,4–6 212
1Kor 9,15 56
1Kor 11,1 185
1Kor 13,13 872, 874
1Kor 15,14 86
1Kor 15,20f 88

1Kor 15,31 486
1Kor 15,45 245
1Kor 16,19 406

2Kor 3,17 176
2Kor 5,21 344
2Kor 7,10 178
2Kor 8,9 82, 156, 831
2Kor 10,5 227
2Kor 11,6 51
2Kor 11,16–30 52
2Kor 12,10 78
2Kor 13,4 823

Gal 1,10 199
Gal 2,19f 191
Gal 2,20 391
Gal 3,1 93
Gal 3,13 344
Gal 3,27 180, 400
Gal 3,28 180
Gal 4,4 882
Gal 4,4f 82
Gal 5,11 84
Gal 5,13 79
Gal 5,14 97
Gal 5,17–21 79
Gal 6,17 194

Eph 1,4 459
Eph 1,10 161
Eph 1,23 201
Eph 4,12 201
Eph 4,23f 620
Eph 5,1 459
Eph 5,3 196
Eph 5,30 201

Phil 1,1 199
Phil 1,12–26 141
Phil 2 58
Phil 2,2 59
Phil 2,3 59
Phil 2,4 872

Phil 2,5 12, 15, 17, 26, 30, 33, 59, 83, 175f, 184f, 188, 201, 218f, 221, 257, 328, 344, 347, 379, 381, 452, 459, 591, 646, 722, 744, 794, 816, 818, 820, 847, 851
Phil 2,5–8 993
Phil 2,5–11 19, 22f, 29, 33, 54, 56–59, 63f, 77, 90f, 100, 103, 114, 117, 146, 163, 176, 178, 188, 197, 217, 250, 259, 279, 341, 358, 362, 372f, 375, 378, 382, 490, 505, 581, 583, 598, 816, 818, 820, 850, 963, 972, 977
Phil 2,6 59, 64, 83, 100, 107, 117, 164, 185, 233, 241, 338, 742, 744
Phil 2,6f 37, 70, 163f, 209, 245, 446
Phil 2,6–8 62, 110, 202, 331, 338
Phil 2,6–10 218
Phil 2,6–11 433, 949
Phil 2,7 8, 10, 22, 39, 56, 59–61, 66, 71, 74, 79, 82, 85, 88, 91, 92, 95, 103, 117, 137, 150, 155, 162–164, 178–181, 192, 199, 241, 242, 284, 287, 297, 299, 311, 370, 374, 376, 393, 399, 464, 466, 638, 745, 817f, 834
Phil 2,7f 82, 117, 198, 292
Phil 2,8 2, 11, 59, 61, 74, 86, 96, 99, 140, 162, 179, 221, 276, 287, 328, 392, 419, 481, 511, 562, 599, 758, 816
Phil 2,8–11 358
Phil 2,9 62, 77, 87f, 100, 657, 722, 742, 827, 841
Phil 2,9–11 99, 114, 117, 352
Phil 2,10 200, 759, 783
Phil 2,10f 63, 393
Phil 2,11 87, 744
Phil 2,12 221
Phil 2,17 197

Phil 3,17 180
Phil 3,20f 88

Kol 1,7 199
Kol 1,15–17 203
Kol 2,14 159
Kol 3,8–10 620
Kol 4,7 199

1Thess 1,6 180
1Thess 1,8 219
1Thess 2,5 51
1Thess 2,13 230

1Tim 2,5 162
1Tim 6,14–16 203

Tit 1,12 135

Hebr 1,1 216, 442
Hebr 1,1–14 442
Hebr 1,2 216
Hebr 1,3 203, 442
Hebr 2,9–18 156
Hebr 2,14f 156
Hebr 2,17 156

Hebr 4,15 95, 109
Hebr 5,5 82
Hebr 10,5 158, 599
Hebr 10,5–8 158
Hebr 5,12 225f
Hebr 5,7 95
Hebr 7,27 342, 356
Hebr 10,7 599
Hebr 10,10 158
Hebr 11,13 536
Hebr 12,1–2 82
Hebr 12,2 82

1Jh 4,2 64

2Jh 7 64

Jak 1,17 72

Apk 5,9 5, 160
Apk 7,3f 399
Apk 11,3 554
Apk 12,10f 158
Apk 13,8 349
Apk 14,1 399
Apk 22,4 399

14 Namensindex

Abälard, Petrus 170
Abe, Masao 13, 929
Abermann, Gabriele 48, 929
Abgar V. Ukkama 204f, 602
Abramovič, Dmitrij I. 2–4, 295, 929
Achmatova, Anna 864
Adam von St. Victor 216
Adorno, Theodor W. 614, 961
Afanas'ev, Nikolaj N. 353, 825, 929
Afanasij (Zacharov) 512, 562
Agamben, Giorgio 13, 522, 929
Ahrens, Theodor 81, 929
Ajtmatov, Čingiz 791, 929
Akimov, Vladimir M. 717, 929
Aksakov, Konstantin S. 739
Aksenov, Vasilij P. 807, 929
Aleksandr (Oševenskij) 296
Aleksandr I. (Zar) 572
Aleksandr II. (Zar) 470, 578, 646f
Aleksandr Nevskij 440, 460, 554, 557–560, 562, 984, 991
Aleksandra Fedorovna (Zarin) 1, 506
Alekseev, Anatolij A. 263, 272, 274, 279–281, 322, 332, 381, 929f
Aleksej (Metropolit) 498
Aleksej Michajlovič (Zar) 524
Aleškovskij, Juz 229, 793, 802, 805, 901
Alexander der Große 554
Alexander von Alexandrien 121
Alexios (Gottesnarr) 290, 293, 523, 528, 741
Alimpij (Ikonenmaler) 206
Allen, Pauline 66, 930
Althaus, Paul 930
Altizer, Thomas J.J. 72f, 86, 930, 936
Al'tšuller, Mark 802, 805, 817, 841f, 930
Amberg, Lorenzo 448, 930
Ambrosiaster 82
Ambrosius von Mailand 118f, 190
Amfiteatrov, Aleksandr V. 684, 717, 930
Ammer, Vera 340, 342f, 930
Amvrosij (Optinskij) 114, 183, 265, 511f, 514f, 520, 529, 769
Amvrozij (Ključarev) 969
Anatolij 520
Anderson, R. Dean Jr. 52, 930
Andreas (Gottesnarr) 523, 978
Andreas von Kreta 289, 322
Andreev, Daniil L. 869, 874, 876, 930
Andreev, Leonid N. 312, 930
Andreev, Nikolaj 442, 930
Andrej (Jurodivyj) 428
Andrej Bogoljubskij 3, 7, 9, 469f
Andropov, Jurij V. 862f, 910
Aničkov, Evgenij V. 266, 403, 763, 930
Anna (Hl.) 289, 383
Anna Ivanovna (Zarin) 524
Annenkova, Elena I. 739, 930
Anninskij, Lev A. 744, 760, 773, 775, 785f, 930
d'Annunzio, Gabriele 653
Anselm von Canterbury 155, 158, 160, 202, 984
Antokol'skij, Mark M. 447
Antonij (Chrapovickij) 92, 335, 743, 930

Antonij (Pečerskij) 491f
Antonij (Surožskij) 390, 392f, 930
Antonios (Hl.) 199, 331, 488
Apollinaris von Laodikea 55, 73, 110f, 348, 979
Archangel'skij, Aleksandr S. 502, 930
Arcybašev, Michail P. 653
Aristoteles 300
Arius 55, 87, 91, 100f, 108, 135, 151, 244, 275, 333, 338, 344, 743
Arno von Reichersberg 71f, 931
Arsen'ev, Nikolaj S. 378–380, 406f, 931
Artemij (Starec) 246
Artemij (Vladimirov) 288, 931
Artemov, Nikolaj 431, 931
Assmann, Aleida 30, 34, 188, 229, 249, 264, 351, 714, 931
Assmann, Jan 32–34, 249, 264, 714, 931
dell'Asta, Adriano 312, 931
Athanasios 73, 108, 157, 179, 202, 275
Auerbach, Erich 226, 931
Auffarth, Christoph 84, 160, 931
Augustinus 35, 45, 47, 52, 74, 159, 162, 178, 180, 184, 216, 220, 226, 230, 401, 582, 693, 696, 711, 931, 991
Austin, John L. 174, 221f, 224f, 259, 679, 931
Avdiev, Igor' 848
Averincev, Sergej S. 93, 146, 205, 233, 237, 239, 353, 810, 931
Avvakum (Protopope) 53, 293, 303, 397, 529, 541–545, 840, 845, 931, 935, 952, 959, 985, 991

Babel', Isaak É. 463, 932
Bach, Johann S. 879, 896
von Bach, Joseph 71, 932
Bachmann-Medick, Doris 581, 932
Bachtin, Michail M. 141, 163, 190, 229f, 243, 457, 517, 799–801, 806f, 932, 941, 946, 972, 977f, 1008
Bačinin, Vladislav A. 839, 932
Bader, Günter 249, 932
Badiou, Alain 75, 78, 96, 932
Bagdasarov, Roman V. 449, 936
Bahr, Hans-Dieter 17, 49, 932
Bakunin, Michail A. 548, 565f, 569f, 616, 640, 686, 730, 739, 800, 941, 955, 976
Balašov, Boris 258, 932
Balina, Marina 932
von Balthasar, Hans Urs 85f, 306, 351, 353, 932, 960, 981
Balz, Horst 45, 56, 59, 63, 932
Baran, Henryk 313, 932
Barbey d'Aurevilly, Jules A. 966
Bartelmus, Rüdiger 553, 932
Barth, Heinrich 932
Barth, Karl 59, 148, 587, 591, 932, 964
Barth, Ulrich 587, 932
Barthes, Roland 50f, 231, 932f
Basilios der Große 165f, 198, 221, 291, 354, 371–373, 375, 390, 403, 415, 433, 489, 502, 545
Baslyk, Valentina 799, 819, 823, 933
Bataille, Georges 13, 613, 615, 796, 819, 933
Batalden, Stephen K. 535, 933
Batu (Chan) 301, 472f
Baudrillard, Jean 49, 156, 197, 933f
Bauman, Zygmunt 815
Baur, Jörg 109, 933
Beck, Hans-Georg 357f, 933
Behr-Sigel, Elisabeth 344f, 460, 469f, 507f, 517, 522, 585, 933

14. Namensindex

Beinert, Wolfgang 459, 697, 699, 883, 933, 967, 984, 988
Belinskij, Vissarion G. 564, 933, 970, 991, 1007
Bell, Theo 188, 933
Belov, Vasilij 792
Belting, Hans 105, 204–206, 208, 213, 412, 431, 447, 555, 933, 963
Belyj, Andrej 436–439, 933, 939
Benedikt von Nursia 221, 503
Beneševič, Vladimir N. 275, 933
Benjamin, Walter 410, 933
Bensow, Oscar 58, 60, 933
Benz, Ernst 164f, 261, 294, 297, 933f
Beraha, Laura 800, 806, 815, 934
Berdjaev, Nikolaj A. 265, 336, 467, 537, 580f, 598f, 640, 648, 664, 728, 934
Berengar von Tours 192
Berger, Klaus 156, 164, 193, 934
Bergfleth, Gerd 156, 934
Bergmann, Werner 455, 486, 489, 934
Berkhofer, Robert F. Jr. 175, 934
Berndt, Michael 304, 934
Bernhard von Clairvaux 186, 188, 561, 933, 949, 966f
Bernini, Giovanni L. 800
Bernštam, Tat'jana A. 268, 280f, 303, 934
Besançon, Alain 212f, 934
Bestužev, V. 821
Bethea, David M. 814, 934
Betz, Hans D. 188, 934
Beuscher, Bernd 139, 148, 934
Birnbaum, Henrik 263, 285, 503, 934
Bitov, Andrej G. 796, 935
Bjalik, Boris A. 658, 717f, 935
Blackmore, Susan 31–33, 935
Blake, William 935f
Blechinger, Gerhard 234, 935
Blochel, Iris 448, 935

Blok, Aleksandr A. 303, 314–317, 402, 647, 671, 725, 935, 947–949, 966, 972
Bloom, Harold 248f, 729, 821, 829, 935
Blumenberg, Hans 15, 70, 152, 571, 580, 582f, 587f, 935
von Bock-Iwaniuk, Kira 532, 935
Bode, Christoph 139, 141, 935
Bodin, Per-Arne 1, 4, 935
Bodjanskij, Osip M. 445
Boff, Leonardo 199, 935
Bogdanov, Aleksandr A. 996
Bogdanov, Alexei 141, 228, 935
Bogdanova, Ol'ga V. 791, 819, 823, 835f, 852, 936
Bogun, Ulrich 218, 936
Böhlig, Alexander 111, 935
Bohr, Niels 145
Bokov, Petr I. 645
Bonaventura 495
Bonč-Bruevič, Vladimir D. 570
Bondarenko, Viktor A. 449, 936
Bondarenko, Vladimir 818, 841, 848, 936
Boneckaja, Natal'ja 2, 6, 338, 463, 936
Bonhoeffer, Dietrich 64, 587, 936
Borch-Jacobsen, Mikkel 17, 638, 936
Boris (Hl.) 1–4, 6–10, 22, 267–269, 292f, 295f, 300f, 303, 330, 368, 385, 401, 429, 440, 460, 464, 467, 469f, 473, 475, 481, 551, 554, 558, 572, 695, 920f, 929, 938, 942, 944, 970, 974, 978, 1004
Borné, Gerhard F. 73, 936
Borras, Frank M. 670, 682, 936
Børtnes, Jostein 543, 552, 935
Bosch, Hieronymus 991
Boškovska, Nada 476, 536, 936
Bourdieu, Pierre 31, 181–183, 259, 936

Bousset, Wilhelm 63, 65, 936
Boyd, Robert 30, 33, 936
Boyer, Pascal 27, 936
Boym, Svetlana 727, 936
Brandt, Sigrid 158, 198, 937
von Braun, Christina 601, 635f, 937
Braunsperger, Gudrun 567, 570, 937
Brecht, Bertolt 685, 706, 719f, 937
Breidert, Martin 12, 81, 104, 153, 937
Bremond, Claude 458, 937
Brener, Aleksandr 532, 982
von Brentano, Clemens 194
Brenz, Johannes 108f, 937
Breuer, Josef 608, 635–638, 937, 951
Brjančaninov, Ignatij A. 967
Brockhoff, Annette 861, 867, 884, 914, 937
Bröckling, Ulrich 17, 937
Brodskij, Iosif 303, 317f, 548, 937
Bronfen, Elisabeth 478, 937
Brons, Bernhard 233, 937
Brown, Peter 555, 937
Bruce, F.F. 24, 56, 937
Bruni, Fedor A. 448
Brunner, Emil 932
Bryld, Mette 658, 684, 687, 690f, 696, 718, 937
Bryner, Erich 281, 937
Bucharev, Aleksandr M. 344f, 347, 447f, 585–587, 598, 614, 933, 937, 945, 965, 989, 1005
Buchoveckij, Dmitrij 449
Buchštab, Boris Ja. 620, 623, 639, 641, 937
Buchwald, Dagmar 167, 938
Bugoslavskij, Sergej A. 9, 938
Bühler, Karl 170, 938
Bujda, Jurij V. 10, 854, 913, 938
Bukovskij, Vladimir K. 890

Bulanin, Dmitrij M. 299, 938
Bulatov, Ėrik V. 410, 875
Bulgakov, Michail A. 41, 230, 303, 830
Bulgakov, Sergej N. 24, 77, 85, 98, 129, 165, 168, 188, 212, 233, 318, 335f, 347–353, 374, 383, 433, 458, 461, 464, 518f, 553, 568, 581, 693, 741, 938, 994, 1005
Bullinger, Ethelbert W. 226, 938
Bultmann, Rudolf 141, 938
Bunin, Ivan A. 549, 938
Burgin, Diana L. 864, 938
Burkert, Walter 598
Burkhart, Dagmar 855f, 859, 885, 901, 912, 938, 942, 945f, 950, 953, 964, 968–970, 976, 981, 990, 996, 1002, 1006f
Burmistrenko, Ol'ga I. 691, 708, 939
Bursov, Boris I. 675, 710, 716, 939
Buslaev, Fedor I. 436, 939
Butler, Judith 16, 47, 259, 680, 939
Büttner, Martin 200, 938
Byčkov, Viktor 196, 210, 242, 246, 263, 410, 939
Bykov, Dmitrij L. 707, 939
Bykovceva, Lidija P. 939

Čaadaev, Petr Ja. 848
Calderón, Pedro 985
Caligula (Kaiser) 79
Calvin, Johannes 108, 116f, 156, 162, 849, 850, 1008
Cameron, Averil 118, 121, 132, 141, 149, 168, 249, 555f, 939
Camus, Albert 569, 570f, 575, 578, 939
Cancik, Hubert 413, 939
Canetti, Elias 13, 939
Caputo, John D. 234, 939
Carli, Gabriela 601, 603, 970

14. Namensindex

Čarota, Ivan A. 303, 939
Čarušin, Nikolaj A. 643, 645f, 939
Cassedy, Steven 34, 195, 438f, 583, 939
Cassianus 489
Cassirer, Ernst 215, 939
Cechanskaja, Kira V. 409, 440, 447, 940
Čechov, Anton P. 977
Cejtlin, Evsej L. 785, 930
Čekanovskij, Aleksej I. 336
Celsus 106, 151, 244, 858, 982
Cemus, Richard 496, 940
Čerepachov, Matvej S. 627, 940
Cereteli, Zurab K. 919
Černov, Konstantin P. 573, 575
Černyševskaja, Ol'ga S. 634, 641
Černyševskij, Nikolaj G. 25, 40–42, 289, 344, 455, 479, 567, 577, 591, 595–653, 656, 658, 666, 675, 677–679, 694, 708, 713, 725f, 729, 733, 749, 765f, 775, 786, 819, 863, 874, 912–914, 919, 928, 934, 937, 940, 951f, 957, 964, 969f, 981, 983f, 988f, 991, 993f, 996–998, 1000, 1002, 1005, 1007f
de Certeau, Michel 42, 267, 730, 764
Čertorickaja, Tat'jana V. 283, 940
Češichin-Vetrinskij, Vasilij E. 647, 940
Četverikov, Sergij 511, 940
Char'chordin, Oleg 18, 940
Charcot, Jean-Martin 636, 638, 940
Charms, Daniil I. 862
Cheauré, Elisabeth 476, 940
Chemnitz, Martin 128, 136, 243, 940, 980
Cheraskov, Michail M. 304
Chibarin, I. 175, 462, 501, 509, 940

Chlebda, Wojciech 404f, 940
Chlebnikov, Viktor V. 932
Chodasevič, Vladislav F. 550f, 575, 940
Choiroboskos, Georgios 273
Chomjakov, Aleksej S. 161, 201, 335–340, 353, 825, 906, 934, 940, 992, 999
Chopin, Frédéric 895
Chorošev, Aleksandr S. 2, 269, 557, 941
Choružij, Sergej S. 196, 329f, 353, 921, 941
Chrabrovickaja, Galina 787
Christen, Eduard 199, 941
Christian, David 795, 941
Chruščev, Nikita S. 580, 788, 856, 919
Chudjakov, Konstantin V. 449, 936
Cicero, Marcus Tullius 51, 68
Čiževskij, Dmitrij 273, 301, 328, 355, 491f, 941
Čkalov, Valerij P. 781
Clark, Katerina 190, 229, 619f, 647, 664, 681, 684, 688, 698, 702, 714, 727f, 730, 732, 737, 746, 756f, 763, 781, 941
Clasen, Sophronius OFM 7, 199, 941
Clauss, Manfred 555f, 941
Clayton, Jay 829, 941
Clemens von Alexandrien 146, 165, 176
Clemens von Rom 157
Clowes, Edith W. 689, 941
Cochrane, Stephen T. 565, 570, 941
Cohen, Hermann 991
Coleridge, Samuel T. 245, 941
Colie, Rosalie L. 136, 941
Colpe, Carsten 93, 459, 941
Colucci, Michele 798, 832, 840, 941
Confino, Michael 565, 567, 941

Connerton, Paul 404, 426, 941
Cremer, Hermann 137–140, 144, 942, 967
Cross, Richard 126, 128, 942
Čulaki, Michail M. 10, 942
Curikov, Ivan A. 540
Cvetaeva, Marina I. 230f, 551, 864, 942
Cypin, Vladislav A. 276, 496, 942

Dahlerup, Pil 35, 942
Dajredžiev, Boris L. 779f
Dalferth, Ingolf U. 159, 942
Dällenbach, Lucien 234, 942
Damasus I. (Papst) 90
Daniel (Prophet) 124, 442, 980
Daniil (Igumen) 297, 1005
Danilevskij, Nikolaj Ja. 739
Danilkin, Lev A. 902, 912, 942
Darnton, Robert 729, 942
Darwin, Charles 31, 33
David (König) 152
Davis, Stephen T. 13, 72, 942
Davis, Tim 449, 965
Dawe, Donald G. 12, 19f, 24, 65, 89, 90, 104, 133, 150f, 259f, 354, 579, 942
Dawkins, Richard 31–33, 48f, 942
Debreczeny, Paul 296, 572, 942
Degot', Ekaterina 885, 942
Deibl, Jakob H. 588, 920, 923, 942
Deleuze, Gilles 139, 679, 943
Del'vig, Anton A. 836
Denzinger, Heinrich 90, 110, 943
Derrida, Jacques 28, 30, 34, 54, 98, 147, 158, 167, 170, 172, 222, 228, 232–234, 237, 259, 661, 679f, 912, 916, 921, 935, 939, 943, 949, 960, 964, 993
Deržavin, Gavriil R. 93, 136, 303, 307–311, 943, 979

Descartes, René 170, 244, 680, 943
Desnickij, Vasilij A. 657, 683f, 716, 720, 943
Deutschmann, Peter 856, 885f, 944
Diderot, Denis 738
Didi-Huberman, Georges 19, 25, 37, 42, 194, 228, 242, 246f, 249f, 944
Didron, Adolphe N. 409, 441, 944
Diedrich, Hans-Christian 388, 397f, 402, 404, 406, 409f, 429, 944
Dionisij (Ikonenmaler) 422, 424f, 428
Dionysios (Pseudo-)Areopagita 138, 157, 232f, 238–241, 246f, 433f, 436, 821, 937, 944, 994, 998
Dionysios von Fourna-Agrapha 408, 441
Dippmann, Klaus J. 332, 944
Divil'kovskij, A.A. 653
Dmitriev, A.P. 585, 945
Dmitriev, Lev A. 295, 632, 641, 944
Dmitriev-Mamonov, Matvej A. 562
Dmitrij (Donskoj) 302, 440
Dmitrij (Rostovskij) 289, 304–306, 313, 480, 934, 944
Dmitrij Borisovič (Rostovskij) 299
Dobrenko, Evgenij A. 729, 738, 778, 783f, 867, 913, 944
Dobroljubov, Nikolaj A. 970, 991, 1007
Docenko, S.N. 311
Dodd, Brian J. 63, 976
Donne, John 136
Donskoj, Mark S. 719, 782, 785
Döring-Smirnov, Johanna R. 867, 889, 944

Dorner, Isaak A. 104
Dostoevskij, Fedor M. 40f, 95, 99, 114, 130, 201, 227, 229, 234, 261, 290, 303, 309, 311f, 316, 324, 331, 345, 459, 465f, 471, 474, 478f, 481f, 496f, 512, 514–519, 532, 538, 545f, 548, 567, 571, 581, 650–653, 658f, 665, 675, 713, 830, 840, 876, 904, 907, 914, 931f, 935, 937, 941, 944, 954, 959, 961, 969, 979, 982, 984, 994f, 998, 1002f, 1005–1008
Dostupova, Tat'jana G. 761, 773, 782f, 785f, 944
Drawicz, Andrzej 796, 802, 832, 944
Drubek-Meyer, Natascha 795, 798, 800, 805, 813–815, 825, 828, 841, 856, 860f, 902, 945
Duchanin, Valerij 449, 945
Dudincev, Vladimir D. 791
Dudko, Dmitrij S. 287, 945
Dunaev, Michail M. 25, 41, 260, 307, 311, 316, 339, 611, 647, 659, 662, 693, 945
Dürer, Albrecht 421
Durkheim, Emile 13, 945
Dvinjatin, Fedor 286, 945
Dvorničenko, Andrej Ju. 270, 951

Ebert, Christa 18, 265, 945
Eckhart (Meister) 234, 939
von Eckardt, Hans 409, 565, 578, 945
Eckert, Michael 265, 945
Eco, Umberto 114
Efremenko, È.L. 655, 683–685, 712, 715, 945
Egger, Hanna 423f, 945
Egorov, Aleksej E. 448
Egorov, V.F. 585, 945
Eiríksson, Magnus 148f, 945, 965

Ėjchenbaum, Boris M. 228, 768, 946
Ekaterina II. (Zarin) 263, 290, 504, 952, 965, 1002
El'cin, Boris N. 919, 965, 1002
Elert, Werner 77, 91, 108, 946
Eliade, Mircea 431
Elias, Norbert 100, 175, 484, 527, 561, 680, 946, 996
Elipandus von Toledo 103
Ellis, Jane 520, 536, 946
Emčenko, Elena B. 443, 946
Emerson, Caryl 190, 229, 946, 978
Engel, Christine 497, 857f, 862, 946
Engel, Ulrich 923, 946
Engels, Friedrich 596f, 773, 927
Engelstein, Laura 541, 946
Ennker, Benno 721, 946
Ephräm der Syrer 179, 291, 322–325, 377, 522, 946
Epifanij (Premudryj) 289, 293, 496–499, 840
Epikur 146
Epiphanios von Salamis 107, 184, 883
Ėpštejn, Michail N. 13, 235–240, 587, 792, 806f, 814, 826f, 831, 845f, 848–850, 852, 900, 913–916, 946f
Erasmus von Rotterdam 136, 147, 947, 970
von Erdmann-Pandžić, Elisabeth 316, 947
Eremin, Igor' P. 286, 495, 947
Eremina, Tat'jana S. 355, 387, 408f, 412, 416, 429, 432, 436, 947
Ėristiina, Ėrilik 783
Ermolin, Evgenij A. 854, 856, 913, 915, 947
Ernst, Paul 145, 947
Erofeev, Venedikt V. 25, 40–42, 93, 141, 232, 256, 303, 311,

512, 532, 545, 591, 618, 649, 652, 696, 754, 769, 791–853, 876, 878, 901, 903f, 914, 919, 928, 930, 933–936, 946f, 951f, 954, 968f, 971f, 976, 978f, 982, 986, 988–990, 993–996, 999, 1002, 1005f, 1008f
Erofeev, Viktor V. 455, 545, 795, 853, 856, 903, 920, 947
Erofeeva, Galina 814f, 845, 847
Esaulov, Ivan A. 315f, 320, 656, 669, 673, 678, 697, 709, 722f, 726, 728, 947f
Estienne, Henri 10, 68, 130f, 948
Ėtkind, Aleksandr M. 540, 948
Ėtkind, Efim G. 548
Eusebios von Caesarea 64, 102, 131, 185, 191, 202, 395, 413, 557, 948
Eustatios von Antiochien 135
Euthymios (Patriarch) 959
Eutyches 110, 115, 122
Evans, Gillian R. 599, 948
Evdokimov, Michel 261, 298, 528, 531, 536, 948
Evdokimov, Pavel 6, 261, 325, 335, 338, 340f, 343, 345, 350, 359, 365, 371, 948
Evtušenko, Evgenij A. 808
van Eyck, Jan 991

Fast, Piotr 749, 777, 785, 948
Fedor (Jaroslavskij) 295
Fedorov, Nikolaj F. 352, 694
Fedotov, Georgij P. 2–10, 17–19, 21, 24, 37, 229, 258, 260f, 268, 271, 294, 319, 321, 330f, 462, 464, 469f, 473, 476, 481, 492–495, 498, 505f, 523f, 526f, 551, 860, 873, 948
de Félice, Philippe 796, 819, 948
Felmy, Karl C. 283, 286f, 321, 329, 354–356, 364f, 367, 383, 396f, 411–413, 415, 417–422, 425, 427–430, 439, 441, 948f

Fendt, Leonhard 116, 949
Feodor (Černigovskij) 470
Feodosij (Kosoj) 326
Feodosij (Pečerskij) 287, 292, 295, 331, 492–495, 499, 551, 676, 793, 947
Feodosij (Grek) 322
Feofan (Grek) 416, 491
Feofan (Zatvornik) 52, 59, 129, 291, 328f, 332, 489, 496, 509, 949, 986
Feofan Prokopovič 288, 1002
Feuerbach, Ludwig 65, 100, 151, 153, 168, 193, 202, 369, 578, 601f, 622, 949
Ficino, Marsilio 50
Filaret (Černigovskij) 2, 468, 556–558, 949
Filaret (Drozdov) 157, 312, 332–335, 340, 344, 466, 480, 883, 949
Filosofov, Dmitrij V. 678, 949
Finlay, Marike 169, 949
Fischer, Helmut 205, 434, 949
Fisk, Bruce N. 10, 77, 80, 949
Fitzpatrick, Sheila 756, 784, 949
Fleckenstein, Josef 561, 949
Flickinger, Brigitte 885, 949
Flogaus, Reinhard 8f, 318, 320–322, 949
Florenskij, Pavel A. 115, 204, 315, 320, 338, 431, 463, 483, 936, 949
Florja, Boris N. 295
Florovskij, Georgij V. 274, 321, 338, 346f, 349, 445f, 949, 962, 968, 981
Folmar von Karden 71, 931
Forsyth, Peter T. 80, 89, 260, 949
Foshay, Toby 234, 949
Foucault, Michel 15, 17, 31, 38, 169, 188, 227, 231, 243, 546, 636, 937, 950, 960
Fourier, Charles 625, 633, 932, 950

14. Namensindex

Fra Angelico 37, 246f, 250, 944
Franck, Sebastian 130, 136, 897, 950
Frank, Joseph 139, 599f, 605, 630, 645, 950
Frank, Karl S. 200, 486–488, 495, 950
Frank, Semen L. 138f, 144, 157, 518, 567–569, 581, 950
Frank, Susi 872, 950
Franklin, Simon 273, 950
Franz, Michael 167, 950
Franz, Norbert P. 545, 548, 571, 740, 950
Franziskus von Assisi 177, 194, 495, 505, 638, 951
Frascati-Lochhead, Marta 476, 950
Fredegisius von Tours 104
Freeborn, Richard 673, 682, 684, 715, 951
Frejdenberg, Ol'ga M. 268, 378, 951
Freud, Sigmund 101, 159, 484, 635–637, 678, 698, 843, 860, 865, 906, 951
Freydank, Dietrich 299f, 951
Freyer, Johannes-Baptist 80, 188, 489, 495, 503, 951
Fridlender, Georgij M. 601f, 622, 625, 649, 951
Friedrich, Hugo 134, 136, 141, 951
Frojanov, Igor' Ja. 270, 951
Frolova, Nina 801, 815, 832, 841, 848, 951
Fromer, Vladimir 844, 951
Früchtel, Ursula 65, 951
Frugoni, Chiara 165, 194, 951
Fuchs, Ernst 141, 951
Furmanov, Dmitrij A. 726, 733

Gaianus (Hl.) 114
Gallaher, Lowell 194, 951
Gandlevskij, Sergej 851f, 951
von Gardner, Johann 306, 355, 387, 951
Garibaldi, Giuseppe 733
Garstka, Christoph 722, 952
Garvie, Alfred E. 103, 952
Garzaniti, Marcello 279f, 413, 952
Gasparov, Boris 804, 813, 820, 830–833, 836, 952
Gaudel, Auguste 20, 952
Ge, Nikolaj N. 448
Geertz, Clifford 20, 45, 255, 952
Geierhos, Wolfgang 569, 575, 578, 952
Geisser-Schnittmann, Svetlana 798, 800, 803f, 808, 810, 814, 818, 822, 824, 827, 829, 832f, 841, 952
Genette, Gérard 822, 828f, 843, 851, 952
Genis, Aleksandr A. 791, 814, 832, 854–858, 861, 899, 915, 952
Gennadij (Emel'janov) 291, 952
Gennadij (Nefedov) 277, 952
Gennadij (Novgorodskij) 281, 954
van Gennep, Arnold 23, 952
Georg (Hl.) 440
Gerasimova, N.M. 542f, 952
Gercen, Aleksandr I. 265, 482-484, 548, 647, 739, 759, 836, 952, 1004
Gerdes, Hayo 133, 952
Gerhard, Johann 59, 85, 136, 952
Gerhards, Albert 389, 952
Gerlitz, Peter 618f, 952
Germanos (Patriarch) 432
Geß, Wolfgang F. 95f, 348, 352, 850
Giannaras, Christos 17, 953
Gibson, Mel 106, 449, 945, 991, 1009

Gide, André 738, 767, 953
Gillespie, David 856f, 888f, 917, 919, 953
Gil'tebrandt, Petr A. 179, 953
Girard, René 159, 198, 467, 598, 735, 953, 999
Gladigow, Burkhard 23, 953
Glazunov, Il'ja S. 920, 967
Gleb (Hl.) 1–4, 6–10, 22, 267–269, 292f, 295f, 300f, 303, 330, 368, 385, 401, 429, 440, 460, 464, 467, 469f, 473, 475, 481, 551, 554, 558, 572, 695, 920f, 929, 938, 942, 944, 970, 974, 978, 1004
Goclenius, Rudolphus 166, 953
Goehrke, Carsten 263f, 266–268, 355, 373, 403, 426, 452, 464f, 498, 794, 953
Goerdt, Wilhelm 157, 337, 346, 953
Goes, Gudrun 902, 953
von Goethe, Johann W. 167, 632, 830, 927
Goetz, Leopold K. 268, 275, 394f, 536, 953
Gogarten, Friedrich 28, 148, 586f, 932, 953, 991, 998
Gogol', Nikolaj V. 22, 40f, 196, 228f, 311, 328, 336, 344, 361f, 369–371, 381, 448, 451, 464, 515–517, 563, 632, 652, 733, 768, 930, 941, 946, 953, 958, 976, 979, 992, 995f, 998, 1002, 1006
Goldmann, Lucien 93, 136, 141, 234, 953
Goldt, Rainer 809, 954
Golejzovskij, Nikita K. 165, 954
Goller, Mirjam 235, 237, 240, 478, 954
Goltz, Hermann 383, 954
Golubinskij, Evgenij E. 460, 954
Golubinskij, Fedor A. 513

Gončarov, Sergej A. 545, 548, 571, 950
Goppelt, Leonhard 644, 954
Gor'kij, Maksim 25, 40–42, 200, 315, 406, 493, 538, 591, 649, 652–726, 729, 733, 750, 772, 785, 794, 804f, 843, 863, 880, 912, 914, 928, 935–937, 939, 941, 943, 945, 949, 954, 957, 959, 961–967, 971, 973f, 977f, 981f, 984f, 994–996, 1001f, 1004f, 1007f
Gorelov, A. 13, 510, 512–514, 954
Goričeva, Tat'jana 231, 473f, 477, 520, 525, 531, 792, 807, 954
Gorman, Michael J. 60, 955
Gorodetzky, Nadejda 14, 19, 96, 260, 339, 341, 343, 345–348, 352, 466, 481, 505, 519, 575, 579, 955
Gorodnickij, R.A. 578, 955
Gorskij, Feofan 336
Gor'skyj, V.S. 22, 955
Grabar, André 395, 955
Gračeva, Alla M. 311, 313, 955
Graf, Friedrich W. 265, 580, 586, 955
Grala, Hieronim 442, 955
Grass, Karl K. 539, 955
Graßhoff, Helmut 301
Grawitz, Madeleine 569, 955
Grayling, Anthony C. 32, 955
Greber, Erika 293, 955
Greenblatt, Stephen 15, 955
Gregor von Nazianz 84, 107, 118, 158
Gregor von Nyssa 239, 878
Gregorios Palamas 503
Greimas, Algirdas J. 32, 245, 250, 820, 955
Greiner, Bernhard 243, 799, 956
Greve, Wilfried 133

Gribomont, Jean 196, 956
Grice, H. Paul 221
Grigor'ev, Apollon A. 456, 956
Grigorios Palamas 382
Grillmeier, Alois SJ 65, 110, 114, 130, 207, 956
Groenhout, Ruth 476, 956
Grolimund, Vasilij 503, 956
Gromyko, Marina M. 398, 404, 406f, 956
Grossman, Joan D. 183, 984
Groys, Boris E. 49, 53, 227, 627, 736, 775, 853–856, 875, 898, 903, 915, 956
Grözinger, Karl E. 45, 956
Groznova, Natal'ja A. 726, 730, 778, 784f, 956
Grübel, Rainer G. 19, 315, 331, 912, 956
Gründer, Karlfried 137, 217, 226, 956
Grünewald, Matthias 422
Gruzdev, Il'ja 957
Gubanov, Vladimir 1f, 6
Gudzij, Nikolaj K. 523, 620
Gul'binskij, V. 723
Gumbrecht, Hans U. 139, 957
Gundlach, Sven 902, 911, 957
Günther, Hans 532, 553, 629, 654, 681f, 687, 717, 721, 727f, 737f, 750, 756, 762, 772–774, 778, 781, 853, 957
Gural'nik, Uran A. 596, 648, 957
Gurevič, Aleksandr N. 449
Gur'janov, V. 784
Gusakova, Viktorija O. 422, 554, 957
Guski, Andreas 726, 733, 738, 757, 774, 777, 779–781, 957

Haag, Herbert 92, 957
Habermas, Jürgen 175, 581, 957
Haderer, Gerhard 104, 957
Hagar 284
Hahn, Alois 958

Halbwachs, Maurice 28, 257, 958
Halkes, Catharina J.M. 881f, 958
Haller, Benedikt 201, 958
Hallman, Joseph M. 73, 958
Hamann, Johann G. 137, 139, 144, 216f, 226, 818, 956, 958
Hamilton, William 73, 930
Hammerich, Louis L. 18, 60, 338, 958
Hannick, Christian 199, 233, 273, 289, 293, 296, 323, 459, 461, 958
Hansen-Löve, Aage A. 141, 168, 173, 232, 234f, 237, 532, 540, 958
Hänsgen, Sabine 210, 792, 958
Hare, Richard 656, 959
Harkness, Margarete 773
von Harnack, Adolf 65, 102, 138, 487, 560, 959
Harreß, Birgit 478, 959
Hart Nibbrig, Christiaan L. 234, 942
Hart, Kevin 45, 167, 234, 239, 589f, 959
Harth, Dietrich 30, 314, 475, 735, 931, 959
Hauck, Albert 102, 978
Hauptmann, Peter 332–335, 397, 788, 959
Hausammann, Susanne 122, 212, 232, 240, 959
Hausberger, Karl 459, 959
Haverkamp, Anselm 13, 248, 821, 959
von Haxthausen, August 739
Hébert, Maurice LaBauve 293, 295, 959
Hegel, Georg W.F. 24, 78, 150f, 153, 155, 175, 241, 479, 485, 741, 806, 859, 936, 959
Heiser, Lothar 399, 400, 959
Helena (Kaiserin) 190, 212, 384
Heller, Leonid 562, 567, 627, 959

Heller, Wolfgang 394, 397, 959
Helvétius, Claude-Adrien 603f, 959
Henke, Silvia 636, 638, 959
Henry, Michel 66, 86, 106, 117, 960
Henry, Paul 12, 20, 56, 58, 63, 67, 81f, 91, 239, 318, 349f, 401, 474, 960
Heraklit 835
von Herberstein, Sigmund 219, 404, 409
Herder, Johann G. 48, 739, 960
Hermanni, Friedrich 73, 967
Hernegger, Rudolf 413, 556, 960
Herodes 93, 317f, 385, 418, 552, 701
Hesychios von Bathos 393
Hieronymus von Stridon 207
Hilarius von Poitiers 74, 102, 203, 960
Hilberath, Bernd J. 193, 960
Hildermeier, Manfred 540, 960
Hingley, Ronald 960
Hinz, Paulus 191, 960
Hiob 132, 876
Hippokrates 636, 638
Hippolyt von Rom 72–74, 198
Hirsch, Emanuel 109, 193, 960
Hobsbawm, Eric J. 32, 565, 960, 986
Hochstaffl, Josef 232, 240, 960
Hocke, Gustav R. 143, 960
Hoff, Johannes 47, 80, 172f, 234, 354, 356, 960
Hoffmann, Alexander 13, 177, 337, 351, 960
Hoffmann, Stefan 48, 960
Hofmann, Hasso 192f, 201, 960
Holbein, Hans d.J. 312
Holl, Adolf 495, 524, 960
Holm, Kerstin 18, 447, 535, 960
Holquist, Michael 41, 190, 229, 312, 651, 941, 961
Homer 300, 552

Hoping, Helmut 17, 64, 66, 69, 70, 88, 100f, 110f, 115, 123f, 147, 157, 160, 172, 186, 961
Hopkins, Gerald M. 228
Horaz, Quintus Flaccus 205
Horbatsch, Olexa 275
Horch, Henning 864
Hörisch, Jochen 47–49, 193, 960
Horkheimer, Max 614, 961
Hornig, Gottfried 105, 961
Hotze, Gerhard 131–133, 141, 149, 961
Hubbs, Joanna 268f, 475, 559, 961
Hubert, Henri 613, 976
Huizing, Klaas 47, 93, 393, 961
Hull, David L. 31, 49, 961
Humbert von Silva Candida 192
Husserl, Edmund 170
Hutcheon, Linda 828

Ignatij (Brjančaninov) 320, 327–329, 393, 463, 482–484, 952, 961
Ignatius von Antiochien 70, 112, 119, 195, 215, 851
Ignatius von Loyola 171, 187f, 561f, 566, 746, 932, 961, 975
Ignatova, Elena 795, 848, 961
Il'f, Il'ja A. 889
Il'ja (Bischof) 268, 275
Ilarion (Metropolit) 127, 283–286, 962, 978f
Imendörffer, Helene 716, 961
Ingarden, Roman 642, 961
Ingham, Norman W. 2f, 961
Ingvar' Igorevič 301
Innemée, Karel 435, 489f, 961
Ioann (Abt) 483
Ioann (Kologrivov) 524, 528, 961
Ioann (Kronštadtskij) 286f, 426, 961
Ioann (Metropolit) 275, 395
Iokar, Lija N. 939

Iosif (D'jakov) 397
Iosif (Volockij) 265, 289, 325, 462, 500–504, 540, 566, 961
Irenäus von Lyon 161f, 242, 251, 936, 962, 978
Isaak der Syrer 512
Isaia der Serbe 233
Isakij (Pečerskij) 522, 524
Iser, Wolfgang 641, 902, 962
Isidora (Hl.) 522
Israël, Lucien 637f, 962
Išutin, Nikolaj A. 567, 647
Ivan III. (Zar) 559, 971
Ivan IV. (Zar) 105, 243, 326, 440, 442, 524, 530f, 538, 548f, 552, 559f, 562f, 570, 969, 971, 997, 999
von Ivánka, Endre 275, 354, 364, 962, 964
Ivanov, Aleksandr A. 344, 419, 447, 448, 466, 585, 935
Ivanov, Aleksandr T. 855
Ivanov, Ivan 575
Ivanov, Vjačeslav I. 73, 268, 311–313, 800, 858, 932, 955, 962
Ivanov, Vjačeslav V. 515, 568, 962
Ivanov, Vsevolod V. 930
Ivanov-Razumnik 595, 605, 626, 962
Izgoev, Aleksandr S. 728, 962

Jackson, Robert L. 659, 962
Jacotot, Jean Joseph 602
Jaeschke, Walter 19, 962
Jäger, Michael 924, 962
Jaïrus 820, 828
Jakobson, Roman 48, 174, 285, 962
Jakobus (Jünger) 63, 418
Jakov (Mönch) 299
Jameson, Fredric 806, 962
Jampol'skij, Michail 722, 962
Janowski, Bernd 23, 598

Jaroslav (Mudryj) 273, 491
Jastrebow, M. 342, 962
Jauß, Hans R. 174, 799, 963
Jeanne d'Arc 889
Jelínek, Emil 326, 963
Jenny, Laurent 829, 963
Jesaja (Prophet) 91, 98, 957
Jessl, Randolf 533, 535, 584, 963
Jetter, Werner 936
Joachim (Hl.) 289
Johannes (Evangelist) 64f, 78, 87, 93, 124, 138, 146, 152, 216, 203, 309, 375, 381, 704, 880, 980
Johannes (Exarch) 323
Johannes (Jünger) 422, 685, 690, 881
Johannes (von Shanghai und San Francisco) 5, 9, 963
Johannes Chrysostomos 74, 113, 226, 280, 283, 288, 333, 354, 357–359, 365, 367–369, 371f, 381, 397, 429, 433, 467, 676, 972, 976, 1002
Johannes der Täufer 196, 214, 376, 384, 646, 685
Johannes Klimakos 322, 327, 330, 382, 391, 669, 737, 963
Johannes Moschos 293
Johannes Tauler 186
Johannes von Damaskus 37, 67, 68, 70f, 80, 88, 94, 104, 110, 113f, 124f, 128f, 172, 190f, 203, 205, 208–210, 228, 246, 289, 322–325, 375, 442, 445, 963, 990, 1007
Joseph von Nazareth 418f, 882f
Joseph von Arimathäa 184, 366, 380
Judas Ischariot 113, 287, 312, 378, 421, 470, 651, 810
Julian von Aeclanum 94, 972
Julian von Halikarnassos 114
Julius I. (Papst) 165f
Jünger, Ernst 167

Jungmann, Josef A. SJ 358, 369, 963
Jur'eva, L.M. 655, 683–685, 712, 715, 945
Justin der Märtyrer 64f, 68, 72, 357, 418, 879, 968, 979, 1000
Justinian I. (Kaiser) 199, 357, 362, 433, 556, 976
Juvenalij (Pojarkov) 5f, 8f, 963

Kabakov, Il'ja I. 968
Kähler, Ernst 217, 963
Kaiphas 543, 552
Kaleps, Boriss A. 659, 662, 963
Kalinskij, Ivan P. 292, 963
Kaljaev, Ivan P. 578
Kallis, Anastasios 74, 354, 356, 358–373, 400, 403, 409, 415, 431, 467, 554, 677, 703, 879, 883, 963
Kamenev, Lev B. 732, 996
Kamlah, Erhard 141, 194f, 851, 964
Kandinskij, Vasilij V. 434, 436
Kant, Immanuel 335, 624, 992, 1006
Kantor, Vladimir K. 599, 601, 620, 640, 647, 964
Kantorowicz, Ernst H. 556, 964
Kapitančuk, Viktor A. 4
Kaplan, Jurij G. 303, 964
Karakozov, Dmitrij V. 567, 575, 577, 647, 994
Karavaeva, Anna 773
Karl XII. (König) 473
Karmiris, Johannes 275, 354, 964
Karrer, Martin 55f, 63, 964
Karsavin, Lev P. 841
Kartašev, Anton V. 121, 443, 964
Kasack, Wolfgang 19, 34, 41, 303, 307f, 310, 317, 343, 549, 793, 810, 964, 967
Käsemann, Ernst 58, 963
Kasper, Karlheinz 857, 859, 861f, 885, 900, 904, 916, 964

Kasper, Walter 87f, 964
Kasperski, Edward 458, 964
Kastorskij, Sergej V. 685f, 710, 712, 715–717, 964
ten Kate, Laurens 234, 964
Katharina von Siena 194
Katz, Michael R. 641, 964
Katzer, Nikolaus 655, 965
Kavadeev, Andrej 840, 965
Kavelin, Ivan 722, 727, 738, 917, 965
Kayser, Wolfgang 801
Kedveš, Georg 344, 598, 965
de Keghel, Isabelle 440, 965
Keil, Günther 149, 965
Kellein, Thomas 437, 965
Kelly, Catriona 15, 476, 722, 728, 788, 965, 1002
Kennedy, George A. 52, 965
Kenžeev, Bachyt 854, 862, 913, 965
Kessler, Herbert L. 204, 965
Kibirov, Timur Ju. 852
Kieckhefer, Richard 459, 461, 965
Kierkegaard, Søren 132–134, 137, 139, 142, 144, 147–149, 945, 952, 965, 992, 1006
Kinnard, Roy 449, 965
Kiprian (Gottesnarr) 530
Kirchhoff, Kilian OFM 468, 966
Kireevskij, Ivan V. 181, 265, 274, 331, 512–515, 521, 739, 966
Kirik 201, 275
Kirill (Pavlov) 288, 966
Kirill (Turovskij) 275, 283, 286, 327, 389f, 945, 947, 966, 974
Kirillov, Andrej 787, 966
Kissel, Wolfgang S. 2, 7, 18f, 264, 269, 296, 327, 365, 396, 402, 439, 481f, 560, 581, 722, 966
Kjetsaa, Geir 669, 682, 966

Kjuchel'beker, Vil'gel'm K. 572–575, 966, 977
Klein, Joachim 307, 966
Kleineidam, Erich 186, 189, 966
Klemm, David 105f, 966
Klimenko, Michael 270, 966
Kliment Smoljatič 300
Klinger, Max 106
Ključevskij, Vasilij O. 294, 966
Kloss, Boris M. 597, 627, 644, 981
Kluge, Rolf-Dieter 34, 654, 655, 656, 680, 706, 709, 714, 966f
Knechten, Heinrich M. 327f, 393, 463, 483, 967
Knigge, Armin 665f, 684, 690, 967
Knoch, Otto 682, 711, 883, 967
de Kock, Paul 733
Koepp, Wilhelm 137f, 967
Kogan, Petr S. 684, 690, 715, 967
Kohlenberger, Helmut K. 176, 967
Komar, Vitalij 410
Komaromi, Ann 793, 797, 825, 967
Konstantin der Große 98, 101, 140, 149, 198, 211, 374, 413, 427, 433, 468, 486, 554–557, 725, 970, 985, 999
Konstantin Konstantinovič (Großfürst) 306, 984
Konstantin V. (Kaiser) 213
Köpf, Ulrich 186, 967
Kornblatt, Judith D. 564, 967
Korolenko, Vladimir G. 996
Koschmal, Walter 860, 901–903, 915, 967
Koschorke, Albrecht 31, 47, 159, 184, 196, 555, 653, 883, 967
Košelev, Nikolaj A. 448, 513
Koselleck, Reinhart 14, 967
Koslowski, Peter 73, 967

Kosmas von Majuma 375f, 378
Kotel'nikov, Vladimir A. 19, 196, 330f, 967
Kotkov, Sergej I. 290, 292, 967
Kotljar, Pavel 920, 967
Kovynev, B. 793
Kraft, Heinrich 133–136, 138, 140, 146, 967
Kramskoj, Ivan N. 448
Kreimeier, Klaus 497, 968
Kreiner, Armin 72, 968
Kremendahl, Dieter 52, 968
Krieger, Verena 9, 436f, 968
Krischel, Roland 211, 428, 968
Kristeva, Julia 33, 829, 851, 968
Krivošeev, Jurij V. 270, 951
Krivulin, Viktor B. 1, 4, 6, 968
Ksenija (Gottesnärrin) 525
Kubikov, Ivan N. 684, 689, 706, 709, 968
Kučumov, V.A. 505, 510, 968
Kudrjavceva, Ekaterina L. 303, 964
Kuhn, Heinz-Wolfgang 84, 968
Kuhn, Peter 13, 968
Kulik, Oleg B. 532, 982
Künkel, Christoph 175, 321, 968
Küpper, Stephan 772, 803, 820, 825, 842, 902, 968
Küppers, Leonhard 420, 422f, 968
Kurbskij, Andrej M. 324, 548, 549f
Kuricyn, Vjačeslav N. 809, 825f, 841, 885, 968
Kurnosov, Aleksandr 902, 971
Kurukin, Igor' V. 443, 946
Kuschel, Karl-Josef 19, 969
Kuße, Holger 133, 142, 286f, 541, 969
Kustanovich, Konstantin 802, 969
Kyrill von Saloniki 262f, 274, 280, 295, 385, 491, 978, 1000

Kyrill von Alexandrien 4, 10, 38, 103, 107, 111, 115, 119, 121f, 275, 341, 981

Lacan, Jacques 17, 75f, 898, 936, 969, 983
Lachmann, Renate 27, 50, 53, 143, 145, 249, 273, 293, 495, 522–524, 526–529, 531, 829, 831, 969
Laird, Sally 860, 906, 909, 912f, 969
Lambeck, Barbara 618, 969
Lampe, Geoffrey W.H. 161, 163f, 181, 218, 226, 242, 244, 340, 461, 487, 969
Lampe, Peter 59, 63
Lanczkowski, Günter 22, 969
Lang, U.M. 102, 969
Lanin, Boris 885, 969
Lasickij, Ivan 326, 969
Laszczak, Wanda 472, 970
Laub, Franz 752, 970
Lausberg, Heinrich 76, 131, 143f, 970
Lavreckij, A. 596, 625, 970
Lazarev, Viktor N. 411, 420–423, 427–429, 435, 970
Lazarus 113, 285, 394, 419, 542, 810, 820, 828, 835
Lease, Gary 142, 153, 970
Lebeau, Jean 136, 970
Lebedev, Aleksej P. 505
Lebedeva, Irina N. 297
Lebedinskij, Silvester 336
Leeb, Rudolf 555, 970
Lehmann, Jörg 535, 970
Lehmann, Leonhard 495, 970
Lehmann, Ulf 601, 603, 970
Leitner, Andreas 862, 886, 898, 909
Lenhoff, Gail 2, 281, 293, 295, 970
Lenin, Vladimir I. 265, 410, 548, 560, 570f, 580, 596f, 624f, 646, 652, 659, 662f, 665, 674, 715–718, 721–723, 725, 727, 730, 733, 771, 781, 804, 817, 866, 867, 935, 946, 952, 970, 985, 996, 999, 1002, 1008
Lentes, Thomas 449, 1009
Leo I. (Papst) 121f, 124, 135, 163
Leonid (Optinskij) 256, 328, 510–516, 520, 1008
Leonid (Priestermönch) 232
Leont'ev, Konstantin N. 482, 511, 514, 923, 971
Leontius von Byzanz 65, 114, 123
Leontius von Jerusalem 833
Lermontov, Michail Ju. 632, 641
Leskov, Nikolaj S. 451
Levi, Carlo 830
Levin, Dan 655, 664, 971
Levin, Eve 257, 262, 266, 268f, 971
Levin, Jurij 800, 802, 808, 826–828, 830, 833, 837, 842, 971
Lévinas, Emmanuel 241, 852, 971
Lévi-Strauss, Claude 971
Levšin, Igor' 855f, 902, 971
Lewy, Hans 796, 971
Lichačev, Dmitrij S. 269, 274, 281, 289, 292–294, 297, 300, 326, 531, 815, 971, 973
Licinius, Licinianus 556f
Lidov, Aleksej M. 2, 396, 971
von Lilienfeld, Fairy 500, 502–504, 937, 971
Limonov, Èduard V. 793, 805, 901, 994
Lindemann, Andreas 102, 113, 119, 195, 971
Lindhoff, Lena 479, 637f, 971
Link-Wieczorek, Ulrike 19, 972
Lipoveckij, Mark N. 800f, 811, 814f, 828, 841f, 901, 972
Lisovoj, Nikolaj N. 504–506, 972

Litvinov, V. 775, 972
Ljubčikova, Lidija 848
Ljubimova, O.E. 842, 972
Ljubovič, N. 782, 784, 972
Lobodovskij, V.P. 647
Lock, Charles 144, 190, 243f, 972
von Loewenich, Walther 98, 187, 191, 195, 238, 972
Lohmeyer, Ernst 63, 77, 555, 972
Lohse, Bernhard 179, 196, 972
Longin 51
Longworth, Philip 563, 564, 972
Loofs, Friedrich 55f, 70, 73, 80–82, 127, 146, 972
Lorenz, Kuno 584, 972
Losev, Aleksej F. 728
Losskij, Vladimir N. 8, 37f, 111, 244f, 320–322, 348, 352f, 417, 428, 523, 973, 1004
Lössl, Josef 94, 972
Lotman, Jurij M. 243, 263, 273, 411, 441, 501, 531, 678, 795, 973
Lotman, Lidija M. 642, 651, 973
Lotz, Johannes B. 863, 871, 898, 973
Lounibos, John B. 13, 973
Lübbe, Hermann 583, 973
Luckmann, Thomas 580, 639, 973
Ludwig, Nadeshda 686, 973
Luhmann, Niklas 99, 139, 144, 176, 836, 973
Lukács, Georg 169, 677, 717, 973
Lukas (Evangelist) 174, 176, 195, 280, 302, 882

Lunačarskij, Anatolij V. 597, 599f, 603, 630, 640, 644f, 647f, 660, 664f, 718, 973f, 994
Lunde, Ingunn 273, 286, 974
Lungin, Pavel 999, 1006

Lur'e, Feliks M. 565, 570, 974
Luther, Martin 20, 45, 51, 58f, 70, 72, 77f, 81, 89f, 94, 98, 116, 126–129, 132, 134, 143f, 156, 160, 179, 187f, 191, 193, 195, 197, 200, 216f, 220f, 226, 232, 238, 244, 259, 302, 326, 335, 338, 349, 393, 494, 498, 528, 743, 850, 914, 927, 933f, 938, 970, 972, 974, 980, 998
Luz, Ulrich 184, 974
L'vov-Rogačevskij, Vasilij V. 668, 686, 688, 693, 695f, 974
Lyotard, Jean-François 172, 974
Lysander 553

Maceina, Antanas 8, 83, 157, 234, 321, 349, 353, 974
MacKintosh, Hugh R. 72
Maczko, Stephen 2, 974
Magaß, Walter 45, 974
Magunjanc, Artem 855
Mai, Hans-Peter 851, 974
Maier, Hans 580, 974
Mainberger, Gonsalv K. 47, 52, 974
de Maistre, Joseph M. 999
Majakovskij, Vladimir V. 402, 595, 722, 725, 966, 969, 974, 1004
Majkov, Vasilij I. 307
Makarij (Bulgakov) 332, 336, 974
Makarij (Metropolit) 233, 289, 1007
Makarij (Optinskij) 156, 511–515, 520
Makarios 390
Makrides, Vasilios N. 265, 398, 974
Makrina (Hl.) 878
Maksim Grek 210, 299, 325, 491, 938
Maksimov, Sergej V. 536f, 975

Maksimov, Vladimir 548
Maksimovič, Kirill A. 275, 975
Mal'cev, Aleksej P. 375–382, 384, 386, 401f, 424, 427, 464, 467, 975
Malevič, Kazimir S. 213, 237, 436f, 532, 867, 958, 965
Maloney, George A. SJ 502–504, 975
Mamaj (Khan) 302
Mamleev, Jurij K. 853, 995
de Man, Paul 3f, 46, 48, 50, 76, 224, 248, 843, 975
Mandel'štam, Osip E. 439, 585f, 975, 983
Mann, Thomas 878, 975
Manz, Ulrich 30, 167, 975
Mar, Anna 463, 479, 975
Marčenko, I. 786
Mares'ev, Aleksej P. 786
Margolina, Sonja 794, 975
Maria 25, 36f, 40, 47, 73, 102f, 108, 118–121, 177f, 205f, 210f, 247, 266, 277–279, 281f, 284–286, 288f, 291, 299, 301, 306, 311–313, 319f, 323f, 334, 360–363, 371–376, 379, 382–384, 386, 394, 398, 403, 405, 407, 409, 413–419, 422f, 426, 428, 430, 432–436, 440, 451, 463, 475, 477f, 536f, 549, 552f, 559, 653, 662, 664, 688–694, 696, 698f, 701, 711, 714f, 746, 755, 823, 837, 844, 873, 878–883, 933, 963, 967, 977, 984, 997, 1002, 1008
Maria Magdalena 425, 818, 830, 879, 880
Maria von Ägypten 879
Marina von Antiochien 878
Marion, Jean-Luc 233, 975
Marius Victorinus Afer 102, 164f, 933
Markina, Natal'ja 432, 975

Markion 70, 84, 102, 672, 959, 1000
Markus (Evangelist) 93, 96f, 184, 195, 389, 839
Maron, Gottfried 187, 561f, 975
Marramao, Giacomo 582, 975
Maršak, Samuil Ja. 975
Martha 394
Marti, Roland 288, 322, 975
Martin von Tours 321, 330, 561
Martin, Marie R. 800, 806–808, 823, 828, 832, 976
Martin, Ralph P. 63, 976
Martini-Wonde, Angela 204, 206, 436, 451, 976
Martos, Ivan G. 837
Marx, Karl 570, 596f, 617, 660, 686, 733, 771, 919, 927
Masaryk, Tomáš G. 330, 339, 476, 654, 976
Masing-Delic, Irene 690, 694, 976
Maškovcev, N.G. 448, 976
Masters, Anthony 571, 976
Matheson, Peter 127, 976
Mathewson, Rufus W. (Jr.) 615, 644, 646, 653, 676, 678, 699, 976
Matossian, Mary K. 475f, 976
Matrosov, Aleksandr 781
Matthäus (Evangelist) 93, 96f, 195, 256, 413, 536, 664, 851, 922
Matveevskij, Pavel 233, 291
Mauss, Marcel 613, 976
Maxentius, Marcus Aurelius 556
Maximos Confessor 67, 124, 147, 157, 233, 322, 512
McKinnon, James 53, 355, 976
McLuhan, Marshall 49, 215, 452, 521, 976
Mechiev, Dmitrij 852
de Meester, Plazidus 279, 362
Meier, Mischa 556, 976

Melamid, Aleksandr D. 410
Melanchthon, Philipp 47, 256, 976, 992
Mélat, Hélène 857, 902, 976
Melling, David J. 435, 489f, 961
Men', Aleksandr V. 353, 520, 976
Menke, Bettine 47, 193f, 248, 821, 959, 976f
Menninghaus, Winfried 107, 858, 977
Merežkovskij, Dmitrij S. 661f, 693, 977
Mesnard, Pierre 187, 977
Metčenko, A. 726, 730, 747, 786
Methodios von Saloniki 262f, 274, 280, 385, 491, 1000
Methodios von Olympos 162, 214
Metzger, Wolfgang 167, 977
Meyendorff, John 8, 321, 977
Meyer, Holt 35f, 45, 47, 50, 121, 142f, 226–228, 231, 255, 426, 474, 698, 834, 837, 851, 977
Michail (Černigovskij) 470, 554, 558
Michel, Otto 61, 977
Michelangelo 105, 106
Mickiewicz, Adam 234
Mihailovic, Alexandar 190, 229, 977
Mikhailov, Boris 449
Miklas, Heinz 283, 940
Milaš, Nikodim 274, 275, 977
Miles, Jack 401, 978
Miljutenko, N.I. 9, 978
Miller, David B. 442, 978
Miller, Joseph Hillis 37, 168, 978
Minin, Kuz'ma M. 837
Mislavskij, Samuel 336
Mitrofan (Abt) 497
Mjasnikov, Aleksandr S. 686, 693, 707, 716, 978
Mniszek, Marina 878
Moehsen, Anton 22

Mogil'ner, Marina 577f, 595, 653, 694, 978
Möhler, Johann A. 337
Mohr, Hubert 270, 978
Mohyla, Petr 22, 275, 332, 944, 961
Moldovan, Aleksandr M. 285, 523, 978
Moll, Helmut 159, 192, 895, 978
Moltmann, Jürgen 13, 58, 98, 112, 978
Monastyrskij, Andrej V. 857, 861, 978
de Montaigne, Michel 873
Morello, Giovanni 211, 428
Morkus, Pranas 826, 978
Morozov, Pavel T. 781
Morris, Marcia A. 19, 327, 330f, 500, 579, 600, 611, 614, 618, 621, 630, 662, 674, 679, 687, 978
Morson, Gary S. 229, 978
Moškova, L.V. 295
Mühlenberg, Ekkehard 110, 979
Müller, Hans M. 220, 222f, 979
Müller, Klaus 301, 979
Müller, Ludolf 285, 307–310, 395, 499, 979
Müller, Mogens 92, 979
Münch, Armin 13, 979
Mungello, David E. 566, 979
Munier, Charles 64, 68
Muranova, Ol'ga S. 30, 979
Murašov, Jurij 262, 515, 769, 979
Murav, Harriet 229, 532, 979
Murav'ev, Vladimir S. 806f, 809, 822, 832, 844–846, 979

Nabokov, Vladimir V. 599, 626, 637, 647f, 696, 715, 880, 966, 979
Nadson, Semen Ja. 230, 979
Nagel, Peter 489, 979
Nagel, Tobias 211, 428

Nalivajko, Severin 572, 576
Nancy, Jean-Luc 30, 174, 189, 248, 551, 921f, 980
Napoléon Bonaparte 473
Narbutovic, Katharina 855, 980
Natorp, Paul 169, 980
Navratil, Leo 899, 980
Nečaev, Sergej G. 548, 565–567, 569–571, 575, 577, 595, 616, 652f, 660, 675, 685, 937, 941, 974, 985
Nečaev, Stefan T. 300
Nedel', Arkadij 862, 897f, 901f, 909, 915, 980
Neilos Kabasilas 192, 265, 367
Nekrasov, Nikolaj A. 477, 571, 576f, 618, 623, 631, 641, 647, 980
Nekrasov, Viktor P. 548
Nembach, Ulrich 127, 980
Nemzer, Andrej S. 290, 980
Nenarokov, Nikolaj 513f
Nero (Kaiser) 79
Nesterov, Michail V. 394, 448, 466, 989
Nestorios 55, 115–117, 119f, 121, 275, 286, 949
Newberg, Andrew B. 134, 980
Newton, Isaac 620–622
Niebergall, Friedrich 936
Nieß, Hans Peter 319, 980
Nietzsche, Friedrich 31, 35, 78, 100, 130, 255, 343, 485, 654, 660, 822f, 826, 840, 941, 974f, 980, 987, 989, 992, 998, 1003
Nikephoros von Konstantinopel 242
Nikola (Černigovskij) 392
Nikolaj I. (Zar) 571
Nikolaj II. (Zar) 1f, 4–9, 27, 251, 460, 469f, 506, 520, 553f, 557, 559, 778, 919f, 957, 968, 999
Nikolakopoulos, Konstantin 355, 980
Nikolaus (Hl.) 385, 395, 407, 682

Nikolaus von Cues 138, 233, 987
Nikon (Patriarch) 397, 541
Nikon (Pečerskij) 492
Nikon vom Schwarzen Berg 975
Nikulina, Nina I. 749, 756, 773f, 980
Nil (Sorskij) 327, 392, 462, 491, 500–504, 506, 509, 513, 528, 614, 930, 971, 975
Niqueux, Michel 562, 567, 627, 959
Nnamani, Amuluche G. 19, 47, 86, 112, 133, 139, 146f, 260, 351, 564, 980
Noth, Gottfried 128, 980
Novatian 84, 102
Novikov, Nikolaj I. 392, 980
Novikova, Nina N. 597, 627, 644, 981
Nycz, Ryszard 843, 981
Nygren, Anders 76, 143, 981
Nyssen, Wilhelm 387, 408–410, 417, 422, 981

O'Brien, Peter T. 58, 981
O'Keefe, John J. 112, 981
Oakes, Edward T. SJ 86, 981
Obermayr, Brigitte 862, 888f, 898, 913, 981
Obnorskij, Pavel 392
Obolenskij, Dmitrij D. 4, 267, 303, 469, 981
Obolenskij, Evgenij P. 572
Obručeva, Mar'ja A. 645
Oepke, Albrecht 56, 981
Ogarev, Nikolaj P. 642, 941
Ognev, Aleksandr V. 658, 659, 981
Ol'ševskaja, Lidija A. 492
Oleg Igorevič 301
Olibrius 878
Onasch, Konrad 10, 41, 53, 170, 205f, 210f, 240, 244, 263, 269f, 277, 279–281, 292, 294f, 308, 320, 337, 340, 342, 344f, 348,

350, 355–357, 359, 373–376, 382, 384f, 387f, 393–396, 399, 409, 412–418, 420–422, 424–426, 428–436, 439f, 446, 450, 468, 490, 494, 498, 507, 517, 522, 555, 561, 581, 651, 981f
Ong, Walter J. 188, 982
Origenes 135, 196, 198, 200, 207, 982
Orlov, Michail F. 562
Osipov, Aleksej I. 2, 9, 982
Ostrovskaja, Raisa P. 778f, 781f, 784, 982
Ostrovskij, Nikolaj A. 25, 40–42, 141, 229, 232, 406, 514, 591, 649, 652, 657, 662, 664, 666, 716, 725–789, 793, 804f, 819, 863, 886, 890, 904, 910–912, 914, 916, 919, 923, 928, 930, 956f, 972, 977, 980, 982, 989, 1001, 1004–1006, 1008
Otto, Anja 532, 982
Otto, Rudolf 132, 459, 982
Ottovordemgentschenfelde, Natalia 227, 525, 529, 532, 792, 805, 813–815, 826, 841, 982, 1003
Ovčarenko, Aleksandr I. 670, 675, 684, 710, 716, 982
Owen, Robert 602, 625, 982

P'janych, M.F. 659, 984
Pachomij Logofet 499
Pachomios 221, 488, 561f, 566, 746, 989
Pagel, Gerda 75f, 983
Paisij (Veličkovskij) 24, 232, 324, 326f, 392, 480, 491, 504, 507–514, 562, 940, 970, 983, 1001
Palma, Michael D. 535, 983
Palmer, Stephen E. 171, 983
Pančenko, Aleksandr A. 541, 983
Pančenko, Aleksandr M. 114, 300, 388, 495, 522–531, 533, 815, 971, 973, 983
Pančenko, O.V. 461, 983
Pape, Wilhelm 68, 983
Paperno, Irina 13, 25, 145, 183, 296, 351f, 438f, 463, 599–602, 620, 633–636, 641, 645–649, 804, 813, 820, 830–834, 836, 952, 983f
Pappenheim, Bertha 936
Paraskeva (Hl.) 206, 405, 429, 468, 475
Parfenij (Urodivyj) 326
Parnok, Sofija Ja. 864, 938
Pascal, Blaise 93, 136, 140f, 231, 951, 953f, 984
Paschasius Radbertus 192
Paškov, Afanasij F. 541
Pasternak, Boris L. 830, 951
Patrikeev, Vassian 930
Paulos von Samosata 102, 115f
Paulsen, Henning 102, 113, 119, 195, 971
Paulus (Apostel) 8, 10, 20, 23, 26, 28–30, 32, 35, 50–52, 55f, 58f, 63f, 70, 75, 78f, 82, 84f, 87, 90, 92, 96f, 109, 115f, 131f, 135f, 140–144, 146, 165, 167, 172, 176–178, 180, 184f, 194–197, 199, 201f, 217, 219, 226–228, 241, 247, 255, 257, 279f, 295, 298, 300, 325, 338, 393, 433, 442, 527, 547, 549, 582f, 609, 620, 647, 674, 705, 776f, 817, 820, 823, 830, 851, 874, 883, 904, 932, 937, 949, 955, 961, 964, 992, 1006
Pavel Obnorskij 496
Pavlov, Aleksej S. 274
Pawłowska-Jędrzyk, Brygida 458, 964
Peace, Richard 658, 984

Peirce, Charles S. 176, 984
Pelagius 83
Pelevin, Viktor O. 791, 984
Pelikan, Jaroslav J. 161, 984
Perdue, Leo G. 257, 984
Pereira, Norman G.O. 596, 612, 617, 625f, 645, 984
Perez, Nissan N. 449
Permskij, Stefan 293
Perov, Vasilij G. 448
Peters, Jochen-Ulrich 854, 984
Petljura, Simon V. 732–734, 747, 749f, 754, 776
Petr (Krutickij) 468
Petr I. (Zar) 9, 24, 243, 263–265, 276, 504, 524, 534, 536, 559
Petri, Heinrich 883, 984
Petročenkov, Valerij V. 306, 984
Petrov, Evgenij P. 889
Petrov, Sergej M. 722, 726, 730, 984
Petrova, Evgenija 437, 965
Petrus (Jünger) 178, 181, 200, 325, 420, 433, 686, 693, 813
Petrus Lombardus 178, 181
Petrus von Alexandrien 200
Philipp, Werner 558, 984
Philo von Alexandrien 64f, 146, 152, 951
Philotheos (Patriarch) 498
Philotheos Kokkinos 357
Philoxenus von Mabbug 4, 85, 374
Pičchadze, A.A. 279f, 984
Pisarev, Dmitrij I. 630, 640, 984, 1007
Piscator, Johannes 421
Pius XII. (Papst) 162
Plasger, Georg 158, 160f, 984
Platon 34, 49–51, 167, 170, 212, 217, 300, 434, 796, 815
Platonov, Andrej P. 532, 750, 765, 778, 781, 786, 957, 984

Plechanov, Georgij V. 265, 570, 603, 605, 625, 630, 633, 645, 646, 665, 786, 985
Plessner, Helmuth 189, 985
Plett, Heinrich F. 136, 141f, 985
fon Pleve, Vjačeslav K. 578
Pliukhanova, Maria 541, 985
Plutarch 79, 126
Pobedonoscev, Konstantin P. 345, 476, 481f, 918, 923, 985
Podskalsky, Gerhard 266, 275, 283–285, 322f, 325, 327, 985
Pöhlmann, Wolfgang 554, 985
Polikarp (Pečerskij) 327, 331
Poljakov, Fedor B. 313, 985
Pollack, Detlef 580, 985
Pomazanskij, Michail 460, 985
Pomeranc, Grigorij S. 814, 985
Pomper, Philip 565f, 570, 985
Pontius Pilatus 184, 334, 363, 543, 552
Ponyrko, Natal'ja V. 300, 971
Popkes, Wiard 256, 985
Poppenberg, Gerhard 47, 126, 193, 197, 985
Porter, Robert 856, 904, 985
Portjannikov, V.A. 11, 985
Pörzgen, Yvonne 799, 985
Pospelovskij, Dmitrij V. 1, 9, 359, 986
Post, Paul 33, 986
Post, Regnerus R. 186, 986
Power, David N. 378, 986
Poyntner, Erich 854, 986
Požarskij, Dmitrij M. 837
Praxeas 69, 73, 168
Prigov, Dmitrij A. 787, 795, 846, 968, 986
Primatus von Hadrumentum 83
Prochor von Gorodec 423
Prochorov, G.S. 843, 986
Prokopij von Ustjug 524
Prokopovič, Feofan 276, 332, 336, 480, 486

Propp, Vladimir Ja.   167, 458, 986
Proust, Marcel 975
Prudovskij, Leonid   799, 805, 809f, 818, 836, 844–847, 947
Pryszmont, Jan 328f, 986
Pryžov, Ivan 525, 533–535, 986
Przywara, Erich 998
Pseudo-Demetrius 878
Pudovkin, Vsevolod I. 719
Pugačev, Emel'jan I. 565
Puškin, Aleksandr S.   103, 145, 205, 296, 324, 331, 402, 456, 481, 486, 519, 532, 537f, 796, 830, 840, 935, 942, 966, 973, 976f, 983, 986
Putin, Vladimir V. 855, 919, 967
Puttenham, George 225, 683, 986
Pyper, Hugh S. 33, 987
Pypin, Aleksandr N. 623, 641

Quintilian, Marcus Fabius   48, 225, 987

Rabelais, François 799, 800, 932, 987
Rabin, Oskar 448, 890, 893
Racine, Jean B. 953f
Rancière, Jacques 602, 987
Rančin, Andrej M. 3, 987
Rancour-Laferriere, Daniel   13, 19, 177, 474f, 478, 637, 648, 659, 739f, 977, 987
Rank, Otto 799
Rappaport, Roy A. 46, 987
Rasputin, Grigorij E. 1, 530
Rasputin, Valentin G. 792
Rasskazova, Tat'jana   898, 904, 987
Rathramnus von Corbie 192
Razin, Stepan T. 565
Razumnyj, Aleksandr 719
Reckwitz, Andreas 181f, 987
Reich, K. Helmut 145, 987
Reimarus 105, 152, 987

Reimer, A. James 121, 148, 987
Reinhardt, Klaus 342, 987
Reinmuth, Eckart 59, 63
Remizov, Aleksej M.   99, 281, 303, 311–313, 334, 695f, 858, 879, 932, 955, 985, 987, 994, 1003, 1006
Remizova, Marija S. 904, 987
Rengstorf, Karl H.   61, 83, 92, 199, 987
Rezanov, B. 793
Richerson, Peter J. 30, 33, 936
Riches, John K. 187, 199, 988
Rilke, Rainer M. 975
Ritschl, Albrecht 150, 988
Rjabinin, Jurij V. 462, 523, 525
Rjurik 559
Rjurikov, Boris S. 597, 988
Robin, Régine 733, 736, 756, 988
Rogozjanskij, Andrej B. 279
Röhrig, Floridus 98, 988
Röhrig, Hermann-Josef   14, 18, 61, 82, 90, 94f, 178, 259, 318, 321, 325–327, 341, 345–347, 349, 351, 388, 988
Rokyta, Jan 326, 969
Roll, Serafima 903f, 988
Romanenko, Andrej P. 776, 988
Romaniuk, Radosław 814, 988
Romanov, Boris N.   263, 303, 304, 988
Rorty, Richard 923
Rose, Karl   114, 270, 283, 286, 288, 480, 499, 515, 563, 793, 988
Rosenholm, Arja 634, 988
Rosenkranz, Karl   100, 859, 873, 988
Rosenthal, Bernice G. 660, 989
Rostovcev, Jakov I. 484
Rothacker, Erich 14, 989
Rothe, Hans   67, 263, 272–274, 278, 280, 319, 322f, 354, 521, 989
Rothe, Richard 991

Rousseau, Jean-Jacques 170, 633, 975
Rovatti, Pier A. 231, 1005
Rozanov, Vasilij V. 345, 618, 798, 817f, 989
Roždestvenskaja, Milena V. 536, 989
Rozova, L.V. 734, 785, 989
Rubina, Natal'ja 524, 989
Rubinštejn, Lev S. 868, 968, 977
Rublev, Andrej 395, 410, 419f, 435, 439f, 450, 497, 979
Rücker, Adolf 394, 989
Rudenko, Jurij K. 599, 627, 989
Rudi, Tat'jana 4, 19, 258, 295f, 989
Rudinskij, Nikolaj S. 52, 59, 129, 329, 949
Rüpke, Jörg 45, 956
Rupp, George 19, 21f, 160, 989
Ruppert, Fidelis 561, 989
Rusakova, Alla A. 466, 989
Rusch, Gebhard 30, 32, 182, 762, 989
Ryan-Hayes, Karen L. 806, 821, 830, 834, 840, 841, 989
Ryklin, Michail K. 449, 580, 854–857, 861f, 893, 899, 915, 919, 989f
Ryleev, Kondratij F. 566, 572–577, 990

Sabellius 69
Sacharov, Andrej D. 548
Šachovskoj, Nikolaj P. 394, 448
de Sade, Donatien A.F. 932
Sadnik, Linda 323f
Šafařík, Pavel J. 1003
Šalamov, Varlam T. 546f, 990
Šalina, Irina A. 204, 423f, 990
Salmon, Benedikt 798, 990
Samarin, Jurij F. 340
Sand, George 318, 633
de Santos Otero, Aurelio 281f, 990

Šapošnikov, Vladimir N. 854, 990
Sappho 864, 880, 938
Sardan, A. 723
Sarkisyanz, Emmanuel 728, 990
Sasse, Sylvia 227, 884, 899, 902, 918, 990
Savickij, Konstantin A. 409
Savramis, Demosthenes 487, 517, 745, 990
Sazonov, Egor S. 575, 578f, 653, 680, 735, 955
Ščapov, Jaroslav N. 275, 392, 990
Ščerbina, Vladimir R. 616, 991
Schaff, David S. 128, 993
Schaff, Philip 128, 993
Schaffner, Otto 178, 991
Schahadat, Schamma 183
Schenk, Frithjof B. 557f, 991
Scherrer, Jutta 662–664, 991
Schiller, Friedrich 604
Schilson, Arno 186, 991
Schlegel, Friedrich 949
Schleiermacher, Friedrich 218, 936
Schleiff, Thomas 587, 991
Schlie, Heike 213, 448, 991
Schlieben-Lange, Brigitte 221, 991
Schmalenberg, Erich 401, 991
Schmid, Ulrich 18, 541, 543, 991
Schmid, Wilhelm 183, 991
Schmidt, Christoph 206, 991
Schmidt, Wolf-Heinrich 273, 282, 288, 322, 991
Schmitt, Carl 580, 991
Schmitz, Bertram 130, 143, 991
Schnädelbach, Herbert 860, 991, 1009
Schneider, Cornelius 449, 991
Schnell, Uwe 256, 992
Schnieper, Annemarie 10, 53, 205f, 395, 412–418, 420–422,

424–426, 428–433, 436, 439f,
450, 522, 982
Schollmeyer, Chrysologus OFM
378–380, 402, 992
Schönborn, Christoph OP 112,
207, 212f, 992
Schoonenberg, Piet J.A.M. SJ 58,
65, 83, 257, 259, 899, 992
Schorn, Ludwig 441, 992
Schrage, Wolfgang 64, 257, 992
Schramm, Caroline 899, 902,
918, 990
Schreier, Hildegund 328, 992
Schreiner, Peter 263, 441, 992
Schröder, Richard 923, 992
Schröer, Henning 36, 125, 130,
132–134, 137–139, 141f, 145,
147f, 992
Schuller, Marianne 635, 638, 992
Schulte, Christoph 870, 992
Schultze, Bernhard SJ 336–338,
340, 342–345, 348–350, 352f,
899, 992
Schulz, Anselm 180, 184, 188,
256f, 992
Schulz, Christiane 23
Schulz, Hans-Joachim 357f,
361f, 364f, 367f, 372, 377–381,
383, 387, 400, 993
von Schulz, Otto 23, 993
Schumacher, Heinrich 58, 259,
993
Schweizer, Eduard 80, 993
Ščukin, Vasilij G. 605, 613, 633,
993
Searle, John R. 174, 218, 221,
679, 993
Sečenov, Ivan M. 645
Sedakova, Ol'ga A. 11, 805, 807,
814f, 825, 848f, 993
Seemann, Klaus-Dieter 289,
297f, 993
Seide, Gernot 1f, 6, 993
Seils, Martin 67, 82, 994
Selig, Abraham K. 434–436, 994

Selivanov, Kondratij 540f
Semmelroth, Otto SJ 238, 240f,
994
Semon, Richard 31
Sepsjakova, I.P. 830, 843, 994
Serafim (Sarovskij) 395, 427,
496, 505f, 508, 876, 929
Serdjučenko, Valerij L. 599, 647,
650f, 994
Serebrennikov, Nikolaj V. 585,
945
Serežnikov, K. 58, 347, 349–352,
994
Sergej Aleksandrovič (Großfürst)
578
Sergiev, Ioann I. 287, 994
Sergij (Metropolit) 788
Sergij (Radonežskij) 7, 288, 293,
331, 496–500, 503, 538, 774,
940, 979
Sergius von Konstantinopel 111
Serranos, Andres 106
Serri, Estemio 794
Sesterhenn, Raimund 664f, 687–
689, 718, 994
Sevenster, Gerhard 92, 994
Severskij, Andrej 524, 989
Severus von Antiochien 111
Shakespeare, William 828, 994
Shepherd, David 15, 965
Šilov, Aleksej 647, 994
Simakov, Sergej 429
Simeon (Prophet) 419
Simeon der neue Theologe 512
Simmons, Cynthia 799, 819, 833,
836, 994
Simon (Vladimirskij) 327, 331
Simon von Kyrene 422
Sinicyna, Nina V. 500, 504, 994
Sinjavskij, Andrej D. 311, 405,
408f, 465, 475, 524, 533, 535,
537, 540–542, 548, 563, 580f,
583, 674, 682, 707f, 710, 718,
730, 737, 763, 772, 994

Širjajeva, Marija V. 781f, 785f, 1001
Širjanov, Bajan 919, 994
Šiškin, Andrej 796, 995
Skaza, Aleksander 799, 995
Šklovskij, Viktor B. 141, 633, 717, 803, 900, 935, 995
Skoropanova, Irina S. 803, 806, 808, 828, 847, 899, 919, 995
Skoropovanova, Irina S. 853
Skuratov-Bel'skij, Grigorij L. (Maljuta) 563
Škurko, Aleksandr I. 324
Slenczka, Notger 81
Slenczka, Reinhard 8, 281, 319, 326, 337, 995
Šljapkin, Il'ja A. 311–313, 858
Slonim, Marc L. 726, 995
Šmidt, S.O. 324
Smirnov, Igor' P. 13, 19, 25, 28, 528, 554, 738, 740–745, 747, 749, 752, 754, 761, 772, 830f, 855, 857, 861, 886, 888, 902f, 905, 909, 911, 921, 995f
Smirnov, Sergej I. 507, 996
Smirnova, E.A. 802, 807, 810, 813, 825, 835f, 996
Smirnova, L.N. 717, 996
Smith, Dennis 100f, 484, 527, 996
Smolenskij, Avraamij 579
Smolič, Igor' K. 15, 183, 263, 275f, 392, 491, 495, 497–499, 501, 503f, 505f, 509–514, 520, 562, 996
Smolickij, Viktor G. 596, 646, 996
Snegirev, Ivan M. 533
Sofronova, Ljudmila A. 727, 737, 745f, 996
Sofsky, Wolfgang 584, 996
Sokolov, Saša 104, 229, 793, 802, 964, 994
Sokolova, D.E. 778, 781f, 784
Sokrates 871

Soldat, Cornelia 246, 285, 996
Söll, Georg 121, 690, 693, 879, 881, 883, 997
Solouchin, Vladimir A. 792
Solov'ev, Gennadij A. 627, 997
Solov'ev, Vladimir S. 24, 130, 201, 331, 336, 340–343, 347, 349, 514, 693, 825, 840, 880, 962, 987, 989, 997f, 1003, 1005
Solženicyn, Aleksandr I. 546–548, 574, 788, 863, 866f, 869–872, 874, 876, 890, 904, 917, 997, 1004
Sorokin, Vladimir G. 25, 40f, 237, 316, 488, 529, 591, 649, 788, 801, 826, 847, 853–921, 923, 928, 937f, 942, 944–947, 949f, 952f, 964f, 968–972, 976, 978, 980f, 987f, 990, 996f, 1002, 1004, 1006–1008
Šostakovič, Dmitrij D. 797, 846
Špidlík, Tomáš 157, 337, 345, 446, 488, 493, 500, 997
de Spinoza, Baruch 49
Sreznevskij, Izmail I. 444, 997
Stachanov, Aleksej G. 786, 886
von Staden, Heinrich 563, 997
Städtke, Klaus 411, 436, 597, 772, 998
Stahl-Schwaetzer, Henrike 340, 343, 998
Stalin, Iosif V. 18, 227, 404, 410, 544f, 548, 551, 560, 570, 596, 601, 646, 691, 717, 720f, 723, 725–727, 729, 736–738, 756, 766, 768, 775, 788, 791, 812, 842, 856, 862, 889, 919, 944, 949, 952, 956f, 967, 985, 996, 998, 1005, 1008
Stanton, Leonard J. 512, 514f, 998
Stappert, Bernd H. 587, 998
Starobinski, Jean 847, 998
Stasiuk, Andrzej 823, 998

Steblovskaja, Sonja 798, 812, 819, 998
Stegemann, Wolfgang 196f, 598, 599, 998
Steiger, Johann A. 124, 126–128, 143, 244, 998
Stein, Edith 215, 998
Steinbrink, Bernd 50f, 1002
Steindorff, Ludwig 23, 33, 161, 332, 402, 998
Steiner, George 963
Steiner, Peter 409, 447, 998
Steinke, Klaus 397, 998
Steinwachs, Burkhart 579, 998
Steklov, Jurij M. 602, 647, 998
Stendhal 890
Stepanov, Jurij S. 459, 466, 535, 544, 998
Stephanos (Hl.) 199, 295, 301, 385, 428
Stepnjak-Kravčinskij, Sergej M. 1000
Sterne, Laurence 995
Stertenbrink, Rudolf 240, 998
Stettner, Ralf 546, 998
Stevens, Wallace 935
Stewart, Neil 799f, 808, 813f, 826, 831, 834f, 839, 842, 847, 999
Stichel, Rainer 417, 883, 999
Stingelin, Martin 636, 638, 959
Stock, Alex 20, 22, 35, 47, 83, 88, 158, 167, 178, 204f, 211, 312, 358, 396, 506, 703, 999
Stogov, Il'ja Ju. 16, 999
Strachov, Aleksandr B. 388, 999
Strauß, David F. 105, 151f, 999
Strenski, Ivan 159, 999
Stricker, Gerd 1f, 5f, 557, 788, 959, 999
Strižev, Aleksandr N. 441
Ström, Åke V. 554, 999
Strube, Werner 167, 977
Stubenrauch, Bertram 81
Sturm, Gottfried 301

Sueton, Gaius Tranquillus 893
Suranova, Marina 920, 999
Süßenbach, Uwe 555f, 999
Sutrop, Margit 245, 999
Suttner, Ernst C. 339, 999
Svetlov, Pavel 899
Svjatoslav Davidovič (Černigovskij) 558
Svjatoslav (Fürst) 493
Svjatoslavskij, Aleksej V. 255, 408, 427, 999
Symeon 277f
Symeon (Gottesnarr) 177, 293, 523
Synkletika (Hl.) 502

Tachios, Anthony-Emile 491, 1000
Tamarčenko, Grigorij E. 617, 620, 651, 1000
Tarasov, Oleg Ju. 437, 1000
Taratuta, Evgenija A. 756, 786, 1000
Tareev, Michail M. 24, 61, 94, 95, 259, 318, 336, 341, 345–347, 421, 988, 1000
Tarkatellis, Demetrius C. 64, 1000
Tarkovskij, Andrej A. 450, 497, 968, 1000
Tavrion (Batozskij) 520
Taylor, Frederick W. 615
Taylor, Marc C. 47, 167, 589f, 1000
Teniševa, E.A. 655, 683–685, 712, 715, 945
Teresa von Ávila 800, 819
Tertullian 70, 73, 84, 90, 133, 135f, 168f, 192, 196, 201, 1000
Tetzel, Johann 200, 938
Theill-Wunder, Hella 232f, 239, 1000
Themistius 111
Theodor von Mopsuestia 74f, 368

Theodora I. 556
Theodoret von Cyrus 110, 115, 121, 225, 981, 1000
Theodoros Stratilates 468, 560
Theodoros Studites 492, 498, 502, 512
Theodosius I. (Kaiser) 331, 486
Theodot 146
Theodot von Ancyra 135
Theophanes Graptos 375
Theophilos von Alexandrien 208
Theunis, Franz 583
Theunissen, Michael 133
Thomas (Apostel) 31, 89, 172, 381, 425
Thomas a Kempis 24, 186f, 260, 328, 1000
Thomas von Aquin 97, 157, 172, 186, 215, 226, 241, 247, 318, 858
Thomasius, Gottfried 72, 85, 104, 349, 1000
Thompson, Diane O. 41, 517, 1000
Thompson, Ewa M. 523, 525–527, 530, 532, 814, 1000
Thompson, Thomas R. 72, 1000
Thon, Nikolaus 5f, 24, 397, 408f, 411, 432f, 441, 460f, 468, 1000f
Thümmel, Hans G. 191, 211, 1001
Thun-Hohenstein, Franziska 18, 780, 1001
Thüring, Hubert 636, 638, 959
Tichon (Zadonskij) 291, 496, 505f, 508, 515, 970
Tichonravov, Nikolaj S. 204, 282f, 311, 1001
Tiemann, Manfred 449f, 1001
Tillich, Paul 130, 148, 932, 965, 987, 991, 1001
Timčenko, S.V. 429, 1001
Timofeev, Valerij I. 781f, 785f, 1001
Timotheus von Jerusalem 114
Tittel, Bonifaz OSB 392f, 509, 1001
Tjutčev, Fedor I. 476f, 537, 817, 842, 876
Toburokov, Nikolaj N. 783, 1001
Toland, John 150, 1001
Tolstoj, Aleksej N. 548, 788
Tolstoj, Lev N. 5, 189, 335, 340, 466, 481f, 514f, 533, 538, 571, 624, 653, 658, 660f, 670, 675, 870, 874f, 900, 941, 998, 1001
Toporov, Vladimir N. 461, 487, 492f, 495–497, 499, 503, 1001
Travnikov, Sergej N. 492
Trediakovskij, Vasilij K. 307, 796
Tregub, Semen A. 767, 778f, 781–783, 785f, 1001
Treml, Martin 580, 1001
Trepov, Fedor F. 575
Trockij, Lev D. 314, 548, 570, 646, 732, 737f, 777
Trofimov, Konstantin 783
Troyat, Henri 714, 1001
Trubeckoj, Evgenij N. 795, 1002
Tumanov, Vladimir 814, 832, 841, 1002
Tumarkin, Nina 469f, 556, 559f, 576, 578, 721–723, 1002
Turgenev, Ivan S. 455, 617, 630f, 807, 941, 951, 1002, 1005
Turilov, Anatolij A. 295
Turner, David 208, 1002
Turner, Victor 47
Tvorogov, Oleg V. 283, 288
Tyciak, Julius 67, 321, 1002
Tynjanov, Jurij 822, 1002

Ueding, Gert 50f, 1002
Uffelmann, Dirk 13, 35, 45, 50, 181, 226, 231, 258, 264f, 276, 306, 311f, 319, 332, 343, 357, 443, 448, 474, 482, 513, 525, 581, 615, 739f, 766, 815, 855,

890, 894, 966, 974, 977, 1002, 1003
Ugolnik, Anton 190, 244, 452, 1003, 1004
Ulam, Adam B. 565, 575, 595f, 612, 618, 634, 637, 646, 648f, 1004
Ušakov, Simon 413
Usievič, Elena F. 750, 775, 1004
Uspenskij, Boris A. 3, 210, 219, 233, 269, 273, 307, 311, 396–398, 411, 433, 441, 450, 501, 531, 795, 826, 973, 1004
Uspenskij, Fedor I. 442
Uspenskij, Leonid A. 37, 244f, 417, 428, 431, 433, 441, 445f, 1004

Václav (Hl.) 3, 385
Vaginov, Konstantin K. 964
Vajl', Petr L. 791, 814, 832, 855, 900, 915, 917, 952, 1004
Vajman, Semen T. 653, 657, 660, 669, 672, 675, 683, 696f, 715f, 1004
Vajskopf, Michail Ja. 723, 725, 1004f
Valentino, Russell S. 617, 619, 658, 687, 689, 697, 719, 1005
Valentinus 70, 164
Valliere, Paul 18, 344, 349, 353, 383, 1005
Varnava (Beljaev) 525
Vasilij Blažennyj 524, 530, 814, 837
Vasilij III. (Zar) 881
Vasmer, Max 465, 502, 529, 535, 1005
Vattimo, Gianni 231, 587–589, 922f, 942f, 946, 950, 964, 992, 1005
Veeser, H. Aram 15, 1005
Vel'tman, Aleksandr 977
Veličanskij, Aleksandr 1005
Veller, Michail 745, 1005

Venclova, Tomas 674, 717, 1005
Venevitinov, Michail A. 298f
Vengrov, Natan 726, 738, 767, 779f, 785, 1005
Venning, Ralph 136
Verchovskoj, Pavel V. 276, 486, 505, 536, 1005
Veron 73
Veronika (Hl.) 204, 412
Veselovskij, Aleksandr N. 311, 1005
Vetlovskaja, Valentina E. 516, 1005
Vico, Giambattista 48
Vinken, Barbara 47, 193f, 977, 1006
Vinničenko, Igor' 920, 1006
Vinogradov, I.A. 16, 1006
Viskovatyj, Ivan M. 105, 213, 216, 325f, 332, 408, 428, 442–446, 930, 955, 978, 989
Vjadro, Š.Ja. 783, 785, 1006
Vladimir (Hl.) 270, 385, 429, 440, 460f, 557, 966
Vladiv-Glover, Slobodanka M. 856, 885, 898, 903, 1006
Vlasov, Ėduard 690, 744, 756, 798, 808, 817f, 849, 897, 1006
Vlasov, V.G. 266, 385, 1006
Voegelin, Eric 580, 639, 1006
Vojnovič, Vladimir N. 792, 890
Vološin, Maksimilian A. 311, 1006
Voronina, Tat'jana A. 404, 406, 1006
Voropaev, V.A. 16, 1006
Vorovskij, Vaclav V. 657, 684, 708, 718, 1006
Vos, Johan S. 52, 1006
Vos, Pieter H. 137, 140, 1006
Voynich, Ethel L. 726, 733, 755, 767, 784, 1000, 1006

Walter, Nikolaus 59, 63
Warburg, Aby 210, 1006

Ward, Mary 538
Watzlawick, Paul 54
Weber, Max 175, 223, 579, 1007
Weber, Samuel 679, 1007
Weidner, Daniel 580, 923, 1001, 1007
Weiher, Eckhard 323f
Weil, Irwin 656, 690, 1007
Weimann, Robert 168, 1007
Welker, Michael 23, 598
Wellek, René 597, 644, 1007
Wellesz, Egon 355, 1007
Wendebourg, Dorothea 349, 1007
Werber, Niels 169, 245, 1007
Wessel, Klaus 211, 1007
Wett, Barbara 650, 1007
White, Hayden 36, 1007
Wiedling, Thomas 862, 889, 894f, 909, 1007
Wiertz, Paul 268, 399, 409, 1007
William of Ockham 215
Williams, Rowan D. 67, 122, 1007
Willis, E. David 108, 117, 1008
Witte, Georg 210, 262, 792, 855, 857, 896, 958, 979, 1008
Wittkemper, Karl 690, 693, 1008
Woehrlin, William F. 627, 1008
Wolfe, Bertram D. 717f, 1008
Wörn, Dietrich 302, 1008
Woźny, Aleksander 229, 1008
Wuchterl, Kurt 132, 1008
Wunberg, Gotthart 581, 1008

Yedlin, Tovah 655, 717, 1008

Zachar'in, Dmitrij B. 884, 906, 1008
Zalomov, Anna K. 682, 684
Zalomov, Petr A. 684
Zamjatin, Evgenij I. 629, 916, 1008
Zappi, Gario 816, 841, 1008

Zasulič, Vera I. 366, 569, 575–579, 595, 653, 680, 735, 952, 1008
Ždanov, Andrej A. 714f, 772, 889
Ždanov, N. 781, 1008
Zedergol'm, Kliment 256, 510–514, 516f, 971, 1008
Żejmo, Bożena 548, 1008
Żekulin, Gleb N. 599, 626f, 632, 634, 726, 1008
Zel'dovič, Aleksandr 861
Zen'kovskij, Vasilij V. 121, 321, 337, 344, 381, 585, 801, 1009
Zenkin, Sergej N. 681, 756, 1009
Żeromski, Stefan 595, 1009
Zimin, Aleksandr A. 563
Zinov'ev, Grigorij E. 721, 732, 996
Zinovij Otenskij 242
Ziolkowski, Margaret 19, 296, 541, 1009
Ziolkowski, Theodore 40, 314, 875, 1009
Živolupova, Natal'ja V. 799f, 812, 814, 824, 833, 835, 841, 903
Živov, Viktor M. 233, 269, 273, 307, 311, 796, 966, 1004, 1009
Žižek, Slavoj 860, 1009
Znaniecki, Florian 259, 1009
Zobern, Vladimir 390, 1009
Zoë Paleolog 559
Zorin, Andrej 799, 801, 841, 850, 1009
Zosima (Hl.) 512
Zubov, Vasilij P. 481, 1009
Zumthor, Paul 249, 1009
Žužek, Ivan SJ 275, 1009
Zvetermich, Pietro 799, 1009
Zwick, Reinhold 449, 1009
Zwingli, Ulrich 43, 69, 89, 116, 125f, 128f, 193, 213, 216, 927, 942
Zygmunt (Stary) 299

CHRISTOPH SCHMIDT
GEMALT FÜR DIE EWIGKEIT
GESCHICHTE DER IKONEN
IN RUSSLAND

Ikonen sind das älteste Bildmedium der christlichen Kultur. Wie eine Galerie ohnegleichen zeigen sie zwischen Antike und Moderne alle wesentlichen Elemente des Umbruchs in Politik und Alltag: das spätantike Grabporträt, gemalt auf den Deckel des Sarges, das Bildnis von Kaiser, Gottessohn und Mutter, später das Aufkommen der Heiligen und die Taten der Mächtigen.
Eine besondere Rolle spielten Ikonen im Krieg. Einerseits stellten sie ihn dar, andererseits dienten sie als magische Helfer, um Angriffe abzuwehren und Gottes Stärke allen Zaudernden vor Augen zu führen. Nicht zuletzt zeigen sie auch das Jenseitsbild sehr drastisch und illustrieren das Jüngste Gericht: Zur Linken des Zeitenrichters lockt das blühende Paradies, zur Rechten aber warten ewige Verdammnis, Feuer und höllische Qualen. Das Buch verfolgt den ästhetischen wie thematischen Wandel der Ikonen in Russland bis ins 17. Jahrhundert und skizziert abschließend die akademische Wiederentdeckung des Kultbilds seit der Romantik.

2009. 303 S. MIT 16 S/W-ABB. UND 9 FARB. ABB.
AUF 10 TAF. GB. MIT SU. 135 X 210 MM.
ISBN 978-3-412-20285-9

BÖHLAU VERLAG, URSULAPLATZ 1, 50668 KÖLN. T: +49(0)221 913 90-0
INFO@BOEHLAU.DE, WWW.BOEHLAU.DE | KÖLN WEIMAR WIEN

BAUSTEINE ZUR SLAVISCHEN PHILOLOGIE UND KULTURGESCHICHTE NEUE FOLGE

HERAUSGEGEBEN VON
KARL GUTSCHMIDT, ROLAND MARTI,
PETER THIERGEN, LUDGER UDOLPH
UND BODO ZELINSKY

REIHE B: EDITIONEN

Eine Auswahl.

Band 20, 1–3: Aeneas Silvius Piccolomini
HISTORIA BOHEMICA
Hg. von Joseph Hejnic und Hans Rothe
2005. 3 Bde. Zus. 1494 S. Gb.
ISBN 978-3-412-15404-2

1: HISTORISCH-KRITISCHE AUSGABE DES LATEINISCHEN TEXTES
Besorgt von Joseph Hejnic. Mit einer deutschen Übersetzung von Eugen Udolph.
2005. X, 935 S. Gb.
ISBN 978-3-412-15504-9

2: DIE FRÜHNEUHOCHDEUTSCHE ÜBERSETZUNG (1463) DES BRESLAUER STADTSCHREIBERS PETER ESCHENLOËR
Herausgegeben von Václav Bok.
2005. II, 376 S. Gb.
ISBN 978-3-412-15604-6

3: DIE ERSTE ALTTSCHECHISCHE ÜBERSETZUNG (1487) DES KATHOLISCHEN PRIESTERS JAN HÚSKA
Herausgegeben von Jaroslav Kolár.
2005. II, 178 S. Gb.
ISBN 978-3-412-15704-3

Band 21: Gregory of Nyssa
DE HOMINIS OPIFICIO
THE FOURTEENTH-CENTURY SLAVONIC TRANSLATION
A Critical Edition with Greek Parallel and Commentary by Lara Sels.
2009. XXV, 319 S. mit 5 s/w-Faksimiles. Gb.
ISBN 978-3-412-20605-5

Band 22: Anthony Hippisley, Evgenija Lukjanova
SIMEON POLOCKIJ'S LIBRARY
A CATALOGUE
2005. VII, 226 S. 11 s/w-Abb. auf 8 Taf. Gb.
ISBN 978-3-412-22905-4

Band 23: Peter Zenuch (Hg.)
KYRILLISCHE PARALITURGISCHE LIEDER
EDITION DES HANDSCHRIFTLICHEN LIEDGUTS IM EHEMALIGEN BISTUM VON MUKACEVO IM 18. UND 19. JAHRHUNDERT
2006. 982 S. Gb. ISBN 978-3-412-27205-0

Band 24:
DAS LEMBERGER IRMOLOGION
DIE ÄLTESTE LITURGISCHE MUSIKHANDSCHRIFT MIT FÜNFLINIENNOTATION AUS DEM ENDE DES 16. JAHRHUNDERTS
Hg. und eingel. von Jurij Jasinovs'kyj.
Übertragen und komm. von Carolina Lutzka.
2008. LVIII, 509 S. Mit 510 Faksimiles. Gb.
ISBN 978-3-412-16206-1

Band 25: Tatiana Filosofova
GEISTLICHE LIEDER DER ALTGLÄUBIGEN IN RUSSLAND
BESTANDSAUFNAHME – EDITION – KOMMENTAR
2010. LXXVI, 464 S. Gb.
ISBN 978-3-412-20564-5

BÖHLAU VERLAG, URSULAPLATZ 1, 50668 KÖLN. T: +49(0)221 913 90-0
INFO@BOEHLAU.DE, WWW.BOEHLAU.DE | KÖLN WEIMAR WIEN

BAUSTEINE ZUR SLAVISCHEN PHILOLOGIE UND KULTURGESCHICHTE NEUE FOLGE

HERAUSGEGEBEN VON
KARL GUTSCHMIDT, ROLAND MARTI, PETER THIERGEN, LUDGER UDOLPH UND BODO ZELINSKY

REIHE A:
SLAVISTISCHE FORSCHUNGEN

Eine Auswahl

Bd. 45: Wolfgang Stephan Kissel
DER KULT DES TOTEN DICHTERS UND DIE RUSSISCHE MODERNE
PUŠKIN – BLOK – MAJAKOVSKIJ
2004. VII, 318 S. Gb.
ISBN 978-3-412-16503-1

Bd. 46: Jan Fellerer
MEHRSPRACHIGKEIT IM GALIZISCHEN VERWALTUNGSWESEN (1772–1914)
EINE HISTORISCH-SOZIOLINGUISTISCHE STUDIE ZUM POLNISCHEN UND RUTHENISCHEN (UKRAINISCHEN)
2005. IX, 395 S. Gb.
ISBN 978-3-412-10004-9

Bd. 47: Jens Herlth
EIN SÄNGER GEBROCHENER LINIEN
IOSIF BRODSKIJS DICHTERISCHE SELBSTSCHÖPFUNG
2004. IX, 435 S. Gb.
ISBN 978-3-412-12704-6

Bd. 48: Angelika Lauhus, Bodo Zelinsky (Hg.)
SLAVISTISCHE FORSCHUNGEN IN MEMORIAM REINHOLD OLESCH
2005. XV, 300 S. 6 s/w-Abb. und 15 s/w-Abb. auf 8 Taf. Gb.
ISBN 978-3-412-12305-5

Bd. 49: Elisabeth von Erdmann
UNÄHNLICHE ÄHNLICHKEIT
DIE ONTO-POETIK DES UKRAINISCHEN PHILOSOPHEN HRYHORIJ SKOVORODA (1722–1794)
2005. 740 S. Gb.
ISBN 978-3-412-19205-1

Bd. 50: Peter Thiergen (Hg.)
RUSSISCHE BEGRIFFSGESCHICHTE DER NEUZEIT
BEITRÄGE ZU EINEM FORSCHUNGSDESIDERAT
Hg. unter Mitarbeit v. Martina Munk
2006. XXIX, 547 S. Gb.
ISBN 978-3-412-22205-5

51: Aleksandr S. Lappo-Danilevskij:
POLITISCHE IDEEN IM RUSSLAND DES 18. JAHRHUNDERTS
IHRE GESCHICHTE IM ZUSAMMENHANG MIT DER ALLGEMEINEN ENTWICKLUNG DER RUSSISCHEN KULTUR UND POLITIK
Hg. von Marina Ju. Sorokina unter Mitwirkung von Konstantin Ju. Lappo-Danilevskij
2005. XXXII, 462 S. 1 s/w-Frontispiz. Gb.
ISBN 978-3-412-28005-5

Bd. 52: Alexander Wöll
JAKUB DEML
LEBEN UND WERK (1878–1961)
EINE STUDIE ZUR MITTELEUROPÄISCHEN LITERATUR
2006. IX, 539 S., 5 s/w-Abb. Gb.
ISBN 978-3-412-30005-0

böhlau

BÖHLAU VERLAG, URSULAPLATZ 1, 50668 KÖLN. T: +49(0)221 913 90-0
INFO@BOEHLAU.DE, WWW.BOEHLAU.DE | KÖLN WEIMAR WIEN

BAUSTEINE ZUR SLAVISCHEN PHILOLOGIE UND KULTURGESCHICHTE NEUE FOLGE

HERAUSGEGEBEN VON
KARL GUTSCHMIDT, ROLAND MARTI, PETER THIERGEN, LUDGER UDOLPH UND BODO ZELINSKY

REIHE A:
SLAVISTISCHE FORSCHUNGEN

Eine Auswahl

Bd. 53: Stefan Fleischmann
SZYMON BUDNY
EIN THEOLOGISCHES PORTRAIT DES POLNISCH-WEISSRUSSISCHEN HUMANISTEN UND UNITARIERS (CA. 1530–1593)
2006. VII, 278 S. Gb.
ISBN 978-3-412-04306-3

Bd. 54: Eva Behrisch
»ABER LOTS WEIB BLICKTE ZURÜCK...«
DER DIALOG MIT DER BIBEL IN DER DICHTUNG ANNA ACHMATOVAS
2007. X, 361 S. Gb.
ISBN 978-3-412-13906-3

Bd. 55: Tatjana Marčenko
RUSSISCHE SCHRIFTSTELLER UND DER LITERATURNOBELPREIS (1901–1955)
2007. 626 S. Gb.
ISBN 978-3-412-14006-9

Bd. 56: Isolde Baumgärtner
WASSERZEICHEN
ZEIT UND SPRACHE IM LYRISCHEN WERK IOSIF BRODSKIJS
2007. X, 385 S. Gb.
ISBN 978-3-412-14106-6

Bd. 57: Konstantin Ju. Lappo-Danilevskij
GEFÜHL FÜR DAS SCHÖNE
J.J. WINCKELMANNS EINFLUSS AUF LITERATUR UND ÄSTHETISCHES DENKEN IN RUSSLAND
2007. XIV, 476 S. 1 Frontispiz. Gb.
ISBN 978-3-412-19006-4

Bd. 58: Joachim Klein
RUSSISCHE LITERATUR IM 18. JAHRHUNDERT
2008. XVIII, 369 S. Gb.
ISBN 978-3-412-20002-2

Bd. 59: Jana Nechutová
DIE LATEINISCHE LITERATUR DES MITTELALTERS IN BÖHMEN
Aus dem Tschechischen übersetzt von Hildegard Boková und Václav Bok.
2007. 371 S. Gb.
ISBN 978-3-412-20070-1

Bd. 60: Viviane Kafitz
SPRACHARTISTISCHE LYRIK
GEMÄLDE- UND SKULPTURENGEDICHTE DES RUSSISCHEN SYMBOLISMUS
2008. XII, 224 S. 9 farb. Abb. auf 8 Taf. Gb.
ISBN 978-3-412-20130-2

Bd. 61: Bodo Zelinsky (Hg.)
DAS BÖSE IN DER RUSSISCHEN KULTUR
Unter Mitarbeit von Jessica Kravets.
2008. VI, 331 S. Gb.
ISBN 978-3-412-20167-8

BÖHLAU VERLAG, URSULAPLATZ 1, 50668 KÖLN. T: +49(0)221 913 90-0
INFO@BOEHLAU.DE, WWW.BOEHLAU.DE | KÖLN WEIMAR WIEN

BAUSTEINE ZUR SLAVISCHEN PHILOLOGIE UND KULTURGESCHICHTE NEUE FOLGE

HERAUSGEGEBEN VON
KARL GUTSCHMIDT, ROLAND MARTI, PETER THIERGEN, LUDGER UDOLPH UND BODO ZELINSKY

REIHE A:
SLAVISTISCHE FORSCHUNGEN

Eine Auswahl

Bd. 62: Dirk Uffelmann
DER ERNIEDRIGTE CHRISTUS
METAPHERN UND METONYMIEN IN DER RUSSISCHEN KULTUR UND LITERATUR
2010. XI, 1046 S. Gb.
ISBN 978-3-412-20214-9

Bd. 63: Yvonne Pörzgen
BERAUSCHTE ZEIT
DROGEN IN DER RUSSISCHEN UND POLNISCHEN GEGENWARTS-LITERATUR
2008. X, 246 S. Gb.
ISBN 978-3-412-20234-7

Bd. 64: Steffen Höhne, Justus H. Ulbricht (Hg.)
WO LIEGT DIE UKRAINE?
STANDORTBESTIMMUNG EINER EUROPÄISCHEN KULTUR
2009. 246 S. mit 2 s/w-Abb. Gb.
ISBN 978-3-412-20347-4

Bd. 65: Walter Koschmal
DER DICHTERNOMADE
JIŘÍ MORDECHAI LANGER – EIN TSCHECHISCH-JÜDISCHER AUTOR
2010. X, 443 S. Gb.
ISBN 978-3-412-20393-1

Bd. 66: Steffen Höhne, Ludger Udolph (Hg.)
DEUTSCHE – TSCHECHEN – BÖHMEN
KULTURELLE INTEGRATION UND DES-INTEGRATION IM 20. JAHRHUNDERT
2010. 379 S. Gb.
ISBN 978-3-412-20493-8

Bd. 67: Ines Koeltzsch, Michaela Kuklová, Michael Wögenbauer (Hg.)
ÜBERSETZER ZWISCHEN DEN KULTUREN
DER PRAGER PUBLIZIST PAUL/PAVEL EISNER
2010. Ca. 304 S. Gb.
ISBN 978-3-412-20550-8

Bd. 68: Anne Hultsch
EIN RUSSE IN DER TSCHECHOSLOWAKEI
LEBEN UND WERK DES PUBLIZISTEN VALERIJ S. VILINSKIJ (1901–1955)
2010. Ca. 416 S. Mit ca. 10 s/w-Abb. Gb.
ISBN 978-3-412-20552-2

Bd. 69: Rolf-Dietrich Keil
PUSKIN- UND GOGOL-STUDIEN
2010. Ca. 325 S. Gb.
ISBN 978-3-412-20565-2

Bd. 70: Ingrid Stöhr
ZWEISPRACHIGKEIT IN BÖHMEN
DEUTSCHE VOLKSSCHULEN UND GYMNASIEN IM PRAG DER KAFKA-ZEIT
2010. 497 S. Gb.
ISBN 978-3-412-20566-9

böhlau

BÖHLAU VERLAG, URSULAPLATZ 1, 50668 KÖLN. T: +49(0)221 913 90-0
INFO@BOEHLAU.DE, WWW.BOEHLAU.DE | KÖLN WEIMAR WIEN